今注本二十四史

梁書

二

紀〔二〕　傳〔一〕

唐　姚思廉　撰

熊清元　校注

四川出版集團　巴蜀書社

梁書 卷四

本紀第四

簡文帝

太宗簡文皇帝諱綱，字世纘，[1]小字六通，高祖第三子，[2]昭明太子母弟也。[3]天監二年十月丁未，[4]生于顯陽殿。[5]五年，封晉安王，[6]食邑八千户。[7]八年，爲雲麾將軍，[8]領石頭戍軍事，[9]量置佐史。九年，遷使持節、都督南北兖青徐冀五州諸軍事、宣毅將軍、南兖州刺史。[10]十二年，入爲宣惠將軍、丹陽尹。[11]十三年，出爲使持節、都督荆雍梁南北秦益寧七州諸軍事、南蠻校尉、荆州刺史，[12]將軍如故。十四年，徙爲都督江州諸軍事、雲麾將軍、江州刺史，[13]持節如故。十七年，徵爲西中郎將、領石頭戍軍事，[14]尋復爲宣惠將軍、丹陽尹，加侍中。[15]普通元年，[16]出爲使持節、都督益寧雍梁南北秦沙七州諸軍事、益州刺史；[17]未拜，改授雲麾將軍、南徐州刺史。[18]四年，徙爲使持節、都督雍梁南北秦四州郢州之竟陵司州之隨郡諸軍事、平西將軍、寧蠻校尉、雍州刺史。[19]五年，進號安北將軍。[20]七年，權進都督荆、益、南梁三州諸軍事。[21]是歲，丁所生穆貴嬪喪，[22]上表陳解，詔還攝本任。[23]中大通元年，[24]詔依先給鼓吹一部。[25]二年，徵爲都督揚南徐二州諸軍事、驃騎將軍、揚州刺史。[26]三年四月乙巳，昭明太子薨。五月丙申，詔曰："非至公無以主天下，非博愛無以臨四海。所以堯舜克讓，惟德是與；文王舍伯邑考而立武王，[27]格于上下，光于四表。[28]今岱宗牢落，[29]天步艱難，[30]淳風猶鬱，黎民未乂，[31]自非克明克哲，[32]允武允文，[33]豈能荷神器之重，[34]嗣龍圖之尊。[35]晉安王綱，文義生知，孝敬自然，威惠外宣，德行内敏，羣后歸美，率土宅心。可立爲皇太子。"[36]七月乙亥，臨軒策拜，[37]以脩繕東宫，權居東府。[38]四年九月，移還東宫。

[1]世纘：《南史》卷八《梁本紀》、《建康實録》並作"世讚"，又《太平御覽》卷一三二引《梁書》、《册府元龜》卷一八二《閏位部》"名諱門"並作"世讚"。按，梁武諸子蕭綜字世謙、蕭績字世謹、蕭續字世誠、蕭綸字世調、蕭繹字世誠、蕭紀字世詢，"世"後一字俱從言，準此而推，蕭綱之字似當以"世讚"爲是。

[2]高祖：梁武帝廟號。

[3]昭明太子：梁太子蕭統謚號昭明。本書卷八有傳。

[4]天監：梁武帝年號（502—519）。

[5]顯陽殿：京師建康宫城帝后寢殿名。又，《文館詞林》卷六六六有《梁武帝誕皇子恩降詔》。詔文有"第三兒始育"云云，因知作於此時。

[6]晉安：郡名。治所在今福建福州市。

[7]八千户：《南史》卷六《梁本紀上》："（天監元年四月丙寅詔）自郡王以下，列爵爲縣六等。皇弟、皇子封郡王，二千户；王之庶子爲縣侯，五百户，謂之諸侯；功臣爵邑無定科。"是梁制，皇弟、皇子封郡王，食邑限二千户。考《梁書》所載梁武帝之弟、之子各本傳未有逾此制者，蕭綱不當例外。疑"八"爲"二"之誤。

[8]雲麾將軍：將軍名號。梁天監七年（508）革選，釐定將軍名號及班品，有一百二十五號，分十品二十四班，以班多者爲貴。雲麾將軍爲十八班。按，本書《武帝紀》，天監九年正月，"以輕車將軍晉安王綱爲南兖州刺史"，則天監八年蕭綱當是輕車將軍。又，據下文，蕭綱爲南兖州刺史時號宣毅將軍。而宣毅將軍十七班，輕車將軍十四班。以理推之，蕭綱當是以輕車將軍升爲宣毅將軍，不大可能由雲麾將軍降爲宣毅將軍。因疑此處"雲麾"爲"輕車"之誤。

[9]石頭戍：石頭城戍。石頭城，在今江蘇南京市西清涼山，負山面江，形勢險固，爲六朝軍事要地。

[10]使持節：古代大臣奉皇帝之命出行，持節以爲憑證並示威重。魏晉以後以爲官名，有假節、持節、使持節之分，權力亦有小大之别，多爲都督諸州軍事及刺史總軍戎者。使持節可誅殺二千石以下官員。　南北兖青徐冀：並州名。南兖州，治所在今江蘇揚州市西北蜀岡；北兖州，治所在今江蘇淮陰縣西南甘羅城；青州、冀州，南朝宋泰始（465—471）中合置，治所在今江蘇連雲港市東雲臺山一帶；徐州，治所在今江蘇徐州市。

[11]宣惠將軍：將軍名號。梁置，與鎮兵、翊師、宣毅將軍代舊四中郎將。爲一百二十五號將軍之一，十七班。　丹陽尹：京師所在丹陽郡長官，宋第三品，梁班品不詳。丹陽，郡名。治所在今江蘇南京市。

[12]荆雍梁南北秦益寧：均州名。荆州，治所在今湖北荆州市

江陵；雍州，治所在今湖北襄樊市；梁州，治所在今陝西漢中市東；南秦州，治所在今甘肅成縣西北；北秦州，治所在今甘肅天水市；益州，治所在今四川成都市；寧州，治所在今雲南曲靖市西。南蠻校尉：將軍名號。掌荆州少數民族事務，統兵置佐，宋第四品，梁隨府主號輕重而不爲定。

[13]江州：州名。治所在今江西九江市西南。

[14]西中郎將：將軍名號。按，梁天監七年（508）革選，以鎮兵、翊師、宣惠、宣毅四將軍代舊四中郎將，至大通三年（529）定二百四十二號將軍，纔將四中郎將與四將軍並置（詳《隋書·百官志》），天監十七年（518）似不當有“西中郎將”之號。　領：官制術語。已有實授主職，又兼領他官他職而不居其位。

[15]侍中：官名。門下省長官。與給事黄門侍郎共掌侍從左右，擯相威儀，盡規獻納，糾正違闕等，並參與決策，是中樞集團重要成員。梁定員四人。天監七年革選，定流内官職爲十八班，以班多者爲貴，侍中爲十二班。

[16]普通：梁武帝年號（520—527）。

[17]沙州：州名。治所在今四川青川縣東北白水。

[18]南徐州：州名。治所在今江蘇鎮江市。

[19]郢州：州名。治所在今湖北武漢市武昌。　竟陵：郡名。治所在今湖北鍾祥市。　司州：州名。治所在今河南信陽市。　隨郡：郡名。治所在今湖北隨州市。　平西將軍：將軍名號。與平東、平南、平北將軍合稱四平將軍。多持節都督或監某一地區軍事，亦可作爲刺史兼理軍務的加官。梁一百二十五號將軍之一，二十班。　寧蠻校尉：武官名號。掌雍州少數民族事務。宋第四品，梁隨府主號輕重而不爲定。

[20]安北將軍：將軍名號。與安東、安西、安南將軍合稱四安將軍，爲出鎮北方某地區的軍事長官，或作爲刺史兼理軍務的加官，權任頗重。梁一百二十五號將軍之一，二十一班。

[21]權：官制術語。臨時攝理某職事。　南梁：州名。治所在

今四川閬中市。

[22]丁：遭。　穆貴嬪：梁武帝貴嬪丁氏令光，謚號穆。本書卷七有傳。

[23]攝：官制術語。代理某職任。

[24]中大通：梁武帝年號（529—534）。

[25]鼓吹：軍樂名。皇帝出行亦奏。漢代以降，亦用以賜贈有功之臣。

[26]揚南徐：各本皆作"南揚徐"。按，梁無"南揚"州，當是"揚南徐"之倒誤。今改正。揚州，治所在今江蘇南京市。　驃騎將軍：將軍名號。六朝重號將軍，多加授大臣、重要地方長官。梁一百二十五號將軍之一，二十四班。

[27]《史記》卷三五《管蔡世家》："（文王）長子曰伯邑考，次曰武王發，次曰管叔鮮，次曰周公旦……同母昆弟十人，唯發、旦賢，左右輔文王，故文王舍伯邑考而以發爲太子。及文王崩而發立，是爲武王。伯邑考既已前卒矣。"

[28]語出《尚書·堯典》："光被四表，格于上下。"格，至；上下，天地。意謂帝堯之德被及四方，至於天地。此處借以稱頌周武王。

[29]岱宗：古代以泰山爲四岳所宗，又别名岱山，故稱岱宗。此處用以比昭明太子蕭統。　牢落：寥落。

[30]天步艱難：語出《詩·小雅·白華》："天步艱難，之子不猶。"天步，時運。

[31]乂（yì）：治理，安定。

[32]克明克哲：明達事理。克，能。

[33]允武允文：文武兼備。

[34]神器：指帝位。

[35]龍圖：即河圖。相傳黄帝軒轅氏將受命，龍圖出河，龜書出洛，赤文篆字以授之。後世以爲帝王受命的祥瑞。參《竹書紀年》上《黄帝軒轅氏》及梁·沈約注。又見《宋書·符瑞志》。此

處代指帝王之位。

[36]《藝文類聚》卷一六、《初學記》卷一〇載此詔，此下還有“百年勝殘，方流餘慶，畢世後仁，永固洪業”四句。

[37]策拜：以策書授官。策，策書。古命官授爵，以策書爲符信。

[38]東府：即東府城。故址在今江蘇南京市通濟門附近。梁揚州刺史治所在此。

太清三年五月丙辰，[1]高祖崩。辛巳，即皇帝位。詔曰：“朕以不造，[2]夙丁閔凶。[3]大行皇帝奄棄萬國，[4]攀慕號躃，[5]厝身靡所。猥以寡德，[6]越居民上；煢煢在疚，[7]罔知所託，方賴藩輔，[8]社稷用安。謹遵先旨，顧命遺澤，[9]宜加億兆。可大赦天下。”壬午，詔曰：“育物惟寬，馭民惟惠，道著興王，本非隸役。或開奉國，便致擒虜；或在邊疆，濫被抄劫。二邦是競，黎元何罪！朕以寡昧，創承鴻業，既臨率土，[10]化行宇宙，豈欲使彼獨爲匪民。[11]諸州見在北人爲奴婢者，[12]並及妻兒，悉可原放。”癸未，追謚妃王氏爲簡皇后。[13]

[1]太清：梁武帝年號（547—549）。

[2]不造：不成。《詩·周頌·閔予小子》：“閔予小子，遭家不造。嬛嬛在疚。”造，成。

[3]閔凶：指憂喪之事。

[4]大行皇帝：大行，一去不返。漢代以後諱稱皇帝死，皇帝死而停棺未葬者稱爲大行皇帝。

[5]號躃（bì）：號哭頓足。

[6]猥：自謙之詞，辱。

[7]煢煢在疚：語出《左傳·哀公十六年》："公誄之曰：'旻天不吊，不慭遺一老，俾屏余一人以在位。煢煢余在疚，嗚呼哀哉尼父！"煢煢，孤零的樣子。在疚，本指因喪事而悲痛、憂病，後世用以稱居喪。

[8]藩輔：指諸侯。古以諸侯爲王室藩屏輔佐，故稱。

[9]顧命：《尚書·顧命序》："成王將崩，命召公、畢公率諸侯相康王，作《顧命》。"《傳》："臨終之命曰顧命。"後因稱天子遺詔爲顧命。　澤：恩澤。

[10]率土：指境域之内。《詩·小雅·北山》："率土之濱，莫非王臣。"

[11]獨爲匪民：語出《詩·小雅·何草不黄》："何草不玄，何人不矜。哀我征夫，獨爲匪民。"匪，通"非"。

[12]見：同"現"。

[13]王氏：名靈賓，祖籍琅邪臨沂。本書卷七有傳。

六月丙戌，以南康嗣王會理爲司空。[1]丁亥，立宣城王大器爲皇太子。[2]壬辰，封當陽公大心爲尋陽郡王，[3]石城公大款爲江夏郡王，[4]寧國公大臨爲南海郡王，[5]臨城公大連爲南郡王，[6]西豐公大春爲安陸郡王，[7]新淦公大成爲山陽郡王，[8]臨湘公大封爲宜都郡王。[9]

[1]南康嗣王會理：梁武帝孫蕭會理嗣父績爵爲南康王。本書卷二九《高祖三王·南康王績傳》有附傳。南康，郡名。治所在今江西贛州市東北。

[2]宣城王大器：簡文帝嫡長子蕭大器初封宣城郡王，後追謚哀太子。本書卷八有傳。宣城，郡名。治所在今安徽宣州市。

[3]當陽公大心：簡文帝第二子蕭大心初封當陽公。本書卷四四《太宗十一王傳》有傳。當陽，縣名。治所在今湖北當陽市。　尋陽郡：郡名。治所在今江西九江市西南。

[4]石城公大款：簡文帝第三子蕭大款初封石城公。《南史》卷五四有傳。石城，縣名。治所在今安徽貴池市西南秋浦。　江夏：郡名。治所在今湖北武漢市武昌。

[5]寧國公大臨：簡文帝第四子蕭大臨初封寧國公。本書卷四四《太宗十一王傳》有傳。寧國，縣名。治所在今安徽寧國縣西南。　南海：郡名。治所在今廣東廣州市。

[6]臨城公大連：簡文帝第五子蕭大連初封臨城公。本書卷四四《太宗十一王傳》有傳。臨城，縣名。治所在今安徽青陽縣南。　南郡：郡名。治所在今湖北荆州市。

[7]西豐公大春：簡文帝第六子蕭大春初封西豐縣公。本書卷四四《太宗十一王傳》有傳。西豐，縣名。治所在今江西臨川市南。　安陸：郡名。治所在今湖北安陸市。

[8]新淦公大成：簡文帝第八子蕭大成初封新淦公。《南史》卷五四有傳。新淦，縣名。治所在今江西樟樹市。淦，舊本訛作"塗"，此依中華書局本校改。　山陽：郡名。治所在今江蘇淮安市。

[9]臨湘公大封：簡文帝第九子蕭大封初封臨湘公。《南史》卷五四有傳。臨湘，縣名。治所在今湖南長沙市。《南史》作"臨汝"。　宜都：郡名。治所在今湖北宜昌市。

秋七月甲寅，廣州刺史元景仲謀應侯景，[1]西江督護陳霸先起兵攻之，[2]景仲自殺，霸先迎定州刺史蕭勃爲刺史。[3]戊辰，以吴郡置吴州，[4]以安陸王大春爲刺史。庚午，以司空南康嗣王會理兼尚書令，[5]南海王大臨爲揚州刺史，新興王大莊爲南徐州刺史。[6]是月，九江大饑，[7]人相食十四五。

[1]廣州：州名。治所在今廣東廣州市。　元景仲：人名。本北魏支屬，梁普通（520—527）中隨父兄歸降。本書卷三九《元法僧傳》有附傳。　侯景：人名。本魏將，太清元年（547）附梁，二年叛梁，三年，攻陷京師建康。本書卷五六有傳。

[2]西江：江名。珠江幹流之一，在今廣東西部。此處指西江流域地區。　陳霸先：人名。即陳高祖武皇帝。詳《陳書》卷一《高祖紀》。

[3]定州：州名。治所在今湖北麻城市東北。　蕭勃：人名。梁宗室吴平侯蕭景之子。《南史》卷五一《梁宗室上》有附傳。

[4]吴郡：郡名。治所在今江蘇蘇州市。

[5]尚書令：官名。尚書省長官。掌參議大政，綜理政務，爲百官之長。梁十六班。

[6]新興王大莊：梁簡文帝第十三子蕭大莊封爵號新興王。《南史》卷五四有傳。新興，郡名。治所在今四川南充市東南青居鎮。莊，舊本作“壯”，此依中華書局本校改。

[7]九江：本漢郡名。此處指淮河以南地區。

八月癸卯，征東大將軍、開府儀同三司、南徐州刺史蕭淵藻薨。[1]

[1]征東大將軍：將軍名號。征東將軍，梁一百二十五號將軍之一，二十三班。《隋書·百官志》：“凡將軍加大者，唯至貞毅而已，通進一階。”　開府儀同三司：官名。非三公而儀制同於三公。梁諸將軍開府儀同三司爲十七班。　蕭淵藻：梁武帝兄蕭懿之子。本書卷二三《長沙嗣王淵業傳》有附傳。

冬十月丁未，地震。

十二月，百濟國遣使獻方物。[1]

[1]百濟國：古國名。地在今朝鮮半島西南部。本書卷五四《諸夷》有傳。

大寶元年春正月辛亥朔，[1]以國哀不朝會。[2]詔曰："蓋天下者，至公之神器，在昔三五，[3]不獲已而臨涖之。故帝王之功，聖人之餘事，軒冕之華，儻來之一物。[4]太祖文皇帝含光大之量，[5]啓西伯之基。[6]高祖武皇帝道洽二儀，[7]智周萬物。屬齊季薦瘥，[8]彝倫剥喪，[9]同氣離入苑之禍，[10]元首懷無厭之欲，[11]乃當樂推之運，[12]因億兆之心，承彼掎角，[13]雪兹讎恥。事非爲己，義寔從民，故功成弗居，卑宫菲食，大慈之業普薰，[14]汾陽之詔屢下。[15]于兹四紀，無得而稱。朕以寡昧，[16]哀煢孔棘[17]，生靈已盡，志不圖全，僶俛視陰，[18]企承鴻緒。[19]懸旌履薄，[20]未足云喻。痛甚愈遲，諒闇彌切。[21]方當玄默在躬，[22]栖心事外。即王道未直，天步猶艱，式憑宰輔，以弘庶政。履端建號，[23]抑惟舊章。可大赦天下，改太清四年爲大寶元年。"丁巳，天雨黄沙。己未，太白經天，[24]辛酉乃止。西魏寇安陸，[25]執司州刺史柳仲禮，[25]盡没漢東之地。[27]丙寅，月晝見。[28]癸酉，前江都令祖皓起義，[29]襲廣陵，[30]斬賊南兖州刺史董紹先。侯景自帥水步軍擊皓。

[1]大寶：梁簡文帝年號（550—551）。

[2]朝會：諸侯或臣屬朝見君主，春見曰朝，時見曰會。此處指元正大會。

[3]三五：指三皇五帝。《文選》卷一班孟堅《東都賦》“事勤乎三五”李善注云：“《春秋元命苞》曰：伏羲、女媧、神農爲三皇。《史記·五帝本紀》曰：黄帝、顓頊、帝嚳、帝堯、帝舜也。”

[4]儻來：《莊子·繕性》：“物之儻來，寄也。”成玄英《疏》：“儻者，意外忽來者耳。”

[5]太祖文皇帝：指梁武帝之父蕭順之。順之卒于齊代，梁武即位，追贈爲文皇帝，廟號太祖。見本書《武帝紀》。

[6]西伯：周文王昌。見《史記》卷四《周本紀》。此處用以比蕭順之。

[7]二儀：指天、地。

[8]薦瘥：喪亂頻仍。《詩·小雅·節南山》：“天方薦瘥，喪亂弘多。”薦，重，一再。瘥，病。

[9]彝倫：天地人之常道。　剥喪：傷害。

[10]同氣：有血統關係的親屬。多指同胞兄弟。此處指梁武兄蕭懿。　離：遭遇。　入苑之禍：指蕭懿永元二年（500）被詔徵入朝爲尚書令，旋即被東昏侯殺害之事。見本書卷二三《長沙嗣王淵業傳》。苑，養鳥獸供帝王射獵的地方。此處比喻蕭齊朝廷。

[11]元首：指齊東昏侯蕭寶卷。

[12]樂推：《老子》：“是以聖人處上而民不重，處前而民不害，是以天下樂推而不厭。”後世王朝更迭，常以“樂推”爲辭，言得衆人擁戴。

[13]掎角：捕鹿時抓角拉腿，比喻分兵牽制或夾擊敵人。

[14]大慈之業：指推行佛家愛人、憐閔人的思想。

[15]汾陽之詔：指梁武捨身事佛的詔書。《莊子·逍遥遊》：“堯治天下之民，平海内之政，往見四子藐姑射之山，汾水之陽，窅然喪其天下焉。”堯至汾陽而忘天下，梁武至同泰寺捨身與之相

類，故云。

[16]寡昧：愚暗少見識。

[17]哀煢：悲傷孤獨。　孔棘：很危急。棘，通“急”。

[18]僶（mǐn）俛（miǎn）：須臾之間。　視陰：審視日影。

[19]鴻緒：祖先的基業。此處指帝王世傳的大業。

[20]懸旌：《戰國策·楚策》：“寡人卧不安席，食不甘味，心摇摇如懸旌，而無所終薄。”後常用以比喻心神不定。　履薄：《詩·小雅·小旻》：“戰戰兢兢，如臨深淵，如履薄冰。”後用以比喻隨時警惕，謹慎小心。

[21]諒闇（ān）：天子、諸侯居喪之稱。

[22]玄默：沈静無爲。

[23]履端：帝王初即位。

[24]太白：星名。古以爲太白星主殺伐。

[25]安陸：郡名。治所在今湖北安陸市。

[26]柳仲禮：人名。本書卷四三《柳敬禮傳》有附傳。

[27]漢：指漢水。

[28]月晝見：《隋書·天文志》：“簡文帝大寶元年正月丙寅，月晝光見。占曰：‘月晝光，有隱謀，國雄逃。’又云：‘月晝明，奸邪並作，擅君之朝。’其後侯景簒殺，皆國亂亡君，大喪更政之應也。”

[29]江都：縣名。治所在今江蘇揚州市西南夾江北小沙洲上。　祖皓：人名。祖籍范陽郡，齊祖沖之之孫。《南史》卷七二《文學·祖沖之傳》有附傳。

[30]廣陵：縣名。治所在今江蘇揚州市西北蜀岡。

二月癸未，景攻陷廣陵，皓等並見害。丙戌，以安陸王大春爲東揚州刺史。[1]省吴州，如先爲郡。詔曰：“近東垂擾亂，[2]江陽縱逸。[3]上宰運謀，[4]猛士雄奮，吴、會肅清，[5]濟、兖澄謐，[6]京師畿内，無事戎衣。朝廷達官，齋内左右，[7]並可解嚴。”乙巳，以尚書僕射王克爲左僕射。[8]是月，邵陵王綸自尋陽至于夏口，[9]郢州刺史南平王恪以州讓綸。[10]丙午，侯景逼太宗幸西州。[11]

[1]東揚州：州名。治所在今浙江紹興縣。

[2]垂：通“陲”，邊境。

[3]江陽：縣名。治所在今江蘇揚州市境内。

[4]上宰：指侯景。景時爲丞相。

[5]吴、會：吴郡、會稽郡。

[6]濟、兖：濟水、兖水地區。指梁東北邊境。

[7]齋：宫廷殿閣。

[8]尚書僕射：官名。尚書令副佐，且與尚書分領諸曹。梁代制度，尚書僕射不常置。若尚書左右僕射並缺，則置尚書僕射以掌左僕射事。十五班。　王克：人名。祖籍琅邪臨沂。《南史》卷二三《王彧傳》有附傳。　左僕射：即尚書左僕射。尚書省次官，佐尚書令執行政務，兼領殿中、主客郎，並督察糾彈百官。員一人。梁十五班。

[9]邵陵王綸：梁武帝子蕭綸封爵號邵陵王。本書卷二九《高祖三王傳》有傳。邵陵，郡名。治所在今湖南邵陽市。　夏口：城名。在今湖北武漢市黄鵠山上。

[10]南平王恪：梁武帝弟蕭偉之子恪嗣父爵爲南平王。《南史》卷五二《梁宗室》有傳。南平，郡名。治所在今湖北公安縣西。

[11]西州：城名。在今江蘇南京市西。六朝時，諸王所宅。

夏五月庚午，征北將軍、開府儀同三司鄱陽嗣王範薨。[1]自春迄夏，大饑，人相食，京師尤甚。

[1]征北將軍：將軍名號。東西南北四征將軍之一。多爲持節都督，出鎮方面，地位顯要。梁一百二十五號將軍之一，二十三班。　鄱陽嗣王範：梁武帝弟蕭恢之子範嗣父爵爲鄱陽王。本書卷二二《太祖五王·鄱陽王恢傳》有附傳。

六月辛巳，以南郡王大連行揚州事。[1]庚子，前司州刺史羊鴉仁自尚書省出奔西州。[2]

[1]行揚州事：代行揚州刺史政事。

[2]羊鴉仁：人名。本書卷三九有傳。　西州：《南史》卷八《梁本紀下》作"江陵"；《通鑑》卷一六三《梁紀十九》作"江西"；本書卷三九《羊鴉仁傳》原作"江陵"，中華書局本據《南史·羊鴉仁傳》及《册府元龜》卷三七二改作"江西"。

秋七月戊辰，賊行臺任約寇江州，[1]刺史尋陽王大心以州降約。是月，以南郡王大連爲江州刺史。

[1]行臺：官名。在地方代表朝廷行尚書省事的機構稱行臺，其長官亦以此稱之。

八月甲午，湘東王繹遣領軍將軍王僧辯率衆逼郢州。[1]乙亥，[2]侯景自進位相國，封二十郡爲漢王。邵陵王綸棄郢州走。

[1]湘東王繹：梁元帝蕭繹初封湘東王。湘東，郡名。治所在

今湖南衡陽市。　領軍將軍：官名。總掌朝廷禁衛軍，權勢極重。梁十五班。　王僧辯：人名。本書卷四五有傳。

[2]乙亥：據陳垣《二十史朔閏表》，梁大寶元年（550）八月戊寅朔，無乙亥。《南史》卷八《梁本紀下》、《通鑑》卷一六三《梁紀十九》均繫侯景自進位相國並爲漢王事於九月乙亥，疑是。

冬十月乙未，侯景又逼太宗幸西州曲宴，[1]自加宇宙大將軍、都督六合諸軍事。立皇子大鈞爲西陽郡王，[2]大威爲武寧郡王，[3]大球爲建平郡王，[4]大昕爲義安郡王，[5]大摯爲綏建郡王，[6]大圜爲樂梁郡王。[7]壬寅，景害南康嗣王會理。

[1]曲宴：私宴，多指宫中之宴。

[2]大鈞：簡文帝第十四子。本書卷四四《太宗十一王》有傳。西陽：郡名。治所在今湖北黄岡市東。

[3]大威：簡文帝第十五子。本書卷四四《太宗十一王》有傳。武寧：郡名。治所在今湖北荆門市。

[4]大球：簡文帝第十七子。本書卷四四《太宗十一王》有傳。建平：各本皆作“建安”。本書大球本傳及《南史》卷五四《梁簡文帝諸子傳序》、《通鑑》卷一六四《梁紀二十》均作“建平”，當以“建平”爲是。今據改。

[5]大昕：簡文帝第十八子。本書卷四四《太宗十一王》有傳。義安：郡名。治所在今廣東潮安縣東北。

[6]大摯：簡文帝第十九子。本書卷四四《太宗十一王》有傳。綏建：郡名。治所在今廣東廣寧縣南。

[7]大圜：簡文帝第二十子。《南史》卷五四《梁簡文帝諸子》有傳。　樂梁：《通鑑》卷一六三《梁紀十九》“大寶元年”下胡三省注：“樂梁，史無所考。此時諸王所封皆郡名也。當在大同中所

分二十餘州不知處所之數。”《南史》本傳作“樂良”。

十一月，任約進據西陽，[1]分兵寇齊昌，[2]執衡陽王獻送京師，[3]害之。湘東王繹遣前寧州刺史徐文盛督衆軍拒約。[4]南郡王前中兵張彪起義於會稽若邪山，[5]攻破浙東諸縣。

[1]西陽：即西陽郡。

[2]齊昌：郡名。《通鑑》卷一六三《梁紀十九》“大寶元年”下胡三省注：“據魏收《志》：梁武帝置北江州，治鹿城關，領義陽、齊昌、新昌、梁安、齊興、光城郡。《五代志》：黄州木蘭縣，梁曰梁安郡。又有義陽郡，後齊置湘州，後改曰北江州。則齊昌亦當在木蘭縣界，唐省木蘭入黄岡縣。宋白曰：吴置蘄春郡，晉惠帝改西陽郡，南齊、北齊改西陽爲齊昌郡，唐爲蘄州。”按，據胡氏所考，齊昌郡當在今湖北黄陂、紅安、新洲一帶。

[3]衡陽王獻：梁武帝弟蕭暢之孫獻襲爵爲衡陽王。見《南史》卷五一《梁宗室上》。

[4]徐文盛：人名。本書卷四六有傳。

[5]中兵：中兵參軍之省稱，官名。諸公軍府屬官，掌本府中兵曹，備府主諮詢。梁六班至四班。　張彪：人名。少亡命若邪山爲盗，蕭大連爲東揚州刺史，彪爲其中兵參軍。《南史》卷六四有傳。　會稽：郡名。治所在今浙江紹興市。　若邪山：山名。在今浙江紹興市南。

二年春二月，邵陵王綸走至安陸董城，[1]爲西魏所攻，軍敗，死。

[1]安陸：縣名。治所在今湖北安陸市西北。　董城：城名。即今安陸市東北吉陽城。

三月，侯景自帥衆西寇。丁未，[1]發京師，自石頭至新林，[2]舳艫相接。

[1]丁未：《通鑑》卷一六四《梁紀二十》繫侯景發京師於閏三月，胡三省注引《考異》云："《梁帝紀》'三月丁亥，景發京師'，《典略》云：'閏三月丁亥。'按：乙卯徐文盛克武昌，不容丁未景已發建康。閏三月甲戌朔，無丁未。蓋字誤也。"

[2]石頭：即石頭城。　新林：即新林浦。在今江蘇南京市西南，源出牛頭山，西流入長江。《景定建康志》："在城西二十里，闊三丈，深一丈，長十二里。"

四月，[1]至西陽。乙亥，景分遣僞將宋子仙、任約襲郢州。丙子，執刺史蕭方諸。[2]

[1]四月：中華書局本《校勘記》："按：下出'乙亥'、'丙子'。是年閏三月甲戌朔，乙亥爲閏三月二日，丙子爲閏三月三日，是'四月'當作'閏月'。"按，《通鑑》卷一六四《梁紀二十》正作"閏月"。

[2]蕭方諸：梁元帝第二子。本書卷四四《世祖二子》有傳。

閏月甲子，[1]景進寇巴陵，[2]湘東王繹所遣領軍將軍王僧辯連戰不能剋。

[1]閏月甲子：中華書局本《校勘記》："'閏月'當作'四月'。

是年閏三月，不閏四月。閏三月甲戌朔，無‘甲子’，四月甲辰朔，有‘甲子’。”

[2]巴陵：郡名。治所在今湖南岳陽市。

五月癸未，湘東王繹遣游擊將軍胡僧祐、信州刺史陸法和援巴陵，[1]景遣任約帥衆拒援軍。

[1]游擊將軍：官名。梁天監六年（507）置，掌宫廷侍衛，十一班。　胡僧祐：人名。本書卷四六有傳。據傳，“游擊將軍”作“武猛將軍”，《南史》卷六四本傳及《通鑑》卷一六四《梁紀二十》“大寶二年”下亦同。　信州：州名。治所在今重慶市奉節縣東白帝城。　陸法和：人名。隱居江陵，侯景將任約攻江陵，法和詣元帝求爲其將以討侯景。後以郢州降北齊。《北齊書》卷三二有傳。

六月甲辰，[1]僧祐等擊破任約，擒之。乙巳，景解圍宵遁，王僧辯督衆軍追景。庚申，攻魯山城，[2]剋之，獲魏司徒張化仁、儀同門洪慶。[3]辛酉，進圍郢州，下之，獲賊帥宋子仙等。鄱陽王故將侯瑱起兵，[4]襲僞儀同于慶于豫章，[5]慶敗走。

[1]六月甲辰：“甲辰”下舊本衍一“朔”字，此依中華書局本校删。

[2]魯山城：城名。故址在今湖北武漢市漢陽東北隅。

[3]魏司徒張化仁：《通鑑》卷一六四《梁紀二十》“大寶二年”下作“别將支化仁”。胡三省注：“《考異》曰：《梁帝紀》作‘魏司徒張化仁’。按，魏司徒安得爲景守城！今從《典略》。”　儀同：儀同三司的省稱，官名。　門洪慶：本書《侯景傳》“門”作“閻”。

[4]侯瑱：人名。巴西充國人。先爲鄱陽王蕭範將，梁亡，仕陳。《陳書》卷九有傳。

[5]豫章：郡名。治所在今江西南昌市。

秋七月丁亥，侯景還至京師。辛丑，王僧辯軍次湓城，[1]賊行江州事范希榮棄城走。[2]

[1]湓城：又名湓口城，在今江西九江市。

[2]行江州事：代行江州刺史政事。行，官制術語。缺官未補，暫以低級官吏攝行高一級官吏之職。

八月丙午，晉熙人王僧振、鄭寵起兵襲郡城，[1]僞晉州刺史夏侯威生、儀同任延遁走。[2]戊午，侯景遣衛尉卿彭儁、廂公王僧貴率兵入殿，[3]廢太宗爲晉安王，幽于永福省。[4]害皇太子大器、尋陽王大心、西陽王大鈞、武寧王大威、建平王大球、義安王大昕及尋陽王諸子二十人。[5]矯爲太宗詔，禪于豫章嗣王棟，[6]大赦改年。遣使害南海王大臨於吴郡，南郡王大連於姑孰，[7]安陸王大春於會稽，新興王大莊於京口。[8]

[1]晉熙：郡名。治所在今安徽灊山縣。

[2]晉州：州名。梁大寶元年（550）改豫州置，治所即晉熙郡治。

[3]衛尉卿：官名。梁十二卿之一，掌宮門屯兵，每月行宮徼，糾察不法。梁十二班。　廂公：《通鑑》卷一六二《梁紀十八》"太清三年"下胡三省注："（侯）景之親貴隆重者號曰廂公。"

[4]永福省：建康宮城殿省名。太子未冠時所居。

[5]武寧王大威、建平王大球："武寧王"下舊本脱"大威建平王"五字，今依中華書局本校補。

[6]豫章嗣王棟：梁昭明太子統之孫蕭棟嗣父歡爵爲豫章郡王。《南史》卷五三《梁武帝諸子傳》有附傳。

[7]姑孰：城名。在今安徽當涂縣。

[8]京口：城名。在今江蘇鎮江市。

冬十月壬寅，帝謂舍人殷不害曰：[1]"吾昨夜夢吞土，卿試爲我思之。"不害曰："昔重耳饋塊，卒還晉國。[2]陛下所夢，得符是乎。"及王偉等進觴於帝曰：[3]"丞相以陛下憂憤既久，[4]使臣上壽。"[5]帝笑曰："壽酒，不得盡此乎?"於是並賫酒餚、曲項琵琶，[6]與帝飲。帝知不免，乃盡酣，曰："不圖爲樂一至於斯!"既醉寢，王偉、彭儁進土囊，[7]王脩纂坐其上，於是太宗崩於永福省，時年四十九。賊僞謚曰明皇帝，廟稱高宗。明年，三月己丑，[8]王僧辯率前百官奉梓宫升朝堂，[9]世祖追崇爲簡文皇帝，廟曰太宗。四月乙丑，葬莊陵。[10]

[1]舍人：中書舍人之省稱，官名。中書省屬官，舊入直閣内，呈奏案章。劉宋時漸用寒人及皇帝親信擔任，奪中書侍郎出令權。至梁，用人殊重，選以才能，職掌中書詔誥，多以他官兼領。四班。　殷不害：人名。祖籍陳郡長平。《陳書》卷三二《孝行》有傳。

[2]春秋時，晉國内亂，公子重耳流亡國外。經過衛國，向農人乞食，農人與之土塊。重耳怒，欲鞭之。從者子犯説："這是天賜你國土。"重耳受而載之。後終於在秦國的幫助下，回國做了君

主，即晉文公。事詳《左傳》僖公二十三、二十四年文。

[3]王偉：人名。本書卷五六《侯景傳》有附傳。　觴：盛有酒的杯子。

[4]丞相：指侯景。景時自任大丞相。

[5]上壽：祝壽。

[6]賫（jī）：持物贈人。

[7]王偉彭儁進土囊：監本、汲古本、殿本並作“偉乃出，儁進土囊”，與《南史》卷八《梁本紀》同。似王偉於進土囊前，獨先離去，未親行篡弑，與此異。參張元濟《校史隨筆》中“梁書·王偉彭儁進土囊”條。

[8]三月己丑：“己丑”舊本訛“癸丑”，今依中華書局本校改。

[9]梓宫：帝王后妃所用以梓木做的棺材。

[10]莊陵：簡文帝陵墓名。在今江蘇丹陽市荆林鎮。《太平寰宇記》卷八九潤州延陵縣下有云：“梁簡文帝陵有麒麟碑尚存，陵有港名曰‘蕭港’，直止陵口，大河去縣二十五里。”

初，太宗見幽縶，題壁自序云：“有梁正士蘭陵蕭世纘，立身行道，[1]終始如一，風雨如晦，鷄鳴不已。[2]弗欺暗室，[3]豈况三光，[4]數至於此，[5]命也如何！”又爲《連珠》二首，[6]文甚悽愴。

[1]立身行道：道，《廣弘明集》卷三〇作“己”。《晉書》卷三七《安平獻王孚傳》載司馬孚臨終遺令云：“有魏貞士河内温縣司馬孚……立身行道，終始若一。”蕭綱蓋襲用司馬孚遺令語。

[2]風雨如晦，鷄鳴不已：語出《詩·鄭風·風雨》。其《小序》云：“《風雨》，思君子也。亂世則思君子，不改其度焉。”

[3]暗室：幽暗無人處。

[4]三光：日、月、星。

[5]數：命數。

[6]《連珠》二首：《廣弘明集》卷三〇作"《連珠》三首"。文云："一曰：吾聞有古富而今貧，可稱多而賑寡。是以度索數下，獨有衰神，松柏橋南，空餘白社。二曰：吾聞言可覆也，仁能育物。是以欲輕其死，有德必昌，兵踐於義，無思不服。三曰：吾聞道行則五福俱泰，運閉則六極所鍾。是以麟出而悲，豈唯孔子；途窮則慟，寧止嗣宗。"又，《太平御覽》卷五九〇引《三國典略》亦録有簡文《連珠》二首，可參看。

太宗幼而敏睿，識悟過人，六歲便屬文，高祖驚其早就，弗之信也，乃於御前面試，辭采甚美。高祖歎曰："此子，吾家之東阿。"[1]既長，器宇寬弘，未嘗見慍喜。方頰豐下，[2]鬚鬢如畫，眄睞則目光燭人。讀書十行俱下。九流百氏，經目必記；篇章辭賦，操筆立成。博綜儒書，善言玄理。[3]自年十一，便能親庶務，歷試藩政，[4]所在有稱。在穆貴嬪憂，哀毀骨立，晝夜號泣不絶聲，所坐之席，沾濕盡爛。在襄陽拜表北伐，[5]遣長史柳津、司馬董當門、壯武將軍杜懷寶、振遠將軍曹義宗等衆軍進討，[6]剋平南陽、新野等郡，[7]魏南荆州刺史李志據安昌城降，[8]拓地千餘里。及居監撫，[9]多所弘宥，文案簿領，[10]纖毫不可欺。引納文學之士，賞接無倦，恒討論篇籍，繼以文章。高祖所製《五經講疏》，嘗於玄圃奉述，[11]聽者傾朝野。雅好題詩，其序云："余七歲有詩癖，長而不倦。"然傷於輕豔，當時號曰"宫體"。[12]所著《昭明太子傳》五卷，[13]《諸王傳》三十卷，《禮大義》二十卷，[14]

《老子義》二十卷,《莊子義》二十卷,《長春義記》一百卷,《法寶連璧》三百卷,[15]並行於世焉。

[1]東阿：魏武帝曹操子東阿王曹植。植以文思敏捷，才藻富艷著稱。《三國志》卷一九有傳。

[2]豐下：腮頰豐滿。《御覽》卷三六五《人事部》七引《三國典略》曰："梁簡文方頰豐下，眉目秀發。"

[3]玄理：幽深微妙的義理。指老莊道家學説。

[4]蕃政：地方政務。蕃，通"藩"，指藩國。

[5]襄陽：雍州刺史鎮所，在今湖北襄樊市。

[6]長史：官名。王公軍府屬官，掌本府官吏。梁十班至六班。柳津：人名。祖籍河東郡解縣。《南史》卷三八《柳元景傳》有附傳。　司馬：官名。王公軍府屬官，掌本府武官。梁十班至六班。壯武將軍：將軍名號。南齊置。梁一百二十五號將軍之一，十二班。　杜懷寶：人名。杜崱之父。見本書卷四六《杜崱傳》。　振遠將軍：將軍名號。梁置，爲一百二十五號將軍之一，十三班。曹義宗：人名。祖籍新野郡，梁侍中、中衛將軍曹景宗第九弟。《南史》卷五五《曹景宗傳》有附傳。

[7]南陽：郡名。治所在今河南南陽市。　新野：郡名。治所在今河南新野縣。

[8]南荆州：魏州名。治所在今河南魯山縣東。　安昌城：城名。在今河南温縣東北。

[9]監撫：監國與撫軍。《左傳·閔公二年》："（太子）君行則守，有守則從。從曰撫軍，守曰監國，古之制也。"居監撫即居太子之位。

[10]簿領：登記的文簿。

[11]玄圃：梁東宫苑囿名。《通鑑》卷一六一《梁紀十七》"太清二年"下胡三省注："自蕭齊以來，東宫有玄圃。昆侖之山三級，

下曰樊桐，二曰玄圃，三曰層城，太帝之所居，東宫次於帝居，故立玄圃。”

[12]宫體：以宫廷生活爲主要内容的艷詩。唐・劉肅《大唐新語》卷三《公直》：“梁簡文帝爲太子，好作艷詩，境内化之，浸以成俗，謂之‘宫體’。”

[13]《昭明太子傳》五卷：梁簡文帝《上昭明太子集、别傳等表》有云：“謹撰《昭明太子别傳》、《文集》，請備之延閣，藏諸廣内，永彰茂實，式表洪徽。”（《藝文類聚》卷一六）按，《昭明太子别傳》蓋即此《昭明太子傳》。

[14]《禮大義》二十卷：《隋書・經籍志》著録有“《禮大義》十卷”，未題撰人，未知是否即此書。

[15]《法寶連璧》三百卷：唐・釋道宣《廣弘明集》卷二〇湘東王繹《法寶聯璧序》云“二百二十卷”，道宣《續高僧傳》卷一《釋寶唱傳》云簡文“撰《法寶聯璧》二百餘卷”。此云三百卷，未知孰是。又，《周書》卷四二《蕭大圜傳》：“《梁武帝集》四十卷，《簡文帝集》九十卷，各止一本，江陵平後，並藏祕閣。大圜既入麟趾，方得見之。”《隋書・經籍志》著録：“《梁簡文帝集》八十五卷，陸罩撰，並録。”是《簡文帝集》，本紀失載。

史臣曰：太宗幼年聰睿，令問夙標，[1]天才縱逸，冠於今古。文則時以輕華爲累，君子所不取焉。[2]及養德東朝，[3]聲被夷夏，洎乎繼統，[4]寔有人君之懿矣。方符文、景，[5]運鍾《屯》、《剥》，[6]受制賊臣，弗展所藴，終罹懷、愍之酷，[7]哀哉！

[1]令問：好名聲。

[2]《文苑英華》卷七五四何之元《梁典・總論》有云：“太宗孝慈仁愛，實守文之君，惜乎爲賊所殺。至乎文章妖艷，隳墜風

典，誦於婦人之口，不及君子之聽，斯乃文士之深病，政教之厚疵。然雕蟲之技，非關治忽，壯士不爲，人君焉用!”其論可以參看。

[3]養德東朝：修養道德於東宫。簡文帝《答徐摛書》有云："山濤有言：東宫養德而已。"（《藝文類聚》卷二六）

[4]洎：及，至。

[5]文、景：指西漢文帝、景帝。西漢盛世有"文景之治"。見《史記》卷一〇《孝文本紀》、卷一一《孝景本紀》。

[6]《屯》、《剥》：均《易》卦名。屯，艱難；剥，剥落。後世因以時代動亂、遭遇艱難爲屯剥。

[7]懷、愍：指晉懷帝、愍帝。二帝身處季世，均被弑而亡。詳《晉書》卷五《孝懷帝孝愍帝紀》。

梁書 卷五

本紀第五

元　帝

世祖孝元皇帝諱繹，字世誠，小字七符，高祖第七子也。[1]天監七年八月丁巳生。[2]十三年，封湘東郡王，[3]邑二千户。初爲寧遠將軍、會稽太守，[4]入爲侍中、宣惠將軍、丹陽尹。[5]普通七年，[6]出爲使持節、都督荆湘郢益寧南梁六州諸軍事、西中郎將、荆州刺史。[7]中大通四年，[8]進號平西將軍。[9]大同元年，[10]進號安西將軍。[11]三年，進號鎮西將軍。[12]五年，入爲安右將軍、護軍將軍，[13]領石頭戍軍事。[14]六年，出爲使持節、都督江州諸軍事、鎮南將軍、江州刺史。[15]太清元年，[16]徙爲使持節、都督荆雍湘司郢寧梁南北秦九州諸軍事、鎮西將軍、荆州刺史。[17]三年三月，侯景寇没京師。[18]四月，太子舍人蕭韶至江陵宣密詔，[19]以世祖爲侍中、假黄鉞、大都督中外諸軍事、司徒承制，[20]餘如故。是月，世祖徵兵於湘州，湘州刺史河東王譽拒不遣。[21]六月丙午，[22]遣世子方等帥衆討譽，[23]戰所敗死。七月，[24]又遣鎮兵將軍鮑泉代討譽。[25]九月乙卯，雍州刺史岳陽王詧舉兵反，[26]來寇江陵，世祖嬰城拒守。[27]乙丑，詧將杜崱與其兄弟及楊混各率其衆來降。[28]丙寅，詧遁走。[29]鮑泉攻湘州不克，又遣左衛將軍王僧辯代將。[30]

[1]高祖：梁武帝廟號。

[2]天監：梁武帝年號（502—519）。八月丁巳生：《顔氏家訓·風操》："梁孝元年少之時，每八月六日載誕之辰，常設齋講。"丁巳正六日。

[3]湘東：郡名。治所在今湖南衡陽市。

[4]寧遠將軍：將軍名號。梁天監七年（508）革選，釐定將軍名號及班品，有一百二十五號十品二十四班，以班多者爲貴。寧遠將軍爲十三班。　會稽：郡名。治所在今浙江紹興縣。按，據梁元帝《金樓子》卷二《聚書篇》及卷五《著書篇》，其爲會稽太守之前有琅邪太守之任。

[5]侍中：官名。門下省長官，與給事黄門侍郎共掌侍從左右，擯相威儀，盡規獻納，糾正違闕等，並參與決策，是中樞集團重要成員。員四人。梁天監七年革選，定流内官職爲十八班，以班多者爲貴，侍中爲十二班。　宣惠將軍：各本皆作"宣威將軍"。考《隋書·百官志》，梁無"宣威將軍"之號。本書卷五〇《文學·劉杳傳》有"還除宣惠湘東王記室參軍"云云。又《文學·臧嚴傳》亦有"初爲湘東王侍讀，累遷王宣惠、輕車府參軍，兼記室"。又裴子野《丹陽尹湘東王善政碑》有云："有司奏以湘東王爲宣惠將軍、丹陽尹。既而下車爲政……"（《藝文類聚》卷五二）據知"宣威"當爲"宣惠"之訛，今改。宣惠將軍，梁置，與鎮兵、翊師、宣毅將軍代舊四中郎將。爲一百二十五號將軍之一，十七班。　丹

陽尹：官名。京師所在丹陽郡長官，掌治民。宋第三品，齊梁不詳。丹陽，郡名，治所在今江蘇南京市東。

[6]普通：梁武帝年號（520—527）。

[7]使持節：古代大臣奉皇帝之命出行，持節以爲憑證並示威重。魏晉以降以爲官名，有假節、持節、使持節之分，權力亦有小大之别，多爲都督諸州軍事及刺史總軍戎者。加使持節，可誅殺二千石以下官員。　荆湘郢益寧南梁：並州名。荆州，治所在今湖北荆州市；湘州，治所在今湖南長沙市；郢州，治所在今湖北武漢市武昌；益州，治所在今四川成都市；寧州，治所在今雲南曲靖市西；南梁州，治所在今四川閬中市。　西中郎將：將軍名號。爲統兵將領，帥師征伐，或鎮守某一地區爲方面大員，地位高於一般將軍。梁天監七年罷，後復置，爲二百四十二號、三十四班將軍之一，與一百二十五號將軍之十七班同班。

[8]中大通：梁武帝年號（529—534）。

[9]平西將軍：將軍名號。與平東、平南、平北將軍合稱四平將軍。多持節都督或監某一地區軍事，亦可作爲刺史兼理軍務的加官。梁一百二十五號將軍之一，二十班。

[10]大同：梁武帝年號（535—546）。

[11]安西將軍：將軍名號。與安東、安南、安北將軍合稱四安將軍。爲出鎮西方某地區的軍事長官，或作爲刺史兼理軍務的加官，權任頗重。梁爲一百二十五號將軍之一，二十一班。

[12]鎮西將軍：將軍名號。與鎮東、鎮南、鎮北將軍合稱四鎮將軍。多爲持節都督，出鎮方面，權任甚重。梁爲一百二十五號將軍之一，二十二班。

[13]安右將軍：將軍名號。梁置，與安左、安前、安後將軍合稱四安將軍，衹授予在京師任職者。爲一百二十五號將軍之一，二十一班。　護軍將軍：官名。掌京師以外諸軍，權任甚重。梁十五班。

[14]領：官制術語。已有實授主職，又兼領他官他職而不居其

位。　石頭戍：即石頭城戍所。石頭，在今江蘇南京市西清涼山，負山面江，形勢險要，爲六朝軍事要地。

[15]江州：州名。治所在今江西九江市西南。　鎮南將軍：將軍名號。梁一百二十五號將軍之一，二十二班。

[16]太清：梁武帝年號（547—549）。

[17]荆雍湘司郢寧梁南北秦：並州名。雍州，治所在今湖北襄樊市；司州，治所在今河南信陽市；梁州，治所在今陝西漢中市東；南秦州，治所在今甘肅成縣西北；北秦州，治所在今甘肅天水市。

[18]侯景：人名。本魏將，太清元年（547）附梁，二年反，三年攻陷建康。本書卷五六有傳。

[19]太子舍人：官名。東宫屬官，掌文記。梁定員十六人，三班。　蕭韶：人名。梁武帝兄懿之孫。《南史》卷五一《梁宗室》有傳。韶，舊本訛“歆”，今依中華書局本校改。　江陵：荆州刺史治所，即今湖北荆州市江陵。

[20]黄鉞：以黄金爲飾的鉞，古代帝王的儀仗。有時遣大臣出師，亦假以黄鉞以示威重。被授予加黄鉞的大將軍，權任極重，位在三公之上。不常授人。在軍事行動中，假黄鉞有誅殺持節高級將軍之權力。　大都督中外諸軍事：官名。不常置，總統禁衛軍、地方軍等全國各種軍隊，權力極大。多以他官兼任，無品階。一般多稱都督中外諸軍事。　司徒：官名。漢代爲三公之一，掌州郡民政，並參議大政。魏晉南北朝時多爲大臣加官。梁十八班。　承制：禀承皇帝旨意，代行其職權。

[21]河東王譽：梁昭明太子第二子蕭譽封爵號河東王。本書卷五五有傳。河東，郡名。治所在今湖北松滋縣西北。

[22]六月丙午：六月，舊本作“十月”，今依中華書局本校改。

[23]方等：梁元帝長子名。本書卷四四《世祖二子》有傳。按，百衲本本卷末有宋·曾鞏校語，云：“《方等傳》云‘至麻溪軍敗溺死’，《譽傳》云‘遣世子方等征之，反爲譽所敗死’，疑《紀》

闕誤。”

[24]七月：原作“是月”，今依中華書局本校改。

[25]鎮兵將軍：將軍名號。梁置，爲一百二十五號將軍之一，十七班。　鮑泉：人名。本書卷三〇有傳。

[26]岳陽王詧：梁昭明太子第三子蕭詧封爵號岳陽王。《周書》卷四八有傳。詧，“察”之異體字。

[27]嬰城：環城固守。

[28]杜崱（zè）：人名。本書卷四六有傳。

[29]顔之推《觀我生賦》自注：“孝元以河東不供船艎，乃遣世子方等爲刺史。大軍掩至，河東不暇遣拒。世子信用群小，貪其子女玉帛，遂欲攻之，故河東急而逆戰，世子爲亂兵所害。孝元發怒，又使鮑泉圍河東。而岳陽宣言大獵，即擁衆襲荆州，求解湘州之圍。時襄陽杜岸兄弟怨其見劫，不以實告，又不義此行，率兵八千夜降，岳陽於是遁走。”此可與本《紀》參看。

[30]左衛將軍：官名。與右衛將軍合稱二衛將軍，掌宫廷宿衛營兵，是禁衛軍主要將領。梁定員一人，十二班。　王僧辯：人名。本書卷四五有傳。

大寶元年，[1]世祖猶稱太清四年。正月辛亥朔，左衛將軍王僧辯獲橘三十子共蔕，以獻。

[1]大寶：梁簡文帝年號（550—551）。

二月甲戌，衡陽内史周弘直表言鳳皇見郡界。[1]

[1]衡陽：郡名。治所在今湖南株洲市西南。　内史：官名。王國行政長官，掌治民。宋第五品，梁班品不詳。　周弘直：人名。祖籍汝南安城。《陳書》卷二四《周弘正傳》有附傳。

夏五月辛未，王僧辯克湘州，斬河東王譽，湘州平。

六月，江夏王大款、山陽王大成、宜都王大封自信安間道來奔。[1]

[1]江夏王大款：梁簡文帝第三子蕭大款封爵號江夏王。《南史》卷五四有傳。江夏，郡名。治所在今湖北武漢市武昌。　山陽王大成：梁簡文帝第八子蕭大成封爵號山陽王。《南史》卷五四有傳。山陽，郡名。治所在今江蘇淮安市。　宜都王大封：梁簡文帝第九子蕭大封封爵號宜都王。《南史》卷五四有傳。宜都，郡名。治所在今湖北宜昌縣。　信安：縣名。治所在今湖北麻城市東北。　來奔：指來投奔江陵。

九月辛酉，以前郢州刺史南平王恪爲中衛將軍、尚書令、開府儀同三司，[1]中撫軍將軍世子方諸爲郢州刺史，[2]左衛將軍王僧辯爲領軍將軍。[3]改封大款爲臨川郡王，[4]大成爲桂陽郡王，[5]大封爲汝南郡王。[6]是月，任約進寇西陽、武昌，[7]遣左衛將軍徐文盛、右衛將軍陰子春、太子右衛率蕭慧正、巂州刺史席文獻等下武昌拒約。[8]以中衛將軍、尚書令、開府儀同三司南平王恪爲荆州刺史，鎮武陵。[9]

[1]南平王恪：梁武帝弟蕭偉之子恪嗣父爵爲南平王。《南史》卷五二有傳。南平，郡名。治所在今湖北公安縣西。　中衛將軍：將軍名號。梁代與中軍、中權、中撫將軍合稱四中將軍，祇授予在京師任職者，地位顯要。爲一百二十五號將軍之一，二十三班。

尚書令：官名。尚書省長官，掌參議大政，綜理政務。梁十六班。開府儀同三司：官名。非三公而儀制同於三公。梁諸將軍開府儀同三司爲十七班。

[2]中撫軍將軍：將軍名號。南朝梁一百二十五號將軍之一，亦稱中撫將軍或中撫軍，二十三班。　方諸：梁元帝第二子名。本書卷四四《世祖二子》有傳。

[3]領軍將軍：官名。朝廷禁衛軍最高統帥，權位隆重。梁十五班。

[4]臨川：郡名。治所在今江西南城縣東南。

[5]桂陽：郡名。治所在今湖南郴州市。

[6]汝南：郡名。治所在今河南汝南縣。

[7]任約：人名。侯景將，見本書卷五六《侯景傳》。　西陽：縣名。治所在今湖北黄岡市東。　武昌：縣名。治所在今湖北鄂州市。

[8]徐文盛：人名。本書卷四六有傳。　陰子春：人名。本書卷四六有傳。太子右衛率：官名。東宫屬官，與太子左衛率合稱太子二衛率，掌東宫宿衛營兵。梁十一班。　巂（xī）州：州名。治所在今湖北通城縣西北。

[9]武陵：縣名。治所在今湖南常德市。

十一月甲子，南平王恪、侍中臨川王大款、桂陽王大成、散騎常侍江安侯圓正、侍中左衛將軍張綰、司徒左長史曇等府州國一千人奉牋曰：[1]

竊以嵩岳既峻，山川出雲；大國有蕃，申甫惟翰。[2]豈非皇建斯極，[3]以位爲寶；[4]聖教辨方，[5]慎名與器。[6]是知太尉佐帝，[7]重華表黄玉之符；[8]司空相土，[9]伯禹降玄珪之錫。[10]伏惟明公大王殿下，命世應期，[11]挺生將聖，[12]忠爲令德，孝實天經，地切應、韓，[13]寄深旦、奭，[14]五品斯訓，[15]七政以齊，[16]志存社稷，功濟屯險。夷狄内侵，枕戈泣血，[17]鯨鯢未掃，[18]投袂勤王，[19]能使遊魂請盟以屈膝，醜徒銜璧而讋氣。[20]親蕃外叛，[21]釁均吴、楚，[22]義討申威，兵不血刃。湘波自息，[23]非築杜弢之壘，[24]峴山離貳，[25]不伐劉表之城。[26]九江致梗，[27]二别殊派，[28]纔命戈船，[29]底定灊、霍。[30]泝流窮討，路絶窺窬，[31]胡兵侵界，鐵馬霧合，神規獨運，[32]皆即梟懸，[33]翻同翅折，遂修職貢。[34]梁、漢合契，[35]肆犀利之兵，巴、漢俱下，[36]竭驍勇之陣。南通五嶺，[37]北出力原；[38]東夷不怨，[39]西戎即序。[40]可謂上流千里，持戟百萬，天下之至貴，四海之所推也。

[1]散騎常侍：官名。集書省長官，侍從左右，南朝時以掌圖書文翰爲主，地位較劉宋以前爲低。梁十二班。　江安侯圓正：梁武帝子蕭紀第二子圓正封爵號江安侯。《南史》卷五三《梁武帝諸子傳》有附傳。江安，縣名。治所在今湖北公安縣西北。　張綰：人名。本書卷三四《張緬傳》有附傳。　司徒左長史：官名。司徒府屬官，佐司徒掌官吏事。梁十二班。　曇：人名，其姓氏無考。牋：文體之一種。臣下上給太子或諸王的文書。

[2]《詩·大雅·崧高》有云："崧高維嶽，駿極于天。維嶽降神，生甫及申。維申及甫，維周之翰。"是歌頌申伯、甫侯藩屏周室的。此處用《詩》意，以申伯、甫侯比湘東王蕭繹。嵩，同"崧"。蕃，屏障。翰，楨幹。

［3］皇建斯極：帝王建立統治的準則。《尚書·洪範》："五皇極，皇建其有極。"皇，君主；極，準則。

［4］以位爲寶：《易·繫辭》："天地之大德曰生，聖人之大寶曰位。"

［5］聖教辨方：聖人教誨要辨正方位。《周禮·天官·冢宰》："惟王建國，辨方正位，體國經野，設官分職，以爲民極。"

［6］慎名與器：慎重對待名與器。《左傳·成公二年》："仲尼聞之，曰：'惜也，不如多與之邑。惟器與名，不可以假人，君之所司也。名以出信，信以守器，器以藏禮，禮以行義，義以生利，利以平民，政之大節也。若以假人，與人政也。政亡，則國家從之，弗可以止也已。'"

［7］太尉佐帝：太尉，指舜；帝，指堯。

［8］重華表黄玉之符：傳説堯時舜爲太尉，黄龍五彩負圖出，置舜前。圖以黄玉爲匣，白玉檢，黄金繩，芝爲泥，兩端曰"天黄帝符璽"五字。後堯禪位於舜。見《春秋運斗樞》。重華，即舜。舜目重瞳子，故名。見《史記》卷一《五帝本紀》。

［9］司空相土：司空，指禹。傳説舜命禹爲司空，掌水土事。見《尚書·舜典》。

［10］伯禹降玄珪之錫：傳説禹爲司空，分别土地以爲九州。水土既平，禹以玄圭爲贄而告成功於舜。見《尚書·禹貢》。錫，給予。

［11］命世：著名於當世。《漢書》卷三六《楚元王傳贊》："聖人不出，其間必有命世者焉。"後世亦稱治世之才爲命世。

［12］將聖：成爲聖人。《論語·子罕》："太宰問於子貢曰：'夫子聖者與？何其多能也？'子貢曰：'固天縱之將聖，又多能也。'"

［13］應、韓：周武王之子應叔、韓侯。《左傳·僖公二十四年》載富辰諫曰："昔周公吊二叔之不咸，故封建親戚以蕃屏周。……邘、晉、應、韓，武之穆也。"

［14］旦、奭：周公旦、召公奭，並周文王之子。武王滅商以

後，二公分陝而治，輔成王治天下。參《史記》卷三三《魯周公世家》及卷三四《燕召公世家》。

[15]五品：即五常。《尚書・舜典》："百姓不親，五品不遜。"《傳》："五品，謂五常。"《疏》："品，謂品秩，一家之内，尊卑之差，即父、母、兄、弟、子是也。"

[16]七政：指日、月和金、木、水、火、土五星。古以日月五星之運行比人君治理政事。

[17]枕戈："枕戈待旦"之略語。《世説新語・賞譽》劉孝標注引《晉陽秋》："劉琨與親舊書曰：'吾枕戈待旦，志梟逆虜，常恐祖生先吾著鞭耳！'"　泣血：《禮記・檀弓》："高子皋之執親之喪也，泣血三年。"《注》："言泣無聲，如血出。"

[18]鯨鯢：比喻凶惡的人。

[19]投袂：甩袖，表示立即行動。　勤王：出兵救助王朝。

[20]銜璧：古代國君死，口含璧玉。故戰敗出降之君銜璧以表示國亡當死。　讋（zhé）氣：因恐懼而不敢出氣。

[21]親藩：指岳陽王蕭詧、河東王蕭譽等。

[22]吴、楚：吴國、楚國。漢景帝時吴、楚等七國叛亂。

[23]湘波自息：比喻元帝斬湘州刺史河東王譽，平定湘州。

[24]杜弢：人名。晉蜀郡成都人。曾盤踞湘中，對抗朝廷。朝廷征討，反爲所敗。事見《晉書》卷七〇《杜弢傳》。

[25]峴山離貳：峴山，山名。在雍州治所今湖北襄陽縣南。此處代指雍州刺史岳陽王詧。蕭詧與元帝有隙，恐不能自固，遂稱藩於魏。詳《周書》卷四八《蕭詧傳》。

[26]劉表：人名。漢末山陽高平人。獻帝初爲荆州牧，鎮襄陽，擁兵自固。建安十三年（208），曹操討之，兵未至而表病卒，其集團隨之瓦解。事見《三國志》卷六《魏書・劉表傳》。

[27]九江：水名。在江州境内。此處代指江州刺史尋陽王蕭大心。　致梗：指蕭大心以州降侯景事。詳本書卷四四《太宗十一王・蕭大心傳》。

［28］二别：大别山、小别山。在今安徽、河南、湖北交界一帶。　殊派：比喻郢州刺史邵陵王綸不與元帝同心。

［29］纔命戈船：指梁元帝命王僧辯帥舟師一萬逼蕭綸事。見本書卷二九《高祖三王·邵陵王綸傳》。

［30］底（zhǐ）定：達到平定。底，又作“厎”。　灊（qián）、霍：灊，灊邑，春秋時楚邑，在今安徽霍山縣東北；霍，霍山，即今安徽霍山縣南天柱山。

［31］窺窬：伺隙而動。

［32］神規：神奇的謀畫。

［33］梟懸：殺人懸首於木上以示衆。

［34］職貢：職方的貢物。

［35］梁、漢：漢景帝時，吴楚七國之亂發，梁孝王使韓安國、張羽等爲大將軍以拒吴楚，配合漢王朝平定叛亂。事詳《史記》卷五八《梁孝王世家》。此處以漢比梁王朝，以梁孝王比蕭繹。

［36］巴、漢：巴，指巴陵，即今湖南岳陽市；漢，指漢口，漢水入長江之口，即今湖北武漢市漢口。

［37］五嶺：即越城、都龐、萌渚、騎田、大庾五嶺的總稱。在今湘、贛與桂、粤等省交界處。

［38］力原：中華書局本《校勘記》：“地名不見有名‘力原’者，疑有誤。或謂是‘九原’之訛，但是時北魏都洛陽，漢水以北皆是魏土，漢九原在今後套東北，不容遠指九原以對五嶺爲言。”

［39］東夷不怨：相傳湯征不義，自葛國始，東征西夷怨，南征北狄怨，曰：“奚獨後予!”見《尚書·仲虺之誥》。此用以指元帝征討，受到東部地區的擁護。

［40］西戎即序：《尚書·禹貢》：“織皮：崐崘、析支、渠搜、西戎即叙。”西戎，西域；即，就；序，次序。“叙”、“序”同。

今海水飛雲，[1]崑山起燎，[2]魏文悲樂推之歲，[3]韓宣歎成禮之日，[4]陽臺之下，[5]獨有冠蓋相趨；夢水之傍，[6]尚致車輿結轍。麰麥兩穗，[7]出於南平之邦，[8]甘露泥枝，降乎當陽之境，[9]野蠶自績，何謝歐絲，[10]閑田生稻，寧殊雨粟。[11]莫非品物咸亨，[12]是稱文明光大，豈可徽號不彰於彝典，[13]明試不陳乎車服者哉！[14]

[1]海水飛雲：比喻四海不靖，國家不安寧。

[2]崑山起燎：比喻天下大亂。《尚書・胤征》："火炎崐岡，玉石俱焚。"

[3]魏文：指魏文帝曹丕。漢獻帝建安二十五年（220）正月，曹操死，曹丕嗣位爲丞相、魏王，改元延康。十月，獻帝下詔禪位，百僚勸進。曹丕以天下未定，三讓乃受。見《三國志》卷二《文帝紀》及裴松之注。　樂推：語出《老子》："是以聖人處上而民不重，處前而民不害；是以天下樂推而不厭。"後世王朝更迭，常以"樂推"爲辭，言得衆人之擁戴。

[4]韓宣：即韓宣子，名起，春秋時晉人。《左傳・昭公二年》："春，晉侯使韓宣子來聘，且告爲政，而來見，禮也。觀書於大史氏，見《易・象》與《魯春秋》，曰：'周禮盡在魯矣，吾乃今知周公之德與周之所以王也。'"

[5]陽臺：指陽臺山，在今湖北漢川縣南。時屬荆州。

[6]夢水：指雲夢澤，在今湖北雲夢、鍾祥、荆門、枝江、洪湖等長江南北一帶。時屬荆州。

[7]麰（móu）：大麥。

[8]南平：郡名。治所在今湖北公安縣西。

[9]當陽：縣名。治所在今湖北當陽市。

[10]歐絲：吐絲。《山海經・海外北經》："歐絲之野，在大踵東，一女子跪，據樹歐絲。"

[11]雨粟：天降粟。《淮南子·本經訓》："昔者蒼頡作書，而天雨粟，鬼夜哭。"

[12]品物：衆物。　亨：通。

[13]彝典：常規、法度。

[14]車服：車駕和禮服。《尚書·舜典》："明試以功，車服以庸。"《傳》："功成則賜車服，以表顯其能用。"

昔晉、鄭入周，[1]尚作卿士；[2]蕭、曹佐漢，[3]且居相國。宜崇兹盛禮，顯答羣望。恪等稽尋甲令，[4]博詢惇史，[5]謹再拜上，進位相國，總百揆，[6]竹使符一，[7]别准恒儀。杖金斧以翦逆暴，[8]乘玉輅而定社稷。[9]傍羅麗於日月，貞明合于天地。扶危翼治，[10]豈不休哉！

恪等不通大體，自昧伏奏以聞。

[1]晉、鄭：春秋時諸侯國名。曾入輔周王室。

[2]卿士：春秋時官稱，執政的王卿。

[3]蕭、曹：指漢開國功臣蕭何、曹參。二人先後爲相國。見《史記》卷五三《蕭相國世家》、卷五四《曹相國世家》。

[4]甲令：朝廷所頒佈的法令。

[5]惇史：有德行之人的言行記録。

[6]百揆：等於説百官。

[7]竹使符：漢代分與郡國守相的信符。右留京師，左與郡國。《漢書》卷四《文帝紀》顔師古注引應劭曰："竹使符皆以竹箭五枚，長五寸，鎸刻篆書，第一至第五。"

[8]杖：持。　金斧：兵器。

[9]玉輅：以玉爲飾的帝王專用車。

[10]翼：輔佐。

世祖令答曰：[1]"數鍾陽九，[2]時惟百六，[3]鯨鯢未翦，瘖瘵痛心。周粵天官，[4]秦稱相國，東至于海，西至于河，南次朱鳶，[5]北漸玄塞。[6]率玆小宰，[7]弘斯大德。將何用繼蹤曲阜，[8]擬跡桓、文，[9]終建一匡，肅其五拜。[10]雖義屬隨時，事無虚紀，傳稱皆讓，[11]《象》著鳴謙，[12]瞻言前典，再懷哽恧。"[13]

[1]令：《隋書·百官志》："諸王言曰令。"

[2]數：命運。　鍾：當，恰遇。　陽九：古代術數家以陽九爲陽數之窮。數當陽九，則爲灾荒或厄運。參《容齋續筆》卷六"百六陽九"條。

[3]百六：古代術數家以百六爲陰數之窮。時逢百六，則爲厄運。

[4]粵：通"曰"。　天官：官名。周代以宰相爲天官，爲百官之長。

[5]朱鳶（yuān）：古縣名。屬交趾郡，故地在今越南河内南。古以爲南方極遠之地。《藝文類聚》卷七四梁元帝《職貢圖讚》有云："北通玄菟，南漸朱鳶。"庾信《擬咏懷》九："北臨玄菟郡，南戍朱鳶城。"

[6]玄塞：指長城。《文選》卷三七曹子建《求自試表》李善注："玄塞，長城也。北方色黑，故曰玄。"

[7]小宰：官名。周代天官的屬官。佐大宰管理政令。

[8]曲阜：邑名。周武王滅紂，封周公旦於魯，先都河南魯山，後遷山東曲阜。見《史記》卷三三《魯周公世家》。此處用以代指周公旦。參安作璋主編《山東通史》先秦卷。

[9]桓、文：指春秋時齊桓公、晉文公。二人並以諸侯之長而

奉周王室。

[10]五拜：古代諸侯朝見天子之禮，自入至出，凡五拜。參《通典》卷七四《禮三四》。

[11]傳：經傳。此指《禮記》。《禮記·曲禮》："是以君子恭敬撙節退讓以明禮。"

[12]《象》：指《易》卦象。《易·謙》："六二，鳴謙，貞吉。"《疏》："鳴謙者，謂聲名也。二處正得中，行謙廣遠，故曰鳴謙。"後用以指謙抑。

[13]哽恧（nǜ）：悲慚。

十二月壬辰，以定州刺史蕭勃爲鎮南將軍、廣州刺史。[1]遣護軍將軍尹悦、巴州刺史王珣、定州刺史杜幼安帥衆下武昌，[2]助徐文盛。

[1]定州：州名。治所在今湖北麻城市東北。　蕭勃：人名。梁宗室。《南史》卷五一《梁宗室》有傳。　廣州：州名。治所在今廣東廣州市。

[2]巴州：州名。治所在今湖南岳陽縣。　定州刺史杜幼安：中華書局本《校勘記》："'幼'各本訛'多'，據本書《徐文盛傳》及《通鑑》改正。按：杜幼安附本書《杜崱傳》，謂幼安爲西荆州刺史，與此不同。"

大寶二年，世祖猶稱太清五年。二月己亥，魏遣使來聘。[1]

三月，侯景悉兵西上，會任約軍。

四月丙午，[2]景遣其將宋子仙、任約襲郢州，執刺史蕭方諸。戊申，徐文盛、陰子春等奔歸，王珣、尹悦、杜幼安並降賊。庚戌，領軍將軍王僧辯帥衆屯巴陵。[3]甲子，景進寇巴陵。

[1]《御覽》卷三〇七《兵部》三八引《後梁略》曰："大寶元年，西魏將楊忠來逼荆鎮。上懼其至，送遣犒軍，既而與忠結盟，並送質子與魏相約爲兄弟之親。於是聘使往還，相望道路。"

[2]四月丙午：中華書局本《校勘記》："各本作'閏四月丙午'。按：大寶二年閏三月，不閏四月。閏三月甲戌朔，無丙午。《通鑑》作'四月丙午'，是。今據《通鑑》删'閏'字。"按，據本書《簡文帝紀》，侯景閏三月乙亥遣宋子仙、任約襲郢州。丙子，執郢州刺史蕭方諸。與此處所紀時間不一。參《四庫全書總目提要·史部·正史類·梁書提要》。

[3]巴陵：縣名。治所在今湖南岳陽市。

五月癸未，世祖遣游擊將軍胡僧祐、信州刺史陸法和帥衆下援巴陵。[1]任約敗，景遂遁走。以王僧辯爲征東將軍、開府儀同三司、尚書令，[2]胡僧祐爲領軍將軍，陸法和爲護軍將軍。仍令僧辯率衆軍追景，所至皆捷。

[1]游擊將軍：官名。禁衛軍六軍之一，掌侍衛左右。梁十班。據《隋書·百官志》，梁天監六年（507）改"游擊曰游騎"，此蓋仍舊稱。又，據本書卷四六《胡僧祐傳》，僧祐時爲武猛將軍，與此紀異。　信州：州名。治所在今四川奉節縣東白帝城。　陸法和：人名。隱居江陵，侯景將任約攻江陵，法和詣元帝求爲其將以討侯景。後以郢州降北齊。《北齊書》卷三二有傳。

[2]征東將軍：將軍名號。與征西、征南、征北將軍合稱四征

將軍。多爲持節都督，出鎮方面，地位顯要。梁爲一百二十五號將軍之一，二十三班。

八月甲辰，僧辯下次湓城。[1]辛亥，以鎮南將軍、湘州刺史蕭方矩爲中衛將軍。[2]司空、征南將軍南平王恪進號征南大將軍、湘州刺史，[3]餘如故。

[1]湓城：城名。一名湓口城，在今江西九江市。

[2]蕭方矩：人名。梁元帝第四子。本書卷八有傳。

[3]征南將軍：將軍名號。梁一百二十五號將軍之一，二十三班。《隋書·百官志》："諸將軍加大者，唯至貞毅而已，通進一階。"

九月己亥，以征東將軍、開府儀同三司、尚書令王僧辯爲江州刺史，餘如故。盤盤國獻馴象。[1]

[1]盤盤國：古國名。其地在今馬來西亞加里曼丹北部沙撈越或沙巴和文萊境内，或説在今泰國南部萬倫灣一帶。本書卷五五《諸夷傳》有傳。

冬十月辛丑朔，有紫雲如車蓋，臨江陵城。[1]是月，太宗崩。[2]侍中、征東將軍、開府儀同三司、江州刺史、尚書令、長寧縣侯王僧辯等奉表曰：[3]

[1]江陵城：城名。荆州刺史鎮所，在今湖北荆州市江陵。

[2]太宗：梁簡文帝廟號。

[3]長寧：縣名。治所在今湖北荆門市西北。按，《陳書》卷一

九《沈炯傳》有云："及簡文遇害，四方岳牧皆上表於江陵勸進，僧辯令炯製表，其文甚工，當時莫有逮者。"據知本紀王僧辯勸進之表皆爲沈炯撰。又《藝文類聚》卷一四亦以爲沈炯作。

衆軍薄伐，[1]塗次九水，[2]即日獲臨城縣使人報稱：[3]侯景弑逆皇帝，賊害太子，宗室在寇庭者，並罹禍酷。六軍慟哭，[4]三辰改曜。[5]哀我皇極，[6]四海崩心。我大梁纂堯構緒，[7]基商啓祚。[8]太祖文皇帝徇齊作聖，[9]肇有六州。[10]高祖武皇帝聰明神武，奄龕天下。[11]依日月而和四時，履至尊而制六合。麗正居貞，[12]大橫固祉。[13]四葉相係，[14]三聖同基。[15]蠢爾凶渠，[16]遂憑天邑。[17]閶闔受白登之辱，[18]象魏致堯城之疑。[19]雲扆承華，[20]一朝俱酷。金楨玉幹，[21]莫不同寃。悠悠彼蒼，[22]何其罔極！[23]

[1]薄伐：征伐。

[2]九水：即九江。

[3]臨城縣：縣名。治所在今安徽青陽縣南。

[4]六軍：周代典制，天子有六軍，諸侯國有三軍、二軍、一軍不等。後世以六軍作爲軍隊之統稱。

[5]三辰：指日、月、星。

[6]皇極：指帝王之位或王室。

[7]大梁纂堯構緒：大梁繼承堯的統系。秦漢方士以金、木、水、火、土五行相生相克的道理來附會王朝的興替命運，稱爲五德。據此説，堯爲火德，梁也是火德，故云。

[8]基商啓祚：商爲水德，梁火德承閏水而生，故云。

[9]太祖文皇帝：梁武帝父蕭順之卒於齊世，梁武即位，追尊爲文皇帝，廟號太祖。　徇齊：《史記》卷一《五帝本紀》："黄帝者……弱而能言，幼而徇齊。"裴駰《集解》："徇，疾；齊，速也。言聖德幼而疾速也。"

[10]六州：《逸周書·程典》："文王合六州之侯，奉勤於商。"此以梁太祖比周文王。

[11]奄龕：擁有。

[12]麗正居貞：遵循正道，登上帝位。麗，遵循。貞，正。

[13]大横：卦兆名，天子之兆。《史記》卷一〇《孝文帝紀》載，漢丞相陳平、太尉周勃等滅諸吕，將迎立代王劉恒。"代王報太后計之，猶與未定。卜之龜，卦兆得大横。占曰：'大横庚庚，余爲天王，夏啓以光。'代王曰：'寡人固已爲王矣，又何王?'卜人曰：'所謂天王者乃天子。'"司馬貞《索隱》："荀悦云：'大横，龜兆横理也。'按：'庚庚'猶'更更'，言以諸侯更帝位也。"

[14]四葉：指自梁太祖至簡文帝太子蕭大器，凡四代。

[15]三聖：指梁太祖、高祖、簡文帝。

[16]凶渠：即元凶。指侯景。《藝文類聚》卷一四作"羯胡"。

[17]憑：即憑陵，侵凌。　天邑：指京師。

[18]閶闔：宫門。　白登之辱：白登，山名。在今山西大同市東。山上有白登臺。漢七年（前200），匈奴冒頓圍漢高祖於白登，七日乃解。詳《史記》卷九三《韓王信列傳》。此處用以比侯景占領京師，梁武受辱。

[19]象魏：宫廷外的闕門，朝廷懸法之處。　堯城之疑：堯城，城名，故址在今山東鄄城縣東北。相傳堯德衰，舜囚堯於此。參《史記》卷一《五帝本紀》張守節《正義》引《括地志》。

[20]雲扆（yǐ）：皇宫門名。此處代指簡文帝蕭綱。　承華：太子宫門名。此處代指太子蕭大器。

[21]金楨玉幹：築墻時所用木柱，竪於兩端的叫做楨，竪於兩旁的叫幹。此處用以比喻朝廷有才能的大臣。

[22]彼蒼：指天。《詩·秦風·黄鳥》："彼蒼者天，殲我良人。"

[23]罔極：不正，不合中正之道。

臣聞喪君有君，[1]《春秋》之茂典；以德以長，[2]先王之通訓。少康則牧衆撫職，[3]祀夏所以配天；平王則居正東遷，[4]宗周所以卜世。[5]漢光以能捕不道，[6]故景歷重昌；[7]中宗以不違羣議，[8]故江東可立。儔今考古，[9]更無二謀。伏惟陛下至孝通幽，英武靈斷，當七九之厄，[10]而應千載之期，[11]啓殷憂之明，而居百王之會。取威定霸，巘阻艱難，建社治兵，載循古道。家國之事，一至於斯。天祚大梁，必將有主。軒轅得姓，存者二人；[12]高祖五王，代實居長。[13]乘屈完而陳諸侯，[14]拜子武而服大輅。[15]功齊九有，[16]道濟生民。非奉聖明，誰嗣下武！[17]

[1]喪君有君：失去故君，更立新君。春秋時，晉與秦戰於韓原，秦伯獲晉侯以歸，乃許晉平。晉侯使郤乞告瑕吕飴甥，且召之。吕甥曰："將若君何！"衆曰："何爲而可？"對曰："征繕以輔孺子。諸侯聞之，喪君有君，群臣輯睦，甲兵益多。好我者勸，惡我者懼。庶有益乎！"見《左傳·僖公十五年》。

[2]以德以長：古代帝王立繼承人的兩條原則。《春秋公羊傳·隱公元年》："立嫡以長不以賢，立子以貴不以長。"

[3]少康：人名。夏帝相之子。帝相被臣羿篡殺，其妃有仍氏女后緡歸有仍氏，生少康。後來，帝相之遺臣立少康，少康滅羿以承夏祀。參《史記》卷二《夏本紀》及其《索隱》、《正義》。　牧：

《藝文類聚》卷一四作“收”。

[4]平王：名宜臼，周幽王之太子。幽王時，犬戎入侵，幽王被殺。平王立，東遷洛邑，以奉周祀。詳《史記》卷四《周本紀》。

[5]卜世：用占卜預測傳國的世數。傳説周成王定鼎於郟鄏，卜世三十，卜年七百，知周王朝統治時間之長。詳《左傳·宣公三年》。

[6]漢光：漢光武帝劉秀。西漢王莽篡位，劉秀兄弟起兵，終於平定天下，建立東漢王朝。詳《後漢書》卷一《光武帝紀》。

[7]景歷：盛歷。此指漢王朝政權。

[8]中宗：晉元帝司馬睿廟號。西晉永嘉（307—313）亂後，司馬睿平定江東，建立東晉王朝。詳《晉書》卷六《元帝紀》。

[9]儔：通“籌”。計度。

[10]七九之厄：指災難之年。宋·洪邁《容齋續筆》卷六“百六陽九”條云：“史傳稱百六陽九爲厄會，以曆志考之，其名有八。初入元百六曰陽九，次曰陰九。又有陰七、陽七，陰五、陽五，陰三、陽三，皆謂之災歲。”

[11]千載之期：即千載一時之期，極言難得之時。

[12]軒轅：即黄帝軒轅氏。相傳黄帝軒轅氏二十五子，得姓者十四人。正妃所生二子其後皆有天下，其一曰玄囂，其二曰昌意。見《史記》卷一《五帝本紀》。

[13]高祖：漢高祖劉邦。陳平、周勃等已誅諸吕，時劉邦八男中存者五王。議者以爲“代王方今高帝見子，最長，仁孝寬厚”，遂立爲天子。詳《史記》卷九《吕太后本紀》。

[14]春秋時，齊國率領諸侯之師將進攻楚國，師次於召陵。楚國派使者屈完到齊軍中談判。“齊侯陳諸侯之師，與屈完乘而觀之”，向屈完炫示武力，曰：“以此衆戰，誰能禦之？以此攻城，何城不克？”事見《左傳·僖公四年》。此處以齊侯比湘東王蕭繹。

[15]公元前632年，晉、楚城濮之戰，楚人敗，晉侯獻楚俘於周襄王，“王命尹氏及王子虎、内史叔興父策命晉侯爲侯伯，賜之

大輅之服，戎輅之服，彤弓一、彤矢百，玈弓矢千，秬鬯一卣，虎賁三百人"。晉侯重耳拜受。事見《左傳·僖公二十八年》。　子武：即子虎。姚思廉避唐諱改。　大輅：大車。此處以晉侯比湘東王蕭繹。

[16]齊：《藝文類聚》卷一四作"高"。　九有：九州。

[17]下武：《詩·大雅》有《下武》篇，《序》云："《下武》，繼文也。武王有聖德，復受天命，能昭先人之功焉。"此處用以比湘東王蕭繹。

臣聞日月貞明，[1]太陽不可以闕照；天地貞觀，[2]乾道不可以久愓。[3]黄屋左纛，[4]本爲億兆而尊；鸞輅龍章，[5]蓋以郊禋而貴。[6]寶器存乎至重，[7]介石慎於易差。[8]黔首豈可少選無君，[9]宗祏豈可一日無主。伏願陛下掃地升中，[10]柴天改物。[11]事迫凶危，運鍾擾攘，蓋不勞宗正奉詔，[12]博士擇時，[13]南面既可居尊，西向無所讓德。四方既知有奉，八百始可同期。[14]殘寇潛居，器藏社處，[15]乾象既傾，[16]坤儀已覆，[17]斬莽輗車，[18]燒卓照市，[19]廓清函夏，[20]正爲塋陵，[21]開雪宫闈，庶存鍾鼎，[22]彼黍離離，[23]伊何可言。陛下繼明闡祚，即宫舊楚。[24]左廟右社之制，[25]可以權宜；五禮六樂之容，[26]歲時取備。金芝九莖，[27]瓊茅三脊。[28]要衛率職，[29]尉候相望。[30]坐廟堂以朝四夷，[31]登靈臺而望雲物，[32]禪梁甫而封泰山，[33]臨東濱而禮日觀。[34]然後與三事大夫，[35]更謀都鄙。[36]左瀍右澗，[37]夾雒可以爲居，[38]抗殿疏龍，[39]惟王可以在鎬，[40]何必勤勤建業也哉。[41]

臣等不勝控款之至，[42]謹拜表以聞。

[1]日月貞明：《易·繫辭下》："日月之道，貞明者也。"《疏》："言日月照臨之道，以貞正得一而爲明也。"

[2]天地貞觀：《易·繫辭下》："天地之道，貞觀者也。"《疏》："謂天覆地載之道，以貞正得一，故其功可爲物之所觀也。"

[3]乾道：天道。 惕：憂懼。

[4]黄屋：古代帝王車蓋。因其以黄繒爲蓋裏，故名。 左纛：古代帝王車駕左邊的大旗。

[5]鸞輅：古代天子之車。 龍章：古代帝王諸侯的禮服。因其爲龍形圖紋，故稱。

[6]郊禋：古代祀天的大祭。

[7]寶器：指帝位。

[8]介石：比喻安静堅確之德。《易·豫》："六二，介於石，不終日，貞吉。"《繫辭下》釋云："介如石焉，寧用終日，斷可識矣。君子知微知彰，知柔知剛，萬夫之望。"

[9]少選：不多久。

[10]掃地：掃除地上塵土，准備祭祀。 升中：帝王祭天上告成功。

[11]柴天：燒柴祭天。 改物：改變前代的文物制度，即建立新王朝。

[12]宗正：即宗正卿，官名。梁十二卿之一，掌皇室外戚之籍。以宗室爲之。梁十三班。

[13]博士：本秦官，職通古今，備顧問。梁有國子博士，掌國子學教授，九班；五經博士，掌五經，六班；太學博士，亦掌儒家經典，二班。

［14］八百：指八百諸侯。史載周武王將伐紂，“不期而會盟津者八百諸侯”。見《史記》卷四《周本紀》。

［15］器藏社處：帝位潛藏，社神隱退。

［16］乾象：《易》乾卦象天，故以乾象代指天。

［17］坤儀：《易》坤卦象地，故以坤儀代指地。《文選》卷二五劉越石《答盧諶詩》：“乾象棟傾，坤儀舟覆。”

［18］斬莽輗車：莽，王莽；輗，固定車轅和衡的銷子。漢更始元年（23），王匡等攻洛陽，入城，王莽出白虎門，和新公王揖奉車待門外，莽就車之漸臺。商人杜吴斬莽，軍人分裂莽身，肢節肌骨臠分，争相殺者數十人。詳《漢書》卷九九《王莽傳》。

［19］燒卓照市：卓，董卓。漢獻帝初平三年（192），吕布殺董卓，暴屍於市。至晚，守屍吏爲大炷置卓臍中以爲燈，光明達旦，如是積日。詳《三國志》卷六《魏書·董卓傳》及裴松之注引《英雄記》。

［20］函夏：全中國。

［21］塋陵：帝王的陵墓。

［22］鍾鼎：古代彝器的通稱。常用以象徵國家政權。

［23］彼黍離離：《詩·王風·黍離》之首句。《序》云：“《黍離》，閔宗周也。周大夫行役至于宗周，過故宗廟宫室，盡爲禾黍，閔周室之顛覆，彷徨不忍去而作是詩。”

［24］舊楚：指江陵。荆州刺史治所江陵，爲舊楚都之所在。

［25］左廟右社：古代宫城之制，太廟居左，太社居右。此處指宫城的規模制度。

［26］五禮：指嘉、賓、軍、吉、凶五種禮儀。見《周禮·春官·大宗伯》，參本書卷二五《徐勉傳》。　六樂：《周禮·地官·保氏》：“保氏掌諫王惡，而養國子以道。乃教之六藝：一曰五禮，二曰六樂。”《注》：“六樂：《雲門》、《大咸》、《大韶》、《大夏》、《大濩》、《大武》也。”

［27］金芝九莖：古所謂祥瑞之物。《漢書》卷八《宣帝紀》神

爵元年（前61）三月詔："金芝九莖産於函德殿銅池中。"金芝，仙草名。

[28]瓊茅三脊：即三脊茅，茅草之一種。相傳三脊茅産於江淮之間楚越之地，故古以得到脊茅象徵平服楚越之地。

[29]率職：奉行職事。

[30]尉候：候問。尉，通"慰"。

[31]廟堂：朝廷。

[32]靈臺：臺名。古代觀測天象之所。　雲物：天象雲氣之色。

[33]禪梁甫而封泰山：《大戴禮·保傅》："封泰山而禪梁甫。"古代帝王祭祀天地，在泰山上築土爲壇祭天，報天之功，叫做封；在泰山下梁甫山上闢場祭地，報地之功，叫做禪。

[34]東濱：東海之濱。　日觀：泰山東南之日觀峰。

[35]三事大夫：三公。

[36]都鄙：偏義複詞，指都城。

[37]左瀍右澗：指洛陽。周成王時，周公卜宅於洛，有云："我乃卜澗水東，瀍水西，惟洛食，我又卜瀍水東，亦惟洛食。"意謂瀍澗之間可以爲都城。見《尚書·洛誥》。又，六臣注《文選》卷三張平子《東京賦》："泝洛背河，左伊右瀍。"亦作"瀍"。按，"瀍"爲"瀍"之異體字。

[38]雒："洛"之異體字。

[39]抗殿疏龍：指長安宮殿。《文選》卷二張平子《西京賦》："正紫宮於未央，表嶢闕於閶闔。疏龍首以抗殿，狀巍峨以岌嶪。"龍，即"龍首"之略。六臣注："龍首，山名。疏之構殿於上，故言。抗，舉也。"

[40]鎬：即鎬京。又稱西都或西京。

[41]勤勤：殷勤。

[42]控款：誠懇。控，通"悾"。

世祖奉諱,[1]大臨三日,[2]百官縞素。[3]乃答曰:“孤以不德,天降之災,枕戈飲膽,[4]扣心泣血。[5]風樹之酷,[6]萬始不追;霜露之哀,[7]百憂總萃。甫聞伯升之禍,[8]彌切仲謀之悲。[9]若封豕既殲,長蛇即戮,[10]方欲追延陵之逸軌,繼子臧之高讓,[11]豈資秋亭之壇,[12]安事繁陽之石。[13]侯景,項籍也;[14]蕭棟,[15]殷辛也。[16]赤泉未賞,[17]劉邦尚曰漢王;白旗弗懸;[18]周發猶稱太子。[19]飛龍之位,[20]孰謂可躋;[21]附鳳之徒,[22]既聞來議。羣公卿士,其諭孤之志,無忽!”司空南平王恪率宗室五十餘人,領軍將軍胡僧祐率羣僚二百餘人,江州别駕張佚率吏民三百餘人,[23]並奉牋勸進。[24]世祖固讓。

[1]奉諱:古人諱死者名,故稱居喪爲奉諱。

[2]臨:哭吊。

[3]縞素:穿白色喪服。

[4]飲膽:意同“卧薪嘗膽”之“嘗膽”。事詳《史記》卷四一《越王勾踐世家》。

[5]扣心泣血:形容極度悲痛。《文選》卷四一李少卿《答蘇武書》:“此陵所以仰天椎心而泣血也。”扣心,意同“椎心”。

[6]風樹之酷:指父母喪亡,不得奉養之痛。《韓詩外傳》卷九:皋魚被褐擁鐮,哭於道旁。孔子曰:“子何哭之?”對曰:“樹欲静而風不止,子欲養而親不待也。吾請從此辭矣。”

[7]霜露之哀:《禮記·祭義》:“霜露既降,君子履之,必有悽愴之心。”

[8]伯升之禍:伯升,漢光武帝之兄劉伯升。初,光武帝與兄伯升共起兵反王莽。伯升功績卓著,後被更始帝殺害,光武悲痛異

常。事見《後漢書》卷一《光武帝紀》。此處以伯升比蕭綱。

[9]仲謀之悲：仲謀，三國時吴主孫權字仲謀，孫策之弟。建安五年（200），曹操與袁紹相持於官渡，孫策謀襲許昌，迎獻帝。事未及行而孫策爲人所殺。策將死，以事授弟權，權痛哭不止。事見《三國志》卷四七《吴主傳》。此處蕭繹以孫權自比。

[10]封豕、長蛇：皆貪婪、凶殘之物。此處比喻侯景。封，大。

[11]意謂將追隨古代的季札和子臧，以天下讓。《左傳·襄公十四年》："吴子諸樊既除喪，將立季札。季札辭曰：'曹宣公之卒也，諸侯與曹人不義曹君，將立子臧。子臧去之，遂弗爲也，以成曹君。君子曰：能守節。君，義嗣也，誰敢奸君！有國，非吾節也。札雖不才，願附於子臧，以無失節。'固立之，棄其室而耕，乃舍之。"　延陵：吴公子季札居於延陵，故以延陵代稱之。

[12]秋亭之壇：在今河北内丘縣北。《後漢書·郡國志》："高邑故鄗，光武更名。刺史治。有千秋亭、五成陌，光武即位於此矣。"秋亭，即千秋亭。

[13]繁陽之石：繁陽，在今河南内黄縣西北。《三國志》卷二《魏文帝紀》："漢帝以衆望在魏，乃召群公卿士，告祠高廟，使兼御史大夫張音持節奉璽綬禪位……乃爲壇於繁陽，庚午，王升壇即阼，百官陪位。"

[14]項籍：項羽名籍。見《史記》卷七《項羽本紀》。

[15]蕭棟：梁昭明太子之孫。侯景廢簡文帝，奉棟爲主，改元天正。《南史》卷五三《梁武帝諸子傳》有附傳。

[16]殷辛：殷紂王名辛。見《史記》卷三《殷本紀》。

[17]赤泉未賞：意謂項羽未死。史載，項羽兵敗，烏江自刎，王翳取其頭，楊喜、吕馬童、吕勝、楊武各得其一體。劉邦因封楊喜爲赤泉侯。事見《史記》卷七《項羽本紀》。

[18]白旗弗懸：指商紂王未滅。相傳，周武王伐紂，持大白旗以指揮諸侯。紂自焚而死。武王以黄鉞斬紂頭，懸之大白之旗。事

見《史記》卷四《周本紀》。

[19]周發：即周武王發，文王之太子。滅紂後，發方登天子之位。

[20]飛龍之位：即帝王之位。《易·乾》："九五，飛龍在天，利見大人。"飛龍在天，居於高位，故以比帝王君臨天下。

[21]躋：升。

[22]附鳳之徒：指依附帝王以建立功業的人。

[23]別駕：別駕從事史之簡稱，官名。州府屬官，與西曹書佐共掌官吏及選舉事。江州別駕，梁六班至五班。

[24]勸進：勸即帝位。

十一月乙亥，王僧辯又奉表曰：

紫宸曠位，[1]赤縣無主，[2]百靈聳動，[3]萬國回皇。[4]雖醉醒相扶，同歸景亳，[5]式歌且誦，總赴唐郊，[6]猶懼陛下俛首潛然，讓德不嗣。傳車在道，方慎宋昌之謀；[7]法駕已陳，尚杜耿純之勸。[8]岳牧翹首，[9]天民累息。[10]

[1]紫宸：帝王或帝位的代稱。

[2]赤縣：指中國。《史記》卷七四《孟子荀卿列傳》附《鄒衍傳》："中國名赤縣神州。"

[3]百靈：百神。

[4]回皇：徘徊，遲疑不定。

[5]同歸景亳：即同歸商湯。景亳，地名。商都三亳之一，一說在今山東曹縣，一說在今河南商丘縣北。相傳湯修德，諸侯皆歸湯，湯於此盟會諸侯，率兵以伐夏桀。參《史記》卷二《夏本紀》及《初學記》卷二四引皇甫謐《帝王世紀》。

[6]總赴唐郊：即總赴帝堯。相傳帝堯封於唐，其仁如天，其

智如神，天下諸侯皆歸之。參《史記》卷一《五帝本紀》及張守節《正義》引《帝王世紀》。

[7]漢吕后崩，丞相陳平、太尉周勃等誅諸吕，使人迎立代王劉恒嗣帝位。代王左右多以爲不可信，中尉宋昌力排衆議，勸代王勿疑。代王命宋昌參乘，張武等六人乘傳車詣長安。至高陵休止，而使宋昌先馳之長安觀變。昌至渭橋，見丞相以下皆來迎。宋昌還報，代王遂至渭橋，受群臣拜謁，遂即帝位。見《史記》卷一〇《孝文帝紀》。傳車，驛車。

[8]漢更始三年（25），劉秀部下勸其即帝位，秀不可。耿純進言，以爲當即正號位，以定衆心。秀以其言甚誠切，乃命有司設壇場於鄗南千秋亭，即帝位。事見《後漢書》卷一《光武帝紀》。法駕：皇帝的車駕。　杜：拒絶。

[9]岳牧：封疆大吏。

[10]累息：屏息。因憂懼緊張而不敢呼吸。

臣聞星回日薄，[1]擊雷鞭電者之謂天；岳立川流，吐霧蒸雲者之謂地。苞天地之混成，洞陰陽之不測，而以裁成萬物者，其在聖人乎！故云“天地之大德曰生，聖人之大寶曰位”。[2]黄屋廟堂之下，[3]本非獲已而居；明鏡四衢之樽，[4]蓋由應物取訓。伏惟陛下稽古文思，[5]英雄特達。[6]比以周旦，[7]則文王之子；方之放勛，[8]則帝摯之季。千年旦暮，可不在斯。庭闕湮亡，[9]鍾鼎淪覆，嗣膺景曆，非陛下而誰？豈可使赤眉更立盆子，[10]隗囂託置高廟。[11]陛下方復從容高讓，用執謙光。[12]展其矯行僞書，誣罔正朔，[13]見機而作，斷可識矣。匪疑何卜，無待蓍龜。[14]

[1]星回日薄：星和日周回運行。

[2]語出《易・繫辭下》。

[3]黄屋廟堂之下：指帝王之位。

[4]四衢之樽：四，疑爲"中"之訛。《淮南子・繆稱訓》："聖人之道，猶中衢而致尊邪？過者斟酌，多少不同，各得其所宜。是故得一人所以得百人也。"此處用以指聖人之道。"尊"、"樽"同，酒器。

[5]稽古：考察古道。　文思：功業與道德。

[6]特達：獨超衆人。

[7]周旦：周公姓姬名旦，周文王之子。見《史記》卷三三《魯周公世家》。

[8]放勛：帝堯之名。帝堯，帝摯之弟。摯微弱，禪位於堯。見《史記》卷一《五帝本紀》。

[9]庭闕：朝廷。庭，通"廷"。

[10]盆子：劉盆子，漢太山式人，高帝孫城陽景王劉章之後。西漢末，赤眉起義，立劉盆子以資號召。詳《後漢書》卷一一《劉盆子傳》。

[11]隗囂：人名。漢天水成紀人。更始帝立，王莽兵連敗，隗囂季父等起兵應漢，推隗囂爲上將軍。隗囂從方望之謀，以爲輔漢而起，應以漢爲號召，因立高廟稱臣奉祠，以神道設教。事見《後漢書》卷一三《隗囂傳》。　高廟：漢高祖劉邦廟。

[12]謙光：謙遜禮讓的風度。

[13]正朔：本指曆法。古代新王朝建立，要新頒曆法，稱爲改正朔。參《禮記・大傳》。

[14]蓍龜：卜筮。古代用蓍草筮，用龜甲卜，以决疑。

日者，[1]公卿失馭，禍纏霄極，[2]侯景憑陵，[3]姦臣互起，率戎伐潁，[4]無處不然，勸明誅晉，側足皆爾。刁斗夜鳴，烽火相照。中朝人士，[5]相顧銜悲；涼州義徒，[6]東望殞涕，慄慄黔首，[7]將欲安歸！陛下英略緯天，沉明内斷，横劍泣血，枕戈嘗膽，農山坦下之策，[8]金匱玉鼎之謀，[9]莫不定算扆帷，[10]決勝千里。擊靈鼉之鼓，而建翠華之旗，驅六州之兵，[11]而總九伯之伐，[12]四方雖虞，[13]一戰以霸。斬其鯨鯢，既章大戮，[14]何校滅耳，莫匪姦回，史不絶書，府無虛月。自洞庭安波，[15]彭蠡底定，[16]文昭武穆，[17]芳若椒蘭，敵國降城，和如親戚，九服同謀，[18]百道俱進，國恥家怨，計期就雪，社稷不墜，繫在聖明。[19]今也何時，而申帝啓之避，[20]凶危若此，方陳泰伯之辭。[21]國有具臣，[22]誰敢奉詔。

[1]日者：往日。

[2]霄極：天空極高處，比喻朝廷。

[3]憑陵：侵凌，進逼。

[4]率戎伐潁：西晉"八王之亂"，安北將軍王濬遣烏丸騎攻成都王穎於鄴。穎與惠帝走洛陽。事見《晉書》卷四《惠帝紀》。

[5]中朝：指中原。

[6]涼州：州名。治所在今甘肅武威市。時屬西魏。

[7]慄慄：恐懼的樣子。

[8]農山坦下：農山，山名。孔子北遊，與子路、子貢、顔淵論志於農山。顔淵曰："願得明主聖王爲之相，使城郭不治，溝池不鑿，陰陽和調，家給人足，鑄庫兵以爲農器。"孔子曰："吾所願

者，顏氏之計。”詳《韓詩外傳》卷九、《説苑·指武》。圯下，疑指黄石公授張良《太公兵法》之處。事見《史記》卷五五《留侯世家》。

[9]金匱玉鼎：古代保藏秘籍的處所、器具。

[10]扆帷：屏帷之内，君主所坐之處。

[11]六州：本指古九州之荆梁雍豫徐揚六州，此處借指蕭繹所轄之地。

[12]九伯：九州之伯。

[13]虞：憂慮。

[14]章：同“彰”。

[15]洞庭：洞庭湖。此處代指湘州之地。

[16]彭蠡：彭蠡澤。此處代指江州之地。　底定：平定。

[17]文昭武穆：指家族中不同輩分的文臣武將。昭穆，古代宗法制度，宗廟或墓地的輩次排列，以始祖居中，二、四、六世居左，一、三、五世居右。左爲昭，右爲穆，用以分别族内的長幼、親疏關係。

[18]九服：古代天子所住京城以外的地方按距離京城的遠近分爲九等，稱爲九服。後亦用以泛指全國。

[19]繄（yī）：虚詞，無實義。

[20]帝啓之避：即避帝啓。《史記》卷二《夏本紀》：“帝禹東巡狩，至於會稽而崩。以天下授益。三年之喪畢，益讓帝禹之子啓，而辟居箕山之陽。”

[21]泰伯之辭：泰伯，即太伯，周太王之子。太王欲立太伯弟季歷爲嗣，太伯乃與弟仲雍奔荆蠻，文身斷髮，示不可用，以避季歷。事見《史記》卷三一《吴太伯世家》。

[22]具臣：備位充數、不稱職守之臣。

天下者高祖之天下，陛下者萬國之歡心，萬

國豈可無君，高祖豈可廢祀。即日五星夜聚，[1]八風通吹，[2]雲煙紛郁，[3]日月光華，百官象物而動，軍政不戒而備。飛艫巨艦，竟水浮川；鐵馬銀鞍，陵山跨谷。英傑接踵，忠勇相顧，湛宗族以酬恩，[4]焚妻子以報主。[5]莫不覆盾銜威，[6]提斧擊衆，風飛電耀，志滅凶醜。所待陛下昭告后土，虔奉上帝，廣發明詔，師出以名，五行夕返，[7]六軍曉進，便當盡司寇之威，[8]窮蚩尤之伐，[9]執石趙而求璽，[10]斬姚秦而取鍾，[11]脩掃塋陵，奉迎宗廟。陛下豈得不仰存國計，俯從民請。漢宣嗣位之後，[12]即遣蒲類之軍；[13]光武登極既竟，[14]始有長安之捷。[15]由此言之，不無前准。

[1]五星：金、木、水、火、土五行星之總名。史載，漢元年（前 206）冬十月，五星聚於東井。時劉邦至於霸上，秦王子嬰素車白馬，封皇帝璽符節，降枳道旁。古以五星聚爲聖人取天下之祥。參《漢書》卷一《高帝紀》及顔師古注引應劭説。

[2]八風：八方之風。

[3]紛郁：繁盛的樣子。

[4]湛宗族以酬恩：戰國時，荆軻爲報燕太子丹之恩爲燕刺秦王，不成而死，七族連坐而没。參《戰國策·燕策》及《文選》卷三九鄒陽《獄中上書自明》李善注引應劭説。湛，通“沉”。

[5]焚妻子以報主：春秋時，刺客要離爲替吴王殺王子慶忌，讓吴王僞加己罪，焚妻子且揚其灰，以便取信於慶忌，爲殺慶忌創造條件。事見《吕氏春秋·忠廉》。

[6]覆盾銜威：楚漢相争，鴻門宴上，項莊舞劍，意在沛公。樊噲帶劍擁盾入軍門，威猛如虎。項王賜之彘肩，樊噲覆其盾於

地，加彘肩上，拔劍切而啖之。事見《史記》卷七《項羽本紀》。此處用以指威武之舉。

[7]五行：《尚書·甘誓》鄭玄注："五行，四時盛德所行之政也。"

[8]司寇：古官名。《周禮》有大司寇，掌刑獄。

[9]蚩尤：古代傳説中的部族首領。因凶暴爲亂，不受帝命，黄帝乃徵師於諸侯以伐之。與蚩尤戰於涿鹿之野，遂擒殺蚩尤。事見《史記》卷一《五帝本紀》。

[10]石趙：即後趙。十六國後趙統治者爲石氏。

[11]姚秦：即後秦。十六國後秦統治者爲姚氏。此處"姚秦"與上"石趙"並代指北方少數民族政權。

[12]漢宣：漢宣帝劉詢。

[13]蒲類：指蒲類將軍趙充國。漢宣帝即位，匈奴擾邊，宣帝以蒲類將軍趙充國等率軍擊匈奴。事見《漢書》卷八《宣帝紀》。

[14]光武：後漢光武帝劉秀。

[15]長安之捷：劉秀於建武元年（25）六月即位，七月即遣吴漢、朱祐等十一將軍圍朱鮪於洛陽。十月朱鮪舉城降。次年正月，大司徒鄧禹入長安。見《後漢書》卷一《光武帝紀》。

臣等或世受朝恩，或身荷重遇，同休等戚，自國刑家，[1]苟有腹心，敢以死奪。不任慺慺之至，[2]謹重奉表以聞。

[1]刑：通"型"。

[2]慺慺：恭謹。

世祖答曰："省示，復具一二。孤聞天生蒸民而樹之以君，[1]所以對揚天休，[2]司牧黔首。[3]攝提、合雒以前，[4]栗陸、驪連之外，[5]書契不傳，無得稱也。自阪泉彰其武功，[6]丹陵表其文德，[7]有人民焉，有社稷焉，或歌謡所歸，[8]或惟天所相。[9]孤遭家多難，大恥未雪，國賊則蚩尤弗翦，[10]同姓則有扈不賓，[11]卧而思之，坐以待旦，何以應寶曆，[12]何以嗣龍圖。[13]庶一戎既定，[14]罪人斯得，祀夏配天，方申來議也。”是時巨寇尚存，未欲即位，而四方表勸，前後相屬，乃下令曰：“《大壯》乘乾，[15]《明夷》垂翼，[16]璿度亟移，[17]玉律屢徙，[18]四岳頻遣勸進，[19]九棘比者表聞。[20]譙、沛未復，[21]塋陵永遠，于居于處，寤寐疚懷，何心何顔，撫兹歸運。自今表奏，所由並斷，若有啓疏，[22]可寫此令施行。”是日，賊司空、東南道大行臺劉神茂率儀同劉歸義、留異赴義，[23]奉表請降。

[1]蒸民：衆民，百姓。《左傳·文公十三年》：邾子曰：“茍利於民，孤之利也。天生民而樹之君，以利之也。”

[2]對揚：對答稱揚。《尚書·説命下》：“敢對揚天子之休命。”《傳》：“對，答也。答受美命而稱揚之。”

[3]司牧：治理。《左傳·襄公十四年》：“天生民而立之君，使司牧之。”

[4]攝提、合雒：並爲遠古年紀。古代傳説遂皇之後、伏羲以前有六紀九十一代。其中攝提紀七十二代，合雒紀三代。參《通鑑外紀》注引鄭玄《六藝論》。

[5]栗陸、驪連：均傳説中古帝名，在女媧氏之後。參《莊子·胠篋》及皇甫謐《帝王世紀》。

[6]阪泉：地名。古代傳説，炎帝欲侵陵諸侯。黄帝修德振兵，撫萬民，與炎帝戰於阪泉之野。三戰，然後得志。詳《史記》卷一

《五帝本紀》。

[7]丹陵：地名。古代傳説，帝堯之母陳鋒氏女感赤龍之祥，孕十有四月而生堯於丹陵。見《初學記》卷九引皇甫謐《帝王世紀》。

[8]歌謠所歸：《藝文類聚》卷一一引《帝王世紀》曰：堯時，“天下大和，百姓無事，有五十老人，擊壤於道。觀者歎曰：‘大哉，帝之德也。’老人曰：‘吾日出而作，日入而息，鑿井而飲，耕田而食，帝何力於我哉！’”

[9]惟天所相：《藝文類聚》卷一一引《龍魚河圖》曰：黄帝時，蚩尤兄弟八十一人，無道，不仁慈。“萬民欲令黄帝行天下事，黄帝仁義，不能禁蚩尤。黄帝仰天而歎，天遣玄女下，授黄帝兵信神符，制伏蚩尤。”相，扶助。

[10]蚩尤：此處用以比侯景。

[11]有扈：古國名，夏之同姓。夏啓立，有扈氏不服，啓伐之。詳《史記》卷二《夏本紀》。此用以比梁武陵王蕭紀。

[12]寶曆：帝王統治的年代。此處指國祚。

[13]龍圖：傳説黄帝軒轅氏登位，有龍圖出河之祥瑞。此處用以指天子之位。

[14]一戎：即“一戎衣”之略語。《尚書·武成》：“一戎衣，天下大定。”孔安國《傳》：“衣，服也；一著戎服而滅紂。”後泛稱用兵爲一戎衣。

[15]《大壯》：《易》卦名。乾下震上，陽剛盛長之象。　乘乾：即震在乾上。

[16]《明夷》：《易》卦名。離下坤上，日入地中，明而見傷之象。　垂翼：《明夷》：“初九，明夷於飛，垂其翼。”飛而垂翼，即見傷之象。

[17]璿度：以玉爲飾的天體觀測儀器。

[18]玉律：玉製的標準定音器。律有十二，古人用以配十二月。此處“玉律屢徙”，意謂歲月改易。

[19]四岳：古代分掌四時、方岳的官。此處指地方官。

[20]九棘：古代群臣處朝時，立九棘爲標幟，區别等級職位。後世以爲九卿之代稱。此處指朝官。

[21]譙、沛：譙，三國時魏國曹氏的故鄉沛國譙縣；沛，西漢劉氏故鄉沛郡豐邑。分别見《三國志》卷一《武帝紀》、《史記》卷八《高祖本紀》。此處代指蕭氏故鄉南蘭陵。

[22]啓疏：並文體名。此處泛指陳事的文書。

[23]大行臺：在地方代表朝廷行尚書臺事的機構稱行臺。因軍事征伐而設置，且任職者權位特重，則稱大行臺。　赴義：獻身國家急難。

大寶三年，世祖猶稱太清六年。正月甲戌，世祖下令曰："軍國多虞，戎旃未静，[1]青領雖熾，[2]黔首宜安。時惟星鳥，[3]表年祥於東秩；[4]春紀宿龍，[5]歌歲取於南畯。[6]况三農務業，[7]尚看夭桃敷水；[8]四人有令，[9]猶及落杏飛花。[10]化俗移風，常在所急；勸耕且戰，彌須自許。豈直燕垂寒谷，[11]積黍自温，寧可墮此玄苗，[12]坐飡紅粒，[13]不植鶩頷，[14]空候蟬鳴。可悉深耕穊種，[15]安堵復業，[16]無棄民力，並分地利。班勒州郡，[17]咸使遵承。"[18]以智武將軍、南平内史王褒爲吏部尚書。[19]

[1]戎旃：軍旗。此處代指軍旅。

[2]青領：古代兵卒的一種標記。此處代指戰事。

[3]時惟星鳥：指大寶三年（552）。星鳥，即鶉鳥。大寶三年，太歲在申，歲星在鶉首之次，故云。

[4]東秩：即東方。

［5］春紀宿龍：指夏曆正月。此月日在營室，娵訾之次，歲星在辰，辰宿龍，故稱。

［6］南畯：即南畝。

［7］三農：《周禮·天官·大宰》："一曰三農，生九穀。"《注》："鄭司農曰：'三農：平地、山、澤也。'（鄭）玄謂三農，原、隰及平地。"

［8］夭桃敷水：桃花時節盛佈雨水。夭桃，茂盛的桃樹。《漢書·溝洫志》顏師古注有云："蓋桃方華時，既有雨水。川谷冰泮，衆流猥集，波瀾盛長，故謂之桃華水耳。"

［9］四人有令：中華書局本《校勘記》："按：'人'當作'民'。此姚思廉避唐諱改。後漢崔寔有《四民月令》。"四民，指士、農、工、商。

［10］落杏飛花：指春耕之時。《文選》卷三六王元長《永明九年策秀才文》李善注引《氾勝之書》："杏始華榮，輒耕輕土弱土；望杏花落，復耕之，輒藺之，此謂一耕而五穫。"

［11］燕垂寒谷：《文選》卷二一顏延年《秋胡詩》李善注引劉向《别録》曰："鄒衍在燕，有谷寒而不生五穀，鄒子吹律而温至，生黍也。"垂，同"陲"。

［12］玄苗：青蒼的莊稼。

［13］紅粒：即紅粟。史稱漢文、景之世，太倉之粟儲積日久，至於紅腐不可食。參《漢書·食貨志》。此處指儲存的糧食。

［14］鸞頜：黍名。《初學記》卷二七《五穀部》引郭義恭《廣志》曰："黍有燕頜之名。"

［15］穊（jì）種：密植。

［16］安堵：安居。

［17］班勒：佈告、命令。

［18］遵承：服從。

［19］智武將軍：將軍名號。梁一百二十五號將軍之一，十五班。　王褒：人名。祖籍琅邪臨沂。《周書》卷四一有傳。　吏部

尚書：官名。尚書省吏部曹長官，掌官吏考選、任免。多僑姓高門、世冑顯貴擔任。員一人。梁十四班。

二月，王僧辯衆軍發自尋陽。[1]世祖馳檄告四方曰：[2]

夫剥極生災，[3]乃及龍戰，[4]師貞終吉，[5]方制豶豕。[6]豈不以侵陽蕩薄，[7]源之者亂階；定龕艱難，[8]成之者忠義。故羿、澆滅於前，[9]莽、卓誅於後。[10]是故使桓、文之勳，[11]復興於周代；温、陶之績，[12]彌盛於金行。[13]粤若梁興五十餘載，平壹宇内，德惠悠長，仁育蒼生，義征不服。左伊右瀍，[14]咸皆仰化；濁涇清渭，[15]靡不向風。[16]建翠鳳之旗，則六龍驤首；[17]擊靈鼉之鼓，則百神警肅。[18]風、牧、方、邵之賢，[19]衛、霍、辛、趙之將，[20]羽林黄頭之士，[21]虎賁緹騎之夫，[22]叱咤則風雲興起，鼓動則嵩、華倒拔。[23]自桐柏以北，[24]孤竹以南，[25]碣石之前，[26]流沙之後，[27]延頸舉踵，交臂屈膝。胡人不敢牧馬，秦士不敢彎弓。[28]叶和萬邦，[29]平章百姓，[30]十堯九舜，曷足云也。

[1]尋陽：縣名。治所在今江西九江市西南。

[2]檄：文體之一種。用於徵召、曉喻、申討等的文書。

[3]剥：《易》卦名，坤下艮上。五陰在下而盛長，一陽在上而將盡，陰變剛而陽剥落，故生灾。

[4]龍戰：陰陽二氣的交戰。此處指與侯景的争戰。

［5］師：《易》卦名，坎下坤上。卦辭云："師貞，丈人吉，無咎。"《彖傳》："師，衆也；貞，正也。能以衆正可以王矣。"

［6］豶（fén）豕：閹割了的公猪。《易·大畜》："六五，豶豕之牙，吉。"

［7］侵陽蕩薄：侵犯陽氣，掃蕩弱小。

［8］定龕：平定叛亂。龕，通"戡"。

［9］羿、澆：羿，后羿，古諸侯。因夏朝衰亂，羿代行政事而不道，終爲其臣寒浞所殺。澆（ào），寒浞之子。因放縱享樂，卒爲夏后相之子少康所誅。參《左傳·襄公四年》及屈原《離騷》王逸注。

［10］莽、卓：王莽、董卓。王莽篡漢，終爲光武帝劉秀所滅。見《漢書》卷九九《王莽傳》。董卓構亂於東漢末，被吕布所殺。見《三國志》卷六《董卓傳》。

［11］桓、文：齊桓公、晉文公。春秋時霸主，屢爲諸侯之長，夾輔周室。參《左傳》及《史記》卷三二《齊太公世家》、卷三九《晉世家》。

［12］温、陶：温嶠、陶侃。晉成帝時，祖約、蘇峻之亂，温嶠奉陶侃爲盟主，共平叛亂，有功晉室。詳《晉書》卷六七《温嶠傳》、卷六六《陶侃傳》。

［13］金行：指晉。晉於五行屬金，故以"金行"稱之。

［14］左伊右瀍：伊、瀍，並水名。《文選》卷三張平子《東京賦》有云："昔先王之經邑也……總風雨之所交，然後以建王城。審曲面勢，泝洛背河，左伊右瀍。"左伊右瀍，本就洛陽之地理位置言。洛陽此時屬北齊，故元帝用以代指北齊。

［15］濁涇清渭：涇、渭，並水名。《詩·邶風·谷風》："涇以渭濁，湜湜其沚。"《傳》："涇渭相入而清濁異。"涇、渭相入處，時屬西魏，故元帝用以代指西魏。

［16］向風：聞風仰慕。

［17］驤首：昂首。

[18]警肅：警醒嚴肅。

[19]風、牧、方、邵：風，風后；牧，力牧。皆傳說中黄帝之臣。見《史記》卷一《五帝本紀》。方，方叔；邵，邵虎。並輔佐周宣王中興的功臣。見《詩·小雅·采芑》及《大雅·江漢》。

[20]衛、霍、辛、趙：衛，衛青；霍，霍去病。並漢武帝時名將，《史記》卷一一一、《漢書》卷五五均有傳。辛，辛慶忌；趙，趙充國。並漢代名將，《漢書》卷六九有傳。

[21]羽林黄頭：《文選》卷三九枚叔《上書重諫吴王》："遣羽林黄頭循江而下，襲大王之都。"李善注引蘇林曰："羽林黄頭郎，習水戰者。"按，稱"黄頭"，乃因其著黄帽之故。

[22]虎賁：指勇士。　緹騎：侍衛皇帝、逮治犯人的赤衣騎兵。

[23]嵩、華：嵩山和華山。

[24]桐柏：山名。在今河南桐柏縣西南，淮河所出。

[25]孤竹：古國名。地在今河北盧龍縣南。

[26]碣石：山名。在今遼寧綏中縣東南。

[27]流沙：泛指我國西北沙漠地區。

[28]語本賈誼《過秦論上》："胡人不敢南下而牧馬，士不敢彎弓而報怨。"

[29]叶和：調和融洽。《尚書·堯典》："百姓昭明，協和萬邦。"叶，同"協"。

[30]平（pián）章：辨别明白。平，通"辨"。　百姓：百官。《尚書·堯典》："九族既睦，平章百姓。"

賊臣侯景，匈奴叛臣，鳴鏑餘噍。[1]懸瓠空城，[2]本非國寶，壽春畿要，[3]賞不踰月。[4]開海陵之倉，[5]賑常平之米，[6]檄九府之費，[7]錫三官之錢，[8]冒于貨賄，不知紀極。敢興逆亂，梗我王畿。賊臣正德,[9]阻兵安忍。[10]日者結怨江𫟬,[11]遠適單于。[12]簡牘屢彰,彭生之魂未弭;[13]聚斂無度,景卿之誚已及。[14]爲虎傅翼,[15]遠相招致。虔劉我生民,[16]離散我兄弟。我是以董率皐貔,[17]躬擐甲胄,[18]霜戈照日,則晨離奪暉,[19]龍騎蔽野,則平原掩色,信與江水同流,氣與寒風俱憤。凶醜畏威,委命下吏,乞活淮、肥,[20]苟存徐、兖。[21]涣汗既行,[22]絲綸爰被。[23]我是以班師凱歸,休牛息馬。賊猶不悛。[24]遂復矢流王屋,[25]兵躔象魏。[26]總章之觀,[27]非復聽訟之堂;甘泉之宫,[28]永乖避暑之地。坐召憲司,卧制朝宰,矯託天命,僞作符書。重增賦斂,肆意裒剥,[29]生者逃竄,死者暴尸,道路以目,庶僚鉗口。刑戮失衷,爵賞由心,老弱波流,士女塗炭。臧獲之人,[30]五宗及賞,[31]搢紳之士,[32]三族見誅。[33]穀粟騰踴,[34]自相吞噬。悏悏黔首,路有銜索之哀;[35]蠢蠢黎民,[36]家隕桓山之泣。[37]偃師南望,[38]無復儲胥、露寒,[39]河陽北臨,[40]或有穹廬氈帳。南山之竹,未足言其愆;西山之兔,不足書其罪。

[1]餘噍:殘留下來的活人。噍,噍類,活人。

[2]懸瓠:城名。在今河南汝南縣。梁太清元年(547),侯景據懸瓠城降梁,求梁遣刺史以鎮之。見本書卷五六《侯景傳》。

[3]壽春:縣名。治所在今安徽壽縣。侯景降梁後,據壽春。

[4]賞不踰月:意謂每月都賞賜。侯景降梁後,屢求資給,梁

武多次賞賜。詳本書卷五六《侯景傳》。

[5]海陵：郡名。治所在今江蘇泰州市。梁代州郡各有倉。見《隋書·食貨志》。

[6]常平：梁京師倉名。《隋書·食貨志》：“其倉，京師有龍首倉，即石頭津倉也，臺城内倉，南塘倉，常平倉，東、西倉，東宫倉，所貯總不過五十餘萬。”

[7]九府：本周代掌管財物的九種官，即大府、玉府、内府、外府、泉府、天府、職内、職金、職幣。此處總指管財物的機構。

[8]錫：賜。　三官：漢代管理鑄錢的均輸、鍾官、辨銅令。見《史記》卷三〇《平準書》。此處指鑄錢之機構。

[9]正德：梁武帝弟蕭宏第三子蕭正德。侯景寇京師，與蕭正德暗中勾結。京師破，侯景推之爲天子。本書卷五五有傳。

[10]阻兵：仗恃兵力。　安忍：習於殘忍。

[11]結怨江芈（mǐ）：春秋楚成王先立商臣爲太子，後又欲立子職而廢太子商臣。“商臣聞之而未察，告其師潘崇，曰：‘若之何而察之?’潘崇曰：‘享江芈而勿敬也。’從之。江芈怒曰：‘呼！役夫，宜君王之欲殺女而立職也!’”商臣遂反，弑成王。事見《左傳·文公元年》。

[12]單于：匈奴首領。此處代指北魏。初，梁武胤嗣未立，養正德爲子。後生蕭統，正德還本，遂懷怨望，曾於普通年間奔魏。詳《南史》卷五一《梁宗室上》。

[13]彭生：春秋齊國同姓公族，齊襄公曾命他殺死魯桓公。後來魯國向齊襄公提出質問，襄公殺死彭生以塞責。彭生冤枉而死，幻化爲大豕，向襄公索命。事見《左傳·桓公十八年》及《莊公八年》。

[14]景卿：後漢士孫奮之字。《太平御覽》卷四七二《人事部》一一三引《三輔决録》曰：“平陵士孫奮字景卿，少爲郡五官掾，起宅得錢貲至一億七千萬，富聞京師而性儉吝。客舍顧錢甚少，主人曰：‘君，士大夫，惜錢如此，欲作孫景卿耶!’不知實是景卿。”

[15]爲虎傅翼：《韓非子·難勢》：“《周書》曰：‘毋爲虎傅翼，將飛入邑，擇人而食之。’夫乘不肖人於勢，是爲虎傅翼也。”

[16]虔劉：劫掠，殺害。

[17]皐貔：猛獸名。此處比喻勇士。

[18]擐：穿。

[19]晨離：初升的太陽。《周易·説卦》：“離爲火，爲日，爲電。”

[20]乞活：到有糧之地就食求生。參周一良《魏晉南北朝史論集·乞活考》。　淮、肥：淮水、肥水地區。

[21]徐、兖：徐州、兖州地區。

[22]涣汗：指帝王的號令。《漢書》卷三六《楚元王傳》附《劉向傳》顔師古注：“言王者涣然大發號令，如汗之出也。”

[23]絲綸：指帝王的詔書。《禮記·緇衣》：“王言如絲，其出如綸。”

[24]悛：改。

[25]王屋：即王宫。

[26]躔：百衲本同。嚴可均輯《全梁文》卷一六元帝名下録此文作“躔”。按，《漢語大字典》、《辭源》（修訂本）均無“躔”。疑“躔”爲“躔”之誤。“躔”同“躔”，停駐。本卷下文“徐陵於鄴奉表”，表文中“星躔東井”之“躔”同此，不再出校。

[27]總章：宫觀名。古代聽訟之所。

[28]甘泉：宫名。秦漢時帝王避暑之地。在今陝西淳化縣西北甘泉山。

[29]裒剥：搜刮掠奪。

[30]臧獲：奴婢的賤稱。

[31]五宗：宗族五服内的親人。即上至高祖，下至孫。

[32]搢紳：指士大夫。古代士大夫垂紳帶、插笏板，故稱。

[33]三族：指父母、兄弟、妻子。一説指父、子、孫。

[34]騰踴：指物價驟漲。

[35]銜索之哀：指死亡之哀。《韓詩外傳》卷一："枯魚銜索，幾何不蠹？"

[36]蠢蠢：衆多而混亂的樣子。

[37]家隕桓山之泣：《孔子家語·顔回》："孔子在衛，昧旦晨興，顔回侍側，聞哭者之聲甚哀。子曰：'回，汝知此何所哭乎？'對曰：'回以此哭聲，非但爲死者而已，又將有生離别者也。'子曰：'何以知之？'對曰：'回聞桓山之鳥，生四子焉，羽翼既成，將分於四海，其母悲鳴而送之，哀聲有似於此，謂其往而不返也。回竊以音類知之。'孔子使人問哭者，果曰：'父死家貧，賣子以葬，與之長決。'子曰：'回也，善於識音矣。'"蕭繹用此典意謂因侯景肆虐，江南人民家家有死别生離之悲。"桓"，舊本有作墨丁；"隕桓"，有作"有隕"，此依中華書局本校改。

[38]偃師：縣名。治所在今河南偃師市東。

[39]儲胥、露寒：並漢宫觀名。此處借指梁京師宫觀。

[40]河陽：縣名。治所在今河南孟縣西南。

外監陳瑩之至，伏承先帝登遐，[1]宫車晏駕。[2]奉諱驚號，五内摧裂，[3]州冤本毒，[4]無地容身。景阻饑既甚，[5]民且狼顧，[6]遂侵軼我彭蠡，[7]憑凌我郢邑，[8]竊據我江夏，[9]掩襲我巴丘。[10]我是以義勇争先，忠貞盡力。斬馘凶渠，不可稱算，沙同赤岸，水若絳河。任約泥首於安南，[11]化仁面縛於漢口，[12]子仙乞活於鄢郢，[13]希榮敗績於柴桑。[14]侯景奔竄，十鼠争穴，[15]郭默清夷，[16]晉熙附義。[17]計窮力屈，反殺後主。[18]畢、原、酆、郇，[19]並離禍患，凡、蔣、邢、茅，[20]皆伏鈇鑕。[21]是可忍也，孰不可容！

[1]登遐：對帝王之死的諱稱。

[2]宫車晏駕：皇帝之死的婉稱。

[3]五内：人體之五臟。

[4]州冤本毒：《册府元龜》卷一八五作“煩冤荼毒”。

[5]景：即侯景。　阻饑：遭飢餓之厄。饑，百衲本作“飢”。按，“饑”、“飢”古通。

[6]狼顧：狼懼被襲，走常反顧。因以狼顧比喻人有所畏懼。

[7]侵軼：突然襲擊。　彭蠡：澤名。在今江西鄱陽湖北部。此處代指江州。

[8]郢邑：郢縣。治所在今湖北荆州市江陵。

[9]江夏：郡名。治所在今湖北武漢市武昌。

[10]巴丘：城名。即今湖南岳陽市。

[11]泥（nì）首：以泥塗首，表示自辱服罪。　安南：縣名。治所在今湖南華容縣。大寶二年（551），梁將胡僧祐、陸法和擒任約於縣南赤亭。詳本書卷五六《侯景傳》。

[12]化仁：即支化仁，侯景將。　漢口：漢水入長江之口，即今湖北武漢市漢口。大寶二年（551），王僧辯軍次漢口，攻魯山城主支化仁，化仁降。參本書卷五六《侯景傳》、卷四五《王僧辯傳》。

[13]子仙：侯景將宋子仙。　鄢郢：即郢城，在今湖北武漢市武昌。大寶二年（551），宋子仙守郢城，以城孤立，乞輸其城而身就侯景，終被擒。詳本書卷四五《王僧辯傳》。

[14]希榮：侯景將范希榮。　柴桑：縣名。治所在今江西九江市西南。大寶二年，宋子仙被擒，范希榮棄溢城（即柴桑）逃。詳本書卷四五《王僧辯傳》。

[15]十鼠争穴：《三國志》卷一二《鮑勛傳》載，勛爲治書執法，人表其徇私，付廷尉治罪。“廷尉法議：‘正刑五歲。’三官駁：

‘依律罰金二斤。’帝大怒曰：‘勛無活分，而汝等敢縱之！收三官已以下付刺奸，當令十鼠同穴。’”本謂使三官以下互相揭發，一同治罪。此用以比喻壞人争奪葬身之所。

[16]郭默：城名。東晉將軍郭默反時所築，在今江西九江市境。大寶二年（551），侯景將于慶據郭默城，王僧辯前軍襲之，于慶棄城走。詳《通鑑》卷一六四《梁紀二十》簡文帝大寶二年紀。

[17]晉熙：郡名。治所在今安徽潛山縣。大寶二年（551），晉熙人王僧振等起兵襲郡城，侯景將晉州刺史夏侯威生遁走。事見本書卷四《簡文帝紀》。

[18]後主：指簡文帝蕭綱。

[19]畢、原、酆、郇：並周文王之子的封國。《左傳·僖公二十四年》：“富辰諫曰：‘……昔周公吊二叔之不咸，故封建親戚以蕃屏周。管、蔡、郕、霍、魯、衛、毛、聃、郜、雍、曹、滕、畢、原、酆、郇，文王之昭也。’”此代指梁武帝之子。

[20]凡、蔣、邢、茅：周公之子的封國名。《左傳·僖公二十四年》：“富辰諫曰：‘……凡、蔣、邢、茅、胙、祭，周公之胤也。’”此處代指梁武之孫。

[21]鈇鑕：古代執行斬刑的工具。鈇，斧；鑕，腰斬時所用砧板。

幕府據有上流，[1]實惟分陝，[2]投袂荷戈，[3]志在畢命。[4]昔周依晉、鄭，[5]漢有虛、牟。[6]彼惟末屬，[7]猶能如此；況聯華日月，[8]天下不賤，[9]爲臣爲子，兼國兼家者哉！咸以義旗既建，宜須總一，共推幕府，實用主盟。粤以不佞，[10]謬董連率，[11]遠惟國艱，不遑寧處。中權後勁，[12]襲行天罰，[13]提戈蒙險，隕越以之。[14]天馬千羣，長戟百萬，驅賁獲之士，[15]資智勇之力，大楚踰荆山，[16]淺原度彭蠡，[17]舳艫汎水，以掎其南，[18]輜軿委輸，[19]以衝其北。華夷百濮，[20]嬴糧影從。[21]雷震風駭，直指建業。按劍而叱，江水爲之倒流；抽戈而揮，皎日爲之退舍。[22]方駕長驅，[23]百道俱入，夷山殄谷，充原蔽野。挾輈曳牛之侣，[24]拔距礫石之夫，[25]騎則逐日追風，弓則吟猿落雁。捧崑崙而壓卵，傾渤海而灌熒。如駟馬之載鴻毛，若奔牛之觸魯縞。以此衆戰，誰能禦之！脱復蜂蠆有毒，[26]獸窮則鬬。謂山蓋高，則四郊多壘；[27]謂地蓋遠，則三千弗違。如彼怒蛙，[28]譬諸鼷鼠，[29]豈費萬鈞，[30]無勞百溢。[31]加以日臨黄道，[32]兵起絳宫，三門既啓，五將咸發，[33]舉整整之旗，掃亭亭之氣，故以臨機密運，非賊所解，奉義而誅，何罪不服。

[1]幕府：將帥的衙署。　上流：即上游。此處指荆州。蕭繹時據荆州，故自云“據有上流”。

[2]分陝：相傳周初周公、召公分陝而治，周公主陝東，召公主陝西，總諸侯輔王室。故後世稱出任地方長官輔佐王朝爲分陝。

[3]投袂：甩袖，表示立即行動。

[4]畢命：全力效命。

[5]晉、鄭：春秋時晉國和鄭國，皆姬姓，曾爲周王室所依賴。

[6]虚、牟：漢高祖之孫朱虚侯劉章、東牟侯劉興居。高后崩，諸吕將爲亂，劉章、劉興居起兵，與陳平、周勃等共誅諸吕。事見《漢書》卷三八《高五王傳》。

[7]末屬：親族。

［8］日、月：比喻皇帝與皇后。《禮記·昏義》："故天子之與后，猶日之與月。"

［9］天下不賤：《史記》卷三三《魯周公世家》："周公戒伯禽曰：'我文王之子，武王之弟，成王之叔父，我於天下亦不賤矣。'"蕭繹《金樓子序》："先生曰：余於天下爲不賤焉。"

［10］粤：語首助詞，無義。　不佞：不才，自謙之詞。

［11］連率：統帥，盟主。

［12］中權後勁：《左傳·宣公十二年》："前茅慮無，中權後勁。"《注》："中軍制謀，後以精兵爲殿。"

［13］龔行天罰：恭敬地執行上天的懲罰。龔，通"恭"。

［14］隕越：顛墜。此處指犧牲生命。

［15］賁、獲：孟賁、烏獲，並古代勇力之士。見《戰國策·秦策三》。

［16］荆山：山名。即今湖北沮、漳水發源處之荆山。屬古楚國之地。

［17］淺原：即敷淺原。其地歷來説法不一：《漢書·地理志》以爲即今江西德安縣南博陽山；朱熹《九江彭蠡辨》以爲即今江西廬山；清人胡渭《禹貢錐指》以爲即今廬山以南平原，約在今星子縣境；近人亦有認爲即今安徽大别山脉尾閭的平原。見修訂本《辭源》"敷淺原"條。中華書局本《校勘記》云："'原'各本作'源'。按：'淺原'即《禹貢》之'敷淺原'。《尚書·禹貢》：'過九江，至於敷淺原。'高平曰原，即今廬山東南麓瀕於彭蠡者。"

［18］掎：牽制。

［19］輜軿：運輸車。　委輸：運送。

［20］百濮：我國古代民族名。集居於今湖北石首市東南一帶。參《左傳·文公十六年》文及《疏》。

［21］嬴糧影從：擔着糧食，像影子一樣隨從。

［22］《淮南子·覽冥訓》："魯陽公與韓搆難，戰酣日暮，援戈而撝之，日爲之反三舍。"舍，行軍三十里爲一舍。

［23］方駕：並駕。

［24］挾輈（zhōu）曳牛：形容勇捷多力。挾輈，以手挾持車轅；曳牛，拖住牛尾，以使其不得前進。

［25］拔距：《漢書》卷七〇《甘延壽傳》："投石拔距，絶於等倫。"顔師古《注》："拔距者，有人連坐相把據地，距以爲堅而能拔取之，皆言其有手掔之力……今人猶有拔爪之戲，蓋拔距之遺法。"　礫石：以石投人，亦軍中習武的一種訓練。

［26］蜂蠆（chài）：蜂與蝎。

［27］四郊多壘：四郊營壘多，形容敵軍迫近，形勢危急。

［28］怒蛙：有怒氣之蛙。《韓非子·内儲説上·七術》："越王慮伐吴，欲人之輕死也，出見怒蛙乃爲之式……御者曰：'何爲式?'王曰：'蛙有氣如此，可無爲式乎?'"此處比喻微弱的反抗力量。

［29］鼷（xī）鼠：一種小鼠。《三國志》卷二三《魏書·杜襲傳》："臣聞千鈞之弩，不爲鼷鼠發機。"

［30］萬鈞：指萬鈞之弓弩。

［31］百溢：溢，同"鎰"。百鎰，指豐厚的懸賞。

［32］日臨黄道：即到了黄道日。古星命説謂青龍、明堂、金匱、天德、玉堂、司命六辰皆吉神。六辰所值之日，諸事皆宜，不避凶忌，稱爲黄道日。

［33］三門、五將：太乙術語。《後漢書》卷八〇《文苑·高彪傳》："天有太一，五將三門。"李賢注引《太一式》："凡舉事皆欲發三門，順五將。"三門者，開門、休門、生門；五將者，監將、主目將、客目將、主大將、客大將。

今遣使持節、大都督、征東將軍、開府儀同三司、江州刺史、尚書令、長寧縣開國侯王僧辯率衆十萬，直掃金陵。鳴鼓聒天，摐金振地。[1]朱旗夕建，如赤城之霞起；[2]戈船夜動，若滄海之奔流。計其同惡，不盈一旅。君子在野，小人比周。[3]何校滅耳，匪朝伊夕。[4]舂長狄之喉，[5]繫郅支之頸。[6]今司寇明罰，質鈇所誅，止侯景而已。黎元何辜，一無所問。諸君或世樹忠貞，身荷寵爵，羽儀鼎族，書勳王府，俛眉猾豎，[7]無由自效，豈不下慚泉壤，上愧皇天！失忠與義，難以自立。想誠南風，[8]迺眷西顧，[9]因變立功，轉禍爲福。有能縛侯景及送首者，封萬户開國公，絹布五萬匹。有能率動義衆，以應官軍，保全城邑，不爲賊用，上賞方伯，[10]下賞剖符，[11]並裂山河，[12]以紆青紫。[13]昔由余入秦，[14]禮同卿佐；日磾降漢，[15]且珥金貂。[16]必有其才，何卹無位。[17]若執迷不反，[18]拒逆王師，大軍一臨，刑兹罔赦。孟諸焚燎，[19]芝艾俱盡；宣房河決，[20]玉石同沉。信賞之科，有如皎日；[21]黜陟之制，事均白水。[22]檄布遠近，咸使知聞。

[1]摐（chuāng）金：撞擊金錞。《周禮·地官·鼓人》："以金錞和鼓。"

[2]赤城之霞起：《文選》卷一一孫興公《遊天台山賦》："赤城霞起而建標。"李善注："孔靈符《會稽記》曰：'赤城山，石色皆赤，狀似雲霞。'"

[3]比周：結黨營私。

[4]匪：通"非"。

[5]舂長狄之喉：長狄，春秋時狄族之一支。魯文公十一年

（前616），狄人侵魯，魯敗之於咸，“獲長狄僑如，富父終甥摏其喉以戈，殺之”。事見《左傳・文公十一年》。舂，同“摏”，通“衝”，撞擊。

［6］繫郅支之頸：郅支，匈奴單于名號。漢宣帝時，匈奴五單于争立，呼韓邪單于之兄自立爲郅支骨都單于，遣使奉獻於漢。元帝時，叛漢，殺漢使。漢西域副都護陳湯率兵攻之，斬其首。事詳《漢書》卷九四《匈奴傳》。

［7］猾竪：狡猾的小人。此處指侯景等人。

［8］想誠南風：意謂思舜之德。《孔子家語・辯樂》：“昔者舜彈五絃之琴，造南風之詩。其詩曰：‘南風之薰兮，可以解吾民之愠兮；南風之時兮，可以阜吾民之財兮。’唯修此化，故其興也勃焉。德如泉流，至於今王公大人述而弗忘。”此處，蕭繹暗以舜自比。

［9］西顧：指向往荆州。蕭繹據荆州，而荆州在京師建康之西，故云。

［10］方伯：一方之長，指州郡長官。

［11］剖符：古時帝王授給諸侯和功臣的憑證。竹製，剖分爲二，雙方各執其一，故稱剖符。

［12］裂山河：即裂土分封。

［13］紆青紫：繫佩青紫印綬。漢制，公侯紫綬，九卿青綬。

［14］由余：人名。其先晉人，亡入戎。戎王派由余出使秦國。秦穆公以其賢，設計使其入歸於秦。秦重用由余，遂開地千里而霸西戎。事見《史記》卷五《秦本紀》。

［15］日（mì）磾（dī）：即金日磾。其人本匈奴休屠王太子，武帝時歸漢，賜姓金，官至侍中。《漢書》卷六八有傳。

［16］珥：插。　金貂：漢代冠飾。貴官侍中、中常侍所戴。參《後漢書・輿服志》。

［17］卹：憂慮。

［18］反：通“返”。

［19］孟諸：古澤名，春秋時宋地。在今河南商丘縣東北。魯文

公十年（前617），楚子、蔡侯將伐宋。宋請和，楚命夙駕載燧，焚孟諸而獵。事見《左傳·文公十年》。

[20]宣房：漢宫名。故址在今河南濮陽縣西南。漢元光年間（前134—前129），黄河决於瓠子。後二十餘年，武帝命堵塞瓠子决口，築宫其上，名宣房宫。事見《史記·河渠書》。

[21]有如皎日：發誓之詞，等於説白日可以作證。《詩·王風·大車》："謂予不信，有如皦日。"皎，同"皦"。

[22]事均白水：《左傳·僖公二十四年》："公子曰：'所不與舅氏同心者，有如白水。'"意謂若不與舅氏同心，白水可以作證。後世以白水表信守不移的誓詞。

三月，王僧辯等平侯景，傳其首於江陵。戊子，以賊平告明堂、太社。[1]己丑，王僧辯等又奉表曰：

衆軍以今月戊子總集建康。賊景鳥伏獸窮，頻擊頻挫，姦竭詐盡，深溝自固。臣等分勒武旅，[2]百道同趣，突騎短兵，犀函鐵楯，結隊千羣，持戟百萬，止紂七步，[3]圍項三重，[4]轟然大潰，羣凶四滅。京師少長，俱稱萬歲。長安酒食，[5]於此價高。九縣雲開，[6]六合清朗，[7]矧伊黔首，誰不載躍！伏惟陛下咀痛茹哀，嬰憤忍酷。自紫庭絳闕，[8]胡塵四起，壖垣好畤，[9]冀馬雲屯，泣血治兵，嘗膽誓衆。而吴、楚一家，方與七國俱反；[10]管、蔡流言，又以三監作亂。[11]西涼義衆，[12]阻强秦而不通；[13]并州遺民，[14]跨飛狐而見泯。[15]豺狼當路，非止一人；鯨鯢不梟，倏焉五載。[16]英武克振，怨耻並雪，永尋霜露，如何可言！臣等輒依故實，奉脩社廟，使者持節，分告塋陵。嗣后升遐，[17]龍輴未殯，[18]承華掩曜，[19]梓宫莫測，[20]並即隨由備辦，禮具凶荒。四海同哀，六軍袒哭，聖情孝友，[21]理當感慟。

[1]明堂：古代帝王宣明政教的地方。梁明堂乃天監十二年(513)毁宋太極殿，以其材重構。詳《隋書·禮儀志》。　太社：即太廟，天子的祖廟。梁太廟亦天監十二年新作。參本書《武帝紀》。

[2]武：當爲"虎"，此姚思廉避唐諱改。

[3]止紂七步：紂，商紂王。昔武王伐紂，陳師於牧野，誓詞云："今予發，惟恭行天之罰。今日之事，不愆于六步七步，乃止齊焉，夫子勖哉！"見《尚書·牧誓》。此以商紂比侯景。

[4]圍項三重：項，項羽。楚漢相争，項羽軍壁垓下，"兵少食盡，漢軍及諸侯兵圍之數重"。項羽途窮末路，兵敗自刎。事詳《史記》卷七《項羽本紀》。此以項羽比侯景。

[5]長安：帝都的代稱，此處指建康。

[6]九縣：指九州。

[7]六合：上下四方。

[8]紫庭：帝王的宫庭。　絳闕：宫殿的門闕。

[9]壖垣：宫外的短墻。　好畤：古代祭天的場所。參《史記·封禪書》。

[10]漢景帝時，吴楚等七諸侯國反。事詳《漢書》卷五《景帝紀》及卷三五《吴王濞傳》。

[11]周武王死，成王幼，周公攝政。武王弟管叔鮮、蔡叔度流言於國中，云"周公不利於孺子"。周公懼而避居東都。成王迎周公歸，管、蔡遂挾紂之子武庚叛亂。事詳《史記》卷三五《管蔡世家》。　三監：指武庚、管叔、蔡叔。

[12]西涼：即西涼州。西魏置，治所在今甘肅張掖市西北。此處代指西魏。

[13]强秦：《南史》卷八《梁本紀》作“秦塞”。秦，指今陝西一帶。

[14]并州：州名。治所在今山西太原市西南。時屬北齊，此處代指北齊。

[15]飛狐：即飛狐道。東漢初築，在今河北蔚縣、涞源縣界。是華北平原通往晉北高原的交通道路。　泯：《南史》卷八《梁本紀》作“絶”。

[16]五載：侯景自太清二年（548）反，至本年，首尾五年。

[17]嗣后：指簡文帝蕭綱。武帝蕭衍死，蕭綱繼位，故稱。又，《文苑英華》卷六〇〇載此表，“后”作“君”。　升遐：帝王去世的婉稱。

[18]龍輴（chūn）：帝王的柩車。

[19]承華：太子宫門名。此處代指簡文帝之太子蕭大器。　掩曜：光芒被掩。時大器已被侯景所殺，故云。

[20]梓宫：帝后所用，以梓木做的棺材。

[21]孝友：孝順父母，友愛兄弟。

日者，百司岳牧，祈仰宸鑒。[1]以錫珪之功，[2]既歸有道，當璧之禮，[3]允屬聖明；而優詔謙沖，[4]窅然凝邈。[5]飛龍可躋，[6]而《乾》爻在四；[7]帝閽云叫，[8]而閶闔未開。[9]謳歌再馳，是用翹首。所以越人固執，熏丹穴以求君；[10]周民樂推，踰岐山而事主。[11]漢王不即位，[12]無以貴功臣；光武止蕭王，[13]豈謂紹宗廟。黄帝遊於襄城，[14]尚訪治民之道；放勛入於姑射，[15]猶使樽俎有歸。伊此儻來，豈聖人所欲，帝王所應，不獲已而然。伏讀璽書，尋諷制旨，顧懷物外，[16]未奉慈衷。陛下日角龍顔之姿，[17]表於徇齊之日；[18]彤雲素氣之瑞，[19]基於應物之初。[20]博覽則大哉無所與名，深言則曄乎昭章之觀。忠爲令德，孝實動天。加以英威茂略，雄圖武算，指麾則丹浦不戰，[21]顧眄則阪泉自蕩。地維絶而重紐，天柱傾而更植。[22]鑿河津於孟門，[23]百川復啓；補穹儀以五石，[24]萬物再生。縱陛下拂衫衣而遊廣成，[25]登崆山而去東土，[26]羣臣安得仰訴，兆庶何所歸仁。況郊祀配天，罍篚禮曠，[27]齋宫清廟，匏竹不陳，[28]仰望鑾輿，匪朝伊夕，瞻言法駕，載渴且飢，豈可久稽衆議，有曠彝則！舊郊既復，[29]函、雒已平。[30]高奴、櫟陽，宫館雖毁；[31]濁河清渭，[32]佳氣猶存。[33]臯門有伉，[34]甘泉四敞，[35]土圭測景，[36]仙人承露。[37]斯蓋九州之赤縣，六合之樞機。博士捧圖書而稍還，太常定禮儀而已列。豈得不揚清駕而赴名都，具玉鑾而遊正寢！昔東周既遷，鎬京遂其不復；[38]長安一亂，郟、洛永以爲居。[39]夏后以萬國朝諸侯，[40]文王以六州匡天下。[41]跡基百里，劍杖三尺。以殘楚之地，[42]抗拒九戎；[43]一旅之師，翦滅三叛。[44]坦然大定，御輦東歸。解五牛於冀州，[45]秣六馬於譙郡。[46]緬求前古，其可得歟？對揚天命，[47]何所讓德！有理存焉，敢重所奏。[48]

相國答曰："省表，復具一二。羣公卿士，億兆夷人，[49]咸以皇天眷命，歸運所屬，用集寶位于予一人。文叔金吾之官，[50]事均往願；孟德征西之位，[51]且符前說。今淮海長鯨，[52]雖云授首；襄陽短狐，[53]未全革面。[54]太平玉燭，[55]爾乃議之。"辛卯，宣猛將軍朱買臣密害豫章嗣王棟，及其二弟橋、樛，世祖志也。

[1]宸鑒：皇帝審覽。

[2]錫珪：指受封王侯。錫，賜予；珪，古"圭"字。古代諸侯王所執玉製禮器。

[3]當璧：春秋時，楚共王無嫡子，而有寵子五人。乃告禱於神，曰："當璧而拜者，神所立也。"於是埋璧於宗廟之庭，使五子順長幼之序入拜。平王小，抱而入，正好伏拜於璧紐之上，遂立爲嗣。事見《左傳·昭公十三年》。後世以當璧指當國君的預兆。

[4]優詔：皇帝用以獎掖、慰勉臣下的詔書。

[5]窅然：深遠的樣子。

[6]飛龍：《易·乾》："九五，飛龍在天，利見大人。"比喻居高位而臨下，如龍飛在天。後世用以借指帝王。

[7]《乾》爻在四：即《乾》卦之九四爻。爻辭云："九四，或躍在淵，無咎。"比喻進退未定，如龍之在淵而未飛。

[8]帝閽：天帝的守門人。屈原《離騷》："吾令帝閽開關兮，倚閶闔而望予。"王逸注："帝，天帝也；閽，主門者。"

[9]閶闔：天門。

[10]《呂氏春秋·貴生》："越人三世殺其君，王子搜患之，逃乎丹穴。越國無君，求王子搜而不得，從之丹穴。王子搜不肯出，越人薰之以艾，乘之以王輿。王子搜援綏登車，仰天而呼曰：'君乎，獨不可以舍我乎！'"

[11]相傳周部族首領古公亶父積德行義，受國人擁戴。薰育戎狄攻之，古公亶父不忍使民戰，於是去豳，逾梁山，止於岐下。豳人舉國扶老携弱以歸之。事詳《史記》卷四《周本紀》。　樂推：意謂得衆人擁戴。

[12]漢王：指劉邦。劉邦先爲漢王，滅項羽後即帝位，封功臣。見《史記》卷八《高祖本紀》。

[13]蕭王：後漢光武帝劉秀先受封蕭王，後平定天下，即帝位。見《後漢書》卷一《光武帝紀》。止蕭王，舊本作“不止戈”。此依中華書局本校改。

[14]黄帝：古代傳説中五帝之一。詳《史記》卷一《五帝本紀》。　襄城：古地名。在今河南襄城縣。

[15]放勛：帝堯之名。詳《史記》卷一《五帝本紀》。　姑射：山名。在今山西臨汾市西北。相傳堯治天下之民，平海内之政，往見王倪、許由等四人藐姑射之山，遂忘天下。見《莊子·逍遥遊》。

[16]顧懷：《南史》作“領懷”。

[17]日角龍顔：指帝王之相。日角，額角中央隆起，形如日。龍顔，眉骨圓起。

[18]徇齊之日：指幼年。《史記》卷一《五帝本紀》：“黄帝者……弱而能言，幼而徇齊。”徇齊，敏慧。

[19]彤雲素氣：古方術士認爲，人所居處上有彤雲素氣，乃帝王之祥瑞。氣，《南史》作“靈”。

[20]應物：待人接物。

[21]丹浦：丹水之浦。相傳帝堯戰於丹水之浦，以服南蠻。詳《吕氏春秋·召類》。

[22]比喻重整乾坤。《列子·湯問》：“共工氏與顓頊争爲帝，怒而觸不周之山，折天柱，絶地維。”

[23]孟門：山名。在今山西吉縣西，綿亘黄河兩岸。古代傳説孟門山阻斷黄河，河水逆流爲害。禹鑿孟門以疏通之。詳《吕氏春秋·愛類》。

[24]穹儀：指天。傳説往古之時，四極廢，九州裂，天不兼覆，地不周載。火爁（lǎn）焱而不滅，水浩洋而不息。女媧煉五色石以補蒼天。詳《淮南子·覽冥訓》。　五石：即五色石。

[25]袗（zhěn）衣：綉有文采的華貴的衣服。傳説舜爲天子，被袗衣。見《孟子·盡心下》。　廣成：廣成子。《莊子·在宥》："黄帝立爲天子十九年，令行天下。聞廣成子在於空同之上，故往見之。"

[26]崦山：即崦嵫山，古代神話傳説爲西方日入之處。

[27]罍篚：盛祭品的酒器和食器。此處代指祭祀。

[28]匏竹：樂器名。

[29]舊郊即復：《南史》卷八《梁本紀》作"舊邦凱復"。

[30]函、雒：函，函谷關，在漢東京洛陽畿内。雒，即洛陽。此處借指建康及其附近地區。

[31]高奴、櫟陽：並縣名。此處借指梁都城。高奴，秦置，治所在今陝西延安市城東。秦末項羽立董翳爲翟王，都於此。櫟陽，治所在今陝西臨潼縣東北。秦末，項羽封司馬欣爲塞王，定都於此。

[32]濁河清渭：指漢都長安一帶。黄河水濁，渭水清，故稱。此處借指建康一帶。

[33]佳氣：王者祥瑞之氣。《文選》卷二八謝朓《入朝曲》李善注引《吴録》曰："張紘言於孫權曰：秣陵，楚武王所置，名爲金陵。秦始皇時，望氣者云，金陵有王者氣，故斷連崗，改名秣陵也。"又，漢光武帝劉秀，南陽人。西漢末，望氣者蘇伯阿使至南陽，曰："氣佳哉，鬱鬱葱葱然！"

[34]臯門有伉：語出《詩·大雅·綿》，意謂王都的郭門高大雄偉。

[35]甘泉：秦漢時宫名，内有通天、高光、迎風諸殿。故址在今陝西淳化縣西北甘泉山。

[36]土圭測景：用土圭測日影之長短。《文選》卷三張平子《東

京賦》："土圭測景，不縮不盈。"

[37]仙人承露：漢武帝信神仙，以爲飲甘露可以延年。因而於長安神明臺作承露盤，立銅人舒掌以接甘露。見《漢書·郊祀志》。

[38]鎬京：西周都城。故址在今陝西長安縣西北豐鎬村附近。

[39]郟、洛：郟縣、洛陽。即今河南三門峽市、洛陽一帶。

[40]夏后：指帝禹。《史記》卷二《夏本紀》："帝舜薦禹於天，爲嗣。十七年而帝舜崩。三年喪畢，禹辭辟舜之子商均於陽城。天下諸侯皆去商均而朝禹。禹於是遂即天子位，南面朝天下，國號曰夏后。"

[41]文王：周文王。鄭玄《詩譜》："紂又命文王典治南國江漢汝墳之諸侯。於是三分天下而有其二，以服事殷，故雍、梁、荆、豫、徐、揚之人咸被其德而從之。"

[42]殘楚之地：指荆州。荆州，古楚地。

[43]九戎：泛指敵國軍隊。

[44]三叛：周武王死，成王嗣位，周公攝政。武王弟管叔、蔡叔及紂子武庚反叛，周公平之。事見《史記》卷四《周本紀》。此處借指梁岳陽王督、河東王譽等。

[45]解五牛於冀州：指東漢光武帝劉秀即帝位事。更始三年(25)，劉秀行至鄗，群臣奏請登阼。劉秀於是命有司設壇場於鄗南千秋亭，即皇帝位。詳《後漢書》卷一《光武帝紀》。鄗，光武帝即位後改名高邑，地屬冀州。解，停止。五牛，即五牛旗，晉武帝平吴後造，以五色木牛象車、竪旗於木牛背，使人輿之。皇帝所乘。此處代指皇帝之乘輿。

[46]秣六馬於譙郡：指曹丕代漢事。延康元年（220），曹丕南征至譙，於繁陽升壇即阼。詳《三國志》卷二《文帝紀》。六馬，天子所乘金根車，駕六馬。

[47]對揚：對答稱揚。《尚書·説命》："敢對揚天子之休命。"

[48]所奏：所，《南史》卷八《梁本紀》作"祈"。

[49]億兆夷人：夷人，平民。《尚書·泰誓中》："受有億兆夷

人，離心離德。”

[50]文叔金吾之官：漢光武帝劉秀字文叔，初願爲執金吾，後登帝位。詳《後漢書》卷一《光武帝紀》。

[51]孟德征西之位：魏武帝曹操字孟德，本志封侯作征西將軍，然後題墓道言“漢故征西將軍曹侯之墓”。見《三國志》卷一《魏書·武帝紀》裴注引《魏武故事》。

[52]淮海長鯨：比喻侯景。淮海，指揚州，梁京師建康所在。

[53]襄陽短狐：比喻岳陽王蕭詧。詧爲雍州刺史，據襄陽，與蕭繹爲敵。短狐，即蜮，能含沙射人致死。

[54]革面：指改過。《易·革》：“君子豹變，小人革面。”

[55]太平玉燭：太平之時，四時氣候和暢。玉燭，《爾雅·釋天》：“四氣和謂之玉燭。”

四月乙巳，益州刺史、新除假黄鉞、太尉武陵王紀竊位於蜀，[1]改號天正元年。世祖遣兼司空蕭泰、祠部尚書樂子雲拜謁塋陵，[2]脩復社廟。丁巳，世祖令曰：“軍容不入國，國容不入軍。[3]雖子産獻捷，戎服從事，[4]亞夫弗拜，義止將兵。[5]今凶醜殲夷，逆徒殄潰，九有既截，[6]四海乂安。漢官威儀，[7]方陳盛禮，衛多君子，[8]寄是式瞻。便可解嚴，以時宣勒。”是月，以東陽太守張彪爲安東將軍。[9]

[1]新除：授官而未拜受。　武陵王紀：梁武帝子蕭紀封爵號武陵王。本書卷五五有傳。

[2]兼：官制術語。假職未真授之稱。　蕭泰：中華書局本《校勘記》云：“‘蕭泰’各本作‘蕭太’，據《南史》及《通鑑》改。蕭泰，《周書》、《北史》各有傳，云‘梁元帝平侯景，以泰爲兼太常

卿'，與此云'兼司空'不同。"　祠部尚書：官名，尚書省列曹尚書之一，掌祠祀禮儀。梁十三班。梁制，祠部尚書多不置，以右僕射主之。又，修復社廟事，世祖有令，見《文館詞林》卷六九五，題《梁孝元帝祠房廟令》。

[3]《司馬法·天子之義》："軍容不入國，國容不入軍。"容，指禮制儀節。

[4]春秋時，鄭國子展、子産帥軍伐陳，大勝，"子産獻捷於晉，戎服將事"。事詳《左傳·襄公二十五年》。獻捷，戰勝後進奉俘虜和戰利品。

[5]漢文帝後元六年（前158），匈奴大入邊。周亞夫率軍駐防細柳。文帝親自勞軍至細柳軍營，亞夫手持兵器曰："介胄之士不拜，請以軍禮見。"文帝曰："嗚乎，此真將軍矣！"事見《史記》卷五七《絳侯周勃世家》。

[6]九有：九州。也泛指全國。

[7]漢官威儀：西漢末，更始帝將北都洛陽，以光武行司隸校尉，使前整修官府。三輔吏士見光武僚屬，皆歡喜不自勝。老吏或垂涕曰："不圖今日復見漢官威儀！"由是識者皆屬心光武。詳《後漢書》卷一《光武帝紀》。

[8]衛多君子：春秋衛獻公後元三年（前544），吴公子季札使過衛，見蘧伯玉、史鰌，曰："衛多君子，未有患也。"事見《左傳·襄公二十九年》。

[9]東陽：郡名。治所在今浙江金華縣。　張彪：人名。自云家本襄陽。《南史》卷六四有傳。　安東將軍：將軍名號。梁一百二十五號將軍之一，二十一班。

五月庚午，司空南平王恪及宗室王侯、大都督王僧辯等，復拜表上尊號，世祖猶固讓不受。庚辰，以征南將軍、湘州刺史、司空南平嗣王恪爲鎮東將軍、揚州刺史,[1]餘如故。甲申，以尚書令、征東將軍、開府儀同三司、江州刺史王僧辯爲司徒、鎮衛將軍。[2]乙酉，斬賊左僕射王偉、尚書吕季略、少卿周石珍、舍人嚴亶於江陵市。[3]是日，世祖令曰："君子赦過，著在周經;[4]聖人解網，聞之湯令。[5]自獫狁孔熾,[6]長蛇荐食,[7]赤縣阽危，黔黎塗炭，終宵不寐，志在雪恥。元惡稽誅，本屬侯景；王偉是其心膂，周石珍負背恩義，今並烹諸鼎鑊，肆之市朝。但比屯邅寇擾,[8]爲歲已積，衣冠舊貴,[9]被逼偷生，猛士勳豪，和光苟免，凡諸惡侶，諒非一族。今特闡以王澤，削以刑書，自太清六年五月二十日昧爽以前,[10]咸使惟新。"是月，魏遣太師潘樂、辛術等寇秦郡,[11]王僧辯遣杜崱帥衆拒之。以陳霸先爲征北大將軍、開府儀同三司、南徐州刺史。[12]是月，魏遣使賀平侯景。

[1]揚州：州名。治所在今江蘇南京市。

[2]鎮衛將軍：將軍名號。梁天監七年（508）置，爲一百二十五號將軍之一，二十四班。

[3]王偉：人名。本書卷五六《侯景傳》有附傳。　少卿：《南史》卷八《梁本紀》作"少府卿"，《通鑑》卷一六四《梁紀二十》"大寶三年"下作"少府"。按，疑作"少府卿"爲是。少府卿，官名。梁十二卿之一。掌宫中服御之物，十一班。　周石珍：人名。《南史》卷七七《恩倖傳》有傳。　舍人：即中書舍人，官名。中書省屬官，舊入直閤内，呈奏案章。劉宋時漸用寒人及皇帝親信擔任，奪中書侍郎出令之權。至梁則用人殊重，選以才能，掌中書詔誥。多以他官兼領。爲四班。

[4]周經：指《易》。《易·象傳》："雷雨作，解，君子以赦過

宥罪……剛柔之際，義無咎也。”

[5]湯令：商湯的命令。《史記》卷三《殷本紀》：“湯出，見野張網四面，祝曰：‘自天下四方皆入吾網。’湯曰：‘嘻，盡之矣!’乃去其三面，祝曰：‘欲左，左；欲右，右；不用命，乃入吾網。’諸侯聞之，曰：‘湯德至矣，及禽獸!’”

[6]獫狁孔熾：語出《詩·小雅·六月》。意謂獫狁入侵來勢凶猛。獫狁，周人對匈奴的稱呼。此處借指侯景叛軍。

[7]長蛇荐食：《左傳·定公四年》：“申包胥如秦乞師，曰：‘吴爲封豕、長蛇，以荐食上國，虐始於楚。”長蛇，比喻凶暴之物，此處指侯景。荐食，不斷吞食。

[8]屯邅：比喻處境不利，進退兩難。

[9]衣冠：指士大夫，官紳。

[10]昧爽：拂曉。

[11]潘樂、辛術：中華書局本《校勘記》：“‘潘樂’各本作‘潘洛’，據《南史》改。按：潘樂、辛術，《北齊書》、《北史》並有傳。二人又並先仕魏，後入齊，故此作‘魏’，而《南史》作‘齊’。”按，時北齊已代東魏，故仍當以《南史》作“齊”爲是。秦郡：郡名。治所在今江蘇六合縣北。

[12]陳霸先：人名。即陳武帝。見《陳書》卷一《高祖紀》。南徐州：治所在今江蘇鎮江市。

八月，蕭紀率巴、蜀大衆連舟東下，遣護軍陸法和屯巴峽以拒之。[1]兼通直散騎常侍、聘魏使徐陵於鄴奉表曰：[2]

臣聞封唐有聖，還承帝嚳之家；[3]居代惟賢，終纂高皇之祚。[4]無爲稱於革舄，[5]至治表於垂衣，[6]而撥亂反正，非間前古。[7]至如金行重作，[8]源出東莞，[9]炎運猶昌，[10]枝分南頓。[11]豈得掩顯姓於軒轅，[12]非才子於顓頊？[13]莫不時因多難，俱繼神宗者也。伏惟陛下，出《震》等於勛、華，[14]明讓同於旦、奭。[15]握圖執鉞，[16]將在御天，[17]玉縢珠衡，[18]先彰元后。[19]神祇所命，[20]非惟太室之祥，[21]圖書斯歸，[22]何止堯門之瑞。[23]若夫大孝聖人之心，中庸君子之德，固以作訓生民，貽風多士。一日二日，研覽萬機；允文允武，包羅羣藝。擬兹三大，[24]賓是四門，[25]歷試諸難，[26]咸熙庶績，[27]斯無得而稱也。[28]

[1]巴峽：即今重慶市奉節縣長江瞿塘峽和巫山縣長江巫峽。

[2]通直散騎常侍：官名。集書省官員，職掌同散騎常侍。多用衰老之士擔任，地位不高。員四人。梁十一班。　徐陵：人名。祖籍東海郯縣。徐摛之子。梁太清二年（548）出使東魏，值侯景之亂，被拘於東魏。《陳書》卷二六有傳。　鄴：城名。東魏都城，故址在今河北臨漳縣西南鄴鎮。

[3]古代傳説，帝嚳崩，其長子摯嗣位，封異母弟放勛爲唐侯。摯政衰弱，唐侯德盛，諸侯歸唐侯。摯服其義，率群臣禪位於放勛。放勛受禪，是爲帝堯。事見《史記》卷一《五帝本紀》張守節《正義》引《帝王世紀》。

[4]漢吕氏崩，諸吕欲爲亂，周勃、陳平等誅諸吕。諸大臣以高皇帝劉邦中子代王劉恒賢，因共迎之以嗣帝位。事詳《史記》卷一〇《孝文帝本紀》。

[5]無爲：漢文帝即位，提倡黄老之學，主張無爲而治。　革舄：以皮革作底而着木的鞋。《漢書》卷六五《東方朔傳》載朔稱漢文帝“貴爲天子，富有四海，身衣弋綈，足履革舄……於是天下

望風成俗，昭然化之”。

[6]垂衣：穿着寬大的衣裳。《易·繫辭下》：“黄帝堯舜垂衣裳而天下治，蓋取諸乾坤。”後世用以稱頌帝王無爲而天下大治。

[7]間：《文苑英華》卷六〇〇作“聞”，三朝本作“閒”。

[8]金行重作：意謂東晉再興。金行，古人據五德説，認爲晉以五行中金德得天下。重作，再興，指東晉。

[9]東莞：郡名。治所在今山東莒縣。據《晉書》卷三八《宣五王傳》，晉元帝祖父司馬伷，晉武帝踐祚後封之爲東莞郡王，故云東晉源出東莞。

[10]炎運猶昌：即漢朝再昌，指東漢。炎運，古人據五德説，認爲漢以五行中火德得天下，故稱漢爲炎運。

[11]南頓：縣名。治所在今河南項城縣西南。據《後漢書》卷一《光武帝紀》，漢光武帝劉秀之父爲南頓令劉欽。

[12]軒轅：古代傳説，黄帝姓公孫，居軒轅之丘，故名軒轅。有二十五子，其得姓者十四人。見《史記》卷一《五帝本紀》。

[13]顓頊：古代傳説，古帝顓頊高陽氏，黄帝之孫，有才子八人謂之八愷；有不才子，天下謂之檮杌。見《左傳·文公十八年》。

[14]出《震》：指爲帝。《易》有《震》卦，《説卦》云：“帝出乎震。”　勛、華：放勛、重華，分别爲帝堯和帝舜之名。見《史記》卷一《五帝本紀》。

[15]明讓：《文苑英華》卷六〇〇、《徐孝穆集》並作“鳴謙”。按，疑作“鳴謙”是。《易》有《謙》卦。其爻辭有云：“鳴謙貞吉。”　旦、奭：周公旦、召公奭。周初輔佐周天子的功臣。見《史記》卷四《周本紀》。

[16]握圖：傳説黄帝受天命得河圖之瑞而有天下。見《初學記》卷三一引《春秋合誠圖》。　執鉞：傳説周武王伐紂，左杖黄鉞，右秉白旄以指揮。見《尚書·牧誓》。

[17]御天：行天道。

[18]玉縢：《文苑英華》卷六〇〇作“玉滕”，百衲本及《徐孝

穆集》作“玉勝”。按，疑作“玉勝”是。玉勝，古帝王所用玉製首飾。　珠衡：眉間有骨隆起如連珠，像玉衡星。古人以爲帝王之相。

[19]元后：指帝王。古代傳説神農戴玉勝，伏羲日角而連珠衡。

[20]命：《文苑英華》卷六〇〇作“合”。

[21]太室之祥：春秋時，楚共王無嫡子而有寵子五人，乃禱告於神，請神擇於五人。曰：“當璧而拜者，神所立也。”於是埋璧於太室之庭，使五子順長幼之序入拜。平王正伏於璧紐之上，因立爲嗣。事見《左傳·昭公十三年》。

[22]圖書：中華書局本《校勘記》：“‘圖書’各本作‘圖畫’。據《藝文類聚》一四改。按：圖書乃河圖洛書之省稱。”按，《文苑英華》卷六〇〇、《徐孝穆集》並作“圖牒”。《文選》卷四八班孟堅《典引》有云：“嘉穀靈草，奇獸神禽，應圖合諜，窮祥極瑞。”是亦可能作“圖牒”。

[23]堯門之瑞：相傳漢武鈎弋夫人孕十四月而生昭帝，武帝因曰：“聞昔堯十四月而生，今鈎弋亦然。”乃命其所生門曰“堯母門”。見《漢書》卷九七《外戚·鈎弋趙倢伃傳》。

[24]擬兹三大：意謂帝王可以和道、天、地相比併。《老子》：“故道大、天大、地大，王亦大。域中有四大，而王居其一焉。”

[25]賓是四門：指四方諸侯入四門朝天子。《尚書·舜典》：“賓于四門，四門穆穆。”馬融注：“四門，四方之門。”

[26]歷試諸難：相傳舜出身微賤，堯聞其聰明，將傳位於舜，而以衆多難事以試之。見《史記》卷一《五帝本紀》。

[27]咸熙庶績：各種事功都興盛。《尚書·堯典》：“允釐百工，庶績咸熙。”

[28]無得：《徐孝穆集》作“無間”。

自無妄興暴,[1]皇祚寖微,[2]封豨脩蛇，行災中國，靈心所宅,[3]下武其興,[4]望紫極而長號,[5]瞻丹陵而殞慟。[6]家寃將報，天賜黄鳥之旗;[7]國害宜誅，神奉玄狐之籙。[8]滕公擁樹,[9]雄氣方嚴；張繡交兵,[10]風神彌勇。忠誠冠於日月,[11]孝義感於冰霜。[12]如霆如雷,[13]如貔如虎,[14]前驅效命，元惡斯殲。既挂膽於西州,[15]方燃臍於東市。[16]蚩尤三冢,[17]寧謂嚴誅；王莽千剸,[18]非云明罰。青羌赤狄,[19]同畀豺狼，胡服夷言，咸爲京觀。[20]邦畿濟濟，還見隆平；宗廟愔愔,[21]方承多福。自氤氳渾沌之世,[22]驪連、栗陸之君,[23]卦起龍圖,[24]文因鳥跡。[25]雲師火帝,[26]非無戰陣之風；堯誓湯征，咸用干戈之道。星躔東井，時破崤、潼;[27]雷震南陽，初平尋、邑。[28]未有援三靈之已墜,[29]救四海之羣飛,[30]赫赫明明,[31]龔行天罰,[32]如當今之盛者也。於是卿雲似蓋,[33]晨映姚鄉;[34]甘露如珠，朝華景寢。[35]芝房感德，咸出銅池;[36]蓂莢伺辰,[37]無勞銀箭。[38]重以東漸玄菟,[39]西踰白狼,[40]高柳生風,[41]扶桑盛日,[42]莫不編名屬國,[43]歸質鴻臚,[44]荒服來賓,[45]遐邇同福。[46]其文昭武穆，跗蕚也如彼;[47]天平地成,[48]功業也如此。久應旁求掌故,[49]諮詢天官,[50]斟酌繁昌,[51]經營高邑。[52]宗王啓霸，非勞陽武之侯;[53]清蹕無虞，何事長安之邸。[54]正應揚鑾旂以饗帝,[55]仰鳳扆以承天，[56]曆數在躬，[57]疇與爲讓，[58]去月二十日，兼散騎常侍柳暉等至鄴，伏承聖旨謙沖，爲而弗宰，或云涇陽未復，[59]函谷無泥，[60]旋駕金陵，方膺天眷。愚謂大庭、少昊，[61]非有定居；漢祖、殷宗，[62]皆無恒宅。登封岱岳，猶置明堂；[63]巡狩章陵，時行司隸。[64]何必西瞻虎據，乃建王宫；[65]南望牛頭，方稱天闕。[66]抑又聞之：玄圭既錫，[67]蒼玉無陳，[68]乃棫樸之愆期，[69]非苞茅之不貢。[70]雲和之瑟，久廢甘泉；孤竹之管，無聞方澤。[71]豈不懼歟！

[1]無妄：無故之灾。《易》有《无妄》卦，《繫辭》曰："无妄，灾也。"　興暴：《文苑英華》卷六〇〇及《徐孝穆集》並作"爲象"。且其下並有"鍾禍上京，梟獍虔劉，宗社蕩墜，銅頭鐵額"四句，本《紀》無。

[2]皇祚寖微：《文苑英華》卷六〇〇及《徐孝穆集》並作"興暴皇年"。

[3]靈心：聖靈之心。此指梁武帝。心，《徐孝穆集》作"星"。

[4]下武：《詩·大雅》有《下武》篇，《序》云："《下武》，繼文也。武王有聖德，復受天命，能昭先人之功焉。"此借指梁元帝繼武帝而興。

[5]紫極：古人認爲紫微垣爲皇極之地，故稱帝王宫殿爲紫極。

[6]丹陵：相傳爲堯所生之地。此處借指梁元帝所生之地建康。

[7]天賜黄鳥之旗：古代傳説，紂無道，周武王將伐紂，天賜武王黄鳥之旗。見《墨子·非攻下》。

[8]神奉玄狐之籙：古代傳説，黄帝伐蚩尤，西王母遣道人被玄狐之裘以符授之。見《黄帝出軍訣》。

［9］滕公擁樹：楚漢彭城之戰，漢王劉邦大敗，馳去。見其子孝惠、魯元公主，載之。"漢王急，馬罷（疲），虜在後，常蹶兩兒欲棄之。（夏侯）嬰常收，竟載之，徐行面雍樹乃馳。"見《史記》卷九五《樊酈滕灌列傳》。滕公，夏侯嬰的封號。雍，通"擁"。擁樹，《史記集解》引蘇林曰："南方人謂抱小兒爲'雍樹'。面者，大人以面首向臨之，小兒抱大人頸似懸樹也。"

［10］張繡交兵：漢獻帝建安二年（197），曹操征張繡，繡降，既而復反。曹操與之交戰，軍敗，爲流矢所中，長子昂、兄子安民遇害。四年，張繡率衆降。事見《三國志》卷一《武帝紀》。

［11］忠誠冠於日月：冠，《徐孝穆集》作"貫"。按，疑作"貫"是。古代傳説，戰國時專諸刺殺吴王僚時，感應上天，竟使彗星掃及月亮；聶政刺殺韓相傀時，一道白氣上貫太陽。見《戰國策・魏策》。

［12］孝義感於冰霜：晉・干寶《搜神記》卷一一："（王祥）母常欲生魚，時天寒冰凍，祥解衣，將剖冰求之，冰忽自解，雙鯉躍出。"又，《初學記》卷二引《淮南子》：鄒衍事燕惠王，盡忠。左右譖之，衍被拘繫，仰天而哭。夏五月，天爲之隕霜。

［13］如霆如雷：比喻聲威極盛。《詩・大雅・常武》："如雷如霆，徐方震驚。"

［14］如貔如虎：比喻軍隊勇猛。《尚書・牧誓》："尚桓桓，如虎如貔，如熊如羆。"

［15］挂膽：魏滅西蜀，殺蜀將姜維。維死時見剖，膽如斗大。見《三國志》卷四四《姜維傳》及裴松之注引《世語》。

［16］燃臍：漢末王允、吕布誅董卓，暴卓屍於市。守屍之吏爲大炷置卓臍中燃之，光明達旦。見《三國志》卷六《董卓傳》裴松之注引《英雄記》。

［17］蚩尤三冢：古代傳説，黄帝殺蚩尤，蚩尤身首異處。黄帝閔之，葬其首於壽張，其肩脅於山陽，其髀於巨鹿。參《史記》卷一《五帝本紀》裴駰《集解》引《皇覽》及《雲笈七籤》引《軒轅

本紀》。

[18]王莽千剸：王莽敗，入漸臺，商人杜吴殺莽，校尉公賓就斬莽首，軍人分裂莽身，支節肌骨臠分，争相殺者數十人。見《漢書》卷九九《王莽傳》。剸（tuán），割，截。《文苑英華》卷六〇〇作“段”。

[19]青羌、赤狄：並古西北少數民族。

[20]京觀：古代戰争，戰勝者收集敵人屍首封土成高墳，稱爲京觀。參《左傳・宣公十二年》楚子之語。

[21]宗廟：《文苑英華》卷六〇〇作“宗祀”。　愔（yīn）愔：和悦、安閑的樣子。

[22]氤氲渾沌之世：指人類之初，天地蒙昧未開的時代。氤氲，天地陰陽之氣聚合的樣子；渾沌，蒙迷不通的樣子。

[23]驪連、栗陸之君：傳説中上古帝號。皇甫謐《帝王世紀》：“女媧氏没，大庭氏王有天下……次有皇柏氏，中央氏，栗陸氏，驪連氏……凡十五世。”

[24]卦起龍圖：《宋書・符瑞志》：“燧人氏没，宓犧代之，受《龍圖》，畫八卦，所謂‘河出圖’者也。”卦，舊本誤作“封”，此依中華書局本校改。按，《文苑英華》卷六〇〇、《徐孝穆集》並作“卦”。

[25]文因鳥跡：傳説黄帝之史倉頡見鳥獸之迹，知分理之可相别異，因而創造了文字。參許慎《説文解字・叙》。

[26]雲師火帝：指黄帝和炎帝。《左傳・昭公十七年》：“昔者黄帝氏以雲紀，故爲雲師而雲名。”又《史記》卷一《五帝本紀》張守節《正義》引《帝王世紀》：“（炎帝）以火德王，故號炎帝。”

[27]指漢元年（前206）十月，劉邦入關，秦亡。《漢書》卷一《高帝紀》：“元年冬十月，五星聚於東井。沛公至霸上，秦王子嬰素車白馬，繫頸以組，封皇帝璽符節，降枳道旁。”　東井：秦之分野。　崤、潼：崤山、潼關。此處代指秦。

[28]指西漢末，劉秀初平王尋、王邑事。《後漢書》卷一《光

武帝紀》載：更始元年（23），劉秀與王莽將王尋、王邑戰於昆陽，王尋死。"會大雷風，屋瓦皆飛，雨下如注。"莽軍潰敗，溺死於滍水者數萬，王邑敗逃。　南陽：郡名。治所在今河南南陽市。滍水所出。

[29]三靈：指日、月、星。

[30]四海之羣飛：比喻天下大亂。

[31]赫赫明明：威嚴明察的樣子。

[32]龔：通"恭"。

[33]卿雲：《史記·天官書》："若烟非烟，若雲非雲，郁郁紛紛，蕭索輪囷，是謂卿雲。"古人以爲祥瑞。《宋書·符瑞志》：舜將禪禹，"於時和氣普應，慶雲興焉"。"百工相和而歌《慶雲》。"慶，亦作"卿"。

[34]姚鄉：即姚墟，舜的出生地。傳説舜母見大虹意感而生舜於姚墟，故姓姚。見《史記》卷一《五帝本紀》張守節《正義》引孔安國説。

[35]朝華景寢：《文苑英華》卷六〇〇及《徐孝穆集》並作"朝垂原寢"。按，疑"朝垂原寢"爲是。《後漢書》卷一〇《光烈陰皇后傳》載：漢明帝永平十七年（74）正月，帝夜夢見光武帝、光烈皇后。明旦上原陵，陵上樹葉有甘露，帝令百官采取。原寢，即原陵，光武帝陵。

[36]《漢書》卷八《宣帝紀》：宣帝神爵元年（前61），"金芝九莖，産於函德殿銅池中"。　芝房：即靈芝。

[37]蓂莢伺辰：班固《白虎通德論·封禪》："蓂莢，樹名也。月一日生一莢，十五日畢，至十六日去莢，故夾階生，似日月也。"又《文選》卷三張平子《東京賦》李善注引《田俅子》："堯爲天子，蓂莢生於庭，爲帝成曆。"

[38]銀箭：古代置漏下，用以標記時刻之物。

[39]玄菟：郡名。治所在今遼寧撫順市東。

[40]白狼：城名。在今遼寧喀喇沁左翼蒙古族自治縣西南。

[41]高柳：縣名。治所在今山西陽高縣西北。

[42]扶桑：古國名。在中國之東，因其國多扶桑木，故稱。盛日：相傳日出於扶桑木下。盛，《文苑英華》卷六〇〇及《徐孝穆集》並作“銜”。

[43]屬國：指附屬國。

[44]歸質：歸送質子。《文苑英華》卷六〇〇作“歸貢”。 鴻臚：即大鴻臚。古代掌管少數民族君長及諸侯王朝貢禮儀等的官員。

[45]荒服：古代以都城爲中心，根據離距之遠近分王畿以外的地區爲五服，最遠的地區爲荒服。

[46]福：《文苑英華》卷六〇〇作“慶”。

[47]跗萼：《詩·小雅·常棣》：“常棣之華，鄂不韡韡。凡今之人，莫如兄弟。”鄂，通“萼”；不，通“跗”，萼的底部。後世因以跗萼相依比兄弟之親。

[48]天平地成：《左傳·文公十八年》：“舜臣堯，舉八愷，使主后土，以揆百事，莫不時序，地平天成。”後因以比喻萬事安排妥帖。

[49]掌故：即舊制、舊例。

[50]天官：泛指百官。蔡邕《獨斷》：“百官小吏曰天官。”

[51]繁昌：縣名。治所在今河南臨潁縣西北。漢獻帝延康元年(220)，曹丕爲壇於繁陽亭以受漢禪，改元黄初，以繁陽亭爲繁昌縣。見《三國志》卷二《文帝紀》。

[52]高邑：縣名。治所在今河北柏鄉縣北。漢更始三年(25)，光武帝劉秀命有司設壇場於鄗南千秋亭，即皇帝位，改鄗爲高邑縣。見《後漢書》卷一《光武帝紀》。

[53]宗王啓霸，非勞陽武之侯：中華書局本《校勘記》：“‘宗’各本訛‘宋’，據《藝文類聚》一四改。按：此用漢文帝劉恒以代王入即帝位事。宗王，指代王劉恒；陽武侯，指陳平。”

[54]《史記》卷一〇《孝文帝紀》：陳平等已誅諸吕，謀立代

王劉恒嗣帝位。代王疑，“乃命宋昌參乘，張武等六人乘傳詣長安。至高陵休止，而使宋昌先馳之長安觀變。昌至渭橋，丞相以下皆迎。宋昌還報”。代王與群臣至代邸即帝位。此處反用其事。

[55]鑾旂：皇帝車駕上的龍旗。鑾，《文苑英華》卷六〇〇及《徐孝穆集》並作“龍”。

[56]鳳扆：天子座位後的屏風。

[57]曆數：朝代更替的次序。《尚書·大禹謨》：“帝曰：天之曆數在汝躬，汝終陟元后。”

[58]疇：誰。

[59]涇陽未復：《徐孝穆集》作“洛陽未復”。按，疑作“洛陽未復”爲是。曹丕受禪後，權都許昌，營洛陽宫，後遷都洛陽依漢舊事。參《三國志》卷二《文帝紀》及杜佑《通典》。

[60]函谷無泥：意謂關東未鞏固。《後漢書》卷一三《隗囂傳》：“王元曰：元請以一丸泥爲大王東封函谷關。”

[61]大庭、少昊：並古代傳説中帝王名。

[62]漢祖、殷宗：漢高祖、殷帝盤庚。

[63]漢武帝初封泰山，降坐山東北阯古明堂處。明年秋乃作明堂。見《史記》卷一二《孝武帝紀》裴駰《集解》引《漢書音義》。岱岳：泰山。　明堂：古代天子發佈政令或舉行大型禮儀活動的場所。

[64]漢桓帝巡狩南陽，以竇武府掾胡騰爲護駕從事。“騰上書：‘臣請以荆州刺史比司隸校尉，臣自同都官從事。’帝從之。自是肅然，莫敢妄有干欲。”見《後漢書》卷六九《竇武傳》。　章陵：南陽郡屬縣，治所在今湖北棗陽市南。《文苑英華》卷六〇〇作“荆州”。　司隸：司隸校尉之省稱。

[65]疑指孫權遷都建業事。虎據，割據稱强，指西蜀劉備。孫權見劉備稱强於西蜀，故遷都建業。史載：劉備於章武元年（221）四月稱帝於成都，七月東伐吴。吴主孫權次年春稱帝於武昌，九年遷都建業。參《三國志》卷三二《蜀書·先主傳》及卷四七《吴

書·吴主傳》。又，虎據，《徐孝穆集》作“虎踞”。則似用諸葛亮“石城虎踞”典，指建業。然建業在東，與“西瞻”不合。

[66]《文選》卷五六陸佐公《石闕銘》“乃假天闕於牛頭”李善注引山謙之《丹陽記》：“大興中，議者皆言漢司徒義興許彧墓二闕高壯，可徙施之，王茂弘弗欲。後陪乘出宣陽門，南望牛頭山兩峰，即曰：‘此天闕也，豈煩改作！’帝從之。”

[67]玄圭既錫：意謂臣下已告成功。傳説舜時，禹爲司空，受命平水土，以玄圭爲贄而告成功於舜。事見《尚書·禹貢》。錫，給予。

[68]蒼玉無陳：意謂臣下未受封賞。《禮記·玉藻》：“大夫佩水蒼玉而純組綬。”

[69]棫樸之愆期：《詩·大雅》有《棫樸》篇，《小序》云：“文王官人也。”此處反用其意。

[70]苞茅之不貢：春秋時，齊伐楚，楚子質問齊軍。管仲之對有云：“爾貢苞茅不入，王祭不共，無以縮酒，寡人是徵。”見《左傳·僖公四年》。

[71]意謂祭天地之禮長久未舉行。《周禮·春官·大司樂》：“孤竹之管，雲和之琴瑟，《雲門》之舞，冬日至，於地上之圜丘奏之，若樂六變，則天神皆降……孫竹之管，空桑之琴瑟，《咸池》之舞，夏日至，於澤中之方丘奏之，若樂八變，則地亓皆出。” 甘泉：漢宫名，漢天子祭天神於此。見《漢書·郊祀志》。

伏願陛下因百姓之心，拯萬邦之命。豈可逡巡固讓，方求石户之農；[1]高謝君臨，[2]徒引箕山之客！[3]未知上德之不德，[4]惟見聖人之不仁。[5]率土翹翹，[6]蒼生何望！昔蘇季、張儀，[7]違鄉負俗，尚復招三方以事趙，請六國以尊秦。况臣等顯奉皇華，[8]親承朝命，珪璋特達，[9]通聘河陽，[10]貂珥雍容，[11]尋盟漳水，[12]加牢貶館，[13]隨勢汙隆，[14]瞻望鄉關，誠均休戚。但輕生不造，命與時乖。忝一介之行人，[15]同三危之遠擯。[16]承間内殿，事絶耿弇之恩，[17]封奏邊城，私等劉琨之哭。[18]不勝區區之至，謹拜表以聞。

[1]石户之農：傳説石户之農與舜爲友，舜以天下讓，石户之農夫負妻戴，携子入海。見《莊子・讓王》。

[2]君臨：《文苑英華》卷六〇〇作“爲君”。

[3]箕山之客：指許由。傳説堯爲天下，聞許由賢，以天下讓許由。許由聞之，乃遁於潁水之陽，箕山之下。見皇甫謐《高士傳》。

[4]上德之不德：《老子》：“上德不德，是以有德。”

[5]聖人之不仁：《老子》：“聖人不仁，以百姓爲芻狗。”

[6]率土：指境域之内。《詩・小雅・北山》：“率土之濱，莫非王臣。”

[7]蘇季、張儀：戰國時縱横家蘇秦、張儀。蘇秦字季子，主合縱以抗秦；張儀主連横以尊秦。詳《史記》卷六九《蘇秦列傳》及卷七〇《張儀列傳》。

[8]顯：《文苑英華》作“預”。　皇華：代指奉使。《詩・小雅》有《皇皇者華》篇。《小序》云：“君遣使臣也。送之以禮樂，言遠而有光華也。”

[9]珪璋特達：古代使臣以珪璋行禮於君。《禮記・聘義》：“以圭璋聘，重禮也。已聘而還圭璋，此輕財而重禮之義也。”

[10]河陽：黄河以北。此處指東魏。

[11]貂珥：插貂尾。秦漢以下，朝廷侍中、中常侍之冠例插貂尾，加金璫，附蟬爲飾。徐陵以兼散騎常侍出使東魏（見《陳書》卷二六本傳），故云。

[12]漳水：水名，流經東魏都城鄴附近。此處代指鄴城。

[13]牢：公家發給的糧食。　貶館：館，使臣的住所。徐陵使東魏未返，北齊受魏禪，侯景之亂發，北齊拘留不遣，故自稱所居之館爲貶館。參《陳書》卷二六《徐陵傳》。

[14]勢：《文苑英華》卷六〇〇、《徐孝穆集》並作“世”。按，疑本作“世”，姚思廉避唐諱改。　汙隆：高下，盛衰。

[15]忝：《文苑英華》卷六〇〇作“等”。　行人：使臣。

[16]三危：山名。古代傳説，舜流放三苗於三危之地。見《尚書·禹貢》。其地理位置有三説：一説在今甘肅敦煌，一説在今甘肅岷山西南，一説在今雲南。見修訂本《辭源》“三危”條。

[17]史載，西漢末更始帝見光武日盛，疑之，令罷兵。“光武居邯鄲宫，晝卧温明殿。(耿）弇入造牀下，請閒”，因勸光武脱離更始，自立以定天下。光武大悦。詳《後漢書》卷一九《耿弇傳》。此反用其意，言自己不能像耿弇爲光武出謀畫策，受到重用。

[18]西晉末，天下大亂，劉曜陷長安，晉愍帝被執。并州刺史劉琨等於薊縣遣使奉表勸司馬睿即帝位。琨作表封印既畢，對使者流涕而遣之。參《晉書》卷六二《劉琨傳》及《文選》卷三七《勸進表》題下李善注引《晉紀》。邊城：指薊縣，治所在今北京城西南。此處徐陵以劉琨自比。

九月甲戌，司空、鎮東將軍、揚州刺史南平王恪薨。

冬十月乙未，前梁州刺史蕭循自魏至于江陵，[1]以循爲平北將軍、開府儀同三司。戊申，執湘州刺史王琳於殿内，[2]琳副將殷晏下獄死。辛酉，以子方略爲湘州刺史。[3]庚戌，琳長史陸納及其將潘烏累等舉兵反，[4]襲陷湘州。是月，四方征鎮王公卿士復勸世祖即尊號，猶謙讓未許。表三上，乃從之。

[1]蕭循：人名。梁武帝弟蕭恢之子，官梁州刺史。承聖元年(552)，魏將來攻，循力屈乃降。《南史》卷五二《梁宗室》有傳，循，作“脩”。按，《周書》卷二九《楊紹傳》“時梁宜豐侯蕭循”，中華書局本《校勘記》云：“‘脩’‘循’二字古籍每多混淆，本書和《梁書》都作蕭循，《南史》本傳作‘脩’，但《南》、《北》史都‘循’‘脩’（或修）互見。《漢魏南北朝墓誌集釋・蕭翹墓誌》（圖版五〇五）稱翹爲‘太保公宜豐王循第四子’，循未嘗封王，但可證……其名爲‘循’。”是當以“循”爲是。

[2]王琳：人名。會稽山陰人，以隨王僧辯平侯景功，拜湘州刺史。恃寵縱暴，王僧辯啓請誅之，琳往江陵謝罪。《南史》卷六四有傳。

[3]方略：梁元帝第十子。《南史》卷五四《元帝諸子傳》有傳。

[4]琳長史陸納：陸納，人名。事迹詳《南史》卷六四《王琳傳》。“琳”字下舊本衍一“州”字，此依中華書局本校删。

承聖元年冬十一月丙子，[1]世祖即皇帝位於江陵。詔曰：“夫樹之以君，司牧黔首。帝堯之心，豈貴黄屋，誠弗獲已而臨莅之。朕皇祖太祖文皇帝積德岐、梁，化行江、漢，道映在田，[2]具瞻斯屬。[3]皇考高祖武皇帝明並日月，功格區宇，應天從民，惟睿作聖。[4]太宗簡文皇帝地侔啓、誦，[5]方符文、景。[6]羯寇憑陵，[7]時難孔棘。[8]朕大拯横流，[9]克復宗社。羣公卿士、百辟庶僚，咸以皇靈眷命，歸運斯及，天命不可以久淹，宸極不可以久曠，[10]粤若前載，憲章令範，畏天之威，算隆寶曆，用集神器于予一人。[11]昔虞、夏、商、周，年無嘉號，漢、魏、晉、宋，因循以久。朕雖云撥亂，且非創業，[12]思得上繫宗祧，下惠億兆。可改太清六年爲承聖元年。逋租宿責，[13]並許弘貸，[14]孝子義孫，[15]可悉賜爵；長徒鏁士，特加原宥；禁錮奪勞，一皆曠蕩。"[16]是日世祖不升正殿，公卿陪列而已。丁丑，以平北將軍、開府儀同三司蕭循爲驃騎將軍、湘州刺史，餘如故。己卯，立王太子方矩爲皇太子，改名元良。立皇子方智爲晉安郡王，[17]方略爲始安郡王。[18]追尊所生妣阮脩容爲文宣太后。[19]是月，陸納遣將潘烏累等攻破衡州刺史丁道貴於淥口，[20]道貴走零陵。[21]

[1]承聖：梁元帝年號（552—555）。

[2]在田：《易·乾》："九二，見龍在田，利見大人。"《注》："處在地上，故曰在田。"後世用以指帝王即位前之處境。

[3]具瞻：爲衆人所瞻仰。《詩·小雅·節南山》："赫赫師尹，民具爾瞻。"《傳》："具，俱；瞻，視。"

[4]惟睿作聖：聰明通達，明曉事理。《尚書·洪範》："明作哲，聰作謀，睿作聖。"

[5]太宗簡文帝：梁元帝兄蕭綱，大寶三年（552）被追崇爲簡文皇帝，廟號太宗。見本書卷四《簡文帝紀》。　啓、誦：夏禹之子帝啓、周武王之子成王誦。

[6]文、景：指西漢文帝、景帝。西漢盛世有"文景之治"。

[7]羯寇：指侯景。

[8]孔棘：很急迫。

[9]横流：洪水泛濫。比喻動蕩的局勢。

[10]宸極：北極星，比喻帝位。

[11]神器：天子的璽符。予一人：《書・湯誥》："王曰：'嗟！爾萬方有衆，明聽予一人誥。'"孔《傳》："天子自稱曰'予一人'。"

[12]且：中華書局本《校勘記》："《册府元龜》一八八、二〇八並作'自'。疑作'自'是。"

[13]宿責：舊債。責，通"債"。

[14]貸：寬免。

[15]義孫：《册府元龜》卷二〇八作"從孫"。原注："梁武帝父名順之，故曰'從孫'。"

[16]曠蕩：寬大，釋放。

[17]方智：即梁敬帝。　晉安：郡名。治所在今福建福州市。

[18]始安：郡名。治所在今廣西桂林市。

[19]阮脩容：本書卷七有傳。脩容，后妃名號。

[20]衡州：州名。梁天監六年（507）置，治所在今廣東英德市。　淥口：即今湖南株洲縣南淥水入湘江之口。

[21]零陵：郡名。治所在今湖南永州市。

十二月壬子，陸納分兵襲巴陵，湘州刺史蕭循擊破之。是月，營州刺史李洪雅自零陵率衆出空靈灘，[1]將下討納，納遣將吴藏等襲破洪雅，洪雅退守空靈城。[2]

[1]營州：州名。梁元帝改零陵郡置。　空靈灘：在今湖南株洲縣南湘江畔。靈，各本作"雲"，此依中華書局本校改。

[2]空靈城：在空靈灘附近。靈，原亦作"雲"，此亦依中華書局本校改。

二年春正月乙丑，詔王僧辯率衆軍士討陸納。[1]戊寅，以吏部尚書王褒爲尚書右僕射，[2]劉瑴爲吏部尚書。[3]西魏遣大將尉遲迥襲益州。[4]

[1]衆軍士討：中華書局本《校勘記》引張森楷《梁書校勘記》："士，疑當作上，士字無義，蓋刻誤。"

[2]尚書右僕射：官名。尚書令副佐，並與尚書分領諸曹。梁十五班。"右僕射"，舊本作"左僕射"，此依中華書局本校改。

[3]劉瑴（jué）：人名。本書卷四一有傳。

[4]尉遲迥：人名。西魏代人。《周書》卷二一有傳。

三月庚午，[1]詔曰："食乃民天，[2]農爲治本，垂之千載，貽諸百王，莫不敬授民時，[3]躬耕帝籍。[4]是以稼穡爲寶，《周頌》嘉其樂章；[5]禾麥不成，魯史書其方册。[6]秦人有農力之科，[7]漢氏開屯田之利。[8]頃歲屯否，[9]多難荐臻，[10]干戈不戢，[11]我則未暇。廣田之令，無聞於郡國；載師之職，[12]有陋於官方。今元惡殄殲，海内方一，其大庇黔首，庶拯横流。一廛曠務，[13]勞心日仄；一夫廢業，鳥鹵無遺。[14]國富刑清，家給民足。其力田之身，在所蠲免。外即宣勒，稱朕意焉。"辛未，李洪雅以空靈城降賊，賊執之而歸。初，丁道貴走零陵投洪雅，洪雅使收餘衆，與之俱降。洪雅既降賊，賊乃害道貴。丙子，賊將吴藏等帥兵據車輪。[15]庚寅，有兩龍見湘州西江。[16]

[1]三月庚午："三月"，舊本訛作"二月"，此依中華書局本校改。

[2]食乃民天：《史記》卷九七《酈食其傳》："王者以民人爲天，而民人以食爲天。"

[3]敬授民時：敬記天時以授民，如同後世的頒行曆書。《尚書·堯典》："乃命羲和，欽若昊天，曆象日月星辰，敬授人時。"

[4]躬耕帝籍：帝王親耕籍田。《禮記·月令》：孟春之月，"天子親帥三公九卿諸侯大夫，躬耕帝籍"。籍田，亦作"藉田"。

[5]《詩·周頌》有《豐年》、《良耜》諸篇，並豐收後祭祀天地的樂章。

[6]《春秋》有"秋，大水，無麥苗"，"大無麥禾"之類記載。魯史：指《春秋》。

[7]秦人有農力之科：秦代有鼓勵人民勉力耕作的科條。見《史記》卷六八《商君列傳》。

[8]漢氏開屯田之利：漢代開創屯田以獲利益。參《文獻通考》卷七《田賦》七"屯田"條。

[9]屯否：《易》二卦名。屯，艱難；否，隔塞。後世以屯否表時世艱難。

[10]荐臻：重至，再來。

[11]戢：收藏。

[12]載師：古官名。掌任土之法，因地以制貢賦。見《周禮·地官·載師》。

[13]一廛：一夫所居之地。

[14]舄鹵：荒薄的鹽碱地。

[15]車輪：城名。在今湖南長沙市北湘江岸。

[16]西江：即荆江。

夏四月丙申，僧辯軍次車輪。

五月甲子，衆軍攻賊，大破之。乙丑，僧辯軍至長沙。甲戌，尉遲迥進逼巴西，[1]潼州刺史楊乾運以城降，[2]納迴。己丑，蕭紀軍至西陵。[3]

[1]巴西：郡名。治所在今四川綿陽市。

[2]潼州：州名。治所在今四川綿陽市東。　楊乾運：舊本本《紀》作“楊虔運”，而《武陵王紀傳》作“楊乾運”。此依中華書局本校改。

[3]西陵：縣名。治所在今湖北宜昌市西北。

六月乙卯，[1]湘州平。是月，尉遲迥圍益州。

[1]六月乙卯：中華書局本《校勘記》：“‘乙卯’百衲本、南監本、北監本、殿本訛‘乙酉’；汲古閣本、金陵局本訛‘乙丑’；《南史》作‘乙卯’；《通鑑》作‘乙未’。按是年六月壬辰朔，無乙酉、乙丑，有乙未、乙卯。乙未爲初四日，乙卯爲二十四日。今據《南史》改‘乙卯’。”

秋七月辛未，巴人苻昇、徐子初斬賊城主公孫晃，[1]舉城來降。紀衆大潰，遇兵死。乙未，[2]王僧辯班師江陵，詔諸軍各還所鎮。

[1]巴：本書卷五五《武陵王紀傳》、《通鑑》卷一六五《梁紀二十一》並作“巴東”。按，疑作“巴東”是。巴東，郡名。治所在今重慶奉節縣東。　城主：守城主將。

[2]乙未：據陳垣《二十史朔閏表》，梁承聖二年（553）七月辛酉朔，無乙未。疑此“乙未”誤。

八月戊戌，尉遲迥陷益州。庚子，詔曰：“夫爰始居亳，不廢先王之都；[1]受命于周，無改舊邦之頌。[2]頃戎旃既息，[3]關柝無警。[4]去魯興歎，[5]有感宵分，過沛殞涕，[6]實勞夕寐。仍以瀟、湘作亂，[7]庸、蜀阻兵，[8]命將授律，指期克定。今八表乂清，四郊無壘，宜從青蓋之典，[9]言歸白水之鄉。[10]江、湘委輸，方船連舳，[11]巴峽舟艦，精甲百萬，先次建鄴，行實京師；然後六軍遄征，[12]九旂揚旆，拜謁塋陵，脩復宗社。主者詳依舊典，以時宣勒。”

[1]相傳湯的先祖帝嚳居亳，此後多次遷徙，至湯仍都於亳。參《史記》卷三《殷本紀》及裴駰《集解》引孔安國説。

[2]周武王滅紂，封商之後裔於宋。宋祀先祖，乃奏《商頌》。見《毛詩·商頌序》。　舊邦：指商王朝。

[3]戎旃：軍旗。此處代指戰争。

[4]關柝：關隘上巡夜所敲的木梆。

[5]去魯興歎：魯君受齊女樂，怠於政事。孔子離開魯國，作歌曰：“彼婦之口，可以出走；彼婦之謁，可以死敗。蓋優哉游哉，維以卒歲!”見《史記》卷四七《孔子世家》。

[6]過沛殞涕：漢高祖劉邦平定淮南王黥布叛亂，還歸，過沛，留。置酒沛宫，自擊筑而歌，“慷慨傷懷，泣數行下”。見《史記》卷八《高祖本紀》。

[7]瀟、湘作亂：指湘州刺史河東王譽不從梁元帝節度事。詳本書卷五五《河東王譽傳》。

[8]庸、蜀阻兵：指益州刺史武陵王紀東下與梁元帝争戰事。詳本書卷五五《武陵王紀傳》。庸，本古國名，故地在今湖北竹山縣。此處“庸蜀”代指益州。

[9]青蓋之典：中華書局本《校勘記》：“‘典’各本訛‘興’，據

《册府元龜》一九六改。按王子爲王，賜乘青蓋車，見《續漢書·輿服志》。”按，蕭繹已即帝位，所乘不應是青蓋車。疑此“青蓋”乃用吴嗣主孫晧欲“青蓋入洛陽，以順天命”之典，表將自江陵入建康之意。“青蓋入洛陽”事見《三國志》卷四八《三嗣主傳》裴松之注引《江表傳》。東晉南朝用此典者不乏其例。《文選》卷五六陸佐公《石闕銘》：“青蓋南洎，黄旗東指，憲法無聞，藏書弗紀。”李善注：“言帝祚南遷，王綱馳紊，憲法藏書，咸皆廢紀。青蓋，晉也。虞預《晉書》：王導上言曰：‘迴青蓋以反上京。’”李善注引劉璠《梁典》有云：“詔曰：昔晉氏青蓋南移，日不暇給。”皆指政權之遷移。

[10]白水之鄉：東漢光武帝劉秀生於南陽白水鄉。《文選》卷三張平子《東京賦》：“我世祖忿之，乃龍飛白水。”李善注：“白水謂南陽白水縣也，世祖所起之處也。”此處借指梁元帝生地建康。

[11]方船：兩船相并。

[12]遄征：疾速前進。

九月庚午，司徒王僧辯旋鎮。[1]丙子，以護軍將軍陸法和爲郢州刺史。乙酉，以晉安王方智爲江州刺史。是月，魏遣郭元建治舟師於合肥，[2]又遣大將邢杲遠、步大汗薩、東方老率衆會之。[3]

[1]旋鎮：指還鎮建康。

[2]魏：《南史》卷八《梁本紀》及《通鑑》卷一六五《梁紀二十一》並作“齊”。按，時高齊已代東魏，此“魏”當作“齊”。下文“魏江西州郡”之“魏”亦當作“齊”。詳中華書局本《校勘記》本條。　郭元建：人名。本梁將，侯景寇亂，郭元建降侯景。侯景敗，又降北齊。見本書卷五六《侯景傳》。　合肥：縣名。治所在今安徽合肥市西。

[3]邢杲遠：《南史》卷八《梁本紀》、本書卷四五《王僧辯傳》、《通鑑》卷一六五《梁紀二十一》並作“邢景遠”。　步大汗薩：舊本訛作“步六汗薩”，此依中華書局本校改。

冬十一月辛酉，僧辯次于姑孰，[1]即留鎮焉。遣豫州刺史侯瑱據東關壘，[2]徵吴興太守裴之横帥衆繼之。[3]戊戌，[4]以尚書右僕射王褒爲尚書左僕射，湘東太守張綰爲尚書右僕射。

十二月，宿預土民東方光據城歸化，[5]魏江西州郡皆起兵應之。

[1]姑孰：城名。在今安徽當塗縣。

[2]豫州：《通鑑》卷一六五《梁紀二十一》作“南豫州”，下文有“南豫州刺史侯瑱”云云，故疑此處脱“南”字。南豫州，治所在今安徽當塗縣。　侯瑱：人名。巴西充國人。《陳書》卷九有傳。　東關：地名。即今安徽巢湖市東南東關。

[3]吴興：郡名。治所在今浙江湖州市。　裴之横：人名。本書卷二八有傳。

[4]戊戌：此疑誤。據陳垣《二十史朔閏表》，梁承聖二年十一月己未朔，無戊戌。閏十一月己丑朔，有戊戌，或“戊戌”前脱“閏月”字。

[5]宿預：縣名。治所在今江蘇宿遷市東南舊黄河東北岸古城。東方光：《南史》卷八《梁本紀》同，《通鑑》卷一六五《梁紀二十一》作“東方白額”。

三年春正月甲午，加南豫州刺史侯瑱征北將軍、開府儀同三司。[1]陳霸先帥衆攻廣陵城。[2]秦州刺史嚴超達自秦郡圍涇州，[3]侯瑱、張彪出石梁，[4]爲其聲援。辛丑，陳霸先遣晉陵太守杜僧明率衆助東方光。[5]

[1]征北將軍開府儀同三司："征北將軍"下舊本衍"安東"二字。此依中華書局本校删。按，征北將軍，《陳書》本傳作"鎮北將軍"，未知孰是。

[2]廣陵城：城名。即今河南息縣城。

[3]秦郡：郡名。治所在今江蘇六合縣北。　涇州：州名，梁置，治所在今安徽天長市西北石梁。

[4]石梁：梁涇州治所。

[5]晉陵：郡名。治所在今江蘇常州市。　杜僧明：人名。廣陵臨澤人。《陳書》卷八有傳。

三月甲辰，以司徒王僧辯爲太尉、車騎大將軍。[1]丁未，魏遣將王球率衆七百攻宿預，[2]杜僧明逆擊，大破之。戊申，以護軍將軍、郢州刺史陸法和爲司徒。

[1]車騎大將軍：各本本《紀》脱"大"字，而《王僧辯傳》有"大"字。此依中華書局本校補。

[2]魏遣將王球："魏"，《通鑑》卷一六五《梁紀二十一》"承聖三年"下作"齊"。當以作"齊"爲是。

夏四月癸酉，以征北大將軍、開府儀同三司陳霸先爲司空。

六月壬午，魏復遣將步大汗薩率衆救涇州。[1]癸未，有黑氣如龍，見于殿内。

[1]魏復遣將步大汗薩：魏，《通鑑》卷一六五《梁紀二十一》“承聖三年六月”下作“齊”。按，步大汗薩，人名。齊將，《北齊書》卷二〇有傳。當以“齊”爲是。

秋七月甲辰，以都官尚書宗懔爲吏部尚書。[1]

[1]都官尚書：官名。尚書省列曹尚書之一，掌法律刑獄及水利工程政令等。梁十三班。　宗懔：人名。南陽涅陽人。《周書》卷四二有傳。

九月辛卯，世祖於龍光殿述《老子》義，[1]尚書左僕射王褒爲執經。[2]乙巳，魏遣其柱國萬紐于謹率大衆來寇。[3]

[1]龍光殿：梁元帝江陵宫殿名。

[2]執經：南北朝時講儒、道或佛教經典，有人唱讀經文，以備講經人講解，謂之執經。參周一良《魏晉南北朝史札記·梁書札記》“侯景傳”條。

[3]柱國：柱國大將軍之省稱，魏將軍名號，第一品上。　萬紐于謹：人名。魏河南洛陽人。本姓萬紐于，名謹。北魏孝文帝遷洛，改爲單姓于，故《周書》本傳作“于謹”。參陳毅《魏書官氏志疏證》。按，據《周書》卷二《文帝紀》，魏遣其柱國于謹出師在十月壬戌，與此異。

冬十月丙寅，魏軍至于襄陽，[1]蕭詧率衆會之。丁卯，停講，内外戒嚴，輿駕出行都柵。是日，大風拔木。丙子，徵王僧辯等軍。

[1]襄陽：郡名。治所在今湖北襄樊市。

十一月，以領軍胡僧祐都督城東城北諸軍事，右僕射張綰爲副；左僕射王褒都督城西城南諸軍事，直殿省元景亮爲副。王公卿士各有守備。丙戌，世祖遍行都柵，皇太子巡行城樓，使居民助運水石，[1]諸要害所，並增兵備。丁亥，[2]魏軍至柵下。丙申，徵廣州刺史王琳入援。丁酉，大風，城内火。以胡僧祐爲開府儀同三司，嶲州刺史裴畿爲領軍將軍。[3]庚子，信州刺史徐世譜、晉安王司馬任約軍次馬頭岸。[4]戊申，胡僧祐、朱買臣等率兵出戰，買臣敗績。己酉，降左僕射王褒爲護軍將軍。辛亥，[5]魏軍大攻，世祖出枇杷門，親臨陣督戰。胡僧祐中流矢薨。六軍敗績。反者斬西門關以納魏師，城陷于西魏。[6]世祖見執，如蕭詧營，又遷還城内。

[1]水石：《通鑑》卷一六五《梁紀二十一》作“木石”。按，疑“水”爲“木”字之訛。

[2]丁亥：舊本作“丁卯”，此依中華書局本校改。

[3]嶲（xī）州：州名。梁置，治所在今四川西昌市東南。　裴畿：人名。裴之高之子。見本書卷二八《裴邃傳》。

[4]信州：州名。梁置，治所在今重慶市奉節縣東白帝城。徐世譜：人名。巴東魚復人。《陳書》卷一三有傳。　馬頭岸：地名。在今荆州市長江南岸。

[5]辛亥：舊本作“辛卯”，此依中華書局本校改。

[6]《太平御覽》卷六一九引《三國典略》：“周師陷江陵，梁

王知事不濟，入東閤行殿，命舍人高善寶焚古今圖書十四萬卷，欲自投火與之俱滅。宫人引衣，遂及火滅盡。並以寶劍斫柱令折，歎曰：'文武之道，今夜窮矣。'"按，《三國典略》之外，《隋書·經籍志》、《南史·梁本紀下》、《通鑑》卷一六五《梁紀》"承聖三年十一月"下並載梁元帝焚書事，本《紀》失載。

十二月丙辰，徐世譜、任約退戍巴陵。辛未，西魏害世祖，遂崩焉，時年四十七。太子元良、始安王方略皆見害。乃選百姓男女數萬口，分爲奴婢，驅入長安；小弱者皆殺之。明年四月，追尊爲孝元皇帝，廟曰世祖。

世祖聰悟俊朗，天才英發。年五歲，高祖問："汝讀何書？"對曰："能誦《曲禮》。"[1]高祖曰："汝試言之。"即誦上篇，左右莫不驚歎。初生患眼，高祖自下意治之，遂盲一目，彌加愍愛。既長，好學，博總羣書，[2]下筆成章，出言爲論，才辯敏速，冠絶一時。高祖嘗問曰："孫策昔在江東，[3]于時年幾？"答曰："十七。"高祖曰："正是汝年。"賀革爲府諮議，[4]敕革講《三禮》。[5]世祖性不好聲色，頗有高名，與裴子野、劉顯、蕭子雲、張纘及當時才秀爲布衣之交，[6]著述辭章，多行於世。在尋陽，夢人曰："天下將亂，王必維之。"又背生黑子，巫媼見曰："此大貴兆，當不可言。"初，賀革西上，[7]意甚不悦，過别御史中丞江革，[8]以情告之。革曰："吾嘗夢主上遍見諸子，至湘東王，手脱帽授之。此人後必當璧，卿其行乎！"革從之。及太清之難，乃能克復，故遐邇樂推，遂膺寶命矣。所著《孝德傳》三十卷，《忠臣傳》三十卷，《丹陽尹傳》十卷。《注漢書》一百一十五卷，《周易講疏》十卷，《内典博要》一百卷，《連山》三十卷，《洞林》三卷，[9]《玉韜》十卷，《補闕子》十卷，[10]《老子講疏》四卷，《全德志》、《懷舊志》、《荆南志》、《江州記》、《貢職圖》、《古今同姓名録》一卷，[11]《筮經》十二卷，《式贊》三卷，文集五十卷。

[1]《曲禮》:《禮記》篇名。有上下篇。

[2]顔之推《顔氏家訓·勉學》云："梁元帝嘗爲吾說：'昔在會稽，年始十二，便已好學。時又患疥，手不得拳，膝不得屈。閉齋張葛幃避蠅獨坐，銀甌貯山陰甜酒，時復進之，以自寬痛。率意自讀史書，一日二十卷。既未師受，或不識一字，或不解一語，要自重之，不知厭倦。'"又，《太平御覽》卷六一四引《三國典略》："梁孝元字世誠。初，年五歲，梁武問曰：'讀何書?'對曰：'讀《曲禮》。'梁武曰：'汝試言之。'孝元即誦上篇，左右莫不驚嘆。及長，精神爽雋。"並可資參證。

[3]孫策：人名。漢末吴郡富春人，吴主孫權之兄。《三國志》卷四六有傳。

[4]賀革：人名。本書卷四八《儒林·賀瑒傳》有附傳。　諮議：諮議參軍之省稱，官名。諸王公軍府屬官，掌諷議。梁皇子府諮議參軍，九班。

[5]《三禮》：指《周禮》、《儀禮》、《禮記》。

[6]裴子野、劉顯、蕭子雲、張纘：並人名。本書俱有傳。分别見卷三〇、卷四〇、卷三五、卷三四。

[7]西上：指自京師赴荆州任湘東王諮議參軍。荆州治所江陵在建康之西，故稱。

[8]御史中丞：官名。御史臺長官。掌督司百僚。梁十一班。

江革：人名。本書卷三六有傳。

［9］《洞林》：《隋書·經籍志》同，《南史·梁本紀下》作“《詞林》”。

［10］《玉韜》十卷，《補闕子》十卷：《南史》卷八《梁本紀下》作“《玉韜》、《金樓子》、《補闕子》各十卷”，是《梁書》“《玉韜》十卷”下或脱“《金樓子》十卷”五字。《隋書·經籍志》著録：“《金樓子》十卷，梁元帝撰。”

［11］梁元帝《金樓子》卷五《著書篇》著録有“《荆南志》二卷、《江州記》三卷”，《隋書·經籍志》著録“《懷舊志》九卷”，與此處所記卷數異。《貢職圖》，又作《職貢圖》。《舊唐書·經籍上》、《新唐書·藝文二》均著録有梁元帝《職貢圖》一卷。唐·張彦遠《歷代名畫記》卷七“梁元帝蕭繹”條云：“任荆州刺史日，畫《蕃客入朝圖》，（武）帝極稱善。又畫《職貢圖》並序。善畫外國來獻之事。”《藝文類聚》卷五五有梁元帝《職貢圖序》。近人有認爲《梁書》卷五四《諸夷傳》的一部分即據梁元帝《貢職圖》寫成。參金維諾《〈職貢圖〉的時代與作者》、岑仲勉《金石論叢·現存〈職貢圖〉是梁元帝原本嗎》。又，《蕃客入朝圖》、《職貢圖》、《貢職圖》三者是何關係？據王素考證，《職貢圖》不過是梁元帝以四方朝貢爲主題創作的一幅圖的三個不同階段圖之一。第一階段是《蕃客入朝圖》，創作於梁元帝普通七年（526）十月到大同五年（539）七月第一次任荆州刺史時，是最早的底圖。第二階段纔是《職貢圖》，創作於梁元帝大同六年（540）任京官時，是稍後的增補圖；第三階段是《貢職圖》，創作於梁元帝承聖三年（554）春當皇帝時，是最後的完成圖。以前常將這三幅圖混淆。唐以後流傳的《蕃客入朝圖》和《職貢圖》實際多是《貢職圖》。今南京博物院藏摹本一卷亦是《貢職圖》。詳王素《梁元帝〈職貢圖〉新探》。又，余太山認爲《蕃客入朝圖》顧名思義，描述的似乎是諸蕃客朝覲的場面，與《職貢圖》内容不同，“或視兩者爲同一幅圖，似有未安”。今存南京博物院摹本殘卷十三國使臣圖像題記可能出自裴子

野《方國使圖》。詳其所撰《〈梁書·西北諸戎傳〉與〈梁職貢圖〉》，見《兩漢魏晉南北朝正史西域傳研究》。又，頗疑《職貢圖》之“職貢”爲“貢職”之倒誤。《韓非子·存韓第二》：“且夫韓入貢職，與郡縣無異也。”《禮記·月令》：“貢職之數。”《史記》卷一一七《司馬相如列傳》：“常效貢職。”並可佐證。

史臣曰：梁季之禍，巨寇憑壘，世祖時位長連率，有全楚之資，應身率羣后，[1]枕戈先路。虚張外援，事異勤王，在於行師，曾非百舍。[2]後方殲夷大憝，[3]用寧宗社，握圖南面，光啓中興，亦世祖雄才英略，紹兹寶運者也。而禀性猜忌，不隔疏近，御下無術，履冰弗懼，[4]故鳳闕伺晨之功，[5]火無内照之美。[6]以世祖之神睿特達，留情政道，不怵邪説，[7]徙蹕金陵，[8]左隣强寇，[9]將何以作。是以天未悔禍，[10]蕩覆斯生，悲夫！[11]

[1]后：指諸侯王。

[2]百舍：止宿百次。即長途跋涉之意。

[3]大憝（duì）：大惡人。此處指侯景。

[4]履冰：行於冰上。比喻處於危險境地。《詩·小雅·小旻》：“戰戰兢兢，如臨深淵，如履薄冰。”

[5]伺晨：即報曉。此指梁元帝未履行職責，勤勉政事。

[6]内照：照耀自己内部。此指梁元帝信從身邊寵臣，駐蹕江陵，無知人之明。

[7]怵（xù）：通“訹”。受迷惑。

[8]蹕：帝王出行時，禁止行人以清道。此處指皇帝居止之處。

[9]左隣强寇：指西魏。

［10］悔禍：追悔所造成的禍亂。

［11］《文苑英華》卷七五四何元之《梁典高祖事論》有云："世祖聰明特達，才藝兼美。詩筆之麗，罕與爲匹，伎能之事，無所不該。極星象之功，窮蓍龜之妙。明筆法於馬室，不愧鄭玄；辨雲物於魯臺，無慚梓慎。至於帷籌將略，朝野所推，遂乃撥亂反正，夷凶殄逆。紐地維之已絶，扶天柱之將傾。黔首蒙拯溺之恩，蒼生荷仁壽之惠。微管之力，民其戎乎！鯨鯢既誅，天下且定，早應移鑾西楚，旋駕東都，禋祀宗祊，清蹕宫闕。西周岳陽之敗績，信□宇文之和通，以萬乘之尊，居二境之上。夷虜乘釁，再覆皇基，率土分崩，莫知攸暨。謀之不善，乃至於斯！"可與姚氏之論參觀。

梁書 卷六

本紀第六

敬帝

敬皇帝諱方智，字慧相，小字法真，世祖第九子也。[1]太清三年，[2]封興梁侯。[3]承聖元年，[4]封晉安王，[5]邑二千户。二年，出爲平南將軍、江州刺史。[6]三年十一月，江陵陷，[7]太尉揚州刺史王僧辯、司空南徐州刺史陳霸先定議，[8]以帝爲太宰、承制，[9]奉迎還京師。四年二月癸丑，至自尋陽，[10]入居朝堂。以太尉王僧辯爲中書監、録尚書、驃騎將軍、都督中外諸軍事。[11]加司空陳霸先班劍三十人。[12]以豫州刺史侯瑱爲江州刺史，[13]儀同三司、湘州刺史蕭循爲太尉，[14]儀同三司、廣州刺史蕭勃爲司徒，[15]鎮東將軍張彪爲郢州刺史。[16]

[1]世祖：梁元帝廟號。

[2]太清：梁武帝年號（547—549）。

［3］興梁：當爲縣名，無考。

［4］承聖：梁元帝年號（552—555）。

［5］晉安：郡名。治所在今福建福州市。

［6］平南將軍：將軍名號。東南西北四平將軍之一。多持節都督或監某一地區的軍事，或作爲刺史兼理軍務的加官。梁天監七年（508）革選，釐定將軍名號及班品，有一百二十五號十品二十四班，以班多者爲貴。四平將軍爲二十班。　江州：州名。治所在今江西九江市西南。

［7］江陵：縣名。荆州刺史鎮所，在今湖北荆州市。梁元帝即位，都於此。

［8］太尉：官名。東漢時與司徒、司空同爲宰相，綜理全國軍政，參議大政。魏晉南北朝多作爲加官，無實際職掌。梁天監七年革選，定流内官職爲十八班，以班多者爲貴，太尉爲十八班。　揚州：州名。治所在今江蘇南京市。　王僧辯：人名。本書卷四五有傳。　南徐州：州名。治所在今江蘇鎮江市。　陳霸先：人名。即陳高祖。見《陳書》卷一《高祖紀》。

［9］太宰：官名。位居百官之首，常執朝政。東晉南朝多用作贈官，安置元老重臣。梁十八班。　承制：秉承皇帝旨意，代行其職權之稱。

［10］尋陽：郡名。治所在今江西九江市西南。江州刺史鎮此。按，據《陳書》卷一《高祖紀》，蕭方智“至自尋陽，入居朝堂”在承聖三年（554）十二月，與此《紀》異。

［11］中書監：官名。中書省長官，掌出納帝命。六朝時多爲重臣加官，位在中書令上。梁十五班。　録尚書：官名。或稱録尚書事。總攬朝權。魏晉以降，由公卿權貴者擔任，位在三公之上。不常置。　驃騎將軍：將軍名號。爲重號將軍，多加授大臣、重要地方長官。梁一百二十五號將軍之一，二十四班。中華書局本《校勘記》云，據本書《王僧辯傳》及《南史》卷一〇《梁本紀》、《通鑑》卷一六六《梁紀》紹泰元年二月紀，當是“驃騎大將軍”，此

處脱“大”字。

[12]班劍：飾有花紋的木劍。班，通“斑”。漢制，朝服帶劍。至晉，代之以木，謂之班劍。南朝亦謂之象劍，用爲儀仗。

[13]豫州：州名。治所在今安徽潛山縣。　侯瑱：人名。梁巴西充國人。《陳書》卷九有傳。

[14]儀同三司：官名。非三公而儀禮待遇同於三公。梁諸將軍開府儀同三司爲十七班。　湘州：州名。治所在今湖南長沙市。　蕭循：人名。梁武帝弟鄱陽王恢之子。《南史》卷五二《梁宗室傳》有傳。循，《南史》本傳及《北史》卷九《周本紀·周文帝紀》作“脩”。按，《周書》卷二九《楊紹傳》“時梁宜豐侯蕭循”，中華書局本《校勘記》云：“‘脩’‘循’二字古籍每多混淆，本書和《梁書》都作蕭循，《南史》本傳作‘脩’，但《南、北史》都‘循’‘脩’（或修）互見。《漢魏南北朝墓志集釋·蕭翹墓志》（圖版五〇五）稱翹爲‘太保公宜豐王循第四子’，循未嘗封王，但可證……其名爲‘循’。”則當以“循”爲是。

[15]廣州：州名。治所在今廣東廣州市。　蕭勃：人名。梁武帝從父弟吴平侯蕭景之子。《南史·梁宗室上》有傳。　司徒：官名。東漢時與太尉、司空同爲宰相，掌州郡民政，且參議大政。魏晉南北朝多作爲大臣加官。梁十八班。

[16]鎮東將軍：將軍名號。與鎮南、鎮北、鎮西合稱四鎮將軍，多爲持節都督，出鎮方面，權勢很重。梁一百二十五號將軍之一。四鎮將軍，梁二十二班。　張彪：人名。自云家本襄陽。《南史》卷六四有傳。　郢州：州名。治所在今湖北武漢市武昌。

三月，齊遣其上黨王高涣送貞陽侯蕭淵明來主梁嗣，[1]至東關，[2]遣吴興太守裴之横與戰，[3]敗績，[4]之横死。太尉王僧辯率衆出屯姑孰。[5]四月，司徒陸法和以郢州附于齊，[6]遣江州刺史侯瑱討之。七月辛丑，王僧辯納貞陽侯蕭淵明，自采石濟江。[7]甲辰，入于京師，以帝爲皇太子。九月甲辰，司空陳霸先舉義，襲殺王僧辯，黜蕭淵明。丙午，帝即皇帝位。

[1]上黨王高涣：北齊神武帝之子高涣封爵號上黨王。《北齊書》卷一〇有傳。上黨，郡名。治所在今山西長治市北古驛。　貞陽侯蕭淵明：梁武帝兄蕭懿之子淵明，初封貞陽侯。梁太清中，率軍攻彭城。軍敗，被東魏俘執。東魏禪齊，淵明仕於北齊。西魏陷江陵，齊使送之至梁，以紹梁嗣。《南史》卷五一《梁宗室》有傳。

[2]東關：地名。即今安徽巢湖市東南東關。

[3]吴興：郡名。治所在今浙江湖州市南下菰城。　裴之横：人名。本書卷二八《裴邃傳》有附傳。

[4]敗績：軍隊大潰敗。

[5]姑孰：地名。即今安徽當塗縣。

[6]陸法和：人名。先隱居江陵，後投梁元帝以討侯景，以功官司徒。《北齊書》卷三二有傳。

[7]采石：地名。在今安徽馬鞍山市西南長江邊。

紹泰元年冬十月己巳，[1]詔曰："王室不造，[2]嬰罹禍舋，[3]西都失守，[4]朝廷淪覆，先帝梓宫，[5]播越非所，王基傾弛，率土罔戴。朕以荒幼，仍屬艱難，泣血枕戈，[6]志復讐逆。大耻未雪，夙宵鯁憤。[7]羣公卿尹，勉以大義，越登寡闇，嗣奉洪業。顧惟夙心，念不至此。庶仰憑先靈，傍資將相，克清元惡，謝冤陵寢。今墜命載新，宗祊更祀，[8]慶流億兆，豈予一人。可改承聖四年爲紹泰元年，大赦天下，内外文武賜位一等。"以貞陽侯淵明爲司徒，封建安郡公，[9]食邑三千户。壬子，以司空陳霸先爲尚書令、都督中外諸軍事、車騎將軍、揚南徐二州刺史，[10]司空如故。震州刺史杜龕舉兵，[11]攻信武將軍陳蒨於長城，[12]義興太守韋載據郡以應之。[13]癸丑，進太尉蕭循爲太保，新除司徒建安公淵明爲太傅，司徒蕭勃爲太尉。以鎮南將軍王琳爲車騎將軍、開府儀同三司。[14]戊午，尊所生夏貴妃爲皇太后。[15]立妃王氏爲皇后。[16]鎮東將軍、揚州刺史張彪進號征東大將軍。[17]鎮北將軍、譙秦二州刺史徐嗣徽進號征北大將軍。[18]征南將軍、南豫州刺史任約進號征南大將軍。[19]辛未，詔司空陳霸先東討韋載。丙子，任約、徐嗣徽舉兵反，乘京師無備，竊據石頭。[20]丁丑，韋載降，義興平。遣晉陵太守周文育率軍援長城。[21]

[1]紹泰：梁敬帝年號（555—556）。　冬十月己巳：《南史·梁本紀下》同，《陳書》卷一《高祖紀》作“十月己酉”。按，本年十月戊申朔，己酉爲二日，己巳爲二十二日。若己巳下詔改元，則本月不當有下文所述之“壬子”、“癸丑”、“戊午”等日。故似當以“十月己酉”爲是。《通鑑》卷一六六《梁紀二十二》“紹泰元年”下亦作“十月己酉”。胡注引《考異》：“《梁書》：‘九月丙午，帝即皇帝位。十月己巳，大赦，改元。’按，《長曆》，丙午，九月二十九日；己巳，十月二十二日。豈有即位二十四日始改元大赦乎？蓋丙午復梁王位，十月乃即帝位耳……今並從《陳書》。”是《考異》亦未知“己巳”爲誤也。

[2]不造：不成。

[3]嬰罹：遭遇。

[4]西都：指江陵。梁元帝平侯景，都江陵。江陵在建康之西，

故稱西都。

[5]先帝：指梁元帝。西魏攻占江陵，元帝被害。　梓宫：帝后所用以梓木做的棺材。

[6]泣血：極其悲痛而無聲的哭泣。

[7]鯁憤：極其悲憤。

[8]宗祊：宗廟。祊，廟門。

[9]建安：郡名。治所在今福建建甌市南。

[10]尚書令：官名。尚書省長官。掌參議大政，綜理政務。梁十六班。　車騎將軍：將軍名號。爲重號將軍，多加授大臣、地方長官。梁一百二十五號將軍之一，二十四班。

[11]震州：州名。本年以吴興郡改置，治所在今浙江湖州市南下菰城。　杜龕：人名。祖籍京兆杜陵。本書卷四六《杜崱傳》有附傳。

[12]信武將軍：將軍名號。梁置，可由文職清官兼領。梁一百二十五號將軍之一，十五班。　陳蒨：人名。即陳世祖文皇帝。　長城：縣名。治所在今浙江長興縣東。

[13]義興：郡名。治所在今江蘇宜興市。　韋載：人名。祖籍京兆杜陵。《南史》卷五八《韋叡傳》有附傳。

[14]王琳：人名。會稽山陰人。《南史》卷六四有傳。

[15]夏貴妃：名不詳，梁元帝妃。《南史》卷一二《后妃傳》有傳。

[16]王氏：名不詳，祖籍琅邪臨沂。《南史》卷一二《后妃傳》有傳。

[17]揚州刺史：上文云“張彪爲郢州刺史”，下文云“東揚州刺史張彪”，此又云“揚州刺史張彪”，疑有誤。考《南史》卷六四《張彪傳》有云：“貞陽侯踐位，爲東揚州刺史。”故疑以“東揚州”爲是。參中華書局本《校勘記》本條。

[18]譙、秦：並州名。譙州，治所在今安徽滁州市；秦州，治所在今江蘇六合縣北。　徐嗣徽：人名。祖籍高平。侯景之亂作，

入荆州爲梁元帝將。《南史》卷六四有傳。　征北大將軍：將軍名號。梁有東南西北四征將軍，二十三班。又梁制，諸將軍加大者，位加一等。參《隋書·百官志上》。

[19]南豫州：州名。治所在今安徽宣州市。　任約：人名。侯景將，軍敗，降梁。參本書卷五六《侯景傳》。

[20]石頭：即石頭城。地在今江蘇南京市西清涼山，負山面江，形勢險固，爲六朝軍事要地。

[21]晉陵：郡名。治所在今江蘇常州市。　周文育：人名。義興陽羨人。《陳書》卷八有傳。

十一月庚辰，齊安州刺史翟子崇、楚州刺史劉仕榮、淮州刺史柳達摩率衆赴任約，[1]入于石頭。庚寅，司空陳霸先旋于京師。

[1]安州：州名。治所在今安徽定遠縣東南。　楚州：州名。治所在今安徽鳳陽縣東北。　淮州：州名。治所在今江蘇淮陰縣西南甘羅城。

十二月庚戌，徐嗣徽、任約又相率至采石，迎齊援。丙辰，遣猛烈將軍侯安都水軍於江寧邀之，[1]賊衆大潰，嗣徽、約等奔于江西。庚申，翟子崇等請降，並放還北。

[1]猛烈將軍：將軍名號。梁置，爲一百二十五號將軍之一，十班。　侯安都：人名。始興曲江人。《陳書》卷八有傳。　江寧：縣名。治所在今江蘇江寧縣西南江寧鎮。　邀：截擊。

太平元年春正月戊寅，[1]大赦天下，其與任約、徐嗣徽協契同謀，[2]一無所問。追贈簡文皇帝諸子。以故永安侯確子後襲封邵陵王，[3]奉攜王後。癸未，鎮東將軍、震州刺史杜龕降，詔賜死，[4]曲赦吴興郡。[5]己亥，以太保、宜豐侯蕭循襲封鄱陽王。[6]東揚州刺史張彪圍臨海太守王懷振於剡巖。[7]

[1]太平：梁敬帝年號（556—557）。

[2]協：三朝本、百衲本作“叶”。按，“叶”、“協”古今字。

[3]永安侯確：梁邵陵王蕭綸之子確封爵號永安侯。侯景陷京師，確謀射殺景，弦斷不得發，賊覺，害之。《南史》卷五三《梁武帝諸子傳》有附傳。永安，縣名。治所在今重慶奉節縣東白帝城。　邵陵王：梁武帝第六子蕭綸封號邵陵王，謚曰攜。本書卷二九《高祖三王》有傳。邵陵，郡名。治所在今湖南邵陽市。

[4]《陳書》卷一《高帝紀》，杜龕上年十二月以城降，此時方被誅。與此載異。

[5]曲赦：因特殊情況而赦免。

[6]宜豐：縣名。治所在今江西宜豐縣北。　鄱陽：郡名。治所在今江西波陽縣。

[7]東揚州：州名。治所在今浙江紹興市。　臨海：郡名。治所在今浙江臨海市東南章安。　臨海太守王懷振：《陳書》卷三《世祖紀》同。《南史》卷六四《張彪傳》作“剡令王懷之”。王鳴盛《十七史商榷》卷六三云：“按東揚州即會稽地，臨海相距遠，故往征而留岐居守。若剡，則會稽屬縣，且其時僧辯尚在，屬令未必敢爲梗，何至捨郡城而往圍一縣乎？從當《陳書》。”按，王氏説未確。考《梁書》、《南史》及《通鑑》知，王僧辯之死在張彪征王懷振前一年之九月。且屬令不從，彪往征討，應是情理中事。是王氏之説未足以證《南史·張彪傳》之非。　剡巖：地名。在今浙江

嵊縣。

二月庚戌，遣周文育、陳蒨襲會稽，[1]討彪。癸丑，彪長史謝岐、司馬沈泰、軍主吴寶真等舉城降，[2]彪敗走。以中衛將軍臨川王大款即本號開府儀同三司，[3]中護軍桂陽王大成爲護軍將軍。[4]丙辰，若耶村人斬張彪，[5]傳首京師，曲赦東揚州。己未，罷震州，還復吴興郡。癸亥，賊徐嗣徽、任約襲采石戍，執戍主明州刺史張懷鈞，[6]入于齊。甲子，以東土經杜龕、張彪抄暴，遣大使巡省。[7]

[1]會稽：郡名。治所在今浙江紹興市。

[2]長史：官名。諸公軍府屬官，掌本府掾屬，其三品隨府主地位高下而定。梁十班至六班。　謝岐：人名。會稽山陰人。《陳書》卷一六有傳。　司馬：官名。諸公軍府屬官，掌本府武官。其三品隨府主地位高下而定。梁十班至六班。　軍主：爲一軍的主將，其下設軍副，所統兵力無定員，自數百人至萬人以上不等。

[3]中衛將軍：將軍名號。梁所置四中將軍之一，地位顯要，衹授予在京師任職的官員。爲一百二十五號將軍之一，二十三班。臨川王大款：梁簡文帝子蕭大款封爵號臨川王。《南史》卷五四《簡文帝諸子》有傳。

[4]中護軍：官名。資輕於護軍將軍而職掌同爲統管京畿以外諸軍。梁十四班。　桂陽王大成：梁簡文帝子蕭大成封爵號桂陽王。《南史》卷五四《簡文帝諸子》有傳。　護軍將軍：官名。梁十五班。

[5]若耶村：地名。在今浙江紹興市。

[6]戍主：守衛邊防區域營壘、城堡的主將。多以郡太守、縣

令、州參軍及雜號將軍等官兼領。　明州刺史張懷鈞：《通鑑》卷一六六《梁紀二十二》“太平元年”下胡三省注：“《五代志》：日南郡交谷縣，梁置明州。張懷鈞蓋帶刺史而戍采石也。”明州，治所在今越南河静省河静市以南。

[7]大使：帝王特派巡視地方的使節。

三月丙子，罷東揚州，還復會稽郡。壬午，班下遠近並雜用古今錢。戊戌，齊遣大將蕭軌出栅口，[1]向梁山，[2]司空陳霸先軍主黄菆逆擊，[3]大破之。軌退保蕪湖。[4]遣周文育、侯安都衆軍，據梁山拒之。

[1]栅口：地名。在今安徽無爲縣東南，即古栅水入長江之口。

[2]梁山：山名。即今安徽和縣南長江西岸西梁山。

[3]黄菆（cuán）：《陳書》卷一《高祖紀》、《通鑑》卷一六六《梁紀二十二》並作“叢”。按，疑“菆”爲“藂”之訛。“藂”爲“叢”之異體字。

[4]蕪湖：縣名。治所在今安徽蕪湖市。

夏四月丁巳，司空陳霸先表詣梁山撫巡將帥。壬申，[1]侯安都輕兵襲齊行臺司馬恭於歷陽，[2]大破之，俘獲萬計。

[1]壬申：舊本作“壬午”。《通鑑》卷一六六《梁紀二十二》“太平元年四月”下，胡注引《考異》云：“按《長曆》是月乙巳朔，無壬午。”此依中華書局本校改。

[2]行臺：在地方代表朝廷行尚書臺事的機構稱行臺，其長官亦以此稱之。

五月癸未，太傅建安公淵明薨。庚寅，齊軍水步入丹陽縣。[1]丙申，至秣陵故治。[2]敕周文育還頓方丘，[3]徐度頓馬牧，[4]杜稜頓大桁。[5]癸卯，齊軍進據兒塘，[6]輿駕出頓趙建故籬門，[7]内外纂嚴。

[1]丹陽縣：治所在今安徽當塗縣東北小丹陽。

[2]秣陵故治：秣陵縣舊治，在今江蘇江寧縣南秣陵鎮。晉義熙九年（413）移治今南京市中華門外。

[3]方丘：中華書局本《校勘記》："'方丘'，《陳書·高祖紀》、《南史·陳武帝紀》及《通鑑》俱作'方山'。"按，疑作"方山"爲是。方山，即今江蘇江寧縣東南方山。

[4]徐度：人名。安陸人。《陳書》卷一二有傳。　馬牧：《通鑑》卷一六六《梁紀二十二》"太平元年"下胡三省注："馬牧，牧馬之地。"

[5]杜稜：人名。吴郡錢塘人。《陳書》卷二有傳。　大桁：又名大航、朱雀航、朱雀橋。在今江蘇南京市南秦淮河上。

[6]兒塘：兒，同"倪"。《通鑑》卷一六六《梁紀二十二》"太平元年"下作"倪"，胡三省注："倪塘在臺城東。"

[7]輿駕：皇帝的車駕。　趙建故籬門：即建康宫城東郊籬門。《太平御覽》卷一九七《居處部》引《南朝宫苑記》："建康籬門，舊南北兩岸籬門五十六所，蓋京邑之郊門也。如長安東都門亦周之郊門。江左初立，並用籬爲之，故曰籬門。南籬門在國門西；三橋籬門在今光宅寺側；東籬門本名肇建籬門，在古肇建市之東；北籬門今覆舟東頭玄武湖東南角，今見有亭名籬門亭；西籬門在石頭城東，護軍府在西籬門外路北；白楊籬門外有石井籬門。"趙建即肇建。

六月甲辰，齊潛軍至蔣山龍尾，[1]斜趨莫府山北，[2]至玄武湖西北。[3]乙卯，司空陳霸先授衆軍節度，與齊軍交戰，大破之，斬齊北兖州刺史杜方慶及徐嗣徽、弟嗣宗，[4]生擒徐嗣彦、蕭軌、東方老、王敬寶、李希光、裴英起、劉歸義等，[5]皆誅之。戊午，大赦天下，軍士身殞戰場，悉遣斂祭，其無家屬，即爲瘞埋。辛酉，解嚴。

[1]蔣山：即今江蘇南京市鍾山。　龍尾：《通鑑》卷一六六《梁紀二十二》胡三省注："自山趾築道陂陁以登山，曰龍尾。"

[2]莫府山：即今江蘇南京市幕府山。"莫"，通"幕"。《通鑑》卷一六六《梁紀二十二》"太平元年"下作"幕"，胡三省注云："幕府山在今建康城西二十五里，晉琅邪王初渡江，丞相王導建幕府其上，因名。"宋·張敦頤《六朝事迹編類》卷下《山岡門》"幕府山"條有云："《寰宇記》云：在城西北，周回三十里，高七十丈。東北臨直瀆浦，西接寶林山，南接蟹浦。"

[3]玄武湖：即今江蘇南京市玄武湖。湖，舊本訛"廟"，此依中華書局本校改。

[4]北兖州：州名。治所在今江蘇淮陰縣西南甘羅城。　徐嗣徽弟嗣宗：《陳書》卷一《高祖紀》作"徐嗣徽及其弟嗣宗"，《通鑑》卷一六六《梁紀二十二》作"徐嗣徽及弟嗣宗"。

[5]徐嗣彦：舊本訛爲"徐嗣産"，此依中華書局本校改。

秋七月丙子，車騎將軍、司空陳霸先進位司徒，加中書監，餘如故。丁亥，以開府儀同三司侯瑱爲司空。

八月己酉，太保鄱陽王循薨。

九月壬寅，改元大赦，孝悌力田賜爵一級，[1]殊才異行所在奏聞，饑難流移勒歸本土。進新除司徒陳霸先爲丞相、録尚書事、鎮衛大將軍、揚州牧，[2]封義興郡公。中權將軍王沖即本號開府儀同三司。[3]吏部尚書王通爲尚書右僕射。[4]丁巳，以郢州刺史徐度爲領軍將軍。[5]

[1]孝悌力田：《後漢書》卷二《明帝紀》李賢注："三老、孝悌、力田，三者皆鄉官之名。三老，高帝置，孝悌、力田，高后置，所以勸導鄉里，助成風化也。"

[2]新除：授官而未拜受之稱。　鎮衛大將軍：梁制，諸將軍加大者，通進一階。鎮衛將軍爲梁一百二十五號將軍之一，二十四班。

[3]中權將軍：將軍名號。梁置，與中衛、中軍、中撫合稱四中將軍。地位顯要，袛授予在京師任職的官員。爲一百二十五號將軍之一，二十三班。王沖：人名。祖籍琅邪臨沂。《陳書》卷一七有傳。

[4]吏部尚書：官名。尚書省吏部曹長官，掌官吏銓選、任免等事宜。多僑姓高門、世胄顯貴擔任。員一人。梁十四班。　王通：人名。祖籍琅邪臨沂。《陳書》卷一七有傳。　尚書右僕射：官名。尚書令副佐，又與尚書分領諸曹。梁十五班。

[5]領軍將軍：官名。禁衛軍最高將領。權任隆重。梁十五班。

冬十一月乙卯，起雲龍、神虎門。[1]

[1]雲龍、神虎：建康宫正殿前東西側門。參郭湖生《臺城辨》。

十二月壬申，進太尉、鎮南將軍蕭勃爲太保、驃騎將軍。以新除左衛將軍歐陽頠爲安南將軍、衡州刺史。[1]壬午，平南將軍劉法瑜進號安南將軍。甲午，以前壽昌令劉叡爲汝陰王，[2]前鎮西法曹行參軍蕭紞爲巴陵王，[3]奉宋、齊二代後。

[1]左衛將軍：官名。與右衛將軍合稱二衛將軍，掌宮廷宿衛營兵，定員一人。梁十二班。　歐陽頠：人名。長沙臨湘人。《陳書》卷九有傳。　安南將軍：將軍名號。梁八安將軍之一。爲一百二十五號二十四班將軍中之二十一班。　衡州：州名。治所在今廣東英德市西北浛洸。

[2]壽昌：縣名。治所在今浙江建德市西南大同鎮西。　汝陰：郡名。治所在今安徽合肥市西。

[3]法曹行參軍：官名。據《南齊書·百官志》及《隋書·百官志》，齊、梁諸公軍府法曹署行參軍，掌郵驛科程事。梁三班至一班。中華書局本於"法曹"與"行參軍"之間加頓號，誤。　蕭紞：《南史》卷八《梁本紀下》作"蕭沇"。　巴陵：郡名。治所在今湖南岳陽市。

二年春正月壬寅，詔曰："夫子降靈體喆，經仁緯義，允光素王，[1]載闡玄功，[2]仰之者彌高，[3]誨之者不倦。[4]立忠立孝，德被蒸民，[5]制禮作樂，道冠羣后。雖泰山頹峻，[6]一老不遺，[7]而泗水餘瀾，[8]千載猶在。自皇圖屯阻，[9]祀薦不脩，[10]奉聖之門，[11]胤嗣殲滅，敬神之寢，[12]簠簋寂寥。[13]永言聲烈，實兼欽愴。外可搜舉魯國之族，以爲奉聖後；[14]並繕廟堂，供備祀典，四時薦秩，一皆遵舊。"是日，又詔："諸州各置中正，[15]依舊訪舉。不得輒承單狀序官，[16]皆須中正押上，然後量授。詳依品制，務使精實。其荆、雍、青、兖雖暫爲隔閡，[17]衣冠多寓淮海，[18]猶宜不廢司存。會計罷州，[19]尚爲大郡，人士殷曠，可别置邑居。至如分割郡縣，新號州牧，並係本邑，不勞兼置。其選中正，每求耆德該悉，以他官領之。”以車騎將軍、開府儀同三司王琳爲司空、驃騎大將軍。分尋陽、太原、齊昌、高唐、新蔡五郡，[20]置西江州，[21]即於尋陽仍充州鎮。又詔：“宗室在朝開國承家者，今猶稱世子，可悉聽襲本爵。”以尚書右僕射王通爲尚書左僕射。[22]丁巳，鎮西將軍、益州刺史長沙王韶進號征南將軍。[23]

[1]素王：有帝王之德而未居其位的人。王充《論衡·定賢》：“孔子不王，素王之業在於《春秋》。”後世儒家專以素王稱孔子。

[2]玄功：影響最深遠的功績。

[3]仰之者彌高：語出《論語·子罕》。意謂孔子之道，越抬頭看，越覺得高。

[4]誨之者不倦：語出《論語·述而》。意謂教導别人不知疲倦。

[5]蒸民：衆民。

[6]泰山頹峻：比喻孔子之死。相傳孔子將死，負手曳杖，逍遥於門，歌曰：“泰山其頹乎，梁木其壞乎，哲人其萎乎！”詳《禮記·檀弓》。

[7]一老不遺：孔子死，魯哀公誄之，有“旻天不吊，不憖遺一老”之語。見《左傳·哀公十六年》。老，舊本作“簣”，《册府元龜》卷一九四作“遺”。此依中華書局本校改。

［8］泗水餘瀾：指講習儒學之風尚。泗水，孔子授徒講學之處。

［9］皇圖：指封建王朝的版圖。皇，三朝本同，百衲本作“國”。

［10］祀薦：祭祀所用祭品。

［11］奉聖：奉聖侯，孔子後嗣的封爵號。

［12］寢：古代帝王陵墓上的正殿，爲祭祀之所。

［13］簠（fǔ）簋（guǐ）：古代祭祀宴享時盛黍稷稻粱的器皿。内方外圓者曰簋，外方内圓者曰簠。

［14］奉聖後：後，中華書局本《校勘記》云：“《南史》及《册府元龜》一九四作‘侯’。”

［15］中正：官名。掌一地人才的考察，定其鄉品，以爲選拔官吏之依據。多由他官兼任。

［16］狀：文體之一種。向上級有所陳述的文書。

［17］荆、雍、青、兖：並州名。荆州，治所在今湖北荆州市；雍州，治所在今湖北襄樊市；青州，治所在今江蘇連雲港市東；兖州，治所在今江蘇淮陰縣西南甘羅城。時荆雍屬西魏，青兖屬北齊。

［18］淮海：指蘇南秦淮河流域地區。

［19］會計：即會稽。相傳禹會諸侯於江南以計功，故名其山爲會稽山，後以爲郡名。梁普通五年（524）分揚州、江州置東揚州。敬帝太平元年（556）罷東揚州，復會稽郡。

［20］太原：郡名。梁置。治所在今江西彭澤縣東北。　齊昌：郡名。梁置。治所在今湖北蘄春縣。　高唐：郡名。梁置。治所在今安徽宿松縣。　新蔡：郡名。治所在今湖北黄梅縣。

［21］西江州：州名。治所在今江西九江市。

［22］尚書左僕射：官名。尚書令副佐，梁代與尚書右僕射同班而居前。

［23］益州：州名。治所在今四川成都市。　長沙王韶：梁武帝兄蕭懿之孫蕭韶，繼祖爵爲長沙王。《南史》卷五一《梁宗室上》

有傳。

二月庚午，領軍將軍徐度入東關。[1]太保、廣州刺史蕭勃舉兵反，遣僞帥歐陽頠、傅泰、勃從子孜爲前軍，[2]南江州刺史余孝頃以兵會之。[3]詔平西將軍周文育、平南將軍侯安都等率衆軍南討。戊子，徐度至合肥，[4]燒齊船三千艘。癸巳，周文育軍於巴山生獲歐陽頠。[5]

[1]領軍將軍：中華書局本《校勘記》："《南史》及《册府元龜》二一七'領'上有'遣'字。"

[2]從子：《陳書》卷八及《南史》卷六六之《周文育傳》並作"子"，無"從"字。

[3]南江州：州名。治所在今江西奉新縣西。

[4]合肥：縣名。治所在今安徽合肥市西。

[5]巴山：縣名。治所在今江西崇仁縣西南。

三月庚子，文育前軍丁法洪於蹠口生俘傅泰。[1]蕭孜、余孝頃軍退走。甲辰，以新除司空王琳爲湘、郢二州刺史。甲寅，德州刺史陳法武、前衡州刺史譚世遠於始興攻殺蕭勃。[2]

[1]蹠口：城名。在今江西豐城市東北贛江東岸。

[2]德州：州名。治所在今越南義安省榮市。　始興：縣名。治所在今廣東始興縣西北。

夏四月癸酉，曲赦江、廣、衡三州；並督内爲賊所拘逼者，並皆不問。己卯，鑄四柱錢，一准二十。[1]齊遣使請和。壬辰，改四柱錢一准十。丙申，復閉細錢。[2]蕭勃故主帥前直閤蘭敳襲殺譚世遠，[3]敳仍爲亡命夏侯明徹所殺。勃故記室李寶藏奉懷安侯蕭任據廣州作亂。[4]戊戌，侯安都進軍，余孝頃棄軍走，蕭孜請降，豫章平。[5]

[1]梁末有兩柱錢及鵝眼錢，時人雜用，其價同，但兩柱重而鵝眼輕。至此時鑄四柱錢，一當細錢二十。參《隋書·食貨志》。

[2]閉細錢：《通鑑》卷一六七《陳紀一》"永定元年"下胡三省注："閉者，閉絶不使行。細錢，民間私鑄者也。時私錢細小，交易以車載錢，不復計數。"

[3]直閤：官名。掌直殿閤。梁官班不詳。梁有朱衣直閤將軍爲十班。

[4]記室：記室參軍之省稱，官名。王公府屬官，掌文書，梁六班至二班。懷安侯蕭任：《通鑑》卷一六七《陳紀一》"永定元年"下胡三省注："任亦蕭氏子，封懷安侯。"懷安縣，治所在今廣東惠東縣西北。

[5]豫章：郡名。治所在今江西南昌市。

五月乙巳，平西將軍周文育進號鎮南將軍，侯安都進號鎮北將軍，並以本號開府儀同三司。丙午，以鎮軍將軍徐度爲南豫州刺史。[1]戊辰，余孝頃遣使詣丞相府乞降。

[1]南豫州：州名。治所在今安徽宣州市。

秋八月甲午，加丞相陳霸先黄鉞，[1]領太傅，[2]劍履上殿，入朝不趨，贊拜不名，[3]給羽葆、鼓吹。[4]

[1]黄鉞：以黄金爲飾的鉞，古代天子帝王用爲儀仗。大將軍加黄鉞者，權位極重，在三公之上。在軍事行動中，假黄鉞有誅殺持節將軍的權力。

[2]領：官制術語。已有實授主職，又兼領他官他職而不居其位。

[3]封建帝王賜給親信大臣的特殊待遇。受賜者可以佩劍穿履朝見皇帝，上朝時不須趨走，司儀宣讀行禮儀式時不稱其名。

[4]羽葆：以鳥羽爲飾的儀仗。南朝諸王大臣有殊功者，加羽葆。 鼓吹：樂名。本軍樂，皇帝出行亦奏。漢魏以下，亦用以贈賜有功之臣。

九月辛丑，崇丞相爲相國，總百揆，[1]封十郡爲陳公，備九錫之禮，[2]加璽紱遠遊冠，[3]位在王公上。加相國緑綟綬。[4]置陳國百司。

[1]百揆：即百度，泛指庶政。

[2]九錫：古代帝王尊禮大臣，所賜九種器物。魏晉南北朝專政大臣奪取政權前，都受以當朝皇帝名義所加九錫。九錫名目次序，諸説大同小異。漢代以來，皆用《禮緯》説，即衣服、朱户、納陛、車馬、樂則、虎賁、斧鉞、弓矢、秬鬯。參修訂本《辭源》“九錫”條。

[3]遠遊冠：冠名。諸王所服。參《後漢書·輿服志下》。

[4]緑綟綬：一種深緑色的綬帶。諸國貴人相國所服。參《後漢書·輿服志下》。

冬十月戊辰，進陳公爵爲王，增封十郡，並前爲二十郡。命陳王冕十有二旒，[1]建天子旌旂，出警入蹕，[2]乘金根車，[3]駕六馬，[4]備五時副車，[5]置旄頭雲罕，[6]樂儛八佾，[7]設鍾虡宫縣。[8]王后、王子女爵命之典，一依舊儀。辛未，詔曰：

五運更始，[9]三正迭代，[10]司牧黎庶，是屬聖賢，用能經緯乾坤，[11]彌綸區宇，[12]大庇黔首，闡揚洪烈。[13]革晦以明，積代同軌，百王踵武，[14]咸由此則。[15]梁德湮微，禍難荐發：[16]太清云始，用困長蛇；[17]承聖之年，又罹封豕；[18]爰至天成，[19]重竊神器。[20]三光亟改，[21]七廟乏祀，[22]含生已泯，[23]鼎命斯墜，[24]我皇之祚，眇若綴旒，[25]静惟《屯》、《剥》，[26]夕惕載懷。[27]

[1]冕：古代帝王、諸侯、卿大夫所戴的帽子。後專指皇冠。十有二旒：古代天子之冕十二旒。旒，冠頂前端垂掛的玉珠。

[2]出警入蹕：古代帝王出入，左右侍衛爲警，止人清道爲蹕，以戒止行人，稱爲警蹕。參晉·崔豹《古今注·輿服》。

[3]金根車：古代帝王所乘、以金爲飾的車稱爲金根車。參晉·崔豹《古今注·輿服》。

[4]六馬：古代帝王的車駕用六馬。

[5]副車：皇帝的侍從車輛。

[6]旄頭、雲罕：並旗名。天子出行時爲前導的旌旗。

[7]八佾：古代天子專用的樂舞。據《左傳·隱公五年》杜預注，八佾即八列，列八人，共六十四人。

[8]鍾虡（jù）宫縣：古代天子專用的音樂。鍾，樂器名。虡，懸掛樂器的木架。宫縣，古時樂器懸掛的形式據身份地位而不同。

帝王之樂懸掛四面，象徵宮室四面的墻壁，故名宮縣。縣，通“懸”。

[9]五運：秦漢方士以金、木、水、火、土五行相生相克的道理來附會王朝的命運，稱爲五運，亦稱五德。《文選》卷二〇應吉甫《晉武帝華林園集詩》李善注：“《七略》曰：鄒子有終始五德，言土德從所不勝，木德繼之，金德次之，火德次之，水德次之。”

[10]三正：夏代建寅，以農曆正月一日爲一年之始；殷代建丑，以農曆十二月爲正月；周代建子，以農曆十一月爲正月；是爲三正。古人認爲“三正”是夏、商、周三代輪流更改正朔，改朝换代的標志。

[11]經緯：規劃治理。

[12]彌綸：包羅，統括。

[13]洪烈：大業。

[14]踵武：指繼承前人的事業。

[15]咸由此則：中華書局本《校勘記》云：“各本作‘咸此由則’，此據《陳書·高祖紀》乙正。”

[16]難：《陳書·高祖紀》作“亂”。　荐：一再，連續。

[17]長蛇：比喻凶暴的首惡分子。此指侯景。

[18]封豕：大猪。比喻貪暴的元凶。此指西魏。

[19]天成：梁建安公蕭淵明年號（555）。

[20]神器：指帝位。

[21]三光：指日、月、星。　改：《陳書》卷一《高祖紀》作“沈”。

[22]七廟：《禮記·王制》：“天子七廟，三昭三穆，與太祖之廟而七。”

[23]含生：有生命之物。

[24]鼎命：指帝位。

[25]綴旒：即贅旒。以旂旒爲人所執持西東，比喻君主爲臣下挾持，大權旁落。

［26］《屯》、《剝》：《易》二卦名。屯，艱難；剥，剥落。後世稱時代動亂，遭遇艱難爲屯剥。

［27］夕惕：形容戒慎恐懼，不敢怠慢。

相國陳王，有縱自天，［1］降神惟嶽，［2］天地合德，晷曜齊明。拯社稷之横流，［3］提億兆之塗炭。東誅叛逆，北殲獯醜，威加四海，仁漸萬國。復張崩樂，重紀絶禮，儒館聿脩，戎亭虚候。雖大功在舜，盛績維禹，巍巍蕩蕩，無得而稱。來獻白環，［4］豈直皇虞之世；入貢素雉，［5］非止隆周之日。故効珍川陸，表瑞煙雲，玉露醴泉，［6］旦夕凝涌，嘉禾瑞草，［7］孳植郊甸，道昭於悠代，勳格於皇穹。明明上天，光華日月，革故著於玄象，［8］代德彰於讖圖，［9］獄訟有違，［10］謳歌爰適，天之曆數，實有攸在。朕雖庸藐，闇於古昔，永稽崇替，［11］爲日已久，敢忘列代之遺典，人祇之至願乎！［12］今便遜位别宫，敬禪于陳，一依唐虞、宋齊故事。

［1］有縱自天：意謂上天所賦予。縱，《陳書》卷一《高祖紀》作“命”。

［2］降神惟嶽：《詩·大雅·崧高》：“維嶽降神，生甫及申。”甫，甫侯；申，申伯，並姜姓，四岳的後代。後世用以稱頌官僚門閥。

［3］横流：比喻動亂的局勢。

［4］來獻白環：傳説虞舜爲天子，行德政，西王母“來獻白環”。參徐幹《中論·爵禄》及沈約《宋書·符瑞志》。

[5]入貢素雉：素雉，即白雉。《韓詩外傳》卷五："成王之時，有三苗貫桑而生，同爲一秀，長幾充箱，民得而上諸成王。成王問周公曰：'此何物也?'周公曰：'三苗同爲一秀，意者天下殆同一也。'比幾三年，果有越裳氏重九譯而至，獻白雉於周公。"又《文選》卷四二吴季重《答東阿王書》李善注引《太公金匱》曰："武王成王之時，越裳氏獻白雉於周公。"

[6]玉露醴泉：古人以爲天降之祥瑞。玉露，《陳書》卷一《高祖紀》作"甘露"。

[7]嘉禾瑞草：古人以爲祥瑞之物。瑞草，靈芝之類。《陳書》卷一《高祖紀》作"朱草"。

[8]玄象：天象。日月星辰，在天成象，故稱玄象。

[9]代德：古代改朝换代時，新王朝自稱以新德代舊。　讖圖：預言凶吉得失的文字、圖記。《陳書》卷一《高祖紀》作"圖讖"。

[10]獄訟有違：傳説古虞芮之君争田，久而不平，乃往質於周文王。入其境，見周民禮讓之風，乃自愧而相讓。天下聞之而歸者四十餘國。參《詩·大雅·綿》及《史記》卷四《周本紀》。違，《陳書》卷一《高祖紀》作"歸"。中華書局本《校勘記》云："作'歸'義較長。"

[11]稽：考查。　崇替：興廢。

[12]敢忘列代之遺典，人祇之至願乎：舊本作"敢忘烈代之至願乎"，中華書局本依《陳書》卷一《高祖紀》改補。今從。

陳王踐阼，奉帝爲江陰王，[1]薨于外邸，[2]時年十六，追謚敬皇帝。

[1]江陰：郡名。梁太平二年（557）置，治所在今江蘇江陰市。

[2]據《南史》卷九《陳本紀》及《通鑑》卷一六七《陳紀

一》，敬帝之薨乃陳高祖所害，時當永定二年（558）四月乙丑。

史臣曰：梁季横潰，喪亂屢臻，當此之時，天曆去矣，[1]敬皇高讓，將同釋負焉。[2]

[1]天曆：天運。

[2]釋負：卸下負擔。

史臣侍中、鄭國公魏徵曰：[1]“高祖固天攸縱，[2]聰明稽古，[3]道亞生知，[4]學爲博物，[5]允文允武，[6]多藝多才。爰自諸生，有不羈之度，屬昏凶肆虐，[7]天倫及禍，[8]收合義旅，[9]將雪家冤。曰紂可伐，[10]不期而會，龍躍樊、漢，[11]電擊湘、郢，[12]翦離德如振槁，[13]取獨夫如拾遺。[14]其雄才大略，固無得而稱矣。既懸白旗之首，[15]方應皇天之眷，布德施惠，悦近來遠，開蕩蕩之王道，革靡靡之商俗，大脩文教，盛飾禮容，鼓扇玄風，闡揚儒業，介胄仁義，[16]折衝罇俎，聲振寰宇，澤流遐裔，干戈載戢，凡數十年。濟濟焉，洋洋焉，魏、晉已來，未有若斯之盛。然不能息末敦本，[17]斲彫爲樸，[18]慕名好事，崇尚浮華，抑揚孔、墨，流連釋、老。或經夜不寢，或終日不食，[19]非弘道以利物，惟飾智以驚愚。且心未遺榮，[20]虚厠蒼頭之伍；[21]高談脱屣，[22]終戀黄屋之尊。[23]夫人之大欲，在乎飲食男女，[24]至於軒冕殿堂，非有切身之急。高祖屏除嗜慾，眷戀軒冕，得其所難而滯於所易，可謂神有所不達，智有所不通矣。逮夫精華稍竭，[25]鳳德已衰，[26]惑於聽受，權在姦佞，儲后百辟，[27]莫得盡言。險躁之心，暮年愈甚。見利而動，愎諫違卜，[28]開門揖盜，[29]棄好即讎，釁起蕭墻，[30]禍成戎羯，[31]身殞非命，災被億兆，衣冠斃鋒鏑之下，[32]老幼粉戎馬之足。瞻彼《黍離》，[33]痛深周廟；永言《麥秀》，[34]悲甚殷墟。自古以安爲危，既成而敗，顛覆之速，書契所未聞也。《易》曰：'天之所助者信，人之所助者順。'[35]高祖之遇斯屯剥，不得其死，蓋動而之險，[36]不由信順，失天人之所助，其能免於此乎！

[1]侍中：官名。門下省長官。掌侍從，負璽，獻替贊相禮儀，審署奏抄，駁正違失，監封題，給驛券，監起居注，總判省事。唐正三品。　鄭國公魏徵：魏徵，唐曲城人，後徙家相州内黄。唐名臣，以直言敢諫稱，封鄭國公。貞觀三年（629）詔修梁、陳、北齊、周、隋五代史，魏徵爲監修官，且主修《隋書》。新、舊《唐書》有傳。國公爵，唐從一品。

[2]高祖：梁武帝廟號。　天攸縱：即天所賦予。《論語·子罕》："太宰問於子貢曰：'夫子聖者與？何其多能也？'子貢曰：'固天縱之將聖，又多能也。'"

[3]稽古：同於上天。

[4]道亞生知：其道僅次於生知之性。

[5]博物：博識多知。

[6]允文允武：文事武功兼備。

[7]昏凶：指齊東昏侯蕭寶卷。

[8]天倫：兄弟。齊東昏侯永元二年（500），東昏侯害蕭衍兄懿及弟融。

[9]收：《南史》卷八《梁本紀》作"糾"。

［10］曰紂可伐：商紂暴虐，武王將伐紂，“諸侯不期而會盟津者八百諸侯。諸侯皆曰：‘紂可伐矣！’”事見《史記》卷四《周本紀》。此處用以比蕭衍起兵討東昏。

［11］龍躍樊、漢：指蕭衍起兵於襄陽。樊、漢：樊城、漢水。此處代指襄陽。

［12］湘、郢：並州名。

［13］離德：《尚書·泰誓》：“受有億兆夷人，離心離德。”此處用以借指東昏侯的軍隊。

［14］獨夫：衆叛親離的統治者。此處指東昏侯蕭寶卷。

［15］懸白旗之首：周武王伐紂，斬紂之首，懸大白之旗；斬紂嬖妾二女之首，懸小白之旗。詳《史記》卷四《周本紀》。此處借指東昏侯被誅。

［16］介胄：披甲戴盔。指武人。

［17］息末敦本：歇止次要的而注重根本。古代多以農爲本，以商爲末。

［18］斲彫爲樸：去浮華而務質樸。

［19］或經夜不寢，或終日不食：《南史》卷八《梁本紀》作“或終夜不寢，或日旰不食”。

［20］遺榮：遺棄榮貴。

［21］蒼頭：奴僕。按，梁武曾四次捨身同泰寺爲奴。

［22］脱屣：脱鞋。《漢書·郊祀志》：“嗟乎，誠得如黄帝，吾視去妻子如脱屣耳！”後世用以指輕視地位榮利。

［23］黄屋：帝王的車蓋。此處代指帝王之位。

［24］《禮記·禮運》：“飲食男女，人之大欲存焉。”

［25］精華：本指事物最精粹的部分，此處指人青壯年時精力旺盛。

［26］鳳德：《論語·微子》：“楚狂接輿歌而過孔子曰：‘鳳兮鳳兮，何德之衰！’”後世以鳳德比盛德。

［27］儲后：指太子。　百辟：百官。

[28]愎諫違卜：語出《左傳·僖公十五年》。意謂一意孤行，聽不進任何意見。

[29]開門揖盜：指接納壞人，自取其禍。此處指接納侯景之降。

[30]蕭墻：《論語·季氏》："吾恐季孫之憂，不在顓臾，而在蕭墻之内也。"本指君主所用的屏風。後用以指朝廷内部。

[31]戎羯：古代少數民族名。此處代指侯景。景爲羯人，故稱。

[32]衣冠：指官紳、士大夫。

[33]《黍離》：《詩·王風》有《黍離》篇。《小序》云："《黍離》，閔宗周也。周大夫行役至于宗周，過故宗廟宫室，盡爲禾黍，閔周室之顛覆，彷徨不忍去而作是詩。"

[34]《麥秀》：《史記》卷三八《宋微子世家》："箕子朝周，過故殷墟，感宫室毁壞，生禾黍，箕子傷之，欲哭則不可，欲泣爲其近婦人，乃作《麥秀》之詩以歌咏之。"

[35]天之所助者信，人之所助者順：《南史》作"天之所助者順，人之所助者信"。按，《易·繫辭上》："天之所助者，順也；人之所助者，信也。"《南史》文與《易·繫辭上》文合。參中華書局本《校勘記》本條。

[36]動而之險：《易》之《屯》卦，震動在下，坎險在上；《剥》卦，五陰在下，一陽在上。下動則上險，故云。

"太宗聰睿過人，[1]神彩秀發，多聞博達，富贍詞藻。然文豔用寡，華而不實，體窮淫麗，義罕疏通，哀思之音，[2]遂移風俗，以此而貞萬國，異乎周誦、漢莊矣。[3]我生不辰，[4]載離多難，桀逆搆扇，巨猾滔天，始自牖里之拘，[5]終類望夷之禍。[6]悠悠蒼天，其可問哉！

[1]太宗：梁簡文帝廟號。　聰：《南史》卷八《梁本紀》作“敏”。

[2]哀思之音：《禮記·樂記》：“亡國之音哀以思，其民困。”

[3]周誦、漢莊：周成王誦（姓姬名誦），漢明帝劉莊。二人皆能繼承先帝事業。

[4]我：指太宗蕭綱。

[5]自：《南史》卷八《梁本紀》作“同”。按，“同”與下句“類”對文同義，當以“同”爲是。　牖里之拘：相傳商紂王暴虐，醢鬼侯，脯鄂侯，周文王聞之，喟然而嘆。紂王拘文王於牖里。事詳《戰國策·趙策三》。此用以比蕭綱被侯景幽於永福省。

[6]望夷之禍：望夷，即望夷宫，秦咸陽宫名。秦二世三年（前207），趙高令其婿咸陽令閻樂入望夷宫殺胡亥。亥被迫自殺。事見《史記》卷六《秦始皇本紀》。此用以比蕭綱被侯景殺害。

“昔國步初屯，[1]兵纏魏闕，[2]羣后釋位，投袂勤王。[3]元帝以盤石之宗，[4]受分陜之任，[5]屬君親之難，居連率之長，[6]不能撫劍嘗膽，[7]枕戈泣血，躬先士卒，致命前驅；遂乃擁衆逡巡，[8]内懷觖望，[9]坐觀時變，[10]以爲身幸。不急莽、卓之誅，[11]先行昆弟之戮。[12]又沉猜忌酷，多行無禮。騁智辯以飾非，肆忿戾以害物。爪牙重將，心膂謀臣，或顧眄以就拘囚，或一言而及葅醢，朝之君子，相顧懔然。自謂安若泰山，舉無遺策，怵於邪説，[13]即安荆楚。雖元惡克翦，[14]社稷未寧，而西隣責言，[15]禍敗旋及。上天降鑒，此焉假手，天道人事，其可誣乎！其篤志藝文，採浮淫而棄忠信；戎昭果毅，先骨肉而後寇讎。雖口誦《六經》，心通百氏，有仲尼之學，有公旦之才，適足以益其驕矜，增其禍患，何補金陵之覆没，何救江陵之滅亡哉！

[1]國步：國家命運。　屯：艱難。

[2]兵纏魏闕：指侯景進軍京師建康。魏闕，本指宫門外的闕門，古代懸佈法令之處。此處代指朝廷。

[3]投袂：甩袖，表示立即行動。　勤王：出兵救援王朝。

[4]盤石之宗：堅固如盤石的宗室。

[5]分陝之任：相傳周初周公、召公分陝而治，以夾輔周室。周公治陝東，召公治陝西。梁元帝以皇子爲荆州刺史，鎮江陵，地在京師建康之西，故稱分陝之任。

[6]連率之長：即諸侯之長。侯景寇没京師，蕭衍密詔以蕭繹假黄鉞，都督中外諸軍事、司徒承制，故稱連率之長。

[7]嘗膽：春秋時，越王勾踐卧薪嘗膽以復仇。事見《史記·越王勾踐世家》。後世用以形容刻苦自勵，發憤圖强。

[8]逡巡：遲疑徘徊，欲行又止。　乃：三朝本同，百衲本作“反”。

[9]觖望：因不滿而怨恨。

[10]時：《南史》卷八《梁本紀》作“國”。

[11]莽、卓：王莽、董卓。西漢末王莽、東漢末董卓皆挾主爲亂。其事分見《漢書》卷九九《王莽傳》、《三國志》卷六《魏書·董卓傳》。此處用以比侯景。　急：三朝本、百衲本作“忿”。

[12]昆弟：指元帝弟武陵王蕭紀。紀爲益州刺史，侯景亂作，紀遣使至江陵論和緝之計，元帝不納。後破紀軍，殺紀。事見本書《武陵王紀傳》。

[13]怵：通“訹”。受迷惑。　邪説：指勸元帝都江陵之説。參《通鑑》卷一六五《梁紀二十一》元帝承聖二年紀。

[14]元惡：首惡。指侯景。

[15]西隣責言：鄰國問罪之言。《左傳·僖公十五年》："西鄰責言，不可償也。"西鄰，本指秦國，此處借指西魏。

"敬帝遭家不造，紹兹屯運，[1]征伐有所自出，政刑不由於己，時無伊、霍之輔，[2]焉得不爲高讓歟。"[3]

[1]屯運：艱難的命運。

[2]伊、霍之輔：伊尹、霍光那樣的輔臣。伊尹輔佐商湯之孫太甲，霍光輔佐漢昭帝，俱有名於天下。其事分見《史記》卷三《殷本紀》、《漢書》卷六八《霍光傳》。

[3]高讓：指所謂禪讓。

梁書 卷七

列傳第一

皇后

太祖张皇后　高祖郗皇后　太宗王皇后
高祖丁贵嫔　高祖阮脩容　世祖徐妃

《易》曰："有天地然後有萬物，有萬物然後有男女，有男女然後有夫婦。"[1]夫婦之義尚矣哉！周禮，王者立后六宫，三夫人、九嬪、二十七世婦、八十一御妻，以聽天下之内治。[2]故《昏義》云："天子之與后，猶日之與月，陰之與陽，相須而成者也。"漢初因秦稱號，帝母稱皇太后，后稱皇后，而加以美人、良人、八子、七子之屬。[3]至孝武制婕妤之徒凡十四等。[4]降及魏、晉，母后之號，皆因漢法；自夫人以下，世有增損焉。高祖撥亂反正，[5]深鑒奢逸，惡衣菲食，務先節儉。配德早終，[6]長秋曠位，[7]嬪嬙之數，無所改作。太宗、世祖出自儲藩，[8]而妃並先殂，又不建椒闈。[9]今之撰録，止備闕云。[10]

[1]此引《易》，語出《易·序卦傳》。

[2]《禮記·昏義》："古者天子后立六宫、三夫人、九嬪、二十七世婦、八十一御妻，以聽天下之内治，以明章婦順，故天下内和而家理。"

[3]《漢書》卷九七《外戚傳序》："漢興，因秦之稱號，帝母稱皇太后，祖母稱太皇太后，適稱皇后，妾皆稱夫人。又有美人、良人、八子、七子、長使、少使之號焉。"

[4]《漢書》卷九七《外戚傳序》："至武帝制倢伃、娙娥、傛華、充依，各有爵位，而元帝加昭儀之號，凡十四等云。昭儀位視丞相，爵比諸侯王。倢伃視上卿，比列侯。娙娥視中二千石，比關内侯。傛華視真二千石，比大上造。美人視二千石，比少上造。八子視千石，比中更。充依視千石，比左更。七子視八百石，比右庶長。良人視八百石，比左庶長。長使視六百石，比五大夫。少使視四百石，比公乘。五官視三百石。順常視二百石。無涓、共和、娛靈、保林、良使、夜者皆視百石。上家人子、中家人子視有秩斗食云。"

[5]高祖：梁武帝廟號。

[6]配德：指梁武帝德皇后郗氏。

[7]長秋：本皇后所居宫名，後用以代稱皇后。

[8]太宗：梁簡文帝廟號。　世祖：梁元帝廟號。　儲藩：以皇子爲諸侯王者。

[9]椒闈：皇后所居宫。此處代指皇后。

[10]止：三朝本、百衲本、殿本皆作"正"。按，正、止，同爲"僅"義。

太祖獻皇后張氏諱尚柔，[1]范陽方城人也。[2]祖次惠，宋濮陽太守。[3]后母蕭氏，即文帝從姑。后，宋元嘉中嬪於文帝，[4]生長沙宣武王懿、永陽昭王敷，[5]次生高祖。

[1]太祖：梁武帝父蕭順之卒於齊世，梁武即位，追尊爲文皇帝，廟號太祖。

[2]范陽：郡名。治所在今河北涿州市。　方城：縣名。治所在今河北固安縣西南方城。此張氏祖籍。

[3]濮陽：郡名。治所在今河南濮陽縣西南。

[4]元嘉：宋文帝年號（424—453）。

[5]長沙宣武王懿：蕭懿，齊末遇害。梁武踐阼，追封長沙郡王，謚曰宣武。見本書卷二三《長沙嗣王淵業傳》。　永陽昭王敷：蕭敷，卒於齊世。梁武踐阼，追封永陽郡王，謚曰昭。見本書卷二三《永陽嗣王伯游傳》。

初，后嘗於室内，忽見庭前昌蒲生花，光彩照灼，非世中所有。后驚視，謂侍者曰："汝見不？"[1]對曰："不見。"后曰："嘗聞見者當富貴。"因遽取吞之。是月産高祖。將産之夜，后見庭内若有衣冠陪列焉。[2]次生衡陽宣王暢、義興昭長公主令嫕。[3]宋泰始七年，[4]殂于秣陵縣同夏里舍，[5]葬武進縣東城里山。[6]天監元年五月甲辰，[7]追上尊號爲皇后，謚曰獻。

[1]不：同"否"。

[2]衣冠：指士大夫、官紳。

[3]衡陽宣王暢：蕭暢，卒於齊世。梁武踐阼，追封衡陽郡王，謚曰宣。見本書卷二三《衡陽嗣王元簡傳》。　義興昭長公主令嫕

(yì)：蕭令嫕，生平不詳。

[4]泰始：宋明帝年號（465—471）。

[5]秣陵縣：縣名。治所在今江蘇南京市中華門外故報恩寺附近。

[6]武進縣：縣名。屬晉陵郡，治所在今江蘇武進縣西北萬綏鎮。《通鑑》卷一六五《梁紀二十一》"承聖二年"下胡三省注："梁氏自簡文以上葬建康，武帝以上葬晉陵。"

[7]天監：梁武帝年號（502—519）。　五月甲辰：中華書局本《校勘記》："追上尊號之日期，《武帝紀》作四月丙寅，《南史·梁本紀》作閏四月。按是年五月戊午朔，無甲辰，閏四月戊子朔，有甲辰，是'五月'當作'閏四月'。"按，據本書《武帝紀》，四月丙寅受追封者尚有永陽王蕭敷。而徐勉《故侍中司空永陽昭王墓志銘》（《全梁文》卷五〇）亦載蕭敷之追封在四月八日。據陳垣《二十史朔閏表》，八日正爲丙寅。故疑當以《武帝紀》爲是。

父穆之，字思静，晉司空華六世孫。[1]曾祖輿坐華誅，徙興古，[2]未至召還。及過江，爲丞相掾，[3]太子舍人。[4]穆之少方雅，有識鑒。宋元嘉中，爲員外散騎侍郎。[5]與吏部尚書江湛、太子左率袁淑善，[6]淑薦之於始興王濬，[7]濬深引納焉。穆之鑒其禍萌，思違其難，言於湛求外出。湛將用爲東縣，固乞遠郡，久之，得爲寧遠將軍、交阯太守。[8]治有異績。會刺史死，交土大亂，[9]穆之威懷循拊，[10]境内以寧。宋文帝聞之嘉焉，將以爲交州刺史，會病卒。子弘籍，字真藝，齊初爲鎮西參軍，[11]卒於官。高祖踐阼，追贈穆之光禄大夫，[12]加金章。[13]又詔曰："亡舅齊鎮西參軍，素風雅猷，[14]夙肩名輩，降年不永，早世潛輝。朕少離苦辛，情地彌切，雖宅相克成，[15]軫車靡贈，[16]興言永往，觸目慟心。可追贈廷尉卿。”[17]弘籍無子，從父弟弘策以第三子纘爲嗣，別有傳。[18]

[1]華：張華，仕晉位司空，封壯武郡公。後因拒絶參與趙王倫和孫秀的篡奪陰謀而遭殺害。《晉書》卷三六有傳。

[2]興古：郡名。治所在今雲南硯山縣北小維摩附近。

[3]丞相掾：丞相府屬官，主本府衆曹事。晉第七品。

[4]太子舍人：官名。東宫屬官，掌文記。晉第七品。

[5]員外散騎侍郎：官名。散騎省屬官，多以公族、功臣子充任，爲閑散之職。

[6]吏部尚書：官名。尚書省吏部曹長官，掌全國文武官吏銓選、任免。多僑姓高門、世胄顯貴擔任。員一人。宋第三品。 江湛：人名。祖籍濟陽考城。《宋書》卷七一有傳。 太子左率：太子左衛率之省稱，官名。與太子右衛率共掌東宫宿衛。宋第五品。袁淑：人名。祖籍陳郡陽夏。《宋書》卷七〇有傳。

[7]始興王濬：宋文帝之子劉濬，封爵始興郡王。因與其兄劭共謀反，敗，被誅。《宋書》卷九九有傳。始興，郡名。治所在今廣東韶關市東南蓮花嶺下。

[8]寧遠將軍：將軍名號。宋第五品。 交阯：郡名。治所在今越南北寧省僊游東。

[9]交土：即交州地區。交州，治所與交阯郡同。

[10]循拊：同“循撫”，安撫。

[11]鎮西：鎮西將軍之省稱，將軍名號。與鎮東、鎮南、鎮北合稱四鎮將軍，多爲持節都督，權位很重。劉宋第三品。齊官品不詳。 參軍：官名。諸公軍府屬官，參掌府事。齊官品不詳。

[12]光禄大夫：官名。屬光禄勳。養老疾，無職事。多用於贈官或加官。宋第三品，齊及梁初官品不詳。

［13］加金章：光禄大夫銀章青綬，其重者加金章紫綬。

［14］素風：純樸潔白的風尚。　雅猷：高尚的道德。

［15］宅相：《晉書》卷四一《魏舒傳》：“（舒）少孤，爲外家寧氏所養。寧氏起宅，相宅者云：‘當出貴甥。’……舒曰：‘當爲外氏成此宅相。’”魏舒意在努力顯貴，以證實舅宅當出貴甥之相。後世因用爲外甥顯貴的典故。

［16］輅車：古代諸侯所乘之車。《詩·秦風·渭陽》首章：“我送舅氏，曰至渭陽。何以贈之，路車乘黄。”後因以輅車爲外甥贈送舅氏之典。

［17］廷尉卿：官名。梁十二卿之一。掌司法刑獄。屬官有正、監、平及胄子律博士等。梁天監七年（508）革選，定流内官職爲十八班，以班多者爲貴，廷尉卿爲十一班。

［18］弘策：張弘策，本書卷一一有傳。　纘：張纘。本書卷三四有傳。

高祖德皇后郗氏諱徽，高平金鄉人也。［1］祖紹，宋國子祭酒，［2］領東海王師。［3］父燁，太子舍人，早卒。

［1］高平：郡名。治所在今山東巨野縣南。　金鄉：縣名。治所在今山東嘉祥縣南。

［2］國子祭酒：官名。國子學長官，隸太常，參議禮制。宋官品不詳。《太平御覽》卷一四三《皇親部》九引《梁書》“國子祭酒”上有“宋”字。《南史》卷一二同傳及《建康實録》卷一八《后妃傳略》並同。按，考本書文例，當以有“宋”字爲是，各本無，今補。

［3］領：官制術語。已有實授之職，又兼領較低級官職，而不居其位。　東海王：宋文帝第八子劉禕初封東海王。見《宋書》卷七九《文五王·廬江王禕傳》。　師：官名。王國屬官，掌舍人輔

導諸王。宋第六品。

初，后母尋陽公主方娠，[1]夢當生貴子。[2]及生后，有赤光照于室内，器物盡明，家人皆怪之。巫言此女光采異常，將有所妨，乃於水濱祓除之。[3]

[1]尋陽公主：《南史》作“宋文帝女尋陽公主”。

[2]夢當生貴子：《太平御覽》卷一四三《皇親部》九引《梁書》，“夢”下有“人云”二字。

[3]祓除：古代除凶去垢的儀式。歲首在宗廟社壇舉行，三月於水濱舉行。

后幼而明慧，善隸書，讀史傳。女工之事，無不閑習。[1]宋後廢帝將納爲后；齊初，安陸王緬又欲婚，[2]郗氏並辭以女疾，乃止。建元末，[3]高祖始娉焉。[4]生永興公主玉姚、永世公主玉婉、永康公主玉嬛。

[1]閑：通“嫻”。

[2]安陸王緬：齊高宗弟蕭緬初封安陸侯，建武元年（494），高宗踐阼，贈安陸王。《南齊書》卷四五有傳。　婚：《太平御覽》卷一四三《皇親部》九引《梁書》“婚”上有“結”字。《南史》同。

[3]建元：齊高帝年號（479—482）。

[4]娉：娶。今作“聘”。

建武五年，高祖爲雍州刺史，[1]先之鎮，後乃迎后。至州未幾，永元元年八月殂于襄陽官舍，[2]時年三十二。其年歸葬南徐州南東海武進縣東城里山。[3]中興二年，[4]齊朝進高祖位相國，封十郡，梁公，詔贈后爲梁公妃。高祖踐阼，追崇爲皇后。有司議謚，吏部尚書兼右僕射臣約議曰：[5]“表號垂名，義昭不朽。先皇后應祥月德，[6]比載坤靈，[7]柔範陰化，儀形自遠。[8]俔天作合，[9]義先造舟，[10]而神猷夙掩，所隔升運，宜式遵景行，[11]用昭大典。謹按《謚法》，[12]忠和純備曰德，貴而好禮曰德。宜崇曰德皇后。”詔從之。陵曰脩陵。[13]

[1]建武五年：據《南齊書·明帝紀》，建武五年（498）四月改元永泰。蕭衍永泰元年（498）七月爲雍州刺史。故此“建武五年”當爲“永泰元年”。參中華書局本《校勘記》本條。建武，齊明帝年號（494—498）。　雍州：州名。治所在今湖北襄樊市。

[2]永元：齊東昏侯年號（499—501）。　襄陽：雍州刺史鎮所。按，郗后之殂，《建康實録》卷一八引《東京記》云投井而死，《南史》云：“后酷妬忌，及終，化爲龍入於後宫井。”疑郗后非正常死亡，《梁書》諱言。

[3]南徐州：州名。治所在今江蘇鎮江市。　南東海：郡名。治所與南徐州同。

[4]中興：齊和帝年號（501－502）。

[5]兼：官制術語。假職未真授之稱。　右僕射：官名。佐尚書令知省事，並與尚書分領諸曹。與祠部尚書不並置。梁初第三品。　約：沈約。本書卷一三有傳。

[6]應祥月德：即與月德應祥。月德，指月之光明外照，郗后出生時光照室内之祥瑞。又，古以日喻帝，以月比帝后。故以月德

比皇后之品德。

[7]比載坤靈：即與坤靈比載。坤靈，地神。《易·象上》：“地勢坤，君子以厚德載物。”又古以乾爲男，坤爲女。故此處坤靈亦兼喻皇后。

[8]儀形：同“儀刑”。榜樣、模範。

[9]俔天作合：如同天作之合。俔，譬喻。天作合，《詩·大雅·大明》：“文王初載，天作之合。”後世以指美滿的婚姻。

[10]造舟：《詩·大雅·大明》：“文定厥祥，親迎于渭。造舟爲梁，不顯其光。”本指文王連船爲橋以迎娶太姒，此比喻事先的準備工作。

[11]景行：高尚的德行。

[12]《謚法》：古代研究謚法的著作。此種著作中，最早且最有影響的，是《逸周書·謚法》。此後著述漸多。《隋書·經籍志》著録：“《謚法》三卷，劉熙撰。《謚法》十卷，特進、中軍將軍沈約撰。《謚法》五卷，梁太府卿賀瑒撰。”此處所云“《謚法》”，未知何指。

[13]脩陵：陵名。亦是梁武帝陵。《元和郡縣圖志》卷二五有云：“（梁）武帝衍脩陵，在（丹陽）縣東三十一里。”

后父燁，詔贈金紫光禄大夫。[1]燁尚宋文帝女尋陽公主，齊初降封松滋縣君。[2]燁子泛，中軍臨川王記室參軍。[3]

[1]金紫光禄大夫：官名。屬光禄勳。養老疾，無職事。多爲加官或贈官。宋第三品，齊及梁初官品不詳。

[2]松滋：縣名。治所在今湖北荆州市松滋縣城。

[3]中軍：中軍將軍之省稱，將軍名號。梁代與中衛、中權、中撫將軍合稱四中將軍，祇授予在京師任職者。天監七年（508）

革選，釐定將軍名號及班品，有十品二十四班，凡一百二十五號將軍。以班多者爲貴。中軍將軍爲一百二十五號將軍之一，二十三班。　臨川王：梁武帝弟蕭宏封爵號。本書卷二二《太祖五王》有傳。　記室參軍：官名。諸公軍府屬官，掌文書。梁代皇弟府記室參軍爲六班。

太宗簡皇后王氏諱靈賓，琅邪臨沂人也。[1]祖儉，太尉、南昌文憲公。[2]

[1]琅邪：郡名。治所在今山東臨沂市北。　臨沂：縣名。治所在今山東費縣東。此王氏祖籍。

[2]南昌文獻公：王儉封爵號南昌縣公，謚文憲。見《南齊書》本傳。　南昌：縣名。治所在今江西南昌市。

后幼而柔明淑德，叔父暕見之曰：[1]“吾家女師也。”天監十一年，拜晉安王妃。[2]生哀太子大器、南郡王大連、長山公主妙䂵。[3]中大通三年十月，[4]拜皇太子妃。太清三年三月，[5]薨于永福省，[6]時年四十五。其年，太宗即位，追崇爲皇后，謚曰簡。大寶元年九月，[7]葬莊陵。先是詔曰：“簡皇后窀穸有期。[8]昔西京霸陵，[9]因山爲藏；[10]東漢壽陵，[11]流水而已。[12]朕屬值時艱，歲饑民弊，方欲以身率下，永示敦朴。今所營莊陵，務存約儉。”又詔金紫光禄大夫蕭子範爲哀策文。[13]

[1]暕（jiǎn）：王暕，人名。本書卷二一有傳。

[2]晉安王：簡文帝蕭綱初封爵號。晉安，郡名。治所在今福

建福州市。

[3]哀太子大器：簡文帝嫡長子。簡文即位，立爲太子，謚號哀太子。本書卷八有傳。　南郡王大連：蕭大連封爵號南郡王。本書卷四四《太宗十一王》有傳。南郡，郡名。治所在今湖北荆州市。　長山公主妙䂮（lüè）：生平不詳。長山，縣名。妙䂮封邑，治所在今浙江金華縣。

[4]中大通：梁武帝年號（529—534）。舊本脱"中"字，此依中華書局本校改。

[5]太清：梁武帝年號（547—549）。

[6]永福省：建康宫城殿省名，太子未冠時所居。

[7]大寶：梁簡文帝年號（550—551）。

[8]窀（zhūn）穸（xī）：埋葬。

[9]西京：指長安。　霸陵：漢文帝陵墓。

[10]因山爲藏：《漢書》卷四《孝文帝紀》：帝遺詔有云："霸陵山川因其故，無有所改。"應劭注："因山爲藏，不復起墳，山下川流不遏絶，就其水名以爲陵號。"

[11]壽陵：指皇帝陵墓。

[12]流水而已：《後漢書》卷二《明帝紀》："帝初作壽陵，制令流水而已。"

[13]金紫光禄大夫：梁天監七年（508）革選，定爲十四班。蕭子範：人名。本書卷三五有傳。　哀策文：文體之一種，用於遷移皇帝棺木，或對太子及后妃、諸王、大臣死者哀悼的策書。

父騫，字思寂，[1]本名玄成，與齊高帝偏諱同，[2]故改焉。以公子起家員外郎，[3]遷太子洗馬，[4]襲封南昌縣公，出爲義興太守。[5]還爲驃騎諮議，[6]累遷黄門郎，[7]司徒右長史。[8]性凝簡，不狎當世。嘗從容謂諸子曰："吾家門户，所謂素族，[9]自可隨流平進，不須苟求也。”永元末，遷侍中，[10]不拜。高祖霸府建，[11]引爲大司馬諮議參軍，[12]俄遷侍中，領越騎校尉。[13]

[1]思寂：一説當作“思晦”。詳《文選》卷三八任彦昇《爲蕭揚州作薦士表》李善注及清・何焯《義門讀書記》卷四九。

[2]齊高帝：即蕭道成。見《南齊書・高帝紀》。　偏諱：名有二字，諱其中一字。

[3]公子：騫父封爵號南昌縣公，故稱騫爲公子。　員外郎：員外散騎侍郎之省稱，官名。集書省屬官，多以公族及功臣之子充任。爲閑散之職。宋齊官品不詳，梁三班。

[4]太子洗馬：官名。東宫屬官，掌侍從文翰。爲清貴之職。齊第七品。

[5]義興：郡名。治所在今江蘇宜興市。

[6]驃騎諮議：即驃騎將軍府諮議參軍。驃騎，驃騎將軍之省稱，將軍名號。爲重號將軍，加授大臣、重要地方長官。齊第二品。諮議，諮議參軍之省稱，官名。王公府屬官，掌諷議。齊第六品。

[7]黄門郎：給事黄門侍郎之省稱，官名。門下省次官，與侍中俱掌門下衆事，侍中左右，關通中外，職任顯要。員四人。齊第五品。

[8]司徒右長史：官名。司徒府屬官，佐司徒總理府事。宋齊官品不詳，梁十班。

[9]素族：指高級士族，相對皇室王族而言。參祝總斌《素族庶族解》及周一良《魏晉南北朝史札記》之《南齊書札記》“素族”條。

[10]侍中：官名。門下省長官。掌侍從左右，贊導衆事，顧問應答。參與決策，是中樞集團重要成員。員四人。齊第三品。

[11]霸府：藩王府邸。此指蕭衍於齊中興元年（501）十二月

受封建安郡公所置府。見本書《武帝紀》。

[12]大司馬：官名。掌全國軍事。南朝不常授。齊第一品。

[13]越騎校尉：官名。禁衛軍五營校尉之一，典宿衛士。宋第四品，齊及梁初不詳。

高祖受禪，詔曰："庭堅世祀，[1]靡輟於宗周，[2]樂毅錫壤，[3]乃昭於洪漢。齊故太尉南昌公，含章履道，草昧興齊，[4]謨明翊贊，同符在昔。雖子房之蔚爲帝師，[5]文若之隆比王佐，[6]無以尚也。朕膺曆受圖，[7]惟新寶命，[8]莘莘玉帛，[9]升降有典。永言前代，敬惟徽烈，[10]匪直懋勳，[11]義兼懷樹。[12]可降封南昌縣公爲侯，食邑千户。"騫襲爵，遷度支尚書。[13]天監四年，出爲東陽太守，[14]尋徙吴郡。[15]八年，入爲太府卿，[16]領後軍將軍，[17]遷太常卿。[18]十一年，遷中書令，[19]加員外散騎常侍。[20]

[1]庭堅：古代傳説高陽氏之子，"八愷"之一。見《左傳·文公十八年》。

[2]宗周：周王朝的宗廟社稷。此處代指周王朝。

[3]樂毅：人名。戰國時燕將。燕中齊反間計，將誅毅，毅奔趙。《史記》卷八〇有傳。　錫壤：賜給土地。《史記》卷八〇《樂毅列傳》載，漢高祖過趙，封樂毅之孫樂叔於樂卿縣，號曰華成君。

[4]草昧：指亂世。

[5]子房：張良字子房，漢高祖劉邦的主要謀臣，佐劉邦奪取天下。《史記》卷五五有傳。

[6]文若：荀彧字文若，魏武帝曹操的重要謀士。《三國志》卷

一〇有傳。

[7]膺曆受圖：帝王應運而興。曆，曆數，即天道。圖，河圖，傳説爲帝王受命的祥瑞。

[8]惟新：革新。　寶命：對天命、帝命的美稱。此處指國家政權。

[9]玉帛：指禮品、財物。

[10]徽烈：美好的業績。

[11]匪：通“非”。　直：衹，僅。

[12]懷樹：“懷德樹勳”之略語。

[13]度支尚書：官名。尚書省列曹尚書之一，掌財賦統計、支調。齊第三品。

[14]東陽：郡名。治所在今浙江金華縣。

[15]吴郡：郡名。治所在今江蘇蘇州市。

[16]太府卿：官名。梁十二卿之一，掌金帛府帑。十三班。

[17]後軍將軍：官名。與前軍、左軍、右軍將軍合稱四軍將軍，爲禁衛軍主要將領之一，掌宫廷宿衛。梁九班。

[18]太常卿：官名。梁十二卿之一，掌禮樂、郊廟、社稷事。十四班。

[19]中書令：官名。中書省長官之一。東晉以後，中書出令權歸他省或侍郎、舍人，中書令漸成閑散之職，多爲重要官員之加官。梁代明定位在中書監下，僅掌文章之事，員一人。十三班。

[20]員外散騎常侍：官名。集書省官員，閑散之職。多以公族、宗室充任，地位較低。梁十班。

時高祖於鍾山造大愛敬寺，[1]騫舊墅在寺側，有良田八十餘頃，即晉丞相王導賜田也。[2]高祖遣主書宣旨就騫求市，[3]欲以施寺。騫答旨云：“此田不賣；若是敕取，[4]所不敢言。”酬對又脱略。[5]高祖怒，遂付市評田價，以直逼還之。[6]由是忤旨，出爲吴興太守。[7]在郡卧疾不視事。徵還，復爲度支尚書，加給事中，[8]領射聲校尉。[9]以母憂去職。[10]

[1]大愛敬寺：佛寺名。蕭衍爲其父順之造。《文苑英華》卷七八五梁簡文帝蕭綱《大愛敬寺刹下銘》云：普通三年二月，蕭衍"乃於鍾山竹澗奉爲皇考太祖文皇帝造大愛敬寺"。又《廣弘明集》卷二九梁武帝《孝思賦並序》有云："乃於鍾山下建大愛敬寺，於青溪側造大智度寺，以表罔極之情，達追遠之心。"

[2]王導：人名。王騫之遠祖。《晉書》卷六五有傳。

[3]主書：主書令史之省稱。掌文書。梁代屬流外三品勳位。

[4]敕：皇帝的詔命。

[5]脱略：輕慢。

[6]直：通"值"。價錢。

[7]吴興：郡名。治所在今浙江湖州市。

[8]給事中：官名。集書省屬官。掌侍從，獻納應對。梁四班。

[9]射聲校尉：官名。禁衛軍五營校尉之一。掌宫廷宿衛士。梁七班。

[10]母憂：母喪。

普通三年十月卒，[1]時年四十九。詔贈侍中、金紫光禄大夫，謚曰安。子規襲爵，别有傳。[2]

[1]普通：梁武帝年號（520—527）。

[2]别有傳：傳見本書卷四一。

高祖丁貴嬪諱令光，[1]譙國人也，[2]世居襄陽。[3]

貴嬪生于樊城，[4]有神光之異，紫煙滿室，故以“光”爲名。相者云：“此女當大貴。”高祖臨州，丁氏因人以聞。貴嬪時年十四，高祖納焉。初，貴嬪生而有赤痣在左臂，治之不滅，至是無何忽失所在。事德皇后小心祇敬，[5]嘗於供養經案之側，髣髴若見神人，心獨異之。

[1]貴嬪：皇帝后妃名號。三國魏文帝所制。見《宋書》卷四一《后妃傳序》。

[2]譙國：封國名。治所在今安徽亳州市。

[3]襄陽：郡名。治所在今湖北襄樊市。

[4]樊城：地名。在今湖北襄樊市。按，丁貴嬪母姓車，梁天監五年（506）亡故。見《隋書·禮儀志三》。

[5]德皇后：梁武帝皇后郗氏謚號。

高祖義師起，[1]昭明太子始誕育，[2]貴嬪與太子留在州城。京邑平，[3]乃還京都。天監元年五月，有司奏爲貴人，[4]未拜；其年八月，又爲貴嬪，位在三夫人上，[5]居于顯陽殿。[6]及太子定位，有司奏曰：

禮，母以子貴。[7]皇儲所生，不容無敬。宋泰豫元年六月，[8]議百官以吏敬敬帝所生陳太妃，[9]則宋明帝在時，百官未有敬。臣竊謂“母以子貴”，義著《春秋》。皇太子副貳宸極，[10]率土咸執吏禮，既盡禮皇儲，則所生不容無敬。但帝王妃嬪，義與外隔，以理以例，無致敬之道也。今皇太子聖睿在躬，儲禮夙備，子貴之道，抑有舊章。王侯妃主常得通信問者，及六宮三夫人雖與貴嬪同列，[11]並應以敬皇太子之禮敬貴嬪。宋元嘉中，始興、武陵國臣並以吏敬敬王所生潘淑妃、路淑媛。[12]貴嬪於宫臣雖非小君，[13]其義不異，與宋泰豫朝議百官以吏敬敬帝所生，事義正同。謂宫閣施敬，[14]宜同吏禮，詣神虎門奉牋致謁；[15]年節稱慶，亦同如此。婦人無閫外之事，[16]賀及問訊牋什，所由官報聞而已。夫婦人之道，義無自專，若不仰繫於夫，則當俯繫於子。榮親之道，應極其所榮，未有子所行而所從不足者也。故《春秋》凡王命爲夫人，則禮秩與子等。列國雖異於儲貳，[17]而從尊之義不殊，前代依准，布在舊事。貴嬪載誕元良，[18]克固大業，禮同儲君，實惟舊典。尋前代始置貴嬪，位次皇后，爵無所視；其次職者，位視相國，爵比諸侯王。此貴嬪之禮，已高朝列；況母儀春宫，義絶常算。且儲妃作配，[19]率由盛則；以婦踰姑，彌乖從序。謂貴嬪典章，一與太子不異。[20]

於是貴嬪備典章禮數，同于太子，言則稱令。

[1]義師：齊末，東昏侯蕭寶卷狂悖無道，雍州刺史蕭衍起兵以討之，故稱其師爲義師。參本書《武帝紀》。

[2]昭明太子：梁武帝太子蕭統謚號昭明，因稱昭明太子。本書卷八有傳。

[3]京邑：指京師建康。

[4]貴人：皇帝后妃名號。漢光武帝所制。

［5］三夫人：漢晉以下，三夫人名號不一，晉以貴嬪、夫人、貴人爲三夫人，位視三公；宋以貴妃、貴嬪、貴人爲三夫人，齊同晉制。參《宋書》卷四一《后妃傳序》及《南齊書》卷二《皇后傳序》。

［6］顯陽殿：建康宫城後宫殿名。

［7］母以子貴：《公羊傳・隱公元年》："子以母貴，母以子貴。"

［8］泰豫：宋明帝年號（472）。

［9］帝：指宋後廢帝劉昱。　陳太妃：宋明帝貴妃陳妙登。後廢帝即位，上尊號皇太妃。見《宋書》卷四一《后妃傳》。

［10］副貳宸極：皇帝的副佐。宸極，北極星，比喻帝位。

［11］六宫：皇后嬪妃所居之處有正寢一、燕寢五，合稱六宫。見《周禮・天官・内宰》及鄭玄注。

［12］始興國：宋文帝子劉濬封國。劉濬，《宋書》卷九九《二凶》有傳。武陵國：宋孝武帝劉駿初封國。見《宋書》卷六《孝武帝紀》。武陵，治所在今湖南常德市。　潘淑妃：始興王濬之生母。《南史》卷一一《后妃傳》有附傳。　路淑媛：宋孝武帝生母。《宋書》卷四一《后妃傳》有傳。　敬王所生：各本無"王"字，《南史》卷一二《后妃下・武丁貴嬪傳》作"敬王所生"。按，下文有"敬帝所生"，此處與之相應，故當以《南史》爲是，今補"王"字。

［13］小君：諸侯之妻。

［14］宫闈：《南史》作"宫僚"。

［15］神虎門：京師建康宫城正殿西側門。　牋：文體之一種，上給皇后、太子的文書。

［16］闈外：闈門之外。

［17］列國：指諸侯國。　儲貳：即諸君。指太子。

［18］元良：太子。

［19］儲妃：皇太子妃。

［20］一與太子不異：舊本脱"一與"二字。此依中華書局本校

補。

貴嬪性仁恕，及居宮内，接馭自下，皆得其歡心。不好華飾，器服無珍麗，未嘗爲親戚私謁。及高祖弘佛教，貴嬪奉而行之，屏絶滋腴，[1]長進蔬膳。受戒日，甘露降于殿前，[2]方一丈五尺。高祖所立經義，皆得其指歸。尤精《净名經》。[3]所受供賜，悉以充法事。[4]

[1]滋腴：指肉食。

[2]甘露：甘美的露水。古人以甘露降爲祥瑞。

[3]《净名經》：佛教經典《維摩詰經》的異稱，因書中的主角維摩詰意譯爲净名或無垢，故又稱《净名經》或《無垢稱經》。

[4]法事：即佛事。指佛教中供佛、施僧、講經、修行等事。

普通七年十一月庚辰薨，[1]殯於東宫臨雲殿，年四十二。詔吏部郎張纘爲哀策文曰：[2]

菆塗既啓，[3]桂罇虚凝，[4]龍帷已薦，[5]象服將升。[6]皇帝傷璧臺之永閟，[7]悼曾城之不踐，[8]罷鄉歌乎燕樂，[9]廢徹齊於祀典。[10]《風》有《采繁》，[11]化行南國，[12]爰命史臣，俾流嬪德。其辭曰：

軒緯之精，[13]江漢之英；[14]歸于君袂，[15]生此離明。[16]誕自厥初，時維載育；樞電繞郊，[17]神光照屋。爰及待年，[18]含章早穆；[19]聲被洽陽，[20]譽宣中谷。[21]龍德在田，[22]聿恭兹祀；陰化代終，[23]王風攸始。動容諧式，[24]出言顧史；[25]宜其家人，[26]刑于國紀。[27]膺斯眷命，[28]從此宅心；[29]狄綴采珩，[30]珮動雅音。日中思戒，月滿懷箴；如何不蹋，[31]天高照臨。玄紞莫脩，[32]褘章早缺；[33]成物誰能，芳猷有烈。素魄貞明，[34]紫宮炤晰；[35]逮下靡傷，思賢罔蔽。躬儉則節，昭事惟虔；金玉無玩，筐筥不捐。[36]祥流德化，慶表親賢；甄昌軼啓，孕魯陶燕。[37]方論婦教，明章閫席；[38]玄池早扃，[39]湘沅已穸。[40]展衣委華，[41]朱幘寢迹；[42]慕結儲闈，[43]哀深蕃辟。[44]嗚呼哀哉！

[1]十一月：舊本脱“一”字，錢大昕《廿二史考異》卷二六有説。此依中華書局本校補。

[2]吏部郎：官名。尚書省諸曹郎之首，掌官吏銓選調動事宜。職任甚重。梁十一班。　張纘：人名。本書卷三四有傳。

[3]菆（cuán）塗：《禮記·檀弓上》：“天子之殯也，菆塗龍輴以椁。”《疏》：“菆，叢也。謂用木菆棺，而四面塗之，故云菆塗也。”

[4]桂罇：指祭奠所用的桂花酒。　凝：安放。

[5]龍帷：等於説龍車。此指載柩之車。　薦：進。

[6]象服：古王后及諸侯夫人以繪畫爲飾之服裝。此代指丁貴嬪。

[7]璧臺：重璧之臺。《穆天子傳》卷六：“盛姬，盛柏之子。天子賜之姬之長，是曰盛門。天子乃爲之臺，是曰重璧之臺。”此處借指丁貴嬪之居所。　閟：關閉。

[8]曾城：古代傳説中的高城，其西有不死樹。見《淮南子·

地形訓》。

[9]鄉歌：即俗曲。　燕樂：即宴樂。

[10]廢：撤去。　徹齊：指祭祀所用禮品。齊，通“齋”。

[11]《風》有《采蘩》：《詩・召南》有《采蘩》篇。《小序》云：“《采蘩》，夫人不失職也。”

[12]化行南國：舊説《詩經》中《周南》、《召南》二風所歌爲南國諸侯被周文王之化，公侯夫人皆有美德。

[13]軒緯：即軒轅星。《淮南子・天文訓》：“軒轅者，帝妃之舍。”緯，《史記・天官書》：“水、火、金、木、土星，此五星者，天之五佐，爲緯。”

[14]江、漢之英：丁氏家居襄陽，屬江、漢之域，故稱。

[15]歸：出嫁。

[16]離明：光明。此指丁貴嬪。貴嬪諱令光，故稱。《易》有《離》卦，《説卦》云：“離也者，明也。”

[17]樞電繞郊：《宋書・符瑞志》：“黄帝軒轅氏，母曰附寶，見大電光繞北斗樞星，照郊野，感而孕。”此以黄帝母受孕的祥瑞比丁貴嬪之孕育。

[18]待年：待嫁。

[19]含章：含美於内。　穆：和。

[20]洽陽：洽水之陽，周文王婚娶之地。《詩・大雅・大明》：“文王初載，天作之合，在洽之陽，在渭之涘。”此借指高祖娶丁氏之地襄陽。

[21]中谷：《詩・周南・葛覃》有“葛之覃兮，施于中谷”之句。《小序》云：“《葛覃》，后妃之本也。后妃在父母家，則志在矜女功之事，躬儉節用，服澣濯之衣，尊敬師傅，則可以歸安父母，化天下以婦道也。”此處借指丁貴嬪父母家。

[22]龍德在田：指蕭衍即帝位之前。《易・乾》：“九二，見龍在田，利見大人。”後世用以指帝王即位之前的處境。

[23]陰化代終：指蕭衍結束臣子的地位而爲帝王。陰，指大

臣。古以臣爲陰，君爲陽。

[24]式：模範，標準。

[25]史：史官的記載。

[26]宜其家人：《詩·周南·桃夭》："之子于歸，宜其家人。"

[27]刑于國紀：一國的榜様、準則。刑，通"型"。國紀，國家的禮制法令。

[28]眷命：眷愛並賦於重任。

[29]宅心：歸心。

[30]狄綴采珩：指后妃的服飾。狄，通"翟"，指有雉形花紋的衣服。珩，璧環的横玉。參《禮記·玉藻》。

[31]不跼：《詩·小雅·正月》："謂天蓋高，不敢不跼。"跼，彎腰，指小心戒謹。

[32]玄紞：古代禮冠前後的絲飾物。

[33]禕章：王后所服飾有雉形花紋的衣服。

[34]素魄：月光。此處比喻丁貴嬪高尚的品格。

[35]紫宫：指帝王的禁宫。

[36]筐筥（jǔ）：裝食物的竹器。

[37]甄昌軼啓，孕魯陶燕：意謂塗山氏生了夏啓，太任孕育了周文王，化育及於魯國和燕國。甄，以土製造陶器，引申爲化育。軼，出。昌，周文王昌。啓，夏啓。《文選》卷四八班孟堅《典引》："孕虞育夏，甄殷陶周。"此以丁貴嬪比周文王之母太任及夏啓之母塗山氏。

[38]閫席：閨門職責。

[39]玄池：池名。傳説穆天子休沐之處。見《穆天子傳》卷二。扃：關閉。

[40]湘沅：湘水，沅水。傳説舜之二妃死於沅湘之中。　窆：指埋葬。

[41]展衣：古代王后六服之一，白色，朝見皇帝或接見賓客時所服。見《周禮·天官·司服》。

[42]朱幩：裝在馬口旁鐵上的飾物。見《詩·衛風·碩人》及《毛傳》。此處代指丁貴嬪生前之車駕。

[43]儲闈：太子宫。此處代指太子。

[44]蕃辟：諸侯王。

令龜兆良，[1]葆引遷祖；[2]具僚次列，[3]承華接武。[4]日杳杳以霾春，風凄凄而結緒；去曾掖以依遲，[5]飾新宫而延佇。[6]嗚呼哀哉！

啓丹旗之星旆，[7]振容車之黼裳；[8]擬靈金而鬱楚，[9]泛悽管而凝傷。[10]遺備物乎營寢，[11]掩重闇於窒皇；[12]椒風暖兮猶昔，[13]蘭殿幽而不陽。[14]嗚呼哀哉！

側闈高義，[15]彤管有懌；[16]道變虞風，[17]功參唐跡。[18]婉如之人，[19]休光赤舄；[20]施諸天地，而無朝夕。嗚呼哀哉！

有司奏謚曰穆。太宗即位，追崇曰穆太后。

[1]令龜兆良：古人殯葬以占卜定時間。此言占卜得到了吉利的時間。

[2]葆：羽葆，以鳥羽爲飾的儀仗。古代出殯時，匠人執羽葆爲導引。見《禮記·雜記》。祖：宗廟。

[3]具僚：衆官員。

[4]承華：太子宫門名。此處代指太子。武：步伐。

[5]曾掖：掖庭，后妃所住之所。曾，重。　依遲：依依不捨的樣子。

[6]新宫：新建的廟宇。指殯葬之處。

[7]丹旗：指出殯時棺柩前導的旗幟。　星旆：飾有星文的旗

幟。旆，旗幟的通稱。

[8]容車：殯葬時運載死者衣冠、畫像的小車。　黼裳：指棺木兩旁綉有斧形花紋的裝飾。

[9]靈金：靈車上的金鐸。靈車行進，則金鐸振動發聲。

[10]悽管：悲傷的管樂。此指出殯的哀樂。

[11]備物：指陪葬之物。

[12]窒（dié）皇：即"絰皇"。墓前甬道的門闕。

[13]椒風：《漢書》卷九三《佞倖·董賢傳》："（帝）又召賢女弟以爲昭儀，位次皇后，更名其舍爲椒風，以配椒房云。"顔師古注："皇后殿稱椒房，欲配其名，故曰椒風。"此處指丁貴嬪居處。

[14]陽：明亮。

[15]側闈：即側室。指丁貴嬪。

[16]彤管：古代後宫女史記事所用赤管筆。《後漢書》卷一〇《皇后紀序》："女史彤管，記功書過。"此代指女史。　懌：樂。

[17]虞：有虞氏。指舜。

[18]唐：陶唐氏。指堯。

[19]婉如：美好的樣子。

[20]休光：盛美的光輝。　赤舄（xì）：古代帝王、貴族所穿的禮鞋。

太后父仲遷，天監初，官至兖州刺史。[1]

[1]兖州：州名。南朝僑置，治所在今江蘇淮陰縣西南甘羅城。

高祖阮脩容諱令嬴，[1]本姓石，會稽餘姚人也。[2]齊始安王遥光納焉。[3]遥光敗，入東昏宫。[4]建康城平，[5]高祖納爲綵女。[6]天監七年八月，生世祖。[7]尋拜爲脩容，常隨世祖出蕃。[8]

[1]脩容：后妃名號。三國魏文帝所制。見《宋書》卷四一《后妃傳序》。

[2]會稽：郡名。治所在今浙江紹興市紹興縣。　餘姚：縣名。治所在今浙江餘姚市。按，梁元帝《金樓子·后妃》及《太平寰宇記》引《梁陳故事》皆云阮氏爲“會稽上虞人”。李慈銘《越縵堂讀書簡端記·王鳴盛〈十七史商榷〉卷五十九》云：“當以《金樓子》爲是。”

[3]始安王遥光：南齊宗室蕭遥光襲父爵爲始安王。東昏侯即位，遥光謀自樹立，起兵反，兵敗，被誅。《南齊書》卷四五《宗室傳》有傳。　始安：郡名。治所在今廣西桂林市。

[4]東昏：指齊東昏侯蕭寶卷。

[5]建康城平：指齊和帝中興元年（501）十二月，蕭衍平定京師建康。詳本書《武帝紀》。

[6]綵女：宫女。綵，通“采”。

[7]七年：舊本及《南史》皆作“六年”，以梁元帝之卒年推算，當爲“七年”。中華書局本改爲七年，其《校勘記》有云：“按《元帝紀》，元帝生於天監七年八月，死於承聖三年，時年四十七。承聖三年上距天監七年，首尾正四十七年。作‘六年’訛，今改正。”按，説是。又，清·王鳴盛《十七史商榷》卷五九已有此説。

[8]蕃：通“藩”。指藩國。

大同九年六月，[1]薨于江州内寢，[2]時年六十七。其年十一月，歸葬江寧縣通望山。[3]謚曰宣。世祖即位，有司奏追崇爲文宣太后。

[1]大同：梁武帝年號（535—546）。　九年：原作“六年”。據梁元帝《金樓子·后妃》載，其母阮脩容“以昇明元年丁巳六月

十一日生”，“大同九年太歲癸亥六月二日庚申薨於江州之内寢，春秋六十七”。按，自宋昇明元年（477）至梁大同九年（543），正六十七歲。當以《金樓子》爲是。“六”當是“九”之訛，今據改。

[2]江州：州名。治所在今江西九江市西南。時，梁元帝爲江州刺史。見本書《元帝紀》。

[3]江寧縣：縣名。治所在今江蘇江寧縣西南江寧鎮。

承聖二年，[1]追贈太后父齊故奉朝請靈寶散騎常侍、左衛將軍，[2]封武康縣侯，[3]邑五百户；母陳氏，武康侯夫人。

[1]承聖：梁元帝年號（552—555）。

[2]奉朝請：本指大臣定期參加朝會，朝見皇帝，晉世以後以爲官名，安置閑散官員。宋齊時無員，亦不爲官。　靈寶：《太平寰宇記》卷九四引《梁陳故事》云：“石英寶者，會稽上虞人，常寓於武康。其女有殊色。天監元年選爲采女。及生元帝，爲修容，賜姓阮氏，拜其父爲奉朝請。時人名所居之溪爲阮公溪。英寶以承聖二年追封武康縣侯。溪中有大青石，俗謂之美人石。”見清·洪齮孫《補梁疆域志》“吴興郡”下“阮公溪”條引。按，此載與本傳頗有異同，今録於此，聊備異聞云。　散騎常侍：官名。集書省長官，南朝時以侍從左右，並掌圖書文翰爲主，地位下降。梁代爲十二班。　左衛將軍：官名。與右衛將軍共掌宿衛營兵。爲禁衛軍主要將領。梁十二班。

[3]武康：縣名。治所在今浙江德清縣西千秋鎮。

世祖徐妃諱昭佩，東海郯人也。[1]祖孝嗣，[2]太尉、枝江文忠公。[3]父緄，[4]侍中、信武將軍。[5]

[1]東海：郡名。治所在今山東郯城縣北。　郯：縣名。治所與東海郡同。此徐氏祖籍。

[2]孝嗣：徐孝嗣，仕齊，初封枝江縣侯，爲東昏侯所害。和帝即位，贈太尉，謚文忠。《南齊書》卷四四有傳。

[3]枝江：縣名。治所在今湖北枝江縣西南。又，《南史》卷一二《后妃下》同傳“太尉”前有“齊”字。《御覽》卷一四三《皇親部》九引《梁書》有“齊”字。按，徐孝嗣卒於齊，依《梁書》文例，當以有“齊”字爲是，此處或脱。

[4]緄：徐緄。《南史》卷一五有傳。

[5]信武將軍：將軍名號。梁置，爲五德將軍之一，可由文職清官兼領。爲一百二十五號二十四班之十五班。

天監十六年十二月，[1]拜湘東王妃。[2]生世子方等、益昌公主含貞。[3]太清三年五月，被譴死，[4]葬江陵瓦官寺。[5]

[1]十六年：疑爲“十五年”之訛。梁元帝《金樓子》卷五《志怪篇》自言其“丙申歲婚”。“丙申”當天監十五年。

[2]湘東王：梁元帝蕭繹之初封爵號。湘東，郡名。治所在今湖南衡陽市。

[3]世子：諸侯王之嫡長子。　方等：本書卷四四《世祖二子》有傳。　益昌公主含貞：生平無考。

[4]被譴死：徐妃無容質，不爲元帝所禮，又頗有穢行。元帝逼令自殺，妃知不免，乃投井死。詳《南史》卷一二《后妃傳》。

[5]江陵：荆州刺史鎮所，即今湖北荆州市江陵區。　瓦官寺：佛寺名。

史臣曰：后妃道贊皇風，化行天下，蓋取《葛覃》、《關雎》之義焉。[1]至於穆貴嬪，徽華早著，誕育元良，德懋六宫，[2]美矣。世祖徐妃之無行，[3]自致殲滅，宜哉。

［1］《葛覃》、《關雎》：並《詩經》篇名。舊以其爲歌頌后妃以婦道化行天下之詩。

［2］懋：通“茂”。

［3］徐妃之無行：錢大昕《廿二史考異》卷二六有云：“按徐妃失行，不見於本傳，而論忽及之，疑傳文有漏落也。”

梁書 卷八

列傳第二

昭明太子　哀太子　愍懷太子

昭明太子統字德施，高祖長子也。[1]母曰丁貴嬪。[2]初，高祖未有男，義師起，[3]太子以齊中興元年九月生于襄陽。[4]高祖既受禪，有司奏立儲副，[5]高祖以天下始定，百度多闕，未之許也。羣臣固請，天監元年十一月，[6]立爲皇太子。時太子年幼，依舊居於内，[7]拜東宫官屬，文武皆入直永福省。[8]

[1]高祖：梁武帝廟號。

[2]丁貴嬪：名令光。本書卷七有傳。貴嬪，嬪妃名號。

[3]義師：齊東昏侯即位後，狂悖無道，雍州刺史蕭衍起兵於襄陽以討之，因稱其師爲義師。

[4]中興：齊和帝年號（501—502）。　襄陽：縣名。雍州刺史鎮所所在，治所在今湖北襄陽縣。

[5]儲副：指太子。

[6]天監：梁武帝年號（502—519）。

[7]内：指後宫内。

[8]永福省：建康宫城殿省名。太子未冠所居。

太子生而聰叡，三歲受《孝經》、《論語》，五歲遍讀《五經》，悉能諷誦。五年六月庚戌，[1]始出居東宫。太子性仁孝，自出宫，恒思戀不樂。高祖知之，每五日一朝，多便留永福省，或五日三日乃還宫。八年九月，於壽安殿講《孝經》，[2]盡通大義。講畢，親臨釋奠于國學。[3]

[1]五年六月：中華書局本《校勘記》云：“‘六月’各本作‘五月’，據《通鑑》改。天監五年五月乙丑朔，無庚戌，六月甲午朔，有庚戌。”按，本書卷二《武帝紀中》：“天監五年秋八月辛酉，作太子宫。”是五年六月太子不可能入居東宫。疑“五年”當作“六年”。《通典》卷一四七“東宫宴會奏金石軒懸及女樂等議”條有云：“梁武帝天監六年，東宫新成，皇太子出宫。”可爲佐證。且六年六月己丑朔，有庚戌。

[2]壽安殿：建康宫城殿省名。

[3]釋奠：置爵於神前而祭。《禮記·文王世子》：“凡學，春，官釋奠於其先師。秋冬亦如之。凡始立學者，必釋奠於先聖先師。”《隋書·禮儀志》：“梁天監八年，皇太子釋奠。”

十四年正月朔旦，高祖臨軒，[1]冠太子於太極殿。[2]舊制，太子著遠遊冠，[3]金蟬翠緌纓；[4]至是，詔加金博山。[5]

[1]臨軒：皇帝不坐正殿而至殿前。殿前堂陛之間，近檐之處

兩邊有檻楯，如車之軒，故亦稱軒。

[2]冠：古代男子成年時舉行加冠的禮儀。古代禮制，王十五而冠。　太極殿：梁建康宫正殿。天監十二年（513）新作，共十三間。見本書《武帝紀》。《景定建康志》卷二一引舊志云："太極殿，建康宫内正殿也。晉初造，以十二間象十二月，至梁武帝改製十三間，象閏焉。高八丈，長二十七丈，廣十丈，内外並以錦石爲砌。次東有太極東堂七間。次西有太極西堂七間，亦以錦石爲砌。更有東西二上閤，在堂殿之間。"

[3]遠遊冠：冠名。《後漢書·輿服志》："遠遊冠，制如通天，有展筩横之於前，無山述。諸王所服也。"

[4]金蟬翠緌纓：裝飾有金蟬的冠帶。

[5]詔加金博山：金博山，香爐名。表面雕刻作重叠山形的金質香爐。詔，舊本脱，此依中華書局本校補。

太子美姿貌，善舉止。讀書數行並下，過目皆憶。每遊宴祖道，[1]賦詩至十數韻。或命作劇韻賦之，[2]皆屬思便成，無所點易。[3]高祖大弘佛教，親自講説；太子亦崇信三寶，[4]遍覽衆經。乃於宫内别立慧義殿，專爲法集之所。[5]招引名僧，談論不絶。太子自立二諦、法身義，[6]並有新意。普通元年四月，[7]甘露降于慧義殿，咸以爲至德所感焉。

[1]祖道：古人稱出行前祭祀路神爲祖道，後用以稱餞行。

[2]劇韻：字少而難押的韻。

[3]點易：修改。

[4]三寶：佛教以佛、法、僧爲三寶。此處用以代稱佛教。

[5]法集：佛教徒講法的集會。

[6]二諦：即真諦、俗諦。昭明太子有《令旨解二諦》文，見唐·釋道宣撰《廣弘明集》卷二一。"二"，舊本作"三"，此依中華書局本校改。　法身：佛教稱佛的真身爲法身。昭明太子《令旨解法身義》云："法者，軌則爲旨；身者，有體之義。軌則之體，故曰法身。"見《廣弘明集》卷二一。

[7]普通：梁武帝年號（520—527）。

三年十一月，始興王憺薨。[1]舊事，以東宫禮絶傍親，書翰並依常儀。太子意以爲疑，命僕劉孝綽議其事。[2]孝綽議曰："案張鏡撰《東宫儀記》，[3]稱'三朝發哀者，[4]踰月不舉樂；鼓吹寢奏，[5]服限亦然'。[6]尋傍絶之義，義在去服，服雖可奪，情豈無悲，鐃歌輟奏，[7]良亦爲此。既有悲情，宜稱兼慕，卒哭之後，依常舉樂，稱悲竟，此理例相符。謂猶應稱兼慕，至卒哭。"僕射徐勉、左率周捨、家令陸襄並同孝綽議。[8]太子令曰：[9]"張鏡《儀記》云'依《士禮》，[10]終服月稱慕悼'。又云'凡三朝發哀者，踰月不舉樂'。劉僕議，云'傍絶之義，義在去服，服雖可奪，情豈無悲，卒哭之後，依常舉樂，稱悲竟，此理例相符'。尋情悲之説，非止卒哭之後，緣情爲論，此自難一也。[11]用張鏡之舉樂，棄張鏡之稱悲，一鏡之言，取捨有異，此自難二也。陸家令止云'多歷年所'，恐非事證；雖復累稔所用，[12]意常未安。近亦常經以此問外，由來立意，謂猶應有慕悼之言。張豈不知舉樂爲大，稱悲事小；所以用小而忽大，良亦有以。至如元正六佾，[13]事爲國章；雖情或未安，而禮不可廢。鐃吹軍樂，比之亦然，書疏方之，[14]事則成小，差可緣心。聲樂自外，書疏自内，樂自他，書自己。劉僕之議，即情未安。可令諸賢更共詳衷。”[15]司農卿明山賓、步兵校尉朱异議，[16]稱“慕悼之解，宜終服月”。[17]於是令付典書遵用，[18]以爲永準。

[1]始興王憺：梁武帝弟蕭憺封爵號始興郡王。本書卷二二《太祖五王》有傳。　始興，郡名。治所在今廣東韶關市南蓮花嶺下。

[2]僕劉孝綽：此“僕”及下文“劉僕議”、“劉僕之議”之“僕”，舊本皆誤作“僕射”。據本書卷三三《劉孝綽傳》，孝綽曾爲太子僕，未嘗爲尚書僕射。今依中華書局本校删“射”字。又，張元濟《校史隨筆·南史》“太子僕非僕射”條已有是説。僕，太子僕之省稱，官名。東宫屬官，主車馬、親族。梁天監七年（508）革選，定流内官職爲十八班，以班多者爲貴。太子僕爲十班。

[3]張鏡：人名。劉宋吴郡吴人。見《宋書》卷五三《張茂度傳》。　《東宫儀記》：《隋書·經籍志》：“《宋東宫儀記》二十三卷，宋新安太守張鏡撰。”

[4]三朝發哀：兩晉時，凡國之大喪，主喪者於祭禮后三日，每朝臨哭之儀式。發哀，舉行哀悼儀式。《晉書》卷二〇《禮志》中：晉武帝咸寧二年詔：“諸王公大臣薨，應三朝發哀者，逾月不舉樂，其一朝發哀者，三日不舉樂也。”

[5]鼓吹：樂名。本軍樂，皇帝出行時亦奏。魏晉以下亦用以贈賜有功之臣。

[6]服限：喪禮規定穿喪服的範圍。

[7]鐃歌：軍樂，又稱鼓吹。漢制，皇帝出行，所列鼓吹爲短簫鐃歌之樂，故稱。

[8]僕射：尚書僕射之省稱，官名。尚書左右僕射並缺時方置。

尚書令副佐，並與尚書分領諸曹。梁十五班。　徐勉：人名。本書卷二五有傳。　左率：太子左衛率之省稱，官名。與太子右衛率共掌東宫宿衛營兵，梁十一班。周捨：人名。本書卷二五有傳。　家令：太子家令之省稱，官名。太子三卿之一，掌東宫刑獄、錢穀、飲食，梁十班。　陸襄：人名。本書卷二七有傳。

[9]令：《隋書·百官志》："諸王言曰令。"

[10]《士禮》：《儀禮》的别名。

[11]自難：意謂自相矛盾。

[12]稔：年。

[13]元正：正月初一。　六佾：古代諸侯所用的樂舞，舞者分六列，列六人。

[14]書疏：同上文"書翰"，泛指書札。

[15]衷：折中，取其中正，無所偏頗。

[16]司農卿：官名。梁十二卿之一，主農功倉廩。十一班。　明山賓：人名。本書卷二七有傳。　步兵校尉：官名。即太子步兵校尉，東宫三校之一，掌東宫侍衛。梁七班。　朱异：人名。本書卷三八有傳。

[17]服月：服喪之月。

[18]典書：官名。主文書。官品不詳。

七年十一月，貴嬪有疾，[1]太子還永福省，朝夕侍疾，衣不解帶。及薨，步從喪還宫，至殯，水漿不入口，每哭輒慟絶。高祖遣中書舍人顧協宣旨曰：[2]"毁不滅性，[3]聖人之制。《禮》，[4]不勝喪比於不孝。有我在，那得自毁如此！可即强進飲食。"太子奉勅，[5]乃進數合。[6]自是至葬，日進麥粥一升。高祖又勅曰："聞汝所進過少，轉就羸瘵。[7]我比更無餘病，[8]正爲汝如此，[9]胸中亦圮塞成疾。[10]故應强加饘粥，不使我恒爾懸心。”[11]雖屢奉勅勸逼，日止一溢，[12]不嘗菜果之味。體素壯，腰帶十圍，[13]至是減削過半。每入朝，士庶見者莫不下泣。

[1]貴嬪：指丁貴嬪。

[2]中書舍人：官名。中書省屬官，舊掌入值閣內，呈奏案章。劉宋時漸用寒人及皇帝親信擔任，奪中書侍郎出令權。至梁則選以才能，掌中書詔誥。多以他官兼領。梁四班。　顧協：人名。本書卷三〇有傳。

[3]毀不滅性：哀傷而不危及性命。《孝經·喪親》：“子曰：‘孝子之喪親也……毀不滅性，此聖人之政也。’”

[4]《禮》：指《禮記》。《禮記·曲禮上》：“居喪之禮，頭有創則沐，身有瘍則浴，有疾則飲酒食肉，疾止復初。不勝喪，乃比於不慈不孝。”

[5]勅：皇帝的詔命。

[6]合（gě）：量詞。古代十合爲一升。

[7]瘵（zhài）：病。

[8]比：近來。

[9]正：衹，僅。

[10]圮（pǐ）塞：窒塞，氣悶。

[11]爾：如此。

[12]溢：古代計量單位。一指重量，一指容量。此指容量，一升之二十四分之一。《儀禮·既夕》：“歠粥，朝一溢米，夕一溢米。不食菜果。”

[13]圍：計量圓周的長度單位。一說，直徑一尺爲一圍；一說，直徑五寸爲一圍。

太子自加元服，[1]高祖便使省萬機，[2]内外百司奏事者填塞於前。太子明於庶事，纖毫必曉，每所奏有謬誤及巧妄，皆即就辯析，示其可否，徐令改正，未嘗彈糾一人。平斷法獄，多所全宥，天下皆稱仁。

[1]加元服：指行冠禮。元服，即冠。《漢書》卷七《昭帝紀》注："元者，首也。冠者，首之所著，故曰元服。"

[2]萬機：指帝王日常政務。

性寬和容衆，喜愠不形於色。引納才學之士，賞愛無倦。恒自討論篇籍，或與學士商榷古今；閒則繼以文章著述，率以爲常。于時東宫有書幾三萬卷，名才並集，文學之盛，晉、宋以來未之有也。

性愛山水，於玄圃穿築，[1]更立亭館，與朝士名素者遊其中。[2]嘗泛舟後池，番禺侯軌盛稱"此中宜奏女樂"。[3]太子不答，詠左思《招隱詩》曰：[4]"何必絲與竹，山水有清音。"侯慚而止。[5]出宫二十餘年，[6]不畜聲樂。少時，敕賜太樂女妓一部，[7]略非所好。

[1]玄圃：即玄圃園。梁東宫苑囿名。《通鑑》卷一六一《梁紀十七》"太清二年"下胡三省注："自蕭齊以來，東宫有玄圃。昆侖之山三級，下曰樊桐，二曰玄圃，三曰層城，太帝之所居，東宫次於帝居，故立玄圃。"

[2]名素：素來有名望的人。

[3]番禺侯軌：生平不詳。番禺，縣名。治所在今廣東廣州市。

[4]左思：人名。西晉齊國臨淄人，著名文學家。《晉書》卷九二《文苑傳》有傳。　《招隱詩》：今存，見《文選》卷二二。

[5]慚：三朝本、百衲本作“慙”，《御覽》卷一四八引《梁書》亦作“慙”。按，“慚”、“慙”同。

[6]出宫：指自禁中出居東宫。

[7]太樂：官署名。屬太常，掌樂人及奏樂事。

普通中，大軍北討，京師穀貴，太子因命菲衣減膳，改常饌爲小食。每霖雨積雪，遣腹心左右，周行閭巷，[1]視貧困家，有流離道路，密加振賜。[2]又出主衣綿帛，[3]多作襦袴，冬月以施貧凍。若死亡無可以斂者，爲備棺槥。[4]每聞遠近百姓賦役勤苦，輒斂容色。常以户口未實，重於勞擾。

[1]周：遍。

[2]振：通“賑”。

[3]主衣：即主衣局，梁東宫官署名。主東宫衣物。

[4]槥（huì）：小棺。

吴興郡屢以水災失收，[1]有上言當漕大瀆以瀉浙江。[2]中大通二年春，[3]詔遣前交州刺史王弁假節，[4]發吴郡、吴興、義興三郡民丁就役。[5]太子上疏曰：[6]“伏聞當發王弁等上東三郡民丁，開漕溝渠，導泄震澤，[7]使吴興一境，無復水災，誠矜恤之至仁，經略之遠旨。暫勞永逸，必獲後利。未萌難覩，竊有愚懷。所聞吴興累年失收，民頗流移。吴郡十城，亦不全熟。唯義興去秋有稔，復非常役之民。即日東境穀稼猶貴，劫盗屢起，在所有司，不皆聞奏。[8]今征戍未歸，强丁疏少，此雖小舉，竊恐難合，吏一呼門，動爲民蠹。又出丁之處，遠近不一，比得齊集，已妨蠶農。去年稱爲豐歲，公私未能足食；如復今兹失業，慮恐爲弊更深。且草竊多伺候民間虛實，[9]若善人從役，則抄盗彌增，吴興未受其益，内地已罹其弊。不審可得權停此功，待優實以不？[10]聖心垂矜黎庶，神量久已有在。臣意見庸淺，不識事宜，苟有愚心，願得上啓。”高祖優詔以喻焉。

[1]吴興：郡名。治所在今浙江湖州市南下菰城。

[2]浙江：即今浙江錢塘江、富春江。

[3]中大通：梁武帝年號（529—534）。

[4]交州：州名。治所在今越南北寧省僊游東。　王弁：《南史》卷五三《梁武帝諸子傳》作“王弈”。　假節：古代大臣奉皇帝之命出行，持節以爲憑證，稱爲假節。魏晋以降以爲官名，有假節、持節、使持節之分，權力亦有小大之别。多爲都督諸州軍事及刺史總軍戎者。在軍事行動中，假節可殺犯軍令者。

[5]吴郡：郡名。治所在今江蘇蘇州市。　義興：郡名。治所在今江蘇宜興市。

[6]疏：臣下向皇帝陳述政見的文書。

[7]震澤：亦名具區，即今江蘇太湖。

[8]不皆：《南史》卷五三《梁武帝諸子傳》作“皆不”。

[9]草竊：草野盗賊。

[10]待優實以不：《四庫全書考證》卷二六：“‘待優實以行’，刊本‘行’訛‘不’。據明監本改。”（《叢書集成初編》本）按，此作“以不”，明監本作“以行”，明監本誤。以，與；不，同“否”。“以不”即“與否”，六朝人習語。

太子孝謹天至，每入朝，未五鼓便守城門開。[1]東宮雖燕居内殿，一坐一起，恒向西南面臺。[2]宿被召當入，危坐達旦。[3]

[1]五鼓：五更。顔之推《顔氏家訓·書證》："漢魏以來，謂爲甲夜、乙夜、丙夜、丁夜、戊夜；又云鼓，一鼓、二鼓、三鼓、四鼓、五鼓；亦云一更、二更、三更、四更、五更，皆以五爲節。"

[2]恒向西南面臺：《通鑑》卷一五五《梁紀十一》"中大通三年"下，胡三省注："必西向者，不敢背上臺也。"

[3]危坐：直腰而坐。

三年三月，寢疾。[1]恐貽高祖憂，敕參問，輒自力手書啓。[2]及稍篤，[3]左右欲啓聞，猶不許，曰"云何令至尊知我如此惡"，因便嗚咽。四月乙巳薨，[4]時年三十一。高祖幸東宫，臨哭盡哀。詔斂以衮冕。[5]謚曰昭明。五月庚寅，葬安寧陵。[6]詔司徒左長史王筠爲哀册，[7]文曰：

蜃輅俄軒，[8]龍驂躅步；[9]羽翿前驅，[10]雲旂北御。[11]皇帝哀繼明之寢耀，[12]痛嗣德之殂芳；御武帳而悽慟，[13]臨甲觀而增傷。[14]式稽令典，[15]載揚鴻烈；[16]詔撰德於旌旒，[17]永傳徽於舞綴。[18]其辭曰：

[1]寢疾：卧病。

[2]啓：陳述事情的文書。

[3]篤：病危。

［4］蕭統之死，《南史》本傳云因姬人蕩舟，没溺後寢疾而終，亦與其墓地埋鵝厭禱事有關。明·張溥《漢魏六朝百三家集·梁蕭統集題辭》有云：“《南史》所云埋鵝啓釁，蕩舟寢疾，世疑其誣。於是論昭明者斷以姚書爲質矣。”今人亦有以“埋鵝事”可信，而“蕩舟事”可疑者。參《昭明文選研究論文集》穆克宏《蕭統三題》。

［5］衮冕：古代帝王及大夫的禮服和禮帽。

［6］安寧陵：昭明太子統陵墓。《建康實録》卷一八有云：“（此）陵在建康縣北三十五里。”又，《元和郡縣圖志》卷二五有云：“梁昭明太子安（寧）陵在（上元）縣東北五十四里查硎山。”

［7］司徒左長史：官名。司徒府屬官，佐司徒掌諸曹事。梁十二班。　王筠：人名。本書卷三三有傳。　哀册：文體之一種。用於遷移皇帝棺木、對太子及后妃諸王大臣死者的哀悼的策書。也作哀策。

［8］蜃輅：喪車。因其戴柳四輪，迫地而行有似於蜃，故名。　俄軒：篷蓋傾側。

［9］龍驂：駕車的馬。　踢步：徘徊不進。

［10］羽翿（dào）：頂上以羽毛爲飾的旗。古代用以導引靈柩。參《周禮·地官·鄉師》及鄭注。

［11］雲旂：上畫龍形、竿頭繫鈴的旗。

［12］繼明：《易·離》：“明兩作離，大人以繼明照于四方。”按，離爲日，日爲明，兩明相繼爲繼明。此處以指昭明太子。　寢耀：光耀止熄，比喻死亡。

［13］武帳：帝王所用置有兵器的帷帳。

［14］甲觀：樓觀，因其在太子宫甲地，故代指太子宫。參《漢書》卷一〇《成帝紀》顔師古注。

［15］式稽：考察。式，發語詞，無實義。　令典：法令憲章。

［16］鴻烈：大功績。

［17］旌旐：指出殯時靈柩前的幡旗。古代於其上寫死者的名

字、官銜。

[18]徽：美、善。此指美德。 舞綴：樂舞的隊列。《禮記·樂記》："故天子之爲樂也，以賞諸侯之有德者也。德盛而教尊，五穀時熟，然後賞之以樂。故其治民勞者，其舞行綴遠。其治民逸者，其舞行綴短。故觀其舞，知其德。"

式載明兩，[1]實惟少陽；[2]既稱上嗣，[3]且曰元良。[4]儀天比峻，儷景騰光；[5]奉祀延福，守器傳芳。[6]睿哲膺期，[7]旦暮斯在；外弘莊肅，内含和愷。[8]識洞機深，量苞瀛海；立德不器，[9]至功弗宰。[10]寬綽居心，温恭成性，循時孝友，率由嚴敬。咸有種德，[11]惠和齊聖；[12]三善遞宣，[13]萬國同慶。

[1]明兩：《易·離》："明兩作離，大人以繼明照於四方。"本爲兩明前後相繼之象，後以之指帝王，頌揚其明照四方。此處指太子。

[2]少陽：指東宫、太子。《文選》卷四六顔延年《三月三日曲水詩序》李善注："少陽，東宫也。鄭玄《禮記注》曰：東郊少陽，諸侯象也。"

[3]上嗣：古代君主的嫡長子。此處指太子。

[4]元良：世子。《禮記·文王世子》："一有元良，萬國以貞，世子之謂也。"亦用以稱太子。

[5]景：日光。

[6]守器：守護宗廟神器。古代太子主宗廟之神器，故稱守器。

[7]膺期：承運。

[8]和愷：和樂。愷，樂。

[9]不器：不像器具那樣，其作用僅限於某一方面。《論語·爲政》："君子不器。"後世用爲贊揚全才之詞。

[10]弗宰：不據爲己有。

[11]種德：佈行其德。

[12]齊聖：智慮敏達。

[13]三善：指親親、尊君、長長三種道德規範。《禮記·文王世子》："行一物而三善皆得者，唯世子而已。"

軒緯掩精，[1]陰羲弛極；[2]纏哀在疚，[3]殷憂銜恤。[4]孺泣無時，蔬饘不溢；禫遵踰月，[5]哀號未畢。實惟監撫，[6]亦嗣郊禋；[7]問安肅肅，[8]視膳恂恂。[9]金華玉璪，[10]玄駟班輪；隆家幹國，主祭安民。光奉成務，萬機是理；矜慎庶獄，[11]勤恤關市。[12]誠存隱惻，容無愠喜；殷勤博施，綢繆恩紀。

[1]軒緯：軒轅星。《淮南子·天文訓》："軒轅者，帝妃之舍也。"緯，行星之古稱，對經星而言。　掩精：遮蔽了光芒。此指昭明太子母丁貴嬪去世。

[2]陰羲：指古代神話中太陽之母羲和。《山海經·大荒南經》："羲和者，帝俊之妻，生十日。"　弛極：從最高處落下。此處亦指丁貴嬪去世。極，三朝本、百衲本作"位"。

[3]在疚：因喪事而悲憂。亦稱居喪。

[4]銜恤：含憂。《詩·小雅·蓼莪》："無父何怙，無母何恃！出則銜恤，入則靡至。"後用以稱遭父母之喪。

[5]禫：祭名。喪家除服之祭。《儀禮·士虞禮》："中月而禫。"鄭玄以二十五月爲大祥，二十七月而禫，二十八月而作樂。梁代用

鄭玄説。

[6]監撫：監國與撫軍。古代太子的職責。《左傳·閔公二年》："（太子）君行則守，有守則從。從曰撫軍，守曰監國，古之制也。"

[7]郊禋：即郊祭。古代於都城之郊設壇祭祀天地稱郊祭。

[8]肅肅：恭敬的樣子。

[9]恂恂：恭順的樣子。

[10]璪（zǎo）：用彩絲貫玉在冕前下垂的裝飾。《禮記·郊特牲》："祭之日，王被衮以象天，戴冕，璪十有二旒。"

[11]矜慎：憐憫，謹慎。

[12]闤市：指市場。

爰初敬業，離經斷句；[1]奠爵崇師，[2]卑躬待傅。寧資導習，匪勞審諭；[3]博約是司，[4]時敏斯務。[5]辯究空微，[6]思探幾賾；[7]馳神圖緯，[8]研精爻畫。[9]沈吟典禮，[10]優遊方册；[11]饜飫膏腴，[12]含咀肴核。[13]括囊流略，[14]包舉藝文；遍該緗素，[15]殫極丘墳。[16]縢帙充積，[17]儒墨區分；瞻河闡訓，[18]望魯揚芬。[19]吟詠性靈，[20]豈惟薄伎；屬詞婉約，緣情綺靡。[21]字無點竄，筆不停紙；壯思泉流，清章雲委。[22]

[1]離經：分析經典章句。

[2]奠爵：敬酒。

[3]匪：通"非"。

[4]博約：以文來豐富，用禮來約束。《論語·子罕》："夫子循循然善誘人，博我以文，約我以禮，欲罷不能。"

[5]時敏：時機和勤勉。《論語·陽貨》："好從事而亟失時，可

謂知乎?”又,《論語·公冶長》:“敏而好學,不耻下問。”

[6]空微:即空無,指佛家思想。微,無。

[7]幾賾:細微精深。指道家思想。

[8]圖緯:起於西漢末而盛行於東漢,附會經義,以占驗術數爲主要内容的書。

[9]爻畫:指《易》。《易》中組成卦的符號叫做爻。八卦,每卦三畫。兩卦相重,變成六十四卦,每卦六畫。

[10]沈吟:深思。

[11]優遊:反復思考。　方册:典籍。宋·程大昌《演繁露》卷七:“方册云者,書之於版,亦或書之竹簡也。通版爲方,聯簡爲册。”

[12]饜飫:飽食。比喻廣泛而深入地學習。　膏腴:比喻精深的經典著作。

[13]含咀:咀嚼體味。

[14]流略:九流、七略。泛指前代的書籍。九流,指儒、道、陰陽、法、名、墨、縱横、雜、農等九家。七略,指輯略、六藝略、詩賦略、諸子略、兵書略、數術略、方技略。參《漢書·藝文志》。

[15]緗素:書卷的代稱。

[16]丘墳:傳説古代楚史倚相能讀三墳五典八索九丘之書。見《左傳·昭公十二年》。後因以丘墳泛指古代典籍。

[17]縢(téng)帙:裝書的布袋和書套。縢,盛物的布袋。

[18]河:指黄河。傳説漢文帝時有河上公結草於黄河之濱,解《老子》義旨。文帝讀《老子》有不解數事,時人莫能道,乃使人問河上公。事見晉·葛洪《神僊傳》。

[19]魯:春秋時魯國。孔子故鄉所在,儒家發源地。

[20]吟詠性靈:指作詩。性靈,性情。泛指人的精神生活。

[21]緣情綺靡:《文選》卷一七陸士衡《文賦》:“詩緣情而綺靡。”李善注:“詩以言志故曰緣情……綺靡,精妙之言。”

[22]雲委：如雲塊積集。此處形容詩作之多。

總覽時才，網羅英茂；學窮優洽，[1]辭歸繁富。或擅談叢，或稱文囿；四友推德，[2]七子慚秀。[3]望苑招賢，[4]華池愛客；[5]託乘同舟，連輿接席。[6]摛文掞藻，[7]飛觴汎醳；[8]恩隆置醴，賞逾賜璧。徽風遐被，[9]盛業日新；仁器非重，德輶易遵。澤流兆庶，福降百神；四方慕義，天下歸仁。[10]

[1]優洽：遍及，廣被。

[2]四友：孔子稱顏回、子貢、子張、子路爲"四友"。見《孔叢子·論書》。

[3]七子：三國時曹魏著名文人孔融、陳琳、王粲、徐幹、阮瑀、應瑒、劉楨七人。見《文選》卷五二魏文帝《典論·論文》。

[4]望苑：即博望苑。《漢書》卷六三《武五子·戾太子傳》："戾太子據，元狩元年（前122）立爲皇太子……及冠就宫，上爲立博望苑，使通賓客。"

[5]華池愛客：指建安時曹丕兄弟與鄴下文士遊宴生活。《文選》卷二〇曹子建《公讌詩》有云："公子敬愛客，終宴不知疲……秋蘭被長坂，朱華冒緑池。"此處約用其詞。

[6]連輿接席：形容同行共止，關係親密。《文選》卷四二魏文帝《與吴質書》："昔日遊處，行則連輿，止則接席，何曾須臾相失。"

[7]掞（shàn）藻：鋪陳詞藻。

[8]觴：盛有酒的酒器。　醳（yì）：醇酒。

[9]徽風：美德。徽，美、善。風，指道德。《論語·顏淵》：

“孔子對曰：‘……君子之德風，小人之德草。草上之風，必偃。’”

[10]天下歸仁：天下稱之爲仁人。《論語·顏淵》：“顏淵問仁。子曰：‘克己復禮爲仁。一日克己復禮，天下歸仁焉。’”歸仁，意謂“稱仁”。

雲物告徵，[1]祲沴褰象；[2]星霾恒耀，山頽朽壞。靈儀上賓，[3]德音長往；[4]具僚無蔭，[5]諮承安仰。[6]嗚呼哀哉！

[1]雲物：天象雲氣之色。《周禮·春官·保章氏》：“以五雲之物，辨吉凶水旱。”《注》：“物，色也。視日旁雲氣之色。”　徵：事先顯示的迹象。

[2]祲沴（lì）：徵象不詳的雲氣。　褰象：侵入天象。

[3]靈儀：美好的儀表。　上賓：《逸周書·太子晉》：“吾後三年，上賓於帝所。”本言死後必作天帝的賓客，後用作帝王之死的代稱。

[4]德音：善言。古代常用爲對别人言辭的敬稱。

[5]具僚：具位的臣僚。　蔭：庇護。

[6]諮承：諮詢、遵奉。

皇情悼愍，[1]切心纏痛；胤嗣長號，[2]跗萼增慟。[3]慕結親遊，悲動氓衆；憂若殄邦，[4]懼同折棟。[5]嗚呼哀哉！

[1]皇：指梁武帝。

[2]胤嗣：指蕭統之子嗣。

[3]跗萼：指蕭統之兄弟。《詩·小雅·常棣》：“常棣之華，鄂

不韡韡，凡今之人，莫如兄弟。”鄂爲“萼”之借字；不，通“跗”，萼的底部。此詩以花萼相依比兄弟之親。後世因以跗萼指兄弟關係親密。

[4]殄邦：邦國病困。《詩·大雅·瞻卬》：“人之云亡，邦國殄瘁。”

[5]折楝：楝梁傾折。

首夏司開，麥秋紀節；容衛徒警，[1]菁華委絶。書幌空張，談筵罷設；虚饋饛饛，[2]孤燈翳翳。[3]嗚呼哀哉！

[1]容衛：指侍衛之士。

[2]虚饋：指進獻的物品。因無人受用故稱虚饋。　饛饛：器物盛滿了的樣子。

[3]翳翳：昏暗的樣子。

簡辰請日，[1]筮合龜貞。[2]幽埏夙啓，[3]玄宫獻成。[4]武校齊列，文物增明。[5]昔遊漳滏，[6]賓從無聲；今歸郊郭，[7]徒御相驚。嗚呼哀哉！

[1]簡：選擇。

[2]筮合：以蓍草占休咎。　龜貞：用龜甲卜凶吉。

[3]埏（shān）：墓道。

[4]玄宫：王者的墓穴。

[5]文物：指禮樂典章。

[6]漳滏：漳水、滏水。指今河北臨漳、磁縣一帶。三國時曹丕與鄴下文人常遊樂於此。詳《文選》卷四二魏文帝《與朝歌令吴

質書》，此處借指蕭統與文士的遊覽之地。

[7]郊郭：指城外墓葬之所。

背絳闕以遠徂，[1]轥青門而徐轉；[2]指馳道而詎前，[3]望國都而不踐。陵脩阪之威夷，[4]遡平原之悠緬；[5]驥蹀足以酸嘶，[6]挽悽鏘而流泫。[7]嗚呼哀哉！

[1]絳闕：宮殿的朱色門闕。

[2]轥（lìn）：碾，踐。　青門：本是漢代長安城東門，後泛指京城城門。

[3]馳道：古代君主馳馬所行之道。

[4]陵：通“凌”。　威夷：聯綿詞，同“逶迤”。

[5]遡（sù）：嚮，面臨。　悠緬：長遠。

[6]蹀足：等於説頓足。

[7]挽：指挽喪車的人。　悽鏘：同“淒愴”，悲痛。

混哀音於簫籟，變愁容於天日；雖夏木之森陰，返寒林之蕭瑟。既將反而復疑，[1]如有求而遂失；謂天地其無心，遽永潛於容質。[2]嗚呼哀哉！

[1]反：通“返”。

[2]容質：容貌、形體。

即玄宮之冥漠，[1]安神寢之清閟；[2]傳聲華於懋典，[3]觀德業於徽謚。[4]懸忠貞於日月，播鴻名於天地；惟小臣之紀言，[5]實含毫而無愧。[6]嗚呼哀哉！

[1]冥漠：幽暗不明。

[2]清閟：寂静無聲。

[3]懋典：盛典。

[4]徽謚：美謚。

[5]小臣：王筠自稱。

[6]含毫：以口潤筆。指動筆爲文。

太子仁德素著，及薨，朝野惋愕。京師男女，奔走宫門，號泣滿路。四方氓庶，及疆徼之民，[1]聞喪皆慟哭。所著文集二十卷；[2]又撰古今典誥文言，爲《正序》十卷；五言詩之善者，爲《文章英華》二十卷；[3]《文選》三十卷。[4]

[1]疆徼：邊境。

[2]《隋書·經籍志》著録："梁《昭明太子集》二十卷。"

[3]《文章英華》二十卷：《南史》作"《英華集》二十卷"。《隋書·經籍志》集部"《詩英》九卷"下小注有云："《文章英華》三十卷，梁昭明太子撰，亡。"

[4]《隋書·經籍志》著録："《文選》三十卷，梁昭明太子撰。"

哀太子大器字仁宗，太宗嫡長子也。[1]普通四年五月丁酉生。中大通四年，[2]封宣城郡王，[3]食邑二千户。尋爲侍中、中衛將軍，[4]給鼓吹一部。大同四年，[5]授使持節、都督揚徐二州諸軍事、中軍大將軍、揚州刺史，[6]侍中如故。

[1]太宗：梁簡文帝廟號。

[2]四年：舊本作“三年”，此依中華書局本校改。

[3]宣城：郡名。治所在今安徽宣州市。

[4]侍中：官名。門下省長官。與給事黄門侍郎共掌侍從左右，擯相威儀，盡規獻納，糾正違闕等，並參與決策，是中樞集團重要成員。梁十二班。　中衛將軍：將軍名號。梁代與中權、中軍、中撫將軍合稱四中將軍，衹授予在京師任職者。天監七年革選，釐定將軍名號及班品，有一百二十五號十品二十四班，以班多者爲貴，中衛將軍爲二十三班。按，本書《武帝紀》及《張綰傳》並載宣城王時爲“中軍將軍”，似當以“中軍將軍”爲是。

[5]大同：梁武帝年號（535—546）。

[6]使持節：古代大臣奉皇帝之命出行，持節以爲憑證並示威重。魏晉以後以爲官名。有假節、持節、使持節之分，權力亦有小大之别，多爲都督諸州軍事及刺史總軍戎者。軍事長官出征或出鎮加使持節，可誅殺二千石以下官員。　揚、徐：並州名。揚州治所在今江蘇南京市；徐州，當即南徐州，治所在今江蘇鎮江市。　中軍大將軍：將軍名號。梁中軍將軍爲一百二十五號將軍之一，二十三班。《隋書·百官志》：“凡將軍加大者，唯至貞毅而已，通進一階。”

太清二年十月，[1]侯景寇京邑，[2]敕太子爲臺内大都督。[3]三年五月，太宗即位。六月丁亥，[4]立爲皇太子。大寶二年八月，[5]賊景廢太宗，將害太子，時賊黨稱景命召太子，太子方講《老子》，將欲下牀，而刑人掩至。[6]太子顔色不變，徐曰：“久知此事，嗟其晚耳。”刑者欲以衣帶絞之。太子曰：“此不能見殺。”乃指繫帳竿下繩，命取絞之而絕，時年二十九。[7]

[1]太清：梁武帝年號（547—549）。

[2]侯景：人名。本魏將，太清元年附梁，二年反，進攻京邑建康。本書卷五六有傳。

[3]臺：官署名。六朝時稱朝廷禁省爲臺。

[4]六月丁亥："丁亥"舊本《梁書》及《南史》卷五四《梁簡文帝諸子·哀太子大器傳》並作"癸酉"，此依中華書局本校改。

[5]大寶：梁簡文帝年號（550—551）。

[6]掩至：乘其不備，突然而至。

[7]時年二十九：各本作"二十八"。中華書局本《校勘記》："大器生於普通四年，死於大寶二年，時年二十九歲。此作'二十八'，訛。"又，文淵閣《四庫全書》本《太平御覽》卷六〇二引《三國典略》："蕭大心字仁恕，小名英童，與大器同年，十歲並能屬文。"據本書卷三八《太宗十一王·尋陽王大心傳》，大心於大寶二年秋遇害，"時年二十九"，大器同年遇害，亦當年二十九。今改正。

太子性寬和，兼神用端嶷，[1]在於賊手，每不屈意。初，侯景西上，[2]攜太子同行，及其敗歸，部伍不復整肅，太子所乘船居後，不及賊衆，左右心腹並勸因此入北。太子曰："家國喪敗，志不圖生；主上蒙塵，[3]寧忍違離。吾今逃匿，乃是叛父，非謂避賊。"便涕泗嗚咽，令即前進。賊以太子有器度，每常憚之，恐爲後患，故先及禍。承聖元年四月，[4]追謚哀太子。

[1]端嶷：正直、高尚。

[2]侯景西上：指大寶二年（551）三月侯景帥軍西寇。事詳本書卷四《簡文帝紀》及卷五六《侯景傳》。

[3]蒙塵：比喻帝王流亡或失位，遭受侮辱。時太宗簡文帝被侯景幽禁在宫中，故云。

[4]承聖：梁元帝年號（552—555）。

愍懷太子方矩字德規，世祖第四子也。[1]初封南安縣侯，[2]隨世祖在荆鎮。[3]太清初，爲使持節、督湘郢桂寧成合羅七州諸軍事、鎮南將軍、湘州刺史。[4]尋徵爲侍中、中衛將軍，給鼓吹一部。世祖承制，[5]拜王太子，改名元良。承聖元年十一月丙子，[6]立爲皇太子。及西魏師陷荆城，[7]太子與世祖同爲魏人所害。

太子聰穎，頗有世祖風，而凶暴猜忌。敬帝承制，追謚愍懷太子。

[1]世祖：梁元帝廟號。

[2]南安：縣名。治所在今湖北武漢市新洲區。

[3]荆鎮：荆州刺史鎮所江陵，即今湖北荆州市江陵。

[4]湘郢桂寧成合羅：並州名。湘州，治所在今湖南長沙市；郢州，治所在今湖北武漢市武昌；桂州，治所在今廣西桂林市；寧州，治所在今雲南曲靖市西；成州，治所在今廣東封開縣東南賀江口；合州，治所在今安徽合肥市西；羅州，治所在今廣東化川市。鎮南將軍：將軍名號。與鎮東、鎮西、鎮北將軍合稱四鎮將軍。多爲持節都督或出鎮一方者，權勢頗重。梁二十二班。

[5]承制：禀承皇帝旨意，代行其職權。

[6]丙子：當作“己卯”。中華書局本《校勘記》云：“‘丙子’，當依本書《元帝紀》作‘己卯’。丙子是蕭繹即帝位日，史稱‘是

日帝不升正殿，公卿陪列而已’；至己卯始立皇太子。”

[7]西魏師陷荆城：指梁元帝承聖三年（554）十一月，西魏軍攻陷江陵事。詳本書卷五《元帝紀》。

陳吏部尚書姚察曰：[1]孟軻有言，“鷄鳴而起，孳孳爲善者，舜之徒也”。[2]若乃布衣韋帶之士，[3]在於畎畝之中，終日爲之，其利亦已博矣。況乎處重明之位，[4]居正體之尊，[5]克念無怠，烝烝以孝，[6]大舜之德，其何遠之有哉！

[1]陳吏部尚書姚察：姚察仕陳，官吏部尚書。《陳書》卷二七有傳。吏部尚書，官名。掌官吏銓選、任免。陳第三品。清・錢大昕《廿二史考異》卷二六有云：“思廉修梁陳書，皆因其父察所撰而續成之。梁史諸論述其父説，必稱‘陳吏部尚書姚察曰’，仿孟堅《漢書》稱‘司徒掾班彪’之例也。其但稱‘史臣’者，出自思廉新意。”

[2]此引孟軻言，出《孟子・盡心上》。孳孳，同“孜孜”，勤勉努力。

[3]布衣韋帶之士：指貧賤之人。布衣，以粗布爲衣；韋帶，以去毛的皮爲帶。

[4]重明之位：太子之位。《易・離》：“重明以麗乎正。”後世以重明指帝王或太子。

[5]正體：即正統。

[6]烝烝：淳厚的樣子。

梁書 卷九

列傳第三

王茂　曹景宗　柳慶遠

王茂字休遠,[1]太原祁人也。[2]祖深，北中郎司馬。[3]父天生，宋末爲列將，於石頭克司徒袁粲,[4]以勳至巴西、梓潼二郡太守,[5]上黄縣男。[6]

[1]王茂字休遠：中華書局本《校勘記》云："《南史》作'王茂字休連，一字茂先。'《南齊書·和帝紀》：'永元三年二月己丑，以冠軍長史王茂先爲江州刺史。'北朝諸史凡引述王茂處皆作王茂先。"按，《建康實録》卷一八亦作"休遠"，《御覽》卷三七九《人事部》二〇引《梁書》亦作"休遠"。本書卷一七《王珍國傳》三朝本、百衲本並作"王茂先"。

[2]太原：郡名。治所在今山西太原市西南古城。　祁：縣名。治所在今山西祁縣東南祁城。此王氏祖籍。

[3]北中郎：北中郎將之省稱，將軍名號。東西南北四中郎將之一。爲方面大員，地位高於一般將領。南朝多以宗室擔任。宋第四品。　司馬：官名。諸公軍府屬官，掌本府武官。宋第六品至第

七品。

[4]石頭：即石頭城，在今江蘇南京市西清涼山。負山面江，形勢險固，爲六朝軍事要地。　司徒：官名。東漢時與太尉、司空同爲宰相，掌州郡民政，且參議大政。魏晉南北朝多作爲加官。宋一品。　袁粲：人名。祖籍陳郡陽夏。宋末順帝即位，蕭道成有代宋之勢，粲以受顧托之重，不欲事二姓，密有異圖。事泄，敗死於石頭。《宋書》卷八九有傳。

[5]巴西、梓潼：並郡名。治所同在今四川綿陽市東。

[6]上黄縣男：封爵名號。上黄縣，縣名。治所在今湖北南漳縣東南。

茂年數歲，爲大父深所異，[1]常謂親識曰："此吾家之千里駒，[2]成門户者必此兒也。"及長，好讀兵書，駮略究其大旨。[3]性沈隱，不妄交遊，身長八尺，潔白美容觀。齊武帝布衣時，見之歎曰："王茂年少，堂堂如此，[4]必爲公輔之器。"[5]

[1]大父：祖父。

[2]千里駒：本指日行千里的良馬。此用以比喻英俊有爲的青少年。駒，少壯的馬。《史記》卷八三《魯仲連列傳》張守節《正義》引《魯仲連子》："有徐劫者，其弟子曰魯仲連，年十二，號'千里駒'。"

[3]駮略：概略，粗略。駮，通"駁"。

[4]堂堂：形容容貌莊嚴大方。

[5]公輔：三公和輔佐大臣。

宋昇明末，[1]起家奉朝請，[2]歷後軍行參軍，[3]司空騎兵、太尉中兵參軍。[4]魏將李烏奴寇漢中,[5]茂受詔西討。魏軍退，還爲鎮南司馬,[6]帶臨湘令。[7]入爲越騎校尉。[8]魏寇兖州,[9]茂時以寧朔將軍長史鎮援北境,[10]入爲前軍將軍江夏王司馬。[11]又遷寧朔將軍、江夏内史。[12]建武初,[13]魏圍司州,[14]茂以郢州之師救焉。[15]高祖率衆先登賢首山,[16]魏將王肅、劉昶來戰,[17]茂從高祖拒之，大破肅等。魏軍退，茂還郢，仍遷輔國長史、襄陽太守。[18]

[1]昇明：宋順帝年號（477—479）。

[2]奉朝請：本指大臣定期參加朝會，朝見皇帝，晉以後以爲官名，用以安置閑散官員。宋、齊無員，亦不爲官。

[3]後軍：後軍將軍之省稱，將軍名號。與前軍、左軍、右軍將軍合稱四軍將軍。掌宫禁宿衛。宋第四品，齊不詳。　行參軍：官名。諸公軍府屬官，位在正參軍之下。宋第七至九品，齊不詳。“後軍行參軍”舊本作“後行軍參軍”，此據錢大昕《廿二史考異》卷二六説改正。

[4]司空：官名。東漢時與太尉、司徒同爲宰相，掌土木工程，且參議大政。魏晉南北朝多作爲加官，無實際職掌。宋、齊一品。　騎兵：即騎兵參軍，官名。諸公軍府屬官，掌騎兵、軍馬事務。宋第七品，齊不詳。　太尉：官名。東漢時與大司徒、司空同爲宰相，綜理全國軍政。魏晉南北朝多爲加官，無實際職掌。宋、齊一品。　中兵參軍：官名。諸公軍府屬官，掌本府親兵。宋第七品，齊不詳。

[5]漢中：郡名。治所在今陝西漢中市。

[6]鎮南：鎮南將軍之省稱，將軍名號。與鎮東、鎮西、鎮北將軍合稱四鎮將軍。多爲持節都督，出鎮方面，權勢頗重。宋第三

品，齊不詳。

[7]帶：官制術語。帶其官號、俸禄而不理其事。　臨湘：縣名。治所在今湖南長沙市。

[8]越騎校尉：官名。禁衛軍五營校尉之一，掌宫廷宿衛士。宋第四品，齊不詳。

[9]兗州：州名。劉宋泰始三年（466）僑置，治所在今江蘇淮陰縣西南甘羅城。

[10]寧朔將軍：將軍名號。統兵出征。宋第四品，齊不詳。　長史：官名。王公軍府屬官，掌本府官吏。宋第六至第七品，齊不詳。

[11]前軍將軍：將軍名號。宋第四品，齊不詳。　江夏王：齊武帝弟蕭鋒封爵號。《南齊書》卷三五《高帝十二王》有傳。江夏，郡名。治所在今湖北武漢市武昌。

[12]内史：官名。王國官，掌治民。宋第五品，齊不詳。

[13]建武：齊明帝年號（494—498）。

[14]魏圍司州：事在建武二年（495）。參《南齊書》卷六《明帝紀》及本書《武帝紀》。司州，州名。治所在今河南信陽市。

[15]郢州：州名。治所在今湖北武漢市武昌。

[16]高祖：梁武帝廟號。　賢首山：山名。在今河南信陽市西南。

[17]王肅：人名。祖籍琅邪臨沂。父奂，南齊雍州刺史，以罪被誅。肅奔魏，遂仕於魏。《魏書》卷六三有傳。　劉昶：人名。劉宋文帝之子。因遭宋前廢帝劉子業疑忌，懼禍而奔魏，遂仕於魏。《魏書》卷五九有傳。

[18]輔國：輔國將軍之省稱，將軍名號。齊第三品。　襄陽：郡名。治所在今湖北襄樊市。

高祖義師起，[1]茂私於張弘策，[2]勸高祖迎和帝，[3]高祖以爲不然，語在《高祖紀》。高祖發雍部，每遣茂爲前驅。師次郢城，[4]茂進平加湖，[5]破光子衿、吴子陽等，[6]斬馘萬計，還獻捷于漢川。[7]郢、魯既平，[8]從高祖東下，復爲軍鋒。師次秣陵，[9]東昏遣大將王珍國，[10]盛兵朱雀門，[11]衆號二十萬，度航請戰。[12]茂與曹景宗等會擊，大破之。縱兵追奔，積屍與航欄等，其赴淮死者，[13]不可勝算。長驅至宣陽門。[14]建康城平，以茂爲護軍將軍，[15]俄遷侍中、領軍將軍。[16]羣盜之燒神虎門也，[17]茂率所領到東掖門應赴，[18]爲盜所射，茂躍馬而進，羣盜反走。[19]茂以不能式遏姦盗，自表解職，優詔不許。[20]加鎮軍將軍，[21]封望蔡縣公，[22]邑二千三百户。

[1]義師：齊末東昏侯蕭寶卷狂悖無道，雍州刺史蕭衍起兵討之，因稱其師爲義師。

[2]張弘策：人名。本書卷一一有傳。

[3]和帝：齊和帝蕭寶融，東昏侯寶卷之弟，時爲荆州刺史。見《南齊書》卷八《和帝紀》。

[4]郢城：即郢州鎮所，今湖北武漢市武昌。

[5]加湖：一作茄湖，在今湖北武漢市黄陂縣東南。

[6]光子衿、吴子陽：並東昏侯將。見本書《武帝紀》。

[7]獻捷：戰勝後進獻俘虜和戰利品。　漢川：即漢口，今湖北武漢市漢口。

[8]郢、魯：指郢城、魯山城。魯山城在今湖北武漢市漢陽東北隅。

[9]秣陵：縣名。治所在今江蘇南京市中華門外故報恩寺附近。

[10]王珍國：人名。本書卷一七有傳。

[11]朱雀門：又名大航門。京師建康城南門，約在今江蘇南京市中華門内，秦淮河岸。

[12]航：指朱雀航，又名大航。在今江蘇南京市南秦淮河上。宋·張敦頤《六朝事迹編類》卷上《形勢門》“朱雀航”條云：“晉咸康二年作朱雀門，新立朱雀浮航，在縣城東南四里，對朱雀門。南渡淮水，亦名朱雀橋。《輿地志》云：吴南津大航橋也。王敦作亂，温嶠燒絶，至是始用杜預河橋法作之。《地志》云：朱雀門孔對吴都城宣陽門，相去六里，爲御道，夾御溝植柳。自朱雀門南渡，出國門。”

[13]淮：指秦淮河。

[14]宣陽門：亦稱白門，京師建康宫城南面正門。約在今南京市中山東路以南淮海路一帶。

[15]護軍將軍：將軍名號。掌京畿以外諸軍。宋第三品，齊及梁初不詳。

[16]侍中：官名。門下省長官，掌奏事，直侍左右，應對獻替。參與決策，是中樞集團重要成員。齊第三品。　領軍將軍：將軍名號。禁衛軍最高統帥。宋第三品，齊及梁初不詳。

[17]神虎門：京師建康宫城太極殿西側門。盜燒神虎門事，詳本書卷一一《張弘策傳》。

[18]東掖門：京師建康宫城太極殿東旁門。

[19]反：同“返”。

[20]優詔：皇帝獎掖、慰勉臣下的詔書。

[21]鎮軍將軍：將軍名號。齊第三品。

[22]望蔡：縣名。治所在今江西上高縣。

是歲，[1]江州刺史陳伯之舉兵叛，[2]茂出爲使持節、散騎常侍、都督江州諸軍事、征南將軍、江州刺史，[3]給鼓吹一部，[4]南討伯之。伯之奔于魏。時九江新罹軍寇，[5]民思反業，[6]茂務農省役，百姓安之。四年，魏侵漢中，茂受詔西討，魏乃班師。六年，遷尚書右僕射，[7]常侍如故。固辭不拜，改授侍中、中衛將軍，[8]領太子詹事。[9]七年，拜車騎將軍，[10]太子詹事如故。八年，以本號開府儀同三司、丹陽尹，[11]侍中如故。時天下無事，高祖方信仗文雅，[12]茂心頗怏怏，侍宴醉後，每見言色，[13]高祖常宥而不之責也。十一年，進位司空，侍中、尹如故。茂辭京尹，[14]改領中權將軍。[15]

[1]是歲：指梁天監元年（502）。

[2]江州：州名。治所在今江西九江市西南。　陳伯之：人名。本書卷二〇有傳。

[3]使持節：古代大臣奉皇帝之命出行，持節以爲憑證並示威重。魏晉以後以爲官名，有假節、持節、使持節之分，權力亦有小大之别，多爲都督諸軍事及刺史總軍戎者。加使持節者可誅殺二千石以下官員。　散騎常侍：官名。集書省長官。掌侍從左右及圖書文翰。南朝時地位不高。齊及梁初第三品。　征南將軍：將軍名號。與征東、征西、征北將軍合稱四征將軍。多爲持節都督，出鎮方面。宋第三品，齊及梁初不詳。

[4]鼓吹：樂名。本軍樂，皇帝出行時亦奏。漢魏以後亦用以贈賜有功之臣。

[5]九江：指今湖北武穴市、黄梅縣至江西九江市一帶。以其地有九水，故名。時屬江州。

[6]反：同“返”。

[7]尚書右僕射：官名。尚書令副佐，又與尚書分領諸曹。齊第三品。

[8]中衛將軍：將軍名號。梁四中將軍之一，祇授予在京師任職者。天監七年（508）革選，釐定將軍名號及班品，有一百二十五號十品二十四班，以班多者爲貴。中衛將軍爲二十三班。

[9]領：官制術語。已有實授之職，又兼任較低職務而不居其位。　太子詹事：官名。東宫職官，總領東宫官屬、庶務。梁天監七年革選，定流内官職爲十八班，以班多者爲貴。太子詹事爲十四班。

[10]車騎將軍：將軍名號。爲重號將軍，多加授大臣、地方長官。梁一百二十五號將軍之一，二十四班。

[11]開府儀同三司：官名。非三公而儀制同於三公之稱。諸將軍開府儀同三司，梁十七班。　丹陽尹：京師所在丹陽郡長官，掌治民。宋第三品，齊梁不詳。

[12]信仗：信賴。

[13]見：同“現”，表現。

[14]京尹：即丹陽尹。

[15]中權將軍：將軍名號。梁天監六年（507）置。爲四中將軍之一，祇授予在京師任職者。二十三班。

茂性寬厚，居官雖無譽，亦爲吏民所安。居處方正，在一室衣冠儼然，雖僕妾莫見其惰容。姿表瓌麗，須眉如畫，出入朝會，每爲衆所瞻望。明年，出爲使持節、散騎常侍、驃騎將軍、開府同三司之儀、都督江州諸軍事、江州刺史。[1]視事三年，薨于州，時年六十。高祖甚悼惜之，賻錢三十萬，[2]布三百匹。詔曰：“旌德紀勳，哲王令軌；念終追遠，[3]前典明誥。故使持節、散騎常侍、驃騎將軍、開府儀同三司、江州刺史茂，識度淹廣，器宇凝正。爰初草昧，[4]盡誠宣力，綢繆休戚，[5]契闊屯夷。[6]方賴謀猷，永隆朝寄；奄至薨殞，朕用慟于厥心。宜增禮數，式昭盛烈。可贈侍中、太尉，加班劍二十人，[7]鼓吹一部。謚曰忠烈。”

[1]驃騎將軍：將軍名號。爲重號將軍，加授大臣、重要地方長官。梁一百二十五號將軍之一，二十四班。　開府同三司之儀：官名。《通鑑》卷一五七《梁紀十三》“大同二年”下胡三省注：“梁開府儀同三司之下，又有開府同三司之儀。”

[2]賻（fù）：以錢財助喪事。

[3]念終追遠：《論語·學而》：“曾子曰：慎終追遠，民德歸厚矣。”何晏《集解》引孔安國曰：“慎終者喪盡其哀，追遠者祭盡其敬。”

[4]草昧：天地初開時的混沌狀態。此處用以指齊末亂世。

[5]綢繆：情意殷勤。

[6]契闊：要約，生死相約。　屯夷：艱險與平易。

[7]班劍：飾有花紋的木劍。此處指持此劍的儀仗。班，通“斑”。

初，茂以元勳，高祖賜以鍾磬之樂。茂在江州，夢鍾磬在格，[1]無故自墮，心惡之。及覺，命奏樂。既成列，鍾磬在格，果無故編皆絶，[2]墮地。茂謂長史江詮曰：“此樂，天子所以惠勞臣也。樂既極矣，能無憂乎！”俄而病，少日卒。

[1]格：掛樂器的支架。

[2]編：掛樂器的繩子。

子貞秀嗣，以居喪無禮，爲有司奏，[1]徙越州，[2]後有詔留廣州，[3]乃潛結仁威府中兵參軍杜景，[4]欲襲州城，刺史蕭昂討之。[5]景，魏降人，與貞秀同戮。

[1]爲有司奏：《南史》卷五五《王茂傳》及《册府元龜》卷九四〇作“爲有司所奏”。

[2]越州：州名。治所在今廣西合浦縣東北。

[3]廣州：州名。治所在今廣東廣州市。

[4]仁威：仁威將軍之省稱，將軍名號。梁置，與智威、勇威、信威、嚴威等將軍代舊征虜將軍。爲一百二十五號將軍之一，十六班。　中兵參軍：官名。諸公軍府屬官，掌本府親兵。梁六班至二班。

[5]刺史蕭昂：蕭昂，人名。曾官廣州刺史。本書卷二四《蕭昺傳》有附傳。刺史，舊本作“長史”，此依中華書局本校改。

曹景宗字子震，新野人也。[1]父欣之，[2]爲宋將，位至征虜將軍、徐州刺史。[3]

[1]新野：郡名。治所在今河南新野縣。

[2]欣之：曹欣之，《宋書》卷八三有傳。

[3]征虜將軍：將軍名號。宋第三品。　徐州：州名。治所在今安徽鳳陽縣東北。

景宗幼善騎射，好畋獵，常與少年數十人澤中逐麞鹿，每衆騎趁鹿，[1]鹿馬相亂，景宗於衆中射之，人皆懼中馬足，鹿應弦輒斃，以此爲樂。未弱冠，[2]欣之於新野遣出州，以匹馬將數人，於中路卒逢蠻賊數百圍之。[3]景宗帶百餘箭，乃馳騎四射，每箭殺一蠻，蠻遂散走，因是以膽勇知名。頗愛史書，每讀《穰苴》、《樂毅傳》，[4]輒放卷歎息曰："丈夫當如是！"[5]辟西曹不就。[6]宋元徽中，[7]隨父出京師，爲奉朝請、員外，[8]遷尚書左民郎。[9]尋以父憂去職，[10]還鄉里。服闋，[11]刺史蕭赤斧板爲冠軍中兵參軍，[12]領天水太守。[13]

[1]每衆騎趁鹿：中華書局本《校勘記》云："百衲本、南監本、汲古閣本俱作'無還騎趁鹿'。北監本、殿本作'每衆騎赴鹿'。金陵局本作'每衆騎趁鹿'。今從金陵局本。"按，"無還"顯係"每衆"之訛。《太平御覽》卷八三一引《梁書》作"每衆騎趁鹿"。當以"每衆騎趁鹿"爲是。趁（chèn），追逐。

[2]弱冠：指二十歲。《禮記·曲禮上》："二十曰弱，冠。"

[3]卒：通"猝"，突然。

[4]《穰苴》、《樂毅傳》：《史記》卷六四有《司馬穰苴列傳》、卷八〇有《樂毅列傳》。

[5]丈夫：各本及《南史》卷五五同傳皆同。《建康實録》卷一八"丈夫"上有"大"字。

[6]西曹：官署名。王公府諸曹之一，掌府吏署用。

[7]元徽：宋後廢帝年號（473—477）。

[8]員外：疑"外"下脱"郎"字。員外郎，員外散騎侍郎之省稱，官名。散騎省屬官，多以公族、功臣子充任，爲閑散之職。宋齊官品不詳。

[9]尚書左民郎：官名。尚書省左民曹長官，屬左民尚書。掌財賦、户籍。宋第六品。

[10]父憂：父喪。

[11]服闋：服喪期滿。

[12]蕭赤斧：人名。齊南蘭陵人。《南齊書》卷三八有傳。　板：官制術語。六朝時，地方長官可臨時授官。因其書授官之詞於板，故稱板授，亦稱板。板官不給印綬，但可食禄。　冠軍：冠軍將軍之省稱，將軍名號。齊第三品。

[13]天水：當指南天水郡。僑置，治所在今湖北宜城市東。

時建元初，[1]蠻寇羣動，景宗東西討擊，多所擒破。齊鄱陽王鏘爲雍州，[2]復以爲征虜中兵參軍，帶馮翊太守，[3]督峴南諸軍事。[4]除屯騎校尉。[5]少與州里張道門厚善。[6]道門，齊車騎將軍敬兒少子也，[7]爲武陵太守。[8]敬兒誅，道門於郡伏法，親屬故吏莫敢收，景宗自襄陽遣人船到武陵，[9]收其屍骸，迎還殯葬，鄉里以此義之。

[1]建元：齊高帝年號（479—482）。

[2]鄱陽王鏘：齊高帝子蕭鏘封爵號鄱陽王。《南齊書》卷三五《高帝十二王》有傳。鄱陽，郡名。治所在今江西波陽縣。

[3]馮翊：郡名。治所在今湖北襄樊市。

[4]峴：即峴山，一名峴首山。在今襄樊市南。

[5]屯騎校尉：官名。禁衛軍五營校尉之一，掌宫廷宿衛士。宋第四品，齊不詳。

[6]少與州里張道門厚善：中華書局本《校勘記》：“‘少’字下，各本衍‘守督峴南’四字，據《南史》删。按《南齊書·張敬兒傳》，‘道門’作‘道文’。”

[7]敬兒：張敬兒，仕齊高帝，官車騎將軍。齊武帝即位，遭疑忌，被誅。《南齊書》卷二五有傳。

[8]武陵：郡名。治所在今湖南常德市。

[9]襄陽：縣名。雍州鎮所，即今湖北襄樊市。　遣人船：《南史》無“人”字。

建武二年，魏主托跋宏寇赭陽，[1]景宗爲偏將，每衝堅陷陣，輒有斬獲，以勳除游擊將軍。[2]四年，太尉陳顯達督衆軍北圍馬圈，[3]景宗從之，以甲士二千設伏，破魏援托跋英四萬人。[4]及剋馬圈，顯達論功，以景宗爲後，景宗退無怨言。魏主率衆大至，顯達宵奔，景宗導入山道，故顯達父子獲全。

[1]托跋宏：北魏孝文帝名。見《魏書》卷七《孝文帝紀》。赭陽：縣名。南朝宋置，治所在今河南方城縣東。

[2]游擊將軍：將軍名號。禁衛軍六軍之一。掌宫廷宿衛。宋第四品，齊不詳。

[3]陳顯達：人名。南彭城人。《南齊書》卷二六有傳。　馬圈：城名。在今河南鎮平縣南。

[4]托跋英：人名。北魏中山王。《魏書》卷一九下有傳。

五年，高祖爲雍州刺史，[1]景宗深自結附，數請高祖臨其宅。時天下方亂，高祖亦厚加意焉。永元初，[2]表爲冠軍將軍、竟陵太守。[3]及義師起，景宗聚衆，遣親人杜思沖勸先迎南康王於襄陽即帝位，[4]然後出師，爲萬全計。高祖不從，語在《高祖紀》。高祖至竟陵，以景宗與冠軍將軍王茂濟江，圍郢城，自二月至于七月，城乃降。復帥衆前驅至南州，[5]領馬步軍取建康，道次江寧。[6]東昏將李居士以重兵屯新亭，[7]是日選精騎一千至江寧行頓。景宗始至，安營未立；且師行日久，器甲穿弊。居士望而輕之，因鼓噪前薄景宗。[8]景宗被甲馳戰，短兵裁接，[9]居士棄甲奔走，景宗皆獲之，因鼓而前，徑至皁莢橋築壘。[10]景宗又與王茂、吕僧珍掎角，[11]破王珍國於大航。[12]茂衝其中堅，應時而陷，景宗縱兵乘之。景宗軍士皆桀黠無賴，[13]御道左右，莫非富室，抄掠財物，略奪子女，景宗不能禁。及高祖入頓新城，[14]嚴申號令，然後稍息。復與衆軍長圍六門。[15]城平，拜散騎常侍、右衛將軍，[16]封湘西縣侯，[17]食邑一千六百户。仍遷持節、都督郢司二州諸軍事、左將軍、郢州刺史。[18]天監元年，[19]進號平西將軍，[20]改封竟陵縣侯。[21]

[1]五年，高祖爲雍州刺史：高祖，梁武帝蕭衍廟號。《南史》卷五五《曹景宗傳》删“五年”二字。按，據《南齊書·明帝紀》，蕭衍爲雍州刺史在齊明帝永泰元年（498）七月，故此“五年”當作“永泰元年”。

[2]永元：齊東昏侯年號（499—501）。

[3]竟陵：郡名。治所在今湖北鍾祥市。

[4]南康王：齊和帝蕭寶融封爵號。時寶融爲荆州刺史。見《南齊書》卷八《和帝紀》。南康，郡名。治所在今江西贛州市東北。

[5]南州：地名。即今安徽當塗縣。

[6]江寧：縣名。治所在今江蘇江寧縣西南江寧鎮。

[7]新亭：地名。在今江蘇南京市南。其地近江濱，依山爲壘，爲六朝軍事交通要地。

[8]薄：逼近。

[9]裁：通“纔”。

[10]皁荚橋：在今江蘇南京市西南。

[11]吕僧珍：人名。本書卷一一有傳。　掎角：分兵牽制或夾擊敵人。

[12]王珍國：人名。時爲東昏侯衛尉，都督衆軍守城。　大航：即朱雀航。

[13]桀黠：凶暴狡詐。

[14]新城：《南史》本傳作“西城”，本書《武帝紀》云“高祖鎮石頭”。按，石頭，即石頭城，在建康宫城西，故可稱西城。疑“新城”即石頭城。

[15]六門：指建康宫城之大司馬門、萬春門、東華門、西華門、太陽門、承明門。見《通鑑》卷一六四《梁紀二十》“承聖元年”下胡三省注。

[16]散騎常侍：官名。散騎省長官，掌侍從左右，應對獻替。宋第三品，齊不詳。　右衛將軍：將軍名號。與左衛將軍合稱二衛將軍，是禁衛軍主要將領，定員一人。齊第四品。

[17]湘西：縣名。治所在今湖南株洲市南。

[18]左將軍：將軍名號。地位略高於一般雜號將軍。宋第三品，齊不詳。

[19]天監：梁武帝年號（502—519）。

[20]平西將軍：將軍名號。東西南北四平將軍之一，多持節都督或監某一地區的軍事，亦可作爲刺史兼理軍務的加官。宋第三品，齊及梁初官品不詳。

[21]按，《文選》卷四〇任彦昇《奏彈曹景宗》有“使持節、都督郢司二州諸軍事、左將軍、郢州刺史、湘西縣開國侯臣景宗”云云。是天監三年（504）任昉奏彈時，曹景宗仍是左將軍、湘西縣侯。此云天監元年即進號改封，疑誤。

景宗在州，鬻貨聚斂。於城南起宅，長堤以東，[1]夏口以北，[2]開街列門，東西數里，而部曲殘横，民頗厭之。二年十月，魏寇司州，圍刺史蔡道恭。[3]時魏攻日苦，城中負板而汲，景宗望門不出，但耀軍遊獵而已。及司州城陷，[4]爲御史中丞任昉所奏，[5]高祖以功臣寢而不治，[6]徵爲護軍。[7]既至，復拜散騎常侍、右衛將軍。

[1]長堤：地名。在今湖北武漢市武昌長江邊。

[2]夏口：地名。在湖北武漢市黄鵠山。

[3]蔡道恭：人名。本書卷一〇有傳。

[4]司州城陷：據本書《武帝紀》，魏陷司州在天監三年（504）八月。

[5]御史中丞：官名。御史臺長官，掌督察百官，奏劾不法。第一流高門多不居此職。員一人，齊及梁初第四品。　任昉：人名。本書卷一四有傳。

[6]《文選》卷四〇任彦昇《奏彈曹景宗》李善注引劉璠《梁典》曰："初司州被圍，詔荆郢發兵往援，曹景宗爲都督。及荆州援軍至三關，頓兵不進，聞司州没，即日退還延頸。敵人縱暴緣邊，景宗不能禦，遂失三關諸戍。有司奏罰罪，景宗聞之，輒去州，伏闕泥首待罪。帝一無所問。"

[7]護軍：護軍將軍之省稱，將軍名號。掌京畿以外諸軍。宋第三品，齊及梁初官品不詳。

五年，魏托跋英寇鍾離，[1]圍徐州刺史昌義之，[2]高祖詔景宗督衆軍援義之，豫州刺史韋叡亦預焉，[3]而受景宗節度。詔景宗頓道人洲，[4]待衆軍齊集俱進。景宗固啓，求先據邵陽洲尾，[5]高祖不聽。景宗欲專其功，乃違詔而進，值暴風卒起，頗有滂溺，復還守先頓。高祖聞之，曰："此所以破賊也。景宗不進，蓋天意乎！若孤軍獨往，城不時立，必見狼狽。今得待衆軍同進，始大捷矣。"及韋叡至，與景宗進頓邵陽洲，立壘去魏城百餘步。魏連戰不能却，殺傷者十二三，自是魏軍不敢逼。景宗等器甲精新，軍儀甚盛，魏人望之奪氣。魏大將楊大眼對橋北岸立城，[6]以通糧運，每牧人過岸伐芻藁，皆爲大眼所略。[7]景宗乃募勇敢士千餘人，徑渡大眼城南數里築壘，親自舉築。[8]大眼率衆來攻，景宗與戰破之，因得壘成。使別將趙草守之，因謂爲趙草城，是後恣芻牧焉。大眼時遣抄掠，輒反爲趙草所獲。先是，高祖詔景宗等逆裝高艦，使與魏橋等，爲火攻計。令景宗與叡各攻一橋，叡攻其南，景宗攻其北。六年三月，春水生，淮水暴長六七尺。叡遣所督將馮道根、李文釗、裴邃、韋寂等乘艦登岸，[9]擊魏洲上軍盡殪。景宗因使衆軍皆鼓噪亂登諸城，呼聲震天地，大眼於西岸燒營，英自東岸棄城走。諸壘相次土崩，悉棄其器甲，争投水死，淮水爲之不流。景宗令軍主馬廣躡大眼至濊水上，[10]四十餘里，伏屍相枕。義之出逐英至洛口，[11]英以匹馬入梁城。[12]緣淮百餘里，屍骸枕藉，生擒五萬餘人，收其軍糧器械，積如山岳，牛馬驢騾，不可勝計。景宗乃搜軍所得生口萬餘人，馬千匹，遣獻捷，[13]高祖詔還本軍，景宗振旅凱入，[14]增封四百，並前爲二千户，進爵爲公。詔拜侍中、領軍將軍，給鼓吹一部。

[1]鍾離：郡名。治所在今安徽鳳陽縣東北。

[2]昌義之：人名。本書卷一八有傳。

[3]豫州：州名。治所在今安徽合肥市西北。　韋叡：人名。本書卷一二有傳。

[4]道人洲：在今安徽鳳陽縣東北淮河中。

[5]邵陽洲：在今安徽鳳陽縣東北淮河中。

[6]楊大眼：人名。北魏武都氐人。《魏書》卷七三有傳。

[7]略：通“掠”，侵奪。

[8]築：搗土之杵。

[9]馮道根：人名。本書卷一八有傳。　裴邃：人名。本書卷二八有傳。

[10]軍主：一軍的主將。其下設軍副，所統兵力自數百人至萬人以上不等。　躡：緊追在後。　濊水：即今安徽北部淮河支流澮河。

[11]洛口：即今安徽淮南市東北青洛河與高塘湖北入淮河之口。洛，舊本訛“浴”，此依中華書局本校改。

[12]梁城：城名。在今安徽淮南市田家庵附近。

[13]獻捷：戰勝後，進獻戰利品及俘虜。

[14]振旅：整頓部隊。　凱入：勝利而歸。

景宗爲人自恃尚勝，每作書，字有不解，不以問人，皆以意造焉。雖公卿無所推揖；惟韋叡年長，且州里勝流，[1]特相敬重，同讌御筵，亦曲躬謙遜，高祖以此嘉之。景宗好内，[2]妓妾至數百，窮極錦繡。性躁動，不能沈默，出行常欲褰車帷幔，左右輒諫以位望隆重，人所具瞻，[3]不宜然。景宗謂所親曰：“我昔在鄉里，[4]騎快馬如龍，與年少輩數十騎，拓弓弦作霹靂聲，箭如餓鴟叫。平澤中逐麞，數肋射之，渴飲其血，飢食其肉，甜如甘露漿。覺耳後風生，鼻頭出火，此樂使人忘死，不知老之將至。今來揚州作貴人，[5]動轉不得，路行開車幔，小人輒言不可。閉置車中，如三日新婦。[6]遭此邑邑，[7]使人無氣。”爲人嗜酒好樂，臘月於宅中，使作野虖逐除，[8]遍往人家乞酒食。本以爲戲，而部下多剽輕，因弄人婦女，奪人財貨。高祖頗知之，景宗乃止。高祖數讌見功臣，共道故舊，景宗醉後謬忘，或誤稱下官，[9]高祖故縱之以爲笑樂。

[1]勝流：名流。

[2]内：女色。

[3]具瞻：爲衆人所瞻仰。《詩·小雅·節南山》：“赫赫師伊，民具爾瞻。”《傳》：“具，俱；瞻，視。”

[4]昔在鄉里：舊本脱“在”字，此依中華書局本校補。

[5]揚州：州名。南朝京師所在，治所在今江蘇南京市。

[6]三日新婦：古代禮制，女子新婚三日内不得出洞房。此處用以比喻行動受到約束。

[7]邑邑：通“悒悒”，憂鬱不樂。按，《建康實録》卷一八作“悒悒”。

[8]野虖：舊時歲終驅疫鬼時的呼喝之聲。《南史》本傳作“邪呼”。音義並同。參周一良《魏晉南北朝史札記·梁書札記》“野虖”條。

[9]誤稱下官：南朝時郡國屬吏對其國主或長官，自稱下官。景宗對皇帝蕭衍自稱下官，故曰誤稱。

七年，遷侍中、中衛將軍、江州刺史。赴任卒於道，時年五十二。詔賻錢二十萬，布三百匹，追贈征北將軍、雍州刺史、開府儀同三司。[1]謚曰壯。子晈嗣。

[1]征北將軍：將軍名號。與征東、征西、征南將軍合稱四征將軍。多爲持節都督，出鎮方面。梁一百二十五號將軍之一，二十三班。

柳慶遠字文和，河東解人也。[1]伯父元景，[2]宋太尉。

[1]河東：郡名。治所在今山西夏縣西北禹王城。　解（xiè）：縣名。治所在今山西臨猗縣臨晉鎮東南。此柳氏祖籍。

[2]元景：柳元景，仕宋，官至尚書令。前廢帝即位，狂悖失德，元景謀廢立，事覺，被誅。太宗即位，追贈太尉。《宋書》卷七七有傳。

慶遠起家郢州主簿，[1]齊初爲尚書都官郎、大司馬中兵參軍、建武將軍、魏興太守。[2]郡遭暴水，流漂居民，吏請徙民祀城。[3]慶遠曰："天降雨水，豈城之所知。吾聞江河長不過三日，斯亦何慮。命築土而已。"俄而水過，百姓服之。入爲長水校尉，[4]出爲平北録事參軍、襄陽令。[5]

[1]主簿：官名。漢以後中央各機構及地方州郡官府皆置，掌文書簿籍。其品秩隨所在府署長官地位高下而異。

[2]尚書都官郎：官名。尚書省諸曹郎之一，屬都官尚書。掌軍事刑獄，奴婢配役之政。齊第六品。　建武將軍：將軍名號。統兵征戰。宋第四品，齊不詳。　魏興：郡名。治所在今陝西安康市西北漢江北岸。

[3]祀城：祀，舊本訛“杞”，此依中華書局本校改。

[4]長水校尉：官名。禁衛軍五校尉之一，典宫廷宿衛士。宋第四品，齊不詳。

[5]平北：平北將軍之省稱，將軍名號。與平東、平南、平西將軍合稱四平將軍。多持節都督或監某一地區軍事，亦可作爲刺史兼理軍務的加官。宋第三品，齊不詳。　録事參軍：官名。諸公軍府屬官，掌總録衆署文簿，舉彈善惡。齊第七品。

高祖之臨雍州，[1]問京兆人杜惲求州綱，[2]惲舉慶遠。高祖曰：“文和吾已知之，所問未知者耳。”因辟别駕從事史。[3]齊方多難，慶遠謂所親曰：“方今天下將亂，英雄必起，庇民定霸，其吾君乎？”因盡誠協贊。及義兵起，[4]慶遠常居帷幄爲謀主。

[1]梁武於齊明帝永泰元年（498）七月出爲雍州刺史。見《南齊書》卷六《明帝紀》。　雍州：州名。治所在今湖北襄樊市。

[2]京兆：郡名。治所在今陝西西安市西北。此當爲杜惲祖籍。州綱：《南史》作“州綱紀”。按，“州綱”即“州綱紀”之省稱。《通鑑》卷九二《晉紀十四》“太寧二年”下胡三省注：“綱紀，綜理府事者也。”

[3]别駕從事史：官名。州府屬官，與西曹書佐共掌本府官吏及選舉事。宋齊官品不詳。

[4]義兵：即義師。

中興元年，[1]西臺選爲黄門郎，[2]遷冠軍將軍、征東長史。[3]從軍東下，身先士卒。高祖行營壘，[4]見慶遠頓舍嚴整，每歎曰："人人若是，吾又何憂。"建康城平，[5]入爲侍中，領前軍將軍，帶淮陵、齊昌二郡太守。[6]城内嘗夜失火，禁中驚懼，[7]高祖時居宫中，悉斂諸鑰，[8]問"柳侍中何在"。慶遠至，悉付之。其見任如此。

[1]中興：齊和帝年號（501—502）。

[2]西臺：東昏侯永元三年（501）三月，荆州刺史蕭寶融即皇帝位於江陵。江陵在京師建康之西，故稱西臺。　黄門郎：即給事黄門侍郎，官名。門下省次官，與侍中俱掌門下衆事，職任顯要。齊第五品。

[3]冠軍將軍、征東長史：即冠軍將軍長史、征東將軍長史之略稱。冠軍將軍，將軍名號。齊第三品；征東，征東將軍之省稱，將軍名號。東西南北四征將軍之一。多爲持節都督出鎮方面。宋第三品，齊不詳。

[4]行：巡視。

[5]建康城平：指中興元年（501）十二月東昏侯被誅，蕭衍平定京師建康。

[6]淮陵、齊昌：並郡名。淮陵，治所在今安徽明光市；齊昌，治所在今湖北蘄春縣北。

[7]禁中：宫廷中。宫門有禁，故稱禁中。

[8]悉斂諸鑰：《南史》卷三八同傳、《御覽》卷二一九《職官部》引《梁書》"諸"下皆有"門"字。

霸府建，[1]以爲太尉從事中郎。[2]高祖受禪，遷散騎常侍、右衛將軍，加征虜將軍，封重安侯，[3]食邑千户。母憂去職，[4]以本官起之，固辭不拜。天監二年，遷中領軍，[5]改封雲杜侯。[6]四年，出爲使持節、都督雍梁南北秦四州諸軍事、征虜將軍、寧蠻校尉、雍州刺史。[7]高祖餞於新亭，[8]謂曰："卿衣錦還鄉，[9]朕無西顧之憂矣。"

[1]霸府：藩王府邸。此指蕭衍受封建安郡公所置府。

[2]從事中郎：官名。王公府屬官。與長史共掌本府官吏。宋第六品，齊及梁初不詳。

[3]重安：縣名。治所在今湖南衡陽縣北。

[4]母憂：母喪。

[5]中領軍：將軍名號。資輕於領軍將軍，而職掌同。爲禁衛軍最高統帥。《南齊書·百官志》："凡爲中，小輕，同一官也。"

[6]雲杜：縣名。治所在今湖北京山縣。

[7]梁南北秦：並州名。梁州，治所在今陝西漢中市東；南秦州，治所在今甘肅成縣西北；北秦州，治所在今甘肅天水市。 寧蠻校尉：官名。掌雍州少數民族事務，領兵置府於襄陽。宋第四品，齊及梁初官品不詳。

[8]新亭：亭名。在今江蘇南京市南，長江之濱。

[9]衣錦還鄉：據《宋書·柳元景傳》，柳氏祖籍河東，至慶遠高祖柳卓遷於襄陽，故襄陽亦爲慶遠故鄉。

七年，徵爲護軍將軍，領太子庶子。[1]未赴職，仍遷通直散騎常侍、右衛將軍，[2]領右驍騎將軍。[3]至京都，值魏宿預城請降，[4]受詔爲援，於是假節守淮陰。[5]魏軍退。八年，還京師，遷散騎常侍、太子詹事、雍州大中正。[6]十年，遷侍中、領軍將軍，[7]給扶，[8]并鼓吹一部。十二年，[9]遷安北將軍、寧蠻校尉、雍州刺史。[10]慶遠重爲本州，頗厲清節，士庶懷之。明年春，卒，時年五十七。詔曰："念往篤終，前王令則；式隆寵數，列代恒規。使持節、都督雍梁南北秦四州郢州之竟陵司州之隨郡諸軍事、安北將軍、寧蠻校尉、雍州刺史、雲杜縣開國侯柳慶遠，[11]器識淹曠，思懷通雅。爰初草昧，[12]預屬經綸；[13]遠自升平，契闊禁旅。[14]重牧西藩，[15]方弘治道，奄至殞喪，[16]傷慟于懷。宜追榮命，以彰茂勳。可贈侍中、中軍將軍、開府儀同三司，[17]鼓吹、侯如故。謚曰忠惠。賻錢二十萬，布二百匹。"及喪還京師，高祖出臨哭。子津嗣。

[1]太子庶子：官名。東宮屬官，掌侍從左右，獻納得失。員四人。梁九班。

[2]通直散騎常侍：官名。集書省官員。掌侍從左右，應對獻替，與散騎常侍通值。多以衰老之士擔任，地位不高。員四人。梁十一班。

[3]右驍騎將軍：官名。梁天監六年置，掌宿衛及侍從左右，梁十一班。《陳書》卷一八《韋載傳》附《韋翽傳》："驍騎之職，舊領營兵，兼統宿衛。自梁代已來，其任逾重，出則羽儀清道，入則與二衛通直，臨軒則升殿俠侍。"所指當即左右驍騎將軍。

[4]宿預城：城名。北魏宿預郡治所，在今江蘇宿遷市東南舊黄河東北岸。

[5]淮陰：縣名。治所在今江蘇淮陰縣西南甘羅城。

[6]大中正：官名。掌一州人才之考察，定其鄉品，以爲選拔官吏之依據，多由他官兼領。

[7]侍中：官名。門下省長官，與給事黄門侍郎共掌侍從左右，擯相威儀，盡規獻納，糾正違闕，並參與決策，是中樞集團重要成員。員四人。梁十二班。

[8]扶：指侍奉之人。

[9]十二年：中華書局本《校勘記》云："按本書《武帝紀》，柳慶遠爲安北將軍、雍州刺史在天監十三年。"

[10]安北將軍：將軍名號。梁八安將軍之一，與安東、安西、安南將軍同爲出鎮方面的軍事長官，或作爲刺史兼理軍務的加官，權任頗重。梁一百二十五號十品二十四班將軍之二十一班。

[11]隨郡：郡名。治所在今湖北隨州市。

[12]草昧：天地初開時的混沌狀態。後亦用以指亂世，此指齊末亂世。

[13]經綸：指籌畫治理國家大事。

[14]禁旅：禁軍。

[15]西藩：指雍州。因在京師建康之西，故稱。

[16]奄：忽然。

[17]中軍將軍：將軍名號。梁代，與中權、中衛、中撫將軍合稱四中將軍，祇授予在京師任職者。爲一百二十五號將軍之一，二十三班。

初，慶遠從父兄衛將軍世隆嘗謂慶遠曰：[1]"吾昔夢太尉以褥席見賜，[2]吾遂亞台司；[3]適又夢以吾褥席與汝，汝必光我公族。"至是，慶遠亦繼世隆焉。

[1]衛將軍：將軍名號。用以加大臣、重要地方長官，爲重號將軍。宋第二品，齊不詳。　世隆：柳世隆，仕齊，授侍中、衛將

軍。不拜，轉左光禄大夫。以疾終。《南齊書》卷二四有傳。

[2]太尉：指柳元景。

[3]台司：指三公。

陳吏部尚書姚察曰：[1]王茂、曹景宗、柳慶遠雖世爲將家，然未顯奇節。梁興，因日月末光，[2]以成所志，配迹方、邵，[3]勒勳鍾鼎，偉哉！昔漢光武全愛功臣，不過朝請、特進，[4]寇、鄧、耿、賈咸不盡其器力。[5]茂等迭據方岳，[6]位終上將，君臣之際，邁於前代矣。

[1]陳吏部尚書姚察：姚察仕陳，官吏部尚書。《陳書》卷二七有傳。吏部尚書，官名。掌官吏銓選、任免。陳第三品。清·錢大昕《廿二史考異》卷二六有云："思廉修梁陳書，皆因其父察所撰而續成之。梁史諸論述其父説，必稱'陳吏部尚書姚察曰'，仿孟堅《漢書》稱'司徒掾班彪'之例也。其但稱'史臣'者，出自思廉新意。"

[2]因日月末光：憑借梁朝皇家恩光。日月，比喻皇帝皇后。《禮記·昏義》："故天子之與后，猶日之與月。"

[3]方、邵：指方叔、邵虎。二人並周宣王卿士。伐玁狁、征荆蠻、平淮夷，有殊勳。分見《詩·小雅·采芑》、《大雅·江漢》。

[4]朝請：漢朝給予退休大臣、宗室、外戚以特許參加朝會的待遇，稱朝請。 特進：漢朝優待有功大臣，朝會時特許班次進至三公之下，稱特進。

[5]寇、鄧、耿、賈：指寇恂、鄧禹、耿弇、賈復，並漢光武帝功臣。《後漢書》卷一六、一九、一七分別有傳。

[6]方岳：指地方行政長官刺史或太守。

梁書 卷一〇

列傳第四

蕭穎達　夏侯詳　蔡道恭　楊公則　鄧元起

蕭穎達，蘭陵蘭陵人，[1]齊光禄大夫赤斧第五子也。[2]少好勇使氣，起家冠軍。[3]兄穎胄，[4]齊建武末行荆州事，[5]穎達亦爲西中郎外兵參軍，[6]俱在西府。[7]齊季多難，頗不自安。會東昏遣輔國將軍劉山陽爲巴西太守，[8]道過荆州，密敕穎胄襲雍州。[9]時高祖已爲備矣。[10]仍遣穎胄親人王天虎以書疑之。山陽至，果不敢入城。穎胄計無所出，夜遣錢塘人朱景思呼西中郎城局參軍席闡文、諮議參軍柳忱閉齋定議。[11]闡文曰："蕭雍州蓄養士馬，非復一日，江陵素畏襄陽人，[12]人衆又不敵，取之必不可制，制之，歲寒復不爲朝廷所容。[13]今若殺山陽，與雍州舉事，立天子以令諸侯，則霸業成矣。山陽持疑不進，是不信我。今斬送天虎，則彼疑可釋。至而圖之，罔不濟矣。"[14]忱亦勸焉。穎達曰："善。"及天明，穎胄謂天虎曰："卿與劉輔國相識，今不得不借卿頭。”乃斬天虎以示山陽。山陽大喜，輕將步騎數百到州。闔文勒兵待於門，山陽車踰限而門闔，[15]因執斬之，傳首高祖。且以奉南康王之議來告，[16]高祖許焉。

[1]蘭陵：郡名。治所在今山東蒼山縣蘭陵鎮。　蘭陵：縣名。治所與蘭陵郡同。此蕭氏祖籍。

[2]光禄大夫：官名。屬光禄勳，養老疾，無職事。宋第三品，齊不詳。赤斧：蕭赤斧，仕齊，官太子詹事，以病終。追贈金紫光禄大夫。《南齊書》卷三八有傳。

[3]起家冠軍：冠軍，當爲冠軍將軍之省稱。然冠軍將軍非起家之官，故疑有脱誤。《南史》卷四一《齊宗室・蕭穎達傳》無此四字。

[4]穎冑：蕭穎冑，《南齊書》卷三八《蕭赤斧傳》有附傳。

[5]建武：齊明帝年號（494—498）。　行荆州事：舊本脱此四字，中華書局本據《南史》同傳補，是。今從之。六朝時，皇帝之子往往年少即出鎮一州，因而以長史代行政事，稱爲行事。穎冑時爲齊明帝之子荆州刺史南康王蕭寶融西中郎長史，代行府州事，故稱行荆州事。荆州，治所在今湖北荆州市江陵。

[6]穎達：舊本脱此二字，中華書局本據《南史》同傳補，是。今從之。西中郎：西中郎將之省稱，將軍名號。東西南北四中郎將之一。爲方面大員，南齊時唯以宗室諸王擔任，素族無爲之者。宋第四品，齊不詳。　外兵參軍：官名。諸公軍府屬官，掌本府軍隊政令。其品位隨府主地位而異。

[7]西府：指南康王蕭寶融府。寶融時爲荆州刺史，而荆州在京師建康之西，故稱。

[8]東昏：指齊東昏侯蕭寶卷。　輔國將軍：將軍名號。齊第三品。　巴西：郡名。治所在今四川綿陽市東。

[9]敕：皇帝的命令。　雍州：州名。治所在今湖北襄樊市。時蕭衍爲雍州刺史。

[10]高祖：梁武帝蕭衍廟號。

[11]錢塘：縣名。治所在今浙江杭州市。　城局參軍：官名。公府諸曹參軍之一，掌盜賊事。宋第七品，齊不詳。　席闡文：人名。本書卷一二有傳。諮議參軍：官名。諸公府屬官，掌諷議。宋第七品，齊不詳。　柳忱：人名。本書卷一二《柳惔傳》有附傳。齋：房舍。

[12]江陵素畏襄陽人：意同"荆州本畏襄陽人"（見本書卷一《武帝紀上》)。《通鑑》卷一四三《齊紀九》"永元二年"下胡三省注："襄陽被邊，人皆習兵，故荆州人畏之。"今人有以爲"是由於南朝時以江陵爲中心的荆州與以襄陽爲中心的雍州政治地位升降造成的"。詳《魏晉南北朝史研究》何德章《釋"荆州本畏襄陽人"》。江陵，荆州刺史治所，即今湖北荆州市江陵。襄陽，縣名。雍州刺史治所，即今湖北襄樊市襄陽區。

[13]歲寒：《通鑑》卷一四三《齊紀九》"永元二年"下胡三省注："四時運而成歲，歲至極寒而終矣。歲寒以喻世事終極處。"

[14]罔：無。

[15]限：門檻。

[16]南康王：齊和帝蕭寶融即位前之封爵號。見《南齊書》卷八《和帝紀》。南康，郡名。治所在今江西贛州市東北。

和帝即位，以穎胄爲假節、侍中、尚書令、領吏部尚書、都督行留諸軍事、鎮軍將軍、荆州刺史，[1]留衛西朝。[2]以穎達爲冠軍將軍。[3]及楊公則等率師隨高祖，[4]高祖圍郢城，[5]穎達會軍於漢口，[6]與王茂、曹景宗等攻郢城，[7]陷之。隨高祖平江州。[8]高祖進江州，[9]使與曹景宗先率馬步進趨江寧，[10]破東昏將李居士，又下東城。[11]

[1]假節：古代大臣奉皇帝之命出行，持節以爲憑證並示威重，稱爲假節。魏晉以後以爲官名，有假節、持節、使持節之分，權力亦有小大之别，多爲都督諸州軍事及刺史總軍戎者。假節，有軍事可殺犯禁令者。　侍中：官名。門下省長官，掌奏事，直侍左右，應對獻替，並參與決策，是中樞集團重要成員。員四人。齊第三品。　尚書令：官名。尚書省長官，掌出納王命，綜理政務。齊第三品。　領：官制術語。已有實授主職，兼任較低職務而不居其位。　吏部尚書：官名。尚書省吏部曹長官，位在列曹尚書之上。多僑姓高門、世胄顯貴擔任。掌官吏銓選、任免。員一人。齊第三品。　鎮軍將軍：將軍名號。位在征東、征西、征南、征北四征將軍之上。齊第三品。

[2]西朝：南康王寶融即位江陵，江陵在建康之西，故稱西朝。

[3]冠軍將軍：將軍名號。齊第三品。

[4]楊公則：人名。本卷有傳。

[5]郢城：城名。郢州刺史治所，在今湖北武漢市武昌。

[6]漢口：漢水入長江之口，即今湖北武漢市漢口。

[7]王茂、曹景宗：並人名。本書卷九有傳。

[8]江州：州名。治所在今江西九江市西南。

[9]江州：三朝本、百衲本皆作"漂州"，《南史》卷四一《齊宗室傳》亦作"漂州"。中華書局本《南史校勘記》云："'漂州'疑'溧洲'之訛。《宋書·孝武帝紀》'上次溧洲'，即此江上之洲。"按，疑作"溧洲"爲是。

[10]江寧：縣名。治所在今江蘇江寧縣西南江寧鎮。

[11]東城：即東府城，在今江蘇南京市通濟門附近。

初，義師之起也，[1]巴東太守蕭惠訓子璝、巴西太守魯休烈弗從，[2]舉兵侵荆州，敗輔國將軍任漾之於硤口，[3]破大將軍劉孝慶於上明，[4]穎胄遣軍拒之；而高祖已平江、郢，圖建康。[5]穎胄自以職居上將，不能拒制瓚等，憂愧不樂，發疾數日而卒。州中祕之，使似其書者假爲教命。及瓚等聞建康將平，衆懼而潰，乃始發喪，和帝贈穎胄丞相。

[1]義師：齊末東昏侯蕭寶卷狂悖無道，雍州刺史蕭衍起兵於襄陽以討之，因稱其師爲義師。

[2]巴東：郡名。治所在今重慶奉節縣東。　巴西：郡名。治所在今四川綿陽市東。

[3]任漾之，三朝本、百衲本皆作"任議之"。　硤口：即今湖北宜昌市西長江西陵峽口。硤，《南齊書》卷三八《蕭穎胄傳》、《南史》卷四一同傳並作"峽"。

[4]大將軍：將軍名號。掌全國軍政，南朝不常設。宋第一品，齊不詳。按，此疑有誤。劉孝慶不可能是大將軍。《南齊書》卷三八《蕭穎胄傳》作"汶陽太守"。　上明：城名。在今湖北松滋縣西北長江南岸。

[5]建康：縣名。六朝首都，即今江蘇南京市。

義師初，穎達弟穎孚自京師出亡，廬陵人脩景智潛引與南歸，[1]至廬陵，景智及宗人靈祐爲起兵，得數百人，屯西昌藥山湖。[2]穎達聞之，假穎孚節、督廬陵豫章臨川南康安成五郡軍事、冠軍將軍、廬陵内史。[3]穎孚率靈祐等進據西昌，東昏遣安西太守劉希祖自南江入湖拒之。[4]穎孚不能自立，以其兵由建安復奔長沙，[5]希祖追之，穎孚緣山踰嶂，僅而獲免。在道絶糧，後因食過飽而卒。

[1]廬陵：郡名。治所在今江西吉水縣東北。　脩景智：人名。脩，舊本作“循”，此依中華書局本校改。

[2]西昌：縣名。治所在今江西泰和縣西。

[3]豫章：郡名。治所在今江西南昌市。　臨川：郡名。治所在今江西南城縣東南。　安成：郡名。治所在今江西安福縣東南。內史：官名。王國官，掌治民。宋第五品，齊不詳。

[4]安西太守劉希祖：中華書局本《校勘記》云：“據《南齊書·蕭穎胄傳》及《通鑑》齊和帝中興元年，時東昏侯遣軍主劉希祖率三千人攻蕭穎孚，穎孚敗奔長沙，希祖攻拔安成，殺太守范僧簡，東昏以希祖爲安成內史。是‘安西’乃‘安成’之誤；而劉希祖時爲軍主，後乃爲安成內史，亦非太守。”南江：即今江西贛江。

[5]建安：郡名。治所在今福建建甌市南松溪南岸。　長沙：郡名。治所在今湖南長沙市。

建康城平，高祖以穎達爲前將軍、丹陽尹。[1]上受禪，詔曰：“念功惟德，列代所同，追遠懷人，[2]彌與事篤。齊故侍中、丞相、尚書令穎胄，風格峻遠，器寓深邵，[3]清猷盛業，問望斯歸。[4]締構義始，[5]肇基王迹，契闊屯夷，[6]載形心事。朕膺天改物，[7]光宅區宇，[8]望岱觀河，[9]永言號慟。可封巴東郡開國公，食邑三千户，本官如故。”贈穎孚右衛將軍。[10]加穎達散騎常侍，[11]以公事免。及大論功賞，封穎達吳昌縣侯，[12]邑千五百户。尋爲侍中，改封作唐侯，[13]縣邑如故。

[1]前將軍：將軍名號。地位略高於一般雜號將軍。宋第三品，齊不詳。丹陽尹：京師所在丹陽郡長官。宋第三品，齊不詳。丹陽郡，治所在今江蘇南京市。

[2]追遠：《論語·學而》："曾子曰：慎終追遠，民德歸厚矣。"何晏《集解》引孔安國曰："追遠者，祭盡其敬。"

[3]卲：通"劭"，美好。

[4]問望：美好的聲名。

[5]締構：營造。此指創建梁王朝。

[6]契闊：要約。　屯夷：艱難與平易。

[7]膺天：受天命。　改物：指改朝换代。

[8]光宅：充滿、覆被。《尚書·堯典序》："昔在帝堯，聰明文思，光宅天下。"後世因用爲居有、占據之意。

[9]岱：泰山。　河：黄河。

[10]右衛將軍：將軍名號。與左衛將軍合稱二衛將軍，是禁衛軍主要將領。掌宫廷宿衛營兵。齊及梁初第四品。

[11]散騎常侍：官名。南朝時爲集書省長官，職以侍從左右、掌圖書文翰爲主。地位較晉代爲低。員四人。齊及梁初第三品。

[12]吴昌：縣名。治所在今湖南平江縣東南故縣城。

[13]作唐：縣名。治所在今湖南安鄉縣北。

遷征虜將軍、太子左衛率。[1]御史中丞任昉奏曰：[2]

臣聞貧觀所取，窮視不爲。在於布衣，窮居介然之行，[3]尚可以激貪厲俗，惇此薄夫；况乎伐冰之家，[4]争鷄豚之利；[5]衣繡之士，[6]受賈人之服。[7]風聞征虜將軍臣蕭穎達啓乞魚軍税，[8]輒攝穎達宅督彭難當到臺辨問。[9]列稱"尋生魚典税，先本是鄧僧琰啓乞，限訖今年五月十四日。主人穎達，于時謂非新立，仍啓乞接代僧琰，即蒙降許登稅，與史法論一年收直五十萬”。如其列狀，[10]則與風聞符同，穎達即主。[11]

[1]征虜將軍：將軍名號。宋第三品，齊及梁初不詳。　太子左衛率：官名。東宮官員，與太子右衛率合稱太子二率，掌東宮宿衛，亦任征伐，地位頗重。梁初四品。

[2]御史中丞：官名。御史臺長官。掌督司百僚，糾劾不法。南朝第一流高門多不居此職。員一人。梁第四品。　任昉：人名。本書卷一四有傳。

[3]介然：堅定不移。

[4]伐冰之家：指貴族豪門。《禮記·大學》：“伐冰之家，不畜牛羊。”古代衹卿大夫以上喪祭纔得用冰，故以“伐冰之家”指稱貴族豪門。

[5]鷄豚之利：指飼養鷄豚之利。《韓詩外傳》卷四：“故駟馬之家，不恃鷄豚之息；伐冰之家，不圖牛羊之入。”

[6]衣繡之士：指富貴之人。

[7]賈（gǔ）人：商人。

[8]風聞：傳聞。

[9]攝：拘捕。　臺：指御史臺。

[10]如：舊本訛“知”，此依中華書局本校改。

[11]即主：清·俞正燮《癸巳類稿》卷一一：“彈文‘某即主’爲一句，言是正犯。”按，“即主”二字，唐宋以來，頗有異説。見周一良《魏晉南北朝史札記》之《梁書札記》“劾奏公文格式”條。

臣謹案：征虜將軍、太子左衛率、作唐縣開國侯臣穎達，備位大臣，預聞執憲，私謁亟陳，至公寂寞。屠中之志，[1]異乎鮑肆之求；[2]魚飧之資，[3]不俟潛有之數。[4]遂復申兹文二，[5]追彼十一，[6]風體若兹，[7]準繩斯在。[8]陛下弘惜勳良，每爲曲法；臣當官執憲，敢不直繩。臣等參議，請以見事免穎達所居官，以侯還第。

有詔原之。轉散騎常侍、左衛將軍。俄復爲侍中，衛尉卿。[9]出爲信威將軍、豫章内史，[10]加秩中二千石。[11]治任威猛，郡人畏之。遷使持節、都督江州諸軍事、江州刺史，將軍如故。頃之，徵爲通直散騎常侍、右驍騎將軍。[12]既處優閑，尤恣聲色，飲酒過度，頗以此傷生。

[1]屠中：屠門之中，指肉鋪。傳説吕望曾屠牛於朝歌，周文王舉以爲相。見屈原《離騷》。

[2]鮑肆：出售鮑魚的店鋪。

[3]魚飧：魚做的食物。春秋時晉卿趙盾常食魚飧，有勇士以之爲儉。見《公羊傳·宣公六年》。後世以魚飧指清苦生活。

[4]潛有之數：指水中之魚。《詩·周頌·潛》："猗與漆沮，潛有多魚。"潛，通"槮（qián）"，魚所止息之處。

[5]文二：指蕭穎達乞魚軍税的文書。

[6]十一：十分之一，指利税。十，同"什"。

[7]風體：諷諭之文。指此奏文。

[8]準繩：指法律條文。

[9]衛尉卿：官名。梁十二卿之一，掌宫門屯兵。梁天監七年（508）革選，定流内官職爲十八班，以班多者爲貴。衛尉卿爲十二班。

[10]信威將軍：將軍名號。梁置，與智威、仁威等將軍代舊征

虜將軍。爲五德將軍之一。梁天監七年革選，釐定將軍名號及班品，有一百二十五號十品二十四班，以班多者爲貴。信威將軍爲十六班。

[11]中二千石：官秩品級之一種。《漢書》卷八《宣帝紀》顔注："漢制，秩二千石者一歲得一千四百四十石，實不滿二千石也，其云中二千石者，一歲得二千一百六十石，舉成數言之，故曰中二千石。中者，滿也。"

[12]通直散騎常侍：官名。集書省官員，與散騎常侍通直，掌侍從左右，獻納得失。多以衰老之士擔任，地位不高。員四人。梁十一班。　右驍騎將軍：官名。天監六年置，掌侍衛左右。梁十一班。《陳書》卷一八《韋載傳》附《韋翽傳》："驍騎之職，舊領營兵，兼統宿衛。自梁代已來，其任逾重，出則羽儀清道，入則與二衛通直，臨軒則升殿俠侍。"所指即左右驍騎將軍。

九年，遷信威將軍、右衛將軍。[1]是歲卒，年三十四。車駕臨哭，[2]給東園祕器，[3]朝服一具，衣一襲，[4]錢二十萬，布二百匹。追贈侍中、中衛將軍，[5]鼓吹一部。[6]謚曰康。子敏嗣。

[1]右衛將軍："右"，《南史》卷四一同傳作"左"。

[2]車駕：帝王的代稱。《漢書》卷一《高帝紀》顔師古注："凡言車駕者，謂天子乘車而行，不敢指斥也。"　臨（lìn）哭：哭吊。

[3]東園祕器：漢有官署稱東園，掌製作王公貴族墓内器物，故稱棺木爲東園祕器。

[4]一襲：一套。

[5]中衛將軍：將軍名號。與中軍、中撫、中權將軍合稱四中將軍，地位顯要，祇授予在京師任職的官員。梁一百二十五號將軍

之一，二十三班。

[6]鼓吹：樂名。本軍樂，皇帝出行亦奏，漢魏以後亦用以贈賜有功之臣。

穎胄子靡，襲巴東公，位至中書郎，[1]早卒。

[1]中書郎：官名。亦稱中書侍郎，中書省屬官，舊掌詔誥。劉宋以後草擬詔命之權漸歸舍人，侍郎職少官清，常成爲諸王起家官。梁九班。

夏侯詳字叔業，譙郡譙人也。[1]年十六，遭父艱，[2]居喪哀毁。三年廬于墓，嘗有雀三足，飛來集其廬户，衆咸異焉。服闋，[3]刺史殷琰召補主簿。[4]

[1]譙郡譙人也：舊本作"譙郡人也"，脱一"譙"字，此依中華書局本校補。　譙郡，郡名。治所在今安徽亳州市。譙，縣名。治所與譙郡同。此夏侯氏祖籍。

[2]父艱：父喪。

[3]服闋：服喪期滿。

[4]殷琰：人名。祖籍陳郡長平。《宋書》卷八七有傳。　主簿：官名。漢代以下，中央各機構及地方州郡皆置，掌文書簿籍。官品隨府主職位高下而定。

宋泰始初，[1]琰舉豫州叛，[2]宋明帝遣輔國將軍劉勔討之，[3]攻守連月，人情危懼，將請救於魏。詳説琰曰："今日之舉，本効忠節；若社稷有奉，便歸身朝廷，何可屈身北面異域。[4]且今魏氏之卒，近在淮次，一軍未測去就，懼有異圖。今若遣使歸款，[5]必厚相慰納，豈止免罪而已。若謂不然，請充一介。”[6]琰許之。詳見勔曰：“將軍嚴圍峭壘，矢刃如霜，城内愚徒，實同困獸，士庶懼誅，咸欲投魏。僕所以踰城歸德，敢布腹心。願將軍弘曠蕩之恩，[7]垂霈然之惠，[8]解圍退舍，[9]則皆相率而至矣。”勔許之。詳曰：“審爾，[10]當如君言，而詳請反命。”[11]勔遣到城下，詳呼城中人，語以勔辭，即日琰及衆俱出，一州以全。

[1]泰始：宋明帝年號（465—471）。

[2]豫州：州名。治所在今安徽壽縣。

[3]劉勔：人名。彭城人。《宋書》卷八六有傳。

[4]北面：面嚮北。古君臣之禮，君南面，臣北面。故北面指稱臣。

[5]歸款：即投誠。

[6]一介：“一介之使”之略稱，指使者。

[7]曠蕩：開闊無邊。此處指度量寬弘。

[8]霈然：雨很大的樣子。此處比喻恩澤。

[9]退舍：退卻。

[10]審爾：確實如此。

[11]反命：復命。

勔爲刺史，又補主簿。頃之，爲新汲令，[1]治有異績，刺史段佛榮班下境内，[2]爲屬城表。[3]轉治中從事史，[4]仍遷别駕。[5]歷事八將，州部稱之。

[1]新汲：縣名。治所在今河南扶溝縣西南。

[2]段佛榮：人名。祖籍京兆。《宋書》卷八四有附傳。　班：頒佈。

[3]表：表率。

[4]治中從事史：官名。州府屬官，掌衆曹文書事。宋第九品。

[5]别駕：别駕從事史之省稱，官名。州府屬官，與西曹書佐共掌本府官吏及選舉事。宋第九品。

齊明帝爲刺史，雅相器遇。及輔政，招令出都，將大用之。每引詳及鄉人裴叔業日夜與語，[1]詳輒末略不酬。[2]帝以問叔業，叔業告詳。詳曰："不爲福始，不爲禍先。"由此微有忤。出爲征虜長史、義陽太守。[3]頃之，建安戍爲魏所圍，[4]仍以詳爲建安戍主，[5]帶邊城、新蔡二郡太守，[6]并督光城、弋陽、汝陰三郡衆赴之。[7]詳至建安，魏軍引退。先是，魏又於淮上置荆亭戍，[8]常爲寇掠，累攻不能禦，詳率鋭卒攻之，賊衆大潰，皆棄城奔走。

[1]鄉人裴叔業：裴叔業祖籍河東聞喜，《南齊書》卷五一有傳。其與齊明帝及夏侯詳不同鄉里。此言"鄉人"，疑有誤，《南史》卷五五同傳無此二字。

[2]末略：退縮。　酬：答。

[3]征虜：征虜將軍之省稱，將軍名號。宋第三品，齊不詳。長史：官名。諸公軍府屬官，掌本府官吏。其品秩依府主地位高下而定。宋第六品至第七品。　義陽：郡名。治所在今河南信陽市。

[4]建安戍：戍所名。在今河南固始縣東。

[5]戍主：守衛邊防營壘、城堡主將。多以郡守、縣令、州參軍及雜號將軍等兼領。

[6]帶：官制術語。帶其官號、俸禄而不理其事。　邊城：郡名。治所在今河南商城縣東。　新蔡：郡名。治所在今河南固始縣東北。

[7]光城、弋陽、汝陰三郡：舊本皆作“光成弋陽汝鄧五郡”，此依中華書局本校改。光城，治所在今河南光山縣。弋陽，治所在今河南潢川縣西。汝陰，治所在今安徽阜陽市。

[8]荆亭戍：戍所名。在今安徽懷遠縣西南淮河岸。

建武末，徵爲游擊將軍，[1]出爲南中郎司馬、南新蔡太守。[2]齊南康王爲荆州，[3]遷西中郎司馬、新興太守，[4]便道先到江陽。[5]時始安王遥光稱兵京邑，[6]南康王長史蕭穎胄並未至，中兵參軍劉山陽先在州，[7]山陽副潘紹欲謀作亂，詳僞呼紹議事，即於城門斬之，州府乃安。遷司州刺史，[8]辭不之職。

[1]游擊將軍：將軍名號。禁衛軍六軍之一，掌宫廷宿衛。宋第四品，齊不詳。

[2]南中郎：南中郎將之省稱，將軍名號。東西南北四中郎將之一，爲方面大員，地位高於一般將領。南齊唯授予宗室諸王，素族無爲之者。宋第四品，齊不詳。　司馬：官名。諸公軍府屬，掌本府武職。宋第六至第七品。南新蔡：郡名。治所在今河南固始縣。

[3]南康王：齊和帝蕭寶融即位前之封爵號。時寶融爲西中郎將、荆州刺史。詳《南齊書》卷八《和帝紀》。

[4]新興：郡名。治所在今湖北荆州市江陵東。

[5]江陽：南齊有江陽縣、江陽郡，治所同在今四川彭山縣東，與此“江陽”無涉。據此處上下文意，此“江陽”當在荆州，頗疑爲“江陵”之誤。江陵時爲荆州鎮所，潘紹在荆州謀作亂，夏侯詳

至荆州鎮所江陵，斬之於城門，無由至江陽。《通鑑》卷一四二《齊紀八》"永元元年"下亦載夏侯詳斬潘紹於江陵。"陽"、"陵"形近，易誤。

[6]始安王遥光：南齊宗室蕭遥光封爵號始安王。東昏侯永元元年（499）蕭遥光起兵反，兵敗被誅。《南齊書》卷四五《宗室》有傳。

[7]中兵參軍：官名。諸公軍府屬官，掌本府親兵。宋第七品，齊不詳。州：指荆州。

[8]司州：州名。治所在今河南信陽市。

高祖義兵起，[1]詳與穎胄同創大舉。西臺建，[2]以詳爲中領軍，[3]加散騎常侍、南郡太守。[4]凡軍國大事，穎胄多决於詳。及高祖圍郢城未下，穎胄遣衛尉席闡文如高祖軍。[5]詳獻議曰："窮壁易守，攻取勢難；頓甲堅城，兵家所忌。誠宜大弘經略，詢納羣言，軍主以下至于匹夫，皆令獻其所見，盡其所懷，擇善而從，選能而用，不以人廢言，不以多罔寡。[6]又須量我衆力，度賊樵糧，窺彼人情，權其形勢。[7]若使賊人衆而食少，故宜計日而守之；食多而力寡，故宜悉衆而攻之。若使糧力俱足，非攻守所屈，便宜散金寶，縱反間，[8]使彼智者不用，愚者懷猜。此魏武之所以定大業也。[9]若三事未可，宜思變通，觀於人情，計我糧糓。若德之所感，萬里同符，仁之所懷，遠邇歸義，金帛素積，糧運又充，乃可以列圍寬守，引以歲月，此王翦之所以剋楚也。[10]若圍之不卒降，[11]攻之未可下，間道不能行，金粟無人積，天下非一家，人情難可豫，此則宜更思變計矣。變計之道，實資英斷，此之深要，難以紙宣，輒布言於席衛尉，特願垂採。”高祖嘉納焉。頃之，穎胄卒。時高祖弟始興王憺留守襄陽，[12]詳乃遣使迎憺，共參軍國。和帝加詳禁兵，出入殿省，固辭不受。遷侍中、尚書右僕射。[13]尋授使持節、撫軍將軍、荊州刺史。[14]詳又固讓于憺。

[1]義兵：同“義師”。

[2]西臺：南康王蕭寶融即位於江陵，江陵在建康之西，故稱西臺。臺，官署名。

[3]中領軍：將軍名號。資輕於領軍，職掌則同。宋第三品，齊不詳。

[4]南郡：郡名。治所在今湖北荊州市江陵。

[5]衛尉：官名。九卿之一。掌宫門屯兵。齊第三品。

[6]罔：否定。

[7]權：衡量。

[8]反間：反間計。

[9]魏武：魏武帝曹操。

[10]王翦：人名。戰國頻陽東鄉人，秦國大將。秦始皇命王翦攻打楚國，楚悉國中兵以拒之。王翦至，堅壁不肯戰，楚人數出挑戰，終不出。楚人引兵而東，翦追擊之，大捷。事詳《史記》卷七三《白起王翦列傳》。

[11]卒（cù）：通“猝”，急遽。

[12]始興王憺：蕭憺，梁天監初封始興郡王。本書卷二二有傳。始興郡，治所在今廣東韶關市東南蓮花嶺下。　襄陽：縣名。雍州刺史鎮所，在今湖北襄樊市。

[13]尚書右僕射：官名。尚書令副佐，並與尚書分領諸曹。與祠部尚書通職，不並置。齊第三品。

[14]使持節：古代大臣奉皇帝之命出行，持節以爲憑證。魏晉以後以爲官名，有假節、持節、使持節之分，權力亦有小大之别，多爲都督諸軍事及刺史總軍戎者。使持節出行，可誅殺二千石以下官員。　撫軍將軍：將軍名號。位在東西南北四征將軍之上。宋第三品，齊不詳。

天監元年，[1]徵爲侍中、車騎將軍，[2]論功封寧都縣侯，[3]邑二千户。詳累辭讓，至於懇切，乃更授右光禄大夫，[4]侍中如故。給親信二十人，[5]改封豐城縣公，[6]邑如故。二年，抗表致仕，[7]詔解侍中，進特進。[8]三年，遷使持節、散騎常侍、車騎將軍、湘州刺史。[9]詳善吏事，在州四載，爲百姓所稱。州城南臨水有峻峯，舊老相傳，云"刺史登此山輒被代"。因是歷政莫敢至。詳於其地起臺榭，延僚屬，以表損挹之志。[10]

[1]天監：梁武帝年號（502—519）。

[2]車騎將軍：將軍名號。爲重號將軍，多加授大臣、地方長官。宋第二品，齊及梁初不詳。

[3]寧都：縣名。治所在今江西寧都縣東北。

[4]右光禄大夫：官名。屬光禄勳。養老疾，無職事。宋第三品，齊及梁初不詳。

[5]親信：護衛之吏。

[6]豐城：縣名。治所在今江西豐城市南。

[7]抗表：上表直言。　致仕：退休。

[8]特進：官名。古代賜給功德優盛，爲朝廷所敬異的官員的官職，位在三公之下。《太平御覽》卷二四三《職官·特進》引沈

約《宋書》有云："其諸官加特進者，從本官供給，特進但爲班位而已，不别有吏卒車服也。"宋第二品，齊及梁初不詳。

[9]湘州：州名。治所在今湖南長沙市。

[10]損挹：謙虚退讓。

六年，徵爲侍中、右光禄大夫，給親信二十人，未至，授尚書左僕射、金紫光禄大夫，[1]侍中如故。道病卒，時年七十四，上爲素服舉哀，[2]贈右光禄。[3]

[1]尚書左僕射："左"舊本作"右"，此依中華書局本校改。金紫光禄大夫：官名。屬光禄卿。《宋書·百官志》："光禄大夫銀章青綬，其重者加金章紫綬，則謂之金紫光禄大夫。"

[2]上：指梁武帝。

[3]右光禄：右光禄大夫之省稱。《南史》卷五五同傳作"開府儀同三司"。

先是，荆府城局參軍吉士瞻役萬人浚仗庫防火池，[1]得金革帶鉤，隱起雕鏤甚精巧，篆文曰"錫爾金鉤，既公且侯"。士瞻，詳兄女壻也。女竊以與詳，詳喜佩之，期歲而貴矣。[2]

[1]荆府：指荆州州府。　吉士瞻：人名。祖籍馮翊蓮芍。《南史》卷五五有傳。　仗庫：兵器倉庫。

[2]期（jī）歲：一周年。

蔡道恭字懷儉，南陽冠軍人也。[1]父那，[2]宋益州刺史。[3]

[1]南陽：郡名。治所在今河南南陽市。　冠軍：縣名。治所在今河南鄧州市西北。

[2]父那："那"，舊本訛"郡"。此依中華書局本校改。蔡那，泰豫元年（472）曾官益州刺史。見《宋書》卷八三《宗越傳》。

[3]益州：州名。治所在今四川成都市。

道恭少寬厚有大量。齊文帝爲雍州，[1]召補主簿，仍除員外散騎常侍。[2]後累有戰功，遷越騎校尉、後軍將軍。[3]建武末，出爲輔國司馬、汝南令。[4]齊南康王爲荆州，薦爲西中郎中兵參軍，加輔國將軍。

[1]齊文帝：齊武帝長子蕭長懋，宋齊之際官雍州刺史。武帝即位，立爲太子。卒，謚號文惠。其子鬱林王昭業即位，追尊爲文帝。《南齊書》卷二二有傳。

[2]員外散騎常侍：官名。散騎省屬官。多以公族、宗室擔任。劉宋以後常用以安置閑散官員，地位漸低。宋齊官品不詳。

[3]越騎校尉：官名。禁衛軍五營校尉之一，掌宮廷宿衛士。宋第四品，齊不詳。　後軍將軍：將軍名號。前後左右四軍將軍之一，掌宮禁宿衛。宋第四品，齊不詳。

[4]輔國：輔國將軍之省稱，將軍名號。齊第三品。　汝南：縣名。治所在今湖北武昌縣東。

義兵起，蕭穎冑以道恭舊將，[1]素著威略，專相委任，遷冠軍將軍、西中郎諮議參軍，仍轉司馬。中興元年，[2]和帝即位，遷右衛將軍。巴西太守魯休烈等自巴、蜀連兵寇上明，[3]以道恭持節、督西討諸軍事。[4]

次土臺，[5]與賊合戰，道恭潛以奇兵出其後，一戰大破之，休烈等降于軍門。以功遷中領軍，固辭不受，出爲使持節、右將軍、司州刺史。[6]

[1]蕭穎胄時爲西中郎蕭寶融府長史，行荆州事。

[2]中興：齊和帝年號（501—502）。

[3]巴、蜀：古巴郡、蜀郡，即今四川省與重慶市境。　上明：城名。在今湖北松滋縣西北長江南岸。

[4]持節：古代大臣奉皇帝之命出行，持節以爲憑證並示威重。魏晉以後以爲官名，有假節、持節、使持節之分，權力亦有小大之別，多爲都督諸軍事及刺史總軍戎者。出行時，持節可誅殺無官位之人；在軍事行動中享有誅殺二千石以下官員的權力。

[5]土臺：即土臺山，在今湖北荆州市。

[6]右將軍：將軍名號。左右前後四將軍之一。地位略高於一般雜號將軍。宋第三品，齊不詳。

天監初，論功封漢壽縣伯，[1]邑七百户，進號平北將軍。[2]三年，魏圍司州，[3]時城中衆不滿五千人，食裁支半歲，[4]魏軍攻之，晝夜不息，道恭隨方抗禦，皆應手摧却。魏乃作大車載土，四面俱前，欲以填壍，[5]道恭輒於壍内列艨衝鬬艦以待之，[6]魏人不得進。又潛作伏道以決壍水，道恭載土㸑塞之。[7]相持百餘日，前後斬獲不可勝計。魏大造梯衝，[8]攻圍日急，道恭於城内作土山，厚二十餘丈；多作大槊，[9]長二丈五尺，施長刃，使壯士刺魏人登城者。魏軍甚憚之，將退。會道恭疾篤，乃呼兄子僧勰、從弟靈恩及諸將帥謂曰：“吾受國厚恩，不能破滅寇賊，今所苦轉篤，勢不支久，汝等當以死固節，無令吾没有遺恨。”[10]又令取所持節謂僧勰曰：“稟命出疆，憑此而已；即不得奉以還朝，[11]方欲攜之同逝，可與棺柩相隨。”衆皆流涕。其年五月卒。魏知道恭死，攻之轉急。

[1]漢壽：縣名。治所在今湖南漢壽縣東北。

[2]平北將軍：將軍名號。宋第三品，齊及梁初不詳。

[3]據本書《武帝紀》載，魏寇司州始於天監二年（503）冬十月。《曹景宗傳》亦云：“二年十月，魏寇司州，圍刺史蔡道恭。”又《文選》卷四〇任彦昇《奏彈曹景宗》言蔡道恭“全城守死，自冬徂秋”。是司州被圍非始於天監三年也。

[4]裁：通“纔”。

[5]塹：護城河。

[6]艨衝：《通典》卷一六〇《兵十三》“水平及水戰具附”條：“蒙衝，以生牛皮蒙船覆背，兩厢開掣棹孔，前後左右有弩窗矛穴，敵不得近，矢石不能敗。此不用大船，務於疾速，乘人之不及，非戰之船也。” 鬬艦：《通典》又云：“鬬艦，船上設女墻，可高三尺，墻下開掣棹孔，船内五尺又建棚，與女墻齊。棚上又建女墻。重列戰敵，上無覆背，前後左右樹牙旗旛幟金鼓，此戰船也。”

[7]土豘：盛土沙的袋子。形如小猪，故稱。

[8]梯衝：雲梯與衝車，並攻城之器具。

[9]槊：長矛。

[10]没：死。

[11]即：若。《南史》作“既”。

先是，朝廷遣郢州刺史曹景宗率衆赴援，[1]景宗到鑿峴，[2]頓兵不前。至八月，城内糧盡，乃陷。[3]詔曰：“持節、都督司州諸軍事、平北將軍、司州刺史、漢壽縣開國伯道恭，[4]器幹詳審，才志通烈。王業肇構，致力陝西。[5]受任邊垂，[6]効彰所莅。寇賊憑陵，[7]竭誠守禦，奇謀間出，捷書日至。不幸抱疾，奄至殞喪，[8]遺略所固，得移氣朔。[9]自非徇國忘己，[10]忠果並至，何能身没守存，窮而後屈。言念傷悼，特兼常懷，[11]追榮加等，抑有恒數。可贈鎮西將軍，[12]使持節、都督、刺史、伯如故，并尋購喪櫬，[13]隨宜資給。”八年，魏許還道恭喪，其家以女樂易之，葬襄陽。

[1]郢州：州名。治所在今湖北武漢市武昌。

[2]鑿峴：地名。在今河南信陽縣南。

[3]《文選》卷四〇任彦昇《奏彈曹景宗》李善注引劉璠《梁典》有云：“道恭少以勇力聞。及病，猶自力行城。數日不能起，聞戰鼓聲，憤吒而卒。衆猶拒守，無有二心。攻圍二年，無有叛者。入秋，霖雨洪澍，一夜城頽，壯士猶戰不降。及城陷，捶其餘衆，求恭屍，卒不能得。”此可補本文之未及。

[4]持節：當爲“使持節”，疑脱“使”字。觀上文“出爲使持節”及下文“使持節……如故”可知。

[5]陝西：指荆州。《南齊書·州郡下·荆州》：“弘農郡陝縣，周世二伯總諸侯，周公主陝東，召公主陝西，故稱荆州爲陝西也。”齊末蕭衍起兵時，蔡道恭在荆州西中郎府。

[6]邊垂：指司州。垂，通“陲”。

[7]憑陵：侵凌、進逼。

[8]奄：忽然。

[9]氣朔：季節、時日。

[10]忘己：己，各本作“已”，嚴可均輯《全梁文》卷二梁武帝名下録此文作“己”。按，“徇國”與“忘己”相對，“已”當是“己”之訛，今改。

[11]兼：超過。

[12]鎮西將軍：將軍名號。宋第三品，齊及梁初不詳。

[13]櫬（chèn）：棺材。

子澹嗣，卒於河東太守。[1]孫固早卒，國除。

[1]河東：郡名。治所在今湖北松滋縣西北。

楊公則字君翼，天水西縣人也。[1]父仲懷，宋泰始初爲豫州刺史殷琰將。琰叛，輔國將軍劉勔討琰，仲懷力戰，死於横塘。[2]公則隨父在軍，年未弱冠，[3]冒陣抱尸號哭，氣絶良久，勔命還仲懷首。公則殮畢，徒步負喪歸鄉里，由此著名。歷官員外散騎侍郎。[4]梁州刺史范栢年板爲宋熙太守、領白馬戍主。[5]

[1]天水：郡名。治所在今甘肅天水市。　西縣：縣名。治所在今甘肅天水市西南。此楊氏祖籍。

[2]横塘：地名。在今安徽壽縣東。

[3]弱冠：古代以男子二十歲成人，加冠，體猶未壯，故稱弱冠。《禮記·曲禮上》：“二十曰弱，冠。”

[4]員外散騎侍郎：官名。集書省屬官，多以公族、功臣之子充任，爲閑散之職。宋官品不詳。

[5]梁州：州名。治所在今陝西漢中市東。　范栢年：人名。梓潼人。《南史》卷四七《胡諧之傳》有附傳。　板：官制術語。

六朝時，地方長官臨時書授官之詞於板以授官，稱爲板授。板官不給印綬，但可食禄。　宋熙：郡名。治所在今四川旺蒼縣西南嘉川。　白馬：即白馬城，在今陝西勉縣西。

氐賊李烏奴作亂，[1]攻白馬，公則固守經時，矢盡糧竭，陷于寇，抗聲駡賊。烏奴壯之，更厚待焉，要與同事。公則僞許而圖之，謀泄，單馬逃歸。梁州刺史王玄邈以事表聞，[2]齊高帝下詔褒美。除晉壽太守，[3]在任清潔自守。[4]

[1]氐：我國古代西部少數民族名。

[2]王玄邈：人名。《南齊書》卷二七《王玄載傳》有附傳。

[3]晉壽：郡名。治所在今四川廣元市南。

[4]清潔：清正廉潔。

永明中，[1]爲鎮北長流參軍，[2]遷扶風太守，[3]母憂去官。[4]雍州刺史陳顯達起爲寧朔將軍，[5]復領太守。頃之，荆州刺史巴東王子響構亂，[6]公則率師進討。事平，遷武寧太守。[7]在郡七年，資無擔石，百姓便之。入爲前軍將軍。[8]南康王爲荆州，復爲西中郎中兵參軍。領軍將軍蕭穎胄協同義舉，[9]以公則爲輔國將軍、領西中郎諮議參軍，[10]中兵如故，率衆東下。時湘州行事張寶積發兵自守，[11]未知所附，公則軍及巴陵，[12]仍回師南討。軍次白沙，[13]寶積懼，釋甲以俟焉。公則到，撫納之，湘境遂定。

[1]永明：齊武帝年號（483—493）。

[2]鎮北：鎮北將軍之省稱，將軍名號。與鎮東、鎮西、鎮南將軍合稱四鎮將軍。多爲持節都督，出鎮方面，權勢頗重。宋第三品，齊不詳。　長流參軍：官名。諸公軍府屬官，列曹參軍之一，掌治安保衛。宋第七品，齊不詳。

[3]扶風：郡名。治所在今湖北穀城縣東。

[4]母憂：母喪。

[5]陳顯達：人名。齊南彭城人。《南齊書》卷二六有傳。　寧朔將軍：將軍名號。統兵出征。宋第四品，齊不詳。

[6]巴東王子響：齊武帝子蕭子響封爵號巴東王。永明七年（489），子響爲荆州刺史，因擅殺長史、司馬等人，又抗拒朝命，被征討，賜死。詳《南齊書》卷四〇《武十七王·魚復侯子響傳》。

[7]武寧：郡名。治所在今湖北荆門市西北。

[8]前軍將軍：將軍名號。左右前後四軍將軍之一。掌宫禁宿衛。宋第四品，齊不詳。

[9]領軍將軍：將軍名號。禁衛軍最高統帥，權勢甚重。宋第三品，齊不詳。　義舉：指雍州刺史蕭衍起兵討東昏侯蕭寶卷。事見本書《武帝紀》。

[10]諮議參軍：官名。諸公軍府屬官，掌諷議。宋第七品，齊不詳。

[11]行事：代行政事者。錢大昕《廿二史考異》卷二六有云："六朝時，府僚多領郡縣職……凡諸王沖幼出鎮開府，多以長史行府州事，或府主以事他出，亦以府僚行事。"　張寶積：人名。吴郡吴人。《南史》卷三二《張邵傳》有附傳。

[12]巴陵：縣名。治所在今湖南岳陽市。

[13]白沙：城名。在今湖南湘陰縣北。

和帝即位，授持節、都督湘州諸軍事、湘州刺史。

高祖勒衆軍次于沔口，[1]魯山城主孫樂祖、郢州刺史張沖各據城未下，[2]公則率湘府之衆會于夏口。[3]時荆州諸軍受公則節度，雖蕭穎達宗室之貴亦隸焉。累進征虜將軍、左衛將軍，持節、刺史如故。

[1]沔口：即漢口，今湖北武漢市漢口。

[2]魯山城：即魯城，在今湖北武漢市漢陽東北隅。“魯”，舊本訛“曾”，此依中華書局本校改。　張沖：人名。吴郡吴人，《南齊書》卷四九有傳。

[3]夏口：城名。在今湖北武漢市黄鵠山。

郢城平，高祖命衆軍即日俱下，公則受命先驅，徑掩柴桑。[1]江州既定，連旌東下，直造京邑。[2]公則號令嚴明，秋毫不犯，所在莫不賴焉。大軍至新林，[3]公則自越城移屯領軍府壘北樓，[4]與南掖門相對，[5]嘗登樓望戰。城中遥見麾蓋，[6]縱神鋒弩射之，[7]矢貫胡牀，[8]左右皆失色。公則曰：“幾中吾脚。”談笑如初。東昏夜選勇士攻公則栅，軍中驚擾，公則堅卧不起，徐命擊之，東昏軍乃退。公則所領多湘溪人，[9]性怯懦，城内輕之，以爲易與，[10]每出盪，[11]輒先犯公則壘。公則獎厲軍士，剋獲更多。及平，城内出者或被剥奪，公則親率麾下，列陣東掖門，衛送公卿士庶，故出者多由公則營焉。進號左將軍，[12]持節、刺史如故，還鎮南蕃。[13]

[1]掩：乘人不備，突然襲擊。　柴桑：縣名。治所在今江西

九江市西南。

[2]造：往。

[3]新林：地名。即今江蘇南京市西南西善橋鎮。

[4]越城：城名。在今江蘇南京市南。　領軍府：即領軍將軍府。

[5]南掖門：建康宫城南面旁門。宫城旁門曰掖門。

[6]麾蓋：旗幟之頂。

[7]神鋒弩：一種强弩。

[8]胡牀：一種可以折叠的輕便坐具。是東漢後期由胡地傳入，故名。

[9]湘溪：指湘州。《通鑑》卷一四四《齊紀十》“中興元年十月”下作“湘州”。

[10]易與：容易對付。

[11]盪：衝殺。

[12]左將軍：將軍名號。地位略高於一般雜號將軍。宋第三品，齊不詳。

[13]南蕃：指湘州。因湘州在京師建康之南，故稱。蕃，通“藩”。

初，公則東下，湘部諸郡多未賓從，及公則還州，然後諸屯聚並散。天監元年，進號平南將軍，[1]封寧都縣侯，邑一千五百户。湘州寇亂累年，民多流散，公則輕刑薄斂，頃之，户口充復。[2]爲政雖無威嚴，然保己廉慎，爲吏民所悦。湘俗單家以賂求州職，[3]公則至，悉斷之，所辟引皆州郡著姓，[4]高祖班下諸州以爲法。[5]

[1]平南將軍：將軍名號。與平東、平西、平北將軍合稱四平將軍。多持節都督或監某一地區軍事，亦可以作爲刺史兼理軍務的加官。宋第三品，齊及梁初不詳。

[2]充復："充"，舊本作"克"，此依中華書局本校改。

[3]單家：與豪門大族相對稱的孤寒人家。亦稱單門或寒門。《南史》卷五五同傳作"單門"。

[4]辟：徵召。　著姓：高門大姓。

[5]班：頒佈。

四年，徵中護軍。[1]代至，乘二舸便發，賮送一無所取。[2]仍遷衛尉卿，[3]加散騎常侍。時朝廷始議北伐，以公則威名素著，至京師，詔假節先屯洛口。[4]公則受命遘疾，謂親人曰："昔廉頗、馬援以年老見遺，[5]猶自力請用。今國家不以吾朽懦，任以前驅，方於古人，見知重矣。雖臨途疾苦，豈可僶俛辭事。[6]馬革還葬，[7]此吾志也。"遂强起登舟。至洛口，壽春士女歸降者數千户。[8]魏豫州刺史薛恭度遣長史石榮等前鋒接戰，[9]即斬石榮，逐北至壽春，去城數十里乃反。[10]疾卒于師，時年六十一。高祖深痛惜之，即日舉哀，贈車騎將軍，給鼓吹一部。謚曰烈。

[1]四年徵中護軍：中華書局本《校勘記》："本書《武帝紀》，天監三年，以湘州刺史楊公則爲中護軍。而代楊公則爲湘州刺史是夏侯詳。本書《夏侯詳傳》亦云天監三年遷湘州刺史。是'四年'當作'三年'。"　中護軍：將軍名號。資輕於護軍將軍而職掌同。掌京畿以外諸軍。參《宋書·百官志》。

[2]賮（jìn）：臨别時贈送的禮物。

［3］衛尉卿：官名。九卿之一，掌宫門屯兵。宋第三品，齊及梁初不詳。按，據《隋書·百官志》，諸卿，梁天監七年（508）以前猶依宋、齊，無卿名。此稱"衛尉卿"，屬以後稱前。參楊樹達《古書疑義舉例續補》卷一"以後稱前例"條。

［4］洛口：即今安徽淮南市東北青洛河與高塘湖北入淮河之口。

［5］廉頗：人名。戰國時趙國良將。《史記》卷八一有傳。　馬援：後漢扶風茂陵人，任伏波將軍。《後漢書》卷二四有傳。　遺：棄而不用。

［6］俄俛：指時間短暫，等於説須臾。

［7］馬革還葬：指戰死沙場。《後漢書》卷二四《馬援傳》："（援曰：）男兒要當死於邊野，以馬革裹屍還葬耳，何能卧床上在兒女子手中邪？"

［8］壽春：縣名。治所在今安徽壽縣。

［9］豫州：北魏州名。治所在今河南汝南縣。　長史：官名。北魏從第三品至從第七品。

［10］反：通"返"。

公則爲人敦厚慈愛，居家篤睦，視兄子過於其子，家財悉委焉。性好學，雖居軍旅，手不輟卷，士大夫以此稱之。

子朓嗣，有罪國除。高祖以公則勳臣，特詔聽庶長子朓嗣。[1]朓固讓，歷年乃受。

［1］庶長子：妾所生長子。

鄧元起字仲居，南郡當陽人也。[1]少有膽幹，膂力過人。[2]性任俠，好賑施，鄉里年少多附之。起家州辟議曹從事史，[3]轉奉朝請。[4]雍州刺史蕭緬板爲槐里令。[5]遷弘農太守、平西軍事。[6]時西陽馬榮率衆緣江寇抄，[7]商旅斷絶，刺史蕭遥欣使元起率衆討平之。[8]遷武寧太守。[9]

[1]當陽：縣名。治所在今湖北當陽市。

[2]膂力：四肢有力。

[3]州：此處指荆州。　議曹從事史：官名。州府屬官，職參謀議。宋第九品，齊不詳。

[4]奉朝請：本指大臣定期參加朝會，朝見皇帝。晉以下以爲官名，安置閑散官員。宋齊無職事，亦不爲官。

[5]蕭緬：人名。齊宗室。《南齊書》卷四五有傳。　槐里：縣名。治所在今陝西興平市西。此或爲僑置，非必實土。

[6]弘農：郡名。治所在今河南陝縣。此或爲僑置，非必實土。　平西軍事：各本同。中華書局本《校勘記》云："'平西軍事'上疑脱'參'字。"平西，平西將軍之省稱，將軍名號。四平將軍之一。宋第三品，齊不詳。參軍事，官名。諸公軍府屬官，參掌府曹事。宋第七品，齊不詳。

[7]西陽：郡名。治所在今湖北黄岡市東。

[8]蕭遥欣：人名。齊宗室。《南齊書》卷四五有傳。

[9]武寧：郡名。治所在今湖北荆門市西北。

永元末，[1]魏軍逼義陽，元起自郡援焉。蠻帥田孔明附于魏，自號郢州刺史，寇掠三關，[2]規襲夏口，[3]元起率鋭卒攻之，旬月之間，頻陷六城，斬獲萬計，餘黨悉皆散走。仍戍三關。郢州刺史張沖督河北軍事，[4]元起累與沖書，求旋軍。沖報書曰："足下在彼，吾在此，表裏之勢，所謂金城湯池；[5]一旦捨去，則荆棘生焉。”[6]乃表元起爲平南中兵參軍事。[7]自是每戰必捷，勇冠當時，敢死之士樂爲用命者萬有餘人。

[1]永元：齊東昏侯年號（499—501）。

[2]三關：即義陽三關。指平靖關（在今河南信陽縣西南）、黄峴關（在今河南信陽縣南）、武陽關（在今河南羅山縣南）。

[3]規：圖謀。

[4]張沖：齊永元末爲督郢、司二州，郢州刺史。

[5]金城湯池：比喻防守堅固，牢不可破之城邑。

[6]荆棘：形容變亂殘破的景象。

[7]平南：平南將軍之省稱。　中兵參軍事：官名。亦稱中兵參軍。諸公軍府屬官，掌本府親兵。宋第七品，齊不詳。

義師起，蕭穎胄與書招之。[1]張沖待元起素厚，衆皆懼沖；及書至，元起部曲多勸其還郢。元起大言於衆曰：“朝廷暴虐，[2]誅戮宰臣，羣小用命，衣冠道盡。[3]荆、雍二州同舉大事，何患不剋。且我老母在西，[4]豈容背本。若事不成，政受戮昏朝，[5]幸免不孝之罪。”即日治嚴上道。至江陵，爲西中郎中兵參軍，加冠軍將軍，率衆與高祖會于夏口。高祖命王茂、曹景宗及元起等圍城，結壘九里，[6]張沖屢戰，輒大敗，乃嬰城固守。[7]

[1]蕭穎胄時爲西中郎荆州刺史、南康王蕭寶融長史，協同蕭衍舉義。

[2]朝廷：此指東昏侯蕭寶卷。

[3]衣冠：本指士大夫的穿戴，此借指士君子。

[4]西：指荆州。以其在京師建康之西，故稱。元起家南郡當陽，屬荆州。

[5]政：僅，止。此六朝人習語，字亦作“正”。

[6]九里：地名。《通鑑》卷一四四《齊紀十》“和帝中興元年”下胡三省注：“其地去郢城九里，因以爲名。”

[7]嬰城：環城而守。

和帝即位，授假節、冠軍將軍、平越中郎將、廣州刺史，[1]遷給事黄門侍郎，[2]移鎮南堂西渚。[3]中興元年七月，郢城降，以本號爲益州刺史，仍爲前軍，先定尋陽。[4]及大軍進至京邑，元起築壘於建陽門，[5]與王茂、曹景宗等合長圍，身當鋒鏑。建康城平，進號征虜將軍。天監初，封當陽縣侯，邑一千二百户。又進號左將軍，刺史如故，始述職焉。[6]

[1]平越中郎將：武官名號。治廣州，主護南越。宋第四品，齊不詳。　廣州：州名。治所在今廣東廣州市。

[2]給事黄門侍郎：官名。門下省次官，與侍中俱掌門下衆事，侍從左右，關通中外。職任顯要。齊第五品。

[3]南堂：地名。在今湖北武漢市武昌南，西近江渚。

[4]尋陽：郡名。治所在今江西九江市西南。

[5]建陽門：即建春門，京師建康城東門。

[6]述職：到職。

初，義師之起，益州刺史劉季連持兩端；[1]及聞元起將至，遂發兵拒守。語在《季連傳》。元起至巴西，巴西太守朱士略開門以待。先時蜀人多逃亡，至是出投元起，皆稱起義應朝廷，師人新故三萬餘。元起在道久，軍糧乏絶。或説之曰："蜀土政慢，民多詐疾，若檢巴西一郡籍注，[2]因而罰之，所獲必厚。"元起然之。涪令李膺諫曰：[3]"使君前有嚴敵，後無繼援，山民始附，於我觀德，若糾以刻薄，民必不堪，衆心一離，雖悔無及，何必起疾可以濟師。[4]膺請出圖之，不患資糧不足也。"元起曰："善，一以委卿。"膺退，率富民上軍資米，俄得三萬斛。

[1]劉季連：人名。本書卷二〇有傳。　兩端：形容遲疑不決。

[2]一郡："郡"，舊本作"部"，《南史》卷五五同傳、《册府元龜》卷四二一、《通鑑》卷一四五《梁紀一》"天監元年"下並作"郡"，今依中華書局本校改。　籍注：户籍上的記載。《通鑑》卷一四五《梁紀一》"天監元年"下胡三省注云："謂民多詐疾，注之於籍，以避征役。"

[3]涪：縣名。治所在今四川綿陽市東。　李膺：人名，字公胤。《南史》卷五五《鄧元起傳》有附傳。

[4]起疾：檢括假稱疾病者，使之服役。

元起先遣將王元宗等破季連將李奉伯於新巴，[1]齊晚盛於赤水。[2]衆進屯西平。[3]季連始嬰城自守。晚盛又破元起將魯方達於斛石，[4]士卒死者千餘人，師衆咸懼，元起乃自率兵稍進至蔣橋，[5]去成都二十里，[6]留輜重於郫。[7]季連復遣奉伯、晚盛二千人，間道襲郫，陷之，軍備盡没。元起遣魯方達之衆救之，敗而反，[8]

遂不能剋。元起捨郫，逕圍州城，栅其三面而塹焉。元起出巡視圍栅，季連使精勇掩之，[9]將至麾下，[10]元起下輿持楯叱之，衆辟易不敢進。[11]

[1]新巴：縣名。治所在今四川青川縣西南。
[2]赤水：縣名。治所在今重慶銅梁縣西北。
[3]西平：縣名。治所在今四川成都市南。
[4]斛石：今地待考。
[5]蔣橋：在今四川成都市北。
[6]成都：縣名。益州鎮所，今四川成都市。
[7]郫：縣名。治所在今四川郫縣。
[8]反：通“返”。
[9]掩：乘人不備而襲擊。
[10]麾下：將旗之下。
[11]辟易：驚退。

時益部兵亂日久，民廢耕農，内外苦饑，人多相食，道路斷絶，季連計窮。會明年，高祖使赦季連罪，許之降。季連即日開城納元起，元起送季連于京師。城開，郫乃降。斬奉伯、晚盛。高祖論平蜀勳，復元起號平西將軍，[1]增封八百户，并前二千户。

[1]復元起號平西將軍：復，各本同。中華書局本《校勘記》：“上文無授免元起平西將軍事，此處謂‘復號平西將軍’，非前有脱文，即此處有訛誤。”按，“復”或是“進”字之訛。《建康實録》卷一八同傳作“進”。

元起以鄉人庾黔婁爲録事參軍,[1]又得荆州刺史蕭遥欣故客蔣光濟,[2]並厚待之，任以州事。黔婁甚清潔，光濟多計謀，並勸爲善政。元起之剋季連也，城内財寶無所私，勤恤民事，口不論財色。性本能飲酒，至一斛不亂，及是絶之。蜀土翕然稱之。元起舅子梁矜孫性輕脱,[3]與黔婁志行不同，乃言於元起曰："城中稱有三刺史，節下何以堪之。"[4]元起由此疏黔婁、光濟，而治迹稍損。

[1]鄉人庾黔婁：庾黔婁，祖籍新野，後徙居江陵（見《南史·庾易傳》)，與鄧元起同屬荆州南郡人，故稱鄉人。　録事參軍：官名。諸公軍府屬官，掌總録衆署文書，舉彈善惡。宋第七品，齊及梁初不詳。

[2]蕭遥欣建武年間（494—498）曾官荆州刺史。見《南齊書》卷四五《宗室》本傳。

[3]輕脱：輕佻，不穩重。

[4]節下：古代對將領或地方疆吏的敬稱。

在州二年，以母老乞歸供養，詔許焉，徵爲右衛將軍，以西昌侯蕭淵藻代之。[1]是時，梁州長史夏侯道遷以南鄭叛,[2]引魏人，白馬戍主尹天寶馳使報蜀,[3]魏將王景胤、孔陵寇東西晉壽，並遣告急,[4]衆勸元起急救之。元起曰："朝廷萬里，軍不卒至,[5]若寇賊侵淫,[6]方須撲討，董督之任，非我而誰？何事怱怱便救。"黔婁等苦諫之，皆不從。高祖亦假元起節都督征討諸軍事,[7]救漢中,[8]比至,[9]魏已攻陷兩晉壽。淵淵藻將至，[10]元起頗營還裝，糧儲器械，略無遺者。[11]淵藻入城，甚怨望之，因表其逗留不憂軍事，收付州獄，於獄自縊，[12]時年四十八。有司追劾削爵土，詔減邑之半，乃更封松滋縣侯，[13]邑千户。

[1]西昌侯蕭淵藻：梁武帝長兄蕭懿之子淵藻封爵號西昌縣侯，本書卷二三有傳。西昌，縣名。治所在今江西泰和縣西。

[2]梁州：州名。治所南鄭縣，在今陝西漢中市。　夏侯道遷：人名。譙國人。《魏書》卷七一有傳。

[3]白馬：即白馬城，在今陝西勉縣西。

[4]《南史》卷五五同傳記作“引魏將王景胤、孔陵攻東晉壽，並遣告急”。按，《梁書》、《南史》並以王、孔爲魏將，而《通鑑》卷一四六《梁紀二》“天監四年”下記爲梁將。胡三省注引《考異》曰：“按《魏・邢巒傳》曰‘蕭衍晉壽太守王景胤據石亭’，又曰‘蕭衍遣其將軍孔陵等據深杭’。然則景胤、陵皆梁將也。《元起傳》誤。”《吕思勉讀史札記》戊帙《郡縣送故迎新之費》小注有云：“疑《梁書》原文當作魏將某寇東西晉壽，太守王景胤、某官孔陵並遣告急。文有奪佚，傳寫者以意連屬之，以致誤謬。《南史》誤據之，而又有删節也。”今録之，可備一説。　東西晉壽：並郡名。東晉壽郡，治所在今四川廣元市；西晉壽郡，治所在今廣元市南。

[5]卒：通“猝”，急遽。

[6]侵淫：漸進。

[7]假元起節都督征討諸軍事：舊本“節”字脱，“諸軍事”作“諸軍將”，此依中華書局本校補正。

[8]漢中：郡名。治所在今陝西漢中市。

[9]比至：及至。至，舊本作“是”，此依中華書局本校改。

[10]淵藻：三朝本、百衲本並作“蕭藻”。下句“淵藻入城”，二本皆無“淵”字。按，無“淵”字，當是避唐諱而省。

[11]略無：全無。

[12]《南史》卷五五同傳云，淵藻因恚恨元起，“醉而殺之”，“遂誣以反”。與此異。按，《南史》所記較可信。《通鑑》卷一四六《梁紀二》“天監四年”下胡三省注引《考異》曰：“《梁書·元起傳》，‘藻以糧儲無遺，甚怨望之，因表元起逗留不憂軍事，收付州獄，自縊死’。按若止以逗留表元起，安敢擅收前刺史付獄殺之？必誣以反也。今從《南史》。”

[13]松滋：縣名。治所在今湖北松滋縣西北。

初，元起在荆州，刺史隨王板元起爲從事，[1]別駕庾華堅執不可，[2]元起恨之。大軍既至京師，華在城内，甚懼。及城平，元起先遣迎華，語人曰：“庾别駕若爲亂兵所殺，我無以自明。”因厚遺之。少時又嘗至其西沮田舍，[3]有沙門造之乞，[4]元起問田人曰：“有稻幾何？”對曰：“二十斛。”[5]元起悉以施之。時人稱其有大度。

[1]隨王：指齊武帝子隨郡王蕭子隆。子隆於齊永明八年（490）爲荆州刺史，海陵王延興元年（494）被害。《南齊書》卷四〇《武十七王》有傳。隨郡，郡名。治所在今湖北隨州市。　從事：亦稱從事史，州府屬官，有治中、别駕、議曹等名目，位在主簿下。

[2]庾華：人名。本書卷五三《良吏》有傳。

[3]西沮：水名。即今湖北沮漳河西源沮水。

[4]沙門：僧徒。

[5]二十斛：《南史》卷五五同傳作“二千斛”。《御覽》卷八二一及卷八三九引《梁書》亦皆作“二千斛”。

元起初爲益州，過江陵迎其母，母事道，方居館，[1]不肯出。元起拜請同行。母曰："貧賤家兒忽得富貴，詎可久保，我寧死不能與汝共入禍敗。"元起之至巴東，聞蜀亂，使蔣光濟筮之，[2]遇《蹇》，[3]喟然歎曰："吾豈鄧艾而及此乎。"[4]後果如筮。子鏗嗣。

[1]館：此處指道館。

[2]筮：用蓍草占吉凶。

[3]《蹇》：《易》卦名，艮下坎上。

[4]鄧艾：人名。曹魏義陽棘陽人。率軍滅蜀，以悖逆罪被斬於蜀。"初，艾當伐蜀，夢坐山上而有流水，以問殄虜護軍爰邵。邵曰：'按《易》卦，山上有水曰《蹇》。《蹇》繇曰："《蹇》利西南，不利東北。"孔子曰："《蹇》利西南，往有功也；不利東北，其道窮也。"往必克蜀，殆不還乎！'艾憮然不樂。"事詳《三國志》卷二八《魏書·鄧艾傳》。

陳吏部尚書姚察曰：[1]永元之末，荆州方未有釁，蕭穎胄悉全楚之兵，首應義舉。豈天之所啓，人惎之謀？[2]不然，何其響附之決也？[3]穎達叔姪慶流後嗣，[4]夏侯、楊、鄧咸享隆名，盛矣。詳之謹厚，楊、蔡廉節，君子有取焉。

[1]陳吏部尚書姚察：姚察仕陳，官吏部尚書。《陳書》卷二七有傳。吏部尚書，掌官吏銓選、任免。陳第三品。清·錢大昕《廿二史考異》卷二六有云："思廉修梁陳書，皆因其父察所撰而續成之。梁史諸論述其父説，必稱'陳吏部尚書姚察曰'，仿孟堅《漢書》稱'司徒掾班彪'之例也。其但稱'史臣'者，出自思廉新

意。”

［2］人惎（jì）之謀：《文選》卷二張平子《西京賦》：“天啓其心，人惎之謀。”薛綜注：“惎，教也。”

［3］響附：如回聲一樣附合。　決（xuè）：快速。

［4］慶：福。《易·坤》：“積善之家，必有餘慶。”

梁書 卷一一

列傳第五

張弘策　庾域　鄭紹叔　呂僧珍

張弘策字真簡，范陽方城人，[1]文獻皇后之從父弟也。[2]幼以孝聞。母嘗有疾，五日不食，弘策亦不食。母强爲進粥，乃食母所餘。遭母憂，[3]三年不食鹽菜，幾至滅性。[4]兄弟友愛，不忍暫離，雖各有室，常同卧起，世比之姜肱兄弟。[5]起家齊邵陵王國常侍，[6]遷奉朝請、西中郎江夏王行參軍。[7]

[1]范陽：郡名。治所在今河北涿州市。　方城：縣名。治所在今河北固安縣西南方城。此張氏祖籍。

[2]文獻皇后：梁武帝即位，追尊其父蕭順之爲文皇帝，其母張氏爲獻皇后。是文獻皇后即梁武之母張氏。按，張弘策父名安之，揚州主簿；女寶和，爲梁桂陽嗣王蕭象妃。詳《梁桂陽國太妃墓志銘》（見阮國林《南京梁桂陽王蕭融夫婦合葬墓》）。

[3]母憂：母喪。

[4]滅性：因喪親過悲而危及生命。

[5]姜肱：人名。後漢彭城廣戚人。“肱與二弟仲海、季江，俱以孝行著聞。其友愛天至，常共卧起。”詳《後漢書》卷五三《姜肱傳》。

[6]邵陵王：齊武帝子蕭子貞封爵號。其人《南齊書》卷四〇《武十七王》有傳。邵陵，郡名。治所在今湖南邵陽市。　王國常侍：官名。王公國屬官，掌諫諍及司儀。宋第八品，齊不詳。

[7]奉朝請：本指大臣定期參加朝會，朝見皇帝，晉以後以爲官名，用以安置閑散官員。宋齊無職事，屬散騎省。　西中郎：西中郎將之省稱，將軍名號。與東、南、北中郎將合稱四中郎將。爲方面大員，地位高於一般將軍。齊唯授予宗室諸王，素族無爲之者。宋第四品，齊不詳。　江夏王：齊明帝子蕭寶玄的封爵號。其人《南齊書》卷五〇《明七王》有傳。江夏，郡名。治所在今湖北武漢市武昌。　行參軍：官名。諸公軍府屬官，參掌府曹事，位在正參軍之下。

弘策與高祖年相輩，[1]幼見親狎，恒隨高祖遊處。每入室，常覺有雲煙氣，體輒肅然，弘策由此特敬高祖。建武末，[2]弘策從高祖宿，酒酣，徙席星下，語及時事。弘策因問高祖曰：“緯象云何？[3]國家故當無恙？”[4]高祖曰：“其可言乎？”弘策因曰：“請言其兆。”高祖曰：“漢北有失地氣，[5]浙東有急兵祥。[6]今冬初，魏必動；若動則亡漢北。帝今久疾，多異議，萬一伺釁，稽部且乘機而作，[7]是亦無成，徒自驅除耳。明年都邑有亂，死人過於亂麻，齊之歷數，[8]自兹亡矣。梁、楚、漢當有英雄興。”[9]弘策曰：“英雄今何在？爲已富貴，爲在草茅？”高祖笑曰：“光武有云，[10]‘安知非僕’。”[11]弘策起曰：“今夜之言，是天意也，請定君臣之分。”高祖曰：“舅欲效鄧晨乎?”是冬，魏軍寇新野，[12]高祖將兵爲援，且受密旨，仍代曹虎爲雍州。[13]弘策聞之心喜，謂高祖曰：“夜中之言，獨當驗矣。”高祖笑曰：“且勿多言。”弘策從高祖西行，仍參帷幄，身親勞役，不憚辛苦。

[1]高祖：梁武帝廟號。　相輩：相近。

[2]建武：齊明帝年號（494—498）。

[3]緯象：即星象。古稱行星爲緯。《史記·天官書》：“水、火、金、木、填星，此五星者，天之五佐，爲緯。”

[4]國家：東漢以下對皇帝的稱呼。

[5]漢北：漢水以北地區。此處指雍州。

[6]浙東：浙江以東地區。此處指會稽郡。　祥：徵兆。

[7]稽部：指會稽郡。

[8]歷數：天歷運之數，指王朝更替的時次。

[9]梁：州名。治所在今陝西漢中市。　楚：古楚地。此處指荆州。　漢：漢水地區。此處指雍州。

[10]光武：漢光武帝劉秀。

[11]《後漢書》卷一五《鄧晨傳》：“晨初娶光武姊元。王莽末，光武嘗與兄伯升及晨俱之宛，與穰人蔡少公等讌語。少公頗學圖讖，言劉秀當爲天子。或曰：‘是國師公劉秀乎?’光武戲曰：‘何用知非僕邪!’坐者皆大笑，晨心獨喜。”

[12]新野：郡名。治所在今河南新野縣。

[13]曹虎：人名。下邳郡下邳人。《南齊書》卷三〇有傳。　雍州：州名。治所在今湖北襄樊市。

五年秋，明帝崩，[1]遺詔以高祖爲雍州刺史，乃表弘策爲録事參軍,[2]帶襄陽令。[3]高祖覩海内方亂，有匡濟之心，密爲儲備，謀猷所及，惟弘策而已。時長沙宣武王罷益州還,[4]仍爲西中郎長史,[5]行郢州事。[6]高祖使弘策到郢，陳計於宣武王，語在《高祖紀》。弘策因説王曰："昔周室既衰，諸侯力争，齊桓蓋中人耳，遂能一匡九合,[7]民到于今稱之。齊德告微，四海方亂，蒼生之命，會應有主。以郢州居中流之要，雍部有戎馬之饒，卿兄弟英武，當今無敵，虎據兩州，參分天下,[8]糾合義兵，爲百姓請命，廢昏立明，易於反掌。如此，則桓、文之業可成,[9]不世之功可建。無爲豎子所欺,[10]取笑身後。雍州揣之已熟,[11]願善圖之。"王頗不懌而無以拒也。

[1]五年秋，明帝崩：中華書局本《校勘記》："齊明帝建武五年四月，改元永泰，明帝死在七月，'五年'當作'永泰元年'。"

[2]録事參軍：官名。諸公軍府屬官，掌總録衆署文書，舉彈善惡。宋第七品，齊不詳。

[3]帶：官制術語。帶其官號、俸禄而不理其事。　襄陽：縣名。治所在今湖北襄陽縣。

[4]長沙宣武王：梁武帝長兄蕭懿於齊末遇害，梁武即位，追封長沙郡王，謚號宣武。見本書卷二三《長沙嗣王淵業傳》。長沙，郡名。治所在今湖南長沙市。　益州：州名。治所在今四川成都市。

[5]長史：官名。諸公軍府屬官，掌本府官吏。其品秩依府主地位高下而定，宋第六至第七品，齊不詳。

[6]行郢州事：代行郢州政事。錢大昕《廿二史考異》卷二六有云："六朝時，府僚多領郡縣職……凡諸王沖幼出鎮開府，多以

長史行州府事，或府主以事它出，亦以府僚行事。”郢州，州名。治所在今湖北武漢市武昌。

[7]一匡九合：一匡，納天下入正軌；九合，多次糾合（諸侯）。《論語·憲問》：“子曰：‘桓公九合諸侯，不以兵車，管仲之力也。’”又：“子曰：‘管仲相桓公，霸諸侯，一匡天下，民到于今受其賜。’”

[8]參分天下：《論語·泰伯》：孔子曰：“（周文王）三分天下有其二，以服事殷。周之德，其可謂至德也已矣。”此處以周文王比蕭衍。

[9]桓、文：春秋時霸主齊桓公、晉文公。

[10]豎子：此處指東昏侯蕭寶卷。

[11]雍州：此處指雍州刺史蕭衍。

義師將起，[1]高祖夜召弘策、吕僧珍入宅定議，旦乃發兵，以弘策爲輔國將軍、軍主，[2]領萬人督後部軍事。西臺建，[3]爲步兵校尉，[4]遷車騎諮議參軍。[5]及郢城平，[6]蕭穎達、楊公則諸將皆欲頓軍夏口，[7]高祖以爲宜乘勢長驅，直指京邑，以計語弘策，弘策與高祖意合。又訪寧遠將軍庾域，[8]域又同。乃命衆軍即日上道，緣江至建康，[9]凡磯、浦、村落，軍行宿次、立頓處所，弘策逆爲圖測，[10]皆在目中。義師至新林，[11]王茂、曹景宗等於大航方戰，[12]高祖遣弘策持節勞勉，衆咸奮厲。是日，仍破朱雀軍。[13]高祖入頓石頭城，[14]弘策屯門禁衛，引接士類，多全免。城平，高祖遣弘策與吕僧珍先入清宫，封檢府庫。于時城内珍寶委積，弘策申勒部曲，秋毫無犯。遷衛尉卿，[15]加給事中。[16]天監初，[17]加散騎常侍，[18]洮陽縣侯，[19]邑二千二百户。[20]弘策盡忠奉上，知無不爲，交友故舊，隨才薦拔，搢紳皆趨焉。[21]

[1]義師：齊末東昏侯蕭寶卷狂悖無道，雍州刺史蕭衍起兵於襄陽以討之，因稱其師爲義師。

[2]輔國將軍：將軍名號。齊第三品。　軍主：一軍的主將。其下設軍副，所統兵力自數百人至萬人以上不等。

[3]西臺：指江陵齊和帝官署。東昏侯永元三年（501），南康王蕭寶融即帝位於荆州江陵。因江陵在京師建康之西，故稱。

[4]步兵校尉：官名。禁衛軍五營校尉之一，掌宫廷宿衛士。宋第四品，齊不詳。

[5]車騎：車騎將軍之省稱，將軍名號。爲重號將軍，多加授大臣、地方重要長官。宋第二品，齊不詳。　諮議參軍：官名。諸公軍府屬官，掌諷議。宋第七品，齊不詳。

[6]郢城：郢州鎮所。

[7]蕭穎達、楊公則：皆人名。本書卷一〇有傳。　夏口：城名。在今湖北武漢市黄鵠山。

[8]寧遠將軍：將軍名號。齊第五品。

[9]建康：城名。六朝京師，即今江蘇南京市。

[10]逆：預先。

[11]新林：地名。即今江蘇南京市西南西善橋鎮。爲六朝軍事、交通要地。

[12]王茂、曹景宗：並人名。本書卷九有傳。　大航：即朱雀航。在今江蘇南京市南秦淮河上。張敦頤《六朝事迹編類》卷上《形勢門》“朱雀航”條有云：“晉咸康二年（336）作朱雀門，新立朱雀浮航，在縣城東南四里，對朱雀門。南渡淮水，亦名朱雀橋。《輿地志》云：吴南津大航橋也。王敦作亂，温嶠燒絶。至是始用杜預河橋法作之。《地志》云：朱雀門孔對吴都城宣陽門，相去六

里，爲御道。夾御溝植柳。”

［13］朱雀軍：即守衛朱雀航的敵軍。

［14］石頭城：城名。在今江蘇南京市西清涼山。負山面江，形勢險固，爲六朝軍事要地。

［15］衛尉卿：官名。九卿之一，掌宫門屯兵。宋第三品，齊不詳。按，據《隋書·百官志》，諸卿，梁天監七年（508）以前猶依宋、齊之舊，無卿名。此稱“衛尉卿”，屬以後稱前。參楊樹達《古書疑義舉例續補》卷一“以後稱前例”條。

［16］給事中：官名。屬集書省，掌收發文書，顧問應對。宋第五品，齊不詳。

［17］天監：梁武帝年號（502—519）。

［18］散騎常侍：官名。集書省長官，掌侍左右，獻納得失及圖書文翰。南朝時地位不高。員四人。梁初第三品。

［19］洮陽：縣名。治所在今廣西全州縣北湘江西。

［20］邑二千二百户：中華書局本《校勘記》：“梁制，郡王封邑例爲二千户，張弘策僅一縣侯，何得食邑二千二百户？《册府元龜》三八〇作‘一千二百户’。”按，據本書《武帝紀》天監元年（502）詔，“功臣爵邑無定科”。又本書卷一〇《夏侯詳傳》，詳，天監元年受封寧都縣侯，“邑二千户”。弘策以帝舅之尊，封邑“二千二百户”，似不無可能。

［21］搢紳：指士大夫。古士大夫垂紳搢笏，故稱搢紳。

時東昏餘黨初逢赦令，[1]多未自安，數百人因運荻炬束仗，[2]得入南北掖作亂，[3]燒神虎門、總章觀。[4]前軍司馬吕僧珍直殿内，[5]以宿衛兵拒破之，盜分入衛尉府，弘策方救火，盜潛後害之，時年四十七。高祖深慟惜焉。給第一區，衣一襲，錢十萬，布百匹，蠟二百斤。詔曰：“亡從舅衛尉，慮發所忽，殞身祆竪。[6]其情理清貞，器識淹濟，[7]自藩升朝，契闊夷阻。[8]加外氏凋衰，饗嘗屢絶，[9]興感《渭陽》，[10]情寄斯在。方賴忠勳，翼宣寡薄，[11]報効無徵，永言增慟。可贈散騎常侍、車騎將軍。給鼓吹一部。[12]謚曰愍。”

[1]東昏：指齊東昏侯蕭寶卷。

[2]仗：兵器。

[3]南北掖：京師建康宫城左右旁門。

[4]神虎門：京師建康宫城西門。　總章觀：樓觀名。在建康宫城内。

[5]前軍：前軍將軍之省稱，將軍名號。與左軍、右軍、後軍將軍合稱四軍將軍。掌宫禁宿衛。宋第四品，齊及梁初不詳。　司馬：官名。諸公軍府屬官，掌本府武官。宋第六至第七品，齊及梁初不詳。

[6]祅豎：此處指東昏餘黨。祅，同“妖”。

[7]淹濟：淵博通達。

[8]契闊：要約，生死相約。

[9]饗嘗：指祭祀。此處指祭祀祖先的人，即後嗣。

[10]《渭陽》：《詩·秦風》有《渭陽》篇。舊説乃秦康公“念母之不見，我見舅氏，如母存焉”而作。後世因用以表示甥舅之親。

[11]翼宣：輔佐而發揚之。　寡薄：少才德之人。此梁武自謙之辭。

[12]鼓吹：樂名。本軍樂，皇帝出行亦奏。漢魏以下亦用以贈賜有功之臣。

弘策爲人寬厚通率，[1]篤舊故。及居隆重，不以貴勢自高。故人賓客，禮接如布衣時。禄賜皆散之親友。

及其遇害，莫不痛惜焉。子緬嗣，别有傳。[2]

[1]通率：曠達、坦率。

[2]别有傳：本書卷三四有《張緬傳》。

庾域字司大，新野人。長沙宣武王爲梁州，以爲録事參軍，帶華陽太守。[1]時魏軍攻圍南鄭，[2]州有空倉數十所，域封題指示將士云："此中粟皆滿，足支二年，但努力堅守。"衆心以安。虜退，以功拜羽林監，[3]遷南中郎記室參軍。[4]

[1]華陽：郡名。治所在今陝西勉縣西老城。

[2]南鄭：城名。州府所在。即今陝西漢中市。

[3]羽林監：官名。禁衛軍之一，掌宿衛隨從。宋第五品，齊不詳。

[4]南中郎記室參軍：即南中郎將府記室參軍之略稱。南中郎，南中郎將之省稱，將軍名號。東西南北四中郎將之一。爲方面大員，南齊唯以宗室諸王擔任，素族無爲之者。宋第四品，齊不詳。記室參軍，官名。諸公軍府屬官，掌文書。宋第七品，齊不詳。

永元末，[1]高祖起兵，遣書招域。西臺建，以爲寧朔將軍，[2]領行選，[3]從高祖東下。師次楊口，[4]和帝遣御史中丞宗夬銜命勞軍。[5]域乃諷夬曰："黄鉞未加，[6]非所以總率侯伯。"夬反西臺，[7]即授高祖黄鉞。蕭穎胄既都督中外諸軍事，[8]論者謂高祖應致牋，[9]域争不聽，乃止。郢城平，域及張弘策議與高祖意合，即命衆軍便下。每獻謀畫，多被納用。霸府初開，[10]以爲諮議參軍。天監初，封廣牧縣子，[11]後軍司馬。[12]出爲寧朔將軍、巴西梓潼二郡太守。[13]梁州長史夏侯道遷舉州叛降魏，[14]魏騎將襲巴西，域固守百餘日，城中糧盡，將士皆齕草食土，死者太半，無有離心。魏軍退，詔增封二百户，進爵爲伯。六年，卒於郡。

[1]永元：齊東昏侯年號（499—501）。

[2]寧朔將軍：將軍名號。統兵出征。宋第四品，齊不詳。

[3]領：官制術語。已有實授主職，兼任較低職務而不居其位。行選：行府選舉事。

[4]楊口：古楊水入沔水之口。在今湖北潛江市西北。楊，舊本訛"陽"，此依中華書局本校改。

[5]御史中丞：官名。御史臺長官，掌督察百官，奏劾不法。南朝第一流高門多不居此職。員一人。齊第四品。　宗夬：人名。本書卷一九有傳。

[6]黄鉞：以黄金爲飾的鉞。古代天子所用的儀仗。有時，遣大臣出征，爲示威重，亦加授。軍事長官假黄鉞出征或出鎮，有代表皇帝，專誅殺之威權。

[7]反：通"返"。

[8]蕭穎胄：人名。南齊宗室。齊和帝爲荆州刺史，穎胄行府州事。和帝即位，穎胄爲尚書令，都督中外諸軍事。《南齊書》卷三八《蕭赤斧傳》有附傳。

[9]牋：文體之一種。上給皇后、太子或諸侯將相，以表情意的文書。

[10]霸府：藩王府邸。此指蕭衍受封建安郡公所置府邸。時當齊和帝中興元年（501）十二月。見本書《武帝紀》。

[11]廣牧：縣名。治所在今湖北荆州市江陵東。

[12]後軍：後軍將軍之省稱，將軍名號。左右前後四軍將軍之一，掌宫禁宿衛。宋第四品，齊及梁初不詳。

[13]巴西、梓潼：並郡名。治所同在今四川綿陽市東。

[14]夏侯道遷：人名。譙國人。《魏書》卷七一有傳。

鄭紹叔字仲明，滎陽開封人也，[1]世居壽陽。[2]祖琨，宋高平太守。[3]

[1]滎陽：郡名。治所在今河南滎陽市東北。　開封：縣名。治所在今河南開封市南。此鄭氏祖籍。

[2]壽陽：縣名。治所在今安徽壽縣。

[3]高平：郡名。治所在今山東鄒平縣西南。

紹叔少孤貧。年二十餘，爲安豐令，[1]居縣有能名。本州召補主簿，[2]轉治中從事史。[3]時刺史蕭誕以弟諶誅，[4]臺遣收兵卒至，[5]左右莫不驚散，紹叔聞難，獨馳赴焉。誕死，侍送喪柩，衆咸稱之。到京師，司空徐孝嗣見而異之，[6]曰："祖逖之流也。"[7]

[1]安豐：縣名。治所在今安徽霍丘縣西南。

[2]本州：指紹叔家鄉所在豫州。　主簿：官名。漢代以後，中央各機構及地方州郡皆置主簿，掌文書簿籍。州郡主簿，宋第九品，齊不詳。

[3]治中從事史：官名。州府屬官，掌衆曹文書事。宋第九品，齊不詳。

[4]蕭誕：人名。齊南蘭陵人。《南齊書》卷四二《蕭諶傳》有

附傳。其弟蕭諶，以佐齊明帝行廢立，恃勳不遜，建武二年（495）被誅。

[5]臺：官署名。六朝時亦稱朝廷禁省爲臺。此處指朝廷。卒：通“猝”，突然。

[6]徐孝嗣：人名。祖籍東海郯縣。《南齊書》卷四四有傳。

[7]祖逖：人名。晉范陽遒人。《晉書》卷六二有傳。

高祖臨司州，[1]命爲中兵參軍，[2]領長流，[3]因是厚自結附。高祖罷州還京師，謝遣賓客，紹叔獨固請願留。高祖謂曰：“卿才幸自有用，[4]我今未能相益，宜更思他塗。”紹叔曰：“委質有在，[5]義無二心。”高祖固不許，於是乃還壽陽。刺史蕭遥昌苦引紹叔，[6]終不受命。遥昌怒，將囚之，救解得免。及高祖爲雍州刺史，紹叔間道西歸，補寧蠻長史、扶風太守。[7]

[1]司州：州名。治所在今河南信陽市。

[2]中兵參軍：官名。諸公軍府屬官，掌本府親兵。宋第七品，齊不詳。

[3]長流：長流參軍之省稱，官名。王公軍府屬官，掌治盗賊事。宋第七品，齊不詳。

[4]幸自：本來。

[5]委質：以形體相付托，表示忠貞死節之志。質，形體。

[6]蕭遥昌：人名。南齊宗室。《南齊書》卷四五有傳。

[7]寧蠻：寧蠻校尉之省稱，武官名號。掌雍州少數民族事務，領兵置府。宋第四品，齊不詳。　扶風：郡名。治所在今湖北襄樊市。

東昏既害朝宰,[1]頗疑高祖。紹叔兄植爲東昏直後,[2]東昏遣至雍州,託以候紹叔,[3]實潛使爲刺客。紹叔知之,密以白高祖。植既至,高祖於紹叔處置酒宴之,戲植曰:“朝廷遣卿見圖,今日閑宴,是見取良會也。”賓主大笑。令植登臨城隍,周觀府署,士卒、器械、舟艫、戰馬,莫不富實。植退謂紹叔曰:“雍州實力,未易圖也。”紹叔曰:“兄還,具爲天子言之。兄若取雍州,紹叔請以此衆一戰。”送兄於南峴。[4]相持慟哭而别。

[1]朝宰:指梁武帝長兄蕭懿。懿於東昏侯永元二年(500)四月爲尚書令,十月被害。見《南齊書》卷七《東昏侯紀》。

[2]直後:皇帝左右的侍衛武官。

[3]候:問候,探望。

[4]南峴:地名。在今湖北襄樊市南。

義師起,爲冠軍將軍,[1]改驍騎將軍,[2]侍從東下江州,留紹叔監州事,[3]督江、湘二州糧運,[4]事無闕乏。天監初,入爲衛尉卿。紹叔忠於事上,外所聞知,纖毫無隱。每爲高祖言事,善,則曰“臣愚不及,此皆聖主之策”;其不善,則曰“臣慮出淺短,以爲其事當如是,殆以此誤朝廷,臣之罪深矣”。高祖甚親信之。母憂去職。紹叔有至性,高祖常使人節其哭。頃之,起爲冠軍將軍、右軍司馬,[5]封營道縣侯,[6]邑千户。俄復爲衛尉卿,加冠軍將軍。以營道縣户凋弊,改封東興縣侯,[7]邑如故。初,紹叔少失父,事母及祖母以孝聞，奉兄恭謹。及居顯要，禄賜所得及四方貢遺，悉歸之兄室。

[1]冠軍將軍：將軍名號。齊第三品。

[2]驍騎將軍：將軍名號。禁衛軍六軍之一，掌宫廷侍衛。齊第四品。

[3]侍從東下江州，留紹叔監州事：各本同。按，"州"爲何州，意不甚明。《南史》卷五六同傳"江州"下有"平"字。《建康實録》卷一八同傳："高祖起兵，爲冠軍將軍，從東下，平江州，留紹叔督糧運無闕。"亦有"平"字。如此，則當標點爲"侍從東下。江州平，留紹叔監州事"。是紹叔所監爲江州。本書卷一《武帝紀》"是月（永元三年九月），留少府、長史鄭紹叔守江州城"，可爲佐證。頗疑本書脱"平"字。　江州：州名。治所在今江西九江市西南。　監：官制術語。非正式任職而督理其事。又，"事"，三朝本作"都"，則當與下文連讀。

[4]湘：湘州，治所在今湖南長沙市。

[5]右軍：右軍將軍之省稱，將軍名號。前後左右四軍將軍之一，掌宫禁宿衛。宋第四品，齊及梁初不詳。

[6]營道：縣名。治所在今湖南寧遠縣東。

[7]東興：縣名。治所在今江西黎川縣東北。

三年，魏軍圍合肥，[1]紹叔以本號督衆軍鎮東關，[2]事平，復爲衛尉。既而義陽爲魏所陷，[3]司州移鎮關南。[4]四年，以紹叔爲使持節、征虜將軍、司州刺史。[5]紹叔創立城隍，繕修兵器，廣田積穀，招納流民，百姓安之。性頗矜躁，以權勢自居；然能傾心接物，多所薦舉，士類亦以此歸之。

[1]合肥：縣名。治所在今安徽合肥市西。

[2]東關：即今安徽巢湖市東南東關。

[3]義陽：郡名。治所在今河南信陽市。

[4]關南：據本書《武帝紀》，魏陷司州（鎮所義陽），詔以南義陽置司州。其治所即今湖北紅安縣，在義陽三關之南。關，指義陽三關，即平靖關（在今河南信陽縣西南）、黄峴關（在今河南信陽縣南）、武陽關（在今河南羅山縣南）。

[5]使持節：古代大臣奉皇帝之命出行，持節以爲憑證並示威重。魏晉以後以爲官名，有假節、持節、使持節之分，權力亦有小大之别，多爲都督諸州軍事及刺史總軍戎者。軍事長官出征或出鎮，加使持節，可誅殺二千石以下官員。　征虜將軍：將軍名號。宋第三品，齊及梁初不詳。

六年，徵爲左將軍，[1]加通直散騎常侍，[2]領司豫二州大中正。[3]紹叔至家疾篤，詔於宅拜授，輿載還府。中使醫藥，[4]一日數至。七年，卒於府舍，時年四十五。高祖將臨其殯，紹叔宅巷狹陋，不容輿駕，[5]乃止。詔曰："追往念功，前王所篤；在誠惟舊，異代同規。通直散騎常侍、右衛將軍、東興縣開國侯紹叔，[6]立身清正，奉上忠恪，契闊藩朝，[7]情績顯著。爰及義始，[8]寔立茂勳，作牧疆境，効彰所莅。方申任寄，協贊心膂；[9]奄至殞喪，[10]傷痛于懷。宜加優典，隆兹寵命。可贈散騎常侍、護軍將軍，[11]給鼓吹一部，東園祕器，[12]朝服一具，衣一襲，[13]凶事所須，[14]隨由資給。謚曰忠。"

紹叔卒後，高祖嘗潸然謂朝臣曰：[15]"鄭紹叔立志忠烈，善則稱君，過則歸己，當今殆無其比。"其見賞惜如此。子貞嗣。

[1]左將軍：將軍名號。地位略高於一般雜號將軍。宋第三品，齊及梁初不詳。《南史》卷五六同傳作“左衛將軍”，《建康實録》卷一八同傳同，此文下又云“右衛將軍”，未知孰是。

[2]通直散騎常侍：官名。集書省官員，掌侍從左右，應對獻替，與散騎常侍通直，多爲加官。齊及梁初官品不詳。

[3]豫州：州名。治所在今安徽合肥市西北。　大中正：官名。掌州中人才之考察，定其鄉品，以爲選拔官吏之根據。多以他官兼領。

[4]中使：宫廷中派出的使者。舊本脱“使”字，此依中華書局本校補。

[5]輿駕：皇帝的車駕。

[6]右衛將軍：將軍名號。與左衛將軍合稱二衛將軍，是禁衛軍主要將領，掌宫廷宿衛營兵。定員一人。梁初第四品。

[7]契闊：要約，生死相約。

[8]義始：舉義之始。指蕭衍起兵襄陽之時。

[9]心膂：比喻親信骨幹。

[10]奄：忽然。

[11]護軍將軍：將軍名號。掌京畿以外諸軍。宋第三品，齊及梁初不詳。

[12]東園祕器：漢有官署名東園，掌製作王公貴族墓内器物，故稱棺木爲東園祕器。

[13]一襲：一套。

[14]凶事：喪事。

[15]潸（shān）然：淚流滿面的樣子。

呂僧珍字元瑜，東平范人也，[1]世居廣陵。[2]起自寒賤。始童兒時，從師學，有相工歷觀諸生，[3]指僧珍謂博士曰："此有奇聲，[4]封侯相也。"年二十餘，依宋丹陽尹劉秉，[5]秉誅後，事太祖文皇爲門下書佐。[6]身長七尺五寸，容貌甚偉。在同類中少所褻狎，[7]曹輩皆敬之。

[1]東平：郡名。治所在今山東東平縣西北。　范：縣名。治所在今山東梁山縣西北。此吕氏祖籍。

[2]廣陵：縣名。治所在今江蘇揚州市西北蜀岡。

[3]相工：以相術爲職業者。

[4]此有奇聲：《南史》卷五六同傳"此"字下有"兒"字。

[5]丹陽尹：京師所在丹陽郡長官，掌治民，宋第三品。丹陽郡，治所在今江蘇南京市。　劉秉：人名。劉宋宗室。宋末，蕭道成輔政，有代宋之志，秉與袁粲等謀攻蕭道成。事覺，被殺。《宋書》卷五一《宗室》有傳。

[6]太祖文皇：梁武帝之父蕭順之卒於齊世，梁武即位，追尊爲文皇帝，廟號太祖。見本書《武帝紀》。　門下書佐：郡縣屬吏，掌文書繕寫。

[7]褻狎：親昵寵幸。

太祖爲豫州刺史，[1]以爲典籤，[2]帶蒙令，[3]居官稱職。太祖遷領軍，[4]補主簿。[5]妖賊唐㝢寇東陽，[6]太祖率衆東討，使僧珍知行軍衆局事。[7]僧珍宅在建陽門東，[8]自受命當行，每日由建陽門道，不過私室，太祖益以此知之。爲丹陽尹，復命爲郡督郵。[9]齊隨王子隆出爲荆州刺史，[10]齊武以僧珍爲子隆防閤，[11]從之鎮。永明九年，[12]雍州刺史王奂反，敕遣僧珍隸平北將軍曹虎，[13]西爲典籤，帶新城令。[14]魏軍寇沔北，[15]司空陳顯達出討，[16]一見異之，因屏人呼上座，謂曰："卿有貴相，後當不見滅，努力爲之。"

[1]豫州：州名。治所在今安徽壽縣。

[2]典籤：官名。本爲掌管文書的小吏，宋齊諸王往往年幼即出鎮一州，軍政大權實際由朝廷命任的長史、典籤掌握。典籤多由皇帝親近充任，權力尤重，故又稱籤帥。

[3]蒙：縣名。治所在今安徽壽縣南。

[4]領軍：領軍將軍之省稱，將軍名號。朝廷禁衛軍最高統帥，職任隆重。宋第三品，齊不詳。

[5]補：委任官職。

[6]唐瑀：中華書局本《校勘記》："'唐瑀'北監本作'唐寓之'，其他各本俱作'唐瑀'。《南齊書·武帝紀》及《通鑑》齊武帝永明三年、四年俱作'唐寓之'。"　東陽：郡名。治所在今浙江金華縣。

[7]知：主持，執掌。

[8]建陽門：京師建康宫城東門。

[9]督郵：郡府屬吏。掌督送郵書，代表郡守督察諸縣，傳達教令。官品不詳。

[10]隨王子隆：齊武帝子蕭子隆封爵號隨郡王。《南齊書》卷四〇《武十七王》有傳。　荆州：州名。治所在今湖北荆州市江陵。

[11]防閤：官名。諸王的侍從護衛官，掌防衛齋閤。

[12]永明：齊武帝年號（483—493）。　九年：據《南齊書》卷三《武帝紀》、卷四九《王奂傳》、卷三〇《曹虎傳》及《通鑑》卷一三八《齊紀四》，王奂之反在永明十一年。此作"九年"，疑誤。

[13]敕：皇帝的詔命。　平北將軍：將軍名號。與平東、平西、平南將軍合稱四平將軍。多持節都督或監某一地區的軍事，亦可作爲刺史兼理軍務的加官。宋第三品，齊不詳。

[14]新城：縣名。治所在今河南伊川縣西南。

[15]沔北：沔水之北。

[16]陳顯達：人名。南彭城人。《南齊書》卷二六有傳。

建武二年，魏大舉南侵，五道並進。[1]高祖率師援義陽，僧珍從在軍中。長沙宣武王時爲梁州刺史，魏圍守連月，間諜所在不通，義陽與雍州路斷。高祖欲遣使至襄陽，求梁州問，[2]衆皆憚，莫敢行，僧珍固請充使，即日單舸上道。既至襄陽，督遣援軍，且獲宣武王書而反，[3]高祖甚嘉之。事寧，補羽林監。[4]

[1]五道：據《魏書·高祖紀》，太和十八年（即齊建武元年，494）十二月，魏主南伐。遣行征南將軍薛真度督四將出襄陽，大將軍劉昶出義陽，徐州刺史元衍出鍾離，平南將軍劉藻出南鄭。

[2]問：音訊。

[3]反：通“返”。

[4]羽林監：官名。與虎賁、冗從合稱宫廷三將，掌侍衛送從。宋第五品，齊不詳。

東昏即位，司空徐孝嗣管朝政，欲與共事，僧珍揣不久安，竟弗往。時高祖已臨雍州，僧珍固求西歸，得補邔令。[1]既至，高祖命爲中兵參軍，委以心膂。[2]僧珍陰養死士，歸之者甚衆。高祖頗招武猛，士庶響從，會者萬餘人，因命按行城西空地，[3]將起數千間屋，以爲止舍，多伐材竹，[4]沈於檀溪，[5]積茅蓋若山阜，皆不之用。僧珍獨悟其旨，亦私具櫓數百張。義兵起，[6]高祖夜召僧珍及張弘策定議，明旦乃會衆發兵，悉取檀溪材竹，裝爲艛艦，[7]葺之以茅，並立辦。衆軍將發，諸將果爭櫓，僧珍乃出先所具者，每船付二張，爭者乃息。

[1]邔：縣名。治所在今湖北宜城市北。舊本或作“卬”，或作“邛”。“卬”、“邛”皆非縣名。此依中華書局本校改。

[2]心膂：比喻親信、骨幹。

[3]按行：巡視。

[4]材竹：舊本訛作“林竹”。此依中華書局本校改。

[5]檀溪：溪名。在今湖北襄樊市西南。

[6]義兵：即義師。義，《南史》卷五六同傳作“及”。

[7]艛（lóu）：即樓船。

高祖以僧珍爲輔國將軍、步兵校尉，出入卧内，宣通意旨。師及郢城，僧珍率所領頓偃月壘，[1]俄又進據騎城。[2]郢州平，高祖進僧珍爲前鋒大將軍。[3]大軍次江寧，[4]高祖令僧珍與王茂率精兵先登赤鼻邏。[5]其日，東昏將李居士與衆來戰，僧珍等要擊，大破之。乃與茂進軍於白板橋築壘，[6]壘立，茂移頓越城，[7]僧珍猶守白板。李居士密覘知衆少，[8]率鋭卒萬人，直來薄城。僧珍謂將士曰：“今力既不敵，不可與戰；亦勿遥射，須至塹裏，[9]當並力破之。”俄而皆越塹拔栅，僧珍分人上城，矢石俱發，自率馬步三百人出其後，守隅者復踰城而下，内外齊擊，居士應時奔散，獲其器甲不可勝計。僧珍又進據越城。東昏大將王珍國列車爲營，[10]背淮而陣。[11]王茂等衆軍擊之，僧珍縱火，車焚，其營即日瓦解。[12]

[1]偃月壘：又稱卻月壘，在今湖北武漢市漢口。

[2]騎城：城名。在今湖北武漢市漢口南。

[3]前鋒大將軍：中華書局本《校勘記》引張森楷《梁書校勘記》："'大將軍'三字不當有，蓋涉下'大軍'而衍。"按《建康實録》卷一八同傳有云："及進，每爲前鋒，平京邑。"亦無"大將軍"之號。

[4]江寧：縣名。治所在今江蘇江寧縣西南江寧鎮。

[5]王茂：人名。本書卷九有傳。　赤鼻邏：地名。在今江蘇南京市西南。

[6]白板橋：即今江蘇南京市西南板橋。《通鑑》卷一四四《齊紀十》"中興六年"下胡三省注云："據陶弘景書，板橋時屬江寧縣界。按，板橋市今在建康府城之西，江寧鎮北。"

[7]越城：城名。在今江蘇南京市秦淮河南。張敦頤《六朝事迹編類》卷上《城闕門》"越城"條云："春秋時越既滅吴，盡有江南之地，於是築城江上，以鎮江險。《圖經》云：周回二里八十步，在秣陵縣長干里。"

[8]覘（chān）：偵察。

[9]塹：護城壕溝。

[10]王珍國：人名。本書卷一七有傳。

[11]淮：指秦淮河。

[12]此句，中華書局本於"其營"後加句號，"縱火"、"車焚"後均未加逗號。按，上文云"東昏大將王珍國列車爲營"，此"車"應即"列車"之"車"，其"車焚"，故"其營即日瓦解"。今改標

點。

建康城平，高祖命僧珍率所領先入清宫，與張弘策封檢府庫，即日以本官帶南彭城太守，[1]遷給事黄門侍郎，[2]領虎賁中郎將。[3]高祖受禪，以爲冠軍將軍、前軍司馬，封平固縣侯，[4]邑一千二百户。尋遷給事中、右衛將軍。頃之，轉左衛將軍，加散騎常侍，入直祕書省，[5]總知宿衛。天監四年冬，大舉北伐，自是軍機多事，僧珍晝直中書省，[6]夜還祕書。五年夏，又命僧珍率羽林勁勇出梁城。[7]其年冬旋軍，以本官領太子中庶子。[8]

[1]南彭城：郡名。據《南齊書·州郡志》，南彭城郡屬南徐州，虚置，無實土。

[2]給事黄門侍郎：官名。與侍中共掌門下衆事，侍從左右，關通中外。員四人，齊第五品。

[3]虎賁中郎將：官名。宫廷禁衛軍三將之一，掌侍從護衛。宋第五品，齊不詳。

[4]平固：縣名。治所在今江西興國縣南。

[5]祕書省：官署名。掌國家典籍圖書。

[6]中書省：官署名。掌呈奏案章。

[7]羽林：皇帝衛軍。　梁城：城名。在今安徽淮南市田家庵附近。

[8]太子中庶子：官名。東宫屬官。掌侍從、奏事等。員四人，梁初第四品。

僧珍去家久，表求拜墓，高祖欲榮之，使爲本州，[1]乃授使持節、平北將軍、南兖州刺史。[2]僧珍在任，平心率下，不私親戚。從父兄子先以販葱爲業，僧珍既至，乃棄業欲求州官。僧珍曰："吾荷國重恩，無以報効，汝等自有常分，豈可妄求叨越，[3]但當速反葱肆耳。"[4]僧珍舊宅在市北，前有督郵廨，[5]鄉人咸勸徙廨以益其宅。僧珍怒曰："督郵官廨也，置立以來，便在此地，豈可徙之益吾私宅！"姊適于氏，住在市西，小屋臨路，與列肆雜處，僧珍常導從鹵簿到其宅，[6]不以爲恥。在州百日，徵爲領軍將軍，[7]尋加散騎常侍，給鼓吹一部，直祕書省如先。

[1]本州：指南兖州。吕僧珍世居廣陵，廣陵爲南兖州鎮所，故稱南兖州爲本州。參周一良《魏晉南北朝史札記·梁書札記》"土斷後所居之地即稱本州"條。

[2]平北將軍：將軍名號。梁天監七年（508）革選，釐定將軍名號及班品，有一百二十五號十品二十四班，以班多者爲貴。平北將軍爲二十班。　南兖州：州名。治所在今江蘇揚州市西北蜀岡。

[3]叨越：非分占有。

[4]反：通"返"。　肆：店鋪。

[5]廨：房舍，一般指官吏辦事的場所。

[6]鹵簿：帝王及太子、王公大臣出行時的儀仗。

[7]領軍將軍：官名。禁衛軍最高統帥，地位隆重。梁天監七年革選，定流内官職爲十八班，以班多者爲貴。領軍將軍爲十五班。

僧珍有大勳，任總心膂，恩遇隆密，莫與爲比。性甚恭慎，當直禁中，盛暑不敢解衣。每侍御座，屏氣鞠躬，果食未嘗舉箸。嘗因醉後，取一柑食之。高祖笑謂曰：“便是大有所進。”禄俸之外，又月給錢十萬；其餘賜賚不絶於時。

十年，疾病，[1]車駕臨幸，[2]中使醫藥，日有數四。僧珍語親舊曰：“吾昔在蒙縣，熱病發黄，當時必謂不濟，主上見語，‘卿有富貴相，必當不死，尋應自差’，[3]俄而果愈。今已富貴而復發黄，所苦與昔正同，必不復起矣。”竟如其言。卒于領軍府舍，時年五十八。高祖即日臨殯，詔曰：“思舊篤終，前王令典；追榮加等，列代通規。散騎常侍、領軍將軍、平固縣開國侯僧珍，器思淹通，[4]識宇詳濟，竭忠盡禮，知無不爲。與朕契闊，情兼屯泰。[5]大業初構，茂勳克舉。及居禁衛，朝夕盡誠。方參任台槐，[6]式隆朝寄；奄致喪逝，[7]傷慟于懷。宜加優典，以隆寵命。可贈驃騎將軍、開府儀同三司，[8]常侍、鼓吹、侯如故。給東園祕器，朝服一具，衣一襲，喪事所須，隨由備辦。謚曰忠敬侯。”高祖痛惜之，言爲流涕。長子峻早卒，峻子淡嗣。[9]

[1]疾病：病重。

[2]車駕：皇帝乘坐的車馬。此處代指皇帝。

[3]差（chài）：通“瘥”。病愈。

[4]淹通：淵博通達。

[5]屯泰：艱難與平安。

[6]台槐：即三公。古以三台星象徵三公；周代在外朝種槐樹，爲三公之位。故後世以台槐稱三公。

[7]奄：忽然。

[8]驃騎將軍：將軍名號。爲重號將軍，加授大臣、重要地方長官。梁一百二十五號將軍之一，二十四班。　開府儀同三司：官名。非三公而儀制同於三公。梁諸將軍開府儀同三司爲十七班。

[9]長子峻早卒，峻子淡嗣：《南史》卷五六同傳作“子淡嗣”，無“長子峻早卒峻”六字。

陳吏部尚書姚察曰：[1]張弘策敦厚慎密，吕僧珍恪勤匪懈，[2]鄭紹叔忠誠亮藎，[3]締構王業，三子皆有力焉。僧珍之肅恭禁省，紹叔之造膝詭辭，[4]蓋識爲臣之節矣。

[1]陳吏部尚書姚察：姚察仕陳，官吏部尚書。《陳書》卷二七有傳。吏部尚書，官名。掌官吏銓選、任免。員一人，陳第三品。清·錢大昕《廿二史考異》卷二六有云：“思廉修梁陳書，皆因其父察所撰而續成之。梁史諸論述其父説，必稱‘陳吏部尚書姚察曰’，仿孟堅《漢書》稱‘司徒掾班彪’之例也。其但稱‘史臣’者，出自思廉新意。”

[2]匪：通“非”。

[3]亮藎：正直忠貞。

[4]造膝：至於膝下。形容親近。　詭辭：不合事實的話。此處指其推功攬過之辭。

梁書 卷一二

列傳第六

柳惔 弟忱　席闡文　韋叡 族弟愛

柳惔字文通，河東解人也。[1]父世隆，[2]齊司空。

[1]河東：郡名。治所在今山西夏縣西北禹王城。　解：縣名。治所在今山西臨猗縣臨晉鎮東南城東、城西二村之間。此柳氏祖籍。

[2]世隆：柳世隆，仕齊，官至尚書令。卒，贈司空。《南齊書》卷二四有傳。

惔年十七，齊武帝爲中軍，[1]命爲參軍，[2]轉主簿。[3]齊初，入爲尚書三公郎，[4]累遷太子中舍人，[5]巴東王子響友。[6]子響爲荆州，[7]惔隨之鎮。子響昵近小人，惔知將爲禍，稱疾還京。及難作，惔以先歸得免。歷中書侍郎，[8]中護軍長史。[9]出爲新安太守。[10]居郡，以無政績，免歸。久之，爲右軍諮議參軍事。[11]

[1]中軍：中軍將軍之省稱，將軍名號。南朝重號將軍。宋第三品。

[2]參軍：官名。王公軍府屬官，參掌府曹事。宋第七品。

[3]主簿：官名。漢代以下，中央各機構及地方州郡皆置，掌文書簿籍。品秩隨府署長官地位高下而異。

[4]尚書三公郎：官名。尚書省三公曹長官，掌刑獄法制。齊第六品。

[5]太子中舍人：官名。東宫屬官，與太子中庶子共掌文翰、侍從規諫。員四人。宋第六品，齊不詳。

[6]巴東王子響：齊武帝子蕭子響，初封巴東郡王，出鎮荆州。因擅殺長史，朝廷檢捕。子響拒命，被誅。《南齊書》卷四〇《武十七王》有傳。巴東，郡名。治所在今重慶奉節縣東。　友：官名。王府屬官，掌隨侍左右，拾遺補缺。齊第六品。

[7]荆州：州名。治所在今湖北荆州市江陵。

[8]中書侍郎：官名。中書省屬官，本掌詔誥。劉宋以後草擬詔命之權漸歸中書舍人，侍郎職少官清，多爲諸王起家官。員四人。齊第五品。

[9]中護軍：將軍名號。護軍將軍之資輕者，南朝時掌京畿以外諸軍。宋第三品，齊不詳。　長史：官名。王公軍府屬官，掌本府官吏。宋第六至第七品，齊不詳。

[10]新安：郡名。治所在今浙江淳安縣西北。

[11]右軍：右軍將軍之省稱，將軍名號。與前軍、後軍、左軍將軍合稱四軍將軍，掌宫禁宿衛。宋第四品，齊不詳。　諮議參軍事：官名。王公軍府屬官，掌諷議。宋第七品，齊不詳。

建武末，[1]爲西戎校尉、梁南秦二州刺史。[2]及高祖起兵，[3]惔舉漢中應義。[4]和帝即位，[5]以爲侍中，[6]領前軍將軍。[7]高祖踐阼，徵爲護軍將軍，[8]未拜，仍遷太子詹事，[9]加散騎常侍。[10]論功封曲江縣侯，[11]邑千户。高祖因讌爲詩以貽惔曰："爾寔冠羣后，[12]惟余實念功。"又嘗侍座，高祖曰："徐元瑜違命嶺南，[13]《周書》罪不相及，[14]朕已宥其諸子，何如?"惔對曰："罸不及嗣，賞延于世，[15]今復見之聖朝。"時以爲知言。尋遷尚書右僕射。[16]

[1]建武：齊明帝年號（494—498）。按，據《南齊書》卷七《東昏侯紀》，柳惔爲梁、南秦二州刺史在永元元年（499）四月甲戌。此云"建武末"似誤。

[2]西戎校尉：武官名號。掌治漢中郡少數民族事務。宋第四品，齊不詳。　梁、南秦：並州名。治所同在今陝西漢中市。

[3]高祖起兵：指齊永元三年（501）正月，雍州刺史蕭衍起兵於襄陽以討東昏侯蕭寶卷事。詳本書《武帝紀》。高祖，梁武帝蕭衍廟號。

[4]漢中：郡名。治所在今陝西漢中市。

[5]和帝：齊明帝第八子蕭寶融，永元三年三月即位，改元中興。中興二年（502）四月薨，追尊爲齊和帝。《南齊書》卷八有紀。

[6]侍中：官名。門下省長官。掌奏事，直侍左右，應對獻替。參與決策，是中樞集團重要成員。員四人。齊第三品。

[7]領：官制術語。已有實授主職，又兼任較低職務而不居其位。　前軍將軍：將軍名號。與後軍、左軍、右軍將軍合稱四軍將軍，掌宫禁宿衛。宋第四品，齊不詳。

[8]護軍將軍：將軍名號。南朝時掌監督京畿以外諸軍，權任

頗重。齊及梁初第三品。

[9]太子詹事：官名。總理東宫庶務，或參預朝政，權位甚重。梁初第三品。

[10]散騎常侍：官名。集書省長官。劉宋以後職以侍從左右、掌圖書文翰爲主，地位漸輕。員四人。梁初第三品。

[11]曲江：縣名。治所在今廣東韶關市南武水西岸。

[12]后：指諸侯。

[13]徐元瑜：人名。本齊末東昏侯將，梁武攻建康，徐元瑜以東府城降。見本書《武帝紀》。　嶺南：五嶺以南，指今兩廣地區。徐元瑜違命嶺南事，見本書卷一九《樂藹傳》。

[14]《周書》：此處指《逸周書》。《三國志》卷一二《崔琰傳》裴注引《續漢書》曰："太尉楊彪與袁術婚姻，術僭號，太祖與彪有隙，因是執彪，將殺焉。（孔）融聞之，不及朝服，往見太祖曰：'楊公累世清德，四葉重光，《周書》"父子兄弟，罪不相及"，況以袁氏之罪乎？'"

[15]《尚書·虞書·大禹謨》："皋陶曰：帝德罔愆，臨下以簡，御衆以寬，罰弗及嗣，賞延于世。"世，後代。

[16]尚書右僕射：官名。尚書令副佐，並與尚書分領諸曹。與祠部尚書通職，不並置。梁初第三品。

天監四年，[1]大舉北伐，臨川王宏都督衆軍，[2]以惔爲副。[3]軍還，復爲僕射。以久疾，轉金紫光禄大夫，[4]加散騎常侍，給親信二十人。[5]未拜，出爲使持節、安南將軍、湘州刺史。[6]六年十月，卒于州，時年四十六。高祖爲素服舉哀。贈侍中、撫軍將軍，[7]給鼓吹一部。[8]謚曰穆。惔著《仁政傳》及諸詩賦，[9]粗有辭義。子照嗣。

[1]天監：梁武帝年號（502—519）。

[2]臨川王宏：梁武帝弟蕭宏封爵號臨川王。本書卷二二《太祖五王》有傳。臨川，郡名。治所在今江西南城縣東南。

[3]《文館詞林》卷六六二梁武帝《北伐詔》有云："命將出車，咸有副貳。具位惔（惔，原作"恢"，孫星衍《續古文苑》卷五録此文，小注云："案'恢'當作'惔'，事在《梁書·武帝紀》天監四年及《柳惔傳》。"見《叢書集成初編》本）可暫輟端右，參贊戎機。"

[4]金紫光禄大夫：官名。養老疾，無職事。爲加官、贈官及退休大臣榮銜。宋第二品，齊及梁初不詳。

[5]親信：指護衛之吏。

[6]使持節：漢代大臣奉皇帝之命出行，持節以爲憑證並示威重。魏晉以下以爲官名，有假節、持節、使持節之分，權力亦有小大之別，多爲都督諸州軍事及刺史總軍戎者。軍事長官加使持節，出行可誅殺二千石以下官員。　安南將軍：將軍名號。與安北、安東、安西將軍合稱四安將軍，爲出鎮方面的軍事長官，或作爲刺史兼理軍務的加官，權任頗重。宋第三品，齊及梁初不詳。　湘州：州名。治所在今湖南長沙市。

[7]撫軍將軍：將軍名號。宋第三品，齊及梁初不詳。

[8]鼓吹：樂名。本軍樂，皇帝出行亦奏。漢魏以下亦用以贈賜有功之臣。

[9]《隋書·經籍志》"梁太常卿《任昉集》三十四卷"下小注有云："撫軍將軍《柳惔集》二十卷，亡。"

惔第四弟憕，亦有美譽，歷侍中、鎮西長史。[1]天監十二年，卒，贈寧遠將軍、豫州刺史。[2]

[1]鎮西：鎮西將軍之省稱，將軍名號。與鎮東、鎮南、鎮北

將軍合稱四鎮將軍，多爲持節都督，出鎮方面，權勢頗重。梁天監七年（508）革選，釐定將軍名號及班品，有一百二十五號十品二十四班，以班多者爲貴。鎮西將軍爲二十二班。　長史：官名。王公軍府屬官，掌本府官吏。梁天監七年革選，定流内官職爲十八班，以班多者爲貴。長史爲十班至六班。

[2]寧遠將軍：將軍名號。梁一百二十五號將軍之一，十三班。豫州：州名。治所在今安徽合肥市西北。

忱字文若，惔第五弟也。年數歲，父世隆及母閻氏時寢疾，忱不解帶經年。及居喪，以毁聞。[1]起家爲司徒行參軍，[2]累遷太子中舍人，西中郎主簿，[3]功曹史。[4]

[1]毁：居喪過於哀傷。

[2]行參軍：官名。王公軍府屬官，參掌府曹事，位在正參軍之下。

[3]西中郎：西中郎將之省稱，將軍名號。爲東、西、南、北四中郎將之一，爲統兵將領。帥師征伐，或鎮守某一地區，爲方面大員。南齊唯授予諸王，素族無爲之者。宋第四品，齊不詳。

[4]功曹史：官名。郡府屬官，掌吏員賞罰任免。宋第九品，齊不詳。

齊東昏遣巴西太守劉山陽由荆襲高祖，[1]西中郎長史蕭穎胄計未有定，[2]召忱及其所親席闡文等夜入議之。忱曰："朝廷狂悖，[3]爲惡日滋。頃聞京師長者，莫不重足累息，[4]今幸在遠，得假日自安。雍州之事，[5]且藉以相斃耳。獨不見蕭令君乎？[6]以精兵數千，破崔氏十萬衆，[7]竟爲羣邪所陷，禍酷相尋。[8]前事之不忘，後事之師也。若使彼凶心已逞，豈知使君不係踵而及？[9]且雍州士鋭糧多，蕭使君雄姿冠世，[10]必非山陽所能擬；[11]若破山陽，荆州復受失律之責。[12]進退無可，且深慮之。”闡文亦深勸同高祖。穎胄乃誘斬山陽，以忱爲寧朔將軍。[13]

[1]巴西：郡名。治所在今四川綿陽市東。　荆：指荆州。

[2]蕭穎胄：人名。南齊宗室。時爲荆州刺史西中郎將南康王蕭寶融長史，行府州事。《南齊書》卷三八《蕭赤斧傳》有附傳。

[3]朝廷：指東昏侯蕭寶卷。

[4]重足累息：因恐懼而不敢移動和呼吸。重足，叠足而立；累息，屏息。

[5]雍州：州名。治所在今湖北襄樊市。蕭衍時爲雍州刺史。東昏既殺蕭懿，又欲襲殺其弟蕭衍。雍州之事即襲殺蕭衍之事。

[6]蕭令君：尚書令蕭懿。東昏侯永元二年（500），平西將軍崔慧景舉兵襲京師，蕭懿起兵平之。不久，懿即被東昏侯殺害。詳本書卷二三《長沙嗣王淵業傳》。

[7]崔氏：指崔慧景。慧景，祖籍清河東武城。齊東昏侯即位，慧景以重位舊臣遭疑忌，遂反。《南齊書》卷五一有傳。

[8]尋：連接。

[9]使君：對州郡長官的尊稱。此處指蕭穎胄。　係踵：接踵。

[10]蕭使君：指蕭衍。

[11]擬：比。

[12]失律：軍事失利。

[13]寧朔將軍：將軍名號。統兵將軍。宋第四品，齊不詳。

和帝即位，爲尚書吏部郎，[1]進號輔國將軍、南平太守。[2]尋遷侍中、冠軍將軍，[3]太守如故。轉吏部尚書，[4]不拜。郢州平，[5]穎胄議遷都夏口，[6]忱復固諫，以爲巴硤未賓，[7]不宜輕捨根本，摇動民志。穎胄不從。俄而巴東兵至硤口，[8]遷都之議乃息。論者以爲見機。

[1]尚書吏部郎：官名。尚書省吏部曹長官，掌官吏銓選調動。屬吏部尚書，爲尚書省諸曹郎之首，其職甚重。南齊第五品。

[2]輔國將軍：將軍名號。齊第三品。　南平：郡名。治所在今湖北公安縣西。

[3]冠軍將軍：將軍名號。齊第三品。

[4]吏部尚書：官名。尚書省吏部長官，居列曹尚書之首，地位甚重。多僑姓高門、世胄顯貴擔任，掌全國官吏的選拔、任免等事。員一人。齊第三品。

[5]郢州：州名。治所在今湖北武漢市武昌。

[6]夏口：城名。在今湖北武漢市黄鵠山。

[7]巴硤：即今重慶奉節縣長江瞿塘峽和巫山縣長江巫峽。硤，《南史》作"峽"，《南齊書·蕭穎胄傳》亦作"峽"。

[8]時巴東太守蕭惠訓不從蕭穎胄之命，遣其子襲穎胄。事見《南史》卷四一《齊宗室·蕭穎胄傳》。　硤口：即今湖北宜昌市西長江西陵峽口。硤，《南史》、《通鑑》卷一四四《齊紀十》並作"峽"。

高祖踐阼，以忱爲五兵尚書，[1]領驍騎將軍。[2]論建義功，封州陵伯，[3]邑七百户。天監二年，出爲安西長史、冠軍將軍、南郡太守。[4]六年，徵爲員外散騎常侍、太子右衛率。[5]未發，遷持節、督湘州諸軍事、輔國將軍、湘州刺史。[6]八年，坐輒放從軍丁免。俄入爲祕書監，[7]遷散騎常侍，轉祠部尚書，[8]未拜遇疾，詔改授給事中、光禄大夫，[9]疾篤不拜。十年，卒於家，時年四十一。追贈中書令，[10]謚曰穆。子範嗣。

[1]五兵尚書：官名。尚書省列曹尚書之一。掌軍事行政。梁初第三品。

[2]驍騎將軍：將軍名號。禁衛軍六軍之一，領營兵，兼統宿衛。宋第四品，齊及梁初不詳。

[3]州陵：縣名。治所在今湖北洪湖市東北。

[4]安西：安西將軍之省稱，將軍名號。與安東、安南、安北將軍合稱四安將軍，爲出鎮方面的軍事長官，或作爲刺史兼理軍務的加官，權任頗重。宋第三品，齊及梁初不詳。　南郡：郡名。治所在今湖北荆州市江陵。

[5]員外散騎常侍：官名。屬集書省，多以公族、宗室擔任。劉宋以後，多用以安置閑散官員。梁十班。　太子右衛率：官名。東宫屬官。與太子左衛率共掌東宫宿衛營兵。梁十一班。

[6]持節：官名。軍事長官持節出鎮或出征，可殺無官位之人，在軍事行動中，享有誅殺二千石以下官員的權力。

[7]祕書監：官名。祕書省長官，掌國之典籍圖書。員一人。梁十一班。

[8]祠部尚書：官名。尚書省列曹尚書之一。掌祠祀禮儀之政，不常置，缺則以右僕射代領其職事。梁十三班。

[9]給事中：官名。集書省屬官。掌顧問應對，收發文書，地位較低。梁四班。　光禄大夫：官名。屬光禄卿。養老疾，無職事。梁十三班。

[10]中書令：官名。中書省長官。與中書監共掌出納帝命。東

晉以後，出令權他屬，漸成閑職，僅掌文章之事。梁代位在中書監之下。員一人。十三班。

席闡文，安定臨涇人也。[1]少孤貧，涉獵書史。齊初，爲雍州刺史蕭赤斧中兵參軍，[2]由是與其子穎冑善。復歷西中郎中兵參軍，領城局。[3]高祖之將起義也，[4]闡文深勸之，穎冑同焉，[5]仍遣田祖恭私報高祖，并獻銀裝刀，高祖報以金如意。

[1]安定：郡名。治所在今甘肅涇川縣北涇河北岸。　臨涇：縣名。治所在今甘肅鎮原東南。此席氏祖籍。

[2]蕭赤斧：人名。南齊宗室。《南齊書》卷三八有傳。　中兵參軍：官名。王公軍府屬官。掌本府親兵。宋第七品，齊不詳。

[3]城局：城局參軍之省稱，官名。王公軍府屬官。掌治盜賊事。宋第七品，齊不詳。

[4]起義：指蕭衍起兵於襄陽，討伐東昏侯蕭寶卷。

[5]穎冑同焉：意謂穎冑與蕭衍同討東昏侯。時齊和帝爲西中郎將、荆州刺史，穎冑以長史行府州事。

和帝稱尊號，爲給事黄門侍郎，[1]尋遷衛尉卿。[2]穎冑暴卒，州府騷擾，闡文以和帝幼弱，中流任重，時始興王憺留鎮雍部，[3]乃與西朝羣臣迎王總州事，[4]故賴以寧輯。[5]

[1]給事黄門侍郎：官名。門下省次官。與侍中共掌門下衆事，侍從左右，關通中外，職任顯要。員四人。齊第五品。

[2]衛尉卿：官名。九卿之一。掌宫門屯兵。宋第三品，齊不

詳。按，據《隋書·百官志》，諸卿，梁天監七年（508）以前猶依宋、齊之舊，無卿名。此稱“衛尉卿”，當屬以後稱前。參楊樹達《古書疑義舉例續補》卷一“以後稱前例”條。

[3]始興王憺：梁武帝弟蕭憺封爵號始興王。蕭衍起兵，憺留鎮雍州。本書卷二二有傳。始興，郡名。治所在今廣東韶關市東南蓮花嶺下。

[4]西朝：東昏侯永元三年（501），荆州刺史蕭寶融即帝位於江陵。因江陵在建康之西，故稱西朝。

[5]寧輯：安定和協。

高祖受禪，除都官尚書、輔國將軍。[1]封山陽伯，[2]邑七百户。出爲東陽太守，[3]又改封湘西，[4]户邑如故。視事二年，以清白著稱，卒於官。詔賻錢三萬，[5]布五十匹。謚曰威。

[1]都官尚書：官名。尚書省列曹尚書之一。掌軍事刑獄，水利工程，兼庫藏、考覈官吏之政。梁初第三品。

[2]山陽：縣名。治所在今江蘇淮安市。

[3]東陽：郡名。治所在今浙江金華縣。《御覽》卷二八引《梁書》曰：“席闡文出爲東陽太守，在郡有能名，冬至悉放獄中囚，依期而至。”可補本傳之闕。

[4]湘西：縣名。治所在今湖南株洲市南。

[5]賻（fù）：以錢財助喪事。

韋叡字懷文，京兆杜陵人也。[1]自漢丞相賢以後，[2]世爲三輔著姓。[3]祖玄，避吏隱於長安南山。[4]宋武帝入關，以太尉掾徵，[5]不至。伯父祖征，宋末爲光禄勳。[6]父祖歸，寧遠長史。[7]叡事繼母以孝聞。叡兄纂、闡，並早知名。[8]纂、叡皆好學，闡有清操。祖征累爲郡守，每攜叡之職，視之如子。時叡内兄王憕、姨弟杜惲，並有鄉里盛名。祖征謂叡曰："汝自謂何如憕、惲?"叡謙不敢對。祖征曰："汝文章或小減，學識當過之；然而幹國家，成功業，皆莫汝逮也。"外兄杜幼文爲梁州刺史，[9]要叡俱行。梁土富饒，往者多以賄敗；叡時雖幼，獨用廉聞。

[1]京兆：行政區劃名。漢三輔之一。治所在今陝西西安市西北。　杜陵：縣名。治所在今陝西長安縣東北。此韋氏祖籍。

[2]賢：韋賢。《漢書》卷七三有傳。

[3]三輔：西漢時京畿所設京兆尹、左馮翊、右扶風的合稱，相當於今陝西關中地區。

[4]長安：縣名。治所在今陝西西安市西北。　南山：又名終南山、中南山、周南山，在今陝西西安市南，屬秦嶺山脉。

[5]太尉掾：官名。太尉府屬吏。宋第七品。

[6]光禄勳：官名。九卿之一。掌宫廷門户及部分事務。宋第三品。

[7]寧遠：寧遠將軍之省稱，將軍名號。宋第五品。

[8]纂、闡：即韋纂、韋闡。《南史》卷五八《韋叡傳》有附傳。

[9]杜幼文：人名。宋太宗時曾官梁、南秦二州刺史。《宋書》卷六五有傳。　梁州：州名。治所在今陝西漢中市東。

宋永光初，[1]袁顗爲雍州刺史，[2]見而異之，引爲主簿。顗到州，與鄧琬起兵，[3]叡求出爲義成郡，[4]故免顗之禍。後爲晉平王左常侍，[5]遷司空桂陽王行參軍，[6]隨齊司空柳世隆守郢城，[7]拒荆州刺史沈攸之。[8]攸之平，遷前軍中兵參軍。[9]久之，爲廣德令。[10]累遷齊興太守、本州别駕、長水校尉、右軍將軍。[11]齊末多故，不欲遠鄉里，求爲上庸太守，[12]加建威將軍。[13]俄而太尉陳顯達、護軍將軍崔慧景頻逼京師，[14]民心遑駭，未有所定，西土人謀之於叡。叡曰："陳雖舊將，非命世才；[15]崔頗更事，[16]懦而不武。其取赤族也，[17]宜哉。天下真人，[18]殆興於吾州矣。"[19]乃遣其二子，自結於高祖。

[1]永光：宋前廢帝劉子業年號（465）。

[2]袁顗：人名。祖籍陳郡陽夏。劉子業狂悖無道，明帝廢之，將自立。袁顗等謀立晉安王劉子勛，起兵反。兵敗，顗被殺。《宋書》卷八四有傳。

[3]鄧琬：人名。宋豫章南昌人。《宋書》卷八四有傳。

[4]義成：郡名。治所在今湖北丹江口市。

[5]晉平王：宋文帝子劉休祐封爵號。《宋書》卷七二《文九王》有傳。晉平，郡名。治所在今福建福州市。　左常侍：官名。王國屬官。掌司儀、諫諍。宋第八品。

[6]桂陽王：宋文帝子劉休範封爵號。《宋書》卷七九《文五王》有傳。桂陽，郡名。治所在今湖南郴州市。

[7]郢城：城名。郢州鎮所，在今湖北武漢市武昌。

[8]沈攸之：吴興武康人。仕宋，官鎮西將軍、荆州刺史。順帝即位，蕭道成輔政，有代宋之勢。沈攸之起兵反，兵敗被殺。《宋書》卷七四有傳。

[9]前軍：前軍將軍之省稱，將軍名號。宋第四品。

[10]廣德：縣名。治所在今安徽廣德市西南。

[11]齊興：郡名。治所在今湖北鄖縣。　別駕：別駕從事史之省稱，官名。州府屬官。與西曹書佐共掌本府官吏及選舉事。齊官品不詳。　長水校尉：官名。禁衛軍五校尉之一。掌宫廷宿衛士。宋第四品，齊不詳。

[12]上庸：郡名。治所在今湖北竹山縣西南。

[13]建威將軍：將軍名號。五威將軍之一。宋第四品，齊不詳。

[14]陳顯達：齊南彭城人。官至江州刺史。東昏侯即位，殺舊臣，顯達懼，起兵反。兵敗被殺。《南齊書》卷二六有傳。　護軍將軍：將軍名號。掌京畿以外諸軍，權任頗重。宋第三品，齊不詳。

[15]命世才：著名於一世的傑出人才。

[16]更事：經歷世事。

[17]赤族：全家族被殺。

[18]真人：指帝王。

[19]吾州：此指雍州。韋氏祖籍京兆，屬古雍州。北方淪陷，江左僑置雍州，寄治襄陽。故言僑立之雍州爲“吾州”。時蕭衍爲雍州刺史，故韋叡預言“真人”“興於吾州”。

義兵檄至，[1]叡率郡人伐竹爲筏，倍道來赴，[2]有衆二千，馬二百匹。高祖見叡甚悦，拊几曰：“他日見君之面，今日見君之心，吾事就矣。”義師剋郢、魯，[3]平加湖，[4]叡多建謀策，皆見納用。大軍發郢，謀留守將，高祖難其人；久之，顧叡曰：“棄騏驥而不乘，焉遑遑而更索？”[5]即日以爲冠軍將軍、江夏太守，[6]行郢府事。[7]初，郢城之拒守也，男女口垂十萬，[8]閉壘經年，疾疫死者十七八，皆積屍於牀下，而生者寢處其上，每屋輒盈滿。叡料簡隱卹，[9]咸爲營理，於是死者得埋藏，生者反居業，[10]百姓賴之。

[1]義兵：指蕭衍討伐東昏侯的軍隊。 檄：文體之一種。用於申討、徵召、曉諭等的文書。

[2]倍道：一日行兩日的路程。

[3]郢：即郢城。 魯：城名。在今湖北武漢市漢陽東北隅。

[4]加湖：亦作茄湖。在今湖北黄陂縣東南。

[5]《楚辭·九辯》："國有驥而不知乘兮，焉皇皇而更索?"又，《三國志》卷二三《魏書·杜襲傳》："太祖東還，當選留府長史，鎮守長安，主者所選多不當，太祖令曰：'釋騏驥而不乘，焉皇皇而更索?'遂以襲爲留府長史，駐關中。"此蓋蕭衍之所據。

[6]江夏：郡名。治所在今湖北武漢市武昌。

[7]行郢府事：代行郢州府政事。錢大昕《廿二史考異》卷二六有云："六朝時，府僚多領郡縣職。……凡諸王沖幼出鎮開府，多以長史行府州事，或府主以事他出，亦以府僚行事。"

[8]垂：將近。

[9]料簡：料理檢查。簡，通"檢"。 隱卹：憐憫救濟。

[10]反：通"返"。

梁臺建，[1]徵爲大理。[2]高祖即位，遷廷尉，[3]封都梁子，[4]邑三百户。天監二年，改封永昌，[5]户邑如先。東宫建，[6]遷太子右衛率，出爲輔國將軍、豫州刺史，領歷陽太守。[7]三年，魏遣衆來寇，率州兵擊走之。

[1]梁臺建：指和帝中興二年（502）二月，蕭衍受封梁公，建臺治事。臺，官署。

[2]大理：官名。王國屬官，掌刑獄。官品不詳。

[3]廷尉：官名。掌國家刑獄事。屬官有廷尉正、廷尉平、廷尉監及胄子律博士等。齊及梁初第三品。

[4]都梁：縣名。治所在今湖南隆回縣。舊本“都梁”作“梁都”，此依中華書局本乙正。

[5]永昌：縣名。治所在今湖南祁東縣西北。

[6]東宫建：指梁武帝立子蕭統爲太子。按，據本書《武帝紀》及《昭明太子傳》，蕭統被立爲太子，拜官屬在天監元年（502）十一月。此述在天監二年下，似有誤。

[7]豫州：州名。當時治所在今安徽和縣。　歷陽：郡名。治所與豫州同。

四年，王師北伐，詔叡都督衆軍。叡遣長史王超宗、梁郡太守馮道根攻魏小峴城，[1]未能拔。叡巡行圍柵，魏城中忽出數百人陳於門外，叡欲擊之，諸將皆曰：“向本輕來，[2]未有戰備，徐還授甲，乃可進耳。”叡曰：“不然。魏城中二千餘人，閉門堅守，足以自保，無故出人於外，必其驍勇者也，若能挫之，其城自拔。”衆猶遲疑，[3]叡指其節曰：“朝廷授此，非以爲飾，韋叡之法，不可犯也。”乃進兵。士皆殊死戰，魏軍果敗走，因急攻之，中宿而城拔。[4]遂進討合肥。[5]先是，右軍司馬胡略等至合肥，[6]久未能下，叡按行山川，曰：“吾聞‘汾水可以灌平陽，絳水可以灌安邑’，[7]即此是也。”乃堰肥水，[8]親自表率。[9]頃之，堰成水通，舟艦繼至。魏初分築東西小城夾合肥，叡先攻二城。既而魏援將楊靈胤帥軍五萬奄至，[10]衆懼不敵，請表益兵。叡笑曰："賊已至城下，方復求軍，臨難鑄兵，豈及馬腹。[11]且吾求濟師，[12]彼亦徵衆，猶如吴益巴丘，[13]蜀增白帝耳。[14]'師克在和不在衆'，[15]古之義也。"因與戰，破之，軍人少安。[16]

[1]梁郡：郡名。治所在今安徽壽縣。　馮道根：人名。本書卷一八有傳。　小峴城：城名。在今安徽含山縣北。

[2]向：剛纔。

[3]衆猶遲疑：舊本作"衆皆猶遲疑"，衍"皆"字。此依中華書局本校删。

[4]中宿：次夜。

[5]合肥：縣名。治所在今安徽合肥市西。

[6]司馬：官名。王公軍府屬官，掌本府武職。宋第六至第七品，齊及梁初不詳。　胡略：《南史》卷五八同傳及《通鑑》卷一四六《梁紀二》天監五年作"胡景略"。按，疑本作胡炳略，姚思廉避唐諱省"炳"字，《南史》則改"炳"爲景，《通鑑》沿《南史》。

[7]《戰國策·秦四》"秦昭王謂左右曰章"有云："昔者六晉之時，智氏最强，滅破范、中行，帥韓、魏以圍趙襄子於晉陽。決晉水以灌晉陽，城不沈者三板耳。智伯出行水，韓康子御，魏桓子驂乘。智伯曰：'始吾不知水之可以亡人之國也，今乃知之。汾水利以灌安邑，絳水利以灌平陽。'"按，汾水在平陽之西，可灌平陽，不得灌安邑，此文有誤。參繆文遠《戰國策新校注》(上)。汾水：即今汾河。　平陽：郡名。治所在今山西臨汾市西南。　絳水：水名，在今山西境内。　安邑：縣名。治所在今山西夏縣西北禹王城。

[8]肥水：即今南肥河。

[9]表率：舊本作“夜率”，此依中華書局本校改。

[10]楊靈胤：楊，舊本作“揚”，此依中華書局本校改。　奄：突然。

[11]豈及馬腹：意謂力不能及。《左傳·宣公十五年》：“古人有言，雖鞭之長，不及馬腹。”

[12]濟師：救兵。

[13]巴丘：山名。在今湖南岳陽縣湘水右岸。三國時，吴將周瑜欲取蜀，自京還江陵治嚴，卒於此。見《三國志》卷五四《周瑜傳》。

[14]白帝：城名。在今重慶奉節縣東瞿塘峽口。三國時蜀主劉備伐吴，兵敗。退，死於此。見《三國志》卷三二《先主傳》。

[15]《左傳·桓公十一年》：鄖人軍於蒲騷，將與隨、絞、州、蓼伐楚師。莫敖患之，曰：“盍請濟師於王？”鬭廉曰：“師克在和，不在衆。商、周之不敵，君之所聞也。成軍以出，又何濟焉？”

[16]少：稍。

初，肥水堰立，使軍主王懷静築城於岸守之，[1]魏攻陷懷静城，千餘人皆没。魏人乘勝至叡堤下，其勢甚盛，軍監潘靈祐勸叡退還巢湖，[2]諸將又請走保三叉。[3]叡怒曰：“寧有此邪！將軍死綏，[4]有前無却。”因令取繖扇麾幢，樹之堤下，示無動志。叡素羸，[5]每戰未嘗騎馬，以板輿自載，[6]督厲衆軍。魏兵來鑿堤，叡親與争之，魏軍少却，因築壘於堤以自固。叡起鬭艦，[7]高與合肥城等，四面臨之。魏人計窮，相與悲哭。叡攻具既成，堰水又滿，魏救兵無所用。魏守將杜元倫登城督戰，中弩死，城遂潰。俘獲萬餘級，牛馬萬數，絹滿十間屋，悉充軍賞。叡每晝接客旅，夜算軍書，三更起張燈達曙，撫循其衆，常如不及，故投募之士争歸之。所至頓舍脩立，館宇藩籬墻壁，皆應准繩。

[1]軍主：一軍的主將。其下設軍副，所統兵力自數百人至萬人以上不等。

[2]軍監：官名。掌監察軍人事宜。　巢湖：即今安徽巢湖。

[3]三叉：地名。在今安徽合肥市東南。《通鑑》卷一四六《梁紀二》“天監五年四月”下胡三省注云：“《考異》曰：《南史》作三丈，今從《梁書》。蓋潒湖之水於此分三汊，故名，退保於此，利於入船，故衆欲之。”按，中華書局本《南史》作“叉”，不作“丈”。

[4]將軍死綏：軍退爲綏。軍敗而退，將當死之，稱死綏。《三國志》卷一《武帝紀》建安八年（203）令：“《司馬法》‘將軍死綏’。”裴注引《魏書》：“綏，卻也。有前一尺，無卻一寸。”

[5]羸：瘦弱。

[6]板輿：古代老人的一種代步工具。

[7]鬬艦：古代的一種戰船。《通典》卷一六〇《兵十三》：“鬬艦，船上設女墻，可高三尺，墻下開掣棹孔；船内五尺，又建棚，與女墻齊。棚上又建女墻，重列戰敵。上無覆背，前後左右樹牙旗、旛幟、金鼓，此戰船也。”

合肥既平[1]，高祖詔衆軍進次東陵。[2]東陵去魏甓城二十里，[3]將會戰，有詔班師。去賊既近，懼爲所躡，[4]叡悉遣輜重居前，身乘小輿殿後，[5]魏人服叡威名，望之不敢逼，全軍而還。至是遷豫州於合肥。

[1]合肥既平：據本書《武帝紀》及《通鑑》卷一四六《梁紀二》，韋叡克合肥在天監五年（506）五月。本傳下文有“五年”云云，似“合肥既平”在五年前。當是本傳叙事失次。

[2]東陵：地名。在今安徽壽縣南。

[3]甓城：地名。在今安徽壽縣南。

[4]躡：緊追在後。

[5]輿：轎。

五年，魏中山王元英寇北徐州，[1]圍刺史昌義之於鍾離，[2]衆號百萬，連城四十餘。高祖遣征北將軍曹景宗，[3]都督衆軍二十萬以拒之。次邵陽洲，[4]築壘相守，高祖詔叡率豫州之衆會焉。叡自合肥逕道由陰陵大澤行，[5]值澗谷，輒飛橋以濟。師人畏魏軍盛，多勸叡緩行。叡曰：“鍾離今鑿穴而處，負户而汲，[6]車馳卒奔，猶恐其後，而況緩乎！魏人已墮吾腹中，卿曹勿憂也。”旬日而至邵陽。初，高祖敕景宗曰：[7]“韋叡，卿之鄉望，[8]宜善敬之。”景宗見叡，禮甚謹。高祖聞之，曰：“二將和，師必濟矣。”叡於景宗營前二十里，夜掘長塹，樹鹿角，[9]截洲爲城，比曉而營立。[10]元英大驚，以杖擊地曰：“是何神也！”明旦，英自率衆來戰，叡乘素木輿，執白角如意麾軍，一日數合，英甚憚其强。[11]魏軍又夜來攻城，飛矢雨集，叡子黯請下城以避箭，叡不許。軍中驚，叡於城上厲聲呵之，乃定。魏人先於邵陽洲兩岸爲兩橋，樹柵數百步，跨淮通道。叡裝大艦，使梁郡太守馮道根、廬江太守裴邃、秦郡太守李文釗等爲水軍。[12]值淮水暴長，[13]叡即遣之，鬭艦競發，皆臨敵壘，以小船載草，灌之以膏，從而焚其橋。[14]風怒火盛，烟塵晦冥，敢死之士，拔柵斫橋，水又漂疾，倏忽之間，橋柵盡壞。而道根等皆身自搏戰，軍人奮勇，呼聲動天地，無不一當百，魏人大潰。元英見橋絶，脱身遁去。魏軍趨水死者十餘萬，斬首亦如之。其餘釋甲稽顙，[15]乞爲囚奴，猶數十萬。[16]所獲軍實牛馬，不可勝紀。叡遣報昌義之，義之且悲且喜，不暇答語，但叫曰："更生！[17]更生！"高祖遣中書郎周捨勞於淮上，[18]叡積所獲於軍門，捨觀之，謂叡曰："君此獲復與熊耳山等。"[19]以功增封七百户，進爵爲侯，徵通直散騎常侍、右衛將軍。[20]

[1]中山王元英：魏宗室元英封爵號中山王。《魏書》卷一九有傳。中山，郡名。治所在今河北定州市。　北徐州：州名。治所在今安徽鳳陽縣東北。

[2]昌義之：人名。本書卷一八有傳。　鍾離：郡名。治所在今安徽鳳陽縣東北。

[3]征北將軍：將軍名號。與征東、征西、征南將軍合稱四征將軍，多爲持節都督，出鎮方面，地位顯要。宋第三品，齊及梁初不詳。　曹景宗：人名。本書卷九有傳。

[4]邵陽洲：在今安徽鳳陽縣東北淮河中。

[5]陰陵大澤：地在今鳳陽縣西南、合肥市東北。

[6]户：門板。

[7]敕：告誡。

[8]鄉望：州鄉望族。《通鑑》卷一四六《梁紀二》"天監六年"下胡三省注："曹景宗，新野人。韋叡以京兆著姓居襄陽，既同州

鄉，而韋爲望族。”

[9]鹿角：古時陣地營寨以外的一種防禦工事。將樹枝削尖，半埋入地，以阻截敵人闌入。

[10]比：至。

[11]甚憚其强：舊本脱“憚其”二字，此依中華書局本校補。

[12]廬江：郡名。治所在今安徽舒城縣。　裴邃：人名。本書卷二八有傳。　秦郡：郡名。治所在今江蘇六合縣北。

[13]長：通“漲”。

[14]從：通“縱”。

[15]稽顙：叩頭。

[16]數十萬：本書卷九《曹景宗傳》作“五萬餘人”。《通鑑》卷一四六《梁紀二》胡三省注引《考異》云：“按魏軍共止數十萬。如《叡傳》所言，似爲太過。”

[17]更生：再生。

[18]中書郎：官名。即中書侍郎。　周捨：人名。本書卷二五有傳。

[19]熊耳山：山名。在今河南盧氏縣南。《太平御覽》卷四二《地部》七引《東觀漢記》：“赤眉初降，輦輸鎧甲兵弩積與熊耳山等。”

[20]通直散騎常侍：官名。集書省官員。與散騎常侍通直，掌侍從左右。多以衰老之士擔任，地位不高。梁初官品不詳。　右衛將軍：將軍名號。與左衛將軍合稱二衛將軍，掌宫廷宿衛營兵，是禁衛軍主要將領。梁初第四品。

七年，遷左衛將軍，俄爲安西長史、南郡太守，秩中二千石。[1]會司州刺史馬仙琕北伐還軍，[2]爲魏人所躡，三關擾動，[3]詔叡督衆軍援焉。叡至安陸，[4]增築城二丈餘，更開大塹，起高樓，衆頗譏其示弱。叡曰："不然。爲將當有怯時，不可專勇。"是時元英復追仙琕，將復邵陽之恥，聞叡至，乃退，帝亦詔罷軍。明年，遷信武將軍、江州刺史。[5]九年，徵員外散騎常侍、右衛將軍。累遷左衛將軍、太子詹事，[6]尋加通直散騎常侍。十三年，遷智武將軍、丹陽尹，[7]以公事免。頃之，起爲中護軍。[8]

[1]中二千石：古代官秩品級之一種。《漢書》卷八《宣帝紀》"神爵四年四月"下顔師古注："漢制，秩二千石者，一歲得一千四百四十石，實不滿二千石也，其云中二千石者，一歲得二千一百六十石，舉成數言之，故曰二千石。中者，滿也。"

[2]司州：州名。治所在今河南信陽市。　馬仙琕：人名。本書卷一七有傳。

[3]三關：指平靖關，在今河南信陽縣西南；黄峴關，在今河南信陽縣南；武陽關，在今河南羅山縣南。

[4]安陸：縣名。治所在今湖北安陸市。

[5]信武將軍：將軍名號。梁一百二十五號將軍之一，十五班。江州：州名。治所在今江西九江市西南。

[6]太子詹事：官名。總理東宫庶務，或參議大政，職位顯重。員一人。梁十四班。

[7]智武將軍：將軍名號。梁一百二十五號將軍之一，十五班。丹陽尹：京師所在丹陽郡長官，掌治民。宋第三品，齊梁官品不詳。

[8]中護軍：官名。梁十四班。

十四年，出爲平北將軍、寧蠻校尉、雍州刺史。[1]初，叡起兵鄉中，客陰儁光泣止叡，[2]叡還爲州，儁光道候叡，叡笑謂之曰："若從公言，乞食於路矣。"餉耕牛十頭。叡於故舊，無所遺惜，士大夫年七十以上，多與假板縣令，[3]鄉里甚懷之。十五年，拜表致仕，[4]優詔不許。[5]十七年，[6]徵散騎常侍、護軍將軍，尋給鼓吹一部，入直殿省。居朝廷，恂恂未嘗忤視，[7]高祖甚禮敬之。性慈愛，撫孤兄子過於己子，歷官所得禄賜，皆散之親故，家無餘財。後爲護軍，居家無事，慕萬石、陸賈之爲人，[8]因畫之於壁以自玩。時雖老，暇日猶課諸兒以學。第三子稜，尤明經史，世稱其洽聞，叡每坐稜使説書，其所發擿，[9]稜猶弗之逮也。高祖方鋭意釋氏，天下咸從風而化。叡自以信受素薄，位居大臣，不欲與俗俯仰，[10]所行略如他日。

[1]平北將軍：將軍名號。與平東、平西、平南將軍合稱四平將軍，多兼鎮守地區的刺史，統掌軍、政事務。梁一百二十五號將軍之一，二十班。　寧蠻校尉：武官名號。掌雍州少數民族事務，領兵置府於襄陽。其官班隨府主號輕重而不定。

[2]陰儁光：中華書局本《校勘記》："《南史》及《册府元龜》四一二、四五一'儁'作'雙'。"

[3]假板：假借名義板授官職。用以尊老，非實授。板，晉南北六朝時地方長官臨時書授官之辭於板以授官。

[4]致仕：又作致事，官吏退休。嚴可均輯《全梁文》卷五一有王僧孺《爲韋雍州致仕表》，即爲代韋叡作。

[5]優詔：皇帝慰勉臣下的詔書。

[6]十七年：中華書局本《校勘記》："本書《武帝紀》，天監十五年十一月，以雍州刺史韋叡爲護軍將軍。是徵散騎常侍、護軍將軍即在叡拜表致仕、優詔不許時。'十七年'乃衍文，《南史》無此

三字。”

[7]恂恂：恭順的樣子。

[8]萬石：指西漢石奮。奮及其四子並以忠誠謹慎著名，皆官至二千石，漢景帝號石奮爲萬石君。《史記》卷一〇三有傳。　陸賈：西漢初人，博學有辯才。《史記》卷九七有傳。

[9]發擿（tī）：解説疑難。

[10]俯仰：周旋、應付。

普通元年夏，[1]遷侍中、車騎將軍，[2]以疾未拜。八月，卒于家，時年七十九。遺令薄葬，斂以時服。高祖即日臨哭甚慟。[3]賜錢十萬，布二百匹，東園祕器，[4]朝服一具，衣一襲，[5]喪事取給於官，遣中書舍人監護。[6]贈侍中、車騎將軍、開府儀同三司。[7]謚曰嚴。

[1]普通：梁武帝年號（520—527）。

[2]侍中：官名。門下省長官。職掌同齊代。員四人。梁十二班。　車騎將軍：將軍名號。爲重號將軍，多加授大臣、重要地方長官。梁一百二十五號將軍之一，二十四班。

[3]臨：哭吊。

[4]東園祕器：漢代有官署名東園，掌製作王公貴族墓内器具。因稱棺木爲東園祕器。

[5]一襲：一套。

[6]中書舍人：官名。中書省屬官。舊掌入直閣内，呈奏案章。劉宋時漸用寒人及皇帝親信擔任此職，奪中書侍郎出令權。梁代選以才能，不限資地，掌中書詔誥，多以他官兼領。四班。

[7]開府儀同三司：官名。非三公而禮制同於三公。梁諸將軍開府儀同三司爲十七班。

初，邵陽之役，昌義之甚德叡，請曹景宗與叡會，因設錢二十萬官賭之，[1]景宗擲得雉，[2]叡徐擲得盧，遽取一子反之，曰“異事”，遂作塞。景宗時與羣帥争先啓捷，[3]叡獨居後，其不尚勝，率多如是，世尤以此賢之。子放、正、稜、黯，放别有傳。[4]

[1]官賭：即在官府公廨賭博。

[2]雉：古代博戲中的彩名。古博以五木爲體，有梟、盧、雉、犢、塞五者。梟最勝，盧次之，雉與犢又次之，塞最下。

[3]争先啓捷：“啓”下舊本有“之”字，《通志》無。當是衍文。此依中華書局本校删。又，“啓”，《通鑑》卷一四六《梁紀二》“天監六年三月”紀作“告”。

[4]本書卷二八有《韋放傳》。

正字敬直，起家南康王行參軍，[1]稍遷中書侍郎，[2]出爲襄陽太守。[3]初，正與東海王僧孺友善，[4]及僧孺爲尚書吏部郎，[5]參掌大選，賓友故人莫不傾意，正獨澹然。及僧孺擯廢之後，[6]正復篤素分，有踰曩日，論者稱焉。歷官至給事黄門侍郎。[7]

[1]南康王：梁武帝子蕭績封爵號。其人本書卷二九《高祖三王》有傳。南康，郡名。治所在今江西贛州市東北。

[2]中書侍郎：官名。職掌同南齊時。梁九班。

[3]襄陽：郡名。治所在今湖北襄樊市。陽，《南史》卷五八同傳作“陵”。

[4]東海王僧孺：王僧孺祖籍東海郡。本書卷三三有傳。東海

郡，治所在今山東郯城縣北。

[5]尚書吏部郎：官名。尚書省吏部曹長官。職掌同齊代。梁十一班。

[6]僧孺擯廢：《南史》卷五九《王僧孺傳》："初，帝問僧孺妾媵之數，對曰：'臣室無傾視。'及在南徐州，友人以妾寓之，行還，妾遂懷孕。爲王典籤湯道愍所糾，逮詣南司，坐免官，久之不調。"事蓋即此。

[7]給事黄門侍郎：官名。門下省次官。與侍中共掌侍從左右，擯相威儀，盡規獻納，糾正違缺。梁定員四人，十班。

稜字威直，[1]性恬素，以書史爲業，博物强記，當世之士，咸就質疑。起家安成王府行參軍，[2]稍遷治書侍御史，[3]太子僕，[4]光禄卿。[5]著《漢書續訓》三卷。[6]

[1]韋稜生年爲齊建元二年（480）。據《廣弘明集》卷二〇梁元帝《法寶聯璧序》文末所載韋稜年歲推得。參《古籍整理與研究》第七輯陳洪《〈梁書〉中人物生卒年歲辨誤補遺》。

[2]安成王：梁武帝弟蕭秀封爵號。本書卷二二《太祖五王》有傳。安成，郡名。治所在今江西安福縣東南。

[3]治書侍御史：官名。御史臺官屬。掌舉劾官品第六以下，分統侍御史。員二人，梁六班。

[4]太子僕：官名。東宫官屬，太子三卿之一，掌車馬、宗族。梁十班。

[5]光禄卿：官名。梁十二卿之一。掌宫殿門户，統守宫、黄門、華林園、暴室等令。十一班。

[6]《隋書·經籍志》著録"《漢書續訓》三卷，梁平北諮議參軍韋稜撰"。

黯字務直，性强正，少習經史，有文詞。起家太子舍人，[1]稍遷太僕卿，[2]南豫州刺史，[3]太府卿。[4]侯景濟江，[5]黯屯六門，[6]尋改爲都督城西面諸軍事。時景於城外起東西二土山，城内亦作以應之，太宗親自負土，[7]哀太子以下躬執畚鍤。[8]黯守西土山，晝夜苦戰，以功授輕車將軍，[9]加持節。卒於城内，贈散騎常侍、左衛將軍。叡族弟愛。

[1]太子舍人：官名。東宫官屬，掌文記。梁定員十六人，三班。

[2]太僕卿：官名。梁十二卿之一，天監七年（508）加置。掌皇室車馬及畜牧事。十班。

[3]南豫州：州名。治所在今安徽和縣。

[4]太府卿：官名。梁十二卿之一，天監七年加置。掌金帛府帑及關津事。梁十三班。

[5]侯景：人名。本魏將，太清元年（547）附梁，受封河南王。二年叛梁，引兵攻京師建康。本書卷五六有傳。

[6]六門：建康宫城有大司馬門、萬春門、東華門、西華門、太陽門、承明門六門。詳《通鑑》卷一六四《梁紀二十》"承聖元年"下胡三省注。

[7]太宗：梁簡文帝廟號。

[8]哀太子：梁簡文帝太子蕭大器謚號。本書卷八有傳。　畚鍤：挖運泥土的工具。

[9]輕車將軍：將軍名號。統兵出征。梁一百二十五號將軍之一，十四班。

愛字孝友，沈静有器局。[1]高祖父廣，晉後軍將軍、北平太守。[2]曾祖軌，以孝武太元之初，[3]南遷襄陽，爲本州别駕，[4]散騎侍郎。[5]祖公循，宋義陽太守。[6]父義正，早卒。

[1]器局：才識與度量。

[2]後軍將軍：將軍名號。西晉置，與前軍、左軍、右軍合稱四軍將軍。領營兵，掌宿衛，是禁衛軍主要將領。晉第四品。　北平：郡名。治所在今河北遵化市東。

[3]太元：晉孝武帝年號（376—396）。

[4]本州：指襄陽所在雍州。

[5]散騎侍郎：官名。散騎省官屬。掌侍從左右，應對獻替。員四人。宋第五品。

[6]義陽：郡名。治所在今河南信陽市。

愛少而偏孤，[1]事母以孝聞。性清介，不妄交遊，而篤志好學，每虚室獨坐，遊心墳素，[2]而埃塵滿席，寂若無人。年十二，嘗遊京師，值天子出遊南苑，[3]邑里諠譁，老幼争觀，愛獨端坐讀書，手不釋卷，宗族見者，莫不異焉。及長，博學有文才，尤善《周易》及《春秋左氏》義。[4]

[1]偏孤：偏喪。此處指喪父。

[2]墳素：古代典籍。

[3]南苑：苑名。在今江蘇南京市西南隅。

[4]義：六朝時爲經典作注的一種方式。

袁顗爲雍州刺史，辟爲主簿。遭母憂，廬於墓側，負土起墳。高祖臨雍州，聞之，親往臨弔。服闋，[1]引爲中兵參軍。義師之起也，以愛爲壯武將軍、冠軍南平王司馬，[2]帶襄陽令。[3]時京邑未定，雍州空虚，魏興太守顔僧都等據郡反，[4]州内驚擾，百姓攜貳。[5]愛沉敏有謀，素爲州里信伏，[6]乃推心撫御，曉示逆順；兼率募鄉里，得千餘人，與僧都等戰於始平郡南，[7]大破之，百姓乃安。

[1]服闋：服喪期滿。

[2]壯武將軍：將軍名號。南朝齊置，官品不詳。　南平王：梁武帝弟蕭偉封爵號。見本書卷二二《太祖五王傳》。南平，郡名。治所在今湖北公安縣西。

[3]帶：官制術語。帶其官號、俸禄而不理其事之稱。

[4]魏興：郡名。治所在今陝西安康縣西北漢江北岸。

[5]攜貳：即離心。攜，離；貳，貳心。

[6]信伏：即信服。伏，通“服”。

[7]始平：郡名。治所在今湖北丹江口市西北。

蕭穎胄之死也，[1]和帝徵兵襄陽，愛從始興王憺赴焉。[2]先是，巴東太守蕭瓉、巴西太守魯休烈舉兵來逼荆州，[3]及憺至，令愛書諭之，瓉即日請降。

[1]蕭穎胄：人名。齊末爲荆州刺史西中郎將南康王蕭寶融長史，行府州事。蕭衍起兵於襄陽以討東昏侯蕭寶卷，穎胄響應。不久，病卒。《南齊書·蕭赤斧傳》有附傳。

[2]梁武帝弟蕭憺在蕭衍起兵時留鎮襄陽。詳本書卷二二《太

祖五王傳》。

[3]巴東太守蕭璝：中華書局本《校勘記》："本書《蕭穎達傳》及《始興忠武王憺傳》俱云'巴東太守蕭惠訓子璝'，此脱'惠訓子'三字。"巴東，郡名。治所在今重慶奉節縣東。

中興二年，[1]從和帝東下。高祖受禪，進號輔國將軍，仍爲驍騎將軍，尋除寧蜀太守，[2]與益州刺史鄧元起西上襲劉季連，[3]行至公安，[4]道病卒，贈衛尉卿。子乾向，官至驍騎將軍，征北長史，[5]汝陰、鍾離二郡太守。[6]

[1]中興：齊和帝年號（501—502）。

[2]寧蜀：郡名。治所在今四川雙流縣。

[3]益州：州名。治所在今四川成都市。　鄧元起：人名。本書卷一〇有傳。　劉季連：人名。本書卷二〇有傳。

[4]公安：縣名。治所在今湖北公安縣西北。

[5]征北：征北將軍之省稱，將軍名號。梁一百二十五號將軍之一，二十三班。

[6]汝陰：郡名。治所在今安徽合肥市西。

陳吏部尚書姚察曰：[1]昔竇融以河右歸漢，[2]終爲盛族；柳惔舉南鄭響從，而家聲弗賈，[3]時哉！[4]忱之謀畫，亦用有成，智矣。韋叡起上庸以附義，其地比惔則薄，[5]及合肥、邵陽之役，其功甚盛，推而弗有，君子哉。

[1]陳吏部尚書姚察：姚察仕陳，官吏部尚書。《陳書》卷二七

有傳。吏部尚書，官名。掌官吏銓選、任免。陳第三品。錢大昕《廿二史考異》卷二六有云："思廉修梁陳書，皆因其父察所撰而續成之。梁史諸論，述其父説必稱'陳吏部尚書姚察曰'，仿孟堅《漢書》稱'司徒掾班彪'之例也。其但稱'史臣'者，出自思廉新意。"

[2]竇融：漢扶風平陵人。西漢末割據河西，後歸順光武帝，授涼州刺史。《後漢書》卷二三有傳。河右，即河西。

[3]霣（yǔn）：通"隕"，没落。

[4]時：得其時。《論語·鄉黨》："（子）曰：'山梁雌雉，時哉時哉！'"

[5]地：家族地位。　薄：低。

今注本二十四史

梁書

一

紀〔一〕

唐 姚思廉 撰

熊清元 校注

四川出版集團 巴蜀書社

国家出版基金项目
NATIONAL PUBLICATION FOUNDATION

《今注本二十四史》工作委員會

《今注本二十四史》編纂委員會

《今注本二十四史》學術顧問

何兹全　林甘泉　伍　傑

陳高華　陳祖武

《今注本二十四史》出版説明

二十四史，是我國古代二十四部史書的統稱。它包括《史記》、《漢書》、《後漢書》、《三國志》、《晉書》、《宋書》、《南齊書》、《梁書》、《陳書》、《南史》、《魏書》、《北齊書》、《周書》、《北史》、《隋書》、《舊唐書》、《新唐書》、《舊五代史》、《新五代史》、《宋史》、《遼史》、《金史》、《元史》、《明史》。其成書時間自西元前二世紀下半葉至十八世紀中葉，前後相距約兩千年，總卷帙（不含複卷）達 3213 卷，約 4000 餘萬字。它們采用本紀、列傳、表、志等形式，構成了一個完整地記述中國古代社會的著作體系。它上起傳説時代的黄帝，下迄明朝滅亡，包容了我國古代的政治、軍事、經濟、思想、文化、天文、地理、民風、民俗等廣闊的社會内容，形成了一套展現中華民族起源和發展的最重要的核心典籍，被後人特稱爲“正史”。世界上没有任何一個國家有如此内容涵蓋宏富、時間接續綿延、體例基本統一的歷史記載。

共同的歷史文化是一個民族賴以整體維繫的基本條件之一。而對歷史著作的不斷整合和續修，顯然有利於促進國家的統一、民族的團結、社會的進步。從《史記》到《明史》，不同地位、不同民族的史家和政治家，以同一體例連續不斷地編纂我們祖國發展演進的歷史，本質上反映了我國人民尋求構建多民族國家共同歷史的强烈願望。歷史上隨時把正史歸爲“三史”、“十三史”、“十七史”、“廿一史”、“廿二史”、“廿四史”，不僅反映了人們對正史的認同，更重要的是反映了對共同歷史文化的認同，即民族的認同。而對正史進行大規模的整理，在另一個層面上，更有利於妥善保存民族文化遺産，豐富民族文化内涵，陶鑄民族文化精神，從而强化民族的尊嚴與自信心，提升國家的榮譽和對國家的歸屬感。

對二十四史進行整理，在此次之前規模較大的有三次。第一次是乾隆年間，其成果是殿本；第二次是上世紀三十年代張元濟先生組織的整理，其成果是百衲本；第三次即是毛澤東主席倡議，由中華書局出面進行的整理，其成果是中華書局標點本。這一次是由張政烺先生等史學家倡議，由中華文化促進會主持編纂的今注，其成果是《今注本二十四史》。應當充分地注意到，這四次整理的發動，都有與其所處時代社會歷史息息相關的背景。乾隆朝的武英殿大量刊刻文化典籍，尤其是對二十四史的選本、校勘都經“欽定”，絶不是僅僅要製造盛世氣象；張元濟先生奔走於國難深重的二十世紀初的中國，“當中華文化存亡絶續之交”，有更深刻的原動力；毛澤東指示標點正史，倡發於新中國建立、百廢待舉之初；而我們如今正在進行的今注，則發生於改革開放、萬象更新之時。這絶不是歷史的偶然。可以説，每每針對二十四史的重大舉措，都是應社會對具有主體性的統一的歷史文化需求而展開的。

當今世界，文化的融合過程逐漸加快，在共生的基礎上融合，在融合中保持共生，互補互融直至趨一。因此，各種文化都面臨着選擇。面臨選擇，充分展示自身民族的歷史文化是學者們義不容辭的任務。而作爲歷史文化的直接守護者的歷史學者，有責任爲世界提供對本民族歷史文化文本的正確解讀，有責任使自己並努力爲民衆取得對民族歷史文化的話語權。

《今注本二十四史》一九九四年八月由中華人民共和國文化部批准立項，2005年被中華人民共和國新聞出版總署列入“十一五”期間（2006年—2010年）“國家重點圖書出版規劃”。自1995年起，迄今已經進行了十六年。

《今注本二十四史》總編纂張政烺先生爲本書做了奠基性的工作。在他學術生命的最後時期，不僅親自審訂了最初的《今注本二十四史編纂總則》，還逐一遴選了各史主編。

《今注本二十四史》編纂委員會主要由各史主編組成。張政烺先生逝世後，根據多位主編的建議，我們特邀請五位編委作爲顧問，全面指導編纂出版工作。他們是何兹全、林甘泉、伍傑、陳高華、陳祖武先生。

本項目動員了全國三十餘個科研機構和高等學府的中國古史專家共襄其事。全書設總編纂一人，執行總編纂二人，各史設主編一人；某些特殊的“志”（“書”）與“西域傳”歸類單列，各設主編一人，共設主編三十二人。專設主編的“志”（“書”）、“傳”共有以下八種。它們是：音樂、律曆（律、曆）；天文、地理（郡國、郡縣、州郡、地形、職方、河渠、溝渠）、藝文（經籍）、輿服（車服）、五行（靈徵）、西域傳。其主編爲：陳久金（天文）、王榮斌（律曆）、吕宗力（五行）、蘇木（音樂）、吴松弟（地理）、趙連賞（輿服）、曾貽芬（藝文）、余太山（西域）。各史主編自選作者，全書總計約三百餘人。多年來，他們薄利求義、任勞任怨、兢兢翼翼，惟敬業畢功是務，繼承和發揚了我國史學家捨身務實的優良傳統，爲本書的完成做出了不可磨滅的貢獻！

本項目啟動之初，老一輩的歷史學家王玉哲、王毓銓、陳可畏、張博泉、萬繩南、楊志玖、楊翼驤、漆俠、薄樹人、韓國磐等不僅從道義上給予全力支援，而且主動承擔各史（志）主編。現在，雖然以上先生已經辭世，但他們學術生涯的最後抉擇所表現出的對民族、對國家的崇高責任感，永遠值得我們銘記和學習！

本項目自動議始就得到了中華文化促進會及社會各界的回應與傾力支持。

中華文化促進會常務副主席王石先生及前任領導人蕭秧先生在本項目立項、推動、經費籌措等方面辛勤奔走，起到了關鍵作用。

香港企業家黄丕通、劉國平先生在項目前期曾給予慷慨資助。

國家出版基金也給予本項目一定的出版資助。

自 2005 年以來，四川省委、省人民政府、省委宣傳部、四川省出版集團和具體實施出版工作的巴蜀書社作爲本項目的合作單位，對編纂和出版起了重要的推動作用。

謹以本書紀念爲弘揚中華文化而做出貢獻的歷史學家！
謹以本書感謝爲傳承中華文化而支援和幫助我們的人們！

《今注本二十四史》編纂委員會
2010 年 3 月

凡 例

《今注本二十四史》在編纂過程中一共産生了三個總體規範性質的文件。這就是:《今注本二十四史編纂總則》(1995 年, 2005 年 4 月修改)、《關於〈編纂總則〉的修改和補充意見》(2006 年 3 月)、《關於編纂工作若干問題的決定》(2007 年 1 月)。它們確定了全書編纂的目的、特點及其具體操作規則。綜其要概述如下。

本書的基本特點是史家注史。其學術目標有兩個。一個是通過校勘,得到一套善本;一個是通過今注,得到一套最佳的注釋本。即完成由史家校勘並加以注釋的二十四史的新校勘新注釋本。它從史家的角度出發,集數百年以來學界的最新研究成果,采取有圖有文的注釋形式,力圖以新的角度、新的内容、新的形式,爲二十四史創造出一整套代表當代學術水準的、權威的現代善本。

本書的特點是:

1. 一套繁體字橫排新校勘本；

2. 校勘、注釋充分利用考古和新發現的史料；

3. 對具體問題的不同認識，在注釋中加以羅列，準確而充分地反映研究現狀；

4. 一些志（書）的注釋采取圖文結合的方式；

5. 由各史主編撰寫《前言》，扼要介紹該史所涉及的時代背景、作者生平、寫作過程、著作特點、史料價值、在史學史上的地位和研究概況。

一、校勘：

1. 底本：原則上以商務印書館百衲本爲底本；因百衲本並非善本的另行確定底本。

2. 校勘：充分吸收包括中華書局標點本在内的前人的校勘成果，全面參校，以形成一個全新的校勘本。

各史采用的底本和參校本，在各史序言中寫出全稱和簡稱。整套書統一規定的簡稱有六個：武英殿本簡稱“殿本”；國子監本，相應簡稱“南監本”、“北監本”；毛氏汲古閣本簡稱“汲古閣本”；同治五書局本簡稱“局本”；商務印書館百衲本簡稱“百衲本”。

校勘成果反映在原文中，即依據有充分把握的校勘結果，將底本中的衍、脱、誤、倒之處全部改正；刊正底本的理由，全部在相應注釋中加以説明。對無十分把握之處，不改原文，衹出校勘記質疑。

采用中華書局標點本爲工作本的史書，不録入原校勘記。直接吸收其校勘成果者則加以説明，對其提出商榷者在相應注釋中加以辨證。

二、注釋

1. 對有古注並已與原書集合行世的前四史，原則上保留古注，視同原文並加注。

2. 注釋程度：以幫助具有大專文化水準以上的讀者讀懂爲限；以給研究者提供簡要索隱爲限。注文力求做到：準確、質樸、簡煉、嚴謹、規範。

3. 出注（除一些專志外）以篇（卷）爲單位。即對應當加注者，在每篇（卷）第一次出現時加注。此後即使該篇（卷）中再出現，如意義完全等同者，不再加注；而在别篇（卷）再出現時，即另行加注。有多卷的同類志書出注時視爲同卷，即同類志書對應當加注者在首次出現時加注，其後再現如意義完全等同，亦不再加注。

4. 注釋範圍：冷僻的字音、字義、詞義，成語典故；不易理解的名物制度、地名、人名、别號、謚號、廟號；有争議或原作記述有歧誤的史實。

（1）字音、字義、詞義的注釋祇限於生僻字、異體字、避諱字、破讀和易生歧義及晦澀難懂的語辭。對多音字，在文中必讀某音的，以中文拼音出注。避諱字的注文應説明避諱原因，原文不改，出注。字音標注采用中文拼音。

（2）對原文中的古體、通假字、異體字的處理：古體、通假字不作改動，對其中罕見或疑難者，在注中説明其今體或正體字。全書原文和古注保留異體字，今注除人名、地名、書名和職官（署）名之外，原則上不使用異體字。

（3）成語典故，出注祇限於冷僻的成語典故，注文僅簡單説明成語典故來源，内容和意義。常見的詞語一般不出注，包括常見的古漢語虛詞與實詞，但某些不注會產生歧義者除外。

（4）人名、别號、謚號等，凡係本部書中没有專傳（或紀）的人物一般出注説明係何時、何地之人，姓、氏、名、字一般不出注，有特殊來源者，可出注。常見的歷史人物名號與某些不注無礙於全文理解者則不出注；對暫不可考者則説明未詳。

（5）地名注釋：一般僅注明今地；如須説明沿革方可解讀者，則簡述其沿革。本史有《地理志》者，地名出注從簡；若古今地名相同，所治地區大致相同者，則不出注。今地名及行政區劃，以2005年地圖出版社出版的《中華人民共和國行政區劃簡册》爲準。

（6）官名、官署名及職官制度和爵位制度名稱出注，遵循以下三個原則：常見者（如：丞相、太尉、太守、縣令等），若其意義與通常理解無顯著變化，一般不出注；不常見者（如：太阿、決曹、次等司等），應説明品秩，職掌範圍，需叙述沿革等方能理解原文意義者，則説明沿革變化、上下級關係、置廢時間；若本史有相應專志者，此類出注即從簡略；無相應專志者，可稍詳盡。

（7）原文與史實不符處，前後文不符處，則予以辯明。考證力求言之有據、簡明扼要。

（8）紀、傳注文以疏通原文爲目的，一般不采取補注、匯注形式。力求不枝不蔓，緊扣原文。各志（書）注文可采取補注、匯注形式，以求内容應豐富、全面。

（9）對有争議的問題，則客觀公允地羅列諸説，反映歧見；同時指出帶傾向性的意見。儘量不帶價值評論性質的分析。

(10) 今注出注各有重點，“紀”（“世家”、“載記”）着重歷史事件；“傳”着重人物事迹及人際關係；“志”着重制度內容及沿革；“表”着重疏理時序。除《史記》外，注文內容貫徹詳本朝略前代的原則。

(11) 注釋以段爲單位，統一順次編碼。出注（校）標碼與注文標碼一致，均采用［1］［2］［3］標示。

校注側重學術性，努力吸收前人的研究成果、尤其是現代學者的研究成果，充分準確地反映出當代二十四史學術研究現狀；爲相關的學者提供足資利用的準確原文和內容索引，亦爲一般文史讀者搭建起提高水準的階梯。

《今注本二十四史》編纂委員會

2008年3月於北京

目　録

卷一一　列傳第五

卷一二　列傳第六

卷一三　列傳第七

卷一四　列傳第八

卷一五　列傳第九

卷一六　列傳第十

卷一七　列傳第十一

卷一八　列傳第十二

卷一九　列傳第十三

卷二〇　列傳第十四

卷二一　列傳第十五

卷二二　列傳第十六

卷二三　列傳第十七

卷二四　列傳第十八

卷二五　列傳第十九

卷二六　列傳第二十

卷二七　列傳第二十一

卷二八　列傳第二十二

卷二九　列傳第二十三

卷三〇　列傳第二十四

卷三一　列傳第二十五

卷三二　列傳第二十六

卷三三　列傳第二十七

卷三四　列傳第二十八

卷三五　列傳第二十九

卷三六　列傳第三十

卷三七　列傳第三十一

卷三八　列傳第三十二

卷三九　列傳第三十三

卷四〇　列傳第三十四

卷四一　列傳第三十五

卷四二　列傳第三十六

卷四三　列傳第三十七

卷四四　列傳第三十八

卷四八　列傳第四十二

儒林

卷四九　列傳第四十三

文學上

卷五〇　列傳第四十四

文學下

卷五一　列傳第四十五

處士

卷五二　列傳第四十六

卷五三　列傳第四十七

卷五四　列傳第四十八

卷五五　列傳第四十九

卷五六　列傳第五十

前　言

熊清元

一

《梁書》，凡五十六卷，其中帝紀六卷，列傳五十卷，記南朝梁四帝，起武帝天監元年（502）訖敬帝太平二年（557）首尾五十六年的歷史。題名姚思廉撰，實際上是姚思廉在其父姚察所撰舊稿的基礎上補續而成。

姚察，字伯審，吴興武康（今浙江德清縣西千秋鎮）人。“九世祖信，（三國時）吴太常卿，有名江左。”① 祖菩提，“梁高平令，嘗嬰疾歷年，乃留心醫藥”。梁武帝每召與討論方術，爲上省師。② 父僧垣，亦以醫術知名，爲梁

①《陳書》卷二七《姚察傳》，中華書局點校本，1972年版。

②參唐·釋道宣《廣弘明集》卷二九梁武帝《净業賦序》，上海古籍出版社，1991年影印本。

太醫正。[1] 梁元帝平侯景，召僧垣赴荆州，授晉安王蕭方智府諮議參軍。江陵陷，僧垣與次子最俱入北周。以其醫術高明，爲世所推，位遇甚重。隋開皇三年（583）卒。

姚察爲僧垣長子，自幼好學，勤苦厲精，又有乃父所得優厚供賜以爲遊學購書之資，故學問日博。梁簡文帝時，姚察入仕，曾官兼司文侍郎。梁元帝即位江陵，察隨朝士例赴西臺，官原鄉縣令。後因中書侍郎領著作杜之偉舉薦，爲佐著作，撰史。陳初，吏部尚書徐陵領著作，又引爲史佐。陳宣帝時，察曾爲通直散騎常侍，出使北周，得與其父相見。江左耆舊在北者咸相傾慕。使還，補東宮學士。太建（569—582）末，爲戎昭將軍，知撰梁史事。後主即位後，察更蒙恩遇，累官中書侍郎、太子僕、給事黄門侍郎、祕書監、散騎侍郎、吏部尚書。察在梁、陳，先後佐著作、知著作郎事，領著作，數十年中，多次知撰史事，與撰史結下了不解之緣。陳亡，察入隋。開皇九年（589）又詔授祕書丞，别敕撰梁、陳二史。隋文帝很器重姚察，曾在内殿，指察謂朝臣曰："聞姚察學行當今無比，我平陳唯得此一人!"[2] 煬帝大業二年（606），察卒，年七十四。

察至孝，有人倫鑒識，"終日恬静，唯以書記爲樂，於墳籍無所不睹"，"且專志著書，白首不倦，手自抄撰，無時暫輟。尤好研覈古今，諟正文字，精采流贍，雖老不衰"。[3] 所著有《漢書訓纂》三十卷，《漢書集解》一卷，《定漢書疑》二卷，《説林》十卷，《西聘》、《玉璽》、《建康

---

①詳《周書》卷四七《藝術・姚僧垣傳》，中華書局點校本，1971 年版。
②詳《陳書》卷二七《姚察傳》，中華書局點校本，1972 年版。
③《陳書》卷二七《姚察傳》，中華書局點校本，1972 年版。

三鍾》等記各一卷，《梁書帝紀》七卷。[①] 所撰梁、陳二史，其中序論及紀傳有未畢者，臨亡，乃以體例誡約其子思廉，責其博訪撰續。

姚思廉，字簡之，[②] 陳亡，隨父自吴興遷至關中，遂居雍州萬年（今陝西西安市）。幼時從父受《漢書》，勤學寡欲，能盡傳其家業。在陳代，官揚州主簿。入隋，初爲漢王府參軍，後補河間郡司法書佐。姚察卒後，思廉上表煬帝，陳父遺言，求續成梁、陳二史。詔許之。

隋末，思廉爲代王楊侑侍讀。唐高祖李淵起兵入京師，代王府僚屬皆駭散，唯思廉侍代王，不離左右。李淵兵士將上殿，思廉厲聲呵止，曰："唐公舉義，本匡王室，卿等不宜無禮於王!"衆人退卻，列於階下。高祖至，許其扶代王至順陽閣下。思廉拜泣而去，觀者咸嘆其忠烈。高祖即位，授思廉秦王文學。秦王李世民欽敬其節義，嘗從容言及隋亡之事，慨然嘆曰："姚思廉不懼兵刃，以明大節，求諸古人，亦何以加也!"時思廉在洛陽，因寄物三百段，並致書以示褒獎。[③] 太宗即位，思廉遷著作郎、弘文館學士。與杜如晦、房玄齡、于志寧等並爲十八學士之一。[④] 曾撰

---

①見《隋書·經籍志》及《陳書》本傳，中華書局點校本，1973年版及1972年版。

②《新唐書》本傳謂"（思廉）本名簡，以字行"（見中華書局點校本，1975年版）。宋·沈括《夢溪筆談》卷三《辨證》有云："余家有閻博陵畫唐秦府十八學士，各有真贊，亦唐人書，多與舊史不同。姚柬，字思廉，舊史姚思廉字簡之。"（見岳麓書社，1997年版）

③參宋·吴兢《貞觀政要》卷五《論忠義》，岳麓書社，1991年版。

④宋·王溥《唐會要》卷六四《文學館》，中華書局，1955年版。

國史紀傳，“粗成三十卷”。[①] 他是唐初第一個撰本朝國史的人。貞觀三年（629），太宗命修梁、陳、北周、北齊及隋五代史，思廉受詔與祕書監魏徵同撰梁、陳二史。魏徵雖名同撰，實際上衹是監修官，僅寫了《梁書》、《陳書》中本紀末的史論和《陳書·皇后傳》末的史論。故《梁書》、《陳書》皆題名姚思廉撰。至貞觀十年（636），二史修畢。次年，思廉卒，享年八十一。思廉爲秦王府舊僚，忠直老臣，深被禮遇。於其卒，太宗深爲悼惜，廢朝一日，贈太常卿，謚號康，賜葬昭陵。

縱觀姚氏父子行事，並學兼儒史，重德行，講節義，勤於撰述，文筆可觀，這些都爲他們撰《梁書》奠定了堅實的基礎。

二

《梁書》名義上是姚思廉受詔所修，實際上是姚察、姚思廉父子兩世努力纔完成的，有半私撰的性質。姚察在陳太建末已受命知撰梁史事，陳亡入隋，又受敕成梁、陳二史，至大業二年卒，前後約二十五年，梁、陳二史均未完成，然察之功固不可没。思廉自云：“《梁》、《陳》二史本多是察之所撰。”[②] 觀《梁書》五十六卷，篇末史論題“陳吏部尚書姚察曰”者二十七卷，當爲察已成之稿，其餘篇末題“史臣曰”者二十九卷，一般認爲是思廉補撰，不過，

①唐·劉知幾《史通·外篇·古今正史》，張振珮箋注本，貴州人民出版社，1985年版。

②《陳書》卷二七《姚察傳》，中華書局點校本，1972年版。

也有可能正文出自姚察之手，而史論爲思廉所補。

姚思廉自隋大業（605－618）初上表陳父遺言，詔許其續成梁、陳史，至貞觀十年梁、陳史修畢，前後約三十年。其間，唐高祖武德五年（622）曾下詔大理卿崔善爲、中書舍人孔紹安、太子洗馬蕭德言修梁史，祕書監竇璡、給事中歐陽詢、秦王府文學姚思廉修陳史。然而“綿歷數載，竟不就而罷”。[①]

梁、陳二史爲什麼在姚察生前歷二十五年未能完成，思廉續撰二十餘年又未成，至貞觀（627－649）年間方能畢其功呢？這與時代密切相關。衆所周知，陳太建末至唐太宗貞觀初這四十餘年時間，中國封建王朝正處於動蕩不定的時期。太建之後，陳後主上臺，“政刑日紊，尸素盈朝”，[②] 在位不足七年，即爲隋所滅。其時“察既當朝務，兼知國史”，“施功未周”，“至於陳亡，其書不就”。[③] 察於陳亡入隋，已是開皇九年。自此時至文帝之卒，這十數年中，雖然天下一統，但統治集團内部矛盾尖鋭，且文帝“素無術學，不能盡下，無寬仁之度，有刻薄之資。暨乎暮年，此風逾扇。又雅好符瑞，暗於大道”。[④] 姚察能堅持撰修梁、陳二史，已屬難能可貴，未能竣工，亦可理解。至大業二年後，思廉續撰。然其時煬帝荒淫無度，法令滋章，鋤誅骨肉，屠剿忠良，巡狩不斷，戰事頻仍，不及十年，

①詳《唐會要》卷六三《修前代史》，中華書局，1955 年版。

②《陳書》卷六《後主本紀》末史臣魏徵語，中華書局，1972 年版。

③《史通・外篇・古今正史》，張振珮箋注本，貴州人民出版社，1985 年版。

④《隋書》卷二《高祖紀》後論，中華書局點校本，1973 年版。

隋亡。且“煬帝雖好文儒，尤疾學者”，[1] 思廉又豈能安心撰史！思廉入唐，而其時唐王朝政權初定，雖詔修五史，然大約忙於政權鞏固，修史工作未及施行，故歷數載而功不就。太宗即位後，深明治國之道。《唐會要》卷六四《弘文館》條有云：“太宗即位，大闡文教，於弘文殿聚四部群書二十餘萬卷，於殿側置弘文館，精選天下賢良文學之士虞世南、褚亮、姚思廉、歐陽詢、蔡允恭、蕭德言等以本官兼學士，領宿直。聽朝之隙，引入内殿，講論文義，商量政事，或至夜分方罷。”“講論文義，商量政事”，總結歷史上興亡成敗的經驗教訓自然是題中應有之義，修撰五史也就成了太宗的迫切需要了。這點可從貞觀十年五史修成後，太宗慰勞語看出。《册府元龜》卷五五四《國史部》“恩獎”條有云：“朕睹前代史書，彰善癉惡，足爲將來之戒。秦始皇奢淫無度，志存隱惡，焚書坑儒，用緘談者之口；隋煬帝雖好文儒，尤疾學者，前世史籍竟無所成，數代之事，殆將泯絶。朕意則不然，將欲覽前王之得失，爲在身之龜鏡。公輩以數年之間，勒成五代之史，深副朕懷，極可嘉尚。”他鑒於武德（618—626）年間修史未成，乃對史館之機構、建制進行了大力度的改革。據《唐會要》、《舊唐書・職官志》等記載，貞觀三年閏十二月，移史館於禁中，在皇帝直接控制下的門下省北。史書由宰相監修，同時置史館修撰、直館、楷書手、典書、亭長、掌固、裝潢直、熟紙匠等職，各有定員；又制“諸司應送史館事例”，以保證史料的徵集。這些使修史工作有了强有力的組織領導

①宋・王欽若等《册府元龜》卷五五四《國史部》“恩獎”條後唐太宗語，中華書局，1960年影印本。

和完備的職責分工，從而保證了修撰工作的順利進行。

思廉此次修撰《梁書》，除了有其父之舊稿和自己大業二年以後“稍就補續”之文以外，[①] 還有比較豐富的資料可供利用。僅據《隋書・經籍志》所載，正史類有：梁・謝吴《梁書》四十九卷、陳・許亨《梁史》五十三卷、姚察《梁書帝紀》七卷；[②] 又，梁武帝《通史》四百八十卷、魏收《後魏書》一百三十卷，其中有關梁代部分亦可資參考。古史類有：梁・劉璠《梁典》三十卷、陳・何之元《梁典》三十卷、陳・陰僧仁《梁撮要》三十卷、姚最《梁後略》十卷、梁・蕭韶《太清紀》十卷、蕭世怡《淮海亂離志》四卷。[③] 雜史類有：劉仲威《梁承聖中興略》十卷、周興嗣《梁皇帝實録》三卷、梁・謝吴《梁皇帝實録》五卷以及未題撰人的《梁太清録》八卷、《梁末代紀》一卷。[④] 此外，《隋書・經籍志》所著録起居注、舊事、雜

①《陳書》卷二七《姚察傳》，中華書局點校本，1972年版。

②謝吴，《史通・外篇・古今正史》及《舊唐書・經籍志》作“謝昊”，未知孰是。參清・錢大昕《十駕齋養新餘録》卷中“謝吴”條。又許亨《梁史》五十三卷，《陳書》卷三四《文學・許亨傳》、《隋書》卷五八《許善心傳》皆作“五十八卷”。

③姚最，《隋書・經籍志》作“姚勖”，此據《周書》卷四七《藝術・姚最傳》。又《隋書・經籍志》於“《淮海亂離志》”下注：“叙梁末侯景之亂。”又，世怡，《北史》作“圓肅”，《史通・內篇・補注》作“大圜”，未知孰是。世怡本名泰，梁鄱陽王恢之子；圓肅，梁武陵王紀之子；大圜，梁簡文帝綱之子。三人，《周書》卷四二、《北史》卷二九有傳。

④《隋書・經籍志》於“《梁皇帝實録》”下注：“記武帝事。”又《隋書・經籍志》於“《梁皇帝實録》”下注：“記元帝事。”又“《梁太清録》八卷”，《史通・雜説》自注作“裴政《太清實録》”。裴政，《隋書》卷六六有傳，云政撰“《承聖降録》十卷”。《北史》卷七七《裴政傳》“降”字作“實”。梁元帝即位之初，年號猶稱太清，第三年方改元承聖。《太清實録》或即《承聖實録》。參姚振宗《隋書經籍志考證》卷一三。

傳、文集等有關梁代者爲數不少。以上這些都是姚思廉可以見到的。新、舊《唐書》姚思廉本傳並云其采謝吴等諸書著梁史。言“諸書”，可知所采必相當廣博。《史通·外篇·雜説中》有云：“皇家修五代史，館中墜稿仍存，皆因彼舊事，定爲新史。觀其朱墨所圖、鉛黄所拂，猶有可識者。”修史者用力之勤可以想見。姚思廉自貞觀二年起功，[①] 歷經九載，終於得以撰成梁、陳二史。其時他年已八十了。

三

自唐代以下，南北朝史書，由於有李延壽的《南史》、《北史》，《梁書》等其餘諸史書被視爲冗繁，較少流行，[②] 迄今尚無全面研究《梁書》的專門著作。不過，零星的概括的評述並不少見。古人有認爲《梁書》“持論多平允，排整次第猶具漢晉以來相傳之史法，要異乎取成衆手、編次失倫者矣”；[③] 有將李延壽《南史》與《梁書》等比較，説延壽之書“甚有條理，刊落釀辭，過本書遠甚”；[④] 有説“李延壽南北史成，唯《隋書》别行，餘七史幾廢。大抵記載無法，詳略失中，故宜行而不遠”。[⑤] 今人有説“南朝四

---

①《史通·外篇·古今正史》自注，張振珮箋注本，貴州人民出版社，1985年版。

②清·趙翼《廿二史劄記》卷九“八朝史至宋始行”條，中國書店1987年影印本。

③《四庫全書總目提要·史部·正史類·梁書提要》，《四庫全書》本。

④《新唐書》卷一〇二《李延壽傳》，中華書局點校本，1975年版。

⑤宋·趙與時《賓退録》卷九，《叢書集成初編》本。

史中，以《梁書》爲最弱”的，[①] 亦有説“《梁書》、《陳書》勝於同時其他各史”的。[②] 論者意見頗有分歧，而抑揚未免過當。近人金毓黻《中國史學史》第四章論魏晉南北朝諸史，云當“以陳（壽）、范（曄）、沈（約）、李（延壽）四氏爲上選”，而姚察、姚思廉和李德林、李百藥父子“亦應儕於史家之林，然以視上舉諸家，殊有遜色，抑居其次”。[③] 筆者認爲，《梁書》的成就不應抹煞，其缺點亦客觀存在，金氏之論較爲公允。

《梁書》在史學上的突出之處，概括言之，約有以下幾個方面。

（一）進步的歷史觀。人類社會的歷史是一個不斷發展變化的流程。在這個流程中，有朝代的興亡更替，有統治者個人的成敗得失。造成這興亡成敗的主因是什麼？在我國漫長的封建社會中，除了極少數人之外，許多唯心主義史學家的回答都是“天時”、“曆數”。就是與姚氏父子時代相距不遠甚至同時的史學家，大多也是這種觀念。如沈約《宋書》卷二七《符瑞志·序》云：“龍飛九五，配天光宅，有受命之符，天人之應。”卷三〇《五行志·序》亦云：“天人之驗，理不可誣。”[④] 蕭子顯《南齊書》卷二《高帝紀·贊》曰：“於皇太祖，有命自天。”[⑤] 魏收《魏書》卷一《序紀》論曰：“帝王之興也，必有積德累功博利，道協

①王仲犖《魏晉南北朝史》下册第十一章，上海人民出版社，1980 年版。
②張志哲《中國史籍概論》第二編第五章，江蘇古籍出版社，1988 年版。
③上海書店《民國叢書》本。
④中華書局點校本，1974 年版。
⑤中華書局點校本，1972 年版。

幽顯，方契神祇之心。”[①] 就是以重人事著稱的魏徵在其所撰《隋書》卷二《高帝紀》後論中也認爲，隋的興起，“斯乃非止人謀，抑亦天之所贊也”。[②] 而姚氏父子卻與沈約、蕭子顯等不同，在《梁書》中强調的是人事，人的作用，突出的是帝王將相的智慧才能，認爲人是歷史上起決定作用的因素。如在《武帝紀》後論中，姚思廉總結梁武之興，有云：“高祖英武睿哲，義起樊、鄧，仗旗建號，濡足救焚，總蒼兕之師，翼龍豹之陣，雲驤雷駭，翦暴夷凶，萬邦樂推，三靈改卜。於是御鳳曆，握龍圖，闢四門弘招賢之路，納十亂引諒直之規。興文學，修郊祀，治五禮，定六律，四聰既達，萬機斯理，治定功成，遠安邇肅。”而總結梁之亡，有云：“及乎耄年，委事群倖。然朱异之徒，作威作福，挾朋樹黨，政以賄成，服冕乘軒，由其掌握。是以朝經混亂，賞罰無章。‘小人道長’，抑此之謂也。賈誼有云‘可爲慟哭者矣’。遂使滔天羯寇，承間掩襲，鷲羽流王屋，金契辱乘輿，塗炭黎元，黍離宫室。嗚呼！天道何其酷焉。雖曆數斯窮，蓋亦人事然也。”其興是因梁武“英武睿哲”，“濡足救焚”，“萬邦樂推”，招引賢才，勵精圖治；其亡是因梁武委事小人，賞罰無章，從而導致侯景之亂（可與卷三八《朱异賀琛傳》後論參看）。總之，其興其亡，都在人事。在《元帝紀》後論中，姚思廉有云：“以世祖之神睿特達，留情政道，不怵邪説，徙蹕金陵，左鄰强寇，將何以作！”這也就是説，如果世祖“留情政道，不怵邪説”，則梁王朝不會被西魏攻滅。同樣是認爲梁之亡在人

---

①中華書局點校本，1984 年版。

②中華書局點校本，1973 年版。

事，不在天命。

姚氏父子重視人事思想的形成，一方面是受司馬遷、范曄等前代進步史學家的影響，另一方面與其所處的時代更有着重要關係。他們父子二代，歷涉梁、陳、隋、唐四朝，皇帝“你方唱罷我登場”，前後十數人，其時階級矛盾、民族矛盾、統治集團内部矛盾尖鋭激烈、錯綜複雜。急劇而頻繁的變故，無數成敗治亂的史實，促使他們認真思考，探求其中的原因和規律。他們從嚴峻的歷史中認識到人在其中的決定作用，這是他們高出於一般史學家的地方，是其進步歷史觀的重要體現。當然，姚氏父子是封建時代的史學家，他們不可能超越那個時代。他們没有完全擺脱唯心主義歷史觀的束縛。在對待一些具體問題上，不時流露出宿命論思想。如《康絢傳》載康絢主持修成浮山堰以後，張豹子繼任其事，“豹子不修堰，至其秋八月，淮水暴長，堰悉壞決，奔流於海”。是堰之壞決在於“豹子不修堰”，不在於天命。然而本傳後論卻又有云：“先是鎮星守天江而堰興，及退舍而堰決，非徒人事，有天道矣。”即是一例。同時，我們還應看到，姚氏父子雖然認識到人在歷史進程中的作用，但他們注重的是帝王將相、英雄豪傑，看不到人民群衆推動歷史前進的偉大力量。

姚氏父子進步的歷史觀還表現在對少數民族與外國的看法上。我國是個多民族的國家，自古以來各民族人民在中華大地上繁衍生息，共同創造了光輝燦爛的中華文化。但是長期以來，在處理民族關係問題上，講華夷之辨、輕視少數民族與外國的大漢族主義相當嚴重。時至唐代，不少史學家對外族的偏見依然未有改變。且看與《梁書》同時撰成的《周書》之《異域傳上》後論："史臣曰：凡民肖形天地，禀靈陰陽，愚智本於自然，剛柔繫於水土。故雨露所會，風流所通，九川爲紀，五嶽作鎮，此之謂諸夏。生其地者，則仁義出焉。昧谷、嵎夷、孤竹、北户，限以丹徼紫塞，隔以滄海交河，此之謂荒裔。感其氣者，則凶德成焉。若夫九夷八狄，種落繁熾；七戎六蠻，充牣邊鄙。雖風土殊俗，嗜欲不同，至於貪而無厭，狠而好亂，彊則旅拒，弱則稽服，其揆一也。斯蓋天之所命，使其然乎。"① 唱的依然是"内諸夏而外夷狄"的老調，認爲荒裔之地，其人"貪而無厭，狠而好亂"乃天命使然，生來如此。這顯然是大漢族主義的偏見。而《梁書》則不然，其《諸夷傳》載海南、東夷、西北諸戎各國，記事客觀。傳末史論祇云："海南、東夷、西北戎諸國，地窮邊裔，各有疆域。若山奇海異，怪類殊種，前古未聞，往牒不記，故知九州之外，八荒之表，辯方物土，莫究其極。高祖以德懷之，故朝貢歲至，美矣。"絶無貶斥之詞。兩相比較，見識之高下，不言自明。清・趙翼《陔餘叢考》卷六《宋齊梁陳魏周齊諸史及南北史書法不同》條説，《宋》、《齊》書於魏則書索虜（魏虜、虜），《魏書》於齊、梁則書島夷，"《梁》、《陳》二書則不復稱索虜而稱國號，並於魏、齊、周諸帝皆稱謚號"。② 這固然有《梁書》成於唐代，當時南北一統、華夷一家的現實基礎，更重要的是因爲姚氏父子能摒除傳統的大漢族主義，有平等對待少數民族和外國的進步思想。

---

①中華書局點校本，1971 年版。

②商務印書館，1957 年版。

（二）内容較充實。《梁書》五十六卷，姚氏父子兩世纂集，至唐初始就，其間固有如上文所述的時代原因，但似亦與其用力收集史料、考證史實，不肯草率苟作有關。正因爲如此，《梁書》纔比較全面具體地記載了梁代五十六年由興至亡的歷史，展現了梁代政治、軍事、經濟、文化、外交等各個方面的盛衰更替，是南北朝八史中内容較充實的一部。其中帝紀六卷，完整而有條不紊地記載了梁代五十六年中的軍國大事，盛衰變化之軌迹。列傳五十卷，所傳人物三百以上。其中除了有影響的文臣武將外，還記述了很多頗有特點的人物，通過他們，揭示了梁代社會的諸多特點。其内容之豐富，歷來被人稱道。如《文學傳》兩卷傳二十五人，有名文學家沈約、江淹、任昉、王僧孺、張率、王筠、劉孝綽、蕭子顯、張纘、裴子野等，因别以功績，另有單傳，尚不在其内。由此可見梁世尚文之風，文學之盛。《孝行傳》傳十六人，加上《昭明太子傳》、《哀太子傳》、《楊公則傳》、《張弘策傳》、《鄭紹叔傳》、《韋叡傳》等等，所載傳主"孝謹天至"、"蒸蒸以孝"、"孝友"、"以孝聞"種種事迹，可知梁代重孝之風和梁武"以孝治天下"的影響。[①] 從蕭憺、裴邃、夏侯夔、陳慶之諸人列傳中可略知梁代在今湖北境内進行軍事屯田以對抗北朝所取得的一定成績。《侯景傳》、《梁元帝紀》及相關人物傳記中，記述了侯景之亂和江陵之覆亡的全過程，揭示了梁代世族乃至整個六朝世族階級必然衰亡的命運。

《梁書》所載章表詔策、書論詩賦不少。雖然有繁冗可

①《梁書》卷四七《孝行·荀匠傳》。

刪者，然大多都有重要的研究價值，是寶貴的史料。如《范縝傳》中的《神滅論》、《劉勰傳》中的《文心雕龍序》、《鍾嶸傳》中的《詩品序》、《庾肩吾傳》中的簡文帝《與湘東王書》、《張率傳》中的《舞馬賦》、《沈約傳》中的《郊居賦》、《陳伯之傳》中的丘遲《與陳伯之書》、《徐勉傳》中的《上修五禮表》和《誡子崧書》、《許懋傳》中的《封禪議》、《張充傳》中的《與王儉書》、《任昉傳》中的劉孝標《廣絶交論》等等，對認識和研究南朝的哲學、佛教、文學理論和創作風氣以及社會風習、士人心態、官宦生活等都有重要的意義。尤其值得重視的是《諸夷傳》，所載諸夷三十餘國，比前此的《宋書》、《南齊書》等的同類傳記内容充實豐富得多。它比較全面地記述了中國周邊國家及西南亞諸國的地理、物産、風土人情以及與中國的經濟、文化、外交往來，是研究中國與亞洲各國友好關係極重要的史料。

（三）有一定程度的實録精神。唐初修史本來就是要懲惡揚善、貽鑒將來的。不虛美、不隱惡，秉筆直書正是中國古代優良的史學傳統。姚氏父子又素以“學行”、“節義”著稱。故《梁書》具有一定程度的實録精神就是很自然的事情了。如讀《高祖三王・邵陵王綸傳》、《豫章王綜傳》、《世祖二子・忠壯世子方等傳》、《張纘傳》等可知梁代皇族内部父子、兄弟、叔侄、外戚等之間錯綜複雜、鈎心鬥角的争奪傾軋。讀《侯景傳》載景抗表陳梁武“十失”，亦略知梁王朝内賄賂公行、賞罰無法的實況。讀《賀琛傳》所載琛長篇奏疏和梁武當面訓斥之詞，可見梁代後期政治之腐敗及梁武拒諫飾非的嘴臉。讀《武帝紀》所載大同七年

(541) 十一月九日詔書，可以概見當時官守之凶貪、民衆之苦楚。讀《魚弘傳》中魚弘"我爲郡，所謂四盡：水中魚鱉盡，山中麞鹿盡，田中米穀盡，村里民庶盡。丈夫生世，如輕塵栖弱草，白駒之過隙，人生歡樂富貴幾何時"的自白，真令人切齒髮指！讀《康絢傳》所述梁築浮山堰時，"緣淮百里内，岡陵木石，無巨細必盡，負擔者肩上皆穿，夏日疾疫，死者相枕，蠅蟲晝夜聲相合"的慘狀，更令人怵目驚心。《梁書》將這些都如實地記録下來，暴露了梁王朝在梁武這個所謂"菩薩皇帝"統治下的黑暗現實。這是應該肯定的。

姚氏父子雖然未忘"秉筆直書"的優良史學傳統，但他們畢竟是封建正統史家，受詔撰《梁書》不可能像司馬遷那樣撰史"成一家之言"。[①] 《梁書》所據本國史舊文，其於梁代史實有關係則書，無關係則不書，即有關係而其中不無忌諱，亦隱而不書。[②] 故《梁書》涉及梁朝最高統治集團中人之善惡、事之成敗者，雖有揭露，亦不無曲筆。如梁武帝弟臨川王宏，天監四年 (505) 受命統軍北伐，武器精新，軍資充足。然畏魏兵而不敢進，措置無方，怯懦無能，致使百萬大軍一朝潰敗，棄甲投戈，填滿山谷，喪師十之八九，自己隨數騎逃歸。[③] 此爲梁朝第一喪兵辱國之事。大抵國史未書，《梁書》本傳僅云"征役久，有詔班

①《史記》卷一三〇《太史公自序》，中華書局點校三家注本，1982 年 11 月第 2 版。

②參趙翼《廿二史劄記》卷九"梁書悉據國史立傳"條，中國書店 1987 年影印本。

③參《南史》卷五一《梁宗室上・臨川王宏傳》(中華書局點校本，1975 年版) 及《通鑑》卷一四六《梁紀二》(中華書局點校本，1956 年版)。

師”，亦諱言潰敗之事。其他如昭明太子墓地埋鵝事，元帝徐妃失德事，臨賀王正德劫掠殺人、與妹通奸事，等等，《南史》增補不少，[1] 而《梁書》皆諱而不書。因此，後人研究梁史及有關人物，不得不參閱《南史》及《通鑑》有關内容。

（四）叙事簡嚴、文筆洗練。姚氏父子皆飽學之士，且有深厚的文學功底，因此所撰《梁書》質樸自然，條暢通達。尤其叙事簡嚴，文筆洗練，歷來被人稱道。清·趙翼説他“叙事之簡嚴完善，則李延壽不能過”。[2] 如《孝行·荀匠傳》寫荀匠之孝行，云：“父法超，齊中興末爲安復令，卒於官。凶問至，匠號慟氣絶，身體皆冷，至夜乃蘇。既而奔喪，每宿江渚，商旅皆不忍聞其哭聲。服未闋，兄斐起家爲鬱林太守，征俚賊，爲流矢所中，死於陣。喪還，匠迎於豫章，望舟投水，傍人赴救，僅而得全。既至，家貧不得時葬，居父憂并兄服，歷四年不出廬户。自括髮後，不復櫛沐，髮皆秃落。哭無時，聲盡則係之以泣，目眦皆爛，形體枯顇，皮骨裁連，雖家人不復識。”此段記述了荀匠爲父兄二人服喪的情況，以表現其孝行。既交待了父兄的姓名、官職、死因及死所，同時又從正面寫其哭聲、行爲、容貌、形體以表現其悲傷，從他人對其哭聲、形貌的感受反應來突出其悲傷的程度。這樣寫，多角度、多側面地突出了一個孝友者的形象。而全段先分寫父“凶問至”時，“奔喪”時和兄“喪還”時，喪“既至”時荀匠的種種

①參趙翼《廿二史劄記》卷一〇“南史增梁書有關係處”條，中國書店1987年影印本。

②見《陔餘叢考》卷七“梁陳二書”條，商務印書館，1957年版。

表現，後合寫荀匠守父兄喪時的情形，層次清晰，叙事完整，而總共纔一百四十餘字，非精於文章之道者不能。又如《曹景宗傳》寫景宗有這樣一段："性躁動，不能沈默，出行常欲褰車帷幔，左右輒諫以位望隆重，人所具瞻，不宜然。景宗謂所親曰：'我昔在鄉里，騎快馬如龍，與年少輩數十騎，拓弓弦作霹靂聲，箭如餓鴟叫。平澤中逐麞，數肋射之，渴飲其血，飢食其肉，甜如甘露漿。覺耳後風生，鼻頭出火，此樂使人忘死，不知老之將至。今來揚州作貴人，動轉不得，路行開車幔，小人輒言不可。閉置車中，如三日新婦。遭此邑邑，使人無氣。'爲人嗜酒好樂，臘月於宅中，使作野虖逐除，遍往人家乞酒食。"通過其言語和生活細節，尤其是他那土俗的比方，生動地展現了一個粗豪、狂放、躁動的武將的性格。以至毛澤東讀了這段文字，也深爲感動，加批語曰："景宗亦豪傑哉！"① 同時，讀這段很自然讓人想起"馬作的盧飛快，弓如霹靂弦驚"(辛棄疾《破陣子·爲陳同甫賦壯詞以寄之》)、"壯志飢餐胡虜肉，笑談渴飲匈奴血"（岳飛《滿江紅》)、"應笑書生心膽怯，向車中閉置如新婦"（劉克莊《賀新郎·送陳真州子華》）等有名詞句。② 可見此段文字中語句的生命力。

六朝至初唐，正是駢體文盛行的時代，"儷采百字之偶，争價一句之奇"，"情必極貌以寫物，辭必窮力而追

---

①張貽玖《毛澤東讀史》"景宗亦豪傑"條，中國友誼出版公司，1991年10月版。

②以上詞俱見《中國古代文學作品選》中册，金啟華主編，江蘇人民出版社，1983年版。

新”，[1] 是那個時代的風氣。而《梁書》不同流俗，全用質樸自然的散文叙事、寫人、議論，尤其難能可貴。趙翼《廿二史劄記》卷九《古文自姚察始》條云：“《梁書》雖全據國史，而行文則自出爐錘，直欲遠追班、馬。蓋六朝争尚駢儷，即序事之文，亦多四字爲句，罕有用散文單行者。《梁書》則多以古文行之。如《韋叡傳》叙合肥等處之功，《昌義之傳》叙鍾離之戰，《康絢傳》叙淮堰之作，皆勁氣鋭筆，曲折明暢，一洗六朝蕪冗之習，《南史》雖稱簡净，然不能增損一字也。至諸傳論，亦皆以散文行之，魏鄭公《梁書·總論》猶用駢偶，此獨卓然傑出於駢四儷六之上，則姚察父子爲不可及也。世但知六朝之後，古文自唐韓昌黎始，而豈知姚氏父子已振於陳末唐初也哉!”[2] 趙氏的評價是有見地的。

關於《梁書》的缺陷，歷代學者多有指陳，客觀地看，主要有以下三方面。

（一）編次方面。《梁書》編次確實存在一些問題。一是當傳而未傳。如昭明太子蕭統之子詧，初封岳陽王，被梁元帝所迫，在襄陽自立爲梁王，依附西魏，後在江陵稱帝三世，歷三十三年，史稱後梁。後梁在當時是一個國家，即使不便附於本紀之後，何妨别立一傳，述其興亡？而《梁書·昭明太子傳》中連其名字都不載，祇於《張纘傳》中略爲述及，竟似不知爲誰氏之子者。又如，梁將王琳，在梁末間關百戰，盡忠於梁朝，始終不肯屈服於陳霸先。且其事迹全在南方，梁亡方投奔北齊。《梁書》亦不爲立

①劉勰《文心雕龍·明詩》，周振甫注釋本，人民文學出版社，1981 年版。
②中國書店 1987 年影印本。

傳，顯然是其疏漏。又，《梁書》無《方技傳》，以至在當時頗有影響的沙門寶誌，[1] 參加浮山堰的勘測、設計、施工的著名科學家，當時的材官將軍祖暅，[2] 皆未爲立傳。這當與姚思廉的封建思想相關。思廉曾祖菩提，祖父僧垣俱是梁代名醫，出入宫廷，甚被優遇。思廉祇在《陳書》中爲乃父姚察立傳，閉口不提曾祖，於其祖父亦祇“父上開府僧垣，知名梁武代，二宫禮遇優厚”十七字而已。蓋方技之流，當時社會地位低下，故思廉諱而不言。其不願爲方技立傳，可想而知。二是倫次失檢。趙翼《陔餘叢考》卷七有云：“《梁書》編次亦有失檢處。武帝郗皇后傳後即以簡文王皇后次之，而武帝丁貴嬪、阮修容反次於王皇后之下。按丁乃昭明太子及簡文之母，阮乃元帝之母、簡文庶母也，豈得反敘於後？其意不過先皇后而次妃嬪耳。然既敘武帝郗后，則丁、阮兩妃次於后之下，正合體裁，何必先媳而後姑耶……其於宗室諸王及諸帝子，編次亦多失序。昭明太子統、哀太子大器、愍懷太子方矩反編在前，而臨川王宏、安成王秀等，昭明叔也，南康王績、廬陵王續等，大器、方矩叔也，而皆編在從子從孫後，可乎？”[3] 章學誠《丙辰劄記》亦有云：“《梁書·皇后傳》以高祖丁貴嬪、阮修容列於太宗王皇后之後，其意以謂分嫡庶，而不知失昭穆之倫矣。紀事之書，自有先後倫次，非如太廟升祔，嫡婦可以逾庶姑也。”[4] 趙、章

①參《南史》卷七《武帝紀中》、卷六三《王神念傳》附《王僧辯傳》及《梁書》卷三七《何敬容傳》、卷五一《處士·劉歊傳》等。

②僅見於《梁書》卷一八《康絢傳》。

③商務印書館，1957年版。

④中華書局，1986年版。

二氏所論是有道理的。

（二）多載迷信感應之事。中國古代的史家，由於受時代和歷史觀的限制，很難對歷史現象和進程作科學的解釋。因而歷代史書中，迷信怪異之事常見諸記載，儘管因撰史者的不同而所撰史書迷信色彩有程度上的差别。南朝，尤其是梁代，正是佛教大爲流行的時代。姚氏父子，特别是姚察，受風氣之熏染，十四歲即受菩薩戒，習蔬菲五十餘年，諳識内典，虔信佛教。[①] 這些都影響到《梁書》的撰修。《梁書》中所載因果感應之事不少。如《太祖五王·鄱陽王恢傳》載，恢請北渡道人慧龍治眼疾，因其“有孝性”，精誠所感，空中見聖僧使恢眼“豁然開朗”事；《褚翔傳》載翔母疾篤，請沙門祈福，因翔“有孝性”，精誠所感，中夜户外有異光，空中有彈指聲，“及曉疾遂愈”事；《孝行·滕曇恭傳》載，孝子曇恭門外冬生樹神光忽起，佛像及夾侍之儀“自門而入”事；如此等等，不一而足。而與此相反，對於斥佛之事，除范縝《神滅論》因齊時初出即朝野嘩然，至梁初，梁武猶組織六十餘人與之辯難，[②] 影響巨大，《梁書》不得不載外，其他，如荀濟上書斥佛，懼梁武迫害，由梁入魏，[③] 郭祖深輿櫬詣闕上封事，揭露梁武殘民佞佛的弊政，[④]《梁書》都隻字不提，可見姚氏父子對佛教的態度。有論者以爲“《梁書》中表現出一定的

①詳《陳書》卷二七《姚察傳》，中華書局點校本，1972 年版。

②詳梁·釋僧祐《弘明集》卷一〇《大梁皇帝敕答臣下〈神滅論〉》及《莊嚴寺法雲法師與王公朝貴書》，上海古籍出版社，1991 年影印本。

③《北史》卷八三《文苑·荀濟傳》，中華書局點校本，1974 年版。

④《南史》卷七〇《循吏·郭祖深傳》，中華書局點校本，1975 年版。

反佛思想”，“姚察、姚思廉認真書史”，“對當時流行的佛教痛心疾首”。[1] 顯然不符合實際。

（三）撰述上頗多疏漏。貞觀三年，姚思廉受詔修撰《梁書》時，已年過七十，精力衰退可想而知。且身爲朝臣，當亦不可能專事撰史，故《梁書》中疏漏不少。概括而言，約有三端。一是前後矛盾、重複。如在卷三六《江革傳》中言何敬容掌選，“序用多非其人”，而在卷三七《何敬容傳》中又謂其“銓序明審，號爲稱職”。又如卷五六《侯景傳》大寶元年（550）十二月下記：“是月，張彪起義於會稽，攻破上虞，景太守蔡臺樂討之，不能禁。”此下，二年正月卻記：“（張）彪遣别將寇錢塘、富春，（侯景儀同）田遷進軍與戰，破之。”一“義”一“寇”，數行之間書法乖舛。[2] 又如卷二七《到洽傳》載洽卒，昭明太子與晉安王綱令，有云：“近張新安又致故，其人文筆弘雅，亦足嗟惜，隨弟府朝東西日久，尤當傷懷也。比人物零落，特可傷惋，屬有今信，乃復及之。”同時此段文字，於《張率傳》中重出，且“文”作“才”、“傷惋”作“潸慨”。又如卷三三《王筠傳》中云：“時人爲之語曰：‘謝有覽、舉，王有養、炬。’炬是泰，養即筠，並小字也。”而《謝舉傳》中復重出。二是記事錯訛失序。如卷五五《武陵王紀傳》載：“太清五年夏四月，紀帥軍東下至巴郡，以討侯景爲名，將圖荆陜。聞西魏侵蜀，遣其將南梁州刺史譙

---

①臧世俊《〈梁書〉略論》，《歷史教學問題》，1992 年第 4 期。並參徐浩《廿五史論綱》，上海古籍出版社，1989 年影印本。

②以上二例見《四庫全書總目提要・史部・正史類・梁書提要》，《四庫全書》本。

淹迴軍赴援。五月日，西魏將尉遲迥帥衆逼涪水，潼州刺史楊乾運以城降之。”實際上，據本書《元帝紀》及《通鑑》卷一六四《梁紀》，蕭紀帥軍東下在太清六年（552）八月；據《周書·文帝紀》及《通鑑》卷一六五《梁紀》，尉遲迥侵蜀及楊運乾降，並在魏廢帝二年，亦即梁承聖二年（553）。此統繫於太清五年（551）四月、五月，其失可知。又如，卷四〇《劉之遴傳》載：“吏部尚書王瞻嘗候任昉，值之遴在坐，昉謂瞻曰：‘此南陽劉之遴，學優未仕，水鏡所宜甄擢。’瞻即辟爲太學博士。時張稷新除尚書僕射，托昉爲讓表，昉令之遴代作，操筆立成。”考本書《王瞻傳》，瞻爲吏部尚書在天監元年左右，考《武帝紀》及《張稷傳》，稷新除尚書僕射在天監七年（508），而《任昉傳》載昉天監六年（507）出爲新安太守，“視事期歲，卒於官舍”。將這些與《劉之遴傳》所云相校，《劉之遴傳》之錯訛自不待言。至於所記時間上的失誤更多，此不贅舉。三是沿國史筆法，不少篇章剪裁加工不够。如諸王及功臣列傳之結構，例先叙其歷官，中述事實，末載飾終之詔。如卷二二《南平王偉傳》載詔曰：“旌德紀功，前王令典；慎終追遠，列代通規。”卷九《王茂傳》載詔曰：“旌德紀勳，哲王令軌；念終追遠，前典明誥。”卷三六《孔休源傳》載詔曰：“慎終追遠，列代通規；褒德疇庸，先王令典。”等等，千篇一律，讓人讀而生厭。又，《梁書》雖叙事簡潔，然因其依國史立傳，故所載詔策有無關於治道，衹是官樣文章且内容雷同者，頗遭後人“繁冗”之譏。本來，《梁書》既入正史，理應突破國史限制，删除繁複，自出機杼。姚思廉在這點上用力不够，破壞了文風的統一，有損其文采，這是令人遺憾的。

另外，《梁書》有紀、傳而無志、表，往代學者亦有批評之者。如顧炎武《日知録》卷二六《作史不立表志》條、章學誠《文史通義》卷七《亳州志人物表例議》等[①]。對此，趙翼《陔餘叢考》卷九《隋志應移南北史之後》條有云："《隋書》諸志則兼載梁、陳、周、齊各朝制度。蓋唐初修梁、陳、周、齊、隋五代史時，若每史各繫以志，未免繁瑣，且各朝制度，多屬相同，合修一書，益可見沿革之迹。故梁、陳、周、齊但作紀、傳，而志則總列於《隋書》也。"[②] 趙氏的解釋是合理的。實際上，《隋書》十志是爲梁、陳、周、齊、隋五代史而撰，故其名本爲《五代史志》。衹不過隋在後，故入《隋書》，後人稱爲《隋志》罷了。姚氏自無須别撰。金毓黻《中國史學史》第四章有云："吾謂此等編次之法最得史體，其他四史，則不必一一作志，以省卷帙。"[③] 至於《梁書》無表，倒不能不説是其不足。然唐以前正史中，無表者多，不獨《梁書》如是。

四

《梁書》撰成以後不足二十年，李延壽所撰《南史》問世。此書當時以叙事簡净，條理分明，史事翔實，受到好評。顯慶四年（659），唐高宗親爲作序佈行。至唐穆宗長

①《日知録》見黄汝成集釋本，岳麓書社，1994 年版。《文史通義》見中華書局，1985 年版。

②商務印書館，1957 年版。

③上海書店《民國叢書》本。

慶二年（822）諫議大夫殷侑言："司馬遷、班固、范曄'三史'爲書勸善懲惡，亞於《六經》。比來史學廢絶，至有身處班列，而朝廷舊章莫能知者。"於是朝廷立"三史"、"三傳"科（《唐會要》卷七六《貢舉》"三傳"、"三史"條）。① 此後，《梁書》就與宋、齊、陳三書一起，命途多乖了。杜佑《通典》卷一七《選舉》五《舉人條例》説，當時"以《史記》爲一史，《漢書》爲一史，《後漢書》並劉昭所注《志》爲一史，《三國志》爲一史，《晉書》爲一史，李延壽《南史》爲一史，《北史》爲一史。習《南史》者，兼通宋、齊《志》；習《北史》者，通後魏、隋書《志》。自宋以後史書煩碎冗長，請但問政理成敗所因及其人物損益關於當代者，其餘一切不問"。② 是知唐人於南朝史書，所重在《南史》，其餘包括《梁書》在内的四史，因嫌其繁冗，官府舉人不問，士人亦罕誦習。加之唐代雖已發明雕板印刷，但文史圖書仍多是抄寫，故《梁書》罕傳，其日就訛脱，應可想而知。

北宋王朝極重文化建設，校勘古籍亦空前繁興。自太宗至於仁宗景祐（1034—1038）年間，曾多次校勘雕印史記，然《梁書》都不在其中。晁公武《郡齋讀書志》卷二上《正史類》"《宋書》"條有云："嘉祐（1056—1063）中，以宋、齊、梁、陳、魏、北齊、周書舛繆亡缺，始命館職讎校。曾鞏等以祕閣所藏多誤，不足憑以是正，請詔於藏書之家悉上異本。久之始集。治平（1064—1067）中，鞏校定南齊、梁、陳三書上之……政和（1111—1118）中

①《唐會要》卷七六《貢舉》"三傳"、"三史"條，中華書局，1955年版。
②浙江古籍出版社，1988年影印本。

始皆畢，頒之學宮，民間傳者尚少。未幾，遭靖康丙午（1126）之亂，中原淪陷，此書幾亡。紹興十四年（1144）井憲孟爲四川漕，始檄諸州學官，求當日所頒本。時四川五十餘年皆不被兵，書頗有在者，然往往亡闕不全。收合補綴，獨少《後魏書》十許卷，最後得宇文季蒙家本，偶有所少者。於是七史遂全。因命眉山刊行。”[①]（按，嘉祐中校《梁》、《陳》二書情況，曾鞏《元豐類稿》卷一一《陳書目録序》、王應麟《玉海》卷四三、李燾《續資治通鑑長編》卷一九四俱有記述，“嘉祐中”並爲“嘉祐六年”）《梁書》歷經坎坷，此後情況好轉。宋以下歷朝俱有校勘刊刻，也就流佈開來。

《梁書》撰成後，唐·劉知幾《史通》偶有批評，宋·司馬光《資治通鑑》有關梁代部分的《考異》和元·胡三省的注對《梁書》的某些內容有所辨正。此後，歷代學者對《梁書》所做的工作主要在補撰和校勘考證上，而以清人用力最多，成績較著。《梁書》無表，清·萬斯同《歷代史表》補之者有二：《梁諸王世表》、《梁將相大臣年表》，[②]吴廷燮有《梁方鎮年表》。[③] 補志的有洪齮孫《補梁疆域志》。[④] 校勘考證方面：趙翼《陔餘叢考》和《廿二史劄記》、錢大昕《廿二史考異》、王鳴盛《十七史商榷》，[⑤] 其中有關《梁書》部分，辨證史實，考訂異同，校勘訛誤，

①《四庫全書》本。

②俱見中華書局《二十五史補編》本第四册。

③見岳麓書社《二十五史三編》。

④見中華書局《二十五史補編》本第四册。

⑤《廿二史考異》、《十七史商榷》俱見中華書局《叢書集成初編》本。

成績頗著。此外張熷《讀史舉正》、洪頤煊《讀書叢録》、周中孚《鄭堂札記》等亦時有精見。[①]

近現代對《梁書》的校勘成績最著者，一是張元濟《百衲本二十四史校勘記》和《校史隨筆》兩種中《梁書》部分。張元濟是近代一位以求實精神從事古籍校勘研究的嚴肅學者。他用力二十餘年從事百衲本二十四史的校訂刊刻，1936 年全部印成，"從此全史出現了最標準的本子"。[②]其間，張氏與同人歷經艱辛，共成校勘記 173 册。後，選取其中部分，撰成 164 篇短文，輯成一書，即《校史隨筆》，於 1938 年初版。[③] 張氏對《梁書》的校勘，成績超過了清人，中華書局點校《梁書》時，即利用了他的《梁書校勘記》稿本。二是中華書局點校本《梁書》之《校勘記》。中華書局本《梁書》共三册，是盧振華點校、趙守儼編輯整理，1973 年 5 月出版的。盧氏的校勘，用商務印書館宋大字本影印的百衲本及明南監本、北監本、汲古閣本、武英殿本、金陵書局本互校，擇善而從，並參考了《南史》、《册府元龜》、《資治通鑑》和《資治通鑑考異》的有關部分。另外，從盧氏所撰的《校勘記》看，其於《晉書》、《南齊書》、《魏書》、《北齊書》、《陳書》、《隋書》、《北史》、《建康實録》、《水經注》、《通典》及《昭明文選》、《弘明集》、《廣弘明集》、《藝文類聚》、《文館詞林》、《太平御覽》、《文苑英華》等史書、文集亦有所取資，還較廣泛地吸收了前人的校勘成果，如於洪頤煊《諸史考異》、王懋

①以上三種見《叢書集成初編》本。

②張舜徽《中國文獻學》，河南人民出版社，1982 年版。

③張元濟《校史隨筆》，張樹年等導讀，上海古籍出版社，1998 年 12 月版。

竑《讀書記疑》、王鳴盛《十七史商榷》、李慈銘《南史札記》、惠棟《松崖筆記》、張熷《讀史舉正》、《文選》李善注、《資治通鑑》胡三省注、牛運震《空山堂集》等，並有引用，而尤其從錢大昕《廿二史考異》和張森楷、張元濟二人各自的《梁書校勘記》中的吸取爲多。因此，中華書局點校本《梁書》被公認爲是到目前爲止已經出版的《梁書》中質量較高的本子。

今人研究梁代歷史及有關人物的論文著作不少。據不完全統計，僅二十世紀最後的二十年，全國各報刊雜志上發表的專題論文就不下六十餘篇。而研究《梁書》的專文極少見。值得提出來的是周一良《魏晉南北朝史札記》中《梁書札記》，[①] 短文二十篇，精見迭出，甚有價值。此外，近年出版的曹道衡、沈玉成撰《中古文學史料叢考》於《梁書》多有涉及，[②] 其質疑糾謬、辨正史實，創獲良多。至於概括《梁書》及其作者的史學思想和學術成就，可資參考者有曾貽芬撰《姚思廉評傳》等。[③]

五

《今注本梁書》是《今注本二十四史》之一種。根據編輯委員會《今注本二十四史編纂總則》的要求，我力爭廣泛地吸收前人，尤其是當代學人研究《梁書》的成果，充分運用有關文獻、文物，對舊校本糾錯補漏，加以新注，

①中華書局，1985年版。

②中華書局，2003年版。

③見《中國史學家評傳》，中州古籍出版社，1985年版。

撰成一部代表當代學術研究水平的《梁書》新校注本。爲此，我在“史家注史”原則的指導下，用了數年的時間，完成了全稿。

《今注本梁書》主要用力在標點校勘、闡釋文本、考證史實、補充史料四個方面。

（一）標點校勘。《梁書》在流傳過程中，訛誤頗多，校理出一部準確可信的《梁書》，是過去許多學者孜孜以求的目標。中華書局點校本集前人校勘成果之大成，是現存各本中質量最高者，但其中誤點、誤校、失校之處不少。且分别舉例略作説明。誤點例：如卷一《武帝紀》：“高祖以宋孝武大明八年甲辰歲生於秣陵縣同夏里三橋宅。生而有奇異，兩髈駢骨，頂上隆起，有文在右手曰‘武’。帝及長，博學多通……”我據《梁書》文例及本紀對蕭衍的稱呼，再證以梁元帝《金樓子·興王篇》，[①] 知中華書局本標點有誤，“武帝”二字俱爲蕭衍右手之文，不當將“帝”字屬下句。又如卷六《敬帝紀》：“（太平元年十二月）甲午，以前壽昌令劉叡爲汝陰王，前鎮西法曹、行參軍蕭絖爲巴陵王，奉宋、齊二代後。”按，南朝齊、梁、陳並以行參軍爲公、軍府法曹長官，稱爲法曹行參軍。中華書局本標點將法曹行參軍分開爲兩職，誤。又如卷五〇《文學下·伏挺傳》：“挺弟捶，亦有才名，先爲邵陵王所引，歷爲記室，中記室，參軍。”按，梁邵陵王乃梁武之子蕭綸的封爵號。[②] 據《隋書·百官志》，梁皇子府置有記室參軍、中記室參軍。故知中華書局本標點有誤，“記室”後的逗號當改

---

①浙江人民出版社《百子全書》本。

②據《梁書》卷二九《高祖三王·邵陵王綸傳》。

爲頓號，“中記室”後的逗號當删。誤校例：如卷二二《太祖五王・南平王偉傳》：“（天監）十二年，徵爲撫軍將軍，儀同、常侍如故。”中華書局本《校勘記》云：“‘撫軍’各本訛‘中撫’。據本書《武帝紀》改。”我據卷二《武帝紀》“（天監十三年）三月辛亥，以新除中撫將軍、開府儀同三司建安王偉爲左光禄大夫”云云，及《隋書・百官志》所載梁天監七年革選後將軍之名號變化，考知其時南平王偉實爲“中撫將軍”，中華書局本誤改。又如卷四四《太宗十一王・尋陽王大心傳》：“（大寶）二年秋，遇害，時年二十九。”中華書局本《校勘記》云：“《太平御覽》卷六〇二引《三國典略》云蕭大心與大臨同年，二人同遇害，大臨時年二十五。則‘二十九’當作‘二十五’。”我先據本傳大心大同元年（535）“年十三”的記載，考知其大寶二年（551）遇害時“年二十九”不誤。再據《簡文帝紀》考知大臨、大心遇害之時、地均不同，《三國典略》之言不足信。再查文淵閣《四庫全書》本《太平御覽》，知中華書局本《校勘記》所據《太平御覽》蓋誤“大器”爲“大臨”。從而判定中華書局本《校勘記》之説不妥。又如卷五〇《文學下・劉峻傳》：“普通二年（521），卒，時年六十。”中華書局本《校勘記》據本傳上文“宋泰始（465—471）初，青州陷魏，峻年八歲”之語，且以“泰始初”爲泰始元年（465），因而得出結論：“‘時年六十’下當脱一‘四’字或‘五’字。”我據《南史・宋本紀》、《南齊書》及《南史》之《劉善明傳》，考知青州陷魏實在宋泰始五年（469），因而知中華書局本《校勘記》以不誤爲誤。失校例：如卷二《武帝紀中》：“（天監九年）閏月己丑，宣城盜轉寇吴興縣，太守蔡撙討平之。”我據本書《蔡撙傳》、《南史·梁本紀》、《資治通鑑·梁紀》及蔡撙當時的職掌，判定此段中“吴興縣”當爲“吴興”（指吴興郡），“縣”爲衍文。中華書局本失校。又如卷四《簡文帝紀》：“（中大通）二年（530），徵爲都督南揚徐二州諸軍事、驃騎將軍、揚州刺史。”按，梁無“南揚州”，有南徐州。且蕭綱爲揚州刺史，其督州自當有揚州。因而我判定“南揚徐”當是“揚南徐”之倒誤，中華書局本未校正。又如卷一三《沈約傳》載約《郊居賦》，賦有云：“勞蒙司而獲謝，猶奉職於春坊。”按“蒙司”不詞。我據沈約的仕歷及“蒙”古作“冡”，與“冢”形似易誤，判定“蒙”當爲“冢”之訛。中華書局本失校。又如卷一六《王瑩傳》：“累進號左中權將軍，給鼓吹一部。”按梁無“左中權將軍”之號。我據本書《武帝紀》考知“左中權將軍”當作“安左、中權將軍”，“左”前脱“安”字，中華書局本失校。

（二）闡釋文本。根據《編纂總則》，《今注本二十四史》的讀者對象是大專文化水平以上者。爲了幫助讀者真正比較透徹地理解《梁書》，我除了注釋原文中涉及的古地名和不常見的官名、官署名等之外，在文本的闡釋上主要在釋典、釋事、釋制三項上下功夫。下面依次舉例以明之。南朝齊梁是駢文成熟並且風行的時代。駢文特别講究用典。尤其齊梁士人，往往逞才炫博，“隸事”之風盛行。故其時文章用典特多而且不避生僻。《梁書》所收駢文不少，釋典頗爲必要。典包括語典和事典。釋語典者：如“周行”，《梁書》中六次出現，分别見《武帝紀》、《王亮傳》、《劉孝綽傳》、《伏挺傳》、《何胤傳》。現行一般辭書，包括新版

《辭源》，對“周行”的解釋都不適合於《梁書》。我考知《梁書》所用“周行”出自《詩·周南·卷耳》“嗟我懷人，寘彼周行”。[①] 再參考《左傳·襄公十五年》及清·徐鼒《讀書雜釋》卷三《寘彼周行》條，[②] 知周秦至六朝俱釋《卷耳》中“周行”爲“周之列位”。以此義釋《梁書》之“周行”，恰切通暢，問題得到了解決。又如卷三八《賀琛傳》載琛封事，言“爲吏牧民者，競爲剥削”，“如復傅翼，增其搏噬，一何悖哉”。本意謂官吏被派到地方，本應是子養萬民的，但卻違背本旨，殘害百姓。其中“傅翼”一詞乃用《韓非子·難勢》“故《周書》曰：‘毋爲虎傅翼，將飛入邑，擇人而食之。’夫乘不肖人於勢，是爲虎傅翼也”之典。[③] 而《資治通鑑·梁紀》大同十一年（545）載其事，胡三省注云：“言罷官家食之人復出爲官，猶不能奮飛之鳥復傅之羽翼也。”連胡氏都未明出典，不得其解，可見新注之必要。釋事典者：如卷一三《沈約傳》所載約《郊居賦》有“譬叢、華於楚、趙，每驕奢以相越”兩句。其出典在張衡《東京賦》（見《文選》卷三）。[④] 其中“叢”指戰國時趙武靈王所起叢臺，“華”指春秋時楚王所築章華臺。中華書局點校本於“楚趙”下加專名號且於其間加頓號，但於“叢華”卻此兩種符號皆未加，似亦未明其義。又如卷三四《張纘傳》所載纘《南征賦》有“入雷池之長浦，想恭、岱之芳塵；臨魚官以輟膳，踐寒浦之抽�”四

①朱熹《詩集傳》，上海古籍出版社，1980年版。

②中華書局，1997年版。

③上海古籍出版社，1996年12月版。

④《文選》李善注本，中華書局，1977年版。

句。我據文意以“恭岱”當爲一人，又引《三國志·三嗣主傳》裴松之注，[①] 知孟宗字恭武，再證以《太平御覽》卷四一三所引《孟宗别傳》[②] 及《三國志》裴松之注引《楚國先賢傳》，“輟膳”、“抽�”皆爲孟宗之事。既校“岱”爲“武”之訛，訂中華書局本以“恭岱”爲兩人之失，又弄清了此四句之意。所謂釋事，是指對書中所叙史事，或説明原委，或介紹背景，以便讀者對所叙有更深刻全面的理解。如卷一三《沈約傳》：“初，高祖有憾於張稷，及稷卒，因與約言之。約曰：‘尚書左僕射出作邊州刺史，已往之事，何足復論。’帝以爲婚家相爲，大怒曰：‘卿言如此，是忠臣邪！’”此乃沈約得罪的一個重要原因。然而高祖所憾何事？《梁書》之《沈約傳》、《張稷傳》等均未言及。《南史·張稷傳》有具體記述，我引之，弄清了事情的原委。又如卷二八《夏侯亶傳》：“（亶）宗人夏侯溢爲衡陽内史，辭日，亶侍御坐。高祖謂亶曰：‘夏侯溢於卿疏近？’亶答曰：‘是臣從弟。’高祖知溢於亶已疏，乃曰：‘卿傖人，好不辨族從。’亶對曰：‘臣聞服屬易疏，所以不忍言族。’時以爲能對。”夏侯亶以族弟爲從弟，梁武帝批評他不辨從族，實際上反映了江南河北的不同風俗，是有深刻的文化背景的。我引《顔氏家訓·風操》及《日知録》卷二四“族兄弟”條以揭示其背景，[③] 對讀者當有裨益。所謂釋制，是指對《梁書》中名物典制加以解釋，這也是

①中華書局點校本，1982 年版。

②中華書局 1960 年影印本。

③《顔氏家訓》見王利器集解本，中華書局，1993 年版。《日知録》見黄汝成集釋本，岳麓書社，1994 年版。

“史家注史”的一個重要内容。如卷二《武帝紀》載天監七年正月，“戊戌，作神龍、仁虎闕於端門、大司馬門外。”神龍、仁虎闕爲何物？我引《文選》卷五六《石闕銘》李善注引劉璠《梁典》以明其功用、規模及有關情況。又如《武帝紀》載帝大通元年（527）三月“幸同泰寺”改元“大通”事。我引《資治通鑑·梁紀》胡三省注以明“大通”、“同泰”反語相協之特點，又引唐·釋道宣《續高僧傳》卷一《釋寶唱傳》及《建康實録》卷一七“大通元年”下原注引《輿地志》以明同泰寺之位置、規模、興廢等。又如卷一〇《蔡道恭傳》載魏人攻城，“道恭輒於壍内列艨衝鬥艦以待之”。艨衝鬥艦爲何物，我引杜佑《通典·兵十三》“水手及水戰具·附”條，[1] 以明其構造功能等。

（三）考訂史實。《梁書》是姚氏父子兩代時撰時輟，歷數十年纔完成的。其於史實，記載不確、考覈不精之處固難免，再加上他們主觀上虚美隱惡所造成的記事失真，使我在校注《梁書》時，不能不重視考訂史實。爲此，我主要做了兩方面的工作。一是揭示真相。如《武帝紀》記蕭氏世系，言蕭望之爲蕭何之後，追次昭穆。我取《漢書》顔師古注、《南史·齊本紀》後論，揭姚氏父子之妄。又如《太祖五王·臨川王宏傳》載天監四年梁武帝弟臨川王蕭宏率軍北伐，“會征役久，有詔班師”，諱言慘敗之實事。我據《南史》、《資治通鑑·梁紀》及《通鑑考異》和《廿二史劄記》卷九《梁書悉據國史立傳》條，指出本傳記載失實，同時又證以《藝文類聚》卷五九劉孝儀《爲臨川王奉

①浙江古籍出版社，1988年影印本。

詔班師表》以明本傳“有詔班師”爲不虛。[1] 二是訂正訛誤。如卷一〇《鄧元起傳》：“梁州長史夏侯道遷以南鄭叛，引魏人，白馬戍主尹天寶馳使報蜀，魏將王景胤、孔陵寇東西晉壽，並遣告急，衆勸元起急救之。”按此以王景胤、孔陵爲魏將，《南史》本傳同。我參證《資治通鑑·梁紀》及胡三省注引《考異》、《魏書·邢巒傳》，知《梁書》此處爲誤。又引《吕思勉讀史札記》戊帙《通代·郡縣送故迎新之費》條小注，以明本書及《南史》本傳致誤之由。又如卷五五《豫章王綜傳》：“大通二年，蕭寶寅在魏據長安反，綜自洛陽北遁，將赴之，爲津吏所執，魏人殺之，時年四十九。”我以《南史·豫章王綜傳》、《北史》之《蕭纘傳》及《魏書·蕭寶夤傳》附《蕭纘傳》與此傳相勘，知此傳謂蕭綜被殺者，乃本之國史。而當時南北懸隔，國史所據蓋傳聞不實之辭。國史誤，本傳亦誤。

（四）補充史料。梁代五十多年的歷史，紛繁複雜，《梁書》所記人和事畢竟是很有限的。即使是重要的人物和歷史事件，《梁書》也有未記載的。《南史》中有關梁代部分的紀傳，以《梁書》爲藍本，但内容上有不少增補。《南史》今存，讀者自可參看。《今注本梁書》一般衹取《南史》以外，於《梁書》有關人物史實的記載有參證、補缺、備異之用者酌情録入注文中，供讀者參考。今分類舉例如下：可資參證的：如卷一〇《蔡道恭傳》載天監三年（504）魏人圍司州，蔡道恭爲司州刺史，隨方抗禦，竭忠盡智，死守危城的英雄事迹。注文取《文選》卷四〇任彦

①中華書局，1982年版。

昇《奏彈曹景宗》李善注引劉璠《梁典》有關道恭守城及當時情勢的記載，以與本傳相參證，用彰英烈。又如卷二九《高祖三王·廬陵王續傳》載續“多聚馬仗，畜養驍雄，金帛内盈，倉廩外實”。注文取梁元帝《金樓子》卷六《雜記篇》所載廬陵王耽色貪財之具體記述以參證，揭露其殘暴腐朽。又如卷三九《羊侃傳》載侯景之亂，賊衆攻臺城，羊侃部署指揮，賊不能進的事迹。注文取《顏氏家訓·慕賢篇》的有關記述，以參證其才能、功績。可補缺漏的：如卷一四《江淹傳》衹言淹“濟陽考城人也，少孤貧好學，沉靖少交游”，未及家世。注文引《文選》卷一六江淹《恨賦》李善注引劉璠《梁典》及宋人汪藻《世説叙録·考證》引敬胤《世説注》，知江淹爲東晉江淵之後，祖江躭爲丹陽令，父康之爲南沙令。江淹之家世因此可知。又卷四六《杜崱傳》言崱兄弟九人，並知名當世。然衹附杜岸、杜幼安二人事迹，餘則闕如。注文引《文館詞林》卷六九九梁簡文帝《監護杜嵩喪教一首》，知崱兄嵩，官水曹參軍，隨父杜懷寶出戰，以身捍衛其父而壯烈犧牲，實爲忠臣孝子。足以備異的：如卷七《高祖阮脩容傳》記阮氏“本姓石，會稽餘姚人”。而梁元帝《金樓子》卷二《后妃篇》及《太平寰宇記》所引《梁陳故事》皆載阮氏爲“會稽上虞人”。[1] 李慈銘《越縵堂讀書簡端記》“王鳴盛《十七史商榷》卷五十九”條云：“當以《金樓子》爲是。”[2] 不論確否，引之以備異聞。又如卷二七《陸襄傳》記襄事迹較詳。而《文苑英華》卷八四二江總《梁故度支尚書陸君誄》所

①中華書局《叢書集成初編》本。

②王利器纂輯，天津人民出版社，1980年版。

載陸襄生平仕歷與本傳略有異同。江總與姚察同時人，其誄文所述不可輕視，故注文録之以資研究。

六

在《梁書》的校注過程中，我始終兢兢業業，不敢稍有懈怠，是否達到了《今注本二十四史編纂總則》的編纂目標與廣大讀者的期望，衹有讓讀者來評判了。我誠懇地期待着讀者的批評！

在校注《梁書》的數年中，我得到了中國社會科學院歷史研究所童超研究員的熱情支持和幫助。《今注本梁書》初稿完成後，作爲審覈人，童先生兩次審閲成稿，提出了很多很好的修改意見，使我受益不淺。這些都是我深爲感謝的。

例 言

一、本書以中華書局點校本爲工作本，取商務印書館縮印百衲本（簡稱百衲本）和上海圖書館藏宋刻宋元明遞修本（簡稱三朝本）與之通校，擇善而從。中華書局點校本以前的其他版本的《梁書》，因其皆源自宋、元本，且中華書局點校本已經取校，故本書一般不作參校，偶有涉及，則或稱某本或統稱舊本，以與中華書局本相區别。

二、本書引用中華書局本校勘成果，凡出校且改原文者，經覆覈無誤，則皆僅注明"依中華書局本校改"；凡中華書局本出校而在疑似之間、未加取捨者，一般即轉録校語，今校有補充證據者則間有例外。

三、版本校勘之外，本書還參校了南北朝其他七書二史和《通鑑》及其《考異》的相關部分；類書、總集、别集、新舊出土文物中與梁代歷史及人物有關的内容，本書亦有取資；古今有關《梁書》的校勘成果，本書盡可能搜羅汲取，並在校注中注明所自。以上這些，所涉著作、文章甚多，俱見本書所附《主要參考文獻》，此不贅述。

四、文字有異體，字形有新舊。本書文字，正文字體悉依中華書局本，有新舊字形之别者，則依新字形。校注引用文獻皆依據所引版本，若所引版本是簡體，則徑改爲繁體。校注中之叙述語則用正體新字形。

五、姚氏父子兩代，歷梁陳至於初唐，且其撰《梁書》，有直據梁朝國史者，故《梁書》有避梁諱者，如梁朝皇帝之名，皆以“諱”字代之；有避唐諱改字者，如改“虎”爲“獸”或“武”，改“淵”爲“深”或省去“淵”字者。如此等等，舊本有回改有未回改者，中華書局本亦大體依照舊本。本書一律回改，如“蕭景”、“蕭深藻”回改爲“蕭昺”、“蕭淵藻”，以便全書一致，且合於歷史之真實。中華書局本原文之誤字，凡有根有據、確鑿不易者，本書改正，並出校記加以説明，否則僅出校而不改原文。

六、本書以卷爲單元校注。唯《武帝紀》三卷爲一單元，是其特例。同一單元中，出注條目及注釋内容全同者，不重出；不同單元中則不避重，以省讀者翻檢之勞。凡爲正文中一句以上内容作注釋，則不列所注之條目。

七、本書於《梁書》正文中之人物，同一卷中有傳者不出注；史書中無傳者，除關涉原文之理解外，一般不出注；史書有傳者，一般僅簡述姓名、籍貫、所在何書何卷，以備檢索而避繁冗。

八、六朝職官之名稱、職掌、班品，屢有因革。《梁書》所涉人物，其職官亦因時代不同而有異。本書皆區别其時代而作注，以符歷史之實際。南齊及梁初職官品級，現存文獻無全面完整之記載。《唐六典》及有關類書，如

《初學記》、《藝文類聚》、《太平御覽》等有所涉及，本書直接采用，注中不贅説明。梁天監七年（508）革選，釐定職官班品及將軍名號等，事見《隋書・百官志》。本書於天監七年以後職官，悉依以作注。唯將軍名號及班品，普通六年（525）、大通三年（529）又有因革。《隋書・百官志》云，大通三年定將軍名號“凡二百四十號，爲四十四班”，但據所列具體班號統計，實爲二百四十二號，三十四班。而《唐六典》“尚書・兵部”條下小注云：“梁大通三年又置二百四十二號將軍爲四十四班。”① 這爲注釋大通三年以後將軍名號班次帶來問題。本書遇此種問題，則以天監七年革選時所定二十四班一百二十五號將軍爲準，注明某號將軍與一百二十五號將軍中之某班同班。如《武帝紀》“大同元年”下有“雄勇將軍”，本書注云：“雄勇將軍，將軍名號，梁大通三年置。與一百二十五號二十四班將軍中九班之雄信將軍同班。”

九、古今行政區劃、地名變化頗爲繁雜。本書注州、郡、縣，僅明其治所之今地所在，且今地之縣以下，一般不注何鎮；一般地名之今地則儘量具體。本書所言之今地，其行政區劃大體以中國地圖出版社一九九五年四月版、中華人民共和國民政部編《中華人民共和國行政區劃簡册》爲依據。此後，個別區劃確有較大變化者，如重慶市從原四川省劃出，不在此例。

十、本書校注直接引用文獻，一般都注明名稱、卷次，而各史書之“志”及《資治通鑑》、《太平御覽》等，則遵

①中華書局，1992 年版。

從學人習慣，或用簡稱，如《隋書·經籍志》、《通鑑》、《御覽》等。又，本書引用古今文獻，其出版單位、時間、版本等，在本書所附《主要參考文獻》中有明述，注文中不另贅述，以省篇幅；其被偶一徵引，不在《主要參考文獻》之内者，則隨注列出。

十一、本書於《梁書》所載史料，有所補充、辨證。《南史》後出，且其梁代部分乃以《梁書》爲藍本。歷來讀《梁書》者，皆知以《南史》有關部分爲參考，而《南史》又與《梁書》同爲二十四史之一，故本書一般不以《南史》補《梁書》。但《梁書》中史事不清，可引《南史》以釋之者除外。其他散見於别處之文獻，且有史料價值者，則酌情使用，或轉録，或簡述而備索引，視其篇幅而定。

十二、本書標點、分段，大體依中華書局本。中華書局本標點有不妥者，若非明顯失誤，影響對原文之理解者，則一般不加辨析而徑行改正。中華書局本分段有過於細瑣者，如本紀部分，在不影響原文層次清晰之前提下，本書間作合併，亦不加説明。

主要參考文獻

《論語正義》　劉寶楠正義　《諸子集成》本
《尚書大傳》　鄭玄注　陳壽祺輯校　《叢書集成初編》本
《周禮注疏》　鄭玄注　賈公彦疏　阮刻《十三經注疏》本
《儀禮注疏》　鄭玄注　賈公彦疏　阮刻《十三經注疏》本
《禮記正義》　鄭玄注　孔穎達等正義　阮刻《十三經注疏》本
《尚書正義》　孔安國傳（僞）　孔穎達等正義　阮刻《十三經注疏》本
《毛詩正義》　毛亨傳　鄭玄箋　孔穎達等正義　阮刻《十三經注疏》本
《周易正義》　王弼、韓康伯注　孔穎達等正義　阮刻《十三經注疏》本
《春秋左傳正義》　杜預注　孔穎達等正義　阮刻《十三經注疏》本
《論語注疏》　何晏等注　邢昺疏　阮刻《十三經注疏》本
《孟子注疏》　趙岐注　孫奭疏　阮刻《十三經注疏》本
《韓詩外傳集釋》　許維遹集釋　中華書局 1980 年版
《春秋公羊傳注疏》　何休注　徐彦疏　阮刻《十三經注疏》本
《春秋穀梁傳注疏》　范寧注　楊士勛疏　阮刻《十三經注疏》本
《釋　名》　劉熙撰　上海古籍出版社　1984 年影印本
《方　言》　揚雄撰　郭璞注　《百子全書》本
《爾雅注疏》　郭璞注　邢昺疏　阮刻《十三經注疏》本

《孝經譯注》　胡平生譯注　中華書局 1996 年版
《周易本義》　朱熹本義　中國書店 1987 年影印本
《周　易》　王弼注　樓宇烈校釋　中華書局 1980 年版
《書經集解》　蔡沈集解　上海古籍出版社 1987 年版
《詩　譜》　鄭玄撰　文淵閣《四庫全書》本
《經典釋文》　陸德明撰　《叢書集成初編》本
《説文解字段注》　段玉裁注　成都古籍書店 1981 年版
《春秋左傳注》　楊伯峻注　中華書局 1981 年版

《漢　書》　班固撰　顔師古注　中華書局 1962 年版
《漢書補注》　王先謙補注　中華書局 1983 年影印本
《建康實録》　許嵩撰　張忱石點校本　中華書局 1986 年版
《史　記》　司馬遷撰　中華書局點校三家注本　1982 年 11 月第 2 版
《國　語》　韋昭注　上海古籍出版社 1978 年版
《戰國策新校注》　繆文遠校注　巴蜀書社 1987 年版
《三國志》　陳壽撰　裴松之注　中華書局點校本 1982 年版
《晉　書》　房玄齡等撰　中華書局點校本 1974 年版
《宋　書》　沈約撰　中華書局點校本 1974 年版
《南齊書》　蕭子顯撰　中華書局點校本 1972 年版
《魏　書》　魏收撰　中華書局點校本 1984 年版
《周　書》　令狐德棻等撰　中華書局點校本 1971 年版
《北齊書》　李百藥撰　中華書局點校本 1987 年版
《梁　書》　姚思廉撰　中華書局點校本 1973 年版
《陳　書》　姚思廉撰　中華書局點校本 1972 年版
《南　史》　李延壽撰　中華書局點校本 1975 年版
《北　史》　李延壽撰　中華書局點校本 1974 年版
《隋　書》　魏徵等撰　中華書局點校本 1973 年版
《資治通鑑》　司馬光撰　胡三省音注　中華書局點校本 1956 年版
《後漢書》　范曄撰　李賢等注　中華書局點校本 1965 年版
《梁　書》　姚思廉撰　商務印書館縮印百衲本二十四史本

《梁　書》　姚思廉撰　中華書局影印上海圖書館藏宋刻宋元明遞修本
《梁　書》　姚思廉撰　上海古籍出版社、上海書店《二十五史》縮印清乾隆四年武英殿本
《後漢書集解》　王先謙集解　商務印書館《國學基本叢書》本
《漢官儀》　應劭撰　《四部備要》本
《太平寰宇記》　樂史撰　《叢書集成初編》本
《三輔黄圖校證》　陳直校證　陜西人民出版社 1980 年版
《南方草木狀》　嵇含撰　《四庫全書》本
《續高僧傳》　釋道宣撰　《歷代高僧傳》本　上海書店 1991 年版
《帝王世紀》　皇甫謐撰　《叢書集成初編》本
《神仙傳》　葛洪撰　《四庫全書》本
《大唐西域記校注》　玄奘撰　季羡林等校注　中華書局 1985 年版
《三輔決録》　趙岐撰　摯虞注　張澍輯　《二酉堂叢書》本
《洛陽伽藍記校注》　楊衒之撰　范祥雍校注　上海古籍出版社 1978 年版
《合校水經注》　王先謙校注　《四部備要》本
《水經注》　酈道元撰　岳麓書社 1995 年版
《華陽國志校補圖注》　常璩撰　任乃强校注　上海古籍出版社 1987 年版
《竹書紀年》　上海古籍出版社 1980 年版
《逸周書》　《四部叢刊》本
《山海經校注》　袁珂校注　上海古籍出版社 1980 年版
《高士傳》　皇甫謐撰　《叢書集成初編》本
《資治通鑑外紀》　劉恕撰　上海古籍出版社　1987 年版《資治通鑑》附録
《高僧傳》　釋慧皎撰　湯用彤點校　中華書局 1992 年版
《東觀漢記》　劉珍等撰　《四庫全書》本
《荆楚歲時記》　宗懔撰　《四庫全書》本
《吴越春秋》　趙燁撰　《四庫全書》本
《大唐新語》　劉肅撰　古典文學出版社 1957 年版
《獨異志》　李冗撰　中華書局點校本 1983 年版
《六朝事迹編類》　張敦頤撰　上海古籍出版社 1995 年版
《古今注》　崔豹撰　商務印書館 1956 年版

《夢溪筆談》　沈括撰　岳麓書社 1997 年版
《容齋隨筆》　洪邁撰　岳麓書社 1994 年版
《學　林》　王觀國撰　中華書局點校本 1988 年版
《演繁露》　程大昌撰　《叢書集成初編》本
《封氏聞見記》　封演撰　《叢書集成初編》本
《義門讀書記》　何焯撰　中華書局 1987 年版
《酉陽雜俎》　段成式撰　中華書局 1981 年版
《少室山房筆叢》　胡應麟撰　中華書局 1958 年版
《敬齋古今黈》　李冶撰　《叢書集成初編》本
《古書疑義舉例五種》　俞樾等撰　中華書局 1956 年版
《讀書雜釋》　徐鼒撰　中華書局 1997 年版
《陔餘叢考》　趙翼撰　商務印書館 1957 年版
《癸巳類稿》　俞正燮撰　商務印書館 1957 年版
《日知録集釋》　顧炎武撰　黄汝成集釋　岳麓書社 1994 年版
《越縵堂讀書簡端記》　李慈銘撰　王利器纂輯　天津人民出版社 1980 年版
《讀史方輿紀要》　顧祖禹撰　中華書局 1957 年重印本
《列女傳》　劉向撰　《四庫全書》本
《通　典》　杜佑撰　浙江古籍出版社 1988 年影印本
《通　志》　鄭樵撰　浙江古籍出版社 1 曖壩”
《文獻通考》　馬端臨撰　中華書局 1986 年版
《唐六典》　李林甫等撰　中華書局點校本 1992 年版
《史通箋注》　劉知幾撰　張振珮箋注　貴州人民出版社 1985 年版
《綱鑑易知録》　吴乘權等輯　中華書局 1960 年版
《南朝梁會要》　朱銘盤撰　上海古籍出版社 1984 年版
《梁諸王世表》　萬斯同撰　《二十五史補編》本
《梁將相大臣年表》　萬斯同撰　《二十五史補編》本
《補梁疆域志》　洪齮孫撰　《二十五史補編》本
《隋書地理志考證》　楊守敬撰　《二十五史補編》本
《隋書經籍志考證》　章宗源撰　《二十五史補編》本
《隋書經籍志考證》　姚振宗撰　《二十五史補編》本

《隋書經籍志補》　張鵬一撰　《二十五史補編》本
《魏書官氏志疏證》　陳毅撰　《二十五史補編》本
《十七史商榷》　王鳴盛撰　《叢書集成初編》本
《廿二史考異》　錢大昕撰　《叢書集成初編》本
《廿二史劄記》　趙翼撰　中國書店 1987 年影印本
《十駕齋養新録》　錢大昕撰　上海書店 1983 年版
《丙辰札記》　章學誠撰　中華書局 1986 年版
《諸史然疑》　杭世駿撰　《叢書集成初編》本
《讀史舉正》　張熷撰　《叢書集成初編》本
《賓退録》　趙與時撰　《叢書集成初編》本
《讀書叢録》　洪頤煊撰　《叢書集成初編》本
《群書考索》　章如愚撰　書目文獻出版社 1992 年影印本
《四庫全書總目提要・史部・正史類・梁書提要》　《四庫全書》本
《四庫全書考證》　王太岳等纂輯　《叢書集成初編》本
《四庫提要辨證》　余嘉錫撰　中華書局 1980 年版
《群書拾補》　盧文弨撰　《叢書集成初編》本
《梁書札記》　李慈銘撰　徐蜀編《二十四史訂補》本　北京圖書館出版社
《梁書斠議》　羅振玉撰　徐蜀編《二十四史訂補》本　北京圖書館出版社

《博物志》　張華撰　《百子全書》本
《搜神記》　干寶撰　中華書局 1979 年版
《述異記》　任昉撰　《百子全書》本
《穆天子傳》　郭璞注　《百子全書》本
《昌　言》　仲長統撰　馬國翰輯　《玉函山房輯佚書》本
《公孫龍子》　《百子全書》本
《顔氏家訓集解》（增補本）　王利器集解　中華書局 1993 年版
《金樓子》　蕭繹撰　《百子全書》本
《韓非子》　姜俊俊標校　上海古籍出版社 1996 年版
《荀子集解》　王先謙集解　上海書店影印《諸子集成》本
《吕氏春秋》　吕不韋撰　《諸子集成》本

《春秋繁露》　董仲舒撰　《四庫全書》本
《淮南子》　淮南王劉安撰　《諸子集成》本
《莊子集釋》　郭慶藩集釋　中華書局 1961 年版
《老子新譯》　任繼愈譯　上海古籍出版社 1985 年版
《觀世音應驗記》（三種）　孫昌武校點　中華書局 1990 年版
《弘明集》　釋僧祐編　上海古籍出版社 1991 年影印本
《廣弘明集》　釋道宣編　上海古籍出版社 1991 年影印本
《晏子春秋》　晏平仲撰　《百子全書》本
《尸　子》　尸佼撰　《百子全書》本
《論　衡》　王充撰　《諸子集成》本
《聖賢群輔録》　舊題陶潛撰　上海文藝出版社影印《五朝小説大觀》本
《白虎通》　班固撰　《百子全書》本
《列子集釋》　楊伯峻集釋　中華書局 1979 年版
《抱朴子》　葛洪撰　《諸子集成》本
《談　藪》　陽松玠撰　中華書局輯校本 1996 年版
《世説敘録》　汪藻撰　上海古籍出版社 1982 年影印王先謙校訂本　《世説新語》附録
《碧溪詩話》　黄徹撰　《歷代詩話續編》本
《世説新語箋疏》　余嘉錫箋疏　中華書局 1983 年版
《雲笈七籤》　張君房輯　齊魯書社 1988 年版
《孔子家語疏證》　陳士軻疏證　上海書店 1987 年影印本
《孔叢子》　孔鮒撰　《百子全書》本
《翻譯名義集》　釋法雲編撰　《四部叢刊》本
《説　苑》　劉向撰　《百子全書》本
《鹽鐵論》　桓寬撰　《百子全書》本
《法　言》　揚雄撰　《百子全書》本
《管子校正》　戴望校正　《諸子集成》本
《燕丹子》　程毅中點校　中華書局 1985 年版
《新　語》　陸賈撰　《百子全書》本
《六　韜》　太公望撰　《百子全書》本

《孫子兵法新注》 中國人民解放軍軍事科學院 戰爭理論研究部《孫子注釋》小組 中華書局 1977 年版
《司馬法》 司馬穰苴撰 《百子全書》本
《獨 斷》 蔡邕撰 《四庫全書》本
《齊民要術》 賈思勰撰 《百子全書》本
《風俗通義》 應劭撰 上海古籍出版社 1990 年版
《法書要録》 張彦遠撰 人民美術出版社 1984 年版
《歷代名畫記》 張彦遠撰 人民美術出版社 1963 年版
《潛夫論》 王符撰 中華書局 1985 年版
《中 論》 徐幹撰 《四部叢刊》本

《文 選》 蕭統編 李善注 中華書局 1977 年影印本
《六臣注文選》 六臣注 中華書局 1987 年影印本
《文選箋證》 胡紹煐箋證 江蘇廣陵古籍刻印社 1990 年影印本
《太平御覽》 李昉等編 中華書局 1960 年影印本
《册府元龜》 王欽若等編 中華書局 1960 年影印本
《文苑英華》 李昉等編 中華書局 1960 年影印本
《藝文類聚》 歐陽詢等編 中華書局 1982 年版
《初學記》 徐堅等撰 中華書局 1962 年版
《先秦漢魏晉南北朝詩》 逯欽立輯校 中華書局 1983 年版
《樂府詩集》 郭茂倩編 中華書局 1979 年版
《北堂書鈔》 虞世南編 中國書店 1989 年影印本
《全上古三代秦漢三國六朝文》 嚴可均輯 中華書局 1958 年版
《文館詞林》 許敬宗等編 《叢書集成初編》本
《日藏弘仁本文館詞林校證》 許敬宗等編 羅國威整理 中華書局 2001 年版
《張衡詩文集校注》 張震澤校注 上海古籍出版社 1986 年版
《陶隱居集》 陶弘景撰 《漢魏六朝百三家集》本
《庾子山集注》 倪璠注 中華書局 1980 年版
《沈隱侯集》 沈約撰 《漢魏六朝百三家集》本

《徐孝穆集》　徐陵撰　《四庫全書》本
《文心雕龍注釋》　周振甫注釋　人民文學出版社 1981 年版
《楚辭補注》　王逸注　洪興祖補注　中華書局 1983 年版
《建安七子集》　俞紹初輯校　中華書局 1989 年版
《鮑參軍集》　錢仲聯補注集説　上海古籍出版社 1980 年版
《詩品集注》　曹旭集注　上海古籍出版社 1994 年版
《曹植集校注》　趙幼文校注　人民文學出版社 1984 年版
《江文通集匯注》　胡之驥匯注　中華書局 1984 年版
《江淹集校注》　俞紹初、張亞新校注　中州古籍出版社 1994 年版
《沈約集校箋》　陳慶元校箋　浙江古籍出版社 1995 年版
《劉孝標集校注》　羅國威校注　上海古籍出版社 1988 年版

《辭　源》(修訂本)　商務印書館合訂本 1988 年版
《漢語大字典》(縮印本)　湖北辭書出版社、四川辭書出版社　1992 年 12 月版
《二十史朔閏表》　陳垣撰　中華書局 1962 年新 1 版
《中西交通史料匯編》(第六册)　張星烺編注　朱杰勤校訂　中華書局 1979 年版
《中國通史參考資料》(第三册)　唐長孺主編　中華書局 1983 年版
《中國通史》　白壽彝主編　上海人民出版社 1995 年版
《兩漢魏晉南北朝正史西域傳研究》　余太山著　中華書局 2003 年版
《魏晉南北朝史論叢》　唐長孺撰　三聯書店 1995 年版
《魏晉南北朝史拾遺》　唐長孺撰　中華書局 1983 年版
《山居存稿》　唐長孺撰　中華書局 1989 年版
《中國歷史地圖集》　譚其驤主編　中國地圖出版社 1982 年版
《中華人民共和國行政區劃簡册》　中華人民共和國民政部編　中國地圖出版社 1995 年版
《中國歷史地名辭典》　復旦大學《中國歷史地名辭典》編委會　江西教育出版社 1988 年版
《中國古代職官大辭典》　張政烺主編　河南人民出版社 1990 年版
《佛教大辭典》　任繼愈主編　江蘇古籍出版社 2002 年版
《魏晉南北朝史札記》　周一良撰　中華書局 1985 年版

《魏晉南北朝史論集》　周一良撰　北京大學出版社 1997 年版
《魏晉南北朝史探索》　鄭欣撰　山東大學出版社 1989 年版
《兩漢魏晉南北朝宰相制度研究》　祝總斌撰　中國社會科學出版社 1990 年版
《陳寅恪魏晉南北朝史講演録》　萬繩楠整理　黄山書社 1987 年版
《魏晉南北朝史》　王仲犖撰　上海人民出版社 1980 年版
《吕思勉讀史札記》　吕思勉撰　上海古籍出版社 1982 年版
《校史隨筆》　張元濟撰　上海古籍出版社 1998 年版
《陳垣學術論文集》　陳垣撰　中華書局 1980 年版
《史諱舉例》　陳垣撰　上海書店 1997 年版
《唐代政治史述論稿》　陳寅恪撰　上海古籍出版社 1997 年版
《中國佛教史籍概論》　陳垣撰　中華書局 1962 年版
《余嘉錫文史論集》　余嘉錫撰　岳麓書社 1997 年版
《湯禱篇》　鄭振鐸撰　古典文學出版社 1957 年版
《管錐編》　錢鍾書撰　中華書局 1986 年版
《秦漢的方士與儒生》　顧頡剛撰　上海古籍出版社 1978 年版
《漢魏晉南北朝墓志匯編》　趙超編　天津古籍出版社 1990 年版
《通鑑胡注表微》　陳垣撰　科學出版社 1958 年版
《星占學與傳統文化》　江曉原撰　上海古籍出版社 1992 年版
《詩人吴均》　朱東潤撰　《中國文學論集》　中華書局 1983 年版
《中古文學史論文集》　曹道衡撰　中華書局 1986 年版
《世族與六朝文學》　程章燦撰　黑龍江教育出版社 1998 年版
《中國中古文學史》　劉師培撰　人民文學出版社 1959 年版
《六朝文學論文集》　〔日〕清水凱夫撰　韓基國譯　重慶出版社 1989 年版
《文體明辨序説》　徐師曾撰　人民文學出版社 1982 年版
《漢唐外交制度史》　黎虎撰　蘭州大學出版社 1998 年版
《南齊書校議》　朱季海撰　中華書局 1984 年版
《南北朝八書二史疑年録》　許福謙撰　北京出版社、文津出版社 2003 年版
《閻步克自選集》　閻步克撰　廣西師範大學出版社 1997 年版
《梁陳作家識小録》　曹道衡、沈玉成撰　《學林漫録》十三集　中華書局 1991 年版

《中古文學史料叢考》 曹道衡、沈玉成撰 中華書局 2003 年版
《讀史集》 何兹全撰 上海人民出版社 1982 年版
《劉勰年譜彙考》 牟世金撰 巴蜀書社 1998 年版
《魏晉南北朝史研究》 中國魏晉南北朝史學會編 湖北人民出版社 1996 年版
《蕭統三題》 穆克宏撰 《昭明文選研究論文集》 吉林文史出版社 1988 年版
《永明文學繫年》 劉躍進撰 《門閥士族與永明文學》下編 生活·讀書·新知三聯書店 1996 年版
《昭明文選研究論文集》 吉林文史出版社 1988 年版
《沈約評傳》 王達津撰 《中國歷代著名文學家評傳》 山東教育出版社 1984 年版
《南朝九品中正制的發展演變及其作用》 張旭華撰 《中國史研究》1998 年第 2 期
《南朝直閤將軍制度考》 張金龍撰 《中國史研究》2002 年第 2 期
《梁代作家二考》 楊德才撰 北京圖書館《文獻》1999 年第 4 期
《范雲爲國子博士的時間問題》 熊清元撰 《史學月刊》1992 年第 5 期
《〈梁書·劉顯傳〉點校匡補》 熊清元撰 《中國史研究》1998 年第 2 期
《蕭梁官品、官班制度考略》 張旭華撰 《中國史研究》1995 年第 2 期
《何遜年譜簡編》 蔣立甫撰 《安徽師範大學學報》1986 年第 2 期
《臺城辨》 郭湖生撰 《文物》1999 年第 5 期
《梁元帝〈職貢圖〉新探》 王素撰 《文物》1992 年第 2 期
《孟縣出土北魏司馬悦墓志》 尚振明撰 《文物》1981 年第 12 期
《南京梁桂陽王蕭融夫婦合葬墓》 阮國林撰 《文物》1981 年第 12 期
《素族庶族解》 祝總斌撰 《北京大學學報》1984 年第 3 期
《〈梁書〉中人物生卒年歲辨誤補遺》 陳洪撰 中華書局《古籍整理與研究》第 7 期 1992 年 8 月版
《"竟陵八友"三考》 熊清元撰 北京圖書館《文獻》1996 年第 2 期
《鮑照〈從過舊宮〉詩新箋》 熊清元撰 《古籍整理研究學刊》2001 年第 1 期
《魏晉南北朝文學家五考》 曹道衡撰 中華書局《文史》第 28 輯
《南朝典籤制度考略》 高敏、張旭華撰 中華書局《文史》第 53、54 輯
《侯景的氏族及相關問題》 李萬生撰 《北京大學學報》2000 年第 5 期

《論侯景叛東魏的原因及結果》　李萬生撰　《中國文化研究》2000年夏之卷
《南朝“迎吏”、“送故吏”新探》　汪徵魯撰　《中國史研究》2004年第4期

梁書 卷一

本紀第一

武帝上

高祖武皇帝諱衍，字叔達，小字練兒，[1]南蘭陵中都里人，[2]漢相國何之後也。[3]何生酇定侯延，[4]延生侍中彪，[5]彪生公府掾章，[6]章生皓，皓生仰，仰生太子太傅望之，[7]望之生光禄大夫育，[8]育生御史中丞紹，[9]紹生光禄勳閎，[10]閎生濟陰太守闡，[11]闡生吴郡太守冰，[12]冰生中山相苞，[13]苞生博士周，[14]周生蛇丘長矯，[15]矯生州從事逵，[16]逵生孝廉休，休生廣陵郡丞豹，[17]豹生太中大夫裔，[18]裔生淮陰令整，[19]整生濟陰太守鎋，鎋生州治中副子，[20]副子生南臺治書道賜。[21]道賜生皇考諱順之，[22]齊高帝族弟也。參預佐命，[23]封臨湘縣侯。[24]歷官侍中，衛尉，[25]太子詹事，[26]領軍將軍，[27]丹陽尹，[28]贈鎮北將軍。[29]

[1]練兒：顏之推《顏氏家訓·風操》："梁武小名阿練，子孫

皆呼練爲絹。”王利器《顏氏家訓集解》注云：“慧琳《一切經音義》一四《大寶積經》第八二卷：‘阿練兒，梵語廣質不妙，舊云阿蘭，唐云寂静處也。’……蕭梁多以佛典取名，則阿練之名本於《大寶積經》也。”而周一良《魏晉南北朝史札記》之《梁書札記》“蕭衍以及東晉南北朝人小字”條則云：“練當是指道家修練，猶練師之稱。梁武家世奉道，故人名用道家術語，後乃改宗佛法。”

[2]南蘭陵：郡名。治所在今江蘇武進縣西北萬綏鎮。據《南齊書·高帝紀》，蕭氏先居東海郡蘭陵縣中都鄉中都里，晉元康元年（291），惠帝分東海郡爲蘭陵，故復爲蘭陵郡（今山東蒼山縣蘭陵鎮）人。中朝喪亂，蕭整過江居晉陵武進縣之東城里。寓居江左者，皆僑置本土，多加以“南”名，更爲南蘭陵人。宋·王觀國《學林》卷六“郢”條云：“南朝蕭氏出於蘭陵，而其後又創南蘭陵，各貴其所自出故也。”

[3]何：蕭何。沛人，佐漢高祖劉邦定天下，官相國，封酇侯。《史記》卷五三有《蕭相國世家》。

[4]酇定侯延：蕭延，蕭何少子。高后二年（前186）封筑陽侯，孝文帝元年（前179）更封爲酇侯，謚號曰定。見《漢書》卷三九《蕭何傳》及《高惠高后文武功臣表》。

[5]侍中：官名。掌侍從左右，顧問應對。西漢爲加官，秩比二千石。

[6]公府掾：三公府下屬諸曹職吏。其東、西曹掾秩比四百石，餘掾比三百石。

[7]太子太傅望之：太子太傅，官名。與太子少傅同領東宫僚屬，掌輔導、翼護太子，漢秩二千石。望之，字長倩，漢東海蘭陵人，《漢書》卷七八有傳。王符《潛夫論·志氏姓》：“漢興，相國蕭何封酇侯，本沛人，今長陵蕭，其後也；前將軍蕭望之，東海杜陵蕭，其後也。”本紀説蕭衍爲蕭何、蕭望之之後，係“妄相托附”。《漢書》卷七八《蕭望之傳》顏師古注云：“近代譜諜妄相托附，乃云望之蕭何之後，追次昭穆，流俗學者共祖述焉。但酇侯漢

室宗臣，功高位重，子孫胤緒具詳《表》、《傳》。長倩鉅儒達學，名節並隆，博覽古今，能言其祖。市朝未變，年載非遥，長老所傳，耳目相接。若其實承何後，史傳寧得弗詳？《漢書》既不叙論，後人焉所取信？不然之事，斷可識矣。”又《南史》卷四《齊本紀》論曰：“據齊、梁紀録，並云出自蕭何，又編御史大夫望之，以爲先祖之次。案何及望之於漢俱爲勳德，而望之本傳不有此陳，齊典所書，便乖實録。近祕書監顔師古博考經籍，注解《漢書》，已正其非，今隨而改削云。”太子太傅，舊本皆作“太傅”。據《漢書》，蕭望之爲太子太傅，未爲太傅。錢大昕《廿二史考異》卷二六云：“當云太子太傅，脱‘太子’二字。”中華書局本據《册府元龜》卷一八二補“太子”二字，是。

[8]光禄大夫：官名。屬光禄勳。掌議論，備顧問應對，秩比二千石。

[9]御史中丞：官名。御史臺長官，掌督察百官，奏劾不法，秩千石。員一人。

[10]光禄勳：官名。九卿之一。掌宫殿門户宿衛，典禁軍，秩中二千石。

[11]濟陰：郡名。治所在今山東定陶縣西北。

[12]吴郡：郡名。治所在今江蘇蘇州市。　冰：《新唐書·宰相世系表》同，而《南齊書》卷一《高帝紀》作“永”。

[13]中山：封國名。治所在今河北定州市。　相：官名。諸侯國行政長官，職同郡守。

[14]博士：官名。東漢時掌教授經學，秩六百石。

[15]蛇丘：縣名。治所在今山東肥城市東南。　長：官名。職掌同縣令。大縣稱令，小縣稱長。

[16]從事：即從事史，州府屬官。漢有治中、别駕、諸部從事史，秩百石。

[17]廣陵：郡名。治所在今江蘇揚州市西北蜀岡。　郡丞：官名。郡守之副佐，秩六百石。

[18]太中大夫：官名。屬光禄勳。秦、漢時掌侍從，備顧問應對。魏晉以下養老疾，無職事。第七品。

[19]淮陰：縣名。治所在今江蘇淮陰縣西南甘羅城。

[20]治中：即治中從事史，官名。州府屬官，掌衆曹文書事。

[21]南臺：御史臺之别稱。　治書：治書侍御史之省稱，官名。掌舉劾官品第六以上官員，南朝劉宋第六品。員二人。

[22]皇考：對亡父的尊稱。《禮記·曲禮》："父曰皇考，母曰皇妣。"

[23]佐命：古代帝王以取得政權爲稟承天命，故稱輔佐之臣爲佐命。

[24]臨湘：縣名。治所在今湖南長沙市。

[25]衛尉：官名。九卿之一。掌宫門屯兵。齊第三品。

[26]太子詹事：官名。總領東宫官屬、庶務。齊第三品。

[27]領軍將軍：官名。掌禁衛軍，管天下兵要。齊第三品。

[28]丹陽尹：京師所在丹陽郡行政長官，宋第三品，齊不詳。丹陽，郡名。治所在今江蘇南京市。

[29]鎮北將軍：將軍名號。東、西、南、北四鎮將軍之一。多爲持節都督，出鎮方面，權勢很重。宋第三品，齊不詳。

高祖以宋孝武大明八年甲辰歲生于秣陵縣同夏里三橋宅。[1]生而有奇異，兩髂駢骨，頂上隆起，有文在右手曰"武帝"。及長，[2]博學多通，好籌略，有文武才幹，時流名輩咸推許焉。所居室常若雲氣，人或過者，[3]體輒肅然。

[1]大明：宋孝武帝年號（457—464）。秣陵縣：縣名。治所在今江蘇南京市中華門外故報恩寺附近。　同夏里三橋宅：在秣陵縣城東十五里。參宋·張敦頤《六朝事迹編類》卷上《城闕門·同夏

縣城》。

[2]有文在右手曰“武帝”及長：中華書局本標點爲：有文在右手曰“武”。帝及長……今按，此標點不妥。一、上下文俱稱“高祖”，此稱“帝”，破壞了稱呼的一致性。二、梁元帝《金樓子》卷一《興王篇》云：“梁高祖武皇帝生而有靈異……有文在手曰‘武帝’並上諱三字。”顯然“武帝”二字同爲蕭衍右手之文。

[3]過：《建康實録》卷一七同。《南史》作“遇”。

起家巴陵王南中郎法曹行參軍，[1]遷衛將軍王儉東閤祭酒。[2]儉一見深相器異，謂廬江何憲曰：[3]“此蕭郎三十内當作侍中，[4]出此則貴不可言。”竟陵王子良開西邸，[5]招文學，高祖與沈約、謝朓、王融、蕭琛、范雲、任昉、陸倕等並遊焉，[6]號曰八友。融俊爽，識鑒過人，尤敬異高祖。每謂所親曰：“宰制天下，必在此人。”累遷隨王鎮西諮議參軍，[7]尋以皇考艱去職。[8]隆昌初，[9]明帝輔政，[10]起高祖爲寧朔將軍，[11]鎮壽春。[12]服闋，[13]除太子庶子、給事黄門侍郎，[14]入直殿省。預蕭諶等定策勳，[15]封建陽縣男，[16]邑三百户。

[1]巴陵王：齊武帝第十三子蕭子倫的封爵號。子倫於永明七年（489）爲南中郎將、南豫州刺史。《南齊書》卷四〇《武十七王傳》有傳。巴陵，郡名。治所在今湖南岳陽市。　南中郎：南中郎將之省稱。東、西、南、北四中郎將之一。地位高於一般將軍，職權頗重。南朝宋、齊唯以宗室諸王任之。宋第四品，齊不詳。　法曹行參軍：官名。王公軍府屬官，掌郵政科程事。宋第七品，齊不詳。

［2］衛將軍王儉：王儉，祖籍琅邪臨沂，仕齊，官衛將軍。《南齊書》卷二三有傳。衛將軍，將軍名號。六朝時爲重號將軍，地位隆重，常以權臣兼任。宋第二品，齊不詳。《南史·武帝紀》及《建康實録》卷一七均作“衛軍”。《南齊書·武帝紀》、《文選》卷四六任昉《王文憲集序》等並作“衛將軍”。今按，衛軍爲衛將軍之省稱。　東閤祭酒：官名。王公丞相及將軍府僚屬，與西閤祭酒、主簿、舍人分掌閤内事。官品不詳。

［3］廬江何憲：何憲，人名。祖籍廬江郡。《南齊書》卷三四《虞玩之傳》有附傳。廬江，郡名。治所在今安徽舒城縣。

［4］侍中：官名。侍中省長官。六朝多以美姿容者兼任。掌奏事，直侍左右，應對獻替。員四人。齊第三品。

［5］竟陵王子良：齊武帝子蕭子良封爵號竟陵王。《南齊書》卷四〇《武十七王》有傳。　西邸：蕭子良别邸，在鷄籠山（今江蘇南京市鷄鳴山），是子良與諸文士講經説佛、文酒賞會之所。

［6］沈約：人名。本書卷一三有傳。　謝朓：人名。祖籍陳郡陽夏，《南齊書》卷四七有傳。　王融：人名。祖籍琅邪臨沂。《南齊書》卷四七有傳。　蕭琛、范雲、任昉、陸倕：並人名。本書卷二一六、卷一三、卷一四、卷二一七分别有傳。

［7］隨王：齊武帝子蕭子隆的封爵號。子隆於齊永明八年（490）爲鎮西將軍、荆州刺史，九年，親府州事。《南齊書》卷四〇《武十七王》有傳。　鎮西：鎮西將軍之省稱，將軍名號。　諮議參軍：官名。王公軍府屬官。掌諷議。齊第七品。

［8］艱：憂。遭父母之喪爲丁憂，亦稱丁艱。據梁元帝《金樓子》卷一《興王篇》載，梁武帝“永明九年，出爲鎮西諷議，西上述職”，“永明十年，太祖登遐，上始承不豫，便即言歸”。按，“太祖”即梁武帝之父順之。

［9］隆昌：齊鬱林王年號（494）。

［10］明帝輔政：明帝，指齊明帝蕭鸞。齊武帝死，遺詔蕭鸞爲侍中、尚書令。鬱林王即位，蕭鸞即本號爲大將軍，尋又加中書

監、開府儀同三司，大權在握。詳《南齊書》卷六《明帝紀》。

[11]寧朔將軍：將軍名號。統兵出鎮。宋第四品，齊不詳。

[12]壽春：縣名。治所在今安徽壽縣。

[13]服闋：服喪期滿。

[14]太子庶子：東宮官員，屬太子詹事。掌侍從左右，獻納得失。齊第五品。　給事黄門侍郎：官名。侍中省次官。與侍中俱掌門下衆事，侍從左右，關通中外。職任顯要。員四人。齊第五品。

[15]蕭諶：人名。齊太祖絶服族子，黨附明帝蕭鸞，勸行廢立，並親自領兵入後宫廢鬱林王。《南齊書》卷四二有傳。

[16]建陽縣：縣名。治所在今福建建陽市東北。

建武二年，[1]魏遣將劉昶、王肅帥衆寇司州，[2]以高祖爲冠軍將軍、軍主，[3]隸江州刺史王廣爲援。[4]距義陽百餘里，[5]衆以魏軍盛，趑趄莫敢前。高祖請爲先啓，[6]廣即分麾下精兵配高祖。爾夜便進，去魏軍數里，逕上賢首山。[7]魏軍不測多少，未敢逼。黎明，城内見援至，因出軍攻魏栅，高祖帥所領自外進戰。魏軍表裏受敵，乃棄重圍退走。軍罷，以高祖爲右軍晉安王司馬、淮陵太守。[8]還爲太子中庶子，[9]領羽林監。[10]頃之，出鎮石頭。[11]

[1]建武：齊明帝年號（494—498）。

[2]劉昶：人名。南朝宋文帝之子。前廢帝劉子業立，疑昶有異志。昶懼禍，奔魏。《魏書》卷五九有傳。　王肅：人名。祖籍琅邪臨沂，南齊雍州刺史王奂之子。奂被誅，肅自京師建康奔魏。《魏書》卷六三有傳。　司州：州名。治所在今河南信陽市。

[3]冠軍將軍：將軍名號。齊第三品。　軍主：一軍之主帥。

其下設軍副，所統兵力自數百至萬人以上不等。

[4]江州刺史王廣：王廣，即王廣之。六朝人雙名後之“之”字，例可省略。《南史》、《通鑑·齊紀》並作“王廣之”。祖籍沛郡相縣，建武元年爲鎮南將軍、江州刺史。《南齊書》卷二九有傳。

[5]義陽：郡名。治所在今河南信陽市。

[6]先啓：《南史·武帝紀》、《通鑑·齊紀》均作“先進”。

[7]賢首山：山名。在今河南信陽市西南。

[8]右軍晉安王：晉安王爲齊明帝長子蕭寶義初封爵號。寶義於建武元年爲右將軍，領兵置佐，鎮石頭。《南齊書》卷五〇《明七王》有傳。右軍，右軍將軍之省稱，將軍名號。與前軍、後軍、左軍將軍合稱四軍將軍，爲主兵之官。宋第四品，齊不詳。今按，“右軍將軍”與“右將軍”本自不同，《南齊書》、《南史》寶義本傳均作“右將軍”，與此異。　晉安，郡名。治所在今福建福州市。司馬：官名。王公軍府屬官。掌本府武官，參贊軍務。其品秩隨府主地位而定。宋第六至第七品，齊不詳。　淮陵：郡名。清·洪齮孫《補梁疆域志》“淮陵郡”下云：“《晉志》元帝分武進立臨淮、淮陵、南彭城等郡屬徐州，宋、齊因之。”據《南齊書·州郡志》，此三郡並虛置，無實土。

[9]太子中庶子：東宫官屬。掌侍從及文翰。宋第五品，秩六百石，齊不詳。

[10]領：官制術語。已有實授之職，又兼任較低職務而不居其位。　羽林監：官名。掌宿衛送從。南朝多以文官兼領。宋第五品，齊不詳。

[11]石頭：即石頭城。在今江蘇南京市西清涼山。負山面江，形勢險固，爲六朝軍事交通要地。張敦頤《六朝事迹編類》卷上：“吴孫權沿淮立栅，又於江岸必争之地築城，名曰石頭。”

四年，魏帝自率大衆寇雍州，[1]明帝令高祖赴援。

十月，至襄陽，[2]詔又遣左民尚書崔慧景總督諸軍，[3]高祖及雍州刺史曹虎等並受節度。[4]明年三月，慧景與高祖進行鄧城，[5]魏主帥十萬餘騎奄至。慧景失色，欲引退，高祖固止之，不從，乃狼狽自拔。魏騎乘之，於是大敗。高祖獨帥衆距戰。[6]殺數十百人，魏騎稍却，因得結陣斷後，至夕得下船。慧景軍死傷略盡，惟高祖全師而歸。俄以高祖行雍州府事。[7]

[1]雍州：州名。東晉僑立，治所在今湖北襄樊市。

[2]襄陽：郡名。屬雍州，治所亦在今湖北襄樊市。

[3]左民尚書崔慧景：崔慧景，人名。祖籍清河東武城。《南齊書》卷五一有傳。左民尚書，官名。尚書省列曹尚書之一，掌土木工程及户籍。齊第三品。《南史》卷六《梁本紀》作“五兵尚書”，《南齊書》本傳云建武四年，慧景“遷度支尚書”，此云“左民尚書”，未知孰是。

[4]雍州刺史曹虎：曹虎，下邳郡人，南齊隆昌元年（494）爲雍州刺史。《南齊書》卷三〇有傳。“曹虎”，舊本及《南史》卷六《梁本紀》皆作“曹武”，當是避唐諱改，今依中華書局本改回。

[5]鄧城：縣名。治所在今湖北襄樊市西北。

[6]距：通“拒”。

[7]行雍州府事：代行雍州刺史府政事。行，官制術語。缺官未補，暫以低級官吏攝行高一級官吏之職。據《南齊書》卷六《明帝紀》，時平西將軍蕭遥欣領雍州刺史，故以蕭衍代行政事。

七月，仍授持節、都督雍梁南北秦四州郢州之竟陵司州之隨郡諸軍事、輔國將軍、雍州刺史。[1]其月，明帝崩，東昏即位，[2]揚州刺史始安王遥光、尚書令徐孝嗣、尚書右僕射江祏、右將軍蕭坦之、侍中江祀、衛尉劉暄更直内省，[3]分日帖敕。[4]高祖聞之，謂從舅張弘策曰：[5]“政出多門，亂其階矣。《詩》云：‘一國三公，吾誰適從？’[6]況今有六，而可得乎！嫌隙若成，方相誅滅，當今避禍，惟有此地。勤行仁義，可坐作西伯。[7]但諸弟在都，恐罹世患，須與益州圖之耳。”[8]

[1]持節：古代大臣奉皇帝之命出行，持符節以爲憑證並示威重，謂之假節。魏晉以後以爲官名，有假節、持節、使持節之分，權力亦有小大之别，多爲都督諸州軍事及刺史總軍戎者。持節即可殺無官位之人，在軍事行動中享有誅殺二千石以下官員的權力。　雍梁南北秦：皆州名。梁州、南秦州，治所同在今陝西漢中市東；北秦州，治所在今甘肅秦安縣東北。　郢州：州名。治所在今湖北武漢市武昌。　竟陵：郡名。治所在今湖北鍾祥市。　隨郡：郡名。治所在今湖北隨州市。　輔國將軍：將軍名號。齊第三品。

[2]東昏：指齊東昏侯蕭寶卷。

[3]揚州刺史始安王遥光：齊宗室蕭遥光襲父爵爲始安王，齊明帝即位，以爲揚州刺史。東昏侯永元元年（499），懼見殺，反，敗，被誅。《南齊書》卷四五《宗室》有傳。揚州，州名。治所在今江蘇南京市。始安，郡名。治所在今廣西桂林市。　尚書令徐孝嗣：徐孝嗣，祖籍東海郯縣，齊明帝建武四年爲尚書令，東昏侯永元元年被誅。《南齊書》卷四四有傳。尚書令，尚書省長官，掌出納王命，參議大政，綜理政務。齊第三品。　尚書右僕射江祏：江祏，祖籍濟陽考城，永泰元年（498），齊明帝遺詔爲尚書右僕射。東昏侯即位，以謀廢立，事覺，見誅。《南齊書》卷四二有傳。尚書右僕射，官名。尚書令副佐，與祠部尚書通職，不並置。齊第三品。　右將軍蕭坦之：蕭坦之，齊宗族，東昏侯永元元年，加右將

軍，置府，同年被誅。《南齊書》卷四二有傳。右將軍，將軍名號，地位略高於一般雜號將軍。宋第三品，齊不詳。侍中江祀：江祀，祏之弟，永泰元年，齊明帝遺詔爲侍中。與江祏同見誅。見《南齊書》卷四二《江祏傳》。　衛尉劉暄：劉暄，齊明帝敬皇后之弟，永泰元年，明帝遺詔爲衛尉。東昏侯永元元年，被誅。見《南齊書》卷四二《江祏傳》。

[4]帖敕：《通鑑》卷一四三《齊紀九》"永元元年八月"下胡三省注："帖敕者，於敕後聯紙書行，所謂畫敕也。"敕，皇帝的詔令。

[5]張弘策：人名。本書卷一一有傳。

[6]此逸詩。《左傳·僖公五年》："初，晉侯使士蔿爲二公子築蒲與屈……退而賦曰：'狐裘尨茸，一國三公，吾誰適從？'"喻政出多門，不知所從。

[7]西伯：即周文王。當商紂王狂悖凶暴之時，文王行仁義，爲西方諸侯之長，故稱。參《史記》卷四《周本紀》。

[8]益州：州名。治所在今四川成都市。此處代指蕭衍兄懿。蕭懿時爲益州刺史。見本書卷二三《長沙嗣王業傳》。

時高祖長兄懿罷益州還，仍行郢州事，乃使弘策詣郢，陳計於懿曰："昔晉惠庸主，[1]諸王爭權，遂内難九興，外寇三作。今六貴爭權，[2]人握王憲，制主畫敕，各欲專威，[3]睚眦成憾，理相屠滅。[4]且嗣主在東宫本無令譽，[5]媟近左右，蜂目忍人，[6]一總萬機，恣其所欲，豈肯虚坐主諾，委政朝臣。積相嫌貳，必大誅戮。始安欲爲趙倫，[7]形迹已見，蹇人上天，[8]信無此理。且性甚猜狹，徒取亂機。所可當軸，[9]惟有江、劉而已。祏怯而無斷，暄弱而不才，折鼎覆餗，[10]翹足可待。[11]蕭坦之胸懷猜忌，動言相傷，徐孝嗣才非柱石，聽人穿鼻，[12]若隙開釁起，必中外土崩。今得守外藩，幸圖身計，智者見機，不俟終日。[13]及今猜防未生，宜召諸弟以時聚集。後相防疑，拔足無路。郢州控帶荆、湘，[14]西注漢、沔，[15]雍州士馬，呼吸數萬，虎眎其間，以觀天下。世治則竭誠本朝，時亂則爲國翦暴，可得與時進退，此蓋萬全之策。如不早圖，悔無及也。"懿聞之變色，心弗之許。弘策還，高祖乃啓迎弟偉及憺，[16]是歲至襄陽。於是潛造器械，多伐竹木，沉於檀溪，[17]密爲舟裝之備。時所住齋常有五色回轉，狀若蟠龍，其上紫氣騰起，形如繖蓋，望者莫不異焉。

[1]晉惠：指晉惠帝司馬衷。衷痴愚無能，權在群下。其在位期間，賈后恣横，八王亂作，外寇屢起。詳《晉書》卷四《孝惠帝紀》。

[2]六貴：指蕭遥光、徐孝嗣、江祏、江祀、蕭坦之、劉喧等六人。

[3]專威：《南史》卷五六《張弘策傳》作"專成"。

[4]屠滅：《通鑑》卷一四二《齊紀八》"永元元年八月"作"圖滅"。胡三省注："圖，謀也；謀相滅也。或曰：'圖'當作'屠'。"

[5]嗣主：指東昏侯蕭寶卷。

[6]蜂目忍人：《左傳·文公元年》："且是人也，蜂目而豺聲，忍人也。"忍人，殘忍的人。

[7]始安：指始安王蕭遥光。　趙倫：即晉宣帝子趙王司馬倫。晉惠帝永康元年（300），司馬倫矯詔賜賈后死，自爲相國。次年，

自稱皇帝。事見《晉書》卷五九《趙王倫傳》。

[8]蹇人上天：蹇人，瘸子。《後漢書·五行志一》："王莽末，天水童謡曰：'出吴門，望緹群。見一蹇人，言欲上天。令天可上，地上安得民！'時隗囂初起兵於天水，後意稍廣，欲爲天子，遂破滅。囂少病蹇。吴門，冀郭門名也。緹群，山名也。"後因以"蹇人上天"指不可能之事。

[9]當軸：比喻官居要職。此指主持政事。

[10]折鼎覆餗（sù）：《易·鼎》："鼎折足，覆公餗。"古代帝王公卿列鼎而食，後因以折鼎覆餗比喻執政者不能勝任以致敗事。餗，鼎中的食物。

[11]翹足可待：一舉足的短時間即可到來。《史記》卷六八《商君列傳》："趙良曰：'君之危若朝露……亡可翹足而待。'"

[12]聽人穿鼻：《通鑑》卷一四二《齊紀八》"永元元年八月"胡三省注："言如牛然，聽人穿鼻而受制於人。"

[13]智者見機，不俟終日：《易·繫辭下》："幾者，動之微，吉之先見者也。君子見幾而作，不俟終日。"機，同"幾"。

[14]荆、湘：並州名。荆州，治所在今湖北荆州市江陵；湘州，治所在今湖南長沙市。

[15]漢、沔：漢水和沔水。據《水經注》，今漢水有漢、沔二源，合流後通稱漢水或沔水。《通鑑》卷一四四《齊紀十》"中興元年"胡三省注："沔即漢也，一水二名。"

[16]偉及憺：蕭偉和蕭憺。本書卷二二《太祖五王》有傳。

[17]檀溪：古溪名。在今湖北襄樊市南，已乾涸。

永元二年冬，[1]懿被害。信至，高祖密召長史王茂、中兵吕僧珍、别駕柳慶遠、功曹史吉士瞻等謀之。[2]既定，以十一月乙巳召僚佐集於廳事，謂曰："昔武王會孟津，皆曰'紂可伐'。[3]今昏主惡稔，窮虐極暴，誅戮朝賢，罕有遺育，[4]生民塗炭，天命殛之。卿等同心疾惡，共興義舉，公侯將相，良在兹日，各盡勳効，我不食言。”是日建牙。[5]於是收集得甲士萬餘人，[6]馬千餘匹，船三千艘，[7]出檀溪竹木裝艦。

[1]永元：齊東昏侯年號（499—501）。

[2]長史：官名。此處指輔國將軍長史。掌本府官吏。宋第七品，齊不詳。王茂：人名。本書卷九有傳。　中兵：中兵參軍之省稱，諸公軍府屬官。掌本府中兵曹，備府主咨詢。宋第七品，齊不詳。　吕僧珍：人名。本書卷一一有傳。　别駕：别駕從事史之省稱，州府屬官。與西曹書佐共掌本府官吏及選舉事。宋齊官品不詳。　柳慶遠：人名。本書卷九有傳。　功曹史：官名。此處指輔國將軍府功曹史。掌吏員賞罰任免事宜。宋第九品，齊不詳。　吉士瞻：人名。祖籍馮翊蓮勺。《南史》卷五五有傳。

[3]武王會孟津，皆曰“紂可伐”：商紂王無道，周武王將伐紂，東觀兵，至於孟津，不期而會者八百諸侯，皆曰：“紂可伐也。”事見《史記》卷四《周本紀》。孟津，又作“盟津”，地在今河南孟津縣東北、孟縣西南。

[4]遺育：遺留下的後代。

[5]建牙：古代出兵，在軍前樹立大旗稱爲建牙。後也用以稱興兵建幕府。牙，軍前大旗。

[6]萬餘人：《南史·武帝紀》作“三萬人”，《建康實録》作“三萬餘人”。

[7]三千艘：《建康實録》作“三百艘”。

先是，東昏以劉山陽爲巴西太守，[1]配精兵三千，使過荆州就行事蕭穎胄以襲襄陽。[2]高祖知其謀，乃遣參軍王天虎、龐慶國詣江陵，[3]遍與州府書。[4]及山陽西上，高祖謂諸將曰："荆州本畏襄陽人，[5]加脣亡齒寒，自有傷弦之急。[6]寧不闇同邪？我若總荆、雍之兵，掃定東夏，[7]韓、白重出，[8]不能爲計。況以無算之昏主，役御刀應敕之徒哉？[9]我能使山陽至荆，便即授首，諸君試觀何如。"及山陽至巴陵，[10]高祖復令天虎齎書與穎胄兄弟。[11]去後，高祖謂張弘策曰："夫用兵之道，攻心爲上，攻城次之，心戰爲上，兵戰次之，[12]今日是也。近遣天虎往州府，人皆有書。今段乘驛甚急，[13]止有兩封與行事兄弟，[14]云'天虎口具'；及問天虎而口無所説，行事不得相聞，[15]不容妄有所道。天虎是行事心膂，[16]彼聞必謂行事與天虎共隱其事，[17]則人人生疑。山陽惑於衆口，判相嫌貳，[18]則行事進退無以自明，必漏吾謀内。[19]是馳兩空函定一州矣。"山陽至江安，[20]聞之，果疑不上。穎胄大懼，乃斬天虎，送首山陽。山陽信之，將數十人馳入，穎胄伏甲斬之，送首高祖。仍以南康王尊號之議來告，[21]且曰："時月未利，[22]當須來年二月。遽便進兵，恐非廟算。"[23]高祖答曰："今坐甲十萬，糧用自竭，況所藉義心，一時驍鋭，事事相接，猶恐疑怠；若頓兵十旬，必生悔吝。童兒立異，便大事不成。今太白出西方，[24]仗義而動，天時人謀，有何不利？處分已定，安可中息？昔武王伐紂，行逆太歲，[25]復須待年月乎？"竟陵太守曹景宗遣杜思沖勸高祖迎南康王都襄陽，[26]待正尊號，然後進軍，高祖不從。王茂又私於張弘策曰："我奉事節下，[27]義無進退；然今者以南康置人手中，[28]彼便挾天子以令諸侯，而節下前去爲人所使，此豈歲寒之計?"[29]弘策言之，高祖曰："若使前途大事不捷，故自蘭艾同焚；[30]若功業克建，威讋四海，[31]號令天下，誰敢不從！豈是碌碌受人處分？待至石城，[32]當面曉王茂、曹景宗也。"於沔南立新野郡，以集新附。

[1]巴西：郡名。治所在今四川綿陽市東。舊本訛作"巴陵"，此依中華書局本校改。

[2]蕭穎胄：人名。齊南蘭陵人。南康王蕭寶融爲荆州刺史，以穎胄爲西中郎長史，行荆州府、州事。《南齊書》卷三八《蕭赤斧傳》有附傳。

[3]參軍：官名。王公軍府屬官，參掌府曹事。宋第七品，齊不詳。　江陵：縣名。荆州刺史鎮所，即今湖北荆州市江陵。

[4]州府：《通鑑》卷一四三《齊紀九》"永元二年"下胡三省注："州謂荆州官屬，府謂西中郎府官屬。"

[5]荆州本畏襄陽人：《通鑑》卷一四三《齊紀九》"永元二年"下胡三省注："襄陽被邊，人皆習兵，故荆州人畏之。"今人有以爲"是由於南朝時以江陵爲中心的荆州與以襄陽爲中心的雍州政治地位升降造成的"。詳何德章《釋"荆州本畏襄陽人"》，見《魏晉南北朝史研究》。

[6]傷弦之急：戰國時，楚國春申君欲用臨武君爲大將以抗秦。趙國使者魏加説，臨武君曾被秦兵打敗，慑於秦軍威力，像被射傷的鳥，聽到弓弦聲便驚慌下墜，不宜作抗秦主將。事見《戰國策·楚四》。後世用以比喻經歷禍患，遇事緊張，心有餘悸。

[7]東夏：指中國東部。夏，中國的古稱。

[8]韓、白：韓信、白起。韓信，漢淮陰人；白起，戰國時郿

人，並古代著名軍事家。《史記》卷九三、卷七三依次有傳。

[9]御刀應敕：《通鑑》卷一四二《齊紀八》“永元元年”下胡三省注：“御刀，捉御刀在左右者；應敕，在左右祇應敕命者。”

[10]巴陵：郡名。治所在今湖南岳陽市。

[11]賫（jī）：帶着。

[12]《三國志》卷三九裴注引《襄陽記》：蜀建興三年（225），諸葛亮征南中，馬謖送之，亮請惠良規，謖對有云：“夫用兵之道，攻心爲上，攻城爲下，心戰爲上，兵戰爲下。願公服其心而已。”

[13]今段：近來。

[14]行事：即行荆州府州事，指蕭穎胄。

[15]相聞：等於説通訊或通消息。

[16]心膂（lǚ）：親信而作爲骨幹的人。

[17]彼聞：《南史·武帝紀》同，《通鑑》卷一四三《齊紀九》“永元二年”作“彼間”。中華書局本《校勘記》云：“‘聞’，《通鑑》作‘間’。疑作‘間’是。”

[18]判：必定。

[19]必漏吾謀内：中華書局本《校勘記》云：“此句疑有脱誤。《通典》一六一、《太平御覽》二八七，‘必’下有‘恐’字。《册府元龜》一八五引此句無‘内’字。”今按，《通鑑》卷一四三《齊紀九》“永元二年”作“必入吾謀内”，於義爲安。又，《南史》卷六《梁本紀上》無此五字。

[20]江安：縣名。治所在今湖北公安縣西北。

[21]南康王：齊和帝蕭寶融，明帝第八子，初封隨郡王。東昏即位，改封南康王，爲西中郎將、荆州刺史。見《南齊書》卷八《和帝紀》。　尊號：尊崇帝、后的稱號。此指尊立南康王爲帝。

[22]時月：月，《南史·武帝紀》作“有”。

[23]廟算：指克敵制勝的謀略。

[24]太白出西方：太白，星名。古人迷信，以太白星主殺伐。人主義虧言失，則太白星見於西方。參《史記·天官書》及《正

義》引《天文志》。

[25]《淮南子·兵略訓》："武王伐紂，東面而迎歲，至汜而水，至共頭而墜。彗星出而授殷人其柄……然而前無蹈難之賞，而後無遁北之刑，白刃不畢拔，而天下得矣。"迎，逆；歲，太歲。逆太歲行軍，古人迷信，以爲不吉利。

[26]曹景宗：人名。本書卷九有傳。

[27]節下：秦漢以下對將領、使臣或地方疆吏的敬稱。此處指蕭衍。

[28]南康：指南康王蕭寶融。

[29]歲寒：《通鑑》卷一四三《齊紀九》"永元二年"下胡三省注："四時運而成歲，歲至極寒而終矣。歲寒，以喻世事終極處。"

[30]蘭艾同焚：《通鑑》卷一四三《齊紀九》"永元二年"下胡三省注："蘭有國香，人貴之；艾，蕭艾也，人賤之。言若事不捷，則無貴無賤同於死也。"

[31]讋（zhé）：恐懼。此處爲使動用法。

[32]石城：石頭城之省稱。

三年正月，[1]南康王爲相國，以高祖爲征東將軍，[2]給鼓吹一部。[3]戊申，高祖發襄陽。留弟偉守襄陽城，總州府事，弟憺守壘城，[4]府司馬莊丘黑守樊城，[5]功曹史吉士詢兼長史，白馬戍主黄嗣祖兼司馬，[6]鄀令杜永兼别駕，[7]小府録事郭儼知轉漕。[8]移檄京邑曰：[9]

夫道不常夷，時無永化，險泰相沿，晦明非一，皆屯困而後亨，資多難以啓聖。故昌邑悖德，[10]孝宣聿興；海西亂政，[11]簡文升歷。[12]並拓緒開基，紹隆寶命，理驗前經，事昭往策。

［1］正月：原作“二月”。《南齊書》卷八《和帝紀》載，南康王受命爲相國在永元三年正月乙巳。梁武帝《浄業賦序》亦有云：“以齊永元三年（三，原文訛爲“二”）正月，發自襄陽，義勇如雲，舳艫翳漢。”《通鑑》卷一四四《齊紀十》“中興元年”下胡三省注：“《考異》曰：‘《梁·高祖紀》云：“二月戊申，發襄陽。”按，戊申，正月十三日，《梁紀》誤也。’”是原作“二月”爲“正月”之誤。今改正。

［2］征東將軍：將軍名號。東西南北四征將軍之一。多爲持節都督，出鎮方面，地位顯要。宋第三品，齊不詳。

［3］鼓吹：樂名。本軍樂，皇帝出行亦奏。漢魏以下亦用以贈賜有功之臣。

［4］壘城：大城附近的堡寨。中華書局本以壘城爲城名，加專名號，似誤。

［5］府：指征東將軍府。　樊城：城名。即今湖北襄樊市。

［6］白馬戍：戍名。地在今湖北襄樊市西。

［7］鄀：縣名。治所在今湖北宜城市。

［8］小府：指寧蠻校尉府。南朝於雍州置寧蠻校尉，地位較本州刺史之軍府低，因稱小府。參周一良《魏晉南北朝史札記》中《梁書札記》“小府大府”條。　録事：録事參軍之省稱，官名。諸公軍府屬官，掌總録衆曹文簿，舉彈善惡。宋第七品，齊不詳。　知：官制術語。奉特命主持本官職權範圍以外的他項事務。

［9］移檄：發佈檄文於平行機關。

［10］昌邑：指漢昌邑王劉賀。昭帝崩，無嗣，大將軍霍光徵劉賀典喪。賀在道求長鳴鷄，買積竹杖，以衣車載女子。即位二十七日，以淫亂悖德被廢。武帝曾孫劉詢繼立，是爲孝宣帝。事見《漢書》卷六三《武五子傳》。

［11］海西：指晉廢帝海西公司馬奕。奕，哀帝之母弟。哀帝

崩，無嗣，奕即位。以昏濁悖亂，動違禮度，被廢。立元帝少子司馬昱。事見《晉書》卷八《廢帝海西公紀》。

[12]簡文：即晉簡文帝司馬昱。

獨夫擾亂天常，[1]毀棄君德，姦回淫縱，歲月滋甚。挻虐於髫翦之年，[2]植險於髫丱之日。[3]猜忌凶毒，觸途而著，暴戾昏荒，與事而發。自大行告漸，[4]喜容前見，梓宮在殯，靦無哀色，[5]歡娛遊宴，有過平常，奇服異衣，更極誇麗。至於選采妃嬪，姊妹無別，招侍巾櫛，姑姪莫辨，掖庭有稗販之名，[6]姬姜被干殳之服。[7]至乃形體宣露，褻衣顛倒，斬斮其間，[8]以爲歡笑。騁肆淫放，驅屏郊邑。老弱波流，士女塗炭。行産盈路，輿尸竟道，母不及抱，子不遑哭。劫掠剽虜，以日繼夜。晝伏宵遊，曾無休息。淫酗醬肆，[9]酣歌壚邸。寵恣愚豎，亂惑妖孽。梅蟲兒、茹法珍臧獲斯小，[10]專制威柄，誅翦忠良，屠滅卿宰。劉領軍舅氏之尊，[11]盡忠奉國；江僕射外戚之重，[12]竭誠事上；蕭領軍葭莩之宗，[13]志存柱石，[14]徐司空、沈僕射搢紳冠冕，[15]人望攸歸。或《渭陽》餘感，[16]或勳庸允穆，或誠著艱難，或劬勞王室，並受遺託，[17]同參顧命，[18]送往事居，俱竭心力。宜其慶溢當年，[19]祚隆後裔，[20]而一朝齏粉，孩稚無遺。人神怨結，行路嗟憤。[21]蕭令君忠公幹代，[22]誠貫幽顯。往年寇賊遊魂，南鄭危逼，[23]拔刃飛泉，[24]孤城獨振。及中流逆命,[25]憑陵京邑,[26]謀猷禁省,[27]指授群帥,剋翦鯨鯢,[28]清我王度。崔慧景奇鋒迅駭,兵交象魏,[29]武力喪魂,[30]義夫奪膽,投名送款,[31]比屋交馳,負糧影從,[32]愚智競赴。復誓旅江甸,奮不顧身,獎厲義徒,[33]電掩强敵,剋殲大憝,[34]以固皇基。功出桓、文,[35]勳超伊、吕,[36]而勞謙省己,[37]事昭心迹,功遂身退,不祈榮滿。敦賞未聞,禍酷遄及,預稟精靈,孰不冤痛!而羣孽放命,[38]蜂蠆懷毒,乃遣劉山陽驅扇逋逃,招逼亡命,潛圖密構,規見掩襲。蕭右軍、夏侯征虜忠斷夙舉,[39]義形於色,奇謀宏振,應手梟懸,天道禍淫,罪不容戮。至於悖禮違教,傷化虐人,射天彈路,[40]比之猶善,刳胎斮脛,[41]方之非酷,盡寓縣之竹,未足紀其過,窮山澤之兔,不能書其罪。自草昧以來,[42]圖牒所記,[43]昏君暴后,未有若斯之甚者也。

[1]獨夫:此指東昏侯蕭寶卷。

[2]鬌翦:小兒去髮。鬌,《禮記·内則》:"三月之末,擇日翦髮爲鬌。"《疏》:"三月翦髮,所留不翦者爲鬌。"

[3]髫丱(guàn):幼童。

[4]大行:皇帝死而停棺未葬稱大行皇帝。此處指齊明帝。漸:指病危。

[5]靦(tián):露面見人。《詩·小雅·何人斯》:"有靦面目,視人罔極。"

[6]掖庭:宫中旁舍,嬪妃居住之所。 稗販:買賤賣貴以取利。

[7]姬姜：宫廷婦女的美稱。　干殳：兵器。此處代指士卒。

[8]斮（zhuó）：斬。

[9]醟（yǒng）肆：酒店。醟，酗酒。

[10]梅蟲兒、茹法珍：均人名。齊東昏侯時二人俱爲制局監，受寵幸，佐成昏亂。《南史》卷七七《恩倖傳》有傳。　臧獲：奴婢的賤稱。　厮小：奴僕。

[11]劉領軍：即劉暄。領軍，原作"鎮軍"。據《南齊書》卷七《東昏侯紀》及《江祏傳》附《劉暄傳》，暄於永元元年爲領軍將軍，同年見殺，未爲鎮軍將軍。今據改。

[12]江僕射：指江汲。齊明帝崩，遺詔汲爲尚書右僕射，故稱。

[13]蕭領軍：指蕭坦之。東昏即位，以坦之爲侍中、領軍將軍，故稱。　葭莩：本是蘆葦中的薄膜，常用來比喻宗室親族。

[14]柱石：比喻擔當國家重任的人。

[15]徐司空：指徐孝嗣。孝嗣，東昏侯永元元年進位司空，同年被誅。見《南齊書》卷七《東昏侯紀》。　沈僕射：指沈文季。文季，吴興武康人。東昏侯永元元年轉左僕射。與徐孝嗣同日被害。《南齊書》卷四四有傳。　搢紳：指士大夫。

[16]《渭陽》：《詩·秦風》篇名。舊説爲秦康公爲太子時送舅氏晉公子重耳而作。詩有"我送舅氏，曰至渭陽"之句。後以"渭陽"表示甥舅關係。

[17]並受遺託：《南齊書》卷六《明帝紀》載，帝崩，遺詔曰："徐令可重申八命，中書監、本官如故；沈文季可左僕射，常侍、護軍悉如故；江祏可右僕射；江祀可侍中；劉暄可衛尉。軍政大事委陳太尉，内外衆事無大小委徐孝嗣、遥光、坦之、江祏，其大事與沈文季、江祀、劉暄參懷。"

[18]顧命：本《尚書》篇名，取臨終遺命之意。後因以稱天子遺詔。

[19]慶：福。

[20]祚：福。

[21]行路：指行路之人。

[22]蕭令君：指蕭懿。東昏侯永元二年，懿爲尚書令，故稱。代：中華書局本作“伐”，百衲本作“代”。《全梁文》卷五收此文，嚴可均校云：“‘伐’當作‘代’。”説是，今據改。

[23]南鄭危逼：齊武帝永明十一年（493），北魏入侵漢中，圍南鄭。蕭懿隨機拒擊，魏軍遁去。見本書卷二三《長沙嗣王業傳》。南鄭，縣名。治所在今陝西漢中市。

[24]拔刃飛泉：《太平御覽》卷三四五引《漢書》：李廣利爲貳師將軍，征大宛，被圍，水絶。廣利佩刀刺山，飛泉涌出。《册府元龜》卷一二三《將帥部·冥助》所載略同。

[25]中流逆命：指江州刺史陳顯達於東昏侯永元元年十一月起兵於尋陽，進攻京邑建康事。詳《南齊書》卷二六《陳顯達傳》。中流，江河之中段。此處指江州。

[26]憑陵：侵陵、進逼。

[27]謀猷：謀劃。

[28]鯨鯢：比喻凶惡的人。此處指陳顯達。

[29]象魏：宫廷外的闕門。東昏侯永元二年，平西將軍崔慧景於廣陵起兵襲京邑，攻臺城。宫内據城拒守。豫州刺史蕭懿發兵救援。事見《南齊書》卷五一《崔慧景傳》。

[30]武力：即武士。《册府元龜》卷一八五作“武士”。

[31]款：誠。

[32]影：三朝本、百衲本並作“景”。按“景”乃“影”之本字。

[33]厲：通“勵”。

[34]大憝（duì）：大惡人。

[35]桓、文：春秋時齊桓公、晉文公。

[36]伊、吕：伊尹和吕望。二人分别是商湯和周武王的輔佐名臣。

[37]勞謙：勤謹謙虚。

[38]放命：違命。放，通“方”。

[39]蕭右軍、夏侯征虜：指蕭穎胄、夏侯詳。穎胄於東昏侯永元二年十一月輔南康王舉義兵於荆州，加右將軍；夏侯詳與穎胄同舉義兵，加征虜將軍。見《南齊書·蕭赤斧傳》附《蕭穎胄傳》。

[40]射天：相傳殷武乙和紂王及宋康王都曾用革囊盛血，懸而仰射，名爲射天，以示威服鬼神。見《史記》卷三《殷本紀》及卷三八《宋微子世家》。　彈路：春秋晉靈公不君，從臺上彈射路人以觀其避彈丸而取樂。見《左傳·宣公二年》。

[41]刳胎斮脛：傳説商紂王殘暴，刳孕婦之腹以觀其胎，斮朝涉之脛而視其髓。見《太平御覽》卷八三《皇王部》引皇甫謐《帝王世紀》。

[42]草昧：指天地初開時。《易·屯》：“天造草昧。”

[43]圖牒：圖書。

既人神乏主，宗稷阽危，[1]海内沸騰，氓庶板蕩，[2]百姓懍懍，如崩厥角，[3]蒼生喁喁，投足無地。幕府荷眷前朝，[4]義均休戚，上懷委付之重，[5]下惟在原之痛，[6]豈可卧薪引火，坐觀傾覆！至尊體自高宗，[7]特鍾慈寵，明並日月，粹昭靈神，祥啓元龜，[8]符驗當璧，[9]作鎮陜藩，[10]化流西夏，[11]謳歌攸奉，萬有樂推。[12]右軍蕭穎胄、征虜將軍夏侯詳並同心翼戴，即宫舊楚，[13]三靈再朗，[14]九縣更新，[15]升平之運，此焉復始，康哉之盛，[16]在乎兹日。然帝德雖彰，區宇未定，元惡未黜，天邑猶梗。[17]仰稟宸規，[18]率前啓路。即日遣冠軍、竟陵内史曹景宗等二十軍主，[19]長棃五萬，驥騄爲羣，鶚視争先，龍驤並驅，步出横江，[20]直指朱雀。[21]長史、冠軍將軍、襄陽太守王茂等三十軍主，戈船七萬，乘流電激，推鋒扼險，[22]斜趣白城。[23]南中郎諮議參軍、軍主蕭偉等三十九軍主，[24]巨艦迅檝，衝波噎水，旗鼓八萬，焱集石頭。南中郎諮議參軍、軍主蕭憺等四十二軍主，熊羆之士，甲楯十萬，沿波馳艓，掩據新亭。[25]益州刺史劉季連、梁州刺史柳惔、司州刺史王僧景、魏興太守裴師仁、上庸太守韋叡、新城太守崔僧季，[26]並肅奉明詔，龔行天罰。[27]蜀、漢果鋭，[28]沿流而下；淮、汝勁勇，[29]望波遄騖。幕府總率貔貅，[30]驍勇百萬，繬甲燕弧，[31]屯兵冀馬，[32]摐金沸地，鳴鞞聒天，霜鋒曜日，朱旗絳寓，[33]方舟千里，駱驛係進。[34]蕭右軍訏謨上才，[35]兼資文武，英略峻遠，執鈞匡世。[36]擁荆南之衆，督四方之師，宣讚中權，[37]奉衛輿輦。[38]旌麾所指，威稜無外，[39]龍驤虎步，並集建業。[40]黜放愚狡，均禮海昏，[41]廓清神甸，[42]掃定京宇。[43]譬猶崩泰山而壓蟻壤，決懸河而注熛燼，豈有不殄滅者哉！

[1]宗稷：宗廟和社稷。此用以代稱國家。

[2]板蕩：《詩·大雅》有《板》、《蕩》二篇，譏刺周厲王無道，社會動蕩不安。後世遂以板蕩指政局變亂或社會動蕩。

[3]百姓懍懍，如崩厥角：語出《尚書·泰誓中》。言百姓人心危懼，如崩摧其額角。

［4］幕府：將帥治事之所。此處代指征東將軍蕭衍。

［5］委付：付與。此指齊南康王付與重任。

［6］在原：《詩·小雅》有《常棣》篇，《序》云“宴兄弟也”。篇中有“脊令在原，兄弟急難”之句，後世以“在原”指兄弟患難與共。

［7］至尊：最尊貴的地位，多用以尊稱帝王。此處指南康王蕭寶融。　高宗：齊明帝廟號。

［8］元龜：古代用於占卜的大龜。《尚書·大禹謨》：“禹官占，惟先蔽志，昆命於元龜。”

［9］當璧：指當國君之兆。春秋時楚共王無嫡子而有寵子五人，乃禱於神，曰：“當璧而拜者，神所立也。”遂埋璧於宗廟之庭，使五子以長幼次序入拜。平王小，抱而入，在璧上拜，伏於璧紐之上，遂得立。事見《左傳·昭公元年》及《昭公十三年》。

［10］陝藩：指荆州。《南齊書·州郡下》：“江左大鎮，莫過荆、揚。弘農郡陝縣，周世二伯總諸侯，周公主陝東，召公主陝西，故稱荆州爲陝西也。”

［11］西夏：夏，華夏。西夏，中國西部。此處與上文“陝藩”互文，指荆州，因其在京師建康之西，故稱。中華書局本於“西夏”下加地名號，欠妥。

［12］萬有：萬物。　樂推：衆人擁戴。《老子》：“是以聖人處上而民不重，處前而民不害。是以天下樂推而不厭。”後世新王朝將立，常以“樂推”爲辭。

［13］舊楚：此指江陵。江陵，故楚都，因稱。

［14］三靈：指日、月、星。

［15］九縣：即九州。

［16］康哉：《尚書·益稷》載舜君臣作歌，有“元首明哉，股肱良哉，庶事康哉”之語，後世因以“康哉”爲贊頌太平盛世之詞。

［17］天邑：京師。此處指京師建康。

[18]宸規：帝王的規範。

[19]内史：官名。諸王國行政長官，職同太守。宋第五品，齊不詳。

[20]横江：城名。在今安徽和縣東南長江北岸。

[21]朱雀：即朱雀門，京師建康城南門，約在今江蘇南京市中華門内、秦淮河岸。

[22]推鋒：中華書局本《校勘記》云："'推'殿本等作'摧'，今從百衲本、南監本。按：'推鋒'一詞，史籍中屢見，如'推鋒越河'見《晉書·祖逖傳》；'推鋒徑進'見《北齊書·高昂傳》。時尚未交鋒，不得云'摧鋒'。"

[23]白城：即白下城。在今江蘇南京市北金川門外、幕府山南麓。六朝時爲京師建康北郊軍事要地。

[24]南中郎諮議參軍：即南中郎將府諮議參軍。按，據《南齊書·百官志》，東西南北四中郎將"宋齊以來，唯處諸王，素族無爲者"。蕭衍起兵時，其弟偉、憺已至襄陽（見本書卷二二《太祖五王傳》）。朝廷諸王中，唯西中郎將、南康王寶融在蕭穎胄輔翼下與蕭衍同舉義（見《南齊書》卷八《和帝紀》及卷三八《蕭赤斧傳》附《蕭穎胄傳》）。故偉、憺衹可能掛名爲"西中郎諮議參軍"。又，本書卷二二《太祖五王·蕭憺傳》明云："義師起，南康王承制，以憺爲冠軍將軍、西中郎諮議參軍。"故頗疑此處"南中郎"及下文"南中郎"兩"南"字均爲"西"字之訛。　諮議參軍：官名。諸公軍府屬官，掌諷議。宋第七品，齊不詳。

[25]新亭：地名。在今江蘇南京市南。地近江濱，依山爲壘，六朝時京師建康西南郊軍事要地。

[26]劉季連：人名。本書卷二〇有傳。　柳惔：人名。本書卷一二有傳。　魏興：郡名。治所在今陝西安康市西北漢江北岸。　上庸：郡名。治所在今湖北竹山縣西南。　韋叡：人名。本書卷一二有傳。　新城：郡名。治所在今湖北房縣。

[27]龔行天罰：恭敬地執行天的懲罰。《尚書·甘誓》："有扈

氏威侮五行，怠棄三正，天用勦絶其命。今予惟恭行天之罰。”龔，通“恭”。

[28]蜀、漢：蜀郡和漢中一帶，即今川陝一帶。

[29]淮、汝：淮河、汝水地區。

[30]貔貅：比喻勇士。

[31]燕弧：燕地出産的名弓。

[32]冀馬：冀州出産的名馬。

[33]朱旗絳寓：《文選》卷五六班孟堅《封燕然山銘》：“玄甲耀日，朱旗絳天。”絳寓，即絳天。

[34]駱驛：連綿詞，今通作“絡繹”。

[35]訏謨：大的謀略。

[36]鈞：陶人製圓器所用的轉輪。此處用以比喻國政。

[37]中權：指朝廷中樞。

[38]輿輦：天子所乘之車。

[39]威稜：聲威。

[40]建業：縣名。即建康。

[41]海昏：指漢海昏侯劉賀。賀初襲父爵爲昌邑王。後即位，以無道被廢。漢宣帝元康三年（63）改封海昏侯。見《漢書》卷六三《武五子傳》。

[42]神甸：指京師城郊外的地方。

[43]京宇：即京師。

今資斧所加，[1]止梅蟲兒、茹法珍而已。諸君咸世胄羽儀，[2]書勳王府，皆俛眉姦黨，受制凶威。若能因變立功，轉禍爲福，並誓河、岳，[3]永紆青紫。[4]若執迷不悟，距逆王師，[5]大衆一臨，刑兹罔赦，所謂火烈高原，芝蘭同泯。勉求多福，無貽後悔。賞罰之科，有如白水。[6]

[1]資斧：利斧。《易·旅》："旅於處，得其資斧，我心不快。"

[2]羽儀：表率。

[3]河、岳：黄河、五岳。

[4]紆：繫，垂。　青紫：古代印綬的顔色。漢制，公侯紫綬，九卿青綬。後世以青紫指高官。

[5]距：通"拒"。

[6]有如白水：《左傳·僖公二十四年》載，晉公子重耳流亡國外，舅氏子犯多年隨從，恐得罪。及河，欲逃亡。重耳發誓曰："所不與舅氏同心者，有如白水！"後以此典表示信守不移之意。

高祖至竟陵，命長史王茂與太守曹景宗爲前軍，中兵參軍張法安守竟陵城。茂等至漢口，[1]輕兵濟江，逼郢城。[2]其刺史張沖置陣據石橋浦，[3]義師與戰不利，軍主朱僧起死之。諸將議欲併軍圍郢，分兵以襲西陽、武昌。[4]高祖曰："漢口不闊一里，箭道交至，房僧寄以重兵固守，[5]爲郢城人掎角。[6]若悉衆前進，賊必絶我軍後，一朝爲阻，則悔無所及。今欲遣王、曹諸軍濟江，與荆州軍相會，以逼賊壘。吾自後圍魯山，[7]以通沔、漢。鄖城、竟陵間粟，[8]方舟而下；江陵、湘中之兵，連旗繼至。糧食既足，士衆稍多，圍守兩城，不攻自拔，天下之事，卧取之耳。"諸將皆曰"善"。乃命王茂、曹景宗帥衆濟岸，進頓九里。[9]其日，張沖出軍迎戰，茂等邀擊，大破之，皆棄甲奔走。荆州遣冠軍將軍鄧元起、軍主王世興、田安等數千人，[10]會大軍於夏首。[11]高祖築漢口城以守魯山，命水軍主張惠紹、朱思遠等遊遏江中,[12]絶郢、魯二城信使。

[1]漢口：漢水入長江之口，即今湖北武漢市漢口。

[2]郢城：城名。郢州刺史治所，在今湖北武漢市武昌。

[3]張沖：人名。吴郡吴人，東昏侯永元二年爲郢州刺史。《南齊書》卷四九有傳。　石橋浦：地名。在今湖北武漢市漢口東。

[4]西陽：郡名。治所在今湖北黄岡市東。　武昌：郡名。治所在今湖北鄂州市。

[5]房僧寄：人名。東昏將領，時據守魯山城。詳《南齊書》卷四九《張沖傳》。

[6]掎角：分兵牽制或夾擊對方。

[7]魯山：城名。又名魯城，在今湖北武漢市漢陽東北隅。

[8]鄖城：地名。在今湖北安陸市。

[9]九里：城名。在今湖北武漢市武昌附近。

[10]鄧元起：人名。本書卷一〇有傳。　田安：即下文之“田安之”。

[11]夏首：城名。在今湖北武漢市黄鵠山。

[12]張惠紹：人名。本書卷一八有傳。

三月，乃命元起進據南堂西陼,[1]田安之頓城北，王世興頓曲水故城。[2]是時張沖死，其衆復推軍主薛元嗣及沖長史程茂爲主。乙巳，南康王即帝位於江陵，改永元三年爲中興元年，遥廢東昏爲涪陵王。[3]以高祖爲尚書左僕射，加征東大將軍、都督征討諸軍事,[4]假黄鉞。[5]西臺又遣冠軍將軍蕭穎達領兵會于軍。[6]是日，元嗣軍主沈難當率輕舸數千,[7]亂流來戰,[8]張惠紹等擊破，盡擒之。

[1]南堂：《通鑑》卷一四四《齊紀十》“中興元年”下胡三省注：“南堂在郢城南，北蓋射堂，西近江渚。”“陼”，《册府元龜》卷一八五及《通鑑》並作“渚”。按，“陼”與“渚”同。陼，水中小塊陸地。中華書局本於“西陼”下加專名號，似欠妥。

[2]曲水故城：在今湖北武漢市武昌東北。《通鑑》卷一四四《齊紀十》“中興元年”下胡三省注：“曲水故城，蓋郢府官僚祓禊之地，在城東。”今按，據胡注則曲水乃古三月上巳祓禊之“曲水”，非地名或水名，中華書局本於“曲水”下加專名號，似欠妥。

[3]涪陵：郡名。治所在今重慶市涪陵市東南。

[4]征東大將軍：將軍名號。《南齊書·百官志》：“凡諸將軍加‘大’者，位從公。”

[5]黄鉞：以黄金爲飾的斧形儀仗，天子所用。有時大臣出師，亦假之以示威重。假黄鉞的大將軍其權任極重，位在三公之上。不常授人。多賜予大司馬、大都督、都督中外諸軍事等最高軍事長官。在軍事行動中，假黄鉞有誅殺持節杖的將軍的權力。

[6]西臺：指江陵齊和帝官署。因其在京師建康之西，故稱。蕭穎達：人名。穎胄之弟。本書卷一〇有傳。

[7]數千：本書卷一八《張惠紹傳》作“數十”。

[8]亂流：横渡河流。

四月，高祖出沔，命王茂、蕭穎達等進軍逼郢城。元嗣戰頗疲，因不敢出。諸將欲攻之，高祖不許。

五月，東昏遣寧朔將軍吴子陽、軍主光子衿等十三軍救郢州，進據巴口。[1]

[1]巴口：地名。在今湖北黄岡市東南，巴河入長江之口。

六月，西臺遣衛尉席闡文勞軍，[1]齎蕭穎胄等議，謂高祖曰："今頓兵兩岸，不併軍圍郢，定西陽、武昌，取江州，此機已失；莫若請救於魏，與北連和，猶爲上策。"高祖謂闡文曰："漢口路通荆、雍，控引秦、梁，糧運資儲，聽此氣息，所以兵壓漢口，連絡數州。今若併軍圍城，又分兵前進，魯山必阻沔路，所謂搤喉。[2]若糧運不通，自然離散，何謂持久？鄧元起近欲以三千兵往定尋陽，[3]彼若歡然悟機，一酈生亦足；[4]脱距王師，[5]故非三千能下。進退無據，未見其可。西陽、武昌，取便得耳，得便應鎮守。守兩城不減萬人，糧儲稱是，卒無所出。[6]脱賊軍有上者，萬人攻一城，兩城勢不得相救。若我分軍應援，則首尾俱弱；如其不遣，孤城必陷。一城既没，諸城相次土崩，天下大事於是去矣。若郢州既拔，席卷沿流，西陽、武昌，自然風靡，何遽分兵散衆，自貽其憂！且丈夫舉動，言静天步；[7]況擁數州之兵以誅羣豎，懸河注火，奚有不滅？豈容北面請救，以自示弱！彼未必能信，[8]徒貽我醜聲。此之下計，何謂上策？卿爲我白鎮軍：[9]前途攻取，但以見付，事在目中，無患不捷，恃鎮軍靖鎮之耳。"

[1]席闡文：人名。本書卷一二有傳。

[2]搤（è）：通"扼"。

[3]尋陽：郡名。治所在今江西九江市西南。

[4]酈生：即酈食其，西漢陳留高陽人。楚漢相争時，酈生爲

劉邦謀士，爲劉邦説齊王罷兵歸漢，下齊七十餘城。事見《史記》卷九七《酈生列傳》。

[5]脱：如果。　距：通“拒”。

[6]卒：通“猝”，倉促。

[7]天步：國運，時運。《詩·小雅·白華》：“天步艱難，之子不猶。”

[8]彼：指北魏。

[9]鎮軍：指鎮軍將軍蕭穎胄。南康王爲相國，穎胄進號鎮軍將軍。見《南齊書》卷三八《蕭赤斧傳》附《蕭穎胄傳》。

吴子陽等進軍武口，[1]高祖乃命軍主梁天惠、蔡道祐據漁湖城，[2]唐脩期、劉道曼屯白陽壘，[3]夾兩岸而待之。子陽又進據加湖，[4]去郢三十里，傍山帶水，築壘柵以自固。魯山城主房僧寄死，衆復推助防孫樂祖代之。[5]七月，高祖命王茂帥軍主曹仲宗、康絢、武會超等潛師襲加湖，[6]將逼子陽。水涸不通艦，其夜暴長，衆軍乘流齊進，鼓噪攻之，賊俄而大潰，子陽等竄走，衆盡溺于江。王茂虜其餘而旋。於是郢、魯二城相視奪氣。[7]

[1]武口：城名。又名武城，古武湖水入長江之口，在今湖北黄陂縣東南。

[2]漁湖城：城名。在今湖北武漢市東長江北岸。

[3]白陽壘：城壘名。在今湖北武漢市東長江南岸。

[4]加湖：又作“茄湖”，在今湖北黄陂縣東南。

[5]助防：《通鑑》卷一四四《齊紀十》“中興元年”下胡三省注：“助防者，使之助城主防守，因以爲稱。”　孫樂祖：“孫”，三

朝本、百衲本及其他舊本皆作“張”。本書卷一〇《楊公則傳》、《南齊書》卷八《和帝紀》及卷四九《張沖傳》並作“孫”。《通鑑》卷一四四《齊紀十》“中興元年”作“張”，胡三省注云：“參考前後，‘張’當作‘孫’。”中華書局本校正作“孫”，是。下同。

[6]康絢：人名。本書卷一八有傳。

[7]奪氣：懾於聲威，喪失膽氣。

先是，東昏遣冠軍將軍陳伯之鎮江州，[1]爲子陽等聲援。高祖乃謂諸將曰：“夫征討未必須實力，所聽威聲耳。今加湖之敗，誰不弭服。[2]陳虎牙即伯之子，狼狽奔歸，彼間人情，理當忷懼，[3]我謂九江傳檄可定也。”[4]因命搜所獲俘囚，得伯之幢主蘇隆之，[5]厚加賞賜，使致命焉。[6]魯山城主孫樂祖、郢城主程茂、薛元嗣相繼請降。初，郢城之閉，將佐文武男女口十餘萬人，疾疫流腫死者十七八，及城開，高祖並加隱卹，[7]其死者命給棺槥。[8]

[1]陳伯之：人名。本書卷二〇有傳。

[2]弭服：順服。弭，服。

[3]忷懼：憂懼。

[4]九江：地域名。在今湖北武穴市、黄梅縣至江西九江一帶。此處代指江州。　檄：用於征討、曉喻的文書。

[5]幢主：官名。幢的主將。主要用於儀衛，有時也參加作戰。參周一良《魏晉南北朝史札記》中《北齊書札記》“軍主・幢主・隊主”條。

[6]致命：捨身效力。

[7]隱卹：憐憫、救濟。

[8]槥：粗陋而薄的木棺。

先是，汝南人胡文超起義於灄陽，[1]求討義陽、安陸等郡以自効，[2]高祖又遣軍主唐脩期攻隨郡，並剋之。司州刺史王僧景遣子貞孫入質。[3]司部悉平。

[1]汝南：郡名。治所在今湖北武漢市武昌東。　灄陽：縣名。治所在今湖北黄陂縣西南。

[2]安陸：郡名。治所在今湖北安陸市。　自効：自獻忠心。

[3]入質：入作人質。

陳伯之遣蘇隆之反命，[1]求未便進軍。高祖曰："伯之此言，意懷首鼠，[2]及其猶豫，急往逼之，計無所出，勢不得暴。"乃命鄧元起率衆，即日沿流。八月，天子遣黄門郎蘇回勞軍。[3]高祖登舟，命諸將以次進路，留上庸太守韋叡守郢城，行州事。鄧元起將至尋陽，陳伯之猶猜懼，乃收兵退保湖口，[4]留其子虎牙守盆城。[5]及高祖至，乃束甲請罪。九月，天子詔高祖平定東夏，[6]並以便宜從事。是月，留少府、長史鄭紹叔守江州城。[7]前軍次蕪湖，[8]南豫州刺史申胄棄姑孰走，[9]至是時大軍進據之，仍遣曹景宗、蕭穎達領馬步進頓江寧。[10]東昏遣征虜將軍李居士率步軍迎戰，景宗擊走之。於是王茂、鄧元起、吕僧珍進據赤鼻邏，[11]曹景宗、陳伯之爲遊兵。是日，新亭城主江道林率兵出戰，[12]衆軍擒之於陣。大軍次新林，[13]命王茂進據越城，[14]曹景宗據皂莢橋，[15]鄧元起據道士墩，[16]陳伯之據籬門。[17]道林餘衆退屯航南，[18]義軍迫之，因復散走，退保朱爵，[19]憑淮以自固。[20]時李居士猶據新亭壘，請東昏燒南岸邑屋以開戰場。自大航以西、新亭以北，蕩然矣。

[1]反命：復命。

[2]首鼠：遲疑不定。

[3]黄門郎：給事黄門侍郎之省稱。

[4]湖口：地名。在今江西鄱陽湖入長江之口。

[5]盆城：即湓城，又名湓口城。江州治所，在今江西九江市。

[6]東夏：夏，華夏；東夏，中國東部。中華書局本以東夏爲地名，加專名號，似欠妥。

[7]少府：官名。九卿之一。掌宫廷服御之物。宋第三品，齊不詳。　鄭紹叔：人名。本書卷一一有傳。

[8]蕪湖：縣名。治所在今安徽蕪湖市。

[9]南豫州：州名。治所姑孰，在今安徽當塗縣。

[10]江寧：縣名。治所在今江蘇江寧縣西南江寧鎮。

[11]赤鼻邏：地名。在今江蘇南京市西南。

[12]新亭：亭名。在今江蘇江寧縣南。

[13]新林：即今江蘇南京市西南西善橋鎮。

[14]越城：城名。在今江蘇南京市南。

[15]皂莢橋：在今江蘇南京市西南。

[16]道士墩：在今江蘇南京市南。

[17]籬門：《通鑑》卷一四四《齊紀十》“中興元年”下胡三省注：“陳伯之蓋據西籬門。”今按，西籬門，建康城西外城門。

[18]航：指朱雀航，亦名大航，在今江蘇南京市南秦淮河上。

[19]朱爵：即朱雀門，一名大航門，即京師建康南城門，約在今南京市中華門内、秦淮河岸。爵，同“雀”。

[20]淮：指秦淮河。

十月，東昏石頭軍主朱僧勇率水軍二千人歸降。東昏又遣征虜將軍王珍國率軍主胡虎牙等列陣於航南大路，[1]悉配精手利器，[2]尚十餘萬人。閹人王伥子持白虎幡督率諸軍，[3]又開航背水，以絶歸路。王茂、曹景宗等掎角奔之，將士皆殊死戰，無不一當百，鼓噪震天地。珍國之衆，一時土崩，投淮死者，積尸與航等，後至者乘之以濟，於是朱爵諸軍望之皆潰。義軍追至宣陽門，[4]李居士以新亭壘、徐元瑜以東府城降，[5]石頭、白下諸軍並宵潰。壬午，高祖鎮石頭，命衆軍圍六門，[6]東昏悉焚燒門内，驅逼營署、官府並入城，有衆二十萬。青州刺史桓和紿東昏出戰，[7]因以其衆來降。高祖命諸軍築長圍。[8]

[1]王珍國：人名。本書卷一七有傳。

[2]精手：精鋭的士兵。

[3]白虎幡：有白虎畫像的旗幟，六朝時帝王用以督戰。

[4]宣陽門：京師建康城南面正門，約在今江蘇南京市中山東路以南淮海路一帶。

[5]東府城：又名東城，在京師建康城東南，今南京市通濟門附近，臨秦淮河。

[6]六門：京師建康宫城六門：大司馬門、萬春門、東華門、西華門、太陽門、承明門。

[7]青州：州名。南朝宋明帝泰始年間（465—471）與冀州合僑置，治所在今江蘇連雲港市東雲臺山一帶。　桓和：人名。本書卷三九《羊鴉仁傳》作“桓和之”。　紿（dài）：欺哄。

[8]長圍：打仗時合圍以攻敵。

初，義師之逼，東昏遣軍主左僧慶鎮京口，[1]常僧景鎮廣陵，[2]李叔獻屯瓜步，[3]及申冑自姑孰奔歸，又使屯破墩以爲東北聲援。[4]至是，高祖遣使曉喻，並率衆降。乃遣弟輔國將軍秀鎮京口，[5]輔國將軍恢屯破墩，[6]從弟寧朔將軍昺鎮廣陵。[7]吴郡太守蔡夤棄郡赴義師。

[1]京口：地名。南徐州刺史治所，在今江蘇鎮江市。
[2]廣陵：縣名。治所在今江蘇揚州市西北蜀岡。
[3]瓜步：山名。在今江蘇六合縣東南瓜埠山。
[4]破墩：即破岡，地名。在今江蘇句容縣東南。
[5]秀：蕭秀，本書卷二二《太祖五王》有傳。
[6]恢：蕭恢，本書卷二二《太祖五王》有傳。
[7]昺：即蕭昺。姚思廉避唐諱改“昺”爲“景”，今改回。下文徑改不出校。

十二月丙寅旦，兼衛尉張稷、北徐州刺史王珍國斬東昏，[1]送首義師。[2]高祖命吕僧珍勒兵封府庫及圖籍，收嬖妾潘妃及凶黨王咺之以下四十一人屬吏，[3]誅之。宣德皇后令廢涪陵王爲東昏侯，[4]依漢海昏侯故事。[5]授高祖中書監、都督揚南徐二州諸軍事、大司馬、録尚書、驃騎大將軍、揚州刺史，[6]封建安郡公，[7]食邑萬户，給班劍四十人，[8]黄鉞、侍中、征討諸軍事並如故；依晉武陵王遵承制故事。[9]

[1]兼：官制術語，假職未真授之稱。　張稷：人名。本書卷一六有傳。　北徐州：州名。治所在今安徽鳳陽縣東北。

[2]《文選》卷五六陸佐公《石闕銘》李善注引《梁典》曰："永元三年十二月丙寅，張齊殺東昏於含德殿。其夜，以黄油裹首縋而下。"

[3]四十一人：《南史·梁本紀》及《建康實録》均作"四十八人"。按，據《南史·恩倖·茹法珍傳》，當以四十一人爲是。

[4]宣德皇后：即齊文惠太子妃王寶明。齊武帝崩，文惠太子子鬱林王蕭昭業即位，尊王氏爲皇太后，稱宣德宫。蕭衍平定京師，迎之入宫稱制。《南齊書》卷二〇《皇后》有傳。

[5]漢海昏侯：指西漢昌邑哀王劉賀。漢昭帝崩，無嗣，立賀。賀即位二十七日行淫亂，見廢。宣帝三年改封爲海昏侯。詳《漢書》卷六三《武五子·昌邑哀王賀傳》。

[6]中書監：官名。中書省長官，掌出納帝命。地位甚高，多爲重臣加官。齊第三品。　南徐州：州名。治所在今江蘇鎮江市。　大司馬：官名。掌全國軍事。位在三公上，不常授。齊第一品。　録尚書：即録尚書事。六朝時多授權臣，總攬朝政，威權極重。南齊定爲尚書省長官。　驃騎大將軍：將軍名號。地位尊崇，多加於元老重臣。宋第一品，齊不詳。

[7]建安：郡名。治所在今福建建甌市南。

[8]班劍：飾有花紋的木劍。漢以下以爲王侯功臣的儀仗。班，通"斑"。

[9]武陵王遵：晉武陵威王司馬晞嗣子。桓玄廢立之際，司馬遵受密詔總攝萬機，加侍中、大將軍，遷轉百官皆稱制書。《晉書》卷六四《元四王》有傳。　承制：稟承皇帝旨意，行使其職權之稱。

己卯，高祖入屯閲武堂。[1]下令曰："皇家不造，[2]

遘此昏凶，禍挻動植，[3]虐被人鬼，社廟之危，蠢焉如綴。吾身籍皇宗，曲荷先顧，受任邊疆，推轂萬里，[4]眷言瞻烏，[5]痛心在目，故率其尊主之情，厲其忘生之志。雖寶曆重升，[6]明命有紹，而獨夫醜縱，方煽京邑。投袂援戈，[7]克弭多難。虐政横流，爲日既久，同惡相濟，諒非一族。仰稟朝命，任在專征，思播皇澤，被之率土。[8]凡厥負釁，[9]咸與惟新。[10]可大赦天下；唯王咺之等四十一人不在赦例。"[11]

[1]閲武堂：堂名。在京師建康宫城南闕前。

[2]不造：《詩・周頌・閔予小子》："閔予小子，遭家不造。"造，成就。按，此令亦載《文館詞林》卷六九五，題《梁武帝克定京邑赦令》。

[3]挻（shān）：延伸。

[4]推轂：助人推車，比喻助人成事。

[5]瞻烏：《詩・小雅・正月》有"瞻烏爰止，于誰之屋"之句，後世因以"瞻烏"比喻亂世流離失所之人。

[6]寶曆：國祚。

[7]投袂：即甩袖，奮起之狀。

[8]率土：指四境之内。《詩・小雅・北山》："溥天之下，莫非王土；率土之濱，莫非王臣。"

[9]釁：罪過。

[10]咸與惟新：《尚書・胤征》："舊染汙俗，咸與維新。"

[11]四十一人：《南史・梁本紀》及《建康實録》卷一七作"四十八人"。按，據《南史・恩倖・茹法珍傳》，當以四十一人爲是。又，《文館詞林》本此下有"別言上行臺，外依舊施行"兩句。

又令曰："夫樹以司牧，[1]非役物以養生；視民如傷，[2]豈肆上以縱虐。廢主棄常，自絶宗廟。窮凶極悖，書契未有。征賦不一，苛酷滋章。[3]緹繡土木，[4]菽粟犬馬，徵發閭左，[5]以充繕築。流離寒暑，繼以疫癘，轉死溝渠，曾莫救恤，朽肉枯骸，烏鳶是厭。[6]加以天災人火，屢焚宫掖，官府臺寺，[7]尺椽無遺，悲甚《黍離》，[8]痛兼《麥秀》。[9]遂使億兆離心，[10]疆徼侵弱，[11]斯人何辜，離此塗炭！[12]今明昏遞運，大道公行，思治之氓，來蘇兹日。[13]猥以寡薄，屬當大寵，雖運距中興，艱同草昧，思闡皇休，與之更始。凡昏制、謬賦、淫刑、濫役，外可詳檢前源，悉皆除蕩。其主守散失，諸所損耗，精立科條，咸從原例。"

[1]司牧：《左傳·襄公十四年》："天生民而立之君，使司牧之。"是以牧羊喻治民，後因稱官吏爲司牧。

[2]視民如傷：《左傳·哀公元年》："臣聞，國之興也，視民如傷，是其福也。"此用以形容顧恤民衆之深。

[3]章：通"彰"。

[4]此令亦載《文館詞林》卷六九五，題爲《爲梁武帝除東昏制令》，沈約撰。"土木"作"草木"。

[5]閭左：秦代居里門左側的平民。此處指民衆。按，本句前，《文館詞林》本有"朝構夕毁，撫梁易柱，不待匠人"三句，此處缺。

[6]厭：飽食。

[7]臺寺：官署。

[8]《黍離》：《詩·王風》篇名。《序》云："《黍離》，閔宗周也。周大夫行役于宗周，過故宗廟宫室，盡爲禾黍。閔周室之顛

覆，彷徨不忍去而作是詩也。”後因以指亡國之悲。

[9]《麥秀》：即《麥秀歌》。相傳箕子朝周，過殷墟，感殷宮室毀壞，生禾黍，心悲傷而作《麥秀歌》。見《史記·宋微子世家》。後因以之指亡國之痛。

[10]億兆離心：《尚書·泰誓》：“受有億兆夷人，離心離德。”

[11]侵弱：漸漸縮小。侵，通“浸”，漸。按，此句下，《文館詞林》本有“壽春內地，鞠爲寇場，辱及祖宗，耻深諸夏”四句。此缺。

[12]離：通“罹”，遭遇。

[13]來蘇：從痛苦中獲得重生。語出《尚書·仲虺之誥》：“徯予后，后來其蘇。”

又曰：“永元之季，乾維落紐。[1]政實多門，有殊衛文之代；[2]權移於下，事等曹恭之時。[3]遂使閹尹有翁媪之稱，[4]高安有法堯之旨。[5]鬻獄販官，錮山護澤，開塞之機，奏成小醜。[6]直道正義，擁抑彌年，[7]懷冤抱理，莫知誰訴。姦吏因之，筆削自己。[8]豈直賈生流涕，[9]許伯哭時而已哉！[10]今理運惟新，[11]政刑得所，矯革流弊，實在兹日。可通檢尚書衆曹，東昏時諸諍訟失理及主者淹停不時施行者，精加訊辨，[12]依事議奏。”[13]

[1]乾維落紐：君權失落。晉·范寧《穀梁傳序》：“昔周道衰陵，乾綱絶紐。”乾，君之象；維，綱維；紐，印綬。

[2]衛文：指春秋時衛文公燬。相傳衛文公在位，能正其群臣，其臣子多好善。參《詩·鄘風》中《相鼠》、《干旄》二篇之《序》。

[3]曹恭：指春秋時曹恭公襄。相傳曹恭公在位，遠君子而近

小人，群小專權。參《詩·曹風·候人》篇《序》及《史記》卷三九《晉世家》。

[4]閹尹：《禮記·月令》鄭玄注：“閹尹，主領閹豎之官者也。”《後漢書》卷七八《宦者·張讓趙忠傳》載，漢靈帝寵信宦官張讓、趙忠，“常云：‘張常侍是我父，趙常侍是我母。’”

[5]高安：指漢哀帝寵臣高安侯董賢。《漢書》卷九三《佞倖·董賢傳》載，賢以貌美，便辟善媚爲哀帝所寵幸。哀帝曾置酒麒麟殿，笑謂賢曰：“吾欲法堯禪舜何如?”

[6]小醜：地位低賤的人物。此處指東昏侯親近的閹豎。

[7]擁抑：壓抑。

[8]筆削：修改文字。

[9]賈生：指賈誼。《漢書》卷四八《賈誼傳》載，漢文帝六年(前174)，賈誼上《陳政事疏》，憂傷時事，指出“可爲痛哭者一，可爲流涕者二，可爲長太息者六”。

[10]許伯：即許子伯。謝承《後漢書》卷六《許慶傳》：“許慶字子伯，家貧爲郡督郵，乘牛車，鄉里號曰‘軺車督郵’。慶嘗與友人談論漢無統嗣，幸臣專勢，世俗衰薄，賢者放退，慨然據地悲哭，時稱‘許子伯哭世’。”（見《太平御覽》卷四八七《人事部》一二八《哭》）

[11]惟新：惟，同“維”。《詩·大雅·文王》：“周雖舊邦，其命維新。”後世以變舊法，行新政爲維新。

[12]辨：《南史·武帝紀》、《通鑑》卷一四四《齊紀十》“中興元年”並作“辯”。按，“辨”、“辯”，古通用。

[13]此令，《南史·武帝紀》繫於下年正月辛卯。又，《文館詞林》卷六九五有任昉《梁武帝檢尚書衆曹昏朝滯事令》，即此文。唯“代”作“日”，“事等”作“實等”，“東昏時”作“昏時”，“訊辨”作“詳辨”，文末多“便施行”三字。

又下令，以義師臨陣致命及疾病死亡者，並加葬斂，收恤遺孤。[1]又令曰："朱爵之捷，逆徒送死者，特許家人殯葬；若無親屬，或有貧苦，二縣長尉即爲埋掩。[2]建康城内，不達天命，自取淪滅，亦同此科。"[3]

[1]此令見《文館詞林》卷六九五，題名《梁武帝葬戰亡者令》，任昉撰。

[2]二縣：指建康、秣陵二縣。　長尉：即縣長、縣尉。

[3]以上"又下令"、"又令"，《南史·武帝紀》繫於下年正月。又《文館詞林》卷六九五有任昉《梁武帝掩骼埋胔令》即此"又令"。然較此爲詳。可參。

二年正月，天子遣兼侍中席闡文、兼黄門侍郎樂法才慰勞京邑。[1]追贈高祖祖散騎常侍、左光禄大夫，[2]考侍中、丞相。[3]

[1]樂法才：人名。本書卷一九有附傳。

[2]散騎常侍：官名。集書省長官，掌侍左右，顧問應對及圖書文翰。劉宋以下，地位漸替。齊第三品。　左光禄大夫：官名。屬光禄勳。養老疾，無職事。位從公，開府置佐如公。常用於卒後贈官。宋第三品，齊不詳。

[3]考：亡父。《禮記·曲禮下》："生曰父……死曰考。"　丞相：官名。漢代以來，爲人臣極位。獨攬軍政，令由己出，權侔皇帝。至南齊不用人，以爲贈，不列官。

高祖下令曰："夫在上化下，[1]草偃風從，[2]世之澆淳，[3]恒由此作。自永元失德，書契未紀，窮凶極悖，焉可勝言。既而璇室外構，[4]傾宫内積，[5]奇技異服，殫所未見。上慢下暴，淫侈競馳。國命朝權，盡移近習。[6]販官鬻爵，賄貨公行。並甲第康衢，漸臺廣室。[7]長袖低昂，等和戎之賜；珍羞百品，同伐冰之家。[8]愚民因之，浸以成俗。[9]驕豔競爽，[10]夸麗相高。至乃市井之家，貂狐在御；工商之子，緹繡是襲。[11]日入之次，[12]夜分未反，[13]昧爽之朝，[14]期之清旦。聖明肇運，厲精惟始，雖曰纘戎，[15]殆同創革。且淫費之後，繼以興師，巨橋、鹿臺，[16]凋罄不一。孤忝荷大寵，[17]務在澄清，思所以仰述皇朝大帛之旨，[18]俯厲微躬鹿裘之義，[19]解而更張，[20]斲雕爲樸。[21]自非可以奉粢盛，脩紱冕，習禮樂之容，繕甲兵之備，此外衆費，一皆禁絶。御府中署，量宜罷省。掖庭備御妾之數，[22]大予絶鄭衛之音。[23]其中有可以率先卿士，准的甿庶，[24]菲食薄衣，請自孤始。加羣才並軌，九官咸事，[25]若能人務退食，[26]競存約己，移風易俗，庶朞月有成。[27]昔毛玠在朝，[28]士大夫不敢靡衣偷食。[29]魏武歎曰：'孤之法不如毛尚書。'[30]孤雖德謝往賢，任重先達，實望多士得其此心。[31]外可詳爲條格。"[32]

[1]化：教化。《詩大序》："上以風化下，下以風刺上。"按，此令亦見《文館詞林》卷六九五，題《梁武帝斷華侈令》，署任昉撰。

[2]草偃風從：比喻以道德化育民衆。《尚書·君陳》"爾惟風，

下民惟草”，孔安國《傳》：“民從上教而變，猶草應風而偃。”

[3]澆淳：指風俗之澆薄與淳厚。

[4]琁室：以琁玉裝飾的房間。《淮南子·本經訓》：“晚世之時，帝有桀紂，爲琁室瑶臺象廊玉床。”

[5]傾宫：高大的宫殿。《吕氏春秋·過理》：“文王貌受以告諸侯。作爲琁室，築爲頃宫，剖孕婦而觀其化，殺比干而視其心，不適也。”傾，同“頃”。

[6]近習：指君主親幸的人。盡，三朝本、百衲本皆作“政”。按，政，同“正”，僅僅。於此亦通。

[7]漸臺：高臺，亦臺名。相傳戰國時齊宣王建漸臺五重，民不勝其苦。參《新序·雜事》及《列女傳》卷六《齊鍾離春》。　廣室：《文館詞林》作“廣夏”。

[8]伐冰之家：《禮記·大學》：“伐冰之家，不畜牛羊。”古代卿大夫貴族家喪祭用冰，故以“伐冰之家”稱貴族豪門。

[9]浸：漸。

[10]競爽：争榮，争勝。

[11]襲：穿。

[12]次：處所。

[13]反：通“返”。　分：《文館詞林》作“艾”。

[14]昧爽：拂曉。

[15]纘戎：繼承。《詩·大雅·韓奕》：“韓侯受命，王親命之，纘戎祖考。”

[16]巨橋、鹿臺：巨橋，商代糧倉所在，故址在今河南浚縣，一説在今河北曲周縣東北；鹿臺，商紂王存放錢財之臺，故址在今河南淇縣南。《吕氏春秋·慎大》：“武王於是復盤庚之政：發巨橋之粟，賦鹿臺之錢，以示民無私。”此處借指齊代國家的積蓄。

[17]大寵，《文館詞林》作“寵任”。

[18]大帛：粗絲織成的繒帛。《左傳·閔公二年》：“衛文公大布之衣，大帛之冠，務財，訓農，通商，惠工，敬教，勸學，授

方，任能。”此處指大帛冠。　述：《文館詞林》作“贊”。

[19]鹿裘：粗陋的裘衣。《晏子春秋·外篇》：“晏子相景公，布衣鹿裘以朝。公曰：‘夫子之家若此其貧也，是奚衣之惡也?’”鹿，當爲“麤”之省文。《文館詞林》作“麄”。麤、麄，並爲“粗”之異體字。

[20]解而更張：比喻變更制度、辦法。《漢書》卷五六《董仲舒傳》：“竊譬之琴瑟不調，甚者必解而更張之，乃可鼓也；爲政而不行，甚者必變而更化之，乃可理也。”

[21]斲雕爲樸：形容不尚浮華，保持質樸。《史記》卷一二二《酷吏列傳》：“漢興，破觚而爲圜，斫雕而爲朴，網漏於吞舟之魚，而吏治烝烝，不至於奸，黎民艾安。”

[22]掖庭：宫中旁舍，嬪妃居所。

[23]大予：掌音樂的官署，即太樂。大予，舊本多作“大享”，而百衲本作“大予”。今依中華書局本校改。　鄭衛之音：指淫蕩的音樂。《禮記·樂記》：“鄭衛之音，亂世之音也。”按此句下，《文館詞林》有“仰度朝旨，暗同此意”兩句，此缺。

[24]甿庶：民衆。

[25]九官：傳説舜置九官：司空、后稷、司徒、士、共工、朕虞、秩宗、典樂、納言。見《尚書·舜典》。此處指衆官。

[26]退食：減膳以示節約。《詩·召南·羔羊》：“退食自公，委蛇委蛇。”鄭《箋》：“退食，減膳也。”

[27]朞月：一整月或一周年。

[28]毛玠：漢末陳留平丘人。仕曹魏爲吏部尚書，典選舉。玠所舉用皆清正之士，務以儉率人，由是天下之士皆以廉潔自勵，雖貴寵之臣，輿服不敢過度，深爲魏武嘆賞。《三國志》卷一二有傳。

[29]靡衣偷食：穿華麗之衣，苟且而食。偷，《文館詞林》作“愉”。

[30]《太平御覽》卷二一四《職官部·吏部尚書》引《傅咸集·表》曰：“昔毛玠爲吏部尚書，無敢好衣美食者，魏武嘆曰：孤之法不

如毛尚書。令使吏部用心如毛玠，風俗之易在不難矣。”

[31]多士：《詩·大雅·文王》：“濟濟多士，文王以寧。”本指士子衆多，此指朝廷士人。

[32]《文館詞林》于此句下有“以時施行”四字。

戊戌，宣德皇后臨朝，入居内殿。拜帝大司馬，解承制，百僚致敬如前。壬寅，詔進高祖都督中外諸軍事，[1]劍履上殿，入朝不趨，贊拜不名。[2]加前後部羽葆鼓吹。[3]置左右長史、司馬、從事中郎、掾、屬各四人，[4]並依舊辟士，餘並如故。[5]詔曰：

夫日月麗天，[6]高明所以表德；山岳題地，[7]柔博所以成功。故能庶物出而資始，[8]河海振而不洩。[9]二象貞觀，[10]代之者人。是以七輔、四叔，[11]致無爲於軒、昊；[12]韋、彭、齊、晉，[13]靖衰亂於殷、周。

[1]《南史·武帝紀》、《南齊書·和帝紀》、《通鑑》卷一四五《梁紀一》“天監元年”紀，“詔進高祖都督中外諸軍事”上均有“壬寅”二字。各本無，今據補。　都督中外諸軍事：官名。全國最高軍事統帥。總統禁衛軍、地方軍等全國各種軍隊。權力極大，歷代不常置。

[2]古代大臣朝見皇帝時，佩劍着履上殿，入朝不快步前進，司儀宣讀行禮儀式時不呼其名。此爲皇帝對親信大臣的特殊優禮。《三國志》卷一《武帝紀》：“天子命公贊拜不名，入朝不趨，履劍上殿，如蕭何故事。”

[3]羽葆：以鳥羽爲飾的儀仗。南朝時加予有功的諸王大臣。

[4]左右長史：並官名。諸公府屬官，掌本府官吏。齊第六品。

從事中郎：官名。諸公府屬官，與長史共掌本府官吏，齊第六品。掾、屬：並官名。公府屬吏。掌本府諸事。宋第七品，齊不詳。

[5]此下疑脱“甲寅”二字。《南齊書·和帝紀》及《南史·武帝紀》均載齊授梁武梁公之詔時間爲“甲寅”。

[6]日月麗天：《易·離·彖傳》：“離，麗也。日月麗乎天，百穀草木麗乎土，重明以麗乎正，乃化成天下。”麗，附着。

[7]題：標識。

[8]庶物出而資始：《易·乾·彖傳》：“大哉乾元，萬物資始，乃統天……首出庶物，萬國咸寧。”

[9]河海振而不洩：《禮記·中庸》：“今夫地，一撮土之多，及其廣厚，載華嶽而不重，振河海而不泄，萬物載焉。”振，收。

[10]二象貞觀：《易·繫辭下》：“天地之道，貞觀者也。”二象，即乾坤，指天地。貞觀，指澄清天下，恢宏正道。

[11]七輔：傳説中黄帝的七位輔臣：風后、天老、五聖、知命、窺紀、地典、力墨（一作“力牧”）。見舊題陶潛《聖賢群輔録》上。　四叔：傳説中少昊的四位賢臣：重、該、脩、熙。見《左傳·昭公二十九年》。

[12]軒：軒轅氏，即黄帝。　昊：即少昊氏。

[13]韋、彭：古諸侯國名，即豕韋氏、大彭氏。班固《白虎通》卷一《號》：“大彭氏、豕韋氏，霸於殷者也。”　齊、晉：東周時諸侯國名，先後爲霸主。

大司馬攸縱自天，[1]體茲齊聖，[2]文洽九功，[3]武苞七德。[4]欽惟厥始，徽猷早樹，[5]誠著艱難，功參帷幕，錫賦開壤，[6]式表厥庸。[7]建武升歷，[8]邊隙屢啓。公釋書輟講，經營四。[9]司、豫懸切，樊、漢危殆，覆强寇於沔濱，僵胡馬於鄧汭。[10]永元肇號，難結羣醜，專威擅虐，毒被含靈，[11]

溥天惴惴，命懸晷刻。[12]否終有期，[13]神謨載挺，[14]首建大策，惟新鼎祚。投袂勤王，[15]沿流電舉，魯城雲撤，夏汭霧披，[16]加湖羣盜，一鼓殄拔，姑孰連旍，[17]倏焉冰泮。[18]取新壘其如拾芥，[19]撲朱爵其猶掃塵。霆電外駭，省闥内傾，餘醜纖蠹，蚳蝝必盡。[20]援彼已溺，解此倒懸，塗歠里抃，[21]自近及遠。畿甸夷穆，[22]方外肅寧，[23]解茲虐網，被以寬政。積弊窮昏，一朝載廓，聲教遐漸，無思不被。雖伊尹之執茲壹德，[24]姬旦之光于四海，[25]方斯蔑如也。[26]

[1]攸縱自天：指上天賦予的德行才能。《論語·子罕》："固天縱之將聖，又多能也。"

[2]體：包含，容納。　齊聖：智慮敏達。

[3]九功：指六府三事共九項養民之政。《尚書·大禹謨》："禹曰：於，帝念哉！德惟善政，政在養民，水、火、金、木、土、穀惟修，正德、利用、厚生惟和，九功惟叙。"六府，即水、火、金、木、土、穀；三事，指正德、利用、厚生。

[4]七德：指禁暴、戢兵、保大、定功、安民、和衆、豐材，凡七種武德。見《左傳·宣公十二年》。

[5]徽猷：嘉謀。

[6]錫：賜。

[7]庸：功勞。

[8]升歷：建立年號。

[9]經營四方：《詩·小雅·北山》："旅力方剛，經營四方。"經營，謀劃。

[10]僵：打倒。　胡馬：此代指北魏軍隊。

[11]含靈：指人類。古以人爲萬物之靈，故稱。

[12]晷刻：頃刻，片刻。

[13]否（pǐ）：壞，惡，六十四卦中卦名爲否者爲壞的卦。《漢書》卷三六《楚元王傳》附《劉向傳》："否者，閉而亂也。"

[14]謨：謀。　挺：突出。

[15]勤王：出兵救援王朝。

[16]夏汭：夏水入江處。即今湖北武漢市漢口。　霧，各本作"露"，依中華書局本校改。

[17]連旍：代指軍隊。旍，旗幟。

[18]泮：消融。

[19]新壘：即新亭壘。

[20]蚳（chí）蝝（yuán）：蟻卵和未生翅的蝗子。此處比喻微弱的敵人。

[21]抃：鼓掌。

[22]畿甸：指京師地區。　夷穆：平和。

[23]方外：指邊遠地區。

[24]伊尹：商湯之賢臣，佐湯伐桀，被尊爲阿衡。湯死，伊尹作《咸有一德》誡其孫太甲，謂君臣皆應有純一之德。詳《尚書·商書》。　壹德：純一之德。

[25]姬旦：即周公旦。見《史記》卷三三《魯周公世家》。

[26]方：比。　蔑如：算不了什麽。

昔吕望翼佐聖君，[1]猶享四履之命；[2]文侯立功平后，[3]尚荷二弓之錫，[4]況於盛德元勳，超邁自古。黔首惵惵，[5]待以爲命，救其已然，[6]拯其方斮，[7]式閭表墓，[8]未或能比；而大輅渠門，[9]輟而莫授，眷言前訓，無忘終食。[10]便宜敬升大典，式允羣望。其進位相國，總百揆，[11]揚州刺史；[12]封十郡爲梁公，[13]備九錫之禮，[14]加璽紱遠遊冠，[15]位在諸王上，加相國緑綟綬。[16]其驃騎大將軍如故。依舊置梁百司。

[1]吕望：即太公望，本姓姜，因封於吕，故亦曰吕望。周文王、武王之輔佐。爲齊國之始祖。見《史記》卷三二《齊太公世家》。

[2]四履：相傳周成王曾命太保召康公賜吕望履，“東至于海，西至于河，南至于穆陵，北至于無棣”。事見《左傳·僖公四年》。履，本指踐履之地，此處指征伐所至的範圍。

[3]文侯：指晉文侯仇，其人有功於周平王。見《史記》卷三九《晉世家》。　平后：指周平王宜臼。見《史記》卷四《周本紀》。

[4]二弓之錫：相傳周幽王爲犬戎所殺，晉文侯與鄭武公迎太子宜臼而立之，是爲平王。平王以文侯有功，賜以彤弓一、彤矢百；盧弓一，盧矢百。事見《尚書·文侯之命》。二弓，指彤弓、盧弓。錫，賜。

[5]黔首：老百姓。　惵惵：恐懼不安的樣子。

[6]然：古“燃”字。

[7]方：將。

[8]式閭表墓：相傳殷紂暴虐淫亂，武王伐滅之，“釋箕子囚，封比干墓，式商容閭，散鹿臺之財，發鉅橋之粟，大賚於四海，而萬姓悦服”。見《尚書·武成》。式閭，式，通“軾”，車前横木；閭，里門。人乘車至里門，憑軾以示敬意。表墓，標識墳墓。

[9]大輅渠門：春秋時，齊桓公爲伯。葵丘之會，桓公率諸侯朝天子，天子厚賜桓公，“賞服大輅、龍旗九旒、渠門赤旂”。見《國語·齊語》。大輅，諸侯所乘之車。渠門，軍中大旗名。

[10]終食：吃完一餐飯的時間。《論語·里仁》：“子曰：‘君子

無終食之間違仁，造次必於是，顛沛必於是。'”

[11]百揆：百官。

[12]揚州刺史：中華書局本《校勘記》：“按：'揚州刺史'當依《通鑑》作'揚州牧'。蕭衍於上年十二月爲揚州刺史，今進位揚州牧，所以下策文中謂'今進授相國，改揚州刺史爲牧'。”是。

[13]十郡：《通鑑》卷一四五《梁紀一》“天監元年”下胡三省注：“時以豫州之梁郡、歷陽，南徐州之義興，揚州之淮南、宣城、吴興、會稽、新安、東陽凡十郡爲梁公國。”按，據《南史》卷六《梁本紀上》策文，“吴興”上當有吴，始爲十郡。胡注闕一郡。

[14]九錫：相傳古代帝王尊禮大臣所賜的九種器物。據《禮含文嘉》，九錫指衣服、朱户、納陛、車馬、樂則、虎賁、鈇鉞、弓矢、秬鬯。魏晉南北朝擅權大臣奪取政權，建立新朝前，例加九錫。

[15]遠遊冠：冠名。古代諸王所戴。

[16]緑綟綬：草緑色印授。《太平御覽》卷二〇四《職官部·丞相》上引《齊職儀》曰：“相國緑綟綬，衮冕服。”

策曰：[1]

二儀寂寞，[2]由寒暑而代行，三才並用，[3]資立人以爲寶，故能流形品物，仰代天工。允兹元輔，[4]應期挺秀，裁成天地之功，幽協神明之德。撥亂反正，濟世寧民，[5]盛烈光於有道，[6]大勳振於無外，雖伊陟之保乂王家，[7]姬公之有此丕訓，[8]方之蔑如也。今將授公典策，其敬聽朕命：

[1]策：古代天子用來任免諸侯王公或用以誄謚的文書。參明·徐師曾《文體明辨序説》。

[2]二儀：天、地。

[3]三才：天、地、人。

[4]元輔：首輔，指相國。元，首。

[5]濟世寧民：舊本作“濟俗寧人”。當是姚思廉避唐太宗諱改。今依中華書局本校改。

[6]烈：功業。

[7]伊陟：陟，通“摯”；伊摯即伊尹。

[8]姬公：即周公。周公姬姓，故稱。　丕：大。

上天不造，難鍾皇室，世祖以休明早崩，[1]世宗以仁德不嗣，[2]高宗襲統，[3]宸居弗永，[4]雖夙夜劬勞，而隆平不洽。嗣君昏暴，[5]書契弗覩。朝權國柄，委之羣孽。剿戮忠賢，誅殘台輔，[6]含冤抱痛，噍類靡餘。[7]寔繁非一，[8]並專國命。嚬笑致災，睚眦及禍。嚴科毒賦，載離比屋，溥天熬熬，[9]置身無所。冤頸引決，道樹相望，無近無遠，號天靡告。公藉昏明之期，因兆民之願，援帥羣后，[10]翊成中興，宗社之危已固，天人之望允塞，此實公紐我絶綱，[11]大造皇家者也。

[1]世祖：齊武帝廟號。舊本原作“元帝”，依中華書局本校改。

[2]世宗：齊文惠太子廟號。文惠太子未及嗣位即卒，其子鬱林王即位，追尊爲世宗文皇帝。見《南齊書》卷四《鬱林王紀》。世宗，舊本原作“簡文”，依中華書局本校改。　德：原作“弱”，依中華書局本校改。

[3]高宗：齊明帝廟號。

[4]宸居：帝王之居。

[5]嗣君：指東昏侯蕭寶卷。

[6]台輔：指三公宰相。

[7]噍類：活人。

[8]寔繁：《尚書·仲虺之誥》："簡賢附勢，寔繁有徒。"意謂略賢附勢之人，同惡相濟，實多徒衆。此處用"寔繁"代指"簡賢附勢"之人。

[9]嗷嗷：同"嗷嗷"。愁怨聲。

[10]援：帶領。《南史·武帝紀》作"爰"。 羣后：衆諸侯。

[11]紐：結。

永明季年，[1]邊隙大啓，荆河連率，[2]招引戎荒，江、淮擾逼，勢同履虎。[3]公受言本朝，輕兵赴襲，縻以長算，制之環中。排危冒險，强柔遞用，坦然一方，還成藩服。[4]此又公之功也。在昔隆昌，洪基已謝，高宗慮深社稷，將行權道。[5]公定策帷帳，激揚大節，廢帝立王，謀猷深著。此又公之功也。建武闡業，厥猷雖遠，戎狄内侵，憑陵關塞，司部危逼，[6]淪陷指期。公治兵外討，卷甲長騖，接距交綏，電激風掃，摧堅覆鋭，咽水塗原，[7]執俘象魏，[8]獻馘海渚，[9]焚廬毁帳，號哭言歸。[10]此又公之功也。樊、漢阽切，[11]羽書續至。[12]公星言鞠旅，[13]稟命徂征，而軍機戎統，事非己出，善策嘉謀，抑而莫允。鄧城之役，胡馬卒至，元帥潛及，[14]不相告報，棄甲捐師，餌之虎口。公南收散卒，北禦雕騎，[15]全衆方軌，案路徐歸，拯我邊危，重獲安堵。[16]此又公之功也。漢南迥弱，[17]咫尺勍寇，[18]兵糧蓋闕，器甲靡遺。公作藩爰始，因資靡託，整兵訓卒，蒐狩有序，[19]俾我危城，[20]飜爲强鎮。此又公之功也。永元紀號，瞻烏已及，雖廢昏有典，而伊、霍稱難。[21]公首建大策，爰立明聖，義踰邑綸，[22]勳高代入，[23]易亂以化，俾昏作明。此又公之功也。文王之風，[24]雖被江、漢，京邑蠢動，湮爲洪流，句吴、於越，[25]巢幕匪喻。[26]公投袂萬里，事惟拯溺，義聲所覃，[27]無思不韙。此又公之功也。魯城、夏汭，梗據中流，乘山置壘，縈川自固。公御此烏集，陵兹地險，頓兵坐甲，寒往暑移，我行永久，士忘歸願，經以遠圖，御以長策，[28]費無遺矢，[29]戰未窮兵，踐華之固，[30]相望俱拔。此又公之功也。惟此羣凶，同惡相濟，緣江負險，蟻聚加湖。水陸盤據，規援夏首，桴旝一臨，[31]應時褫潰。[32]此又公之功也。姦孽震皇，復懷舉斧，[33]蓄兵九派，[34]用擬勤王。公稜威直指，勢踰風電，旌旆小臨，[35]全州稽服。[36]此又公之功也。姑孰衝要，密邇京畿，[37]凶徒熾聚，斷塞津路。公偏師啓塗，排方繼及，兵威所震，望旗自駭，焚舟委壁，[38]卷甲宵遁。此又公之功也。羣豎猖狂，志在借一，[39]豕突淮涘，[40]武騎如雲。公爰命英勇，因機騁鋭，氣冠版泉，[41]勢踰洹水，[42]追奔逐北，奄有通津，熊耳比峻，[43]未足云擬，睢水不流，[44]曷其能及。此又公之功也。琅邪、石首，[45]襟帶岨固，[46]新壘、東墉，[47]金湯是埒。[48]憑險作守，兵食兼資，風激電駭，莫不震疊，[49]城復于隍，[50]於是乎在。此又公之功也。獨夫昏很，[51]憑城靡懼，鼓鍾鞺鞳，慠若有餘。狎是邪孽，忌斯冠冕，[52]凶狡因之，將逞孥戮。[53]公奇謨密運，盛略潛通，[54]忠勇之徒，得申厥効，白旗宣室，[55]未之或比。此又公之功也。

[1]永明：齊武帝年號（483—493）。

[2]荆河：《尚書·禹貢》："荆河惟豫州。"此處代指豫州。連率：指地方長官。此處指豫州刺史崔慧景。《南齊書》卷五一《崔慧景傳》："鬱林即位，進號征虜將軍。慧景以少主新立，密與虜交通，朝廷疑懼。高宗輔政，遣梁王至壽春安慰之，慧景遣密啓送誠勸進。"

[3]履虎：踐踏虎尾，比喻處於險境。《易·履》："履虎尾，不咥人，亨。"

[4]藩服：古代王畿以外的地區分爲九服，離王畿最遠的地區稱爲藩服。此處指豫州。唐·釋道宣《廣弘明集》卷二九梁武帝《孝思賦序》亦叙及崔慧景欲反事："刺史崔慧景志懷翻覆，遠招逋逃，多聚奸俠，大猾凶醜，莫不雲集，至如彭盆、韓元孫等，不可稱數。倍道電邁，奄至淮淝，凶徒疑駭，相引離散。臺軍主徐元慶、房伯玉等欲襲取慧景，乃固禁之，方得止息。是歲齊明作相，疑論未決，密馳表疏，勸徵慧景，折簡而召，必不違拒，即重遣還，以安其心。奸渠既出，緣邊無虞，旬朔之間，慧景反鎮。"此可與本文參證。

[5]權道：權宜之道。指廢鬱林王，立海陵王。

[6]司部：即司州。

[7]咽水塗原：堵塞了水流，充滿了原野。形容敵人死傷之多。

[8]象魏：宫廷外懸佈法令之處。

[9]馘：戰爭中割下的敵人的耳朵。古代作戰，以此計功。

[10]號哭：《南史》卷六《梁本紀》作“胡哭”。

[11]樊、漢：樊城、漢水。此代指雍州。　阽切：危急。

[12]羽書：插鳥羽以示緊急的軍事文書。

[13]星言：急速如流星。　鞠旅：誓師。

[14]元帥：指崔慧景。　及：疑爲“反”字之訛。反，通“返”。鄧城之役，齊軍主帥崔慧景懼敵之衆，引兵而退。參《南齊書》卷五一《崔慧景傳》。

[15]雕騎：凶猛的敵騎。

[16]安堵：安居。

[17]漢南：漢水以南。此處指雍州治所襄陽。　迥：遠。

[18]勍寇：强敵。

[19]蒐狩：春獵爲蒐，冬獵爲狩。此處指訓練軍隊。

[20]俾：使。

[21]伊、霍：伊尹、霍光。商代伊尹放逐太甲，漢代霍光廢昌邑王，是廢昏立明的典型，後人並稱之爲伊霍。

[22]邑綸：相傳夏后相爲澆所殺，相妻后緡正懷孕，逃到有仍，生少康。澆使人求之，少康又逃奔有虞。虞人妻之以二姚而邑於綸，終於滅澆，復禹之舊績。事詳《左傳・哀公元年》。綸，邑名。

[23]代人：漢劉邦死後，高后稱制，親重吕氏。高后崩，諸吕欲傾劉氏，陳平、周勃等誅諸吕，廢少帝，迎立代王劉恒入京師即帝位。事詳《史記》卷九《吕太后本紀》。

[24]文王：周文王。此處用以比蕭衍。　風：教化。《詩・周南・漢廣》之《小序》云：“文王之道被於南國，美化行乎江漢之域，無思犯禮，求而不可得也。”

[25]句吴、於越：即舊吴、越。此指京師建康所在的今江浙地區。

[26]巢幕：築巢於幕上。比喻處境危險。《左傳·襄公二十九年》："夫子之在此也，猶燕之巢於幕上。" 匪：通"非"。

[27]覃：及。

[28]御以長策：御，駕馭。長策，長鞭。像以長鞭駕馭馬一樣統帥軍隊。

[29]遺矢：損失一矢。

[30]踐華之固：《文選》卷五一賈誼《過秦論上》："然後踐華爲城，因河爲池，據億丈之城，臨不測之谿以爲固。"華，華山。

[31]桴旝（kuài）：指揮作戰的鼓槌和旗幟。

[32]褫潰：潰散。

[33]舉斧：斧，螳斧，螳螂的前足。《韓詩外傳》卷八："齊莊公出獵，有螳螂舉足將搏其輪。問其御者：'此何蟲也？'御者曰：'此是螳螂也。其爲蟲知進而不知退，不量力而輕其敵。'"

[34]九派：指江西潯陽，當時江州鎮所。《文選》卷一二郭景純《江賦》："源二分於崌崍，流九派乎潯陽。"

[35]小臨：舊本作"來臨"，依中華書局本校改。

[36]稽服：稽首而服。

[37]密邇：靠近。

[38]委：棄。 壁：營壘。

[39]借一："背城借一"之略語，指最後的決戰。《左傳·成公二年》："請收合餘燼，背城借一，敝邑之幸，亦云從也。"

[40]豕突：比喻人之横衝直撞，流竄侵擾。

[41]版泉：地名。即"阪泉"。《史記》卷一《五帝本紀》："（黄帝）與炎帝戰於阪泉之野，三戰然後得其志。"今地所在，其説不一。一説在今河北涿鹿縣東南，一説在今山西運城市鹽池。版，《南史·武帝紀》作"阪"。

[42]洹水：水名。即今安陽河。戰國時，蘇秦説趙王，合韓、

魏、齊、楚、燕、趙之力以抗秦，使六國將相會於洹水之上而定盟。事詳《戰國策·趙三》及《史記》卷六九《蘇秦列傳》。

[43]熊耳：山名。在今河南盧氏縣南。《太平御覽》卷四二《地部七》引《東觀漢記》曰："赤眉初降，輦輸鎧甲、兵弩積與熊耳山等。"

[44]睢水：水名。自今河南開封東分古鴻溝東流，經今杞、睢、永城等縣，復經安徽入江蘇睢寧縣，至宿遷南注入古泗水。久堙。《史記》卷七《項羽本紀》："（項王）大破漢軍，漢軍皆走。……楚又追擊至靈壁東睢水上。漢軍卻，爲楚所擠，多殺。漢卒十餘萬人皆入睢水，睢水爲之不流。"

[45]琅邪：僑置郡名。治所在今江蘇句容縣西北。　石首：即石頭，亦即石頭城。

[46]岨固：險要牢固。

[47]新壘：即新亭壘。　東墉：即東府城。

[48]埒（liè）：等同。

[49]震疊：驚懼。

[50]城復于隍：泰極而否之象。《易·泰》："上六，城復于隍，勿用師。自邑告命，貞吝。"《象》曰："城復于隍，其命亂也。"隍，城下之溝。無水爲隍，有水稱池。

[51]很：通"狠"，凶暴。《南史·武帝紀》作"佷"。

[52]冠冕：指士大夫。

[53]孥戮：誅及子孫。一説没爲奴婢或判處死刑。

[54]盛略潛通：《南史·武帝紀》作"威略潛回"。

[55]白旗：相傳武王伐紂，斬紂頭，懸之大白之旗，又斬紂嬖妾二女之頭，懸之小白之旗。事見《史記》卷四《周本紀》。　宣室：宫殿名。《淮南子·本經訓》："武王甲卒三千，破紂牧野，殺之於宣室。"

公有拯億兆之勳，重之以明德，[1]爰初厲志，服道儒門，濯纓來仕，[2]清猷映代。[3]時運艱難，宗社危殆，崐崗已燎，[4]玉石同焚。[5]驅率貔貅，抑揚霆電，義等南巢，[6]功齊牧野。[7]若夫禹功寂漠，[8]微管誰嗣，[9]拯其將魚，驅其被髮，解兹亂網，理此棼絲，[10]復禮衽席，[11]反樂河海。[12]永平故事，[13]聞之者歎息；司隸舊章，[14]見之者隕涕。請我民命，還之斗極。[15]憫憫搢紳，重荷戴天之慶；哀哀黔首，復蒙履地之恩。德踰嵩、岱，[16]功隣造物，超哉邈矣，越無得而言焉。[17]

[1]明德：完美的德性。

[2]濯纓：比喻超塵脱俗，操行高潔。《孟子·離婁》："滄浪之水清兮，可以濯我纓。"

[3]代：《南史·武帝紀》作"世"。

[4]崐崗：即昆侖山，相傳其上産美玉。

[5]玉石同焚：比喻不分善惡，同歸於盡。《尚書·胤征》："火炎崐岡，玉石俱焚。"

[6]南巢：地名。在今安徽巢湖市。相傳商湯伐桀，放桀於此。詳《尚書·仲虺之誥》。

[7]牧野：地名。在今河南淇縣南。相傳爲周武王伐紂之地。詳《尚書·牧誓》。

[8]禹功：《左傳·昭公元年》："劉子曰：'美哉，禹功！明德遠矣。微禹，吾其魚乎！'" 寂漠：同"寂寞"。《南史·武帝紀》作"寂寞"。

[9]微管：《論語·憲問》："子曰：'管仲相桓公，霸諸侯，一匡天下，民到於今受其賜。微管仲，吾其被髮左衽矣。'"微，若没有。

[10]棼絲：亂絲，比喻混亂的世事。《左傳·隱公四年》：魯大夫衆仲對魯隱公説："臣聞以德和民，不聞以亂。以亂，猶治絲而棼之也。"杜預注："絲見棼緼，益所以亂。"

[11]衽席：朝堂宴享所設席位。

[12]反：通"返"。

[13]永平故事：永平，漢明帝年號。《後漢書》卷四六《陳寵傳》："（寵）肅宗初，爲尚書。是時承永平故事，吏政尚嚴切，尚書決事，率近於重。寵以帝新即位，宜改前世苛俗，乃上疏曰云云。"此指嚴明的吏政。

[14]司隸舊章：司隸，即司隸校尉。《後漢書》卷一《光武帝紀》："更始將北都洛陽，以光武行司隸校尉，使前整修宫府。於是置僚屬，作文移，從事司察，一如舊章。時三輔吏士東迎更始，見諸將過，皆冠幘，而服婦人衣，諸於綉掘，莫不笑之。或有畏而走者。及見司隸僚屬，皆歡喜不自勝。老吏或垂涕曰：'不圖今日復見漢官威儀！'由是識者皆屬心焉。"

[15]斗極：北斗星。《淮南子·齊俗訓》："夫乘舟而惑者，不知東西，見斗極則寤矣。夫性亦人之斗極也。有以自見也，則不失物之情；無以自見，則動而惑營。"此用以比喻人之本性。

[16]嵩、岱：五岳中的嵩山、泰山。

[17]越：發語辭，無實義。

朕又聞之：疇庸命德，[1]建侯作屏，[2]咸用剋固四維，[3]永隆萬葉。是以《二南》流化，[4]九伯斯征，[5]王道淳洽，刑措罔用。[6]覆政弗興，歷茲永久，如燬既及，[7]晉、鄭靡依。[8]惟公經綸天地，寧濟區夏，[9]道冠乎伊、稷，[10]賞薄於桓、文，[11]豈所以憲章齊、魯，[12]長轡宇宙。[13]敬惟前烈，[14]朕甚懼焉。今進授相國，改揚州刺史爲牧，以豫州之梁郡歷陽、南徐州之義興、揚州之淮南宣城吴吴興會稽新安東陽十郡，[15]封公爲梁公。錫兹白土，[16]苴以白茅，[17]爰定爾邦，用建冢社。[18]在昔旦、奭，[19]入居保佑，逮于畢、毛，[20]亦作卿士，任兼内外，禮實宜之。今命使持節、兼太尉王亮授相國揚州牧印綬，[21]梁公璽紱；使持節、兼司空王志授梁公茅土，[22]金虎符第一至第五左，[23]竹使符第一至第十左。[24]相國位冠羣后，任總百司，恒典彝數，[25]宜與事革。其以相國總百揆，去録尚書之號，上所假節、侍中貂蟬、中書監印、中外都督大司馬印綬、建安公印策，[26]驃騎大將軍如故。又加公九錫，其敬聽後命：以公禮律兼修，刑德備舉，哀矜折獄，[27]罔不用情，是用錫公大輅、戎輅各一，[28]玄牡二駟。[29]公勞心稼穡，念在民天，[30]丕崇本務，惟穀是寶，是用錫公衮冕之服，[31]赤舄副焉。[32]公鎔鈞所被，[33]變風以雅，易俗陶民，載和邦國，是用錫公軒懸之樂，[34]六佾之舞。[35]公文德廣覃，義聲遠洽，椎髻鞮首，[36]夷歌請吏，是用錫公朱户以居。公揚清抑濁，官方有序，多士聿興，《棫樸》流詠，[37]是用錫公納陛以登。[38]公正色御下，以身軌物，[39]式遏不虞，[40]折衝惟遠，[41]是用錫公虎賁之士三百人。[42]公威同夏日，[43]志清姦宄，放命圮族，[44]刑兹罔赦，是用錫公鈇、鉞各一。[45]公跨躡嵩溟，[46]陵厲區宇，[47]譬諸日月，容光必至，[48]是用錫公彤弓一、彤矢百，盧弓十、盧矢千。公永言惟孝，至感通神，恭嚴祀典，祭有餘敬，是用錫公秬鬯一卣，[49]圭瓚副焉。[50]梁國置丞相以下，一遵舊式。欽哉！其敬循往策，祗服大禮，[51]對揚天眷，[52]用膺多福，以弘我太祖之休命！[53]

[1]疇庸：酬報功勞。疇，通"酬"。

[2]建侯：分封諸侯。　屏：藩衛。

[3]四維：四隅。東西南北爲四方，四方之隅叫四維。

[4]《二南》：指《詩》之《周南》、《召周》。舊説南方諸侯之國，被文王之化，而有《二南》之詩。

[5]九伯：九州之長。《左傳·僖公四年》："管仲對曰：'昔召康公命我先君太公曰：五侯九伯，女實征之，以夾輔周室！'"

[6]刑措：無人犯法，刑法置而無用。措，置。

[7]如燬：比喻政令酷烈如火。《詩·周南·汝墳》："魴魚赬尾，王室如燬。"

[8]晉、鄭：周代諸侯國名。此借指南齊諸侯王。

[9]區夏：諸夏之地，指中國。《文選》卷三張平子《東京賦》薛綜注："區，區域也；夏，華夏也。"

[10]伊、稷：伊尹、后稷。

[11]桓、文：齊桓公、晉文公。

[12]齊、魯：周代齊國、魯國。

[13]轡：駕御。

[14]惟：思。

[15]梁郡：郡名。治所在今安徽壽縣。　歷陽：郡名。治所在今安徽和縣。　義興：郡名。治所在今江蘇宜興市。　淮南：郡名。治所在今安徽當塗縣。　宣城：郡名。治所在今安徽宣州市。

吴：郡名。治所在今江蘇蘇州市。舊本脱此“吴”字，因而不足十郡之數，依中華書局本校補。　吴興：郡名。治所在今浙江湖州市。　會稽：郡名。治所在今浙江紹興縣。　新安：郡名。治所在今浙江淳安縣西北。　東陽：郡名。治所在今浙江金華市。

[16]白土：西方白色之土。古代天子建諸侯，各割其方色土與之，使立社。

[17]苴以白茅：用白茅包土。爲古代帝王分封諸侯之儀式。

[18]冢社：大社，古諸侯王祭祀之所。

[19]旦、奭：周公旦、召公奭。周武王崩，二公夾輔成王。

[20]畢、毛：畢公高、毛公伯明，並爲周文王之子。

[21]王亮：人名。本書卷一六有傳。

[22]王志：人名。本書卷二一有傳。

[23]金虎符：古代發兵所用的符信。《文選》卷三五潘元茂《册魏公九錫文》：“授君印綬册書，金虎符第一至第五，竹使符第一至第十。”李善注引范曄《後漢書》杜詩上書曰：“舊制，發兵皆以虎符，其餘徵調，竹使符。”

[24]竹使符：古代分與郡國守相的符信。右留京師，左與郡國。

[25]彝數：法制禮教。

[26]貂蟬：以貂尾與蟬羽爲飾的冠。侍中、中常侍所戴。

[27]折獄：斷案。

[28]戎輅：兵車。《左傳·僖公二十八年》：“策命晉侯爲侯伯，賜之大輅之服，戎輅之服。”

[29]玄牡：黑色公畜。

[30]民天：指糧食。晉·葛洪《抱朴子·外篇·詰鮑》：“至於八政首食，謂之民天。后稷躬稼，有虞親耕。”

[31]衮冕：衮衣和冠冕。古代帝王及大夫的禮服和禮帽。

[32]赤舄：古代帝王及貴族所穿的禮鞋。

[33]鎔鈞：比喻政治教化。

［34］軒懸之樂：指諸侯所用之樂。古代諸侯陳列樂器，三面懸掛。《周禮·春官·小胥》："王，宫懸；諸侯，軒懸。"《注》："宫懸，四面懸；軒懸，去其一面。"

［35］六佾之舞：古代諸侯所用的樂舞。舞者分六列，每列六人。參《左傳·隱公五年》杜預注。

［36］椎髻髽首：指邊遠地區、少數民族。椎髻，形狀如椎的髮式。髽首，以麻束髮。

［37］《棫樸》：《詩·大雅》篇名。《傳》云："山木茂盛，萬民得而薪之；賢人衆多，國家得用蕃興。"後世因以喻人才衆多。

［38］納陛：九錫之一。鑿殿基爲登升的陛級，納之於檐下，不使露而升，故名。《文選》卷三五潘元茂《册魏公九錫文》："君研其明哲，思帝所難，官才任賢，群善必舉，是用錫君納陛以登。"

［39］軌物：作别人的榜樣。軌，《南史·武帝紀》作"範"。物，人。

［40］式遏：使惡人不得爲害。

［41］折衝：使敵人戰車後退，即擊退敵人。衝，戰車之一種。

［42］虎賁之士：勇士。

［43］夏日：比喻威嚴。《左傳·文公七年》："酆舒問於賈季曰：'趙衰、趙盾孰賢？'對曰：'趙衰，冬日之日也；趙盾，夏日之日也。'"《注》："冬日可愛，夏日可畏。"

［44］放命圮族：違命不行，敗其族類。《尚書·堯典》："僉曰：'於，鯀哉！'帝曰：'吁，咈哉，方命圮族。'"放，同"方"，違抗。

［45］鈇鉞：刑戮之具。《禮記·王制》："諸侯賜弓矢，然後征；賜鈇鉞，然後殺。"

［46］嵩溟：等於説山海。嵩，嵩山，此處代指山；溟，海。

［47］陵厲：同"凌厲"。勇往直前，氣勢猛烈。

［48］容光：指幽暗間隙。《孟子·盡心上》："日月有明，容光必照焉。"趙岐《注》："容光，小郤也，言大明照幽微也。"

[49]秬鬯：用鬱金草和黑黍釀造的酒，供祭祀或賞賜有功之人用。　卣：中型酒樽。

[50]圭瓚：古代用玉石做的酒器，形狀如勺，以圭爲柄。《文選》卷三五潘元茂《册魏公九錫文》："是用錫君秬鬯一卣，珪瓚副焉。"

[51]祗（zhī）：敬。

[52]對揚：對答稱揚。　天眷：指帝王對大臣的寵愛。

[53]太祖：齊高帝廟號。

高祖固辭。府僚勸進曰："伏承嘉命，顯至佇策。明公逡巡盛禮，[1]斯實謙尊之旨，[2]未窮遠大之致。[3]何者？嗣君棄常，自絶宗社，國命民主，翦爲仇讐，折棟崩榱，[4]壓焉自及，卿士懷脯斮之痛，[5]黔首懼比屋之誅。明公亮格天之功，[6]拯水火之切，[7]再躔日月，[8]重綴參辰，[9]反龜玉於塗泥，[10]濟斯民於阬岸，使夫匹婦童兒，羞言伊、吕，[11]鄉校里塾，耻談五霸。[12]而位卑乎阿衡，[13]地狹於曲阜，[14]慶賞之道，尚其未洽。夫大寶公器，[15]非要非距，[16]至公至平，當仁誰讓？明公宜祗奉天人，允膺大禮。無使後予之歌，[17]同彼胥怨，[18]兼濟之人，翻爲獨善。"公不許。

[1]逡巡：遲疑不决。

[2]謙尊：尊者謙讓。《易·謙·彖傳》："謙尊而光，卑而不可逾，君子之終也。"孔穎達《疏》："尊者有謙而更光明盛大。"

[3]遠大：指高遠弘大的志向、前途。

[4]折棟崩榱：使房屋倒塌。比喻傾覆。《左傳·襄公三十一年》子産曰："子於鄭國，棟也。棟折榱崩，僑將厭焉，敢不盡

言？”

[5]脯斮：脯，將人砍成肉塊；斮，斬斷人的脛骨。相傳商紂殘暴無道，脯鄂侯，斬朝涉之脛。事見《尚書·泰誓》及《史記·殷本紀》。

[6]亮：顯露。　格天：感通於天。

[7]水火：《孟子·梁惠王下》：“今燕虐其民，王往征之，民以爲拯己於水火之中也。”後以之比喻災難、艱險。

[8]躔：日月按軌迹運行。

[9]參辰：二星名，分在東西方，出没不相見。比喻離散隔絶。

[10]反：通“返”。　龜玉：偏義複詞，龜。

[11]伊、吕：伊尹、吕尚。

[12]五霸：春秋時諸侯國中五位霸主。有多種説法。通常認爲指齊桓、晉文、秦穆、宋襄、楚莊。見趙岐《孟子·告子》注。

[13]阿衡：商代官名。掌國政，輔佐帝王。

[14]曲阜：周公旦的封邑。故城在今山東曲阜市。

[15]大寶：《易·繫辭下》：“聖人之大寶曰位。”後因以指帝位。公器：天下共用之器。指名位爵禄等。《莊子·天運》：“名，公器也。”

[16]要：同“邀”，求。　距：通“拒”。

[17]後予之歌：相傳商湯征諸侯，得民擁護。其始征葛伯，天下之民怨曰：“奚獨後予！”其所往伐者，民妻孥相慶曰：“徯予后，后來其蘇！”詳《尚書·仲虺之誥》，亦見《孟子·梁惠王下》。

[18]胥怨：相傳殷盤庚五遷，將治亳殷，民不欲遷徙，皆咨嗟憂怨。參《史記》卷三《殷本紀》。

二月辛酉，府僚重請曰：[1]“近以朝命藴策，[2]冒奏丹誠，奉被還令，未蒙虚受，搢紳顒顒，[3]深所未達。蓋聞受金於府，[4]通人弘致，高蹈海隅，[5]匹夫小節，是以履乘石而周公不以爲疑，[6]贈玉璜而太公不以爲讓。[7]況世哲繼軌，先德在民，經綸草昧，[8]歎深微管。加以朱方之役，[9]荆河是依，[10]班師振旅，[11]大造王室。[12]雖復累繭救宋，[13]重胝存楚，[14]居今觀古，曾何足云。而惑甚盜鍾，[15]功疑不賞，皇天后土，不勝其酷。是以玉馬駿奔，[16]表微子之去，[17]金板出地，[18]告龍逢之冤。[19]明公據鞍輟哭，[20]厲三軍之志，獨居掩涕，[21]激義士之心，故能使海若登祇，[22]罄圖効祉，[23]山戎、孤竹，[24]束馬影從，[25]伐罪弔民，一匡静亂，匪叨天功，[26]實勤濡足。[27]且明公本自諸生，[28]取樂名教，[29]道風素論，坐鎮雅俗，不習孫、吴，[30]遘兹神武。驅盡誅之氓，[31]濟必封之俗，[32]龜玉不毁，[33]誰之功與？獨爲君子，將使伊、周何地？"[34]於是始受相國梁公之命。

[1]此下重請之詞，乃任昉所撰，見《文選》卷四〇任彦昇《百辟勸進今上牋》。李善注引劉璠《梁典》曰："帝詔授公梁公，加公九錫，公辭。於是左長史王瑩等勸進，公猶謙讓，未之許。瑩等又牋，並任昉之辭也。"

[2]藴策：尊崇而加策命。《方言》："藴，崇也。"

[3]顒顒：仰慕的樣子。

[4]受金於府：指接受正當的酬勞。《吕氏春秋·察微》："魯國之法，魯人爲人臣妾於諸侯，有能贖之者，取其金於府。子貢贖魯人於諸侯，來而讓不取其金。孔子曰：'賜失之矣，自今以往，魯人不贖人矣！取其金則無損於行，不取其金則不復贖人矣。'"

[5]高蹈海隅：指有功而逃賞。齊將田單攻聊城，歲餘，士卒多死而聊城不下。魯仲連爲書射城中，城中得書，降齊。田單歸功魯仲連，欲爵之。魯仲連逃隱於海隅。事詳《史記》卷八三《魯仲

連列傳》。高蹈，遠避，指隱居。

［6］履乘石：《尸子》卷下："昔者武王崩，成王少，周公踐東宫，履乘石，假爲天子七年。"乘石，王登車之墊脚石。

［7］贈玉璜：《文選》卷四〇李善注引《尚書中候》曰："王即田鷄水畔，至磻溪之水。吕尚釣於崖，王下拜曰：'切望公七年，乃今見光景於斯。'尚立變名，答曰：'望釣得玉璜，刻曰"姬受命，吕佐旌，德合昌，來提撰，爾雒鈐，報在齊"。'"玉璜，半圓的璧。贈，《文選》作"增"。　太公：指齊太公吕尚。

［8］經綸：謀劃國家大事。

［9］朱方之役：指齊永元二年，平西將軍崔慧景集衆京口，進攻京師，蕭衍長兄豫州刺史懿奉詔破崔慧景之事。詳《南齊書》卷五一《崔慧景傳》及本書卷二三《長沙嗣王業傳》。朱方，丹徒縣之古稱，治所在今江蘇鎮江市南。此處指京口，即今鎮江市一帶。

［10］荆河：《尚書·禹貢》："荆河惟豫州。"後世以荆河代指豫州。此處指豫州刺史蕭懿。

［11］振旅：整頓部隊。《尚書·大禹謨》："班師振旅。"孔安國《傳》："兵入曰振旅，言整衆。"

［12］王室：三朝本、百衲本皆作"臺閣"。

［13］累繭救宋：公輸般爲楚設機，將以攻宋。"墨子聞之，百舍重繭，往見公輸般"，終於説服公輸般和楚王，打消了攻宋的圖謀。詳《戰國策·宋衛》。累繭，即重繭。

［14］重胝存楚：吴攻楚，楚大夫申包胥"曾繭重胝，七日七夜至於秦庭"，晝吟宵哭，終於乞得秦國救兵，"以存楚國"。事詳《淮南子·修務訓》。

［15］盜鍾：即"掩耳盜鍾"，比喻惡聞己過、自欺欺人。

［16］玉馬駿奔：《文選》卷四〇李善注："《論語比考讖》：'殷惑女妲己，玉馬走。'宋均曰：'女妲己有美色也。玉馬，喻賢臣奔去也。'"

［17］微子：商紂王之庶兄，名啓。數諫紂，紂不聽，乃去國。

詳《史記》卷三八《宋微子世家》。

[18]金板出地：《文選》卷四〇李善注："《論語陰嬉讖》曰：'庚子之旦，金版剋書，出地庭中，曰：臣族虐，王禽。'宋均曰：謂殺關龍之後，庚子旦庭中地有此版異也。龍同姓，稱族。王虐殺我，必見禽也。"

[19]龍逄：即關龍逄，相傳爲夏之賢臣。夏桀無道，龍逄極諫，桀囚而殺之。事參見《莊子·人間世》及《荀子·解蔽》等。按，此處乃以龍逄比蕭懿，懿被齊東昏侯所害。龍逄，《文選》作"龍逄"。　寃：《文選》作"怨"。

[20]據鞍輟哭：吴孫權兄策遇害，以事授權。權悲哭不止，張昭諫之，權止哭上馬，出巡三軍。詳《三國志》卷四七《吴書·吴主傳》。

[21]獨居掩涕：漢光武帝兄齊武王遇害，光武獨居，不食酒肉，坐卧枕席有涕泣處。詳《文選》卷四〇李善注引《東觀漢記》。

[22]海若：海神。　登祇：登山之神。

[23]罄圖：盡其謀略。　效祉：獻福。

[24]山戎、孤竹：《史記》卷二八《封禪書》：齊桓公曰："寡人北伐山戎，過孤竹；西伐大夏，涉流沙，束馬懸車，上卑耳之山；南伐至召陵，登熊耳山以望江漢……昔三代受命，亦何以異乎？"山戎，古代北方少數民族名。孤竹，古國名。

[25]束馬：包裹馬脚，以防滑跌。

[26]匪：通"非"。　叨：貪。

[27]實勤濡足：足入水中以救人。《韓詩外傳》卷一："申徒狄非其世，將自投於河。崔嘉聞而止之，曰：'吾聞聖人仁士之於天地之間也，民之父母也。今爲濡足故，不救溺人，可乎？'"濡，浸漬、濕潤。

[28]諸生：指儒生。

[29]名教：以正名分爲中心的儒家禮教。

[30]孫、吴：指孫武、吴起兵法。

[31]盡誅之氓：指昏主治下澆薄之民。《文選》卷四〇李善注引《史記》周公曰："後嗣王紂，其民皆可誅。"

[32]必封之俗：指明君治下淳厚的民俗。陸賈《新語·無爲》："堯舜之民，可比屋而封。"

[33]龜玉不毀：比喻國家得到保全。《論語·季氏》載，季氏將伐顓臾，其家臣冉有、季路見孔子。孔子責之曰："虎兕出於柙，龜玉毁於櫝中，是誰之過歟？"此處反用其意，説蕭衍保全了齊王朝。

[34]伊、周：指伊尹、周公。按，《文選》卷四〇録此文，此下有"某等不達通變，實有愚誠。不任悾款，悉心重謁，伏願時膺典册，式副民望"一段文字蓋爲姚氏所删。

是日，焚東昏淫奢異服六十二種於都街。湘東王寶晊謀反，[1]賜死。詔追贈梁公故夫人爲梁妃。[2]乙丑，南兖州隊主陳文興於桓城内鑿井，[3]得玉鏤騏驎、金鏤玉璧、水精環各二枚。又建康令羊瞻解稱鳳皇見縣之桐下里。[4]宣德皇后稱美符瑞，歸于相國府。

[1]湘東王寶晊（zhì）：寶晊，齊宗室安陸王蕭緬之子。東昏侯即位，改封湘東王。《南齊書》卷四五《宗室》有傳。湘東，郡名。治所在今湖南衡陽市。

[2]梁公故夫人：指蕭衍故夫人郗徽。本書卷七有傳。

[3]南兖州：州名。治所在今江蘇揚州市西北蜀岡。　桓城：《南史·武帝紀》作"宣武城"。

[4]建康：縣名。治所在今江蘇南京市。

丙寅，詔："梁國初建，宜須綜理，可依舊選諸要職，悉依天朝之制。"[1]高祖上表曰：

臣聞以言取士，士飾其言；以行取人，人竭其行。[2]所謂才生於世，窮達惟時；而風流遂往，馳騖成俗，[3]媒孽夸衒，[4]利盡錐刀，[5]遂使官人之門，肩摩轂擊。[6]豈直暴蓋露冠，不避寒暑，遂乃戢屨杖策，風雨必至。良由鄉舉里選，不師古始，稱肉度骨，[7]遺之管庫。[8]加以山河梁畢，[9]闕輿徵之恩，[10]金、張、許、史，[11]忘舊業之替。[12]吁，可傷哉！且夫譜牒訛誤，詐僞多緒，人物雅俗，莫肯留心。是以冒襲良家，即成冠族；[13]妄修邊幅，便爲雅士；負俗深累，遽遭寵擢；墓木已拱，方被徽榮。故前代選官，皆立選簿，應在貫魚，[14]自有銓次。[15]冑籍升降，[16]行能臧否，[17]或素定懷抱，或得之餘論，[18]故得簡通賓客，無事掃門。[19]頃代陵夷，[20]九流乖失。[21]其有勇退忘進，懷質抱真者，選部或以未經朝謁，[22]難於進用。或有晦善藏聲，自埋衡蓽，[23]又以名不素著，絶其階緒。必須畫刺投狀，[24]然後彈冠，[25]則是驅迫廉撝，[26]奬成澆競。[27]愚謂自今選曹宜精隱括，[28]依舊立簿，使冠屨無爽，[29]名實不違，庶人識崖涘，[30]造請自息。

[1]天朝：指皇帝的朝廷。相對藩國而言。

[2]《逸周書·芮良夫篇》："以言取人，人飾其言；以行取人，人竭其行。飾言無庸，竭行有成。"

[3]馳騖：奔走。

[4]媒孽：醖釀，比喻構陷誣害，釀成其罪。孽，通“蘖”。

[5]錐刀：比喻細微。

[6]肩摩轂擊：人肩相摩擦，車轂相擊撞。形容往來的人和車輛極多。

[7]稱肉：指有大才的人。《史記》卷五六《陳丞相世家》：“里中社，（陳）平爲宰，分肉食甚均。父老曰：‘善，陳孺子之爲宰！’平曰：‘嗟乎，使平得宰天下，亦如是肉矣！’”　度骨：待考。

[8]管庫：掌庫藏的小吏。

[9]山河梁畢：在野之士所居之地。畢，通“篳”，荆條竹木。

[10]輿徵：以輿車徵聘。

[11]金、張、許、史：代指世族貴戚。金、張，漢代金日磾、張湯家，並七代爲侍中。許、史，漢宣帝許皇后家和皇帝母史氏家，俱以外戚顯貴。

[12]替：廢棄。

[13]冠族：豪門世族。

[14]貫魚：如相續而進的魚群。

[15]銓次：按次第銓選官吏。

[16]冑籍：貴族子孫的門籍。

[17]臧否（pǐ）：善惡，好壞。

[18]餘論：影響深遠的評論。此指鄉里對士人的品評。

[19]事：《通典·選舉》作“俟”。　掃門：漢代魏勃欲見齊相曹參，乃早夜往掃齊相舍人之門外地，因得見曹參，被薦爲齊國內史。事詳《史記》卷五二《齊悼惠王世家》。後世因以掃門爲求謁權貴之典故。

[20]陵夷：衰落。

[21]九流：九品人才。此指人才品第。

[22]選部：掌選拔官吏的官署。指吏部。

[23]衡蓽：衡門篳户。指貧窮人家。蓽，通“篳”。

[24]刺：名帖。《釋名·釋書契》：“書姓字於奏上曰書刺。”

狀：文體之一種。向上級陳述事實的文書。

[25]彈冠：指出仕。《漢書》卷七二《王吉傳》："吉與貢禹爲友，世稱'王陽在位，貢公彈冠'，言其取捨同也。"

[26]廉撝：高潔、謙遜。

[27]澆競：浮薄躁進。

[28]隱括：修改、訂正。

[29]《韓非子·外儲説左下》費仲説紂曰："冠雖穿弊必戴於頭，履雖五采必踐之於地。"

[30]崖涘：邊際、範圍。崖，《建康實録》作"涯"。

且聞中間立格，[1]甲族以二十登仕，[2]後門以過立試吏，[3]求之愚懷，抑有未達。何者？設官分職，惟才是務。若八元立年，[4]居皁隸而見抑；[5]四凶弱冠，[6]處鼎族而宜甄。[7]是則世禄之家，無意爲善；布衣之士，肆心爲惡。豈所以弘奬風流，希向後進？此實巨蠹，尤宜刊革。不然，將使周人有路傍之泣，[8]晉臣興漁獵之歎。[9]且俗長浮競，人寡退情，若限歲登朝，必增年就宦，故貌實昏童，[10]籍已踰立，[11]滓穢名教，於斯爲甚。

[1]格：法規、標準。

[2]甲族：指世家大族即高級士族。

[3]後門：指低級士族。參祝總斌《門閥制度》（白壽彝主編《中國通史》第七册）。　立：指三十歲。《論語·爲政》："吾十有五而志於學，三十而立。"後世以三十歲爲立年。

[4]八元：古代傳説中的八個才子。《左傳·文公十八年》："高辛氏有才子八人：伯奮、仲堪、叔獻、季仲、伯虎、仲熊、叔豹、

季貍……天下之民謂之八元。"《注》:"元，善也。"

[5]皁隸：奴僕。

[6]四凶：傳説中舜時的四個凶人：渾敦、窮奇、檮杌、饕餮。被舜流放。詳《左傳·文公十八年》。　弱冠：指二十歲。《禮記·曲禮上》:"二十曰弱，冠。"

[7]鼎族：顯赫的世族。　甄：選拔。

[8]周人有路傍之泣：王充《論衡·逢遇篇》:"昔周人有仕數不遇，年老白首，泣涕於塗者，人或問之：'何爲泣乎?'對曰：'吾仕數不遇，自傷年老失時，是以泣也。'人曰：'仕奈何不一遇也?'對曰：'吾年少之時學爲文，文德成就，始欲仕宦，人君好用老。用老主亡，後主又用武，吾更爲武。武節始就，武主又亡，少主始立，好用少年，吾年又老，是以未嘗一遇。'"

[9]晉臣興漁獵之歎:《吕氏春秋·義賞》:"昔晉文公將與楚人戰於城濮，召咎犯而問曰：'楚衆我寡，奈何而可?'咎犯對曰：'……臣聞繁戰之君，不足於詐，君亦詐之而已。'文公以咎犯言告雍季。雍季曰：'竭澤而漁，豈不獲得？而明年無魚；焚藪而田，豈不獲得?而明年無獸。詐僞之道，雖今偷可，後將無復，非長術也。'"

[10]昏童：不懂事的兒童。

[11]籍：指户籍登記。

臣總司内外，憂責是任，朝政得失，義不容隱。伏願陛下垂聖淑之姿，降聽覽之末，則彝倫自穆，[1]憲章惟允。[2]

詔依高祖表施行。

[1]彝倫：天地人之常道。　穆：通"睦"，和睦。

[2]憲章：典章制度。

丙戌，詔曰：

嵩高惟岳，[1]配天所以流稱；大啓南陽，[2]霸德所以光闡。忠誠簡帝，[3]番君膺上爵之尊；[4]勤勞王室，姬公增附庸之地。[5]前王令典，布諸方策，長祚字甿，[6]罔不由此。

[1]嵩高惟岳：《詩·大雅·崧高》："崧高維岳，駿極于天。"嵩高，中岳嵩山。

[2]南陽：春秋時晉地，即今河南濟源市、淇縣之間的太行山以南地區。晉文公以有南陽爲其稱霸之始。《左傳·僖公二十五年》："晉侯朝王，王享醴……與之陽樊、温、原，欑茅之田。晉於是始啓南陽。"

[3]簡：忠誠。　帝：指漢高祖劉邦。

[4]番君：指吴芮。《漢書》卷三四《吴芮傳》："吴芮，秦時番陽令也。甚得江湖間民心，號曰番君……沛公攻南陽，乃遇芮之將梅鋗，與偕攻析、酈，降之。及項羽相王，以芮率百越佐諸侯從入關，故立芮爲衡山王，都邾……項籍死，上以鋗有功，從入武關，故德芮，徙爲長沙王，都臨湘。"

[5]姬公：指周公旦。《詩·魯頌·閟宫》："乃命魯公，俾侯于東，錫之山川，土田附庸。"據《史記》卷三三《魯周公世家》載，周公佐武王滅殷，以功封於魯（先都河南魯山，後遷山東曲阜。參安作璋主編《山東通史》先秦卷）。是爲魯公。

[6]字：養育。　甿：民。

相國梁公，體茲上哲，[1]齊聖廣淵。[2]文教内洽，武功外暢。推轂作藩，[3]則威懷被於殊俗；[4]治兵教戰，則霆雷赫於萬里。[5]道喪時昏，讒邪孔熸。豈徒宗社如綴、神器莫主而已哉![6]至於兆庶殲亡，衣冠殄滅，餘類殘喘，指命崇朝，[7]含生業業，[8]投足無所，遂乃山川反覆，草木塗地。[9]與夫仁被行葦之時，[10]信及豚魚之日，[11]何其遼敻相去之遠歟![12]公命師鞠旅，[13]指景長騖。[14]而本朝危切，樊、鄧遐遠，[15]凶徒盤據，水陸相望，爰自姑孰，屆于夏首，嚴城勁卒，憑川爲固。公沿漢浮江，[16]電激風掃，舟徒水覆，地險雲傾，藉茲義勇，前無强陣，拯危京邑，清我帝畿，撲既燎於原火，[17]免將誅於比屋。悠悠兆庶，命不在天；茫茫六合，[18]咸受其賜。匡俗正本，民不失職。仁信並行，禮樂同暢。伊、周未足方軌，[19]桓、文遠有慚德。[20]而爵後藩牧，[21]地終秦、楚，[22]非所以式酬光烈，[23]允答元勳。寔由公履謙爲本，形於造次，嘉數未申，[24]晦朔增佇。[25]便宜崇斯禮秩，允副遐邇之望。可進梁公爵爲王。以豫州之南譙廬江、江州之尋陽、郢州之武昌西陽、南徐州之南琅邪南東海晉陵、揚州之臨海永嘉十郡，[26]益梁國，並前爲二十郡。其相國、揚州牧、驃騎大將軍如故。

公固辭。有詔斷表。相國左長史王瑩等率百僚敦請。[27]

[1]體：包含。

[2]齊聖廣淵：《尚書·微子之命》："乃祖成湯，克齊聖廣淵。"齊聖，智慮敏達；廣淵，廣博淵深。

[3]作藩：爲藩王。

[4]威懷：威與德並用的政教。

[5]霆雷：比喻聲威。

[6]綴：綴旒，綴於旗上的飄帶。因其隨旗而走，故用以比喻隨人左右，不能自主。　神器：指國家政權。

[7]崇朝：從天亮到早飯之間，指時間極短。《詩·衛風·河廣》："誰謂宋遠，曾不崇朝。"

[8]業業：畏懼的樣子。

[9]草木：比喻老百姓。　塗地：等於説塗炭。

[10]仁被行葦：比喻仁德廣被，及於草木。《詩·大雅·行葦》篇《序》云："《行葦》，忠厚也。周家忠厚，仁及草木，故能内睦九族，外尊事黄耇，養老乞言，以成其福禄焉。"

[11]信及豚魚：比喻誠信卓著，及於微隱之物。《易·中孚》："豚魚吉，信及豚魚也。"

[12]敻：遠。

[13]鞠旅：誓告軍隊。

[14]指景：指日，規定日期。景，日光。

[15]樊、鄧：樊城、鄧城。地在雍州，此處代指雍州。

[16]漢：漢水。　江：長江。

[17]原火：野火，比喻敵人凶盛的氣焰。《尚書·盤庚上》："若火之燎於原，不可嚮邇，其猶可撲滅！"此處反用其意。

[18]六合：上下四方。

[19]方軌：並列。

[20]慚德：因行事有缺點而慚愧。

[21]藩牧：諸侯王。

[22]秦、楚：周代最西和最南的諸侯國。

[23]式：用。　光烈：光輝的業績。

[24]嘉數：即嘉禮。古代五禮之一，用於慶賀、享宴等。

[25]晦朔：指時日。

[26]南譙：郡名。治所在今安徽巢湖市東南。　廬江：郡名。治所在今安徽舒城縣。　南琅邪：郡名。治所在今江蘇南京市北金川門外幕府山南麓。南東海：郡名。治所在今江蘇武進縣西北萬綏鎮。　晉陵：郡名。治所在今江蘇常州市。　臨海：郡名。治所在今浙江臨海市東南章安。　永嘉：郡名。治所在今浙江温州市。

[27]王瑩：人名。本書卷一六有傳。

三月辛卯，延陵縣華陽邏主戴車牒稱云：[1]“十二月乙酉，甘露降茅山，[2]彌漫數里。正月己酉，邏將潘道蓋於山石穴中得毛龜一。[3]二月辛酉，邏將徐靈符又於山東見白麞一。[4]丙寅平旦，山上雲霧四合，須臾有玄黄之色，狀如龍形，長十餘丈，乍隱乍顯，久乃從西北升天。”丁卯，兖州刺史馬元和籤：[5]“所領東平郡壽張縣見騶虞一。”[6]

[1]延陵縣：治所在今江蘇丹陽市西南延陵鎮。　邏主：巡邏兵主。　牒：書札。

[2]甘露：甘美的雨露。《宋書·符瑞志》：“甘露，王者德至大，和氣盛，則降。”　茅山：又名句曲山，即今江蘇金壇市西大茅山。

[3]毛龜：體上有毛的靈龜。古以爲祥瑞。

[4]白麞：獸名。《宋書·符瑞志》：“白麞，王者刑罰理則至。”

[5]兖州：州名。僑置。治所在今江蘇淮陰縣西南甘羅城。　籤：以書札白事。

[6]東平郡壽張縣：齊永明年間於山陽、盱眙二郡間割小户置東平郡。領縣二，壽張爲其一，乃割山陽官瀆以西三百户置。詳《南齊書·州郡上》“北兖州”下。山陽郡，治所在今江蘇淮安市。

盱眙郡，治所在今江蘇盱眙縣。　騶虞：獸名。《詩·召南·騶虞》篇《傳》："騶虞，義獸也，白虎黑文，不食生物，有至信之德則應之。"《建康實録》作"騏驎"。

癸巳，受梁王之命。令曰："孤以虚昧，[1]任執國鈞，[2]雖夙夜勤止，念在興治，而育德振民，邈然尚遠。聖朝永言舊式，隆此眷命。[3]侯伯盛典，方軌前烈；嘉錫隆被，[4]禮數昭崇。徒守愿節，終隔體諒。羣后百司，重兹敦奬，[5]勉兹厚顔，當此休祚。望昆、彭以長想，[6]欽桓、文而歎息，思弘政塗，莫知津濟。[7]邦甸初啓，藩宇惟新，思覃嘉慶，被之下國。[8]國内殊死以下，[9]今月五日昧爽以前，[10]一皆原赦。鰥寡孤獨不能自存者，賜穀五斛。府州所統，亦同蠲蕩。"[11]

[1]孤：諸侯王的謙稱。按，此令亦見《文館詞林》卷六九五，題《梁武帝開國赦令》。

[2]國鈞：國政。

[3]眷命：眷愛並賦以重任。《尚書·大禹謨》："皇天眷命，奄有四海，爲天下君。"

[4]隆被：《文館詞林》作"景焕"。

[5]重兹：《文館詞林》作"咸事"。　敦奬：誠懇勉勵。

[6]昆、彭：昆吾、大彭。傳説爲夏商二代的重臣。詳《國語·鄭語》。

[7]津濟：渡口。比喻治國之道。

[8]下國：指諸侯國。

[9]殊死：斬首之刑。

[10]五日：原作"十五日"，"十"爲衍文。今據中華書局本

《校勘記》校改。

[11]蠲蕩：免除。按，《文館詞林》此下有“主者施行”四字。

丙午，命王冕十有二旒，[1]建天子旌旗，出警入蹕，[2]乘金根車，[3]駕六馬，[4]備五時副車，[5]置旄頭雲罕，[6]樂舞八佾，[7]設鍾虡宮縣。[8]王妃、王子、王女爵命之號，一依舊儀。

[1]旒：冕冠前後懸垂的玉串。《禮記·禮器》：“天子之冕，朱緑藻，十有二旒。”

[2]出警入蹕：古代帝王出入，左右侍衛爲警，止人清道爲蹕。參晉·崔豹《古今注·輿服》。《漢書》卷四七《文三王·梁孝王傳》：“出稱警，入言趩，儗於天子。”

[3]金根車：秦漢以來帝王所乘以金爲飾的車。參晉·崔豹《古今注·輿服》。

[4]六馬：古代帝王的車駕用六馬。

[5]五時：指春、夏、季夏、秋、冬。　副車：皇帝的侍從車輛。

[6]旄頭：即旄頭騎。古代天子儀仗中警衛先驅的騎兵。　雲罕：旗名。古代天子出行時作前導的旗幟。

[7]八佾：古代天子專用的樂舞。八列，每列八人。佾，舞列。

[8]鍾虡（jù）：懸掛編鐘的木架。　宮縣：縣，古“懸”字。古代懸鐘磬等樂器於架上，懸掛的形式根據主人之身份地位而不同。帝王懸掛四面，象徵宮室四面的墻壁，故名宮懸。《禮記·郊特牲》注：“宮縣，四面縣也。”

丙辰，齊帝禪位于梁王。詔曰：

夫五德更始,[1]三正迭興,[2]馭物資賢，登庸啓聖,[3]故帝跡所以代昌，王度所以改耀。[4]革晦以明，由來尚矣。齊德淪微，危亡荐襲。[5]隆昌凶虐,[6]寔違天地；永元昏暴,[7]取紊人神。三光再沉,[8]七廟如綴。[9]鼎業幾移,[10]含識知泯。[11]我高、明之祚,[12]眇焉將墜。永惟屯難,[13]冰谷載懷。[14]

[1]五德：戰國人鄒衍和秦漢方士以金、木、水、火、土五行相生相克的道理來附會王朝的命運更替，稱爲五德。參顧頡剛《秦漢的方士與儒生》。

[2]三正（zhēng）：夏、商、周三代曆法歲首的月建不同。夏曆以建寅之月爲歲首，殷曆以建丑之月爲歲首，周曆以建子之月爲歲首，稱爲三正。

[3]登庸：指皇帝登位。

[4]王度：王者的品德、器量。

[5]荐襲：再至。

[6]隆昌：齊鬱林王蕭昭業年號，此代指蕭昭業。

[7]永元：齊東昏侯蕭寶卷年號，此代指蕭寶卷。

[8]三光：日、月、星。

[9]七廟：古代天子宗廟奉祀七代祖先：三昭三穆和太祖。此處代指齊王朝。

[10]鼎業：帝王之業。

[11]含識：有思想見識者。

[12]高、明：指齊高帝、齊明帝。

[13]屯難：《易・屯・彖傳》："屯，剛柔始交而難生。"後因稱時運艱難爲屯難。

[14]冰谷：薄冰和深谷，比喻危險境地。《詩・小雅・小宛》：

“惴惴小心，如臨于谷；戰戰兢兢，如履薄冰。”

相國梁王，天誕睿哲，神縱靈武，德格玄祇，功均造物。止宗社之横流，[1]反生民之塗炭。[2]扶傾頹構之下，[3]拯溺逝川之中。九區重緝，[4]四維更紐。絶禮還紀，崩樂復張。文館盈紳，戎亭息警。[5]浹海宇以馳風，[6]罄輪裳而稟朔。[7]八表呈祥，[8]五靈効祉。[9]豈止鱗羽禎奇，[10]雲星瑞色而已哉！[11]勳茂於百王，道昭乎萬代，固以明配上天，光華日月者也。河嶽表革命之符，[12]圖讖紀代終之運。[13]樂推之心，[14]幽顯共積；歌頌之誠，華裔同著。[15]昔水政既微，[16]木德升緒，天之曆數，寔有所歸，握鏡琁樞，[17]允集明哲。

[1]横流：比喻動蕩的局勢。

[2]反：通“返”。

[3]頹構：崩塌的房屋。

[4]九區：即九州。　緝（jí）：團聚，和合。

[5]戎亭：邊防哨所。

[6]浹：周遍。　海宇：四海之内。　馳風：傳播教化。風，教化。

[7]輪裳：指使者所乘之車。裳，車帷。　稟朔：奉行正朔。

[8]八表：八方之外。

[9]五靈：麟、鳳、龜、龍、白虎，古人以爲五靈。

[10]禎奇：吉祥而稀有。

[11]瑞色：祥瑞之色。

[12]河嶽：黄河、泰山。傳説堯舜受命，俱有黄河出圖之瑞。

漢宣帝將即位，泰山有大石自立，白鳥集其旁之祥。並見《宋書·符瑞志》。

[13]圖讖：《後漢書》卷一《光武帝紀》李賢注："圖，河圖也；讖，符命之書。讖，驗也。言爲王者受命之徵驗也。"

[14]樂推：樂於擁戴。《老子》："是以聖人處上而民不重，處前而民不害，是以天下樂推而不厭。"後世成爲歌頌王朝更迭、新主上臺的套語。

[15]華裔：中國和四方邊遠地區。《左傳·定公十年》："裔不謀夏，夷不亂華。"

[16]水政：指劉宋王朝。據五德説，劉宋以水德得天下，蕭齊以木德代之。

[17]握鏡琁樞：比喻受天命治理天下。握鏡，《文選》卷五五劉孝標《廣絶交論》："蓋聖人握金鏡，闡風烈。"李善注引鄭玄曰："金鏡，喻明道。"琁，通"旋"。樞，機樞，比喻國家政權。

朕雖庸蔽，闇于大道，永鑒崇替，[1]爲日已久，敢忘列代之高義，人祇之至願乎![2]今便敬禪于梁，即安姑孰，依唐虞、晉宋故事。[3]

[1]崇替：興廢。

[2]祇：神。

[3]唐虞、晉宋故事：唐堯禪位於虞舜，東晉禪位於劉宋的舊例。

四月辛酉，宣德皇后令曰："西詔至，[1]帝憲章前代，敬禪神器于梁。明可臨軒，[2]遣使恭授璽紱，未亡人便歸于别宫。"[3]壬戌，策曰：

咨爾梁王：惟昔邃古之載，肇有生民，皇雄、大庭之辟，[4]赫胥、尊盧之后，[5]斯並龍圖鳥跡以前，[6]慌忽杳冥之世，[7]固無得而詳焉。洎乎農、軒、炎、皞之代，[8]放勛、重華之主，[9]莫不以大道君萬姓，公器御八紘。[10]居之如執朽索，[11]去之若捐重負。[12]一駕汾陽，便有窅然之志；[13]暫適箕嶺，即動讓王之心。[14]故知戴黄屋、服玉璽，[15]非所以示貴稱尊，乘大輅、建旂旌，蓋欲令歸趣有地。是故忘己而字兆民，殉物而君四海。[16]及於精華内竭，[17]畚橇外勞，[18]則撫兹歸運，惟能是與。[19]況兼乎笙管革文，[20]威圖啓瑞，[21]攝提夜朗，[22]熒光晝發者哉！[23]四百告終，[24]有漢所以高揖，[25]黄德既謝，[26]魏氏所以樂推。爰及晉、宋，亦弘斯典。我太祖握《河》受曆，[27]應符啓運，二葉重光，[28]三聖係軌。[29]嗣君喪德，[30]昏棄紀度，毁紊天綱，凋絶地紐，茫茫九域，翦爲仇讎，溥天相顧，命縣晷刻。[31]斮涉刳孕，於事已輕；求雞徵杖，[32]曾何足譬。是以谷滿川枯，[33]山飛鬼哭，七廟已危，人神無主。

[1]西詔：指齊和帝的詔書。時和帝雖已至姑孰（據《南齊書》卷八《和帝紀》，和帝三月庚戌東歸至姑孰），其地仍在建康之西，故稱西詔。

[2]臨軒：皇帝不坐正殿而至前殿。

[3]未亡人：古代寡婦之自稱。

[4]皇雄、大庭：並傳説中上古帝王名。皇雄，《太平御覽》卷

七八引《帝王世紀》:“伏羲曰皇雄氏。”《莊子·胠篋》:“昔者容成氏、大庭氏、伯皇氏、中央氏、栗陸氏、驪畜氏、軒轅氏、赫胥氏、尊盧氏、祝融氏、伏羲氏、神農氏,當是時也,民結繩而用之。” 辟:天子、諸侯、君主的通稱。

[5]后:天子、諸侯、君主的通稱。

[6]龍圖鳥跡:指傳説中黄帝軒轅氏時代。龍圖,即河圖。傳説龍馬從黄河中負圖而出,以授軒轅氏。參《宋書·符瑞志》。鳥迹,傳説黄帝之史倉頡見鳥獸之迹而造書契。參許慎《説文解字·叙》。

[7]慌忽杳冥:指蒙昧悠遠的時代。慌忽,同“恍忽”。

[8]農、軒、炎、皡:神農、軒轅、炎帝、少皡,並古帝王名。見《史記》卷一《五帝本紀》。

[9]放勛、重華:堯名放勛,舜名重華。見《史記》卷一《五帝本紀》。

[10]公器:指名位。 八紘:等於説八極。此處指天下。

[11]執朽索:比喻極畏懼小心。《尚書·五子之歌》:“予臨兆民,懔乎若朽索之馭六馬。”

[12]捐重負:捐,《南史》作“釋”。《穀梁傳·昭公二十九年》:“昭公出奔,民如釋重負。”

[13]《莊子·逍遥遊》:“堯治天下之民,平海内之政,往見四子藐姑射之山、汾水之陽,窅然喪其天下焉。”四子,指王倪、嚙缺、被衣、許由四隱士。窅然,悵然。

[14]傳説許由隱於箕山,堯聞許由賢,往見之,欲讓天下於許由。詳皇甫謐《高士傳》。箕嶺,即箕山。

[15]黄屋:帝王的車蓋,因用黄繒作蓋裏,故名。

[16]殉物:以身從物。殉,通“徇”,《南史·武帝紀》作“徇”。

[17]精,《南史·武帝紀》作“菁”。

[18]畚橇:指勞動工具。畚,盛土的器具。橇,泥行之具。

[19]與:選拔。

［20］笙管革文：傳説虞舜在位十四年，奏鐘石笙管未罷而天大雷雨，鐘石亂行，舞人頓伏。舜曰："明哉！夫天下非一人之天下也，亦乃見於鐘石笙筦乎!"乃以禹行天子事。見《宋書・符瑞志》。文，指文治，此指舜的統治。

［21］威圖啓瑞：《太平御覽》卷七九引《尚書中候》載，軒轅將爲天子，"河龍圖出，洛龜書威"以授之。

［22］攝提：星名。《史記・天官書》："大角者，天王帝廷。其兩旁各有三星，鼎足句之，曰攝提。"古人認爲攝提六星爲大臣之象，其夜朗，則禪代之徵。

［23］熒光：即"榮光"，彩色的雲氣。古以爲祥瑞。

［24］四百：指漢王朝的統治時間。漢自高祖即位至獻帝禪魏，其間約四百年。

［25］高揖：禪讓。此指漢獻帝禪位於魏文帝。詳《三國志》卷二《魏書・文帝紀》。

［26］黄德：據五德説，曹魏以土德得天下，土色黄，故亦稱黄德。

［27］太祖：指齊高帝蕭道成。　握《河》：相傳堯築壇於河，受龍圖，得天下，作《握河記》。參《水經注・河水》、《宋書・符瑞志》。《河》，指《河圖》。

［28］二葉：二世。齊高帝爲一世，武帝、明帝爲二世。

［29］三聖：指齊高帝、武帝、明帝。

［30］嗣君：指齊東昏侯蕭寶卷。

［31］縣：古"懸"字。

［32］求鷄徵杖：《漢書》卷六三《武五子・昌邑哀王傳》載：漢昭帝崩，無嗣，霍光徵昌邑王劉賀典喪事。"賀到濟陽，求長鳴鷄，道買積竹杖。過弘農，使大奴（宋）善以衣車載女子。"至國都不哭。即位二十七日，行淫亂，見廢。

［33］谷滿川枯：形容死人極多，填滿山谷，阻塞河流。

惟王體兹上哲，明聖在躬，稟靈五緯，[1]明並日月。彝倫攸序，[2]則端冕而協邕熙；[3]時難孔棘，[4]則推鋒而拯塗炭。功踰造物，德濟蒼生，澤無不漸，[5]仁無不被，上達蒼昊，下及川泉。文教與鵬翼齊舉，武功與日車並運。固以幽顯宅心，[6]謳訟斯屬；豈徒桴鼓播地，[7]卿雲叢天而已哉！[8]至如晝覩争明，[9]夜飛枉矢，[10]土淪彗刺，[11]日既星亡，[12]除舊之徵必顯，更姓之符允集。是以義師初踐，[13]芳露凝甘，仁風既被，素文自擾，[14]北闕藁街之使，[15]風車火徼之民，[16]膜拜稽首，願爲臣妾。鍾石畢變，事表於遷虞；[17]蛟魚並出，義彰於事夏。[18]若夫長民御衆，爲之司牧，本同己於萬物，乃因心於百姓。寶命無常主，帝王非一族。今仰祇乾象，[19]俯藉人願，[20]敬禪神器，授帝位于爾躬。大祚告窮，天禄永終。於戲！[21]王允執其中，式遵前典，以副昊天之望。禋上帝而臨億兆，[22]格文祖而膺大業，[23]以傳無疆之祚，豈不盛歟！

[1]五緯：金、木、水、火、土五大行星的總名。

[2]彝倫：天地人之常道。《尚書·洪範》："天乃錫禹洪範九疇，彝倫攸叙。"

[3]端冕：古代朝服。端，禮服；冕，大冠。此處用爲動詞。邕熙：和樂興盛。

[4]孔棘：很緊急。《詩·小雅·采薇》："豈不日戒，玁狁孔棘。"棘，急。

[5]澤：恩澤。

[6]宅心：歸心。

[7]桴鼓播地：傳説舜在位十四年，奏樂未罷，天大雷雨，疾風發屋，桴鼓播地。舜乃以禹行天子事。見《宋書·符瑞志》。桴，同“枹”，鼓槌。

[8]卿雲叢天：傳説禹行天子事後，八風修通，慶雲叢聚，舜乃禪位於禹。見《竹書紀年》上《帝舜有虞氏》。叢天，聚集於天。卿雲，又作“慶雲”、“景雲”，五彩雲。

[9]争明：指日月同現。

[10]枉矢：流星。《爾雅·釋天》：“枉矢，齊魯謂光景爲枉矢，言其光行若射矢之所至也。亦言其氣枉暴有所灾害也。”

[11]土淪彗刺：土星隱没，彗星掃天。

[12]日既星亡：日全食，星流墜。

[13]義師：指蕭衍討伐東昏侯蕭寶卷的軍隊。

[14]素文：傳説曹魏青龍年間（233—237），柳谷到玄川看見蒼色石上有白石所書三十五字，中有“大討曹”三字，魏終禪晉。晉太尉屬程猗爲贊，有云：“玄石既表，素文以成。”見《宋書·符瑞志》。　擾：順應。

[15]北闕藁街之使：指外國的使臣。北闕，古代宫殿北門的門樓，是外國使臣等候朝見之所。藁街，漢代長安街名，招待各族君長及使者的館舍所在地。藁，同“槀”。

[16]風車火徼之民：指少數民族之民。風車，傳説古奇肱國民能爲飛車，從風遠行。見晉·張華《博物志·外國》。火徼，即丹徼，指南方邊遠地區。晉·崔豹《古今注·都邑》：“丹徼，南方徼色赤，故稱丹徼，爲南方之極也。”徼，邊疆。

[17]指舜以禹行天子事之符瑞。見前“笙管革文”語注。遷虞，虞舜離開天子之位。

[18]傳説禹代舜行天子事，“蟠龍奮迅於其藏，蛟魚踴躍於其淵，龜鼈咸出其穴，遷虞而事夏”。舜乃設壇於河，禪位於禹。見

《宋書·符瑞志》。夏，指夏禹。

[19]乾象：天象。

[20]藉：依憑。《南史·武帝紀》作“從”。

[21]於戲：同“嗚呼”。

[22]禋：祭祀。

[23]格：感通。　文祖：古代帝王對祖先的美稱。

又璽書曰：[1]

夫生者天地之大德，[2]人者含生之通稱，並首同本，未知所以異也。而禀靈造化，賢愚之情不一；託性五常，[3]强柔之分或舛。羣后靡一，争犯交興，是故建君立長，用相司牧。非謂尊驕在上，以天下爲私者也。兼以三正迭改，五運相遷，[4]緑文赤字，[5]徵《河》表《洛》。[6]在昔勛、華，[7]深達兹義，眷求明哲，授以蒸民。遷虞事夏，本因心於百姓；化殷爲周，實受命於蒼昊。爰自漢、魏，罔不率由；[8]降及晉、宋，亦遵斯典。我高皇所以格文祖而撫歸運，[9]畏上天而恭寶曆者也。至于季世，禍亂荐臻，[10]王度紛糾，[11]姦回熾積。[12]億兆夷人，[13]刀俎爲命，已然之逼，[14]若綫之危，跼天蹐地，[15]逃形無所。羣凶挾煽，志逞殘戮，將欲先殄衣冠，[16]次移龜鼎。[17]衡、保、周、召，[18]並列宵人。[19]巢幕累卵，方此非切。[20]自非英聖遠圖，仁爲己任，則鴟梟厲吻，[21]翦焉已及。

[1]璽書：古代用印章封記的文書。

[2]《易·繫辭下》："天地之大德曰生，聖人之大寶曰位。"

[3]五常：即五行，指金、木、水、火、土。《禮記·樂記》："合生氣之和，道五常之行。"孔穎達《疏》："道達人情以五常之行，謂依金、木、水、火、土之性也。"

[4]五運：指五德説中的金、木、水、火、土五德。

[5]緑文赤字：《太平御覽》卷七九引《尚書中候》："帝軒提像，配永循機，天地休通，五行期化，河龍圖出，洛龜書威，赤文像字，以授軒轅。"

[6]《河》：即《河圖》。　《洛》：即《洛書》。

[7]勛：放勛，帝堯之名。　華：重華，帝舜之名。

[8]率由："率由舊章"、"率由常典"之歇後語。意謂遵循成規舊章。

[9]高皇：指齊高帝蕭道成。

[10]荐臻：再至。

[11]王度：王者的政教。

[12]姦回：奸邪。

[13]夷人：平常人，指老百姓。《尚書·泰誓》："受有億兆夷人，離心離德。"

[14]然：古"燃"字。

[15]蹐天蹐地：窘迫無所容身。

[16]衣冠：指士大夫。

[17]龜鼎：《後漢書》卷七八《宦者傳序》李賢注："龜鼎，國之守器，以諭帝位也。"

[18]衡、保：商有阿衡，周有太保，均爲輔佐帝王之官。周公曾任太師，召公曾任太保。此處蓋以衡保指周、召二公所任輔佐帝王之官。又，"衡保"疑即"保衡"，指殷商之相伊尹。《尚書·君奭》："我聞在昔，成湯既受命，時則有若伊尹，格于皇天，在太甲，時則有若保衡。"宋·蔡沈《注》："保衡，即伊尹也。"　周、

召：周公、召公。

[19]宵人：小人，壞人。

[20]方：比。

[21]鴟梟：即猫頭鷹。比喻奸邪惡人。 厲：同“礪”，磨礪。

惟王崇高則天，博厚儀地，[1]鎔鑄六合，陶甄萬有。[2]鋒馹交馳，[3]振靈武以遐略；雲雷方扇，鞠義旅以勤王。[4]揚旍旆於遠路，戮姦宄於魏闕。德冠往初，功無與二。弘濟艱難，緝熙王道。[5]懷柔萬姓，[6]經營四方。[7]舉直措枉，[8]較如畫一。待旦同乎殷后，[9]日昃過於周文。[10]風化肅穆，禮樂交暢。加以赦過宥罪，神武不殺，盛德昭於景緯，[11]至義感於鬼神。若夫納彼大麓，[12]膺此歸運，烈風不迷，樂推攸在。治五韙於已亂，[13]重九鼎於既輕。[14]自聲教所及，車書所至，革面回首，謳吟德澤。九山滅祲，[15]四瀆安流。[16]祥風扇起，淫雨静息。玄甲遊於芳荃，[17]素文馴於郊苑。[18]躍九川於清漢，[19]鳴六象於高崗。[20]靈瑞雜沓，玄符昭著。至於星孛紫宫，[21]水効孟月，[22]飛鴻滿野，長彗横天，取新之應既昭，革故之徵必顯。加以天表秀特，[23]軒狀堯姿；[24]君臨之符，諒非一揆。《書》云：“天鑒厥德，用集大命。”[25]《詩》云：“文王在上，於昭于天。”[26]所以二儀乃眷，幽明允叶，[27]豈惟宅是萬邦，緝兹謳訟而已哉！[28]

[1]儀：取法。

[2]陶甄：教化，治理。　萬有：萬物。

[3]鋒馹：奔馳的驛騎。

[4]鞠：誓告。

[5]緝熙：光大。

[6]懷柔：安撫。

[7]經營四方：《詩・小雅・北山》："旅力方剛，經營四方。"經營，規劃創業。

[8]舉直措枉：提拔正直的人，廢置邪曲的人。《論語・爲政》："孔子對曰：舉直錯諸枉，則民服。"

[9]待旦：等待天明，形容勤於政事。《尚書・太甲上》："伊尹乃言曰：'先王昧爽丕顯，坐以待旦，旁求俊彦，啓迪後人。'"　殷后：指商湯。

[10]日昃：日已西側。《尚書・無逸》："文王卑服，即康功田功。徽柔懿恭，懷保小民，惠鮮鰥寡，自朝至于日中昃，不遑暇食，用咸和萬民。"　周文：周文王。

[11]景緯：即景星。相對經星而言，古人稱行星爲緯。《史記・天官書》："景星者，德星也。其狀無常，常出於有道之國。"

[12]納彼大麓：指總攬大政。《尚書・舜典》："納于大麓，烈風雷雨弗迷。"麓本爲山足，僞孔《傳》訓麓爲録，言堯納舜使大録萬機之政。後世遂襲用孔《傳》之説。

[13]五瑅：指度德、量力、親親、徵辭、察有罪。詳《左傳・隱公十一年》。

[14]九鼎：古代象徵國家政權的傳國之寶。

[15]九山：九州之名山。　祲：徵象不祥的雲氣。

[16]四瀆：指江、淮、河、濟四水。見《爾雅・釋水》。

[17]玄甲：指靈龜。《宋書・符瑞志》："靈龜者，神龜也。王者德澤湛清，漁獵山川從時則出。五色鮮明，三百歲游於蕖葉之上，三千歲常游於卷耳之上。知存亡，明於吉凶。禹卑宮室，靈龜見。"

[18]馴：順應。

[19]九川：《尚書·益稷》：禹曰："予决九川，距四海。"王肅注："九川者，九州之川也。"

[20]六象：待考。

[21]星孛（bèi）紫宫：孛星入紫微宫，古以爲帝王崩亡之象。孛，《晉書·天文志》："孛，彗之屬也。偏指曰彗，芒氣四出曰孛。"俗稱掃帚星，言其形似掃帚。紫宫，即紫微宫，星座名。

[22]水効孟月：蓋指東昏侯永元元年七月京師大水事。見《南齊書》卷七《東昏侯紀》。孟月，四季的首月。

[23]天表：帝王的容貌。此指蕭衍。

[24]軒：軒轅氏，即黄帝。傳説黄帝生而有日角龍顔之相。堯：唐堯。傳説堯眉八彩，面鋭上豐下。參《宋書·符瑞志》。

[25]此引見《尚書·太甲上》。鑒，視。大命，天命。

[26]此引見《詩·大雅·文王》。文王，周文王。

[27]叶：同"協"。

[28]訟：通"頌"。

朕是用擁琁沉首，[1]屬懷聖哲。昔水行告厭，我太祖既受命代終；在日天禄云謝，亦以木德而傳于梁。遠尋前典，降惟近代，百辟遐邇，[2]莫違朕心。今遣使持節、兼太保、侍中、中書監、兼尚書令汝南縣開國侯亮，[3]兼太尉、散騎常侍、中書令新吴縣開國侯志，[4]奉皇帝璽紱。受終之禮，一依唐虞故事。王其陟兹元后，[5]君臨萬方，式傳洪烈，[6]以答上天之休命！

高祖抗表陳讓，表不獲通。於是，齊百官豫章王元琳等八百一十九人，[7]及梁臺侍中臣雲等一百一十七人，並上表勸進，高祖謙讓不受。是日，太史令蔣道秀陳天文符讖六十四條，[8]事並明著。羣臣重表固請，乃從之。

[1]擁琁：比喻掌握國家政權。琁，同“璇”，即璇璣。　沉首：低頭。恭敬的樣子。

[2]百辟：百官。

[3]汝南：縣名。治所在今湖北武漢市武昌東。　亮：即王亮。

[4]新吴：縣名。治所在今江西奉新縣西。　志：即王志。

[5]陟：登。　元后：天子。

[6]洪烈：大業。

[7]豫章王元琳：齊武帝弟蕭嶷之孫元琳嗣嶷爵位爲豫章王。《南齊書》卷二二《豫章王嶷傳》有附傳。豫章，郡名。治所在今江西南昌市。

[8]太史令：官名。掌三辰時日祥瑞妖灾，歲終則奏新曆。齊第七品。　符讖：符命和讖緯。

梁書 卷二

本紀第二

武帝中

天監元年夏四月丙寅，高祖即皇帝位於南郊。[1]設壇柴燎，[2]告類于天曰：[3]“皇帝臣衍，敢用玄牡，[4]昭告于皇天后帝：齊氏以曆運斯既，否終則亨，[5]欽若天應，[6]以命于衍。夫任是司牧，惟能是授；天命不于常，帝王非一族。唐謝虞受，[7]漢替魏升，[8]爰及晉、宋，憲章在昔。[9]咸以君德馭四海，元功子萬姓，故能大庇氓黎，[10]光宅區宇。[11]齊代云季，世主昏凶，狡焉羣慝，[12]是崇是長，肆厥姦回暴亂，[13]以播虐于我有邦，俾溥天惴惴，將墜于深壑。九服八荒之内，[14]連率岳牧之君，[15]蹶角頓顙，[16]匡救無術，卧薪待然，[17]援天靡訴。衍投袂星言，[18]推鋒萬里，[19]厲其掛冠之情，[20]用拯兆民之切。銜膽誓衆，[21]覆鋭屠堅，[22]建立人主，克翦昏亂。遂因時來，宰司邦國，濟民康世，實有厥勞。而晷緯呈祥，[23]川岳効祉，[24]

朝夕坰牧，[25]日月郊畿。代終之符既顯，革運之期已萃，殊俗百蠻，重譯獻款，[26]人神遠邇，罔不和會。於是羣公卿士，咸致厥誠，並以皇乾降命，[27]難以謙拒。齊帝脱屣萬邦，[28]授以神器。[29]衍自惟匪德，[30]辭不獲許，仰迫上玄之眷，[31]俯惟億兆之心，宸極不可久曠，[32]民神不可乏主，遂藉樂推，膺此嘉祚。以兹寡薄，臨御萬方，顧求夙志，永言祗惕。[33]敬簡元辰，[34]恭兹大禮，升壇受禪，告類上帝，克播休祉，以弘盛烈，式傳厥後，用永保于我有梁。惟明靈是饗。”

[1]南郊：都邑之外叫做郊。古代帝王祭天於南郊。六朝時開國皇帝即位之日例於南郊祭天。

[2]柴燎：燒柴祭天。

[3]告類：爲皇帝登位或立太子等特殊事件而祭天。

[4]玄牡：祭祀用的黑公畜。

[5]否（pǐ）終則亨：閉塞到了極點就轉向通泰。即物極必反之意。亨，通。

[6]欽若：《尚書·堯典》：“乃命羲和，欽若昊天，曆象日月星辰，敬授人時。”欽，敬；若，順。

[7]唐：唐堯。　虞：虞舜。

[8]替：廢棄。　升：登位。

[9]憲章：效法。

[10]氓黎：老百姓。

[11]光宅：居有。《尚書·堯典》：“昔在帝堯，聰明文思，光宅天下。”後世爲述帝王統治天下之習語，居有之意。

[12]慝：惡人。

[13]肆：放縱。

[14]九服：古代天子所住京都以外的地方按遠近分等，京都周圍方千里稱王畿，其外每五百里爲一服，依次爲侯服、甸服、男服、采服、衛服、蠻服、夷服、鎮服、藩服，凡九服。見《周禮·夏官·職方氏》。後世亦用以泛指全國。

[15]連率：郡守。

[16]蹶角：下拜時額角叩地。　頓顙：下拜時以頭觸地。

[17]然：古"燃"字。

[18]投袂：甩袖，奮起之狀。　星言：如流星之速。星，流星；言，助詞，無實義。

[19]推鋒：三朝本、武英殿本作"摧鋒"，百衲本及《南史》卷六《梁本紀》作"推鋒"，此依中華書局本校改。

[20]掛冠：棄官而去。

[21]銜膽：比喻刻苦自勵。

[22]覆鋭屠堅：指消滅凶暴的敵人。鋭，兵器；堅，鎧甲。此處代指凶暴的敵人。

[23]晷緯：天文星象。

[24]効祉：獻福。

[25]坰牧：京邑以外的地域。《詩·魯頌·駉》："駉駉牧馬，在坰之野。"毛《傳》："坰，遠野也。邑外曰郊，郊外曰野，野外曰林，林外曰坰。"《爾雅·釋地》："邑外謂之郊，郊外謂之牧。"

[26]重譯：輾轉翻譯。《漢書》卷一二《平帝紀》顔師古注："譯謂傳言也。道路絶遠，風俗殊隔，故累譯而後乃通。"此處指極遠的地區。

[27]皇乾：皇天。《易·説卦》："乾，天也。"

[28]脱屣：比喻看得很輕，如同脱掉鞋一樣。《漢書·郊祀志》："嗟乎！誠得如黄帝，吾視去妻子如脱屣耳。"

[29]神器：指帝位。

[30]惟：思。　匪：通"非"。

[31]上玄：上天。

[32]宸極：本指北極星，比喻帝位。

[33]祗惕：恭敬小心。

[34]簡：選擇。　元辰：吉利的時日。

禮畢，備法駕即建康宫，[1]臨太極前殿。[2]詔曰："五精遞襲，[3]皇王所以受命；四海樂推，殷、周所以改物。[4]雖禪代相舛，遭會異時，而微明迭用，[5]其流遠矣。莫不振民育德，光被黎元。朕以寡闇，命不先後，寧濟之功，[6]屬當期運，[7]乘此時來，因心萬物，遂振厥弛維，[8]大造區夏，[9]永言前蹤，義均慙德。[10]齊氏以代終有徵，歷數云改，欽若前載，集大命于朕躬。顧惟菲德，辭不獲命，寅畏上靈，[11]用膺景業。[12]執禋柴之禮，[13]當與能之祚，[14]繼迹百王，君臨四海，若涉大川，罔知攸濟。洪基初兆，萬品權輿，[15]思俾慶澤，[16]覃被率土。[17]可大赦天下。改齊中興二年爲天監元年。賜民爵二級；文武加位二等；鰥寡孤獨不能自存者，人穀五斛。逋布、口錢、宿債勿復收。[18]其犯鄉論清議，[19]贓汙淫盜，一皆蕩滌，洗除前注，[20]與之更始。"[21]

[1]法駕：皇帝的車駕。《史記》卷九《吕太后本紀》裴駰《集解》引蔡邕曰："天子有大駕、小駕、法駕。法駕，上所乘，曰金根車，駕六馬。"　建康宫：宫殿名。張敦頤《六朝事迹編類》卷上《總叙門·六朝宫殿》："《建康實録》：晉成帝咸和七年新宫成，名曰建康宫，亦名顯陽宫。注云：即今之所謂臺城也。《輿地志》

云：在法寶寺之南，今在府北五里。”

[2]太極前殿：建康宫正殿名太極，有前後殿。《初學記》卷二四：“歷代殿名或沿或革，惟魏之太極，自晉以降，正殿皆名之。”

[3]五精：五方之星。

[4]改物：改變前朝的文物制度。主要指改正朔，易服色。

[5]微：暗。

[6]寧濟：寧民濟困，安定天下。

[7]期運：運數。指改朝换代之時。

[8]弛維：廢弛的法度。

[9]區夏：華夏，指中國。

[10]慙德：因行事有缺點而内慙於心。《尚書·仲虺之誥》：“成湯放桀于南巢，惟有慙德，曰：‘予恐來世以台爲口實。’”此處代指成湯。

[11]寅畏：敬畏。　上靈：上天。

[12]景業：大業。

[13]禋柴：以牲體和玉帛置柴上，燒以祭天。

[14]與能：選拔賢能。《禮記·禮運》：“大道之行也，天下爲公，選賢與能，講信修睦……是謂大同。”此處代指大同之時，即五帝之世。

[15]權輿：開始。

[16]慶澤：恩澤。

[17]覃：深廣。　率土：指天下。

[18]逋布：拖欠的賦税。布，錢幣。　口錢：人口税之一種，即口賦錢。　宿債：舊債。

[19]其犯鄉論清議：《文苑英華》卷四二一“其”下有“有”字。鄉論，鄉黨對士人的品評。清議，公正的評論，主要是對士人違犯名教的揭發、批判。

[20]注：記載。此指鄉黨對士人違犯名教的記載。顧炎武《日知録》卷一三“清議”條有云：“至宋武帝篡位，乃詔：‘有犯鄉論

清議，贓污淫盜，一皆蕩滌洗除，與之更始。’自後凡遇非常之恩，赦文並有此語。”原注：“齊、梁、陳詔並云‘洗除先注’，當日鄉論清議必有記注之目。”

[21]更始：重新開始。按，《文館詞林》卷六六八載此文，署沈約撰。此下有“長徒敕繫之身，特皆原遣。亡官失爵禁錮奪勞，一依舊典”共二十二字。

封齊帝爲巴陵王，[1]全食一郡。載天子旌旗，乘五時副車。行齊正朔。郊祀天地，禮樂制度，皆用齊典。齊宣德皇后爲齊文帝妃，[2]齊后王氏爲巴陵王妃。[3]

[1]按《南齊書》卷八《和帝紀》，封齊和帝爲巴陵王在丁卯，比此紀後一日。

[2]齊文帝：齊文惠太子蕭長懋卒後，其子鬱林王即位，追尊爲世宗文皇帝。見《南齊書》卷四《鬱林王紀》。

[3]王氏：名蕣華，祖籍琅邪臨沂。《南齊書》卷二〇《皇后傳》有傳。

詔曰：“興運升降，前代舊章。齊世王侯封爵，悉皆降省。[1]其有効著艱難者，别有後命。惟宋汝陰王不在除例。”[2]又詔曰：“大運肇升，嘉慶惟始，劫賊餘口没在臺府者，[3]悉可蠲放。[4]諸流徙之家，並聽還本。”[5]

[1]降省：指降低爵位，省除封國。

[2]汝陰王：宋帝後嗣的封爵號。宋禪位於齊，齊高帝封宋後嗣劉準爲汝陰王，行宋正朔。準被殺，立彭城王劉胤爲汝陰王以奉

宋帝後。汝陰，郡名，治所在今安徽阜陽市。

[3]臺府：官府。

[4]蠲放：免罪釋放。

[5]本：指本土。

追尊皇考爲文皇帝，廟曰太祖，皇妣爲獻皇后。追謚妃郗氏爲德皇后。[1]追封兄太傅懿爲長沙郡王，[2]謚曰宣武；齊後軍諮議敷爲永陽郡王，[3]謚曰昭；弟齊太常暢爲衡陽郡王，[4]謚曰宣；齊給事黄門侍郎融爲桂陽郡王，[5]謚曰簡。

[1]以上三人之追尊追謚，《南史》卷六《梁本紀》繫於閏四月，與此異。按，徐勉《故侍中司空永陽昭王墓志銘》（嚴可均輯《全梁文》卷五〇）載，天監元年四月八日詔"謚曰昭王"。據陳垣《二十史朔閏表》，八日正爲丙寅。追尊文皇帝等既與永陽昭王之追謚同日，則當以本書此處所記爲是。另，《南史》卷五一《梁宗室上·長沙宣武王懿傳》載，追封蕭懿在天監元年四月丙寅梁武即位之日，而追封蕭敷、蕭暢、蕭融則在同月戊辰。"至五月，有司方奏追皇考皇妣尊號"，"七月，帝臨軒，遣兼太尉、散騎常侍王份奉策上太祖文皇帝、獻皇后及德皇后尊號"。此又與同書《梁本紀》及本書本紀不同。俟再考。

[2]長沙：郡名。治所在今湖南長沙市。

[3]後軍：後軍將軍之省稱，將軍名號。與前軍、左軍、右軍將軍合稱四軍將軍。掌宫禁宿衛。宋第四品，齊不詳。　諮議：諮議參軍之省稱，官名。諸公軍府屬官，掌諷議。宋第七品，齊不詳。　敷：蕭敷，見本書卷二三《永陽嗣王伯游傳》。　永陽：郡名。治所在今湖南道縣西北。

[4]太常：官名。九卿之一。掌禮樂郊廟社稷事。齊第三品。

暢：蕭暢，見本書卷二三《衡陽嗣王元簡傳》。　衡陽：郡名。治所在今湖南株洲市西南。

[5]給事黄門侍郎：官名。門下省次官，世呼爲小門下。與侍中俱掌門下衆事，侍從左右，關通中外。職任顯要。齊第五品。　融：蕭融，見本書卷二三《桂陽嗣王象傳》。　桂陽：郡名。治所在今湖南郴州市。

是日，詔封文武功臣新除車騎將軍夏侯詳等十五人爲公侯，[1]食邑各有差。以弟中護軍宏爲揚州刺史，[2]封爲臨川郡王；[3]南徐州刺史秀安成郡王；[4]雍州刺史偉建安郡王；[5]左衛將軍恢鄱陽郡王；[6]荆州刺史憺始興郡王。[7]

[1]新除：官制術語。授官而未拜之稱。　車騎將軍：將軍名號。爲重號將軍，多加授大臣、地方長官。宋第二品，齊及梁初不詳。

[2]中護軍：將軍名號。掌京畿以外軍隊。資輕於護軍將軍。宋第三品，齊及梁初不詳。　宏：蕭宏，本書卷二二《太祖五王》有傳。

[3]臨川：郡名。治所在今江西南城縣東南。

[4]安成：郡名。治所在今江西安福縣東南。

[5]建安：郡名。治所在今福建建甌市南。

[6]左衛將軍：將軍名號。與右衛將軍合稱二衛將軍，是中央禁軍六軍之一。掌宿衛營兵。齊及梁初第四品。左衛，《南史·武帝紀》作"右衛"，本書卷二二《太祖五王傳》及《文苑英華》卷四四四沈約《封授臨川等五王詔》亦作"右衛"。　鄱陽：郡名。治所在今江西波陽縣。

[7]始興：郡名。治所在今廣東韶關市東南蓮花嶺下。

丁卯，加領軍將軍王茂鎮軍將軍。以中書監王亮爲尚書令、中軍將軍，[1]相國左長史王瑩爲中書監、撫軍將軍，[2]吏部尚書沈約爲尚書僕射，[3]長兼侍中范雲爲散騎常侍、吏部尚書。[4]

[1]中軍將軍：將軍名號。南朝爲重號將軍。宋第三品，齊及梁初不詳。

[2]撫軍將軍：將軍名號。南朝爲重號將軍。宋第三品，齊及梁初不詳。

[3]吏部尚書：官名。尚書省吏部曹長官。掌全國文武官吏的任免銓選考覈賞罰。居列曹尚書之首。宋齊及梁初第三品。

[4]長兼：官制術語。六朝職官如侍中、尚書郎、公府參軍等，有兼、長兼之稱者，並假職未真授之意。宋・沈括《夢溪筆談》卷二有云："古之兼官，多是暫時攝領，有長兼者，即同正官。"

詔曰："宋氏以來，並恣淫侈，傾宮之富，遂盈數千。推算五都，[1]愁窮四海，並嬰罹冤横，[2]拘逼不一。撫絃命管，[3]良家不被蠲；織室繡房，[4]幽厄猶見役。[5]弊國傷和，莫斯爲甚。凡後宫、樂府、西解、暴室，[6]諸如此例，一皆放遣。若衰老不能自存，官給廩食。"[7]

[1]五都：本指五大城市。歷代所指不同。漢以洛陽、邯鄲、臨淄、宛、成都爲五都，曹魏以長安、譙、許昌、鄴、洛陽爲五都。此處泛指都市。

[2]嬰罹：遭受。

［3］撫絃命管：指被徵入宫廷演奏音樂的人。

［4］織室繡房：爲皇室製作絲帛服飾的官署。

［5］幽厄：被囚禁的人。

［6］樂府：朝廷掌管音樂的官署。　西解：宫廷内織作之所。解，通“廨”，官舍。　暴室：宫中婦女有病及得罪者所居之處。

［7］廪食：官府供給的糧食。

戊辰，車騎將軍高句驪王高雲進號車騎大將軍。[1]鎮東大將軍百濟王餘大進號征東大將軍。[2]安西將軍宕昌王梁彌頜進號鎮西將軍。[3]鎮東大將軍倭王武進號征東大將軍。[4]鎮西將軍河南王吐谷渾休留代進號征西將軍。[5]巴陵王薨于姑孰，[6]追謚爲齊和帝，終禮一依故事。己巳，以光禄大夫張瓌爲右光禄大夫。[7]庚午，鎮南將軍、江州刺史陳伯之進號征南將軍。[8]

［1］高句驪：即“高句麗”亦稱“高麗”，古國名。故地在今朝鮮半島北部和我國遼河以東地區。見本書卷五四《諸夷傳》。　車騎大將軍：將軍名號。地位尊崇，多加元老重臣。齊及梁初第一品。

［2］鎮東大將軍：將軍名號。職掌同鎮東將軍。宋第二品，齊梁較鎮東將軍進一階。　百濟：古國名。故地在今朝鮮半島西南部。見本書卷五四《諸夷傳》。　征東大將軍：將軍名號。職掌同征東將軍。宋第二品，齊梁較征東將軍進一階。

［3］安西將軍：將軍名號。東、南、西、北四安將軍之一，爲出鎮西方某一地區的軍事長官，或作爲刺史兼理軍務的加官，權任頗重。宋第三品，齊及梁初不詳。　宕昌：古國名。故地在今甘肅宕昌縣一帶。見本書卷五四《諸夷傳》。

[4]倭：古國名。即今日本。　征東大將軍：舊本及本書《諸夷傳》並作"征東將軍"，此依中華書局本校補。

[5]河南：古國名。地當今青海黄河以南地區。見本書卷五四《諸夷傳》。　征西將軍：將軍名號，東、南、西、北四征將軍之一，出鎮方面。宋第三品，齊及梁初不詳。

[6]巴陵王之薨，出於沈約之謀。初，梁武欲以南海郡爲巴陵國邑，遷和帝居之，沈約諫以"不可慕虚名而受實禍"，梁武遂遣人害之。詳《南史》卷五《齊本紀》。

[7]光禄大夫：官名。屬光禄勳。養老疾，無職事。宋第三品，齊及梁初不詳。　張瓌：吴郡吴人，《南齊書》卷二四有傳。

[8]鎮南將軍：將軍名號。東、南、西、北四鎮將軍之一，多爲持節都督，出鎮方面，權勢頗重。宋第三品，齊及梁初不詳。

詔曰："觀風省俗，[1]哲后弘規；狩岳巡方，[2]明王盛軌。所以重華在上，[3]五品聿脩；[4]文命肇基，[5]四載斯履。[6]故能物色幽微，[7]耳目屠釣，[8]致王業於緝熙，被淳風於遐邇。朕以寡薄，昧于治方，藉代終之運，當符命之重，取監前古，[9]懔若馭朽。[10]思所以振民育德，去殺勝殘，[11]解網更張，[12]置之仁壽；[13]而明慚照遠，智不周物，兼以歲之不易，[14]未遑卜征，[15]興言夕惕，[16]無忘鑒寐。[17]可分遣内侍，[18]周省四方，觀政聽謡，訪賢舉滯。其有田野不闢，獄訟無章，忘公殉私，[19]侵漁是務者，[20]悉隨事以聞。若懷寶迷邦，[21]藴奇待價，[22]蓄響藏真，[23]不求聞達，並依名騰奏，罔或遺隱。[24]使輶軒所屆，[25]如朕親覽焉。"

[1]觀風省俗：觀省民間風俗厚薄。《漢書·藝文志》："古有采詩之官，王者所以觀風俗，知得失，自考正也。"

[2]狩岳巡方：離開國都巡行地方。《禮記·王制》："天子五年一巡守。"

[3]重華：舜名。見《史記》卷一《五帝本紀》。

[4]五品：即五倫，指父子、君臣、長幼、夫婦、朋友五種倫常關係。《尚書·舜典》："帝曰：契，百姓不親，五品不遜，汝作司徒，敬敷五教，在寬。"

[5]文命：禹名。見《史記》卷二《夏本紀》。

[6]四載：《尚書·益稷》載，禹曰："洪水滔天，浩浩懷山襄陵，下民昏墊，予乘四載，隨山刊木。"《史記》卷二《夏本紀》釋"四載"爲陸行乘車、水行乘船、泥行乘橇、山行乘輂。

[7]物色：訪求。　幽微：指隱居不仕的人。

[8]耳目：探尋。

[9]監：通"鑒"。

[10]懍若馭朽：比喻極小心謹慎。《尚書·五子之歌》："予臨兆民，懍乎若朽索之馭六馬。"

[11]去殺勝殘：廢除死刑，使惡人化而爲善。《論語·子路》："善人爲邦百年，亦可以勝殘去殺矣。"

[12]解網更張：比喻寬宥、仁德。《史記》卷三《殷本紀》："湯出，見野張網四面，祝曰：'自天下四方皆入吾網。'湯曰：'嘻，盡之矣！'乃去其三面，祝曰：'欲左，左；欲右，右；不用命，乃入吾網。'諸侯聞之，曰：'湯德至矣，及禽獸。'"

[13]仁壽：靜穆而長壽。《論語·雍也》："知者動，仁者靜；知者樂，仁者壽。"

[14]易：改。

[15]卜征：占卜巡狩的時間。古代天子五年一巡，先卜問凶吉，五年五卜皆吉乃行。詳《左傳·襄公十三年》。

[16]夕惕：形容戒懼，不敢怠慢。《易·乾》："君子終日乾乾，

夕惕若厲，無咎。”

[17]鑒寐：不脱衣冠而睡。形容時刻警惕。

[18]内侍：宫廷内侍從官員。

[19]殉：與“徇”通。

[20]侵漁：侵害掠奪。

[21]懷寶迷邦：比喻懷才而不願做官。

[22]蘊奇待價：比喻懷奇才而待在上者賞識。《論語·子罕》：“子貢曰：‘有美玉於斯，韞匵而藏諸，求善賈而沽諸？’子曰：‘沽之哉！沽之哉！我待賈者也！’”

[23]蓄響藏真：比喻有才能而不顯露。

[24]罔：無。

[25]輶軒：使者所乘的輕車。

又詔曰：“金作贖刑，[1]有聞自昔，入縑以免，[2]施於中世，民悦法行，莫尚乎此。永言叔世，[3]偷薄成風，[4]嬰罾入罪，[5]厥塗匪一。[6]斷弊之書，[7]日纏於聽覽；鉗釱之刑，[8]歲積於牢犴。[9]死者不可復生，刑者無因自返，[10]由此而望滋實，[11]庸可致乎？朕夕惕思治，念崇政術，斟酌前王，擇其令典，有可以憲章邦國，罔不由之。[12]釋愧心於四海，[13]昭情素於萬物。俗僞日久，禁網彌繁。漢文四百，[14]邈焉已遠。雖省事清心，無忘日用，而委銜廢策，[15]事未獲從。可依周、漢舊典，有罪入贖，外詳爲條格，以時奏聞。”

[1]金作贖刑：以錢贖罪。《尚書·舜典》：“象以典刑，流宥五刑，鞭作官刑，扑作教刑，金作贖刑。”

[2]入縑以免：繳縑以免罪。縑，雙絲織成的微帶黄色的細絹。

漢以後可用以贖罪。

[3]叔世：衰亂的時代。

[4]偷薄：輕薄，不厚道。

[5]嬰僣：犯錯誤。僣，同“愆”。

[6]匪：通“非”。

[7]斷弊：裁斷，判決。

[8]鉗釱：釱，疑爲“釱（dì）”之訛。鉗釱，古代刑具。《增韻》：“在頸曰鉗，在足曰釱。”

[9]牢犴（àn）：監獄。

[10]刑者無因自返：中華書局本《校勘記》：“‘刑’，各本作‘生’，據《南史》改。按，此語本緹縈上書故事。《漢書·刑法志》：‘死者不可復生，刑者不可復屬。’”

[11]滋實：指衣食充足。

[12]由：遵行。

[13]釋：三朝本、百衲本作“庶”。

[14]漢文四百：漢文帝即位，寬厚愛民，化行天下，風俗敦厚。張釋之爲廷尉，刑罰大省，“至於斷獄四百，有刑錯之風”。詳《漢書·刑法志》。

[15]委銜廢策：比喻廢除刑法。銜、策，馬銜和馬鞭。《韓非子·奸劫弑臣》：“無棰策之威，銜橛之備，雖造父不能以服馬……無威嚴之勢，賞罰之法，雖堯舜不能以爲治。”

辛未，以中領軍蔡道恭爲司州刺史。[1]以新除謝沐縣公蕭寶義爲巴陵王，[2]以奉齊祀。復南蘭陵武進縣，[3]依前代之科。[4]徵謝朏爲左光禄大夫、開府儀同三司，[5]何胤爲右光禄大夫。[6]改南東海爲蘭陵郡。土斷南徐州諸僑郡縣。[7]

[1]中領軍：將軍名號。資輕於領軍將軍，而職掌同。掌京師禁衛軍。權任隆重。宋第三品，齊及梁初不詳。　蔡道恭：人名。本書卷一〇有傳。

[2]謝沐：縣名。治所在今湖南江永縣西南。　蕭寶義：人名。齊明帝之子。《南齊書》卷五〇《明七王》有傳。

[3]復：免除賦税或勞役。　武進縣：縣名。治所在今江蘇丹陽市東。

[4]前代之科：指前代開國皇帝登位免故籍賦税或勞役之條科。《南齊書》卷二《高帝紀下》："（建元元年七月）丁巳，詔'南蘭陵桑梓本鄉，長蠲租布；武進王業所基，復十年'。"

[5]謝朏：人名。本書卷一五有傳。　開府儀同三司：官名。非三公而儀制、待遇同於三公之稱。宋第一品，齊及梁初不詳。

[6]何胤：人名。本書卷五一《處士》有傳。

[7]土斷：西晉末，由於戰亂，中原士民多遷居江南，東晉政府在移民比較集中之地僑置州郡縣，允許僑民"挾注本郡"，另立户籍（即白籍），予以安置。桓温主政，規定不論本地人或僑民，統一在所居郡縣内登記户口，納税服役，稱爲土斷。直至南朝，又多次推行土斷。

癸酉，詔曰："商俗甫移，[1]遺風尚熾，下不上達，由來遠矣。升中馭索，[2]增其懍然。可於公車府謗木肺石傍各置一函。[3]若肉食莫言，[4]山阿欲有横議，[5]投謗木函。若從我江、漢，[6]功在可策，[7]犀兕徒弊，[8]龍蛇方縣；[9]次身才高妙，擯壓莫通，[10]懷傅、吕之術，[11]抱屈、賈之歎，[12]其理有皦然，受困包匭；[13]夫大政侵小，豪門陵賤，四民已窮，[14]九重莫達。[15]若欲自申，並可投肺石函。"甲戌，詔斷遠近上慶禮。

[1]商俗：商代靡靡之俗。《尚書·畢命》："政貴有恒，辭尚體要，不惟好異。商俗靡靡，利口惟賢，餘風未殄，公其念哉！"

[2]升中：古代帝王祭天上告成功。此處指即位。　馭索：比喻統治天下。《尚書·五子之歌》："予臨兆民，懔乎若朽索之馭六馬。"

[3]公車府：官署名。掌吏民上章、四方貢獻及徵詣公車等。謗木：即誹謗木。相傳堯舜立誹謗之木，政有得失，民得書之於木。參《吕氏春秋·自知》、《淮南子·主術》等。晉·崔豹《古今注·問答釋義》："程雅問曰：'堯設誹謗之木，何也？'答曰：'今之華表木也。以横木交柱頭，狀若華也。形似桔槔，大路交衢悉施焉。或謂之表木，以之表納諫焉。亦以表識衢路也。秦乃除之，漢始復修焉。今西京謂之交午木。'"　肺石：赤石，民有伸冤者擊之，如撾登聞鼓。《周禮·秋官·大司寇》："以肺石達窮民。"

[4]肉食：指在位者。

[5]山阿：指山野之民。　横議：肆意議論朝政。《孟子·滕文公下》："聖王不作，諸侯放恣，處士横議。"

[6]從我江、漢：隨從我起兵襄陽。江、漢，代指雍州襄陽。

[7]策：命官授爵。

[8]犀兕徒弊：意謂徒有軍功。犀兕，並獸名，其皮堅厚，多用以製甲。此處代指作戰用品。

[9]龍蛇方縣：春秋時長期流亡在外的晉公子重耳返國即位，賞從其流亡者，介子推未受封賞。子推的隨從者同情子推，乃懸書宫門曰："龍欲上天，五蛇爲輔；龍已升雲，四蛇各入其宇。一蛇獨怨，終不見處所。"見《史記》卷三九《晉世家》。後世因用以表有功而不得報賞的牢騷。縣，古"懸"字。

[10]擯壓：排擠壓抑。

[11]傅、吕：傅説、吕望。傅説，先操築於傅巖，後爲殷高宗之相。詳《尚書·説命》。吕望，詳《史記》卷三二《齊太公世家》。

［12］屈、賈：屈原、賈誼。屈原，戰國時楚人；賈誼，漢文帝時人。二人並有才能和抱負，因受排擠打擊而有不得志之歎。詳《史記》卷八四《屈原賈生列傳》。

［13］包匭：貢獻之物。《文選》卷五左太沖《吴都賦》"職貢納其包匭"五臣李周翰注："包，裹也；匭，匣也。謂致於裹匣而貢之。"

［14］四民：《春秋穀梁傳·成公元年》："古者有四民：有士民、有商民、有農民、有工民。"

［15］九重：指宫禁。

又詔曰："禮闈文閣，[1]宜率舊章，貴賤既位，各有差等，俯仰拜伏，以明王度，[2]濟濟洋洋，具瞻斯在。[3]頃因多難，治綱弛落，官非積及，[4]榮由幸至。[5]六軍尸四品之職，[6]青紫治白簿之勞。[7]振衣朝伍，長揖卿相，趨步廣闥，並驅丞郎。遂冠履倒錯，[8]珪甑莫辨。[9]静言疚懷，思返流弊。且甋法惰官，動成逋弛，[10]罰以常科，終未懲革。夫檟楚申威，[11]蓋代斷趾，[12]笞捶有令，如或可從。外詳共平議，務盡厥理。"癸未，詔"相國府職吏，可依資勞度臺，[13]若職限已盈，所度之餘，及驃騎府，[14]並可賜滿"。

［1］禮闈文閣：指朝廷官署。禮闈，即尚書省。《文選》卷四六任彦昇《王文憲集序》李善注："《十州記》曰：崇禮闈即尚書上省門，崇禮東建禮門即尚書下舍門。然尚書省二門名禮，故曰禮闈也。"文閣，指祕書省。

［2］王度：王者的政教。

［3］具瞻：爲衆人所瞻仰。《詩·小雅·節南山》："赫赫師尹，

民具爾瞻。”

[4]積：通“績”，功績。

[5]幸：幸運。

[6]六軍：宫廷禁衛軍。《隋書·百官志》：“領軍，護軍，左、右衛，驍騎，游騎等六將軍，是爲六軍。”　尸：居其位而不理事。

[7]青紫：漢代丞相、太尉皆金印紫綬，御史大夫銀印青綬。此三府官最崇貴，故後世以青紫代稱貴官。　白簿：即白籍，用白紙製成的僑民户籍。此處代指公府屬吏。

[8]錯：通“措”，置。

[9]珪：古代帝王諸侯所執玉版。　甑：瓦製煮器。

[10]逋弛：不按法律辦事。

[11]檟楚：用檟木荆條製作的鞭撻刑具。《禮記·學記》：“夏楚二物，收其威也。”夏，通“檟”。

[12]蓋代斷趾：意謂鞭笞之害超過斷趾的肉刑。蓋，通“害”。漢文帝詔除肉刑，丞相張蒼、御史大夫馮敬奏議定律令，規定當斷左趾者改笞五百。然而在執行過程中，往往笞人至死，是外有輕刑之名，内實殺人。詳《漢書·刑法志》。

[13]度臺：轉爲臺官。臺，指尚書省。

[14]驃騎府：即驃騎將軍府。

閏月丁酉，以行宕昌王梁彌邕爲安西將軍、河涼二州刺史，[1]正封宕昌王。壬寅，以車騎將軍夏侯詳爲右光禄大夫。詔曰：“成務弘風，[2]肅厲内外，寔由設官分職，互相懲糾。而頃壹拘常式，[3]見失方奏，多容違惰，莫肯執咎，[4]憲網日弛，漸以爲俗。今端右可以風聞奏事，[5]依元熙舊制。”[6]

[1]行：官制術語。缺官未補，暫以低級官吏攝行高一級官吏

之職位。　河、涼：並州名。河州，治所在今甘肅臨夏縣。涼州，治所在今甘肅武威市。

[2]成務：成就事業。

[3]頃：近來。

[4]執咎：承擔咎責。

[5]端右：尚書僕射的别稱。　風聞奏事：根據傳聞論事。《通典》卷二四“御史臺”條有云：“舊制但聞風彈事，提綱而已。”注云：“舊例御史臺不受訴訟。有通詞狀者立於臺門候御史，御史竟往門外收采。如可彈者，略其姓名，皆云風聞訪知。”按，風聞彈事，始於漢代“謡言”奏劾之類。御史中丞得以風聞奏事，晉宋以來未變。梁武所要恢復的，是尚書僕射風聞奏事。參宋·洪邁《容齋四筆》卷一一“御史風聞”條及周一良《魏晉南北朝史札記》之《梁書札記》“風聞奏事”條。

[6]元熙舊制：周一良《梁書札記》“風聞奏事”條云：“《宋書》四二《王弘傳》奏彈謝靈運文末云：‘内臺舊體，不得用風聲舉彈。此事彰赫，曝之朝野。執憲蔑聞，群司循舊。國典既頽，所虧者重。臣弘忝承人乏，位副朝端，若復謹守常科，則終莫之糾正。所以不敢拱默，自同秉彝。違舊之愆，伏須准裁。’高祖令云：‘端右肅正風軌，誠副所期，豈拘常儀？自今爲永制。’王弘奏彈事在義熙十二三年間。義熙十五年改元元熙，明年而宋代晉。梁武詔中所謂元熙舊制，疑指王弘事。弘當時爲宋國尚書僕射。”元熙，晉恭帝司馬德文年號（419—420）。

五月乙亥夜，盜入南、北掖，[1]燒神虎門、總章觀，[2]害衛尉卿張弘策。戊子，[3]江州刺史陳伯之舉兵反，以領軍將軍王茂爲征南將軍、江州刺史，率衆討之。

[1]南、北掖：即南掖門、北掖門，京師建康宫城門名。

[2]神虎門：建康宫城西門。　總章觀：官署名，在建康宫城内。

[3]戊子：此疑有誤。據《二十史朔閏表》，天監元年五月戊午朔，無戊子。六月丁亥朔，初二爲戊子。

六月庚戌，以行北秦州刺史楊紹先爲北秦州刺史、武都王。[1]是月，陳伯之奔魏，江州平。前益州刺史劉季連據成都反。[2]

[1]武都：郡名。治所在今甘肅武都縣東南。

[2]成都：縣名。治所在今四川成都市。

八月戊戌，置建康三官。[1]乙巳，平北將軍、西涼州刺史象舒彭進號安西將軍，[2]封鄧至王。[3]丁未，詔中書監王瑩等八人參定律令。[4]是月，詔尚書曹郎依昔奏事。[5]林邑、干陁利國各遣使獻方物。[6]

[1]建康三官：即建康正、建康平、建康監。《隋書·百官志》："建康舊置獄丞一人。天監元年，詔依廷尉之官，置正、平、監，革選士流，務使任職。又令三官更直一日，分受罪繫，事無小大，悉與令籌。若有大事，共詳，三人具辨。脱有同異，各立議以聞。"

[2]平北將軍：將軍名號。東、西、南、北四平將軍之一，多兼鎮守地區的刺史，統掌軍政事務。宋第三品，齊及梁初不詳。　西涼州：州名。治所在今甘肅張掖市西北。又，"安西將軍"，本書卷五四《諸夷·西北諸戎·鄧至傳》作"安北將軍"。按，本紀本年閏月丁酉已以宕昌王梁彌邕爲安西將軍，至此時無變動，故不可

又有安西將軍之授，是當以《西北諸戎·鄧至傳》爲是。

[3]鄧至：古國名。在今四川九寨溝縣一帶。

[4]中書監王瑩等八人：《隋書·刑法志》：天監元年八月下詔“以尚書令王亮、侍中王瑩、尚書僕射沈約、吏部尚書范雲、長兼侍中柳惲、給事黄門侍郎傅昭、通直散騎常侍孔藹、御史中丞樂藹、太常丞許懋等參議斷定，定爲二十篇。”按，此云“中書監王瑩”，《南史·武帝紀》同。然《隋志》及《通鑑》並云“侍中王瑩”，與此異。考本書卷一六《王瑩傳》，當以《隋志》爲是。又此云“八人”，《南史·武帝紀》同。而《隋志》及《通鑑》並爲九人，亦異。蓋先詔王亮預其事，亮不久即得罪，故去其名，而詔書未改，故異。

[5]《隋書·百官志》：“自晉以後，八座及郎中，多不奏事。天監元年詔曰：‘自禮闈陵替，歷兹永久，郎署備員，無取職事。糠粃文案，貴尚虚閑，空有趨墀之名，了無握蘭之實。曹郎可依昔奏事。’自是始奏事矣。”

[6]林邑：古國名。其都在今越南廣南省維川縣南茶轎。　干陁利國：古國名。亦作“斤陁利國”，在今南洋群島中。本書卷五四《諸夷傳》有傳。　方物：土産。

冬十一月己未，立小廟。[1]甲子，立皇子統爲皇太子。[2]

[1]小廟：天子祖母之廟。《隋書·禮儀二》載，梁天監元年，“又有小廟，太祖太夫人廟也。非嫡，故别立廟。皇帝每祭太廟訖，乃詣小廟，亦以一太牢，如太廟禮”。

[2]統：蕭統。本書卷八有傳。按，梁武帝有《立太子恩賚詔》，見《藝文類聚》卷一六、《文館詞林》卷六六六，《初學記》卷一〇亦略載，署沈約撰。詔有“建兹蒙幼，仰副宗祊”，“承華肇

闢”云云，是必爲立蕭統爲太子而作。

十二月丙申，以國子祭酒張稷爲護軍將軍。[1]辛亥，護軍將軍張稷免。

是歲大旱，米斗五千，人多餓死。

[1]國子祭酒：官名。國子學長官。宋第三品，齊及梁初不詳。　護軍將軍：將軍名號。掌京師以外諸軍，權任頗重。宋第三品，齊及梁初不詳。

二年春正月甲寅朔，詔曰："三訊五聽，[1]著自聖典，哀矜折獄，[2]義重前誥，蓋所以明慎用刑，深戒疑枉，成功致治，罔不由兹。朕自藩部，[3]常躬訊録，求理得情，洪細必盡。末運弛網，斯政又闕，牢犴沉壅，[4]申訴靡從。朕屬當期運，君臨兆億，雖復齋居宣室，[5]留心聽斷；而九牧遐荒，[6]無因臨覽。深懼懷寃就鞫，[7]匪惟一方。[8]可申敕諸州，月一臨訊，博詢擇善，務在確實。"乙卯，以尚書僕射沈約爲尚書左僕射；吏部尚書范雲爲尚書右僕射；前將軍鄱陽王恢爲南徐州刺史，[9]尚書令王亮爲左光禄大夫；右衛將軍柳慶遠爲中領軍。丙辰，尚書令、新除左光禄大夫王亮免。

[1]三訊：審理案件時訊問的三個方面。《周禮·秋官·小司寇》："以三刺斷庶民獄訟之中，一曰訊群臣，二曰訊群吏，三曰訊萬民。"　五聽：審理案件的五種方法。《周禮·秋官·小司寇》：

“以五聲聽獄訟，求民情：一曰辭聽，二曰色聽，三曰氣聽，四曰耳聽，五曰目聽。”

[2]哀矜折獄：以哀矜之心判案。《尚書·吕刑》有云：“察辭于差，非從惟從。哀敬折獄，明啓刑書胥占，咸庶中正。其刑其罰，其審克之。”

[3]藩部：地方州郡。此處指雍州。

[4]牢犴：監獄。

[5]齋居：齋戒而居。　宣室：皇帝齋戒之所。漢代未央宫有宣室殿，文帝曾於此以鬼神之事問賈誼。見《史記》卷八四《屈原賈生列傳》。

[6]九牧：九州。

[7]鞫：審訊。

[8]匪：同“非”。

[9]前將軍：將軍名號。前、後、左、右四將軍之一。宋第三品，齊及梁初不詳。

夏四月癸卯，尚書删定郎蔡法度上《梁律》二十卷、《令》三十卷、《科》四十卷。[1]

[1]尚書删定郎：官名。尚書省諸曹郎之一，掌制定法律。梁初第六品。　蔡法度：人名。史書無傳。《文苑英華》卷三九七沈約《授蔡法度廷尉制》略云：“尚書删定左曹郎中蔡法度，少好律書，明曉法令，世之所廢，篤志不怠。至於章句踳滯，名程乖礙，莫不斟酌厥衷，允得其門。方欲寄以國刑，開示後學……宜加褒擢，弗繫常階。可守廷尉卿，主者施行。”按，據此知蔡法度上律後升官廷尉卿。參《隋書·刑法志》。　《梁律》二十卷：《隋書·刑法志》云：“定爲二十篇：一曰刑名、二曰法例、三曰盗劫、四曰賊叛、五曰詐僞、六曰受賕、七曰告劾、八曰討捕、九曰繫訊、十曰斷獄、

十一曰雜、十二曰户、十三曰擅興、十四曰毁亡、十五曰衛宫、十六曰水火、十七曰倉庫、十八曰廐、十九曰關市、二十曰違制。”《唐六典》注同。　《令》三十卷：《唐六典》注：“梁初，命蔡法度等撰《梁令》三十卷，一户、二學、三貢士贈官、四官品、五吏員、六服制、七祠、八户調、九公田公用儀迎、十醫藥疾病、十一復除、十二關市、十三劫賊水火、十四捕亡、十五獄官、十六鞭杖、十七喪葬、十八雜上、十九雜中、二十雜下、二十一宫衛、二十二門下散騎中書、二十三尚書、二十四三臺秘書、二十五王公侯、二十六選吏、二十七選將、二十八選雜士、二十九軍吏、三十軍賞。”《科》四十卷：《南史·武帝紀》及《通鑑·梁紀》同。《隋書·刑法志》“四十”作“三十”，《隋書·經籍志》著録亦云“《梁科》三十卷”，《唐六典》注：“梁易《故事》爲《梁科》三十卷，蔡法度所删定。”

五月丁巳，尚書右僕射范雲卒。乙丑，益州刺史鄧元起克成都，曲赦益州。[1]壬申，斷諸郡縣獻奉二宫。[2]惟諸州及會稽，[3]職惟嶽牧，許薦任土，[4]若非地産，亦不得貢。

[1]曲赦：因特殊情況而赦免。

[2]二宫：指上宫和東宫，即皇帝與太子。參周一良《魏晉南北朝史札記》之《晉書札記》“二宫”條。

[3]會稽：按，會稽爲東部大郡，故貢賦同於諸州。

[4]任土：本土所産之物。《周禮·地官·載師》“掌任土之法”《注》：“任土者，任其地勢所能生育，且以制貢賦也。”

六月丁亥，詔以東陽、信安、豐安三縣水潦，[1]漂損居民資業，遣使周履，量蠲課調。[2]是夏多癘疫。以新除左光禄大夫謝朏爲司徒、尚書令。[3]甲午，以中書監王瑩爲尚書右僕射。

[1]東陽：縣名。治所在今浙江金華縣。《隋書·五行志》作“太末”。　信安：縣名。治所在今浙江衢縣。　豐安：縣名。治所在今浙江浦江縣西南。

[2]課調：賦税。課，一般賦税；調，徵收紡織品的户税。

[3]司徒：官名。三公之一，掌民事。宋第一品，齊及梁初不詳。

秋七月，扶南、龜兹、中天竺國各遣使獻方物。[1]

[1]扶南：古國名。地當今柬埔寨及越南胡志明市一帶。本書卷五四《諸夷》有傳。　龜兹：古國名。位於天山南麓，約當今新疆阿克蘇地區東部。本書卷五四《諸夷》有傳。　中天竺：古國名，即今印度。

冬十月，魏寇司州。

十一月乙卯，雷電大雨，晦。是夜又雷。乙亥，尚書左僕射沈約以母憂去職。[1]

[1]母憂：母喪。

三年春正月戊申，後將軍、揚州刺史臨川王宏進號中軍將軍。癸丑，以尚書右僕射王瑩爲尚書左僕射，太子詹事柳惔爲尚書右僕射，[1]前尚書左僕射沈約爲鎮軍將軍。

[1]太子詹事：官名。總領東宫官屬、庶務，或參預朝政，權任隆重。齊及梁初第三品。

二月，魏陷梁州。[1]

[1]《通鑑》繫此事於天監四年（505）正月，胡三省注引《考異》曰："《梁帝紀》'天監三年二月，魏陷梁州'，而列傳皆無其事。《魏帝紀》：'正始元年，閏十二月，癸卯朔，蕭衍行梁州事，夏侯道遷據漢中來降。'《道遷傳》具言其事。按《長曆》，梁閏二月癸卯（當是'魏閏十二月癸卯'），即天監四年正月朔也，故置於此。"又，據《魏書》卷八《世宗紀》及卷一九《任城王澄傳》，正始元年（即梁天監三年）二月丁酉，魏破梁軍於邵陽，擒其冠軍將軍張惠紹等數將。既而魏軍敗，梁以所獲魏將士换張惠紹。蓋梁國史諱言其事，本書本紀及《張惠紹傳》亦失載。

三月，隕霜殺草。

五月丁巳，以扶南國王憍陳如闍耶跋摩爲安南將軍。[1]

[1]安南將軍：將軍名號。與安東、安西、安北將軍合稱四安將軍。爲出鎮南方某地區的軍事長官，或作爲刺史兼理軍務的加官。權任頗重。宋第三品，齊及梁初不詳。

六月丙子，詔曰："昔哲王之宰世也，每歲卜征，躬事巡省，民俗政刑，罔不必逮。末代風凋，久曠兹典，雖欲肆遠忘勞，[1]究臨幽仄，[2]而居今行古，事未易從，所以日晏踟躕，情同再撫。總總九州，遠近民庶，或川路幽遐，或貧羸老疾，懷冤抱理，莫由自申，所以東海匹婦，致災邦國，[3]西土孤魂，登樓請訴。[4]念此于懷，中夜太息。可分將命巡行州部，其有深冤鉅害，抑鬱無歸，聽詣使者，依源自列。庶以矜隱之念，昭被四方，逷聽遠聞，[5]事均親覽。”癸未，大赦天下。[6]

[1]肆遠：極力遠巡。

[2]幽仄：幽深偏僻之地。

[3]相傳漢東海有寡婦周青，爲侍奉婆婆而矢志不嫁，婆婆遂自縊而死。其小姑告官，誣嫂以殺母之罪。官吏不察，竟判周青死刑。其後東海地方大旱三年。詳《漢書》卷七一《于定國傳》。

[4]傳説漢新都王忳舉茂才除郿令，宿斄（tái）亭。人言亭上數有人爲鬼所殺。忳上樓，夜有女子稱冤，曰：“妾涪令妻也，當之官，宿此，枉爲亭長所殺，大小二十口埋在樓下，奪取財物。”忳問其所以殺人，女曰：“妾不得白日，惟依夜訴，人眠不肯應，恚，故殺之。”忳旦召人審問，具服。即收同謀十餘人殺之。詳《華陽國志》卷一〇《廣漢士女》。

[5]逷（tì）：遠。

[6]沈約有《梁武帝恩赦詔》，見《文館詞林》卷六七〇。詔有云：“朕受天明命……於今三載。”當即此次赦詔。

秋七月丁未，以光禄大夫夏侯詳爲車騎將軍、湘州刺史，湘州刺史楊公則爲中護軍。[1]甲子，立皇子綜爲豫章郡王。[2]

[1]楊公則：人名。本書卷一〇有傳。

[2]綜：蕭綜。本書卷五五有傳。

八月，魏陷司州，詔以南義陽置司州。[1]

[1]南義陽：郡名。治所在今湖北紅安縣。

九月壬子，以河南王世子伏連籌爲鎮西將軍、西秦河二州刺史、河南王。[1]北天竺國遣使獻方物。[2]

[1]河南：古國名。地當今青海黄河以南地區。　西秦：州名。治所在今甘肅天水市。　河：州名。治所在今甘肅臨夏縣西南。　以：三朝本、百衲本無“以”字，此依中華書局本。

[2]北天竺：古國名。地當今印度北部。

冬十一月甲子，詔曰：“設教因時，淳薄異政，刑以世革，輕重殊風。昔商俗未移，民散久矣，嬰網陷辟，[1]日夜相尋。[2]若悉加正法，則赭衣塞路，[3]並申弘宥，則難用爲國，故使有罪入贖，以全元元之命。今遐邇知禁，[4]圄犴稍虚，[5]率斯以往，庶幾刑措。[6]金作權典，[7]宜在蠲息。可除贖罪之科。”

是歲多疾疫。

[1]嬰網陷辟：觸法犯罪。

[2]相尋：相連續。

[3]赭衣：古代犯人穿赭色衣服。此處代指犯人。《漢書·刑法志》：秦始皇時，“奸邪並生，赭衣塞路，囹圄成市”。

[4]今遐邇知禁：中華書局本《校勘記》：“‘今’殿本作‘令’，從百衲本。按：‘今遐邇知禁’對上‘昔商俗未移’言，作‘令’訛。”按，三朝本亦作“今”。

[5]圄犴：監獄。

[6]刑措：刑法擱置不用。指無人犯法。

[7]金作權典：以金贖罪爲權宜之法規。

四年春正月癸卯朔，詔曰：“今九流常選，[1]年未三十，不通一經，不得解褐。[2]若有才同甘、顔，[3]勿限年次。”[4]置《五經》博士各一人。[5]以鎮北將軍、雍州刺史建安王偉爲南徐州刺史，南徐州刺史鄱陽王恢爲郢州刺史，中領軍柳慶遠爲雍州刺史。丙午，省《鳳皇銜書伎》。[6]戊申，詔曰：“夫禋郊饗帝，[7]至敬攸在，致誠盡慤，猶懼有違；而往代多令宫人縱觀兹禮，帷宫廣設，輜輧耀路，[8]非所以仰虔蒼昊，昭感上靈。屬車之間，見譏前世，[9]便可自今停止。”辛亥，輿駕親祠南郊，[10]赦天下。

[1]九流：指九品中正制中各品人物。

[2]解褐：脱去布衣换上官服。指入仕。

[3]甘、顔：甘羅、顔淵。二人皆以年少而才能突出聞名。甘羅，見《史記》卷七一《甘茂傳》。顔淵，見《史記》卷六七《仲尼弟子列傳》。

[4]年次：年齡大小。《太平御覽》卷二二二《職官部·中書舍人》下引《梁選簿》云：“梁天監用人，務簡英才，不限資次。”

[5]參本書卷四八《儒林傳序》及《隋書·百官志上》。

[6]《鳳皇銜書伎》：散樂名。宋齊以來，元會所演奏。參《南齊書·樂志》及《隋書·音樂志上》。

[7]禋郊：祭祀天地之神。

[8]輜軿：車輛名。有衣蔽無後轅爲軿，有後轅者爲輜。此處指後宫嬪妃所乘之車。

[9]屬車：皇帝侍從之車。《宋書》卷八二《沈懷文傳》載，宋孝武帝遊幸無度，"太后及六宫常乘副車在後"，大臣沈懷文、王景文等曾諷刺之。此蓋梁武帝所指。

[10]輿駕：皇帝的車駕。此代指皇帝。　南郊：封建王朝在國都南郊舉行的祭天禮儀。《隋書·禮儀志》："梁南郊，爲圓壇，在國之南，高二丈七尺，上徑十一丈，下徑十八丈。其外再壝，四門。常與北郊間歲。正月上辛行事，用一特牛，祀天皇上帝之神於其上，以皇考太祖文帝配。"梁武帝有《南郊恩詔》，見《文苑英華》卷四二四，沈約撰。詔文有"天監三年，内外犯奪勞及左降，可悉願除"云云，據知當作於此時。

二月壬午，遣衛尉卿楊公則率宿衛兵塞洛口。[1]壬辰，交州刺史李凱據州反，[2]長史李畟討平之。曲赦交州。戊戌，以前郢州刺史曹景宗爲中護軍。是月，立建興苑於秣陵建興里。[3]

[1]洛口：即今安徽淮南市東北青洛河與高塘湖北入淮河之口。

[2]交州：州名。治所在今越南北寧省僊游東。

[3]建興苑：苑囿名。劉宋稱南苑，梁改名。在今江蘇南京市西南隅。　秣陵：縣名。治所在今江蘇南京市中華門外故報恩寺附近。

夏四月丁巳，以行宕昌王梁彌博爲安西將軍、河涼二州刺史、宕昌王。是月，自甲寅至壬戌，甘露連降華林園。[1]

[1]甘露：甘美的雨露，古以爲祥瑞。《宋書·符瑞志》：“甘露，王者德至大，和氣盛，則降。” 華林園：園名。初建於三國吴，擴建於劉宋，内有華光殿、景陽樓、竹林堂諸勝。南朝諸帝常宴集於此。故址在今江蘇南京市鷄鳴山南古臺城内。

五月辛卯，建康縣朔陰里生嘉禾，[1]一莖十二穗。

[1]嘉禾：《宋書·符瑞志》：“嘉禾，五穀之長。王者德盛，則二苗共秀。” 朔陰里：《建康實録》卷一七作“定陰里”。

六月庚戌，立孔子廟。壬戌，歲星晝見。[1]

[1]歲星晝見：《隋書·天文志下》：“（天監）四年六月壬戌，歲星晝見。占曰：‘歲色黄潤，立竿影見，大熟。’是歲大穰，米斛三十。”

秋七月辛卯，右光禄大夫張瓌卒。

八月庚子，老人星見。[1]

[1]老人星：星名。一名南極星。《史記》卷二七《天官書》：“狼比地有大星，曰南極老人。”《正義》曰：“老人一星，在弧南，一曰南極，爲人主占壽命延長之應。常以秋分之曙見於景，春分之夕見於丁。見，國長命，故謂之壽昌，天下安寧；不見，人主憂

也。”《隋書·天文志下》：“（天監四年）八月庚子，老人星見。占曰：‘老人星見，人主壽昌。’自此後，每年恒以秋分後見於參南，至春分而伏。武帝壽考之象云。”

冬十月丙午，北伐，以中軍將軍、揚州刺史臨川王宏都督北討諸軍事，尚書右僕射柳惔爲副。[1]是歲，以興師費用，王公以下各上國租及田穀，[2]以助軍資。

[1]梁武帝有《北伐詔》，詔有云：“自非密親英譽，風略兼遠，無以專任閫外，授律群師。臨川王宏可權進督南北兗徐青冀豫司霍八州，都督北討諸軍事。命將出車，咸有副貳，具位惔（原作“恢”，嚴可均《全梁文》校曰“當作惔”）可暫輟端右，參贊戎機。”見《文館詞林》卷六六二。

[2]國租：指封國所入之租。　田穀：指職田所入之穀。

十一月辛未，以都官尚書張稷爲領軍將軍。[1]甲午，天晴朗，西南有電光，聞如雷聲三。

[1]都官尚書：官名。南北朝置。尚書省列曹尚書之一，掌法律刑獄及水利工程政令。梁初第三品。

十二月，司徒、尚書令謝朏以所生母憂，去職。是歲大穰，[1]米斛三十。

[1]穰：豐收。

五年春正月丁卯朔，詔曰：“在昔周、漢，取士方國。頃代凋訛,[1]幽仄罕被，人孤地絶，用隔聽覽，士操淪胥,[2]因兹靡勸。豈其岳瀆縱靈，偏有厚薄，寔由知與不知、用與不用耳。朕以菲德，君此兆民，而兼明廣照，屈於堂户，飛耳長目，不及四方，永言愧懷，無忘旦夕。凡諸郡國舊族邦内無在朝位者，選官搜括，使郡有一人。”乙亥，以前司徒謝朏爲中書監、司徒、衛將軍,[3]鎮軍將軍沈約爲右光禄大夫，豫章王綜爲南徐州刺史。丁丑，以尚書左僕射王瑩爲護軍將軍，僕射如故。甲申，立皇子綱爲晉安郡王。[4]丁亥，太白晝見。

二月庚戌，以太常張充爲吏部尚書。[5]

[1]頃代：近代。　凋訛：衰敗訛亂。

[2]淪胥：淪喪。

[3]衛將軍：將軍名號。爲重號將軍，多用以加大臣或重要地方長官。宋第二品，齊及梁初不詳。

[4]綱：蕭綱，即梁簡文帝。　晉安：郡名。治所在今福建福州市。

[5]張充：人名。本書卷二一有傳。

三月丙寅朔，日有蝕之。癸未，魏宣武帝從弟翼率其諸弟來降。[1]輔國將軍劉思效破魏青州刺史元繫於膠水。[2]丁亥，陳伯之自壽陽率衆歸降。[3]

[1]翼：元翼，北魏獻文帝之孫。其父咸陽王禧以謀反罪賜死。後遇赦，翼求葬其父，魏主不許。翼因與弟昌、曄奔梁。事見《魏

書》卷二一上《獻文六王·咸陽王傳》。

［2］青州：北魏州名。治所在今山東青州市。　膠水：即今山東膠河。

［3］壽陽：縣名。治所在今安徽壽縣。　丁亥：《魏書》卷八《世宗紀》作“庚寅”，《通鑑》卷一四六《梁紀二》同。

夏四月丙申，廬陵高昌之仁山獲銅劍二，[1]始豐縣獲八目龜一。[2]甲寅，詔曰：“朕昧旦齋居，[3]惟刑是恤，三辟五聽，[4]寢興載懷。故陳肺石於都街，[5]增官司於詔獄，[6]殷懃親覽，小大以情。[7]而明慎未洽，囹圄尚壅，[8]永言納隍，[9]在予興愧。凡犴獄之所，可遣法官近侍，遞録囚徒，[10]如有枉滯，以時奏聞。”

［1］廬陵：郡名。治所在今江西吉水縣東北。　高昌：縣名。治所在今江西吉安市西南。《御覽》卷三四二《兵部》七三引《梁書》曰：“天監五年，廬陵太守王希聃於高昌縣獲銅瑞劍二口以聞，曰：‘薄伐凶醜，而龍淵耀質，凶奴將滅，白旗表徵。’”

［2］始豐：縣名。治所在今浙江天臺縣。

［3］昧旦：天將亮時。

［4］三辟：指夏、商、周三代的刑法。辟，法。

［5］肺石：古代設於朝廷門外的石頭。民有冤，則擊石以鳴。其色赤，形如肺，故名。參沈括《夢溪筆談》卷一九《器用》。

［6］詔獄：奉詔令關押犯人的牢獄。《南史》卷六《梁本紀》云：“夏四月甲寅，初立詔獄，詔建康縣置三官與廷尉三官分掌獄事，號建康爲南獄，廷尉爲北獄。”

［7］小大：指大小案件。《左傳·莊公十年》：“小大之獄，雖不能察，必以情。”　情：誠。

［8］壅，三朝本、百衲本作“擁”。

[9]納隍：指救民危難之心。《文選》卷三張平子《東京賦》："人或不得其所，若己納之於隍。"隍，無水的城壕。

[10]録囚徒：訊視記録囚徒罪行的罪狀。

五月辛未，太子左衛率張惠紹克魏宿預城。[1]乙亥，臨川王宏前軍克梁城。[2]辛巳，豫州刺史韋叡克合肥城。[3]丁亥，廬江太守裴邃克羊石城，[4]庚寅，又克霍丘城。[5]辛卯，太白晝見。

[1]太子左衛率：官名。東宫官屬。與太子右衛率合稱太子二率。掌東宫宿衛營兵，亦任征伐，地位頗重。梁初定員一人，第四品。左，本書卷一八《張惠紹傳》及《通鑑》均作"右"。　宿預城：城名。今江蘇宿遷市東南舊黄河東北岸古城。按，本年九月，宿預即陷於魏，《魏書》之《世宗紀》、《邢巒傳》、《島夷蕭衍傳》俱載。錢大昕《廿二史考異》卷二六云："宿預城得而不能守，紀但書克，不書陷，此史臣粉飾之詞。"

[2]梁城：城名。在今安徽淮南市田家庵附近。

[3]豫州：州名。治所在今安徽和縣。　合肥城：城名。在今安徽合肥市西。

[4]裴邃：人名。本書卷二八有傳。　羊石城：城名。在今安徽霍丘縣東南。

[5]霍丘城：城名。在今安徽霍丘縣。

六月庚子，青、冀二州刺史桓和前軍克朐山城。[1]

[1]青、冀：均州名。南朝宋泰始（465—471）中合僑置，治所在今江蘇連雲港市東雲臺山一帶。　朐山城：城名。地在今江蘇

連雲港市境内。

秋七月乙丑，鄧至國遣使獻方物。

八月戊戌，老人星見。辛酉，作太子宫。[1]

[1]《建康實録》卷二〇注引《輿地志》："其地本晉東海王第，後築爲永安宫，穆帝何皇后居之。宋文帝元嘉十五年，始築爲東宫，齊末爲火灾焚盡。梁天監五年，更修築於齊故地，盛加結構。"又，本年八月後，《南史》卷六《梁本紀上》有云："九月，臨川王宏軍至洛口，大潰，所亡萬計，宏單騎而歸。"《梁書》諱言其敗，未載。

冬十一月甲子，京師地震。乙丑，以師出淹時，大赦天下。魏寇鍾離，[1]遣右衛將軍曹景宗率衆赴援。

十二月癸卯，司徒謝朏薨。

[1]鍾離：城名。地在今安徽鳳陽縣東北臨淮關。

六年春正月辛酉朔，詔曰：[1]"徑寸之寶，或隱沙泥；以人廢言，君子斯戒。[2]朕聽朝晏罷，思闡政術，雖百辟卿士，有懷必聞，而蓄響邊遐，未臻魏闕。[3]或屈以貧陋，或間以山川，頓足延首，無因奏達。豈所以沉浮靡漏，[4]遠邇兼得者乎？四方士民，若有欲陳言刑政，[5]益國利民，淪礙幽遠，[6]不能自通者，可各詮條布懷於刺史二千石。[7]有可申採，大小以聞。"己卯，詔曰："夫有天下者，義非爲己。凶荒疾癘，兵革水火，有一於此，責歸元首。今祝史請禱，[8]繼諸不善，以朕身當之，永使災害不及萬姓，俾兹下民稍蒙寧息。不得爲朕祈福，以增其過。特班遠邇，[9]咸令遵奉。”

[1]此詔亦見《初學記》卷二〇，題作《使四方士民陳刑政詔》，沈約撰。

[2]《論語·衛靈公》：“子曰：‘君子不以言舉人，不以人廢言。’”

[3]魏闕：古代宫門外的闕門，懸佈法令之所。此處代指朝廷。

[4]沉浮：比喻失意者和得意者。　所以：《初學記》卷二〇作“所謂”。

[5]陳言刑政：《初學記》卷二〇無“言”字。

[6]礙：《初學記》卷二〇作“儗”。

[7]二千石：指郎將、郡守。在漢代其俸禄爲二千石，故後世用以代稱之。

[8]祝史：古代司祝之官。古人迷信，以灾難之降臨乃上天對人的懲罰。故君主禱天，引咎自責以求消灾。參鄭振鐸《湯禱篇》。

[9]班：頒佈。

二月甲辰，老人星見。

三月庚申朔，隕霜殺草。是月，有三象入京師。

夏四月壬辰，置左右驍騎、左右游擊將軍官。[1]癸巳，曹景宗、韋叡等破魏軍於邵陽洲，[2]斬獲萬計。癸卯，以右衛將軍曹景宗爲領軍將軍、徐州刺史。[3]己酉，以江州刺史王茂爲尚書右僕射，中書令安成王秀爲平南將軍、江州刺史。分湘、廣二州置衡州。[4]丁巳，以中軍將軍、揚州刺史臨川王宏爲驃騎將軍、開府儀同三司，[5]撫軍將軍建安王偉爲揚州刺史，右光禄大夫沈約爲尚書左僕射，尚書左僕射王瑩爲中軍將軍。

[1]《隋書·百官志上》："天監六年，置左右驍騎、左右游擊將軍，位視二率。"左右驍騎將軍、左右游擊將軍，並將軍名號，皆掌宫禁宿衛。左右驍騎兼侍衛左右。《陳書》卷一八《韋載傳》附《韋翽傳》："驍騎之職，舊領營兵，兼統宿衛。自梁代已來，其任逾重，出則羽儀清道，入則與二衛通直，臨軒則升殿俠侍。"所指當即左右驍騎。

[2]邵陽洲：地名。在今安徽鳳陽縣東北淮河中。《通鑑》卷一四六《梁紀二》"天監六年三月"下胡三省注云："《考異》曰：《梁帝紀》：'四月癸未，景宗等破魏軍。'《魏帝紀》：'四月戊戌，鍾離大水，英敗績。'按《曹景宗傳》云：'三月，春水生，淮水暴漲。'《梁》、《魏》二史蓋據奏到月日書之耳。"

[3]徐州：州名。南朝宋置，治所在今安徽鳳陽縣東北。

[4]廣：州名。治所在今廣東廣州市。　衡州：州名。治所在今廣東英德市西北浛洸。

[5]驃騎將軍：本書卷二二《太祖五王·臨川王宏傳》、《通鑑》卷一四六《梁紀二》同。《南史》卷六《梁本紀》作"驃騎大將軍"。

五月己未，以新除左驍騎將軍長沙王淵業爲中護軍。[1]癸亥，以侍中袁昂爲吏部尚書。[2]己巳，置中衛、中權將軍，改驍騎爲雲騎，[3]游擊爲游騎。[4]辛未，右將軍、揚州刺史建安王偉進號中權將軍。

[1]長沙王淵業：梁武帝長兄蕭懿之子業襲父爵爲長沙王。見本書卷二三《長沙嗣王業傳》。業，本名淵業。《廣弘明集》卷一〇

王公朝貴《答釋法雲書》中有署名蕭淵業的《長沙王答書》，可爲一證。姚思廉避唐諱或去"淵"字，或改"淵"爲"深"。今改回。下文徑改，不出校。

[2]袁昂：人名。本書卷三一有傳。

[3]驍騎：將軍名號。禁衛軍六軍之一。領營兵並統宫禁宿衛，宋第四品，齊及梁初不詳。

[4]游擊：將軍名號。禁衛軍六軍之一。掌宫禁宿衛。宋第四品，齊及梁初不詳。

六月庚戌，以車騎將軍、湘州刺史夏侯詳爲右光禄大夫，[1]新除金紫光禄大夫柳惔爲安南將軍、湘州刺史。[2]新吴縣獲四目龜一。

[1]右光禄大夫："右"舊本作"左"，《南史》卷五五《夏侯詳傳》作"右"。此依中華書局本校改。

[2]金紫光禄大夫：官名。《宋書·百官志上》："光禄大夫銀章青綬，其重者加金章紫綬，則謂之金紫光禄大夫。"養老疾，無職事。宋第二品，齊及梁初不詳。

秋七月甲子，太白晝見。丙寅，分廣州置桂州。[1]丁亥，以新除尚書右僕射王茂爲中衛將軍。

[1]桂州：州名。治所在今廣西柳州市東南。

八月戊子，赦天下。戊戌，大風折木。京師大水，因濤入，加御道七尺。

九月，嘉禾一莖九穗，生江陵縣。乙亥，[1]改閲武堂爲德陽堂，聽訟堂爲儀賢堂。[2]丙戌，以左衛將軍吕僧珍爲平北將軍、南兗州刺史，豫章内史蕭昌爲廣州刺史。[3]

[1]乙亥，舊本作“丁亥”，此依中華書局本校改。

[2]閲武堂、聽訟堂並在建康宫城内。參宋·張敦頤《六朝事迹編類》卷上《樓臺門》“儀賢堂”條及郭湖生《臺城辨》。又，《讀史方輿紀要》卷二〇應天府“儀賢堂”條引《金陵志》云：“儀賢堂在故都城宣陽門内路西。梁時策孝廉秀士於此，因名。”

[3]内史：官名。掌王國民政，職同郡守。宋第五品，齊及梁初不詳。　蕭昌：人名。吴平侯蕭景之弟。本書卷二四有傳。

冬十月壬寅，以五兵尚書徐勉爲吏部尚書。[1]

[1]五兵尚書：官名。尚書省列曹尚書之一，掌全國軍事政務。齊及梁初第三品。　徐勉：人名。本書卷二五有傳。

閏月乙丑，以驃騎將軍、開府儀同三司臨川王宏爲司徒、行太子太傅，尚書左僕射沈約爲尚書令、行太子少傅，吏部尚書袁昂爲右僕射，[1]戊寅，平西將軍、荆州刺史始興王憺進號安西將軍。甲申，以右光禄大夫夏侯詳爲尚書左僕射。[2]

[1]右僕射：“右”，舊本作“左”，此依中華書局本校改。

[2]右光禄大夫：“光禄”二字前舊本脱“右”，此依中華書局本校補。

十二月丙辰，尚書左僕射夏侯詳卒。乙丑，魏淮陽鎮都軍主常邕和以城内屬。[1]分豫州置霍州。[2]

[1]淮陽鎮：鎮名。在今江蘇宿遷市南。

[2]豫州：州名。梁天監五年置，治所在今安徽合肥市西北。霍州：州名。治所在今安徽霍山縣。另，梁武於本年造新刻漏。《文選》卷五六陸佐公《新刻漏銘》有云："天監六年，太歲丁亥，十月丁亥朔，十六日壬寅，漏成進御。"又李善注："劉璠《梁典》曰：天監六年，帝以舊漏乖舛，乃敕員外郎祖暅治之，漏刻成，太子中舍人陸倕爲文。"又注引蕭子雲《東宮雜記》曰："天監六年，上造新漏，以臺舊漏給宫。"又，梁武於上年置光宅寺，至本年閏十月完工。詳《建康實録》卷一七及沈約《光宅寺刹下銘・序》。又，梁武上年八月作太子宫，本年成。《通典》卷一四七《樂門》："梁武帝天監六年，東宫新成，皇太子出宫後於崇正殿宴會。"

七年春正月乙酉朔，詔曰："建國君民，立教爲首。不學將落，嘉植靡由。[1]朕肇基明命，光宅區宇，雖耕耘雅業，傍闡藝文，而成器未廣，志本猶闕，[2]非所以鎔範貴遊，[3]納諸軌度。思欲式敦讓齒，[4]自家刑國。[5]今聲訓所漸，[6]戎夏同風，宜大啓庠斅，[7]博延胄子，[8]務彼十倫，[9]弘此三德，[10]使陶鈞遠被，[11]微言載表。"[12]中衛將軍、領太子詹事王茂進號車騎將軍。戊戌，作神龍、仁虎闕於端門、大司馬門外。[13]壬子，以領軍將軍曹景宗爲中衛將軍，衛尉蕭昺兼領軍將軍。[14]

[1]不學將落，嘉植靡由：《左傳・昭公十八年》："往者見周原

伯魯焉，與之語，不說學。歸以語閔子馬。閔子馬曰：'……夫學，殖也。不學將落，原氏其亡乎？'"今按，本書卷四八《儒林傳序》亦載此詔，此二句作"砥身礪行，由乎經術"，其餘全同。

[2]本：根本，此處指對儒家思想的研習。《禮記·學記》："君子大德不官，大道不器，大信不約，大時不齊。察於此四者，可以有志於學矣。三王之祭川也，皆先河而後海，或源也，或委也，此之謂務本。"

[3]鎔範：模型。此處用爲動詞。

[4]讓齒：以年齡大小相讓。《禮記·文王世子》："行一物而三善皆得者，唯世子而已。其齒於學之謂也。故世子齒於學，國人觀之曰：'將君我而與我齒讓，何也？'曰：'有父在則禮然。'然而衆知父子之道矣。其二曰：'將君我而與我齒讓，何也？'曰：'有君在則禮然。'然而衆著於君臣之義也。其三曰：'將君我而與我齒讓，何也？'曰：'長長也。'然而衆知長幼之節矣。故父在斯爲子，君在斯謂之臣，居子與臣之節，所以尊君親親也。故學之爲父子焉，學之爲君臣焉，學之爲長幼焉。父子、君臣、長幼之道得而國治。"

[5]自家刑國：自家開始做出榜樣，推廣到國。《孟子·梁惠王上》："《詩》云：'刑于寡妻，至于兄弟，以御于家邦。'言舉斯心加諸彼而已。"刑，通"型"，作榜樣。

[6]聲訓：聲教。

[7]庠斆（xué）：學校。斆，同"學"。

[8]胄子：古代帝王貴族的長子，皆入國學，稱胄子。

[9]十倫：古代十種倫理道德，即十義。《禮記·禮運》："何謂人義？父慈、子孝、兄良、弟弟、夫義、婦聽、長惠、幼順、君仁、臣忠十者謂人義。"

[10]三德：古代三種德行。《周禮·地官·師氏》："（師氏）以三德教國子：一曰至德，以爲道本；二曰敏德，以爲行本；三曰孝德，以知逆惡。"

[11]陶鈞：本是製陶器的轉輪。此以比喻統治者的教化。

[12]微言：精微之言。

[13]神龍、仁虎皆建康宫城南闕名。《文選》卷五六陸倕《石闕銘》李善注引劉璠《梁典》曰："天監七年正月戊戌，詔曰：'昔晉氏青蓋南移，日不暇給，而兩觀莫築，懸法無所。今禮盛化光，役務簡便，可營建象闕，以表舊章。'於是選匠量功，鐫石爲闕，窮極壯麗，冠絶古今，奇禽異羽，莫不畢備。"宋·張敦頤《六朝事迹編類》卷上《城闕門》"石闕"條："縣北五里有四石闕，在臺城之門南，高五丈，廣三丈六寸。梁武帝所造。及成，朝士銘之。時陸倕字佐公，其文甚佳，士流推伏。侯景作亂，焚燒宗廟城郭府寺，百無一存。尋高麗、百濟等國入貢，見其凋殘，遂哭於闕下。"參本書卷五六《侯景傳》及卷二七《陸倕傳》。　端門：京師建康宫城正南門。　大司馬門：建康宫城六門之一。《通鑑》卷一六四《梁紀二十》"承聖元年"下胡三省注："臺城六門：大司馬門、萬春門、東華門、西華門、太陽門、承明門。"

[14]《隋書·百官志上》載本年"革選"事，《通鑑》卷一四七《梁紀三》繫於本年正月，有云："詔吏部尚書徐勉定百官九品爲十八班，以班多者爲貴。"

二月乙卯，廬江灊縣獲銅鍾二。[1]新作國門于越城南。乙丑，增置鎮衛將軍以下各有差。[2]庚午，詔於州郡縣置州望、郡宗、鄉豪各一人，專掌搜薦。[3]乙亥，以車騎大將軍高麗王高雲爲撫東大將軍、開府儀同三司，[4]平北將軍、南兗州刺史吕僧珍爲領軍將軍。[5]丙子，以中護軍長沙王淵業爲南兗州刺史，[6]兼領軍將軍蕭昺爲雍州刺史，雍州刺史柳慶遠爲護軍將軍。[7]

[1]灊（qián）縣：縣名。治所在今安徽霍山縣東北。

[2]《南史》卷六《梁本紀》載此事，云："乙丑，增置鎮衛將軍以下爲十品，以法日數；凡二十四班，以法氣序；不登十品，別有八班，以象八風；又置施外國將軍二十四班，合一百九號。"參《隋書·百官志》。　鎮衛將軍：梁本年革選，釐定將軍名號及班品有十品二十四班一百二十五號，以班多者爲貴，鎮衛將軍爲二十四班。

[3]搜薦：搜求推薦有才能的人。

[4]高雲：人名。高麗國王，梁天監十七年（518）卒。詳本書卷五四《諸夷·高句驪傳》。撫東大將軍：梁施於外國之將軍名號有撫東將軍，二十三班。又，梁制，諸將軍加大者，通進一階。"撫東"，三朝本作"撫平"，其他各本作"撫軍"，此依中華書局本校改。　開府儀同三司：官名。梁本年革選，定官職爲十八班，以班多者爲貴，諸將軍開府儀同三司爲十七班。

[5]平北將軍：將軍名號。東、西、南、北四平將軍之一，梁二十班。　領軍將軍：官名。掌禁衛軍，總天下兵要。梁十五班。

[6]中護軍：官名。資輕於護軍將軍。而職掌同。梁十四班。

[7]護軍將軍：官名。掌京畿以外諸軍。梁十五班。

夏四月乙卯，皇太子納妃，赦大辟以下，[1]頒賜朝臣及近侍各有差。辛未，秣陵縣獲靈龜一。戊寅，餘姚縣獲古銅劍二。[2]

[1]大辟：死刑。按，《文館詞林》卷六六六有《梁武帝皇太子婚降大辟以下罪詔》作於此時。

[2]餘姚：縣名。治所在今浙江餘姚市。《太平御覽》卷三四二引《梁書》天監七年，會稽太守衡陽王元簡上言："餘姚縣掘地得劍二口，又於縣東江水中得劍一口，文漫若雌雄。"

五月己亥，詔復置宗正、太僕、大匠、鴻臚，[1]又增太府、太舟，[2]仍先爲十二卿。[3]癸卯，以平南將軍、江州刺史安成王秀爲平西將軍、荆州刺史，安西將軍、荆州刺史始興王憺爲護軍將軍，[4]中衛將軍曹景宗爲安南將軍、江州刺史。

六月辛酉，復建、修二陵周回五里内居民，[5]改陵監爲令。[6]

[1]宗正：即宗正卿，官名。梁十二卿之一，主皇室外戚之籍，以宗室爲之。十三班。　太僕：即太僕卿，官名。梁十二卿之一，掌車駕，統南馬牧、左右牧、龍厩、内外厩丞。十班。　大匠：即大匠卿，官名。梁十二卿之一，掌土木之工，統左、右校諸署。十班。　鴻臚：即鴻臚卿，官名。梁十二卿之一，掌導護贊拜。九班。

[2]太府：即太府卿，官名。梁十二卿之一，掌金帛府帑。十三班。　太舟：即太舟卿，官名。梁十二卿之一，主舟航堤渠。九班。

[3]十二卿：《隋書·百官志上》："諸卿，梁初猶依宋齊，皆無卿名。天監七年，以太常爲太常卿，加置宗正卿，以大司農爲司農卿，三卿是爲春卿。加置太府卿，以少府爲少府卿，加置太僕卿，三卿是爲夏卿。以衛尉爲衛尉卿，廷尉爲廷尉卿，將作大匠爲大匠卿，三卿是爲秋卿。以光禄勳爲光禄卿，大鴻臚爲鴻臚卿，都水使者爲太舟卿，三卿是爲冬卿。凡十二卿，皆置丞及功曹、主簿。"

[4]安西將軍：將軍名號。東、西、南、北四安將軍之一。梁二十一班。

[5]復：免除賦税或勞役。　建、修二陵：建陵爲梁武帝母獻

皇后張氏陵，修陵爲梁武帝德皇后郗氏陵。見《南史》卷六《梁本紀》天監元年紀。又，“建、修二陵周回五里内居民”，《南史》卷六《梁本紀上》作“建、修二陵周回五里内民人賜復終身”，多“賜復終身”四字，且繫於五月“戊子”下。

［6］《隋書·百官志上》：“詔以爲陵監之名，不出前誥，且宗廟憲章，既備典禮，園寢職司，理不容異，諸正陵先立監者改爲令。於是陵置令矣。”明堂、二廟、帝陵令，梁二班。

秋七月丁亥，月犯氐。［1］

［1］月犯氐：指月球運行進入氐宿。古人迷信，認爲月犯列宿，其國有憂。參《開元占經》卷一三。氐，星名。東方蒼龍七宿之一。

八月癸丑，安南將軍、江州刺史曹景宗卒。丁巳，赦大辟以下未結正者。［1］甲戌，平西將軍、荆州刺史安成王秀進號安西將軍，雲麾將軍、郢州刺史鄱陽王恢進號平西將軍。［2］老人星見。

［1］結正：結案判定。按，據本書《元帝紀》，元帝天監七年八月丁巳生。此赦蓋爲其生也。

［2］雲麾將軍：將軍名號。梁本年置，與武臣、爪牙、龍騎將軍取代舊置前、後、左、右將軍。爲一百二十五號將軍之一，十八班。

九月丁亥，詔曰：“芻牧必往，姬文垂則；雉兔有刑，姜宣致貶。［1］藪澤山林，毓材是出，斧斤之用，比屋所資。而頃世相承，並加封固，豈所謂與民同利，惠兹黔首？凡公家諸屯戍見封熂者，[2]可悉開常禁。”壬辰，置童子奉車郎。[3]癸巳，立皇子續爲南康郡王。[4]己亥，月犯東井。[5]

[1]姬文，指周文王。雉兔，當爲“麋鹿”，姜宣，當爲“田宣”。此梁武帝之誤。《孟子·梁惠王下》：“（齊宣王）曰：‘寡人之囿方四十里，民猶以爲大，何也？’（孟子）曰：‘文王之囿方七十里，芻蕘者往焉，雉兔者往焉，與民同之。民以爲小，不亦宜乎？臣始至於境，問國之大禁，然後敢入。臣聞郊關之内有囿方四十里，殺其麋鹿者如殺人之罪，則是方四十里爲阱於國中。民以爲大，不亦宜乎？’”顧炎武《日知録》卷二一“于仲文詩誤”條有云：“梁武帝天監七年詔曰：‘雉兔有刑，姜宣致貶。’此用《孟子》‘殺其麋鹿者如殺人之罪’，而不知宣王乃田氏，非姜後也。”中華書局本《校勘記》引牛運震《空山堂集·讀史糾繆》八：“案《孟子》，殺其麋鹿者如殺人之罪。非謂雉兔也。宣王乃田齊，非姜齊。”

[2]封熂：即封水熂山。熂，火燒雜草。

[3]童子奉車郎：官名。選年少優異者爲之，班品不詳。

[4]續：蕭續。梁武第四子。本書卷二九《高祖三王》有傳。南康：郡名。治所在今江西贛州市東北。

[5]東井：星名。南方朱雀七宿之一。《隋書·天文志》：“（天監）七年九月己亥，月犯東井，占曰：‘有水灾。’其年京師大水。”

冬十月丙寅，以吴興太守張稷爲尚書左僕射。[1]丙子，魏陽關主許敬珍以城内附。[2]詔大舉北伐。以護軍將軍始興王憺爲平北將軍，率衆入清，[3]車騎將軍王茂率衆向宿預。[4]丁丑，魏懸瓠鎮軍主白早生、豫州刺史胡遜以城内屬，[5]以早生爲鎮北將軍、司州刺史，[6]遜爲平北將軍、豫州刺史。

[1]尚書左僕射：官名。尚書令副佐，又與尚書分領諸曹。尚書令缺，則左僕射爲主。梁十五班。

[2]陽關：蓋即武陽關，義陽三關之一，在今河南羅山縣南。

[3]清：水名。泗水的别稱。

[4]車騎將軍：將軍名號。多加授大臣、地方長官，爲重號將軍。梁一百二十五號將軍之一，二十四班。

[5]懸瓠鎮：地在今河南汝南縣城。　白早生：《南史·梁本紀》同。《魏書》卷八《宣武帝紀》作"白早生"，《通鑑》卷一四七《梁紀三》從《魏書》。　豫州：北魏州名。治所在今河南汝南縣。

[6]鎮北將軍：將軍名號。多爲持節都督，出鎮方面，權勢頗重。梁一百二十五號將軍之一，二十二班。

十一月辛巳，鄞縣言甘露降。[1]

[1]鄞縣：縣名。治所在今浙江奉化市東北白社。

八年春正月辛巳，輿駕親祠南郊，赦天下，内外文武各賜勞一年。壬辰，魏鎮東參軍成景儁斬宿預城主嚴仲寶，[1]以城内屬。

[1]鎮東參軍：即鎮東將軍府參軍。北魏從第七品。　成景儁：人名。北魏范陽人。《南史》卷七四《孝義下》有傳。　嚴仲寶：

《魏書》卷八《宣武帝紀》作“嚴仲賢”，《通鑑》卷一四七《梁紀三》同。

二月壬戌，老人星見。

夏四月，以北巴西郡置南梁州。[1]戊申，以護軍將軍始興王憺爲中衛將軍，司徒、行太子太傅臨川王宏爲司空、揚州刺史，[2]車騎將軍、領太子詹事王茂即本號開府儀同三司。[3]丁卯，魏楚王城主李國興以城内附。[4]丙子，以中軍將軍、丹陽尹王瑩爲右光禄大夫。[5]

[1]北巴西郡：郡名。東晉末置，治所在今四川閬中市。

[2]太子太傅：官名。皇太子輔臣。梁十六班。

[3]太子詹事：官名。梁代職掌同前朝，十四班。

[4]楚王城：又名楚城，在今河南信陽市北長臺關之西。

[5]中軍將軍：將軍名號。梁一百二十五號將軍之一，與中衛、中撫、中權將軍合稱四中將軍。二十三班。　右光禄大夫：官名。養老疾，無職事。梁十六班。

五月壬午，詔曰：“學以從政，[1]殷勤往哲，禄在其中，[2]抑亦前事。朕思闡治綱，每敦儒術，軾閭闢館，[3]造次以之。故負袟成風，[4]甲科間出，[5]方當置諸周行，[6]飾以青紫。[7]其有能通一經、始末無倦者，策實之後，選可量加叙録。[8]雖復牛監羊肆，寒品後門，[9]並隨才試吏，勿有遺隔。”

[1]學以從政：《論語・子張》："子夏曰：'仕而優則學，學而優則仕。'"

[2]禄在其中：《論語・衛靈公》："子曰：'君子謀道不謀食。耕也，餒在其中矣；學也，禄在其中矣。君子憂道不憂貧。'"

[3]軾閭：軾，車前横木；閭，里門。車至里門，人立車中，憑軾以表敬意。《尚書・武成》："釋箕子囚，封比干墓，式商容閭。"後世常用以指登門拜訪。

[4]負袟：負書遊學。袟，書套。

[5]甲科：古代考試科目名。《漢書》卷七八《蕭望之傳》："望之以射策甲科爲郎。"顔師古注："射策者，謂爲難問疑義書之於策，量其大小署爲甲乙之科，列而置之，不使彰顯。有欲射者，隨其所取，得而釋之，以知優劣。"

[6]周行：《詩・周南・卷耳》："嗟我懷人，置彼周行。"鄭玄箋曰："周行，周之行列。"此處代指官位。參徐鼒《讀書雜釋》卷三"置彼周行"條。

[7]青紫：貴官的服飾。

[8]叙録：按順序録用。

[9]寒品：出身寒微的人。　後門：即寒門。

秋七月癸巳，巴陵王蕭寶義薨。

八月戊午，老人星見。

冬十月乙巳，以中軍將軍始興王憺爲鎮北將軍、南兖州刺史，[1]南兖州刺史長沙王淵業爲護軍將軍。[2]

[1]中軍將軍：據上文，蕭憺當是"中衛將軍"，《南史》卷五二《梁宗室下》蕭憺本傳及徐勉《梁故侍中司徒驃騎將軍始興忠武王碑》（《全梁文》卷五〇）並作"中衛將軍"。此處"中軍"當爲"中衛"之誤。

[2]本年下，《南史》卷六《梁本紀》載有“冬十一月壬寅，立皇子續爲廬陵王”一事。按，本《紀》此前皇子綜、綱、績立爲王，此後皇子綸、繹、紀立爲王並有載，皇子續立爲王不得獨無載。故依例當以有載爲是。今本或脱此句。參張熷《讀史舉正》。

九年春正月乙亥，以尚書令、行太子少傅沈約爲左光禄大夫，[1]行少傅如故，右光禄大夫王瑩爲尚書令，行中撫將軍建安王偉領護軍將軍，[2]鎮北將軍、南兗州刺史始興王憺爲鎮西將軍、益州刺史，太常卿王亮爲中書監。[3]丙子，以輕車將軍晉安王綱爲南兗州刺史。[4]庚寅，新作緣淮塘，[5]北岸起石頭迄東冶，[6]南岸起後渚籬門迄三橋。[7]

[1]尚書令：官名。尚書省長官。掌出納王命，參議大政，綜理政務。梁十六班。　太子少傅：官名。東宫輔臣，協助太子太傅輔翼皇太子。梁十五班。　左光禄大夫：官名。養老疾，無職事。梁十六班。

[2]中撫將軍：將軍名號。梁一百二十五號將軍之一，與中衛、中權、中軍將軍合稱四中將軍。二十三班。

[3]太常卿：官名。梁十二卿之一。掌禮樂、郊廟、社稷等事宜。梁十四班。　中書監：官名。中書省長官，掌出納帝命。多爲重臣加官，位在中書令上。梁十五班。

[4]輕車將軍：將軍名號。梁一百二十五號將軍之一，與征遠、鎮朔、武旅、貞毅將軍代舊輔國將軍。十四班。

[5]淮：指秦淮河。

[6]東冶：梁京師有東、西冶，爲冶鑄之所，在建康城東南。

[7]後渚籬門：在建康城西南中興寺前。

三月己丑，車駕幸國子學，親臨講肆，賜國子祭酒以下帛各有差。[1]乙未，詔曰："王子從學，著自禮經，貴遊咸在，實惟前誥，[2]所以式廣義方，克隆教道。今成均大啓，[3]元良齒讓，[4]自斯以降，並宜肄業。皇太子及王侯之子，年在從師者，可令入學。"于闐國遣使獻方物。[5]

[1]國子祭酒：官名。梁屬太常卿，掌國子學。十三班。

[2]《周禮・地官・師氏》："掌國中失之事，以教國子弟，凡國之貴遊子弟學焉。"鄭玄注："貴遊子弟，王公之子弟。遊，無官司者。""前誥"、"禮經"爲互文，指《周禮》。

[3]成均：古代的大學。《周禮・春官・宗伯》："大司樂掌成均之法，以治建國之學政，而合國之子弟焉。"後世以爲官設學校之泛稱。

[4]元良：指太子或世子。《禮記・文王世子》："一有元良，萬國以貞，世子之謂也。"

[5]于闐國：古國名。故地在今新疆和田縣境。本書卷五四《諸夷傳》有傳。

夏四月丁巳，革選尚書五都令史用寒流。[1]林邑國遣使獻白猴一。[2]

[1]尚書五都令史：官名。尚書省屬官，佐尚書左、右丞管理都省事務，監督諸曹。梁二班。五都指殿中都、吏部都、金部都、左右户都、中兵都。《隋書・百官志》云：尚書五都令史，"舊用人常輕，九年詔曰：'尚書五都，職參政要，非但總領衆局，亦乃方軌二丞。頃雖求才，未臻妙簡，可革用士流，每盡時彦，庶同持

領，秉此群目。'" 寒流：流品寒微之人。

[2]林邑國：古國名。其首都在今越南廣南省維川縣南榮橋。本書卷五四《諸夷》有傳。

五月己亥，詔曰："朕達聽思治，[1]無忘日昃，而百司羣務，其途不一，隨時適用，各有攸宜，若非總會衆言，無以備兹親覽。自今臺閣省府州郡鎮戍應有職僚之所，時共集議，各陳損益，具以奏聞。"中書監王亮卒。

[1]達聽：廣泛聽取。

六月癸丑，盗殺宣城太守朱僧勇。[1]癸酉，以中撫將軍、領護軍建安王偉爲鎮南將軍、江州刺史。

[1]宣城：郡名。治所在今安徽宣州市。

閏月己丑，宣城盗轉寇吴興，[1]太守蔡撙討平之。

[1]各本"吴興"下有"縣"字，本書卷二一《蔡撙傳》、《南史》卷六《梁本紀》及《通鑑》卷一四七《梁紀三》均無。按，"縣"字爲衍文。吴興當爲郡名，治所在今浙江湖州市南下菰城。據本書《蔡撙傳》，撙時爲吴興太守。吴興縣乃建安郡屬縣，盗若轉寇吴興縣，則建安郡自當討之。今不言建安郡討寇，而祇言蔡撙討平之，是吴興非縣名可知。今删"縣"字。

秋七月己巳，老人星見。

冬十二月癸未，輿駕幸國子學，策試胄子，賜訓授之司各有差。

十年春正月辛丑，輿駕親祠南郊，大赦天下，居局治事賜勞二年。癸卯，以尚書左僕射張稷爲安北將軍、青冀二州刺史，郢州刺史鄱陽王恢爲護軍將軍。甲辰，以南徐州刺史豫章王綜爲郢州刺史，輕車將軍南康王績爲南徐州刺史。戊申，騶虞一，[1]見荆州華容縣。[2]以左民尚書王暕爲吏部尚書。[3]辛酉，輿駕親祠明堂。[4]

[1]騶虞：獸名。也作"騶吾"、"騶牙"。《詩·召南·騶虞》毛《傳》云："騶虞，義獸也。白虎黑文，不食生物，有至信之德則應之。"

[2]華容縣：縣名。治所在今湖北監利縣北。

[3]左民尚書：官名。尚書省列曹尚書之一，左民曹長官。梁十三班。　王暕（jiǎn）：人名。本書卷二一有傳。　吏部尚書：官名。職掌同前代。梁十四班。

[4]明堂：古代帝王宣明政教之所。凡朝會、祭祀、慶賞、選士、養老、教學等大典均在此舉行。梁代明堂殿屋十二間，中央六間安六座以祀青赤黄白黑五帝。詳《隋書·禮儀志》。

三月辛丑，[1]盜殺東莞、琅邪二郡太守劉晣，[2]以朐山引魏軍，[3]遣振遠將軍馬仙琕討之。[4]是月，魏徐州刺史盧昶帥衆赴朐山。[5]

[1]三月辛丑：《南史》卷六《梁本紀》及《通鑑》卷一四七

《梁紀三》均不記日。胡三省注《通鑑》引《考異》曰："《梁帝紀》云'三月辛丑'，按《長曆》是月丁酉朔。而《盧昶傳》（按，指《魏書》卷四七《盧昶傳》）云'三月二十四夜，萬壽等攻掩朐城'，蓋辛酉也。今不日以闕疑。"

[2]東莞、琅邪：皆郡名。南朝梁合置，治所在今江蘇連雲港市西南海州鎮。　劉晣(zhé)：原作"鄧晣"。《通鑑》卷一四七《梁紀三》作"劉晣"。胡三省注引《考異》云："《梁·馬仙琕傳》及《魏帝紀》、《盧昶傳》皆云'劉晣'，而《梁帝紀》云'鄧晣'，蓋字誤也。"今據改。

[3]朐山：城名。在今江蘇連雲港市西南海州鎮。

[4]振遠將軍：將軍名號。梁天監七年置，與寧遠等將軍代舊寧朔將軍。爲一百二十五號將軍之一。十三班。　馬仙琕：人名。本書卷一七有傳。

[5]徐州：北魏州名。治所在今江蘇徐州市。　盧昶：人名。北魏范陽涿縣人。《魏書》卷四七《盧玄傳》有附傳。

夏五月癸酉，[1]安豐縣獲一角玄龜。[2]丁丑，領軍吕僧珍卒。己卯，以國子祭酒張充爲尚書左僕射，[3]太子詹事柳慶遠爲領軍將軍。

[1]夏五月癸酉：中華書局本《校勘記》云："'五月'當作'四月'。是年五月丙申朔，無癸酉，亦無下文所出之丁丑、己卯。四月丙寅朔，有癸酉、丁丑、己卯。"

[2]安豐縣：縣名。治所在今安徽壽縣西南。

[3]尚書左僕射：《南史》卷六《梁本紀》作"尚書右僕射"，本書卷二一《張充傳》作"尚書僕射"。

六月乙酉，[1]嘉蓮一莖三花生樂遊苑。[2]

[1]六月乙酉：舊本無“六月”二字，此依中華書局本校補。

[2]樂遊苑：南朝宋文帝所建苑林。内有正陽、林光諸殿。爲南朝帝王宴樂之所。故址在今江蘇南京市玄武湖南側，鍾山西面山脚下。

秋七月丙辰，詔曰：“昔公卿面陳，載在前史，令僕陛奏，[1]列代明文，所以釐彼庶績，成兹羣務。晉氏陵替，[2]虛誕爲風，[3]自此相因，其失彌遠，遂使武帳空勞，[4]無汲公之奏，[5]丹墀徒闢，[6]闕鄭生之履。[7]三槐八座，[8]應有務之百官，宜有所論，可入陳啓，庶藉周爰，少匡寡薄。”

[1]令僕：指尚書令、尚書僕射。

[2]陵替：指綱紀廢弛，上下失序。

[3]虛誕：虛無放誕。按，東晉士人崇老莊、尚玄談，虛無放誕之風甚熾。

[4]武帳：帝王所用置有兵器的帷帳。

[5]汲公：指西漢汲黯。黯以直言敢諫著稱。《史記》卷一二〇《汲黯列傳》：“上嘗坐武帳中，黯前奏事，上不冠，望見黯，避帳中，使人可其奏。其見敬禮如此。”

[6]丹墀：古代宫殿前漆成紅色的石階。

[7]鄭生：指西漢鄭當時。當時字莊，仕漢推賢薦士，不遺餘力。《史記》卷一二〇《鄭當時列傳》：“每朝，候上之閒，説未嘗不言天下之長者……聞人之善言，進之上，唯恐後。山東士諸公以此翕然稱鄭莊。”

[8]三槐：相傳周代宫廷外種有三棵槐樹，諸君朝見天子時，

三公面嚮三槐而立。《周禮・秋官・朝士》："面三槐，三公位也。"後世以三槐指三公。八座：《宋書・百官志》："五尚書、二僕射、一令，謂之八坐。"五尚書，即吏部、度支、左民、都官、五兵尚書。

九月丙申，天西北隆隆有聲，赤氣下至地。[1]

[1]《隋書・天文志》："（天監）十年九月丙申，天西北隆隆有聲，赤氣下至地。占曰：'天狗也，所往之鄉有流血，其君失地。'其年十二月，馬仙琕大敗魏軍，斬馘十餘萬，剋復朐山城。"

冬十二月癸酉，山車見于臨城縣。[1]庚辰，馬仙琕大破魏軍，斬馘十餘萬，[2]剋復朐山城。

是歲，初作宮城門三重樓及開二道。宕昌國遣使獻方物。

[1]山車：《宋書・符瑞志》："山車者，山藏之精也。不藏金玉，山澤以時，通山海之饒，以給天下，則山成其車。" 臨城縣：縣名。治所在今安徽青陽縣南。城，三朝本、百衲本作"成"。

[2]斬馘十餘萬：《通鑑》卷一四七《梁紀三》"武帝天監十年"下胡三省注："《考異》曰：《魏帝紀》，盧昶敗在十一月，今從《梁帝紀》。《梁紀》云'斬馘十餘萬'，按盧昶表云'此兵九千，賊衆四萬，求益兵六千'，魏主以四千給之。安得十餘萬衆！蓋梁史爲誇大耳。"

十一年春正月壬辰，詔曰："夫刑法悼耄，罪不收孥，禮著明文，[1]史彰前事，[2]蓋所以申其哀矜，故罰有弗及。近代相因，厥網彌峻，髫年華髮，[3]同坐入𠍴。[4]雖懲惡勸善，宜窮其制，而老幼流離，良亦可愍。自今逋讁之家及罪應質作，[5]若年有老小，可停將送。”[6]加左光禄大夫、行太子少傅沈約特進，[7]鎮南將軍、江州刺史建安王偉儀同三司。司空、揚州刺史臨川王宏進位爲太尉。車騎將軍王茂爲司空。[8]尚書令、雲麾將軍王瑩進號安左將軍。[9]安北將軍、青冀二州刺史張稷進號鎮北將軍。[10]

[1]禮著明文：禮，指《周禮》。《周禮·秋官·司刺》有三赦之法：一曰幼弱，二曰老旄，三曰蠢愚。旄，通“耄”。

[2]史彰前事：史，指《漢書》。《漢書·刑法志》載漢景帝後元三年（前141）、宣帝元康四年（前62）、成帝鴻嘉元年（前20）有詔寬宥老耄及幼弱者。

[3]髫年：童年。

[4]𠍴：同“愆”，罪過。

[5]逋讁：指逃亡的罪人。　質作：以身抵押服勞役。

[6]將：送。《詩·召南·鵲巢》毛《傳》：“將，送也。”

[7]特進：官名。古代賜給功德優盛、爲朝廷所敬異的官員的官職。位在三公之下，皆爲加官。梁十五班。《太平御覽》卷二四三《職官·特進》引沈約《宋書》：“其諸官加特進者，從本官供給，特進但爲班位而已，不別有吏卒車服也。”

[8]車騎將軍：將軍名號。梁一百二十五號將軍之一，二十四班。車騎，舊本並作“驃騎”。中華書局本《校勘記》：“按《王茂傳》，茂以天監七年拜車騎將軍，八年以本號開府儀同三司，十一年進位司空，改領中權將軍，至十二年始出爲使持節散騎常侍、驃騎將軍、都督江州諸軍事。此‘驃騎將軍’當作‘車騎將軍’。”

按，此説是。本《紀》十二年下有云“領中權將軍王茂爲驃騎將軍”，明本年王茂非“驃騎將軍”，《南史》卷六《梁本紀》、《通鑑》卷一四七《梁紀三》並誤。今據改。

[9]安左將軍：將軍名號。梁置，爲八軍將軍之一，祇授予在京師任職者。爲重號將軍。爲一百二十五號將軍之一，二十一班。

[10]鎮北將軍：舊本作“領北將軍”，此依中華書局本校改。

二月戊辰，新昌、濟陽二郡野蠶成繭。[1]

[1]新昌：郡名。南朝宋元徽元年（473）置，治所在今安徽滁州市。　濟陽：郡名。治所在今安徽宿州市北符離集。

三月丁巳，曲赦揚、徐二州。[1]築西静壇於鍾山。[2]庚申，高麗國遣使獻方物。

[1]曲赦：因特殊情況而赦免。

[2]西静壇：宋·張敦頤《六朝事迹編類》卷上《神僊門第十》“静壇”條：“舊經云：梁侍中周捨立，與道士塢相對。武帝問曰：‘其壇如何?’對曰：‘風不鳴條，雲無膚寸，鹿巾黄帔，其數甚多，白簡朱衣，其來罕至：因名曰静壇。’”按，道士塢在蔣山古明慶寺前，與八功德水相近。則静壇當在其處。　鍾山：山名。在今江蘇南京紫金山。

四月戊子，詔曰：“去歲朐山大殲醜類，宜爲京觀，[1]用旌武功；但伐罪弔民，皇王盛軌，掩骼埋胔，[2]仁者用心。其下青州悉使收藏。”百濟、扶南、林邑國並遣使獻方物。

[1]京觀：古代戰爭勝利後，收集敵人屍首封土成冢，稱爲京觀。

[2]胔（zì）：腐肉。

六月辛巳，以司空王茂領中權將軍。

九月辛亥，宕昌國遣使獻方物。

冬十一月乙未，以吴郡太守袁昂兼尚書右僕射。己酉，降太尉、揚州刺史臨川王宏爲驃騎將軍、開府同三司之儀。[1]癸丑，齊宣德太妃王氏薨。

十二月己未，以安西將軍、荆州刺史安成王秀爲中衛將軍，護軍將軍鄱陽王恢爲平西將軍、荆州刺史。

[1]驃騎將軍：《通鑑》卷一四七《梁紀三》作"驃騎大將軍"。按，本書及《南史》之《臨川王宏傳》，皆作"驃騎大將軍"。　開府同三司之儀：官名。非三公而禮遇同於三公。在開府儀同三司之下。《通鑑》卷一五七《梁紀十三》"大同二年"下胡三省注："梁開府儀同三司之下，又有開府同三司之儀。"

十二年春正月辛卯，輿駕親祠南郊，赦大辟以下。[1]

[1]《文館詞林》卷六六五有《梁武帝南郊恩降詔》，詔文云："今上辛在日……凡罪自大辟以下……在今十二年正月一日以前督未入者，凡殘三調自十一年正月一日以前在人間者，皆赦除之。"與此紀合，知詔作於此時。

二月辛酉，以兼尚書右僕射袁昂爲尚書右僕射。[1]丙寅，詔曰：“掩骼埋胔，義重周經，[2]槥櫝有加，[3]事美漢策。[4]朕向隅載懷，[5]每勤造次，收藏之命，亟下哀矜；[6]而寓縣遐深，遵奉未洽，髐然路隅，[7]往往而有，言愍沉枯，彌勞傷惻。可明下遠近，各巡境界，若委骸不葬，或蒢衣莫改，[8]即就收斂，量給棺具。庶夜哭之魂斯慰，霑霜之骨有歸。”辛巳，新作太極殿，改爲十三間。[9]

[1]尚書右僕射：舊本作“尚書左僕射”，此依中華書局本校改。

[2]周經：周代經典。此指《禮記》。《禮記·月令》“孟春之月”下有云：“是月也……掩骼埋胔。”

[3]槥櫝：小棺材。

[4]漢策：指《漢書》。《漢書》卷一〇《成帝紀》河平四年（前25）：“遣光禄大夫博士嘉等十一人行舉瀕河之郡，水所毀傷困乏不能自存者，財振貸。其爲水所流壓死，不能自葬，令郡國給槥櫝葬埋，已葬者與錢，人二千。”

[5]向隅：《漢書·刑法志》：“古人有言，滿堂而飲酒，有一人鄉隅而悲泣，則一堂皆爲之不樂。王者之於天下，譬猶一堂之上也。故一人不得其平則悽愴於心。”後世因稱惠不及衆爲向隅。

[6]亟（qì）：屢次，一再。

[7]髐（xiāo）然：屍骨顯露的樣子。

[8]蒢（chú）衣：掩屍的葦席。蒢，草名。《南史·梁本紀》作“篨”。

[9]太極殿：《景定建康志》卷二一引舊志云：“太極殿，建康宫中正殿也。晉初造，以十二間象十二月，至梁武帝改爲十三間，

象闕焉。高八尺，長二十七丈，内外並以錦石爲砌。次東有太極東堂七間，次西有太極西堂七間，亦以錦石爲砌。更有東西二上閣，在堂殿之間。”

三月癸卯，以湘州刺史王珍國爲護軍將軍。

閏月乙丑，特進、中軍將軍沈約卒。

夏四月，京邑大水。

六月癸巳，新作太廟，[1]增基九尺。庚子，太極殿成。

[1]太廟：古代帝王的祖廟。

秋九月戊午，以鎮南將軍、開府儀同三司、江州刺史建安王偉爲中撫軍將軍，[1]儀同如故；驃騎將軍、開府同三司之儀、揚州刺史臨川王宏爲司空；領中權將軍王茂爲驃騎將軍、開府同三司之儀、江州刺史。

[1]以鎮南將軍、開府儀同三司、江州刺史建安王偉爲中撫軍將軍：中撫軍將軍，中華書局本作“撫軍將軍”。按，本傳下年三月云：“以新除中撫將軍、開府儀同三司建安王偉爲左光禄大夫。”又本書卷二二《太祖五王·南平王偉傳》亦云：“十二年，徵爲中撫將軍。”考《隋書·百官志》梁天監七年革選後，無“撫軍將軍”之號，有“中撫將軍”（又稱“中撫軍將軍”）。故知此處“撫軍”前當脱“中”字，今補。

冬十月丁亥，詔曰：“明堂地勢卑濕，未稱乃心，外可量就埤起，[1]以盡誠敬。”[2]

[1]埤（pí）：增加。

[2]天監十二年，太常丞虞皭引《周禮》明堂九尺之筵，以爲高下修廣之數，堂崇一筵，故階高九尺。梁武可其議。於是毁宋太極殿，以其材構明堂十二間，基準太廟。以中央六間安六座，悉南向。東來第一青帝，第二赤帝，第三黄帝，第四白帝，第五黑帝。配帝總配享五帝，在阼階東上，西向。大殿後爲小殿五間，以爲五佐室。詳《隋書·禮儀志》。

十三年春正月壬戌，以丹陽尹晉安王綱爲荆州刺史。癸亥，以平西將軍、荆州刺史鄱陽王恢爲鎮西將軍、益州刺史。丙寅，以翊右將軍安成王秀爲安西將軍、郢州刺史。[1]

[1]翊右將軍：將軍名號。與左、前、後翊將軍合稱四翊將軍。梁一百二十五號將軍之一，二十班。

二月丁亥，輿駕親耕籍田，[1]赦天下，孝悌力田賜爵一級。[2]老人星見。

[1]籍田：同“藉田”。《漢書》卷四《文帝紀》前二年詔：“夫農，天下之本也。其開藉田，朕親率耕，以給宗廟粢盛。”顔師古注引韋昭曰：“藉，借也。借民力以治之，以奉宗廟，且以勸率天下，使務農也。”《隋書·禮儀志》：“梁初藉田，依宋齊，以正月用事，不齋不祭。天監十二年，武帝以爲‘啓蟄而耕，則在二月節内。《書》云：“以殷仲春。”藉田理在建卯’。於是改用二月。”

[2]孝悌力田：《後漢書》卷二《明帝紀》李賢注：“三老、孝

悌、力田，三者皆鄉官之名。三老，高帝置，孝悌、力田，高后置，所以勸導鄉里，助成風化也。”又，《文館詞林》卷六六五有《梁武帝藉田恩詔二首》，署徐勉撰。第二首有“凡逋租在十二年正月一日以前，悉皆原除。孝悌力田賜爵一級”云云，與此紀合，知第二首恩詔作於此時。

三月辛亥，以新除中撫將軍、開府儀同三司建安王偉爲左光禄大夫。

夏四月辛卯，林邑國遣使獻方物。壬辰，以郢州刺史豫章王綜爲安右將軍。

五月辛亥，以通直散騎常侍韋叡爲中護軍。[1]

[1]通直散騎常侍：官名。集書省官員，與散騎常侍通員當值。梁十一班。

六月己亥，以南兖州刺史蕭昺爲領軍將軍，領軍將軍柳慶遠爲安北將軍、雍州刺史。

秋七月乙亥，立皇子綸爲邵陵郡王，[1]繹爲湘東郡王，[2]紀爲武陵郡王。[3]

[1]綸：蕭綸，梁武帝第六子。本書卷二九《高祖三王》有傳。邵陵：郡名。治所在今湖南邵陽市。

[2]繹：蕭繹，梁武帝第七子，即梁元帝。　湘東：郡名。治所在今湖南衡陽市。

[3]紀：蕭紀，梁武帝第八子。本書卷五五有傳。　武陵：郡名。治所在今湖南常德市。

八月癸卯，扶南、于闐國各遣使獻方物。

是歲作浮山堰。[1]

[1]浮山堰：一名淮堰，在今安徽五河縣東淮河上。南岸起浮山，北岸抵巉石山。梁用魏降人王足計，堰淮水以灌魏壽陽。本年始築，十五年完工，同年爲淮水冲決。參本書卷一八《康絢傳》。

十四年春正月乙巳朔，皇太子冠，[1]赦天下，賜爲父後者爵一級，[2]王公以下班賚各有差，[3]停遠近上慶禮。丙午，安左將軍、尚書令王瑩進號中權將軍。以鎮西將軍始興王憺爲中撫將軍。辛亥，輿駕親祠南郊。詔曰："朕恭祇明祀，昭事上靈，臨竹宫而登泰壇，[4]服裘冕而奉蒼璧，柴望既升，[5]誠敬克展，思所以對越乾元，[6]弘宣德教；而缺于治道，政法多昧，實佇羣才，[7]用康庶績。可班下遠近，博採英異。若有確然鄉黨，獨行州閭，肥遁丘園，[8]不求聞達，藏器待時，未加收採；或賢良、方正，[9]孝悌、力田，並即騰奏，具以名上。當擢彼周行，試以邦邑，庶百司咸事，兆民無隱。又世輕世重，隨時約法，前以劓墨，[10]用代重辟，猶念改悔，其路已壅，並可省除。"[11]丙寅，汝陰王劉胤薨。

[1]冠：舉行冠禮。古代男子成年時要舉行加冠的禮儀。詳《禮記·冠義》。

[2]爲父後者：指嫡長子。《漢書》卷四《文帝紀》："賜天下民當爲父後者爵一級。"顔師古注："雖非己生正嫡，但爲後者即得賜

爵。”王先謙《補注》引何焯曰：“當爲父後，正謂嫡長耳。顏注非。其曰非己生，尤乖於理。”

[3]班賚（lài）：頒賜。

[4]竹宫：漢代祠宫。《三輔黄圖》卷三：“竹宫，甘泉祠宫也，以竹爲宫，天子居中。”後用作壇祠的泛稱。　泰壇：即圜丘。古代祭天之處，在南郊。《禮記・祭法》：“燔柴於泰壇，祭天也。”

[5]柴望：積柴於壇，加牲玉於柴上，燒柴以祭天，謂之柴；望祭山川叫做望。

[6]對越：配稱。　乾元：指天。《周易・説卦》：“乾，天也。”

[7]佇：等待。

[8]肥遁：隱居避世。

[9]賢良、方正：並古代選舉科目名。

[10]劓（yì）：古代五刑之一，割鼻。　墨：古代五刑之一，在犯者額上刺字，染上黑色以爲標志。

[11]《隋書・刑法志》載天監二年梁律有“遇赦降死者，黵面爲劫字”之條，本年所省除，即此項法律。本《刑法志》又有云：“（天監）十四年，又除黵面之刑。”可證。

二月庚寅，芮芮國遣使獻方物。[1]戊戌，老人星見。辛丑，以中護軍韋叡爲平北將軍、雍州刺史，新除中撫將軍始興王憺爲荆州刺史。

[1]芮芮國：古國名。其地在今甘肅省敦煌、張掖一帶。本書卷五四《諸夷傳》有傳。

夏四月丁丑，驃騎將軍、開府同三司之儀、江州刺史王茂薨。

五月丁巳，以荆州刺史晉安王綱爲江州刺史。

秋八月乙未，老人星見。

九月癸亥，以長沙王淵業爲護軍將軍。狼牙脩國遣使獻方物。[1]

[1]狼牙脩國：古國名。地當今馬來半島西岸。本書卷五四《諸夷傳》有傳。

十五年春正月己巳，詔曰："觀時設教，王政所先，兼而利之，寔惟務本，移風致治，咸由此作。頃因革之令，[1]隨事必下，而張弛之要，[2]未臻厥宜，民瘼猶繁，廉平尚寡，所以竚旒纊而載懷，[3]朝玉帛而興歎。[4]可申下四方，政有不便於民者，所在具條以聞。守宰若清潔可稱，或侵漁爲蠹，[5]分別奏上，將行黜陟。[6]長吏勸課，躬履堤防，勿有不脩，致妨農事。關市之賦，或有未允，外時參量，優減舊格。"

[1]頃：近來。

[2]張弛：指民之勞逸，事之興廢等。《禮記·雜記下》："（子曰）：張而不弛，文武弗能也；弛而不張，文武弗爲也；一張一弛，文武之道也。"

[3]旒纊：本是冕冠前後懸垂的玉串和用以塞耳的絲綿。此處用爲帝王之代稱。

[4]玉帛：諸侯朝拜天子時所執。《左傳·哀公七年》："禹合諸侯於塗山，執玉帛者萬國。"

[5]侵漁：侵害，掠奪。

[6]黜陟：黜免或晉升官職。

三月戊辰朔，日有蝕之。

夏四月丁未，以安右將軍豫章王綜兼護軍。高麗國遣使獻方物。

五月癸未，以司空、揚州刺史臨川王宏爲中書監，驃騎大將軍、刺史如故。

六月丙申，改作小廟畢。庚子，以尚書令王瑩爲左光禄大夫、開府儀同三司，尚書右僕射袁昂爲尚書左僕射，吏部尚書王暕爲尚書右僕射。

秋八月，老人星見。芮芮、河南遣使獻方物。

九月辛巳，左光禄大夫、開府儀同三司王瑩薨。壬辰，赦天下。

冬十月戊午，以丹陽尹長沙王淵業爲湘州刺史。

十一月丁卯，以兼護軍豫章王綜爲安前將軍。交州刺史李畟斬交州反者阮宗孝，[1]傳首京師。曲赦交州。壬午，以雍州刺史韋叡爲護軍將軍。

[1]畟：音 cè。

十六年春正月辛未，輿駕親祠南郊，詔曰："朕當扆思治，[1]政道未明，昧旦劬勞，[2]亟移星紀。[3]今太皞御氣，句芒首節，[4]升中就陽，[5]禋敬克展，務承天休，[6]布兹和澤。尤貧之家，勿收今年三調。[7]其無田業者，所在量宜賦給。若民有産子，即依格優蠲。[8]孤老鰥寡不能自存，咸加賑卹。[9]班下四方。諸州郡縣，時理獄訟，勿使寃滯，並若親覽。”

[1]當扆（yǐ）：指居天子之位。扆，户牖之間畫有斧形的屏風。字亦作“依”。《禮記·曲禮》：“天子當依而立，諸侯北面而見天子曰覲。”

[2]劬勞：辛勤、勞苦。

[3]星紀：十二星次之一，此處指歲月。

[4]太皞、句芒：指孟春正月。《禮記·月令》：孟春之月，“其帝大皞，其神句芒”。太皞，即傳説中古帝伏羲氏，木德之君。句芒，傳説中少皞氏之子，木官之臣。

[5]升中：古代帝王祭天上告成功。　就陽：就陽位。《禮記·郊特牲》：“大報天而主日也，兆於南郊，就陽位也。”

[6]天休：天賜福祐。

[7]三調：即調粟、調帛、雜調。南朝時朝廷向人民徵收的三種調税。參《通鑑》卷一三八《齊紀四》“永明十一年七月”下胡三省注。

[8]蠲：免除。

[9]賑卹：救濟。

二月庚戌，老人星見。[1]甲寅，以安前將軍豫章王綜爲南徐州刺史。

[1]《南史》卷六《梁本紀》於此下有云：“二月辛亥，耕藉田。甲寅，赦罪人。”《建康實録》卷一七同。

三月丙子，河南王遣使獻方物。

夏四月甲子，初去宗廟牲。[1]潮溝獲白雀一。[2]

[1]夏四月甲子，初去宗廟牲：《南史》卷六《梁本紀》本年三月丙子紀云："於是祈告天地宗廟，以去殺之理，欲被之含識。郊廟牲牷，皆代以麪，其山川諸祀則否。"《建康實録》卷一七同。《隋書·禮儀志》、《通鑑》卷一四八《梁紀》記此事皆僅云本年"四月"，未及甲子。今按，據陳垣《二十史朔閏表》，本年四月辛卯朔，無"甲子"，三月壬戌朔，有"甲子"、"丙子"。當以《南史》爲是。牲，祭祀所用牲口。古殺牲以祭，梁武君臣信佛，故以面代牲。梁武有《量代牲牢詔》，見《隋書·禮儀志二》及《通典》卷四九。

[2]潮溝：京師建康溝渠名，吴大帝所開，以引江潮。自城西歸善寺東流至青溪。參《建康實録》卷二及《六朝事迹編類》卷上《江河門》。

六月戊申，以廬陵王續爲江州刺史。

七月丁丑，以郢州刺史安成王秀爲鎮北將軍、雍州刺史。

八月辛丑，老人星見。扶南、婆利國各遣使獻方物。[1]

[1]婆利國：古國名。在今印度尼西亞境内，據近人考訂爲今峇厘島。一説爲婆羅洲，即今加里曼丹島。

冬十月，去宗廟薦脩，始用蔬果。[1]

[1]《隋書·禮儀志》，天監十六年，"十月，詔曰：'今雖無復牲腥，猶有脯脩之類，即之幽明，義爲未盡。可更詳定，悉薦時蔬。'左丞司馬筠等參議：'大餅代大脯，餘悉用蔬菜。'帝從之"。

十七年春正月丁巳朔，詔曰：“夫樂所自生，含識之常性；[1]厚下安宅，[2]馭世之通規。朕矜此庶氓，[3]無忘待旦，[4]亟弘生聚之略，[5]每布寬卹之恩；而編户未滋，遷徙尚有，輕去故鄉，豈其本志？資業殆闕，自返莫由，巢南之心，[6]亦何能弭。[7]今開元發歲，[8]品物惟新，[9]思俾黔黎，各安舊所。將使郡無曠土，邑靡游民，鷄犬相聞，桑柘交畛。[10]凡天下之民，有流移他境，在天監十七年正月一日以前，[11]可開恩半歲，悉聽還本，蠲課三年。其流寓過遠者，量加程日。若有不樂還者，即使著土籍爲民，准舊課輸。若流移之後，本鄉無復居宅者，村司三老及餘親屬，[12]即爲詣縣，占請村内官地官宅，[13]令相容受，使戀本者還有所託。凡坐爲市埭諸職割盗衰減應被封籍者，[14]其田宅車牛，是民生之具，[15]不得悉以没入，皆優量分留，使得自止。其商賈富室，亦不得頓相兼併。遁叛之身，罪無輕重，並許首出，[16]還復民伍。若有拘限，自還本役。並爲條格，[17]咸使知聞。”

[1]含識：佛教語。有思想意識者，指人。

[2]厚下：使屬下生活充裕。

[3]庶氓：民衆。

[4]待旦：形容勤於政事。《尚書·太甲》：“先王昧爽丕顯，坐以待旦。”

[5]生聚：繁殖人口，積蓄物資。

[6]巢南之心：思念故土之心。《文選》卷二九《古詩十九首·行行重行行》：“胡馬依北風，越鳥巢南枝。”

[7]弭：消，止。

[8]開元：新年。　發歲：一年開始。

[9]品物：萬物。

[10]畛：田間的道路。

[11]在天監十七年正月一日以前：《文館詞林》卷六七〇徐勉《梁武帝開恩詔》即此詔，“在”下有“今”字。

[12]三老：官名。秦置鄉三老，漢並置縣三老、郡三老，幫助縣令、丞、尉推行政令。此處指鄉三老。

[13]占請村内官地官宅：中華書局本《校勘記》：“‘占’，北監本、汲古閣本、殿本並訛‘告’，今從百衲本、金陵局本。按：《文館詞林》六七〇、《册府元龜》一九一並作‘占’。占請，謂隱度其地而請之。”按，《文館詞林》卷六七〇無“官地”二字。

[14]凡坐爲市埭諸職割盗衰減應被封籍者：市埭諸職，指徵税之吏。市，交易市場；埭，古代在船路艱阻處設埭，以牛或人力助船通過則收税。中華書局本《校勘記》：“‘減’各本作‘滅’。據《文館詞林》六七〇、《册府元龜》一九一改。割盗衰減，是割盗諸税及税收衰減之意。”

[15]民生：《文館詞林》卷六七〇作“其生生”。

[16]首出：自首而出。

[17]並：《文館詞林》卷六七〇作“可明”。

二月癸巳，鎮北將軍、雍州刺史安成王秀薨。甲辰，大赦天下。乙卯，以領石頭戍事南康王績爲南兗州刺史。

三月甲申，老人星見。丙申，[1]改封建安王偉爲南平王。[2]

[1]丙申：中華書局本《校勘記》：“是年三月丙辰朔，無丙申。

‘丙申’,《建康實録》作‘丙寅’。但甲申又不應在丙寅前。”

[2]南平：郡名。治所在今湖北公安縣西。

夏五月戊寅，驃騎大將軍、揚州刺史臨川王宏免。己卯、干陁利國遣使獻方物。以領軍將軍蕭昺爲安右將軍，監揚州。[1]辛巳，以臨川王宏爲中軍將軍、中書監。

[1]監：官制術語。非正式任職而督理其事。

六月乙酉，以益州刺史鄱陽王恢爲領軍將軍。中軍將軍、中書監臨川王宏以本號行司徒。癸卯，以國子祭酒蔡撙爲吏部尚書。

秋八月壬寅，老人星見。詔以兵騶奴婢，[1]男年登六十，女年登五十，[2]免爲平民。

[1]騶：騎士、侍從。

[2]男年登六十，女年登五十：《南史》卷六《梁本紀四》作“男年六十六，女年六十”。

冬十月乙亥，以中軍將軍、行司徒臨川王宏爲中書監、司徒。

十一月辛亥，以南平王偉爲左光禄大夫、開府儀同三司。

十八年春正月甲申，以領軍將軍鄱陽王恢爲征西將軍、開府儀同三司、荆州刺史，荆州刺史始興王憺爲中撫將軍、開府儀同三司、領軍。以尚書左僕射袁昂爲尚書令，尚書右僕射王暕爲尚書左僕射，太子詹事徐勉爲尚書右僕射。辛卯，輿駕親祠南郊，孝悌力田賜爵一級。

二月戊午，老人星見。

四月丁巳，[1]大赦天下。[2]

秋七月甲申，老人星見。于闐、扶南國各遣使獻方物。

[1]四月丁巳：《南史》卷六《梁本紀五》及《通鑑》卷一四九《梁紀》“四月”上皆有“夏”字。按，依《梁書》本紀文例，叙每季之事，第一次出現的月份上必加季名。此亦《春秋》以來之慣例。故當以有“夏”字爲是，疑此處脱。

[2]唐·釋道宣《續高僧傳·慧約傳》：“天監十八年己亥四月八日，天子發弘誓心，受菩薩戒。……皇儲以下爰至王姬道俗士庶咸希度脱，弟子著籍者凡四萬八千人。”按，本年四月庚戌朔，丁巳正爲八日。

梁書 卷三

本紀第三

武帝下

普通元年春正月乙亥朔，[1]改元，大赦天下，賜文武勞位，孝悌力田爵一級，尤貧之家，勿收常調，鰥寡孤獨，並加贍䘏。[2]丙子，日有蝕之。[3]己卯，以司徒臨川王宏爲太尉、揚州刺史，安右將軍、監揚州蕭昺爲安西將軍、郢州刺史。尚書左僕射王暕以母憂去職，金紫光禄大夫王份爲尚書左僕射。[4]庚子，扶南、高麗國各遣使獻方物。

[1]普通：梁武帝年號（520—527）。

[2]贍䘏：供養，救濟。《文館詞林》卷六六八有《梁武帝即位改元大赦詔》，署沈約撰。詔文有云：“可大赦天下，改天監十九年爲普通元年。”因知作於此時。但，沈約卒於天監十二年（513），何能代作此詔？恐是《文館詞林》誤署。

[3]日有蝕之：《隋書·天文志》：“普通元年春正月丙子，日有

食之。"

[4]金紫光禄大夫：官名。兩晉、南北朝爲加官、贈官及退休大臣之榮銜，無職事。梁十四班。　王份：人名。本書卷二一有傳。

二月壬子，老人星見。癸丑，以高麗王世子安爲寧東將軍、高麗王。[1]

[2]世子安：世子，諸侯王嫡長子。安，高安，人名。高麗王雲之子，雲死，子安立。詳本書卷五四《諸夷・高句驪傳》。　寧東將軍：將軍名號。梁天監七年（508）革選，釐定將軍名號及班品，其施於外國者有十品二十四班一百九號，以班多者爲貴。寧東將軍爲二十二班。

三月丙戌，滑國遣使獻方物。[1]

[1]滑國：古國名。地當今新疆以西、阿富汗瓦齊拉巴德一帶。本書卷五四《諸夷》有傳。

夏四月甲午，河南王遣使獻方物。

六月丁未，以護軍將軍韋叡爲車騎將軍。

秋七月己卯，江、淮、海並溢。辛卯，以信威將軍邵陵王綸爲江州刺史。[1]

[1]信威將軍：將軍名號。梁置，與智威、仁威、勇威、嚴威將軍代舊征虜將軍。爲一百二十五號將軍之一，十六班。

八月庚戌，老人星見。甲子，新除車騎將軍韋叡卒。

九月乙亥，有星晨見東方，光爛如火。

冬十月辛亥，以宣惠將軍長沙王淵業爲護軍將軍。[1]辛酉，以丹陽尹晉安王綱爲平西將軍、益州刺史。

[1]宣惠將軍：將軍名號。梁置，與鎮兵、翊師、宣毅將軍代舊四中郎將。爲一百二十五號將軍之一，十七班。

二年春正月甲戌，以南徐州刺史豫章王綜爲鎮右將軍。[1]新除益州刺史晉安王綱改爲南徐州刺史。[2]辛巳，輿駕親祠南郊。詔曰："春司御氣，虔恭報祀，陶匏克誠，[3]蒼璧禮備，[4]思隨乾覆，布兹亭育。[5]凡民有單老孤稚不能自存，主者郡縣咸加收養，[6]贍給衣食，每令周足，以終其身。又於京師置孤獨園，[7]孤幼有歸，華髮不匱。若終年命，厚加料理。[8]尤窮之家，勿收租賦。"戊子，大赦天下。

[1]鎮右將軍：將軍名號。與鎮左、鎮前、鎮後將軍合稱四鎮將軍，梁代衹授予在京師任職者。爲一百二十五號將軍之一，二十二班。

[2]南徐州：各本作"徐州"。據本書卷四《簡文帝紀》，蕭綱爲"南徐州刺史"。考本書及《南齊書》、《南史》知，齊梁時，南徐州鎮京口，密邇京邑，内鎮優重，爲其刺史者，非皇弟即皇子。而徐州乃邊疆小州，未有皇弟或皇子爲其刺史。是梁武帝不可能以

晉安王綱爲徐州刺史。又，蕭綱此次乃接替蕭綜之職，故當以“南徐州”爲是，是“徐州”前脱“南”字，今補。

[3]陶匏：古代祭天所用的瓦器和匏爵。《禮記·郊特牲》：“郊之祭也……器用陶匏，以象天地之性也。”

[4]蒼璧：古代郊祀置蒼璧於柴上，燒柴以祭天。《周禮·春官·大宗伯》：“蒼璧禮天，黄琮禮地。”

[5]亭育：撫養、培育。

[6]主：《文館詞林》卷六六五載此詔，題徐勉撰，“主”作“立”，則“存立者”連文，疑是。“主”蓋“立”字之訛。

[7]《通鑑》卷一四九《梁紀五》“武帝普通元年”下胡三省注：“古者鰥寡孤獨廢疾者有養。帝非能法古也，祖釋氏須達多長者之爲耳。”陳垣《通鑑胡注表微·釋老篇》：“須達多乃舍衛國給孤獨長者之本名，亦云修達多。玄應《音義》三云：‘修達多，此云善雲，故得給孤獨名也。’”　又於京師：《文館詞林》“又”下有“可”字。

[8]《文館詞林》“厚加料理”下有“少者長大，令得正偶”兩句。

二月辛丑，輿駕親祠明堂。

三月庚寅，大雪，平地三尺。

夏四月乙卯，改作南北郊。[1]丙辰，詔曰：“夫欽若昊天，[2]曆象無違，[3]躬執耒耜，盡力致敬，上協星鳥，[4]俯訓民時，[5]平秩東作，[6]義不在南。前代因襲，有乖禮制，可於震方，[7]簡求沃野，[8]具兹千畝，[9]庶允舊章。”[10]

[1]北郊：古代於都城北郊舉行的祭天禮儀。《隋書·禮儀志》：

“（梁）北郊，爲方壇於北郊。上方十丈，下方十二丈，高一丈。四面各有陛。其外爲壝（wěi）再重。與南郊間歲。正月上辛，以一特牛，祀后地之神於其上，以德后配。”

[2]欽若昊天：《尚書·堯典》：“乃命羲和，欽若昊天，曆象日月星辰，敬授人時。”欽，敬；若，順。

[3]曆象：推曆觀象。即觀測推算天體的運行。

[4]星鳥：星宿名。即南方朱雀七宿。古以朱雀七宿之柳、星、張爲鶉火之次，以應春分。

[5]訓：順應。

[6]平秩東作：《尚書·堯典》：“分命羲仲，宅嵎夷，曰暘谷，寅賓出日，平秩東作。日中星鳥，以殷仲春。厥民析，鳥獸孳尾。”平秩，分别次序；東作，春月農事起。

[7]震方：東方。《易·説卦》：“萬物出乎震。震，東方也。”

[8]簡：選擇。

[9]千畝：周代制度，天子耕藉田千畝。

[10]舊章：舊制。《南史》卷七《梁本紀中》於本詔後有云：“於是徙藉田於東郊外十五里。”

五月癸卯，[1]琬琰殿火，[2]延燒後宫屋三千間。丁巳，[3]詔曰：“王公卿士，今拜表賀瑞，雖則百辟體國之誠，朕懷良有多愧。若其澤漏川泉，仁被動植，氣調玉燭，[4]治致太平，爰降嘉祥，可無慚德；而政道多缺，淳化未凝，何以仰叶辰和，[5]遠臻冥貺？[6]此乃更彰寡薄，重增其尤。自今可停賀瑞。”

[1]五月癸卯：各本《梁書》、《南史》卷七《梁本紀》及《四庫全書》本《建康實録》同，《通鑑》卷一四九《梁紀五》作六月癸卯。按，是年五月、六月皆無癸卯。閏五月戊戌朔，癸卯爲六

日，“五月”上似脱“閏”字。又，中華書局本及張忱石點校《建康實録》均作“五月己卯”。然是年五月戊辰朔，有己卯無丁巳，又與下文“丁巳”矛盾，似亦誤。

[2]琬琰殿：建康宫城宫殿名。

[3]丁巳：《南史》卷七《梁本紀》“丁巳”上有“閏月”二字。按，《南史》“五月”前無“閏”字，而於此處加“閏月”，誤。本年閏五月丁巳爲二十日。

[4]玉燭：《爾雅·釋天》：“四時和謂之玉燭。”

[5]叶：古文“協”字。

[6]冥貺：神靈的恩賜。

六月丁卯，信威將軍、義州刺史文僧明以州叛入于魏。[1]

[1]義州：梁州名。治所在今河南商城縣東。參洪齮孫《補梁疆域志》卷一“義州”條。　文僧明：中華書局本《校勘記》：“‘文僧明’，《隋書·五行志》、《天文志》並作‘文僧朗’，此宋刻避宋始祖玄朗諱而改‘朗’爲‘明’。”按，避諱之説可疑。本《紀》中興二年（502）四月策文有“攝提夜朗”，《王瞻傳》有“精神益朗贍”，《太祖五王傳》附《蕭恭傳》有“對朗月”，《蕭子雲傳》有“昭然忽朗”，均未改字。且《南史》亦作“文僧明”。又，《魏書》卷九《肅宗紀》載正光元年（520）夏四月，“蕭衍義州刺史文僧明率衆内屬”。與此載異。

秋七月丁酉，假大匠卿裴邃節，[1]督衆軍北討。甲寅，老人星見。魏荆州刺史桓叔興帥衆降。[2]

[1]假節：古代大臣奉皇帝之命出行，持節以爲憑證並示威重，

稱爲假節。魏晉以後以爲官名，有假節、持節、使持節之分，權力亦有小大之别，多爲都督中外諸軍事及刺史總軍戎者。假節有軍事得殺犯軍令者。

[2]荆州：北魏州名。治所在今河南鄧州市。又，《魏書》卷九《肅宗紀》載桓叔興南叛在五月辛巳，此云七月。《通鑑》卷一四九《梁紀五》“普通二年五月”下胡三省注：“《考異》曰：《梁帝紀》，七月叔興帥衆降，蓋記奏到之日。”

八月丁亥，始平郡中石鼓村地自開成井，[1]方六尺六寸，深三十二丈。

[1]始平郡中石鼓村：《南史·梁本紀》及《建康實録》均無“中”字。始平郡，郡名。治所在今湖北丹江口市西北。

冬十一月，百濟、新羅國各遣使獻方物。[1]

[1]新羅國：古國名。地屬今韓國。本書卷五四《諸夷》有傳。

十二月戊辰，以鎮東大將軍百濟王餘隆爲寧東大將軍。[1]

[1]餘隆：人名。百濟國國王。詳本書卷五四《諸夷傳》。　寧東大將軍：將軍名號。梁代授予外國的一百九號將軍之一，二十二班。

三年春正月庚子，以尚書令袁昂爲中書監，吴郡太守王暕爲尚書左僕射，尚書左僕射王份爲右光禄大夫。庚戌，京師地震。己未，以宣毅將軍廬陵王續爲雍州刺史。[1]

[1]宣毅將軍：將軍名號。梁置，與鎮兵、翊師、宣惠將軍代舊四中郎將。爲一百二十五號將軍之一，十七班。

三月乙卯，[1]巴陵王蕭屏薨。

[1]三月乙卯："乙卯"舊本作"己卯"，此依中華書局本校改。

夏四月丁卯，汝陰王劉端薨。

五月壬辰朔，日有蝕之，既。[1]癸巳，赦天下，並班下四方，民所疾苦，咸即以聞，公卿百僚各上封事，連率郡國舉賢良、方正、直言之士。[2]

[1]既：日全食。

[2]連率：指郡守。

秋八月辛酉，作二郊及籍田並畢，[1]班賜工匠各有差。甲子，老人星見。婆利、白題國各遣使獻方物。[2]

[1]二郊：指南、北郊。

[2]白題國：古國名。地當今新疆吐魯番市南、羅布泊以北地區。本書卷五四《諸夷》有傳。

冬十月丙子，加中書監袁昂中衛將軍。

十一月甲午，撫軍將軍、開府儀同三司、領軍將軍始興王憺薨。[1]辛丑，以太子詹事蕭淵藻爲領軍將軍。[2]

[1]撫軍將軍：據本書卷一《武帝紀上》天監十八年（519）及《太祖五王·始興王憺傳》，當作“中撫將軍”。

[2]蕭淵藻：梁長沙嗣王淵業之弟。天監元年（502）封西昌縣侯。本書卷二三《長沙嗣王淵業傳》有附傳。按，淵藻，又作“藻”或“深藻”，乃避唐諱省或改“淵”字。

四年春正月辛卯，輿駕親祠南郊，[1]大赦天下，應諸窮疾，咸加賑卹，並班下四方，時理獄訟。丙午，[2]輿駕親祠明堂。

[1]梁簡文帝《南郊頌并序》詳載此事，有云：“於是歲在單閼，星次訾陬，律中太簇，日惟辛卯，特有事於南郊。”正本年正月辛卯。又，《文館詞林》卷六六五有《梁武帝新移南郊親祠赦詔》，徐勉撰。詔文有“經諸窮疾，咸加恤賑。並班下四方，時理獄訟”之語，與此《紀》同，又據本《紀》上年八月改作二郊，故此詔有“禮度惟新”之語，題云“新移南郊”。並可證赦詔作於此時。

[2]丙午：中華書局本《校勘記》：“‘丙午’《南史》作‘辛亥’。按，齊、梁祭典，祠南郊、明堂，例用辛日，《南史》作‘辛亥’，是。”

二月庚午，老人星見。乙亥，躬耕籍田。詔曰：“夫耕籍之義大矣哉！粢盛由之而興，[1]禮節因之以著，古者哲王咸用此作。眷言八政,[2]致兹千畝，公卿百辟,[3]恪恭其儀，九推畢禮,[4]馨香靡替。兼以風雲叶律,[5]氣象光華,[6]屬覽休辰,[7]思加獎勸。可班下遠近，廣闢良疇，公私畎畝，務盡地利。若欲附農而糧種有乏,[8]亦加貸卹,[9]每使優遍。[10]孝悌力田賜爵一級。預耕之司，剋日勞酒。”[11]

[1]粢盛：祭品，指盛在祭器中的黍稷。

[2]八政：古代國家施政的八個方面。其説不一。《尚書・洪範》以食、貨、祀、司空、司徒、司寇、賓、師爲八政；《禮記・王制》以飲食、衣服、事爲、異别、度、量、數、制爲八政；《逸周書・常訓》以夫妻、父子、兄弟、君臣爲八政。後世用八政多指《洪範》八政。

[3]百辟：百官。按，《文館詞林》卷六六五録此詔，署徐勉撰，題《梁武帝藉田恩詔》。“眷言”上有“朕”字，“致兹”作“躬事”。

[4]九推：古代天子耕藉，卿、諸侯參加撥土九次，稱爲九推。《禮記・月令》孟春之月：“天子親載耒耜，措之於參保介之御間，帥三公九卿諸侯大夫，躬耕帝藉。天子三推，三公五推，卿諸侯九推。”按，“九推畢禮”，《文館詞林》作“甿力普存”。

[5]律：樂律。《禮記・月令》孟春之月：“其音角，律中太簇。”

[6]光華：光彩明麗。

[7]休辰：美好的時日。

[8]附農：擴大耕種。附，增益。

[9]亦加貸卹：《文館詞林》作“並加貸給”。

[10]每：當。

[11]剋日：限定時日。

三月壬寅，以鎮右將軍豫章王綜爲平北將軍、南兖州刺史。

六月乙丑，分益州置信州，[1]分交州置愛州，[2]分廣州置成州、南定州、合州、建州，[3]分霍州置義州。[4]

[1]信州：州名。治所在今重慶市奉節縣東白帝。

[2]愛州：州名。治所在今越南清化省清化北馬江南岸。

[3]成州：州名。治所在今廣東封開縣東南賀江口。　南定州：州名。治所在今廣西桂平市西南古城。　合州：州名。治所在今廣東雷州市。　建州：州名。治所在今廣東鬱南縣東南連灘。

[4]義州：州名。原義州入魏，此新置，治所在今河南商城縣西。

秋八月丁卯，老人星見。

冬十月庚午，以中書監、中衛將軍袁昂爲尚書令，即本號開府儀同三司。己卯，護軍將軍昌義之卒。[1]

[1]昌義之：人名。本書卷一八有傳。

十一月癸未朔，日有蝕之。太白晝見。甲辰，尚書左僕射王暕卒。

十二月戊午，始鑄鐵錢。[1]狼牙脩國遣使獻方物。

[1]梁初錢幣名號衆多，輕重不一。普通中乃議盡罷銅錢，更

鑄鐵錢。詳《隋書·食貨志》，並參何玆全《讀史集·東晉南朝的錢幣使用與錢幣問題》。

五年春正月，以左光禄大夫、開府儀同三司南平王偉爲鎮衛大將軍，改領右光禄大夫，儀同三司如故。征西將軍、開府儀同三司、荆州刺史鄱陽王恢進號驃騎大將軍。太府卿夏侯亶爲中護軍。[1]右光禄大夫王份爲左光禄大夫，加特進。辛卯，平北將軍、南兗州刺史豫章王綜進號鎮北將軍。平西將軍、雍州刺史晉安王綱進號安北將軍。

[1]夏侯亶：人名。本書卷二八有傳。　中護軍：官名。掌京畿以外諸軍。資輕於護軍將軍。梁十四班。

二月庚午，特進、左光禄大夫王份卒。丁丑，老人星見。

三月甲戌，分揚州、江州置東揚州。[1]

[1]東揚州：州名。治所在今浙江紹興市。

夏四月乙未，以雲麾將軍南康王績爲江州刺史。

六月乙酉，龍鬬于曲阿王陂，[1]因西行至建陵城。[2]所經處樹木倒折，開地數十丈。戊子，以會稽太守武陵王紀爲東揚州刺史。庚子，以員外散騎常侍元樹爲平北將軍、北青兗二州刺史，[3]率衆北伐。

[1]龍鬬：當即龍捲風。 曲阿：縣名。治所在今江蘇丹陽市。

[2]建陵城：城名。在今江蘇丹陽市境。

[3]員外散騎常侍：官名。集書省官屬，正員之外添差之散騎常侍。多用以安置閑散官員，地位較低。梁十班。 元樹：人名。本北魏近屬，天監八年（509）附梁。本書卷三九有傳。 北青州：州名。治所在今江蘇連雲港市。

秋七月辛未，賜北討義客位一階。

八月庚寅，徐州刺史成景儁克魏童城。[1]

[1]童城：即童縣城。在今安徽泗縣東北。城，舊本作“棧”，此依中華書局本校改。

九月戊申，又剋睢陵城。[1]戊午，北兖州刺史趙景悦圍荊山。[2]壬戌，宣毅將軍裴邃襲壽陽，[3]入羅城，[4]弗剋。

[1]睢陵城：即睢陵縣城，在今江蘇睢寧縣。

[2]北兖州：州名。治所在今江蘇淮陰市西南甘羅城。 荊山：山名。在今安徽懷遠縣西南淮河北岸荊山。

[3]壽陽：縣名。治所在今安徽壽縣。

[4]羅城：古代爲加强防守，在城墻外加建的凸出形小城圈。

冬十月戊寅，裴邃、元樹攻魏建陵城，[1]破之。辛巳，又破曲木。[2]掃虜將軍彭寶孫剋琅邪。[3]甲申，又剋檀丘城。[4]辛卯，裴邃破狄城。[5]丙申，又剋甓城，[6]遂進屯黎漿。[7]壬寅，魏東海太守韋敬欣以司吾城降。[8]定遠將軍闕二字太守曹世宗破魏曲陽城。[9]甲辰，又剋秦墟。[10]魏鄁、潘溪守悉皆棄城走。[11]

[1]建陵城：北魏建陵縣城，在今江蘇新沂市南沭河西岸。

[2]曲木：《通鑑》卷一五〇《梁紀六》"武帝普通五年"下胡三省注："'曲木'當作'曲沭'。"《水經注》："沭水過建陵縣故城東，又南經陵山西，魏立大堰遏水西流，兩瀆之會，置城防之，曰曲沭戍。"曲沭城，在今江蘇新沂市東南。

[3]掃虜將軍：將軍名號。梁置，爲一百二十五號將軍之一，九班。　琅邪：郡名。治所在今山東臨沂市西。

[4]檀丘城：城名。在今山東泗水縣東南。

[5]狄城：城名。在今安徽壽縣東南，北與狄丘相對。本書卷二八《裴邃傳》作"狄丘"。

[6]甓（pì）城：城名。在今安徽壽縣南。

[7]黎漿：亭名。在今安徽壽縣東南。"漿"各本作"將"，此依中華書局本校改。

[8]東海：北魏郡名。治所司吾城，即今江蘇新沂市南峒峿鎮。

[9]定遠將軍：將軍名號。梁置，爲施於外國者一百九號將軍之一，十二班。各本"定遠將軍"下皆闕兩字。　曹世宗：人名。《南史》卷四六有傳。　曲陽城：城名。在今安徽定遠縣北。

[10]秦墟：地名。在今安徽淮南市東上窖鎮。

[11]鄁：城名。在今安徽淮南市東永平崗。　潘溪：戍名。在今安徽鳳臺縣東。

十一月丙辰，彭寶孫剋東莞城。[1]壬戌，裴邃攻壽陽之安城，[2]剋之。[3]丙寅，魏馬頭、安城並來降。[4]

[1]東莞城：城名。地在今山東莒縣。

[2]安城：城名。在今安徽壽縣附近。城，本書卷二八《裴邃傳》作“成”。

[3]剋之：中華書局本《校勘記》云：“壬戌既書克安城，則下文丙寅不應又書安城來降。《通鑑》無‘剋之’二字，疑二字是衍文。”

[4]馬頭：城名。在今安徽壽縣西北。按，安城，羅振玉《梁書斠議》云：“下‘安城’疑‘沙陵’之誤。《（裴）邃傳》，是月剋安城、馬頭、沙陵等戍。”

十二月戊寅，魏荆山城降。乙巳，武勇將軍李國興攻平静關，[1]剋之。辛丑，信威長史楊法乾攻武陽關；[2]壬寅，攻峴關，[3]並剋之。

[1]武勇將軍：據《隋書·百官志》，梁普通六年（525）以前無武勇將軍之號，有“勇武將軍”。疑此處有誤。勇武將軍，梁置，與智武、仁武、信武、嚴武將軍代舊冠軍將軍。爲一百二十五號將軍之一，十五班。　平静關：關名。與武陽關、峴關合稱“義陽三關”，在今河南信陽縣西南。

[2]長史：官名。王公軍府屬官，掌本府官吏，梁十班至六班。　武陽關：在今河南羅山縣南。

[3]峴關：一名黄峴關，在今河南信陽縣南。

六年春正月丙午，安北將軍晉安王綱遣長史柳津破魏南鄉郡，[1]司馬董當門破魏晉城。[2]庚戌，又破馬圈、彫陽二城。[3]辛亥，輿駕親祠南郊，大赦天下。庚申，魏鎮東將軍、徐州刺史元法僧以彭城内附。[4]己巳，雍州前軍剋魏新蔡郡。[5]詔曰：“廟謨已定，[6]王略方舉。侍中、領軍將軍西昌侯淵藻，[7]可便親戎，以前啓行；鎮北將軍、南兖州刺史豫章王綜董馭雄桀，[8]風馳次邁；其餘衆軍，計日差遣，初中後師，善得嚴辦。朕當六軍雲動，龍舟濟江。”癸酉，剋魏鄭城。[9]甲戌，以魏鎮東將軍、徐州刺史元法僧爲司空。

[1]柳津：人名。柳慶遠之子。《南史》卷三八《柳元景傳》有附傳。津，《通鑑》卷一五〇《梁紀六》作“渾”，疑誤。　南鄉郡：郡名。治所在今河南淅川縣西南舊縣東南原丹江南岸。

[2]司馬：官名。王公軍府屬官，掌本府武官。梁十班至六班。晉城：城名。在今河南鄧州市。

[3]馬圈：城名。在今河南鎮平縣南。　彫陽：城名。在今河南鄧州市。

[4]鎮東將軍：將軍名號。北魏從第二品。　元法僧：人名。北魏宗室，本書卷三九有傳。

[5]新蔡郡：郡名。治所在今河南固始縣東北。

[6]廟謨：朝廷對國事的謀畫。

[7]侍中：官名。門下省長官，與給事黄門侍郎掌侍從左右、擯相威儀，盡規獻納，糾正違闕等。參與決策，是中樞集團重要成員。梁十二班。　西昌：縣名。治所在今江西泰和縣西。

[8]桀：通“傑”。

[9]鄭城：城名。在今安徽潁上縣。

二月丁丑，老人星見。庚辰，南徐州刺史廬陵王續還朝，禀承戎略。[1]乙未，趙景悦下魏龍亢城。[2]

[1]戎略：軍事謀略。

[2]龍亢城：城名。即今安徽懷遠縣西北龍亢集。

三月丙午，歲星見南斗。賜新附民長復除，[1]應諸罪失一無所問。己酉，行幸白下城，[2]履行六軍頓所。乙丑，鎮北將軍、南兗州刺史豫章王綜權頓彭城，總督衆軍，並攝徐州府事。[3]己巳，以魏假平東將軍元景隆爲衡州刺史，[4]魏征虜將軍元景仲爲廣州刺史。[5]

[1]復除：指免除徭役。

[2]白下城：城名。在今江蘇南京市北金川門外，幕府山南麓。是六朝時爲京師建康北郊軍事重地。

[3]攝：代理。

[4]假：官吏真授以前代理政事。　平東將軍：將軍名號，北魏第三品。　元景隆：人名。與元景仲並爲元法僧之子。見本書卷三九《元法僧傳》。

[5]征虜將軍：將軍名號。北魏從第三品。

夏五月己酉，築宿預堰，[1]又修曹公堰於濟陰。[2]太白晝見。壬子，遣中護軍夏侯亶督壽陽諸軍事，北伐。

[1]宿預堰：堰名。在今江蘇宿遷市境。

[2]曹公堰：堰名。在今江蘇睢寧縣西。　濟陰：郡名。治所在今安徽宿州市北符離集。

六月庚辰，豫章王綜奔于魏，魏復據彭城。

秋七月壬戌，大赦天下。

八月丙子，以散騎常侍曹仲宗兼領軍。壬午，老人星見。

十二月戊子，邵陵王綸有罪，免官，削爵土。壬辰，京師地震。

七年春正月辛丑朔，赦殊死以下。丁卯，滑國遣使獻方物。

二月甲戌，北伐衆軍解嚴。河南王遣使獻方物。丁亥，老人星見。

三月乙卯，高麗國遣使獻方物。

夏四月乙酉，太尉臨川王宏薨。南州津改置校尉，[1]增加俸秩。詔在位羣臣，各舉所知，凡是清吏，咸使薦聞，州年舉二人，大郡一人。

[1]南州津：一名南津，即今安徽馬鞍山市西南采石。

六月己卯，林邑國遣使獻方物。

秋九月己酉，驃騎大將軍、開府儀同三司、荆州刺史鄱陽王恢薨。

冬十月辛未，以丹陽尹湘東王繹爲荆州刺史。

十一月庚辰，大赦天下。是日，丁貴嬪薨。[1]辛巳，夏侯亶、胡龍牙、元樹、曹世宗等衆軍剋壽陽城。丁亥，放魏揚州刺史李憲還北。[2]以壽陽置豫州，[3]合肥改爲南豫州。以中護軍夏侯亶爲豫、南豫二州刺史。平西將軍、郢州刺史元樹進號安西將軍。魏新野太守以郡降。[4]

[1]丁貴嬪：梁武帝貴嬪丁氏。本書卷七有傳。

[2]揚州：魏州名。治所在今安徽壽縣。

[3]以壽陽置豫州：《通鑑》卷一五一《梁紀七》“武帝普通七年”下胡三省注：“自宋以來，以壽陽爲豫州。裴叔業叛齊降魏，魏以壽陽爲揚州，復漢、魏之舊也。今復以壽陽爲豫州，復宋、齊之舊也。”

[4]新野：魏郡名。治所在今河南新野縣。又，《通鑑》卷一五一《梁紀七》普通七年（526）末記魏遣將救新野之事，胡三省注：“《考異》曰：《梁書》此年冬新野降；《魏書》肅宗崩後，新野猶在。恐《梁書》誤。蓋梁自前年攻新野，此年魏使魏承祖救之也。”

大通元年春正月乙丑，[1]以尚書左僕射徐勉爲尚書僕射、中衛將軍。[2]詔曰：“朕思利兆民，惟日不足，氣象環回，每弘優簡。百官俸禄，本有定數，前代以來，皆多評准，頃者因循，未遑改革。自今已後，可長給見錢，[3]依時即出，勿令逋緩。凡散失官物，不問多少，並從原宥。惟事涉軍儲，取公私見物，不在此例。”辛未，輿駕親祠南郊。詔曰：“奉時昭事，虔薦蒼璧，思承天德，惠此下民。凡因事去土，[4]流移他境者，並聽復宅業，蠲役五年。尤貧之家，勿收三調。孝悌力田賜爵一級。”是月，司州刺史夏侯夔進軍三關，[5]所至皆剋。

[1]大通：梁武帝年號（527—529）。

[2]尚書左僕射：中華書局本《校勘記》云：“‘左’原作‘右’。

本書《徐勉傳》，勉以尚書右僕射爲尚書僕射。按：自普通四年尚書僕射王暕死後，左僕射久缺，徐勉不曾爲左僕射。”按，“尚書左僕射”，各本同。此《校勘記》“‘左’原作‘右’”之“原”當是“應”字之訛。

[3]見：同“現”。

[4]去土：離開本土。

[5]三關：即義陽三關。

三月辛未，輿駕幸同泰寺捨身。[1]甲戌，還宫，赦天下，改元。以左衛將軍蕭淵藻爲中護軍。[2]林邑、師子國各遣使獻方物。[3]

[1]同泰寺：佛寺名。故址在今江蘇南京市鷄鳴寺一帶。《通鑑》卷一五一《梁紀七》本年下云：“初，上作同泰寺，又開大通門以對之，取其反語相協。”胡注：“同泰反爲大，大通反爲同，是反語相協也。”唐·釋道宣《續高僧傳》卷一《釋寶唱傳》：“又以大通元年，於臺城北開大通門，立同泰寺，樓閣臺殿，擬則宸宫，九級浮圖，迴張雲表，山樹園池，沃蕩煩積。其年三月六日，帝親臨幸，禮懺敬接，以爲常准，即捨身之地也。”《建康實録》卷一七“大通元年”下原注引《輿地志》云：“在北掖門外路西，寺南與臺隔，抵廣莫門内路西。梁武普通中起。是吴之後苑，晉廷尉之地，遷於六門外，以其地爲寺。兼開左右營，置四周池塹，浮圖九層，大殿六所，小殿及堂十餘所。宫各像日月之形，禪窟禪房山林之内，東西般若臺各三層，築山構隴，亘在西北，栢殿在其中。東南有璇璣殿，殿外積石種樹爲山，有蓋天儀，激水隨滴而轉。起寺十餘年，一旦震火焚寺，唯餘瑞儀栢殿，其餘略盡。即更構造而作十二層塔，未就而侯景作亂，帝爲賊幽餒而崩。”可見同泰寺之興廢。捨身：佛教徒爲宣揚佛法或爲佈施而自加苦行稱爲捨身。

[2]左衛將軍：官名。與右衛將軍合稱二衛將軍，掌宮廷宿衛營兵。是禁衛軍主要將領，定員一人。梁十二班。

[3]師子國：古國名。即今斯里蘭卡。本書卷五四《諸夷》有傳。

夏五月丙寅，成景儁剋魏臨潼、竹邑。[1]

[1]臨潼：城名。地當今安徽靈璧縣東北潼郡村。　竹邑：縣名。治所在今安徽宿州市北符離集。

秋八月壬辰，老人星見。

冬十月庚戌，魏東豫州刺史元慶和以渦陽内屬。[1]甲寅，曲赦東豫州。

十一月丁卯，以中護軍蕭淵藻爲北討都督、征北大將軍，鎮渦陽。戊辰，加尚書令、中衛將軍、開府儀同三司袁昂中書監。以渦陽置西徐州。高麗國遣使獻方物。

[1]東豫州：魏州名。治所廣陵，即今河南息縣城關。　元慶和：人名。北魏支屬。《魏書》卷一九《景穆十二王列傳》有附傳。　渦陽：縣名。治所在今安徽蒙城縣。按，“元慶和以渦陽内屬”之語恐有誤。據本書卷二八《夏侯夔傳》、卷二八《韋放傳》、卷三二《陳慶之傳》，元慶和乃以廣陵城降梁，非渦陽。渦陽之降别爲一事。且渦陽去廣陵城甚遠，元氏無由以渦陽内屬。參《通鑑》卷一五一《梁紀七》“武帝大通元年”下胡三省注引《考異》。

二年春正月庚申，司空元法僧以本官領中軍將軍。

中書監、尚書令、中衛將軍、開府儀同三司袁昂進號中撫大將軍。衛尉卿蕭昂爲中領軍。[1]乙酉，芮芮國遣使獻方物。

[1]衛尉卿：官名。梁十二卿之一。掌宮門宿衛屯兵，梁十二班。　蕭昂：人名。梁宗室蕭昺之弟，本書卷二四《蕭昺傳》有附傳。

二月甲午，老人星見。是月，築寒山堰。[1]

[1]寒山堰：堰名。地在今江蘇徐州市東南，壅泗水而築。

三月壬戌，以江州刺史南康王績爲安右將軍。

夏四月辛丑，魏郢州刺史元願達以義陽内附，[1]置北司州。時魏大亂，其北海王元顥、臨淮王元彧、汝南王元悦並來奔；[2]其北青州刺史元世儁、南荆州刺史李志亦以地降。[3]

[1]郢州：魏州名。治所在今河南信陽市。　元願達：人名。北魏支庶。本書卷三九有傳。

[2]北海王元顥：北魏獻文帝之孫，襲父爵爲北海王。《魏書》卷二一《獻文六王傳》有附傳。　臨淮王元彧：北魏太武帝之孫，襲父爵爲臨淮王。《魏書》卷一八《太武五王傳》有附傳。　汝南王元悦：北魏孝文帝之子，封爵號汝南王。《魏書》卷二二《孝文五王傳》有傳。

[3]北青州：北魏州名。治所在今山東青州市。《通鑑》卷一五二《梁紀八》"武帝大通二年"下胡三省注："魏北青州治東陽，去

梁境甚遠。《五代志》：東海郡，梁置南、北二青州郡，領懷仁縣。又《注》云：梁置南、北二青州。意者元世儁以懷仁之地來降也。”按，北青州恐爲南青州之誤。南青州，北魏太和年間（477—499）改東徐州置，與梁接壤。　元世儁：人名。北魏景穆帝之孫，孝明帝時曾爲鎮東將軍、青州刺史。《魏書》卷一九《景穆十二王傳》有附傳。　南荆州：魏州名。治所在今湖北棗陽市。　李志：北魏頓丘衛國人，李彪之子，孝明帝時爲南荆州刺史。《魏書》卷六二《李彪傳》有附傳。

六月丁亥，魏臨淮王元彧求還本國，許之。

冬十月丁亥，以魏北海王元顥爲魏主，遣東宫直閤將軍陳慶之衛送還北。[1]魏豫州刺史鄧獻以地内屬。

[1]東宫直閤將軍：官名。掌侍衛皇太子。梁班品不詳。　陳慶之：人名。本書卷三二有傳。

中大通元年正月辛酉，[1]輿駕親祠南郊，大赦天下，孝悌力田賜爵一級。[2]甲子，魏汝南王元悦求還本國，許之。辛巳，輿駕親祠明堂。

[1]中大通：梁武帝年號（529—534）。

[2]此次大赦改元梁武有詔書，《文館詞林》卷六六八收録，題《梁武帝改元大赦詔》，署沈約撰；卷六七〇重收，題《梁武帝恩赦詔》，署名同。

二月甲申，以丹陽尹武陵王紀爲江州刺史。辛丑，芮芮國遣使獻方物。[1]

[1]《隋書·百官志》載梁武帝於本年改定將軍名號及班品，凡二百四十號、四十四班。《通鑑》卷一五三《梁紀九》繫其事於本年本月下。《唐六典·尚書兵部》卷五有小注云："梁大通三年又置二百四十二號將軍，爲四十四班。"按，《隋書·百官志》所云二百四十號、四十四班，合計實爲二百四十二號、三十四班。當以實計爲是。《通鑑》胡注所引又脱兩班，今計僅三十二班。

三月丙辰，以河南王阿羅真爲寧西將軍、西秦河沙三州刺史。[1]庚辰，以中護軍蕭淵藻爲中權將軍。

[1]阿羅真：人名。本書卷五四《諸夷·河南王傳》有載，作"呵羅真"。寧西將軍：將軍名號。梁置，爲施於國外之一百九號將軍之一，二十二班。　西秦、河、沙：並州名。西秦州，治所在今甘肅天水市；河州，治所在今甘肅臨夏縣西南；沙州，地當今青海貴德、貴南一帶。本書卷五四《諸夷傳》作"西秦、河"二州。

夏四月癸未，以安右將軍南康王績爲護軍將軍。癸巳，陳慶之攻魏梁城，[1]拔之；進屠考城，[2]擒魏濟陰王元暉業。[3]

[1]梁城：本書卷三二《陳慶之傳》作"滎城"。《通鑑》卷一五三《梁紀九》同《陳慶之傳》，《南史》卷七《梁本紀》同本《紀》。按，從陳慶之進軍路綫考之，似以滎城爲妥。滎城，城名，地在今河南寧陵縣東北。

[2]考城：縣名。治所在今河南民權縣東北。

[3]濟陰王元暉業：北魏宗室元暉業，封爵號濟陰王。《魏書》

卷一九有傳。

五月戊辰，剋大梁。[1]癸酉，剋虎牢城。[2]魏主元子攸棄洛陽，[3]走河北。乙亥，元顥入洛陽。

[1]大梁：城名。地在今河南開封市西北。

[2]虎牢城：城名。地在今河南滎陽市汜水鎮。

[3]魏主元子攸：中華書局本《校勘記》："'子攸'各本皆作'子猷'，誤。子攸，北魏孝莊帝名，時正在位。本書《陳慶之傳》亦作'子攸'，今據改。"按，此本錢大昕《廿二史考異》卷二六説，是。　洛陽：城名。即今河南洛陽市。

六月壬午，大赦天下。辛亥，魏淮陰太守晉鴻以湖陽城内屬。[1]

[1]淮陰：《通鑑》卷一五三《梁紀九》"武帝中大通元年"下胡三省注："《五代志》，舂陵郡湖陽縣，後魏置西淮安郡及南襄州。'淮陰'當作'淮安'。"淮安，郡名。治所湖陽城，即今河南唐河縣西南湖陽鎮。又，《建康實録》卷一七：中大通元年，"六月，都下疫甚，帝於重雲殿爲百姓設救苦齋，以身爲禱"。

閏月己未，安右將軍、護軍南康王績薨。己卯，魏尒朱榮攻殺元顥，[1]復據洛陽。

[1]尒朱榮：人名。北魏北秀容人，莊帝時權臣，爲帝所殺。《魏書》卷七四有傳。

秋九月辛巳，朱雀航華表災。[1]以安北將軍羊侃爲青、冀二州刺史。[2]癸巳，輿駕幸同泰寺，設四部無遮大會，[3]因捨身，公卿以下，以錢一億萬奉贖。[4]

[1]華表：古代用以表示王者納諫或指路的木柱。晉·崔豹《古今注·問答釋義》："程雅問曰：'堯設誹謗之木，何也？'答曰：'今之華表木也。以横木交柱頭，狀若花也。形似桔槔，大路交衢悉施焉。或謂之表木，以表王者納諫也。亦以表識衢路也。秦乃除之，漢始復修焉。今西京謂之交午木。'"

[2]羊侃：人名。本書卷三九有傳。

[3]四部：即四部衆。佛教以僧、尼、善男子、善女人爲四部衆。　無遮大會：佛教舉行的一種以佈施爲中心的法會。每五年一次，故亦稱五年大會。

[4]按，梁武此次捨身事，《南史》卷七《梁本紀》有詳載，可參。《建康實録》卷一七亦載，然大抵以《南史》爲藍本，而干支有誤。

冬十月己酉，輿駕還宮，大赦，改元。

十一月丙戌，加中撫大將軍、開府儀同三司袁昂中書監。[1]加鎮衛大將軍、開府儀同三司南平王偉太子少傅。[2]加金紫光禄大夫蕭琛、陸杲並特進。[3]司空、中軍將軍元法僧進號車騎將軍。中權將軍蕭淵藻爲中護軍將軍。[4]中領軍蕭昂爲領軍將軍。戊子，魏巴州刺史嚴始欣以城降。[5]

[1]羅振玉《梁書斠議》："大通元年已書加袁昂中書監，兹於中大通元年又書，複，衍，當删。"按，本書卷三一《袁昂傳》衹

記大通元年加中書監，羅説是。

[2]太子少傅：據本書卷二二《太祖五王・南平王偉傳》，偉爲“太子太傅”。似當以“太子太傅”爲是。

[3]陸杲：人名。本書卷二六有傳。

[4]中護軍將軍：本書卷二三《長沙嗣王淵業傳》附《蕭淵藻傳》作“護軍將軍”。按，“護軍將軍”不加“中”字，“中護軍”不稱“將軍”。此“中”字疑衍。説參中華書局本《校勘記》引張森楷《梁書校勘記》及曹道衡、沈玉成《中古文學史料叢考》卷四“蕭淵藻仕歷本傳與《武帝紀》歧異三處”條。

[5]巴州：魏州名。治所在今四川巴中市。　嚴始欣：巴酋名。見《魏書》卷一〇一《獠傳》。

十二月丁巳，盤盤國遣使獻方物。[1]

[1]盤盤國：古國名。其地在今馬來西亞的加里曼丹北部沙撈越或沙巴和文萊境内，或説在今泰國南部萬倫灣一帶。本書卷五四《諸夷》有傳。

二年春正月戊寅，以雍州刺史晉安王綱爲驃騎大將軍、揚州刺史，南徐州刺史廬陵王續爲平北將軍、雍州刺史。癸未，老人星見。[1]

[1]《隋書・天文志下》：中大通二年，“蕭玩帥衆援巴州，爲魏梁州軍所敗，玩被殺”。按，據《通鑑》卷一五三、一五四《梁紀》載，上年十一月，魏巴州刺史嚴始欣以城降，梁武遣將軍蕭玩等援。本年正月，魏遣將擊嚴始欣，斬之。蕭玩等亦敗死。《梁書》諱言，未載。

夏四月庚申，大雨雹。壬申，以河南王佛輔爲寧西將軍、西秦河二州刺史。[1]

[1]佛輔：人名。事見本書卷五四《諸夷·河南王傳》。

六月丁巳，遣魏太保汝南王元悦還北爲魏主[1]。庚申，以魏尚書左僕射范遵爲安北將軍、司州牧，[2]隨元悦北討。[3]林邑國遣使獻方物。壬申，扶南國遣使獻方物。

[1]魏主：《通鑑》卷一五四《梁紀十》作“魏王”。

[2]尚書左僕射：官名。北魏從第二品。　范遵：人名。《通鑑》卷一五四《梁紀十》“武帝中大通二年”下胡三省注：“范遵，魏北海王顥之舅，蓋與顥同來奔。”　司州牧：魏官名，從第二品。司州，州名。治所在今河南洛陽市東北。

[3]汝南王元悦北還爲魏主，有檄魏文，見《藝文類聚》卷五八任孝恭《爲汝南王檄魏文》。文云：“今遣同(當爲“司”)州刺史范遵等，董率前鋒，揚旌致討。”可與本傳參證。

秋八月庚戌，輿駕幸德陽堂，設絲竹會，[1]祖送魏主元悦。[2]山賊聚結，寇會稽郡所部縣。

[1]絲竹會：即音樂會。

[2]祖送：餞行。

九月壬午，假超武將軍湛海珍節以討之。[1]

[1]超武將軍：將軍名號。梁置，爲大通三年更定之二百四十二號將軍之一。超武將軍與鐵騎、樓船、宣猛等同班，班品不詳。鐵騎、樓船爲一百二十五號二十四班中之六班。超，舊本作“昭”，按，梁無昭武將軍之號。此依中華書局本校改。

三年春正月辛巳，輿駕親祠南郊，大赦天下，孝悌力田賜爵一級。丙申，以魏尚書僕射鄭先護爲征北大將軍。[1]

[1]鄭先護：人名。北魏滎陽開封人。《魏書》卷五六有傳。

二月辛丑，輿駕親祠明堂。甲寅，老人星見。乙卯，特進蕭琛卒。乙丑，以廣州刺史元景隆爲安右將軍。

夏四月乙巳，皇太子統薨。

六月丁未，以前太子詹事蕭淵猷爲中護軍。[1]尚書僕射徐勉加特進、右光禄大夫。丹丹國遣使獻方物。[2]癸丑，立昭明太子子南徐州刺史華容公歡爲豫章郡王，[3]枝江公譽爲河東郡王，[4]曲阿公詧爲岳陽郡王。[5]

[1]蕭淵猷：人名。梁長沙嗣王蕭淵業之弟。《南史》卷五一《梁宗室上》有傳。

[2]丹丹國：古國名。地在今西南海島中。本書卷五四《諸夷》有傳。

[3]昭明太子：梁太子蕭統死，謚號昭明，故稱。見本書卷八《昭明太子傳》。　華容公歡：昭明太子長子蕭歡初封華容縣公。見

《南史》卷五三《梁武帝諸子傳》。華容，縣名。治所在今湖南華容縣。　豫章：郡名。治所在今江西南昌市。

[4]枝江公譽：昭明太子第二子蕭譽初封枝江縣公。其人本書卷五五有傳。枝江，縣名。治所在今湖北枝江縣西南。　河東：郡名。治所在今湖北松滋縣西北。

[5]曲阿公詧：曲阿，縣名。治所在今江蘇丹陽市。詧，"察"之異體字。蕭詧，昭明太子統之子。《周書》卷四八有傳。按，據此《紀》，詧初封曲阿縣公，而《南史》卷七《梁本紀》及卷五三《梁武帝諸子傳》、《北史》卷九三《僭僞蕭氏傳》、《周書》本傳，"曲阿"並作"曲江"。未知孰是。　岳陽：郡名。治所在今湖南汨羅市東長樂。

秋七月乙亥，立晉安王綱爲皇太子。大赦天下，賜爲父後者及出處忠孝、文武清勤，並賜爵一級。[1]乙酉，以侍中、五兵尚書謝舉爲吏部尚書。[2]庚寅，詔曰："推恩六親，[3]義彰九族，[4]班以侯爵，亦曰惟允。凡是宗戚有服屬者，[5]並可賜沐食鄉亭侯，[6]各隨遠近以爲差次。[7]其有暱親，自依舊章。"壬辰，以吏部尚書何敬容爲尚書右僕射。[8]癸巳，老人星見。

[1]並賜爵一級：《南史》卷七《梁本紀》作"並爵一級"，無"賜"字。按，通觀全句，以文理論，有"賜"爲贅。又，梁武帝有《重立皇太子赦詔》，見《文館詞林》卷六六六。詔文有"在今年七月七日昧爽以前，皆赦除之"語，"七月乙亥"正爲七月七日。是此詔爲重立蕭綱作。

[2]謝舉：人名。本書卷三七有傳。

[3]六親：歷來諸說不一：1. 父子、兄弟、姑姊、甥舅、婚媾、

姻婭。見《左傳·昭公二十五年》。2. 父子、兄弟、夫婦。見《易·家人》"王假有家"王弼注。3. 父母、兄弟、妻子。見《漢書》卷四八《賈誼傳》"以奉六親"《注》引應劭説。4. 父子、兄弟、從父兄弟、從祖兄弟、從曾祖兄弟、同族兄弟。見賈誼《新書·六術》。5. 外祖父母、父母、姊妹、妻兄弟之子、從母之子女之子。見《史記·管晏列傳》"上服度則六親固"張守節《正義》。以上據修訂本《辭源》"六親"條。

[4]九族：漢代以來有兩説：1. 指異姓親族，即父族四、母族三、妻族二。見《左傳·桓公六年》"親其九族"孔穎達疏。2. 指同姓親族，即從自己算起，上至高祖、下至玄孫。見馬融、鄭玄《尚書》注。以上據修訂本《辭源》"九族"條。

[5]有服屬者：指按禮制規定應爲死者服喪的宗戚。

[6]賜沐食鄉亭侯：《南史》卷七《梁本紀》、《通鑑》卷一五五《梁紀十一》並作"賜湯沐食鄉亭侯"。《通鑑》胡三省注云："婦人賜湯沐邑，男子食鄉侯、亭侯也。"按，似當以有"湯"字爲是，疑本《紀》脱"湯"字。《漢書·高帝紀》顏師古注："凡言湯沐邑者，謂以其賦税供湯沐之具也。"

[7]遠近：指服屬之親疏。

[8]何敬容：人名。本書卷三七有傳。

九月庚午，以太子詹事蕭淵藻爲征北將軍、南兗州刺史。戊寅，狼牙脩國奉表獻方物。

冬十月己酉，行幸同泰寺，高祖升法座，[1]爲四部衆説《大般若涅槃經》義，[2]迄于乙卯。前樂山縣侯蕭正則有罪流徙，[3]至是招誘亡命，欲寇廣州，在所討平之。

[1]法座：本爲佛説法之座，後泛指佛教徒講經説法之處。

［2］《大般若涅槃經》：佛經名，簡稱《涅槃經》。各本脱“若”，此依中華書局本校補。

［3］樂山縣侯蕭正則：梁臨川王宏之子蕭正則初封樂山縣侯。《南史》卷五一《梁宗室上》有傳。樂山，縣名。治所在今廣東四會市北。

十一月乙未，行幸同泰寺，高祖升法座，爲四部衆説《摩訶般若波羅蜜經》義，［1］訖于十二月辛丑。

是歲，吴興郡生野穀，堪食。

［1］《摩訶般若波羅蜜經》：佛經名，簡稱《般若經》。

四年春正月丙寅朔，以鎮衛大將軍、開府儀同三司南平王偉進位大司馬，司空元法僧進位太尉，尚書令、中撫大將軍、開府儀同三司袁昂進位司空。［1］立臨川靖惠王宏子正德爲臨賀郡王。［2］戊辰，以丹陽尹邵陵王綸爲揚州刺史。太子右衛率薛法護爲平北將軍、司州牧，衛送元悦入洛。庚午，立嫡皇孫大器爲宣城郡王。［3］癸未，魏南兖州刺史劉世明以城降，［4］改魏南兖州爲譙州，以世明爲刺史。

［1］中撫：原作“中權”。按，本《紀》大通二年（528）正月“袁昂進號中撫大將軍”，本書卷三一《袁昂傳》亦云“進號中撫（軍）大將軍”。是“中權”當作“中撫”。今據改。參中華書局本《校勘記》本條。

［2］正德：蕭宏第三子。本書卷五五有傳。　臨賀：郡名。治所在今廣西賀縣東南賀街。

[3]大器：梁簡文帝蕭綱之嫡長子。後爲侯景所害，追謚哀太子。本書卷八有《哀太子傳》。　宣城：郡名。治所在今安徽宣州市。

[4]南兖州：魏州名。治所在今安徽亳州市。　劉世明：祖籍彭城叢亭里，北魏名儒劉芳之族子。《魏書》卷五五《劉芳傳》有附傳。

二月壬寅，老人星見。新除太尉元法僧還北，爲東魏主。[1]以安右將軍元景隆爲征北將軍、徐州刺史，雲麾將軍羊侃爲安北將軍、兖州刺史，[2]散騎常侍元樹爲鎮北將軍。庚戌，新除揚州刺史邵陵王綸有罪，免爲庶人。[3]壬子，以江州刺史武陵王紀爲揚州刺史，領軍將軍蕭昂爲江州刺史。丙辰，邵陵縣獲白鹿一。[4]

[1]東魏主：主，《通鑑》卷一五五《梁紀十一》“武帝中大通四年”下作“王”。胡三省注：“上既以元悦爲魏王，使自西道入；又使元法僧從東道入，故謂之東魏王。”

[2]羊侃：舊本作“楊侃”，《通鑑》卷一五五《梁紀十一》“武帝中大通四年”下作“羊侃”。此依中華書局本校改。　兖州：州名。治所在今山東兖州市。

[3]免爲庶人：事詳本書卷二九《高祖三王·邵陵王綸傳》。

[4]邵陵縣：縣名。治所在今湖南邵陽市。

三月庚午，侍中、領國子博士蕭子顯上表置制旨《孝經》助教一人，[1]生十人，專通高祖所釋《孝經義》。[2]

[1]國子博士：官名。國子學教官，梁九班。　蕭子顯：人名。本書卷三五《蕭子恪傳》有附傳。

[2]《孝經義》：《隋書·經籍志》著録有“《孝經義疏》十八卷，梁武帝撰”。

夏四月壬申，盤盤國遣使獻方物。

秋七月甲辰，星隕如雨。[1]

[1]《隋書·天文志》：中大通“四年七月甲辰，星隕如雨。占曰：‘星隕，陽失其位，灾害之象萌也。’又曰：‘星隕如雨，人民叛，下有專討。’又曰：‘大人憂。’其後侯景狡亂，帝以憂崩，人民奔散，皆其應也”。

八月丙子，特進陸杲卒。

九月乙巳，以太子詹事南平王世子恪爲領軍將軍，[1]平北將軍、雍州刺史廬陵王續爲安北將軍，西中郎將、荆州刺史湘東王繹爲平西將軍，[2]司空袁昂領尚書令。

[1]南平王世子恪：梁南平王蕭偉世子蕭恪。《南史》卷五二《梁宗室下》有傳。

[2]西中郎將：將軍名號。爲統兵將軍，帥師征伐或鎮守某一地區爲方面大員。地位高於一般將領，南朝多以宗室諸王任之。梁大通三年（529）復置，二百四十二號將軍之一。與一百二十五號將軍中十七班之鎮兵、翊軍、宣惠、宣毅同班。

十一月己酉，高麗國遣使獻方物。

十二月庚辰，以太尉元法僧爲驃騎大將軍、開府同三司之儀、郢州刺史。

五年春正月辛卯，輿駕親祠南郊，大赦天下，孝悌力田賜爵一級。先是一日丙夜，[1]南郊令解滌之等到郊所履行，[2]忽聞空中有異香三隨風至，及將行事，奏樂迎神畢，有神光滿壇上，朱紫黄白雜色，食頃方滅。兼太宰武陵王紀等以聞。戊申，京師地震。己酉，長星見。[3]辛亥，輿駕親祠明堂。癸丑，以宣城王大器爲中軍將軍。河南國遣使獻方物。

[1]丙夜：古人分一夜爲甲、乙、丙、丁、戊五段，稱爲五夜，丙夜即三更天。"丙夜"二字舊本訛作"柬"，此依中華書局本校改。

[2]南郊令：官名。掌郊祀之事。梁二班。按，《隋書·百官志》未載南郊令官班，此參本《紀》大同二年（536）六月詔。

[3]長星：彗星之屬。《漢書》卷四《文帝紀》"有長星出於東方"顔師古《注》引文穎曰："孛、彗、長三星，其占略同，然其形象小異……長星光芒有一直指，或竟天，或十丈，或三丈，或二丈，無常也……"

二月癸未，行幸同泰寺，設四部大會，高祖升法座，發《金字摩訶波若經》題，[1]訖于己丑。[2]老人星見。

[1]《金字摩訶波若經》：佛經名。即用金粉書寫的《般若經》，簡稱爲《金字般若經》或《般若經》。

[2]梁武此次佛事，簡文帝《大法頌序》、蕭子顯《御講金字摩訶波若波羅蜜經序》俱有詳載。分見《廣弘明集》卷二〇、一九。簡文《序》有云："昭陽紀歲，玄枵次星，夾鍾應乎仲春，甲申在乎吉日，將幸同泰，大轉法輪。"子顯《序》有云："中大通（七）〔五〕年太歲癸丑二月己未朔，二十六日甲申，輿駕出大通門幸同泰寺發講。"按，"七"爲"五"之訛，甲申爲癸未之次日。

三月丙辰，大司馬南平王偉薨。

夏四月癸酉，以御史中丞臧盾兼領軍。[1]

[1]御史中丞：官名。御史臺長官。掌督司百僚，皇太子以下，其在宫門行馬内違法者皆糾彈之。梁十一班。　臧盾：人名。本書卷四二有傳。

五月戊子，京邑大水，御道通船。

六月己卯，魏建義城主蘭寶殺魏東徐州刺史，[1]以下邳城降。[2]

[1]建義：北魏縣名。治所在今山西襄垣縣南。　蘭寶：人名。《南史》卷七《梁本紀》作"蘭保"。　東徐州：魏州名。治所下邳縣城，在今江蘇睢寧縣西北古邳鎮東。按，《南史》"東徐州刺史"下有"崔庠"二字。

[2]此事，《魏書》卷一一《出帝平陽王紀》繫於五月，云："東徐州城民王早、簡實等殺刺史崔庠，據州入蕭衍。"《通鑑》從之。

秋七月辛卯，改下邳爲武州。

八月庚申，以前徐州刺史元景隆爲安右將軍。老人星見。甲子，波斯國遣使獻方物。[1]甲申，中護軍蕭淵猷卒。

[1]波斯國：古國名。即今伊朗。本書卷五四《諸夷》有傳。

九月己亥，以輕車將軍、臨賀王正德爲中護軍。甲寅，以尚書令、司空袁昂爲特進、左光禄大夫，[1]司空如故。盤盤國遣使獻方物。

[1]左光禄大夫："左"舊本訛"右"，此依中華書局本校改。

冬十月庚申，以尚書右僕射何敬容爲尚書左僕射，吏部尚書謝舉爲尚書右僕射，侍中、國子祭酒蕭子顯爲吏部尚書。

六年春二月癸亥，輿駕親耕籍田，大赦天下，孝悌力田賜爵一級。

三月己亥，以行河南王可沓振爲西秦、河二州刺史、河南王。甲辰，百濟國遣使獻方物。

夏四月丁卯，熒惑在南斗。[1]

[1]熒惑：火星的别名。古以爲執法之星，主死喪、甲兵，出則有灾。參《史記·天官書》。

秋七月甲辰，林邑國遣使獻方物。

八月己未，以南梁州刺史武興王楊紹先爲秦、南秦二州刺史。[1]

[1]南梁州：州名。南朝梁以北梁州改名，治所在今陝西安康市西北漢江北岸。　武興王楊紹先：武興王楊集始之子。見本書卷五四《諸夷·西北諸戎傳》。武興，古國名，在今甘陝南部。　秦州：州名。治所在今甘肅天水市。　南秦：州名。治所在今甘肅西和縣西南。

冬十月丁卯，以信武將軍元慶和爲鎮北將軍，率衆北伐。

閏十二月丙午，西南有雷聲二。

大同元年春正月戊申朔，[1]改元，大赦天下。

[1]大同：梁武帝年號（535—546）。

二月己卯，老人星見。辛巳，輿駕親祠明堂。丁亥，輿駕躬耕籍田。辛丑，高麗國、丹丹國各遣使獻方物。

三月辛未，滑國王安樂薩丹王遣使獻方物。

夏四月庚子，波斯國獻方物。甲辰，以魏鎮東將軍劉濟爲徐州刺史。[1]壬戌，[2]以安北將軍廬陵王續爲安南將軍、江州刺史。

[1]鎮東將軍：將軍名號。東、南、西、北四鎮將軍之一。魏

從第二品。

[2]壬戌：疑有誤。據陳垣《二十史朔閏表》，大同元年四月丁丑朔，無壬戌。五月丙午朔，壬戌爲十七日。參《南史》卷七《梁本紀中》中華書局本《校勘記》。

秋七月乙卯，老人星見。辛卯，[1]扶南國遣使獻方物。

冬十月辛卯，以前南兗州刺史蕭淵藻爲護軍將軍。

十一月丁未，中衛將軍、特進、右光禄大夫徐勉卒。壬戌，北梁州刺史蘭欽攻漢中，[2]剋之，魏梁州刺史元羅降。[3]癸亥，賜梁州歸附者復除有差。甲子，雄勇將軍、北益州刺史陰平王楊法深進號平北將軍。[4]月行左角星。[5]

[1]辛卯：疑有誤。據陳垣《二十史朔閏表》，梁大同元年七月乙巳朔，無辛卯。參《南史》卷七《梁本紀中》中華書局本《校勘記》。

[2]北梁州：州名。治所在今陝西漢中市東。　蘭欽：人名。本書卷三二有傳。　漢中：郡名。治所在今陝西漢中市。

[3]梁州：北魏州名。治所在今陝西漢中市。　元羅：人名。北魏支屬。《魏書》卷一六《道武七王傳》有附傳。

[4]雄勇將軍：將軍名號。梁大通三年（529）置。爲二百四十二號將軍之一，與天監七年（508）所置一百二十五號二十四班將軍中九班之雄信將軍同班。　北益州：州名。治所在今四川青川縣東北。　陰平王楊法深：武興國氐人首領，據陰平郡自稱王。見《周書》卷四九《異域傳》。陰平，郡名。治所在今四川江油市東北。

[5]左角星：星名。角宿二星之一。

十二月乙酉，以魏北徐州刺史羊徽逸爲平北將軍。[1]戊戌，[2]以平西將軍、秦南秦二州刺史武興王楊紹先進號車騎將軍，[3]平北將軍、北益州刺史陰平王楊法深進號驃騎將軍。辛丑，平西將軍、荆州刺史湘東王繹進號安西將軍。

[1]北徐州：北魏州名。治所在今山東臨沂市西。

[2]戊戌：舊本“戊戌”上有“十二月”三字，此依中華書局本校删。

[3]楊紹先：中華書局本《校勘記》：“本書《諸夷傳》，楊紹先以天監十年死，子智慧，以大同初自魏歸梁，則此年當是紹先子智慧，非紹先。”

二年春正月甲辰，以兼領軍臧盾爲中領軍。

二月乙亥，輿駕躬耕籍田。丙戌，老人星見。

三月庚申，詔曰：“政在養民，德存被物，上令如風，民應如草。朕以寡德，運屬時來，撥亂反正，倏焉三紀。[1]不能使重門不閉，守在海外，[2]疆埸多阻，車書未一。[3]民疲轉輸，士勞邊防。徹田爲糧，[4]未得頓止。治道不明，政用多僻，百辟無沃心之言，[5]四聰闕飛耳之聽，[6]州輟刺舉，[7]郡忘共治。[8]致使失理負謗，無由聞達，侮文弄法，因事生姦，肺石空陳，懸鐘徒設。[9]《書》不云乎：‘股肱惟人，良臣惟聖。’[10]寔賴賢佐，匡其不及。凡厥在朝，各獻讜言，[11]政治不便於民者，可悉陳之。若在四遠，刺史二千石長吏，[12]並以奏聞。細民有言事者，咸爲申達。朕將親覽，以紓其過。[13]文武在位，舉爾所知，公侯將相，隨才擢用，拾遺補闕，勿有所隱。”

[1]倏：疾速的樣子。　紀：古以十二年爲一紀。自公元501年蕭衍發兵東下，滅東昏侯算起，至今正好三十六年，故說“三紀”。

[2]守在海外：《文選》卷三張平子《東京賦》薛綜注引《淮南子》：“若天下無道，守在四夷；天下有道，守在海外。”後世以“守在海外”指天下有道。

[3]車書未一：指天下未統一。《禮記·中庸》：“今天下車同軌，書同文。”後世以“車書”代指國家制度、法令。

[4]徹田爲糧：開墾土地、生産糧食。《詩·大雅·公劉》：“度其隰原，徹田爲糧。”徹，治，開發。

[5]沃心之言：指臣下向皇帝獻策之言。《尚書·説命》：“啓乃心，沃朕心。”《疏》：“當開汝心所有，以沃灌我心，欲令以彼所見，教己未知故也。”

[6]四聰：指四方之視聽。　飛耳之聽：從遠方聽到的聲音。《管子·九守》：“一曰長目，二曰飛耳，三曰樹明，明知千里之外，隱微之中。”

[7]刺舉：偵視揭發。

[8]共治：指君臣共同治理國家。

[9]懸鐘：古代懸於朝廷門外的鐘，亦爲百姓鳴冤之用。

[10]見《尚書·説命》。意謂手足備而成人，良臣輔而君聖。

[11]讜言：正直之言。

[12]二千石：漢代内自九卿郎將、外至郡守尉的俸禄等級均爲二千石。後因以代稱郎將、郡守。

[13]紓：消除。

夏四月乙未，以驃騎大將軍、開府同三司之儀元法僧爲太尉，領軍師將軍。[1]

[1]軍師將軍：將軍名號，梁一百二十五號將軍之一，十九班。

先是，尚書右丞江子四上封事，[1]極言政治得失。五月癸卯，詔曰："古人有言，屋漏在上，知之在下。[2]朕所鍾過，不能自覺。江子四等封事如上，尚書可時加檢括，[3]於民有蠹患者，[4]便即勒停，宜速詳啓，勿致淹緩。"乙巳，以魏前梁州刺史元羅爲征北大將軍、青冀二州刺史。

[1]尚書右丞：官名。佐尚書令、僕射知省事，掌臺内藏及廬舍、凡諸器用之物，督録遠道文書章表奏事。員一人。梁八班。江子四：人名。見本書卷四三《江子一傳》附傳。　封事：密封的奏章。

[2]《三國志》卷一三《王朗傳》裴松之注引《魏書》：魏文帝車駕臨江而還，詔三公曰："……夫屋漏在上，知之在下。然迷而知反，失道不遠。過而能改，謂之不過。"

[3]檢括：考查。

[4]蠹患：侵害。

六月丁亥，詔曰："南郊、明堂、陵廟等令，[1]與朝請同班，[2]於事爲輕，可改視散騎侍郎。"[3]

[1]明堂、陵廟等令：即明堂令、帝陵令、二廟令。見《隋書·百官志》。

[2]朝請：即奉朝請。本指大臣定期參加朝會，朝見皇帝，晉以後以爲官名，用以安置閑散官員，梁屬集書省，掌獻納諫諍，二班。

[3]散騎侍郎：官名。集書省官員，掌侍從左右，獻納得失等。員四人。梁八班。

冬十月乙亥，詔大舉北伐。

十一月己亥，詔北伐衆班師。辛亥，京師地震。

十二月壬申，魏請通和，[1]詔許之。丁酉，[2]以吴興太守、駙馬都尉、利亭侯張纘爲吏部尚書。[3]

[1]魏：此指東魏。《南史》卷七《梁本紀中》、《通鑑》卷一五七《梁紀十三》並作“東魏”。按，東魏請通和，梁有報書，見《文苑英華》卷六五〇，題爲《爲何敬容移報東魏文》，任孝恭撰。又略見《藝文類聚》卷五八。

[2]丁酉：本年十二月無丁酉，此疑有誤。

[3]駙馬都尉：官名。與奉車、騎都尉合爲三都尉。加尚公主者，梁無班秩。　利亭侯張纘：張纘，張緬之弟，尚蕭衍第四女，拜駙馬都尉，封利亭侯。本書卷三四《張緬傳》有附傳。

三年春正月辛丑，輿駕親祠南郊，大赦天下；孝悌力田賜爵一級。是夜，朱雀門災。[1]壬寅，天無雲，雨灰，黄色。癸卯，以中書令邵陵王綸爲江州刺史。

[1]朱雀門：一名大航門。京師建康南面城門。約在今江蘇南

京市中華門内、秦淮河岸。

二月乙酉，老人星見。丁亥，輿駕親耕籍田。己丑，以尚書左僕射何敬容爲中權將軍，護軍將軍蕭淵藻爲安右將軍、尚書左僕射。以尚書右僕射謝舉爲右光禄大夫。庚寅，以安南將軍廬陵王續爲中衛將軍、護軍將軍。

三月戊戌，立昭明太子子警爲武昌郡王，[1]警爲義陽郡王。[2]

[1]警：古“速”字。

[2]警：古“監”字。　義陽：郡名。治所在今四川巴中市西南恩陽。

夏四月丁卯，以南琅邪彭城二郡太守河東王譽爲南徐州刺史。[1]

五月丙申，以前揚州刺史武陵王紀復爲揚州刺史。

六月，青州朐山境隕霜。[2]

[1]南琅邪彭城二郡：南琅邪郡，屬南徐州，治所在今江蘇南京市金川門外、幕府山南麓。南彭城郡，南徐州僑置，無實土。本書卷五五《河東王譽傳》作“琅邪、彭城二郡”，無“南”字，誤。

[2]朐山：山名。即今江蘇連雲港市西南錦屏山。

秋七月癸卯，魏遣使來聘。[1]己酉，義陽王警薨。是月，青州雪，害苗稼。

八月甲申，老人星見。辛卯，輿駕幸阿育王寺，[2]赦天下。

九月，南兖州大饑。[3]是月，北徐州境内旅生稻稗二千許頃。[4]

閏月甲子，安西將軍、荆州刺史湘東王繹進號鎮西將軍，揚州刺史武陵王紀爲安西將軍、益州刺史。

冬十月丙辰，京師地震。

是歲，饑。

[1]魏：指東魏。《南史》卷七《梁本紀中》、《通鑑》卷一五七《梁紀十三》並作“東魏”。

[2]阿育王寺：佛寺名。在今江蘇南京市南秦淮河南。

[3]饑：五穀不熟，荒年。饑，三朝本、百衲本作“飢”，本卷下文同。

[4]旅生：野生。

四年春正月庚辰，以中軍將軍宣城王大器爲中軍大將軍、揚州刺史。

二月己亥，輿駕親耕籍田。

三月戊寅，河南國遣使獻方物。癸未，芮芮國遣使獻方物。

五月甲戌，魏遣使來聘。[1]

[1]魏：指東魏。《南史》卷七《梁本紀中》、《通鑑》卷一五八《梁紀十四》並作“東魏”。

秋七月己未，以南琅邪彭城二郡太守岳陽王詧爲東揚州刺史。癸亥，詔以東冶徒李胤之降如來真形舍利，[1]大赦天下。[2]

[1]東冶：梁京師建康有東、西冶，爲冶鑄之所。東冶在建康城東南。　如來：即佛。　舍利：佛骨。

[2]《廣弘明集》卷一五載有梁武大赦詔文。

八月甲辰，詔："南兗、北徐、西徐、東徐、青、冀、南北青、武、仁、潼、睢等十二州，[1]既經饑饉，曲赦逋租宿責，[2]勿收今年三調。"

[1]南北青（州）：南朝梁合僑置，治所在今江蘇贛榆縣。　仁（州）：州名。南朝梁置，治所在今安徽泗縣西南。　潼（州）：州名。南朝梁置，治所在今安徽靈璧縣東北。　睢（州）：州名。南朝梁置，治所在今安徽宿州市北符離集。

[2]逋租：欠租。　宿責：舊債。責，同"債"。

冬十二月丁亥，兼國子助教皇侃表上所撰《禮記義疏》五十卷。[1]

[1]國子助教：官名。國子博士之佐官。梁二班。　皇侃：人名。本書卷四八《儒林》有傳。　《禮記義疏》：本書卷四八皇侃本傳作"《禮記講疏》"。中華書局點校本《隋書·經籍志》著録有"《禮記義疏》四十八卷，皇侃撰"。

五年春正月乙卯，以護軍將軍廬陵王續爲驃騎將軍、開府儀同三司，安右將軍、尚書左僕射蕭淵藻爲中衛將軍、開府儀同三司。中權將軍、丹陽尹何敬容以本號爲尚書令，吏部尚書張纘爲尚書僕射，都官尚書劉孺爲吏部尚書。[1]丁巳，御史中丞、參禮儀事賀琛奏：[2]"今南北二郊及籍田往還並宜御輦，[3]不復乘輅。[4]二郊請用素輦，籍田往還乘常輦，皆以侍中陪乘，停大將軍及太僕。"詔付尚書博議施行。改素輦名大同輦。昭祀宗廟乘玉輦。[5]辛未，輿駕親祠南郊，詔孝悌力田及州閭鄉黨稱爲善人者，各賜爵一級，並勒屬所以時騰上。[6]

[1]都官尚書：官名。尚書省列曹尚書之一，掌法律刑獄、水利工程政令及庫藏等。梁十三班。　劉孺：人名。本書卷四一有傳。

[2]賀琛：人名。本書卷三八有傳。

[3]輦：皇帝所乘，人拉的車。

[4]輅：皇帝所乘，馬拉的車。

[5]昭祀：《南史》卷七《梁本紀中》作"郊祀"。

[6]勒：强制。　騰：傳送。

三月己未，詔曰："朕四聰既闕，五識多蔽，[1]晝可外牒，[2]或致紕繆。凡是政事不便於民者，州郡縣即時皆言，勿得欺隱。如使怨訟，當境任失。[3]而今而後，以爲永准。"

[1]五識：佛教用語。指眼、耳、鼻、舌、身五種感識。

[2]畫可：批示可行。　外牒：外朝公文。
[3]任失：承擔過失。

秋七月己卯，以驃騎將軍、開府儀同三司廬陵王續爲荆州刺史，湘東王繹爲護軍將軍、安右將軍。

八月乙酉，扶南國遣使獻生犀及方物。[1]

[1]生犀：犀牛。

九月庚申，以都官尚書到溉爲吏部尚書。[1]

[1]到溉：人名。本書卷四〇有傳。

冬十一月乙亥，魏遣使來聘。[1]

十二月癸未，以吴郡太守謝舉爲中書監，新除中書令鄱陽王範爲中領軍。

[1]魏：指東魏。《南史》卷七《梁本紀中》、《通鑑》卷一五八《梁紀十四》並作“東魏”。

六年春正月庚戌朔，曲赦司、豫、徐、兖四州。[1]

[1]司、豫、徐、兖：並州名。司州，治所在今河南信陽市；豫州，治所在今安徽壽縣；徐州，治所在今江蘇徐州市；兖州，治所在今江蘇淮陰縣西南甘羅城。

二月己亥，輿駕親耕籍田。丙午，以江州刺史邵陵王綸爲平西將軍、郢州刺史，雲麾將軍豫章王歡爲江州刺史。秦郡獻白鹿一。[1]

[1]秦郡：郡名。治所在今江蘇六合縣北。

夏四月癸未，詔曰："命世興王，嗣賢傳業，聲稱不朽，人代徂遷，二賓以位，[1]三恪義在，[2]時事浸遠，宿草榛蕪，[3]望古興懷，言念愴然。晉、宋、齊三代諸陵，有職司者勤加守護，[4]勿令細民妄相侵毁。作兵有少，補使充足。前無守視，並可量給。"

[1]二賓以位：指封前兩朝後嗣以王位。此處指封劉宋之後爲汝陰王，蕭齊之後爲巴陵王。

[2]三恪：古代新王朝上臺，封前代三個王朝的子孫以王侯名號，以客禮待之，稱三恪。參《左傳·襄公二十五年》杜預注及《通典》卷七四《禮》三四"三恪二王後"條。

[3]宿草：隔年的草。《禮記·檀弓》："朋友之墓，有宿草而不哭焉。"後世用以喻指墓地。

[4]勤：舊本作"勒"，此依中華書局本校改。

五月戊寅，[1]以前青、冀二州刺史元羅爲右光禄大夫。己卯，[2]河南王遣使獻馬及方物。

[1]五月戊寅：本年五月戊申朔，無戊寅。閏五月丁丑朔，戊寅爲二日，下文己卯爲三日。是"五月"前脱"閏"字。

[2]己卯：《建康實録》卷一七作"乙卯"，誤。中華書局本

《校勘記》云："按：'己卯'當依《建康實録》一七作'乙卯'。是年五月戊申朔，無己卯。"是未知作"乙卯"與上"戊寅"矛盾，亦誤。

六月丁未，平陽縣獻白鹿一。[1]

[1]平陽縣：縣名。治所在今河南信陽市西北。

秋七月丁亥，魏遣使來聘。[1]

[1]魏：指東魏。《南史》卷七《梁本紀中》、《通鑑》卷一五八《梁紀十四》並作"東魏"。

八月戊午，赦天下。辛未，詔曰："經國有體，必詢諸朝，所以尚書置令、僕、丞、郎，旦旦上朝，以議時事，前共籌懷，然後奏聞。頃者不爾，每有疑事，倚立求決。古人有云，主非堯、舜，何得發言便是。是故放勛之聖，[1]猶咨四岳，[2]重華之叡，[3]亦待多士。[4]豈朕寡德，所能獨斷。自今尚書中有疑事，前於朝堂參議，[5]然後啓聞，不得習常。其軍機要切，前須諮審，自依舊典。"盤盤國遣使獻方物。

[1]放勛：唐堯之名。見《史記》卷一《五帝本紀》。

[2]四岳：相傳爲唐堯之臣，分管四方諸侯，故稱。《尚書·堯典》："帝曰：咨，四岳，朕在位七十載，汝能庸命巽朕位。"

[3]重華：虞舜之名。見《史記》卷一《五帝本紀》。

[4]多士：衆多士子。

[5]朝堂：朝廷百官治事之所。國有大事，皆於朝堂會議。

九月，移安州置定遠郡，[1]受北徐州都督，定遠郡改屬安州。始平太守崔碩表獻嘉禾一莖十二穗。[2]戊戌，特進、左光禄大夫、司空袁昂薨。

[1]安州：州名。南朝梁置，治所在今安徽定遠縣。

[2]始平：郡名。治所在今四川三臺縣西北。《建康實録》卷一七作“始興”。十二：《建康實録》作“十七”。《太平御覽》卷八七三《休徵》引梁《起居注》曰：“大同六年九月，始平獻嘉禾，一莖十七穗。”

冬十一月己卯，曲赦京邑。

十二月壬子，江州刺史豫章王歡薨。以護軍將軍湘東王繹爲鎮南將軍、江州刺史。置桂州於湘州始安郡，[1]受湘州督；省南桂林等二十四郡，[2]悉改屬桂州。

[1]始安郡：郡名。治所在今廣西桂林市。

[2]南桂林：郡名。治所在今廣西柳州市東南。

七年春正月辛巳，輿駕親祠南郊，赦天下，其有流移及失桑梓者，[1]各還田宅，蠲課五年。辛丑，輿駕親祠明堂。

[1]桑梓：《詩·小雅·小弁》：“惟桑與梓，必恭敬止。”後用

以代指故鄉。

二月乙巳，以行宕昌王梁彌泰爲平西將軍、[1]河涼二州刺史、宕昌王。辛亥，輿駕躬耕籍田。乙卯，京師地震。丁巳，以中領軍、鄱陽王範爲鎮北將軍、雍州刺史。[2]

[1]彌泰：本書《諸夷・西北諸戎傳》及《南史》卷七《梁本紀中》同。《通鑑》卷一五八《梁紀十四》"武帝大同七年"下作"彌定"。胡三省注引《考異》云："今從《典略》。"參中華書局本《校勘記》。

[2]鄱陽王範：梁武帝弟蕭恢之子範，嗣父爵爲鄱陽王。本書卷二二《太祖五王傳》有附傳。

三月乙亥，宕昌王遣使獻馬及方物。高麗、百濟、滑國各遣使獻方物。[1]

[1]本月十二日，梁武講《金字般若波羅蜜三慧經》於華林園之重雲殿。聽衆自皇太子王侯宗室外戚及尚書令何敬容、百辟卿士、外國使者等一千三百六十人。又別請義學僧一千人於同泰寺夜覆制義。凡講二十三日，自開講迄於解座，日設遍供，普施京師，文武侍衛，並加班賚。詳《廣弘明集》卷一九陸雲公《御講般若經序》。本《紀》未載。

夏四月戊申，魏遣使來聘。[1]

[1]魏：指東魏，《南史》卷七《梁本紀中》作"東魏"。

五月癸巳，以侍中南康王會理兼領軍。[1]

[1]南康王會理：梁武帝孫蕭會理嗣父績爵爲南康郡王。本書卷二九《高祖三王傳》有附傳。

秋九月戊寅，芮芮國遣使獻方物。

冬十月丙午，以侍中劉孺爲吏部尚書。

十一月丙子，詔停在所役使女丁。丁丑，詔曰："民之多幸，國之不幸，[1]恩澤屢加，彌長姦盜，朕亦知此之爲病矣。如不優赦，非仁人之心。凡厥諐耗逋負，[2]起今七年十一月九日昧爽以前，在民間無問多少，言上尚書督所未入者，皆赦除之。"又詔曰："用天之道，分地之利，[3]蓋先聖之格訓也。[4]凡是田桑廢宅没入者，公創之外，[5]悉以分給貧民，皆使量其所能以受田分，如聞頃者，豪家富室，多占取公田，貴價僦税，[6]以與貧民，傷時害政，爲蠹已甚。自今公田悉不得假與豪家；已假者特聽不追。其若富室給貧民種糧共營作者，不在禁例。"己丑，以金紫光禄大夫臧盾爲領軍將軍。

[1]《左傳·宣公十六年》："善人在上，則國無幸民。諺曰：'民之多幸，國之不幸也。'"幸民，僥幸苟生而怠惰的人。

[2]諐耗逋負：指各種拖欠的税賦。諐，古"愆"字。耗，指耗税，官吏徵收賦税，爲彌補損耗，於正額之外所加收的部分。諐耗，指過期未交的耗税；逋負，指拖欠的正税。

[3]《孝經·庶人》："用天之道，分地之利，謹身節用，以養父母，此庶人之孝也。"

[4]先聖：指孔子。《漢書·藝文志》："《孝經》者，孔子爲曾子陳孝道也。"

[5]公創：公家創立。

[6]僦：租賃。

十二月壬寅，詔曰："古人云，一物失所，如納諸隍，[1]未是切言也。朕寒心消志，[2]爲日久矣。每當食投箸，方眠徹枕，[3]獨坐懷憂，憤慨申旦，非爲一人，萬姓故耳。州牧多非良才，守宰虎而傅翼，[4]楊阜是故憂憤，[5]賈誼所以流涕。[6]至於民間誅求萬端，或供厨帳，或供廄庫，或遣使命，或待賓客，皆無自費，取給於民。又復多遣遊軍，[7]稱爲遏防，姦盗不止，暴掠繁多，或求供設，或責脚步。[8]又行劫縱，更相枉逼，良人命盡，富室財殫。此爲怨酷，非止一事。亦頻禁斷，猶自未已。外司明加聽採，[9]隨事舉奏。又復公私傳、屯、邸、冶，[10]爰至僧尼，當其地界，止應依限守視；乃至廣加封固，越界分斷水陸採捕及以樵蘇，遂致細民措手無所。凡自今有越界禁斷者，禁斷之身，皆以軍法從事。若是公家創内，止不得輒自立屯，與公競作以收私利。至百姓樵採以供煙爨者，悉不得禁；及以採捕，亦勿訶問。若不遵承，皆以死罪結正。"魏遣使來聘。[11]丙辰，於宫城西立士林館，延集學者。[12]

[1]《文選》卷三張平子《東京賦》："（天子）勤恤民隱，而除其眚。人或不得其所，若己納之於隍。"薛綜注："隍，城下坑無水者。"

[2]寒心消志：小心謹慎，竭盡心志。《文選》卷三九鄒陽《上書吴王》："始孝文皇帝據關入立，寒心銷志，不明求衣。"消，通"銷"。

[3]徹：通"撤"。

[4]虎而傅翼：《韓非子·難勢》："故《周書》曰：'毋爲虎傅翼，將飛入邑，擇人而食之。'夫乘不肖人於勢，是爲虎傅翼也。"傅，添加。

[5]楊阜：漢末天水郡人，仕於曹魏，以直諫稱。"數諫争，不聽，乃屢乞遜位，未許"，憂憤而卒。《三國志》卷二五有傳。

[6]賈誼：西漢洛陽人，仕漢文帝，曾上疏陳政事，言"事勢可爲痛哭者一，可爲流涕者二，可爲長太息者六"。《漢書》卷四八有傳。

[7]遊軍：無固定防地，流動出擊的軍隊。

[8]責：求。　脚步：搬運夫。

[9]外司：指宫外官員。

[10]傳：運輸站。　屯：開墾山林、荒地的組織。　邸：儲藏物質並作商業高利貸活動的機構。　冶：冶鑄手工作場。

[11]魏：指東魏。《南史》卷七《梁本紀中》及《通鑑》卷一五八《梁紀十四》並作"東魏"。

[12]《御覽》卷一九四引《梁書》："於宫城西立士林館延集學徒，置集雅館以招遠學。"按，"置集雅館"事，本書無載。

是歲，交州土民李賁攻刺史蕭諮，[1]諮輸賂，得還越州。[2]

［1］蕭諮：人名。梁宗室鄱陽王蕭恢之子。《南史》卷五二《梁宗室傳》有傳。

［2］越州：州名。治所在今廣西合浦縣東北舊州。

八年春正月，安成郡民劉敬躬挾左道以反，[1]内史蕭説委郡東奔，[2]敬躬據郡，進攻廬陵，取豫章，[3]妖黨遂至數萬，前逼新淦、柴桑。[4]

［1］安成郡：郡名。治所在今江西安福縣東南。成，各本作“城”，此依中華書局本校改。　劉敬躬：本書及《南史》卷五六《張綰傳》、梁元帝《金樓子》卷二《后妃篇》並作“劉敬宫”。　左道：旁門邪道，指方術、巫蠱。本書及《南史》卷五六《張綰傳》皆作“祆道”。“祆”通“妖”。

［2］蕭説：本書《張綰傳》作“蕭倪”。

［3］取：通“趣”，逼近。《通鑑》作“逼”。

［4］新淦：縣名。治所在今江西樟樹市。　柴桑：縣名。治所在今江西九江市西南。

二月戊戌，江州刺史湘東王繹遣中兵曹子郢討之。[1]

［1］中兵：中兵參軍之省稱，諸公軍府屬官，掌本府中兵曹，備府主諮詢。梁六班至二班。

三月戊辰，大破之，擒敬躬送京師，斬于建康市。是月，於江州新蔡、高塘立頌平屯，[1]墾作蠻田。遣越州刺史陳侯、羅州刺史寧巨、安州刺史李智、愛州刺史阮漢，同征李賁於交州。[2]

[1]新蔡：郡名。治所在今湖北武穴市。　高塘：郡名。治所在今安徽宿松縣。塘，舊本作“埭”，此依中華書局本校改。

[2]羅州：州名。南朝梁置，治所在今廣東化州市。

九年春閏月丙申，地震，生毛。

二月甲戌，使江州民三十家出奴婢一户，配送司州。

三月，以太子詹事謝舉爲尚書僕射。

夏四月，林邑王破德州，[1]攻李賁，賁將范脩又破林邑王於九德，[2]林邑王敗走。

[1]德州：州名。南朝梁置，治所九德縣，即今越南義安省榮市。

[2]九德：即九德縣。

冬十一月辛丑，安西將軍、益州刺史武陵王紀進號征西將軍、開府儀同三司。

十二月壬戌，領軍將軍臧盾卒；以輕車將軍河東王譽爲領軍將軍。

十年春正月，李賁於交阯竊位號，[1]署置百官。

[1]交阯：郡名。治所在今越南北寧省僊游東。

三月甲午，輿駕幸蘭陵，[1]謁建陵。[2]辛丑，至脩陵。

[1]蘭陵：郡名。此指南蘭陵，治所在今江蘇武進縣西北萬綏鎮。

[2]建陵：梁太祖張皇后陵。舊本作“建寧陵”，中華書局本據《南史》改。其《校勘記》云：“天監七年，復建、脩二陵五里内周圍居民，即此建陵。《通鑑》胡注：‘建寧陵，《梁紀》曰建陵，皇妣張皇后陵也。’是胡氏所見本亦作‘建陵’。”今從。又，《建康實録》卷一七亦作“建陵”。

壬寅，詔曰：“朕自違桑梓，五十餘載，乃眷東顧，[1]靡日不思。今四方款關，[2]海外有截，[3]獄訟稍簡，國務小閑，始獲展敬園陵，但增感慟。故鄉老少，接踵遠至，情貌孜孜，若歸于父，宜有以慰其此心。並可錫位一階，[4]并加頒賚。[5]所經縣邑，無出今年租賦。監所責民，蠲復二年。[6]并普賚内外從官軍主左右錢米各有差。”因作《還舊鄉》詩。[7]

[1]東顧：蕭衍家鄉在京師建康東，故云。

[2]款關：《史記》卷六八《商君列傳》：“由余聞之，款關請見。”款關，叩關。謂塞外之族臣服，叩關來朝。

[3]海外有截：《詩·商頌·長發》：“相土烈烈，海外有截。”意謂西方諸侯歸之，截然整齊。

[4]錫：通“賜”。

[5]頒賚：分賞。

[6]蠲復：免除租税。

[7]《還舊鄉》詩：今不存。

癸卯，詔園陵職司，恭事勤勞，並錫位一階，并加沾賚。丁未，仁威將軍、南徐州刺史臨川王正義進號安東將軍。[1]己酉，幸京口城北固樓，[2]改名北顧。[3]庚戌，幸回賓亭。[4]宴帝鄉故老及所經近縣奉迎候者少長數千人，各賚錢二千。[5]

[1]臨川王正義：梁武帝侄蕭正義嗣父宏爵爲臨川王。見本書卷二二《太祖五王・臨川王宏傳》。

[2]京口城：城名。在今江蘇鎮江市。　北固樓：在今江蘇鎮江市城區北長江邊北固山上。

[3]《太平御覽》卷一七六引《梁書》：（大同）十年“己酉幸京口城北固樓，曰：‘此不足以固守，然北望江山，實爲壯觀。’乃改名北顧。”

[4]回賓亭：亭名。在今江蘇鎮江市東。

[5]賚錢二千：各本同。《南史》卷七《梁本紀中》亦同。《太平御覽》卷一七六引《梁書》、《建康實録》卷一七作“賜錢三千”。

夏四月乙卯，輿駕至自蘭陵。詔鰥寡孤獨尤貧者贍卹各有差。

五月丁酉，尚書令何敬容免。

秋九月己丑，詔曰：“今兹遠近，雨澤調適，其穫已及，冀必萬箱，[1]宜使百姓因斯安樂。凡天下罪無輕重，已發覺未發覺，討捕未擒者，皆赦宥之。侵割耗散官物，無問多少，亦悉原除。[2]田者荒廢、水旱不作、無當時文列，應追税者，并作田不登公格者，並停。各備臺州以文最逋殿，[3]罪悉從原。[4]其有因饑逐食，離鄉去土，悉聽復業，蠲課五年。”

[1]萬箱：形容糧食豐收。《詩·小雅·甫田》：“曾孫之稼，如茨如梁。曾孫之庾，如坻如京。乃求千斯倉，乃求萬斯箱。黍稷稻粱，農夫之慶。”箱，車箱。

[2]原除：免除。

[3]臺州：指朝廷官署和地方州府。　文最逋殿：指功績中弄虛作假的官吏。文，文飾；逋，逃避；最、殿，考績爲上功曰最，下功曰殿。

[4]原：寬恕。

冬十二月，[1]大雪，平地三尺。

[1]十二月：《南史》卷七《梁本紀中》同年作“十一月”。

十一年春三月庚辰，詔曰：“皇王在昔，澤風未遠，[1]故端居玄扆，[2]拱默巖廊。[3]自大道既淪，澆波斯逝，[4]動競日滋，情僞彌作。朕負扆君臨，[5]百年將半。宵漏未分，[6]躬勞政事；白日西浮，不遑飱飯。[7]退居猶被布素，[8]含咀匪過藜藿。[9]寧以萬乘爲貴，[10]四海爲富；唯欲億兆康寧，下民安乂。雖復三思行事，而百慮多失。凡遠近分置、内外條流，[11]四方所立屯、傳、邸、冶，市埭、桁渡，[12]津税、田園，[13]新舊守宰，遊軍戍邏，有不便於民者，尚書州郡各速條上，當隨言除省，以舒民患。”

[1]澤：指恩澤。

[2]端居：平居。　玄扈：山名。在今陝西洛南縣西，洛水之南。《初學記》卷三〇《鳥部·鳳》引《春秋合誠圖》曰："黄帝坐玄扈洛水上，與大司馬容光等臨觀，鳳皇銜圖置帝前，帝再拜受圖。"

[3]拱默：拱手而默無所言。　巖廊：指朝廷。

[4]澆波：澆薄之風。　逝：流行。

[5]負扆（yǐ）：扆，户牖間畫有斧形花紋的屏風。古代天子受諸侯朝拜，背扆而立，故稱負扆。後以負扆指爲天子。

[6]宵漏：夜晚的時刻。

[7]飧（sūn）：吃飯。

[8]被：舊本訛"於"，此依中華書局本校改。

[9]匪：通"非"。

[10]寧：豈。

[11]條流：條例、分目。

[12]市埭：交易市場和河流上的堰壩。此處指市税和埭税。　桁渡：設浮橋而渡。此處指航渡税。桁，同"航"。

[13]津税：渡河税。《隋書·食貨志》載，南朝京師建康，"西有石頭津，東有方山津，各置津主一人，賊曹一人，直水五人，以檢查禁物及亡叛者。其荻炭魚薪之類過津者，並十分税一以入官"。

夏四月，魏遣使來聘。[1]

[1]魏：指東魏。《南史》作"東魏"。

冬十月己未，詔曰："堯、舜以來，便開贖刑，[1]中年依古，[2]許罪身入貲，吏下因此，不無姦猾，所以一日復勑禁斷。[3]川流難壅，[4]人心惟危，[5]既乖内典慈悲之義，[6]又傷外教好生之德。[7]《書》云：'與殺不辜，寧失不經。'[8]可復開罪身，[9]皆聽入贖。"[10]

[1]贖刑：以財物贖罪。《尚書·舜典》："象以典刑。流宥五刑，鞭作官刑，扑作教刑，金作贖刑。"

[2]中年：中世。

[3]一日復勑禁斷：指梁天監三年（504）十一月禁贖罪之詔。勑，同"敕"。

[4]川流難壅：比喻衆願難違。《國語·周語》："（召公曰）防民之口，甚於防川；川壅而潰，傷人必多。"

[5]人心惟危：人心險惡。《尚書·大禹謨》："人心惟危，道心惟微，惟精惟一，允執厥中。"

[6]内典：指佛經。

[7]外教：指儒家教義。

[8]《尚書·大禹謨》："（皋陶曰）宥過無大，刑故無小。罪疑惟輕，功疑惟重。與其殺不辜，寧失不經，好生之德，洽于民心。"不辜，無罪之人。不經，不合常規。

[9]開：開釋。

[10]《隋書·刑法志》："（大同）十一年十月，復開贖罪之科。"

中大同元年春正月丁未，[1]曲阿縣建陵隧口石騏驎動，[2]有大蛇鬬隧中，其一被傷奔走。癸丑，交州刺史楊嘌剋交趾嘉寧城，[3]李賁竄入屈獠洞，[4]交州平。

[1]中大同：梁武帝年號（546—547）。

[2]曲阿縣：縣名。治所在今江蘇丹陽市。　建陵：陵名。梁武帝父蕭順之之陵。　隧口：墓道口。

[3]嘉寧城：即嘉寧縣城，在今越南永富省白鶴縣南風州。

[4]屈獠洞：在嘉寧縣。舊本作“獠洞”，此依中華書局本校補。按，《南史》卷七《梁本紀中》亦作“屈獠洞”。

三月乙巳，大赦天下：凡主守割盜、放散官物，及以軍糧器甲，[1]凡是赦所不原者，起十一年正月以前，皆悉從恩，十一年正月已後，[2]悉原加責；[3]其或爲事逃叛流移，因饑以後亡鄉失土，可聽復業，蠲課五年，停其徭役；其被拘之身，各還本郡，舊業若在，皆悉還之。庚戌，法駕出同泰寺大會，停寺省，[4]講《金字三慧經》。[5]

[1]器甲：舊本作“器下”，此依中華書局本校改。

[2]已：同“以”。

[3]加責：所加處罰。

[4]寺省：指同泰寺便省。

[5]《金字三慧經》：佛經名。《通鑑》卷一五九《梁紀十五》亦載此次講經事，胡三省注引《考異》云：“《典略》云：癸卯，詔以今月八日於同泰寺設無遮大會，捨朕身及以宫人並所王境土供養三寶。四月丙戌，公卿以錢億萬奉贖。按，韓愈《佛骨表》云‘三度捨身爲寺家奴’，若并此則四矣。今從《梁書》。”按，梁武捨身次數，學界有三次、四次兩説。不獨《三國典略》云梁武此次捨身，《南史》、《建康實録》卷一七、《太平御覽·釋部》引《梁書》皆云。

夏四月丙戌，於同泰寺解講，設法會。[1]大赦，改元。孝悌力田爲父後者賜爵一級，賚宿衛文武各有差。

是夜，同泰寺災。

[1]法會：佛教説法及舉行供佛及布施等宗教儀式的集會。

六月辛巳，竟天有聲，[1]如風雨相擊薄。[2]

[1]竟天：滿天。
[2]擊薄：擊迫。

秋七月辛酉，以武昌王謍爲東揚州刺史。甲子，詔曰："禽獸知母而不知父，無賴子弟過於禽獸，至於父母並皆不知。多觸王憲，致及老人。耆年禁執，大可傷愍。自今有犯罪者，父母、祖父母勿坐。[1]唯大逆不預今恩。"[2]丙寅，詔曰："朝四而暮三，衆狙皆喜，名實未虧，而喜怒爲用。[3]頃聞外間多用九陌錢，[4]陌減則物貴，陌足則物賤，非物有貴賤，是心有顛倒。[5]至於遠方，日更滋甚。豈直國有異政，乃至家有殊俗，徒亂王制，無益民財。自今可通用足陌錢。令書行後，百日爲期，若猶有犯，男子謫運，[6]女子質作，[7]並同三年。"[8]

[1]坐：連坐，即一人獲罪，連帶受罰。《隋書·刑法志》："中大同元年七月甲子，詔自今犯罪，非大遻，父母、祖父母勿坐。"
[2]大逆：罪大惡極，多指謀反之罪。
[3]《莊子·齊物論》："狙公賦芧，曰：'朝三而暮四。'衆狙皆怒。曰：'然則朝四而暮三。'衆狙皆悦。名實未虧而喜怒爲用，

亦因是也。”此指實質未變而形式變化。

[4]九陌錢：以九十爲百之錢，亦名長錢。《隋書·食貨志》：“至普通中，乃議盡罷銅錢，更鑄鐵錢。人以鐵賤易得，並皆私鑄。及大同已後，所在鐵錢，遂如丘山，物價騰貴。交易者以車載錢，不復計數，而唯論貫。商旅奸詐，因之以求利。自破嶺以東，八十爲百，名曰東錢。江、郢已上，七十爲百，名曰西錢。京師以九十爲百，名曰長錢。中大同元年，天子乃詔通用足陌。”參《日知録集釋》卷一一“短陌”條。陌，通“百”。

[5]是心有顛倒：清·王鳴盛《十七史商榷》卷五五“號取寺名，詔用佛語”條有云：“大通元年正月，開大通門對同泰寺南門，取反語以協同泰。大同十一年七月，詔民用九陌錢，‘陌減則物貴，陌足則物賤，非物有貴賤，是心有顛倒’，此佛語也。夫紀年建號而取寺名，行政下詔而用佛語，帝之流蕩甚矣。”

[6]謫運：處罰作轉運工。

[7]質作：以身抵押作苦工。

[8]三年：指三年之刑。

八月丁丑，東揚州刺史武昌王警薨。以安東將軍、南徐州刺史臨川王正義即本號東揚州刺史，丹陽尹邵陵王綸爲鎮東將軍、南徐州刺史。甲午，渴槃陁國遣使獻方物。[1]

冬十月癸酉，汝陰王劉哲薨。乙亥，以前東揚州刺史岳陽王詧爲雍州刺史。

[1]渴槃陁國：古國名。在今新疆葉城縣西一帶。陁，同“陀”。

太清元年正月壬寅，[1]驃騎大將軍、開府儀同三司、荆州刺史廬陵王續薨；以鎮南將軍、江州刺史湘東王繹爲鎮西將軍、荆州刺史。辛酉，輿駕親祠南郊，詔曰："天行彌綸，[2]覆燾之功博；[3]乾道變化，[4]資始之德成。[5]朕沐浴齋宫，虔恭上帝，祗事槱燎，[6]高熛太一，[7]大禮克遂，感慶兼懷，思與億兆，同其福惠。可大赦天下，尤窮者無出即年租調，[8]清議禁錮，[9]並皆宥釋；所討逋叛，巧籍隱年，[10]闇丁匿口，[11]開恩百日，各令自首，不問往罪；流移他鄉，聽復宅業，蠲課五年；孝悌力田賜爵一級；居局治事賞勞二年。可班下遠近，博採英異，或德茂州閭，道行鄉邑，或獨行特立，不求聞達，咸使言上，以時招聘。"甲子，輿駕親祠明堂。

[1]太清：梁武帝年號（547—549）。

[2]彌綸：包羅，統括。

[3]覆燾：覆被。《禮記·中庸》："仲尼祖述堯舜，憲章文武，上律天時，下襲水土。辟如天地之無不持載，無不覆幬。"燾，與"幬"通。

[4]乾道：天道。

[5]資始：資之以爲始。《易·乾·彖傳》："大哉乾元，萬物資始乃統天。"

[6]祗：敬。　槱（yǒu）燎：聚柴焚燒。

[7]熛（biāo）：火焰。　太一：天之尊神。《文選》卷三張平子《東京賦》："颺槱燎之炎煬，致高烟乎太一。"

[8]即年：當年。

[9]清議禁錮：因犯清議而被禁錮。《隋書·刑法志》載，梁

律，“士人有禁錮之科，亦有輕重爲差。其犯清議，則終身不齒”。清議，鄉里對人物的品評。參《日知録集釋》卷一三“清議”條。

[10]巧籍：在户籍上弄虚作假。

[11]闇丁：隱瞞的丁口。

二月己卯，白虹貫日。[1]庚辰，魏司徒侯景求以豫、廣、潁、洛、陽、西揚、東荆、北荆、襄、東豫、南兖、西兖、齊等十三州内屬。[2]壬午，以景爲大將軍，[3]封河南王，[4]大行臺，[5]承制如鄧禹故事。[6]丁亥，輿駕躬耕籍田。

[1]白虹貫日：古人以爲預示君主遇害的天象異兆。《戰國策·魏策》：“夫專諸之刺王僚也，彗星襲月；聶政之刺韓傀也，白虹貫日。”

[2]侯景：人名。本書卷五六有傳。　豫：州名。治所在今河南汝南縣。“豫”下舊本衍一“章”字，此依中華書局本校删。　廣：州名。治所在今河南襄城縣。　潁：州名。治所在今安徽阜陽市。　洛：州名。治所在今陝西商州市。　陽：本書卷五六《侯景傳》作“揚”。錢大昕《廿二史考異》卷二六亦云“陽”當作“揚”。揚州，治所在今安徽合肥市西北。　西揚：本書卷五六《侯景傳》作“北揚”。疑作“北揚”爲是。北揚，州名，治所在今河南沈丘縣。　東荆：州名。治所在今河南泌陽縣。本書卷五六《侯景傳》作“荆”無“東”字。　北荆：州名。治所在今河南嵩縣東北。　襄：州名。治所在今河南方城縣東南。　東豫：州名。治所在今河南息縣城關。　南兖：州名。治所在今安徽亳州市。　西兖：州名。治所在今山東定陶縣西南。　齊：州名。治所在今山東濟南市。按，齊，應是“濟”之誤。説詳李萬生《論侯景叛東魏的原因及結果》一文。

[3]大將軍：官名。掌征伐。梁十八班。

[4]河南：郡名。治所在今河南洛陽市東北。

[5]大行臺：古代在地方代表朝廷行尚書省事的機構稱爲行臺。由軍事征伐而設置，若任職的人權位特重，則稱大行臺。

[6]承制：中華書局本作“制承”，其他各本皆作“承制”，考本書卷五六《侯景傳》、《南史》卷七《梁本紀中》及《通鑑》卷一六〇《梁紀十六》並作“承制”。按，“制承”當爲“承制”之倒誤，乃稟承皇帝旨意，代行其職權之意。今改正。　鄧禹：人名。東漢新野人，佐光武帝逐鹿天下。定河東時，承制爲河東太守，更置屬縣令長。光武即位後，拜爲大司徒，封王。《後漢書》卷四六有傳。

三月庚子，高祖幸同泰寺，設無遮大會，捨身，公卿等以錢一億萬奉贖。[1]甲辰，遣司州刺史羊鴉仁、兗州刺史桓和、仁州刺史湛海珍等應接北豫州。[2]

[1]按，太清元年（547）三月梁武捨身，《南史》卷七《梁本紀中》所載較此爲詳，可參看。

[2]羊鴉仁：人名。本書卷三九有傳。　兗州：《南史》卷七《梁本紀中》作“土州”。按，疑作“土州”爲是。土州，治所在今湖北隨州市東北。　北豫州：州名。東魏置，治所在今河南滎陽市西北汜水鎮。

夏四月丁亥，[1]輿駕還宮，大赦天下，改元，孝悌力田爲父後者賜爵一級，在朝羣臣宿衛文武並加頒賚。

[1]丁亥：各本同，《通鑑》卷一六〇《梁紀十六》胡三省注以

爲當是“丁丑”。

五月丁酉，輿駕幸德陽堂，宴羣臣，設絲竹樂。[1]

[1]梁簡文帝《馬寶頌并序》載其事，有云：“五月丁酉朔，絲竹會於德陽之堂。”（見《文苑英華》卷七七八）

六月戊辰，以前雍州刺史鄱陽王範爲征北將軍，總督漢北征討諸軍事。[1]

[1]漢：指漢水。

秋七月庚申，羊鴉仁入懸瓠城。[1]甲子，詔曰：“二豫分置，其來久矣。今汝、潁剋定，[2]可依前代故事，以懸瓠爲豫州，壽春爲南豫，[3]改合肥爲合州，[4]北廣陵爲淮州，[5]項城爲殷州，[6]合州爲南合州。”[7]

[1]懸瓠城：城名。在今河南汝南縣。
[2]汝、潁：指汝水、潁水地區，即今河南南部。
[3]壽春：縣名。治所在今安徽壽縣。
[4]合肥：縣名。治所在今安徽合肥市西北。
[5]北廣陵：縣名。治所在今河南息縣。
[6]項城：縣名。治所在今河南沈丘縣。
[7]合州：州名。治所在今廣東雷州市。

八月乙丑，王師北伐，以南豫州刺史蕭淵明爲大都督。[1]詔曰：“今汝南新復，[2]嵩、潁載清，[3]瞻言遺黎，[4]有勞鑒寐，[5]宜覃寬惠，[6]與之更始。應是緣邊初附諸州部内百姓，先有負罪流亡，逃叛入北，一皆曠蕩，[7]不問往諐，並不得挾以私讎而相報復。若有犯者，嚴加裁問。”戊子，以大將軍侯景録行臺尚書事。[8]

[1]蕭淵明：人名。梁武長兄長沙王蕭懿之子。《南史》卷五一《梁宗室傳》有傳。

[2]汝南：指汝水以南地區。

[3]嵩、潁：指嵩山、潁水地區。

[4]遺黎：指東魏治下的民衆。黎，民。

[5]鑒寐：雖寢而不寐。

[6]覃：廣。

[7]曠蕩：寬免。

[8]録行臺尚書事：官名。總攬大行臺政事。六朝時多授權臣，不常置。

九月癸卯，王遊苑成。[1]庚戌，輿駕幸苑。

[1]王遊苑：苑囿名。在今江蘇南京市西南。《建康實録》卷一七《高祖武皇帝》：“（天監二年）置法王寺，北去縣二十里。按《塔寺記》：武帝造。其地本號新林，前代苑也。梁武義軍至，首祚王業，故以法王爲名。大同九年於寺側起王遊苑。”是王遊苑於大同九年（543）起功，至此時方畢。

冬十一月，魏遣大將軍慕容紹宗等至寒山。[1]丙午，大戰，淵明敗績，及北兖州刺史胡貴孫等並陷魏。

紹宗進圍潼州。

[1]慕容紹宗：人名。鮮卑人，東魏大將。《北齊書》卷二〇有傳。　寒山：即韓山，在今江蘇徐州市東南。

十二月戊辰，遣太子舍人元貞還北爲魏主。[1]辛巳，以前征北將軍鄱陽王範爲安北將軍、南豫州刺史。

[1]太子舍人：官名。東宫屬官，掌文記。梁三班。　元貞：人名。北魏降王元樹之子。本書卷三九《元樹傳》有附傳。又，戊辰，《通鑑》卷一六〇《梁紀十六》"太清元年十二月"下作"乙亥"，胡三省注云："《考異》曰：梁紀作戊辰遣貞，今從《典略》。"

二年春正月戊戌，詔在位各舉所知。己亥，魏陷渦陽。辛丑，以尚書僕射謝舉爲尚書令，守吏部尚書王克爲尚書僕射。[1]甲辰，豫州刺史羊鴉仁、殷州刺史羊思達，並棄城走，[2]魏進據之。乙卯，以大將軍侯景爲南豫州牧，安北將軍、南豫州刺史鄱陽王範爲合州刺史。

[1]守：官制術語。官吏試職。一般試任一年即實授其職。王克：人名。祖籍琅邪臨沂。《南史》卷二三《王彧傳》有附傳。

[2]《通鑑》卷一六一《梁紀十七》"太清二年正月"下載此事，胡三省注云："《考異》曰：《典略》在六月，今從《梁帝紀》。"

三月甲辰，撫東將軍高麗王高延卒，以其息爲寧東將軍、高麗王、樂浪公。[1]己未，以鎮東將軍、南徐州刺史邵陵王綸爲平南將軍、湘州刺史、同三司之儀，中衛將軍、開府儀同三司蕭淵藻爲征東將軍、南徐州刺史。是日，屈獠洞斬李賁，傳首京師。

[1]息：子。　樂浪：郡名。治所在今遼寧義縣北。

夏四月丙子，詔在朝及州郡各舉清人任治民者，[1]皆以禮送京師。戊寅，以護軍將軍河東王譽爲湘州刺史。

[1]清人：高潔之士。

五月辛丑，以新除中書令邵陵王綸爲安前將軍、開府儀同三司，[1]前湘州刺史張纘爲領軍將軍。辛亥，曲赦交、愛、德三州。癸丑，詔曰："爲國在於多士，寧下寄于得人。朕暗於行事，尤闕治道，孤立在上，如臨深谷。凡爾在朝，咸思匡救，獻替可否，用相啓沃。[2]班下方岳，[3]傍求俊乂，窮其屠釣，[4]盡其巖穴，[5]以時奏聞。"是月，兩月夜見。[6]

[1]邵：中華書局本作"卲"，三朝本、百衲本作"邵"。按，本《紀》此前言邵陵王綸俱作"邵"，本書卷二九《邵陵王綸傳》亦作"邵"。"卲"、"邵"形、義有別，作"卲"當是訛誤，今改。本卷下文凡中華書局本同此誤者，徑改，不出校。

[2]啓沃：以治國的道理開導帝王。《尚書·説命》："啓乃心，

沃朕心。”《疏》：“當開汝心所有以灌沃朕心。”

[3]方岳：代指地方長官，如太守、刺史等。

[4]屠釣：相傳周代吕望未遇時曾屠牛於朝歌，垂釣於渭濱。後用“屠釣”指隱居未遇的賢人。

[5]巖穴：指隱逸之士。

[6]兩月夜見：古人以爲亡國之徵兆。《隋書·天文志》作“兩月見”，並云：“占曰：‘其國亂，必見於亡國。’”

秋八月乙未，以右衛將軍朱异爲中領軍。[1]戊戌，侯景舉兵反，擅攻馬頭、木栅、荆山等戍。[2]甲辰，以安前將軍、開府儀同三司邵陵王綸都督衆軍討景。曲赦南豫州。

[1]朱异：人名。梁武帝寵臣。本書卷三八有傳。

[2]馬頭：城名。在今安徽壽縣西北。　木栅：城名。在今安徽懷遠縣西南淮河北岸荆山西。

九月丙寅，加左光禄大夫元羅鎮右將軍。

冬十月，侯景襲譙州，[1]執刺史蕭泰。[2]丁未，景進攻歷陽，[3]太守莊鐵降之。戊申，以新除光禄大夫臨賀王正德爲平北將軍，都督京師諸軍，屯丹陽郡。[4]己酉，景自横江濟于采石。[5]辛亥，景師至京，臨賀王正德率衆附賊。

[1]譙州：州名。治所在今安徽滁州市。參《通鑑》卷一六一《梁紀十七》“太清二年”下胡三省注。

[2]蕭泰：人名。梁鄱陽王恢之子。《南史》卷五二《梁宗室

傳》有傳。

[3]歷陽：郡名。治所在今安徽和縣。

[4]丹陽郡：治所在今江蘇南京市。

[5]横江：城名。在今安徽和縣東南長江北岸。　采石：地名。在今安徽當塗縣北采石。爲江防要地。

十一月辛酉，賊攻陷東府城，[1]害南浦侯蕭推、中軍司馬楊暾。[2]庚辰，邵陵王綸帥武州刺史蕭弄璋、前譙州刺史趙伯超等入援京師，頓鍾山愛敬寺。[3]乙酉，綸進軍湖頭，[4]與賊戰，敗績。丙戌，安北將軍鄱陽王範遣世子嗣、雄信將軍裴之高等帥衆入援，[5]次于張公洲。[6]

[1]東府城：城名。在今江蘇南京市通濟門附近。

[2]南浦侯蕭推：梁武帝弟蕭秀之子推封爵號南浦侯。侯景亂時，推守東府城。《南史》卷五二《梁宗室傳》有傳。南浦，縣名。治所在今重慶萬州區東長江南岸。　中軍司馬：中軍將軍府司馬。司馬，官名。諸公軍府屬官，掌本府將領。梁十班至六班。

[3]愛敬寺：佛寺名。梁普通元年（520）造，在鍾山北高峰上。參唐・許嵩《建康實録》卷一七《梁高祖武皇帝》及宋・張敦頤《六朝事迹編類》卷下《寺院門》。

[4]湖：指玄武湖，在今江蘇南京市北。

[5]雄信將軍：將軍名號。梁置，爲一百二十五號將軍之一，九班。　裴之高：人名。本書卷二八《裴邃傳》有附傳。

[6]張公洲：在今江蘇南京市西南，原爲長江中沙洲，今已并於陸地。本書卷五六《侯景傳》作“蔡洲”，《通鑑》卷一六一《梁紀十七》同。

十二月戊申，天西北中裂，有光如火。尚書令謝舉卒。丙辰，司州刺史柳仲禮、前衡州刺史韋粲、高州刺史李遷仕、前司州刺史羊鴉仁等並帥軍入援，[1]推仲禮爲大都督。

[1]柳仲禮：人名。柳敬禮之兄。見本書卷四三《柳敬禮傳》附傳。　韋粲：人名。本書卷四三有傳。　高州：州名。治所在今廣東陽江市西。

三年春正月丁巳朔，柳仲禮帥衆分據南岸。是日，賊濟軍於青塘，[1]襲破韋粲營，粲拒戰死。庚申，邵陵王綸、東揚州刺史臨成公大連等帥兵集南岸。[2]乙丑，中領軍朱异卒。丙寅，以司農卿傅岐爲中領軍。[3]戊辰，高州刺史李遷仕、天門太守樊文皎進軍青溪東，[4]爲賊所破，文皎死之。壬午，熒惑守心。[5]乙酉，太白晝見。

[1]青塘：即青溪塘。在今江蘇南京市西南秦淮河岸。

[2]臨成公大連：梁簡文帝子蕭大連初封臨城縣公。本書卷四四《太宗十一王傳》有傳。成，《南史》卷七《梁本紀中》作“城”。按，似當以“城”爲是。臨城，治所在今安徽青陽縣南。

[3]司農卿：官名。掌農功倉廪。梁十二卿之一，十一班。傅岐：人名。本書卷四二有傳。

[4]天門：郡名。治所在今湖南石門縣。　青溪：三國吴築，建康城東渠。源於今江蘇南京市鍾山西南，經市區，流入秦淮河。爲六朝時建康漕運要道。

[5]熒惑守心：火星接近心宿。古人認爲這是災難將發的預兆。

《隋書·天文志》："（太清）三年正月壬午，熒惑守心。占曰：'王者惡之。'乙酉，太白晝見。占曰：'不出三年，有大喪，天下革政更王，强圖弱，小國强。'三月丙子，熒惑又守心。占曰：'大人易政，主去其宫。'又曰：'人饑亡，海内哭，天下大潰。'是年，帝爲侯景所幽，崩。"

二月丁未，南兗州刺史南康王會理、前青冀二州刺史湘潭侯蕭退帥江州之衆，[1]頓于蘭亭苑。[2]庚戌，安北將軍、合州刺史鄱陽王範以本號開府儀同三司。

[1]湘潭侯蕭退：梁武帝弟鄱陽王恢之子蕭退封爵號湘潭侯。《北齊書》卷三三有傳。湘潭，縣名。治所在今湖南衡山縣東。

[2]蘭亭苑：地名。在今江蘇南京市秦淮河南岸。本書卷五六《侯景傳》作"江潭苑"。

三月戊午，前司州刺史羊鴉仁等進軍東府北，與賊戰，大敗。己未，皇太子妃王氏薨。[1]丁卯，賊攻陷宫城，縱兵大掠。[2]己巳，賊矯詔遣石城公大款解外援軍。[3]庚午，侯景自爲都督中外諸軍事、大丞相、録尚書。辛未，援軍各退散。丙子，熒惑守心。壬午，新除中領軍傅岐卒。

[1]王氏：王靈賓，本書卷七有傳。

[2]《魏書》卷九八《島夷蕭衍傳》："初，城中男女十餘萬人，及陷，存者纔二三千人……始景渡江至陷城之後，江南之民及衍王侯妃主、世胄子弟爲景軍人所掠，或自相賣鬻，漂流入國者蓋以數十萬口，加以飢饉死亡，所在塗地，江左遂爲丘墟矣。"

[3]石城公大款：梁簡文帝第三子蕭大款初封石城公。《南史》卷五四《梁簡文帝諸子傳》有傳。　石城，縣名。治所在今安徽貴池市西南秋浦。

夏四月己丑，京師地震。丙申，地又震。己酉，高祖以所求不供，憂憤寢疾。是月，青冀二州刺史明少遐、東徐州刺史湛海珍、北青州刺史王奉伯各舉州附于魏。[1]

[1]明少遐：人名。祖籍平原鬲縣。梁名儒明山賓之弟。《南史》卷五〇《明僧紹傳》有附傳。　東徐州：州名。治所在今江蘇宿遷市東南舊黄河東北岸古城。　魏：《南史》卷七《梁本紀中》作“東魏”。

五月丙辰，高祖崩于浄居殿，[1]時年八十六。辛巳，遷大行皇帝梓宫于太極前殿。[2]

[1]浄居殿：建康宫城殿名。
[2]大行皇帝：皇帝死而停棺未葬之稱。

冬十一月，追尊爲武皇帝，廟曰高祖。乙卯，葬于脩陵。[1]

[1]脩陵：《元和郡縣圖志》卷二五云：“（梁）武帝衍修陵，在（丹陽）縣東三十一里。”修，同“脩”。

高祖生知淳孝。[1]年六歲，獻皇太后崩，[2]水漿不入口三日，哭泣哀苦，有過成人，内外親黨，咸加敬異。及丁文皇帝憂，時爲齊隨王諮議，隨府在荆鎮，[3]髣髴奉聞，便投劾星馳，[4]不復寢食，倍道就路，憤風驚浪，不暫停止。[5]高祖形容本壯，及還至京都，銷毁骨立，親表士友，[6]不復識焉。望宅奉諱，[7]氣絶久之，每哭輒歐血數升。[8]服内不復嘗米，[9]惟資大麥，日止二溢。[10]拜掃山陵，[11]涕淚所灑，松草變色。及居帝位，即於鍾山造大愛敬寺，青溪邊造智度寺，又於臺内立至敬等殿。[12]又立七廟堂，[13]月中再過，設净饌。[14]每至展拜，恒涕泗滂沲，[15]哀動左右。加以文思欽明，[16]能事畢究，少而篤學，洞達儒玄。雖萬機多務，猶卷不輟手，燃燭側光，常至戊夜。造《制旨孝經義》，《周易講疏》，及《六十四卦》、二《繫》、《文言》、《序卦》等義，《樂社義》，《毛詩答問》，《春秋答問》，《尚書大義》，《中庸講疏》，《孔子正言》，《老子講疏》，凡二百餘卷，並正先儒之迷，開古聖之旨。王侯朝臣皆奉表質疑，高祖皆爲解釋。脩飾國學，增廣生員，立五館，[17]置《五經》博士。天監初，則何佟之、賀瑒、嚴植之、明山賓等覆述制旨，[18]並撰吉凶軍賓嘉五禮，凡一千餘卷，[19]高祖稱制斷疑。於是穆穆恂恂，家知禮節。大同中，於臺西立士林館，領軍朱异、太府卿賀琛、舍人孔子袪等遞相講述。[20]皇太子、宣城王亦於東宫宣猷堂及揚州廨開講，[21]於是四方郡國，趨學向風，雲集於京師矣。兼篤信正法，[22]尤長釋典，製《涅槃》、《大品》、《净名》、《三慧》諸經義記，復數百卷。聽覽餘閑，即於重雲殿及同泰寺講説，[23]名僧碩學、四部聽衆，常萬餘人。又造《通史》，[24]躬製贊序，凡六百卷。天情睿敏，下筆成章，千賦百詩，直疏便就，皆文質彬彬，超邁今古。詔銘贊誄，[25]箴頌牋奏，[26]爰初在田，[27]洎登寶曆，[28]凡諸文集，又百二十卷。六藝備閑，[29]棊登逸品，陰陽緯候，[30]卜筮占决，[31]並悉稱善。又撰《金策》三十卷。[32]草隸尺牘[33]，騎射弓馬，莫不奇妙。勤於政務，孜孜無怠。每至冬月，四更竟，即敕把燭看事，[34]執筆觸寒，手爲皴裂。糾姦擿伏，[35]洞盡物情，常哀矜涕泣，然後可奏。日止一食，膳無鮮腴，惟豆羹糲食而已。庶事繁擁，日儻移中，[36]便嗽口以過。[37]身衣布衣，木緜皁帳，[38]一冠三載，一被二年。常克儉於身，凡皆此類。五十外便斷房室。[39]後宮職司貴妃以下，[40]六宮褘褕三翟之外，[41]皆衣不曳地，傍無錦綺。不飲酒，不聽音聲，非宗廟祭祀、大會饗宴及諸法事，未嘗作樂。性方正，雖居小殿暗室，[42]恒理衣冠，小坐押褄，[43]盛夏暑月，未嘗褰袒。[44]不正容止，不與人相見，雖覿内豎小臣，[45]亦如遇大賓也。歷觀古昔帝王人君，恭儉莊敬，藝能博學，罕或有焉。

[1]生知：不待學而知。《論語・季氏》："生而知之者，上也；學而知之者，次也。"

[2]年六歲，獻皇太后崩：按，"六"字疑誤。武帝生於大明八年（464），獻皇太后崩於宋泰始七年（471）（見本書卷七《太祖張

皇后傳》)，則武帝此時年非“六”歲。

[3]荆鎮：荆州鎮所，即今湖北荆州市江陵。

[4]投劾：呈遞引罪自責的辭呈。

[5]唐·釋道宣輯撰《廣弘明集》卷二九有梁武《孝思賦并序》，自述其爲齊隨郡王蕭子隆諮議參軍時奔父喪之情況，較本傳爲詳，足資參考。

[6]親表：指内親和表親。

[7]奉諱：指居喪。古人諱死者名，故稱居喪爲奉諱。

[8]歐：通“嘔”。

[9]服内：服喪期内。按，“服内不復嘗米”，蓋孝親之意。《孔子家語·致思》：“昔者由也事二親之時，常食藜藿之實，爲親負米百里之外。親殁之後，南遊於楚，從車百乘，積粟萬鍾，累茵而坐，列鼎而食，願欲食藜藿，爲親負米不可復得也。”

[10]溢：容量單位。《儀禮·喪服》：“朝一溢米。”《注》：“爲米一升二十四分之一。”

[11]山陵：帝王的墳墓。

[12]梁武帝《孝思賦并序》有云：“乃於鍾山下建大愛敬寺，於青溪側造大智度寺，以表罔極之情，達追遠之心。不能遺《蓼莪》之哀，復於宫内起至敬殿，竭工匠之巧，盡世俗之奇。”（《廣弘明集》卷二九）按，大愛敬寺乃普通元年（520）爲皇考蕭順之建，大智度寺乃爲獻太后張氏造。見《建康實録》卷一七及《六朝事迹編類》卷下。其規模，可參《文苑英華》卷七八五簡文帝《大愛敬寺刹下銘》及唐·釋道宣《續高僧傳》卷一《釋寶唱傳》。

[13]七廟：帝王的宗廟。《禮記·王制》：“天子七廟，三昭三穆，與太祖之廟而七。”

[14]浄饌：素食。

[15]沲：同“沱”。

[16]文思欽明：功業和道德可敬而通明。

[17]五館：梁武帝天監四年（505）立，《易》、《詩》、《書》、

《禮》、《春秋》五經各一館。參本書卷四八《儒林傳序》。

[18]何佟之、賀瑒、嚴植之：皆人名。本書卷四八《儒林傳》並有傳。　明山賓：人名。本書卷二七有傳。

[19]參本書卷二五《徐勉傳》。

[20]太府卿：官名。掌金帛府帑。梁十二卿之一，十三班。　舍人：中書舍人之省稱，官名。中書省屬官，入直閣内，掌中書詔誥，多以他官兼領。多爲皇帝親信，甚有權勢。梁四班。　孔子袪：人名。本書卷四八《儒林傳》有傳。

[21]揚州廨：即揚州刺史官舍，在東府城，即今江蘇南京市通濟門附近。

[22]正法：指佛法。

[23]重雲殿：殿名。在京師建康華林園内。

[24]《通史》：唐・劉知幾《史通・内篇・六家》有云："至梁武帝又敕其群臣，上自太初，下終齊室，撰成《通史》六百二十卷。其書自秦以上，皆以《史記》爲本，而别采他説，以廣異聞。至兩漢已還，則全録當時紀傳，而上下通達，臭味相依。又吴、蜀二主，皆入《世家》，五胡及拓跋氏，列於《夷狄傳》。大抵其體皆如《史記》。其所爲異者，唯無表而已。"按《隋書・經籍志》著録："《通史》四百八十卷，梁武帝撰，起三皇訖梁。"新、舊《唐書》並著録爲六百二卷，與本紀所述不同，書已佚。

[25]詔銘贊誄：並文體名。銘，刻在器物上，用於警戒或祝頌的文字。贊，用於稱美或褒貶的簡短文字。誄，述死者生平德行，表示哀悼的文字。

[26]箴頌牋奏：並文體名。箴，用於規誡的文章。頌，用於稱頌的文章。牋，官府下級給上級或臣下給皇后、皇太子的文書。奏，臣下向君王進言的文書。

[27]在田：《易・乾》："九二，見龍在田，利見大人。"後用以指帝王即位前的處境。

[28]寶曆：指帝位。

[29]六藝：指禮、樂、射、御、書、數六種科目。見《周禮·地官·保氏》。　閑：通“嫻”。

[30]陰陽：指日月運轉之學。　緯候：指星占學。

[31]卜筮占決：用龜甲和蓍草來預測凶吉。

[32]《金策》：《南史》作“《金海》”，王應麟《玉海》卷五四同。《册府元龜》卷一九二、《建康實録》卷一七並作“《金策》”。未知孰是。

[33]尺牘：書信。

[34]看事：閲文書。説詳周一良《魏晉南北朝史札記》之《南史札記》“事”條。

[35]擿（tī）伏：揭露隱秘之事。

[36]移中：過了正午。佛家之制，過中不食。

[37]嗽：《通鑑·梁紀》胡三省注：“‘嗽’當作‘漱’，滌口也。”

[38]木緜：即棉花。

[39]梁武帝《淨業賦序》述其即位後的私人生活頗詳，錢鍾書《管錐編》第一九一則“《全梁文》卷一武帝《淨業賦》”條亦有論析，並可參看。

[40]貴妃：后妃名號。南朝宋孝建年間（454—456）置，位比相國。

[41]六宫：相傳古代天子有六宫，後泛指皇后嬪妃居住的地方。　褘褕：古代王后的祭服。衣上繪有長尾山鷄圖形。　三翟：古代王后的三種繪有翟的祭服。翟，山雉。詳《周禮·天官·内司服》及鄭玄注。

[42]暗室：幽暗無人之處。

[43]小坐：宫中便坐。　褄：衣裙的帶子。

[44]褰袒：解開衣襟。

[45]覿（dí）：相見。

史臣曰：齊季告終，君臨昏虐，天棄神怒，衆叛親離。高祖英武睿哲，義起樊、鄧，仗旗建號，濡足救焚，總蒼兕之師，翼龍豹之陣，雲驤雷駭，翦暴夷凶，萬邦樂推，三靈改卜。[1]於是御鳳曆，[2]握龍圖，[3]闢四門弘招賢之路，[4]納十亂引諒直之規。[5]興文學，脩郊祀，治五禮，[6]定六律，[7]四聰既達，萬機斯理，治定功成，遠安邇肅。加以天祥地瑞，無絶歲時。征賦所及之鄉，文軌傍通之地，[8]南超萬里，西拓五千。其中瓌財重寶，千夫百族，莫不充牣王府，[9]蹶角闕庭。[10]三四十年，斯爲盛矣。自魏、晉以降，未或有焉。及乎耄年，委事羣倖。[11]然朱异之徒，作威作福，挾朋樹黨，政以賄成，服冕乘軒，由其掌握，是以朝經混亂，賞罰無章。"小人道長"，[12]抑此之謂也。賈誼有云"可爲慟哭者矣"。遂使滔天羯寇，[13]承間掩襲，鷩羽流王屋，[14]金契辱乘輿，[15]塗炭黎元，黍離宫室。[16]嗚呼！天道何其酷焉。雖曆數斯窮，[17]蓋亦人事然也。[18]

[1]三靈：指日、月、星。　改卜：古代星占學據日、月、星等天象占卜人事吉凶。以爲天象變化則將改朝换代，故稱改卜。

[2]鳳曆：《左傳·昭公十七年》："郯子曰：我高祖少皞摯之立也，鳳鳥適至，故紀於鳥，爲鳥師而鳥名：鳳鳥氏，曆正也。"後世因以曆爲鳳曆。

[3]龍圖：即河圖。傳説舜將禪位於禹，仍設壇於河，有黄龍負圖而出，赤文緑錯，其文言當禪禹。詳《竹書紀年》上《黄帝軒轅氏》及梁·沈約注，又見《宋書·符瑞志》。古人因以龍圖爲帝

王受命之祥瑞。

[4]四門：四方之門。

[5]十亂：十位治世的仁人。《尚書·泰誓》："受有億兆夷人，離心離德；予有亂臣十人，同心同德。雖有周親，不如仁人。"舊説十人指周公旦、召公奭、太公望、畢公、榮公、太顛、閎夭、散宜生、南宫括、文母。前九人治外，文母治内。

[6]五禮：指嘉禮、賓禮、軍禮、吉禮、凶禮。詳本書卷二五《徐勉傳》。

[7]六律：古樂律十二，陰陽各六。陽爲律，陰爲吕。六律指黄鐘、太簇、姑洗、蕤賓、夷則、無射。梁武定六律事，詳《隋書·律曆志》。

[8]文軌：比喻法制教化。《禮記·中庸》："今天下車同軌，書同文。"

[9]充牣：同"充仞"，充滿。

[10]蹶角：以額角叩地。　闕庭：朝廷。

[11]倖：寵幸之臣。

[12]小人道長：《易·否·彖傳》："内陰而外陽，内柔而外剛，内小人而外君子，小人道長，君子道消也。"

[13]羯寇：指侯景。參周一良《魏晉南北朝史札記·梁書札記》"侯景傳"條。

[14]鷙羽：比喻侯景叛軍。　王屋：指朝廷。

[15]金契：刀名。代指武器。　乘輿：皇帝乘坐的車。代指皇帝。

[16]黍離：《詩·王風》有《黍離》篇，《序》云："閔宗周也。周大夫行役至于宗周，過故宗廟宫室，盡爲禾黍，閔周室之顛覆，彷徨不忍去而作是詩。"後世因用爲感歎國家破亡之詞。

[17]曆數：王朝的曆運之數。

[18]《文苑英華》卷七五四載何之元《梁典高祖事論》批評梁武"御民之術未爲得"，"暗兹人事，幸彼天時"，"開幸人之志，兆亂臣之心"，遂致侯景之亂，國破身亡。可與此論參看。

今注本二十四史

梁書

七

傳〔六〕

唐 姚思廉 撰

熊清元 校注

四川出版集團 巴蜀書社

梁書 卷五一

列傳第四十五

處　士

何點 弟胤　阮孝緒　陶弘景　諸葛璩
沈顗　劉慧斐　范元琰　劉訏
劉歊　庾詵　張孝秀　庾承先

《易》曰："君子遯世無悶，[1]獨立不懼。"[2]孔子稱長沮、桀溺隱者也。[3]古之隱者，或恥聞禪代，高讓帝王，以萬乘爲垢辱，之死亡而無悔。此則輕生重道，希世間出，隱之上者也。或託仕監門，[4]寄臣柱下，[5]居易而以求其志，處汙而不愧其色。此所謂大隱隱於市朝，[6]又其次也。或躶體佯狂，盲瘖絶世，棄禮樂以反道，忍孝慈而不恤。此全身遠害，得大雅之道，又其次也。然同不失語默之致，[7]有幽人貞吉矣。[8]與夫没身亂世，争利干時者，豈同年而語哉！《孟子》曰："今人之於爵禄，得之若其生，失之若其死。"[9]《淮南子》曰："人皆鑒於止水，不鑒於流潦。"[10]夫可以揚清激濁，[11]抑貪止競，其惟隱者乎！自古帝王，莫不崇尚其道。雖唐堯不屈巢、許，[12]周武不降夷、齊，[13]以漢高肆慢而長揖黄、綺，[14]光武按法而折意嚴、周，[15]自兹以來，世有人矣。有梁之盛，繼紹風猷，斯乃道德可宗，學藝可範，故以備《處士篇》云。

[1]《易·文言》："《初九》曰：'潛龍勿用'，何謂也？子曰：龍德而隱者也。不易乎世，不成乎名，遯世無悶。"

[2]獨立不懼：《易·大過》："君子以獨立不懼。"

[3]見《論語·微子》"長沮桀溺耦而耕"章。

[4]監門：守門人。此指侯嬴。戰國時，魏有隱士侯嬴，年七十，家貧，爲魏都大梁東門監者。詳《史記》卷七七《魏公子列傳》。

[5]柱下：即柱下史，周代官名。以其所掌及侍立常在殿柱之下，故稱。此指老子。老子曾爲周柱下史，是道家學派的創始者。詳《史記》卷六三《老莊申韓列傳》。

[6]《文選》卷二二王康琚《反招隱詩》："小隱隱陵藪，大隱隱朝市。伯夷竄首陽，老聃伏柱史。"

[7]語默：等於説出處。《易·繫辭》："子曰：君子之道，或出或處，或默或語。"

[8]幽人貞吉：《易·履》："履道坦坦，幽人貞吉。"意謂幽獨之人履道平坦，故正而吉利。貞，正。幽人，隱士。

[9]清·顧炎武《日知録》卷七"《孟子》外篇"條云：今《孟子》書無此文，"豈所謂'外篇'者邪"？

[10]《淮南子·俶真訓》云："人莫鑒於流沫，而鑒於止水者，以其静也。"《莊子·德充符》："仲尼曰：'人莫鑑於流水而鑑於止水，唯止能止衆止。"鑑，同"鑒"。

[11]揚清激濁：比喻獎善斥惡。

[12]巢、許：巢父、許由。相傳二人爲唐堯時隱士，堯欲讓位於二人，二人皆不受。參晉·皇甫謐《高士傳》。

[13]夷、齊：伯夷、叔齊。周武王伐紂，二人扣馬而諫，武王滅商，二人恥不食周粟，餓死首陽山。詳《史記》卷六一《伯夷列傳》。

[14]黄、綺：夏黄公、綺里季。漢高祖劉邦登位，黄、綺二人與東園公、角里先生義不爲漢臣，逃入山中，被稱“商山四皓”。事詳《史記》卷五五《留侯世家》。

[15]嚴、周：嚴光、周黨。嚴光，漢會稽餘姚人；周黨，漢太原廣武人。二人皆不受光武帝徵聘，隱居不仕。《後漢書》卷八三《逸民》並有傳。

何點字子晳，廬江灊人也。[1]祖尚之，[2]宋司空。父鑠，[3]宜都太守。[4]鑠素有風疾，[5]無故害妻，坐法死。點年十一，幾至滅性。[6]及長，感家禍，欲絶婚宦，尚之强爲之娶琅邪王氏。[7]禮畢，將親迎，點累涕泣，求執本志，遂得罷。

[1]廬江：郡名。治所在今安徽舒城縣。　灊（qián）：縣名。治所在今安徽潛山縣西北。

[2]尚之：何尚之，人名。仕宋，官至左光禄大夫，開府儀同三司。卒，追贈司空，謚簡穆公。《宋書》卷六六有傳。

[3]鑠：據本傳下文，何點有兄何求。求，《南齊書》卷三〇有傳，云“父鑠”，與本傳同，而嚴可均輯《全宋文》卷六〇闕名《宋故散騎常侍護軍將軍臨澧侯劉使君墓志》載何求“父鎮長弘”。是何點父名鎮字長弘。可資參考。

[4]宜都：郡名。治所在今湖北宜昌市。

[5]風疾：病名。中醫所謂“六淫”之一。《素問·風論》：“風之傷人也，或爲寒熱，或爲熱中，或爲寒中，或爲癘中，或爲偏枯，皆爲風也。”

[6]滅性：指因傷親過悲而危及生命。

[7]琅邪王氏：祖籍琅邪的王氏。

容貌方雅，[1]博通羣書，善談論。家本甲族，[2]親姻多貴仕，點雖不入城府，而遨遊人世，不簪不帶，或駕柴車，躡草屩，恣心所適，致醉而歸，士大夫多慕從之，時人號爲“通隱”。兄求，[3]亦隱居吴郡虎丘山。[4]求卒，點菜食不飲酒，訖于三年，要帶減半。[5]

[1]方雅：方正文雅。

[2]甲族：世家大族，亦即高級士族。《南史》作“素族”。

[3]求：何求。《南齊書》卷五四《高逸》有傳。

[4]吴郡：郡名。治所在今江蘇蘇州市。　虎丘山：山名。在今江蘇蘇州市西北郊。

[5]要：“腰”之古字。

宋泰始末，[1]徵太子洗馬；[2]齊初，累徵中書郎、太子中庶子，[3]並不就。與陳郡謝瀟、吴國張融、會稽孔稚珪爲莫逆友。[4]從弟遁，以東籬門園居之，[5]稚珪爲築室焉。園内有卞忠貞冢，[6]點植花卉於冢側，每飲必舉酒酹之。初，褚淵、王儉爲宰相，[7]點謂人曰：“我作《齊書·贊》，云‘淵既世族，[8]儉亦國華；不賴舅氏，遑恤國家’。”[9]王儉聞之，欲候點，知不可見，乃止。豫章王嶷命駕造點，[10]點從後門遁去。司徒竟陵王子良欲就見之,[11]點時在法輪寺，子良乃往請，點角巾登席,[12]子良欣悦無已，遺點嵇叔夜酒杯,[13]徐景山酒鐺。[14]

[1]泰始：宋明帝年號（466—471）。

[2]太子洗馬：官名。東宫屬官，掌侍從及文翰，爲清簡之官。員八人。宋第七品。

[3]中書郎：官名。亦稱中書侍郎。中書省屬官，掌詔誥。劉宋以下，草擬詔誥之權漸歸中書舍人，侍郎職少官請，成爲諸王起家官。員四人。齊第五品。　太子中庶子：官名。東宫官。與太子中舍人共掌文翰。員四人。宋第五品，齊不詳。

[4]陳郡謝瀹（yuè）：謝瀹，人名。祖籍陳郡。《南齊書》卷四三有傳。　吴國張融：張融，人名。吴國人。《南齊書》卷四一有傳。吴國，周封國名，即吴郡。　會稽孔稚珪：孔稚珪，人名。會稽郡人。《南齊書》卷四八有傳。

[5]東籬門：京師建康東郊門。《太平御覽》卷一九七《藩籬》引《南朝宫苑記》曰："建康籬門，舊南北兩岸籬門五十六所，蓋京邑之郊門也。如長安東都門亦周之郊門。江左初立，並用籬爲之，故曰籬門。南籬門在國門西；三橋籬門在今光宅寺側；東籬門本名肇建籬門，在古肇建市之東；北籬門在今覆舟東頭玄武湖東南角，今見有亭名籬門亭；西籬門在石頭城東，護軍府在西籬門外路北；白楊籬門外有石井籬門。"

[6]卞忠貞：卞壼，晉濟陰冤句人，官至尚書令。蘇峻之亂，被害，謚忠貞公。《晉書》卷七〇有傳。

[7]褚淵：人名。祖籍河南陽翟。仕齊，官至司空，録尚書事。《南齊書》卷二三有傳。　王儉：人名。祖籍琅邪臨沂。仕齊，官至尚書令，開府儀同三司。《南齊書》卷二三有傳。

[8]我作《齊書·贊》，云：《南齊書》卷五四《何點傳》作

"我作《齊書》已竟，贊云"。《南史》卷三〇同。按，何點不可能於齊初撰《齊書》，《齊書》或是《宋書》之誤。説詳曹道衡、沈玉成《中古文學史料叢考》卷四"何點'作〈齊書〉已竟'志疑"條。

[9]王儉爲劉宋外戚，褚淵及父皆尚宋公主，然都棄舊朝而奉新主，故何點如此言。賴，利；恤，憐惜。國家，《南齊書》卷五四作"外家"。

[10]豫章王嶷：齊武帝弟蕭嶷封爵號豫章王。《南齊書》卷二二有傳。豫章，郡名。治所在今江西南昌市。

[11]竟陵王子良：齊武帝子蕭子良封爵號竟陵王。《南齊書》卷四〇《武十七王傳》有傳。竟陵，郡名。治所在今湖北鍾祥市。

[12]角巾：方巾，古代隱士的冠飾。

[13]嵇叔夜：嵇康字叔夜，魏譙國銍人，"竹林七賢"之一。《晉書》卷四九有傳。

[14]徐景山：徐邈字景山，晉東莞姑幕人。《晉書》卷九一《儒林傳》有傳。

點少時嘗患渴痢，積歲不愈，後在吴中石佛寺建講，[1]於講所晝寢，夢一道人形貌非常，[2]授丸一掬，夢中服之，自此而差，[3]時人以爲淳德所感。

[1]吴中：泛指今太湖流域地區。　石佛寺：佛寺名。

[2]道人：錢大昕《廿二史考異》卷二五有云："六朝呼僧爲道人……道人即沙門之别稱，不通於羽士。"

[3]差：通"瘥"，病愈。

性通脱，[1]好施與，遠近致遺，[2]一無所逆，隨復散焉。嘗行經朱雀門街，[3]有自車後盗點衣者，見而不言，傍有人擒盗與之，點乃以衣施盗，盗不敢受，點命告有司，盗懼，乃受之，催令急去。

[1]通脱：隨便。

[2]致遺：贈送。

[3]朱雀門：又名大航門，京師建康南面城門。約在今江蘇南京市中華門内、秦淮河岸。

點雅有人倫識鑒，多所甄拔。知吴興丘遲於幼童，[1]稱濟陽江淹於寒素，[2]悉如其言。

[1]吴興丘遲：丘遲，人名。吴興郡人。本書卷四九《文學上》有傳。

[2]濟陽江淹：江淹，人名。祖籍濟陽。本書卷一四有傳。寒素：通常指門第卑微且無官爵者。又泛指家境貧寒的人。

點既老，又娶魯國孔嗣女，[1]嗣亦隱者也。點雖婚，亦不與妻相見，築别室以處之，人莫諭其意也。吴國張融少時免官，而爲詩有高尚之言，[2]點答詩曰："昔聞東都日，[3]不在簡書前。"[4]雖戲也，而融久病之。[5]及點後婚，融始爲詩贈點曰："惜哉何居士，薄暮遘荒娙。"[6]點亦病之，而無以釋也。

[1]魯國孔嗣：孔嗣，祖籍魯國，生平不詳。魯國，漢封國名，治所在今山東曲阜縣東古城。

[2]高尚之言：指不事王侯之言。《易·蠱》："不事王侯，高尚其事。"

[3]東都日：指辭官歸隱之時。漢疏廣爲太子太傅，其侄疏受爲少傅，因年老而同時辭官，公卿大夫於東都門外盛會爲之送行。詳《漢書》卷七一《疏廣傳》。

[4]簡書：戒命文書，此處指免官文書。

[5]病：恨。

[6]薄暮：比喻老年。

高祖與點有舊，[1]及踐阼，手詔曰："昔因多暇，得訪逸軌，[2]坐脩竹，臨清池，忘今語古，何其樂也。暫别丘園，十有四載，人事艱阻，亦何可言。自應運在天，[3]每思相見，密邇物色，[4]勞甚山阿。嚴光排九重，[5]踐九等，[6]談天人，叙故舊，有所不臣，何傷於高？文先以皮弁謁子桓，[7]伯況以穀綃見文叔，[8]求之往策，不無前例。今賜卿鹿皮巾等。後數日，望能入也。"點以巾褐引入華林園，[9]高祖甚悦，賦詩置酒，恩禮如舊。仍下詔曰："前徵士何點，[10]高尚其道，志安容膝，[11]脱落形骸，[12]栖志窅冥。[13]朕日昃思治，尚想前哲；況親得同時，而不與爲政。喉脣任切，[14]必俟邦良，誠望惠然，屈居獻替。[15]可徵爲侍中。"辭疾不赴。乃復詔曰："徵士何點，[16]居貞物表，縱心塵外，夷坦之風，[17]率由自遠。往因素志，頗申讌言，眷彼子陵，[18]情兼惟舊。昔仲虞邁俗，受俸漢朝；[19]安道逸志，不辭晉禄。[20]此蓋前代盛軌，往賢所同。可議加資給，[21]並出在所，日費所須，太官别給。[22]既人高曜卿，[23]故事同垣下。"[24]

[1]高祖：梁武帝廟號。

[2]逸軌：隱逸之士的典範。

[3]應運在天：順應天命。此指建國稱帝。

[4]密邇：距離很近。

[5]嚴光：人名。字子陵，漢會稽餘姚人。與光武帝有舊，光武即位，光不應徵聘，隱居不仕。《後漢書》卷八三《逸民》有傳。

[6]九等：即九品。漢魏六朝以九品論人才高下。

[7]文先：楊彪字文先，後漢弘農華陰人。《後漢書》卷五四《楊震傳》有附傳。曹丕稱帝，詔見楊彪，彪“著布單衣，皮弁以見”。參《三國志》卷二《魏書·文帝紀》裴松之注引《魏書》。子桓：曹丕的表字。

[8]伯況：周黨字伯況，漢建武年間（25—56）屢徵，不得已，乃著短布單衣，穀皮綃頭，待見尚書。光武引見，黨伏而不謁，願守所志，光武許之。《後漢書》卷八三《逸民》有傳。　穀（gǔ）：舊本有作“縠”者，中華書局校點本亦作“縠”，《後漢書》卷八三《逸民傳》作“穀”，李賢注云：“以穀樹皮作綃頭也。”穀，木名，其皮可以作造紙原料，古或用以作束髮之巾。三國吴人陸璣《毛詩草木鳥獸蟲魚疏》：“今江南人績其皮以爲布，又擣以爲紙，謂之穀皮紙。”而縠爲輕而薄的絲織品。諸葛亮《便宜十六策·治人第六》：“綺羅綾縠，玄黄衣帛，此非庶人之所服也。”周伯況以庶人見光武，自不會服縠。則“縠”乃“穀”之訛。三朝本、百衲本皆作“穀”，今據改。　文叔：光武帝劉秀之表字。

[9]華林園：苑名。初建於三國吴，擴建於劉宋。内有景陽樓、清署殿、天淵池等諸勝，是六朝帝王宴集之所。故址在今江蘇南京市鷄鳴山南古臺城内。

[10]前徵士：徵士，指有學行才能而不應徵聘之士。何點在宋齊兩朝皆不應徵聘，隱居不仕，故梁武稱之“前徵士”。

[11]容膝：立足之地。指隱士之居。《韓詩外傳》卷九：北郭先生妻曰：“今如結駟列騎，所安不過容膝；食前方丈，所甘不過

一肉。”

［12］脱落：輕慢不拘。

［13］窅冥：深遠幽隱。此處指山中。

［14］喉脣：比喻掌握機要，出納王命的重要職務。脣，同“唇”。

［15］獻替：獻可替否。《宋書·百官志上》：“侍中，四人。掌奏事，直侍左右，應對獻替。”

［16］《藝文類聚》卷三七載此詔，題作《資給何點詔》，爲沈約撰。“徵士何點”四字前有“遠趣高情，前王所貴，義兼昔款，倍用興懷”十六字。

［17］夷坦：平易，坦蕩。

［18］子陵：嚴光的表字。此用以比何點。

［19］仲虞：鄭均，字仲虞，後漢東平任城人，屢徵不仕。拜議郎，以病告歸。帝詔賜均穀千斛。《後漢書》卷二七有傳。

［20］安道：戴逵，字安道，晉譙國人。屢徵不就。《晉書》卷九四《隱逸》有傳。　逸志：逸，舊本皆作“勉”，此依中華書局本校改。

［21］議加：《藝文類聚》卷三七作“詳加”。

［22］太官：即太官令，官名。掌皇帝飲食宴享。宋第八品，梁初不詳。

［23］曜卿：袁焕字曜卿，後漢陳留扶樂人。仕魏國，爲郎中令。卒，“太祖爲之流涕，賜穀二千斛，一教曰‘以太倉穀千斛賜郎中令之家’，一教曰‘以垣下穀千斛與曜卿家’，外不解其意。教曰：‘以太倉穀者，官法也；以垣下穀者，親舊也’”。《三國志》卷一一有傳。

［24］垣下：儲藏糧食的地方。

天監三年，[1]卒，時年六十八。詔曰：“新除侍中何點，[2]栖遲衡泌，[3]白首不渝。奄至殞喪，倍懷傷惻。可給第一品材一具，[4]賻錢二萬，[5]布五十匹。喪事所須，内監經理。”[6]又敕點弟胤曰：“賢兄徵君，[7]弱冠拂衣，[8]華首一操。[9]心遊物表，不滯近跡；脱落形骸，寄之遠理。性情勝致，遇興彌高；文會酒德，撫際逾遠。朕膺籙受圖，[10]思長聲教。朝多君子，既貴成雅俗；野有外臣，[11]宜弘此難進。[12]方賴清徽，[13]式隆大業。昔在布衣，情期早著，資以仲虞之秩，待以子陵之禮，聽覽暇日，角巾引見，窅然汾射，[14]兹焉有託。一旦萬古，[15]良懷震悼。卿友于純至，[16]親從凋亡，偕老之願，致使反奪，纏綿永恨，伊何可任。永矣柰何！”點無子，宗人以其從弟耿子遲任爲嗣。

[1]天監：梁武帝年號（502—519）。 三年：《南史》卷三〇傳作“二年”。

[2]新除：官制術語。授職而未拜之稱。

[3]栖遲：遊息、居住。《漢書·叙傳》：“栖遲於一丘，則天下不易其樂。” 衡泌：指隱居之地。《詩·陳風·衡門》：“衡門之下，可以栖遲；泌之洋洋，可以樂飢。”衡門，横木爲門，指簡陋的住所；泌，泉水。

[4]材：棺木。

[5]賻（fù）：以錢財助喪事。

[6]内監：南北朝時對殿中監、内殿中監等近侍小臣之稱。

[7]徵君：徵士的敬稱。

[8]弱冠：二十歲。《禮記·曲禮》：“二十曰弱，冠。” 拂衣：指隱居。《文選》卷一九謝靈運《述祖德詩》之二：“高揖七州外，

拂衣五湖裹。”

[9]華首：白首。

[10]膺籙受圖：帝王親受圖籙，應運而興。圖，河圖；籙，符命。

[11]外臣：方外之臣。

[12]難進：恬退，不輕易仕進。《禮記·表記》：“子曰：‘事君難進而易退，則位有序；易進而難退，則亂也。故君子三揖而進，一辭而退，以遠難也。’”

[13]清徽：清美的操行。

[14]汾射：汾水和藐姑射山的省稱。《莊子·逍遥遊》：“堯治天下之民，平海内之政，往見四子藐姑射之山，汾水之陽，窅然喪其天下焉。”四子，指被衣、王倪、齧缺、許由，皆古代傳説中隱士。

[15]萬古：指去世。

[16]友于：兄弟之情。《尚書·君陳》：“惟孝友于兄弟。”

胤字子季，點之弟也。年八歲，居憂哀毀若成人。[1]既長好學。師事沛國劉瓛，[2]受《易》及《禮記》、《毛詩》；又入鍾山定林寺聽内典，[3]其業皆通。而縱情誕節，時人未之知也；唯瓛與汝南周顒深器異之。[4]

[1]居憂：服父母之喪。按，據本卷《何點傳》所記點年歲推之，其丁憂在宋元嘉二十四年（447），而《何胤傳》載胤中大通三年卒，年八十六，則其八歲丁憂，則時當在宋元嘉三十年（453）。點、胤兄弟同丁憂，而記時相去六年，其誤顯然。參曹道衡、沈玉成《中古文學史料叢考》卷四《〈梁書〉〈何點傳〉〈何胤傳〉記年錯亂》條。

[2]沛國劉瓛：劉瓛，祖籍沛國相縣，南朝碩儒。《南齊書》卷三九有傳。

[3]内典：指釋教經典。

[4]汝南周顒：周顒，祖籍汝南安城。《南齊書》卷四一有傳。《藝文類聚》卷三七梁簡文帝《徵君何先生墓志》云："（胤）與沛國劉瓛、汝南周顒爲友，陸璉、賀瑒之徒，更道北面。"

起家齊祕書郎，[1]遷太子舍人。[2]出爲建安太守，[3]爲政有恩信，民不忍欺。每伏臘放囚還家，依期而返。入爲尚書三公郎，[4]不拜，遷司徒主簿。[5]注《易》，又解《禮記》，於卷背書之，謂爲《隱義》。累遷中書郎，員外散騎常侍，[6]太尉從事中郎，[7]司徒右長史，[8]給事黄門侍郎，[9]太子中庶子，領國子博士，[10]丹陽邑中正。[11]尚書令王儉受詔撰新禮，[12]未就而卒，又使特進張緒續成之，[13]緒又卒，屬在司徒竟陵王子良，子良以讓胤；乃置學士二十人，佐胤撰録。[14]永明十年，[15]遷侍中，[16]領步兵校尉，[17]轉爲國子祭酒。[18]鬱林嗣位，[19]胤爲后族，[20]甚見親待。累遷左民尚書，[21]領驍騎，[22]中書令，[23]領臨海、巴陵王師。[24]

[1]祕書郎：官名。祕書省屬官，佐祕書監、丞掌藝文圖籍。宋齊以來，爲甲族起家之選，待次入補，其居職，例數十百日便遷任。員四人。宋第六品，齊不詳。

[2]太子舍人：官名。東宫屬官，掌侍從及文翰。員十六人。宋第七品，梁初八品。

[3]建安：郡名。治所在今福建建甌市。

[4]尚書三公郎：官名。尚書省諸曹郎之一，屬吏部尚書。掌刑獄訴訟、擬訂法律之政。齊第六品。

[5]主簿：官名。自漢以下，中央各機構及地方州郡皆置，掌文書簿籍，爲掾吏之首。其官品隨所署長官地位高下而異。

[6]員外散騎常侍：官名。集書省官員，南朝多以公族、宗室充任，爲閑散之職。宋、齊官品不詳。

[7]從事中郎：官名。諸公軍府屬官，與長史共掌本府官吏。宋第六品，齊不詳。

[8]司徒右長史：官名。司徒府屬官，佐司徒掌官吏事。員一人。宋第六品，齊不詳。

[9]給事黄門侍郎：官名。門下省次官。與侍中俱掌門下衆事，侍從左右，管知詔令。出入宫禁，地位顯要。員四人。齊第五品。

[10]領：官制術語。已有實授主職，又兼任較低職務而不居其位。　國子博士：官名。國子學教官，屬國子祭酒。員二人。齊第六品。

[11]丹陽：郡名。六朝京師所在，治所在今江蘇南京市。　中正：官名。掌一方人才之考察，定其鄉品，以爲選拔官吏之依據。多由他官兼領。

[12]齊梁撰新禮事，詳本書卷二五《徐勉傳》勉《修五禮表》。

[13]特進：官名。古代賜給功德優盛，爲朝廷所敬異的官員的官職。位在三公之下，皆爲加官。《太平御覽》卷二四三《職官·特進》引沈約《宋書》："其諸官加特進者，從本官供給。特進但爲班位而已，不别有吏卒車服也。"宋第二品，齊不詳。　張緒：人名。吴郡吴人。仕齊，卒，贈特進，金紫光禄大夫。《南齊書》卷三三有傳。

[14]梁·簡文帝《徵君何先生墓誌》有云："永明中，王文憲儉受詔撰禮，未竟而卒，屬在司徒文宣王，王以讓先生。因廣加刊緝，故以含文燕居，説六典五恩之義，或齊侯所不鎮，孟嘉所未知，皆折兹大物，成此良教。"見清·嚴可均輯《全上古三代秦漢

三國六朝文》之《全梁文》卷一三。

[15]永明：齊武帝年號（483—493）。據《南齊書·百官志》，何胤永明八年以國子博士遷祭酒，而祭酒定員一人。故疑此處“永明十年”或是“永明七年”之誤。“十”、“七”形近易誤。參曹道衡、沈玉成《中古文學史料叢考》卷四《何胤爲侍中當在永明七年》條。

[16]侍中：官名。門下省長官。掌奏事，直侍左右，應對獻替，擯相威儀，糾正違缺等。參與決策，是中樞集團重要成員，權勢顯要。員四人。齊第三品。

[17]步兵校尉：官名。禁軍五校尉之一，掌宫廷宿衛士。宋第四品，齊不詳。

[18]國子祭酒：官名。屬太常。掌國子學、太學。齊第三品。

[19]鬱林：齊鬱林王蕭昭業。《南齊書》卷四有紀。

[20]何胤從兄弟何戢之女爲鬱林王妃，故云“胤爲后族”。詳《南齊書》卷二〇《皇后傳》。

[21]左民尚書：官名。尚書省列曹尚書之一，掌土木工程及户籍。齊第三品。

[22]驍騎：驍騎將軍之省稱，官名。禁衛軍六軍之一，掌宿衛。宋第四品，齊不詳。

[23]中書令：官名。中書省長官之一，與中書監共掌出納帝命。東晉以後，中書出令之權歸他省或中書侍郎、舍人，中書令漸成閑職，僅掌文章之事，多用於重要大臣之加官。員一人。齊第三品。

[24]臨海、巴陵王：齊文惠太子之子蕭昭秀，於鬱林王即位後封臨海郡王，不久改封巴陵郡王。詳《南齊書》卷五〇《文二王·巴陵王昭秀傳》。臨海郡，治所在今浙江臨海市東南章安。巴陵郡，治所在今湖南岳陽市。　師：官名。王府屬官，掌輔導諸王。員一人。宋第六品，齊不詳。

胤雖貴顯，常懷止足。建武初，[1]已築室郊外，號曰小山，恒與學徒遊處其内。至是，遂賣園宅，欲入東山，[2]未及發，聞謝朏罷吴興郡不還，[3]胤恐後之，乃拜表辭職，不待報輒去。明帝大怒，使御史中丞袁昂奏收胤，[4]尋有詔許之。胤以會稽山多靈異，[5]往遊焉，居若邪山雲門寺。[6]初，胤二兄求、點並棲遁，求先卒，至是胤又隱，世號點爲大山；胤爲小山，[7]亦曰東山。

[1]建武：齊明帝年號（494—498）。

[2]欲入東山：東山，山名。在今浙江上虞市。東晉謝安曾隱居於此。《南史》卷三〇同傳作“欲入東”，無“山”字。

[3]謝朏：人名。祖籍陳郡陽夏，仕齊，曾官吴興太守。本書卷一五有傳。　吴興：郡名。治所在今浙江湖州市。

[4]御史中丞：官名。御史臺長官，掌督察百官，糾彈不法。六朝第一流高門多不居此職。員一人。齊第四品。　袁昂：人名。本書卷三一有傳。

[5]會稽：郡名。治所在今浙江紹興市。

[6]若邪山：山名。在今浙江紹興市南。

[7]大山、小山：清·顧炎武《日知録》卷二五“大小山”條云：“王逸《楚辭章句》言淮南王安博雅好古，招懷天下俊偉之士，著作篇章，分造辭賦，以類相從，故或稱小山，或稱大山，其義猶《詩》有‘小雅’、‘大雅’也。”清·黄汝成《集釋》引梁氏曰：“高誘《淮南子序》言：‘安與蘇飛、李尚、左吴、田由、雷被、伍被、晉昌八人及諸儒大山、小山之徒著此書。”然則大山、小山蓋取義於此也。

永元中,[1]徵太常,[2]太子詹事,[3]並不就。高祖霸府建,[4]引胤爲軍謀祭酒,[5]與書曰:“想恒清豫,縱情林壑,致足歡也。既内絶心戰,外勞物役,以道養和,履候無爽。若邪擅美東區,[6]山川相屬,前世嘉賞,是爲樂土。僕推遷,[7]自東徂西,悟言素對,用成睽闋,[8]傾首東顧,曷日無懷。疇昔歡遇,曳裾儒肆,[9]實欲卧遊千載,[10]畋漁百氏,[11]一行爲吏,此事遂乖。屬以世道威夷,[12]仍離屯故,[13]投袂數千,[14]剋黜釁禍。思得矚卷諧款,寓情古昔,夫豈不懷,事與願謝。君清襟素託,栖寄不近,中居人世,殆同隱淪。既俯拾青組,[15]又脱屣朱黻。[16]但理存用捨,[17]義貴隨時,往識禍萌,實爲先覺,超然獨善,有識欽嗟。今者爲邦,貧賤咸恥,好仁由己,[18]幸無凝滯。比别具白,此未盡言。今遣候承音息,[19]矯首還翰,[20]慰其引領。”[21]胤不至。

[1]永元:齊東昏侯年號(499—501)。

[2]太常:官名。諸卿之一,掌禮樂祀祠。齊第三品。

[3]太子詹事:官名。總理東宫庶務,或參議大政,職任甚重。員一人。齊第三品。

[4]霸府:藩王府邸。此處指蕭衍永元三年十二月平京邑,受封建安郡公所置府。詳本書《武帝紀》。

[5]軍謀祭酒:官名。諸公軍府屬官,參掌軍政。官品不詳。

[6]若邪:指若邪山。

[7]推遷:推移,變遷。

[8]睽闋:隔絶。

[9]曳裾儒肆:來往於儒者行列。裾,舊本皆訛“裙”,此依中

華書局本校改。

[10]卧遊千載：指賞覽史書，以知千載事迹。

[11]畋漁百氏：指博取百家學問。

[12]威夷：險阻。

[13]屯故：艱難。

[14]投袂：揮袖。表示奮起行動。

[15]俯拾：俯身拾物，比喻極易得到。　青組：官吏的印綬。

[16]脱屣：脱鞋，比喻看得很輕，不足介意。《漢書·郊祀志》："嗟乎，誠得如黄帝，吾視去妻子如脱屣耳！"　朱黻：紅色的朝服。

[17]用捨：被任用和不被任用。《論語·述而》："子謂顔淵曰：'用之則行，舍之則藏，惟我與爾有是夫。'"

[18]好仁由己：《論語·顔淵》："子曰：克己復禮爲仁。一日克己復禮，天下歸仁焉。爲仁由己，而由人乎哉？"

[19]候：古代送迎賓客的官。

[20]還翰：回信。

[21]引領：伸長脖子張望，形容盼望殷切。

高祖踐阼，詔爲特進、右光禄大夫。[1]手敕曰[2]："吾猥當期運，[3]膺此樂推，[4]而顧己蒙蔽，昧於治道。雖復劬勞日昃，[5]思致隆平，而先王遺範，尚藴方策，息舉之用，存乎其人。[6]兼以世道澆暮，[7]争詐繁起，改俗遷風，良有未易。自非以儒雅弘朝，高尚軌物，則汩流所至，[8]莫知其限。治人之與治身，獨善之與兼濟，得失去取，爲用孰多。吾雖不學，頗好博古，尚想高塵，每懷擊節。今世務紛亂，憂責是當，不得不屈道巖阿，[9]共成世美。必望深達往懷，不吝濡足。[10]

今遣領軍司馬王果宣旨諭意。[11]遲面在近。”[12]果至，胤單衣鹿巾，[13]執經卷，下牀跪受詔書，就席伏讀。胤因謂果曰：“吾昔於齊朝欲陳兩三條事，一者欲正郊丘，[14]二者欲更鑄九鼎，[15]三者欲樹雙闕。[16]世傳晉室欲立闕，王丞相指牛頭山云‘此天闕也’，[17]是則未明立闕之意。闕者，謂之象魏。縣象法於其上，浹日而收之。[18]象者，法也；魏者，當塗而高大貌也。鼎者神器，有國所先，故王孫滿斥言，楚子頓盡。[19]圓丘國郊，[20]舊典不同。南郊祠五帝靈威仰之類，[21]圓丘祠天皇大帝、北極大星是也。往代合之郊丘，先儒之巨失。今梁德告始，不宜遂因前謬。卿宜詣闕陳之。”果曰：“僕之鄙劣，豈敢輕議國典，此當敬俟叔孫生耳。”[22]胤曰：“卿詎不遣傳詔還朝拜表，留與我同遊邪？”果愕然曰：“古今不聞此例。”胤曰：“《檀弓》兩卷，[23]皆言物始。自卿而始，何必有例。”果曰：“今君遂當邈然絶世，猶有致身理不？”[24]胤曰：“卿但以事見推，吾年已五十七，月食四斗米不盡，何容得有宦情。昔荷聖王眄識，[25]今又蒙旌賁，[26]甚願詣闕謝恩；但比腰脚大惡，[27]此心不遂耳。”

[1]右光禄大夫：官名。屬光禄勳，養老疾，無職事。宋第三品，梁初不詳。

[2]手敕：手書詔命。

[3]期運：統治天下的運數。

[4]樂推：《老子》：“是以聖人處上而民不重，處前而民不害，是以天下樂推而民不厭。”後世王朝更迭，新朝常用“樂推”爲詞，

言得衆人擁戴。

[5]日昃：太陽偏西。形容操勞政務而不暇食息。

[6]《禮記·中庸》："其人存則其政舉，其人亡則其政息。"息，舊本訛爲"自"，此依中華書局本校改。

[7]澆暮：浮薄衰落的末世。

[8]汩流：急流，比喻社會動亂。

[9]巖阿：山巖邊側。此處指隱居之所。

[10]不吝濡足：爲救人而不惜濕足，比喻投身政事。《韓詩外傳》卷一："申徒狄非其世，將自投於河。崔嘉聞而止之曰：'吾聞聖人仁士之於天地之間也，民之父母也。今爲濡足之故，不救溺人，可乎？'"

[11]領軍：領軍將軍之省稱，將軍名號。爲禁衛軍最高統帥，職任甚重。員一人。宋第三品，梁初不詳。　司馬：官名。王公軍府屬官，掌本府武官。宋第六品至七品。　王果：人名。《南史》卷三〇同傳作"王杲之"。按，六朝人名末之"之"字，例可省去。果、杲，必有一誤。又，梁武手敕，亦略見《藝文類聚》卷三七，題作《爲武帝與何胤敕》，沈約撰。

[12]遲（zhì）面在近：希望近期見面。遲，希望。

[13]單衣：也作"禪衣"，僅次於朝服的盛服。《通鑑》卷一〇三《晉紀二十五》'咸安元年'紀，胡三省注："單衣，江左諸人所以見尊者之服，所謂巾褠也。"　鹿巾：鹿皮所做的頭巾，古隱士所服。

[14]郊丘：古代郊外祭祀天地的地方。梁普通二年四月改作南北郊，見本書《武帝紀》。

[15]九鼎：古代象徵國家政權的傳國之寶。周顯王四十二年（前327），宋大丘社亡，九鼎没於泗水彭城下。見《史記·封禪書》、《漢書·郊祀志》。

[16]闕：古代宫廟及墓門立雙柱者皆謂之闕。參晉·崔豹《古今注》上"都邑"條。此處指象魏，宫城門前懸法之處。

[17]王丞相：指王導。見《晉書》卷六五《王導傳》。　牛頭山：山名。在今江蘇江寧縣西南。

[18]浹日：十日。

[19]《左傳·宣公三年》："楚子伐陸渾之戎，遂至於雒，觀兵于周疆。定王使王孫滿勞楚子。楚子問鼎之大小、輕重焉。對曰：'在德不在鼎。昔夏之方有德也，遠方圖物，貢金九牧，鑄鼎象物，百物而爲之備，使民知神、奸，故民入川澤、山林，不逢不若。螭魅罔兩，莫能逢之，用能協于上下，以承天休。桀有昏德，鼎遷于商，載祀六百。商紂暴虐，鼎遷于周。德之休明，雖小，重也。其奸回昏亂，雖大，輕也。天祚明德，有所厎止，成王定鼎于郟鄏，卜世三十，卜年七百，天所命也。周德雖衰，天命未改，鼎之輕重，未可問也。'"

[20]圓丘：圓，通"圜"。圜丘，古代祭天的圓形高臺。　國郊：中華書局本《校勘記》云："'國郊'疑當作'南郊'。《册府元龜》八一〇即作'南郊'。"按，《南史》亦作"南郊"。

[21]靈威仰：五方帝之一，東方蒼帝之號。參《周禮·天官·大宰》疏及《廣雅·釋天》。

[22]叔孫生：指叔孫通。初爲秦博士，劉邦稱帝，叔孫通採擇古禮，結合秦制，制定朝儀。《史記》卷九九、《漢書》卷四三並有傳。

[23]《檀弓》：《禮記》篇名。《禮記》於禮之變化皆曰始。如《檀弓》："孔氏之不喪出母，自子思始也。"《曾子問》："廟有二主，自桓公始也。"不獨《檀弓》。劉知幾《史通》卷六《叙事》有云："昔《禮記·檀弓》，工言物始。"程千帆《史通箋記》有箋。

[24]致身：獻身出仕。　不：同"否"。

[25]眄識：眷顧，看重。

[26]旌賁：表揚、稱美。

[27]比：近來。

果還，以胤意奏聞，有敕給白衣尚書禄，[1]胤固辭。又敕山陰庫錢月給五萬，[2]胤又不受。乃敕胤曰："頃者學業淪廢，儒術將盡，閭閻搢紳，尠聞好事。吾每思弘奬，其風未移，當扆興言爲歎。[3]本欲屈卿暫出，開導後生，既屬廢業，此懷未遂，延佇之勞，載盈夢想。理舟虚席，[4]須俟來秋，所望惠然申其宿抱耳。卿門徒中經明行脩，厥數有幾？且欲瞻彼堂堂，[5]置此周行。[6]便可具以名聞，副其勞望。"又曰："比歲學者殊爲寡少，良由無復聚徒，故明經斯廢。每一念此，爲之慨然。卿居儒宗，加以德素，當敕後進有意向者，就卿受業。想深思誨誘，使斯文載興。"於是遣何子朗、孔壽等六人於東山受學。[7]

[1]白衣尚書：東漢尚書鄭均乞骸骨歸家，章帝東遊至其家，命其終身領取尚書俸禄。當時稱之爲白衣尚書。詳《後漢書》卷二七《鄭均傳》。

[2]山陰：縣名。治所在今浙江紹興市。

[3]當扆：指天子之位。《禮記·曲禮》："天子當依而立，諸侯北面而見天子曰覲。"依，同"扆"，户牖間畫有斧形的屏風。

[4]理舟虚席：備舟迎接，虚座以待。

[5]堂堂：形容儀態莊嚴大方。《論語·子張》："堂堂乎張也，難與並爲仁矣。"

[6]周行：《詩·周南·卷耳》："嗟我懷人，置彼周行。"鄭玄箋："周行，周之行列。"此處代指官位。

[7]何子朗：人名。本書卷五〇《文學下·何思澄傳》附傳。

太守衡陽王元簡深加禮敬，[1]月中常命駕式閭，[2]

談論終日。胤以若邪處勢迫隘，不容生徒，乃遷秦望山。[3]山有飛泉，西起學舍，即林成援，因巖爲堵。別爲小閤室，寢處其中，躬自啓閉，僮僕無得至者。山側營田二頃，講隙從生徒遊之。胤初遷，將築室，忽見二人著玄冠，容貌甚偉，問胤曰："君欲居此邪?"乃指一處云："此中殊吉。"忽不復見，胤依其言而止焉。[4]尋而山發洪水，樹石皆倒拔，唯胤所居室巋然獨存。元簡乃命記室參軍鍾嶸作《瑞室頌》，[5]刻石以旌之。及元簡去郡，入山與胤別，送至都賜埭，[6]去郡三里，因曰："僕自棄人事，交遊路斷，自非降貴山藪，豈容復望城邑？此埭之遊，於今絕矣。"執手涕零。

[1]衡陽王元簡：梁宗室蕭元簡嗣爵衡陽王。天監十三年前曾爲會稽太守。本書卷二三有傳。

[2]式閭：式，通"軾"，車前横木；閭，里門。車至里門，人立車中，依軾以表敬意。常用以指登門拜訪。

[3]秦望山：山名。在今浙江杭州市西南。

[4]止：《玉篇·止部》："止，住也。"《廣韻·止韻》："止，息也。"此處指築室而居。《南史》卷三〇同傳作"卜"。

[5]記室參軍：官名。王公軍府屬官，掌文書。梁天監七年革選，定流内官職爲十八班，以班多者爲貴，記室參軍爲六至二班。鍾嶸：人名。本書卷四九《文學》有傳。　《瑞室頌》：今不存。

[6]都賜埭：堤壩名。

何氏過江，自晉司空充並葬吴西山。[1]胤家世年皆不永，唯祖尚之至七十二。[2]胤年登祖壽，乃移還吴，作《別山詩》一首，[3]言甚悽愴。至吴，居虎丘西寺講經論，學徒復隨之，東境守宰經途者，莫不畢至。胤常禁殺，有虞人逐鹿，[4]鹿徑來趨胤，伏而不動。又有異鳥如鶴，紅色，集講堂，馴狎如家禽焉。

[1]充：何充，字次道。仕晉，卒，贈司空，謚文穆。《晉書》卷七七有傳。　西山：山名。即今江蘇蘇州姑蘇山。

[2]七十二：《南史》卷三〇同傳同。按，何尚之享年，《宋書》及《南史》本傳皆作“七十九”，與此異。疑當以《宋書》本傳“七十九”爲是。

[3]《别山詩》：今不存。

[4]虞人：古代掌管山澤苑囿、田獵的官。

初，開善寺藏法師與胤遇於秦望，[1]後還都，卒於鍾山。其死日，胤在般若寺，[2]見一僧授胤香爐奩并函書，[3]云“呈何居士”。言訖失所在。胤開函，乃是《大莊嚴論》，世中未有。又於寺内立明珠柱，乃七日七夜放光，太守何遠以狀啓。[4]昭明太子欽其德，[5]遣舍人何思澄致手令以褒美之。[6]

[1]開善寺：佛寺名。在今江蘇南京市紫金山。　藏法師：即智藏法師。本姓顧氏，吴人。梁普通三年卒，年六十五。唐釋道宣《續高僧傳》有傳。

[2]般若寺：佛寺名。在今江蘇蘇州市西北虎丘山。

[3]香爐奩：“爐”字舊本皆脱，此依中華書局本校補。

[4]何遠：人名。本書卷五三《良吏》有傳。

[5]昭明太子：梁武帝太子蕭統謚號昭明，故稱。本書卷八有傳。

[6]舍人：太子舍人的省稱。東宫屬官，掌文記。員十六人。梁三班。　何思澄：人名。本書卷五〇《文學下》有傳。　手令：《藝文類聚》卷三七昭明太子《與何胤書》，當即此手令。　令：《隋書·百官志》，"諸王言曰令"。又，何胤有《答皇太子啓》，見《藝文類聚》卷三七。

中大通三年,[1]卒，年八十六。[2]先是胤疾，妻江氏夢神人告之曰："汝夫壽盡；既有至德，應獲延期，爾當代之。"妻覺説焉，俄得患而卒，胤疾乃瘳。至是胤夢一神女，并八十許人，並衣帢,[3]行列至前，俱拜牀下，覺又見之，便命營凶具。[4]既而疾動，因不自治。

[1]中大通：梁武帝年號（529—534）。

[2]《藝文類聚》三七簡文帝《徵君何先生墓誌》所載胤生平有關事迹，可與本傳參證。

[3]帢：便帽。狀如弁而缺四角，用縑帛縫製。相傳爲曹操所創，見《三國志·魏書》卷一《武帝紀》裴松之注引《傅子》。

[4]凶具：棺材。

胤注《百法論》、《十二門論》各一卷，注《周易》十卷,[1]《毛詩總集》六卷，《毛詩隱義》十卷,[2]《禮記隱義》二十卷,《禮答問》五十五卷。[3]

[1]注《周易》十卷:《隋書·經籍志》著録："《周易》十卷，梁處士何胤注。"

[2]《隋書·經籍志》著録"《毛詩辨異》三卷"下小注："《毛

詩總集》六卷,《毛詩隱義》十卷，並梁處士何胤撰。亡。”

[3]《禮答問》五十五卷：《隋書·經籍志》著録“《三禮雜大義》三卷”下小注：“《答問》五十卷，何胤撰；又《答問》十卷。亡。”

子撰，亦不仕，廬陵王辟爲主簿，[1]不就。

[1]廬陵王：梁武帝子蕭續的封爵號。本書卷二九《高祖三王》有傳。 主簿：官名。梁皇子府主簿，五班。

阮孝緒字士宗，陳留尉氏人也。[1]父彦之，宋太尉從事中郎。[2]

[1]陳留：郡名。治所在今河南開封市東南陳留城。 尉氏：縣名。治所在今河南尉氏縣。此阮氏祖籍。

[2]唐·釋道宣《廣弘明集》卷三《七録序》後附《阮孝緒傳》云孝緒爲“宋中領軍歆之曾孫，祖慧真，臨賀太守；父彦，太尉從事中郎”。按，彦，即彦之。六朝人名末之“之”字例可省。從事中郎，官名。王公府屬官，與長史共掌本府官吏。宋第六品。

孝緒七歲，出後從伯胤之。胤之母周氏卒，有遺財百餘萬，應歸孝緒，孝緒一無所納，盡以歸胤之姊琅邪王晏之母，[1]聞者咸嘆異之。

[1]琅邪王晏：王晏，人名。祖籍琅邪臨沂，仕齊，官至驃騎大將軍、尚書令，封曲江縣公。爲齊明帝所誅。《南齊書》卷四二有傳。

幼至孝，性沉静，雖與兒童遊戲，恒以穿池築山爲樂。年十三，徧通《五經》。十五，冠而見其父，彦之誡曰："三加彌尊，人倫之始。[1]宜思自勗，以庇爾躬。"答曰："願迹松子於瀛海，[2]追許由於穹谷，[3]庶保促生，以免塵累。"自是屏居一室，非定省未嘗出户，[4]家人莫見其面，親友因呼爲"居士"。[5]

[1]《禮記·冠義》："古者冠禮，筮日、筮賓，所以敬冠事，敬冠事所以重禮，重禮所以爲國本也。故冠於阼，以著代也。醮於客位，三加彌尊，加有成也。已冠而字之，成人之道也。"古代冠禮，初加緇布冠，次加皮弁，次加爵弁，稱爲三加。

[2]松子：即赤松子，傳説神農時的仙人。參劉向《列僊傳》上及干寶《搜神記》卷一。

[3]許由：傳説堯時的高士，隱於箕山。堯以天下讓，不受。又召爲九州長，由不欲聞，洗耳於潁水之濱。參《莊子·逍遥遊》及皇甫謐《高士傳》。

[4]定省：子女早晚向親長問安。《禮記·曲禮上》："凡爲人子之禮，冬温而夏凊，昏定而晨省。"

[5]居士：梵語"迦羅越"之義譯，指在家奉佛之人。

外兄王晏貴顯，屢至其門，孝緒度之必至顛覆，常逃匿不與相見。曾食醬美，問之，云是王家所得，便吐飱覆醢。[1]及晏誅，其親戚咸爲之懼。孝緒曰："親而不黨，何坐之及？"竟獲免。

[1]覆醢：指傾棄相似的食物而不食。《禮記·檀弓上》："孔子

哭子路於中庭。有人弔者，而夫子拜之。既哭，進使者而問故，使者曰：'醢之矣。'遂命覆醢。"醢，《南史》卷七六《隱逸下》同傳作"醬"。　吐飧覆醢：《通鑑》卷一四一《齊紀七》"建武四年"下，胡三省注云："既吐其所食者，又覆其所餘者。"

義師圍京城，[1]家貧無以爨，[2]僮妾竊鄰人樵以繼火，[3]孝緒知之，乃不食，更令撤屋而炊。所居室唯有一鹿牀，[4]竹樹環繞。天監初，御史中丞任昉尋其兄履之，[5]欲造而不敢，望而歎曰："其室雖邇，其人甚遠。"[6]爲名流所欽尚如此。

[1]義師：齊東昏侯蕭寶卷即位，狂悖無道，雍州刺史蕭衍起兵於襄陽以討之，因稱其師爲義師。參本書《武帝紀》。

[2]爨：燒火做飯。

[3]竊鄰人樵：《南史》同傳"樵"前有"墓"字。

[4]鹿牀：粗陋的坐卧之具。相傳爲隱士寢居所用。

[5]任昉：人名。本書卷一四有傳。

[6]其室雖邇，其人甚遠：意謂思念的人住地雖近而不得見。《詩·鄭風·東門之墠》："東門之墠，茹藘在阪。其室則邇，其人甚遠。"

十二年，與吴郡范元琰俱徵，並不到。陳郡袁峻謂之曰：[1]"往者，天地閉，賢人隱；今世路已清，而子猶遁，可乎？"答曰："昔周德雖興，夷、齊不厭薇蕨；[2]漢道方盛，黄、綺無悶山林。[3]爲仁由己，[4]何關人世！况僕非往賢之類邪？"

[1]陳郡袁峻：袁峻，人名。祖籍陳郡陽夏。本書卷四九《文學上》有傳。

[2]夷、齊：伯夷、叔齊，孤竹君之二子。周武王伐紂，二人扣馬而諫。武王滅商，二人耻不食周粟，入首陽山採薇蕨以食。見《史記》卷六一《伯夷列傳》。

[3]黄、綺：夏黄公、綺里季。漢初，二人與東園公、角里先生共逃匿山中，義不爲漢臣。事詳《史記》卷五五《留侯世家》。無悶：即遯世。《易·乾》："龍德而隱者也，不易乎世，不成乎名，遯世無悶。"

[4]爲仁由己：《論語·顔淵》："顔淵問仁，子曰：'克己復禮爲仁。一日克己復禮，天下歸仁焉。爲仁由己，而由人乎哉？'"

後於鍾山聽講，母王氏忽有疾，兄弟欲召之。母曰："孝緒至性冥通，必當自到。"果心驚而返，鄰里嗟異之。合藥須得生人葠，舊傳鍾山所出，孝緒躬歷幽險，累日不值，忽見一鹿前行，孝緒感而隨後，至一所遂滅，就視，果獲此草。母得服之，遂愈。時皆歎其孝感所致。

時有善筮者張有道謂孝緒曰：[1]"見子隱跡而心難明，自非考之龜蓍，無以驗也。"及布卦，既揲五爻，[2]曰："此將爲《咸》，[3]應感之法，[4]非嘉遯之兆。"[5]孝緒曰："安知後爻不爲上九？"[6]果成《遯卦》。有道歎曰："此謂'肥遯無不利'。[7]象實應德，[8]心迹并也。"孝緒曰："雖獲《遯卦》，而上九爻不發，升遐之道，[9]便當高謝許生。"[10]乃著《高隱傳》，[11]上自炎、黄，[12]終于天監之末，斟酌分爲三品，凡若干卷。又著論云："夫至道之本，貴在無爲；

聖人之跡，存乎拯弊。弊拯由跡，跡用有乖於本，本既無爲，爲非道之至。然不垂其跡，則世無以平；不究其本，則道實交喪。丘、旦將存其跡，[13]故宜權晦其本；老、莊但明其本，[14]亦宜深抑其跡。跡既可抑，數子所以有餘；本方見晦，尼丘是故不足。非得一之士，[15]闕彼明智；體二之徒，[16]獨懷鑒識。然聖已極照，反創其跡；賢未居宗，更言其本。良由跡須拯世，非聖不能；本實明理，在賢可照。若能體兹本跡，悟彼抑揚，則孔、莊之意，其過半矣。”

[1]筮：以蓍草占休咎。

[2]揲（shé）：以蓍草卜卦。用蓍草五十，先取其一，餘四十九分爲兩疊，然後四根一數，以定陽爻或陰爻。

[3]《咸》：《咸卦》艮下兑上䷞。此五爻當爲䷠。

[4]應感之法：《易·咸》朱熹《本義》：“咸，交感也。兑柔在上，艮剛在下，而交相感應。”

[5]嘉遯：《易·遯》：“九五，嘉遯貞吉。”此處指《遯卦》，即䷠。

[6]上九：《易》卦爻，在第六位的陽爻叫上九。

[7]《易·遯》：“上九，肥遯無不利。”

[8]象：指卦象。

[9]升遐：隱居離世。

[10]許生：許先生，指許由。

[11]《高隱傳》：《隋書·經籍志》著録：“《高隱傳》十卷，阮孝緒撰。”

[12]炎、黄：指傳説中的炎帝、黄帝時代。黄，《南史》卷七六同傳作“皇”。

[13]丘、旦：孔丘、姬旦。

[14]老、莊：老聃、莊周。

[15]得一之士：指道家。《老子》第三十九章："昔之得一者：天得一以清，地得一以寧，神得一以靈，谷得一以盈，萬物得一以生，侯王得一以爲天下貞。"

[16]體二之徒：指儒家。《文選》卷五三李康《運命論》："雖仲尼至聖，顔、冉大賢，揖讓於規矩之内，誾誾於洙泗之上，不能遏其端。孟軻、孫卿體二希聖，從容正道，不能維其末。"五臣銑注："孟、孫二子體法顔、冉，故云體二。"據知，"二"當指顔淵、冉有；"體二之徒"指儒家孟子、荀子等賢人。二，舊本皆訛"之"，此依中華書局本校改。

南平元襄王聞其名，[1]致書要之，不赴。孝緒曰："非志驕富貴，但性畏廟堂。[2]若使麏麚可驂，[3]何以異夫驥騄。"[4]

[1]南平元襄王：梁武帝之弟蕭偉封爵號南平王，謚曰元襄。本書卷二二《太祖五王》有傳。

[2]廟堂：本指宗廟明堂，古代帝王遇大事則告於宗廟，議於明堂，故也以廟堂指朝廷。

[3]麏麚：並獸名。麏（jūn），獐；麚（jiā），牡鹿。此處用以指山間野獸。

[4]驥騄：赤驥、騄耳，並良馬名。

初，建武末，青溪宫東門無故自崩，[1]大風拔東宫門外楊樹。或以問孝緒，孝緒曰："青溪皇家舊宅。齊爲木行，[2]東者木位，[3]今東門自壞，木其衰矣。"

[1]青溪宫：宫室名。在今江蘇南京市西南青溪畔。原有舊宫，齊永明二年（484）築新宫。參《南齊書》卷三《武帝紀》及《雲笈七籤》卷一〇七引陶翊《華陽隱居先生本起録》。青，舊本皆訛“清”，此依中華書局本校改。

[2]齊爲木行：古以金木水火土五行相生相剋的道理附會王朝之命運，稱爲五德。以齊爲木德或木行。

[3]東者木位：古以五行配五方，東方爲木位。

鄱陽忠烈王妃，[1]孝緒之姊。王嘗命駕，欲就之遊，孝緒鑿垣而逃，卒不肯見。諸甥歲時饋遺，一無所納。人或怪之，答云：“非我始願，故不受也。”

[1]鄱陽忠烈王：梁武帝弟蕭恢封爵號鄱陽王，謚曰忠烈。本書卷二二《太祖五王》有傳。鄱陽，郡名。治所在今江西波陽縣。

其恒所供養石像，先有損壞，心欲治補，經一夜忽然完復，衆並異之。

大同二年，[1]卒，時年五十八。門徒誄其德行，[2]謚曰文貞處士。所著《七録》等書二百五十卷，[3]行於世。

[1]大同：梁武帝年號（535—546）。

[2]誄：文體之一種。纍述死者功德以示哀悼。此處用爲動詞。

[3]《七録》：《隋書·經籍志序》：“（梁）普通中，有處士阮孝緒，沉静寡欲，篤好墳史，博采宋、齊已來王公之家凡有書記，參校官簿，更爲《七録》：一曰《經典録》，紀六藝；二曰《記傳録》，紀史傳；三曰《子兵録》，紀子書、兵書；四曰《文集録》，紀詩

賦，五曰《技術録》，紀數術；六曰《佛録》；七曰《道録》。其分部題目，頗有次序，割析辭義，淺薄不經。”又《隋書·經籍志二》著録：“《七録》十二卷，阮孝緒撰。”《廣弘明集》卷三《七録序》附《阮孝緒傳》云：“所著《七録》、《削繁》等諸書一百八十一卷。”《南史》本傳略同，唯無“諸書”二字。又《隋書·經籍志》著録：“《正史削繁》九十四卷，阮孝緒撰。”《削繁》當即《正史削繁》之省稱。按，阮氏所著諸書總數究爲二百五十卷抑或一百八十一卷，無可考。

陶弘景字通明，丹陽秣陵人也。[1]初，母夢青龍自懷而出，并見兩天人手執香爐來至其所，已而有娠，遂産弘景。[2]幼有異操。年十歲，得葛洪《神僊傳》，[3]晝夜研尋，便有養生之志。謂人曰：“仰青雲，覩白日，不覺爲遠矣。”及長，身長七尺四寸，神儀明秀，朗目疏眉，細形長耳。讀書萬餘卷。善琴棊，工草隸。未弱冠，齊高帝作相，[4]引爲諸王侍讀，[5]除奉朝請。[6]雖在朱門，閉影不交外物，唯以披閱爲務。朝儀故事，多取决焉。永明十年，[7]上表辭禄，[8]詔許之，賜以束帛。[9]及發，公卿祖之於征虜亭，[10]供帳甚盛，[11]車馬填咽，[12]咸云宋、齊已來，未有斯事。朝野榮之。

[1]秣陵：縣名。治所在今江蘇南京市中華門外報恩寺附近。梁邵陵王蕭綸《隱居貞白先生陶君碑》有云：“先生名弘景，字通明，本冀州平陽人也。其先自帝堯陶唐氏之後胤，堯治冀州平陽，故因居止……洪源敻遠，系緒綿長。漢興陶舍爲高祖右司馬，子青翟，位至丞相。後至漢末南渡，始居丹陽。七世祖濬，仕吴爲鎮南

將軍、荆州刺史；祖降，宋南中郎參軍事；父貞寶，司徒建安王國侍郎，並立履清約，博涉文史。先生……六歲便解書，能屬文，七歲讀《孝經》、《毛詩》、《論語》數萬言。”（《文苑英華》卷八七三）此述弘景家世，可補本傳之缺。

［2］《雲笈七籤》卷一〇七陶翊《華陽隱居先生本起録》有云：“（孝建二年）九月，母覺有娠，仍夢見一小青龍忽從身中出，且東向而陞天，遂視之不見尾……以孝建三年太歲丙申四月三十日甲戌夜半，先生誕焉。是年廼閏三月，明日朔旦便是夏至。母即沐浴而起，了無餘患。”可與本傳參看。

［3］葛洪：人名。晉丹陽句容人，神仙家。《晉書》卷七十二有傳。　《神僊傳》：《隋書・經籍志》著録：“《神僊傳》十卷，葛洪撰。”按，其書屬道教類，共述古代傳説中94個神仙故事。

［4］齊高帝：齊太祖蕭道成謚號高皇帝。詳《南齊書》卷一《高帝紀》。按，據《宋書》卷一〇《順帝紀》，齊高帝蕭道成“輔政作相”在順帝昇明元年（477），時陶弘景已年二十有二，此云“未弱冠，齊高帝作相”，疑誤。

［5］侍讀：官名。爲皇帝、太子或諸王講讀經史的官吏。不常置，宋齊官品不詳。北齊・陽松玠《談藪》“陶弘景”條云：“（弘景）初爲宜都王侍讀，後遷奉朝請。”

［6］奉朝請：本指大臣定期參加朝會，朝見皇帝。晉以下以爲官名。用以安置閑散官員，宋齊無職事。

［7］《景定建康志》載梁・陳宣懋《陶隱居井欄記》有云：“先生丹陽陶，仕齊奉朝請。壬申歲來山，栖身高静，自號隱居。”齊壬申年即永明十年。可與本傳印證。

［8］上表辭禄：陶弘景本集有《解官表》。

［9］束帛：帛五匹爲束，故稱。古用爲贈送的禮品。參《周禮・春官・大宗伯》賈公彦疏。

［10］祖：古人登程，先祭路神，稱“祖”。後世指餞行送别。　征虜亭：亭名。在今江蘇南京市城區西北。

[11]供帳：餞行時支設的帳幕。

[12]填咽：阻塞、擁擠。

於是止于句容之句曲山。[1]恒曰："此山下是第八洞宫，[2]名金壇華陽之天，周回一百五十里。昔漢有咸陽三茅君得道，[3]來掌此山，故謂之茅山。"[4]乃中山立館，自號華陽隱居。始從東陽孫遊岳受符圖經法。[5]徧歷名山，尋訪仙藥。每經澗谷，必坐卧其間，吟詠盤桓，不能已已。[6]時沈約爲東陽郡守，[7]高其志節，累書要之，[8]不至。

[1]句容：縣名。治所在今江蘇句容縣。　句曲山：在今句容縣東南，又名三茅山。

[2]第八洞宫：即第八洞天。句容山洞是道教十大洞天之一。

[3]咸陽：縣名。治所在今陝西咸陽市。　三茅君：又稱三茅真君。相傳漢代茅氏三兄弟盈、固、衷在句曲山得道成仙，故稱。

[4]陶弘景本集《許長史舊館壇碑》有云："此山本號句曲，其下是第八洞宫，名曰金壇華陽之天，周回一百五十里，分置三府，前漢元帝世有咸陽三茅君得道，來掌此任，故稱茅山。"

[5]東陽：郡名。治所在今浙江金華市。　孫遊岳：人名。南朝著名道教徒。

[6]陶弘景有《尋山志》述其遊名山事。見清・嚴可均輯《全梁文》卷四六。

[7]沈約：人名。齊建武年間（494—498）曾出爲東陽太守。本書卷一三有傳。

[8]《藝文類聚》卷七八有沈約《與陶弘景書》一首，當即其"累書"之一。可參。

弘景爲人，圓通謙謹，出處冥會，心如明鏡，遇物便了，言無煩舛，有亦輒覺。建武中，齊宜都王鏗爲明帝所害，[1]其夜，弘景夢鏗告别，因訪其幽冥中事，多説祕異，因著《夢記》焉。

[1]宜都王鏗：齊高帝子蕭鏗封爵號宜都王。齊海陵王延興元年（494）被害。詳《南齊書》卷三五《高帝十二王・宜都王傳》及卷五《海陵王紀》。按，此云宜都王鏗建武中被害，不確。

永元初，更築三層樓，弘景處其上，弟子居其中，賓客至其下，與物遂絶，[1]唯一家僮得侍其旁。特愛松風，每聞其響，欣然爲樂。有時獨遊泉石，[2]望見者以爲仙人。

[1]物：此處指人。
[2]泉石：指山水。

性好著述，尚奇異，顧惜光景，[1]老而彌篤。尤明陰陽五行、風角星算、[2]山川地理、方圖産物、醫術本草。[3]著《帝代年歷》，[4]又嘗造渾天象，[5]云“修道所須，非止史官是用”。

[1]光景：時光。
[2]風角：占候之術。　星算：天文算數。
[3]本草：中草藥。《隋書・經籍志》著録有“陶弘景《本草》十卷”。又唐・劉知幾《史通》卷一五《點煩》：“昔陶隱居《本草》，

藥有冷熱味者，朱墨點其名。”

[4]《帝代年歷》：《通志·藝文略》著録有陶弘景撰《帝王年歷》五卷。歷，《南史》卷七六同傳作“曆”。

[5]渾天象：又名渾天儀。古代用以觀測天體位置的儀器，類似現在的天球儀。《御覽》卷二引《梁書》曰：“陶弘景嘗造渾天象，高三尺許，地居中央，天轉而地不動，以機動之，悉與天相會。”

義師平建康，聞議禪代，弘景援引圖讖，[1]數處皆成“梁”字，令弟子進之。高祖既早與之遊，及即位後，恩禮逾篤，書問不絶，冠蓋相望。[2]

[1]圖讖：漢代宣揚符命占驗的書。

[2]冠蓋相望：指往來之官吏，一路上前後不絶。唐·李冗《獨異志》卷上：“陶弘景隱居茅山，梁武帝每有大事，飛詔與之參决。時人謂隱居爲‘山中宰相’。”

天監四年，移居積金東澗。善辟穀導引之法，[1]年逾八十而有壯容。深慕張良之爲人，[3]云“古賢莫比”。曾夢佛授其菩提記，[4]名爲勝力菩薩。[5]乃詣鄮縣阿育王塔自誓，[6]受五大戒。[7]後太宗臨南徐州，[8]欽其風素，召至後堂，與談論數日而去，太宗甚敬異之。大通初，[9]令獻二刀於高祖，其一名善勝，一名威勝，[10]並爲佳寶。

[1]辟穀：道教的一種修煉方法。不食五穀以達長生。　導引：養生術之一種。調整呼吸，屈伸手足，使氣血流通以養生。

[3]張良：人名。字子房，佐劉邦奪取天下，封留侯。後功成身退，辟穀養生。詳《史記》卷五五《留侯世家》。

[4]菩提：佛教稱明辨善惡、覺悟真理爲菩提。

[5]勝力菩薩：菩薩名號。菩薩，佛教中所謂能自覺本性，且能普度衆生的人，僅次於佛。

[6]鄮（mào）縣：縣名。治所在今浙江鄞縣東。　阿育王塔：在今浙江鄞縣寶幢鎮。相傳是古印度阿育王所造收藏釋迦牟尼遺骨的八萬四千塔之一。

[7]五大戒：佛教規定，入佛門修行者須戒絶殺生、偷盜、邪淫、妄語、飲酒，稱爲五戒。

[8]太宗：梁簡文帝蕭綱廟號太宗。　南徐州：州名。治所在今江蘇鎮江市。

[9]大通：梁武帝年號（527—529）。

[10]威勝：威，舊本訛作“成”，此依中華書局本校改。

大同二年，卒，時年八十五。[1]顔色不變，屈申如恒。詔贈中散大夫，[2]謚曰貞白先生，仍遣舍人監護喪事。弘景遺令薄葬，弟子遵而行之。[3]

[1]時年八十五：《藝文類聚》卷三七蕭綱《華陽陶先生墓志銘》及《文苑英華》卷八七三蕭綸《隱居貞白先生陶君碑》皆云“春秋八十有一”。此云“八十五”，誤，“五”當作“一”。參余嘉錫《疑年録稽疑》卷一“陶通明”條。見《余嘉錫文史論集》。

[2]中散大夫：官名。屬光禄卿，養老疾，無職事。梁天監七年革選，定流内官職爲十八班，以班多者爲貴，中散大夫爲十班。

[3]梁簡文帝《華陽陶先生墓志銘》有云：“維大同二年龍集景辰克明三月壬寅朔十二日癸丑巳時，華陽洞陶先生蟬蜕於茅山朱陽館。先生諱弘景，字通明，春秋八十有一。屈伸如恒，顔色不變。

有制贈以中散大夫，謚曰貞白先生，舍人主書監護喪事，十四日巳時，窆於雷平之山。”可與本傳參看。又，陶弘景文集，《隋書·經籍志》著録：“梁隱居先生《陶弘景集》三十卷。”“《陶弘景内集》十五卷。”《藝文類聚》卷五五江總《陶貞白先生集序》有云：“文集缺亡，未有編録，門人補輯，若逢遼東之本；好事研搜，如誦河西之篋。奉敕校之鉛墨，緘以緹緗，藏彼鴻都，副在延閣。”於是知《隋志》著録之陶弘景集當是其門人補輯之本。又，《南史》卷七六《隱逸下·陶弘景傳》載其遺令及所著書名，可補本傳之缺。

諸葛璩字幼玟，琅邪陽都人，[1]世居京口。[2]璩幼事徵士關康之，[3]博涉經史。復師徵士臧榮緒，[4]榮緒著《晉書》，[5]稱璩有發擿之功，[6]方之壺遂。[7]

[1]琅邪：郡名。治所在今山東臨沂市東。　陽都：縣名。治所在今山東沂南縣南。此諸葛氏祖籍。

[2]京口：鎮名。即今江蘇鎮江市。

[3]關康之：人名。祖籍河東，世居丹徒。《宋書》卷九三《隱逸》有傳。

[4]臧榮緒：人名。南齊東莞莒人。《南齊書》卷五四《高逸》有傳。

[5]《晉書》：《隋書·經籍志》著録：“《晉書》一百一十卷，齊徐州主籍臧榮緒撰。”今不存。

[6]發擿：解説疑難。

[7]壺遂：人名。漢武帝時官上大夫，曾與司馬遷討論作史的有關問題。見《史記》卷一三〇《太史公自序》。

齊建武初，南徐州行事江祀薦璩於明帝曰：[1]“璩安貧守道，悦《禮》敦《詩》，未嘗投刺邦宰，[2]曳裾府寺，[3]如其簡退，可以揚清厲俗。請辟爲議曹從事。”[4]帝許之，璩辭不去。陳郡謝朓爲東海太守，[5]教曰：[6]“昔長孫東組，降龍丘之節；[7]文舉北輜，高通德之稱。[8]所以激貪立懦，[9]式揚風範。處士諸葛璩，[10]高風所漸，結轍前脩。[11]豈懷珠披褐，韜玉待價？[12]將幽貞獨往，不事王侯者邪？[13]聞事親有啜菽之窶，就養寡藜蒸之給，[14]豈得獨享萬鍾，[15]而忘茲五秉。[16]可餉穀百斛。”天監中，太守蕭琛、刺史安成王秀、鄱陽王恢並禮異焉。[17]璩丁母憂毀瘠，[18]恢累加存問，服闋，[19]舉秀才，不就。

[1]行事：代行政事。南朝諸王往往年少出鎮一方，因而朝廷命長史代行政事，稱爲行事。　江祀：人名。祖籍濟陽考城，仕齊，曾爲南徐州刺史晉安王長史，行府州事。《南齊書》卷四二《江祏傳》有附傳。

[2]投刺：遞名帖求見。刺，名帖。　邦宰：地方州郡長官。

[3]曳裾：指奔走於權貴之門。　府寺：郡國官署。

[4]議曹從事：官名。州府屬官，職參謀議。宋第九品，齊不詳。

[5]陳郡謝朓：謝朓，祖籍陳郡陽夏。《南齊書》卷四七有傳。東海：據謝朓本傳，當爲“南東海”，郡名。治所在今江蘇武進縣西北萬綏鎮。

[6]教：文體之一種。上級官吏對下級的告諭。

[7]東漢任延，字長孫，南陽宛人，爲會稽都尉。會稽頗稱多士，延到，聘請高行。吴有龍丘萇者，隱居太末，志不降辱。掾吏白請召之，延曰：“龍丘先生躬德履義，有原憲、伯夷之節。都尉灑掃其門，猶懼辱焉，召之不可。”遣郡功曹奉謁，修書記，致醫

蘗，吏使相望於道。積一歲，萇乃乘輦詣府門，願編名録於郡職。事見《後漢書》卷七六《循吏傳》。中華書局本《校勘記》：“‘東組’無義，‘組’疑當作‘徂’，與下文‘北轞’相對成文，當因形近而訛。《册府元龜》六八七正作‘徂’。”

[8]孔融，字文舉，東漢魯國人，孔子二十世孫。爲北海相，深敬鄭玄，親造其門，告高密縣爲特立一鄉，曰：“今鄭君鄉宜曰鄭公鄉。……可廣開門衢，令容高車，號爲通德門。”事詳《後漢書》卷三五《鄭玄傳》。北轞，乘車北行。《説文解字》：“轞，轞軿，衣車也。”

[9]激貪立懦：使貪者受激厲，使懦者立志。

[10]處士：有學行而隱居不仕的人。

[11]結轍：車子一輛接一輛行進，車迹交叠。意同繼踵。　前脩：前代的賢人。脩，同“修”。

[12]懷珠披褐，韜玉待價：比喻賢才藏而不露，待時而仕。《老子》：“知我者希，則我者貴，是以聖人被褐懷玉。”《論語·子罕》：“子貢曰：‘有美玉於斯，韞櫝而藏諸？求善賈而沽諸？’子曰：‘沽之哉，沽之哉！我待賈者也。’”

[13]將：選擇連詞，抑，還是。　幽貞獨往，不事王侯：指隱居不仕。《易·履》：“履道坦坦，幽人貞吉。”《莊子·在宥》：“出入六合，遊乎九州，獨往獨來，是謂獨有。”《易·蠱》：“不事王侯，高尚其事。”

[14]意謂因貧困而以啜菽、藜蒸養親。《禮記·檀弓》：“子路曰：‘傷哉貧也，生無以爲養，死無以爲禮也。’孔子曰：‘啜菽飲水盡其歡，斯謂之孝。’”啜菽，熬豆而食。啜，嘗。窶，貧。《孔子家語·七十二弟子解》：“曾參後母遇之無恩，供應不衰。其妻以藜蒸不熟，因出之。”藜，野菜。初生，蒸熟可食。

[15]萬鍾：指奉禄之多。古制，一鍾爲六斛四斗。

[16]五秉：《論語·雍也》：“子華使於齊，冉子爲其母請粟……冉子與之粟五秉。”何晏《集解》：“馬（融）曰：十六斛曰秉，

五秉合八十斛。”

[17]蕭琛：人名。本書卷二六有傳。　安成王秀、鄱陽王恢：梁武帝弟蕭秀封爵號安成王，蕭恢封爵號鄱陽王。本書卷二二《太祖五王傳》並有傳。

[18]丁母憂：服母喪。

[19]服闋：服喪期滿。

璩性勤於誨誘，後生就學者日至，居宅狹陋，無以容之，太守張友爲起講舍。璩處身清正，妻子不見喜愠之色。旦夕孜孜，講誦不輟，時人益以此宗之。

七年，高祖敕問太守王份，[1]份即具以實對，未及徵用，是年卒於家。璩所著文章二十卷，[2]門人劉曒集而録之。[3]

[1]王份：人名。本書卷二一有傳。

[2]文章二十卷：《隋書·經籍志》著録“梁太常卿《任昉集》三十四卷”下小注：“南徐州秀才《諸葛璩集》十卷，亡。”

[3]劉曒：《南史》卷七六《隱逸下》同傳作“劉暾”。

沈顗字處默，吴興武康人也。[1]父坦之，齊都官郎。[2]

[1]武康：縣名。治所在今浙江德清縣西千秋鎮。

[2]都官郎：官名。尚書省諸曹郎之一，屬都官尚書。掌法律刑獄、水利工程政令。齊第六品。

顗幼清静有至行，慕黄叔度、徐孺子之爲人。[1]讀書不爲章句，著述不尚浮華。常獨處一室，人罕見其面。顗從叔勃，[2]貴顯齊世，每還吴興，賓客填咽，[3]顗不至其門。勃就見，顗送迎不越於閾。[4]勃歎息曰："吾乃今知貴不如賤。"

[1]黄叔度、徐孺子：黄憲，字叔度，後漢汝南慎陽人；徐穉，字孺子，後漢豫章南昌人。二人皆後漢高士，有名於時。《後漢書》卷五三並有傳。

[2]勃：沈勃，仕宋，位司徒左長史。結事宦官，後伏誅。《南史》卷三六《沈演之傳》有附傳。

[3]填咽：擁擠，阻塞。

[4]閾：門檻。

俄徵爲南郡王左常侍，[1]不就。顗内行甚脩，[2]事母兄弟孝友，爲鄉里所稱慕。永明三年，徵著作郎；[3]建武二年，徵太子舍人，俱不赴。永元二年，又徵通直郎，[4]亦不赴。

[1]南郡王：齊鬱林王蕭昭業初封南郡王。南郡，郡名。治所在今湖北荆州市。　左常侍：官名。王國屬官，掌諫諍司儀。宋第八品，齊不詳。

[2]内行：平日居家的操行。

[3]著作郎：官名。祕書省屬官，掌國史，集注起居，爲清簡之職。多甲族貴遊起家之選。員一人。齊第六品。

[4]通直郎：通直散騎侍郎之省稱，官名。掌侍從左右，應對獻替，與散騎侍郎通直。劉宋以後，多爲加官，不爲人所重。員四人。宋第五品，齊不詳。

顗素不治家産，值齊末兵荒，與家人并日而食。[1]或有饋其粱肉者，閉門不受。唯以樵採自資，怡怡然恒不改其樂。[2]

[1]并日而食：兩日食一日之糧。

[2]不改其樂：《論語·雍也》："子曰：'賢哉，回也！一簞食，一瓢飲，在陋巷，人不堪其憂，回也不改其樂。賢哉，回也！'"

天監四年，大舉北伐，訂民丁，[1]吴興太守柳惲以顗從役，[2]揚州別駕陸任以書責之，[3]惲大慚，厚禮而遣之。其年卒於家。所著文章數十篇。

[1]訂：徵用。

[2]柳惲：人名。本書卷二一有傳。

[3]揚州：州名。治所在今江蘇南京市。　別駕：別駕從事史的省稱，官名。州府屬官，與西曹書佐共掌本府官吏及選舉事。齊及梁初官品不詳。　陸任：人名。吴郡人，齊南兗州刺史陸慧曉之子。仕梁，官至御史中丞。見《南史》卷四八《陸慧曉傳》。

劉慧斐字文宣，[1]彭城人也。[2]少博學，能屬文，起家安成王法曹行參軍。[3]嘗還都，途經尋陽，[4]遊於匡山，[5]過處士張孝秀，[6]相得甚歡，遂有終焉之志。因不仕，居於東林寺。[7]又於山北構園一所，號曰離垢園，[8]時人乃謂爲離垢先生。

[1]文宣：《南史》卷七六同傳作“宣文”。

[2]彭城：郡名。治所在今江蘇徐州市。

[3]安成王：梁武帝弟蕭秀的封爵號。本書卷二二《太祖五王》有傳。　法曹行參軍：官名。諸公軍府屬官，掌郵驛事務。梁三班至流外。

[4]尋陽：郡名。治所在今江西九江市西南。

[5]匡山：即廬山。

[6]過：《南史》同傳作“遇”。　處士：有學行而不仕的人。

[7]東林寺：佛寺名。故址在今江西廬山。

[8]離垢：佛家語。指脱離煩惱的垢染。離垢園，當是仿照佛書離垢地、離垢世界以稱。

慧斐尤明釋典，工篆隸，在山手寫佛經二千餘卷，常所誦者百餘卷。晝夜行道，孜孜不怠，遠近欽慕之。太宗臨江州，[1]遺以几杖。論者云，自遠法師没後，[2]將二百年，始有張、劉之盛矣。世祖及武陵王等書問不絶。[3]大同二年，[4]卒，時年五十九。

[1]江州：州名。治所在今江西九江市西南。

[2]遠法師：即慧遠法師。俗姓賈，東晉雁門樓煩人，居廬山東林寺。梁·釋慧皎《高僧傳》卷六有傳。

[3]世祖：梁元帝廟號。　武陵王：梁武帝子蕭紀封爵號。本書卷五五有傳。

[4]二年：《南史》作“三年”。

范元琰字伯珪，吴郡錢唐人也。[1]祖悦之，太學博士徵，[2]不至。父靈瑜，居父憂，[3]以毁卒。元琰時童孺，哀慕盡禮，親黨異之。及長，好學，博通經史，兼精佛義。然性謙敬，不以所長驕人。家貧，唯以園蔬爲業。嘗出行，見人盜其菜，元琰遽退走，母問其故，具以實答。母問盜者爲誰，答曰："向所以退，[4]畏其愧恥，今啓其名，願不泄也。"於是母子祕之。或有涉溝盜其筍者，元琰因伐木爲橋以渡之。自是盜者大慚，一鄉無復草竊。[5]居常不出城市，獨坐如對嚴賓，見之者莫不改容正色。沛國劉瓛深加器異，[6]嘗表稱之。

[1]錢唐：縣名。治所在今浙江杭州市。

[2]太學博士：官名。屬太常。國子學教官，參議禮制。宋第六品，齊不詳。

[3]父憂：父喪。

[4]向：剛才。

[5]草竊：搶竊、偷盜。

[6]沛國劉瓛：劉瓛，字子珪，祖籍沛國，南朝碩儒。《南齊書》卷三九有傳。

齊建武二年，始徵爲安北參軍事，[1]不赴。天監九年，縣令管慧辨上言義行，揚州刺史臨川王宏辟命，[2]不至。十年，王拜表薦焉，竟未徵。其年卒于家，時年七十。

[1]安北：安北將軍之省稱，將軍名號。與安東、安西、安南將軍合稱四安將軍，爲出鎮方面的軍事長官，或作爲刺史兼理軍務的加官，權任頗重。宋第三品，齊不詳。　參軍事：官名。諸公軍

府屬官，參掌府曹事。宋第七品，齊不詳。

[2]臨川王宏：梁武帝弟蕭宏封爵號臨川王。本書卷二二《太祖五王》有傳。 辟命：徵召授官。

劉訏字彦度，平原人也。[1]父靈真，齊武昌太守。[2]訏幼稱純孝，數歲，父母繼卒，訏居喪，哭泣孺慕，[3]幾至滅性，[4]赴弔者莫不傷焉。後爲伯父所養，事伯母及昆姊，孝友篤至，爲宗族所稱。自傷早孤，人有誤觸其諱者，未嘗不感結流涕。長兄絜爲之娉妻[5]，剋日成婚，[6]訏聞而逃匿，事息乃還。本州刺史張稷辟爲主簿，[7]不就，主者檄召，[8]訏乃挂檄於樹而逃。

[1]平原：郡名。治所在今山東平原縣西南。此劉訏（xū）祖籍。

[2]武昌：郡名。治所在今湖北鄂州市。

[3]孺慕：指幼童對親人的思慕。

[4]滅性：因喪親過悲而危及生命。《孝經·喪親》："教民無以死傷生，毀不滅性。"

[5]娉：娶。今作"聘"。

[6]剋日：限定日期。

[7]本州刺史張稷：本州，指平原郡所屬冀州。張稷於梁天監十年曾爲青、冀二州刺史。見本書卷一六《張稷傳》。

[8]檄：文體之一種。官府用以徵召、曉喻、申討的文書。

訏善玄言，尤精釋典。曾與族兄劉歊聽講於鍾山諸寺，因共卜築宋熙寺東澗，[1]有終焉之志。天監十七年，卒於歊舍，時年三十一。臨終，執歊手曰："氣絶便斂，斂畢即埋，靈筵一不須立，勿設饗祀，無求繼嗣。"歊從而行之。宗人至友相與刊石立銘，謚曰玄貞處士。[2]

[1]卜築：擇地建屋。　宋熙寺：佛寺名。在今江蘇南京鍾山。宋·張敦頤《六朝事迹編類》卷一〇《神僊門》"春澗"條云："鍾山宋興寺東，梁處士劉訏，字彦度，隱居之所。"按，疑"宋興寺"爲"宋熙寺"之誤。《御覽》卷四〇八《人事部》四九引《梁典》曰："劉訏字彦度，與陳留阮孝緒申金蘭之契，築室鍾阜之傍，共聽内義，鑽尋奥典。"

[2]《隋書·經籍志》著録："梁護軍將軍《周捨集》二十卷"下小注："《劉歊集》八卷，玄貞處士《劉訏集》一卷，亡。"

劉歊字士光，訏族兄也。祖乘民，宋冀州刺史；[1]父聞慰，[2]齊正員郎；[3]世爲二千石，[4]皆有清名。

[1]冀州：州名。南朝宋元嘉九年（432）僑置，治所在今山東濟南市。

[2]聞慰：劉懷慰本名。齊武帝即位，因其與舅氏名同，敕改之。《南齊書》卷五三有傳。中華書局本《校勘記》："聞慰爲劉懷慰本名，此當舉其後定之名'懷慰'方合史例，《册府元龜》七八三作'懷慰'，是。"

[3]正員郎：官名。即散騎侍郎。散騎省屬官，掌侍從左右，應對諫諍。宋第五品，齊不詳。唐·杜佑《通典》卷二二《職官四》"尚書省·歷代郎官"下有云："按歷代所謂正員郎者，即散騎侍郎耳，謂非員外通直者，故謂之正員郎。"

[4]二千石：漢代内自九卿郎將，外至郡守尉的俸禄等級都是二千石。後世因稱郎將、郡守爲二千石。

歊幼有識慧，四歲喪父，與羣兒同處，獨不戲弄。六歲誦《論語》、《毛詩》，意所不解，便能問難。十一，[1]讀《莊子·逍遥篇》，曰："此可解耳。"客因問之，隨問而答，皆有情理，家人每異之。及長，博學有文才，不娶不仕，與族弟訏並隱居求志，遨遊林澤，以山水書籍相娱而已。常欲避人世，以母老不忍違離，每隨兄霽、杳從宦。[2]少時好施，務周人之急，[3]人或遺之，亦不距也。[4]久而歎曰："受人者必報，不則有愧於人。吾固無以報人，豈可常有愧乎？"

[1]十一：《南史》卷四九同傳及《册府元龜》卷七七四作"十二"。

[2]霽、杳：劉霽，本書卷四七《孝行》有傳；劉杳，本書卷五〇《文學下》有傳。

[3]周：通"賙"，救濟。

[4]距：通"拒"。

天監十七年，無何而著《革終論》。其辭曰：

死生之事，聖人罕言之矣。孔子曰："精氣爲物，遊魂爲變，知鬼神之情狀，與天地相似而不違。"[1]其言約，其旨妙，其事隱，其意深，未可以臆斷，難得而精覈，聊肆狂瞽，[2]請試言之。

[1]相傳孔子所作《易·繫辭上》有云："仰以觀於天文，俯以察於地理，是故知幽明之故；原始反終，故知死生之説；精氣爲物，遊魂爲變，是故知鬼神之情狀。"

[2]肆：放縱。　狂瞽：書疏中自謙之語。狂，悖理；瞽，不明。

夫形慮合而爲生，[1]魂質離而稱死，[2]合則起動，離則休寂。當其動也，人皆知其神；及其寂也，物莫測其所趣。皆知則不言而義顯，莫測則逾辯而理微。[3]是以勛、華曠而莫陳，[4]姬、孔抑而不説，[5]前達往賢，互生異見。季札云：[6]"骨肉歸於土，魂氣無不之。"[7]莊周云：[8]"生爲徭役，死爲休息。"[9]尋此二説，[10]如或相反。何者？氣無不之，神有也；死爲休息，神無也。原憲云：[11]"夏后氏用明器，示民無知也。殷人用祭器，示民有知也。周人兼用之，示民疑也。"[12]考之記籍，驗之前志，有無之辯，不可歷言。若稽諸内教，[13]判乎釋部，則諸子之言可尋，三代之禮無越。何者？神爲生本，形爲生具，[14]死者神離此具，而即非彼具也。[15]雖死者不可復反，[16]而精靈遞變，未嘗滅絶。當其離此之日，識用廓然，故夏后明器，示其弗反。即彼之時，魂靈知滅，故殷人祭器，顯其猶存。不反則合乎莊周，[17]猶存則同乎季札，各得一隅，無傷厥義。設其實也，則亦無，故周人有兼用之禮，尼父發遊魂之唱，不其然乎。若廢偏擕之論，[18]探中途之旨，則不仁不智之譏，於是乎可息。

[1]形慮：形體和思想。

[2]魂質：魂即慮，質即形。爲避重複而變稱。

[3]微：隱晦。

[4]勛、華：即堯、舜。《尚書·堯典》稱堯爲放勛，舜爲重華，故後人合稱堯舜爲勛華。

[5]姬、孔：指周公、孔子。

[6]季札：春秋時吴國公子。見《史記》卷三一《吴太伯世家》。

[7]《禮記·檀弓下》：季札長子死，既葬，“且號者三，曰：‘骨肉歸復於土，命也。若魂氣則無不之也，無不之也！’而遂行”。

[8]莊周：人名。戰國時宋國蒙人。見《史記》卷六三《老莊申韓列傳》。

[9]《文選》卷一四班孟堅《幽通賦》李善注引莊周曰：“生爲徭役，死爲休息。”按，今通行本《莊子》無此句。《莊子·大宗師》有云：“夫大塊載我以形，勞我以生，佚我以老，息我以死。”

[10]尋：推究。

[11]原憲：即仲憲，孔子弟子。見《史記》卷六七《仲尼弟子列傳》及《莊子·讓王》。

[12]語出《禮記·檀弓上》。夏后氏，禹建夏王朝，因稱夏后氏。明器，古代用竹、木或陶土專爲隨葬而製作的器物。祭器，古代祭祀用的禮器，如樽、彝、籩、豆之類。示民有知，“民”，舊本皆作“人”，此依中華書局本校改。

[13]内教：指佛教。

[14]具：具象，表現形式。

[15]即非：《吕思勉讀史札記》丙帙《魏晉南北朝》“輪回”條引此段，小注云：“即非，疑當作‘非即’。”

[16]反：同“返”。下文二“反”字亦同“返”。

[17]不反：反，舊本皆訛“存”，此依中華書局本校改。

[18]偏攜：片面。

夫形也者，無知之質也；神也者，有知之性也。有知不獨存，依無知以自立，故形之於神，逆旅之館耳。[1]及其死也，神去此而適彼也。神已去此，館何用存？速朽得理也。[2]神已適彼，祭何所祭？祭則失理。而姬、孔之教不然者，其有以乎！蓋禮樂之興，出於澆薄，俎豆綴兆，[3]生於俗弊。施靈筵，陳棺椁，設饋奠，建丘隴，蓋欲令孝子有追思之地耳，夫何補於已遷之神乎？故上古衣之以薪，棄之中野，[4]可謂尊盧、赫胥、皇雄、炎帝蹈於失理哉？[5]是以子羽沈川，[6]漢伯方壙，[7]文楚黄壤，[8]士安麻索。[9]此四子者，得理也，忘教也。若從四子而遊，則平生之志得矣。

[1]逆旅：旅舍。

[2]速朽：《禮記·檀弓上》：“有子問於曾子曰：‘聞喪於夫子乎？’曰：‘聞之矣！喪欲速貧，死欲速朽。’”

[3]綴兆：指樂隊的行列。

[4]《易·繫辭下》：“古之葬者，厚衣之以薪，葬之中野，不封不樹。”

[5]尊盧、赫胥、皇雄、炎帝：皆傳説中上古帝王名。參《莊子·胠篋》。

[6]子羽沈川：澹臺子羽渡水而子溺死，人將葬之。子羽曰：“此命也，吾豈與螻蟻爲親，魚鱉爲讎！”於是遂以水葬之。詳《太

平御覽》卷五五六《禮儀部》三五《葬送》引《博物志》。

[7]漢伯方壙：後漢景鸞字漢伯，梓潼人。少遊學七州，明經術，不應徵聘。戒子孫人紀之禮及遺令期死葬不設衣衿，務在節儉，甚有法度。卒終布衣。詳《華陽國志》卷一〇《梓潼士女》。

[8]文楚黄壤：趙咨，字文楚，後漢東郡人。將終，告其故吏，使簿斂素棺，藉以黄壤，欲令速朽。《後漢書》卷三九有傳。

[9]士安麻索：皇甫謐，字士安，晉安定人。著《篤終論》，命子孫於己氣絶之後即"幅巾故衣，以籧篨裹屍，麻約二頭，置屍床上，擇不毛之地"，穿坑以葬。《晉書》卷五一有傳。

然積習生常，難卒改革，一朝肆志，儻不見從。今欲翦截煩厚，務存儉易，進不裸尸，退異常俗，不傷存者之念，有合至人之道。孔子云："斂首足形，還葬而無椁。"[1]斯亦貧者之禮也，余何陋焉。且張奂止用幅巾，[2]王肅唯盥手足，[3]范冉殮畢便葬，[4]奚珍無設筵几，[5]文度故舟爲椁，子廉牛車載柩，叔起誡絶墳隴，[6]康成使無卜吉。[7]此數公者，尚或如之；況於吾人，而當華泰！今欲髣髴景行，[8]以爲軌則，儻合中庸之道，庶免徒費之譏。氣絶不須復魄，[9]盥洗而斂。以一千錢市治棺、單故裙衫、衣巾枕履。此外送往之具，棺中常物，及餘閣之祭，[10]一不得有所施。世多信李、彭之言，[11]可謂惑矣。余以孔、釋爲師，差無此惑。斂訖，載以露車，[12]歸於舊山，隨得一地，地足爲坎，坎足容棺，不須塼甓，不勞封樹，[13]勿設祭饗，勿置几筵，無用茅君之虚座，[14]伯夷之杅水。[15]其蒸嘗繼嗣，[16]言象所絶，事止余身，無傷世教。家人長幼，内外姻戚，凡厥友朋，爰及寓所，咸願成余之志，幸勿奪之。

明年疾卒，時年三十二。

[1]椁：外棺。古代棺木有兩重，外曰椁，内曰棺。

[2]張奂止用幅巾：張奂，人名。後漢敦煌酒泉人。卒時遺命朝殯夕葬，措屍靈床，幅巾而已。《後漢書》卷六五有傳。

[3]王肅唯盥手足：事不詳。肅，漢末東海郯人。《三國志》卷一三有傳。

[4]范冉殮畢便葬：范冉，人名。後漢陳留外黄人。臨終遺令其子，氣絶便斂，斂畢便穿，穿畢便埋。《後漢書》卷八一《獨行傳》有傳。

[5]奚珍無設筵几：事不詳。奚，《南史》作"爰"。

[6]文度故舟爲椁，子廉牛車載柩，叔起誡絶墳隴：事並不詳。椁，《南史》作"棺"。

[7]康成使無卜吉：鄭玄，字康成，後漢北海高密人。臨終，遺令薄葬。《後漢書》卷三五有傳。"使無卜吉"事未詳。

[8]景行：高尚的德行。

[9]復魄：招回魂魄。古人迷信，人病或死後，要招其魂魄歸來，稱爲復或復魄。魄，《南史》作"魂"。

[10]餘閣：人死之後祭其靈牌之處。

[11]李、彭：指李耳、彭祖。

[12]露車：無帷蓋之車，民家用以載物者。

[13]封樹：古代葬禮，聚土爲墳叫做封，墳旁植樹叫做樹。

[14]茅君：指漢人茅盈。相傳盈入山修道，得見西王母，後成仙。詳《太平御覽》卷六六一《道部》三《真人》引《茅君傳》。虚座：指靈座。

［15］伯夷：人名。見《史記》卷六一《伯夷列傳》。杅水：古代祭祀所用盂水。杅，通“盂”。

［16］蒸嘗：古代祭祀活動，秋祭曰烝，冬祭曰嘗。《詩·小雅·楚茨》：“絜爾牛羊，以往烝嘗。”蒸，同“烝”。後亦以烝嘗泛指祭祀。

歊幼時嘗獨坐空室，有一老公至門，謂歊曰：“心力勇猛，能精死生；但不得久滯一方耳。”因彈指而去。[1]歊既長，精心學佛，有道人釋寶誌者，[2]時人莫測也，遇歊於興皇寺，[3]驚起曰：“隱居學道，清净登佛。”如此三説。歊未死之春，有人爲其庭中栽柿，歊謂兄子弇曰：“吾不見此實，爾其勿言。”至秋而亡，人以爲知命。親故誄其行迹，[4]謚曰貞節處士。

［1］彈指：彈擊手指。佛教徒以手作拳，屈食指與大拇指捻彈作聲，表示許諾、憤怒、贊歎或告誡等意。

［2］釋寶誌：本姓朱，少出家，習修禪業。劉宋明帝初，忽如僻異，錫杖跣行，居無定止，言如讖記，頗多異迹。梁天監十三年（514）終。梁·釋慧皎《高僧傳》卷一〇有傳。

［3］興皇寺：佛寺名。故址在今江蘇南京市鍾山。

［4］誄：文體之一種。先累述死者世系行業，而末寓哀傷之意。

庾詵字彦寶，新野人也。[1]幼聰警篤學，經史百家無不該綜，緯候書射，棊筭機巧，並一時之絶。而性託夷簡，[2]特愛林泉。十畝之宅，山池居半。蔬食弊衣，不治産業。嘗乘舟從田舍還，載米一百五十石，有人寄載三十石，既至宅，寄載者曰：“君三十斛，我百五十石。”詵默然不言，恣其取足。隣人有被誣爲盗者，被治劾，妄款，[3]詵矜之，乃以書質錢二萬，令門生詐爲其親，代之酬備。隣人獲免，謝詵，詵曰："吾矜天下無辜，豈期謝也。"其行多如此類。

[1]新野：郡名。治所在今河南新野縣。此庾詵祖籍。

[2]夷簡：淡泊質樸。

[3]妄款：曲招。

高祖少與詵善，雅推重之。及起義，[1]署爲平西府記室參軍，[2]詵不屈。平生少所遊狎，河東柳惲欲與之交，[3]詵距而不納。[4]後湘東王臨荆州，[5]板爲鎮西府記室參軍，[6]不就。普通中，[7]詔曰："明敭振滯，[8]爲政所先；旌賢求士，夢佇斯急。新野庾詵止足栖退，自事却掃，經史文藝，多所貫習；潁川庾承先學通黄、老，該涉釋教；並不競不營，安兹枯槁，[9]可以鎮躁敦俗。詵可黄門侍郎，[10]承先可中書侍郎。[11]勒州縣時加敦遣，庶能屈志，方冀鹽梅。"[12]詵稱疾不赴。

[1]起義：指梁武於齊永元三年（501）起義兵討東昏侯蕭寶卷。參本書《武帝紀》。

[2]平西：平西將軍之省稱，將軍名號。與平東、平南、平北將軍合稱四平將軍，多持節都督，或監某一地區的軍事，亦可作爲刺史兼理軍務的加官。宋第三品，齊不詳。

[3]河東柳惲：柳惲，祖籍河東郡。本書卷二一有傳。

[4]距：同"拒"。

[5]湘東王：梁元帝蕭繹之初封爵號。　荆州：州名。治所在今湖北荆州市。

[6]板：六朝時，地方長官臨時書授官之辭於板以授官，稱爲板授。凡板官，皆不給印綬，但可食禄。　鎮西：鎮西將軍之省稱，將軍名號。與鎮東、鎮南、鎮北將軍合稱四鎮將軍，多爲持節都督，出鎮方面，權勢頗重。梁天監七年革選，釐定將軍名號及班品，有一百二十五號十品二十四班，以班多者爲貴，鎮西將軍爲二十二班。

[7]普通：梁武帝年號（520—527）。

[8]明敭：選拔。敭，同"揚"。　振滯：提拔遺落的人才。

[9]枯槁：貧困。

[10]黄門侍郎：官名。門下省次官，與侍中俱掌侍從左右，擯相威儀，盡規獻納，糾正違缺等。出入禁中，權位顯要，員四人。梁天監七年（508）革選，定流内官職爲十八班，以班多者爲貴，黄門侍郎爲十班。

[11]中書侍郎：官名。中書省官員，舊掌詔誥。劉宋以下，草擬詔誥之權歸中書舍人，侍郎職少官清，成爲諸王起家官。員四人。梁九班。

[12]鹽梅：鹽和酸梅。本爲調味之物，用以比喻治理國政。《尚書·説命下》："若作和羹，爾唯鹽梅。"

晚年以後，尤遵釋教，宅内立道場，[1]環繞禮懺，[2]六時不輟。[3]誦《法華經》，[4]每日一徧。後夜中忽見一道人，自稱願公，容止甚異，呼詵爲上行先生，授香而去。中大通四年，因晝寢，忽驚覺曰："願公復來，不可久住。"顔色不變，言終而卒，時年七十八。舉室咸聞空中唱"上行先生已生彌陁净域矣。"[5]高祖聞而下詔曰："旌善表行，前王所敦。新野庾詵，荆山珠玉，[6]江陵杞梓，[7]静侯南度，[8]固有名德，獨貞苦節，孤芳素履。奄隨運往，惻愴于懷。宜謚貞節處士，以顯高烈。”詵所撰《帝歷》二十卷，《易林》二十卷，續伍端休《江陵記》一卷，《晉朝雜事》五卷，[9]《總抄》八十卷，行於世。

[1]道場：寺院的别名。參錢大昕《恒言録》卷五。

[2]禮懺：佛家語。指禮拜三寶、懺悔所造之罪。

[3]六時：佛教分一晝夜爲六時：晨朝、日中、日没、初夜、中夜、後夜。

[4]《法華經》：即《妙法蓮華經》。佛教經典。七卷（或八卷）。

[5]彌陁：阿彌陀佛之簡稱，梵語譯音。佛家净土宗以阿彌陀佛爲西方“極樂世界”之教主。陁，同“陀”。唐釋惠詳《弘贊法華傳》卷六有《梁上行先生庾詵傳》，可參。

[6]荆山：山名。在今湖北南漳縣西，相傳楚人卞和得璞玉於此山。

[7]江陵：縣名。治所在今湖北荆州市。　杞梓：並優質木材。比喻優秀人才。

[8]静侯：疑指庾滔。滔從晉元帝過江，因家於江陵，封遂昌侯。詵爲其來孫。參《北史》卷八九《藝術·庾季才傳》。　度：通“渡”。

[9]《晉朝雜事》五卷：《隋書·經籍志》二著録“《晉朝雜事》二卷”，未署撰人，疑即此書，然卷數不同。

子曼倩字世華，亦早有令譽。世祖在荆州，辟爲主簿，[1]遷中録事。[2]每出，世祖常目送之，謂劉之遴曰：[3]“荆南信多君子，雖美歸田鳳，[4]清屬桓階，[5]

賞德標奇，未過此子。”後轉諮議參軍。[6]所著《喪服儀》、《文字體例》、《莊老義疏》，注《算經》及《七曜歷術》，并所製文章：凡九十五卷。

[1]主簿：官名。荆州府主簿，梁二班。

[2]中録事：官名。王公府屬官，掌總録衆曹文簿，舉彈善惡。梁七班至五班。

[3]劉之遴：人名。祖籍南陽，世居江陵。本書卷四〇有傳。

[4]田鳳：東漢·趙岐《三輔决録》卷二：“長陵田鳳，字季宗，爲尚書郎，儀貌端正。入奏事，靈帝目送之，因題殿柱曰：‘堂堂乎張，京兆田郎。’”（《二酉堂叢書》本）

[5]桓階：人名。後漢長沙臨湘人。仕曹魏，篤於守正，曹操深重之。《三國志》卷二二有傳。

[6]諮議參軍：官名。王公府屬官，掌諷議。梁九至六班。

子季才，[1]有學行，承聖中，[2]仕至中書侍郎。江陵陷，[3]隨例入關。[4]

[1]季才：庾季才，《隋書·藝術》有傳。

[2]承聖：梁元帝年號（552—555）。

[3]江陵陷：指梁元帝承聖三年，西魏柱國萬紐于謹率軍攻陷江陵，元帝被害。西魏選百姓男女數萬，驅入長安。詳本書卷五《元帝紀》。

[4]入關：指入西魏。西魏都長安，屬關中，故稱。

張孝秀字文逸，南陽宛人也。[1]少仕州爲治中從事史；[2]遭母憂，服闋，爲建安王别駕。[3]頃之，遂去職歸山，居于東林寺。[4]有田數十頃，部曲數百人，率以力田，盡供山衆，遠近歸慕，赴之如市。

[1]南陽：郡名。治所在今河南南陽市。　宛：縣名。治所與南陽郡同。

[2]治中從事史：官名。州府屬官，掌衆曹文書事。宋第九品，齊梁官品不詳。

[3]建安王：梁武帝弟蕭偉的初封爵號。本書卷二二《太祖五王》有傳。　別駕：官名。職掌同前代。梁代皇弟皇子荆州别駕爲六班。

[4]東林寺：佛寺名。故址在今江西廬山。晉江州刺史桓伊爲釋慧遠建。因時有釋慧永先居西林，此寺在其東，故名東林。

孝秀性通率，[1]不好浮華，[2]常冠穀皮巾，[3]躡蒲履，手執并櫚皮麈尾。[4]服寒食散，[5]盛冬能卧於石。博涉羣書，專精釋典。善談論，工隸書，凡諸藝能，莫不明習。普通三年，卒，時年四十二，室中皆聞有非常香氣。太宗聞，甚傷悼焉，與劉慧斐書，述其貞白云。

[1]通率：曠達坦率。

[2]浮華：虚浮不實。

[3]穀：各本作“縠”，中華書局本作“縠”，“縠”當爲“穀”（gǔ）字之訛。穀即楮樹，其皮可作造紙的原料，古代或用來束髮。今改正。

[4]并櫚：即棕櫚。并，通“栟”。　麈尾：六朝時清談者玄言時所執之拂塵。因古以駝鹿尾爲之，故稱。麈，駝鹿。

[5]寒食散：道家藥名。服後身體發熱，宜吃冷食，故稱寒食散。參《余嘉錫文史論集·寒食散考》。

庾承先字子通，潁川鄢陵人也。[1]少沈静有志操，是非不涉於言，喜愠不形於色，人莫能窺也。弱歲受學於南陽劉虬，[2]强記敏識，出於羣輩。玄經釋典，[3]靡不該悉；九流《七略》，[4]咸所精練。郡辟功曹不就，[5]乃與道士王僧鎮同遊衡岳。[6]晚以弟疾還鄉里，遂居于土臺山。[7]鄱陽忠烈王在州，[8]欽其風味，要與遊處。又令講《老子》。遠近名僧，咸來赴集，論難鋒起，異端競至，[9]承先徐相酬答，皆得所未聞。忠烈王尤加欽重，徵州主簿，湘東王聞之，亦板爲法曹參軍，[10]並不赴。

[1]潁川：郡名。治所在今河南許昌市東。　鄢陵：縣名。治所在今河南鄢陵縣西北。此庾氏祖籍。鄢，同"鄢"。

[2]弱歲：《禮記·曲禮》："二十曰弱，冠。"後世亦用以指少年時。　南陽劉虬：劉虬，人名。祖籍南陽涅陽，徙居江陵。初仕宋，官當陽令，後屢徵不就。《南齊書》卷五四《高逸》有傳。

[3]玄經：玄學經典。南朝士人以《老子》、《莊子》、《周易》爲三玄。參《顔氏家訓·勉學》。

[4]九流：本指戰國時九個學術流派，即儒、道、陰陽、墨、法、名、縱横、農、雜九家。後泛指各學術流派。　《七略》：我國最早的圖書分類著作。有《輯略》、《六藝略》、《諸子略》、《詩賦略》、《兵書略》、《術數略》、《方技略》，漢劉歆撰。今已佚。

[5]功曹：功曹史之省略，官名。郡守屬官，掌吏員賞罰任免事宜。宋第九品，齊梁不詳。

[6]衡岳：即南岳衡山。

[7]土臺山：山名。在今湖北荆州市。

[8]鄱陽忠烈王：梁武帝弟蕭恢封爵號鄱陽王，謚號忠烈。本書卷二二《太祖五王》有傳。

[9]異端：古代儒家稱其他不同學派爲異端。後泛指不合正統者爲異端。

[10]法曹參軍：官名。王公軍府屬官，掌郵驛科程事。皇子府法曹參軍，梁四班。

中大通三年，廬山劉慧斐至荆州，承先與之有舊，往從之。荆陜學徒，[1]因請承先講《老子》。湘東王親命駕臨聽，論議終日，深相賞接。留連月餘日，乃還山。王親祖道，[2]并贈篇什，[3]隱者美之。其年卒，時年六十。

[1]荆陜：指荆州。南朝以周之陜西比荆州，故稱荆州爲荆陜。參《南齊書·州郡下·荆州》。

[2]祖道：古代出行，先祭道路之神，稱爲"祖道"。後用以指餞行送别。

[3]篇什：指詩歌。《詩經》之雅頌以十篇爲一單元，稱什。故後世以篇什代稱詩歌。

陳吏部尚書姚察曰：[1]世之誣處士者，多云純盜虚名，而無適用，蓋有負其實者。若諸葛璩之學術，阮孝緒之簿閥，[2]其取進也豈難哉？[3]終於隱居，固亦性而已矣。

[1]陳吏部尚書姚察：姚察，思廉之父，仕陳，曾官吏部尚書。《陳書》卷二七有傳。吏部尚書，官名。掌官吏銓選、任免，陳第三品。清·錢大昕《廿二史考異》卷二六有云："思廉修梁陳書，皆因其父察所撰而續成之。梁史諸論，述其父説必稱'陳吏部尚書姚察曰'，仿孟堅《漢書》稱'司徒掾班彪'之例也。"

[2]簿閥：先代官簿閥閲。

[3]取進：指仕進。

梁書 卷五二

列傳第四十六

止 足

顧憲之　陶季直　蕭眎素

《易》曰："亢之爲言也，知進而不知退，知存而不知亡。知進退存亡而不失其正者，其唯聖人乎！"[1]《傳》曰："知足不辱，知止不殆。"[2]然則不知夫進退，不達乎止足，殆辱之累，期月而至矣。[3]古人之進也，以康世濟務也，以弘道厲俗也。[4]然其進也，光寵夷易，[5]故愚夫之所乾没；[6]其退也，苦節艱貞，故庸曹之所忌憚。[7]雖禍敗危亡，陳乎耳目，而輕舉高蹈，[8]寡乎前史。漢世張良功成身退，[9]病卧却粒，比於樂毅、范蠡至乎顛狽，[10]斯爲優矣。其後薛廣德及二疏等，[11]去就以禮，有可稱焉。魚豢《魏略·知足傳》，[12]方田、徐於管、胡，[13]則其道本異。謝靈運《晉書·止足傳》，[14]先論晉世文士之避亂者，殆非其人；唯阮思曠遺榮好遁，[15]遠殆辱矣。《宋書·止足傳》有羊欣、王微，[16]咸其流亞。齊時沛國劉瓛，[17]字子珪，辭禄懷道，棲遲養志，[18]不戚戚於貧賤，不耽耽於富貴，[19]儒行之高者也。梁有天下，小人道消，賢士大夫相招在位，其量力守志，則當世罔聞，時或有致事告老，[20]或有寡志少欲，國史書之，亦以爲《止足傳》云。

[1]《易·文言》："亢之爲言也，知進而不知退，知存而不知亡，知得而不知喪。其唯聖人乎，知進退存亡而不失其正者，其唯聖人乎！"亢，《易·乾》："上九，亢龍有悔。"亢，過於上而不能下之意。

[2]語出《老子》第四十四章。　殆：危險。

[3]期月：一整月。

[4]古人之進也，以康世濟務也，以弘道厲俗也：中華書局本《校勘記》："'以弘道厲俗也'句上疑脱'退也'二字，從下文'然其進也'、'其退也'可知。"

[5]光寵：榮耀。　夷易：平易。

[6]乾（gān）没：儌幸取利。參顧炎武《日知録》卷三二"乾没"條。

[7]庸曹：平庸之輩。

[8]輕舉高蹈：遠走高飛。指避世。

[9]張良：人名。字子房，輔佐劉邦奪取天下，以功封留侯。後自以布衣之極，功成身退，學辟穀導引輕身之術。以病卒。詳《史記》卷五五《留侯世家》。

[10]樂毅：人名。戰國時魏人。使燕，燕昭王以爲上將，以軍功封昌國君。燕惠王繼位，齊行反間計，樂毅懼誅，出奔趙。詳《史記》卷八〇《樂毅傳》。　范蠡：人名。春秋時楚人，仕越，佐

句踐滅吴。以句踐爲人可共患難，不能共安樂，因去越入齊，改名鴟夷子皮。詳《史記》卷四一《越王句踐世家》。　顛狽：意同“顛沛”。

［11］薛廣德：人名。漢沛國相人。仕漢，以直言諫諍，爲御史大夫凡十月即乞免歸鄉。《漢書》卷七一有傳。　二疏：疏廣及兄子疏受，漢東海蘭陵人，並爲皇太子師傅，朝廷以爲榮。以宦成名立，懼有後悔，乞歸鄉里。《漢書》卷七一有傳。

［12］魚豢《魏略》：唐·劉知幾《史通》卷一二《外篇·古今正史》云：“魏時京兆魚豢，私撰《魏略》，事止明帝。”《隋書·經籍志》“雜史”類著録：“《典略》八十九卷，魏郎中魚豢撰。”按，當作《魏略》五十卷，《典略》三十八卷，録一卷，《隋書·經籍志》蓋誤合爲一書。參姚振宗《隋書經籍志考證》卷一三。

［13］田、徐：田疇、徐庶，並人名。田疇，漢末右北平無終人。《三國志》卷一一有傳。徐庶，漢末潁川人。見《三國志》卷三五《蜀書·諸葛亮傳》及裴松之注引《魏略》。　管、胡：管寧、胡昭，並人名。管寧，漢末北海朱虚人；胡昭，漢末潁川人。《三國志》卷一一俱有傳。

［14］謝靈運《晉書》：謝靈運，人名。祖籍陳郡陽夏。《宋書》卷六七有傳。《隋書·經籍志》類著録：“《晉書》三十六卷，宋臨川内史謝靈運撰。”

［15］阮思曠：阮裕，字思曠，晉陳留尉氏人。曾爲臨海、東陽二郡太守，後屢辭徵聘。《晉書》卷四九有傳。

［16］羊欣、王微：皆人名。欣，祖籍泰山南城；微，祖籍琅邪臨沂。沈約《宋書》卷六二俱有傳。錢大昕《廿二史考異》卷二六有云：“按，魚豢、謝靈運之書今已不傳。魚書蓋以田疇、徐庶、管寧、胡昭四人標爲《止足》也。沈約《宋書》羊、王與張敷同傳，初未標《止足》之目，不知思廉所稱《宋書》果何人作。”按，清·趙翼以爲此《宋書》“蓋徐爰舊本也”。見其《廿二史劄記》卷九“《梁書》有《止足傳》無《方伎傳》”條。又，李慈銘《梁書札

記》："慈銘案《宋書·止足傳》疑指徐爰《宋書》也。若沈約《宋書》，並無《止足傳》，羊欣、王微皆在列傳中。又《隋志》載有孫嚴《宋書》及宋大明中所撰《宋書》，唐初已亡，未必爲思廉所數。"

[17]沛國劉瓛：劉瓛，祖籍沛國相縣。南齊碩儒。《南齊書》卷三九有傳。

[18]棲遲：遊息居住。《詩·陳風·衡門》："衡門之下，可以棲遲。"

[19]耽耽：注視的樣子。

[20]致事：官吏退休。

顧憲之字士思，吴郡吴人也。[1]祖覬之，[2]宋鎮軍將軍、湘州刺史。[3]

[1]吴郡：郡名。治所在今江蘇蘇州市。　吴：縣名。治所與吴郡同。

[2]覬之：顧覬之，人名。仕宋，官至湘州刺史。卒，追贈鎮軍將軍。《宋書》卷八一有傳。

[3]鎮軍將軍：將軍名號。宋第三品。　湘州：州名。治所在今湖南長沙市。

憲之未弱冠，[1]州辟議曹從事，[2]舉秀才，累遷太子舍人，[3]尚書比部郎，[4]撫軍主簿。[5]元徽中，[6]爲建康令。[7]時有盜牛者，被主所認，盜者亦稱己牛，二家辭證等，[8]前後令莫能決。憲之至，覆其狀，謂二家曰："無爲多言，吾得之矣。"乃令解牛，任其所去，牛逕還本主宅，盜者始伏其辜。發姦擿伏，[9]多如此類，時人號曰神明。至於權要請託，長吏貪殘，據法直繩，無所阿縱。性又清儉，强力爲政，甚得民和，故京師飲酒者得醇旨，輒號爲“顧建康”，言醑清且美焉。[10]

[1]弱冠：指二十歲。《禮記·曲禮》：“二十曰弱，冠。”

[2]議曹從事：官名。州府屬官，掌諷議。宋第九品。

[3]太子舍人：官名。東宫屬官，掌侍從及文翰。員十六人。宋第七品。

[4]尚書比部郎：官名。尚書省諸曹郎之一，屬吏部尚書。掌擬定、修訂法律。宋第六品。

[5]撫軍：撫軍將軍之省稱，將軍名號。宋第三品。　主簿：官名。自漢以下，中央各機構及地方州郡皆置。掌文書簿籍，爲掾吏之首。其官品隨所署長官地位高下而異。

[6]元徽：宋後廢帝年號（473—477）。

[7]建康：縣名。治所在今江蘇南京市。

[8]證：三朝本、百衲本作“理”。

[9]發姦擿（tī）伏：揭發隱匿的壞人壞事。

[10]醑（xǔ）：美酒。

遷車騎功曹、晉熙王友。[1]齊高帝執政，以爲驃騎録事參軍，[2]遷太尉西曹掾。[3]齊臺建，[4]爲中書侍郎。[5]齊高帝即位，除衡陽内史。[6]先是，郡境連歲疾疫，死者太半，棺木尤貴，悉裹以葦席，棄之路傍。憲之下車，分告屬縣，求其親黨，悉令殯葬。其家人絶滅者，憲之爲出公禄，使綱紀營護之。[7]又土俗，山民有病，輒云先人爲禍，皆開冢剖棺，水洗枯骨，名爲除祟。憲之曉喻，爲陳生死之别，事不相由，[8]風俗遂改。時刺史王奂新至，[9]唯衡陽獨無訟者，乃歎曰："顧衡陽之化至矣。若九郡率然，[10]吾將何事！"

[1]車騎：車騎將軍之省稱，將軍名號。爲重號將軍，加授大臣及重要地方長官。宋第二品。　功曹：官名。軍府屬官，掌本府吏員賞罰任免事宜。劉宋官品不詳。　晉熙王：宋明帝子劉燮繼叔父昶封爵號爲晉熙王。見《宋書》卷七二《文九王傳》。晉熙，郡名。治所在今安徽灊山縣。　友：官名。皇弟皇子府屬官，掌隨侍左右，拾遺補缺。員一人。宋第六品。

[2]驃騎：驃騎將軍之省稱，將軍名號。爲重號將軍，加授大臣及重要地方長官。宋第二品。　録事參軍：官名。王公軍府屬官，掌總録衆署文簿，舉彈善惡。宋第七品。

[3]太尉西曹掾：太尉府屬官，掌府吏署用事。員一人。宋第七品。

[4]齊臺建：指宋順帝昇明三年（479）三月，蕭道成受封齊公，建臺治事。詳《南齊書》卷一《高帝紀》。

[5]中書侍郎：官名。中書省屬官，舊掌詔誥。劉宋以下，草擬詔誥之權漸歸中書舍人，侍郎職少官清，成爲諸王起家官。員四人。齊第五品。

[6]衡陽：郡名。治所在今湖南株洲縣西南。　内史：官名。王國行政長官，職同太守。宋第五品，齊不詳。

[7]綱紀：公府及州郡主簿。《文選》卷三六傅季友《爲宋公修張良廟教》李善注："綱紀，謂主簿也。教，主簿宣之，故曰綱紀。"

[8]相由：相關。

[9]王奂：人名。祖籍琅邪臨沂。仕齊，曾官湘州刺史。《南齊書》卷四九有傳。

[10]九郡：據《南齊書·州郡志》，湘州領長沙、桂陽、零陵、

衡陽、營陽、湘東、邵陵、始興、臨賀、始安、齊熙，凡十一郡。唯齊熙無屬縣。此云"九郡"，蓋不包括齊熙及衡陽。

還爲太尉從事中郎。[1]出爲東中郎長史、行會稽郡事。[2]山陰人吕文度有寵於齊武帝，[3]於餘姚立邸，[4]頗縱横。[5]憲之至郡，即表除之。[6]文度後還葬母，郡縣争赴弔，憲之不與相聞。[7]文度深銜之，[8]卒不能傷也。[9]

[1]太尉從事中郎：官名。太尉府屬官，與長史共掌本府官吏。宋第六品，齊不詳。

[2]東中郎：東中郎將之省稱，將軍名號。與南、北、西中郎將合稱四中郎將。統兵征伐，或鎮守某一地區，爲方面大員。南朝多由宗室諸王擔任，地位高於一般將軍。宋第四品，齊不詳。 長史：官名。王公軍府屬官，掌本府官吏。宋第六至第七品，齊不詳。 行會稽郡事：代行會稽郡政事。六朝時，諸王往往年少即出鎮一方，因而朝廷命長史代行政事，稱爲行事。會稽，郡名。治所在今浙江紹興市。

[3]山陰：縣名。治所同會稽郡。 吕文度：人名。南齊倖臣。《南齊書》卷五六《倖臣傳》有傳。

[4]餘姚：縣名。治所在今浙江餘姚市。 邸：儲藏貨物並作商業經營活動的處所。

[5]縱横：恣肆横行，無所顧忌。

[6]表：文體之一種。臣下上給皇帝，有所陳請的文書。此處作動詞。

[7]相聞：互相往來。

[8]銜：怨恨。

[9]卒：終竟。

遷南中郎巴陵王長史，[1]加建威將軍、行婺州事。[2]時司徒竟陵王於宣城、臨成、定陵三縣界立屯，[3]封山澤數百里，禁民樵採，憲之固陳不可，言甚切直。王答之曰："非君無以聞此德音。[4]"即命無禁。

[1]巴陵王：齊武帝子蕭子倫的封爵號。《南齊書》卷四〇《武十七王》有傳。巴陵，郡名。治所在今湖南岳陽市。

[2]建威將軍：將軍名號。宋第四品，齊不詳。　行婺州事：中華書局本《校勘記》："婺州是唐置，隋以前無婺州。《南齊書》、《南史》本傳並云'行南豫、南兗二州事'，不云'行婺州事'。'婺'字誤。"按，《通鑑》卷一六五《梁紀二十一》"承聖二年十月"下"王僧辯至姑孰，遣婺州刺史侯瑱"云云，胡三省注："東陽郡，梁置婺州。"又《隋書·地理下》"東陽郡"下小注："平陳，置婺州。"云"婺州是唐置"，似未確。

[3]竟陵王：齊武帝子蕭子良的封爵號。《南齊書》卷四〇《武十七王》有傳。竟陵，郡名。治所在今湖北鍾祥市。　宣城、臨成、定陵：皆縣名。宣城，治所在今安徽南陵縣東；臨成，治所在今安徽青陽縣南；定陵，治所在今安徽銅陵縣東北。翦伯贊、鄭天挺主編《中國通史參考資料》古代部分第三册第205頁引此句，加注云："定陵當爲宛陵之誤。三縣皆屬當時宛陵郡，在今安徽東南部。宣城在今南陵縣東；臨成在今青陽縣南；宛陵爲郡治，在今宣城縣。"按，定陵在今銅陵縣東北，正與宣城、臨成二縣毗鄰，正與"三縣界"合。若爲宛陵（今宣州市）則與臨成相去頗遠。且竟陵王立屯，未必限於一郡之內。故定陵似不誤。　屯：開墾山林荒地的組織。

[4]德音：善言。

遷給事黄門侍郎，[1]兼尚書吏部郎中。[2]宋世，其祖覬之嘗爲吏部，於庭植嘉樹，[3]謂人曰："吾爲憲之種耳。"至是，憲之果爲此職。出爲征虜長史、行南兖州事，[4]遭母憂。服闋，[5]建武中，[6]復除給事黄門侍郎，領步兵校尉，[7]未拜，仍遷太子中庶子，[8]領吴邑中正。[9]出爲寧朔將軍、臨川内史，[10]未赴，改授輔國將軍、晉陵太守。[11]頃之遇疾，陳解還鄉里。

[1]給事黄門侍郎：官名。門下省次官，與侍中俱掌門下衆事，侍從左右，掌知詔令。出入禁中，職任顯要。員四人。齊第五品。

[2]尚書吏部郎中：官名。尚書省吏部曹長官，屬吏部尚書。掌官吏銓選、調動事宜。齊第五品。

[3]於庭植嘉樹：《南史》卷三五同傳、《御覽》卷二一六《職官部》一四引《梁書》"庭"下皆有"列"字。

[4]征虜：征虜將軍之省稱，將軍名號。亦可作爲高級文職官員的加官。宋第三品，齊不詳。　南兖州：州名。治所在今江蘇揚州市西北蜀岡。

[5]服闋：服喪期滿。

[6]建武：齊明帝年號（499—498）。

[7]領：官制術語。已有實授主職，又兼任較低職務而不居其位。　步兵校尉：官名。禁軍五校尉之一，掌宫廷宿衛士。宋第四品，齊不詳。

[8]太子中庶子：官名。東宫官，與太子中舍人共掌侍從及文翰。員四人。宋第五品，齊不詳。

[9]吴邑：即吴縣。　中正：官名。掌一地人才之考察，定其鄉品，以爲選拔官吏之根據。多由他官兼領。

[10]寧朔將軍：將軍名號。宋第四品，齊不詳。　臨川：郡名。治所在今江西南城縣東南。

[11]輔國將軍：將軍名號。齊第三品。　晉陵：郡名。治所在今江蘇常州市。

永元初，[1]徵爲廷尉，[2]不拜，除豫章太守。[3]有貞婦萬晞者，少孀居無子，事舅姑尤孝，父母欲奪而嫁之，誓死不許，憲之賜以束帛，[4]表其節義。

[1]永元：齊東昏侯年號（499—501）。

[2]廷尉：官名。諸卿之一，掌刑辟。屬官有廷尉正、監、平及胄子律博士等。齊第三品。

[3]豫章：郡名。治所在今江西南昌市。豫章太守，《南史》及《南齊書》卷四六《陸慧曉傳》附《顧憲之傳》並云"豫章内史"。按，據《南史》卷四二《豫章文獻王嶷傳》，嶷薨，其子子廉嗣爵，子廉卒，其子元琳嗣。至梁武即位，乃詔"豫章王元琳"降封新淦侯。可見齊永元年間豫章郡仍爲元琳封國，封國行政長官稱内史，故當以"豫章内史"爲是。

[4]束帛：帛五匹爲束。古常用爲賜贈禮品。

中興二年，[1]義師平建康，[2]高祖爲揚州牧，[3]徵憲之爲别駕從事史。[4]比至，[5]高祖已受禪，憲之風疾漸篤，固求還吴。天監二年，[6]就家授太中大夫。[7]憲之雖累經宰郡，資無擔石，[8]及歸，環堵，[9]不免飢寒。八年，卒於家，年七十四。臨終爲制，以敕其子曰：[10]

夫出生入死，理均晝夜。生既不知所從來，死亦安識所往。延陵所云"精氣上歸于天，骨肉下歸于地，魂氣則無所不之"，[11]良有以也。雖復茫昧難徵，要若非安。百年之期，迅若馳隙。[12]吾今豫爲終制，[13]瞑目之後，念並遵行，勿違吾志也。

[1]中興：齊和帝年號（501—502）。

[2]義師：齊東昏侯蕭寶卷即位後，狂悖無道，雍州刺史蕭衍起兵向京師建康以討之，因稱其師爲義師。

[3]高祖：梁武帝廟號。　揚州：州名。治所在今江蘇南京市。

[4]别駕從事史：官名。州府屬官，與西曹書佐共掌本府官吏及選舉事。齊及梁初官品不詳。

[5]比：及。

[6]天監：梁武帝年號（502—519）。

[7]太中大夫：官名。屬光禄勳，養老疾，無職事。

[8]擔石：一擔之量。形容很少。

[9]環堵：四圍土墻。指居室簡陋、狹小。

[10]敕：告誡。

[11]延陵：春秋時吴國公子季札封於延陵，號曰延陵季子。見《史記》卷三一《吴太伯世家》。又，《禮記·檀弓下》："延陵季子適齊，於其反也，其長子死，葬於嬴、博之間。……既封，左袒，右還其封，且號者三，曰：'骨肉歸復於土，命也。若魂氣則無不之也，無不之也！'而遂行。"

[12]馳隙：奔馳過隙。形容時光短暫如白駒之奔馳過隙。

[13]終制：周一良云："所謂終制，猶後世之遺囑，多關於殯藏之事。"詳其所著《魏晉南北朝史札記》之《〈三國志〉札記》"珠襦玉匣及其他"條。

莊周、澹臺，[1]達生者也；王孫、士安，[2]矯俗者也。[3]吾進不及達，退無所矯。常謂中都之制，[4]允理愜情。衣周於身，示不違禮；棺周於衣，足以蔽臭。入棺之物，一無所須。載以輴車，[5]覆以粗布，爲使人勿惡也。漢明帝天子之尊，猶祭以杅水脯糗；[6]范史雲烈士之高，亦奠以寒水乾飯。[7]况吾卑庸之人，其可不節衷也？喪易寧戚，[8]自是親親之情；禮奢寧儉，[9]差可得由吾意。[10]不須常施靈筵，可止設香燈，使致哀者有憑耳。朔望祥忌，[11]可權安小牀，暫設几席，唯下素饌，勿用牲牢。[12]蒸嘗之祠，[13]貴賤罔替。[14]備物難辦，多致疏怠。祠先人自有舊典，不可有闕。自吾以下，祠止用蔬食時果，勿同於上世也。示令子孫，四時不忘其親耳。孔子云："雖菜羹瓜祭，必齊如也。"[15]本貴誠敬，豈求備物哉？

所著詩、賦、銘、讚并《衡陽郡記》數十篇。

[1]莊周：人名。戰國蒙人，道家學派代表人物。《史記》卷六三有傳。　澹臺：指澹臺滅明，人名。孔子弟子。見《史記》卷六七《仲尼弟子列傳》。

[2]王孫：即楊王孫，漢武帝時人。病將終，令其子裸葬。《漢書》卷六七有傳。　士安：皇甫謐之字。謐，晉安定朝那人。遺令氣絶之後，便即時服幅巾故衣，擇不毛之地，穿坑以葬。《晉書》卷五一有傳。

[3]矯俗：矯正世俗。

[4]中都之制：西晉的葬喪制度。《晉書·禮志中》："宣帝豫自於首陽山爲土藏，不墳不樹，作《顧命終制》，斂以時服，不設明器。景、文皆謹奉成命，無所加焉。景帝崩，喪事制度又依宣帝故

事。”中都，即中朝，指西晉。

[5]輴（chūn）車：載柩車。

[6]杅水脯糗：古代祭祀所用冷水和食物。《後漢書》卷二《明帝紀》：“帝初作壽陵，制令流水而已。石槨廣一丈二尺，長二丈五尺，無得起墳。萬年之後，掃地而祭，杅水脯糒而已。”杅，通“盂”，飲器。脯，乾肉。糗，乾糧或冷粥。

[7]范史雲：范冉字史雲，後漢陳留外黄人。臨終遺令敕其子：“氣絶便歛，歛以時服，衣足蔽形，棺足周身，歛畢便穿，穿畢便埋。其明堂之奠，乾飯寒水。”《後漢書》卷八一有傳。

[8]喪易寧戚：喪禮與其儀文周到，寧可過度悲哀。《論語·八佾》：“林放問禮之本，子曰：‘大哉問！禮，與其奢也，寧儉；喪，與其易也，寧戚。’”

[9]禮奢寧儉：禮儀與其奢侈，寧可儉約。

[10]差可：尚可。

[11]祥：指大祥、小祥，皆喪祭名。父母死後十三個月而後祭，叫小祥；二十五個月而後祭，叫大祥。　忌：父母死亡之日叫忌日。

[12]牲牢：供祭祀用的牲畜。

[13]蒸嘗：同“烝嘗”。本指秋、冬二祭，後也泛指祭祀。

[14]罔替：無廢。

[15]《論語·鄉黨》：“雖蔬食菜羹瓜祭，必齊如也。”齊，通“齋”。

陶季直，丹陽秣陵人也。[1]祖愍祖，宋廣州刺史。[2]父景仁，中散大夫。[3]

[1]丹陽：郡名。治所在今江蘇南京市。　秣陵：縣名。治所在今江蘇江寧縣。

[2]廣州：州名。治所在今廣東廣州市。

[3]中散大夫：官名。屬光禄勳。養老疾，無職事。宋六百石，齊第七品。

季直早慧，愍祖甚愛異之。愍祖嘗以四函銀列置於前，令諸孫各取，季直時甫四歲，獨不取。人問其故，季直曰："若有賜，當先父伯，不應度及諸孫，是故不取。"愍祖益奇之。五歲喪母，哀若成人。初，母未病，令於外染衣，[1]卒後，家人始贖，季直抱之號慟，聞者莫不酸感。

[1]染衣：僧徒穿的緇衣，由黑色染成，故稱。此指少年出家。

及長好學，淡於榮利。起家桂陽王國侍郎，[1]北中郎、鎮西行參軍，[2]並不起，時人號曰"聘君"。父憂服闋，尚書令劉秉領丹陽尹，[3]引爲後軍主簿，[4]領郡功曹。出爲望蔡令，[5]頃之以病免。時劉秉、袁粲以齊高帝權勢日盛，[6]將圖之，秉素重季直，欲與之定策。季直以袁、劉儒者，必致顛殞，固辭不赴，俄而秉等伏誅。

[1]桂陽王：宋文帝子劉休範之封爵號。見《宋書》卷七九《文五王傳》。　王國侍郎：官名。王國屬官，掌侍從宿衛。宋第八品。

[2]北中郎：北中郎將之省稱，將軍名號。東西南北四中郎將之一。統兵征伐，或鎮守某一地區，爲方面大員。南朝多以宗室諸

王擔任，地位高於一般將軍。宋第四品。　鎮西：鎮西將軍之省稱，將軍名號。與鎮東、鎮南、鎮北將軍合稱四鎮將軍，多爲持節都督，出鎮方面，權任頗重。宋第三品。　行參軍：官名。王公軍府屬官，參掌府曹事，位在正參軍之下。

[3]劉秉：人名。宋宗室。《宋書》卷五一有附傳。　丹陽尹：京師所在丹陽郡行政長官。宋第三品。

[4]後軍：後軍將軍之省稱，將軍名號。與前軍、左軍、右軍將軍合稱四軍將軍，掌宿衛。爲禁衛軍重要將領之一。宋第四品。

[5]望蔡：縣名。治所在今江西上高縣。

[6]袁粲：人名。祖籍陳郡陽夏。仕宋，官至司徒。宋末，蕭道成將代宋，粲以受顧托，秘有異圖。事敗，被殺。《宋書》卷八九有傳。

齊初，爲尚書比部郎，時褚淵爲尚書令，[1]與季直素善，頻以爲司空、司徒主簿，委以府事。淵卒，尚書令王儉以淵有至行，[2]欲謚爲文孝公，季直請曰："文孝是司馬道子謚，[3]恐其人非具美，不如文簡。"儉從之。季直又請儉爲淵立碑，始終營護，甚有吏節，時人美之。

[1]褚淵：人名。祖籍河南陽翟。《南齊書》卷二三有傳。

[2]王儉：人名。祖籍琅邪臨沂。《南齊書》卷二三有傳。

[3]司馬道子：晉簡文帝子司馬道子封爵號會稽王，謚文孝。《晉書》卷六四《簡文三子》有傳。

遷太尉記室參軍。[1]出爲冠軍司馬、東莞太守，[2]在郡號爲清和。還除散騎侍郎，[3]領左衛司馬，[4]轉鎮西諮議參軍。[5]齊武帝崩，明帝作相，[6]誅鋤異己，季直不能阿意，明帝頗忌之，乃出爲輔國長史、北海太守。[7]邊職上佐，素士罕爲之者。[8]或勸季直造門致謝，明帝既見，便留之，以爲驃騎諮議參軍，兼尚書左丞。[9]仍遷建安太守，[10]政尚清静，百姓便之。還爲中書侍郎，遷游擊將軍、兼廷尉。[11]

[1]記室參軍：官名。王公軍府屬官，掌文書。宋第七品，齊不詳。

[2]冠軍：冠軍將軍之省稱，將軍名號。齊第三品。　司馬：官名。王公軍府屬官，掌本府武官。宋第六品至七品。　東莞：郡名。治所在今江蘇常州市東南。

[3]散騎侍郎：官名。集書省屬官，掌侍從左右，應對諫諍。員四人。宋第五品，齊不詳。

[4]左衛：左衛將軍之省稱，官名。禁衛軍六軍之一，與右衛將軍合稱二衛將軍，掌宫廷宿衛營兵。齊第四品。

[5]諮議參軍：官名。王公軍府屬官，掌諷議。宋第七品，齊不詳。

[6]齊武帝崩，明帝作相："崩明帝"三字，舊本皆脱，此依中華書局本校補。　相，即宰相。南朝無宰相一職。實際職任相當宰相者則多加録尚書事的頭銜。齊明帝爲相即延興元年（494）爲驃騎大將軍録尚書事。

[7]輔國：輔國將軍之省稱，將軍名號。齊第三品。　北海：郡名。治所在今山東昌樂縣西。

[8]素士：此處指一般士族出身的士人，相對高門甲族而言。參周一良《魏晉南北朝史札記》之《〈南齊書〉札記》"素族"條。

[9]尚書左丞：官名。尚書省屬官。佐尚書令、僕射知省事，督録近道文書章表奏事，糾諸不法。員一人。齊第六品。

[10]建安：縣名。治所在今福建建甌市。

[11]游擊將軍：將軍名號。禁軍六軍之一，掌宿衛營兵。宋第四品，齊不詳。　兼：官制術語。假職未真授之稱。

梁臺建，[1]遷給事黄門侍郎。常稱仕至二千石，[2]始願畢矣，無爲務人間之事，乃辭疾還鄉里。天監初，就家拜太中大夫。高祖曰："梁有天下，遂不見此人。"十年，卒于家，時年七十五。

[1]梁臺建：指齊和帝中興二年（502）二月蕭衍受封梁公，建臺治事。見本書《武帝紀》。

[2]二千石：官秩品級。漢代内自九卿郎將，外至郡守尉俸禄等級都是二千石。後世因稱郎將、郡守和知府爲二千石。參《漢書》卷八《宣帝紀》"神爵四年"下顔師古注。

季直素清苦絶倫，又屏居十餘載，及死，家徒四壁，子孫無以殯斂，聞者莫不傷其志焉。

蕭眎素，蘭陵人也。[1]祖思話，[2]宋征西、儀同三司，[3]父惠明，吴興太守，[4]皆有盛名。

[1]蘭陵：郡名。東晉僑置，治所在今江蘇武進縣西北萬綏鎮。　眎：古"視"字。

[2]思話：蕭思話，人名。仕宋，卒，追贈征西將軍、開府儀同三司。《宋書》卷七八有傳。

[3]征西：征西將軍之省稱，將軍名號。東西南北四征將軍之一。多持節都督，出鎮方面，地位頗重。宋第三品。　儀同三司：

即開府儀同三司，官名。非三公而儀制待遇同於三公之稱。宋第一品。

[4]吴興：郡名。治所在今浙江湖州市南下菰城。

昕素早孤貧，爲叔父惠休所收卹。[1]起家爲齊司徒法曹行參軍，[2]遷著作佐郎，[3]太子舍人，尚書三公郎。[4]永元末，爲太子洗馬。[5]梁臺建，高祖引爲中尉、驃騎記室參軍。[6]天監初，爲臨川王友，[7]復爲太子中舍人，[8]丹陽尹丞。[9]初拜，高祖賜錢八萬，昕素一朝散之親友。又遷司徒左西屬，[10]南徐州治中。[11]

[1]惠休：蕭惠休，人名。仕齊，官右僕射，卒，贈金紫光禄大夫。《南齊書》卷四六有傳。　收卹：收養。卹，同“恤”。

[2]法曹行參軍：官名。王公府屬官，掌郵驛科程事。宋第七品，齊不詳。

[3]著作佐郎：官名。祕書省屬官，佐著作郎掌國史，集注起居。爲清簡之職，多由士族貴遊擔任。員八人。齊第六品。

[4]尚書三公郎：官名。尚書省諸曹郎之一，屬吏部尚書，掌法制。齊第六品。

[5]太子洗馬：官名。東宫屬官，掌侍從及文翰。員八人。齊第七品。

[6]中尉：官名。王國屬官，掌治安。宋第六品，齊及梁初不詳。

[7]臨川王：梁武帝弟蕭宏的初封爵號。本書卷二二《太祖五王》有傳。

[8]太子中舍人：官名。東宫屬官，與太子中庶子共掌侍從及文翰。員四人。梁初第六品。

[9]丹陽尹丞：官名。佐丹陽尹掌京師所在丹陽郡行政。宋第

七品，梁初不詳。

[10]司徒左西屬：官名。司徒府屬官，佐司徒掌府吏署用事。宋第七品，梁初不詳。

[11]南徐州：州名。治所在今江蘇鎮江市。　治中：治中從事史之省稱，官名。州府屬官，掌衆曹文書事。梁初官品不詳。

性静退，少嗜欲，好學，能清言，[1]榮利不關於口，喜怒不形於色。在人間及居職，並任情通率，[2]不自矜高，天然簡素，[3]士人以此咸敬之。及在京口，[4]便有終焉之志，乃於攝山築室。[5]會徵爲中書侍郎，遂辭不就，因還山宅，獨居屏事，非親戚不得至其籬門。妻，太尉王儉女，[6]久與别居，遂無子。八年，卒。親故迹其事行，[7]諡曰貞文先生。

[1]清言：六朝士人以《老子》、《莊子》、《易》辯言析理，稱爲清談或清言。

[2]通率：曠達坦率。

[3]簡素：簡約樸素。

[4]京口：地名。南徐州治所，即今江蘇鎮江市。

[5]攝山：山名。在今江蘇句容市。

[6]王儉仕齊，官至衛將軍、開府儀同三司。卒，贈太尉。

[7]迹：考究。

史臣曰：顧憲之、陶季直，引年者也，[1]蕭眎素則宦情鮮焉，比夫懷禄耽寵，婆娑人世，[2]則殊間矣。[3]

[1]引年：古禮，選擇年老而賢明者加以尊養，稱爲引年。《禮

記·王制》："凡三王養老，皆引年。"後官吏年老告退亦稱引年。

[2]婆娑人世：指留連官場。婆娑，留連不去。

[3]間：差別。

梁書 卷五三

列傳第四十七

良 吏

庾蓽　沈瑀　范述曾　丘仲孚
孫謙　伏暅　何遠

昔漢宣帝以爲"政平訟理，其惟良二千石乎"![1]前史亦云："今之郡守，古之諸侯也。"[2]故長吏之職，號爲親民，是以導德齊禮，移風易俗，咸必由之。齊末昏亂，政移羣小，賦調雲起，徭役無度，守宰多倚附權門，互長貪虐，掊克聚斂，[3]侵愁細民，天下摇動，無所厝其手足。[4]高祖在田，[5]知民疾苦，及梁臺建，[6]仍下寬大之書，昏時雜調，[7]咸悉除省，於是四海之内，始得息肩。[8]逮踐皇極，躬覽庶事，日昃聽政，求民之瘼。乃命輶軒以省方俗，[9]置肺石以達窮民，[10]務加隱卹，[11]舒其急病。元年，[12]始去人貲，[13]計丁爲布；[14]身服浣濯之衣，御府無文飾，宫掖不過綾綵，無珠璣錦繡；太官撤牢饌，[15]每日膳菜蔬，飲酒不過三醆：以儉先海内。每選長史，務簡廉平，[16]皆召見御前，親勗治道。[17]始擢尚書殿中郎到溉爲建安内史，[18]左民侍郎劉鬷爲晉安太守，[19]溉等居官，並以廉絜著。[20]又著令：小縣有能，遷爲大縣；大縣有能，遷爲二千石。於是山陰令丘仲孚治有異績，[21]以爲長沙内史；[22]武康令何遠清公，[23]以爲宣城太守。[24]剖符爲吏者，[25]往往承風焉。[26]若新野庾蓽諸任職者，[27]以經術潤飾吏政，或所居流惠，或去後見思，蓋後來之良吏也。綴爲《良吏篇》云。[28]

[1]《漢書》卷八九《循吏傳序》："（宣帝）常稱曰：'庶民所以安其田里，而亡嘆息愁恨之心者，政平訟理也。與我共此者，其唯良二千石乎!'" 唐·顔師古注："訟理，言所訟見理而無冤滯也。"二千石，漢代内自九卿郎將，外至郡守尉的俸禄等級都是二千石，後世因稱郎將郡守和知府爲二千石。

[2]沈約《宋書·百官志下》："郡守，秦官。秦滅諸侯，隨以其地爲郡，置守、丞、尉各一人。"

[3]掊克：以苛税搜刮民財。克，三朝本、百衲本皆作"刻"。

[4]無所厝其手足：手脚無處安放。比喻動輒得咎，不知所從。厝，通"措"。

[5]高祖：梁武帝廟號。　在田：《易·乾》："九二，見龍在田，利見大人。"後世用以指帝王即位前的處境。

[6]梁臺建：指齊和帝中興二年（502），蕭衍受封梁公，建臺治事。詳本書《武帝紀》。

[7]昬時：暗昧時代。此指齊東昬侯爲帝時代。

[8]息肩：卸去重負。

[9]輶軒：古代使臣所乘輕車。此處代指使臣。

[10]肺石：古代設於朝廷門外的石頭。民有不平，得擊石鳴冤。其石赤色，形如肺，故名。參《周禮・秋官・大司寇》。　窮民：有冤而無處申訴之民。

[11]隱卹：憐憫救助。卹，同“恤”。

[12]元年：指天監元年（502）。

[13]貲：按資産等第收户調。

[14]計丁爲布：按人丁徵收户調。布，指户調。南朝正税項目之一，指徵收田租以外的布絹絲綿等。宋、齊時按每户資産多少徵收，至梁改爲按每户丁口徵收。參唐長孺《魏晉南北朝史論叢》中《魏晉户調制及其演變》一文。

[15]太官：官名。屬侍中，員一人，掌宫廷膳食。梁武帝天監七年革選，定流内官職爲十八班，以班多者爲貴，太官爲一班。　牢饌：指用羊、牛、猪三牲做的食物。

[16]簡：選擇。

[17]勗：勉勵。

[18]尚書殿中郎：官名。尚書省殿中曹長官，屬尚書左僕射。掌擬詔書，多用文學之士。梁六班。　到溉：人名。本書卷四〇有傳。　建安：封國名。治所在今福建建甌市南。　内史：官名。王國行政長官，職同太守。宋第五品，梁不詳。

[19]左民侍郎：官名。尚書省諸曹郎之一，屬左民尚書。掌土木工程及户籍。梁六班。　劉覈（zōng）：人名。生平不詳。　晉安：郡名。治所在今福建福州市。

[20]絜：通“潔”。

[21]山陰：縣名。治所在今浙江紹興市。

[22]長沙：王國名。治所在今湖南長沙市。

[23]武康：縣名。治所在今浙江德清縣西千秋鎮。

[24]宣城：郡名。治所在今安徽宣州市。

[25]剖符：古代帝王授與臣下官爵的憑證。竹製，剖分爲二，

雙方各執其一，故稱剖符或剖竹。後因以爲授官之稱。

[26]承風：接受教化影響。

[27]新野：郡名。治所在今河南新野縣。此庾氏祖籍。

[28]本書《文學上・鍾嶸傳》附《鍾岏傳》云，岏撰有《良吏傳》十卷。《隋書・經籍志》亦著録。是姚氏名《良吏》亦有所自。

庾華字休野，新野人也。父深之，宋雍州刺史。[1]

[1]雍州：州名。東晉太元（376—396）中僑置，治所在今湖北襄樊市。雍，舊本皆訛“應”，此依中華書局本校改。

華年十歲，遭父憂，居喪毀瘠，爲州黨所稱。弱冠，[1]爲州迎主簿，[2]舉秀才，累遷安西主簿，[3]尚書殿中郎，驃騎功曹史。[4]博涉羣書，有口辯。齊永明中，[5]與魏和親，以華兼散騎常侍報使，[6]還拜散騎侍郎，[7]知東宫管記事。[8]

[1]弱冠：指二十歲。《禮記・曲禮》：“二十曰弱，冠。”

[2]迎主簿：六朝時，地方官吏上任或離任，官府要以財禮迎送，謂之迎新、送故。主持迎新的主簿稱爲迎主簿。迎主簿由一州門第、德行、才學優異者擔任，是一種入仕之資格。參汪徵魯《南朝“迎吏”、“送故吏”新探》。主簿，官名。漢代以降，中央各機構及地方州郡皆置主簿，掌文書簿籍，爲掾吏之首。其官品隨府主地位高下而異。

[3]安西：安西將軍之省稱，將軍名號。與安東、安南、安北將軍合稱四安將軍，爲出鎮方面的軍事長官，或作爲刺史兼理軍務的加官，權任頗重。宋第三品。

[4]驃騎：驃騎將軍之省稱，將軍名號。爲重號將軍，加授大臣、重要地方長官。宋第二品。　功曹史：官名。未開府將軍、太子二傅、特進、郡縣皆置，掌本府吏員賞罰任免。宋齊官品不詳。

[5]永明：齊武帝年號（483—493）。

[6]兼：官制術語。假職未真授之稱。　散騎常侍：官名。集書省長官，掌侍從左右，獻納諫諍。劉宋以後，職以侍從左右，掌圖書文翰爲主，地位漸低。員四人。齊第三品。

[7]散騎侍郎：官名。集書省屬官，掌侍從左右，應對諫諍。員四人。宋第五品，齊不詳。

[8]知：官制術語。奉特敕執掌本官職權範圍之外的它項事務。　管記：官名。東宫、王公府屬官，掌文書。一説即記室參軍之别稱。

鬱林王即位廢，[1]掌中書詔誥，出爲荆州别駕。[2]仍遷西中郎諮議參軍，[3]復爲州别駕。前後綱紀，[4]皆致富饒，蓽再爲之，清身率下，杜絶請託，布被蔬食，妻子不免飢寒。明帝聞而嘉焉，手敕褒美，[5]州里榮之。

[1]鬱林王：齊永明十一年，武帝崩，太孫蕭昭業即位，次年廢爲鬱林王，被殺。見《南齊書》卷四《鬱林王紀》。

[2]荆州：州名。治所在今湖北荆州市。　别駕：别駕從事史之省稱，州府屬官。與西曹書佐共掌本府官吏及選舉事。宋齊官品不詳。

[3]西中郎：西中郎將之省稱，將軍名號。東西南北四中郎將之一。統兵征伐，或鎮守某一地區，爲方面大員。南朝多以宗室諸王擔任，地位高於一般將軍。宋第四品，齊不詳。　諮議參軍：官名。王公府屬官，掌諷議。宋第七品，齊不詳。

[4]綱紀：《文選》卷三六傅季友《爲宋公修張良廟教》李善注："綱紀，謂主簿也。"《通鑑》卷九三《晉紀十五》明帝"太寧二年"下胡三省注："綱紀，綜理府事者也，參佐諸僚屬也。"按，據本傳，是州府别駕亦可稱"綱紀"。

[5]手敕：手書詔命。

遷司徒諮議參軍、通直散騎常侍。[1]高祖平京邑，[2]霸府建，[3]引爲驃騎功曹參軍，[4]遷尚書左丞。[5]出爲輔國長史、會稽郡丞、行郡府事。[6]時承凋弊之後，百姓凶荒，所在穀貴，米至數千，民多流散，華撫循甚有治理。唯守公禄，清節逾厲，至有經日不舉火。太守永陽王聞而饋之，[7]華謝不受。天監元年，[8]卒，停屍無以殮，柩不能歸，高祖聞之，詔賜絹百匹，米五十斛。

[1]通直散騎常侍：官名。集書省官員，掌侍從左右，獻納諫諍，與散騎常侍通直。劉宋以下，多以衰老之士擔任，且多爲加官，不爲人所重。員四人。宋第三品，齊不詳。

[2]平京邑：指齊和帝中興元年（501）十二月，蕭衍軍平定京師建康。詳本書《武帝紀》。

[3]霸府：藩王府邸。此指蕭衍平定京邑受封建安郡公所置府。

[4]功曹參軍：官名。將軍府功曹長官，掌本府官吏。宋第七品，齊不詳。

[5]尚書左丞：官名。尚書臺屬官，佐尚書令、僕射知省事，督録近道文書章表奏事，糾諸不法。員一人。齊第六品，梁初四品。

[6]輔國：輔國將軍之省稱，將軍名號。齊第四品。　長史：

官名。王公軍府屬官，掌本府官吏。其官品依府主地位而定。宋輔國將軍府長史七品，齊六品。　會稽郡：郡名。治所在今浙江紹興市。　郡丞：官名。佐郡守掌治民。宋第八品，齊不詳。　行郡府事：代行郡府政事。六朝時，諸王往往年少即出鎮一方，因而朝廷命長史代行政事，稱爲行事。

[7]永陽王：梁武帝次兄蕭敷之子伯游，嗣父爵爲永陽郡王。本書卷二三有傳。永，舊本皆作"襄"，此依中華書局本校改。

[8]天監：梁武帝年號（502—519）。

初，華爲西楚望族，[1]早歷顯官，鄉人樂藹有幹用，[2]素與華不平，互相陵競。[3]藹事齊豫章王嶷，[4]嶷薨，藹仕不得志，自步兵校尉求助戍歸荆州，[5]時華爲州別駕，益忽藹。及高祖踐阼，藹以西朝勳爲御史中丞，[6]華始得會稽行事，既恥之矣；會職事微有譴，高祖以藹其鄉人也，使宣旨誨之，華大憤，故發病卒。

[1]西楚：地域名。指今安徽淮水以北、江蘇西北部，河南南部和湖北北部地區。　望族：有聲勢的世家豪族。

[2]樂藹：人名。本書卷一九有傳。

[3]陵競：戒懼。

[4]豫章王嶷：齊武帝弟蕭嶷封爵號豫章王。《南齊書》卷二二有傳。豫章，郡名。治所在今江西南昌市。

[5]步兵校尉：官名。禁軍五校尉之一，掌宫廷宿衛士。宋第四品，齊不詳。

[6]西朝：指南齊末和帝荆州政權。齊永元三年（501），蕭衍起兵向京師建康，以奉荆州刺史南康王蕭寶融爲名。寶融即位於江陵，因其地在建康之西，故稱西朝。　御史中丞：官名。御史臺長官，掌督察百官，糾彈不法。高門多不居此職。員一人。梁初四

品。

沈瑀字伯瑜，吴興武康人也。[1]叔父昶，[2]事宋建平王景素，[3]景素謀反，昶先去之，及敗，坐繫獄，瑀詣臺陳請，[4]得免罪，由是知名。

[1]吴興：郡名。治所在今浙江湖州市。　武康：縣名。治所在今浙江德清縣西千秋鎮。

[2]叔父：《南史》卷七〇《循吏·沈瑀傳》作“父”，無“叔”字。

[3]建平王景素：宋文帝孫劉景素襲父爵爲建平王。宋明帝崩，後廢帝劉昱即位，狂凶無道，朝野屬心景素。劉昱親黨忌恨之。景素反，兵敗被殺。事詳《宋書》卷七二《文九王·建平宣簡王傳》。

[4]臺：官署。此處指朝廷。

起家州從事、奉朝請。[1]嘗詣齊尚書右丞殷瀰，[2]瀰與語及政事，甚器之，謂曰：“觀卿才幹，當居吾此職。”司徒竟陵王子良聞瑀名，[3]引爲府參軍，[4]領揚州部傳從事。[5]時建康令沈徽孚恃勢陵瑀，[6]瑀以法繩之，衆憚其强。子良甚相知賞，雖家事皆以委瑀。子良薨，瑀復事刺史始安王遥光。[7]嘗被使上民丁，[8]速而無怨。遥光謂同使曰：“爾何不學沈瑀所爲？”乃令專知州獄事。湖熟縣方山埭高峻，[9]冬月，公私行侣以爲艱難，明帝使瑀行治之。瑀乃開四洪，斷行客就作，三日立辦。揚州書佐私行，[10]詐稱州使，不肯就作，瑀鞭之三十。書佐歸訴遥光，遥光曰：“沈瑀必不枉鞭汝。”覆之，果有詐。明帝復使瑀築赤山塘，[11]所費減材官所量數十萬，[12]帝益善之。永泰元年，[13]爲建德令，[14]教民一丁種十五株桑、四株柿及梨栗，女丁半之，人咸歡悦，頃之成林。

[1]州從事：官名。州府屬官。南朝州府有别駕、治中、祭酒、議曹、部郡諸從事，第九品。　奉朝請：本指大臣定期參加朝會，朝見皇帝。自晉以後以爲官名。屬散騎省，宋齊無職事。

[2]尚書右丞：官名。尚書省官員，佐尚書令、僕射知省事，掌庫藏廬舍，督録遠道文書章表奏事。員一人。齊第六品。右，《南史》同傳作“左”。

[3]竟陵王子良：齊武帝子蕭子良封爵號竟陵郡王，謚號文宣。《南齊書》卷四〇《武十七王》有傳。竟陵，郡名。治所在今湖北鍾祥市。

[4]參軍：官名。王公府屬官，參掌府曹事。宋第七品，齊不詳。《南史》作“行參軍”。

[5]領：官制術語。已有實授主職，又兼任較低官職而不居其位。　揚州：州名。治所在今江蘇南京市。　部傳從事：官名。州府屬官，掌督察非法。宋第九品，齊不詳。

[6]建康：縣名。治所在今江蘇南京市。

[7]始安王遥光：齊宗室蕭遥光封爵號始安王。《南齊書》卷四五《宗室》有傳。始安，郡名。治所在今廣西桂林市。

[8]民丁：能任力役的男子。

[9]湖熟：縣名。治所在今江蘇江寧縣東南湖熟鎮。　方山埭：土壩名。在今江蘇江寧縣南秦淮河上。

[10]書佐：官名。州府屬官，掌起草或繕寫文書。官品不詳。

[11]赤山塘：又名赤山湖，在今江蘇句容市西南。

[12]材官：材官將軍之省稱，官名。屬起部尚書，亦屬領軍將

軍。掌工匠土木之事。宋第八品，齊不詳。

[13]永泰：齊明帝年號（498）。

[14]建德：縣名。治所在今浙江建德市。

去官還京師，兼行選曹郎。[1]隨陳伯之軍至江州，[2]會義師圍郢城，[3]瑀説伯之迎高祖。伯之泣曰："余子在都，不得出城，不能不愛之。"瑀曰："不然。人情匈匈，[4]皆思改計，若不早圖，衆散難合。"伯之遂舉衆降，瑀從在高祖軍中。

[1]兼行：官制術語。缺官未補，暫時以低職代理較高級職務。選曹郎：官名。即尚書吏部郎，掌官吏銓選事。齊第五品。

[2]陳伯之：人名。齊永元三年（501），東昏侯蕭寶卷以陳伯之爲江州刺史，據尋陽以拒蕭衍義師。詳本書卷二〇《陳伯之傳》。江州：州名。治所在今江西九江市西南。

[3]義師：齊東昏侯蕭寶卷即位後，狂悖無道，雍州刺史蕭衍起兵向京師以討之，因稱其師爲義師。詳本書《武帝紀》。　郢城：城名。郢州治所，在今湖北武漢市武昌。

[4]匈匈：騷動不安。匈，通"洶"。

初，瑀在竟陵王家，素與范雲善。[1]齊末，嘗就雲宿，夢坐屋梁柱上，仰見天中有字曰"范氏宅"。[2]至是，瑀爲高祖説之。高祖曰："雲得不死，此夢可驗。"及高祖即位，雲深薦瑀，自暨陽令擢兼尚書右丞。[3]時天下初定，陳伯之表瑀催督運轉，軍國獲濟，高祖以爲能。遷尚書駕部郎，[4]兼右丞如故。瑀薦族人沈僧隆、僧照有吏幹，[5]高祖並納之。

[1]范雲：人名。本書卷一三有傳。

[2]仰見天中有字：舊本皆脱“有”字，此依中華書局本校補。

[3]暨陽：縣名。治所在今江蘇江陰市東南長壽鎮南。

[4]尚書駕部郎：官名。尚書省諸曹郎之一，屬左民尚書。掌車駕畜牧之政。宋第六品，梁初不詳。

[5]吏幹：當官辦事的才能。

以母憂去職，起爲振武將軍、餘姚令。[1]縣大姓虞氏千餘家，請謁如市，前後令長莫能絶，[2]自瑀到，非訟所通，其有至者，悉立之堦下，以法繩之。縣南又有豪族數百家，子弟縱横，[3]遞相庇蔭，厚自封植，[4]百姓甚患之。瑀召其老者爲石頭倉監，[5]少者補縣僮，[6]皆號泣道路，自是權右屏跡。[7]瑀初至，富吏皆鮮衣美服，以自彰別。瑀怒曰：“汝等下縣吏，何自擬貴人耶?”悉使著芒屩粗布，[8]侍立終日，足有蹉跌，輒加榜棰。瑀微時，嘗自至此鬻瓦器，爲富人所辱，故因以報焉，由是士庶駭怨。然瑀廉白自守，故得遂行其志。

[1]振武將軍：將軍名號。爲雜號將軍。宋第四品，梁初不詳。餘姚：縣名。治所在今浙江餘姚市。

[2]長：官名。職同縣令。大縣爲令，小縣稱長。

[3]縱横：恣肆横行，無所忌憚。

[4]封植：栽種草木。比喻樹立黨羽。

[5]石頭倉監：看管石頭城倉庫之吏。石頭倉，京師建康城西倉庫名。

[6]縣僮：在縣中當差的雜役。參顧炎武《日知録》卷二四“門子”條。

[7]權右：權門右族，即顯貴家族。　屏跡：斂迹，避匿。

[8]芒屩（jué）：草鞋。

後王師北伐，[1]徵瑀爲建威將軍，[2]督運漕，尋兼都水使者。[3]頃之，遷少府卿。[4]出爲安南長史、尋陽太守。[5]江州刺史曹景宗疾篤，[6]瑀行府州事。[7]景宗卒，仍爲信威蕭穎達長史，[8]太守如故。瑀性屈强，[9]每忤穎達，穎達銜之。[10]天監八年，因入諮事，辭又激厲，穎達作色曰：“朝廷用君作行事耶?”瑀出，謂人曰：“我死而後已，終不能傾側面從。”是日，於路爲盜所殺，時年五十九，多以爲穎達害焉。子續累訟之，遇穎達亦尋卒，事遂不窮竟。[11]續乃布衣蔬食終其身。

[1]指天監四年（505），梁武帝命臨川王蕭宏督衆軍北伐事。參本書《武帝紀》及卷二〇《太祖五王·臨川王宏傳》。

[2]建威將軍：將軍名號。宋第四品，梁初不詳。

[3]都水使者：官名。掌舟航堤渠。梁天監七年（508）改爲大舟卿，爲十二卿之一。宋第三品，梁初不詳。

[4]少府卿：官名。梁十二卿之一，掌宫中服御之物。梁初第四品。據《隋書·百官志》，梁天監七年以前諸卿皆無卿名。此稱少府爲“少府卿”，蓋姚思廉以後稱前。參楊樹達《古書疑義舉例續補》卷一《以後稱前例》，見《古書疑義舉例五種》。

[5]安南：安南將軍之省稱，將軍名號。東西南北四安將軍之一。宋第三品，梁初不詳。長史：宋安南將軍府長史爲七品。　尋

陽：郡名。治所在今江西九江市西南。

[6]曹景宗：人名。梁天監七年（508）卒。本書卷九有傳。

[7]行府州事：代行軍府和州府政事。

[8]信威：信威將軍之省稱，將軍名號。梁置，與智威、仁威、勇威、嚴威將軍代舊征虜將軍。天監七年革選，釐定將軍名號及班品，有一百二十五號十品二十四班，以班多者爲貴，信威將軍爲十六班。　蕭穎達：人名。本書卷一〇有傳。

[9]屈：通“倔”。三朝本作“崛”。崛强，同“倔强”。

[10]銜：恨。

[11]窮竟：追究到底。

范述曾字子玄，吴郡錢唐人也。[1]幼好學，從餘杭吕道惠受《五經》，[2]略通章句。道惠學徒常有百數，獨稱述曾曰：“此子必爲王者師。”齊文惠太子、竟陵文宣王幼時，[3]高帝引述曾爲之師友。起家爲宋晉熙王國侍郎。[4]齊初，至南郡王國郎中令，[5]遷尚書主客郎、太子步兵校尉，[6]帶開陽令。[7]述曾爲人謇諤，[8]在宫多所諫争，太子雖不能全用，然亦弗之罪也。竟陵王深相器重，號爲“周舍”。[9]時太子左衛率沈約亦以述曾方汲黯。[10]以父母年老，乞還就養，乃拜中散大夫。[11]

[1]吴郡：郡名。治所在今江蘇蘇州市。　錢唐：縣名。治所在今浙江杭州市。

[2]餘杭：縣名。治所在今浙江餘杭市西南餘杭鎮南之苕溪南岸。

[3]文惠太子：齊武帝太子蕭長懋謚號文惠。《南齊書》卷二一

有傳。

[4]晉熙王：宋明帝子劉燮封爵號。見《宋書》卷七二《文九王・晉熙王昶傳》。　王國侍郎：官名。王國屬官，掌侍從諫諍。宋第八品。

[5]南郡王：齊武帝子蕭長懋的初封爵號。南郡，郡名。治所在今湖北荆州市。　郎中令：官名。王國屬官，掌戍衛王宫。宋第六品，齊不詳。

[6]尚書主客郎：官名。尚書省諸曹郎之一，屬尚書左僕射。掌外國朝聘接待之政令。齊第六品。　太子步兵校尉：官名。與太子屯騎、太子翊軍合稱東宫三校，掌宿衛士。宋第五品，齊不詳。

[7]帶：官制術語。本職之外，另帶某職官號、俸禄而不理其職事。　開陽：縣名。治所在今山東臨沂市北。

[8]謇諤：正直。

[9]周舍：人名。春秋時晉國趙簡子之臣，以剛正、直諫著稱。參《史記》卷四三《趙世家》、《韓詩外傳》、《新序・雜事》。

[10]太子左衛率：官名。東宫官，與太子右衛率合稱太子二率，掌東宫宿衛，員一人。齊第五品。　沈約：人名。本書卷一三有傳。按，沈約於齊永明九、十年間曾任太子右衛率，沈約本傳失載。參熊清元《竟陵八友三考》。此云"太子左衛率"，"左"疑爲"右"之訛。　汲黯：人名。漢濮陽人，數犯顔直諫，以剛正著稱。《史記》卷一二〇有傳。

[11]中散大夫：官名。屬光禄勳，用以安置舊齒老年官員。養老疾，無職事。宋六百石，齊七品。

明帝即位，[1]除游擊將軍，[2]出爲永嘉太守。[3]爲政清平，不尚威猛，民俗便之。所部横陽縣，[4]山谷嶮峻，爲逋逃所聚，前後二千石討捕莫能息。[5]述曾下車，開示恩信，凡諸凶黨，繈負而出，[6]編户屬籍者二百餘家。自是商賈流通，居民安業。在郡勵志清白，不受饋遺，明帝聞，甚嘉之，下詔褒美焉。徵爲游擊將軍。郡送故舊錢二十餘萬，[7]述曾一無所受。始之郡，不將家屬，[8]及還，吏無荷擔者。民無老少，皆出拜辭，號哭聞于數十里。

[1]明帝：即齊明帝蕭鸞。

[2]游擊將軍：將軍名號。禁軍六軍之一，掌宫禁宿衛。宋第四品，齊不詳。

[3]永嘉：縣名。治所在今浙江温州市。

[4]横陽縣：縣名。治所在今浙江平陽縣。

[5]二千石：漢代内自九卿郎將，外至郡守尉俸禄等級皆爲二千石。後因稱郎將郡守爲二千石。

[6]繈負：以布幅包裹小兒，負之於背。繈，同"襁"。

[7]送故：地方官吏離任時，吏民斂錢財以送。參周一良《魏晉南北朝史札記》之《〈晉書〉札記》"送故"條及高敏《魏晉南朝"送故"制度考略》。又，周文此條有云："舊字疑衍。"

[8]將：携帶。

東昏時，[1]拜中散大夫，還鄉里。高祖踐阼，乃輕舟出詣闕，[2]仍辭還東。高祖詔曰："中散大夫范述曾，昔在齊世，忠直奉主，往莅永嘉，治身廉約，宜加禮秩，以厲清操。可太中大夫，[3]賜絹二十匹。"

[1]東昏：齊東昏侯蕭寶卷。

[2]闕：皇帝所居之處。

[3]太中大夫：官名。屬光禄勳。養老疾，無職事。宋第七品，

梁初不詳。

述曾生平得奉禄，皆以分施。及老，遂壁立無所資。[1]以天監八年卒，時年七十九。注《易·文言》，著雜詩賦數十篇。

[1]壁立：室中衹四壁，别無所有。形容貧困。

丘仲孚字公信，吴興烏程人也。[1]少好學，從祖靈鞠有人倫之鑒，[2]常稱爲千里駒也。[3]齊永明初，選爲國子生，舉高第，未調，還鄉里。家貧，無以自資，乃結羣盜，爲之計畫，劫掠三吴。[4]仲孚聰明有智略，羣盜畏而服之，所行皆果，故亦不發。[5]太守徐嗣召補主簿，歷揚州從事，[6]太學博士，[7]于湖令，[8]有能名。太守吕文顯當時倖臣，[9]陵詆屬縣，[10]仲孚獨不爲之屈。以父喪去職。

[1]烏程：縣名。治所與吴興郡同。

[2]靈鞠：丘靈鞠，人名。《南齊書》卷五二《文學》有傳。人倫之鑒：指觀察評鑒人才的識别力。

[3]千里駒：比喻英俊有爲的青少年。《史記》卷八三《魯仲連傳》張守節《正義》引《魯連子》："有徐劫者，其弟子曰魯仲連，年十二，號'千里駒'。"

[4]三吴：地域名。所指説不一。有以吴、吴興、會稽三郡爲三吴；有以吴、吴興、丹陽三郡爲三吴；亦有以吴、吴興、義興三郡爲三吴者。要當在今江浙一帶。參修訂本《辭源》"三吴"條。

[5]不發：未被揭發。

[6]從事：即從事史，官名。州府屬官，有别駕、治中、祭酒、議曹、部郡等名目。宋第九品，齊不詳。

[7]太學博士：官名。屬太常。掌五經，參議禮制，教授國子。宋第六品，齊不詳。

[8]于湖：縣名。治所在今安徽當塗縣。

[9]吕文顯：人名。南齊倖臣。《南齊書》卷五六《倖臣》有傳。　倖臣：寵臣。

[10]陵詆：欺侮，詆毁。

明帝即位，[1]起爲烈武將軍、曲阿令。[2]值會稽太守王敬則舉兵反，[3]乘朝廷不備，反問始至，而前鋒已届曲阿。仲孚謂吏民曰："賊乘勝雖鋭，而烏合易離，今若收船艦，鑿長崗埭，[4]瀉瀆水以阻其路，得留數日，臺軍必至，[5]則大事濟矣。"敬則軍至，值瀆涸，果頓兵不得進，遂敗散。仲孚以距守有功，遷山陰令，[6]居職甚有聲稱，百姓爲之謡曰："二傅、沈、劉，不如一丘。"前世傅琰父子、沈憲、劉玄明，[7]相繼宰山陰，並有政績，言仲孚皆過之也。

[1]明帝：齊明帝蕭鸞。

[2]烈武將軍：將軍名號。宋第八品，齊不詳。　曲阿：縣名。治所在今江蘇丹陽市。

[3]會稽：郡名。治所在今浙江紹興市。　王敬則：人名。晉陵郡人，仕齊，爲齊武帝所親重。齊明帝即位，殺高、武舊臣，敬則憂懼，慮見誅，起兵反。兵敗被誅。《南齊書》卷二六有傳。

[4]長崗埭：土壩名。在今江蘇句容市東南故破岡瀆上。

[5]臺軍：朝廷的軍隊。

[6]山陰：縣名。治所在今浙江紹興市。

[7]傅琰父子：傅琰及其子翽。琰，祖籍北地靈州。《南齊書》卷五三《良政》有傳。翽，《南史》卷七〇《循史·傅琰傳》有附傳。　沈憲：人名。吴興郡人。《南齊書》卷五三《良政》有傳。劉玄明：人名。臨淮郡人。見《南齊書》卷五三《良政·傅琰傳》。

齊末政亂，頗有贓賄，爲有司所舉，將收之，[1]仲孚竊逃，逕還京師詣闕，[2]會赦，得不治。[3]高祖踐阼，復爲山陰令。仲孚長於撥煩，[4]善適權變，吏民敬服，號稱神明，治爲天下第一。

[1]收：收捕。

[2]闕：皇帝所居之處。

[3]治：懲處。

[4]撥煩：處理繁雜政務。

超遷車騎長史、長沙内史，[1]視事未朞，[2]徵爲尚書右丞，[3]遷左丞，[4]仍擢爲衛尉卿，[5]恩任甚厚。初起雙闕，[6]以仲孚領大匠，[7]事畢，出爲安西長史、南郡太守。遷雲麾長史、江夏太守，[8]行郢州州府事，[9]遭母憂，起攝職。[10]坐事除名，[11]復起爲司空參軍。[12]俄遷豫章内史，在郡更勵清節。頃之卒，時年四十八。詔曰："豫章内史丘仲孚，重試大邦，責以後效，非直悔吝云亡，[13]實亦政績克舉。不幸殞喪，良以傷惻。可贈給事黄門侍郎。"[14]仲孚喪將還，豫章老幼號哭攀送，[15]車輪不得前。

[1]超遷：超，舊本皆訛“起”，此依中華書局本校改。　車騎：車騎將軍之省稱，將軍名號。爲重號將軍，加授大臣、重要地方長官。梁一百二十五號將軍之一，二十四班。　長史：官名。職掌同前代。梁天監七年革選，定流内官職爲十八班，以班多者爲貴。長史爲十至六班。

[2]朞（jī）：一周年。朞，同“期”。

[3]尚書右丞：官名。職掌同前代。梁八班。

[4]左丞：即尚書左丞，官名。

[5]衛尉卿：官名。梁十二卿之一，掌宫門屯兵，糾察不法。十二班。

[6]雙闕：世稱象魏，古代宫廷前的闕門。梁天監七年作神龍、仁虎雙闕於端門、大司馬門外。參本書《武帝紀》及《文選》卷五六陸佐公《石闕銘》。

[7]大匠：即大匠卿。梁天監七年以將作大匠改，爲十二卿之一，掌土木工程，十班。

[8]雲麾：雲麾將軍之省稱，將軍名號。梁置，與武臣、爪牙、龍騎將軍代前後左右四將軍。爲一百二十五號將軍之一，十八班。江夏：郡名。治所在今湖北武漢市武昌。

[9]郢州：州名。治所與江夏郡同。

[10]攝職：代理職務。

[11]除名：除去名籍，取消原有身份。

[12]參軍：官名。王公軍府屬官，掌府曹事。梁四班至二班。

[13]直：僅，祇。　悔吝：悔恨。《易·繫辭》：“悔吝者，憂虞之象也。”　亡：通“無”。

[14]給事黄門侍郎：官名。門下省次官，與侍中俱掌門下衆事，侍從應對，關通中外。出入禁中，權勢顯要。員四人。梁十班。

[15]攀送：攀車轅而送。

仲孚爲左丞，撰《皇典》二十卷，[1]《南宫故事》百卷，又撰《尚書具事雜儀》，行於世焉。

[1]《皇典》二十卷：《隋書·經籍志》著録："《皇典》二十卷，梁豫章太守丘仲孚撰。"

孫謙字長遜，東莞莒人也。[1]少爲親人趙伯符所知。[2]謙年十七，伯符爲豫州刺史，[3]引爲左軍行參軍，[4]以治幹稱。父憂去職，客居歷陽，[5]躬耕以養弟妹，鄉里稱其敦睦。宋江夏王義恭聞之，[6]引爲行參軍，歷仕大司馬、太宰二府。出爲句容令，[7]清慎强記，縣人號爲神明。

[1]東莞：郡名。治所在今山東莒縣。　莒：縣名。治所與東莞郡同。

[2]趙伯符：人名。劉宋下邳郡人。《宋書》卷四六《趙倫之傳》有附傳。

[3]豫州：州名。治所在今安徽壽縣。

[4]左軍：左軍將軍之省稱，將軍名號。與前軍、後軍、右軍將軍合稱四軍將軍，掌宫廷宿衛。爲禁衛軍重要將領之一。宋第四品。　行參軍：官名。王公軍府屬官，參掌府曹事，位在正參軍之下。

[5]歷陽：縣名。治所在今安徽和縣。

[6]江夏王義恭：宋武帝子劉義恭封爵號江夏王。孝武帝即位，以義恭爲太傅，領大司馬。其後，又進位太宰，領司徒。《宋書》卷六一《武三王》有傳。江夏，郡名。治所在今湖北武漢市武昌。

[7]句容：縣名。治所在今江蘇句容市。

泰始初,[1]事建安王休仁,[2]休仁以爲司徒參軍,言之明帝,擢爲明威將軍、巴東建平二郡太守。[3]郡居三峽,恒以威力鎮之。謙將述職,[4]敕募千人自隨。[5]謙曰:“蠻夷不賓,[6]蓋待之失節耳,何煩兵役,以爲國費。”固辭不受。至郡,布恩惠之化,蠻獠懷之,[7]競餉金寶,謙慰喻而遣,一無所納。及掠得生口,[8]皆放還家。俸秩出吏民者,悉原除之。[9]郡境翕然,威信大著。視事三年,徵還爲撫軍中兵參軍。[10]

[1]泰始:宋明帝年號(465—471)。

[2]建安王休仁:宋文帝子劉休仁初封建安王。見《宋書》卷七二《文九王·始安王休仁傳》。建安,郡名。治所在今福建建甌市南。

[3]明威將軍:將軍名號。宋第八品。　巴東:郡名。治所在今四川奉節縣東。　建平:郡名。治所在今四川巫山縣。

[4]述職:赴任履行職責。

[5]敕:皇帝的詔命。

[6]賓:歸服,順從。

[7]蠻獠:古代對南方少數民族的蔑稱。

[8]生口:指俘虜、奴隸或被販賣的人。

[9]原除:免除。

[10]撫軍:撫軍將軍之省稱,將軍名號。宋三品。　中兵參軍:官名。王公軍府屬官,掌本府親兵。宋七品。

元徽初,[1]遷梁州刺史,[2]辭不赴職,遷越騎校尉、征北司馬。[3]府主建平王將稱兵,[4]患謙强直,託事遣使京師，然後作亂。及建平誅，[5]遷左軍將軍。[6]

[1]元徽：宋後廢帝年號（473—477）。

[2]梁州：州名。治所在今陝西漢中市東。

[3]越騎校尉：官名。禁軍五校尉之一，掌宿衛士。宋第四品。　征北：征北將軍之省稱，將軍名號。與征南、征東、征西將軍合稱四征將軍，多爲持節都督，出鎮方面，地位顯要。宋第三品。　司馬：官名。王公軍府屬官，掌本府武職。宋第六至七品。

[4]建平王：宋文帝孫劉景素襲父爵爲建平王。宋明帝崩，後廢帝劉昱即位，朝野屬心景素，劉昱親黨忌恨之。景素反，兵敗被殺。事詳《宋書》卷七二《文九王·建平宣簡王傳》附傳。　稱兵：舉兵起事。　征北司馬府主建平王將稱兵：各本“主”下有“簿”字。中華書局本標點爲“征北司馬府主簿。建平王將稱兵”。《南史》卷七〇同傳作“征北司馬。府主建平王將稱兵”，無“簿”字。按，據《宋書》卷九《後廢帝紀》，劉景素元徽二年七月由鎮北將軍進號征北將軍，直至四年七月據京城反。故知孫謙所任乃建平王征北軍府。又，《宋書·文九王·建平王傳》載，齊初劉璡上書爲景素訟冤，書中亦有言景素“遣司馬孫謙歸款朝廷”云云，更證孫謙爲“征北司馬”，而非“征北司馬府主簿”。且《南齊書》卷三九《劉璡傳》載，“（璡）宋泰豫中，爲明帝挽郎。舉秀才，建平王景素征北主簿，深見禮遇。”是建平王征北府主簿乃劉璡。若照中華書局本標點，則孫謙與建平王景素關係不明，又不合孫謙任職實際。故知“簿”字是衍文，今據《南史》删。

[5]建平：指建平王。

[6]左軍將軍：將軍名號。爲禁衛軍將領之一。與右軍、前軍、後軍合稱四軍將軍，掌宫廷宿衛。宋第四品。左軍將軍，《南史》卷七〇《循吏》本傳同。《册府元龜》卷七一九作“左軍參軍”。按，謙此前“遷越騎校尉”，此後爲“寧朔將軍”，均爲四品，與左

軍將軍同品。若爲“左軍參軍”，則爲七品，於其官職之變遷，不合理，疑《册府元龜》誤。

齊初，爲寧朔將軍、錢唐令，治煩以簡，獄無繫囚。及去官，百姓以謙在職不受餉遺，追載縑帛以送之，謙却不受。每去官，輒無私宅，常借官空車廄居焉。永明初，爲冠軍長史、江夏太守，[1]坐被代輒去郡，繫尚方，[2]頃之，免爲中散大夫。明帝將廢立，欲引謙爲心膂，使兼衛尉，[3]給甲仗百人，[4]謙不願處際會，輒散甲士，帝雖不罪，而弗復任焉。出爲南中郎司馬。[5]東昏永元元年，[6]遷□□大夫。[7]

[1]冠軍：冠軍將軍之省稱，將軍名號。齊第三品。

[2]尚方：官署名。製造帝王所用器物之所。犯罪官吏及家屬往往被罰到此做苦工。

[3]衛尉：官名。諸卿之一。掌宫門屯兵。宋第三品，齊不詳。

[4]甲仗：披甲執兵的衛士。

[5]南中郎：南中郎將之省稱，將軍名號。東西南北四中郎將之一。宋第四品，齊不詳。

[6]永元：齊東昏侯年號（499—501）。

[7]各本“大夫”前缺二字。

天監六年，出爲輔國將軍、零陵太守，[1]已衰老，猶强力爲政，吏民安之。先是，郡多虎暴，謙至絶迹。及去官之夜，虎即害居民。謙爲郡縣，常勤勸課農桑，務盡地利，收入常多於隣境。九年，以年老，徵爲光禄大夫。[2]既至，高祖嘉其清絜，[3]甚禮異焉。每朝見，猶請劇職自效。[4]高祖笑曰："朕使卿智，不使卿力。"十四年，詔曰："光禄大夫孫謙，清慎有聞，白首不怠，高年舊齒，宜加優秩。可給親信二十人，[5]并給扶。"[6]

[1]零陵：郡名。治所在今湖南永州市。

[2]光禄大夫：官名。屬光禄卿，多用以安置舊齒年老官員。養老疾，備顧問。梁十三班。

[3]清絜：清正廉潔。絜，同"潔"。

[4]劇職：事務繁重的職務。

[5]親信：護衛之吏。

[6]扶：扶持的人。

謙自少及老，歷二縣五郡，[1]所在廉絜。居身儉素，牀施蘧蒢屏風，[2]冬則布被莞席。[3]夏日無幬帳，[4]而夜卧未嘗有蚊蚋，人多異焉。年逾九十，强壯如五十者，[5]每朝會，輒先衆到公門。力於仁義，行己過人甚遠。從兄靈慶常病寄於謙，謙出行還，問起居，靈慶曰："向飲冷熱不調，[6]即時猶渴。"謙退遣其妻。有彭城劉融者，[7]行乞疾篤無所歸，友人輿送謙舍，謙開廳事以待之。及融死，以禮殯葬之。衆咸服其行義。十五年，卒官，時年九十二。詔賻錢三萬，[8]布五十匹。高祖爲舉哀，甚悼惜之。

[1]五郡：據本傳，孫謙僅歷巴東、建平、江夏、零陵四郡太守，此云"五郡"，有訛。

[2]蘧蒢：用葦或竹編的粗席。

[3]莞席：蒲草編的粗席。

[4]幬帳：即蚊帳。

[5]五十：《南史》卷七〇同傳作“五六十”。

[6]向：剛纔。

[7]彭城：郡名。治所在今江蘇徐州市。

[8]賻（fù）：以錢財助喪事。

謙從子廉，[1]便辟巧宦。[2]齊時已歷大縣，尚書右丞。天監初，沈約、范雲當朝用事，廉傾意奉之，及中書舍人黄睦之等，[3]亦尤所結附。凡貴要每食，廉必日進滋旨，[4]皆手自煎調，不辭勤劇，遂得爲列卿，御史中丞，[5]晉陵、吴興太守。[6]時廣陵高爽有險薄才，[7]客於廉，廉委以文記，爽嘗有求不稱意，乃爲屐謎以喻廉曰：“刺鼻不知嚏，蹋面不知瞋，[8]齧齒作步數，持此得勝人。”譏其不計恥辱，以此取名位也。

[1]鍾嶸《詩品》有“梁晉陵令孫察”。陳直《詩品約注》有云：“孫廉當即孫察。《梁書》爲唐姚思廉撰。思廉爲陳吏部尚書姚察之子，思廉避父諱，廉、察義近，故易廉。李延壽《南史》又因姚書而作廉也。”（轉引自《詩品集注》）可備一説。

[2]便辟：逢迎諂媚的樣子。　巧宦：長於鑽營的官吏。

[3]中書舍人：官名。即中書通事舍人。中書省屬官，掌入直閣内，呈奏案章。劉宋以下，漸用寒士及皇帝親信任此職，奪中書侍郎草擬詔誥之權。至梁，用人殊重，選以才能，不限資地，專掌中書詔誥，權勢顯赫。多以他官兼領。員四人，梁四班。

[4]滋旨：美味的飲食。

[5]御史中丞：官名。職掌同前代。梁天監七年革選，定爲十一班。

[6]晉陵：郡名。治所在今江蘇常州市。

[7]廣陵高爽：高爽，廣陵郡人。本書卷四九《文學上·吴均傳》有附傳。

[8]瞋：《南史》作"嗔"。"瞋"、"嗔"古通。

伏暅字玄耀，曼容之子也。[1]幼傳父業，能言玄理，[2]與樂安任昉、彭城劉曼俱知名。[3]起家齊奉朝請，仍兼太學博士，尋除東陽郡丞，[4]秩滿爲鄞令。[5]時曼容已致仕，[6]故頻以外職處暅，令其得養焉。

[1]曼容：伏曼容，人名。本書卷四八《儒林》有傳。

[2]玄理：深微的哲理。南朝士人以《易》、《老子》、《莊子》爲三玄，好辯析玄理。參顔之推《顔氏家訓·勉學》。

[3]樂安任昉：任昉，祖籍樂安郡。本書卷十四有傳。　彭城劉曼：劉曼，祖籍彭城，生平不詳。

[4]東陽：郡名。治所在今浙江金華縣。

[5]鄞：縣名。治所在今浙江鄞縣。

[6]致仕：官吏告老退休。

齊末，始爲尚書都官郎，[1]仍爲衛軍記室參軍。[2]高祖踐阼，遷國子博士，[3]父憂去職。服闋，[4]爲車騎諮議參軍，累遷司空長史，中書侍郎，[5]前軍將軍，[6]兼《五經》博士，[7]與吏部尚書徐勉、中書侍郎周捨，[8]總知五禮事。[9]

[1]尚書都官郎：官名。尚書省諸曹郎之一，屬都官尚書。掌軍事刑獄。齊第六品。

[2]衛軍：衛將軍之省稱，將軍名號。爲重號將軍，加授大臣、重要地方長官，常以權臣兼任。宋第二品，齊不詳。　記室參軍：官名。王公軍府屬官，掌文書。宋第七品，齊不詳。

[3]國子博士：官名。屬國子祭酒，國子學教官。員二人。齊第六品。

[4]服闋：服喪期滿。

[5]中書侍郎：官名。中書省官員，舊掌詔誥。劉宋以下，草擬詔誥之權漸歸中書舍人，侍郎職少官清，成爲諸王起家官。員四人。梁初第五品。

[6]前軍將軍：將軍名號。爲禁衛軍將軍之一。與左軍、右軍、後軍合稱四軍將軍，掌宫廷宿衛。宋第四品，梁初不詳。

[7]《五經》博士：官名。梁天監四年置，掌《五經》，教授國子。梁天監七年革選，定流内官職爲十八班，以班多者爲貴，《五經》博士爲六班。

[8]吏部尚書：官名。尚書省吏部曹長官，位在列曹尚書之上。掌官吏銓選、任免。多僑姓高門、世胄顯貴擔任。員一人。梁十四班。　徐勉、周捨：皆人名。本書卷二五並有傳。

[9]五禮：指嘉、賓、軍、吉、凶五種禮制。見《周禮·春官宗伯·大宗伯》。梁修五禮事，詳本書卷二五《徐勉傳》。

出爲永陽内史，[1]在郡清絜，治務安静。郡民何貞秀等一百五十四人詣州言狀，湘州刺史以聞。[2]詔勘有十五事爲吏民所懷，高祖善之，徵爲新安太守。[3]在郡清恪，如永陽時。民賦税不登者，輒以太守田米助之。郡多麻苧，家人乃至無以爲繩，其厲志如此。[5]屬縣始新、遂安、海寧，[5]並同時生爲立祠。

[1]永陽：郡名。治所在今湖南道縣西北。

[2]湘州：州名。治所在今湖南長沙市。

[3]新安：郡名。治所在今浙江淳安縣西北。舊本“新安”訛“東陽”，此依中華書局本校改。

[4]厲志：勉勵心志。厲，通“勵”。

[5]始新、遂安、海寧：並新安郡屬縣名。治所分別在今浙江淳安縣西北新安江北岸、淳安縣西南獅城鎮西、安徽休寧縣東萬安。

徵爲國子博士，領長水校尉。[1]時始興内史何遠累著清績，[2]高祖詔擢爲黄門侍郎，[3]俄遷信武將軍、監吴郡。[4]晅自以名輩素在遠前，爲吏俱稱廉白，遠累見擢，晅遷階而已，意望不滿，多託疾居家。尋求假到東陽迎妹喪，因留會稽築宅，自表解，高祖詔以爲豫章内史，晅乃出拜。治書侍御史虞皭奏曰：[5]

臣聞失忠與信，一心之道以虧；[6]貌是情非，兩觀之誅宜及。[7]未有陵犯名教，[8]要冒君親，而可緯俗經邦者也。[9]

[1]長水校尉：官名。禁軍五校尉之一，掌宫廷宿衛士。梁七班。

[2]始興：郡名。治所在今廣東韶關市東南蓮花嶺下。

[3]黄門侍郎：即給事黄門侍郎，官名。門下省次官，與侍中俱掌門下衆事，侍從應對，關通中外。出入禁中，權勢顯要。員四人。梁十班。

[4]信武將軍：將軍名號。梁天監七年置，與智武、仁武、勇

武、嚴武將軍代舊冠軍將軍。爲一百二十五號十品二十四班將軍之一，十五班。　監：官制術語。非正式職務而督理其事。　吴郡：郡名。治所在今江蘇蘇州市。

[5]治書侍御史：官名。御史臺屬官。掌舉劾，官品第六以下，分統侍御史。員二人。梁六班。舊本“治書”下皆脱“侍”字，此依中華書局本校補。　虞皭：生平不詳。梁元帝《金樓子》第二卷《聚書篇》有“郡五官虞皭”云云，《隋書·經籍志》著録有“梁尚書祠部郎《虞皭集》十卷”。姚振宗《隋書經籍志考證》有云：“江左虞氏，大抵皆吴虞翻仲翔氏之後，會稽餘姚人。梁元帝稱郡五官，似即會稽郡五官掾，其初爲是官也。”

[6]一心：忠於君主之心。應劭《風俗通義》卷四《過譽》：“《傳》曰：一心可以事百君，百心不可事一君。”

[7]兩觀：古代宫廷外懸挂法令處。

[8]名教：以正名分爲中心的儒家禮教。

[9]緯俗經邦：治理天下。

風聞豫章内史伏暅，[1]去歲啓假，以迎妹喪爲解，因停會稽不去。入東之始，貨宅賣車。以此而推，則是本無還意。暅歷典二邦，[2]少免貪濁，此自爲政之本，豈得稱功。常謂人才品望，居何遠之右，而遠以清公見擢，名位轉隆，暅深誹怨，形於辭色，興居歎咤，寤寐失圖。天高聽卑，[3]無私不照。去年十二月二十一日詔曰：“國子博士、領長水校尉伏暅，爲政廉平，宜加將養，[4]勿使恚望，致虧士風。可豫章内史。”豈有人臣奉如此之詔，而不亡魂破膽，歸罪有司，擢髮抽腸，[5]少自論謝；[6]而循奉慠然，了無異色。暅識見所到，足達此旨，而冒寵不辭，吝斯苟得，故以士流解體，行路沸騰，[7]辯跡求心，無一可恕。竊以晅踉蹡落魄，[8]三十餘年，皇運勃興，咸與維始，[9]除舊布新，濯之江、漢，[10]一紀之間，[11]三世隆顯，[12]曾不能少懷感激，仰答萬分，反覆拙謀，成兹巧罪，不忠不敬，於斯已及。[13]請以晅大不敬論。[14]以事詳法，應棄市刑，輒收所近獄洗結，以法從事。如法所稱，晅即主。[15]

[1]風聞：傳聞。按，據傳聞以言事始自晉代。本書《武帝紀》天監元年詔有云："今端右可以風聞奏事，依元熙舊制。"按，元熙（419—420）爲晉恭帝司馬德文年號。

[2]二邦：指永陽、新安二郡。

[3]天高聽卑：本意説上天神明，能洞察下界卑微之處。後用來歌頌帝王的聖明。

[4]將養：支持、提拔。

[5]擢髮：指自認罪多。戰國魏須賈曾誣害范睢，後睢爲秦相，賈使秦，遂謝罪。睢問："汝罪有幾?"賈答："擢賈之髮，以續賈之罪，尚未足。"見《史記》卷七九《范睢傳》。

[6]論謝：認罪謝過。

[7]行路：指行路之人。

[8]踉蹡：走路不穩，引申爲人生不順利。蹡，同"蹌"。

[9]咸與："咸與維新"之歇後。指建立新朝。

[10]濯之江、漢：《孟子·滕文公上》："子夏、子張、子游以有若似聖人，欲以所事孔子事之，强曾子。曾子曰：'不可。江、漢以濯之，秋陽以暴之，皜皜乎不可尚已。'"意在比喻孔子盛德，天下無人可及。此處用以指梁朝之恩德廣大。

[11]一紀：十二年。

[12]三世：三代，指伏暅及父曼容、子挺。伏挺，見本書卷五〇《文學傳》。

[13]於斯已及：中華書局本《校勘記》："'及'疑'極'之訛。"

[14]大不敬：不敬皇帝之罪。此不赦之重罪。

[15]即主：六朝彈文格式，先立罪狀，舉其罪，以"即主"總結，意謂罪魁。下文云"臣謹案"，爲判詞，定其罰。參周一良《魏晉南北朝史札記》之《〈梁書〉札記》"劾奏公文格式"條。

臣謹案：豫章内史臣伏暅，含疵表行，藉悖成心，語默一違，[1]資敬兼盡。幸屬昌時，擢以不次，溪壑可盈，志欲無滿。要君東走，[2]豈曰止足之歸；[3]負志解巾，[4]異乎激處之致。甘此脂膏，孰非荼苦；佩兹龜組，[5]豈殊縲絏。[6]宜明風憲，[7]肅正簡書。[8]臣等參議，請以見事免暅所居官，凡諸位任，一皆削除。

有詔勿治，暅遂得就郡。

[1]語默：等於説出處。《易·繫辭上》："君子之道，或出或處，或默或語。"

[2]東走：指自吴郡往會稽。

[3]止足：知止知足，不耽名利。

[4]解巾：除去頭巾，謂出任官職。

[5]龜組：印綬。

[6]縲絏：捆綁人的繩索。絏，同"紲"。

[7]風憲：風教，法律。

[8]簡書：戒命文書。

視事三年，徵爲給事黄門侍郎，領國子博士，未及起。普通元年，[1]卒於郡，時年五十九。尚書右僕射徐勉爲之墓誌，[2]其一章曰："東區南服，[3]愛結民胥，[4]相望伏闕，[5]繼軌奏書。或卧其轍，[6]或扳其車，[7]或圖其像，[8]或式其閭。[9]思耿借寇，[10]曷以尚諸。"[11]

[1]普通：梁武帝年號（520—527）。

[2]尚書右僕射：官名。尚書令副佐，並與尚書分領諸曹。與祠部尚書通職，不并置。梁十五班。

[3]東區：京師以東地域，此指新安郡。　南服：周制，國都以外的地域依據距國都的遠近分爲五服。永陽郡在南，故稱南服。

[4]民胥：吏民。

[5]伏闕：拜伏於宫闕之下。

[6]卧其轍：後漢侯霸爲淮陽太守，徵入都，百姓號哭攔使者車，卧於轍中，乞留侯霸一年。詳《後漢書》卷二六《侯霸傳》。後用卧轍爲挽留去職官吏的典故。

[7]扳其車：後漢秦彭爲開陽城門候，後拜潁川太守，老弱攀車，啼號填道。見《文選》卷五九沈休文《齊故安陸昭王碑文》李善注引《東觀漢記》。扳，通"攀"。

[8]圖其像：古代往往圖畫歷史人物之像於壁上，以示勸懲。《三國志》卷七《魏書·臧洪傳》，洪答陳琳書："身著圖像，名垂後世。"

[9]式其閭：式，通"軾"，車前横木；閭，里門。車至里門，人立車中，俯憑車前横木，用以表示敬意。常用以指登門拜訪。

[10]思耿：後漢耿純，曾任東郡太守，後坐事免官，以列侯奉

朝請。從擊董憲，道過東郡，百姓老少數千人隨車駕涕泣云："願復得耿君！"帝謂公卿曰："純年少披甲冑爲軍吏耳，治郡乃能見思若是乎！"事詳《後漢書》卷二一《耿純傳》。　借寇：後漢寇恂，有文武治能，曾爲潁川太守。後，潁川盗賊群起，帝引之從征。恂至潁川，盗賊悉降，而竟不拜郡，百姓遮道曰："願從陛下復借寇君一年。"乃留恂。詳《後漢書》卷一六《寇恂傳》。

[11]尚：超過。　諸："之乎"二字合音。

初，暅父曼容與樂安任遥皆暱於齊太尉王儉，[1]遥子昉及暅並見知，頃之，昉才遇稍盛，齊末，昉已爲司徒右長史，[2]暅猶滯於參軍事，[3]及其終也，名位略相侔。暅性儉素，車服粗惡，外雖退静，内不免心競，[4]故見譏於時。能推薦後來，常若不及，少年士子，或以此依之。

[1]任遥：人名。見本書卷一四《任昉傳》。遥，舊本皆作"瑶"，非。此依中華書局本校改。　王儉：人名。祖籍琅邪臨沂，仕齊，官至鎮軍將軍，開府儀同三司。卒，贈太尉。《南齊書》卷二三有傳。

[2]司徒右長史：官名。佐司徒，掌官吏事。員一人。梁十班。

[3]猶：《南史》卷七一《儒林·伏曼容傳》附《伏暅傳》作"獨"。

[4]心競：暗自争勝。

何遠字義方，東海郯人也。[1]父慧炬，齊尚書郎。[2]

[1]東海：郡名。治所在今山東郯城縣。　郯：縣名。治所與東海郡同。此何遠祖籍。

[2]尚書郎：官名。尚書省屬官，分掌尚書省諸曹事。齊第六品。

遠釋褐江夏王國侍郎，[1]轉奉朝請。永元中，江夏王寶玄於京口爲護軍將軍崔慧景所奉，[2]入圍宫城，遠豫其事。事敗，乃亡抵長沙宣武王，[3]王深保匿焉。遠求得桂陽王融保藏之，[4]既而發覺，收捕者至，遠逾垣以免；融及遠家人皆見執，融遂遇禍，遠家屬繫尚方。遠亡渡江，使其故人高江産共聚衆，欲迎高祖義師，東昏黨聞之，使捕遠等，衆復潰散。遠因降魏，入壽陽，[5]見刺史王肅，[6]欲同義舉，肅不能用，乃求迎高祖，肅許之。遣兵援送，得達高祖。高祖見遠，謂張弘策曰：[7]"何遠美丈夫，而能破家報舊德，未易及也。"[8]板輔國將軍，[9]隨軍東下。既破朱雀軍，[10]以爲建康令。高祖踐阼，爲步兵校尉，以奉迎勳封廣興男，[11]邑三百户。遷建武將軍、後軍鄱陽王恢録事參軍。[12]遠與恢素善，在府盡其志力，知無不爲，恢亦推心仗之，恩寄甚密。

[1]江夏王：齊明帝子蕭寶玄的封爵號。《南齊書》卷五〇《明七王傳》有傳。江夏，郡名。治所在今湖北武漢市武昌。

[2]京口：南徐州鎮所，即今江蘇鎮江市。　護軍將軍：將軍名號。掌京畿以外諸軍，職任頗重。宋第三品，齊不詳。　崔慧景：人名。祖籍清河東武城。齊東昏侯即位，誅戮舊臣，慧景不自

安。會豫州刺史裴叔業以壽春降虜，慧景奉命出征，至京口，奉江夏王寶玄爲主，舉兵向京師。兵敗，被殺。《南齊書》卷五一有傳。

[3]長沙宣武王：梁武帝兄蕭懿，齊末爲東昏侯所害。梁武踐阼，追封長沙郡王，謚曰宣武。見本書卷八《長沙嗣王傳》。

[4]桂陽王融：梁武帝弟蕭融，遭齊末宣武之難，遇害。梁武即位，追封桂陽郡王。見本書《桂陽嗣王傳》。周一良《梁書札記》"何遠傳脱文"條云："'遠求得'云云上有脱文。《南史》於'懿深保匿焉'下有'會赦出。頃之，懿遭難，子弟皆潛伏，遠求得懿弟融藏之'云云，文義乃足。"(《魏晉南北朝史札記》)。

[5]壽陽：縣名。治所在今安徽壽縣。

[6]王肅：人名。祖籍琅邪臨沂。父奂，仕齊爲雍州刺史，坐擅殺長史，朝廷遣使收之，奂反。兵敗被誅，肅奔魏，爲豫州刺史，鎮壽陽。《魏書》卷六三有傳。

[7]張弘策：人名。祖籍范陽方城。本書卷一一有傳。

[8]未易及也：及，舊本皆作"人"，此依中華書局本校改。

[9]板：六朝時，地方長官臨時授官，書授官之辭於板，稱爲板授。凡板官，皆不給印綬，但可食其俸禄。

[10]朱雀軍：指據守朱雀航的東昏侯軍隊。朱雀，即朱雀航，在今江蘇南京市南秦淮河上。

[11]廣興男：封爵號。廣興，縣名。治所在今江西蓮花縣南。

[12]建武將軍：將軍名號。宋第四品，梁初不詳。　後軍：後軍將軍之省稱，將軍名號。爲禁衛軍將軍之一。與前軍、左軍、右軍合稱四軍將軍，掌宿衛。宋第四品，梁初不詳。　鄱陽王恢：梁武帝弟蕭恢封爵號鄱陽王。本書卷二二《太祖五王》有傳。　録事參軍：官名。王公軍府屬官，總録衆署文簿，舉彈善惡。宋第七品，梁初不詳。

頃之，遷武昌太守。[1]遠本倜儻，尚輕俠，至是乃折節爲吏，杜絶交遊，饋遺秋毫無所受。武昌俗皆汲江水，盛夏，遠患水温，每以錢買民井寒水，不取錢者，則摙水還之。[2]其佗事率多如此。跡雖似僞，而能委曲用意焉。車服尤弊素，器物無銅漆。江左多水族，[4]甚賤，遠每食不過乾魚數片而已。然性剛嚴，吏民多以細事受鞭罰者，遂爲人所訟，徵下廷尉，[5]被劾數十條。[6]當時士大夫坐法，皆不受立，[7]遠度己無贓，就立三七日不款，[8]猶以私藏禁仗除名。[9]

[1]武昌：郡名。治所在今湖北鄂州市。

[2]摙（liǎn）：擔。

[4]水族：指水生動物。

[5]廷尉：官署名。掌刑辟。

[6]數十條：《南史》卷七〇同傳作“十數條”。

[7]受立：即受立測之刑。《南史》作“受測”。測，刑具名。《隋書·刑法志》：“凡繫獄者，不即答款，應加測罰，不得以人士爲隔。”又：“其有贓驗顯然而不款，則上測立。立測者，以土爲垛，高一尺，上圓，劣容囚兩足立。鞭二十，笞三十訖，著兩械及杻，上垛。一上測七刻，日再上。三七日上測，七日一行鞭。”

[8]就立：《南史》作“就測立”。　款：服罪。

[9]仗：兵器。　除名：除名籍，取消原身份。

後起爲鎮南將軍、武康令。[1]愈厲廉節，除淫祀，正身率職，民甚稱之。太守王彬巡屬縣，[2]諸縣盛供帳以待焉，至武康，遠獨設糗水而已。[3]彬去，遠送至境，進斗酒隻鵝爲别。彬戲曰：“卿禮有過陸納，[4]將不爲古人所笑乎。”高祖聞其能，擢爲宣城太守。自縣爲近畿大郡，近代未之有也。郡經寇抄，遠盡心綏理，復著名迹。朞年，遷樹功將軍、始興内史。[5]時泉陵侯淵朗爲桂州，[6]緣道剽掠，入始興界，草木無所犯。

[1]鎮南將軍：將軍名號。東西南北四鎮將軍之一，多爲持節都督，出鎮方面，權勢頗重。梁一百二十五號十品二十四班將軍之一，二十二班。中華書局本《校勘記》："張森楷《梁書校勘記》：'鎮南是軍號之大者，不應爲令，疑"將軍"或是"參軍"之誤。'"

[2]王彬：人名。祖籍琅邪臨沂。《南史》卷二二《王曇首傳》有附傳。

[3]糗（qiǔ）：乾糧。

[4]陸納：人名。晉吴郡吴人，將出守吴興，伺桓温閑，謂之曰："外有微禮，方守遠郡，欲與公一醉，以展下情。"温欣然納之。及受禮，唯酒一斗、鹿肉一柈，坐客愕然。納徐曰："明公近云飲酒三升，納止可二升，今有一斗，以備杯杓餘瀝。"温及賓客並歎其率素。事見《晉書》卷七七《陸曄傳》附納傳。

[5]樹功將軍：將軍名號。梁六班。

[6]泉陵侯淵朗：梁宗室蕭淵朗封爵號泉陵侯。《南史》卷五一《梁宗室・長沙宣武王傳》有附傳。泉陵，縣名。治所在今湖南永州市。　桂州：州名。治所在今廣西柳州市東南。

遠在官，好開途巷，脩葺牆屋，民居市里，城隍廄庫，所過若營家焉。田秩俸錢，並無所取，歲暮，擇民尤窮者，充其租調，以此爲常。然其聽訟猶人，[1]不能過絶，而性果斷，民不敢非，畏而惜之。所至皆生爲立祠，表言治狀，高祖每優詔答焉。[2]天監十六年，詔曰："何遠前在武康，已著廉平；復莅二邦，彌盡清白。政先治道，惠留民愛，雖古之良二千石，[3]無以過也。宜升内榮，以顯外績。可給事黄門侍郎。”遠即還，仍爲仁威長史。[4]頃之，出爲信武將軍，監吴郡。在吴頗有酒失，遷東陽太守。遠處職，疾强富如仇讎，視貧細如子弟，特爲豪右所畏憚。在東陽歲餘，復爲受罰者所謗，坐免歸。

[1]《論語·顔淵》：“子曰：‘聽訟，吾猶人也。必也使無訟乎！’”聽訟，審理訴訟案件。

[2]優詔：古代帝王用於獎掖慰勉的文書。

[3]良二千石：《漢書》卷八九《循吏傳序》：“（孝宣帝）常稱曰：‘庶民所以安其田里而無嘆息愁恨之心者，政平訟理也。與我共此者，其唯良二千石乎！’”二千石，顔師古注：“謂郡守、諸侯相。”

[4]仁威：仁威將軍之省稱，將軍名號。爲一百二十五號將軍之一，十六班。

遠耿介無私曲，[1]居人間，絶請謁，不造詣。[2]與貴賤書疏，抗禮如一。[3]其所會遇，未嘗以顔色下人，[4]以此多爲俗士所惡。其清公實爲天下第一。居數郡，見可欲終不變其心。妻子飢寒，如下貧者。及去東陽歸家，經年歲，口不言榮辱，士類益以此多之。其輕財好義，周人之急，[5]言不虚妄，蓋天性也。每戲語人云：“卿能得我一妄語，則謝卿以一縑。”衆共伺之，不能記也。

[1]耿介：光明正大。

[2]造詣：前往拜訪。

[3]抗禮：以平等的身份行禮。

[4]下人：卑謙而居於人之後。下，舊本皆訛“干”，此依中華書局本校改。

[5]周：通“賙”，救濟。

後復起爲征西諮議參軍、中撫司馬。[1]普通二年卒，時年五十二。高祖厚贈賜之。

[1]征西：征西將軍之省稱，將軍名號。與征東、征南、征北將軍合稱四征將軍，多持節都督，出征方面，地位顯要。爲一百二十五號將軍之一，二十三班。　諮議參軍：官名。職掌同前代。梁九班至六班。　中撫：中撫將軍之省稱，梁代與中權、中衛、中軍將軍合稱四中將軍，僅授於在京師任職者。爲一百二十五號將軍之一，二十三班。　司馬：官名。職掌同前代。梁十班至六班。

陳吏部尚書姚察曰：[1]前史有循吏，何哉？世使然也。漢武役繁姦起，循平不能，故有苛酷誅戮以勝之，亦多怨濫矣。梁興，破觚爲圓，斲雕爲樸，[2]教民以孝悌，勸之以農桑，於是桀黠化爲由余，[3]輕薄變爲忠厚。淳風已洽，民自知禁。堯舜之民，比屋可封，[4]信矣。若夫酷吏，於梁無取焉。

[1]陳吏部尚書姚察：姚察，思廉之父，仕陳，曾官吏部尚書。《陳書》卷二七有傳。吏部尚書，官名。掌官吏銓選、任免。陳第三品。清·錢大昕《廿二史考異》卷二六有云：“思廉修梁陳書，

皆因其父察所撰而續成之。梁史諸論，述其父説必稱‘陳吏部尚書姚察曰’，仿孟堅《漢書》稱‘司徒掾班彪’之例也。”

［2］《史記》卷一二二《酷吏列傳序》：“漢興，破觚而爲圜，斲雕而爲樸，網漏於吞舟之魚，而吏治烝烝，不至於奸，黎民艾安。”觚，八棱有隅者。圜，通“圓”，使有角而改爲光圓。比喻破除嚴刑峻法。雕，比喻矯僞。樸，淳樸。

［3］桀黠：凶暴狡詐。　由余：春秋時戎人姓名。其先晉人，亡入戎，能晉言。使於秦，穆公以爲賢。見《史記》卷五《秦本紀》。

［4］陸賈《新語·無爲》：“堯舜之民，可比屋而封；桀紂之民，可比屋而誅：教化使然也。”

梁書 卷五四

列傳第四十八

諸　夷

海南　東夷　西北諸戎

海南諸國，大抵在交州南及西南大海洲上，[1]相去近者三五千里，遠者二三萬里，其西與西域諸國接。[2]漢元鼎中，[3]遣伏波將軍路博德開百越，[4]置日南郡。[5]其徼外諸國，[6]自武帝以來皆朝貢。[7]後漢桓帝世，大秦、天竺皆由此道遣使貢獻。[8]及吴孫權時，[9]遣宣化從事朱應、中郎康泰通焉。[10]其所經及傳聞，則有百數十國，因立記傳。晉代通中國者蓋尠，[11]故不載史官。及宋、齊，至者有十餘國，始爲之傳。自梁革運，其奉正朔，[12]脩貢職，航海歲至，踰於前代矣。今採其風俗粗著者，綴爲《海南傳》云。

[1]交州：州名。治所在今越南北寧省仙游東。

[2]西域：西漢以後對玉門關以西地區的總稱。

[3]元鼎：漢武帝年號（前 116—前 111）。

[4]伏波將軍：將軍名號。漢官秩不詳，魏晉爲五品。　路博德：人名。西漢平州人。《史記》卷一一一有傳。　百越：泛指南方少數民族地區。

[5]日南郡：郡名。治所在今越南廣治省甘露河與廣治河合流處。

[6]徼（jiào）：邊境。

[7]武帝：指漢武帝劉徹，前 140 年至前 87 年在位。　朝貢：三朝本、百衲本皆作"獻見"。

[8]大秦：古國名。即今土耳其至叙利亞北部地區。　天竺：古國名。即今印度。

[9]孫權：人名。即三國時吴大帝。公元 222 年至 252 年在位。

[10]宣化從事：官名。品秩不詳。　朱應：人名。《隋書·經籍志》著録："《扶南異物志》一卷，朱應撰。"姚振宗《隋書經籍志考證》以爲即本書《文學·劉杳傳》所云之"朱建安"，"建安"爲朱應之字。　中郎：官名。後漢分屬五官、左、右三中郎將署，掌宫中護衛、侍從。秩比六百石。

[11]尠：少。

[12]正朔：指帝王新頒佈的曆法。古代改朝换代，新王朝須重定正朔，故正朔又是新王朝的標誌。

林邑國者，[1]本漢日南郡象林縣，[2]古越裳之界也。[3]伏波將軍馬援開漢南境，[4]置此縣。其地縱廣可六百里，城去海百二十里，去日南界四百餘里，北接九德郡。[5]其南界，水步道二百餘里，有西國夷亦稱王，[6]馬援植兩銅柱表漢界處也。其國有金山，石皆赤色，其中生金。金夜則出飛，狀如螢火。又出瑇瑁、貝齒、吉貝、沉木香。[7]吉貝者，樹名也。其華成時如鵝毳，[8]抽其緒紡之以作布，潔白與紵布不殊，[9]亦染成五色，織爲斑布也。沉木者，土人斫斷之，積以歲年，朽爛而心節獨在，置水中則沉，故名曰沉香。次不沉不浮者，曰簃香也。[10]

[1]林邑國：古國名。其都在今越南廣南省維川縣南茶橋。

[2]象林縣：西漢縣名。東漢時，舊治所成爲林邑國都，新治所遷至今越南承天省廣田縣東香江與蒲江合流處，與盧容縣同治。

[3]越裳：南方古族名。

[4]馬援：人名。東漢扶風茂林人。仕光武帝，爲伏波將軍。南征，立銅柱以表功。卒於軍。《後漢書》卷二四有傳。

[5]九德郡：郡名。治所在今越南義安省滎市。

[6]西國：《南史》卷七八《海南諸國》同傳作“西圖”，《太平御覽》卷三九〇引《異物志》作“西屠”。

[7]吉貝：即木棉。

[8]華：同“花”。　毳（cuì）：鳥獸的細毛。

[9]紵（zhù）布：用苧麻纖維織的布。

[10]簃（jiǎn）：香木名。

漢末大亂，功曹區達，[1]殺縣令自立爲王。傳數世，其後王無嗣，立外甥范熊。熊死，子逸嗣。晉成帝咸康三年，[2]逸死，奴文簒立。文本日南西捲縣夷帥范稚家奴，[3]常牧牛於山澗，得鱧魚二頭，[4]化而爲鐵，因以鑄刀。鑄成，文向石而咒曰：“若斫石破者，文當王此國。”因舉刀斫石，如斷芻藁，文心獨異之。范稚常使之商賈至林邑，因教林邑王作宮室及兵車器械，王寵任之。後乃讒王諸子，各奔餘國。[5]及王死無嗣，文僞於隣國迓王子，[6]置毒於漿中而殺之，遂脅國人自立。舉兵攻旁小國，皆吞滅之，有衆四五萬人。時交州刺史姜莊使所親韓戢、謝稚，前後監日南郡，[7]並貪殘，諸國患之。穆帝永和三年，[8]臺遣夏侯覽爲太守，[9]侵刻尤甚。林邑先無田土，貪日南地肥沃，常欲略有之，[10]至是，因民之怨，遂舉兵襲日南，殺覽，以其屍祭天。留日南三年，乃還林邑。交州刺史朱藩後遣督護劉雄戍日南，[11]文復屠滅之。進寇九德郡，殘害吏民。遣使告藩，願以日南北境橫山爲界，藩不許，又遣督護陶緩、李衢討之。[12]文歸林邑，尋復屯日南。五年，文死，子佛立，猶屯日南。征西將軍桓温遣督護滕畯、九真太守灌邃帥交、廣州兵討之，[13]佛嬰城固守。[14]邃令畯盛兵於前，邃帥勁卒七百人，自後踰壘而入，佛衆驚潰奔走，邃追至林邑，佛乃請降。哀帝昇平初，[15]復爲寇暴，刺史温放之討破之。[16]安帝隆安三年，[17]佛孫須達復寇日南，[18]執太守炅源，又進寇九德，執太守曹炳。交趾太守杜瑗遣都護鄧逸等擊破之，[19]即以瑗爲刺史。義熙三年，[20]須達復寇日南，殺長史，[21]瑗遣海邏督護阮斐討破之，斬獲甚衆。九年，須達復寇九真，[22]行郡事杜慧期與戰，[23]斬其息交龍王甄知及其將范健等，[24]生俘須達息郁能，及虜獲百餘人。自瑗卒後，林邑無歲不寇日南、九德諸郡，殺蕩甚多，[25]交州遂致虚弱。

［1］功曹：官名。漢朝郡縣皆置，職掌選舉，兼參諸曹事務。官秩不詳。　區（ōu）達：人名。《南史》卷七八、《晉書》卷九七、《隋書》卷八二及《册府元龜》卷九五六並作“區連”。

［2］咸康：晉成帝年號（335—342）。　三年：《南史》同，《晉書》作“二年”。

［3］西捲縣：縣名。治所在今越南廣治省甘露河與廣治河合流處。稚，《晉書》、《南齊書》之《林邑傳》並作“椎”。

［4］鱧：《水經注》卷三六《温水注》引《林邑記》作“鯉”。

［5］餘國：别國。

［6］迓：迎接。

［7］監：官制術語。非正式任職而督理其職事之稱。

［8］永和：晉穆帝年號（345—356）。

［9］臺：官署。此指東晉朝廷。

［10］略：通“掠”。揚雄《方言》：“略，强取也。”

［11］督護：官名。州郡及軍府的僚屬，掌軍務，亦常被派統軍外出征戍。官品不詳。

［12］陶緩：中華書局本《校勘記》：“‘緩’疑‘綏’字之誤。《晉書·陶璜傳》有孫綏位至交州刺史，當即此人。”

［13］征西將軍：將軍名號。多持節都督，出鎮方面。晉第三品。　桓温：人名。晉譙國龍亢人。《晉書》卷九八有傳。　九真：郡名。治所在今越南清化省清化西北東山縣陽舍村。　廣州：州名。治所在今廣東廣州市。

［14］嬰城：環城固守。

［15］哀帝昇平初：中華書局本《校勘記》：“晉哀帝無‘昇平’年號。‘昇’當作‘升’。升平是晉穆帝年號，‘哀帝’當作‘穆帝’。《晉書·穆帝紀》，升平三年，交州刺史温放之帥兵討林邑。”

［16］温放之：人名。晉太原祁人。《晉書》卷六七《温嶠傳》有附傳。

［17］隆安：晉安帝年號（397—401）。

[18]須達：《南史》同。《晉書》卷一〇《安帝紀》作“范達”。

[19]交趾：郡名。治所在今越南北寧省仙游東。　杜瑗：人名。晉交阯朱鳶人。見《宋書》卷九二《良吏·杜慧度傳》。　鄧逸：人名。晉陳郡人。見《晉書》卷八一《鄧嶽傳》。

[20]義熙：晉安帝年號（405—418）。

[21]長史：中華書局本《校勘記》：“‘史’疑是‘吏’之誤。”

[22]須達：《晉書》卷一〇《安帝紀》作“范湖達”，《宋書》卷九二《良吏·杜慧度傳》作“范胡達”。

[23]杜慧期：《晉書》卷一〇《安帝紀》作“杜慧度”。《水經注》卷三六《温水注》引《林邑記》亦作“杜慧度”，按，據《宋書》卷九二《良吏·杜慧度傳》，慧期爲慧度之弟。

[24]息：子息。

[25]蕩：中華書局本《校勘記》：“‘蕩’《南史》作‘傷’。”

須達死，子敵真立，其弟敵鎧攜母出奔。敵真追恨不能容其母弟，捨國而之天竺，禪位於其甥，國相藏驎固諫不從。其甥既立而殺藏驎，藏驎子又攻殺之，而立敵鎧同母異父之弟曰文敵。文敵後爲扶南王子當根純所殺，[1]大臣范諸農平其亂，而自立爲王。諸農死，子陽邁立。[2]宋永初二年，[3]遣使貢獻，以陽邁爲林邑王。陽邁死，子咄立，慕其父，[4]復曰陽邁。

[1]扶南：古國名。相當於今柬埔寨及越南南部西貢一帶。

[2]陽邁：《南史》卷七八《夷貊上》：“夷人謂金之精者爲陽邁，若中國云紫磨者，因以爲名。”

[3]永初：宋武帝年號（420—422）。

[4]慕其父：中華書局本《校勘記》：“‘慕’，各本及《南史》

訛‘篡’，據《南齊書·林邑國傳》改正。按：既云‘立’，不應又云‘篡’，致文相複，當依《南齊書》作‘慕’爲是。”按，《太平御覽》卷七八六引《梁書》亦作“慕”。今據改。

其國俗：居處爲閣，名曰干闌，[1]門户皆北向；[2]書樹葉爲紙；男女皆以横幅吉貝繞腰以下，謂之干漫，亦曰都縵；穿耳貫小鐶；貴者著革屣，賤者跣行。自林邑、扶南以南諸國皆然也。其王著法服，[3]加瓔珞，如佛像之飾。出則乘象，吹螺擊鼓，罩吉貝傘，以吉貝爲幡旗。國不設刑法，有罪者使象踏殺之。其大姓號婆羅門。[4]嫁娶必用八月，女先求男，由賤男而貴女也。同姓還相婚姻，使婆羅門引壻見婦，握手相付，呪曰“吉利吉利”，以爲成禮。死者焚之中野，謂之火葬。其寡婦孤居，散髮至老。國王事尼乾道，[5]鑄金銀人像，大十圍。[6]

[1]干闌：各本作“于闌”，《南史》卷七八《夷貊上》同傳作“干闌”。按，參以《北史》卷九五《獠傳》，知“于”當爲“干”之訛，今改正。

[2]《水經注》卷三六《温水注》：“應劭《地理風俗記》曰：日南故秦象郡，漢武帝元鼎六年開日南郡，治西捲縣。《林邑記》曰：城去林邑步道四百餘里。《交州外域記》曰：從日南郡南去，到林邑國，四百餘里。準逕相符，然則城故西捲縣也……《林邑記》曰：其城治二水之間，三方際山，南北瞰水。東西澗浦，流湊城下。城西折十角，周圍六里。一百七十步，東西度六百五十步，磚城二丈，上起磚墻一丈，開方隙孔。磚上倚板，板上五重層閣，閣上架屋，屋上架樓，樓高者七八丈，下者五六丈。城開十三門，凡

宫殿南向，屋宇二千一百餘間。市居周繞，阻峭地險。故林邑兵器戰具，悉在區粟。多城壘，自林邑王范胡達始。秦餘徙民，染同夷化，日南舊風，變易俱盡，巢棲樹宿，負郭接山，榛棘蒲薄，騰林拂雲，幽煙冥緬，非生人所安。區粟建八尺表，日影度南八寸，自此影以南，在日之南，故以名郡望。北辰星落在天際，日在北，故開北户以向日，此其大較也。”此可與本傳相參證並補所未備。

[3]法服：禮法規定的標準服裝。

[4]婆羅門：梵語譯音，意爲“净行”、“净裔”。印度早期奴隸制時代四個種姓中的最高級，自稱梵天後裔，世襲祭司貴族。唐·玄奘《大唐西域記》二：“印度種姓，族類群分，而婆羅門特爲清貴，從其雅姓，傳以成俗，無云經界之别，總謂婆羅門國焉。”

[5]尼乾：梵語譯音，意爲“離繫”。宗教之一種。尼乾道認爲人生罪福苦樂，本自有定，主張脱離人世，裸體苦行。

[6]圍：計度圓周的量詞。直徑一尺爲一圍。一説五寸爲圍。又，一抱也叫一圍。

元嘉初，[1]陽邁侵暴日南、九德諸郡，交州刺史杜弘文建牙欲討之，[2]聞有代乃止。八年，又寇九德郡，入四會浦口，[3]交州刺史阮彌之遣隊主相道生帥兵赴討，攻區栗城不剋，[4]乃引還。爾後頻年遣使貢獻，而寇盜不已。二十三年，使交州刺史檀和之、振武將軍宗慤伐之。[5]和之遣司馬蕭景憲爲前鋒，[6]陽邁聞之懼，欲輸金一萬斤、銀十萬斤，還所略日南民户，其大臣蝳僧達諫止之，乃遣大帥范扶龍戍其北界區栗城。[7]景憲攻城，剋之，斬扶龍首，獲金銀雜物，不可勝計。乘勝逕進，即剋林邑。陽邁父子並挺身逃奔。獲其珍異，皆是未名之寶。又銷其金人，得黄金數十萬斤。和之後病死，見胡神爲祟。

[1]元嘉：宋文帝年號（424—453）。

[2]杜弘文：杜慧度長子。見《宋書》卷九二《良吏·杜慧度傳》。　建牙：古代出軍，在軍前樹立大旗，稱爲建牙。後來也稱興兵建幕府或武將出鎮爲建牙。牙，軍前大旗。

[3]四會浦口：即今越南廣治省廣治河口。

[4]區栗城：《宋書》卷九七《夷蠻傳》及卷七六《宗慤傳》俱作"區粟城"，地在今越南廣南。

[5]檀和之：人名。見《宋書·夷蠻傳》。　振武將軍：將軍名號。宋第四品。

[6]司馬：官名。諸公軍府屬官，掌本府武職。宋第六至七品。

[7]范扶龍戍其北界區栗城：《南史》同。《宋書》卷九七《夷蠻·林邑國》"范扶龍"作"范扶龍大"，"區栗"作"區粟"。《水經注》卷三六《温水注》："元嘉二十年以林邑頑凶，歷代難化，恃遠負衆，慢威背德……乃命偏將與龍驤將軍交州刺史檀和之陳兵日南，修文服遠。二十三年揚旌從四會浦口入郎湖，軍次區粟，進逼圍城。以飛梯雲橋懸樓登壘。鉦鼓大作，虎士電怒，風烈火揚，城摧衆陷，斬區粟王范扶龍首。"亦作"區粟"，可與本傳參看。

孝武孝建、大明中，[1]林邑王范神成累遣長史奉表貢獻。明帝泰豫元年，[2]又遣使獻方物。[3]齊永明中，[4]范文贊累遣使貢獻。天監九年，[5]文贊子天凱奉獻白猴，詔曰："林邑王范天凱介在海表，[6]乃心款至，[7]遠脩職貢，良有可嘉。宜班爵號，[8]被以榮澤。可持節、督緣海諸軍事、威南將軍、林邑王。"[9]十年，十三年，天凱累遣使獻方物。俄而病死，子弼毳跋摩立，奉表貢獻。普通七年，[10]王高式勝鎧遣使獻方物，詔以爲持節、督緣海諸軍事、綏南將軍、林邑王。[11]大通元年，[12]又遣使貢獻。中大通二年，[13]行林邑王高式律陁羅跋摩遣使貢獻，[14]詔以爲持節、督緣海諸軍事、綏南將軍、林邑王。六年，又遣使獻方物。

[1]孝建：孝武帝年號（454—456）。舊本皆訛爲"建元"，此依中華書局本校改。　大明：宋孝武帝年號（457—464）。

[2]泰豫：宋明帝年號（472）。

[3]方物：土産。

[4]永明：齊武帝年號（483—493）。

[5]天監：梁武帝年號（502—519）。

[6]介：間隔。　海表：境外僻遠之地。

[7]乃心：你的誠心，指忠於王室之心。《尚書·康王之誥》："雖爾身在外，乃心罔不在王室。"　款：誠。

[8]班：規定位次等級。

[9]持節：古代大臣奉天子之命出行，持節以爲憑證並示威重，魏晉以下以爲官名。有假節、持節、使持節之分，權力亦有小大之別，多爲都督諸軍事及刺史總軍戎者。軍事長官出征或出鎮，持節可殺無官位之人，在軍事行動中享有誅殺二千石以下官員的權力。威南將軍：將軍名號。梁天監七年革選，釐定將軍名號及班品，其施於國外者有一百九號十品二十四班，以班多者爲貴，威南將軍爲二十一班。

[10]普通：梁武帝年號（520—527）。

[11]綏南將軍：梁施於國外者一百九號將軍之一，二十班。

[12]大通：梁武帝年號（527—529）。

[13]中大通：梁武帝年號（529—534）。

[14]行：官制術語。缺官未補，暫以低級官吏代行高一級官吏

之職務。

扶南國，在日南郡之南，海西大灣中，去日南可七千里，在林邑西南三千餘里。城去海五百里。有大江廣十里，西北流，東入於海。其國輪廣三千餘里，[1]土地洿下而平博，[2]氣候風俗大較與林邑同。出金、銀、銅、錫、沉木香、象牙、孔翠、五色鸚鵡。

[1]輪廣：指土地面積。東西的長度爲廣，南北的長度爲輪。

[2]洿（wū）下：低濕。洿，同“污”。

其南界三千餘里有頓遜國，[1]在海崎上，[2]地方千里，城去海十里。有五王，並羈屬扶南。[3]頓遜之東界通交州，其西界接天竺、安息徼外諸國，[4]往還交市。所以然者，頓遜迴入海中千餘里，漲海無崖岸，[5]船舶未曾得逕過也。其市，東西交會，日有萬餘人。珍物寶貨，無所不有。又有酒樹，似安石榴，采其花汁停甕中，數日成酒。

[1]頓遜國：古國名。在今泰國西南、馬來半島西北。

[2]海崎：海中半島。

[3]羈屬：隸屬。通常指不太嚴格的隸屬關係。

[4]安息：古國名。即今伊朗。

[5]漲海：南海的別稱。

頓遜之外，大海洲中，又有毗騫國，[1]去扶南八千里。傳其王身長丈二，頸長三尺，[2]自古來不死，莫知其年。王神聖，國中人善惡及將來事，王皆知之，是以無敢欺者。南方號曰長頸王。國俗，有室屋、衣服，噉粳米。其人言語，小異扶南。有山出金，金露生石上，無所限也。[3]國法刑罪人，並於王前噉其肉。國内不受估客，[4]有往者亦殺而噉之，是以商旅不敢至。王常樓居，不血食，不事鬼神。其子孫生死如常人，唯王不死。扶南王數遣使與書相報答，常遺扶南王純金五十人食器，形如圓盤，又如瓦塸，[5]名爲多羅，受五升，又如椀者，受一升。王亦能作天竺書，書可三千言，説其宿命所由，與佛經相似，並論善事。

[1]毗騫國：古國名。在今馬來西亞，或説在今印度尼西亞蘇門答臘西北。

[2]頸：舊本及《南史》並訛“頭”，此依中華書局本校改。

[3]所：《南史》作“央”。

[4]估客：販貨物的商人。

[5]瓦塸（ōu）：盆盂類瓦器。塸，同“甌”。

又傳扶南東界即大漲海，[1]海中有大洲，洲上有諸薄國，[2]國東有馬五洲。[3]復東行漲海千餘里，至自然大洲。[4]其上有樹生火中，洲左近人剥取其皮，紡績作布，極得數尺以爲手巾，與焦麻無異而色微青黑；若小垢洿，則投火中，復更精潔。或作燈炷，用之不知盡。

[1]大漲海：即今南海。

[2]諸薄國：古國名。在今印度尼西亞爪哇島，或説在今蘇門答臘。

[3]馬五洲：即今印度尼西亞巴厘島。

[4]自然大洲：即今馬來西亞加里曼丹島。

扶南國俗本躶體，文身被髮，不制衣裳。以女人爲王，號曰柳葉。年少壯健，有似男子。其南有徼國，[1]有事鬼神者字混填，夢神賜之弓，乘賈人舶入海，混填晨起即詣廟，於神樹下得弓，便依夢乘船入海，遂入扶南外邑。柳葉人衆見舶至，欲取之，混填即張弓射其舶，穿度一面，矢及侍者，柳葉大懼，舉衆降混填。混填乃教柳葉穿布貫頭，形不復露，遂治其國，納柳葉爲妻，生子分王七邑。其後王混盤況以詐力間諸邑，令相疑阻，因舉兵攻并之，乃遣子孫中分治諸邑，號曰小王。

[1]徼國：古國名。《南史》及《南齊書》卷五八《扶南國傳》皆作“激國”。按，當以“徼國”爲是，意爲“徼外之國”，其地約在今馬來半島。

盤況年九十餘乃死，立中子盤盤，以國事委其大將范蔓。[1]盤盤立三年死，國人共舉蔓爲王。蔓勇健有權略，復以兵威攻伐旁國，咸服屬之，自號扶南大王。乃治作大船，窮漲海，攻屈都昆、九稚、典孫等十餘國，[2]開地五六千里。次當伐金隣國，[3]蔓遇疾，遣太子金生代行。蔓姊子旃，[4]時爲二千人將，因篡蔓自立，遣人詐金生而殺之。蔓死時，有乳下兒名長，在民間，至年二十，乃結國中壯士襲殺旃，旃大將范尋又殺長而自立。更繕治國内，起觀閣遊戲之，朝旦中晡三四見客。[5]民人以焦蔗龜鳥爲禮。[6]國法無牢獄。有罪者，先齋戒三日，乃燒斧極赤，令訟者捧行七步。又以金鐶、鷄卵投沸湯中，令探取之，若無實者，手即焦爛，有理者則不。[7]又於城溝中養鰐魚，門外圈猛獸，有罪者，輒以餵猛獸及鰐魚，魚獸不食爲無罪，三日乃放之。鰐大者長二丈餘，狀如鼉，有四足，喙長六七尺，兩邊有齒，利如刀劍，常食魚，遇得麞鹿及人亦噉之，[8]蒼梧以南及外國皆有之。[9]

[1]范蔓：《南史》同，《南齊書》作“范師蔓”。

[2]屈都昆、九稚、典孫：並古國名。其地皆在今馬來半島。九稚，亦即“勾稚”；典孫，當即頓遜。

[3]金隣國：古國名。故地在今泰國西南部。隣，同“鄰”。

[4]旃：《南史》同，《南齊書》作“旃慕”。

[5]中：即日中、正午，相當於 11 時至 13 時。　晡：即晡時，相當下午 3 時至 5 時。

[6]焦：通“蕉”。

[7]不：同“否”。

[8]亦噉之：三朝本、百衲本“之”作“自”。按，作“自”，屬下句，或是。

[9]蒼梧：郡名。治所在今廣西梧州市。

吴時，遣中郎康泰、宣化從事朱應使於尋國，[1]國人猶裸，唯婦人著貫頭。泰、應謂曰：“國中實佳，但人褻露可怪耳。”尋始令國内男子著橫幅。[2]橫幅，今干漫也。大家乃截錦爲之，貧者乃用布。

[1]尋國：范尋之國。因當時扶南國王爲范尋，故稱。
[2]橫幅：遮蓋下身的腰裙。

晉武帝太康中，[1]尋始遣使貢獻。穆帝升平元年，[2]王竺旃檀奉表獻馴象。詔曰：“此物勞費不少，駐令勿送。”其後王憍陳如，本天竺婆羅門也。有神語曰“應王扶南”，憍陳如心悦，南至盤盤，[3]扶南人聞之，舉國欣戴，迎而立焉。復改制度，用天竺法。憍陳如死，後王持梨陁跋摩，宋文帝世奉表獻方物。齊永明中，王闍邪跋摩遣使貢獻。

[1]太康：晉武帝年號（280—289）。
[2]升平：晉穆帝年號（357—361）。
[3]盤盤：古國名。當在今馬來西亞的加里曼丹北部沙撈越或沙巴和文萊境内。

天監二年，跋摩復遣使送珊瑚佛像，并獻方物。詔曰：“扶南王憍陳如闍邪跋摩，介居海表，[1]世纂南服，[2]厥誠遠著，重譯獻賝。[3]宜蒙酬納，班以榮號。[4]可安南將軍、扶南王。”[5]

[1]介：間隔。　海表：境外僻遠之地。

[2]纂：繼承。　服：古代王畿以外的地域。

[3]重譯：輾轉翻譯。　賝（chēn）：珍寶。

[4]班：規定位次的等級。

[5]安南將軍：將軍名號。與安北、安東、安西將軍合稱四安將軍，爲出鎮方面的軍事長官，或作爲刺史兼理軍務的加官，權任頗重。宋第三品，梁初不詳。

今其國人皆醜黑，拳髮。所居不穿井，數十家共一池引汲之。俗事天神，天神以銅爲像，二面者四手，四面者八手，手各有所持，或小兒，或鳥獸，或日月。其王出入乘象，嬪侍亦然。王坐則偏踞翹膝，垂左膝至地，以白疊敷前，[1]設金盆香鑪於其上。國俗，居喪則剃除鬚髮。死者有四葬：水葬則投之江流，火葬則焚爲灰燼，土葬則瘞埋之，鳥葬則棄之中野。人性貪吝，無禮義，男女恣其奔隨。[2]

[1]白疊：布名。用棉紗織成。　敷：通“鋪”。

[2]奔：古代指女子不經媒妁而私下與男子結合。

十年，十三年，跋摩累遣使貢獻。其年死，庶子留陁跋摩殺其嫡弟自立。十六年，遣使竺當抱老奉表貢獻。十八年，復遣使送天竺旃檀瑞像、婆羅樹葉，[1]並獻火齊珠、鬱金、蘇合等香。普通元年，中大通二年，大同元年，[2]累遣使獻方物。五年，復遣使獻生犀。又言其國有佛髮，長一丈二尺，詔遣沙門釋雲寶隨使往迎之。[3]

[1]旃檀：檀香。

[2]大同：梁武帝年號（535—546）。

[3]沙門：梵語譯音，僧徒。

先是，三年八月，高祖改造阿育王寺塔，[1]出舊塔下舍利及佛爪髮，[2]髮青紺色，衆僧以手伸之，隨手長短，放之則旋屈爲蠡形。案《僧伽經》云："佛髮青而細，猶如藕莖絲。"[3]《佛三昧經》云："我昔在宮沐頭，以尺量髮，長一丈二尺，放已右旋，還成蠡文。"[4]則與高祖所得同也。

[1]高祖：梁武帝廟號。　阿育王寺塔：佛塔名。位於今浙江寧波市阿育王山麓。佛教傳説，古印度摩揭陁國孔雀王朝國王阿育王大興佛寺，到處建寺塔，奉安佛舍利及供養僧衆，贖免罪過。王所統領之國，共數八萬四千，因敕令諸國建八萬四千大寺，八萬四千寶塔，共號曰阿育王塔，其中有十九座在中國。西晉太康年間（280—289），僧人慧達自稱於鄮山（即今阿育王山）地下得一阿育王塔。東晉義熙元年（405），始建亭供奉此塔。南朝宋元嘉二年（425）又建寺，後又擴建。

[2]舍利：梵語譯音，佛骨。《魏書·釋老志》："佛既謝世，香木焚屍，靈骨分碎，大小如粒，擊之不壞，焚亦不燋，或有光明神驗，胡言謂之'舍利'。弟子收奉，置之寶瓶，竭香花，至敬慕，建宫宇，謂爲'塔'。"

[3]《僧伽經》：即佛教經典《僧伽吒經》。四卷。

[4]《佛三昧經》：即《佛説般舟三昧經》，亦稱《般舟三昧經》。佛教經典。

阿育王即鐵輪王，王閻浮提，一天下，佛滅度後，[1]一日一夜，役鬼神造八萬四千塔，此即其一也。吴時有尼居其地，爲小精舍，[2]孫綝尋毁除之，[3]塔亦同泯。吴平後，諸道人復於舊處建立焉。晉中宗初渡江，[4]更脩飾之，至簡文咸安中，[5]使沙門安法師程造小塔，[6]未及成而亡，弟子僧顯繼而修立。至孝武太元九年，[7]上金相輪及承露。[8]

[1]滅度：梵語涅槃、泥洹之意譯。指僧人去世。

[2]精舍：僧人、道士修煉居住之所。

[3]孫綝：人名。三國吴郡人，東吴宗室。《三國志》卷六四有傳。

[4]晉中宗：東晉元帝司馬睿廟號中宗。見《晉書》卷六《元帝紀》。

[5]簡文：指晉簡文帝司馬昱。　咸安：簡文帝年號（371—372）。

[6]安法師程：《南史》作“安法程”。

[7]孝武：指晉孝武帝司馬曜。　太元：晉孝武帝年號（376—396）。

[8]相輪：塔上盤蓋。　承露：即承露盤。漢武帝迷信神仙，於神明臺上作承露盤，立銅仙人舒掌以接甘露，以爲飲之可以延年。後世帝王亦有仿效。

其後西河離石縣有胡人劉薩何遇疾暴亡，[1]而心下猶暖，其家未敢便殯，經十日更蘇。説云：“有兩吏見録，[2]向西北行，不測遠近，至十八地獄，隨報重輕，受諸楚毒。[3]見觀世音語云：[4]‘汝緣未盡，若得活，可作沙門。洛下、齊城、丹陽、會稽並有阿育王塔，[5]可往禮拜。若壽終，則不墮地獄。’語竟，如墮高巖，忽然醒寤。”因此出家，名慧達。遊行禮塔，次至丹陽，未知塔處，乃登越城四望，[6]見長干里有異氣色，[7]因就禮拜，果是阿育王塔所，[8]屢放光明。由是定知必有舍利，乃集衆就掘之，入一丈，得三石碑，並長六尺。中一碑有鐵函，函中有銀函，函中又有金函，盛三舍利及爪髮各一枚，髮長數尺。即遷舍利近北，對簡文所造塔西，造一層塔。十六年，又使沙門僧尚伽爲三層，[9]即高祖所開者也。初穿土四尺，得龍窟及昔人所捨金銀鐶釧釵鑷等諸雜寶物。可深九尺許，方至石磉，[10]磉下有石函，函内有鐵壺，以盛銀坩，[11]坩内有金鏤罌，盛三舍利，如粟粒大，圓正光潔。函内又有琉璃椀，内得四舍利及髮爪，爪有四枚，並爲沉香色。至其月二十七日，高祖又到寺禮拜，設無㝵大會，[12]大赦天下。是日，以金鉢盛水泛舍利，其最小者隱鉢不出，高祖禮數十拜，舍利乃於鉢内放光，旋回久之，乃當鉢中而止。高祖問大僧正慧念：[13]“今日見不可思議事不?”慧念答曰：“法身常住，[14]湛然不動。”高祖曰：“弟子欲請一舍利還臺供養。”[15]至九月五日，又於寺設無㝵大會，遣皇太子王侯朝貴等奉迎。是日，風景明和，京師傾屬，觀者百數十萬人。所設金銀供具等物，並留寺供養，并施錢一千萬爲寺基業。至四年九月十五日，高祖又至寺設無㝵大會，竪二刹，[16]各以金罌，次玉罌，重盛舍利及爪髮，内七寶塔中。[17]又以石函盛寶塔，分入兩刹下，及王侯妃主百姓富室所捨金、銀、鐶、釧等珍寶充積。

[1]西河：郡名。治所在今山西離石縣。　離石縣：縣名。治所與西河郡同。

[2]録：逮捕。

[3]楚毒：苦刑。

[4]觀世音：佛教菩薩名。其與大勢至菩薩共侍阿彌陀如來，推行教化。

[5]洛下：即洛陽城。在今河南洛陽市東北白馬寺東。　齊城：城名。在今江西南昌市東南。　丹陽：郡名。治所在今江蘇南京市。　會稽：郡名。治所在今浙江紹興市。

[6]越城：城名。在今江蘇南京市南。

[7]長干里：地名。在今江蘇南京市秦淮河南。

[8]阿育王塔所：舊本皆脱“阿”字，此依中華書局本校補。

[9]僧尚伽：《南史》卷七八《夷貊上》作“僧尚加”。

[10]磉（sǎng）：柱下石。

[11]坩（gān）：盛物的器皿。

[12]無㝵大會：即無遮大會。佛教舉行的一種以佈施爲中心的法會，梵語盤闍于瑟，華言解免。南北朝時盛行。㝵，同“礙”。

[13]僧正：管理衆僧的官。梁代名爲大僧正。

[14]法身：佛教稱佛的真身爲法身。《大乘義章》一八：“言法身者，解有兩義：一顯法本性以成其身，名爲法身；二以一切諸功德法而成身，故名爲法身。”後世亦泛指高僧之身。

[15]臺：官署。此指朝廷禁省。

[16]刹：梵語刹多羅的省稱，意即塔。

[17]内：同“納”。

十一年十一月二日，寺僧又請高祖於寺發《般若經》題，爾夕二塔俱放光明，敕鎮東將軍邵陵王綸製寺《大功德碑》文。[1]

[1]鎮東將軍：將軍名號。與鎮西、鎮南、鎮北將軍合稱四鎮將軍，多爲持節都督，出鎮方面，權勢頗重。梁天監七年革選，釐定將軍名號及班品，有一百二十五號十品二十四班，以班多者爲貴，鎮東將軍爲二十二班。 邵陵王綸：梁武帝子蕭綸封爵號邵陵王。本書卷二九《高祖三王》有傳。

先是，二年，改造會稽鄮縣塔，[1]開舊塔出舍利，遣光宅寺釋敬脱等四僧及舍人孫照暫迎還臺，[2]高祖禮拜竟，即送還縣入新塔下，此縣塔亦是劉薩何所得也。

[1]鄮（mào）縣：縣名。治所在今浙江寧波市東鄮山北麓。縣内有阿育王塔。

[2]光宅寺：佛寺名。在今江蘇南京市西。梁武帝天監六年（507）於其舊宅造。參唐·許嵩《建康實録》卷一七《梁高祖武皇帝》。 舍人：即中書舍人，官名。中書省屬官，掌入直閣内，呈奏案章。劉宋以下漸用寒士及皇帝親信擔任此職，奪中書侍郎草擬詔誥之權。至梁則用人殊重，選以才能，不限資地，專掌詔誥，多以他官兼領。員四人。梁天監七年革選，定流内官職爲十八班，以班多者爲貴，中書舍人爲四班。

晉咸和中，[1]丹陽尹高悝行至張侯橋，[2]見浦中五色光長數尺，不知何怪，乃令人於光處掊視之，得金像，未有光趺。[3]悝乃下車，載像還，至長干巷首，牛不肯進，悝乃令馭人任牛所之，牛徑牽車至寺，悝因留像付寺僧。每至中夜，常放光明，又聞空中有金石之響。經一歲，捕魚人張係世，於海口忽見有銅花趺浮出水上，係世取送縣，縣以送臺，乃施像足，宛然合。會簡文咸安元年，[4]交州合浦人董宗之採珠没水，[5]於底得佛光豔，交州押送臺，以施像，又合焉。自咸和中得像，至咸安初，歷三十餘年，光趺始具。

[1]咸和：晉成帝年號（326—334）。

[2]丹陽尹：官名。京師所在丹陽郡行政長官。晉第三品。高悝：人名。晉廣陵人。見《晉書》卷七一《高崧傳》。　張侯橋：橋名。在今江蘇南京市西。

[3]光趺：金像的底座。趺，同“跗”。

[4]咸安：晉簡文帝年號（372）。按，晉太和六年十一月乙未朔己酉改元咸安，其時已是公元 372 年 1 月 7 日了。故咸安年號按舊曆首尾兩年，按公曆實在一年中。

[5]合浦：郡名。治所在今廣西合浦縣東北舊州。

初，高悝得像後，西域胡僧五人來詣悝，曰：“昔於天竺得阿育王造像，來至鄴下，[1]值胡亂，埋像於河邊，今尋覓失所。”五人嘗一夜俱夢見像曰：“已出江東，爲高悝所得。”悝乃送此五僧至寺，見像噓欷涕泣，像便放光，照燭殿宇。又瓦官寺慧邃欲模寫像形，[2]寺主僧尚慮虧損金色，謂邃曰：“若能令像放光，回身西向，乃可相許。”慧邃便懇到拜請，其夜像即轉坐放光，回身西向，明旦便許模之。像趺先有外國書，莫有識者，後有三藏邺求跋摩識之，[3]云是阿育王爲第四女所造也。及大同中，出舊塔舍利，敕市寺側數百家宅地，以廣寺域，造諸堂殿并瑞像周回閣等，窮於輪奂焉。[4]其圖諸經變，[5]並吴人張繇運手。[6]繇丹青之工，一時冠絶。

[1]鄴下：即鄴城。在今河北臨漳縣西南鄴鎮。

[2]瓦官寺：佛寺名。東晉興寧二年（364）造，在今江蘇南京市西面秦淮河畔。

[3]三藏：佛教以經、律、論爲三藏，稱通曉三藏的僧人爲三藏法師，亦省稱三藏。

[4]輪奂：形容房屋建築高大華美。

[5]經變：佛經故事。

[6]張繇：人名。疑即張僧繇。僧繇，吴人，梁著名畫家。見唐·張彦遠《歷代名畫記》卷七。

盤盤國，[1]宋文帝元嘉，孝武孝建、大明中，並遣使貢獻。大通元年，其王使使奉表曰："揚州閻浮提震旦天子：[2]萬善莊嚴，一切恭敬，猶如天净無雲，明耀滿目，天子身心清净，亦復如是。道俗濟濟，並蒙聖王光化，濟度一切，永作舟航，臣聞之慶善。我等至誠敬禮常勝天子足下，稽首問訊。今奉薄獻，願垂哀受。"[3]中大通元年五月，累遣使貢牙像及塔，并獻沉檀等香數十種。六年八月，復使送菩提國真舍利及畫塔，[4]并獻菩提樹葉、詹糖等香。[5]

[1]盤盤國：古國名。其地在今馬來西亞的加里曼丹北部沙撈越或沙巴和文萊境内，或説在今泰國萬倫灣一帶。《太平御覽》卷七八七《四夷部》引《梁書》有云："盤國，南海大洲中，北與林邑隔小海，自交州船行四十日至。其國王曰楊栗翼，栗翼父曰楊德武連，以上無得而紀。百姓多緣水而居。國無城，皆豎木爲柵。"可與本傳參看。

[2]揚州：州名。治所在今江蘇南京市。　閻浮提：梵語譯音，即南贍部洲。俗謂閻浮提指中華及東方諸國。　震旦：梵語譯音，即中國。

[3]哀：憐愛。

[4]菩提國：即南天竺國，屬今印度。

[5]菩提樹：樹名。又名摩訶菩提。佛教相傳釋迦牟尼曾在此樹下得證菩提果而成佛，故以名樹。參《大唐西域記》卷八《摩揭陁國》上。　詹糖：一作詹唐，香料名。煎枝爲香，似糖而黑。

丹丹國，[1]中大通二年，[2]其王遣使奉表曰："伏承聖主至德仁治，信重三寶，[3]佛法興顯，衆僧殷集，法事日盛，威嚴整肅。朝望國執，慈愍蒼生，八方六合，[4]莫不歸服。化隣諸天，非可言喻。不任慶善，若暫奉見尊足。謹奉送牙像及塔各二軀，并獻火齊珠、古貝、雜香藥等。"[5]大同元年，復遣使獻金、銀、瑠璃、雜寶、香藥等物。

[1]丹丹國：古南海國名。又作"單單"、"單呾"，在今馬來西亞半島南部吉蘭丹。

[2]中大通二年：《南史》卷七八同傳作"中大通三年"。按，據本書《武帝紀》，丹丹國遣使獻方物在中大通三年六月，故似當

以《南史》爲是。

[3]三寶：佛教以佛、法、僧爲三寶。

[4]六合：指天地四方。

[5]古貝：中華書局本《校勘記》："'古貝'殿本作'吉貝'。按，'吉貝'《南史》皆作'古貝'，《梁書》則惟百衲本'古貝''吉貝'雜出，實皆一物，即木棉。"按，三朝本同百衲本，亦"古貝"、"吉貝"雜出。

干陁利國，[1]在南海洲上。其俗與林邑、扶南略同。出班布、古貝、檳榔。[2]檳榔特精好，爲諸國之極。宋孝武世，王釋婆羅郙憐陁遣長史竺留陁獻金銀寶器。[3]

[1]干陁利國：古國名。在今印度尼西亞蘇門答臘島上。《宋書》卷九七作"斤陁利國"。

[2]班：《南史》作"斑"。

[3]郙：《宋書》及《南史》並作"那"。　竺留陁：《宋書》作"竺留陀及多"。

天監元年，其王瞿曇脩跋陁羅以四月八日夢見一僧，謂之曰："中國今有聖主，十年之後，佛法大興。汝若遣使貢奉敬禮，則土地豐樂，商旅百倍；若不信我，則境土不得自安。"脩跋陁羅初未能信，既而又夢此僧曰："汝若不信我，當與汝往觀之。"乃於夢中來至中國，拜覲天子。既覺，心異之。陁羅本工畫，乃寫夢中所見高祖容質，飾以丹青，仍遣使并畫工奉表獻玉盤等物。使人既至，模寫高祖形以還其國，比本畫則符同焉。因盛以寶函，日加禮敬。後跋陁死，子毗邪跋摩立。[1]十七年，遣長史毗員跋摩奉表曰："常勝天子陛下：諸佛世尊，[2]常樂安樂，六通三達，[3]爲世間尊，是名如來。[4]應供正覺，[5]遺形舍利，造諸塔像，莊嚴國土，如須彌山。[6]邑居聚落，次第羅滿，城郭館宇，如忉利天宫。[7]具足四兵，能伏怨敵。國土安樂，無諸患難，人民和善，受化正法，慶無不通。猶處雪山，[8]流注雪水，八味清浄，百川洋溢，周回屈曲，順趨大海，一切衆生，咸得受用。於諸國土，殊勝第一，是名震旦。大梁揚都天子，[9]仁廕四海，德合天心，雖人是天，降生護世，功德寶藏，救世大悲，[10]爲我尊生，威儀具足。是故至誠敬禮天子足下，稽首問訊。奉獻金芙蓉、雜香藥等，願垂納受。"普通元年，復遣使獻方物。

[1]毗邪跋摩：《南史》卷七八同傳作"毗針邪跋摩"。

[2]世尊：梵語"路迦那他"、"薄加梵"的意譯，佛家對釋迦牟尼的尊稱。隋・慧遠《無量壽經義疏》上："佛備衆德，爲世欽仰，故號世尊。"

[3]六通：佛教指六種神通力：即神境通、天眼通、天耳通、他心通、宿住通、漏盡通，也稱六神通。　三達：佛教語，亦稱三明，指過去宿命明、未來天眼明、現在漏盡明。

[4]如來：佛的别稱。

[5]正覺：佛十種名號之一，梵語三菩提的義譯。佛教以洞明真諦達到大徹大悟的境界爲正覺。《弘明集》卷三晉・孫綽《喻道論》："（太子）端坐六年，道成號佛，三達六通，正覺無上。"

[6]須彌山：佛教傳説中的寶山名。

［7］忉利天宫：佛經中欲界六天之第二天。

［8］雪山：佛經稱喜瑪拉雅山爲雪山。見《大唐西域記》。

［9］大梁揚都天子：梁王朝京師建康屬揚州，故稱揚都天子。都，舊本皆作“郡”，此依中華書局本校改。

［10］大悲：佛教語。佛欲使衆生都得到解脱，悲心廣大，故稱大悲。

狼牙脩國，[1]在南海中。其界東西三十日行，南北二十日行，去廣州二萬四千里。土氣物産，與扶南略同，偏多籛、沉、婆律香等。[2]其俗，男女皆袒而被髮，以古貝爲干縵。[3]其王及貴臣乃加雲霞布覆胛，以金繩爲絡帶，金鐶貫耳。女子則被布，以瓔珞繞身。其國累塼爲城，重門樓閣。王出乘象，有幡毦旗鼓，[4]罩白蓋，兵衛甚設。國人説，立國以來四百餘年，後嗣衰弱，王族有賢者，國人歸之。王聞知，乃加囚執，其鏁無故自斷，王以爲神，因不敢害，乃斥逐出境，遂奔天竺，天竺妻以長女。俄而狼牙王死，大臣迎還爲王。二十餘年死，子婆伽達多立。天監十四年，遣使阿撤多奉表曰：“大吉天子足下：離淫怒癡，哀愍衆生，慈心無量。端嚴相好，身光明朗，如水中月，普照十方。眉間白毫，其白如雪，其色照曜，亦如月光。諸天善神之所供養，以垂正法寶，梵行衆增，莊嚴都邑。城閣高峻，如乾陁山。[5]樓觀羅列，道途平正。人民熾盛，快樂安穩。著種種衣，猶如天服。於一切國，爲極尊勝。天王愍念羣生，民人安樂，慈心深廣，律儀清净，[6]正法化治，[7]供養三寶，名稱宣揚，布滿世界，百姓樂見，如月初生。譬如梵王，[8]世界之主，人天一切，莫不歸依。敬禮大吉天子足下，猶如現前，忝承先業，慶嘉無量。今遣使問訊大意。欲自往，復畏大海風波不達。今奉薄獻，願大家曲垂領納。"[9]

[1]狼牙脩國：古國名。地在今泰國南部馬來半島之西岸。

[2]籤、沉、婆律香：即籤香、沉香、婆律香，皆香名。籤香，即伽南香。晉・嵇含《南方草木狀》："交趾有蜜香樹……其幹爲籤香。"沉香，香木，其木材與樹脂皆可作香料，以其入水能沉，故名。婆律香，即龍腦香，又名冰片。

[3]干縵：又作"干漫"，即"横幅"，遮蓋下身的腰裙。

[4]毦：羽毛作的妝飾。《南史》作"旄"。

[5]乾陁山：佛教傳説中山名。

[6]律：指佛教戒律。

[7]正法：佛教以釋迦牟尼的佛法爲正法，以區别於外道。

[8]梵王：大梵天王的省稱。佛教設想一切世界爲欲界、色界、無色界三界，大梵天是第二色界諸天的第三天，其王即大梵天王。

[9]大家：宫中近臣或后妃對皇帝的稱呼。

婆利國，[1]在廣州東南海中洲上。去廣州二月日行。國界東西五十日行，南北二十日行。有一百三十六聚。土氣暑熱，如中國之盛夏。穀一歲再熟，草木常榮。海出文螺、紫貝。有石名蚶貝羅，初採之柔軟，及刻削爲物乾之，[2]遂大堅强。其國人披古貝如帊，及爲都縵。[3]王乃用班絲布，[4]以瓔珞繞身，頭著金冠高尺餘，形如弁，綴以七寶之飾。帶金裝劍，偏坐金高坐，以銀蹬支足。侍女皆爲金花雜寶之飾，或持白毦拂及孔雀扇。王出，以象駕輿，輿以雜香爲之，上施羽蓋珠簾，其導從吹螺擊鼓。王姓憍陳如，自古未通中國。問其先及年數不能記焉，而言白净王夫人即其國女也。[5]

[1]婆利國：古國名。在今印度尼西亞境内。據近人考訂爲今巴厘島，一説爲婆羅洲，即今加里曼丹島。

[2]刻削爲物乾之：《南史》"物"下有"暴"字。

[3]都縵：即干漫、干縵。都、干，古音同。

[4]班絲布：《南史》作"斑絲者"。

[5]白净王：亦名"真净王"、"净飯王"、"首圖駝那"等。相傳爲釋迦牟尼之父，古印度迦毗羅衛國國王。

天監十六年，遣使奉表曰："伏承聖王信重三寶，興立塔寺，校飾莊嚴，周徧國土。四衢平坦，清净無穢。臺殿羅列，狀若天宫，壯麗微妙，世無與等。聖主出時，四兵具足，羽儀導從，布滿左右。都人士女，麗服光飾。市廛豐富，充積珍寶。王法清整，無相侵奪。學徒皆至，三乘競集，[1]敷説正法，雲布雨潤。四海流通，交會萬國。長江眇漫，清泠深廣，有生咸資，莫能消穢。陰陽和暢，災厲不作。[2]大梁揚都聖王無等，[3]臨覆上國，[4]有大慈悲，[5]子育萬民。平等忍辱，怨親無二。加以周窮，[6]無所藏積。靡不照燭，如日之明；無不受樂，猶如净月。宰輔賢良，羣臣貞信，盡忠奉上，心無異想。伏惟皇帝是我真佛，臣是婆利國主，今敬稽首禮聖王足下，惟願大王知我此心。此心久矣，非適今也。山海阻遠，無緣自達，今故遣使獻金席等，表此丹誠。”普通三年，其王頻伽復遣使珠貝智貢白鸚鵡、青蟲、兜鍪、瑠璃器、古貝、螺杯、雜香、藥等數十種。[7]

[1]三乘：佛教以車乘喻佛法，學者接受之能力不一，分三種情況，稱爲三乘，即聲聞乘、緣覺乘、菩薩乘。聲聞乘者，悟諸諦而得道；緣覺乘者，悟十二因緣而得道；菩薩乘者，悟六度而得道。

[2]厲：通“癘”，灾疫。

[3]無等：無人能與之相比。

[4]上國：古代諸侯稱帝室爲上國。婆利臣服於梁，故稱梁爲上國。

[5]大慈悲：即大慈大悲。佛家宣揚佛愛人、憐憫人的思想，與樂爲慈，拔苦爲悲。《大智度論》卷二七：“大慈與一切衆生樂，大悲拔一切衆生苦。”

[6]周：同“賙”，救濟。

[7]珠貝智：《南史》作“珠智”。

中天竺國，[1]在大月支東南數千里，[2]地方三萬里，一名身毒。[3]漢世張騫使大夏，[4]見邛竹杖、蜀布，[5]國人云，市之身毒。身毒即天竺，蓋傳譯音字不同，其實一也。從月支、高附以西，[6]南至西海，[7]東至槃越，[8]列國數十，每國置王，其名雖異，皆身毒也。漢時羈屬月支，[9]其俗土著與月支同，而卑濕暑熱，民弱畏戰，弱於月支。國臨大江，名新陶，源出崐崘，分爲五江，總名曰恒水。[10]其水甘美，下有真鹽，色正白如水精。土俗出犀、象、貂、鼲、瑇瑁、火齊、金、銀、鐵、金縷織成金皮罽、細摩白疊、好裘、毾㲪。[11]火齊狀如雲母，色如紫金，有光耀，别之則薄如蟬翼，積之則如紗縠之重沓也。其西與大秦、安息交市海中，[12]多大秦珍物，珊瑚、琥珀、金碧珠璣、琅玕、鬱金、蘇合。蘇合是合諸香汁煎之，非自然一物也。又云大秦人採蘇合，先笮其汁以爲香膏，乃賣其滓與諸國賈人，是以展轉來達中國，不大香也。鬱金獨出罽賓國，[13]華色正黄而細，與芙蓉華裏被蓮者相似。國人先取以上佛寺，積日香槁，乃糞去之，賈人從寺中徵雇，以轉賣與佗國也。[14]

[1]中天竺國：古國名。即今印度。

[2]大月支：古國名。在今阿富汗及巴基斯坦北部。

[3]身（juān）毒：古印度之音譯。

[4]張騫：人名。西漢漢中成固人，曾兩次出使西域。《漢書》卷六一有傳。　大夏：古國名。在今阿富汗北部一帶。

[5]邛竹杖：邛竹所製的手杖。邛，地名。即今四川西昌一帶。

[6]月支：古國名。其族先居今甘肅敦煌與青海祁連縣之間，後來其一部遷至今伊利河上游，稱大月支，一部入祁連山區稱小月支。月支，又作“月氏”。　高附：地名。在今阿富汗首都喀布爾市。

[7]西海：即今波斯灣。

[8]槃越：古國名。地當今孟加拉國。

[9]羈屬：隸屬。通常指不太嚴格的隸屬關係。

[10]新陶：張星烺《中西交通史料匯編》第六册第二章第四節注云：“新陶，《佛國記》作‘新頭河’，《洛陽伽藍記》作‘辛頭’。

新陶河源出昆侖，下流分五江，故名彭甲伯。至謂總名曰恒河，實爲誤會，恒河與印度斯河不相通也。”

[11]土俗出：《南史》作“土出”。　金縷織成金皮罽：《南史》作“金縷織成金罽”。　細摩白疊：《南史》“摩”作“靡”。

[12]大秦：古國名。指東羅馬。　安息：即今伊朗。

[13]罽賓國：古國名。即今克什米爾。

[14]佗：同“他”。

漢桓帝延熹九年，[1]大秦王安敦遣使自日南徼外來獻，漢世唯一通焉。其國人行賈，往往至扶南、日南、交趾，其南徼諸國人少有到大秦者。孫權黄武五年，[2]有大秦賈人字秦論來到交趾，交趾太守吴邈遣送詣權，權問方土謡俗，論具以事對。時諸葛恪討丹陽，[3]獲黝、歙短人，[4]論見之曰：“大秦希見此人。”[5]權以男女各十人，差吏會稽劉咸送論，咸於道物故，[6]論乃徑還本國。漢和帝時，天竺數遣使貢獻，後西域反叛，遂絶。至桓帝延熹二年，[7]四年，頻從日南徼外來獻。魏、晉世，絶不復通。唯吴時扶南王范旃遣親人蘇物使其國，從扶南發投拘利口，[8]循海大灣中正西北入，[9]歷灣邊數國，可一年餘到天竺江口，[10]逆水行七千里乃至焉。天竺王驚曰：“海濱極遠，猶有此人。”即呼令觀視國内，仍差陳、宋等二人以月支馬四匹報旃，遣物等還，積四年方至。其時吴遣中郎康泰使扶南，及見陳、宋等，具問天竺土俗，云：“佛道所興國也。人民敦厖，[11]土地饒沃。其王號茂論。所都城郭，水泉分流，繞于渠壍，下注大江。其宫殿皆雕文鏤刻，街曲市里，屋舍樓觀，鐘鼓音樂，服飾香華，水陸通流，百賈交會，奇玩珍瑋，恣心所欲。左右嘉維、舍衛、葉波等十六大國，[12]去天竺或二三千里，共尊奉之，以爲在天地之中也。”

[1]延熹：漢桓帝年號（158—167）。

[2]黄武：三國吴大帝孫權年號（222—229）。

[3]諸葛恪：人名。祖籍琅邪陽都。《三國志》卷六四有傳。

[4]黝：疑爲“黟”字之訛。黟，縣名。治所在今安徽黟縣。歙：縣名。治所在今安徽歙縣。

[5]希：少。

[6]物故：去世。

[7]二年：《南史》作“三年”。

[8]投拘利口：即今泰國南部馬來半島西部帕克强河口。

[9]大灣：指今孟加拉灣。

[10]天竺江口：即今印度恒河口。

[11]敦庬：敦厚篤實。庬，同“龐”。《南史》作“敦龐”。

[12]嘉維：即加毗羅衛國，古國名。在今尼泊爾南境，加德滿都以西。　舍衛：拘薩羅國都城，在今印度北部巴特那市之西北臘普提河南岸。　葉波：古國名。在今巴基斯坦北部印度河以西白沙瓦附近。

天監初，其王屈多遣長史竺羅達奉表曰：“伏聞彼國據江傍海，山川周固，衆妙悉備，莊嚴國土，猶如化城。[1]宫殿莊飾，街巷平坦，人民充滿，歡娱安樂。大王出遊，四兵隨從，聖明仁愛，不害衆生。國中臣民，循行正法，大王仁聖，化之以道，慈悲羣生，無所遺棄。常修净戒，[2]式導不及，無上法船，沉溺以濟。百官氓庶，[3]受樂無恐。諸天護持，[4]萬神侍從，天魔降服，[5]莫不歸仰。王身端嚴，如日初出，仁澤普潤，猶如大雲，於彼震旦，是爲殊勝。臣之所住國土，首羅天守護，[6]令國安樂。王王相承，未曾斷絶。國中皆七寶形像，[7]衆妙莊嚴，[8]臣自脩檢，如化王法。臣名屈多，奕世王種。惟願大王聖體和平。今以此國羣臣民庶，山川珍重，一切歸屬，五體投地，歸誠大王。使人竺達多由來忠信，是故今遣。大王若有所須珍奇異物，悉當奉送。此之境土，便是大王之國，王之法令善道，悉當承用。願二國信使往來不絶。此信返還，[9]願賜一使，具宣聖命，備敕所宜。款至之誠，望不空返，所白如允，願加採納。今奉獻琉璃唾壺、雜香、古貝等物。”

[1]化城：佛教語。指一時幻化的城郭，比喻小乘所能達到的境界。後世也稱佛寺爲化城。

[2]净戒：佛教指清净的戒法。

[3]氓庶：民衆。

[4]諸天：佛教語。佛書言，三界（欲界、色界、無色界）共有三十二天，自四天王天至非有想非無想天，總謂之諸天。

[5]天魔：佛教語，天子魔的省稱。擾害佛道者。《大智度論》卷六八：“天子魔者，欲界主，深著世間樂，用有所得，故生邪見，憎嫉一切賢聖涅槃道法，是名天子魔。”

[6]首羅天：即摩醯首羅天神，婆羅門教中三位一體的神。

[7]七寶：佛教中所云七種寶物。其具體名目，說法不一。參《翻譯名義集》三《七寶》。

[8]衆妙：指萬物的玄理。　莊嚴：佛家指妝飾盛美。《無量壽經》上：“又講堂精舍，宫殿樓觀，皆七寶莊嚴，自然化成。”

[9]信：使者。

師子國，[1]天竺旁國也。其地和適，無冬夏之異。五穀隨人所種，不須時節。其國舊無人民，止有鬼神及龍居之。諸國商估來共市易，[2]鬼神不見其形，但出珍寶，顯其所堪價，商人依價取之。諸國人聞其土樂，因此競至，或有停住者，遂成大國。

[1]師子國：古國名。即今斯里蘭卡。

[2]估：通“賈”，商人。

晉義熙初，始遣獻玉像，經十載乃至。像高四尺二寸，玉色潔潤，形製殊特，殆非人工。此像歷晉、宋世在瓦官寺，[1]寺先有徵士戴安道手製佛像五軀，[2]及顧長康維摩畫圖，[3]世人謂爲三絶。至齊東昏，[4]遂毁玉像，前截臂，次取身，爲嬖妾潘貴妃作釵釧。[5]宋元嘉六年、[6]十二年，其王刹利摩訶遣使貢獻。[7]

[1]瓦官寺：佛寺名。東晉興寧二年（364）建，在今江蘇南京市西南秦淮河畔花露崗上。

[2]徵士：不就朝廷徵聘之士。　戴安道：戴逵，字安道，晉譙郡銍縣人。善鼓琴、鑄佛像及雕刻。《晉書》卷九四有傳。

[3]顧長康：顧愷之，字長康，小字虎頭，晉晉陵無錫人。博學多才，尤善繪畫。《晉書》卷九二有傳。　維摩：即維摩詰，佛名。釋迦同時人。

[4]東昏：指齊東昏侯蕭寶卷。

[5]潘貴妃：齊東昏侯貴妃潘氏。見《南齊書》卷七《東昏侯紀》。

[6]六年：《南史》作“五年”。按，《宋書》卷五《文帝紀》元嘉七年七月，有師子國遣使獻方物之記載。元嘉五年、六年皆無。

[7]刹利摩訶：《宋書》“訶”下有“南”字。

大通元年，後王伽葉伽羅訶梨邪使奉表曰：“謹白大梁明主：雖山海殊隔，而音信時通。伏承皇帝道德高遠，覆載同於天地，[1]明照齊乎日月，四海之表，[2]無有不從，方國諸王，莫不奉獻，以表慕義之誠。或泛海三年，陸行千日，畏威懷德，無遠不至。我先王以來，唯以脩德爲本，不嚴而治。奉事正法道天下，欣人爲善，慶若己身，欲與大梁共弘三寶，以度難化。[3]信還，伏聽告敕。今奉薄獻，願垂納受。”

[1]覆載：天覆地載。《禮記·中庸》：“天之所覆，地之所載。”此處比喻聖主恩德庇養包容天地。

[2]表：外。

[3]度：即渡。佛教把超越世俗比作由此岸過渡到彼岸。

東夷之國，朝鮮爲大，[1]得箕子之化，[2]其器物猶有禮樂云。魏時，朝鮮以東馬韓、辰韓之屬，[3]世通中國。自晉過江，泛海東使，有高句驪、百濟，[4]而宋、齊間常通職貢，梁興，又有加焉。扶桑國，[5]在昔未聞也。普通中，有道人稱自彼而至，其言元本尤悉，故并録焉。

[1]朝鮮：古國名。在古營州外域，相傳周武王滅商，封商紂王諸父箕子於此。後分爲高句麗、新羅、百濟三國。

[2]箕子：商紂王諸父，封國於箕，故稱。參《史記》卷三《殷本紀》。

[3]馬韓、辰韓：並古國名。漢時與弁韓合稱三韓，後爲百濟所滅，在今朝鮮半島南部。

[4]高句驪：亦作"高句麗"，古國名。故地在今朝鮮半島北部和我國遼河以東地區。　百濟：古國名。故地在今朝鮮半島西南部。

[5]扶桑國：傳説中東方海中的古國名。舊時指日本。

高句驪者，其先出自東明。東明本北夷槖離王之子。離王出行，其侍兒於後任娠，[1]離王還，欲殺之。侍兒曰："前見天上有氣如大鷄子，來降我，因以有娠。"王囚之，後遂生男。王置之豕牢，[2]豕以口氣嘘之，不死，王以爲神，乃聽收養。長而善射，王忌其猛，復欲殺之，東明乃奔走，南至淹滯水，[3]以弓擊水，魚鼈皆浮爲橋，東明乘之得渡，至夫餘而王焉。[4]其後支别爲句驪種也。其國，漢之玄菟郡也。[5]在遼東之東，[6]去遼東千里。漢、魏世，南與朝鮮、穢貊，[7]東與沃沮，[8]北與夫餘接。漢武帝元封四年，[9]滅朝鮮，置玄菟郡，以高句驪爲縣以屬之。

[1]任：通"妊"。

[2]豕牢：猪圈。

[3]淹滯水：水名。或以爲即今之百泉河，其源出河北邢臺市附近。中華書局本《校勘記》云："'淹滯水'，《册府元龜》九五六作'淹淲水'，與《後漢書·高句驪傳》合。"

[4]夫餘：亦作"扶餘"，古國名。位於今松花江上游流域。

[5]玄菟郡：郡名。治所在今遼寧新賓縣西南京興老城附近。

[6]遼東：郡名。治所在今遼寧遼陽市老城區。

[7]穢貊（mò）：指三韓地區。《南史》作"獩貊"。

[8]沃沮：古國名。故地在今吉林東部、黑龍江東南部及朝鮮東北部、俄羅斯符拉迪沃斯托克（海參威）一帶。

[9]元封：漢武帝年號（前110—前105）。

句驪地方可二千里，[1]中有遼山，[2]遼水所出。其王都於丸都之下，[3]多大山深谷，無原澤，百姓依之以居，食澗水。雖土著，無良田，故其俗節食。好治宮室。於所居之左立大屋，祭鬼神，又祠零星、社稷。[4]人性凶急，喜寇抄。其官，有相加、對盧、沛者、古鄒加、主簿、優台、使者、皁衣、先人，尊卑各有等級。言語諸事，多與夫餘同；其性氣、衣服有異。本有五族，有消奴部、絶奴部、順奴部、雚奴部、桂婁部。[5]本消奴部爲王，微弱，桂婁部代之。漢時賜衣幘、朝服、鼓吹，[6]常從玄菟郡受之。後稍驕，不復詣郡，但於東界築小城以受之，至今猶名此城爲幘溝婁。"溝婁"者，句驪名"城"也。其置官，有對盧則不置沛者，有沛者則不置對盧。其俗喜歌儛，國中邑落男女，每夜羣聚歌戲。其人潔清自喜，善藏釀，跪拜申一脚，行步皆走。以十月祭天大會，名曰"東明"。其公會衣服，皆錦繡金銀以自飾。大加、主簿頭所著似幘而無後；其小加著折風，形如弁。其國無牢獄，有罪者，則會諸加評議殺之，[7]没入妻子。其俗好淫，男女多相奔誘。已嫁娶，便稍作送終之衣。其死葬，有椁無棺。[8]好厚葬，金銀財幣盡於送死。積石爲封，列植松栢。兄死妻嫂。其馬皆小，便登山。國人尚氣力，便弓矢刀矛。有鎧甲，習戰鬭，沃沮、東穢皆屬焉。[9]

[1]句驪：即高句驪。

[2]遼山：山名。即今遼寧清原縣東北三通背嶺。

[3]丸都：山名。在今吉林集安市西北五里山城子。

[4]零星：即靈星，亦名天田，星名。古人以爲主稼穡之星。

[5]順奴部：舊本皆作"慎奴部"，乃姚思廉避梁武帝父諱改，今依中華書局本校改改回。

[6]鼓吹：樂名。本軍樂，皇帝出行亦奏。自漢以下，亦用以贈賜有功之臣。

[7]諸加：指大加、小加等，並官職名。

[8]椁：外棺。

[9]東穢：古國名。即辰韓。穢，《南史》作"濊"。

王莽初，[1]發高驪兵以伐胡，不欲行，强迫遣之，皆亡出塞爲寇盜。州郡歸咎於句驪侯騶，嚴尤誘而斬之，王莽大悦，更名高句驪爲下句驪，當此時爲侯矣。光武八年，[2]高句驪王遣使朝貢，始稱王。至殤、安之間，[3]其王名宫，數寇遼東，玄菟太守蔡風討之不能禁。宫死，子伯固立。順、和之間，[4]復數犯遼東寇抄，靈帝建寧二年，[5]玄菟太守耿臨討之，斬首虜數百級，伯固乃降屬遼東。公孫度之雄海東也，[6]伯固與之通好。伯固死，子伊夷摸立，伊夷摸自伯固時已數寇遼東，又受亡胡五百餘户。建安中，[7]，公孫康出軍擊之，[8]破其國，焚燒邑落，降胡亦叛伊夷摸，伊夷摸更作新國。其後伊夷摸復擊玄菟，玄菟與遼東合擊，大破之。

[1]王莽：人名。漢元城人，以外戚專權，後自稱帝，改國號爲新。《漢書》卷九九有傳。

[2]光武八年：即漢光武帝即位之第八年，亦即建武八年(32)。《後漢書》卷一《光武帝紀》：建武八年十二月，“高句驪王遣使奉貢”。光武，《後漢書》作“建武”。

[3]殤、安：即後漢殤帝劉隆、安帝劉祜。

[4]順、和：指後漢順帝劉保、和帝劉肇。和，各本同。按，“順和之間”疑有誤。和帝、順帝之間有殤、安二帝，前已云“殤安之間”，與此有重複。且順帝在和帝之後，不當云“順和”。疑“和”爲“桓”之訛，如此則時代上正前後續接。

[5]建寧：漢靈帝年號（168—172）。

[6]公孫度：人名。漢末遼東襄平人，曾雄據遼東，自立爲遼東侯。《三國志》卷八有傳。

[7]建安：漢獻帝年號（196—220）。

[8]公孫康：人名。公孫度之子。度死，康嗣。見《三國志》卷八《魏書·公孫度傳》。

伊夷摸死，子位宫立。位宫有勇力，便鞍馬，善射獵。魏景初二年，[1]遣太傅司馬宣王率衆討公孫淵，[2]位宫遣主簿、大加將兵千人助軍。正始三年，[3]

位宫寇西安平，[4]五年，幽州刺史毌丘儉將萬人出玄菟討位宫，[5]位宫將步騎二萬人逆軍，大戰於沸流。[6]位宫敗走，儉軍追至峴，[7]懸車束馬，登丸都山，屠其所都，斬首虜萬餘級，位宫單將妻息遠竄。[8]六年，儉復討之，位宫輕將諸加奔沃沮，儉使將軍王頎追之，[9]絶沃沮千餘里，到肅慎南界，[10]刻石紀功；又到丸都山，銘不耐城而還。[11]其後，復通中夏。[12]

[1]景初：魏明帝年號（237—240）。

[2]司馬宣王：司馬懿，人名。魏河内温縣人。仕魏，官至太傅、相國，謚號文宣。晉國初建，追尊爲宣王。《晉書》卷一有紀。公孫淵：人名。公孫康之子。魏明帝時爲遼東太守，封樂浪公，後自立爲燕王。景初二年（238），朝廷遣司馬懿征之。詳《三國志》卷八《魏書·公孫度傳》。

[3]正始：魏齊王曹芳年號（240—249）。

[4]西安平：縣名。治所在今丹東市東北靉河尖。“安”下舊本皆衍一“嘉”字，此依中華書局本校删。

[5]幽州：州名。治所在今北京城西南。　毌丘儉：人名。魏河東聞喜人。《三國志》卷二八有傳。

[6]沸流：水名。即今遼寧桓仁縣東北富河。一説即今佟佳江，一説即今吉林柳河，一説即今遼寧渾河。

[7]峴：山名。在今吉林集安市西北。

[8]將：帶領。

[9]王頎：《三國志》卷二八《魏書·毌丘儉傳》裴松之注引《世語》曰：“頎字孔碩，東萊人。晉永嘉中大賊王彌，頎之孫。”

[10]肅慎：縣名。渤海國置，治所在今黑龍江寧安縣西南鏡泊湖北湖頭。

[11]不耐城：城名。在今朝鮮江原道安邊郡。一説在江原道德

源附近。

[12]中夏：即中原。

晉永嘉亂，[1]鮮卑慕容廆據昌黎大棘城，[2]元帝授平州刺史。[3]句驪王乙弗利頻寇遼東，廆不能制。弗利死，子釗代立，[4]康帝建元元年，[5]慕容廆子晃率兵伐之，[6]釗與戰，大敗，單馬奔走。晃乘勝追至丸都，焚其宫室，掠男子五萬餘口以歸。孝武太元十年，句驪攻遼東、玄菟郡，後燕慕容垂遣弟農伐句驪，[7]復二郡。垂死，子寶立，以句驪王安爲平州牧，封遼東、帶方二國王。[8]安始置長史、司馬、參軍官，後略有遼東郡。至孫高璉，晉安帝義熙中，始奉表通貢職，歷宋、齊並授爵位，年百餘歲死。子雲，齊隆昌中，[9]以爲使持節、散騎常侍、都督營平二州、征東大將軍、樂浪公。[10]高祖即位，進雲車騎大將軍。[11]天監七年，詔曰："高驪王樂浪郡公雲，乃誠款著，貢驛相尋，[12]宜隆秩命，式弘朝典。可撫東大將軍、開府儀同三司，[13]持節、常侍、都督、王並如故。"十一年、十五年，累遣使貢獻。十七年，雲死，子安立。普通元年，詔安纂襲封爵，持節、督營平二州諸軍事、寧東將軍。[14]七年，安卒，子延立，遣使貢獻，詔以延襲爵。中大通四年、六年、大同元年、七年，累奉表獻方物。太清二年，[15]延卒，詔以其子襲延爵位。

[1]永嘉亂：晉懷帝永嘉五年（311），漢劉聰遣劉曜、王彌等攻陷晉京師洛陽，執懷帝，百官士庶死者三萬餘人。史稱"永嘉之

亂”。事詳《晉書》卷五《懷帝紀》。

[2]慕容廆：人名。晉昌黎棘城人，鮮卑族。見《晉書》卷一〇八《慕容廆載記》。　昌黎：郡名。治所在今遼寧義縣。　大棘城：城名。在今遼寧義縣西北。

[3]元帝：指東晉元帝司馬睿。　平州：州名。治所在今遼寧義縣。

[4]子釗：釗，舊本皆訛“劉”，此依中華書局本校改。下同。

[5]建元：晉康帝年號（343—344）。

[6]慕容廆子晃率兵伐之：中華書局本《校勘記》：“晃當即是皝，音近而訛。慕容皝出兵事，《晉書》卷一〇九《前燕·慕容皝載記》云在咸康七年，《通鑑》繫於咸康八年。”

[7]慕容垂：人名。慕容皝之子，後燕國主。見《晉書》卷一二三《後燕·慕容垂載記》。

[8]帶方：郡名。治所在今遼寧義縣北。

[9]隆昌：齊鬱林王年號（494）。

[10]持節都督：宋第二品，齊不詳。　散騎常侍：官名。集書省長官，掌侍從左右，獻納諫諍。劉宋以下，職以侍從左右，掌圖書文翰爲主，地位漸低。員四人。齊第三品。　營州：州名。治所在今遼寧朝陽市。　征東大將軍：將軍名號。職掌同征東將軍，而位居其上。宋第二品，齊不詳。　樂浪：郡名。治所在今遼寧義縣北。

[11]車騎大將軍：將軍名號。職掌同車騎將軍，而地位在其上，多加元老重臣。宋第一品，梁初不詳。

[12]相尋：相繼。

[13]撫東大將軍：梁天監七年革選，釐定將軍名號及班品，施於外國者有一百九號將軍十品二十四，以班多爲貴。諸將軍加大者，通進一階。撫東大將軍爲二十四班。　開府儀同三司：官名。非三公而儀制待遇同於三公之稱。梁天監七年革選，定流内官職爲十八班，以班多者爲貴。諸將軍開府儀同三司爲十七班。

［14］寧東將軍：將軍名號。梁施於外國之一百九號二十四班將軍之一，二十二班。

［15］太清：梁武帝年號（547—549）。

百濟者，[1]其先東夷有三韓國，一曰馬韓，二曰辰韓，三曰弁韓。[2]弁韓、辰韓各十二國，馬韓有五十四國。大國萬餘家，小國數千家，總十餘萬户，百濟即其一也。後漸强大，兼諸小國。[3]其國本與句驪在遼東之東，晉世句驪既略有遼東，百濟亦據有遼西、晉平二郡地矣，[4]自置百濟郡。晉太元中，王須，[5]義熙中，王餘映，宋元嘉中，王餘毗，並遣獻生口。[6]餘毗死，立子慶。慶死，子牟都立。都死，立子牟太。齊永明中，除太都督百濟諸軍事、鎮東大將軍、百濟王。[7]天監元年，進太號征東將軍。[8]尋爲高句驪所破，衰弱者累年，遷居南韓地。普通二年，王餘隆始復遣使奉表，稱“累破句驪，今始與通好”。而百濟更爲强國。其年，高祖詔曰：“行都督百濟諸軍事、鎮東大將軍百濟王餘隆，[9]守藩海外，遠脩貢職，廼誠款到，朕有嘉焉。宜率舊章，[10]授兹榮命。可使持節、都督百濟諸軍事、寧東大將軍、百濟王。”[11]五年，隆死，詔復以其子明爲持節、督百濟諸軍事、綏東將軍、百濟王。[12]號所治城曰固麻，謂邑曰檐魯，如中國之言郡縣也。

［1］百濟：古國名。故地在今朝鮮半島西南部。

［2］馬韓、辰韓、弁韓：皆古國名。均在今朝鮮半島南部。辰

韓在東，馬韓在西，弁韓在南。

[3]兼：兼併。

[4]遼西、晉平：皆郡名。遼西，治所在今河北盧龍縣東南；晉平，治所未詳。吕思勉云："晉平所在無考，疑在今遼寧沿海。"詳《吕思勉讀史札記》丙帙《秦韓》。

[5]須：《晉書》卷九《孝武帝紀》作"餘暉"。

[6]生口：指俘虜、奴隸或被販賣的人。

[7]鎮東大將軍：將軍名號。宋第二品，齊不詳。

[8]征東將軍：將軍名號。宋第三品，梁初不詳。按，據本書《武帝紀》，"征東將軍"當爲"征東大將軍"。

[9]行：官制術語。缺官未補，暫以低級官吏代理高一級官吏之職。

[10]率舊章："率由舊章"之略語。遵循舊的規章。《詩·大雅·假樂》："不愆不忘，率由舊章。"

[11]寧東大將軍：梁天監七年革選，釐定將軍名號及班品，其施於國外者有一百九號十品二十四班，以班多者爲貴。諸將軍加大者通進一階。寧東大將軍爲二十三班。

[12]綏東將軍：將軍名號。梁施於國外之一百九號將軍之一，二十班。

其國有二十二檐魯，皆以子弟宗族分據之。其人形長，衣服净潔。其國近倭，[1]頗有文身者。今言語、服章略與高驪同；行不張拱，拜不申足則異。呼帽曰冠，襦曰複衫，袴曰褌。其言參諸夏，[2]亦秦、韓之遺俗云。[3]中大通六年、大同七年，累遣使獻方物；并請《涅槃》等經義、《毛詩》博士，并工匠、畫師等，敕並給之。太清三年，不知京師寇賊，猶遣使貢獻；既至，見城闕荒毁，並號慟涕泣。侯景怒，[4]囚執之，及景平，方得還國。

[1]倭：古國名。即今日本國。唐武后時改稱倭國爲日本國。

[2]諸夏：即中夏、中原。

[3]秦韓：即辰韓。

[4]侯景：人名。本魏將，太清元年附梁，二年反，攻京師建康。本書卷五六有傳。

新羅者，[1]其先本辰韓種也。辰韓亦曰秦韓，[2]相去萬里，傳言秦世亡人避役來適馬韓，馬韓亦割其東界居之，以秦人，故名之曰秦韓。其言語名物有似中國人，名國爲邦，弓爲弧，賊爲寇，行酒爲行觴。相呼皆爲徒，不與馬韓同。又辰韓王常用馬韓人作之，世相係，辰韓不得自立爲王，明其流移之人故也；恒爲馬韓所制。辰韓始有六國，稍分爲十二，新羅則其一也。其國在百濟東南五千餘里。其地東濱大海，南北與句驪、百濟接。魏時曰新盧，宋時曰新羅，或曰斯羅。其國小，不能自通使聘。普通二年，王姓募名秦，[3]始使使隨百濟奉獻方物。

[1]新羅：古國名。故地在今韓國境内。

[2]《吕思勉讀史札記》丙帙《秦韓》有云："秦韓、辰韓，二者似不可溷。辰韓者，三韓之一，秦韓則避役之亡人也。當時所謂秦韓者，疑專指此亡人言之，辰韓初不在内。《三國志》、《後漢書》皆云辰韓爲古之亡人，或名之爲秦韓，疑實誤也……蓋亡人與辰韓雜居，乃秦漢時事，梁時轉屬百濟，與出自辰韓之新羅，顧無涉

矣。”

[3]王姓募名秦：“姓”，舊本皆脱，此依中華書局本校補。秦，《南史》一作“泰”。

其俗呼城曰健牟羅，其邑在内曰啄評，在外曰邑勒，亦中國之言郡縣也。國有六啄評，五十二邑勒。土地肥美，宜植五穀。多桑麻，作縑布。服牛乘馬。男女有别。其官名，有子賁旱支、齊旱支、謁旱支、壹告支、奇貝旱支。[1]其冠曰遺子禮，襦曰尉解，袴曰柯半，靴曰洗。其拜及行與高驪相類。無文字，刻木爲信。語言待百濟而後通焉。

[1]有子賁旱支、齊旱支、謁旱支、壹告支、奇貝旱支：“壹告支”，《南史》作“壹吉支”；“齊旱支”上《南史》有“壹旱支”。

倭者，自云太伯之後。[1]俗皆文身。去帶方萬二千餘里，[2]大抵在會稽之東，相去絶遠。從帶方至倭，循海水行，歷韓國，乍東乍南，七千餘里始度一海。[3]海闊千餘里，名瀚海，至一支國。[4]又度一海千餘里，名未盧國。[5]又東南陸行五百里，至伊都國。[6]又東南行百里，至奴國。[7]又東行百里，至不彌國。[8]又南水行二十日，至投馬國。[9]又南水行十日，陸行一月日，至邪馬臺國，[10]即倭王所居。其官有伊支馬，次曰彌馬獲支，次曰奴往鞮。民種禾稻紵麻，蠶桑織績。有薑、桂、橘、椒、蘇。出黑雉、真珠、青玉。有獸如牛，名山鼠。又有大蛇吞此獸。蛇皮堅不可斫，其上有孔，乍開乍閉，時或有光，射之中，蛇則死矣。物産略與儋耳、朱崖同。[11]地温暖，風俗不淫。男女皆露紒。富貴者以錦繡雜采爲帽，似中國胡公頭。[12]食飲用籩豆。[13]其死，有棺無槨，[14]封土作冢。人性皆嗜酒。俗不知正歲，[15]多壽考，多至八九十，或至百歲。其俗女多男少，貴者至四五妻，賤者猶兩三妻。婦人無婬妬。[16]無盜竊，少諍訟。若犯法，輕者没其妻子，重則滅其宗族。

[1]太伯：即吴太伯，周太王之子，吴之始祖。詳《史記》卷三一《吴太伯世家》。

[2]帶方：郡名。治所在今遼寧義縣北。

[3]度：通“渡”。

[4]一支國：古國名。即今對馬島南之壹岐島。

[5]未盧國：古國名。即今九州肥前之松浦郡。

[6]伊都國：古國名。即今九州築前之怡土郡。

[7]奴國：古國名。即今九州築前那珂郡博多。

[8]不彌國：古國名。即今九州築前之宇彌。

[9]投馬國：古國名。約當今九州築後三潴郡。

[10]邪馬臺國：古國名。約當今九州肥後北部。邪，舊本皆訛“祁”，此依中華書局本校改。

[11]儋耳：郡名。治所在今海南儋州市。　朱崖：郡名。治所在今廣東徐聞縣南。

[12]胡公頭：帽子之一種。參梁·宗懍《荆楚歲時記》。

[13]籩豆：禮食之器皿。竹製的叫籩，木製的叫豆。

[14]槨：外棺。

[15]正歲：夏曆正月。

[16]婬妬：縱逸、嫉忌。婬，同“淫”。

漢靈帝光和中，[1]倭國亂，相攻伐歷年，乃共立一女子卑彌呼爲王。彌呼無夫壻，挾鬼道，能惑衆，故國人立之。有男弟佐治國。自爲王，少有見者，以婢千人自侍，唯使一男子出入傳教令。所處宫室，常有兵守衛。至魏景初三年，公孫淵誅後，卑彌呼始遣使朝貢，魏以爲親魏王，假金印紫綬。[2]正始中，卑彌呼死，更立男王，國中不服，更相誅殺，復立卑彌呼宗女臺與爲王。[3]其後復立男王，並受中國爵命。晉安帝時，有倭王賛。賛死，立弟彌。[4]彌死，立子濟。濟死，立子興。興死，立弟武。齊建元中，除武持節、督倭新羅任那伽羅秦韓慕韓六國諸軍事、鎮東大將軍。[5]高祖即位，進武號征東大將軍。[6]

[1]光和：漢靈帝年號（178—184）。

[2]假：給予。　金印紫綬：秦漢魏晉時，丞相、將軍等位在二品以上者所用印綬。

[3]臺與：《三國志》卷三〇《魏書·東夷·倭人傳》作“壹與”。

[4]彌：《南史》作“珍”。下同。

[5]慕韓：即馬韓。

[6]大，舊本皆脱，此依中華書局本校補。

其南有侏儒國，人長三四尺。又南黑齒國、裸國，[1]去倭四千餘里，船行可一年至。又西南萬里有海人，身黑眼白，裸而醜。其肉美，行者或射而食之。

[1]裸國：古國名。即今尼科巴群島。

文身國，在倭國東北七千餘里。人體有文如獸，其額上有三文，文直者貴，文小者賤。土俗歡樂，物豐而賤，行客不齎糧。有屋宇，無城郭。其王所居，飾以金銀珍麗。繞屋爲塹，廣一丈，實以水銀，雨則流于水銀之上。市用珍寶。犯輕罪者則鞭杖；犯死罪則置猛獸食之，有枉則猛獸避而不食，經宿則赦之。

大漢國，在文身國東五千餘里。無兵戈，不攻戰。風俗並與文身國同而言語異。

扶桑國者，[1]齊永元元年，其國有沙門慧深來至荆州，[2]説云："扶桑在大漢國東二萬餘里，地在中國之東，其土多扶桑木，[3]故以爲名。扶桑葉似桐，而初生如笋，國人食之，實如梨而赤，績其皮爲布以爲衣，亦以爲綿。[4]作板屋。無城郭。有文字，以扶桑皮爲紙。無兵甲，不攻戰。其國法，有南北獄。若犯輕者入南獄，重罪者入北獄。有赦則赦南獄，不赦北獄。在北獄者，男女相配，生男八歲爲奴，生女九歲爲婢。犯罪之身，至死不出。貴人有罪，國乃大會，坐罪人於坑，對之宴飲，分訣若死別焉。以灰繞之，其一重則一身屏退，二重則及子孫，三重則及七世。名國王爲乙祁；貴人第一者爲大對盧，[5]第二者爲小對盧，第三者爲納咄沙。國王行有鼓角導從。其衣色隨年改易，甲乙年青，丙丁年赤，戊己年黄，庚辛年白，壬癸年黑。有牛角甚長，以角載物，至勝二十斛。車有馬車、牛車、鹿車。國人養鹿，如中國畜牛。以乳爲酪。有桑梨，[6]經年不壞。多蒲桃。其地無鐵有銅，不貴金銀。市無租估。[7]其婚姻，壻往女家門外作屋，[8]晨夕灑掃，經年而女不悦，即驅之，相悦乃成婚。婚禮大抵與中國同。親喪，七日不食；祖父母喪，五日不食；兄弟伯叔姑姊妹，三日不食。設靈爲神像，朝夕拜奠，不制縗經。[9]嗣王立，三年不視國事。其俗舊無佛法，宋大明二年，罽賓國嘗有比丘五人游行至其國，[10]流通佛法、經像，教令出家，風俗遂改。”

[1]扶桑國：傳説中東方海中的古國名。舊時指日本。

[2]荆州：州名。治所在今湖北荆州市。

[3]扶桑木：灌木名，又稱“佛桑”、“朱槿”。明·李時珍《本草綱目》卷三六“扶桑”條以爲木槿之别種。

[4]綿：《南史》作“錦”。

[5]大對盧：《南史》無“大”字。

[6]桑梨：《南史》作“赤梨”。

[7]估：販賣貨物的商人。

[8]其婚姻壻往女家門外作屋：《南史》“姻”下有“法則”二字。

[9]縗經：喪服。用麻織成。繫於腰和首的叫經，披於胸前的叫縗。

[10]罽賓國：古國名。即今克什米爾。　比丘：梵語，指僧

人。

慧深又云："扶桑東千餘里有女國，容貌端正，色甚潔白，身體有毛，髮長委地。至二、三月，競入水則任娠，[1]六七月産子。女子胸前無乳，項後生毛，根白，毛中有汁，以乳子，一百日能行，三四年則成人矣。見人驚避，偏畏丈夫。食鹹草如禽獸。鹹草葉似邪蒿，[2]而氣香味鹹。"天監六年，有晉安人渡海，[3]爲風所飄至一島，登岸，有人居止。女則如中國，而言語不可曉；男則人身而狗頭，其聲如吠。其食有小豆。其衣如布。築土爲墻，其形圓，其户如竇云。

[1]任：通"妊"。

[2]邪蒿：草名。根葉可食。

[3]晉安：郡名。治所在今福建福州市。

西北諸戎，漢世張騫始發西域之迹，[1]甘英遂臨西海，[2]或遣侍子，[3]或奉貢獻，于時雖窮兵極武，僅而克捷，比之前代，其略遠矣。魏時三方鼎跱，日事干戈，晉氏平吴以後，少獲寧息，徒置戊己之官，[4]諸國亦未賓從也。繼以中原喪亂，胡人遞起，西域與江東隔礙，重譯不交。[5]吕光之涉龜兹，[6]亦猶蠻夷之伐蠻夷，非中國之意也。自是諸國分并，勝負强弱，難得詳載。明珠翠羽，雖仞於後宫；[7]蒲梢龍文，[8]希入於外署。[9]有梁受命，其奉正朔而朝闕庭者，[10]則仇池、宕昌、高昌、鄧至、河南、龜兹、于闐、滑諸國焉。[11]今綴其風俗，爲《西北戎傳》云。[12]

[1]張騫：人名。西漢漢中成固人，曾兩次出使西域。《漢書》卷六一有傳。

[2]甘英：人名。《後漢書》卷八八《西域傳》："（和帝永元）九年，班超遣掾甘英窮臨西海而還。皆前世所不至，《山經》所未詳，莫不備其風土，傳其珍怪焉。"

[3]侍子：古代諸侯或屬國之王遣子入侍皇帝，稱爲侍子。

[4]戊己之官：指戊己校尉，漢代官名。掌西域屯田事。後世也泛指邊區軍事長官。

[5]重譯：輾轉翻譯。

[6]吕光：人名。晉略陽氐人，後凉國主。《晉書》卷一二二有載記。　龜兹：古國名。位於天山南麓，約當今新疆阿克蘇地區東部。

[7]仞：通"牣"，充滿。

[8]蒲梢、龍文：並駿馬名。《漢書》卷九六《西域傳贊》："蒲梢、龍文、魚目、汗血之馬充於黄門。"《注》："孟康曰：四駿馬名也。"

[9]希：通"稀"，少。

[10]正朔：指帝王新頒佈的曆法。古代改朝换代，新王朝須重新定正朔，故正朔又是新王朝的標誌。　闕庭：帝王宫廷。

[11]仇池、宕昌、高昌、鄧至、河南、龜兹、于闐、滑：皆古國名。仇池，故地在今甘肅西和縣一帶；宕昌，故地在今甘肅宕昌縣一帶；高昌，故地在今新疆吐魯番市一帶；鄧至，故地在今四川九寨溝縣一帶；河南，故地在今青海黄河以南地區；于闐，故地在今新疆和田縣境；滑，故地在今新疆西，阿富汗瓦齊拉巴德一帶。

[12]據余太山考證，本書《西北戎傳》主要取材於裴子野《方國使圖》。詳其所撰《兩漢魏晉南北朝正史西域傳研究》卷一《〈梁

書·西北諸戎傳〉與〈梁職貢圖〉》。

河南王者,[1]其先出自鮮卑慕容氏。初,慕容奕洛干有二子,[2]庶長曰吐谷渾,嫡曰廆。[3]洛干卒,廆嗣位,吐谷渾避之西徙。廆追留之,而牛馬皆西走,不肯還,因遂西上隴,[4]度枹罕,[5]出涼州西南,[6]至赤水而居之。[7]其地則張掖之南,[8]隴西之西,[9]在河之南,故以爲號。其界東至疊川,[10]西隣于闐,北接高昌,[11]東北通秦嶺,[12]方千餘里,蓋古之流沙地焉。[13]乏草木,少水潦,四時恒有冰雪,唯六七月雨雹甚盛。若晴則風飄沙礫,常蔽光景。其地有麥無穀。有青海方數百里,[14]放牝馬其側,輒生駒,土人謂之龍種,故其國多善馬。有屋宇,雜以百子帳,即穹廬也。[15]著小袖袍,小口袴,大頭長裙帽。女子披髮爲辮。

[1]河南:古國名。故地在今青海黄河以南地區。

[2]奕洛干:《北史》卷九六《吐谷渾傳》作"奕洛韓"。

[3]嫡曰廆:《北史》卷九六《吐谷渾傳》作"少曰若洛廆"。

[4]隴:指隴山,即今六盤山脈。

[5]枹罕:縣名。治所在今甘肅臨夏縣西南。

[6]涼州:州名。治所在今甘肅武威市。

[7]赤水:水名。渭河支流。

[8]張掖:郡名。治所在今甘肅張掖市西北。

[9]隴西:郡名。治所在今甘肅隴西縣東南。

[10]疊川:地名。在今甘肅迭部縣白龍江上游。疊,舊本皆訛"壘",此依中華書局本校改。

[11]高昌：古國名。故地在今新疆吐魯番市一帶。

[12]秦嶺：即今陝西秦嶺山脈。

[13]流沙：指今新疆東部及甘肅玉門關以外的沙漠。

[14]青海：即今青海青海湖。

[15]穹廬：即氈帳，今俗所稱蒙古包。

其後吐谷渾孫葉延，頗識書記，自謂曾祖奕洛干始封昌黎公，[1]吾蓋公孫之子也。禮以王父字爲國氏，[2]因姓吐谷渾，亦爲國號。至其末孫阿豺，始受中國官爵。弟子慕延，宋元嘉末又自號河南王。慕延死，從弟拾寅立，乃用書契，起城池，築宫殿，其小王並立宅。國中有佛法。拾寅死，子度易侯立。易侯死，子休留代立。[3]齊永明中，以代爲使持節、都督西秦河沙三州、鎮西將軍、護羌校尉、西秦河二州刺史。[4]

[1]昌黎：縣名。治所在今遼寧義縣。

[2]王父：祖父。

[3]休留代：《南齊書》卷五九同傳作“休留茂”。

[4]西秦、河、沙：皆州名。西秦州，治所在今甘肅天水市；河州，治所在今甘肅臨夏縣西南；沙州，在今青海貴德、貴南一帶。　鎮西將軍：將軍名號。宋第三品，齊不詳。　護羌校尉：官名。南齊及梁唯授吐谷渾。

梁興，進代爲征西將軍。代死，子伏連籌襲爵位。[1]天監十三年，遣使獻金裝馬腦鍾二口，又表於益州立九層佛寺，[2]詔許焉。十五年，又遣使獻赤舞龍駒及方物。其使或歲再三至，或再歲一至。其地與益州隣，常通商賈，民慕其利，多往從之，教其書記，爲之辭譯，稍桀黠矣。[3]普通元年，又奉獻方物。籌死，子呵羅真立。大通三年，詔以爲寧西將軍、護羌校尉、西秦河二州刺史。[4]真死，子佛輔襲爵位，其世子又遣使獻白龍駒於皇太子。[5]

[1]伏連籌：伏連，舊本皆作“休連”，此依中華書局本校改。

[2]益州：州名。治所在今四川成都市。

[3]桀黠：凶暴狡詐。

[4]寧西將軍：將軍名號。梁天監七年革選，釐定將軍名號及班品，其施於外國者有一百九號十品二十四班，以班多者爲貴。寧西將軍爲二十二班。　西秦、河二州：本書《武帝紀》作“西秦、河、沙三州”。

[5]世子：諸侯之嫡長子。

高昌國，[1]闞氏爲主，其後爲河西王沮渠茂虔弟無諱襲破之，[2]其王闞爽奔于芮芮。[3]無諱據之稱王，一世而滅。國人又立麴氏爲王，名嘉，元魏授車騎將軍、司空公、都督秦州諸軍事、秦州刺史、金城郡開國公。[4]在位二十四年卒，謚曰昭武王。子子堅，使持節、驃騎大將軍、散騎常侍、都督瓜州諸軍事、瓜州刺史、河西郡開國公、儀同三司高昌王嗣位。[5]

[1]高昌國：古國名。故地在今新疆吐魯番市一帶。

[2]沮渠茂虔：人名。晉臨松盧水胡人，沮渠蒙遜之子。嗣父號，稱河西王。見《晉書》卷一二九《北凉・沮渠蒙遜載記》。

[3]芮芮：古代北方民族名。即柔然。南朝譯爲芮芮、茹茹，

北朝譯爲蠕蠕。其所居中心地區在今甘肅敦煌、張掖一帶。《南史》作"蠕蠕"。

[4]元魏：北魏孝文帝遷都洛陽，改拓跋氏爲元氏，故稱元魏。見《魏書》卷七《孝文帝紀》。　車騎將軍：將軍名號。北魏第一品下。　秦州：北魏州名。治所在今甘肅天水市。　金城郡：郡名。治所在今甘肅蘭州市西北黄河南岸。

[5]驃騎大將軍：將軍名號。僅次於大將軍，多加於元老重臣。北魏從第一品。　散騎常侍：官名。散騎省長官，掌侍從諫諍。北魏從第三品。　瓜州：北魏州名。治所在今甘肅敦煌市西。　河西郡：《魏書》、《南史》、《北史》並作"平西郡"。疑作"平西郡"爲是。平西郡，治所在今青海西寧市。　儀同三司：官名。非三公而儀制待遇同於三公之稱。北魏從第一品。

其國蓋車師之故地也。[1]南接河南，東連燉煌，[2]西次龜兹，[3]北隣敕勒。[4]置四十六鎮，交河、田地、高寧、臨川、横截、柳婆、洿林、新興、由寧、始昌、篤進、白力等，[5]皆其鎮名。官有四鎮將軍及雜號將軍、長史、司馬、門下校郎、中兵校郎、通事舍人、通事令史、諮議、校尉、主簿。[6]國人言語與中國略同。有《五經》、歷代史、諸子集。面貌類高驪，辮髮垂之於背，著長身小袖袍、縵襠袴。女子頭髮辮而不垂，著錦纈纓珞環釧。姻有六禮。[7]其地高燥，築土爲城，架木爲屋，土覆其上。寒暑與益州相似。備植九穀，[8]人多噉麨及羊牛肉。[9]出良馬、蒲陶酒、石鹽。多草木，草實如繭，繭中絲如細纑，名爲白疊子[10]，國人多取織以爲布。布甚軟白，交市用焉。有朝烏者，旦旦集王殿前，爲行列，不畏人，日出然後散去。

[1]車師：古國名。分前後二部，在今新疆吐魯番市及吉木薩爾縣一帶。

[2]燉煌：郡名。治所在今甘肅敦煌市西。

[3]龜兹：古國名。位於天山南麓，約當今新疆阿克蘇地區東部。

[4]敕勒：少數民族名。北朝時居朔州，地約當今山西北部一帶。

[5]白力：城名。故地在今新疆鄯善縣。舊本皆作“白刀”，此依中華書局本校改。

[6]諮議校尉：《南史》“諮議”下有“諫議”二字。

[7]姻有六禮：古代婚制有六禮，即納采、問名、納吉、納徵、請期、親迎。詳《儀禮·士昏禮》。姻，《南史》作“昏姻”。

[8]九穀：九種穀物。説法不一，《氾勝之書》以稻、米、黍、麻、秫、大小麥、大小豆爲九穀。參清·程瑶田《九穀考》。

[9]麨（chǎo）：以米麥等炒熟磨成粉的乾糧。《南史》作“麵”。

[10]白疊子：即棉花。

大同中，子堅遣使獻鳴鹽枕、蒲陶、良馬、氍毹等物。[1]

[1]氍（qú）毹（yú）：毛或毛麻混織的毛布、地毯之類，細者爲氍毹。

滑國者，[1]車師之别種也。漢永建元年，[2]八滑從班勇擊北虜有功，[3]勇上八滑爲後部親漢侯。自魏、晉以來，不通中國，至天監十五年，其王厭帶夷栗陁始遣使獻方物。[4]普通元年，又遣使獻黄師子、白貂裘、波斯錦等物。[5]七年，又奉表貢獻。

[1]滑國：古國名。其地當今新疆以西、阿富汗瓦齊拉巴德一帶。

[2]永建：漢順帝年號（126—132）。

[3]八滑：東漢時車師國貴族名。事見《後漢書·西域傳》。班勇：人名。後漢扶風安陵人，班超之子。永建元年，勇合西域諸城國兵，破北匈奴，擊走北單于兵。《後漢書》卷四七《班超傳》有附傳。按，此處以滑國爲八滑之後，乃據裴子野之説，見本書卷三〇《裴子野傳》。然此實誤。滑國姓嚈噠，而嚈噠乃于闐之異譯。參《吕思勉讀史札記》丙帙"滑國考"條。

[4]厭帶夷粟陁：國王姓厭帶，名夷粟陁。厭帶爲嚈噠之異譯。《新唐書》卷二二一《西域下·挹怛傳》："嚈噠，王姓也，后裔以姓爲國。"

[5]波斯：古國名。即今伊朗。

元魏之居桑乾也，[1]滑猶爲小國，屬芮芮。後稍强大，征其旁國波斯、盤盤、罽賓、焉耆、龜兹、疏勒、姑墨、于闐、句盤等國，[2]開地千餘里。土地温暖，多山川樹木，[3]有五穀。[4]國人以麨及羊肉爲糧。[5]其獸有師子、兩脚駱駝，野驢有角。人皆善射，[6]著小袖長身袍，用金玉爲帶。女人被裘，頭上刻木爲角，長六尺，以金銀飾之。少女子，兄弟共妻。無城郭，氈屋爲居，東向開户。其王坐金牀，隨太歲轉，[7]與妻並坐接客。無文字，以木爲契。與旁國通，則使旁國胡爲胡書，[8]羊皮爲紙。無職官。事天神、火神，每日則出户祀神而後食。其跪一拜而止。葬以木爲椁。[9]父母死，其子截一耳，葬訖即吉。其言語待河南人譯然後通。

[1]元魏：北魏孝文帝遷都洛陽，改拓跋氏爲元姓，故稱元魏。　桑乾：縣名。治所在今河北蔚縣東北。

[2]盤盤：蓋即下文之渴盤陀，非南海之盤盤。參《吕思勉讀史札記》丙帙"滑國考"條。　焉耆：古國名。故地在今新疆焉耆西南一帶。　疏勒：古國名。故地在新疆喀什市及疏勒縣一帶。姑墨：古國名。故地在今新疆阿克蘇市。　句盤：古國名。疑即下文之"周古柯"。故地約當今新疆葉城一帶。

[3]多山川樹木：《南史》"山川"下有"少"字。

[4]五穀：指麻菽麥稷黍五種穀物。一説指黍稷菽麥稻。又用爲穀物的統稱。

[5]麨：《南史》作"麪"。

[6]善射：《南史》作"善騎射"。

[7]太歲：古代天文學中假設的星名，與歲星相應，而與歲星實際運行的方向相反。

[8]胡書：指少數民族文字。

[9]椁：外棺。

周古柯國，滑旁小國也。普通元年，使使隨滑來獻方物。

呵跋檀國，亦滑旁小國也。凡滑旁之國，衣服容貌皆與滑同。普通元年，使使隨滑使來獻方物。

胡蜜丹國，亦滑旁小國也。普通元年，使使隨滑使來獻方物。

白題國，[1]王姓支名史稽毅，其先蓋匈奴之别種胡也。漢灌嬰與匈奴戰，[2]斬白題騎一人。今在滑國東。去滑六日行，西極波斯。土地出粟、麥、瓜菓，食物略與滑同。普通三年，遣使獻方物。

[1]白題國：古國名。其地當今新疆吐魯番市南、羅布泊以北地區。

[2]灌嬰：人名。西漢睢陽人。《史記》卷九五有傳。

龜茲者，西域之舊國也。後漢光武時，其王名弘，爲莎車王賢所殺，[1]滅其族。賢使其子則羅爲龜茲王，國人又殺則羅。匈奴立龜茲貴人身毒爲王，由是屬匈奴。然龜茲在漢世常爲大國，所都曰延城。[2]魏文帝初即位，遣使貢獻。晉太康中，遣子入侍。太元七年，秦主苻堅遣將吕光伐西域，[3]至龜茲，龜茲王帛純載寶出奔，光入其城。城有三重，外城與長安城等。[4]室屋壯麗，飾以琅玕金玉。[5]光立帛純弟震爲王而歸，自此與中國絶不通。普通二年，王尼瑞摩珠那勝遣使奉表貢獻。

[1]莎車：古國名。國都在今新疆莎車縣。

[2]延城：城名。地在今新疆庫車縣。

[3]苻堅：人名。晉時略陽氐人，前秦主。見《晉書》卷一一三《苻堅載記》。　吕光：人名。晉時略陽氐人。先爲苻堅將，後爲後涼主。見《晉書》卷一二二《吕光載記》。

[4]長安城：城名。故址在今陝西西安市西北。

[5]琅玕：美石。

于闐國，[1]西域之屬也。[2]後漢建武末，[3]王俞爲莎車王賢所破，[4]徙爲驪歸王，以其弟君得爲于闐王，[5]暴虐，百姓患之。永平中，[6]其種人都末殺君得，大人休莫霸又殺都末，[7]自立爲王。霸死，兄子廣得立，後擊虜莎車王賢以歸，殺之，遂爲强國，西北諸小國皆服從。

[1]于闐國：古國名。其地在今新疆和田縣境。
[2]屬：《南史》作“舊國”。
[3]建武：東漢光武帝年號（25—56）。
[4]王俞：俞，《後漢書》卷八八作“俞林”。
[5]君得：《後漢書》卷八八作“位侍”。
[6]永平：後漢明帝年號（58—75）。
[7]大人：部族首領。

其地多水潦沙石，氣温，宜稻、麥、蒲桃。有水出玉，名曰玉河。國人善鑄銅器。其治曰西山城。有屋室市井。菓蓏菜蔬與中國等。尤敬佛法。王所居室，加以朱畫。王冠金幘，如今胡公帽。[1]與妻並坐接客。國中婦人皆辮髮，衣裘袴。其人恭，相見則跪，其跪則一膝至地。書則以木爲筆札，以玉爲印。國人得書，戴於首而後開札。

[1]胡公帽：即胡公頭，帽子之一種。參梁·宗懔《荆楚歲時

記》第三十四條。

魏文帝時，王山習獻名馬。天監九年，遣使獻方物。十三年，又獻波羅婆步鄣。[1]十八年，又獻瑠璃罌。大同七年，又獻外國刻玉佛。

[1]波羅婆：梵語之音譯，意爲光明。　步鄣：用以遮避風塵或障蔽内外的屏幕。鄣，同“障”。

渴盤陁國，[1]于闐西小國也。西隣滑國，南接罽賓國，北連沙勒國。[2]所治在山谷中。城周迴十餘里，國有十二城。風俗與于闐相類。衣古貝布，著長身小袖袍，小口袴。地宜小麥，資以爲糧。多牛馬駱駞羊等。出好氊、金、玉。王姓葛沙氏。中大同元年，[3]遣使獻方物。

[1]渴盤陁國：古國名。其地在今新疆塔什庫爾干一帶。

[2]沙勒國：古國名。一作“疏勒”。其地在今新疆喀什市一帶。

[3]中大同：梁武帝年號（546—547）。

末國，[1]漢世且末國也。勝兵萬餘户。北與丁零，[2]東與白題，[3]西與波斯接。土人剪髮，著氊帽，小袖衣，爲衫則開頸而縫前。多牛羊騾驢。其王安末深盤，普通五年，遣使來貢獻。

［1］末國：古國名。《吕思勉讀史札記》丙帙“滑國考”條有云：“（末國）亦在西方，與且末相去甚遠。丁氏謙《梁書夷貉傳考》，謂爲米國之異譯，蓋是。以爲漢世之且末，與以滑爲八滑，致誤之因同也。”按，漢世且末，地在今新疆且末縣西南，而米國原居祁連山東北昭武城，爲昭武九姓之一。

［2］丁零：古民族名。又作“丁令”、“丁靈”。游牧於我國西北部廣大地區。

［3］白題：古國名。其地在今新疆吐魯番以南、羅布泊以北地區。

波斯國，其先有波斯匿王者，[1]子孫以王父字爲氏，因爲國號。國有城，周迴三十二里。城高四丈，皆有樓觀。城内屋宇數百千間，城外佛寺二三百所。西去城十五里有土山，山非過高，其勢連接甚遠，中有鷲鳥噉羊，土人極以爲患。國中有優鉢曇花，[2]鮮華可愛。出龍駒馬。鹹池生珊瑚樹，長一二尺。亦有琥珀、馬腦、真珠、玫珂等，國内不以爲珍。市買用金銀。婚姻法：下聘訖，女壻將數十人迎婦，壻著金線錦袍，師子錦袴，戴天冠，婦亦如之。婦兄弟便來捉手付度，夫婦之禮，於兹永畢。國東與滑國，西及南俱與婆羅門國，[3]北與汎慄國接。[4]中大通二年，遣使獻佛牙。

［1］波斯匿：中印度憍薩羅國。此傳將“波斯”與“波斯匿”混爲一談，誤。説詳余太山《兩漢魏晉南北朝正史西域傳研究》卷二《南北朝正史“西域傳”所見西域諸國的地望》。

［2］優鉢曇花：疑當作“優曇鉢花”。梵語。又作“優曇”、“優

曇鉢羅”、烏曇跋羅，義譯爲瑞應，或祥瑞花。《南史》卷四四《齊武帝諸子·蕭子良傳》：“子良啓進沙門於殿户前誦經，武帝爲感夢見優曇鉢花。”見《辭源》“優曇鉢”條。

[3]婆羅門國：古國名。即古印度。唐·玄奘《大唐西域記》二：“印度種姓，族類群分，而婆羅門特爲清貴，以其雅姓，傳以成俗，無經界之别總謂婆羅門國焉。”

[4]汎慄國：古國名。其地在今巴庫。一説即東羅馬。

宕昌國，[1]在河南之東南，[2]益州之西北，隴西之西，[3]羌種也。宋孝武世，[4]其王梁瓘忽始獻方物。[5]天監四年，王梁彌博來獻甘草、當歸，詔以爲使持節、都督河涼二州諸軍事、安西將軍、東羌校尉、河涼二州刺史、隴西公、宕昌王，[6]佩以金章。彌博死，子彌泰立，大同七年，復授以父爵位。其衣服、風俗與河南略同。

[1]宕昌國：古國名。其地在今甘肅宕昌縣一帶。

[2]東南：《南史》作“東”，無“南”字。

[3]隴西：郡名。治所在今甘肅隴西縣東南。　之西：“之”下，《南史》有“地”字，“西”屬下讀。

[4]孝武：指劉宋孝武帝。見《宋書》卷六《孝武帝紀》。

[5]梁瓘忽：《南史》作“梁瑾忽”。

[6]河涼：皆州名。河州，治所在今甘肅臨夏市西南；涼州，治所在今甘肅武威市。　安西將軍：將軍名號。與安東、安南、安北將軍合稱四安將軍，爲出鎮方面的軍事長官，或作爲刺史兼理軍務的加官，權任頗重。宋第三品，梁初不詳。　東羌校尉：武官名號。掌羌族事務。官品不詳。

鄧至國，[1]居西涼州界，[2]羌别種也。世號持節、平北將軍、西涼州刺史。[3]宋文帝時，王象屈耽遣使獻馬。天監元年，詔以鄧至王象舒彭爲督西涼州諸軍事，號安北將軍。[4]五年，舒彭遣使獻黄耆四百斤，[5]馬四匹。其俗呼帽曰突何。其衣服與宕昌同。

[1]鄧至國：古國名。其地在今四川南坪縣一帶。

[2]西涼州：州名。治所在今甘肅張掖市西北。

[3]平北將軍：將軍名號。東西南北四軍將軍之一，多持節都督或監某一地區的軍事，亦作爲刺史兼理軍務的加官。宋第三品。

[4]安北將軍：將軍名號。東西南北四安將軍之一。職任略同。宋第三品，梁初不詳。按，“安北”，本書《武帝紀》作“安西”。

[5]黄耆：一名黄芪，草名。可入藥。

武興國，本仇池。[1]楊難當自立爲秦王，[2]宋文帝遣裴方明討之，[3]難當奔魏。其兄子文德又聚衆茄盧，[4]宋因授以爵位，魏又攻之，文德奔漢中。[5]從弟僧嗣又自立，復戍茄盧。卒，文德弟文度立，[6]以弟文洪爲白水太守，[7]屯武興，[8]宋世以爲武都王。[9]武興之國，自於此矣。難當族弟廣香又攻殺文度，自立爲陰平王、茄盧鎮主。[10]卒，子炅立。炅死，子崇祖立。崇祖死，子孟孫立。齊永明中，魏氏南梁州刺史仇池公楊靈珍據泥功山歸款，[11]齊世以靈珍爲北梁州刺史、仇池公。[12]文洪死，以族人集始爲北秦州刺史、武都王。[13]天監初，以集始爲使持節、都督秦雍二州諸軍事、輔國將軍、平羌校尉、北秦州刺史、武都王；[14]

靈珍爲冠軍將軍；[15]孟孫爲假節、督沙州刺史、陰平王。[16]集始死，子紹先襲爵位。二年，以靈珍爲持節、督隴右諸軍事、左將軍、北梁州刺史、仇池王。[17]十年，孟孫死，詔贈安沙將軍、北雍州刺史。[18]子定襲封爵。紹先死，子智慧立。大同元年，剋復漢中，智慧遣使上表，求率四千户歸國，詔許焉，即以爲東益州。[19]

[1]仇池：古國名。其地在今甘肅西和縣一帶。

[2]楊難當：人名。略陽氐人，世居隴右，後徙仇池。見《宋書》卷九八《氐胡傳》。

[3]裴方明：人名。祖籍河東郡。《宋書》卷四七有傳。

[4]茄盧：城名。在今甘肅武都縣東南。《南史》作"葭蘆"。下同。

[5]漢中：郡名。治所在今陝西漢中市。

[6]文度：《南齊書》卷五九《氐傳》作"文慶"。下同。

[7]文洪：《宋書》、《南齊書》皆作"文弘"。《通鑑考異》："楊文弘，《魏書》本紀作楊鼉，《氐傳》作鼠，皆避顯祖諱也。"按，北魏顯祖諱弘，然則"洪"字當作"弘"。　白水：郡名。治所在今陝西白水縣。

[8]武興：縣名。治所在今陝西略陽縣。

[9]武都：郡名。治所在今甘肅武都縣東南。

[10]陰平：郡名。治所在今甘肅文縣西白龍江北岸。

[11]南梁州：州名。治所在今甘肅西和縣西南。　楊靈珍：人名。見《南齊書》卷五九《氐傳》。　泥功山：山名。在今甘肅成縣西北。

[12]北梁州：即北魏之南梁州。

[13]北秦州：州名。治所在今甘肅秦安縣東北。

［14］秦州：州名。治所在今甘肅天水市。按，“秦”上疑脱“北”字。本書《武帝紀中》天監元年（502）紀有云：“六月庚戌，以行北秦州刺史楊紹先爲北秦州刺史、武都王。”此處亦云爲“北秦州刺史、武都王”，可見“北秦州刺史”不誤。集始爲北秦州刺史，所督當有北秦州。《南史》同傳全録此段文字，亦脱“北”字。雍州：州名。治所在今陝西西安市西北。　輔國將軍：將軍名號。梁初第三品。　平羌校尉：武官名號。東晉、南朝爲仇池楊氏設。

［15］冠軍將軍：將軍名號。梁初第三品。

［16］沙州：州名。治所在今青海貴德、貴南一帶。

［17］隴右：指今甘肅隴山、六盤山以西，黄河以東一帶。　左將軍：將軍名號。宋第三品，梁初不詳。

［18］北雍州：州名。治所在今陝西西安市西北。

［19］東益州：州名。治所在今四川彭州市西北。

其國東連秦嶺，西接宕昌，去宕昌八百里，南去漢中四百里，北去岐州三百里，[1]東去長安九百里。本有十萬户，世世分減。其大姓有苻氏、姜氏，[2]言語與中國同。著烏皁突騎帽，長身小袖袍，小口袴，皮鞾。地植九穀。婚姻備六禮。知書疏。種桑麻。出紬、絹、精布、漆、蠟、椒等。山出銅鐵。

［1］岐州：州名。治所在今陝西鳳翔縣東南義塢堡。

［2］苻氏：苻，舊本皆訛“符”，此依中華書局本校改。　姜氏：《南史》於其下有“梁氏”。

芮芮國，蓋匈奴别種。魏、晉世，匈奴分爲數百千部，各有名號，芮芮其一部也。自元魏南遷，因擅其故地。無城郭，隨水草畜牧，以穹廬爲居。辮髮，衣錦，小袖袍，小口袴，深雍鞾。其地苦寒，七月流澌亘河。[1]宋昇明中，[2]遣王洪軌使焉，[3]引之共伐魏。齊建元元年，[4]洪軌始至其國，國王率三十萬騎，出燕然山東南三千餘里，[5]魏人閉關不敢戰。後稍侵弱，[6]永明中，爲丁零所破，[7]更爲小國而南移其居。天監中，始破丁零，復其舊土。始築城郭，名曰木末城。十四年，遣使獻烏貂裘。[8]普通元年，又遣使獻方物。是後數歲一至焉。大同七年，又獻馬一匹，金一斤。

[1]澌：解凍時流動的水。　亘：接。

[2]昇明：宋順帝年號（477—479）。

[3]王洪軌：《南齊書》卷四九之《張沖傳》、卷五九《芮芮虜傳》同。《南齊書》卷六之《明帝紀》、卷二四《柳世隆傳》、卷四二《江祏傳》、卷五七《魏虜傳》及《南史》之卷四《齊高帝紀》、卷四二《江祏傳》並作“王洪範”。

[4]元年：《南史》作“三年”。

[5]燕然山：山名。即今蒙古人民共和國境内杭愛山。

[6]侵：漸。

[7]丁零：古民族名。又作“丁令”、“丁靈”。游牧於我國西北廣大地區。

[8]烏貂裘：《南史》作“馬貂裘”。

其國能以術祭天而致風雪，前對皎日，後則泥潦横流，故其戰敗莫能追及。或於中夏爲之，則曀而不雨，[1]問其故，以暵云。[2]

[1]曀（yì）：天色陰沉而多風。

[2]暵：同“暖”。

史臣曰：海南、東夷、西北戎諸國，地窮邊裔，各有疆域。若山奇海異，怪類殊種，前古未聞，往牒不記，[1]故知九州之外，八荒之表，辯方物土，莫究其極。高祖以德懷之，故朝貢歲至，美矣。

[1]牒（dié）：典籍。

梁書 卷五五

列傳第四十九

豫章王綜　武陵王紀
臨賀王正德　河東王譽

豫章王綜字世謙，高祖第二子也。[1]天監三年，[2]封豫章郡王，[3]邑二千户。五年，出爲使持節、都督南徐州諸軍事、仁威將軍、南徐州刺史，[4]尋進號北中郎將。[5]十年，遷都督郢司霍三州諸軍事、雲麾將軍、郢州刺史。[6]十三年，遷安右將軍、領石頭戍軍事。[7]十五年，遷西中郎將，兼護軍將軍，[8]又遷安前將軍、丹陽尹。[9]十六年，復爲北中郎將、南徐州刺史。普通二年，[10]入爲侍中、鎮右將軍，[11]置佐史。

[1]高祖：梁武帝廟號。

[2]天監：梁武帝年號（502—519）。

[3]豫章：郡名。治所在今江西南昌市。

[4]使持節：古代大臣奉天子之命出行，持節以爲憑證。魏晉

以下以爲官名。有假節、持節，使持節之分，權力亦有小大之别，多爲都督諸州軍事及刺史總軍戎者。軍事長官使持節出鎮或出征，有誅殺二千石以下官員的權力。諸持節都督，宋第二品，梁初不詳。　南徐州：治所在今江蘇鎮江市。　仁威將軍：將軍名號。梁置，與智威、勇威、信威、嚴威將軍代舊征虜將軍。天監七年革選，釐定將軍名號及班品，有一百二十五號十品二十四班，以班多者爲貴，仁威將軍爲十六班。

[5]北中郎將：將軍名號。與東、西、南中郎將合稱四中郎將，統兵征伐，或出鎮某一地區爲方面大員。南朝多由宗室諸王擔任，地位高於一般將軍。宋第四品，梁初不詳。

[6]郢司霍：皆州名。郢州，治所在今湖北武漢市武昌；司州，治所在今河南信陽市；霍州，梁天監六年（507）分豫州置，治所在今安徽霍山縣。　雲麾將軍：將軍名號。梁置，與武臣、爪牙、龍騎將軍代舊前後左右四將軍。爲一百二十五號將軍之一，十八班。

[7]安右將軍：將軍名號。梁置，八安將軍之一，與安左、安前、安後將軍衹授予在京師任職者。爲一百二十五號將軍之一，二十一班。　領：官制術語。已有實授主職，又兼任較低職務而不居其位。　石頭戍：即石頭城戍所，在今江蘇南京市西清涼山。其地負山臨江，形勢險固，爲六朝軍事要地。

[8]護軍將軍：官名。掌京畿以外諸軍，職任頗重。資輕者爲中撫軍。梁天監七年革選，定流内官職爲十八班，以班多者爲貴，護軍將軍爲十五班。

[9]安前將軍：將軍名號。梁一百二十五號將軍之一，二十一班。　丹陽尹：官名。京師所在丹陽郡行政長官。宋第三品，梁班品不詳。丹陽郡，治所在今江蘇南京市。

[10]普通：梁武帝年號（520—527）。

[11]侍中：官名。門下省長官。與給事黄門侍郎共掌侍從左右，擯相威儀，盡規獻納，糾正違闕等。參與決策，是中樞集團重

要成員，職任顯要。員四人。梁十二班。　鎮右將軍：將軍名號。梁置，八鎮將軍之一，與鎮前、鎮後、鎮左將軍衹授予在京師任職者。爲一百二十五號將軍之一，二十二班。

初，其母吴淑媛自齊東昏宫得幸於高祖，[1]七月而生綜，宫中多疑之者，及淑媛寵衰怨望，遂陳疑似之説，故綜懷之。既長，有才學，善屬文。高祖御諸子以禮，朝見不甚數，綜恒怨不見知。每出藩，淑媛恒隨之鎮。至年十五六，尚躶袒嬉戲於前，晝夜無别，内外咸有穢議。綜在徐州，[2]政刑酷暴。又有勇力，手制奔馬。常微行夜出，無有期度。每高祖有敕疏至，[3]輒忿恚形於顔色，[4]羣臣莫敢言者。恒於别室祠齊氏七廟；[5]又微服至曲阿拜齊明帝陵。[6]然猶無以自信；聞俗説以生者血瀝死者骨，滲，即爲父子。綜乃私發齊東昏墓，出骨，瀝臂血試之；并殺一男，取其骨試之，皆有驗，自此常懷異志。

[1]吴淑媛：姓吴，名景暉。見《洛陽伽藍記》卷二《城東·龍華寺》下記。淑媛，嬪妃號，九嬪之一，魏文帝所制。　東昏：指齊東昏侯蕭寶卷。見《南齊書》卷七《東昏侯紀》。

[2]徐州：此處指南徐州。

[3]敕：皇帝的詔命。

[4]忿恚：怨恨。

[5]齊氏七廟：指齊朝宗廟。古天子七廟：太祖、三昭、三穆。

[6]曲阿：縣名。治所在今江蘇丹陽市。

四年，出爲使持節、都督南兖兖徐青冀五州諸軍事、平北將軍、南兖州刺史，[1]給鼓吹一部。[2]聞齊建安王蕭寶寅在魏，[3]遂使人入北與之相知，[4]謂爲叔父，許舉鎮歸之。[5]會大舉北伐，六年，魏將元法僧以彭城降，[6]高祖乃令綜都督衆軍，鎮于彭城，與魏將安豐王元延明相持。[7]高祖以連兵既久，慮有釁生，敕綜退軍。綜懼南歸則無因復與寶寅相見，乃與數騎夜奔于延明，魏以爲侍中、太尉、高平公、丹陽王，[8]邑七千户，錢三百萬，布絹三千匹，雜彩千匹，馬五十匹，羊五百口，奴婢一百人。綜乃改名纘，字德文，[9]追爲齊東昏服斬衰。[10]於是有司奏削爵土，絶屬籍，改其姓爲悖氏。俄有詔復之，封其子直爲永新侯，[11]邑千户。大通二年，[12]蕭寶寅在魏據長安反，[13]綜自洛陽北遁，[14]將赴之，爲津吏所執，魏人殺之，[15]時年四十九。[16]

[1]南兖兖徐青冀：皆州名。南兖州，治所在今江蘇揚州市西北蜀岡；兖州，治所在今江蘇淮陰縣西南甘羅城；徐州，治所在今江蘇徐州市；青、冀二州，南朝宋泰始（465—471）中合僑置，治所在今江蘇連雲港市東雲臺山一帶。　平北將軍：將軍名號。與平東、平西、平南將軍合稱四平將軍，多持節都督或監某一地區的軍事，亦可作爲刺史兼理軍務的加官。爲一百二十五號將軍之一，二十班。

[2]鼓吹：樂名。本軍樂，皇帝出行亦奏。漢代以下亦用以贈賜有功之臣。

[3]建安王蕭寶寅：齊明帝子蕭寶寅初封建安郡王，齊末奔魏。《魏書》卷五九有傳。《魏書》本傳“寅”作“夤”，《北史》本傳同。

[4]相知：通消息。

[5]鎮：指鎮守之地。

[6]元法僧：人名。本魏宗室，官徐州刺史鎮彭城，普通六年附梁。本書卷三九有傳。　彭城：城名。即今江蘇徐州市。

[7]安豐王元延明：北魏宗室元延明襲父爵爲安豐王。《魏書》卷二〇《文成五王·安豐王猛傳》有附傳。

[8]侍中：官名。北魏第三品。　高平公：封爵號。北魏第一品。高平，郡名。治所在今山東鄒平縣西南。　丹陽：《北史》作"丹楊"。

[9]綜乃改名纘字德文：《洛陽伽藍記》卷二《城東·龍華寺》下記有云："綜遂歸我聖闕，更改名曰讚，字世務，始爲寶卷追服三年喪。"所載與本傳異。又，纘，《魏書》卷五九同傳、《北史》卷二九同傳並作"贊"。

[10]斬衰（cuī）：舊時五種喪服中最重的一種。用粗麻布製成，左右和下邊不縫。子及未嫁女對父母、媳對公婆、承重孫對祖父母、妻對夫都服斬衰。

[11]永新：縣名。治所在今江西永新縣西。

[12]大通：梁武帝年號（527—529）。

[13]長安：城名。即今陝西西安市。按，據《魏書》卷九《肅宗紀》蕭寶寅據長安反，事在孝昌三年（527），即梁大通元年，此云"二年"，誤。

[14]洛陽：城名。北魏都城，即今河南洛陽市。

[15]按，《北史》卷二九《蕭綜傳》載綜爲津吏"所執"，魏"朝議明其不相干預，仍蒙慰免"。至魏莊帝永安三年（530）尒朱兆入洛後，未幾病卒。故知本傳謂其被殺者，乃據國史，而國史蓋據傳聞之辭，故誤。

[16]時年四十九：按，考諸史《蕭綜傳》，俱言其於梁武平建康後七月生。而梁武自襄陽起兵後於永元三年（501）十二月入建康，則綜之生當在天監元年（502）七月。至大通二年（528），僅

二十七歲；至永安三年（530），僅二十九歲。此云“四十九”，誤。又《魏書》本傳云其卒“時年三十一”，亦未確。

初，綜既不得志，嘗作《聽鐘鳴》、《悲落葉辭》，[1]以申其志。大略曰：

聽鐘鳴，當知在帝城。參差定難數，歷亂百愁生。去聲懸窈窕，[2]來響急徘徊。誰憐傳漏子，[3]辛苦建章臺。[4]

聽鐘鳴，聽聽非一所。懷瑾握瑜空擲去，[5]攀松折桂誰相許。[6]昔朋舊愛各東西，譬如落葉不更齊。漂漂孤雁何所栖，依依別鶴夜半啼。

聽鐘鳴，聽此何窮極。二十有餘年，淹留在京域。窺明鏡，罷容色，雲悲海思徒揜抑。[7]

其《悲落葉》云：

悲落葉，連翩下重疊。落且飛，從横去不歸。[8]

悲落葉，落葉悲，人生譬如此，零落不可持。

悲落葉，落葉何時還？夙昔共根本，[9]無復一相關。

當時見者莫不悲之。

[1]嘗作《聽鐘鳴》：《洛陽伽藍記》卷二《城東·龍華寺》云：“陽渠北有建陽里，里有土臺，高三丈，上作二精舍。趙逸云：‘此臺是中朝旗亭也。’上有二層樓，懸鼓擊之以罷市。有鐘一口，撞之聞五十里。太后以鐘聲遠聞，遂移在宫内，置凝閑堂前，講内典，沙門打爲時節。初，蕭衍子豫章王綜來降，聞此鐘聲，以爲奇

異，造《聽鐘歌》三首傳於世。”按，《聽鐘鳴》、《悲落葉》二詩，逯欽立《先秦漢魏晉南北詩》中《北魏詩》卷二據《文苑英華》、《藝文類聚》所載録入，文字與本傳大異小同。曹道衡、沈玉成《中古文學史料叢考》卷四“蕭綜《聽鐘鳴》《悲落葉》”條有云：“頗疑《聽鐘鳴》《悲落葉》二詩皆作於梁，入魏後改作重訂，故文字相異若此。”

[2]窈窕：深遠的樣子。此處指鐘聲傳向遠方，漸漸稀微。

[3]傳漏子：敲鐘報時的人。

[4]建章臺：漢建章宫中臺名。按，疑爲“建陽臺”之訛。建陽臺者，建陽里之土臺也。

[5]懷瑾握瑜：比喻人有高貴的品德和才能。《楚辭·九章·懷沙》：“懷瑾握瑜兮，窮不知所示。”

[6]攀松折桂：比喻登高第、受重用。

[7]揜抑：低沉，鬱悶。揜，同“掩”。

[8]從横：即縱横。交錯雜陳。從，通“縱”。

[9]夙昔：往日。夙，舊本皆訛“凡”，此依中華書局本校改。

武陵王紀字世詢，高祖第八子也。少勤學，有文才，屬辭不好輕華，甚有骨氣。天監十三年，封爲武陵郡王，[1]邑二千户。歷位寧遠將軍、琅邪彭城二郡太守、輕車將軍、丹陽尹。[2]出爲會稽太守，[3]尋以其郡爲東揚州，仍爲刺史，加使持節、東中郎將。[4]徵爲侍中，領石頭戍軍事。出爲宣惠將軍、江州刺史。[5]徵爲使持節、宣惠將軍、都督揚南徐二州諸軍事、揚州刺史。[6]尋改授持節、都督益梁等十三州諸軍事、安西將軍、益州刺史，[7]加鼓吹一部。大同十一年，[8]授散騎常侍、征西大將軍、開府儀同三司。[9]

[1]武陵：郡名。治所在今湖南常德市。

[2]寧遠將軍：將軍名號。梁天監七年革選，釐定與明威、振遠等將軍代舊寧朔將軍。爲一百二十五號十品二十四班將軍之一，十三班。　琅邪、彭城：此指南琅邪、南彭城二郡。南琅邪，治所在今江蘇南京市北；南彭城，虛置無實土。　輕車將軍：將軍名號。梁代與征遠、鎮朔等將軍代舊輔車將軍。爲一百二十五號將軍之一，十四班。

[3]會稽：郡名。治所在今浙江紹興市。

[4]東中郎將：將軍名號。與西、南、北中郎將合稱四中郎將。梁天監七年以鎮兵、翊師、宣惠、宣毅爲一百二十五號二十四班將軍中之十七班代舊四中郎將，普通六年並置且同班。

[5]宣惠將軍：將軍名號。梁置，與鎮兵、翊師、宣毅將軍代舊四中郎將。爲一百二十五號將軍之一，十七班。　江州：州名。治所在今江西九江市西南。

[6]揚南徐：皆州名。揚州，治所在今江蘇南京市；南徐州，治所在今江蘇鎮江市。

[7]益梁：皆州名。益州，治所在今四川成都市；梁州，治所在今陝西漢中市東。　安西將軍：將軍名號。與安東、安南、安北將軍合稱四安將軍，爲出鎮方面的軍事長官，或作爲刺史兼理軍務的加官，權勢頗重。爲一百二十五號將軍之一，二十一班。

[8]大同：梁武帝年號（535—546）。

[9]散騎常侍：官名。集書省長官，掌侍從左右，獻納得失。劉宋以後，職以侍從左右，掌圖書文翰爲主，地位漸低。員四人。梁十二班。　征西大將軍：將軍名號。梁征西將軍爲一百二十五號將軍之一，二十三班。梁制，諸將軍加大者，通進一階。　開府儀同三司：官名。非三公而儀制禮遇同於三公之稱。梁諸將軍開府儀同三司爲十七班。按，本書《武帝紀下》大同九年（543）十一月

載："益州刺史武陵王紀進號征西將軍、開府儀同三司。"《南史》卷七《梁本紀》同。此云十一年，疑誤。

初，天監中，震太陽門，[1]成字曰"紹宗梁位唯武王"，解者以爲武王者，武陵王也，於是朝野屬意焉。及太清中，[2]侯景亂，[3]紀不赴援[4]。高祖崩後，紀乃僭號於蜀。[5]改年曰天正。立子圓照爲皇太子，圓正爲西陽王，[6]圓滿竟陵王，[7]圓普南譙王，[8]圓肅宜都王。[9]以巴西、梓潼二郡太守永豐侯撝爲征西大將軍、益州刺史，[10]封秦郡王。[11]司馬王僧略、直兵參軍徐怦並固諫，[12]紀以爲貳於己，[13]皆殺之。永豐侯撝歎曰："王不免矣！夫善人，國之基也。今反誅之，不亡何待！"又謂所親曰："昔桓玄年號大亨，[14]識者謂之'二月了'，而玄之敗實在仲春。今年曰天正，在文爲'一止'，其能久乎？"

[1]太陽門：京師建康宮城六門之一。《通鑑》卷一六四《梁紀》承聖元年下，胡三省注："臺城六門：大司馬門、萬春門、東華門、西華門、太陽門、承明門。"

[2]太清：梁武帝年號（547—549）。

[3]侯景：人名。本魏將，太清元年（547）附梁，二年反，率軍攻京師建康。本書卷五六有傳。

[4]《南史》卷五三《梁武帝諸子·武陵王紀傳》有云："及侯景陷臺城，上甲侯韶西上至硤，出武帝密敕，加紀侍中、假黃鉞、都督征討諸軍事、驃騎大將軍、太尉、承制。大寶元年六月辛酉，紀乃移告諸州征鎮，遣世子圓照領二蜀精兵三萬，受湘東王繹節度。繹命圓照且頓白帝，未許東下。七月甲辰，湘東王繹遣鮑檢報

紀以武帝崩問。十一月壬寅，紀總戎將發益鎮，繹使胡智監至蜀，以書止之。”是紀赴援而繹阻止。趙翼《廿二史劄記》卷一一據《南史》所載蕭紀赴援事，有論云：“而《梁書》所謂不發兵者，蓋本元帝時國史。元帝既殺紀，欲著其逆迹而有是言。所謂欲加之罪，其無辭乎。此事當以《南史》爲正。”

[5]僭（jiàn）號：與朝廷對立而自己稱王稱帝。

[6]西陽：郡名。治所在今湖北黄岡市黄州東。

[7]竟陵：郡名。治所在今湖北鍾祥市。

[8]南譙：郡名。治所在今安徽巢湖市。

[9]宜都：郡名。治所在今湖北宜昌縣。

[10]巴西、梓潼：皆郡名。治所同在今四川綿陽市東。　永豐侯撝：梁武帝弟蕭秀之子撝初封永豐縣侯。後降西魏。《周書》卷四二有傳。永豐，縣名。治所在今廣西荔浦縣西北。

[11]秦郡：郡名。治所在今江蘇六合縣北。

[12]司馬：官名。王公軍府屬官，掌本府武官。梁皇子府司馬，十班。　直兵參軍：官名。王公軍府屬官，掌本府親兵衛隊。皇子府直兵參軍，梁四班。

[13]貳於己：對己有貳心。

[14]桓玄：人名。晉譙國龍亢人。晉安帝隆安（397—401）末僭號。《晉書》卷九九有傳。

太清五年夏四月，[1]紀帥軍東下至巴郡，[2]以討侯景爲名，將圖荊陝。[3]聞西魏侵蜀，遣其將南梁州刺史譙淹迴軍赴援。[4]五月日，[5]西魏將尉遲迥帥衆逼涪水，[6]潼州刺史楊乾運以城降之，[7]迥分軍據守，即趨成都。[8]丁丑，紀次于西陵，[9]舳艫翳川，旌甲曜日，軍容甚盛。世祖命護軍將軍陸法和於硤口夾岸築二壘，[10]鎮江以斷之。[11]時陸納未平，[12]蜀軍復逼，物情恇擾，[13]世祖憂焉。法和告急，旬日相繼。世祖乃拔任約於獄，[14]以爲晉安王司馬，[15]撤禁兵以配之；并遣宣猛將軍劉棻共約西赴。[16]六月，紀築連城，[17]攻絶鐵鏁。世祖復於獄拔謝答仁爲步兵校尉，[18]配衆一旅，上赴法和。世祖與紀書曰："皇帝敬問假黄鉞太尉武陵王：[19]自九黎侵軼，[20]三苗寇擾，[21]天長喪亂，獯醜馮陵，[22]虔劉象魏，[23]黍離王室。[24]朕枕戈東望，[25]泣血西浮，[26]殞愛子於二方，[27]無諸侯之八百，[28]身被屬甲，手貫流矢。俄而風樹之酷，[29]萬恨始纏，霜露之悲，[30]百憂繼集，扣心飲膽，志不圖全。直以宗社綴旒，[31]鯨鯢未翦，[32]嘗膽待旦，[33]龔行天罰，[34]獨運四聰，[35]坐揮八柄。[36]雖復結壇待將，褰帷納士，拒赤壁之兵，無謀於魯肅，[37]燒烏巢之米，不訪於荀攸，[38]才智將殫，金貝殆竭，傍無寸助，險阻備嘗，遂得斬長狄於駒門，[39]挫蚩尤於楓木。[40]怨恥既雪，天下無塵，經營四方，專資一力，方與岳牧，[41]同兹清静。隆暑炎赫，弟比何如？[42]文武具僚，當有勞弊。今遣散騎常侍、光州刺史鄭安忠，[43]指宣往懷。"仍令喻意於紀，許其還蜀，專制岷方。[44]紀不從命，報書如家人禮。庚申，紀將侯叡率衆緣山將規進取，[45]任約、謝答仁與戰，破之。既而陸納平，諸軍並西赴，世祖又與紀書曰："甚苦大智！季月煩暑，流金爍石，[46]聚蚊成雷，[47]封狐千里，[48]以兹玉體，辛苦行陣。乃眷西顧，我勞如何。自獯醜憑陵，羯胡叛换，[49]吾年爲一日之長，屬有平亂之功，膺此樂推，[50]事歸當璧。[51]儻遣使乎，良所遲也。[52]如曰不然，於此投筆。[53]友于兄弟，[54]分形共氣。[55]兄肥弟瘦，[56]無復相代之期；讓棗推梨，[57]長罷歡愉之日。上林静拱，[58]聞四鳥之哀鳴，[59]宣室披圖，[60]嗟萬始之長逝。[61]心乎愛矣，書不盡言。”大智，紀之別字也。紀遣所署度支尚書樂奉業至于江陵，[62]論和緝之計，[63]依前旨還蜀。世祖知紀必破，遂拒而不許。丙戌，巴東民苻昇、徐子初等斬紀硤口城主公孫晃，[64]降于衆軍。王琳、宋簉、任約、謝答仁等因進攻侯叡，陷其三壘，於是兩岸十餘城遂俱降。將軍樊猛獲紀及其第三子圓滿，俱殺之於硤口，時年四十六。有司奏請絶其屬籍，[65]世祖許之，賜姓饕餮氏。[66]

[1]太清五年：本書《元帝紀》："大寶二年，世祖猶稱太清五年。"此處云太清五年者，蓋承元帝世紀事之文而未及改。大寶，簡文帝年號（550—551）。按，據本書《元帝紀》及《通鑑》卷一六四《梁紀二十》，蕭紀在蜀稱帝時爲太清六年四月，其帥軍東下在同年八月。此云"太清五年夏四月"，疑誤。參曹道衡、沈玉成《中古文學史料叢考》卷四《〈梁書·武陵王紀傳〉錯訛顛倒》條。

[2]巴郡：郡名。治所在今四川重慶市。

[3]荆陝：指荆州，治所在今湖北荆州市。《南齊書·州郡志》："江左大鎮，莫過荆、揚。弘農郡陝縣，周世二伯總諸侯，周公主陝東，召公主陝西，故稱荆州爲陝西也。"時湘東王蕭繹爲荆州刺史。

[4]南梁州：州名。梁置，治所在今四川劍閣縣。

[5]五月日：中華書局本《校勘記》："'五月日'不成文理，當有脱衍。《通鑑》繫此事於元帝承聖二年五月甲戌。"按，《周書》

卷二《文帝紀》亦載尉遲迥侵蜀及楊運乾降事於魏廢帝二年，即梁承聖二年。故知不僅“五月日”有脱衍，即合上文而統繫於太清五年下，亦大誤。

[6]尉遲迥：人名。西魏代人。《周書》卷二一有傳。　涪水：即今四川嘉陵江支流涪江。

[7]潼州：州名。治所在今四川三臺縣西北。　楊乾運：人名。儻城興勢人。《周書》卷四四有傳。

[8]成都：城名。即今四川成都市。

[9]丁丑：《南史》卷五三同傳作“己巳”，本書《元帝紀》作“己丑”。據陳垣《二十史朔閏表》，承聖二年五月壬戌朔，有丁丑、己丑、己巳。未知孰是。　西陵：縣名。治所在今湖北宜昌縣西北。

[10]世祖：梁元帝廟號。　陸法和：人名。梁元帝將，後入北齊。《北齊書》卷三二有傳。　硤口：即今湖北宜昌市西長江西陵峽口。《南史》作“峽口”。

[11]鎮江：中華書局本《校勘記》：“‘鎮’疑‘鎖’字之訛。《南史》：‘元帝命護軍將軍陸法和立二城於峽口，名七勝城，鎖江以斷峽。’《通鑑》：‘護軍陸法和築二城於峽口兩岸，運石填江，鐵鎖斷之。’”《御覽》卷三三五《兵部》六六引《三國典略》曰：“蕭紀兵次西陵，艫舳旌戈翳川曜日。護軍陸法和於硤兩岸築二壘，運石填江，鐵鏁斷之。梁主令法和壘北斷白雁城道，別立小栅。”今按，此亦可證“鎖”字爲是。

[12]陸納：人名。湘州刺史王琳長史。琳得罪，元帝囚之，陸納據湘州拒元帝。詳《南史》卷六四《王琳傳》。

[13]恇（kuāng）擾：恐懼慌張。

[14]任約：人名。本侯景將，景敗，任約被俘，元帝囚之。詳本書卷四六《胡僧祐傳》。

[15]晉安王：梁元帝子敬帝蕭方智之初封爵號。見本書卷六《敬帝紀》。

[16]宣猛將軍：將軍名號。梁置，爲一百二十五號將軍之一，六班。

[17]紀築連城：紀，舊本作“約”，此依中華書局本校改。

[18]謝答仁：人名。本侯景將，景敗，謝亦被俘，元帝囚之。步兵校尉：官名。禁軍五校尉之一，掌宫廷宿衛。梁七班。

[19]黄鉞：古代天子所用以黄金爲飾的鉞，爲儀仗之一。有時大臣出師假以黄鉞，以示威重，且有誅殺持節將軍的權力。

[20]九黎：古南方部落名。　侵軼：突然襲擊。

[21]三苗：九黎的後代。

[22]獯醜：獯，即獯鬻，古代北方少數民族。獯醜，此處指侯景。　馮陵：同“憑陵”，侵凌，進逼。

[23]虔劉：劫掠、殺害。　象魏：宫廷外的闕門，懸法之處。此處代指朝廷。

[24]黍離：《詩·王風》有《黍離》篇，《詩序》以爲西周亡後，故宗廟宫室盡爲禾黍。周大夫過之，彷徨不忍去，乃作是詩。後世用爲感慨國亡之詞。

[25]枕戈：“枕戈待旦”之略語。枕着兵器以待天明。形容警惕敵人，毫不鬆懈。《世説新語·賞譽》劉孝標注引《晉陽秋》：“劉琨與親舊書曰：‘吾枕戈待旦，志梟逆虜，常恐祖生先吾著鞭爾!’”

[26]泣血：極度悲痛而無聲的哭泣。《禮記·檀弓上》：“高子皋之執親之喪也，泣血三年。”《注》：“言泣無聲，如血出。”

[27]蕭繹長子方等征湘州刺史河東王譽，兵敗，溺死。次子方諸爲郢州刺史，遭侯景將宋子仙襲擊，被執，爲侯景所害。事詳本書卷四四《世祖二子傳》。

[28]諸侯之八百：商紂無道，武王將伐之，諸侯不期而會者八百。事詳《史記》卷四《周本紀》。此處用以比諸侯勤王之師。

[29]風樹之酷：《韓詩外傳》卷九：“樹欲静而風不止，子欲養而親不待也。”後世用以指父母亡故，子不得奉養。此處指繹父梁

武死於宫中。

[30]霜露之悲：《史記》卷一一八《淮南王列傳》："（伍）被悵然曰：'上寬赦大王，王復安得此亡國之語乎！臣聞子胥諫吴王，吴王不用，乃曰"臣今見麋鹿遊姑蘇之臺也"，今臣亦見宫中生荆棘，露沾衣也。'"此處指國家將亡的悲痛。

[31]綴旒：即贅旒。比喻君主爲臣下挾持，大權旁落。《後漢書》卷五九《張衡傳》載《應間》："夫戰國交争，戎車競驅，君若綴旒，人無所麗。"《注》云："《公羊傳》曰：'君若贅旒然。'旒，旂旒也。言爲下所執持西東也。"

[32]鯨鯢：比喻兇惡的人。

[33]嘗膽：春秋時，越王勾踐卧薪嘗膽，立志復仇。事見《史記》卷四一《越王世家》。後世用以比喻刻苦自勵，發憤圖强。

[34]龔行天罰：恭敬地執行上天的懲罰。龔，通"恭"。

[35]四聰：（廣開）四方視聽。

[36]八柄：古代帝王駕馭臣下的八種手段，即爵、禄、予、置、生、奪、廢、誅。見《周禮·天官·大宰》。

[37]漢獻帝建安十三年（208），曹操率軍東下，孫權大懼。諸將勸權降附曹操，獨魯肅勸孫權聯合劉備以拒曹操。權納肅謀，終有赤壁之捷。事詳《三國志》卷五四《吴書·魯肅傳》。此處反用其事，言自己無魯肅這樣的大臣可與共謀。

[38]官渡之戰前，袁紹、曹操兩軍相持連月。袁紹遣車運穀，使其將淳于瓊率兵萬餘人送之，宿於烏巢。曹操謀士荀攸勸操襲之，操從其計，大捷。事詳《三國志》卷六《魏書·袁紹傳》。此處反用其意，謂謀略惟有自己作主。

[39]斬長狄於駒門：《左傳·文公十一年》："冬十月甲午，敗狄于鹹，獲長狄僑如。富父終甥摏其喉以戈，殺之。埋其首於子駒之門，以命宣伯。"此處借以指滅侯景。

[40]挫蚩尤於楓木：《山海經·大荒南經》："有宋山者……有木生山上，名曰楓木。楓木，蚩尤所棄其桎梏，是謂楓木。"郭璞

注："蚩尤爲黄帝所得，械而殺之，已摘棄其械，化而爲樹也。"此處以蚩尤比侯景。

[41]岳牧：相傳堯舜時有四岳、十二牧分管政務和方國諸侯，合稱岳牧。後世用以泛指封疆大吏。

[42]比：近來。

[43]光州：州名。治所在今河南光山縣。

[44]岷方：代指巴蜀之地。岷，岷山，在今四川松潘縣北。

[45]規：圖謀。

[46]流金爍石：使金石熔化。極言天氣炎熱。《楚辭·招魂》："十日代出，流金鑠石些。"

[47]聚蚊成雷：極言蚊子衆多，響聲如雷。

[48]封狐千里：千里之地到處都是大狐。《楚辭·招魂》："蝮蛇蓁蓁，封狐千里些。"

[49]羯胡：北方少數民族。此指魏人。　叛换：專横、跋扈。

[50]膺：受。　樂推：衆人樂於擁戴。《老子》："聖人處上而民不重，處前而民不害，是以天下樂推而不厭。"

[51]當璧：楚共王無嫡子而有寵子五人。欲立太子，乃告禱於神曰："當璧而拜者，神所立也。"於是埋璧於宗廟之庭，讓五子按長幼順序入拜宗廟。平王小，抱而入，恰伏於埋璧之地而拜，遂得立。事詳《左傳·昭公十三年》。後世以"當璧"爲當國之兆。

[52]遲：等待。

[53]投筆：指棄文就武。

[54]友于：兄弟之代稱。《尚書·君陳》："惟孝友于兄弟。"

[55]分形共氣：指骨肉之親，形體雖分而氣血相同。《文選》卷三七曹子建《求自試表》："而臣敢陳聞於陛下者，誠與國分形同氣，憂患共之者也。"常用以指同胞兄弟。

[56]兄肥弟瘦：西漢末天下大亂，人相食。沛國蘄人趙孝之弟趙禮爲賊所得，趙孝自縛詣賊，云"兄肥弟瘦"，請以身代弟，賊並釋之。事詳《東觀漢記》卷一七、《後漢書》卷三九《趙孝傳》。

後世用以表兄弟之深情厚誼。

[57]讓棗推梨：指兄弟之間友愛推讓。讓棗，《南史》卷二二《王泰傳》：泰年數歲，祖母集諸孫姪，散棗栗於牀。群兒競之，泰獨不取。問其故，對曰："不取自當得賜。"由是中表異之。推梨，《後漢書》卷七〇《孔融傳》李賢注引《孔融家傳》：孔融年四歲，每與諸兄共食梨，融輒引小者。大人問其故，答曰："我小兒，法當取小者。"由是宗族奇之。

[58]上林：苑囿名。故址在今江蘇南京市鷄鳴山東。

[59]四鳥：四時之鳥。

[60]宣室：宫殿名。漢代皇帝齋戒之所。漢文帝嘗在此處召見賈誼，問以鬼神之事。見《漢書》卷四八《賈誼傳》。

[61]萬始：萬物之始，此處指萬物。

[62]度支尚書：官名。尚書省列曹尚書之一，掌財賦計算、支調。梁十三班。　江陵：荆州治所。在今湖北荆州市江陵，梁元帝都於此。

[63]和緝：和協輯睦。緝，通"輯"。

[64]巴東：郡名。治所在今四川奉節縣東。　城主：守城的主將。

[65]屬籍：家庭的名册。此處指皇室之譜籍。

[66]饕餮：古代傳説中縉雲氏不才子之外號。參《尚書·舜典》孔安國傳。

初，紀將僭號，妖怪非一，其最異者，内寢栢殿柱繞節生花，其莖四十有六，靃靡可愛，[1]狀似荷花。識者曰："王敦仗花，[2]非佳事也。"紀年號天正，與蕭棟暗合，[3]僉曰天字"二人"也，正字"一止"也。棟、紀僭號，各一年而滅。

[1]靃（suǐ）靡：草木柔弱的樣子。

[2]王敦仗花：王敦，人名。祖籍琅邪臨沂，王導從父兄，東晉初擅權爲逆。《晉書》卷九八有傳。《宋書·五行志》："王敦在武昌，鈴下儀仗生華如蓮花狀，五六日而萎落。此木失其性而爲變也。干寶曰：'鈴閣，尊貴者之儀；鈴下主威儀之官。今狂花生於枯木，又在鈴閣之間，言威儀之富，榮華之盛，皆如狂花之發，不可久也。'其後終以逆命，没又加戮，是其應也。"

[3]蕭楝：人名。字元吉，梁昭明太子之孫，簡文帝被害，侯景以楝爲主，改元天正。《南史》卷五三《梁武帝諸子傳》有附傳。

臨賀王正德字公和，臨川靖惠王第三子也。[1]少粗險，不拘禮節。初，高祖未有男，養之爲子，及高祖踐極，便希儲貳，[2]後立昭明太子，[3]封正德爲西豐侯，[4]邑五百户。自此怨望，恒懷不軌，睥睨宫扆，[5]覬幸災變。[6]普通六年，[7]以黄門侍郎爲輕車將軍，[8]置佐史。頃之，遂逃奔于魏，有司奏削封爵。七年，又自魏逃歸，高祖不之過也。復其封爵，仍除征虜將軍。[9]

[1]臨川靖惠王：梁武帝弟蕭宏封爵號臨川王，謚號靖惠。本書卷二二《太祖五王》有傳。

[2]儲貳：即儲副，指皇太子之位。

[3]昭明太子：梁武帝太子蕭統，謚號昭明，故稱。本書卷八有傳。

[4]西豐：縣名。治所在今江西臨川市。

[5]睥睨：聯綿詞，窺伺。睥，同"睥"。　宫扆（yǐ）：指君主之位。扆，王充《論衡·書虚》："户牖之間曰扆，南面之座位也。

負扆南面向坐，扆在後也。”

［6］覬：希冀。

［7］六年：按，《南史》卷五一《梁宗室上·蕭正德傳》作“三年”，《魏書》卷五九、《北史》卷二九之《蕭正表傳》皆云正光三年（522）正德奔魏。魏正光三年正當梁普通三年。如此，則“六”當是“三”之訛。

［8］黄門侍郎：即給事黄門侍郎，官名。門下省次官，與侍中共掌侍從左右、關通中外、擯相威儀等。出入禁中，權勢顯要。員四人。梁十班。　輕車將軍：將軍名號。梁天監七年釐定將軍名號及班品，以其與征遠、鎮朔等將軍代舊輔國將軍。爲一百二十五號將軍之一，十四班。

［9］征虜將軍：按，考《隋書·百官志》，梁天監七年革選，以“智威、仁威、勇威、信威、嚴威爲十六班，代舊征虜”。此後雖有刊正，但直至梁亡亦無“征虜”之號。此云“征虜將軍”，疑有誤。

中大通四年，[1]爲信武將軍、吴郡太守。[2]徵爲侍中、撫軍將軍，[3]置佐史，封臨賀郡王，[4]邑二千户，又加左衛將軍。[5]而凶暴日甚，招聚亡命。侯景知其有姦心，[6]乃密令誘説，厚相要結，遺正德書曰：“今天子年尊，姦臣亂國，憲章錯謬，政令顛倒，以景觀之，計日必敗。況大王屬當儲貳，中被廢辱，天下義士，竊所痛心，在景愚忠，能無忿慨。今四海業業，[7]歸心大王，大王豈得顧此私情，棄茲億兆。景雖不武，實思自奮。願王允副蒼生，鑒斯誠款。”正德覽書大喜曰：“侯景意暗與我同，此天贊也。”[8]遂許之。及景至江，正德潛運空舫，詐稱迎荻，以濟景焉。朝廷未知其謀，猶遣正德守朱雀航。[9]景至，正德乃引軍與景俱進，景推正德爲天子，[10]改年爲正平元年，景爲丞相。臺城没，[11]復太清之號，降正德爲大司馬。正德有怨言，景聞之，慮其爲變，矯詔殺之。

[1]中大通：梁武帝年號（529—534）。

[2]信武將軍：將軍名號。梁置，與智武、仁武等將軍代舊冠軍將軍，可由文職清官兼領。爲一百二十五號將軍之一，十五班。吴郡：郡名。治所在今江蘇蘇州市。按，《南史》卷五一《梁宗室上·蕭正德傳》繫正德爲吴郡太守於"天監初"後、"普通三年"以前。正德中大通四年（532）後爲丹陽尹，頗疑此處"吴郡太守"爲"丹陽尹"之誤。參曹道衡、沈玉成《中古文學史料叢考》卷四《〈梁書·顧協傳〉誤字》條。

[3]撫軍將軍：按，據《隋書·百官志》，梁天監七年（508）革選後，無"撫軍將軍"之號。有中撫將軍，亦稱中撫軍將軍，爲一百二十五號將軍之一，二十三班。疑此"撫軍將軍"涉上文"侍中"而脱"中"字。

[4]臨賀：郡名。治所在今廣西賀縣東南賀街。

[5]左衛將軍：官名。與右衛將軍合稱二衛將軍，爲禁衛軍六軍之一，掌宫廷宿衛營兵。梁十二班。

[6]侯景於太清元年（547）附梁，二年反。率軍寇京師建康。

[7]業業：憂懼的樣子。

[8]贊：助。

[9]朱雀航：浮橋名。又名朱爵桁、朱雀橋、大航，在今江蘇南京市南秦淮河上。張敦頤《六朝事迹編類》卷上《形勢門》"朱雀航"條："晉咸康二年作朱雀門，新立朱雀浮航，在縣城東南四里，對朱雀門。南渡淮水，亦名朱雀橋。《輿地志》云：吴南津大航橋也。王敦作亂，温嶠燒絶。至是始用杜預河橋法作之。《地志》云：朱雀門孔對吴都城定宣陽門，相去六里，爲御道，夾御溝植

柳。”

[10]《北齊書》卷四五《文苑·顏之推傳》載之推《觀我生賦》自注：“正德求征侯景，至新林，叛，投景，景立爲主，以攻臺城。”

[11]臺城：京師建康宫城。故址在今江蘇南京市鷄鳴山南。

河東王譽字重孫，昭明太子第二子也。普通二年，封枝江縣公。[1]中大通三年，[2]改封河東郡王，[3]邑二千户。除寧遠將軍、石頭戍軍事。出爲琅邪、彭城二郡太守。[4]還除侍中、輕車將軍，置佐史。出爲南中郎將、湘州刺史。[5]

[1]枝江：縣名。治所在今湖北枝江縣西南。

[2]中大通：梁武帝年號（529—534）。按，舊本脱“中”字，此依中華書局本校補。

[3]河東：郡名。治所在今湖北松滋縣西北。

[4]琅邪、彭城：皆郡名。此當是南琅邪、南彭城二郡。本書《武帝紀》大同三年（537）紀亦云“南琅邪、彭城二郡太守河東王譽”。南琅邪，治所在今江蘇南京市北；南彭城，虚置，無實土。

[5]南中郎將：將軍名號。東西南北四中郎將之一。梁天監七年以鎮兵、翊師、宣惠、宣毅爲一百二十五號二十四班將軍中之十七班代四中郎將。普通六年並置且同班。　湘州：州名。治所在今湖南長沙市。

未幾，侯景寇京邑，[1]譽率軍入援，至青草湖，[2]臺城没，有詔班師，譽還湘鎮。時世祖軍于武城，[3]新除雍州刺史張纘密報世祖曰：[4]“河東起兵，[5]岳陽聚米，[6]共爲不逞，將襲江陵。”[7]世祖甚懼，因步道間還，遣諮議周弘直至譽所，[8]督其糧衆。譽曰：“各自軍府，何忽隸人？”前後使三反，[9]譽並不從。世祖大怒，乃遣世子方等征之，[10]反爲譽所敗死。又令信州刺史鮑泉討譽，[11]并與書陳示禍福，許其遷善。譽不答，修浚城池，爲拒守之計；謂鮑泉曰：“敗軍之將，勢豈語勇。欲前即前，無所多説。”泉軍于石槨寺，[12]譽帥衆逆擊之，不利而還。泉進軍于橘洲，[13]譽又盡鋭攻之，不剋。會已暮，士卒疲弊，泉因出擊，大敗之，斬首三千級，溺死者萬餘人。譽於是焚長沙郭邑，[14]驅居民於城内，鮑泉度軍圍之。譽幼而驍勇，兼有膽氣，能撫循士卒，甚得衆心。及被圍既久，雖外内斷絶，而備守猶固。後世祖又遣領軍將軍王僧辯代鮑泉攻譽，[15]僧辯築土山以臨城内，日夕苦攻，矢石如雨，城中將士死傷者太半。譽窘急，乃潛裝海船，將潰圍而出。會其麾下將慕容華引僧辯入城，譽顧左右皆散，遂被執。謂守者曰：“勿殺我，得一見七官，[16]申此讒賊，死亦無恨。”主者曰：“奉命不許。”遂斬之，傳首荆鎮，[17]世祖反其首以葬焉。

[1]侯景於太清元年附梁，二年反，率軍寇京師建康。

[2]青草湖：湖名。即今湖南洞庭湖東南部。

[3]武城：又名武口城。在今湖北黄陂縣東南，古武湖水入長江之口。

[4]雍州：州名。治所在今湖北襄樊市。　張纘：人名。本書卷三四有傳。

[5]河東：指河東王蕭譽。

[6]岳陽：指岳陽王蕭詧。詧，《周書》卷四八有傳。

[7]江陵：荆州鎮所，即今湖北荆州市江陵。時梁元帝蕭繹爲荆州刺史，鎮此。

[8]諮議：諮議參軍之省稱，官名。王公府屬官，掌諷議。梁九班至六班。 周弘直：人名。祖籍汝南安城。《陳書》卷二四有傳。

[9]反：通“返”。

[10]世子：諸侯王之嫡長子。 方等：蕭方等。本書卷四四《世祖二子》有傳。

[11]信州：州名。梁普通四年置，治所在今四川奉節縣東白帝城。 鮑泉：人名。本書卷三〇有傳。

[12]石槨寺：佛寺名。在今湖南長沙市。

[13]橘州：即今湖南長沙市湘江中橘子洲。

[14]長沙：城名。湘州鎮所，即今湖南長沙市。

[15]領軍將軍：官名。爲禁衛軍最高統帥，職任顯要。梁十五班。 王僧辯：人名。本書卷四五有傳。

[16]七官：指梁元帝蕭繹。繹爲梁武第七子，故蕭譽稱之爲七官。

[17]荆鎮：荆州鎮所，即今湖北荆州市。

初，譽之將敗也，私引鏡照面，不見其頭；又見長人蓋屋，兩手據地瞰其齋；[1]又見白狗大如驢，從城而出，不知所在。譽甚惡之，俄而城陷。

[1]齋：中華書局本《校勘記》：“按，‘齋’《南史》作‘臍’，疑作‘臍’是。或原作‘齊’，齊與臍通，後人誤改爲‘齋’。”

史臣曰：蕭綜、蕭正德並悖逆猖狂，自致夷滅，宜矣。太清之寇，蕭紀據庸、蜀之資，[1]遂不勤王赴難，[2]申臣子之節；及賊景誅翦，方始起兵，師出無名，成其釁禍。嗚呼！身當管、蔡之罰，[3]蓋自貽哉。

[1]庸、蜀：皆周代封國名。庸，故地在今湖北竹山縣西南；蜀，以四川成都爲中心的地區。蕭紀爲益州刺史，鎮成都，庸蜀之地在其治内。

[2]勤王：出兵救援王朝。

[3]管、蔡：周武王之弟管叔鮮和蔡叔度。武王死，成王年幼，周公輔政。管、蔡流言於國中曰："公將不利於孺子。"周公懼而避居東都。其後，成王迎周公歸。管蔡挾紂子武庚叛，周公誅武庚、管叔，放逐蔡叔，亂平。參《尚書·金縢》及《史記》卷三五《管蔡世家》。後世遂以管蔡指亂國之臣。

梁書 卷五六

列傳第五十

侯景

侯景字萬景，朔方人，[1]或云雁門人。[2]少而不羈，見憚鄉里。及長，驍勇有膂力，[3]善騎射。以選爲北鎮戍兵，稍立功効。魏孝昌元年，[4]有懷朔鎮兵鮮于脩禮，於定州作亂，[5]攻没郡縣；又有柔玄鎮兵吐斤洛周，[6]率其黨與，復寇幽、冀，[7]與脩禮相合，衆十餘萬。後脩禮見殺，部下潰散，懷朔鎮將葛榮因收集之，攻殺吐斤洛周，盡有其衆，謂之“葛賊”。四年，魏明帝殂，其后胡氏臨朝，[8]天柱將軍尒朱榮自晉陽入弑胡氏，[9]并誅其親屬。景始以私衆見榮，榮甚奇景，即委以軍事。會葛賊南逼，榮自討，命景先驅，至河内擊大破之，[10]生擒葛榮，以功擢爲定州刺史、大行臺，[11]封濮陽郡公。[12]景自是威名遂著。

[1]朔方：郡名。治所在今内蒙古磴口縣北。

［2］雁門：郡名。治所在今山西代縣西南古城。按，《南史》卷八〇同傳云侯景爲“魏之懷朔鎮人”。《建康實録》卷一七言侯景“本朔方人，移家雁門”。此當係臆改《梁書》本傳之文。實則侯景爲魏之朔州人，朔州爲懷朔鎮所改而來。參李萬生《侯景的氏族及相關問題》一文。懷朔鎮爲北魏六鎮之一，在今内蒙古固陽縣西南。

［3］膂（lǚ）力：體力。

［4］孝昌：北魏孝明帝年號（525—528）。

［5］定州：北魏州名。治所在今河北定州市。

［6］柔玄：鎮名。北魏置，在今内蒙古興和縣西北。　吐斤洛周：人名。錢大昕《廿二史考異》卷二六“侯景傳”條云：“《魏書》、《北史》俱作‘杜洛周’，當從此傳。吐斤本代複姓，聲訛爲杜。”按，吐斤洛周當是胡名譯音，杜洛周當是史官删略而成的華夏雅稱。

［7］幽、冀：並北魏州名。幽州，治所在今北京城西南；冀州，治所在今河北冀州市。

［8］其后胡氏：按，“后”當爲太后，疑脱“太”字。胡太后，北魏明帝之母。明帝崩，太后臨朝。《魏書》卷一三《皇后》有傳。

［9］天柱將軍：勳官名號。唐·杜佑《通典》卷三四《職官一六》《勳官》云：“至後魏孝莊以尒朱榮有翊戴之功拜爲柱國大將軍，位在丞相上。又拜大丞相、天柱大將軍，增佐吏。及榮敗後，天柱及柱國將軍官遂廢。”　尒朱榮：人名。北魏北秀容人，莊帝時專制朝政，終爲帝謀殺。《魏書》卷七四有傳。　晉陽：縣名。治所在今山西太原市西南。

［10］河内：郡名。治所在今河南沁陽市。

［11］大行臺：在地方代表朝廷行尚書省事的機構稱行臺。由軍事征伐而設置，若任職的人權位特重，則稱大行臺。

［12］濮陽：郡名。治所在今山東鄄城縣北舊城集。

頃之，齊神武帝爲魏相，[1]又入洛誅尒朱氏，[2]景復以衆降之，仍爲神武所用。景性殘忍酷虐，馭軍嚴整；然破掠所得財寶，皆班賜將士，故咸爲之用，所向多捷。總攬兵權，與神武相亞。魏以爲司徒、南道行臺，[3]擁衆十萬，專制河南。[4]及神武疾篤，謂子澄曰：[5]"侯景狡猾多計，反覆難知，我死後，必不爲汝用。"乃爲書召景。景知之，慮及於禍，太清元年，[6]乃遣其行臺郎中丁和來上表請降曰：[7]

臣聞股肱體合，[8]則四海和平；上下猜貳，則封疆幅裂。故周、邵同德，[9]越常之貢來臻；[10]飛、惡離心，[11]諸侯所以背叛。此蓋成敗之所由，古今如晝一者也。

[1]齊神武帝：即高歡。歡，勃海蓨人，東魏權臣。其子高洋代東魏，追謚獻武帝，廟號太祖，又改謚神武皇帝，廟號高祖。見《北齊書》卷一《高祖神武帝紀》。

[2]尒朱榮被誅以後，東魏内亂頻仍。尒朱榮之侄兆等入洛陽弑莊帝，立節閔帝。高歡入洛，誅諸尒朱氏，廢節閔帝，立孝武帝。事詳《北齊書》卷一《神武帝紀》及《魏書》卷七五《尒朱兆傳》。

[3]魏以爲司徒、南道行臺：中華書局本《校勘記》："南道行臺，《南史》作'河南道大行臺'，與《北齊書·神武紀》合。此句當有脱誤。"按，《北史》卷五《東魏孝静帝紀》及《通鑑》卷一五九《梁紀》中大同元年紀作"河南大行臺"。

[4]河南：地域名。指今黄河以南、洛陽東南地區。

[5]澄：高澄，即北齊文襄帝。見《北齊書》卷三《文襄帝紀》。

[6]太清：梁武帝年號（547—549）。

[7]行臺郎中：官名。行臺省屬官，職當尚書郎中，北魏置，第四品。

[8]股肱體合：比喻大臣與君主團結如一體。

[9]周、邵：指周公、邵公。周武王死，成王年幼，周公、邵公共輔成王。詳《史記》卷四《周本紀》。邵公，《史記》作“召公”。

[10]越常：即越裳，古南海國名。相傳周公輔成王，制禮作樂，越裳氏以三象重譯而獻白雉。參《後漢書》卷八六《南蠻傳》。《說文》：“常，下帬也，或從衣。”

[11]飛、惡：指飛廉及其子惡來，商紂王諂諛之臣。紂重用之，諸侯因而離心。參《孟子·滕文公下》及《史記》卷三《殷本紀》。

臣昔與魏丞相高王並肩戮力，[1]共平災釁，扶危戴主，匡弼社稷。中興以後，[2]無役不從，天平及此，[3]有事先出。攻城每陷，野戰必殄。筋力消於鞍甲，忠貞竭於寸心。乘藉機運，位階鼎輔。[4]宜應誓死罄節，仰報時恩，隕首流腸，[5]溘焉罔貳。[6]何言翰墨，一旦論此？臣所恨義非死所，壯士弗爲，臣不愛命，但恐死之無益耳。

[1]高王：指高歡。歡封爵號勃海王，故稱。

[2]中興：北魏安定王年號（531—532）。

[3]天平：東魏孝靜帝年號（534—537）。

[4]鼎輔：三公、宰輔。

[5]隕首流腸：指以死報恩。

[6]溘焉：忽然。此處指死去。《楚辭・離騷》："寧溘死以流亡兮，余不忍爲此態也。" 罔貳：無有二心。

而丞相既遭疾患，政出子澄。澄天性險忌，觸類猜嫉，諂諛迭進，共相搆毁。而部分未周，[1]累信賜召，不顧社稷之安危，惟恐私門之不植。甘言厚幣，規滅忠梗。[2]其父若殞，將何賜容。[3]懼讒畏戮，拒而不返，遂觀兵汝、潁，[4]擁旆周、韓。[5]乃與豫州刺史高成、廣州刺史暴顯、潁州刺史司馬世雲、荆州刺史郎椿、襄州刺史李密、兖州刺史邢子才、南兖州刺史石長宣、齊州刺史許季良、東豫州刺史丘元征、洛州刺史可朱渾願、揚州刺史樂恂、北荆州刺史梅季昌、北揚州刺史元神和等，[6]皆河南牧伯，大州帥長，各陰結私圖，剋相影會，秣馬潛戈，待時即發。函谷以東，[7]瑕丘以西，[8]咸願歸誠聖朝，息肩有道，[9]戮力同心，死無二志。惟有青、徐數州，[10]僅須折簡，[11]一驛走來，[12]不勞經略。[13]

[1]部分：部署，安排。

[2]規：圖謀。 忠梗：忠直之士。

[3]容：容納。

[4]汝、潁：指今河南汝河、潁河流域地區。

[5]擁旆：集聚軍隊。旆，同"旆"，軍旗，此代指軍隊。周、韓：指今河南中部以南地區，戰國時屬西周和韓國之地。

[6]豫州：州名。治所在今河南汝南縣。 高成：人名。《魏書》

卷一二《孝静帝紀》作“高元成”。　廣州：州名。治所在今河南襄城縣。　潁州：州名。治所在今安徽阜陽市。　荆州：本書《武帝紀》作“東荆州”，疑作“東荆州”爲是。東荆州，治所在今河南泌陽縣。“暴顯潁州刺史司馬世雲荆州刺史”十四字舊本皆脱，此依中華書局本校補。　襄州：州名。治所在今河南方城縣東南。　兖州：本書《武帝紀》作“西兖州”，疑以“西兖州”爲是。西兖州，治所在今山東定陶縣西南。　南兖州：州名。治所在今安徽亳州市。　齊州：州名。治所在今山東濟南市。《通鑑》卷一六〇《梁紀》作“濟州”，《通鑑考異》引《梁書·侯景傳》亦作“濟州”。按，當以“濟州”爲是。參李萬生《論侯景叛東魏的原因及結果》注⑫。　東豫州：州名。治所在今河南息縣城關。　洛州：州名。治所在今陝西商州市。　可朱渾願：人名。中華書局本《校勘記》：“‘可’字各本皆脱。可朱渾是姓，願是名。今補。”按，據《通鑑·梁紀》胡三省注引《考異》，《梁書·侯景傳》舊本及《典略》俱作“尒朱渾願”。是所脱或是“尒”字。　揚州：州名。治所在今安徽合肥市西北。　北荆州：州名。治所在今河南嵩縣東北。　北揚州：州名。治所在今河南沈丘縣。

[7]函谷：關名。即函谷關，在今河南新安縣東北。

[8]瑕丘：地名。在今河南濮陽縣東南。

[9]息肩：棲身，立足。

[10]青、徐：並爲州名。青州，治所在今山東青州市；徐州，治所在今江蘇徐州市。

[11]折簡：折半之簡。言其禮輕，隨便。簡，竹製書簡，長二尺四寸。

[12]驛：傳遞官府文書的車馬。此代指使者。

[13]經略：籌劃、治理。

且臣與高氏釁隙已成，臨患賜徵，[1]前已不赴，縱其平復，終無合理。黄河以南，臣之所職，易同反掌，附化不難。羣臣顒仰，[2]聽臣而唱。若齊、宋一平，[3]徐事燕、趙。[4]伏惟陛下天網宏開，方同書軌，[5]聞兹寸款，[6]惟應霈然。[7]

丁和既至，高祖召羣臣廷議，[8]尚書僕射謝舉及百辟等議，[9]皆云納侯景非宜，高祖不從是議而納景。

[1]徵：徵召。

[2]顒仰：仰慕。

[3]齊、宋：《通鑑》卷一六〇《梁紀十六》胡三省注："齊，謂青州；宋，謂徐州。"按，青、徐之地即周代齊、宋之地。

[4]燕、趙：周代燕國、趙國。此指河北地區。

[5]同書軌：即書同文，車同軌。指天下一統。

[6]寸款：指誠心。

[7]霈然：自得的樣子。

[8]高祖：梁武帝廟號。

[9]尚書僕射：官名。尚書令副佐，並與尚書分領諸曹。南朝時不常置。若尚書左、右僕射並缺，則置以總左右事。梁天監七年革選，定流内官職爲十八班，以班多者爲貴，尚書僕射爲十五班。謝舉：人名。本書卷三七有傳。　百辟：朝廷百官。

及齊神武卒，其子澄嗣，是爲文襄帝。高祖乃下詔封景河南王、大將軍、使持節、董督河南南北諸軍事、大行臺，[1]承制輒行，[2]如鄧禹故事，[3]給鼓吹一部。[4]齊文襄遣大將軍慕容紹宗圍景於長社，[5]景請西魏爲援，西魏遣其五城王元慶等率兵救之，[6]紹宗乃退。景復請兵於司州刺史羊鴉仁，[7]鴉仁遣長史鄧鴻率兵至汝水，[8]元慶軍又夜遁。於是據懸瓠、項城，[9]求遣刺史以鎮之。詔以羊鴉仁爲豫、司二州刺史，[10]移鎮懸瓠；西陽太守羊思建爲殷州刺史，[11]鎮項城。

[1]河南王：舊本皆脱“王”字，此依中華書局本校補。河南，郡名。治所在今河南洛陽市東北。　大將軍：官名。掌征伐。南朝不常置，或以爲贈官。梁十八班。　使持節：古代大臣奉天子之命出行，持節以爲憑證，魏晉以下以爲官名。有假節、持節、使持節之分，權力亦有小大之别，多爲都督諸州軍事及刺史總軍戎者。軍事長官出鎮或出征，使持節有權誅殺二千石以下官員。　大行臺：大，舊本訛爲“人”，此依中華書局本校改。

[2]承制：禀承皇帝旨意以行使其職權。

[3]鄧禹：人名。東漢新野人，佐光武帝逐鹿天下。定河東時，承制爲河東太守，更置屬縣令長。光武即位後，拜大司徒，封王。《後漢書》卷四六有傳。

[4]鼓吹：樂名。本軍樂，皇帝出行亦奏。漢以下亦用以賜贈有功之臣。

[5]慕容紹宗：人名。鮮卑人，東魏大將。《北齊書》卷二〇有傳。　長社：縣名。治所在今河南許昌市。

[6]五城：郡名。治所在今山西吉縣東北。

[7]司州：州名。治所在今河南信陽市。　羊鴉仁：人名。時爲北司州刺史。本書卷三九有傳。

[8]長史：官名。王公軍府屬官，掌本府官吏。梁十班至六班。汝水：即今河南汝河。

[9]懸瓠：城名。在今河南汝南縣。　項城：縣名。治所在今河南沈丘縣。

[10]豫州：州名。梁太清元年七月以壽春爲南豫州，以懸瓠爲豫州。見本書《武帝紀》。

[11]西陽：郡名。治所在今湖北黄岡市黄州東。　羊思建：人名。《周書》卷一九《楊忠傳》及《通鑑》卷一六〇《梁紀》太清元年紀俱作"羊思達"。　殷州：州名。梁改東魏北揚州置，治所在今河南沈丘縣。

魏既新喪元帥，[1]景又舉河南内附，齊文襄慮景與西、南合從，[2]方爲己患，乃以書喻景曰：

蓋聞位爲大寶，[3]守之未易；仁誠重任，終之實難。或殺身成名，[4]或去食存信，[5]比性命於鴻毛，[6]等節義於熊掌。[7]夫然者，舉不失德，動無過事，進不見惡，退無謗言。

[1]新喪元帥：指高歡病逝。

[2]合從：即合縱。從，同"縱"。

[3]位爲大寶：《易·繫辭下》："天地之大德曰生，聖人之大寶曰位。"

[4]殺身成名：《論語·衛靈公》："志士仁人，無求生以害仁，有殺身以成仁。"

[5]去食存信：《論語·顔淵》："子貢問政，子曰：'足食，足兵，民信之矣。'子貢曰：'必不得已而去，於斯三者何先?"曰：'去兵。'子貢曰：'必不得已而去，於斯二者何先?'曰：'去食。自古皆有死，民無信不立。'"

[6]比性命於鴻毛：《文選》卷四一司馬子長《報任少卿書》："人固有一死，或重於太山，或輕於鴻毛，用之所趨異也。"

[7]等節義於熊掌：《孟子·告子上》："孟子曰：'魚，我所欲也；熊掌，亦我所欲也。二者不可得兼，舍魚而取熊掌者也。生，亦我所欲也；義，亦我所欲也。二者不可得兼，舍生而取義者也。'"

先王與司徒契闊夷險，[1]孤子相於，[2]偏所眷屬，[3]繾綣衿期，[4]綢繆寤語，[5]義貫終始，情存歲寒。[6]司徒自少及長，從微至著，[7]共相成生，非無恩德。既爵冠通侯，[8]位標上等，門容駟馬，室饗萬鍾，財利潤於鄉黨，榮華被於親戚。意氣相傾，人倫所重，感於知己，義在忘軀。眷爲國士者，乃立漆身之節；[9]饋以壺飧者，便致扶輪之效。[10]若然尚不能已，況其重於此乎。

[1]先王：指高澄父高歡。　司徒：代指侯景。侯景叛東魏前，官司徒，故稱。　契闊：要約，生死相約。

[2]孤子：古代無父曰孤。澄時服父喪，故自稱孤子。　相於：相親相厚。

[3]偏：特別。

[4]繾綣：牢結不離散。　衿期：同"襟期"，情懷，抱負。《文苑英華》卷六八五北齊高澄《與侯景書》作"襟期"。

[5]綢繆：情意纏綿。　寤語：相聚談話。寤，通"晤"。

[6]歲寒：比喻暮境或困境。《通鑑》卷一四三《齊紀九》"永元二年"下，胡三省注："四時運而成歲，歲至極寒而終矣。歲寒以喻世事終極處。"

[7]微：卑賤。

[8]通侯：即徹侯，秦漢時爵位名。秦廢古五等爵，立爵自一級公士起，至二十級徹侯止。徹，通，言其爵位上通於皇帝，位最尊。至漢因避武帝諱，改爲通侯。

[9]戰國時，趙襄子滅知氏，知氏門客豫讓感知伯知遇之恩，漆身爲厲，滅鬚去眉，吞炭爲啞，爲乞人以便刺殺襄子，爲知伯報

讎。襄子出行，豫讓伏於橋下，被發覺。襄子責之，豫讓答曰："臣事范、中行氏，范、中行氏以衆人遇臣，臣故衆人報之。知伯以國士遇臣，臣故國士報之。"襄子喟然歎息。豫讓請襄子之衣而擊之，然後伏劍而死。事見《戰國策·趙策一》。

[10]春秋時，晉大夫趙盾出獵，曾在桑陰下給一個飢餓的人飯吃。後來晉侯請趙盾赴宴，安排伏兵謀殺趙盾。宴席上，晉侯的勇士，即當年的餓人知之，扶趙盾下，護衛趙盾脱險。參《左傳·宣公二年》及劉向《説苑·復恩》。壺飧，飧，水泡飯，以壺盛之，故稱。飧，同"飱"。扶輪，扶翼車輪，在側擁進之意。

幸以故舊之義，欲持子孫相託，方爲秦晉之匹，[1]共成劉范之親。[2]假使日往月來，時移世易，門無强蔭，家有幼孤，猶加璧不遺，分宅相濟，[3]無忘先德，以恤後人。況聞負杖行歌，[4]便已狼顧犬噬，[5]於名無所成，於義無所取，不蹈忠臣之跡，自陷叛人之地。力不足以自强，勢不足以自保，率烏合之衆，爲累卵之危。西求救於黑泰，[6]南請援於蕭氏，[7]以狐疑之心，[8]爲首鼠之事。[9]入秦則秦人不容，[10]歸吴則吴人不信。[11]當今相視，未見其可，不知終久，持此安歸。相推本心，必不應爾。當是不逞之人，曲爲口端之説，[12]遂懷市虎之疑，[13]乃致投杼之惑耳。[14]

[1]秦晉之匹：春秋時秦晉二國世爲婚姻，後世遂稱兩姓聯姻爲秦晉之好。《世説新語·言語》劉孝標注引《衛玠别傳》："（玠）娶樂廣女，裴叔道曰：'妻父有冰清之姿，婿有璧潤之望，所謂秦晉之匹也。'"

［2］劉范之親：《左傳·哀公三年》云："劉氏、范氏世爲昏姻。"

［3］春秋時，郈成子自魯聘晉，過衛，與衛穀臣友好。穀臣送以璧，成子不辭。成子行三十里而聞衛亂，穀臣死，於是將穀臣家眷接來，還其璧，分宅而居。事見《孔叢子·陳士義》。此處用以指生死不渝的友情。

［4］負杖行歌：乞討的委婉説法。

［5］狼顧：狼懼被襲，走常反顧。因以狼顧比喻人畏懼不安。

［6］黑泰：宇文黑泰，即北周文帝。時爲西魏權臣。見《周書》卷一《文帝紀》。

［7］蕭氏：指梁武帝蕭衍。

［8］狐疑：猶疑不決。

［9］首鼠：聯綿詞，義同"躊躇"。

［10］秦：古代秦國。此代指西魏。

［11］吴：古代吴國。此代指梁王朝。按，"入秦"之"秦"字，"歸吴"之"吴"字，舊本皆脱，此依中華書局本校補。

［12］口端：中華書局本《校勘記》："'口端'，《北齊書·文襄紀》作'無端'，《文苑英華》六八五作'異端'。按，'口端'疑當作'兩端'，景報書有'又見誣兩端'語可證。"

［13］市虎：市中之虎。市本無虎，比喻無中生有之流言。參王充《論衡·累害》。

［14］投杼：有與曾參同名者殺人，人告曾參之母曰："曾參殺人！"母不信，第三人來告，母懼，投杼逾墻而走。見《戰國策·秦策二》。後也用以指流言可以動摇信心。

比來舉止，[1]事已可見，人相疑誤，想自覺知，合門大小，並付司寇。[2]近者，聊命偏師，前驅致討，南兖、揚州，應時剋復。即欲乘機，長驅懸瓠；屬以炎暑，欲爲後圖。方憑國靈，龔行天罰，[3]器械精新，士馬强盛。内外感德，上下齊心，三令五申，[4]可蹈湯火。若使旗鼓相望，埃塵相接，勢如沃雪，[5]事等注螢。[6]

[1]比來：近來。

[2]司寇：官名。古六卿之一，掌刑獄。後魏無"司寇"之職，此處用以指刑法機關。

[3]龔行天罰：奉行上天的意旨進行懲罰。龔，通"恭"。

[4]三令五申：反復告誡。《史記》卷六五《孫子吴起列傳》："約束既布，乃設鈇鉞，即三令五申之。"

[5]沃雪：像用沸水澆雪一樣，立即融化。比喻問題極易解決。

[6]注螢：以水注於如螢小火上。形容極易撲滅。

夫明者去危就安，智者轉禍爲福。寧使我負人，不使人負我。[1]當開從善之門，决改先迷之路。今刷心盪意，除嫌去惡，想猶致疑，未便見信。若能卷甲來朝，垂櫜還闕者，[2]當授豫州刺史。即使終君之世，所部文武更不追攝。[3]進得保其禄位，退則不喪功名。君門眷屬，可以無恙，寵妻愛子，亦送相還。仍爲通家，[4]卒成親好。所不食言，有如皎日。[5]

[1]寧使我負人，不使人負我：中華書局本《校勘記》："《北齊書·文襄紀》作'寧人負我，不我負人'。《文苑英華》六八五作'寧使人負我，不使我負人'。"《三國志》卷一《魏書·武帝紀》裴松之注引孫盛《雜記》載：東漢末董卓擅權，京都大亂，曹操避害東歸。過故人吕伯奢家，伯奢之子備禮款待。操聞其食器聲，以爲

圖己，遂夜殺伯奢家人。既而悽愴曰："寧我負人，毋人負我!"遂行。按，高澄語本此。

[2]垂橐（tuó）：意謂收起兵器。橐，收藏甲衣或弓箭的袋子。闕：指朝廷。

[3]追攝：追究、收捕。又，周一良認爲攝是撤退或召回之意。詳其《魏晉南北朝史札記》之《〈魏書〉札記》"攝、攝四鎮"條。

[4]通家：指姻親。

[5]有如皎日：誓言，意謂白日可以爲證。

君既不能東封函谷，[1]南向稱孤，[2]受制於人，威名頓盡。空使兄弟子姪，足首異門，垂髮戴白，[3]同之塗炭，[4]聞者酸鼻，[5]見者寒心，[6]矧伊骨肉，[7]能無愧也?

[1]封：邊界。此處用爲動詞。

[2]南向稱孤：面向南而稱王。古代君主面向南坐。孤，古代王侯的謙稱。

[3]垂髮：指小孩。　戴白：頭披白髮，指老人。

[4]塗炭：泥塗和炭火。比喻灾難困苦。

[5]酸鼻：因悲痛而鼻辛酸。

[6]寒心：《文選》卷一九宋玉《高唐賦》："孤子寡婦，寒心酸鼻。"李善注："寒心，謂戰慄也；酸鼻，鼻辛酸，淚欲出也。"

[7]矧（shěn）：何況。

孤子今日不應方遣此書，但見蔡遵道云：司徒本無歸西之心，[1]深有悔禍之意，聞西兵將至，遣遵道向崤中參其多少；[2]少則與其同力，多則更爲其備。又云：房長史在彼之日，司徒嘗欲遣書啓，將改過自新，已差李龍仁，垂欲發遣，[3]聞房已遠，遂復停發。未知遵道此言爲虚爲實；但既有所聞，不容不相盡告。吉凶之理，想自圖之。[4]

[1]歸西：指投靠西魏。

[2]峭中：指峭縣。治所在今河南洛寧縣北。 參：驗證。

[3]垂：將。

[4]此書亦見《北齊書》卷三《文襄帝紀》及《文苑英華》卷六八五，頗有異同。

景報書曰：

蓋聞立身揚名者，義也；在躬所寶者，生也。苟事當其義，則節士不愛其軀；刑罰斯舛，則君子實重其命。昔微子發狂而去殷，[1]陳平懷智而背楚者，[2]良有以也。

[1]微子：商紂王庶兄，名啓。紂王無道，微子數諫之，不聽，乃佯狂去國。周滅商，微子臣於周。詳《史記》卷三八《宋微子世家》。

[2]陳平：西漢武陽人，好讀書，有智謀。秦末從項羽反秦，不受重視，後歸劉邦，以功封侯拜相。詳《史記》卷五六《陳丞相世家》。

僕鄉曲布衣，本乖藝用。初逢天柱，[1]賜忝帷幄之謀；晚遇永熙，[2]委以干戈之任。出身爲國，綿歷二紀，[3]犯危履難，豈避風霜。遂得躬被衮衣，[4]口飧玉食，富貴當年，光榮身世。何爲一旦舉旌旆，援桴鼓，而北面相抗者，何哉？實以畏懼危亡，恐招禍害，捐軀非義，身名兩滅故耳。何者？往年之暮，尊王遘疾，[5]神不祐善，祈禱莫瘳。遂使嬖幸擅威權，[6]閹寺肆詭惑，[7]上下相猜，心腹離貳。僕妻子在宅，無事見圍，段康之謀，莫知所以，盧潛入軍，未審何故。翼翼小心，常懷戰慄，有靦面目，[8]寧不自疑。及迴師長社，希自陳狀，簡書未達，[9]斧鉞已臨。既旌旗相對，咫尺不遠，[10]飛書每奏，兼申鄙情；而羣率恃雄，[11]眇然不顧，運戟推鋒，專欲屠滅。築圍堰水，三板僅存，舉目相看，命懸晷刻，[12]不忍死亡，出戰城下。禽獸惡死，人倫好生，送地拘秦，[13]非樂爲也。但尊王平昔見與，[14]比肩共獎帝室，[15]雖形勢參差，寒暑小異，丞相司徒，[16]雁行而已。[17]福禄官榮，自是天爵，勞而後受，[18]理不相干，欲求吞炭，[19]何其謬也！然竊人之財，猶謂爲盜，禄去公室，相爲不取。今魏德雖衰，天命未改，祈恩私第，何足關言。

[1]天柱：指天柱將軍尒朱榮。

[2]永熙：北魏孝武帝元脩年號（532—534）。元脩，高歡所立，政自歡出。

[3]二紀：十二年一紀。侯景自北魏武泰元年（528）入尒朱榮旍下至此時，凡二十年，約而言之，故曰二紀。

[4]衮衣：古代帝王及上公所著綉有龍紋的禮服。

[5]尊王：指勃海王高歡。

[6]嬖幸：被寵愛的人。

[7]閹寺：宫中掌管門禁的人，指宦官。

[8]靦（tiǎn）：羞慚。《詩·小雅·何人斯》："有靦面目，視人罔極。"

[9]簡書：有所警誡的文書，信札。

[10]咫尺不遠：遠，舊本皆訛"送"，此依中華書局本校改。

[11]羣率：中華書局本《校勘記》："'率'各本作'卒'，形近而訛，今改正。按，率與帥同，《北齊書·文襄紀》作'帥'。"

[12]晷刻：頃刻。

[13]拘秦：受約束於西魏。秦，借指西魏。

[14]與：親近。

[15]獎：輔佐。

[16]丞相：指高歡。歡卒前爲東魏丞相。　司徒：侯景自指。景時爲東魏司徒。

[17]雁行：指相次而行，如羣雁飛行之有行列。

[18]勞而後受：中華書局本《校勘記》："'受'，《北齊書·文襄紀》作'授'。"按，"受"、"授"古今字。

[19]吞炭：指戰國豫讓事。此侯景答高澄來書中"眷爲國士者，乃立漆身之節"之語。

賜示"不能東封函谷，受制於人"。當似教僕賢祭仲而褒季氏。[1]無主之國，在禮未聞，動而不法，何以取訓。竊以分財養幼，事歸令終，捨宅存孤，誰云隙末。[2]

[1]祭（zhài）仲：人名。春秋鄭大夫。鄭莊公時，有寵，爲鄭卿。莊公卒，祭仲專權，立昭公。詳《左傳》隱公元年及桓公十一

年傳文。　季氏：春秋魯桓公子季友的後代季孫氏。自文公以後，季孫氏世爲大夫，權勢日盛，王室日卑。參《史記》卷三三《魯周公世家》。

[2]此四句乃答高澄來書“加璧不遺”云云，意謂本以爲與高氏的友情會如郈成子與穀臣一樣圓滿到死，沒有想到會末後有隙。令終，善終，圓滿結束。隙末，先有交誼，末生嫌隙。《文選》卷五五劉孝標《廣絶交論》：“張陳所以凶終，蕭朱所以隙末。”李善注：“《漢書》蕭育字次君，朱博字子元。育少與博爲友，故長安語曰：‘蕭朱結綬，王貢彈冠。’言相薦達也。後育爲九卿，博先至丞相，與博有隙也。”

復言僕“衆不足以自强，危如累卵”。然紂有億兆夷人，[1]卒降十亂，[2]桀之百剋，終自無後。[3]潁川之戰，[4]即是殷監。[5]輕重由人，非鼎在德。[6]苟能忠信，雖弱必强。殷憂啓聖，處危何苦。況今梁道邕熙，[7]招攜以禮，[8]被我虎文，[9]縻之好爵。[10]方欲苑五岳而池四海，掃夷穢以拯黎元，[11]東羈甌越，[12]西通汧、隴。[13]吴、楚剽勁，[14]帶甲千羣；吴兵冀馬，[15]控弦十萬。兼僕所部義勇如林，奮義取威，不期而發，大風一振，枯幹必摧，凝霜暫落，[16]秋帶自殞，此而爲弱，誰足稱强！

[1]紂有億兆夷人：《尚書·泰誓》：“受有億兆夷人，離心離德。”受，商紂之名；億兆，極言其多；夷人，平常人。《北齊書》卷三《文襄紀》無“紂有”二字。

[2]卒降十亂：終被十亂降伏。卒，終。十亂，十位治亂之臣。

《尚書·泰誓》："予有亂臣十人，同心同德。"按十人指周公旦、召公奭、太公望、畢公、榮公、太顛、閎夭、散宜生、南宫括、文母。一説，子無臣母之理，文母當改爲邑姜。

[3]桀之百剋終自無後：中華書局本《校勘記》："《北齊書·文襄紀》無'紂有'二字，'桀'作'紂'。按：作'紂'是。'紂之百克而卒無後'，見《左傳·宣公十二年》。"

[4]潁川之戰：指前長社之戰。潁川，郡名。與長社縣治所同在今河南許昌市。

[5]殷監：《詩·大雅·蕩》："殷鑒不遠，在夏后之世。"本指殷滅夏，殷人應以夏亡爲鑒戒，後世指可作爲鑒戒的前事。監，通"鑒"。

[6]《左傳·宣公三年》："楚子伐陸渾之戎，遂至於雒，觀兵于周疆。定王使王孫滿勞楚子。楚子問鼎之大小、輕重焉。對曰：'在德不在鼎……德之休明，雖小，重也；其姦回昏亂，雖大，輕也。'"

[7]梁：指梁朝。　邕熙：和樂。

[8]招攜以禮：以禮招撫背離的人。《左傳·僖公七年》："招攜以禮，懷遠以德，德、禮不易，無人不懷。"《注》："攜，離也。"

[9]虎文：舊本作"獸文"，當是姚思廉避唐諱改，此依中華書局本改回。

[10]縻之好爵：以高官厚禄相挽留。《易·中孚》："我有好爵，吾與爾靡之。"

[11]夷穢：古代對異族的貶稱。

[12]甌越：古部族名。秦漢時分佈在今浙江南部，因地瀕甌江，故名。

[13]汧（qiān）、隴：即今千河、隴山。指今甘陝一帶。

[14]吴、楚：古國名。指今東南地區。

[15]冀：指今河北之地，古代産良馬。

[16]暫：突然。

又見誣兩端，[1]受疑二國。[2]斟酌物情，一何至此。昔陳平背楚，歸漢則王；百里出虞，入秦斯霸。[3]蓋昏明由主，用捨在時，奉禮而行，神其庇也。[4]

[1]兩端：態度左右不定。

[2]二國：指西魏與梁。

[3]百里出虞：春秋時，晉滅虞，虞大夫百里奚被虜，逃至宛，爲楚人所執。秦穆公聞其賢，以五羖羊皮贖之，委以國政，使秦成霸業。參清·俞正燮《癸巳類稿》卷一一《百里奚事異同論》。

[4]庇：保祐。

書稱士馬精新，剋日齊舉，誇張形勝，指期盪滅。竊以寒飈白露，[1]節候乃同，秋風揚塵，馬首何異。[2]徒知北方之力争，未識西、南之合從，[3]苟欲徇意於前途，[4]不覺坑穽在其側。若云去危令歸正朔，[5]轉禍以脱網羅，彼既嗤僕之愚迷，此亦笑君之晦昧，今已引二邦，揚旍北討，熊虎齊奮，[6]剋復中原，荆、襄、廣、潁已屬關右，[7]項城、懸瓠亦奉南朝，幸自取之，何勞恩賜。然權變不一，理有萬途。爲君計者，莫若割地兩和，三分鼎峙，[8]燕、衛、晉、趙足相奉禄，齊、曹、宋、魯悉歸大梁，[9]使僕得輸力南朝，北敦姻好，束帛交行，[10]戎軍不動。僕立當世之功，君卒祖禰之業，[11]各保疆界，躬享歲時，百姓乂寧，四民安堵。[12]孰若驅農夫於隴畝，抗勍敵於三方，避干戈於首尾，當鋒鏑於心腹。縱太公爲將，[13]不能獲存，歸之高明，何以剋濟。

[1]飂（liú）：西風。

[2]馬首：指主帥或軍隊所嚮。參《左傳·襄公十四年》。

[3]西、南之合從：指西魏與梁之聯合。從，同“縱”。

[4]徇：順從。

[5]正朔：本指帝王新頒佈的曆法。此處指正統王朝。

[6]熊虎：舊本皆作“熊豹”，乃姚思廉避唐諱改，此依中華書局本改回。

[7]關右：即關西。此處指西魏。

[8]三分：舊本皆訛“三”爲“二”，此依中華書局本校改。

[9]大梁：戰國時魏都。此處代指東魏。

[10]束帛：古代聘問的禮物。《周禮·春官·大宗伯》賈公彥疏有云：“束者十端，每端丈八尺，皆兩端合卷，總爲五匹，故云束帛也。”

[11]祖禰：祖先。禰，父死以神主入宗廟供奉稱爲禰。

[12]安堵：安居。

[13]太公：齊太公，即呂尚。爲周文王師，後佐武王滅紂。詳《史記》卷三二《齊太公世家》。

復尋來書云，僕妻子悉拘司寇。以之見要，[1]庶其可反。[2]當是見疑褊心，[3]未識大趣。[4]何者？昔王陵附漢，母在不歸，[5]太上囚楚，乞羹自若，[6]矧伊妻子，[7]而可介意。脱謂誅之有益，[8]欲止不能，殺之無損，徒復坑戮，家累在君，何闞僕也。

[1]要：要挾。

[2]反：通“返”。

[3]褊心：心地狹窄。

[4]趣：志向。

[5]秦末，王陵以兵屬劉邦以攻項羽。“項羽取陵母置車中，陵使至，則東向坐陵母，欲以招陵。陵母既私送使者，泣曰：‘爲老妾語陵，謹事漢王。漢王，長者也，無以老妾故，持二心。妾以死送使者。’遂伏劍而死。項王怒，烹陵母。陵卒從漢王定天下。”事詳《史記》卷五六《陳丞相世家》。

[6]楚漢相爭中，劉邦將彭越數反梁地，絶楚糧道，項王患之。“爲高俎，置太公其上，告漢王曰：‘今不急下，吾烹太公。’漢王曰：‘吾與項羽俱北面受命懷王，曰“約爲兄弟”，吾翁即若翁，必欲烹而翁，則幸分我一桮羹。’項王怒，欲殺之。項伯曰：‘天下事未可知，且爲天下者不顧家，雖殺之無益，衹益禍耳。’項王從之。”事詳《史記》卷七《項羽本紀》。太上，即劉邦父太公。劉邦即位，尊其父爲太上皇。

[7]矧（shěn）：何況。

[8]脱：如果。

而遵道所傳，頗亦非謬；但在縲紲，[1]恐不備盡，故重陳辭，更論款曲。[2]所望良圖，時惠報旨。然昔與盟主，[3]事等琴瑟，[4]讒人間之，翻爲讎敵。撫弦搦矢，不覺傷懷，[5]裂帛還書，知何能述。[6]

[1]縲紲：拘繫犯人的繩索，引申爲牢獄。

[2]款曲：詳盡情況。

[3]盟主：同盟之領袖。此處指高澄。

[4]琴瑟：以琴瑟同時演奏，其聲和諧，比喻朋友間情誼深厚。

[5]《後漢書》卷五八《臧洪傳》，洪與陳琳書有云："每登城臨兵，觀主人之旗鼓，瞻望帳幄，感故友之周旋。撫弦搦矢，不覺涕流之覆面也。"搦（nuò）矢，握箭。

[6]此書亦見《北齊書》卷三《文襄帝紀》，乃王偉代作，較此載有删略。

十二月，景率軍圍譙城不下，[1]退攻城父，[2]拔之。又遣其行臺左丞王偉、左民郎中王則詣闕獻策，[3]求諸元子弟立爲魏主，輔以北伐，許之。詔遣太子舍人元貞爲咸陽王，[4]須渡江，[5]許即僞位，乘輿副御以資給之。[6]

[1]譙城：城名。在今安徽亳州市。

[2]城父：縣名。治所在今安徽亳州市東南城父集。父，三朝本、百衲本作"甫"。

[3]行臺左丞：職相當尚書左丞。尚書左丞，官名。尚書省屬官，佐令、僕射知省事，掌臺内分職儀、禁令，督録近道文書章表奏事，糾諸不法。員一人。梁九班。　左民郎中：即行臺左民郎中。職相當尚書省左民郎中。尚書佐民郎中，尚書省諸曹郎之一，屬左民尚書。掌土木工程及户籍。梁五班。

[4]太子舍人：官名。東宫屬官，掌文記。梁定員十六人，三班。　元貞：人名。北魏降王元樹之子。本書卷三九《元樹傳》有附傳。

[5]須：等待。

［6］乘輿：皇帝、諸侯乘坐的車子。　副御：帝王的隨行車馬。

齊文襄又遣慕容紹宗追景，景退入渦陽，[1]馬尚有數千匹，甲卒數萬人，車萬餘兩，[2]相持於渦北。景軍食盡，士卒並北人，不樂南渡，其將暴顯等各率所部降於紹宗。景軍潰散，乃與腹心數騎自峽石濟淮，[3]稍收散卒，得馬步八百人，奔壽春，[4]監州韋黯納之。[5]景啓求貶削，優詔不許，仍以爲豫州牧，[6]本官如故。

［1］渦陽：縣名。治所在今安徽蒙城縣。

［2］兩：通"輛"。

［3］峽石：地名。在今安徽鳳臺縣南、淮河北岸。

［4］壽春：縣名。治所在今安徽壽縣。

［5］監州：由朝廷特命督理州事的官吏。　韋黯：人名。本書《韋叡傳》有附傳。

［6］豫州牧：本書《武帝紀》及《通鑑》卷一六一《梁紀》"太清二年"下並作"南豫州牧"，《南史》作"南豫州刺史"。按，疑作"南豫州牧"爲是。牧，州之軍政長官，職同刺史。南豫州，治所在今安徽壽縣。

景既據壽春，遂懷反叛，屬城居民，悉召募爲軍士，輒停責市估及田租，[1]百姓子女悉以配將卒。又啓求錦萬匹爲軍人袍，領軍朱异議，[2]以御府錦署止充頒賞遠近，不容以供邊城戎服，請送青布以給之。景得布，悉用爲袍衫，因尚青色。又以臺所給仗，[3]多不能精，啓請東冶鍛工，[4]欲更營造，敕並給之。景自渦陽敗後，多所徵求，朝廷含弘，[5]未嘗拒絶。

[1]責：徵收。　佔：税。

[2]領軍：官名，領軍將軍之省稱。爲禁衛軍最高統帥，管天下兵要，職任甚重。梁十五班。資輕者爲中領軍。按，"領軍"上疑脱"中"字。本書《武帝紀》、《朱异傳》、《南史》卷八〇《侯景傳》、《通鑑》卷一六一《梁紀》"太清二年"下皆作"中領軍"。朱异：人名。梁武帝寵臣。本書卷三八有傳。

[3]臺：朝廷。　仗：兵器。

[4]東冶：官署名。掌冶煉鑄造，屬少府。梁有東、西冶。東冶在京師建康城東南。

[5]含弘：寬容、大度。

先是，豫州刺史貞陽侯淵明督衆軍圍彭城，[1]兵敗没于魏，至是，遣使還，述魏人請追前好。二年二月，高祖又與魏連和。景聞之懼，馳啓固諫，高祖不從。爾後表疏跋扈，[2]言辭不遜。鄱陽王範鎮合肥，[3]及司州刺史羊鴉仁俱累啓稱景有異志，領軍朱异曰："侯景數百叛虜，何能爲役。"並抑不奏聞，而逾加賞賜，所以姦謀益果。又知臨賀王正德怨望朝廷，[4]密令要結，正德許爲内啓。[5]八月，景遂發兵反，攻馬頭、木栅，執太守劉神茂、[6]戍主曹璆等。[7]於是詔合州刺史鄱陽王範爲南道都督，[8]北徐州刺史封山侯正表爲北道都督，[9]司州刺史柳仲禮爲西道都督，[10]通直散騎常侍裴之高爲東道都督，[11]同討景，濟自歷陽；[12]又令開府儀同三司、丹陽尹、邵陵王綸持節，[13]董督衆軍。

[1]豫州：本書《武帝紀》作"南豫州"。　貞陽侯淵明：梁武

帝兄蕭懿之子蕭淵明封爵號貞陽侯。《南史》卷五一《梁宗室》有傳。　彭城：縣名。治所在今江蘇徐州市。

[2]跋扈：驕横、强暴。

[3]鄱陽王範：梁武帝侄蕭範嗣父爵爲鄱陽王，時爲合州刺史，鎮合肥。本書卷二二《太祖五王傳》有附傳。　合肥：縣名。治所在今安徽合肥市西。

[4]臨賀王正德：梁武帝弟蕭宏之子正德封爵號臨賀王。本書卷五五有傳。

[5]内啓：内應。

[6]馬頭：城名。在今安徽壽縣西北。　木栅：城名。在今安徽懷遠縣西南淮河北岸荆山西。又，《通鑑·梁紀》"太清二年"於此下不載執太守劉神茂事。胡三省注云："《考異》曰：《梁書》云'執太守劉神茂'。按神茂素附於景，無煩攻執，今從《太清紀》、《典略》。"

[7]戍主：守衛邊防區域營壘、城堡的主將。多以郡守、縣令、州參軍及雜號將軍等官兼任。

[8]合州：舊本皆作"郢州"，此依中華書局本校改。

[9]北徐州：州名。治所在今安徽鳳陽縣東北。　封山侯正表：梁武帝弟蕭宏之子正表封爵號封山侯。見本書卷二二《太祖五王·臨川王宏傳》及《魏書》卷五九《蕭正表傳》。

[10]柳仲禮：人名。本書卷四三《柳敬禮傳》有附傳。

[11]通直散騎常侍：官名。集書省屬官，掌侍從左右，獻納應對，與散騎常侍通直。劉宋以下，多以衰老之士擔任，地位漸低，齊梁時多爲加官，不爲人所重。員四人。十一班。　裴之高：人名。本書卷二八《裴邃傳》有附傳。

[12]歷陽：縣名。治所在今安徽和縣。

[13]開府儀同三司：官名。非三公而儀制待遇同於三公之稱。梁諸將軍開府儀同三司爲十七班。　丹陽尹：官名。京師所在丹陽郡長官，職掌同太守。宋第三品，梁不詳。　邵陵王綸：梁武帝子

蕭綸封爵號邵陵王。本書卷二九有傳。

十月，景留其中軍王顯貴守壽春城，[1]出軍僞向合肥，遂襲譙州，[2]助防董紹先開城降之。執刺史豐城侯泰。[3]高祖聞之，遣太子家令王質率兵三千巡江遏防。[4]景進攻歷陽，歷陽太守莊鐵遣弟均率數百人夜斫景營，不克，均戰没，鐵又降之。蕭正德先遣大船數十艘，僞稱載荻，實裝濟景。景至京口，[5]將渡，慮王質爲梗，俄而質無故退，景聞之尚未信也，乃密遣覘之。[6]謂使者曰："質若審退，[7]可折江東樹枝爲驗。"覘人如言而返，景大喜曰："吾事辦矣。"乃自采石濟，[8]馬數百匹，兵千人，[9]京師不之覺。景即分襲姑孰，[10]執淮南太守文成侯寧，[11]遂至慈湖。[12]於是詔以揚州刺史宣城王大器爲都督城内諸軍事，[13]都官尚書羊侃爲軍師將軍以副焉，[14]南浦侯推守東府城，[15]西豐公大春守石頭城，[16]輕車長史謝禧守白下。[17]

[1]中軍王顯貴：中華書局本《校勘記》："'中軍'下，《南史》有'大都督'三字，'王顯貴'作'王貴顯'。《陳書·任忠傳》亦作'王貴顯'。"中軍，中軍將軍之省稱，將軍名號。梁代與中權、中衛、中撫將軍合稱四中將軍，祗授予在京師任職者，地位顯要。梁天監七年革選，釐定將軍名號及班品，有一百二十五號十品二十四班，以班多者爲貴，中軍將軍爲二十三班。

[2]譙州：州名。梁大同三年置，治所在今安徽滁州市。

[3]豐城侯泰：梁鄱陽王蕭範之弟泰封爵號豐城侯。時爲譙州刺史。《南史》卷五二《梁宗室傳》有傳。豐城，縣名。治所在今江西豐城市南。

［4］太子家令：官名。屬太子詹事，與率更令、僕合稱太子三卿。掌東宫刑獄、錢穀、飲食等。梁十班。　王質：人名。祖籍琅邪臨沂。《陳書》卷一八有傳。

［5］京口：城名。即今江蘇鎮江市。周一良《魏晉南北朝史札記》之《〈梁書〉札記》“侯景傳”條有云：“歷陽、采石皆在建康上游，無容又至下游之京口。《南史》止云‘景至江將渡’，下文又言‘乃自采石濟’。《通鑑》亦無至京口之文。隋滅陳時，韓擒虎亦從采石渡江。此處‘京口’二字當誤。”

［6］覘（chān）：窺視。

［7］審：確實。

［8］采石：地名。在今安徽當塗縣北，爲江防要地。

［9］千人：《南史》卷八〇同傳作“八千人”。《通鑑》卷一六一《梁紀十七》“太清二年”紀同。

［10］姑孰：城名。即今安徽當塗縣城。

［11］淮南：郡名。治所在今安徽當塗縣。　文成侯寧：梁鄱陽王蕭範之弟寧封爵號文成侯。《通鑑》卷一六三《梁紀十九》“大寶元年”下有云：“寧，範之弟也。”

［12］慈湖：在今安徽馬鞍山市東北長江南岸。

［13］宣城王大器：梁簡文帝嫡長子哀太子初封爵號宣城郡王。本書卷八有傳。

［14］都官尚書：官名。尚書省列曹尚書之一，掌法律刑獄及水利工程政令。梁十三班。　羊侃：人名。本書卷三九有傳。　軍師將軍：將軍名號。梁一百二十五號將軍之一，十九班。

［15］南浦侯推：梁武帝弟蕭秀之子推封爵號南浦侯。《南史》卷五二《梁宗室傳》有傳。南浦，縣名。治所在今重慶市萬州區東長江南岸。　東府城：城名。在今江蘇南京市通濟門附近。梁揚州鎮此。

［16］西豐公大春：梁簡文帝子蕭大春初封爵號西豐縣公。本書卷四四《太宗十一王》有傳。　石頭城：城名。在今江蘇南京市西

清凉山。

[17]輕車：輕車將軍之省稱，將軍名號。梁代與征遠、鎮朔等將軍代舊輔國將軍。爲一百二十五號將軍之一，十四班。　白下：城名。在今江蘇南京市北金川門外幕府山南麓。

既而景至朱雀航，[1]蕭正德先屯丹陽郡，[2]至是，率所部與景合。建康令庾信率兵千餘人屯航北，[3]見景至航，命徹航，始除一舶，[4]遂棄軍走南塘，[5]遊軍復閉航渡景。皇太子以所乘馬授王質，[6]配精兵三千，使援庾信。[7]質至領軍府，[8]與賊遇，未陣便奔走，景乘勝至闕下。[9]西豐公大春棄石頭城走，景遣其儀同于子悦據之。謝禧亦棄白下城走。景於是百道攻城，持火炬燒大司馬、東西華諸門。[10]城中倉卒，未有其備，乃鑿門樓，下水沃火，久之方滅。賊又斫東掖門將開，[11]羊侃鑿門扇，刺殺數人，賊乃退。又登東宫牆，射城内，至夜，太宗募人出燒東宫，[12]東宫臺殿遂盡。景又燒城西馬廐、士林館、太府寺。[13]明日，景又作木驢數百攻城，[14]城上飛石擲之，所值皆碎破。景苦攻不剋，傷損甚多，乃止攻，築長圍以絶内外，啓求誅中領軍朱异、太子右衛率陸驗、兼少府卿徐驎、制局監周石珍等。[15]城内亦射賞格出外："有能斬景首，授以景位，并錢一億萬，布絹各萬匹，女樂二部。"[16]

[1]朱雀航：浮橋名，又名朱雀橋、大航，在今江蘇南京市南秦淮河上。張敦頤《六朝事迹編類》卷上《形勢門》"朱雀航"條："晉咸康二年作朱雀門，新立朱雀浮航，在縣城東南四里，對朱雀

門。南渡淮水，亦名朱雀橋。《輿地志》云：吴南津大航橋也。王敦作亂，温嶠燒絶。至是始用杜預河橋法作之。《地志》云：朱雀門孔對吴都城宣陽門，相去六里，爲御道，夾御溝植柳。”

[2]丹陽郡：郡名。治所在今江蘇南京市西。

[3]建康：縣名。治所在今江蘇南京市。　庾信：人名。祖籍新野郡。《周書》卷四一、《北史》卷八三《文苑》並有傳。

[4]舶：大船。

[5]南塘：地名。在今江蘇南京市西南秦淮河南岸。

[6]皇太子：梁簡文帝蕭綱時爲太子。

[7]援：舊本皆作“授”，此依中華書局本校改。

[8]領軍府：領軍將軍府，在京師建康宫城南。

[9]闕下：宫闕之下。

[10]大司馬、東西華：即大司馬門、東華門、西華門，並建康宫城門。

[11]東掖門：京師建康宫城南東旁門。

[12]太宗：梁簡文帝廟號。

[13]士林館：在建康城西，梁武帝大同年間立，與諸學士講經之所。　太府寺：太府卿官署。

[14]木驢：一種攻城器具。《通鑑》卷一六一《梁紀十七》“太清二年”下胡三省注：“杜佑曰：以木爲脊，長一丈，徑一尺五寸，下安六脚，下闊而上尖，高七尺，内可容六人。以濕牛皮蒙之，人蔽其下舁，直抵城下，木石鐵火所不能敗。用以攻城，謂之木驢。”

[15]太子右衛率：官名。與太子左衛率合稱太子二率，掌東宫宿衛，亦領兵征伐，職任頗重。員一人。梁十一班。　兼：官制術語。假職未真授之稱。少府卿：官名。梁十二卿之一，掌宫中服御之物。十一班。　制局監：武官名。掌兵器。《通鑑》卷一六一《梁紀》“太清二年”下胡三省注有云：“蕭子顯曰：尚書外司領武官，有制局監，監内器仗兵役，亦用寒人之被恩倖者。”《通鑑》卷一四七《梁紀》梁武帝天監七年春正月有云：“宋孝建以來，制局

用事，與領軍分兵權，典事以上皆得呈奏，領軍拱手而已。”班品不詳。　陸驗、周石珍、徐驎：並人名。《南史》卷七七《恩倖傳》有傳。

[16]女樂：歌舞伎。

十一月，景立蕭正德爲帝，即僞位於儀賢堂，[1]改年曰正平。初，童謡有“正平”之言，故立號以應之。景自爲相國、天柱將軍，正德以女妻之。

[1]儀賢堂：京師建康宫城内堂名，梁天監六年（507）以原聽訟堂改名。參本書《武帝紀》。《讀史方與紀要》卷二〇應天府“儀賢堂”條引《金陵志》云：“儀賢堂在故都城宣陽門内路西。梁時策孝廉秀士於此，因名。”

景又攻東府城，設百尺樓車，[1]鉤城堞盡落，[2]城遂陷。景使其儀同盧暉略率數千人，持長刀夾城門，悉驅城内文武躶身而出，賊交兵殺之，死者二千餘人。南浦侯推是日遇害。景使正德子見理、儀同盧暉略守東府城。

[1]樓車：古代戰車。上設望樓，用以瞭望敵人。後世攻城用具，如雲梯、飛梯之類，即樓車基礎上改進而成。

[2]城堞：城上如齒狀的矮墻。

景又於城東西各起一土山以臨城内，城内亦作兩山以應之，王公以下皆負土。初，景至，便望克定京師，號令甚明，不犯百姓；既攻城不下，人心離阻，[1]

又恐援軍總集，衆必潰散，乃縱兵殺掠，交屍塞路，富室豪家，恣意裒剥，[2]子女妻妾，悉入軍營。[3]及築土山，不限貴賤，晝夜不息，亂加毆棰，疲羸者因殺之以填山，號哭之聲，響動天地。百姓不敢藏隱，並出從之，旬日之間，衆至數萬。

[1]離阻：離心，喪氣。阻，通“沮”。《南史》、《通鑑》卷一六一《梁紀》並作“沮”。

[2]裒（póu）剥：搜刮財物。

[3]悉入：三朝本、百衲本作“以配”。

景儀同范桃棒密遣使送款乞降，[1]會事泄見殺。[2]至是，邵陵王綸率西豐公大春、新淦公大成、[3]永安侯確、超武將軍南安鄉侯駿、前譙州刺史趙伯超、武州刺史蕭弄璋、步兵校尉尹思合等，[4]馬步三萬，發自京口，直據鍾山。[5]景黨大駭，具船舟咸欲逃散，分遣萬餘人距綸，[6]綸擊大破之，斬首千餘級。旦日，景復陳兵覆舟山北，[7]綸亦列陣以待之。景不進，相持。會日暮，景引軍還，南安侯駿率數十騎挑之，景迴軍與戰，駿退。時趙伯超陳於玄武湖北，[8]見駿急，不赴，乃率軍前走，衆軍因亂，遂敗績。綸奔京口。賊盡獲輜重器甲，斬首數百級，生俘千餘人，獲西豐公大春、綸司馬莊丘惠達、[9]直閤將軍胡子約、廣陵令霍儁等，[10]來送城下徇之，[11]逼云“已擒邵陵王”。儁獨云“王小小失利，已全軍還京口，城中但堅守，援軍尋至”。賊以刀毆之，儁言辭顔色如舊，景義而釋之。

[1]送款：表達誠心。

[2]事詳本書卷三二《陳慶之傳》附《陳昕傳》。

[3]新淦公大成：梁簡文帝子蕭大成初封新淦公。《南史》卷五四《梁簡文帝諸子》有傳。“新淦公大成”，舊本訛脱爲“新塗將軍”，此依中華書局本補改。按，新淦，縣名。治所在今江西樟樹市。

[4]永安侯確：梁邵陵王綸之子蕭確封爵號永安侯。本書卷二九《高祖三王傳》有附傳。　超武將軍：將軍名號。梁大通三年所刊定二百四十二號將軍之一，班品不詳。　南安鄉侯駿：梁武帝兄蕭懿之孫蕭駿封爵號南安侯。《南史》卷五一《梁宗室上》有傳。南安，縣名。治所在今湖北新洲縣。　武州：州名。南朝梁置，治所在今湖南常德市。　步兵校尉：官名。禁軍五校尉之一，掌宫廷宿衛士。梁七班。

[5]鍾山：山名。即今江蘇南京市中山門外紫金山。

[6]距：通“拒”。

[7]覆舟山：山名。又名龍舟山、玄武山，在今江蘇南京市城區東北。

[8]玄武湖：湖名。古名桑泊，三國吴稱爲後湖，東晉初改名北湖，劉宋以後始名玄武湖，在今江蘇南京市北鍾山與長江之間。

[9]司馬：官名。王公軍府屬官，掌本府武官。梁十班至六班。　莊丘惠達：《南史》“惠”作“慧”，《通鑑》卷一六一《梁紀》作“莊丘惠”，無“達”字。

[10]直閣將軍：武官名號。領禁衛兵，掌宫廷正殿、便閣及諸門上下之安全保衛，或領兵出征，地位顯要。其官班品，史無明載，約居梁流内十八班之九班。參張金龍《南朝直閣將軍制度考》。　廣陵：縣名。治所在今江蘇揚州市西北蜀岡。

[11]徇：示衆。

是日，鄱陽世子嗣、裴之高至後渚，[1]結營于蔡洲。[2]景分軍屯南岸。

[1]鄱陽世子嗣：梁鄱陽王蕭範世子嗣。本書卷二二《太祖五王·鄱陽王恢傳》有附傳。　後渚：地名。在今江蘇南京市西南，秦淮河南岸。

[2]蔡洲：在今江蘇南京市西南，原爲長江中沙洲，今已併於陸地。本書《武帝紀》作“張公洲”。

十二月，景造諸攻具及飛樓、橦車、登城車、鉤堞車、階道車、火車，[1]並高數丈，一車至二十輪，陳於闕前，[2]百道攻城並用焉。以火車焚城東南隅大樓，賊因火勢以攻城，城上縱火，悉焚其攻具，賊乃退。又築土山以逼城，城内作地道以引其土山，賊又不能立，焚其攻具，還入于柵。材官將軍宋嶷降賊，[3]因爲立計，引玄武湖水灌臺城，[4]城外水起數尺，闕前御街並爲洪波矣。又燒南岸民居營寺，莫不咸盡。

[1]飛樓、橦車、登城車、鉤堞車、階道車、火車：並攻城車具名。鉤，舊本皆作“登”，此依中華書局本校改。

[2]闕：城樓門觀。

[3]材官將軍：官名。屬起部尚書，亦屬領軍。掌工匠土木之事。梁二班。

[4]臺城：即京師建康宮城。在今江蘇南京市鷄鳴山南。

司州刺史柳仲禮、衡州刺史韋粲、南陵太守陳文徹、宣猛將軍李孝欽等，[1]皆來赴援。鄱陽世子嗣、裴之高又濟江。仲禮營朱雀航南，裴之高營南苑，[2]韋粲營青塘，[3]陳文徹、李孝欽屯丹陽郡，鄱陽世子嗣營小航南，[4]並緣淮造栅。及曉，景方覺，乃登禪靈寺門樓望之，[5]見韋粲營壘未合，先渡兵擊之。粲拒戰敗績，景斬粲首徇于城下。柳仲禮聞粲敗，不遑貫甲，與數十騎馳赴之，遇賊交戰，斬首數百，投水死者千餘人。仲禮深入，馬陷泥，亦被重創。自是賊不敢濟岸。

[1]衡州：州名。治所在今廣東英德市西北浛洸。　韋粲：人名。本書卷四三有傳。　南陵：郡名。治所在今安徽貴池市西南。　宣猛將軍：將軍名號。梁置，爲一百二十五號將軍之一，六班。

[2]南苑：地名。在今江蘇南京市西南秦淮河南岸。

[3]青塘：即青溪塘。在今江蘇南京市東南秦淮河岸。

[4]小航：亦名驃騎航。在今江蘇南京市南秦淮河上。

[5]禪靈寺：佛寺名。南齊武帝所建，在今江蘇南京市西南秦淮河畔。

邵陵王綸與臨城公大連等自東道集于南岸，[1]荆州刺史湘東王繹遣世子方等、兼司馬吴曄、天門太守樊文皎下赴京師，[2]營于湘子岸前，[3]高州刺史李遷仕、前司州刺史羊鴉仁又率兵繼至。[4]既而鄱陽世子嗣、永安侯確、羊鴉仁、李遷仕、樊文皎率衆渡淮，攻賊東府城前栅，破之，遂結營于青溪水東。[5]景遣其儀同宋子仙頓南平王第，[6]緣水西立栅相拒。景食稍盡，至是米斛數十萬，人相食者十五六。

[1]臨城公大連：梁簡文帝子蕭大連初封臨城縣公。本書卷四四《太宗十一王》有傳。城，舊本作“成”，此依中華書局本校改。

[2]荆州：州名。治所在今湖北荆州市江陵。　湘東王繹：梁元帝蕭繹初封爵號湘東王。　方等：蕭方等謚號忠壯世子。本書卷四四《世祖二子傳》有傳。　天門：郡名。治所在今湖南石門縣。

[3]湘子岸：地名。在今江蘇南京市南秦淮河南岸。

[4]高州：州名。治所在今廣東陽江市西。

[5]青溪：京師建康城東渠。源於今江蘇南京市鍾山，西南流入秦淮河。爲六朝時京師漕運要道。

[6]南平王第：梁武帝弟南平王蕭偉府第，在京師建康城青溪東。參本書卷二二《太祖五王·南平王偉傳》。

初，援兵至北岸，百姓扶老攜幼以候王師，纔得過淮，便競剥掠，賊黨有欲自拔者，聞之咸止。賊之始至，城中纔得固守，平蕩之事，期望援軍；既而四方雲合，衆號百萬，連營相持，已月餘日，城中疾疫，死者太半。

景自歲首以來乞和，朝廷未之許，至是事急乃聽焉。請割江右四州之地，[1]并求宣城王大器出送，然後解圍濟江；仍許遣其儀同于子悦、左丞王偉入城爲質。中領軍傅岐議，[2]以宣城王嫡嗣之重，不容許之。乃請石城公大款出送，[3]詔許焉。送於西華門外設壇，遣尚書僕射王克、兼侍中上甲鄉侯韶、兼散騎常侍蕭瑳與于子悦、王偉等，[4]登壇共盟。左衛將軍柳津出西華門下，[5]景出其栅門，與津遥相對，刑牲歃血。[6]

[1]江右四州：《通鑑》卷一六二《梁紀》“太清三年”紀胡三

省注："江右四州：南豫、西豫、合州、光州。"

［2］中領軍：官名。資輕於領軍將軍而職掌同。梁十四班。傅岐：人名。本書卷四二有傳。

［3］石城公大款：梁簡文帝子蕭大款初封石城縣公。《南史》卷五四《梁簡文帝諸子》有傳。石城，縣名。治所在今安徽貴池市西南秋浦。

［4］王克：人名。祖籍琅邪臨沂。《南史》卷二三《王彧傳》有附傳。　侍中：官名。門下省長官，與給事黄門侍郎掌侍從左右、擯相威儀、盡規獻納等。參與決策，是中樞集團重要成員，職任顯要。員四人。梁十二班。　上甲鄉侯韶：梁武帝兄懿之孫蕭韶初封上甲縣都鄉侯。《南史》卷五一《梁宗室上》有傳。上甲，治所在今江西湖口縣東南。　蕭瑳：人名。齊武帝弟蕭嶷之孫。見本書卷三五《蕭子恪傳》。

［5］左衛將軍：官名。與右衛將軍合稱二衛將軍，爲禁衛軍六軍之一，掌宫廷宿衛營兵。梁十二班。左，《南史》作"右"。　柳津：人名。祖籍河東解縣。《南史》卷三八《柳元景傳》有附傳。

［6］歃（shà）血：古時會盟，雙方口含牲畜之血或以血塗口旁，表示信誓，稱爲歃血。

南兖州刺史南康嗣王會理、前青冀二州刺史湘潭侯退、西昌侯世子彧率衆三萬，[1]至于馬卬州。[2]景慮北軍自白下而上，斷其江路，請悉勒聚南岸，[3]敕乃遣北軍進江潭苑。[4]景啓稱"永安侯、趙威方頻隔栅見詬臣，云'天子自與汝盟，我終當逐汝。'乞召入城，即當進發"。敕並召之。景又啓云："西岸信至，[5]高澄已得壽春、鍾離，[6]便無處安足，權借廣陵、譙州，須征得壽春、鍾離，[7]即以奉還朝廷。"

[1]南康嗣王會理：梁武帝孫蕭會理嗣父績爵號爲南康郡王。本書卷二九《高祖三王傳》有附傳。　青、冀：皆州名。劉宋泰始(465—471)中合僑置，治所在今江蘇連雲港市雲臺山。　湘潭侯退：梁武帝弟鄱陽王恢之子蕭退封爵號湘潭侯。《北齊書》卷三三有傳。湘潭，縣名。治所在今湖南衡山縣東。　西昌侯：梁武帝兄蕭懿之子淵藻封爵號西昌縣侯。本書卷二三《長沙嗣王業傳》有附傳。

[2]馬邛州：地名。在今江蘇南京市西北。

[3]南岸：指秦淮河南岸。

[4]江潭苑：梁大同九年(543)置，在今江蘇南京市秦淮河南岸。《建康實録》卷一七載，大同九年正月“置江潭苑，去縣二十里”。江潭，本書卷一《武帝紀》作“蘭亭”。

[5]西岸：指長江西岸。

[6]鍾離：縣名。治所在今安徽鳳陽縣東北臨淮關。

[7]須：待。

初，彭城劉邈説景曰：[1]“大將軍頓兵已久，攻城不拔，今援衆雲集，未易而破；如聞軍糧不支一月，運漕路絶，野無所掠，嬰兒掌上，信在於今。未若乞和，全師而返，此計之上者。”景然其言，故請和。後知援軍號令不一，終無勤王之効；[2]又聞城中死疾轉多，必當有應之者。景謀臣王偉又説曰：“王以人臣舉兵背叛，圍守宫闕，已盈十旬，逼辱妃主，凌穢宗廟，今日持此，何處容身，願王且觀其變。”景然之，乃抗表曰：

臣聞“書不盡言，言不盡意”。[3]然則意非言不宣，言非筆不盡，臣所以含憤蓄積，不能默已者也。竊惟陛下睿智在躬，多才多藝。昔因世季，龍翔漢、沔，[4]夷凶翦亂，克雪家怨，然後踵武前王，[5]光宅江表，[6]憲章文、武，祖述堯、舜。[7]兼屬魏國淩遲，[8]外無勍敵，[9]故能西取華陵，[10]北封淮、泗，[11]結好高氏，[12]輶軒相屬，[13]疆埸無虞，十有餘載。躬覽萬機，劬勞治道。刊正周、孔之遺文，[14]訓釋真如之祕奥。[15]享年長久，本枝盤石。[16]人君藝業，莫之與京。[17]臣所以踊躍一隅，望南風而歎息也。[18]豈圖名與實爽，[19]聞見不同。臣自委質策名，[20]前後事跡，從來表奏，已具之矣。不勝憤懣，復爲陛下陳之：

[1]劉邈：人名。彭城郡人，生平不詳。

[2]勤王：出兵救援王朝。

[3]《易·繫辭上》："子曰：書不盡言，言不盡意。然則聖人之意其不可見乎！"

[4]龍翔：即龍飛。比喻帝王的興起。《易·乾》："飛龍在天，利見大人。"《疏》："若聖人有龍德，飛騰而居天位。" 漢、沔：二水名。此處代指襄陽。齊末，東昏侯無道，蕭衍兄懿、弟融等遇害，衍起兵於襄陽，終登帝位。參本書卷一《武帝紀》。

[5]踵武：比喻繼承前人的事業。武，足迹。《楚辭·離騷》："忽奔走以先後兮，及前王之踵武。"

[6]光宅：被覆。《尚書·堯典序》："昔在帝堯，聰明文思，光宅天下。"後世用爲帝王統治天下的套語。 江表：江南。

[7]《禮記·中庸》："仲尼祖述堯舜，憲章文武。"祖述，師法並加以陳述；憲章，效法；文武，指周文王、武王。

[8]淩遲：衰敗。

[9]勍（qíng）敵：强大的敵人。

[10]華陵：縣名。西魏置，治所在今湖北荆州市江陵東。

[11]淮、泗：指淮河、泗水。

[12]高氏：指東魏權臣高歡、高澄等。

[13]輶軒：古代使臣所乘的輕車。　屬：連續。

[14]周孔之遺文：指儒家經典。

[15]真如：佛教指永恒常在的實體、實性。此處代指佛經。

[16]本枝：比喻嫡系和庶出子孫。　盤石：比喻穩固堅定的諸侯。

[17]京：高，大。

[18]南風：《孔子家語·辯樂》：孔子謂冉有曰："……昔者舜彈五絃之琴，造南風之詩。其詩曰：'南風之薰兮，可以解吾民之愠兮；南風之時兮，可以阜吾民之財兮。'唯修此化，故其興也勃焉。德如泉流，至於今王公大人述而弗忘。""望南風"云云，表示侯景對南方梁國之嚮往。

[19]爽：差錯，不一致。

[20]委質策名：意謂歸順爲臣。委質，古代人臣拜見君主，屈膝而委體於地；策名，古代入仕時，書自己姓名於策，以明係屬於其主。

陛下與高氏通和，歲踰一紀，舟車往復，相望道路，必將分災卹患，[1]同休等戚；寧可納臣一介之服，貪臣汝、潁之地，[2]便絶好河北，檄詈高澄，[3]聘使未歸，[4]陷之虎口，揚兵擊鼓，侵逼彭、宋。[5]夫敵國相伐，聞喪則止，匹夫之交，託孤寄命；豈有萬乘之主，見利忘義若此者哉。[6]其失一也。

[1]卹：救濟。卹，同“恤”。

[2]汝潁之地：汝水、潁水地區。指侯景所轄河南之地。

[3]檄：用於徵召、曉喻、申討的文書。

[4]聘使：指謝挺、徐陵。太清二年，梁遣此二人出使東魏。參本書卷三八《朱异傳》及《陳書》卷二六《徐陵傳》。

[5]彭宋：指彭城，即今江蘇徐州市。戰國時爲宋國都城，故稱。梁太清元年，侯景附梁，梁武下詔北討，攻東魏彭城。參本書卷一《武帝紀》。

[6]見利忘義：按，梁伐東魏，時值高歡去世不久，高澄等居喪期間，故侯景有此語。

臣與高澄，既有仇憾，義不同國，歸身有道。陛下授以上將，任以專征，歌鍾女樂，車服弓矢，臣受命不辭，實思報效。方欲挂旆嵩、華，[1]懸旌冀、趙，[2]劉夷蕩滌，[3]一匡宇内；陛下朝服濟江，告成東岳，[4]使大梁與軒黄等盛，[5]臣與伊、吕比功，[6]垂裕後昆，[7]流名竹帛，此實生平之志也。而陛下欲分其功，不能賜任，使臣擊河北，欲自舉徐方，[8]遣庸懦之貞陽，[9]任驕貪之胡、趙，[10]裁見旗鼓，[11]鳥散魚潰，慕容紹宗乘勝席卷，渦陽諸鎮靡不棄甲。疾雷不及掩耳，散地不可固全，使臣狼狽失據，妻子爲戮，斯實陛下負臣之深。其失二也。

[1]挂旆：指出征。旆，軍隊前面的大旗。　嵩、華：並山名。時屬魏地。

[2]懸旌：指進軍。　冀趙：古冀州，戰國時趙地。時屬魏國。

[3]劉：征服。　夷：平定。

[4]告成東岳：告成功於泰山，即在泰山上刻石紀功。

[5]軒黃：古傳說中的黃帝軒轅氏。

[6]伊、吕：伊尹和吕尚。

[7]垂裕後昆：爲後代留下功業或財産。

[8]徐方：指徐州之地。

[9]貞陽：指貞陽侯蕭淵明。

[10]胡、趙：指胡貴孫、趙伯超。蕭淵明督此二人進攻彭城，終至大敗，爲東魏所虜。詳《南史》卷五一《梁宗室·蕭淵明傳》。

[11]裁：通“纔”。

韋黯之守壽陽，[1]衆無一旅，慕容凶鋭，欲飲馬長江，非臣退保淮南，其勢未之可測；既而逃遁，邊境獲寧，令臣作牧此州，[2]以爲蕃捍。[3]方欲收合餘燼，[4]勞來安集，[5]勵兵秣馬，剋申後戰，封韓山之屍，[6]雪渦陽之恥。陛下喪其精魄，無復守氣，便信貞陽謬啓，復請通和。臣頻陳執，疑閉不聽。翻覆若此，[7]童子猶且羞之；况在人君，二三其德。[8]其失三也。

[1]壽陽：即壽春縣。治所在今安徽壽縣。

[2]此州：指豫州。

[3]蕃捍：蕃屏，護衛。

[4]餘燼：本指燒剩的木柴，此處比喻殘兵剩將。

[5]勞（lào）來：慰勉。

[6]韓山：又名寒山，在今江蘇徐州市東南。蕭淵明攻東魏，於此築堰引泗水以灌彭城，死傷甚衆。

[7]飜覆：反覆，變化不定。

[8]二三其德：即其德二三。指變化無常。《詩·衛風·氓》："士也罔極，二三其德。"

夫畏懦逗留，軍有常法。子玉小敗，見誅於楚；[1]王恢失律，受戮于漢。[2]貞陽精甲數萬，器械山積，慕容輕兵，衆無百乘，不能拒抗，身受囚執。以帝之猶子，[3]而面縛敵庭，實宜絶其屬籍，[4]以釁征鼓。[5]陛下曾無追責，[6]憐其苟存，欲以微臣，規相貿易。[7]人君之法，當如是哉？其失四也。

[1]春秋時晉楚城濮之戰，楚大夫子玉爲楚軍主帥，大敗而返，楚王不允其歸國，子玉被迫自殺。事詳《左傳》僖公二十七、二十八年傳文。

[2]漢武帝元光元年（前 134），漢雁門馬邑豪聶翁壹誘匈奴攻漢，漢伏兵三十萬於馬邑旁谷中，匈奴覺之，引兵還，漢無功。武帝怒王恢不出擊單于輜重，擅引兵罷，將誅之。恢聞，自殺。事詳《史記》卷一〇八《韓長孺列傳》。

[3]猶子：兄弟之子。

[4]屬籍：家族的名册。

[5]釁征鼓：殺人或牲口，以其血塗征鼓。

[6]曾：竟。

[7]規：謀劃。　貿易：交換。

懸瓠大藩，古稱汝、潁。臣舉州内附，羊鴉仁固不肯入；既入之後，無故棄之，陛下曾無嫌責，使還居北司。[1]鴉仁棄之，既不爲罪，臣得之不以爲功。其失五也。

[1]北司：指北司州。

臣渦陽退衂，[1]非戰之罪，實由陛下君臣相與見誤。乃還壽春，曾無悔色，祗奉朝廷，[2]掩惡揚善。鴉仁自知棄州，切齒歎恨，内懷慚懼，遂啓臣欲反。欲反當有形迹，何所徵驗？誣陷頓爾，陛下曾無辯究，默而信納。豈有誣人莫大之罪，而可並肩事主者乎？其失六也。

[1]衂（nǜ）：挫折，失敗。
[2]祗（zhī）奉：敬奉。

趙伯超拔自無能，任居方伯，[1]惟漁獵百姓，多蓄士馬，非欲爲國立功，直是自爲富貴。行貨權幸，[2]徼買聲名，[3]朱异之徒，積受金貝，遂使咸稱胡、趙，比昔關、張，[4]誣掩天聽，[5]謂爲真實。韓山之役，女妓自隨，裁聞敵鼓，[6]與妾俱逝，不待貞陽，故隻輪莫返。論其此罪，應誅九族；而納賄中人，[7]還處州任。伯超無罪，臣功何論？賞罰無章，何以爲國。其失七也。

[1]方伯：本指一方諸侯之長，後來泛指地方長官。趙伯超爲譙州刺史，故稱。

[2]行貨：即行賄。　權幸：權貴幸臣。

[3]徼：通"邀"，求取。

[4]關、張：三國蜀將關羽、張飛。《三國志》卷三六有傳。

[5]天聽：帝王的視聽。

[6]裁：通"纔"。

[7]中人：帝王身邊有權勢之人。

臣御下素嚴，無所侵物，[1]關市征税，咸悉停原，[2]壽陽之民，頗懷優復。[3]裴之悌等助戍在彼，憚臣檢制，[4]遂無故遁歸；又啓臣欲反。陛下不責違命離局，[5]方受其浸潤之譖。[6]處臣如此，使何地自安。其失八也。

[1]物：指人。

[2]停原：免除賦税。

[3]優復：免除賦税或勞役。

[4]檢制：約束。

[5]局：官署。

[6]浸潤：指讒言。《論語·顔淵》："浸潤之譖，膚受之愬，不行焉，可謂遠也已矣。"意謂讒人之言，如水之浸潤，漸以成之。

臣雖才謝古人，[1]實頗更事，[2]撫民率衆，自幼至長，少來運動，多無遺策。[3]及歸身有道，罄竭忠規，每有陳奏，恒被抑遏。朱异專斷軍旅，周石珍總尸兵仗，[4]陸驗、徐驎典司穀帛，皆明言求貨，非令不行。[5]境外虚實，定計於舍人之省，[6]舉將出師，責奏於主者之命。臣無賄於中，故恒被抑折。其失九也。

[1]謝：不及。

[2]更事：經歷世事。

[3]遺策：失策。

[4]尸：主管。　兵仗：兵器。

[5]非令不行：中華書局本《校堪記》："'令'疑當作'金'。"

[6]舍人之省：指中書省。舍人，即中書舍人。朱异自天監後期以來，一直職兼中書舍人。參本書卷三八《朱异傳》。

鄱陽之鎮合肥，[1]與臣鄰接，臣推以皇枝，每相祗敬；而嗣王庸怯，虛見備御，臣有使命，必加彈射，[2]或聲言臣反，或啓臣纖介。[3]招攜當須以禮，忠烈何以堪於此哉。其失十也。

[1]鄱陽：指鄱陽嗣王蕭範。

[2]彈射：批評、指責。

[3]纖介：比喻細小的過失。

其餘條目，不可具陳。進退惟谷，頻有表疏。言直辭强，有忤龍鱗，遂發嚴詔，便見討襲。重華純孝，猶逃凶父之杖；[1]趙盾忠賢，不討殺君之賊。[2]臣何親何罪，而能坐受殲夷？韓信雄桀，[3]亡項霸漢，末爲女子所烹，方悔蒯通之説。[4]臣每覽書傳，心常笑之。豈容遵彼覆車，而快陛下佞臣之手。是以興晉陽之甲，[5]亂長江而直濟，[6]願得升赤墀，踐文石，[7]口陳枉直，指畫臧否，[8]誅君側之惡臣，清國朝之粃政，[9]然後還守藩翰，[10]以保忠節，實臣之至願也。

[1]重華：即舜。相傳舜爲孝子，其父瞽叟盲，愛後妻子，常欲殺舜，舜乃避逃。事詳《史記》卷一《五帝本紀》。

[2]春秋時，晉靈公無道，大臣趙盾數諫，靈公欲殺之。趙盾知，遂奔。未出國境而盾弟穿襲殺靈公。盾復位，太史董狐書曰“趙盾弑其君”，盾曰“不然”。太史對曰：“子爲正卿，亡不越竟，反不討賊，非子而誰？”事詳《左傳·宣公二年》。

[3]韓信：漢淮陰人。楚漢相争，韓信佐劉邦滅項羽建立漢王朝。後以謀反罪被吕后斬於長樂鍾室。死前曰：“吾悔不用蒯通之計，乃爲兒女子所詐，豈非天哉！”詳《史記》卷九二《淮陰侯列傳》。

[4]蒯通：人名。齊人。楚漢相争，韓信兵力强盛，舉足輕重。蒯通以相人説韓信自立，信不從。事見《史記》卷九二《淮陰侯列傳》。

[5]晉陽之甲：春秋時，晉趙鞅興晉陽之甲以清君側之名，逐荀寅、士吉射。事詳《公羊傳·哀公十三年》。後世以地方長吏不滿朝廷而舉兵向内爲興晉陽之甲。

[6]亂：横渡。

[7]升赤墀，踐文石：意謂登上朝堂。古代皇帝宫廷以文石鋪成，上塗丹漆，故以赤墀、文石稱之。

[8]臧否（pǐ）：善惡。

[9]粃政：不善之政。粃，同“秕”。

[10]藩翰：《詩·大雅·板》：“價人維藩，大師維垣，大邦維屏，大宗維翰。”後世用以比喻保衛國家的重臣。

三月朔旦，城内以景違盟，舉烽鼓譟，於是羊鴉仁、柳敬禮、鄱陽世子嗣進軍於東府城北。栅壘未立，爲景將宋子仙所襲，敗績，赴淮死者數千人。賊送首級於闕下。

景又遣于子悦至，更請和。遣御史中丞沈浚至景所，[1]景無去意，浚固責之。[2]景大怒，即決石闕前水，[3]百道攻城，晝夜不息，城遂陷。於是悉鹵掠乘輿服玩、後宫嬪妾，[4]收王侯朝士送永福省，[5]撤二宫侍衛。[6]使王偉守武德殿，[7]于子悦屯太極東堂，[8]矯詔大赦天下，自爲大都督、督中外諸軍事、録尚書，[9]其侍中、使持節、大丞相、王如故。初，城中積屍不暇埋瘞，又有已死而未斂，或將死而未絶，景悉聚而燒之，臭氣聞十餘里。尚書外兵郎鮑正疾篤，[10]賊曳出焚之，宛轉火中，久而方絶。於是援兵並散。

[1]遣御史中丞沈浚：按，《南史》"遣"上有"城内"二字，句意較明確。御史中丞，官名。御史臺長官，掌督察百官，糾彈不法。六朝第一流高門多不居此職。員一人。梁十一班。沈浚，人名。本書卷四三有傳。

[2]固：《南史》作"因"。

[3]石闕：梁天監七年建，在京師建康宫城正南門外。參《文選》卷五六陸佐公《石闕銘》六臣劉良注。

[4]鹵掠：即擄掠。鹵，通"擄"。

[5]永福省：京師建康宫城内殿省名，自劉宋以來，皇太子年幼時居之。

[6]二宫：指皇帝宫和太子宫。

[7]武德殿：京師建康宫城内殿省名。

[8]太極東堂：《景定建康志》卷二一引舊志云："太極殿，建康宫内正殿也。晉初造，以十二間象十二月。至梁武帝改製十三間，象閏焉。高八丈，長二十七丈，廣十丈，内外並以錦石爲砌。次東有太極東堂七間，次西有太極西堂七間，亦以錦石爲砌。"

[9]録尚書：官名。總攬朝政，位在三公之上。南朝不常置。

[10]尚書外兵郎：官名。尚書省諸曹郎之一，屬五兵尚書。掌京畿以外軍隊政令。梁六班。　鮑正：人名。祖籍東海郡。《南史》卷六二《鮑泉傳》有附傳。

景矯詔曰："日者，姦臣擅命，幾危社稷，賴丞相英發，[1]入輔朕躬，征鎮牧守可各復本任。"[2]降蕭正德爲侍中、大司馬，[3]百官皆復其職。

[1]丞相：指侯景。　英發：才華顯露。

[2]征鎮：指將軍。梁有東南西北四征將軍，東南西北及左右前後八鎮將軍。

[3]大司馬：官名。掌軍事。南朝不常授，多爲贈官。梁十八班。

景遣董紹先率兵襲廣陵，南兗州刺史南康嗣王會理以城降之。景以紹先爲南兗州刺史。

初，北兗州刺史定襄侯祇與湘潭侯退，[1]及前潼州刺史郭鳳同起兵，[2]將赴援，至是，鳳謀以淮陰應景，[3]祇等力不能制，並奔于魏。景以蕭弄璋爲北兗州刺史，州民發兵拒之，景遣廂公丘子英、直閤將軍羊海率衆赴援，[4]海斬子英，率其軍降于魏，魏遂據其淮陰。

[1]北兖州：州名。治所在今江蘇淮陰縣西南甘羅城。　定襄侯祇：梁武帝弟蕭偉之子蕭祇封爵號定襄縣侯。《南史》卷五二《梁宗室下》有傳。

[2]潼州：州名。治所在今安徽靈璧縣東北潼郡村。

[3]淮陰：縣名。治所與北兖州同。

[4]廂公：《通鑑》卷一六二《梁紀》“太清三年”下，胡三省注：“（侯）景之親貴隆重者號曰廂公。”

景又遣儀同于子悦、張大黑率兵入吴，[1]吴郡太守袁君正迎降。[2]子悦等既至，破掠吴中，多自調發，[3]逼掠子女，毒虐百姓，吴人莫不怨憤，於是各立城栅拒守。是月，景移屯西州，[4]遣儀同任約爲南道行臺，鎮姑孰。

[1]吴：縣名。治所在今江蘇蘇州市。

[2]吴郡：郡名。治所與吴縣同。　袁君正：人名。本書卷三一《袁昂傳》有附傳。

[3]自：三朝本、百衲本作“所”。殿本、中華書局本作“自”。疑作“所”爲是。

[4]西州：城名。在今江蘇南京市朝天宫西望仙橋一帶。

五月，高祖崩于文德殿。初，臺城既陷，景先遣王偉、陳慶入謁高祖，高祖曰：“景今安在？卿可召來。”時高祖坐文德殿，景乃入朝，以甲士五百人自衛，帶劍升殿。拜訖，高祖問曰：“卿在戎日久，無乃爲勞？”景默然。又問：“卿何州人，而敢至此乎？”景又不能對，從者代對。及出，謂廂公王僧貴曰：“吾常據鞍對敵，矢刃交下，而意氣安緩，了無怖心。今日見蕭公，使人自慴，[1]豈非天威難犯。吾不可再見之。”高祖雖外跡已屈，[2]而意猶忿憤，時有事奏聞，多所譴却。景深敬憚，亦不敢逼。景遣軍人直殿省内，高祖問制局監周石珍曰：“是何物人?”[3]對曰：“丞相。”高祖乃謬曰：“何物丞相?”對曰：“是侯丞相。”高祖怒曰：“是名景，何謂丞相!”是後，每所徵求，多不稱旨，至於御膳亦被裁抑，遂憂憤感疾而崩。景乃密不發喪，[4]權殯于昭陽殿，[5]自外文武咸莫知之。二十餘日，升梓宫於太極前殿，[6]迎皇太子即皇帝位。於是矯詔赦北人爲奴婢者，冀收其力用焉。又遣儀同來亮率兵攻宣城，[7]宣城内史楊華誘亮斬之；[8]景復遣其將李賢明討華，華以郡降。景遣儀同宋子仙等率衆東次錢塘，[9]新城戍主戴僧易據縣拒之。[10]

[1]慴（zhé）：恐懼。

[2]已：《南史》卷八〇同傳作“不”。

[3]何物：甚麽。

[4]發喪：人死公告於衆。

[5]昭陽殿：京師建康宫城中宫殿名。侯景時居昭陽殿。

[6]梓宫：皇帝及皇后所用以梓木製成的棺材。

[7]宣城：郡名。治所在今安徽宣州市。

[8]内史：官名。王國行政長官，職同太守。宋第五品，梁不詳。　楊華：人名。本書卷三九有傳。

[9]次：停留，駐扎。　錢塘：縣名。治所在今浙江杭州市。

[10]新城：縣名。治所在今浙江富陽市西南新登。　主：舊本

皆脱，此依中華書局本校補。　戴僧易：《通鑑》卷一六二《梁紀》“太清三年”紀“易”作“逷”。

是月，景遣中軍侯子鑒入吴軍，[1]收于子悦、張大黑還京誅之。時東揚州刺史臨城公大連據州，[2]吴興太守張嵊據郡，[3]自南陵以上，[4]皆各據守。景制命所行，惟吴郡以西，南陵以北而已。

[1]中軍：《通鑑》卷一六二《梁紀》“太清三年”下，胡三省注：“中軍，中軍都督也。”　吴軍：《通鑑》卷一六二《梁紀十八》“太清三年”紀作“吴郡”。

[2]東揚州：州名。梁以會稽郡置，治所在今浙江紹興市。

[3]吴興：郡名。治所在今浙江湖州市。　張嵊：人名。本書卷四三有傳。

[4]南陵：郡名。治所在今安徽貴池市西南。

六月，景以儀同郭元建爲尚書僕射、北道行臺、總江北諸軍事，鎮新秦。[1]郡人陸緝、戴文舉等起兵萬餘人，[2]殺景太守蘇單于，推前淮南太守文成侯寧爲主，以拒景。宋子仙聞而擊之，緝等棄城走。景乃分吴郡海鹽、胥浦二縣爲武原郡。[3]至是，景殺蕭正德於永福省。封元羅爲西秦王，[4]元景龍爲陳留王，[5]諸元子弟封王者十餘人。以柳敬禮爲使持節、大都督，隸大丞相，參戎事。景遣其中軍侯子鑒、監行臺劉神茂等軍東討，破吴興，執太守張嵊父子送京師，景並殺之。

[1]新秦：郡名。治所在今江蘇六合縣北。

[2]陸緝：本書及卷二七《陸襄傳》、《南史》卷四八《陸慧曉傳》附《陸襄傳》、《文苑英華》卷八四二江總《故梁度支尚書陸君誄》均作“陸黯”。　萬餘人：本書《陸襄傳》作“數千人”。

[3]海鹽：縣名。治所在今浙江海鹽縣。　胥浦：清·洪齮孫《補梁疆域志》“吴郡·胥浦”下有云：“梁置。《一統志》引《松江府志》：大通六年（按，大通止二年，“六”字疑誤）析海鹽東北境置，地接胥浦，因名。”

[4]元羅：人名。北魏道武帝後裔。《北史》卷一六《道武七王傳》有附傳。　西秦：州名。治所在今甘肅天水市。

[5]元景龍：《南史》“龍”作“襲”。　陳留：郡名。治所在今安徽壽縣西南。

景以宋子仙爲司徒，任約爲領軍將軍，尒朱季伯、叱羅子通、彭儁、董紹先、張化仁、于慶、魯伯和、紇奚斤、史安和、時靈護、劉歸義，[1]並爲開府儀同三司。

[1]張化仁：人名。《通鑑》卷一六四《梁紀》“大寶二年”下，胡三省注：“或曰張化仁即支化仁。”

是月，鄱陽嗣王範率兵次栅口，[1]江州刺史尋陽王大心要之西上。[2]景出頓姑孰，範將裴之悌、夏侯威生以衆降景。

[1]栅口：地名。在今安徽無爲縣東南，即古栅水入長江之口。

[2]江州：州名。治所在今江西九江市西南。　尋陽王大心：

梁簡文帝子蕭大心封爵號尋陽王。本書卷四四《太宗十一王》有傳。

十一月，宋子仙攻錢塘，戴僧易降。景以錢塘爲臨江郡，富陽爲富春郡。[1]以王偉、元羅並爲儀同三司。

[1]富陽：縣名。治所在今浙江富陽市。

十二月，宋子仙、趙伯超、劉神茂進攻會稽，[1]東揚州刺史臨城公大連棄城走，遣劉神茂追擒之。景以裴之悌爲使持節、平西將軍、合州刺史，[2]以夏侯威生爲使持節、平北將軍、南豫州刺史。[3]

[1]會稽：東揚州鎮所，在今浙江紹興市。

[2]平西將軍：將軍名號。與平東、平南、平北將軍合稱四平將軍，多持節都督或監某一地區的軍事，亦可作爲刺史兼理軍務的加官。爲一百二十五號將軍之一，二十班。　合州：州名。梁太清元年置，治所在今安徽合肥市西。

[3]南豫州：州名。梁太清元年置，治所在今安徽壽縣。

是月，百濟使至，[1]見城邑丘墟，於端門外號泣，[2]行路見者莫不灑淚。景聞之大怒，送小莊嚴寺禁止，[3]不聽出入。

[1]百濟：古國名。見本書卷五四《諸夷·東夷傳》。

[2]端門：京師建康城正南門。

[3]小莊嚴寺：京師建康佛寺名。

大寶元年正月，[1]景矯詔自加班劍四十人，[2]給前後部羽葆鼓吹，[3]置左右長史、從事中郎四人。[4]前江都令祖皓起兵於廣陵，[5]斬景刺史董紹先，推前太子舍人蕭勔爲刺史。[6]又結魏人爲援，馳檄遠近，將以討景。景聞之大懼，即日率侯子鑒等出自京口，水陸並集。皓嬰城拒守，[7]景攻城，陷之。景車裂皓以徇，[8]城中無少長皆斬之。以侯子鑒監南兗州事。

[1]大寶：梁簡文帝年號（550—551）。

[2]班劍：飾有花紋的木劍。漢制，朝服帶劍，晉代之以木，謂之班劍。南朝謂之象劍，以爲儀仗。班，通“斑”。

[3]羽葆：以鳥羽爲飾的儀仗。南朝諸王大臣有功者，加羽葆。

[4]長史：官名。王公府屬官，掌官吏。江左以來，諸公加崇者置左右長史。梁司徒府有左右長史，左長史爲十二班，右長史爲十班。　從事中郎：官名。王公府屬官，與長史共掌本府官吏。梁九班至八班。

[5]江都：縣名。治所在今江蘇揚州市。　祖皓：人名。祖籍范陽郡，祖沖之之孫。《南史》卷七二《文學傳》有傳。

[6]蕭勔：人名。梁宗室吴平侯蕭昺之子。《南史》卷五一《梁宗室上》有傳。

[7]嬰城：環城固守。

[8]徇：示衆。

是月，景召宋子仙還京口。

四月，景以元思虔爲東道行臺，鎮錢塘。以侯子鑒爲南兗州刺史。文成侯寧於吴西鄉起兵,[1]旬日之間，衆至一萬，率以西上。景廂公孟振、侯子榮擊破之，斬寧，傳首於景。

[1]《通鑑》卷一六三《梁紀》“大寶元年”下，胡三省注：“吴郡帶吴縣。寧蓋起兵於吴縣界，進攻吴郡城也。”

七月，景以秦郡爲西兗州,[1]陽平郡爲北兗州。[2]任約、盧暉略攻晉熙郡,[3]殺鄱陽世子嗣。景以王偉爲中書監。[4]任約進軍襲江州，江州刺史尋陽王大心降之。世祖時聞江州失守,[5]遣衛軍將軍徐文盛率衆軍下武昌,[6]拒約。景又矯詔自進位爲相國，封泰山等二十郡爲漢王,[7]入朝不趨，讚拜不名，劍履上殿,[8]如蕭何故事。[9]景以柳敬禮爲護軍將軍,[10]姜詢義爲相國左長史，徐洪爲左司馬，陸約爲右長史，沈衆爲右司馬。[11]是月，景率舟師上皖口。[12]

[1]秦郡：郡名。治所在今江蘇六合縣北。

[2]陽平郡：郡名。治所在今江蘇淮安市。

[3]晉熙郡：郡名。治所在今安徽潛山縣。

[4]中書監：官名。中書省長官，與中書令掌出納帝命。員一人。梁十五班。

[5]世祖：梁元帝廟號。

[6]衛軍將軍：本書卷五《梁元帝紀》、卷四八《徐文盛傳》皆作“左衛將軍”。按，梁無“衛軍將軍”之號（《隋書·百官志》有“鎮衛”將軍，中華書局本點斷爲“鎮、衛”，實誤），當以“左衛將軍”爲是。　武昌：縣名。治所在今湖北鄂州市。

[7]泰山：郡名。治所在今山東泰安市東南。

[8]此爲古代皇帝對於親信重臣的特殊禮遇。趨，疾走。大臣朝見皇帝，入朝時應快步而前，以示敬畏。讚拜，大臣入朝時，司儀宣讀行禮的儀式。劍履，佩劍著履。

[9]蕭何：人名。漢沛人。佐劉邦奪天下，劉邦即位，論功授封，以蕭何爲第一，"賜帶劍履上殿，入朝不趨"。見《史記》卷五三《蕭相國世家》。　故事：舊事，舊例。

[10]護軍將軍：官名。掌京畿以外諸軍，職任頗重。梁十五班。

[11]沈衆：人名。吴興武康人，沈約之孫。《陳書》卷一八有傳。

[12]皖口：地名。在今安徽安慶市西南，皖水入長江之口。

十月，盜殺武林侯諮於廣莫門。[1]諮常出入太宗卧内，景黨不能平，故害之。

[1]武林侯諮：梁武帝弟蕭恢之子諮封爵號武林侯。《南史》卷五二《梁宗室下》有傳。武林，縣名。治所在今廣西平南縣東南。　廣莫門：京師建康宫城門。

景又矯詔曰："蓋懸象在天，[1]四時取則於辰斗；[2]羣生育地，萬物仰照於大明。[3]是以垂拱當扆，[4]則八紘共輳；[5]負圖正位，[6]則九域同歸。故乃雲名水號之君，龍官人爵之后，[7]莫不啓符河、洛，[8]封禪岱宗。[9]奔走四夷，來朝萬國。逖聽虞、夏，[10]厥道彌新。爰及商、周，未之或改。逮幽、厲不競，[11]戎馬生郊；[12]惠、懷失御，[13]胡塵犯蹕。[14]遂使豺狼肆毒，侵穴伊、瀍；[15]獫狁孔熾，[16]巢栖咸、洛。[17]自晉鼎東遷，[18]多歷年代，周原不復，[19]歲實永久。雖宋祖經略，[20]中息遠圖；齊號和親，空勞冠蓋。[21]我大梁膺符作帝，出震登皇。[22]浹寓歸仁，[23]綿區飲化。[24]開疆闢土，跨瀚海以揚鑣，[25]來庭入覲，等塗山而比轍。[26]玄龜出洛，[27]白雉歸豐。[28]烏塞同文，胡天共軌。[29]不謂高澄跋扈，虔劉魏邦，[30]扇動華夷，不供王職，遂乃狼顧北侵，馬首南向。值天厭昏僞，[31]醜徒數盡，龍豹應期，[32]風雲會節。相國漢王，上德英姿，蓋惟天授；雄謨勇略，出自懷抱。珠魚表應，[33]辰昴叶暉；[34]剖析六韜，[35]錙銖四履。[36]騰文豹變，[37]鳳集虬翔；奮翼來儀，[38]負圖而降。爰初秉律，[39]實先啓行，奉兹廟算，[40]克除獯醜。直以鼎湖上征，[41]六龍晏駕；[42]干戈暫止，九伐未申。[43]而惡稔貫盈，[44]元凶殞斃，[45]弟洋繼逆，續長亂階。異彼洋音，[46]同兹荐食；[47]偷竊僞號，[48]心希舉斧。[49]豐水君臣，[50]奉圖乞援，關河百姓，[51]泣血請師，咸願承奉國靈，思覩王化。朕以寡昧，[52]纂戎下武，[53]庶拯堯黎，冀康禹跡。且夫車服以庸，[54]名因事著。周師克殷，鷹揚創自尚父，[55]漢征戎狄，明友實始度遼。[56]况乃神規叡算，[57]眇乎難測，大功懋績，[58]事絶言象，[59]安可以習彼常名，保兹守固。相國可加宇宙大將軍、都督六合諸軍事，餘悉如故。”以詔文呈太宗，太宗驚曰：“將軍乃有宇宙之號乎！”

[1]懸象：天象。《易·繫辭》："懸象著明，莫大乎日月。"

[2]辰斗：即北斗。古人以北斗之斗柄所指定四時。《鶡冠子·環流》："斗柄東指，天下皆春；斗柄南指，天下皆夏；斗柄西指，天下皆秋；斗柄北指，天下皆冬。"

[3]大明：指日。《禮記·禮器》："大明生於東，月生於西。"

[4]垂拱：垂衣拱手，形容不費氣力。後世用以稱頌帝王無爲而治。　當扆：扆，户牖間畫有斧形的屏風，也作"依"。古代天子當扆而立，受諸侯朝拜。

[5]八紘：即八極，八方極遠之處。

[6]負圖：意謂受天命。圖，河圖，古代王者受命之徵兆。

[7]指古代帝王。《左傳·昭公十七年》：郯子曰："昔者黄帝氏以雲紀，故爲雲師而雲名；炎帝氏以火紀，故爲火師而火名；共工氏以水紀，故爲水師而水名；大皞氏以龍紀，故爲龍師而龍名。"

[8]河、洛：河圖、洛書之省稱。古代帝王受命的符瑞。

[9]岱宗：泰山。古代帝王即位後到泰山上祭祀天地叫做封禪。

[10]逖（tì）：遠。

[11]幽、厲：周幽王、周厲王。幽厲無道，天下不安，外族入侵。事詳《史記》卷四《周本紀》。　不競：衰弱不振。

[12]戎馬生郊：《老子》："天下無道，戎馬生於郊。"

[13]惠、懷：指晉惠帝、懷帝。晉惠、懷時，成漢常入侵。詳《晉書》卷四《惠帝紀》和卷五《孝懷帝紀》。　失御：喪失統治能力。

[14]胡塵犯蹕：指胡人入侵。

[15]侵穴：侵占。　伊、瀍：皆水名。此代指中原地區。

[16]玁狁：匈奴之古稱，指北方少數民族。《詩·小雅·六月》："玁狁孔熾，我是用急。"　孔熾：很兇猛。

[17]咸、洛：咸陽、洛陽。

[18]晉鼎東遷：指晉室南渡。鼎，古代王朝政權的象徵。

[19]周原：周王朝的原野。此處代指中原。

［20］宋祖：指宋高祖劉裕。東晉末，劉裕曾帥軍北伐，收復河洛，終因内顧而撤兵。詳《宋書》卷二《武帝紀》。

［21］冠蓋：官吏的服裝和車乘。此處指出使的官員。

［22］出震：即爲帝。《易·説卦》："帝出乎震。"

［23］浹寓：遍天下。寓，同"宇"。

［24］綿區：綿遠的地區。　歆化：受到教化。

［25］瀚海：指北方及西北少數民族地區。

［26］塗山：古代傳説中禹會諸侯之處。《左傳·哀公七年》："禹合諸侯於塗山，執玉帛者萬國。"

［27］玄龜出洛：傳説禹將爲天子，天與禹洛書，神龜負文而出，列於背。參《尚書·洪範》孔安國傳。

［28］白雉歸豐：傳説周武王伐紂，四夷聞，各有奉獻。越裳獻白雉，重譯而至周。參《文選》卷四二吴季重《答東阿王書》李善注引《太公金匱》。豐，周邑名，在今陜西户縣西。

［29］意謂天下一統。鳥塞，指險要的邊境地區。共軌，同車軌。《禮記·中庸》："今天下車同軌，書同文，行同倫。"

［30］虔劉：劫掠、殺害。

［31］昏僞：指北齊高氏政權。

［32］龍豹：比喻英雄豪杰。豹，疑當爲"虎"，姚思廉避唐諱而用"豹"。

［33］珠魚表應：傳説周武王渡河，中流，有白魚躍入王舟中，武王俯取川祭。是爲周興紂亡之瑞應。事詳《史記》卷四《周本紀》。

［34］辰昴（mǎo）叶暉：相傳漢相蕭何爲昴星之精。見《初學記》一引《春秋佐助期》。此處以蕭何比侯景。叶，同"協"。

［35］《六韜》：古代兵書名。相傳爲吕尚撰。

［36］錙銖：比喻微小。此處用爲動詞。　四履：指四境之地。《左傳·僖公四年》："昔召康公……賜我先君履，東至于海，西至于河，南至于穆陵，北至于無棣。"

［37］豹變：豹文變則美，比喻潤色事業。《易·革卦》："君子豹變，其文蔚也。"

［38］來儀：比喻特出人物出現。《文選》卷四八班孟堅《典引》："是以來儀集羽族於觀魏，肉角馴毛宗於外囿。"

［39］秉律：執法。此處指統軍征伐。

［40］廟算：由朝廷制定的剋敵謀略。

［41］鼎湖上征：指梁武去世。相傳黄帝鑄鼎於荆山下，鼎成，有龍垂胡髯迎黄帝上天。事詳《史記》卷二八《封禪書》。後世以爲皇帝去世之典。

［42］六龍晏駕：皇帝去世的委婉説法。六龍，皇帝車駕用六匹馬。晏駕，車駕晚出。指死亡。

［43］九伐：制裁違命諸侯的九種方法。《周禮·夏官·大司馬》："以九伐之法正邦國：馮弱犯寡則眚之，賊賢害民則伐之，暴内陵外則壇之，野荒民散則削之，負固不服則侵之，賊殺其親則正之，放弑其君則殘之，犯令陵政則杜之，外内亂、鳥獸行則滅之。"

［44］惡稔：罪大惡極。

［45］元凶：首惡。此處指高澄，時澄已被謀殺。

［46］洋音：中華書局本《校勘記》："'洋音'不可解。疑'洋'字是'泮'字之訛。蓋取《詩·魯頌·泮水》'懷我好音'義，謂高洋不欲與梁修好，而懷有荐食江南之意。"

［47］荐食：頻頻吞食。《左傳·定公四年》："吴爲封豕、長蛇，以薦食上國，虐始於楚。"

［48］偷竊僞號：指高洋代東魏，改國號爲齊。

［49］舉斧：比喻自不量力的敵對行動。斧，螳斧，即螳螂之足。《韓詩外傳》卷八："齊莊公出獵，有螳螂舉足搏其輪，問其御曰：'此何蟲也？'御曰：'此是螳螂也。其爲蟲，知進而不知退，不量力而輕就敵。'"

［50］豐水：即今陝西灃河。此處代指西魏。

［51］關河：潼關、黄河。

[52]寡昧：愚暗少見識。

[53]纂戎下武：繼承先王的事業。纂戎，繼承。纂，通“纘”。下武，指《詩・大雅・下武》。毛《序》云：“《下武》，繼文也。武王有聖德，復受天命，能昭先人之功焉。”

[54]車服以庸：《尚書・舜典》：“明試以功，車服以庸。”意謂功成則賜車服以表現其能用。車服，車駕和章服。庸，功。

[55]鷹揚：比喻威武或大展雄才。《詩・大雅・大明》：“維師尚父，時維鷹揚。”　尚父：吕尚。武王滅紂，吕尚之謀居多。見《史記》卷三二《齊太公世家》。

[56]明友：即范明友。漢昭帝時，渡遼將軍范明友將二萬騎出遼東，擊匈奴，獲勝而歸。事詳《漢書》卷九四《匈奴傳》。

[57]叡算：英明的計謀。

[58]懋：盛，大。

[59]象：外在的表現形式。

齊遣其將辛術圍陽平，[1]景行臺郭元建率兵赴援，術退。徐文盛入貝磯，[2]任約率水軍逆戰，文盛大破之，仍進軍大舉口。[3]時景屯於皖口，京師虚弱，南康王會理及北兖州司馬成欽等將襲之。建安侯賁知其謀，[4]以告景，景遣收會理與其弟祈陽侯通理、柳敬禮、成欽等，[5]並害之。

[1]辛術：人名。隴西狄道人。《北齊書》卷三八有傳。　陽平：即陽平郡。

[2]貝磯：地名。在今湖北鄂州市西北長江南岸。貝，舊本皆訛“資”，此依中華書局本校改。

[3]大舉口：地名。在今湖北黄岡市黄州西南長江邊。

[4]建安侯賁：梁武帝弟蕭宏之孫蕭賁襲其父正立爵爲建安侯。

《南史》卷五二《梁宗室上》有傳。建安，縣名。治所在今福建建甌市南。

[5]祈陽：《通鑑》卷一六三《梁紀十九》“大寶元年”下作“祁陽”。胡三省注：“沈約曰：祁陽縣，吴立，屬零陵郡。”按，疑作“祁陽”爲是。祁陽，縣名。治所在今湖南祁東縣東南。

十二月，景矯詔封賁爲竟陵王，[1]賞發南康之謀也。

[1]竟陵：郡名。治所在今湖北鍾祥市。

是月，張彪起義於會稽，[1]攻破上虞，[2]景太守蔡臺樂討之，不能禁。至是，彪又破諸暨、永興等諸縣，[3]景遣儀同田遷、趙伯超、謝答仁等東伐彪。

[1]張彪：人名。侯景將宋子仙攻下東揚州，張彪爲子仙所知，此時舉義。《南史》卷六四有傳。

[2]上虞：縣名。治所在今浙江上虞市。

[3]諸暨：縣名。治所在今浙江諸暨市。　永興：縣名。治所在今浙江蕭山市。

二年正月，彪遣别將寇錢塘、富春，[1]田遷進軍與戰，破之。景以王克爲太師，宋子仙爲太保，元羅爲太傅，郭元建爲太尉，張化仁爲司徒，任約爲司空，于慶爲太子太師，時靈護爲太子太保，紇奚斤爲太子太傅，王偉爲尚書左僕射，索超世爲尚書右僕射。北兖州刺史蕭邕謀降魏，事泄，景誅之。

[1]富春：縣名。治所在今浙江富陽市。按，上文云“張彪起義於會稽”，此處卻云“寇錢塘、富春”。一“義”一“寇”，數行之隔，書法乖舛，此不可解。參《四庫全書總目提要·史部·正史類·梁書提要》。

是月，世祖遣巴州刺史王珣等率衆下武昌助徐文盛。[1]任約以西臺益兵，[2]告急於景。三月，景自率衆二萬，西上援約。四月，景次西陽，徐文盛率水軍邀戰，大破之。景訪知郢州無備，[3]兵少，又遣宋子仙率輕騎三百襲陷之，執刺史方諸、行事鮑泉，[4]盡獲武昌軍人家口。徐文盛等聞之，大潰，奔歸江陵，[5]景乘勝西上。

[1]巴州：州名。治所在今湖南岳陽縣。

[2]西臺：指梁元帝蕭繹荆州江陵官署。侯景之亂，蕭繹承制於江陵，因江陵在建康之西，故稱西臺。

[3]郢州：州名。治所在今湖北武漢市武昌。

[4]方諸：蕭方諸，梁元帝之子。時爲郢州刺史。本書《世祖二子》有傳。　行事：六朝諸王往往年幼即出鎮一方，因而朝廷命長史代行政事，稱爲行事。　鮑泉：人名。本書卷三〇有傳。

[5]江陵：城名。即今湖北荆州市江陵。時爲荆州鎮所。

初，世祖遣領軍王僧辯率衆東下代徐文盛，[1]軍次巴陵，[2]會景至，僧辯因堅壁拒之。景設長圍，築土山，晝夜攻擊，不克。軍中疾疫，死傷太半。世祖遣平北將軍胡僧祐率兵二千人救巴陵，[3]景聞，遣任約以精卒數千逆擊僧祐，僧祐與居士陸法和退據赤亭以待之，[4]約至與戰，大破之，生擒約。景聞之，夜遁。以丁和爲郢州刺史，留宋子仙、時靈護等助和守，以張化仁、閻洪慶守魯山城，[5]景還京師。王僧辯乃率衆東下，次漢口，[6]攻魯山及郢城，[7]皆陷之。自是衆軍所至皆捷。

[1]王僧辯：人名。本書卷四五有傳。

[2]巴陵：縣名。治所在今湖南岳陽市。

[3]胡僧祐：人名。本書卷四六有傳。

[4]居士：隱居修道之士。　陸法和：人名。先隱居江陵百里洲，後投湘東王蕭繹征侯景。《北齊書》卷三二有傳。　赤亭：即赤砂亭。在今湖南華容縣西南。

[5]閻洪慶：人名。本書卷四《簡文帝紀》作“門洪慶”。　魯山城：又名“魯城”，城名。在今湖北武漢市漢陽東北隅。

[6]漢口：地名。即今湖北武漢市漢口。

[7]郢城：城名。郢州鎮所，在今湖北武漢市武昌。

景乃廢太宗，幽於永福省。[1]作詔草成，逼太宗寫之，至“先皇念神器之重，[2]思社稷之固”，歔欷嗚咽，不能自止。是日，景迎豫章王棟即皇帝位，[3]升太極前殿，大赦天下，改元爲天正元年。有回風自永福省，吹其文物皆倒折，見者莫不驚駭。

[1]幽：拘禁。

[2]神器：指帝位。

[3]豫章王棟：梁昭明太子之孫蕭棟嗣父歡爵爲豫章王。《南史》

卷五三《梁武帝諸子傳》有附傳。豫章，郡名。治所在今江西南昌市。

初，景既平京邑，便有篡奪之志，以四方須定，[1]且未自立；既巴陵失律，[2]江、郢喪師，[3]猛將外殲，雄心内沮，便欲僞僭大號，遂其姦心。其謀臣王偉云“自古移鼎，[4]必須廢立”，故景從之。其太尉郭元建聞之，自秦郡馳還，諫景曰：“四方之師所以不至者，政爲二宫萬福；[5]若遂行弑逆，結怨海内，事幾一去，雖悔無及。”王偉固執不從。景乃矯棟詔，追尊昭明太子爲昭明皇帝，豫章安王爲安皇帝，[6]金華敬妃爲敬皇后，[7]豫章國太妃王氏爲皇太后，妃張氏爲皇后；以劉神茂爲司空，徐洪爲平南將軍，秦晃之、王曄、李賢明、徐永、徐珍國、宋長寶、尹思合並爲儀同三司。景以哀太子妃賜郭元建，[8]元建曰：“豈有皇太子妃而降爲人妾。”竟不與相見。

[1]須：待。

[2]失律：本指行軍無紀律，借指軍隊失敗。

[3]江、郢：江陵、郢城。

[4]移鼎：指改朝换代。鼎，古代國家政權的象徵。

[5]政：止，衹。　二宫：指皇帝和太子。

[6]豫章安王：蕭棟之父歡封爵號豫章王，謚曰安王，故稱。詳《南史》卷五三《梁武帝諸子·昭明太子傳》。

[7]金華敬妃：梁昭明太子妃蔡氏，昭明死後，蔡氏别居金華宫，謚號敬，故稱。參本書卷二七《陸襄傳》。

[8]哀太子：梁簡文帝嫡長子蕭大器，謚號哀太子。本書卷八有傳。

十月壬寅夜，景遣其衛尉彭儁、王脩纂奉酒於太宗曰：[1]“丞相以陛下處憂既久，故令臣等奉進一觴。”太宗知其將弑。乃大酣飲酒，既醉還寢，脩纂以帊盛土加於腹，因崩焉。[2]斂用法服，[3]以薄棺密瘞於城北酒庫。[4]

[1]衛尉：官名。梁十二卿之一，掌宫門屯兵。十二班。

[2]太宗之死，此述似王偉未親預其事，而本書卷四《簡文帝紀》云：王偉等進觴於帝……王偉、彭儁進土囊，王脩纂坐其上，於是太宗崩於永福省。”綜合《梁書》、《南史》有關記述考之，王偉實爲殺害簡文之主謀及兇手。參張元濟《校史隨筆》中《梁書·王偉彭儁進土囊》條。

[3]法服：禮法規定的標準服。

[4]瘞：埋。

初，太宗久見幽縶，朝士莫得接覲，慮禍將及，常不自安；惟舍人殷不害後稍得入，[1]太宗指所居殿謂之曰：“龐涓當死此下。”[2]又曰：“吾昨夜夢吞土，卿試爲思之。”不害曰：“昔重耳饋塊，卒反晉國，[3]陛下所夢，將符是乎。”太宗曰：“儻幽冥有徵，[4]冀斯言不妄耳。”至是見弑，實以土焉。

[1]舍人：即中書舍人，亦稱中書通事舍人。　殷不害：人名。祖籍陳郡長平。《陳書》卷三二《孝行》有傳。

[2]龐涓：人名。戰國時魏國將軍。魏圍趙都邯鄲，齊以田忌、孫臏爲帥，圍魏救趙，大敗魏軍於馬陵，龐涓被射殺於樹下。事詳

《史記》卷六五《孫子吳起列傳》。

[3]春秋時，晉國内亂，公子重耳流亡外國，過衛，乞食於野人。野人與之塊，公子怒，欲鞭之。子犯曰："天賜也。"稽首受而載之。後，重耳終返晉國，是爲晉文公。事詳《左傳》僖公二十三、二十四年。按，此文"又曰"以下數語，已見本書卷四《簡文帝紀》，此處不當重出。

[4]徵：徵驗。

是月，景司空東道行臺劉神茂、儀同尹思合、劉歸義、王曄、雲麾將軍桑乾王元頵等據東陽歸順，[1]仍遣元頵及别將李占、趙惠朗下據建德江口。[2]尹思合收景新安太守元義，[3]奪其兵。張彪攻永嘉，[4]永嘉太守秦遠降彪。

[1]雲麾將軍：將軍名號。梁置，與武臣、爪牙、龍騎將軍代舊前後左右四將軍。爲一百二十五號將軍之一，十八班。　桑乾：郡名。北魏置，治所在今山西山陰縣東南。　東陽：郡名。治所在今浙江金華縣。

[2]建德江：即今浙江錢塘江上游建德市江段。

[3]收：拘捕。　新安：郡名。治所在今浙江淳安縣西北。

[4]永嘉：郡名。治所在今浙江温州市。

十一月，景以趙伯超爲東道行臺，鎮錢塘，遣儀同田遷、謝答仁等將兵東征神茂。[1]景矯蕭棟詔，自加九錫之禮，[2]置丞相以下百官。陳備物於庭，忽有野鳥翔於景上，[3]赤足丹觜，[4]形似山鵲，賊徒悉駭，競射之不能中。景以劉勸、戚霸、朱安王爲開府儀同三司，索九昇爲護軍將軍。南兖州刺史侯子鑒獻白獐，建康獲白鼠以獻，蕭棟歸之于景。景以郭元建爲南兖州刺史，太尉、北行臺如故。

[1]神茂：即劉神茂。

[2]九錫：古代帝王尊禮大臣所賜的九種器物。魏晉南北朝專權大臣奪取政權前，例以當朝皇帝名義加錫。九錫之名目、次序，諸家之説略有異同。漢末以下，大都採用《禮緯》之説，即：衣服、朱户、納陛、車馬、樂則、虎賁、斧鉞、弓矢、秬鬯。

[3]翔於景上：中華書局本《校勘記》云："《册府元龜》九五一'景'下有'庭'字。疑本作'翔於庭上'，'庭'訛爲'景'，而《元龜》所引，則又多一'景'字。《南史》'景'下又有'册書'二字。"

[4]觜：通"嘴"。特指鳥喙。

景又矯蕭棟詔，追崇其祖爲大將軍，考爲丞相。[1]自加冕，[2]十有二旒，[3]建天子旌旗，出警入蹕，[4]乘金根車，[5]駕六馬，備五時副車，[6]置旄頭、雲罕，[7]樂儛八佾，[8]鍾虡宫懸之樂，[9]一如舊儀。

[1]考：亡父。　丞相，《南史》作"大丞相"。

[2]冕：古代帝王、諸侯、卿大夫所戴的帽子。後專指皇冠，故登皇位叫加冕。

[3]旒：冠頂前端垂掛的玉珠。古代天子之冕十二旒。

[4]出警入蹕：古代帝王出入，左右侍衛爲警，止人清道爲蹕，稱爲警蹕。

[5]金根車：古代帝王所乘，以金爲飾的車。參晉·崔豹《古

今注·輿服》。

[6]副車：皇帝的侍從車輛。

[7]旄頭、雲罕：皆旗名。皇帝出行時爲前導的旌旗。

[8]八佾：古代天子專用的樂舞。據《左傳·隱公五年》杜預注，爲八列，列八人。

[9]鍾虡（jù）宫懸：古代天子專用的音樂。鍾，樂器名；虡，懸掛樂器的木架。宫懸，古時樂器懸掛的方式據主人的身份地位而不同，帝王之樂懸挂四面，象徵宫室四面的墻壁，故名宫懸。

景又矯蕭棟詔，禪位於己。於是南郊，[1]柴燎于天，[2]升壇受禪文物，並依舊儀。以轜車牀載鼓吹，[3]槖駝負犧牲，[4]輦上置筌蹄，[5]垂脚坐。[6]景所帶劍水精標無故墮落，手自拾之。將登壇，有兔自前而走，俄失所在。又白虹貫日。景還升太極前殿，大赦，改元爲太始元年。封蕭棟爲淮陰王，[7]幽于監省。僞有司奏改"警蹕"爲"永蹕"，避景名也。改梁律爲漢律，改左民尚書爲殿中尚書，[8]五兵尚書爲七兵尚書，[9]直殿主帥爲直寢。[10]景三公之官動置十數，儀同尤多，或匹馬孤行，自執羈絆。其左僕射王偉請立七廟。[11]景曰："何謂爲七廟?"偉曰："天子祭七世祖考，故置七廟。"并請七世之諱，敕太常具祭祀之禮。[12]景曰："前世吾不復憶，惟阿爺名標。"衆聞咸竊笑之。景黨有知景祖名周者，[13]自外悉是王偉制其名位，以漢司徒侯霸爲始祖，[14]晉徵士侯瑾爲七世祖。[15]於是追尊其祖周爲大丞相，父標爲元皇帝。

[1]南郊：封建王朝每年在都邑南郊圜丘祭天，稱爲南郊。

[2]柴燎：燒柴祭天。

[3]轜（ér）車：喪車。轜，同“輀”。

[4]橐駝：即駱駝。　犧牲：供祭祀用的純色整體的牲畜。

[5]輦：皇帝所乘坐的車。　筌蹄：形制不詳。或以爲講經之具如麈尾之類，或以爲籃。按，疑爲胡牀類坐具。參周一良《魏晉南北朝史札記》中《〈梁書〉札記》“侯景傳”條及《中國史研究》2003年第4期吴妍《“筌蹄”小考》。

[6]垂脚坐：唐以前人跪坐，脚不得垂。胡牀類坐具距地有一定高度，故能垂脚而坐。

[7]淮陰：郡名。治所在今江蘇淮陰縣西南甘羅城。

[8]左民尚書：官名。尚書省列曹尚書之一，掌土木工程及户籍。梁十三班。

[9]五兵尚書：官名。尚書省列曹尚書之一，掌軍事政令。梁十三班。

[10]直殿主帥：官名。皇帝左右侍衛武官。班品不詳。

[11]七廟：《禮記·王制》：“天子七廟，三昭三穆，與太祖之廟而七。”

[12]太常：官名。掌禮樂、郊廟、社稷事宜。梁十二卿之一，十四班。

[13]名周：中華書局本《校勘記》：“‘周’，《南史》作‘乙羽周’。”陳寅恪《唐代政治史述論稿》上篇《統治階級之氏族及其升降》言及此異，云：“蓋胡人名字原是對音，故成繁鄙，異於華夏之雅稱，後代史官屬文，因施删略。”

[14]侯霸：人名。字君房，東漢河南人。《後漢書》卷二六有傳。

[15]晉徵士侯瑾：按，“晉”字疑誤。侯瑾，後漢敦煌人，桓帝時州郡屢召，公車有道徵，並稱疾不就。《後漢書》卷八〇《文苑》有傳。徵士，不就朝廷徵聘之士。

十二月，謝答仁、李慶等至建德，[1]攻元頵、李占柵，大破之，執頵、占送景。景截其手足徇之，經日乃死。

[1]建德：縣名。治所在今浙江建德市。

景二年正月朔，臨軒朝會，[1]景自巴丘挫衂，[2]軍兵略盡，恐齊人乘釁與西師掎角，[3]乃遣郭元建率步軍趣小峴，[4]侯子鑒率舟師向濡須，[5]曜兵肥水，以示武威。子鑒至合肥，攻羅城，[6]剋之。郭元建、侯子鑒俄聞王師既近，燒合肥百姓邑居，引軍退，子鑒保姑孰，元建還廣陵。時謝答仁攻劉神茂，神茂別將王曄、麗通並據外營降答仁。[7]劉歸義、尹思合等懼，各棄城走。神茂孤危，復降答仁。

[1]朝會：諸侯或臣屬朝見君主。春見曰朝，時見曰會，統稱朝會。

[2]巴丘挫衂：指巴陵之戰，侯景失敗，任約被擒事。巴丘，一名巴陵，在今湖南岳陽市西南。

[3]西師：指荆州湘東王蕭繹的軍隊。　掎角：指分兵牽制或夾擊敵人。

[4]小峴：地名。在今安徽含山縣北。

[5]濡須：城名。在今安徽無爲縣東北濡須水畔。

[6]羅城：爲加强防守，在城墻外加築的凸出形小城圈。

[7]王曄、麗通：曄，舊本訛“華”，此依中華書局本校改。麗，《通鑑》卷一六四《梁紀》作“酈”，中華書局本《校勘記》

云：“疑作‘鄮’是。”

王僧辯軍至蕪湖，[1]蕪湖城主宵遁。景遣史安和、宋長貴等率兵二千，助子鑒守姑孰。追田遷等還京師。是月，景黨郭長獻馬駒生角。三月，景往姑孰，巡視壘栅，又誡子鑒曰：“西人善水戰，不可與争鋒；往年任約敗績，良爲此也。若得馬步一交，必當可破，汝但堅壁以觀其變。”子鑒乃捨舟登岸，閉營不出。僧辯等遂停軍十餘日，賊黨大喜，告景曰：“西師懼吾之强，必欲遁逸，不擊，將失之。”景復命子鑒爲水戰之備。子鑒乃率步騎萬餘人渡洲，并引水軍俱進，僧辯逆擊，大破之，子鑒僅以身免。景聞子鑒敗，大懼，涕下覆面，引衾以卧，[2]良久方起，歎曰：“誤殺乃公！”[3]

[1]蕪湖：縣名。治所在今安徽蕪湖市。

[2]景聞子鑒敗，大懼，涕下覆面，引衾以卧：中華書局本標點爲“景聞子鑒敗，大懼涕下，覆面引衾以卧”，中華書局本《通鑑》卷一六四《梁紀二十》標點爲“景聞子鑒敗，大懼，涕下覆面，引衾而卧”。按，當以《通鑑》標點爲是，因據改。

[3]乃公：你的爺爺。傲慢的自稱語。

僧辯進軍次張公洲。[1]景以盧暉略守石頭，[2]紇奚斤守捍國城。[3]悉逼百姓及軍士家累入臺城内。僧辯焚景水栅，入淮，[4]至禪靈寺渚，[5]景大驚，乃緣淮立栅，自石頭至朱雀航。僧辯及諸將遂於石頭城西步上連營立栅，至于落星墩。[6]景大恐，自率侯子鑒、于慶、史安和、王僧貴等，於石頭東北立栅拒守。使王偉、索超世、吕季略守臺城，宋長貴守延祚寺。[7]遣掘王僧辯父墓，剖棺焚屍。王僧辯等進營於石頭城北，景列陣挑戰。僧辯率衆軍奮擊，大破之。侯子鑒、史安和、王僧貴各棄栅走。盧暉略、紇奚斤並以城降。

[1]張公洲：在今江蘇南京市西南，原爲長江中沙洲，今已併入陸地。

[2]石頭：即石頭城。

[3]捍國城：城名。在今江蘇南京市西。

[4]淮：指秦淮河。

[5]禪靈寺：佛寺名。南齊武帝所建，在今江蘇南京市西南秦淮河北岸。

[6]落星墩：在今江蘇南京市北長江南岸。墩，《通鑑》卷一六四《梁紀》作“山”。

[7]延祚寺：佛寺名。在今江蘇南京市區西北。

景既退敗，不入宫，斂其散兵，屯于闕下，遂將逃竄。王偉攬轡諫曰：[1]“自古豈有叛天子！今宫中衛士，尚足一戰，寧可便走，棄此欲何所之！”景曰：“我在北打賀拔勝，[2]破葛榮，揚名河、朔，與高王一種人。[3]今來南渡大江，取臺城如反掌，打邵陵王於北山，破柳仲禮於南岸，皆乃所親見。今日之事，恐是天亡。乃好守城，我當復一決耳。”仰觀石闕，逡巡歎息久之。[4]乃以皮囊盛二子挂馬鞍，與其儀同田遷、范希榮等百餘騎東奔。[5]王偉委臺城竄逸。[6]侯子鑒等奔廣陵。

[1]攬轡：拉着馬繮。

[2]賀拔勝：人名。北魏神武尖山人。《魏書》卷八〇有傳。

[3]高王：指高歡。

[4]逡巡：遲疑徘徊，欲行又止。

[5]《北齊書》卷四五《文苑·顏之推傳》之推《觀我生賦》自注："（侯）景以大寶二年十一月十九僭位，至明年三月十九日棄城逃竄，是一百二十日。"

[6]委：棄。

王僧辯遣侯瑱率軍追景，[1]景至晉陵，[2]劫太守徐永東奔吴郡，進次嘉興，[3]趙伯超據錢塘拒之。景退還吴郡，達松江，[4]而侯瑱軍掩至，景衆未陣，皆舉幡乞降。景不能制，乃與腹心數十人單舸走，推墮二子於水，自滬瀆入海。[5]至壺豆洲，[6]前太子舍人羊鯤殺之，[7]送屍于王僧辯。傳首西臺。曝屍於建康市，百姓争取屠膾噉食，焚骨揚灰。曾罹其禍者，乃以灰和酒飲之。及景首至江陵，世祖命梟之於市，[8]然後煮而漆之，付武庫。

[1]侯瑱：人名。巴西充國人。《陳書》卷九有傳。

[2]晉陵：郡名。治所在今江蘇常州市。

[3]嘉興：縣名。治所在今浙江嘉興市南。

[4]松江：一名笠澤，在今江蘇吴江市南。

[5]滬瀆：即今上海市區吴淞江。

［6］壺豆洲：在今江蘇南通市及通州市一帶，本長江口沙洲，後併入北岸陸地。壺，《南史》作"湖"，本書卷三九《羊侃傳》附《羊鶤傳》作"胡"。

［7］羊鯤：本書《羊侃傳》有附傳，然"鯤"作"鶤"。按，鶤、鯤俱可通。參本書《羊侃傳》注。

［8］梟：殺人而將其頭懸掛木上以示衆。

景長不滿七尺，而眉目疏秀。性猜忍，[1]好殺戮。刑人或先斬手足，割舌劓鼻，經日方死。曾於石頭立大舂碓，有犯法者，皆擣殺之，其慘虐如此。自篡立後，時著白紗帽，而尚披青袍，或以牙梳插髻。牀上常設胡牀及筌蹄，[2]著靴垂脚坐。或匹馬遊戲於宫内，及華林園彈射烏鳥。[3]謀臣王偉不許輕出，於是鬱怏，[4]更成失志。所居殿常有鵂鶹鳥鳴，[5]景惡之，每使人窮山野討捕焉。普通中，[6]童謡曰："青絲白馬壽陽來。"後景果乘白馬，兵皆青衣。所乘馬，每戰將勝，輒躑躅嘶鳴，意氣駿逸；其奔衄，[7]必低頭不前。

［1］猜忍：猜忌殘暴。

［2］牀上：中華書局本《校勘記》："'牀上'《太平御覽》七〇六作'殿上'。"　胡牀：又名交椅、交牀，俗稱馬扎子。一種可以折叠的輕便坐具，東漢後期由胡地傳入，故名。

［3］華林園：故址在今江蘇南京市鷄鳴山南古臺城内。初建於孫吴，擴建於劉宋。内有景陽山、景陽樓、華光殿、竹林堂諸勝，爲六朝帝王宴集之所。

［4］鬱怏：悶悶不樂。

［5］鵂鶹鳥：即猫頭鷹。

[6]普通：梁武帝年號（520—527）。

[7]奔衂：敗逃。

初，中大同中，[1]高祖嘗夜夢中原牧守皆以地來降，舉朝稱慶，寤甚悦之。旦見中書舍人朱异，説所夢，異曰："此豈宇内方一，[2]天道前見其徵乎。"[3]高祖曰："吾爲人少夢，昨夜感此，良足慰懷。"及太清二年，[4]景果歸附，高祖欣然自悦，謂與神通，乃議納之，而意猶未決。曾夜出視事，至武德閣，[5]獨言"我家國猶若金甌，無一傷缺，今便受地，詎是事宜；脱致紛紜，[6]非可悔也。"朱异接聲而對曰："聖明御宇，上應蒼玄，[7]北土遺黎，誰不慕仰，爲無機會，未達其心。今侯景據河南十餘州，分魏土之半，輸誠送款，遠歸聖朝，豈非天誘其衷，[8]人獎其計，[9]原心審事，[10]殊有可嘉。今若拒而不容，恐絶後來之望，此誠易見，願陛下無疑。"高祖深納异言，又信前夢，乃定議納景。及貞陽覆敗，邊鎮怌擾，[11]高祖固已憂之，曰："吾今段如此，勿作晉家事乎？"[12]

[1]中大同：梁武帝年號（546—547）。

[2]方一：將統一。

[3]見：同"現"。　徵：預兆。

[4]太清二年：按，"二"字疑誤。據本書本傳及《武帝紀》，侯景附梁在太清元年。

[5]武德閣：京師建康宫城内殿閣名。

[6]脱：若。　紛紜：混亂。

[7]蒼玄：蒼天。

[8]天誘其衷：上天開導其心意。《左傳·僖公二十八年》："天禍衛國，君臣不協，以及此憂也。今天誘其衷，使皆降心以相從也。"

[9]奬：助。

[10]原心：探究其本心。

[11]恇擾：恐懼慌張。

[12]晉家事：指西晉末，胡人南侵，晉室南渡事。

先是，丹陽陶弘景隱於華陽山，[1]博學多識，嘗爲詩曰："夷甫任散誕，[2]平叔坐談空，[3]不意昭陽殿，化作單于宮。"[4]大同末，[5]人士競談玄理，[6]不習武事；至是，景果居昭陽殿。

[1]陶弘景：丹陽郡人。本書卷五一有傳。　華陽山：據本書《陶弘景傳》，當即句曲山，即今江蘇金壇市西大茅山。

[2]夷甫：王衍字夷甫，晉琅邪臨沂人。性浮誕，好玄談。《晉書》卷四三有傳。

[3]平叔：何晏字平叔，曹魏南陽人，好老莊之學，尚清淡。詳《三國志》卷九及裴松之注。

[4]單于：匈奴君長之稱號。

[5]大同：梁武帝年號（535—546）。

[6]玄理：深微的義理。此指老莊學説。南朝士人以《易》、《老子》、《莊子》爲三玄，以辨析玄理爲能事。參顔之推《顔氏家訓·勉學》。

天監中，[1]有釋寶誌曰：[2]"掘尾狗子自發狂，當死未死嚙人傷，須臾之間自滅亡，起自汝陰死三湘。”[3]又曰：“山家小兒果攘臂，太極殿前作虎視。”掘尾狗子，山家小兒，皆猴狀。景遂覆陷都邑，毒害皇室。

[1]天監：梁武帝年號（502—519）。

[2]釋寶誌：南朝異僧，《南史》卷七六《隱逸·陶弘景傳》有附傳。梁·釋慧皎《高僧傳》卷一〇《神異下》有《梁京師釋保誌傳》。“寶”、“保”字異，實爲一人。

[3]汝陰：郡名。治所在今安徽合肥市西。按，侯景自壽春僞嚮合肥，襲取譙州，爲其反梁之始。　三湘：一般以今湖南湘鄉爲下湘，湘潭爲中湘，湘陰爲上湘，合稱三湘。此處指今湘陰一帶。梁湘東王蕭繹起兵荆州，順江而東，終滅侯景。

大同中，[1]太醫令朱耽嘗直禁省，[2]無何，夜夢犬羊各一在御坐，覺而惡之，告人曰：“犬羊者，非佳物也。今據御坐，將有變乎？”既而天子蒙塵，[3]景登正殿焉。

[1]大同中：“中”，舊本皆脱，此依中華書局本校補。

[2]太醫令：官名。屬門下省，掌侍醫。梁一班。

[3]蒙塵：蒙被塵土。多用以比喻帝王失位或流亡，遭受垢辱。

及景將敗，有僧通道人者，意性若狂，飲酒噉肉，不異凡等，世間遊行已數十載，姓名鄉里，人莫能知。初言隱伏，久乃方驗，人並呼爲闍梨，[1]景甚信敬之。景嘗於後堂與其徒共射，時僧通在坐，奪景弓射景陽山，[2]大呼云："得奴已。"景後又宴集其黨，又召僧通，僧通取肉揾鹽以進景。問曰："好不？"[3]景答："所恨太鹹。"僧通曰："不鹹則爛臭。"果以鹽封其屍。

[1]闍（shé）黎：梵語譯音，亦譯爲闍梨、阿闍梨、阿祇利、阿遮梨耶。義譯爲軌範師，謂能糾正弟子品行，爲弟子軌範。見《辭源》"闍梨"條。

[2]景陽山：京師建康城華林園内山名。爲華林園諸景之一，劉宋文帝時築。

[3]不：同"否"。

王偉，陳留人，[1]少有才學，景之表、啓、書、檄，皆其所製。景既得志，規摹篡奪，[2]皆偉之謀。及囚送江陵，烹於市。百姓有遭其毒者，並割炙食之。

[1]陳留：郡名。治所在今河南開封市西北。按，《南史》卷八〇云"其先略陽人"，至其父始"居潁川"。《太平御覽》卷三六七引《談藪》亦作"潁川王偉"。北齊·陽松玠《談藪》"王偉"條云："潁川王偉有才學，爲侯景左僕射。景敗，被擒送江陵。湘東王欲活之，左右妬其才，乃曰：'偉作檄文。'繹視之，大怒，釘偉舌於柱。"

[2]規摹：建立制度程式。

史臣曰：夫道不恒夷，運無常泰，斯則窮通有數，盛衰相襲，[1]時屯陽九，[2]蓋在兹焉。若乃侯景小豎，叛换本國，[3]識不周身，[4]勇非出類，而王偉爲其謀主，成此姦慝。[5]驅率醜徒，陵江直濟，長戟强弩，淪覆宫闕，禍纏宸極，[6]毒徧黎元，肆其恣睢之心，[7]成其篡盗之禍。嗚呼！國之將亡，必降妖孽。雖曰人事，抑乃天時。昔夷羿亂夏，[8]犬戎厄周，[9]漢則莽、卓流災，[10]晉則敦、玄搆禍，[11]方之羯賊，[12]有逾其酷，悲夫！

[1]襲：承接。

[2]陽九：指灾年和厄運。

[3]叛換：跋扈、蠻横。

[4]周身：保全自身。

[5]姦慝：姦詐、邪惡。

[6]宸極：本指北極星，此比喻帝位。

[7]恣睢：狂妄、兇暴。

[8]夷羿亂夏：《楚辭·天問》："帝降夷羿，革孽夏民。"王逸注："言羿弑夏家，居天子之位，荒淫田獵，變更夏道，爲萬民憂患。"夷羿，夏代部族首領名。

[9]犬戎厄周：周幽王時，犬戎入宗周殺幽王。平王東遷洛邑。詳《史記》卷四《周本紀》。犬戎，古戎族之一支，殷周時居中原西部。

[10]莽、卓流災：西漢末王莽篡位，東漢末董卓之亂。分見《漢書》卷九九《王莽傳》、《三國志》卷六《魏書·董卓傳》。

[11]敦、玄構禍：東晉元帝末、明帝初，大臣王敦擁兵自重，兩次起兵反朝廷。東晉安帝時，桓玄舉兵攻下京師，迫帝禪位。分見《晉書》卷九八《王敦傳》及卷九九《桓玄傳》。

[12]羯賊：指侯景。景爲羯胡人，故稱。

圖書在版編目（CIP）數據

今注本二十四史・梁書/熊清元校注．—成都：巴蜀書社，2013.9

ISBN 978-7-80752-582-0

Ⅰ.①今…　Ⅱ.①熊…　Ⅲ.①中國－古代史－梁國（503～557）－紀傳體②梁書－注釋　Ⅳ.①K239.130.42

中國版本圖書館 CIP 數據核字（2010）第 067203 號

今注本二十四史・梁書
JINZHUBEN ERSHISISHI LIANGSHU

熊清元　校注

策　　劃　段志洪
責任編輯　周田青　黄雲生
特約編輯　黄　葵　邵世强
封面設計　陸智昌
出　　版　四川出版集團巴蜀書社
　　　　　成都市槐樹街 2 號　郵編 610031
　　　　　總編室電話：（028）86259397
網　　址　www.bsbook.com
發　　行　巴蜀書社
　　　　　發行科電話：（028）86259422　86259423
經　　銷　新華書店
印　　刷　成都東江印務有限公司
版　　次　2013 年 9 月第 1 版
印　　次　2013 年 9 月第 1 次印刷
成品尺寸　228mm×152mm
印　　張　144
字　　數　2060 千
書　　號　ISBN 978-7-80752-582-0
定　　價　340.00 圓（全七册）

今注本二十四史

梁書

六

傳〔五〕

唐　姚思廉　撰

熊清元　校注

四川出版集團　巴蜀書社

梁書 卷四四

列傳第三十八

太宗十一王　世祖二子

太宗王皇后生哀太子大器、南郡王大連，[1]陳淑容生尋陽王大心，[2]左夫人生南海王大臨、安陸王大春，[3]謝夫人生瀏陽公大雅，[4]張夫人生新興王大莊，[5]包昭華生西陽王大鈞，[6]范夫人生武寧王大威，[7]褚脩華生建平王大球，[8]陳夫人生義安王大昕，[9]朱夫人生綏建王大摯。[10]自餘諸子，本書不載。[11]

[1]太宗：梁簡文帝廟號。　王皇后：名靈賓，祖籍琅邪臨沂。本書卷七有傳。　哀太子大器：簡文帝嫡長子蕭大器，謚號哀太子。本書卷八有傳。南郡：郡名。治所在今湖北荆州市。

[2]淑容：嬪妃號。九嬪之一。劉宋泰始三年（467）置，見《宋書》卷四一《后妃傳序》。　尋陽：郡名。治所在今江西九江市西南。

[3]夫人：嬪妃號。三夫人之一。曹魏初置。見《宋書·后妃傳序》。　南海：郡名。治所在今廣東廣州市。　安陸：郡名。治所在今湖北安陸市。

[4]瀏陽：縣名。治所在今湖南瀏陽市東北官渡。

[5]新興：郡名。治所在今四川南充市東南青居。

[6]昭華：嬪妃號。魏明帝所置，宋泰始三年以爲九嬪之一。　西陽：郡名。治所在今湖北黄岡市東。

[7]武寧：郡名。治所在今湖北荆門市。

[8]脩華：嬪妃號。晉武帝所置，齊初以爲九嬪之一。　建平：郡名。治所在今四川巫山縣。

[9]義安：郡名。治所在今廣東潮安縣東北。

[10]綏建：郡名。治所在今廣東廣寧縣南。

[11]清·趙翼《廿二史劄記》卷九《梁書悉據國史立傳》條有云："簡文諸子大器、大心、大臨、大連、大春、大雅、大莊、大鈞、大威、大球、大昕、大摯外，尚有大款、大成、大封、大訓、大圜而俱無傳……《梁書》謂其餘諸子，'本書不載'，故缺之。所謂本書者，即梁朝國史也。"按，大款、大成、大封、大訓、大圜俱見《南史》卷五四《簡文帝諸子傳》。另，《藝文類聚》卷三四、《文苑英華》卷九九九俱載簡文帝《大同哀辭》，云："大同字仁洽，予之第十九子也。生於仲秋，殞於冬末。"是簡文有子大同，然與《南史》所記大摯爲"簡文第十九子"矛盾，未知孰是。

尋陽王大心字仁恕。幼而聰朗，善屬文。[1]中大通四年，[2]以皇孫封當陽公，[3]邑一千五百户。大同元年，[4]出爲使持節、都督郢南北司定新五州諸軍事、輕車將軍、郢州刺史。[5]時年十三，太宗以其幼，恐未達民情，戒之曰："事無大小，悉委行事，[6]纖毫不須措懷。"大心雖不親州務，發言每合於理，衆皆驚服。七年，徵爲侍中、兼石頭戍軍事。[7]太清元年，[8]出爲雲麾將軍、江州刺史。[9]二年，侯景寇京邑，[10]大心招集士卒，遠近歸之，衆至數萬，與上流諸軍赴援宫闕。三年，城陷，上甲侯蕭韶南奔，[11]宣密詔，加散騎常侍，[12]進號平南將軍。[13]大寶元年，[14]封尋陽王，邑二千户。

[1]《太平御覽》卷六〇二引《三國典略》："蕭大心字仁恕，小名英童，與大臨同年，十歲並能屬文。嘗雪朝入見梁武帝詠雪，令二童各和，並援筆立成。"按，大臨，文淵閣《四庫全書》本《太平御覽》作"大器"。

[2]中大通：梁武帝年號（529—534）。

[3]當陽：縣名。治所在今湖北當陽市。

[4]大同：梁武帝年號（535—546）。

[5]使持節：古代大臣奉天子之命出行，持節以爲憑證，稱假節。魏晉以下以爲官名。有假節、持節、使持節之分，權力亦有小大之别，皆都督諸州軍事及刺史總軍戎者。軍事長官出征或出鎮，使持節享有誅殺二千石以下官員的權力。　郢南北司定新：皆州名。郢州，治所在今湖北武漢市武昌；南司州，治所在今湖北安陸市；北司州，治所在今河南信陽市；定州，治所在今湖北麻城市東北；新州，治所在今湖北京山縣。錢大昕《廿二史考異》卷二六有云："本紀不見新州之名。《隋志》江夏郡舊置郢州，梁分置北新州，即此新州也。"　輕車將軍：將軍名號。梁代與征遠、鎮朔、武旅、貞毅將軍代舊輔國將軍。天監七年革選，釐定將軍名號及班品，有一百二十五號十品二十四班，以班多者爲貴，輕車將軍爲十四班。

[6]行事：六朝時，諸王往往年少即出鎮一方，因而朝廷以長史代行政事，稱爲行事。

[7]侍中：官名。門下省長官，掌奏事，直侍左右，獻替應對。參與決策，是中樞集團重要成員，職任顯要。員四人。梁天監七年革選，定流内職官爲十八班，以班多者爲貴，侍中爲十二班。　石頭戍：即石頭城戍所，在今江蘇南京市西清凉山。其地負山面江，形勢險固，爲六朝軍事要地。

[8]太清：梁武帝年號（547—549）。

[9]雲麾將軍：將軍名號。梁置，與武臣、爪東龍騎將軍代舊前後左右四將軍。爲一百二十五號將軍之一，十八班。　江州：州名。治所在今江西九江市西南。

[10]侯景：人名。本魏將，太清元年附梁，二年反，率兵寇京師建康。本書卷五六有傳。

[11]上甲侯蕭韶：梁武帝長兄懿之孫蕭韶初封上甲縣都鄉侯。見《南史》卷五一《梁宗室傳》。上甲，縣名。治所在今江西湖口縣東南。

[12]散騎常侍：官名。集書省長官，掌侍從左右，獻納諫諍。劉宋以後，職以侍從左右、掌圖書文翰爲主，地位降低。員四人。梁十二班。

[13]平南將軍：將軍名號。與平東、平北、平西將軍合稱四平將軍，多持節都督某一地區的軍事，或作爲刺史兼理軍務的加官。爲一百二十五號將軍之一，二十班。

[14]大寶：梁簡文帝年號（550—551）。按，此云“大寶元年，封尋陽王”，《南史》卷五四《梁簡文帝諸子傳》同傳同。然據本書卷四《簡文帝紀》及《南史》卷八《梁本紀》，大心封尋陽王在上年即太清三年六月。

初，歷陽太守莊鐵以城降侯景，[1]既而又奉其母來奔，大心以鐵舊將，厚爲其禮，軍旅之事，悉以委之，仍以爲豫章内史。[2]侯景數遣軍西上寇抄，大心輒令鐵擊破之，賊不能進。時鄱陽王範率衆棄合肥，[3]屯于栅口，[4]待援兵總集，欲俱進。大心聞之，遣要範西上，以湓城處之，[5]廩饋甚厚，[6]與勠力共除禍難。會莊鐵據豫章反，大心令中兵參軍韋約等將軍擊之，[7]鐵敗績，又乞降。鄱陽世子嗣先與鐵遊處，[8]因稱其人才略從横，[9]且舊將也，欲舉大事，當資其力，若降江州，必不全其首領，嗣請援之。範從之，乃遣將侯瑱率精甲五千往救鐵，[10]夜襲破韋約等營。大心聞之大懼，於是二藩釁起，[11]人心離貳。景將任約略地至于湓城，大心遣司馬韋質拒戰，[12]敗績。時帳下猶有勇士千餘人，咸説曰："既無糧儲，難以守固，若輕騎往建州，[13]以圖後舉，策之上者也。"大心未决，其母陳淑容曰："即日聖御年尊，[14]儲宫萬福，[15]汝久奉違顔色，[16]不念拜謁闕庭，[17]且吾已老，而欲遠涉險路，糧儲不給，豈謂孝子，吾終不行。"因撫胸慟哭，大心乃止。遂與約和。二年秋，遇害，[18]時年二十九。[19]

[1]歷陽：郡名。治所在今安徽和縣。

[2]豫章：郡名。治所在今江西南昌市。　内史：官名。王國行政長官，職同太守。劉宋第五品，梁不詳。

[3]鄱陽王範：梁武帝弟蕭恢之子範襲父爵爲鄱陽王。本書卷二二《太祖五王傳》有附傳。　合肥：縣名。治所在今安徽合肥市西。

[4]栅口：地名。即古栅水入長江之口，在今安徽無爲縣東南。

[5]湓城：城名。亦名湓口城，在今江西九江市。

[6]廩饋：糧餉給養。

[7]中兵參軍：官名。王公府屬官，掌本府親兵。梁六班至二班。

[8]世子嗣：鄱陽王蕭範嫡長子蕭嗣。本書卷二二《太祖五王傳》有附傳。

[9]從橫：奔放。從，通“縱”。

[10]侯瑱：人名。巴西充國人。《陳書》卷九有傳。

[11]二藩：二諸侯。指蕭範與蕭大心。　釁：裂痕，矛盾。

[12]司馬：官名。王公軍府屬官，掌本府武官。梁十班至六班。

[13]建州：州名。梁置，治所在今廣東鬱南縣東南連灘。

[14]聖御：皇帝。此指梁武帝。

[15]儲宫：太子。此指簡文帝蕭綱。

[16]奉違：奉命離别。

[17]闕庭：宫廷。

[18]遇害：指被侯景所害。參本書卷四《簡文帝紀》。

[19]時年二十九：中華書局本《校勘記》：“《太平御覽》六〇二引《三國典略》云蕭大心與大臨同年，二人同遇害，大臨時年二十五。則‘二十九’當作‘二十五’。”按，本傳前文云大同元年（535）蕭大心年十三，則其大寶二年（551）遇害，時年正二十九。故知本傳不誤，查文淵閣《四庫全書》本《太平御覽》，“大臨”作“大器”，因知中華書局本《校勘記》所據《太平御覽》有誤。大心、大器同卒於大寶二年秋，同爲二十九歲。

南海王大臨字仁宣。大同二年，封寧國縣公，[1]邑一千五百户。少而敏慧。年十一，遭左夫人憂，哭泣毁瘠，以孝聞。後入國學，明經射策甲科，[2]拜中書侍郎，[3]遷給事黄門侍郎。[4]十一年，爲長兼侍中。[5]出爲輕車將軍、琅邪彭城二郡太守。[6]侯景亂，爲使持節、宣惠將軍,[7]屯新亭。[8]俄又徵還，屯端門,[9]都督城南諸軍事。時議者皆勸收外財物，擬供賞賜，大臨獨曰："物乃賞士，而牛可犒軍。"命取牛，得千餘頭，城内賴以饗士。大寶元年，封南海郡王,[10]邑二千户。出爲使持節、都督揚南徐二州諸軍事、安南將軍、揚州刺史。[11]又除安東將軍、吴郡太守。[12]時張彪起義於會稽,[13]吴人陸令公、潁川庾孟卿等勸大臨走投彪。[14]大臨曰："彪若成功，不資我力；如其撓敗,[15]以我説焉，不可往也。"二年秋，遇害于郡,[16]時年二十五。

[1]寧國：縣名。治所在今安徽寧國縣西南寧國南。

[2]明經：通曉經學。漢代以下以明經爲取士考試科目之一。射策：古代考試方式之一。由主試者出題書之於簡策，分甲乙科，列置案上，應試者隨意取答，主試者按題目及所答内容定優劣。上者爲甲，次者爲乙。

[3]中書侍郎：官名。中書省官員，舊掌詔誥。劉宋以下，草擬詔誥之權漸歸中書舍人，侍郎職少官清，成爲諸王起家官。員四人。梁九班。

[4]給事黄門侍郎：官名。門下省次官，掌侍從左右，關通中外，擯相威儀，盡規獻納等。出入禁中，職任顯要。員四人。梁十班。

[5]長兼：官制術語。南朝假職未真授之官有兼、長兼之稱。宋·沈括《夢溪筆談》卷二有云："古之兼官，多是暫時攝領。有長兼者，即同正官。"

[6]琅邪彭城：郡名。此當爲南琅邪及南彭城二郡。南琅邪，治所在今江蘇南京市北；南彭城，虚置，無實土。

[7]宣惠將軍：將軍名號。梁置，與鎮兵、翊師、宣毅將軍代舊東西南北四中郎將。爲一百二十五號將軍之一，十七班。

[8]新亭：地名。在今江蘇南京市南。其地近江濱，依山爲壘，是六朝軍事交通要地。

[9]端門：京師建康宫城正南門。

[10]大寶元年，封南海郡王：按，據本書卷四《簡文帝紀》，大臨封南海郡王在太清三年六月，《南史》卷八《梁本紀》同。

[11]揚南徐：皆州名。揚州，治所在今江蘇南京市；南徐州，治所在今江蘇鎮江市。　安南將軍：將軍名號。與安東、安北、安西將軍合稱四安將軍，爲出鎮方面的軍事長官，或作爲刺史兼理軍務的加官，權任頗重。爲一百二十五號將軍之一，二十一班。

[12]安東將軍：將軍名號。職任與安南將軍同類。爲一百二十五號將軍之一，二十一班。　吴郡：郡名。治所在今江蘇蘇州市。

[13]張彪：人名。自云家本襄陽，初，亡命會稽若邪山爲盜，繼爲蕭大連屬下，又爲侯景將宋子仙所知，還入若邪山舉義，征子仙。《南史》卷六四有傳。　會稽：郡名。治所在今浙江紹興市。

[14]吴人陸令公：陸令公，人名。吴郡人，生平不詳。吴，即吴郡。　潁川庾孟卿：庾孟卿，人名。祖籍潁川郡，生平不詳。潁川，治所在今河南許昌市東。

[15]撓敗：潰敗。

[16]遇害：指被侯景所害。參本書卷四《簡文帝紀》。

南郡王大連字仁靖。少俊爽，[1]能屬文，舉止風流，雅有巧思，妙達音樂，兼善丹青。[2]大同二年，封臨城縣公，[3]邑一千五百户。七年，與南海王俱入國學，[4]射策甲科，拜中書侍郎。十年，高祖幸朱方，[5]大連與兄大臨並從。高祖問曰："汝等習騎不？"[6]對曰："臣等未奉詔，不敢輒習。"敕各給馬試之，大連兄弟據鞍往還，各得馳驟之節，高祖大悦，即賜所乘馬。及爲啓謝，詞又甚美。高祖佗日謂太宗曰：“昨見大臨、大連，風韻可愛，足以慰吾老年。”遷給事黄門侍郎，轉侍中，尋兼石頭戍軍事。太清元年，出爲使持節、輕車將軍、東揚州刺史。[7]侯景入寇京師，大連率衆四萬來赴。及臺城没，[8]援軍散，復還揚州。[9]三年，會稽山賊田領群聚黨數萬來攻，大連命中兵參軍張彪擊斬之。大寶元年，封爲南郡王，[10]邑二千户。景仍遣其將趙伯超、劉神茂來討，大連設備以待之。會將留異以城應賊，[11]大連棄城走，至信安，[12]爲賊所獲。侯景以爲輕車將軍、行揚州事，遷平南將軍、江州刺史。大連既迫寇手，恒思逃竄，乃與賊約曰：“軍民之事，吾不預焉，候我存亡，但聽鍾響。”欲簡與相見，因得亡逸，賊亦信之，事未果。二年秋，遇害，[13]時年二十五。

[1]俊爽：才華出衆，性格豪爽。

[2]丹青：繪畫。《歷代名畫記》卷七有云：“蕭大連，字仁靖，簡文帝第五子。少俊爽風流，有巧思，洞達音律，工丹青。”

[3]臨城：縣名。治所在今安徽青陽縣南。

[4]《隋書·禮儀四》：“大同七年，皇太子表其子寧國、臨城公入學。”按，拜表見《藝文類聚》卷三八。

[5]高祖：梁武帝廟號。　朱方：丹徒縣之古名，治所在今江蘇丹徒縣東南。

[6]不：同“否”。按，東晉南朝後期皇室王侯及士大夫騎馬在某種程度上被視爲有政治野心，故不敢習騎。參周一良《魏晉南北朝史札記》之《〈宋書〉札記》“劉義慶傳之‘世路艱難’與‘不復

跨馬’”條。

[7]東揚州：州名。治所在今浙江紹興市。

[8]臺城：京師建康宫城，故址在今江蘇南京市。

[9]揚州：當爲東揚州。《南史》作“東揚州”。

[10]大寶元年，封爲南郡王：按，據本書卷四《簡文帝紀》，大連封南郡王在上年，即太清三年六月，《南史》卷八《梁本紀》同。

[11]留異：人名。東陽郡長山縣人。《陳書》卷三五有傳。

[12]信安：縣名。治所在今浙江衢縣。《陳書》卷三五《留異傳》作“信安嶺”，《南史》作“信安縣”。

[13]遇害：指被侯景所害。參本書卷四《簡文帝紀》。

安陸王大春字仁經。少博涉書記。天性孝謹，體貌瓌偉，腰帶十圍。[1]大同六年，封西豐縣公，[2]邑一千五百户。拜中書侍郎。後爲寧遠將軍，[3]知石頭戍軍事。侯景内寇，大春奔京口，[4]隨邵陵王入援，[5]戰于鍾山，[6]爲賊所獲。京城既陷，大寶元年，封安陸郡王，[7]邑二千户。出爲使持節、雲麾將軍、東揚州刺史。二年秋，遇害[8]，時年二十二。

[1]腰帶十圍：形容人身材魁偉。圍，計量圓周的量詞。直徑一尺爲圍，一説五寸爲圍。一抱亦稱圍。

[2]西豐：縣名。治所在今江西臨川市南。

[3]寧遠將軍：將軍名號。梁代與明威、振遠等將軍代舊寧朔將軍。爲一百二十五號將軍之一，十三班。

[4]京口：地名。即今江蘇鎮江市。

[5]邵陵王：梁武帝子蕭綸的封爵號。本書卷二九《高祖三王》

有傳。

[6]鍾山：即今江蘇南京市中山門外紫金山。

[7]大寶元年，封安陸郡王：按，據本書卷四《簡文帝紀》，大春封安陸郡王在太清三年六月，《南史》卷八《梁本紀》同。

[8]遇害：指被侯景所害。參本書卷四《簡文帝紀》。

瀏陽公大雅字仁風。大同九年，封瀏陽縣公，邑一千五百户。少聰警，美姿儀，特爲高祖所愛。太清三年，京城陷，賊已乘城，大雅猶命左右格戰，賊至漸衆，乃自縋而下。[1]因發憤感疾，薨，時年十七。

[1]縋（zhuì）：以繩懸人或物，使之下墜。

新興王大莊字仁禮。大同九年，封高唐縣公，[1]邑一千五百户。大寶元年，封新興郡王，邑二千户。出爲使持節、都督南徐州諸軍事、宣毅將軍、南徐州刺史。[2]二年秋，遇害，[3]時年十八。

[1]高唐：縣名。治所在今安徽宿松縣。

[2]宣毅將軍：將軍名號。梁置，與鎮兵、翊師、宣惠將軍代舊東西南北四中郎將。爲一百二十五號將軍之一，梁十七班。

[3]遇害：指被侯景所害。參本書卷四《簡文帝紀》。

西陽王大鈞字仁輔。[1]性厚重，不妄戲弄。年七歲，高祖嘗問讀何書，對曰“學《詩》”。因命諷誦，音韻清雅，高祖因賜王羲之書一卷。[2]大寶元年，封西陽郡王，邑二千户。出爲宣惠將軍、丹陽尹。[3]二年，監揚州，[4]將軍如故。至秋遇害，[5]時年十三。

[1]仁輔：《南史》卷五四《梁簡文帝諸子傳》同傳作“仁博”。

[2]王羲之：人名。祖籍琅邪，東晉著名書法家。《晉書》卷八〇有傳。

[3]丹陽尹：京師所在丹陽郡行政長官。宋第三品，梁不詳。

[4]監：官制術語。非正式任職而督理其事之稱。

[5]遇害：指被侯景所害。參本書卷四《簡文帝紀》。

武寧王大威字仁容。美風儀，眉目如畫。大寶元年，封武寧郡王，邑二千户。二年，出爲信威將軍、丹陽尹。[1]其年秋，遇害[2]，時年十三。

[1]信威將軍：將軍名號。梁置，與智威、仁威、勇威、嚴威將軍代舊征虜將軍。爲一百二十五號將軍之一，十六班。

[2]遇害：指被侯景所害。參本書卷四《簡文帝紀》。

建平王大球字仁珽。[1]大寶元年，封建平郡王，邑二千户。性明慧夙成。初，侯景圍京城，高祖素歸心釋教，每發誓願，恒云：“若有衆生應受諸苦，悉衍身代當。”時大球年甫七歲，聞而驚謂母曰：“官家尚爾，[2]兒安敢辭。”乃六時禮佛，[3]亦云：“凡有衆生應獲苦報，悉大球代受。”其早慧如此。二年，出爲輕車將軍、兼石頭戍軍事。其年秋，遇害，[4]時年十一。

[1]仁珽：《南史》卷五四《梁簡文帝諸子傳》同傳作“仁玉”。

[2]官家：對皇帝的稱呼。《通鑑》卷九五《晉紀十七》“咸康三年”條下胡注：“西漢謂天子爲縣官，東漢謂天子爲國家，故兼而稱之。或曰五帝官天下，三王家天下，故兼稱之。”又，周一良云：“稱貴人爲官，亦加家字曰官家即官人，多指皇帝。”詳其所著《魏晉南北朝史札記》之《〈三國志〉札記》“家”條。 爾：如此。

[3]六時：佛教分一晝夜爲六時：晨朝、日中、日没、初夜、中夜、後夜。

[4]遇害：指被侯景所害。參本書卷四《簡文帝紀》。

義安王大昕字仁朗。年四歲，母陳夫人卒，便哀慕毁頓，有若成人。及高祖崩，大昕奉慰太宗，嗚咽不能自勝，左右見之，莫不掩泣。大寶元年，封義安郡王，邑二千户。二年，出爲寧遠將軍、琅邪彭城二郡太守，未之鎮，遇害[1]，時年十一。

[1]遇害：指被侯景所害。參本書卷四《簡文帝紀》。

綏建王大摯字仁瑛。幼雄壯有膽氣，及京城陷，乃歎曰：“大丈夫會當滅虜屬。”[1]嬭媪驚，[2]掩其口曰：“勿妄言，禍將及。”大摯笑曰：“禍至非由此言。”大寶元年，封綏建郡王，邑二千户。二年，爲寧遠將軍，遇害[3]，時年十歲。

[1]會當：應當，定要。

[2]嬭媪：乳母。

[3]遇害：指被侯景所害。參本書卷四《簡文帝紀》。

世祖諸男：[1]徐妃生忠壯世子方等；[2]王夫人生貞惠世子方諸；[3]其愍懷太子方矩，[4]本書不載所生，[5]別有傳；夏賢妃生敬皇帝。[6]自餘諸子，[7]並本書無傳。

[1]世祖：梁元帝廟號。

[2]徐妃：名昭佩，祖籍東海郯縣。本書卷七《后妃》有傳。

[3]夫人：《南史》卷五四《梁元帝諸子傳》作“貴嬪”。

[4]愍懷太子方矩：梁元帝第四子蕭方矩，謚號愍懷太子。本書卷八有傳。《南史》卷五四云爲“袁貴人生”。

[5]本書：指梁朝國史。參清・趙翼《廿二史劄記》卷九《〈梁書〉悉據國史立傳》條。

[6]賢妃：《南史》作“貴妃”。按，南朝后妃中無“賢妃”之號，疑《南史》爲是。

[7]《南史》卷五四《元帝諸子傳》載有始安王方略。又，梁元帝《金樓子》卷三《后妃篇》載其有子女方諸、方等、方規、方智、含貞、含介、含芷等。

忠壯世子方等字實相，[1]世祖長子也。母曰徐妃。少聰敏，有俊才，善騎射，尤長巧思。性愛林泉，特好散逸。嘗著論曰：“人生處世，如白駒過隙耳。[2]一壺之酒，足以養性；一簞之食，足以怡形。生在蓬蒿，死葬溝壑，瓦棺石槨，何以異茲？吾嘗夢爲魚，因化爲鳥。當其夢也，何樂如之，及其覺也，何憂斯類，良由吾之不及魚鳥者遠矣。故魚鳥飛浮，任其志性，吾之進退，恒存掌握，舉手懼觸，搖足恐墮。若使吾終得與魚鳥同遊，則去人間如脱屣耳。”[3]初，徐妃以嫉妒失寵，方等意不自安，世祖聞之，又惡方等，[4]方等益懼，故述論以申其志焉。

[1]方等：明·胡應麟《少室山房筆叢》卷七《續甲部·丹鉛新録三》引楊慎《丹鉛録》云：“佛氏有方等經，猶云平等世界也，故蕭氏取爲名。” 實相：本佛教語“法諸實相”之省稱，指宇宙間萬事萬物之真相，蕭氏取以爲字。

[2]白駒過隙：比喻光陰迅速。語出《莊子·知北遊》。

[3]脱屣：脱掉鞋子。比喻看得很輕，不足介意。《漢書·郊祀志上》：“嗟乎！誠得如黄帝，吾視去妻子如脱屣耳。”

[4]惡：三朝本、百衲本作“忌”。

會高祖欲見諸王長子，世祖遣方等入侍，方等欣然升舟，冀免憂辱。行至繇水，[1]值侯景亂，[2]世祖召之，方等啓曰：“昔申生不愛其死，[3]方等豈顧其生。”世祖省書歎息，知無還意，乃配步騎一萬，使援京都。賊每來攻，方等必身當矢石。宫城陷，方等歸荆州，[4]收集士馬，甚得衆和，世祖始歎其能。方等又勸修築城柵，以備不虞。既成，樓雉相望，周迴七十餘里。世祖觀之甚悦，入謂徐妃曰：“若更有一子如此，吾復何憂。”徐妃不答，垂泣而退。世祖忿之，因疏其穢行，[5]牓于大閤。[6]方等入見，益以自危。時河東王爲湘州刺史，[7]不受督府之令，[8]方等乃乞征之，世祖許焉，拜爲都督，令帥精卒二萬南討。方等臨行，謂所親曰：“吾此段出征，必死無二；死而獲所，吾豈愛生。”及至麻溪，[9]河東王率軍逆戰，方等擊之，軍敗，遂溺死，[10]時年二十二。世祖聞之，不以爲慼。後追思其才，贈侍中、中軍將軍、揚州刺史。[11]謚曰忠壯世子。[12]并爲招魂以哀之。[13]

[1]繇水：即油水。古水名，經今湖北公安縣入長江。

[2]侯景太清元年附梁，二年復叛，率軍進攻京師建康。

[3]申生：春秋時晉獻公之世子。晉獻公老而昏憒，寵愛其妾驪姬。驪姬爲了使自己的兒子奚齊取代世子之位，設計誣陷申生。“公子重耳謂之曰：‘子盍言子之志於公乎？’世子曰：‘不可。君安驪姬，是我傷公之心也。’曰：‘然則盍行乎？’世子曰：‘不可。君謂我欲弑君也。天下豈有無父之國哉？吾何行如之？’使人辭於狐突曰：‘申生有罪，不念伯氏之言也，以至於死。申生不敢愛其死……’再拜稽首乃卒。”見《左傳·僖公四年》及《禮記·檀弓》。

[4]荆州：州名。治所在今湖北荆州市。時蕭繹鎮荆州。

[5]疏：分條録述。

[6]牓：公開張貼。

[7]河東王：梁昭明太子蕭統之子譽的封爵號。本書卷五五有傳。　湘州：州名。治所在今湖南長沙市。

[8]督府：指湘東王蕭繹大都督府。繹時受詔假黄鉞、大都督中外諸軍事，故稱。參本書卷五《元帝紀》。

[9]麻溪：在今湖南長沙市區北部，爲湘江支流。

[10]《御覽》卷三二三《兵部》五四引《梁後略》曰：“丙午，軍帥蕭方等至於長沙，河東王譽率左右七千人置陣登高以禦之。方等兵精衆盛，暗江水滿，争來赴戰。俄爾之間，方等衆潰。譽軍以騎汩之，悉皆透水。方等與左右二百餘人馳往赴舟，舟中之指可掬。方等溺於江中。”

[11]中軍將軍：將軍名號。梁代與中衛、中權、中撫將軍合稱

四中將軍，祇授予在京師任職者，職任頗重。爲一百二十五號將軍之一，二十三班。

[12]忠壯世子：按，方等原謚忠壯世子，元帝即位，改謚武烈世子。參《南史》卷八《梁本紀》。

[13]招魂：召唤死者的靈魂。古人迷信，認爲將死者之衣升屋，北面三呼，即可招回死者之魂。方等死於外，故招魂以哀之。

方等注范曄《後漢書》，[1]未就。所撰《三十國春秋》及《静住子》，[2]行於世。

[1]范曄：人名。字蔚宗，劉宋順陽人，《後漢書》之撰者。《宋書》卷六九有傳。

[2]《三十國春秋》：《隋書·經籍志》著録："《三十國春秋》三十一卷。梁湘東世子蕭方等撰。"王應麟《玉海》卷四一引《中興書目》云："三十卷，方等採削諸史，以晉爲主，附列漢劉淵以下二十九國，又上取吴孫皓事，起宣帝，迄恭帝。"　《静住子》：《南史》卷五四《梁元帝諸子傳》同傳作"《篤静子》"。按，《隋書·經籍志》著録："《净住子》二十卷，齊竟陵王蕭子良撰。"又《文選》卷六〇任彦昇《齊竟陵文宣王行狀》記蕭子良"乃撰《四部要略》、《净住子》"。是《静住子》當即《净住子》，乃蕭子良撰，方等所撰當是《篤静子》。參曹道衡、沈玉成《中古文學史料叢考》卷四《蕭方等著作》條。另：《顔氏家訓·雜藝》云："武烈太子偏能寫真，坐上賓客，隨宜點染，即成數人，以問童孺，皆知姓名矣。"《歷代名畫記》卷七亦載蕭方等"尤能寫真"。

貞惠世子方諸字智相，[1]世祖第二子。母王夫人。幼聰警博學，明《老》、《易》，善談玄，[2]風采清越，辭辯鋒生，特爲世祖所愛，母王氏又有寵。及方等敗没，世祖謂之曰："不有所廢，其何以興。"因拜爲中撫軍以自副，[3]又出爲郢州刺史，鎮江夏，[4]以鮑泉爲行事，[5]防遏下流。[6]時世祖遣徐文盛督衆軍，[7]與侯景將任約相持未決，方諸恃文盛在近，不恤軍政，[8]日與鮑泉蒲酒爲樂。[9]侯景知之，乃遣其將宋子仙率輕騎數百，從間道襲之。屬風雨晦冥，子仙至，百姓奔告，方諸與鮑泉猶不信，曰："徐文盛大軍在下，虜安得來?"始命閉門，賊騎已入，城遂陷，子仙執方諸以歸。王僧辯軍至蔡洲，[10]景遂害之。世祖追贈侍中、大將軍。[11]謚曰貞惠世子。

[1]智相：《南史》作"明智"。

[2]談玄：南朝士人以《老子》、《莊子》、《周易》爲三玄，因稱辯析其哲理爲談玄。參顔之推《顔氏家訓・勉學》。

[3]中撫軍：即中撫軍將軍，又稱中撫將軍，將軍名號。梁代與中衛、中權、中軍將軍合稱四中將軍，衹授予在京師任職者，職任頗重。爲一百二十五號將軍之一，二十三班。《北齊書》卷四五《文苑・顔之推傳》載之推《觀我生賦》自注："時遣徐州刺史徐文盛領二萬人屯武昌蘆州拒侯景將任約，又第二子綏寧侯（侯，原作"度"，據錢大昕説改）方諸爲世子，拜中撫軍將軍、郢州刺史，以盛聲勢。"自注又云："中撫軍時年十五。"

[4]江夏：即今湖北武漢市武昌。

[5]鮑泉：人名。本書卷三〇有傳。

[6]下流：即下游。

[7]徐文盛：人名。本卷四六有傳。

[8]恤：思慮。

[9]蒲酒：賭博酗酒。蒲，博戲。

[10]王僧辯：人名。本書卷四五有傳。　蔡洲：地名。在今江蘇南京市西南。原爲長江中沙洲，今已併入陸地。

[11]大將軍：官名。掌征伐，職任甚重。不常置，或作爲贈官。梁十八班。

史臣曰：太宗、世祖諸子，雖開土宇，[1]運屬亂離，既拘寇賊，多殞非命。吁！可嗟矣。

[1]開土宇：指裂土封王侯。

梁書 卷四五

列傳第三十九

王僧辯

王僧辯字君才，右衛將軍神念之子也。[1]以天監中隨父來奔。[2]起家爲湘東王國左常侍。[3]王爲丹陽尹,[4]轉府行參軍。[5]王出守會稽,[6]兼中兵參軍事。[7]王爲荆州,[8]仍除中兵，在限内。[9]時武寧郡反,[10]王命僧辯討平之。遷貞威將軍、武寧太守。[11]尋遷振遠將軍、廣平太守,[12]秩滿,[13]還爲王府中録事,[14]參軍如故。王被徵爲護軍,[15]僧辯兼府司馬。[16]王爲江州,[17]仍除雲騎將軍司馬,[18]守湓城。[19]俄監安陸郡,[20]無幾而還。尋爲新蔡太守,[21]猶帶司馬,[22]將軍如故。王除荆州，爲貞毅將軍府諮議參軍事,[23]賜食千人，代柳仲禮爲竟陵太守,[24]改號雄信將軍。[25]屬侯景反,[26]王命僧辯假節,[27]總督舟師一萬，兼糧饋赴援。纔至京都，宫城陷没，天子蒙塵。[28]僧辯與柳仲禮兄弟及趙伯超等，先屈膝於景，然後入朝。景悉收其軍實，而厚加綏撫。[29]未幾，遣僧辯歸于竟陵，於是倍道兼行，西就世祖。[30]世祖承制，[31]以僧辯爲領軍將軍。[32]

[1]右衛將軍：官名。禁衛軍六軍之一。與左衛將軍合稱二衛，掌宿衛營兵。梁天監七年革選，定流内官職爲十八班，以班多者爲貴。右衛將軍爲十二班。　神念：王神念，初仕北魏，爲潁川太守，後歸梁。本書卷三五有傳。

[2]天監：梁武帝年號（502—519）。

[3]湘東王：梁元帝蕭繹的初封爵號。湘東，郡名。治所在今湖南衡陽市。　王國左常侍：官名。王國屬官，掌司儀及諫諍。梁皇子國常侍，二班。

[4]丹陽尹：官名。京師所在丹陽郡行政長官。宋第三品，梁不詳。

[5]行參軍：官名。王公府屬官，參掌府曹事。皇子府行參軍，梁三班。

[6]會稽：郡名。治所在今浙江紹興市。

[7]兼：官制術語。假職未真授之稱。　中兵參軍事：即中兵參軍，官名。王公軍府屬官，掌本府親兵。梁皇子府中兵參軍，六班。

[8]荆州：州名。治所在今湖北荆州市。

[9]限内：南朝某些官職，有定員，有員外。定員爲限内，員外爲限外。參周一良《從〈禮儀志〉考察官制》（《魏晉南北朝史論集》）。

[10]武寧郡：郡名。治所在今湖北荆門市西北。

[11]貞威將軍：將軍名號。梁置。梁天監七年革選，釐定將軍名號及班品，有一百二十五號十品二十四班，以班多者爲貴，貞威將軍爲八班。

[12]振遠將軍：將軍名號。梁置，與寧遠、明威將軍等代舊寧朔將軍。爲一百二十五號將軍之一，十三班。　廣平：郡名。治所在今河南鄧州市東南。

[13]秩滿：任職期滿。

[14]中録事：中録事參軍之省稱，官名。王公府屬官。掌總録衆署文簿，舉彈善惡。梁皇子府中録事參軍，七班。

[15]護軍：護軍將軍之省稱，官名。掌京畿以外諸軍，職任甚顯要。梁十五班。

[16]司馬：官名。王公軍府屬官，掌本府武官。梁皇子府司馬，十班。

[17]江州：州名。治所在今江西九江市西南。

[18]雲騎將軍：官名。梁天監六年以驍騎將軍改名。爲禁衛軍六軍之一，掌侍衛左右，十班。騎，三朝本、百衲本皆作"旗"。按，據《隋書·百官上》，梁大通三年刊正將軍名號，有雲旗將軍，與一百二十五號虎將軍之十一班同班。

[19]湓城：又名湓口城，在今江西九江市。

[20]監：官制術語。非正式任職而督理其職事。　安陸郡：郡名。治所在今湖北安陸市。

[21]新蔡：郡名。治所在今河南固始縣東北。

[22]帶：官制術語。本職之外，另帶某官號及其俸禄，但不理其職事。

[23]貞毅將軍：將軍名號。梁置，與輕車、征遠等將軍代舊輔國將軍。爲一百二十五號將軍之一，十四班。　諮議參軍事：官名。王公府屬官，掌諷議。梁九班至六班。

[24]柳仲禮：人名。祖籍河東解縣。《南史》卷三八《柳元景傳》有附傳。　竟陵：郡名。治所在今湖北鍾祥市。

[25]雄信將軍：將軍名號。梁置，爲一百二十五號將軍之一，九班。

[26]侯景：人名。本東魏將，太清元年附梁，二年反，率軍攻

京師建康。本書卷五六有傳。

[27]假節：古代大臣奉天子之命出行，持節以爲憑證並示威重，稱爲假節。魏晋以下以爲官名。有假節、持節、使持節之分，權力亦有小大之别，多爲都督諸州軍事及刺史總軍戎者。軍事長官假節可誅殺犯軍令者。

[28]蒙塵：蒙被塵土，多用以比喻帝王流亡或失位受辱。

[29]綏撫：安撫。

[30]世祖：梁元帝廟號。

[31]承制：稟承皇帝旨意，代行其職權之稱。

[32]領軍將軍：官名。禁衛軍最高統帥，職任頗重。梁十五班。

及荆、湘疑貳，[1]軍師失律，[2]世祖又命僧辯及鮑泉統軍討之，[3]分給兵糧，剋日就道。[4]時僧辯以竟陵部下猶未盡來，[5]意欲待集，然後上頓。謂鮑泉曰："我與君俱受命南討，而軍容若此，計將安之？"泉曰："既稟廟算，[6]驅率驍勇，事等沃雪，[7]何所多慮。"僧辯曰："不然。君之所言，故是文士之常談耳。河東少有武幹，[8]兵刃又强，新破軍師，養鋭待敵，自非精兵一萬，不足以制之。我竟陵甲士，數經行陣，已遣召之，不久當及。雖期日有限，猶可重申，欲與卿共入言之，望相佐也。"泉曰："成敗之舉，繫此一行，遲速之宜，終當仰聽。"世祖性嚴忌，微聞其言，以爲遷延不肯去，稍已含怒。及僧辯將入，謂泉曰："我先發言，君可見係。"[9]泉又許之。及見世祖，世祖迎問曰："卿已辦乎？何日當發？"僧辯具對如向所言。世祖大怒，按劍厲聲曰："卿憚行邪！"因起入内。泉震怖失色，竟不敢言。須臾，遣左右數十人收僧辯。既至，謂曰："卿拒命不行，是欲同賊，今唯有死耳。"僧辯對曰："僧辯食禄既深，憂責實重，今日就戮，豈敢懷恨；但恨不見老母。"世祖因斫之，中其左髀，流血至地。僧辯悶絶，久之方蘇。即送付廷尉，[10]并收其子姪，並皆繫之。會岳陽王軍襲江陵，[11]人情搔擾，未知其備，世祖遣左右往獄，問計於僧辯，僧辯具陳方略，登即赦爲城内都督。[12]俄而岳陽奔退，而鮑泉力不能剋長沙，[13]世祖乃命僧辯代之。數泉以十罪，遣舍人羅重歡領齋仗三百人，[14]與僧辯俱發。既至，遣通泉云："羅舍人被令，送王竟陵來。"泉甚愕然，顧左右曰："得王竟陵助我經略，賊不足平。"俄而重歡齎令書先入，[15]僧辯從齋仗繼進，泉方拂席，坐而待之。僧辯既入，背泉而坐，曰："鮑郎，卿有罪，令旨使我鏁卿，勿以故意見待。"因語重歡出令，泉即下地，鏁於牀側。僧辯仍部分將帥，[16]并力攻圍，遂平湘土。

[1]荆、湘：指湘東王蕭繹和河東王蕭譽。繹爲荆州刺史，譽爲湘州刺史，故稱。　疑貳：因疑忌而生異心。

[2]失律：本指行軍無紀律，借爲軍隊失利之稱。

[3]鮑泉：人名。本書卷三〇有傳。

[4]剋日：限定時日。

[5]竟陵部下：《南史》卷六三同傳"竟陵"下有"間"字。

[6]廟算：朝廷所制定的剋敵謀略。

[7]沃雪：用沸水澆雪。比喻問題極易解決。

[8]河東：指河東王蕭譽。

[9]係：繼續。

[10]廷尉：官署名。掌刑辟。

[11]岳陽王：梁昭明太子之子、河東王譽之弟蕭詧之封爵號。詧時爲雍州刺史，後附西魏。《周書》卷四八有傳。　江陵：縣名。荆州鎮所，在今湖北荆州市。

[12]登：當時。

[13]長沙：湘州鎮所，即今湖南長沙市。

[14]舍人：中書舍人之省稱，官名。中書省屬官，掌入直閣内，呈奏案章。劉宋以下漸用寒士及皇帝親信任此職，奪中書侍郎草擬詔誥之權。至梁用人殊重，選以才能，不限資地，專掌中書詔誥，權勢顯赫。多由他官兼領。梁員四人，四班。　齋仗：皇帝或王公齋閣備儀仗、侍衛的武士。

[15]令書：皇后、太子及諸王的下行文書。此處指湘東王的文書。

[16]部分：部署，指揮。

還復領軍將軍。侯景浮江西寇，軍次夏首，[1]僧辯爲大都督，率巴州刺史淳于量、定州刺史杜龕、宜州刺史王琳、郴州刺史裴之横等，[2]俱赴西陽。[3]軍次巴陵，[4]聞郢州已没，[5]僧辯因據巴陵城。世祖乃命羅州刺史徐嗣徽、武州刺史杜崱並會僧辯于巴陵。[6]景既陷郢城，兵衆益廣，徒黨甚鋭，將進寇荆州。乃使僞儀同丁和統兵五千守江夏，[7]大將宋子仙前驅一萬造巴陵，景悉凶徒水步繼進，於是緣江戍邏，望風請服，賊拓邏至于隱磯。[8]僧辯悉上江渚米糧，並沉公私船於水。及賊前鋒次江口，僧辯乃分命衆軍，乘城固守，偃旗卧鼓，安若無人。翌日，賊衆濟江，輕騎至城下，問：“城内是誰？”答曰：“是王領軍。”賊曰：“語王領軍，事勢如此，何不早降？”僧辯使人答曰：“大軍但向荆州，此城自當非礙。僧辯百口在人掌握，豈得便降。”賊騎既去，俄爾又來，曰：“我王已至，王領軍何爲不出與王相見邪？”僧辯不答。頃之，又執王珣等至于城下，[9]珣爲書誘説城内。景帥船艦並集北寺，[10]又分入港中，登岸治道，廣設氈屋，耀軍城東隴上，芟除草莽，[11]開八道向城，遣五千兔頭肉薄苦攻。[12]城内同時鼓譟，矢石雨下，殺賊既多，賊乃引退，世祖又命平北將軍胡僧祐率兵下援僧辯。[13]是日，賊復攻巴陵，水步十處，鳴鼓吹脣，肉薄斫上。城上放木擲火爨礨石，[14]殺傷甚多。午後賊退，乃更起長栅繞城，大列舸艦，以樓船攻水城西南角；又遣人渡洲岸，引牂柯推蝦蟇車填壍，[15]引障車臨城，[16]二日方止。賊又於艦上豎木桔槔，聚茅置火，以燒水栅，風勢不利，自焚而退。既頻戰挫衄，[17]賊帥任約又爲陸法和所擒，[18]景乃燒營夜遁，旋軍夏首。世祖策勳行賞，[19]以僧辯爲征東將軍、開府儀同三司、江州刺史，[20]封長寧縣公。[21]

[1]夏首：地名。在今湖北武漢市武昌長江岸。

[2]巴州：州名。治所在今湖南岳陽縣。　淳于量：人名。其先濟北人，世居建康。《陳書》卷一一有傳。　定州：州名。治所在今湖北麻城市東北。　杜龕：人名。本書《杜崱傳》有附傳。宜州：州名。治所在今湖北宜昌市西北。　王琳：人名。會稽山陰

人。《南史》卷六四有傳。　郴州：州名。治所在今湖南郴州市。中華書局本《校勘記》："錢大昕《廿二史考異》：'按《隋志》桂陽郡云平陳置郴州，不云梁所置。《裴之橫傳》亦不云爲郴州刺史。疑此傳誤也。'今按：《册府元龜》三九九引此段文全同，但無'郴州刺史裴之橫'七字。"　裴之橫：人名。祖籍河東聞喜。本書《裴邃傳》有附傳。

[3]西陽：縣名。治所在今湖北黄岡市東。

[4]巴陵：郡名。治所在今湖南岳陽市。

[5]郢州：州名。治所在今湖北武漢市武昌。

[6]羅州：州名。梁置，治所在今湖南湘陰縣西北。　徐嗣徽：人名。祖籍高平郡。《南史》卷六四《王神念傳》有附傳。　武州：州名。梁以武陵郡置，治所在今湖南常德市。錢大昕《廿二史考異》卷二六有云："按《隋志》，湘陰縣梁置羅州，武陵郡梁置武州，下邳郡梁亦置武州。據《歬傳》，由武州刺史遷鎮蠻護軍、武陵内史。則必武陵之武州矣。"

[7]江夏：郡名。治所在今湖北武漢市武昌。

[8]拓邏：拓開巡邏。　隱磯：又名隱圻，在今湖南臨湘市西北長江南岸。

[9]王珣：人名。王琳之兄。

[10]北寺：地名。在今湖南岳陽市北長江南岸。

[11]草艿（réng）：雜草。艿，草密亂的樣子。

[12]兔頭：疑同"吐突"，鮮卑族姓。此處指鮮卑族士兵。　肉薄：即肉搏。兩軍相接，徒手或用短兵器相搏鬥。五千，三朝本、百衲本作"五十"。

[13]平北將軍：將軍名號。與平東、平西、平南將軍合稱四平將軍，多持節都督或監某一地區的軍事，或作爲刺史兼理軍務的加官，地位較高。爲一百二十五號將軍之一，二十班。　胡僧祐：人名。本書卷四六有傳。

[14]火爨（cuàn）：燃燒的木頭。　礨（lěi）石：以石投物。

[15]牂柯：即牂牁，古代用來繫船之物。見《華陽國志·南中志》。　蝦蟇車：兵車名。用於載土塞塹。蟇，同"蟆"。

[16]障車：障，疑爲"橦"之訛。橦車，一種用於攻城的兵車。

[17]挫衂（nǜ）：挫折，失敗。

[18]陸法和：人名。先爲湘東王蕭繹將，後以郢州降北齊。《北齊書》卷三二有傳。

[19]策勳：紀功於策。

[20]征東將軍：將軍名號。與征西、征南、征北將軍合稱四征將軍，多持節都督，出鎮方面，地位頗重。爲一百二十五號將軍之一，二十三班。　開府儀同三司：官名。非三公而儀制待遇同於三公之稱。梁諸將軍開府儀同三司爲十七班。

[21]長寧：縣名。治所在今湖北荆門市西北。按，本書卷五《元帝紀》"長寧縣公"作"長寧縣侯"。

於是世祖命僧辯即率巴陵諸軍，沿流討景。師次郢城，[1]步攻魯山。[2]魯山城主支化仁，[3]景之騎將也，率其黨力戰。衆軍大破之，化仁乃降。僧辯仍督諸軍渡江攻郢，[4]即入羅城。[5]宋子仙蟻聚金城拒守，[6]攻之未剋。子仙使其黨時靈護率衆三千，開門出戰，僧辯又大破之，生擒靈護，斬首千級。子仙衆退據倉門，[7]帶江阻險，衆軍攻之，頻戰不剋。景既聞魯山已没，郢鎮復失羅城，乃率餘衆倍道歸建業。[8]子仙等困蹙，計無所之，乞輸郢城，身還就景。僧辯僞許之，命給船百艘，以老其意。[9]子仙謂爲信然，浮舟將發，僧辯命杜龕率精勇千人，攀堞而上，[10]同時鼓譟，掩至倉門。水軍主宋遥率樓船，暗江四面雲合，[11]子仙行戰行走，至于白楊浦，[12]乃大破之，生擒子仙送江陵。即率諸軍進師九水。[13]賊僞儀同范希榮、盧暉略尚據湓城，及僧辯軍至，希榮等因挾江州刺史臨城公棄城奔走。[14]世祖加僧辯侍中、尚書令、征東大將軍，[15]給鼓吹一部。[16]仍令僧辯且頓江州，須衆軍齊集，得時更進。

[1]郢城：城名。郢州鎮所，在今湖北武漢市武昌。

[2]魯山：城名。在今湖北武漢市漢陽東北隅。

[3]支化仁：本書卷四《簡文帝紀》及卷五六《侯景傳》皆作“張化仁”。

[4]渡江：江，舊本作“兵”，此依中華書局本所從金陵局本改。

[5]羅城：城墻外所加築凸出形的小城圈，爲加强防守之用。

[6]金城：城内的牙城。

[7]倉門：城門名。郢城北門。

[8]建業：即建康，縣名。京師所在，治所在今江蘇南京市。

[9]老其意：使其意不動摇。老，《通鑑》卷一六四《梁紀》“大寶二年”下作“安”。

[10]堞：城上如齒狀的矮墻。

[11]暗江四面雲合：《通鑑》卷一六四《梁紀》“大寶二年”下胡注：“言樓船四合如雲，江爲之暗。”

[12]白楊浦：地名。在今武漢市武昌東。

[13]九水：即今江西九江市。

[14]臨城公：梁簡文帝子蕭大連之初封爵號。本書卷四四《太宗十一王》有傳。

[15]侍中：官名。門下省長官。與給事黄門侍郎俱掌侍從左右，擯相威儀，盡規獻納，糾正違缺等。參與决策，是中樞集團重

要成員，職任顯要。員四人。梁十二班。

[16]鼓吹一部：指樂隊一支。鼓吹：樂名。本軍樂，皇帝出行亦奏，自漢以降亦用以贈賜有功之臣。

頃之，世祖命江州衆軍悉同大舉，僧辯乃表皇帝凶問，[1]告于江陵。仍率大將百餘人，連名勸世祖即位；將欲進軍，又重奉表。雖未見從，並蒙優答。事見本紀。[2]

[1]皇帝凶問：指簡文帝蕭綱被害的消息。事詳本書卷四《簡文帝紀》。

[2]本紀：指本書卷五《梁元帝紀》。

僧辯於是發自江州，直指建業，乃先命南兖州刺史侯瑱率鋭卒輕舸，[1]襲南陵、鵲頭等戍，[2]至即剋之。先是，陳霸先率衆五萬，[3]出自南江，[4]前軍五千，行至湓口。[5]霸先倜儻多謀策，名蓋僧辯，僧辯畏之。既至湓口，與僧辯會于白茅洲，[6]登壇盟誓，霸先爲其文曰："賊臣侯景，凶羯小胡，[7]逆天無狀，構造姦惡，違背我恩義，破掠我國家，毒害我生民，移毁我社廟。我高祖武皇帝靈聖聰明，光宅天下，[8]劬勞兆庶，[9]亭育萬民，[10]如我考妣，五十所載。[11]哀景以窮見歸，全景將戮之首，置景要害之地，崇景非次之榮。[12]我高祖於景何薄？我百姓於景何怨？而景長戟强弩，陵蹙朝廷，[13]鋸牙郊甸，殘食含靈，刳肝斮趾，[14]不厭其快，[15]曝骨焚尸，不謂爲酷。高祖菲食卑宫，春秋九十，屈志凝威，憤終賊手。大行皇帝温嚴恭默，[16]丕守鴻名，於景何有，復加忍毒。皇枝繦抱已上，[17]緦功以還，[18]窮刀極俎，既屠且鱠。豈有率土之濱，[19]謂爲王臣，食人之禾，飲人之水，忍聞此痛，而不悼心？況臣僧辯、臣霸先等，荷稱國藩湘東王臣繹泣血銜哀之寄，[20]摩頂至足之恩，[21]世受先朝之德，身當將帥之任，而不能瀝膽抽腸，共誅姦逆，雪天地之痛，報君父之仇，則不可以稟靈含識，戴天履地。今日相國至孝玄感，靈武斯發，已破賊徒，獲其元帥，止餘景身，尚在京邑。臣僧辯與臣霸先協和將帥，同心共契，必誅凶豎，尊奉相國，嗣膺鴻業，以主郊祭。[22]前途若有一功，獲一賞，臣僧辯等不推己讓物，先身帥衆，則天地宗廟百神之靈，共誅共責。臣僧辯、臣霸先同心共事，不相欺負，若有違戾，明神殛之。”[23]於是升壇歃血，[24]共讀盟文，皆淚下霑襟，辭色慷慨。

[1]南兖州：州名。治所在今江蘇揚州市西北蜀岡。　侯瑱：人名。巴西郡充國人。《陳書》卷九有傳。

[2]南陵：戍名。地在今安徽貴池市西南。　鵲頭：戍名。地在今安徽銅陵縣北鵲頭山。

[3]陳霸先：人名。吴興郡長城縣人。先爲梁元帝大將。梁亡，建立陳朝。見《陳書》卷一《高祖紀》。

[4]南江：即今江西贛江。

[5]湓口：即湓口城。

[6]白茅洲：地名。在今江西九江市東北，東近桑落洲。洲，

《通鑑》卷一六四《梁紀》“承聖元年”作“灣”，《陳書》卷一《高祖紀》、卷一九《沈炯傳》同。

[7]羯：北方少數民族名。

[8]光宅：充滿、覆被。《尚書·堯典序》：“昔在帝堯，聰明文思，光宅天下。”後世用爲帝王統治天下之套語。

[9]劬勞：辛勤、勞苦。《詩·小雅·蓼莪》：“哀哀父母，生我劬勞。”

[10]亭育：撫養、培育。

[11]五十所載：五十多年。所，用於數詞之後，表示“左右”、“多”之意。

[12]次：依規定按等次授官。

[13]陵蹙：侵暴逼迫。

[14]斮（zhuó）：斬。

[15]懕：同“厭”，滿足。

[16]大行皇帝：皇帝死而停棺未葬稱大行皇帝。此指簡文帝蕭綱。

[17]繦抱：背負嬰兒的布兜和布帶。此處代指嬰兒。繦，同“襁”。

[18]緦功：緦麻、大功、小功，皆喪服名。緦麻，服喪三月；大功，服喪九月；小功，服喪五月。此處用以代指較疏遠的戚屬。

[19]率土之濱：指境内之地。《詩·小雅·北山》：“率土之濱，莫非王臣。”

[20]泣血：極其悲痛而無聲的哭泣。

[21]摩頂至足：《孟子·盡心上》：“墨子兼愛，摩頂放踵，利天下爲之。”意謂爲兼愛，損傷身體亦不惜。

[22]郊祭：古代由皇帝主持的祀天地的大祭。

[23]據《陳書》卷一九《沈炯傳》，此文爲沈炯作。本傳云“霸先爲其文”，疑誤。

[24]歃（shà）血：古時會盟，雙方口含牲畜之血或以血塗口

旁，表示信誓，稱爲歃血。《淮南子·齊俗訓》："故胡人彈骨，越人契臂，中國歃血也，所由各異，其於信一也。"

及王師次于南州，[1]賊帥侯子鑒等率步騎萬餘人於岸挑戰，又以鵃舠千艘並載士，[2]兩邊悉八十棹，棹手皆越人，去來趣襲，捷過風電。僧辯乃麾細船，[3]皆令退縮，悉使大艦夾泊兩岸。賊謂水軍欲退，争出趨之，衆軍乃棹大艦，截其歸路，鼓譟大呼，合戰中江，賊悉赴水。僧辯即督諸軍沿流而下，進軍于石頭之斗城，[4]作連營以逼賊。賊乃横嶺上築五城拒守，侯景自出，與王師大戰於石頭城北。霸先謂僧辯曰："醜虜遊魂，貫盈已稔，[5]逋誅送死，欲爲一决，我衆賊寡，宜分其勢。"即遣强弩二千張攻賊西面兩城，仍使結陣以當賊，僧辯在後麾軍而進，復大破之。盧暉略聞景戰敗，以石頭城降，僧辯引軍入據之。景之退也，北走朱方，[6]於是景散兵走告僧辯，僧辯令衆將入據臺城。[7]其夜，軍人採梠失火，[8]燒太極殿及東西堂等。[9]時軍人鹵掠京邑，[10]剥剔士庶，民爲其執縛者，衵衣不免。[11]盡驅逼居民以求購贖，自石頭至于東城，[12]緣淮號叫之聲，[13]震響京邑，於是百姓失望。

[1]南州：即南洲，在今安徽當塗縣西北江中。

[2]鵃（diǎo）舠（liǎo）：船名。　士：舊本皆訛"土"，此依中華書局本校改。

[3]麾：通"揮"。指揮。

[4]石頭：即石頭城，在今江蘇南京市西清凉山。其地負山面

江，形勢險固，爲六朝軍事要地。　斗城：城外小城。

[5]貫盈：極言作惡之多。《尚書·泰誓》："商罪貫盈，天命誅之。"　稔：久。

[6]朱方：丹徒之古稱，即今江蘇鎮江市丹徒區。

[7]臺城：京師建康宮城。地在今江蘇南京市丹徒區。

[8]梠：屋檐，楣。按，疑爲"稆"字訛。《北齊書》卷四五《顏之推傳》載之推《觀我生賦》自注："侯景既走，義師采穭失火，燒宮殿蕩盡也。"《後漢書》卷九《孝獻帝紀》"尚書郎以下自出采稆"李賢注："《埤蒼》曰：'穭，禾自生也。'稆與穭同。"《集韻·語韻》："穭，禾自生，或從吕。"是"穭"與"稆"同，野生之禾。

[9]太極殿：京師建康宮城正殿名。

[10]鹵：通"擄"。

[11]衵（nì）衣：内衣。

[12]東城：即東府城，在今江蘇南京市通濟門附近，臨秦淮河，齊梁時揚州刺史鎮所。

[13]淮：指秦淮河。

僧辯命侯瑱、裴之横率精甲五千，東入討景。僧辯收賊黨王偉等二十餘人，[1]送于江陵。僞行臺趙伯超自吴松江降於侯瑱，[2]瑱時送至僧辯，僧辯謂伯超曰："趙公，卿荷國重恩，遂復同逆。今日之事，將欲何如？"因命送江陵。伯超既出，僧辯顧坐客曰："朝廷昔唯知有趙伯超耳，豈識王僧辯。社稷既傾，爲我所復，人之興廢，亦復何常。"賓客皆前稱歎功德。僧辯瞿然，[3]乃謬答曰："此乃聖上之威德，羣帥之用命。老夫雖濫居戎首，[4]何力之有焉。"於是逆寇悉平，京都剋定。

［1］王偉：人名。侯景之謀主。本書卷五六《侯景傳》有附傳。

［2］行臺：由於軍事征伐而設置，在地方代表朝廷行尚書省事的機構，其機構長官亦可稱行臺。　吴松江：即吴淞江，江名。太湖支流，自湖東北流，與黄浦江匯合後入海。

［3］瞿（jù）然：驚視的樣子。《南史》同傳作“懼（jué）然”。

［4］戎首：軍隊的主帥。

世祖即帝位，以僧辯功，進授鎮衛將軍、司徒，［1］加班劍二十人，［2］改封永寧郡公，［3］食邑五千户，侍中、尚書令、鼓吹並如故。

［1］鎮衛將軍：將軍名號。梁天監七年置。爲一百二十五號將軍之一，二十四班。

［2］班劍：飾有花紋的木劍。此指持班劍的儀仗。班，通“斑”。

［3］永寧：郡名。治所在今廣東電白縣東北。

是後湘州賊陸納等攻破衡州刺史丁道貴於渌口，［1］盡收其軍實；李洪雅又自零陵率衆出空靈灘，［2］稱助討納。朝廷未達其心，深以爲慮，乃遣中書舍人羅重歡徵僧辯上就驃騎將軍宜豐侯循南征。［3］僧辯因督杜崱等衆軍，發于建業，師次巴陵，詔僧辯爲都督東上諸軍事，霸先爲都督西上諸軍事。先時霸先讓都督於僧辯，僧辯不受，故世祖分爲東西都督，而俱南討焉。時納等下據車輪，［4］夾岸爲城，前斷水勢，士卒驍猛，皆百戰之餘，僧辯憚之，不敢輕進，[5]於是稍作連城以逼賊。賊見不敢交鋒，並懷懈怠。僧辯因其無備，命諸軍水步攻之，親執旗鼓，以誡進止。於是諸軍競出，大戰於車輪，與驃騎循並力苦攻，陷其二城。賊大敗，步走歸保長沙，驅逼居民，入城拒守。僧辯追躡，乃命築壘圍之，悉令諸軍廣建圍柵，僧辯出坐壟上而自臨視。賊望識僧辯，知不設備，賊黨吴藏、李賢明等乃率鋭卒千人，開門掩出，蒙楯直進，逕趨僧辯。時杜崱、杜龕並侍左右，帶甲衛者止百餘人，因下遣人與賊交戰。李賢明乘鎧馬，從者十騎，大呼衝突，僧辯尚據胡牀，[6]不爲之動，於是指揮勇敢，遂獲賢明，因即斬之。賊乃退歸城内。初，陸納阻兵内逆，[7]以王琳爲辭，云"朝廷若放王琳，[8]納等自當降伏"。于時衆軍並進，未之許也。而武陵王擁衆上流，[9]内外駭懼，世祖乃遣琳和解之。至是湘州平。僧辯旋于江陵，因被詔會衆軍西討，督舟師二萬，輿駕出天居寺餞行。[10]俄而武陵敗績，僧辯自枝江班師于江陵，[11]旋鎮建業。

[1]陸納：人名。湘州刺史王琳恃寵縱暴，王僧辯啓請誅之。琳赴江陵陳謝，元帝囚之。琳長史陸納因而殺元帝使者，反。事詳《南史》卷六四《王琳傳》。　衡州：州名。治所在今廣東英德市西北浛洸。　渌口：地名。在今湖南株洲縣南渌水入湘江之口處。

[2]零陵：郡名。治所在今湖南永州市。　空靈灘：地名。在今湖南株洲縣南湘江畔。

[3]驃騎將軍：將軍名號。爲重號將軍，加授大臣、重要地方

長官。爲一百二十五號將軍之一，二十四班。　宜豐侯循：梁武帝弟蕭恢之子循封爵號為宜豐侯。《南史》卷五二《梁宗室下》有傳。按，循，本書《元帝紀》、《敬帝紀》、《周書》卷一《文帝紀》、卷四二《劉璠傳》及唐·趙璘《因話録》卷三（上海古籍出版社 1979 年新 1 版）並同；《南史》、《北史》卷九《周文帝紀》、《通鑑·梁紀》承聖元年並作“脩”。《周書》卷二九《楊紹傳》“時梁宜豐侯蕭循”，中華書局本《校勘記》云：“‘脩’‘循’二字古籍每多混淆，本書和《梁書》都作蕭循，《南史》本傳作‘脩’，但《南、北史》都‘循’‘脩’（或修）互見。《漢魏南北朝墓誌集釋·蕭翹墓誌》（圖版五〇五）稱翹爲‘太保公宜豐王第四子’，循未嘗封王，但可證……其名爲‘循’”。則當以“循”爲是。宜豐，縣名。治所在今江西宜豐縣北。

[4]車輪：城名。在今湖南長沙市北湘江岸。

[5]不敢：敢，舊本皆作“與”，此依中華書局本校改。

[6]胡牀：一種可以折叠的輕便坐具。也叫交椅、交床，俗稱馬扎子。因是東漢後期由胡地傳入，故名。

[7]阻兵：擁兵。

[8]放王琳：放，舊本訛作“殺”，此依中華書局本校改。

[9]武陵王：梁武帝子蕭紀之封爵號。紀，大同三年（537）以來爲益州刺史。本書卷五五有傳。

[10]天居寺：佛寺名。在今湖北荆州市。

[11]枝江：縣名。治所在今湖北枝江縣西南。

是月，居少時，復回江陵。齊主高洋遣郭元建率衆二萬，[1]大列舟艦於合肥，[2]將謀襲建業，又遣其大將邢景遠、步大汗薩、東方老等率衆繼之。時陳霸先鎮建康，既聞此事，馳報江陵，世祖即詔僧辯次于姑孰，[3]即留鎮焉。先命豫州刺史侯瑱率精甲三千人築壘於東關，[4]以拒北寇，徵吴郡太守張彪、吴興太守裴之横會瑱於關，[5]因與北軍戰，大敗之，僧辯率衆軍振旅于建業。[6]承聖三年三月甲辰，[7]詔曰："賛俊遂賢，[8]稱于秦典；自上安下，[9]聞之漢制。所以仰協台曜，[10]俯佐弘圖。[11]使持節、侍中、司徒、尚書令、都督揚南徐東揚三州諸軍事、鎮衛將軍、揚州刺史、永寧郡開國公僧辯，器宇凝深，風格詳遠，行爲士則，言表身文，學貫九流，[12]武該七略。[13]頃歲征討，自西徂東，師不疲勞，民無怨讟，[14]王業艱難，實兼夷險。宜其燮此中台，[15]膺兹上將；[16]寄之經野，[17]匡我朝猷。[18]加太尉、車騎大將軍，餘悉如故。"

[1]高洋：人名。北朝勃海蓨人，即北齊文宣帝。見《北齊書》卷四《文宣帝紀》。　郭元建：人名。原侯景將，景將敗，元建降北齊。詳本書卷五六《侯景傳》。

[2]合肥：縣名。治所在今安徽合肥市西。

[3]姑孰：城名。南豫州鎮所，即今安徽當塗縣。

[4]豫州：當爲南豫州。《陳書》卷九《侯瑱傳》、《通鑑》卷一六五《梁紀》皆作"南豫州"。　東關：地名。即今安徽巢湖市東南東關。

[5]吴郡：郡名。治所在今江蘇蘇州市。　張彪：人名。自云家本襄陽。《南史》卷六四有傳。　吴興：郡名。治所在今浙江湖州市。

[6]振旅：整頓軍隊。

[7]承聖：梁元帝年號（552—555）。　三月甲辰：三月，舊本作"二月"。按，是年二月丁巳朔，無甲辰，三月丁亥朔，甲辰爲十八日。此依中華書局本及《全梁文》卷一六梁元帝《加王僧辯太

尉車騎大將軍詔》題下嚴可均校語校改。

[8]贊俊遂賢：選拔俊才，登進賢人。《吕氏春秋》卷四《孟夏紀》："命太尉，贊傑俊，遂賢良，舉長大。行爵出禄，必當其位。"贊，選拔；遂，登進。此處指太尉。

[9]自上安下：《漢書·百官公卿表》："太尉，秦官。"《注》引應劭曰："自上安下曰尉，武官悉以爲稱。"

[10]台曜：即三台，星名。古以三台比三公。

[11]弘：通"宏"。

[12]九流：泛稱各學術流派。

[13]七略：泛指各種軍事謀略。

[14]怨讟（dú）：怨恨、毁謗。

[15]燮：調和。　中台：星名。古以三台之中台比司徒或司空。

[16]上將：星名。見《史記·天官書》。古以上將比高級將軍。

[17]經野：《周禮·天官·冢宰》："惟王建國，辨方正位，體國經野，設官分職，以爲民極。"經，劃分界限。

[18]猷：謀。

頃之，丁母太夫人憂，[1]世祖遣侍中謁者監護喪事，[2]策謚曰貞敬太夫人。[3]夫人姓魏氏。神念以天監初董率徒衆據東關，退保合肥㵐湖西，[4]因娶以爲室，生僧辯。性甚安和，善於綏接，家門内外，莫不懷之。初，僧辯下獄，夫人流淚徒行，將入謝罪，世祖不與相見。時貞惠世子有寵於世祖，[5]軍國大事多關領焉。夫人詣閤，自陳無訓，涕泗嗚咽，衆並憐之。及僧辯免出，夫人深相責勵，辭色俱嚴，云："人之事君，惟須忠烈，非但保祐當世，亦乃慶流子孫。"及僧辯剋復舊京，[6]功蓋天下，夫人恒自謙損，不以富貴驕物。朝野咸共稱之，謂爲明哲婦人也。及既薨殞，甚見愍悼。且以僧辯勳業隆重，故喪禮加焉。靈柩將歸建康，又遣謁者至舟渚弔祭。命尚書左僕射王裒爲其文曰：[7]“維爾世基武子，[8]族懋陽元，[9]金相比映，[10]玉德齊温。[11]既稱女則，兼循婦言。[12]書圖鏡覽，辭章討論。教貽俎豆，[13]訓及平原。[14]楚發將兵，[15]孟軻成德，[16]盡忠資敬，自家刑國。[17]顯允其儀，惟民之則。爰命師旅，既脩我戎；補兹衮職，[18]奄有龜、蒙。[19]母由子貴，亶爾斯崇。[20]嘉命允集，寵章所隆。居高能降，處貴思沖。[21]慶資善始，榮兼令終。崦嵫既夕，[22]蒹葭早秋，[23]奔駟難返，衝濤詎留。背龍門而西顧，過夏首而東浮。[24]越三宫之遐岳，[25]經三江之派流。[26]鬱鬱增嶺，浮雲蔽虧。滔滔江、漢，逝者如斯。銘旌故旐，[27]宇毀遺碑。即虚舟而設奠，想徂魂之有知。[28]嗚呼哀哉！”

[1]丁：遭。　憂：父、母之喪。

[2]謁者：官名。謁者臺屬官，掌導引賓客，奉命宣慰等。梁員十人，爲流外官。

[3]策：帝王所下用以命官授爵的文書。

[4]濡湖：即今安徽巢湖。

[5]貞惠世子：梁元帝第二子蕭方諸之謚號。本書卷四四《世祖二子傳》有傳。

[6]舊京：指建康。

[7]尚書左僕射：官名。尚書令副佐，並與尚書分領諸曹。梁

十五班。　王裒：裒，同“褒”。據本書卷五《元帝紀》，承聖三年，左僕射爲王褒。褒，祖籍琅邪臨沂。《周書》卷四一有傳。

[8]武子：晉王濟之字。《世説新語·言語》劉孝標注引《晉諸公贊》曰：“王濟字武子，太原晉陽人，司徒渾第二子也。有俊才，能清言，起家中書郎，終太僕。”《晉書》卷四二《王渾傳》有附傳。

[9]懋：通“茂”。　陽元：魏舒之字。舒，晉任城樊人，少孤，爲外家寧氏所養。對策升第，位至三公。唯一子，短折。告老之年，處窮獨之苦。《晉書》卷四一有傳。

[10]金相比映：美質可與精金比映。相，質。

[11]玉德齊温：道德與寶玉同樣温潤。

[12]婦言：古代女子四德之一。《禮記·昏義》：“古者，婦人先嫁三月，祖廟未毁，教於公宫；祖廟既毁，教於宗室。教以婦德、婦言、婦容、婦功。”

[13]俎豆：古代宴客、朝聘、祭祀用的禮器。此處指儀禮之事。

[14]平原：未詳。

[15]楚發將兵：相傳楚將子發攻秦，絶糧，士卒並分菽粒而食之，子發食芻豢黍粱。子發破秦而歸，其母閉門不納，使人責之，有云：“夫使人入於死地而自康樂於其上，雖有以得勝，非其術也。子非吾子也，無入吾門!”子發於是謝其母，然後納之。詳劉向《列女傳·楚子發母》。

[16]孟軻成德：相傳孟軻年少，其母爲教化孟軻，有三遷及斷機等事，終使孟軻成德，爲當世冠。詳劉向《列女傳·鄒孟軻母》。

[17]刑：通“型”，榜樣。

[18]袞職：帝王之職。《詩·大雅·烝民》：“袞職有闕，維仲山甫補之。”《疏》：“袞職，實王職也。不言王而言袞，不敢指斥而言，猶律謂天子爲乘輿也。”

[19]奄有龜蒙：《詩·魯頌·閟宫》：“奄有龜蒙，遂荒大東。”

小序：“頌僖公能復周公之宇也。”此借以頌王僧辯佐梁元帝復國。龜、蒙，二山名。

[20]亶爾：誠然。

[21]沖：淡泊。

[22]崦嵫：山名。古代傳説中日入之處。

[23]蒹葭：蘆葦。至秋而白。《詩·秦風·蒹葭》：“蒹葭蒼蒼，白露爲霜。”

[24]謂魏氏靈柩自江陵經夏首往建康。龍門，古楚郢城門名。夏首，地名。在今湖北武漢市。屈原《九章·哀郢》：“過夏首而西浮兮，顧龍門而不見。”

[25]三宫：三個星座。《楚辭·遠游》王逸注：“天有三宫，謂紫微、太微、文昌也。”

[26]三江：三條江的合稱。所指説法不一。一説指吴江、錢塘江、浦陽江；一説指岷江、松江、浙江；一説指松江、婁江、浙江。見修訂本《辭源》“三江”條。

[27]銘旌：靈柩前的旗幡。　故旐：出喪時爲棺柩引道的旗幟。

[28]徂：往，逝。

其年十月，西魏相宇文黑泰遣兵及岳陽王衆合五萬，[1]將襲江陵，世祖遣主書李膺徵僧辯於建業，[2]爲大都督、荆州刺史。别敕僧辯云：“黑泰背盟，忽便舉斧。[3]國家猛將，多在下流，[4]荆陜之衆，[5]悉非勁勇。公宜率貔虎，[6]星言就路，倍道兼行，赴倒懸也。”[7]僧辯因命豫州刺史侯瑱等爲前軍，兖州刺史杜僧明等爲後軍。[8]處分既畢，[9]乃謂膺云：“泰兵驍猛，難與争鋭，衆軍若集，吾便直指漢江，截其後路。凡千里饋糧，尚有飢色；况賊越數千里者乎？此孫臏剋龐涓時也。”[10]俄而京城陷没，[11]宫車晏駕。[12]及敬帝初即梁主位，[13]僧辯預樹立之功，[14]承制進驃騎大將軍、中書監、都督中外諸軍事、録尚書，[15]與陳霸先參謀討伐。

[1]宇文黑泰：人名。姓宇文名泰，字黑獺，代郡武川人，西魏權臣。其子宇文覺代西魏，追尊爲太祖文皇帝。見《周書》卷二《文帝紀》。中華書局本《校勘記》：“‘黑泰’《册府元龜》一九九作‘泰’。按，宇文泰本名黑獺，獺、泰聲相近。”按，唐·釋道宣《續高僧傳》卷一《菩提流支傳》亦作“宇文黑泰”。

[2]主書：主書令史之省稱，官名。南朝尚書、中書、祕書三省皆置，掌文書，梁代爲流外官。

[3]舉斧：比喻自不量力的敵對行爲。斧，螳斧，即螳螂之足。《韓詩外傳》卷八：“齊莊公出獵，有螳螂舉足搏其輪，問其御曰：‘此何蟲也?’御曰：‘此是螳螂也。其爲蟲，知進而不知退，不量力而輕就敵。’”

[4]下流：即下游。

[5]荆陜：指荆州。《南齊書·州郡志》：“江左大鎮，莫過荆、揚。弘農郡陜縣，周世二伯總諸侯，周公主陜東，召公主陜西，故稱荆州爲陜西也。”

[6]貔虎：比喻勇士。

[7]倒懸：以人之倒懸比喻處境極艱危。

[8]兖州刺史杜僧明：杜僧明，人名。廣陵郡人。《陳書》卷八有傳。據傳，僧明時爲南兖州刺史。疑此處兖州爲南兖州。

[9]處分：部署、安排。

[10]戰國時，魏攻韓，韓告急於齊。齊將田忌、孫臏攻魏都大梁以救韓，迫使魏將龐涓回軍以擊齊軍。孫臏以減竈之計，迷惑龐

涓，終敗之於馬陵。事見《史記》卷六五《孫子吴起列傳》附《孫臏傳》。

[11]京城：此指梁元帝都城江陵。

[12]宫車晏駕：皇帝死亡的委婉説法。此指梁元帝被害。

[13]梁主：《南史》卷六三同傳及《通鑑》卷一六六《梁紀》皆作"梁王"。

[14]樹立：指以敬帝方智爲太宰、承制。見本書卷六《敬帝紀》。

[15]中書監：官名。中書省長官，掌出納王命。東晉以後，出令權他屬，中書監、令漸成清閑之職，多用於重臣之加官。梁代位在中書令之上。員一人。十五班。　録尚書：官名。總領尚書省衆務，位在三公之上。南北朝不常置。

時齊主高洋又欲納貞陽侯淵明以爲梁嗣，[1]因與僧辯書曰："梁國不造，[2]禍難相仍。侯景傾蕩建業，武陵彎弓巴、漢。[3]卿志格玄穹，[4]精貫白日，戮力齊心，芟夷逆醜。凡在有情，莫不嗟尚；况我隣國，緝事言前。[5]而西寇承間，[6]復相掩襲，梁主不能固守江陵，殞身宗祏，[7]王師未及，便已降敗，士民小大，皆畢寇虜，乃眷南顧，憤歎盈懷。卿臣子之情，念當鯁裂。[8]如聞權立支子，[9]號令江陰，[10]年甫十餘，極爲沖藐，[11]梁釁未已，負荷諒難。祭則衛君，政由甯氏。[12]幹弱枝强，終古所忌。朕以天下爲家，大道濟物。以梁國淪滅，有懷舊好，存亡拯墜，義在今辰，扶危嗣事，非長伊德。彼貞陽侯，梁武猶子，[13]長沙之胤，[14]以年以望，堪保金陵，[15]故置爲梁主，納於彼國。便詔上黨王渙總攝羣將，[16]扶送江表，[17]雷動風馳，助掃冤逆。清河王岳，[18]前救荆城，[19]軍度安陸，[20]既不相及，憤惋良深。恐及西寇乘流，復躡江左，[21]今轉次漢口，[22]與陸居士相會。[23]卿宜協我良規，厲彼羣帥，部分舟艫，迎接今王，鳩勒勁勇，[24]并心一力。西羌烏合，[25]本非勍寇，[26]直是湘東怯弱，[27]致此淪胥。[28]今者之師，何往不剋，善建良圖，副朕所望也。”

[1]貞陽侯淵明：梁武帝兄蕭懿之子淵明，初封貞陽侯。梁太清中，率軍攻彭城，軍敗，被東魏俘執，仕於齊。西魏陷江陵，齊使送之至梁，欲紹梁嗣。《南史》卷五一《梁宗室上》有傳。

[2]不造：不成。《詩·周頌·閔予小子》：“閔予小子，遭家不造。”

[3]武陵：指武陵王蕭紀。

[4]格：感通。　玄穹：蒼天。

[5]緝：和協，親睦。

[6]西寇：指西魏。

[7]宗祏：宗廟中藏神主的石室。

[8]鯁裂：咽梗目裂，形容憤怒至極。鯁，通“梗”，阻塞。

[9]支子：封建宗法，嫡長子及繼承先祖的兒子爲宗子，其餘的兒子爲支子。此處指梁元帝第九子蕭方智。

[10]江陰：長江之南。

[11]沖藐：幼小。

[12]春秋時，衛獻公被逐於齊，欲復國，使人與衛權臣甯喜言，曰：“苟反，政由甯氏，祭則寡人。”事見《左傳·襄公二十六年》。反，通“返”。

[13]猶子：侄子。

[14]長沙：指長沙王蕭懿。

[15]金陵：即京師建康。

[16]上黨王渙：齊高祖高歡之子渙封爵號上黨王。《北齊書》卷一〇有傳。上黨，郡名。治所在今山西長治市北古驛。

[17]江表：江南。

[18]清河王岳：北齊宗室高岳封爵號清河王。《北齊書》卷一三有傳。清河，郡名。治所在今河北清河縣西北。

[19]荆城：梁元帝都城江陵，即今湖北荆州市江陵。

[20]安陸：縣名。治所在今湖北安陸市西北。

[21]江左：江南。此處指建康。

[22]漢口：城名。即今湖北武漢市漢口。

[23]陸居士：即陸法和。法和曾隱居江陵百里洲修道，故稱。

[24]鳩勒：集合而指揮。

[25]西羌：西部少數民族。此指西魏。

[26]勍（qíng）寇：强敵。

[27]直：衹，僅。　湘東：指梁湘東王蕭繹。

[28]淪胥：淪陷。

貞陽承齊遣送，將届壽陽。[1]貞陽前後頻與僧辯書，[2]論還國繼統之意，僧辯不納。及貞陽、高渙至于東關，散騎常侍裴之横率衆拒戰，[3]敗績，僧辯因遂謀納貞陽，仍定君臣之禮。啓曰："自秦兵寇陜，[4]臣便營赴援，纔及下船，荆城陷没，即遣劉周入國，具表丹誠，左右勳豪，初並同契。周既多時不還，人情疑阻；比册降中使，[5]復遣諸處詢謀，物論參差，未甚决定。始得侯瑱信，示西寇權景宣書，[6]令以真跡上呈。觀視將帥，恣欲同泰，[7]若一朝仰違大國，臣不辭灰粉，悲梁祚永絶中興。伏願陛下便事濟江，仰藉皇齊之威，憑陛下至聖之略，樹君以長，雪報可期，社稷再輝，死且非吝。請押別使曹沖馳表齊都，[8]續啓事以聞，伏遲拜奉在促。”貞陽答曰：“姜暠至，枉示具公忠義之懷。家國喪亂，于今積年。三后蒙塵，[9]四海騰沸。[10]天命元輔，匡救本朝。弘濟艱難，建我宗祏。[11]至於丘園板築，[12]尚想來儀，[13]公室皇枝，豈不虛遲，[14]聞孤還國，理會高懷，但近再命行人，[15]或不宣具。公既詢謀卿士，訪逮藩維，[16]沿泝往來，理淹旬月，使乎届止，殊副所期。便是再立我蕭宗，重興我梁國，億兆黎庶，咸蒙此恩，社稷宗祧，曾不相愧。近軍次東關，頻遣信裴之横處，[17]示其可否。答對驕凶，殊駭聞矚。[18]上黨王陳兵見衛，欲敍安危，無識之徒，忽然逆戰，前旌未舉，即自披猖，驚悼之情，彌以傷惻。上黨王深自矜嗟，[19]不傳首級，更蒙封樹，[20]飾棺厚殯，務從優禮，齊朝大德，信感神民。方仰藉皇威，敬憑元宰，討逆賊於咸陽，[21]誅叛子於雲夢，[22]同心協力，克定邦家。覽所示權景宣書，上流諸將，本有忠略，棄親向讎，庶當不爾，[23]防奸定亂，終在於公。今且頓東關，更待來信，未知水陸何處見迎。夫建國立君，布在方策，入盟出質，[24]有自來矣。若公之忠節，上感蒼旻，羣帥同謀，必匪攜貳，[25]則齊師反旆，[26]義不陵江，如致爽言，[27]誓以無克。韜旗側席，遲復行人。曹沖奉表齊都，即押送也。渭橋之下，惟遲敍言，[28]汜水之陽，預有號懼。”[29]僧辯又重啓曰：“員外常侍姜暠還，[30]奉敕伏具動止。大齊仁義之風，曲被隣國，卹災救難，[31]申此大猷，[32]皇家枝戚，莫不榮荷，江東冠冕，[33]俱知憑賴。今猷不忘信，信實由衷，謹遣臣第七息顯，顯所生劉并弟子世珍，往彼充質；仍遣左民尚書周弘正至歷陽奉迎。[34]艫舳浮江，俟一龍之渡；[35]清宮丹陛，候六傳之入。[36]萬國傾心，同榮晉文之反；[37]三善克宣，方流宋昌之議。[38]國祚既隆，社稷有奉。則羣臣竭節，報厚施于大齊，[39]勠力展愚，效忠誠於陛下。今遣吏部尚書王通奉啓以聞。"[40]僧辯因求以敬帝爲皇太子。貞陽又答曰："王尚書通至，復枉示，知欲遣賢弟世珍以表誠質，具悉憂國之懷。復以庭中玉樹，[41]掌内明珠，無累胸懷，志在匡救，豈非劬勞我社稷，弘濟我邦家，慚歎之懷，用忘興寢。晉安王東京貽厥之重，[42]西都繼體之賢，[43]嗣守皇家，寧非民望。但世道喪亂，宜立長君，[44]以其蒙孽，[45]難可承業。成、昭之德，[46]自古希儔；沖、質之危，[47]何代無此。孤身當否運，[48]志不圖生。忽荷不世之恩，仍致非常之舉。自惟虚薄，兢懼已深。若建承華，[49]本歸皇冑；[50]心口相誓，惟擬晉安。如或虚言，神明所殛。覽今所示，深遂本懷。[51]戢慰之情，無寄言象。[52]但公憂勞之重，既稟齊恩；忠義之情，復及梁貳。[53]華夷兆庶，豈不懷風?[54]宗廟明靈，豈不相感?正爾迴旆，仍向歷陽。所期質累，便望來彼。衆軍不渡，已著盟書。斯則大齊聖主之恩規，上黨英王之然諾，得原失信，[55]終不爲也。惟遲相見，[56]使在不賒。[57]鄉國非遥，觸目號咽。”僧辯使送質于鄴。[58]貞陽求渡衛士三千，僧辯慮其爲變，止受散卒千人而已，[59]并遣龍舟法駕往迎。[60]貞陽濟江之日，僧辯擁檝中流，[61]不敢就岸，後乃同會于江寧浦。[62]

[1]屆：至。　壽陽：縣名。治所在今安徽壽縣。

[2]《陳書》卷二六《徐陵傳》：“及江陵陷，齊送貞陽侯蕭淵明爲梁嗣，乃遣陵隨還。太尉王僧辯初拒境不納，淵明往復致書，皆陵詞也。”據此知下貞陽之書，當皆爲徐陵所撰。

[3]散騎常侍：官名。集書省長官，掌侍從左右，獻納得失。劉宋以後，職以侍從左右、掌圖書文翰爲主，地位降低。員四人。梁十二班。

[4]秦：代指西魏。　陜：即荆陜，指荆州。

[5]比：近來。　册：同“策”，皇帝發佈的詔命。　中使：帝王宫廷中派出的使者。

[6]權景宣：人名。魏天水郡人。《周書》卷二八有傳。

[7]泰：即西魏宇文黑泰。

[8]押：在文書上署名或畫記號以爲憑信。

[9]三后：三位帝王。此指梁武帝、簡文帝、元帝。

[10]騰沸：比喻動亂。

[11]建我宗祏：我，舊本皆訛“武”，此依中華書局本校改。

[12]丘園：丘墟、園圃。多指隱居之所。　板築：築墻的用具。相傳商代傅説築於傅岩，武丁舉以爲相。後世以板築指隱遁之士或地位低微的人。

[13]來儀：《尚書·益稷》：“鳳皇來儀。”後世以來儀作鳳凰的代稱，亦用以比喻傑出人物出現。

[14]虚遲：虚心等待。

[15]行人：使者。

[16]藩維：指諸侯王。

[17]信：使者。

[18]《文苑英華》卷六七七有裴之横《答貞陽侯書》，當即此所謂“答對”。

[19]矜嗟：憐憫嗟嘆。

[20]封樹：指安葬。古代聚土爲墳叫封，植樹爲標記叫做樹。

[21]咸陽：秦王朝都城，此代指西魏都城長安。

[22]叛子：指貞陽侯之侄岳陽王蕭詧。　雲夢：即雲夢澤。此處代指江陵。西魏破江陵，害元帝，以詧爲梁王居江陵。詳《周書》卷四八《蕭詧傳》。

[23]庶：或許。

[24]質：人質，派往對方作抵押的人。

[25]匪：通“非”。　攜貳：離心。

[26]反斾：回師。斾，同“旆”。軍隊前面的大旗。

[27]爽言：不守諾言。

[28]渭橋：橋名。在今陝西咸陽市東北秦咸陽城南渭河上。西漢陳平、周勃等誅諸吕，迎立代王劉恒。恒馳至渭橋，漢群臣拜謁稱臣。事詳《史記》卷一〇《孝文本紀》。貞陽用此典，意在希望王僧辯早相迎立。

[29]汜水：水名。源出河南鞏縣東南，北經今滎陽市西北入黄河。漢高祖五年，項羽兵敗垓下，自殺。諸侯及將相請尊劉邦爲皇帝，劉邦三讓而後即皇帝之位於汜水之陽。事詳《史記》卷八《高祖本紀》。貞陽用此典，意在表自己將即帝位而有憂懼之心。

[30]員外常侍：員外散騎常侍之省稱，官名。集書省官員，多以公族，宗室擔任。劉宋以後常用以安置閑退官員，爲閑散之職。梁十班。

[31]卹：救濟。

[32]猷：謀略。

[33]冠冕：指士大夫。

[34]左民尚書：官名。尚書省列曹尚書之一，掌土木工程及產籍等。梁十三班。　周弘正：人名。祖籍汝南安城，《陳書》卷二四有傳。　歷陽：縣名。治所在今安徽和縣。

[35]一龍：指貞陽侯蕭淵明。

[36]六傳：代王劉恒知陳平、周勃欲立己之意，乃命宋昌爲參乘，張武等六人乘傳車詣長安。事詳《史記》卷一〇《孝文本紀》。王僧辯用此典，意謂等待貞陽侯等入宫。

[37]晉文：指晉文公重耳。春秋時，晉國内亂，公子重耳流亡國外，後在秦國幫助下返回晉國爲國君。事詳《左傳》僖公二十三、三十四年。　反：通“返”。

[38]三善：指宋昌所陳三條理由。陳平、周勃等使人迎立代王，代王與左右議。有主張代王稱疾毋往，以觀其變者。中尉宋昌舉出三條理由，希望代王不要猶豫。後果如宋昌所料。事詳《史記》卷一〇《孝文本紀》。

[39]施：恩德。

[40]吏部尚書：官名。尚書吏部曹長官，爲列曹尚書之首。多僑姓高門、世胄顯貴擔任，掌官吏之銓選、任免等。員一人。梁十四班。　王通：人名。祖籍琅邪臨沂。《陳書》卷一七有傳。

[41]庭中玉樹：比喻秀美優異的子姪。《世説新語・言語》：“謝太傅問諸子姪：‘子弟亦何預人事，而正欲使其佳?’諸人莫有言者，車騎答曰：‘譬如芝蘭玉樹，欲使其生於階庭耳。’”

[42]晉安王：即梁敬帝蕭方智。方智爲梁武帝之孫、梁元帝之子，承聖元年爵晉安王。　東京：指建康，梁武都此。此處代指梁武帝。　貽厥：《尚書・五子之歌》：“有典有則，貽厥孫謀。”自晉以後作歇後語，以貽厥爲孫之代稱。

[43]西都：指江陵。因在建康之西，梁元帝都於此，故稱。此代指梁元帝。　繼體：繼承人。

[44]長君：對人長兄的尊稱。。

[45]蒙孽：非正妻所生之子女。

[46]成、昭：周成王、漢昭帝。二人皆以幼年繼統。分見《史記》卷三三《魯周公世家》、《漢書》卷七《昭帝紀》。

[47]沖、質：漢沖帝、漢質帝。二人皆幼年嗣位，沖帝三歲病歿，質帝九歲被弑。《後漢書》卷六並有紀。

[48]否（pǐ）運：壞的命運。

[49]承華：太子宮門名。代稱太子宮或太子。參周一良《魏晉南北朝史札記》之《〈宋書〉札記》"承華門"條。

[50]皇冑：皇帝的後代。

[51]遂：順，合。

[52]言象：文字。凡形於外者皆曰象，故稱文字爲言象。

[53]貳：副貳。指太子。

[54]風：指德。《論語·顏淵》："君子之德風，小人之德草。草上之風必偃。"

[55]得原失信：《左傳·僖公二十五年》："冬，晉侯圍原，命三日之糧。原不降，命去之。諜出，曰：'原將降矣。'軍吏曰：'請待之。'公曰：'信，國之寶也，民之所庇也。得原失信，何以庇之？所亡滋多。'退一舍而原降。"

[56]遲：待。

[57]賒：久遠。

[58]鄴：北齊都城。故址在今河北臨漳縣西南鄴鎮。

[59]散卒：冗散之卒。

[60]龍舟：帝王所乘大船。　法駕：皇帝所乘車駕。

[61]擁檝：抱槳而不划。

[62]江寧浦：地名。在今江蘇南京市西長江畔。

貞陽既踐僞位，仍授僧辯大司馬，領太子太傅、揚州牧，[1]餘悉如故。陳霸先時爲司空、南徐州刺史，[2]惡其翻覆，與諸將議，因自京口舉兵十萬，[3]水陸俱至，襲于建康。於是水軍到，僧辯常處于石頭城，是日正視事，[4]軍人已踰城北而入，南門又馳白有兵來。僧辯與其子頠遽走出閤，左右心腹尚數十人。衆軍悉至，僧辯計無所出，乃據南門樓乞命拜請。霸先因命縱火焚之，方共頠下就執。霸先曰："我有何辜，公欲與齊師賜討。"又曰："何意全無防備。"僧辯曰："委公北門，[5]何謂無備。"爾夜斬之。

[1]揚州：州名。治所在今江蘇南京市。

[2]南徐州：州名。治所在今江蘇鎮江市。

[3]京口：南徐州鎮所。

[4]視事：批閱文書。參周一良《魏晉南北朝史札記》之《〈南史〉札記》"事"條。

[5]北門：指南徐州。南朝以南徐州鎮所京口爲京師建康之北門。參熊清元《鮑照〈從過舊宫〉詩新箋》。

長子顗，承聖初歷官至侍中。初，僧辯平建業，遣霸先守京口，都無備防，顗屢以爲言，僧辯不聽，竟及於禍。西魏寇江陵，世祖遣顗督城内諸軍事。荆城陷，顗隨王琳入齊，爲竟陵郡守。齊遣琳鎮壽春，[1]將圖江左，陳既平淮南，執琳殺之。顗聞琳死，乃出郡城南，登高冢上號哭，一慟而絶。

[1]壽春：縣名。治所在今安徽壽縣。

顗弟頒，少有志節，恒隨從世祖，及荆城陷覆，没于西魏。

史臣曰：自侯景寇逆，世祖據有上游，以全楚之兵委僧辯將率之任，及剋平禍亂，功亦著焉，在乎策勳，當上台之賞。[1]敬帝以高祖貽厥之重，世祖繼體之尊，洎渚宫淪覆，[2]理膺寶祚。僧辯位當將相，義存伊、霍；[3]乃受脅齊師，傍立支庶。[4]苟欲行夫忠義，何忠義之遠矣。樹國之道既虧，謀身之計不足，自致殲滅，悲矣！

[1]上台：星名。三台之一。古以上台指三公。

[2]渚宫：宫名。春秋時楚成王所建，在江陵城内，後世以爲江陵城之别稱。故址在今湖北荆州市江陵城内。

[3]伊、霍：伊尹、霍光，皆人名。伊尹，商湯之臣，名摯。佐湯伐桀。湯死，孫太甲破壞湯法制，伊尹將其放逐，三年後又迎復位。霍光，漢河東平陽人。武帝崩，昭帝以幼年即位，光輔政。《漢書》卷六八有傳。

[4]支庶：指貞陽侯蕭淵明。

梁書 卷四六

列傳第四十

胡僧祐　徐文盛

杜崱 兄岸　弟幼安　兄子龕　陰子春

胡僧祐字願果，南陽冠軍人。[1]少勇决，有武幹。仕魏至銀青光禄大夫，[2]以大通二年歸國，[3]頻上封事，[4]高祖器之，[5]拜假節、超武將軍、文德主帥，[6]使戍項城。[7]城陷，復没于魏。中大通元年，[8]陳慶之送魏北海王元顥入洛陽，[9]僧祐又得還國，除南天水、天門二郡太守，[10]有善政。性好讀書，不解緝綴，[11]然每在公宴，必强賦詩，文辭鄙俚，多被嘲謔，僧祐怡然自若，謂己實工，矜伐愈甚。[12]

[1]南陽：郡名。治所在今河南南陽市。　冠軍：縣名。治所在今河南鄧州市西北。

[2]銀青光禄大夫：官名。爲加官、贈官或休退官員之榮銜。北魏第三品。

[3]大通：梁武帝年號（527—529）。　二年，中華書局本《校勘記》：“‘二年’，《南史》及《册府元龜》二一五、四四四俱作‘三年’。”

[4]封事：密封的奏章。劉勰《文心雕龍·奏啓》：“自漢置八儀，密奏陰陽，皂囊封板，故曰封事。”

[5]高祖：梁武帝廟號。

[6]假節：古代大臣奉天子之命出行，持節以爲憑證並示威重，稱爲假節。魏晉以下以爲官名。有假節、持節、使持節之分，權力亦有小大之别，多爲都督諸州軍事及刺史總軍戎者。軍事長官假節出征或出鎮，有權誅殺犯軍令者。　超武將軍：將軍名號。梁置。天監七年革選，釐定將軍名號及班品，有一百二十五號十品二十四班，以班多者爲貴。大通三年又加刊正，有二百四十二號，爲三十四班。超武將軍爲二百四十二號將軍之一，班品不詳。　文德主帥：官名。掌京師建康宫文德殿警衛。官班不詳。

[7]項城：縣名。治所在今河南沈丘縣。

[8]中大通：梁武帝年號（529—534）。

[9]梁大通二年十月，魏北海王元顥以本朝大亂，自拔降梁，求立爲魏主，梁武帝納之。中大通元年，遣陳慶之率軍送元顥往魏都洛陽。事詳本書卷一《武帝紀》及卷三二《陳慶之傳》。北海王元顥，魏獻文帝孫元顥襲父爵爲北海王。《魏書》卷二一《獻文六王上》有附傳。

[10]南天水：郡名。治所在今湖北宜城市東。　天門：郡名。治所在今湖南石門縣。

[11]不解：《南史》卷六四同傳作“愛”。　緝綴：緝辭綴文，即撰寫文章。

[12]矜伐：驕傲自誇。

晚事世祖，[1]爲鎮西録事參軍。[2]侯景亂，[3]西沮蠻反，[4]世祖令僧祐討之，使盡誅其渠帥，[5]僧祐諫，忤旨下獄。大寶二年，[6]侯景寇荆陝，[7]圍王僧辯於巴陵，[8]世祖乃引僧祐於獄，拜爲假節、武猛將軍，[9]封新市縣侯，[10]令赴援。僧祐將發，謂其子曰："汝可開兩門，一門擬朱，一門擬白。吉則由朱門，凶則由白門，吾不捷不歸也。"世祖聞而壯之。至楊浦，[11]景遣其將任約率鋭卒五千，據白堵，[12]遥以待之。僧祐由别路西上，約謂畏己而退，急追之，及於南安芊口，[13]呼僧祐曰："吴兒，何爲不早降？走何處去。"僧祐不與之言，潛引却，至赤砂亭，[14]會陸法和至，[15]乃與并軍擊約，大破之，擒約送于江陵，[16]侯景聞之遂遁。世祖以僧祐爲侍中、領軍將軍，[17]徵還荆州。

[1]世祖：梁元帝廟號。

[2]鎮西：鎮西將軍之省稱，將軍名號。與鎮東、鎮南、鎮北將軍合稱四鎮將軍，多爲持節都督，出鎮方面，權勢頗重。爲一百二十五號將軍之一，二十二班。　録事參軍：官名。王公府屬官，掌總録衆署文簿，舉彈善惡。梁天監七年革選，定流内官職爲十八班，以班多者爲貴，王公府録事參軍爲六班至二班。

[3]侯景：人名。本魏將，太清元年附梁，二年反，率軍攻京師建康。本書卷五六有傳。

[4]西沮蠻：西沮地區少數民族。西沮，今湖北沮漳河西源沮水。

[5]渠帥：首領。

[6]大寶：梁簡文帝年號（550—551）。

[7]荆陝：即荆州。《南齊書·州郡志》："江左大鎮，莫過荆

揚。弘農郡陝縣，周世二伯總諸侯，周公主陝東，召公主陝西，故稱荆州爲陝西也。”治所在今湖北荆州市。

[8]王僧辯：人名。梁元帝將。本書卷四五有傳。　巴陵：郡名。治所在今湖南岳陽市。

[9]武猛將軍：將軍名號。梁置，爲一百二十五號將軍之一，十二班。

[10]新市：縣名。治所在今湖北京山縣東北。

[11]楊浦：《通鑑》卷一六四《梁紀二十》簡文帝大寶二年紀作“湘浦”，胡三省注云：“湘水入湖之口曰浦。”按，楊浦在今湖北武昌北，與本次戰地不合，當以《通鑑》爲是。

[12]白堉：地名。在今湖南岳陽市南。舊本“堉”作“塔”或“墧”，此依中華書局本校改。

[13]南安芊口：《通鑑》卷一六四《梁紀二十》簡文帝大寶二年下，胡三省注：“據姚思廉《梁書》，芊口在南平郡安南縣界。”按，據《南齊書·州郡志》，南平郡有安南縣，無“南安”縣。此“南安”當爲“安南”之倒誤。安南縣，治所在今湖南華容縣。

[14]赤砂亭：地名。在今湖南華容縣西南。

[15]陸法和：人名。先爲梁元帝將，後入齊。《北齊書》卷三二有傳。

[16]江陵：縣名。荆州鎮所，在今湖北荆州市。

[17]侍中：官名。門下省長官。與給事黄門侍郎俱掌侍從左右，擯相威儀，盡規獻納，糾正違缺等。參與決策，是中樞集團重要成員，權勢顯要。員四人。梁十二班。　領軍將軍：官名。爲禁衛軍最高統帥，職任頗重。員一人。梁十五班。

承聖二年，[1]進爲車騎將軍、開府儀同三司，[2]餘悉如故。西魏寇至，以僧祐爲都督城東諸軍事。魏軍四面起攻，百道齊舉，僧祐親當矢石，晝夜督戰，獎厲將士，明於賞罰，衆皆感之，咸爲致死，所向摧殄，賊莫敢前。俄而中流矢卒，時年六十三。世祖聞之，馳往臨哭。於是内外惶駭，城遂陷。

[1]承聖：梁元帝年號（552—555）。

[2]車騎將軍：將軍名號。爲重號將軍，加授大臣、重要地方長官。爲一百二十五號將軍之一，二十四班。　開府儀同三司：官名。非三公而儀制待遇同於三公之稱。梁諸將軍開府儀同三司爲十七班。

徐文盛字道茂，彭城人也。[1]世仕魏爲將。父慶之，天監初，[2]率千餘人自北歸款，[3]未至，道卒。文盛仍統其衆，稍立功績，高祖甚優寵之。大同末，[4]以爲持節、督寧州刺史。[5]先是，州在僻遠，所管羣蠻不識教義，貪欲財賄，劫篡相尋，[6]前後刺史莫能制。文盛推心撫慰，示以威德，夷獠感之，[7]風俗遂改。

[1]彭城：郡名。治所在今江蘇徐州市。

[2]天監：梁武帝年號（502—519）。

[3]歸款：投誠。

[4]大同：梁武帝年號（535—546）。

[5]持節：古代大臣奉天子之命出行，持節以爲憑證並示威重。魏晉以下以爲官名。有假節、持節、使持節之分，權力亦有小大之别，多爲都督諸州軍事及刺史總軍戎者。軍事長官出征或出鎮，持節可殺犯軍令者，在軍事行動中有誅殺二千石以下官員的權力。　寧州：州名。治所在今雲南曲靖市西。

[6]相尋：相接續。

[7]夷獠：古時對西南少數民族之蔑稱。

太清二年，[1]聞國難，[2]乃召募得數萬人來赴。世祖嘉之，[3]以爲持節、散騎常侍、左衛將軍、[4]督梁南秦沙東益巴北巴六州諸軍事、仁威將軍、秦州刺史，[5]授以東討之略。於是文盛督衆軍東下，至武昌，[6]遇侯景將任約，遂與相持久之。世祖又命護軍將軍尹悦、平東將軍杜幼安、巴州刺史王珣等會之，[7]並受文盛節度。擊任約於貝磯，[8]約大敗，退保西陽，[9]文盛進據蘆洲，[10]又與相持。侯景聞之，乃率大衆西上援約，至西陽。文盛不敢戰。諸將咸曰："景水軍輕進，又甚飢疲，可因此擊之，必大捷。"文盛不許。文盛妻石氏，先在建鄴，[11]至是，景載以還之，文盛深德景，遂密通信使，都無戰心，衆咸憤怨。杜幼安、宋簉等乃率所領獨進，與景戰，大破之，獲其舟艦以歸。會景密遣騎從間道襲陷郢州，[12]軍中兇懼，遂大潰。文盛奔還荆州，[13]世祖仍以爲城北面都督。又聚贓污甚多，世祖大怒，下令責之，數其十罪，除其官爵。文盛既失兵權，私懷怨望，世祖聞之，乃以下獄。時任約被擒，與文盛同禁。文盛謂約曰："汝何不早降，令我至此。"約曰："門外不見卿馬跡，使我何遽得降。"文盛無以答，遂死獄中。

[1]太清：梁武帝年號（547—549）。

[2]國難：指侯景叛梁，進寇京師建康事。詳本書《武帝紀》及卷五六《侯景傳》。

[3]世祖：梁元帝廟號。時梁元帝承制督衆軍抗侯景。

[4]散騎常侍：官名。集書省長官，掌侍從左右，獻納得失。劉宋以下，職以侍從左右、掌圖書文翰爲主，地位降低。員四人。梁十二班。　左衛將軍：官名。禁衛軍六軍之一。與右衛將軍俱掌宫廷宿衛營兵。梁十二班。

[5]梁南秦沙東益巴北巴：皆州名。梁州，治所在今陝西漢中市；南秦，治所在今甘肅成縣西北；沙州，治所在今四川青川縣東北白水；東益州，治所在今四川彭州市西北；巴州，治所在今湖南岳陽縣；北巴州，治所在今四川巴中市。　仁威將軍：將軍名號。梁置，與智威、勇威、信威、嚴威將軍代舊征虜將軍。爲一百二十五號十品二十四班之一，十六班。　秦州刺史：按，徐文盛督州中有南秦州而無秦州，且秦州其時已屬西魏，故疑此"秦州刺史"前脱"南"字。

[6]武昌：縣名。治所在今湖北鄂州市。

[7]護軍將軍：官名。掌京畿以外諸軍，職任頗重。資輕者爲中護軍。梁十五班。　平東將軍：將軍名號。與平西、平南、平北將軍合稱四平將軍，多持節都督或監某一地區的軍事，亦作爲刺史兼理軍務的加官。爲一百二十五號將軍之一，二十班。

[8]貝磯：地名。在今湖北鄂州市西北長江南岸。

[9]西陽：縣名。治所在今湖北黄岡市黄州東。

[10]蘆洲：地名。在今湖北黄岡市黄州西南長江中。

[11]建鄴：即建康，縣名。治所在今江蘇南京市。

[12]郢州：州名。治所在今湖北武漢市武昌。

[13]荆州：州名。治所在今湖北荆州市江陵。

杜崱，京兆杜陵人也。[1]其先自北歸南，居於雍州之襄陽，[2]子孫因家焉。祖靈啓，齊給事中。[3]父懷寶，少有志節，常邀際會。[4]高祖義師東下，[5]隨南平王偉留鎮襄陽。[6]天監中，稍立功績，官至驍猛將軍、梁州刺史。[7]大同初，魏梁州刺史元羅舉州内附，[8]懷寶復進督華州。[9]值秦州所部武興氐王楊紹反，[10]懷寶擊破之。五年，卒於鎮。前即懷寶第七子也。幼有志氣，居鄉里以膽勇稱。釋褐廬江驃騎府中兵參軍。[11]世祖臨荆州，仍參幕府，後爲新興太守。[12]

[1]京兆：郡名。治所在今陝西西安市西北。　杜陵：縣名。治所在今陝西長安縣東北。此杜前祖籍。

[2]雍州：州名。東晉僑置，鎮所襄陽，即今湖北襄陽縣。

[3]給事中：官名。集書省屬官，掌獻納諫議及收發文書，地位不高。宋第五品，齊不詳。

[4]邀：尋求。

[5]義師：齊東昏侯蕭寶卷即位，狂悖無道，雍州刺史蕭衍起兵於襄，東下京師以討之，因稱其師爲義師。事詳本書《武帝紀》。

[6]南平王偉：梁武帝弟蕭偉封爵號南平王。本書卷二二《太祖五王》有傳。

[7]驍猛將軍：將軍名號。梁置，爲大通三年所定二百四十二號將軍之一，班品不詳。

[8]梁州：州名。治所在今陝西漢中市。　元羅：人名。北魏支屬。《魏書》卷一六《道武七王傳》有附傳。

[9]華州：州名。北魏置，治所在今陝西大荔縣。

[10]秦州：州名。治所在今甘肅天水市。　武興：郡名。治所在今陝西略陽縣。羅振玉《梁書斠議》："紹即楊紹先，《武興傳》及本紀皆不言其反，其反事詳《北史·氐傳》。"

[11]廬江驃騎府中兵參軍：按，據文意，"廬江"當爲封國名。考《梁書》及《南史》，梁無封廬江者。疑"廬江"爲"廬陵"之訛，梁武有子廬陵王蕭續，見本書卷二九《高祖三王傳》。本書

《武帝紀》："太清元年正月壬寅，驃騎大將軍、開府儀同三司、荆州刺史廬陵王續薨；以鎮南將軍、江州刺史湘東王繹爲鎮西將軍、荆州刺史。"杜崱蓋先爲蕭續驃騎中兵參軍，蕭續薨，蕭繹繼任荆州刺史，崱仍參蕭繹幕府。驃騎，驃騎將軍之省稱，將軍名號。爲重號將軍，加授大臣及重要地方長官。梁二十四班。　中兵參軍：官名。王公軍府屬官，掌本府親兵。梁六班至二班。

[12]新興：郡名。治所在今四川南充市東南。

太清二年，隨岳陽王來襲荆州，[1]世祖以與之有舊，密邀之，崱乃與兄岸、弟幼安、兄子龕等夜歸于世祖，世祖以爲持節、信威將軍、武州刺史。[2]俄遷宣毅將軍，[3]領鎮蠻護軍、武陵内史，[4]枝江縣侯，[5]邑千户。令隨王僧辯東討侯景。至巴陵，會景來攻，數十日不剋而遁。加侍中、左衛將軍，進爵爲公，增邑五百户。仍隨僧辯追景至石頭，[6]與賊相持横嶺。[7]及戰，景親率精鋭，左右衝突，崱從嶺後横截之，景乃大敗，東奔晉陵，[8]崱入據城。景平，加散騎常侍、持節、督江州諸軍事、江州刺史，[9]增邑千户。

[1]岳陽王：梁昭明太子蕭統之子詧的封爵號。侯景亂起，詧與蕭繹有隙，故引兵襲之，後附西魏。《周書》卷四八有傳。又，據本書卷五《元帝紀》及《通鑑》卷一六二《梁紀十八》岳陽王蕭詧襲荆州在太清三年九月。此云太清二年，"二"或是"三"之訛。

[2]信威將軍：將軍名號。梁置，與智威、仁威、勇威、嚴威將軍代舊征虜將軍。爲一百二十五號將軍之一，十六班。　武州：州名。治所在今湖南常德市。

[3]宣毅將軍：將軍名號。梁置，與鎮兵、翊師、宣惠將軍代

舊東西南北四中郎將。爲一百二十五號將軍之一，十七班。

[4]領：官制術語。已有實授主職，又兼任較低職務而不居其位。　鎮蠻護軍：武官名號。梁置於西陽、南新蔡、晉熙、廬江等郡，多由南新蔡太守兼任，其班品隨府主號位輕重而定。詳《隋書·百官志》。　武陵：王國名。治所在今湖南常德市。　内史：官名。王國行政長官，掌王國民政，職同太守。宋第五品，梁不詳。

[5]枝江：縣名。治所在今湖北枝江縣西南。

[6]石頭：即石頭城，在今江蘇南京市西清涼山。其地負山面江，形勢險固，爲六朝軍事要地。

[7]横嶺：地名。在今江蘇南京市西清涼山西。

[8]晉陵：郡名。治所在今江蘇常州市。

[9]江州：州名。治所在今江西九江市西南。

是月，齊將郭元建攻秦州刺史嚴超遠於秦郡，[1]王僧辯令莿赴援，陳霸先亦自歐陽來會，[2]與元建大戰於士林，[3]霸先令强弩射，元建衆却，莿因縱兵擊，大破之，斬首萬餘級，生擒千餘人，元建收餘衆而遁。時世祖執王琳於江陵，[4]其長史陸納等遂於長沙反，[5]世祖徵莿與王僧辯討之。承聖二年，及納等戰於車輪，[6]大敗，陷其二壘，納等走保長沙，莿等圍之。後納等降，莿又與王僧辯西討武陵王於硤口，[7]至即破平之。於是旋鎮，遘疾卒。詔曰："莿，京兆舊姓，元凱苗裔，[8]家傳學業，世載忠貞。自驅傳江渚，[9]政號廉能，推轂淺原，[10]實聞清静。奄致殞喪，惻愴于懷。可贈車騎將軍，加鼓吹一部。[11]謚曰武。"

[1]郭元建：人名。原侯景將，景將敗，元建降北齊。　秦州：州名。梁以秦郡置，治所在今江蘇六合縣北。　嚴超遠：《南史》卷六四同傳及《通鑑》卷一六四《梁紀》承聖元年紀並作“嚴超達”。　秦郡：郡名。治所在今江蘇六合縣北。

[2]陳霸先：人名。即陳高祖。歐陽：指歐陽埭。在今江蘇儀徵市東古運河上。

[3]士林：即士林館。在今江蘇六合縣北。士，舊本皆訛“土”，此依中華書局本校改。

[4]王琳：人名。會稽山陰人。《南史》卷六四有傳。　江陵：縣名。荆州鎮所，在今湖北荆州市江陵。

[5]長史：官名。王公軍府屬官，掌本府官吏。其班品依府主地位高下而定。梁十班至六班。　陸納：人名。湘州刺史王琳恃寵縱暴，王僧辯啓請誅之。琳赴江陵陳謝，元帝囚之。陸納反。詳《南史》卷六四《王琳傳》。　長沙：城名，湘州鎮所。即今湖南長沙市。

[6]車輪：城名。在今湖南長沙市北湘江岸。

[7]武陵王：梁武帝子蕭紀的封爵號。紀爲益州刺史，大寶二年，率軍東下，以討侯景爲名，將圖荆州。本書卷五五有傳。　硤口：亦作“峽口”，即今湖北宜昌市西長江西陵峽口。

[8]元凱：杜預之字。預，晉京兆杜陵人，以軍功封當陽縣侯，博學有謀略，人稱“杜武庫”，自謂有“《左傳》癖”。《晉書》卷三四有傳。

[9]驅傳江渚：意謂奉命出鎮江州。驅傳，駕驛車急行；江渚，江邊之地，江州鎮尋陽，地處長江邊，故稱江渚。

[10]推轂：推車轂使之前進，比喻助人成事或推薦人才。　淺原：即敷淺原。此處代指江州。《尚書·禹貢》：“過九江，至於敷淺原。”所指歷來説法不一：據《漢書·地理志》則當爲今江西德安縣南博陽山；據朱熹《九江彭蠡辨》則當爲今江西廬山；清人胡渭《禹貢錐指》以爲即今廬山以南平原，約在今江西星子縣境；近

人亦有以爲即今安徽大別山脉尾閭的平原。參修訂本《辭源》“敷淺原”條。

[11]鼓吹：樂名。本軍樂，皇帝出行亦奏。自漢以下，亦用以贈賜有功之臣。

崱兄弟九人，兄嵩、岑、嵸、岌、嶷、巘、岸及弟幼安，[1]並知名當世。[2]

[1]兄嵩、岑、嵸（zōng）、岌、嶷、巘、岸及弟幼安：中華書局本《校勘記》：“按：當依《南史》作‘兄嵩、岑、嶷、岌、巘、岸及弟嵸、幼安’，與上文‘崱即懷寶第七子’正合。”

[2]《文館詞林》卷六九九梁簡文帝《監護杜嵩喪教一首》：“二府州國綱紀：水曹參軍杜嵩，殞命戎間，甚用傷愍。嵩汗馬累年，辛勤已著。此段復隨杜懷瑶凌危履險，身扞其父，以致此喪命。昔卞盱扞親之難，彭循衛君之鋒，皆遺芬前史，垂名後代，未有如嵩奮袂，忠孝兼舉。悲懷惻愴，不能自息，可賻錢十萬，布百匹，並遣監護喪事，別表申聞，加以榮爵，外即施行。”按，此載杜嵩事迹，可補史傳之缺。又，據此文，是杜崱之父名懷瑶，與本傳名懷寶異，未知孰是。參本書卷三二《蘭欽傳》“杜懷瑶”條注。

岸字公衡。少有武幹，好從横之術。[1]太清中，與崱同歸世祖，世祖以爲持節、平北將軍、北梁州刺史，[2]封江陵縣侯，邑一千户。岸因請襲襄陽，[3]世祖許之。岸乃晝夜兼行，先往攻其城，不剋，岳陽至，[4]遂走依其兄巘於南陽，[5]巘時爲南陽太守。岳陽尋遣攻陷其城，岸及巘俱遇害。

[1]從横：同“縱横”。

[2]平北將軍：將軍名號。與平南、平西、平東將軍合稱四平將軍。職掌相類。爲一百二十五號將軍之一，二十班。　北梁州：州名。治所在今陝西漢中市東。

[3]襄陽：雍州刺史鎮所。時岳陽王蕭詧爲雍州刺史，鎮襄陽。

[4]岳陽：指岳陽王蕭詧。

[5]南陽：郡名。梁置，治所在今湖北穀城縣東南。

幼安性至孝，寬厚，雄勇過人。太清中，與兄岸同歸世祖，世祖以爲雲麾將軍、西荆州刺史，[1]封華容縣侯，[2]邑一千户。令與平南將軍王僧辯討河東王譽於長沙，[3]平之。又命率精甲一萬，助左衛將軍徐文盛東討侯景。至貝磯，遇景將任約來逆，[4]遂與戰，大敗之，斬其儀同叱羅子通、湘州刺史趙威方等，[5]傳首江陵。乃進軍大舉口，[6]與景相持。别攻武昌，拔之。景渡蘆洲上流以壓文盛等，幼安與衆軍攻之，景大敗，盡獲其舟艦。會景密遣襲陷郢州，執刺史方諸等以歸，[7]人情大駭，徐文盛由漢口遁歸，[8]衆軍大敗，幼安遂降于景。景殺之，以其多反覆故也。

[1]雲麾將軍：將軍名號。梁置，與武臣、爪牙、龍騎將軍代舊前後左右四將軍。爲一百二十五號將軍之一，十八班。　西荆州：州名。錢大昕《廿二史考異》云：“郥州、西荆州，《隋志》均未載。”按，本書《元帝紀》作“定州”。定州，梁置，治所在今湖北麻城市東北。

[2]華容：縣名。治所在今湖北監利縣北。

[3]平南將軍：將軍名號。職任與平東將軍同類。爲一百二十

五號將軍之一，二十班。　河東王譽：梁昭明太子統之子蕭譽封爵號河東郡王。本書卷五五有傳。

[4]逆：迎戰。

[5]儀同：開府儀同三司之省稱，官名。非三公而儀制待遇同於三公之稱。此侯景所署。　湘州：州名。治所在今湖南長沙市。

[6]乃：《通鑑》卷一六四《梁紀二十》作“仍”。　大舉口：地名。古舉水入長江之口，在今湖北黄岡市西北。口，舊本作“因”，此依中華書局本校改。

[7]方諸：梁元帝子蕭方諸，時爲郢州刺史。本書卷四四《世祖二子》有傳。

[8]漢口：漢水入長江之口。即今湖北武漢市漢口。

龕，尚第二兄岑之子。少驍勇，善用兵，亦太清中與諸父同歸世祖，世祖以爲持節、忠武將軍、鄖州刺史，[1]中廬縣侯，[2]邑一千户。與叔幼安俱隨王僧辯討河東王，平之。又隨僧辯下，繼徐文盛軍至巴陵，聞侯景襲陷郢州，西上將至，乃與僧辯等守巴陵以待之。景至，圍之數旬，不剋而遁。遷太府卿、安北將軍、督定州諸軍事、定州刺史，[3]加通直散騎常侍，[4]增邑五百户。仍隨僧辯追景至江夏，圍其城。景將宋子仙棄城遁，龕追至楊浦，[5]生擒之。大寶三年，衆軍至姑孰，[6]景將侯子鑒逆戰，龕與陳霸先、王琳等率精鋭擊之，大敗子鑒，遂至于石頭。景親率其黨會戰，龕與衆軍奮擊，大破景，景遂東奔。論功爲最，授平東將軍、東揚州刺史，[7]益封一千户。

[1]忠武將軍：將軍名號。梁置，爲一百二十五號將軍之一，

十九班。　郥州：州名。治所不詳。

[2]中廬：縣名。治所在今湖北南漳縣東北。中，舊本皆脱，此依中華書局本校補。

[3]太府卿：官名。梁置，爲十二卿之一，掌金帛府帑，十三班。　安北將軍：將軍名號。與安東、安西、安南將軍合稱四安將軍，爲出鎮方面的軍事長官，或作爲刺史兼理軍務的加官，權任很重。爲一百二十五號將軍之一，二十一班。

[4]通直散騎常侍：官名。集書省官員，掌侍從左右，獻納得失，與散騎常侍通直。劉宋以後，多以衰老之士擔任，地位漸低。員四人。梁十一班。

[5]楊浦：本書卷四五《王僧辯傳》作"白楊浦"，《通鑑》卷一六四《梁紀二十》"大寶二年"下同，胡三省注云："白楊浦蓋去郢城未遠。"按，其地在今武漢市武昌東。

[6]姑孰：城名。故址在今安徽當塗縣。

[7]東揚州：州名。梁以會稽郡置，治所在今浙江紹興縣。

承聖二年，又與王僧辯討陸納等於長沙，降之。又征武陵王於西陵，[1]亦平之。後江陵陷，[2]齊納貞陽侯以紹梁嗣，[3]以龕爲震州刺史、吴興太守。[4]又除鎮南將軍、都督南豫州諸軍事、南豫州刺史、溧陽縣侯，[5]給鼓吹一部；又加散騎常侍、鎮東大將軍。會陳霸先襲陷京師，執王僧辯殺之。龕、僧辯之壻也，爲吴興太守，以霸先既非貴素，[6]兵又猥雜，在軍府日，都不以霸先經心，及爲本郡，[7]每以法繩其宗門，無所縱捨，霸先銜之切齒。[8]及僧辯敗，龕乃據吴興以距之，[9]遣軍副杜泰攻陳蒨於長城，[10]反爲蒨所敗。霸先乃遣將周文育討龕，[11]龕令從弟北叟出距，又爲文育所破，走義興，[12]霸先親率衆圍之。會齊將柳達摩等襲京師，霸先恐，遂還與齊人連和。龕聞齊兵還，乃降，遂遇害。[13]

[1]西陵：縣名。治所在今湖北宜昌市東南。

[2]江陵陷：梁元帝承聖三年（554），西魏大將于謹等攻陷江陵，元帝被害。詳本書卷五《元帝紀》。

[3]貞陽侯：梁武帝兄蕭懿之子淵明，初封貞陽侯。梁太清中軍敗，被東魏俘執，仕於北齊。西魏破江陵，齊使送之至梁，以紹梁嗣。《南史》卷五一《梁宗室上》有傳。

[4]震州：州名。梁紹泰元年（555）置，治所在今浙江湖州市。　吴興：郡名。與震州治所同。

[5]鎮南將軍：將軍名號。與鎮西、鎮東、鎮北將軍合稱四鎮將軍，多持節都督，出鎮方面，權任頗重。爲一百二十五號將軍之一，二十二班。　南豫州：州名。治所在今安徽宣州市。　溧陽：縣名。治所在今江蘇高淳縣東固城鎮。

[6]貴素：貴門素族，指公侯顯貴與世家大族。

[7]本郡：指吴興郡。陳霸先爲吴興郡人，故稱。

[8]銜：恨。

[9]距：通“拒”。

[10]陳蒨：陳霸先之兄道譚之子。霸先死，蒨嗣位，即陳文帝。　長城：縣名。治所在今浙江長興縣東。

[11]周文育：人名。義興郡人。《陳書》卷八有傳。

[12]義興：郡名。治所在今江蘇宜興市。

[13]杜龕遇害始末，諸史所載不一。《通鑑》卷一六六《梁紀二十二》“太平元年正月”下胡三省注引《考異》曰：“《梁書》太平元年正月癸未杜龕降，詔賜死。《陳書》紹泰元年十二月，杜龕以城降，明年正月癸未誅杜龕於吴興，龕從弟北叟、司馬沈孝敦並

賜死。《典略》魏恭帝二年十二月倩命劉澄等攻龕，大敗之。龕乃降，明年正月丁亥，周鐵虎送杜龕祠項王神，使力士拉龕於坐。從弟北叟、司馬沈孝敦並賜死。從《南史》。"

陰子春字幼文，武威姑臧人也。[1]晉義熙末，[2]曾祖襲，隨宋高祖南遷，至南平，[3]因家焉。父智伯，與高祖隣居，少相友善，嘗入高祖卧内，見有異光成五色，因握高祖手曰："公後必大貴，非人臣也。天下方亂，安蒼生者，其在君乎！"高祖曰："幸勿多言。"於是情好轉密，高祖每有求索，如外府焉。及高祖踐阼，官至梁、秦二州刺史。[4]

[1]武威：郡名。治所在今甘肅武威市。　姑臧：縣名。治所同武威郡。

[2]義熙：晉安帝年號（405—418）。按，義熙末，宋高祖劉裕曾率軍北伐，平洛陽，下長安，旋即回軍。詳《宋書》卷二《高祖武皇帝紀》。

[3]南平：郡名。治所在今湖北公安縣西北。

[4]梁、秦：皆州名。梁州，治所在今陝西漢中市東；秦州，治所在今甘肅天水市。

子春，天監初，起家宣惠將軍，[1]西陽太守。普通中，[2]累遷至明威將軍、南梁州刺史；[3]又遷信威將軍、都督梁秦華三州諸軍事、梁秦二州刺史。[4]太清二年，討峽中叛蠻，[5]平之。徵爲左衛將軍，[6]又遷侍中。屬侯景亂，世祖令子春隨領軍將軍王僧辯攻邵陵王於郢州，[7]平之。又與左衛將軍徐文盛東討侯景，至貝磯，與景遇，子春力戰，恒冠諸軍，頻敗景，值郢州陷没，軍遂退敗。大寶二年，卒於江陵。[8]

[1]宣惠將軍：將軍名號。梁置，與鎮兵、翊師、宣毅將軍代舊東西南北四中郎將。爲一百二十五號二十四班將軍之一，十七班。

[2]普通：梁武帝年號（520—527）。

[3]明威將軍：將軍名號。梁代，與寧遠等將軍代舊寧朔將軍。爲一百二十五號將軍之一，十三班。　南梁州：州名。治所在今陝西安康市西漢江北岸。

[4]華：州名。梁置，治所在今四川廣元市。

[5]峽中：指長江三峽一帶。

[6]左衛將軍：本書卷五《元帝紀》作右衛將軍。

[7]邵陵王：梁武帝子蕭綸封爵號邵陵王。大寶元年，綸於郢州大修器甲，將以討侯景，蕭繹聞其强盛，因遣王僧辯攻之。見本書卷二九《高祖三王傳》。

[8]陰子春有子鏗，《陳書》卷三四《文學》有傳。

孫顥，少知名。釋褐奉朝請，[1]歷尚書金部郎。[2]後入周。撰《瓊林》二十卷。

[1]奉朝請：官名。梁屬集書省，掌侍從，備顧問。二班。

[2]尚書金部郎：官名。尚書省諸曹郎之一，屬度支尚書。掌金寶貨物等。梁六班。

史臣曰：胡僧祐勇幹有聞，搴旗破敵者數矣；及捐軀殉節，殞身王事，雖古之忠烈，何以加焉。徐文盛始立功績，不能終其成名，爲不義也。杜崱識機變之理，知向背之宜；加以身屢典軍，頻殄寇逆，勳庸顯著，卒爲中興功臣，義哉。

梁書 卷四七

列傳第四十一

孝行

滕曇恭 徐普濟 宛陵女子 沈崇傃 荀匠
庾黔婁 吉翂 甄恬 韩懷明
劉曇浄 何炯 庾沙彌 江紑
劉霽 褚脩 謝藺

經云：[1]"夫孝，德之本也。"此生民之爲大，有國之所先歟！高祖創業開基，[2]飭躬化俗，[3]澆弊之風以革，[4]孝治之術斯著。每發絲綸，[5]遠加旌表。而淳和比屋，[6]罕要詭俗之譽；[7]潛晦成風，[8]俯列踰羣之迹。彰於視聽，蓋無幾焉。今採綴以備遺逸云爾。

[1]經：指《孝經》。《孝經·開宗明義章》："子曰：'夫孝，德之本也，教之所由生也。'"

[2]高祖：梁武帝廟號。

[3]飭（chì）躬：正己，正身。

[4]澆弊之風：浮薄弊陋的社會風氣。

[5]綵綸：指帝王的詔書。《禮記·緇衣》："王言如絲，其出如綸。"

[6]比屋：家家户户。

[7]詭俗：欺世。

[8]潛晦：潛隱不露。

滕曇恭，豫章南昌人也。[1]年五歲，母楊氏患熱，思食寒瓜，土俗所不産，曇恭歷訪不能得，銜悲哀切。俄值一桑門問其故，[2]曇恭具以告。桑門曰："我有兩瓜，分一相遺。"曇恭拜謝，因捧瓜還，以薦其母。[3]舉室驚異。尋訪桑門，莫知所在。及父母卒，曇恭水漿不入口者旬日，感慟嘔血，絶而復蘇。隆冬不著璽絮，蔬食終身。每至忌日，[4]思慕不自堪，晝夜哀慟，其門外有冬生樹二株，[5]時忽有神光自樹而起，俄見佛像及夾侍之儀，容光顯著，自門而入，曇恭家人大小，咸共禮拜，久之乃滅，遠近道俗咸傳之。太守王僧虔引曇恭爲功曹，[6]固辭不就。王儉時隨僧虔在郡，[7]號爲"滕曾子"。[8]天監元年，[9]陸璉奉使巡行風俗，[10]表言其狀。曇恭有子三人，皆有行業。[11]

[1]豫章：郡名。治所在今江西南昌市。　南昌：縣名。治所與豫章郡同。

[2]桑門：亦譯作沙門，即佛教徒。

[3]薦：獻。

[4]忌日：先輩去世之日。

[5]冬生樹：又名冬青樹，即女貞樹。

[6]王僧虔：人名。祖籍琅邪臨沂。仕宋，曾官豫章内史，卒於齊世。《南齊書》卷三三有傳。虔，舊本皆訛“度”，此依中華書局本校改。　功曹：官名。郡府屬官，掌選舉並參諸曹事務。宋齊官品不詳。

[7]王儉：人名。王僧虔之侄。《南齊書》卷二三有傳。

[8]滕曾子：三朝本、百衲本皆作“曾子”，無“滕”字。按，曾子，孔子弟子中以孝著稱者。

[9]天監：梁武帝年號（502—519）。

[10]陸璉：人名。吴郡人。見本書卷二五《徐勉傳》。　巡行：視察。

[11]行業：操行事業。

時有徐普濟者，長沙臨湘人。[1]居喪未及葬，而隣家火起，延及其舍，普濟號慟伏棺上，以身蔽火。隣人往救之，焚炙已悶絶，累日方蘇。

[1]長沙：郡名。治所在今湖南長沙市。　臨湘：縣名。治所與長沙郡同。

宣城宛陵有女子與母同牀寢，[1]母爲猛虎所搏，女號叫挐虎，[2]虎毛盡落，行十數里，虎乃棄之，女抱母還，猶有氣，經時乃絶。太守蕭琛賻焉；[3]表言其狀，有詔旌其門閭。[4]

[1]宣城：郡名。治所在今安徽宣州市。　宛陵：縣名。治所與宣城郡同。

[2]挐（ná）：拉扯。

[3]蕭琛：人名。本書卷二六有傳。　賻（fù）：以錢財助喪事。

[4]旌其門閭：於其所居立牌坊、賜匾額以表彰。旌，表彰。

沈崇傃字思整，吴興武康人也。[1]父懷明，宋兖州刺史。[2]崇傃六歲丁父憂，[3]哭踊過禮，及長，傭書以養母焉。[4]齊建武初，[5]起家爲奉朝請。[6]永元末，[7]遷司徒行參軍。[8]天監初，爲前軍鄱陽王參軍事。[9]三年，太守柳惲辟爲主簿。[10]崇傃從惲到郡，還迎其母，母卒，崇傃以不及侍疾，將欲致死，水漿不入口，晝夜號哭，旬日殆將絶氣。兄弟謂之曰："殯葬未申，遽自毁滅，非全孝之道也。"崇傃之瘞所，[11]不避雨雪，倚墳哀慟。每夜恒有猛獸來望之，有聲狀如歎息者。家貧無以遷窆，[12]乃行乞經年，始獲葬焉。既而廬于墓側，自以初行喪禮不備，復以葬後更治服三年。[13]久食麥屑，不噉鹽酢，坐卧於單薦，[14]因虚腫不能起。郡縣舉其至孝。高祖聞，即遣中書舍人慰勉之。[15]乃下詔曰："前軍沈崇傃，[16]少有志行，居喪踰禮。齎制不終，[17]未得大葬，自以行乞淹年，哀典多闕，方欲以永慕之晨，[18]更爲再期之始。[19]雖即情可矜，禮有明斷。可便令除釋，[20]擢補太子洗馬。[21]旌彼門閭，[22]敦兹風教。"崇傃奉詔釋服，而涕泣如居喪，固辭不受官，苦自陳讓，經年乃得爲永寧令。[23]自以禄不及養，怛恨愈甚，[24]哀思不自堪，至縣卒，[25]時年三十九。

[1]吴興：郡名。治所在今浙江湖州市。　武康：縣名。治所在今浙江德清縣千秋鎮。

[2]兖州：州名。南朝宋泰始二年（466）僑置，治所在今江蘇淮陰縣西南甘羅城。《宋書》卷一七《沈慶之傳》作“南兖州”。

[3]丁：遭。　父憂：父喪。

[4]傭書：受雇爲人抄書。

[5]建武：齊明帝年號（494—498）。

[6]奉朝請：本指大臣定期參加朝會朝見皇帝，六朝以爲官名。宋齊無員，亦不爲官。

[7]永元：齊東昏侯年號（499—501）。

[8]司徒行參軍：司徒府屬官，參掌府曹事，位在正參軍之下。宋第七品，齊不詳。

[9]前軍：前軍將軍之省稱，將軍名號。與後軍、左軍、右軍合稱四軍將軍，掌宿衛營兵。宋第四品，梁初不詳。　鄱陽王：梁武帝弟蕭恢的封爵號。本書卷二二《太祖五王》有傳。按，據本書《武帝紀》及蕭恢本傳，恢天監初爲“前將軍”而非“前軍將軍”。

[10]三年太守柳惲辟爲主簿：中華書局本《校勘記》：“‘三年’，《南史》及《太平御覽》四一二作‘二年’。按：沈崇傃於天監初爲前軍鄱陽王參軍事，據《鄱陽王恢傳》，恢於天監二年出爲征虜將軍南徐州刺史，而據《柳惲傳》，惲於天監二年出爲吴興太守，是沈崇傃被辟爲主簿，當在天監二年。”柳惲，人名。本書卷二一有傳。主簿，官名。漢代以下，中央各機構及地方州郡皆置，掌文書簿籍。其官品隨所署長官地位高下而異。

[11]瘞（yì）所：葬地。

[12]窆（biǎn）：葬時穿土下棺。

[13]治服：服喪。

[14]薦：蓆，草墊。

[15]中書舍人：官名。中書省屬官，掌入直閣内，呈奏案章。劉宋時漸用寒士及皇帝親信擔任此職，奪中書侍郎草擬詔誥之權。

至梁則用人殊重，選以才能，不限資地，專掌中書詔誥，權勢顯赫，多以他官兼領。梁天監七年革選，定流内官職爲十八班，以班多者爲貴，中書舍人爲四班。員四人。

[16]前軍沈崇傃：中華書局本《校勘記》："沈崇傃曾爲前軍鄱陽王參軍事，'前軍'下疑脱'參軍'二字。"按，梁武下詔時，崇傃已改官，不在前軍參軍任上，故詔書不會稱之爲"前軍參軍"。同時，他雖被辟爲郡主簿，顯然未及就職即丁母憂。按六朝慣例，稱某官已離任之舊職，當加"前"字。如唐·釋道宣《廣弘明集》卷二〇梁湘東王蕭繹《法寶聯璧序》末列撰者名，有"前御史中丞河南褚雲"、"前尚書左丞沛國劉顯"等。故此處梁武可稱崇傃爲"前參軍"，"前軍"當脱"參"字。

[17]齎（zī）：喪服。字亦作"纃"。

[18]永慕：此處指終生不忘父母。

[19]期：指服喪期。古代子女爲父母服喪三年。

[20]除釋：指脱下喪服。

[21]太子洗馬：官名。東宫屬官，掌文翰。爲清簡之官，多由士族之士擔任。梁員八人，六班。

[22]旌彼門閭：於其居所立牌坊、賜匾額以表彰。旌，表彰。

[23]永寧：縣名。治所在今浙江温州市。

[24]怛恨：悲痛，遺憾。

[25]至縣：《南史》卷七四《孝義下》同傳"至縣"前有"未"字。

荀匠字文師，潁陰人，[1]晉太保勗九世孫也。[2]祖瓊，年十五，復父仇於成都市，[3]以孝聞。宋元嘉末，[4]渡淮赴武陵王義，[5]爲元凶追兵所殺，[6]贈員外散騎侍郎。[7]父法超，齊中興末爲安復令，[8]卒於官。凶問至，匠號慟氣絶，身體皆冷，至夜乃蘇。既而奔喪，每宿江渚，商旅皆不忍聞其哭聲。服未闋，[9]兄斐起家爲鬱林太守，[10]征俚賊，[11]爲流矢所中，死於陣。喪還，匠迎于豫章，望舟投水，傍人赴救，僅而得全。既至，家貧不得時葬，居父憂并兄服，[12]歷四年不出廬户。自括髮後，[13]不復櫛沐，髮皆禿落。哭無時，聲盡則係之以泣，[14]目眥皆爛，形體枯顇，皮骨裁連，[15]雖家人不復識。郡縣以狀言，高祖詔遣中書舍人爲其除服，[16]擢爲豫章王國左常侍。[17]匠雖即吉，[18]毀顇逾甚。外祖孫謙誡之曰：[19]“主上以孝治天下，汝行過古人，故發明詔，擢汝此職。非唯君父之命難拒，故亦揚名後世，所顯豈獨汝身哉。”匠於是乃拜。竟以毀卒於家，時年二十一。

[1]潁陰：縣名。治所在今河南許昌市。此荀氏祖籍。

[2]勗：荀勗，人名。《晉書》卷三九有傳。

[3]成都：縣名。治所在今四川成都市。

[4]元嘉：宋文帝年號（424—453）。

[5]武陵王：宋孝武帝劉駿初封爵號。駿，元嘉末以江州刺史統衆軍伐西陽蠻。會皇太子劉劭弑逆，駿率軍入討。詳《宋書》卷六《孝武帝紀》。武陵，郡名。治所在今湖南常德市。　赴武陵王義：《南史》卷七四《孝義下》同傳作“逢武陵王舉義”。

[6]元凶：指劉劭。

[7]員外散騎侍郎：官名。散騎省屬官，多以公族、功臣之子充任，爲閑散之職。劉宋官品不詳。

[8]中興：齊和帝年號（501—502）。　安復：縣名。治所在今江西安福縣。

[9]服未闋：服喪期未滿。

[10]鬱林：郡名。治所在今廣西桂平市西南古城。

[11]俚：即黎族。

[12]兄服：爲兄服喪。

[13]括髮：束髮。《禮記·檀弓》："主人既小斂，袒括髮。"此處指因行喪禮而束髮。

[14]係：《爾雅·釋詁》："係，繼也。"

[15]裁：通"纔"。

[16]除服：除去喪服。

[17]豫章王：梁武帝子蕭綜的封爵號。本書卷五五有傳。　王國左常侍：官名。王國屬官，掌隨侍國主，諫諍司儀。皇子國常侍，梁二班。

[18]即吉：除去喪服。

[19]孫謙：人名。梁東莞莒人。本書卷五三《良吏》有傳。

庾黔婁字子貞，新野人也。[1]父易，[2]司徒主簿，[3]徵不至，有高名。

[1]新野：郡名。治所在今河南新野縣。此庾氏祖籍。

[2]易：庾易，人名。《南齊書》卷五四《高逸》有傳。

[3]司徒主簿：官名。司徒府屬官，掌文書簿籍，爲掾吏之首。宋齊官品不詳。

黔婁少好學，多講誦《孝經》，未嘗失色於人，[1]南陽高士劉虬、宗測並歎異之。[2]起家本州主簿，遷平西行參軍。[3]出爲編令，[4]治有異績。先是，縣境多虎暴，黔婁至，虎皆渡往臨沮界，[5]當時以爲仁化所感。齊永元初，除孱陵令，[6]到縣未旬，易在家遘疾，黔婁忽然心驚，舉身流汗，即日棄官歸家，家人悉驚其忽至。時易疾始二日，醫云："欲知差劇，[7]但嘗糞甜苦。"易泄痢，黔婁輒取嘗之，味轉甜滑，心逾憂苦。至夕，每稽顙北辰，[8]求以身代。俄聞空中有聲曰："徵君壽命盡，[9]不復可延，汝誠禱既至，止得申至月末。"[10]及晦而易亡，黔婁居喪過禮，廬于冢側。和帝即位，[11]將起之，[12]鎮軍蕭穎胄手書敦譬，[13]黔婁固辭。服闋，[14]除西臺尚書儀曹郎。[15]

[1]失色於人：在人前容貌不莊重。《禮記·曲禮》："故君子戒慎，不失色於人。"

[2]南陽高士劉虬、宗測：劉虬、宗測，皆人名。祖籍並南陽郡，徙居江陵。《南齊書》卷五四《高逸》俱有傳。南陽郡，治所在今河南南陽市。

[3]平西：平西將軍之省稱，將軍名號。與平東、平南、平北將軍合稱四平將軍，多持節都督或監某一地區的軍事，即可作爲刺史兼理軍務的加官。宋第三品，齊不詳。　行參軍：官名。王公軍府屬官，參掌府曹事，位在正參軍之下。

[4]編：縣名。治所在今湖北當陽市東。

[5]臨沮：縣名。治所在今湖北當陽市西北。

[6]孱陵：縣名。治所在今湖北公安縣西。

[7]差：通"瘥"，病愈。　劇：病重。

[8]稽（qǐ）顙：以額觸地而拜，表示極度悲痛。或用於請罪，或用於親喪拜賓之禮。

[9]徵君：對不就朝廷徵聘之士的敬稱。此處指庾易。

[10]申：延續。

[11]和帝：齊和帝蕭寶融。見《南齊書》卷八《和帝紀》。

[12]起：徵用。

[13]鎮軍：鎮軍將軍之省稱，將軍名號。齊第三品。　蕭穎胄：人名。見本書卷一〇《蕭穎達傳》。

[14]服闋：服喪期滿。

[15]西臺：指齊末建立在江陵的齊和帝政權。因其在建康之西，故稱。　尚書儀曹郎：官名。尚書省諸曹郎之一，屬祠部尚書或尚書右僕射。掌禮儀典制。宋第六品，齊不詳。

梁臺建，[1]鄧元起爲益州刺史，[2]表黔婁爲府長史、巴西梓潼二郡太守。[3]及成都平，[4]城中珍寶山積，元起悉分與僚佐，惟黔婁一無所取。元起惡其異衆，厲聲曰："長史何獨爾爲!"黔婁示不違之，請書數篋。尋除蜀郡太守，[5]在職清素，百姓便之。元起死于蜀，部曲皆散，黔婁身營殯殮，攜持喪柩歸鄉里。還爲尚書金部郎，[6]遷中軍表記室參軍。[7]東宮建，[8]以本官侍皇太子讀，甚見知重，詔與太子中庶子殷鈞、中舍人到洽、國子博士明山賓等，[9]遞日爲太子講《五經》義。遷散騎侍郎、荆州大中正。[10]卒，時年四十六。

[1]梁臺建：指齊和帝中興二年（502）二月，蕭衍受封梁公，建臺治事。詳本書《武帝紀》。

[2]鄧元起：人名。本書卷一〇有傳。　益州：州名。鎮所成都，在今四川成都市。

[3]長史：官名。王公軍府屬官，掌本府官吏。其品秩依府主地位高下而定。宋第六至七品，梁初不詳。　巴西梓潼：皆郡名。兩郡同治涪縣，在今四川綿陽市東。

[4]成都平：齊永元三年正月，蕭衍起兵討東昏侯蕭寶卷時，

益州刺史劉季連持兩端。蕭衍平京邑爲梁公，命鄧元起爲益州刺史，劉季連以兵拒之。季連戰敗，降，成都平定。事詳本書卷一〇《鄧元起傳》。

[5]蜀郡：郡名。治所在今四川成都市。

[6]尚書金部郎：官名。尚書省諸曹郎之一，屬度支尚書。掌金寶、貨物等。梁初第六品。

[7]中軍表記室參軍：《南史》卷五〇同傳作"中軍記室參軍"。按，"表"字於此無義，當爲衍文。中軍，中軍將軍之省稱，將軍名號。爲重號將軍。宋第三品，梁初不詳。記室參軍，官名。王公軍府屬官，掌文書，宋第七品，梁初不詳。

[8]東宫建：指梁天監元年（502）十一月，蕭統被立爲皇太子。參本書《武帝紀》及卷八《昭明太子傳》。

[9]太子中庶子：官名。東宫屬官，與太子中舍人共掌侍從及文翰。員四人。梁十一班。　殷鈞：人名。本書卷二七有傳。　中舍人：太子中舍人之省稱，官名。東宫屬官，掌侍從及文翰。員四人。梁八班。　到洽：人名。本書卷二七有傳。　國子博士：官名。國子學教官，屬國子祭酒。梁員二人，九班。　明山賓：人名。本書卷二七有傳。

[10]散騎侍郎：官名。集書省屬官，掌侍從左右，獻納諫諍。員四人。梁八班。　荆州：州名。治所在今湖北荆州市。　大中正：官名。掌一州人才之考察，定其鄉品，以爲選拔官吏之依據。多由他官兼領。

吉翂字彦霄，馮翊蓮勺人也，[1]世居襄陽。[2]翂幼有孝性。年十一，遭所生母憂，[3]水漿不入口，殆將滅性，[4]親黨異之。天監初，父爲吴興原鄉令，[5]爲姦吏所誣，逮詣廷尉。[6]翂年十五，號泣衢路，祈請公卿，行人見者，皆爲隕涕。其父理雖清白，恥爲吏訊，乃虚自引咎，罪當大辟。[7]㣿乃撾登聞鼓，[8]乞代父命。高祖異之，敕廷尉卿蔡法度曰：[9]“吉㣿請死贖父，義誠可嘉；但其幼童，未必自能造意，卿可嚴加脅誘，取其款實。”法度受敕還寺，[10]盛陳徽纆，[11]備列官司，[12]厲色問㣿曰：“爾求代父死，敕已相許，便應伏法；然刀鋸至劇，審能死不?[13]且爾童孺，志不及此，必爲人所教。姓名是誰，可具列答。若有悔異，亦相聽許。”㣿對曰：“囚雖蒙弱，[14]豈不知死可畏憚；顧諸弟稚藐，[15]唯囚爲長，不忍見父極刑，自延視息，[16]所以内斷胸臆，上干萬乘。[17]今欲殉身不測，委骨泉壤，此非細故，[18]奈何受人教邪！明詔聽代，不異登仙，豈有回貳。”[19]法度知㣿至心有在，不可屈撓，乃更和顔誘語之曰：“主上知尊侯無罪，[20]行當釋亮。[21]觀君神儀明秀，足稱佳童，今若轉辭，幸父子同濟，[22]奚以此妙年，苦求湯鑊?”㣿對曰：“凡鯤鮞螻蟻，[23]尚惜其生，况在人斯，豈願齏粉。但囚父挂深劾，[24]必正刑書，故思殞仆，冀延父命。今瞑目引領，以聽大戮，情殫意極，無言復對。”㣿初見囚，獄掾依法備加桎梏，[25]法度矜之，命脱其二械，更令著一小者。㣿弗聽，曰：“㣿求代父死，死罪之囚，唯宜增益，豈可减乎?”竟不脱械。法度具以奏聞，高祖乃宥其父。丹陽尹王志求其在廷尉故事，[26]并請鄉居，欲於歲首，舉充純孝之選。[27]㣿曰：“異哉王尹，何量㣿之薄乎！夫父辱子死，斯道固然；若㣿有靦面目，[28]當其此舉，則是因父買名，[29]一何甚辱。”拒之而止。年十七，應辟爲本州主簿。出監萬年縣，[30]攝官期月，[31]風化大行。自雍還至郢，[32]湘州刺史柳忱復召爲主簿。[33]後鄉人裴儉、丹陽尹丞臧盾、揚州中正張仄連名薦翂，[34]以爲孝行純至，明通《易》、《老》。敕付太常旌舉。[35]初，翂以父陷罪，因成悸疾，[36]後因發而卒。

[1]馮翊：郡名。治所在今陝西大荔縣。　蓮勺：縣名。治所在今陝西渭南市北下邽鎮東北。此吉翂（fēn）祖籍。

[2]襄陽：縣名。治所在今湖北襄陽縣。

[3]母憂：母喪。

[4]滅性：指因喪親過悲而危及生命。

[5]原鄉：縣名。治所在今江西吉安縣安城鎮東。

[6]廷尉：官署名。掌刑辟。梁初名大理，天監元年（502）復改爲廷尉。長官廷尉卿，屬官有正、監、平各一人。天監四年又置有胄子律博士。

[7]大辟：死刑。

[8]撾：敲擊。　登聞鼓：古代帝王爲聽取臣民諫議或冤情，懸鼓於明堂外，許擊鼓上聞，謂之登聞鼓。

[9]敕：皇帝發佈詔命。　蔡法度：人名。曾官尚書删定郎。天監二年四月撰上《梁律》，武帝乃以法度守廷尉卿。參《隋書·刑法志》及本書《武帝紀》。

[10]寺：官署。漢代以下三公所居謂之府，九卿所居謂之寺。此處指廷尉官署。

[11]徽纆：捆綁人用的繩索。

[12]官司：官吏。

[13]審：確實。　不：同“否”。

[14]蒙弱：年少。

[15]稚藐：幼小。

[16]視息：目視鼻息，含有偷生苟活之意。

[17]萬乘：指皇帝。

[18]細故：小事。

[19]回貳：《通鑑》卷一四五《梁紀》“天監二年”下胡三省注：“反前説爲回，異前説爲貳。”

[20]尊侯：對别人父親的敬稱。

[21]亮：原諒。

[22]濟：得救。

[23]鯤鮞（ér）：魚卵。

[24]挂：觸礙。　深劾：苛細周納，故意入人於罪的劾奏。

[25]桎梏：刑具。加於足的刑具叫桎，加於手的叫梏。

[26]丹陽尹：京師所在丹陽郡行政長官。宋第三品，梁初不詳。　王志：人名。本書卷二一有傳。

[27]純孝之選：漢魏六朝以孝廉、秀才等科選舉官吏，以孝廉科選官吏稱爲純孝之選。

[28]有靦（tiǎn）面目：《詩・小雅・何人斯》：“有靦面目，視人罔極。”意謂露面見人。

[29]買：三朝本、百衲本作“置”。

[30]監：官制術語。非正式任職而督理其事。　萬年縣：縣名。治所在今陝西臨潼縣東北。

[31]期（jī）月：一整月或一整年。此處似指一整年。

[32]雍：即雍州，州名。治所在今湖北襄樊市。萬年縣爲其屬縣。　郢：郢州，治所在今湖北武漢市武昌。

[33]湘州：州名。治所在今湖南長沙市。　柳忱：人名。見本書《柳惔傳》。忱，舊本皆訛作“悦”，此依中華書局本校改。按，據《柳惔傳》，忱於天監六年爲湘州刺史。

[34]丹陽尹丞：丹陽尹副佐，佐丹陽尹治民。宋第七品，梁初不詳。　臧盾：人名。本書卷四二有傳。　揚州：州名。治所在今

江蘇南京市。

[35]太常：官署名。掌禮樂、郊廟、社稷事宜。 旌舉：表彰。

[36]悸疾：病名。即精神失常。

甄恬字彦約，中山無極人也，[1]世居江陵。[2]祖欽之，長寧令。[3]父標之，州從事。[4]

[1]中山：郡名。治所在今河北定州市。 無極：縣名。治所在今河北無極縣。此甄恬祖籍所在。

[2]江陵：縣名。治所在今湖北荆州市。

[3]長寧：縣名。治所在今湖北荆州市西北。

[4]州從事：即州從事史，官名。州府屬官有别駕、治中、祭酒、議曹、部郡諸從事史。宋第九品，齊不詳。

恬數歲喪父，哀感有若成人。家人矜其小，以肉汁和飯飼之，恬不肯食。年八歲，問其母，恨生不識父，遂悲泣累日。忽若有見，言其形貌，則其父也，時以爲孝感。家貧，養母常得珍羞。及居喪，廬於墓側，恒有鳥玄黄雜色，集於廬樹，恬哭則鳴，哭止則止。又有白雀栖宿其廬。州將始興王憺表其行狀。[1]詔曰："朕虚己欽賢，寤寐盈想，詔彼羣岳，[2]務盡搜揚。[3]恬既孝行殊異，聲著邦壤，敦風厲俗，弘益兹多。牧守騰聞，[4]義同親覽。可旌表室閭，[5]加以爵位。"恬官至安南行參軍。[6]

[1]始興王憺：梁武帝弟蕭憺封爵號始興王。本書卷二二《太

祖五王傳》有傳。　行狀：品行、業績。

[2]岳：即岳牧。相傳堯舜時有四岳、十二州牧分管政務和方國諸侯，合稱岳牧。後用以泛稱封疆大吏。

[3]搜揚：訪求、推舉。

[4]騰聞：傳遞消息。

[5]旌表室閭：指立牌坊、賜匾額於室閭以表彰。室閭，《南史》卷七四《孝義下》同傳作"門閭"。

[6]安南：安南將軍之省稱，將軍名號。與安東、安西、安北將軍合稱四安將軍，爲出鎮方面的軍事長官，或作爲刺史兼理軍務的加官，權任甚重。梁天監七年革選，釐定將軍名號及班品，有一百二十五號十品二十四班，以班多者爲貴。安南將軍爲二十一班。行參軍：官名。梁天監七年革選，定流内官職爲十八班，以班多者爲貴，行參軍爲三班至流外。

韓懷明，上黨人也，[1]客居荆州。年十歲，母患屍疰，[2]每發輒危殆。懷明夜於星下稽顙祈禱，時寒甚切，忽聞香氣，空中有人語曰："童子母須臾永差，[3]無勞自苦。"未曉，而母豁然平復。鄉里異之。十五喪父，幾至滅性，負土成墳，贈助無所受。[4]免喪，[5]與鄉人郭麐俱師事南陽劉虬。[6]虬嘗一日廢講，獨居涕泣。懷明竊問其故，虬家人答云："是外祖亡日。"時虬母亦亡矣。懷明聞之，即日罷學，還家就養。虬歎曰："韓生無虞丘之恨矣。"[7]家貧，常肆力以供甘脆，[8]嬉怡膝下，朝夕不離母側。母年九十一，以壽終，懷明水漿不入口一旬，號哭不絶聲。有雙白鳩巢其廬上，字乳馴狎，[9]若家禽焉，服釋乃去。[10]既除喪，蔬食終身，衣衾無改。天監初，刺史始興王憺表言之。州累辟不就，卒于家。

[1]上黨：郡名。治所在今山西黎城縣南古城。

[2]尸疰（zhù）：一種慢性傳染病。疰，亦作“注”。《釋名》：“注病，一人死，一人復得，氣相灌注也。”

[3]差：通“瘥”，病愈。

[4]贈：《南史》卷七四《孝義下》同傳作“賻”。

[5]免喪：服喪期滿，脱掉喪服。

[6]郭磿（nún），中華書局本《校勘記》：“‘磿’《南史》作‘麻’。按《安成王秀傳》是‘麻’字。《册府元龜》七五三作‘麻香’，當是‘磿’字分刻爲二。” 南陽劉虯：劉虯，祖籍南陽涅陽，徙居江陵。《南齊書》卷五四《高逸》有傳。

[7]虞丘之恨：指不得養親之遺恨。中華書局本《校勘記》：“‘虞丘’，《南史》作‘丘吾’。李慈銘《南史札記》：‘丘吾即丘吾子，事見《説苑·敬慎篇》。《梁書》作虞丘，古虞吾字通用。《周書》及《北史·儒林·樊深傳》云，嘗讀書見吾丘子。蓋皆誤倒。’”是“虞丘之恨”即“丘吾之恨”。“丘吾之恨”事見《説苑》卷一〇《敬慎》：孔子行遊中路，見丘吾子擁鐮帶索而哭，問其故。丘吾子自言有三失：“吾少好學問，周遍天下，還後吾親亡，一失也；事君奢驕，諫不遂，二失也；厚交友而後絶，三失也。樹欲静而風不定，子欲養而親不待。往而不來者，年也；不可得再見者，親也。請從此辭。”遂自刎而死。孔子曰：“弟子記之，此足以爲戒也。”於是弟子歸養親者十三人。

[8]甘脆：美味的食品。

[9]字乳：孵育。 馴狎：順服，親近。

[10]服釋：服喪期滿，除去喪服。

劉曇淨字元光，彭城呂人也。[1]祖元真，[2]淮南太守，[3]居郡得罪，父慧鏡，歷詣朝士乞哀，懇惻甚至，遂以孝聞。曇淨篤行有父風。解褐安成王國左常侍，[4]父卒於郡，曇淨奔喪，不食飲者累日，絶而又蘇。每哭輒嘔血。服闋，因毀瘠成疾。會有詔，士姓各舉四科，[5]曇淨叔父慧斐舉以應孝行，高祖用爲海寧令。[6]曇淨以兄未爲縣，因以讓兄，乃除安西行參軍。[7]父亡後，事母尤淳至，身營殨粥，不以委人。母疾，衣不解帶。及母亡，水漿不入口者殆一旬。母喪權瘞藥王寺，[8]時天寒，曇淨身衣單布，廬於瘞所，晝夜哭泣不絶聲，哀感行路，未及朞而卒。[9]

[1]彭城：郡名。治所在今江蘇徐州市。　吕：縣名。治所在今江蘇銅山縣東南舊黄河北岸吕梁集。吕，舊本皆作"莒"，此依中華書局本校改。

[2]元真：各本同，《南史》卷七六《隱逸下》同傳作"元直"。

[3]淮南：郡名。治所在今安徽當塗縣。

[4]安成王：梁武帝弟蕭秀的封爵號。本書卷二二《太祖五王》有傳。

[5]四科：孔門四科爲德行、言語、政事、文學。漢武帝元狩六年（前 117）以四科舉士：一曰德行高妙，志節清白；二曰學通行修，經中博士；三曰明達法令，足以決疑；四曰剛毅多略，遭事不惑。見《漢官儀》。梁四科不詳，疑爲孝行、秀才、明經、文學。參清人朱銘盤《南朝梁會要·選舉》。

[6]海寧：縣名。治所在今安徽休寧縣東萬安。

[7]安西：安西將軍之省稱，將軍名號。職任與安南將軍同類。梁二十一班。

[8]藥王寺：佛寺名。

[9]朞：期限。此處指服喪之期。朞，同“期”。

何炯字士光，廬江灊人也。[1]父撙，太中大夫。[2]

[1]廬江：郡名。治所在今安徽舒城縣。灊：縣名。治所在今安徽潛山縣西北。

[2]太中大夫：官名。屬光禄勳，養老疾，無職事。宋第三品，齊不詳。

炯年十五，從兄胤受業，[1]一朞並通《五經》章句。[2]炯白皙，美容貌，從兄求、點每稱之曰：[3]“叔寶神清，[4]弘治膚清，[5]今觀此子，復見衛、杜在目。”炯常慕恬退，不樂進仕。從叔昌寓謂曰：[6]“求、點皆已高蹈，[7]汝無宜復爾。且君子出處，[8]亦各一途。”年十九，解褐揚州主簿。[9]舉秀才，累遷王府行參軍，[10]尚書兵、庫部二曹郎。[11]出爲永康令，[12]以和理稱。還爲仁威南康王限内記室，[13]遷治書侍御史。[14]以父疾經旬，衣不解帶，頭不櫛沐，信宿之間，[15]形貌頓改。及父卒，號慟不絶聲，枕凷藉地，[16]腰虚脚腫，竟以毁卒。

[1]胤：何胤，本書卷五一《處士傳》有傳。

[2]一朞（jī）：一周年。

[3]求：何求。《南齊書》卷五四《高逸傳》有傳。　點：何點。本書卷五一《處士·何胤傳》有附傳。

[4]叔寶：衛玠字叔寶，晉河東安邑人。總角乘羊車入市，見者皆以爲玉人，觀之者傾都。舅王濟俊爽有風姿，每見玠，輒嘆

曰："珠玉在側，覺我形穢!"《晉書》卷三六《衛瓘傳》有附傳。

[5]弘治：杜乂字弘治（《晉書》作"弘理"，當是避唐諱改），晉杜預之孫。美姿容，王羲之見而目之曰："膚若凝脂，眼如點漆，此神仙人也。"桓彝亦曰："衛玠神清，杜乂形清。"《晉書》卷九三《外戚傳》有傳。

[6]昌寓：何昌寓，人名。《南齊書》卷四三有傳。寓，"宇"之異體。

[7]高蹈：遠避塵世。指隱居不仕。

[8]出處：指進退，仕隱。《易・繫辭上》："子曰：'君子之道，或出或處，或默或語。'"

[9]解褐：脱下布衣。指出仕。揚州：州名。治所在今江蘇南京市。

[10]王府行參軍：王府屬官，參掌府曹事。其班品依府主地位高下而定。梁三班至一班。

[11]尚書兵、庫部二曹郎：即尚書兵曹郎、尚書庫部郎。梁代並爲五班至六班。兵曹郎屬五兵尚書，掌軍事政令；庫部郎屬都官尚書，掌兵器、儀仗等。

[12]永康：縣名。治所在今浙江永康市。

[13]仁威：仁威將軍之省稱，將軍名號。梁置，與智威、勇威、信威、嚴威將軍代舊征虜將軍。爲一百二十五號十品二十四班將軍之一，十六班。　南康王：梁武帝子蕭績的封爵號。本書《高祖三王》有傳。　限内：六朝某些官職，有限内限外之别，限内即定員之内，限外即定員之外。參周一良《魏晉南北朝史論集》中《從〈禮儀志〉考察官制》。　記室：官名。王公軍府屬官，掌文書。梁六班至二班。

[14]治書侍御史：官名。御史臺屬官，掌舉劾官品第六以下，分統侍御史。六朝世族門閥多不居此職。員二人。梁六班。

[15]信宿：連宿兩夜。《左傳・莊公三年》："凡師，一宿爲舍，再宿爲信，過信爲次。"

[16]枕凷：古代居父母之喪，用土塊作枕頭，表示極度悲痛。藉地：坐卧於鋪有草墊的地上。《荀子·禮論》："齊衰苴杖，居廬食粥，席薪枕塊，所以爲至痛飾也。"凷，同"塊"。

庾沙彌，潁川人也。[1]晉司空冰六世孫。[2]父佩玉，輔國長史、長沙内史，[3]宋昇明中坐沈攸之事誅，[4]沙彌時始生。年至五歲，所生母爲製采衣，輒不肯服，母問其故，流涕對曰："家門禍酷，用是何爲！"既長，終身布衣蔬食。起家臨川王國左常侍，[5]遷中軍田曹行參軍。[6]嫡母劉氏寢疾，沙彌晨昏侍側，衣不解帶，或應鍼灸，輒以身先試之。及母亡，水漿不入口累日，終喪不解衰絰，[7]不出廬户，晝夜號慟，隣人不忍聞。墓在新林，[8]因有旅松百餘株，[9]自生墳側。族兄都官尚書詠表言其狀，[10]應純孝之舉，[11]高祖召見嘉之，以補歙令。[12]還除輕車邵陵王參軍事，[13]隨府會稽，[14]復丁所生母憂。喪還都，濟浙江，[15]中流遇風，舫將覆没，沙彌抱柩號哭，俄而風静，蓋孝感所致。服闋，除信威刑獄參軍、兼丹陽郡□□□。[16]累遷寧遠録事參軍，[17]轉司馬。[18]出爲長城令，[19]卒。

[1]潁川：郡名。治所在今河南許昌市東。此庾氏祖籍所在。川，舊本訛"陰"，此依中華書局本校改。

[2]冰：庾冰，人名。《晉書》卷七三《庾亮傳》有附傳。

[3]輔國：輔國將軍之省稱，將軍名號。宋第三品。　内史：官名。王國行政長官，掌王國民政，職同太守。宋第五品。

[4]昇明：宋順帝年號（477—479）。　沈攸之：吴興武康人，

仕宋，官至車騎大將軍、開府儀同三司、荆州刺史。宋末，蕭道成輔政，有代宋之勢，攸之舉兵討之，兵敗，被殺。事見《宋書》卷七四《沈攸之傳》。

[5]臨川王：梁武帝弟蕭宏封爵號。見本書卷二二《太祖五王傳》。　左常侍：官名。王國屬官，掌諫諍司儀。宋第八品，梁初不詳。

[6]中軍：中軍將軍之省稱，將軍名號。梁代與中權、中衛、中撫將軍合稱四中將軍，祇授予在京師任職者，權任頗重。二十三班。　田曹行參軍：官名。王公軍府諸曹參軍之一，掌農政。梁流内三班至流外。

[7]衰（cuī）絰：古代居喪之服。衰，通"縗"。

[8]新林：地名。在今江蘇南京市西南西善橋鎮。

[9]旅松：未栽種而長出的松樹。

[10]都官尚書：官名。尚書省列曹尚書之一，掌法律刑獄。梁十三班。

[11]純孝之舉：漢魏六朝以孝廉科選舉官吏，稱爲純孝之舉。

[12]歙：縣名。治所在今安徽歙縣。

[13]輕車：輕車將軍之省稱，將軍名號。梁代與征遠、鎮朔、武旅、貞毅將軍代舊輔國將軍，爲一百二十五號將軍之一，十四班。　邵陵王：梁武帝子蕭綸的封爵號。本書卷二九《高祖三王傳》有傳。　參軍事：官名。王公軍府屬官，參掌府曹事。梁皇子府參軍爲四班。

[14]會稽：郡名。治所在今浙江紹興市。

[15]浙江：水名。古漸江，又名之江，以其多曲折，故稱浙江。其水流至今浙江富陽市爲富春江，至舊錢塘縣境爲錢塘江。

[16]信威：信威將軍之省稱，將軍名號。梁置，與智威、仁威、勇威、嚴威將軍代舊征虜將軍。爲一百二十五號將軍之一，十六班。　刑獄參軍：官名。王公軍府屬官，掌刑法訟獄。梁四班至流外。　丹陽郡：郡名。治所在今江蘇南京市。按，"丹陽郡"後，

各本原文缺三字。

[17]寧遠：寧遠將軍之省稱，將軍名號。梁代與振遠、電耀、威耀等將軍代舊寧朔將軍。爲一百二十五號將軍之一，十三班。録事參軍：官名。王公軍府屬官，掌總録衆署文簿，舉彈善惡。梁六班至二班。

[18]司馬：官名。王公軍府屬官，掌本府武官。梁十班至六班。

[19]長城：縣名。治所在今浙江長興縣東。

江紑字含潔，濟陽考城人也。[1]父蒨，[2]光禄大夫。[3]紑幼有孝性，年十三，父患眼，紑侍疾將期月，[4]衣不解帶。夜夢一僧云："患眼者，飲慧眼水必差。"[5]及覺説之，莫能解者。紑第三叔禄與草堂寺智者法師善，[6]往訪之。智者曰："《無量壽經》云：慧眼見真，[7]能渡彼岸。"[8]蒨乃因智者啓捨同夏縣界牛屯里舍爲寺，[9]乞賜嘉名。敕答云："純臣孝子，往往感應。晉世顔含，[10]遂見冥中送藥。近見智者，知卿第二息感夢，[11]云飲慧眼水。慧眼則是五眼之一號，若欲造寺，可以慧眼爲名。"及就創造，泄故井，[12]井水清洌，異於常泉。依夢取水洗眼及煮藥，稍覺有瘳，[13]因此遂差。時人謂之孝感。南康王爲南徐州，[14]召爲迎主簿。[15]紑性静，好《老》、《莊》玄言，[16]尤善佛義，不樂進仕。及父卒，紑廬于墓，終日號慟不絶聲，月餘卒。

[1]濟陽：郡名。治所在今河南蘭考縣東北堌鎮。　考城：縣

名。治所在今河南民權縣東北。此江紑（fóu）祖籍。

[2]蒨：江蒨，人名。本書卷二一有傳。

[3]光禄大夫：官名。屬光禄卿。養老疾，無職事。十三班。

[4]期月：一整月或一周年。

[5]差：通“瘥”，病愈。

[6]草堂寺：佛寺名。在今江蘇南京市中山門外紫金山。

[7]慧眼：佛教所説五眼（肉眼、天眼、慧眼、法眼、佛眼）之一。

[8]彼岸：梵語“波羅”之意譯。佛教以有生有死的境界猶如此岸，煩惱苦難如同中流，超脱生死的涅槃境界譬如彼岸。

[9]同夏縣：縣名。治所在今江蘇南京市東。宋・張敦頤《六朝事迹編類》卷上《城闕門》：“《南史》：梁武帝以宋孝武大明元［八］年生於秣陵縣同夏里三橋宅。及即位，大同元年分同夏里爲同夏縣。《寰宇記》云：在城東十五里。”

[10]顔含：人名。晉琅邪人，少有操行，以孝聞。次嫂因疾失明，醫生所開藥方應須髯蛇膽。含尋求備至，無由得之。晝獨坐，忽有一青衣童子持一青囊授之，視之乃蛇膽也。事見《晉書》卷八八《孝友・顔含傳》。

[11]息：子。

[12]泄：通“渫”，除去污穢。

[13]瘳（chōu）：病情好轉。

[14]南康王：梁武帝子蕭績的封爵號。見本書卷二九《高祖三王傳》。　南徐州：州名。治所在今江蘇鎮江市。舊本作“南州”，脱“徐”字，此依中華書局本校補。

[15]迎主簿：南朝時地方官吏上任或離任，地方官府以財禮相迎送，謂之迎新、送故。主持迎新的主簿稱爲迎主簿。迎主簿主要由一州門第、德行、才學優異者擔任，是一種入仕之資格。參汪徵魯《南朝“迎吏”、“送故吏”新探》。

[16]玄言：精微玄妙之言。南朝士人以《老子》、《莊子》、《周

易》爲三玄，好辨析其理。參顏之推《顏氏家訓·勉學》。

劉霽字士烜，[1]平原人也。[2]祖乘民，宋冀州刺史。[3]父聞慰，[4]齊正員郎。[5]

[1]士烜：《南史》卷四九《劉懷珍傳》附劉霽傳作"士湮"。

[2]平原：郡名。治所在今山東平原縣東南。此劉氏祖籍。

[3]冀州：州名。宋元嘉九年（432）僑置，治所在今山東濟南市。

[4]聞慰：劉聞慰，人名。因與齊武帝舅氏同名，敕改名懷慰。《南齊書》卷五三《良政》有傳。

[5]正員郎：即散騎侍郎，官名。集書省屬官，掌侍從左右，獻納諫諍。員四人。宋第五品，齊不詳。正，舊本訛"工"，此依中華書局本校改。《通典》卷二二《職官》四"尚書省·歷代郎官"下有云："按歷代所謂正員郎即散騎侍郎耳，謂非員外、通直者，故謂之正員郎。"

霽年九歲，能誦《左氏傳》，宗黨咸異之。十四居父憂，有至性，每哭輒嘔血。家貧，與弟杳、歊相篤勵學。[1]既長，博涉多通。天監中，起家奉朝請，[2]稍遷宣惠晉安王府參軍，[3]兼限内記室，[4]出補西昌相。[5]入爲尚書主客侍郎，[6]未朞，除海鹽令。[7]霽前後宰二邑，並以和理著稱。還爲建康正，[8]非所好，頃之，以疾免。尋除建康令，不拜。母明氏寢疾，霽年已五十，衣不解帶者七旬，誦《觀世音經》，[9]數至萬遍，夜因感夢，見一僧謂曰："夫人算盡，[10]君精誠篤至，[11]當相爲申延。"後六十餘日乃亡。霽廬于墓，哀慟過禮。常有雙白鶴馴翔廬側。[12]處士阮孝緒致書抑譬。[13]鬵思慕不已，服未終而卒，[14]時年五十二。著《釋俗語》八卷，文集十卷。弟杳在《文學傳》，歊在《處士傳》。

[1]杳、歊：劉杳、劉歊，分見本書卷五〇《文學下》及卷五一《處士傳》。

[2]奉朝請：官名。梁屬集書省，掌侍從左右，應對獻納。二班。

[3]宣惠：宣惠將軍之省稱，將軍名號。梁置，與鎮兵、翊師、宣毅將軍代舊東西南北四中郎將。爲一百二十五號十品二十四班將軍之一，十七班。　晉安王：梁簡文帝蕭綱之初封爵號。　參軍：官名。王公軍府屬官，參掌府曹事。梁皇子府正參軍爲四班。

[4]兼：官制術語。假職未真授之稱。

[5]西昌：侯國名。治所在今江西泰和縣西。　相：官名。侯國行政長官，職同縣令。宋第五品，梁不詳。

[6]尚書主客侍郎：官名。尚書省諸曹郎之一，屬尚書左僕射。掌諸蕃國、外國賓客接待給賜政令。梁六班。

[7]海鹽：縣名。治所在今浙江海鹽縣。

[8]建康正：官名。與建康平、建康監合稱建康三官。天監元年置，掌京師建康刑獄。梁四班。

[9]《觀世音經》：佛經名。六朝人多信佛，以爲誦此經千百遍，可以消灾祈福。

[10]算：命數，壽命。

[11]至：《南史》卷四九同傳作“志”。

[12]馴：《南史》卷四九同傳作“循”。

[13]處士：隱居不仕的士人。　阮孝緒：人名。本書卷五一《處士傳》有傳。

[14]服：服喪期。

褚脩，吴郡錢唐人也。[1]父仲都，善《周易》，爲當時最。天監中，歷官《五經》博士。[2]脩少傳父業，兼通《孝經》、《論語》，善尺牘，頗解文章。初爲湘東王國侍郎，[3]稍遷輕車湘東府行參軍，並兼國子助教。[4]武陵王爲揚州，[5]引爲宣惠參軍、限内記室。脩性至孝，父喪毁瘠過禮，因患冷氣。及丁母憂，水漿不入口二十三日，氣絶復蘇。每號慟嘔血，遂以毁卒。

[1]吴郡：郡名。治所在今江蘇蘇州市。　錢唐：縣名。治所在今浙江杭州市。

[2]《五經》博士：官名。梁天監四年置，五經博士各一人，掌以五經教授國子。屬國子祭酒，六班。

[3]湘東王：梁元帝初封爵號。　王國侍郎：官名。王國屬官，掌侍從諫諍。梁皇子國侍郎爲一班。

[4]國子助教：官名。屬國子祭酒，佐國子博士教授國子。梁員十人，二班。

[5]武陵王：梁武帝子蕭紀的封爵號。本書卷五五有傳。

謝藺字希如，陳郡陽夏人也。[1]晉太傅安八世孫。[2]父經，北中郎諮議參軍。[3]

[1]陳郡：郡名。治所在今河南淮陽縣。　陽夏：縣名。治所在今河南太康縣。

[2]安：謝安。《晉書》卷七九有傳。

[3]北中郎：北中郎將之省稱，將軍名號。與東、西、南中郎

將合稱四中郎將，統兵征伐，或鎮守某一地區爲方面大員。南朝多以宗室諸王擔任，地位高於一般將軍。宋第四品，齊及梁初不詳。舊本皆脱“北”字，此依中華書局本校改。　諮議參軍：官名。王公府屬官，掌諷議。宋第七品，齊及梁初不詳。

藺五歲，每父母未飯，乳媪欲令藺先飯，藺曰：“既不覺飢。”强食終不進。舅阮孝緒聞之歎曰：“此兒在家則曾子之流，[1]事君則藺生之匹。”[2]因名之曰藺。稍授以經史，過目便能諷誦。孝緒每曰“吾家陽元也”。[3]及丁父憂，晝夜號慟，毁瘠骨立，母阮氏常自守視譬抑之。服闋後，吏部尚書蕭子顯表其至行，[4]擢爲王府法曹行參軍，[5]累遷外兵、記室參軍。[6]時甘露降士林館，[7]藺獻頌，高祖嘉之，因有詔使製《北兗州刺史蕭楷德政碑》，[8]又奉令製《宣城王奉述中庸頌》。[9]

[1]曾子：孔子弟子曾參，春秋魯南武城人，以孝著稱。參《論語》及《史記》卷六七《仲尼弟子列傳》。

[2]藺生：即藺相如，戰國趙人。以大智大勇、忠心爲國聞名。詳《史記》卷八一《廉頗藺相如列傳》。

[3]陽元：魏舒字陽元，晉任城樊人。少孤，爲外家寧氏所養。自課百日習一經，對策升第，官至三公。《晉書》卷四一有傳。

[4]吏部尚書：官名。尚書省吏部曹長官，爲列曹尚書之首。多僑姓高門、世冑顯貴擔任。掌官吏銓選、任免，職任甚重。員一人。梁十四班。　蕭子顯：人名。本書卷三五有傳。

[5]法曹行參軍：官名。王公軍府屬官，掌郵驛科程事。梁三班至流外。

[6]外兵、記室參軍：即外兵參軍、記室參軍，皆王公軍府屬官。外兵參軍掌本府軍隊政令，梁四班至流外。

[7]士林館：學館名。梁築，其地在京師建康城西。梁武集學士講經於此。

[8]《北兖州刺史蕭楷德政碑》：今不存。

[9]令：梁代皇后、太子及諸王發佈的文書叫做令。　《宣城王奉述中庸頌》：今不存。

太清元年，[1]遷散騎侍郎，兼散騎常侍，[2]使於魏。會侯景舉地入附，[3]境上交兵，藺母慮不得還，感氣卒。及藺還入境，爾夕夢不祥，旦便投劾馳歸。[4]既至，號慟嘔血，氣絶久之，水漿不入口。親友慮其不全，相對悲慟，强勸以飲粥。藺初勉强受之，終不能進，經月餘日，因夜臨而卒，[5]時年三十八。藺所製詩賦碑頌數十篇。

[1]太清：梁武帝年號（547—549）。

[2]兼：官制術語。假職未真授之稱。　散騎常侍：官名。集書省長官，掌侍從左右，獻納得失。劉宋以後，職以侍從左右、掌圖書文翰爲主，地位漸低。員四人。梁十二班。

[3]侯景：人名。本魏將，太清元年附梁，二年復反。本書卷五六有傳。

[4]投劾：呈遞引罪自責的辭呈。

[5]臨：哭吊。

史臣曰：孔子稱“毁不滅性”，[1]教民無以死傷生也，故制喪紀，[2]爲之節文。[3]高柴、仲由伏膺聖教，[4]曾參、閔損虔恭孝道，[5]或水漿不入口，泣血終年，豈不知創鉅痛深，《蓼莪》慕切，[6]所謂先王制禮，賢者俯就。[7]至如丘、吴，終於毁滅。若劉曇浄、何炯、江紑、謝藺者，亦二子之志歟。[8]

[1]《孝經·喪親》："子曰：'孝子之喪親也……三日而食，教民無以死傷生。毁不滅性，此聖人之政也。'"

[2]紀：制度。

[3]節文：節制修飾。《史記》卷九九《叔孫通傳》："叔孫通曰：'五帝異樂，三王不同禮。禮者，因時世人情爲之節文者也。'"

[4]高柴、仲由：皆孔子弟子。高柴，字子羔，衛人；仲由，字子路，卞人。參《論語》及《史記》卷六七《仲尼弟子列傳》。伏膺：牢記在心。伏，通"服"。

[5]曾參、閔損：皆孔子弟子。曾參，字子輿，魯南武城人；閔損，字子騫，魯人。二人皆以孝聞。參《論語》及《史記》卷六七《仲尼弟子列傳》。

[6]《蓼莪》：《詩·小雅》篇名，《小序》以爲孝子追念父母而作。後世以《蓼莪》指對亡親的悼念。

[7]東漢·應劭《風俗通義·愆禮》："夫聖人之制禮也，事有其制，曲有其防，爲其可傳，爲其可繼，賢者俯就，不肖跂及。"俯就，順從。

[8]中華書局本《校勘記》："按《韓懷明傳》作'虞丘'，《南史》作'丘吾'，爲一人。此論又作'丘吴'而謂爲二人。李慈銘《南史札記》云：'惟分爲二人，或别有所本，恐是誤耳。'"按，虞、吾、吴古字通，丘吴當以一人爲是。丘吾，見本卷《韓懷明傳》注。

梁書 卷四八

列傳第四十二

儒　林

伏曼容　何佟之　范縝　嚴植之
賀瑒 子革　司馬筠　卞華　崔靈恩　孔僉
盧廣　沈峻 太史叔明　孔子祛　皇侃

漢氏承秦燔書，大弘儒訓，太學生徒，動以萬數，郡國黌舍，[1]悉皆充滿，學於山澤者，至或就爲列肆，[2]其盛也如是。漢末喪亂，其道遂衰。魏正始以後，[3]仍尚玄虛之學，[4]爲儒者蓋寡。時荀顗、摯虞之徒，[5]雖删定新禮，改官職，未能易俗移風。自是中原横潰，衣冠殄盡，[6]江左草創，[7]日不暇給，[8]以迄于宋、齊，國學時或開置，而勸課未博，建之不及十年，蓋取文具，[9]廢之多歷世祀，[10]其棄也忽諸。[11]鄉里莫或開館，公卿罕通經術，朝廷大儒，獨學而弗肯養衆，後生孤陋，[12]擁經而無所講習，三德六藝，[13]其廢久矣。高祖有天下，[14]深愍之，詔求碩學，治五禮，[15]定六律，[16]改斗曆，[17]正權衡。[18]天監四年，[19]詔曰："二漢登賢，莫非經術，服膺雅道，名立行成。魏、晉浮蕩，儒教淪歇，風節罔樹，抑此之由。朕日昃罷朝，思聞俊異，收士得人，實惟醻獎。[20]可置《五經》博士各一人，廣開館宇，招内後進。"[21]於是以平原明山賓、吴興沈峻、建平嚴植之、會稽賀瑒補博士，[22]各主一館。館有數百生，給其餼廩。其射策通明者，[23]即除爲吏。十數年間，懷經負笈者雲會京師。又選遣學生如會稽雲門山，[24]受業於廬江何胤。[25]分遣博士祭酒，[26]到州郡立學。七年，又詔曰："建國君民，立教爲首，砥身礪行，由乎經術。[27]朕肇基明命，光宅區宇，[28]雖耕耘雅業，傍闡藝文，而成器未廣，志本猶闕，[29]非以鎔範貴遊，[30]納諸軌度，思欲式敦讓齒，[31]自家刑國。[32]今聲訓所漸，戎夏同風，宜大啓庠斅，[33]博延胄子，務彼十倫，[34]弘此三德，使陶鈞遠被，[35]微言載表。"[36]於是皇太子、皇子、宗室、王侯始就業焉。高祖親屈輿駕，釋奠於先師先聖，[37]申之以讌語，勞之以束帛，[38]濟濟焉，洋洋焉，大道之行也如是。其伏曼容、何佟之、范縝，有舊名於世；爲時儒者，嚴植之、賀瑒等首膺茲選。今並綴爲《儒林傳》云。

[1]黌（hóng）舍：學舍。

[2]列肆：市場上成列的店鋪。

[3]正始：魏齊王曹芳年號（240—249）。

[4]玄虚之學：即玄學。

[5]荀顗：人名。字景倩，晉潁川人。《晉書》卷三九有傳。摯虞：人名。字仲治，晉京兆長安人。《晉書》卷五一有傳。

[6]衣冠：指文明禮教。

[7]江左：江南。此指東晉。

[8]日不暇給：事務繁多而時間不足。

[9]文具：徒具形式的空文。

[10]祀：年。

[11]棄也忽諸：忽然而亡。

[12]孤陋：學識淺薄。

[13]三德：三種品德。《周禮·地官·師氏》以至德、敏德、孝德爲三德。又《尚書·洪範》："三德：一曰正直、二曰剛克、三曰柔克。"六藝：即六經。指《詩》、《書》、《禮》、《易》、《樂》、《春秋》。

[14]高祖：梁武帝廟號。

[15]五禮：指吉禮、嘉禮、賓禮、軍禮、凶禮，見《周禮·春官宗伯·大宗伯》。按，梁治五禮事，參本書卷二五《徐勉傳》。

[16]六律：律，定音器。樂律十二，陰陽各六，陽爲律，陰爲吕。六律爲黄鍾、太簇、姑洗、蕤賓、夷則、無射。

[17]斗曆：指曆法。古以北斗星斗柄的運轉計算月份，故稱曆法爲斗曆。

[18]權衡：即秤。權，秤錘；衡，秤杆。

[19]天監：梁武帝年號（502—519）。

[20]醻奬：酬答、奬勵。

[21]内：同"納"。

[22]平原明山賓：明山賓，人名。祖籍平原郡。本書卷二七有傳。中華書局本《校勘記》："按，上文有'可置五經博士各一人'，此秖有四人。《南史》'平原明山賓'下有'吴郡陸璉'，恰合五經博士每人各主一館之數。此句當脱'吴郡陸璉'四字。"

［23］射策：古代考試取士方式之一種。主試者出試題書之於簡策，分甲乙科列置案上，應試者隨意取答，主試者據其所答以定優劣。　通明：通達明理。

［24］會稽：郡名。治所在今浙江紹興市。　雲門山：山名。一名東山。在今浙江紹興市南。

［25］廬江何胤：何胤，人名。廬江郡人。本書卷五一《處士·何點傳》有附傳。

［26］博士：官名。梁有國子博士、太學博士、五經博士，並掌經典教授國子或參議禮儀、備顧問。宋第六品，梁初不詳。　祭酒：即國子祭酒，官名。國子學長官，屬太常卿。員一人。梁初以前官品不詳。

［27］砥身礪行，由乎經術：按，梁武此詔已見於本書《武帝紀》，唯此八字《武帝紀》作“不學將落，嘉植靡由”。

［28］光宅：被覆。古代用爲帝王統治天下的套語。

［29］本：根本，此處指教育。《禮記·學記》：“君子曰：大德不官，大道不器，大信不約，大時不齊。察於此四者，可以有志於本矣。三王之祭川也，皆先河而後海，或源也，或委也，此之謂務本。”

［30］鎔範：本指製造物件的模子。此處用爲動詞，意爲按一定的標準培養、造就。

［31］讓齒：以年齡大小相讓。

［32］自家刑國：自家開始做出榜樣，推廣到國。《詩·大雅·思齊》：“刑于寡妻，至于兄弟，以御于家邦。”刑，通“型”。

［33］庠斅：學校教育。

［34］十倫：儒家所强調的十種倫理道德。《禮記·禮運》：“父慈、子孝、兄良、弟悌、夫義、婦聽、長惠、幼順、君仁、臣忠十者，謂之人義。”十倫，即十義。

［35］陶鈞：本是製陶器的轉輪，常用以比喻教化。

［36］微言：精微之言，指孔子之言。《文選》卷四三劉子駿《移

書讓太常博士》李善注引《論語讖》曰："子夏六十四人共撰仲尼微言。"

[37]釋奠：置爵於神前而祭。《禮記·文王世子》："凡學，春，官釋奠于其先師，秋冬亦如之。凡始立學者，必釋奠於先聖先師。"《注》："釋奠者，設薦饌酌奠而已，無迎尸以下之事。"

[38]束帛：古代聘問或饋贈用的禮品。十端帛爲一束，每端丈八尺，兩端合卷，共爲五匹，故云束帛。參《周禮·春官·大宗伯》唐·賈公彦《疏》。

伏曼容字公儀，平昌安丘人。[1]曾祖滔，[2]晉著作郎。[3]父胤之，宋司空主簿。[4]

[1]平昌：郡名。治所在今山東諸城市西北。　安丘：縣名。治所在今山東安丘市西南。此伏氏祖籍。

[2]滔：伏滔，人名。《晉書》卷九二《文苑》有傳。

[3]著作郎：官名。祕書省屬官，掌國史，集注起居。員一人。晉第六品。

[4]主簿：官名。自漢以下，中央各機構及地方州郡皆置，掌文書簿籍，爲掾吏之首。其官品隨所署長官地位高下而異。

曼容早孤，與母兄客居南海。[1]少篤學，善《老》、《易》，倜儻好大言，常云："何晏疑《易》中九事，[2]以吾觀之，晏了不學也，故知平叔有所短。"聚徒教授以自業。爲驃騎行參軍。[3]宋明帝好《周易》，集朝臣於清暑殿講，[4]詔曼容執經。[5]曼容素美風采，帝恒以方嵇叔夜，[6]使吴人陸探微畫叔夜像以賜之。[7]遷司徒參軍。[8]袁粲爲丹陽尹，[9]請爲江寧令，[10]入拜尚書外兵郎。[11]昇明末，[12]爲輔國長史、南海太守。[13]齊初，爲通直散騎侍郎。[14]永明初，[15]爲太子率更令，[16]侍皇太子講。衛將軍王儉深相交好，[17]令與河内司馬憲、吴郡陸澄共撰《喪服義》，[18]既成，又欲與之定禮樂，會儉薨。遷中書侍郎、大司馬諮議參軍，[19]出爲武昌太守。[20]建武中，[21]入拜中散大夫。[22]時明帝不重儒術，曼容宅在瓦官寺東，[23]施高坐於聽事，有賓客輒升高坐爲講説，生徒常數十百人。梁臺建，[24]以曼容舊儒，召拜司馬，[25]出爲臨海太守。[26]天監元年，卒官，時年八十二。爲《周易》、《毛詩》、《喪服》集解，《老》、《莊》、《論語》義。[27]子晅，在《良吏傳》。

[1]南海：郡名。治所在今廣東廣州市。

[2]何晏：字平叔，曹魏時人，好老莊言，作《道德論》及諸文賦著述凡數十篇。參《三國志》卷九《魏書·曹真傳》及裴松之注。

[3]驃騎：驃騎將軍之省稱，將軍名號。爲重號將軍，加授大臣、重要地方長官。宋第二品。　行參軍：官名。王公軍府屬官，參掌府曹事，位在正參軍之下。劉宋班品不詳。

[4]清暑殿：京師建康宫城宫殿名。在華林園西。

[5]執經：南北朝時講經之儀式，有人唱讀經文，以備講經人講解，稱爲執經。參周一良《魏晉南北朝史札記·〈梁書〉札記》“侯景傳”條。

[6]嵇叔夜：嵇康字叔夜，曹魏譙郡人。其人風姿特秀，好言老莊。參《三國志》卷二一《魏書·王粲傳》及裴注並《世説新語·容止》。

[7]吴：郡名。治所在今江蘇蘇州市。　陸探微：人名。南朝

宋著名畫家，擅長人物，兼能山水草木。詳唐·張彦遠《歷代名畫記》。

[8]司徒參軍：司徒府屬官，分掌本府諸曹事。宋第七品。

[9]袁粲：人名。祖籍陳郡陽夏。《宋書》卷八九有傳。　丹陽尹：京師所在丹陽郡行政長官。宋第三品。

[10]江寧：縣名。治所在今江蘇江寧縣西南江寧鎮。

[11]尚書外兵郎：官名。尚書省諸曹郎之一，屬五兵尚書。掌都城以外軍隊政令。宋第六品。

[12]昇明：宋順帝年號（477—479）。

[13]輔國：輔國將軍之省稱，將軍名號。宋第三品。　長史：官名。王公軍府屬官，掌本府官吏。宋第六至七品。

[14]通直散騎侍郎：官名。散騎省屬官，掌侍從左右，獻替應對，與散騎侍郎通直。劉宋以後，多爲加官，不爲人所重。員四人。宋第五品，齊不詳。

[15]永明：齊武帝年號（483—493）。

[16]太子率更令：官名。東宫官，與太子家令、太子僕合稱太子三卿。掌東宫門户及賞罰事。齊第五品。

[17]衛將軍：將軍名號。爲重號將軍，用以加授大臣、重要地方長官，常以權臣兼任。宋第二品，齊不詳。　王儉：人名。祖籍琅邪臨沂。《南齊書》卷二三有傳。

[18]河内司馬憲：司馬憲，人名。祖籍河内温縣。《南史·文學》有附傳。　吴郡陸澄：陸澄，吴郡吴人。《南齊書》卷三九有傳。

[19]中書侍郎：官名。中書省屬官，舊掌詔誥。劉宋以後，草擬詔誥之權歸中書舍人，侍郎職少官清，成爲諸王起家官。員四人。齊第五品。　諮議參軍：官名。王公府屬官，掌諷議。宋第七品，齊不詳。

[20]武昌：郡名。治所在今湖北鄂州市。

[21]建武：齊明帝年號（494—498）。

[22]中散大夫：官名。屬光禄勳。養老疾，無職事。齊第七品。

[23]瓦官寺：又名瓦官閣，東晉興寧二年（364）建，在今江蘇南京市西南秦淮河畔。

[24]梁臺建：指齊末梁武受封梁公建臺治事。詳本書《武帝紀》。

[25]司馬：官名。王公軍府屬官，掌本府武職。宋第六品至第七品，梁初不詳。《南史》卷七一《儒林傳》同傳“司馬”上有“司徒”二字。

[26]臨海：郡名。治所在今浙江臨海市東南章安。

[27]義：文體之一種。明·徐師曾《文體明辨·義》云：“按字書云：‘義者，理也。’本其理而疏之亦謂之義，若《禮記》所載《冠義》、《祭義》、《射義》諸篇是已。”按，伏氏諸著，《隋書·經籍志》唯於“易部”下有小注：“梁有臨海令伏曼容注《周易》八卷，亡。”餘並無著録。

何佟之字士威，廬江灊人，[1]豫州刺史惲六世孫也。[2]祖劭之，宋員外散騎常侍。[3]父歆，齊奉朝請。[4]

[1]廬江：郡名。治所在今安徽舒城縣。　灊（qián）：縣名。治所在今安徽霍山縣東北。

[2]豫州：州名。治所在今安徽蕪湖市東。按，《南史》卷七一《儒林傳》同傳“豫州”前有“晉”字，依本書文例，當據補。

[3]員外散騎常侍：官名。屬散騎省，多以公族、宗室充任。劉宋以後，常用以安置閑退官員。晉宋官品不詳。

[4]奉朝請：本指大臣定期參加朝會，朝見皇帝，晉朝以後以爲官名。屬散騎省。宋齊無職事。

佟之少好《三禮》,[1]師心獨學，强力專精，手不輟卷，讀《禮》論三百篇，略皆上口。時太尉王儉爲時儒宗,[2]雅相推重。

[1]《三禮》：指《周禮》、《儀禮》、《禮記》。

[2]太尉王儉：王儉仕齊，卒，追贈太尉。詳《南齊書》卷二三《王儉傳》。

起家揚州從事,[1]仍爲總明館學士,[2]頻遷司徒車騎參軍事,[3]尚書祠部郎。[4]齊建武中，爲鎮北記室參軍,[5]侍皇太子講，領丹陽邑中正。[6]時步兵校尉劉瓛、徵士吴苞皆已卒,[7]京邑碩儒，唯佟之而已。佟之明習事數，當時國家吉凶禮則，皆取決焉，名重於世。歷步兵校尉、國子博士,[8]尋遷驃騎諮議參軍，轉司馬。永元末,[9]京師兵亂，佟之常集諸生講論，孜孜不怠。中興初,[10]拜驍騎將軍。[11]高祖踐阼，尊重儒術，以佟之爲尚書左丞。[12]是時百度草創，佟之依《禮》定議，多所裨益。天監二年,[13]卒官，年五十五。高祖甚悼惜，將贈之官；故事左丞無贈官者，特詔贈黄門侍郎,[14]儒者榮之。所著文章、《禮》義百許篇。[15]子朝隱、朝晦。

[1]揚州：州名。治所在今江蘇南京市。　從事：從事史之省稱。劉宋州府屬官有别駕、治中、祭酒、議曹、部郡諸從事史，分掌諸曹事，第九品。齊不詳。

［2］總明館：《南齊書·百官志》："泰始六年（470），以國學廢，初置總明觀，玄、儒、文、史四科，科置學士各十人，正令史一人，書令史二人，幹一人，門吏一人，典觀吏二人。建元（479—482）中，掌治五禮。永明三年（485），國學建，省。"《宋書》卷八《明帝紀》、《南齊書》卷二三《王儉傳》皆作"總明觀"。

［3］車騎：車騎將軍之省稱，將軍名號。爲重號將軍，用以加授大臣，重要地方長官。宋第二品，齊不詳。　參軍事：官名。王公軍府屬官，參掌府曹事。宋第七品，齊不詳。

［4］尚書祠部郎：官名。尚書省諸曹郎之一，屬祠部尚書或者尚書右僕射。掌郊祀宗廟禮儀。齊第六品。

［5］鎮北：鎮北將軍之省稱，將軍名號。與鎮東、鎮西、鎮南將軍合稱四鎮將軍，多爲持節都督，出鎮方面，職任頗重。宋第三品，齊不詳。　記室參軍：官名。王公軍府屬官，掌文書。宋第七品，齊不詳。

［6］領：官制術語。已有實授主職，又兼任較低職務而不居其位。　丹陽：郡名。治所在今江蘇南京市。　中正：官名。掌一方人才之考察，定其品第，以爲選拔官吏之依據，多由他官兼領。

［7］步兵校尉：官名。禁軍五校尉之一，掌宫廷宿衛士。宋第四品，齊不詳。　劉瓛（huán）：人名。祖籍沛國相縣，南齊碩儒。《南齊書》卷三九有傳。　徵士：有才學而不就徵聘之士。　吴苞：人名。祖籍濮陽鄄城。《南齊書》卷五四《高逸》有傳。

［8］國子博士：官名。國子學教官，屬國子祭酒。員二人。齊第六品。

［9］永元：齊東昏侯年號（499—501）。

［10］中興：齊和帝年號（501—502）。

［11］驍騎將軍：官名。禁衛軍六軍之一。掌宫廷宿衛並領營兵。宋第四品，齊不詳。

［12］尚書左丞：官名。尚書省屬官。佐尚書令、僕射知省事，督録近道文書章表奏事，糾諸不法。員一人。梁初第四品。

[13]天監二年：按，“二”字疑誤。《隋書·禮儀志》多次記載何佟之天監二年以後言議。如《禮儀志一》“天監三年，左丞吴操之啓稱……四年，佟之云”；《禮儀志二》“天監三年，尚書左丞何佟之議曰……四年，何佟之議……奏未報而佟之卒”。清·嚴可均輯《全梁文》撰《何佟之小傳》言佟之“天監四年卒”，或是。

[14]黄門侍郎：給事黄門侍郎之省稱，官名。掌侍從左右，關通中外，顧問應對。出入禁中，地位顯要。員四人。梁初第五品。

[15]禮義：中華書局本以“禮義”爲書名，又其《校勘記》云：“‘義’《南史》作‘議’。”按，《隋書·經籍志》載何佟之撰有《喪服經傳義疏》一卷、《禮答問》十卷、《禮雜問答鈔》一卷，無《禮義》之目。中華書局點校本《南史》作“禮議”，不加書名號，是。

范縝字子真，南鄉舞陰人也。[1]晉安北將軍汪六世孫。[2]祖璩之，中書郎。[3]父濛，早卒。

[1]南鄉：郡名。治所在今河南淅川縣西南。　舞陰：縣名。治所在今河南泌陽縣西北。此范氏祖籍。《史記》卷五三《蕭相國世家》司馬貞《索隱》引顧氏曰：“南鄉，郡名。《太康地理志》云：‘魏武帝建安中分南陽立南鄉，晉武帝又曰順陽郡也。’”錢大昕《廿二史考異》卷二六：“按《宋》、《齊》二《志》俱無南鄉郡而有南鄉縣，爲順陽郡之治所。舞陰則南陽之屬縣也。蓋梁時避武帝父諱，改順陽郡爲南鄉耳。”陳垣《史諱舉例》卷四《因避諱而生之訛異》云：“南鄉即順陽，梁代避諱改也。”

[2]安北將軍：將軍名號。與安東、安西、安南將軍合稱四安將軍，爲出鎮方面的軍事長官，或作爲刺史兼理軍務的加官，權任頗重。晉第三品。　汪：范汪，人名。《晉書》卷七五有傳。

[3]中書郎：官名。亦稱中書侍郎，中書省屬官，舊掌詔誥。

劉宋以下，草擬詔誥之權漸歸中書舍人，侍郎職少官清，成爲諸王起家官。員四人。宋第五品。按，“中書郎”前依本書文例當有“宋”字。又，范縝與范雲同祖，《南史》卷五七《范雲傳》作“宋中書侍郎”。

縝少孤貧，事母孝謹。年未弱冠，[1]聞沛國劉瓛聚衆講説，始往從之，卓越不羣而勤學，瓛甚奇之，親爲之冠。[2]在瓛門下積年，去來歸家，恒芒屩布衣，[3]徒行於路。瓛門多車馬貴游，縝在其門，聊無恥愧。既長，博通經術，尤精《三禮》。性質直，好危言高論，不爲士友所安，唯與外弟蕭琛相善，[4]琛名曰口辯，[5]每服縝簡詣。[6]

[1]弱冠：指二十歲。《禮記·曲禮》：“二十曰弱，冠。”

[2]冠：舉行冠禮。古代男子二十歲舉行冠禮，表明已成人。

[3]芒屩（juē）：草鞋。

[4]蕭琛：人名。祖籍蘭陵郡。本書卷二六有傳。

[5]口辯：能言善辯。

[6]簡詣：簡潔通達。

起家齊寧蠻主簿，[1]累遷尚書殿中郎。[2]永明年中，[3]與魏氏和親，歲通聘好，特簡才學之士，[4]以爲行人，[5]縝及從弟雲、蕭琛、琅邪顔幼明、河東裴昭明相繼將命，[6]皆著名隣國。于時竟陵王子良盛招賓客，[7]縝亦預焉。建武中，遷領軍長史。[8]出爲宜都太守，[9]母憂去職。[10]歸居于南州。[11]義軍至，[12]縝墨經來迎。[13]高祖與縝有西邸之舊，[14]見之甚悦。及建康城平，[15]以縝爲晉安太守，[16]在郡清約，資公禄而已。視事四年，徵爲尚書左丞。縝去還，雖親戚無所遺，唯餉前尚書令王亮。[17]縝仕齊時，與亮同臺爲郎，[18]舊相友，至是亮被擯棄在家。縝自迎王師，志在權軸，[19]既而所懷未滿，亦常怏怏，故私相親結，以矯時云。後竟坐亮徙廣州，[20]語在亮傳。

[1]寧蠻：寧蠻校尉之省稱，武官名號。東晉安帝時置，掌雍州少數民族事務，領兵置府於襄陽。多由雍州刺史兼任。宋第四品，齊不詳。

[2]尚書殿中郎：官名。尚書省殿中曹長官，屬尚書左僕射，常擬詔書，多用文學之士。齊第六品。

[3]永明：南齊武帝年號（483—493）。

[4]簡：選。

[5]行人：使者。

[6]雲：范雲，人名。本書卷一三有傳。　琅邪顔幼明：顔幼明，祖籍琅邪郡，生平不詳。　河東裴昭明：裴昭明，祖籍河東郡。《南齊書》卷五三《良政》有傳。

[7]竟陵王子良：齊武帝子蕭子良封爵號竟陵王。《南齊書》卷四〇《武十七王》有傳。竟陵，郡名。治所在今湖北鍾祥市。

[8]領軍：領軍將軍之省稱，將軍名號。禁衛軍最高統帥，職任甚重。宋第三品，齊不詳。

[9]宜都：郡名。治所在今湖北宜昌市。

[10]母憂：母喪。

[11]南州：地名。即今安徽當塗縣。

[12]義軍：指齊末蕭衍入討東昏侯蕭寶卷的軍隊。詳本書《武帝紀》。

[13]墨絰：黑色喪服。喪服本白色，因迎義軍，著白色不吉利，故染成黑色。

[14]西邸之舊：齊竟陵王蕭子良於齊永明年間開西邸，招文學之士，蕭衍、范縝等皆爲西邸學士，有舊誼。參本書《武帝紀》、卷一三《沈約傳》等。西邸，蕭子良之别邸，在鷄籠山，即今江蘇南京市鷄鳴山。

[15]建康城平：指齊永元三年十二月蕭衍平定京師建康。詳本書《武帝紀》。

[16]晉安：郡名。治所在今福建福州市。

[17]王亮：人名。梁初爲尚書令，天監二年得罪，廢爲庶人。本書卷一六有傳。

[18]臺：官署。此處指尚書臺。

[19]權軸：中樞。指卿相之位。

[20]坐亮：因王亮而得罪。　廣州：州名。治所在今廣東廣州市。

初，縝在齊世，嘗侍竟陵王子良。子良精信釋教，而縝盛稱無佛。子良問曰："君不信因果,[1]世間何得有富貴，何得有賤貧?"縝答曰："人之生譬如一樹花，同發一枝，俱開一蔕，隨風而墮，自有拂簾幌墜於茵席之上，自有關籬墻落於糞溷之側。[2]墜茵蓆者，殿下是也；落糞溷者，下官是也。貴賤雖復殊途，因果竟在何處?"子良不能屈，深怪之。縝退論其理，著《神滅論》曰：

或問予云："神滅，何以知其滅也?"答曰："神即形也，形即神也，是以形存則神存，形謝則神滅也。"

問曰："形者無知之稱，神者有知之名，知與無知，即事有異，[3]神之與形，理不容一，形神相即，[4]非所聞也。"答曰："形者神之質，[5]神者形之用，[6]是則形稱其質，神言其用，形之與神，不得相異也。"

問曰："神故非質，形故非用，[7]不得爲異，其義安在？"答曰："名殊而體一也。"

問曰："名既已殊，體何得一？"答曰："神之於質，猶利之於刀，[8]形之於用，猶刀之於利，利之名非刀也，刀之名非利也。然而捨利無刀，捨刀無利，未聞刀沒而利存，豈容形亡而神在。"

問曰："刀之與利，或如來説，形之與神，其義不然。何以言之？木之質無知也，人之質有知也，人既有如木之質，而有異木之知，豈非木有其一，人有其二邪？"[9]答曰："異哉言乎！人若有如木之質以爲形，又有異木之知以爲神，則可如來論也。今人之質，質有知也，木之質，質無知也，人之質非木質也，木之質非人質也，安在有如木之質而復有異木之知哉！"[10]

問曰："人之質所以異木質者，以其有知耳。人而無知，與木何異？"答曰："人無無知之質，猶木無有知之形。"

問曰："死者之形骸，豈非無知之質邪？"答曰："是無人質。"[11]

問曰："若然者，人果有如木之質，而有異木之知矣。”答曰：“死者有如木之質，而無異木之知；[12]生者有異木之知，而無如木之質也。”

問曰：“死者之骨骼，非生者之形骸邪？”[13]答曰：“生形之非死形，死形之非生形，區已革矣，[14]安有生人之形骸，而有死人之骨骼哉？”

問曰：“若生者之形骸非死者之骨骼，非死者之骨骼，則應不由生者之形骸，不由生者之形骸，則此骨骼從何而至此邪？”[15]答曰：“是生者之形骸，變爲死者之骨骼也。”

問曰：“生者之形骸雖變爲死者之骨骼，豈不因生而有死，[16]則知死體猶生體也。”答曰：“如因榮木變爲枯木，枯木之質，寧是榮木之體！”

問曰：“榮體變爲枯體，枯體即是榮體；絲體變爲縷體，[17]縷體即是絲體，有何别焉？”答曰：“若枯即是榮，榮即是枯，應榮時凋零，枯時結實也。又榮木不應變爲枯木，以榮即枯，無所復變也。[18]榮枯是一，何不先枯後榮？要先榮後枯，何也？絲縷之義，亦同此破。”[19]

問曰：“生形之謝，便應豁然都盡，何故方受死形，[20]綿歷未已邪？”[21]答曰：“生滅之體，要有其次故也。[22]夫欻而生者必欻而滅，[23]漸而生者必漸而滅。欻而生者，飄驟是也，[24]漸而生者，動植是也。有欻有漸，物之理也。”

問曰：“形即是神者，手等亦是神邪？”[25]答曰：“皆是神之分也。”[26]

問曰："若皆是神之分，神既能慮，手等亦應能慮也？"答曰："手等亦應能有痛癢之知，[27]而無是非之慮。"

問曰："知之與慮，爲一爲異？"[28]答曰："知即是慮，淺則爲知，深則爲慮。"

問曰："若爾，應有二慮，慮既有二，神有二乎？"[29]答曰："人體惟一，神何得二。"

問曰："若不得二，安有痛癢之知，復有是非之慮？"答曰："如手足雖異，總爲一人，是非痛癢雖復有異，亦總爲一神矣。"

問曰："是非之慮，不關手足，當關何處？"答曰："是非之慮，[30]心器所主。"[31]

問曰："心器是五藏之心，[32]非邪？"答曰："是也。"

問曰："五藏有何殊別，而心獨有是非之慮乎？"答曰："七竅亦復何殊，而司用不均。"[33]

問曰："慮思無方，[34]何以知是心器所主？"答曰："五藏各有所司，無有能慮者，是以知心爲慮本。"[35]

問曰："何不寄在眼等分中？"[36]答曰："若慮可寄於眼分，眼何故不寄於耳分邪？"[37]

問曰："慮體無本，故可寄之於眼分；眼自有本，[38]不假寄於佗分也。"答曰："眼何故有本而慮無本；苟無本於我形，而可偏寄於異地，亦可張甲之情，寄王乙之軀，李丙之性，託趙丁之體。

然乎哉？不然也。”

問曰：“聖人形猶凡人之形，[39]而有凡聖之殊，故知形神異矣。”答曰：“不然。金之精者能昭，[40]穢者不能昭，有能昭之精金，寧有不昭之穢質。又豈有聖人之神而寄凡人之器，亦無凡人之神而託聖人之體。是以八采、重瞳，勛、華之容，[41]龍顔、馬口，軒、皡之狀，[42]此形表之異也。[43]比干之心，七竅列角，[44]伯約之膽，其大若拳，[45]此心器之殊也。是知聖人定分，每絶常區，[46]非惟道革羣生，乃亦形超萬有。凡聖均體，所未敢安。”

問曰：“子云聖人之形必異於凡者，敢問陽貨類仲尼，[47]項籍似大舜，[48]舜、項、孔、陽，智革形同，其故何邪？”答曰：“珉似玉而非玉，鶋類鳳而非鳳，物誠有之，人故宜爾。項、陽貌似而非實似，心器不均，雖貌無益。”

問曰：“凡聖之殊，形器不一，可也；聖人員極，[49]理無有二，而丘、旦殊姿，[50]湯、文異狀，[51]神不侔色，[52]於此益明矣。”答曰：“聖同於心器，形不必同也，猶馬殊毛而齊逸，玉異色而均美。是以晉棘、荆和，[53]等價連城，驊騮、騄驪，俱致千里。”

問曰：“形神不二，既聞之矣，形謝神滅，理固宜然，敢問經云‘爲之宗廟，以鬼饗之’，[54]何謂也？”答曰：“聖人之教然也，所以弭孝子之心，[55]而厲偷薄之意，[56]神而明之，[57]此之謂矣。”

問曰：“伯有被甲，[58]彭生豕見，[59]墳素著其事，[60]寧是設教而已邪？”答曰：“妖怪茫茫，或存或亡，强死者衆，不皆爲鬼，彭生、伯有，何獨能然，乍爲人豕，[61]未必齊、鄭之公子也。”

問曰：“《易》稱‘故知鬼神之情狀，與天地相似而不違’，[62]又曰‘載鬼一車’，[63]其義云何？”答曰：“有禽焉，有獸焉，飛走之别也；有人焉，有鬼焉，幽明之别也。人滅而爲鬼，鬼滅而爲人，則未之知也。”

問曰：“知此神滅，有何利用邪？”答曰：“浮屠害政，[64]桑門蠹俗，[65]風驚霧起，馳蕩不休，吾哀其弊，思拯其溺。夫竭財以赴僧，[66]破産以趨佛，而不卹親戚，[67]不憐窮匱者何？良由厚我之情深，濟物之意淺。是以圭撮涉於貧友，[68]吝情動於顔色；千鍾委於富僧，歡意暢於容髮。豈不以僧有多稌之期，[69]友無遺秉之報，[70]務施闕於周急，[71]歸德必於在己。又惑以茫昧之言，懼以阿鼻之苦，[72]誘以虚誕之辭，欣以兜率之樂。[73]故捨逢掖，[74]襲横衣，[75]廢俎豆，[76]列缾鉢，[77]家家棄其親愛，人人絶其嗣續。致使兵挫於行間，吏空於官府，粟罄於惰遊，[78]貨殫於泥木。[79]所以姦宄弗勝，[80]頌聲尚擁，[81]惟此之故，其流莫已，其病無限。[82]若陶甄禀於自然，[83]森羅均於獨化，[84]忽焉自有，怳爾而無，來也不禦，[85]去也不追，乘夫天理，各安其性。小人甘其壟畝，君子保其恬素，[86]耕而食，食不可窮也，蠶而衣，衣不可盡也，下有餘以奉其上，上無爲以待其下，可以全生，[87]可以匡國，可以霸君，[88]用此道也。"

此論出，朝野喧嘩，子良集僧難之而不能屈。

[1]因果：指佛教所謂因果報應。

[2]關：經由。糞溷：舊本皆作"溷糞"，此依中華書局本乙正。溷（hùn），厠所。

[3]即事：就事而論。

[4]相即：相互關聯，不可分割。

[5]質：物質實體。

[6]用：功用。

[7]神故非質，形故非用：舊本皆脱"質形故非"四字，此依中華書局本校補。故，通"固"，本來。

[8]刀：梁·釋僧祐《弘明集》卷九蕭琛《難神滅論》引范縝《神滅論》作"刃"。按，本文以下諸"刀"字，《弘明集》卷九俱作"刃"。

[9]豈非木有其一，人有其二邪：兩"其"字，舊本脱，此依中華書局本校補。

[10]安在：舊本皆脱"在"字，此依中華書局本校補。

[11]是無人質：《弘明集》卷九引作"是無知之質也"。

[12]死者有如木之質，而無異木之知：舊本"死者"下脱"有"字，"如木"下脱"之質"二字，此依中華書局本校補。

[13]生者：舊本脱"者"字，此依中華書局本校補。

[14]區已革：有區别。已，同"以"；革，改易，引申爲不同。

按，此文之“革”，皆作“不同”解。

[15]從何而至此邪：《弘明集》卷九引作“從何而至”。

[16]因生而有死：舊本“因”作“從”，此依中華書局本校改。

[17]絲體變爲縷體：《弘明集》卷九引“絲體”前有“如”字。

[18]以榮即枯，無所復變也：《弘明集》卷九引作“以榮即是枯，故枯無所復變也”。

[19]絲縷之義，亦同此破：《弘明集》卷九引作“絲縷同時，不得爲喻”。

[20]受：舊本皆訛“愛”，此依中華書局本校改。

[21]綿歷：歷時長久。

[22]次：程序。

[23]欻（xū）：忽然。

[24]飄驟：指風雨。

[25]手等亦是神邪：舊本皆脱“神”字，此依中華書局本校補。

[26]神之分：神之一方面。

[27]手等亦應能有痛癢之知：《弘明集》卷九所引無“亦應能”三字。

[28]知之與慮，爲一爲異：舊本並脱“知之與”三字，此依中華書局本校補。

[29]若爾，應有二慮，慮既有二，神有二乎：舊本皆作“若爾應有二乎”，此依中華書局本校補。

[30]是非之慮：慮，舊本皆訛“意”，此依中華書局本校改。

[31]心器：心臟。古以爲心臟是思維器官。

[32]藏：通“臟”。下同。

[33]而司用不均：《弘明集》卷九引作“而所用不均，何也”。

[34]無方：不受空間限制。

[35]五藏各有所司，無有能慮者，是以知心爲慮本：舊本皆脱“知”字，此依中華書局本校補。按，此數字，《弘明集》卷九作

“心病則思乖，是以知心爲慮本”。

[36]何不：《弘明集》卷九引作“何知不”。

[37]眼何故不寄於耳分邪：舊本並脱“眼”字，此依中華書局本校補。

[38]眼自有本：自，舊本訛“目”，此依中華書局本校改。

[39]聖人形：《弘明集》卷九引作“聖人之形”。

[40]昭：通“照”。下同。

[41]古代傳説堯眉八采，舜目重瞳。勛，放勛，即堯；華，重華，即舜。

[42]古代傳説黄帝龍顔，伏羲馬口。軒，軒轅，即黄帝；皞，皋陶，即伏羲。

[43]此形表之異也：舊本並脱“此”字，此依中華書局本校補。

[44]比干：商紂王的大臣。《史記》卷三《殷本紀》：“紂怒曰：‘吾聞聖人心有七竅。’剖比干，觀其心。”　列角：《弘明集》卷九引作“並列”。

[45]伯約：三國蜀將姜維字伯約。《三國志》卷四四《蜀書·姜維傳》裴松之注引《世語》：“維死時見剖，膽如斗大。”

[46]絶：超越。　常區：《弘明集》卷九引作“常品”。按，疑“常品”是。常品，普通人。

[47]陽貨類仲尼：陽貨即陽虎；仲尼，孔子之字。《史記》卷四七《孔子世家》：“孔子似陽虎。”

[48]項籍似大舜：《史記》卷七《項羽本紀》：“舜目蓋重瞳子，項羽亦重瞳子。”項籍字羽。大舜，《弘明集》卷九引作“虞帝”。

[49]聖人員極：“聖人”二字舊本皆脱，此依中華書局本校補。員極，圓滿至極。員，通“圓”。

[50]丘、旦：孔丘、周公姬旦。

[51]湯、文：商湯、周文王。

[52]神不侔色：神與形色不符合。侔，《弘明集》卷九引作

"系"。

[53]晉棘、荆和：指春秋時晉國垂棘之璧、楚國和氏之璧。

[54]《孝經·喪親》："卜其宅兆，而安措之；爲之宗廟，以鬼享之。"

[55]弭：安定。《弘明集》卷九引作"從"。

[56]厲：通"勵"，激勵。 偷薄：苟且，不忠厚。

[57]《易·繫辭上》："神而明之，存乎其人。"

[58]伯有：春秋時鄭大夫良霄之字。良霄因貪婪多欲，被殺。後爲鬼，披甲而行。詳《左傳·昭公七年》。被，同"披"。

[59]彭生：春秋時齊國公子。被齊襄公殺害後，變豕，人立而啼。詳《左傳·莊公八年》。見，同"現"。

[60]墳素：指古代典籍。

[61]乍爲人豕：《弘明集》卷九引作"乍人乍豕"。

[62]見《易·繫辭上》。

[63]見《易·睽卦》。

[64]浮屠：佛陀的另一譯法，即佛教。

[65]桑門：或譯爲沙門，即僧人。

[66]赴僧：《弘明集》卷九引作"趣僧"。

[67]卹：救濟。

[68]圭撮：古代六十四黍爲圭，四圭爲撮。見《漢書·律曆志》注。

[69]稌（tú）：稻。

[70]秉：成把的禾。

[71]闕於：《弘明集》卷九引作"不關"。 周急：救濟人之急難。周，同"賙"，救濟。

[72]阿鼻：佛經所説八大地獄之一，是最苦之處。

[73]兜率：佛教所説天宫，虔誠信徒死後可入天宫享受快樂。

[74]逢掖：儒生的服裝。

[75]襲：披。 横衣：僧人所著袈裟。

[76]俎豆：儒家禮器。

[77]鉼鉢：僧人所用飲食器。

[78]惰遊：懶惰遊蕩之人，此指僧人。

[79]泥木：指佛寺建築、佛像。《弘明集》卷九引作“土木”。

[80]姦宄（guǐ）弗勝：盗賊未能制止。

[81]擁：通“壅”，阻塞。

[82]限：《弘明集》卷九引作“垠”。

[83]陶甄：本是陶人製造陶器，比喻化育萬物。

[84]森羅：萬物羅列。　獨化：萬物自身的變化。

[85]禦：制止。

[86]恬素：安静樸素。

[87]《弘明集》卷九引此下有“可以養親，可以爲己，可以爲人”十二字。

[88]霸君：使君稱霸於天下。

縝在南累年，[1]追還京。既至，以爲中書郎、國子博士，[2]卒官。文集十卷。[3]

[1]南：此處指廣州。

[2]中書郎：官名。中書省屬官，職掌同宋齊時代。梁天監七年革選，定流内官職爲十八班，以班多者爲貴，中書郎爲九班。　國子博士：官名。職任同齊代。梁九班。按，范縝《神滅論》引起更大的辯論即在其爲中書郎時。由梁·釋僧祐《弘明集》卷九曹思文《難范中書神滅記》、《重難范中書神滅論》題可證。范縝之論，梁武帝曾組織釋法雲及王公朝貴六十餘人進行圍攻駁難，而終不能屈。事見《弘明集》卷一〇大梁皇帝《敕答臣下神滅論》、莊嚴寺法雲法師《與公王朝貴書》及公王朝貴答。此乃南朝思想史、哲學史上一件大事。

[3]文集十卷：《南史》作“文集十五卷”，《隋書·經籍志》著録：“梁尚書左丞《范縝集》十一卷。”

子胥，字長才。傳父學，起家太學博士。[1]胥有口辯，大同中，[2]常兼主客郎，[3]對接北使。遷平西湘東王諮議參軍，[4]侍宣城王讀。[5]出爲鄱陽内史，[6]卒於郡。[7]

[1]太學博士：官名。屬太常卿。國子學教官，參議禮制。梁員八人，二班。

[2]大同：梁武帝年號（535—546）。

[3]主客郎：官名。尚書省諸曹郎之一，屬尚書左僕射。掌對接外國使者，多由他官兼領。梁六班。

[4]平西：平西將軍之省稱，將軍名號。與平東、平南、平北將軍合稱四平將軍，多持節都督或監某一地區的軍事，亦可作爲刺史兼理軍務的加官。梁天監七年革選，釐定將軍名號及班品，有一百二十五號十品二十四班，以班多者爲貴，平西將軍爲二十班。湘東王：梁元帝蕭繹之初封爵號。　諮議參軍：官名。王公府屬官，掌諷議。梁皇子府諮議參軍爲九班。

[5]宣城王：梁簡文帝嫡長子蕭大器初封爵號。見本書卷八《哀太子大器傳》。

[6]鄱陽：郡名。治所在今江西波陽縣。　内史：官名。王國行政長官，掌王國民政，職同太守。宋第五品，梁不詳。

[7]徐陵《東陽雙林寺傅大士碑》：“大通元年，縣（按，指東陽郡烏傷縣）中長宿傅普通等一百人，詣縣令范胥，連名薦述。”（嚴可均輯《全陳文》卷一一）縣令范胥或即此范胥。

嚴植之字孝源，建平秭歸人也。[1]祖欽，宋通直散騎常侍。[2]

[1]建平：郡名。治所在今四川巫山縣。　秭歸：縣名。治所在今湖北秭歸縣。

[2]通直散騎常侍：官名。散騎省官員。掌侍從左右，獻納得失，與散騎常侍通直。劉宋以下，多以衰老之士擔任，地位漸低。員四人。宋官品不詳。

植之少善《莊》、《老》，能玄言，[1]精解《喪服》、《孝經》、《論語》。及長，徧治鄭氏《禮》、《周易》、《毛詩》、《左氏春秋》。性淳孝謹厚，不以所長高人。少遭父憂，[2]因菜食二十三載，後得風冷疾，乃止。

[1]玄言：精微玄妙之言，指道家義理。南朝士人以《莊子》、《老子》、《易》爲三玄，以辯析玄理爲能事。參顔之推《顔氏家訓·勉學》。

[2]父憂：父喪。

齊永明中，始起家爲廬陵王國侍郎。[1]遷廣漢王國右常侍，[2]王誅，[3]國人莫敢視，植之獨奔哭，手營殯殮，徒跣送喪墓所，爲起冢，葬畢乃還，當時義之。建武中，遷員外郎、散騎常侍。[4]尋爲康樂侯相，[5]在縣清白，民吏稱之。天監二年，板後軍騎兵參軍事。[6]高祖詔求通儒治五禮，有司奏植之治凶禮。四年，初置《五經》博士，[7]各開館教授，以植之兼《五經》博士。植之館在潮溝，[8]生徒常百數。植之講，五館生必至，聽者千餘人。六年，遷中撫軍記室參軍，[9]猶兼博士。七年，卒於館，時年五十二。植之自疾後，便不受廩俸，妻子困乏，既卒，喪無所寄，生徒爲市宅，乃得成喪焉。

[1]廬陵王：齊武帝子蕭子卿之封爵號。《南齊書》卷四〇《武十七王》有傳。　王國侍郎：官名。王國屬官，掌侍從諫諍。宋第九品，齊不詳。

[2]廣漢王：齊武帝子蕭子峻之初封爵號。《南齊書》卷四〇《武十七王》有傳。　右常侍：官名。王國屬官，掌侍從、司儀及諫諍。宋第八品，齊不詳。

[3]王誅：據《南齊書》卷六《明帝紀》，蕭子峻於建武二年（495）九月改封衡陽王，永泰元年（498）與河東王鉉等十王同時被誅。此文下有“建武中”云云，似“王誅”在“建武中”之前。姚思廉叙事似失次。

[4]員外郎、散騎常侍：按，依中華書局本標點，“員外郎”與“散騎常侍”爲二官，然而“散騎常侍”官職較高，宋第三品，“齊受宋禪，事依常典”（《南齊書·百官志》），大約亦是三品，嚴植之建武年間似不大可能任此高職。疑“郎”字爲衍文，植之當官“員外散騎常侍”。此職宋齊時地位較低，多用以安置閑退官，如此，嚴植之前後官職之變遷方合理。

[5]康樂侯相：康樂侯，無考。康樂，縣名。治所在今江西萬載縣東。相，侯國行政長官，職同縣令。宋第五品，齊不詳。《南史》卷七一《儒林傳》同傳作“康樂令”。

[6]板：官制術語。六朝王公及地方官吏自委官職，書授官之詞於板，稱爲板授。凡板官，皆不給印綬，但可食禄。　後軍：後軍將軍之省稱，與前軍、左軍、右軍合稱四軍將軍，禁衛軍重要將領之一。掌宫廷宿衛營兵。宋第四品，齊不詳。　騎兵參軍事：官

名。王公軍府屬官，掌騎兵及軍馬。宋第七品，齊及梁初不詳。

[7]《五經》博士：官名。掌《五經》，教授國子。梁天監四年(505) 置，每經各一人，爲六班。

[8]潮溝：溝渠名。在京師建康城北。三國時吴鑿，以引江潮。六朝貴官多宅於其附近。參唐・許嵩《建康實録》卷二。

[9]中撫軍：亦稱中撫將軍，將軍名號。梁代與中軍、中權、中衛將軍合稱四中將軍，祇授予在京師任職者，職任頗重。梁天監七年革選，釐定將軍名號及班品，中撫將軍二十三班。　記室參軍：官名。職掌同齊代，梁六班至二班。

植之性仁慈，好行陰德，[1]雖在闇室，未嘗怠也。少嘗山行，見一患者，植之問其姓名，不能答，載與俱歸，爲營醫藥，六日而死，植之爲棺殮殯之，卒不知何許人也。嘗緣柵塘行，[2]見患人卧塘側，植之下車問其故，云姓黄氏，家本荆州，[3]爲人傭賃，[4]疾既危篤，船主將發，棄之于岸。植之心惻然，載還治之，經年而黄氏差，[5]請終身充奴僕以報厚恩。植之不受，遺以資糧，遣之。其義行多如此。撰《凶禮儀注》四百七十九卷。[6]

[1]好行陰德：舊本皆脱“行”字，此依中華書局本校補。

[2]柵塘：塘名。在今江蘇南京市區西北。

[3]荆州：州名。治所在今湖北荆州市。

[4]傭賃：受雇爲人勞役。

[5]差：通“瘥”，病愈。

[6]嚴植之撰《凶禮儀注》事，參本書卷二五《徐勉傳》。

賀瑒字德璉，會稽山陰人也。[1]祖道力，善《三禮》，仕宋爲尚書三公郎、建康令。[2]

[1]山陰：縣名。治所在今浙江紹興縣。與會稽郡治所同。

[2]尚書三公郎：官名。尚書省諸曹郎之一，屬吏部尚書。掌刑獄法制。宋第六品。　建康：縣名。治所在今江蘇南京市。

瑒少傳家業。齊時沛國劉瓛爲會稽府丞，[1]見瑒深器異之。嘗與俱造吴郡張融，[2]指瑒謂融曰："此生神明聰敏，將來當爲儒者宗。"瓛還，薦之爲國子生。舉明經，[3]揚州祭酒，[4]俄兼國子助教。[5]歷奉朝請，太學博士，太常丞，[6]遭母憂去職。天監初，復爲太常丞，有司舉治賓禮，[7]召見説《禮》義，高祖異之，詔朝朔望，預華林講。[8]四年，初開五館，以瑒兼《五經》博士，别詔爲皇太子定禮，撰《五經義》。瑒悉禮舊事，時高祖方創定禮樂，瑒所建議，多見施行。七年，拜步兵校尉，[9]領《五經》博士。九年，遇疾，遣醫藥省問，卒于館，時年五十九。所著《禮》、《易》、《老》、《莊》講疏，《朝廷博議》數百篇，[10]《賓禮儀注》一百四十五卷。[11]瑒於《禮》尤精，館中生徒常百數，[12]弟子明經對策至數十人。[13]

[1]丞：此指郡丞，官名。佐郡守掌治民。宋第八品，齊不詳。

[2]吴郡張融：張融，人名。吴郡人。《南齊書》卷四一有傳。

[3]明經：通曉經術。古代射策取士的科目之一。

[4]祭酒：祭酒從事史之省稱，官名。州府屬官，掌州所置兵、

賊、倉、户、水、鎧諸曹事。宋第九品，齊不詳。

[5]國子助教：官名。屬國子祭酒，佐國子博士教授生徒。員十人。齊官品第八。

[6]太常丞：官名。佐太常，掌朝廷禮儀。員一人。齊及梁初第七品。

[7]賓禮：五禮之一。參本書卷二五《徐勉傳》。

[8]華林：華林園，苑名。初建於孫吴，擴建於劉宋，内有華光殿、景陽樓、竹林堂諸勝，爲南朝諸帝宴集、講經之所。故址在今江蘇南京市鷄鳴山南古臺城内。

[9]步兵校尉：官名。禁軍五校尉之一，掌宿衛士。梁七班。

[10]《朝廷博議》：《南史》卷六二同傳作"《朝廷博士議》"。

[11]一百四十五卷：本書卷二五《徐勉傳》作"一百三十三卷"。《隋書·經籍志》著録："《梁賓禮儀注》九卷，賀瑒撰。"

[12]百數：《南史》卷六二同傳作"數百"。

[13]對策：古代考試取士之一種方式。主試者書政事、經義試題於簡策，令應試者對答，觀其所答以定高下。

二子。革字文明。少通《三禮》，及長，徧治《孝經》、《論語》、《毛詩》、《左傳》。起家晉安王國侍郎、兼太學博士，[1]侍湘東王讀。[2]敕於永福省爲邵陵、湘東、武陵三王講《禮》。[3]稍遷湘東王府行參軍，[4]轉尚書儀曹郎。[5]尋除秣陵令，[6]遷國子博士，[7]於學講授，生徒常數百人。出爲西中郎湘東王諮議參軍，[8]帶江陵令。[9]王初於府置學，以革領儒林祭酒，[10]講《三禮》，荆楚衣冠聽者甚衆。[11]前後再監南平郡，[12]爲民吏所德。尋加貞威將軍、兼平西長史、南郡太守。[13]革性至孝，常恨貪禄代耕，不及養。[14]在荆州歷爲郡縣，所得俸秩，不及妻孥，專擬還鄉造寺，以申感思。大同六年，卒官，時年六十二。

[1]晉安王：梁簡文帝蕭綱的初封爵號。　王國侍郎：官名。王國屬官，掌侍從、諫諍。梁皇子國侍郎，一班。　兼：官制術語。假職未真授之稱。

[2]湘東王：梁元帝蕭繹的初封爵號。

[3]敕：皇帝的詔命。　永福省：京師建康宫城内殿省名，皇太子年少時所居。　邵陵王：梁武帝子蕭綸的封爵號。見本書卷二九《高祖三王傳》。　武陵王：梁武帝子蕭紀的封爵號。見本書卷五五《武陵王紀傳》。

[4]行參軍：官名。王公府屬官，參掌府曹事，職在正參軍之下。梁皇子府行參軍，三班。

[5]尚書儀曹郎：官名。尚書省諸曹郎之一，屬祠部尚書或尚書右僕射。掌禮儀。梁六班。

[6]秣陵：縣名。治所在今江蘇南京市中華門附近。

[7]國子博士：官名。屬國子祭酒。國子學教官。員二人。梁九班。

[8]西中郎：西中郎將之省稱，將軍名號。東西南北四中郎將之一。統兵征伐，或鎮守某一地區爲方面大員，南朝多以宗室、諸王擔任，地位高於一般將軍。梁天監七年罷，大通三年又置，與一百二十五號二十四班將軍中之十七班同班。　諮議參軍：官名。王公府屬官，掌諷議。梁皇子府諮議參軍，九班。

[9]江陵：縣名。治所在今湖北荆州市江陵。《御覽》卷三九九《人事部》四〇引《梁後略》曰："初，賀革之往江陵也，意甚不悦，過别御史中丞江革，以情告之。答曰：'吾嘗夢主上遍見諸子，唯至湘東王所，手脱帽以與之。此人後必當辟卿，其行乎！'革因頷之，遂往荆州。"

[10]儒林祭酒：官名。州府屬官，掌講授儒家經典，梁班品不詳。

[11]荆楚：即荆州。

[12]監：官制術語。非正式任職，而督理其事。　南平郡：郡名。治所在今湖北公安縣西。

[13]貞威將軍：將軍名號。梁置，爲一百二十五號將軍之一，八班。　南郡：郡名。治所在今湖北荆州市。

[14]貪禄代耕，不及養：《南史》卷六二同傳作"食禄代耕，不及爲養"。

弟季，亦明《三禮》，歷官尚書祠部郎，兼中書通事舍人，[1]累遷步兵校尉，中書、黄門郎，[2]兼著作。

[1]中書通事舍人：官名。中書省屬官，掌入直閣内，呈奏案章。劉宋以降漸用寒士及皇帝親信擔任此職，奪中書侍郎草擬詔誥之權。至梁代用人殊重，選以才能，不限資地，專掌中書詔誥，權勢顯赫，多以他官兼領。梁員四人，四班。

[3]中書、黄門郎：即中書郎、給事黄門侍郎，皆官名。給事黄門侍郎，門下省次官，掌侍從左右，關通中外，應對獻納，糾正違缺等。出入禁中，職任顯要。員四人。梁十班。

司馬筠字貞素，河内温人，[1]晉驃騎將軍譙王承七世孫。[2]祖亮，宋司空從事中郎。[3]父端，齊奉朝請。

[1]河内：郡名。治所在今河南沁陽市。　温：縣名。治所在今河南温縣西南。

[2]譙王承：各本作"譙烈王承"，《南史》卷七一《儒林傳》同傳作"譙王承"，無"烈"字。按，《晉書》卷七《宗室・譙剛王

遜傳》：遜子承嗣爵，謚曰閔；承子無忌嗣爵，謚曰烈。此云"譙烈王承"，誤，當以《南史》爲是，今删。

[3]司空從事中郎：司空府屬官，與長史共掌本府官吏。宋第六品。

筠孤貧好學，師事沛國劉瓛，强力專精，深爲瓛所器異。既長，博通經術，尤明《三禮》。

齊建武中，起家奉朝請，遷王府行參軍。天監初，爲本州治中，[1]除暨陽令，[2]有清績。入拜尚書祠部郎。

[1]治中：治中從事史之省稱，官名。州府屬官，掌衆曹文書事。宋第九品，齊不詳。

[2]暨陽：縣名。治所在今江蘇江陰縣東南長壽鎮南。

七年，安成太妃陳氏薨，[1]江州刺史安成王秀、荆州刺史始興王憺，[2]並以慈母表解職，[3]詔不許，還攝本任，[4]而太妃薨京邑，喪祭無主。舍人周捨議曰：[5]"賀彦先稱：[6]'慈母之子不服慈母之黨，[7]婦又不從夫而服慈姑，[8]小功服無從故也。'[9]庾蔚之云：[10]'非徒子不從母而服其黨，孫又不從父而服其慈母。'[11]由斯而言，慈祖母無服明矣。尋門内之哀，不容自同於常；按父之祥禫，[12]子並受弔。今二王諸子，宜以成服日，[13]單衣一日，爲位受弔。"制曰：[14]"二王在遠，諸子宜攝祭事。"[15]捨又曰："《禮》云'縞冠玄武，子姓之冠'，[16]則世子衣服宜異於常。[17]可著細布衣，絹爲領帶，三年不聽樂。又《禮》及《春秋》，庶母不世祭，蓋謂無王命者耳。吴太妃既朝命所加，得用安成禮秩，則當祔廟，[18]五世親盡乃毀。陳太妃命數之重，雖則不異，慈孫既不從服，廟食理無傳祀，子祭孫止，是會經文。”高祖因是敕禮官議皇子慈母之服。筠議：“宋朝五服制，皇子服訓養母，依《禮》庶母慈己，[19]宜從小功之制。按《曾子問》云：[20]‘子游曰：喪慈母如母，禮歟?[21]孔子曰：非禮也。古者男子外有傅，内有慈母，君命所使教子也，何服之有?’鄭玄注云：[22]‘此指謂國君之子也。’若國君之子不服，則王者之子不服可知。又《喪服》經云：[23]‘君子子爲庶母慈己者。’傳曰：‘君子子者，貴人子也。’鄭玄引《内則》，[24]三母止施於卿大夫。以此而推，則慈母之服，上不在五等之嗣，[25]下不逮三士之息。[26]儻其服者止卿大夫，尋諸侯之子尚無此服，况乃施之皇子。謂宜依《禮》刊除，以反前代之惑。”高祖以爲不然，曰：“《禮》言慈母，凡有三條：一則妾子之無母，使妾之無子者養之，命爲母子，服以三年，《喪服·齊衰章》所言‘慈母如母’是也；[27]二則嫡妻之子無母，使妾養之，慈撫隆至，雖均乎慈愛，但嫡妻之子，妾無爲母之義，而恩深事重，故服以小功，《喪服·小功章》所以不直言慈母，而云‘庶母慈己’者，明異於三年之慈母也；[28]其三則子非無母，正是擇賤者視之，[29]義同師保，而不無慈愛，故亦有慈母之名。師保既無其服，則此慈母亦無服矣。[30]《内則》

云‘擇於諸母與可者，使爲子師；其次爲慈母；其次爲保母’，此其明文。此言擇諸母，是擇人而爲此三母，非謂擇取兄弟之母也。何以知之？若是兄弟之母其先有子者，則是長妾，長妾之禮，實有殊加，何容次妾生子，乃退成保母，斯不可也。又有多兄弟之人，於義或可；若始生之子，便應三母俱闕邪？由是推之，《内則》所言‘諸母’，是謂三母，非兄弟之母明矣。子游所問，自是師保之慈母，非三年小功之慈母也，[31]故夫子得有此對。豈非師保之慈母無服之證乎？鄭玄不辨三慈，[32]混爲訓釋，引彼無服，以注‘慈己’，後人致謬，實此之由。經言‘君子子’者，此雖起於大夫，明大夫猶爾，[33]自斯以上，彌應不異，故傳云‘君子子者，貴人之子也’。總言曰貴，則無所不包。經傳互文，交相顯發，則知慈加之義，[34]通乎大夫以上矣。宋代此科，不乖《禮》意，便加除削，良是所疑。”於是筠等請依制改定：嫡妻之子，母没爲父妾所養，服之五月，貴賤並同，以爲永制。

[1]安成太妃陳氏：梁安成王慈母陳氏，梁太祖之側室。見本書卷二二《太祖五王·安成王秀傳》。

[2]江州：州名。治所在今江西九江市西南。

[3]慈母：古代禮制，稱撫育自己成長的庶母或保母爲慈母。

[4]攝：官制術語。代理職務。

[5]周捨：人名。本書卷二五有傳。

[6]賀彦先：賀循字彦先，晉會稽山陰人。《晉書》卷六八有傳。

[7]服：指服喪。　黨：此處指親族。

[8]慈姑：婦對夫母的尊稱。

[9]小功：古代喪服名，五服之一。用較粗的熟布製成，服期五個月。

[10]庾蔚之：人名。仕宋，官太常丞。見《宋書·禮志四》。

[11]慈母："母"字舊本皆脱，此依中華書局本校補。

[12]祥：喪祭名。父母死十三月而祭叫小祥，二十五月而後祭叫大祥。　禫：喪家除服之祭禮。二十五月大祥，二十七月而禫。

[13]成服：喪禮大斂後，死者親屬穿喪服叫做成服。《儀禮·喪禮》："三日，成服。"

[14]制：皇帝的詔令。

[15]諸子：《南史》作"世子"。

[16]語出《禮記·玉藻》。《疏》云："縞冠者薄絹爲之，玄武者以黑繒爲冠卷也。"

[17]世子：諸侯之嫡長子。

[18]祔廟：祔祭於廟。　祔，祭名。新死者與祖先合享之祭。止哭之次日，奉新死者之神主祭於祖廟，叫做祔祭。

[19]依《禮》庶母慈己：中華書局本《校勘記》："'依禮'各本作'禮依'，據《南史》乙正。按：'庶母慈己'，見《儀禮·喪服》《子夏傳》，故云'依《禮》'。"

[20]《曾子問》：《禮記》篇名。

[21]喪慈母如母，禮歟：舊本皆脱"如母"二字，此依中華書局本校補。

[22]鄭玄：人名。字康成，東漢北海郡人，著名經學家。《後漢書》卷三五有傳。

[23]《喪服》：《儀禮》篇名。

[24]《内則》：《禮記》篇名。

[25]五等：古代爵位等級。《禮記·王制》："王者之制禄爵，公、侯、伯、子、男凡五等；諸侯之上大夫卿、下大夫、上士、中士、

下士凡五等。”

[26]三士：即上士、中士、下士。　息：子。

[27]慈母如母：“如母”二字舊本皆脱，此依中華書局本校補。

[28]三年之慈母：指親生母親。古代禮制，子女爲親母服喪三年。

[29]正：僅，衹。

[30]慈母：“母”字舊本皆脱，此依中華書局本校補。

[31]自是師保之慈母，非三年小功之慈母也：兩“母”字舊本皆脱，此依中華書局本校補。

[32]三慈：三種慈母。

[33]爾：如此。

[34]慈加：《册府元龜》卷五七九作“慈母加”,《通志》作“慈母”。按，疑當作“慈母”。

累遷王府諮議、權知左丞事,[1]尋除尚書左丞。出爲始興内史,[2]卒官。

[1]權知：官制術語。奉特敕臨時攝理本官職掌範圍之外的他項事務。　左丞：尚書左丞之省稱，官名。尚書省屬官，佐尚書令、僕射知省事，督録近道文書章表奏事，糾諸不法。員一人。梁九班。

[2]始興：郡名。治所在今廣東韶關市東南蓮花嶺下。

子壽，傳父業，明《三禮》。大同中，歷官尚書祠部郎，出爲曲阿令。[1]

[1]曲阿：縣名。治所在今江蘇丹陽市。

卞華字昭丘，[1]濟陰冤句人也。[2]晉驃騎將軍忠貞公壼六世孫。[3]父倫之，給事中。[4]

[1]昭丘：《南史》卷七一《儒林傳》同傳及《册府元龜》卷七六八作“昭岳”。

[2]濟陰：郡名。治所在今山東定陶縣西北。　冤句：縣名。治所在今山東曹縣西北。此卞華祖籍。

[3]忠貞公壼（kǔn）：卞壼，人名。仕晉，官尚書令，加領軍將軍，蘇峻之亂，戰死。追贈驃騎將軍，謚曰忠貞。《晉書》卷七〇有傳。

[4]給事中：官名。集書省屬官，掌獻納諫諍，收發文書。宋第五品，齊不詳。按，《南史》同傳“給事中”上有“齊”字，依本書例，亦當有。

華幼孤貧好學。年十四，召補國子生，通《周易》。既長，徧治《五經》，與平原明山賓、會稽賀瑒同業友善。

起家齊豫章王國侍郎，[1]累遷奉朝請，征西行參軍。[2]天監初，遷臨川王參軍事，[3]兼國子助教，轉安成王功曹參軍，[4]兼《五經》博士，聚徒教授。華博涉有機辯，説經析理，爲當時之冠。江左以來，[5]鍾律絶學，[6]至華乃通焉。遷尚書儀曹郎，出爲吴令，[7]卒。

[1]豫章王：齊武帝弟蕭嶷之封爵號。《南齊書》卷二二有傳。

[2]征西：征西將軍之省稱，將軍名號。東西南北四征將軍之一。多爲持節都督，出鎮方面，地位顯要。宋第三品，齊不詳。

[3]臨川王：梁武帝弟蕭宏之封爵號。本書卷二二《太祖五王

傳》有傳。

[4]安成王：梁武帝弟蕭秀之封爵號。本書卷二二《太祖五王傳》有傳。　功曹參軍：官名。王公府屬官，掌考察記録官吏功績。梁皇弟府功曹參軍，四班。

[5]江左：即江南。此指東晉。

[6]鍾律：樂律。

[7]吴：縣名。治所在今江蘇蘇州市。

崔靈恩，清河東武城人也。[1]少篤學，從師徧通《五經》，尤精《三禮》、《三傳》。[2]先在北仕爲太常博士，[3]天監十三年歸國。高祖以其儒術，擢拜員外散騎侍郎，[4]累遷步兵校尉，[5]兼國子博士。靈恩聚徒講授，聽者常數百人。性拙朴無風采，及解經析理，甚有精致，京師舊儒咸稱重之，助教孔僉尤好其學。靈恩先習《左傳》服解，[6]不爲江東所行，[7]及改説杜義，[8]每文句常申服以難杜，遂著《左氏條義》以明之。時有助教虞僧誕又精杜學，因作《申杜難服》，以答靈恩，世並行焉。僧誕，會稽餘姚人，[9]以《左氏》教授，聽者亦數百人。其該通義例，[10]當時莫及。

[1]清河：郡名。治所在今山東臨清市東北。　東武城：縣名。治所在今河北清河縣東北。"東"字舊本皆脱，此依中華書局本校補。

[2]《三傳》：指《春秋左氏傳》、《春秋公羊傳》、《春秋穀梁傳》。

[3]太常博士：官名。掌導引乘輿、議定謚號及典禮。北魏從第七品。

[4]員外散騎侍郎：官名。集書省屬官，多以公族、功臣之子充任，爲閑散之職。梁天監七年（508）革選，員外散騎侍郎爲三班。

[5]步兵校尉：官名。禁軍五校尉之一，職掌同齊代。梁七班。

[6]《左傳》服解：指服虔所撰《春秋左氏傳解》。服虔，人名。後漢河南滎陽人。《後漢書》卷七九《儒林》有傳。

[7]江東：江南。

[8]杜：指杜預。預，字元凱，晉京兆杜陵人。撰《春秋左氏經傳集解》三十卷，成一家之學。《晉書》卷三四有傳。

[9]餘姚：縣名。治所在今浙江餘姚市。

[10]義例：著書的主旨和體例。

先是儒者論天，互執渾、蓋二義，[1]論蓋不合於渾，論渾不合於蓋。靈恩立義，以渾、蓋爲一焉。[2]

[1]渾、蓋二義：指我國古代天文學中渾天説和蓋天説。渾天説認爲天地形狀像鳥卵，天包地如卵包黄。蓋天説認爲天像無柄之傘，地像無蓋的盤子。參《晉書·天文志上》。

[2]錢大昕《十駕齋養新録》卷一七"蓋天"條有云："古之言天者，有蓋天、宣夜、渾天三家。宣夜之學，久失其傳。《周髀》則蓋天之術也。其書出於周公，商高所授，乃算術之最古者。自揚子雲著論，抑蓋申渾，其後蔡邕、葛洪之徒，咸宗其説，而蓋天之義，久置不講。近世歐羅巴人入中國，製器有渾蓋通憲之名，而後步天家知蓋之不殊於渾，而平儀之用，視渾儀尤簡而易曉。然考之梁代崔靈恩已有渾蓋合之論……則古之人早有先覺者矣。"

出爲長沙内史，[1]還除國子博士，講衆尤盛。出爲明威將軍、桂州刺史，[2]卒官。靈恩《集注毛詩》二十二卷,[3]《集注周禮》四十卷,[4]制《三禮義宗》四十七卷,[5]《左氏經傳義》二十二卷,《左氏條例》十卷,《公羊穀梁文句義》十卷。[6]

[1]長沙：郡名。治所在今湖南長沙市。

[2]明威將軍：將軍名號。梁代，與寧遠將軍等代舊寧朔將軍。爲一百二十五號十品二十四班將軍之一，十三班。　桂州：州名。治所在今廣西柳州市東南。

[3]《集注毛詩》二十二卷：《隋書·經籍志》著録："《集注毛詩》二十四卷，梁桂州刺史崔靈恩注。"

[4]《集注周禮》四十卷：《隋書·經籍志》著録："《集注周官禮》二十卷，崔靈恩注。"

[5]《三禮義宗》四十七卷：中華書局本《校勘記》："'四十七卷'，《册府元龜》六〇〇同。《南史》及《隋書·經籍志》、《新唐書·藝文志》並作'三十卷'。"

[6]《隋書·經籍志》著録崔靈恩撰有《春秋經傳解》六卷、《春秋申先儒傳論》十卷、《春秋左氏傳立義》十卷、《春秋序》一卷，與本傳有異同。

孔僉，會稽山陰人。少師事何胤，通《五經》，尤明《三禮》、《孝經》、《論語》，講説並數十徧，生徒亦數百人。歷官國子助教，三爲《五經》博士，遷尚書祠部郎。出爲海鹽、山陰二縣令。[1]僉儒者，不長政術，在縣無績。太清亂，[2]卒於家。

[1]海鹽：縣名。治所在今浙江海鹽縣。

[2]太清亂：指梁武帝太清年間（547—549）侯景之亂。參本

書卷五六《侯景傳》。

子俶玄，[1]頗涉文學，官至太學博士。僉兄子元素，又善《三禮》，有盛名，早卒。

[1]俶玄：《南史》卷七一《儒林傳》同傳作“淑玄”。

盧廣，范陽涿人，[1]自云晉司空從事中郎諶之後也。[2]諶没死冉閔之亂，[3]晉中原舊族，諶有後焉。

[1]范陽：郡名。治所在今河北涿州市。　涿：縣名。治所與范陽郡同。

[2]司空從事中郎：司空府屬官，與長史共掌本府官吏。晉第六品。　諶：盧諶，人名。《晉書》卷四四《盧欽傳》有附傳。

[3]冉閔之亂：指十六國時，後趙冉閔誅石虎事。詳《晉書》卷一〇七《後趙·石季龍載記》。

廣少明經，有儒術。天監中歸國。初拜員外散騎侍郎，出爲始安太守，[1]坐事免。頃之，起爲折衝將軍，[2]配千兵北伐，還拜步兵校尉，兼國子博士，徧講《五經》。時北來人儒學者有崔靈恩、孫詳、蔣顯，並聚徒講説，而音辭鄙拙；惟廣言論清雅，不類北人。僕射徐勉，[3]兼通經術，深相賞好。尋遷員外散騎常侍，博士如故。出爲信武桂陽嗣王長史、尋陽太守。[4]又爲武陵王長史，[5]太守如故，卒官。

［1］始安：郡名。治所在今廣西桂林市。

［2］折衝將軍：將軍名號。梁一百二十五號十品二十四班將軍之一，十班。

［3］僕射：尚書僕射之省稱，官名。佐尚書令知省事，並與尚書分領諸曹，不常置。若尚書左、右僕射並缺，則置以總左、右事。梁十五班。　徐勉：人名。本書卷二五有傳。

［4］信武：信武將軍之省稱，將軍名號。梁置，與智武、仁武、勇武、嚴武將軍代舊冠軍將軍。爲一百二十五號將軍之一，十五班。　桂陽嗣王：梁武帝長兄蕭懿第九子蕭象嗣叔父爵爲桂陽郡王。本書卷二三有傳。　尋陽：郡名。治所在今江西九江市西南。

［5］武陵王：梁武帝子蕭紀之封爵號。本書卷五五有傳。

沈峻字士嵩，吴興武康人。[1]家世農夫，至峻好學，與舅太史叔明師事宗人沈驎士，[2]在門下積年，[3]晝夜自課，時或睡寐，輒以杖自擊，其篤志如此。驎士卒後，乃出都，徧遊講肆，遂博通《五經》，尤長《三禮》。初爲王國中尉，[4]稍遷侍郎，[5]並兼國子助教。時吏部郎陸倕與僕射徐勉書薦峻曰：[6]“《五經》博士庾季達須换，計公家必欲詳擇其人。凡聖賢可講之書，必以《周官》立義，[7]則《周官》一書，實爲羣經源本。此學不傳，多歷年世，北人孫詳、蔣顯亦經聽習，而音革楚、夏，[8]故學徒不至；惟助教沈峻，特精此書。比日時開講肆，羣儒劉喦、沈宏、沈熊之徒，並執經下坐，北面受業，莫不歎服，人無間言。弟謂宜即用此人，命其專此一學，周而復始，使聖人正典，廢而更興，累世絶業，傳於學者。”勉從之，奏峻兼《五經》博士。於館講授，聽者常數百人。出爲華容令，[9]還除員外散騎侍郎，復兼《五經》博士。時中書舍人賀琛奉敕撰《梁官》，[10]乃啓峻及孔子袪補西省學士，[11]助撰録。書成，入兼中書通事舍人。出爲武康令，卒官。

[1]吴興：郡名。治所在今浙江湖州市。　武康：縣名。治所在今浙江德清縣西千秋鎮。

[2]沈驎士：人名。南朝名儒。《南齊書》卷五四《高逸》有傳。驎，舊本皆作“麟”，此依中華書局本校改。按，“驎”爲“麟”之異體字。

[3]在門下：舊本皆脱“在”字，此依中華書局本校補。

[4]王國中尉：王國屬官，掌治安。其班品依國主地位而定。梁三班至流外。

[5]侍郎：官名。王國屬官，掌侍從諫諍，其班品依國主地位而定。梁一班至流外。

[6]吏部郎：尚書吏部郎之省稱，官名。屬吏部尚書，掌官吏銓選、調動，職任頗重。梁十一班。　陸倕：人名。本書卷二七有傳。

[7]《周官》：《周禮》一書，漢世初出，稱爲《周官》；劉歆以後，稱《周禮》。

[8]音革楚夏：余嘉錫《釋傖楚》有云：“陸倕者，吴中舊族，世事南朝，故以江左爲華夏，而又區別三吴之外，目之爲楚。此乃吴人鄉曲之見，猶之目中國人爲傖耳。孔祥、蔣顯來自北朝，並是傖父，倕謂其‘音革楚夏’者，言北方之音，非楚非夏，人所不解也。”（《余嘉錫文史論集》）革，區別。

[9]華容：縣名。治所在今湖北監利縣北。

[10]中書舍人：官名。即中書通事舍人。梁省通事，直稱中書舍人。　賀琛：人名。賀瑒之侄。本書卷三八有傳。

[11]西省：指中書省。因其在宫城正殿之西，故稱。

子文阿，[1]傳父業，尤明《左氏傳》。太清中，[2]自國子助教爲《五經》博士。傳峻業者，又有吴郡張及、會稽孔子雲，[3]官皆至《五經》博士、尚書祠部郎。[4]

[1]文阿：沈文阿，《陳書》卷三三《儒林》有傳。

[2]太清：梁武帝年號（502—519）。

[3]吴郡：郡名。治所在今江蘇蘇州市。　會稽：郡名。治所在今浙江紹興市。

[4]尚書祠部郎：官名。尚書省諸曹郎之一，屬祠部尚書或尚書右僕射。掌祠祀、享祭等。梁六班。

太史叔明，吴興烏程人，[1]吴太史慈後也。[2]少善《莊》、《老》，兼治《孝經》、《禮記》，其三玄尤精解，[3]當世冠絶，每講説，聽者常五百餘人。歷官國子助教。邵陵王綸好其學，[4]及出爲江州，攜叔明之鎮。王遷郢州，[5]又隨府，所至輒講授，江外人士皆傳其學焉。大同十三年，[6]卒，時年七十三。

[1]烏程：縣名。治所與吴興郡同。

[2]太史慈：人名。三國時吴國東萊黄人。《三國志》卷四九有傳。

[3]三玄：南朝士人喜清言析理，稱《周易》、《老子》、《莊子》爲三玄，以爲談資。顔之推《顔氏家訓·勉學》："洎於梁世，兹風復闡，《莊》、《老》、《周易》，總謂三玄。"

[4]邵陵王綸：梁武帝子蕭綸封爵號邵陵王。本書卷二九《高

祖三王》有傳。

[5]郢州：州名。治所在今湖北武漢市武昌。

[6]大同十三年：按，據本書《武帝紀》，大同十二年四月改元中大同。此云“大同十三年”，顯誤。

孔子袪，會稽山陰人。少孤貧好學，耕耘樵採，常懷書自隨，投閑則誦讀。[1]勤苦自勵，遂通經術，尤明《古文尚書》。初爲長沙嗣王侍郎，[2]兼國子助教，講《尚書》四十徧，聽者常數百人。中書舍人賀琛受敕撰《梁官》，啓子袪爲西省學士，助撰録。書成，兼司文侍郎，[3]不就，久之兼主客郎、舍人，學士如故。累遷湘東王國侍郎常侍，[4]員外散騎侍郎，又雲麾廬江公記室參軍，[5]轉兼中書通事舍人。尋遷步兵校尉，舍人如故。高祖撰《五經講疏》及《孔子正言》，[6]專使子袪檢閲羣書，以爲義證。事竟，敕子袪與右衛朱异、左丞賀琛於士林館遞日執經。[7]累遷通直正員郎，[8]舍人如故。中大同元年，[9]卒官，時年五十一。子袪凡著《尚書義》二十卷，《集注尚書》三十卷，續朱异《集注周易》一百卷，[10]續何承天集《禮論》一百五十卷。[11]

[1]投閑：乘空閑。投，《南史》卷七一《儒林傳》同傳作“役”。

[2]長沙嗣王：梁武帝侄蕭淵業嗣父爵爲長沙王。本書卷二三有傳。

[3]司文侍郎：官名。掌侍從文學。初置於梁普通（520—527）中。官班無考。

[4]常侍：此指王國常侍，官名。王國屬官，掌司儀及諫諍。皇子國常侍，梁二班。

[5]雲麾：雲麾將軍之省稱，將軍名號。梁置，與武臣、爪牙、龍騎將軍代舊前後左右四將軍。爲一百二十五號十品二十四班將軍之一，十八班。 廬江公：不詳。

[6]《孔子正言》：《隋書·經籍志》著録："《孔子正言》二十卷，梁武帝撰。"

[7]右衛：右衛將軍之省稱，官名。爲禁衛軍六軍之一，與左衛將軍共掌宿衛營兵。梁十二班。 朱异：人名。本書卷三八有傳。 士林館：官署名。在京師建康宫城西，梁武與諸儒講經之所。 執經：南北朝時，講經儀式中唱讀經文，以備講經人講解者，稱爲執經。參周一良《魏晉南北朝史札記》中《〈梁書〉札記》"侯景傳"條。

[8]通直正員郎：即通直散騎侍郎，官名。集書省屬官，掌侍從左右，應對諫諍，與散騎侍郎通直。劉宋以後多用於加官，不爲人所重。梁六班。《通典》卷二二《職官》四"尚書省、歷代郎官"下云："按歷代所謂正員郎即散騎侍郎耳，謂非員外、通直者，故謂之正員郎。"

[9]中大同：梁武帝年號（546—547）。

[10]續朱异《集注周易》一百卷：《隋書·經籍志》"《周易》十卷"下，小注有云："侍中朱异《集注周易》一百卷，又《周易集注》三十卷，亡。"近人姚振宗《隋書經籍志考證》云："似此即孔子袪所續。子袪卒於中大同元年，時朱异爲右衛、侍中，及見其書。而其後三十卷似朱氏原書。本志編次之例，往往以後出撰録之本冠本書之前也。"

[11]何承天集《禮論》：《宋書》卷六四《何承天傳》："先是《禮論》有八百卷，承天删减併合以類相從，凡爲三百卷，傳於世。"《隋書·經籍志》著録："《禮論》三百卷，宋御史中丞何承天撰。"

皇侃，吴郡人，青州刺史皇象九世孫也。[1]侃少好學，師事賀瑒，精力專門，盡通其業，尤明《三禮》、《孝經》、《論語》。起家兼國子助教，於學講說，聽者數百人。撰《禮記講疏》五十卷，[2]書成奏上，詔付祕閣。頃之，召入壽光殿講《禮記義》，[3]高祖善之，拜員外散騎侍郎，兼助教如故。性至孝，常日限誦《孝經》二十徧，以擬《觀世音經》。[4]丁母憂，解職還鄉里。平西邵陵王欽其學，厚禮迎之，侃既至，因感心疾，大同十一年，卒於夏首，[5]時年五十八。所撰《論語義》十卷，[6]與《禮記義》並見重於世，學者傳焉。

[1]青州：州名。治所在今山東淄博市。　皇象：人名。三國吴廣陵江都人，工書法，以草書著稱。見《三國志》卷六三《吴書·趙達傳》裴松之注引《吴録》。

[2]《禮記講疏》五十卷：《隋書·經籍志》著録："《禮記義疏》四十八卷，皇侃撰。"又，本書《武帝紀》、《經典釋文·敍録》及新、舊《唐書》著録均云"《禮記義疏》五十卷"。按，據此"講疏"當爲"義疏"之誤。

[3]壽光殿：京師建康宫城内殿省名。

[4]《觀世音經》：佛經名。六朝時，佛教信徒認爲日誦《觀世音經》數遍，可祈福解難。

[5]夏首：地名。即今湖北武漢市武昌。

[6]《論語義》十卷：《隋書·經籍志》著録："《論語義疏》十卷，皇侃撰。"《舊唐書·經籍志》著録作"《論語疏》十卷，皇侃撰"。按，書名略異，當同爲一書。

陳吏部尚書姚察曰：[1]昔叔孫通講論馬上，[2]桓榮精力凶荒，[3]既逢平定，自致光寵，[4]若夫崔、伏、何、嚴互有焉。曼容、佟之講道於齊季，不爲時改，賀瑒、嚴植之之徒，遭梁之崇儒重道，咸至高官。稽古之力，諸子各盡之矣。范縝墨經僥倖，[5]不遂其志，宜哉。

[1]陳吏部尚書姚察：姚察，姚思廉之父，仕陳，曾官吏部尚書。《陳書》卷二七有傳。吏部尚書，官名。掌官吏銓選、任免。陳第三品。清·錢大昕《廿二史考異》卷二六有云："思廉修梁陳書，皆因其父察所撰而續成之。梁史諸論，述其父說必稱'陳吏部尚書姚察曰'，仿孟堅《漢書》稱'司徒掾班彪'之例也。"

[2]叔孫通：人名。本秦之儒生，劉項兵起，通先從項羽，後降劉邦。劉邦即位，通爲之定禮儀。《漢書》卷四三有傳。　馬上：指戰争之中。

[3]桓榮：人名。後漢沛郡龍亢人，貧窶無資，常客傭以自給，精力不倦。王莽時，以儒學教授。莽敗，天下亂，榮抱其經書與弟子逃匿山谷。光武中興，始受重用。《後漢書》卷三七有傳。　凶荒：人禍天災。即動亂之時。

[4]光寵：榮耀。

[5]僥倖：求利不止而意外獲得成功或免於不幸。

梁書 卷四九

列傳第四十三

文學上

到沆　丘遲　劉苞　袁峻　庾於陵 弟肩吾
劉昭　何遜　鍾嶸　周興嗣　吴均

昔司馬遷、班固書，並爲《司馬相如傳》，[1]相如不預漢廷大事，蓋取其文章尤著也。固又爲《賈鄒枚路傳》，[2]亦取其能文傳焉。范氏《後漢書》有《文苑傳》，[3]所載之人，其詳已甚；然經禮樂而緯國家，通古今而述美惡，非文莫可也。是以君臨天下者，莫不敦悦其義，縉紳之學，[4]咸貴尚其道，古往今來，未之能易。高祖聰明文思，[5]光宅區宇，[6]旁求儒雅，詔採異人，文章之盛，焕乎俱集。每所御幸，輒命羣臣賦詩，其文善者，賜以金帛，詣闕庭而獻賦頌者，[7]或引見焉。其在位者，則沈約、江淹、任昉，[8]並以文采，妙絶當時。至若彭城到沆、吴興丘遲、東海王僧孺、吴郡張率等,[9]或入直文德,[10]通讌壽光,[11]皆後來之選也。約、淹、昉、僧孺、率别以功迹論。今綴到沆等文兼學者,至太清中人,[12]爲《文學傳》云。

[1]《司馬相如傳》:見《史記》卷一一七、《漢書》卷五七。

[2]《賈鄒枚路傳》:見《漢書》卷五一。賈,賈山;鄒,鄒陽;枚,枚乘及其子皋;路,路温舒。

[3]范氏:指范曄,《宋書》卷六九有傳。

[4]縉紳:指士大夫。縉,同"搢",插;紳,束腰的大帶。古之仕者,垂紳插笏,故稱士大夫爲縉紳或搢紳。

[5]高祖:梁武帝廟號。　聰明文思:《尚書・堯典序》:"昔在帝堯,聰明文思,光宅天下。"聰明,聽力、視力敏鋭;文思,功業、道德廣大。

[6]光宅區宇:古代用以稱頌帝王的習語。光宅,如光之充滿被覆;區宇,天下。

[7]闕庭:宫廷。

[8]沈約、江淹、任昉:皆人名。沈約,本書卷一三有傳;江淹、任昉,本書卷十四有傳。

[9]東海王僧孺:王僧孺,祖籍東海郡。本書卷三三有傳。吴郡張率:張率,吴郡人。本書卷三三有傳。

[10]文德:即文德省,又稱文德殿。京師建康宫城殿省名。

[11]壽光:即壽光省,又稱壽光殿。京師建康宫城殿省名。

[12]太清:梁武帝年號(499—501)。

到沆字茂瀣,彭城武原人也。[1]曾祖彦之,[2]宋將軍。父撝,[3]齊五兵尚書。[4]

[1]彭城:郡名。治所在今江蘇徐州市。　武原:縣名。治所

在今江蘇邳州市西北泇口鎮。

[2]彦之：到彦之。《南史》卷二五有傳。

[3]撝：到撝。《南齊書》卷三七有傳。

[4]五兵尚書：官名。尚書省屬官，列曹尚書之一，掌軍事行政。宋第三品，齊不詳。

沆幼聰敏，五歲時，撝於屏風抄古詩，沆請教讀一遍，便能諷誦，無所遺失。既長勤學，善屬文，工篆隸。美風神，容止可悦。

齊建武中，[1]起家後軍法曹參軍。[2]天監初，[3]遷征虜主簿。[4]高祖初臨天下，收拔賢俊，甚愛其才。東宫建，[5]以爲太子洗馬。[6]時文德殿置學士省，召高才碩學者待詔其中，使校定墳史，[7]詔沆通籍焉。[8]時高祖讌華光殿，[9]命羣臣賦詩，獨詔沆爲二百字，三刻使成。[10]沆於坐立奏，其文甚美。俄以洗馬管東宫書記、散騎省優策文。[11]三年，詔尚書郎在職清能或人才高妙者爲侍郎，[12]以沆爲殿中曹侍郎。[13]沆從父兄溉、洽，[14]並有才名，時皆相代爲殿中，當世榮之。四年，遷太子中舍人。[15]沆爲人不自伐，不論人長短，樂安任昉、南鄉范雲皆與友善。[16]其年，遷丹陽尹丞，[17]以疾不能處職事，遷北中郎諮議參軍。[18]五年，卒官，年三十。高祖甚傷惜焉，詔賜錢二萬，布三十匹。所著詩賦百餘篇。

[1]建武：齊明帝年號（494—498）。

[2]後軍：後軍將軍之省稱，將軍名號。禁衛軍將領之一，與

左軍、右軍、前軍合稱四軍，掌宫廷宿衛。宋第四品，齊不詳。法曹參軍：官名。王公軍府屬官，掌郵驛科程事。宋第七品，齊不詳。

[3]天監：梁武帝年號（502—519）。

[4]征虜：征虜將軍之省稱，將軍名號。亦作爲高級文職官員的加官。宋第三品，梁初不詳。　主簿：官名。自漢以下，中央各機構及地方州郡皆置，掌文書簿籍，爲掾吏之首。其官品隨所署長官地位高下而異。

[5]東宫建：指梁天監元年十一月，梁武立蕭統爲太子，建宫省，置官屬。參本書卷八《昭明太子傳》。

[6]太子洗馬：官名。東宫屬官，掌文翰，爲清簡之職。員八人，梁初第七品。

[7]墳史：古代典籍。

[8]通籍：記名於門籍。漢制，將記有姓名、年齡、身份等的竹片挂在宫門外，經覈對，合者乃得入宫内。參《漢書》卷九《元帝紀》初元五年注引應劭説。

[9]華光殿：京師建康宫城華林園内殿名。故址在今江蘇南京市鷄鳴山南古臺城内。

[10]三刻使成：南朝君臣雅集賦詩，通例限三刻成詩，不成則罰酒。參本書《褚翔傳》、《謝徵傳》。三，舊本皆訛“二”，此依中華書局本校改。使，《南史》卷二五同傳作“便”。按，到沆詩今不存。

[11]散騎省：官署名。掌侍從皇帝，規諫得失等。置官有散騎常侍、通直散騎常侍各四人，員外散騎常侍無員，散騎侍郎、通直散騎侍郎各四人；又有員外散騎侍郎、給事中、奉朝請。　優策文：古代帝王用以奬掖、慰勉臣下的文書。

[12]《隋書·百官上》：“（天監）三年，置侍郎，視通直郎。其郎中在職勤能，滿二歲者，轉之。”

[13]殿中曹侍郎：官名。尚書省殿中曹長官，屬尚書左僕射。

掌擬詔書，多用文學之士。梁初第六品。

[14]溉：到溉。本書卷四〇有傳。　洽：到洽。本書卷二七有傳。

[15]太子中舍人：官名。東宫屬官，掌侍從及文翰。員四人。梁初第六品。

[16]南鄉范雲：范雲，祖籍南鄉郡。本書卷一三有傳。　皆與友善：舊本皆脱“與”字，此依中華書局本校補。

[17]丹陽尹丞：官名。丹陽尹副佐。宋第七品，梁初不詳。丹陽尹，官名。京師所在丹陽郡長官，掌治民。宋第三品，梁初不詳。

[18]北中郎：北中郎將之省稱，將軍名號。東西南北四中郎將之一。統兵征伐，或鎮守某一地區爲方面大員。南朝多以宗室諸王擔任，地位高於一般將領。宋第四品，梁初不詳。　諮議參軍：官名。王公府屬官，掌諷議。宋第七品，梁初不詳。

丘遲字希範，吴興烏程人也。[1]父靈鞠，[2]有才名，仕齊官至太中大夫。[3]

[1]吴興：郡名。治所在今浙江湖州市。　烏程：縣名。治所與吴興郡同。

[2]靈鞠：丘靈鞠，《南齊書》卷五二《文學》有傳。

[3]太中大夫：官名。屬光禄勳，多用以安置退免大臣，或作爲加官、兼官，養老疾，無職事。宋齊官品第七。

遲八歲便屬文，靈鞠常謂“氣骨似我”。[1]黄門郎謝超宗、徵士何點並見而異之。[2]及長，州辟從事，[3]舉秀才，除太學博士。[4]遷大司馬行參軍，[5]遭父憂去職。[6]服闋，[7]除西中郎參軍。[8]累遷殿中郎，[9]以母憂去職。服除，[10]復爲殿中郎，遷車騎録事參軍。[11]高祖平京邑，[12]霸府開，[13]引爲驃騎主簿，[14]甚被禮遇，時勸進梁王及殊禮，[15]皆遲文也。高祖踐阼，拜散騎侍郎，[16]俄遷中書侍郎、領吴興邑中正、待詔文德殿。[17]時高祖著《連珠》，[18]詔羣臣繼作者數十人，遲文最美。天監三年，出爲永嘉太守，[19]在郡不稱職，爲有司所糾，高祖愛其才，寢其奏。四年，中軍將軍臨川王宏北伐，[20]遲爲諮議參軍，領記室。[21]時陳伯之在北，[22]與魏軍來距，[23]遲以書喻之，伯之遂降。[24]還拜中書郎，遷司徒從事中郎。[25]七年，卒官，時年四十五。所著詩賦行於世。[26]

[1]氣骨：風格、骨力。

[2]黄門郎：官名。門下省次官，與侍中俱掌門下衆事，侍從左右，關通中外。出入禁中，職任顯要。員四人。齊第五品。　謝超宗：人名。祖籍陳郡。《南齊書》卷三六有傳。　徵士：不就朝廷徵聘之士。　何點：人名。本書卷五一《處士傳》有傳。

[3]從事：從事史之省稱，官名。州府屬官，有別駕、治中、祭酒、議曹、部郡之目。宋第九品，齊不詳。州辟從事，《文選》卷二〇丘希範《侍宴樂遊苑送張徐州應詔詩》李善注引《梁史》曰："丘遲，字希範……及長，辟徐州從事。"是州，或即徐州。

[4]太學博士：官名。屬太常，國子學教官。參議禮制。宋第六品，齊不詳。

[5]行參軍：官名。王公軍府屬官，參掌府曹事，位在正參軍之下。宋齊官品不詳。

[6]父憂：父喪。

[7]服闋：服喪期滿。

[8]西中郎：西中郎將之省稱，將軍名號。四中郎將之一。宋第四品，齊不詳。　參軍：官名。王公軍府屬官，分掌本府諸曹事。宋第七品，齊不詳。

[9]殿中郎：官名。尚書省殿中曹長官，屬尚書左僕射。常擬詔書，多用文學之士。齊第六品。

[10]服除：服喪期滿，除去喪服。

[11]車騎：車騎將軍之省稱，將軍名號。爲重號將軍，加授大臣、重要地方長官。宋第二品，齊不詳。　録事參軍：官名。王公軍府屬官，掌總録衆署文簿，舉彈善惡。宋第七品，齊不詳。

[12]平京邑：指齊東昏侯永元三年十二月，梁武帝蕭衍平定京師建康。參本書《武帝紀》。

[13]霸府：藩王府邸。此指梁武平定京邑，受封建安郡公所置府。

[14]驃騎：驃騎將軍之省稱，將軍名號。爲重號將軍，加授大臣及重要地方長官。齊第二品。

[15]《文選》卷四〇任彦昇《百辟勸進今上牋》李善注引劉璠《梁典》曰："帝詔授公梁公，加公九錫，公辭。於是左長史王瑩等勸進，公猶謙讓，未之許，瑩等又牋。並任昉之辭也。"清·何焯《義門讀書記·文選》於其下按云："《梁書·丘遲傳》以此牋爲遲作，與《梁典》異。"按，本書《任昉傳》云："梁臺建，禪讓文誥，多昉所具。"然則勸進梁公及禪讓文誥爲任昉作，勸進梁王及殊禮文誥爲丘遲作，二者自有别。何焯於此似小誤。

[16]散騎侍郎：官名。集書省屬官，掌侍從左右，獻納得失。員四人。宋第五品，梁初不詳。

[17]中書侍郎：官名。中書省官員，舊掌詔誥。劉宋以下，草擬詔誥之權漸歸中書舍人，侍郎職少官清，成爲諸王起家官。員四人。梁初爲第五品。　領：官制術語。已有實授主職，又兼任較低職務而不居其位。　中正：官名。掌一方人才之考察，定其鄉品，

以爲選拔官吏之依據，多由他官兼領。

[18]連珠：文體之一種，肇自西漢揚雄。明·徐師曾《文體明辨序説》云："連珠者，假物陳義以通諷諭之詞也。連之爲言貫也，貫穿情理，如珠之在貫也。"《隋書·經籍志》著録有"《梁武連珠》一卷，沈約注"，"《梁武帝制旨連珠》十卷，梁邵陵王綸注"，"《梁武帝制旨連珠》十卷，陸緬注"。

[19]永嘉：郡名。治所在今浙江温州市。梁元帝《金樓子》卷六《雜記篇》："丘遲出爲永嘉郡，羣公祖道於東亭，任敬子、沈隱侯俱至。"可補本傳之未及。

[20]中軍將軍：將軍名號。南朝重號將軍。宋第三品，梁初不詳。　臨川王宏：梁武帝弟蕭宏封爵號臨川郡王。本書卷二二《太祖五王》有傳。

[21]記室：記室參軍之省稱，官名。王公軍府屬官，掌文書。宋第七品，梁初不詳。

[22]陳伯之：人名。梁初降魏。本書卷二〇有傳。

[23]距：通"拒"。

[24]事詳見本書《陳伯之傳》。

[25]司徒：《南史》卷七二《文學·丘遲傳》作"司空"。　從事中郎：官名。諸公府屬官，與長史俱掌本府官吏。宋第六品，梁初不詳。

[26]《隋書·經籍志》著録："梁國子博士《丘遲集》十卷並録。"

劉苞字孝嘗，[1]彭城人也。祖勔，[2]宋司空。父愃，齊太子中庶子。[3]

[1]字孝嘗：《南史》卷三九同傳云："字孝嘗，一字孟嘗。"

[2]勔：劉勔，人名。仕宋，官守尚書右僕射，領軍將軍。卒，

贈司空。《宋書》卷八六有傳。

[3]太子中庶子：官名。東宫官，與太子中舍人共掌東宫文翰。員四人。宋第五品，齊不詳。

苞四歲而父終，[1]及年六七歲，見諸父常泣。時伯、叔父悛、繪等並顯貴，[2]苞母謂其畏憚，怒之。苞對曰："早孤不及有識，聞諸父多相似，故心中欲悲，無有佗意。"因而歔欷，母亦慟甚。初，苞父母及兩兄相繼亡没，[3]悉假瘞焉，[4]苞年十六，始移墓所，經營改葬，不資諸父，未幾皆畢，[5]繪常歎服之。

[1]四歲：《南史》同傳作"三歲"。

[2]悛：劉悛，人名。《南齊書》卷三七有傳。繪：劉繪，人名。《南齊書》卷四八有傳。中華書局本《校勘記》："'伯叔父'，百衲本、南監本、汲古閣本、金陵局本俱作'世叔父'，今從北監本、殿本。張元濟《梁書校勘記》：'伯叔父，是。《南史》：悛弟子苞；繪，愃弟也。'"

[3]苞父母及兩兄相繼亡没：《南史》同。中華書局本《南史校勘記》云："按此疑衍'母'字。上云'苞三歲（《梁書》作四歲）而孤，至六七歲，母怒之'。是母不得與父之亡歿相繼；且下文云'奉君母朱夫人及所生陳氏'爲叔父繪所歎，更明母氏俱在。"

[4]假瘞：即假葬，暫時安葬。

[5]未幾皆畢：三朝本、百衲本"皆"字上有"而"字。

少好學，能屬文。起家爲司徒法曹行參軍，[1]不就。天監初，以臨川王妃弟故，[2]自征虜主簿仍遷王中軍功曹，[3]累遷尚書庫部侍郎，[4]丹陽尹丞，[5]太子太傅丞，[6]尚書殿中侍郎，[7]南徐州治中，[8]以公事免。久之，爲太子洗馬，掌書記，侍講壽光殿。[9]自高祖即位，引後進文學之士，苞及從兄孝綽、從弟孺、同郡到溉、溉弟洽、從弟沆、吴郡陸倕、張率並以文藻見知，[10]多預讌坐，雖仕進有前後，其賞賜不殊。天監十年，卒，時年三十。臨終，呼友人南陽劉之遴託以喪事，[11]務從儉率。苞居官有能名，性和而直，與人交，面折其非，退稱其美，情無所隱，士友咸以此歎惜之。

[1]法曹行參軍：官名。王公軍府屬官，掌郵驛科程事。宋第七品，齊不詳。

[2]臨川王：梁武帝弟蕭宏之封爵號。本書卷二二《太祖五王》有傳。

[3]中軍：中軍將軍之省稱。《南史》同傳作“右軍”。　功曹：官名。王公軍府屬官，掌本府官吏賞罰任免事。宋第八品，梁初不詳。

[4]尚書庫部侍郎：官名。尚書省諸曹郎之一，屬都官尚書。掌兵器儀仗。梁初第六品。

[5]丹陽尹丞：丹陽尹副佐。宋第七品，梁初不詳。丹陽尹，京師所在丹陽郡長官，宋第三品，梁初不詳。

[6]太子太傅丞：官名。佐太子太傅掌輔導太子。宋第七品，梁初不詳。

[7]尚書殿中侍郎：官名。尚書省諸曹郎之一，屬尚書左僕射。掌殿中曹，常擬詔書，多用文學之士。齊第六品。

[8]南徐州：州名。治所在今江蘇鎮江市。　治中：官名。州府屬官，掌衆曹文書事。梁天監七年革選，定流内官職爲十八班，

以班多者爲貴，南徐州治中爲七班。

[9]壽光殿：又稱壽光省，京師建康宫城内殿省名。

[10]孝綽：劉孝綽。本書卷三三有傳。　孺：劉孺。本書卷四一有傳。　陸倕：人名。本書卷二七有傳。

[11]南陽劉之遴：劉之遴，祖籍南陽郡。本書卷四〇有傳。

袁峻字孝高，陳郡陽夏人，[1]魏郎中令涣之八世孫也。[2]峻早孤，篤志好學，家貧無書，每從人假借，必皆抄寫，自課日五十紙，紙數不登，則不休息。訥言語，工文辭。義師剋京邑，[3]鄱陽王恢東鎮破岡，[4]峻隨王知管記事。[5]天監初，鄱陽國建，[6]以峻爲侍郎，[7]從鎮京口。[8]王遷郢州，[9]兼都曹參軍。[10]高祖雅好辭賦，時獻文於南闕者相望焉，其藻麗可觀，或見賞擢。六年，峻乃擬揚雄《官箴》奏之。[11]高祖嘉焉，賜束帛。[12]除員外散騎侍郎，[13]直文德學士省，抄《史記》、《漢書》各爲二十卷。又奉敕與陸倕各製《新闕銘》，[14]辭多不載。

[1]陳郡：郡名。治所在今河南淮陽縣。　陽夏：縣名。治所在今河南太康縣。此袁氏祖籍。

[2]郎中令：官名。王國屬官，掌戍衛王宫。曹魏第七品。涣之：袁涣之，《三國志》卷一一有傳。

[3]義師：齊東昏侯蕭寶卷即位後，狂悖無道，雍州刺史蕭衍起兵向京師建康以討之，因稱其師爲義師。參本書《武帝紀》。

[4]鄱陽王恢：梁武帝弟蕭恢封爵號鄱陽王。本書卷二二《太祖五王》有傳。　破岡：又稱破墩，地名。在今江蘇句容縣東南。

[5]知：掌管。　管記：官名。王公府屬官，掌文書。一説爲

記室參軍之别稱。

[6]鄱陽國建：指天監元年四月，梁武即位，封蕭恢爲鄱陽郡王。事詳本書《武帝紀》。

[7]侍郎：即王國侍郎，官名。王國官，掌侍從諫諍。宋第八品，梁初不詳。

[8]京口：城名。南徐州鎮所，即今江蘇鎮江市。

[9]郢州：州名。治所在今湖北武漢市武昌。

[10]都曹參軍：疑有誤。考《宋書》、《齊書》、《隋書》諸官志及《通典》，知南朝王公州府皆無“都曹參軍”之職。

[11]揚雄：人名。漢蜀郡成都人。《漢書》卷八七有傳。　《官箴》：箴，文體之一種。明·徐師曾《文體明辨序説·箴》：“按《説文》云：‘箴者，戒也。’蓋醫者以箴石刺病，故有所諷刺而救其失者謂之箴，喻箴石也……其品有二：一曰官箴，二曰私箴。大抵皆用韻語，而反復古今興衰理亂之變，以垂警戒，使讀者惕然有不自寧之心，乃稱作者。”《後漢書》卷四四《胡廣傳》：“初，揚雄依《虞箴》作十二州、二十五官《箴》，其九篇亡缺。”

[12]束帛：帛五匹爲束，稱束帛。古代用爲聘問或饋贈的禮品。

[13]員外散騎侍郎：官名。集書省屬官，多以公族、功臣之子充任，爲閑散之職。梁三班。按，“員外散騎侍郎”，《南史》同傳“員外”下有“郎”字，則爲“員外郎、散騎侍郎”兩職。

[14]敕：皇帝發佈的詔命。《新闕銘》：銘，文體之一種。明·吴訥《文章辨體序説·銘》：“按銘者，名也，名其器物以自警也。”後世衍變，其體主要有二：一曰警誡，二曰祝頌。梁天監七年於京師建康端門外立四石闕（參清·洪齮孫《補梁疆域志》卷一引《金陵記》），梁武詔陸倕、袁峻等爲銘。陸文見《文選》卷五六，袁文今不存。

庾於陵字子介，散騎常侍黔婁之弟也。[1]七歲能言玄理。[2]既長，清警博學有才思。齊隨王子隆爲荆州，[3]召爲主簿，使與謝朓、宗夬抄撰羣書。[4]子隆代還，又以爲送故主簿。[5]子隆尋爲明帝所害，[6]僚吏畏避，莫有至者，唯於陵與夬獨留，經理喪事。始安王遥光爲撫軍，[7]引爲行參軍，兼記室。[8]永元末，[9]除東陽遂安令，[10]爲民吏所稱。天監初，爲建康獄平，[11]遷尚書功論郎，[12]待詔文德殿。出爲湘州别駕，[13]遷驃騎録事參軍，兼中書通事舍人。[14]俄領南郡邑中正，[15]拜太子洗馬，舍人如故。舊事，東宫官屬，通爲清選，[16]洗馬掌文翰，尤其清者。近世用人，皆取甲族有才望，[17]時於陵與周捨並擢充職，[18]高祖曰："官以人而清，豈限以甲族。"時論以爲美。俄遷散騎侍郎，改領荆州大中正。[19]累遷中書、黄門侍郎，[20]舍人、中正並如故。出爲宣毅晉安王長史、廣陵太守，[21]行府州事，[22]以公事免。復起爲通直郎，[23]尋除鴻臚卿，[24]復領荆州大中正。卒官，時年四十八。文集十卷。弟肩吾。

[1]散騎常侍：官名。集書省長官，掌侍從左右，獻納得失。劉宋以下，職以侍從左右、掌圖書文翰爲主，地位降低。員四人。梁十二班。　黔婁：庾黔婁。本書卷四七《孝行》有傳。

[2]玄理：深微的義理。南朝士人以《老子》、《莊子》、《周易》爲三玄，以辨析玄理爲時尚。參顏之推《顔氏家訓·勉學》。

[3]隨王子隆：齊武帝子蕭子隆封爵號隨郡王。齊永明年間（483—493）曾爲荆州刺史。《南齊書》卷四〇《武十七王》有傳。

荆州：州名。治所在今湖北荆州市。

[4]謝朓：人名。祖籍陳郡陽夏。《南齊書》卷四七有傳。　宗夬：人名。本書卷一九有傳。

[5]送故主簿：六朝時，地方官吏離任，吏民斂錢財以相送，稱爲送故。主持此項事務的主簿，稱爲送故主簿。送故主簿或隨長官遷轉，繼續爲之服務。參周一良《魏晉南北朝史札記》之《〈晉書〉札記》"送故"條。

[6]明帝：齊明帝蕭鸞。

[7]始安王遥光：齊宗室蕭遥光封爵號始安王。《南齊書》卷四五有傳。　撫軍：撫軍將軍之省稱，將軍名號。宋第三品，齊不詳。

[8]兼：官制術語。假職未真授之稱。

[9]永元：齊東昏侯年號（499—501）。

[10]東陽遂安：考《南齊書·州郡志》，南齊有東陽郡無東陽縣，有遂安縣屬新安郡。若東陽是郡名，遂安又不屬東陽，疑"東陽遂安"有誤。遂安，縣名。治所在今浙江淳安縣西南獅城鎮西。

[11]建康獄平：官名。與建康平、建康監合稱建康三官，掌京師所在建康縣刑獄。梁天監元年置，時官品不詳。至七年革選，定流内官職爲十八班，以班多者爲貴，建康三官爲四班。

[12]尚書功論郎：官名。尚書省諸曹郎之一，屬都官尚書。掌考核官吏。梁六班至五班。功論郎，舊本皆作"工部郎"，此依中華書局本校改。

[13]湘州：州名。治所在今湖南長沙市。　别駕：别駕從事史之省稱，州府屬官。與西曹書佐共掌本府官吏及選舉事。湘州别駕，梁五班至四班。

[14]中書通事舍人：官名。中書省屬官，掌入直閣内，呈奏案章。劉宋以來，漸用寒士及皇帝親信任此職，奪中書侍郎草擬詔誥之權。至梁，用人殊重，選以才能，不限資地，專掌中書詔誥，權勢顯赫。多以他官兼領。員四人，四班。

[15]南郡：郡名。治所在今湖北荆州市。邑中正：官名。掌管一郡人才的考察，定其鄉品，以爲選拔官吏之依據。多由他官兼領。

[16]清選：清貴的官職。多指文學侍從之臣。

[17]甲族：世家大族，高等士族。

[18]周捨：人名。本書卷二五有傳。

[19]大中正：官名。掌一州人才之考選。多由他官兼領。

[20]中書、黄門侍郎：即中書侍郎、黄門侍郎。中書侍郎，中書省屬官。梁九班。黄門侍郎，門下省次官，與侍中俱掌門下衆事，侍從左右，關通中外。出入禁中，職任顯要。員四人。梁十班。

[21]宣毅：宣毅將軍之省稱，將軍名號。梁置，與鎮兵、翊師、宣惠將軍代舊東西南北四中郎將。天監七年革選，釐定將軍名號及班品，有一百二十五號十品二十四班，以班多者爲貴，宣毅將軍爲一百二十五號將軍之一，十七班。　晉安王：梁簡文帝蕭綱之初封爵號。　長史：官名。王公軍府屬官，掌本府官吏。其班品依府主地位高下而定，梁皇子府長史爲十班。　廣陵：郡名。治所在今江蘇揚州市西北蜀岡。

[22]行府州事：代行王府及州府政事。錢大昕《廿二史考異》卷二六有云："六朝時，府僚多領郡縣職……凡諸王沖幼出鎮開府，多以長史行州府事，或府主以事它出，亦以府僚行事。"

[23]通直郎：通直散騎侍郎之省稱，官名。集書省屬官，掌侍從及諫諍，與散騎侍郎通直。劉宋以後，多用爲加官，不爲人所重。員四人。梁六班。

[24]鴻臚卿：官名。梁天監七年以大鴻臚改，爲十二卿之一。掌朝會司儀。九班。

肩吾字子慎。[1]八歲能賦詩，特爲兄於陵所友愛。

初爲晉安王國常侍,[2]仍遷王宣惠府行參軍,[3]自是每王徙鎮，肩吾常隨府。歷王府中郎,[4]雲麾參軍,[5]並兼記室參軍。[6]中大通三年,[7]王爲皇太子，兼東宫通事舍人,[8]除安西湘東王録事參軍,[9]俄以本官領荆州大中正。累遷中録事諮議參軍,[10]太子率更令,[11]中庶子。[12]初，太宗在藩,[13]雅好文章士，時肩吾與東海徐摛,[14]吴郡陸杲,[15]彭城劉遵、劉孝儀，儀弟孝威,[16]同被賞接。及居東宫，又開文德省，置學士，肩吾子信、摛子陵、吴郡張長公、北地傅弘、東海鮑至等充其選。[17]齊永明中,[18]文士王融、謝朓、沈約文章始用四聲,[19]以爲新變,[20]至是轉拘聲韻，彌尚麗靡,[21]復踰於往時。時太子與湘東王書論之曰:[22]

[1]子慎:《南史》卷五〇同傳作“慎之”。

[2]王國常侍：官名。王國屬官，掌諫諍及司儀。皇子國常侍，梁二班。

[3]宣惠：宣惠將軍之省稱，將軍名號。梁置，與鎮兵、翊師、宣毅將軍代舊東西南北中郎將。爲一百二十五號將軍之一，十七班。　行參軍：官名。梁皇子府行參軍，三班。

[4]中郎：從事中郎之省稱，王府屬官。與長史共掌本府官吏。梁皇子府從事中郎爲九班。按，肩吾此時似不可能官至九班，“王府中郎”疑有誤字。

[5]雲麾：雲麾將軍之省稱，將軍名號。梁置，與武臣、爪牙、龍騎將軍代舊前後左右四將軍。爲一百二十五號將軍之一，十八班。　參軍：官名。梁皇子府參軍，四班。

[6]記室參軍：官名。王公軍府屬官，掌文書。梁皇子府記室參軍，六班。

[7]中大通：梁武帝年號（529—534）。

[8]東宫通事舍人：官名。東宫屬官，掌宣傳令旨，内外啓事。多以他官兼職，員一人。梁一班。

[9]安西：安西將軍之省稱，將軍名號。與安東、安南、安北將軍合稱四安將軍，爲出鎮方面的軍事長官，或作爲刺史兼理軍事的加官，權任頗重。爲一百二十五號將軍之一，二十一班。日本學者清水凱夫《簡文帝蕭綱〈與湘東王書〉考》一文注⑩以“安西”爲“平西”之誤。見所著《六朝文學論集》。　湘東王：梁元帝蕭繹的初封爵號。

[10]中録事：即中録事參軍，官名。王公府屬官。《通鑑》卷一六〇《梁紀》“太清元年”下，胡三省注：“中録事參軍，蓋使之録閤中事，在左右親任者也。”梁七班至三班。　諮議參軍：官名。王公府屬官，掌諷議。梁九班至六班。

[11]太子率更令：官名。東宫官，與太子僕、太子家令合稱太子三卿，掌宫殿門户及賞罰事。員一人。梁十班。

[12]中庶子：即太子中庶子，官名。東宫屬官，掌侍從及文翰。員四人。梁十一班。

[13]太宗：梁簡文帝蕭綱廟號。

[14]東海徐摛：徐摛，祖籍東海郡。本書卷三〇有傳。

[15]吴郡陸杲：陸杲，吴郡人。本書卷二六有傳。按，陸杲疑爲“陸罩”之誤，説詳日本學者清水凱夫《六朝文學論文集》中《梁代中期文壇考》及曹道衡、沈玉成《中古文學史料叢考》卷四“陸杲仕歷”條。

[16]劉遵、劉孝儀，儀弟孝威：劉遵，字孝陵；劉孝儀，名潛；孝威，字不詳。諸人祖籍皆彭城郡。本書卷四一有傳。

[17]信：庾信。《周書》卷四一有傳。　陵：徐陵。《陳書》卷二六有傳。吴郡張長公：張長公，吴郡人，張率之子。見本書卷三三《張率傳》。　北地傅弘：傅弘，祖籍北地郡，傅映之子。見本書卷二六《傅昭傳》。　東海鮑至：鮑至，祖籍東海郡。見《南史》

卷六二《鮑泉傳》。

[18]永明：齊武帝年號（483—493）。

[19]王融、謝脁：王融，祖籍琅邪臨沂；謝脁，祖籍陳郡陽夏。二人皆以文章著名。《南齊書》卷四七並有傳。文章：指有韻之文。六朝有文筆之辨，有韻者爲文，無韻者謂之筆。參劉師培《中國中古文學史》。　四聲：古漢語字調有平、上、去、入四類，叫做四聲。

[20]新變：即新變體，又稱永明體。即一種講究聲律、對仗，接近於後世格律詩的詩歌形式。

[21]麗靡：華美，柔靡。

[22]太子：指蕭綱。時綱爲皇太子。

吾輩亦無所遊賞，止事披閱，性既好文，時復短詠。雖是庸音，[1]不能閣筆，[2]有慚伎癢，[3]更同故態。比見京師文體，[4]懦鈍殊常，[5]競學浮疎，[6]争爲闡緩。[7]玄冬脩夜，思所不得，既殊比興，正背《風》、《騷》。若夫六典三禮，[8]所施則有地，吉凶嘉賓，[9]用之則有所。未聞吟詠情性，[10]反擬《内則》之篇；[11]操筆寫志，[12]更摹《酒誥》之作；[13]遲遲春日，[14]翻學《歸藏》；[15]湛湛江水，[16]遂同《大傳》。[17]

[1]庸音：平庸之文。

[2]閣：通“擱”。

[3]伎癢：有伎藝想表現出來，如癢難忍。

[4]比：近來。　文體：指文章風格。

[5]懦鈍：軟弱無力。

[6]浮疎：浮泛粗糙。　疎：疏的異體。

[7]闡緩：本指樂聲舒徐和緩，此處形容文章鬆散冗長。

[8]六典：古代治國的六種法典，即治典、教典、禮典、政典、刑典、事典。參《周禮·天官·太宰》。　三禮：指儒家經典《周禮》、《儀禮》、《禮記》。

[9]吉凶嘉賓：指吉禮、凶禮、嘉禮、賓禮。參本書卷二五《徐勉傳》。

[10]吟詠情性：指吟詩。《詩·大序》認爲詩是"吟詠情性，以風其上"的。

[11]《内則》：《禮記》篇名。《禮記·内則》疏引鄭玄《目録》曰："名曰内則者，以其記男女居室事父母姑舅之法。以閨門之内，軌儀可則，故曰内則。"

[12]操筆寫志：指寫詩。《尚書·舜典》："詩言志，歌永言。"《詩·大序》："詩者，志之所之也。在心爲志，發言爲詩。"

[13]《酒誥》：《尚書·周書》之篇名。宋·蔡沈《書經集解》云："商受酗酒，天下化之。妹土，商之都邑，其染惡尤甚。武王以其地封康叔，故作書誥教之云。"

[14]遲遲春日：《詩·豳風·七日》："春日遲遲，採蘩祁祁。"

[15]翻：反。　《歸藏》：古《易》名。相傳爲黄帝作。《周禮·春官·大卜》："掌三《易》之法：一曰《連山》、二曰《歸藏》、三曰《周易》。"

[16]湛湛江水：《楚辭·招魂》："湛湛江水兮上有楓，目極千里兮傷春心。"

[17]《大傳》：《禮記》篇名。《禮記·大傳》疏引鄭玄《目録》曰："名曰《大傳》者，以其記祖宗人親之大義。"

吾既拙於爲文，不敢輕有掎摭。[1]但以當世之作，歷方古之才人，[2]遠則揚、馬、曹、王，[3]近則潘、陸、顔、謝，[4]而觀其遺辭用心，了不相似。若以今文爲是，則古文爲非；若昔賢可稱，則今體宜棄。俱爲盍各，[5]則未之敢許，又時有效謝康樂、裴鴻臚文者，[6]亦頗有惑焉。何者？謝客吐言天拔，[7]出於自然，時有不拘，是其糟粕；裴氏乃是良史之才，[8]了無篇什之美。[9]是爲學謝則不屆其精華，但得其冗長；師裴則蔑絶其所長，[10]惟得其所短。謝故巧不可階，[11]裴亦質不宜慕。故胸馳臆斷之侶，好名忘實之類，方分肉於仁獸，[12]逞郤克於邯鄲，[13]入鮑忘臭，[14]効尤致禍。決羽謝生，[15]豈三千之可及，[16]伏膺裴氏，[17]懼兩唐之不傳。[18]故玉徽金銑，[19]反爲拙目所嗤；《巴人》《下里》，[20]更合郢中之聽。[21]《陽春》高而不和，[22]妙聲絶而不尋，竟不精討錙銖，[23]覈量文質，[24]有異《巧心》，[25]終愧妍手。[26]是以握瑜懷玉之士，[27]瞻鄭邦而知退；[28]章甫翠履之人，[29]望閩鄉而歎息。[30]詩既若此，筆又如之。[31]徒以煙墨不言，[32]受其驅染；[33]紙札無情，[34]任其摇襞。[35]甚矣哉，文之横流，一至於此！

[1]掎（jǐ）摭：批評，指責。

[2]方：比。

[3]揚、馬、曹、王：揚，揚雄，《漢書》卷八七有傳；馬，司馬相如，《漢書》卷五七有傳；曹，曹植，《三國志》卷一九有傳；王，王粲，《三國志》卷二一有傳。

［4］潘、陸、顏、謝：潘，潘岳，《晉書》卷五〇有傳；陸，陸機，《晉書》卷五四有傳；顏，顏延之，《宋書》卷七三有傳；謝，謝靈運，小名客兒，嗣爵康樂公，《宋書》卷六七有傳。

［5］盍各：各言其志。“盍各言爾志”（《論語·公冶長》）之歇後語。此處意爲各抒己見，無有是非。

［6］裴鴻臚：即裴子野。子野仕梁，官終鴻臚卿，故稱。本書卷三〇有傳。

［7］謝客：謝靈運的小名。《詩品》“謝靈運”條：“靈運生於會稽，旬日而謝玄亡。其家以子孫難得，送靈運於杜治養之。十五方還都，故名客兒。” 天拔：自然拔俗。

［8］裴氏：指裴子野。子野有《宋略》二十卷，《隋書·經籍志》二著録。

［9］篇什：《詩經》之雅、頌以十篇爲一“什”，故後世以篇什指稱詩歌。

［10］蔑絶：毫無。

［11］階：階梯。此處指攀登。

［12］方分肉於仁獸：中華書局本《校勘記》：“‘分肉’，《册府元龜》一九二作‘六駮’。按：‘方六駮於仁獸’，與下句‘逞卻克於邯鄲’相偶成文。六駮食虎豹，不可方之於‘仁獸’；卻克脚跛，不可逞步邯鄲。若作‘分肉’，則無意義。”

［13］卻克：人名。春秋時晉人，晉成公時大夫，跛足。 邯鄲：春秋時晉地，在今河北邯鄲市西南。

［14］入鮑忘臭：《孔子家語·六本》：“與不善人居，如入鮑魚之肆，久而不聞其臭，亦與之化矣。”

［15］決羽：效法。 謝生：指謝靈運。

［16］三千：指孔門弟子。相傳孔子有弟子三千人。

［17］伏膺：同“服膺”，牢記在心。 裴氏：指裴子野。

［18］兩唐：指漢代唐林、唐尊。二人以明經飾行顯名於世。然仕王莽，封侯，位至公卿，被虚僞名。《漢書》祇附載其名於卷七

二《鮑宣傳》。

［19］玉徽：玉製的琴徽，也作琴的美稱。　金銑：有光澤的金子。

［20］《巴人》《下里》：古代楚國通俗歌曲名。

［21］郢中之聽：指平庸的欣賞者。《文選》卷四五宋玉《對楚王問》："客有歌於郢中者，其始曰《下里》《巴人》，國中屬而和者數千人；其爲《陽阿》《薤露》，國中屬而和者數百人；其爲《陽春》、《白雪》，國中屬而和者，不過數十人……是其曲彌高，其和彌寡。"

［22］《陽春》：楚國高雅的樂曲。

［23］錙銖：古時重量單位，二十四分之一兩爲銖，六銖爲一錙。故以之指極細小之物。此處形容詩文精微之處。

［24］文質：指詩文形式的華美與質樸。

［25］《巧心》：《漢書·藝文志》著録《王孫子》一篇，自注："一曰《巧心》。"此處雙關，亦指爲文之精巧之用心。

［26］妍手：好手，高手。

［27］握瑜懷玉之士：指道德高尚的人。《楚辭·九章·懷沙》："懷瑾握瑜兮，窮不知所示。"王逸注："言己懷持美玉之德，遭世闇惑，不别善惡，抱寶窮困，而無所語也。"此處指高才文士。

［28］鄭邦：鄭國。春秋時鄭衛之地的俗樂流行，遭到孔子反對。《論語·衛靈公》："顔淵問爲邦。子曰：'行夏之時，乘殷之輅，服周之冕，樂則韶舞。放鄭聲，遠佞人。鄭聲淫，佞人殆。'"

［29］章甫翠履之人：指文明卓越之人。章甫，禮帽。翠履，青緑色的鞋。

［30］閩鄉：閩越之地。東南少數民族地區。古代此地區人斷髮文身，不戴帽不著履。《莊子·逍遥遊》："宋人資章甫而適諸越，越人斷髮文身，無所用之。"

［31］筆：六朝有文筆之分，以無韻之文爲筆。

［32］煙墨：即墨。煙熏所積之黑灰可以製墨，故稱墨爲煙墨。

[33]驅染：驅使塗抹，即書寫。

[34]紙札：書寫用的紙和小木筒。

[35]搖襞：裁，折。

至如近世謝朓、沈約之詩，任昉、陸倕之筆，斯實文章之冠冕，述作之楷模。張士簡之賦，[1]周昇逸之辯，[2]亦成佳手，難可復遇。文章未墜，必有英絶，領袖之者，非弟而誰。每欲論之，無可與語，思吾子建，[3]一共商搉。辯兹清濁，使如涇、渭；[4]論兹月旦，[5]類彼汝南。[6]朱丹既定，[7]雌黄有别，[8]使夫懷鼠知慚，[9]濫竽自恥。[10]譬斯袁紹，畏見子將；[11]同彼盗牛，遥羞王烈。[12]相思不見，我勞如何。[13]

[1]張士簡：張率字士簡。本書卷三二有傳。

[2]周昇逸：周捨字昇逸。本書卷二五有傳。昇，各本作“升”，據其本傳改。

[3]子建：曹植字子建。此處蕭綱以曹丕自比，以曹植比蕭繹。

[4]涇、渭：黄河上游二水名。涇水清，渭水濁。後世以涇渭比清濁分明。此處指文風之優劣。

[5]月旦：指月旦評。《後漢書》卷六八《許劭傳》：“初，劭與（從兄）靖俱有高名，好共覈論鄉黨人物，每月輒更其品題，故汝南俗有‘月旦評’焉。”後世因稱品評人物爲“月旦評”。

[6]汝南：漢郡名。治所在今河南平輿縣北。許劭，後漢汝南人。

[7]朱丹：《南史》卷五〇同傳作“朱白”。比喻文風的優劣。

[8]雌黄：本是用來改易文字的礦物，引申爲評論。

[9]懷鼠：心懷首鼠。即遲疑不決。鼠，“首鼠”之略語，即躊躇。

[10]濫竽：指濫竽充數的人。

[11]意謂使那些追隨浮疏闡緩文風的人如袁紹畏懼許劭一樣。《後漢書》卷六八《許劭傳》：“（劭）初爲郡功曹，太守徐璆甚敬之。府中聞子將爲吏，莫不改操飾行。同郡袁紹，公族豪俠，去濮陽令歸，車徒甚盛，欲入郡界，乃謝遣賓客，曰：‘吾輿服豈可使許子將見!’遂以單車歸家。”子將，許劭之表字。

[12]意謂使那些追求浮疏闡緩文風的人自羞如盜牛者。《後漢書》卷八一《獨行·王烈傳》：“王烈字彦方，太原人也。少師事陳寔，以義行稱。鄉里有盜牛者，主得之，盜請罪曰：‘刑戮是甘，乞不使王彦方知也。’”

[13]勞：憂愁。

太清中，侯景寇陷京都，[1]及太宗即位，以肩吾爲度支尚書。[2]時上流諸蕃，[3]並據州拒景，景矯詔遣肩吾使江州，[4]喻當陽公大心，[5]大心尋舉州降賊，肩吾因逃入建昌界，[6]久之，方得赴江陵，[7]未幾卒。[8]文集行於世。[9]

[1]侯景：人名。本魏將，太清元年附梁，二年反，率軍攻京師建康。本書卷五六有傳。

[2]度支尚書：官名。尚書省列曹尚書之一，掌財賦統計、支調。梁十三班。

[3]蕃：通“藩”，指諸侯。

[4]江州：州名。治所在今江西九江市西南。

[5]當陽公大心：梁簡文帝子蕭大心初封當陽公。時爲江州刺史。本書卷四四《太宗十一王傳》有傳。

[6]建昌：縣名。治所在今江西永修縣西北艾城。

[7]江陵：縣名。治所在今湖北荆州市。當時爲荆州鎮所。梁湘東王繹爲荆州刺史，承制勤王，故肩吾赴之。按，庾肩吾赴江陵前，曾至會稽。《太平御覽》卷六〇〇引《三國典略》有載："宋子仙破會稽，購得肩吾，謂之曰：吾昔聞汝能作詩，今可作。若能，當貰汝命。肩吾便操筆立成……子仙乃釋之。"宋子仙破會稽，據本書《侯景傳》，在太清三年十二月。

[8]《顔氏家訓·養生》："庾肩吾常服槐實，年七十餘，目看細字，鬚髮猶黑。"又，《藝文類聚》卷四八梁元帝《中書令庾肩吾墓志》稱，肩吾卒後贈散騎常侍。按，此並可補本傳之缺。然而，據《廣弘明集》卷二〇梁湘東王蕭繹《法寶聯璧序》，中大通六年（534）庾肩吾年四十八，則其生於齊永明五年（487）。梁元帝蕭繹卒於承聖三年（554）十二月，肩吾之卒自在其前，是其年歲必不到七十。顔之推謂其"七十餘"，不確。

[9]《隋書·經籍志》著録："梁度支尚書《庾肩吾集》十卷。"

劉昭字宣卿，平原高唐人，[1]晉太尉寔九世孫也。[2]祖伯龍，居父憂以孝聞，宋武帝敕皇太子諸王並往弔慰，官至少府卿。[3]父彪，齊征虜晉安王記室。[4]

[1]平原：郡名。治所在今山東平原縣西南。　高唐：縣名。治所在今山東禹城市西南。此劉氏祖籍。

[2]寔：劉寔，字子真。《晉書》卷四一有傳。

[3]少府卿：官名。宋九卿之一，掌宫中服御之物。宋第三品。

[4]晉安王：齊武帝子蕭子懋之封爵號。子懋，永明四年（486）進號征虜將軍。《南齊書》卷四〇《武十七王》有傳。

昭幼清警，七歲通《老》、《莊》義。既長，勤學善屬文，外兄江淹早相稱賞。天監初，起家奉朝請，[1]累遷征北行參軍，[2]尚書倉部郎，[3]尋除無錫令。[4]歷爲宣惠豫章王、中軍臨川王記室。[5]初，昭伯父肜集衆家《晉書》注干寶《晉紀》爲四十卷。[6]至昭又集《後漢》同異以注范曄書，[7]世稱博悉。遷通直郎，出爲剡令，[8]卒官。《集注後漢》一百八十卷，[9]《幼童傳》十卷，[10]文集十卷。

[1]奉朝請：本指大臣定期參加朝會，朝見皇帝，晉以下以爲官名。宋齊無職事。梁屬集書省，掌侍從，備顧問應對。天監七年革選，定流内官職爲十八班，奉朝請爲二班。

[2]征北：征北將軍之省稱，將軍名號。與征東、征西、征南將軍合稱四征將軍，多爲持節都督，出鎮方面，地位顯要。爲一百二十五號將軍之一，二十三班。　行參軍：官名。王公軍府屬官，參掌府曹事，位在正參軍之下。梁三班至流外。

[3]尚書倉部郎：官名。尚書省諸曹郎之一，屬度支尚書。掌倉廩。梁六班至五班。

[4]無錫：縣名。治所在今江蘇無錫市。

[5]豫章王：梁武帝子蕭綜封爵號。本書卷五五有傳。　中軍：中軍將軍之省稱，將軍名號。梁代與中衛、中權、中撫將軍合稱四中將軍，衹授予在京師任職者，職任頗重。爲一百二十五號將軍之一，二十三班。　臨川王：梁武帝弟蕭宏之封爵號。本書卷二二《太祖五王》有傳。“臨川”下舊本皆脱“王”字，此依中華書局本校補。

[6]干寶：東晉人。《文選》卷四九干令升《晉紀·論晉武帝革命》李善注引何法盛《晉書》曰：“干寶，字令升，新蔡人，始以尚書郎領國史，遷散騎常侍，卒。撰《晉紀》，起宣帝，迄愍，五十三年。評論切中，咸稱善之。”又《隋書·經籍志》著録：“《晉

紀》二十三卷，干寶撰。訖愍帝。”

[7]范曄：人名。祖籍順陽郡。仕宋，左遷宣城太守，不得志，乃刪衆家《後漢書》爲一家之作。後以謀反罪被誅。《宋書》卷六九有傳。

[8]剡：縣名。治所在今江蘇鎮江市。

[9]《集注後漢》一百八十卷：中華書局本《校勘記》云：“今本《後漢書》有紀十二卷，志三十卷，傳八十八卷，共一百三十卷，不符一百八十卷之數，‘八’或係‘三’之訛。”又《隋書·經籍志》著録：“《後漢書》一百二十五卷，范曄本，梁剡令劉昭注。”余嘉錫《四庫提要辨證》卷三《後漢書》條有云：“按，《梁書·劉昭傳》云：‘昭集《後漢》異同以注范曄書，世稱博悉。出爲剡令，卒官。《集注後漢》一百八十卷。’不言曾注彪志，豈非即在集注范曄書一百八十卷之内乎？然則昭作注之始，即以《續後漢書》八志並入范書矣。《隋書·經籍志》有《後漢書》一百二十五卷，注云：‘范曄本，梁剡令劉昭注。’而昭所注司馬彪志亦不著録。考《隋志》，范曄《後漢書》僅九十七卷，而昭所注乃有一百二十五卷，較原書增多二十八卷，是即今本之八志三十卷耳。《唐志》范書作九十二卷，别有劉熙注一百二十二卷。章宗源《隋書經籍志考證》卷一引之，以熙字爲昭字之訛，謂以《唐志》卷數記之，紀傳九十二卷，合續志三十卷，恰符百二十二卷之數。其説尤爲精覈。兩《唐志》又有《後漢書》五十八卷，劉昭補注。姚振宗《隋志考證》卷十一云：‘五十八卷者，似即所注司馬八志。百二十二卷者，爲所注范氏紀傳。兩書合計，正合本傳一百八十卷之數。其卷數分合，不可知已。’其説雖與章氏異，然無論如何算法，皆可以證明劉昭補注范書之中，確已將司馬八志並入其内，固無以異也。以事理度之，蓋自章懷注既行之後，人之言後漢事者，争用其書，而諸家之説盡廢，昭注漸以不顯。然章懷祇注范書紀傳，典章制度，無可詳考。讀者遂用昭原例，兼習昭所注續志，以補其缺……至宋時，昭所注范書紀傳遂佚，而志則借以幸存……若夫司馬彪志之與

范書，則當劉昭作注之時，合併固已久矣。”

[10]《幼童傳》十卷：《隋書·經籍志》著録：“《幼童傳》十卷，劉昭撰。”

子縚，字言明，亦好學，通《三禮》。大同中，[1]爲尚書祠部郎，[2]尋去職，不復仕。

[1]大同：梁武帝年號（535—546）。

[2]尚書祠部郎：官名。尚書省諸曹郎之一，屬尚書右僕射或祠部尚書。掌祠祀享祭禮儀。梁六班至五班。

縚弟緩，字含度，少知名。歷官安西湘東王記室，時西府盛集文學，[1]緩居其首。除通直郎，俄遷鎮南湘東王中録事，[2]復隨府江州，卒。[3]

[1]西府：指蕭繹荆州刺史府。據本書《元帝紀》，蕭繹普通七年（526）出爲西中郎將，荆州刺史，大同元年（535）進號安西將軍，仍爲荆州刺史。因荆州鎮江陵，在京師建康之西，故稱。

[2]鎮南：鎮南將軍之省稱，將軍名號。與鎮東、鎮北、鎮西將軍合稱四鎮將軍，多爲持節都督，出鎮方面，職任頗重。梁一百二十五號將軍之一，二十二班。

[3]緩有弟名綏。顏之推《顏氏家訓·風操》有云：“劉縚、緩、綏，兄弟並爲名器，其父名昭，一生不爲照字，唯依《爾雅》火傍作召耳。”

何遜字仲言，東海郯人也。[1]曾祖承天，[2]宋御史中丞。[3]祖翼，員外郎。父詢，齊太尉中兵參軍。[4]

[1]東海：郡名。治所在今山東郯城縣。　郯：縣名。治所與東海郡同。此何氏祖籍。郯，舊本皆訛“剡”，此依中華書局本校改。

[2]承天：何承天，人名。《宋書》卷六四有傳。

[3]御史中丞：官名。御史臺長官，掌督察百官，糾彈不法。六朝第一流高門多不居此職。員一人。宋第四品。

[4]中兵參軍：官名。諸公軍府諸曹參軍之一，掌本府親兵，備府主咨詢。宋第七品，齊不詳。

遜八歲能賦詩，弱冠州舉秀才，[1]南鄉范雲見其對策，[2]大相稱賞，因結忘年交好。[3]自是一文一詠，雲輒嗟賞，謂所親曰：“頃觀文人，質則過儒，[4]麗則傷俗；其能含清濁，中今古，見之何生矣。”沈約亦愛其文，嘗謂遜曰：“吾每讀卿詩，一日三復，猶不能已。”其爲名流所稱如此。

[1]弱冠：指二十歲。《禮記·曲禮》：“二十曰弱，冠。”

[2]對策：古代考試取士的一種方式。主試者書試題於簡策，讓應試者對答，觀其文辭以定高下。

[3]忘年交好：《南史》卷三三《何承天傳》附《何遜傳》無“好”字。

[4]質：質樸。　儒：遲鈍。

天監中，起家奉朝請，遷中衛建安王水曹行參軍，兼記室。[1]王愛文學之士，日與遊宴，及遷江州，遜猶掌書記。還爲安西安成王參軍事，[2]兼尚書水部郎，[3]

母憂去職。[4]服闋，除仁威廬陵王記室，[5]復隨府江州，未幾卒。東海王僧孺集其文爲八卷。[6]

[1]中衛：中衛將軍之省稱，將軍名號。梁代與中權、中軍、中撫將軍合稱四中將軍，祇授予在京師任職者，權任頗重。爲一百二十五號十品二十四班將軍之一，二十三班。按，"中衛"疑爲"中權"之誤。據本書《武帝紀》及卷二二《太祖五王傳》，建安王偉天監年間曾爲中權將軍，未爲中衛將軍。　水曹行參軍：官名。諸公軍府屬官，掌河渠水運。梁三班至流外。

[2]安成王：梁武帝弟蕭秀的封爵號。本書卷二二《太祖五王傳》有傳。　參軍事：官名。王公軍府屬官，參掌府曹事。梁皇弟府正參軍爲四班。

[3]尚書水部郎：官名。尚書省諸曹郎之一，屬都官尚書。掌水道工程舟船橋梁漕運。梁五班。

[4]母憂：母喪。

[5]仁威：仁威將軍之省稱，將軍名號。梁置，與智威、勇威、信威、嚴威將軍代舊征虜將軍。爲一百二十五號將軍之一，十六班。　廬陵王：梁武帝子蕭續的封爵號。本書卷二九有傳。

[6]集其文爲八卷：《隋書·經籍志》著録："梁仁威記室《何遜集》七卷。"

初，遜文章與劉孝綽並見重於世，世謂之"何劉"。世祖著論論之云：[1]"詩多而能者沈約，少而能者謝朓、何遜。"[2]

[1]世祖：梁元帝廟號。

[2]《顔氏家訓·文章》："何遜詩實爲清巧，多形似之言。揚都論者恨其每病苦辛，饒貧寒氣，不及劉孝綽之雍容也。雖然，劉

甚忌之，平生誦何詩云：蘧居響北闕，憒憒不道車。又撰《詩苑》，止取何兩篇，時人譏其不廣。劉孝綽當時既有重名，無所與讓，唯服謝朓。”

時有會稽虞騫，[1]工爲五言詩，名與遜相埒，[2]官至王國侍郎。[3]其後又有會稽孔翁歸、濟陽江避，[4]並爲南平王大司馬府記室。[5]翁歸亦工爲詩。避博學有思理，更注《論語》、《孝經》。[6]二人並有文集。

[1]會稽虞騫：虞騫，會稽郡人，生平不詳。

[2]埒（liè）：同等。

[3]王國侍郎：官名。王國屬官，掌侍從國主，諫諍、司儀。梁一班至流外。

[4]孔翁歸：人名。梁元帝《金樓子・雜記上》：“孔翁歸解元言，能屬文，好飲酒，氣韻標達，嘗語余曰：‘翁歸不畏死，但願仲秋之時，猶觀美月，季春之日，得玩垂楊。有其二物，死所歸矣。’余謂斯言雖有過差，無妨有才也。” 濟陽江避：江避，祖籍濟陽郡，生平不詳。

[5]南平王：梁武帝弟蕭偉初封建安王，改封南平王。本書卷二二《太祖五王》有傳。

[6]更注《論語》、《孝經》：《隋書・經籍志》著録“《集議孝經》一卷”下小注有“宋何承天、費沈……（梁）羽林監江係之、江遜等注《孝經》各一卷”之語。疑“江遜”或即“江避”之訛。參姚振宗《隋書經籍志考證》。

鍾嶸字仲偉，潁川長社人，[1]晉侍中雅七世孫也。[2]父蹈，齊中軍參軍。

[1]潁川：郡名。治所在今河南許昌市東。　長社：縣名。治所在今河南長葛市東北。此鍾氏祖籍。

[2]侍中：官名。侍中省長官，掌侍左右，贊導衆事，顧問應對。參與中央決策，權任顯要。員四人。晉第三品。　鍾雅：人名。《晉書》卷七〇有傳。

嶸與兄岏、弟嶼並好學，有思理。[1]嶸，齊永明中爲國子生，明《周易》，衛軍王儉領祭酒，[2]頗賞接之。舉本州秀才。起家王國侍郎，遷撫軍行參軍，出爲安國令。[3]永元末，除司徒行參軍。天監初，制度雖革，而日不暇給，嶸乃言曰："永元肇亂，坐弄天爵，勳非即戎，[4]官以賄就。揮一金而取九列，[5]寄片札以招六校，[5]騎都塞市，[7]郎將填街。[8]服既纓組，[9]尚爲臧獲之事；[10]職唯黄散，[11]猶躬胥徒之役。[12]名實淆紊，玆焉莫甚。臣愚謂軍官是素族士人，[13]自有清貫，[14]而因斯受爵，一宜削除，以懲僥競。[15]若吏姓寒人，[16]聽極其門品，[17]不當因軍，遂濫清級。[18]若僑雜傖楚，[19]應在綏撫，[20]正宜嚴斷禄力，絶其妨正，直乞虚號而已。[21]謹竭愚忠，不恤衆口。"[22]敕付尚書行之。[23]遷中軍臨川王行參軍。[24]衡陽王元簡出守會稽，[25]引爲寧朔記室，[26]專掌文翰。時居士何胤築室若邪山，[27]山發洪水，漂拔樹石，此室獨存，元簡命嶸作《瑞室頌》以旌表之，[28]辭甚典麗。遷西中郎晉安王記室。

[1]思理：思辨才能。

[2]衛軍：即衛將軍，將軍名號。爲重號將軍，用以加大臣、重要地方長官，常以權臣兼任。宋第二品，齊不詳。　王儉：人名。祖籍琅邪臨沂。《南齊書》卷二三有傳。　祭酒：國子祭酒之省稱，官名。掌國子學。員一人。曹魏第五品，齊第三品。

[3]安國：考《南齊書·州郡志》無"安國"縣名。疑有誤。

[4]即戎：用兵攻戰。

[5]九列：九卿之位。

[6]六校：六校尉。此泛指武官。

[7]騎都：即騎都尉，官名。屬光禄勳。與奉車、駙馬都尉合稱三都尉，用爲加官，爲冗散官。劉宋第六品。

[8]郎將：即中郎將。

[9]纓組：冠飾和印綬。代指官員。

[10]臧獲：奴婢的賤稱。

[11]黄散：黄門侍郎，散騎常侍、侍郎。並皇帝近侍之職。

[12]胥徒：官府僕役。

[13]素族：指高級士族，相對於皇室王族而言。參祝總斌《素族庶族解》及周一良《魏晉南北朝史札記》之《南齊札記》"素族"條。

[14]清貫：清貴的官職。指侍從文翰之官。

[15]僥競：爲求僥幸之利而競相奔走。

[16]寒人：寒門出身的人。

[17]極：盡。　門品：門閥制度中的官位品級。此處指以寒人擔任的勳位之品。參張旭華《南朝勳品制度試釋》，見《魏晉南北朝史研究》。

[18]清級：清貴的官職品級。

[19]僑雜：僑居雜處。　傖楚：六朝時，吴人對楚人的鄙視性稱法。後用以泛指粗鄙之人。參余嘉錫《釋傖楚》，見所撰《余嘉錫文史論集》。

[20]綏撫：安撫。舊本"撫"皆作"附"，此依中華書局本校

改。

[21]直：僅，衹。　乞：給予。

[22]恤：顧忌。

[23]尚書：指尚書省。

[24]臨川王：梁武帝弟蕭宏的封爵號。宏天監三年進號中軍將軍。本書卷二二《太祖五王》有傳。

[25]衡陽王元簡：梁武帝弟蕭暢之子元簡襲父爵爲衡陽王。本書卷二三有傳。　會稽：郡名。治所在今浙江紹興市。

[26]寧朔：寧朔將軍之省稱，將軍名號。宋第四品，梁初不詳。

[27]居士：在家修道的人。　何胤：人名。本書卷五一《處士》有傳。　若邪山：山名。在今浙江紹興市南。

[28]《瑞室頌》：今不存。

嶸嘗品古今五言詩，論其優劣，名爲《詩評》。其序曰：

氣之動物，物之感人，故摇蕩性情，形諸舞詠，欲以照燭三才，[1]輝麗萬有，[2]靈衹待之以致饗，[3]幽微藉之以昭告，動天地，感鬼神，莫近於詩。昔《南風》之辭，[4]《卿雲》之頌，[5]厥義敻矣。[6]《夏歌》曰“鬱陶乎予心”，[7]楚謡云“名余曰正則”，[8]雖詩體未全，然略是五言之濫觴也。[9]逮漢李陵，[10]始著五言之目。[11]古詩眇邈，[12]人代難詳，推其文體，固是炎漢之制，[13]非衰周之倡也。[14]自王、揚、枚、馬之徒，[15]辭賦競爽，[16]而吟詠靡聞。從李都尉訖班婕妤，[17]將百年間，有婦人焉，一人而已。[18]詩人之風，[19]頓已缺喪。東京二百載中，[20]唯有班固《詠史》，[21]質木無文致。[22]降及建安，[23]曹公父子，[24]篤好斯文；[25]平原兄弟，[26]鬱爲文棟；[27]劉楨、王粲，[28]爲其羽翼。次有攀龍託鳳，[29]自致於屬車者，[30]蓋將百計。彬彬之盛，[31]大備於時矣。爾後陵遲衰微，[32]訖於有晉。太康中，[33]三張二陸，[34]兩潘一左，[35]勃爾復興，踵武前王，[36]風流未沫，[37]亦文章之中興也。永嘉時，[38]貴黄、老，[39]尚虛談，于時篇什，[40]理過其辭，淡乎寡味。爰及江表，[41]微波尚傳，孫綽、許詢、桓、庾諸公，[42]皆平典似《道德論》，[43]建安之風盡矣。[44]先是郭景純用俊上之才，[45]創變其體；劉越石仗清剛之氣，[46]贊成厥美。然彼衆我寡，未能動俗。逮義熙中，[47]謝益壽斐然繼作；[48]元嘉初，[49]有謝靈運，才高辭盛，富艷難蹤，固已含跨劉、郭，[50]陵轢潘、左。[51]故知陳思爲建安之傑，[52]公幹、仲宣爲輔；陸機爲太康之英，安仁、景陽爲輔；[53]謝客爲元嘉之雄，顔延年爲輔：[54]此皆五言之冠冕，[55]文辭之命世。[56]

[1]三才：指天、地、人。

[2]萬有：宇宙間所有事物。

[3]靈祇（qí）：神靈。　饗：祭祀。

[4]《南風》：古歌名。相傳爲虞舜作。《禮記·樂記》："昔者舜作五弦之琴以歌《南風》。"其辭爲："南風之薰兮，可以解吾民之愠兮。南風之時兮，可以阜吾民之財兮。"

[5]《卿雲》：古歌名。《尚書大傳·虞夏傳》："維十有五祀……卿雲聚，俊乂集，百工相和而歌《卿雲》，帝乃倡之云：'卿雲爛兮，糺縵縵兮，日月光華，旦復旦兮。'"

[6]敻（xuàn）：久遠。

[7]《尚書·五子之歌》："其五曰：嗚呼曷歸，予懷之悲。萬姓仇予，予將疇依！鬱陶乎予心，顔厚有忸怩。弗慎厥德，雖悔可追。"

[8]《楚辭·離騷》："皇覽揆余初度兮，肇錫余以嘉名。名余曰正則兮，字余曰靈均。"

[9]濫觴：開始。

[10]李陵：人名。西漢成紀人。《漢書》卷五四《李廣傳》有附傳。

[11]始著五言之目：開始有五言詩。相傳李陵有五言《與蘇武詩》三首。見《文選》卷二九《雜詩》。《文選》同卷還載有蘇武五言詩四首。關於蘇李詩之真僞，爲文學史上一樁公案，至今未能定論。

[12]古詩：《文選》於古詩中録出十九首，題爲《古詩十九首》，不著作者姓氏。見卷二九《雜詩》類。劉勰《文心雕龍·明詩》："古詩佳麗，或稱枚叔，其《孤竹》一篇，則傅毅之詞，比采而推，兩漢之作乎！"今人多以爲東漢無名氏作。

[13]炎漢：指漢代。古人迷信，以五行與王朝興廢相聯繫，認爲漢以火德王天下，故稱炎漢。

[14]衰周：周代末期。倡：同"唱"，指詩歌。

[15]王、揚、枚、馬：指漢代著名詞賦家王褒、揚雄、枚乘、司馬相如。分别見《漢書》卷六四、八七、五一、五七。

[16]競爽：争榮，争勝。

[17]李都尉：指李陵。陵曾官騎都尉，故稱。　班婕妤：漢成帝時班姓女官，初入選後宫，得寵，爲婕妤；後失寵，作五言《怨歌行》以自悼。

[18]有婦人焉，一人而已：除了一個女作者，就只有李陵一人而已。《論語·泰伯》："武王曰：'予有亂臣十人。'孔子曰：'才難，不其然乎？唐虞之際於斯爲盛，有婦人焉，九人而已。'"

[19]詩人：指《詩經》的作者。

[20]東京：東漢建都洛陽，世因稱洛陽爲東京。此代指東漢。

[21]班固：人名。東漢扶風安陵人。曾作五言《咏史》詩。《後漢書》卷四〇有傳。

[22]質木無文致：枯燥無文采、情致。

[23]建安：漢獻帝年號（196—220）。

[24]曹公父子：指曹操及其子曹丕、曹植等。見《三國志·魏書·武帝紀》、卷二《魏書·文帝紀》、卷九《魏書·陳思王植傳》。

[25]斯文：《論語·子罕》："天之將喪斯文也，後死者不得與於斯文也！"本指禮樂法度教化，此用以指儒士文人。

[26]平原：指曹植。植於建安十六年封平原侯。見《三國志》卷九本傳。

[27]文棟：文壇領袖。

[28]劉楨、王粲：並建安時著名文人。劉楨，字公幹，東平郡人；王粲，字仲宣，山陽郡人。《三國志》卷二一有傳。

[29]攀龍託鳳：比喻托附有聲望之人而立功名。

[30]屬車：侍從之車。也稱副車。

[31]彬彬：文質相配合的樣子。此處指文學。

[32]陵遲：逐漸衰落。

[33]太康：晉武帝年號（280—289）。

[34]三張二陸：三張，指張載與其弟協、亢，晉安豐人。並見《晉書》卷五五《張載傳》。二陸，指陸機與其弟雲，晉吴郡人。並見《晉書》卷五四《陸機傳》。

[35]兩潘一左：兩潘，指潘岳與其侄潘尼，晉滎陽人。並見《晉書》卷五五《潘岳傳》。一左，指左思，晉臨淄人。見《晉書》卷九二《文苑·左思傳》。

［36］踵武前王：追隨先王的步伐。《楚辭·離騷》："及前王之踵武。"此處比喻繼續前人的文學事業。

［37］未沬：未衰竭。

［38］永嘉：晉懷帝年號（307—313）。

［39］黄、老：傳説中的黄帝和撰《道德經》的老子，古代以爲道家之創始人。此用以代稱道家。

［40］篇什：指詩歌。《詩經》之雅頌以十篇爲一"什"，故後世以"篇什"代詩歌。

［41］江表：江南。此處指東晉。

［42］孫綽、許詢：並東晉玄言詩人。孫綽，晉太原人。《晉書》卷五六《孫楚傳》有附傳。許詢，晉高陽人。事見《晉書》之《孫綽傳》、《謝安傳》及《世説新語》、《文選》卷三一江淹《雜體詩三十首》李善注引《晉中興書》。　桓、庾：桓温、庾亮。桓温，晉譙國龍亢人，《晉書》卷九八有傳。庾亮，晉潁川鄢陵人。《晉書》卷七三有傳。

［43］《道德論》：闡發老莊哲理的論著。魏晉時，夏侯玄、阮籍、何宴皆有《道德論》。參《世説新語·文學》及劉孝標注。

［44］建安之風：今通行本《詩品序》作"建安風力"。指建安詩歌慷慨剛健的風格。

［45］郭景純：郭璞字景純，晉河東聞喜人。《晉書》卷七二有傳。

［46］劉越石：劉琨字越石，晉中山魏昌人。《晉書》卷六二有傳。

［47］義熙：東晉安帝年號（405—418）。

［48］謝益壽：謝混字叔源，小字益壽，祖籍陳郡陽夏。《晉書》卷七九《謝安傳》有附傳。

［49］元嘉：宋文帝年號（424—453）。

［50］劉、郭：劉琨、郭璞。

［51］陵轢：壓倒。　潘、左：潘岳、左思。

[52]陳思：指曹植。植曾封陳王，謚曰思，故稱。

[53]安仁：潘岳之字。　景陽：張協之字。

[54]顏延年：顏延之字延年，祖籍琅邪臨沂。《宋書》卷七三有傳。

[55]冠冕：比喻同類中的首要人物。

[56]命世：名高一世。

夫四言文約意廣，取效《風》、《騷》，便可多得，每苦文煩而意少，故世罕習焉。五言居文辭之要，是衆作之有滋味者也，故云會於流俗，[1]豈不以指事遣形，[2]窮情寫物，最爲詳切者邪！故《詩》有六義焉，[3]一曰興，二曰賦，三曰比。文已盡而意有餘，興也；因物喻志，比也；直書其事，寓言寫物，賦也。弘斯三義，酌而用之，幹之以風力，[4]潤之以丹采，使味之者無極，聞之者動心，是詩之至也。若專用比、興，則患在意深，意深則辭躓。[5]若但用賦體，則患在意浮，意浮則文散。[6]嬉成流移，文無止泊，有蕪漫之累矣。若乃春風春鳥，秋月秋蟬，夏雲暑雨，冬月祁寒，[7]斯四候之感諸詩者也。嘉會寄詩以親，離羣託詩以怨。至於楚臣去境，[8]漢妾辭宮，[9]或骨横朔野，或魂逐飛蓬，或負戈外戍，或殺氣雄邊，塞客衣單，霜閨淚盡。又士有解珮出朝，[10]一去忘反；[11]女有揚蛾入寵，再盼傾國。[12]凡斯種種，感蕩心靈，非陳詩何以展其義，非長歌何以釋其情？故曰"《詩》可以羣，可以怨"。[13]使窮賤易安，幽居靡悶，莫尚於詩矣。故辭人作者，罔不愛好。今之士俗，斯風熾矣。裁能勝衣，[14]甫就小學，[15]必甘心而馳騖焉。[16]於是庸音雜體，各爲家法。至於膏腴子弟，[17]恥文不逮，終朝點綴，分夜呻吟，[18]獨觀謂爲警策，[19]衆視終淪平鈍。次有輕蕩之徒，[20]笑曹、劉爲古拙。[21]謂鮑昭羲皇上人，[22]謝朓今古獨步；而師鮑昭終不及“日中市朝滿”，[23]學謝朓劣得“黄鳥度青枝”。[24]徒自棄於高聽，[25]無涉於文流矣。

[1]會：合。　流俗：指世俗之人。

[2]遣形：今通行本《詩品序》作“造形”。

[3]《詩》有六義：《文選》卷四五卜子夏《毛詩序》：“故詩有六義焉：一曰風，二曰賦，三曰比，四曰興，五曰雅，六曰頌。”

[4]幹：作骨幹。

[5]躓：不順暢。

[6]散：散漫。

[7]祁寒：嚴寒。祁，盛、大。

[8]楚臣去境：指戰國時楚國屈原遭讒被放逐事。見《史記》卷八四《屈原列傳》。

[9]漢妾辭宫：指漢元帝宫人王嬙和親匈奴事。參《西京雜記》及《漢書》卷九《元帝紀》、卷九四《匈奴傳》。

[10]解珮出朝：指朝士挂冠歸隱。珮，通“佩”，古代貴官佩在身上的飾物。

[11]反：同“返”。

[12]傾國：《漢書》卷九七《外戚傳》載漢武帝李夫人因其兄李延年歌而入宫得寵。歌云：“北方有佳人，絶世而獨立。一顧傾

人城，再顧傾人國。寧不知傾城與傾國，佳人難再得！”此處用以指得寵。

[13]《論語·陽貨》：“子曰：‘小子何莫學乎詩，詩可以興，可以觀，可以羣，可以怨。”

[14]裁：通“纔”。 能勝衣：身體能承受衣服。指幼兒。

[15]就小學：指少年。古人八歲入小學。參《漢書·食貨志》。

[16]馳騖：奔走，追求。

[17]膏腴子弟：指富家子弟。

[18]分夜：半夜。

[19]警策：指文章生動。

[20]輕蕩：今通行本《詩品序》作“輕薄”。

[21]曹、劉：指曹植、劉楨。

[22]鮑昭：今通行本《詩品序》作“鮑照”。鮑照，祖籍東海郡。見《宋書》卷五一《宗室·臨川王義慶傳》。 羲皇上人：指上古時代的人。此處借指地位崇高。

[23]日中市朝滿：鮑照《代結客少年場行》中詩句。

[24]劣得：僅得。 黄鳥度青枝：南齊詩人虞炎《玉階怨》中詩句。全詩爲：“紫藤拂花樹，黄鳥度青枝。思君一歎息，苦淚應言垂。”

[25]高聽：高雅的文學欣賞者。

嶸觀王公搢紳之士，[1]每博論之餘，何嘗不以詩爲口實，[2]隨其嗜欲，商搉不同，淄澠並汎，[3]朱紫相奪，[4]諠譁競起，准的無依。[5]近彭城劉士章俊賞之士，[6]疾其淆亂，欲爲當世詩品，口陳標榜，[7]其文未遂，嶸感而作焉。昔九品論人，[8]《七略》裁士，[9]校以賓實，[10]誠多未值；[11]至若詩之爲技，較爾可知，[12]以類推之，殆同博弈。

方今皇帝資生知之上才,[13]體沈鬱之幽思,[14]文麗日月，學究天人，昔在貴遊,[15]已爲稱首；况八紘既掩,[16]風靡雲蒸,[17]抱玉者連肩，握珠者踵武，固以睨漢、魏而弗顧,[18]吞晉、宋於胸中。諒非農歌轅議,[19]敢致流别。[20]嶸之今録，庶周遊於閭里,[21]均之於談笑耳。

[1]搢紳：指士大夫。搢，插。古官員插笏於紳帶間，故稱。

[2]口實：話題。

[3]淄澠：二水名，都在今山東。二水味異，合則難辨。相傳春秋時齊人易牙能辨之。見《列子・説符》。後世用以指難以分辨的事物。

[4]朱紫：《論語・陽貨》："惡紫之奪朱也。"《集解》："朱，正色也；紫，間色也。惡其以邪好而亂正色。"後世用以比喻正邪、優劣、是非等。

[5]准的：標準。

[6]彭城劉士章：劉繪，字士章，祖籍彭城郡。《南齊書》卷四八有傳。

[7]標榜：表揚。

[8]九品論人：指班固《漢書・古今人表》品人物爲九等。

[9]《七略》裁士：《七略》分七類評論作家。《漢書・藝文志》：成帝時，詔劉向校經傳諸子詩賦。向條其篇目，撮其指意，録而奏之。會向卒，向子歆總羣書而奏其《七略》。故有《輯略》、《六藝略》、《諸子略》、《詩賦略》、《兵書略》、《術數略》、《方技略》。

[10]賓實：即名實。《莊子・逍遥遊》："名者，實之賓也。"

[11]未值：未恰當。

[12]較爾：明白的樣子。

[13]方今皇帝：指蕭衍。　生知之上才：天生的才能。《論語·季氏》："生而知之者，上也；學而知之者，次也。"

[14]沈鬱：含蘊深刻。

[15]貴遊：指齊代竟陵王蕭子良門下文士。子良於齊永明年間，開西邸，延學士，有"竟陵八友"，蕭衍爲其一。參本書卷一三《沈約傳》。

[16]八紘既掩：意謂各方文士已招致。《文選》卷四二曹子建《與楊德祖書》："當此之時，人人自謂握靈蛇之珠，家家自謂抱荆山之玉。吾王於是設天網以該之，頓八紘以掩之，今悉集茲國矣！"。紘，指繩，地有八方，故用八紘。掩，取。

[17]風靡雲蒸：形容人才衆多。

[18]睨：今通行本《詩品序》作"瞰"。

[19]諒：誠，信。　農歌轅議：農人的歌謡，趕車人的議論。

[20]致：區分。　流别：源流、派别。

[21]周遊：流傳。今通行本《詩品序》作"周旋"。

頃之，卒官。

岏字長岳，[1]官至府參軍、建康平。[2]著《良吏傳》十卷。[3]嶼字季望，永嘉郡丞。[4]天監十五年，敕學士撰《徧略》，[5]嶼亦預焉。兄弟並有文集。

[1]長岳：岳，《南史》卷七二《文學·鍾岏傳》及《册府元龜》卷五五五作"丘"。

[2]建康平：官名。與建康正、建康監合稱建康三官。梁天監元年置，掌京師建康刑獄，四班。《南史》作"建康令"。

[3]《良吏傳》：吏，舊本訛作"史"，此依中華書局本校改。《隋書·經籍志》著録："《良吏傳》十卷，鍾岏撰。"又，鍾岏齊世爲太學生時，曾議食蚶蠣事，主張蚶蠣"宜長充庖厨，永爲口實"，

觸怒了佞佛的竟陵王蕭子良。事見《南齊書》卷四一《周顒傳》。可補本傳之遺。

[4]郡丞：官名。佐郡守掌民政。宋第八品，梁不詳。

[5]《徧略》：即《華林遍略》。徧，同"遍"。《隋書·經籍志》"雜家類"著録："《華林遍略》六百二十卷，梁綏安令徐僧權等撰。"唐·杜寶《大業雜記》有云："（祕書監柳顧言）對曰：梁主以隱士劉孝標撰《類苑》一百二十卷，自言天下之事畢盡此書，無一物遺漏。梁武心不伏，即敕華林園學士七百餘人，人撰一卷，其事數倍多於《類苑》。"

周興嗣字思纂，陳郡項人，[1]漢太子太傅堪後也。[2]高祖凝，晉征西府參軍、宜都太守。[3]

[1]項：縣名。治所在今河南沈丘縣。

[2]太子太傅：官名。掌輔導、翼護太子。員一人。西漢秩二千石。　堪：周堪，西漢宣帝、元帝時人。《漢書》卷八八《儒林》有傳。

[3]征西：征西將軍之省稱，將軍名號。東西南北四征將軍之一。晉第三品。　宜都：郡名。治所在今湖北宜昌市。

興嗣世居姑孰。[1]年十三，遊學京師，積十餘載，遂博通記傳，善屬文。嘗步自姑孰，投宿逆旅，[2]夜有人謂之曰："子才學邁世，[3]初當見識貴臣，卒被知英主。"[4]言終，不測所之。齊隆昌中，[5]侍中謝朏爲吴興太守，[6]唯與興嗣談文史而已。及罷郡還，[7]因大相稱薦。本州舉秀才，除桂陽郡丞，[8]太守王峻素相賞好，[9]禮之甚厚。高祖革命，[10]興嗣奏《休平賦》，[11]

其文甚美，高祖嘉之。拜安成王國侍郎，[12]直華林省。[13]其年，河南獻儛馬，[14]詔興嗣與待詔到沆、張率爲賦，[15]高祖以興嗣爲工。[16]擢員外散騎侍郎，進直文德、壽光省。[17]是時，高祖以三橋舊宅爲光宅寺，[18]敕興嗣與陸倕各製寺碑，及成俱奏，高祖用興嗣所製者。自是《銅表銘》、《栅塘碣》、《北伐檄》、《次韵王羲之書千字》，[19]並使興嗣爲文，每奏，高祖輒稱善，加賜金帛。九年，除新安郡丞，[20]秩滿，復爲員外散騎侍郎，佐撰國史。十二年，遷給事中，[21]撰史如故。興嗣兩手先患風疽，是年又染癘疾，左目盲，高祖撫其手，嗟曰："斯人也而有斯疾也！"[22]手疏治疽方以賜之。[23]其見惜如此。任昉又愛其才，常言曰："周興嗣若無疾，旬日當至御史中丞。"十四年，除臨川郡丞。[24]十七年，復爲給事中，直西省。[25]左衛率周捨奉敕注高祖所製《歷代賦》，[26]啓興嗣助焉。普通二年，[27]卒。所撰《皇帝實録》、《皇德記》、《起居注》、《職儀》等百餘卷，[28]文集十卷。

[1]姑孰：城名，在今安徽當塗縣。

[2]逆旅：旅舍。

[3]邁世：超越世俗。

[4]卒：終。

[5]隆昌：齊鬱林王年號（494）。

[6]謝朏：人名。本書卷一五有傳。

[7]及罷郡還：《南史》卷七二同傳無"還"字。疑無"還"字是。參朱東潤《中國文學論集》卷二《詩人吴均》。

［8］桂陽：郡名。治所在今湖南郴州市。　郡丞：官名。佐太守治民。宋第八品，齊不詳。

［9］王峻：人名。祖籍琅邪臨沂。仕齊爲桂陽内史。《南史》卷二四有傳。按，峻，舊本皆訛“嶸”，《册府元龜》卷六八七作“峻”，是，今據改。參中華書局《文史》第二十八輯曹道衡《魏晉南北朝文學家五考·吴均》。

［10］革命：實施變革以應天命。此指蕭衍代齊。

［11］《休平賦》：今不存。

［12］安成王：梁武帝弟蕭秀的封爵號。本書卷二二《太祖五王》有傳。

［13］華林省：京師建康宫城殿省名。

［14］河南：古國名。地在今河套以西地區。本書卷五四《諸夷·西北戎傳》有傳。

［15］到沆、張率：並人名。本書俱有傳，分見卷四九、卷三三。

［16］錢大昕《廿二史考異》卷二六：“按《張率傳》云‘高祖以率及興嗣爲工’，且傳中載賦全篇，則率之賦尤工於興嗣矣。且亦重出。”

［17］文德、壽光：並京師建康宫城内殿省名。

［18］三橋：地名。梁武帝出生地。見本書《武帝紀》。　光宅寺：佛寺名。建於梁天監六年。唐·許嵩《建康實録》卷一七《梁·高祖武皇帝》：“（天監六年）置光宅寺，西去縣十里，武帝捨宅造。”

［19］此所言諸文，《隋書·經籍志》著録唯有“《千字文》一卷，梁給事郎周興嗣撰”，餘並不存。又《宋史》卷二六六《李至傳》云：“《千字文》乃梁武帝得鍾繇書破碑千餘字，命周興嗣次韻而成。”以爲王羲之，異。參啓功《説千字文》。見《文物》一九八八年第七期。

［20］新安：郡名。治所在今浙江淳安縣西北。

［21］給事中：官名。集書省屬官，掌收發文書，獻納諫諍。梁四班。

[22]《論語·雍也》："伯牛有疾，子問之，自牖執其手，曰：'亡之，命矣夫！斯人也而有斯疾也！斯人也而有斯疾也！'"

[23]疏：分條寫出。

[24]臨川：郡名。治所在今江西南城縣東南。

[25]西省：中書省的别稱。

[26]左衛率：太子左衛率的省稱，官名。與太子右衛率共掌東宫宿衛營兵。員一人。梁十一班。　周捨：人名。本書卷二五有傳。　《歷代賦》：《隋書·經籍志》著録："《歷代賦》十卷，梁武帝撰。"中華書局本未加書名號，失當。

[27]普通：梁武帝年號（520—527）。

[28]《皇帝實録》：《隋書·經籍志》著録："《梁皇帝實録》三卷，周興嗣撰，記武帝事。"

吴均字叔庠，吴興故鄣人也。[1]家世寒賤，至均好學有俊才，沈約嘗見均文，頗相稱賞。天監初，柳惲爲吴興，[2]召補主簿，日引與賦詩。均文體清拔有古氣，[3]好事者或斆之，[4]謂爲"吴均體"。建安王偉爲揚州，[5]引兼記室，掌文翰。王遷江州，補國侍郎，[6]兼府城局。[7]還除奉朝請。先是，均表求撰《齊春秋》，書成奏之，高祖以其書不實，使中書舍人劉之遴詰問數條，[8]竟支離無對，敕付省焚之，[9]坐免職。尋有敕召見，使撰《通史》，[10]起三皇，訖齊代，均草本紀、世家功已畢，唯列傳未就。普通元年，[11]卒，時年五十二。均注范曄《後漢書》九十卷，著《齊春秋》三十卷，[12]《廟記》十卷，《十二州記》十六卷，《錢唐先賢傳》五卷，[13]《續文釋》五卷，文集二十卷。[14]

[1]故鄣：縣名。治所在今浙江安吉縣西北。

[2]柳惲：人名。本書卷二一有傳。

[3]清拔：清秀脱俗。

[4]斆（xiào）：效法。

[5]建安王偉：梁武帝弟蕭偉封爵號建安王。本書卷二二《太祖五王》有傳。　揚州：州名。治所在今江蘇南京市。

[6]國侍郎：即王國侍郎，官名。王國屬官，掌侍從、諫諍。皇弟國侍郎，梁一班。

[7]城局：城局參軍之省稱，官名。王公府屬官，掌城門兵衛。梁四班。

[8]中書舍人：官名。即中書通事舍人。　數條：《南史》卷七二同傳作“數十條”。

[9]唐·劉知幾《史通》卷一二《古今正史》云：“時奉朝請吴均，亦表請撰齊史，乞給起居注，並群臣行狀。有詔：‘齊氏故事，布在流俗，聞見既多，可自搜訪也。’均遂撰《齊春秋》三十卷。其書稱梁帝爲齊明佐命，帝惡其實，詔燔之。然其私本竟能與蕭氏所撰並傳於後。”　省：此處指祕書省。

[10]《通史》：本書《武帝紀下》：“又造《通史》，躬製贊序，凡六百卷。”《隋書·經籍志》著録：“《通史》四百八十卷，梁武帝撰。起三皇，訖梁。”劉知幾《史通·内篇·六家》有云：“至梁武帝又敕其群臣，上自太初，下終齊室，撰成《通史》六百二十卷。其書自秦以上，皆以《史記》爲本，而别採他説，以廣異聞。至兩漢以還，則全録當時紀傳，臭味相依。又吴、蜀二主，皆入世家，五胡及拓拔氏，列於《夷狄傳》。大抵其體皆如《史記》。其所爲異者，唯無表而已。”按，此書今不存。

[11]普通：梁武帝年號（520—527）。

[12]《齊春秋》三十卷：《隋書·經籍志》著録：“《齊春秋》三十卷，梁奉朝請吴均撰。”

[13]《錢唐先賢傳》五卷：《舊唐書·經籍志》著録：“《吴郡

錢唐先賢傳》三卷。”

[14]文集二十卷：《隋書·經籍志》著録：“梁奉朝請《吴均集》二十卷。”

先是，有廣陵高爽、濟陽江洪、會稽虞騫，[1]並工屬文。爽，齊永明中贈衛軍王儉詩，爲儉所賞，及領丹陽尹，舉爽郡孝廉。天監初，歷官中軍臨川王參軍。出爲晉陵令，[2]坐事繫冶，[3]作《鑊魚賦》以自況，[4]其文甚工。後遇赦獲免，頃之卒。[5]洪爲建陽令，[6]坐事死。騫官至王國侍郎。並有文集。[7]

[1]廣陵高爽：高爽，廣陵郡人。《南史》卷七二《文學·卞彬傳》有附傳。另本書《良吏·孫謙傳》及梁釋慧皎《高僧傳·釋寶亮傳》述及其事迹。濟陽江洪：江洪，濟陽郡人。《南史》卷五九《王僧孺傳》有附傳。　會稽虞騫：前《何遜傳》已附載，此實贅文。

[2]晉陵：縣名。治所在今江蘇常州市。陵，舊本皆作“陽”，此依中華書局本校改。

[3]冶：鑄煉之所。梁有東、西冶。犯罪官吏於此作苦工，稱爲繫冶。冶，各本皆作“治”，此依中華書局本校改。

[4]《鑊魚賦》：今不存。

[5]頃之卒：高爽之卒當在天監八年（509）以後。《高僧傳》第八《釋寶亮傳》：“（亮）以天監八年十月四日卒於靈味寺，春秋六十有六，葬鍾山之南，立碑墓所。陳郡周興嗣、廣陵高爽並爲製文，刻於兩面。”是高爽天監八年（509）尚健在。

[6]建陽：縣名。治所在今福建建陽市東北。

[7]並有文集：《隋書·經籍志》著録：“梁建陽令《江洪集》二卷。”其餘人文集無載。

梁書 卷五〇

列傳第四十四

文學下

劉峻　劉沼　謝幾卿　劉勰　王籍
何思澄　劉杳　謝徵　臧嚴　伏挺
庾仲容　陸雲公　任孝恭　顏協

劉峻字孝標，平原平原人。[1]父珽，[2]宋始興内史。[3]

[1]平原：郡名。治所在今山東平原縣西南。　平原：縣名。治所與平原郡同。此爲劉峻祖籍。

[2]珽：《南史》卷四九傳作“琁之”，《魏書》卷四三《劉休賓傳》作“旋之”，《北史》卷三九同《魏書》。《魏書·劉休賓傳》有云：“劉休賓字處幹，本平原人。祖昶，從慕容德度河，家於北海之都昌縣。父奉伯，劉裕時北海太守。休賓少好學，有文才，兄弟六人，乘民、延和等皆有時譽……休賓叔父旋之。”據此可略知孝標家世。

[3]始興：郡名。治所在今廣東韶關市東南蓮花嶺下。　內史：官名。王國行政長官，掌治民，職同太守。宋第五品。

峻生期月，[1]母攜還鄉里。宋泰始初，青州陷魏，[2]峻年八歲，爲人所略至中山，[3]中山富人劉實愍峻，以束帛贖之，[4]教以書學。魏人聞其江南有戚屬，更徙之桑乾。[5]峻好學，家貧，寄人廡下，自課讀書，常燎麻炬，從夕達旦，時或昏睡，爇其髮，[6]既覺復讀，終夜不寐，其精力如此。齊永明中，[7]從桑乾得還，自謂所見不博，更求異書，聞京師有者，必往祈借，清河崔慰祖謂之"書淫"。[8]時竟陵王子良博招學士，[9]峻因人求爲子良國職，吏部尚書徐孝嗣抑而不許，[10]用爲南海王侍郎，[11]不就。至明帝時，[12]蕭遥欣爲豫州，[13]爲府刑獄，[14]禮遇甚厚。遥欣尋卒，久之不調。天監初，[15]召入西省，[16]與學士賀蹤典校祕書。[17]峻兄孝慶，[18]時爲青州刺史，[19]峻請假省之，坐私載禁物，[20]爲有司所奏，免官。安成王秀好峻學，[21]及遷荆州，[22]引爲户曹參軍，[23]給其書籍，使抄録事類，名曰《類苑》，[24]未及成，復以疾去，因遊東陽紫巖山，[25]築室居焉。爲《山栖志》，[26]其文甚美。

[1]期月：一整月或一周年。

[2]據《南史》卷三《宋本紀》及《南齊書》卷二八和《南史》卷四九之《劉善明傳》，青州陷魏在宋泰始五年。此言"泰始初"，不確。泰始，宋明帝年號（465—471）。

[3]略：掠賣。　中山：郡名。治所在今河北定州市。

[4]束帛：絲織品。帛五匹爲束，古常以束帛爲饋贈禮品。

[5]桑乾：縣名。治所在今河北蔚縣。《南史》作“代都”。

[6]爇（ruò）：燒。按，北魏延興三年（473）劉峻十二歲，協助西域人吉迦夜爲沙門曇曜譯《大方廣十地》等經五部。參《陳垣學術論文集》第一集《雲岡石窟寺之譯經與劉孝標》。

[7]永明：齊武帝年號（483—493）。《文選》卷四三劉孝標《重答劉秣陵沼書》李善注引劉峻《自序》有云：“（峻）生於秣陵縣，朞月歸故鄉。八歲，遇桑梓顛覆，身充僕圉。齊永明四年二月，逃還京師。”《魏書》卷四三《劉休賓傳》：“休賓叔父旋之，其妻許氏，二子法鳳、法武。而旋之早亡。東陽平，許氏攜二子入國，孤貧不自立，並疏薄不倫，爲時人所棄。母子皆出家爲尼，既而反俗。太和中，高祖選盡物望，河南人士，才學之徒，咸見申擢。法鳳兄弟無可收用，不蒙選授。後俱奔南。法武後改名孝標云。”可爲孝標早年經歷之參證。

[8]清河崔慰祖：崔慰祖，人名。祖籍清河郡。《南齊書》卷五二《文學傳》有傳。　書淫：《北堂書鈔》卷九七引皇甫謐《玄晏春秋》：“余學或兼夜不寐，或臨食忘餐，或不覺日夕。方之好色，號余爲書淫。”

[9]竟陵王子良：齊武帝子蕭子良封爵號竟陵郡王。《南齊書》卷四〇《武十七王》有傳。竟陵，郡名。治所在今湖北鍾祥市。

[10]吏部尚書：官名。尚書省屬官，掌官吏銓選、任免。爲列曹尚書之首，職任顯要。多僑姓高門、世胄顯貴擔任。員一人。齊第三品。　徐孝嗣：人名。祖籍東海郯縣。齊永明年間，曾官吏部尚書，《南齊書》卷四四有傳。

[11]南海王：齊武帝子蕭子罕之封爵號。《南齊書》卷四〇《武十七王》有傳。南海，郡名。治所在今廣東廣州市。　侍郎：此指王國侍郎，官名。掌侍從，諫諍。官品不詳。

[12]明帝：指齊明帝蕭鸞。

［13］蕭遥欣：人名。齊宗室。明帝即位前二十日以之爲豫州刺史。《南齊書》卷四五《宗室·始安貞王道生》有附傳。　豫州：州名。治所在今安徽壽縣。

［14］刑獄：刑獄參軍之省稱，官名。諸公軍府屬官，掌刑獄盜賊事。宋第七品，齊不詳。

［15］天監：梁武帝年號（502—519）。

［16］西省：此處指祕書省。

［17］賀蹤：本書《任昉傳》作“賀縱”。　祕書：宫禁中藏書。《南史》作“祕閣”。《隋書·經籍志》著録：“《梁文德殿四部目録》四卷，劉孝標撰。”又，唐·釋道宣《廣弘明集》卷三梁處士阮孝緒《七録序》有云：“齊末兵火延及祕閣，有梁之初，缺亡甚衆，爰命祕書監任昉躬加部集。又於文德殿内别藏衆書，使學士劉孝標等重加校進。”可資參證。

［18］孝慶：劉孝慶，人名。《南史》卷四九《劉懷珍傳》有附傳。

［19］青州：州名。劉宋泰始中與冀州合僑置，治所在今江蘇連雲港市東雲臺山一帶。

［20］禁物：指宫禁中之物。

［21］安成王秀：梁武帝弟蕭秀封爵號安成王。本書卷二二《太祖五王》有傳。

［22］荆州：州名。治所在今湖北荆州市。

［23］户曹參軍：官名。王公軍府屬官，掌民户、祠祀、農桑等。梁天監七年革選，定流内官職爲十八班，以班多者爲貴，皇弟府正參軍爲四班。

［24］《類苑》：《隋書·經籍志三》著録：“《類苑》一百二十卷，梁征虜刑獄參軍劉孝標撰。”梁·劉之遴《與劉孝標書》：“間聞足下作《類苑》，括綜百家，馳騁千載；彌綸天地，纏絡萬品。撮道略之英華，搜群言之隱賾。鉛摘既畢，殺青已就。義以類聚，事以群分。述徵之妙，楊、班儔也。擅此博物，何快如之！雖復子

野調聲，寄知音於後世，文信構《覽》，懸百金於當時，居然無以相尚。自非沉鬱澹雅之思，安能閉志經年，勤成若此！吾嘗聞爲之者勞，觀之者逸。足下已勞於精力，宜令吾見異書。”（《藝文類聚》卷五八）按，《類苑》今不存，觀劉之遴此書，可以略知其大要。

[25]東陽：郡名。治所在今浙江金華市。　紫巖山：山名。在金華市東二十餘里。《太平寰宇記》卷九七《婺州・金華縣》：“長山，在縣南二十里，一名金華山，即黄初平初起遇道士教以仙方處。”是紫巖山、長山、金華山爲同一山之異名。

[26]《山栖志》：唐・釋道宣《廣弘明集》卷二四題作《東陽金華山栖志》。

高祖招文學之士，[1]有高才者，多被引進，擢以不次。[2]峻率性而動，不能隨衆沉浮，高祖頗嫌之，故不任用。峻乃著《辨命論》以寄其懷曰：

　　主上嘗與諸名賢言及管輅，[3]歎其有奇才而位不達。時有在赤墀之下，[4]預聞斯議，歸以告余。余謂士之窮通，[5]無非命也，故謹述天旨，[6]因言其略云。[7]

[1]高祖：梁武帝廟號。

[2]不次：不按尋常次序。謂越級選用。

[3]主上：指梁武帝蕭衍。　管輅：人名。字公明，曹魏平原人。《三國志》卷二九《魏書・方伎傳》有傳。

[4]赤墀：即丹墀。古代宫殿前的石階，漆成紅顔色，故稱。

[5]窮通：窮困與顯達。

[6]天旨：天子的意旨。

[7]略：《文選》卷五四載此文作“致”。

臣觀管輅天才英偉，珪璋特秀，[1]實海内之髦傑，[2]豈日者卜祝之流。[3]而官止少府丞，[4]年終四十八，天之報施，[5]何其寡歟？然則高才而無貴仕，饕餮而居大位，[6]自古所歎，焉獨公明而已哉。故性命之道，窮通之數，夭閼紛綸，[7]莫知其辨。仲任蔽其源，[8]子長闡其惑。[9]至於鶡冠甕牖，[10]必以懸天有期；[11]鼎貴高門，[12]則曰唯人所召。[13]譊譊讙咋，[14]異端俱起。[15]蕭遠論其本而不暢其流，[16]子玄語其流而未詳其本。[17]嘗試言之曰：夫道生萬物，[18]則謂之道；生而無主，謂之自然。自然者，物見其然，不知所以然；同焉皆得，[19]不知所以得。鼓動陶鑄而不爲功，庶類混成而非其力。生之無亭毒之心，[20]死之豈虔劉之志。[21]墜之淵泉非其怒，昇之霄漢非其悦。[22]蕩乎大乎，[23]萬寶以之化；[24]確乎純乎，[25]一化而不易。[26]化而不易，則謂之命。命也者，自天之命也。定於冥兆，[27]終然不變。鬼神莫能預，聖哲不能謀。觸山之力無以抗，[28]倒日之誠弗能感。[29]短則不可緩之於寸陰，長則不可急之於箭漏。[30]至德未能踰，上智所不免。是以放勛之代，[31]浩浩襄陵；[32]天乙之時，[33]燋金流石。[34]文公踱其尾，[35]宣尼絶其糧。[36]顔回敗其叢蘭，[37]冉耕歌其芣苡。[38]夷、叔斃淑媛之言，[39]子輿困臧倉之訴。[40]聖賢且猶若此，而況庸庸者乎！[41]至乃伍員浮屍於江流；[42]三閭沈骸於湘渚，[43]賈大夫沮志於長沙；[44]馮都尉皓髮於郎署；[45]君山鴻漸，鎩羽儀於高雲；[46]敬通鳳起，摧迅翮於風穴；[47]此豈才不足而行有遺哉。[48]

[1]珪璋：玉器。常用以比喻高尚的德行。《禮記·聘義》："圭璋特達，德也。"

[2]髦傑：《文選》作"名傑"。

[3]日者：以占卜爲業的人。　卜祝：主卜筮祭祀的人。

[4]少府丞：官名。佐少府卿掌宫中服御之物。魏第七品。

[5]報施：酬勞。

[6]饕餮：本傳説中貪食的惡獸。古用以比喻貪婪凶惡之人。

[7]夭閼：受阻塞而中斷。

[8]仲任：王充，字仲任，東漢會稽上虞人，著有《論衡》。《後漢書》卷七九有傳。　蔽其源：蒙蔽不知本源。《文選》卷五四李善注："《論衡》曰：凡人有死生壽夭之命，亦有貴賤貧富之命。命當貧賤，雖富貴之，猶涉患禍，失其富貴；命當富貴，雖貧賤之，猶逢福善，離其貧賤。今言隨操行而至，此命在末不在本也。"

[9]子長：司馬遷，字子長，西漢夏陽人，著有《史記》。《漢書》卷六二有傳。　闡其惑：表明其疑惑。《史記》卷六一《伯夷列傳》："或曰：'天道無親，常與善人。'若伯夷、叔齊，可謂善人者非邪？積仁絜行如此而餓死！且七十子之徒，仲尼獨薦顔淵爲好學。然回也屢空，糟糠不厭，而卒蚤夭。天之報施善人，其何如哉？盗蹠日殺不辜，肝人之肉，暴戾恣睢，聚黨數千人横行天下，竟以壽終。是遵何德哉？此其尤大彰明較著者也……余甚惑焉，儻所謂天道，是邪非邪？"

[10]鶡冠甕牖：指貧苦人家。以鶡羽爲冠，以破瓮爲窗户。甕，同"瓮"。

[11]懸天有期：命懸於天，必有其期。《論衡·辨祟》："人命

縣於天，吉凶存於時。”

[12]鼎貴高門：富貴門第。

[13]唯人所召：意謂富貴不在天命，而在人爲。《左傳·襄公二十三年》：“禍福無門，唯人所召。”

[14]譊譊讙（huān）咋：争吵，喧叫。譊，同“嘵”。

[15]異端：本指不同於儒家思想的學派，後用以稱不合正統的思想。

[16]蕭遠：李康，字蕭遠，曹魏中山人。見《文選》卷五三李蕭遠《運命論》李善注引《集林》。　論其本：《文選》李善注：“李蕭遠作《運命論》，言治亂在天，故曰論其本。”

[17]子玄：郭象，字子玄，晉人。《晉書》卷五〇有傳。　語其流：《文選》李善注：“郭子玄作《致命由己論》，言吉凶由己，故曰語其流。”

[18]道生萬物：《老子》：“道生一，一生二，二生三，三生萬物。”道，《文選》作“通”。

[19]同焉皆得：同樣都得到。《莊子·駢拇》：“故天下誘然皆生，而不知其所以生；同焉皆得，而不知其所以得。”

[20]亭毒：化育，養育。

[21]虔劉：屠殺。

[22]《文選》李善注：“墜之淵泉，鱗屬也；升之霄漢，羽族也。言稟性不同，非天之有悦怒也。”

[23]蕩：大。

[24]萬寶：萬物。

[25]確：堅固。

[26]易：改變。

[27]冥兆：天命的初兆。

[28]觸山之力：共工那樣的力量。傳説共工與顓臾争帝，怒而觸不周之山，天維絶，地柱折。見《淮南子·原道訓》。

[29]倒日之誠：魯陽公那樣的誠心。傳説魯陽公與韓構戰，日

將暮，不勝。魯陽公至誠，援戈而推之，日爲之返三舍。見《淮南子·覽冥訓》。

[30]箭漏：古之計時器。古人以壺盛水爲漏，以盤承之，箭百刻，樹之盤中，水淹箭以定制。

[31]放勛：帝堯之名。

[32]浩浩襄陵：浩大的洪水淹没山陵。《尚書·堯典》："湯湯洪水方割，蕩蕩懷山襄陵，浩浩滔天。"

[33]天乙：商湯之名。

[34]燋金流石：烈日燒燋了金屬，熔化了石頭。《文選》李善注："《吕氏春秋》曰：'成湯之旱，煎沙爛石。'"

[35]文公疐（zhì）其尾：周公進退爲難。文公，周公。《文選》李善注："《傅子》曰：周文王子公旦有聖德，謚曰文。"疐其尾，《詩·豳風·狼跋》："狼跋其胡，載疐其尾。"疐，踩。舊説此乃寫周成王年幼，周公輔政，管叔、蔡叔流言攻擊周公，周公處於進退兩難之境。疐，同"疐"。

[36]宣尼絶其糧：孔子周遊列國，在陳絶糧。參《論語·衛靈公》。宣尼，《漢書》卷一二《平帝紀》："追謚孔子曰褒成宣尼公。"

[37]顔回敗其叢蘭：顔回英年早逝。顔回，孔子弟子。《家語·弟子解》："顔回年二十九而髮白，三十二而早死。"敗其叢蘭，近人李詳《選學拾瀋》："《論語·子罕》'苗而不秀'章皇侃《義疏》云：'物既有然，人亦如此，所以顔回摧芳蘭於早年。'侃、峻並梁人，此語當有所承。"

[38]冉耕歌其芣苡：意謂冉耕悲嘆惡疾。《文選》李善注："《家語》曰：冉耕，魯人，字伯牛，以德行著名，有惡疾。《韓詩》曰：《芣苡》，傷夫有惡疾也。"

[39]夷、叔斃淑媛之言：伯夷、叔齊死於女子之言。《文選》李善注："《古史考》曰：伯夷、叔齊者，殷之末世孤竹君之二子也。隱於首陽山，采薇而食之。野有婦人謂之曰：'子義不食周粟，此亦周之草木也。'於是餓死。"

[40]子輿困臧倉之訴：孟子因臧倉的詆毁而不遇於魯侯。子輿，晉人傅玄以爲孟子字子輿。見《文選》李善注引《傅子》。魯平公將出見孟子，嬖人臧倉詆毁孟子，魯平公遂不出見。事詳《孟子·梁惠王下》。

[41]庯庯者：庸人。

[42]伍員：字子胥，春秋時楚人。入吴，有功，爲伯嚭所讒，吴王賜之死。且取子胥屍盛以鴟夷革，浮之江流。詳《史記》卷六六《伍子胥列傳》。

[43]屈原：戰國時楚人，仕楚爲三閭大夫。因主張聯齊抗秦，改革内政，遭到楚國舊貴族的讒害。在流放過程中，投湘水以殉國。詳《史記》卷八四《屈原賈生列傳》。

[44]賈誼：漢孝文帝時人，曾官太中大夫。受舊臣周勃、灌嬰等排擠，文帝出之爲長沙王傅。誼不得志，至湘水，爲《吊屈原賦》以自傷。事詳《漢書》卷四八《賈誼傳》。

[45]馮唐：漢孝文帝時爲中郎署長，文帝曾問他："父老何自爲郎？家安在？"拜唐爲車騎都尉。景帝即位，以爲楚相。不久，免官。武帝立，求賢良，舉馮唐，而唐年已九十餘，不復能爲官。事詳《史記》卷一〇二《馮唐列傳》。按，皓髮爲郎事，似爲顔駟。見《文選》卷一五張平子《思玄賦》"尉厖眉而郎潛兮，逮三葉而遘武"句李善注引《漢武故事》。孝標或有小誤。

[46]意謂桓譚本漸進於高位，終遭受打擊，失意而死。《文選》李善注引《東觀漢記》曰："桓譚，字君山。少好學，遍治五經。光武即位，拜議郎，詔會議雲臺。上問譚曰：'吾以讖決之，何如？'譚不應。良久，對曰：'臣生不讀讖。'問其故，譚頗有所是非。上怒曰：'桓譚非法，將去斬之！'譚叩頭流血，乃貰。由是失旨，遂不復轉遷。出補六安太守丞，之官，意不樂，道病卒。"　鴻漸：《易·漸》："鴻漸於陸。"意謂飛鴻漸進於高位，後世以之比喻仕進。　鎩羽：羽毛摧落，比喻仕途失意。

[47]意謂馮衍以高才入仕，終遭打擊，失志而終。馮衍，字敬

通，少有俶儻之志。漢明帝以爲材過其實，抑而不用，遂不得志，鬱鬱終於家。參《文選》李善注引《東觀漢記》。　摧迅翮：比喻有才能而受打擊。　風穴：風所從出之處。

[48]行有遺：行爲有失。

近世有沛國劉瓛，[1]瓛弟璡，並一時之秀士也。瓛則關西孔子，[2]通涉《六經》，循循善誘，服膺儒行。璡則志烈秋霜，心貞崐玉，亭亭高竦，[3]不雜風塵。[4]皆毓德於衡門，[5]並馳聲於天地。而官有微於侍郎，位不登於執戟，[6]相繼徂落，[7]宗祀無饗。[8]因斯兩賢，以言古則：昔之玉質金相，英髦秀達，皆擯斥於當年，韞奇才而莫用，候草木以共凋，與麋鹿而同死，膏塗平原，骨填川谷，湮滅而無聞者，[9]豈可勝道哉！此則宰衡之與皂隸，[10]容、彭之與殤子，[11]猗頓之與黔婁，[12]陽文之與敦洽，[13]咸得之於自然，不假道於才智。故曰"死生有命，富貴在天"，[14]其斯之謂矣。然命體周流，[15]變化非一，或先號後笑，或始吉終凶，或不召自來，或因人以濟。交錯紛糾，循環倚伏，[16]非可以一理徵，[17]非可以一途驗，而其道密微，[18]寂寥忽慌，[19]無形可以見，無聲可以聞。必御物以效靈，亦憑人而成象，[20]譬天王之冕旒，任百官以司職。[21]而惑者覩湯、武之龍躍，[22]謂龕亂在神功；[23]聞孔、墨之挺生，[24]謂英睿擅奇響；視彭、韓之豹變，[25]謂鷙猛致人爵；[26]見張、桓之朱紱，[27]謂明經拾青紫。[28]豈知有力者運之而趨乎？[29]故言而非命，有六蔽焉。[30]余請陳其梗概：

[1]沛國劉瓛：劉瓛，字子珪，祖籍沛國相縣。其弟璡，字子璥。《南齊書》卷三九並有傳。

[2]關西孔子：《後漢書》卷五四《楊震傳》：震，字伯起，經明博覽，無不窮究。諸儒爲之語曰："關西孔子楊伯起。"此處以楊震比劉瓛。

[3]亭亭：高高的樣子。

[4]風塵：塵俗。

[5]衡門：横木爲門，指簡陋之居。《詩·陳風·衡門》："衡門之下，可以棲遲。"

[6]意謂官職低下。《文選》卷四五東方曼倩《答客難》："官不過侍郎，位不過執戟。"

[7]徂落：去世。徂，《文選》作"殂"。

[8]宗祀無饗：無人承祭宗廟，即無嗣。《南史》卷五〇《劉顯傳》，族伯瓛卒，無嗣，齊武帝詔顯爲後。

[9]湮滅：《文選》卷五四作"堙滅"。

[10]皂隸：奴僕。

[11]容、彭：容成公和彭祖。二人皆古代傳説中長壽者。見《文選》李善注引《列僊傳》。　殤子：未成年而死者。

[12]猗頓：春秋時魯人，以畜牛羊致富。詳《孔叢子》。　黔婁：春秋時齊人，清貧而不仕。詳皇甫謐《高士傳》。

[13]陽文：古代楚國之美女。見《淮南子·修務訓》。　敦洽：古代陳國之醜女。見《呂氏春秋·遇合》。

[14]此句引用《論語·顔淵》："子夏曰：商聞之矣：'死生有命，富貴在天。'"

[15]命體：命運的表現形式。

[16]倚伏：指事物互相依存、轉化。《老子》："禍兮，福之所倚；福兮，禍之所伏。"

[17]徵：證明。

[18]密微：隱微。

[19]忽慌：意同"恍忽"。

[20]意謂命運借物憑人顯現出來。　御：憑借。

[21]意謂譬如皇帝的地位是通過百官的職責而得到具體體現的。　冕旒：皇冠。

[22]湯、武：商湯和周武王。　龍躍：比喻登天子之位。《易·乾》："飛龍在天。"

[23]龕亂：指商湯滅桀，周武王滅紂。《墨子·非攻》：夏桀時，天"乃命湯於鑣宫曰：'夏德大亂，往攻之，予必使汝大戡之。'商王紂時，周武王見三神曰：'予既沉漬殷紂於酒德矣，往攻之，予必使汝大戡。'"龕，通"戡"，平定。

[24]孔、墨：孔子、墨子。　挺生：卓絶特出。

[25]彭、韓：指彭越、韓信。二人原本卑賤，因爲將助劉邦取天下，皆封王。分見《史記》卷九〇《彭越列傳》和卷九二《淮陰侯列傳》。　豹變：比喻地位由低賤而變顯貴。《易·革》："象曰：'君子豹變，其文蔚也。'"

[26]鷙猛：勇猛。

[27]張、桓：指張禹、桓榮。二人皆以精通經學，教授太子，賜爵封侯。分見《漢書》卷八一《張禹傳》、《後漢書》卷三七《桓榮傳》。　朱紱：公侯所用紅色綬帶。參《禮記·玉藻》。

[28]《漢書》卷七五《夏侯勝傳》："士病不明經術。經術苟明，其取青紫如俯拾地芥耳。"　青紫：貴官之服。

[29]《莊子·大宗師》："夫藏舟於壑，藏山於澤，謂之固矣。然而夜半有力者負之而走，昧者不知也。"此處借以指天道、命運。

[30]蔽：蒙昧，糊塗。

夫靡顔膩理，[1]哆噅顣頞，[2]形之異也。朝秀辰終，[3]龜鶴千歲，年之殊也。聞言如響，[4]智昏菽麥，[5]神之辨也。[6]固知三者定乎造化，[7]榮辱之境，[8]獨曰由人，是知二五而未識於十，其蔽一也。龍犀日角，[9]帝王之表；河目龜文，[10]公侯之相。撫鏡知其將刑，[11]壓紐顯其膺録。[12]星虹樞電，[13]昭聖德之符；夜哭聚雲，[14]鬱興王之瑞。皆兆發於前期，涣汗於後葉。[15]若謂驅貔虎，[16]奮尺劍，[17]入紫微，[18]升帝道，[19]則未達窅冥之情，[20]未測神明之數，其蔽二也。空桑之里，變成洪川；[21]歷陽之都，化爲魚鼈。[22]楚師屠漢卒，睢河鯁其流；[23]秦人坑趙士，沸聲若雷震。[24]火炎崐岳，礫石與琬琰俱焚，[25]嚴霜夜零，蕭艾與芝蘭共盡。[26]雖游、夏之英才，[27]伊、顔之殆庶，[28]焉能抗之哉？其蔽三也。或曰，明月之珠，不能無纇；夏后之璜，不能無考。[29]故亭伯死於縣長，[30]長卿卒於園令。[31]才非不傑也，主非不明也，而碎結緑之鴻輝，殘懸黎之夜色，[32]抑尺之量有短哉？[33]若然者，主父偃、公孫弘對策不升第，[34]歷説而不入，牧豕淄原，見棄州部，設令忽如過隙，[35]溘死霜露，[36]其爲詬耻，豈崔、馬之流乎？[37]及至開東閤，列五鼎，電照風行，[38]聲馳海外，寧前愚而後智，先非而終是？將榮悴有定數，天命有至極？而謬生妍蚩，其蔽四也。夫虎嘯風馳，龍興雲屬。[39]故重華立而元、凱升，[40]辛受生而飛廉進。[41]然則天下善人少，惡人多；闇主衆，明君寡。而薰蕕不同器，[42]梟鸞不接翼。[43]是使渾沌、檮杌，[44]踵武雲臺之上；[45]仲容、庭堅，[46]耕耘巖石之下。横謂廢興在我，[47]無繫於天，其蔽五也。彼戎狄者，人面獸心，宴安鴆毒。[48]以誅殺爲道德，以蒸報爲仁義。[49]雖大風立於青丘，鑿齒奮於華野，[50]比其狼戾，[51]曾何足踰。[52]自金行不競，[53]天地版蕩，[54]左帶沸脣，[55]乘間電發。遂覆瀍、洛，[56]傾五都。[57]居先王之桑梓，[58]竊名號於中縣。[59]與三皇競其氓黎，[60]五帝角其區宇。種落繁熾，[61]充牣神州。[62]嗚呼！福善禍淫，[63]徒虚言耳。豈非否泰相傾，[63]盈縮遞運，[65]而汨之以人，[66]其蔽六也。

[1]靡顔膩理：柔美的容貌。《楚辭·招魂》："靡顔膩理，遺視矊（mián）些。"六臣銑曰："靡顔膩理，好貌也。"

[2]哆噅（huī）顣頞：醜陋的容貌。哆噅，張口不正。顣頞，同"蹙頞"，緊皺眉頭。

[3]朝秀：一種朝生暮死的蟲。《淮南子·道應訓》："朝秀不知晦朔。" 辰：《文選》作"晨"。

[4]聞言如響：聞聲即應對如回響。形容人聰明，反應極快。《史記》卷四六《田敬仲完世家》："是人者，吾語之微言五，其應我若響之應聲，是人必封不久矣。"

[5]智昏菽麥：智能低下，不能分辨菽麥。《左傳·成公十八年》："周子有兄而無慧，不能辨菽麥，故不可立。"

[6]辨：區別。

[7]固知：《文選》作“同知”。　三者：指“形之異”、“年之殊”、“神之辨”。

[8]榮辱：指窮通，盛衰。《莊子·逍遥遊》：“定乎内外之分，辨乎榮辱之境。”

[9]龍犀：相術家謂人囟下骨隆起，下連鼻梁不斷爲龍犀。　日角：相術家謂額骨中央隆起，形狀如日爲日角。

[10]河目：目上下匡平而長。　龜文：足有如龜背的文理。

[11]《三國志》卷四二《蜀書·周群傳》：“（蜀郡張裕）又曉相術，每舉鏡視面，自知刑死，未嘗不撲之於地。”

[12]《左傳·昭公十三年》：“初，（楚）共王無冢適，有寵子五人，無適立焉。乃大有事於群望，而祈曰：‘請神擇於五人者，使主社稷。’乃遍以璧見於群望，曰：‘當璧而拜者，神所立也，誰敢違之。’既，乃與巴姬密埋璧於大室之庭，使五人齊，而長入拜。康王跨之，靈王肘加焉，子干、子皙皆遠之。平王弱，抱而入，再拜，皆壓紐。”紐，璧的組帶。膺録，受命爲天子。録，通“籙”，符命。

[13]星虹：大星如虹。《文選》李善注：“《春秋元命苞》曰：大星如虹，下流華渚，女節夢意，感生朱宣。”朱宣，即少昊氏。　樞電：大電繞樞星。《文選》李善注：“《詩含神霧》曰：大電繞樞，照郊野，感符寶，生黄帝。”

[14]夜哭聚雲：傳説劉邦夜經澤中，有大蛇當路，邦斬之。後人至斬蛇地，見老嫗夜哭。問之，曰：“吾子，白帝子也，化爲蛇，當道，今者爲赤帝子斬之也。”又，劉邦隱於芒碭山澤間，吕氏常見其所居上有雲聚如蓋。俱詳《漢書》卷一《高帝紀》。

[15]渙汗：比喻帝王發佈號令，如汗出於身，不能收回。《易·渙》：“九五，渙汗其大號。”後用以指帝王的號令。

[16]驅貔虎：指黄帝。相傳黄帝修德振兵，教熊羆貔貅貙虎，以與炎帝戰於阪泉之野。參《史記》卷一《五帝本紀》。

[17]奮尺劍：指劉邦。《史記》卷八《高祖本紀》高祖曰：“吾

以布衣提三尺劍取天下，此非天命乎！”

[18]紫微：指帝宫。《文選》卷二張平子《西京賦》李善引薛綜注：“天有紫微宫，王者象之，曰紫微宫。”

[19]帝道：帝位。

[20]窅冥：幽深。此處指天道。《老子》：“窈兮冥兮，其中有精。”窅冥，同“窈冥”。

[21]《吕氏春秋·本味》：“有侁氏女子採桑，得嬰兒於空桑之中，獻之其君。其君令烰人養之，察其所以然。曰：其母居伊水之上，孕，夢有神告之曰：‘臼出水而東走，毋顧。’明日，視臼出水，告其鄰，東走十里，而顧其邑，盡爲水，身因化爲空桑。”

[22]《淮南子·俶真訓》高誘注：“歷陽，淮南之縣名。今屬九江郡。昔有老嫗，常行仁義，有兩諸生過之，謂曰：‘此國當没爲湖。’謂嫗曰：‘視東城門閫有血，便走上北山，勿顧也。’自此，嫗數往視門閫。閽者問之，嫗對如是。其暮，門吏殺鷄，涂血門閫。明日，老嫗早往視門，見血，便走上北山，國没爲湖。”

[23]《漢書》卷三一《項籍傳》：項羽至彭城，敗漢軍。漢軍南走山，楚又追擊至靈璧東睢水上，大破漢軍，多殺士卒，睢水爲之不流。鯁，通“梗”，阻塞。

[24]《戰國策·秦策三》：蔡澤謂應侯曰：白起率數萬之師，越韓魏而敗强趙，北坑馬服，誅屠四十萬衆，“流血成川，沸聲若雷”。

[25]《尚書·胤征》：“火炎崐岡，玉石俱焚。”崐岳，即崑岡，古代傳説産玉之地。

[26]李善注引傅玄《鷹兔賦》：“秋霜一下，蘭艾俱落。”

[27]游、夏：孔子弟子子游、子夏。見《史記》卷六七《仲尼弟子列傳》。

[28]伊、顔：伊尹、顔回。伊尹，商湯的輔臣，佐湯伐桀，被尊爲阿衡。顔回，孔子弟子。見《史記》卷六七《仲尼弟子列傳》殆庶：近似聖人。《易·繫辭下》：“顔氏之子，其殆庶幾乎！”

［29］《淮南子·氾論訓》："夏后氏之璜，不能無考；明月之珠，不能無纇。"纇（lèi）、考，皆指瑕疵。璜，美玉。

［30］亭伯：東漢崔駰字亭伯。竇憲爲車騎將軍，辟駰爲掾，察駰高策，出爲長岑長。駰自以遠出，不得志，歸家，卒。《後漢書》卷八二有傳。

［31］長卿：西漢司馬相如字長卿。曾拜孝文園令，後以病免歸，卒。《漢書》卷五七有傳。《文選》作"相如"。

［32］比喻賢才被摧殘。結緑、懸黎，皆美玉名。《戰國策·秦策三》："臣聞周有砥厄，宋有結緑，梁有懸黎，楚有和璞，此四寶者，工之所失也，而爲天下名器。"夜色，疑"夜光"之訛。《文選》卷二張平子《西京賦》："流懸黎之夜光。"

［33］尺之量有短：比喻事物各有短長。《楚辭·卜居》："夫尺有所短，寸有所長。"

［34］主父偃：人名。漢齊國臨淄人，學長短縱横之術，家貧，借貸無所得。北遊燕趙，窮困無路，乃上書皇帝，拜爲郎，官至中大夫。曾云："丈夫生不五鼎食，死則五鼎亨耳。"詳《漢書》卷六四上《主父偃傳》。　公孫弘：人名。漢淄川人，家貧，牧豕淄原。　對策：太常奏弘第居下。策奏，天子擢弘第一。後，官至丞相，起客館，開東閣以延賢士。詳《漢書》卷五八《公孫弘傳》。對策，古代考試取士的一種方式。主試者書試題於簡策，令應試者對答，根據所答以定其高下。

［35］過隙：比喻人生短暫。《莊子·知北遊》："人生天地之間，如白駒之過郤，忽然而已。"

［36］溘死：忽然而死。　霜露：比喻存世時間短暫。

［37］崔、馬：指崔駰、司馬相如。

［38］電照風行：比喻聲名迅速傳揚。

［39］意謂事物互相連帶感應。《淮南子·天文訓》："虎嘯而谷風至，龍舉而景雲屬。"

［40］《左傳·文公十八年》："昔高陽氏有才子八人：蒼舒、隤

鼓、檮戭、大臨、尨降、庭堅、仲容、叔達，天下之民謂之八愷。高辛氏有才子八人：伯奮、仲堪、叔獻、季仲、伯虎、仲熊、叔豹、季貍，天下之民謂之八元……舜臣堯，舉八愷，使主后土……舉八元，使布五教於四方。”重華，即舜。凱，同“愷”。

[41]《史記》卷五《秦本紀》：“蜚廉生惡來，父子俱以材力事殷紂。”辛受，即殷紂。飛廉，即蜚廉，殷之奸臣。

[42]《孔子家語·致思》：“對曰：（顔）回聞薰蕕不同器而藏，堯桀不共國而治，以其類異也。”薰，香草；蕕，臭草。

[43]梟鸞：梟，鴞。鸞，鳳。　接翼：比翼而飛。

[44]渾沌、檮杌：古代傳説中的惡人。見《左傳·文公十八年》。

[45]踵武：比喻繼承先王的統治。踵，脚跟。武，足迹。《楚辭·離騷》：“忽奔走以先後兮，及前王之踵武。”　雲臺：指宫殿。

[46]仲容、庭堅：見注㊵。

[47]横謂：蠻不講理地説。

[48]宴安鴆毒：《左傳·閔公元年》：“戎狄豺狼，不可厭也……宴安酖毒，不可懷也。”杜預注：“以宴安比之酖毒。”鴆毒，同“酖毒”。鴆鳥之羽浸酒，即酖酒，可以毒殺人。

[49]蒸報：指長輩晚輩之間淫亂。蒸，下淫上；報，上淫下。《漢書》卷九四《匈奴傳》：“父死，妻其後母。兄弟死，皆娶其妻妻之。”

[50]《文選》李善注：“《淮南子》曰：堯之時，猰貐、鑿齒、九嬰、大風、封豨、修蛇皆爲民害，堯乃使羿誅鑿齒於疇華之野，殺九嬰於凶水之上，徼大風於青丘之澤，上射十日，而下殺猰貐，斷修蛇於洞庭，禽封豨於桑林。”大風，神話中鷙鳥名。青丘，東方地名。鑿齒，神話中獸名。華野，即疇華之野，南方地名。

[51]狼戾：狂暴。

[52]踰：《文選》作“喻”。

[53]金行不競：指晉室衰微。金行，古人以五行相克相生附會

王朝興廢，以晉爲金行。不競，衰微。《左傳·襄公十八年》：師曠曰："南風不競，多死聲。楚必無功。"

[54]版蕩：指法度廢壞。《詩·大雅》有《板》、《蕩》二詩，皆刺周厲王荒淫昏憒，天下不安之作。後世遂以板蕩指天下動亂不定。版，同"板"。

[55]左帶沸脣：指夷狄。左帶，即左衽。沸脣，反唇。齊梁人以夷狄人唇爲反唇。《南齊書》卷四七《王融傳》："息沸唇於桑墟，別醍乳於冀俗。"脣，同"唇"。

[56]覆瀍（chán）洛：指戎狄攻陷中原。瀍洛，河南境内二水名，代指中原。

[57]五都：泛指中原都城。

[58]先王之桑梓：指中原。《文選》卷六左思《魏都賦》："且魏地者，畢昴之所應，虞夏之餘人，先王之桑梓，列聖之遺塵。"

[59]名號：指帝王之號。　中縣：中原，中國。

[60]氓黎：民衆。氓，《文選》作"萌"。

[21]種落：部族。

[62]充牣：充滿。

[63]福善禍淫：天降福於善政，降禍於淫邪。《尚書·湯誥》："天道福善禍淫。降灾於夏，以彰厥罪。"

[63]否（pǐ）泰相傾：好運與壞運交替。《易·序卦》："泰者，通也。物不可以終通，故受之以否。"

[65]盈縮：有餘與不足。《戰國策·秦策三》："進退盈縮變化，聖人之常道也。"

[66]汩（gǔ）：擾亂。

然所謂命者，死生焉，貴賤焉，貧富焉，理亂焉，[1]禍福焉，此十者天之所賦也。愚智善惡，此四者人之所行也。夫神非舜、禹，心異朱、均，[2]才絓中庸，[3]在於所習。是以素絲無恒，玄黄代起；[4]鮑魚芳蘭，入而自變。[5]故季路學於仲尼，厲風霜之節；[6]楚穆謀於潘崇，成悖逆之禍。[7]而商臣之惡，盛業光於後嗣；[8]仲由之善，不能息其結纓，[9]斯則邪正由於人，吉凶存乎命。[10]或以鬼神害盈，[11]皇天輔德。[12]故宋公一言，法星三徙，[13]殷帝自翦，千里來雲。[14]善惡無徵，未洽斯義。[15]且于公高門以待封，[16]嚴母掃墓以望喪。[17]此君子所以自强不息也。[18]如使仁而無報，奚爲修善立名乎？斯徑廷之辭也。[19]夫聖人之言，顯而晦，微而婉，[20]幽遠而難聞，河漢而不極。[21]或立教以進庸惰，[22]或言命以窮性靈。[23]積善餘慶，[24]立教也；鳳鳥不至，[25]言命也。今以其片言辯其要趣，[26]何異乎夕死之類而論春秋之變哉。[27]且荆昭德音，丹雲不卷；[28]周宣祈雨，珪璧斯罄。[29]于叟種德，[30]不逮勛、華之高；[31]延年殘獷，[32]未甚東陵之酷。[33]爲善一，爲惡均，而禍福異其流，廢興殊其迹。蕩蕩上帝，[34]豈如是乎？《詩》云："風雨如晦，鷄鳴不已。"[35]故善人爲善，焉有息哉？[36]

[1]理亂：《文選》作"治亂"。按，"治"作"理"，當是姚思廉避唐諱改。

[2]朱、均：丹朱，堯之子；商均，舜之子。相傳二人皆不肖。《淮南子·修務訓》："沈湎耽荒，不可教以道，不可喻以德，嚴父弗能正，賢師不能化者，丹朱、商均也。"

［3］絓：止。　中庸：中等之才。

［4］《淮南子·説林訓》："墨子見練絲而泣之，爲其可以黄可以黑。"素絲，未染色的絲。

［5］《大戴禮記·曾子問疾》："與君子遊，苾乎如入蘭芷之室，久而不聞，則與之化矣。與小人遊，臭乎如入鮑魚之肆，久而不聞，則與之化矣。是故君子慎其所去就。"鮑魚，咸魚，有臭味；芳蘭，香草。

［6］《文選》李善注引《尸子》曰："子路，東鄙之野人，孔子教之爲賢士。"季路，孔子弟子仲由，字子路，一名季路。

［7］楚成王欲立王子職而廢太子商臣。太子師潘崇教太子以宫甲圍成王，王被迫自縊。商臣立，是爲穆王。事詳《左傳·文公元年》。悖，《文選》五臣本作"弑"，李善本作"殺"。

［8］盛業光於後嗣：《文選》李善注："楚之後業，皆商臣之子孫。"

［9］結纓：指季路結纓而死。《左傳·哀公十五年》："石乞、盂黶敵子路，以戈擊之，斷纓。子路曰：'君子死，冠不免。'結纓而死。"

［10］存：《文選》作"在"。

［11］鬼神害盈：《易·彖上·謙》："鬼神害盈而福謙。"害盈，不利於驕矜自滿的。

［12］皇天輔德：《尚書·蔡仲之命》："皇天無親，惟德是輔。"

［13］宋景公時，熒惑在心。公懼，召子韋問之，曰："熒惑者，天罰也；心者，宋之分野也。禍當於君。雖然，可移於宰相。"公曰："宰相所與治國家也，而移死焉，不詳。"子韋曰："可移於民。"公曰："民死，寡人將誰爲君乎！寧獨死。"子韋曰："可移於歲。"公曰："歲害則民飢，民飢必死，爲人君而殺其民以自活也，其誰以我爲君乎！"子韋曰："君善言三，今夕熒惑其徙三舍，君延年二十一歲。"宋公，宋景公。法星，即熒惑，古以爲執法之星。事詳《吕氏春秋·制樂》。

[14]相傳湯克夏，天大旱，五年不收。湯乃以身禱於桑林。“翦其髮，磨其手，以身爲犧牲，用祈福於上帝，民乃甚説，雨乃大至。”事詳《吕氏春秋·順民》。殷帝，指商湯。

[15]善惡無徵，未洽斯義：《文選》李善注：“因此而言，則害盈輔德，其由影響。若以善惡之理無徵，故未洽乎斯義。”洽，合。《文選》“善惡”上有“若使”二字。

[16]漢于公治獄多陰德，門閭壞，乃高大之，令容駟馬高蓋。自謂子孫必有興者。至其子定國而官丞相。詳《漢書》卷七一《于定國傳》。

[17]漢嚴延年遷河南太守，其母自東海來，欲從延年臘。到洛陽，適見報囚。母大驚，畢正臘，謂延年曰：“天道神明，人不可獨殺，我不自意當老見壯子被刑戮也。行矣，去汝東歸，掃除墓地耳。”後歲餘果敗。事詳《漢書》卷九〇《酷吏傳》。

[18]《易·乾·象》：“天行健，君子以自强不息。”

[19]徑廷：徑路與中庭，比喻相差很遠。廷，通“庭”。

[20]《左傳·成公十四年》：“《春秋》之稱，微而顯，志而晦，婉而成章。”顯，明白；晦，隱晦；微，精深；婉，簡約。

[21]河漢而不極：如河漢之廣大無邊。極，《文選》作“測”。

[22]庸惰：平庸懶惰的人。惰，《文選》作“怠”。

[23]窮：盡。

[24]積善餘慶：《易·坤·文言》：“積善之家，必有餘慶。”徐幹《中論·夭壽》：“北海孫翺以爲死生有命，非他人之所致也。若積善有慶，乃教化之義，誘人而納於善之理也。”

[25]鳳鳥不至：《論語·子罕》：“子曰：鳳鳥不至，河不出圖，吾已矣乎！”《文選》六臣銑注：“此蓋嘆不遇聖君亦天命也。”

[26]要趣：要旨。

[27]夕死之類：指朝生夕死之蟲。《莊子·逍遥遊》：“朝菌不知晦朔，蟪蛄不知春秋。”

[28]《左傳·哀公六年》：“是歲也，有雲如衆赤鳥，夾日以飛

三日。楚子使問諸周太史，周太史曰：‘其當王身乎！若禜之，可移於令尹、司馬。’王曰：‘除腹心之疾，而置諸股肱，何益！不穀不有大過，天其夭諸？有罪受罰，又焉移之？’遂弗禜。”荆昭，即楚子，指楚昭王。德音，善言。不卷，不滅。

[29]《文選》六臣良注：“周宣王時大旱，祈雨，罄盡珪璧於神明，而雨不至。”事詳《詩・大雅・雲漢》。

[30]于叟：即于公。種德：樹德。

[31]勛、華：放勛、重華。放勛，即堯；重華，即舜。

[32]延年：即嚴延年。　殘獷：殘忍凶惡。

[33]東陵：山名。盜跖所居，此代指盜跖。參《莊子・駢拇》。

[34]蕩蕩上帝：天帝不聞不問。《詩・大雅・蕩》：“蕩蕩上帝，下民之辟。”蕩蕩，無思慮的樣子。

[35]出《詩・鄭風・風雨》。鄭玄《箋》：“喻君子雖居亂世，不變改其節度也。”

[36]息：止。

夫食稻粱，進芻豢，[1]衣狐貉，襲冰紈，[2]觀窈眇之奇儛，[3]聽雲和之琴瑟，[4]此生人之所急，[5]非有求而爲也。修道德，習仁義，敦孝悌，立忠貞，漸禮樂之腴潤，[6]蹈先王之盛則，此君子之所急，非有求而爲也。然則君子居正體道，[7]樂天知命。[8]明其無可奈何，識其不由智力。逝而不召，來而不距，[9]生而不喜，死而不慼。瑶臺夏屋，[10]不能悦其神；土室編蓬，[11]未足憂其慮。不充詘於富貴，[12]不遑遑於所欲。[13]豈有史公、董相《不遇》之文乎？[14]

[1]芻豢：指禽畜。食草曰芻，食穀曰豢。

[2]襲：穿。　冰紈：素綺。

[3]窈眇：美妙。

[4]雲和：山名。以産琴瑟著名。《周禮·春官·大司樂》："孤竹之管，雲和之琴瑟。"

[5]生人：普通人。

[6]漸：浸潤。

[7]體道：躬行至道。

[8]樂天知命：《易·繫辭上》："樂天知命，故不憂。"

[9]距：同"拒"。

[10]瑶臺夏屋：華麗高大的房屋。

[11]土室編蓬：指簡陋的居室。《尚書大傳》："退而窮居河、濟之間，深山之中，壤室，編蓬，彈琴瑟以歌先王之風。"

[12]不充詘於富貴：《禮記·儒行》："儒有不隕穫於貧賤，不充詘於富貴。"充詘，高興過度的樣子。

[13]遑遑：心神不安的樣子。皇甫謐《高士傳》："黔婁先生妻謂曾子曰：'先生不慼慼於貧賤，不遑遑於富貴。'"

[14]史公、董相：太史公司馬遷、江都相董仲舒。《漢書》並有傳。　《不遇》：董仲舒有《士不遇賦》，司馬遷有《悲士不遇賦》，俱見清·嚴可均輯《全上古三代秦漢三國六朝文》之《全漢文》。

論成，中山劉沼致書以難之，[1]凡再反，[2]峻並爲申析以答之。會沼卒，不見峻後報者，峻乃爲書以序之曰："劉侯既有斯難，值余有天倫之慼，[3]竟未之致也。尋而此君長逝，化爲異物，[4]緒言餘論，[5]藴而莫傳。或有自其家得而示余者，悲其音徽未沬，[6]而其人已亡；青簡尚新，[7]而宿草將列，[8]泫然不知涕之無從。[9]雖隙駟不留，[10]尺波電謝，[11]而秋菊春蘭，英華靡絶，[12]故存其梗概，更酬其旨。若使墨翟之言無爽，[13]宣室之談有徵。[14]冀東平之樹，望咸陽而西靡，[15]蓋山之泉，聞弦歌而赴節。[16]但懸劍空壟，[17]有恨如何！”其論文多不載。

[1]中山劉沼致書以難之：《文選》卷四三劉孝標《重答劉秣陵沼書》李善注：“《孝標集》有沼《難〈辨命論〉書》。”中山，郡名。治所在今河北定州市。此劉沼祖籍。

[2]反：通“返”。

[3]天倫之感：何焯《義門讀書記・文選》云：“當是其兄孝慶云亡。”天倫，指兄弟。《春秋穀梁傳・隱公元年》何休注：“兄先弟後，天之倫次。”

[4]化爲異物：指去世。《文選》卷四二魏文帝《與梁朝歌令吴質書》：“元瑜長逝，化爲異物。”

[5]緒言：餘言，遺言。

[6]悲其音徽未沫：《文選》“悲”前有“余”字。音徽未沫，聲音未滅，此指文章尚存。

[7]青簡：即竹簡，因殺青寫就，故稱。

[8]宿草：指墳墓上隔年之草。《禮記・檀弓上》“曾子曰：朋友之墓，有宿草而不哭焉。”　列：佈。

[9]泫然：流淚的樣子。　涕之無從：不知眼淚從何而出。

[10]隙駟：比喻時光迅速。《禮記・三年問》：“三年之喪，二十五月而畢，若駟之過隙。”

[11]尺波電謝：以波與電光皆不久停，比喻人生短暫。謝，消逝。

[12]比喻美妙的文章，終古流傳。《楚辭・九歌・禮魂》：“春蘭兮秋菊，長無絶兮終古。”

[13]墨翟之言：墨翟所撰《墨子》一書有《明鬼》篇，認爲鬼神是存在的。　爽：差錯。

[14]宣室之談：指漢文帝坐宣室問鬼神之事於賈誼。《漢書》卷四八《賈誼傳》：文帝坐宣室，"感鬼神事，而問鬼神之本，誼具道所以然之故"。　徵：驗證。

[15]《文選》卷四三李善注："《聖賢冢墓記》曰：東平思王冢在東平，無鹽人傳云：思王歸國京師，後葬，其冢上松柏西靡。"咸陽，代指京師。

[16]《文選》卷四三李善注："《宣城記》曰：臨城縣南四十里蓋山，高百許丈，有舒姑泉。昔有舒氏女與其父析薪此泉處坐，牽挽不動，乃還告家。比還，唯見清泉湛然。女母曰：'吾女本好音樂。'乃弦歌，泉涌迴流，有朱鯉一雙，今作樂嬉戲，泉故涌出也。"赴節，合乎音樂節拍。

[17]《史記》卷三一《吴太伯世家》："季札之初使，北過徐君。徐君好季札劍，口弗敢言。季札心知之，爲使上國，未獻。還至徐，徐君已死，於是乃解其寶劍，繫之徐君冢樹而去。從者曰：'徐君已死，尚誰予乎？'季子曰：'不然。始吾心已許之，豈以死倍吾心哉！'"《文選》六臣翰注曰："言今所答亦猶懸劍於墓樹爾。"

峻又嘗爲《自序》，其略曰："余自比馮敬通，[1]而有同之者三，異之者四。何則？敬通雄才冠世，志剛金石，余雖不及之，而節亮慷慨，此一同也。敬通值中興明君，[2]而終不試用；余逢命世英主，[3]亦擯斥當年，此二同也。敬通有忌妻，[4]至於身操井臼；余有悍室，亦令家道轗軻，此三同也。敬通當更始之世，[5]手握兵符，躍馬食肉；余自少迄長，戚戚無歡，此一異也。敬通有一子仲文，[6]官成名立；余禍同伯道，[7]永無血胤，[8]此二異也。敬通膂力方剛，[9]老而益壯；余有犬馬之疾，[10]溘死無時，[11]此三異也。敬通雖芝殘蕙焚，[12]終填溝壑，[13]而爲名賢所慕，其風流郁烈芬芳，久而彌盛；余聲塵寂寞，[14]世不吾知，魂魄一去，將同秋草，此四異也。所以自力爲叙，[15]遺之好事云。”

[1]馮敬通：馮衍，字敬通，後漢京兆杜陵人。《後漢書》卷二八有傳。

[2]中興明君：指光武帝劉秀。　值：《南史》卷四九同傳作“逢”。

[3]命世英主：指梁武帝蕭衍。

[4]敬通有忌妻：《後漢書》卷二八《馮衍傳》：“衍娶北地女任氏爲妻，悍忌不得畜媵妾。兒女常自操井臼。老竟逐之，遂埳壈於時。”

[5]更始：西漢末，淮陽王劉玄年號（23—25）。

[6]一子仲文：馮衍子豹字仲文，和帝時，官武威太守，卒於尚書任上。見《後漢書》卷二八《馮衍傳》附。《南史》同傳作“子仲文”，無“一”字。

[7]伯道：鄧攸，字伯道，晉平陽襄陵人。官至尚書右僕射。携子及侄避石勒兵亂，捨己子而保全其侄，此後無子。《晉書》卷九〇《良吏傳》有傳。後世習稱無子曰伯道無兒。

[8]血胤：血氣相承的後代。

[9]膂（lǚ）力：四肢有力。　方剛：《南史》作“剛强”。

[10]犬馬之疾：對自己有病的卑稱。

[11]溘死：忽然死去。

[12]芝殘蕙焚：比喻賢才去世。

[13]填溝壑：人死埋於地下，故稱死爲填溝壑。

［14］聲塵：對聲名的謙稱。

［15］敘：《南史》作"序"。按，劉峻此《自序》乃原文之節録。説詳錢鍾書《管錐編》第四册《全梁文》卷五七劉峻《自序非全文》條。

峻居東陽，吴、會人士多從其學。[1]普通二年，[2]卒，時年六十。[3]門人謚曰玄靖先生。[4]

［1］吴、會：指吴郡、會稽郡。吴郡，治所在今江蘇蘇州市；會稽郡，治所在今浙江紹興市。

［2］普通：梁武帝年號（520—527）。　二年：《南史》作"三年"。

［3］時年六十：中華書局本《校勘記》："按：上文云'宋泰始初，青州陷魏，峻年八歲，爲人所略至中山'，則峻生於宋大明二年。自大明二年至梁普通二年，首尾六十四年；至普通三年，則首尾六十五年。'時年六十'下當脱一'四'字或'五'字。"按，此乃以"泰始初"爲泰始元年，進而推定孝標卒時年歲。實則"青州陷魏"在泰始五年，故知此校乃以不誤爲誤。參羅國威《劉孝標集校注》附《書〈梁書·劉峻傳〉後》。

［4］劉峻所撰，據《隋書·經籍志》，尚有《漢書注》一百四十卷，亡。《劉孝標集》六卷，今亦不存（後人有輯本）。又有《陸機〈演連珠〉注》及《世説新語注》，前者見《昭明文選》，後者《隋書·經籍志》著録，今存。其《世説新語注》影響尤著。高似孫《緯略》卷九有云："宋臨川王義慶采擷漢、晉以來往事佳話爲《世説新語》，極爲精絶，而猶未爲奇也。梁劉孝標注此書，引援詳確，有不言之妙。如引漢、魏、吴諸史及子、傳、地理之書，皆不必言；祇如晉氏一朝史及晉諸公别傳、譜録、文章凡一百六十六家，皆出於正史之外。紀載特詳聞見未接，實爲注書之法。"《四庫提

要》卷一三九有云："孝標所注，特爲典贍……其糾正義慶之紕繆，尤爲精核。所引諸書，十佚其九，惟賴是注以傳。故與裴松之《三國志注》、酈道元《水經注》、李善《文選注》同爲考證家所引據焉。"

劉沼字明信，中山魏昌人。[1]六代祖輿，[2]晉驃騎將軍。[3]

[1]魏昌：縣名。治所在今河北定州市東南。

[2]輿：劉輿，晉劉琨之兄。卒，追贈驃騎將軍。《晉書》卷六二《劉琨傳》有附傳。

[3]驃騎將軍：將軍名號。爲重號將軍，加授大臣、重要地方長官。晉第二品。

沼幼善屬文，既長博學。仕齊起家奉朝請，[1]冠軍行參軍。[2]天監初，拜後軍臨川王記室參軍，[3]秣陵令，[4]卒。

[1]奉朝請：本指大臣定期參加朝會，朝見皇帝。晉以下以爲官名。用以安置閑散官員，宋齊無職事。齊永明年間至六百餘人。

[2]冠軍：冠軍將軍之省稱，將軍名號。齊第三品。　行參軍：官名。王公軍府屬官，參掌府曹事。宋第七品，齊不詳。

[3]後軍臨川王：梁武帝弟蕭宏封爵號臨川王。天監初爲後將軍。本書卷二二《太祖五王傳》有傳。後軍，後軍將軍之省稱，將軍名號。與前軍、左軍、右軍合稱四軍，掌宮廷宿衛，爲禁衛軍重要將領。宋第四品，齊不詳。按，後軍，疑當依《太祖五王・臨川王宏傳》作"後將軍"。　記室參軍：官名。王公軍府屬官，掌文

書。宋第七品，梁初官品第六。

［4］秣陵：縣名。治所在今江蘇南京市中華門外。

謝幾卿，陳郡陽夏人。［1］曾祖靈運，［2］宋臨川内史，［3］父超宗，［4］齊黄門郎：［5］並有重名於前代。

［1］陳郡：郡名。治所在今河南淮陽縣。　陽夏：縣名。治所在今河南太康縣。此謝氏祖籍所在。

［2］靈運：謝靈運，南朝著名文學家。《宋書》卷六七有傳。

［3］臨川：郡名。治所在今江西臨川市西。

［4］超宗：謝超宗，《南齊書》卷三六有傳。

［5］黄門郎：即給事黄門侍郎，官名。與侍中俱掌門下衆事，管知詔令。出入禁中，職任顯要。員四人。齊第五品。

幾卿幼清辯，［1］當世號曰神童。後超宗坐事徙越州，［2］路出新亭渚，［3］幾卿不忍辭訣，遂投赴江流，左右馳救，得不沈溺。及居父憂，［4］哀毁過禮。服闋，［5］召補國子生。齊文惠太子自臨策試，［6］謂祭酒王儉曰：［7］“幾卿本長玄理，［8］今可以經義訪之。”［9］儉承旨發問，幾卿隨事辨對，辭無滯者，文惠大稱賞焉。儉謂人曰：“謝超宗爲不死矣。”

［1］清辯：聰明雄辯。

［2］越州：州名。治所在今廣西合浦縣東北舊州東。《南史》卷一九同傳作“越嶲”

［3］新亭渚：新亭下江渚。新亭，亭名，故址在今江蘇江寧縣南。本三國時吴舊亭，晉隆安中丹陽尹司馬恢之重修。宋·張敦頤

《六朝事迹編類》云："宋孝武帝即位於新亭，僕射王僧達改爲中興亭。城南十五里，俯近江渚。"過江士人往往宴飲、送客於此。

[4]父憂：父喪。

[5]服闋：服喪期滿。

[6]文惠太子：齊武帝太子蕭長懋，謚號文惠。《南齊書》卷二一有傳。　策試：古代科舉試士，書試題於簡策，故稱爲策試。

[7]祭酒：即國子祭酒，官名。國學長官，屬太常，掌國子學。員一人。齊第五品。　王儉：人名。祖籍琅邪臨沂。《南齊書》卷二三有傳。

[8]玄理：幽深微妙的義理，指老莊道家學説。

[9]經義：儒家經典的義理。

既長好學，博涉有文采。起家豫章王國常侍，[1]累遷車騎法曹行參軍，[2]相國祭酒，[3]出爲寧國令，[4]入補尚書殿中郎、太尉晉安王主簿。[5]天監初，除征虜鄱陽王記室，[6]尚書三公侍郎，[7]尋爲治書侍御史。[8]舊郎官轉爲此職者，世謂爲南奔。幾卿頗失志，多陳疾，臺事略不復理。[9]徙爲散騎侍郎，[10]累遷中書郎，[11]國子博士，[12]尚書左丞。[13]幾卿詳悉故實，[14]僕射徐勉每有疑滯，[15]多詢訪之。然性通脱，[16]會意便行，不拘朝憲，[17]嘗預樂遊苑宴，[18]不得醉而還，因詣道邊酒壚，停車褰幔，與車前三騶對飲，[19]時觀者如堵，幾卿處之自若。後以在省署，夜著犢鼻褌，[20]與門生登閣道飲酒酣嘑，[21]爲有司糾奏，坐免官。尋起爲國子博士，俄除河東太守，[22]秩未滿，[23]陳疾解。尋除太子率更令，[24]遷鎮衛南平王長史。[25]普通六年，詔遣領軍將軍西昌侯蕭淵藻督衆軍北伐，[26]幾卿啓求行，擢爲軍師長史，[27]加威戎將軍。[28]軍至渦陽退敗，[29]幾卿坐免官。

[1]豫章王：齊武帝弟蕭嶷的封爵號。《南齊書》卷二二有傳。王國常侍：官名。王國屬官，掌諫諍、司儀。宋第八品，齊不詳。

[2]車騎：車騎將軍之省稱，將軍名號。爲重號將軍，加授大臣、重要地方長官。宋第二品，齊不詳。　法曹行參軍：官名。王公軍府屬官，掌郵驛科程事。宋第七品，齊不詳。

[3]相國祭酒：相國府屬官，與主簿、舍人共掌閣内事。宋第七品，齊不詳。

[4]寧國：縣名。治所在今安徽寧國縣西南。

[5]尚書殿中郎：官名。尚書省殿中曹長官，屬尚書左僕射。掌擬詔書，多用文學之士。齊第六品。　晉安王：齊明帝長子蕭寶義之初封爵號。寶義，齊永元（499—501）末曾官太尉。《南齊書》卷五〇《明七王傳》有傳。　主簿：官名。自漢以下，中央各機構及地方州郡皆置，掌文書簿籍，爲掾吏之首。其官品隨所署長官地位高下而異。

[6]征虜：征虜將軍之省稱，將軍名號。亦用爲高級文職官員的加官。宋第三品，梁初不詳。　鄱陽王：梁武帝弟蕭恢的封爵號。本書卷二二《太祖五王傳》有傳。

[7]尚書三公侍郎：官名。尚書省諸曹郎之一，屬吏部尚書。掌法制。梁六班。中華書局本《校勘記》：“‘郎’上各本衍一‘侍’字，據《南史》删。”按，《隋書·百官志》有云：“（天監）三年，置侍郎，視通直郎。其郎中在職勤能，滿二歲者，轉之。”又，本書卷四九《文學·到沆傳》：“（天監）三年，詔尚書郎在職清能或人才高妙者爲侍郎，以沆爲殿中曹侍郎。”是天監三年以後尚書省有侍郎之職。由此可知，“侍”字非必是衍文。

[8]治書侍御史：官名。御史臺（亦稱南司或南臺）屬官，掌

舉劾官品第六以下，分統侍御史。員二人。梁六班。

[9]臺：此指御史臺。

[10]散騎侍郎：官名。集書省屬官，掌侍從左右，獻納得失。員四人。梁八班。

[11]中書郎：即中書侍郎，官名。中書省官員，舊掌詔誥。劉宋以後，草擬詔誥之權漸歸中書舍人，侍郎職少官清，成爲諸王起家官。員四人。梁九班。

[12]國子博士：官名。國子學教官，屬國子祭酒。員二人。梁九班。

[13]尚書左丞：官名。佐尚書令、僕射知省事，督録近道文書章表奏事，糾諸不法。員一人。梁九班。

[14]故實：足以效法的舊事。

[15]僕射：尚書僕射的省稱，官名。尚書令副佐，並與尚書分領諸曹事。不常置，若尚書左、右僕射並缺，則置以總左右事。梁十五班。　徐勉：人名。本書卷二五有傳。

[16]通脱：通達不拘小節。

[17]朝憲：朝廷法規。

[18]樂遊苑：苑林名。南朝宋文帝所建，内有正陽、林光諸殿，是帝王貴族宴集之所。故址在今江蘇南京市東北鍾山西足下。

[19]騶：開道引馬的騎卒。

[20]犢鼻褌：短褲。一説是圍裙。參錢大昕《十駕齋養新録》四“犢鼻褌”條。

[21]門生：門下侍從之人。　嘑：同“呼”。

[22]河東：郡名。東晉僑置，治所在今湖北松滋縣西北。

[23]秩：指任期。

[24]太子率更令：官名。東宮屬官，與太子家令、太子僕合稱太子三卿，掌宫殿門户及賞罰事。員一人。梁十班。梁元帝《金樓子·雜記上》有云：“超宗（字）［子］幾卿中拜率更令，騶人姓謝，亦名超宗，亦便自稱姓名云：超宗蟲蟻，就官乞睐。幾卿既不

容酬此言，騶人謂爲不許，而言之不已。幾卿又走。”此謝幾卿拜率更令時軼事。

[25]鎮衛：鎮衛將軍之省稱，將軍名號。梁天監七年置。本年革選，釐定將軍名號及班品，有一百二十五號十品二十四班，以班多者爲貴。鎮衛將軍爲二十四班。 南平王：梁武帝弟蕭偉之封爵號。本書卷二三《太祖五王》有傳。 長史：官名。王公軍府屬官，掌本府官吏。梁皇帝府長史爲十班。

[26]領軍將軍：官名。梁十五班。 西昌侯蕭淵藻：梁武帝長兄蕭懿之子淵藻，天監元年封西昌縣侯。本書卷二三《長沙嗣王業傳》有附傳。

[27]軍師：軍師將軍之省稱，將軍名號。爲一百二十五號將軍之一，十九班。

[28]威戎將軍：將軍名號。爲一百二十五號將軍之一，五班。

[29]渦陽：縣名。治所在今安徽蒙城縣。

居宅在白楊石井，[1]朝中交好者載酒從之，賓客滿坐。時左丞庾仲容亦免歸，[2]二人意志相得，並肆情誕縱，或乘露車歷遊郊野，[3]既醉則執鐸挽歌，[4]不屑物議。[5]湘東王在荆鎮，[6]與書慰勉之。幾卿答曰：“下官自奉違南浦，[7]卷迹東郊，望日臨風，瞻言佇立。仰尋惠渥，[8]陪奉遊宴，漾桂棹於清池，[9]席落英於曾岨。[10]蘭香兼御，[11]羽觴競集，[12]側聽餘論，沐浴玄流。[13]濤波之辯，懸河不足譬，[14]春藻之辭，麗文無以匹。[15]莫不相顧動容，服心勝口，不覺春日爲遥，更謂脩夜爲促。嘉會難常，摶雲易遠，言念如昨，忽焉素秋。恩光不遺，[16]善謔遠降。[17]因事罷歸，豈云栖息。[18]既匪高官，[19]理就一廛。[20]田家作苦，[21]實符清誨。本乏金羈之飾，[22]無假玉璧爲資，徒以老使形疏，[23]疾令心阻，[24]沈滯牀簞，彌歷七旬，夢幻俄頃，憂傷在念，竟知無益，思自祛遣。尋理滌意，即以任命爲膏酥，[25]擥鏡照形，翻以支離代萱樹。[26]故得仰慕徽猷，[27]永言前哲，鬼谷深栖，[28]接輿高舉，[29]遁名屠肆，[30]發迹關市，[31]其人緬邈，餘流可想。[32]若令亡者有知，寧不縈悲玄壤，[33]悵隔芳塵；[34]如其逝者可作，[35]必當昭被光景，歡同遊豫，使夫一介老圃，得簉虚心末席。[36]去日已疏，[37]來侍未孱，[38]連劍飛凫，[39]擬非其類，懷私茂德，竊用涕零。"

[1]白楊石井：地名。在京師建康城秦淮河南。

[2]左丞：尚書左丞之省稱。

[3]露車：無帷蓋的車。《通鑑》卷五九《漢紀五十一》"中平六年"下，胡三省注："露車者，上無巾蓋，四旁無帷裳，蓋民家以載物者耳。"

[4]鐸：古樂器，形如大鈴。宣教政令時，用來警衆。　挽歌：古人送葬時所唱哀悼死者的歌。魏晉以降，名士尚通脱，音樂以悲爲美，酒酣耳熱，亦唱挽歌。

[5]物：人。

[6]湘東王：梁元帝蕭繹初封爵號。繹曾兩度出鎮荆州。見本書卷五《元帝紀》。

[7]奉違：離別。奉，表敬之辭。違，離。　南浦：泛指送别之地。《文選》卷一六江文通《别賦》："送君南浦，傷如之何！"李善注："《楚辭》曰：子交手兮東行，送美人兮南浦。"

[8]惠渥：恩澤。

[9]桂棹：以桂木作的船槳。

[10]落英：落花。 曾岨（jū）：高山。

[11]御：用。

[12]羽觴：酒器。作雀鳥狀，左右形如兩翼。一説插羽於觴，促人速飲。

[13]玄流：比喻帝王的恩澤。《抱朴子·勖學》："玄流沾於九垓，惠風被乎無外。"

[14]懸河：比喻論辯不絶如懸河瀉水。

[15]麗文：華麗的文章。

[16]恩光：恩寵有光輝。此指帝王的恩澤。

[17]善謔：《詩·衛風·淇奥》："善戲謔兮，不爲虐兮。"謔，戲言。此處指湘東王來書。

[18]豈云栖息：舊本皆脱"息"字，此依中華書局本校補。栖息，隱居。

[19]既匪高官：舊本皆作"匪商官□"，此依中華書局本補正。匪，通"非"。

[20]一廛：一夫所居之地。《孟子·滕文公上》："遠方之人，聞君行仁政，願受一廛而爲氓。"

[21]田家作苦：《文選》卷四一楊子幼《報孫會宗書》："臣之得罪，已三年矣。田家作苦，歲時伏臘，烹羊炮羔，斗酒自勞。"謝氏此處有以楊惲（字子幼）自比之意。

[22]金羈之飾：《文選》卷二七曹子建《白馬篇》："白馬飾金羈，連翩西北馳。"此處用以指富貴。

[23]形疏：身體清瘦。

[24]心阻：心情不暢快。

[25]任命：受命。 膏酥：甘美的食物。

[26]支離：形體衰弱不振。 萱樹：指萱草，即忘憂草。

[27]徽猷：高明的謀略。《詩·小雅·角弓》："君子有徽猷，小人與屬。"

[28]鬼谷：即鬼谷子。楚人，籍貫姓氏均不詳，所居鬼谷，因以爲號。相傳爲蘇秦、張儀之師。參《史記》卷六九《蘇秦列傳》。

[29]接輿：春秋時楚國隱士，佯狂避世。參《論語》、《莊子》、《楚辭》等。

[30]遁名屠肆：指吕尚。尚，商末東海上人，因避商紂，隱於朝歌，鼓刀而屠。參《楚辭·離騷》"吕望之鼓刀兮，遭周文而得舉"王逸注。

[31]發迹闤市：指寧戚。戚，春秋時人，不得志，退而商賈，宿於齊東門外。齊桓知其才名，舉爲輔佐。參《楚辭·離騷》"寧戚之謳歌兮，齊桓聞以該輔"王逸注。

[32]餘流：餘風流韻。

[33]玄壤：指地下。

[34]芳塵：指人世。

[35]作：起。

[36]簉：副。

[37]疏：遠。

[38]孱（chán）：迫促。

[39]連劍飛凫：此蓋湘東王來書中用以贊揚謝幾卿之語。連劍，即價值連城的寶劍。飛凫，箭名。《六韜·虎韜·軍用》有云："飛凫，赤莖白羽，以銅爲首。"

幾卿雖不持檢操，[1]然於家門篤睦。兄才卿早卒，其子藻幼孤，幾卿撫養甚至。及藻成立，歷清官公府祭酒、主簿，[2]皆幾卿獎訓之力也。世以此稱之。

幾卿未及序用，病卒。文集行於世。

[1]檢操：操行。

[2]清官：清貴之官。指文學侍從類官員。按，公府祭酒、主

簿，似非清官。此處疑有誤。《南史》卷一九同傳無“公府祭酒、主簿”六字。

劉勰字彦和，東莞莒人。[1]祖靈真，宋司空秀之弟也。[2]父尚，越騎校尉。[3]

[1]東莞：郡名。治所在今山東莒縣。　莒：縣名。治所與東莞郡同。此劉勰祖籍。

[2]秀之：劉秀之。宋司徒劉穆之從兄之子，世居京口。仕宋，卒，贈侍中、司空。《宋書》卷八一有傳。按，《南史》同傳删“祖靈真，宋司空秀之弟也”一句。今人多認爲《南史》撰者以其失實，故删。參牟世金《劉勰年譜彙考》。

[3]越騎校尉：官名。禁軍五校尉之一，掌宫廷宿衛士。宋第四品，齊不詳。

勰早孤，篤志好學，家貧不婚娶，依沙門僧祐，[1]與之居處，積十餘年，遂博通經論，[2]因區别部類，録而序之。今定林寺經藏，[3]勰所定也。

[1]僧祐：齊梁著名高僧。俗姓俞，其先彭城下邳人，父世居於建康。祐年數歲入建初寺，師事僧範道人。梁天監十七年卒，年七十四。梁釋慧皎《高僧傳》卷一一有傳。

[2]經論：佛教著作中，佛所説爲經，釋經之著作爲論。

[3]定林寺：佛寺名。在今江蘇南京市東鍾山。　經藏：將佛教戒律（即律）與經、論編成大型叢書，稱爲經藏。

天監初，起家奉朝請，中軍臨川王宏引兼記室，[1]

遷車騎倉曹參軍。[2]出爲太末令，[3]政有清績。除仁威南康王記室，[4]兼東宫通事舍人。[5]時七廟饗薦已用蔬果，[6]而二郊農社猶有犧牲，[7]勰乃表言二郊宜與七廟同改，詔付尚書議，依勰所陳。遷步兵校尉，[8]兼舍人如故。昭明太子好文學，[9]深愛接之。

[1]中軍：中軍將軍之省稱，將軍名號。南朝重號將軍。宋第三品，梁初不詳。　臨川王宏：梁武帝弟蕭宏的封爵號臨川王。本書卷二二《太祖五王傳》有傳。　兼：官制術語。假職未真授之稱。

[2]倉曹參軍：官名。諸公軍府屬官，掌倉穀事。梁諸公軍府正參軍爲四班至流外。

[3]太末：縣名。治所在今浙江衢縣東北龍游鎮。

[4]仁威：仁威將軍之省稱，將軍名號。梁置，與智威、勇威、信威、嚴威將軍代舊征虜將軍。爲一百二十五號將軍之一，十六班。　南康王：梁武帝子蕭績的封爵號。本書卷二九有傳。

[5]東宫通事舍人：官名。東宫屬官，掌宣傳令旨，關通内外。梁員二人。一班。

[6]七廟：古代天子設七廟祭祀七代祖先。《禮記·王制》："天子七廟，三昭三穆，與太祖之廟而七。"　饗薦：祭祀。

[7]二郊：指南郊、北郊，古代祭祀天地的禮儀。　農社：祭社稷神。

[8]步兵校尉：太子步兵校尉之省稱，官名。東宫三校尉之一。掌宿衛。員一人。梁七班。

[9]昭明太子：梁武帝太子蕭統謚號昭明，故稱。本書卷八有傳。

初，勰撰《文心雕龍》五十篇，論古今文體，引而次之。其序曰：

夫文心者，言爲文之用心也。昔涓子《琴心》，[1]王孫《巧心》，[2]心哉美矣夫，故用之焉。古來文章，以雕縟成體，豈取騶奭羣言雕龍也。[3]夫宇宙緜邈，黎獻紛雜，[4]拔萃出類，智術而已。歲月飄忽，性靈不居，騰聲飛實，制作而已。夫肖貌天地，[5]稟性五才，[6]擬耳目於日月，[7]方聲氣乎風雷，[8]其超出萬物，亦已靈矣。形甚草木之脆，名踰金石之堅，是以君子處世，樹德建言，豈好辯哉，不得已也。[9]

[1]涓子《琴心》：涓子的著作名《琴心》。涓子，亦稱蜎子。《漢書·藝文志》道家類著録：《蜎子》十三篇，自注云："名淵，楚人，老子弟子。"

[2]王孫《巧心》：《漢書·藝文志》儒家類著録：《王孫子》一篇，自注云："一名《巧心》。"

[3]騶奭（shì）：戰國時齊人。《史記》卷七四《孟子荀卿列傳》："談天衍，雕龍奭。"騶奭修飾騶衍的學説，如雕飾龍紋，故稱。

[4]黎獻：黎民中的賢人。

[5]肖貌天地：人以天地作榜樣。《漢書·刑法志》："夫人肖天地之貌，懷五常之性。"

[6]五才：即五材。指勇、智、仁、信、忠。參《六韜·將論》。

[7]擬耳目於日月：《淮南子·精神訓》："是故耳目者，日月也；血氣者，風雨也。"

[8]方聲氣乎風雷：《春秋繁露·人副天數》："鼻口呼吸，象風氣也。"方，比。

[9]《孟子·滕文公下》："予豈好辯哉，予不得已也！"

予齒在踰立，[1]嘗夜夢執丹漆之禮器，[2]隨仲尼而南行，旦而寤，迺怡然而喜。大哉聖人之難見也！迺小子之垂夢歟！自生人以來，未有如夫子者也。[3]敷讚聖旨，莫若注經，而馬、鄭諸儒，[4]弘之已精，就有深解，未足立家。唯文章之用，實經典枝條，五禮資之以成，[5]六典因之致用，[6]君臣所以炳煥，[7]軍國所以昭明，詳其本源，莫非經典。而去聖久遠，文體解散，辭人愛奇，言貴浮詭，[8]飾羽尚畫，[9]文繡鞶帨，[10]離本彌甚，將遂訛濫。[11]蓋《周書》論辭，貴乎體要，[12]尼父陳訓，惡乎異端。[13]辭訓之異，宜體於要。於是搦筆和墨，乃始論文。

[1]立：指三十歲。《論語·爲政》："三十而立。"通行本《文心雕龍·序志》此句前有"余生七齡，乃夢彩雲若錦，則攀而採之"十五字。

[2]禮器：祭祀用的器皿。

[3]《孟子·公孫丑上》："自生民以來，未有夫子也。"此處作"生人"，當是姚思廉避唐諱改。

[4]馬、鄭：指馬融、鄭衆、鄭玄，並東漢大儒。馬融，漢扶風郡人，注《孝經》、《論語》、《詩》、《易》及《三禮》等，《後漢書》卷六〇有傳；鄭衆，漢南陽郡人，著有《春秋難記條例》，《後漢書》卷七八《宦者傳》有傳；鄭玄，後漢北海郡人，馬融之弟子，注《易》、《詩》、《書》、《禮》、《論語》、《孝經》等，《後漢書》卷三五有傳。

[5]五禮：指吉禮、凶禮、賓禮、軍禮、嘉禮。見《禮記·春官宗伯·大宗伯》，參本書卷二五《徐勉傳》。

[6]六典：指治典、教典、禮典、政典、刑典、事典。參《禮記·太宰》。

[7]炳焕：著明。

[8]浮詭：浮泛，詭異。

[9]飾羽尚畫：在羽毛上加色彩。比喻浮華。《莊子·列禦寇》："魯莊公問於顏闔曰：'吾以仲尼爲貞幹，國其有瘳乎?'曰：'殆哉圾乎仲尼！方且飾羽而畫，從事華辭，以支爲旨，忍性以視民而不知不信，受乎心，宰乎神，夫何足以上民！'"

[10]鞶帨：大帶和佩巾。揚雄《法言·寡見》："今之學也，非獨爲之華藻也，又從而繡其鞶帨。"

[11]訛濫：浮華不正。

[12]《尚書·周書·畢命》："政貴有恒，辭尚體要，不惟好異。"體要，切實簡要。

[13]《論語·爲政》：子曰："攻乎異端，斯害也已。"異端，不合乎儒家正統的學術思想。

詳觀近代之論文者多矣。至如魏文述《典》，[1]陳思序《書》，[2]應瑒《文論》，[3]陸機《文賦》，[4]仲治《流别》，[5]弘範《翰林》，[6]各照隅隙，鮮觀衢路。或臧否當時之才，[7]或銓品前修之文，[8]或汎舉雅俗之旨，或撮題篇章之意。魏《典》密而不周，陳《書》辯而無當，應《論》華而疏略，陸《賦》巧而碎亂，《流别》精而少功，《翰林》淺而寡要。又君山、公幹之徒，[9]吉甫、士龍之輩，[10]汎議文意，往往間出，並未能振葉以尋根，觀瀾而索源。不述先哲之誥，無益後生之慮。

[1]魏文：魏文帝曹丕。　《典》：指《典論·論文》。見《文選》卷五三。

[2]陳思：魏曹植封爵號陳王，謚曰思，故稱。《三國志》卷一九有傳。　《書》：指《與楊德祖書》。見《文選》卷四二。

[3]應瑒：後漢汝南人，建安七子之一。《三國志》卷二一《魏書·王粲傳》有附傳。　《文論》：即《文質論》。見《藝文類聚》卷二二。

[4]陸機：晉吴郡人。《晉書》卷五四有傳。　《文賦》：見《文選》卷一七。

[5]仲治：摯虞字仲治，晉京兆人。《晉書》卷五一有傳。仲治，中華本作“仲洽”，其《校勘記》云：“‘洽’各本作‘治’，今改正。”所據或即《晉書》。按，今人徐震堮《世説新語校箋》、余嘉錫《世説新語箋疏》並作“仲治”。清·姚振宗《隋書經籍志考證》卷一八《史部·儀注類》“《決疑要注》一卷，摯虞撰”下引《晉書》本傳“虞字仲洽”，加小注云：“當爲仲治。”王佩諍《兩晉南北朝群書校釋録要》之一《世説新語校釋掇瑣》有云：“唐虞之治，殷周之隆，見《漢書·藝文志》。仲治名虞，其名與字之解詁極確。訛本《晉書》作‘仲洽’，謬甚。”是中華本誤以不訛爲訛。程章燦《摯虞字仲治考》有詳考，見其所撰《世族與六朝文學》，可參。　《流别》：即《文章流别論》，今殘缺。見清·嚴可均輯《全上古三代秦漢三國六朝文》之《全晉文》。

[6]弘範：李充字弘範，一作“弘度”，晉江夏郡人。《晉書》卷九二《文苑》有傳。　《翰林》：即《翰林論》，已殘，見清·嚴可均輯《全上古三代秦漢三國六朝文》之《全晉文》。

[7]臧否（pǐ）：褒貶。

[8]銓品：品評。

[9]君山：桓譚字君山，後漢沛國人，有著作《新論》。《後漢書》卷二八有傳。　公幹：劉楨字公幹，後漢東平郡人，建安七子之一。《三國志》卷二一《魏書·王粲傳》有附傳。

[10]吉甫：應貞字吉甫，晉汝南郡人。《晉書》卷九二有傳。　士龍：陸雲字士龍，陸機之弟。《晉書》卷五四《陸機傳》有附傳。

蓋《文心》之作也，本乎道，師乎聖，體乎經，酌乎緯，變乎《騷》，文之樞紐，亦云極矣。若乃論文叙筆，[1]則囿別區分，原始以表末，[2]釋名以章義，[3]選文以定篇，[4]敷理以舉統。[5]上篇以上，綱領明矣。至於割情析表，[6]籠圈條貫，[7]擒神性，[8]圖風勢，[9]苞會通，[10]閱聲字，[11]崇替於《時序》，[12]褒貶於《才略》，[13]怊悵於《知音》，[14]耿介於《程器》，[15]長懷《序志》，[16]以馭羣篇。下篇以下，毛目顯矣。位理定名，彰乎《大易》之數，其爲文用，四十九篇而已。[17]

[1]文：指有韻的文體。　筆：指無韻的文體。

[2]原始以表末：探討文體的演變。

[3]釋名以章義：解釋各文體的含義。章，通“彰”。

[4]選文以定篇：選擇作品講文體。

[5]敷理以舉統：陳述各體文章的寫作要點。

[6]割情析表：分析文章的内容和表現形式。《文心雕龍·序志》一本作“剖情析采”。參周振甫《文心雕龍注釋》。

[7]籠圈條貫：包舉一切，分析條理。

[8]擒神性：闡述神思、體性。

[9]圖風勢：思考風骨、定勢。

[10]苞會通：包舉附會、通變。

[11]閱聲字：考察聲律、練字。

[12]崇替於《時序》：在《時序》中研究文學盛衰變化。替，舊本皆訛“贊”，此依中華書局本校改。

[13]褒貶於《才略》：在《才略》中評論才調優劣。

[14]怊悵於《知音》：在《知音》中感歎知音的難得。

[15]耿介於《程器》：在《程器》中表達有關文人品德的感憤。

[16]長懷《序志》：在《序志》中申述我的懷抱。

[17]指《文心雕龍》全書五十篇，除去《序志》，爲四十九篇。《易·繫辭》：“大衍之數五十，其用四十有九。”

夫銓叙一文爲易，彌綸羣言爲難，[1]雖復輕采毛髮，深極骨髓，或有曲意密源，似近而遠，辭所不載，亦不勝數矣。及其品評成文，有同乎舊談者，非雷同也，勢自不可異也。有異乎前論者，非苟異也，理自不可同也。同之與異，不屑古今，擘肌分理，[2]唯務折衷。案轡文雅之場，[3]而環絡藻繪之府，[4]亦幾乎備矣。但言不盡意，聖人所難，[5]識在缾管，[6]何能矩矱。[7]茫茫往代，既洗予聞；[8]眇眇來世，儻塵彼觀。[9]

既成，未爲時流所稱。勰自重其文，欲取定於沈約。[10]約時貴盛，無由自達，乃負其書，候約出，干之於車前，[11]狀若貨鬻者。[12]約便命取讀，大重之，謂爲深得文理，常陳諸几案。

[1]彌綸：包羅，統括。

[2]擘（bò）肌分理：比喻剖析精細。《文選》卷二張平子《西京賦》："剖析毫釐，擘肌分理。"注："雖毫釐肌理之間，亦能分擘。"

[3]案轡：扣緊馬繮，使馬慢步前行。比喻謹慎認真地考察。

[4]環絡：回環繞行，比喻反復細緻審視。

[5]《易·繫辭上》："子曰：'書不盡言，言不盡意。'"

[6]識在缾管：形容識見短淺。《左傳·昭公七年》："雖有挈缾之知，守不假器。"《莊子·秋水》："是直用管窺天，用錐指地也。"

[7]矩矱：規則法度。

[8]洗予聞：使我對文學的見識更清楚。洗，《文心雕龍·序志》一本作"沈"。

[9]塵彼觀：使後人觀瞻受到污染。

[10]沈約：人名。本書卷一三有傳。

[11]干：求。此處指求見。

[12]貨鬻者：賣東西的人。

然勰爲文長於佛理，京師寺塔及名僧碑誌，必請勰製文。有敕與慧震沙門於定林寺撰經證，[1]功畢，遂啓求出家，先燔鬢髮以自誓，敕許之。乃於寺變服，改名慧地。未春而卒。[2]文集行於世。

[1]敕：皇帝的詔命。

[2]朞（jī）：一周年。朞，同"期"。

王籍字文海，琅邪臨沂人。[1]祖遠，宋光禄勳。[2]父僧祐，[3]齊驍騎將軍。[4]

[1]琅邪：郡名。治所在今山東臨沂市北。　臨沂：縣名。治所在今山東費縣東。此王氏祖籍。

[2]光禄勳：官名。掌宫殿門户。宋第三品。

[3]僧祐：王僧祐，《南齊書》卷四六《王秀之傳》有附傳。

[4]驍騎將軍：官名。禁衛軍六軍之一，領營兵並統宿衛。宋第四品，齊不詳。

籍七歲能屬文，及長好學，博涉有才氣，樂安任昉見而稱之。[1]嘗於沈約坐賦得《詠燭》，[2]甚爲約賞。齊末，爲冠軍行參軍，累遷外兵、記室。[3]天監初，除安成王主簿，尚書三公郎，廷尉正。[4]歷餘姚、錢塘令，[5]並以放免。久之，除輕車湘東王諮議參軍，[6]隨府會稽。[7]郡境有雲門、天柱山，[8]籍嘗遊之，或累月不反。[9]至若邪溪賦詩，[10]其略云："蟬噪林逾静，鳥鳴山更幽。"當時以爲文外獨絶。[11]還爲大司馬從事中郎，[12]遷中散大夫，[13]尤不得志，遂徒行市道，不擇交遊。湘東王爲荆州，引爲安西府諮議參軍，[14]帶作塘令，[15]不理縣事，日飲酒，人有訟者，鞭而遣之。少時，卒。文集行於世。

子碧，亦有文才，先籍卒。

[1]樂安任昉：任昉，人名。祖籍樂安郡。本書卷一四有傳。

[2]賦得《詠燭》：古人作詩，限定以前人詩名或某事物名爲題，稱爲賦得。《詠燭》，詩今不存。得詠，舊本倒誤爲"詠得"，此依中華書局本校正。

[3]外兵、記室：即外兵參軍、記室參軍，皆官名。並王公軍府屬官。外兵參軍，掌所轄軍隊政令，齊官品第六。

[4]廷尉正：官名。廷尉屬官，與廷尉平、廷尉監合稱廷尉三官，佐廷尉卿，掌刑獄。梁廷尉三官爲六班。

[5]餘姚：縣名。治所在今浙江餘姚縣。姚，《南史》卷二一《王弘傳》附同傳及《册府元龜》作“杭”。　錢塘：縣名。治所在今浙江杭州市。

[6]輕車：輕車將軍之省稱，將軍名號。梁代與征遠、鎮朔將軍等代舊輔國將軍。爲一百二十五號十品二十四班將軍之一，十四班。　諮議參軍：官名。王公軍府屬官，掌諷議。其班品依府主地位高下而定。梁九班至六班。

[7]會稽：郡名。治所在今浙江紹興市。

[8]雲門山：一名東山。在今浙江紹興市南。　天柱山：即宛委山，又名玉笥山，爲今浙江紹興市會稽山之一峰。

[9]反：通“返”。

[10]若邪溪：水名。在今浙江紹興縣南。

[11]《顔氏家訓·文章》：“王籍《入若耶溪》詩云：‘蟬噪林逾静，鳥鳴山更幽。’江南以爲文外斷絶，物無異議。簡文吟詠，不能忘之，孝元諷味，以爲不可復得，至《懷舊志》載於籍傳。范陽盧詢祖，鄴下才俊，乃言：‘此不成語，何事於能！’魏收亦然其論。《詩》云：‘蕭蕭馬鳴，悠悠旆旌。’《毛傳》云：‘言不喧嘩也。’吾每歎此解有情致，籍詩生於此意耳。”按，王籍此詩今存，見逯欽立輯《全梁詩》卷一七。

[12]從事中郎：官名。諸公府屬官，與長史共掌本府官吏。梁九班至八班。

[13]中散大夫：官名。養老疾，無職事。梁屬光禄卿，十班。

[14]安西：安西將軍之省稱，將軍名號。與安東、安南、安北將軍合稱四安將軍，爲出鎮方面的軍事長官，或作爲刺史兼理軍務的加官，權任頗重。爲一百二十五號將軍之一，二十一班。

[15]帶：官制術語。本職之外，另帶某職官號、俸禄而不理其事。　塘：《南史》卷二一《王弘傳》附《王籍傳》作“唐”，是。

《南齊書·州郡》有作唐縣，屬荆州南平郡，治所在今湖南安鄉縣北。

何思澄字元静，東海郯人。[1]父敬叔，齊征東録事參軍、餘杭令。[2]

[1]東海：郡名。治所在今山東郯城縣北。　郯：縣名。治所與東海郡同。此何思澄祖籍。

[2]征東：征東將軍之省稱，將軍名號。東西南北四征將軍之一，多持節都督，出鎮方面，地位顯要。宋第三品，齊不詳。　録事參軍：官名。王公軍府屬官，總録衆署文簿，舉彈善惡。宋第七品，齊不詳。　餘杭：縣名。治所在今浙江餘杭市。餘杭，中華書局本《校勘記》："《南史》作'父敬叔，齊長城令'。"

思澄少勤學，工文辭。起家爲南康王侍郎，[1]累遷安成王左常侍，[2]兼太學博士，[3]平南安成王行參軍，[4]兼記室。隨府江州，[5]爲《遊廬山詩》，[6]沈約見之，大相稱賞，自以爲弗逮，約郊居宅新構閣齋，因命工書人題此詩於壁。傅昭常請思澄製《釋奠詩》，[7]辭文典麗。[8]除廷尉正。天監十五年，敕太子詹事徐勉舉學士入華林撰《徧略》，[9]勉舉思澄等五人以應選。[10]遷治書侍御史。宋、齊以來，此職稍輕，天監初始重其選，車前依尚書二丞給三騶，[11]執盛印青囊，舊事糾彈官印綬在前故也。久之，遷秣陵令，[12]入兼東宫通事舍人。除安西湘東王録事參軍[13]，兼舍人如故。時徐勉、周捨以才具當朝，[14]並好思澄學，常遞日招致之。昭明太子薨，出爲黟縣令。[15]遷除宣惠武陵王中録事參軍，[16]卒官，時年五十四。文集十五卷。

[1]南康王：此當指齊明帝子南康王蕭寶融。寶融初封隨郡王，東昏侯永元元年（499）改封南康王。詳《南齊書》卷八《和帝紀》。

[2]左常侍：官名。王國屬官，與右常侍共掌諫諍、司儀。皇子國常侍，梁二班。

[3]太學博士：官名。屬太常卿。掌五經，教授國子。梁員八人，二班。

[4]平南：平南將軍之省稱，將軍名號。與平東、平西、平北將軍合稱四平將軍，多持節都督或監某一地區的軍事，亦可作爲刺史兼理軍務的加官。爲一百二十五號十品二十四班將軍之一，二十班。

[5]江州：州名。治所在今江西九江市西南。

[6]《遊廬山詩》：今不存。

[7]傅昭：人名。本書卷二六有傳。　《釋奠詩》：今不存。

[8]辭文：舊本皆作“辭又”，此依中華書局本校改。

[9]太子詹事：官名。總理東宫庶務，或參議大政，職任甚重。員一人。梁十四班。　徐勉：人名。本書卷二五有傳。　華林：即華林園。初建於三國吴，擴建於劉宋。内有華光殿、景陽樓、竹林堂諸勝。爲六朝皇王貴官遊宴之所。故址在今江蘇南京市鷄鳴山南古臺城内。　《徧略》：即《華林遍略》。《隋書·經籍志》著録：“《華林遍略》六百二十卷。梁綏安令徐僧權等撰。”姚振宗《隋書經籍志考證》引唐·杜寶《大業雜記》云：“祕書監柳顧言曰：梁主以隱士劉孝標撰《類苑》一百二十卷，自言天下之事畢盡此書，無一物遺漏。梁武心不伏，即敕華林園學士七百餘人，人撰一卷，其事數倍多於《類苑》。”

[10]五人：據《南史》卷七二《文學·何思澄傳》，五人指何思澄、顧協、劉杳、王子雲、鍾嶼。

[11]尚書二丞：指尚書左丞、右丞。　騶：即騶人。車前開道引馬的騎卒。自晉以來，諸公至御史皆分等差給騶。

[12]秣陵：縣名。治所在今江蘇南京市中華門外。

[13]安西湘東王：《南史》同。按，據本書《元帝紀》、《武帝紀》知，湘東王蕭繹爲安西將軍在大同元年，在徐勉、周捨當朝，昭明太子薨之後。此述於其前，顯然有誤。

[14]周捨：人名。本書卷二五有傳。

[15]黟縣：縣名。治所在今安徽黟縣東。

[16]宣惠：宣惠將軍之省稱，將軍名號。梁置，與鎮兵、翊師、宣毅將軍代舊東西南北四中郎將。爲一百二十五號將軍之一，十七班。　武陵王：梁武帝子蕭紀之封爵號。本書卷五五有傳。

初，思澄與宗人遜及子朗俱擅文名，[1]時人語曰："東海三何，子朗最多。"[2]思澄聞之，曰："此言誤耳。如其不然，故當歸遜。"思澄意謂宜在己也。[3]

[1]遜：何遜，本書《文學上》有傳。

[2]多：優。

[3]顏之推《顏氏家訓·文章》："江南語曰：'梁有三何，子朗最多。'三何者，遜及思澄、子朗也。子朗信饒清巧，思澄遊廬山，每有佳篇，並爲冠絶。"

子朗字世明，早有才思，工清言，[1]周捨每與共談，服其精理。嘗爲《敗冢賦》，[2]擬莊周馬棰，[3]其文甚工。世人語曰："人中爽爽何子朗。"[4]歷官員外散騎侍郎，[5]出爲國山令。[6]卒，時年二十四。文集行於世。

[1]清言：即玄談。六朝士人崇尚老莊，以《周易》、《老子》、《莊子》爲三玄，好辨析玄理。參顔之推《顔氏家訓·勉學》。

[2]《敗冢賦》：今不存。

[3]莊周馬棰：莊周《莊子·至樂》有述"莊子之楚，見空髑髏，髐然有形，撽以馬棰，因而問之"的故事。旨在寄寓其齊死生的思想。後漢張衡《髑髏賦》、三國曹植《髑髏説》均爲擬作。此"擬莊周馬棰"蓋與之同類。

[4]爽爽：高明卓越的樣子。

[5]員外散騎侍郎：官名。集書省屬官，多以公族、功臣之子充任。爲閑散之職。梁三班。

[6]國山：縣名。治所在今江蘇宜興市西南。國，舊本皆訛"固"，此依中華書局本校改。

劉杳字士深，平原平原人也。[1]祖乘民，宋冀州刺史。[2]父聞慰，齊東陽太守，有清績，在《齊書·良政傳》。

[1]平原：前平原是郡名，後平原是縣名。治所在今山東平原縣西南。此劉氏祖籍。

[2]冀州：州名。治所在今河北高邑縣西南。

杳年數歲，徵士明僧紹見之，[1]撫而言曰："此兒實千里之駒。"[2]十三，丁父憂，[3]每哭，哀感行路。[4]天監初，[5]爲太學博士、宣惠豫章王行參軍。

[1]徵士：不就朝廷徵聘之士。　明僧紹：人名。祖籍平原郡。《南齊書》卷五四《高逸》有傳。

[2]千里之駒：比喻英俊有爲的青少年。《史記》卷八三《魯仲連列傳》張守節《正義》引《魯仲連子》："有徐劫者，其弟子曰魯仲連，年十二，號'千里駒'。"

[3]丁：遭。

[4]行路：指行路之人。

[5]初，《南史》卷四九《劉懷珍傳》附《劉杳傳》作"中"。

杳少好學，博綜羣書，沈約、任昉以下，每有遺忘，皆訪問焉。嘗於約坐語及宗廟犧樽，[1]約云："鄭玄答張逸，[2]謂爲畫鳳皇尾婆娑然。[3]今無復此器，則不依古。"杳曰："此言未必可按。[4]古者樽彝，[5]皆刻木爲鳥獸，鑿頂及背，以出内酒。[6]頃魏世魯郡地中得齊大夫子尾送女器，[7]有犧樽作犧牛形；晉永嘉賊曹嶷於青州發齊景公冢，[8]又得此二樽，形亦爲牛象。二處皆古之遺器，知非虚也。"約大以爲然。約又云："何承天《纂文》奇博，[9]其書載張仲師及長頸王事，此何出?"杳曰："仲師長尺二寸，唯出《論衡》。[10]長頸是毗騫王，[11]朱建安《扶南以南記》云：[12]古來至今不死。"約即取二書尋檢，一如杳言。約郊居宅時新構閣齋，[13]杳爲贊二首，[14]並以所撰文章呈約，約即命工書人題其贊于壁。仍報杳書曰："生平愛嗜，不在人中，林壑之歡，多與事奪。日暮塗殫，此心往矣；猶復少存閑遠，徵懷清曠。結宇東郊，匪云止息，[15]政復頗寄夙心，[16]時得休偃。仲長遊居之地，[17]休璉所述之美，[18]望慕空深，何可髣髴。君愛素情多，惠以二贊。辭采妍富，事義畢舉，[19]句韻之間，光影相照，便覺此地，自然十倍。故知麗辭之益，其事弘多，輒當置之閣上，坐卧嗟覽。別卷諸篇，並爲名製。又《山寺》既爲警策，《諸賢從》時復高奇，[20]解頤愈疾，[21]義兼乎此。遲比敘會，更共申析。”其爲約所賞如此。又在任昉坐，有人餉昉桰酒而作榐字。[22]昉問杳：“此字是不?”[23]杳對曰：“葛洪《字苑》作木旁旮。”[24]昉又曰：“酒有千日醉，當是虛言。”杳云：“桂陽程鄉有千里酒，[25]飲之至家而醉，亦其例也。”昉大驚曰：“吾自當遺忘，實不憶此。”杳云：“出楊元鳳所撰《置郡事》。元鳳是魏代人，此書仍載其賦，云三重五品，商溪摖里。”[26]時即檢楊記，言皆不差。王僧孺被敕撰譜，[27]訪杳血脉所因。杳云：“桓譚《新論》云：[28]‘太史《三代世表》，[29]旁行邪上，並效周譜。’[30]以此而推，當起周代。”僧孺歎曰：“可謂得所未聞。”周捨又問杳：“尚書官著紫荷橐，相傳云‘挈囊’，竟何所出?”杳答曰：“《張安世傳》曰：[31]‘持橐簪筆，事孝武皇帝數十年。’韋昭、張晏注並云[32]‘橐，囊也。近臣簪筆，以待顧問’。”范岫撰《字書音訓》，[33]又訪杳焉。其博識强記，皆此類也。

[1]犧樽：古代酒器，作犧牛形。宋·王觀國《學林》卷一《獻犧》條、洪邁《容齋三筆》卷一三《犧尊象尊》條，並有辨析，可參。

[2]鄭玄：人名。後漢北海郡人，著名經學家。《後漢書》卷三五有傳。

[3]娑娑然：紛披、舒展的樣子。《南史》卷四九同傳作“婆娑然”。

[4]按，《南史》卷四九同傳作“安”。

[5]樽彝：《爾雅·釋器》：“彝、卣、罍，器也。”《注》：“皆盛酒尊。彝，其總名。”

[6]内：同“納”。

[7]魏世：三國曹魏時代。《南史》“世”作“時”，當是避唐諱改。　魯郡：郡名。治所在今山東曲阜市東古城。　子尾：春秋時齊大夫。見《左傳》襄公二十八、二十九年傳文。

[8]永嘉：晉懷帝年號（307—313）。　青州：州名。治所在今山東淄博市東北臨淄鎮北。　齊景公：春秋時齊國國君，名杵臼。詳《史記》卷三二《齊太公世家》。

[9]何承天：人名。祖籍東海郡。所撰有《春秋前傳》、《春秋前傳雜語》、《纂文》等。《宋書》卷六四有傳。

[10]仲師長尺二寸，唯出《論衡》：中華書局點校本《南史》校勘記云：“檢今本《論衡》作‘潁川張仲師長一丈二寸’，殆誤。按《太平御覽》三七八三引何承天《纂文》作‘潁川張仲師長二尺二寸’。‘一尺二寸’與‘二尺二寸’，未知孰是。”

[11]長頸是毗騫王：毗騫國國王，南方號曰長頸王。見本書《諸夷·扶南王傳》附。

[12]朱建安《扶南以南記》：《隋書·經籍志》著録：“《扶南異物志》一卷，朱應撰。”清·姚振宗《隋書經籍志考證》云：“案此則朱應字建安，其書亦稱《扶南以南記》。”錢大昕《十駕齋養新録》卷一二《朱建安》條有云：“應，當是建安名也。”

[13]沈約立宅東郊，事詳本書卷一三《沈約傳》。

[14]贊：文體之一種，用於贊美。其類有三：雜贊、哀贊、史贊。參明·徐師曾《文體明辨序説》。

[15]匪：通“非”。

[16]政：僅，衹。

[17]仲長統，姓仲長，名統，後漢山陽郡人。性倜儻，州郡命召輒稱疾不就。欲卜居清曠以樂其志。著論有“使君有良田廣宅，背山臨流，溝池環匝，竹木周佈，場圃築前，果園樹後”云云。詳《後漢書》卷四九《仲長統傳》。

[18]應璩，字休璉，後漢汝南人。見《三國志》卷二一《魏書·王粲傳》裴松之注引《文章叙録》。應璩《與從弟君苗君胄書》述遊觀之樂，有云：“逍遥陂塘之上，吟詠菀柳之下，結春芳以崇佩，折若華以翳日，弋下高雲之鳥，餌出深淵之魚，蒲且讚善，便嬛稱妙，何其樂哉！”文載《文選》卷四二。

[19]事義：指作品的内容和意義。

[20]《山寺》、《諸賢從》：並當爲劉杳“所撰文章”，故當加書名號。中華書局點校本未加，此補。

[21]解頤：使人開顔歡笑。《漢書》卷八一《匡衡傳》：“無説《詩》，匡鼎來；匡説《詩》，解人頤。” 愈疾：使人疾愈。《三國志》卷二一《魏書·王粲傳》裴松之注引《典略》：“（陳）琳作諸書及檄，草成呈太祖。太祖先若頭風，是日疾發，卧讀琳所作，翕然而起曰：‘此愈我病！’數加厚賜。”

[22]㮳（zhèn）酒：㮳木汁釀製的酒。參清·俞正燮《癸巳類稿》卷七《書〈劉杳傳〉後》條。 棖：“盞”之俗字。參《顔氏家訓·書證》。按，劉杳未知俗别字，乃以“㮳”字解之，非是。

[23]不：同“否”。

[24]葛洪：人名。晉丹陽句容人。《晉書》卷七二有傳。

[25]桂陽：郡名。治所在今湖南郴州市。 程鄉：縣名。治所在今廣東梅縣。

[26]商溪、㩦（qì）里：地未詳。

[27]王僧孺：人名。本書卷三三有傳。

[28]桓譚：人名，字君山。後漢沛國相人。《後漢書》卷二八

有傳。　《新論》:《隋書·經籍志》著録:"《桓子新論》十七卷,後漢六安丞桓譚撰。"

[29]太史《三代世表》:指太史公司馬遷《史記·三代世表》。

[30]並效周譜:效,《史記·十二諸侯年表》司馬貞《索隱》引作"放"。"放",通"仿"。又,劉知幾《史通》卷三《表曆》有云:"蓋譜之建名,起於周代。表之所作,因譜象形,故桓君山有云:'太史公《三代世表》,旁行斜上,並效周譜。'此其論歟!"

[31]《張安世傳》:當是《漢書》卷六九《趙充國傳》之誤。

[32]韋昭:三國吴郡人。《三國志》卷六五有傳。　張晏:字子博,中山人。見唐·顔師古《漢書叙例》。按,宋·張淏《雲谷雜記》卷一有云:"持橐事,見《趙充國傳》,非《張安世傳》,而注中亦無韋昭,此又劉杳記之不審也。"

[33]范岫:人名。本書卷二六有傳。《字書音訓》,今不存。

尋佐周捨撰國史。出爲臨津令,[1]有善績,秩滿,縣人三百餘人詣闕請留,[2]敕許焉。杳以疾陳解,還除雲麾晉安王府參軍。[3]詹事徐勉舉杳及顧協等五人入華林撰《徧略》,[4]書成,以本官兼廷尉正,又以足疾解。因著《林庭賦》。王僧孺見之歎曰:"《郊居》以後,[5]無復此作。"普通元年,復除建康正,[6]遷尚書駕部郎,[7]數月,徙署儀曹郎,[8]僕射勉以臺閣文議專委杳焉。[9]出爲餘姚令,[10]在縣清潔,人有饋遺,一無所受,湘東王發教褒稱之。[11]還除宣惠湘東王記室參軍,母憂去職。[12]服闋,復爲王府記室,兼東宫通事舍人。大通元年,[13]遷步兵校尉,兼舍人如故。昭明太子謂杳曰:"酒非卿所好,而爲酒厨之職,[14]政爲不愧古人耳。"俄有敕代裴子野知著作郎事。[15]昭明太子薨,新宫建,[16]舊人例無停者,[17]敕特留杳焉。仍注太子《徂歸賦》,[18]稱爲博悉。僕射何敬容奏轉杳王府諮議,[19]高祖曰:"劉杳須先經中書。"仍除中書侍郎。[20]尋爲平西湘東王諮議參軍,[21]兼舍人、知著作如故。遷爲尚書左丞。大同二年,[22]卒官,時年五十。[23]

[1]臨津:縣名。治所在今江蘇宜興市西北。

[2]闕:指皇帝所居之處。

[3]雲麾:雲麾將軍之省稱,將軍名號。梁置,與武臣、爪牙、龍騎將軍代舊前後左右四將軍。爲一百二十五號將軍之一,十八班。　晉安王:梁簡文帝蕭綱之初封爵號。　參軍:官名。王公軍府屬官,參掌府曹事。皇子府正參軍,梁四班。

[4]詹事:即太子詹事,官名。梁十四班。　顧協:人名。本書卷三〇有傳。按,此處記《華林遍略》"書成"於普通元年前,而《南史·何思澄傳》載其撰事始於天監十五年(516),八年書乃成,則書成已至普通四年。疑此處"書成"中間脱"未"字。參曹道衡、沈玉成《中古文學史料叢考》卷四《〈梁書·劉杳傳〉奪字及劉杳撰著志疑》條。

[5]《郊居》:指沈約《郊居賦》,見本書卷一三《沈約傳》。

[6]建康正:官名。與建康平、建康監合稱建康三官。梁天監元年置,掌京師所在建康縣刑獄。梁四班。

[7]尚書駕部郎:官名。尚書省諸曹郎之一,屬左民尚書。掌車駕、畜牧之政。梁五班。

[8]儀曹郎:官名。尚書省儀曹長官,掌禮儀制度。屬祠部尚書或尚書右僕射。梁五班。

[9]勉:即徐勉。臺閣:官署名,此指尚書省。

[10]餘姚:縣名。治所在今浙江餘姚市。

［11］教：文體之一種。《隋書·百官志》："公侯封郡縣者，言曰教。"

［12］母憂：母喪。

［13］大通：梁武帝年號（527—529）。按，據本書卷四七《孝行·劉霽傳》，杳兄霽十四居父憂，五十居母憂；又據《南齊書》卷五三《良政·劉懷慰傳》，杳父懷慰卒於齊永明九年（491），因而可推知杳母卒於大通元年（527）。故疑此"大通"上當脱"中"字。中大通元年（529）正爲劉杳服闋以後。參曹道衡、沈玉成《中古文學史料叢考》卷四《〈梁書·劉杳傳〉奪字及劉杳撰著志疑》條。

［14］酒厨之職：指步兵校尉。晉阮籍嗜酒，"聞步兵厨營人善釀，有貯酒三百斛，乃求爲步兵校尉。"見《晉書》卷四九《阮籍傳》。後世因以步兵校尉爲酒厨之職。

［15］裴子野：人名。本書卷三十有傳。　知：官制術語。奉特敕掌管本官職權範圍以外的他項事務。　著作郎：官名。祕書省屬官，掌國史，集注起居。爲清簡之職，多甲族貴遊起家之選。員一人。梁六班。

［16］新宫建：指蕭綱被立爲皇太子。宫，指東宫。

［17］停：留任。

［18］《徂歸賦》：《藝文類聚》卷二七作《阻歸賦》。

［19］何敬容：人名。本書卷三七有傳。

［20］中書侍郎：官名。中書省官員，舊掌詔誥。劉宋以下，草擬詔誥之權漸歸中書舍人，侍郎職少官清，成爲諸王起家官。員四人。梁九班。

［21］平西：平西將軍之省稱，將軍名號。與平南、平東、平北將軍合稱四平將軍，多持節都督或監某一地區的軍事，亦可作爲刺史兼理軍務的加官。爲一百二十五號將軍之一，二十班。

［22］大同：梁武帝年號（535—546）。

［23］年五十：據《南齊書》卷五三《良政·劉懷慰傳》，劉杳

父懷慰卒於齊永明九年（491），而本傳既云杳年“十三，丁父憂”，則劉杳之生在宋順帝昇明三年（479）。至大同二年卒，則其享年當爲五十八。又，《南史》卷七六《隱逸·阮孝緒傳》：“大同二年正月，孝緒自筮卦，‘吾壽與劉著作同年’。及劉杳卒，孝緒曰：‘劉侯逝矣，吾其幾何！’其年十月卒，年五十八。”阮孝緒壽五十八，同年壽的劉杳自當爲五十八。故知此處“五十”後脱“八”字。

杳治身清儉，無所嗜好。爲性不自伐，[1]不論人短長，及覩釋氏經教，常行慈忍。天監十七年，[2]自居母憂，便長斷腥羶，持齋蔬食。及臨終，遺命斂以法服，[3]載以露車，[4]還葬舊墓，隨得一地，容棺而已，不得設靈筵祭醊。[5]其子遵行之。

[1]自伐：自誇，自傲。

[2]天監十七年：此疑有誤。上文述其因母憂去職在普通元年（520）以後，大通元年（527）以前，此又云“天監十七年（518），自居母憂”，顯然矛盾。

[3]法服：禮法規定的標準服。

[4]露車：無帷蓋之車，民家用以載物者。

[5]祭醊（zhuì）：祭祀時用以酹地的酒。

杳自少至長，多所著述。撰《要雅》五卷，《楚辭草木疏》一卷，[1]《高士傳》二卷，《東宫新舊記》三十卷，《古今四部書目》五卷，[2]並行於世。

[1]《楚辭草木疏》一卷：《隋書·經籍志》著録：“《離騷草木疏》二卷，劉杳撰。”與此異。

[2]《古今四部書目》五卷：此下，《南史》卷四九同傳有“文集十五卷”五字。又，《隋書·經籍志》著録：“《壽光書苑》二百卷，梁尚書左丞劉杳撰。”

謝徵字玄度，[1]陳郡陽夏人。高祖景仁，[2]宋尚書左僕射。[3]祖稚，宋司徒主簿。父璟，少與從叔朓俱知名。[4]齊竟陵王子良開西邸，[5]招文學，璟亦預焉。隆昌中，[6]爲明帝驃騎諮議參軍，領記室。[7]遷中書郎，晉安内史。[8]高祖平京邑，[9]爲霸府諮議，[10]梁臺黄門郎。[11]天監初，累遷司農卿，[12]祕書監，[13]左民尚書，[14]明威將軍、東陽太守。[15]高祖用爲侍中，[16]固辭年老，求金紫，[17]未序，[18]會疾卒。

[1]謝徵：徵，《南史》作“微”。清·錢大昕《廿二史考異》云：“‘徵’當是‘微’之訛。”曹道衡、沈玉成《中古文學史料叢考》卷四“謝徵入仕之早”條云：“據《爾雅·釋詁》‘徵，虚也。’邢昺疏：‘謂空虚也。’魏徵字玄成，或即據此。故謝徵、謝微，尚難遽斷。”

[2]景仁：謝景仁，《宋書》卷五二有傳。

[3]尚書左僕射：官名。尚書令副佐，領殿中、主客二曹事。員一人。宋第三品。

[4]朓：謝朓，南齊著名文學家。《南齊書》卷四七有傳。

[5]西邸：竟陵王蕭子良别邸，在鷄籠山，即今江蘇南京市鷄鳴山。參熊清元《“竟陵八友”三考》。

[6]隆昌：齊鬱林王年號（494）。　驃騎：驃騎將軍之省稱，將軍名號。六朝重號將軍，加授大臣，重要地方長官。齊第二品。

[7]領：官制術語。已有實授主職，又兼任較低職務而不居其

位。

[8]晉安：郡名。治所在今福建福州市。

[9]平京邑：指齊東昏侯永元三年（501）十二月，蕭衍率軍平定京師建康。事詳本書《武帝紀》。

[10]霸府：藩王府邸。此指蕭衍平定京邑，受封建安公所置府。　諮議：諮議參軍之省稱。

[11]梁臺：指蕭衍受封梁公所建之官署。

[12]司農卿：官名。梁天監七年以大司農改，爲十二卿之一，掌農功倉廩。十一班。

[13]祕書監：官名。祕書省長官，掌國之典籍圖書。員一人。梁十一班。

[14]左民尚書：官名。尚書省列曹尚書之一，掌土木工程及户籍。梁十三班。

[15]明威將軍：將軍名號。梁代與寧遠等將軍代舊寧朔將軍。爲一百二十五號十品二十四班將軍之一，十四班。

[16]侍中：官名。門下省長官，與給事黄門侍郎共掌侍從左右，擯相威儀，盡規獻納，糾正違缺等。參與決策，是中樞集團重要成員。員四人。梁十二班。

[17]金紫：指金紫光禄大夫。光禄大夫之重者加金章紫綬，稱金紫光禄大夫。多用爲加官、贈官或退休大臣之榮銜，養老疾，無職事。梁十四班。

[18]序：按次第進用。

徽幼聰慧，璟異之，常謂親從曰：[1]“此兒非常器，所憂者壽；若天假其年，吾無恨矣。”既長，美風采，好學善屬文。初爲安西安成王法曹，[2]遷尚書金部三公二曹郎，[3]豫章王記室，兼中書舍人。[4]遷除平北諮議參軍，[5]兼鴻臚卿，[6]舍人如故。

[1]親從：指親族之人。

[2]法曹：法曹參軍之省稱，官名。王公軍府屬官，掌郵驛事務。皇弟府法曹參軍，梁四班。

[3]尚書金部郎：官名。尚書省諸曹郎之一，屬度支尚書。掌金寶、貨物等。梁六班。

[4]中書舍人：官名。中書省屬官，掌入直閣内，呈奏案章。劉宋以下，漸用寒士及皇帝親信任此職，奪中書侍郎草擬詔書之權。至梁，用人殊重，選以才能，不限資地，專掌中書詔誥，權勢顯赫。多以他官兼領。員四人。梁四班。

[5]平北：平北將軍之省稱，將軍名號。與平東、平西、平南將軍合稱四平將軍，多持節都督或監某一地區的軍事，或作爲刺史兼理軍務的加官。梁一百二十五號將軍之一，二十班。

[6]鴻臚卿：官名。梁天監七年以大鴻臚改，爲十二卿之一，掌導護贊拜。梁九班。

徵與河東裴子野、沛國劉顯同官友善，[1]子野嘗爲《寒夜直宿賦》以贈徵，[2]徵爲《感友賦》以酬之。[3]時魏中山王元略還北，[4]高祖餞於武德殿，[5]賦詩三十韻，限三刻成。徵二刻便就，其辭甚美，高祖再覽焉。又爲臨汝侯淵猷製《放生文》，[6]亦見賞於世。

[1]沛國劉顯：劉顯，人名。祖籍沛國。本書卷四〇有傳。

[2]《寒夜直宿賦》：《藝文類聚》卷五作《寒夜賦》。嚴可均輯《全上古三代秦漢三國六朝文》之《全梁文》卷五三收録，且有注云："蓋《藝文類聚》删'直宿'二字，非别有一賦也。"

[3]《感友賦》：今不存。據本書《裴子野傳》、《劉顯傳》推算，裴子野長謝徵三十歲，劉顯長謝徵二十歲左右，徵與裴、劉同

官且“感友”，頗令人詫異。參曹道衡、沈玉成《中古文學史料叢考》卷四“謝徵入仕之早”條。

[4]中山王元略：元略本北魏宗室，不得志，奔梁，蕭衍封之爲中山王，梁普通七年還北。《魏書》卷一九下《景穆十二王傳》有傳。

[5]武德殿：京師建康宫城殿省名。

[6]臨汝侯淵猷：梁宗室蕭淵猷封爵號臨汝侯。《南史》卷五一《梁宗室上》有傳。　《放生文》：今不存。

中大通元年，[1]以父喪去職，續又丁母憂。詔起爲貞威將軍，[2]還攝本任。服闋，除尚書左丞。三年，昭明太子薨，高祖立晉安王綱爲皇太子，將出詔，唯召尚書左僕射何敬容、宣惠將軍孔休源及徵三人與議。[3]徵時年位尚輕，而任遇已重。四年，累遷中書郎，鴻臚卿、舍人如故。六年，出爲北中郎豫章王長史、南蘭陵太守。[4]大同二年，卒官，時年三十七。友人琅邪王籍集其文爲二十卷。

[1]中大通：梁武帝年號（529—534）。

[2]貞威將軍：將軍名號。梁置，爲一百二十五號將軍之一，八班。

[3]尚書左僕射：本書《武帝紀》、《南史·梁本紀中》、《通鑑·梁紀》均載中大通三年（531）七月壬辰，以吏部尚書何敬容爲尚書右僕射。又本書《何敬容傳》，敬容中大通三年遷尚書右僕射，五年遷左僕射。此處“尚書左僕射”，疑誤。　孔休源：人名。本書卷三六有傳。

[4]北中郎：北中郎將之省稱。與東中郎、南中郎、西中郎將

合稱四中郎將，統兵征伐，或鎮守某一地區，爲方面大員，南朝多以宗室諸王擔任，地位高於一般將軍。梁天監七年（508）罷，大通三年（529）又置爲二百四十二號將軍之一，與一百二十五號二十四班之十七班同班。　豫章王：梁昭明太子之子蕭歡中大通三年封豫章郡王。《南史》卷五三《梁武帝諸子傳》有附傳。　南蘭陵：郡名。梁天監元年以南東海郡改，治所在今江蘇武進縣西北萬綏鎮。

臧嚴字彦威，東莞莒人也。[1]曾祖燾，[2]宋左光禄。[3]祖凝，齊尚書右丞。[4]父稜，後軍參軍。

[1]此臧氏祖籍。

[2]燾：臧燾，人名。仕宋，官至光禄大夫，加金章紫綬。卒，追贈左光禄大夫。《宋書》卷五五有傳。舊本皆訛"燾"爲"壽"，此依中華書局本校改。李慈銘《梁書札記》："案'壽'是'燾'字之誤。《南史》嚴爲燾之玄孫；燾子邃，宜都太守，邃子凝之，尚書右丞。此傳'曾祖'當是'高祖'之誤。"説是。

[3]左光禄：左光禄大夫之省稱，官名。屬光禄勳。多爲閑退官員的加官或贈官。養老疾，無職事。宋第三品。

[4]祖凝，齊尚書右丞：中華書局本《校勘記》："'凝'即臧凝之。臧凝之仕宋，官至尚書右丞，爲劉劭所殺，事終於宋，不得言齊。此'齊'字疑當移在下文'父稜，後軍參軍'之'後軍參軍'上。"按，臧凝之事迹，見《宋書》卷五五《臧燾傳》附。尚書右丞，官名。尚書省官員，佐令、僕射知省事，分掌臺内庫藏、廬舍及諸器物等。員一人。齊第六品。

嚴幼有孝性，居父憂以毁聞。孤貧勤學，行止書卷不離於手。初爲安成王侍郎，[1]轉常侍。[2]從叔未甄爲江夏郡，[3]攜嚴之官，於塗作《屯遊賦》，[4]任昉見而稱之。又作《七算》，[5]辭亦富麗。性孤介，於人間未嘗造請，僕射徐勉欲識之，嚴終不詣。

[1]侍郎：此指王國侍郎，官名。王國屬官，掌侍從諫諍。梁天監七年革選，定流内官職爲十八班，以班多者爲貴，皇弟國侍郎爲一班。

[2]常侍：此指王國常侍，官名。掌諫諍及司儀。皇弟國常侍，梁二班。

[3]未甄：臧未甄，人名。見本書卷四二《臧盾傳》。　江夏郡：郡名。治所在今湖北武漢市武昌。按，考本書《臧盾傳》及卷二二《太祖五王·安成王秀傳》，臧未甄爲新安太守約在天監四、五年，而爲江夏太守則在天監十三年。又據卷一四《任昉傳》，昉天監七年卒於新安太守任上。此云任昉見《屯遊賦》，則未甄必是新安郡，因知此"江夏"當爲"新安"之誤。説詳曹道衡、沈玉成《中古文學史料叢考》卷四"臧嚴仕歷與《梁書》記事之誤"條。

[4]《屯遊賦》：今不存。

[5]《七算》：今不存。

遷冠軍行參軍、侍湘東王讀，累遷王宣惠輕車府參軍，兼記室。嚴於學多所諳記，尤精《漢書》，諷誦略皆上口。王嘗自執四部書目以試之，[1]嚴自甲至丁卷中，各對一事，並作者姓名，遂無遺失，其博洽如此。王遷荆州，隨府轉西中郎安西録事參軍。[2]歷監義陽、武寧郡，[3]累任皆蠻左，[4]前郡守常選武人，以兵鎮之；嚴獨以數門生單車入境，[5]羣蠻悦服，遂絶寇盗。王入爲石頭戍軍事，[6]除安右録事。[7]王遷江州，爲鎮南諮議參軍，[8]卒官。文集十卷。[9]

[1]四部書：晉李充分書籍爲四部，以五經爲甲部，史記爲乙部，諸子爲丙部，詩賦爲丁部。後代相沿以經史子集爲四部。參清·錢大昕《元史·藝文志》。

[2]西中郎：西中郎將之省稱，將軍名號。

[3]監：官制術語。非正式任職而督理其事。　義陽：郡名。治所在今四川巴中市西南恩陽。　武寧：郡名。治所在今湖北荆州市西北。

[4]蠻左：指南方少數民族地區。

[5]門生：門下親侍之僕役。

[6]石頭戍：即石頭城戍所。在今江蘇南京市西清凉山。其地負山面江，形勢險固，爲六朝軍事要地。

[7]安右：安右將軍之省稱，將軍名號。梁置，與安左、安前、安後將軍同屬八安將軍，祇授予在京師任職者。爲一百二十五號將軍之一，二十一班。　録事：録事參軍之省稱。

[8]鎮南：鎮南將軍之省稱，將軍名號。爲一百二十五號將軍之一，二十二班。

[9]文集十卷：今不存。又，嚴有子逢世。《顔氏家訓·風操》有云："臧逢世，臧嚴之子也。篤學修行，不墜門風。孝元經牧江州，遣往建昌督事，郡縣民庶，競修書箋，朝夕輻輳，几案盈積。書有稱嚴寒者，必對之流涕，不省取記，多廢公事，物情怨駭，竟以不辦而還。"又同書《勉學》："東莞臧逢世，年二十餘，欲讀班固《漢書》，苦假借不久，乃就姊夫劉緩乞丐客刺書翰紙末，手寫一本，軍府服其志尚。卒以《漢書》聞。"可備參考。

伏挺字士標。父暅，爲豫章内史，[1]在《良吏傳》。

[1]豫章：郡名。治所在今江西南昌市。

挺幼敏寤，七歲通《孝經》、《論語》。及長，有才思，好屬文，爲五言詩，善効謝康樂體。[1]父友人樂安任昉深相歎異，常曰："此子日下無雙。"[2]齊末，州舉秀才，對策爲當時弟一。[3]高祖義師至，[4]挺迎謁於新林，[5]高祖見之甚悦，謂曰"顏子"，[6]引爲征東行參軍，時年十八。天監初，除中軍參軍事。[7]宅居在潮溝，[8]於宅講《論語》，聽者傾朝。遷建康正，俄以劾免。久之，入爲尚書儀曹郎，[9]遷西中郎記室參軍，累爲晉陵、武康令。[10]罷縣還，仍於東郊築室，不復仕。

[1]謝康樂：即謝靈運，劉宋著名山水詩人。祖籍陳郡陽夏，襲祖父謝玄爵爲康樂公，故稱謝康樂。《宋書》卷六七有傳。

[2]日下無雙：京師無人可比。形容才高出衆。日下，古代以帝王比日，因稱皇帝所居之京師爲日下。

[3]對策：古代考試取士的一種。主試者書試題於簡策，應試者對答，主試者據所答定其優劣，叫做對策。　弟：通"第"，《南史》卷七一《儒林·伏曼容傳》附《伏挺傳》作"第"。

[4]義師：齊東昏侯蕭寶卷即位後，狂悖無道，雍州刺史蕭衍起兵向京師以討之，因稱其師爲義師。永元三年（501）蕭衍義師至京師。詳本書《武帝紀》。

[5]新林：地名。在今江蘇南京市西南西善橋鎮。其地濱臨大江，爲六朝軍事要地。

[6]顏子：指孔子弟子顏回。其人明敏好學，以德行著稱。參《論語》及《史記》卷六七《仲尼弟子列傳》。

[7]參軍事：官名。朝廷所授之參軍稱參軍事。王公軍府屬官，

參掌府曹事。宋第七品，梁初不詳。

[8]潮溝：溝渠名。在京師建康城北，三國時吴開鑿，用以引江潮。南朝王侯顯貴多有宅在其附近。參唐·許嵩《建康實録》卷二。

[9]尚書儀曹郎：官名。尚書省諸曹郎之一，屬祠部尚書或尚書右僕射。掌禮儀制度。梁六班。

[10]晉陵：縣名。治所在今江蘇常州市。　武康：縣名。治所在今浙江德清縣西千秋鎮。

挺少有盛名，又善處當世，朝中勢素，[1]多與交遊，故不能久事隱静。時僕射徐勉以疾假還宅，挺致書以觀其意曰：

昔士德懷顧，戀興數日；[2]輔嗣思友，情勞一旬。[3]故知深心所係，貴賤一也。況復恩隆世親，[4]義重知己，道庇生人，德弘覆蓋。而朝野懸隔，山川邈殊，雖咳唾時沾，[5]而顔色不覯。《東山》之歎，[6]豈云旋復；西風可懷，[7]孰能無思。加以静居廓處，[8]顧影莫酬，秋風四起，園林易色，凉野寂寞，寒蟲吟叫。懷抱不可直置，情慮不能無託，時因吟詠，動輒盈篇。揚生沉鬱，[9]且猶覆盎；[10]惠子五車，[11]彌多踳駁。[12]一日聊呈小文，不期過賞，還逮隆渥，累牘兼翰，紙縟字磨，誦復無已，徒恨許與過當，[13]有傷準的。昔子建不欲妄讚陳琳，恐見嗤哂後代。[14]今之過奢餘論，[15]將不有累清談。[16]

[1]勢素：勢族素姓，指朝中權貴。參周一良《魏晉南北朝史札記》之《〈南齊書〉札記》“素族”條。

[2]出處未詳。頗疑“士德”爲“德祖”之誤。曹魏時人楊脩字德祖，建安中爲曹操主簿，曹丕、曹植等並爭與好。曹植以才捷得操寵愛，來意投脩，與楊脩書有云：“數日不見，思子爲勞，想同之也。”脩答書亦云：“不侍數日，若彌年載，豈獨愛顧之隆，使係仰之情深邪！”事詳《三國志》卷一九《魏書·陳思王植傳》裴松之注引《典略》。

[3]輔嗣：魏王弼字，與其友人潁川荀融書，有云：“夫明足以尋極幽微，而不能去自然之性……足下之量，雖已定乎胸懷之内，然而隔逾旬朔，何其相思之多乎！”詳《三國志》卷二八《魏書·鍾會傳》裴松之注引何劭《王弼傳》。

[4]世親：世代有通婚關係的親屬。

[5]咳唾：比喻人的言論。《莊子·漁父》：“孔子曰：曩者先生有緒言而去，丘不肖，未知所謂，竊待於下風，幸聞咳唾之音，以卒相丘也。”

[6]《東山》之歎：《詩·豳風·東山》有云：“我徂東山，慆慆不歸。我來自東，零雨其濛。我東曰歸，我心西悲。”《小序》云：“《東山》，周公東征也。周公東征，三年而歸，勞歸士，大夫美之，故作是詩。”

[7]西風可懷：晉張翰字季鷹，吴郡吴人。仕於洛陽，見秋風起，乃思吴中菰菜蒓羹、鱸魚膾，曰：“人生貴得適志，何能羈宦數千里以要名爵乎！”乃命駕而歸。詳《晉書》卷九二《文苑·張翰傳》。

[8]廓處：獨處。

[9]揚生沉鬱：《文選》卷四六任彦昇《王文憲集序》李善注：“揚雄爲《方言》，劉歆與雄書：‘非子雲淡雅之才，沉鬱之志，能成此書！’”揚生即揚雄，字子雲。《漢書》卷八七有傳。

[10]覆盎：比喻無多大價值的作品。《漢書》卷八七下《揚雄

傳》：劉歆觀揚雄《太玄》、《法言》，“謂雄曰：‘空自苦！今學者有利禄，然尚不能明《易》，又如《玄》何？吾恐後人用覆醬瓿也！’”覆盎，意同“覆瓿”。

[11]惠子五車：《莊子·天下》：“惠施多方，其書五車，其道舛駁，其言也不中。”惠子，即惠施，戰國時宋人，名家學派代表。

[12]踳駮：雜亂。駮，同“駁”。

[13]許與：稱贊。

[14]《文選》卷四二曹子建《與楊德祖書》有云：“以孔璋之才，不閑於辭賦，而多自謂能與司馬長卿同風，譬畫虎不成，反爲狗也。前書嘲之，反作論盛道僕贊其文。夫鍾期不失聽，於今稱之，吾亦不能妄嘆者，畏後世之嗤余也。”子建，曹植之字。《三國志》卷一九有傳。陳琳，字孔璋，“建安七子”之一。《三國志》卷二一《魏書·王粲傳》有附傳。

[15]過奢：過分誇大。

[16]將不：豈不。　清談：公正的輿論。

挺竄迹草萊，[1]事絶聞見，藉以謳謡，得之輿牧。[2]仰承有事砭石，[3]仍成簡通，娱腸悦耳，稍從擯落，宴處榮觀，務在滌除。綺羅絲竹，[4]二列頓遣；[5]方丈員案，[6]三桮僅存。故以道變區中，情沖域外；操彼絃誦，[7]賁兹觀《損》。[8]追留侯之却粒，[9]念韓卿之辭榮，[10]眷想東都，[11]屬懷南岳，[12]鑽仰來貺，[13]有符下風。[14]雖云幸甚，然則未喻。雖復帝道康寧，走馬行却，[15]《由庚》得所，[16]寅亮有歸。[17]悠悠之人，展氏猶且攘袂；[18]浩浩白水，甯叟方欲褰裳。[19]是知君子拯物，義非徇己。思與赤松子遊，[20]誰其克遂。願驅之仁壽，綏此多福。雖則不言，四時行矣。[21]然後黔首有庇，[22]薦紳靡奪；[23]白駒不在空谷，[24]屠羊豫蒙其賚。[25]豈不休哉，豈不休哉。昔杜真自閉深室，[26]郎宗絶迹幽野，[27]難矣，誠非所希。井丹高潔，[28]相如慢世，[29]尚復遊涉權門，雍容鄉邑，常謂此道爲泰，每竊慕之。方念擁篲延思，[30]以陳侍者，請至農隙，無待邀求。

[1]草萊：指山野。

[2]輿牧：輿人和牧人，指地位低下的人。

[3]砭石：古代用來刺癰治病的石針。此處用爲批評、規諫之意。

[4]綺羅絲竹：指歌女音樂。綺羅，指舞女。絲竹，指音樂。

[5]二列：列，歌舞的隊列。古代天子專用的舞樂爲八列，列八人；士二列，十六人。參《左傳・隱公五年》杜預注。

[6]方丈員案：形容肴饌豐盛。方丈，一丈見方。《孟子・盡心下》："食前方丈。"員案，滿案。員，通"圓"。

[7]絃誦：古代學校授詩，配樂歌詠爲弦歌，不配樂朗讀爲誦，合稱爲弦誦。《禮記・文王世子》："春誦，夏弦。"此處指詠誦詩歌。

[8]賁（fén）：美。　觀《損》：《損》，《周易》卦名。劉向《説苑・敬慎》："孔子讀《易》至於《損》《益》，則喟然而歎。子夏避席而問曰：'夫子何爲歎？'孔子曰：'夫自損者益，自益者闕。吾是以歎也。'"

[9]留侯：張良，其先韓人，佐劉邦定天下，受封爲留侯。晚年棄人間事，欲從赤松子遊，乃學辟穀，導引輕身。詳《史記》卷五五《留侯世家》。　却粒：即辟穀，不食稻粱。《文選》卷四七陸士衡《漢高祖功臣頌》："托迹黄老，辭世卻粒。"

［10］韓卿：韓康，後漢京兆人，家世著姓。常採藥名山，賣於長安，三十餘年。後遁入霸陵山中以逃名。漢桓帝厚禮徵聘，康中途遁走。《後漢書》卷八三《逸民》有傳。

［11］東都：《後漢書》卷八三《逸民·逢萌傳》："逢萌字子康，北海都昌人也。家貧，給事縣爲亭長。時尉行過亭，萌候迎拜謁，既而擲楯歎曰：'大丈夫安能爲人役哉！'遂去之長安學，通《春秋經》。時王莽殺其子宇，萌謂友人曰：'三綱絶矣，不去，禍將及人。'即解冠挂東都城門，歸，將家屬浮海，客於遼東。"

［12］南岳：《文選》卷四三嵇叔夜《與山巨源絶交書》李善注引張升《反論》曰："黄綺引身，巖栖南岳。"後世用以指隱居之處。

［13］鑽仰：深入研究。《論語·子罕》："顔淵喟然嘆曰：'仰之彌高，鑽之彌堅。'"　貺：贈。

［14］下風：比喻下位。《左傳·僖公十五年》："晉大夫三拜稽首曰：'君履后土而戴皇天，皇天后土實聞君之言，群臣敢在下風。'"

［15］走馬行却：意謂天下太平。《老子》："天下有道，卻走馬以糞。"

［16］《由庚》：《詩·小雅》之笙詩。《文選》卷一九束廣微《補亡詩·由庚序》："由庚，萬物得由其道也。"李善注："由，從也；庚，道也。言物並得從陰陽道理而生也。"

［17］寅亮：恭敬信奉。《尚書·周官》："寅亮天地，弼予一人。"

［18］意謂展禽爲衆人而奮起。　悠悠之人：指衆人，常人。展氏：春秋時魯大夫展禽，魯僖公時人，字季。有食邑在柳下，謚惠，故又稱柳下惠。《孟子·萬章下》："柳下惠不羞汙君，不辭小官。進不隱賢，必以其道。遺佚而不怨，阨窮而不憫。與鄉人處，由由然不忍去也。"　攘袂：揎袖捋臂，奮起之狀。

［19］意謂甯戚當亂世而願出仕。　浩浩白水：比喻天下大亂。

甯叟：春秋時齊人甯戚，修德不用，乃宿於齊東門外。桓公夜出，甯戚方飯牛，叩角而商歌。桓公聞之，舉以爲輔佐。參《楚辭·離騷》及王逸注。　褰裳：撩起衣襟以渡水。此處比喻出仕。

[20]赤松子：古代傳説中仙人。參劉向《列僊傳》及干寶《搜神記》。

[21]《論語·陽貨》："子曰：'予欲無言。'子貢曰：'子如不言，則小子何述焉？'子曰：'天何言哉？四時行焉，百物生焉，天何言哉？'"

[22]黔首：老百姓。

[23]薦紳：即搢紳，士大夫有官位者。

[24]比喻賢人受重用。《詩·小雅·白駒》有云："皎皎白駒，在彼空谷。"毛傳："宣王之末，不能用賢，賢者有乘白駒而去者。"白駒空谷，比喻賢人在野。此處反用其意。

[25]屠羊説受到賞賜。《莊子·讓王》："楚昭王失國，屠羊説走而從於昭王。昭王反國，將賞從者，及屠羊説。屠羊説曰：'大王失國，説失屠羊；大王反國，説亦反屠羊。臣之爵禄已復矣，又何賞之有？'"屠羊，即屠羊説。賚，賞賜。

[26]《華陽國志》卷一〇《廣漢士女·孟宗》："杜真字孟宗，綿竹人。誦書百萬言，兄事翟酺。酺免後，尚書令與司隸校尉枉劾之，復徵詣獄。真上章救之，受掠笞六百，獄中明酺無事，京師壯之。以漢道微，散財施宗族，不應公州辟命。及辭，長吏候迎每交於門，乃斷髮以自絶。"

[27]郎宗：人名。後漢北海人。安帝時爲吴令，以占知京師當有大火，果如其言。諸公表以博士徵之。宗恥以占驗見知，聞徵書到，夜懸印綬於縣廷而遁去，終身不仕。詳《後漢書》卷三〇下《郎顗傳》。

[28]井丹：人名。字大春，後漢扶風人。博學高論，未嘗書刺謁一人。北宫五王更請莫能致，新陽侯陰就使人要之，不得已而行。嵇康《高士傳》爲贊，有"井丹高潔，不慕榮貴"云云。參劉

義慶《世説新語·品藻》劉孝標注引嵇康《高士傳》。

[29]相如：司馬相如，字長卿，漢蜀郡成都人。初爲郎，事景帝，因病免。仕宦不慕高爵，不與公卿大事。嵇康《高士傳》爲贊，有“長卿慢世，越禮自放”云云。參劉義慶《世説新語·品藻》劉孝標注引嵇康《高士傳》。

[30]擁篲：即執篲。古人迎候賓客，常擁篲致敬。意謂掃除以待客。

挺誠好屬文，不會今世，[1]不能促節局步，以應流俗。事等昌菹，[2]謬彼偏嗜，是用不羞固陋，[3]無憚龍門。[4]昔敬通之賞景卿，[5]孟公之知仲蔚，[6]止乎通人，猶稱盛美，况在時宗，彌爲未易。近以蒲槧勿用，[7]箋素多闕，[8]聊効東方，[9]獻書丞相，須得善寫，[10]更請潤訶，[11]儻逢子侯，[12]比復削牘。[13]

[1]會：合。

[2]昌菹：即菖菹。菖蒲根，切之四寸爲菹。參《周禮·天官·醢人》注。

[3]固陋：見識鄙陋。

[4]龍門：比喻聲望高的人。《後漢書》卷六七《李膺傳》：“膺獨持風裁，以聲名自高。士有被容接者，名爲登龍門。”

[5]敬通：馮衍字敬通，後漢京兆杜陵人。《後漢書》卷二八有傳。　景卿：魏景卿，後漢扶風郡人。參《文選》江文通《詣建平王上書》李善注引趙岐《三輔決録注》。

[6]孟公：劉龔字孟公，後漢長安人。見《後漢書》卷三〇上《蘇竟傳》。仲蔚：人名。皇甫謐《高士傳》：“張仲蔚者，平陵人……博物

善屬文，好詩賦，常居窮素，所處蓬蒿没人……時人莫識，惟劉龔知之。”

[7]蒲槧（qiàn）：用以書寫之物。蒲，草名，漢路温舒少時牧羊，編蒲爲牒以寫書。見《漢書》卷五一《路温舒傳》。槧，《説文》云：“牘，牒也。”

[8]箋素：用來寫字的竹片和白色絲織品。

[9]東方：指東方朔。朔，字曼倩，漢平原厭次人。漢武帝時，應詔至長安，待詔金馬門。後爲郎，曾上書丞相公孫弘，以期引起重視。《漢書》卷六五有傳。

[10]善：通“繕”。

[11]潤訶：潤飾，批評。

[12]子侯：未詳。按，子侯，或是“子夏”之訛。《漢書》卷八一《孔光傳》：孔光字子夏。漢成帝時，孔光典樞機，守法度。“時有所言，輒削草稿，以爲章主之過，以奸忠直，人臣大罪也。”

[13]削牘：古時用刀削木竹爲簡册以寫字叫削牘。後用以指修改文章。

勉報曰：

復覽來書，累牘兼翰，事苞出處，[1]言兼語默，事義周悉，意致深遠，發函伸紙，倍增憤歎。卿雄州擢秀，弱冠升朝，[2]穿綜百家，佃漁六學，[3]覩眸表其韶慧，視色見其英朗，若魯國之名駒，[4]邁雲中之白鶴。[5]及占顯邑，試吏腴壤，將有武城弦歌，[6]桐鄉謡詠，[7]豈與卓魯斷斷同年而語邪？[8]方當見賞良能，有加寵授，飾兹簪帶，[9]置彼周行。[10]而欲遠慕卷舒，用懷愚智，既知益之爲累，爰悟滿則辭多，高蹈風塵，[11]良所欽挹。[12]况以金商戒節,[13]素秋御序,[14]蕭條林野,無人相樂,偃卧墳籍,遊浪儒玄,物我兼忘,寵辱誰滯?誠乃歡羡,用有殊同。今遂聽傍求,[15]興懷寤宿,白駒空谷,幽人引領,[16]貧賤爲恥,鳥獸難羣,[17]故當捐此薜蘿,[18]出從鵷鷺,[19]無乖隱顯,不亦休哉!

[1]出處:進退。《易·繫辭上》:"君子之道,或出或處,或默或語。"

[2]弱冠:指二十歲。《禮記·曲禮上》:"二十曰弱,冠。"後世亦用以指年少。

[3]佃漁:打獵捕魚。比喻泛覽博涉。佃,通"畋"。　六學:即六藝:《詩》、《書》、《禮》、《易》、《樂》、《春秋》。

[4]魯國之名駒:指魯仲連。《史記》卷八三《魯仲連列傳》張守節《正義》引《魯仲連子》:"有徐劫者,其弟子曰魯仲連,年十二,號曰'千里駒'。"魯姓以國爲氏,故稱。

[5]雲中之白鶴:指邴原。邴原,後漢北海朱虚人。少以操行稱,州府辟命皆不就。公孫度曰:"邴君所謂雲中白鶴,非鶉鷃之網所能羅矣。"參《三國志》卷一一《魏書·邴原傳》及裴松之注引《原别傳》、《世説新語·賞譽》劉孝標注引《邴原别傳》。

[6]武城弦歌:孔子學生子游爲武城宰,以弦歌爲教民之具。詳《論語·陽貨》。後世以爲治縣的典故。

[7]桐鄉謡詠:《文選》卷二六潘安仁《河陽縣作》之一有云:"齊都無遺聲,桐鄉有餘謡。"李善注云:"《漢書》曰:朱邑爲桐鄉嗇夫,廉正不苛,及死,子葬之桐鄉,邑人爲之起冢立祠也。"

[8]卓、魯:指後漢卓茂、魯恭。茂,南陽人;恭,扶風人。二人爲邑令,寬厚愛民,深得民心。《後漢書》卷五五俱有傳。斷斷:《後漢書·卓茂傳》贊曰:"卓茂斷斷小宰,無他庸能。"李

賢注："斷斷，猶專一也。"

[9]簪帶：指官服。簪，冠簪；帶，纓帶。

[10]置彼周行：意謂授予列位。《詩·周南·卷耳》："嗟我懷人，置彼周行。"鄭玄箋云"周行"爲"周之行列"，意謂周王朝之列位。又，《左傳·襄公十五年》："《詩》云：'嗟我懷人，置彼周行。'能官人也。王及公、侯、伯、子、男、甸、采、衞、大夫，各居其列，所謂周行也。"可爲佐證。

[11]高蹈風塵：遠離塵俗。即隱居避世。

[12]欽挹：欽佩，推重。

[13]金商：指秋天。古以五行和五聲分配四時，以秋天屬金，商聲，故稱金商。

[14]序：時序。

[15]逖（tì）：遠。

[16]幽人引領：隱士盼望出仕。幽人，隱士。《易·履》："履道坦坦，幽人貞吉。"引領，伸頸企望。《文選》卷二六潘安仁《河陽縣作》之二："引領望京室，南路在伐柯。"

[17]鳥獸難羣：意謂難以隱居林壑，與鳥獸在一起。《論語·微子》："夫子憮然曰：'鳥獸不可與同群，吾非斯人之徒與而誰與！'"

[18]薜蘿：薜蘿、女蘿，皆植物名。此處代指山居生活。《楚辭·九歌·山鬼》："若有人兮山之阿，被薜蘿兮帶女蘿。"

[19]鵷鷺：並鳥名。此兩種鳥群飛有序，因以比喻朝官班行。

吾智乏佐時，才慚濟世，稟承朝則，不敢荒寧，力弱途遥，愧心非一。天下有道，堯人何事，[1]得因疲病，念從閑逸。若使車書混合，[2]尉候無警，[3]作樂制禮，紀石封山，然後乃返服衡門，[4]實爲多幸。但夙有風欬，[5]遘茲虚眩，[6]瘠類士安，[7]羸同長孺，[8]簿領沉廢，[9]臺閣未理，[10]娱耳爛腸，[11]因事而息，非關欲追松子，遠慕留侯。若乃天假之年，自當靖恭所職。[12]擬非倫匹，良覺辭費。覽復循環，爽焉如失。清塵獨遠，[13]白雲飄蕩，[14]依然何極。

[1]堯人：相傳堯時天下太平，故稱太平盛世之人爲堯人。

[2]車書混合：車同軌，書同文。指天下一統。

[3]尉候無警：指邊境安寧。尉，軍官；候，哨兵。

[4]衡門：横木爲門。指簡陋的居室。《詩·陳風·衡門》："衡門之下，可以棲遲。"後世亦用以指隱者所居。

[5]風欬（kài）：咳嗽病。

[6]虚眩：頭暈病。

[7]士安：皇甫謐，字士安，晉安定朝那人。得風痺病，軀半不仁，右脚偏小。《晉書》卷五一有傳。

[8]長孺：汲黯，字長孺，漢濮陽人。體羸多病。《漢書》卷五〇有傳。

[9]簿領：文簿。

[10]臺閣：官署，此指尚書臺。

[11]娱耳：指音樂。　爛腸：指酒肉。《文選》卷三四枚乘《七發》："甘脆肥醲，命曰腐腸之藥。"李善注："《吕氏春秋》曰：肥肉厚酒，務以相强，命曰爛腸之食。"

[12]靖恭：恭謹。

[13]清塵：清静無爲的境界。

[14]白雲飄蕩：指神仙所居之地。

猥降書札，示之文翰，覽復成誦，流連縟紙。

昔仲宣才敏，藉中郎而表譽；[1]正平穎悟，賴北海以騰聲。[2]望古料今，吾有慚德。儻成卷帙，力爲稱首。無令獨耀隨掌，[3]空使辭人扼腕。[4]式閭願見，[5]宜事掃門。亦有來思，赴其懸榻。[6]輕苔魚網，别當以薦。城闕之歎，[7]曷日無懷。所遲萱蘇，[8]書不盡意。

[1]《三國志》卷二一《魏書·王粲傳》："獻帝西遷，粲徙長安，左中郎將蔡邕見而奇之。時邕才學顯著，貴重朝廷，常車騎填巷，賓客盈坐。聞粲在門，倒屣迎之。粲至，年既幼弱，容狀短小，一坐盡驚。邕曰：'此王公孫也，有異才，吾不如也。吾家書籍文章，盡當與之。'" 仲宣：王粲之字。 中郎：蔡邕官左中郎將，故稱。《後漢書》卷六〇有傳。

[2]禰衡，字正平，後漢平原人。少有才辨，心高氣傲。孔融上疏薦之。參《後漢書》卷八〇《文苑傳》及《三國志》卷一〇《魏書·荀彧傳》裴松之注引《典略》。 北海：指孔融。融曾官北海相，故稱。《後漢書》卷七〇有傳。

[3]獨耀隨掌：傳説隨侯有寶珠，名爲隨珠。此以比伏挺的詩文。意謂不要把你的好詩文留着不拿出來。

[4]扼腕：手握其腕，表示不滿或惋惜。

[5]式閭：式，通"軾"，車前横木。閭，里門。車至里門，人立車中，憑軾以示敬意。《尚書·武成》："釋箕子囚，封比干墓，式商容閭。"後世常用以指登門拜訪。

[6]懸榻：指禮待賢士。《後漢書》卷五三《徐穉傳》："（陳）蕃在郡不接賓客，惟穉來，特設一榻，去則縣之。"

[7]城闕之歎：指思念之情。《詩·鄭風·子衿》："挑兮達兮，在城闕兮。一日不見，如三月兮。"

[8]遲：待。 萱蘇：即萱草，又名忘憂草。

挺後遂出仕，尋除南臺治書，[1]因事納賄，當被推劾，挺懼罪，遂變服爲道人，[2]久之藏匿，後遇赦，乃出大心寺。[3]會邵陵王爲江州，[4]攜挺之鎮，王好文義，深被恩禮，挺因此還俗。復隨王遷鎮郢州，[5]徵入爲京尹，[6]挺留夏首，[7]久之還京師。太清中，[8]客遊吴興、吴郡，[9]侯景亂中卒。[10]著《邇説》十卷，[11]文集二十卷。

[1]南臺治書：南臺治書侍御史之省稱，官名。御史臺屬官，掌舉劾。官品第六以下，分統侍御史。員二人。梁六班。

[2]道人：指佛教徒。

[3]大心寺：京師建康佛寺名。大，各本皆同，中華書局本據《册府元龜》卷九四九改爲"天"。按，中華書局本誤改。大心，佛教語，即菩提心。《陳書》卷三〇《傅縡傳》有"時有大心暠法師著《無諍論》"云云，是"大心"乃佛寺名。而"天心"與道教有涉，道教有天心派。佛教寺廟或不致以"天心"爲名。

[4]邵陵王：梁武帝子蕭綸之封爵號。本書卷二九《高祖三王傳》有傳。

[5]郢州：州名。治所在今湖北武漢市武昌。

[6]京尹：即丹陽尹。京師所在丹陽郡長官。宋第三品，梁不詳。

[7]夏首：地名。在今湖北武漢市武昌。

[8]太清：梁武帝年號（547—549）。

[9]吴興：郡名。治所在今浙江湖州市。

[10]侯景：人名。本魏將，太清元年附梁，二年反，攻京師建康。本書卷五六有傳。

[11]《邇説》十卷：《隋書·經籍志》著録："《邇説》一卷，梁南臺治書伏挺撰。"

子知命，先隨挺事邵陵王，掌書記。亂中，王於郢州奔敗，知命仍下投侯景。常以其父宦途不至，深怨朝廷，遂盡心事景。景襲郢州，圍巴陵，[1]軍中書檄，皆其文也。及景篡位，爲中書舍人，專任權寵，勢傾内外。景敗被執，送江陵，[2]於獄中幽死。挺弟捶，亦有才名，先爲邵陵王所引，歷爲記室、中記室參軍。[3]

[1]巴陵：郡名。治所在今湖南岳陽市。

[2]江陵：縣名。荆州鎮所，即今湖北荆州市。

[3]記室、中記室參軍：即記室參軍、中記室參軍，並官名。王公軍府屬官，掌文書。據《隋書·百官志》，梁皇子府記室參軍爲六班，中記室參軍爲七班。中華書局本標點爲"記室，中記室，參軍"，以爲三官，誤。

庾仲容字仲容，[1]潁川鄢陵人也。[2]晉司空冰六世孫。[3]祖徽之，[4]宋御史中丞。[5]父漪，齊邵陵王記室。[6]

[1]字仲容：《南史》卷三五同傳作"字子仲"。

[2]潁川：郡名。治所在今河南許昌市東。　鄢陵：縣名。治所在今河南鄢陵縣西北。此庾氏祖籍。鄢，同"鄢"。

[3]冰：庾冰，人名。《晉書》卷七三《庾亮傳》附傳。

[4]徽之：庾徽之，人名。見《宋書》卷八四《孔覬傳》。

[5]御史中丞：官名。御史臺長官，掌督察百官，糾彈不法。六朝第一流高門多不居此職。員一人。宋第四品。

[6]齊邵陵王：齊武帝子蕭子貞的封爵號。《南齊書》卷四○《武十七王傳》有傳。

仲容幼孤，爲叔父泳所養。既長，杜絶人事，專精篤學，晝夜手不輟卷。初爲安西法曹行參軍，[1]泳時已貴顯，吏部尚書徐勉擬泳子晏嬰爲宫僚，[2]泳垂泣曰："兄子幼孤，人才粗可，願以晏嬰所忝廻用之。"勉許焉，因轉仲容爲太子舍人。[3]遷安成王主簿。時平原劉孝標亦爲府佐，[4]並以强學爲王所禮接。遷晉安功曹史。[5]歷爲永康、錢唐、武康令，[6]治縣並無異績，多被劾。久之，除安成王中記室，當出隨府，皇太子以舊恩，特降餞宴，賜詩曰："孫生陟陽道，[7]吴子朝歌縣，[8]未若樊林舉，置酒臨華殿。"時輩榮之。遷安西武陵王諮議參軍。除尚書左丞，坐推糾不直免。[9]

[1]法曹行參軍：官名。職掌同前代。梁天監七年革選，定流内官職爲十八班，以班多者爲貴，王公軍府行參軍爲三班至流外。

[2]宫僚：東宫僚屬。

[3]太子舍人：官名。東宫屬官，掌文翰。梁員十六人，三班。

[4]平原劉孝標：劉峻，字孝標，祖籍平原郡。

[5]晉安：指晉安王，梁簡文帝蕭綱初封爵號。　功曹史：官名。王公府屬官，掌考覈記録官吏功績。梁皇子府功曹史，六班。

[6]永康、錢塘、武康：並縣名。永康，治所在今浙江永康縣；錢塘，治所在今浙江杭州市；武康，治所在今浙江德清縣西千秋鎮。

[7]孫生陟陽道：孫楚，字子荆，晉太原中都人。《晉書》卷五六有傳。《文選》卷二〇孫子荆《征西官屬送於陟陽候作詩一首》五臣吕向注："子荆仕晉爲馮翊太守，時司馬俊爲征西將軍。俊下官屬住者送至陟陽侯，故於此作也。陟陽，亭名。候，亭也。"

[8]吴子朝歌縣：吴質，曹魏濟陽人。以文才爲文帝曹丕所善，質爲朝歌長，大軍西征，曹丕在孟津，與書，表思念之情。詳《三國志》卷二一《魏書·王粲傳》附《吴質傳》及裴松之注引《魏略》。

[9]據本書卷五五《武陵王紀傳》、《武帝紀》，蕭紀爲安西將軍在大同三年。另據本卷《謝幾卿傳》，幾卿普通六年免官，"時左丞庾仲容亦免歸"，是仲容免歸在普通六年。此述在遷安西武陵王諮議參軍後，有誤。

仲容博學，少有盛名，頗任氣使酒，好危言高論，士友以此少之。唯與王籍、謝幾卿情好相得，二人時亦不調，遂相追隨，誕縱酣飲，不復持檢操。[1]久之，復爲諮議參軍，出爲黟縣令。[2]及太清亂，[3]客遊會稽，遇疾卒，時年七十四。

[1]檢操：操行。

[2]黟縣：縣名。治所在今安徽黟縣東。

[3]太清亂：指梁武帝太清年間侯景之亂。並詳本書《侯景傳》、《武帝紀》、《簡文帝紀》。

仲容抄諸子書三十卷、[1]衆家地理書二十卷、《列女傳》三卷，[2]文集二十卷：並行於世。

[1]抄諸子書三十卷：《隋書·經籍志》著録："《子抄》三十卷，梁黟令庾仲容撰。"

[2]《列女傳》三卷：《隋書·經籍志》著録"《列女傳要録》三卷"，未題撰人，疑即仲容所抄。

陸雲公字子龍，吴郡人也。祖閑，[1]州別駕。[2]父完，寧遠長史。[3]

[1]閑：陸閑，人名。見《南齊書》卷五五《孝義·陸降傳》。

[2]別駕：別駕從事史之省稱，州府屬官，與西曹書佐共主本府官吏及選舉事。宋第九品，齊不詳。

[3]寧遠：寧遠將軍之省稱，將軍名號。宋第四品，梁初第五品。

雲公五歲誦《論語》、《毛詩》，九歲讀《漢書》，略能記憶。從祖倕、沛國劉顯質問十事，[1]雲公對無所失，顯歎異之。既長，好學有才思。州舉秀才。累遷宣惠武陵王、平西湘東王行參軍。雲公先製《太伯廟碑》，[2]吴興太守張纘罷郡經途，[3]讀其文歎曰："今之蔡伯喈也。"[4]纘至都掌選，言之於高祖，召兼尚書儀曹郎，頃之即真，入直壽光省，[5]以本官知著作郎事。俄除著作郎，累遷中書、黄門郎，[6]並掌著作。雲公善弈棊，常夜侍御坐，武冠觸燭火，高祖笑謂曰："燭燒卿貂。"[7]高祖將用雲公爲侍中，故以此言戲之也。是時天淵池新製鯿魚舟，[8]形闊而短，高祖暇日，常汎此舟，在朝唯引太常劉之遴、國子祭酒到溉、右衛朱异，[9]雲公時年位尚輕，亦預焉。其恩遇如此。太清元年，卒，時年三十七。高祖悼惜之，手詔曰："給事黄門侍郎、掌著作陸雲公，風尚優敏，後進之秀。奄然殂謝，[10]良以惻然。可剋日舉哀，賻錢五萬，[11]布四十匹。"

[1]倕：陸倕，人名。本書卷二七有傳。

[2]《太伯廟碑》：《藝文類聚》卷二一收録，題爲《太伯碑》。

[3]張纘：人名。本書卷三四有傳。

[4]蔡伯喈：蔡邕，字伯喈，後漢陳留人。著名文學家，尤善碑碣之文。《後漢書》卷六〇有傳。

[5]壽光省：京師建康宫城殿省名。

[6]中書、黄門郎：即中書侍郎、給事黄門侍郎，皆官名。給事黄門侍郎，門下省次官，掌侍從左右，關通中外。出入禁中，權勢顯要。員四人。梁十班。

[7]貂：冠飾。自漢以下，中朝官侍中、常侍冠皆加貂尾爲飾。

[8]天淵池：池沼名。在京師建康宫城華林園内。

[9]太常：即太常卿，官名。梁天監七年以太常改，爲十二卿之一，掌祀祠禮儀。十四班。　劉之遴：人名。本書卷四〇有傳。到溉：人名。本書卷四〇有傳。　右衛：右衛將軍之省稱，官名。與左衛將軍合稱二衛將軍，爲禁衛軍六軍之一。掌宫廷宿衛營兵。梁十二班。　朱异：人名。本書卷三八有傳。

[10]奄然：忽然。

[11]賻（fù）：以錢財助喪事。

張纘時爲湘州，[1]與雲公叔襄、兄晏子書曰：[2]"都信至，[3]承賢兄子、賢弟黄門殞折，[4]非唯貴門喪寶，實有識同悲，痛惋傷惜，不能已已。賢兄子、賢弟神情早著，標令弱年，[5]經目所覩，殆無再問。懷橘抱柰，[6]稟自天情；倨坐列薪，[7]非因外奬。學以聚之，則一箸能立；問以辯之，則師心獨寤。始踰弱歲，辭藝通洽，升降多士，[8]秀也詩流。見與齒過肩隨，[9]禮殊拜絶，懷抱相得，忘其年義。[10]朝遊夕宴，一載于斯。翫古披文，終晨訖暮。平生知舊，零落稍盡，老夫記意，[11]其數幾何。至若此生，寧可多過，賞心樂事，[12]所寄伊人。弟遷職瀟、湘，[13]維舟洛汭，[14]將離之際，彌見情款。夕次帝郊，亟淹信宿，[15]徘徊握手，忍分歧路。行役數年，羸病侵迫，識慮惛怳，[16]久絶人世。憑几口授，素無其功；翰動若飛，彌有多愧。京洛遊故，咸成雲雨，[17]唯有此生，音塵數嗣。[18]形迹之外，不爲遠近隔情；襟素之中，[19]豈以風霜改節。客遊半紀，[20]志切首丘，[21]日望東歸，更敦昔款。如何此別，永成異世！揮袂之初，[22]人誰自保，但恐衰謝，無復前期。不謂華齡，方春掩質，[23]埋玉之恨，[24]撫事多情。想引進之情，懷抱素篤，友于之至，[25]兼深家寶。奄有此恤，[26]當何可言。臨白增悲，言以無次。”

[1]湘州：州名。治所在今湖南長沙市。

[2]襄：陸襄，本書卷二七有傳。

[3]信：使者。

[4]黄門：給事黄門侍郎之省稱。此指陸雲公。

[5]令：善，美。　弱年：少年。

[6]懷橘抱柰：指孝敬之心。懷橘，漢末陸績，年六歲，見袁術，於座私取橘三枚於懷。及拜辭，橘墮地。術問其故，績云欲歸遺其母。事見《三國志》卷五七《吴書·陸績傳》。抱柰，《太平御覽》卷四一三《人事部》五四《孝中》引《世説》曰："晉王祥事繼母朱氏甚謹，家有柰樹，結子殊好，常使守之。時大風雨至，祥猶抱樹而住……朱氏於是感悟，愛之如己子。"按，"柰"，今通行本《世説新語·德行》作"李"。

[7]倨坐列薪：未詳。

[8]多士：士子衆多。《詩·大雅·文王》："濟濟多士，文王以寧。"

[9]齒：年齡。　肩隨：指年齡相近。《禮記·曲禮上》："十年以長，則兄事之；五年以長，則肩隨之。"

[10]年義：《四庫全書考證》卷二六云："'忘其年歲'，刊本'歲'訛'義'，據汲古閣本改。"按，此或再訛爲"義"。

[11]意：通"憶"。

[12]賞心樂事：《文選》卷三〇謝靈運《擬魏太子鄴中集詩八首序》："建安末，余時在鄴宫，朝遊夕宴，究懽愉之極。天下良辰美景，賞心樂事，四者難並，今昆弟友朋，二三諸彦共盡之矣。"

[13]瀟、湘：本湘州境内二水名，此處代指湘州。

[14]洛汭：本爲洛水入古黄河處，距洛陽較近。南朝人慣以東京洛陽指京師建康，此當代指建康附近長江。

[15]信宿：連宿兩夜。《左傳·莊公三年》："凡師，一宿爲舍，再宿爲信，過信爲次。"

[16]惛怳：糊涂。怳，同"恍"。

[17]雲雨：雲散雨絶，比喻分離無音訊。《文選》卷二三王仲宣《贈蔡子篤》："風流雲散，一别如雨。"

[18]音塵：指音信，信息。　嗣：繼續。

[19]襟素：襟懷。

[20]客遊半紀：在外爲官六年。紀，古以十二年爲一紀。

[21]志切首丘：指思念故鄉。《楚辭·九章·哀郢》："鳥飛返故鄉兮，狐死必首丘。"

[22]揮袂：揮袖，揮手告别。

[23]質：指形體。

[24]埋玉：《世説新語·傷逝》："庾文康亡，何揚州臨葬，云：'埋玉樹著土中，使人情何能已已。'"多用以悼念有才華而去世的人。

[25]友于之至：兄弟之情。《尚書·君陳》："惟孝友于兄弟。"後世以友于代指兄弟。

[26]恤：指喪事。

雲公從兄才子，亦有才名，歷官中書郎、宣成王友、[1]太子中庶子、[2]廷尉卿，[3]先雲公卒。才子、雲公文集，[4]並行於世。

[1]宣城王：梁簡文帝子蕭大器之初封爵號。本書卷八有傳。友：官名。王國屬官，掌隨侍國立，拾遺補缺。員一人。梁八班。

[2]太子中庶子：官名。東宫屬官，掌侍從及文翰。爲清顯之職。員四人。梁十一班。

[3]廷尉卿：官名。梁十二卿之一，掌刑辟。其屬官有廷尉正、平、監及胄子律博士等。十一班。

[4]《隋書·經籍志》著録："梁黄門郎《陸雲公集》十卷。"

任孝恭字孝恭，臨淮臨淮人也。[1]曾祖農夫，[2]宋南豫州刺史。[3]

[1]臨淮臨淮人：《南史》作"臨淮人"。按，考《宋書》及《南齊

書》之《州郡志》，臨淮郡屬縣無“臨淮”之名，疑衍一“臨淮”。

[2]農夫：任農夫，人名。見《宋書》卷八三《黄回傳》。

[3]南豫州：州名。劉宋永初二年（421）置，治所在今安徽和縣。

孝恭幼孤，事母以孝聞。精力勤學，家貧無書，常崎嶇從人假借。[1]每讀一徧，諷誦略無所遺。外祖丘它，與高祖有舊，高祖聞其有才學，召入西省撰史。[2]初爲奉朝請，進直壽光省，爲司文侍郎，[3]俄兼中書通事舍人。[4]敕遣製《建陵寺刹下銘》，[5]又啓撰高祖集《序文》，[6]並富麗，自是專掌公家筆翰。孝恭爲文敏速，受詔立成，若不留意，每奏，高祖輒稱善，累賜金帛。孝恭少從蕭寺雲法師讀經論，[7]明佛理，至是蔬食持戒，信受甚篤。而性頗自伐，[8]以才能尚人，[9]於時輩中多有忽略，世以此少之。[10]

[1]崎嶇：輾轉。

[2]西省：此指祕書省。

[3]司文侍郎：官名。梁普通（520—527）中置。掌修撰文章，官班無考。《陳書》卷二四《周弘正傳》：“普通中，初置司文義郎，直壽光省。”

[4]中書通事舍人：官名。即中書舍人。

[5]《建陵寺刹下銘》：今不存。

[6]《序文》：今不存。

[7]蕭寺：佛寺名。梁武帝造。　雲法師：即法雲法師，俗姓周，宜興陽羡人。唐·釋道宣《續高僧傳》卷五有傳。　經論：佛教經典有經、律、論。佛所云爲經，釋經之辭爲論，佛家戒律爲律。

[8]自伐：自誇，自傲。

[9]尚人：自居人上，即看不起人。

[10]少：輕視。

太清二年，侯景寇逼，[1]孝恭啓募兵，隸蕭正德，[2]屯南岸。及賊至，正德舉衆入賊，孝恭還赴臺，[3]臺門已閉，因奔入東府，[4]尋爲賊所攻，城陷見害。[5]文集行於世。[6]

[1]侯景太清元年附梁，二年叛，進攻京師建康。詳本書卷五六《侯景傳》。

[2]蕭正德：人名。梁武帝弟蕭宏第三子。本書卷五五有傳。

[3]臺：指尚書省。

[4]東府：即東府城，梁揚州鎮所，在今江蘇南京市通濟門附近。

[5]唐·釋道宣《續高僧傳》卷七《釋寶瓊傳》有"（任孝）恭息世謨，蔬菲好學，後進英華"云云，是孝恭有子名世謨。

[6]《隋書·經籍志》著録："梁中書郎《任孝恭集》十卷。"

顔協字子和，琅邪臨沂人也。七代祖含，[1]晉侍中、國子祭酒、西平靖侯。[2]父見遠，博學有志行。初，齊和帝之鎮荆州也，以見遠爲録事參軍，及即位於江陵，以爲治書侍御史，俄兼中丞。[3]高祖受禪，見遠乃不食，發憤數日而卒。高祖聞之曰："我自應天從人，[4]何預天下士大夫事？而顔見遠乃至於此也。"

[1]含：顔含，人名。《晉書》卷八八《孝友傳》有傳。

[2]西平靖侯：顔含封爵號西平侯，謚號靖。

[3]中丞：御史中丞之省稱。

[4]應天從人：《易·革》："天地革而四時成，湯武革命，順乎天而應乎人，革之時大矣哉！"後來封建王朝更革，自稱適應天命，順從人心，習用"應天順人"語。梁武父諱順之，故曰應天從人。

協幼孤，養於舅氏。少以器局見稱。[1]博涉羣書，工於草隸。釋褐湘東王國常侍，[2]又兼府記室。世祖出鎮荆州，[3]轉正記室。時吴郡顧協亦在蕃邸，[4]與協同名，才學相亞，府中稱爲"二協"。舅陳郡謝暕卒，[5]協以有鞠養恩，居喪如伯叔之禮，議者重焉。又感家門事義，[6]不求顯達，恒辭徵辟，遊於蕃府而已。大同五年，卒，時年四十二。世祖甚歎惜之，爲《懷舊詩》以傷之。[7]其一章曰："弘都多雅度，[8]信乃含賓實，[9]鴻漸殊未昇，[10]上才淹下秩。"[11]

[1]器局：才識及度量。

[2]釋褐：脱去布衣，换上官服。指初出仕。

[3]世祖：梁元帝廟號。

[4]吴郡顧協：顧協，人名。吴郡人。本書卷三〇有傳。　蕃邸：蕃王府邸。

[5]陳郡謝暕：謝暕，人名。祖籍陳郡，生平不詳。

[6]家門事義：指其父發憤而卒事。

[7]《懷舊詩》：今不存。

[8]弘都：即鴻都，東漢宫門名。其内置學及書庫。《後漢書》卷八《孝靈帝紀》光和元年二月："始置鴻都門學生。"此代指王府。　雅度：氣度不凡的人。

［9］賓實：即名實。《莊子·逍遥遊》："名者，實之賓也，吾將爲賓乎！"

［10］鴻漸：飛鴻漸進於高位。《易·漸》：初六，鴻漸于干，六二于磐，九三于陸，六四于木，九五于陵，皆以次而進，漸至高位。後世以鴻漸喻仕進。

［11］淹：停滯。　秩：官吏的職位、品級。

協所撰《晉仙傳》五篇，《日月災異圖》兩卷，遇火湮滅。[1]

［1］《日月災異圖》兩卷，遇火湮滅：《南史》卷七二《文學·顔協傳》"卷"下"遇"上有"行於世。其文集二十卷"九字。按，《顔氏家訓·文章》："吾家世文章甚爲典正，不從流俗。梁孝元在蕃邸時，撰《西府新文》，訖無一篇見録者，亦以不偶於世，無鄭、衛之音故也。有詩、賦、銘、誄、書、表、啓、疏二十卷，吾兄弟始在草土，並未得編次，便遭火蕩盡，竟不傳於世。"據此，遇火湮滅者乃文集二十卷。則當以《南史》爲是。

有二子：之儀、之推，[1]並早知名。之推，承聖中仕至正員郎、中書舍人。[2]

［1］之儀：顔之儀。《周書》卷四〇有傳。　之推：顔之推。《顔氏家訓》之撰者。《北齊書》卷四五有傳。

［2］承聖：梁元帝年號（552—555）。　正員郎：即散騎侍郎，官名。集書省屬官，掌侍從左右，獻納諍諫。梁八班。《通典》卷二二《職官四》"尚書省·歷代郎官"下有云："按歷代所謂正員郎者，即散騎侍郎耳，謂非員外、通直者，故謂之正員郎。"

陳吏部尚書姚察曰：[1]魏文帝稱古之文人，鮮能以名節自全。[2]何哉？夫文者妙發性靈，獨拔懷抱，易邈等夷，[3]必興矜露。[4]大則凌慢侯王，小則慠蔑朋黨，速忌離訧，[5]啓自此作。若夫屈、賈之流斥，[6]桓、馮之擯放，[7]豈獨一世哉，蓋恃才之禍也。羣士值文明之運，摛豔藻之辭，無鬱抑之虞，不遭向時之患，美矣。劉氏之論，[8]命之徒也。命也者，聖人罕言歟，就而必之，非經意也。

[1]陳吏部尚書姚察：姚察，思廉之父，仕陳，曾官吏部尚書。《陳書》卷二七有傳。吏部尚書，官名。掌官吏銓選、任免。陳第三品。清·錢大昕《廿二史考異》卷二六有云："思廉修梁陳書，皆因其父察所撰而續成之。梁史諸論，述其父説必稱'陳吏部尚書姚察曰'，仿孟堅《漢書》稱'司徒掾班彪'之例也。"

[2]《文選》卷四二魏文帝《與吴質書》："觀古今文人，類不護細行，鮮能以名節自立。"

[3]邈：通"藐"，輕視。　等夷：同輩。

[4]矜露：矜己露才，顯示自己的才能以炫耀於人。

[5]速：招致。　離：遭。　訧：過失。

[6]屈、賈：指屈原、賈誼。屈原遭流放，賈誼被貶斥。詳《史記》卷八四《屈原賈生列傳》。

[7]桓、馮：指桓譚、馮衍。桓譚，字君山，後漢沛國相人。官議郎、給事中，以"非聖無法"遭貶，道病死。有《新論》傳世。馮衍，字敬通，後漢京兆杜陵人，有文武才，仕宦屢不得志，廢於家。二人，《後漢書》卷二八並有傳。

[8]劉氏之論：指劉孝標《辨命論》。

今注本二十四史

梁書

三

傳〔二〕

唐 姚思廉 撰

熊清元 校注

四川出版集團 巴蜀書社

梁書 卷一三

列傳第七

范雲　沈約

范雲字彦龍，南鄉舞陰人，[1]晉平北將軍汪六世孫也。[2]年八歲，遇宋豫州刺史殷琰於塗，[3]琰異之，要就席，雲風姿應對，傍若無人。琰令賦詩，操筆便就，坐者歎焉。嘗就親人袁照學，晝夜不怠。[4]照撫其背曰："卿精神秀朗而勤於學，卿相才也。"少機警，有識具，[5]善屬文，便尺牘，[6]下筆輒成，未嘗定藁，時人每疑其宿構。父抗，爲郢府參軍，[7]雲隨父在府，時吴興沈約、新野庾杲之與抗同府，[8]見而友之。

[1]南鄉：即順陽，郡名。治所在今河南淅川縣西北。《史記》卷五三《蕭相國世家》司馬貞《索隱》引顧氏云："南鄉，郡名。《太康地理志》云：'魏武帝建安中分南陽立南鄉，晉武帝又曰順陽郡也。'"清·錢大昕《廿二史考異》卷二六："按《宋》、《齊》二《志》俱無南鄉郡，而有南鄉縣，爲順陽郡之治所。舞陰則南陽之

屬縣也。蓋梁時避武帝父諱，改順陽爲南鄉耳。”陳垣《史諱舉例》卷四“因避諱而生之訛異”條亦云：“南鄉即順陽，梁代避諱改也。”　舞陰：縣名。治所在今河南泌陽縣西北。此范氏祖籍。

[2]平北將軍：將軍名號。與平東、平西、平南將軍合稱四平將軍。多兼鎮守地區的刺史，統掌軍、政事務。晉第三品。按，本書卷四八《儒林·范縝傳》、《晉書》卷七二《范汪傳》及宋·汪藻《世説叙録》“人名譜·南鄉舞陰范氏譜”並作“安北將軍”。疑“平”爲“安”字之訛。

[3]豫州：州名。治所在今安徽壽縣。　殷琰：人名。祖籍陳郡長平。《宋書》卷八七有傳。

[4]嘗就親人袁照學，晝夜不怠：中華書局本《校勘記》：“各本作‘嘗就親人袁照學書，一夜不怠’，將‘晝’字誤分爲‘書一’二字。今據《册府元龜》七八九、八四三改正。按：《南史》云‘就其姑夫袁叔明讀《毛詩》，日誦九紙’。袁叔明即袁照。是范雲向袁照非學書法。”按，袁氏名炳，字叔明，祖籍陳郡陽夏。南朝著名文人江淹之摯友。淹有《袁友人傳》述其生平，見俞紹初、張亞新《江淹集校注》。蓋姚思廉避唐諱改“炳”爲“照”，而《南史》卷五七同傳則改稱其字。

[5]識具：具，舊本作“且”，中華書局本據百衲本改“具”。按，作“且”亦通。標點可改爲：“少機警有識，且善屬文……”

[6]尺牘：書信的通稱。

[7]郢府：郢州府。其地在今湖北武漢市武昌。　參軍：官名。王公軍府屬官，參掌府曹事。宋第七品。

[8]新野庾杲之：庾杲之，祖籍新野郡。《南齊書》卷三四有傳。新野，治所在今河南新野縣。

起家郢州西曹書佐，[1]轉法曹行參軍。[2]俄而沈攸之舉兵圍郢城，[3]抗時爲府長流，[4]入城固守，留家屬居外。雲爲軍人所得，攸之召與語，聲色甚厲，雲容貌不變，徐自陳説。攸之乃笑曰："卿定可兒，[5]且出就舍。"明旦，又召令送書入城。城内或欲誅之。雲曰："老母弱弟，懸命沈氏，若違其命，[6]禍必及親，今日就戮，甘心如薺。"[7]長史柳世隆素與雲善，[8]乃免之。

[1]西曹書佐：官名。州府屬官，與别駕從事史共掌本府官吏及選舉事。宋第九品。

[2]法曹行參軍：官名。王公軍府屬官，掌郵遞科程事。位在正參軍之下。

[3]沈攸之：吴興武康人。仕宋，官至車騎大將軍、開府儀同三司、荆州刺史。宋末，蕭道成擅權，有代宋之勢。沈攸之起兵嚮京師，順流而下，圍郢城。事見《宋書》卷七四《沈攸之傳》。郢城：即郢州州府所在地。

[4]長流：即長流賊曹參軍之省稱，諸公軍府屬官。掌刑獄盜賊事。宋第七品。

[5]定：六朝習語。終究，到底。　可兒：六朝習語。對人贊美之辭，等於説"能幹的人"。

[6]若違其命：中華書局本《校勘記》："《南史》及《册府元龜》七五三、八七一、九四〇作'若其違命'。"

[7]甘心如薺：《詩·邶風·谷風》："誰謂荼苦，其甘如薺。"薺，薺菜。

[8]長史：官名。王公軍府屬官。掌本府官吏。其品秩依府主地位而定。宋持節都督府長史爲六品，諸軍長史爲七品。　柳世隆：人名。祖籍河南解縣。《南齊書》卷二四有傳。

齊建元初，[1]竟陵王子良爲會稽太守，[2]雲始隨王，王未之知也。會遊秦望，[3]使人視刻石文，時莫能識，雲獨誦之，王悦，自是寵冠府朝。王爲丹陽尹，[4]召爲主簿，[5]深相親任。時進見齊高帝，值有獻白烏者，[6]帝問此爲何瑞？雲位卑，最後答曰："臣聞王者敬宗廟，則白烏至。"時謁廟始畢。帝曰："卿言是也。感應之理，一至此乎！"轉補征北南郡王刑獄參軍事，[7]領主簿如故，[8]遷尚書殿中郎。[9]子良爲司徒，又補記室參軍事，[10]尋授通直散騎侍郎、領本州大中正。[11]出爲零陵内史，[12]在任潔己，省煩苛，去游費，百姓安之。明帝召還都，及至，拜散騎侍郎。[13]復出爲始興内史。[14]郡多豪猾大姓，二千石有不善者，[15]謀共殺害，不則逐去之。[16]邊帶蠻俚，尤多盜賊，前内史皆以兵刃自衛。雲入境，撫以恩德，罷亭候，[17]商賈露宿，郡中稱爲神明。仍遷假節、建武將軍、平越中郎將、廣州刺史。[18]初，雲與尚書僕射江祏善，[19]祏姨弟徐藝爲曲江令，[20]深以託雲。有譚儼者，縣之豪族，藝鞭之，儼以爲恥，詣京訴雲，雲坐徵還下獄，[21]會赦免。永元二年，[22]起爲國子博士。[23]

[1]建元：齊高帝年號（479—482）。

[2]竟陵王子良：齊武帝子蕭子良封爵號竟陵王。《南齊書》卷四〇《武十七王》有傳。竟陵，郡名。治所在今湖北鍾祥市。　會稽：郡名。治所在今浙江紹興市紹興縣。

[3]秦望：山名。在今浙江杭州市西南。《史記》卷六《秦始皇本紀》：始皇三十七年出遊，"上會稽，祭大禹，望於南海，而立石

刻頌秦德。其文曰”云云。唐・張守節《正義》有云：“其碑見在會稽山上。其文及書皆李斯，其字四寸，畫如小指，圓鐫。今文字整頓，是小篆字。”雲所誦刻石文，當即此。

[4]丹陽尹：京師所在丹陽郡長官。掌治民。宋第三品，齊不詳。丹陽，治所在今江蘇南京市。

[5]主簿：官名。漢以下，中央各機構及地方州郡皆置。掌文書簿籍，爲掾吏之首。職位隨府主地位高下而異。

[6]白烏：烏之白者。古人以爲祥瑞。沈約《宋書・符瑞志下》：“白烏，王者宗廟肅敬則至。”

[7]征北：征北將軍之省稱，將軍名號。與征南、征東、征西將軍合稱四征將軍。多爲持節都督，出鎮方面，地位頗高。宋第三品，齊不詳。　南郡王：齊武帝子蕭長懋之初封爵號。見《南齊書》卷二一《文惠太子傳》。南郡，郡名。治所在今湖北荆州市江陵。　刑獄參軍事：刑獄賊曹參軍事之省稱，官名。王公軍府屬官，掌刑獄盜賊事。宋第七品，齊不詳。

[8]領：官制術語。兼任較低職務。

[9]尚書殿中郎：官名。尚書省諸曹郎之一。屬尚書左僕射。掌殿中曹，常擬詔書，多用文學之士。齊第六品。

[10]記室參軍事：官名。王公軍府屬官，掌文書。宋第七品，齊不詳。

[11]通直散騎侍郎：官名。集書省屬官，與散騎侍郎通直，掌侍從，應對。員四人。宋第五品，齊不詳。　大中正：官名。掌一州士人之品評，定其鄉品，以爲選拔官吏之依據。多以他官兼領。

[12]零陵：郡名。治所在今湖南永州市。　内史：官名。王國官員。掌治民。宋第五品，齊不詳。

[13]散騎侍郎：官名。集書省官屬。掌侍從，諷諫。員四人。宋第五品，齊不詳。

[14]始興：郡名。治所在今廣東韶關市東南蓮花嶺下。

[15]二千石：漢代内自九卿郎將，外至郡守尉的俸禄等級皆爲

二千石。後因稱郎將、郡守爲二千石。

[16]不：同“否”。

[17]亭候：哨所。

[18]假節：古代大臣奉皇帝之命出行，持節以爲憑證並示威重，稱假節。魏晉以下以爲官名，有假節、持節、使持節之分，權力亦有小大之别。多爲都督諸州軍事及刺史總軍戎者。假節，有軍事可殺犯軍令者。　建武將軍：將軍名號。五武將軍之一，統兵征戰。宋第四品。　平越中郎將：武職名號。主護南越，治廣州。宋第四品，齊不詳。　廣州：州名。治所在今廣東廣州市。

[19]尚書僕射：官名。尚書令副佐，並與尚書分領諸曹。南朝不常置，左右僕射並缺，則置以總左右事。員一人。齊第三品。江祏：人名。祖籍濟陽考城。《南齊書》卷四三有傳。

[20]曲江：縣名。治所在今廣東韶關市南武水西岸。

[21]徵：三朝本、百衲本皆作“儼”。

[22]永元：齊東昏侯年號（499—501）。　二年：二，當是“三”之訛。説詳熊清元《范雲爲國子博士的時間問題》一文。

[23]國子博士：官名。南齊屬太常。掌國子學教授，備顧問。齊第六品。《文選》卷三八任彦昇《爲范尚書讓吏部封侯第一表》有云：“去歲冬初，國學之老博士耳；今兹首夏，將亞冢司。”李善注引劉璠《梁典》曰：“齊永元初，雲爲廣州刺史，因廢家居。久之，爲國子博士。”可與本傳參證。

初，雲與高祖遇於齊竟陵王子良邸，[1]又嘗接里閈，[2]高祖深器之。及義兵至京邑，[3]雲時在城内。東昏既誅，侍中張稷使雲銜命出城，[4]高祖因留之，便參帷幄，仍拜黄門侍郎，[5]與沈約同心翊贊。[6]俄遷大司馬諮議參軍，[7]領録事。[8]梁臺建，[9]遷侍中。時高祖納齊東昏余妃，頗妨政事，雲嘗以爲言，未之納也。

後與王茂同入卧内，[10]雲又諫曰："昔漢祖居山東，[11]貪財好色，及入關定秦，[12]財帛無所取，婦女無所幸，范增以爲其志大故也。[13]今明公始定天下，海内想望風聲，奈何襲昏亂之蹤，以女德爲累。"[14]王茂因起拜曰："范雲言是，公必以天下爲念，[15]無宜留惜。"高祖默然。雲便疏令以余氏賚茂，[16]高祖賢其意而許之。明日，賜雲、茂錢各百萬。

[1]高祖：梁武帝廟號。

[2]接里閈：居所相近。《文選》卷三八任彦昇《爲范尚書讓吏部封侯第一表》："政當以接閈白水，列宅舊豐。"五臣注云："雲與梁武居止相近，故云。"里閈，里門。

[3]義兵：即義師。齊末，東昏侯蕭寶卷狂悖無道，雍州刺史蕭衍起兵嚮京師以討之。因稱其師爲義師或義兵。　京邑：指京師建康。

[4]侍中：官名。門下省長官。掌奏事，直侍左右，應對獻替，並參與決策，是中樞集團重要成員。員四人。齊第三品。　張稷：人名。本書卷一六有傳。

[5]黄門侍郎：官名。門下省次官與侍中俱掌門下衆事，侍從左右，關通中外。出入禁中，地位顯要。員四人。齊第五品。

[6]翊贊：輔佐贊助。

[7]諮議參軍：官名。王公府屬官，掌諷議。宋第七品，齊不詳。

[8]録事：録事參軍之省稱，官名。公府屬官。掌總録衆署文書，舉彈善惡。宋第七品，齊不詳。

[9]梁臺建：指蕭衍爲梁公，建臺治事。臺，官署。

[10]王茂：人名。本書卷九有傳。

[11]漢祖：指漢高祖劉邦。　山東：指崤山之東，戰國時六國

之地。

[12]關：指函谷關。

[13]范增：秦末居巢人。輔項羽霸諸侯。後憤而離羽，病卒於道。事見《史記》卷七《項羽本紀》、卷八《高祖本紀》。《項羽本紀》云："范增説項羽曰：'沛公居山東時，貪於財貨，好美姬。今入關，財物無所取，婦女無所幸，此其志不在小。'"

[14]女德：即女色。

[15]必：若。

[16]疏：條陳。　賚：賞賜。

天監元年，[1]高祖受禪，柴燎於南郊，[2]雲以侍中參乘。禮畢，高祖升輦，謂雲曰："朕之今日，所謂'懍乎若朽索之馭六馬'。"[3]雲對曰："亦願陛下日慎一日。"[4]高祖善之。是日，遷散騎常侍、吏部尚書；[5]以佐命功封霄城縣侯，[6]邑千户。雲以舊恩見拔，超居佐命，盡誠翊亮，[7]知無不爲。高祖亦推心任之，所奏多允。嘗侍讌，高祖謂臨川王宏、鄱陽王恢曰：[8]"我與范尚書少親善，申四海之敬；[9]今爲天下主，此禮既革，汝宜代我呼范爲兄。"二王下席拜，與雲同車還尚書下省，[10]時人榮之。其年，東宫建，[11]雲以本官領太子中庶子，[12]尋遷尚書右僕射，[13]猶領吏部。[14]頃之，坐違詔用人，免吏部，猶爲僕射。

[1]天監：梁武帝年號（502—519）。

[2]柴燎：燒柴祭天。南郊：都邑之外曰郊，於都邑之南爲圜丘以祭天，稱爲南郊。

[3]懍乎若朽索之馭六馬：比喻小心謹慎。《尚書·五子之歌》：

“予臨兆民，懍乎若朽索之馭六馬。”

[4]日慎一日：《韓非子》第一卷《初見秦第一》：“且臣聞之曰：‘戰戰栗栗，日慎一日，苟慎其道，天下可有。’”

[5]散騎常侍：官名。集書省長官。劉宋以後，以掌侍從左右及圖書文翰爲主，地位較前代爲低。員四人。宋第三品，梁初同。吏部尚書：官名。尚書省吏部曹長官，爲列曹尚書之首，地位隆重。掌官吏銓選、任免。多僑姓高門、世冑顯貴擔任。員一人，梁初第四品。

[6]霄城：縣名。治所在今湖北天門市東北。按，此遷，任昉有《爲范尚書讓吏部封侯第一表》，見《文選》卷三八，即代范雲作。

[7]翊亮：增輝。

[8]臨川王宏、鄱陽王恢：梁武帝弟蕭宏封爵號臨川王，蕭恢封爵號鄱陽王。本書卷二二《太祖五王》並有傳。臨川，郡名。治所在今江西南城縣東南。鄱陽，郡名。治所在今江西波陽縣。

[9]四海之敬：指兄弟之敬。錢大昕《廿二史考異》云：“蓋用《論語》‘四海之内皆兄弟’之語。”

[10]尚書下省：即尚書下舍，在建康宫城内。自晉以下尚書省官僚皆携家屬住此。

[11]東宫建：指蕭衍天監元年（502）十一月立長子蕭統爲皇太子，置官屬。見本書《昭明太子傳》。

[12]太子中庶子：官名。東宫官屬。與太子中舍子俱掌文翰、侍從規諫。員四人。梁初第四品。

[13]尚書右僕射：官名。尚書令副佐，與尚書分領諸曹，並主朝廷禮制。員一人。齊及梁初第三品。

[14]吏部：吏部尚書之省稱。

雲性篤睦，[1]事寡嫂盡禮，家事必先諮而後行。好節尚奇，專趣人之急。少時與領軍長史王畡善，[2]畡亡於官舍，貧無居宅，雲乃迎喪還家，躬營含殯。[3]事竟陵王子良恩禮甚隆，雲每獻損益，未嘗阿意。子良嘗啓齊武帝論雲爲郡。帝曰："庸人，聞其恒相賣弄，不復窮法，當宥之以遠。"子良曰："不然。雲動相規誨，諫書具存，請取以奏。"既至，有百餘紙，辭皆切直。帝歎息，因謂子良曰："不謂雲能爾。[4]方使弼汝，何宜出守。"齊文惠太子嘗出東田觀穫，[5]顧謂衆賓曰："刈此亦殊可觀。"衆皆唯唯。雲獨曰："夫三時之務，[6]實爲長勤。伏願殿下知稼穡之艱難，[7]無徇一朝之宴逸。"[8]既出，侍中蕭緬先不相識，[9]因就車握雲手曰："不圖今日復聞讜言。"[10]及居選官，任守隆重，[11]書牘盈案，賓客滿門，雲應對如流，無所壅滯，官曹文墨，發擿若神，[12]時人咸服其明贍。性頗激厲，[13]少威重，有所是非，形於造次，[14]士或以此少之。初，雲爲郡號稱廉潔，及居貴重，頗通饋餉；然家無蓄積，隨散之親友。[15]

[1]篤睦：寬厚、温和。

[2]領軍：領軍將軍之省稱，將軍名號。禁衛軍最高統帥，權任甚重。宋第三品，齊不詳。

[3]含殯：指喪事。含，置於死者口中的玉物。三朝本、百衲本作"啥"。

[4]爾：如此。

[5]文惠太子：齊武帝長子蕭長懋爲太子，卒，謚號文惠。《南齊書》卷二一有傳。　東田：《南史》卷五《鬱林王紀》："文惠太

子立樓館於鍾山下，號曰‘東田’。太子屢遊幸之。”

[6]三時：《國語·周語上》：“三時務農而一時講武。”韋昭《注》：“三時，春、夏、秋。”

[7]知稼穡之艱難：《尚書·無逸》：“周公曰：嗚呼，君子所其無逸。先知稼穡之艱難，乃逸，則知小人之依。相小人，厥父母勤勞稼穡，厥子乃不知稼穡之艱難，乃逸乃諺。既誕，否則侮厥父母曰：昔之人無聞知。”

[8]徇：從。

[9]蕭緬：人名。齊宗室。《南齊書》卷四五有傳。

[10]讜言：正直的言論。《文心雕龍·奏啓》：“又表奏確切，號爲讜言。讜者，正偏也。王道有偏，乖乎蕩蕩，矯正其偏，故曰讜言也。”

[11]任守：各本同，《南史》卷五七同傳作“任寄”。按，參以《宋書》卷五六《謝瞻傳》“任寄隆重”之語，似當以“任寄”爲是。

[12]發擿（tī）：解説疑難。

[13]激厲：急激率直。

[14]造次：輕易。

[15]《藝文類聚》卷三四任昉《與沈約書》有云：“范侯淳孝睦友，在家必聞；直道正色，立朝斯著。一金之俸，必遍親倫；鍾庾之秩，散之故舊。佐命興王，必力俱盡；謀猷忠允，諒誠匪躬。破産而字死友之孤，開門而延故人之殯，則惟其常，無得而稱矣。”可與本段參看。

二年，卒，[1]時年五十三。高祖爲之流涕，即日輿駕臨殯。[2]詔曰：“追遠興悼，[3]常情所篤；況問望斯在，[4]事深朝寄者乎！[5]故散騎常侍、尚書右僕射、霄城侯雲，器範貞正，思懷經遠，爰初立志，素履有聞。[6]脱巾來仕，[7]清績仍著。燮務登朝，[8]具瞻惟允。[9]綢繆翊贊，[10]義簡朕心，雖勤非負靮，[11]而舊同論講。方騁遠塗，永毗庶政；[12]奄致喪殞，[13]傷悼於懷。宜加命秩，式備徽典。可追贈侍中、衛將軍，[14]僕射、侯如故。並給鼓吹一部。”[15]禮官請謚曰宣，勑賜謚文。[16]有集三十卷。[17]子孝才嗣，官至太子中舍人。[18]

[1]《文選》卷二三任彦昇《出郡傳舍哭范僕射》詩李善注引劉璠《梁典》曰：“天監二年，僕射范雲卒，任昉自義興貽沈約書曰：永念平生，忽爲疇昔。”可與本傳參證。

[2]輿駕：皇帝的車駕。此處代指皇帝。

[3]追遠：追念久遠之事。

[4]問望：名望。問，通“聞”。

[5]朝寄：朝廷所寄托。

[6]素履：淳樸的行爲。

[7]脱巾：脱去頭巾。指出仕。

[8]燮務：燮理朝廷政務。

[9]具瞻：《三國志》卷一〇《魏書·賈詡傳》裴注引《荀勖别傳》：“三公具瞻所歸，不可用非其人。”後因以指三公宰相之職。

[10]綢繆：情意殷勤。

[11]負靮：指隨從奔走的人。靮，馬繮。

[12]毗：輔佐。

[13]奄：忽然。

[14]衛將軍：將軍名號。爲重號將軍，多加大臣、重要地方長官。宋第二品，齊及梁初不詳。

[15]鼓吹：樂名。本軍樂，皇帝出行亦奏。魏晉以後亦用以贈賜有功之臣。

[16]勑：皇帝的詔令。

[17]有集三十卷：《隋書·經籍志》著録："梁尚書僕射《范雲集》十一卷並録。"《新唐書·藝文志》著録："梁《范雲集》十二卷。"並與此異。

[18]太子中舍人：官名。東宫官屬。與太子中庶子共掌侍從及文翰。員四人。梁天監七年（508）革選，定流内官職爲十八班，以班多者爲貴，太子中舍人爲八班。

沈約字休文，吴興武康人也。[1]祖林子，[2]宋征虜將軍。[3]父璞，淮南太守。[4]璞元嘉末被誅，[5]約幼潛竄，會赦免。既而流寓孤貧，篤志好學，晝夜不倦。母恐其以勞生疾，常遣減油滅火。[6]而晝之所讀，夜輒誦之，遂博通羣籍，能屬文。

[1]吴興：郡名。治所在今浙江湖州市南下菰城。　武康：縣名。治所在今浙江德清縣西千秋鎮。

[2]林子：即沈林子。此人與下文沈璞，《宋書》卷一〇〇《自序》有傳。

[3]征虜將軍：將軍名號。地位高於一般雜號將軍。宋第三品。

[4]淮南：郡名。治所在今安徽當塗縣。

[5]元嘉：宋文帝年號（424—453）。元嘉三十年，文帝長子劉劭弑立，沈璞以奉迎之晚見殺。事詳沈約《宋書》卷一〇〇《自序》。

[6]火：即燈。

起家奉朝請。[1]濟陽蔡興宗聞其才而善之；[2]興宗爲郢州刺史，引爲安西外兵參軍，[3]兼記室。[4]興宗嘗謂其諸子曰："沈記室人倫師表，宜善事之。"及爲荆州，[5]又爲征西記室參軍，[6]帶厥西令。[7]興宗卒，始爲安西晉熙王法曹參軍，[8]轉外兵，[9]並兼記室。入爲尚書度支郎。[10]

[1]奉朝請：本指大臣定期參加朝會，朝見皇帝。晉代以下以爲官名，安置閑散官員。宋齊無職事，亦不爲官。

[2]濟陽：郡名。治所在今河南蘭考縣東北堌陽鎮。　蔡興宗：人名。祖籍濟陽郡考城縣。仕宋，官至開府儀同三司、荆州刺史。《宋書》卷五七有傳。

[3]安西：安西將軍之省稱，將軍名號。與安東、安南、安北將軍合稱四安將軍。爲出鎮方面的軍事長官，或作爲刺史兼理軍務的加官。權任頗重。宋第三品。　外兵參軍：官名。諸公軍府屬官。掌本府軍隊政令。宋第七品。

[4]記室：記室參軍之省稱，官名。諸公軍府屬官，掌文書。宋第七品。

[5]荆州：州名。治所在今湖北荆州市江陵。

[6]征西：征西將軍之省稱，將軍名號。東西南北四征將軍之一。多爲持節都督，出鎮方面，權任頗重。宋第三品。

[7]帶：官制術語。帶其官號、俸禄而不理其職事之稱。　厥西：舊本或作"闕西"，或作"闞西"，誤。此依中華書局本校改。

[8]晉熙王：宋文帝子劉昶之嗣子燮之封爵號。《宋書》卷七二《文九王傳》有附傳。晉熙，郡名。治所在今安徽潛山縣。熙，原文爲"安"，誤。此依日人鈴木虎雄《沈約年譜》説改。參曹道衡、沈玉成著《中古文學史料叢考》卷四"《梁書·沈約傳》誤字"條。　法曹參軍：官名。諸公軍府屬官。掌郵遞科程事。宋第七品。

[9]外兵：即外兵參軍。

[10]尚書度支郎：官名。尚書省諸曹郎之一。屬度支尚書。掌

財賦收支會計。宋第六品。

齊初爲征虜記室，帶襄陽令，[1]所奉之王，齊文惠太子也。[2]太子入居東宫，爲步兵校尉，[3]管書記，直永壽省，[4]校四部圖書。[5]時東宫多士，約特被親遇，每直入見，影斜方出。當時王侯到宫，或不得進，約每以爲言。太子曰："吾生平嬾起，是卿所悉，得卿談論，然後忘寢。卿欲我夙興，[6]可恒早入。"遷太子家令，[7]後以本官兼著作郎，[8]遷中書郎，[9]本邑中正，[10]司徒右長史，[11]黄門侍郎。時竟陵王亦招士，[12]約與蘭陵蕭琛、琅邪王融、陳郡謝朓、南鄉范雲、樂安任昉等皆遊焉，[13]當世號爲得人。俄兼尚書左丞，[14]尋爲御史中丞，[15]轉車騎長史。[16]隆昌元年，[17]除吏部郎，[18]出爲寧朔將軍、東陽太守。[19]明帝即位，進號輔國將軍，[20]徵爲五兵尚書，[21]遷國子祭酒。[22]明帝崩，政歸冢宰，尚書令徐孝嗣使約撰定遺詔。[23]遷左衛將軍，[24]尋加通直散騎常侍。[25]永元二年，以母老表求解職，改授冠軍將軍、司徒左長史，[26]征虜將軍、南清河太守。[27]

[1]襄陽：縣名。雍州屬縣，治所在今湖北襄陽縣。

[2]文惠太子蕭長懋於齊初官征虜將軍、雍州刺史。詳《南齊書》卷二一《文惠太子傳》。

[3]步兵校尉：即太子步兵校尉，東宫三校之一，掌東宫宿衛營兵。

[4]永壽省：南朝齊所置收藏圖書之所，在京師建康宫城内。

[5]四部圖書：古分圖書爲甲、乙、丙、丁四部，分别指經、史、子、集。

[6]夙興：早起。

[7]太子家令：官名。掌東宫刑獄、錢穀、飲食等。員一人。宋第五品，齊不詳。《隋書·百官志》："家令，自宋齊已來，清流者不爲之。"

[8]著作郎：官名。祕書省屬官，掌國史。爲清簡之職，多甲族貴遊起家之選。員一人。齊第六品。

[9]中書郎：即中書侍郎，官名。中書省官屬。舊掌詔誥，劉宋以後，草擬詔誥權歸舍人，侍郎職少官清，多爲諸王起家官。員四人。齊第五品。

[10]中正：官名。掌一郡士人的品評，定其品第，以爲選拔官吏之依據。多由他官兼領。

[11]司徒右長史：官名。司徒府官屬，與左長史分掌本府官吏。宋第六品，齊不詳。

[12]竟陵王：齊武帝子蕭子良封爵號。

[13]蘭陵蕭琛：蕭琛，字彦瑜，祖籍蘭陵郡。本書卷二六有傳。　琅邪王融：王融，字元長，祖籍琅邪郡。《南齊書》卷四七有傳。　陳郡謝朓：謝朓，字玄暉，祖籍陳郡。《南齊書》卷四七有傳。　樂安任昉：任昉，字彦昇，祖籍樂安郡。本書卷一四有傳。

[14]尚書左丞：官名。尚書省官員。南齊時掌宗廟郊祀、吉慶瑞應、灾異、立作格制、諸案彈、選用除置、吏補滿除遣注職。員一人。齊第六品。

[15]御史中丞：御史臺長官。掌督察百僚，糾劾不法。六朝第一流高門，多不居此職。員一人。齊第四品。按，《文選》卷四〇沈休文《奏彈王源》題下李善注引吴均《齊春秋》曰："永明八年，沈約爲中丞。"

[16]車騎：車騎將軍之省稱，將軍名號。爲重號將軍，多加授

大臣、重要地方長官。宋第二品，齊不詳。沈約於齊永明年間曾官太子右衛率，本傳失載。參熊清元《"竟陵八友"三考》。

[17]隆昌：齊鬱林王年號（494）。

[18]吏部郎：官名。尚書省諸曹郎之一，屬吏部尚書。掌官吏銓選調動事宜。齊第五品。

[19]寧朔將軍：將軍名號。統兵出征。宋第四品，齊不詳。　東陽：郡名。治所在今浙江金華縣。

[20]輔國將軍：將軍名號。齊第三品。

[21]五兵尚書：官名。尚書省列曹尚書之一，掌軍事行政。齊第三品。按，依文意，似沈約徵爲五兵尚書在明帝即位初，然此實誤。沈約自東陽入都爲五兵尚書實在明帝建武三年（496）春天以後。說詳熊清元《"竟陵八友"三考》。

[22]國子祭酒：官名。隸太常，掌國子學、太學。宋齊第三品。

[23]尚書令：官名。尚書省長官。掌國家政務，參議大政。齊第三品。　徐孝嗣：人名。祖籍東海郯縣。《南齊書》卷四四有傳。按，此"遺詔"，《南齊書》卷六《明帝紀》"永泰元年"下有載。

[24]左衛將軍：將軍名號。與右衛將軍合稱二衛將軍，掌宿衛營兵。爲禁衛軍主要將領。齊第四品。

[25]通直散騎常侍：官名。集書省官員。掌侍從左右，與散騎常侍通直。劉宋以後多以衰老之士擔任，地位漸低。宋齊官品不詳。

[26]冠軍將軍：將軍名號。齊第三品。

[27]南清河：郡名。江左虛置，無實土。

高祖在西邸，[1]與約遊舊，建康城平，[2]引爲驃騎司馬，[3]將軍如故。時高祖勳業既就，天人允屬，約嘗扣其端，高祖默而不應。佗日又進曰："今與古異，不可以淳風期萬物。士大夫攀龍附鳳者，皆望有尺寸之功，以保其福禄。今童兒牧豎，悉知齊祚已終，莫不云明公其人也。天文人事，表革運之徵，永元以來，尤爲彰著。讖云‘行中水，作天子’，[4]此又歷然在記。天心不可違，人情不可失，苟是曆數所至，[5]雖欲謙光，[6]亦不可得已。”高祖曰：“吾方思之。”對曰：“公初杖兵樊、沔，[7]此時應思，今王業已就，何所復思。昔武王伐紂，始入，民便曰吾君，[8]武王不違民意，亦無所思。公自至京邑，已移氣序，比於周武，遲速不同。若不早定大業，稽天人之望，脱有一人立異，便損威德。且人非金石，[9]時事難保。豈可以建安之封，[10]遺之子孫？若天子還都，公卿在位，則君臣分定，無復異心。君明於上，臣忠於下，豈復有人方更同公作賊。”高祖然之。約出，高祖召范雲告之，雲對略同約旨。高祖曰：“智者乃爾暗同，卿明早將休文更來。”[11]雲出語約，約曰：“卿必待我。”雲許諾，而約先期入，高祖命草其事。[12]約乃出懷中詔書並諸選置，高祖初無所改。俄而雲自外來，至殿門不得入，徘徊壽光閤外，[13]但云“咄咄”。[14]約出，問曰：“何以見處？”約舉手向左，[15]雲笑曰：“不乖所望。”有頃，高祖召范雲謂曰：“生平與沈休文羣居，不覺有異人處；今日才智縱横，可謂明識。”雲曰：“公今知約，不異約今知公。”高祖曰：“我起兵於今三年矣，功臣諸將，實有其勞；然成帝業者，乃卿二人也。”

[1]西邸：齊竟陵王蕭子良别邸，在鷄籠山（即今江蘇南京市鷄鳴山），是子良與諸文士講經説佛、文酒賞會之所。蕭衍、沈約等皆西邸學士。參本書《武帝紀》。

[2]建康城平：指齊末蕭衍爲雍州刺史，起兵襄陽，平定京師建康。

[3]驃騎：驃騎大將軍之省稱，將軍名號。宋齊第一品。時蕭衍任此職。　司馬：官名。諸公軍府屬官。掌本府武官。宋第六至第七品。

[4]讖：預言吉凶得失的文字、圖記。按，“行”中“水”，正“衍”字。此用以附會蕭衍稱帝。

[5]曆數：天道。

[6]謙光：謙虚禮讓。

[7]樊、沔：樊城、沔水。因其皆近襄陽，故此處用以代指襄陽。

[8]周武王伐紂，入商國。商國百姓待於郊，觀周師之入。見武王至，咸曰：“是吾新君也。”事見晉・皇甫謐《帝王世紀》。

[9]金石：舊本作“金玉”。此依中華書局本校改。

[10]建安之封：時蕭衍受封建安王。見本書卷一《武帝紀上》。建安，郡名。治所在今福建建甌市。

[11]將：與。　更：再。

[12]草其事：指起草相關文書。事，指文書。參周一良《魏晉南北朝史札記》之《南史札記》“事”條。

[13]壽光閣：建康宫城内殿閣名。

[14]咄咄：感嘆聲。

[15]舉手向左：表示處之以尚書左僕射。

梁臺建，爲散騎常侍、吏部尚書，兼右僕射。[1]高祖受禪，爲尚書僕射，封建昌縣侯，[2]邑千户，常侍如故。又拜約母謝爲建昌國太夫人。奉策之日，[3]右僕射范雲等二十餘人咸來致拜，[4]朝野以爲榮。俄遷尚書左僕射，常侍如故。尋兼領軍，加侍中。天監二年，遭母憂，[5]輿駕親出臨弔，[6]以約年衰，不宜致毁，遣中書舍人斷客節哭。[7]起爲鎮軍將軍、丹陽尹，[8]置佐史。服闋，[9]遷侍中、右光禄大夫，[10]領太子詹事，[11]揚州大中正，[12]關尚書八條事，[13]遷尚書令，侍中、詹事、中正如故。累表陳讓，改授尚書左僕射，領中書令、前將軍，[14]置佐史，侍中如故。尋遷尚書令，領太子少傅。[15]九年，轉左光禄大夫，[16]侍中、少傅如故，給鼓吹一部。

[1]右僕射：即尚書右僕射，官名。與尚書左僕射並爲尚書令副佐，且分掌朝廷禮制。與祠部尚書不並置。梁初第三品。

[2]建昌：縣名。治所在今江西永修縣西北艾城。按，沈約封建昌縣侯及其母拜建昌國太夫人，約俱有謝表，見《藝文類聚》卷五一，名爲《謝封建昌侯表》、《謝母封建昌國太夫人表》。

[3]策：命官授爵的策書。

[4]右僕射：右，舊本訛“左”。此依中華書局本校改。

[5]母憂：母喪。

[6]輿駕：皇帝的車駕。此處代指皇帝。

[7]中書舍人：官名。中書省屬官。掌入直閣内，呈奏案章。劉宋以後漸用寒人及皇帝親信任此職，奪中書侍郎出令之權。梁用人殊重，選以才能，掌中書詔誥。多以他官兼領。梁初第八品。

[8]鎮軍將軍：將軍名號。梁初第三品。

[9]服闋：服喪期滿。

[10]右光禄大夫：官名。養老疾，無職事。宋第二品，齊及梁

初不詳。

[11]太子詹事：官名。總理東宫庶務，或參議大政，權位甚重。梁初第三品。

[12]揚州：州名。治所在今江蘇南京市。

[13]關尚書八條事：職銜名義，加此者得參掌尚書省部分政務。

[14]中書令：中書省長官。掌出納帝命。東晉以後，中書出令權他屬，或歸舍人，中書令漸成閑職，僅掌文章之事。梁代規定中書令在中書監之下。員一人。第二品。　前將軍：將軍名號。地位略高於一般雜號將軍。宋第三品，齊及梁初不詳。

[15]太子少傅：官名。佐太子太傅輔翼皇太子。梁天監七年（508）革選，定流内官職爲十八班，以班多者爲貴。太子少傅爲十五班。

[16]左光禄大夫：官名。養老病，無職事。梁十六班。

初，約久處端揆，[1]有志台司，論者咸謂爲宜，而帝終不用，乃求外出，又不見許。與徐勉素善，[2]遂以書陳情於勉曰："吾弱年孤苦，[3]傍無朞屬，[4]往者將墜於地，契闊屯邅，[5]困於朝夕，崎嶇薄宦，事非爲己，望得小禄，傍此東歸。[6]歲逾十稔，[7]方忝襄陽縣，公私情計，非所了具，以身資物，不得不任人事。永明末，出守東陽，[8]意在止足；而建武肇運，[9]人世膠加，[10]一去不返，行之未易。及昏猜之始，[11]王政多門，因此謀退，庶幾可果，託卿布懷於徐令，[12]想記未忘。聖道聿興，謬逢嘉運，往志宿心，復成乖爽。今歲開元，禮年云至，[13]懸車之請，[14]事由恩奪，誠不能弘宣風政，光闡朝猷，尚欲討尋文簿，時議同異。

而開年以來，病增慮切，當由生靈有限，勞役過差，總此凋竭，歸之暮年，牽策行止，努力祗事。外觀傍覽，尚似全人，而形骸力用，不相綜攝。[15]常須過自束持，方可僶俛。[16]解衣一卧，支體不復相關。[17]上熱下冷，月增日篤，取煖則煩，[18]加寒必利，[19]後差不及前差，[20]後劇必甚前劇。百日數旬，革帶常應移孔；以手握臂，率計月小半分。以此推算，豈能支久？若此不休，日復一日，將貽聖主不追之恨。冒欲表聞，乞歸老之秩。[21]若天假其年，還得平健，才力所堪，惟思是策。”勉爲言於高祖，請三司之儀，[22]弗許，但加鼓吹而已。

[1]端揆：清・錢大昕《廿二史考異》卷二六：“六朝人以僕射爲端揆，台司謂三公也。”

[2]徐勉：人名。本書卷二五有傳。

[3]弱年：少年。《宋書》卷一〇〇《自序》有云：“史臣年十三而孤。”

[4]朞屬：服喪一年的親屬。指伯、叔、姑、兄弟、姊妹等。

[5]契闊：離散。　屯邅：處境艱難。

[6]東歸：指歸鄉。沈約家鄉在東，故稱。

[7]稔：年。

[8]永明：齊武帝年號（483—493）。按，沈約出守東陽始於齊隆昌元年（494）春，此云“永明末”，蓋其晚年記憶之誤。參熊清元《“竟陵八友”三考》。

[9]建武：齊明帝年號（494—498）。

[10]膠加：乖戾，糾纏不清。

[11]昏猜：指齊東昏侯。東昏侯蕭寶卷即位，忍戾昏頑，猜忌

大臣，故沈約以稱。

[12]徐令：指尚書令徐孝嗣。

[13]禮年云至：指七十歲。《禮記·曲禮》："大夫七十而致事。"

[14]懸車：古官吏乘車，至七十歲辭官居家，廢車不用，故稱官吏退休歸家爲懸車。按，《藝文類聚》卷一八載沈約《致仕表》，有云："徒以桑榆無幾，時制行及，不朝之禮，忽在今辰，使反身敝廬，待終窮巷。臣又聞之，懸車散髪，其來舊矣。"此或即約所云"懸車之請"。

[15]不相綜攝：錢鍾書云："心力頹唐，不耐貫注，體力乏弊，不堪運使，懈散而樂於放慵，所謂'不相綜攝'。"（錢鍾書《管錐編》第四册《全梁文》卷二八"沈約寫老態"條）

[16]僶俛：努力，奮勉。

[17]支：同"肢"。

[18]煩：《説文》："煩，熱頭痛也。從頁，從火。"

[19]利：通"痢"。

[20]差：通"瘥"。病愈。揚雄《方言》卷三："差，愈也。南楚病愈者謂之差。"

[21]秩：官吏的品級或職位。

[22]三司之儀：即開府同三司之儀。《通鑑》卷一五七《梁紀十三》"大同二年"下胡三省注："梁開府儀同三司之下，又有開府同三司之儀。"三司，三公。

約性不飲酒，少嗜欲，雖時遇隆重，而居處儉素。立宅東田，矚望郊阜。嘗爲《郊居賦》，其辭曰：

惟至人之非己，[1]固物我而兼忘。自中智以下洎，[2]咸得性以爲場。獸因窟而獲騁，鳥先巢而後翔。陳巷窮而業泰，[3]嬰居湫而德昌。[4]僑棲仁於東里，[5]鳳晦跡於西堂。[6]伊吾人之褊志，無經世之大方。思依林而羽戢，願託水而鱗藏。固無情於輪奂，[7]非有欲於康莊。披東郊之寥廓，入蓬藋之荒茫。[8]既從豎而橫構，[9]亦風除而雨攘。

[1]至人：至德之人。《莊子·逍遥遊》："至人無己，神人無功，聖人無名。"

[2]下洎：中華書局本《校勘記》："《藝文類聚》六四'洎'作'愚'，疑作'愚'是。"

[3]陳：即陳平。平，西漢陽武户牖鄉人。"家乃負郭窮巷，以弊席爲門"，後佐劉邦取天下，仕宦通泰，官至丞相。詳《史記》卷五六《陳丞相世家》。

[4]嬰：即晏嬰。嬰，春秋時齊人。仕齊，官至齊相。"初，景公欲更晏子之宅，曰：'子之宅近市，湫隘囂塵，不可以居，請更諸爽塏者！'辭曰：'君之先臣容焉，臣不足以嗣之，於臣侈矣！'"事見《左傳·昭公三年》。

[5]僑：即子産。春秋時鄭國人名僑字子産。因居東里，又名東里子産。仕鄭，官至鄭相。"爲人仁愛人，事君忠厚。"事見《史記》卷四二《鄭世家》。

[6]鳳：即高鳳。東漢南陽葉人，以勤學爲名儒，教授於西唐山中，屢徵不仕。《後漢書》卷八三《逸民傳》有傳。　西堂：山名。即西唐山，在今河南唐河縣西北。"堂"與"唐"，古通。《史記》卷四四《魏世家》"趙倉唐"，《漢書·古今人表》作"趙倉堂"，可證。

[7]輪奂：高大華美。《禮記·檀弓》："晉獻文子成室，晉大夫發焉。張老曰：'美哉輪焉，美哉奂焉！'"

[8]藋：通"荻"。

[9]從：通"縱"。

昔西漢之標季，余播遷之云始。[1]違利建於海昏，創惟桑於江汜。[2]同河濟之重世，[3]踰班生之十紀。[4]或辭禄而反耕，[5]或彈冠而來仕。[6]逮有晉之隆安，[7]集艱虞於天步。[8]世交争而波流，民失時而狼顧。[9]延亂麻於井邑，[10]曝如莽於衢路。[11]大地曠而靡容，旻天遠而誰訴。[12]伊皇祖之弱辰，[13]逢時艱之孔棘。[14]違危邦而窘驚，[15]訪安土而移即。[16]肇胥宇於朱方，[17]掩閑庭而晏息。值龍顔之鬱起，[18]乃憑風而矯翼。指皇邑而南轅，[19]駕脩衢以騁力。遷華扉而來啓，[20]張高衡而徙植。[21]傍逸陌之脩平，[22]面淮流之清直。[23]芳塵浸而悠遠，世道忽其窊隆。[24]緜四代於兹日，盈百祀於微躬。[25]嗟弊廬之難保，若㯻籜之從風。[26]或誅茅而翦棘，[27]或既西而復東。乍容身於白社，[28]亦寄孥於伯通。[29]

[1]沈約《宋書》卷一〇〇《自序》有云："秦末有沈逞，徵丞相，不就。漢初逞曾孫保，封竹邑侯。保子遵，自本國遷居九江之壽春。" 標季：末季。《通鑑》卷三二《漢紀二十四》"元延元年"，"當陽數之標季"下胡注引孟康曰："陽九之末季也。"

[2]沈約《宋書》卷一〇〇《自序》："（沈）靖子戎字威卿，仕州爲從事，説降劇賊尹良，漢光武嘉其功，封爲海昏縣侯，辭不受。因避地徙居會稽烏程縣之餘不鄉，遂世家焉。" 利建：《易·屯》："元亨利貞，勿用有攸往，利建侯。"此處用以代指侯爵。 海昏：縣名。治所在今江西永修縣西北艾城。 惟桑：《詩·小雅·小弁》：

“維桑與梓，必恭敬止。”此處代指桑梓，即家鄉。　江汜：江分支。此處指錢塘江分支。

［3］河濟：黄河、濟水。傳説春秋時子夏退居河濟之間，安貧樂道。《尚書大傳》：“子夏讀書畢，孔子問曰：‘吾子何爲於書?’子夏曰：‘書之論事，昭昭若明焉。所受於夫子者弗敢忘。退而居河濟之間，深山之中，壤室，編蓬爲户，彈琴瑟以咏先王之風，有人亦樂之，無人亦樂之，上見堯舜之道，下見三王之義，可以忘死生矣。’”　重世：累世。

［4］班生：即班固。《文選》卷一四班固《幽通賦》自叙其家世，有云：“皇十紀而鴻漸兮，有羽儀於上京。”　十紀：十世。

［5］反：通“返”。

［6］彈冠：整潔其冠。指將出仕。《漢書》卷七二《王吉傳》：“吉與貢禹爲友，世稱‘王陽在位，貢公彈冠’，言其取捨同也。”

［7］隆安：晉安帝年號（397—401）。

［8］艱虞：艱難憂患。按，晉隆安年間，有王恭、殷仲堪、桓玄之亂及孫恩之起義。詳《晉書》卷一〇《安帝紀》及《宋書》卷一〇〇《自序》。　天步：國運，時運。《詩·小雅·白華》：“天步艱難，之子不猶。”

［9］狼顧：以狼懼襲擊，走常反顧，比喻人有所戒懼。

［10］亂麻：比喻社會動亂。　井邑：指鄉村。

［11］如莽：比喻棄屍。

［12］旻天：《藝文類聚》卷六四作“昊天”。

［13］弱辰：指少年。

［14］棘：通“急”。《詩·小雅·采薇》：“豈不日戒，玁狁孔棘。”按，約祖父沈林子年十三，遇家禍，與諸兄晝藏夜出，歷盡艱辛。事詳《宋書》卷一〇〇《自序》。

［15］違：背離。

［16］移即：移家就居。

［17］肇：始。　胥：相。　朱方：地名。春秋時吴邑，秦改名

丹徒。治所京口，即今江蘇鎮江市。沈約祖父林子移家京口。見《宋書》卷一〇〇《自序》。

[18]龍顔：《史記》卷八《高祖本紀》："高祖爲人隆準而龍顔。"後世因稱皇帝的容貌爲龍顔。此處指宋高祖劉裕。

[19]皇邑：京師。

[20]華扉：即華屋。扉，門扇，代指房屋。

[21]高衡：即高車。衡，車轅前的横木，代指車。

[22]逸陌：寬闊的道路。

[23]淮：指秦淮河。

[24]窊（wā）隆：高下，盛衰。

[25]祀：年。　躬：自身。

[26]賨籜：賨，通"隕"。籜，疑爲"蘀"之訛。《詩·豳風·七月》"十月隕蘀"，《説文解字·艸部》"蘀"下云："艸木凡皮葉落陊地爲蘀，從艸，擇聲。"而"籜"乃笋殼，不易隕落從風。

[27]誅茅而翦棘：除去茅草荆棘。指闢地建屋。

[28]白社：地名。在今河南偃師市，其地有叢祠，故名。《抱朴子·雜應》："洛陽有道士董威輦常止白社中，了不食。陳子叙共守事之，從學道。"後因以稱隱士所居。

[29]伯通：即皋伯通，人名。後漢梁鴻依吴大家皋伯通，居廡下，爲人賃舂。後疾且困，告主人曰："昔延陵季子葬子於嬴博之間，不歸鄉里。慎勿令我子持喪歸去。"見《後漢書》卷八三《逸民·梁鴻傳》。

迹平生之耿介，[1]實有心於獨往。[2]思幽人而軫念，[3]望東皋而長想。[4]本忘情於徇物，[5]徒羈紲於天壤。應屢歎於牽絲，[6]陸興言於世網。[7]事滔滔而未合，志悁悁而無爽。[8]路將殫而彌峭，情薄暮而踰廣。抱寸心其如蘭，何斯願之浩蕩。詠歸歟而躑躅，[9]眷巖阿而抵掌。[10]

[1]迹：推究。《藝文類聚》六四作“余”。　耿介：光明正大。

[2]獨往：獨自往來，不預人事。《文選》卷六〇任彦昇《齊竟陵文宣王行狀》李善注引淮南王《莊子要略》曰：“江海之士，山谷之人也。輕天下，細萬物，而獨往者也。”司馬彪注：“獨往自然，不復顧世。”

[3]幽人：指隱士。　軫念：深切懷念。

[4]東皐：山野。指隱士所居之處。

[5]徇物：以身從物。

[6]應：指應璩。璩字休璉，曹魏汝南人。官至侍中，感仕塗之囂塵，有歸田之切望。參《三國志》卷二一《魏書·王粲傳》裴松之注及《文選》卷四二應休璉《與從弟君苗君胄書》。　牽絲：出仕。應璩有“不悞牽朱絲，三署來相尋”之詩句。見《文選》卷二六謝靈運《初去郡》李善注引。　屢：《藝文類聚》卷六四作“屬”。

[7]陸：指陸機。機字士衡，西晉吴郡人。《晉書》卷五四有傳。《文選》卷二六陸士衡《赴洛道中作》詩有云：“總轡登長路，嗚咽辭密親。借問子何之，世網嬰我身。”世網，比喻塵世對人的種種束縛。

[8]悁悁：憂悶的樣子。　爽：失。

[9]歸歟：《論語·公冶長》：“子在陳，曰：‘歸與，歸與！吾黨之小子狂簡，斐然成章，不知所以裁之。’”

[10]抵掌：擊掌。形容興奮，高興。

逢時君之喪德，[1]何凶昏之孔熾。乃戰牧所未陳，[2]實升陑所不記。[3]彼黎元之喋喋，[4]將垂獸而爲餌。瞻穹昊而無歸，[5]雖非牢而被裁。[6]始歎絲而未覩，[7]終逌組而後值。[8]尋貽愛乎上天，固非民其莫甚。授冥符於井翼，[9]實靈命之所稟。當降監之初辰，[10]值積惡之云稔。[11]寧方割於下墊，[12]廓重氛於上墋。[13]躬靡暇於朝食，常求衣於夜枕。[14]既牢籠於嬀、夏，[15]又驅馳乎軒、頊。[16]德無遠而不被，明無微而不燭。鼓玄澤於大荒，[17]播仁風於遐俗。闢終古而遐念，信王猷其如玉。

[1]時君：指齊末東昏侯蕭寶卷。

[2]牧：即牧野，地名。在今河南淇縣南。周武王伐紂，陳師於商郊牧野，滅紂。事詳《史記》卷四《周本紀》。

[3]陑（ér）：古山名。在今山西永濟市。《尚書序》："伊尹相湯伐桀，升自陑，遂與桀戰于鳴條之野。"

[4]喋喋：疑爲"惵惵"之誤。惵惵，恐懼貌。

[5]穹昊：天空。

[6]牢：祭祀用的牲畜。　胾（zì）：肉塊。此處用爲動詞。

[7]絲：指帝王之言。《禮記·緇衣》："王言如絲，其出如綸。"此處指蕭衍討伐東昏侯的檄文。見本書卷一《武帝紀上》。

[8]逌組：中華書局本《校勘記》："'逌'百衲本作'道'，南監本、北監本、汲古閣本、殿本作'逌'。百衲本卷末有曾鞏校語云：'"逌組"，疑。'"按，三朝本亦作"逌"。

[9]井翼：指井鬼和翼軫，星宿名，分别爲雍州和荆州之分野。此處代指雍州和荆州。東昏侯永元三年（501），蕭衍起兵於雍州，蕭穎胄奉荆州刺史南康王寶融響應。事詳本書《武帝紀》及《南齊書》卷三八《蕭赤斧傳》附《蕭穎胄傳》。

[10]降監：指蕭衍爲雍州刺史。監，《詩·大雅·皇矣》："監

觀四方，求民之莫。”

[11]稔：事物醞釀成熟。

[12]方割：灾難正發作。《尚書·堯典》：“帝曰：咨，四岳！湯湯洪水方割，蕩蕩懷山襄陵，浩浩滔天。下民其咨，有能俾乂。”割，灾難。　下墊：《尚書·益稷》：“禹曰：洪水滔天，浩浩懷山襄陵，下民昏墊。”孔穎達疏引鄭玄云：“昏，没也；墊，陷也。禹言洪水之時，人有陷没之害。”此句言梁武拯民於灾難中。

[13]廓：廓清。　氛：凶氣。　墋：《文選》卷四七陸士衡《漢高祖功臣頌》：“芒芒宇宙，上墋下黷。”李善注：“天以清爲常，地以静爲本。今上墋下黷，言亂常也。墋，不清澄之貌也。”此句言梁武廓清天下。

[14]求衣：指起床。《漢書》卷五一《鄒陽傳》：“始孝文皇帝據關入立，寒心銷志，不明求衣。”顔師古注引臣瓚曰：“文帝入關而立，以天下多難，故乃寒心戰慄，未明而起。”

[15]牢籠：包羅。《文選》卷六左太沖《魏都賦》：“經始之制，牢籠百王。”　嬀、夏：即舜、禹。

[16]軒、頊：即古帝軒轅氏、顓頊氏。

[17]玄澤：皇帝的恩澤。《文選》卷二〇應吉甫《晉武帝華林園集詩》：“玄澤滂流，仁風潛扇。”李善注：“玄澤，聖恩也。”大荒：邊遠的地方。

值銜《圖》之盛世，[1]遇興聖之嘉期。謝中涓於初日，[2]叨光佐於此時。[3]闕投石之猛志，[4]無飛矢之麗辭。[5]排陽鳥而命邑，[6]方河山而啓基。[7]翼儲光於三善，[8]長王職於百司。[9]兢鄙夫之易失，[10]懼寵禄之難持。伊前世之貴仕，罕紓情於丘窟。譬叢華於楚、趙，[11]每驕奢以相越。築甲館於銅駞，[12]並高門於北闕。[13]闢重扃於華闔，[14]豈蓬蒿所能没。[15]敖傳嗣於墝壤，[16]何安身於窮地。[17]味先哲而爲言，固余心之所嗜。不慕權於城市，豈邀名於屠肆。詠希微以考室，[19]幸風霜之可庇。

[1]銜《圖》：《圖》，指《河圖》。傳説舜、禹、周成王受命都有龍馬銜《圖》之祥瑞。參《宋書·符瑞志上》。　盛世：此處指梁王朝。

[2]中涓：皇帝的侍從官。《漢書·高惠后文功臣表》顔師古《注》："中涓，親近之臣，若謁者、舍人之類也。涓，潔也，主居中掃潔也。"沈約天監初曾加侍中，故云。

[3]叨：謙詞，擔任。　光佐：光大，輔佐。此處指輔佐朝政之官。

[4]投石：指武功。《漢書》卷七〇《甘延壽傳》："甘延壽字君況，北地郁郅人也。少以良家子善騎射爲羽林，投石拔距，絶於等倫。"顔師古《注》引應劭曰："投石，以石投人也。"

[5]飛矢：指文才。《史記》卷八三《魯仲連列傳》："齊田單攻聊城歲餘，士卒多死而聊城不下。魯連乃爲書，約之矢以射城中，遺燕將。"燕將見書，乃自殺，聊城下。

[6]陽烏：《漢魏六朝百三家集》本《沈隱侯集》作"陽烏"。按，疑"陽烏"爲是。陽烏，日中三足烏，代指日。排陽烏，即連日。

[7]方：通"傍"。　河山：偏義複詞，指山。此處指鍾山。東田在鍾山下。

[8]翼儲光：輔佐太子。時沈約爲太子少傅，故云。翼，輔佐。儲光，儲君之光，指太子。　三善：指親親、尊君、長長三種道德規範。《禮記·文王世子》："行一物而三善皆得者，唯世子而已。"

[9]長王職：爲王職之長。時沈約爲尚書令，故云。　百司：

百官。

［10］兢：戒慎。　鄙夫：鄙陋淺薄之人。《論語·陽貨》："子曰：鄙夫可與事君哉？其未得之患得之，既得之患失之。"

［11］叢華：即叢臺、章華臺。《文選》卷三張平子《東京賦》："七雄並争，競相高以奢麗。楚築章華於前，趙建叢臺於後。"薛綜注："《左氏傳》曰：楚子成章華之臺於乾溪，一朝叛之。於前，在春秋之時。《史記》曰：趙武靈王起叢臺，太子圍之三月。於後，在六國之時。"

［12］銅馳：漢洛陽宮南銅駝陌。馳，同"駝"。《太平寰宇記》卷三《洛陽縣》引晉·陸機《洛陽記》云："漢鑄銅駝二枚在宮之南四會道，夾路相對。俗語曰：'金馬門外聚群賢，銅駝陌上集少年。'言人物之盛也。"此處代指洛陽。

［13］北闕：指帝王宮禁。

［14］扃：門户。　華閫：華屋。閫，門檻。

［15］皇甫謐《高士傳》卷中《張仲蔚》："張仲蔚者，平陵人也，與同郡魏景卿俱修道德，隱身不仕。明天官博物，善屬文，好詩賦，常居窮素，所處蓬蒿没人。"此處反用其意。

［16］敖：即孫叔敖。楚孫叔敖有功於國，疾，將死，戒其子曰："王數封我矣，吾不受也。爲我死，王則封汝，必無受利地。楚越之間有寢之丘者，此其地不利，而名甚惡。荆人畏鬼而越人信機。可長有者，其唯此也。"其子從之。事見《吕氏春秋·異寶》。《後漢書》卷三七《丁鴻傳》："（丁）綝曰：昔孫叔敖敕其子，受封必求墝埆之地。"敖，舊本作"教"，此依中華書局本校改。

［17］何：即蕭何。漢相國蕭何置田宅必居窮處，爲家不治垣屋。曰："後世賢，師吾儉；不賢，毋爲勢家所奪。"事詳《史記》卷五三《蕭相國世家》。

［18］屠肆：肉鋪。《後漢書》卷四四《胡廣傳》："遂亡命交趾，隱於屠肆之間。"

［19］希微：微明，指日光。希，同"熹"。　考室：宮室落成

時所行的祭祀。《漢書》卷七五《翼奉傳》顔師古注引李奇曰："凡宫新成，殺牲以釁祭，致其五祀之神，謂之考室。"

爾乃傍窮野，抵荒郊；編霜菼，葺寒茅。構棲噪之所集，[1]築町疃之所交。[2]因犯檐而刊樹，由妨基而翦巢。决渟洿之汀濙，[3]塞井甃之淪坳。[4]藝芳枳於北渠，[5]樹脩楊於南浦。遷甕牖於蘭室，[6]同肩牆於華堵。[7]織宿楚以成門，[8]籍外扉而爲户。[9]既取陰於庭樾，[10]又因籬於芳杜。開閣室以遠臨，闢高軒而旁覩。漸沼沚於霤垂，[11]周塍陌於堂下。[12]其水草則蘋萍芡芰，菁藻蒹菰；石衣海髮，[13]黄荇緑蒲。動紅荷於輕浪，覆碧葉於澄湖。飡嘉實而却老，振羽服於清都。[14]其陸卉則紫鼈緑葹，天蓍山韭；[15]雁齒麋舌，牛脣彘首。[16]布濩南池之陽，[17]爛漫北樓之後。或幕渚而芘地，[18]或縈窗而窺牖。若乃園宅殊製，田圃異區。李衡則橘林千樹，[19]石崇則雜果萬株。[20]並豪情之所侈，非儉志之所娱。欲令紛披蓊鬱，吐緑攢朱；羅窗映户，接霤承隅。開丹房以四照，[21]舒翠葉而九衢。抽紅英於紫蔕，銜素藥於青跗。[22]其林鳥則翻泊頡頏，[23]遺音下上；楚雀多名，流嚶雜響。或班尾而綺翼，[24]或緑衿而絳顙。好葉隱而枝藏，乍間關而來往。[25]其水禽則大鴻小雁，天狗澤虞；[26]秋鷺寒鶘，[27]脩鵁短鳧。曳參差之弱藻，戲瀺灂之輕軀；[28]翅抨流而起沫，翼鼓浪而成珠。其魚則赤鯉青魴，纖鰷鉅鱯。[29]

碧鱗朱尾，脩䶉偃頷。[30]小則戲渚成文，大則噴流揚白。不興羡於江海，聊相忘於余宅。其竹則東南獨秀，九府擅奇。[31]不遷植於淇水，[32]豈分根於樂池。[33]秋蜩吟葉，寒雀噪枝。來風南軒之下，負雪北堂之垂。[34]訪往塗之軫跡，觀先識之情僞。每誅空而索有，[35]皆指難以爲易。不自已而求足，並尤物以興累。[36]亦昔士之所迷，而今余之所避也。

[1]棲噪：棲息噪鳴。指鳥。

[2]町疃：宅旁空地。

[3]渟洿：積滯不流的水。　汀濙：小水流。

[4]井甃：井壁。　淪坳：低陷的地方。

[5]藝：栽種。

[6]甕牖：以破瓮爲窗。

[7]肩墻：矮墻。

[8]宿楚：隔年的荊條。

[9]籍：通"藉"。憑借。《藝文類聚》卷六四作"藉"。　外扉：自外面開關的門扇。

[10]樾：樹蔭。

[11]漸：疏導。　沼沚：指水塘。沼，水池；沚，水中的小洲。　霤垂：指屋檐滴水。

[12]塍陌：田埂小路。

[13]石衣：苔藻。　海髮：一種纖細多枝的海藻。

[14]羽服：仙道所著之衣。　清都：天帝所居宮闕。

[15]天蓍：即蓍草。中華書局本《校勘記》云："'蓍'各本作'著'。按：嚴可均《全梁文》二五校云'著當作蓍'，今據改。"

按，“著”或是“菁”之訛。《藝文類聚》卷六四《居處·宅舍》引此賦作“菁”。“天菁”，即天蔓菁。

[16]雁齒、麋舌、牛脣、彘首：並草名。雁齒，即羊齒；彘首，即豕首。見《爾雅·釋草》。

[17]布濩：散佈。

[18]芘：通“庇”。遮蔽。

[19]李衡：漢末襄陽人。仕吴，每欲治家，妻不聽。後密遣客十人於武陵龍陽氾洲上作宅，種甘橘千株。臨死，敕兒曰：“汝母惡我治家，故窮如是。然吾州里有千頭木奴，不責汝衣食，歲上一匹絹，亦可足用耳。”見《三國志》卷四八《吴書·孫休傳》裴注引《襄陽記》。

[20]石崇：西晉渤海南皮人，生於青州。仕晉，以事去官，隱於河陽別業。其宅卻阻長堤，前臨清渠，百木幾於萬株，流水周於舍下。參《晉書》卷三三《石崇傳》及《文選》卷四五石季倫《歸思引序》。

[21]房：花瓣。

[22]跗：同“柎”。花萼的基部。

[23]翻泊：飛翔的樣子。

[24]班：通“斑”。

[25]間關：輾轉。

[26]天狗、澤虞：並水鳥名。

[27]寒：《漢魏六朝百三家集》本《沈隱侯集》作“冬”。

[28]瀺灂：時出時没的樣子。

[29]儵（shū）：三朝本、百衲本作“鯈（tiáo）”。按，“儵”當爲“鯈”之訛。鯈，小白魚。《莊子·秋水》：“鯈魚出游從容，是魚之樂也。”

[30]頟：同“額”。

[31]九府：九方的寶藏和特產。《爾雅·釋地·九府》：“東方之美者，有醫無閭之珣玗琪焉；東南之美者，有會稽之竹箭焉；南

方之美者，有梁山之犀象焉；西南之美者，有華山之金石焉；西方之美者，有霍山之多珠玉焉；西北之美者，有崐崘虚之璆琳琅玕焉；北方之美者，有幽都之筋角焉；東北之美者，有斥山之文皮焉；中有岱岳，與其五穀魚鹽生焉。”

[32]淇水：水名。任昉《述異記》：“衛有淇園，出竹，在淇水上。《詩》云‘瞻彼淇澳，緑竹猗猗’是也。”

[33]樂池：神話中池名。見《穆天子傳》卷二。

[34]垂：通“陲”。

[35]誅：求。

[36]尤：責怪、歸罪。　物：人。

原農皇之攸始，[1]討厥播之云初。肇變腥以粒食，乃人命之所儲。尋井田之往記，考阡陌於前書。顔簞食而樂在，[2]鄭高廩而空虚。[3]頃四百而不足，畝五十而有餘。撫幽衷而躅念，[4]幸取給於庭廬。緯東菑之故耜，[5]浸北畝之新渠。無褰爨於曉蓐，[6]不抱惄於朝蔬。[7]排外物以齊遣，獨爲累之在余。安事千斯之積，[8]不羡汶陽之墟。[9]

[1]農皇：即神農，古帝名。傳説他始教民爲耒、耜以播百穀，興農業。參皇甫謐《帝王世紀》。

[2]顔：指顔回，孔子弟子。《論語·雍也》：“子曰：‘賢哉，回也！一簞食，一瓢飲，在陋巷，人不堪其憂，回也不改其樂。賢哉，回也！’”

[3]鄭：指鄭太。太字公業，少有才略，多謀計。知天下將亂，陰交結豪傑。家有田四百頃而食常不足。名聞山東。詳《後漢書》卷七〇《鄭太傳》。

[4]跼念：戒懼小心。

[5]緯：治。　東菑：即東田。《爾雅·釋地》："田一歲曰菑。"

[6]褰：取。　爨（cuàn）：做飯的柴薪。　蓐：草席。

[7]惄（nì）：憂思。

[8]千斯之積：指豐盛的糧食。《詩·小雅·甫田》："曾孫之稼，如茨如梁。曾孫之庾，如坻如京。乃求千斯倉，乃求萬斯箱。"

[9]汶陽之墟：汶陽，春秋時魯地。魯公子季友敗莒師於酈，魯僖公賞賜季友汶陽之田及費。詳《左傳·僖公元年》。

臨巽維而騁目，[1]即堆冢而流眄。[2]雖兹山之培塿，[3]乃文靖之所宴。[4]驅四牡之低昂，響繁笳之清囀。羅方員而綺錯，[5]窮海陸而兼薦。[6]奚一權之足偉，[7]委千金其如線。[8]試撫臆而爲言，豈斯風之可扇。將通人之遠旨，非庸情之所見。聊遷情而徙睇，識方阜於歸津。[9]帶脩汀於桂渚，肇舉鍤於强秦。[10]路縈吴而款越，[11]塗被海而通閩。懷三鳥以長念，[12]伊故鄉之可珍。實褰期於晚歲，[13]非失步於方春。何東川之瀰瀰，[14]獨流涕於吾人。謬參賢於昔代，亟徒遊於兹所。[15]侍緌旄而齊轡，[16]陪龍舟而遵渚。[17]或列席而賦詩，或班觴而宴語。[18]繐帷一朝冥漠，[19]西陵忽其蔥楚。[20]望商飈而永歎，[21]每樂愷於斯觀。[22]始則鍾石鏘鈜，[23]終以魚龍瀾漫。[24]或升降有序，或浮白無算。[25]貴則丙、魏、蕭、曹，[26]親則梁武、周旦。[27]莫不共霜霧而歇滅，與風雲而消散。眺孫后之墓田，[28]尋雄霸之遺武。實接漢之後王，信開吳之英主。指衡岳而作鎮，[29]苞江漢而爲宇。徒徵言於石椁，[30]遂延災於金縷。[31]忽蕪穢而不脩，同原陵之膴膴。[32]寧知螻蟻之與狐兔，無論樵芻之與牧豎。[33]睇東巘以流目，心悽愴而不怡。蓋昔儲之舊苑，[34]實博望之餘基。[35]脩林則表以桂樹，列草則冠以芳芝。風臺累翼，月榭重栭。[36]千櫨捷嶫，[37]百栱相持。皁轅林駕，[38]蘭枻水嬉。踰三齡而事往，[39]忽二紀以歷兹。[40]咸夷漫以蕩滌，[41]非古今之異時。

[1]巽維：古人以八卦配八方，巽維指東南。

[2]堆冢：即土山，山名。在今江蘇南京市東南。晉謝安曾築别墅於此。宋·張敦頤《六朝事迹編類》卷下《寺院門》"半山報寧禪寺"條有云："寺後有謝安墩，其西有土山，曰培塿。"

[3]培塿：小土丘。

[4]文靖：謝安的謚號。見《晉書》卷七九《謝安傳》。

[5]方員：同"方圓"，指不同形體的食器。　綺錯：縱横交錯。《藝文類聚》卷六五載王逸《機賦》："方圓綺錯，微妙窮奇。"

[6]兼薦：並獻。

[7]一權：即一秤。權，秤錘。

[8]委：棄。

[9]方阜：即方山，在今江蘇江寧縣東南。宋·張敦頤《六朝事迹編類》卷下《山岡門》"方山"條云："山謙之《丹陽記》曰：山形方如印，故曰方山，亦名天印山。秦始皇鑿金陵，此山是其斷者。"

[10]舉鍤：指秦始皇時鑿金陵。鍤，鍬。

[11]款：至。

[12]三鳥：《楚辭·九歎》："三鳥飛以自南兮，覽其志而欲北。

願寄言於三鳥兮，去飄疾而不可得。”

[13]褰期：誤期。褰，通“愆”。

[14]瀰瀰：水流浩大的樣子。

[15]亟：多次。

[16]綵旄：指皇帝的儀仗。綵，同“彩”。

[17]龍舟：帝王所乘大船。

[18]班：依等次給予。《文選》卷一班孟堅《東都賦》：“於是庭實千品，旨酒萬鍾。列金罍，班玉觴。”

[19]繐帷：設在靈位前的帷帳。 冥漠：幽暗静寂。《文選》卷六〇陸士衡《吊魏武帝文》：“悼繐帳之冥漠，怨西陵之茫茫。”

[20]西陵：魏武帝曹操墓地所在。在今河北臨漳縣鄴鎮西。 葱楚：草木茂盛的樣子。

[21]商飈：西風，秋風。

[22]愷：慶祝作戰勝利的軍樂。

[23]鍾石：皆樂器名。

[24]魚龍：古代雜戲。

[25]浮白：飲一滿杯酒。劉向《説苑·善説》：“魏文侯與大夫飲酒，使公乘不仁爲觴政，曰：‘飲不釂者，浮以大白。’文侯飲而不盡釂，公乘不仁舉白浮君。”後世轉稱滿飲爲浮白。 無算：無數。

[26]丙、魏、蕭、曹：即丙吉、魏相、蕭何、曹參，皆漢代宰相。見《漢書》卷七四《魏相丙吉傳》、卷三九《蕭何曹參傳》。丙，舊本作“景”，乃姚思廉避唐諱改，此依中華書局本改回。

[27]梁武：指漢景帝弟梁孝王劉武。《漢書》卷四七有傳。 周旦：即周武王弟周公旦。見《史記》卷三三《魯周公世家》。

[28]孫后：指三國時吴主孫權。權死，葬蔣陵。見《三國志》卷四七《吴主傳》。宋·張敦頤《六朝事迹編類》卷下《墳陵門》“吴大帝陵”條云：“《吴志》神鳳元年，大帝崩，葬蔣陵。按樂史《寰宇記》，在縣東北蔣山八里。《丹陽記》云：蔣陵，因山爲名。”按，蔣山，即鍾山，今江蘇南京紫金山。

[29]衡岳：即衡山，在今江蘇江寧縣南。建安十六年（211），孫權移治秣陵縣，衡山在其境内。《文選》卷五左太冲《吴都賦》："指衡岳以鎮野，目龍川而帶坰。"

[30]石椁：古代墓中置棺的石室，此處代指冢墓。傳説孫堅祖父孫鍾，荒歲種瓜爲業。嘗厚待三乞瓜少年。三人因謂鍾曰："此山下善，可作冢，葬之，當出天子。"鍾死即葬其地。冢上有光怪，孫氏遂興。事見《三國志》卷四六《吴書·孫破虜討逆傳》裴松之注引《吴書》及《宋書·符瑞志》。

[31]金縷：金縷衣，此代指宫中衣物。晉武帝太康元年（280），將軍王濬破金陵，吴主孫皓降。左右劫奪財物，放火燒宫。參《晉書》卷四二《王濬傳》。

[32]膴膴：肥沃。《詩·大雅·綿》："周原膴膴，堇荼如飴。"

[33]《桓子新論》："雍門周以琴見孟嘗君，曰：'臣竊悲千秋萬歲後，墳墓生荆棘，狐兔穴其中，樵兒牧豎，躑躅而歌其上。'"（《文選》卷二三張孟陽《七哀詩》李善注引）。

[34]昔儲：昔日的儲君。指齊文惠太子蕭長懋。　舊苑：指文惠太子東田小苑。齊永明年間（483—493），文惠太子求於東田起小苑，世祖許之。及成，彌亘華遠，壯麗極目。見《南齊書》卷二一《文惠太子傳》。

[35]博望：苑名，齊文惠太子苑囿。《建康實録》卷二："赤烏四年"條下小注有云："青溪上亦有七橋……次南有菰首橋，一名走馬橋，橋東燕雀湖。湖連齊文惠太子博望苑。"

[36]栭（ér）：承托屋梁的方木。

[37]櫨：斗栱。　捷嶫：高大的樣子。

[38]皁轅：即皁輪車。皇帝加賜諸王公有功德者的黑輪牛車。

[39]三齡：文惠太子東田小苑之築成約在永明八年（490），其卒在永明十一年（493）正月，其間共約三年。參《南齊書》卷二一《文惠太子傳》。

[40]二紀：古以十二年爲一紀。自東田小苑之立至沈約爲此賦

之時約爲二紀。

[41]夷漫：削平磨滅。《文選》卷一〇潘安仁《西征賦》："所謂尚冠、修成，黄棘、宣明……皆夷漫滌蕩，亡其處而有其名。"按，文惠太子之東田小苑，至齊明帝時即已廢。《南齊書》卷六《明帝紀》："廢文帝（指文惠太子）所起太子東田，斥賣之。"可證。

回余眸於艮域，[1]覿高館於兹嶺。[2]雖混成以無跡，寔遺訓之可秉。[3]始湌霞而吐霧，終陵虚而倒影。[4]駕雌蜺之連卷，[5]泛天江之悠永。指咸池而一息，[6]望瑶臺而高騁，[7]匪爽言以自姱，[8]冀神方之可請。惟鍾巖之隱鬱，[9]表皇都而作峻，蓋望秩之所宗，[10]含風雲而吐潤。其爲狀也，則巍峨崇崒，[11]喬枝拂日；嶢嶷岧嵲，[12]墜石堆星。[13]岑崟崥屼，[14]或坳或平；盤堅枕卧，詭狀殊形。孤嶝横插，洞穴斜經；千丈萬仞，三襲九成。[15]亘繞州邑，款跨郊坰；[16]素烟晚帶，白霧晨縈。近循則一巖異色，[17]遠望則百嶺俱青。

[1]艮域：指東北方。

[2]覿：見。

[3]遺訓：指老子的遺教。《老子》第二十五章有云："有物混成，先天地生。"

[4]陵：同"凌"。

[5]雌蜺：副虹。　連卷：屈曲的樣子。卷，本書卷三三《王筠傳》作"蜷"。

[6]咸池：神話中的池名。屈原《離騷》："飲余馬於咸池兮，總余轡乎扶桑。"王逸注："咸池，日浴處也。"

[7]瑶臺：神話中以美玉築成的臺。屈原《離騷》："望瑶臺之偃蹇兮，見有娀之佚女。"

[8]匪：通"非"。　爽言：失言。　姱：美。

[9]鍾巖：即鍾山。　隱鬱：高大。

[10]望秩：按等級望祭山川。《尚書·舜典》："歲二月東巡守，至于岱宗。柴，望秩于山川。"《傳》："東岳諸侯境内名山大川，如其秩次望祭之。謂五岳牲禮視三公，四瀆視諸侯，其餘視伯子男。"

[11]崇崒：山高聳的樣子。

[12]嶢嶷、岧嶤：皆高峻的樣子。

[13]堆：通"磓"，本書卷三三《王筠傳》作"磓"。撞擊。

[14]岑崟、崒屼：並險峻的樣子。

[15]三襲：三重。　九成：九重。

[16]款：緩慢。　郊坰：郊野。《詩·魯頌·駉》毛傳："坰，遠野也。邑外曰郊，郊外曰野，野外曰林，林外曰坰。"

[17]循：巡視。

觀二代之塋兆，[1]覩摧殘之餘墜。[2]成顛沛於虐豎，[3]康斂衿於虚器；[4]穆恭己於巖廊，[5]簡遊情於玄肆，[6]烈窮飲以致災，[7]安忘懷而受祟。[8]何宗祖之奇傑，威横天而陵地。惟聖文之纘武，[9]殆隆平之可至。余世德之所君，[10]仰遺封而掩淚。[11]神寢匪一，[12]靈館相距。席布騂駒，[13]堂流桂醑。[14]降紫皇於天闕，[15]延二妃於湘渚。[16]浮蘭煙於桂棟，[17]召巫陽於南楚。[18]揚玉桴，[19]握椒糈。[20]悦臨風以浩唱，[21]折瓊茅而延佇。[22]敬惟空路邈遠，神蹤遐闊。念甚驚飆，[23]生猶聚沫。歸妙軫於一乘，[24]啓玄扉於三達。[25]欲息心以遣累，必違人而後豁。[26]或結橑於巖根，[27]或開欞於木末。[28]室闇蘿蔦，檐梢松栝。既得理於兼謝，固忘懷於飢渴。或攀枝獨遠，或陵雲高蹈。因葺茨以結名，[29]猶觀空以表號。得忘己於兹日，[30]豈期心於來報。天假余以大德，荷兹賜之無疆。受老夫之嘉稱，[31]班燕禮於上庠。[32]無希驥之秀質，[33]乏如珪之令望。[34]邀昔恩於舊主，重匪服於今皇。[35]仰休老之盛則，[36]請微軀於夕陽。勞冢司而獲謝，[37]猶奉職於春坊。[38]時言歸於陋宇，聊暇日以翱翔。棲余志於浄國，[39]歸余心於道場。獸依墀而莫駭，[40]魚牣沼而不綱。[41]旋迷塗於去轍，[42]篤後念於徂光。[43]晚樹開花，初英落蘂。或異林而分丹青，乍因風而雜紅紫。紫蓮夜發，紅荷曉舒。輕風微動，其芳襲余。風騷屑於園樹，[44]月籠連於池竹。[45]蔓長柯於簷桂，發黄華於庭菊。冰懸埳而帶坻，雪縈松而被野。鴨屯飛而不散，[46]雁高翔而欲下。並時物之可懷，雖外來而非假。[47]寔情性之所留滯，亦志之而不能捨也。

[1]塋兆：墓地。

[2]墜：墓道。

[3]成：指晉成帝司馬衍。衍即位不久即有蘇峻之亂。峻兵入臺城，逼帝遷至石頭城。事詳《晉書》卷七《成帝紀》。　虐豎：指蘇峻。《晉書》卷一〇〇有傳。

[4]康：指晉康帝司馬岳。岳爲成帝同母弟。成帝之崩，其舅

庾冰恐異世之後，戚屬將疏，故以岳嗣位而别封成帝之子。岳即位，諒陰不言，委政庾冰。事詳《晉書》卷七《康帝紀》。　斂衿：提起衣襟挾於帶間，表示敬意。虚器：指空虚的帝位。司馬岳空有皇帝之名，故云。

[5]穆：指晉穆帝司馬聃。聃，康帝太子。康帝崩，聃年二歲，即位，政由會稽王司馬昱。詳《晉書》卷八《穆帝紀》。　恭己：《通鑑》卷六四《漢紀五十六》"建安十年"："時政由曹氏，天子恭己"。胡三省注："後世遂以政在强臣，己無所預爲恭己。"己，各本訛作"已"，今改正。　巖廊：高峻的廊，常用以指朝廷。

[6]簡：指晉簡文帝司馬昱。昱雖處尊位，無濟世大略，惟善清談。參《晉書》卷九《簡文帝紀》及《世説新語》。　玄肆：清談之所。

[7]烈：指晉烈宗孝武帝司馬曜。曜有人主之量而溺於酒色，好爲長夜之飲。"太白連年晝見，地震水旱爲變者相屬。醒日既少，而傍無正人，竟不能改焉。時張貴人有寵，年幾三十，帝戲之曰：'汝以年當廢矣！'貴人潛怒。向夕，帝醉，遂暴崩。"見《晉書》卷九《孝武帝紀》。

[8]安：指晉安帝司馬德宗。德宗爲人生而不慧。自少及長，口不能言，雖寒暑之變，無以辨也。劉裕將禪代，陰使人縊殺。詳《晉書》卷一〇《安帝紀》。　忘懷：不介意。此處是不慧之婉辭。

[9]纘：繼承。

[10]世德：世代留傳的功德。

[11]遺封：遺留下來的封爵。沈約先代有多人受封爵號。詳《宋書》卷一〇〇《自序》。

[12]匪：通"非"。

[13]騂駒：指用於祭祀的牛馬。

[14]桂醑：桂花酒。

[15]紫皇：道家傳説中的神仙。　天闕：天宫。

[16]二妃：帝舜的二位妻子娥皇、女英。傳説二妃死後成爲湘

水之神。參劉向《列女傳》。

[17]蘭煙：蘭炷之烟，即香烟。

[18]巫陽：古代筮師名。《楚辭·招魂》王逸注："女曰巫；陽其名也。"

[19]玉桴：精美的鼓槌。

[20]椒糈：祭神所用椒香拌精米製成的食物。

[21]恍：恍惚。

[22]瓊茅：古代用於占卜的靈草。

[23]甚：超過。

[24]一乘：即一乘法，一乘顯性教。佛教術語。乘，車乘，比喻佛法能載衆生到達涅槃境界。《法華經·方便品》："十方佛土中，唯有一乘法，無二亦無三，除佛方便説。"

[25]玄扉：指心。　三達：佛教術語。亦稱三明，即過去宿命明，未來天眼明，現在漏盡明。

[26]豁：免除。

[27]結橑：構屋。橑，屋椽。

[28]櫺：窗。

[29]葺茨：修理草屋。葺，修理；茨，茅草蓋的屋頂。

[30]忘己：《莊子·天地》："有治在人。忘乎物，忘乎天。其名爲忘己。"

[31]老夫：古代七十歲自稱爲老夫。《禮記·曲禮》："大夫七十而致事……自稱曰老夫，於其國則稱名。"

[32]燕禮：古代敬老之禮。《禮記·内則》："凡養老，有虞氏以燕禮，夏后氏以饗禮，殷人以食禮，周人修而兼用之。"　上庠：古代爲貴族設置的大學。《禮記·王制》："有虞氏養國老於上庠。"

[33]希：同"睎"，望。揚雄《法言·學行》："睎驥之馬，亦驥之乘也。睎顔之人，亦顔之徒也。"

[34]如珪：比喻美德。《詩·大雅·卷阿》："如圭如璋，令聞令望。"

[35]匪服：非常之職任。《文選》卷三八庾亮《讓中書令表》："遂階親寵，累忝非服。"匪，通"非"。服，指官職。

[36]則：規章。指古代官吏七十歲退休的制度。

[37]冢司：冢，各本均作"蒙"，當爲"冢"字之誤。蒙，古又寫作"冡"，與"冢"形近易互誤。冢司，指尚書省。《文選》卷三八任彦昇《爲范尚書讓吏部封侯第一表》"去歲冬初，國學之老博士耳，今兹首夏，將亞冢司"，可爲佐證。今改正。沈約天監九年（510）正月以尚書令、領太子少傅轉左光禄大夫，領少傅如故。故此云"勞冢司而獲謝，猶奉職於春坊"。

[38]春坊：東宫，太子宫。

[39]浄國：潔浄没有污濁、煩惱的世界。

[40]墀：臺階。

[41]牣：滿。　綱：本是提網的繩，此處用爲動詞，打撈。

[42]旋：回。

[43]光：時光。

[44]騷屑：聯綿詞，形容風聲。

[45]籠連：雙聲詞，籠罩。

[46]屯：聚集。

[47]假：借。

傷余情之頹暮，罹憂患其相溢。[1]悲異軫而同歸，歡殊方而並失。時復託情魚鳥，歸閑蓬蓽。[2]旁闕吴娃，[3]前無趙瑟。[4]以斯終老，於焉消日。[5]惟以天地之恩不報，書事之官靡述；[6]徒重於高門之地，不載於良史之筆。長太息其何言，[7]羌愧心之非一。

尋加特進，[8]光禄、侍中、少傅如故。[9]十二年，卒官，時年七十三。詔贈本官，賻錢五萬，[10]布百匹，謚曰隱。

[1]罹憂患：《藝文類聚》卷六四作“憂與愁”。

[2]蓬蓽：蓬户蓽門。指貧者所居。

[3]吴娃：吴地美女。

[4]趙瑟：趙地的音樂。《文選》卷四一楊惲《報孫會宗書》：“婦，趙女也，雅善鼓琴。”

[5]消日：消磨時日。

[6]書事之官：即史官。《漢書·藝文志》：“左史記言，右史記事。” 靡述：無述。“靡”，《藝文類聚》卷六四作“不”。

[7]其：《藝文類聚》卷六四作“以”。

[8]特進：官名。古代賜給功德優盛、爲朝廷所敬重的官員的官職。位在三公之下，皆爲加官。《太平御覽》卷二四三《職官·特進》引沈約《宋書》云：“其諸官加特進者，從本官供給，特進但爲班位而已，不别有吏卒車服也。”梁十五班。

[9]“尋加特進”云云，《南史》卷五七同傳作“尋加特進，遷中軍將軍、丹陽尹，侍中、特進如故”。按，本書《武帝紀》載，天監十二年（513）“閏月乙丑，特進、中軍將軍沈約卒”。又，《續高僧傳》卷六《釋慧約傳》載，天監十一年（512），沈約“臨丹陽尹，無何而嘆，有憂生之嗟”。是沈約卒時，有中軍將軍、丹陽尹之職銜。本傳此處似有脱文。

[10]賻：以錢財助喪事。

約左目重瞳子，[1]腰有紫志，聰明過人。好墳籍，聚書至二萬卷，[2]京師莫比。少時孤貧，丐于宗黨，得米數百斛，爲宗人所侮，覆米而去。及貴，不以爲憾，用爲郡部傳。[3]嘗侍讌，有妓師是齊文惠宫人。帝問識座中客不？曰："惟識沈家令。"約伏座流涕，帝亦悲焉，爲之罷酒。約歷仕三代，該悉舊章，博物洽聞，當世取則。謝玄暉善爲詩，任彦昇工於文章，約兼而有之，然不能過也。自負高才，昧於榮利，乘時藉勢，[4]頗累清談。[5]及居端揆，稍弘止足，[6]每進一官，輒殷勤請退，而終不能去，論者方之山濤。[7]用事十餘年，未嘗有所薦達，[8]政之得失，唯唯而已。

[1]重瞳子：目有二瞳子。《史記》卷七《項羽本紀》："太史公曰：吾聞之周生曰，舜目蓋重瞳子，又聞項羽亦重瞳子。"

[2]唐·李冗《獨異志》卷中："梁沈約家藏書（十）二萬卷，然心僻惡，聞人一善，如萬箭攢心。"

[3]部傳：即部傳從事，官名。郡府僚屬。

[4]藉：《南史》卷五七同傳作"射"。

[5]清談：指公正的輿論。

[6]弘：大。此處有注重之意。

[7]山濤：字巨源，晉河内懷人。仕晉，顯名當時，屢表求退而未退。《晉書》卷四三有傳。

[9]薦達：推薦引進。

初，高祖有憾於張稷，[1]及稷卒，因與約言之。約曰："尚書左僕射出作邊州刺史，[2]已往之事，何足復論。"帝以爲婚家相爲，[3]大怒曰："卿言如此，是忠臣邪！"乃輦歸内殿。[4]約懼，不覺高祖起，猶坐如初。及還，未至牀，而憑空頓於户下，[5]因病，夢齊和帝以劍斷其舌。召巫視之，巫言如夢。乃呼道士奏赤章於天，[6]稱禪代之事，不由己出。高祖遣上省醫徐奘視約疾，[7]還具以狀聞。先此，約嘗侍讌，值豫州獻栗，[8]徑寸半，帝奇之，問曰："栗事多少？"[9]與約各疏所憶，[10]少帝三事。出謂人曰："此公護前，[11]不讓即羞死。"帝以其言不遜，欲抵其罪，徐勉固諫乃止。及聞赤章事，大怒，中使譴責者數焉。[12]約懼，遂卒。有司謚曰文，帝曰："懷情不盡曰隱。"故改爲隱云。所著《晉書》百一十卷，[13]《宋書》百卷，[14]《齊紀》二十卷，《高祖紀》十四卷，《邇言》十卷，《謚例》十卷，《宋文章志》三十卷，文集一百卷：皆行於世。又撰《四聲譜》，[15]以爲在昔詞人，累千載而不寤，而獨得胸衿，窮其妙旨，[16]自謂入神之作，高祖雅不好焉。帝問周捨曰：[17]"何謂四聲？"捨曰："'天子聖哲'是也。"[18]然帝竟不遵用。

[1]高祖有憾於張稷：《南史》卷三一《張稷傳》："武帝嘗於樂壽殿内宴，稷醉後言多怨辭形於色。帝時亦酣，謂曰：'卿兄殺郡守，弟殺其君，袖提帝首，衣染天血，如卿兄弟，有何名稱。'稷曰：'臣乃無名稱，至於陛下不得言無勳。東昏暴虐，義師亦來伐之，豈在臣而已。'帝捋其鬚曰：'張公可畏人。'"有憾之事，蓋指此。

[2]邊州：指青、冀二州。天監十年（511）正月，梁武以尚書左僕射張稷爲安北將軍、青冀二州刺史。見本書《武帝紀》及《張稷傳》。

[3]婚家：親家。沈約與張稷當是兒女親家。　相爲：相幫助。

[4]輦歸：乘輦而歸。

[5]頓：跌倒時頭先至地。

[6]赤章：道士祈天時所用的赤色奏章。按，道教之法，人遇

疾欲除，須上赤章首過。沈約家世奉道，故呼道士奏赤章於天，以祈天除疾。

[7]上省：即尚書上省。六朝時尚書有上下省，上省爲尚書臺所在，下省乃尚書官僚及家屬所居。

[8]豫州：州名。治所在今安徽合肥市西北。

[9]事：故事，典故。

[10]疏：分條陳述。

[11]護前：嫉人才能超過自己。《通鑑》卷一四七《梁紀》"天監十二年二月"下胡三省注云："帝每集文學之士策經史事，群臣多引短推長，帝乃悦。故約退有是言。護前者，自護其所短，不使人在己前；忌前者，忌人在己前也。"

[12]中使：帝王宫廷中派出的使者。　數：多次。

[13]《晉書》百一十卷：《隋書·經籍志二》："沈約《晉書》一百一十一卷，亡。"《南史》卷五七同傳作"凡一百餘卷"。

[14]《宋書》百卷：劉知幾《史通》卷一二《古今正史》："至齊，著作郎沈約更補綴所遺，製成新史。自義熙肇號，終乎昇明三年，爲紀十，志三十，列傳六十，合百卷，名曰《宋書》。"按，"所遺"指何承天、徐爰等人所撰宋史之遺。

[15]《四聲譜》：《隋書·經籍志》著録："《四聲》一卷，梁太子少傅沈約撰。"唐·封演《封氏聞見記》"聲韻"條云："周顒好爲體語，因此切字皆有紐，有平上去入之異。永明中，沈約文詞精拔，盛解音律，遂撰《四聲譜》。……時王融、劉繪、范雲之徒，皆稱才子，慕而扇之，由是遠近文學轉相祖述，而聲韻之道大行。"

[16]沈約聲律論出，時人陸厥曾與之辯論，詳《南史》卷四八《陸慧曉傳》附《陸厥傳》。

[17]周捨：人名。本書卷二五有傳。

[18]天子聖哲：此四字依次爲平、上、去、入四聲。

子旋，及約時已歷中書侍郎，永嘉太守，[1]司徒從事中郎，[2]司徒右長史。免約喪，爲太子僕，[3]復以母憂去官，而蔬食辟穀。[4]服除，猶絶粳粱。爲給事黄門侍郎、中撫軍長史。[5]出爲招遠將軍、南康内史，[6]在部以清治稱。卒官，謚曰恭侯。子寔嗣。

[1]永嘉：郡名。治所在今浙江温州市。

[2]司徒從事中郎：司徒府屬官，與長史共掌本府官吏。梁九班至八班。

[3]太子僕：東宫屬官，太子三卿之一，掌太子車馬。梁十班。

[4]辟穀：指不食米。古服喪不食米，乃孝親之意。《孔子家語·致思》："（子路曰）昔者由也事二親之時，常食藜藿之實，爲親負米百里之外。親殁之後，南遊於楚，從車百乘，積粟萬鍾，累茵而坐，列鼎而食，願欲食藜藿，爲親負米不可復得也。"

[5]中撫軍：即中撫軍將軍，亦稱中撫將軍，將軍名號。梁天監中置，與中軍、中權、中衛將軍合稱四中將軍，衹授予在京師任職者。地位顯要。爲一百二十五號將軍之一，二十三班。

[6]招遠將軍：將軍名號。梁置，爲一百二十五號將軍之一，二班。　南康内史：南康王國行政長官，掌治民。梁官班不詳。南康，郡名。治所在今江西贛州市東北。

陳吏部尚書姚察曰：[1]昔木德將謝，[2]昏嗣流虐，[3]惵惵黔黎，[4]命懸晷漏。[5]高祖義拯横潰，[6]志寧區夏，[7]謀謨帷幄，寔寄良、平。[8]至於范雲、沈約，參預締構，[9]贊成帝業；加雲以機警明贍，濟務益時，約高才博洽，名亞遷、董，[10]俱屬興運，蓋一代之英偉焉。

[1]陳吏部尚書姚察：姚察仕陳，官吏部尚書。《陳書》卷二七有傳。吏部尚書，官名。掌官吏銓選、任免。陳第三品。清·錢大昕《廿二史考異》卷二六有云："思廉修梁陳書，皆因其父察所撰而續成之。梁史諸論述其父說，必稱'陳吏部尚書姚察曰'，仿孟堅《漢書》稱'司徒掾班彪'之例也。其但稱'史臣'者，出自思廉新意。"

[2]木德：指南齊。古代以金、木、水、火、土五行相生相克的道理來附會王朝的命運，稱爲五德。以南齊爲木德。

[3]昏嗣：昏庸的嗣王，此指齊東昏侯蕭寶卷。

[4]惵惵：恐懼的樣子。　黔黎：老百姓。

[5]晷漏：晷與漏皆爲測時間的儀器，轉指時刻。

[6]横潰：指亂世。

[7]區夏：區，區域；夏，華夏。總指中國。

[8]良、平：張良、陳平。漢高祖劉邦的主要謀臣。後世因稱有智謀的主要大臣爲良平。

[9]締構：營造，建構。此處指建立梁王朝。

[10]遷、董：司馬遷、董仲舒。西漢著名史學家、思想家。《漢書》卷六二、卷五六分别有傳。

梁書 卷一四

列傳第八

江淹 任昉

江淹字文通，濟陽考城人也。[1]少孤貧好學，[2]沉靖少交遊。起家南徐州從事，[3]轉奉朝請。[4]

[1]濟陽：郡名。治所在今河南蘭考縣東北堌陽鎮。　考城：縣名。治所在今河南民權縣東北。此江氏祖籍。按，淹乃晉江淵之後裔。宋·汪藻《世説叙録·考證》引敬胤《世説注》有云："按江淵學士，中興初爲國子祭酒，大鴻臚，襄邑李侯。淵生象、焜。象字元，衛尉定侯。六世孫淹，今驍騎將軍。"《文選》卷一六江淹《恨賦》李善注引劉璠《梁典》有云："（淹）祖躭，丹陽令，父康之，南沙令。淹少而沉敏，六歲能屬詩。及長，愛奇尚異，自以孤賤，厲志篤學，洎於强壯，漸得聲譽。"

[2]江淹《自序》有云："淹字文通，濟陽考城人。幼傳家業，六歲能屬詩，十三而孤，邈過庭之訓。"見俞紹初、張亞新《江淹集校注》。

[3]南徐州：州名。治所在今江蘇鎮江市。　從事：即從事史，

官名。州府屬官，有别駕、治中、議曹、部郡諸名目。宋第九品。

[4]奉朝請：本指大臣定期參加朝會，朝見皇帝。晉以後以爲官名，用以安置閑散官員。宋齊無職事。江淹《自序》："弱冠，以五經授宋始安王劉子真，略傳大義。爲南徐州新安王從事，奉朝請。"

宋建平王景素好士，[1]淹隨景素在南兖州。[2]廣陵令郭彦文得罪，[3]辭連淹，繫州獄。淹獄中上書曰：

昔者，賤臣叩心，飛霜擊於燕地；[4]庶女告天，振風襲於齊臺。[5]下官每讀其書，[6]未嘗不廢卷流涕。何者？士有一定之論，女有不易之行。[7]信而見疑，貞而爲戮，是以壯夫義士伏死而不顧者此也。[8]下官聞仁不可恃，善不可依，始謂徒語，[9]乃今知之。伏願大王暫停左右，少加憐鑒。[10]

[1]建平王景素：宋文帝之孫劉景素襲父爵爲建平王。《宋書》卷七二《文九王傳》有附傳。建平，郡名。治所在今重慶巫山縣。

[2]南兖州：州名。治所在今江蘇揚州市西北蜀岡。

[3]廣陵：縣名。縣治與南兖州鎮所同。

[4]傳説戰國時鄒衍盡忠於燕惠王，惠王聽信讒言而囚禁鄒衍。衍含冤，仰天而哭，正夏而天爲之降霜。見《文選》卷三九李善注引《淮南子》。　賤臣：指鄒衍。　叩心：因痛苦而捶胸。

[5]傳説春秋時齊國一民女，夫死無子，不嫁，事姑謹敬。姑無男有女，女圖其母之財，令母嫁婦，婦不肯。女殺母以誣寡婦。婦無法自明，冤結呼天。天爲作雷電，下擊齊景公之臺。見《淮南子·覽冥訓》及許慎注。　庶女：民女。　振風：狂風。

[6]下官：郡國屬吏對長官及國主的自稱。

[7]語出《淮南子·原道訓》。高誘注："士有同志同德也，至其交接有一會而交定，故曰有一定之論也。貞女專一，亦無二心，雖有偏喪，不須更醮，故曰有不易之行。" 論：通"倫"。 行：操守。

[8]此也：三朝本、百衲本無"此"字，《南史》"此"字上有"以"字。

[9]始謂徒語：《文選》卷三九、《南史》卷五九同傳並作"謂徒虛語"。按，《文選》卷三九鄒陽《獄中上書自明》有云："臣聞忠無不報，信不見疑，臣常以爲然，徒虛語耳。"江淹此文受鄒陽文影響頗明顯。疑當以"謂徒虛語"爲是。

[10]憐鑒：《南史》卷五九同傳作"矜察"，《建康實録》同；《文選》卷三九作"憐察"。按，李善引鄒陽《獄中上書自明》"願大王熟察，少加憐焉"爲注，則知李善所見江淹原文本作"憐察"，"鑒"字必爲姚思廉避父諱所改。

下官本蓬户桑樞之民，[1]布衣韋帶之士，[2]退不飾《詩》、《書》以驚愚，[3]進不買名聲於天下。日者，[4]謬得升降承明之闕，出入金華之殿，[5]何嘗不局影凝嚴，側身扃禁者乎？[6]竊慕大王之義，爲門下之賓，[7]備鳴盜淺術之餘，[8]豫三五賤伎之末。[9]大王惠以恩光，眄以顔色。[10]實佩荆卿黄金之賜，[11]竊感豫讓國士之分矣。[12]常欲結纓伏劍，[13]少謝萬一，剖心摩踵，[14]以報所天。[15]不圖小人固陋，[16]坐貽謗缺，迹墜昭憲，[17]身限幽圄。履影弔心，酸鼻痛骨。下官聞虧名爲辱，虧形次之，[18]是以每一念來，忽若有遺。加以涉旬月，迫季秋，[19]天光沉陰，左右無色。身非木石，與獄吏爲伍。[20]此少卿所以仰天搥心，泣盡而繼之以血者也。[21]下官雖乏鄉曲之譽，[22]然嘗聞君子之行矣。其上則隱於簾肆之間，[23]卧於巖石之下，[24]次則結綬金馬之庭，[25]高議雲臺之上；[26]次則虜南越之君，[27]係單于之頸：[28]俱啓丹册，[29]並圖青史。寧當爭分寸之末，競刀錐之利哉！然下官聞積毁銷金，積讒糜骨。古則直生取疑於盜金，[30]近則伯魚被名於不義。[31]彼之二才，猶或如此；況在下官，焉能自免。昔上將之耻，絳侯幽獄；[32]名臣之羞，史遷下室，[33]如下官尚何言哉。夫魯連之智，[34]辭禄而不反；[35]接輿之賢，[36]行歌而忘歸。子陵閉關於東越，[37]仲蔚杜門於西秦，[38]亦良可知也。若使下官事非其虚，罪得其實，亦當鉗口吞舌，伏匕首以殞身，何以見齊魯奇節之人，[39]燕趙悲歌之士乎？[40]

[1]蓬户桑樞：以蓬草編門，以桑條作門軸。指貧寒人家。

[2]布衣韋帶：以麻布作衣，以粗皮作腰帶。韋，《藝文類聚》卷五八作“麻”。

[3]飾《詩》、《書》：以《詩》、《書》裝點門面，炫示博學。《淮南子·俶真訓》：“周室衰而王道廢，儒墨……於是博學以疑聖……緣飾《詩》、《書》以買名譽於天下。”

[4]日者：近日。

[5]承明、金華：代指朝廷。承明，漢宫廷門名。金華，漢宫殿名。

[6]局影、側身：皆戒懼之狀。　凝嚴：端莊恭敬。　扃禁：指宫廷。扃，門。古宫門有禁，故稱宫廷爲扃禁。

[7]爲門下之賓：《文選》卷三九、《南史》"爲"字上有"復"字。

[8]鳴盜："鷄鳴狗盜"之略語。戰國時，齊孟嘗君入秦，秦昭王囚之。孟嘗君門客有能爲狗盜者，入秦宫藏中取狐白裘以獻昭王幸姬。幸姬進言昭王，孟嘗君得出。馳至函谷關。關法鷄鳴而開關出客，孟嘗君門客之居下者有能爲鷄鳴，遂得出關。見《史記》卷七五《孟嘗君列傳》。

[9]三五：《文選》卷三九李善注以爲陣法，又有疑與三五民丁有關，並非。參周一良《魏晉南北朝史札記·梁書札記》"三五賤伎"條。按，《易·繫辭下》："叁伍以變，錯綜其數。通其變，遂成天地之文；極其數，遂定天下之象。"朱熹《易本義》云："此尚象之事，變則象之未定者也。參者三數之也，伍者五數之也。既叁以變，又伍以變，一先一後，更相考覈，以審其多寡之實也。錯者交而互之，一左一右之謂也；綜者總而挈之，一低一昂之謂也。此亦皆謂揲蓍求卦之事。"是三五乃占蓍之術。《文選》卷四一司馬子長《報任少卿書》："文史星曆，近乎卜祝之間，固主上所戲弄，倡優所畜，流俗之所輕也。"是"鳴盜"、"三五"並指卑賤之職。

[10]眄：《文選》卷三九、《南史》並作"顧"。

[11]佩：感激。　荆卿黄金之賜：戰國時燕太子丹厚結荆軻，將以刺秦王。荆軻之東宫，臨池而觀，拾瓦投鼃。太子令人奉盤金丸，軻用以投擲。擲盡，復進。軻曰："非爲太子愛金也，但臂痛耳。"事見《燕丹子》卷下。

[12]豫讓國士之分：春秋末刺客豫讓先事范氏及中行氏，無所知名。去而事智伯。趙襄子滅智伯，豫讓漆身爲癩，吞炭爲啞，謀刺襄子，爲智伯報仇。事不果。襄子責之曰："子事范氏、中行氏，智伯滅之，不爲報仇。事智伯，智伯死而子獨何以爲之報仇也?"讓曰："范、中行氏以衆人遇我，故我以衆人報之；智伯以國士遇

我，我以國士報之!”遂自殺。事見《戰國策·趙策一》。分，情分。

[13]結纓：結好帽帶，表示從容而死。《左傳·哀公十五年》載：衛太子蕢作亂，子路入與戰，蕢因使武士，“以戈擊之，斷纓。子路曰：‘君子死，冠不免。’結纓而死”。

[14]摩踵：“摩頂放踵”之略語。形容不畏艱險。《孟子·盡心上》：“墨子兼愛，摩頂放踵，利天下爲之。”放，至。

[15]所天：古代大臣以君王爲天。此處指建平王劉景素。

[16]固陋：褊狹淺薄。

[17]昭憲：指國法。

[18]虧名爲辱，虧形次之：《文選》卷三九李善注引《尸子》：“衆以虧形爲辱，君子以虧義爲辱。”虧，損害。

[19]涉旬月，迫季秋：《文選》卷四一司馬子長《報任少卿書》：“今少卿抱不測之罪，涉旬月，迫季冬。”涉，歷。旬月，滿一月。迫，近。

[20]身非木石，與獄吏爲伍：語出司馬子長《報任少卿書》。

[21]少卿：李陵字少卿。漢武帝時率兵擊匈奴，戰敗被迫投降。《文選》卷四一李少卿《答蘇武書》有云：“何圖志未立而怨已成，計未從而骨肉受刑，此陵所以仰天椎心而泣血也。”椎，通“槌”，即捶。

[22]鄉曲之譽：鄉里的好評。《燕丹子》：“夏扶前曰：‘聞士無鄉曲之譽，則未可與論行。”

[23]簾肆：店鋪。《漢書》卷七二《王貢兩龔鮑傳序》：蜀郡嚴君平，“卜筮於成都市，以爲‘卜筮者賤業，而可以惠衆人。有邪惡非正之問，則依蓍龜爲言利害。與人子言依於孝，與人弟言依於順，與人臣言依於忠，各因勢導之以善，從吾言者，已過半矣。’裁日閱數人，得百錢足自養，則閉肆下簾而授《老子》。”

[24]巖石：指山間，隱士所處。《漢書》卷七二《王貢兩龔鮑傳序》：“谷口鄭子真不詘其志，耕於巖石之下，名震於京師。”

［25］結綬：繫印綬。指爲官。　金馬：漢宫廷門名。臣僚待詔之所。《漢書》卷六五《東方朔傳》：“（上）因使待詔金馬門，稍得親近。”

［26］雲臺：漢代宫廷有雲臺。

［27］南越：秦漢時國名。在今廣東、廣西一帶。《漢書》卷六四《終軍傳》：南越與漢和親，乃遣終軍使南越。終軍自請：“願受長纓，必羈南越王而致之闕下。”

［28］單于：漢代匈奴君長的稱號。《漢書》卷四八《賈誼傳》：誼上書曰：“行臣之計，請必係單于之頸而制其命。”

［29］丹册：即丹書。古代帝王授予功臣的證書，因用丹砂書寫，故稱。

［30］直生：即直不疑。《漢書》卷四六《直不疑傳》：“直不疑，南陽人也。爲郎，事文帝。其同舍有告歸，誤持其同舍郎金去。已而同舍郎覺，亡意不疑，不疑謝有之，買金償。後告歸者至而歸金，亡金郎大慚。”

［31］伯魚：第五倫字伯魚。《後漢書》卷四一《第五倫傳》：“帝戲謂倫曰：‘聞卿爲吏篣婦公，不過從兄飯，寧有之邪?’倫對曰：‘臣三娶妻皆無父。少遭飢亂，實不敢妄過人食。’帝大笑。”

［32］絳侯：指周勃。周勃從劉邦起義，以軍功封絳侯。漢文帝即位，有人誣告周勃欲謀反，勃被下獄治罪。詳《史記》卷五七《絳侯周勃世家》。

［33］史遷：指司馬遷。司馬遷因爲李陵降匈奴辯護而得罪，下蠶室受腐刑。詳《文選》卷四一司馬子長《報任少卿書》。　室：指蠶室，古代受宫刑者住的牢房。

［34］魯連：即魯仲連，戰國時齊人。秦圍趙，魯仲連説服魏客將軍新垣衍聯合諸侯抗秦。秦聞之，兵退。趙平原君欲封魯仲連，魯仲連終不肯受，辭謝而去。詳《史記》卷八三《魯仲連列傳》。

［35］反：通“返”。

［36］接輿：春秋時楚國隱士。《論語・微子》：“楚狂接輿歌而

過孔子，曰：‘鳳兮鳳兮，何德之衰？……’孔子下，欲與之言。趨而辟之，不得與之言。”

[37]子陵：即嚴光。《後漢書》卷八三《逸民傳》：“嚴光字子陵，一名遵，會稽餘姚人也。少有高名，與光武同遊學。及光武即位，乃變名姓，隱身不見。”　東越：指會稽郡，古屬東越之地。

[38]仲蔚：即張仲蔚，東漢人。《文選》卷三九李善注引趙岐《三輔决録注》：“張仲蔚，扶風人也。少與同郡魏景卿隱身不仕，所居蓬蒿没人。”　西秦：指扶風郡，古屬西秦之地。

[39]齊魯：指今山東一帶，古多儒生。

[40]燕趙：指今河北一帶，古多俠士。

方今聖曆欽明，[1]天下樂業，青雲浮雒，榮光塞河。[2]西洎臨洮、狄道，[3]北距飛狐、陽原，[4]莫不浸仁沐義，照景飲醴。[5]而下官抱痛圜門，[6]含憤獄户，一物之微，有足悲者。仰惟大王少垂明白，則梧丘之魂，不愧於沉首；[7]鵠亭之鬼，無恨於灰骨。[8]不任肝膽之切，敬因執事以聞。此心既照，死且不朽。

景素覽書，即日出之。[9]尋舉南徐州秀才，對策上第，[10]轉巴陵王國左常侍。[11]

[1]聖曆：指天子。　欽明：英明。

[2]《初學記》卷六引《尚書中候》：“武王觀於河，沉璧禮畢，且退，至於日昧，榮光並塞河，沉璧，青雲浮洛。”　榮光：五彩祥雲，古以青雲、榮光爲祥瑞。　雒、河：洛水、黄河。雒，同“洛”。

[3]臨洮、狄道：古西部邊境縣名。臨洮，治所在今甘肅岷縣。

狄道，治所在今甘肅臨洮縣。

[4]飛狐、陽原：古北部邊境縣名。飛狐，治所在今河北淶源縣。陽原，治所在今河北陽原縣西南。

[5]照景：爲景星所照耀。《史記·天官書》："景星者，德星也。其狀無常，常出於有道之國。"

[6]圜門：牢獄之門。

[7]傳説春秋時，齊景公田獵於梧丘，夜坐寐，夢見五大夫稱無罪。景公問晏子。答曰："昔靈公出獵，有五丈夫來，驚獸，悉斷其頭而葬之，命曰五丈夫之丘。"景公命人掘之，五頭同穴而存。令厚葬之。事見《晏子春秋·内篇雜上》。　愧：恨。　沉首：埋頭於地下。

[8]傳説漢交州刺史何敞行部至高安縣鵠奔亭，夜有婦人來告冤，自云孤窮羸弱，不能自振，欲之旁縣賣繒，行至此，爲亭長所殺，埋樓下。掘之，果然。敞乃馳還，捕殺亭長。事見干寶《搜神記》卷一六。　灰骨：骨成灰粉。

[9]江淹《自序》："然少年嘗倜儻不俗，或爲世士所嫉，遂誣淹以受金者，將及抵罪，乃上書見意而免焉。"可與此參證。

[10]對策：古代考試取士，以政事、經義等考題寫於簡策上，讓應考者對答，觀其文辭以定高下等第，稱爲對策。

[11]巴陵王：宋文帝子劉休若封爵號巴陵王。《宋書》卷七二《文九王》有傳。巴陵，郡名。治所在今湖南岳陽市。　左常侍：官名。王國屬官，掌司儀，諫諍。宋第八品。

景素爲荆州，[1]淹從之鎮。少帝即位，[2]多失德。景素專據上流，咸勸因此舉事。淹每從容諫曰："流言納禍，二叔所以同亡；[3]抵局銜怨，七國於焉俱斃。[4]殿下不求宗廟之安，而信左右之計，則復見麋鹿霜露棲於姑蘇之臺矣。"[5]景素不納。及鎮京口，[6]淹又爲鎮軍參軍事，[7]領南東海郡丞。[8]景素與腹心日夜謀議，[9]淹知禍機將發，乃贈詩十五首以諷焉。[10]

［1］荆州：州名。治所在今湖北荆州市江陵。

［2］少帝：《後漢書》卷五《安帝紀》王先謙《集解》引黄山曰："少者，未成乎帝之名。"此處指宋後廢帝劉昱。

［3］周武王崩，其子成王年少，周公旦輔政。管叔、蔡叔散佈流言，云周公將不利於成王，並挾武庚以作亂。周公承成王之命誅武庚，殺管叔，流放蔡叔。事詳《史記》卷三五《管蔡世家》及卷三三《魯周公世家》。　二叔：即管叔鮮、蔡叔度。

［4］漢文帝時，吴太子入朝，得侍皇太子飲酒、博弈。吴太子師傅皆楚人，輕悍，又素驕。博時争道，不恭。皇太子用博局擲吴太子，殺之。吴王由是怨恨朝廷，漸失藩臣之禮。至景帝時，吴聯合其他六諸侯國反叛朝廷，俱敗亡。事詳《史記》卷一〇六《吴王濞列傳》。　抵：擲。　局：棋盤。

［5］則復見麋鹿霜露棲於姑蘇之臺矣：《漢書》卷四五《伍被傳》載：淮南王劉安招致英雋，被爲冠首。安陰有邪謀，被諫曰："昔子胥諫吴王，吴王不用，乃曰：'臣今見麋鹿遊姑蘇之臺也。'今臣亦將見宫中生荆棘，露沾衣也。"意謂國家將破敗。姑蘇臺，在今江蘇蘇州市西南姑蘇山。相傳爲春秋時吴王闔閭所築。霜露棲，江淹《自序》作"霜棲露宿"。按，就句意言，當以"霜棲露宿"爲安。

［6］京口：南徐州鎮所，即今江蘇鎮江市。

［7］鎮軍：鎮軍將軍之省稱，將軍名號。宋第三品。　參軍事：官名。王公軍府屬官。參掌府曹事，宋第七品。

［8］領：官制術語。已有實授主職，又兼任較低職務而不居其位。　南東海：郡名。治所在今江蘇鎮江市。　郡丞：官名。郡守之副佐，佐郡守掌治民。宋第八品。

[9]謀議：江淹《自序》作“構議”。

[10]詩十五首：即《效阮公詩十五首》。今存，見俞紹初、張亞新《江淹集校注》。

會南東海太守陸澄丁艱，[1]淹自謂郡丞應行郡事，[2]景素用司馬柳世隆。[3]淹固求之，景素大怒，言於選部，黜爲建安吴興令。[4]淹在縣三年。昇明初，[5]齊帝輔政，[6]聞其才，召爲尚書駕部郎、驃騎參軍事。[7]俄而荆州刺史沈攸之作亂，[8]高帝謂淹曰：“天下紛紛若是，君謂何如?”淹對曰：“昔項强而劉弱，[9]袁衆而曹寡，[10]羽號令諸侯，卒受一劍之辱，[11]紹跨躡四州，終爲奔北之虜。[12]此謂‘在德不在鼎’，[13]公何疑哉!”帝曰：“聞此言者多矣，試爲慮之。”[14]淹曰：“公雄武有奇略，一勝也；寬容而仁恕，二勝也；賢能畢力，三勝也；民望所歸，四勝也；奉天子而伐叛逆，五勝也。彼志鋭而器小，一敗也；有威而無恩，二敗也；士卒解體，三敗也；搢紳不懷，[15]四敗也；懸兵數千里，[16]而無同惡相濟，[17]五敗也。故雖豺狼十萬，而終爲我獲焉。”帝笑曰：“君談過矣。”是時軍書表記，皆使淹具草。相國建，[18]補記室參軍事。[19]建元初，[20]又爲驃騎豫章王記室，[21]帶東武令，[22]參掌詔册，並典國史。尋遷中書侍郎。[23]永明初，[24]遷驍騎將軍，[25]掌國史。出爲建武將軍、廬陵内史。[26]視事三年，還爲驍騎將軍，兼尚書左丞，[27]尋復以本官領國子博士。[28]少帝初，[29]以本官兼御史中丞。[30]

［1］陸澄：人名。吴郡吴人。《南齊書》卷三九有傳。　丁艱：遭父母之喪。

［2］行郡事：代行本郡政事。

［3］司馬：官名。王公軍府屬官。掌本府武官。宋第六至第七品。　柳世隆：人名。祖籍河東解縣。《南齊書》卷二四有傳。

［4］建安：郡名。治所在今福建建甌市。　吴興：縣名。治所在今福建浦城縣。

［5］昇明：宋順帝年號（477—479）。

［6］齊帝：《南史》卷五九同傳作“齊高帝”。按，當以“齊高帝”爲是，疑此脱“高”字。

［7］尚書駕部郎：官名。尚書省諸曹郎之一，屬左民尚書。掌車駕畜牧。宋第六品。　驃騎：驃騎將軍之省稱，將軍名號。爲重號將軍，多加授大臣、重要地方長官。宋第二品。按，據江淹《自序》，“驃騎”指驃騎大將軍、竟陵郡公蕭道成。

［8］沈攸之：人名。吴興武康人。仕宋，官至車騎大將軍、開府儀同三司、荆州刺史。宋末，蕭道成擅權，將代宋，攸之起兵反。兵敗，被殺。《宋書》卷七四有傳。

［9］項：指項羽。　劉：指劉邦。

［10］袁：指袁紹。　曹：指曹操。

［11］楚漢相争之初，項羽力量强大，政由羽出。鴻門宴以後，項羽漸衰，終於兵敗垓下，自刎而亡。事詳《史記》卷七《項羽本紀》。卒，終。江淹《自序》作“竟”。

［12］漢末大亂，群雄並起。初，袁紹占有冀、青、幽、并四州，最爲强大。官渡戰後，袁紹敗退河北，以憂卒。其子袁尚等逃奔北郡烏桓。事詳《三國志》卷六《魏書·袁紹傳》。　奔北：敗逃。

［13］此謂：江淹《自序》作“此所謂”。　在德不在鼎：《左傳·宣公三年》：“楚子問鼎之大小、輕重焉。（王孫滿）對曰：‘在德不在鼎……桀有昏德，鼎遷於商，載祀六百；商紂暴虐，鼎遷於周。德

之休明，雖小，重也；其奸回昏亂，雖大，輕也。”鼎爲古代祭祀之重器，國家政權的象徵。

[14]試爲慮之：江淹《自序》作“其試爲我言之”。

[15]搢紳：指士大夫。搢，插；紳，大帶。古代士大夫垂紳搢笏，故稱搢紳。 懷：歸服。

[16]懸兵：孤軍深入。

[17]而無同惡相濟：舊本脱“無”字，此依中華書局本校補。按，江淹《自序》亦有“無”字。

[18]相國建：指蕭道成於宋昇明三年（479）進位相國，置府治事。見《南齊書》卷一《高帝紀》。相國，《南史》及江淹《自序》皆作“相府”。

[19]記室參軍事：官名。王公軍府屬官，掌文書。宋第七品。

[20]建元：齊高帝年號（479—482）。

[21]驃騎豫章王：齊高帝子蕭嶷封爵號豫章王。建元初爲驃騎大將軍，揚州刺史。《南齊書》卷二二有傳。豫章，郡名。治所在今江西南昌市。豫章王，舊本作“建安王”，《南史》卷五九同傳及江淹《自序》均作“豫章王”。此依中華書局本校改。

[22]帶：官制術語。帶其官號、俸禄而不理其事之稱。江淹《自序》作“鎮”，《南史》卷五九同傳作“領”。 東武：縣名。據《南齊書·州郡志》屬南徐州之南平昌郡，而南平昌郡屬“郡無實土”之列。王鳴盛《十七史商榷》：“若淹以記室帶東武令，當是食其禄不赴任。”按，東武縣乃虚置，無實土。

[23]中書侍郎：官名。中書省官員，舊掌詔誥。劉宋以後，草擬詔誥之權歸舍人，侍郎職少官清，多爲諸王起家官。員四人。齊第五品。

[24]永明：齊武帝年號（483—493）。

[25]驍騎將軍：將軍名號。禁衛軍六軍之一，領營兵，兼統宿衛。宋第四品，齊不詳。

[26]建武將軍：將軍名號。統兵征戰。宋第四品，齊不詳。

廬陵：郡名。治所在今江西吉水縣東北。　內史：官名。王國官，掌治民。宋第五品，齊不詳。

[27]尚書左丞：官名。尚書省官屬，南齊時掌宗廟郊祠、吉慶瑞應、災異，主作格制、諸案彈，選用除置、吏補滿除遣注職。員一人。齊第六品。

[28]國子博士：官名。掌國子學教授，備顧問。齊第七品。

[29]少帝：《後漢書》卷五《安帝紀》王先謙《集解》引黄山曰："少者，未成乎帝之名。"此處指齊海陵王蕭昭文。

[30]御史中丞：官名。御史臺長官。掌督察百官，奏劾不法。六朝第一流高門多不居此職。員一人，齊第四品。

時明帝作相，[1]因謂淹曰："君昔在尚書中，非公事不妄行，在官寬猛能折衷；今爲南司，[2]足以震肅百僚。"淹答曰："今日之事，可謂當官而行，更恐才劣志薄，不足以仰稱明旨耳。"於是彈中書令謝朏、司徒左長史王繢、護軍長史庾弘遠，[3]並以久疾不預山陵公事；[4]又奏前益州刺史劉悛、梁州刺史陰智伯，[5]並贓貨巨萬，輒收付廷尉治罪。[6]臨海太守沈昭略、永嘉太守庾曇隆，[7]及諸郡二千石并大縣官長，[8]多被劾治，內外肅然。明帝謂淹曰："宋世以來，不復有嚴明中丞，君今日可謂近世獨步。"[9]

[1]明帝作相：指齊明帝蕭鸞爲録尚書事。南朝時以尚書臺長官爲宰相，參看祝總斌《兩漢魏晉南北朝宰相制度研究》。

[2]南司：御史中丞的别稱。

[3]中書令：官名。中書省長官。掌出納帝命。東晉以後，中書出令權他屬，或歸中書舍人，中書令漸成閑職，僅掌文章之事。

《太平御覽》卷二二〇《職官·中書令》引《梁選簿》：中書“自宋已來比尚書令、特進之流，而無事任，清貴華重，大位多領之。”員一人。齊第三品。　謝朏：人名。本書卷一五有傳。　司徒左長史：官名。司徒府屬官，與司徒右長史分掌本府官吏。宋第六品，齊不詳。　王纘：人名。祖籍琅邪臨沂。《南齊書》卷四九有傳。　護軍：護軍將軍之省稱，將軍名號。掌京畿以外諸軍，職權頗重。宋第三品，齊不詳。　長史：官名。王公軍府屬官。掌本府官吏。其品秩依府主地位高下而定。宋第六品，齊不詳。　庾弘遠：人名。祖籍潁川鄢陵。《南史》卷三五有傳。

[4]山陵公事：指帝王喪葬之事。

[5]益州：州名。治所在今四川成都市。　劉悛：人名。祖籍彭城郡。《南齊書》卷三七有傳。　梁州：州名。治所在今陝西漢中市東。

[6]廷尉：官名。掌刑辟。爲九卿之一，屬官有廷尉正、監、平及胄子律博士等。齊第三品。

[7]臨海：郡名。治所在今浙江臨海市東南章安。　沈昭略：人名。吴興武康人。《南齊書》卷四四有傳。　永嘉：郡名。治所在今浙江温州市。

[8]二千石：漢代内自九卿郎將，外至郡守尉，其秩禄等級並爲二千石。故後世以二千石代稱郎將、郡守等。

[9]獨步：指獨一無二的傑出人才。

明帝即位，爲車騎臨海王長史。[1]俄除廷尉卿，[2]加給事中，[3]遷冠軍長史，[4]加輔國將軍。[5]出爲宣城太守，[6]將軍如故。在郡四年，還爲黄門侍郎、領步兵校尉，[7]尋爲祕書監。[8]永元中，[9]崔慧景舉兵圍京城，[10]衣冠悉投名刺，[11]淹稱疾不往。及事平，世服其先見。

［1］車騎：車騎將軍之省稱，將軍名號。爲重號將軍，多加授大臣及重要地方長官。宋第二品，齊不詳。　臨海王：齊文惠太子之子蕭昭秀的封爵號，延興元年（494）徵爲車騎將軍。見《南齊書》卷五〇《文二王傳》。

［2］廷尉卿：《隋書·百官志》："諸卿，梁初猶依宋、齊，皆無卿名。"如此，則稱"廷尉卿"者，乃姚思廉據梁天監七年（508）革選以後之稱稱之。

［3］給事中：官名。屬集書省，掌收發文書，獻納諫諍。宋第五品，齊不詳。

［4］冠軍：冠軍將軍之省稱，將軍名號。齊第三品。

［5］輔國將軍：將軍名號。齊第三品。

［6］宣城：郡名。治所在今安徽宣州市。

［7］黄門侍郎：官名。門下省次官。與侍中俱掌門下衆事，侍從左右，關通中外。地位顯要。員四人。齊第五品。　步兵校尉：官名。禁衛軍五校尉之一。掌宫廷宿衛士。宋第四品，齊不詳。

［8］祕書監：官名。祕書省長官。掌藝文圖籍。員一人。齊第三品。

［9］永元：齊東昏侯年號（499—501）。

［10］崔慧景：人名。祖籍清河東武城。仕齊，官護軍將軍、侍中。東昏侯即位，殺舊臣，慧景奉江夏王寶玄舉兵圍京師。兵敗，被殺。事詳《南齊書》卷五一《崔慧景傳》。

［11］衣冠：指士大夫。　名刺：相當於今之名片。

東昏末，淹以祕書監兼衛尉，[1]固辭不獲免，遂親職。謂人曰："此非吾任，路人所知，正取吾空名耳。且天時人事，尋當翻覆。[2]孔子曰：'有文事者必有武備。'[3]臨事圖之，何憂之有？"頃之，又副領軍王瑩。[4]及義師至新林,[5]淹微服來奔，高祖板爲冠軍將軍,[6]祕書監如故，尋兼司徒左長史。中興元年,[7]遷吏部尚書。[8]二年，轉相國右長史,[9]冠軍將軍如故。

[1]衛尉：官名。九卿之一。掌宫門屯兵。齊第三品。

[2]飜覆：翻天覆地的巨大變化。此處指政權的變更。飜，同“翻”。

[3]《史記》卷四七《孔子世家》：“孔子攝相事，曰：‘臣聞有文事者必有武備，有武事者必有文備。’”

[4]領軍：領軍將軍之省稱，將軍名號。禁衛軍最高統帥，職任甚重。宋第三品，齊不詳。　王瑩：人名。本書卷一六有傳。

[5]義師：齊末東昏侯蕭寶卷狂悖無道，雍州刺史蕭衍起兵嚮京師以討之，因稱其師爲義師。　新林：地名。即今江蘇南京市西南西善橋鎮。其地濱臨大江，爲六朝軍事交通要地。

[6]高祖：梁武帝廟號。　板：六朝時，地方長官書授官之辭於板以臨時授官，稱爲板授或板。板官不給印綬，但可食禄。

[7]中興：齊和帝年號（501—502）。

[8]吏部尚書：官名。尚書省吏部曹長官，爲列曹尚書之首。多僑姓高門、世胄顯貴擔任。掌官吏銓選、任免。員一人。齊第三品。

[9]相國：官名。《宋書·百官志》：“魏齊王以晉景帝爲相國。晉惠帝時趙王倫，愍帝時南陽王保，安帝時宋高祖，順帝時齊王，並爲相國。自魏晉以來，非復人臣之位矣。”蕭衍於齊和帝中興二年（502）二月爲相國。見本書卷一《武帝紀上》。

天監元年,[1]爲散騎常侍、左衛將軍,[2]封臨沮縣開國伯,[3]食邑四百户。淹乃謂子弟曰：“吾本素宦,[4]不求富貴，今之忝竊，遂至於此。平生言止足之事，亦以備矣。人生行樂耳，須富貴何時。吾功名既立，正欲歸身草萊耳。”[5]其年，以疾遷金紫光禄大夫，[6]改封醴陵伯。[7]四年，卒，時年六十二。高祖爲素服舉哀。賻錢三萬，[8]布五十匹。謚曰憲伯。

[1]天監：梁武帝年號（502—519）。

[2]散騎常侍：官名。集書省長官。劉宋以後，以掌侍從左右及圖書文翰爲主，地位低於前代。員四人。梁初第三品。　左衛將軍：官名。與右衛將軍合稱二衛將軍，掌宮廷宿衛營兵。爲禁衛軍主要將領。齊第四品。

[3]臨沮縣：縣名。治所在今湖北當陽市西北。　開國伯：開國，建立邦國；伯，五等爵之一。自晉以後，五等爵皆有開國之稱。

[4]素宦：指一般士族之官，相對於高等士族而言。參唐長孺《魏晉南北朝史論拾遺·讀史釋詞》“素族”條及周一良《魏晉南北朝史札記》之《南齊書札記》“素族”條。

[5]正：僅，衹。按，江淹《自序》中述其人生態度有與此段意思相類者，可參看。

[6]金紫光禄大夫：官名。屬光禄勳。光禄大夫之重者，加金章紫綬，故稱。養老疾，無職事。宋第三品，齊及梁初不詳。

[7]醴陵伯：“伯”各本作“侯”。按，上文云“封臨沮縣開國伯”，此云改封，非進封，不應爲侯。且淹死後謚曰憲伯，其子襲封後復封亦爲伯。明此處“侯”爲“伯”之誤。今依中華書局本《南史》校改。

[8]賻（fù）：以錢財助喪事。

淹少以文章顯，晚節才思微退，時人皆謂之才盡。[1]凡所著述百餘篇，自撰爲前後集，[2]并《齊史》

十志，[3]並行於世。

[1]時人皆謂之才盡：梁·鍾嶸《詩品》卷中："初，淹罷宣城郡，遂宿冶亭，夢一美丈夫自稱郭璞，謂淹曰：'吾有筆在卿處多年矣，可以見還。'淹探懷中，得一五色筆以授之。爾後爲詩，不復成語，故世傳江淹才盡。"又，《文選》卷一六江文通《恨賦》李善注引劉璠《梁典》亦載此事，與《詩品》所載略同。按，關於江淹才盡，古今學者頗有討論：一曰遭逢梁武，不敢以文陵主，非爲才盡；二曰江淹不屑盡其才，非是才盡；三曰江淹遇隆官顯，無暇顧及詩文，非才盡；四曰江淹固已才盡，夢爲其兆。參曹旭《詩品集注》。

[2]前後集：《隋書·經籍志》著録：《江淹集》九卷、《江淹後集》十卷。新、舊《唐志》著録：前後集各十卷。按，江淹《自序》云："人生當適性爲樂，安能精意苦力，求身後之名哉！故自少及長，未嘗著書，惟集十卷，謂如此足矣。"（見俞紹初、張亞新《江淹集校注》）如此，則《江淹後集》或《自序》後之作。

[3]《齊史》十志：《隋書·經籍志》著録："梁有江淹《齊史》十三卷，亡。"《南齊書》卷五二《文學·檀超傳》："建元二年，初置史官，以超與驃騎記室江淹掌史職。上表立條例，開元紀號，不取宋年。封爵各詳本傳，無假年表。立十志：《律曆》、《禮樂》、《天文》、《五行》、《郊祀》、《刑法》、《藝文》依班固，《朝會》、《輿服》依蔡邕、司馬彪，《州郡》依徐爰。《百官》依范曄，合《州郡》。班固五星載《天文》，日蝕載《五行》；改日蝕入《天文志》。以建元爲始……又立處士、列女《傳》。"朝議立《食貨》、省《朝會》，又省《帝女傳》。江淹撰成之。又，劉知幾《史通》卷一二《古今正史》："齊史，江淹始受詔著述。以爲史之所難，無出於志，故先著十志。"

子蒍襲封嗣，自丹陽尹丞爲長城令，[1]有罪削爵。普通四年，[2]高祖追念淹功，復封蒍吴昌伯，[3]邑如先。[4]

[1]丹陽尹丞：丹陽尹的副佐。宋第七品，齊梁不詳。丹陽尹，京師所在丹陽郡行政長官。宋第三品，齊梁不詳。　長城：縣名。治所在今浙江長興縣東。

[2]普通：梁武帝年號（520—527）。

[3]吴昌：縣名。治所在今湖南平江縣東南。

[4]江淹第二子江艽，字胤卿，早卒。見其《傷愛子賦并序》，載《廣弘明集》卷二九。又，江淹有女字才君，爲南齊宗室蕭誕子稜妻，齊明帝誅誕，才君慟哭而絶。詳《南史》卷四一《齊宗室傳》。

任昉字彦昇，樂安博昌人，[1]漢御史大夫敖之後也。[2]父遥，齊中散大夫。[3]遥妻裴氏，嘗晝寢，夢有彩旗蓋四角懸鈴，自天而墜，其一鈴落入裴懷中，心悸動，既而有娠，生昉。身長七尺五寸。幼而好學，早知名。[4]宋丹陽尹劉秉辟爲主簿。[5]時昉年十六，以氣忤秉子。久之，爲奉朝請，舉兖州秀才，[6]拜太常博士，[7]遷征北行參軍。[8]

[1]樂安：郡名。治所在今山東鄒平縣東北苑城鎮。　博昌：縣名。治所在今山東博興縣東南。此任氏祖籍。

[2]御史大夫。官名。丞相副佐，掌監察、執法，協理全國政務，漢秩中二千石。　任敖：《史記》卷九六有傳。

[3]中散大夫：官名。掌議論。六朝用以安置年老舊臣。養老

疾，無職事。齊第七品。

[4]早知名：《文選》卷二三任彦昇《出郡傳舍哭范僕射》李善注引劉璠《梁典》有云："（昉）年四歲誦古詩數十篇，十六舉秀才第一。辭章之美，冠絶當時。"

[5]丹陽尹：京師所在丹陽郡行政長官。宋第三品。　劉秉：人名。祖籍彭城，宋宗室。《宋書》卷五一《宗室》有傳。　主簿：官名。漢以後中央各機構及地方州郡皆置。掌文書簿籍。宋第八品。

[6]兖州：州名。治所在今江蘇淮陰縣西南甘羅城。

[7]太常博士：官名。魏晉爲太常屬官，參掌禮儀制度，擬議王公以下大臣謚號，第六品。考《宋書·百官志》，劉宋有太學博士，無太常博士。疑"常"爲"學"之訛。《南史》卷五九同傳作"太學博士"。

[8]征北：征北將軍之省稱，將軍名號。與征南、征東、征西將軍合稱四征將軍，多爲持節都督，出鎮方面，地位頗高。宋第三品。　行參軍：官名。王公軍府屬官，參掌府曹事。位在正參軍之下。

永明初，衛將軍王儉領丹陽尹，[1]復引爲主簿。儉雅欽重昉，以爲當時無輩。[2]遷司徒刑獄參軍事，[3]入爲尚書殿中郎，[4]轉司徒竟陵王記室參軍，[5]以父憂去職。[6]性至孝，居喪盡禮。服闋，[7]續遭母憂，常廬于墓側，哭泣之地，草爲不生。[8]服除，拜太子步兵校尉，[9]管東宫書記。

[1]衛將軍：將軍名號。爲重號將軍，多加大臣、重要地方長官。宋第三品，齊不詳。　王儉：人名。祖籍琅邪臨沂。《南齊書》卷二三有傳。

[2]無輩：無人能比。輩，比。

[3]司徒刑獄參軍事：司徒府僚屬，主盜賊刑法事。宋第七品，齊不詳。

[4]尚書殿中郎：官名。尚書省諸曹郎之一，屬尚書左僕射。掌擬詔書，多用文學之士。齊第六品。

[5]竟陵王：齊武帝子蕭子良封爵號。《南齊書》卷四〇《武十七王》有傳。竟陵，郡名。治所在今湖北鍾祥市。　記室參軍：官名。王公府屬官，掌文書。宋第七品，齊不詳。

[6]父憂：父喪。

[7]服闋：服喪期滿。

[8]《文選》卷三九任彦昇《上蕭太傅固辭奪禮啓》李善注引劉璠《梁典》曰："昉爲尚書殿中郎，父憂，去職。居喪不知鹽味。冬月單衫，廬於墓側。齊明作相，乃起爲建武將軍、驃騎記室，再三固辭。帝見其辭切，亦不能奪。"可與本傳互參。

[9]太子步兵校尉：官名。東宫三校尉之一。掌宿衛士。宋齊官品不詳。

初，齊明帝既廢鬱林王，[1]始爲侍中、中書監、驃騎大將軍、開府儀同三司、揚州刺史、録尚書事，[2]封宣城郡公，加兵五千，使昉具表草。其辭曰："臣本庸才，智力淺短。太祖高皇帝篤猶子之愛，[3]降家人之慈；世祖武皇帝情等布衣，[4]寄深同氣。[5]武皇大漸，[6]實奉詔言。[7]雖自見之明，庸近所蔽，愚夫一至，[8]偶識量己，實不忍自固於綴衣之辰，[9]拒違於玉几之側，[10]遂荷顧託，導揚末命。[11]雖嗣君棄常[12]，獲罪宣德，[13]王室不造，[14]職臣之由。何者？親則東牟，任惟博陸，[15]徒懷子孟社稷之對，何救昌邑争臣之讒。[16]四海之議，於何逃責。陵土未乾，訓誓在耳，家國之事，一至於斯，非臣之尤，誰任其咎！將何以肅拜高寢，[17]虔奉武園？[18]悼心失圖，泣血待旦。寧容復徽榮於家恥，[19]宴安於國危。驃騎上將之元勳，神州儀刑之列岳，[20]尚書是稱司會，[21]中書實管王言。且虛飾寵章，[22]委成槩悔，[23]臣知不惬，[24]物誰謂宜。[25]但命輕鴻毛，責重山岳，存没同歸，毁譽一貫。辭一官不減身累，增一職已黷朝經。[26]便當自同體國，[27]不爲飾讓。[28]至於功均一匡，[29]賞同千室，[30]光宅近甸，[31]奄有全邦，殞越爲期，[32]不敢聞命，亦願曲留降鑒，即垂聽許。鉅平之懇誠必固，[33]永昌之丹慊獲申，[34]乃知君臣之道，綽有餘裕，[35]苟曰易昭，敢守難奪。"[36]帝惡其辭斥，[37]甚愠，昉由是終建武中，[38]位不過列校。

[1]鬱林王：齊文惠太子長子蕭昭業。齊武帝崩，昭業即位。次年即爲齊明帝所殺。事詳《南齊書》卷四《鬱林王紀》。

[2]侍中：官名。門下省長官，掌奏事，直侍左右，應對獻替，參與決策，是中樞集團重要成員。員四人，齊第三品。　中書監：官名。中書省長官，掌出納帝命。多爲重臣加官，位在中書令之上。齊第三品。　驃騎大將軍：將軍名號。地位隆崇，多加元老重臣。齊第一品。　開府儀同三司：官名。非三公而儀制同於三公。揚州：州名。治所在今江蘇南京市。　録尚書事：官名。尚書臺長官，不常置。多授元老權臣。總攬朝政，非尋常職官。參《通典·職官》。

[3]太祖高皇帝：齊高帝蕭道成廟號太祖，謚高皇帝。見《南齊書·高帝紀》。　猶子：《禮記·檀弓上》："兄弟之子，猶子也。"

齊明帝蕭鸞爲蕭道成弟道生之子，故稱。

[4]世祖武皇帝：齊武帝蕭賾廟號世祖。見《南齊書》卷三《武帝紀》。

[5]同氣：指同胞兄弟。

[6]大漸：病危。

[7]詔言：《文選》卷三八任彦昇《爲齊明帝讓宣城郡公第一表》作“話言”。六臣注云：“話，善言也。謂屬後事以輔政也。”《詩·大雅·抑》：“其維哲人，告之話言。”疑“話言”爲是。

[8]愚夫：自謙之稱。　一至：指偏識之才。劉劭《人物志》：“一至謂之偏材。偏材，小雅之質也。”

[9]綴衣之辰：指帝王將死之時。《尚書·顧命》：“出綴衣于庭，越翼日乙丑，王崩。”

[10]玉几之側：指帝王將死之地。《尚書·顧命》載周成王將死，“乃洮頮水，相被冕服，憑玉几”而顧命。

[11]導揚末命：導引宣傳臨終之命。《尚書·顧命》：“皇后憑玉几，道揚末命。”

[12]嗣君：指鬱林王。　棄常：拋棄常道。

[13]宣德：即宣德皇后，鬱林王之母。其人姓王名寶明，祖籍琅邪臨沂。鬱林王即位，尊爲皇太后，稱宣德宮。《南齊書》卷二〇《皇后》有傳。鬱林王之廢，由宣德皇后發令，故此稱“獲罪宣德”。見《南齊書》卷四《鬱林王紀》。

[14]不造：不成。按，“不造”，《文選》卷三八同；三朝本、百衲本皆作“之亂”。

[15]意謂齊武帝親任我，有同漢代劉興居。按，齊悼惠王之子劉興居初封東牟侯，漢武帝遺詔封博陸侯。事詳《漢書》卷三八《高五王傳》。

[16]意謂我廢鬱林王，儘管有霍光那樣的理由，但免不了昌邑王那樣的譏諷。按，霍光字子孟，漢武帝使輔其子昭帝。昭帝崩，昌邑王賀即位，霍光爲輔。賀無道，光奏廢賀，太后詔可。賀曰：

“天子有争臣七人，雖無道不失天下。”光謝曰：“王行自絶於天……臣寧負王，不敢負社稷。”事詳《漢書》卷六八《霍光傳》。

[17]高寢：齊高帝寢廟。

[18]武園：齊武帝陵園。

[19]徼（yāo）：通“邀”，求。

[20]神州：指揚州。　儀刑：法式，榜樣。　列岳：指諸州。

[21]司會：尚書之古稱。《文選》卷三八李善注引鄭玄曰：“司會，主天下之事，若今之尚書耳。”

[22]寵章：指封官賜爵的文書。

[23]禦侮：指爲驃騎大將軍。

[24]愜：可。

[25]物：人。

[26]黷：污。　朝經：朝廷法規。

[27]自同體國：言己與國親同一體。

[28]飾讓：爲求名而假讓。

[29]一匡：代指管仲。《論語·憲問》：“子曰：‘管仲相桓公，霸諸侯，一匡天下，民到於今受其賜。’”

[30]千室：指諸侯之封。《左傳·宣公十五年》載，晉侯滅赤狄潞氏，“賞桓子狄臣千室”。

[31]光宅：居有，占據。　近甸：指宣城郡。因其地近京師，故稱。

[32]殞越：此處指死亡。殞，《文選》六臣注本作“隕”。

[33]鉅平：指羊祜。祜，字叔子，泰山人，初封鉅平子。晉世以功，詔封南城侯，置相與郡公同。祜辭讓，固執不受封，帝許之。《晉書》卷三四有傳。

[34]永昌：指庾亮。亮字元規，晉潁川人。先爲中書郎，明帝即位，以爲中書監。亮上表固辭，帝納其言而止。後以功封永昌縣公，又固讓不受，轉護軍將軍。《晉書》卷七三有傳。

[35]《孟子·公孫丑下》：“我無官守，我無言責也，則吾進

退，豈不綽綽然有餘裕哉!”

[36]苟曰易昭，敢守難奪：《文選》卷三八劉良注：“苟，且也，且以我情淺近易昭察，然我匹夫之志難奪也。”易昭，中華書局本《校勘記》云：“‘易昭’，百衲本、汲古閣本作‘易照’，北監本、金陵局本作‘易昭’。張元濟《梁書校勘記》：‘昭，疑當作與。易與，見《史記》“韓信之爲人易與耳”，對下“難奪”言。’”按，三朝本亦作“易照”，《文選》李善注本及六臣注本均作“易昭”。又，《文選》此下有“故可庶心弘議，酌己親物者矣。不勝荷懼屏營之誠，謹附某官某甲，奉表以聞。臣諱誠惶誠恐”數語。

[37]斥：充分，懇切。按，齊明帝上讓表不過做做樣子而已。任昉文士，不明齊明帝之用心，寫出如此懇誠之文，故明帝惡之。《藝文類聚》卷一四別有謝朓《爲齊明帝讓宣城公表》，殆齊明帝不用任作而命謝朓另撰。

[38]建武：齊明帝年號（494—498）。

昉雅善屬文，尤長載筆，[1]才思無窮，當世王公表奏，[2]莫不請焉。昉起草即成，不加點竄。沈約一代詞宗，[3]深所推挹。明帝崩，遷中書侍郎。永元末，爲司徒右長史。[4]

[1]載筆：指記事之文。《禮記·典禮上》：“史載筆，士載言。”本書卷四九《文學·庾肩吾傳》載梁簡文帝與湘東王書有云：“至如近世謝朓、沈約之詩，任昉、陸倕之筆，斯實文章之冠冕，述作之楷模。”梁元帝《金樓子·立言》：“任彦昇甲部闕如，才長筆翰，善輯流略，遂有龍門之名，斯亦一時之盛。”可與本傳參證。

[2]王公：舊本訛倒，此依中華書局本乙正。

[3]沈約：人名。本書卷一三有傳。

[4]司徒右長史：官名。司徒府官屬，與左長史分掌本府官吏。

宋第六品，齊不詳。

高祖克京邑，霸府初開，[1]以昉爲驃騎記室參軍。始高祖與昉遇竟陵王西邸，[2]從容謂昉曰："我登三府，[3]當以卿爲記室。"昉亦戲高祖曰："我若登三事，當以卿爲騎兵。"[4]謂高祖善騎也。至是，故引昉符昔言焉。[5]昉奉牋曰：[6]"伏承以今月令辰，[7]肅膺典策，德顯功高，光副四海。含生之倫，庇身有地；況昉受教君子，將二十年，咳唾爲恩，[8]眄睞成飾，小人懷惠，顧知死所。昔承清宴，[9]屬有緒言，提挈之旨，[10]形乎善謔，豈謂多幸，斯言不渝。雖情謬先覺，[11]而迹淪驕餌，[12]湯沐具而非弔，大厦構而相驩。[13]明公道冠二儀，[14]勳超邃古，將使伊周奉轡，桓文扶轂，[15]神功無紀，化物何稱。[16]府朝初建，俊賢驤首，[17]惟此魚目，唐突璵璠。[18]顧己循涯，寔知塵忝，千載一逢，再造難答。[19]雖則殞越，且知非報。"[20]

[1]霸府：藩王府邸。此指蕭衍受封建安郡公所置府。見本書《武帝紀》。

[2]遇：舊本作"過"，此依中華書局本校改。　西邸：竟陵王蕭子良别邸。在鷄籠山，即今江蘇南京市鷄鳴山。説詳熊清元《"竟陵八友"三考》。

[3]三府：指太尉、司徒、司空官署。

[4]三事：指三公，亦即太尉、司空、司徒。古三公主天、地、人之事，故稱。　騎兵：騎兵參軍之省稱，官名。王公府屬官，掌騎兵曹。宋第七品，齊不詳。

[5]自"始高祖與昉遇竟陵王西邸"至此，《文選》卷四〇任彦

昇《到大司馬記室箋》李善注引《梁史》與之同。按，《隋書·經籍志》著録有“《梁史》五十三卷，陳領軍、大著作郎許亨撰”。李善注引《梁史》當即此書。是本書此段其來有自矣。

[6]牋：文體之一種。上給皇后、太子或諸王的文書。

[7]今月令辰：舊本脱“月”字，此依中華書局本校改。

[8]咳唾：比喻人的言論。《莊子·漁父》：“孔子曰：‘曩者先生有緒言而去，丘不肖，未知所謂。竊待於下風，幸聞咳唾之音，以卒相丘也。’”

[9]清宴：《文選》卷四〇作“嘉宴”。

[10]提挈之旨：指許任昉爲記室之官。

[11]先覺：指預知蕭衍之必貴。

[12]驕餌：指齊朝驕君之禄食。

[13]湯沐具而非弔，大厦構而相驩：《文選》卷四〇張銑注：“此高祖殺東昏侯，昉免死，非復相吊也；高祖既成大業，而得相歡也。”李善注引《淮南子》：“湯沐具而蟣蝨相吊，大厦成而燕雀相賀，憂樂別也。”驩，《文選》作“賀”。

[14]二儀：指天、地。

[15]將使伊周奉轡，桓文扶轂：謂蕭衍輔佐之功將超出伊、周、桓、文之上。伊、周，伊尹、周公，分别爲殷、周的輔佐名臣；桓、文，齊桓公、晉文公，翼戴周王室的諸侯。

[16]化物：《文選》卷四〇作“作物”。作物，即造物。

[17]驤首：昂首。

[18]惟此魚目，唐突璵璠：《文選》卷四〇張銑注：“魚目似珠，自喻也；璵璠，美玉也，喻高祖。”

[19]再造：指蕭衍不咎其罪而授予官之恩。

[20]《文選》卷四〇此下還有“不勝荷戴屏營之情，謹詣廳奉白牋謝聞。昉死罪死罪”，凡二十一字。

梁臺建，[1]禪讓文誥，多昉所具。高祖踐阼，拜黄門侍郎，遷吏部郎中，[2]尋以本官掌著作。天監二年，出爲義興太守。[3]在任清潔，兒妾食麥而已。友人彭城到溉，[4]溉弟洽，從昉共爲山澤游。[5]及被代登舟，止有米五斛。既至無衣，鎮軍將軍沈約遣裙衫迎之。[6]重除吏部郎中，參掌大選，[7]居職不稱。尋轉御史中丞，[8]祕書監，領前軍將軍。[9]自齊永元以來，祕閣四部，[10]篇卷紛雜，昉手自讎校，由是篇目定焉。[11]

[1]梁臺建：指蕭衍受封梁公建臺治事。

[2]吏部郎中：官名。尚書省吏部曹長官，屬吏部尚書。掌官吏銓選、調動、任免事宜。在職勤能，滿二年者轉侍郎。梁初四品。

[3]義興：郡名。治所在今江蘇宜興市。按，《文選》卷二三任彦昇《出郡傳舍哭范僕射》李善引劉璠《梁典》曰："天監二年，僕射范雲卒，任昉自義興貽書沈約曰：永念平生，忽爲疇昔。"可佐證天監二年（503），任昉在義興。

[4]彭城到溉：到溉，彭城人。本書卷四〇有傳。

[5]洽：到洽，本書卷二七有傳。按，或以爲任昉與二到共爲山澤遊當在齊末。説詳曹道衡、沈玉成《中古文學史料叢考》卷四"任昉、二到'山澤遊'不當在天監二年"條。

[6]鎮軍將軍：將軍名號。梁初第三品。沈約遣裙衫迎之：三朝本、百衲本同。《御覽》卷二五九引《梁書》"遣"作"遺"。

[7]大選：南朝時别稱吏部尚書爲大選，吏部郎爲小選。

[8]御史中丞：官名。御史臺長官。掌督司百僚，奏劾不法。六朝第一流高門多不居此職。員一人，梁初第四品。

[9]前軍將軍：將軍名號。與後軍、左軍、右軍將軍合稱四軍

將軍，爲禁衛軍主要將領。宋第四品，齊及梁初不詳。

[10]祕閣：宫廷中藏書之所。　四部：群書分類，西漢以下多有沿革，至東晉李充重分四部，以五經爲甲部，史記爲乙部，諸子爲丙部，詩賦爲丁部，而經史子集之次始定。説詳高路明《古籍目録與中國古代學術研究》，江蘇古籍出版社1997年10月版。

[11]《隋書·經籍志序》："齊末兵火，延燒祕閣，經籍遺散。梁初，祕書監任昉，躬加部集，又於文德殿内列藏衆書，華林園中總集釋典，大凡二萬三千一百六卷，而釋氏不豫焉。梁有祕書監任昉、殷鈞《四部目録》，又《文德殿目録》。"又，《廣弘明集》卷三阮孝緒《七録序》及唐《封氏聞見記·典籍》並有類似記載。

六年春，出爲寧朔將軍、新安太守。[1]在郡不事邊幅，[2]率然曳杖，徒行邑郭，民通辭訟者，就路決焉。爲政清省，吏民便之。[3]視事朞歲，卒於官舍，時年四十九。闔境痛惜，百姓共立祠堂於城南。高祖聞問，即日舉哀，哭之甚慟。追贈太常卿，[4]謚曰敬子。[5]

[1]寧朔將軍：將軍名號。統兵出征。宋第四品，齊及梁初不詳。　新安：郡名。治所在今浙江淳安縣西北。

[2]邊幅：本指布帛之邊緣，比喻人的儀表、衣着。

[3]《御覽》卷一七一《州郡部》一七引《梁書》曰："任昉爲新安太守，調楓香二石，始入三兩便止，不欲遺之後人。及下任，唯有桃花米二十石。"

[4]太常卿：官名。梁十二卿之一。掌禮樂、郊廟、社稷事宜。梁天監七年（508）革選，定官職爲十八班，以班多者爲貴。太常卿爲十四班。

[5]敬子：清·錢大昕《十駕齋養新録》卷二〇"沈恭子"條有云："六朝文臣無封爵而得謚者，例稱子。如任昉稱敬子，周弘

正稱簡子之類，不一而足。”

昉好交結，獎進士友，得其延譽者，率多升擢，故衣冠貴遊，[1]莫不争與交好，坐上賓客，恒有數十。時人慕之，號曰任君，言如漢之三君也。[2]陳郡殷芸與建安太守到溉書曰：[3]“哲人云亡，儀表長謝。元龜何寄？指南誰託？”其爲士友所推如此。昉不治生産，至乃居無室宅。世或譏其多乞貸，亦隨復散之親故。昉常歎曰：“知我亦以叔則，[4]不知我亦以叔則。”昉墳籍無所不見，家雖貧，聚書至萬餘卷，率多異本。昉卒後，高祖使學士賀縱共沈約勘其書目，[5]官所無者，就昉家取之。昉所著文章數十萬言，盛行於世。[6]

[1]衣冠：指士大夫、官紳。　貴遊：無官職的王公貴族。

[2]漢之三君：《後漢書》卷六七《黨錮傳》：“竇武、劉淑、陳蕃爲三君。君者，言一世之所宗也。”

[3]陳郡殷芸：殷芸，祖籍陳郡長平。本書卷四一有傳。

[4]叔則：裴楷字叔則，晉河東聞喜人。性寬厚，與物無忤，不持儉素，每遊榮貴輒取其珍玩，雖車馬器服，宿昔之間便以施諸窮乏。梁、趙二王，國之近屬，貴重當時。楷歲請二國租錢百萬以散親族。人或譏之，楷曰：“損有餘以補不足，天之道也。”安於毀譽。《晉書》卷三五有傳。

[5]賀縱：本書卷五〇《文學·劉峻傳》作“賀踪”。　共：與。

[6]《太平御覽》卷五九九引《三國典略》有云：“邢劭嘗云：‘江南任昉，文體本疏，魏收非直模擬，亦大偷竊。’收聞之乃言曰：‘劭常於沈休文集裏作賊（中華書局1962年影印本作“賦”，

誤），何意道我偷任語!’任、沈俱有重名，邢、魏各有所好。”可見任昉、沈約文章之影響。

初，昉立於士大夫間，多所汲引，有善己者則厚其聲名。及卒，諸子皆幼，人罕贍卹之。[1]平原劉孝標爲著論曰：[2]

客問主人曰：“朱公叔《絶交論》，[3]爲是乎？爲非乎？”主人曰：“客奚此之問？”客曰：“夫草蟲鳴則阜螽躍，[4]雕虎嘯而清風起。[5]故絪緼相感，霧涌雲蒸，[6]嚶鳴相召，星流電激。[7]是以王陽登則貢公喜，[8]罕生逝而國子悲。[9]且心同琴瑟，[10]言鬱郁於蘭茝，[11]道叶膠漆，[12]志婉孌於塤篪。[13]聖賢以此鏤金版而鐫盤盂，[14]書玉牒而刻鍾鼎。[15]若匠人輟成風之妙巧，[16]伯牙息流波之雅引。[17]范、張款款於下泉，[18]尹、班陶陶於永夕。[19]駱驛縱橫，[20]煙霏雨散，[21]皆巧曆所不知，[22]心計莫能測。[23]而朱益州汩彝敘，[24]越謨訓，[25]捶直切，[26]絶交遊，視黔首以鷹鸇，[27]媲人倫於豺虎。[28]蒙有猜焉，[29]請辨其惑。”[30]

[1]卹：救濟。

[2]平原劉孝標：劉峻字孝標，祖籍平原郡。嘗注《世説》，即《世説新語》。本書卷五〇《文學下》有傳。《文選》卷五五劉孝標《廣絶交論》李善注引劉璠《梁典》曰：“劉峻見任昉諸子西華兄弟等，流離不能自振，生平舊交，莫有收恤。西華冬月著葛布帔、練裙，路逢峻，峻泫然矜之，乃廣朱公叔《絶交論》。”

[3]朱公叔《絶交論》：朱穆字公叔，後漢南陽宛人。曾官侍御史，感時俗澆薄，著《絶交論》以矯之。《後漢書》卷四三《朱暉傳》有附傳。

[4]草蟲鳴則阜螽躍：《詩·召南·草蟲》："喓喓草蟲，趯趯阜螽。"鄭玄箋："草蟲鳴，則阜螽跳躍而從之，異類相應也。"阜螽，蚱蜢。

[5]雕虎嘯而清風起：《淮南子·天文訓》："虎嘯而谷風至，龍舉而景雲屬。"雕虎，有斑紋的虎。

[6]絪緼相感，霧涌雲蒸：《文選》李善注："元氣相感，霧涌雲蒸以相應。"絪緼，指天地間陰陽之氣。

[7]嚶鳴相召，星流電激：《文選》李善注："鳥鳴相召，星流電激以相從。"嚶鳴，鳥鳴聲。《詩·小雅·伐木》："伐木丁丁，鳥鳴嚶嚶。"

[8]王陽登則貢公喜：《漢書》卷七二《王貢兩龔鮑傳》："（王）吉與貢禹爲友，世稱'王陽在位，貢公彈冠'，言其取舍同也。"王陽，王吉字子陽，故稱。貢公，即貢禹。

[9]罕生逝而國子悲：《左傳·昭公十三年》："子産聞子皮卒，哭，且曰：'吾已！無爲爲善矣，唯夫子知我。'"罕生，罕虎，字子皮。國子，即子産。

[10]琴瑟：比喻友情融洽。曹植《王仲宣誄》："吾與夫子，義貫丹青，好和琴瑟，分過友生。"

[11]鬱郁：香氣鬱勃。　蘭、茝（chǎi）：香草名。

[12]叶（xié）：協調和合。　膠漆：比喻友情牢固。《後漢書》卷八一《獨行傳》："陳重，字景公；雷義，字仲預。重少與義交，鄉里爲之語曰：'膠漆自謂堅，不如雷與陳。"

[13]婉孌：情意纏綿深摯。　塤篪：並樂器名。《詩·小雅·何人斯》："伯氏吹塤，仲氏吹篪。"後世用以比喻兄弟親睦。

[14]此：指良朋之道。　金版：古代鑄金屬爲版，國有大事則鏤之。　盤盂：盛物之器，上刻紀功或警省的銘文。《墨子·非命

下》："鏤之金石，琢之盤盂，傳遺後世子孫。"

［15］玉牒：玉製簡册。　鍾鼎：古代銅器的通稱。

［16］若：《文選》作"若乃"。　匠人：即匠石。《莊子·徐無鬼》："莊子送葬，過惠子之墓，顧謂從者曰：'郢人堊墁其鼻端若蠅翼，使匠石斫之。匠石運斤成風，聽而斫之。盡堊而鼻不傷，郢人立不失容。宋元君聞之，召匠石曰：'嘗試爲寡人爲之。'匠石曰：'臣則嘗能斫之。雖然，臣之質死久矣，自夫子之死也，吾無爲質矣，吾無與言之矣。'"

［17］伯牙：《吕氏春秋·本味》："伯牙鼓琴，鍾子期聽之，方鼓琴而志在太山，鍾子期曰：'善哉乎鼓琴，巍巍乎若太山。'少選之間，而志在流水，鍾子期又曰：'善哉乎鼓琴，湯湯乎若流水。'鍾子期死，伯牙破琴絶弦，終身不復鼓琴，以爲世無足復爲鼓琴者。"牙，《文選》作"子"。雅引，樂曲。

［18］范、張：指范式、張劭。范式字巨卿，少與張劭爲友。劭字元伯，卒，式忽夢劭呼己曰："巨卿，吾以某日死，當以爾時葬，永歸黄泉。子未我忘，豈能相及！"式恍然覺悟，便服朋友之服，投其葬日，馳往赴之。即至壙，將窆而柩不進。其母撫之曰："元伯，豈有望邪？"遂停柩。移時，乃見素車白馬號哭而來。其母望之，正范巨卿。既至，叩喪言曰："行矣元伯！死生路異，永從此辭！"式執引，柩乃前。式遂留冢次，修墳種樹，然後乃去。事見《後漢書》卷八一《獨行·范式傳》。　款款：忠誠。　下泉：黄泉之下。

［19］尹、班：指尹敏、班彪。《文選》卷五五李善注引《東觀漢記》："尹敏與班彪相厚，每相與談，常晏暮不食。晝即至冥，夜徹旦。彪曰：'相與久語，爲俗人所怪。然鍾子期死，伯牙破琴，曷爲陶陶哉！"　陶陶：和樂的樣子。

［20］駱驛縱横：形容交道多塗。

［21］煙霏雨散：比喻交往繁雜。

［22］巧曆：巧於曆數的人。《莊子·齊物論》："巧曆不能得，

而況其凡乎!”

[23]心計：工於心計的人。

[24]朱益州：即朱穆。穆卒，贈益州刺史，故稱。　汩（gǔ）：亂。各本及《南史》卷五九同傳皆作“汨”，誤，今改正。　彝叙：倫常次序。

[25]謨訓：聖人的教誨。《尚書·胤征》：“聖有謨訓。”

[26]捶：打擊。

[27]視：《文選》作“比”。　黔首：指民衆。《史記·秦始皇本紀》：“秦更名民曰黔首。”

[28]媲：比。　倫：《文選》、《南史》並作“靈”。

[29]蒙：蒙昧。此處爲客自謙之稱。　猜：疑惑。《文選》卷九揚子雲《長楊賦》：“蒙竊惑焉。”猜，意同“惑”。

[30]辨：《南史》作“辯”。

主人听然曰：[1]“客所謂撫絃徽音，未達燥濕變響；[2]張羅沮澤，不覩鵠雁高飛。[3]蓋聖人握金鏡，[4]闡風烈，[5]龍驤蠖屈，[6]從道汙隆。[7]日月聯璧，[8]歎亹亹之弘致；[9]雲飛電薄，[10]顯棣華之微旨。[11]若五音之變化，[12]濟九成之妙曲。[13]此朱生得玄珠於赤水，[14]謨神睿而爲言。[15]至夫組織仁義，琢磨道德，驩其愉樂，恤其陵夷。[16]寄通靈臺之下，[17]遺迹江湖之上，[18]風雨急而不輟其音，[19]霜雪零而不渝其色，[20]斯賢達之素交，[21]歷萬古而一遇。逮叔世民訛，[22]狙詐飆起，[23]谿谷不能踰其險，[24]鬼神無以究其變，競毛羽之輕，趨錐刀之末。[25]於是素交盡，利交興，天下蚩蚩，[26]鳥驚雷駭。然利交同源，派流則異，較言其略，[27]有五術焉：

[1]听（yín）然：笑的樣子。《文選》“听然”下有“而笑”二字。

[2]《韓詩外傳》卷七：“趙遣使於楚，臨去，趙王謂之曰：‘必如吾言辭。’時趙王方鼓琴，使者因跪曰：‘大王鼓琴，未有如今日之悲也，請記其處，後將法焉。’王曰：‘不可。夫時有燥濕，弦有緩急，徽柱推移，不可記也。’使者曰：‘臣愚，請借此以譬之。何者？楚之去趙二千餘里，變改萬端亦由（通“猶”）弦，不可記也。’”　徽：《文選》李善注引許慎《淮南子注》曰：“鼓琴循弦謂之徽也。”

[3]《文選》卷四四司馬長卿《難蜀父老》：“鷦鵬已翔乎寥廓之宇，而羅者猶視乎藪澤，悲夫！”按，此與上句意同，皆比喻以絶交爲惑是不達時變。　鵠：《文選》、《南史》並作“鴻”。　高：《文選》作“雲”。

[4]金鏡：《文選》李善注：“《洛書》曰：‘秦失金鏡。’鄭玄注：‘金鏡，喻明道也。’”

[5]風烈：風教。《文選》卷七司馬長卿《子虛賦》：“願聞大國之風烈，先生之餘論也。”

[6]龍驤：比喻得志而升遷。《文選》卷五〇班孟堅《述韓彭英盧吴傳贊》：“雲起龍驤，化爲侯王。”驤，騰躍。　蠖屈：比喻不得志而退隱。《易·繫辭下》：“尺蠖之屈，以求伸也。”

[7]從道汙隆：即隨時進退。《禮記·檀弓上》：“道隆則從而隆，道汙則從而汙。”汙隆，高下，比喻世道盛衰。

[8]日月聯璧：比喻天下太平。《文選》卷五五李善注引《易坤靈圖》曰：“至德之萌，日月若聯璧。”

[9]歎：稱嘆。《文選》、《南史》並作“贊”。

[10]雲飛電薄：比喻世道衰亂。電，《南史》及五臣注本《文

選》並作“雷”。

[11]棣華：《論語·子罕》：“唐棣之華，偏其反而。豈不爾思，室是遠而。”《文選》卷五五李善注云：“何晏曰：逸詩也。唐棣之華反而後合，賦此詩以言權反而後至於大順也。”

[12]五音：指宫、商、角、徵、羽。

[13]濟：成。　九成：代指簫韶。相傳爲舜之樂名。《尚書·益稷》：“簫韶九成，鳳皇來儀。”此處借以指美妙的音樂。

[14]朱生：指朱穆。　玄珠：比喻道。《莊子·天地》：“黄帝遊於赤水之北……遺其玄珠……乃使象罔求而得之。”

[15]謨：謀。　神睿：神聖。　而：《南史》作“以”。　爲言：指作《絶交論》。

[16]恤：憂。　陵夷：衰落。

[17]靈臺：《莊子·庚桑楚》：“不可内於靈臺。”司馬彪注：“心爲神靈之臺。”

[18]遺迹：《文選》卷五五六臣張銑注：“謂心相知而迹相忘也。”　江湖：《莊子·大宗師》：“故曰：魚相忘於江湖，人相忘乎道術。”

[19]風雨急而不輟其音：《詩·鄭風·風雨》：“風雨如晦，鷄鳴不已。”鄭玄箋：“喻君子雖居亂世，不改變其節度也。”此處暗用其意。

[20]霜雪零而不渝其色：《莊子·讓王》：“天寒既至，霜雪既降，吾是以知松柏之茂也。”此處以松柏之長青比喻君子臨危難之時而友情不改變。

[21]素交：情誼純潔的朋友之交。

[22]叔世：末世。　訛：虚僞。

[23]狙詐：詭詐。《後漢書》卷六七《黨錮傳論》：“霸德既衰，狙詐萌起。”李賢注：“狙，獮猴也。以其多詐，故比之也。”

[24]險：指人心之險惡。《莊子·列禦寇》：“孔子曰：‘凡人之心，險於山川，難於知天。’”

[25]錐刀之末：比喻小利。

[26]蚩蚩：紛擾。

[27]較言：概略言之。

“若其寵鈞董、石,[1]權壓梁、竇。[2]雕刻百工，鑪錘萬物,[3]吐漱興雲雨，呼吸下霜露，九域聳其風塵,[4]四海疊其燻灼。[5]靡不望影星奔,[6]藉響川鶩,[7]鷄人始唱,[8]鶴蓋成陰,[9]高門旦開，流水接軫。[10]皆願摩頂至踵,[11]隳膽抽腸,[12]約同要離焚妻子,[13]誓徇荊卿湛七族。[14]是曰勢交，其流一也。

[1]鈞：通“均”，等同。　董、石：指漢代董賢、石顯。二人皆以侍從皇帝而貴寵一時。《漢書》卷九三《佞倖傳》有傳。

[2]壓：超過。　梁、竇：指後漢外戚梁冀、竇憲。二人並以外戚之貴，專擅權柄，勢傾中外。《後漢書》卷三四有《梁冀傳》、卷二三有《竇憲傳》。

[3]雕刻百工，鑪錘萬物：《文選》李善注：“雕刻、爐捶，喻造物也。”錘，《文選》卷五五作“捶”。

[4]九域：九州。　聳：通“竦”。《爾雅・釋詁》:“竦，懼也。”風塵：比喻威嚴的權威。

[5]疊：通“慴”。《詩・周頌・時邁》毛傳：“疊，懼也。”燻灼：比喻囂張的氣焰。

[6]星奔：投奔之速有如流星。

[7]藉：憑借。　川鶩：趨赴之快如川之奔流入海。鶩，《文選》作“騖”。按，鶩，通“騖”，奔馳。

[8]鷄人：古代宮廷報曉之官。《周禮・春官・鷄人》：“鷄人掌

共鷄牲，辨其物。大祭祀，夜呼旦以嘂（jiào）百官。”

[9]鶴蓋：車蓋。因其形如鶴之張翼，故稱。

[10]流水接軫：車輛相接不斷如流水。軫，代指車輛。

[11]摩頂至踵：從頭頂至脚跟都摩傷。

[12]隳膽抽腸：意同“肝腦涂地”。比喻極盡忠心。隳，毁。

[13]要離焚妻子：春秋時，要離爲吴王僚殺王子慶忌，先讓王僚焚死自己的妻子，僞裝罪人以接近慶忌，遂乘機刺殺慶忌。事見《吕氏春秋·忠廉》。

[14]徇：依從。《文選》作“殉”。 荆卿湛七族：戰國時，荆軻爲燕太子丹刺秦王，未果而死，其族坐亡。事詳《戰國策·燕策三》。湛，同“沉”，滅。《文選》卷三九鄒陽《獄中上書自明》：“然則荆軻湛七族，要離燔妻子，豈足爲大王道哉！”

“富埒陶、白，[1]貲巨程、羅，[2]山擅銅陵，[3]家藏金穴，[4]出平原而聯騎，[5]居里閈而鳴鐘。[6]則有窮巷之賓，繩樞之士，[7]冀宵燭之末光，[8]邀潤屋之微澤，[9]魚貫鳧踊，[10]颯沓鱗萃，[11]分雁鶩之稻粱，[12]沾玉斝之餘瀝。[13]銜恩遇，進款誠，援青松以示心，[14]指白水而旌信。[15]是曰賄交，其流二也。

[1]埒（liè）：並列，相等。 陶、白：指陶朱公、白圭。陶朱公即春秋時越國范蠡。蠡既雪會稽之耻，變名易姓，之陶，爲朱公。乃治産積居，子孫修業而息之，家産遂至巨萬，故言富者皆稱陶朱公。白圭，周人，善治生産，樂觀時變，天下言治生者祖白圭。二人並見《史記》卷一二九《貨殖列傳》。

[2]貲：通“資”，財貨。 程、羅：指程鄭、羅裒。程鄭以冶

鐵成大富，羅褒亦貲至巨萬。並見《漢書》卷九一《貨殖傳》。

[3]銅陵：銅山。西漢宦者鄧通受文帝之賜得蜀嚴道銅山，采銅鑄錢，鄧氏錢佈天下。事詳《漢書》卷九三《佞倖傳》。

[4]金穴：東漢光武帝郭皇后弟況爲大鴻臚，數受賞賜，得金錢，京師號況家爲金穴。見《後漢書》卷一〇《皇后紀·郭皇后紀》。

[5]聯騎：車馬接連不斷，形容聲勢顯赫。《史記》卷六七《仲尼弟子列傳》："子貢相衛，而結駟連騎。"

[6]鳴鐘：古代富貴之家，食時擊鐘奏樂。

[7]繩樞：用繩繫門樞，指極貧困之家。

[8]末光：餘光。《戰國策·秦策二》："夫江上之處女，有家貧而無燭者，處女相與語，欲去之。家貧無燭者將去矣，謂處女曰：'妾以無燭故，常先至打室布席。何愛餘明之照四壁者，幸以賜妾，何妨於處女？妾自以有益於處女，何爲去我？'處女相語以爲然，而留之。"

[9]邀：求。　潤屋：指富家。《禮記·大學》："富潤屋，德潤身。"　澤：利。

[10]鳧踊：像野鴨一樣踊躍爭先。踊，《文選》作"躍"。

[11]颯沓：衆多。　鱗萃：像魚一樣聚集。

[12]雁鶩之稻粱：古富貴之家以稻粱飼鵝鴨。雁，鵝；鶩，鴨。

[13]玉斝（jiǎ）：玉質酒器。　餘瀝：殘剩的酒。

[14]援：引。《禮記·禮器》："其在人也，如竹箭之有筠也，如松柏之有心也。"

[15]白水：《左傳·僖公二十四年》：晉公子曰："所不與舅氏同心者，有如白水！"　旌：表白。

"陸大夫燕喜西都，[1]郭有道人倫東國，[2]公卿貴其籍甚，[3]搢紳羡其登仙。加以顩頤蹙頞，涕唾流沫，[4]騁黄馬之劇談，[5]縱碧鷄之雄辯，[6]叙温燠則寒谷成暄，[7]論嚴枯則春叢零葉，[8]飛沉出其顧指，榮辱定其一言。於是弱冠王孫，[9]綺紈公子，道不絓於通人，[10]聲未遒於雲閣，[11]攀其鱗翼，[12]丐其餘論，[13]附騏驥之髦端，[14]軼歸鴻於碣石。[15]是曰談交，其流三也。

[1]陸大夫：指西漢陸賈。賈，楚人，以説尉佗臣服於漢，高祖拜之爲太中大夫。陳平以錢五百萬遺賈爲食飲費，賈以此遊公卿間，名聲籍甚。詳《漢書》卷四三《陸賈傳》。　燕：通“宴”。李善注本《文選》作“宴”。　西都：西漢京城長安。

[2]郭有道：即郭泰。泰字林宗，曾舉有道科，不應。善人倫。遊洛陽，與河南尹李膺友善，名震京師。詳《後漢書》卷六八《郭泰傳》。　人倫：指評品人物。　東國：指東都洛陽。

[3]籍甚：盛大，盛多。

[4]顩（qīn）頤蹙頞（è），涕唾流沫：形容人高談闊論時的表情、神態。《文選》卷四五揚子雲《解嘲》：“蔡澤，山東之匹夫也，顩頤折頞，涕唾流沫，西揖强秦之相，搤其咽而亢其氣，拊其背而奪其位。”顩，扭曲的樣子。頤，臉頰。蹙，緊縮。頞，鼻梁。

[5]黄馬之劇談：關於黄馬異於馬的暢談。《莊子·天下》載戰國時名辯家惠施有“黄馬驪牛三”的命題。《釋文》引晉·司馬彪注云：“牛馬以二爲三；曰牛、曰馬、曰牛馬，形之三也；曰黄、曰驪、曰黄驪，色之三也；曰黄馬、曰驪牛、曰黄馬驪牛，形與色三也。”

[6]碧鷄之雄辯：關於碧鷄異於鷄的雄辯。《公孫龍子·通變》：“黄其馬也，其與類乎？碧其鷄也，其與暴乎？暴則君臣争而兩明也。兩不明，昏不明，非正舉也。”

[7]寒谷成暄：《文選》卷五五李善注引劉向《别録》曰："鄒衍在燕，有谷寒而不生五穀，鄒子吹律而温至生黍也。"暄，温暖。

[8]嚴枯：嚴冬乾寒。枯，《文選》、《南史》並作"苦"。　零：凋落。

[9]於是弱冠王孫：《文選》、《南史》卷五九同傳"於是"下有"有"字。

[10]絓：同"挂"。《文選》、《南史》並作"挂"。　通人：王充《論衡·超奇》："夫能説一經者爲儒生，博覽古今者爲通人。"

[11]遒：美。　雲閣：即雲臺，漢宫中高臺名。漢明帝圖畫中興功臣三十二人於此。

[12]鱗翼：代指龍鳳。揚雄《法言·淵騫》："攀龍鱗，附鳳翼。"

[13]丐：求。

[14]附騏驥之髦端：《文選》卷五一王褒《四子講德論》："蚊虻終日經營，不能越階序，附驥尾則涉千里，攀鴻翮則翔四海。"騏，《文選》作"駔"。髦，通"旄"。《文選》、《南史》皆作"旄"。

[15]碣石：山名。在渤海畔。《淮南子·覽冥訓》："若夫鉗且、大丙之御也……不招指、不咄叱，過歸雁於碣石。"

"陽舒陰慘，[1]生民大情，憂合讙離，[2]品物恒性。[3]故魚以泉涸而呴沫，[4]鳥因將死而悲鳴。[5]同病相憐，綴河上之悲曲；[6]恐懼置懷，昭《谷風》之盛典。[7]斯則斷金由於湫隘，[8]刎頸起於苫蓋。[9]是以伍員濯溉於宰嚭，[10]張王撫翼於陳相。[11]是曰窮交，其流四也。

[1]陽舒陰慘：《文選》卷二張平子《西京賦》："夫人在陽時則舒，在陰時則慘，此牽乎天者也。"李善注引薛綜云："陽謂春夏，陰謂秋冬。"舒，安詳；慘，悲愁。

[2]憂合讙離：憂時易合，歡時易離。讙，同“歡”。

[3]品物：衆物。

[4]魚以泉涸而呴沫：《莊子·大宗師》：“泉涸，魚相與處於陸，相呴以濕，相濡以沫。”呴，吹。《文選》作“煦”。

[5]鳥因將死而悲鳴：《論語·泰伯》：“鳥之將死，其鳴也哀。”悲鳴，《文選》作“鳴哀”。

[6]《吳越春秋·闔閭内傳》：子胥曰：“子聞河上之歌者乎？同病相憐，同憂相救。驚翔之鳥，相隨而集；瀨下之水，回復俱流……誰不愛其所近，悲其所思者乎！”

[7]《詩·小雅·谷風》：“習習谷風，維風及頽。將恐將懼，寘予于懷；將安將樂，棄予如遺。”毛《序》云：“《谷風》，刺幽王也，天下俗薄，朋友道絶焉。”

[8]斷金：比喻同心。《易·繫辭》：“二人同心，其利斷金。”湫隘：低濕狹窄之居。此處指貧賤。

[9]刎頸：指生死之交。 苫蓋：以茅草爲衣。此處代指貧賤。

[10]伍員濯溉於宰嚭：宰嚭由伍員洗刷不善之名而榮顯，嚭貴，譖害伍員。事詳《吳越春秋·闔閭内傳》。宰嚭，即伯嚭，因官太宰，故名。

[11]張王撫翼於陳相：陳餘因張耳幫助而高升。餘既貴，襲擊張耳。事詳《漢書》卷三二《張耳陳餘傳》。張王，張耳封常山王，故稱。撫翼，扶持、幫助。陳相，陳餘爲趙相，故稱。

“馳騖之俗，[1]澆薄之倫，[2]無不操權衡，[3]秉纖纊。[4]衡所以揣其輕重，纊所以屬其鼻息。若衡不能舉，纊不能飛，雖顔、冉龍翰鳳雛，[5]曾、史蘭熏雪白，[6]舒、向金玉淵海，[7]卿、雲黼黻河漢，[8]視若遊塵，遇同土梗，[9]莫肯費其半菽，[10]罕有落其一毛。[11]若衡重錙銖，[12]纊微彯撇，[13]

雖共工之蒐慝，[14]驩兜之掩義，[15]南荆之跋扈，[16]東陵之巨猾，[17]皆爲匍匐委蛇，[18]折枝舐痔，[19]金膏翠羽將其意，[20]脂韋便辟導其誠。[21]故輪蓋所遊，[22]必非夷、惠之室，[23]苞苴所入，[24]實行張、霍之家。[25]謀而後動，芒毫寡忒。[26]是曰量交，其流五也。

[1]馳騖：奔走，指追名逐利。

[2]澆薄：指社會風氣浮薄。

[3]權衡：秤錘和秤杆。

[4]纖纊：絲綿。人將死，置之於口鼻上觀其動否，以驗人有無氣息。《儀禮·既夕禮》："屬纊以俟氣絶。"

[5]顔、冉：顔淵、冉耕。二人皆孔子弟子。見《史記》卷六七《仲尼弟子列傳》。　龍翰鳳雛：比喻才能卓絶。《三國志》卷一一《魏書·邴原傳》云：邴原、張範，"所謂龍翰鳳翼。"

[6]曾、史：曾參、史魚。曾參，孔子弟子。見《論語》。史魚，衛國大夫。見《論語·衛靈公》及《韓詩外傳》卷七。　蘭熏雪白：比喻德行芳潔。熏，通"薰"，芳香。《文選》、《南史》皆作"薰"。

[7]舒、向：董仲舒、劉向。二人並漢代著名學者。《漢書》卷五六、卷三六分别有傳。　金玉淵海：比喻學問文章如金玉之珍，如淵海之深。

[8]卿、雲：司馬相如、揚雄。二人並漢代著名辭賦家。相如字長卿，雄字子雲，《漢書》卷五七、卷八七分别有傳。　黼黻河漢：比喻文章如黼黻之麗、河漢之廣。中華書局本《校勘記》："'河漢'，百衲本、南監本、汲古閣本、金陵局本作'江漢'。今從北監本、殿本及《南史》、《文選》。《論衡·案書篇》：'漢作書者多，司馬子長、揚子雲，河漢也；其餘涇渭也。'此句蓋取其義。"

［9］遊塵、土梗：比喻輕賤。遊塵，《文選》卷五五李善注引嵇含《司馬誄》曰："命危朝露，身輕遊塵。"土梗，土人。《莊子·田子方》"吾所學者，直土梗耳"《釋文》引司馬彪云："土梗，土人也，遭雨則壞。"

［10］半菽：半粒豆。

［11］一毛：《孟子·盡心上》："孟子曰：'楊子取爲我，拔一毛而利天下，不爲也。'"

［12］錙銖：形容輕微。古以六銖爲一錙，一兩有二十四銖。

［13］髟撇：飄拂。

［14］共工：傳説爲堯時四凶之一。　蒐慝：隱惡。《左傳·文公十八年》："少皞氏有不才子……服讒蒐慝，以誣盛德，天下之民謂之'窮奇'。"杜預注："謂共工也。蒐，隱；慝，惡也。"

［15］讙兜：傳説爲堯時四凶之一。　掩義：《左傳·文公十八年》："昔帝鴻氏有不才子，掩義隱賊，好行凶德。"杜預注："謂讙兜也。"

［16］南荆：即南楚，代指莊蹻。蹻，春秋時楚國大盜。《韓非子·喻老》："莊蹻爲盜於境内而吏不能禁，此政之亂也。"

［17］東陵：陵名。此處代指盜跖。《莊子·駢拇》："伯夷死名於首陽之下，盜跖死利於東陵之上。"

［18］匍匐委蛇：伏地曲折爬行。匍匐，字亦作"蒲服"；委蛇，字亦作"委迤"：並聯綿詞。《史記》卷六九《蘇秦列傳》："蘇秦笑謂其嫂曰：'何前倨而後恭也？'嫂委虵蒲服，以面掩地而謝曰：'見季子位高金多也。'"

［19］折枝舐痔：指卑賤之行爲。《孟子·梁惠王上》："爲長者折枝，語人曰'我不能'，是不爲也，非不能也。"折枝，按摩。《莊子·列禦寇》："莊子曰：'秦王有病召醫，破癰潰痤者得車一乘，舐痔者得車五乘。所治愈下，得車愈多。子豈治其痔邪？何得車之多也！'"清·胡紹煐《文選箋證》："按摩爲賤者之行，記書多與舐痔並言。"

[20]金膏翠羽：指貴重難得之物。金膏，金丹；翠羽，翠鳥的毛羽。　將：助。

[21]脂韋便辟：柔順諂媚的樣子。脂韋，滑柔；便辟，逢迎諂媚。

[22]輪蓋：代指車輛。此指官貴所乘之車。

[23]夷、惠：伯夷、柳下惠。二人皆古代高潔之士。伯夷，《史記》卷六一有傳。柳下惠，參見《論語・微子》、《孟子・萬章下》、《國語・魯語上》等。

[24]苞苴：裹魚肉的草包。引申指用以行賄的財物。

[25]張、霍：張安世、霍光。二人並漢代權貴。《漢書》卷五九、卷六八各有傳。

[26]芒毫：《文選》作"毫芒"。　忒：差錯。

"凡斯五交，義同賈鬻，[1]故桓譚譬之於闤闠，[2]林回喻之於甘醴。[3]夫寒暑遞進，盛衰相襲，[4]或前榮而後瘁，[5]或始富而終貧，或初存而末亡，或古約而今泰，[6]循環翻覆，迅若波瀾。[7]此則徇利之情未嘗異，[8]變化之道不得一。由是觀之，張、陳所以凶終，[9]蕭、朱所以隙末，[10]斷焉可知矣。而翟公方規規然勒門以箴客，[11]何所見之晚乎？

[1]賈鬻：買賣。

[2]桓譚：人名。後漢沛國相人，光武帝時拜議郎。所著有《新論》。《後漢書》卷二八有傳。　闤闠：市場。《文選》卷五五李善注云："譚集及《新論》並無以市喻交之文。《戰國策》'譚拾子謂孟嘗君曰："得無怨齊士大夫乎？"孟嘗君曰："然。"譚拾子曰：

"富貴則就之，貧賤則去之，請以市喻：市朝則滿，夕則虛。非朝愛而夕憎之也。求存故往，亡故去。願君勿怨。"'然此以市喻交，疑'拾'誤爲'桓'，遂居'譚'上耳。"是"桓譚"乃"譚拾"之誤，李善校精確不移。

[3]林回：傳説爲春秋時假國人。《莊子·山木》："子桑雽曰：'子獨不聞假人之亡歟？林回棄千金之璧，負赤子而趨。'或曰：'爲其布歟？赤子之布寡矣；爲其累歟，赤子之累多矣。棄千金之璧，負赤子而趨，何也？'林回曰：'彼以利合，此以天屬也。夫以利合者，迫窮禍患害相棄也；以天屬者，迫窮禍患害相收也。夫相收之與相棄亦遠矣。且君子之交淡若水，小人之交甘若醴；君子淡以親，小人甘以絶。彼無故以合者，則無故以離。'"按，據此，則"小人之交甘若醴"當爲子桑雽之語，非林回之語也。

[4]襲：因襲，承接。

[5]榮：興盛。　瘁：通"悴"，衰敗。《文選》、《南史》並作"悴"。

[6]約：節儉。　泰：奢侈。《文選》卷一八潘安仁《笙賦》："有始泰終約，前榮後悴。"

[7]若：舊本作"彼"，《文選》及《南史》皆作"若"，此依中華書局本校改。

[8]徇利：以身從利。徇，通"殉"，《文選》作"殉"。

[9]張、陳：張耳、陳餘。

[10]蕭、朱：蕭育、朱博。初，育與博友善，後育爲九卿而博至丞相，育與博遂有隙，不能以友善終。事詳《漢書》卷七八《蕭望之傳》附《蕭育傳》。《後漢書》卷二七《王丹傳》："張陳凶其終，蕭朱隙其末。"

[11]翟公：漢下邽人。初，爲廷尉，賓客填門，及廢，門可羅雀。後復爲廷尉，客欲往。翟公大署其門，曰："一死一生，乃知交情；一貧一富，乃知交態；一貴一賤，交情乃見。"詳《漢書》卷五〇《鄭當時傳》。　規規然：惘然自失的樣子。　勒：刻。

箴：告誡。

“然因此五交，[1]是生三釁：[2]敗德殄義，禽獸相若，一釁也；難固易攜，[3]讎訟所聚，二釁也；名陷饕餮，[4]貞介所羞，[5]三釁也。古人知三釁之爲梗，[6]懼五交之速尤。[7]故王丹威子以檟楚，[8]朱穆昌言而示絶，有旨哉！[9]

[1]然因此五交：各本及《南史》卷五九同傳同，李善注本《文選》無“然”字。

[2]釁：罪過。

[3]攜：離。

[4]饕餮：古代傳説中貪財貪食的惡人。《左傳·文公十八年》：“縉雲氏有不才子，貪于飲食，冒于貨賄……天下之民，以比三凶，謂之饕餮。”

[5]貞介：正大光明的人。

[6]梗：灾禍。

[7]速：招致。　尤：罪責。

[8]王丹：後漢京兆下邽人。丹子有同門生喪親，白丹欲往奔慰，結侶將行。丹怒而撻之，令寄縑以祠之。或問其故，丹曰：“交道之難未易言也。”事詳《後漢書》卷二七《王丹傳》。　檟楚：二木名。古用以鞭撻人。《禮記·學記》：“夏楚二物，收其威也。”“夏”通“檟”。

[9]昌言：正言，直言。　有旨哉：《文選》、《南史》皆作“有旨哉，有旨哉！”《文選》李善注有云：“重言之者，嘆美之至。”

“近世有樂安任昉，海内髦傑，早綰銀黄，[1]

夙招民譽。[2]遒文麗藻，[3]方駕曹、王；[4]英特儁邁，[5]聯衡許、郭。[6]類田文之愛客，[7]同鄭莊之好賢。[8]見一善則盱衡扼腕，[9]遇一才則揚眉抵掌。[10]雌黄出其脣吻，[11]朱紫由其月旦。[12]於是冠蓋輻湊，衣裳雲合，[13]輜軿擊轊，[14]坐客恒滿。蹈其閫閾，[15]若升闕里之堂；[16]入其奥隅，[17]謂登龍門之坂。[18]至於顧盼增其倍價，[19]翦拂使其長鳴，[20]彯組雲臺者摩肩，[21]趨走丹墀者疊迹。[22]莫不締恩狎，結綢繆，想惠、莊之清塵，[23]庶羊、左之徽烈。[24]及瞑目東越，[25]歸骸雒浦，[26]繐帳猶懸，[27]門罕漬酒之彦；[28]墳未宿草，[29]野絶動輪之賓。[30]藐爾諸孤，[31]朝不謀夕，流離大海之南，[32]寄命瘴癘之地。[33]自昔把臂之英，[34]金蘭之友，[35]曾無羊舌下泣之仁，[36]寧慕郈成分宅之德。[37]嗚呼！世路險巇，[38]一至於此！太行孟門，[39]寧云嶄絶。[40]是以耿介之士，疾其若斯，裂裳裹足，[41]棄之長騖。獨立高山之頂，驩與麋鹿同羣，皦皦然絶其雰濁，誠恥之也，誠畏之也。”[42]

[1]銀黄：銀印黄綬。此代指官職。

[2]招：《文選》、《南史》並作“昭”。

[3]遒：美。

[4]方駕：並駕齊驅。曹、王：曹植、王粲。二人並以才藻著稱，《三國志》卷一九、卷二一分别有傳。

[5]英特：優異傑出。《文選》李善注本及六臣本、《南史》皆

作“英跱”。李善注云：“《魏志》曰：崔琰謂司馬朗：‘子之弟剛斷英跱。’裴松之案：跱或作特。竊謂‘英特’爲是。”

[6]聯衡：衡，舊本作“横”，此依中華書局本校改。　許、郭：指許劭、郭泰。《後漢書》卷六八《許劭傳》：“劭字子將……好人倫，多所賞識……故天下言拔士者，咸稱許、郭。”

[7]田文：戰國時齊之公族孟嘗君，姓田，名文。以好客名聞天下，號稱食客數千。見《史記》卷七五《孟嘗君列傳》。

[8]鄭莊：西漢鄭當時，字莊，爲大司農。每朝，候上問説，未嘗不言天下長者。事見《漢書》卷五一《鄭當時傳》。

[9]盱衡：揚眉舉目。　扼腕：手握其腕，表示振奮。

[10]抵掌：擊掌。

[11]雌黄：指對人物的善惡評價。《文選》李善注：“孫盛《晉陽秋》曰：王衍字夷甫，能言，於意有不安者，輒更易之，時號‘口中雌黄’。”

[12]朱紫：比喻正邪、是非、優劣。《文選》李善注引《東觀漢記》曰：“汝南太守宗資等，任用善士，朱紫區别。”　月旦：指品評人物。《後漢書》卷六八《許劭傳》：“初，劭與靖俱有高名，好共覈論鄉黨人物，每月輒更其品題，故汝南俗有‘月旦評’焉。”

[13]衣裳：即衣冠，指士大夫。不言“衣冠”者，當是避與上句“冠”字重複。

[14]輜軿（píng）擊轊（wèi）：車輛之間軸端互相碰撞，形容車多擁擠。輜軿，有衣蔽的車；轊，車軸端。

[15]閾：門檻。

[16]闕里：相傳爲孔子授徒之所。

[17]奥隅：指室内。《爾雅·釋宫》：“西南隅曰奥。”

[18]龍門：後漢李膺，字元禮，獨持風裁，士有被其容接者，名爲登龍門。見《後漢書》卷六七《黨錮·李膺傳》。此處以李膺比任昉。《南史》卷四八《陸倕傳》：“昉爲中丞，簪裾輻湊。預其讌者，殷芸、到溉、劉苞、劉孺、劉顯、劉孝綽及倕而已。號曰

‘龍門之遊’。”

[19]顧盼增其倍價:《戰國策·燕策二》:蘇代説淳于髡曰:“人有賣駿馬者，比三旦立於市，人莫之知。往見伯樂曰:‘臣有駿馬，欲賣之，比三旦立於市，人莫與言，願子還而視之，去而顧之，臣請獻一朝之賈。’伯樂乃還而視之，去而顧之，一旦而馬價十倍。”盼，《南史》作“眄”。

[20]翦拂使其長鳴:《戰國策·楚策》:“汗明曰:‘君亦聞驥乎?夫驥之齒至矣，服鹽車而上太行……中阪遷延，負轅不能上。伯樂遭之，下車攀而哭之，解紵衣以冪之。驥於是俛而噴，仰而鳴，聲達於天，若出金石聲者，何也?彼見伯樂之知己也。今僕之不肖，阨於州部……君獨無意湔拔僕也，使得爲君高鳴屈於梁乎?’”翦拂，同“湔拔”，拔擢。

[21]彯組:指作官。彯，同“飄”。組，綬帶。　雲臺:漢宫中高臺名。此代指宫廷。　摩肩:肩相擦，形容人多擁擠。

[22]丹墀:古代宫殿的臺階。因漆成紅色，故稱。　疊迹:足迹重疊，形容來往人多。

[23]惠、莊:惠施、莊周。二人並戰國時著名思想家、哲學家，常相辯難。《淮南子·脩務訓》:“惠施死而莊子寢説，言見世莫可爲語者也。”

[24]庶:希望。　羊、左:羊角哀、左伯桃。相傳二人爲死友，聞楚王賢，往尋之。道遇雨雪，計不俱全。伯桃乃并衣糧於角哀，入樹中死。事詳劉向《列士傳》。　徽烈:美好的業績。

[25]瞑目:指死亡。　東越:指新安郡。古屬越地，故稱。越，《文選》、《南史》皆作“粤”。

[26]雒汭:洛水之濱，指洛陽。此處借指京師建康。雒，同“洛”。

[27]繐(suì)帳:死者靈帳。

[28]濆酒之彦:指吊喪的人。《文選》李善注引謝承《後漢書》曰:“徐穉字孺子，前後州郡選舉，諸公所辟，雖不就，有死喪，

負笈赴吊。常於家預炙鷄一隻，一兩綿漬酒，日中曝乾，以裹鷄。徑到所赴冢隧外，以水漬之，使有酒氣。升米飯，白茅藉，以鷄置前，醱酒畢，留謁即去，不見喪主。"

[29]宿草：隔年之草。《禮記·檀弓上》："朋友之墓，有宿草而不哭焉。"

[30]動輪之賓：指參拜墳墓的朋友。

[31]諸孤：指任昉之子。《文選》李善注引劉璠《梁典》曰："昉有子東里、西華、南客、北叟，並無術學，墜其家業。"按，南客，《南史》卷五九同傳作"南容"。

[32]大海之南：《文選》李善注："《梁典》不言昉子遠之交、桂，今言大海之南者，蓋言流離之甚也。"清·汪師韓《文選理學權輿》："此紀實事，豈有虛指地名之理。必是實有其事而無可考耳。"

[33]瘴癘之地：惡性瘧疾等傳染病流行的山林溫熱地區。

[34]把臂之英：指可以托孤的朋友。《文選》李善注引《東觀漢記》："朱暉同縣張堪，有名德，每與相見，常接以友道。暉以堪宿成名德，未敢安也。堪至把暉臂曰：'欲以妻子托朱生。'堪後物故。南陽餓，暉聞堪妻子貧窮，乃自往候視，見其困厄，分所有以賑給之，歲送穀五十斛，帛五匹，以爲常。"

[35]金蘭之友：指知心朋友。《易·繫辭上》："二人同心，其利斷金；同心之言，其臭如蘭。"按，此所謂"把臂之英"、"金蘭之友"皆指到溉、到洽兄弟。《文選》李善注引劉孝綽（綽，原誤標）《與諸弟書》云："任既假以吹嘘，各登清貫。任云亡未幾，子侄漂流溝渠，洽等視之，攸然不相存贍。平原劉峻疾其苟且，乃廣朱公叔《絶交論》焉。"

[36]羊舌下泣之仁：春秋時，晉羊舌肸見司馬侯之子，撫而泣之，曰："自此其父之死也，吾蔑與比事君也。"事見《國語·晉語八》。羊舌，指羊舌肸，即叔向。

[37]郈成分宅之德：春秋時，郈成子爲魯聘晉，過於衛，右宰

穀臣止而觴之，陳樂而不作。酒酣而送之以璧，成子不辭。行三十里，聞衛亂作，穀臣死之。成子還車而臨哭，使人迎其妻子，隔宅而居之，分禄而食之。其子長而返其璧。事見《孔叢子·陳士義》。

[38]險巇（xī）：艱險。

[39]太行孟門：二山名。以險峻著稱。《吕氏春秋·上德》："孔子聞之曰：'通乎德之情，則孟門、太行不爲險矣。'"

[40]寧：《文選》、《南史》皆作"豈"。

[41]裂裳裹足：鞋壞，則裂裳以裹足而行。形容疾走。《吕氏春秋·愛類》："公輸般爲高雲梯，欲以攻宋。墨子聞之，自魯往，裂裳裹足，日夜不休，十日十夜而至於郢。"

[42]《文選》李善注引劉璠《梁典》有云："到溉見其論，抵几於地，終身恨之。"

昉撰《雜傳》二百四十七卷，[1]《地記》二百五十二卷，[2]文章三十三卷。[3]

[1]《雜傳》二百四十七卷：《南史》卷五九同傳同。《隋書·經籍志》著録："《雜傳》三十六卷，任昉撰。"小注云："本一百四十七卷，亡。"按，《雜傳》至唐時僅存三十六卷，然原本"二百四十七卷"、"一百四十七卷"，未知孰是。

[2]《地記》二百五十二卷：《隋書·經籍志》著録："《地記》二百五十二卷。"小注云："梁任昉增陸澄之書八十四家，以爲此記。"按，南齊陸澄之所撰《地理書》一百四十九卷，亦著録於《隋書·經籍志》。任昉蓋就此書而增。

[3]文章三十三卷：《隋書·經籍志》著録："梁太常卿《任昉集》三十四卷。"

昉第四子東里，頗有父風，官至尚書外兵郎。[1]

[1]尚書外兵郎：官名。尚書省諸曹郎之一，屬五兵尚書。掌京畿以外軍政。梁五班。

陳吏部尚書姚察曰：[1]觀夫二漢求賢，率先經術；近世取人，多由文史。二子之作，辭藻壯麗，允值其時。淹能沉靜，昉持內行，[2]並以名位終始，宜哉。江非先覺，[3]任無舊恩，則上秩顯贈，亦末由也已。

[1]陳吏部尚書姚察：姚察仕陳，官吏部尚書。《陳書》卷二七有傳。吏部尚書，官名。掌官吏銓選、任免。陳第三品。清·錢大昕《廿二史考異》卷二六有云："思廉修梁陳書，皆因父察所撰而續成之。梁史諸論述其父說，必稱'陳吏部尚書姚察曰'，仿孟堅《漢書》稱'司徒掾班彪'之例也。其但稱'史臣'者，出自思廉新意。"

[2]持：治。　內行：平日家居之操行。

[3]先覺：指東昏末，蕭衍義師至新林，江淹微服來奔事。

梁書 卷一五

列傳第九

謝朏 弟子覽

謝朏字敬沖，陳郡陽夏人也。[1]祖弘微，[2]宋太常卿，[3]父莊，[4]右光禄大夫，[5]並有名前代。朏幼聰慧，莊器之，常置左右。年十歲，能屬文。莊遊土山賦詩，[6]使朏命篇，朏攬筆便就。琅邪王景文謂莊曰：[7]“賢子足稱神童，復爲後來特達。”莊笑，因撫朏背曰：“真吾家千金。”孝武帝遊姑孰，[8]敕莊攜朏從駕，[9]詔使爲《洞井贊》，[10]於坐奏之。帝曰：“雖小，奇童也。”

[1]陳郡：郡名。治所在河南淮陽縣。　陽夏：縣名。治所在今河南太康縣。此謝氏祖籍。

[2]弘微：謝弘微，《宋書》卷五八有傳。

[3]太常卿：官名。九卿之一，掌禮儀。宋第三品。

[4]莊：謝莊。仕宋，官中書令，加金紫光禄大夫。卒，贈右

光禄大夫。《宋書》卷八五有傳。

[5]右光禄大夫：官名。屬光禄勳，養老疾，無職事。宋第三品。

[6]土山：又名東山，在今江蘇南京市江寧縣東南。晉太元(376—396)中，謝安營建樓館於此。

[7]琅邪王景文：王景文即王彧，因名與宋明帝諱同，故以字行。祖籍琅邪臨沂。《宋書》卷八五有傳。

[8]孝武帝：指宋孝武帝劉駿。見《宋書》卷六《孝武帝紀》。姑孰：城名。在今安徽當塗縣。

[9]勑：皇帝詔命。

[10]《洞井贊》：今佚。

起家撫軍法曹行參軍，[1]遷太子舍人，[2]以父憂去職。[3]服闋，[4]復爲舍人，歷中書郎，[5]衛將軍袁粲長史。[6]粲性簡峻，罕通賓客，時人方之李膺。[7]朏謁既退，粲曰："謝令不死。"[8]尋遷給事黄門侍郎。[9]出爲臨川内史，[10]以賄見劾，案經袁粲，粲寢之。[11]

[1]撫軍：撫軍將軍之省稱，將軍名號。位在東西南北四征將軍之上。宋第三品。　法曹行參軍：官名。王公軍府屬官，掌郵遞科程事。宋第七品。

[2]太子舍人：官名。東宮官屬，隸太子詹事。掌文翰。宋第七品。

[3]父憂：父喪。按，《宋書》卷八五《謝莊傳》："泰始二年(466)，卒，時年四十六。"

[4]服闋：服喪期滿。

[5]中書郎：官名。中書省官屬，本掌詔誥。劉宋以後，草擬詔誥之權歸舍人，中書郎職少官清，多爲諸王起家官。宋第五品。

[6]衛將軍：將軍名號。爲重號將軍，多加大臣、重要地方長官。宋第二品。　袁粲：人名。祖籍陳郡陽夏。《宋書》卷八九有傳。　長史：官名。王公軍府屬官。掌本府官吏。宋第六品至第七品。

[7]李膺：字元禮，後漢潁川襄城人，“性簡亢，無所交接”，“獨持風裁，以聲名自高”。“八俊”之一。《後漢書》卷六七《黨錮傳》有傳。

[8]謝令：指謝莊。莊，官中書令，故稱。

[9]給事黄門侍郎：官名。門下省次官。與侍中共掌門下衆事，侍從左右，關通中外。員四人。宋第五品。

[10]臨川：郡名。治所在今江西臨川市西。　内史：官名。王國行政長官，掌治民。宋第五品。

[11]寢：止息。

齊高帝爲驃騎將軍輔政，[1]選朓爲長史，勑與河南褚炫、濟陽江斆、彭城劉俁俱入侍宋帝，[2]時號爲天子四友。續拜侍中，[3]並掌中書、散騎二省詔册。[4]高帝進太尉，又以朓爲長史，帶南東海太守。[5]高帝方圖禪代，思佐命之臣，以朓有重名，深所欽屬。論魏、晉故事，因曰：“晉革命時事久兆，石苞不早勸晉文，[6]死方慟哭，方之馮異，[7]非知機也。”朓答曰：“昔魏臣有勸魏武即帝位者，魏武曰：‘如有用我，其爲周文王乎！’[8]晉文世事魏氏，將必身終北面；假使魏早依唐虞故事，[9]亦當三讓彌高。”[10]帝不悦。更引王儉爲左長史，[11]以朓侍中，領祕書監。[12]及齊受禪，朓當日在直，[13]百僚陪位，侍中當解璽，朓佯不知，曰：“有何公事？”傳詔云：[14]“解璽授齊王。”朓曰：“齊自應有侍中。”乃引枕卧。傳詔懼，乃使稱疾，欲取兼人。[15]朏曰：“我無疾，何所道。”遂朝服，步出東掖門，[16]乃得車，仍還宅。是日遂以王儉爲侍中解璽。既而武帝言於高帝，請誅朏。帝曰：“殺之則遂成其名，正應容之度外耳。”[17]遂廢于家。

[1]齊高帝：南齊太祖高皇帝蕭道成。其人宋末爲驃騎大將軍。《南齊書》卷一、卷二有紀。　驃騎將軍：將軍名號。爲重號將軍，多加大臣、重要地方長官。宋第二品。

[2]河南褚炫：褚炫，祖籍河南陽翟。《南齊書》卷三二有傳。濟陽江斆（xiào）：江斆，祖籍濟陽考城。《南齊書》卷四三有傳。劉俣（yǔ）：祖籍彭城，生平不詳。

[3]侍中：官名。門下省長官，掌奏事，直侍左右，應對獻替，並參與決策，是中樞集團重要成員，地位顯要。員四人，宋第三品。

[4]中書省：官署名。掌臣下奏事及詔誥。　散騎省：官署名。掌尚書奏案及諫諍。

[5]帶：官制術語。帶其官號、俸禄而不理其職事之稱。　南東海：郡名。治所在今江蘇武進縣西北萬綏鎮。

[6]石苞：晉渤海南皮人。晉文帝司馬昭將代魏，未及即位而崩。石苞“奔喪慟哭，曰：‘基業如此，而以人臣終乎！’葬禮乃定”。《晉書》卷三三有傳。　晉文：司馬昭死，謚曰文王，晉武帝即位，追尊爲文皇帝。見《晉書》卷二《文帝紀》。

[7]馮異：後漢潁川父城人。西漢末，光武起兵，勢力日盛。諸將勸光武即帝位，光武乃召異問四方動静。異曰：“三王反畔，更始敗亡，天下無主，宗廟之憂在於大王。宜從衆議，上爲社稷，下爲百姓。”光武乃即帝位。《後漢書》卷四七有傳。

[8]事見《三國志》卷一《魏書·武帝紀》“建安二十四年”下

裴松之注引《魏略》及《魏氏春秋》。魏臣，指陳群、桓階、夏侯惇等人。魏武之答，原文爲："'施於有政，是亦爲政。'若天命在吾，吾爲周文王矣。"

[9]唐虞故事：唐堯虞舜禪讓舊事。

[10]三讓：《論語·泰伯》："子曰：'泰伯，其可謂至德也已矣。三以天下讓，民無得而稱焉。'"鄭玄注云："泰伯，周太王之長子，欲讓其弟季歷。太王有疾，太伯因適吴越采藥，太王薨而不返，季歷爲喪主，一讓也；季歷赴之，不來奔喪，二讓也；終喪之後，遂斷髮文身，三讓也。"按，"彌高"，三朝本、汲古閣本"彌"皆作"爾"。如此，則"高"與下文"帝"連讀。從本段四稱"高帝"看，似以作"爾"爲是。

[11]王儉：人名。祖籍琅邪臨沂。《南齊書》卷二三有傳。

[12]領：官制術語。已有實授主職，又兼任較低職務。　祕書監：官名。祕書省長官，掌藝文圖籍。員一人。宋第三品。

[13]直：同"值"。

[14]傳詔：官名。屬中書舍人，由各種年齡段的人擔任，爲皇帝貼身侍臣，出入傳宣詔旨，地位不高。參黎虎《漢唐外交制度史》第六章《魏晉南北朝外交關涉機構》第一節。

[15]兼人：指兼侍中者。

[16]東掖門：建康宫城前東旁門。

[17]正：僅、止。

永明元年，[1]起家拜通直散騎常侍，[2]累遷侍中，領國子博士。[3]五年，出爲冠軍將軍、義興太守，[4]加秩中二千石。[5]在郡不省雜事，悉付綱紀，[6]曰："吾不能作主者吏，但能作太守耳。"視事三年，徵都官尚書、中書令。[7]隆昌元年，[8]復爲侍中，領新安王師，[9]未拜，固求外出。仍爲征虜將軍、吴興太守，[10]

受召便述職。[11]時明帝謀入嗣位，朝之舊臣皆引參謀策。胐内圖止足，且實避事。弟瀹，[12]時爲吏部尚書。[13]胐至郡，致瀹數斛酒，遺書曰："可力飲此，勿豫人事。"[14]胐居郡每不治，而常務聚斂，衆頗譏之，亦不屑也。

[1]永明：齊武帝年號（483—493）。

[2]通直散騎常侍：官名。散騎省官員，掌侍從左右，與散騎常侍通直。多用衰老之士擔任，地位不高。員四人。齊官品不詳。

[3]國子博士：官名。屬太常。掌國學教授，兼備顧問。齊第六品。

[4]冠軍將軍：將軍名號。齊第三品。　義興：郡名。治所在今江蘇宜興市。

[5]中二千石：古代官秩品級之一種。《漢書》卷八《宣帝紀》"神爵四年四月"下，顏師古注："漢制秩二千石者一歲得一千四百四十石，實不滿二千石也。其云中二千石者，一歲得二千一百六十石，舉成數言之，故曰二千石。中者，滿也。"

[6]綱紀：《文選》卷三六傅季友《爲宋公修張良廟教》李善注："綱紀，主簿之司也。"

[7]都官尚書：官名。尚書省列曹尚書之一，掌刑獄及庫藏等。齊第三品。　中書令：官名。中書省長官，掌出納帝命。東晉以後，中書出令權他屬，或歸中書舍人，中書令漸成閑職，僅掌文章之事。《太平御覽》卷二二〇《職官・中書監》引《梁選簿》：中書"自宋已來比尚書令、特進之流，而無事任，清貴華重，大位多領之。"齊第三品。

[8]隆昌：齊鬱林王年號（494）。

[9]新安王：齊鬱林王之弟海陵王蕭昭文，初封臨汝公，鬱林王即位，封新安王。鬱林王廢，昭文即皇帝位。見《南齊書》卷五

《海陵王紀》。　師：官名。王國屬官，掌輔導諸王。宋第六品，齊不詳。

[10]征虜將軍：將軍名號。位在一般雜號將軍之上。宋第三品，齊不詳。　吴興：郡名。治所在今浙江湖州市。

[11]述職：到職。

[12]瀹（yuè）：謝瀹，《南齊書》卷四三有傳。

[13]吏部尚書：官名。尚書省吏部曹長官，位在列曹尚書之上。掌官吏銓選、任免，職任甚重。多僑姓高門、世胄顯貴擔任。員一人。齊第三品。

[14]謝朏之志節行義，凛然可嘉。洪邁《容齋三筆》卷六“謝朏志節”條有論。

建武四年，[1]詔徵爲侍中、中書令，遂抗表不應召。[2]遣諸子還京師，獨與母留，築室郡之西郭。明帝下詔曰：“夫超然榮觀，[3]風流自遠；蹈彼幽人，[4]英華罕值。故長揖楚相，[5]見稱南國；[6]高謝漢臣，[7]取貴良史。[8]新除侍中、中書令朏，早藉羽儀，[9]夙標清尚，登朝樹績，出守馳聲。遂斂跡康衢，[10]拂衣林沚，[11]抱箕潁之餘芳，[12]甘顦顇而無悶。[13]撫事懷人，載留欽想。宜加優禮，用旌素概。[14]可賜牀帳褥席，俸以卿禄，[15]常出在所。”時國子祭酒廬江何胤亦抗表還會稽。[16]永元二年，[17]詔徵朏爲散騎常侍、中書監，[18]胤爲散騎常侍、太常卿，並不屈。三年，又詔徵朏爲侍中、太子少傅，[19]胤散騎常侍、太子詹事。[20]時東昏皆下在所，使迫遣之，值義師已近，[21]故並得不到。

[1]建武：齊明帝年號（494—498）。

[2]抗表：上表直言。

[3]榮觀（guàn）：宫闕。

[4]幽人：指隱士。

[5]長揖楚相：相傳楚威王聞莊周賢，使使者厚幣迎之，許以爲相。莊周拒絶。事詳《史記》卷六三《老莊申韓列傳》。長揖，辭謝。

[6]南國：指楚國。因楚在南方，故稱。

[7]高謝漢臣：後漢嚴光，少時與光武帝同遊學。光武即位，求爲輔佐，光辭謝不受。事詳《後漢書》卷八三《逸民·嚴光傳》。

[8]良史：指《後漢書》。

[9]羽儀：表率。

[10]斂跡：藏身不出。　康衢：大道。此代指都市。

[11]拂衣：振衣。表示决絶仕途，隱居山林。　林沚：山林、水邊。

[12]箕潁：傳説堯時隱士許由隱居於潁水之陽、箕山之下。詳晉·皇甫謐《高士傳·許由》。

[13]無悶：没有煩惱苦悶。《易·乾》："龍德而隱者也，不易乎世，不成乎名，遯世無悶。"

[14]旌：表彰。

[15]卿禄：諸卿之職的俸禄。

[16]國子祭酒：官名。屬太常。掌國子學兼備顧問。曹魏第五品，齊第三品。　廬江：郡名。治所在今安徽舒城縣。　何胤：人名。本書卷五一有傳。其傳云："（胤）遂賣園宅，欲入東山，未及發，聞謝朏罷吴興郡不還，胤恐後之，乃拜表辭職，不待報輒去。明帝大怒，使御史中丞袁昂奏收胤，尋有詔許之。"　會稽：郡名。治所在今浙江紹興市。

[17]永元：齊東昏侯年號（499—501）。元，舊本訛作"明"，此依中華書局本校改。

[18]散騎常侍：官名。集書省長官。劉宋以後，以侍從左右，掌圖書文翰爲主，地位較前代爲低。員四人。齊第三品。 中書監：官名。中書省長官，掌出納帝命。東晉以後多爲重臣加官。員一人。齊第三品。

[19]太子少傅：官名。佐太子太傅掌輔導太子。員一人。宋第三品，齊不詳。

[20]太子詹事：官名。總理東宫政務，或參議大政，權位甚重。員一人。齊第三品。

[21]義師：齊末東昏侯蕭寶卷狂悖無道，雍州刺史蕭衍起兵嚮京師以討之，因稱其師爲義師。

及高祖平京邑，[1]進位相國，表請朏、胤曰："夫窮則獨善，達以兼濟。[2]雖出處之道，[3]其揆不同，[4]用捨惟時，賢哲是蹈。前新除侍中、太子少傅朏，前新除散騎常侍、太子詹事、都亭侯胤，羽儀世胄，徽猷冠冕，[5]道業德聲，康濟雅俗。[6]昔居朝列，素無宦情，賓客簡通，[7]公卿罕預，簪紱未褫，[8]而風塵擺落。[9]且文宗儒肆，互居其長；清規雅裁，兼擅其美。並達照深識，預覩亂萌，見庸質之如初，[10]知貽厥之無寄。[11]拂衣東山，[12]眇絶塵軌。[13]雖解組昌運，[14]實避昏時。家膺鼎食，[15]而甘兹橡艾；[16]世襲青紫，[17]而安此懸鶉。[18]自澆風肇扇，[19]用南成俗，[20]淳流素軌，餘烈頗存。誰其激貪，功歸有道，康俗振民，朝野一致。雖在江海，[21]而勳同魏闕。[22]今泰運甫開，[23]賤貧爲恥；況乎久藴瑚璉，[24]暫厭承明，[25]而可得求志海隅，永追松子。[26]臣負荷殊重，參贊萬機，寔賴羣才，共成棟幹。思挹清源，取鏡止水。[27]愚欲屈居僚首，朝夕諮諏，[28]庶足以翼宣寡薄，[29]式是王度。[30]請並補臣府軍諮祭酒，[31]朏加後將軍。"[32]並不至。

[1]高祖：梁武帝廟號。

[2]《孟子·盡心上》："（孟子）曰：古之人，得志，澤加於民；不得志，修身見於世。窮則獨善其身，達則兼善天下。"

[3]出處：出仕與隱退。《易·繫辭上》："君子之道，或出或處，或默或語。"

[4]揆：標準。

[5]徽猷：美好的榜樣。

[6]康濟：安民濟衆。

[7]簡：少。

[8]簪紱：簪，冠簪；紱，纓帶。代指禮服。　褫：脱。

[9]風塵：風起塵飛，比喻戰亂。　擺落：撇開。

[10]庸質：平庸的資質。

[11]貽厥：《尚書·五子之歌》："有典有則，貽厥子孫。"後世用作子孫之代稱。

[12]東山：山名。在今浙江上虞市西南。東晉謝安早年隱居於此。後用以代指隱居。

[13]眇：遠。

[14]解組：解下印綬。指辭官。

[15]鼎食：列鼎而食。指貴族家豪華生活。

[16]橡艾：橡栗和艾草。指山民貧困生活。

[17]青紫：指貴官之服。

[18]懸鶉：鵪鶉毛斑尾秃，因用以形容破爛之衣。

[19]澆風：浮薄的社會風氣。

[20]南：指南方音樂。《吕氏春秋·音初》："塗山氏之女乃令其妾候禹於塗山之陽。女乃作歌，歌曰：'候人猗兮！'實始作爲南音。"

[21]江海：泛指五湖四海各地。

[22]魏闕：古代宫門外的闕門。常用以代指朝廷。

[23]泰運：吉祥的運氣。此指梁王朝。

[24]瑚璉：比喻能擔當大任的人才。《論語·公冶長》："子貢問曰：'賜也何如？'子曰：'女，器也。'曰：'何器？'曰：'瑚璉也。'"

[25]承明：即承明廬。漢承明殿旁屋，侍臣值宿所居。後世因以入承明廬爲作朝官。《漢書》卷六四《嚴助傳》：武帝賜嚴助："君厭承明之廬，勞侍從之事，懷故土，出爲郡吏。"

[26]松子：即赤松子，古代傳説中的僊人。《史記》卷五五《留侯世家》："願棄人間事，欲從赤松子遊耳。"

[27]鏡：借鑒。

[28]諮諏：徵求詢問。

[29]翼宣：輔佐，發揚。　寡薄：少德之人。此蕭衍自謙之稱。

[30]式：依靠。　王度：王者的政教。

[31]軍諮祭酒：官名。諸公軍府主要僚屬，參掌軍事，位在諸僚佐之上。官品不詳。

[32]後將軍：將軍名號。地位略高於一般雜號將軍。宋第三品，齊及梁初不詳。

高祖踐阼，徵朏爲侍中、左光禄大夫、開府儀同三司，[1]胤散騎常侍、特進、右光禄大夫，[2]又並不屈。仍遣領軍司馬王果宣旨敦譬。[3]明年六月，朏輕舟出，詣闕自陳。[4]既至，詔以爲侍中、司徒、尚書令。[5]朏辭脚疾不堪拜謁，乃角巾肩輿，[6]詣雲龍門謝。[7]詔見於華林園，[8]乘小車就席。明旦，輿駕出幸朏宅，[9]醼語盡歡。朏固陳本志，不許；因請自還東迎母，乃許之。臨發，輿駕復臨幸，賦詩餞别。王人送迎，[10]相望於道。到京師，勑材官起府於舊宅，[11]高祖臨軒，遣謁者於府拜授，[12]詔停諸公事及朔望朝謁。

[1]左光禄大夫："左"，舊本脱，此依中華書局本校補。　開府儀同三司：官名。非三公而儀制同於三公。宋第一品，齊及梁初不詳。

[2]特進：官名。賜給功德優盛、爲朝廷所敬異的官員的官職，位在三公之下。《太平御覽》卷二四三《職官·特進》引沈約《宋書》："其諸官加特進者，從本官供給，特進但爲班位而已，不别有吏卒車服也。"宋第二品，齊及梁初不詳。

[3]領軍：領軍將軍之省稱，將軍名號。禁衛軍最高統帥，職任甚重。宋第三品，齊及梁初並不詳。　司馬：官名。王公軍府屬官，掌本府武官。宋第六至第七品，齊及梁初不詳。　王果：《南史》作"王杲之"。　敦譬：敦促開導。按，王果所宣敦譬之旨，見《藝文類聚》卷三七，題爲《爲武帝與謝朏敕》，沈約撰。

[4]闕：宫闕，指皇帝所居。

[5]司徒：官名。三公之一，掌民事，並參議大政。齊第一品，梁初不詳。　尚書令：官名。尚書省長官，綜理政務，參議大政。實爲百官之長。梁初第三品。

[6]角巾：有稜角的頭巾，古代隱士所戴。　肩輿：用人力抬扛的代步工具。其制爲二長竿，中設軟椅以坐人。

[7]雲龍門：建康宫城正殿東門。

[8]華林園：苑囿名。初建於三國吴，擴建於劉宋。南朝諸帝常宴集於此。故址在今南京市鷄鳴山南古臺城内。

[9]輿駕：皇帝乘坐的車駕。此代指皇帝。

[10]王人：《通鑑》卷一四五《梁紀一》"天監二年"下胡三省注："凡將上命者皆謂之王人。"

[11]材官：材官將軍之省稱，官名。屬尚書省起部曹。掌工匠土木之事。晉第五品，梁初班品不詳。

[12]謁者：官名。屬謁者僕射。掌朝覲賓饗。宋第七品，齊及梁初不詳。

三年元會，[1]詔朏乘小輿升殿。其年，遭母憂，[2]尋有詔攝職如故。後五年，改授中書監、司徒、衛將軍，[3]並固讓不受。遣謁者敦授，乃拜受焉。是冬薨於府，時年六十六。輿駕出臨哭，詔給東園祕器，[4]朝服一具，衣一襲，[5]錢十萬，布百匹，蠟百斤。贈侍中、司徒。謚曰靖孝。[6]朏所著書及文章，[7]並行於世。

[1]三年：指梁天監三年（504）。　元會：皇帝元日朝見群臣叫元會，也叫正會。

[2]其年，遭母憂：母憂，母喪。中華書局本《校勘記》："'其年'應承上文指天監三年，然據本書《武帝紀》，謝朏以母死去職，在天監四年，'其'當是'四'之訛。"

[3]"後五年"，《南史》卷二〇同傳作"五年"。按，據本書《武帝紀》，"謝朏爲中書監、司徒、衛將軍"在天監五年（506）正月，其卒在同年十二月。故當以《南史》爲是，"後"字當爲衍文，否則，天監三年、四年"後五年"，謝朏早已死矣。

[4]東園祕器：漢有官署名東園，掌製作王公貴族葬喪之器，因稱棺木爲東園祕器。

[5]一襲：一套。

[6]靖孝：中華書局本《南史》同傳作"孝靖"。按，查《南

史》之汲古閣本、武英殿本及百衲本均作“靖孝”，中華書局本蓋誤排。

[7]《隋書·經籍志》：“齊永明中，祕書丞王亮、監謝朏又造《四部書目》，大凡一萬八千一十卷。”又著録：“《書筆儀》二十一卷，謝朏撰。”又著録“《六代詩集鈔》四卷”下小注云：“梁有《雜言詩鈔》五卷，謝朏撰，亡。”以上可見謝朏著書之大略。

子諼，官至司徒右長史，[1]坐殺牛免官，卒於家。次子䜣，頗有文才，仕至晉安太守，[2]卒官。

[1]司徒右長史：官名。司徒府官屬，與左長史分掌本府官吏。梁天監七年（508）革選，定流内官職爲十八班，以班多者爲貴，司徒右長史爲十班。

[2]晉安：郡名。治所在今福建福州市。

覽字景滌，朏弟瀹之子也。選尚齊錢唐公主，[1]拜駙馬都尉、祕書郎、太子舍人。[2]高祖爲大司馬，[3]召補東閤祭酒，[4]遷相國户曹。[5]天監元年，爲中書侍郎，掌吏部事，頃之即真。[6]

[1]錢唐公主：生平無考。

[2]駙馬都尉：官名。齊屬集書省。無職掌，多加於尚公主者。宋第六品，齊不詳。　祕書郎：官名。祕書省屬官。佐監、丞掌國之典籍圖書。宋齊以來爲甲族起家之選，待次入補。其居職，往往數十百日便遷任。定員四人。宋第六品，齊不詳。

[3]大司馬：官名。掌朝廷武事，不常授。宋第一品，齊不詳。

[4]東閤祭酒：官名。王公軍府官屬，與主簿、舍人分掌閤内

事。官品不詳。

[5]户曹：户曹參軍之省稱，官名。王公府屬官，掌民户、農桑事。宋第七品，齊不詳。

[6]即真：官吏由暫時代職改爲正式授職。

覽爲人美風神，善辭令，高祖深器之。嘗侍座，受敕與侍中王暕爲詩答贈，[1]其文甚工。高祖善之，仍使重作，復合旨。乃賜詩云："雙文既後進，二少實名家；豈伊止棟隆，[2]信乃俱國華。"[3]以母憂去職。服闋，除中庶子，[4]又掌吏部郎事，[5]尋除吏部郎，遷侍中。覽頗樂酒，因醼席與散騎常侍蕭琛辭相詆毀，[6]爲有司所奏。高祖以覽年少不直，出爲中權長史。[7]頃之，敕掌東宫管記，遷明威將軍、新安太守。[8]

[1]王暕：人名。本書卷二一有傳。

[2]豈伊止棟隆：棟隆，《易·大過》："棟隆之吉，不橈乎下也。"本指屋梁高大厚實，此用以比喻能擔負重任。中華書局本《校勘記》："'止'各本同，惟北監本及《南史》作'爾'。張森楷《梁書校勘記》：'《南史》"止"作"爾"，一作"爾德"。'"

[3]國華：國家傑出的人才。

[4]中庶子：太子中庶子之省稱。東宫屬官，掌侍從，職同侍中。員四人。梁十一班。

[5]吏部郎：官名。尚書省吏部曹長官，位在諸曹郎之上。佐吏部尚書，掌官吏銓選調動事務。梁十一班。

[6]蕭琛：人名。本書卷二六有傳。

[7]中權：中權將軍之省稱，將軍名號。梁置，與中衛、中軍、中撫將軍合稱四中將軍，祇授予在京師任職者。梁天監七年革選，

釐定將軍名號及其班品，有一百二十五號十品二十四班，以班多者爲貴。中權將軍爲一百二十五號之一，二十三班。

[8]明威將軍：將軍名號。梁一百二十五號將軍之一，十三班。新安：郡名。治所在今浙江淳安縣西北。

九年夏，山賊吴承伯破宣城郡，[1]餘黨散入新安，叛吏鮑敍等與合，攻没黟、歙諸縣，[2]進兵擊覽。覽遣郡丞周興嗣於錦沙立塢拒戰，[3]不敵，遂棄郡奔會稽。臺軍平山寇，[4]覽復還郡，左遷司徒諮議參軍、仁威長史、行南徐州事，[5]五兵尚書。[6]尋遷吏部尚書。覽自祖至孫，三世居選部，[7]當世以爲榮。

[1]宣城郡：郡名。治所在今安徽宣州市。

[2]黟：縣名。治所在今安徽黟縣東。　歙：縣名。治所在今安徽歙縣。

[3]郡丞：官名。郡守之副貳，佐郡守掌本郡庶務。梁班品不詳，《隋書·百官志》："郡守及丞，各爲十班。"　周興嗣：人名。本書卷四九《文學上》有傳。　錦沙：地名。在今浙江淳安縣西。　塢：土堡。

[4]臺軍：朝廷的軍隊。

[5]諮議參軍：官名。王公軍府屬官，掌諷議。梁九班至六班。　仁威：仁威將軍之省稱，將軍名號。梁置，爲五德將軍之一，與智威等將軍代舊征虜將軍。爲一百二十五號二十四班之十六班。　行南徐州事：代行南徐州政事。南徐州，州名。治所在今江蘇鎮江市。

[6]五兵尚書：官名。尚書省列曹尚書之一，掌軍事行政。梁十三班。

[7]選部：主管官吏銓選的機構。此處爲吏部的别稱。

十二年春，出爲吴興太守。中書舍人黄睦之家居烏程，[1]子弟專横，前太守皆折節事之。[2]覽未到郡，睦之子弟來迎，覽逐去其船，杖吏爲通者。自是睦之家杜門不出，不敢與公私關通。[3]郡境多劫，[4]爲東道患，覽下車肅然，一境清謐。初，齊明帝及覽父瀹、東海徐孝嗣，[5]並爲吴興，號稱名守，覽皆欲過之！昔覽在新安頗聚斂，至是遂稱廉潔，時人方之王懷祖。[6]卒於官，時年三十七。詔贈中書令。子罕，早卒。

[1]中書舍人：官名。中書省屬官，舊入直閣内，呈奏案章。劉宋時漸用寒士及皇帝親信擔任此職，奪中書侍郎出令權。至梁則選以才能，不限資地，掌中書詔誥。多以他官兼領。梁四班。　烏程：縣名。治所在今浙江湖州市。

[2]折節：屈節。

[3]關通：舊本訛“門通”，此依中華書局本校改。

[4]劫：强盜。

[5]東海徐孝嗣：徐孝嗣，祖籍東海郡。《南齊書》卷四四有傳。東海郡，治所在今山東郯城縣北。

[6]王懷祖：王述字懷祖，晉太原晉陽人。初，述家貧。求試宛陵令，頗受贈遺。而修家具，爲州司所檢，有一千三百條。後屢居州郡，清潔絶倫，禄賜皆散之親故，宅宇舊物不革於昔，始爲當時所嘆。《晉書》卷七五有傳。

陳吏部尚書姚察曰：[1]謝朏之於宋代，蓋忠義者歟？當齊建武之世，拂衣止足，永元多難，確然獨善，其疏、蔣之流乎。[2]洎高祖龍興，[3]旁求物色，[4]角巾來仕，首陟台司，[5]極出處之致矣。覽終能善政，君子韙之。[6]

[1]陳吏部尚書姚察：姚察仕陳，官吏部尚書。《陳書》卷二七有傳。吏部尚書，官名。掌官吏銓選、任免。陳第三品。清·錢大昕《廿二史考異》卷二六有云："思廉修梁陳書，皆因其父察所撰而續成之。梁史諸論述其父説，必稱'陳吏部尚書姚察曰'，仿孟堅《漢書》稱'司徒掾班彪'之例也。其但稱'史臣'者，出自思廉新意。"

[2]疏、蔣：指疏廣、疏受及蔣詡。二疏，西漢東海蘭陵人。漢宣帝時，廣與兄子受同爲太子傅。在職五年，謝病辭歸，不置産業。事詳《漢書》卷七一《疏廣傳》。蔣詡，西漢末杜陵人。哀帝時官兖州刺史，王莽居攝，詡以病辭歸，卧不出户。《漢書》卷七二《王貢兩龔鮑傳》有附傳。

[3]龍興：比喻新王朝的興起。孔安國《尚書序》"漢室龍興"下《疏》："言龍興者，以《易》龍能變化，故比之聖人；九五，龍飛在天，猶聖人在天子之位，故謂之龍興也。"

[4]物色：按形貌訪求。

[5]台司：東漢指三公。此處爲開府儀同三司的代稱。

[6]韙：稱賞。

梁書 卷一六

列傳第十

王亮　張稷　王瑩

王亮字奉叔，琅邪臨沂人，[1]晉丞相導之六世孫也。[2]祖偃，[3]宋右光禄大夫、開府儀同三司。[4]父攸，給事黄門侍郎。[5]

[1]琅邪：郡名。治所在今山東臨沂市北。　臨沂：縣名。治所在今山東費縣東。此王氏祖籍。

[2]導：王導，《晉書》卷六五有傳。

[3]偃：王偃，《宋書》卷四一《后妃傳》有附傳。

[4]右光禄大夫：官名。屬光禄勳。養老疾，無職事。宋第三品。　開府儀同三司：官名。非三公而儀制同於三公。

[5]給事黄門侍郎：官名。門下省次官。與侍中俱掌門下衆事，侍從左右，關通中外，職任顯要。員四人。宋第五品。

亮以名家子，宋末選尚公主，拜駙馬都尉、祕書郎，[1]累遷桂陽王文學，[2]南郡王友，[3]祕書丞。[4]齊竟陵王子良開西邸，[5]延才俊以爲士林館，[6]使工圖畫其像，亮亦預焉。遷中書侍郎、大司馬從事中郎，[7]出爲衡陽太守。[8]以南土卑濕，辭不之官，遷給事黄門侍郎。尋拜晉陵太守，[9]在職清公有美政。時齊明帝作相，聞而嘉之，引爲領軍長史，[10]甚見賞納。及即位，累遷太子中庶子，[11]尚書吏部郎，[12]詮序著稱，遷侍中。[13]

[1]駙馬都尉：官名。與奉車、騎都尉合稱三都尉，無職掌，多加於宗室外戚及尚公主者。宋第六品。　祕書郎：官名。祕書省官屬，佐監、丞掌藝文圖籍。定員四人。宋、齊以來，爲甲族起家之選，待次入補。其居職，例數十百日便遷任。宋第六品。

[2]桂陽王：齊高帝子蕭宣朗封爵號。其人《南齊書》卷三五《高帝十二王》有傳。桂陽，郡名。治所在今湖南郴州市。　文學：官名。王國屬官，掌王國教育。宋第六品，齊不詳。

[3]南郡王：齊鬱林王蕭昭業初封爵號。南郡：郡名。治所在今湖北荆州市江陵。　友：官名。王國屬官，掌隨侍國王，拾遺補缺。齊第六品。

[4]祕書丞：官名。祕書省官員，佐祕書監掌藝文圖籍。爲清要之官，多爲僑姓高門擔任。員一人。齊第六品。

[5]竟陵王子良：齊武帝子蕭子良封爵號竟陵王。《南齊書》卷四〇有傳。竟陵，郡名。治所在今湖北鍾祥市。　西邸：蕭子良別邸，在鷄籠山，即今江蘇南京市鷄鳴山。

[6]士林館：館舍名。在西邸。梁元帝《金樓子·説蕃》：竟陵王子良“好文學，我高祖、王元長、謝玄暉、張思光、何憲、任昉、孔廣、江淹、虞炎、何僩、周顒之儔，皆當時之傑，號士林也。”

[7]中書侍郎：官名。中書省官屬，舊掌詔誥。劉宋以後草擬

詔誥之權漸歸舍人，侍郎職少官清，多爲諸王起家官。員四人。齊第五品。　從事中郎：官名。諸公及位從公府屬官，與長史共掌本府官吏。宋第六品，齊不詳。

[8]衡陽：郡名。治所在今湖南株洲市西南。

[9]晉陵：郡名。治所在今江蘇常州市。

[10]領軍：領軍將軍之省稱，將軍名號。禁衛軍最高統帥，職任甚重。宋第三品，齊不詳。　長史：官名。王公軍府屬官，掌本府官吏。宋第六至第七品，齊不詳。

[11]太子中庶子：官名。東宫官屬，掌侍從及文翰。員四人。宋第五品，齊不詳。

[12]尚書吏部郎：官名。尚書省吏部曹長官。掌官吏銓選調動事宜，位在諸曹郎之上。在職勤能，兩年以上即轉爲侍郎。齊第六品。

[13]侍中：官名。門下省長官。掌奏事，直侍左右，應對獻替，並參與決策，是中樞集團重要成員，職高權重。員四人。齊第三品。

建武末，[1]爲吏部尚書。[2]是時尚書右僕射江祏管朝政，[3]多所進拔，爲士子所歸。亮自以身居選部，[4]每持異議。始亮未爲吏部郎時，以祏帝之内弟，故深友祏，祏爲之延譽，益爲帝所器重；至是與祏情好攜薄，[5]祏昵之如初。[6]及祏遇誅，羣小放命，[7]凡所除拜，悉由内寵，亮更弗能止。外若詳審，内無明鑒，其所選用，拘資次而已，[8]當世不謂爲能。頻加通直散騎常侍、太子右衛率，[9]爲尚書右僕射、中護軍。[10]既而東昏肆虐，[11]淫刑已逞，亮傾側取容，竟以免戮。

[1]建武：齊明帝年號（494—498）。

[2]吏部尚書：官名。尚書省吏部長官，位在列曹尚書之上。多僑姓高門、世胄顯貴擔任，掌官吏銓選、任免。員一人。齊第三品。

[3]尚書右僕射：官名。佐尚書令掌省事，並與尚書分領諸曹。與祠部尚書通職，不並置。員一人。齊第三品。　江祏：人名。《南齊書》卷四二有傳。

[4]選部：主管官吏銓選的機構。此處爲吏部的别稱。

[5]祏情好攜薄：舊本脱此五字，此依中華書局本校補。攜薄，心離情薄。

[6]昵：親近。

[7]放命：放，通“方”，方命，即違命。

[8]資次：聲望地位。

[9]通直散騎常侍：官名。集書省官屬。掌侍從左右，與散騎常侍通直。多用衰老之士擔任，地位不高。員四人。宋第五品，齊不詳。　太子右衛率：官名。與太子左衛率共掌東宫宿衛。齊第五品。

[10]中護軍：將軍名號。資輕於護軍將軍而職掌同爲掌京畿以外諸軍。宋第三品，齊不詳。

[11]東昏：指齊東昏侯蕭寶卷。《南齊書》卷七有紀。

義師至新林，[1]内外百僚皆道迎，其未能拔者，[2]亦間路送誠款，亮獨不遣。及城内既定，獨推亮爲首。亮出見高祖，[3]高祖曰：“顛而不扶，安用彼相。”[4]而弗之罪也。霸府開，[5]以爲大司馬長史、撫軍將軍、琅邪清河二郡太守。[6]梁臺建，[7]授侍中、尚書令，[8]固讓不拜，乃爲侍中、中書監，[9]兼尚書令。高祖受禪，遷侍中、尚書令、中軍將軍，[10]引參佐命，封豫寧縣公，[11]邑二千户。天監二年，[12]轉左光禄大夫，[13]侍中、中軍如故。元日朝會萬國，[14]亮辭疾不登殿，設饌别省，而語笑自若。數日，詔公卿問訊，亮無疾色，御史中丞樂藹奏大不敬，[15]論棄市刑。[16]詔削爵廢爲庶人。

[1]義師：齊末東昏侯蕭寶卷狂悖無道，雍州刺史蕭衍起兵嚮京師建康以討之，因稱其師爲義師。　新林：地名。在今江蘇南京市西南西善橋鎮。

[2]拔：攻克。

[3]高祖：梁武帝廟號。

[4]《論語·季氏》："孔子曰：'求，周任有言曰：陳力就列，不能者止。危而不持，顛而不扶，則將焉用彼相矣？'"此乃孔子批評冉求爲季氏宰而不能輔佐季氏之語，此借以批評王亮未能扶持東昏侯爲善政。

[5]霸府：藩王府邸。此指蕭衍受封建安郡公所置府。

[6]撫軍將軍：將軍名號。宋第三品，齊不詳。　琅邪：郡名。六朝僑置，治所在今江蘇南京市北金川門外。　清河：郡名。南徐州領冀州之郡，虚置無實土。

[7]梁臺建：指蕭衍受封梁公，建臺治事。臺，官署。

[8]尚書令：官名。尚書省長官，掌參議大政，總理政務。實爲朝廷百官之長。齊第三品。

[9]中書監：官名。中書省長官，掌出納帝命。員一人。齊第三品。

[10]中軍將軍：將軍名號。南朝時權位頗重。宋第三品，齊及梁初不詳。

[11]豫寧：縣名。治所在今江西武寧縣西。

[12]天監：梁武帝年號（502—519）。

[13]左光禄大夫：官名。屬光禄勳。多爲在朝顯貴之加官，或授予年老高官，養老疾，無職事。宋第三品，齊及梁初不詳。

[14]朝會：諸侯或臣屬朝見天子。古代諸侯朝見天子，春見曰朝，時見曰會。

[15]御史中丞：官名。御史臺長官。掌督察百官，奏劾不法。六朝第一流高門多不居此職。員一人。齊及梁初第四品。　樂藹：人名。本書卷一九有傳。　大不敬：不敬皇帝之罪。此不赦之重罪。

[16]論：定罪。

四年夏，高祖讌於華光殿，[1]謂羣臣曰："朕日昃聽政，思聞得失。卿等可謂多士，[2]宜各盡獻替。"尚書左丞范縝起曰：[3]"司徒謝朏本有虚名，[4]陛下擢之如此，前尚書令王亮頗有治實，陛下棄之如彼，是愚臣所不知。"高祖變色曰："卿可更餘言。"縝固執不已，高祖不悦。御史中丞任昉因奏曰：[5]

臣聞息夫歷詆，漢有正刑；[6]白褒一奏，晉以明罰。[7]況乎附下訕上，毁譽自口者哉。風聞尚書左丞臣范縝，[8]自晉安還，[9]語人云："我不詣餘人，惟詣王亮；不餉餘人，惟餉王亮。"輒收縝白從左右萬休到臺辨問，[10]與風聞符同。又今月十日，御餞梁州刺史臣珍國，[11]宴私既洽，羣臣並已謁退，時詔留侍中臣昂等十人，[12]訪以政道。縝不答所問，而横議沸騰，遂貶裁司徒臣朏，襃舉庶人王亮。臣于時預奉恩留，肩隨並立，[13]耳目所接，差非風聞。竊尋王有遊豫，[14]親御軒陛，義深推轂，[15]情均《湛露》。[16]酒闌宴罷，當扆正立，[17]記事在前，記言在後，軫早朝之念，深求瘼之情，而縝言不遜，妄陳褒貶，傷濟濟之風，[18]缺側席之望。[19]不有嚴裁，憲准將頽，[20]縝即主。[21]

[1]華光殿：建康宫城華林園内殿名。故址在今南京市鷄鳴山南古臺城内。

[2]多士：衆多士子。《詩・大雅・文王》："濟濟多士，文王以寧。"

[3]尚書左丞：官名。佐尚書令、僕射知省事，掌臺内分職儀、禁令、報人章，督録近道文書章表奏事，糾諸不法。宋第六品，梁初不詳。　范縝：人名。本書卷四八《儒林》有傳。

[4]謝朏：人名。本書卷一五有傳。

[5]任昉：人名。本書卷一四有傳。

[6]息夫：即息夫躬，漢河内河陽人。漢哀帝時，息夫詆誣東平王雲等，受寵封侯。後終被繫洛陽詔獄，氣絶而亡。《漢書》卷四五有傳。

[7]白褎：人名。晉武帝時爲尚書左丞。《太平御覽》卷六五〇《刑部》引王隱《晉書》："武帝以山濤爲司徒，頻讓，不許。出而徑歸家。左丞白褎又奏濤違詔，杖濤五十。"按，"褎"，唐修《晉書》卷四三《山濤傳》作"裒"。褎、裒，皆"褒"之異體字。

[8]風聞：傳聞。御史臺據風聞奏劾官吏事始於東晉。參周一良《魏晉南北朝史札記・梁書札記》"風聞奏事"條。

[9]晉安：郡名。治所在今福建福州市。按，梁初，范縝曾爲晉安太守。

[10]白從：官府中定額以外的侍從人員。其人多出身於寒門富室。參唐長孺《魏晉南北朝史論拾遺・讀史釋詞》"絳衫與白衣"

條。　臺：指御史臺。

[11]梁州：州名。鎮南鄭，治所在今陝西漢中市。　珍國：王珍國，本書卷一七有傳。

[12]昂：袁昂，本書卷三一有傳。

[13]肩隨：並行而略後。《禮記·曲禮上》："五歲以長則肩隨之。"

[14]遊豫：遊樂。

[15]推轂：助人推車轂使之前進。比喻助人成事或推薦人才。

[16]《湛露》：《詩·小雅》有《湛露》篇，毛《序》云："天子讌諸侯也。"

[17]當扆：扆，户牖之間畫有斧形的屏風。古代天子在此接受諸侯的朝見。《禮記·曲禮下》："天子當依而立，諸侯北面而見天子曰覲。"依，同"扆"。

[18]濟濟：盛大美好的樣子。

[19]側席：不正坐。《後漢書》卷三《章帝紀》："朕思遲直士，側席異聞。"李賢注："側席，謂不正坐，所以待賢良也。"

[20]憲准：法制准則。

[21]即主：清·俞正燮《癸巳類稿》卷一一："彈文'某即主'爲一句，言是正犯。"按，"即主"一辭，唐宋以來頗有異説。參宋·洪邁《容齋隨筆》中《四筆》卷一二"主臣"條、錢鍾書《管錐編》第四册"六朝彈劾章奏程式"條、周一良《魏晉南北朝史札記·梁書札記》"劾奏公文格式"條。

臣謹案：尚書左丞臣范縝，衣冠緒餘，[1]言行舛駁，[2]誇誻里落，[3]喧詬周行。[4]曲學諛聞，未知去代；弄口鳴舌，祇足飾非。乃者，[5]義師近次，縝丁罹艱棘，[6]曾不呼門，墨縗景附，[7]頗同先覺，實奉龍顔。而今黨協釁餘，[8]翻爲矛楯，人而無恒，成茲姦詖。[9]日者，飲至策勳，[10]功微賞厚，出守名邦，入司管轄，[11]苞篚罔遺，[12]而假稱折轅，衣裙所弊，讒激失所，許與疵廢，[13]廷辱民宗。[14]自居樞憲，糾奏寂寞。顧望縱容，無至公之議；惡直醜正，有私訐之談，宜置之徽纆，[15]肅正國典。臣等參議，請以見事免縝所居官，輒勒外收付廷尉法獄治罪。[16]應諸連逮，委之獄官，以法制從事。縝位應黄紙，臣輒奉白簡。[17]

[1]衣冠：指士大夫。　緒餘：後代。

[2]舛駁：矛盾錯亂。

[3]里落：村落。

[4]周行：指朝廷官員行列。《詩·周南·卷耳》："嗟我懷人，寘彼周行。"《左傳》釋"周行"爲"周之行列"。《左傳·襄公十五年》："《詩》云：'嗟我懷人，寘彼周行。'能官人也。王及公、侯、伯、子、男、甸、采、衛、大夫，各居其列，所謂周行也。"參徐鼒《讀書雜釋》卷三"寘彼周行"條。

[5]乃者：從前，往日。

[6]丁：遭。　艱棘：憂傷，此處指母喪。

[7]墨縗：黑色喪服。古代禮制，在家守孝，穿白色喪服。若因重大事件而不能守孝，則穿黑色衣服以代喪服。縗，被於胸前的麻布條。古代臣爲君、子爲父、妻爲夫服喪用之。　景：同"影"。按，據《南史》卷五七《范縝傳》，縝父濛早卒，事母孝謹。後爲宜都太守，以母憂去職，居於南州。梁武義師至，縝墨縗來迎。

[8]釁餘：罪人餘黨。此指王亮。亮在東昏朝頗受重用，東昏被誅，王亮猶在，故稱釁餘。

[9]姦詖（bì）：姦邪。

[10]飲至：古代盟伐既歸，合飲於宗廟，叫做飲至。　策勳：紀功於策。

[11]管轄：管理，統轄。范縝爲尚書左丞，掌糾彈官吏之事，故云。

[12]苞篚（fěi）：本是包裝禮物之器，此處代指財物。

[13]許與：贊許。　疵廢：指王亮。亮時得罪而被廢爲庶人，故稱。廢，三朝本、百衲本作“癈”。按，《説文解字·疒部》：“癈，固病也。從疒，發聲。”廢，通“癈”。

[14]民宗：民所景仰歸嚮的人。此指謝朏。

[15]徽纆：繩索，繫囚所用。此代指牢獄。

[16]廷尉：官署名，掌刑辟。屬官有廷尉正、平、監及胄子律博士等。

[17]白簡：古代彈劾奏章所用。簡，書箋的通稱。按，六朝彈事，對有品第的官員一般用黃紙，若罪官過惡深重則用白簡奏聞。參《初學記·職官部下·御史中丞》及《南齊書》卷三六《謝超宗傳》。

詔聞可。璽書詰縝曰：[1]“亮少乏才能，無聞時輩，昔經冒入羣英，相與豈薄，晚節謟事江祏，爲吏部，末協附梅蟲兒、茹法珍，[2]遂執昏政。比屋罹禍，盡家塗炭，四海沸騰，天下横潰，此誰之咎！食亂君之禄，不死於治世。亮協固凶黨，作威作福，靡衣玉食，[3]女樂盈房，勢危事逼，自相吞噬。建石首題，[4]啓靡請罪。朕録其白旗之來，[5]貰其既往之咎。[6]亮反覆不忠，姦賄彰暴，有何可論，妄相談述？具以狀對。”所詰十條，縝答支離而已。[7]亮因屏居閉掃，[8]不通賓客。遭母憂,[9]居喪盡禮。

[1]璽書：古代用印章封記的文書。　詰：舊本訛“語”，此依中華書局本校改。

[2]梅蟲兒、茹法珍：並人名。齊東昏侯時宫廷倖臣。梁武帝平建康，二人皆伏誅。《南史》卷七七《恩倖》有傳。

[3]靡衣：華麗的衣服。

[4]建石首題：中華書局本《校勘記》：“建，建業。石，石頭。《南史·王亮傳》:‘乃遣國子博士范雲賫東昏首送石頭，推亮爲首。’推亮爲首，謂推王亮首先署名於向梁武輸誠之文書上也。即此‘首題’意。”

[5]白旗：本是殷代行軍用的白色旗幟。相傳武王伐紂，斬紂之首懸於大白之旗，斬其嬖妾之首懸於小白之旗。見《史記》卷四《周本紀》。此借指東昏被誅。

[6]貰（shì)：赦免。

[7]支離：分散，不一致。

[8]屏居：隱居。　閉掃：“閉門卻掃”之略語。指不與外界往來。

[9]母憂：母喪。

八年，詔起爲祕書監,[1]俄加通直散騎常侍,[2]數日遷太常卿。[3]九年，轉中書監,[4]加散騎常侍。[5]其年卒。詔賻錢三萬,[6]布五十匹。[7]謚曰煬子。

[1]祕書監：官名。祕書省長官，掌國家藝文圖籍。員一人。梁天監七年（508）革選，定官職爲十八班，以班多者爲貴，祕書監爲十一班。

[2]通直散騎常侍：官名。集書省官員。職掌同宋、齊時代。

梁十一班。

[3]太常卿：官名。梁十二卿之一。掌禮樂、郊廟、社稷事宜。十四班。

[4]中書監：官名。中書省長官。掌草擬、發佈詔令。多用於重臣加官。梁代位在中書令之上。梁十五班。

[5]散騎常侍：官名。集書省長官，掌侍從左右，應對獻替，圖書文翰。地位較晉代爲低。員四人。梁十二班。

[6]賻（fù）：以錢財助喪事。

[7]五十：舊本作“五千”。此依中華書局本校改。

張稷字公喬，吴郡人也。[1]父永，[2]宋右光禄大夫。稷所生母遘疾歷時，稷始年十一，夜不解衣而養，永異之。及母亡，毁瘠過人，杖而後起。性疏率，朗悟有才略，與族兄充、融、卷等具知名，[3]時稱之曰：“充融卷稷，是爲四張。”起家著作佐郎，[4]不拜。頻居父母憂，[5]六載廬于墓側。服除，[6]爲驃騎法曹行參軍，[7]遷外兵參軍。[8]

[1]吴郡：郡名。治所在今江蘇蘇州市。《文選》卷二〇丘希範《侍宴樂遊苑送張徐州應詔詩》李善注：“劉璠《梁典》曰：張謖，字公喬，齊明帝時爲北徐州刺史。謖，霜六切。”或以爲張稷、張謖爲一人，“稷”爲“謖”字之誤。説詳曹道衡、沈玉成《中古文學史料叢考》卷四“丘遲《侍宴樂遊苑送張徐州應詔詩》辨”條。

[2]永：張永，《宋書》卷五三有傳。

[3]充、融：張充，本書卷二一有傳；張融，《南齊書》卷四一有傳。

[4]著作佐郎：官名。祕書省屬官，佐著作郎掌國史。多甲族

貴遊子弟擔任，爲清簡之職。員八人，宋第六品。

[5]父母憂：父母之喪。

[6]服除：服喪期滿。

[7]驃騎：驃騎將軍之省稱，將軍名號。爲重號將軍，多加授大臣、重要地方長官。宋第二品。　法曹行參軍：官名。諸公軍府屬官，掌郵驛科程事。位在正參軍之下。

[8]外兵參軍：官名。諸公軍府屬官，掌本府外兵曹，備府主諮詢。宋第七品。

齊永明中，[1]爲剡縣令，[2]略不視事，多爲山水遊。[3]會賊唐寓之作亂，[4]稷率厲縣人，保全縣境。入爲太子洗馬，[5]大司馬東曹掾，[6]建安王友，[7]大司馬從事中郎。武陵王曅爲護軍，[8]轉護軍司馬，[9]尋爲本州治中。[10]明帝領牧，[11]仍爲别駕。[12]時魏寇壽春，[13]以稷爲寧朔將軍、軍主，[14]副尚書僕射沈文季鎮豫州。[15]魏衆稱百萬，圍城累日，時經略處分，[16]文季悉委稷焉。軍退，遷平西司馬、寧朔將軍、南平内史。[17]魏又寇雍州，[18]詔以本號都督荆、雍諸軍事。[19]時雍州刺史曹虎度樊城岸，[20]以稷知州事。[21]魏師退，稷還荆州，就拜黄門侍郎，[22]復爲司馬、新興永寧二郡太守。[23]郡犯私諱，改永寧爲長寧。[24]尋遷司徒司馬，加輔國將軍。[25]及江州刺史陳顯達舉兵反，[26]以本號鎮歷陽、南譙二郡太守，[27]遷鎮南長史、尋陽太守、輔國將軍、行江州事。[28]尋徵還，爲持節、輔國將軍、都督北徐州諸軍事、北徐州刺史。[29]出次白下，[30]仍遷都督南兖州諸軍事、南兖州刺史。[31]俄進督北徐、徐、兖、青、冀五州諸軍事,[32]將軍並如故。永元末,[33]徵爲侍中，宿衛宫城。義師至，兼衛尉江淹出奔,[34]稷兼衛尉，副王瑩都督城内諸軍事。

[1]永明：齊武帝年號（483—493）。

[2]剡縣：縣名。治所在今江蘇鎮江市。

[3]山水遊：《南史》作“小山遊”。

[4]唐寓之：舊本原作“唐瑶”，誤。此依中華書局本校改。“寓”爲“宇”之異體字。按，唐寓之反事在齊永明四年（486），《南齊書》卷三《武帝紀》有載。

[5]太子洗馬：官名。東宫屬官，掌侍從及文翰。爲清顯之職。齊第七品。

[6]東曹掾：官名。公府官屬，與西曹掾分掌本府官吏銓選署用。宋第六品，齊不詳。

[7]建安王：齊武帝子蕭子真封爵號。見《南齊書》卷四〇《武十七王傳》。建安，郡名。治所在今福建建甌市南。

[8]武陵王曅：齊高帝子蕭曅封爵號武陵王。《南齊書》卷三五《高帝十二王》有傳。武陵，郡名。治所在今湖南常德市。　護軍：護軍將軍之省稱，將軍名號。掌京畿以外諸軍。宋第三品，齊不詳。

[9]司馬：官名。諸公軍府官屬，掌本府武官。宋第六品至第七品，齊不詳。

[10]治中：治中從事史之省稱，州府官屬，掌衆曹文書事。宋齊班品不詳。

[11]牧：指揚州牧。齊海陵王延興元年（494），明帝蕭鸞加黄鉞，領大將軍、揚州牧。見《南齊書》卷六《明帝紀》。

[12]别駕：别駕從事史之省稱，州府官屬，與西曹書佐掌本府官吏及選舉事。

[13]壽春：縣名。治所在今安徽壽縣。

[14]寧朔將軍：將軍名號。宋第四品，齊不詳。　軍主：一軍之主帥。其下設軍副，所統兵力自數百人至萬人以上不等。

[15]副：輔佐。　尚書僕射：官名。尚書令副佐，與尚書分領諸曹。不常置。若無左、右僕射，則置以總左右事。宋第三品。　沈文季：吴興武康人。《南齊書》卷四四有傳。　豫州：州名。治所在壽春縣，即今安徽壽縣。

[16]經略：籌劃。　處分：佈置，安排。

[17]平西：平西將軍之省稱，將軍名號。與平東、平南、平北將軍合稱四平將軍。多兼鎮守地區的刺史，統軍、政事務。地位較高。宋第三品，齊不詳。　南平：郡名。治所在今湖北公安縣西。　内史：官名。王國官，掌治民。宋第五品，齊不詳。

[18]雍州：州名。治所在今湖北襄樊市。

[19]荆：指荆州，治所在今湖北荆州市江陵區。

[20]曹虎：人名。齊隆昌元年（494）爲雍州刺史。建武四年（497），虜寇沔北，虎聚軍襄陽，因與南陽太守房伯玉不和，不赴救而移屯樊城。《南齊書》卷三〇有傳。　度：通“渡”。　樊城：城名。即今湖北襄樊市。

[21]知州事：臨時代理主持州事。錢大昕《廿二史考異》卷二六有云：“據此則知州之名六朝時已有之。但不過權攝之稱，非如宋世竟爲正官也。”

[22]黄門侍郎：官名。門下省次官。與侍中俱掌門下衆事，侍從左右，關通中外，職任顯要。員四人。齊第五品。

[23]新興：郡名。治所在今湖北荆州市江陵東。　永寧：郡名。治所在今湖北荆州市西北。

[24]殿本《考證》云：“按，諱謂稷父名永也。以私諱而改郡名，僅見於此。”

[25]輔國將軍：將軍名號。齊第三品。

[26]江州：州名。治所在今江西九江市西南。　陳顯達：南齊

南彭城人。仕齊，官江州刺史。東昏侯蕭寶卷即位，誅殺舊臣，顯達懼禍，反。兵敗被殺。《南齊書》卷二六有傳。

[27]歷陽：郡名。治所在今安徽和縣。　南譙：郡名。治所在今安徽巢湖市東南。

[28]鎮南：鎮南將軍之省稱，將軍名號。東西南北四鎮將軍之一。多爲持節都督，出鎮方面，權勢頗重。宋第三品，齊不詳。　尋陽：郡名。治所在今江西九江市西南。　行江州事：代行江州府政事。錢大昕《廿二史考異》卷二六有云："六朝時，府僚多領郡縣職……凡諸王沖幼出鎮開府，多以長史行州府事，或府主以事它出，亦以府僚行事。"

[29]持節：古代大臣奉皇帝之命出行，持節以爲憑證并示威重。魏晉以下以爲官名，有假節、持節、使持節之分，權力亦有小大之别，多爲都督諸州軍事及刺史總軍戎者。軍事長官持節出行可殺無官位之人，在軍事行動中可誅殺二千石以下官員。宋持節都督爲第二品，齊不詳。　北徐州：州名。治所在今安徽鳳陽縣東北。

[30]白下：城名。在今江蘇南京市北金川門外，幕府山南麓。六朝時爲京師建康北郊軍事要地。

[31]南兖州：州名。治所在今江蘇揚州市西北蜀岡。

[32]徐：徐州，治所在今江蘇鎮江市。　兖：兖州，治所在今江蘇淮陰縣西南甘羅城。　青、冀：並州名。南朝宋泰始（465—471）中合僑置，治所在今江蘇連雲港市東雲臺山一帶。

[33]永元：齊東昏侯年號（499—501）。

[34]衛尉：官名。九卿之一。掌宫門屯兵。宋第三品，齊不詳。　江淹：人名。本書卷一四有傳。

時東昏淫虐，義師圍城已久，城内思亡而莫有先發。北徐州刺史王珍國就稷謀之，[1]乃使直閤張齊害東昏于含德殿。[2]稷召尚書右僕射王亮等列坐殿前西鍾下，謂曰：“昔桀有昏德，鼎遷于殷；商紂暴虐，鼎遷于周。[3]今獨夫自絶于天，四海已歸聖主，斯實微子去殷之時，[4]項伯歸漢之日，[5]可不勉哉。”乃遣國子博士范雲、舍人裴長穆等使石頭城詣高祖，[6]高祖以稷爲侍中、左衛將軍。[7]高祖總百揆，[8]遷大司馬左司馬。[9]梁臺建，爲散騎常侍、中書令。[10]高祖受禪，以功封江安縣侯，[11]邑一千户。又爲侍中、國子祭酒，[12]領驍騎將軍，[13]遷護軍將軍、揚州大中正，[14]以事免。尋爲度支尚書、前將軍、太子右衛率，[15]又以公事免。俄爲祠部尚書，[16]轉散騎常侍、都官尚書、揚州大中正，[17]以本職知領軍事。[18]尋遷領軍將軍，中正、侯如故。

[1]王珍國：人名。本書卷一七有傳。

[2]直閤：官名。皇帝左右侍衛之官。　張齊：人名。本書卷一七有傳。含德殿：建康宫内殿名。

[3]《左傳·宣公三年》：“楚子伐陸渾之戎，遂至於雒，觀兵于周疆。定王使王孫滿勞楚子。楚子問鼎之大小、輕重焉。對曰：‘在德不在鼎。……桀有昏德，鼎遷於商，載祀六百；商紂暴虐，鼎遷於周。德之休明，雖小，重也；其奸回昏亂，雖大，輕也。’”鼎：三足烹飪器。古以爲傳國之重寶，國家政權之象徵。

[4]微子：殷紂王之庶兄。紂無道，微子數諫，不聽，微子亡去。事詳《史記》卷三八《宋微子世家》。

[5]項伯：項羽之叔父。羽死，項伯歸漢。劉邦封之爲射陽侯。參《史記》卷七《項羽本紀》。

[6]國子博士：官名。屬太常。掌教授國子，兼備顧問。宋第六品，齊不詳。　范雲：人名。本書卷一三有傳。　舍人：官名。

即通事舍人，梁改爲中書舍人。中書省屬官，掌呈奏案章。劉宋時漸用寒士及皇帝親信擔任此職，奪中書侍郎出令之權，甚有權勢。齊第七品。　石頭城：城名。在今江蘇南京市西清涼山，負山面江，形勢險固，爲六朝軍事要地。

[7]左衛將軍：將軍名號。與右衛將軍分掌宿衛營兵。爲禁衛軍主要將領。齊第四品。

[8]百揆：泛指庶政。

[9]左司馬：官名。大司馬府屬官，與右司馬共掌本府武官。官品不詳。

[10]中書令：官名。中書臺長官之一。東晉以後，中書出令權他屬，或歸中書舍人，中書令漸成閑職，僅掌文章之事。齊及梁初第三品。

[11]江安：縣名。治所在今湖北公安縣西北。　縣侯：《南史》卷三一同傳作"縣子"。

[12]國子祭酒：官名。屬太常。掌國子學、太學。齊第三品，梁初官品不詳。

[13]領：官制術語。已有實授主職，又兼任較低職務而不居其位。　驍騎將軍：將軍名號，禁衛軍六軍之一。領營兵，兼統宿衛。宋第四品，梁初不詳。

[14]護軍將軍：將軍名號。掌京畿以外諸軍。宋第三品，梁初不詳。　揚州：州名。治所在今江蘇南京市。　大中正：官名。掌一州士人之考察，定其鄉品，以爲選拔官吏之依據。多由他官兼領。

[15]度支尚書：官名。尚書省列曹尚書之一，掌國家財用出納會計、事役、漕運、倉庫等。梁初第三品。　前將軍：將軍名號。位高於一般雜號將軍。宋第三品，齊及梁初不詳。

[16]祠部尚書：官名。尚書省列曹尚書之一，掌祠祀、享祭、禮儀。與尚書右僕射不並置。齊及梁初第三品。

[17]都官尚書：官名。尚書省列曹尚書之一，掌軍事刑獄及庫

藏等。梁初第三品。

[18]知：官制術語。奉特敕主持本官職權範圍以外的他項事務。

時魏寇青州，詔假節、行州事。[1]會魏軍退，仍出爲散騎常侍、將軍、吴興太守，秩中二千石。[2]下車存問遺老，引其子孫，置之右職，[3]政稱寬恕。進號雲麾將軍，[4]徵尚書左僕射。[5]輿駕將欲如稷宅，[6]以盛暑，留幸僕射省，舊臨幸供具皆酬太官饌直，[7]帝以稷清貧，手詔不受。出爲使持節、散騎常侍、都督青冀二州諸軍事、安北將軍、青冀二州刺史。[8]會魏寇朐山，[9]詔稷權頓六里，[10]都督衆軍。還，進號鎮北將軍。[11]

[1]行：官制術語。指缺官未補，暫以低級官吏攝行高一級高官的職事。

[2]吴興：郡名。治所在今浙江湖州市。　中二千石：古代官秩品級之一種。《漢書》卷八《宣帝紀》“神爵四年”下顔師古注：“漢制，秩二千石者一歲得一千四百四十石，實不滿二千石也。其云中二千石者，一歲得二千一百六十石，舉成數言之，故曰中二千石。中者，滿也。”

[3]右職：重要職位。

[4]雲麾將軍：將軍名號。梁置，與武臣、爪牙、龍騎將軍代舊前後左右四將軍。梁天監七年（508）革選，釐定將軍名號及班品，有一百二十五號十品二十四班，以班多者爲貴。雲麾將軍爲一百二十五號將軍之一，十八班。

[5]尚書左僕射：官名。尚書令副佐，並與列曹尚書分領諸曹。

員一人。梁天監七年革選，定流内定職爲十八班，以班多者爲貴。尚書左僕射爲十五班。按，據本書《武帝紀》，張稷爲尚書左僕射在天監七年十月。

[6]輿駕：皇帝的車駕。

[7]太官：官署名。掌皇帝膳食。南齊屬起部，亦屬領軍。梁屬門下省。

[8]安北將軍：將軍名號。與安東、安南、安西將軍合稱四安將軍。爲出鎮方面的軍事長官，或作爲刺史兼理軍務的加官，權任頗重。梁一百二十五號將軍之一，二十一班。

[9]朐山：山名。在今江蘇連雲港市西南錦屏山。

[10]六里：中華書局本以爲地名，張政烺標點《通鑑》不以爲地名。按，六里實爲地名，當在朐山以南不遠，爲南北要衝之地。説詳周一良《魏晉南北朝史札記》之《魏書札記》“六里”條。

[11]鎮北將軍：將軍名號。與鎮東、鎮西、鎮南將軍合稱四鎮將軍。多爲持節都督，出鎮方面，權勢頗重。梁一百二十五號將軍之一，二十二班。

初鬱洲接邊陲，[1]民俗多與魏人交市。及朐山叛，或與魏通，既不自安矣；且稷寬弛無防，僚吏頗侵漁之。[2]州人徐道角等夜襲州城，[3]害稷，時年六十三。有司奏削爵土。[4]

[1]鬱洲：又名田横島。青、冀二州鎮所所在。在今江蘇連雲港市東雲臺山一帶。

[2]侵漁：侵奪吞没。

[3]徐道角：《南史》及本書《康絢傳》同。《魏書》卷八《世宗紀》及卷五五《游肇傳》並作“徐玄明”。

[4]有司奏削爵土：張稷在梁代與梁武頗有嫌隙，觀《南史》

本傳及《通鑑》卷一四七《梁紀三》“天監十二年”可知。有司奏削爵土乃事出有因，非僅治州無方。《梁書》爲梁武帝諱，未及前嫌。

稷性烈亮，善與人交。歷官無蓄聚，俸禄皆頒之親故，家無餘財。初去吴興郡，以僕射徵，道由吴，鄉人候稷者滿水陸。[1]稷單裝徑還京師，人莫之識，其率素如此。[2]

[1]鄉人：舊本脱“人”字，此依中華書局本校補。

[2]率素：簡單樸素。

稷長女楚瑗，適會稽孔氏，[1]無子歸宗。[2]至稷見害，女以身蔽刃，先父卒。稷子嵊，别有傳。[3]

[1]會稽：郡名。治所在今浙江紹興市紹興縣。

[2]歸宗：出嫁的女子回歸母家。

[3]别有傳：張嵊傳見本書卷四三。

卷字令遠，稷從兄也。少以知理著稱，[1]能清言，[2]仕至都官尚書，天監初卒。

[1]知理：《南史》作“和理”。

[2]清言：即清談。魏晉南北朝時，士人崇尚老莊，競談玄理，稱爲清言或清談。

王瑩字奉光，琅邪臨沂人也。[1]父懋，光禄大夫、南鄉僖侯。[2]

[1]琅邪：郡名。治所在今山東臨沂市北。　臨沂：縣名。治所在今山東費縣東。此王氏祖籍。

[2]光禄大夫：官名。屬光禄勳。多授予榮退高官，養老疾，無職事。宋第三品。　南鄉：縣名。治所在今河南淅川縣西南。　僖：當爲謚號。《南史》卷二三同傳作"南鄉侯"，無"僖"字。

瑩還尚宋臨淮公主，[1]拜駙馬都尉，除著作佐郎，累遷太子舍人，[2]撫軍功曹，[3]散騎侍郎，[4]司徒左西屬。[5]

[1]臨淮公主：宋孝武帝女劉楚佩封號。見《宋書》卷四一《后妃·孝武文穆王皇后傳》。臨淮，郡名。治所在今江蘇盱眙縣東北。

[2]太子舍人：官名。東宫屬官，掌文書。員十六人。宋第七品。

[3]撫軍功曹：撫軍將軍府屬官，掌本府吏員之賞罰任免。宋第七品。

[4]散騎侍郎：官名。散騎省官屬，掌侍從左右，獻納諫諍。員四人。宋第五品。

[5]司徒左西屬：司徒府屬官，與左西掾共掌本府官吏署用。宋第七品。

齊高帝爲驃騎將軍，引爲從事中郎。頃之，出爲義興太守，[1]代謝超宗。[2]超宗去郡，與瑩交惡，既還，間瑩於懋。懋言之於朝廷，以瑩供養不足，坐失郡廢棄。[3]久之，爲前軍諮議參軍，[4]中書侍郎，大司馬從事中郎，未拜，丁母憂。服闋，[5]爲給事黄門郎，[6]出爲宣城太守，[7]遷爲驃騎長史。復爲黄門侍郎、司馬、太子中庶子，[8]仍遷侍中，父憂去職。服闋，復爲侍中，領射聲校尉，[9]又爲冠軍將軍、東陽太守。[10]居郡有惠政，遷吴興太守。[11]明帝勤憂庶政，瑩頻處二郡，皆有能名，甚見褒美。還爲太子詹事、中領軍。[12]

[1]義興：郡名。治所在今江蘇宜興市。

[2]謝超宗：人名。祖籍陳郡陽夏。《南齊書》卷三六有傳。

[3]王瑩失郡廢棄事，《南史》卷二三《王誕傳》附《王瑩傳》載之甚詳，可參看。

[4]前軍：前軍將軍之省稱，將軍名號。與後軍、左軍、右軍將軍合稱四軍將軍。掌宫禁宿衛。宋第四品，齊不詳。　諮議參軍：官名。王公府屬官，掌諷議。宋第七品，齊不詳。

[5]服闋：服喪期滿。

[6]給事黄門郎：官名。與侍中俱掌門下衆事，侍從左右，關通中外。員四人。齊第五品。

[7]宣城：郡名。治所在今安徽宣州市。

[8]司馬：此處指驃騎將軍府司馬。錢大昕《廿二史考異》："司馬者，驃騎府之司馬也。蓋蒙上驃騎長史之文。"

[9]射聲校尉：官名。禁衛軍五營校尉之一，掌宫廷宿衛士。宋第四品，齊不詳。

[10]冠軍將軍：將軍名號。齊第三品。　東陽：郡名。治所在今浙江金華縣。

[11]吴興：郡名。治所在今浙江湖州市。

[12]太子詹事：官名。總領東宫官屬、庶務。或參議大政，職任甚重。齊第三品。　中領軍：將軍名號。資輕於領軍將軍而職掌同。宋第三品，齊不詳。

永元初，政由羣小，瑩守職而不能有所是非。瑩從弟亮既當朝，於瑩素雖不善，時欲引與同事。遷尚書左僕射，未拜，會護軍崔慧景自京口奉江夏王入伐，[1]瑩假節，[2]率衆拒慧景於湖頭。[3]夜爲慧景所襲，衆散，瑩赴水，乘榜入樂遊，[4]因得還臺城。[5]慧景敗，還居領軍府。義師至，復假節，都督宫城諸軍事。建康平，高祖爲相國，引瑩爲左長史，[6]加冠軍將軍，奉法駕迎和帝于江陵。[7]帝至南州，[8]遜位于別宫。高祖踐阼，遷侍中、撫軍將軍，[9]封建城縣公，[10]邑千户。尋遷尚書左僕射，侍中、撫軍如故。頃之，爲護軍將軍，復遷散騎常侍、中軍將軍、丹陽尹。[11]視事三年，遷侍中、光禄大夫，[12]領左衛將軍。[13]俄遷尚書令、雲麾將軍，[14]侍中如故。累進號安左、中權將軍，[15]給鼓吹一部。[16]瑩性清慎，居官恭恪，高祖深重之。

[1]崔慧景：人名。祖籍清河東武城。東昏侯誅舊臣，慧景不自安，奉江夏王蕭寶玄入伐京師。兵敗，被殺。《南齊書》卷五一有傳。　京口：南徐州鎮所，即今江蘇鎮江市。　江夏王：齊明帝子蕭寶玄封爵號。《南齊書》卷五〇《明七王》有傳。江夏，郡名。治所在今湖北武漢市武昌。

[2]假節：古代大臣奉皇帝之命出行，持節以爲憑證並示威重，

稱假節。魏晉以下以爲官名，有假節、持節、使持節之分，權力亦有小大之别，多爲都督諸州軍事及刺史總軍戎者。在軍事行動中，假節將軍有權誅殺犯軍令者。

[3]湖頭：地名。在今江蘇南京市玄武湖東南。

[4]榜：小船。　樂遊：即樂遊苑。南朝宋文帝所建苑林，在今江蘇南京市玄武湖側。張敦頤《六朝事迹編類》卷上《樓臺門》"樂遊苑"條有云："《輿地志》云：在晉爲藥園。宋元嘉中以其地爲北苑，更造樓觀，後改爲樂遊苑。宋孝武大明中造正陽、林光殿於内。侯景之亂，焚毁略盡……《寰宇記》云：其地在覆舟山南，去縣六里。"

[5]臺城：建康宫城。在今江蘇南京市鷄鳴山南。

[6]左長史：官名。公府屬官，與右長史掌本府官吏。宋第六品，齊不詳。

[7]法駕：皇帝的車駕。　江陵：縣名。荆州刺史鎮所，地即今湖北荆州市江陵。齊和帝初爲荆州刺史，永元三年（501）即帝位於江陵。詳《南齊書》卷八《和帝紀》。

[8]南州：城名。在今安徽當塗縣。

[9]撫軍將軍：將軍名號。宋第三品，齊及梁初不詳，位在南北東西四征將軍之上。

[10]建城：縣名。治所在今江西高安市。

[11]丹陽尹：官名。京師所在丹陽郡長官，掌民政。宋第三品，齊及梁初不詳。

[12]光禄大夫：本書《武帝紀》作"右光禄大夫"。

[13]左衛將軍：官名。職掌同齊代。梁十二班。

[14]尚書令：官名。尚書臺長官，掌參議大政，總理政務。梁十六班。

[15]安左、中權將軍：各本作"左中權將軍"。按，梁無"左中權將軍"名號。有安左將軍，二十一班；中權將軍，二十三班。據本書《武帝紀》，王瑩天監十年（511）進號安左將軍，十四年進

號中權將軍。故知“左”上脱“安”字，當爲“安左、中權將軍”。今補。

[16]鼓吹：樂名。本軍樂，皇帝出行時亦奏。漢魏以下亦用以贈賜有功之臣。鼓吹一部，指一支樂隊。

天監十五年，遷左光禄大夫、開府儀同三司，[1]丹陽尹、侍中如故。瑩將拜，印工鑄其印，六鑄而龜六毁，[2]既成，頸空不實，[3]補而用之。居職六日，暴疾卒。贈侍中、左光禄大夫、開府儀同三司。

[1]開府儀同三司：官名。梁左右光禄大夫而開府儀同三司爲十七班。

[2]龜：指龜形印紐。按，南朝官吏每遷官輒改鑄新印。參周一良《魏晉南北朝史札記》之《宋書札記》“新任官鑄新印”條。

[3]頸：《南史》作“頭”。

陳吏部尚書姚察曰：[1]孔子稱“殷有三仁，微子去之，箕子爲之奴，比干諫而死”。[2]王亮之居亂世，勢位見矣。其於取捨，何與三仁之異歟？及奉興王，蒙寬政，爲佐命，固將愧於心。其自取廢敗，[3]非不幸也。《易》曰：“非所據而據之，身必危。”[4]亮之進退，失所據矣。惜哉！張稷因機制變，亦其時也。王瑩印章六毁，豈神之害盈乎？

[1]陳吏部尚書姚察：姚察仕陳，官吏部尚書。《陳書》卷二七有傳。吏部尚書，官名。掌官吏銓選、任免。陳第三品。清·錢大昕《廿二史考異》卷二六有云：“思廉修梁陳書，皆因其父察所撰

而續成之。梁史諸論述其父説，必稱‘陳吏部尚書姚察曰’，仿孟堅《漢書》稱‘司徒掾班彪’之例也。其但稱‘史臣’者，出自思廉新意。”

[2]《論語·微子》：“微子去之，箕子爲之奴，比干諫而死。孔子曰：‘殷有三仁焉。’”微子，殷紂王同母兄；箕子、比干，並紂王叔父。紂王無道，三人各進諫，紂不聽。微子離去，比干被刳心，箕子佯狂爲奴。詳《史記》卷三《殷本紀》。

[3]敗：三朝本、百衲本作“故”，若是，當連下讀。

[4]《易·繫辭下傳》：“子曰：非所困而困焉，名必辱；非所據而據焉，身必危。既辱且危，死期將至。”

梁書 卷一七

列傳第十一

王珍國　馬仙琕　張齊

王珍國字德重，沛國相人也。[1]父廣之，[2]齊世良將，官至散騎常侍、車騎將軍。[3]

[1]沛國：漢王國名。鎮所相縣，在今安徽濉溪縣西北。此王珍國祖籍。

[2]廣之：王廣之，《南齊書》卷二九有傳。

[3]散騎常侍：官名。集書省長官。南朝劉宋以後，職以侍從左右、掌圖書文翰爲主，地位較前代爲低。員四人。齊第三品。車騎將軍：將軍名號。爲重號將軍，多用以加授大臣及重要地方長官。宋第二品，齊不詳。

珍國起家冠軍行參軍，[1]累遷虎賁中郎將、南譙太守，[2]治有能名。時郡境苦饑，乃發米散財，以拯窮乏。齊高帝手敕云：[3]"卿愛人治國，甚副吾意也。”[4]永明初，[5]遷桂陽内史，[6]討捕盜賊，境内肅清。罷任還都，路經江州，[7]刺史柳世隆臨渚餞别，[8]見珍國還裝輕素，乃歎曰：“此真可謂良二千石也。”[9]還爲大司馬中兵參軍。[10]武帝雅相知賞，每歎曰：“晚代將家子弟，有如珍國者少矣。”復出爲安成内史。[11]入爲越騎校尉，[12]冠軍長史、鍾離太守。[13]仍遷巴東、建平二郡太守。[14]還爲游擊將軍，[15]以父憂去職。[16]

[1]冠軍：冠軍將軍之省稱，將軍名號。齊第三品。　行參軍：官名。諸公軍府屬官，參掌府曹事，位低於正參軍。

[2]虎賁中郎將：官名。禁衛軍將領，與冗從僕射、羽林監合稱“三將”，掌宿衛送從。宋第五品，齊不詳。　南譙：郡名。東晉太元（376—396）中僑置，治所在今安徽巢湖市。

[3]敕：皇帝發佈的詔令。

[4]副：符合。

[5]永明：齊武帝年號（483—493）。

[6]桂陽：王國名。治所在今湖南桂陽縣。　内史：官名。王國官。掌治民。宋第五品，齊不詳。

[7]江州：州名。治所在今江西九江市西南。

[8]柳世隆：人名。祖籍河東解縣。《南齊書》卷二四有傳。按，據《南齊書》卷三《武帝紀》及柳世隆本傳，柳世隆永明年間未嘗爲江州刺史。此處疑有誤。

[9]良二千石：《漢書》卷八九《循吏傳序》：孝宣帝常稱曰：“庶民所以安其田里而亡嘆息愁恨之心者，政平訟理也。與我共此者，其唯良二千石乎！”以爲太守乃吏民之本。漢代郡守俸禄爲二千石，故後世以二千石稱郡守。

[10]中兵參軍：官名。諸公軍府屬官，掌本府親兵。宋第七品，齊不詳。

[11]安成：王國名。治所在今江西安福縣東南。

[12]越騎校尉：官名。禁衛軍將領，與屯騎、步兵、長水、射聲合稱五校尉。典宫廷宿衛士。宋第四品，齊不詳。

[13]長史：官名。諸公軍府屬官，總掌本府官吏。宋第六至第七品，齊不詳。　鍾離：郡名。治所在今安徽鳳陽縣東北。

[14]巴東：郡名。治所在今重慶奉節縣東。　建平：郡名。治所在今重慶巫山縣。

[15]游擊將軍：將軍名號。禁衛軍六軍之一，掌宿衛。宋第四品，齊不詳。

[16]父憂：父喪。

建武末，[1]魏軍圍司州，[2]明帝使徐州刺史裴叔業攻拔渦陽，[3]以爲聲援，起珍國爲輔國將軍，[4]率兵助焉。魏將楊大眼大衆奄至，[5]叔業懼，棄軍走，珍國率其衆殿，[6]故不至大敗。永泰元年，[7]會稽太守王敬則反，[8]珍國又率衆距之。[9]敬則平，遷寧朔將軍、青冀二州刺史，[10]將軍如故。[11]

[1]建武：齊明帝年號（494—498）。

[2]魏軍圍司州：據《南齊書》卷六《明帝紀》，事在建武四年十月。司州，州名。劉宋泰始（465—471）中置，治所在今河南信陽市。

[3]徐州：州名。治所在今江蘇徐州市。　裴叔業：人名。祖籍河東聞喜縣。仕齊，曾任冠軍將軍、徐州刺史。《南齊書》卷五一有傳。　渦陽：縣名。北魏置，治所在今安徽蒙城縣。

[4]輔國將軍：將軍名號。齊第三品。

[5]楊大眼：人名。北魏武都仇池人。《魏書》卷七三有傳。

[6]殿：行軍的尾部。殿後以拒敵。

[7]永泰：齊明帝年號（498）。

[8]會稽：郡名。治所在今浙江紹興市。　王敬則：人名。晉陵南沙人。仕齊，官至大司馬。齊明帝殺前朝舊臣，敬則憂懼，起兵反。敗死。《南齊書》卷二六有傳。

[9]距：通“拒”。

[10]寧朔將軍：將軍名號。統兵出征。宋第四品，齊不詳。　青、冀：皆州名。宋泰始（465—471）中合僑置，治所在今江蘇連雲港市東雲臺山一帶。

[11]將軍如故：上句已言“遷寧朔將軍”，此復言“將軍如故”，顯然有誤。考《南齊書》卷六《明帝紀》及卷七《東昏侯紀》，永泰元年七月“以輔國將軍王珍國爲青、冀二州刺史”，永元三年（501）正月“以寧朔將軍王珍國爲北徐州刺史”。則“將軍如故”者，當是爲北徐州刺史，寧朔將軍如故。《南史》卷四六同傳於“將軍如故”上正有“永元中，爲北徐州刺史”九字，當據補。

義師起，[1]東昏召珍國以衆還京師，入頓建康城。[2]義師至，使珍國出屯朱雀門，[3]爲王茂軍所敗，[4]乃入城。仍密遣郄纂奉明鏡獻誠於高祖，[5]高祖斷金以報之。[6]時城中咸思從義，莫敢先發，侍中、衛尉張稷都督衆軍，[7]珍國潛結稷腹心張齊要稷，[8]稷許之。十二月丙寅旦，珍國引稷於衛尉府，勒兵入自雲龍門，[9]即東昏於内殿斬之，與稷會尚書僕射王亮等於西鍾下，[10]使中書舍人裴長穆等奉東昏首歸高祖。[11]以功授右衛將軍，[12]辭不拜；又授徐州刺史，固乞留京師。復賜金帛，珍國又固讓。敕答曰：“昔田子泰固辭絹穀。[13]卿體國情深，良在可嘉。”後因侍宴，帝問曰：“卿明鏡尚存，昔金何在?”珍國答曰：“黃金謹在臣附，不敢失墜。”復爲右衛將軍，加給事中，[14]遷左衛將軍，加散騎常侍。天監初，[15]封灄陽縣侯，[16]邑千户。除都官尚書，[17]常侍如故。

[1]義師：齊末東昏侯蕭寶卷狂悖無道，雍州刺史蕭衍起兵襄陽嚮京師討伐東昏，因稱其師爲義師。

[2]建康城：南朝京師所在，即今江蘇南京市。

[3]朱雀門：又名大航門，建康城南面城門。約在今南京市中華門内、秦淮河岸。

[4]王茂：人名。祖籍山西太原祁縣。本書卷九有傳。王茂軍，三朝本、百衲本並作“王茂先”。《南史》卷五五《王茂傳》：“王茂字休連，一字茂先。”是原文作“王茂先”亦有可能。

[5]奉明鏡：《通鑑》卷一四四《齊紀十》胡三省注：“鏡所以照物。獻鏡者，欲衍照其心也。”

[6]高祖：梁武帝蕭衍廟號。　斷金：《易·繫辭》：“二人同心，其利斷金。”後世斷金以表同心協力，堅固不移。

[7]侍中：官名。門下省長官，掌侍從左右，贊導衆事，顧問應答。參與決策，是中樞集團重要成員，地位顯要。員四人。齊第三品。　衛尉：官名。九卿之一。掌宫門屯兵。宋第三品，齊不詳。

[8]要：要結。

[9]勒兵：率領軍隊。　雲龍門：建康宫城正殿東門。

[10]王亮：人名。本書卷一六有傳。　西鍾：京師建康宫城正殿太極殿西堂有鍾，稱爲西鍾。

[11]中書舍人：官名。中書省官屬，掌值閣内，呈奏案章。劉宋時漸用寒士及皇帝親信擔任，奪中書侍郎出令權，權勢頗重。員四人。齊第七品。

[12]右衛將軍：官名。與左衛將軍分掌宫廷宿衛營兵，是禁衛

軍主要將領。齊第四品。

[13]田子泰：田疇，字子泰，漢末右北平無終人。先爲劉虞從事，虞爲公孫瓚所害，疇率宗族數百人入徐無山。曹操北征烏桓，疇爲嚮導，有功。操屢爲封賜，疇固辭不受。《三國志》卷一一有傳。

[14]給事中：官名。集書省官屬，掌收發文書，獻納諫諍。宋第五品，齊不詳。

[15]天監：梁武帝年號（502—519）。

[16]灄陽：縣名。治所在今湖北黄陂縣西南。

[17]都官尚書：官名。尚書省列曹尚書之一，領都官、水部、庫部、功論四曹。齊及梁初第三品。

五年，[1]魏任城王元澄寇鍾離，[2]高祖遣珍國，因問討賊方略。珍國對曰："臣常患魏衆少，不苦其多。"高祖壯其言，乃假節，[3]與衆軍同討焉。魏軍退，班師。出爲使持節、都督梁秦二州諸軍事、征虜將軍、南秦梁二州刺史。[4]會梁州長史夏侯道遷以州降魏，[5]珍國步道出魏興，[6]將襲之，不果，遂留鎮焉。以無功，累表請解，高祖弗許。改封宜陽縣侯，[7]户邑如前。徵還爲員外散騎常侍、太子右衛率，[8]加後軍。[9]頃之，復爲左衛將軍。九年，出爲使持節、都督湘州諸軍事、信武將軍、湘州刺史。[10]視事四年，徵還爲護軍將軍，[11]遷通直散騎常侍、丹陽尹。[12]十四年，卒。詔贈車騎將軍，[13]給鼓吹一部，[14]賻錢十萬，[15]布百匹。謚曰威。子僧度嗣。

[1]五年：中華書局本《校勘記》："'五年'《南史》作'天監

二年’。按：《通鑑》梁武帝天監二年（503）三月，魏揚州刺史任城王澄遣將入寇；三年二月，任城王攻鍾離。又下文‘梁州長史夏侯道遷以州降魏’，《通鑑》繫之於天監四年，是在天監五年以前。則此‘五年’當是‘二年’之誤。”

[2]任城王元澄：北魏任城康王雲之子。《魏書》卷一九有傳。任城，郡名。北魏神䴥（jiā）（428—431）初置。治所在今山東濟寧市南。

[3]假節：古代大臣奉天子之命出行，持節以爲憑證並示威重，稱爲假節。魏晉以下以爲官名，有假節、持節、使持節之分，權力亦有小大之别，多爲都督諸州軍事及刺史總軍戎者。假節，有軍事行動則可殺犯軍令者。

[4]梁秦：二字皆州名。梁州，治所在今陝西漢中市。秦州，治所在今甘肅天水市。　征虜將軍：將軍名號。亦作爲高級文職官員的加官。宋第三品，齊及梁初不詳。　南秦：州名。治所在今甘肅西和縣西南洛谷鎮。

[5]夏侯道遷：人名。南齊譙國人。爲南譙太守，降魏。又歸梁，爲梁州長史，復叛梁降魏。《魏書》卷四五有傳。

[6]魏興：郡名。治所在今陝西安康市西北漢水北岸。

[7]宜陽：縣名。治所在今江西宜春市。

[8]員外散騎常侍：官名。集書省官屬，多以公族、宗室擔任。劉宋以後常用以安置閑退官員。梁天監七年（508）革選，定流内官職爲十八班，以班多者爲貴，員外散騎常侍爲十班。　太子右衛率：官名。東宫屬官。與太子左衛率分掌東宫宿衛營兵。梁十一班。

[9]後軍：後軍將軍之省稱，官名。前後左右四軍將軍之一，掌宿衛，爲禁衛軍主要將領。梁九班。

[10]信武將軍：將軍名號。梁置，可由文職清官兼任，爲五德將軍之一。梁天監七年革選，釐定將軍名號及班品，有一百二十五號十品二十四班，以班多者爲貴。信武將軍爲一百二十五號將軍之

一，十五班。　湘州：州名。治所在今湖南長沙市。

[11]護軍將軍：官名。掌京畿以外諸軍，權任頗重。梁十五班。

[12]通直散騎常侍：官名。集書省屬官。掌侍從諫諍，與散騎常侍通直。劉宋以後多以衰老之士擔任，地位較低。員四人。梁十一班。　丹陽尹：京師所在丹陽郡行政長官，掌民政。宋第三品，梁班品不詳。

[13]車騎將軍：將軍名號。梁一百二十五號將軍之一，二十四班。

[14]鼓吹：樂名。本爲軍樂，皇帝出行亦奏，漢魏以下亦用以贈賜有功之臣。鼓吹一部，指一支樂隊。

[15]賻（fù）：以錢財助喪事。

馬仙琕字靈馥，扶風郿人也。[1]父伯鸞，宋冠軍司馬。[2]

[1]扶風：郡名。治所在今陝西涇陽縣西北。　郿：縣名。治所在今陝西眉縣東渭河北岸。此馬仙琕祖籍。

[2]司馬：官名。諸公軍府屬官，掌本府武官。宋第六至第七品。

仙琕少以果敢聞，遭父憂，毁瘠過禮，負土成墳，手植松栢。起家郢州主簿，[1]遷武騎常侍，[2]爲小將，隨齊安陸王蕭緬。[3]緬卒，事明帝。永元中，[4]蕭遥光、崔慧景亂，[5]累有戰功，以勳至前將軍。[6]出爲龍驤將軍、南汝陰譙二郡太守。[7]會壽陽新陷，[8]魏將王肅侵邊，[9]仙琕力戰，以寡克衆，魏人甚憚之。復以功遷寧朔將軍、豫州刺史。

[1]郢州：州名。治所在今湖北武漢市武昌。　主簿：官名。自漢以下，中央各機構及地方州郡皆置，掌文書簿籍。其官職班品隨府主地位高下而不同。

[2]武騎常侍：武職名號。禁衛軍將領。皇帝遊獵時，隨從射猛獸。宋第六品，齊不詳。

[3]安陸王蕭緬：齊宗室蕭緬，初封安陸侯。齊明帝即位，贈安陸王。《南齊書》卷四五《宗室》有傳。安陸，治所在今湖北安陸縣。

[4]永元：齊東昏侯年號（499—501）。

[5]蕭遥光：人名。南齊宗室。明帝時，官至揚州刺史。東昏侯即位，遥光據東府城反，旋即敗亡。《南齊書》卷四五《宗室》有傳。　崔慧景：人名。祖籍清河東武城。仕齊，官侍中、護軍將軍。永元二年於廣陵舉兵襲京師，敗亡。《南齊書》卷五一有傳。

[6]前將軍：將軍名號。前後左右四將軍之一。地位略高於一般雜號將軍。宋第三品，齊不詳。

[7]龍驤將軍：將軍名號。宋第三品，齊不詳。　南汝陰：郡名。東晉僑置，治所在今安徽合肥市西。　譙：郡名。治所在今安徽巢湖市。

[8]壽陽新陷：齊東昏侯蕭寶卷即位，誅大臣。豫州刺史裴叔業内不自安，將反。永元二年正月詔討之。二月裴叔業病故，其子植以壽陽降魏。魏改豫州爲揚州，以王肅爲刺史。參《南齊書》卷五一《裴叔業傳》。壽陽，豫州治所，即今安徽壽縣。

[9]王肅：人名。祖籍琅邪臨沂。父奂，南齊豫州刺史，齊武帝時被誅。肅奔魏，官至散騎常侍、揚州刺史，封昌國縣侯。《魏書》卷六三有傳。

義師起，四方多響應，高祖使仙琕故人姚仲賓説之，仙琕於軍斬仲賓以徇。[1]義師至新林，[2]仙琕猶持兵於江西，日鈔運漕。[3]建康城陷，[4]仙琕號哭經宿，乃解兵歸罪。高祖勞之曰："射鉤斬袪，[5]昔人弗忌。[6]卿勿以戮使斷運，苟自嫌絶也。"仙琕謝曰："小人如失主犬，後主飼之，便復爲用。"高祖笑而美之。俄而仙琕母卒，高祖知其貧，賻給甚厚。仙琕號泣，謂弟仲艾曰："蒙大造之恩，[7]未獲上報。今復荷殊澤，當與爾以心力自効耳。"

[1]徇：殺人示衆。

[2]新林：地名。在今江蘇南京市西南，瀕臨大江，爲六朝軍事、交通要地。

[3]鈔：亦作"抄"，强奪。

[4]建康城陷：指齊永元三年（501）十月，京師建康城内誅東昏侯蕭寶卷，送首義師，蕭衍軍入城事。參本書《武帝紀》及《南齊書》卷七《東昏侯紀》。

[5]射鉤斬袪：指舊怨。《三國志》卷四八《三嗣主傳·孫休傳》："詔曰：丹陽太守李衡，以往事之嫌，自拘有司。夫射鉤斬袪，在君爲君。遣衡還郡，勿令自疑。"射鉤，春秋時齊襄公昏亂，其弟糾奔魯，以管仲、召忽爲傅；小白奔莒，鮑叔爲傅。襄公死，糾與小白争入齊爲君。管仲射中小白的衣帶鉤。小白先入爲齊君，是爲桓公。俘管仲，不計舊怨，以管仲爲相，終成霸業。事見《左傳·莊公九年》。斬袪，春秋時，晉獻公因信驪姬之讒言，逼迫太子申生自縊而死。公子重耳懼禍奔蒲。寺人披受獻公之命伐蒲，斬重耳之袪，重耳出奔狄。後，重耳返國即位，寺人披請見，重耳終於接見了他。事見《左傳·僖公五年》及《僖公二十四年》。

[6]昔人：指齊桓公小白、晉文公重耳。

[7]大造：極大的關心和成全。此處指梁武俘仙琕，不僅不殺，反而加以任用。

天監四年，王師北討，仙琕每戰，勇冠三軍，當其衝者，莫不摧破。與諸將論議，口未嘗言功。人問其故，仙琕曰："丈夫爲時所知，當進不求名，退不逃罪，乃平生願也。何功可論！"授輔國將軍、宋安安蠻二郡太守，[1]遷南義陽太守。[2]累破山蠻，郡境清謐。[3]以功封浛洭縣伯，[4]邑四百户，仍遷都督司州諸軍事、司州刺史，[5]輔國將軍如故。俄進號貞威將軍。[6]

[1]宋安：郡名。治所在今河南光山縣西南。　安蠻：郡名。治所待考。

[2]南義陽：郡名。治所在今湖北紅安縣。

[3]清謐：清静、安寧。

[4]浛洭：縣名。治所在今廣東英德市西北浛洸。

[5]司州：州名。梁天監四年（505）以南義陽置。見本書《武帝紀》。

[6]貞威將軍：將軍名號。梁置。爲一百二十五號將軍之一，八班。

魏豫州人白早生殺其刺史琅邪王司馬慶曾，[1]自號平北將軍，推鄉人胡遜爲刺史，[2]以懸瓠來降。[3]高祖使仙琕赴之，又遣直閤將軍武會超、馬廣率衆爲援。[4]仙琕進頓楚王城，[5]遣副將齊苟兒以兵二千助守懸瓠。

魏中山王元英率衆十萬攻懸瓠，[6]仙琕遣廣、會超等守三關。[7]十二月，英破懸瓠，執齊苟兒，遂進攻馬廣，又破廣，生擒之，送雒陽。[8]仙琕不能救。會超等亦相次退散，魏軍遂進據三關。仙琕坐徵還，爲雲騎將軍。[9]出爲仁威司馬，[10]府主豫章王轉號雲麾，[11]復爲司馬，加振遠將軍。[12]

[1]魏豫州人白皁生殺其刺史琅邪王司馬慶曾：中華書局本《校勘記》云："'白皁生'、'司馬慶曾'，《魏書·宣武帝紀》作'白早生'、'司馬悦'，《通鑑》皆從《魏書》。"按，皁，三朝本、百衲本皆作"早"。據《北史》卷二九《司馬楚之傳》附《司馬悦傳》，司馬悦字慶宗，爲豫州刺史，"永平元年，城人白早生謀爲叛，遂斬悦首送梁"。魏永平元年（508）即梁天監七年。如此則"司馬慶曾"當是"司馬慶宗"，即司馬悦。又，據尚振明《孟縣出土北魏司馬悦墓志》一文載，1979年元月河南孟縣出土北魏豫州刺史司馬悦墓志。志文有云："君諱悦，字慶宗……永平元年十月七日薨於豫州。"與《魏書》本傳合。故知"曾"字當是"宗"字之訛。豫州，北魏州名，治所在今河南汝南縣。又，據本傳上下文意，白皁生殺刺史事似乎在天監四年（504），而其事實在天監七年十月，故疑"魏豫州人"前脱"七年十月"四字。

[2]胡遜：舊本"遜"訛作"遊"，清·錢大昕《廿二史考異》卷二六已指出。此依中華書局本校改。

[3]懸瓠：城名。一作懸壺，即今河南汝南縣，六朝時，爲南北軍事要地。

[4]直閤將軍：武官名號。南朝置。領禁衛兵，掌宫廷正殿便殿閤及諸門上下之安全保衛，地位顯要，有時領兵出征。參張金龍《南朝直閤將軍制度考》。

[5]楚王城：又名楚城，在今河南信陽市北長臺關西。

[6]中山王元英：魏宗室南安王楨之子，封中山王。《魏書》卷一九下有傳。

[7]三關：即義陽三關：平清關、黄峴關、武陽關。其地依次在今河南信陽縣西南、南和羅山縣南。

[8]雒陽：北魏京師，即今河南洛陽市。雒，同“洛”。

[9]雲騎將軍：官名。禁衛軍六軍之一。掌宫禁宿衛。梁天監六年（507）改舊驍騎爲雲騎，官十班。

[10]仁威：仁威將軍之省稱，將軍名號。梁置，與智威、信威等將軍代舊征虜將軍。爲一百二十五號將軍之一，十六班。　司馬：官名。王公軍府屬官，掌本府武官。梁十班至六班。

[11]豫章王：梁武帝子蕭綜封爵號。本書卷五五有傳。豫章，王國名。治所在今江西南昌市。　雲麾：雲麾將軍之省稱，將軍名號。梁置，與武臣、爪牙、龍騎將軍代舊前後左右四將軍。爲一百二十五號將軍之一，十八班。

[12]振遠將軍：將軍名號。梁置，與寧遠等將軍代舊寧朔將軍。梁一百二十五號將軍之一，十三班。

十年，朐山民殺琅邪太守劉晣，[1]以城降魏，詔假仙琕節，討之。魏徐州刺史盧昶以衆十餘萬赴焉。[2]仙琕與戰，累破之，昶遁走。仙琕縱兵乘之，[3]魏衆免者十一二，收其兵糧牛馬器械，不可勝數。振旅還京師，[4]遷太子左衛率，[5]進爵爲侯，增邑六百户。十一年，遷持節、督豫北豫霍三州諸軍事、信武將軍、豫州刺史，[6]領南汝陰太守。

[1]朐山：縣名。治所在今江蘇連雲港市西南海州鎮。　琅邪：郡名。南朝梁置，治所即朐山。　劉晣（zhé）：舊本“晣”訛

“昕”，此依中華書局本校改。晰，同“晳”。

[2]徐州：北魏州名。治所在今江蘇徐州市。　盧昶：人名。北魏范陽人。《魏書》卷四七有傳。

[3]乘：趁機會攻擊。

[4]振旅：整頓軍隊。

[5]太子左衛率：官名。東宮屬官，與太子右衛率分掌東宮宿衛。梁十一班。

[6]豫北豫霍：均州名。豫州，梁天監五年（506）置，治所在今安徽合肥市西北。北豫州，治所在今安徽壽縣。霍州，梁天監六年（507）分豫州置，治所在今安徽霍山縣。

初，仙琕幼名仙婢，及長，以“婢”名不典，[1]乃以“玉”代“女”，因成“琕”云。自爲將及居州郡，能與士卒同勞逸。身衣不過布帛，所居無帷幕衾屏，行則飲食與厮養最下者同。[2]其在邊境，常單身潛入敵庭，伺知壁壘村落險要處所，[3]故戰多克捷，士卒亦甘心爲之用，高祖雅愛仗之。在州四年，卒。贈左衛將軍。[4]謚曰剛。子巖夫嗣。

[1]不典：不合常道，不典雅。

[2]厮養：僕役。厮，劈柴者；養，養馬者。

[3]伺：偵察。

[4]左衛將軍：官名。與右衛將軍分掌宫廷宿衛營兵，是禁衛軍主要將領。梁十二班。

張齊字子響，[1]馮翊郡人。[2]世居横桑，[3]或云横桑人也。少有膽氣。初事荆府司馬垣歷生。[4]歷生酗酒，遇下嚴酷，[5]不甚禮之。歷生罷官歸，吴郡張稷爲荆府司馬，[6]齊復從之，稷甚相知重，以爲心腹，雖家居細事，皆以任焉。齊盡心事稷，無所辭憚。隨稷歸京師。稷爲南兖州，[7]又擢爲府中兵參軍，始委以軍旅。

[1]子響：《南史》卷四六同傳作“子嚮”。

[2]馮翊：郡名。治所在今陝西大荔縣。此張齊祖籍。

[3]横桑：地名。在今湖北漢川縣。

[4]荆府：荆州軍府。　垣歷生：人名。祖籍下邳，南齊兖州刺史垣榮祖從弟。見《南齊書》卷二八《垣榮祖傳》。

[5]遇：待。

[6]吴郡：郡名。治所在今江蘇蘇州市。　張稷：人名。吴郡人。本書卷一六有傳。

[7]南兖州：州名。治所在今江蘇揚州市西北蜀岡。

齊永元中，義師起，東昏徵稷歸，都督宫城諸軍事，居尚書省。義兵至，外圍漸急，齊日造王珍國，[1]陰與定計。計定，夜引珍國就稷造膝，[2]齊自執燭以成謀。明旦，與稷、珍國即東昏於内殿，齊手刃焉。[3]明年，高祖受禪，封齊安昌縣侯，[4]邑五百户，仍爲寧朔將軍、歷陽太守。[5]齊手不知書，目不識字，而在郡有清政，吏事甚脩。

[1]造：前往，到。

[2]造膝：至於膝下，意謂親近。

[3]《文選》卷五六《石闕銘》李善注引《梁典》曰：“永元三

年十二月丙寅，張齊殺東昏於含德殿。其夜以黄油裹首縋而下。”

[4]安昌縣：縣名。治所在今湖北棗陽市南。

[5]歷陽：郡名。治所在今安徽和縣。

天監二年，還爲虎賁中郎將。未拜，遷天門太守，[1]寧朔將軍如故。四年，魏將王足寇巴、蜀，[2]高祖以齊爲輔國將軍救蜀。未至，足退走，齊進戍南安。[3]七年秋，使齊置大劍、寒冢二戍，[4]軍還益州。[5]其年，遷武旅將軍、巴西太守，[6]尋加征遠將軍。[7]十年，郡人姚景和聚合蠻蜒，[8]抄斷江路，攻破金井。[9]齊討景和於平昌，[10]破之。

[1]天門：郡名。治所在今湖南石門縣。

[2]巴：郡名。治所在今重慶市。　蜀：郡名。治所在今四川成都市。

[3]南安：郡名。治所在今四川劍閣縣。

[4]大劍：地在今四川劍閣縣北劍門關附近。　寒冢：今地待考。

[5]益州：州名。治所在今四川成都市。

[6]武旅將軍：將軍名號。梁置，與輕車、鎮朔將軍等代舊輔國將軍。爲一百二十五號之一，十四班。　巴西：郡名。治所在今四川綿陽市東。

[7]征遠將軍：將軍名號。梁置，與武旅、輕車將軍等代舊輔國將軍。梁一百二十五號將軍之一，十四班。

[8]蠻蜒：對南方少數民族的蔑稱。

[9]金井：今地不詳。

[10]平昌：縣名。治所在今四川平昌縣。

初，南鄭没於魏，[1]乃於益州西置南梁州。[2]州鎮草創，皆仰益州取足。齊上夷獠義租，[3]得米二十萬斛。又立臺傳，[4]興冶鑄，以應贍南梁。[5]

[1]南鄭：縣名。治所在今陝西漢中市。

[2]南梁州：州名。梁天監八年（509）置，治所在今四川閬中市。

[3]夷：古代對東方少數民族的輕侮稱呼。　獠：古代對仡佬族的輕侮稱呼。今寫作“僚”。此處“夷獠”乃泛指獠人。　義租：額外加的租。

[4]臺傳：中央在地方設立的物資轉運站。參唐長孺《南朝的屯、邸、别墅及山澤占領》一文，見其所撰《山居存稿》。

[5]南梁：即南梁州。

十一年，進假節、督益州外水諸軍。[1]十二年，魏將傅豎眼寇南安，[2]齊率衆距之，[3]豎眼退走。十四年，遷信武將軍、巴西梓潼二郡太守。[4]是歲，葭萌人任令宗因衆之患魏也，[5]殺魏晉壽太守，[6]以城歸款。[7]益州刺史鄱陽王遣齊帥衆三萬，[8]督南梁州長史席宗範諸軍迎令宗。十五年，魏東益州刺史元法僧遣子景隆來拒齊師，[9]南安太守皇甫諶及宗範逆擊之，[10]大破魏軍於葭萌，屠十餘城，魏將丘突、王穆等皆降。而魏更增傅豎眼兵，復來拒戰，齊兵少不利，軍引還，於是葭萌復没於魏。

[1]外水：水名。即今四川成都市府河及其下游岷江。

[2]傅豎眼：人名。祖籍清河郡，北魏將軍。《魏書》卷七〇有

傳。

[3]距：通“拒”。

[4]巴西梓潼：並郡名。同治涪縣，地在今四川綿陽市東。

[5]葭萌：縣名。治所在今四川廣元市西南。

[6]晉壽：北魏郡名。治所在今四川廣元市南。

[7]歸款：投誠。

[8]鄱陽王：梁武帝弟蕭恢封爵號。見本書卷二二《太祖五王·鄱陽王恢傳》。

[9]東益州：北魏州名。治所在今陝西略陽縣。　元法僧：本北魏宗室，先仕魏，梁普通年間歸附蕭衍。本書卷三九有傳。

[10]逆：迎。

齊在益部累年，討擊蠻獠，身無寧歲。其居軍中，能身親勞辱，與士卒同其勤苦。自晝頓舍城壘，[1]皆委曲得其便，調給衣糧資用，人人無所困乏。既爲物情所附，[2]蠻獠亦不敢犯，是以威名行於庸、蜀。[3]巴西郡居益州之半，又當東道衝要，刺史經過，軍府遠涉，多所窮匱。齊緣路聚糧食，種蔬菜，行者皆取給焉。其能濟辦，多此類也。

[1]自晝頓舍城壘：《南史》同傳無“晝”字。

[2]物情：人情。

[3]庸：古國名。故地在今湖北竹山縣境。此處用以指益州東部一帶。

十七年，遷持節、都督南梁州諸軍事、智武將軍、南梁州刺史。[1]普通四年，[2]遷信武將軍、征西鄱陽王司馬、新興永寧二郡太守。[3]未發而卒，時年六十七。追贈散騎常侍、右衛將軍。[4]賻錢十萬，布百匹。謚曰壯。

[1]智武將軍：將軍名號。梁置，與仁武、勇武等代舊冠軍將軍。爲一百二十五號將軍之一，十五班。

[2]普通：梁武帝年號（520—527）。

[3]征西：征西將軍之省稱，將軍名號。與征東、征南、征北將軍合稱四征將軍。多爲持節都督，出鎮方面，地位顯要。梁一百二十五號將軍之一，二十三班。　新興：郡名。治所在今湖北荆州市東。　永寧：郡名。治所在今湖北荆門市。

[4]散騎常侍：官名。職掌同前朝。梁十二班。　右衛將軍：官名。職掌同前朝。梁十二班。

陳吏部尚書姚察曰：[1]王珍國、申胄、徐元瑜、李居士，[2]齊末咸爲列將，擁强兵，或面縛請罪，或斬關獻捷；[3]其能後服，馬仙琕而已。仁義何常，蹈之則爲君子，信哉！及其臨邊撫衆，雖李牧無以加矣。[4]張齊之政績，亦有異焉。胄、元瑜、居士入梁事迹鮮，故不爲之傳。

[1]陳吏部尚書姚察：姚察仕陳，官吏部尚書。《陳書》卷二七有傳。吏部尚書，官名，掌官吏銓選、任免。陳第三品。清·錢大昕《廿二史考異》卷二六有云："思廉修梁陳書，皆因其父察所撰而續成之。梁史諸論述其父説，必稱'陳吏部尚書姚察曰'，仿孟堅《漢書》稱'司徒掾班彪'之例也。其但稱'史臣'者，出自思廉新意。"

［2］申胄、徐元瑜、李居士：均爲齊末東昏侯將。蕭衍攻京師，申胄爲監郢州，率軍二萬人於姑孰奔降；徐元瑜爲寧朔將軍，以東府城降；李居士爲江州刺史，以戰敗降。參本書《武帝紀》。

［3］獻捷：戰勝後獻戰俘和戰利品。此處指主動投誠並獻上軍用物資。

［4］李牧：人名。戰國時趙國良將，善撫衆守邊。《史記》卷八一《廉頗藺相如列傳》有附傳。

梁書 卷一八

列傳第十二

張惠紹　馮道根　康絢　昌義之

張惠紹字德繼，義陽人也。[1]少有武幹。齊明帝時爲直閤，[2]後出補竟陵横桑戍主。[3]永元初，[4]母喪歸葬於鄉里。聞義師起，[5]馳歸高祖，[6]板爲中兵參軍，[7]加寧朔將軍、軍主。[8]師次漢口，[9]高祖使惠紹與軍主朱思遠遊遏江中，[10]斷郢、魯二城糧運。[11]郢城水軍主沈難當帥輕舸數十挑戰，惠紹擊破，斬難當，盡獲其軍器。義師次新林、朱雀，[12]惠紹累有戰功。建康城平，[13]遷輔國將軍、前軍，[14]直閤、左細仗主。[15]高祖踐阼，封石陽縣侯，[16]邑五百户。遷驍騎將軍，[17]直閤、細仗主如故。時東昏餘黨數百人，竊入南北掖門，[18]燒神虎門，[19]害衛尉張弘策。[20]惠紹馳率所領赴戰，斬首數十級，賊乃散走。以功增邑二百户，遷太子右衛率。[21]

[1]義陽：郡名。治所在今河南信陽市。

[2]直閤：又稱直閤將軍，南朝禁衛武官名。領禁衛兵，掌朝廷正殿便殿閤及諸門上下之安全保衛。其官品史無明載，約四五品。參張金龍《南朝直閤將軍制度考》。

[3]竟陵：郡名。治所在今湖北鍾祥市。　橫桑：即橫桑口，地在今湖北漢川縣西。

[4]永元：齊東昏侯年號（499—501）。

[5]義師：齊末東昏侯蕭寶卷狂悖無道，雍州刺史蕭衍起兵於襄陽以討之，因稱其師爲義師。

[6]高祖：梁武帝廟號。

[7]板：晉南北朝時，地方長官臨時授官，書授官之辭於板以授，稱爲板。板官不給印綬，但可食禄。　中兵參軍：官名。諸公軍府屬官，掌本府親兵。宋第七品，齊不詳。

[8]寧朔將軍：將軍名號。宋第四品，齊不詳。　軍主：一軍的主將。其下設軍副，所統兵力自數百人至萬人以上不等。

[9]漢口：一名沔口。漢水入長江之口，在今湖北武漢市漢口。

[10]遊遏：巡遊以查禁往來。

[11]郢：郢城，即今湖北武漢市武昌。　魯：魯城，又作魯山城，在今湖北武漢市漢陽東北隅。

[12]新林：地名。即今江蘇南京市西南西善橋鎮。其地瀕臨長江，爲六朝軍事、交通要地。　朱雀：即朱雀橋，一名朱雀航、大航。在今江蘇南京市南秦淮河上。

[13]建康城：南朝京城，即今江蘇南京市。齊永元三年（501）十二月，建康城内斬東昏侯蕭寶卷，送首蕭衍。蕭衍軍入城。參本書《武帝紀》。

[14]輔國將軍：將軍名號。宋第三品，齊及梁初不詳。　前軍：前軍將軍之省稱，前後左右四軍將軍之一，掌宫禁宿衛，是禁衛軍主要將領。宋第四品，齊及梁初不詳。

[15]左細仗主：官名。皇帝左右侍衛官，掌侍衛儀仗。官品不

詳。

[16]石陽：縣名。治所在今江西吉水縣東北。

[17]驍騎將軍：將軍名號。領營兵，兼統宿衛。禁衛軍六軍之一。宋第四品，齊及梁初不詳。

[18]南北掖門：建康宫城南北旁門。

[19]神虎門：建康宫正殿西門。

[20]衛尉：官名。九卿之一。掌宫門屯兵。宋第三品，齊及梁初不詳。　張弘策：人名。本書卷一一有傳。

[21]太子右衛率：官名。與太子左衛率分掌東宫宿衛，亦領兵出征，地位頗重。齊第五品，梁初四品。

天監四年，[1]大舉北伐，惠紹與冠軍長史胡辛生、寧朔將軍張豹子攻宿預，[2]執城主馬成龍，送于京師。使部將藍懷恭於水南立城爲掎角。[3]俄而魏援大至，敗陷懷恭，惠紹不能守，是夜奔還淮陰，[4]魏復得宿預。六年，魏軍攻鍾離，[5]詔左衛將軍曹景宗督衆軍爲援，[6]進據邵陽，[7]惠紹與馮道根、裴邃等攻斷魏連橋，[8]短兵接戰，魏軍大潰。以功增邑三百户，還爲左驍騎將軍。[9]尋出爲持節、都督北兖州諸軍事、冠軍將軍、北兖州刺史。[10]魏宿預、淮陽二城内附，[11]惠紹撫納有功，進號智武將軍，[12]益封二百户。入爲衛尉卿，遷左衛將軍。出爲持節、都督司州諸軍事、信威將軍、司州刺史，領安陸太守。[13]在州和理，吏民親愛之。

[1]天監：梁武帝年號（502—519）。天監三年梁魏有邵陽之戰，魏俘張惠紹。後梁以所獲魏將士易之，惠紹得歸梁。此事《魏

書》之卷八《世宗紀》、卷一九中《任城王澄傳》、卷九八《島夷蕭衍傳》等皆有載。本傳全不載此事，蓋《梁書》依國史爲傳，國史爲梁諱，姚氏父子亦因循而未加增補。

[2]冠軍：冠軍將軍之省稱，將軍名號。梁初第三品。　長史：官名。王公軍府屬官，掌本府官吏。其品秩依府主地位高下而定。宋第六至第七品，梁初不詳。　宿預：縣名。治所在今江蘇宿遷市東南舊黄河東北岸古城。按，據本書《武帝紀》，張惠紹攻宿預城在天監五年五月，《魏書》卷八《世宗紀》亦載於正始三年（梁天監五年）五月，《通鑑》卷一四六《梁紀二》"天監五年五月"下亦載其事，此述在天監四年下，有誤。

[3]水：指泗水。《水經注·泗水》："泗水又徑宿預城之西，又徑其城南……魏太和中，南徐州治，後省爲戍。梁將張惠紹北入，水軍所次，憑固斯城，更增修郭塹，其四面引水環之，今城在泗水之中也。"　掎角：分兵牽制或夾擊敵人。

[4]淮陰：縣名。治所在今江蘇淮陰縣西南甘羅城。

[5]鍾離：縣名。治所在今安徽鳳陽縣東北臨淮關。

[6]左衛將軍：官名。禁衛軍六將軍之一，與右衛將軍分掌宫廷宿衛營兵。梁天監七年革選，定流内官職爲十八班，以班多者爲貴，左、右衛將軍爲十二班。　曹景宗：人名。本書卷九有傳。按，本書《武帝紀》，魏攻鍾離在天監五年十一月，且"左衛"作"右衛"，卷九《曹景宗傳》同。

[7]邵陽：即邵陽洲，在今安徽鳳陽縣東北淮河中。

[8]裴邃：人名。本書卷二八有傳。

[9]左驍騎將軍：官名。梁天監六年置，掌宫廷宿衛，領朱衣直閤。天監七年定爲十一班。《陳書》卷一八《韋載傳》附《韋翽傳》："驍騎之職，舊領營兵，兼統宿衛。自梁代已來，其任逾重，出則羽儀清道，入則與二衛通直，臨軒則升殿俠侍。"所指即左右驍騎將軍。

[10]持節：古代大臣奉天子之命出行，持節以爲憑證並示威

重。魏晉以下以爲官名，有假節、持節、使持節之分，權力亦有小大之别，多爲都督諸州軍事及刺史總軍戎者。軍事長官持節出行，可殺無官位之人，在軍事行動中，享有誅殺二千石以下官員的權力。　北兗州：州名。治所在今江蘇淮陰縣西南甘羅城。

[11]淮陽：城名。在今江蘇清江市西古泗水西岸。

[12]智武將軍：將軍名號。梁置，與仁武、勇武將軍等代舊冠軍將軍。梁天監七年革選，釐定將軍名號及班品，有一百二十五號十品二十四班，以班多者爲貴。智武將軍爲一百二十五號之一，十五班。

[13]信威將軍：將軍名號。梁置，與智威、仁威將軍等代舊征虜將軍。爲一百二十五號將軍之一，十六班。　司州：州名。治所在今河南信陽市。　安陸：郡名。治所在今湖北安陸市。

徵還爲左衛將軍，加通直散騎常侍，[1]甲仗百人，[2]直衛殿内。十八年，卒，時年六十三。詔曰："張惠紹志略開濟，[3]幹用貞果。[4]誠懃義始，[5]績聞累任。爰居禁旅，[6]盡心朝夕。奄至殞喪，[7]惻愴于懷。宜追寵命，[8]以彰勳烈。[9]可贈護軍將軍，[10]給鼓吹一部，[11]布百匹，蠟二百斤。謚曰忠。"子澄嗣。

[1]通直散騎常侍：官名。集書省官員，掌侍從左右，與散騎常侍通直。南朝多以衰老之士擔任，地位不高。員四人。梁十一班。

[2]甲仗：披甲執仗的衛士。

[3]開濟：創業濟時。

[4]貞果：正直果敢。

[5]誠懃：忠誠，盡力。　義始：起義之始。指投奔蕭衍之時。

[6]禁旅：禁衛軍。

[7]奄：忽然。

[8]寵命：加恩特賜的任命。

[9]勳烈：功業。

[10]護軍將軍：官名。掌京畿以外諸軍，權任頗重。梁十五班。

[11]鼓吹：樂名。本爲軍樂，皇帝出行亦奏，漢魏以下亦用以贈賜有功之臣。

澄初爲直閤將軍，丁父憂，[1]起爲晉熙太守，[2]隨豫州刺史裴邃北伐，[3]累有戰功，與湛僧智、胡紹世、魚弘並當時之驍將。[4]歷官衛尉卿、太子左衛率。[5]卒官，謚曰愍。

[1]丁：遭。　父憂：父喪。

[2]晉熙：郡名。治所在今安徽潛山縣。

[3]豫州：州名。治所在今安徽壽縣。

[4]胡紹世：本書卷二八《夏侯亶傳》作“明紹世”。　魚弘：人名。本書卷二八有傳。“魚弘”，舊本作“魚弘文”，衍“文”字，此依中華書局本校删。下同。

[5]太子左衛率：官名。職掌同齊代。梁十一班。

馮道根字巨基，廣平酇人也。[1]少失父，家貧，傭賃以養母。[2]行得甘肥，不敢先食，必遽還以進母。年十三，以孝聞於鄉里。郡召爲主簿，[3]辭不就。年十六，鄉人蔡道斑爲湖陽戍主，[4]道斑攻蠻錫城，[5]反爲蠻所困，道根救之。匹馬轉戰，殺傷甚多，道斑以免，由是知名。

[1]廣平：郡名。治所在今湖北襄樊市。　酇（zàn）：縣名。治所在今湖北老河口市。

[2]傭賃：受雇爲人勞役。

[3]主簿：官名。漢以下中央各機構及地方州郡皆設，掌文書簿籍，爲掾吏之首。

[4]蔡道斑：中華書局本《校勘記》："'斑'《南史》及《册府元龜》八四七作'班'。"　湖陽：戍名。地在今河南唐河縣西南湖陽鎮。

[5]錫城：即錫縣城，在今陝西白河縣東漢江南岸、白石河之西。

齊建武末，[1]魏主托跋宏寇没南陽等五郡，[2]明帝遣太尉陳顯達率衆復争之。[3]師入沟口，[4]道根與鄉里人士以牛酒候軍，[5]因説顯達曰："沟水迅急，難進易退。魏若守隘，則首尾俱急。不如悉棄船艦於酇城，方道步進，建營相次，鼓行而前。如是，則立破之矣。"顯達不聽，道根猶以私屬從軍。及顯達敗，軍人夜走，多不知山路；道根每及險要，輒停馬指示之，衆賴以全。尋爲沟口戍副。[6]

[1]建武：齊明帝年號（494—498）。

[2]托跋宏：即拓跋宏，北魏高祖孝文帝名。　五郡：《南齊書》卷六《明帝紀》永泰元年（498）正月，"沔北諸郡爲虜所侵，相繼敗没"。《通鑑》卷一四一《齊紀七》"永泰元年"下胡三省注："五郡謂南陽、新野、南鄉、北襄城並西汝南北義陽二郡太守也。"

[3]陳顯達：人名。齊南彭城人。明帝時進位太尉。《南齊書》

卷二六有傳。

[4]沟口：即今湖北丹江口市丹江入漢江之口。中華書局本《校勘記》："'沟口'各本皆作'汋均口'。王鳴盛《十七史商榷》云：'汋當作沟。均字乃後人旁注，而傳寫者誤入正文。'按：王説是。沟口即《水經·沔水》之均口，爲沟水入沔之口。下文'汋均水迅急'，'汋均口戍副'，皆當作'沟水迅急'、'沟口戍副'，今並改正。"

[5]候：慰問。

[6]戍副：副戍主。

永元中，以母喪還家。聞高祖起義師，乃謂所親曰："金革奪禮，[1]古人不避，揚名後世，豈非孝乎？時不可失，吾其行矣。"率鄉人子弟勝兵者，[2]悉歸高祖。時有蔡道福爲將從軍，高祖使道根副之，皆隸於王茂。[3]茂伐沔，[4]攻郢城，克加湖，[5]道根常爲前鋒陷陳。會道福卒於軍，高祖令道根并領其衆。大軍次新林，隨王茂於朱雀航大戰，[6]斬獲尤多。高祖即位，以爲驍騎將軍。封增城縣男，[7]邑二百户。領文德帥，[8]遷游擊將軍。[9]是歲，江州刺史陳伯之反，[10]道根隨王茂討平之。

[1]金革奪禮：因從軍打仗而不能按禮守孝。金革，兵甲，此借指戰争。禮，此處指喪禮。按禮制，子爲母服喪三年。

[2]勝兵者：能持武器作戰的人。

[3]王茂：人名。本書卷九有傳。

[4]沔：蓋指沔口一帶，即今湖北武漢市一帶。

[5]加湖：又作"茄湖"。在今湖北黄陂縣東南。

[6]朱雀航：又名朱雀橋、大航，在今江蘇南京市南秦淮河上。

[7]增城縣：縣名。治所在今廣東增城市東北五十里。

[8]文德：殿省名。京師建康宫前殿。

[9]游擊將軍：將軍名號。禁衛軍六軍之一，掌宫禁宿衛士。宋第四品，梁初不詳。

[10]江州：州名。治所在今江西九江市西南。　陳伯之：人名。齊末爲豫州刺史。入梁爲江州刺史，不自安，起兵反。敗，入魏。本書卷二〇有傳。

天監二年，爲寧朔將軍、南梁太守，[1]領阜陵城戍。[2]初到阜陵，脩城隍，遠斥候，[3]有如敵將至者，衆頗笑之。道根曰："怯防勇戰，此之謂也。"脩城未畢，會魏將党法宗、傅豎眼率衆二萬，[4]奄至城下，道根塹壘未固，城中衆少，皆失色。道根命廣開門，緩服登城，[5]選精鋭二百人，出與魏軍戰，敗之。魏人見意閑，[6]且戰又不利，因退走。是時魏分兵於大小峴、東桑等，[7]連城相持。魏將高祖珍以三千騎軍其間，道根率百騎横擊破之，獲其鼓角軍儀。於是糧運既絶，諸軍乃退。遷道根輔國將軍。

[1]南梁：郡名。治所在今安徽壽縣。

[2]阜陵城：地名。在今安徽全椒縣東。

[3]斥候：偵察的人。

[4]傅豎眼：人名。祖籍清河，家於盤陽，北魏名將。《魏書》卷七〇有傳。豎，作"竪"。

[5]緩服：指平常寬鬆的裝束，相對武裝而便於行動的裝束而言。參周一良《魏晉南北朝史札記》之《南齊書札記》"緩服、急

裝、貝裝、寄生、裝束、結束”條。

[6]意閑：意態悠閑，若無其事。

[7]大小峴：即大峴城、小峴城。地在今安徽含山縣北。　東桑：今地不詳，要當距大小峴不遠。

豫州刺史韋叡圍合肥，[1]克之，道根與諸軍同進，所在有功。六年，魏攻鍾離，高祖復詔叡救之，道根率衆三千爲叡前驅。至徐州，[2]建計據邵陽洲，[3]築壘掘塹，以逼魏城。道根能走馬步地，計馬足以賦功，[4]城隍立辦。及淮水長，道根乘戰艦，攻斷魏連橋數百丈，魏軍敗績。益封三百户，進爵爲伯。還遷雲騎將軍、領直閤將軍，[5]改封豫寧縣，[6]户邑如前。累遷中權中司馬、右游擊將軍、武旅將軍、歷陽太守。[7]八年，遷貞毅將軍、假節、督豫州諸軍事、豫州刺史、領汝陰太守。[8]爲政清簡，境内安定。十一年，徵爲太子右衛率。十三年，出爲信武將軍、宣惠司馬、新興永寧二郡太守。[9]十四年，徵爲員外散騎常侍、右游擊將軍，[10]領朱衣直閤。[11]十五年，爲右衛將軍。

[1]豫州：州名。梁天監五年（506）置，治所在今安徽合肥市西北。　韋叡：人名。本書卷一二有傳。　合肥：縣名。治所在今安徽合肥市西北。

[2]徐州：州名。南朝宋置，治所同鍾離郡。

[3]邵陽洲：地名。在今安徽鳳陽縣東北淮河中。

[4]計馬足以賦功：《通鑑》卷一四六《梁紀二》“天監六年”下胡三省注：“賦，市也，給與也；功，力也。計一夫之力所任作，謂之功。杜佑《通典》曰：凡築城，下闊與高倍，上闊與下倍。城

高五丈，下闊二丈五尺，上闊一丈二尺五寸，高下闊狹以此爲準。料功：上闊加下闊得三丈七尺五寸，半之得一丈八尺七寸五分，以高五丈乘之，一尺之城積數得九十三丈七尺五寸。每一功，日築土二尺，計功約四十七人。一步五尺之城計役二百三十五人，一百步計役二萬三千五百人。率一里則十里可知。其出土負簣並計之大功之內。城濠面闊二丈，深一丈，底闊一丈，以面闊加底積數大半之，得數一丈五尺，以深一丈乘之，鑿濠一尺得數一十五丈。每一人計功日出三丈，計功五人。一步五尺計功二十五人，十步計功二百五十人。一里計功七萬五百人。以此爲數，則百里可知。"“馬”，舊本脱，此依中華書局本校補。

[5]雲騎將軍：官名。梁天監六年（507）改舊驍騎將軍置，爲禁衛軍六軍之一。十班。

[6]豫寧縣：縣名。治所在今江西武寧縣西。

[7]中權：中權將軍之省稱，將軍名號。梁天監六年（507）置。與中衛、中撫、中軍將軍合稱四中將軍，僅授予在京師任職者，地位顯要。爲一百二十五號之一，二十四班。　中司馬：“中”字疑衍。梁無“中司馬”之官，有司馬，爲王公軍府屬官，掌本府武官。梁十班至六班。　右游擊將軍：官名。梁有左右游擊將軍，天監六年置，爲禁衛軍將領。十一班。　武旅將軍：將軍名號。梁置，與輕車、鎮朔將軍等代舊輔國將軍。爲一百二十五號將軍之一，十四班。　歷陽：郡名。治所在今安徽和縣。

[8]貞毅將軍：將軍名號。梁置，與輕車、武旅等將軍代舊輔國將軍。爲一百二十五號將軍之一，十四班。　假節：古代大臣奉天子之命出行，持節以爲憑證並示威重，稱假節。魏晉以下以爲官名，有假節、持節、使持節之分，權力亦有小大之别，多爲都督諸州軍事及刺史總軍戎者。假節，有軍事行動，則有權殺犯軍令者。　領：官制術語。已有實授主職，又兼任較低職務而不居其位。　汝陰：中華書局本《校勘記》：“‘汝陰’當作‘南汝陰’。錢大昕《廿二史考異》：‘是時豫州治合肥，南汝陰郡亦僑置於合肥。《馮道根

傳》“領汝陰太守”亦當爲“南汝陰”，史缺“南”字耳。’”

[9]信武將軍：將軍名號。梁置，與智武、仁武等將軍代舊冠軍將軍。爲一百二十五號將軍之一，十五班。　宣惠：宣惠將軍之省稱。梁置，與鎮兵、宣毅將軍等代舊四中郎將。爲一百二十五號將軍之一，十七班。　新興：郡名。治所在今湖北荆州市東。　永寧：郡名。治所在今湖北荆門市西北。

[10]員外散騎常侍：官名。集書省官員，多以公族、宗室充任，劉宋以後常用以安置閑退官員。梁十班。

[11]朱衣直閤：朱衣直閤將軍之省稱，官名。梁天監六年置，由擔任過刺史等地方行政長官的人充任，領禁衛兵，掌宫廷侍衛，是皇帝身邊親信。十班。

道根性謹厚，木訥少言，[1]爲將能檢御部曲，所過村陌，將士不敢虜掠。每所征伐，終不言功，諸將讙譁争競，[2]道根默然而已。其部曲或怨非之，道根喻曰：“明主自鑒功之多少，吾將何事。”高祖嘗指道根示尚書令沈約曰：[3]“此人口不論勳。”約曰：“此陛下之大樹將軍也。”[4]處州郡，和理清静，爲部下所懷。在朝廷，雖貴顯而性儉約，所居宅不營牆屋，無器服侍衛，入室則蕭然如素士之貧賤者。當時服其清退，高祖亦雅重之，微時不學，既貴，粗讀書，自謂少文，常慕周勃之器重。[5]

[1]木訥：質樸而不善於言談。

[2]讙（huān）：喧嘩。　譁（huá）：吵嚷，喧嘩。

[3]沈約：人名。本書卷一三有傳。

[4]大樹將軍：指東漢馮異。異佐劉秀争天下，諸將並坐論功，

異常獨處樹下，軍中號爲大樹將軍。參《後漢書》卷一七《馮異傳》及《東觀漢記》卷九。

[5]周勃：人名。西漢沛人。爲人木强敦厚，從劉邦起義，以軍功封絳侯。劉邦曾説周勃“厚重少文，然安劉氏者必勃也”。劉邦死，周勃與陳平等誅諸吕，迎立文帝。詳《史記》卷五七《絳侯周勃世家》、《漢書》卷四〇《周勃傳》。

十六年，復假節、都督豫州諸軍事、信武將軍、豫州刺史。將行，高祖引朝臣宴别道根於武德殿，[1]召工視道根，[2]使圖其形像。道根踧踖謝曰：[3]“臣所可報國家，惟餘一死；但天下太平，臣恨無可死之地。”豫部重得道根，[4]人皆喜悦。高祖每稱曰：“馮道根所在，能使朝廷不復憶有一州。”

[1]武德殿：京師建康宫殿省名。

[2]工：指畫工。

[3]踧（cù）踖（jí）：局促不安的樣子。

[4]豫部：豫州所轄地區。

居州少時，遇疾，自表乞還朝，徵爲散騎常侍、左軍將軍。[1]既至疾甚，中使累加存問。[2]普通元年正月，[3]卒，時年五十八。是日輿駕春祠二廟，[4]既出宫，有司以聞。高祖問中書舍人朱异曰：[5]“吉凶同日，今行乎？”[6]异對曰：“昔柳莊寢疾，衛獻公當祭，請於尸曰：‘有臣柳莊，非寡人之臣，是社稷之臣也，聞其死，請往。’不釋祭服而往，遂以禭之。[7]道根雖未爲社稷之臣，[8]亦有勞王室，臨之禮也。”[9]高祖即幸其宅，哭之甚慟。詔曰：“豫寧縣開國伯、新除散騎常侍、領左軍將軍馮道根，奉上能忠，有功不伐，[10]撫人留愛，守邊難犯，祭遵、馮異、郭伋、李牧，[11]不能過也。奄致殞喪，惻愴于懷。可贈信威將軍、左衛將軍，給鼓吹一部。賻錢十萬，布百匹。謚曰威。”子懷嗣。

[1]散騎常侍：官名。集書省長官，掌侍從左右，獻納得失。劉宋以後，職以侍從左右，掌圖書文翰爲主，地位不高。員四人。梁十二班。　左軍將軍：官名。前左右後四軍將軍之一，爲禁衛軍主要將領。掌宫廷宿衛。梁九班。

[2]中使：帝王宫廷中派出的使者。　存問：慰問，問候。

[3]普通：梁武帝年號（520—527）。

[4]輿駕：皇帝的車駕。此代指皇帝。　二廟：指太廟和小廟。《通鑑》卷一四九《梁紀五》“普通元年”下胡三省注：“帝立太廟祀太祖文皇帝以上，爲六親廟，皆同一堂，共庭而别室。又有小廟，太祖太夫人廟也。非嫡，故别立廟。皇帝每祭太廟訖，乃詣小廟亦以一太牢，如太廟禮。有二廟令，掌廟事。”

[5]中書舍人：官名。中書省屬官，舊入直閤内，掌呈奏案章。劉宋時漸用寒士及皇帝親信擔任，奪中書侍郎出令之權。至梁代，選以才能，不限資地，掌中書詔誥。多以他官兼領。梁四班。　朱异：人名。本書卷三八有傳。

[6]今行乎：《南史》卷五五同傳及《通鑑》卷一四九《梁紀五》皆作“今可行乎”。

[7]遂以襚之：《禮記·檀弓下》：“衛有太史曰柳莊，寢疾。（衛獻）公曰：‘若疾革，雖當祭必告。’公再拜稽首請於尸曰：‘有臣柳莊也者，非寡人之臣，社稷之臣也。聞之死，請往。’不釋服

而往，遂以襚之。”襚，以衣服贈死者。

[8]社稷之臣：關係國家安危的大臣。《孟子·盡心上》：“有安社稷之臣者，以安社稷爲悦者也。”

[9]臨：親臨哭吊。

[10]伐：誇耀自己的功勞。

[11]祭（zhài）遵：人名。東漢穎陽人。曾從光武帝劉秀征河北，建武二年（26），拜征虜將軍，忠心事上，家無餘財。封穎陽侯，爲雲臺二十八將之一。《後漢書》卷二〇有傳。　郭伋：人名。東漢扶風茂陵人。伋仕州郡，素結恩德。再爲并州牧，百姓老幼相携，逢迎道路。《後漢書》卷三一有傳。　李牧：戰國時趙人。爲趙將，守北境，匈奴不敢進犯。《史記》卷八一有傳。

康絢字長明，華山藍田人也。[1]其先出自康居。[2]初，漢置都護，[3]盡臣西域，康居亦遣侍子待詔於河西，[4]因留爲黔首，[5]其後即以康爲姓。晉時隴右亂，[6]康氏遷于藍田。絢曾祖因爲苻堅太子詹事，[7]生穆，穆爲姚萇河南尹。[8]宋永初中，[9]穆舉鄉族三千餘家，入襄陽之峴南，[10]宋爲置華山郡藍田縣，寄居于襄陽，以穆爲秦、梁二州刺史，[11]未拜，卒。絢世父元隆，[12]父元撫，並爲流人所推，相繼爲華山太守。

[1]華山：郡名。治所在今湖北宜城市。　藍田：縣名。治所在今湖北襄樊市南。

[2]康居：古西域國名。約當今巴爾喀什湖與咸海之間。

[3]都護：官名。漢置西域都護，督護諸國，並護南北道，故稱都護。

[4]河西：地域名。指今甘肅、青海二省黄河以西，即河西走

廊與湟水流域一帶。

[5]黔首：平民。《禮記·祭義》："明命鬼神，以爲黔首則。"鄭玄注："黔首，謂民也。"

[6]隴右：地域名。指隴山以西地區，約當今甘肅隴山、六盤山以西和黄河以東一帶。

[7]苻堅：晉時前秦君主，爲十六國中最强者，後爲姚萇所滅。詳《晉書》卷一一三《苻堅載記》。　太子詹事：官名。總理東宫庶務，或參議大政，職任甚重。晉第三品。

[8]姚萇：十六國後秦國主。初事前秦苻堅，後殺堅，稱帝於長安，國號大秦。《晉書》卷一一六、《魏書》卷九五並有傳。　河南：郡名。治所在今河南洛陽市。　尹：官名。京師或陪都所在郡行政長官。晉第三品。

[9]永初：宋武帝年號（420—422）。

[10]襄陽：郡名。治所在今湖北襄樊市。　峴南：地名。在今湖北襄樊市南。

[11]秦、梁：並州名。秦州，治所在今甘肅天水市；梁州，治所在今陝西漢中市東。

[12]世父：伯父。

絢少俶儻有志氣，[1]齊文帝爲雍州刺史，[2]所辟皆取名家，[3]絢特以才力召爲西曹書佐。[4]永明三年，[5]除奉朝請。[6]文帝在東宫，以舊恩引爲直後，[7]以母憂去職。服闋，除振威將軍、華山太守。[8]推誠撫循，[9]荒餘悦服。[10]遷前軍將軍，[11]復爲華山太守。

[1]俶儻：卓異不凡。

[2]齊文帝：齊武帝長子蕭長懋，建元四年（482）立爲皇太子，永明十一年（493）薨。其子昭業即位，追尊爲世宗文皇帝。

《南齊書》卷二一有傳。　雍州：州名。東晉太元（376—396）中僑置，治所在今湖北襄樊市。

[3]辟（bì）：徵召。

[4]西曹書佐：官名。州府屬官，掌本府官吏選用。宋第七品，齊不詳。

[5]永明：齊武帝年號（483—493）。

[6]奉朝請：本指大臣奉命定期朝見皇帝，晉南朝以爲官名，用以安置閑散官員。宋・王觀國《學林》卷九"奉朝請"條有云："自晉以來，奉朝請之官受俸禄而不隸事，奉車都尉、駙馬都尉、騎都尉之類是也。後世嫌疑滋起，故皇朝戚里之官及百官宮祠之任，咸受俸禄而不隸事，於是奉朝請者遍四方矣。"宋、齊官品不詳。

[7]直後：官名。南朝東宮職官有直前、直後，掌侍衛。官品不詳。

[8]振威將軍：將軍名號。統兵出征。宋第四品，齊不詳。

[9]撫循：安撫。

[10]荒餘：荒遠地區。

[11]前軍將軍：將軍名號。與後軍、左軍、右軍將軍合稱四軍將軍。掌宿衛，是禁衛軍主要將軍之一。宋第四品，齊不詳。

永元元年，義兵起，[1]絢舉郡以應高祖，身率敢勇三千人，私馬二百五十匹以從。除西中郎南康王中兵參軍，[2]加輔國將軍。義師方圍張沖於郢城，[3]曠日持久，東昏將吴子陽壁于加湖，[4]軍鋒甚盛，絢隨王茂力攻屠之。自是常領遊兵，有急應赴，斬獲居多。天監元年，封南安縣男，[5]邑三百户。除輔國將軍、竟陵太守。魏圍梁州，[6]刺史王珍國使請救，[7]絢以郡兵赴之，魏軍退。七年，司州三關爲魏所逼，[8]詔假絢節、武旅將軍，率衆赴援。九年，遷假節、督北兖州緣淮諸軍事、振遠將軍、北兖州刺史。[9]及朐山亡徒以城降魏，[10]絢馳遣司馬霍奉伯分軍據嶮，[11]魏軍至，不得越朐城。[12]明年，[13]青州刺史張稷爲土人徐道角所殺，[14]絢又遣司馬茅榮伯討平之。徵驃騎臨川王司馬，[15]加左驍騎將軍，尋轉朱衣直閤。十三年，遷太子右衛率，[16]甲仗百人，[17]與領軍蕭昺直殿内。[18]

[1]永元元年，義兵起：據《南齊書》卷七《東昏侯紀》、本書《武帝紀》、《南史》之《齊本紀》及《梁本紀》和《通鑑》卷一四三《齊紀九》，蕭衍起兵在永元二年（500）冬。此云“元年”，“元”當是“二”字之訛誤。

[2]西中郎南康王：齊和帝蕭寶融於永元元年由隨郡王改封南康王，爲持節、都督荆、雍、益、寧、梁、南北秦七州軍事，西中郎將、荆州刺史。見《南齊書》卷八《和帝紀》。西中郎，西中郎將之省稱，將軍名號，東、西、南、北四中郎將之一，爲統兵將領和鎮守方面的大員。南朝多以宗室諸王擔任，地位頗高。宋第四品，齊不詳。南康，郡名，治所在今江西贛州市東北。

[3]張沖：人名。南齊吴郡人。齊末官郢州刺史。《南齊書》卷四九有傳。

[4]壁：爲軍壘。

[5]南安：縣名。南朝齊置，治所在今湖北武漢新洲區。中華書局本《校勘記》：“‘南安’，《南史》及《册府元龜》七六五作‘南陽’。”

[6]梁州：州名。治所在今陝西漢中市東。

[7]王珍國：人名。本書卷一七有傳。

[8]司州：州名。南朝宋泰始（465—471）中置，治所在今河南信陽市。　三關：即義陽三關：平靖關、黄峴關、武陽關，其地依次在今河南信陽縣西南、信陽縣南、羅山縣南。

[9]振遠將軍：將軍名號。梁置，與寧遠、明威等將軍代舊寧朔將軍。爲一百二十五號將軍之一，十三班。按，康絢既是遷官，不當由十四班的武旅將軍改爲十三班的振遠將軍。疑“振”爲“征”之訛，征遠將軍與武旅將軍同班而居上。

[10]朐山：山名。即今江蘇連雲港市西南錦屏山。

[11]司馬：官名。王公軍府屬官，掌本府武官。梁天監七年（508）革選，定流内官職爲十八班，以班多者爲貴。司馬爲十班至六班。

[12]朐城：即朐山城，在今江蘇連雲港市西南海州鎮。

[13]明年：中華書局本《校勘記》：“張森楷《梁書校勘記》：‘案《武帝紀》及《張稷傳》，稷以十二年見殺，非十年也。此於九年下接之，“明年”則似十年矣，非也。’”按，張森楷云“稷以十二年見殺”，是。然今本本書《武帝紀》、《張稷傳》均不載張稷被殺之具體年份，張氏蓋誤記。《魏書》卷八《世宗宣武帝紀》載張稷被斬在延昌二年（513），即梁天監十二年。《通鑑》卷一四七《梁紀三》同。參《南北朝八書二史疑年録》中《梁書疑年録》“張稷”條。

[14]青州：州名。南朝宋泰始中與冀州合僑置於今江蘇連雲港市東雲臺山一帶。　張稷：人名。本書卷一六有傳。　徐道角：人名。《魏書》卷八《世宗紀》及卷五五《游肇傳》皆作“徐玄明”。

[15]驃騎：驃騎將軍之省稱，將軍名號。爲重號將軍，多加授大臣及重要地方長官。爲一百二十五號將軍之一，二十四班。　臨川王：梁武帝弟蕭宏的封爵號。本書卷二二《太祖五王》有傳。臨川，郡名。治所在今江西南城縣東南。

[16]太子右衛率：“右”，《南史》作“左”。

[17]甲仗：披甲執仗的衛士。

[18]領軍：領軍將軍之省稱，官名。掌朝廷内軍。爲禁衛軍最高統帥，權任隆重。梁十五班。　蕭昺：人名。梁武帝從弟。本書卷二四有傳。

絢身長八尺，容貌絶倫，雖居顯官，猶習武藝。高祖幸德陽殿戲馬，[1]敕絢馬射，[2]撫弦貫的，[3]觀者悦之。其日，上使畫工圖絢形，遣中使持以問絢曰："卿識此圖不?"其見親如此。

[1]德陽殿：京師建康殿堂名。

[2]敕：詔命。　馬射：一種武藝項目。馳馬射箭靶。

[3]貫的：射穿箭靶。

時魏降人王足陳計，求堰淮水以灌壽陽。[1]足引北方童謡曰："荆山爲上格，[2]浮山爲下格，[3]潼沱爲激溝，[4]併灌鉅野澤。"[5]高祖以爲然，使水工陳承伯、材官將軍祖暅視地形，[6]咸謂淮内沙土漂輕，不堅實，其功不可就。高祖弗納，發徐、揚人，[7]率二十户取五丁以築之。假絢節、都督淮上諸軍事，並護堰作，[8]役人及戰士，有衆二十萬。於鍾離南起浮山，北抵巉石，[9]依岸以築土，合脊於中流。十四年，堰將合，淮水漂疾，輒復決潰，衆患之。或謂江、淮多有蛟，能乘風雨決壞崖岸，其性惡鐵，因是引東西二冶鐵器，[10]大則釜鬵，[11]小則鋘鋤，數千萬斤，沉于堰所。猶不能合，乃伐樹爲井幹，[12]填以巨石，加土其上。

緣淮百里内，岡陵木石，無巨細必盡，負擔者肩上皆穿。夏日疾疫，死者相枕，蠅蟲晝夜聲相合。高祖愍役人淹久，[13]遣尚書右僕射袁昂、侍中謝舉假節慰勞之，[14]并加蠲復。[15]是冬又寒甚，淮、泗盡凍，士卒死者十七八，高祖復遣賜以衣袴。十一月，魏遣將楊大眼揚聲決堰，[16]絢命諸軍撤營露次以待之。[17]遣其子悦挑戰，斬魏咸陽王府司馬徐方興，[18]魏軍小却。十二月，魏遣其尚書僕射李曇定督衆軍來戰，[19]絢與徐州刺史劉思祖等距之。[20]高祖又遣右衛將軍昌義之、太僕卿魚弘文、直閤曹世宗、徐元和相次距守。[21]十五年四月，堰乃成。其長九里，下闊一百四十丈，上廣四十五丈，高二十丈，深十九丈五尺。夾之以堤，并樹杞柳，[22]軍人安堵，[23]列居其上。其水清潔，俯視居人墳墓，了然皆在其下。或人謂絢曰："四瀆，[24]天所以節宣其氣，不可久塞。若鑿湫東注，[25]則游波寬緩，堰得不壞。"絢然之，開湫東注。又縱反間於魏曰："梁人所懼開湫，不畏野戰。"魏人信之，果鑿山深五丈，開湫北注，水日夜分流，湫猶不減。其月，魏軍竟潰而歸。水之所及，夾淮方數百里地。魏壽陽城戍稍徙頓於八公山，[26]此南居人散就岡壟。

[1]壽陽：北魏縣名。治所在今安徽壽縣。

[2]荆山：山名。即今安徽懷遠縣西南淮河北岸荆山。

[3]浮山：山名。在今江蘇盱眙縣西。山北對巉石山，山下有穴，去水一丈。傳説淮水泛濫，其穴即高，水減，其穴復低，有似山浮，故名。參《水經注》卷三〇《淮水》。

［4］潼沱：潼水的别流。

［5］鉅野澤：又名大野澤，在今山東鉅野縣北。

［6］材官將軍：官名。梁屬少府卿。主工匠土木之事。二班。祖暅：人名。南朝著名數學家祖沖之之子。《南史》卷七二有傳。

［7］徐、揚：指徐州和揚州。

［8］護：總領。

［9］巉石：即巉石山。

［10］東西二冶：《通鑑》卷一四八《梁紀四》"天監十四年夏四月"下胡三省注："建康有東西二冶，各置冶令以掌之。"冶，熔煉金屬的地方。

［11］鬵（xín）：古代炊具，相當於現代的鍋。

［12］井幹：《通鑑》卷一四八《梁紀四》"天監十四年夏四月"下胡三省注："井幹，井欄也。言疊木爲井幹之形。"

［13］淹：滯留。此處指長期服勞役。

［14］尚書右僕射：官名。尚書令副佐，並與尚書分領諸曹。與祠部尚書不並置。員一人。梁十五班。　袁昂：人名。本書卷二一有傳。　侍中：官名。門下省長官。掌侍從左右，顧問應對，糾正違缺，參與大政決策，是中樞集團重要成員。員四人。梁十二班。　謝舉：人名。本書卷三七有傳。

［15］蠲復：免除賦税或勞役。

［16］楊大眼：人名。北魏武都仇池人。《魏書》卷七三有傳。

［17］露次：止宿野外。

［18］咸陽王：北魏咸陽王元禧。《魏書》卷二一有傳。咸陽，郡名。治所在今陝西涇陽縣。

［19］十二月，魏遣其尚書僕射李曇定督衆軍來戰：李平字曇定，北魏頓丘人，《魏書》卷六五有傳。《通鑑》卷一四八《梁紀四》"天監十五年"云："康絢已擊魏兵，卻之。"胡三省注引《考異》云："按《魏帝紀》，此年正月乃遣李平節度諸軍，《絢傳》誤也。"

[20]徐州：州名。治所在今江蘇徐州市。　劉思祖：人名。《魏書》卷五五《劉芳傳》有附傳。

[21]太僕卿：官名。梁天監七年（508）加置，爲十二卿之一。統南馬牧、左右牧、龍厩、内外厩丞。梁十班。　魚弘文：中華書局本《校勘記》："'魚弘文'亦疑爲'魚弘'之訛。然《魚弘傳》不載其爲太僕卿。"按，《魚弘傳》，見本書卷二八。　距：通"拒"。

[22]杞柳：木名。落葉灌木，叢生。種此，可以固堤。杞，三朝本、中華書局本作"杷"，誤。今改正。

[23]安堵：安居，相安。

[24]四瀆：古稱江、河、淮、濟爲四瀆。古人認爲四瀆是天用來控制宣導其氣的。參《國語·周語下》太子晉曰。

[25]湫：水溝。

[26]八公山：山名。在今安徽壽縣西北。

初，堰起於徐州界，刺史張豹子宣言於境，謂己必尸其事。[1]既而絢以他官來監作，豹子甚慚。俄而敕豹子受絢節度，每事輒先諮焉，由是遂譖絢與魏交通，[2]高祖雖不納，猶以事畢徵絢。尋以絢爲持節、都督司州諸軍事、信武將軍、司州刺史，領安陸太守，[3]增封二百户。絢還後，豹子不脩堰，至其秋八月，淮水暴長，堰悉壞決，奔流于海，祖暅坐下獄。絢在州三年，大脩城隍，號爲嚴政。[4]

[1]尸：主持。

[2]交通：勾結。

[3]安陸：郡名。南朝宋孝建元年（454）分江夏郡置，治所在今湖北安陸市。

[4]嚴政：《南史》卷五五同傳作“嚴整”。

十八年，徵爲員外散騎常侍，領長水校尉，[1]與護軍韋叡、太子右衛率周捨直殿省。[2]普通元年，除衛尉卿，[3]未拜，卒，時年五十七。輿駕即日臨哭。贈右衛將軍，給鼓吹一部。賻錢十萬，布百匹。謚曰壯。

[1]長水校尉：官名。禁衛軍五營校尉之一，典侍衛。梁七班。

[2]護軍：護軍將軍之省稱，官名。掌京畿以外諸軍，權任頗重。梁十五班。　周捨：人名。本書卷二五有傳。

[3]衛尉卿：官名。梁十二卿之一。掌宫門屯兵。梁十二班。

絢寬和少喜懼，在朝廷，見人如不能言，號爲長厚。在省，[1]每寒月見省官繿縷，輒遺以襦衣，[2]其好施如此。子悦嗣。

[1]省：朝廷官署。

[2]襦衣：短襖。

昌義之，歷陽烏江人也。[1]少有武幹。齊代隨曹虎征伐，[2]累有戰功。虎爲雍州，以義之補防閤，[3]出爲馮翊戍主。[4]及虎代還，義之留事高祖。[5]時天下方亂，高祖亦厚遇之。義師起，板爲輔國將軍、軍主，除建安王中兵參軍。[6]時竟陵芊口有邸閣，[7]高祖遣驅，每戰必捷。大軍次新林，[8]隨王茂於新亭，[9]并朱雀航力戰，斬獲尤多。建康城平，[10]以爲直閤將軍、馬右夾轂主。[11]天監元年，封永豐縣侯，[12]邑五百户。除驍騎將軍。出爲盱眙太守。[13]二年，遷假節、督北徐州諸軍事、輔國將軍、北徐州刺史，[14]鎮鍾離。魏寇州境，義之擊破之。三年，進號冠軍將軍，[15]增封二百户。

[1]烏江：縣名。治所在今安徽和縣東北烏江。

[2]曹虎：人名。南朝下邳人。仕齊，官至散騎常侍、右衛將軍。《南齊書》卷三〇有傳。

[3]防閤：官名。諸王的侍從護衛。南朝宋置，選勇略之士充任，掌防衛齋閤。宋第七品，齊不詳。

[4]馮翊：郡名。劉宋元嘉六年（429）置，治所在今湖北襄樊市。　戍主：守衛城壘的主將。多以郡守、縣令、州參軍及雜號將軍等官兼任。

[5]梁武帝蕭衍於齊明帝永泰元年（498）爲雍州刺史，接替曹虎。

[6]建安王：齊明帝子蕭寶夤初封爵號。《南齊書》卷五〇及《魏書》卷五七並有傳。建安，郡名。治所在今福建建甌市南、松溪南岸。

[7]芊口：地名。在今湖南華容縣境。

[8]新林：地名。在今江蘇南京城西南。其地瀕臨大江，爲六朝軍事交通要地。

[9]新亭：亭名。三國吴築，又名勞勞亭，在今江蘇南京市南。地近江濱，爲六朝軍事交通要地，亦爲遊觀勝所。

[10]建康城平：齊永元三年（501）冬，蕭衍圍京師建康，城内誅東昏侯蕭寶卷，送首蕭衍，衍入城。參本書《武帝紀》。

[11]馬右夾轂主：官名。皇帝左右侍衛官。官品不詳。《隋書·禮儀志》載："梁武受禪於齊，侍衛多循其制。正殿便殿閣及

諸門上下，各以直閤將軍等直領。又置刀釤、御刀、御楯之屬，直御左右。兼有御杖、鋌矟、赤氅、角抵、勇士、青氅、衛仗、長刀、刀劍、細仗、羽林等左右二百七十六人，以分直諸門。行則儀衛左右。又有左右夾轂、蜀客、楯劍、格獸羽林、八從遊蕩、十二不從遊蕩、直從細射、廉察、刀戟、腰弩、大弩等隊，凡四十九隊，亦分直諸門上下。行則量爲儀衛。東西掖、端、大司馬、東西華、承明、大通等門，又各二隊，及防殿三隊，雖行幸不從。又有八馬遊蕩，馬左右夾轂，左右馬百騎等各二隊，及騎官、閱武馬容、雜伎馬容及左右馬騎直隊，行則侍衛左右，分爲警衛。車駕晨夜出入及涉險，皆作函。鹵簿應宿衛軍騎，皆執兵持滿，各當其所保護方面。天明及度險，乃奏解函，撾鼓而依常列。”

[12]永豐：縣名。治所在今廣西荔浦縣西北。

[13]盱眙：郡名。治所在今江蘇盱眙縣。

[14]北徐州：州名。治所在今安徽鳳陽縣東北。

[15]冠軍將軍：將軍名號。梁初第三品。

四年，大舉北伐，揚州刺史臨川王督衆軍軍洛口，[1]義之以州兵受節度，爲前軍，攻魏梁城戍，[2]克之。五年，高祖以征役久，有詔班師，衆軍各退散。魏中山王元英乘勢追躡，[3]攻没馬頭，[4]城内糧儲，魏悉移之歸北。議者咸曰：“魏運米北歸，當無復南向。”高祖曰：“不然，此必進兵，非其實也。”乃遣土匠脩營鍾離城，[5]敕義之爲戰守之備。是冬，英果率其安樂王元道明、平東將軍楊大眼等衆數十萬，[6]來寇鍾離。鍾離城北阻淮水，魏人於邵陽洲西岸作浮橋，跨淮通道。英據東岸，大眼據西岸，以攻城。時城中衆纔三千人，義之督帥，隨方抗禦。魏軍乃以車載土填塹，使其衆負土隨之，嚴騎自後蹙焉，[7]人有未及回者，因以土迮之，[8]俄而塹滿。英與大眼躬自督戰，晝夜苦攻，分番相代，墜而復升，莫有退者。又設飛樓及衝車撞之，[9]所值城土輒頹落。[10]義之乃以泥補缺，衝車雖入而不能壞。義之善射，其被攻危急之處，輒馳往救之，每彎弓所向，莫不應弦而倒。一日戰數十合，前後殺傷者萬計，魏軍死者與城平。

[1]揚州：州名。治所在今江蘇南京市。　洛口：地名。在今安徽淮南市東北青洛河與高塘湖北入淮河之口。

[2]梁城戍：戍名。在今安徽淮南市田家庵附近。

[3]中山王元英：北魏宗室元英，仕魏，爵中山王，官至尚書僕射。《魏書》卷一九有傳。　追躡：緊追不捨。

[4]馬頭：城名。在今安徽壽縣西北。

[5]土匠：中華書局本《校勘記》：“‘土匠’疑‘工匠’之訛。”

[6]安樂王元道明：考《魏書》卷八《世宗紀》、《通鑑》卷一四六《梁紀二》，預天監五年（506）淮南之役者，魏有安樂王詮。詮字搜賢，《魏書》卷二〇《文成五王列傳》有附傳。查《魏書》及《北史》，未見有“安樂王元道明”，是元詮又字“道明”乎？疑莫能明。　平東將軍：將軍名號。與平西、平南、平北將軍合稱四平將軍。多持節都督或監某一地區軍事，亦可作爲刺史兼理軍事的加官。北魏第三品。　楊大眼：人名。武都仇池人。《魏書》卷七三有傳。

[7]蹙（cù）：催促。

[8]迮（zé）：逼迫。

[9]飛樓：古代攻城戰具。　衝車：古代攻城的戰車。

[10]所值城土輒頹落：所值，指衝車撞擊之處。土，舊本作“上”，此依中華書局本校改。

六年四月，[1]高祖遣曹景宗、韋叡帥衆二十萬救焉，既至，與魏戰，大破之，英、大眼等各脱身奔走。義之因率輕兵追至洛口而還，斬首俘生，不可勝計。以功進號軍師將軍，[2]增封二百户，遷持節、督青冀二州諸軍事、征虜將軍、青冀二州刺史。[3]未拜，改督南兗兗徐青冀五州諸軍事、輔國將軍、南兗州刺史。[4]坐禁物出藩，爲有司所奏免。其年，補朱衣直閤，除左驍騎將軍，直閤如故。遷太子右衛率，領越騎校尉，[5]假節。八年，出爲持節、督湘州諸軍事、征遠將軍、湘州刺史。[6]九年，以本號還朝，俄爲司空臨川王司馬，[7]將軍如故。十年，遷右衛將軍。十三年，徙爲左衛將軍。

[1]六年四月：據本書《武帝紀》，遣曹景宗赴援在天監五年(506）十一月。

[2]軍師將軍：將軍名號。梁一百二十五號將軍之一，十九班。

[3]征虜將軍：將軍名號。亦可作高級文職官員的加官。宋第三品，梁初班品不詳。　青冀：皆州名。南朝宋泰始中合僑置，治所在今江蘇連雲港市東雲臺山一帶。

[4]南兗兗徐：並州名。南兗州，治所在今江蘇揚州市西北蜀岡；兗州，治所在今江蘇淮陰縣西南甘羅城；徐州，治所在今江蘇徐州市。

[5]越騎校尉：官名。禁衛軍五營校尉之一，掌侍衛送從。梁七班。

[6]征遠將軍：將軍名號。梁置，與輕車、鎮朔等將軍代舊輔國將軍。爲一百二十五號將軍之一，十四班。　湘州：州名。治所

在今湖南長沙市。

[7]司馬：官名。王公軍府屬官，掌本府武官。梁十班至六班。

是冬，高祖遣太子右衛率康絢督衆軍作荆山堰。[1]明年，魏遣將李曇定大衆逼荆山，[2]揚聲欲決堰，詔假義之節，帥太僕卿魚弘文、直閤將軍曹世宗、徐元和等救絢，[3]軍未至，絢等已破魏軍。魏又遣大將李平攻峽石，[4]圍直閤將軍趙祖悦，義之又率朱衣直閤王神念等救之。[5]時魏兵盛，神念攻峽石浮橋不能克，故援兵不得時進，遂陷峽石。義之班師，爲有司所奏，高祖以其功臣，不問也。

[1]荆山堰：堰名。故址在今安徽懷遠縣西南淮河北岸荆山。

[2]明年，魏遣將李曇定大衆逼荆山：據本書《武帝紀》及卷一八《康絢傳》，絢督作荆山堰在天監十三年（514）冬。本段承上文天監十三年，記“是冬”作荆山堰，不誤。又考《魏書》卷九《肅宗紀》及《通鑑》卷一四八《梁紀四》，“魏遣將李曇定大衆逼荆山”在天監十五年正月，然則此“明年”當是“十五年”之誤。

[3]魚弘文：疑是“魚弘”之誤。參《康絢傳》校注。

[4]李平：即李曇定，北魏頓丘人。《魏書》卷六五有傳。按，本文既云李曇定，復云李平，稱謂不一。　峽石：淮河流經今安徽鳳臺縣、壽縣之間山峽中，叫做峽石。六朝時兩岸山上各築有城，爲淮南屏障。

[5]王神念：人名。本書卷三九有傳。

十五年，復以爲使持節、都督湘州諸軍事、信威將軍、湘州刺史。其年，改授都督北徐州緣淮諸軍事、平北將軍、北徐州刺史。[1]義之性寬厚，爲將能撫御，得人死力，及居藩任，[2]吏民安之。俄給鼓吹一部，改封營道縣侯，[3]邑户如先。普通三年，徵爲護軍將軍，鼓吹如故。四年十月，卒。高祖深痛惜之，詔曰："護軍將軍、營道縣開國侯昌義之，幹略沉濟，志懷寬隱，誠著運始，[4]効彰邊服。[5]方申爪牙，寄以禁旅；[6]奄至殞喪，惻愴于懷。可贈散騎常侍、車騎將軍，[7]并鼓吹一部。給東園祕器，[8]朝服一具。賻錢二萬，布二百匹，蠟二百斤。謚曰烈。"

[1]平北將軍：將軍名號。與平西、平南、平東將軍合稱四平將軍。多持節都督或監某一地區軍事，亦作爲刺史兼理軍事的加官，爲一百二十五號將軍之一，二十班。

[2]藩任：鎮守一方的長官。此處指爲刺史。

[3]營道：縣名。治所在今湖南寧遠縣。

[4]運始：大運之始。指梁建國之初。

[5]効：功績。　邊服：邊境地區。古代王畿外圍，每五百里爲一區劃，稱爲服。按距王畿遠近，有五服。

[6]禁旅：即禁衛軍。昌義之爲護軍將軍，乃禁衛軍六將軍之一，故云"寄以禁旅"。

[7]車騎將軍：將軍名號。爲重號將軍，多用以加授大臣及重要地方長官。爲一百二十五號將軍之一，二十四班。

[8]東園祕器：指棺木。漢有官署東園，掌王公貴族墓内器物的製作，故稱棺木爲東園祕器。

子寶業嗣，官至直閤將軍、譙州刺史。[1]

[1]譙州：州名。梁大同三年（537）割北徐州置，治所在今安徽滁州市。

陳吏部尚書姚察曰：[1]張惠紹、馮道根、康絢、昌義之，初起從上，[2]其功則輕。及羣盜焚門，而惠紹以力戰顯；合肥、邵陽之逼，而道根、義之功多；浮山之役起，而康絢典其事：互有厥勞，寵進宜矣。先是鎮星守天江而堰興，及退舍而堰決，[3]非徒人事，有天道矣。[4]

[1]陳吏部尚書姚察：姚察仕陳，官吏部尚書。《陳書》卷二七有傳。吏部尚書，官名，掌官吏銓選、任免。陳第三品。清・錢大昕《廿二史考異》卷二六有云："思廉修梁陳書，皆因其父察所撰而續成之。梁史諸論述其父説，必稱'陳吏部尚書姚察曰'，仿孟堅《漢書》稱'司徒掾班彪'之例也。其但稱'史臣'者，出自思廉新意。"

[2]上：指梁武帝蕭衍。

[3]古人迷信，認爲客星進入天江則河津阻絶，明若動摇則大水出。天監十三年鎮星守天江，而天監十五年退舍，洽與浮山堰之興決巧合。鎮星，土星的别名，也作填星。天江，星宿名。《隋書・天文志》："天江四星在尾北，主太陰。江星不具，天下津河關道不通。明若動摇，大水出，大兵起……客星入之，河津絶。"

[4]酈道元《水經注・淮水》："淮水又東徑浮山，山北對巉石山。梁氏天監中，立堰於二山之間，逆天地之心，乖民神之望，自然水潰壞矣。"可與姚氏之論參看。

梁書 卷一九

列傳第十三

宗夬 劉坦 樂藹

宗夬字明敭，[1]南陽涅陽人也，[2]世居江陵。[3]祖炳，[4]宋時徵太子庶子不就，[5]有高名。父繁，西中郎諮議參軍。[6]

[1]敭：古“揚”字。《易・夬》：“夬，揚于王庭。”此殆宗夬(guài)名字之所從出。

[2]南陽：郡名。治所在今河南南陽市。 涅陽：縣名。治所在今河南鄧州市東北。此宗氏祖籍。

[3]江陵：郡名。治所在今湖北荆州市。

[4]祖炳：中華書局本《校勘記》：“‘炳’字，各本作‘景’，姚思廉避唐諱所改。宗炳，字少文，見《宋書・隱逸傳》。《南史》避唐諱，稱少文而不名。今改回。”

[5]太子庶子：官名。東宫官屬，掌侍從左右，獻納諫諍。員四人。宋第五品。

[6]西中郎：西中郎將之省稱，將軍名號。東南西北四中郎將

之一。爲統兵將軍，或鎮守方面。南朝多以宗室諸王充任，地位隆重。宋第四品。　諮議參軍：官名。王公軍府屬官，掌諷議。宋第七品。

夬少勤學，有局幹。[1]弱冠，舉郢州秀才，[2]歷臨川王常侍、驃騎行參軍。[3]齊司徒竟陵王集學士於西邸，[4]並見圖畫，夬亦預焉。永明中，[5]與魏和親，敕夬與尚書殿中郎任昉同接魏使，[6]皆時選也。

[1]局幹：器量才能。

[2]弱冠：指二十歲。《禮記·曲禮上》："二十曰弱，冠。"　郢州：州名。治所在今湖北武漢市武昌。

[3]臨川王：南齊高帝子蕭映的封爵號。《南齊書》卷三五《高帝十二王》有傳。臨川，郡名。治所在今江西南城縣東南。　常侍：官名。王公國屬官，隨侍國主，掌諫諍、司儀。宋第七品，齊不詳。　驃騎：驃騎將軍之省稱，將軍名號。爲重號將軍，加授大臣及重要地方長官。齊第二品。　行參軍：官名。王公軍府屬官，參掌府曹事，位在正參軍之下。

[4]竟陵王：齊武帝子蕭子良封爵號。《南齊書》卷四〇《武十七王》有傳。竟陵，郡名。治所在今湖北鍾祥市。　西邸：竟陵王蕭子良別邸，在今江蘇南京市雞鳴山。

[5]永明：齊武帝年號（483—493）。

[6]敕：皇帝詔令。　尚書殿中郎：官名。尚書省諸曹郎之一，屬尚書左僕射。掌擬詔書，多用文學之士。齊第六品。　任昉：人名。本書卷一四有傳。

武帝嫡孫南郡王居西州，[1]以夬管書記，夬既以筆札被知，亦以貞正見許，故任焉。俄而文惠太子薨，[2]王爲皇太孫，夬仍管書記。及太孫即位，多失德，夬頗自疏，得爲秣陵令，[3]遷尚書都官郎。[4]隆昌末，[5]少帝見誅，[6]寵舊多罹其禍，惟夬及傅昭以清正免。[7]

[1]南郡王：齊文惠太子之子鬱林王蕭昭業之初封爵號。見《南齊書》卷四《鬱林王紀》。南郡，郡名。治所在今湖北荆州市。西州：在京師建康宫城之西南。南朝諸王多居此。

[2]文惠太子：齊武帝太子蕭長懋謚號文惠，故稱文惠太子。《南齊書》卷二一有傳。

[3]秣陵：縣名。治所在今江蘇南京市中華門外故報恩寺附近。

[4]尚書都官郎：官名。尚書省諸曹郎之一，隸都官尚書，掌軍事刑獄。齊第六品。

[5]隆昌：齊鬱林王年號（494）。

[6]少帝：《後漢書》卷五《安帝紀》王先謙《集解》引黄山曰："少者，未成乎帝之名。"此處指鬱林王蕭昭業。昭業被齊明帝謀殺。見《南齊書》卷四《鬱林王紀》。

[7]傅昭：人名。本書卷二六有傳。

明帝即位，以夬爲郢州治中，[1]有名稱職，以父老去官還鄉里。南康王爲荆州刺史，[2]引爲别駕。[3]義師起，[4]遷西中郎諮議參軍，别駕如故。時西土位望，[5]惟夬與同郡樂藹、劉坦爲州人所推信，故領軍將軍蕭穎胄深相委仗，[6]每事諮焉。高祖師發雍州，[7]穎胄遣夬出自楊口，[8]面禀經略，[9]並護送軍資，高祖甚禮之。中興初，[10]遷御史中丞，[11]以父憂去職。[12]起爲冠軍將軍、衛軍長史。[13]天監元年，[14]遷征虜長史、東海太守，[15]將軍如故。二年，徵爲太子右衛率。[16]是冬，遷五兵尚書，[17]參掌大選。[18]三年，卒，時年四十九。子曜卿嗣。[19]

[1]治中：官名。州府屬官，掌衆曹文書事。宋第八品，齊官品不詳。

[2]南康王：齊和帝蕭寶融封爵號。寶融初封隨郡王，其兄東昏侯寶卷即位，改封南康王，爲西中郎將、荆州刺史。見《南齊書》卷八《和帝紀》。　荆州：州名。治所在今湖北荆州市江陵。

[3]别駕：官名。州府屬官，與西曹書佐共掌本府官吏及選舉事。官品不詳。

[4]義師：齊末東昏侯蕭寶卷狂悖無道，雍州刺史蕭衍起兵於襄陽以討之，因稱其師爲義師。

[5]西土：指荆州。因荆州在京師建康之西，故稱。

[6]領軍將軍：將軍名號。爲禁衛軍最高統帥。管天下兵要，權任很重。宋第三品，齊不詳。　蕭穎胄：人名。南齊宗室支屬。《南齊書》卷三八《蕭赤斧傳》有附傳。

[7]高祖：梁武帝廟號。　雍州：州名。治所在今湖北襄樊市。

[8]楊口：地名。在今湖北潛江市西北，古楊水入沔水之口。

[9]經略：謀劃。

[10]中興：齊和帝年號（501—502）。中，舊本作“天”，此依中華書局本校改。

[11]御史中丞：官名。御史臺長官，掌督察百官，奏劾不法。六朝第一流高門多不居此職。員一人。齊及梁初第四品。

[12]父憂：父喪。

[13]冠軍將軍：將軍名號。齊第三品。　衛軍：即衛將軍，將軍名號。爲重號將軍，用以加大臣、重要地方長官，常以權臣兼任。宋第二品，齊不詳。

長史：官名。王公軍府屬官，掌本府官吏。齊第六品。

[14]天監：梁武帝年號（502—519）。

[15]征虜：征虜將軍之省稱，將軍名號。雖爲武官名，亦多爲文職高官的加官。宋第三品，齊及梁初不詳。　東海：郡名。南朝宋泰始五年（469）僑置。治所在今江蘇漣水縣。

[16]太子右衛率：官名。與太子左衛率合稱太子二率，掌東宫宿衛，亦統兵出征，地位頗重。宋第五品，梁初第四品。

[17]五兵尚書：官名。尚書省列曹尚書之一，掌全國軍事行政。梁初第三品。

[18]參掌：官制術語。奉敕掌管本官職權范圍之外的他項職事。　大選：南朝以吏部尚書爲大選，吏部郎爲小選。

[19]子曜卿嗣：中華書局本《校勘記》："上文不言宗夬封爵，此言'嗣'，如'嗣'字不是衍文，即上有脱文。"按，《南史》卷三七同傳無"嗣"字。此"嗣"字當是衍文。

夬從弟岳，有名行，州里稱之，出於夬右。[1]仕歷尚書庫部郎，[2]郢州治中，北中郎録事參軍事。[3]

[1]右：古以右爲尊，言"右"，等於説"上"。

[2]尚書庫部郎：官名。尚書省諸曹郎之一，屬都官尚書。掌兵器、儀仗。齊及梁初第六品。

[3]北中郎：北中郎將之省稱，將軍名號。東西南北四中郎將之一，爲統兵將領。或鎮守某一地區，爲方面大員。南朝多以宗室諸王擔任，地位頗重。宋第四品，齊及梁初不詳。　録事參軍事：官名。諸公軍府屬官，掌總録衆曹文簿，舉彈善惡。宋第七品，梁初第六品。按，參軍，由朝廷正式授予，稱爲參軍事。《宋書·百官志》："除拜則爲參軍事，府板則爲行參軍。"

劉坦字德度，南陽安衆人也，[1]晉鎮東將軍喬之七世孫。[2]坦少爲從兄虬所知。[3]齊建元初，[4]爲南郡王國常侍，[5]尋補孱陵令，[6]遷南中郎録事參軍，[7]所居以幹濟稱。[8]

[1]安衆：漢舊縣，治所在今河南鎮平縣東南。中華書局本《校勘記》："按：《晉書·劉喬傳》：'喬，南陽人。'《南齊書》、《南史》之《劉虬傳》並云：'南陽涅陽人，晉豫州刺史喬七世孫。'《南齊書·州郡志》，南陽郡領縣七，有涅陽，無安衆。此南陽安衆當就其漢世郡望而言。"

[2]鎮東將軍：將軍名號。東西南北四鎮將軍之一。多爲持節都督，出鎮方面，權勢很重。晉第三品。

[3]虬：劉虬，《南齊書》卷五四《高逸》有傳。

[4]建元：齊高帝年號（479—482）。

[5]南郡王：齊武帝子文惠太子蕭長懋之初封爵號。見《南齊書》卷二一《文惠太子傳》。

[6]孱陵：縣名。治所在今湖北公安縣西。

[7]南中郎：南中郎將之省稱，將軍名號。東南西北四中郎將之一。宋第四品，齊不詳。

[8]幹濟：幹練的辦事能力。

南康王爲荆州刺史，坦爲西中郎中兵參軍，[1]領長流。[2]義師起，遷諮議參軍。時輔國將軍楊公則爲湘州刺史，[3]帥師赴夏口，[4]西朝議行州事者，[5]坦謂衆曰："湘境人情，易擾難信。若專用武士，則百姓畏侵漁；[6]若遣文人，則威略不振。必欲鎮静一州城，軍民足食，則無踰老臣。先零之役，[7]竊以自許。"遂從之。

乃除輔國長史、長沙太守，[8]行湘州事。坦嘗在湘州，多舊恩，道迎者甚衆。下車簡選堪事吏，[9]分詣十郡，悉發人丁，運租米三十餘萬斛，致之義師，資糧用給。[10]

[1]中兵參軍：官名。諸公軍府屬官，掌本府親兵。宋第七品，齊不詳。

[2]領：官制術語。已有實授主職，又兼任較低職務而不居其位。　長流：長流參軍的省稱，官名。諸公軍府屬官，掌禁防。宋第七品，齊不詳。

[3]輔國將軍：將軍名號。齊第三品。　楊公則：人名。本書卷一〇有傳。　湘州：州名。治所在今湖南長沙市。

[4]夏口：地名。在今湖北武漢市黄鵠山。

[5]西朝：蕭衍起兵後，南康王寶融爲帝，建朝於荆州。荆州在建康之西，故稱西朝或西臺。　行州事者：代行州府政事的人。

[6]侵漁：侵奪獵取。

[7]先零之役：漢宣帝神爵元年（前61），先零羌人侵犯邊塞。漢將義渠安國爲羌人所擊，失亡車重甚衆，引還。趙充國時年七十餘，宣帝使御史大夫丙吉問誰可將者。充國對曰："亡逾於老臣者矣。"宣帝用趙充國爲將，先零終降服。事詳《漢書》卷六九《趙充國傳》。

[8]長沙：郡名。治所在今湖南長沙市。

[9]簡選：選拔。

[10]給：充足。

時東昏遣安成太守劉希祖破西臺所選太守范僧簡於平都，[1]希祖移檄湘部，[2]於是始興内史王僧粲應之。[3]邵陵人逐其内史褚洊，[4]永陽人周暉起兵攻始安郡，[5]並應僧粲。桂陽人邵曇弄、鄧道介報復私讎，[6]因合黨亦同焉。僧粲自號平西將軍、湘州刺史，以永陽人周舒爲謀主，師于建寧。[7]自是湘部諸郡，悉皆蜂起；惟臨湘、湘陰、瀏陽、羅四縣猶全。[8]州人咸欲汎舟逃走，坦悉聚船焚之，遣將尹法略距僧粲，相持未決。前湘州鎮軍鍾玄紹潛謀應僧粲，[9]要結士庶數百人，皆連名定計，刻日反州城。坦聞其謀，僞爲不知，因理訟至夜，而城門遂不閉，以疑之。玄紹未及發，明旦詣坦問其故。坦久留與語，密遣親兵收其家書，玄紹在坐未起，而收兵已報具得其文書本末，玄紹即首伏，[10]於坐斬之。焚其文書，其餘黨悉無所問，衆愧且服，州部遂安。法略與僧粲相持累月，建康城平，[11]公則還州，羣賊始散。

[1]安成：郡名。治平都，在今江西安福縣東南。

[2]移：以公文發往平行機關。　檄：文體之一種。用於徵召、曉喻、申討等的文書。

[3]始興：郡名。治所在今廣東韶關市東南蓮花嶺下。《南齊書》卷三八《蕭赤斧傳》附《蕭穎胄傳》作“湘東”。　内史：官名。王國行政長官，掌治民。宋第五品，齊不詳。

[4]邵陵：郡名。治所在今湖南邵陽市。

[5]永陽：郡名。治所在今湖南道縣西北。　始安：郡名。治所在今廣西桂林市。

[6]桂陽：郡名。治所在今湖南郴州市。

[7]建寧：縣名。治所在今湖南株洲縣。

[8]臨湘：縣名。治所在今湖南長沙市。　湘陰：縣名。治所

在今湖南湘陰縣西北。　瀏陽：縣名。治所在今湖南瀏陽市東北官渡。　羅：縣名。治所在今湖南汨羅市北。

[9]前湘州鎮軍：《通鑑》卷一四四《齊紀十》"和帝中興元年"下胡三省注："按當時州府官屬無鎮軍之稱，此必《梁書》之誤。"

[10]首伏：同"首服"，自首服罪。

[11]建康城平：齊東昏侯永元三年（501）冬，蕭衍軍圍京師建康城，城内誅東昏侯蕭寶卷，送首蕭衍。蕭衍軍入城。事詳本書卷一《武帝紀上》。

天監初，論功封荔浦縣子，[1]邑三百户。遷平西司馬、新興太守。[2]天監三年，遷西中郎長史，[3]卒，時年六十二。子泉嗣。

[1]荔浦：縣名。治所在今廣西荔蒲縣西荔水北。

[2]平西：平西將軍之省稱，將軍名號。與平東、平南、平北將軍合稱四平將軍，多兼鎮守地區的刺史，統掌軍政事務，職任頗重。宋第三品，齊及梁初不詳。　司馬：官名。王公軍府屬官，掌本府武官。宋第六至第七品，梁初不詳。　新興：郡名。治所在今湖北荆州市江陵區東。

[3]長史：舊本脱此二字，此依中華書局本校補。

樂藹字蔚遠，南陽淯陽人，[1]晉尚書令廣之六世孫，[2]世居江陵。其舅雍州刺史宗愨，[3]嘗陳器物，試諸甥姪。藹時尚幼，而所取惟書，愨由此奇之。又取史傳各一卷授藹等，使讀畢，言所記。藹略讀具舉，愨益善之。

[1]淯陽：縣名。治所在今河南南陽市南。此樂氏祖籍。

[2]廣：樂廣，《晉書》卷四三有傳。

[3]宗慤：人名。南陽郡人。《宋書》卷七六有傳。

宋建平王景素爲荆州刺史，[1]辟爲主簿。[2]景素爲南徐州，[3]復爲征北刑獄參軍，[4]遷龍陽相。[5]以父憂去職，吏民詣州請之，葬訖起焉。[6]時齊豫章王嶷爲武陵太守，[7]雅善藹爲政，及嶷爲荆州刺史，以藹爲驃騎行參軍、領州主簿，參知州事。[8]嶷嘗問藹風土舊俗，城隍基跱，[9]山川險易，藹隨問立對，若按圖牒，[10]嶷益重焉。州人嫉之，或譖藹廨門如市，嶷遣覘之，[11]方見藹閉閤讀書。[12]嶷還都，以藹爲太尉刑獄參軍，典書記，遷枝江令。[13]還爲大司馬中兵參軍，轉署記室。[14]

[1]建平王景素：宋孝武帝弟劉宏之子景素，襲父爵爲建平王。《宋書》卷七二《文九王》有附傳。建平，郡名。治所在今重慶市巫山縣北。

[2]主簿：官名。漢以下中央各機構及地方州郡官府皆置，掌文書簿籍，爲掾吏之首。官品隨府主職位高下而異。

[3]南徐州：州名。治所在今江蘇鎮江市。

[4]征北：征北將軍之省稱，將軍名號。東南西北四征將軍之一。多爲持節都督，出鎮方面，地位顯要。宋第三品。　刑獄參軍：官名。王公軍府屬官，掌刑獄。宋第七品。

[5]龍陽：縣名。治所在今湖南漢壽縣。　相：官名。職同縣令。縣爲封國，其治民之長官則稱爲相。

[6]起：出仕。

[7]豫章王嶷：齊武帝弟蕭嶷封爵號豫章郡王。見《南齊書》卷二一《豫章文獻王傳》。　武陵：郡名。治所在今湖南常德市。

[8]參知：官制術語。奉特敕掌典知本官職權範圍外的他項事務。

[9]基跱：城足，墻足。跱，同"趾"。

[10]圖牒：圖譜。

[11]覘：窺視，偵察。

[12]閉：三朝本、百衲本作"闔"。

[13]枝江：縣名。治所在今湖北枝江縣東北。

[14]署：官制術語。試署以暫理其職事。　記室：記室參軍之省稱，官名。王公軍府屬官，掌文書。宋第七品，齊不詳。

永明八年，荆州刺史巴東王子響稱兵反，[1]既敗，焚燒府舍，官曹文書，一時蕩盡。武帝引見藹，問以西事，[2]藹上對詳敏，帝悦焉。用爲荆州治中，敕付以脩復府州事。藹還州，繕脩廨署數百區，頃之咸畢，而役不及民。荆部以爲自晉王忱移鎮以來府舍，[3]未之有也。

[1]巴東王子響：齊武帝子蕭子響初封巴東王，永明七年（489）爲荆州刺史。因擅殺長史劉寅等人，齊武帝遣使檢捕，子響率軍拒之，終被殺。事詳《南齊書》卷四〇《武十七王·魚復侯子響傳》。巴東，郡名。治所在今重慶市奉節縣東。

[2]西事：指荆州之事。荆州在京師建康之西，故稱。

[3]王忱：人名。晉琅邪臨沂人。孝武帝太元（376—396）中，爲荆州刺史，威風肅然，殊得物和。《晉書》卷七五有傳。忱，舊本訛"悦"，此依中華書局本校改。

十年，豫章王嶷薨，[1]藹解官赴喪，率荆、湘二州故吏，[2]建碑墓所。累遷車騎平西録事參軍，[3]步兵校尉，[4]求助戍西歸。[5]

[1]十年，豫章王嶷薨：考《南齊書》卷三《武帝紀》及卷二二《豫章王嶷傳》，嶷之薨在永明十年（492）四月，十年，各本作“九年”，誤，今改。又，《南史》卷五六同傳删“九年”二字。

[2]湘：州名。治所在今湖南長沙市。按，蕭嶷於齊初曾官荆、湘二州刺史，故樂藹率荆湘二州故吏爲之建碑。二州，舊本作“二牧”，中華書局本據《南史》校改，今從。

[3]車騎：車騎將軍之省稱，將軍名號。爲重號將軍，多用以加授大臣及重要地方長官。宋第二品，齊不詳。

[4]步兵校尉：官名。禁衛軍五校尉之一，掌隨從侍衛。宋第四品，齊不詳。

[5]西歸：指歸荆州。因荆州在京師建康之西，故云。

南康王爲西中郎，[1]以藹爲諮議參軍。義師起，蕭穎胄引藹及宗夬、劉坦，[2]任以經略。[3]梁臺建，[4]遷鎮軍司馬、中書侍郎、尚書左丞。[5]時營造器甲，舟艦軍糧，及朝廷儀憲，悉資藹焉。尋遷給事黄門侍郎，[6]左丞如故。和帝東下，[7]道兼衛尉卿。[8]

[1]南康王：齊和帝蕭寶融初封隨郡王，其兄寶卷即位，改封南康王，官西中郎將、荆州刺史。見《南齊書》卷八《和帝紀》。

[2]蕭穎胄：人名。齊皇室支屬。時爲南康王西中郎長史，行府州事。

[3]經略：謀劃。

[4]梁臺建：指蕭衍受封爲梁公，建臺治事。臺，官署。

[5]鎮軍：鎮軍將軍之省稱，將軍名號。齊時位在四征將軍之上。第三品。　中書侍郎：官名。中書省屬官，舊掌詔命。南朝宋以後草擬詔命之權漸歸中書舍人，侍郎職少官清，成爲諸王起家官。員四人。齊第五品。　尚書左丞：官名。尚書省屬官，掌宗廟郊祠、吉慶瑞應災異、主作格制、諸案彈、選用除置、吏補滿除遣注職。員一人。齊第六品。

[6]給事黄門侍郎：官名。門下省次官，與侍中共掌門下衆事，侍從左右，管知詔令，職任顯要。員四人。齊第五品。

[7]和帝東下：齊東昏侯永元三年（501）三月，南康王蕭寶融即帝位於江陵，改元中興。次年三月東歸，至姑蘇而禪位於蕭衍。事見《南齊書》卷八《和帝紀》。

[8]衛尉卿：官名。九卿之一。掌宫城禁防。宋第三品，齊不詳。按，《隋書·百官志》："諸卿，梁初猶依宋、齊，皆無卿名。"然則此"衛尉卿"乃姚思廉以後稱前。參楊樹達《古書疑義舉例續補》卷一《以後稱前例》。

天監初，遷驍騎將軍，領少府卿；[1]俄遷御史中丞，領本州大中正。[2]初，藹發江陵，無故於船得八車輻，如中丞健步避道者，至是果遷焉。藹性公强，[3]居憲臺甚稱職。[4]時長沙宣武王將葬，[5]而車府忽於庫失油絡，欲推主者。[6]藹曰："昔晉武庫火，張華以爲積油萬石必然。[7]今庫若有灰，非吏罪也。"既而檢之，果有積灰，時稱其博物弘恕焉。

[1]驍騎將軍：將軍名號。禁衛軍六軍之一，領營兵，兼統宿衛。宋第四品，齊及梁初不詳。　少府卿：官名。九卿之一。掌宫

中服御之物。梁初第四品。

[2]大中正：官名。掌一州人才之考察，定其鄉品，以爲選授官吏之依據。多爲他官兼領。

[3]公强：公正，堅定。

[4]憲臺：即御史臺。御史臺掌執法，故稱。

[5]長沙宣武王：梁武帝長兄蕭懿，齊末遇害，蕭衍即位，追封爲長沙郡王，謚曰宣武。長沙，郡名。治所在今湖南長沙市。

[6]推：追究。

[7]張華：人名。晉范陽方城人，官至司空，封廣武縣侯，博學多識。《晉書》卷三六有傳。　然：古"燃"字。

二年，出爲持節、督廣交越三州諸軍、冠軍將軍、平越中郎將、廣州刺史。[1]前刺史徐元瑜罷歸，道遇始興人士反，[2]逐内史崔睦舒，因掠元瑜財産。元瑜走歸廣州，借兵於藹，託欲討賊，而實謀襲藹。藹覺之，誅元瑜。尋進號征虜將軍，[3]卒官。

[1]持節：古代大臣奉天子之命出行，持節以爲憑證並示威重。魏晉以後以爲官名，有假節、持節、使持節之分，權力亦有小大之别。多爲都督諸州軍事及刺史總軍戎者。軍事長官出行時，持節可殺無官位之人，在軍事行動中，享有誅殺二千石以下官員的權力。宋持節都督爲第二品，齊及梁初不詳。　廣交越：皆州名。廣州，治所在今廣東廣州市；交州，治所在今越南北寧省仙遊東；越州，治所在今廣西合浦縣東北舊州東。　平越中郎將：武官名號。主管南越事務，治廣州。宋第四品，梁初不詳。

[2]始興：郡名。治所在今廣東韶關市東南蓮花嶺下。

[3]征虜將軍：將軍名號。亦可作爲高級文職官員的加官。宋第三品，梁初不詳。

藹姊適徵士同郡劉虬，[1]亦明識有禮訓。藹爲州，迎姊居官舍，參分禄秩，西土稱之。[2]

[1]徵士：朝廷徵聘而不願就仕的人。　劉虬：屢徵不仕。詳《南齊書》卷五四《高逸》。

[2]西土：指荆州。因其在建康之西，故稱。

子法才，字元備，幼與弟法藏俱有美名。[1]少遊京師，造沈約，[2]約見而稱之。齊和帝爲相國，召爲府參軍，鎮軍蕭穎胄辟主簿。梁臺建，除起部郎。[3]天監二年，藹出鎮嶺表，法才留任京邑，遷金部郎，[4]父憂去官。服闋，[5]除中書通事舍人，[6]出爲本州别駕。入爲通直散騎侍郎，[7]復掌通事，遷尚書右丞。[8]晉安王爲荆州，[9]重除别駕從事史。復徵爲尚書右丞，出爲招遠將軍、建康令。[10]不受俸秩，比去任，將至百金，縣曹啓輸臺庫。[11]高祖嘉其清節，曰："居職若斯，可以爲百城表矣。"即日遷太舟卿。[12]尋除南康内史，恥以讓俸受名，辭不拜。俄轉雲騎將軍、少府卿。[13]出爲信武長史、江夏太守。[14]因被代，表便道還鄉。至家，割宅爲寺，棲心物表。皇太子以法才舊臣，累有優令，[15]召使東下，未及發而卒，時年六十三。

[1]法藏：舊本脱"法"字，此依中華書局本校補。

[2]沈約：人名。本書卷一三有傳。

[3]起部郎：官名。尚書省諸曹郎之一，屬度支尚書，掌宫室、

宗廟之營造。梁初第六品。

[4]金部郎：官名。尚書省諸曹郎之一，屬度支尚書，掌金寶、貨物。梁初第六品。

[5]服闋：服喪期滿。

[6]中書通事舍人：官名。中書省官屬，掌呈奏案章。劉宋時漸用寒士及皇帝親信擔任，奪中書侍郎出令權。至梁則選以才能，不限資地，掌中書詔誥，多以他官兼領。梁初第八品。

[7]通直散騎侍郎：官名。集書省官屬，掌侍從左右，省諸奏聞文書，與散騎侍郎通直。劉宋以後多爲加官，不爲人所重。員四人。宋第五品，梁初不詳。

[8]尚書右丞：官名。尚書臺官屬，掌臺内藏及廬舍，凡諸器用之物，督録遠道文書章表奏事。員一人。梁初第四品。

[9]晉安王：梁簡文帝蕭綱初封晉安郡王，天監十三年（514）爲荆州刺史。見本書《簡文帝紀》。晉安，郡名。治所在今福建福州市。

[10]招遠將軍：將軍名號。梁置。梁天監七年（508）革選，釐定將軍名號及班品，有一百二十五號十品二十四班，以班多者爲貴。招遠將軍爲一百二十五號將軍之一，二班。　建康：縣名。治所在今江蘇南京市。

[11]臺庫：即國庫。臺，指中央政府。

[12]太舟卿：官名。梁以都水使者改稱，爲十二卿之最末者，主舟航堤渠。天監七年革選，定流内官職爲十八班，以班多者爲貴。太舟卿爲九班。“太舟”，舊本作“太府”，誤。此依中華書局本校改。

[13]雲騎將軍：官名。梁天監六年（507）以舊驍騎將軍改，禁衛軍六軍之一，領營兵，兼統宿衛，梁十班。

[14]信武：信武將軍之省稱，將軍名號。梁置，與智武、仁武等將軍代舊冠軍將軍，可由文職清官兼領。爲一百二十五號將軍之一，十五班。　長史：官名。王公軍府屬官，職掌同前代。梁十班

至六班。　江夏：郡名。治所在今湖北武漢市武昌。

[15]優令：皇太子及諸王所發佈的獎掖、慰勉臣下的文書。

陳吏部尚書姚察曰：[1]蕭穎胄起大州之衆以會義，當其時，人心未之能悟。此三人者，楚之鎮也。經營締構，蓋有力焉。方面之功，[2]坦爲多矣；當官任事，藹則兼之。咸登寵秩，宜乎！

[1]陳吏部尚書姚察：姚察仕陳，官吏部尚書。《陳書》卷二七有傳。吏部尚書，官名，掌官吏銓選、任免。陳第三品。清·錢大昕《廿二史考異》卷二六有云："思廉修梁陳書，皆因其父察所撰而續成之。梁史諸論述其父説，必稱'陳吏部尚書姚察曰'，仿孟堅《漢書》稱'司徒掾班彪'之例也。其但稱'史臣'者，出自思廉新意。"

[2]方面：一方的軍事政務。

梁書 卷二〇

列傳第十四

劉季連 陳伯之

劉季連字惠續，彭城人也。[1]父思考，[2]以宋高祖族弟顯於宋世，[3]位至金紫光禄大夫。[4]

[1]彭城：郡名。治所在今江蘇徐州市。

[2]思考：劉思考，《宋書》卷五一《宗室傳》有附傳。

[3]宋高祖：宋武帝劉裕廟號高祖。

[4]金紫光禄大夫：官名。屬光禄勳。光禄大夫之重者加金章紫綬，則稱金紫光禄大夫。養老疾，無職事。宋第三品。

季連有名譽，早歷清官。[1]齊高帝受禪，悉誅宋室近屬，將及季連等，太宰褚淵素善之，[2]固請乃免。

[1]清官：政事清簡的官職。六朝重門第，官職有清濁之别，清官一般爲士族所居。

[2]太宰：官名。三公之首，掌邦治。六朝多用作贈官，以安

置元老重臣。齊第一品。　褚淵：人名。祖籍河南郡陽翟縣。仕齊，官至司空、録尚書事。薨，贈太宰。《南齊書》卷二三有傳。

建元中，[1]季連爲尚書左丞。[2]永明初，[3]出爲江夏内史，[4]累遷平南長沙内史，[5]冠軍長史、廣陵太守，[6]並行府州事。[7]入爲給事黄門侍郎，[8]轉太子中庶子。[9]建武中，[10]又出爲平西蕭遥欣長史、南郡太守。[11]時明帝諸子幼弱，内親則仗遥欣兄弟，外親則倚后弟劉暄、内弟江祏。[12]遥欣之鎮江陵也，[13]意寄甚隆；而遥欣至州，多招賓客，厚自封殖，[14]明帝甚惡之。季連族甥琅邪王會爲遥欣諮議參軍，[15]美容貌，頗才辯，遥欣遇之甚厚。會多所慠忽，[16]於公座與遥欣競侮季連，季連憾之，[17]乃密表明帝，稱遥欣有異迹，[18]明帝納焉，乃以遥欣爲雍州刺史。[19]明帝心德季連，四年，[20]以爲輔國將軍、益州刺史，[21]令據遥欣上流。季連父，宋世爲益州，貪鄙無政績，州人猶以義故，善待季連。季連下車，[22]存問故老，撫納新舊，見父時故吏，皆對之流涕。辟遂寧人龔愜爲府主簿。[23]愜，龔穎之孫，[24]累世有學行，故引焉。

[1]建元：齊高帝年號（479—482）。

[2]尚書左丞：官名。佐尚書令、僕射知省事，並掌宗廟郊祠、吉慶瑞應灾異、立作格制、諸案彈，選用除置、吏補滿除遣注職。員一人。齊第六品。

[3]永明：齊武帝年號（483—493）。

[4]江夏：郡名。治所在今湖北武漢市武昌。　内史：官名。

王國行政長官，掌治民。宋第五品，齊不詳。齊永明年間，江夏郡爲武帝弟蕭鋒之封國。

[5]平南：平南將軍之省稱，將軍名號。與平東、平西、平北將軍合稱四平將軍。多持節都督或監某一地區的軍事，或作爲刺史兼理軍務的加官。宋第三品，齊不詳。按，劉季連此時不可能爲平南將軍，中華書局本《校勘記》引張森楷《校勘記》云，“平南”下疑脱“長史”二字。　長沙：郡名。治所在今湖南長沙市。齊永明年間，長沙郡爲武帝弟蕭晃之封國。

[6]冠軍：冠軍將軍之省稱，將軍名號。齊第三品。　長史：官名。王公軍府屬官，掌本府官吏。宋第六至第七品，齊不詳。　廣陵：郡名。治所在今江蘇揚州市西北蜀岡。

[7]行府州事：六朝時，皇帝之子往往年幼即出鎮一方，或府主以事他出，因而以長史代行王府及州府之政事，叫做行府州事。

[8]給事黄門侍郎：官名。門下省次官，佐侍中掌門下衆事，侍從左右，關通中外。職任頗重。員四人。齊第五品。

[9]太子中庶子：官名。東宫屬官，掌侍從及文翰。員四人。齊五品。

[10]建武：齊明帝年號（494—498）。

[11]平西：平西將軍之省稱，將軍名號。東西南北四平將軍之一。宋第三品，齊不詳。　蕭遥欣：人名。齊宗室。《南齊書》卷四五《宗室》有傳。　南郡：郡名。治所在今湖北荆州市。

[12]劉暄：人名。彭城人，齊明帝劉皇后弟。　江祏：人名。祖籍濟陽考城。《南齊書》卷四二有傳。

[13]江陵：縣名。齊荆州鎮所，在今湖北荆州市。建武元年蕭遥欣爲荆州刺史，鎮江陵。

[14]封殖：聚斂財物。

[15]琅邪：郡名。治所在今山東諸城縣。此當是王會祖籍。　諮議參軍：官名。諸公軍府屬官，掌諷議。宋第七品，齊不詳。

[16]慠忽：驕傲而輕視别人。慠，同“傲”。

[17]憾：怨恨。

[18]異迹：指叛逆的行爲。

[19]雍州：州名。治所在今湖北襄樊市。

[20]四年：據《南齊書》卷一三同傳《明帝紀》及卷四五《宗室傳》，蕭遥欣爲雍州刺史在永泰元年（498）二月。明帝以季連爲益州刺史居遥欣上流當在永泰元年二月以後。此記爲建武“四年”(497)，疑有誤。《南史》卷一三同傳删“四年”二字。

[21]輔國將軍：將軍名號。齊第三品。　益州：州名。治所在今四川成都市。

[22]下車：指官吏初到任。

[23]遂寧：郡名。治所在今四川射洪縣南。　主簿：官名。漢以下中央各機構及地方州郡皆置，掌文書簿籍，爲掾吏之首。其官品隨府主職位高下而異。

[24]龔穎：人名。《宋書》卷九一《孝義》有傳。

東昏即位，[1]永元元年，[2]徵季連爲右衛將軍，[3]道斷不至。季連聞東昏失德，京師多故，稍自驕矜。本以文史知名，性忌而褊狹，[4]至是遂嚴愎酷狠，土人始懷怨望。其年九月，季連因聚會，發人丁五千人，聲以講武，[5]遂遣中兵參軍宋買率之以襲中水。[6]穰人李託豫知之，[7]設備守險，買與戰不利，還州，郡縣多叛亂矣。是月，新城人趙續伯殺五城令，[8]逐始平太守。[9]十月，晉原人樂寶稱、李難當殺其太守，[10]寶稱自號南秦州刺史，[11]難當益州刺史。十二月，季連遣參軍崔茂祖率衆二千討之，齎三日糧。[12]值歲大寒，羣賊相聚，伐樹塞路，軍人水火無所得，大敗而還，死者十七八。明年正月，新城人帛養逐遂寧太守譙希淵。三月，巴西人雍道晞率羣賊萬餘逼巴西，[13]去郡數里，道晞稱鎮西將軍，號建義。巴西太守魯休烈與涪令李膺嬰城自守，[14]季連遣中兵參軍李奉伯率衆五千救之。奉伯至，與郡兵破擒道晞，斬之涪市。奉伯因獨進巴西之東鄉討餘賊。[15]李膺止之曰："卒惰將驕，乘勝履險，非良策也。不如小緩，更思後計。"奉伯不納，悉衆入山，大敗而出，遂奔還州。六月，江陽人程延期反，[16]殺太守何法藏。魯休烈懼不自保，奔投巴東相蕭慧訓。[17]十月，巴西人趙續伯又反，有衆二萬，出廣漢，[18]乘佛輿，以五綵裹青石，誑百姓云："天與我玉印，當王蜀。"愚人從之者甚衆。季連進討之，遣長史趙越常前驅。兵敗，季連復遣李奉伯由涪路討之。奉伯別軍自潺亭與大軍會於城，[19]進攻其柵，大破之。

[1]東昏：指齊東昏侯蕭寶卷。永泰元年（498），齊明帝崩，第二子寶卷即位。永元三年（501）被誅，追封東昏侯。詳《南齊書》卷七《東昏侯紀》。

[2]永元：齊東昏侯蕭寶卷年號（499—501）。

[3]右衛將軍：將軍名號。與左衛將軍分掌宮廷宿衛營兵，或領兵出征，是禁衛軍主要將領。齊第四品。

[4]褊狹：器量狹隘。

[5]聲：揚言。　講武：講習武事。

[6]中兵參軍：官名。王公軍府屬官，掌本府親兵。宋第七品，齊不詳。　中水：縣名。治所在今四川中江縣。

[7]穰：縣名。治所在今四川南部縣西北。

[8]新城：郡名。治所在今四川三臺縣。中華書局本《校勘記》

云："按下文'巴西人趙續伯又反'，前後互異。又《南史》及《太平御覽》八二一皆謂趙續伯是巴西人。"　五城：縣名。治所在今四川中江縣東南。

[9]始平：郡名。治所在今四川三臺縣西北。

[10]晉原：郡名。治所在今四川崇州市西北懷遠鎮。

[11]南秦州：州名。治所在今甘肅成縣西北。

[12]齎（jī）：携帶。

[13]巴西：郡名。治所在今四川閬中市。

[14]涪：縣名。治所在今四川綿陽市東。

[15]東鄉：縣名。治所在今四川宣漢縣東北。

[16]江陽：郡名。治所在今四川彭山縣東。

[17]巴東：縣名。治所在今湖北巴東縣西北舊縣。　相：侯國行政長官，職同縣令。官品隨本國户數而異。

[18]廣漢：縣名。治所在今四川射洪縣南。

[19]潺亭：縣名。治所在今四川德陽市東北羅江鎮。

時會稽人石文安字守休，[1]隱居鄉里，專行禮讓，代季連爲尚書左丞，出爲江夏内史，又代季連入爲御史中丞，[2]與季連相善。子仲淵字欽回，聞義師起，[3]率鄉人以應高祖。[4]天監初，[5]拜郢州别駕，[6]從高祖平京邑。[7]

[1]會稽：郡名。治所在今浙江紹興市。　字守休：舊本脱"字"字，此依中華書局本校補。

[2]御史中丞：官名。御史臺長官，掌督司百僚，案劾不法。六朝第一流高門多不居此職。員一人。齊第四品。

[3]義師：齊末東昏侯蕭寶卷狂悖無道，雍州刺史蕭衍起兵以討之，因稱其師爲義師。

[4]高祖：梁武帝蕭衍廟號。

[5]天監：梁武帝年號（502—519）。

[6]郢州：州名。治所在今湖北武漢市武昌。　别駕：即别駕從事史，州府屬官，掌本府官吏及選舉事。齊官品不詳。

[7]從高祖平京邑：蕭衍平京邑在即位改元天監之前，此述於“天監初”之後，失次。或“天監”爲“中興”之誤。蕭衍於齊和帝中興二年（502）四月即帝位，改元天監。

明年春，遣左右陳建孫送季連弟通直郎子淵及季連二子使蜀，[1]喻旨慰勞。季連受命，飭還裝。高祖以西臺將鄧元起爲益州刺史。[2]元起，南郡人。季連爲南郡之時，素薄元起。典籤朱道琛者，[3]嘗爲季連府都録，[4]無賴小人，有罪，季連欲殺之，逃叛以免。至是説元起曰：“益州亂離已久，公私府庫必多秏失，劉益州臨歸空竭，豈辦復能遠遣候遞。道琛請先使檢校，緣路奉迎；不然，萬里資糧，未易可得。”元起許之。道琛既至，言語不恭，又歷造府州人士，[5]見器物輒奪之，有不獲者，語曰：“會當屬人，[6]何須苦惜。”[7]於是軍府大懼，謂元起至必誅季連，禍及黨與，競言之於季連。季連亦以爲然；又惡昔之不禮元起也，益憤懣。司馬朱士略説季連，[8]求爲巴西郡，留三子爲質，季連許之。頃之，季連遂召佐史，矯稱齊宣德皇后令，[9]聚兵復反，收朱道琛殺之。書報朱士略，兼召李膺。膺、士略並不受使。[10]使歸，元起收兵於巴西以待之，季連誅士略三子。

[1]通直郎：通直散騎侍郎之省稱，官名。掌侍從左右，與散騎侍郎通直。劉宋以後，多爲加官，不爲人所重。員四人。齊官品不詳。

[2]西臺：齊和帝於永元三年（501）即位於江陵，江陵在建康之西，故稱西臺。　鄧元起：人名。和帝即位，授之冠軍將軍、廣州刺史，故稱爲西臺將。本書卷一〇有傳。

[3]典籤：官名。本爲掌管文書的小吏。南朝王公軍州府乃至丹陽尹皆置，掌監察、糾彈府主之大權，多由皇帝之親信充任，權力尤重，稱爲籤帥。參高敏、張旭華《南朝典籤制度考略》。

[4]都録：官名。《通鑑》卷一四五《梁紀一》“天監元年”下胡三省注：“都録，蓋郡之吏首，總録諸吏者也。”

[5]造：造訪。

[6]會當：終將。

[7]苦：極，特别。

[8]司馬：官名。王公軍府屬官，掌本府武官。宋第六至第七品，齊不詳。

[9]宣德皇后：齊文惠太子蕭長懋后王寶明。其子鬱林王昭業即位，尊其爲皇太后，稱宣德宫。永元三年，蕭衍平京邑，迎后入宫稱制。《南齊書》卷二〇《皇后》有傳。　令：皇后、皇太子發佈的文書。

[10]使：使者。

天監元年六月，元起至巴西，季連遣其將李奉伯等拒戰。兵交，互有得失。久之，奉伯乃敗退還成都。[1]季連驅略居人，閉城固守。元起稍進圍之。是冬，季連城局參軍江希之等謀以城降，[2]不果，季連誅之。蜀中喪亂已二年矣，城中食盡，升米三千，亦無所糴，餓死者相枕。其無親黨者，又殺而食之。季連食粥累月，飢窘無計。二年正月，高祖遣主書趙景悦宣詔降季連，[3]季連肉袒請罪。元起遷季連於城外，俄而造焉，待之以禮。季連謝曰：“早知如此，豈有前日之事。”元起誅李奉伯并諸渠帥，[4]送季連還京師。季連將發，人莫之視，惟龔愜送焉。

[1]成都：縣名。益州治所，在今四川成都市。

[2]城局參軍：官名。諸公軍府屬官，東晉末劉裕分賊曹置。掌治盜賊事。宋第七品，齊及梁初不詳。

[3]主書：官名。中書省屬官，掌文書。宋第八品，梁初第九品。

[4]渠帥：首領。

初，元起在道，懼事不集，[1]無以爲賞，士之至者，皆許以辟命，[2]於是受别駕、治中檄者，[3]將二千人。

[1]集：成功。

[2]辟命：徵授官職。

[3]治中：即治中從事史，官名。州府屬官。掌衆曹文書事。梁初官品不詳。　檄：官府用以徵召的文書。

季連既至，詣闕謝，[1]高祖引見之。季連自東掖門入，[2]數步一稽顙，[3]以至高祖前。高祖笑謂曰：“卿欲慕劉備而曾不及公孫述，[4]豈無卧龍之臣乎。”[5]季連復稽顙謝。赦爲庶人。四年正月，因出建陽門，[6]爲蜀人藺道恭所殺。季連在蜀，殺道恭父，道恭出亡，至是而報復焉。

[1]闕：指皇帝所居。

[2]東掖門：京師建康宫前東旁門。

[3]稽顙：跪拜時以頭觸地，表示極度悲傷。本用於父母之喪時跪拜賓客之禮，後用以請罪。

[4]卿欲慕劉備：漢獻帝建安十三年（208）赤壁之戰後，劉備用諸葛亮之謀策，據益州，建蜀漢，稱帝。詳《三國志》卷三二《先主傳》。　公孫述：人名。漢扶風茂陵人。西漢末，述起兵，據益州，自立爲蜀王。後稱帝。終爲漢軍所破，被殺。《後漢書》卷三有傳。

[5]卧龍：指諸葛亮。見《三國志》卷三五《諸葛亮傳》。

[6]建陽門：京師建康宫城東門。

陳伯之，濟陰睢陵人也。[1]幼有膂力。[2]年十三四，好著獺皮冠，帶刺刀，候伺鄰里稻熟，輒偷刈之。嘗爲田主所見，呵之云："楚子莫動！"[3]伯之謂田主曰："君稻幸多，一擔何苦？"田主將執之，伯之因杖刀而進，[4]將刺之，曰："楚子定何如！"田主皆反走，伯之徐擔稻而歸。及年長，在鍾離數爲刦盜，[5]嘗授面覘人船，[6]船人斫之，獲其左耳。後隨鄉人車騎將軍王廣之，[7]廣之愛其勇，每夜卧下榻，征伐嘗自隨。

[1]濟陰：郡名。治所在今山東定陶縣西北。　睢陵：縣名。治所在今江蘇睢寧縣。

[2]膂（lǚ）力：臂力。

[3]楚子：駡人的話，意謂品行不好的人。一説：南朝史乘稱淮南或江西爲楚，陳伯之乃濟陰睢陵人，“正當淮南之地”，故被田主呵之爲“楚子”。詳《陳寅恪魏晉南北朝史講演録》第十一篇。

[4]杖：通“仗”，持。

[5]鍾離：郡名。治所在今安徽鳳陽縣東北。

[6]授面：《四庫全書考證》卷二六有云：“‘嘗援面覘人船’，刊本‘援’訛‘授’，蓋汲古閣本之訛。考《説文》：‘援，引也。’援面，猶引領、引頸之類。”按，舊本《南史》卷六一同傳亦作“援”。

[7]車騎將軍：將軍名號。爲重號將軍，多加授大臣、重要地方長官。宋第二品，齊不詳。　王廣之：人名。沛郡相縣人。仕齊，官侍中，鎮軍將軍。卒。贈散騎常侍、車騎將軍。《南齊書》卷二九有傳。

齊安陸王子敬爲南兖州，[1]頗持兵自衛。明帝遣廣之討子敬，廣之至歐陽，[2]遣伯之先驅，因城開，獨入斬子敬。又頻有戰功，以勳累遷爲冠軍將軍、驃騎司馬，[3]封魚復縣伯，[4]邑五百户。

[1]安陸王子敬：齊武帝子蕭子敬封爵號安陸王。鬱林王隆昌元年（494），子敬爲南兖州刺史。《南齊書》卷四〇《武十七王》有傳。安陸，郡名。治所在今湖北安陸市。　南兖州：州名。治所在今江蘇揚州市西北蜀岡。

[2]歐陽：即歐陽埭。在今江蘇儀徵市東古運河上。

[3]冠軍將軍：將軍名號。齊第三品。　驃騎：驃騎將軍之省稱，將軍名號。六朝時重號將軍，多加授大臣、重要地方長官。齊第二品。

[4]魚復縣：縣名。治所在今重慶市奉節縣東白帝。

義師起，東昏假伯之節、督前驅諸軍事、豫州刺史，[1]將軍如故。尋轉江州，[2]據尋陽以拒義軍。[3]郢城平，[4]高祖得伯之幢主蘇隆之，[5]使說伯之，即以爲安東將軍、江州刺史。[6]伯之雖受命，猶懷兩端，[7]僞云"大軍未須便下"。高祖謂諸將曰："伯之此答，其心未定，及其猶豫，宜逼之。"衆軍遂次尋陽，伯之退保南湖，[8]然後歸附。[9]進號鎮南將軍，[10]與衆俱下。伯之頓籬門，[11]尋進西明門。[12]建康城未平，每降人出，伯之輒喚與耳語。高祖恐其復懷翻覆，密語伯之曰："聞城中甚忿卿舉江州降，欲遣刺客中卿，宜以爲慮。"伯之未之信。會東昏將鄭伯倫降，高祖使過伯之，[13]謂曰："城中甚忿卿，欲遣信誘卿以封賞。[14]須卿復降，[15]當生割卿手脚；卿若不降，復欲遣刺客殺卿。宜深爲備。"伯之懼，自是無異志矣。力戰有功。城平，進號征南將軍，[16]封豐城縣公，[17]邑二千户，遣還之鎮。

[1]假伯之節：古代大臣奉天子之命出行，持節以爲憑證，稱假節。魏晉以後以爲官名，有假節、持節、使持節之分，權力亦有小大之别，多爲都督諸州軍事及刺史總軍戎者。軍事長官假節享有殺犯軍令者的權力。　豫州：州名。治所在今安徽壽縣。

[2]江州：州名。治所在今江西九江市西南。

[3]尋陽：郡名。治所與江州同。

[4]郢城：即郢州城，在今湖北武漢市武昌。按，蕭衍軍平郢城，事在永元三年（501）七月。見本書《武帝紀》。

[5]幢主：幢的主將。南北朝置。主要用於儀衛，有時也參加作戰。多由他職兼領。參周一良《魏晉南北朝史札記》“軍主·幢主·隊主”條。

[6]安東將軍：將軍名號。與安西、安南、安北將軍合稱四安將軍，爲出鎮方面的軍事長官，或作爲刺史兼理軍務的加官。宋第三品，齊不詳。

[7]兩端：指態度左右不定。

[8]南湖：地名。在今江西九江市東。

[9]然後歸附：《文選》卷四三丘希範《與陳伯之書》李善注引劉璠《梁典》曰：“高祖得陳虎牙幢主蘇隆，厚加禮賜，使致命江州刺史陳伯之。伯之，虎牙父也。蘇隆還，稱伯之許降。乃遣鄧元起前驅逼之。伯之聞師近，以應義師。”可補本傳之略。

[10]鎮南將軍：將軍名號。與鎮東、鎮西、鎮北將軍合稱四鎮將軍。多爲持節都督出鎮方面，權勢頗重。宋第三品，齊不詳。

[11]籬門：《太平御覽》卷一九七引《南朝宮苑記》曰：“建康籬門，舊南北兩岸籬門五十六所，蓋京邑之郊門也。如長安東都門亦周之郊門。江左初立，並用籬爲之，故曰籬門。南籬門在國門西；三橋籬門在今光宅寺側；東籬門本名肇建籬門，在古肇建市之東；北籬門，今覆舟東頭玄武湖東南角，今見有亭名籬門亭；西籬門在石頭城東，護軍府在西籬門外路北；白楊籬門外有石井籬門。”《通鑑》卷一四四《齊紀十》“和帝中興元年”下胡三省注：“陳伯之蓋據西籬門。”按，西籬門在建康外城西。

[12]西明門：建康宮城西門。

[13]過：過訪。

[14]信：使者。

[15]須：等待。

[16]征南將軍：將軍名號。與征北、征東、征西將軍合稱四征將軍。多爲持節都督，出鎮方面，地位顯要。宋第三品，齊不詳。

[17]豐城：縣名。治所在今江西豐城市南。

伯之不識書，及還江州，得文牒辭訟，[1]惟作大諾而已。[2]有事，典籤傳口語，與奪決於主者。[3]

[1]文：一般來往公文。　牒：書札。　辭：口供。　訟：訴訟之辭。

[2]大諾：公文的覈批畫行。諾，本爲應答之辭，用於公文，表示同意。

[3]與奪：給予和剥奪。此處指對事情的決斷。

伯之與豫章人鄧繕、永興人戴永忠並有舊，[1]繕經藏伯之息英免禍，[2]伯之尤德之。及在州，用繕爲别駕，永忠記室參軍。[3]河南褚緭，[4]京師之薄行者，齊末爲揚州西曹，[5]遇亂居閭里；而輕薄互能自致，惟緭獨不達。高祖即位，緭頻造尚書范雲，[6]雲不好緭，堅距之。[7]緭益怒，私語所知曰："建武以後，草澤底下，[8]悉化成貴人，吾何罪而見棄。今天下草創，饑饉不已，[9]喪亂未可知。陳伯之擁强兵在江州，非代來臣，[10]有自疑意；且熒惑守南斗，[11]詎非爲我出。今者一行，事若無成，入魏，何遽減作河南郡。"於是遂投伯之書佐王思穆事之，[12]大見親狎。及伯之鄉人朱龍符爲長流參軍，[13]並乘伯之愚闇，恣行姦險，刑政通塞，悉共專之。

[1]豫章：郡名。治所在今江西南昌市。　永興：縣名。治所在今浙江蕭山市。　戴永忠：人名。永，《南史》卷六一同傳作

"承"。

[2]經：曾經。　息：子。

[3]記室參軍：官名。諸公軍府屬官，掌文書。宋第七品，齊及梁初不詳。按，監本於"記室參軍"上有"爲"字，《南史》同。

[4]河南褚緭：褚緭，祖籍河南郡。郡治在今河南洛陽市東北。緭，《魏書》卷五九《蕭寶夤傳》作"胃"。

[5]揚州：州名。治所在今江蘇南京市。　西曹：即西曹書佐，官名。州府屬官，掌官吏選舉。宋第七品，齊及梁初不詳。

[6]尚書范雲：范雲，人名。梁天監元年（502）爲吏部尚書。本書卷一三有傳。

[7]距：通"拒"。

[8]草澤：在野未仕的人。　底下：低下。指出身寒門或才能低下。

[9]饑饉：災荒。按，據本書《武帝紀》，天監元年，"是歲大旱，米斗五千，人多餓死"。

[10]代來臣：指親近舊臣。漢孝文帝初爲代王，吕后崩，陳平、周勃等誅諸吕，迎立代王爲皇帝。代王即位，重用"從代來功臣"，六人皆至九卿。詳《史記》卷一〇《孝文帝紀》。

[11]熒惑守南斗：古人迷信，認爲熒惑守南斗，將有戰争發生。熒惑，火星之别名。南斗，星宿名。參《史記·天官書》及《晉書·天文志》。

[12]書佐：官名。州郡佐吏，掌文書。宋第九品，齊及梁初不詳。

[13]長流參軍：官名。諸公軍府屬官，掌禁防刑獄。宋第七品，齊及梁初不詳。

伯之子虎牙，時爲直閤將軍。[1]高祖手疏龍符罪，[2]親付虎牙，虎牙封示伯之。高祖又遣代江州别駕鄧繕，伯之並不受命。答高祖曰："龍符驍勇健兒，鄧繕事有績効，臺所遣别駕，[3]請以爲治中。"繕於是日夜説伯之云："臺家府庫空竭，復無器仗，三倉無米，[4]東境饑流，[5]此萬代一時也，機不可失。"緭、永忠等每贊成之。伯之謂繕："今段啓卿，若復不得，便與卿共下。"使反，高祖敕部内一郡處繕，[6]伯之於是集府州佐史謂曰："奉齊建安王教，[7]率江北義勇十萬，已次六合，[8]見使以江州見力運糧速下。[9]我荷明帝厚恩，誓死以報，今便纂嚴備辦。"[10]使緭詐爲蕭寶夤書，以示僚佐。於廳事前爲壇，殺牲以盟，伯之先飲，[11]長史已下次第歃血。[12]緭説伯之曰："今舉大事，宜引衆望。程元沖不與人同心；臨川内史王觀，[13]僧虔之孫，[14]人身不惡，[15]便可召爲長史，以代元沖。"伯之從之，仍以緭爲尋陽太守，加討逆將軍；永忠輔義將軍；龍符爲豫州刺史，率五百人守大雷。[16]大雷戍主沈慧休，[17]鎮南參軍李延伯。[18]又遣鄉人孫隣、李景受龍符節度，隣爲徐州，[19]景爲郢州。豫章太守鄭伯倫起郡兵距守。程元沖既失職，於家合率數百人，使伯之典籤吕孝通、戴元則爲内應。伯之每旦常作伎，[20]日晡輒卧，[21]左右仗身皆休息。[22]元沖因其解弛，[23]從北門入，徑至廳事前。伯之聞叫聲，自率出盪，[24]元沖力不能敵，走逃廬山。[25]

[1]直閣將軍：官名。禁衛武官名。領禁衛兵，掌朝廷正殿便殿閣及諸門上下之安全保衛，或領兵出征，地處顯要。其官品史無明載，約爲四五品。參張金龍《南朝直閣將軍制度考》。

[2]疏：分條敘述。

[3]臺：謂尚書臺。下文“臺家”，猶言政府。參周一良《魏晉南北朝史札記》之《三國志札記》“家”條。

[4]三倉：指太倉、石頭倉及常平倉。參《通鑑》卷一四五《梁紀一》“天監元年五月”下胡三省注。

[5]東境：指今江浙地區。

[6]部内：指陳伯之所管轄的江州内。

[7]齊建安王：指蕭寶夤。寶夤，齊末受封爲建安王，後奔魏。《魏書》卷五九有傳。建安，郡名。治所在今福建建甌市南。 教：文體之一種。諸侯王或上級長官發佈的下行文書。

[8]六合：即六合山。在今江蘇江浦縣西北。

[9]見力：現有兵力。見，同“現”。

[10]纂嚴：戒嚴。

[11]歃：《南史》同傳作“歃”。

[12]歃血：古代盟誓的一種方式。雙方口含牲畜之血或以血塗口旁，表示信誓。

[13]臨川：郡名。治所在今江西南城縣東南。

[14]僧虔：王僧虔，祖籍琅邪臨沂，歷仕宋齊。卒，贈司空。《南齊書》卷三三有傳。

[15]人身：等於説人才。《世説新語·賢媛》：“王郎，逸少之子，人身亦不惡。”

[16]大雷：即大雷戍。在今安徽望江縣。

[17]戍主：爲戍的主將，多以郡太守、縣令、州參軍及雜號將軍等官兼領。

[18]參軍：官名。諸公軍府屬官，參掌府曹事。宋初七品，梁初不詳。

[19]徐州：州名。治所在今安徽鳳陽縣東北。

[20]作伎：指練習技能、武功。伎，通“技”。

[21]日晡：傍晚。舊以下午三時至五時爲晡。

[22]仗身：執兵器的隨從衛士。
[23]解：通“懈”。
[24]盪：格鬥。
[25]廬山：即今江西九江市南廬山。

初，元沖起兵，要尋陽張孝季，[1]孝季從之。既敗，伯之追孝季不得，得其母郎氏，蠟灌殺之。遣信還都報虎牙兄弟，[2]虎牙等走盱眙，[3]盱眙人徐安、莊興紹、張顯明邀擊之，[4]不能禁，反見殺。高祖遣王茂討伯之。[5]伯之聞茂來，謂緭等曰：“王觀既不就命，鄭伯倫又不肯從，便應空手受困。今先平豫章，開通南路，多發丁力，益運資糧，然後席卷北向，以撲飢疲之衆，不憂不濟也。”乃留鄉人唐蓋人守城，遂相率趣豫章。太守鄭伯倫堅守，伯之攻之不能下。王茂前軍既至，伯之表裏受敵，乃敗走，間道亡命出江北，[6]與子虎牙及褚緭俱入魏。魏以伯之爲使持節、散騎常侍、都督淮南諸軍事、平南將軍、光禄大夫、曲江縣侯。[7]

[1]要：約。
[2]信：使者。
[3]盱眙：縣名。治所在今江蘇盱眙縣東北。
[4]徐安：《南史》同傳作“徐文安”。
[5]王茂：人名。本書卷九有傳。
[6]間道：抄小路。
[7]使持節：漢朝官員奉使外出時，皇帝授予符節，以提高其威權。魏晉以後，較重要的軍事長官出征或出鎮，加使持節，可誅

殺二千石以下官員。　散騎常侍：北魏官名。散騎省長官，掌侍從顧問，拾遺應對。兼領修史，地位高於南朝。從第三品。　平南將軍：將軍名號。北魏四平將軍之一，第三品。　光禄大夫：官名。北魏屬光禄勳，備顧問。第三品。　曲江：縣名。治所在今廣東韶關市南。

天監四年，詔太尉、臨川王宏率衆軍北討，[1]宏命記室丘遲私與伯之書曰：[2]

陳將軍足下無恙，幸甚。將軍勇冠三軍，才爲世出。[3]棄鷰雀之小志，慕鴻鵠以高翔。[4]昔因機變化，遭逢明主，[5]立功立事，開國承家，[6]朱輪華轂，擁旄萬里，[7]何其壯也！如何一旦爲奔亡之虜，聞鳴鏑而股戰，[8]對穹廬以屈膝，[9]又何劣耶？尋君去就之際，[10]非有他故，直以不能内審諸己，[11]外受流言，沉迷猖蹷，[12]以至於此。聖朝赦罪論功，[13]棄瑕録用，收赤心於天下，[14]安反側於萬物，[15]將軍之所知，非假僕一二談也。[16]朱鮪涉血於友于，[17]張繡傳刃於愛子，[18]漢主不以爲疑，[19]魏君待之若舊。[20]況將軍無昔人之罪，[21]而勳重於當世。

[1]臨川王：梁武帝弟蕭宏封爵號。宏，本書卷二二有傳。臨川，郡名。治所在今江西南城縣東南。

[2]記室：記室參軍之省稱，官名。王公軍府屬官，掌文書。宋第七品，梁初第六品。　丘遲：人名。字希範。本書卷四九《文學傳》有傳。《文選》卷四三丘希範《與陳伯之書》李善注引劉璠《梁典》曰："帝使吕僧珍寓書於陳伯之，丘遲之辭也。"與本書所

云蕭宏命丘遲作不同。

[3]世出：當世傑出。

[4]《史記》卷四八《陳涉世家》："陳涉太息曰：'嗟呼！燕雀安知鴻鵠之志哉！'"燕雀，比喻庸俗小人。鴻鵠，即天鵝，比喻才志傑出之士。鷰，同"燕"。

[5]遭逢明主：《文選》卷四三作"遭遇明主"，《南史》作"遭遇時主"。

[6]開國：開邦建國。自晉至趙宋，郡公至縣男諸封爵皆冠以開國之號。陳伯之入梁，受封豐城縣公，故云。　承家：繼承家業。《文選》卷四三、《南史》"承家"並作"稱孤"。

[7]擁旄：持旄節。　萬里：《文選》李善注引荀悦《漢紀》曰："今之州牧，號爲萬里。"此處指陳伯之爲江州刺史。

[8]鳴鏑：軍中用以發號施令的響箭。

[9]穹廬：用氈子做的圓頂帳篷，如今之蒙古包。此處代指北魏。

[10]尋：推究。

[11]直：衹，僅。

[12]沉迷猖蹷：迷惑錯枉。

[13]論功：《文選》卷四三、《南史》同傳並作"責功"。

[14]收赤心於天下：收，《文選》卷四三、《南史》皆作"推"。《後漢書》卷一《光武帝紀》，劉秀破銅馬軍，爲消除降者疑慮，親自馳入降軍營中進行撫慰。"降者更相語曰：'蕭王推赤心置人腹中，安得不投死乎？'"典出此，故似當以"推"字爲是。

[15]安反側於萬物：反側，指心有懷疑，動揺不定。《後漢書》卷一《光武帝紀》：光武帝破邯鄲，誅王郎，收文書，得吏人與王郎交關謗毁的書信數千章。於是會諸將，盡燒之，曰："令反側子自安。"萬物，指天下人。

[16]非假：不須，不用。

[17]西漢末，緑林軍將領朱鮪曾經參與謀殺光武帝之兄。後

來，光武攻洛陽，不加疑忌，誠心招降了朱鮪。見《文選》李善注引謝承《後漢書》。　涉血：血流滿地而污足。　友于：指兄弟。《尚書·君陳》："惟孝友于兄弟。"

[18]漢獻帝建安二年（197）曹操攻苑城張繡，繡降，既而復反，殺操長子昂、弟子安民。後二年，張繡率衆再降，曹操厚待之，封爲列侯。事詳《三國志》卷一《武帝紀》。　傳（zì）：以刃插入。

[19]漢主：指漢光武帝劉秀。

[20]魏君：指魏武帝曹操。

[21]昔人：指朱鮪、張繡。

夫迷塗知反，往哲是與；[1]不遠而復，先典攸高。[2]主上屈法申恩，吞舟是漏。[3]將軍松柏不翦，[4]親戚安居；[5]高臺未傾，[6]愛妾尚在。悠悠爾心，亦何可述。[7]今功臣名將，雁行有序。[8]懷黄佩紫，[9]贊帷幄之謀；[10]乘軺建節，[11]奉疆埸之任。並刑馬作誓，[12]傳之子孫。將軍獨靦顔借命，[13]，驅馳異域，[14]寧不哀哉！

[1]與：贊許。

[2]先典：指《易》。《易·復卦》："不遠復，無祇悔，元吉。"孔穎達正義："'不遠復'者，是迷而不遠即能復也。'無祇悔，元吉'者，祇，大也，既能速復，是無大悔，所以大吉。"

[3]吞舟是漏：比喻法網寬疏，罪大惡極的人都可以寬恕。桓寬《鹽鐵論·刑德》："明王茂其德教而緩其刑罰也，網漏吞舟之魚。"吞舟，能吞下舟船的大魚，比喻罪大惡極的人。

[4]松柏不翦：指祖墳完好。古人常在墳墓旁種植松柏，以爲

辨識墳墓的標記。後漢·仲長統《昌言》："古之葬，松柏梧桐以識其墳。"

[5]親戚：指父母兄弟。

[6]高臺：指住宅。臺，《南史》作"堂"。

[7]述：《文選》卷四三、《南史》皆作"言"。

[8]雁行：飛雁排成行列。

[9]懷黄佩紫：指文官。黄，指金印；紫，指紫綬。《史記》卷七九《范雎蔡澤列傳》，蔡澤曰："懷黄金之印，結紫綬於要。"

[10]贊：助。　帷幄：軍帳。《史記》卷五五《留侯世家》："運籌策帷帳中，決勝千里外，子房功也。"

[11]乘軺建節：指武將。軺，使者所乘二匹馬拉的輕車；節，符節，使者所持信物。

[12]刑馬作誓：古代諸侯會盟，殺白馬歃血以爲誓。刑，殺。

[13]靦（tiǎn）：羞慚的樣子。　借命：苟且偷生。

[14]異域：《文選》卷四三、《南史》皆作"氈裘之長"。

夫以慕容超之强，[1]身送東市；[2]姚泓之盛，[3]面縛西都。[4]故知霜露所均，[5]不育異類；[6]姬漢舊邦，[7]無取雜種。[8]北虜僭盜中原，多歷年所，[9]惡積禍盈，理至燋爛。況僞孽昏狡，[10]自相夷戮，[11]部落攜離，[12]酋豪猜貳，[13]方當繫頸蠻邸，[14]懸首藁街。[15]而將軍魚游於沸鼎之中，鷰巢於飛幕之上，[16]不亦惑乎！

[1]慕容超：人名。十六國時南燕君主。晉末宋初，慕容超大掠淮北。劉裕北伐，生擒之，解赴建康斬首。事詳《宋書》卷一《武帝紀》。

[2]東市：本是漢代長安處決犯人之地，後用以泛指刑場。

[3]姚泓：人名。十六國後秦君主。劉裕斬慕容超後，又伐後秦，克長安，生擒姚泓。

[4]面縛：反背而縛。　西都：指長安。

[5]霜露所均：霜露均佈的地方，指中原地區。參熊清元《〈與陳伯之書〉"霜露所均"新説》(中國人民大學書報資料中心《中國古代、近代文學研究》1995年第8期)。

[6]異類：對外族的輕侮稱法。

[7]姬漢舊邦：周漢故國。指中原地區。

[8]雜種：對外族的輕侮稱法。

[9]僭盜：《南史》作"僭號"。　多歷年所：經歷多年。按，自拓跋珪建立北魏（386年）至丘遲寫此信（505年）已一百多年了。

[10]僞孽：指當時北魏宣武帝元恪。

[11]自相夷戮：宣武帝景明二年（501），帝叔父咸陽王元禧圖謀作亂，被賜死。正始元年（504）北海王元詳亦以謀反罪被囚禁而死。事詳《魏書》卷二一《獻文六王傳》。

[12]攜離：分裂。

[13]猜貳：猜忌、二心。

[14]蠻邸：外族首領來京師所居館舍。

[15]藁街：漢代京師長安街名，蠻邸所在。

[16]比喻陳伯之處境極危險。《後漢書》卷五六《張晧傳》附《張綱傳》："相聚偷生若魚游釜中，喘息須臾間耳。"《左傳·襄公二十九年》："（季札）曰：'夫子之在此也，猶燕之巢于幕上。'"

暮春三月，江南草長，雜花生樹，羣鶯亂飛。見故國之旗鼓，[1]感平生於疇日，[2]撫弦登陴，[3]豈不愴恨。[4]所以廉公之思趙將，[5]吴子之泣西河，[6]人之情也。將軍獨無情哉！想早勵良圖，[7]自求多福。

伯之乃於壽陽擁衆八千歸。[8]虎牙爲魏人所殺。

[1]故國：指梁朝。

[2]疇日：昔日。

[3]陴（pí）：城上女墻。

[4]愴悢：悲傷，遺憾。悢，《文選》卷四三作"恨"。

[5]廉公之思趙將：廉頗想再爲趙將。廉頗本趙之良將，有功於趙，後因不得志而奔魏。在魏而思復用於趙，趙王以其老而不召。楚迎之爲將，無功，曰："我思用趙人！"終死於楚。事詳《史記》卷八一《廉頗藺相如列傳》。

[6]吴子之泣西河：吴起仕魏，治西河，有美績。後被譖，將離開西河，望西河而泣下。其僕問之，起曰："今君聽讒人之議而不知我，西河之爲秦地，不久矣。"事見《吕氏春秋·觀表》。

[7]圖：《文選》卷四三、《南史》皆作"規"。

[8]《文選》卷四三丘希範《與陳伯之書》李善注引何之元《梁典》曰："天監五年，前平南將軍陳伯之以其衆自壽陽歸降。"

伯之既至，以爲使持節、都督西豫州諸軍事、平北將軍、西豫州刺史，[1]永新縣侯，[2]邑千户。未之任，復以爲通直散騎常侍、驍騎將軍，[3]又爲太中大夫。[4]久之，卒於家。其子猶有在魏者。

[1]平北將軍：將軍名號。與平西、平東、平南將軍合稱四平將軍。多兼鎮守地區的刺史，統掌軍、政事務，地位較高。宋第三品，梁初不詳。　西豫州：州名。治所在今安徽合肥市西北。

[2]永新：縣名。治所在今江西永新縣西。

[3]驍騎將軍：將軍名號。禁衛軍六軍之一。領營兵，兼統宿衛。宋第四品，梁初不詳。

[4]太中大夫：官名。屬光禄勳。無職事。多用以安置年老大臣。宋第四品。梁天監七年（508）革選，定流内官職爲十八班，以班多者爲貴，太中大夫爲十一班。

褚緭在魏，魏人欲擢用之。魏元會，[1]緭戲爲詩曰："帽上著籠冠，袴上著朱衣，不知是今是，不知非昔非。"魏人怒，出爲始平太守。[2]日日行獵，墮馬死。

[1]元會：古代皇帝每年元旦朝見群臣叫做正會，又稱元會。

[2]始平：郡名。治所在今湖北丹江口市西北。

史臣曰：劉季連之文吏小節，而不能以自保全，習亂然也。陳伯之小人而乘君子之器，羣盜又誣而奪之，安能長久矣。

梁書 卷二一

列傳第十五

王瞻　王志　王峻　王暕 子訓
王泰　王份 孫錫 僉　張充
柳惲　蔡撙　江蒨

王瞻字思範，琅邪臨沂人，[1]宋太保弘從孫也。[2]祖柳，光禄大夫、東亭侯。[3]父猷，廷尉卿。[4]瞻年數歲，嘗從師受業，時有伎經其門，[5]同學皆出觀，瞻獨不視，習誦如初。從父尚書僕射僧達聞而異之，[6]謂瞻父曰："吾宗不衰，寄之此子。"年十二，居父憂，[7]以孝聞。服闋，[8]襲封東亭侯。

[1]琅邪：郡名。治所在今山東臨沂市北。　臨沂：縣名。治所在今山東費縣東。此王氏祖籍。

[2]太保：官名。三公之一。掌論道經邦，燮理陰陽，訓護人主，導以德義。宋第一品。　弘：王弘，人名。仕宋，官太保，領中書監。《宋書》卷四二有傳。

[3]光禄大夫：官名。屬光禄勳。無職事，多授予年老大臣。宋第三品。　東亭侯：封爵名號。宋第五品。東亭，在今浙江紹興市。

[4]廷尉卿：官名。九卿之一。掌刑辟。屬官有廷尉正、平、監及胄子律博士等。宋第三品。《隋書·百官志》："諸卿，梁初猶依宋、齊，皆無卿名。"按，此稱廷尉卿，當是姚思廉以梁初以後之稱稱前。古有其例，參楊樹達《古書疑義舉例續補》卷一《以後稱前例》。

[5]伎：表演伎藝的人。

[6]尚書僕射：官名。尚書臺副長官。佐尚書令知省事，並與尚書分領諸曹。不常置。尚書左右僕射並缺時方置，以總左右事。員一人。宋第三品。　僧達：王僧達，人名。仕宋，官中書令。遭罪，於獄賜死。《宋書》卷七五有傳。

[7]父憂：父喪。

[8]服闋：服喪期滿。

瞻幼時輕薄，好逸遊，爲閭里所患。及長，頗折節有士操，涉獵書記，於棊射尤善。

起家著作佐郎，[1]累遷太子舍人、太尉主簿、太子洗馬。[2]頃之，出爲鄱陽内史，[3]秩滿，授太子中舍人。[4]又爲齊南海王友，[5]尋轉司徒竟陵王從事中郎，[6]王甚相賓禮。南海王爲護軍將軍，[7]瞻爲長史。[8]又出補徐州别駕從事史，[9]遷驃騎將軍王晏長史。[10]晏誅，出爲晉陵太守。[11]瞻潔己爲政，妻子不免飢寒。時大司馬王敬則舉兵作亂，[12]路經晉陵，郡民多附敬則，軍敗，臺軍討賊黨，[13]瞻言於朝曰："愚人易動，不足窮法。"明帝許之，所全活者萬數。徵拜給事黄門侍郎,[14]撫軍建安王長史,[15]御史中丞。[16]

[1]著作佐郎：官名。祕書省屬官，佐著作郎掌國史，集注起居。此職清閑且爲人所重，多爲甲族起家之選。員八人。宋、齊第六品。

[2]太子舍人：官名。東宮屬官，掌侍從及文翰。宋第七品，齊不詳。　太尉主簿：太尉府屬官，掌省録文案。宋第七品，齊不詳。　太子洗馬：官名。東宮屬官，掌侍從及文書。爲清顯之職。齊第七品。

[3]鄱陽：郡名。治所在今江西波陽縣。　内史：官名。王國官，掌治民，職同太守。宋、齊第五品。

[4]太子中舍人：官名。東宮屬官，掌侍從及文翰。員四人。齊第六品。

[5]南海王：齊武帝子蕭子罕的封爵號。見《南齊書》卷四〇《武十七王傳》。南海，郡名。治所在今廣東廣州市。　友：官名。皇弟皇子府屬官，掌侍從左右，拾遺補缺。齊第六品。

[6]竟陵王：齊武帝子蕭子良之封爵號。見《南齊書》卷四〇《武十七王傳》。竟陵，郡名。治所在今湖北鍾祥市。　從事中郎：官名。王公及位從公府屬官，掌本府官吏。宋第六品，齊不詳。

[7]護軍將軍：將軍名號。掌京畿以外諸軍，職任頗顯重。宋第三品，齊不詳。

[8]長史：官名。王公軍府屬官，掌本府官吏。其品秩依府主地位高下而定。宋第六至第七品，齊不詳。

[9]徐州：州名。治所在今江蘇徐州市。　别駕從事史：官名。州府屬官，掌本府官吏。官品不詳。

[10]驃騎將軍：將軍名號。爲重號將軍，多加授大臣及重要地方長官。齊第二品。　王晏：人名。祖籍琅邪臨沂。仕齊，官至驃騎大將軍，侍中，尚書令。遭齊明帝疑忌，被誅。《南齊書》卷四

二有傳。

[11]晉陵：郡名。治所在今江蘇常州市。

[12]王敬則：人名。齊晉陵南沙人。仕齊，官至太司馬、會稽太守。齊明帝即位，忌害前朝舊臣，敬則被猜疑。永泰元年(498)，起兵反，敗，死。《南齊書》卷二六有傳。

[13]臺軍：即朝廷的軍隊。

[14]給事黄門侍郎：官名。門下省次官，與侍中共掌門下衆事。侍從左右，關通中外。職任顯要。員四人。齊第五品。

[15]撫軍：撫軍將軍之省稱，將軍名號。曹魏時置，權任頗重。宋第三品，齊不詳。　建安王：齊明帝子蕭寶夤之初封爵號。見《南齊書》卷五〇《明七王・鄱陽王寶夤傳》。

[16]御史中丞：官名。御史臺長官。掌督察百僚，奏劾不法。六朝第一流高門多不居此職。員一人。齊第四品。

高祖霸府開，[1]以瞻爲大司馬相國諮議參軍，[2]領録事。[3]梁臺建，[4]爲侍中，[5]遷左民尚書，[6]俄轉吏部尚書。[7]瞻性率亮，[8]居選部，所舉多行其意。頗嗜酒，每飲或竟日，[9]而精神益朗贍，不廢簿領。[10]高祖每稱瞻有三術，射、棊、酒也。尋加左軍將軍，[11]以疾不拜，仍爲侍中，領驍騎將軍，[12]未拜，卒，時年四十九。謚康侯。子長玄，著作佐郎，早卒。

[1]高祖：梁武帝廟號。　霸府：勢力强大的藩王府邸。此指蕭衍於齊永元三年（501）十二月受封建安公所置府。見本書《武帝紀》。

[2]諮議參軍：官名。王公軍府屬官，掌諷議。宋第七品，齊不詳。

[3]領：官制術語。已有實授主職，又兼任較低職務而不居其位。　録事：即録事參軍，官名。諸公軍府屬官，掌總録衆曹文書，舉彈善惡。宋第七品，齊不詳。

[4]梁臺建：指蕭衍受封梁公，建臺治事。時當齊和帝中興二年（502）二月。見本書《武帝紀》。

[5]侍中：官名。門下省長官。掌奏事，直侍左右，應對獻替。參與中央決策，是中樞集團重要成員。職任顯要。員四人。梁初第三品。

[6]左民尚書：官名。尚書省列曹尚書之一，掌繕治、功作、鹽池、苑囿等。梁初第三品。

[7]吏部尚書：官名。尚書省吏部曹長官，掌官吏銓選、任免等。多由僑姓高門、世胄顯貴擔任。員一人。梁初第三品。

[8]率亮：直率、誠信。

[9]竟：三朝本、百衲本作“彌”。

[10]簿領：《文選》卷二九劉公幹《雜詩》“沈迷簿領書”，李善注：“簿領，謂文簿而記録之。”

[11]左軍將軍：將軍名號。與右軍、前軍、後軍將軍合稱四軍將軍，是禁衛軍主要將領之一，掌宫禁宿衛。宋第四品，齊及梁初不詳。

[12]驍騎將軍：將軍名號。禁衛軍六軍之一。領營兵，兼統宿衛。宋第四品，齊及梁初不詳。

王志字次道，琅邪臨沂人。祖曇首，[1]宋左光禄大夫、豫寧文侯；[2]父僧虔，[3]齊司空、簡穆公：並有重名。

[1]曇首：王曇首，仕宋，卒，追封豫寧縣侯，謚曰文，贈左光禄大夫。《宋書》卷六三有傳。

[2]豫寧：縣名。治所在今江西武寧縣西。

[3]僧虔：王僧虔，仕齊，卒，追贈司空，謚簡穆。《南齊書》卷三三有傳。

志年九歲，居所生母憂，[1]哀容毀瘠，爲中表所異。[2]弱冠，選尚宋孝武女安固公主，[3]拜駙馬都尉、祕書郎。[4]累遷太尉行參軍，[5]太子舍人，武陵王文學。[6]褚淵爲司徒，[7]引志爲主簿。[8]淵謂僧虔曰："朝廷之恩，本爲殊特，所可光榮，在屈賢子。"累遷鎮北竟陵王功曹史、安陸南郡二王友。[9]入爲中書侍郎。[10]尋除宣城内史，[11]清謹有恩惠。郡民張倪、吴慶争田，經年不決。志到官，父老乃相謂曰："王府君有德政，[12]吾曹鄉里乃有此争。"[13]倪、慶因相攜請罪，[14]所訟地遂爲閑田。徵拜黄門侍郎，[15]尋遷吏部侍郎。[16]出爲寧朔將軍、東陽太守。[17]郡獄有重囚十餘人，冬至日悉遣還家，過節皆返，惟一人失期，獄司以爲言。志曰："此自太守事，主者勿憂。"明旦，果自詣獄，辭以婦孕，吏民益歎服之。視事三年，齊永明二年，[18]入爲侍中，未拜，轉吏部尚書，在選以和理稱。崔慧景平，[19]以例加右軍將軍，[20]封臨汝侯，[21]固讓不受，改領右衛將軍。[22]

[1]母憂：母喪。

[2]中表：姑母之子女稱外表，舅父姨母之子女稱内表。外表、内表互稱中表。

[3]安固公主：名不詳。安固，縣名。治所在今浙江瑞安市。

《南史》同傳作“固安”。

[4]駙馬都尉：官名。授予尚公主者，參加朝會，無職事。宋第六品，齊不詳。　祕書郎：官名。祕書省屬官，佐祕書監、丞掌國家藝文圖籍。宋、齊以來，爲甲族起家之選，待次入補。其居職，例數十百日便遷任。員四人。宋第六品，齊不詳。

[5]行參軍：官名。諸公軍府屬官，參掌府曹事，位在正參軍之下。

[6]武陵王：宋孝武帝子劉贊之封爵號。見《宋書》卷八〇《孝武十四王傳》。武陵，郡名。治所在今湖南常德市。　文學：官名。王國屬官，掌侍從文學及封國教育。宋第六品，齊及梁初爲七品。

[7]褚淵：人名。祖籍河南陽翟，歷仕宋齊。齊初爲司徒。《南齊書》卷二三有傳。

[8]主簿：官名。漢代以下，中央各機構及地方州郡皆置。掌文書簿籍，爲掾吏之首。其官品隨府主職位高低而異。

[9]鎮北：鎮北將軍之省稱，將軍名號。與鎮東、鎮西、鎮南將軍合稱四鎮將軍。多爲持節都督，出鎮方面，權位頗重。宋第三品，齊不詳。　功曹史：官名。郡國府屬官，掌選舉。宋齊官品不詳。　安陸南郡二王：安陸王，齊武帝子蕭子敬之封爵號。見《南齊書》卷四〇《武十七王傳》。安陸，郡名。治所在今湖北安陸市。南郡王，齊鬱林王蕭昭業初封爵號。見《南齊書》卷四《鬱林王紀》。南郡，郡名。治所在今湖北荆州市。

[10]中書侍郎：官名。中書省官屬，舊掌詔誥。劉宋以後，草擬詔誥之權漸歸中書舍人，侍郎職少官清，成爲諸王起家官。員四人。齊第五品。

[11]宣城：郡名。治所在今安徽宣州市。

[12]府君：漢魏六朝對郡守的尊稱。

[13]吾曹鄉里乃有此争：《南史》同傳作“吾鄉里乃有如此争”。

[14]倪、慶因相攜請罪：舊本或脱“慶”，或脱“因”。此依中華書局本校補。

[15]黄門侍郎：官名。門下省次官，與侍中俱掌門下衆事，侍從左右，顧問應對。出入禁中，職任顯貴。員四人。齊第五品。

[16]吏部侍郎：官名。尚書省屬官，吏部尚書副佐，掌全國官吏之銓選、調動及任免事宜，職任頗顯要。齊第五品。

[17]寧朔將軍：將軍名號。宋第四品，齊不詳。　東陽：郡名。治所在今浙江金華市。

[18]永明：齊武帝年號（483—493）。按，“永明”二字疑誤。詳下注[22]。

[19]崔慧景：人名。祖籍清河東武城。仕齊官至護軍將軍，加侍中。東昏侯蕭寶卷即位，殺舊臣。慧景不自安，反，敗死。《南齊書》卷五一有傳。

[20]右軍將軍：將軍名號。前後左右四軍將軍之一，掌禁中宿衛，是禁衛軍主要將領。宋第四品，齊不詳。

[21]臨汝侯：侯爵名號。臨汝，縣名。治所在今江西臨川市西。

[22]右衛將軍：官名。與左衛將軍共掌宿衛營兵，或領兵出征，權勢甚重。齊第四品。按，此上述王志在蕭齊之仕歷，頗有可疑之處。其一，考《南齊書》卷四〇《武十七王·竟陵王蕭子良傳》、《文選》卷六〇任昉《齊竟陵文宣王行狀》、《南齊書》卷三《武帝紀》等知，蕭子良爲鎮北將軍在齊建元四年（482）五月。王志此時爲其功曹史，歷七職而出爲東陽太守，又“視事三年”，至永明二年（484）“入爲侍中”，總計衹虚數三年。此絶無可能。其二，“崔慧景平”事見《南齊書》卷七《東昏侯紀》及同書卷五一《崔慧景傳》，時在齊永元二年（500）四月。如此，則王志爲吏部尚書，自永明二年至永元二年，長達十七年之久，歷五帝（齊武帝、鬱林王、恭王、明帝、東昏侯）而未改官，亦絶無可能。且據《南齊書》及《梁書》知，在此十七年中，王晏、徐孝嗣、謝瀹、

何昌寓、王亮曾先後任過吏部尚書。吏部尚書定員一人，王志不可能與他們同時擔任此職。問題的癥結在“永明二年”四字。前此經歷爲時過短，而後此爲時過長。李延壽《南史》卷二二同傳抄録此段文字而删“視事三年”至“未拜”計十五字，顯然是看出了問題。頗疑“永明二年”是“永明十一年”或“永元二年”之誤。

義師至，[1]城内害東昏，百僚署名送其首。志聞而歎曰：“冠雖弊，可加足乎！”[2]因取庭中樹葉挼服之，僞悶，不署名。高祖覽牋無志署，[3]心嘉之，弗以讓也。[4]霸府開，[5]以志爲右軍將軍、驃騎大將軍長史。[6]梁臺建，遷散騎常侍、中書令。[7]

[1]義師：齊末東昏侯蕭寶卷即位後，狂悖無道，雍州刺史蕭衍起兵於襄陽以討之，因稱其師爲義師。

[2]冠雖弊，可加足乎：比喻東昏侯身爲皇帝，雖有罪，亦不當殺。《韓非子·外儲説左下》：“費仲説紂曰：‘西伯昌賢，百姓悦之，諸侯附焉，不可不誅，不誅必爲殷患。’紂曰：‘子言義主，何可誅？’費仲曰：‘冠雖穿弊，必戴於頭；履雖五彩，必踐之於地。今西伯昌，人臣也，修義而人向之，卒爲天下患，其必昌乎！人人欲以其賢爲其主，非可不誅也。且主而誅臣，焉有過？’”

[3]牋：文體之一種。寫給上級或尊長者的書札。

[4]讓：責備。

[5]霸府：藩王府邸。此指蕭衍受封建安公所置府。時當齊永元三年（501）十二月。見本書《武帝紀》。

[6]驃騎大將軍：將軍名號。宋第一品，齊不詳。

[7]散騎常侍：官名。集書省長官，掌侍從左右，獻替應對。劉宋以後，職以侍從左右，掌圖書文翰爲主，地位不高。員四人。梁初第三品。　中書令：官名。中書省長官，掌出納帝命。東晉以

後，中書出令權爲他省或歸中書舍人，中書令漸成閑職，僅掌文章之事。梁代更規定位在中書監下。

天監元年，[1]以本官領前軍將軍。[2]其年，遷冠軍將軍、丹陽尹。[3]爲政清静，去煩苛。京師有寡婦無子，姑亡，[4]舉債以斂葬，既葬而無以還之，志愍其義，以俸錢償焉。時年饑，每旦爲粥於郡門，以賦百姓，[5]民稱之不容口。三年，爲散騎常侍、中書令，領游擊將軍。[6]志爲中書令，及居京尹，便懷止足。常謂諸子姪曰："謝莊在宋孝武世，[7]位止中書令，吾自視豈可以過之。"因多謝病，簡通賓客。遷前將軍、太常卿。[8]六年，出爲雲麾將軍、安西始興王長史、南郡太守。[9]明年，遷軍師將軍、平西鄱陽郡王長史、江夏太守，[10]並加秩中二千石。[11]九年，遷爲散騎常侍、金紫光禄大夫。[12]十二年，卒，時年五十四。

[1]天監：梁武帝年號（502—519）。

[2]前軍將軍：將軍名號。前後左右四軍將軍之一。爲禁衛軍主要將領，掌宿衛。宋第四品，齊及梁初不詳。

[3]冠軍將軍：將軍名號。宋第三品，梁初不詳。　丹陽尹：官名。京師所在丹陽郡長官，掌民政。宋第三品，梁初不詳。丹陽，治所在今江蘇南京市。

[4]姑：丈夫的母親。

[5]賦：給予。

[6]游擊將軍：將軍名號。禁衛軍六軍之一。掌宿衛。宋第四品，梁初不詳。

[7]謝莊：人名。祖籍陳郡陽夏。《宋書》卷八五有傳。

[8]前將軍：將軍名號。地位略高於一般雜號將軍。宋第三品，梁初不詳。　太常卿：官名。九卿之一，掌禮儀典制。梁初第三品。

[9]雲麾將軍：將軍名號。梁置，與武臣、虎牙龍騎將軍代舊前後左右四將軍。梁天監七年（508）革選，釐定將軍名號及班品，有一百二十五號十品二十四班，以班多者爲貴。雲麾將軍爲一百二十五號之一，十八班。　安西：安西將軍之省稱。與安東、安南、安北將軍合稱四安將軍。爲出鎮方面的軍事長官，或作爲刺史兼理軍務的加官，權任甚重。一百二十五號將軍之一，二十一班。　始興王：梁武帝弟蕭憺的封爵號。見本書卷二二《太祖五王·始興王憺傳》。始興，郡名。治所在今廣東韶關市東南蓮花嶺下。

[10]軍師將軍：將軍名號。爲一百二十五號將軍之一，十九班。　平西：平西將軍之省稱。與平東、平南、平北將軍合稱四平將軍，多持節都督或監某一地區軍事，亦作爲刺史兼理軍務的加官。爲一百二十五號將軍之一，二十班。　鄱陽郡王：梁武帝弟蕭恢的封爵號。見本書卷二二《太祖五王·鄱陽王恢傳》。鄱陽，郡名。治所在今江西波陽縣。　江夏：郡名。治所在今湖北武漢市武昌。

[11]中二千石：古代官秩品級之一種。《漢書》卷八《宣帝紀》顏師古注："漢制，秩二千石者一歲得一千四百四十石，實不滿二千石也。其云中二千石者，一歲得二千一百六十石，舉成數言之，故曰中二千石。中者，滿也。"

[12]散騎常侍：官名。職掌同前代。梁天監七年革選，定官職爲十八班，以班多者爲貴，散騎常侍爲十二班。　金紫光禄大夫：官名。光禄大夫之重者加金印紫綬，稱金紫光禄大夫。養老疾，無職事。多爲年老重臣的榮銜。梁十四班。

志善草隸，當時以爲楷法。齊游擊將軍徐希秀亦號能書，常謂志爲“書聖”。

志家世居建康禁中里馬蕃巷，[1]父僧虔以來，門風多寬恕，志尤惇厚。所歷職，不以罪咎劾人。門下客嘗盗脱志車幰賣之，[2]志知而不問，待之如初。賓客游其門者，專覆其過而稱其善。[3]兄弟子姪皆篤實謙和，時人號馬蕃諸王爲長者。普通四年，[4]志改葬，高祖厚賻賜之，[5]追謚曰安。有五子，緝、休、諲、操、素，並知名。

[1]建康：縣名。治所在今江蘇南京市。　馬蕃巷：中華書局本《校勘記》：“‘蕃’，《南史》及《册府元龜》七九三作‘糞’。”

[2]幰（xiàn）：車轎上的帷幔。

[3]覆：掩蓋。

[4]普通：梁武帝年號（520—527）。

[5]賻（fù）：以錢財助喪事。

王峻字茂遠，琅邪臨沂人。曾祖敬弘，[1]有重名於宋世，位至左光禄大夫、開府儀同三司。[2]祖瓚之，金紫光禄大夫。父秀之，[3]吴興太守。[4]

[1]敬弘：王敬弘，本名裕，因避宋武帝諱，稱字。《宋書》卷六六有傳。

[2]開府儀同三司：官名。非三公而儀制同於三公之稱。宋第一品。

[3]秀之：王秀之，人名。《南齊書》卷四六有傳。

[4]吴興：郡名。治所在今浙江湖州市。

峻少美風姿，善舉止。起家著作佐郎，不拜，累遷中軍廬陵王法曹行參軍，[1]太子舍人，邵陵王文學，[2]太傅主簿。[3]府主齊竟陵王子良甚相賞遇。遷司徒主簿，[4]以父憂去職。服闋，除太子洗馬，建安王友。[5]出爲寧遠將軍、桂陽内史。[6]會義師起，上流諸郡多相驚擾，峻閉門静坐，一郡帖然，[7]百姓賴之。

[1]中軍：中軍將軍之省稱，將軍名號。南朝重號將軍。宋第三品，齊不詳。　廬陵王：齊武帝子蕭子卿之封爵號。見《南齊書》卷四〇《武十七王傳》。廬陵，郡名。治所在今江西吉水縣。　法曹行參軍：官名。諸公軍府屬官，掌郵遞科程事。宋第七品，齊不詳。

[2]邵陵王：齊武帝子蕭子貞之封爵號。見《南齊書》卷四〇《武十七王傳》。

[3]太傅：官名。三師之一。地位隆重。宋、齊官品第一。

[4]司徒：官名。三公之一，參議大政，掌州郡民政。宋、齊第一品。

[5]建安王：齊明帝子蕭寶夤之初封爵號。見《南齊書》卷五〇《明七王傳》。建安，郡名。治所在今福建建甌市南。

[6]寧遠將軍：將軍名號。宋第五品，齊不詳。　桂陽：郡名。治所在今湖南郴州市。

[7]帖然：安定的樣子。

天監初，還除中書侍郎。高祖甚悦其風采，與陳郡謝覽同見賞擢。[1]俄遷吏部，[2]當官不稱職，轉征虜安成王長史，[3]又爲太子中庶子、游擊將軍。[4]出爲宣城太守，[5]爲政清和，吏民安之。視事三年，徵拜侍中，遷度支尚書。[6]又以本官兼起部尚書，[7]監起太極殿。[8]事畢，出爲征遠將軍、平西長史、南郡太守。[9]尋爲智武將軍、鎮西長史、蜀郡太守。[10]還爲左民尚書，[11]領步兵校尉。[12]遷吏部尚書，處選甚得名譽。

[1]陳郡謝覽：謝覽，人名。祖籍陳郡。本書卷一五有傳。

[2]吏部：此指吏部侍郎，尚書省諸曹郎之一，掌官吏銓選調動。職任甚重。梁初第四品。

[3]征虜：征虜將軍之省稱，將軍名號。宋第三品，梁初不詳。　安成王：梁武帝弟蕭秀之封爵號。見本書《太祖五王·安成王秀傳》。安成，郡名。治所在今江西安福縣東南。

[4]太子中庶子：官名。東宫官員，掌侍從及文翰。員四人。梁初第四品。

[5]宣城：郡名。治所在今安徽宣州市。

[6]度支尚書：官名。尚書省列曹尚書之一，掌國家財賦統計、支調。梁十三班。

[7]起部尚書：官名。尚書省列曹尚書之一，掌營建宗廟宫室。不常置。梁十三班。

[8]太極殿：梁建康宫正殿名。《景定建康志》卷二一引舊志云："太極殿，建康宫内正殿也。晉初造，以十二間象十二月，至梁武帝改製十三間，象閏焉。高八丈，長二十七丈，廣十丈，内外並以錦石爲砌。次東有太極東堂，七間。次西有太極西堂七間，亦以錦石爲砌。更有東西二上閣，在堂殿之間。"

[9]征遠將軍：將軍名號。梁置，與輕車、鎮朔、武旅、貞毅將軍代舊輔國將軍。爲一百二十五號將軍之一，十四班。

[10]智武將軍：將軍名號。梁置，與仁武、勇武、信武、嚴武將軍代舊冠軍將軍。爲一百二十五號將軍之一，十五班。　鎮西：鎮西將軍之省稱。與鎮東、鎮南、鎮北將軍合稱四鎮將軍，多爲持

節都督，出鎮方面，權勢很重。爲一百二十五號將軍之一，二十二班。　蜀郡：郡名。治所在今四川成都市。

[11]左民尚書：官名。尚書省列曹尚書之一。職掌同前代。梁十三班。

[12]步兵校尉：官名。禁軍五校尉之一，掌侍衛。梁七班。

峻性詳雅，[1]無趨競心。嘗與謝覽約，官至侍中，不復謀進仕。覽自吏部尚書出爲吴興郡，平心不畏强禦，[2]亦由處世之情既薄故也。峻爲侍中以後，雖不退身，亦淡然自守，無所營務。久之，以疾表解職，遷金紫光禄大夫，未拜。普通二年，卒，時年五十六，謚惠子。[3]

[1]詳雅：安詳文雅。

[2]强禦：横暴有勢力者。

[3]謚惠子：錢大昕《十駕齋養新録》卷二〇“沈恭子”條有云：“六朝文人無封爵而得謚者，例稱子。如任昉稱敬子，周弘正稱簡子之類，不一而足。”

子琮、玩。[1]琮爲國子生，尚始興王女繁昌縣主，[2]不慧，爲學生所嗤，遂離婚。峻謝王，王曰：“此自上意，僕極不願如此。”峻曰：“臣太祖是謝仁祖外孫，[3]亦不藉殿下姻媾爲門户。”[4]

[1]子琮、玩：中華書局本《校勘記》：“《南史》無‘玩’字。疑‘玩’字是衍文。”

[2]繁昌縣主：蕭憺女封爵號。其名不詳。封地繁昌縣，治所

在今安徽繁昌縣東北。

[3]謝仁祖：謝尚字仁祖，祖籍陳郡，東晉高等士族。《晉書》卷七九有傳。

[4]殿下：指始興王蕭憺。《隋書·百官志》載梁制，有云："諸王言曰令，境内稱之曰殿下。"

王暕字思晦，[1]琅邪臨沂人。父儉，[2]齊太尉、南昌文憲公。[3]

[1]思晦：梁·王筠《王騫碑》云暕兄騫字思晦，陳·何之元《梁典》云暕字思寂。《文選》卷三八任彦昇《爲蕭揚州作薦士表》云：暕字思晦。唐·李善《文選》注及清·何焯《義門讀書記》卷四九皆云：《梁典》及《碑》誤。

[2]儉：王儉，人名。齊初封南昌公。卒，贈太尉，謚文憲。《南齊書》卷二三有傳。

[3]南昌：縣名。治所在今江西南昌市。

暕年數歲，而風神警拔，有成人之度。時文憲作宰，[1]賓客盈門，見暕相謂曰："公才公望，[2]復在此矣。"弱冠，選尚淮南長公主，[3]拜駙馬都尉，除員外散騎侍郎，[4]不拜，改授晉安王文學，[5]遷廬陵王友、祕書丞。[6]明帝詔求異士，[7]始安王遥光表薦暕及東海王僧孺曰：[8]"臣聞求賢暫勞，垂拱永逸，[9]方之疏壤，取類導川。[10]伏惟陛下道隱旒纊，信充符璽，[11]白駒空谷，振鷺在庭；[12]猶懼隱鱗卜祝，藏器屠保。[13]物色關下，委裘河上。[14]非取製於一狐，諒求味於兼采。[15]而五聲倦響，九工是詢；[16]寢議廟堂，借聽輿皁。[17]臣位任隆重，義兼邦家，[18]實欲使名實不違，儌幸路絶。勢門上品，猶當格以清談；英俊下僚，不可限以位貌。竊見祕書丞琅邪王暕，年二十一，七葉重光，[19]海内冠冕，神清氣茂，允迪中和。[20]叔寶理遣之談，彦輔名教之樂，[21]故以暉映先達，領袖後進。居無塵雜，家有賜書；辭賦清新，屬言玄遠；室邇人曠，物疏道親。[22]養素丘園，台階虚位；[23]庠序公朝，萬夫傾首。[24]豈徒荀令可想，李公不亡而已哉！[25]乃東序之祕寶，瑚璉之茂器。"[26]除驃騎從事中郎。[27]

[1]作宰：任宰輔。此處指王儉任尚書令。

[2]公才公望：指有三公之才能威望。《世説新語·品藻》："會稽虞駿，元皇時與桓宣武同俠，其人有才理勝望。王丞相嘗謂駿曰：'孔愉有公才而無公望，丁潭有公望而無公才，兼之者其在卿乎？'駿未達而喪。"

[3]淮南長公主：名不詳。淮南，郡名。治所在今安徽當塗縣。長公主，皇帝的姊妹。

[4]員外散騎侍郎：官名。散騎省屬官，多以公族、功臣之子擔任，爲閑散之職。宋齊官品不詳。

[5]晉安王：齊武帝子蕭子懋之封爵號。見《南齊書》卷四〇《武十七王傳》。晉安，郡名。治所在今福建福州市。

[6]廬陵王：齊武帝子蕭子卿封爵號。見《南齊書》卷四〇《武十七王傳》。　祕書丞：官名。佐祕書監掌國之典籍圖書。爲清顯之職，多由僑姓士族擔任。員一人。齊第六品。

[7]明帝：指齊明帝蕭鸞。

[8]始安王遥光：齊宗室蕭遥光封爵號始安王。見《南齊書》

卷四五《宗室傳》。始安，郡名。治所在今廣西桂林市。　東海王僧孺：王僧孺，祖籍東海郡。本書卷三三有傳。東海郡，治所在今山東郯城縣。

[9]求賢暫勞，垂拱永逸：李善注："《吕氏春秋》曰：'賢主勞於求人而佚於治事。'"（見《文選》卷三八任彦昇《爲蕭揚州作薦士表》六臣注。下同）劉向《新序·雜事》："故王者勞於求人，佚於得賢。"

[10]方之疏壤，取類導川：吕向注："通壤引川則溺者安，任賢用能則亂者理。"方，比。疏壤，疏通地上的積水。

[11]道隱旒纊，信充符璽：吕延濟注："旒以蔽視，纊以塞聽。言天子之道潛隱而信滿四外如符璽焉。充，滿也；符璽，印也。"旒，古代天子冕冠前後懸垂的玉串。纊，絲綿，古人用以塞耳。按，《文選》此兩句下有"六飛同塵，五讓高世"二句。

[12]意謂賢人乘白駒出仕而山谷空，高潔之士在於王庭。《詩·小雅·白駒》有云："皎皎白駒，在彼空谷；生芻一束，其人如玉。"又《詩·周頌·振鷺》有云："振鷺于飛，于彼西雝。我客戾止，亦有斯容。"白駒，賢者所乘。振鷺，衆白鳥，比喻衆多高潔之士。

[13]意謂賢才隱而不仕。張銑注："隱鱗謂君子如龍之隱也，卜祝謂嚴君平也，藏器謂藏治國之器也，屠謂太公屠牛於朝歌，保謂伊尹爲酒家傭保。"嚴君平，漢蜀郡人，隱居不仕，卜筮自養。見《漢書》卷七二《王吉傳序》。太公即姜太公。見《史記》卷三二《齊太公世家》。

[14]意謂廣求賢才。李善注："《列僊傳》曰：關令尹喜内學，老子西遊，先見其氣，知其人當過，物色而遮之，果得老子。"物色，按形貌求之。委裘，任用賢能。李善注云："《神僊傳》：河上公，莫知其姓名也，嘗讀老子《道德經》。漢孝文帝駕從而詣之。"

[15]非取製於一狐，諒求味於兼采：吕延濟注："製裘非一狐之皮，求美必兼采衆味，論爲國者信資衆賢。"

[16]五聲倦響，九工是詢：劉良注："大禹以五聲聽理三官也。詢，問也。九工謂九官，謂六府工事之官。言天子倦以聲聽，故問於九官。"李善注："《鬻子》曰：'昔者大禹治天下以五聲聽治。'《漢書》劉向上疏曰：'舜命九官濟濟相讓，和之至也。'"

[17]寢議廟堂，借聽輿皁：李周翰注："廟堂謂貴臣；輿皁，賤士也。言寢息卿相之議，借聽微賤之言。"

[18]義兼邦家：蕭遥光既爲朝臣，又是齊明帝之侄，故云。邦家，《文選》作"家邦"。

[19]七葉重光：指自王祥以下至王儉，凡七代，冠冕不絶。李善注："《晉中興書》曰：王祥弟覽生導，導生洽，洽生珣，珣生曇首。沈約《宋書》曰：王僧綽，曇首長子，遇害。子儉嗣也。"

[20]神清氣茂，允迪中和：李周翰注："迪，蹈也。言神情俊茂，允蹈中和之氣。"

[21]叔寶理遣之談，彦輔名教之樂：李善注："臧榮緒《晉書》曰：'衛玠字叔寶，好言玄理，拜太子洗馬。常以人有不及，可以情恕；非意相干，可以理遣。故終身不見喜愠之容。'《世説》曰：'王平子、胡毋彦國諸人，皆以放任爲達，或去衣裸體。樂廣曰：名教中自有樂地，何爲乃爾。'"彦輔，樂廣之字。名教，以正名分爲中心的儒家禮教。

[22]室邇人曠，物疏道親：劉良注："邇，近；曠，遠。居近，親道疏物也。"

[23]養素丘園，台階虚位：李周翰注："素，樸也；台，三台星，主三公也。言此人守朴丘園，則虚三公之位。"

[24]庠序公朝，萬夫傾首：張銑注："言使此人居庠序，立公朝，則萬人傾首而欽慕。"庠序，古代學校。

[25]意謂暕繼父祖之德超過荀令、李公。李善注："臧榮緒《晉書》曰：'荀顗字景倩，潁陽人也。魏太尉彧之第六子。黄初末除中郎。高祖輔政，見顗，異之，曰："顗，令君之子也。近見袁侃，亦曜卿之子也。皆有父風。"'范曄《後漢書》曰：'李固字子

堅，漢中郡南鄭人，司徒郃之子。少好學，四方有志之士多慕其風而來學，京師咸嘆曰：“是復爲李公矣。”’”

[26]意謂王暕可爲教授及宗廟之任。李善注：“《典引》：‘御東序之祕寶。’《論語》子貢問曰：‘賜也，何如?’子曰：‘汝，器也。’曰：‘何器?’曰：‘瑚璉也。’”東序，古代學校。瑚璉，古代祭祀所用盛黍稷之器。

[27]驃騎：驃騎將軍之省稱，將軍名號。爲重號將軍，多加授大臣、重要地方長官。齊第二品。

高祖霸府開，引爲户曹屬，[1]遷司徒左長史。[2]天監元年，除太子中庶子，領驍騎將軍，入爲侍中。出爲寧朔將軍、中軍長史。又爲侍中，領射聲校尉，[3]遷五兵尚書，[4]加給事中。[5]出爲晉陵太守。[6]徵爲吏部尚書，俄領國子祭酒。[7]暕名公子，少致美稱，及居選曹，職事脩理；然世貴顯，與物多隔，不能留心寒素，[8]衆頗謂爲刻薄。遷尚書右僕射，[9]尋加侍中。復遷左僕射，[10]以母憂去官。起爲雲麾將軍、吴郡太守。[11]還爲侍中、尚書左僕射，領國子祭酒。普通四年冬，暴疾卒，時年四十七。詔贈侍中、中書令、中軍將軍，[12]給東園祕器，[13]朝服一具，衣一襲，[14]錢十萬，布百匹。謚曰靖。有四子，訓、承、穉、訏，[15]並通顯。

[1]户曹屬：官名。王公府屬官，掌民户農桑事。員一人。宋第七品，齊及梁初不詳。

[2]司徒左長史：司徒府屬官，佐司徒掌本府官吏事。宋第六品，齊及梁初不詳。

[3]射聲校尉：官名。禁軍五營校尉之一，掌宿衛士。梁天監七年（508）革選，定流内官職爲十八班，以班多者爲貴。射聲校尉爲七班。

[4]五兵尚書：官名。尚書省列曹尚書之一，掌軍事行政。梁十三班。

[5]給事中：官名。集書省屬官，掌侍從及文書收發，地位不高。梁四班。

[6]晉陵：郡名。治所在今江蘇常州市。

[7]國子祭酒：官名。屬太常卿，掌國子學，參議禮制。梁十三班。

[8]寒素：門第卑微又無官職者。

[9]尚書右僕射：官名。尚書令副佐有左、右僕射，並佐尚書令知尚書省事，且與尚書分領諸曹。梁十五班。

[10]左僕射：官名。與右僕射同班而居前。左，舊本訛“右”，此依中華書局本校改。

[11]吴郡：郡名。治所在今江蘇蘇州市。

[12]中軍將軍：將軍名號。與中衛、中權、中撫將軍合稱四中將軍，僅授予在京師任職者，權勢頗重。爲一百二十五號將軍之一，二十三班。

[13]東園祕器：漢有官署名東園，掌製作皇室喪葬所用器物，故稱所製棺木爲東園祕器。

[14]一襲：一套。

[15]承：王承。《南史》卷二二《王曇首傳》有附傳。

訓字懷範，幼聰警有識量，徵士何胤見而奇之。[1]年十三，暕亡憂毁，[2]家人莫之識。十六，召見文德殿，[3]應對爽徹。上目送久之，顧謂朱异曰：[4]“可謂相門有相矣。”[5]補國子生，射策高第，[6]除祕書郎，遷太子舍人、祕書丞。轉宣城王文學、友、太子中庶子，[7]掌管記。俄遷侍中，既拜入見，高祖從容問何敬容曰：[8]"褚彦回年幾爲宰相？"[9]敬容對曰："少過三十。"上曰："今之王訓，無謝彦回。"[10]

[1]徵士：被朝廷徵聘而不就仕的人。　何胤：人名。本書卷五一《處士》有傳。

[2]憂毀：因居喪而身體受到損害。按，此記暕亡時訓年十三，恐誤。據《廣弘明集》卷二〇梁湘東王蕭繹《法寶聯璧序》，中大通六年（534）王訓二十五歲，則其生當在天監九年（510），至王暕死亡之普通四年（523），王訓應是十四歲。

[3]文德殿：京師建康宫城内殿省名。

[4]朱异：人名。本書卷三八有傳。

[5]相門有相：《史記》卷七五《孟嘗君列傳》："文聞將門必有將，相門必有相。"

[6]射策：古代取士考試的一種方式。由主試者出題書之於簡策，分甲乙科列置案上。應試者隨意取答，主試者根據題目難易及所答内容定其優劣。上者爲甲，次者爲乙。射，投射之意。

[7]宣城王：梁哀太子蕭大器初封爵號。見本書卷八《哀太子傳》。宣城，郡名。治所在今安徽宣州市。　文學：官名。皇弟皇子府屬官，職掌同前代。梁五班。　友：官名。皇弟皇子府屬官，職掌同前代。梁八班。　太子中庶子：官名。東宫屬官，職掌同前代。梁十一班。

[8]何敬容：人名。本書卷三七有傳。

[9]褚彦回：齊褚淵字彦回，祖籍河南陽翟。《南齊書》卷二三有傳。

[10]謝：遜讓，不如。

訓美容儀，善進止，文章之美，爲後進領袖。在春宫特被恩禮。[1]以疾終於位，時年二十六。贈本官。謚温子。

[1]春宫：東宫。

王泰字仲通，志長兄慈之子也。[1]慈，齊時歷侍中、吴郡，知名在志右。

[1]慈：王慈，人名。《南齊書》卷四六有傳。

泰幼敏悟，年數歲時，祖母集諸孫姪，散棗栗於牀上，羣兒皆競之，泰獨不取。問其故，對曰："不取，自當得賜。"由是中表異之。既長，通和温雅，人不見其喜愠之色。起家爲著作郎，[1]不拜，改除秘書郎，遷前將軍法曹行參軍、司徒東閤祭酒、車騎主簿。[2]

[1]著作郎：官名。祕書省屬官，掌國史。爲清簡之職，多甲族貴遊起家之選。員一人。齊第六品。

[2]司徒東閤祭酒：司徒府屬官，掌閤内事。宋第七品，齊不詳。　車騎：車騎將軍之省稱，將軍名號。爲重號將軍，多加授大臣及重要地方長官。地位在驃騎將軍之下。宋第二品，齊不詳。

高祖霸府建，以泰爲驃騎功曹史。天監元年，遷祕書丞。齊永元末，[1]後宫火，延燒祕書，[2]圖書散亂殆盡。泰爲丞，表校定繕寫，高祖從之。頃之，遷中書侍郎。出爲南徐州別駕從事史，[3]居職有能名。復徵中書侍郎，敕掌吏部郎事。[4]累遷給事黄門侍郎，[5]員外散騎常侍，[6]並掌吏部如故，俄即真。[7]自過江，[8]吏部郎不復典大選，[9]令史以下，小人求競者輻湊，前後少能稱職。泰爲之不通關求，吏先至者即補，不爲貴賤請囑易意，天下稱平。累遷爲廷尉，[10]司徒左長史。[11]出爲明威將軍、新安太守，[12]在郡和理得民心。徵爲寧遠將軍、安右長史。[13]俄遷侍中。尋爲太子庶子、領步兵校尉，[14]復爲侍中。仍遷仁威長史、南蘭陵太守，[15]行南康王府、州、國事。[16]王遷職，復爲北中郎長史、行豫章王府、州、國事，[17]太守如故。入爲都官尚書。[18]泰能接人士，士多懷泰，每願其居選官。頃之，爲吏部尚書，衣冠屬望，[19]未及選舉，仍疾，改除散騎常侍、左驍騎將軍。[20]未拜，卒，時年四十五。謚夷子。

初泰無子，養兄子祁，晚有子廓。

[1]永元：齊東昏侯年號（499—501）。

[2]祕書：此處指祕書省。

[3]南徐州：州名。治所在今江蘇鎮江市。　別駕從事史：官名。州府屬官。與西曹書佐共掌官吏及選舉事。官品不詳。

[4]吏部郎：官名。即尚書吏部郎。屬吏部尚書，掌官吏任免調動事宜。梁初第四品。

[5]給事黄門侍郎：官名。職掌同前代。梁天監七年（508）革選，定爲十班。

［6］員外散騎常侍：官名。集書省官員，爲閑散之職。梁十班。

［7］即真：授真職。

［8］過江：指晉室南渡，東晉王朝建立。

［9］大選：南朝稱吏部郎爲小選，吏部尚書爲大選。考南朝諸史，尚書吏部郎參掌大選事屢有記載，本傳所云“自過江，吏部郎不復典大選”之語當有誤。參周一良《魏晉南北朝史札記》之《宋書札記》“百官制諸問題”條。

［10］廷尉：官名。梁十二卿之一，掌刑辟。其屬官有廷尉正、平、監等。梁十一班。

［11］司徒左長史：司徒府屬官，職掌同前代。梁十二班。

［12］明威將軍：將軍名號。一百二十五號將軍之一，十三班。新安：郡名。治所在今浙江淳安縣西北。

［13］安右：安右將軍之省稱，將軍名號。爲一百二十五號將軍之一，二十一班。　長史：官名。王公軍府屬官，職掌同前代。梁十班至六班。

［14］太子庶子：官名。東宮屬官，掌侍從左右，獻納得失。員四人。梁九班。　步兵校尉：即太子步兵校尉，官名。東宮三校之一，掌宿衛士。梁七班。

［15］仁威：仁威將軍之省稱，將軍名號。梁置，與智威、勇威等將軍代舊征虜將軍。爲一百二十五號將軍之一，十六班。　南蘭陵：郡名。治所在今江蘇鎮江市。

［16］南康王：梁武帝子蕭績的封爵號。見本書卷二九《高祖三王傳》。南康，郡名。治所在今江西贛州市東北。　府、州、國事：即代行府、州、國政事。清·錢大昕《廿二史考異》卷二六有云：“六朝時，府僚多領郡縣職……凡諸王冲幼出鎮開府，多以長史行州府事，或府主以事它出，亦以府僚行事。”

［17］北中郎：北中郎將之省稱，將軍名號。東西南北四中郎將之一。統兵出征，或爲方面大員，地位高於一般將軍。南朝多以宗室諸王擔任。按，據本書《高祖三王·南康王績傳》，績進號北中

郎將在天監十七年（518）後，普通四年（523）以前。而據《隋書·百官志》，梁天監七年革選，釐定將軍名號，以“鎮兵、翊師、宣惠、宣毅爲十七班，代舊四中郎將”，至“普通六年，又置百號將軍，更加刊正”。是其間不當有北中郎將之號。此述南康王有此號，疑誤。　豫章王：梁武帝子蕭綜的封爵號。見本書卷五五《豫章王綜傳》。豫章，郡名。治所在今江西南昌市。

[18]都官尚書：官名。尚書省列曹尚書之一，掌軍事刑獄。梁十三班。

[19]衣冠：指士大夫、官紳。

[20]左驍騎將軍：官名。梁天監六年（507）置。掌侍衛左右及宫廷宿衛。梁十一班。《陳書》卷一八《韋載傳》附《韋翽傳》：“驍騎之職，舊領營兵，兼統宿衛。自梁代已來，其任逾重，出則羽儀清道，入則與二衛通直，臨軒則升殿俠侍。”所指當即左右驍騎將軍。

王份字季文，琅邪人也。祖僧朗，[1]宋開府儀同三司、元公。[2]父粹，黄門侍郎。

[1]僧朗：王僧朗，人名。見《宋書》卷八五《王景文傳》。舊本“僧朗”訛“續明”或“續朗”，此依中華書局本校改。

[2]元公：王僧朗謚號。

份十四而孤，解褐車騎主簿。[1]出爲寧遠將軍、始安内史。袁粲之誅，[2]親故無敢視者，份獨往致慟，由是顯名。遷太子中舍人，太尉屬。[3]出爲晉安内史。累遷中書侍郎，轉大司農。[4]

[1]解褐：脱下布衣。謂入仕。

[2]袁粲；人名。祖籍陳郡。宋末蕭道成將代宋，袁粲謀誅蕭道成。事泄，被殺。《宋書》卷八九有傳。

[3]太尉屬：太尉府屬官。太尉府公曹治事，各曹主管稱爲掾，副稱爲屬。宋第七品，齊不詳。

[4]大司農：官名。九卿之一。掌倉儲、供膳等事務。齊第三品。

份兄奂於雍州被誅，[1]奂子肅奔于魏，份自拘請罪，齊世祖知其誠款，[2]喻而遣之。屬肅屢引魏人來侵疆埸，世祖嘗因侍坐，從容謂份曰："比有北信不？"[3]份斂容對曰："肅既近忘墳柏，[4]寧遠憶有臣。"帝亦以此亮焉。[5]尋除寧朔將軍、零陵内史。[6]徵爲黄門侍郎，以父終於此職，固辭不拜，遷祕書監。[7]

[1]奂：王奂，人名。仕齊，官至鎮北將軍、雍州刺史。因擅殺長史，朝廷收之，奂抗拒。兵敗，被殺。《南齊書》卷四九有傳。

[2]世祖：齊武帝廟號。　誠款：忠誠、懇摯。

[3]比：近來。　不：同"否"。

[4]墳柏：古人常在墳墓側植松柏以爲辨識的標記。此以代指先人。

[5]亮：諒解。

[6]零陵：郡名。治所在今湖南永州市。

[7]祕書監：官名。祕書省長官。掌藝文圖籍。爲清顯之職，多由僑姓士族擔任。齊第五品。

天監初，除散騎常侍、領步兵校尉、兼起部尚書。

高祖嘗於宴席問羣臣曰："朕爲有爲無?"份對曰："陛下應萬物爲有，體至理爲無。"高祖稱善。出爲宣城太守，轉吴郡太守，遷寧朔將軍、北中郎豫章王長史、蘭陵太守，[1]行南徐府州事。[2]遷太常卿、太子右率、散騎常侍，[3]侍東宫，除金紫光禄大夫。復爲智武將軍、南康王長史，秩中二千石。復入爲散騎常侍、金紫光禄、南徐州大中正，[4]給親信二十人。[5]遷尚書左僕射，尋加侍中。

[1]蘭陵：郡名。治所在今江蘇鎮江市。

[2]行南徐府州事：六朝時，諸王往往年少即出鎮一方，因而以長史代行政事，謂之行事。

[3]太常卿：官名。梁十二卿之一。掌禮樂郊廟社稷事宜。十四班。　太子右率：太子右衛率之省稱，官名。與太子左衛率合稱太子二率。掌東宫宿衛，亦統兵出征，職位頗重。梁十一班。

[4]大中正：官名。掌一州人才之考察，定其鄉品，以爲選拔官吏之依據。多由他官兼領。

[5]親信：指護衛之吏。

時脩建二郊，[1]份以本官領大匠卿，[2]遷散騎常侍、右光禄大夫，[3]加親信爲四十人。遷侍中、特進、左光禄，[4]復以本官監丹陽尹。[5]普通五年三月，卒，時年七十九。詔贈本官，賻錢四十萬，布四百匹，蠟四百斤，給東園祕器，朝服一具，衣一襲。謚胡子。

[1]二郊：即南北郊。古代天子祭祀天地的處所。梁武帝改作南北郊，事在普通二年（521）。見本書《武帝紀》。

[2]大匠卿：官名。梁十二卿之一，掌土木工程事。十班。

[3]右光禄大夫：官名。屬光禄卿，多授予年老重臣，養老疾，無職事。梁十六班。

[4]特進：官名。古代賜給功德優盛、爲朝廷所敬異的官員的官職。位在三公之下，皆爲加官。《太平御覽》卷二四三《職官·特進》引沈約《宋書》有云："其諸官加特進者，從本官供給，特進但爲班位而已，不别有卒吏車服也。"梁十五班。　左光禄：左光禄大夫之省稱，官名。養老疾，無職事。多爲年老重臣之榮銜。梁十六班。

[5]監：官制術語。非正式職務而督理其事。　丹陽尹：官名。京師所在丹陽郡之行政長官。掌民政。宋第三品，梁官班不詳。丹陽郡，治所在今江蘇南京市。

長子琳，字孝璋，舉南徐州秀才，釋褐征虜建安王法曹，[1]司徒東閤祭酒，南平王文學。[2]尚義興公主，[3]拜駙馬都尉。累遷中書侍郎，衛軍謝朏長史，[4]員外散騎常侍。出爲明威將軍、東陽太守，徵司徒左長史。

[1]法曹：法曹參軍之省稱，官名。王公軍府屬官，掌郵驛科程事。宋第七品，齊不詳。

[2]南平王：齊明帝子蕭寶攸初封爵號。見《南齊書》卷五〇《明七王傳》。南平，郡名。治所在今湖北公安縣西。

[3]義興公主：名不詳。《南史》卷二三同傳作"梁武帝妹義興長公主"。義興，郡名。治所在今江蘇宜興市。

[4]衛軍謝朏：謝朏，人名。本書卷一五有傳。按，"衛軍"疑"衛將軍"之誤。本書卷一五本傳云："後五年，改授中書監、司徒、衛將軍。"本書《武帝紀中》天監五年（506）正月下亦云：

"乙亥，以前司徒謝朏爲中書監、司徒、衛將軍。"一說"衛軍"爲"衛將軍"之省稱。

錫字公嘏，琳之第二子也。幼而警悟，與兄弟受業，至應休散，常獨留不起。年七八歲，猶隨公主入宫，高祖嘉其聰敏，常爲朝士説之。精力不倦，致損右目。公主每節其業，爲飾居宇。雖童稚之中，一無所好。十二，爲國子生。十四，舉清茂，[1]除祕書郎，[2]與范陽張伯緒齊名，[3]俱爲太子舍人。[4]丁父憂，居喪盡禮。服闋，除太子洗馬。[5]時昭明尚幼，[6]未與臣僚相接。高祖敕："太子洗馬王錫、秘書郎張纘，親表英華，朝中髦俊，可以師友事之。"以戚屬封永安侯，[7]除晉安王友，稱疾不行，敕許受詔停都。王冠日，[8]以府僚攝事。

[1]清茂：才能優秀。梁代選舉科目之一。

[2]秘書郎：官名。職掌同前代。梁二班。

[3]范陽張伯緒：張纘，字伯緒，祖籍范陽。本書卷三四有傳。范陽，郡名。治所在今河北涿州市。

[4]太子舍人：官名。職掌同前代。梁員十六人，三班。

[5]太子洗馬：官名。職掌同前代。梁員八人，六班。

[6]昭明：梁武帝太子蕭統的謚號。見本書卷八《昭明太子傳》。

[7]永安：縣名。治所在今重慶市奉節縣東。

[8]冠：行冠禮。古代男子二十歲行成人之禮，束髮加冠。

普通初，魏始連和，使劉善明來聘，[1]敕使中書舍人朱异接之，[2]預讌者皆歸化北人。[3]善明負其才氣，酒酣謂异曰："南國辯學如中書者幾人？"异對曰："异所以得接賓宴者，乃分職是司。二國通和，所敦親好。若以才辯相尚，則不容見使。"善明乃曰："王錫、張纘，北間所聞，云何可見？"异具啓，敕即使於南苑設宴，[4]錫與張纘朱异四人而已。善明造席，遍論經史，兼以嘲謔，錫、纘隨方酬對，無所稽疑，未嘗訪彼一事，善明甚相歎挹。[5]佗日謂异曰："一日見二賢，實副所期，不有君子，安能爲國！"

[1]聘：通問修好。

[2]中書舍人：官名。中書省屬官，舊入值閣内，掌呈奏案章。劉宋時漸用寒士及皇帝親信任此職，奪中書侍郎出令權。梁選以才能，不限資地，掌中書詔誥。多以他官兼領。四班。　朱异：人名。本書卷三八有傳。

[3]歸化：歸順。

[4]南苑：京師建康苑囿名。

[5]歎挹：贊嘆敬禮。挹，通"揖"，三朝本、百衲本作"揖"。

轉中書郎，遷給事黄門侍郎、尚書吏部郎中，[1]時年二十四。謂親友曰："吾以外戚，謬被時知，多叨人爵，本非其志；兼比羸病，[2]庶務難擁，安能捨其所好而徇所不能。"乃稱疾不拜。便謝遣胥徒，[3]拒絶賓客，掩扉覃思，室宇蕭然。中大通六年正月，[4]卒，時年三十六。贈侍中，給東園秘器，朝服一具，衣一襲。謚貞子。子泛、湜。[5]

[1]尚書吏部郎中：官名。尚書省諸曹郎之一，屬吏部尚書。掌官吏任免、調動事宜。若在職勤能，滿二年即轉侍郎。梁五班。

[2]比：近來。

[3]胥徒：隨從小吏。

[4]中大通：梁武帝年號（529—534）。

[5]泛：《南史》卷二三《王彧傳》附《王錫傳》作“涉”，《周書》卷四八《蕭詧傳》作“霑”。

僉字公會，錫第五弟也。八歲丁父憂，哀毁過禮。服闋，召補國子生，祭酒袁昂稱爲通理。[1]策高第，[2]除長兼秘書郎中，[3]歷尚書殿中郎，[4]太子中舍人，與吴郡陸襄對掌東宫管記。[5]出爲建安太守。山酋方善、謝稀聚徒依險，[6]屢爲民患，僉潛設方略，率衆平之，有詔褒美，頒示州郡。除武威將軍、始興内史，[7]丁所生母憂，固辭不拜。又除寧遠將軍、南康内史，屬循壚作亂，[8]復轉僉爲安成内史，[9]以鎮撫之。還除黄門侍郎，尋爲安西武陵王長史、蜀郡太守。[10]僉憚岨嶮，固以疾辭，因以黜免。久之，除戎昭將軍、尚書左丞，[11]復補黄門侍郎，遷太子中庶子，掌東宫管記。太清二年十二月，[12]卒，時年四十五。贈侍中，給東園秘器，朝服一具，衣一襲。承聖三年，[13]世祖追詔曰：“賢而不伐曰恭，謚恭子。”

[1]祭酒：即國子祭酒，官名。屬太常卿。掌國子學，參議禮制。梁十三班。　袁昂：人名。本書卷三一有傳。

[2]策：古代考試方式，主試者書試題於策，根據被試者之回答以定優劣。有射策和對策兩種。

[3]長兼：官制術語。假職未真授之稱。宋·沈括《夢溪筆談》卷二有云："古之兼官，多是暫時攝領；有長兼者，即同正官。"舊本"長"下皆衍"史"字，據中華書局本引張森楷《校勘記》説刪。

[4]尚書殿中郎：官名。尚書省諸曹郎之一，屬尚書左僕射。掌擬詔書，多用文學之士。梁六班。

[5]陸襄：人名。本書卷二七有傳。

[6]山酋：山寨首領。

[7]武威將軍：將軍名號。爲一百二十五號將軍之一，十二班。舊本"武威"倒誤作"威武"，此依中華書局本乙正。

[8]屬循壚作亂：中華書局本《校勘記》："百衲本、南監本作'循壚'，其餘各本作'盧循'。曾鞏於卷末附校語云：'屬循壚作亂，疑。'"

[9]安成：郡名。治所在今江西安福縣東南。

[10]武陵王：梁武帝子蕭紀之封爵號。見本書卷五五《武陵王紀傳》。武陵，郡名。治所在今湖南常德市。　蜀郡：郡名。治所在今四川成都市。

[11]戎昭將軍：將軍名號。按，《隋書·百官志》及《通鑑》卷一四七《梁紀三》"梁天監七年"、卷一五三《梁紀九》"中大通元年"下所述梁將軍名號皆無"戎昭"之名。陳代有，第八品，見《隋書·百官志上》。　尚書左丞：官名。佐尚書令、僕射知省事，掌臺内分職儀、禁令、報人章，督録近道文書章表奏事，糾諸不法。員一人。梁九班。

[12]太清：梁武帝年號（547—549）。

[13]承聖：梁元帝年號（552—555）。

張充字延符，吴郡人。父緒，[1]齊特進、金紫光禄大夫，有名前代。充少時，不持操行，好逸游。緒嘗請假還吴，始入西郭，值充出獵，左手臂鷹，右手牽狗，遇緒船至，便放紲脱韝，[2]拜於水次。緒曰："一身兩役，無乃勞乎？"充跪對曰："充聞三十而立，今二十九矣，請至來歲而敬易之。"緒曰："過而能改，[3]顔氏子有焉。"[4]及明年，便脩身改節。學不盈載，多所該覽，尤明《老》、《易》，能清言，[5]與從叔稷俱有令譽。[6]

[1]緒：張緒，人名。仕齊，卒贈散騎常侍、特進、金紫光禄大夫。《南齊書》卷三三有傳。

[2]紲：指牽狗的繩索。　韝（gōu）：同"鞲"，革製的袖套，打獵時用以停立獵鷹。

[3]過而能改：《左傳・宣公二年》："（士季）稽首而對曰：'人誰無過，過而能改，善莫大焉。'"

[4]顔氏子：指顔回。回能改過。《論語・雍也》："哀公問：'弟子孰爲好學？'孔子對曰：'有顔回者好學，不遷怒，不貳過，不幸短命死矣。今也則亡，未聞好學者也。'"

[5]清言：六朝時士人崇尚老莊，競談玄理，謂之清談或清言。

[6]稷：張稷，人名。本書卷一六有傳。

起家撫軍行參軍，遷太子舍人、尚書殿中郎、武陵王友。[1]時尚書令王儉當朝用事，武帝皆取決焉。[2]武帝嘗欲以充父緒爲尚書僕射，訪於儉，[3]儉對曰："張緒少有清望，誠美選也。然東士比無所執，[4]緒諸子又多薄行，臣謂此宜詳擇。"帝遂止。先是充兄弟皆輕俠，充少時又不護細行，[5]故儉言之。充聞而愠，因與儉書曰：

[1]武陵王：齊武帝弟蕭曅的封爵號。見《南齊書》卷三五《高帝十二王傳》。

[2]武帝：指齊武帝蕭賾。

[3]訪：徵詢意見。

[4]東士：南方士人。　比：近來。　所執：指尚書僕射。按，《南齊書》卷三三《張緒傳》作“南士由來少居此職”。

[5]細行：小事小節。《文選》卷四二魏文帝《與吴質書》：“觀古今文人，類不護細行，鮮能以名節自立。”

吴國男子張充致書於琅邪王君侯侍者：[1]頃日路長，愁霖韜晦，涼暑未平，想無虧攝。[2]充幸以魚釣之閑，鐮採之暇，時復以卷軸自娱，[3]逍遥前史。從横萬古，[4]動默之路多端；[5]紛綸百年，昇降之途不一。[6]故以圓行方止，器之異也；金剛水柔，性之别也。善御性者，不違金水之質；善爲器者，不易方圓之用。所以北海掛簪帶之高，[7]河南降璽書之貴。[8]充生平少偶，[9]不以利欲干懷，三十六年，差得以棲貧自澹。介然之志，[10]峭聳霜崖；確乎之情，[11]峯横海岸。彯纓天閣，[12]既謝廊廟之華；[13]綴組雲臺，[14]終慚衣冠之秀。[15]所以擯跡江皐，[16]陽狂隴畔者，[17]實由氣岸疏凝，[18]情塗猖隔。[19]獨師懷抱，不見許於俗人；孤秀神崖，[20]每邅回於在世。[21]故君山直上，[22]蹙壓於當年；[23]叔陽敻舉，[24]轗軻乎千載。[25]充所以長羣魚鳥，畢影松阿。半頃之田，足以輸税；

五畝之宅，樹以桑麻。嘯歌於川澤之間，諷味於澠池之上，[26]泛濫於漁父之遊，偃息於卜居之下。[27]如此而已，充何謝焉。[28]

[1]吴國：吴郡之地，周代屬吴國，張充爲顯示自己家族歷史之悠久，故不稱吴郡而稱吴國。　琅邪王君侯：王儉祖籍琅邪，宋代襲封豫寧侯，齊初改封南昌縣公。不稱王公而稱君侯，似亦有鄙其靦事新朝之微意。　侍者：意同"執事"、"左右"。

[2]攝：攝養，養生。

[3]時復以卷軸自娱：《南史》卷三一同傳作"時復引軸以自娱"。

[4]從：通"縱"。

[5]動默：即動息、出處。指做官與退隱。

[6]昇降之途不一：途，舊本作"徒"，此依中華書局本校改。

[7]《後漢書》卷八三《逸民·逢萌傳》："逢萌字子康，北海都昌人也。家貧，給事縣爲亭長。時尉行過亭，萌候迎拜謁，既而擲楯嘆曰：'大丈夫安能爲人役哉?'遂去之長安學，通《春秋經》。時王莽殺其子宇，萌謂友人曰：'三綱絶矣，不去，禍將及人。'即解冠掛東都城門，歸，將家屬浮海，客於遼東。"北海，代指逢萌。掛簪帶：即掛冠。辭官之代稱。

[8]《漢書》卷八九《循吏·黄霸傳》：黄霸爲河南太守丞，吏民愛敬，後爲潁川太守。宣帝下詔稱揚，並賜關内侯。《後漢書》卷六一《左雄傳》雄上疏曰："宣帝綜覈名實，知時所病，刺史守相，輒親引見，考察言行，信賞必罰……其有政理者，輒以璽書勉勵。"璽書，舊本作"璽言"，此依中華書局本校改。

[9]偶：遇合。

[10]介然：專一，堅定不移。

[11]確乎：堅固，剛强。《易·乾》："樂則行之，憂則違之，

確乎其不可拔，潛龍也。”

[12]彯纓：指做官。彯，通“飄”。纓，冠帶。《南史》同傳“彯纓”上有“至如”二字。　天閣：即尚書臺。《初學記》卷一一引《宋元嘉起居注》：“領曹郎中荀萬秋每設事緣私遊，肆其所之。豈可復參列士林，編名天閣，請免萬秋所居官。”

[13]廊廟：指朝廷。

[14]綴組：指做官。綴，繫。組，綬帶。　雲臺：漢宮中臺名。漢明帝圖畫中興功臣三十二人之像於臺中。

[15]衣冠：指士大夫，官紳。

[16]擯跡：斂迹，隱匿。擯，通“屏”。

[17]陽狂：同“佯狂”，裝瘋。

[18]疏凝：懶散而固執。

[19]狷隔：拘謹不合群。

[20]神崖：指人的神采氣概。

[21]邅回：同“徘徊”。此指人生周折，不順利。

[22]君山：後漢桓譚字君山，沛國相人。爲官屢直言上疏，多遭排斥，甚不得志。後貶出爲郡丞，道病卒。見《後漢書》卷二八上《桓譚傳》。

[23]蹙壓：局促，壓抑。

[24]叔陽：朱勃字叔陽，後漢扶風郡人。年十二能誦《詩》《書》，辭言嫺雅。未二十，右扶風請試渭城宰。然終位不過縣令。見《後漢書》卷二四《馬援傳》。　敻（qióng）舉：才志高遠。

[25]轗（kǎn）軻（lǎn）：同“坎壈”，困頓，不得志。

[26]嘯歌於川澤之間，諷味於澠池之上：《南史》同傳作“雖復玉没於訪珪之辰，桂掩於搜芳之日”。

[27]卜居之下：下，《南史》作“會”。

[28]充何謝焉：謝焉，《南史》作“識哉”。

若夫驚巖罩日，壯海逢天，[1]竦石崩尋，分危落仞。桂蘭綺靡，叢雜於山幽；松柏森陰，相繚於澗曲。元卿於是乎不歸，[2]伯休亦以兹長往。[3]若廼飛竿釣渚，[4]濯足滄洲；獨浪煙霞，高卧風月。悠悠琴酒，[5]岫遠誰來；灼灼文談，[6]空罷方寸。[7]不覺鬱然千里，路阻江川。每至西風，何嘗不眷？[8]聊因疾隙，略舉諸襟；持此片言，輕枉高聽。

[1]壯海：《南史》作“吐海”。逢，《册府元龜》卷九〇五作“連”。

[2]元卿：蔣詡字元卿，漢杜陵人。爲兖州刺史，以廉直聞名。王莽居攝，詡托病去職不歸。居鄉里，卧不出户。事見《漢書》卷七二《鮑宣傳》及魏·嵇康《高士傳》。

[3]伯休：韓康字伯休，後漢京兆霸陵人。采藥名山，桓帝禮聘，伯休於道逃遁。以壽終。見《後漢書》卷八三《逸民傳》。

[4]若廼：《南史》作“至於”。

[5]琴酒：指隱士生活。《文選》卷四三嵇叔夜《與山巨源絶交書》：“今但願守陋巷，教養子孫，時與親舊叙闊，陳説平生。濁酒一杯，彈琴一曲，志願畢矣！”

[6]文談：《南史》作“文言”。

[7]罷：通“疲”，《南史》作“擬”。　方寸：指心。

[8]晉張翰，吴人，官於洛陽，因見西風起，乃思吴中菰菜蒓羹鱸魚膾，嘆曰：“人生貴得適意爾，何能羈宦數千里，以要名爵！”遂命駕而歸。詳《世説新語·識鑒》。　不眷：《南史》作“不嘆”。

丈人歲路未强，[1]學優而仕；道佐蒼生，功横海望。入朝則協長倩之誠，[2]出議則抗仲子之節。[3]可謂盛德維時，孤松獨秀者也。素履未詳，斯旅尚眇。[4]茂陵之彦，望冠蓋而長懷；[5]霸山之氓，佇衣車而聳歎。[6]得無惜乎？若鴻裝撰御，[7]鶴駕軒空，[8]則岸不辭枯，山被其潤。[9]奇禽異羽，或巖際而逢迎；弱霧輕煙，乍林端而奄藹。[10]東都不足奇，[11]南山豈爲貴。[12]

[1]歲路：歲月之路，即年齡。　未强：未至四十。《禮記・曲禮》："四十曰强，而仕。"

[2]長倩：蕭望之，字長倩，漢東海蘭陵人。漢元帝時，官至御史大夫，太子太傅。以剛直忠誠稱。《漢書》卷七八有傳。

[3]仲子：指陳仲子。戰國齊人，居於於陵，又稱於陵仲子。以高節著稱。《淮南子・氾論訓》："季襄、陳仲子立節抗行，不入洿君之朝，不食亂世之食，遂餓而死。"

[4]眇：通"渺"，遠。《南史》卷三一同傳無"素履"云云二句。

[5]漢司馬相如，孝景帝時爲武騎常侍，非其所好。會梁孝王冠蓋來朝，從遊之士有鄒陽、枚乘等，相如見而悦之。乃托病免歸，客遊梁。見《漢書》卷五七《司馬相如傳》。茂陵之彦，指司馬相如。因其曾病居茂陵，故稱。

[6]後漢梁鴻，有高節，與妻孟光共入霸陵山中，以耕織爲業。因東出關，過京師，作《五噫之歌》，明帝聞而非之。梁鴻變易姓名，與妻子居齊魯之間。有頃，又去，適吴。詳《後漢書》卷八三《逸民傳》。霸山之氓，指梁鴻。霸山，即霸陵山。此兩句，《南史》作"渭川之甿，伫簪裾而竦嘆。"甿，同"氓"。

[7]鴻裝：鴻涯之裝。鴻涯，又作洪涯，相傳爲古代僊人，着毛羽之衣。《文選》卷二張平子《西京賦》："洪涯立而指麾，被毛

羽之纖籭。”薛綜注：“洪涯，三皇時伎人。”又《文選》卷五八蔡伯喈《郭有道碑文》李善注引《神僊傳》：“衛叔卿與數人博，其子度曰：‘向與博者爲誰？’叔卿曰：‘是洪涯先生。’”

[8]鶴駕：僊人王子喬之駕。相傳周靈王太子晉好吹笙，作鳳凰鳴。道士浮丘公接以上嵩高山，成僊。乘白鶴駐山頭，謝時人而去。詳劉向《列僊傳・王子喬》。

[9]意謂賢人留澤於山野。《荀子・勸學》：“玉在山而草木潤，淵生珠而崖不枯。”古以珠玉比賢人。

[10]菴藹：迷濛的樣子。

[11]東都：漢疏廣爲太傅，其侄疏受爲少傅。二疏聲名顯赫，以年老同時辭官，朝廷公卿大夫於東都門外盛宴歡送。見《漢書》卷七一《疏廣傳》。

[12]南山：指隱居躬耕之處。晉・陶淵明《歸園田居》其三有云：“種豆南山下，草盛豆苗稀。晨興理荒穢，帶月荷鋤歸。”

充昆西之百姓，[1]岱表之一民。[2]蠶而衣，耕且食，不能事王侯，覓知己，造時人，[3]騁遊說，蓬轉於屠博之間，[4]其歡甚矣。丈人早遇承華，[5]中逢崇禮。[6]肆上之眷，望溢於早辰；[7]鄉下之言，謬延於造次。[8]然舉世皆謂充爲狂，充亦何能與諸君道之哉？是以披聞見，掃心胸，述平生，論語默，[9]所以通夢交魂，推衿送抱者，其惟丈人而已。

關山敻阻，[10]書罷莫因，儻遇樵者，[11]妄塵執事。[12]

儉言之武帝，免充官，[13]廢處久之。後爲司徒諮議參軍，與琅邪王思遠、同郡陸慧曉等，[14]並爲司徒竟陵王賓客。入爲中書侍郎，尋轉給事黄門侍郎。

[1]昆西：昆山之西。

[2]岱表：泰山之南。

[3]造：造訪。

[4]蓬轉：如飛蓬飄轉不定。《南史》作“容與”。　屠博：屠夫和博徒。《史記》卷七七《魏公子列傳》：侯生謂公子曰：“臣所過屠者朱亥，此子賢者。”又曰：“公子聞趙有處士毛公隱於博徒。”

[5]承華：本太子宫門名，後用以代指太子宫或太子。王儉仕宋，曾任太子舍人。見《南齊書》卷二三本傳。

[6]崇禮：尚書省門名，此處用以代指尚書省。《文選》卷四六任彦昇《王文憲集序》：“出入禮闈，朝夕舊館。”李善注：“《十州記》曰：‘崇禮闈，即尚書上省門。’”王儉入齊，先後任尚書左僕射、尚書令。

[7]溢：滿。　辰：年。

[8]造次：倉促。

[9]語默：即出處。《易·繫辭》：“君子之道，或出或處，或默或語。”

[10]關山：《南史》作“闕廷”。

[11]儻：偶然，忽然。　樵者，《南史》作“樵夫”。

[12]塵：污染。

[13]《南齊書》卷三三《張緒傳》有云：“（充）永明元年，爲武陵王友，坐書與尚書令王儉，辭旨激揚，爲御史中丞到撝所奏，免官禁錮。”又《南史》卷三一《張充傳》亦云：“儉以爲脱略，弗之重，仍以書示緒，緒杖之一百。又爲御史中丞到撝所奏，免官禁錮。”是充此書作於永明元年（483），其免官乃因到撝所奏也。可補本傳之略。

[14]王思遠：人名。祖籍琅邪臨沂。《南齊書》卷四三有傳。

陸慧曉：人名。吴郡吴人。《南齊書》卷四六有傳。

明帝作相，[1]以充爲鎮軍長史。[2]出爲義興太守，爲政清静，民吏便之。尋以母憂去職，服闋，除太子中庶子，遷侍中。

[1]明帝作相：指齊明帝蕭鸞爲尚書令、鎮軍大將軍輔政事。見《南齊書》卷六《明帝紀》。

[2]鎮軍：鎮軍大將軍之省稱，將軍名號。不常置，權任隆重。宋第一品，齊不詳。

義師近次，[1]東昏召百官入宮省，朝士慮禍，或往來酣宴，充獨居侍中省，不出閤。城内既害東昏，[2]百官集西鍾下，[3]召充不至。

[1]次：停留，駐扎。

[2]齊東昏侯永元三年（501）十二月，蕭衍義師包圍宮城，城内誅東昏侯蕭寶卷，獻首義師。寶卷死後，被追封東昏侯。見《南齊書》卷七《東昏侯紀》。

[3]西鍾：建康宮城内太極殿庭東西廂各懸鍾。西鍾，當指西廂之鍾。參《酉陽雜俎》卷一。

高祖霸府開，以充爲大司馬諮議參軍，遷梁王國郎中令、祠部尚書、領屯騎校尉，[1]轉冠軍將軍、司徒左長史。天監初，除太常卿。尋遷吏部尚書，居選稱爲平允。俄爲散騎常侍、雲騎將軍。[2]尋除晉陵太守，秩中二千石。徵拜散騎常侍、國子祭酒。充長於義理，登堂講説，皇太子以下皆至。時王侯多在學，執經以拜，[3]充朝服而立，不敢當也。轉左衛將軍，[4]祭酒如故。入爲尚書僕射，[5]頃之，除雲麾將軍、吴郡太守。下車卹貧老，故舊莫不欣悦。以疾自陳，徵爲散騎常侍，金紫光禄大夫，未及還朝，十三年，卒于吴，[6]時年六十六。詔贈侍中、護軍將軍。[7]謚穆子。子最嗣。

[1]梁王：蕭衍於齊和帝中興二年（502）受封梁王。見本書《武帝紀》。　郎中令：官名。王國屬官，掌王宫宿衛。宋第六品，齊不詳。　祠部尚書：官名。尚書省列曹尚書之一，掌禮制。與尚書右僕射不並置。梁初第三品。　屯騎校尉：官名。禁軍五校尉之一，掌宫廷宿衛士。宋第四品，齊及梁初不詳。

[2]雲騎將軍：官名。梁天監六年（507）以舊驍騎將軍改。禁衛軍將領，掌宿衛營兵。梁十班。

[3]執經：持經典唱讀，以備講經人講解。南北朝時，講儒家經典或佛經之儀式，有執經者。參周一良《魏晉南北朝史札記·梁書札記》“侯景傳”條。

[4]左衛將軍：官名。與右衛將軍合稱二衛，禁衛軍六軍之一，掌宿衛營兵。梁十二班。

[5]尚書僕射：官名。尚書令副佐，並與尚書分領諸曹。不常置，左右僕射並缺，則置以掌左右事。梁十五班。按，本書《武帝紀》，天監十年（511）五月，“己卯，以國子祭酒張充爲尚書左僕射”。此云“尚書僕射”，疑誤。

[6]吴：縣名。治所在今江蘇蘇州市。《南史》作“吴郡”。

[7]護軍將軍：官名。職掌同前代。梁十五班。

柳惲字文暢，河東解人也。[1]少有志行，好學，善尺牘。[2]與陳郡謝瀹鄰居，[3]瀹深所友愛。

[1]河東：郡名。治所在今山西夏縣西北禹王城。　解：縣名。治所在今山西臨猗縣臨晉鎮東南。此柳惲祖籍。

[2]尺牘：文書。

[3]陳郡謝瀹：謝瀹，人名。祖籍陳郡（治所在今河南淮陽市）。《南齊書》卷四三有傳。

初，宋世有嵇元榮、羊蓋，並善彈琴，云傳戴安道之法，[1]惲幼從之學，特窮其妙。齊竟陵王聞而引之，以爲法曹行參軍，雅被賞狎。王嘗置酒後園，有晉相謝安鳴琴在側，[2]以授惲，惲彈爲雅弄。[3]子良曰："卿巧越嵇心，妙臻羊體，良質美手，信在今辰。豈止當世稱奇，足可追蹤古烈。"累遷太子洗馬，父憂去官。服闋，試守鄱陽相，[4]聽吏屬得盡三年喪禮，署之文教，百姓稱焉。還除驃騎從事中郎。

[1]戴安道：人名。《世説新語·雅量》劉孝標注引《晉安帝紀》："戴逵字安道，譙國人……性甚快暢，泰於娱生。好鼓琴，善屬文，尤樂遊燕，多與高門風流者遊。"

[2]謝安：人名。祖籍陳郡。《晉書》卷七九有傳。

[3]雅弄：美妙的樂曲。

[4]守：官制術語。官吏試任職務。一般試任一年即真除實授其職。　鄱陽：縣名。治所在今江西波陽縣東北。　相：官名。侯國行政長官。職同縣令、長。宋第五品，齊不詳。

高祖至京邑，[1]惲候謁石頭，[2]以爲冠軍將軍、征東府司馬。[3]時東昏未平，[4]士猶苦戰，惲上牋陳便宜，[5]請城平之日，先收圖籍，及遵漢祖寬大愛民之義，[6]高祖從之。會蕭穎胄薨于江陵，[7]使惲西上迎和帝，仍除給事黄門侍郎，領步兵校尉，遷相國右司馬。[8]天監元年，除長兼侍中，[9]與僕射沈約等共定新律。[10]

[1]京邑：京師建康。齊永元三年（501）正月蕭衍起兵襄陽以討東昏侯，十月，軍至石頭城。詳本書《武帝紀》。

[2]石頭：即石頭城。在今江蘇南京市西清涼山。負山面江，形勢險固，爲六朝軍事要地。

[3]征東：征東大將軍之省稱，將軍名號。宋第二品，齊不詳。司馬：官名。王公軍府屬官，掌本府武官，宋第六至七品，齊不詳。

[4]東昏：即齊東昏侯蕭寶卷。

[5]牋：給上級或尊長者的書札。

[6]漢祖：指漢高祖劉邦。漢元年（前206）十月，劉邦軍入咸陽，寬大愛民，與父老約，法三章。見《史記》卷八《高祖本紀》。祖，《南史》卷三八同傳作“高”。

[7]蕭穎胄：人名。齊南蘭陵人。齊和帝蕭寶融爲荆州刺史，穎胄爲長史，行府州事。蕭衍起兵，穎胄響應。後病卒。《南齊書》卷三八《蕭赤斧傳》有附傳。　江陵：縣名。荆州鎮所，即今湖北荆州市江陵。

[8]相國右司馬：相國府屬官，掌軍事。宋第六品，齊不詳。

[9]長兼：官制術語。南朝侍中、參軍等職有兼、長兼之目，並假職未真授之稱。宋·沈括《夢溪筆談》卷二《故事二》有云：“古之兼官，多是暫時攝領；有長兼者，即同正官。”舊本“長”下有“史”字，《南史》無。此依中華書局本删。

[10]僕射：尚書僕射之省稱，官名。佐尚書令知省事，並與列曹尚書分領諸曹。梁初第三品。　沈約：人名。本書卷一三有傳。共定新律：制定新律法。事在天監元年（502）八月。參本書《武帝紀》及《隋書·刑法志》。

惲立行貞素，[1]以貴公子早有令名，少工篇什。[2]始爲詩曰："亭皋木葉下，隴首秋雲飛。"[3]琅邪王元長見而嗟賞，[4]因書齋壁。至是預曲宴，[5]必被詔賦詩。嘗奉和高祖《登景陽樓》中篇云：[6]"太液滄波起，[7]長楊高樹秋。[8]翠華承漢遠，[9]雕輦逐風遊。"[10]深爲高祖所美。當時咸共稱傳。

[1]貞素：正直、樸質。

[2]篇什：指詩歌。

[3]柳惲《擣衣詩》中名句。全詩見逯欽立輯《全梁詩》卷八。

[4]琅邪王元長：王融字元長，祖籍琅邪臨沂。齊竟陵八友之一。《南齊書》卷四七有傳。清·錢大昕《廿二史考異》卷二六云："柳惲、徐勉二傳於王融皆字而不名，疑當時避齊和帝諱，史家未及更易。"近人陳垣《史諱舉例》卷八《歷朝諱例》説同。

[5]曲宴：私宴。多指宫中之宴會。

[6]蕭衍《登景陽樓》詩今不存。景陽樓，樓名，宋元嘉年間（424—453）築。其址在京師建康宫城華林苑内。參《太平御覽》卷一七九引《建康宫殿簿》及宋·張敦頤《六朝事迹編類》卷上《樓臺門》。

[7]太液：池名。漢武帝元封元年（前110）鬮，故址在今陝西西安市西北。

[8]長楊：漢宫名。故址在今陝西周至縣東南。

[9]翠華：指皇帝的車駕。

［10］雕輦：皇帝所乘精美的小車。

惲善奕棊，帝每敕侍坐，仍令定棊譜，第其優劣。二年，出爲吴興太守。六年，徵爲散騎常侍，遷左民尚書。八年，除持節、都督廣交桂越四州諸軍事、仁武將軍、平越中郎將、廣州刺史。[1]徵爲祕書監，[2]領左軍將軍。復爲吴興太守六年，爲政清静，民吏懷之。於郡感疾，自陳解任，父老千餘人拜表陳請，事未施行。天監十六年，卒，時年五十三。贈侍中、中護軍。[3]

［1］持節：古代大臣奉天子之命出行，持節以爲憑證並示威重。魏晉以下以爲官名，有假節、持節、使持節之分，權力亦有小大之别，多爲都督諸州軍事及刺史總軍戎者。軍事長官持節出行可殺無官位之人，在軍事行動中，享有誅殺二千石以下官員的權力。　廣交桂越：皆州名。廣州，治所在今廣東廣州市；交州，治所在今越南北寧省僊游東；桂州，治所在今廣西柳州市東南；越州，治所在今廣西合浦縣東北舊州。　仁武將軍：將軍名號。梁置，與智武、勇武等將軍代舊冠軍將軍。十五班。　平越中郎將：武官名號。多由廣州刺史或鎮守廣州的將軍兼任。主管南越事務，治廣州。立府，其班品隨府主號位輕重而定。

［2］祕書監：官名。職掌同前代。梁十一班。

［3］中護軍：官名。資輕於護軍，而職掌同。梁十四班。舊本“中護軍”下有“將軍”二字，衍。此依中華書局本校删。

惲既善琴，嘗以今聲轉棄古法，乃著《清調論》，具有條流。[1]

[1]條流：條例、綱目。

少子偃，字彦游。年十二引見，詔問讀何書，對曰《尚書》。又曰："有何美句?"對曰："德惟善政，政在養民。"[1]衆咸異之。詔尚長城公主，[2]拜駙馬都尉，[3]都亭侯，[4]太子舍人，洗馬，[5]廬陵、鄱陽内史。大寶元年，[6]卒。

[1]語出《尚書·大禹謨》。

[2]長城公主：梁武帝女。名不詳。

[3]駙馬都尉：官名。梁代唯加於帝婿，無職掌。

[4]都亭侯：侯爵名。位在鄉侯下。

[5]洗馬：官名。東宫屬官，掌文翰，爲清簡之職，多由士族之士擔任。員八人。梁六班。

[6]大寶：梁簡文帝年號（550—551）。

蔡撙字景節，濟陽考城人。[1]父興宗，[2]宋左光禄大夫、開府儀同三司，有重名前代。

[1]濟陽：郡名。治所在今河南蘭考縣東北堌陽鎮。　考城：縣名。治所在今河南民權縣東北。此蔡氏祖籍。

[2]興宗：蔡興宗，人名。《宋書》卷五七有傳。

撙少方雅退默，[1]與兄寅俱知名。選補國子生，舉高第，爲司徒法曹行參軍。齊左衛將軍王儉高選府僚，以撙爲主簿。累遷建安王文學，[2]司徒主簿、左西屬。[3]明帝爲鎮軍將軍，[4]引爲從事中郎。遷中書侍郎，中軍長史，給事黄門侍郎。丁母憂，廬于墓側。齊末多難，服闋，因居墓所。除太子中庶子，太尉長史，並不就。梁臺建，爲侍中，遷臨海太守，[5]坐公事左遷太子中庶子。復爲侍中，吴興太守。

[1]方雅：正直。　退默：謙遜。

[2]建安王：齊武帝子蕭子真的封爵號。見《南齊書》卷四〇《武十七王傳》。建安，郡名。治所在今福建建甌市南。

[3]左西屬：官名。王公府屬官，掌府吏署用事宜。宋第七品，齊不詳。

[4]鎮軍將軍：將軍名號。齊第三品。

[5]臨海：郡名。治所在今浙江臨海市東南章安。

天監九年，[1]宣城郡吏吴承伯挾祆道聚衆攻宣城，[2]殺太守朱僧勇，因轉屠旁縣，踰山寇吴興，所過皆殘破，衆有二萬，奄襲郡城。東道不習兵革，吏民恇擾奔散，[3]並請撙避之。撙堅守不動，募勇敢固郡。承伯盡鋭攻撙，撙命衆出拒，戰於門，應手摧破，臨陣斬承伯，餘黨悉平。加信武將軍。[4]徵度支尚書，遷中書令。復爲信武將軍、晉陵太守。還除通直散騎常侍、國子祭酒。[5]遷吏部尚書，居選，弘簡有名稱。又爲侍中，領祕書監，轉中書令，侍中如故。普通二年，出爲宣毅將軍、吴郡太守。[6]四年，卒，時年五十七。追贈侍中、金紫光禄大夫、宣惠將軍。[7]謚康子。

[1]九年：舊本作“元年”，依中華書局本校改。

[2]祆道：祆同“妖”，祆道即妖邪之道。

[3]恇（kuāng）擾：恐懼驚慌。

[4]信武將軍：將軍名號。梁置，與智武、仁武等將軍代舊冠軍將軍。爲五德將軍之一，可由文職清官兼領。十五班。

[5]通直散騎常侍：官名。集書省官員，掌侍從左右，與散騎常侍通直。多以衰老之人擔任，地位不高。員四人。梁十一班。

[6]宣毅將軍：將軍名號。梁置，與鎮兵、翊師等將軍代舊四中郎將。爲一百二十五號將軍之一，十七班。

[7]宣惠將軍：將軍名號。梁置，與鎮兵、翊師等將軍代舊四中郎將。爲一百二十五號將軍之一，十七班。

子彦熙，[1]歷官中書郎，[2]宣城内史。

[1]彦熙：《南史》卷二九同傳作“彦深”。

[2]中書郎：官名。中書省官員，又稱中書侍郎。舊掌詔誥，劉宋以後，草擬詔誥之權歸中書舍人，侍郎之職少官清，成爲諸王起家官。梁九班。

江蒨字彦標，濟陽考城人。[1]曾祖湛，[2]宋左光禄、儀同三司；[3]父斆，[4]齊太常卿：[5]並有重名於前世。

[1]濟陽：郡名。治所在今河南蘭考縣東北堌陽鎮。　考城：縣名。治所在今河南民權縣東北。此江氏祖籍。

[2]湛：江湛，人名。宋文帝世官至吏部尚書。劉劭之亂遇害。孝武帝即位，追贈左光禄大夫、開府儀同三司。《宋書》卷七一有傳。

[3]儀同三司：即開府儀同三司，官名。

[4]斆（xiào）：江斆，人名。仕齊，官至侍中。卒，贈散騎常侍、太常。《南齊書》卷四三有傳。

[5]太常卿：《南齊書》本傳無“卿”字。按，《隋書·百官志》：“諸卿，梁初猶依宋、齊，皆無卿名。”然則“太常卿”乃姚思廉以天監七年（508）以後之稱稱之。參楊樹達《古書疑義舉例續補》卷一“以後稱前例”條。

蒨幼聰警，讀書過目便能諷誦。選爲國子生，通《尚書》，舉高第。起家祕書郎，累遷司徒東閤祭酒、廬陵王主簿。[1]居父憂以孝聞，廬於墓側，明帝敕遣齋仗二十人防墓所。[2]服闋，除太子洗馬，累遷司徒左西屬，[3]太子中舍人，祕書丞。出爲建安内史，視事朞月，[4]義師下次江州，[5]遣寧朔將軍劉諓之爲郡，蒨帥吏民據郡拒之。及建康城平，[6]蒨坐禁錮，俄被原，起爲後軍臨川王外兵參軍。[7]累遷臨川王友，中書侍郎，太子家令，[8]黄門侍郎，領南兖州大中正。[9]遷太子中庶子，中正如故。轉中權始興王長史。[10]出爲伏波將軍、晉安内史。[11]在政清約，務在寬惠，吏民便之。詔徵爲寧朔將軍、南康王長史，行府、州、國事。頃之，遷太尉臨川王長史，轉尚書吏部郎，[12]右將軍。[13]

[1]東閤祭酒：官名。王公軍府屬官，與主簿、舍人共掌閤内事。齊、梁官品不詳，陳第七品。　廬陵王：齊明帝子蕭寶源封爵號。見《南齊書》卷五〇《明七王傳》。

[2]齋仗：皇帝或王公齋閤内掌侍衛的武士。

[3]左西屬：西，舊本訛“南”，此依中華書局本校改。

[4]朞（jī）：一整月或一周年。朞，同“期”。

[5]江州：州名。治所在今江西九江市西南。

[6]建康城平：齊東昏侯永元三年（501）十二月，蕭衍義師包圍京師建康城。城内誅東昏侯，送首義師。蕭衍入城。詳本書卷一《武帝紀上》。

[7]後軍：後軍將軍之省稱，將軍名號。與前軍、左軍、右軍合稱四軍將軍。掌宫禁宿衛，是禁衛軍主要將領之一。宋第四品，梁初不詳。“後軍”，本書卷二《武帝紀》及卷二二《太祖五王·臨川王宏傳》並作“後將軍”。　臨川王：梁武帝弟蕭宏的封爵號。臨川，郡名。治所在今江西南城縣東南。　外兵參軍：官名。諸公軍府屬官，掌本府軍隊政令，備府主諮詢。宋第七品，梁初不詳。

[8]太子家令：官名。太子三卿之一，東宫官屬。掌刑獄錢穀飲食。梁初第五品。

[9]南兖州：州名。治所在今江蘇揚州市西北蜀岡。　大中正：官名。掌一州人才之考察，定其鄉品，以爲選拔官吏之依據。多由他官兼領。

[10]中權：中權將軍之省稱，將軍名號。梁天監六年（507）置，與中軍、中衛、中撫將軍合稱四中將軍，祇授予在京師任職者。職任頗重。爲一百二十五號將軍之一，二十三班。　始興王：梁武帝弟蕭憺的封爵號。見本書卷二二《太祖五王傳》。

[11]伏波將軍：將軍名號。爲一百二十五號將軍之一，四班。

[12]尚書吏部郎：官名。尚書省吏部曹長官。佐吏部尚書掌官吏任免、調動事宜。梁十一班。

[13]右將軍：將軍名號。地位略高於一般雜號將軍。爲一百二十五號將軍之一，十七班。《南史》卷三六同傳作“領右軍”。

蒨方雅有風格。[1]僕射徐勉以權重自遇，[2]在位者並宿士敬之，惟蒨及王規與抗禮，[3]不爲之屈。勉因蒨門客翟景爲第七兒繇求蒨女婚，蒨不答，景再言之，乃杖景四十，由此與勉有忤。除散騎常侍，不拜。是時勉又爲子求蒨弟葺及王泰女，二人並拒之。葺爲吏部郎，坐杖曹中幹免官，[4]泰以疾假出宅，[5]乃遷散騎常侍，皆勉意也。初，天監六年，詔以侍中、常侍並侍帷幄，[6]分門下二局入集書，[7]其官品視侍中，[8]而非華胄所悦，[9]故勉斥泰爲之。蒨尋遷司徒左長史。[10]

[1]風格：風度。

[2]徐勉：人名。本書卷二五有傳。　自遇：自恃。

[3]王規：人名。本書卷四一有傳。

[4]幹：官府衙門中的辦事人員。按，自漢以下，官府有杖吏之事。郎官及僮幹有過失則受杖。南朝劉宋時規定：郎官受虚杖；僮幹受實杖，但不得過十。過之則違法。參清・顧炎武《日知録》卷二八“職官受杖”條。

[5]宅：舊本訛“守”。此依中華書局本校改。

[6]帷幄：宫廷的帷幕。此代指宫廷。

[7]門下：指門下省。　局：門下省所屬官署名。　集書：指集書省。按，《通典》卷二一《職官三》有云：“（天監）六年詔曰：‘在昔晉初，仰惟盛化，常侍、侍中，並參帷幄，員外常侍特爲清顯。可分門下二局，委散騎常侍、侍中並參帷幄，尚書案奏，分曹入集書。’”當即此詔。

[8]視：比照。

[9]華胄：高等士族的後代。

[10]左長史：官名。王公府屬官，佐府主掌官吏事。司徒左長史，梁十二班。

初，王泰出閤，[1]高祖謂勉云："江蒨資歷，應居選部。"[2]勉對曰："蒨有眼患，又不悉人物。"[3]高祖乃止。遷光禄大夫。大通元年，[4]卒，時年五十三。詔贈本官。謚肅子。

蒨好學，尤悉朝儀故事，撰《江左遺典》三十卷，未就，卒。文集十五卷。

[1]閤：官署。此指尚書省。

[2]選部：即吏部。

[3]人物：指人的門地、才能。

[4]大通：梁武帝年號（527—529）。

子紑，經在《孝行傳》。[1]

[1]經：經歷。　《孝行傳》：即本書卷四七。

史臣曰：王氏自姬姓已降，[1]及乎秦漢，繼有英哲。洎東晉王茂弘經綸江左，[2]時人方之管仲。[3]其後蟬冕交映，[4]台衮相襲，[5]勒名帝籍，[6]慶流子孫，斯爲盛族矣。王瞻等承藉兹基，[7]國華是貴，[8]子有才行，[9]可得而稱。張充少不持操，晚乃折節，在於典選，實號廉平。柳惲以多藝稱，蔡撙以方雅著，江蒨以風格顯，俱爲梁室名士焉。

[1]姬姓：周天子姓。《文選》卷四六任彦昇《王文憲集序》"其先自秦至宋，國史家牒詳焉"下李善注引《琅邪王氏録》曰："王

氏之先出自周太子晉。秦有王翦、王離，世爲名將。”

[2]王茂弘：王導字茂弘。《晉書》卷六五有傳。　經綸：指籌劃治理國家大事。　江左：即江南。指東晉。

[3]管仲：字夷吾，春秋時齊桓公之宰相。輔佐齊桓，使成霸主。《史記》卷六二有傳。

[4]蟬冕：即蟬冠。蔡邕《獨斷》卷下：“其武官太尉以下及侍中、常侍皆冠惠文冠。侍中、常侍加貂蟬。”後世用以代指侍從貴近之官。

[5]台衮：指三公。台，三台，本星宿名，古以三台比三公。衮，古代三公的官服。

[6]帝籍：皇室的圖籍。

[7]承藉：繼承先人的仕籍。藉，通“籍”。

[8]國華：國家優秀的人才。

[9]子有才行：《四庫全書考證》卷二六：“史臣論：王瞻等‘并有才行’，刊本‘并’訛‘子’，今改。”按，細審文意，似當以“并”字爲是。

梁書 卷二二

列傳第十六

太祖五王

太祖十男。[1]張皇后生長沙宣武王懿、永陽昭王敷、高祖、衡陽宣王暢。[2]李太妃生桂陽簡王融。[3]懿及融，齊永元中爲東昏所害；[4]敷、暢，建武中卒：[5]高祖踐阼，並追封郡王。陳太妃生臨川靖惠王宏，[6]南平元襄王偉。[7]吴太妃生安成康王秀，[8]始興忠武王憺。[9]費太妃生鄱陽忠烈王恢。[10]

[1]太祖：梁武帝父蕭順之的廟號。順之卒於齊，蕭衍踐阼，追尊爲文皇帝，廟號太祖。見本書《武帝紀》。

[2]張皇后：名尚柔，祖籍范陽方城。本書卷七有傳。　長沙宣武王懿：梁武帝長兄蕭懿卒於齊末。梁武即位，追封長沙郡王，謚曰宣武。見本書卷二三《長沙嗣王淵業傳》。長沙，郡名。治所在今湖南長沙市。　永陽昭王敷：梁武帝次兄蕭敷，卒於齊世。梁武即位，追封永陽郡王，謚曰昭。見本書卷二三《永陽嗣王伯游傳》。永陽，郡名。治所在今湖南道縣西北。　高祖：梁武帝廟號。

衡陽宣王暢：梁武帝弟蕭暢，卒於齊世。梁武即位，追封衡陽郡王，謚曰宣。見本書卷二三《衡陽嗣王元簡傳》。衡陽，郡名。治所在今湖南株洲市西南。

[3]桂陽簡王融：梁武帝弟蕭融，卒於齊末。梁武即位，追封桂陽郡王，謚曰簡。見本書卷二三《桂陽嗣王象傳》。桂陽，郡名。治所在今湖南郴州市。

[4]永元：齊東昏侯年號（499—501）。舊本“永元”訛爲“永明”，此依中華書局本校改。

[5]建武：齊明帝年號（494—498）。

[6]臨川：郡名。治所在今江西南城縣東南。　靖惠：蕭宏的謚號。中華書局本《校勘記》：“‘靖’各本作‘静’。王鳴盛《十七史商榷》六三：‘静惠，文中作靖惠，標題傳寫誤。張敦頤《六朝事迹》卷下《墳陵》、《碑刻》二門，皆作靖惠，是。’按《八瓊室金石補正》卷十一著録‘梁故假黄鉞侍中大將軍揚州牧臨川靖惠王之神道’，亦作‘靖惠’，今並下文‘静惠’，皆改‘靖惠’。”

[7]南平：郡名。治所在今湖北公安縣西。　元襄：蕭偉的謚號。

[8]安成：郡名。治所在今江西安福縣東南。　康：蕭秀的謚號。

[9]始興：郡名。治所在今廣東韶關市東南蓮花嶺下。　忠武：蕭憺的謚號。

[10]鄱陽：郡名。治所在今江西波陽縣。　忠烈：蕭恢的謚號。

臨川靖惠王宏字宣達，太祖第六子也。長八尺，美鬚眉，容止可觀。齊永明十年，[1]爲衛軍廬陵王法曹行參軍，[2]遷太子舍人。[3]時長沙王懿鎮梁州，[4]爲魏所圍。明年，給宏精兵千人赴援，未至，魏軍退。遷驃騎晉安王主簿，[5]尋爲北中郎桂陽王功曹史。[6]衡陽王暢，有美名，爲始安王蕭遥光所禮。[7]及遥光作亂，逼暢入東府，[8]暢懼禍，[9]先赴臺。[10]高祖在雍州，[11]常懼諸弟及禍，謂南平王偉曰：“六弟明於事理，必先還臺。”及信至，[12]果如高祖策。

[1]永明：齊武帝年號（483—493）。

[2]衛軍：衛將軍之省稱，將軍名號。爲重號將軍。多用以加授大臣、重要地方長官，亦常以權臣兼任。宋第二品，齊不詳。　廬陵王：齊武帝子蕭子卿封爵號。見《南齊書》卷四〇《武十七王傳》。廬陵，郡名。治所在今江西吉水縣。　法曹行參軍：官名。王公軍府屬官，掌郵驛科程事。位在正參軍之下。

[3]太子舍人：官名。東宫官屬，掌侍從及文書。員十六人。宋第七品，齊不詳。

[4]梁州：州名。治所在今陝西漢中市東。

[5]驃騎：驃騎將軍之省稱，將軍名號。爲重號將軍，多用以加授大臣及重要地方長官。齊第二品。　晉安王：齊明帝子蕭寶義之初封爵號。見《南齊書》卷五〇《明七王傳》。晉安，郡名。治所在今福建福州市。　主簿：官名。漢以下中央各機構及地方州郡皆置。掌文書簿籍，爲掾吏之首。其官品隨府主地位高下而異。

[6]北中郎：北中郎將之省稱，將軍名號。東西南北四中郎將之一，統兵征伐，或鎮守某一地區爲方面大員。南朝多以宗室諸王擔任，職任頗重。宋第四品，齊不詳。　桂陽王：齊文惠太子第四子蕭昭粲的封爵號。見《南齊書》卷五〇《文二王傳》。　功曹史：官名。軍州郡府屬官，掌官吏選舉賞罰事。齊官品不詳。

[7]始安王蕭遥光：齊宗室蕭遥光爵號始安王。東昏侯即位，遥光輔政，欲自樹立。謀泄，反。兵敗，被殺。《南齊書》卷四五《宗室》有傳。始安，郡名。治所在今廣西桂林市。

[8]東府：齊揚州刺史鎮所。在今江蘇南京市通濟門附近。

[9]暢懼禍：中華書局本《校勘記》："張森楷《梁書校勘記》：'暢行第四，宏行第六。帝謂六弟明於事理，又若是謂宏者。詳玩文誼，暢當作宏。'"

[10]臺：指尚書臺。

[11]雍州：州名。治所在今湖北襄樊市。

[12]信：使者。

高祖義師下，[1]宏至新林奉迎，[2]拜輔國將軍。[3]建康平，[4]遷西中郎將、中護軍，[5]領石頭戍軍事。[6]天監元年，[7]封臨川郡王，邑二千户。尋爲使持節、散騎常侍、都督揚南徐州諸軍事、後將軍、揚州刺史，[8]又給鼓吹一部。[9]三年，加侍中，[10]進號中軍將軍。[11]

[1]義師：齊東昏侯蕭寶卷即位後，狂悖無道。雍州刺史蕭衍起兵嚮京師以討之，因稱其師爲義師。

[2]新林：地名。即今江蘇南京市西南西善橋鎮。

[3]輔國將軍：將軍名號。宋第三品，齊及梁初不詳。

[4]建康平：齊永元三年（501），蕭衍軍包圍京師建康。十二月，城内誅東昏侯寶卷，送首蕭衍。建康城平定。事詳本書《武帝紀》。

[5]西中郎將：舊本訛"西平郎將"，此依中華書局本校改。　中護軍：將軍名號。資輕於護軍而職掌同。掌京畿以外諸軍，職任甚重。宋第三品，齊不詳。

[6]領：官制術語。已有實授主職，又兼任較低職務而不居其位。　石頭戍：即石頭城。在今江蘇南京市西清涼山。負山面江，形勢險固，爲六朝軍事要地。

[7]天監：梁武帝年號（502—519）。

[8]使持節：古代大臣奉天子之命出行，持節以爲憑證並示威重。魏晉以下以爲官名，有假節、持節、使持節之分，權力亦有小大之别，多爲都督諸州軍事及刺史總軍戎者。軍事長官加使持節，有誅殺二千石以下官員的權力。宋第二品，梁初不詳。　散騎常侍：官名。集書省長官。劉宋以後，職以侍從左右、掌圖書文翰爲主，地位不高。梁初第三品。　揚南徐：州名。揚州，治所在今江蘇南京市通濟門附近；南徐州，治所在今江蘇鎮江市。　後將軍：將軍名號。前後左右四將軍之一，地位略高於一般雜號將軍。宋第三品，梁初不詳。

[9]鼓吹：樂名。本軍樂，皇帝出行亦奏。漢魏以下亦用以贈賜有功之臣。

[10]侍中：官名。門下省長官。掌奏事，直侍左右，應對獻替，參與中央決策，是中樞集團重要成員。員四人。梁初第三品。

[11]中軍將軍：將軍名號。爲重號將軍。宋第三品，梁初不詳。

四年，高祖詔北伐，以宏爲都督南北兗北徐青冀豫司霍八州北討諸軍事。[1]宏以帝之介弟，[2]所領皆器械精新，軍容甚盛，北人以爲百數十年所未之有。軍次洛口，[3]宏前軍剋梁城，[4]斬魏將鼂清。會征役久，有詔班師。[5]六年夏，遷驃騎將軍、開府儀同三司，[6]侍中如故。其年，遷司徒，領太子太傅。八年夏，爲使持節、都督揚南徐二州諸軍事、司空、揚州刺史，侍中如故。其年冬，[7]以公事左遷驃騎大將軍，開府同三司之儀，[8]侍中如故。未拜，遷使持節、都督揚徐二州諸軍事、揚州刺史，[9]侍中、將軍如故。十二年，遷司空，使持節、侍中、都督、刺史、將軍並如故。

[1]南北兖北徐青冀豫司霍：皆州名。南兖，治所在今江蘇揚州市西北蜀岡上。北兖，治所在今江蘇淮陰縣西南甘羅城。北徐，治所在今安徽鳳陽縣東北。青、冀，南朝宋泰始（465—471）中合僑置，治所在今江蘇連雲港市東雲臺山一帶。豫，治所在今安徽合肥市西北。司，治所在今河南信陽市。霍，治所在今安徽霍山縣。按，清·錢大昕《廿二史考異》卷二六云："按《武帝紀》，天監六年分豫州置霍州，則其時尚無霍州。"而《文館詞林》卷六六二載梁武《北伐詔》亦作"霍"。

[2]介弟：對别人弟弟或自己的弟弟的尊稱。

[3]洛口：地名。即今安徽淮南市東北青洛河與高塘湖北入淮河之口。

[4]梁城：城名。在今安徽淮南市田家庵附近。

[5]《南史》述其事云，蕭宏部分乖方，多違朝制，畏懦不聽諸將之議，以致全軍潰敗，棄甲投戈，死者近五萬人，宏棄衆逃歸。與本傳所述異。《通鑑》從《南史》。《通鑑考異》云："《梁書·宏傳》云'會征役久，有詔班師'，殊爲不實。今從《南史》。"按，姚氏父子撰《梁書》，悉據國史立傳。國史爲蕭宏諱，姚氏父子亦仍之。參清·趙翼《廿二史劄記》卷九"梁書悉據國史立傳"條。然，梁·劉孝儀有《爲臨川王奉詔班師表》，見《藝文類聚》卷五九。表有"玄陰屆節，祁寒方始，降此慈弘，愍兹介胄"之語。然則《梁書》"有詔班師"亦不爲虚。

[6]開府儀同三司：官名。非三公而儀制同於三公。宋第一品，梁初不詳。

[7]其年冬：中華書局本《校勘記》："'其年冬'，承上'八年夏'而言。然據本書《武帝紀》，蕭宏左遷在天監十一年冬十一月。《南史》：'十一年正月爲太尉，其年冬，以公事左遷驃騎大將軍。'則'其年'當作'十一年'。"

［8］開府同三司之儀：官名。《通鑑》卷一五七《梁紀十三》"大同二年"下胡三省注："梁開府儀同三司之下，又有開府同三司之儀。"

［9］徐：州名。治所在今江蘇徐州市。按，據上文及督州慣例，當是"揚南徐"。疑此處"徐"爲"南徐"，脱"南"字。

十五年春，所生母陳太妃寢疾，宏與母弟南平王偉侍疾，[1]並衣不解帶，每二宫參問，[2]輒對使涕泣。及太妃薨，水漿不入口者五日，高祖每臨幸慰勉之。宏少而孝謹，齊之末年，避難潛伏，與太妃異處，每遣使參問起居。或謂宏曰："逃難須密，不宜往來。"宏銜淚答曰："乃可無我，此事不容暫廢。"尋起爲中書監，[3]驃騎大將軍、使持節、都督如故，固辭弗許。

［1］母弟：同母弟。

［2］二宫：指皇帝和太子。

［3］中書監：官名。中書省長官，掌出納帝命。位在中書令上，多爲重臣加官。員一人。梁天監七年（508）革選，定流内官職爲十八班，以班多者爲貴。中書監爲十五班。

十七年夏，以公事左遷侍中、中軍將軍、行司徒。[1]其年冬，遷侍中、中書監、司徒。普通元年，[2]遷使持節、都督揚南徐州諸軍事、太尉、揚州刺史，侍中如故。二年，改創南、北郊，[3]以本官領起部尚書，[4]事竟罷。七年三月，以疾累表自陳，詔許解揚州，餘如故。四月，薨，時年五十四。自疾至于薨，輿駕七出臨視。[5]及葬，詔曰："侍中、太尉臨川王宏，器宇沖貴，雅量弘通。爰初弱齡，行彰素履；逮于應務，嘉猷載緝。自皇業啓基，地惟介弟，久司神甸，[6]歷位台階，[7]論道登朝，物無異議。朕友于之至，[8]家國兼情，方弘燮贊，[9]儀刑列辟。[10]天不憖遺，[11]奄焉不永，哀痛抽切，震慟于厥心。宜增峻禮秩，式昭懋典。[12]可贈侍中、大將軍、揚州牧、假黄鉞，[13]王如故。並給羽葆鼓吹一部，[14]增班劍爲六十人。[15]給温明祕器，[16]斂以衮服。[17]謚曰靖惠。"宏性寬和篤厚，在州二十餘年，未嘗以吏事按郡縣，[18]時稱其長者。

[1]中軍將軍：將軍名號。與中權、中衛、中撫將軍合稱四中將軍，祇授予在京師任職者。地位顯要。梁天監七年（508）革選，釐定將軍名號及班品，有一百二十五號十品二十四班，以班多者爲貴。中軍將軍爲二十三班。行司徒：代行司徒之職。行，官制術語。闕官未補，暫以低級官吏攝行高一級官吏之職。

[2]普通：梁武帝年號（520—527）。

[3]南、北郊：祭祀名。封建王朝每年冬至日在都城南郊祭天叫南郊；每年夏至日在都城北郊祭地叫北郊。梁普通二年四月，武帝下詔改作南北郊，事詳本書卷三《武帝紀下》。

[4]起部尚書：官名。尚書省列曹尚書之一，掌營建宗廟宫室。梁代不常置，十三班。

[5]輿駕：皇帝的車駕。常用以代指皇帝。

[6]神甸：指京畿揚州。甸，都城郊外的區域。

[7]台階：三台之階，指三公。《晉書·天文志》上："在人曰三公，在天曰三台。"

[8]友于：《尚書·君陳》："惟孝友于兄弟。"古人歇後，用

"友于"代指兄弟。

[9]燮贊：調和、輔助。古三公之職在論道經邦，燮理陰陽。

[10]儀刑：榜樣。刑，通"型"。　列辟：指諸侯或公卿大夫。

[11]憖（yìn）遺：《詩·小雅·十月之交》："不憖遺一老，俾守我王。"不憖，即何不。後世以"憖遺"爲哀悼大臣之詞。

[12]式：用。　懋典：盛典。

[13]黄鉞：以黄金爲飾的鉞。古代皇帝所用的儀仗。有時遣大臣出師，亦假黄鉞以示威重。軍事長官假黄鉞有代表皇帝專殺之權威。

[14]羽葆：以鳥羽爲飾的儀仗。

[15]班劍：飾以虎皮的劍。此處指持此劍的侍衛。班，通"斑"。

[16]温明：古代葬器。《漢書》卷六八《霍光傳》顔師古注引服虔曰："東園處此器，形如方漆桶，開一面，漆畫之，以鏡置其中，以懸屍上。大斂並蓋之。"　祕器：棺材。

[17]衮服：古代帝王及公侯的禮服。

[18]按：巡查。

宏有七子：正仁，正義，正德，正則，正立，正表，正信。世子正仁，爲吴興太守，[1]有治能。天監十年，卒，[2]謚曰哀世子。[3]無子，高祖詔以羅平侯正立爲世子，[4]由宏意也。宏薨，正立表讓正義爲嗣，高祖嘉而許之，改封正立爲建安侯，[5]邑千户。卒，子賁嗣。[6]正義先封平樂侯，[7]正德西豐侯，[8]正則樂山侯，[9]正立羅平侯，正表封山侯，[10]正信武化侯，[11]正德别有傳。[12]

[1]吴興：郡名。治所在今浙江湖州市。

[2]《隋書・禮儀三》："天監十年，信安公主當出適，而有臨川長子大功之慘。"可與此參證。

[3]世子：諸侯王之嗣子。

[4]羅平：縣名。治所在今廣東羅定市南羅平。

[5]建安：縣名。治所在今福建建甌市。

[6]賁：舊本訛作"貴"，此依中華書局本校改。

[7]平樂：縣名。治所在今廣西平樂縣東北恭城河西北岸。

[8]西豐：縣名。治所在今江西臨川市南。

[9]樂山：縣名。治所在今廣東四會市北。

[10]封山：縣名。治所在今廣西靈山縣南。

[11]武化：縣名。治所在今廣西象州縣東北。

[12]見本書卷五五。按，正義、正則、正立、正信，《南史》卷五一《梁宗室上》各有傳；正表，《魏書》卷五九有傳。

安成康王秀字彦達，太祖第七子也。年十二，[1]所生母吴太妃亡，秀母弟始興王憺時年九歲，並以孝聞，居喪，累日不進漿飲，太祖親取粥授之。哀其早孤，命側室陳氏并母二子。陳亦無子，有母德，視二子如親生焉。秀既長，美風儀，性方静，雖左右近侍，非正衣冠不見也，由是親友及家人咸敬焉。齊世，弱冠爲著作佐郎，[2]累遷後軍法曹行參軍，[3]太子舍人。

[1]十二：《南史》卷五三《梁宗室下》同傳作"十三"。

[2]著作佐郎：官名。祕書省官屬，佐著作郎修撰國史及起居注。其職清閑而望重，爲甲族貴遊起家之選。員八人。齊第六品。

[3]後軍：後軍將軍之省稱，將軍名號。禁衛軍左右前後四軍

將軍之一。宋第四品，齊不詳。

永元中，長沙宣武王懿入平崔慧景，[1]爲尚書令，居端右；[2]弟衡陽王暢爲衛尉，[3]掌管籥。東昏日夕逸遊，出入無度，衆頗勸懿因其出，閉門舉兵廢之，懿不聽。帝左右既惡懿勳高，又慮廢立，並間懿，[4]懿亦危之，自是諸王侯咸爲之備。及難作，[5]臨川王宏以下諸弟姪各得奔避。方其逃也，皆不出京師，而罕有發覺，惟桂陽王融及禍。[6]

[1]崔慧景：人名。祖籍清河東武城。仕齊，官至護軍將軍，加侍中。東昏侯即位，誅大臣，慧景不自安。時豫州刺史裴叔業降魏，慧景率軍出征，行至廣陵，反，舉兵嚮京師。蕭懿率軍平之。《南齊書》卷五一有傳。

[2]端右：尚書臺官的別稱。

[3]衛尉：官名。九卿之一。掌宫門屯兵。宋第三品，齊不詳。

[4]間：離間。

[5]難作：指永元二年，東昏侯害蕭懿事。詳本書卷二三《長沙嗣王業傳》。

[6]蕭融及禍事，詳本書卷二三《桂陽嗣王象傳》。

高祖義師至新林，秀與諸王侯並自拔赴軍，高祖以秀爲輔國將軍。是時東昏弟晉熙王寶嵩爲冠軍將軍、南徐州刺史，[1]鎮京口，長史范岫行府州事，[2]遣使降，且請兵於高祖，以秀爲冠軍長史、南東海太守，[3]鎮京口。建康平，[4]仍爲使持節、都督南徐兖二州諸軍事、南徐州刺史，[5]輔國將軍如故。天監元年，進號征虜將軍，[6]封安成郡王，邑二千户。京口自崔慧景作亂，累被兵革，民户流散，秀招懷撫納，惠愛大行。仍值年饑，以私財贍百姓，所濟活甚多。二年，以本號徵領石頭戍事，[7]加散騎常侍。三年，進號右將軍。[8]五年，加領軍、中書令，[9]給鼓吹一部。

[1]晉熙王寶嵩：蕭寶嵩封爵號晉熙王。《南齊書》卷五〇《明七王》有傳。晉熙，郡名。治所在今安徽潛山縣。　冠軍將軍：將軍名號。齊第三品。

[2]長史：官名。王公軍府屬官，掌本府官吏。宋第六至第七品，齊不詳。　范岫：人名。本書卷二六有傳。　行府州事：六朝時，諸王往往年幼即出鎮一州，因而以長史代行州府政事，叫做行府州事。

[3]南東海：郡名。治所在今江蘇武進縣西北萬綏鎮。

[4]建康平：永元三年（501），蕭衍義師包圍京師建康。十二月城内誅東昏侯蕭寶卷，送首義師，建康城平定。參本書卷一《武帝紀上》。

[5]南徐兖：二州名。南徐州，見本卷前注。南兖，州名。治所在今江蘇揚州市西北蜀岡。

[6]征虜將軍：將軍名號。亦作爲高級文職官員的加官。宋第三品，梁初不詳。

[7]事：舊本作“軍”，此依中華書局本校改。

[8]右將軍：將軍名號。左右前後四將軍之一，地位略高於一般雜號將軍。宋第三品，梁初不詳。

[9]領軍：領軍將軍之省稱，將軍名號。禁衛軍最高統帥。掌天下兵要，地位甚重。宋第三品，梁初不詳。　中書令：官名。中書省長官之一，東晉以後，中書出令權歸他省或中書舍人，中書令漸成閑職，僅掌文章之事。梁代更規定位在中書監之下。員一人。

梁初第三品。

六年，出爲使持節、都督江州諸軍事、平南將軍、江州刺史。[1]將發，主者求堅船以爲齋舫。[2]秀曰："吾豈愛財而不愛士。"乃教所由，[3]以牢者給參佐，下者載齋物。既而遭風，齋舫遂破。及至州，聞前刺史取徵士陶潛曾孫爲里司。[4]秀歎曰："陶潛之德，豈可不及後世！"即日辟爲西曹。[5]時盛夏水汎長，津梁斷絶，外司請依舊僦度，[6]收其價直。[7]秀教曰："刺史不德，水潦爲患，可利之乎！給船而已。"七年，遭慈母陳太妃憂，[8]詔起視事。尋遷都督荆湘雍益寧南北梁南北秦州九州諸軍事、平西將軍、荆州刺史。[9]其年，還號安西將軍。[10]立學校，招隱逸。下教曰：[11]"夫鶉火之禽，[12]不匿影於丹山；[13]昭華之寶，[14]乍耀采於藍田。[15]是以江漢有濯纓之歌，[16]空谷著來思之詠，[17]弘風闡道，靡不由兹。處士河東韓懷明、南平韓望、南郡庾承先、河東郭麻，[18]並脱落風塵，[19]高蹈其事。[20]兩韓之孝友純深，庾、郭之形骸枯槁，或橡飯菁羹，[21]惟日不足，或葭牆艾席，樂在其中。[22]昔伯武貞堅，[23]就仕河内，[24]史雲孤劭，[25]屈志陳留。[26]豈曰場苗，[27]實惟攻玉。[28]可加引辟，并遣喻意。既同魏侯致禮之請，[29]庶無辟彊三緘之歎。"[30]

[1]江州：州名。治所在今江西九江市西南。　平南將軍：將軍名號。東西南北四平將軍之一。宋第三品，梁初不詳。

[2]齋舫：裝載齋庫財物的船隻。

[3]所由：南北朝時習用語，等於説負責人。參周一良《魏晉南北朝史札記》之《魏書札記》“所由”條。

[4]徵士：不應徵聘，隱居不仕的人。　陶潛：人名。晉潯陽柴桑人，大司馬陶侃之後。東晉末，棄官歸田，隱居不仕，以高潔稱。《晉書》卷九四《隱逸》、《宋書》卷九二《隱逸》並有傳。　里司：古代地方下級官吏。

[5]西曹：西曹書佐之省稱，州府屬官。掌諸吏及選舉事。官品不詳。

[6]外司：指地方官。　僦度：出租船隻以渡。度，同“渡”。

[7]直：通“值”。

[8]慈母：指撫育自己成長的庶母或保母。參本書卷四八《司馬筠傳》。此處指庶母。　憂：此指母喪。《隋書·禮儀三》：“（天監）七年，安成王慈太妃喪。”可與此述參證。

[9]荆湘雍益寧南北梁南北秦：皆州名。荆州，治所在今湖北荆州市；湘州，治所在今湖南長沙市；雍州，治所在今湖北襄樊市；益州，治所在今四川成都市；寧州，治所在今雲南陸良縣；南梁州，治所在今四川閬中市；北梁州，治所在今陝西安康市西北；南秦州，治所在今甘肅成縣西北；北秦州，治所在今甘肅天水市。“秦州”上舊本皆脱“南北”二字，九州僅得八州。此依中華書局本校補。又，“南北秦”下“州”字與“九州”之“州”重，參以《鄱陽王恢傳》，疑其爲衍文。　平西將軍：將軍名號。東西南北四平將軍之一。多持節都督或監某一地區的軍事，亦可作爲刺史兼理軍務的加官。梁天監七年革選，釐定將軍名號及班品，有一百二十五號十品二十四班，以班多者爲貴。平西將軍爲一百二十五號將軍之一，二十班。

[10]安西將軍：將軍名號。與安南、安北、安東將軍合稱四安將軍。爲出鎮方面的軍事長官，或作爲刺史兼理軍事的加官，權任頗重。爲一百二十五號將軍之一，二十一班。

[11]教：《隋書·百官志》：“公侯封郡縣者言曰教。”

[12]鶉火之禽：即鳳凰。古代天文學中稱南方朱雀七宿中柳、星、張三宿爲鶉火。因以鶉火代朱雀。朱雀即朱鳥，鳳凰之别名。

[13]丹山：即丹穴之山。《山海經·南山經》："又東五百里，曰丹穴之山，其上多金玉……有鳥焉，其狀如鷄，五采而文，名曰鳳皇。首文曰德，翼文曰義，背文曰禮，膺文曰仁，腹文曰信。是鳥也，飲食自然，自歌自舞，見則天下安寧。"

[14]昭華之寶：即寶玉。《淮南子·泰族訓》："贈以昭華之玉而傳天下焉。"

[15]藍田：山名。在今陝西藍田縣東、驪山之南阜。其山出美玉，故又名玉山。

[16]《孟子·離婁上》："有孺子歌曰：'滄浪之水清兮，可以濯我纓；滄浪之水濁兮，可以濯我足。'孔子曰：'小子聽之；清斯濯纓，濁斯濯足矣，自取之也。'"滄浪，舊説即漢水。

[17]《詩·小雅·白駒》有云："皎皎白駒，賁然來思。爾公爾侯，逸豫無期。"又云："皎皎白駒，在彼空谷。生芻一束，其人如玉。"舊説此詩咏賢者隱居，諷周宣王不能用賢。

[18]處士：没有做官或不願做官的士人。　河東韓懷明：韓懷明祖籍河東郡。按，本書卷四七《孝行》有《韓懷明傳》。然彼祖籍上黨，而此河東，不同郡。或是另一韓懷明。　南平：郡名。治所在今湖北公安縣西。　南郡：郡名。治所在今湖北荆州市。　庾承先：人名。本書卷五一《處士》有傳。　河東：郡名。治所在今山西夏縣西北禹王城。

[19]脱落：輕慢不拘。

[20]高蹈：遠離塵世。指隱居。

[21]橡飯：以橡樹的果實做飯。　菁羹：宋·王觀國《學林》卷八"青精"條云："菁菜爲羹，謂之菁羹。字書曰：菁，蔓菁也。《書》所謂菁茅，《禮》所謂菁葅，即此物也。"

[22]樂在其中：《論語·述而》："子曰：飯疏食飲水，曲肱而枕之，樂亦在其中矣。不義而富且貴，於我如浮雲。"

［23］伯武：《御覽》卷七一一《服用部》引謝承《後漢書》："高弘字伯武，河内山陽人。爲琅琊相，到官，自負笈，單步入界，聽採風俗。"

［24］河内：郡名。治所在今河南沁陽市。

［25］史雲：范冉字史雲，後漢陳留外黄人。違時絶俗，屢徵不就。推鹿車載妻子，捃拾自資。見《後漢書》卷八一《獨行·范冉傳》。　孤劭：孤高自勵。

［26］陳留：後漢郡名。治所在今河南開封市東南陳留城。

［27］場苗：《詩·小雅·白駒》："皎皎白駒，食我場苗。縶之維之，以永今朝。所謂伊人，於焉逍遥。"用食白駒以場苗，興縶維伊人使之逍遥不反之意。

［28］攻玉：《詩·小雅·鶴鳴》："它山之石，可以攻玉。"用石可以攻玉，比喻得賢者可以磨礱君主之德。

［29］魏侯致禮之請：戰國時魏公子無忌，禮請賢士，得隱士朱亥、侯嬴等。見《史記》卷七七《魏公子列傳》。魏侯，指魏公子無忌。

［30］辟彊三緘之歎：《太平御覽》卷五九三《文部九·誡》引《太公》曰："黄帝曰：余君民上，摇摇恐夕不至朝。故爲金人三緘其口，慎言語也。"辟彊，天子名號，此指黄帝。三緘，封口三重。

是歲，魏懸瓠城民反，[1]殺豫州刺史司馬悦，[2]引司州刺史馬仙琕，[3]仙琕籤荆州求應赴。[4]衆咸謂宜待臺報，[5]秀曰："彼待我而爲援，援之宜速，待敕雖舊，[6]非應急也。"即遣兵赴之。先是，巴陵馬營蠻爲緣江寇害，[7]後軍司馬高江産以郢州軍伐之，[8]不剋，江産死之，蠻遂盛。秀遣防閤文熾率衆討之，[9]燔其林木，絶其蹊逕，蠻失其嶮，朞歲而江路清，於是州境盜賊遂絶。及沮水暴長，[10]頗敗民田，秀以穀二萬斛贍之。使長史蕭琛簡府州貧老單丁吏，[11]一日散遣五百餘人，百姓甚悦。

[1]懸瓠城：城名。地在今河南汝南縣。六朝時爲南北軍事要地。

[2]豫州：北魏州名。治所即懸瓠城。　司馬悦：人名。《魏書》卷三七有傳。

[3]司州：州名。治所在今河南信陽市。　馬仙琕：人名。本書卷一七有傳。

[4]籤：白事的公文。此處用作動詞。

[5]臺：指朝廷。

[6]敕：皇帝的詔命。

[7]巴陵：郡名。治所在今湖南岳陽市。　馬營蠻：巴陵一帶的少數民族。

[8]後軍：後軍將軍之省稱，官名。職掌同前代。梁九班。　司馬：官名。王公軍府屬官，掌本府武官。梁十班至六班。　郢州：州名。治所在今湖北武漢市武昌。

[9]防閤：官名。諸王的侍從護衛。南朝宋始置。梁四班至二班。《通鑑》卷一四七《梁紀三》"天監七年五月"下胡三省注云："梁制：上宫、東宫置直閤，王公置防閤。"

[10]沮水：水名。即今湖北漳河西源沮水。

[11]蕭琛：人名。本書卷二六有傳。　簡：選。

十一年，徵爲侍中、中衛將軍，[1]領宗正卿、石頭戍事。[2]十三年，復出爲使持節、散騎常侍、都督郢司霍三州諸軍事、安西將軍、郢州刺史。[3]郢州當塗爲劇地，[4]百姓貧，至以婦人供役，其弊如此。秀至鎮，務安之。主者或求召吏。秀曰："不識救弊之術；此州凋殘，不可擾也。"於是務存約己，省去遊費，百姓安堵，[5]境内晏然。先是夏口常爲兵衝，[6]露骸積骨於黄鶴樓下，[7]秀祭而埋之。一夜，夢數百人拜謝而去。每冬月，常作襦袴以賜凍者。時司州叛蠻田魯生，弟魯賢、超秀，據蒙籠來降，[8]高祖以魯生爲北司州刺史，[9]魯賢北豫州刺史，[10]超秀定州刺史，[11]爲北境捍蔽。[12]而魯生、超秀互相讒毁，有去就心，秀撫喻懷納，各得其用，當時賴之。

[1]中衛將軍：將軍名號。與中軍、中撫、中權合稱四中將軍之一，一百二十五號二十四班將軍之一，二十三班。

[2]宗正卿：官名。梁十二卿之一。掌皇室外戚之籍，以宗室爲之。十三班。

[3]霍：州名。治所在今安徽霍山縣。

[4]劇地：事繁難治之地。

[5]安堵：平安。

[6]夏口：地名。在今湖北武漢市黄鵠山。

[7]黄鶴樓：樓名。在今湖北武漢市黄鵠山上。

[8]蒙籠：城名。蕭衍所置南定州治所。在今湖北麻城市東北。

[9]北司州：州名。治所在今河南信陽市。

[10]北豫州：州名。治所在今安徽合肥市西北氾水鎮。

[11]定州：州名。治所在今湖北麻城市東北。

[12]捍蔽：捍衛的屏障。

十六年，遷使持節、都督雍梁南北秦四州郢州之竟陵司州之隨郡諸軍事、鎮北將軍、寧蠻校尉、雍州刺史，[1]便道之鎮。十七年春，行至竟陵之石梵，[2]薨，時年四十四。[3]高祖聞之，甚痛悼焉。遣皇子南康王績緣道迎候。[4]

[1]竟陵：郡名。治所在今湖北鍾祥市。　隨郡：郡名。治所在今湖北隨州市。　鎮北將軍：將軍名號。與鎮東、鎮西、鎮南將軍合稱四鎮將軍。多爲持節都督，出鎮方面，權勢頗重。爲一百二十五號將軍之一，二十二班。寧蠻校尉：武官名號。掌雍州少數民族事務，多由駐該地的將軍或刺史兼任。宋第四品，梁班品隨府主號位輕重而異。

[2]石梵：地名。在今湖北鍾祥市境。

[3]四十四：《藝文類聚》卷四五裴子野《司空安成康王行狀》亦云"時年四十四"，而同書卷四七劉孝綽《司空安成康王碑銘》云其"春秋四十有五"。曹道衡、沈玉成《中古文學史料叢考》卷四"蕭秀年歲"條以爲劉孝綽碑文"五"當作"四"。

[4]南康王績：梁武帝子蕭績封爵號南康王。見本書卷二九《高祖三王傳》。南康，郡名。治所在今江西贛州市東北。

初，秀之西也，[1]郢州民相送出境，聞其疾，百姓商賈咸爲請命。既薨，四州民裂裳爲白帽，哀哭以迎送之。雍州蠻迎秀，聞薨，祭哭而去。喪至京師，高祖使使册贈侍中、司空，謚曰康。

[1]西：指雍州。因雍州在郢州之西，故云。

秀有容觀，每朝，百僚屬目。性仁恕，喜愠不形於色。左右嘗以石擲殺所養鵠，齋帥請治其罪。[1]秀曰："吾豈以鳥傷人。"在京師，旦臨公事，厨人進食，誤而覆之，去而登車，竟朝不飯，亦不之誚也。精意術學，搜集經記，招學士平原劉孝標，[2]使撰《類苑》，[3]書未及畢，而已行於世。秀於高祖布衣昆弟，及爲君臣，小心畏敬，過於疏賤者，高祖益以此賢之。少偏孤，[4]於始興王憺尤篤。梁興，憺久爲荆州刺史，自天監初，常以所得俸中分與秀，[5]秀稱心受之，亦弗辭多也。昆弟之睦，時議歸之，故吏夏侯亶等表立墓碑，[6]詔許焉。當世高才遊王門者，東海王僧孺、吴郡陸倕、彭城劉孝綽、河東裴子野，[7]各製其文，[8]古未之有也。世子機嗣。

[1]齋帥：官名。在皇帝或州郡長官左右擔任侍衛及灑掃鋪設等事的官員。多由寒人充任，地位較低。參周一良《魏晉南北朝史論集·從〈禮儀志〉考察官制》。

[2]平原劉孝標：劉峻字孝標，祖籍平原郡。本書卷五〇《文學》有傳。平原郡，治所在今山東淄博市。

[3]《類苑》：書名。《隋書·經籍志》著録："《類苑》一百二十卷。梁征虜刑獄參軍劉孝標撰。"《藝文類聚》卷五八梁·劉之遴《與劉孝標書》："間聞足下作《類苑》，括綜百家，馳騁千載；彌綸天地，纏絡萬品。撮道略之英華，搜群言之隱賾。鉛摘既畢，殺青已就。義以類聚，事以群分。述徵之妙，揚班儔也。擅此博物，何快如之！雖復子野調聲，寄知音於後世；文信構《覽》，懸百金於當時，居然無以相尚。自非沉鬱澹雅之思，安能閉志經年，勤成若此！吾嘗聞爲之者勞，觀之者逸。足下已勞於精力，宜令吾見異書。"按，《類苑》今不存，觀劉之遴此書，可知其梗概。

[4]偏孤：古稱母或父一方去世爲偏孤。此指母去世。

[5]常：舊本訛“帝”。此依中華書局本校改。

[6]夏侯亶：人名。本書卷二八有傳。

[7]東海王僧孺：王僧孺，祖籍東海郡。本書卷三三有傳。吴郡陸倕：陸倕，吴郡人。本書卷二七有傳。　彭城劉孝綽：劉孝綽，祖籍彭城。本書卷三三有傳。　河東裴子野：裴子野，祖籍河東郡。本書卷三〇有傳。

[8]裴子野《司空安成康王行狀》，見《藝文類聚》卷四五。劉孝綽《司空安成康王碑銘》，見《藝文類聚》卷四七。其餘不存。

機字智通，天監二年，除安成國世子。[1]六年，爲寧遠將軍、會稽太守。[2]還爲給事中。[3]普通元年，襲封安成郡王，其年爲太子洗馬，[4]遷中書侍郎。[5]二年，遷明威將軍、丹陽尹。[6]三年，遷持節、督湘衡桂三州諸軍事、寧遠將軍、湘州刺史。[7]大通二年，[8]薨于州，時年三十。機美姿容，善吐納。[9]家既多書，博學强記；然而好弄，尚力，遠士子，近小人。爲州專意聚斂，無治績，頻被案劾。及將葬，有司請謚，高祖詔曰：“王好内怠政，[10]可謚曰煬。”所著詩賦數千言，世祖集而序之。[11]子操嗣。

[1]世子：帝王或諸侯的正妻所生的長子。

[2]寧遠將軍：將軍名號。梁初第五品。　會稽：郡名。治所在今浙江紹興市。

[3]給事中：官名。集書省官屬，掌侍從及文書收發。梁四班。

[4]太子洗馬：官名。東宫屬官。爲清簡之職，掌文翰，多由甲族之士擔任。員八人。梁六班。

[5]中書侍郎：官名。中書省屬官。掌詔誥。劉宋以後草擬詔誥之權歸舍人，侍郎職少官清，成爲諸王起家官。員四人。梁九班。

[6]明威將軍：將軍名號。梁代與寧遠、振遠等將軍代舊寧朔將軍。爲一百二十五號將軍之一，十三班。

[7]湘衡桂：皆州名。湘州，治所在今湖南長沙市；衡州，治所在今廣東英德市西北浛洸；桂州，治所在今廣西柳州市東南。

[8]大通：梁武帝年號（527—529）。

[9]吐納：談吐，議論。

[10]好内：即好色。

[11]世祖：梁元帝廟號。《隋書·經籍志》有云："梁又有《安成煬王集》五卷。亡。"

南浦侯推，[1]字智進，機次弟也。少清敏，好屬文，深爲太宗所賞。[2]普通六年，以王子例封。歷寧遠將軍、淮南太守。[3]遷輕車將軍、晉陵太守，[4]給事中，太子洗馬，祕書丞。[5]出爲戎昭將軍、吴郡太守。[6]所臨必赤地大旱，吴人號"旱母"焉。侯景之亂，[7]守東府城，[8]賊設樓車，[9]盡鋭攻之，推隨方抗拒，頻擊挫之。至夕，東北樓主許鬱華啓關延賊，[10]城遂陷，推握節死之。[11]

[1]南浦：縣名。治所在今重慶市萬縣市東長江南岸。

[2]太宗：梁簡帝廟號。

[3]淮南：郡名。治所在今安徽當涂縣。

[4]輕車將軍：將軍名號。梁代與征遠、鎮朔等將軍代舊輔國將軍。爲一百二十五號將軍之一，十四班。　晉陵：郡名。治所在

今江蘇常州市。

[5]祕書丞：官名。祕書省屬官，佐祕書監掌國之典籍圖書。爲清顯之職，多由僑姓士族擔任。員一人。梁八班。

[6]戎昭將軍：檢《隋書·百官志》，梁無戎昭將軍之號，陳有，擬官品第八。

[7]侯景：人名。本魏將，後降梁，受封河南王。太清二年(548)反，攻下京師建康。本書卷五六有傳。

[8]東府城：城名。梁揚州鎮所，在今江蘇南京市通濟門附近，臨秦淮河。

[9]樓車：古代攻城的戰車。

[10]啓關：開城門。

[11]蕭秀還有子撝，字智遐，在梁封永平縣侯。侯景亂，武陵王紀稱尊號，以撝爲尚書令、益州刺史。後歸北周。《周書》卷四二有傳。

南平元襄王偉字文達，太祖第八子也。幼清警好學。齊世，起家晉安鎮北法曹行參軍，[1]府遷驃騎，轉外兵。[2]高祖爲雍州，慮天下將亂，求迎偉及始興王憺來襄陽。[3]俄聞已入沔，[4]高祖欣然謂佐吏曰："吾無憂矣。"義師起，南康王承制，[5]板爲冠軍將軍，[6]留行雍州州府事。[7]義師發後，州内儲備及人皆虛竭。魏興太守裴師仁、齊興太守顏僧都並據郡不受命，[8]舉兵將襲雍州，偉與始興王憺遣兵於始平郡待師仁等，[9]要擊大破之，[10]州境以安。

[1]晉安：《南史》卷五二《梁宗室下》同傳作"晉安王"，疑此處脱"王"字。晉安王，齊明帝子蕭寶義之初封爵號。見《南齊

書》卷五〇《明七王傳》。晉安，郡名。治所在今福建福州市。鎮北：鎮北將軍之省稱，將軍名號。東南西北四鎮將軍之一。宋第三品，齊不詳。

[2]外兵：外兵參軍之省稱，官名。王公軍府屬官，掌本府軍事政令。宋第七品，齊不詳。

[3]襄陽：雍州治所。在今湖北襄樊市。

[4]沔：即沔水。今湖北武漢市以下長江古時通稱沔水。

[5]南康王：齊和帝蕭寶融即位前的封爵號。東昏侯即位後，改封寶融爲南康王，授荆州刺史。蕭衍兵起，寶融響應。見《南齊書》卷八《和帝紀》。　承制：禀承皇帝旨意，以行使其職權之稱。

[6]板：六朝時地方官吏臨時授官，因書授官之辭於板，故稱板授或板。板官不給印綬，但可食禄。三朝本、百衲本"板"作"拔"。

[7]行雍州州府事：代行雍州州府政事。清·錢大昕《廿二史考異》卷二六有云："六朝時，府僚多領郡縣職……凡諸王幼冲出鎮開府，多以長史行州府事，或府主以事它出，並以府僚行事。""州府事"，舊本訛作"開府事"。此依中華書局本校改。

[8]魏興：郡名。治所在今湖北鄖西縣。　齊興：郡名。治所在今湖北鄖縣。

[9]始平郡：郡名。治所在今湖北老河口市。

[10]要擊：截擊。

高祖既剋郢、魯，[1]下尋陽，[2]圍建業，[3]而巴東太守蕭慧訓子璝及巴西太守魯休烈起兵逼荆州，[4]屯軍上明，[5]連破荆州。鎮軍蕭穎胄遣將劉孝慶等距之，[6]反爲璝所敗，穎胄憂憤暴疾卒，西朝兇懼。[7]尚書僕射夏侯詳議徵兵雍州，[8]偉乃割州府將吏，配始興王憺往赴之。憺既至，璝等皆降。和帝詔以偉爲使持節、都督雍梁南北秦四州郢州之竟陵司州之隨郡諸軍事、寧蠻校尉、雍州刺史,[9]將軍如故。尋加侍中,進號鎮北將軍。天監元年,加散騎常侍,進督荆、寧二州,[10]餘如故。封建安郡王,[11]食邑二千户,給鼓吹一部。四年,徙都督南徐州諸軍事、南徐州刺史,使持節、常侍、將軍如故。五年,至都,改爲撫軍將軍、丹陽尹,[12]常侍如故。六年,遷使持節、都督揚南徐二州諸軍事、右軍將軍、揚州刺史。[13]未拜,進號中權將軍。[14]七年,以疾表解州,改侍中、中撫軍,[15]知司徒事。[16]九年,遷護軍、石頭戍軍事,[17]侍中、將軍、鼓吹如故。其年,出爲使持節、散騎常侍、都督江州諸軍事、鎮南將軍、江州刺史,[18]鼓吹如故。十一年,以本號加開府儀同三司。[19]其年,復以疾陳解。十二年,徵爲中撫將軍,[20]儀同、常侍如故,以疾不拜。十三年,改爲左光禄大夫。[21]加親信四十人,[22]歲給米萬斛,布絹五千匹,藥直二百四十萬,[23]厨供月二十萬,并二衛兩營雜役二百人,倍先,置防閤白直左右職局一百人。[24]偉末年疾浸劇,不復出藩,故俸秩加焉。

[1]郢:指郢州城。地在今湖北武漢市武昌。　魯:指魯城。地在今湖北武漢市漢陽東北隅。

[2]尋陽:地名。即今江西九江市。

[3]建業:即京師建康,今江蘇南京市。

[4]巴東:郡名。治所在今重慶市奉節縣東。　巴西:郡名。治所在今四川綿陽市東。

[5]上明：城名。在今湖北松滋縣西北長江南岸。

[6]鎮軍：鎮軍將軍之省稱，將軍名號。齊第三品。　蕭穎胄：人名。齊宗室。時爲鎮軍將軍、荆州刺史南康王蕭寶融長史。《南齊書》卷三八《蕭赤斧傳》有附傳。　距：通“拒”。

[7]西朝：指荆州蕭寶融朝。因其在京師建康之西，故稱。

[8]尚書僕射：官名。尚書令副佐。佐尚書令知省事，並與列曹尚書分領諸曹。不常置。左右僕射並缺時，置以總左右事。齊第三品。　夏侯詳：人名。本書卷一〇有傳。

[9]梁南北秦：皆州名。梁州，治所在今陝西漢中市；南秦，治所在今甘肅成縣西北；北秦，治所在今甘肅天水市。　司州：治所在今河南信陽市。

[10]寧：州名。治所在今雲南陸良縣境。

[11]建安郡：郡名。治所在今福建建甌市南。

[12]撫軍將軍：將軍名號。宋第三品，梁初不詳。　丹陽尹：京師所在丹陽郡行政長官，掌治民。宋第三品，梁初不詳。

[13]右軍將軍：將軍名號。與前軍、後軍、左軍合稱四軍將軍，掌宫廷宿衛，是禁衛軍主要將領之一。宋第四品，梁初不詳。

[14]中權將軍：將軍名號。梁天監六年（507）置。與中軍、中衛、中撫將軍合稱四中將軍，衹授予在京師任職者，權勢頗重。爲一百二十五號將軍之一，二十三班。

[15]中撫軍：將軍名號。又稱中撫將軍或中撫軍將軍，梁四中將軍之一。爲一百二十五號將軍之一，二十三班。

[16]知：官制術語。奉特敕典知本官職權範圍外的他項事務。

[17]護軍：護軍將軍之省稱，官名。掌京畿以外諸軍。職任頗重。梁十五班。

[18]江州：州名。治所在今江西九江市。　鎮南將軍：將軍名號。爲一百二十五號將軍之一，二十二班。

[19]開府儀同三司：官名。梁諸將軍開府儀同三司爲十七班。

[20]中撫將軍：中華書局本作“撫軍將軍”。其《校勘記》云：

"'撫軍'各本訛'中撫'。據本書《武帝紀》改。"按，此改不妥。實則本書《武帝紀》天監十二年（513）下"建安王偉爲撫軍將軍"之"撫軍"乃"中撫軍"脱"中"字所致。見本書彼處校語。

[21]左光禄大夫：官名。屬光禄卿，養老疾，無職事。梁十六班。

[22]親信：護衛之使。

[23]藥直：購藥之錢。直，通"值"。

[24]白直：南北朝時在官府當值無月給的人員，爲諸王鎮帥隨從，出則夾車護衛。 職局：當是服力役，從事於低級侍衛職務的百姓。參周一良《從〈禮儀志〉考察官制》（《魏晉南北朝史論集》）。

十五年，所生母陳太妃寢疾，偉及臨川王宏侍疾，並衣不解帶。及太妃薨，毁頓過禮，水漿不入口累日，高祖每臨幸譬抑之。[1]偉雖奉詔，而毁瘠殆不勝喪。

[1]譬抑：勸説，抑制。

十七年，高祖以建安土瘠，改封南平郡王，邑户如故。遷侍中、左光禄大夫、開府儀同三司。普通四年，增邑一千户。五年，進號鎮衛大將軍。[1]中大通元年，[2]以本官領太子太傅。四年，遷中書令、大司馬。五年，薨，時年五十八。詔斂以衮冕，給東園祕器。[3]又詔曰："旌德紀功，前王令典；慎終追遠，[4]列代通規。故侍中、中書令、大司馬南平王偉，器宇宏曠，鑒識弘簡。爰在弱齡，清風載穆，[5]翼佐草昧，[6]勳高樊、沔，[7]契闊艱難，[8]劬勞任寄。及贊務論道，弘兹衮職。[9]奄焉薨逝，朕用震慟于厥心。宜隆寵命，式昭茂典。可贈侍中、太宰，王如故。給羽葆鼓吹一部，[10]並班劍四十人。謚曰元襄。”

[1]鎮衛大將軍：將軍名號。梁天監七年（508）置有鎮衛將軍，爲一百二十五號將軍之一，二十四班。又，梁諸將軍加大者，通進一階。參《隋書·百官志上》。

[2]中大通：梁武帝年號（529—534）。

[3]東園祕器：漢有東園官署，掌王公貴族墓内器物之製作，故稱棺木爲東園祕器。

[4]慎終追遠：《論語·學而》：“曾子曰：‘慎終追遠，民德歸厚矣。’”《集解》引孔安國曰：“慎終者，喪盡其哀；追遠者，祭盡其敬。”

[5]清風：指温厚的詩文。《詩·大雅·烝民》：“吉甫作誦，穆如清風。”

[6]草昧：指梁王朝草創之時。《易·屯》：“天造草昧。”疏：“草謂草創，昧謂冥昧。言物之初造，其形未著，其體未彰，故在幽冥暗昧也。”

[7]樊、沔：樊城、沔水。指今湖北襄樊一帶，蕭衍起兵之地。

[8]契闊：離合，聚散，偏指離散。

[9]衮職：指三公之職。古三公之職爲論道經邦，燮理陰陽，訓護人主，導以德義。

[10]羽葆：以鳥羽爲飾的儀仗名。《禮記·雜記》“匠人執羽葆御柩”疏：“羽葆者，以鳥羽注於柄頭，如蓋，謂之羽葆。葆，謂蓋也。”

偉少好學，篤誠通恕，趨賢重士，常如不及。由是四方遊士，當世知名者，莫不畢至。齊世，青溪宫改爲芳林苑，[1]天監初，賜偉爲第，偉又加穿築，增植嘉樹珍果，窮極雕麗，每與賓客遊其中，命從事中郎蕭子範爲之記。[2]梁世藩邸之盛，無以過焉。而性多恩惠，尤愍窮乏。常遣腹心左右，歷訪閭里人士，其有貧困吉凶不舉者，即遣贍衈之。[3]太原王曼穎卒，[4]家貧無以殯斂，友人江革往哭之，[5]其妻兒對革號訴。革曰："建安王當知，必爲營理。"言未訖而偉使至，給其喪事，得周濟焉。每祁寒積雪，則遣人載樵米，隨乏絶者即賦給之。晚年崇信佛理，尤精玄學，著《二旨義》，别爲新通。又製《性情》、《幾神》等論，其義，僧寵及周捨、殷鈞、陸倕並名精解，[6]而不能屈。

[1]芳林苑：苑囿名。在今江蘇南京市鷄鳴山南古臺城内。宋·張敦頤《六朝事迹編類》卷上"芳林苑"條："《寰宇記》云：芳林苑……本齊高帝舊宅，在府城之東，秦淮大路北。"

[2]從事中郎：官名。王公府屬官，掌本府官吏。梁九班至八班。　蕭子範：人名。本書卷三五有傳。

[3]衈（xù）：救濟。

[4]太原王曼穎：王曼穎，祖籍太原郡，梁初高士，學兼孔釋，解貫玄儒。梁·釋慧皎《高僧傳》末附有曼穎與慧皎往復書札。按，《高僧傳》成書於天監十八年以後，其時王曼穎尚在。而建安王蕭偉天監十七年改封南平王，是"太原王曼穎卒"，"革曰：建安王當知"云云，顯然有誤。本書蓋誤以王曼穎父琰卒爲王曼穎卒。參曹道衡、沈玉成《中古文學史料叢考》卷四《〈梁書〉記王曼穎事誤》條。

[5]江革：人名。本書卷三六有傳。

[6]僧寵：梁代高僧法寵。唐·釋道宣《續高僧傳》卷五一有

傳。　周捨：人名。本書卷二五有傳。　殷鈞、陸倕：皆人名。本書卷二七有傳。

偉四子：恪，恭，虔，祇。[1]世子恪嗣。

[1]祇：字敬式，在梁封定襄縣侯，官北襄州刺史。太清三年，侯景破臺城，祇奔北齊。《北齊書》卷三三有傳。

恭字敬範。天監八年，封衡山縣侯，[1]以元襄功，加邑至千户。初，樂山侯正則有罪，[2]勑讓諸王，[3]獨謂元襄曰："汝兒非直無過，[4]並有義方。"

[1]衡山縣：縣名。治所在今湖南衡山縣南。

[2]樂山侯正則：臨川王蕭宏子正則封爵號樂山侯。《南史》卷五一《梁宗室上》有傳。樂山，縣名。治所在今廣東四會市北。

[3]讓：責備。

[4]直：僅，祇。

恭起家給事中，遷太子洗馬。出爲督齊安等十一郡事、寧遠將軍、西陽武昌二郡太守。[1]徵爲祕書丞，遷中書郎，[2]監丹陽尹，[3]行徐南徐州事，轉衡州刺史，[4]母憂去職。尋起爲雲麾將軍、湘州刺史。[5]

[1]齊安：郡名。治所在今湖北麻城市西南。　西陽：郡名。治所在今湖北黄岡市東。　武昌：郡名。治所在今湖北鄂州市。

[2]中書郎：官名。即中書侍郎。中書省屬官。梁九班。

[3]監：官制術語。非正式任職而督理其事。

[4]衡州：州名。治所在今廣東英德市西北浛洸。

[5]雲麾將軍：將軍名號。梁置，與武臣、爪牙、龍騎將軍代舊前後左右四將軍。爲一百二十五號將軍之一，十八班。

恭善解吏事，所在見稱，而性尚華侈，廣營第宅，重齋步櫚，[1]模寫宮殿。尤好賓友，酣讌終辰，座客滿筵，言談不倦。時世祖居藩，頗事聲譽，勤心著述，卮酒未嘗妄進。恭每從容謂人曰："下官歷觀世人，多有不好歡樂，乃仰眠床上，看屋梁而著書，千秋萬歲，誰傳此者。勞神苦思，竟不成名，豈如臨清風，對朗月，登山泛水，肆意酣歌也。"尋以雍州蠻文道拘引魏寇，詔恭赴援，仍除持節、仁威將軍、寧蠻校尉、雍州刺史，[2]便道之鎮。太宗少與恭遊，特被賞狎，至是手令曰：[3]"彼士流骯髒，[4]有關輔餘風，[5]黔首扞格，[6]但知重劍輕死。降胡惟尚貪惏，邊蠻不知敬讓，懷抱不可皁白，[7]法律無所用施。願充實邊戍，無數遷徙，諜候惟遠，[8]箱庾惟積，[9]長以控短，静以制躁。早蒙愛念，敢布腹心。"恭至州，治果有聲績，百姓陳奏，乞於城南立碑頌德，詔許焉。

[1]步櫚（yán）：走廊。

[2]仁威將軍：將軍名號。梁代與智威、勇威等將軍代舊征虜將軍。爲一百二十五號將軍之一，十六班。

[3]令：皇后、皇太子及諸王發佈的文書。

[4]骯（kǎng）髒（zǎng）：剛直倔强。

[5]關輔：關中、三輔的合稱，即當今陝西關中地區。

[6]扞格：格格不入。

[7]皁白：比喻是非。

[8]諜候：哨兵，偵察兵。

[9]箱庾：衣箱和糧倉。此處指衣糧。

先高祖以雍爲邊鎮，運數州之粟，以實儲倉；恭後多取官米，贍給私宅，爲荆州刺史廬陵王所啓，[1]由是免官削爵，數年竟不叙用。侯景亂，卒于城中，時年五十二。詔特復本封。世祖追贈侍中、左衛將軍。[2]謚曰僖。

[1]廬陵王：梁武帝子蕭續的封爵號。續大同五年（539）出爲荆州刺史。見本書卷二九《高祖三王傳》。

[2]左衛將軍：官名。與右衛將軍合稱二衛將軍，禁衛軍六軍之一，掌宫廷宿衛營兵。梁十二班。

世子静，字安仁，有美名，號爲宗室後進。有文才，而篤志好學，既内足於財，多聚經史，散書滿席，手自讎校。何敬容欲以女妻之，[1]静忌其太盛，距而不納，時論服焉。歷官太子舍人，東宫領直。遷丹陽尹丞，[2]給事黄門侍郎，[3]深爲太宗所愛賞。太清三年，[4]卒，贈侍中。

[1]何敬容：人名。本書卷三七有傳。

[2]丹陽尹丞：官名。丹陽尹副佐。梁班品不詳。

[3]給事黄門侍郎：官名。門下省次官，與侍中共掌侍從左右，擯相威儀，盡規獻納，糾正違缺等。出入宫禁，職任顯要。員四

人。梁十班。

[4]太清：梁武帝年號（547—549）。

鄱陽忠烈王恢字弘達，太祖第九子也。幼聰穎，年七歲，能通《孝經》、《論語》義，發擿無所遺。[1]既長，美風表，涉獵史籍。齊隆昌中，[2]明帝作相，内外多虞，明帝就長沙宣武王懿求諸弟有可委以腹心者，[3]宣武言恢焉。明帝以恢爲寧遠將軍，甲仗百人衛東府，[4]且引爲驃騎法曹行參軍。明帝即位，東宮建，爲太子舍人，累遷北中郎外兵參軍，[5]前軍主簿。[6]宣武之難，[7]逃在京師。

[1]發擿（tì）：解説疑難。

[2]隆昌：齊鬱林王年號（494）。

[3]長沙宣武王懿：梁武帝長兄蕭懿齊末遇害，梁武即位，追封長沙郡王，謚曰宣武。見本書卷二三《長沙嗣王淵業傳》。

[4]甲仗：披甲執仗的衛士。　東府：即東府城。地在今江蘇南京市通濟門附近。時齊明帝爲驃騎大將軍、揚州刺史，鎮東府城。

[5]外兵參軍：官名。諸公軍府屬官，掌本府軍事政令。宋第七品，齊不詳。

[6]前軍：前軍將軍之省稱，將軍名號。與左軍、右軍、後軍合稱四軍將軍，爲禁衛軍主要將領之一。掌宫禁宿衛。宋第四品，齊不詳。

[7]宣武之難：指齊東昏侯永元二年（500），長沙宣武王蕭懿遇害事。詳本書卷二三《長沙嗣王淵業傳》。

高祖義兵至，[1]恢於新林奉迎，以爲輔國將軍。時三吴多亂，[2]高祖命出頓破崗。[3]建康平，還爲冠軍將軍、右衛將軍。[4]天監元年，爲侍中、前將軍、領石頭戍軍事，[5]封鄱陽郡王，食邑二千户。二年，出爲使持節、都督南徐州諸軍事、征虜將軍、南徐州刺史。四年，改授都督郢司二州諸軍事、後將軍、郢州刺史，[6]持節如故。義兵初，郢城内疾疫死者甚多，不及藏殯，及恢下車，[7]遽命埋掩。又遣四使巡行州部，境内大治。七年，進號雲麾將軍，進督霍州。[8]八年，復進號平西將軍。[9]十年，徵爲侍中、護軍將軍、石頭戍軍事，[10]領宗正卿。十一年，出爲使持節、都督荆湘雍益寧南北梁南北秦九州諸軍事、平西將軍、荆州刺史，[11]給鼓吹一部。十三年，遷散騎常侍、都督益寧南北秦沙七州諸軍事、鎮西將軍、益州刺史，[12]使持節如故，便道之鎮。成都去新城五百里，[13]陸路往來，悉訂私馬，[14]百姓患焉，累政不能改。恢乃市馬千匹，以付所訂之家，資其騎乘，有用則以次發之，百姓賴焉。十七年，徵爲侍中、安前將軍、領軍將軍。[15]十八年，出爲使持節、散騎常侍、都督荆湘雍梁益寧南北秦八州諸軍事、征西將軍、開府儀同三司、荆州刺史。[16]普通五年，進號驃騎大將軍。[17]七年九月，薨于州，時年五十一。詔曰："故使持節、散騎常侍、都督荆湘雍梁益寧南北秦八州諸軍事、驃騎大將軍、開府儀同三司、荆州刺史鄱陽王恢，風度開朗，器情凝質。爰在弱歲，美譽克宣，洎于從政，[18]嘉猷載緝。

方入正論道，引燮台階，[19]奄焉薨逝，朕用傷慟于厥心。宜隆寵命，以申朝典。可贈侍中、司徒，王如故。并給班劍二十人。[20]謚曰忠烈。”遣中書舍人劉顯護喪事。[21]

[1]義兵：齊東昏侯蕭寶卷即位後，狂悖無道，雍州刺史蕭衍起兵嚮京師以討之，因稱其兵爲義兵。

[2]三吴：地域名。始見於六朝，説法不一。一般認爲指吴、吴興、丹陽三郡之地。相當於今江蘇秦淮河流域和太湖以東、以南以及浙江錢塘江以北地區。

[3]破崗：地名。又稱破墩，在今江蘇句容縣東南。

[4]右衛將軍：將軍名號。禁衛軍六軍之一，掌宫廷宿衛營兵。宋第四品，齊不詳。

[5]前將軍：將軍名號。與左右後將軍合稱四將軍。地位略高於一般雜號將軍。宋第三品，梁初不詳。

[6]郢司：皆州名。郢州，治所在今湖北武漢市武昌；司州，治所在今河南信陽市。

[7]下車：初到任。

[8]霍州：州名。梁天監六年分豫州置，治所在今安徽霍山縣。

[9]八年：據本書《武帝紀》，蕭恢由雲麾將軍進號平西將軍在天監七年（508）八月。

[10]護軍將軍：官名。掌京畿以外諸軍。職任頗重。梁十五班。

[11]荆湘雍益寧南北梁南北秦：皆州名。荆州，治所在今湖北荆州市；湘州，治所在今湖南長沙市；雍州，治所在今湖北襄樊市；益州，治所在今四川成都市；寧州，治所在今雲南陸良縣；南梁州，治所在今四川閬中市；北梁州，治所在今陝西安康市西北；南秦州，治所在今甘肅成縣西北；北秦州，治所在今甘肅天水市。

［12］益寧南北秦沙七州：中華書局本《校勘記》："按此祇有五州，疑脱南北梁二州。南梁，天監中分益州置。《始興忠武王憺傳》謂憺於天監九年，都督益寧南梁南北秦沙六州諸軍事，其中有南梁。又上文十一年都督荆湘雍益寧南北梁南北秦九州諸軍事，亦有南北梁。"又《四庫全書考證》卷二六云："'都督益寧南北秦沙五州諸軍事'，刊本'五'字訛'七'，據本文州名改。"沙州，州名。治所在今四川青川縣東北白水。　鎮西將軍：將軍名號。與鎮東、鎮北、鎮南將軍合稱四鎮將軍。多持節都督，出鎮方面，權勢頗重。爲一百二十五號將軍之一，二十二班。

［13］成都：益州鎮所，即今四川成都市。　新城：郡名。治所在今四川三台縣。

［14］訂：徵用。

［15］安前將軍：將軍名號。梁置，與安左、安右、安後將軍祇授予在京師任職者。爲一百二十五號將軍之一，二十一班。　領軍將軍：官名。禁衛軍最高統帥，職任隆重。梁十五班。

［16］征西將軍：將軍名號。與征東、征南、征北將軍合稱四征將軍。多持節都督，出鎮方面，地位顯要。爲一百二十五號將軍之一，二十三班。　開府儀同三司：官名。梁諸將軍開府儀同三司爲十七班。

［17］驃騎大將軍：將軍名號。地位隆重，多授予元老重臣。梁驃騎將軍爲一百二十五號將軍之一，二十四班。又，梁制，諸將軍加大者，通進一階。見《隋書·百官志》。

［18］洎（jì）：到，及。

［19］燮：調和。　台階：三台之階，指三公。古以星宿比附人事。《晉書·天文志》上："在人曰三公，在天曰三台。"

［20］班劍：飾以虎皮的劍。此處指持此劍的侍衛。

［21］中書舍人：官名。中書省屬官，舊掌入值閤内，呈奏案章。劉宋以後漸用寒士及皇帝親信任此職，奪中書侍郎草擬詔誥的權力。至梁代，用人殊重，選以才能，不限資地，掌中書詔誥，多

以他官兼領。官職爲四班。　劉顯：人名。本書卷四〇有傳。

恢有孝性，初鎮蜀，所生費太妃猶停都，後於都下不豫，[1]恢未之知，一夜忽夢還侍疾，既覺憂遑，[2]便廢寢食。俄而都信至，[3]太妃已瘳。後又目有疾，久廢視瞻，有北渡道人慧龍得治眼術，恢請之。既至，空中忽見聖僧，及慧龍下鍼，豁然開朗，咸謂精誠所致。

[1]不豫：有病的婉稱。《史記》卷三三《魯周公世家》："武王有疾不豫。"

[2]憂遑：憂懼。遑，通"惶"。

[3]信：使者。

恢性通恕，輕財好施，凡歷四州，所得俸禄隨而散之。在荆州，常從容問賓僚曰："中山好酒，趙王好吏，[1]二者孰愈？"衆未有對者。顧謂長史蕭琛曰：[2]"漢時王侯，藩屏而已，視事親民，自有其職。中山聽樂，可得任性；彭祖代吏，近於侵官。今之王侯，不守藩國，當佐天子臨民，清白其優乎！"坐賓咸服。世子範嗣。[3]

[1]漢景帝子中山王劉勝"樂酒好内"，而其兄趙王劉彭祖"好爲吏"。勝與彭祖相非曰："兄爲王專代吏治事。王者當日聽音樂、御聲色。"趙王亦曰："中山王但奢淫，不佐天子拊循百姓，何以稱爲藩臣！"事見《漢書》卷五三《景十三王傳》。

[2]長史：官名。職掌同前代。梁十班至六班。

[3]世子範嗣：蕭範弟諮、脩、泰，《南史》卷五二《梁宗室下》有傳。另，《周書》卷四二亦有《蕭泰傳》。蕭範弟退，在梁封湘潭侯，官青州刺史。太清三年，侯景破建康，退與從兄祇俱奔北齊。《北齊書》卷三三有傳。

範字世儀，温和有器識。起家太子洗馬、祕書郎，[1]歷黄門郎，[2]遷衛尉卿。[3]每夜自巡警，高祖嘉其勞苦。出爲益州刺史，開通劍道，[4]剋復華陽，[5]增邑一千户，加鼓吹。徵爲領軍將軍、侍中。

[1]祕書郎：官名。祕書省屬官。佐祕書監、丞掌國之典籍圖書。宋、齊以來，爲甲族起家之選，待次入補，其居職，例數十百日便遷任。員四人，梁二班。按，祕書郎疑是"祕書丞"之誤。通常情況下，蕭範不應由六班降至二班。且梁武諸侄，如蕭推、蕭恭，皆由太子洗馬而祕書丞。祕書丞，員一人，梁八班。

[2]黄門郎：給事黄門侍郎之省稱，官名。門下省次官。與侍中共掌侍從左右，擯相威儀，盡規獻納，糾正違缺等。出入禁中，地位顯貴。員四人。梁十班。

[3]衛尉卿：官名。梁十二卿之一，掌宫門屯兵。梁十二班。

[4]劍道：即劍閣道。在今四川劍閣縣東北大劍山、小劍山之間。

[5]華陽：郡名。治所在今四川廣元市境。

範雖無學術，而以籌略自命，愛奇翫古，招集文才，率意題章，亦時有奇致。復出爲使持節、都督雍梁東益南北秦五州諸軍事、鎮北將軍、雍州刺史。[1]範作牧莅民，甚得時譽；撫循將士，盡獲歡心。太清元年，大舉北伐，以範爲使持節、征北大將軍、總督漢北征討諸軍事，[2]進伐穰城。[3]尋遷安北將軍、南豫州刺史。[4]侯景敗於渦陽，[5]退保壽陽，[6]乃改範爲合州刺史，[7]鎮合肥。時景已蓄姦謀，不臣將露，範屢啓言之，朱异每抑而不奏。[8]及景圍京邑，範遣世子嗣與裴之高等入援，[9]遷開府儀同三司，進號征北將軍。京城不守，範乃棄合肥，出東關，[10]請兵于魏，遣二子爲質。魏人據合肥，竟不出師助範，範進退無計，乃泝流西上，軍于樅陽，[11]遣信告尋陽王。[12]尋陽要還九江，[13]欲共治兵西上，範得書大喜，乃引軍至湓城，[14]以晉熙爲晉州，[15]遣子嗣爲刺史。江州郡縣，輒更改易，尋陽政令所行，惟存一郡，時論以此少之。既商旅不通，信使距絶，[16]範數萬之衆，皆無復食，人多餓死。範恚，發背薨，[17]時年五十二。

[1]東益：州名。治所在今四川彭山縣西北。

[2]征北大將軍：將軍名號。職掌與征北將軍同，而位在其上。不常置。梁有征北將軍，一百二十五號將軍之一，二十三班。又，梁制，諸將軍加大者，通進一階。見《隋書·百官志》。按，據本書卷三《武帝紀下》蕭範太清元年六月爲征北將軍，十二月爲安北將軍。此云“征北大將軍”，下文又有云“進號征北將軍”，疑兩處互誤，此處當是“征北將軍”，下文當爲“征北大將軍”。　漢北：地域名。漢水之北。

[3]穰城：城名。地在今河南鄧州市。

[4]安北將軍：將軍名號。與安南、安西、安東將軍合稱四安將軍，爲出鎮方面的軍事長官，或作爲刺史兼理軍務的加官，權任

甚重。爲一百二十五號將軍之一，二十一班。　南豫州：州名。治所在今安徽和縣。

[5]侯景：人名。本魏將，太清元年附梁，受封河南王。二年反，攻占京師建康。本書卷五六有傳。　渦陽：縣名。治所在今安徽蒙城縣。

[6]壽陽：縣名。治所在今安徽壽縣。侯景附梁，北齊遣將慕容紹宗追之，景潰退，奔至壽陽。詳本書卷五六《侯景傳》。

[7]合州：州名。梁太清元年置。鎮所合肥縣，在今安徽合肥市西。

[8]朱异：人名。本書卷三八有傳。

[9]裴之高：人名。本書卷二八《裴邃傳》有附傳。

[10]東關：地名。即今安徽巢湖市東南東關。

[11]樅陽：縣名。治所在今安徽樅陽縣。

[12]尋陽王：梁簡文帝子蕭大心之封爵號。侯景反，大心招集士卒，赴援京師。事詳本書卷四四《太宗十一王・尋陽王大心傳》。尋陽，郡名。治所在今江西九江市西南。

[13]九江：地名。在今江西九江市西南。

[14]湓城：城名。在今江西九江市。

[15]晉熙：郡名。治所在今安徽潛山縣。

[16]距絶：斷絶。

[17]發背：背疽發作。

世子嗣，字長胤。容貌豐偉，腰帶十圍。性驍果有膽略，倜儻不護細行，而能傾身養士，皆得其死力。範之薨也，嗣猶據晉熙，城中食盡，士乏絶，景遣任約來攻，嗣躬擐甲冑，[1]出壘距之。時賊勢方盛，咸勸且止。嗣按劍叱之曰："今之戰，何有退乎？此蕭嗣效命死節之秋也。"遂中流矢，卒於陣。[2]

[1]擐（guān）：穿。

[2]《顔氏家訓·養生》："侯景之亂……鄱陽王世子謝夫人登屋詬怒，見射而斃。夫人，謝遵女也。"是蕭嗣夫人亦忠烈之人。

始興忠武王憺字僧達，太祖第十子也。[1]數歲，所生母吴太妃卒，憺哀感傍人。齊世，弱冠爲西中郎法曹行參軍，遷外兵參軍。義師起，南康王承制，[2]以憺爲冠軍將軍、西中郎諮議參軍，[3]遷相國從事中郎，與南平王偉留守。[4]

[1]太祖第十子也："十"，各本作"十一"。《四庫全書考證》卷二六："'太祖第十子也'，刊本'十'下衍'一'字。今删。"按，古代"子"可兼指男女，然南朝諸史稱"子"者，悉指男。例證甚多，此不贅舉。本傳序云"太祖十男"，知始興王憺當是第十子。《四庫全書考證》所校是。今删"一"字。

[2]南康王：齊和帝蕭寶融封爵號。東昏侯即位，以其弟寶融爲西中郎將，荆州刺史，爵南康王。見《南齊書》卷八《和帝紀》。南康，郡名。治所在今江西贛州市東北。

[3]諮議參軍：官名。王公軍府屬官，掌諷議。宋第七品，齊不詳。

[4]南平王偉：蕭憺兄偉封爵號南平王。南平，郡名。治所在今湖北公安縣西。

和帝立，以憺爲給事黄門侍郎。時巴東太守蕭慧訓子璝等及巴西太守魯休烈舉兵逼荆州，屯軍上明，[1]鎮軍將軍蕭穎胄暴疾卒，[2]西朝甚懼，[3]尚書僕射夏侯詳議徵兵雍州，[4]南平王偉遣憺赴之。憺以書喻璝等，旬日皆請降。是冬，高祖平建業。明年春，和帝將發江陵，[5]詔以憺爲使持節、都督荆湘益寧南北秦六州諸軍事、平西將軍、荆州刺史，[6]未拜。天監元年，加安西將軍，[7]都督、刺史如故。封始興郡王，食邑二千户。[8]時軍旅之後，公私空乏，憺厲精爲治，廣闢屯田，減省力役，存問兵死之家，供其窮困，民甚安之。憺自以少年始居重任，思欲開導物情。乃謂佐吏曰："政之不臧，士君子所宜共惜。言可用，用之可也；如不用，於我何傷？吾開懷矣，爾其無吝。"於是小人知恩，而君子盡意。民辭訟者，皆立前待符教，[9]決於俄頃。曹無留事，下無滯獄，[10]民益悦焉。三年，詔加鼓吹一部。

[1]上明：城名。在今湖北松滋縣西北長江南岸。

[2]鎮軍將軍：將軍名號。宋第三品，南齊時位在四征將軍之上，官品不詳。按，蕭穎胄時官荆州刺史南康王寶融長史。蕭衍義師起，穎胄奉寶融以響應。

[3]西朝：指荆州蕭寶融朝。因其地在建康之西，故稱。

[4]夏侯詳：人名。本書卷一〇有傳。

[5]江陵：縣名。荆州鎮所，即今湖北荆州市。

[6]湘益寧南北秦：皆州名。湘州，治所在今湖南長沙市；益州，治所在今四川成都市；寧州，治所在今雲南陸良縣；南秦州，治所在今甘肅成縣西北；北秦州，治所在今甘肅天水市。

[7]安西將軍：按，《文苑英華》卷四四四沈約《封授臨川等五王詔》作"平西將軍"。本書《武帝紀》及《全梁文》卷五〇徐勉《梁故侍中司徒驃騎將軍始興忠武王碑》並載始興王憺爲安西將軍

在天監六年。疑“安”爲“平”字之誤。

[8]食邑二千户：舊本“二”訛作“三”，此依中華書局本校改。

[9]符：上級下達的文件。　教：受封郡縣的公侯所發佈的文書。

[10]滯獄：積壓未決的案件。

六年，州大水，江溢堤壞，憺親率府將吏，冒雨賦丈尺築治之。雨甚水壯，衆皆恐，或請憺避焉。憺曰：“王尊尚欲身塞河堤，[1]我獨何心以免。”乃刑白馬祭江神。俄而水退堤立。邴州在南岸，[2]數百家見水長驚走，登屋緣樹，憺募人救之，一口賞一萬，估客數十人應募救焉，[3]州民乃以免。又分遣行諸郡，遭水死者給棺槥，[4]失田者與糧種。是歲，嘉禾生於州界，吏民歸美，憺謙讓不受。

[1]王尊：人名。漢涿郡高陽人，爲東郡太守。黄河水泛濫，王尊親率吏民，“投沈白馬，祀水神河伯。尊親執圭璧，使巫策祝，請以身填金隄。因止宿，廬居隄上。吏民數千萬人争叩頭救止尊。尊終不肯去。及水盛隄壞，吏民皆奔走，唯一主簿泣在尊旁，立不動。而水波稍卻。回還。吏民嘉壯尊之勇節”。見《漢書》卷七六《王尊傳》。

[2]邴州：地名。在今湖北荆州市長江南岸。

[3]估客：販賣貨物的行商。

[4]槥（huì）：小棺。

七年，慈母陳太妃薨，[1]水漿不入口六日，居喪過禮，高祖優詔勉之，使攝州任。[2]是冬，詔徵以本號還朝。民爲之歌曰：“始興王，民之爹徒可反。[3]赴人急，如水火。何時復來哺乳我?”八年，爲平北將軍、護軍將軍、領石頭戍事。[4]尋遷中軍將軍、中書令，[5]俄領衛尉卿。憺性勞謙，降意接士，常與賓客連榻而坐，時論稱之。是秋，出爲使持節、散騎常侍、都督南北兗徐青冀五州諸軍事、鎮北將軍、南兖州刺史。[6]九年春，[7]遷都督益寧南梁南北秦沙六州諸軍事、鎮西將軍、益州刺史。[8]開立學校，勸課就業，遣子映親受經焉，[9]由是多向方者。[10]時魏襲巴南，[11]西圍南安，[12]南安太守垣季珪堅壁固守，憺遣軍救之，魏人退走，所收器械甚衆。十四年，遷都督荆湘雍寧南梁南北秦七州諸軍事、鎮右將軍、荆州刺史。[13]同母兄安成王秀將之雍州，[14]薨於道。憺聞喪，自投于地，席稾哭泣，不飲不食者數日，傾財産賻送，部伍小大皆取足焉。天下稱其悌。十八年，徵爲侍中、中撫將軍、開府儀同三司、領軍將軍。普通三年十一月，薨，時年四十五。追贈侍中、司徒、驃騎將軍。[15]給班劍三十人，羽葆鼓吹一部。册曰：[16]“咨故侍中、司徒、驃騎將軍始興王：夫忠爲令德，武謂止戈，[17]于以用之，載在前志。王有佐命之元勳，利民之厚德，契闊二紀，[18]始終不渝，是用方軌往賢，稽擇故訓，鴻名美義，允臻其極。今遣兼大鴻臚程爽，[19]謚曰忠武。魂而有靈，歆兹顯號。[20]嗚呼哀哉!”

[1]慈母：撫育自己成長的庶母或保母。蕭憺爲吴太妃所生。吴早亡，由陳太妃撫養。

[2]攝：權且代理。

[3]爹（duǒ）：父。《廣雅·釋親》："爹，父也。"

[4]平北將軍：將軍名號。與平東、平西、平南將軍合稱四平將軍。多持節都督或監某一地區的軍事，亦可作爲刺史兼理軍務的加官。一百二十五號十品二十四班之二十班。按，據本書《武帝紀》，蕭憺爲護軍將軍在天監七年五月，爲平北將軍在同年十月。此處將爲平北將軍、護軍將軍總述於八年下，疑誤。

[5]中軍將軍：將軍名號。爲一百二十五號將軍之一，二十三班。中華書局本《校勘記》："'中軍'，《南史》及徐勉《梁故侍中司徒驃騎將軍始興忠武王碑》作'中衛'。"按，本書《武帝紀》天監八年（509）下亦作"中衛"，似以作"中衛"爲是。

[6]散騎常侍：官名。職掌同前代。梁員四人，十二班。　南北兖徐青冀：皆州名。南兖州，治所在今江蘇揚州市西北蜀岡；北兖州，治所在今江蘇淮陰縣西南甘羅城；徐州，治所在今江蘇徐州市；青、冀，南朝宋泰始年間合僑置，治所在今江蘇連雲港市東雲臺山一帶。

[7]九年春：本書《武帝紀》作"九年春正月乙亥"，《全梁文》卷五〇徐勉《梁故侍中司徒驃騎將軍始興忠武王碑》作"九年六月"。

[8]南梁：州名。治所在今四川閬中市。　沙：州名。治所在今四川青川縣東北白水。

[9]映：始興王憺第四男蕭映。見唐·釋道宣《廣弘明集》卷二一昭明太子《令旨解二諦義》。《南史》卷五二《梁宗室下》有傳。

[10]方：正道。

[11]巴南：地域名。巴水以南。巴水即今四川東部嘉陵江支流渠江及其東源通江河。

[12]南安：郡名。治所在今四川劍閣縣。

[13]鎮右將軍：將軍名號。梁八鎮將軍之一。與鎮左、鎮前、鎮後將軍祇授予在京師任職者。爲一百二十五號將軍之一，二十二班。

[14]安成王秀：蕭儋兄秀封爵號安成郡王。安成郡，治所在今江西安福縣東南。

[15]侍中：官名。職掌同前代。梁十二班。　驃騎將軍：將軍名號。爲一百二十五號將軍之一，二十四班。

[16]册：皇帝發佈的文書。用於郊祀、祭享、稱尊、加謚、寓哀等。

[17]武謂止戈：《左傳·宣公十二年》，楚莊王曰："夫文，止戈爲武。"

[18]契闊：聚散。　紀：古以十二年爲一紀。

[19]兼：官制術語。假職未真授之稱。　大鴻臚：即鴻臚卿，官名。梁十二卿之一，掌導護贊拜。九班。

[20]歆：享受。

儋未薨前，夢改封中山王，[1]策授如他日，意頗惡之，數旬而卒。世子亮嗣。[2]

[1]中山：漢郡名。漢景帝改爲中山國，封其子劉勝爲中山王。勝樂酒好内，年四十三卒。見《漢書》卷五三《景十三王傳》。

[2]蕭亮弟映、曄，《南史》卷五二《梁宗室下》有傳。

史臣曰：自昔王者創業，廣植親親，[1]割裂州國，封建子弟。是以大旂少帛，[2]崇於魯、衛，[3]盤石凝脂，[4]樹斯梁、楚。[5]高祖遠遵前軌，藩屏懿親。至於安成、南平、鄱陽、始興，俱以名跡著，蓋亦漢之間、平矣。[6]

[1]親親：親戚。

[2]大旂少帛：龍旗、雜帛。魯周公、衛康公有功於王室，周天子賜大旂、少帛以褒其功。參《史記》卷三七《衛康叔世家》裴駰《集解》。

[3]魯、衛：周代諸侯國名。

[4]盤石凝脂：比喻宗室王侯護衛皇室堅實嚴密。漢初封國中有梁王劉武、楚王劉交，爲宗室侯王。盤石，巨石；凝脂，凝凍的油脂。

[5]梁、楚：西漢諸侯國名。

[6]漢之間、平：西漢河間王劉德，東漢東平王劉蒼。《漢書》卷五三《景十三王傳·贊》有云："漢興，至於孝平，諸侯王以百數，率多驕淫失道……夫唯大雅，卓爾不群，河間獻王近之矣。"《後漢書》卷四二《光武十王傳·贊》有云："東平好善，辭中委相。謙謙恭王，實惟三讓。"

今注本二十四史

梁書

四

傳［三］

唐 姚思廉 撰

熊清元 校注

四川出版集團 巴蜀書社

梁書 卷二三

列傳第十七

長沙嗣王淵業 子孝儼 淵業弟淵藻 永陽嗣王伯游 衡陽嗣王元簡 桂陽嗣王象

長沙嗣王淵業字靜曠，[1]高祖長兄懿之子也。[2]懿字元達，少有令譽。解褐齊安南邵陵王行參軍，[3]襲爵臨湘縣侯。[4]遷太子舍人、洗馬、建安王友。[5]出爲晉陵太守。[6]曾未朞月，[7]訟理人和，稱爲善政。入爲中書侍郎。[8]永明季，[9]授持節、都督梁南北秦沙四州諸軍事、西戎校尉、梁南秦二州刺史，[10]加冠軍將軍。[11]是歲，魏人入漢中，[12]遂圍南鄭。懿隨機拒擊，傷殺甚多，乃解圍遁去。懿又遣氐帥楊元秀攻魏歷城、皐蘭、駱谷、坑池等六戍，[13]剋之，魏人震懼，邊境遂寧。進號征虜將軍，[14]增封三百户，還督益寧二州軍事、益州刺史。[15]入爲太子右衛率、尚書吏部郎、衛尉卿。[16]永元二年，[17]裴叔業據豫州反，[18]授持節、征虜將軍、督豫州諸軍事、豫州刺史，[19]領歷陽南譙二郡太守,[20]討叔業。叔業懼，降于魏。既而平西將軍崔慧景入寇京邑,[21]奉江夏王寶玄圍臺城,[22]齊室大亂，詔徵懿。懿時方食，投箸而起，率鋭卒三千人援城。慧景遣其子覺來拒，懿奔擊大破之，覺單騎走。乘勝而進，慧景衆潰，追斬之。[23]授侍中、尚書右僕射,[24]未拜，仍遷尚書令、都督征討水陸諸軍事[25]，持節、將軍如故，增邑二千五百户。時東昏肆虐，茹法珍、王咺之等執政,[26]宿臣舊將，並見誅夷，懿既立元勳，獨居朝右，深爲法珍等所憚，乃説東昏曰："懿將行隆昌故事,[27]陛下命在晷刻。"東昏信之，將加酷害，而懿所親知之，密具舟江渚，勸令西奔。[28]懿曰："古皆有死，豈有叛走尚書令耶?"遂遇禍。[29]中興元年,[30]追贈侍中、中書監、司徒。[31]宣德太后臨朝,[32]改贈太傅。天監元年,[33]追崇丞相，封長沙郡王，謚曰宣武。給九旒、鸞輅、輼輬車,[34]黄屋左纛,[35]前後部羽葆鼓吹,[36]挽歌二部,[37]虎賁班劍百人,[38]葬禮一依晉安平王故事。[39]

[1]長沙：郡名。治所在今湖南長沙市。　淵業：各本作"業"。梁·釋僧祐《弘明集》卷一〇王公朝貴《答釋法雲〈與王公朝貴書〉》有署"蕭淵業"。姚思廉避唐諱省"淵"字，今改回。本卷下文徑改，不出校。

[2]高祖：梁武帝蕭衍廟號。

[3]安南：安南將軍之省稱，將軍名號。東南西北四安將軍之一。爲出鎮方面的軍事長官，或作爲刺史兼理軍務的加官，權任頗重。宋第三品，齊不詳。　邵陵王：齊武帝子蕭子貞封爵號。

見《南齊書》卷四〇《武十七王傳》。邵陵，郡名。治所在今湖南邵陽市。　行參軍：官名。王公軍府屬官，參掌府曹事，位次於參軍。齊官品不詳。

[4]臨湘：縣名。治所在今湖南長沙市。

[5]太子舍人：官名。東宫屬官。掌侍從文記。員十六人。宋第七品，齊不詳。　洗馬：太子洗馬之省稱，官名。東宫屬官。掌文翰。員八人。齊第七品。　建安王：齊武帝子蕭子真封爵號。見《南齊書》卷四〇《武十七王傳》。建安，郡名。治所在今福建建甌市南。　友：官名。王國屬官。掌隨侍國主，拾遺補闕。員一人。齊第六品。

[6]晉陵：郡名。治所在今江蘇常州市。

[7]朞（jī）月：一整月或一周年。此處似指一周年。

[8]中書侍郎：官名。中書省屬官。舊掌詔誥。劉宋以後草擬詔誥之權歸中書舍人，侍郎職少官清，成爲諸王起家官。員四人。齊第五品。

[9]永明：齊武帝年號（483—493）。

[10]持節：古代大臣奉天子之命出行，持節以爲憑證並示威重。魏晉以下以爲官名，有假節、持節、使持節之分，權力亦有小大之别，多爲都督諸州軍事及刺史總軍戎者。軍事長官出行，持節即可殺無官位之人，在軍事行動中，享有誅殺二千石以下官員的權力。　梁南北秦沙：皆州名。梁州，治所在今陝西漢中市東；南秦州，治所在今甘肅成縣西北；北秦州，治所在今甘肅天水市；沙州，治所在今四川青川縣東北白水。　西戎校尉：武官名號。掌雍涼等地少數民族事務，鎮漢中。宋第四品，齊不詳。　梁南秦二州刺史：南秦，舊本訛作"南梁"，此依中華書局本校改。

[11]冠軍將軍：將軍名號。齊第三品。

[12]漢中：郡名。鎮南鄭，即今陝西漢中市。

[13]歷城、皐蘭、駱谷：皆戍名。歷城，地在今甘肅西和縣

北；皋蘭，地在今甘肅康縣西；駱谷，地在今甘肅西和縣西南洛峪集。谷，舊本訛作“火”，此依中華書局本校改。　坑池：《南齊書》卷五七《魏虜傳》作“仇池”。疑作“仇池”是。歷城一帶無“坑池”之地名。仇池戍，北魏太平真君七年（446）置，地在今甘肅西和縣西南。

[14]征虜將軍：將軍名號。亦作爲高級文職官員的加官。宋第三品，齊不詳。

[15]益寧：皆州名。益州，治所在今四川成都市；寧州，治所在今雲南陸良縣。

[16]太子右衛率：官名。東宫屬官。與太子左衛率共掌東宫宿衛。亦領兵出征，地位頗重。齊第五品。　尚書吏部郎：官名。尚書省吏部曹長官，掌官吏銓選、調動事宜。宋第六品，齊不詳。衛尉卿：官名。掌宫門屯兵。宋第三品，齊不詳。按，《隋書·百官志》：“諸卿，梁初猶依宋、齊，皆無卿名。”此稱卿，是以後稱前。參楊樹達《古書疑義舉例續補》之《以後稱前例》。

[17]永元：齊東昏侯年號（499—501）。

[18]裴叔業：人名。祖籍河東聞喜。仕齊，官至豫州刺史。東昏侯蕭寶卷即位，誅大臣，叔業疑懼，反。旋即病卒，其子植以壽春降魏。《南齊書》卷五一有傳。

[19]豫州：州名。治所在今安徽壽縣。

[20]領：官制術語。已有實授主職，又兼任較低職務而不居其位。　歷陽南譙：皆郡名。歷陽郡，治所在今安徽和縣；南譙郡，治所在今安徽巢湖市東南。

[21]平西將軍：將軍名號。東南西北四平將軍之一。多持節都督或監某一地區的軍事，亦可作爲刺史兼理軍務的加官。宋第三品，齊不詳。　崔慧景：人名。祖籍清河東武城。仕齊，官至護軍將軍，加侍中。東昏侯蕭寶卷即位，誅大臣，慧景不自安。裴叔業反，慧景率軍出征。行至廣陵，亦反，舉兵嚮京師。《南齊書》卷五一有傳。

[22]江夏王寶玄：齊明帝子蕭寶玄封爵號江夏王。見《南齊書》卷五〇《明七王傳》。江夏，郡名。治所在今湖北武漢市武昌。　臺城：城名。六朝時臺省所在，故稱。地在今江蘇南京市鷄鳴山南。

[23]斬之：舊本“斬”訛作“奔”，此依中華書局本校改。

[24]侍中：官名。門下省長官。掌奏事，直侍左右，應對獻替。參與朝廷決策，是中樞集團重要成員。員四人。齊第三品。尚書右僕射：官名。尚書令副佐，佐尚書令知省事，並掌禮制。與祠部尚書不並置。齊第三品。

[25]《文選》卷四〇任彦昇《百辟勸進今上牋》李善注引劉璠《梁典》曰：“懿爲豫州刺史，鎮歷陽。護軍將軍崔慧景反，破左興盛衆十萬於鍾山。宫城拒守，豫州聞難，投袂而起，戰於越城，破。慧景走，追斬之。除侍中，遷尚書令。”可與本傳參看。

[26]茹法珍、王晅之：皆人名。東昏侯倖臣。參《南齊書》卷七《東昏侯紀》。

[27]隆昌故事：指南齊隆昌年間（494），尚書令蕭鸞廢帝鬱林王蕭昭業，立海陵王昭文之事。詳《南齊書》卷四《鬱林王紀》。

[28]西奔：指奔襄陽。時蕭懿弟衍爲雍州刺史，鎮襄陽。襄陽在建康之西，故云。

[29]《文選》卷四〇任彦昇《百辟勸進今上牋》李善注引劉璠《梁典》曰：“東昏荒淫，歸政閹竪，尚書令懿於中書省飲鴆薨。”

[30]中興：齊和帝年號（501—502）。

[31]中書監：官名。中書省長官。掌出納帝命。員一人。齊第三品。

[32]宣德太后：齊文惠太子妃王寶明。其子鬱林王即位，尊爲皇太后，稱宣德宫。東昏侯永元三年十二月，蕭衍平建康，迎后入宫稱制。《南齊書》卷二〇《皇后傳》有傳。

[33]天監：梁武帝年號（502—519）。

[34]九旒：旗名。《後漢書》卷四二《光武十王・東平憲王蒼傳》："今詔有司加賜鸞輅乘馬，龍旂九旒，虎賁百人，奉送王行。" 鸞輅：天子之車。 轀（wēn）輬（liáng）車：喪車。《漢書》卷六八《霍光傳》顏師古注："轀輬本安車也。可以卧息。後因載喪，飾以柳翣，故遂爲喪車耳。轀者密閉，輬者旁開窗牖，各別一乘，隨事爲名。後人既專以載喪，又去其一，總爲藩飾，而合二名呼之耳。"

[35]黄屋：帝王車蓋以黄繒爲蓋裏，故名。漢制，唯皇帝得用黄屋。 左纛：古代帝王乘輿的裝飾物。用犛牛尾或雉尾製成，設於車衡的左邊，故稱。纛，旗。

[36]羽葆：以鳥羽爲飾的儀仗。 鼓吹：樂名。本軍樂，皇帝出行亦奏。漢魏以下亦用以加賜有功之臣。

[37]挽歌：送喪哀悼之歌。《晉書・禮志中》："漢魏故事，大喪及大臣之喪，執紼者輓歌。新禮以爲輓歌出於漢武帝役人之勞歌，聲哀切，遂以爲送終之禮。"

[38]虎賁班劍：持班劍的儀衛。虎賁，勇士；班劍，飾以虎皮的劍。

[39]晉安平王故事：晉宣帝弟安平獻王司馬孚薨，晉武帝詔"以東園温明祕器、朝服一具、衣一襲、緋練百匹、絹布各五百匹、錢百萬、穀千斛以供喪事。諸所施行，皆依漢東平獻王蒼故事"。及葬又"給鑾輅輕車、介士武賁百人，吉凶導從二千餘人，前後鼓吹，配饗太廟"。詳《晉書》卷三七《宗室・安平獻王孚傳》。

淵業幼而明敏，識度過人。仕齊爲著作郎、太子舍人。[1]宣武之難，與二弟淵藻、象俱逃匿。[2]高祖既至，乃赴于軍，以爲寧朔將軍。[3]中興二年，除輔國將軍、南琅邪清河二郡太守。[4]天監二年，襲封長沙王，徵爲冠軍將軍，量置佐史，遷祕書監。[5]四年，改授侍中。六年，轉散騎常侍、太子右衛率，[6]遷左驍騎將軍，[7]尋爲中護軍，[8]領石頭戍軍事。[9]七年，出爲使持節、都督南兖兖徐青冀五州諸軍事、仁威將軍、南兖州刺史。[10]八年，徵爲護軍。[11]九年，除中書令，[12]改授安後將軍、鎮琅邪彭城二郡、領南琅邪太守。[13]十年，徵爲安右將軍、散騎常侍。[14]十四年，復爲護軍，領南琅邪彭城，鎮于琅邪。[15]復徵中書令，出爲輕車將軍、湘州刺史。[16]

[1]著作郎：官名。祕書省屬官。掌國史，集注起居。乃清簡之職，爲甲族貴遊起家之選。員一人。齊第六品。

[2]淵藻、象：各本作“藻、象”。清·王鳴盛《十七史商権》卷六三有云：“長沙王懿六子，業、藻、猷、朗、明、象，疑皆冠以‘淵’字，《南史》、《梁書》皆避諱去上一字。惟淵藻、淵明於他傳中可考而知，而又或改淵爲深。”按“藻”爲“淵藻”之省，於史有徵，而“象”則未必是“淵象”之省。南京出土《梁桂陽國太妃墓志銘》有“息男象字世翼襲封桂陽王”云云（見《文物》一九八一年第一二期阮國林《南京梁桂陽王蕭融夫婦合葬墓》一文），未云“淵象”。今“藻”改回爲“淵藻”；“象”不改。本卷下文同此例，不出校。

[3]寧朔將軍：將軍名號。宋第四品，齊不詳。

[4]輔國將軍：將軍名號。齊第三品。　南琅邪清河：即南琅邪、南清河，均郡名。治所同在今江蘇南京市北金川門外、幕府山南麓。南清河屬南徐州領冀州郡，無實土。參《南齊書·州郡志》。

[5]祕書監：官名。祕書省長官，掌國之典籍圖書。梁初第三品。

[6]散騎常侍：官名。集書省長官。掌侍從左右，應對獻替。劉宋以後，職以侍從左右、掌圖書文翰爲主，地位降低。梁初第三品。

[7]左驍騎將軍：官名。梁天監六年置左右驍騎將軍，掌宿衛營兵，侍衛左右。《陳書》卷一八《韋載傳》附《韋翽傳》："驍騎之職，舊領營兵，兼統宿衛。自梁代已來，其任踰重，出則羽儀清道，入則與二衛通直，臨軒則升殿俠侍。"所指即左、右驍騎將軍。天監七年革選，定流内官職爲十八班，以班多者爲貴。左右驍騎將軍爲十一班。

[8]中護軍：官名。護軍將軍之資輕者爲中護軍。掌京畿以外諸軍，職任頗重。梁十四班。

[9]石頭戍：即石頭城戍所。地在今江蘇南京市西清涼山。其地負山面江，形勢險固，爲六朝軍事要地。

[10]南兗兗徐青冀：皆州名。南兗州，治所在今江蘇揚州市西北蜀岡；兗州，治所在今江蘇淮陰縣西南甘羅城；徐州，治所在今江蘇徐州市；青冀二州，南朝宋泰始（465—471）中合僑置，治所在今江蘇連雲港市東雲臺山一帶。　仁威將軍：將軍名號。梁置，與智威、勇威、信威、嚴威將軍代舊征虜將軍。天監七年革選，釐定將軍名號及班品，有一百二十五號十品二十四班，以班多者爲貴。仁威將軍爲一百二十五號將軍之一，十六班。

[11]護軍：護軍將軍之省稱，官名。職掌同中護軍。梁十五班。

[12]中書令：官名。中書省長官之一，與中書監共掌出納帝命。東晉以後，中書出令權漸歸他省或中書侍郎、舍人，中書令漸成閑散之職，僅掌文章之事，多用作重臣加官。梁代規定其位在中書監之下，十三班。

[13]安後將軍：將軍名號。梁置，爲八安將軍之一，與安前、

安左、安右將軍衹授予在京師任職者。爲一百二十五號將軍之一，二十一班。　琅邪彭城：當指南琅邪、南彭城二郡。南彭城，虚置無實土。治所在今江蘇南京市北。

[14]安右將軍：將軍名號。梁八安將軍之一，二十一班。

[15]鎮于琅邪："于"舊本訛作"牙"，此依中華書局本校改。

[16]輕車將軍：將軍名號。梁代與征遠、鎮朔、武旅、貞毅將軍代舊輔國將軍。爲一百二十五號將軍之一，十四班。　湘州：州名。治所在今湖南長沙市。

淵業性敦篤，所在留惠。深信因果，篤誠佛法，高祖每嘉歎之。普通三年，徵爲散騎常侍、護軍將軍。[1]四年，改爲侍中、金紫光禄大夫。[2]七年，薨，時年四十八。謚曰元。有文集行於世。子孝儼嗣。

[1]普通三年，徵爲散騎常侍、護軍將軍：普通，梁武帝年號(520—527)。中華書局本《校勘記》："本書《武帝紀》，蕭淵業爲護軍將軍在普通元年。"

[2]金紫光禄大夫：官名。光禄大夫之重者加金章紫綬，稱爲金紫光禄大夫。養老疾，無職事。梁十四班。

孝儼字希莊，聰慧有文才。射策甲科，[1]除祕書郎、太子舍人。[2]從幸華林園，[3]於座獻《相風烏》、《華光殿》、《景陽山》等頌，其文甚美，高祖深賞異之。普通元年，薨，[4]時年二十三。謚曰章。子慎嗣。

[1]射策：古代考試方式之一種。由主試者出試題書之於簡策，分甲乙科，列置案上。應試者抽答。主試者根據所答以定優劣，上

者爲甲，次者爲乙。射，投射。

[2]祕書郎：官名。祕書省屬官。佐監、丞掌國之典籍圖書。宋、齊以來，爲甲族起家之選，待次入補。其居職，例數十百日便遷任。員四人。梁二班。　太子舍人：官名。職掌同前代。梁三班。

[3]華林園：園苑名。初建於東吴，擴建於劉宋。内有華光殿、景陽山、景陽樓等名勝，爲六朝諸帝宴集之所。故址在今江蘇南京市鷄鳴山南古臺城内。參《建康實録》卷一二《宋文帝》"元嘉二十三年"下小注及《太平御覽》卷一七五《居處部》引《建康宫殿簿》。

[4]普通元年，薨：中華書局本《校勘記》："蕭淵業死於普通七年，孝儼嗣爵，則孝儼不得死於普通元年。'普'字或爲'大'字之訛，或爲'中大'二字之訛。"

淵藻字靖藝，元王弟也。少立名行，志操清潔。齊永元初，釋褐著作佐郎。[1]天監元年，封西昌縣侯，[2]食邑五百户。出爲持節、都督益寧二州諸軍事、冠軍將軍、益州刺史。時天下草創，邊徼未安，[3]州民焦僧護聚衆數萬，據郫、繁作亂。[4]淵藻年未弱冠，集僚佐議，欲自擊之。或陳不可，淵藻大怒，斬于階側。乃乘平肩輿，[5]巡行賊壘。賊弓亂射，矢下如雨，從者舉楯禦箭，又命除之，由是人心大安。賊乃夜遁，淵藻命騎追之，斬首數千級，遂平之。進號信威將軍。[6]九年，徵爲太子中庶子。[7]十年，爲左驍騎將軍、領南琅邪太守。入爲侍中。

[1]釋褐：入仕。

[2]西昌：縣名。治所在今江西泰和縣西。

[3]邊徼（jiào）：邊疆。

[4]郫：縣名。即今四川郫縣。　繁：縣名。治所在今四川新都西北新繁。繁，舊本有作"樊"，此依中華書局本校改。

[5]平肩輿：用人力抬扛的轎子。其制爲二長竿，中設軟椅以坐人。

[6]信威將軍：將軍名號。梁置，與智威、仁威等將軍代舊征虜將軍。爲一百二十五號將軍之一，十六班。

[7]太子中庶子：官名。東宫官員，掌侍從及文翰。員四人。梁十一班。

淵藻性謙退，不求聞達。善屬文辭，尤好古體，自非公讌，未嘗妄有所爲，縱有小文，成輒棄本。十一年，出爲使持節、都督雍梁秦三州竟陵隨二郡諸軍事、仁威將軍、寧蠻校尉、雍州刺史。[1]十二年，徵爲使持節、都督南兗兗徐青冀五州諸軍事、兗州刺史，軍號如故。頻莅數鎮，民吏稱之。推善下人，常如弗及。徵爲太子詹事。[2]普通三年，遷領軍將軍，[3]加侍中。六年，爲軍師將軍，[4]與西豐侯正德北伐渦陽，[5]輒班師，爲有司所奏，免官削爵土。七年，起爲宗正卿。[6]八年，復封爵，尋除左衛將軍，[7]領步兵校尉。[8]大通元年，[9]遷侍中、中護軍。時渦陽始降，[10]乃以淵藻爲使持節、北討都督、征北大將軍，[11]鎮于渦陽。二年，爲中權將軍、金紫光禄大夫，[12]置佐史，加侍中。中大通元年，[13]遷護軍將軍，中權如故。三年，爲中軍將軍、太子詹事，[14]出爲丹陽尹。[15]高祖每歎曰："子弟並如迦葉，吾復何憂。"迦葉，淵藻小名也。入爲安左將軍、尚書左僕射，[16]加侍中，淵藻固辭不就，詔不許。大同五年，[17]遷中衛將軍、開府儀同三司、中書令，[18]侍中如故。

[1]竟陵隨：二郡名。竟陵郡，治所在今湖北鍾祥市；隨郡，治所在今湖北隨州市。　寧蠻校尉：武官名號。掌雍州少數民族事務，領兵置府於襄陽。宋第四品。梁由雍州刺史兼任，其職位隨府主地位高下而異。

[2]太子詹事：官名。東宫官員，總理東宫庶務，或參議大政，職任甚重。梁十四班。

[3]領軍將軍：官名。禁衛軍最高統帥，管天下兵要。梁十五班。

[4]軍師將軍：將軍名號。爲一百二十五號將軍之一，十九班。

[5]西豐侯正德：梁武帝弟蕭宏之子正德初封西豐侯。普通六年（525）北伐，正德逃奔於魏。七年，又逃歸梁。本書卷五五有傳。西豐，縣名。治所在今江西臨川市南。　渦陽：縣名。治所在今安徽蒙城縣南。

[6]宗正卿：官名。梁十二卿之一。掌皇室外戚之籍，以宗室爲之。梁十三班。

[7]左衛將軍：官名。與右衛將軍合稱二衛將軍，掌宿衛營兵，爲禁衛軍主要將領。梁十二班。

[8]步兵校尉：官名。禁軍五營校尉之一，掌侍衛。梁七班。

[9]大通：梁武帝年號（527—529）。

[10]大通元年十月，魏東豫州刺史元慶和以渦陽降梁。參本書《武帝紀》。

[11]征北大將軍：將軍名號。職掌同征北將軍，不常置。梁有征北將軍，一百二十五號將軍之一，二十三班。又，梁制，諸將軍

加大者，通進一階。參《隋書·百官志》。

[12]二年，爲中權將軍：中權將軍，將軍名號。爲一百二十五號將軍之一，二十三班。中華書局本《校勘記》："本書《武帝紀》，蕭淵藻爲中權將軍在中大通元年三月。是年十月方改元，在十月前仍得稱大通三年，此'二年'當作'三年'。"

[13]中大通：梁武帝年號（529—534）。

[14]中軍將軍：將軍名號。梁代與中權、中衛、中撫將軍合稱四中將軍，衹授予在京師任職者，職任頗重。爲一百二十五號將軍之一，二十三班。"中軍"，舊本脱"軍"，此依中華書局本校補。

[15]丹陽尹：官名。京師所在丹陽郡行政長官。宋第三品，梁不詳。丹陽郡，治所在今江蘇南京市。

[16]安左將軍：將軍名號。梁置，爲八安將軍之一，與安前、安後、安右將軍衹授予在京師任職者。爲一百二十五號將軍之一，二十一班。按，"安左"，本書《武帝紀》大同三年紀作"安右"，大同五年紀亦作"安右"，《南史·梁本紀》大同五年紀同。　尚書左僕射：官名。佐尚書令知省事，並與尚書分領諸曹。梁十五班。

[17]大同：梁武帝年號（535—546）。

[18]中衛將軍：將軍名號。梁四中將軍之一，二十三班。　開府儀同三司：官名。非三公而儀制同於三公之稱。梁諸將軍開府儀同三司爲十七班。

淵藻性恬静，獨處一室，牀有膝痕，宗室衣冠，[1]莫不楷則。常以爵禄太過，每思屏退，門庭閑寂，賓客罕通，太宗尤敬愛之。[2]自遭家禍，恒布衣蒲席，不食鮮禽，非在公庭，不聽音樂，高祖每以此稱之。出爲使持節、督南徐州刺史。[3]侯景亂，[4]淵藻遣長子彧率兵入援，及城開，加散騎常侍、大將軍。景遣其儀同蕭邕代之，據京口，[5]淵藻因感氣疾，不自療。或勸奔江北，[6]淵藻曰："吾國之台鉉，[7]位任特隆，既不能誅翦逆賊，正當同死朝廷，安能投身異類，[8]欲保餘生。"因不食累日。太清三年，[9]薨，時年六十七。[10]

[1]衣冠：指士大夫、官紳。

[2]太宗：梁簡文帝廟號。

[3]南徐州：州名。治所在今江蘇鎮江市。

[4]侯景：人名。本魏將，梁太清元年（547）附梁，封河南王。二年，反，攻下京師建康。本書卷五六有傳。

[5]京口：南徐州鎮所。

[6]江北：指魏。

[7]台鉉：即台鼎，比喻宰相重臣。鉉，鼎耳。

[8]異類：指魏國。

[9]太清：梁武帝年號（547—549）。

[10]淵藻弟猷、朗、明，《南史》卷五一《梁宗室上》並有傳。

永陽嗣王伯游字士仁，[1]高祖次兄敷之子。敷字仲達，解褐齊後將軍、征虜行參軍，[2]轉太子舍人，洗馬，遷丹陽尹丞。[3]入爲太子中舍人，[4]除建威將軍、隨郡内史。[5]招懷遠近，黎庶安之，以爲前後之政莫之及也。進號寧朔將軍，徵爲廬陵王諮議參軍。[6]建武四年，[7]薨。高祖即位，追贈侍中、司空，封永陽郡王，謚曰昭。[8]

[1]永陽：郡名。治所在今湖南道縣西北。

[2]後將軍、征虜行參軍：即後將軍及征虜將軍二府行參軍。後將軍，將軍名號，左右前後四將軍之一。宋第三品，齊不詳。

《全梁文》卷五〇徐勉《故侍中司空永陽昭王墓志銘》作"後軍長沙王行參軍"，"後"下無"將"字。中華書局本據之以"將"字爲衍文而删。按，據《南齊書》之《高帝紀》及卷三五《長沙威王晃傳》，晃齊初爲"後將軍"而非"後軍將軍"，與此傳同。且據《南齊書》卷三五《高帝十二王傳》，高帝諸子在齊代居左、右、前、後四將軍之列者有臨川王映等六人，而居前、後、左、右四軍將軍之列者無一人。故當是徐勉《墓志銘》脱"將"字。

[3]丹陽尹丞：丹陽郡副佐。佐尹掌治民。宋第七品，齊不詳。

[4]太子中舍人：官名。東宫屬官，掌侍從及文翰。員四人。宋第五品，齊不詳。

[5]建威將軍：將軍名號。宋第四品，齊不詳。　隨郡：郡名。治所在今湖北隨州市。　内史：官名。王國官。掌治民，職同太守。宋第五品，齊不詳。

[6]廬陵王：齊明帝子蕭寶源之封爵號。見《南齊書》卷五一《明七王傳》。廬陵，郡名。治所在今江西吉水縣。　諮議參軍：官名。王公軍府屬官，掌諷議。宋第七品，齊不詳。

[7]建武：齊明帝年號（494—498）。按，據《全梁文》卷五〇徐勉《故侍中司空永陽昭王墓志銘》載，蕭敷"以齊建武四年八月六日薨，春秋卅有七"。其仕歷爲：解褐齊後軍長沙王行參軍；武陵王始開戎號，又行參冠軍征虜二府軍事；入爲太子舍人。衡陽王以爲文學，俄遷太子洗馬，又爲南海王友；出補丹陽尹丞，復入爲太子中舍人；出爲建威將軍、隨郡内史；進號寧朔將軍，内史如故；久之，徵爲後軍廬陵王諮議參軍。較本傳爲詳，足資參考。

[8]徐勉《故侍中司空永陽昭王墓志銘》有云："天監元年四月八日詔曰：亡兄齊故後軍諮議參軍……可追贈侍中、司空、永陽郡王，食邑二千户。謚曰昭王，禮也。"可與本傳參證。

伯游美風神，善言玄理。[1]天監元年四月，詔曰：

“兄子伯游，雖年識未弘，意尚粗可。浙東奥區，宜須撫莅，可督會稽東陽新安永嘉臨海五郡諸軍事、輔國將軍、會稽太守。”[2]二年，襲封永陽郡王。五年，薨，時年二十三。謚曰恭。[3]

[1]玄理：六朝以《老子》、《莊子》、《易》爲三玄，因稱其理爲玄理。

[2]會稽東陽新安永嘉臨海：皆郡名。會稽，治所在今浙江紹興市；東陽，治所在今浙江金華市；新安，治所在今浙江淳安縣西北；永嘉，治所在今浙江温州市；臨海，治所在今浙江臨海市東南章安。

[3]徐勉《故侍中司空永陽昭王墓志銘》有云：“恭王早世，子隆嗣。”是隆爲伯游嗣子。又，伯游母王氏，琅邪臨沂人，梁天監二年六月甲午朔，十日癸卯策命爲永陽國太妃，普通元年十月二十三日遘疾，十一月九日薨，春秋五十九。其月二十八日祔葬於琅邪臨沂縣長干里黄鵠山。詳《全梁文》卷五〇徐勉《故永陽敬太妃墓志銘》。

衡陽嗣王元簡字熙遠，[1]高祖第四弟暢之子。暢仕齊至太常，[2]封江陵縣侯，[3]卒。天監元年，追贈侍中、驃騎大將軍、開府儀同三司。[4]封衡陽郡王。謚曰宣。

[1]衡陽：郡名。治所在今湖南株洲市西南。

[2]太常：官名。九卿之一，掌禮樂、郊廟、社稷事宜。齊第三品。

[3]江陵：縣名。治所在今湖北荆州市江陵。

[4]驃騎大將軍：將軍名號。宋第一品，齊及梁初不詳。

元簡三年襲封，除中書郎，[1]遷會稽太守。十三年，入爲給事黄門侍郎，[2]出爲持節、都督廣交越三州諸軍事、平越中郎將、廣州刺史。[3]還爲太子中庶子，遷使持節、都督郢司霍三州諸軍事、信武將軍、郢州刺史。[4]十八年正月，卒於州。謚曰孝。子俊嗣。[5]

[1]中書郎：官名。即中書侍郎。

[2]給事黄門侍郎：官名。門下省次官。與侍中共掌門下衆事，侍從左右，擯相威儀，盡規獻納，糾正違缺等。出入宫禁，職任顯要。員四人。梁十班。

[3]廣交越：皆州名。廣州，治所在今廣東廣州市；交州，治所在今越南北寧省僊游東；越州，治所在今廣西合浦縣東北。　平越中郎將：武官名號。主護南越，領兵置府，多由廣州刺史兼任，職位隨府主號輕重而異。

[4]郢司霍：皆州名。郢州，治所在今湖北武漢市武昌；司州，治所在今河南信陽市；霍州，梁天監六年（507）分豫州置，治所在今安徽霍山縣。　信武將軍：將軍名號。梁置，與智武、仁武將軍等代舊冠軍將軍。梁天監七年革選定爲一百二十五號將軍之一，十五班。

[5]子俊嗣：《南史》卷五一《梁宗室傳》同傳作“少子獻嗣”。

桂陽嗣王象字世翼，[1]長沙宣武王第九子也。初，叔父融仕齊至太子洗馬。[2]永元中，宣武之難，[3]融遇害。高祖平京邑，[4]贈給事黄門侍郎。天監元年，加散騎常侍、撫軍大將軍，[5]封桂陽郡王。謚曰簡。[6]無子，乃詔象爲嗣，襲封爵。

[1]桂陽：郡名。治所在今湖南郴州市。

[2]太子洗馬：官名。東宫屬官，通拜謁，掌文翰。員八人。齊第七品。

[3]宣武之難：指梁武帝兄長沙宣武王蕭懿於永元二年（500）被東昏侯所害事。見本卷《長沙嗣王淵業傳》。

[4]高祖平京邑：齊東昏侯蕭寶卷即位後，狂悖無道，雍州刺史蕭衍起兵以討之。永元三年（501）包圍京師建康，十二月建康平定。參本書《武帝紀》。

[5]撫軍大將軍：將軍名號。宋第二品，梁初不詳。

[6]1980年9月南京太平門外棲霞區南朝墓中出土長兼尚書吏部郎中任昉奉敕撰《梁桂陽王蕭融墓志》，有云："融字幼達，蘭陵郡蘭陵縣都鄉中都里人。□□□皇帝□之第五子也。……齊永明元年大司馬豫章王府僚清重，引爲行參軍，署法曹。隆昌元年轉車騎鄱陽王行參軍。建武元年□□初辟，妙選時英，除太子舍人。頃轉冠軍、鎮軍、車騎三府參軍署□□，又爲車騎江夏王主簿。頃之，除太子洗馬，不拜。元昆丞相長沙王至德高勳，居中作宰，而凶昏在運，君子道消。□直醜止，罹兹濫酷。王春秋三十，永元三年十二月十二日奄從門禍。中興二年追贈給事黄門侍郎。……可贈散騎常侍、撫軍將軍、桂陽郡王。天監元年太歲壬午十一月乙卯一日窆於弋辟山。"（見阮國林《南京梁桂陽王蕭融夫婦合葬墓》）此可補史傳之缺。唯蕭融遇害之年，據本書及《南齊書》卷七《東昏侯紀》，當在永元二年，此云"三年"，或誤。

象容止閑雅，善於交遊，事所生母以孝聞。起家寧遠將軍、丹陽尹。[1]到官未幾，簡王妃薨，[2]去職。服闋，[3]復授明威將軍、丹陽尹。[4]象生長深宫，始親庶政，舉無失德，朝廷稱之。出爲持節、督司霍郢三州諸軍事、征遠將軍、郢州刺史。尋遷湘衡二州諸軍事、輕車將軍、湘州刺史。[5]湘州舊多虎暴，及象在任，爲之静息，故老咸稱德政所感。除中書侍郎，俄以本官行石頭戍軍事，[6]轉給事黄門侍郎、兼領軍，[7]又以本官兼宗正卿。尋遷侍中、太子詹事，未拜，改授持節、督江州諸軍事、信武將軍、江州刺史。[8]以疾免。尋除太常卿，[9]加侍中，遷祕書監、領步兵校尉。[10]大同二年，薨，謚曰敦。子慥嗣。

[1]寧遠將軍：將軍名號。梁代與明威、振遠等將軍代舊寧朔將軍。梁天監七年革選，釐定爲一百二十五號將軍之一，十三班。

[2]與《梁桂陽王蕭融墓志》同時同地出土的還有《桂陽國太妃墓志銘》，梁吏部尚書領國子祭酒王暕造。《墓志銘》載，太妃姓王諱慕韶，南徐州琅琊郡臨沂縣都鄉南仁里人也。祖深，新安太守。父僧聰，黄門郎。天監元年追贈蕭融爲桂陽王，因融無嗣，故以宣武王第九子象繼世承封。天監三年策命慕韶爲桂陽國太妃。天監十三年十月二十日薨。春秋四十二。同年十一月十日祔葬於蕭融墓。又，本《墓志銘》載，蕭象詔除寧遠將軍、丹陽尹在天監十二年閏三月十二日。太妃薨時，象年十七，其妃張寶和年十九，張弘策之女，息慥年二。此並可補史傳之缺。

[3]服闋：服喪期滿。

[4]明威將軍：將軍名號。爲一百二十五號將軍之一，十四班。

[5]湘衡：皆州名。衡州，梁天監六年置，治所在今廣東英德市西北。按，“湘衡”前疑脱“都督”二字。《南史》卷五一同傳云：“再遷湘州刺史，加都督。”

[6]行：官制術語。缺官未補，暫以低級官吏攝行高一級官吏

之職事。

[7]兼：官制術語。假職未真授之稱。　領軍：領軍將軍之省稱，官名。掌禁衛軍，管天下兵要。梁十五班。

[8]江州：州名。治所在今江西九江市西南。

[9]太常卿：官名。梁十二卿之一，掌禮樂、郊廟、社稷事宜。十四班。

[10]祕書監：官名。職掌同前代。梁十一班。

史臣曰：長沙諸嗣王，並承襲土宇，光有藩服。[1]桂陽王象以孝聞，在於牧湘，猛虎息暴，蓋德惠所致也。昔之善政，何以加焉。

[1]藩服：區域名。古代分王畿以外的地域爲九服。離王畿最遠的地域稱爲藩服。參《周禮·夏官·職方氏》及《疏》。

梁書 卷二四

列傳第十八

蕭昺 弟昌 昂 昱

蕭昺字子昭，[1]高祖從父弟也。[2]父崇之字茂敬，即左光禄大夫道賜之子。[3]道賜三子：長子尚之，字茂先；次太祖文皇帝；[4]次崇之。初，左光禄居於鄉里，專行禮讓，爲衆所推，仕歷宋太尉江夏王參軍，[5]終于治書侍御史，[6]齊末，追贈散騎常侍、左光禄大夫。[7]尚之敦厚有德器，爲司徒建安王中兵參軍，[8]一府稱爲長者；琅邪王僧虔尤善之，[9]每事多與議決。遷步兵校尉，[10]卒官。天監初，[11]追謚文宣侯。[12]尚之子靈鈞，仕齊廣德令。[13]高祖義師至，[14]行會稽郡事，[15]頃之卒。高祖即位，追封東昌縣侯，[16]邑一千户。子謇嗣。崇之以幹能顯，爲政尚嚴厲，官至冠軍將軍、東陽太守。[17]永明中，[18]錢唐唐寓之反，[19]别衆破東陽，崇之遇害。天監初，追謚忠簡侯。[20]

［1］蕭昺：姚思廉避唐諱改“昺”爲“景”。梁・釋僧祐《弘明集》卷一〇有“衛尉卿蕭昺”《答釋法雲書》，唐・釋道宣《續高僧傳》卷六《釋惠超傳》有“吴平侯蕭昺遊夏口”云云，並可證。今改回。本卷下文徑改不出校。

［2］高祖：梁武帝廟號。

［3］左光禄大夫：官名。屬光禄勳，養老疾，無職事。宋第三品。

［4］太祖文皇帝：梁武帝蕭衍即位後，追尊其父蕭順之爲文皇帝，廟號太祖。參本書《武帝紀》。

［5］江夏王：宋武帝子劉義恭封爵號。見《宋書》卷六一《武三王傳》。江夏，郡名。治所在今湖北武漢市武昌。　參軍：官名。王公軍府屬官，參掌府曹事。宋第七品。

［6］治書侍御史：官名。御史臺屬官。掌舉劾官品第六以上官吏，分統侍御史。世族門閥多不居此職。員二人。宋第六品。

［7］散騎常侍：官名。散騎省長官。掌侍從左右，應對獻替。劉宋以後職以侍從左右、掌圖書文翰爲主，職任漸輕。員四人。齊第三品。

［8］建安王：宋文帝子劉休仁的初封爵號。見《宋書》卷七三《文九王傳》。建安，郡名。治所在今福建省建甌市南。　中兵參軍：官名。諸公軍府屬官。掌本府親兵。宋第七品，齊不詳。

［9］琅邪王僧虔：王僧虔，祖籍琅邪臨沂。《南齊書》卷三三有傳。

［10］步兵校尉：官名。禁衛軍五校尉之一。掌宫廷宿衛士。宋第四品，齊不詳。

［11］天監：梁武帝年號（502—519）。

［12］文宣：謚號。

［13］廣德：縣名。治所在今安徽廣德縣西南。

［14］義師：齊東昏侯蕭寶卷即位後，狂悖無道，雍州刺史蕭衍起兵討伐，因稱其師爲義師。

[15]行會稽郡事：代行會稽郡政事。會稽郡，治所在今浙江紹興市。行，官制術語。缺官未補，暫以低級官吏攝行高一級官吏的職事。

[16]東昌縣：縣名。治所在今江西吉安市東南永和鎮。

[17]冠軍將軍：將軍名號。宋第三品。　東陽：郡名。治所在今浙江金華縣。

[18]永明：齊武帝年號（483—493）。

[19]錢唐：郡名。治所在今浙江杭州市。　唐寓之：人名。南齊富陽人。永明四年（486）聚衆反。事詳《南齊書》卷三《武帝紀》。寓，"宇"之異體字。

[20]忠簡：謚號。

昺八歲隨父在郡，居喪以毁聞。既長好學，才辯能斷。齊建武中，[1]除晉安王國左常侍，[2]遷永寧令，[3]政爲百城最。[4]永嘉太守范述曾居郡，[5]號稱廉平，雅服昺爲政，乃牓郡門曰：[6]"諸縣有疑滯者，可就永寧令決。"頃之，以疾去官。永嘉人胡仲宣等千人詣闕，[7]表請昺爲郡，[8]不許。還爲驃騎行參軍。[9]永元二年，[10]以長沙宣武王懿勳，[11]除步兵校尉。是冬，宣武王遇害，昺亦逃難。高祖義師至，以昺爲寧朔將軍、行南兗州軍事。[12]時天下未定，江北傖楚各據塢壁，[13]昺示以威信，渠帥相率面縛請罪，[14]旬日境内皆平。中興二年，[15]遷督南兗州諸軍事、輔國將軍、監南兗州。[16]高祖踐阼，封吴平縣侯，[17]食邑一千户，仍爲使持節、都督南北兗青冀四州諸軍事、冠軍將軍、南兗州刺史。[18]詔昺母毛氏爲國太夫人，禮如王國太妃，假金章紫綬。[19]昺居州，清恪有威裁，明解吏職，文案無壅，下不敢欺，吏人畏敬如神。會年荒，計口賑卹，[20]爲饘粥於路以賦之，[21]死者給棺具，人甚賴焉。

[1]建武：齊明帝年號（494—498）。

[2]晉安王：齊明帝子蕭寶義的初封爵號。見《南齊書》卷五〇《明七王傳》。晉安，郡名。治所在今福建福州市。　左常侍：官名。王公國屬官。掌隨侍國主，諫諍、司儀等。宋第七品，齊不詳。

[3]永寧：縣名。治所在今雲南寧蒗彝族自治縣西北永寧。

[4]最：治績考覈第一。

[5]永嘉：郡名。治所在今浙江溫州市。　范述曾：人名。本書卷五三《良吏傳》有傳。

[6]牓：即牌額。此處作動詞。

[7]闕：指皇帝所居。

[8]表：文體之一種。用於陳請薦賀的上行文書。

[9]驃騎：驃騎將軍之省稱，將軍名號。爲重號將軍，加授大臣、重要地方長官。齊第二品。

[10]永元：齊東昏侯年號（499—501）。

[11]長沙宣武王懿：梁武帝兄蕭懿，仕齊，官至尚書令。永元二年冬爲東昏侯所害。梁武即位，追封長沙郡王，謚曰宣武。見本書卷二三《長沙嗣王淵業傳》。長沙，郡名。治所在今湖南長沙市。

[12]寧朔將軍：將軍名號。宋第四品，齊不詳。　南兗州：州名。治所在今江蘇揚州市西北蜀岡。　行南兗州軍事：中華書局本《校勘記》："《文館詞林》四五七梁孝元帝《郢州都督蕭子昭碑銘》作'行南兗州事'，無'軍'字。"按，《南史》卷五一《梁宗室上》同傳亦無"軍"字，疑"軍"字爲衍文。

[13]傖楚：魏晉南北朝時，吳人對楚人的鄙視性稱法。參余嘉

錫《釋傖楚》，見《余嘉錫文史論集》。　塢壁：也作“壁塢”。戰時防禦用的土障。

[14]渠帥：首領。　面縛：反手背縛。

[15]中興：齊和帝年號（501—502）。

[16]輔國將軍：將軍名號。齊第三品。　監：官制術語。非正式任職而督理其事之稱。

[17]吴平：縣名。治所在今江西樟樹市。

[18]使持節：古代大臣奉天子之命出行，持節以爲憑證並示威重。魏晉以下以爲官名，有假節、持節、使持節之分，權力亦有小大之别，多爲都督諸州軍事及刺史總軍戎者。軍事長官出行加使持節，有誅殺二千石以下官員的權力。宋持節都督爲第二品，梁初不詳。　南北兖青冀：皆州名。北兖州，治所在今江蘇淮陰市西南甘羅城；青冀二州，劉宋泰始六年（470）合僑置，其治所在今江蘇連雲港市東南雲臺山一帶。舊本皆作“北兖徐青冀”，此依中華書局本删補。

[19]假：給予。　金章紫綬：二品以上官員印綬。

[20]賑䘏：救濟。

[21]賦：給予。

天監四年，王師北伐，昺帥衆出淮陽，[1]進屠宿預。[2]丁母憂，[3]詔起攝職。五年，班師，除太子右衛率，[4]遷輔國將軍、衛尉卿。[5]七年，遷左驍騎將軍，[6]兼領軍將軍。[7]領軍管天下兵要，監局官僚，舊多驕侈，昺在職峻切，官曹肅然。制局監皆近倖，[8]頗不堪命，以是不得久留中。尋出爲使持節、督雍梁南北秦郢州之竟陵司州之隨郡諸軍事、信武將軍、寧蠻校尉、雍州刺史。[9]八年三月，魏荆州刺史元志率衆七萬寇潺溝，[10]驅迫羣蠻，羣蠻悉渡漢水來降。議者以蠻累爲邊患，可因此除之。昺曰："窮來歸我，誅之不詳。且魏人來侵，每爲矛盾，若悉誅蠻，則魏軍無礙，非長策也。"乃開樊城受降。[11]因命司馬朱思遠、寧蠻長史曹義宗、中兵參軍孟惠儁擊志於潺溝，[12]大破之，生擒志長史杜景。斬首萬餘級，流屍蓋漢水，昺遣中兵參軍崔績率軍士收而瘞焉。[13]

[1]淮陽：郡名。治所在今江蘇宿遷市南。《通鑑》卷一四六《梁紀二》"天監五年二月"下："將軍蕭昺將兵擊魏徐州，圍淮陽。"胡三省注："角城在淮水之陽，淮陽又在角城北十八里，治宿預。梁後於角城置淮陽郡。"

[2]宿預：縣名。治所在今江蘇宿遷市東南舊黄河東北岸古城。

[3]母憂：母喪。

[4]太子右衛率：官名。與太子左衛率合稱太子二率，掌東宮宿衛，或統兵出征，職任頗重。宋第五品，梁初不詳。右，《文館詞林》卷四五七梁孝元帝《郢州都督蕭子昭碑銘》作"左"。

[5]衛尉卿：官名。梁十二卿之一。掌宫門屯兵，糾察不法。梁天監七年革選，定流内官職爲十八班，以班多者爲貴。衛尉卿爲十二班。

[6]左驍騎將軍：官名。梁天監六年置，領禁衛營兵，兼統宿衛。梁十一班。《陳書》卷一八《韋載傳》附《韋翽傳》："驍騎之職，舊領營兵，兼統宿衛。自梁代已來，其任踰重，出則羽儀清道，入則與二衛通直，臨軒則升殿俠侍。"所言即左右驍騎將軍。

[7]領軍將軍：官名。掌禁衛軍，管天下兵要。梁十五班。

[8]制局監：武官名。掌器仗兵刀，多由近倖寒人擔任。《通鑑》卷一四七《梁紀三》梁武帝"天監七年正月"有云："宋孝建以來，制局用事，與領軍分兵權，典事以上皆得呈奏，領軍拱手而

已。”梁班品不詳。

[9]雍梁南北秦郢：皆州名。雍州，治所在今湖北襄樊市；梁州，治所在今陕西漢中市東；南秦州，治所在今甘肅成縣西北；北秦州，治所在今甘肅天水市；郢州，治所在今湖北武漢市武昌。竟陵：郡名。治所在今湖北鍾祥市。　司州：州名。治所在今河南信陽市。　隨郡：郡名。治所在今湖北隨州市。　信武將軍：將軍名號。梁天監七年革選，釐定將軍名號及班品，有一百二十五號十品二十四班，以班多者爲貴。信武將軍爲一百二十五號之一，十五班。　寧蠻校尉：武官名號。掌雍州少數民族事務，立府治事。梁由雍州刺史兼任。

[10]荆州：北魏州名。太和十八年（494）置，治所在今河南魯山縣東。　元志：人名。北魏宗室支屬。《魏書》卷一四《神元平文諸帝子孫列傳》有傳。　潺溝：地名。在今湖北襄樊市北漢水北岸。

[11]樊城：城名。在今湖北襄樊市。

[12]司馬：官名。王公軍府屬官，掌本府武官。其班品依府主地位高下而定。梁十班至六班。　長史：官名。王公軍府屬官，事本府官吏。其班品依府主地位高下而定。梁十班至六班。　中兵參軍：官名。王公軍府屬官，職掌同前朝。梁六班至二班。

[13]瘞（yì）：埋葬。

昺初到州，省除參迎羽儀器服，不得煩擾吏人。修營城壘，申警邊備，理辭訟，[1]勸農桑。郡縣皆改節自勵，州内清肅，緣漢水陸千餘里，抄盗絶迹。[2]十一年，徵右衛將軍、領石頭戍軍事。[3]十二年，復爲使持節、督南北兖北徐青冀五州諸軍事、信威將軍、南兖州刺史。[4]十三年，徵爲領軍將軍，直殿省，知十州損益事，[5]月加禄五萬。

[1]理：審理。

[2]抄：搶劫。

[3]右衛將軍：官名。與左衛將軍合稱二衛將軍，掌宫廷宿衛營兵，爲禁衛軍主要將領。梁十二班。　領：官制術語。已有實授主職，又兼任較低職務而不居其位。　石頭戍：即石頭城戍所。在今江蘇南京市西清涼山。六朝時爲軍事要地，常置兵戍守。

[4]北徐：州名。治所在今安徽鳳陽縣東北。　信威將軍：將軍名號。梁置，與智威、仁威、勇威、嚴威將軍代舊征虜將軍。爲一百二十五號將軍之一，十六班。信威，《文館詞林》卷四五七梁孝元帝《郢州都督蕭子昭碑銘》作"信武"。

[5]知：官制術語。奉特敕主持本官職權範圍以外的他項事務。

昺爲人雅有風力，[1]長於辭令。其在朝廷，爲衆所瞻仰。於高祖屬雖爲從弟，[2]而禮寄甚隆，軍國大事，皆與議決。十五年，加侍中。[3]十七年，太尉、揚州刺史臨川王宏坐法免。[4]詔曰："揚州應須緝理，[5]宜得其人。侍中、領軍將軍吴平侯昺才任此舉，可以安右將軍監揚州，[6]並置佐史，侍中如故，即宅爲府。"昺越親居揚州，[7]辭讓甚懇惻，至于涕泣，高祖不許。在州尤稱明斷，符教嚴整。[8]有田舍老姥嘗訴得符，還至縣，縣吏未即發，姥語曰："蕭監州符，火爛汝手，[9]何敢留之！"其爲人所畏敬如此。

[1]風力：風骨，氣節。

[2]屬：親屬關係。

[3]侍中：官名。門下省長官。掌侍從左右，盡規獻納，擯相

威儀等。參與決策，是中樞集團重要成員。員四人。梁十二班。

[4]揚州：州名。治所在今江蘇南京市。　臨川王宏：梁武帝弟蕭宏封爵號臨川王。本書卷二二《太祖五王傳》有傳。臨川，郡名。治所在今江西南城縣東南。

[5]緝理：整頓治理。

[6]安右將軍：將軍名號。梁置，八安將軍之一，與安左、安前、安後將軍祇授予在京師任職者。爲一百二十五號將軍之一，二十一班。

[7]越親居揚州：南朝自劉宋以後，揚州刺史非當朝皇帝之弟或子不居，蕭昺以梁武之從弟監揚州，故曰越親。

[8]符：官府下達的文件。　教：大臣告示下級的文書。　嚴整：嚴肅公正。

[9]爤（lì）：灼。

十八年，累表陳解，高祖未之許。明年，出爲使持節、散騎常侍、都督郢司霍三州諸軍事、安西將軍、郢州刺史。[1]將發，高祖幸建興苑餞别，[2]爲之流涕。既還宫，詔給鼓吹一部。[3]在州復有能名。齊安、竟陵郡接魏界，[4]多盗賊，昺移書告示，[5]魏即焚塢戍保境，[6]不復侵略。普通四年，[7]卒于州，時年四十七。[8]詔贈侍中、中撫軍、開府儀同三司。[9]謚曰忠。子勱嗣。[10]

[1]霍：州名。梁天監六年（507）分豫州置，治所在今安徽霍山縣。　安西將軍：將軍名號。與安東、安南、安北將軍合稱四安將軍。爲出鎮方面的軍事長官，或作爲刺史兼理軍務的加官，權任頗重。爲一百二十五號將軍之一，二十一班。

[2]建興苑：苑名。梁天監四年（505）立，地在今南京市中華門外。

[3]鼓吹：樂名。本軍樂，皇帝出行亦奏。漢魏以下亦用以加賜有功之臣。

[4]齊安：郡名。治所在今湖北麻城市西南。

[5]移：以公文發往平行機關。

[6]焚塢戍：塢，壁塢。焚，舊本作"禁"，此依中華書局本校改。

[7]普通：梁武帝年號（520—527）。

[8]時年四十七：《文館詞林》卷四五七有梁孝元帝《郢州都督蕭子昭碑銘一首并序》同，且述蕭昺生平頗詳，可參。

[9]中撫軍：將軍名號。即中撫將軍。與中權、中衛、中軍將軍合稱四中將軍，祇授予在京師任職者。地位顯要。爲一百二十五號將軍之一，二十三班。　開府儀同三司：官名。非三公而儀制同於三公之稱。梁諸將軍開府儀同三司爲十七班。

[10]勱，舊本訛作"勵"，此依中華書局本校改。按，勱及弟勸、勔、勃，《南史》卷五一《梁宗室上·吴平侯昺傳》有附傳。

昌字子建，昺第二弟也。齊豫章末，[1]爲晉安王左常侍。天監初，除中書侍郎，[2]出爲豫章内史。[3]五年，加寧朔將軍。六年，遷持節、督廣交越桂四州諸軍事、輔國將軍、平越中郎將、廣州刺史。[4]七年，進號征遠將軍。[5]九年，分湘州置衡州，[6]以昌爲持節、督廣州之綏建湘州之始安諸軍事、信武將軍、衡州刺史，[7]坐免。十三年，起爲散騎侍郎，[8]尋以本官兼宗正卿。[9]其年，出爲安右長史。[10]累遷太子中庶子、通直散騎常侍，[11]又兼宗正卿。

[1]齊豫章末：中華書局本《校勘記》：“齊有豫章王蕭嶷，無‘豫章’年號，‘豫章’二字當有誤，或是衍文。”

[2]中書侍郎：官名。中書省屬官，舊掌詔誥。劉宋以後草擬詔誥之權歸中書舍人，侍郎職少官清，成爲諸王起家官。員四人。齊第五品。

[3]豫章：封國名。治所在今江西南昌市。　内史：官名。王國官，掌治民，職同太守。宋第五品，梁初不詳。

[4]廣交越桂：皆州名。廣州，治所在今廣東廣州市；交州，治所在今越南北寧省僊游東；越州，治所在今廣西合浦縣東北舊州東；桂州，治所在今廣西柳州市東南。　平越中郎將：武官名號。掌南越事務，鎮廣州。宋第四品。梁初由廣州刺史兼任，官品隨府主地位高下而定。

[5]征遠將軍：將軍名號。梁置，與輕車將軍等代舊輔國將軍。爲一百二十五號將軍之一，十四班。

[6]湘州：州名。治所在今湖南長沙市。　衡州：州名。治所在今廣東英德市西北浛洸。

[7]綏建：郡名。治所在今廣東廣寧縣南。　始安：郡名。治所在今廣西桂林市。

[8]散騎侍郎：官名。集書省屬官，掌侍從左右，省諸奏聞文書等。員四人。梁八班。

[9]兼：官制術語。假職未真授之稱。　宗正卿：官名。梁十二卿之一。主皇室外戚之籍，以宗室爲之。十三班。

[10]長史：官名。王公軍府屬官。掌本府官吏事。其品秩依府主地位而定。梁十班至六班。

[11]太子中庶子：官名。掌東宮文翰。員四人。梁十一班。

昌爲人亦明悟，然性好酒，酒後多過。在州郡，每醉輒迳出入人家，或獨詣草野。其於刑戮，頗無期度。醉時所殺，醒或求焉，亦無悔也。屬爲有司所劾，入留京師，忽忽不樂，遂縱酒虛悸。在石頭東齋，[1]引刀自刺，左右救之，不殊。[2]十七年，卒，[3]時年三十九。子伯言。

[1]石頭：即石頭城。

[2]不殊：未死。《史記》卷一一八《淮南王安傳》："太子即自剄，不殊。"

[3]梁元帝《金樓子·志怪》有云："余丙申歲婚。初婚之日，風景韶和，末乃覺異……至七日之時……從叔廣州昌住在西州南門，新婦將還西州，車至廣州門，而廣州殞逝。"丙申爲天監十五年（516），據此，則蕭昌之卒當在十五年。此云"十七年"，疑誤。

昂字子明，昺第三弟也。天監初，累遷司徒右長史，[1]出爲輕車將軍、監南兖州。[2]初，兄昺再爲南兖，德惠在人，及昂來代，時人方之馮氏。[3]徵爲琅邪、彭城二郡太守，[4]軍號如先。復以輕車將軍出爲廣州刺史。普通二年，爲散騎常侍、信威將軍。四年，轉散騎侍郎、中領軍、太子中庶子，出爲吴興太守。[5]大通二年，[6]徵爲仁威將軍、衛尉卿，尋爲侍中，兼領軍將軍。中大通元年，[7]爲領軍將軍。二年，封湘陰縣侯，[8]邑一千户。出爲江州刺史。[9]大同元年，[10]卒，時年五十三。謚曰恭。[11]

[1]司徒右長史：司徒府屬官。佐司徒綜理府事。宋第六品，梁初不詳。

[2]輕車將軍：將軍名號。宋第五品，梁初不詳。

[3]馮氏：指漢代馮野王、馮立兄弟。野王先爲上郡太守，後立又爲上郡，居職公廉，治行與野王相似而多智，有恩貸，好爲條教。吏民嘉美野王、立相代爲太守，歌曰："大馮君、小馮君，兄弟繼踵相因循，聰明賢知惠吏民，政如魯衛德化鈞，周公康叔猶二君。"詳《漢書》卷七九《馮奉世傳》。

[4]琅邪、彭城：皆郡名。按，此處當指南琅邪、南彭城二郡。南琅邪，治所在今江蘇南京市北。南彭城，虛置，無實土。

[5]中領軍：官名。資輕於領軍將軍而職掌同。爲禁衛軍最高統帥，管天下兵要。梁十四班。　吴興：郡名。治所在今浙江湖州市。

[6]大通：梁武帝年號（527—529）。

[7]中大通：梁武帝年號（529—534）。

[8]湘陰：縣名。治所在今湖南湘陰縣西北。

[9]江州。州名。治所在今江西九江市西南。

[10]大同：梁武帝年號（535—546）。

[11]謚曰恭：《南史》卷五一同傳作"謚曰恭侯"。

昱字子真，昺第四弟也。天監初，除祕書郎，[1]累遷太子舍人，[2]洗馬，[3]中書舍人，[4]中書侍郎。每求自試，高祖以爲淮南、永嘉、襄陽郡，[5]並不就。志願邊州，高祖以其輕脱無威望，[6]抑而不許。遷給事黄門侍郎。[7]上表曰："夏初陳啓，未垂採照，追懷慚懼，實戰胸心。臣聞暑雨祁寒，[8]小人猶怨；榮枯寵辱，[9]誰能忘懷！臣藉以往因，得預枝戚之重；緣報既雜，[10]時逢坎壈之運。昔在齊季，義師之始，臣乃幼弱，粗有識慮，東西阻絶，歸赴無由，雖未能負戈擐甲,[11]實銜淚憤懣。潛伏東境，備履艱危，首尾三年，亟移數處，雖復飢寒切身，亦不以凍餒爲苦。[12]每涉驚疑，惶怖失魄，既乖致命之節，[13]空有項領之憂，[14]希望開泰，[15]冀蒙共樂；豈期二十餘年，功名無紀，畢此身骸，方填溝壑，丹誠素願，溘至長罷，俯自哀憐，能不傷歎！夫自媒自衒，[16]誠哉可鄙；自譽自伐，[17]實在可羞。然量己揆分，自知者審，陳力就列，[18]寧敢空言，是以常願一試，屢成干請。夫上應玄象，[19]實不易叨；[20]錦不輕裁，[21]誠難其製。過去業鄣，[22]所以致乖算測。聖監既謂臣愚短，[23]不可試用，豈容久居顯禁，[24]徒穢黄樞。[25]忝竊稍積，恐招物議，請解今職，乞屏退私門。伏願天照，特垂允許。臣雖叨榮兩宫，[26]報效無地，方違省闥，[27]伏深戀悚。”高祖手詔答曰：“昱表如此。古者用人，必前明試，皆須績用既立，乃可自退之高。昔漢光武兄子章、興二人，[28]並有名宗室，就欲習吏事，不過章爲平陰令，[29]興爲緱氏宰，[30]政事有能，方遷郡守，非直政績見稱，[31]即是光武猶子。[32]昱之才地，[33]豈得比類焉！往歲處以淮南郡，既不肯行；續用爲招遠將軍、鎮北長史、襄陽太守，[34]又以邊外致辭；改除招遠將軍、永嘉太守，復云内地非願；復問晉安、臨川，隨意所擇，亦復不行。解巾臨郡，[35]事不爲薄，數有致辭，意欲何在？且昱諸兄遞居連率，[36]相繼推轂，[37]未嘗缺歲。其同産兄昺，[38]今正居藩鎮。朕豈厚於昺而薄於昱，正是朝序物議，次第若斯，於其一門，差自無愧。無論今日不得如此；昺兄弟昔在布衣，以處成長，於何取立，豈得任情反道，背天違地。孰謂朝廷無有憲章，特是未欲致之于理。[39]既表解職。可聽如啓。”坐免官。因此杜門絶朝覲，國家慶弔不復通。

[1]祕書郎：官名。祕書省屬官，佐監、丞掌國之典籍圖書。宋、齊以來爲甲族起家之選，待次入補。其居職，例數十百日便遷任。員四人。梁二班。

[2]太子舍人：官名。東宮屬官，掌文記。員十六人，梁三班。

[3]洗馬：即太子洗馬，官名。掌東宮文翰。員八人。梁六班。

[4]中書舍人：官名。中書省屬官，掌入直閤内，呈奏案章。劉宋以來用寒士及皇帝親信擔任，奪中書侍郎出令權。至梁用人殊重，選以才能，不限資地，掌中書詔誥。多以他官兼領。員四人。梁四班。

[5]淮南、永嘉、襄陽：皆郡名。淮南郡，治所在今安徽當塗縣；永嘉郡，治所在今浙江温州市；襄陽郡，治所在今湖北襄樊市。

[6]輕脱：輕佻，不穩重。

[7]給事黄門侍郎：官名。門下省次官。與侍中俱掌侍從左右，擯相威儀，盡規獻納，糾正違缺。出入禁中，地位顯貴。員四人。梁十班。

[8]暑雨祁寒：夏大雨，冬大寒。

[9]榮枯：比喻政治上的得意與失意。

[10]緣報：因緣報應。

[11]擐（guān）甲：穿甲。

[12]以上數句述永元二年（500）冬，蕭懿遇害，蕭昺兄弟逃難事。

[13]致命：獻身。

[14]項領之憂：遭罪斬首的憂慮。

[15]開泰：亨通安泰。

[16]自媒自衒：自我表現。《文選》卷三七曹子建《求自試表》："夫自衒自媒者，士女之醜行。"

[17]自譽自伐：自我誇耀。

[18]陳力就列：施展才力以就官位。《論語·季氏》："周任有言曰：陳力就列，不能者止。"

[19]玄象：天象。古人將天上星象與人間官職對應聯繫，故以官職爲上應天象。

[20]叨：承受，擔任。

[21]錦不輕裁：比喻大官不輕授。《左傳·襄公三十一年》，子皮欲使尹何爲邑，子產以爲不可，曰："子有美錦，不使人學製焉。大官、大邑，身之所庇也，而使學者製焉，其爲美錦不亦多乎？僑聞學而後入政，未聞以政學者也。"後世以裁錦比爲官主政。

[22]業鄣：罪孽。佛教稱過去的所作爲業，前世所作種種惡果爲今生的障礙，即業障。

[23]監：通"鑒"。觀察、鑒定。

[24]禁：指朝廷禁省。

[25]黄樞：黄門之内樞要之職。指中書省官。

[26]兩宫：指皇宫和太子宫。

[27]違：離開。

[28]章、興：指劉章、劉興，漢光武帝兄劉縯之子。詳《後漢書》卷一四《宗室四王三侯列傳》。

[29]平陰：縣名。治所在今河南孟津縣東北。

[30]緱氏：縣名。治所在今河南偃師市東南。

[31]直：衹，僅。

[32]猶子：侄子。

[33]才地：才能門第。

[34]招遠將軍：將軍名號。梁置。一百二十五號將軍之一，二班。　鎮北：鎮北將軍之省稱。將軍名號，與鎮東、鎮西、鎮南將軍合稱四鎮將軍。多爲持節都督，出鎮方面，權勢頗重。爲一百二十五號將軍之一，二十二班。

[35]解巾：除去頭巾。指出任官職。

[36]連率：西漢末王莽建新王朝，改郡守爲連率。後以連率稱郡守。

[37]推轂：助人推車轂，使之前進。比喻助人成事或推薦人才。

[38]同産：同母所生。

[39]理：法官。

普通五年，坐於宅内鑄錢，爲有司所奏，下廷尉，[1]得免死，徙臨海郡。[2]行至上虞，[3]有敕追還，且令受菩薩戒。[4]昱既至，恂恂盡禮，改意蹈道，持戒又精潔，高祖甚嘉之，以爲招遠將軍、晉陵太守。[5]下車勵名迹，除煩苛，明法憲，嚴於姦吏，優養百姓，旬日之間，郡中大化。俄而暴疾卒，百姓行坐號哭，市里爲之諠沸，設祭奠於郡庭者四百餘人。田舍有女人夏氏，年百餘歲，扶曾孫出郡，悲泣不自勝。其惠化所感如此。百姓相率爲立廟建碑，以紀其德。又詣京師求贈謚。詔贈湘州刺史。謚曰恭。[6]

[1]廷尉：官署名。掌刑獄。

[2]臨海郡：郡名。治所在今浙江臨海市東南章安。

[3]上虞：縣名。治所在今浙江上虞市。

[4]戒：佛教的戒律。菩薩戒，指大乘佛教的戒律。

[5]晉陵：郡名。治所在今江蘇常州市。

[6]謚曰恭：《南史》卷五一同傳作“謚曰恭子”。

史臣曰：高祖光有天下，慶命傍流，枝戚屬嬞，[1]咸被任遇。蕭昺之才辯識斷，益政佐時，蓋梁宗室令望者矣。

[1]嬞：同“連”。《通鑑》卷一四〇《齊紀六》“建武三年”下胡三省注有云：“嬞音連。《史記·南越傳》‘吕嘉宗室兄弟及蒼梧秦王有連’；《漢書音義》曰：‘連，親婚也。’《史記索隱》曰：‘有連者皆親姻也。’後人因以姻連之連其旁加女，遂爲嬞字。”

梁書 卷二五

列傳第十九

周捨　徐勉

周捨字昇逸，汝南安城人，[1]晉左光禄大夫顗之八世孫也。[2]父顒，[3]齊中書侍郎，[4]有名於時。捨幼聰穎，顒異之，臨卒謂曰："汝不患不富貴，但當持之以道德。"既長，博學多通，尤精義理，[5]善誦書，背文諷説，音韻清辯。[6]

[1]汝南：郡名。治所在今河南上蔡縣西南。　安城：縣名。治所在今河南汝南縣東南。此周氏祖籍。城，《南齊書·州郡志》及卷四一《周顒傳》同，《晉書》卷六一《周浚傳》、《南史》卷三四《周朗傳》作"成"。

[2]左光禄大夫：官名。屬光禄勳。養老疾，無職事。晉第三品。　顗：周顗，人名。《晉書》卷六九有傳。

[3]顒：周顒，《南齊書》卷四一有傳。

[4]中書侍郎：官名。中書省屬官，舊掌詔誥。劉宋以後，草擬詔誥之權歸舍人，中書侍郎職少官清，成爲諸王起家官。員四

人。齊第五品。

[5]義理：經義名理。

[6]據《南齊書》卷四一《周顒傳》："顒音辭辯麗，出言不窮，宮商朱紫，發口成句。"是周捨之"音韻清辯"乃承其父風。

起家齊太學博士，[1]遷後軍行參軍。[2]建武中，[3]魏人吴包南歸，[4]有儒學，尚書僕射江祏招包講，[5]捨造坐，累折包，辭理遒逸，[6]由是名爲口辯。[7]王亮爲丹陽尹，[8]聞而悦之，辟爲主簿，[9]政事多委焉。遷太常丞。[10]

[1]太學博士：官名。屬太常。掌五經，備顧問。宋第六品，齊不詳。

[2]後軍：後軍將軍之省稱，將軍名號。與前軍、左軍、右軍將軍合稱四軍將軍。掌宮禁宿衛。宋第四品，齊不詳。　行參軍：官名。諸公軍府屬官，參掌府曹事，位在正參軍之下。

[3]建武：齊明帝年號（494—498）。

[4]吴包：人名。祖籍濮陽鄄城。《南齊書》卷五四、《南史》卷七六皆有傳，而"包"作"苞"。

[5]尚書僕射：官名。尚書令副佐，且與列曹尚書分領諸曹。不常置，若左、右僕射並缺，則置以總左、右事。齊第三品。　江祏：人名。祖籍濟陽考城。《南齊書》卷四二有傳。

[6]遒逸：剛健飄逸。

[7]口辯：能言善辯。

[8]王亮：人名。本書卷一六有傳。　丹陽尹：京師所在丹陽郡行政長官，掌治民。宋第三品，齊不詳。

[9]主簿：官名。漢以後中央各機構及地方州郡皆置，掌文書簿籍，爲掾吏之首。其官品隨府主職位高下而異。

[10]太常丞：官名。佐太常掌禮儀典制。齊第七品。

梁臺建，[1]爲奉常丞。[2]高祖即位，[3]博求異能之士，吏部尚書范雲與顒素善，[4]重捨才器，言之於高祖，召拜尚書祠部郎。[5]時天下草創，禮儀損益，多自捨出。尋爲後軍記室參軍、秣陵令。[6]入爲中書通事舍人，[7]累遷太子洗馬，[8]散騎常侍，[9]中書侍郎，[10]鴻臚卿。[11]時王亮得罪歸家，故人莫有至者，捨獨敦恩舊，及卒，身營殯葬，時人稱之。遷尚書吏部郎，[12]太子右衛率，[13]右衛將軍，[14]雖居職屢徙，而常留省内，罕得休下，國史詔誥，儀體法律，軍旅謀謨，皆兼掌之。日夜侍上，預機密，二十餘年未嘗離左右。捨素辯給，[15]與人汎論談謔，終日不絶口，而竟無一言漏泄機事，衆尤歎服之。性儉素，衣服器用，居處牀席，如布衣之貧者。每入官府，雖廣厦華堂，閨閤重邃，捨居之則塵埃滿積。以荻爲鄣，壞亦不營。爲右衛，母憂去職，[16]起爲明威將軍、右驍騎將軍。[17]服闋，[18]除侍中，[19]領步兵校尉，[20]未拜，仍遷員外散騎常侍、太子左衛率。[21]頃之，加散騎常侍、本州大中正，[22]遷太子詹事。[23]

[1]梁臺建：指蕭衍平建康後受封梁公，建臺理政。

[2]奉常丞：蕭衍封國官職，職同太常丞。

[3]高祖：梁武帝蕭衍廟號。

[4]吏部尚書：官名。尚書省吏部曹長官，爲列曹尚書之首。職任隆重。多僑姓高門、世胄顯貴擔任。員一人。掌官吏銓選、任

免等。梁初第三品。范雲：人名。本書卷一三有傳。

[5]尚書祠部郎：官名。尚書省諸曹郎之一，屬祠部尚書。掌禮制。梁初第六品。

[6]記室參軍：官名。王公軍府屬官，掌文書。梁天監七年（508）革選，定流内官職爲十八班，以班多者爲貴，記室參軍爲六班至二班。　秣陵：縣名。治所在今江蘇南京市。

[7]中書通事舍人：官名。中書省屬官。掌入直閤内，呈奏案章。劉宋以後漸用寒士及皇帝親信擔任，奪中書侍郎出令權。梁用人殊重，選以才能，不限資地，掌中書詔誥，多以他官兼領。員四人。梁四班。

[8]太子洗馬：官名。東宫屬官，掌文翰。員八人。梁六班。

[9]散騎常侍：官名。集書省長官，掌侍從左右，獻納得失。劉宋以下，職以侍從左右、掌圖書文翰爲主，職任漸輕。員四人。梁十二班。按，“常侍”疑爲“侍郎”之誤。梁散騎侍郎爲八班。由周捨此前此後的官職變化看，爲散騎侍郎較合理，不可能是散騎常侍。

[10]中書侍郎：官名。職掌同齊代。梁九班。

[11]鴻臚卿：官名。掌朝會司儀。梁十二卿之一，九班。

[12]尚書吏部郎：官名。尚書省官員。佐吏部尚書掌官吏銓選、任免等。梁十一班。

[13]太子右衛率：官名。與太子左衛率合稱太子二率，掌東宫宿衛，亦統兵出征。地位頗重。梁十一班。

[14]右衛將軍：官名。禁衛軍六軍之一，與左衛將軍合稱二衛將軍，掌宫廷宿衛營兵。梁十二班。

[15]辯給：能言善辯。北齊·陽松玠《談藪》“周捨”條有云：“梁汝南周捨少好學，有才辯。顧諧（按，疑爲“協”之誤）被使高麗，以海路艱問於捨。捨曰：‘晝則揆日而行，夜則考星而泊。海大便是安流，從風不足爲遠。’河東裴子野在宴筵，謂賓僚曰：‘後事未嘗璽食。’捨曰：‘孔稱不徹，裴曰未嘗。’一座皆笑。捨學

通内外，兼有口才，謂沙門法雲師曰：‘孔子不飲盜泉之水，法師何以捉鍮石香爐?’答曰：‘檀越即能戴纛，貧道何爲不執鍮?’”此可爲其辯給之證。

[16]母憂：母喪。

[17]明威將軍：將軍名號。梁代與寧遠、振遠將軍等代舊寧朔將軍。梁天監七年革選，釐定將軍名號及班品，有一百二十五號十品二十四班，以班多者爲貴。明威將軍爲十三班。　右驍騎將軍：官名。梁天監六年置，掌宫禁宿衛，直侍左右。十一班。《陳書》卷一八《韋載傳》附《韋翽傳》：“驍騎之職，舊領營兵，兼統宿衛。自梁代已來，其任逾重，出則羽儀清道，入則與二衛通直，臨軒則升殿俠侍。”所指即左右驍騎將軍。

[18]服闋：服喪期滿。

[19]侍中：官名。門下省長官。與給事黄門侍郎共掌侍從左右，擯相威儀，盡規獻納，糾正違缺等。參與決策，是中樞集團重要成員。員四人。梁十二班。

[20]領：官制術語。已有實授主職，又兼任較低官職而不居其位。　步兵校尉：官名。禁軍五校尉之一，典宿衛士。梁七班。

[21]員外散騎常侍：官名。集書省官員。多以宗室、公族充任，用以安置閑退官員。梁十班。

[22]大中正：官名。掌一州人才之考察，定其鄉品，以爲選拔官吏之依據。多由他官兼領。

[23]太子詹事：官名。總理東宫庶務，參與大政，職任頗重。員一人。梁十四班。

普通五年，[1]南津獲武陵太守白渦書，[2]許遺捨面錢百萬，津司以聞。雖書自外入，猶爲有司所奏，捨坐免。遷右驍騎將軍，知太子詹事。[3]以其年卒，時年五十六。上臨哭，哀慟左右。詔曰：“太子詹事、豫州大中正捨，奄至殞喪，惻愴于懷。其學思堅明，志行開敏，劬勞機要，多歷歲年，才用未窮，彌可嗟慟。宜隆追遠，[4]以旌善人。可贈侍中、護軍將軍，[5]鼓吹一部，[6]給東園祕器，[7]朝服一具，衣一襲，喪事隨由資給。謚曰簡子。"[8]明年，又詔曰："故侍中、護軍將軍簡子捨，義該玄儒，博窮文史，奉親能孝，事君盡忠，歷掌機密，清貞自居。食不重味，身靡兼衣。終亡之日，內無妻妾，外無田宅，兩兒單貧，有過古烈。往者，南司白渦之劾，[9]恐外議謂朕有私，致此黜免，追愧若人一介之善。外可量加褒異，以旌善人。"二子：弘義，弘信。

[1]普通：梁武帝年號（520—527）。

[2]中華書局本《校勘記》："《南史·周捨傳》作'普通五年，南津校尉郭祖深獲始興相白渦書'。本書《武帝紀》及《南史·郭祖深傳》皆云南津校尉置於普通七年，且即以郭祖深任校尉，則普通五年當作普通七年。白渦是武陵太守或始興相，則無以決。"南津，即南州津，地在今安徽馬鞍山市西南采石。武陵，郡名。治所在今湖南常德市。

[3]知：官制術語。奉特敕執掌本官職權範圍以外的他項事務。

[4]追遠：祭悼死者，盡其敬意。《論語·學而》："曾子曰：慎終追遠，民德歸厚矣。"《集解》引孔安國曰："慎終者，喪盡其哀；追遠者，祭盡其敬。"

[5]護軍將軍：官名。掌京畿以外諸軍。職任頗重。梁十五班。

[6]鼓吹：樂名。本軍樂，皇帝出行亦奏。漢魏以下亦用以贈賜有功之臣。

[7]東園祕器：漢有官署名東園，掌製作皇室喪葬所用器物。

故稱棺材爲東園祕器。

[8]清·錢大昕《十駕齋養新録》卷二〇“沈恭子”條有云：“六朝文臣無封爵而得謚者，例稱子。如任昉稱敬子，周弘正稱簡子之類，不一而足。”

[9]南司：指御史中丞。因御史臺在尚書省之南，故稱南臺，其長官稱南司。

徐勉字脩仁，東海郯人也。[1]祖長宗，宋高祖霸府行參軍。[2]父融，南昌相。[3]

[1]東海：郡名。治所在今山東郯城縣。　郯：縣名。治所與東海郡同。此徐氏祖籍。

[2]霸府：藩王府邸。宋高祖劉裕即位前先後受封宋公、宋王。見《宋書》卷二《武帝紀》。

[3]南昌：縣名。治所在今江西南昌市。　相：官名。侯國官，掌民政。宋第五品。

勉幼孤貧，早勵清節。年六歲，時屬霖雨，家人祈霽，率爾爲文，[1]見稱耆宿。及長，篤志好學。起家國子生。[2]太尉文憲公王儉時爲祭酒，[3]每稱勉有宰輔之量。射策舉高第，[4]補西陽王國侍郎。[5]尋遷太學博士，鎮軍參軍，[6]尚書殿中郎，[7]以公事免。又除中兵郎、領軍長史。[8]琅邪王元長才名甚盛，[9]嘗欲與勉相識，每託人召之。勉謂人曰：“王郎名高望促，難可輕襲衣裾。”[10]俄而元長及禍，時人莫不服其機鑒。

[1]率爾：不假思索的樣子。

[2]國子生：國子學生員。梁·王僧孺《詹事徐府君集序》："（勉）年十八，見召爲國子生。曳裾持卷，實華癢壁，有均閉户。"（《藝文類聚》卷五五）按，本傳云："起家國子生"，"補西陽王國侍郎"；《南史》同傳云："召爲國子生"，"起家王國侍郎"。參以王僧孺此文，當以《南史》爲是。

[3]文憲公王儉：王儉，人名。祖籍琅邪臨沂。仕齊，官侍中、太子少傅，領國子祭酒，開府儀同三司。薨，贈太尉，謚文憲公。《南齊書》卷二三有傳。　祭酒：國子祭酒之省稱，國子學長官，屬太常。參議禮制。齊第三品。

[4]射策：古代考試方式之一種。由主試者出題書之於簡策，分甲乙科，列置案上，應試者隨意取答。主試者據以定其優劣。上者爲甲，次者爲乙。

[5]西陽王：齊武帝子蕭子明的封爵號。見《南齊書》卷四〇《武十七王傳》。西陽，郡名。治所在今湖北黄岡市東。　王國侍郎：官名。王國屬官，掌侍從、諫諍。官品不詳。

[6]鎮軍：鎮軍將軍之省稱。齊第三品。　參軍：官名。諸公軍府屬官，參掌府曹事。宋第七品。

[7]尚書殿中郎：官名。尚書省諸曹郎之一，屬尚書左僕射。掌擬詔書，多用文學之士。齊第六品。

[8]中兵郎：尚書中兵郎之省稱，官名。尚書省諸曹郎之一，屬五兵尚書。掌京畿内兵馬。齊第六品。　領軍：領軍將軍之省稱，官名。掌禁衛軍，管天下兵要。職任甚重。宋第三品，齊不詳。　長史：官名。王公軍府屬官，掌本府官吏。其品秩依府主地位高下而定。領軍長史，齊第六品。

[9]琅邪王元長：王融，字元長，祖籍琅邪郡。齊武帝子蕭子良親信，"竟陵八友"之一。《南齊書》卷四七有傳。清·錢大昕《廿二史考異》卷二六云："柳惲、徐勉二傳於王融皆字而不名，疑當時避齊和帝諱，史家未及更易。"

[10]襒（bié）衣裾：本指以衣拂席爲敬，引申爲致敬。襒，

拂拭。參周一良《魏晉南北朝史札記·梁書札記》“輕襞衣裾”條。襞，同“襒”。

初與長沙宣武王遊，[1]高祖深器賞之。及義兵至京邑，[2]勉於新林謁見，[3]高祖甚加恩禮，使管書記。高祖踐阼，拜中書侍郎，遷建威將軍、後軍諮議參軍、本邑中正、尚書左丞。[4]自掌樞憲，[5]多所糾舉，時論以爲稱職。

[1]長沙宣武王：梁武帝長兄蕭懿。懿於齊末爲東昏侯蕭寶卷所害，蕭衍即位，追封爲長沙郡王，謚號宣武。見本書卷二三《長沙嗣王淵業傳》。

[2]義兵：齊東昏侯蕭寶卷即位後，狂悖無道，雍州刺史蕭衍起兵嚮京師以討之，因稱其師爲義師或義兵。　京邑：即京師建康。

[3]新林：地名。即今江蘇南京市西南西善橋鎮。

[4]建威將軍：將軍名號。與振威、奮威、揚威、廣威合稱五威將軍。宋第四品，梁初不詳。　諮議參軍：官名。王公軍府屬官，掌諷議。宋第七品，梁初不詳。　中正：官名。掌一郡人才之考察，定其鄉品，以爲選拔官吏之依據。多由他官兼領。　尚書左丞：官名。尚書省官員。佐令、僕射知省事，並掌臺内分職儀、禁令、報人章，督録近道文書章表奏事，糾諸不法。員一人。宋第六品，梁初第四品。

[5]樞憲：指尚書左丞。尚書省爲朝廷中樞，而左丞掌執法，故稱。

天監二年，[1]除給事黄門侍郎、尚書吏部郎，[2]參掌大選。[3]遷侍中。時王師北伐，[4]候驛填委。勉參掌軍書，劬勞夙夜，動經數旬，乃一還宅。每還，羣犬驚吠。勉歎曰："吾憂國忘家，乃至於此。若吾亡後，亦是傳中一事。"六年，除給事中、五兵尚書，[5]遷吏部尚書。勉居選官，彝倫有序，[6]既閑尺牘，[7]兼善辭令，雖文案填積，坐客充滿，應對如流，手不停筆。又該綜百氏，[8]皆爲避諱。常與門人夜集，客有虞暠求詹事五官，[9]勉正色答云："今夕止可談風月，不宜及公事。"故時人咸服其無私。

[1]天監：梁武帝年號（502—519）。　二年：《南史》卷六〇同傳作"三年"。

[2]給事黄門侍郎：官名。門下省次官。與侍中共掌侍從左右，擯相威儀，盡規獻納，糾正違缺等。出入禁中，職任顯要。員四人。梁初第五品。

[3]參掌：官制術語。本官之外，奉特敕掌管本官職權範圍之外的他項事務。　大選：六朝以吏部尚書爲大選，尚書吏部郎爲小選。

[4]王師北伐：指天監四年（505）梁武命臨川王宏都督衆軍伐魏事。參本書《武帝紀》及卷二二《太祖五王・臨川王宏傳》。

[5]給事中：官名。集書省官員，掌侍從及收發文書，地位不高。梁天監七年（508）革選，定流内官職爲十八班，以班多者爲貴。給事中爲四班。　五兵尚書：官名。尚書省列曹尚書之一，掌軍事行政。梁十三班。

[6]彝倫：天地人之常道。此處指人倫。

[7]閑：通"嫻"。

[8]百氏：此處指百家譜，亦即僑姓高門的代稱。

[9]詹事五官：太子詹事之僚屬。梁二班。

除散騎常侍，領游擊將軍，[1]未拜，改領太子右衛率。遷左衛將軍，[2]領太子中庶子，[3]侍東宮。昭明太子尚幼，[4]敕知宮事。太子禮之甚重，每事詢謀。嘗於殿内講《孝經》，臨川靖惠王、尚書令沈約備二傅，[5]勉與國子祭酒張充爲執經，[6]王瑩、張稷、柳憕、王暕爲侍講。[7]時選極親賢，妙盡時譽，勉陳讓數四。又與沈約書，求换侍講，詔不許，然後就焉。轉太子詹事，領雲騎將軍，[8]尋加散騎常侍，遷尚書右僕射，[9]詹事如故。又改授侍中，頻表解宮職，優詔不許。[10]

[1]游擊將軍：官名。禁軍將領之一，掌宿衛。梁十班。

[2]左衛將軍：官名。禁衛軍六軍之一，與右衛將軍合稱二衛將軍，掌宮廷宿衛營兵。員一人。梁十二班。

[3]太子中庶子：官名。東宮官員，掌侍從及文翰。員四人。梁十一班。

[4]昭明太子：梁武帝太子蕭統謚號昭明，故稱。本書卷八有傳。

[5]臨川靖惠王：梁武帝弟蕭宏封爵號臨川王，謚靖惠。時爲太子太傅。本書卷二二《太祖五王傳》有傳。　沈約：人名。時爲尚書令，領太子少傅。本書卷一三有傳。　二傅：指太子太傅、少傅。

[6]國子祭酒：官名。梁代屬太常卿，掌國子學，參議禮制。梁十三班。　張充：人名。本書卷二一有傳。　執經：南北朝時，講儒、佛經典，以專人持經文唱讀，以備講經人講解。持經文唱讀者謂之執經。參周一良《魏晉南北朝史札記·梁書札記》“侯景”

條。

[7]王瑩、張稷、柳惔、王暕：皆人名，本書各有傳，分見卷一六、卷一六、卷一二、卷二一。　侍講：爲皇帝、太子、諸王講經者。

[8]雲騎將軍：官名。禁衛軍六軍之一。梁天監六年（507）改驍騎將軍置，掌侍衛，十班。

[9]尚書右僕射：官名。尚書令副佐，並掌祠祀禮儀。與祠部尚書不並置。員一人。梁十五班。

[10]優詔：古代帝王用於獎掖慰勉臣下的文書。

時人間喪事，多不遵禮，朝終夕殯，相尚以速。勉上疏曰："《禮記·問喪》云：'三日而後斂者，以俟其生也；三日而不生，亦不生矣。'自頃以來，不遵斯制。送終之禮，殯以朞日，[1]潤屋豪家，[2]乃或半晷，[3]衣衾棺椁，以速爲榮，親戚徒隸，各念休反。故屬纊纔畢，[4]灰釘已具，[5]忘狐鼠之顧步，愧燕雀之徊翔。[6]傷情滅理，莫此爲大。且人子承衾之時，[7]志懣心絶，喪事所資，悉關他手，愛憎深淺，事實難原，[8]如覘視或爽，[9]存没違濫，使萬有其一，怨酷已多，豈若緩其告斂之晨，[10]申其望生之冀。請自今士庶，宜悉依古，三日大斂。如有不奉，加以糾繩。"詔可其奏。

[1]朞日：一晝夜。

[2]潤屋：指家庭富有。《禮記·大學》："富潤屋，德潤身。"疏："言家若富則能潤其屋，有金玉，又華飾見於外也。"

[3]半晷：半日。

[4]屬纊：指重病將死。纊，新絲綿。其質輕，遇氣即動。人將死，在口鼻上放絲綿，以觀察有無呼吸，叫屬纊。後世因稱病危爲屬纊。

[5]灰釘：釘棺的鐵釘和棺中的石灰。皆爲斂屍封棺所用之物。

[6]二句意謂不循禮制而速葬，應有愧於鳥獸。《禮記·三年問》："凡生天地之間者，有血氣之屬必有知，有知之屬莫不知愛其類。今是大鳥獸則失喪其群匹，越月逾時焉則必反巡，過其故鄉，翔回焉，鳴號焉，蹢躅焉，踟躕焉，然後乃能去之。小者至於燕雀，猶有啁噍之頃焉，然後乃能去之……將由夫患邪淫之人與？則彼朝死而夕忘之，然而從之，則是曾鳥獸之不若也。"

[7]承衾之時：指初死之時。《禮記·喪大記》："凡哭屍於室者，主人二手承衾而哭。"元·陳澔《集説》："承衾而哭，猶若致其親近扶持之情也。謂初死時。"

[8]原：推究。

[9]爽：差錯。

[10]晨：通"辰"。《南史》作"辰"。

尋授宣惠將軍，[1]置佐史，侍中、僕射如故。又除尚書僕射、中衛將軍。[2]勉以舊恩，越升重位，盡心奉上。知無不爲。爰自小選，[3]迄于此職，常參掌衡石，[4]甚得士心。禁省中事，未嘗漏洩。每有表奏，輒焚藁草。博通經史，多識前載。朝儀國典，婚冠吉凶，勉皆預圖議。普通六年，上修五禮表曰：[5]

[1]宣惠將軍：將軍名號。梁置，與鎮兵、翊師、宣毅將軍代舊東西南北四中郎將。梁天監七年革選，定爲一百二十五號將軍之一，十七班。

[2]中衛將軍：將軍名號。梁代與中權、中軍、中撫將軍合稱

四中將軍，祇授予在京師任職者，地位顯要。爲一百二十五號將軍之一，二十三班。

[3]小選：指尚書吏部郎。六朝稱吏部尚書爲大選，吏部郎爲小選。

[4]衡石：選拔，甄别人才。

[5]五禮：《周禮·春官宗伯》載大宗伯之職，有云：以吉禮事邦國之鬼神祇；以凶禮哀邦國之憂；以賓禮親邦國；以軍禮同邦國；以嘉禮親萬民。《隋書·禮儀志》："商辛無道，雅章湮滅。周公救亂，弘製斯文。以吉禮敬鬼神，以凶禮哀邦國，以賓禮親賓客，以軍禮誅不虔，以嘉禮合姻好，謂之五禮。"《太平御覽》卷五二三《禮儀部二·叙禮》引《禮記外傳》曰："吉凶賓軍嘉即五禮之目也。吉禮者，祭祀郊廟宗社之事是也；凶禮者，喪紀之説，年穀不登，大夫去國之事也；賓禮者，貢獻朝聘之事是也；軍禮者，始黄帝與蚩尤戰於涿鹿之野；嘉禮者，好會之事，起自伏羲，以儷皮爲幣，始制嫁娶，其後有冠、鄉飲酒、鄉射、食耆老、王讌族人之事是也。"

臣聞"立天之道，曰陰與陽；立人之道，曰仁與義"。[1]故稱"導之以德，齊之以禮"。[2]夫禮所以安上治民，弘風訓俗，經國家，利後嗣者也。[3]唐虞三代，咸必由之。在乎有周，憲章尤備，因殷革夏，損益可知。[4]雖復經禮三百，曲禮三千，[5]經文三百，威儀三千，[6]其大歸有五，即宗伯所掌典禮：[7]吉爲上，凶次之，賓次之，軍次之，嘉爲下也。故祠祭不以禮，則不齊不莊；喪紀不以禮，則背死忘生者衆；賓客不以禮，則朝覲失其儀；軍旅不以禮，則致亂於師律；冠婚不以禮，則男女失其時。爲國修身，於斯攸急。

[1]《易·説卦》："昔者聖人之作《易》也，將以順性命之理。是以立天之道曰陰與陽，立地之道曰柔與剛，立人之道曰仁與義。"

[2]《論語·爲政》："子曰：'道之以政，齊之以刑，民免而無耻；道之以德，齊之以禮，有耻且格。'"道，通"導"。

[3]《左傳·隱公十一年》："禮，經國家，定社稷，序民人，利後嗣者也。"經，治理。

[4]《論語·爲政》："子張問：'十世可知也？'子曰：'殷因於夏禮，所損益，可知也；周因於殷禮，所損益，可知也。其或繼周者，雖百世可知也。'"

[5]《禮記·禮器》："故經禮三百，曲禮三千，其致一也。"經禮，指冠、昏、喪、祭、朝覲、會同之類。曲禮，指進退、升降、俯仰、揖遜之類。

[6]《禮記·中庸》："禮儀三百，威儀三千，待其人而後行。"宋·朱熹《中庸章句》："禮儀，經禮也；威儀，曲禮也。"

[7]宗伯：古代官名，六卿之一。《周禮·春官》，大宗伯，掌邦國祭祀典禮。

洎周室大壞，王道既衰，官守斯文，日失其序，禮樂征伐，出自諸侯，[1]《小雅》盡廢，[2]舊章缺矣。是以韓宣適魯，知周公之德；[3]叔侯在晉，辨郊勞之儀。[4]戰國從横，[5]政教愈泯；暴秦滅學，掃地無餘。漢氏鬱興，日不暇給，猶命叔孫於外野，方知帝王之爲貴。[6]末葉紛綸，遞有興毁，或以武功鋭志，或好黄老之言，禮義之式，於焉中止。及東京曹褒，南宫制述，集其散略，百有餘篇，雖寫以尺簡，而終闕平奏。[7]其後兵革相尋，異端互起，[8]章句既淪，[9]俎豆斯輟。[10]方領矩步之容，事滅於旌鼓；[11]蘭臺石室之文，用盡於帷蓋。[12]至乎晉初，爰定新禮，荀顗制之於前，[13]摯虞删之於末。[14]既而中原喪亂，罕有所遺；江左草創，因循而已。釐革之風，是則未暇。

[1]《論語·季氏》："孔子曰：'天下有道，則禮樂征伐自天子出；天下無道，則禮樂征伐自諸侯出。'"

[2]《小雅》：《詩經》四部分之一。《漢書》卷五七《司馬相如傳》贊有云："《小雅》譏小己之得失，其流及上。"

[3]《左傳·昭公二年》："二年春，晉侯使韓宣子來聘，且告爲政，而來見，禮也。觀書於太史氏，見《易》、《象》與《魯春秋》，曰：'周禮盡在魯矣，吾乃今知周公之德與周之所以王也。'公享之。"韓宣，即韓宣子，晉大夫。

[4]《左傳·昭公二年》："叔弓聘于晉，報宣子也。晉侯使郊勞，辭曰：'寡君使弓來繼舊好，固曰'女無敢爲賓'，徹命於執事，敝邑弘矣，敢辱郊使？請辭。'致館，辭曰：'寡君命下臣來繼舊好，好合使成，臣之禄也，敢辱大館！'叔向曰：'子叔子知禮哉！吾聞之曰："忠信，禮之器也；卑讓，禮之宗也。"辭不忘國，忠信也；先國後己，卑讓也。《詩》曰："敬慎威儀，以近有德。"夫子近德矣。'"叔侯，即叔弓。郊勞，到郊外迎接慰勞。

[5]從横：即縱横。從，通"縱"。

[6]漢高祖劉邦踐阼後，接受叔孫通的建議，定朝儀。於是叔孫通與所徵諸生三十餘人及皇帝左右學者及弟子百餘人於野外習之。朝儀既行，劉邦乃曰："吾乃今日知爲皇帝之貴也。"事見《史記》卷九九《叔孫通列傳》。

[7]《後漢書》卷三五《曹褒傳》："章和元年（87）正月，乃

召褒詣嘉德門，令小黄門持班固所上叔孫通《漢儀》十二篇，敕褒曰：‘此制散略，多不合經，今宜依禮條正，使可施行。於南宫、東觀盡心集作。’褒既受命，乃次序禮事，依準舊典，雜以五經讖記之文，撰次天子至於庶人冠婚吉凶終始制度，以爲百五十篇，寫以二尺四寸簡。其年十二月奏上。帝以衆論難一，故但納之，不復令有司平奏。”

[8]異端：指不合儒家正統的思想。

[9]章句：指分析古書章節和句子的學問。

[10]俎豆：本是古代宴享、朝聘、祭祀所用禮器，此代指禮儀。

[11]方領矩步：指儒生的服飾儀態。方領，直衣領；矩步，步履規矩合度。　旌鼓：指戰争。此指東漢末之戰亂。

[12]蘭臺石室：古代宫廷藏書之所。　帷蓋：車之帷蓋。東漢末，董卓之亂，毁壞蘭臺、石室等縑帛圖書，“大則連爲帷蓋，小乃製爲縢囊”。詳《後漢書》卷七九上《儒林傳》。

[13]荀顗：人名。晉潁川人。魏平蜀後，晉王司馬昭奏請帝命荀顗定禮儀。顗上書請羊祜、任愷、庾峻、應貞、孔顥共删改舊禮文，撰定晉禮。詳《晉書》卷三九《荀顗傳》。

[14]摯虞：人名。晉京兆長安人。晉惠帝元康（291—299）中，摯虞爲吴王友，時荀顗撰新禮，使虞討論得失而後施行。見《晉書》卷五一《摯虞傳》。

伏惟陛下睿明啓運，先天改物，撥亂惟武，經世以文。[1]作樂在乎功成，制禮弘於業定。光啓二學，[2]皇枝等於貴遊；[3]闢兹五館，[4]草萊升以好爵。[5]爰自受命，迄于告成，盛德形容備矣，天下能事畢矣。明明穆穆，無德而稱焉。至若玄符靈貺之祥，[6]浮溟棧山之賮，[7]固亦日書左史，[8]

副在司存，今可得而略也。是以命彼羣才，搜甘泉之法；[9]延兹碩學，闡曲臺之儀。[10]淄上淹中之儒，[11]連蹤繼軌；負笈懷鈆之彦，[12]匪旦伊夕。[13]諒以化穆三雍，[14]人從五典，[15]秩宗之教，[16]勃焉以興。

[1]經世：世，舊本作“時”，乃姚思廉避唐諱改，此依中華書局本改回。

[2]二學：指國學和州郡學。梁武即位，興國學，並分遣博士、祭酒到州郡立學。詳本書卷四八《儒林傳序》。

[3]皇枝：皇室子孫。　貴遊：無官職的貴族子弟。本書《武帝紀》載，天監九年（510），帝詔皇太子及王侯之子，年在從師者，可令入學。

[4]五館：教授五經的學館。《陳書》卷三三《儒林傳序》：“梁武帝開五館，建國學，總以《五經》教授，經各置助教云。”又本書卷四八《儒林傳序》載天監四年（505）詔置五經博士，廣開館宇，招納後進。以明山賓、沈峻、嚴植之、賀瑒補博士，各主一館，館有數百生，給其餼廩。

[5]草萊：田野，比喻未出仕的人。　好爵：高官厚禄。

[6]玄符靈貺：上天所賜的祥瑞吉兆。貺，賜。

[7]浮溟棧山：意謂遠方之國渡滄海、棧山道來貢之物。棧，舊本訛作“機”，此依中華書局本校改。　賮（jìn）：納貢的財禮。

[8]左史：指朝廷記事的史官。

[9]《文選》卷七揚雄《甘泉賦》：“乃搜逑索偶，皋伊之徒冠倫魁能，函甘棠之惠，挾東征之意，相與齊乎陽靈之宫。”本意謂搜擇賢人皋伊之徒有魁傑之風者與之同齋於陽靈宫。此處指廣泛搜求禮儀著作。

[10]《漢書》卷五一《鄒陽傳》載鄒陽上吴王書有云：“臣聞

秦倚曲臺之宫。”顔注引應劭曰：“始皇帝所治處也，若漢家未央宫。”按，漢時於曲臺立署，置太學博士弟子。故漢以後有關禮制的著作常以曲臺爲名。此處是説闡發禮制著作之義。

[11]淄上淹中之儒：指精通禮學的儒士。淄上，淄水之上；淹中，春秋時魯國里名。古淄上淹中多禮學儒士。參《後漢書·儒林傳》。

[12]負笈懷鉛之彦：指好學之士。負笈，背着書箱；懷鉛，携着筆。鉛，同“鉛”。

[13]匪：通“非”。

[14]三雍：指辟雍、明堂、靈臺，封建帝王舉行祭祀、典禮的地方。

[15]五典：即五教。指父義、母慈、兄友、弟恭、子孝五種倫理道德。

[16]秩宗：古代主郊廟禮儀之官。

伏尋所定五禮，起齊永明三年，[1]太子步兵校尉伏曼容表求制一代禮樂，[2]于時參議置新舊學士十人，止修五禮，諮稟衛將軍丹陽尹王儉，[3]學士亦分住郡中，製作歷年，猶未克就。及文憲薨殂，[4]遺文散逸，後又以事付國子祭酒何胤，[5]經涉九載，猶復未畢。建武四年，胤還東山，[6]齊明帝敕委尚書令徐孝嗣。[7]舊事本末，隨在南第。[8]永元中，[9]孝嗣於此遇禍，又多零落。當時鳩斂所餘，[10]權付尚書左丞蔡仲熊、驍騎將軍何佟之，[11]共掌其事。時修禮局住在國子學中門外，東昏之代，頻有軍火，其所散失，又踰太半。天監元年，佟之啓審省置之宜，敕使外詳。時尚書參詳，以天地初革，庶務權輿，[12]宜俟隆平，徐議刪撰，欲且省禮局，併還尚書儀曹。[13]詔旨云："禮壞樂缺，故國異家殊，實宜以時修定，以爲永准。但頃之修撰，以情取人，不以學進；其掌知者，以貴總一，不以稽古，所以歷年不就，有名無實。此既經國所先，外可議其人，人定，便即撰次。"於是尚書僕射沈約等參議，請五禮各置舊學士一人，人各自舉學士二人，相助抄撰。其中有疑者，依前漢石渠、後漢白虎，[14]隨源以聞，請旨斷決。乃以舊學士右軍記室參軍明山賓掌吉禮，[15]中軍騎兵參軍嚴植之掌凶禮，[16]中軍田曹行參軍兼太常丞賀瑒掌賓禮，[17]征虜記室參軍陸璉掌軍禮，[18]右軍參軍司馬褧掌嘉禮，[19]尚書左丞何佟之總參其事。佟之亡後，以鎮北諮議參軍伏暅代之。[20]後又以暅代嚴植之掌凶禮。暅尋遷官，以《五經》博士繆昭掌凶禮。[21]復以禮儀深廣，記載殘缺，宜須博論，共盡其致，更使鎮軍將軍丹陽尹沈約、太常卿張充及臣三人同參厥務。[22]臣又奉别敕，總知其事。末又使中書侍郎周捨、庾於陵二人復豫參知。[23]若有疑義，所掌學士當職先立議，通諮五禮舊學士及參知，各言同異，條牒啓聞，[24]決之制旨。[25]疑事既多，歲時又積，制旨裁斷，其數不少，莫不網羅經誥，玉振金聲，[26]義貫幽微，理入神契，前儒所不釋，後學所未聞。凡諸奏決，皆載篇首，具列聖旨，爲不刊之則。洪規盛範，冠絶百王；茂實英聲，方垂千載。寧孝宣之能擬，[27]豈孝章之足云。[28]

[1]永明：齊武帝年號（483—493）。　三年，中華書局本《校勘記》："'三年'當依《南史》作'二年'。《南齊書·禮志》云'永明二年，太子步兵校尉伏曼容表定禮樂'。"按，《南齊書·樂志》亦作"二年"。

[2]太子步兵校尉：官名。東宫三校尉之一，掌宿衛。員一人。宋第六品，齊不詳。　伏曼容：人名。本書卷四八《儒林傳》有傳。

[3]衛將軍：將軍名號。爲重號將軍，用以加授大臣及重要地方長官。宋第二品，齊不詳。

[4]文憲：王儉的謚號。

[5]國子祭酒何胤：何胤，人名。齊永明中曾官國子祭酒。本書卷五一《處士》有傳。

[6]東山：山名。在今浙江上虞市。

[7]徐孝嗣：人名。祖籍東海郯縣。齊永元元年（499），東昏侯召之入華林省，賜死。《南齊書》卷四四有傳。

[8]南第：指華林省。

[9]永元：齊東昏侯年號（499—501）。

[10]鳩斂：收集。

[11]驍騎將軍：官名。禁衛軍六軍之一，領營兵，掌宫廷護衛。宋第四品，齊不詳。　何佟之：人名。本書卷四八《儒林傳》有傳。

[12]權輿：起始。

[13]尚書儀曹：官署名。尚書省諸曹之一，掌禮儀。

[14]前漢石渠：指西漢石渠閣，漢宫中藏書之處。孝宣帝甘露三年（前51）與諸儒韋玄成、梁丘賀等講論於此。見《漢書》卷八

八《儒林·施讎傳》。　後漢白虎：指東漢白虎觀。東漢章帝建初四年（79），集諸儒於此講論五經同異，用皇帝名義制成定論，名《白虎通義》。見《後漢書》卷三《章帝紀》。

[15]右軍：右軍將軍之省稱，將軍名號。與前軍、後軍、左軍合稱四軍將軍。掌宮禁宿衛。宋第四品，梁初不詳。　明山賓：人名。本書卷二七有傳。

[16]中軍：中軍將軍之省稱，將軍名號。爲重號將軍。宋第三品，梁初不詳。　騎兵參軍：官名。王公軍府屬官，掌本府騎兵曹。宋第七品，梁初不詳。　嚴植之：人名。本書卷四八《儒林傳》有傳。

[17]田曹行參軍：官名。王公軍府屬官，掌本府田曹事。位在正參軍之下。　賀瑒：人名。本書卷四八《儒林傳》有傳。

[18]征虜：征虜將軍之省稱，將軍名號。亦作爲高級文職官員的加官。宋齊第三品，梁初不詳。　陸璉：人名。梁·釋僧祐《弘明集》卷一〇有五經博士陸璉《答釋法書難范縝神滅論》，當即此人。

[19]司馬褧（jiǒng）：人名。本書卷四〇有傳。褧，舊本訛作“裴”，此依中華書局本校改。

[20]鎮北：鎮北將軍之省稱，將軍名號。東南西北四鎮將軍之一。多爲持節都督，出鎮方面，權勢頗重。宋第三品，梁初不詳。伏暅：人名。本書卷五三《良吏傳》有傳。

[21]《五經》博士：官名。梁天監四年置，天監七年革選，定其官職爲六班。

[22]鎮軍將軍：將軍名號。齊第三品，梁初不詳。　太常卿：官名。梁十二卿之一，掌禮儀。梁十四班。

[23]庾於陵：人名。本書卷四九《文學傳》有傳。

[24]牒：書札。

[25]制旨：皇帝的旨意。

[26]玉振金聲：《孟子·萬章下》：“孔子之謂集大成。集大成

也者，金聲而玉振之也。”後世用以比喻聲名洋溢廣佈。

[27]孝宣：指西漢宣帝劉詢。

[28]孝章：指東漢章帝劉炟。

五禮之職，事有繁簡，及其列畢，不得同時。《嘉禮儀注》以天監六年五月七日上尚書，合十有二秩，一百一十六卷，[1]五百三十六條；《賓禮儀注》以天監六年五月二十日上尚書，合十有七秩，一百三十三卷，五百四十五條；《軍禮儀注》以天監九年十月二十九日上尚書，合十有八秩，一百八十九卷，二百四十條；《吉禮儀注》以天監十一年十一月十日上尚書，合二十有六秩，二百二十四卷，一千五條；《凶禮儀注》以天監十一年十一月十七日上尚書，合四十有七秩，五百一十四卷，五千六百九十三條：大凡一百二十秩，一千一百七十六卷，八千一十九條。[2]又列副祕閣及《五經》典書各一通，繕寫校定，以普通五年二月始獲洗畢。

[1]一百一十六卷：“百”字上舊本脱“一”，此依中華書局本校補。

[2]《隋書·經籍志》著録“《梁賓禮儀注》九卷，賀瑒撰”下，小注有云：“案，梁明山賓撰《吉儀注》二百六卷，録六卷；嚴植之撰《凶儀注》四百七十九卷，録四十五卷；陸璉撰《軍儀注》一百九十卷，録二卷；司馬褧撰《嘉儀注》一百一十二卷，録三卷。並亡。存者唯《士》、《吉》及《賓》，合十九卷。”

竊以撰正履禮，歷代罕就，皇明在運，厥功克成。周代三千，舉其盈數；今之八千，隨事附益。質文相變，故其數兼倍，猶如八卦之爻，因而重之，錯綜成六十四也。昔文武二王，所以綱紀周室，君臨天下，公旦脩之，以致太平龍鳳之瑞。自斯厥後，甫備兹日。孔子曰："其有繼周，雖百世可知。"[1]豈所謂齊功比美者歟！臣以庸識，謬司其任，淹留歷稔，[2]允當斯責；兼勒成之初，未遑表上，寔由才輕務廣，思力不周，永言慚惕，無忘寤寐。自今春輿駕將親六師，[3]搜尋軍禮，閱其條章，靡不該備。所謂郁郁文哉，[4]焕乎洋溢，信可以懸諸日月，頒之天下者矣。愚心喜抃，彌思陳述；兼前後聯官，一時皆逝，臣雖幸存，耄已將及，慮皇世大典，遂闕騰奏，不任下情，輒具載撰修始末，并職掌人、所成卷秩、條目之數，謹拜表以聞。

詔曰："經禮大備，政典載弘，今詔有司，案以行事也。"又詔曰："勉表如此。因革允釐，[5]憲章孔備，功成業定，於是乎在。可以光被八表，施諸百代，俾萬世之下，知斯文在斯。主者其按以遵行，勿有失墜。"尋加中書令，[6]給親信二十人。[7]勉以疾自陳，求解内任，詔不許，乃令停下省，[8]三日一朝，有事遣主書論決。[9]脚疾轉劇，久闕朝覲，固陳求解，詔乃賚假，[10]須疾差還省。[11]

[1]其有繼周，雖百世可知：《論語·爲政》："子曰：'其或繼周者，雖百世可知也。'""世"，舊本作"代"，當是避唐諱改。此依中華書局本校改回。

[2]稔：歲。

[3]普通六年（525）春，蕭衍下詔伐魏。詔有云："朕當六軍雲動，龍舟濟江。"見本書《武帝紀》。輿駕：皇帝的車駕。 六師：即六軍。古天子六軍。

[4]郁郁文哉：《論語·八佾》："子曰：'周監於二代，鬱鬱乎文哉！'"意謂周代的禮儀制度豐富多彩。郁，通"鬱"。

[5]允釐：公正。

[6]中書令：官名。中書省長官之一，與中書監共掌出納帝命。東晉以後，中書出令權或歸他省，或歸侍郎、舍人，中書令漸成閑職，僅掌文章之事，多用爲重臣之加官。員一人。梁代規定其位在中書監下，十三班。

[7]親信：護衛之吏。

[8]下省：指尚書下省。尚書省官員、家屬、隨從宫内之住所。

[9]主書：主書令史之省稱，官名。中書省屬官，掌文書。梁流外三品勳位。

[10]賚（lài）：賜。

[11]須：等待。 差：通"瘥"。病愈。

勉雖居顯位，不營産業，家無蓄積，俸禄分贍親族之窮乏者。門人故舊或從容致言。勉乃答曰："人遺子孫以財，我遺之以清白。子孫才也，則自致輜軿；[1]如其不才，終爲他有。"嘗爲書誡其子崧曰：

吾家世清廉，故常居貧素，至於産業之事，所未嘗言，非直不經營而已。薄躬遭逢，遂至今日，尊官厚禄，可謂備之。每念叨竊若斯，豈由才致，仰藉先代風範及以福慶，故臻此耳。古人所謂："以清白遺子孫，不亦厚乎。"[2]又云："遺子黄金滿籯，不如一經。"[3]詳求此言，信非徒語。吾雖不敏，實有本志，庶得遵奉斯義，不敢墜失。所以顯貴以來，將三十載，門人故舊，亟薦便宜，[4]或使創闢田園，或勸興立邸店，[5]又欲舳艫運致，亦令貨殖聚斂。若此衆事，皆距而不納。非謂拔葵去織，[6]且欲省息紛紜。

[1]輜軿：古代富貴之家所乘有障蔽的車。

[2]《後漢書》卷五四《楊震傳》："（震）性公廉，不受私謁。子孫常蔬食步行，故舊長者或欲令爲開産業，震不肯，曰：'使後世稱爲清白吏子孫，以此遺之，不亦厚乎！'"

[3]《漢書》卷七三《韋賢傳》韋賢以丞相致仕，"年八十二薨，謚曰節侯。賢四子：長子方山爲高寢令，早終；次子弘，至東海太守；次子舜，留魯守墳墓；少子玄成，復以明經歷位至丞相。故鄒魯諺曰：'遺子黄金滿籯，不如一經'"。

[4]便宜：等於説辦法。薦便宜，即推薦辦法。

[5]邸店：儲藏貨物並作商業活動的店鋪。

[6]拔葵去織：《漢書》卷五六《董仲舒傳》："故公儀子相魯，之其家見織帛，怒而出其妻；食於舍而茹葵，愠而拔其葵，曰：'吾已食禄，又奪園夫紅女利虖！'"後世以拔葵去織爲居官不與民争利的典故。

中年聊於東田間營小園者，[1]非在播藝，[2]以要利入，正欲穿池種樹，少寄情賞。又以郊際閑曠，終可爲宅，儻獲懸車致事，[3]實欲歌哭於斯。[4]慧日、十住等,[5]既應營婚,又須住止,吾清明門宅,[6]無相容處。所以爾者,亦復有以;前割西邊施宣武寺,[7]既失西厢,不復方幅,[8]意亦謂此逆旅舍耳,[9]何事須華?常恨時人謂是我宅。古往今來,豪富繼踵,高門甲第,連闥洞房,宛其死矣,定是誰室?[10]但不能不爲培塿之山,[11]聚石移果,雜以花卉,以娱休沐,[12]用託性靈。隨便架立,不在廣大,惟功德處,[13]小以爲好。[14]所以内中逼促,無復房宇。近營東邊兒孫二宅,乃藉十住南還之資,其中所須,猶爲不少,既牽挽不至,又不可中塗而輟,郊間之園,遂不辦保,貨與韋黯,[15]乃獲百金,成就兩宅,已消其半。尋園價所得,何以至此?由吾經始歷年,[16]粗已成立,桃李茂密,桐竹成陰,塍陌交通,渠畎相屬。華樓迥榭,頗有臨眺之美;孤峯叢薄,[17]不無糾紛之興。濆中並饒菰蔣,[18]湖裏殊富芰蓮。雖云人外,城闕密邇,[19]韋生欲之,[20]亦雅有情趣。追述此事,非有吝心,蓋是筆勢所至耳。憶謝靈運《山家詩》云:[21]“中爲天地物,今成鄙夫有。”吾此園有之二十載矣,今爲天地物,物之與我,相校幾何哉!此吾所餘,今以分汝,營小田舍,親累既多,理亦須此。且釋氏之教,以財物謂之外命;儒典亦稱“何以聚人曰財”。[22]況汝曹常情,安得忘此。聞汝所買姑孰田地,[23]甚爲舄鹵,[24]彌復何安。[25]所以如此,非物競故也。雖事異寢丘，[26]聊可髣髴。孔子曰："居家理，故治可移於官。"[27]既已營之，宜使成立。進退兩亡，更貽恥笑。若有所收穫，汝可自分贍内外大小，宜令得所，非吾所知，又復應沾之諸女耳。[28]汝既居長，故有此及。

[1]東田：地名。在今江蘇南京鍾山下。《南史》卷五《齊本紀下·鬱林王紀》："文惠太子立樓館於鍾山下，號曰東田，太子屢遊幸之。"齊梁時，豫章王蕭嶷、沈約皆有園宅在東田。

[2]藝：種植。

[3]懸車致事：即告老退休。班固《白虎通義·致仕》："臣年七十懸車致仕者，臣以執事趨走爲職，七十陽道極，耳目不聰明，跂踦之屬，是以退老去避賢路者，所以長廉遠恥也。"

[4]歌哭於斯：《禮記·檀弓下》："晉獻文子成室，晉大夫發焉。張老曰：'美哉輪焉，美哉奐焉。歌於斯，哭於斯，聚國族於斯。'"歌，指祭祀歌樂，哭，指死喪哭泣。

[5]慧日、十住：佛教語，徐勉用爲其子之小名。慧日，意謂佛之智慧如日之普照世間。詳《法華經·普門品》。十住，又稱十地，佛教稱菩薩修行漸近於佛的十種境界，即歡喜地、離垢地、發光地、焰慧地、難勝地、現前地、遠行地、不動地、善慧地、法雲地。見《十地》、《大品》等佛經。

[6]清明門：京師建康城東面最南門。

[7]宣武寺：佛寺名。

[8]方幅：四方端正。

[9]逆旅舍：旅社，客舍。

[10]意謂一旦死去，還不知此室歸誰。《詩·唐風·山有樞》："且以喜樂，且以永日。宛其死矣，他人入室。"

[11]培塿：小土丘。

[12]休沐：休息洗沐。指官吏例假。《初學記》卷二〇："休假亦曰休沐。漢律：吏五日得一下沐。言休息以洗沐也。"

[13]功德處：指念佛、誦經之處。功德，佛教語，指念佛、布施等事。

[14]小：稍。

[15]貨：賣。　韋黯：人名。本書卷一二有傳。

[16]經始：開始營建。

[17]叢薄：草木叢生的地方。

[18]菰蔣：即茭白，植物名。其實如米，稱雕胡米，可作飯。

[19]密邇：靠近。

[20]韋生：即韋先生。指韋黯。

[21]謝靈運：人名。祖籍陳郡。劉宋著名山水詩人。《宋書》卷六七有傳。

[22]儒典：此處指《易》。《易·繫辭下》傳："天地之大德曰生，聖人之大寶曰位；何以守位曰人，何以聚人曰財。"

[23]姑孰：地名。在今安徽當塗縣。《南史》作"湖熟"。

[24]舄（xì）鹵：瘠薄的鹽鹹地。

[25]何安：《南史》卷六〇同傳作"可安"。

[26]寢丘：春秋時楚邑名。在今安徽臨泉縣。楚令尹孫叔敖臨死，告誡其子勿受楚王所封肥美之地，而請封於貧瘠的寢丘，可以長保不失。事見《吕氏春秋·異寶》及《淮南子·人間訓》。

[27]《孝經·廣揚名》："君子之事親孝，故忠可移於君；事兄悌，故順可移於長；居家理，故治可移於官。是以行成於内，而名立於後世矣。"

[28]沾：給人實惠。

凡爲人長，殊復不易，當使中外諧緝，[1]人無間言，先物後己，[2]然後可貴。老生云：[3]"後其身而身先。”[4]若能爾者，更招巨利。汝當自勗，見賢思齊，不宜忽略以棄日也。非徒棄日，[5]乃是棄身，身名美惡，豈不大哉！可不慎歟？今之所敕，[6]略言此意，正謂爲家已來，不事資産，既立墅舍，以乖舊業，陳其始末，無愧懷抱。兼吾年時朽暮，心力稍殫，牽課奉公，略不克舉，其中餘暇，裁可自休。或復冬日之陽，夏日之陰，良辰美景，[7]文案間隙，負杖躡屩，[8]逍遥陋館，臨池觀魚，披林聽鳥，濁酒一杯，彈琴一曲，[9]求數刻之暫樂，庶居常以待終，不宜復勞家間細務。汝交關既定，[10]此書又行，凡所資須，付給如別。自兹以後，吾不復言及田事，汝亦勿復與吾言之。假使堯水湯旱，[11]吾豈知如何；若其滿庾盈箱，爾之幸遇。如斯之事，並無俟令吾知也。《記》云：“夫孝者，善繼人之志，善述人之事。”[12]今且望汝全吾此志，則無所恨矣。

[1]中外：中表親。中指舅父子女，外指姑母子女。　諧緝：團結一致。

[2]物：人。

[3]老生：指老子。老子有《道德經》五千言。

[4]《道德經》第七章：“是以聖人，後其身而身先。”

[5]非徒棄日：中華書局本《校勘記》：“‘非徒’二字各本皆脱，據《藝文類聚》二三補。”按，無“非徒”亦通，《南史》卷六〇同傳亦無“非徒”二字。

[6]敕：告誡。

[7]良辰美景：《文選》卷三〇謝靈運《擬魏太子鄴中集詩序》："天下良辰、美景、賞心、樂事，四者難并。"

[8]屩（juē）：草鞋。

[9]《文選》卷四三嵇叔夜《與山巨源絶交書》："今但願守陋巷，教養子孫，時與親舊叙闊，陳説平生。濁酒一杯，彈琴一曲，志願畢矣。"

[10]交關：交通往來。

[11]堯水湯旱：指自然灾害。古代傳説堯有九年之水，湯有七年之旱。參楊公驥、公木《論中國原始文學》第二章及鄭振鐸《湯禱篇》。

[12]《禮記·中庸》："夫孝者，善繼人之志，善述人之事者也。"

勉第二子悱卒，痛悼甚至，不欲久廢王務，乃爲《答客喻》。其辭曰：

普通五年春二月丁丑，余第二息晉安内史悱喪之問至焉，[1]舉家傷悼，心情若隕。二宫並降中使，[2]以相慰勗，親遊賓客，畢來弔問，輒慟哭失聲，悲不自已，所謂父子天性，不知涕之所從來也。

[1]晉安：郡名。治所在今福建福州市。《文選》卷二二徐敬業《古意酬到長史溉登琅邪城詩》李善注引何之元《梁典》曰："徐勉第一息悱，字敬業，晉安内史。有學業，最知名，卒於郡府。"可與此參證。　内史：官名。王國官，掌民政。宋第五品，梁不詳。

[2]二宫：指皇帝和太子。　中使：宫廷派出的使者。

於是門人慮其肆情所鍾，容致委頓，[1]乃斂衽而進曰：[2]“僕聞古往今來，理運之常數；春榮秋落，氣象之定期。人居其間，譬諸逆旅，生寄死歸，著於通論，是以深識之士，悠爾忘懷。東門歸無之旨，見稱往哲；[3]西河喪明之過，取誚友朋。[4]足下受遇於朝，任居端右，[5]憂深責重，休戚是均，宜其遺情下流，[6]止哀加飯，上存奉國，俯示隆家。豈可縱此無益，同之兒女，傷神損識，或虧生務？門下竊議，咸爲君侯不取也。”

[1]委頓：疲乏狼狽。

[2]斂衽：提起衣襟夾於腰帶間，表示敬意。

[3]《戰國策·秦三》：“應侯失韓之汝南。秦昭王謂應侯曰：‘君亡國，其憂乎？’應侯曰：‘臣不憂。’王曰：‘何也？’曰：‘梁人有東門吴者，其子死而不憂，其相室曰：“公之愛子也，天下無有，今子死不憂，何也？”東門吴曰：“吾嘗無子，無子之時不憂，今子死，乃即與無子時同也，臣奚憂焉？”臣亦嘗爲子，爲子時不憂，今亡汝南，乃與梁餘子同也，臣何爲憂？’”東門，即東門吴。

[4]《禮記·檀弓上》：“子夏喪其子而喪其明，曾子弔之，曰：‘吾聞之也，朋友喪明則哭之。’曾子哭，子夏亦哭，曰：‘天乎！予之無罪也。’曾子怒，曰：‘商！女何無罪之……喪爾子，喪爾明，爾罪三也。而曰：“女何無罪與？’子夏投其杖而拜，曰：‘吾過矣，吾過矣！吾離群而索居，亦已久矣！’”西河，代指子夏。孔子既殁，弟子子夏居西河教授，故以西河代稱之。友朋，指曾子。

[5]端右：指尚書僕射。

[6]下流：六朝人對子孫之稱。

余雪泣而答曰：[1]“彭殤之達義，[2]延吴之雅言，[3]亦常聞之矣；顧所以未能弭意者，請陳其説。夫植樹階庭，欽柯葉之茂；[4]爲山累仞，惜覆簣之功。[5]故秀而不實，尼父爲之歎息；[6]析彼歧路，楊子所以留連。[7]事有可深，聖賢靡抑。今吾所悲，亦以悱始踰立歲，[8]孝悌之至，自幼而長，文章之美，得之天然，好學不倦，居無塵雜，多所著述，盈帙滿笥，淡然得失之際，不見喜愠之容。及翰飛東朝，[9]參伍盛列，其所遊往，皆一時才俊，賦詩頌詠，終日忘疲。每從容謂吾以遭逢時來，位隆任要，當應推賢下士，先物後身，然後可以報恩明主，克保元吉。[10]俾余二紀之中，忝竊若是，幸無大過者，繄此子之助焉。自出閩區，[11]政存清静，冀其旋反，[12]少慰衰暮，言念今日，眇然長往。[13]加以闔棺千里之外，未知歸骨之期，雖復無情之倫，庸詎不痛於昔！夷甫孩抱中物，[14]尚盡慟以待賓；安仁未及七旬，[15]猶慇懃於詞賦。[16]況夫名立官成，[17]半途而廢者，亦焉可已已哉。求其此懷，可謂苗實之義。諸賢既貽格言，喻以大理，即日輟哀，命駕脩職事焉。”

[1]雪泣：拭淚。

[2]彭殤：《莊子·齊物論》：“莫壽於殤子而彭祖爲夭。”莊子認爲，任其自然而死，是爲夭年。年壽的大小衹是相對的。彭祖，古代傳説中長壽的人；殤，殤子，未成年而早死的人。

[3]延吴：春秋時吴國延陵季札。季札適齊，及其返也，其長子死。葬畢，言曰："骨肉歸於土，命也。若魂氣則無不之也！無不之也！"遂行。詳西漢劉向《説苑·修文》。

[4]《世説新語·言語》："謝太傅問諸子姪：'子弟亦何預人事，而正欲使其佳?'諸人莫有言者，車騎答曰：'譬如芝蘭玉樹，欲使其生於階庭耳。'"此蓋徐勉典據之所出。

[5]《論語·子罕》："子曰：'譬如爲山，未成一簣，止，吾止也；譬如平地，雖覆一簣，進，吾往也。'"徐勉蓋活用此典。

[6]《論語·子罕》："子曰：'苗而不秀者有矣夫！秀而不實者有矣夫！'"爲孔子痛惜顔淵早死之語。後世比喻人才早夭。尼父，孔子字仲尼，故稱。

[7]《淮南子·説林訓》："楊子見逵路而哭之，爲其可以南，可以北。"　析：分。　楊子：即楊朱，戰國時魏人，思想家。參《孟子》、《莊子》、《荀子》、《韓非子》等。

[8]立歲：即而立之年，指三十歲。

[9]翰飛：高飛。　東朝：指東宫。

[10]元吉：大吉利。

[11]閩區：地域名，指晉安郡。

[12]反：同"返"。

[13]眇：同"渺"，遠。　長往：一去不返，指去世。

[14]夷甫：晉王衍之字。《晉書》卷四三《王衍傳》："衍嘗喪幼子，山簡吊之。衍悲不自勝。簡曰：'孩抱中物，何至於此！'衍曰：'聖人忘情，最下不及於情。然則情之所鍾，正在我輩！'簡服其言，更爲之慟。"孩抱中物，指剛會咳笑，要人提抱的小孩。

[15]安仁：晉潘岳之字。《文選》卷一〇潘岳《西征賦》："夭赤子於新安，坎路側而瘞之。亭有千秋之號，子無七旬之期。雖勉厲於延吴，實潛慟乎余慈。"

[16]慇懃：親切的情意。　詞賦：潘岳因子夭而作有《傷弱子辭》、《思子詩》，見《藝文類聚》卷三四《哀辭》。

[17]名立官成：“官”，各本同，中華書局本校改作“宦”。按，“官”、“宦”義通，本書卷五〇《文學下·劉峻傳》有“官成名立”語，《南史》卷四九同傳同。可見以不改爲妥，今改回。

中大通三年，[1]又以疾自陳，移授特進、右光禄大夫、侍中、中衛將軍，[2]置佐史，餘如故。增親信四十人。兩宮參問，冠蓋結轍；服膳醫藥，皆資天府。[3]有敕每欲臨幸，勉以拜伏有虧，頻啓停出，詔許之，遂停輿駕。大同元年，[4]卒，時年七十。高祖聞而流涕，即日車駕臨殯，乃詔贈特進、右光禄大夫、開府儀同三司，[5]餘並如故。給東園祕器，[6]朝服一具，衣一襲。贈錢二十萬，布百匹。皇太子亦舉哀朝堂。謚曰簡肅公。[7]

[1]中大通：梁武帝年號（529—534）。

[2]特進：官名。諸侯功德優盛，爲朝廷所敬異者，賜位特進，在三公之下。梁十五班。《太平御覽》卷二四三《職官·特進》引沈約《宋書》：“其諸官加特進者，從本官供給，特進但爲班位而已，不别有吏卒車服也。” 右光禄大夫：官名。屬光禄卿。養老疾，無職事。梁十六班。

[3]天府：朝廷的倉庫。

[4]大同：梁武帝年號（535—546）。

[5]開府儀同三司：官名。非三公而儀制同於三公之稱。梁十七班。

[6]東園祕器：棺材。漢有官署名東園，掌製作皇室喪葬所用器物，故稱棺材爲東園祕器。

[7]簡肅公：《太平御覽》卷五六二《禮儀·謚》引《梁書》：

“居敬行簡曰簡，執心决斷曰肅；因謚簡肅公。”

勉善屬文，勤著述，雖當機務，下筆不休。嘗以起居注煩雜，[1]乃加删撰爲《流别起居注》六百卷；[2]《左丞彈事》五卷；在選曹，[3]撰《選品》五卷；齊時，撰《太廟祝文》二卷；以孔釋二教殊途同歸，撰《會林》五十卷。凡所著前後二集四十五卷，[4]又爲《婦人集》十卷，[5]皆行於世。大同三年，故佐史尚書左丞劉覽等詣闕陳勉行狀，[6]請刊石紀德，即降詔許立碑於墓云。

[1]起居注：文體之一種。用以記載君主諸言行事迹。

[2]流别：即分類。“流”，舊本皆脱，此依中華書局本校補。又，《南史》卷六〇《徐勉傳》“六百”作“六百六十”。

[3]選曹：指尚書吏部曹。因吏部曹主選舉，故稱。徐勉曾任選曹長官吏部郎。

[4]前後二集四十五卷：《南史》作“前後二集五十卷”。《隋書·經籍志》著録有“《梁儀同三司徐勉前集》三十五卷”，“《徐勉後集》十六卷並序録”。

[5]爲《婦人集》十卷：《南史》作“爲人《章表集》十卷”。

[6]劉覽：人名。本書卷四一有傳。　闕：宫廷。　行狀：文體之一種。用以記叙死者生前行事。

悱字敬業，幼聰敏，能屬文。起家著作佐郎，[1]轉太子舍人，[2]掌書記之任。累遷洗馬、中舍人，[3]猶管書記。出入宫坊者歷稔，[4]以足疾出爲湘東王友，[5]遷晋安内史。

［1］著作佐郎：官名。祕書省屬官。佐著作郎掌國史，集注起居。是清閑、爲人所重之職，多甲族起家之選。梁二班。

［2］太子舍人：官名。東宫屬官，掌文記。員十六人。梁三班。

［3］洗馬：太子洗馬之省稱，官名。東宫屬官，掌文翰，多由士族之士擔任。員八人。梁六班。　中舍人：太子中舍人之省稱，官名。掌侍從及文翰。員四人。梁八班。

［4］宫坊：即東宫。

［5］湘東王：梁元帝蕭繹之初封爵號。湘東，郡名。治所在今湖南衡陽市。　友：官名。皇弟皇子府屬官，掌隨侍府主，拾遺補缺。員一人。梁八班。

陳吏部尚書姚察曰：[1]徐勉少而厲志忘食，發憤脩身，慎言行，擇交遊；加運屬興王，依光日月，[2]故能明經術以綰青紫，[3]出閭閻而取卿相。[4]及居重任，竭誠事主，動師古始，依則先王，提衡端軌，[5]物無異議，爲梁宗臣，盛矣。

［1］陳吏部尚書姚察：姚察仕陳，官吏部尚書。《陳書》卷二七有傳。吏部尚書，官名，掌官吏銓選、任免。陳第三品。清·錢大昕《廿二史考異》卷二六有云："思廉修梁陳書，皆因其父察所撰而續成之。梁史諸論述其父説，必稱'陳吏部尚書姚察曰'，仿孟堅《漢書》稱'司徒掾班彪'之例也。其但稱'史臣'者，出自思廉新意。"

［2］日月：比喻皇帝和皇后。《禮記·昏義》："故天子之與后，猶日之與月。"

［3］青紫：本指青綬紫綬，古代貴官之綬帶。後世用以代指貴官。《漢書》卷七五《夏侯勝傳》："士病不明經術；經術苟明，其

取青紫如俯拾地芥耳。”

[4]閭閻：指民間。古代鄉村五家爲里。閭，里門；閻，里中門。

[5]提衡：持物平衡。　端軌：執法公正。

梁書 卷二六

列傳第二十

范岫 傅昭 弟映 蕭琛 陸杲

范岫字懋賓，濟陽考城人也。[1]高祖宣，[2]晉徵士。[3]父羲，宋兗州别駕。[4]

[1]濟陽：郡名。治所在今河南蘭考縣東北堌陽鎮。 考城：縣名。治所在今河南民權縣東北。此范氏祖籍。

[2]宣：范宣，字宣子，以儒學著稱，屢徵不仕。《晉書》卷九一《儒林傳》有傳。

[3]徵士：朝廷徵聘而不就仕的人。

[4]兗州：州名。治所在今山東兗州市。 别駕：官名。即别駕從事史之省稱。州府屬官，掌吏員選署。官品不詳。

岫早孤，事母以孝聞，與吳興沈約俱爲蔡興宗所禮。[1]泰始中，[2]起家奉朝請。[3]興宗爲安西將軍，[4]引爲主簿。[5]累遷臨海、長城二縣令，[6]驃騎參軍，[7]尚書刪定郎，[8]護軍司馬，[9]齊司徒竟陵王子良記室參軍。[10]

[1]吴興：郡名。治所在今浙江湖州市。　沈約：人名。本書卷一三有傳。蔡興宗：人名。濟陽考城人。仕宋官至使持節、征西將軍、開府儀同三司、荆州刺史。《宋書》卷五七有傳。

[2]泰始：宋明帝年號（465—471）。

[3]奉朝請：本爲大臣定期參加朝會，朝見皇帝。六朝以爲官名，屬散騎省，劉宋時無員，亦不爲官。

[4]安西將軍：將軍名號。東南西北四安將軍之一。爲出鎮方面的軍事長官，亦作爲刺史兼理軍務的加官，權任頗重。宋第三品。

[5]主簿：官名。漢以後中央各機構及地方州郡皆置，爲掾吏之首，掌文書簿籍。官品隨府主職位高下而異。

[6]臨海：縣名。治所在今浙江臨海市。　長城：縣名。治所在今浙江長興縣東。

[7]驃騎：驃騎將軍之省稱，將軍名號。爲重號將軍，多加授大臣、重要地方長官。宋第二品。　參軍：官名。王公軍府屬官，參掌府曹事。宋第七品。

[8]尚書刪定郎：官名。尚書省諸曹郎之一，屬吏部尚書。掌律令。齊第六品。

[9]護軍：護軍將軍之省稱，將軍名號。掌京畿以外諸軍，職任顯要。宋第三品，齊不詳。　司馬：官名。王公軍府屬官，掌本府武官。宋第六至七品，齊不詳。

[10]竟陵王子良：齊武帝子蕭子良封爵號竟陵王，官司徒。見《南齊書》卷四〇《武十七王傳》。　記室參軍：官名。王公軍府屬官，掌文書。宋第七品，齊不詳。

累遷太子家令。[1]文惠太子之在東宫，[2]沈約之徒以文才見引，岫亦預焉。岫文雖不逮約，而名行爲時輩所與，[3]博涉多通，尤悉魏晉以來吉凶故事。約常稱曰：“范公好事該博，胡廣無以加。”[4]南鄉范雲謂人曰：[5]“諸君進止威儀，當問范長頭。”[6]以岫多識前代舊事也。

[1]太子家令：官名。東宫屬官。掌東宫刑獄、錢穀等。齊第五品。

[2]文惠太子：齊武帝太子蕭長懋謚號文惠。《南齊書》卷二一有傳。

[3]與：贊許。

[4]胡廣：人名。東漢南華容人。博學多通，奏章爲天下第一。《後漢書》卷七四有傳。

[5]南鄉：郡名。治所在今河南淅川縣西南。　范雲：人名。祖籍南鄉郡。本書卷一三有傳。

[6]范長頭：指范岫。《後漢書》卷三六《賈逵傳》：“（逵）自爲兒童，常在太學，不通人間事。身長八尺二寸，諸儒爲之語曰：‘問事不休賈長頭。’”後世以長頭爲博學者之通稱。

遷國子博士。[1]永明中，[2]魏使至，有詔妙選朝士有詞辯者，接使於界首，以岫兼淮陰長史迎焉。[3]還遷尚書左丞，[4]母憂去官，[5]尋起攝職。出爲寧朔將軍、南蠻長史、南義陽太守，[6]未赴職，遷右軍諮議參軍，[7]郡如故。除撫軍司馬。[8]出爲建威將軍、安成内史。[9]入爲給事黄門侍郎，[10]遷御史中丞、領前軍將軍、南北兖二州大中正。[11]永元末，[12]出爲輔國將軍、冠軍晉安王長史,[13]行南徐州事。[14]義師平京邑,[15]承制徵爲尚書吏部郎,[16]參大選。[17]梁臺建,[18]爲度支尚書。[19]天監五年,[20]遷散騎常侍、光禄大夫,[21]侍皇太子,給扶。六年,領太子左衛率。[22]七年,徙通直散騎常侍、右衛將軍,[23]中正如故。其年表致事,[24]詔不許。八年,出爲晉陵太守,[25]秩中二千石。[26]九年,入爲祠部尚書,[27]領右驍騎將軍,[28]其年遷金紫光禄大夫,[29]加親信二十人。[30]十三年,卒官,時年七十五。賻錢五萬,[31]布百匹。

[1]國子博士:官名。屬太常。掌教授國子生。齊第六品。

[2]永明:齊武帝年號(483—493)。

[3]淮陰長史:《南史》卷六〇同傳同。按,六朝邊郡及王國署長史,南齊無淮陰郡亦無淮陰國。有淮陰縣,屬南徐州臨淮郡,然縣無長史之官。此淮陰當是北兗州鎮所。見《南齊書·州郡上》。

[4]尚書左丞:官名。佐尚書令、僕射知省事,掌中央機構文書章奏,監察百官。員一人。齊第六品。

[5]母憂:母喪。

[6]寧朔將軍:將軍名號。宋第四品,齊不詳。　南蠻:南蠻校尉之省稱,武官名號。掌荆州少數民族事務,統兵置府,鎮江陵。宋第四品,齊不詳。　長史:官名。王公軍府屬官,掌本府官吏。宋第六至七品,齊不詳。　南義陽:郡名。治所在今湖南安鄉縣西南。

[7]右軍:右軍將軍之省稱,將軍名號。與前、後、左軍將軍合稱四軍將軍,掌宮廷宿衛。爲禁衛軍主要將領之一。宋第四品,齊不詳。　諮議參軍:官名。諸公軍府屬官,掌諷議。宋第七品,齊不詳。

[8]撫軍：撫軍將軍之省稱，將軍名號。宋第三品，齊代在東西南北四征將軍之上。

[9]建威將軍：將軍名號。宋第四品，齊不詳。　安成：郡名。治所在今江西安福縣東南。　内史：官名。王國行政長官，掌治民。宋第五品，齊不詳。

[10]給事黄門侍郎：官名。門下省次官。佐侍中掌侍從左右，管知詔令。出入禁中，職任顯要。員四人。齊第五品。

[11]御史中丞：官名。御史臺長官，掌督司百僚，奏劾不法。六朝第一流高門多不居此職。員一人。齊第四品。　領：官制術語。已有實授主職，又兼任較低級職務而不居其位。　南北兖：皆州名。南兖州，治所在今江蘇揚州市西北蜀岡。北兖州，治所在今江蘇淮陰縣西南甘羅城。　大中正：官名。掌一州人才之考察，定其鄉品，以爲選拔官吏之依據。多由他官兼領。

[12]永元：齊東昏侯年號（499—501）。

[13]輔國將軍：將軍名號。齊第三品。　冠軍：冠軍將軍之省稱，將軍名號。齊第三品。　晉安王：齊明帝子蕭寶義始封爵號。見《南齊書》卷五〇《明七王傳》。

[14]行南徐州事：代行南徐州政事。南朝諸王往往年少即出鎮一方，皇帝因命長史代行政事。　南徐州：州名。治所在今江蘇鎮江市。

[15]義師：齊東昏侯蕭寶卷即位後，狂悖無道，雍州刺史蕭衍起兵向京邑以討之，因稱其師爲義師。　京邑：指京師建康。

[16]承制：秉承皇帝旨意。此處指蕭衍。永元三年十二月，蕭衍平建康，齊宣德太后授蕭衍大司馬、録尚書、驃騎大將軍，依晉武陵王遵承制故事。見本書《武帝紀》。　尚書吏部郎：官名。尚書省諸曹郎之一，屬吏部尚書。掌官吏銓選、調動事宜。齊第五品。

[17]參：官制術語。奉特敕參掌本官職權範圍以外的他項事務。　大選：指吏部尚書。南朝稱吏部郎爲小選，吏部尚書爲大

選。

[18]梁臺建：指蕭衍受封爲梁公建臺治事。

[19]度支尚書：官名。尚書省列曹尚書之一，掌財賦統計，支調。梁初第三品。

[20]天監：梁武帝年號（502—519）。

[21]散騎常侍：官名。集書省長官。掌侍從左右，獻納得失。劉宋以後，職以侍從左右、掌圖書文翰爲主，地位較前爲低。員四人。梁初第三品，天監七年革選，定爲十二班。　光禄大夫：官名。屬光禄勳。養老疾，無職事。宋第三品，梁初不詳。

[22]太子左衛率：官名。與太子右衛率合稱太子二率，掌東宫宿衛，亦領兵出征，職任頗重。宋第五品，梁初不詳。按，左衛率，《弘明集》卷一〇《與公王朝貴書》有“光禄領太子右率范岫答”，是“左”或當作“右”。

[23]通直散騎常侍：官名。集書省官員。與散騎常侍通直。南朝多用衰老之士擔任，地位漸低。員四人。梁天監七年革選，定流内官職爲十八班，以班多者爲貴。通直散騎常侍爲十一班。　右衛將軍：官名。禁衛軍六軍之一，與左衛將軍共掌宿衛營兵。梁十二班。

[24]致事：亦稱致仕、致政，即官吏退休。

[25]晉陵：郡名。治所在今江蘇常州市。

[26]中二千石：古代官秩品級之一種。《漢書》卷八《宣帝紀》顏師古注：“漢制，秩二千石者一歲得一千四百四十石。其云中二千石者，一歲得二千一百六十石，舉成數言之，故曰中二千石。中者，滿也。”

[27]祠部尚書：官名。尚書省列曹尚書之一，掌禮制。與尚書右僕射不並置。梁十三班。

[28]右驍騎將軍：官名。梁天監六年置左右驍騎將軍，掌侍衛。十班。《陳書》卷一八《韋載傳》附《韋翽傳》：“驍騎之職，舊領營兵，兼統宿衛。自梁代已來，其任逾重，出則羽儀清道，入

則與二衛通直，臨軒則升殿俠侍。”所指即左右驍騎將軍。

[29]金紫光禄大夫：官名。光禄大夫之重者加金章紫綬，稱爲金紫光禄大夫。養老疾，無職事。梁十四班。

[30]親信：護衛之吏。

[31]賻（fù）：以錢財助喪事。

岫身長七尺八寸，恭敬儼恪，[1]進止以禮。自親喪之後，蔬食布衣以終身。每所居官，恒以廉潔著稱。爲長城令時，有梓材巾箱至數十年，經貴遂不改易。在晉陵，惟作牙管筆一雙，猶以爲費。所著文集、《禮論》、《雜儀》、《字訓》行於世。二子褒，偉。

[1]儼恪：莊嚴恭敬。《禮記·祭義》：“嚴威儼恪，非所以事親也，成人之道也。”《疏》：“儼，謂嚴正；恪，謂恭敬。”

傅昭，字茂遠，北地靈州人，[1]晉司隸校尉咸七世孫也。[2]祖和之，父淡，善《三禮》，[3]知名宋世。淡事宋竟陵王劉誕，[4]誕反，淡坐誅。昭六歲而孤，哀毁如成人者，宗黨咸異之。十一，隨外祖於朱雀航賣曆日。[5]爲雍州刺史袁顗客，[6]顗嘗來昭所，昭讀書自若，神色不改。顗歎曰：“此兒神情不凡，必成佳器。”司徒建安王休仁聞而悦之，[7]因欲致昭，昭以宋氏多故，遂不往。或有稱昭於廷尉虞愿，[8]愿乃遣車迎昭。時愿宗人通之在坐，並當世名流，通之贈昭詩曰：“英妙擅山東，才子傾洛陽。[9]清塵誰能嗣，[10]及爾遘遺芳。”太原王延秀薦昭於丹陽尹袁粲，[11]深爲所禮，辟爲郡主簿，使諸子從昭受學。會明帝崩，粲造哀策文。[12]乃引昭定其所制。每經昭户，輒歎曰："經其户，寂若無人，披其帷，其人斯在，豈非名賢。"[13]尋爲總明學士、奉朝請。[14]齊永明中，累遷員外郎、司徒竟陵王子良參軍、尚書儀曹郎。[15]

[1]北地：郡名。治所在今寧夏吴忠市西南黄河東岸。　靈州：縣名。治所在今寧夏寧武縣西南。此傅氏祖籍。《宋書》卷四八《傅弘之傳》："傅氏舊屬靈州。漢末郡境爲虜所侵，失土寄寓馮翊，置泥陽、富平二縣，靈州廢不立，故傅氏悉屬泥陽。晉武帝太康三年，復立靈州縣，傅氏還屬靈州。弘之高祖晉司徒祗，後封靈州公，不欲封本縣，故祗一門還復泥陽。"

[2]司隸校尉：官名。掌京畿治安，糾察百官不法。晉第三品。咸：傅咸。《晉書》卷四七有傳。

[3]《三禮》：指《周禮》、《儀禮》、《禮記》。

[4]竟陵王劉誕：宋文帝第六子劉誕初封廣陵王，改封隨郡王，又改竟陵王。因遭孝武帝忌憚，舉兵反。兵敗被殺。《宋書》卷七九《文五王》有傳。竟陵，郡名。治所在今湖北鍾祥市。

[5]朱雀航：即朱雀橋，一名大航。在今江蘇南京市南秦淮河上。　曆日：即日曆。

[6]雍州：州名。治所在今湖北襄樊市。　袁顗：人名。祖籍陳郡陽夏。宋孝武帝大明（457—464）末除雍州刺史。《宋書》卷八四有傳。按，李慈銘《梁書札記》云："'客'字疑誤。《南史》作'雍州刺史袁顗見而奇之'。"

[7]建安王休仁：宋文帝第十二子劉休仁，始封建安王。《宋書》卷七二《文九王》有傳。建安，郡名。治所在今福建建甌市南。

[8]廷尉：官名。九卿之一，掌刑辟。宋第三品。　虞愿：人

名。會稽郡餘姚人。《南齊書》卷五三《良政》有傳。

[9]《文選》卷一〇潘安仁《西征賦》："終童山東之英妙，賈生洛陽之才子。"此處以西漢終軍、賈誼比傅昭。

[10]清塵：本指車後揚起的塵土，後用於對人的敬稱。

[11]太原王延秀：王延秀祖籍太原，故稱。太原，郡名。治所在今山西太原市西南。　丹陽尹：京師所在丹陽郡行政長官，主治民。宋第三品。　袁粲：人名。祖籍陳郡陽夏。《宋書》卷八九有傳。

[12]哀策文：文體之一種。用於遷移皇帝棺木及對太子及后妃諸王大臣死者的策書。

[13]豈非：三朝本、百衲本"豈"下有"得"字。

[14]總明學士：即總明觀學士。《南齊書·百官志》："泰始六年（470），以國學廢，初置總明觀，玄、儒、文、史四科，科置學士各十人……永明三年（485）國學建，省。"

[15]員外郎：員外散騎侍郎之省稱，官名。集書省屬官。多以公族、功臣之子充任，爲閑散之職。宋齊官品不詳。　尚書儀曹郎：官名。尚書省諸曹郎之一，屬祠部尚書，掌禮儀。齊第六品。

先是御史中丞劉休薦昭於武帝，[1]永明初，以昭爲南郡王侍讀。[2]王嗣帝位，故時臣隸争求權寵，惟昭及南陽宗夬，[3]保身守正，無所參入，竟不罹其禍。明帝踐阼，引昭爲中書通事舍人。[4]時居此職者，皆勢傾天下，昭獨廉静，無所干豫。器服率陋，身安粗糲。常插燭於板牀，明帝聞之，賜漆合燭盤等，敕曰：[5]"卿有古人之風，故賜卿古人之物。"累遷車騎臨海王記室參軍，[6]長水校尉，[7]太子家令，驃騎晉安王諮議參軍。[8]尋除尚書左丞、本州大中正。

[1]劉休：人名。祖籍沛郡相縣，齊初爲御史中丞。《南齊書》卷三四有傳。

[2]南郡王：齊鬱林王蕭昭業初封爵號。見《南齊書》卷四《鬱林王紀》。　侍讀：官名。爲皇帝、太子、王公講讀經史的官吏。官品不詳。

[3]南陽宗夬：宗夬，祖籍南陽郡。本書卷一九有傳。南陽郡，治所在今河南南陽市。

[4]中書通事舍人：官名。中書省屬官，掌呈奏案章。劉宋以後，漸用寒士及皇帝親信擔任此職，奪中書侍郎草擬詔誥之權。至梁則用人殊重，選以才能，不限資地，掌中書詔令，多以他官兼領。員四人。齊第七品。

[5]敕：皇帝發佈的詔命。《三國志》卷一二《魏書·毛玠傳》："初，太祖平柳城，班所獲器物，特以素屏風、素凴几賜玠，曰：'君有古人之風，故賜君古人之服。'"敕語蓋祖此。

[6]車騎：車騎將軍的省稱，將軍名號。爲重號將軍，多加授大臣、重要地方長官。宋第二品，齊不詳。　臨海王：齊文惠太子子蕭昭秀之封爵號。見《南齊書》卷五〇《文二王傳》。臨海，郡名。治所在今浙江臨海市東南章安。

[7]長水校尉：官名。禁軍五校尉之一，掌宫廷宿衛。宋第四品，齊不詳。長水，舊本訛作"長史"，此依中華書局本校改。

[8]晉安王：齊明帝子蕭寶義之初封爵號。見《南齊書·明七王傳》。晉安，郡名。治所在今福建福州市。

高祖素悉昭能，[1]建康城平，[2]引爲驃騎録事參軍。[3]梁臺建，遷給事黄門侍郎，領著作郎，[4]頃之，兼御史中丞，黄門、著作、中正並如故。天監三年，兼五兵尚書，[5]參選事，四年，即真。[6]六年，徙爲左民尚書，[7]未拜，出爲建威將軍、平南安成王長史、尋陽太守。[8]七年，入爲振遠將軍、中權長史。[9]八年，遷通直散騎常侍，領步兵校尉，[10]復領本州大中正。十年，復爲左民尚書。

[1]高祖：梁武帝廟號。

[2]建康城平：齊東昏侯蕭寶卷即位後，狂悖無道，雍州刺史蕭衍起兵嚮京師建康以討之。永元三年（501）蕭衍義師包圍建康，十二月，城内誅東昏侯寶卷，送首義師，蕭衍入建康。詳本書《武帝紀》。

[3]驃騎：驃騎大將軍之省稱，將軍名號。多加於元老重臣，地位隆重。齊第一品。　録事參軍：官名。諸公及位從公府屬官，掌總録衆署文簿，舉彈善惡。宋第七品，齊不詳。

[4]著作郎：官名。祕書省屬官，掌國史，集注起居。爲清簡之職，多甲族貴遊起家之選。員一人。梁初第六品。

[5]兼：官制術語。假職未真授之稱。　五兵尚書：官名。尚書省列曹尚書之一。掌全國軍事行政。梁初第三品。

[6]即真：由假職而真授。

[7]左民尚書：官名。尚書省列曹尚書之一。掌土木工程及户籍等。梁初第三品。

[8]平南：平南將軍之省稱，將軍名號。與平東、平西、平北將軍合稱四平將軍，多持節都督或監某一地區的軍事，亦可作爲刺史兼理軍務的加官。宋第三品，梁初不詳。　安成王：梁武帝弟蕭秀的封爵號。見本書卷二二《太祖五王傳》。　尋陽：郡名。治所在今江西九江市西南。

[9]振遠將軍：將軍名號。梁置，與寧遠、明威等將軍代舊寧朔將軍。梁天監七年革選，釐定將軍名號及班品，有一百二十五號十品二十四班，以班多者爲貴。振遠將軍爲一百二十五號之一，十三班。　中權：中權將軍之省稱，將軍名號。梁置，與中衛、中

軍、中撫將軍合稱四中將軍，祇授予任職京師者。地位甚重。爲一百二十五號將軍之一，二十三班。

[10]步兵校尉：官名。禁軍五營校尉之一，掌侍衛。梁七班。

十一年，出爲信武將軍、安成内史。[1]安成自宋已來兵亂，郡舍號凶。及昭爲郡，郡内人夜夢見兵馬鎧甲甚盛，又聞有人云“當避善人”，軍衆相與騰虚而逝。夢者驚起。俄而疾風暴雨，倏忽便至，數間屋俱倒，即夢者所見軍馬踐蹈之所也。自後郡舍遂安，咸以昭正直所致。郡溪無魚，或有暑月薦昭魚者，[2]昭既不納，又不欲拒，遂餒于門側。[3]

[1]信武將軍：將軍名號。梁置，與智武、仁武將軍等代舊冠軍將軍。可由文職清官兼領。爲一百二十五號將軍之一，十五班。

[2]薦：獻。

[3]餒（něi）：魚臭壞。

十二年，入爲祕書監，[1]領後軍將軍。[2]十四年，遷太常卿。[3]十七年，出爲智武將軍、臨海太守。[4]郡有蜜巖，[5]前後太守皆自封固，專收其利。昭以周文之囿，與百姓共之，[6]大可喻小，乃教勿封。縣令常餉粟，[7]置絹于薄下，昭笑而還之。普通二年，[8]入爲通直散騎常侍、光禄大夫，[9]領本州大中正，尋領祕書監。五年，遷散騎常侍、金紫光禄大夫，中正如故。

[1]祕書監：官名。祕書省長官。掌國之典籍圖書。梁十一班。

[2]後軍將軍：官名。禁衛軍前左右後四軍將軍之一，掌宫廷宿衛。是禁衛軍主要將領之一。梁九班。

[3]太常卿：官名。梁十二卿之一，掌禮儀，十四班。

[4]智武將軍：將軍名號。梁置，與仁武、勇武、信武、嚴武將軍代舊冠軍將軍。爲一百二十五號將軍之一，十五班。 臨海：郡名。治所在今浙江臨海市東南。

[5]蜜巖：産蜜的巖地。

[6]戰國時，孟子曾對齊宣王説，周文王的獵場方七十里，割草打柴的人可以進去，打鳥捕獸的人也可進去，同老百姓一同享用。見《孟子·梁惠王下》。

[7]餉：饋贈。

[8]普通：梁武帝年號（520—527）。

[9]光禄大夫：官名。梁十三班。

昭所莅官，常以清静爲政，不尚嚴肅。居朝廷，無所請謁，不畜私門生，[1]不交私利。終日端居，[2]以書記爲樂，雖老不衰。博極古今，[3]尤善人物，魏晉以來，官宦簿伐，[4]姻通内外，[5]舉而論之，無所遺失。性尤篤慎。子婦嘗得家餉牛肉以進，昭召其子曰："食之則犯法，告之則不可，取而埋之。"其居身行己，不負闇室，[6]類皆如此。京師後進，宗其學，重其道，人人自以爲不逮。大通二年九月，[7]卒，時年七十五。詔賻錢三萬，布五十匹，即日舉哀，謚曰貞子。[8]

[1]門生：隨從。

[2]端居：平居。

[3]梁元帝《金樓子》卷六《雜記篇上》："丘遲出爲永嘉郡，

群公祖道於東亭。任敬子、沈隱侯俱至。丘云：‘少來搜集書史，頗得諸遺書，無復首尾，或失名，凡有百餘卷，皆不得而知，今並欲焚之。’二客乃謂主人：‘可皆取出共看之。’傅金紫未至，二客以嚮諸書示之。傅乃發擿剖判，皆究其流出，所得三分有二。賓客咸所悅服。”按，此可爲傅昭博極古今之一證。

[4]簿伐：先代官籍。伐，通“閥”。

[5]姻通内外：内外親戚。

[6]闇室：幽暗無人之處。引申爲獨處之處。

[7]大通：梁武帝年號（527—529）。

[8]錢大昕《十駕齋養新録》卷二〇“沈恭子”條有云：“六朝文臣無封爵而得謚者，例稱子。如任昉稱敬子，周弘正稱簡子之類，不一而足。”

長子諝，尚書郎，[1]臨安令。[2]次子肱。

[1]尚書郎：官名。尚書省諸曹郎之一。梁制，尚書郎中在職勤能，滿二歲轉爲侍郎。郎中，梁五班；侍郎，梁六班。

[2]臨安：縣名。治所在今浙江臨安縣北。

映字徽遠，昭弟也。三歲而孤。兄弟友睦，脩身厲行，非禮不行。始昭之守臨海，陸倕餞之，[1]賓主俱歡，日昏不反，[2]映以昭年高，不可連夜極樂，乃自往迎候，同乘而歸，兄弟並已斑白，時人美而服焉。及昭卒，映喪之如父，年踰七十，哀戚過禮，服制雖除，[3]每言輒感慟。

[1]陸倕：人名。本書卷二七有傳。

[2]反：同“返”。

[3]服制：禮制規定的喪服。

映泛涉記傳，有文才，而不以篇什自命。[1]少時與劉繪、蕭琛相友善，[2]繪之爲南康相，[3]映時爲府丞，[4]文教多令具草。[5]褚彦回聞而悦之，[6]乃屈與子賁等遊處。年未弱冠，彦回欲令仕，映以昭未解褐，[7]固辭，須昭仕乃官。[8]

[1]篇什：指詩歌。《詩經》之《雅》、《頌》以十篇爲一什，故稱。

[2]劉繪：人名。祖籍彭城。齊永明年間（483—493）曾爲南康相。《南齊書》卷四八有傳。

[3]南康：縣名。治所在今江西南康縣西南。　相：官名。侯國官，掌民政。宋第五品，齊不詳。

[4]府丞：此處爲侯國府丞，相之副佐。官品不詳。

[5]文教：文，指一般公文；教，公侯封郡縣者所發佈的文書。

[6]褚彦回：褚淵之字。淵祖籍河南陽翟，仕齊，官至侍中，録尚書。《南齊書》卷二三有傳。此處不稱名者，當是姚思廉避唐諱之故。

[7]解褐：脱去布衣换上官服，即入仕。

[8]須：待。

永元元年，參鎮軍江夏王軍事，[1]出爲武康令。[2]及高祖師次建康，吴興太守袁昂自謂門世忠貞，[3]固守誠節，乃訪於映曰：“卿謂時事云何？”映答曰：“元嘉之末，[4]開闢未有，故太尉殺身以明節，[5]司徒當寄託之重，[6]理無苟全，所以不顧夷險，以殉名義。今嗣主昏虐，[7]狎近羣小，親賢誅戮，君子道消，外難屢作，曾無悛改。今荆、雍協舉，[8]乘據上流，背昏向明，勢無不濟。百姓思治，天人之意可知；既明且哲，忠孝之途無爽。[9]願明府更當雅慮，[10]無祇悔也。”[11]尋以公事免。天監初，除征虜鄱陽王參軍，[12]建安王中權録事參軍，[13]領軍長史，烏程令。[14]所受俸禄，悉歸于兄。復爲臨川王録事參軍，[15]南臺治書，[16]安成王録事，太子翊軍校尉，[17]累遷中散大夫、光禄卿、太中大夫。[18]大同五年，[19]卒，年八十三。子弘。

[1]鎮軍：鎮軍將軍之省稱，將軍名號。南齊時，位在東西南北四征將軍之上。第三品。　江夏王：齊明帝子蕭寶玄的封爵號。見《南齊書》卷五〇《明七王傳》。江夏，郡名。治所在今湖北武漢市武昌。

[2]武康：縣名。治所在今浙江德清縣西千秋鎮。

[3]袁昂：人名。本書卷三一有傳。　門世忠貞：袁氏一門，世代忠貞。袁淑、袁象、袁粲猶有盛譽。《南史》卷二六《袁湛傳論》有云：“觀夫宋齊以還，袁門世蹈忠義，固知風霜之概，松筠其性乎！”

[4]元嘉：宋文帝年號（424—453）。

[5]故太尉：指袁淑。宋元嘉末，劉劭爲逆，要逼袁淑。淑不屈不撓，被害。孝武帝即位，追贈太尉。詳《宋書》卷七〇《袁淑傳》。

[6]司徒：指袁粲。宋明帝崩，粲與褚淵、劉勔並受顧命。順帝即位，粲官司徒。蕭道成方革命，粲以身受顧托，謀殺蕭道成，事泄，被殺。《宋書》卷八九有傳。

[7]嗣主：指齊東昏侯蕭寶卷。

[8]荆、雍協舉：東昏侯永元三年正月，雍州刺史蕭衍起兵討東昏侯蕭寶卷。同時荆州刺史南康王寶融長史蕭穎胄奉王舉義於江陵以響應。參《南齊書》卷八《和帝紀》及本書《武帝紀》。

[9]爽：傷敗，敗壞。

[10]明府：漢魏以下尊稱太守爲明府君，簡稱明府。

[11]祇悔：多悔，大悔。《易·復》："不造復，無祇悔，元吉。"

[12]征虜：征虜將軍之省稱，將軍名號。宋第三品，梁初不詳。　鄱陽王：梁武帝弟蕭恢的封爵號。恢，天監二年爲征虜將軍、南徐州刺史。本書卷二二《太祖五王傳》有傳。鄱陽，郡名。治所在今江西波陽縣。

[13]建安王：梁武帝弟蕭偉的初封爵號。見本書卷二二《太祖五王傳》。

[14]烏程：縣名。治所在今浙江湖州市。

[15]臨川王：梁武帝弟蕭宏的封爵號。見本書卷二二《太祖五王傳》。

[16]南臺：即御史臺。　治書：即治書侍御史，官名。御史臺屬官。掌舉劾官品第六以下官員，分統侍御史。員二人。梁六班。

[17]太子翊軍校尉：官名。東宫三校之一，掌宿衛。梁七班。

[18]中散大夫：官名。屬光禄卿，無員。養老疾，無職事。梁十班。　光禄卿：官名。梁十二卿之一，掌宫殿門户，統守宫、黄門、華林園、暴室等令。十一班。　太中大夫：官名。屬光禄卿，無員。養老疾，無職事。梁十一班。

[19]大同：梁武帝年號（535—546）。

蕭琛字彦瑜，蘭陵人，[1]祖僧珍，宋廷尉卿。[2]父惠訓，太中大夫。琛年數歲，從伯惠開撫其背曰：[3]"必興吾宗。"

[1]蘭陵：郡名。治所在今山東蒼山縣蘭陵鎮。此蕭氏祖籍。宋·王觀國《學林》卷六“郢”條云：“南朝蕭氏出於蘭陵，而其後又創南蘭陵，各貴其所自出故也。”

[2]廷尉卿：官名。諸卿之一，掌刑辟。宋第三品。《隋書·百官志》：“諸卿，梁初猶依宋、齊，皆無卿名。”按，此云廷尉卿，當係姚思廉以梁初以後之名稱之。

[3]惠開：蕭惠開，人名。仕齊，官終南郡太守。《宋書》卷八七有傳。

琛少而朗悟，有縱横才辯。起家齊太學博士。[1]時王儉當朝，[2]琛年少，未爲儉所識，負其才氣，欲候儉。時儉宴于樂遊苑，[3]琛乃著虎皮靴，策桃枝杖，直造儉坐，儉與語，大悦。儉爲丹陽尹，辟爲主簿，舉爲南徐州秀才，累遷司徒記室。[4]

[1]太學博士：官名。屬太常。國子學教官，參議禮制。宋第六品，齊不詳。

[2]王儉：人名。祖籍琅邪臨沂。仕齊，官至尚書令，權威顯赫。《南齊書》卷二三有傳。

[3]樂遊苑：南朝宋文帝所建林苑。内有正陽、林光諸殿，爲帝王貴官遊樂之所。故址在今江蘇南京市東北鍾山西。

[4]記室：記室參軍之省稱，官名。王公軍府屬官，掌文記。宋第七品，齊不詳。

永明九年，魏始通好，琛再銜命至桑乾，[1]還爲通直散騎侍郎。[2]時魏遣李道固來使，[3]齊帝讌之，琛於御筵舉酒勸道固，道固不受，曰："公庭無私禮，不容受勸。"琛徐答曰："《詩》所謂'雨我公田，遂及我私'。"[4]座者皆服，道固乃受琛酒。遷司徒右長史。[5]出爲晉熙王長史、行南徐州事。[6]還兼少府卿、尚書左丞。[7]

[1]桑乾：縣名。北魏置，治所在今山西山陰縣東南。

[2]通直散騎侍郎：官名。集書省屬官，掌侍從左右，與散騎侍郎通直。劉宋以後，多爲加官，不爲人所重。宋第五品，齊不詳。

[3]李道固：李彪字道固，北魏頓丘人。多次出使南朝。《魏書》卷六二有傳。

[4]《詩·小雅·大田》："有渰萋萋，興雨祁祁。雨我公田，遂及我私。"

[5]司徒右長史：司徒府屬官，與左長史共佐司徒掌官吏事。宋第六品，齊不詳。

[6]晉熙王：齊明帝子蕭寶嵩的封爵號。見《南齊書》卷五〇《明七王傳》。

[7]少府卿：官名。九卿之一，掌宫中服御之物。齊第三品。

東昏初嗣立，時議以無廟見之典，琛議據《周頌·烈文》、《閔予》皆爲即位朝廟之典，於是從之。[1]高祖定京邑，[2]引爲驃騎諮議，[3]領録事，[4]遷給事黄門侍郎。梁臺建，爲御史中丞。天監元年，遷庶子，[5]出爲宣城太守。[6]徵爲衛尉卿，[7]俄遷員外散騎常侍。[8]三年，除太子中庶子、散騎常侍。[9]九年，出爲寧遠將軍、平西長史、江夏太守。[10]

［1］齊永泰元年（498），明帝崩，東昏侯蕭寶卷初嗣立。時議是否廟見。尚書令徐孝嗣以爲前代無廟見之典。蕭琛舉《詩·周頌》之《烈文》及《閔予小子》爲證，認爲周代即有此禮，應該遵循。蕭琛之説得到認同。詳《南齊書·禮志上》。

［2］齊東昏侯蕭寶卷即位後，狂悖無道。雍州刺史蕭衍起兵嚮京邑建康以討之。永元三年，蕭衍軍包圍京邑，城内誅東昏侯，送首蕭衍，建康城平。參本書《武帝紀》及《南齊書》卷七《東昏侯紀》。

［3］諮議：諮議參軍之省稱，官名。王公軍府屬官，掌諷議。宋第七品，齊不詳。

［4］録事：録事參軍之省稱，官名。王公軍府屬官，掌總録衆署文書，舉彈善惡。宋第七品，齊不詳。

［5］庶子：中華書局本《校勘記》："梁東宫職僚有太子中庶子、太子庶子。此'庶子'上當脱'太子中'三字或'太子'二字。"按，下文云"除太子中庶子"，則此處當爲"太子庶子"。太子庶子，掌侍從左右，獻納諫諍。員四人。梁初第五品。

［6］宣城：郡名。治所在今安徽宣州市。

［7］衛尉卿：官名。九卿之一，掌宫門屯兵。梁初第三品。

［8］員外散騎常侍：官名。集書省官員，多以公族、宗室充任。劉宋以後，爲閑散之職。宋至梁初官品不詳。

［9］太子中庶子：官名。東宫屬官，掌侍從及文翰。員四人。梁十一班。

［10］寧遠將軍：將軍名號。梁代與明威、振遠等將軍代舊寧朔將軍。爲一百二十五號十品二十四班將軍之十三班。　平西：平西將軍之省稱，將軍名號。與平東、平南、平北四將軍合稱四平將軍。多持節都督或監某一地區的軍事，亦可作爲刺史兼理軍務的加官。爲一百二十五號將軍之一，二十班。　江夏：郡名。治所在今

湖北武漢市武昌。

始琛在宣城，有北僧南度，惟賫一葫蘆，[1]中有《漢書序傳》。僧曰："三輔舊老相傳，[2]以爲班固真本。"[3]琛固求得之，其書多有異今者，而紙墨亦古，文字多如龍舉之例，非隸非篆，琛甚祕之。及是行也，以書饟鄱陽王範，[4]範乃獻于東宫。

[1]賫（jī）：三朝本、百衲本同，殿本作"賚"，《南史》卷一八《蕭思話傳》附《蕭琛傳》作"齎"，中華書局本作"賚"。按，齎、賫、賷同，携帶之意。中華書局本誤，今改正。

[2]三輔：即西漢時京畿之地所設京兆尹、左馮翊、右扶風的合稱。相當於今陝西關中地區。後世依舊慣，稱其地爲三輔。

[3]班固真本：班固所撰《漢書》原本。按，此所謂真本，當係好事者爲之，古人已有辨析。參清・王先謙《漢書・序傳》題下補注及本書卷四〇《劉之遴傳》。

[4]饟：饋贈。　鄱陽王範：梁武帝弟蕭恢之子範，嗣父爵爲鄱陽王。見本書卷二二《太祖五王・鄱陽王恢傳》。鄱陽，郡名。治所在今江西波陽縣。

琛尋遷安西長史、南郡太守，[1]母憂去官，又丁父艱。[2]起爲信武將軍、護軍長史，俄爲貞毅將軍、太尉長史。[3]出爲信威將軍、東陽太守，[4]遷吴興太守。郡有項羽廟，土民名爲憤王，甚有靈驗，遂於郡廳事安施牀幕爲神座，公私請禱，前後二千石皆於廳拜祠，[5]而避居他室。琛至，徙神還廟，處之不疑。又禁殺牛解祀，[6]以脯代肉。[7]

[1]安西：安西將軍之省稱。將軍名號。與安南、安北、安東將軍合稱四安將軍。爲出鎮方面的軍事長官，或作爲刺史兼理軍務的加官，權任頗重。爲一百二十五號將軍之一，二十一班。　南郡：郡名。治所在今湖北荆州市。

[2]丁父艱：服父喪。

[3]貞毅將軍：將軍名號。梁置，與輕車、征遠等將軍代舊輔國將軍。爲一百二十五號將軍之一，十四班。

[4]信威將軍：將軍名號。梁置，與智威、仁威、勇威、嚴威將軍代舊征虜將軍。爲一百二十五號將軍之一，十六班。　東陽：郡名。治所在今浙江金華市。

[5]二千石：指郡守。漢代地方郡守俸禄爲二千石，故後世用以代稱郡守。

[6]解祀：同“解祠”，即祓除灾害的祭祀。《漢書·郊祀志》顔師古注：“解祠者，謂祭祠以解罪求福。”

[7]脯：乾肉。

琛頻莅大郡，不治産業，有闕則取，不以爲嫌。普通元年，徵爲宗正卿，[1]遷左民尚書，領南徐州大中正，太子右衛率。[2]徙度支尚書，[3]左驍騎將軍，[4]領軍將軍，[5]轉祕書監、後軍將軍，遷侍中。[6]

[1]宗正卿：官名。梁十二卿之一，掌皇室外戚之籍，以宗室居之。十三班。

[2]太子右衛率：官名。與太子左衛率合稱太子二率。掌東宫宿衛，亦領兵出征，職任頗重。梁十一班。

[3]度支尚書：官名。尚書省列曹尚書之一，掌財賦統計、支調。梁十一班。

[4]左驍騎將軍：官名。梁天監六年置，禁衛軍重要將領。掌侍衛。梁十一班。《陳書》卷一八《韋載傳》附《韋翽傳》："驍騎之職，舊領營兵，兼統宿衛。自梁代已來，其任逾重，出則羽儀清道，入則與二衛通直，臨軒則升殿俠侍。"所指即左右驍騎將軍。

[5]領軍將軍：官名。禁衛軍最高統帥，管天下兵要。梁十五班。

[6]侍中：官名。門下省長官。掌侍從左右，擯相威儀，盡規獻納等，參與決策，是中樞集團重要成員，地位顯要。定員四人，梁十二班。

高祖在西邸，[1]早與琛狎，每朝讌，接以舊恩，呼爲宗老。琛亦奉陳昔恩，以"早簉中陽，[2]夙忝同閈，[3]雖迷興運，猶荷洪慈"。[4]上答曰："雖云早契闊，[5]乃自非同志；勿談興運初，且道狂奴異。"[6]

[1]西邸：齊竟陵王蕭子良的別邸。故址在今江蘇南京市鷄鳴山。

[2]簉：副。

[3]閈：里門。古代二十五家爲里，里有門。

[4]洪慈：大恩。

[5]契闊：要約，生死相約。

[6]狂奴：狂放不羈的人。此指蕭琛。

琛常言："少壯三好，音律、書、酒。年長以來，二事都廢，惟書籍不衰。"而琛性通脱，[1]常自解竈，[2]事畢餕餘，[3]必陶然致醉。

[1]通脱：隨便。

[2]解竈：祭竈神以求福解禍。

[3]餕餘：用後剩餘的食品。

大通二年，爲金紫光禄大夫，加特進，[1]給親信三十人。[2]中大通元年，[3]爲雲麾將軍、晉陵太守，[4]秩中二千石，以疾自解，改授侍中、特進、金紫光禄大夫。卒，年五十二。[5]遺令諸子，與妻同墳異藏，祭以蔬菜，葬日止車十乘，事存率素。[6]乘輿臨哭甚哀。[7]詔贈本官，加雲麾將軍，給東園祕器，[8]朝服一具，衣一襲，[9]賻錢二十萬，布百匹。謚曰平子。

[1]特進：官名。古代授給功德優盛、爲朝廷所敬異的大臣的官職。位在三公之下。梁十五班。《太平御覽》卷二四三《職官·特進》引沈約《宋書》有云："其諸官加特進者，從本官供給，特進但爲班位而已，不别有吏卒車服也。"

[2]親信：守護之吏。

[3]中大通：梁武帝年號（529—534）。

[4]雲麾將軍：將軍名號。梁置，與武臣、爪牙、龍騎將軍代舊左右前後四將軍。爲一百二十五號將軍之一，十八班。

[5]年五十二：此疑有誤。考本書《武帝紀》，琛卒於中大通三年（531）二月，若卒時"年五十二"，則其生在齊建元二年（480）。而本傳載其永明九年（491）"再銜命"使魏，則其使魏時不足十一歲，似無可能。頗疑"五"爲"七"字之訛。參許福謙《南北朝八書二史疑年録》中《梁書疑年録》"蕭琛"條。

[6]率素：簡單樸素。

[7]乘輿：帝王乘坐的車子。此處代指梁武帝。

[8]東園祕器：漢有官署稱東園，掌製作王公貴族墓内器物，故稱棺木爲東園祕器。

[9]一襲：一套。

陸杲字明霞，吴郡吴人。[1]祖徽，[2]宋輔國將軍、益州刺史。[3]父叡，揚州治中。[4]

[1]吴郡：郡名。治所在今江蘇蘇州市。　吴：縣名。治所與吴郡同。

[2]徽：陸徽，仕宋，官至益州刺史。卒，詔贈輔國將軍。《宋書》卷九二《良吏》有傳。

[3]益州：州名。治所在今四川成都市。

[4]揚州：州名。治所在今江蘇南京市。　治中：治中從事史的省稱，官名。州府屬官，掌衆曹文書事。宋齊官品不詳。

杲少好學，工書畫，舅張融有高名，[1]杲風韻舉動，頗類於融，時稱之曰："無對日下，[2]惟舅與甥。"起家齊中軍法曹行參軍，[3]太子舍人，[4]衛軍王儉主簿。[5]遷尚書殿中曹郎，[6]拜日，八座丞郎並到上省交禮，[7]而杲至晚，不及時刻，坐免官。久之，以爲司徒竟陵王外兵參軍，[8]遷征虜宜都王功曹史，[9]驃騎晉安王諮議參軍，司徒從事中郎。[10]梁臺建，以爲驃騎記室參軍，遷相國西曹掾。[11]天監元年，除撫軍長史，母憂去職。服闋，[12]拜建威將軍、中軍臨川王諮議參軍，尋遷黄門侍郎，[13]右軍安成王長史。五年，遷御史中丞。

[1]張融：人名。齊吴郡吴人。釋道兼修，神解過人。仕齊，官終司徒左長史。《南齊書》卷四一有傳。

[2]日下：指京師。古以帝王比日，因以皇帝所在之地爲日下。

[3]中軍：中軍將軍之省稱，將軍名號。爲重號將軍。宋第三品。　法曹行參軍：官名。王公軍府屬官，掌郵驛科程事。位在正參軍之下。

[4]太子舍人：官名。東宫屬官，掌文記。員十六人。宋第七品，齊不詳。

[5]衛軍：亦稱衛將軍，將軍名號。爲重號將軍，用以加授大臣、重要地方長官，常以權臣兼任。宋第二品，齊不詳。

[6]尚書殿中曹郎：官名。尚書省諸曹郎之一，屬左僕射。常擬詔書，多用文學之士。齊第六品。

[7]八座丞郎：尚書省一令（尚書令）、二僕射（左、右僕射）、五尚書（吏部、祠部、度支、左民、五兵）謂之八座。又有左、右二丞及諸曹郎。統稱八座丞郎。　上省：建康宫城内有尚書上省，尚書下省。上省，指尚書上省，即尚書省官署。下省爲尚書省官屬居處之所。參郭湖生《臺城辨》一文。

[8]外兵參軍：官名。王公軍府屬官，掌本府軍隊政令。宋第七品，齊不詳。

[9]宜都王：齊武帝異母弟蕭鏗的封爵號。見《南齊書》卷三五《高帝十二王傳》。宜都，郡名。治所在今湖北宜城市。　功曹史：州郡及不開府將軍佐吏，掌吏員賞罰任免。宋、齊官品不詳。

[10]從事中郎：官名。諸公府及開府位從公府屬官，掌本府官吏。宋第六品，齊不詳。

[11]西曹掾：官名。丞相、三公府屬官，掌府吏署用。宋第七品，齊不詳。

[12]服闋：服喪期滿。

[13]黄門侍郎：官名。門下省次官，掌侍從左右，管知詔令。出入禁中，地位顯要。員四人。梁初第五品。

呆性婞直，[1]無所顧望。山陰令虞肩在任，[2]贓污數百萬，呆奏收治。中書舍人黄睦之以肩事託呆，[3]呆不答。高祖聞之，以問呆，呆答曰“有之”。高祖曰：“卿識睦之不?”呆答曰：“臣不識其人。”時睦之在御側，上指示呆曰：“此人是也。”呆謂睦之曰：“君小人，何敢以罪人屬南司?”[4]睦之失色。領軍將軍張稷，[5]是呆從舅，呆嘗以公事彈稷，稷因侍宴訴高祖曰：“陸呆是臣通親，[6]小事彈臣不貸。”高祖曰：“呆職司其事，卿何得爲嫌!”呆在臺，[7]號稱不畏强禦。[8]

[1]婞直：剛直。

[2]山陰：縣名。治所在今浙江紹興市。

[3]中書舍人：官名。中書省屬官，舊掌入值閣内，呈奏案章。劉宋以後漸用寒士及皇帝親信擔任此職，奪中書侍郎出令權。至梁則用人殊重，選以才能，不限資地，使掌中書詔誥，多以他官兼領。天監七年革選，定爲四班。

[4]屬：同“囑”，托付。　南司：御史中丞的别稱。六朝時，因御史臺在尚書省之南而稱南臺，故稱御史臺長官爲南司。

[5]張稷：人名。本書卷一六有傳。

[6]通親：姻親。周一良《魏晉南北朝史札記》之《梁書札記》“舅甥相糾彈”條有云：“蓋舅甥不相糾彈乃東晉以來舊制。陸呆以甥糾舅，故張稷訴之。”

[7]臺：此處指御史臺。

[8]强禦：横暴有勢力的人。

六年，遷祕書監，頃之爲太子中庶子、光禄卿。八年，出爲義興太守，[1]在郡寬惠，爲民下所稱。還爲司空臨川王長史、領揚州大中正。十四年，遷通直散騎侍郎，[2]俄遷散騎常侍，中正如故。十五年，遷司徒左長史。[3]十六年，入爲左民尚書，[4]遷太常卿。普通二年，出爲仁威將軍、臨川内史。[5]五年，入爲金紫光禄大夫，又領揚州大中正。中大通元年，加特進，中正如故。四年，卒，時年七十四。謚曰質子。

[1]義興：郡名。治所在今江蘇宜興市。

[2]通直散騎侍郎：官名。梁六班。按，“侍郎”疑爲“常侍”之訛誤。考陸杲前後官職班品，前“爲司空臨川王長史”，在十班，接言“遷”，當在十班以上；後“俄遷散騎常侍”，在十二班。故知此爲“通直散騎常侍”，在十一班，合理。

[3]司徒左長史：官名。司徒府職僚，佐司徒掌官吏事。梁十二班。

[4]左民尚書：官名。職掌同前代。梁十三班。

[5]仁威將軍：將軍名號。梁置，與智威、勇威、信威、嚴威將軍代舊征虜將軍。天監七年革選，定爲一百二十五號十品二十四班之十六班。

杲素信佛法，持戒甚精，著《沙門傳》三十卷。[1]

[1]陸杲另有《繫觀世音應驗記》，見孫昌武校點《觀世音應驗記》（三種）。是書有云：“今以齊中興元年敬撰此卷六十九條。”據知撰於齊末。又，《新唐書・藝文志》著録：“陸果《繫應驗記》一卷。”按，“果”當是“杲”之誤。《繫應驗記》是《繫觀世音應驗

記》之省稱。

弟煦，學涉有思理。[1]天監初，歷中書侍郎，[2]尚書左丞，太子家令，[3]卒。撰《晉書》未就。又著《陸史》十五卷，[4]《陸氏驪泉志》一卷，並行於世。

子罩，少篤學，有文才，仕至太子中庶子、光禄卿。

[1]學涉：學識修養。

[2]中書侍郎：官名。中書省屬官，舊掌詔誥。劉宋以後草擬詔誥之權漸歸中書舍人，侍郎職少官清，多爲諸王起家官。員四人。梁初第五品。

[3]太子家令：官名。屬太子詹事。掌東宮刑獄錢穀等。員一人。梁十班。

[4]《陸史》十五卷：《隋書·經籍志》著録有"《陸史》十五卷"，不題撰人，當是此書。

史臣曰：范岫、傅昭，並篤行清慎，[1]善始令終，斯石建、石慶之徒矣。[2]蕭琛、陸杲俱以才學著名。琛朗悟辯捷，加諳究朝典，高祖在田，[3]與琛遊舊，及踐天曆，[4]任遇甚隆，美矣。杲性婞直，無所忌憚，既而執法憲臺，[5]糾繩不避權幸，可謂允兹正色。[6]《詩》云："彼己之子，邦之司直。"[7]杲其有焉。

[1]篤行：行爲惇厚。

[2]石建、石慶：皆人名。西漢石奮之二子，並官至二千石，以孝謹著聞。見《史記》卷一〇三《萬石張叔列傳》。

[3]在田：《易·乾》："九二，見龍在田，利見大人。"後世用以指帝王即位以前的處境。

[4]天曆：天運。此指帝位。

[5]憲臺：指御史臺。

[6]允：誠信。　正色：端莊嚴肅。《尚書·畢命》："正色率下。"《疏》："正色，謂嚴其顏色，不怠慢，不阿諛。"

[7]見《詩·鄭風·羔裘》。意謂那個人是國家主持公道的人。彼己，《毛詩》作"彼其"。

梁書 卷二七

列傳第二十一

陸倕　到洽　明山賓　殷鈞　陸襄

陸倕字佐公，吴郡吴人也。[1]晉太尉玩六世孫。[2]祖子真，宋東陽太守。[3]父慧曉，齊太常卿。[4]

[1]吴郡：郡名。治所在今江蘇蘇州市。　吴：縣名。治所與吴郡同。

[2]玩：陸玩，字士瑶。《晉書》卷七七有傳。

[3]東陽：郡名。治所在今浙江金華市。按，《南史》卷四八同傳作“海陵”。《南齊書》卷四六《陸慧曉傳》：“父子真，元嘉中爲海陵太守。”俱與此異。

[4]太常卿：官名。諸卿之一。掌禮樂祠祀。齊三品。按，《南齊書》卷四六《陸慧曉傳》載慧曉卒，“贈太常”，不言太常卿。《隋書·百官志》：“諸卿，梁初猶依宋、齊，皆無卿名。”是齊代祇名太常，“卿”當係姚思廉以梁初以後之名稱之。

倕少勤學，善屬文。於宅内起兩間茅屋，杜絶往來，晝夜讀書，如此者數載。所讀一遍，必誦於口。嘗借人《漢書》，失《五行志》四卷，乃暗寫還之，略無遺脱。[1]幼爲外祖張岱所異，[2]岱常謂諸子曰："此兒汝家之陽元也。"[3]年十七，[4]舉本州秀才。刺史竟陵王子良開西邸延英俊，[5]倕亦預焉。辟議曹從事參軍、廬陵王法曹行參軍。[6]天監初，[7]爲右軍安成王外兵參軍，[8]轉主簿。[9]

[1]略無：毫無，全無。

[2]張岱：人名。齊吴郡吴人。官至散騎常侍，南兖州刺史。《南齊書》卷三二有傳。

[3]陽元：魏舒字陽元，晉任城樊人。少孤，爲外家寧氏所養。不修常人節，當世以爲無學。後自課百日習一經，對策升第，位至三公。《晉書》卷四一有傳。

[4]年十七：舊本皆脱"年"字，《南史》同。此依中華書局本校補。

[5]竟陵王子良：齊武帝子蕭子良封爵號竟陵王。《南齊書·武十七王傳》有傳。竟陵，郡名。治所在今湖北鍾祥市。　西邸：蕭子良之别邸。地在今江蘇南京市鷄鳴山。

[6]議曹從事：官名。州府屬官，掌諷議。宋第九品，齊不詳。　參軍：官名。王公軍府屬官，掌府曹事。宋第七品，齊不詳。　廬陵王：齊明帝子蕭寶源的封爵號。見《南齊書》卷五〇《明七王傳》。廬陵，郡名。治所在今江西吉水縣。　法曹行參軍：官名。王公軍府屬官，掌郵驛科程事。位在參軍之下。

[7]天監：梁武帝年號（502—519）。

[8]右軍：右軍將軍之省稱，將軍名號。前左右後四軍將軍之一。掌宫禁宿衛。宋第四品，梁初不詳。　安成王：梁武帝弟蕭秀的封爵號。見本書卷二二《太祖五王傳》。安成，郡名。治所在今

江西安福縣東南。　外兵參軍：官名。王公軍府屬官，掌本府軍事政令。梁初第六品。

[9]主簿：官名。自漢以下，中央各機構及地方州郡皆置。掌文書簿籍，爲掾吏之首。其官品隨所署長官地位高下而異。

倕與樂安任昉友善，[1]爲《感知己賦》以贈昉，[2]昉因此名以報之曰："信偉人之世篤，本侯服於陸鄉。[3]緬風流與道素，襲袞衣與繡裳。[4]還伊人而世載，[5]並三駿而龍光。[6]過龍津而一息，[7]望鳳條而曾翔。[8]彼白玉之雖潔，此幽蘭之信芳。思在物而取譬，非斗斛之能量。匹聳峙於東岳，比凝厲於秋霜。不一飯以妄過，[9]每三錢以投渭。[10]匪蒙袂之敢嗟，[11]豈溝壑之能衣。[12]既蘊藉其有餘，又淡然而無味。得意同乎卷懷，[13]違方似乎仗氣。類平叔而靡雕，[14]似子雲之不朴。[15]冠衆善而貽操，綜羣言而名學。折高、戴於后臺，[16]異鄒、顔乎董幄。[17]採三《詩》於河間，[18]訪九師於淮曲。[19]術兼口傳之書，藝廣鏗鏘之樂。時坐睡而梁懸，[20]裁枝梧而錐握。[21]既文過而意深，又理勝而辭縟。咨余生之荏苒，[22]迫歲暮而傷情。測徂陰於堂下，[23]聽鳴鍾於洛城。[24]唯忘年之陸子，定一遇於班荆。[25]余獲田蘇之價，[26]爾得海上之名。[27]信落魄而無産，終長對於短生。飢虛表於徐步，逃責顯於疾行。子比我於叔則，[28]又方余於耀卿。[29]心照情交，流言靡惑。萬類闇求，千里懸得。言象可廢，[30]蹄筌自默。[31]居非連棟，行則同車。冬日不足，夏日靡餘。肴核非餌，絲竹豈娱。我未捨駕，子已回輿。中飯相顧，悵然動色。邦壤既殊，離會莫測。存異山陽之居，[32]没非要離之側。[33]似膠投漆中，[34]離婁豈能識。”[35]其爲士友所重如此。

[1]樂安任昉：任昉，祖籍樂安郡。本書卷一四有傳。樂安，治所在今山東鄒平縣東北苑城鎮。

[2]《感知己賦》：見《藝文類聚》卷三一。

[3]侯服：古代稱離王城千里之内爲國畿，國畿之外五百里内的地區爲侯服。

[4]襲：穿。　衮衣與繡裳：古代帝王及王公所穿禮服。按，陸氏爲江東大族，祖上如陸遜、陸抗皆位至三公，故云。

[5]還：《藝文類聚》卷三一作“逮”。　伊人：指陸倕。

[6]三駿：西晉陸機、陸雲與顧榮三人，時人稱爲三俊。見《晉書》卷六八《顧榮傳》。駿，通“俊”。此處借以指陸倕兄弟。《南史》卷四八《陸慧曉傳》：“（慧曉）三子，僚、任、倕並有美名，時人謂之三陸。”　龍光：比喻有文采。

[7]龍津：等於説龍門。比喻有聲望的人。《後漢書》卷六七《黨錮·李膺傳》：“膺獨持風裁，以聲名自高。士有被容接者，名爲登龍門。”

[8]鳳條：傳説鳳凰非梧不棲，因名梧枝爲鳳條。唐·段成式《酉陽雜俎·前集》“語資”條：“歷城房家園，齊博陵君豹之山也。……曾有人折其桐枝者，公曰：‘何謂傷吾鳳條！’自後人不敢復折。”　曾：高飛的樣子。

[9]不一飯以妄過：東漢·應劭《風俗通義》卷三《愆禮》：“太原郝子廉飢不得食，寒不得衣，一介不取諸人。曾過姊飯，留十五錢默置席下，去。每行飲水，常投一錢井中。”

[10]每三錢以投渭：漢代安陵人項仲仙（一作“山”），爲人清廉，每次到渭水飲馬，必投三錢於水中。事見《初學記》卷六引

《三輔決録》。

[11]匪：通“非”。

[12]衣：覆蓋。

[13]卷懷：《論語·衛靈公》：“邦有道則仕，邦無道則可卷而懷之。”此處意爲藏身隱退。

[14]平叔：曹魏人何晏字平叔，少以才秀知名，而性喜雕飾。動静粉白不去手，行步顧影。見《三國志》卷九《曹真傳》附《何晏傳》及裴松之注引《魏略》。

[15]子雲：漢人揚雄字子雲，少而好學，博覽無所不見。其文“文義至深而論不詭於聖人”。《漢書》卷八七有傳。

[16]折高、戴於后臺：高，待考。戴，指戴憑。《後漢書》卷七九《儒林·戴憑傳》：“正旦朝賀，百僚畢會，帝令群臣能説經者更相難詰，義有不通，輒奪其席以益通者，憑遂重坐五十餘席。故京師爲之語曰：‘解經不窮戴侍中。’”后臺，即后氏曲臺。曲臺，本秦漢宫殿名，行射禮之所，漢時又立爲署，置太常博士弟子。宣帝時后蒼傳授高堂生《士禮》，撰《后氏曲臺記》。此處用以代指研討禮學之所。參《漢書》卷八八《儒林傳》及《藝文志》。

[17]異鄒、顔乎董幄：鄒、顔，待考。董幄，即董帷。《史記》卷一二一《儒林·董仲舒傳》：“董仲舒，廣川人也。以治《春秋》，孝景時爲博士。下帷講誦，弟子傳以久次相受業，或莫見其面。”

[18]採三《詩》於河間：意謂廣泛搜集經典。三《詩》，即齊、魯、韓三家《詩》。漢景帝子河間獻王劉德修學好古，廣泛搜集民間善書，以至得書多與朝廷等。見《漢書》卷五三《景十三王·河間獻王傳》。河間，漢國名，治所在今河北獻縣東南。

[19]訪九師於淮曲：意謂廣泛拜訪學者。九師，《漢書·藝文志》著録《易》類有《淮南道訓》二篇，注云：“淮南王安聘明《易》者九人，號九師。”漢淮南王劉安好文學，招致賓客方術之士數千人，編成《淮南鴻烈》一書。見《史記》卷一一八《淮南衡山王列傳》。淮曲，指淮南王國，治所在今安徽壽縣。

［20］梁懸：將頭髮拴於屋梁上，以防入睡。《太平御覽》卷六一一引晉·張方《楚國先賢傳》："（漢）孫敬好學，時欲寤寐，懸頭至屋梁以自課。"

［21］裁：通"纔"。　枝梧：勉强撐持的樣子。《藝文類聚》卷三一作"據梧"。　錐握：用《戰國策·秦策》蘇秦發憤讀書，"欲睡，引錐自刺其股"以自警醒故事。

［22］荏苒：指時間推移。

［23］徂陰：移動的日影。《吕氏春秋·察今》："故審堂下之陰，而知日月之行，陰陽之變。"

［24］鳴鍾：《洛陽伽藍記》卷二《城東·龍華寺》："陽渠北有建陽里，里有土臺，高三丈，上作二精舍。趙逸云：'此臺是中朝旗亭也。'上有二層樓，懸鼓擊之以罷市。有鍾一口，撞之聞五十里。"

［25］班荆：鋪荆於地而坐。春秋時，楚大夫伍舉避難逃到鄭國，將轉而奔晉。於郊外遇故人聲子，"班荆相與食，而言復故"。詳《左傳·襄公二十六年》。

［26］田蘇之價：指"好仁"的評價。《左傳·襄公七年》：晉韓厥告老，韓無忌有廢疾，將立之。無忌讓於韓起，曰："無忌不才，讓，其可乎？請立起也。與田蘇遊，而曰'好仁'。"杜預注："田蘇，晉賢人。蘇言起好仁。"

［27］海上之名：指高潔的名聲。戰國時，齊田單攻聊城歲餘不下。魯仲連爲書射城中，聊城降。田單欲爵之，仲連逃隱於海上。見《史記》卷八三《魯仲連列傳》。

［28］叔則：裴楷字叔則，晉河東聞喜人。容儀俊爽，博涉群書，官至中書令。《晉書》卷三五有傳。

［29］耀卿：袁焕字耀卿，三國魏陳郡扶樂人。有節概，明於治理。家無所儲，不問産業。官至郎中令，行御史大夫事。《三國志》卷一一有傳。

［30］言象：指外在的表現形式。

[31]蹄筌：《莊子·外物》："筌者所以在魚，得魚而忘筌；蹄者所以在兔，得兔而忘蹄；言者所以在意，得意而忘言。"蹄，捕兔的工具；筌，捕魚的工具。後世用以指手段或表現形迹。

[32]山陽之居：山陽，縣名。治所在今河南焦作市東南。魏末嵇康寓居河内山陽，與吕安、向秀等居止接近，共爲竹林之遊。參《文選》卷一六向子期《思舊賦》及李善注。

[33]要離之側：《後漢書》卷八三《逸民·梁鴻傳》：梁鴻客居皋伯通家，及卒，伯通等爲求葬地於吴要離冢傍，咸曰："要離烈士，而伯鸞清高，可令相近。"伯鸞，梁鴻之字。要離，春秋時刺客，爲報吴公子光知遇之恩，刺殺吴王僚之子慶忌，中要害。慶忌釋之，令還吴。要離渡至江陵，亦伏劍自盡。事詳《吴越春秋》卷四《闔閭内傳》。

[34]膠投漆中：比喻結合牢固，密近無間。

[35]離婁：人名。《孟子·離婁》漢·趙岐注："離婁者，古之明目者。蓋以爲黄帝時人也。黄帝亡其玄珠，使離朱索之。離朱即離婁也，能視於百步之外，見秋毫之末。"

遷驃騎臨川王東曹掾。[1]是時禮樂制度，多所創革，高祖雅愛倕才，[2]乃敕撰《新漏刻銘》，[3]其文甚美。遷太子中舍人，[4]管東宫書記。又詔爲《石闕銘記》，[5]奏之。敕曰：[6]"太子中舍人陸倕所製《石闕銘》，辭義典雅，足爲佳作。昔虞丘辨物，[7]邯鄲獻賦，[8]賞以金帛，前史美談。可賜絹三十匹。"遷太子庶子、國子博士，[9]母憂去職。[10]服闋，[11]爲中書侍郎，[12]給事黄門侍郎，[13]揚州别駕從事史，[14]以疾陳解，遷鴻臚卿，[15]入爲吏部郎，[16]參選事。[17]出爲雲麾晉安王長史、尋陽太守、行江州府州事。[18]以公事免，左遷中書侍郎，[19]司徒司馬，[20]太子中庶子，[21]廷尉卿。[22]又爲中庶子，加給事中，[23]揚州大中正。[24]復除國子博士，中庶子、中正並如故。守太常卿，[25]中正如故。普通七年，[26]卒，年五十七。文集二十卷，[27]行於世。

[1]驃騎：驃騎將軍之省稱，將軍名號。爲重號將軍，加授大臣及重要地方長官。梁天監七年（508）革選，釐定將軍名號及班品，有一百二十五號十品二十四班，以班多者爲貴。驃騎將軍爲二十四班。　臨川王：梁武帝弟蕭宏的封爵號。見本書卷二二《太祖五王傳》。臨川，郡名。治所在今江西南城縣東南。　東曹掾：官名。王公府屬官，掌長吏遷除事。梁天監七年革選，定流内官職爲十八班，以班多者爲貴。王公府掾屬爲八班至六班。

[2]高祖：梁武帝廟號。

[3]《新漏刻銘》：《文選》卷五六作《新刻漏銘》。李善注引劉璠《梁典》曰："天監六年，帝以舊漏乖舛，乃敕員外郎祖暅治之。漏刻成，太子中舍人陸倕爲文。"又引司馬彪《續漢書》曰："孔壺爲漏，浮箭爲刻。下漏數刻以考中星昏明焉。"

[4]太子中舍人：官名。東宫官員，掌侍從文翰。員四人。梁八班。

[5]《石闕銘記》：見《文選》卷五六。石闕，清·洪齮孫《補梁疆域志》卷一引《金陵記》："梁天監七年於端門外立石闕凡四，高五丈，廣三丈六尺。侯景亂，後宫多灰燼，而石闕猶存。"

[6]敕：皇帝發佈的詔命。

[7]虞丘辨物：吾丘壽王，漢趙人，博學多識。漢武帝時，汾陰得鼎，衆以爲周鼎，獨吾丘壽王以爲漢鼎。武帝稱善，賜黄金十斤。《漢書》卷六四有傳。虞丘，同"吾丘"，復姓。

[8]邯鄲獻賦：邯鄲淳，曹魏潁川人。文帝黄初年間（220—

226)，淳爲給事中，作《投壺賦》千餘言奏之。帝以爲工，賜帛千匹。詳《三國志》卷二一《魏書·王粲傳》裴松之注引《魏略》。

[9]太子庶子：官名。東宫官員，掌侍從諫諍。員四人。梁九班。　國子博士：官名。屬太常卿，掌國子學教授。員二人。梁九班。

[10]母憂：母喪。

[11]服闋：服喪期滿。

[12]中書侍郎：官名。中書省屬官，舊掌詔誥。劉宋以下，草擬詔誥之權歸中書舍人，侍郎職少官清，多爲諸王起家之官。員四人。梁九班。

[13]給事黄門侍郎：官名。門下省次官。與侍中共掌侍從左右，擯相威儀，盡規獻納，糾正違缺等。出入宫禁，職任顯要。員四人。梁十班。

[14]揚州别駕從事史：揚州刺史佐吏，掌本府官吏事。梁十班。揚州，州名。治所在今江蘇南京市。

[15]鴻臚卿：官名。梁十二卿之一，掌朝會司儀。九班。

[16]吏部郎：官名。尚書省吏部曹長官。爲諸曹郎之首，佐吏部尚書掌官吏銓選、任免等。梁十一班。

[17]參：官制術語。奉特敕參掌本官職權範圍外的他項事務。

[18]雲麾：雲麾將軍之省稱，將軍名號。梁置，與武臣、爪牙、龍騎將軍代舊前後左右四將軍。爲一百二十五號將軍之一，十八班。　晉安王：梁簡文帝蕭綱初封爵號。見本書卷四《簡文帝紀》。晉安，郡名。治所在今福建福州市。　長史：官名。王公軍府屬官，掌本府官吏。梁十班至六班。　尋陽：郡名。治所在今江西九江市西南。　行事：六朝時，諸王往往年少即出鎮一州，因而以長史代行政事，稱爲行事。　江州，州名。治所與尋陽郡同。

[19]左遷：降職。古代以右爲尊，婉稱降職爲左遷。

[20]司徒司馬：司徒府屬官，掌本府武官。梁十班。

[21]太子中庶子：官名。東宫官員，掌侍從及文翰。員四人。

梁十一班。

[22]廷尉卿：官名。梁十二卿之一，掌刑辟，其屬官有廷尉正、平、監及胄子律博士等。十一班。

[23]給事中：官名。集書省屬官，掌侍從左右，及收發文書，地位不高。梁四班。

[24]大中正：官名。掌一州人才的考察，定其鄉品，以爲選拔官吏之依據。多以他官兼領。

[25]守：官制術語。官吏試職。一般試任一年即真除實授其職。　太常卿：官名。職掌同前代。梁十二卿之一，十四班。

[26]普通：梁武帝年號（520—527）。

[27]文集二十卷：《隋書·經籍志》著録"梁太常卿《陸倕集》十四卷"。

第四子纘，早慧，十歲通經，爲童子奉車郎，[1]卒。

[1]童子奉車郎：官名。梁天監七年（508）置。餘不詳。

到洽字茂沿，[1]彭城武原人也。[2]宋驃騎將軍彦之曾孫。[3]祖仲度，驃騎江夏王從事中郎。[4]父坦，[5]齊中書郎。[6]

[1]沿：同"沿"。

[2]彭城：郡名。治所在今江蘇徐州市。　武原：縣名。治所在今江蘇邳州市西北邳口鎮。此到氏祖籍。

[3]驃騎將軍：將軍名號。宋第二品。　彦之：到彦之。《南史》卷二五有傳。

[4]江夏王：宋武帝子劉義恭的封爵號。見《宋書》卷六一《武三王傳》。江夏，郡名。治所在今湖北武漢市武昌。　從事中郎：官名。王公府屬官，與長史共掌本府官吏。宋第六品。

[5]坦：到坦，《南齊書》卷三七《到撝傳》有附傳。

[6]中書郎：官名。即中書侍郎。齊第五品。

洽年十八，爲南徐州迎西曹行事。[1]洽少知名，清警有才學士行。謝朓文章盛於一時，[2]見洽深相賞好，日引與談論。每謂洽曰："君非直名人，[3]乃亦兼資文武。"朓後爲吏部，[4]洽去職，朓欲薦之，洽覩世方亂，深相拒絕。除晉安王國左常侍，[5]不就，遂築室巖阿，幽居者積歲。樂安任昉有知人之鑒，與洽兄沼、溉並善。[6]嘗訪洽於田舍，見之歎曰："此子日下無雙。"[7]遂申拜親之禮。[8]

[1]南徐州：州名。治所在今江蘇鎮江市。　迎西曹行事：南朝時，地方官赴任，當地遣吏迎接並贈財物，叫做迎新。所遣之吏有迎主簿、迎西曹、迎西曹行事等名目。此種迎吏由一州門第、德行、才學優異者擔任，是一種入仕資格。參汪徵魯《南朝"迎吏"、"送故吏"新探》。

[2]謝朓：人名。祖籍陳郡陽夏。仕齊，官至尚書吏部郎，以文章著名於時。《南齊書》卷四七有傳。

[3]直：僅，衹。

[4]吏部：此處指尚書吏部郎，官名。齊第五品。

[5]晉安王：齊明帝長子蕭寶義的初封爵號。見《南齊書》卷五〇《明七王傳》。　王國左常侍：官名。王國屬官，隨侍國主，掌諫諍、司儀。宋第八品，齊不詳。

[6]沼、溉：到沼，生平不詳。到溉，本書卷四〇有傳。

[7]日下：指京師。古以帝王比日，因以皇帝所在之地爲日下。

[8]拜親：拜見朋友的父母。表示關係親密。《晉書》卷七五《荀崧傳》："父頵……與王濟、何劭爲拜親之友。"

天監初，沼、溉俱蒙擢用，洽尤見知賞，從弟沆亦相與齊名。[1]高祖問待詔丘遲曰：[2]"到洽何如沆、溉？"遲對曰："正清過於沆，文章不減溉；加以清言，[3]殆將難及。"即召爲太子舍人。[4]御華光殿，[5]詔洽及沆、蕭琛、任昉侍讌，[6]賦二十韻詩，以洽辭爲工，賜絹二十匹。高祖謂昉曰："諸到可謂才子。"昉對曰："臣常竊議，宋得其武，[7]梁得其文。"

[1]沆：到沆。本書卷四九《文學》有傳。

[2]待詔：等待皇帝詔命。漢時徵召有才能而未有正官的人，使之待詔，有待詔金馬門、待詔公車等名目。南朝沿襲。　丘遲：人名。本書卷四九《文學》有傳。

[3]清言：六朝時，士人以《老子》、《莊子》、《易》爲三玄，以競談玄理爲一時風尚，稱爲清言或清談。參《世説新語·言語》。

[4]太子舍人：官名。東宫屬官，掌文記。員十六人。宋第七品，梁初不詳。

[5]御華光殿：《南史》卷二五同傳作"御幸華光殿"。華光殿，建康宫城華林園内殿名。故址在今江蘇南京市古臺城内。

[6]蕭琛：人名。本書卷二六有傳。

[7]宋得其武：指到彦之以戰績有功於劉宋。

二年，遷司徒主簿，直待詔省，敕使抄甲部書。[1]

五年，遷尚書殿中郎。[2]洽兄弟羣從，[3]遞居此職，時人榮之。七年，遷太子中舍人，與庶子陸倕對掌東宫管記。[4]俄爲侍讀，[5]侍讀省仍置學士二人，洽復充其選。九年，遷國子博士，奉敕撰《太學碑》。[6]十二年，出爲臨川内史，[7]在郡稱職。十四年，入爲太子家令，[8]遷給事黄門侍郎，兼國子博士。十六年，遷太子中庶子。普通元年，以本官領博士。頃之，入爲尚書吏部郎，[9]請託一無所行。俄遷員外散騎常侍，[10]復領博士，母憂去職。五年，復爲太子中庶子，領步兵校尉，[11]未拜，仍遷給事黄門侍郎，領尚書左丞，[12]準繩不避貴戚，尚書省賄賂莫敢通。時鑾輿欲親戎，軍國容禮，多自洽出。六年，遷御史中丞，[13]彈糾無所顧望，號爲勁直，當時肅清。[14]以公事左降，[15]猶居職。舊制，中丞不得入尚書下舍，[16]洽兄溉爲左民尚書，[17]洽引服親不應有礙，[18]刺省詳決。[19]左丞蕭子雲議許入溉省，[20]亦以其兄弟素篤，不能相别也。七年，出爲貞威將軍、雲麾長史、尋陽太守。[21]大通元年，[22]卒於郡，時年五十一。贈侍中。[23]謚曰理子。[24]昭明太子與晉安王綱令曰：[25]“明北兖、到長史遂相係凋落，[26]傷怛悲惋，不能已已。去歲陸太常殂殁，[27]今兹二賢長謝。陸生資忠履貞，冰清玉潔，文該四始，[28]學遍九流，[29]高情勝氣，貞然直上。明公儒學稽古，淳厚篤誠，立身行道，始終如一，儻值夫子，[30]必升孔堂。[31]到子風神開爽，文義可觀，當官莅事，介然無私。皆海内之俊乂，[32]東序之祕寶。[33]此之嗟惜，更復何論。但遊處周旋，並淹歲序，造膝忠規，[34]豈可勝説，幸免祇悔，[35]實二三子之力也。談對如昨，音言在耳，零落相仍，皆成異物，每一念至，何時可言。天下之寶，理當惻愴。近張新安又致故，[36]其人文筆弘雅，[37]亦足嗟惜，隨弟府朝，東西日久，尤當傷懷也。比人物零落，[38]特可傷惋，[39]屬有今信，[40]乃復及之。”

[1]甲部書：晉·李充將群書分爲經、史、子、集，以甲、乙、丙、丁依次指代。甲部即經書。參《隋書·經籍志》。

[2]尚書殿中郎：官名。尚書省諸曹郎之一，屬尚書左僕射。掌擬詔書，多以文學之士爲之。梁初第六品。

[3]羣從：指從兄弟。

[4]庶子：太子庶子之省稱，東宫屬官。掌侍從諫諍。員四人。梁九班。

[5]侍讀：官名。爲皇帝、太子及王公講讀經史的官吏。官品不詳。

[6]《太學碑》：今不存。

[7]臨川：郡名。治所在今江西南城縣東南。　內史：官名。王國官，掌治民，職同太守。宋第五品，梁不詳。

[8]太子家令：官名。東宫官員，屬太子詹事。太子三卿之一，員一人。掌刑獄、錢穀、飲食等。梁十班。

[9]尚書吏部郎：官名。尚書省諸曹郎之一，佐吏部尚書掌官吏銓選、任免等。梁十一班。

[10]員外散騎常侍：官名。集書省官員，多以公族、宗室充任。劉宋以後爲閑散之職。地位漸低。梁十班。

[11]步兵校尉：官名。禁軍五營校尉之一，掌侍衛。梁七班。

[12]尚書左丞：官名。佐尚書令、僕射知省事，掌督録近道文

書章表奏事，糾諸不法。員一人。梁九班。

[13]御史中丞：官名。御史臺長官，掌督司百僚，糾彈不法。六朝第一流高門多不居此職。員一人。梁十一班。

[14]《顏氏家訓·風操》有云："到洽爲御史中丞，初欲彈劉孝綽。其兄溉先與劉善，苦諫不得，乃詣劉涕泣告别而去。"可資考證。

[15]左降：降低官班。

[16]尚書下舍：即尚書下省。在建康宫城東掖門東，自晉以來，尚書官僚，皆携家屬居尚書下舍。

[17]左民尚書：官名。尚書省列曹尚書之一，掌土木工程，兼管户籍等。梁十三班。

[18]服親：應服喪之親。舊時按照與死者關係的親疏規定服喪的等次，有斬衰、齊衰、大功、小功、緦麻五等。故服親是較親近的親屬關係。

[19]刺：書簡。《釋名·釋書契》："書稱刺，書以筆刺紙簡之上也。"此處意爲以書簡相通知。　省：指尚書省。

[20]蕭子雲：人名。本書卷三五有傳。

[21]貞威將軍：將軍名號。梁置。天監七年（508）革選，釐定將軍名號及班品，有一百二十五號十品二十四班，以班多者爲貴。貞威將軍爲八班。

[22]大通：梁武帝年號（527—529）。

[23]侍中：官名。門下省長官。掌侍從左右，顧問應對，糾正違缺等。參與大政，是中樞集團重要成員。定員四人，梁十二班。

[24]錢大昕《十駕齋養新録》卷二〇"沈恭子"條有云："六朝文人無封爵而得謚者，例稱子。如任昉稱敬子，周弘正稱簡子之類，不一而足。"

[25]昭明太子：梁武帝太子蕭統謚號昭明。本書卷八有傳。　晉安王綱：梁簡文帝蕭綱初封晉安王。見本書卷四《簡文帝紀》。　令：皇后、皇太子及諸王發佈的文書。

［26］明北兖：指明山賓。山賓仕梁，官終權攝北兖州事，故稱。

［27］陸太常：指陸倕。倕仕梁，官終太常卿，故稱。

［28］四始：指《詩經》。《毛詩序》言《詩》有四始。何謂四始？主要有兩説。鄭玄《毛詩箋》云，風、小雅、大雅、頌四者爲王道興廢之所由始，故稱四始。《史記》卷四七《孔子世家》云，《關雎》爲風之始，《鹿鳴》爲小雅之始，《文王》爲大雅之始，《清廟》爲頌之始，是爲四始。

［29］九流：指各學術流派。

［30］夫子：指孔子。

［31］必升孔堂：一定能學問精深，得到孔子贊賞。《論語・先進》："由也升堂矣，未入於室也。"

［32］俊乂：賢德之人。

［33］東序：指學校。

［34］造膝：至於膝下。形容親近。

［35］祇悔：大悔。《易・復》："不遠復，無祇悔，元吉。"

［36］張新安：指張率。張率於梁普通（520—527）年間官新安太守，故稱。本書卷三三有傳。　致故：去世。

［37］文筆：本書卷三三《張率傳》作"才筆"。

［38］比：近來。

［39］傷惋：本書卷三三《張率傳》作"潸慨"。

［40］信：使者。

洽文集行於世。[1]子伯淮、仲舉。[2]

［1］《隋書・經籍志》著録："梁鎮西録事參軍到洽集十一卷，亡。"

［2］仲舉：仕陳，官至侍中、尚書僕射。《陳書》卷二〇有傳。

明山賓字孝若，平原鬲人也。[1]父僧紹，[2]隱居不仕，宋末國子博士徵，[3]不就。

[1]平原：郡名。治所在今山東平原縣西南。　鬲：縣名。治所在今山東平原縣北。此明山賓祖籍。

[2]僧紹：明僧紹，《南齊書》卷五四《高逸》有傳。

[3]國子博士：官名。屬太常。掌國子學教授。宋第六品。

山賓七歲能言名理，[1]十三博通經傳，居喪盡禮。服闋，州辟從事史。[2]起家奉朝請。[3]兄仲璋嬰痼疾，[4]家道屢空，[5]山賓乃行干禄。[6]齊始安王蕭遥光引爲撫軍行參軍，[7]後爲廣陽令，[8]頃之去官。義師至，[9]高祖引爲相府田曹參軍。[10]梁臺建，[11]爲尚書駕部郎，[12]遷治書侍御史，[13]右軍記室參軍，[14]掌治吉禮。[15]時初置《五經》博士，[16]山賓首膺其選。遷北中郎諮議參軍，[17]侍皇太子讀。累遷中書侍郎，國子博士，太子率更令，[18]中庶子，[19]博士如故。天監十五年，出爲持節、督緣淮諸軍事、征遠將軍、北兖州刺史。[20]普通二年，徵爲太子右衛率，[21]加給事中，遷御史中丞。以公事左遷黄門侍郎、司農卿。[22]四年，遷散騎常侍，[23]領青冀二州大中正。[24]東宫新置學士，又以山賓居之，俄以本官兼國子祭酒。[25]

[1]名理：指辨析是非、道理之學。名，中華書局本《校勘記》云："'名'，北監本、汲古閣本、殿本、金陵局本及《南史》俱作

‘玄’。今從百衲本及《册府元龜》七七四。”按，三朝本亦作“玄”。

[2]從事史：官名。州府屬官，刺史之佐吏。有别駕、治中、祭酒、議曹、部郡等從事史。宋第九品，齊不詳。

[3]奉朝請：官名。本指大臣定期參加朝會，朝見皇帝。六朝以爲官名，用以安置閑散官員。宋不爲官。齊官品不詳。

[4]嬰：《文選》卷二三劉公幹《贈五官中郎將四首》之二：“余嬰沉痼疾，竄身清漳濱。”五臣注：“嬰，纏也。”　痼疾：久病。唐·釋道宣《續高僧傳》卷六《釋僧詢傳》：“僧詢，姓明，太子中庶子山賓之兄子也。……父奉伯篤信大法，知其聰俊可期神幽冥長濟愛海。年十二，敕令出家。以天監十六年卒。春秋三十有五。”據知山賓兄侄俱奉佛。然仲璋、奉伯是否爲一人，待考。

[5]屢空：《論語·先進》：“回也其庶乎，屢空。”後世以屢空爲貧窮、衣食不給的代稱。

[6]干禄：入仕。因入仕有俸禄，故云。

[7]始安王蕭遥光：齊明帝兄蕭鳳之子遥光襲父爵爲始安王。齊明帝時曾官撫軍將軍。《南齊書》卷四五《宗室》有傳。　撫軍：撫軍將軍之省稱，將軍名號。宋第三品，齊位在東西南北四征將軍之上。　行參軍：官名。諸公軍府屬官，參掌府曹事，位在正參軍之下。

[8]廣陽：縣名。治所在今安徽石臺縣廣陽鎮東北。

[9]義師：齊東昏侯蕭寶卷即位後，狂悖無道，雍州刺史蕭衍起兵嚮京師以討之，因稱其師爲義師。

[10]田曹參軍：官名。王公府屬官，掌農政。宋第七品，齊不詳。

[11]梁臺建：指蕭衍受封爲梁公，建臺治事。

[12]尚書駕部郎：官名。尚書省諸曹郎之一，屬左民尚書。掌車駕。梁初第六品。

[13]治書侍御史：官名。御史臺屬官。掌舉劾官品第六以上官

員。員二人。宋第六品，梁初不詳。

[14]記室參軍：官名。王公官府屬官，掌文書。宋第七品，梁初不詳。

[15]吉禮：祭祀之禮。嘉、賓、軍、吉、凶五禮之一。參本書卷二五《徐勉傳》。

[16]《隋書·百官上》："天監四年，置五經博士各一人。"

[17]北中郎：北中郎將之省稱，將軍名號。東西南北四中郎將之一。統兵出征，或爲鎮守方面大員，地位高於一般將領。南朝多以宗室諸王擔任。宋第四品，梁初不詳。　諮議參軍：官名。王公軍府屬官，掌諷議。宋第七品，梁初不詳。

[18]太子率更令：官名。太子三卿之一，掌宫殿門户及賞罰事。員一人。梁十班。

[19]中庶子：太子中庶子之省稱，東宫官員，掌侍從及文翰。員四人。梁十一班。

[20]持節：古代大臣奉天子之命出行，持節以爲憑證並示威重。魏晉以後以爲官名，有假節、持節、使持節之分，權力亦有小大之别，多爲都督諸州軍事及刺史總軍戎者。軍事長官持節出鎮或出征，可殺無官位之人；在軍事行動中享有誅殺二千石以下官員的權力。　征遠將軍：將軍名號。梁置，與輕車將軍等代舊輔國將軍。梁天監七年革選，定爲一百二十五號十品二十四班將軍之十四班。　北兖州：州名。治所在今江蘇淮陰市西南甘羅城。

[21]太子右衛率：官名。與太子左衛率合稱太子二率，掌東宫宿衛，亦統兵出征，地位頗重。員一人。梁十一班。

[22]司農卿：官名。梁十二卿之一，主農功倉廪。梁十一班。

[23]散騎常侍：官名。集書省長官，掌侍從左右，顧問獻替。劉宋以後，職以侍從左右、掌圖書文翰爲主，地位降低。員四人。梁十二班。

[24]領：官制術語。已有實授主職，又兼任較低職務而不居其位。　青冀：皆州名。宋泰始（465—471）中合僑置，治所在今江

蘇連雲港市東雲臺山一帶。

[25]國子祭酒：官名。屬太常卿。掌國子學，參議禮制。員一人。梁十三班。

初，山賓在州，所部平陸縣不稔，[1]啓出倉米以贍人，後刺史檢州曹，失簿書，以山賓爲秏闕，有司追責，籍其宅入官，[2]山賓默不自理，[3]更市地造宅。昭明太子聞築室不就，有令曰：[4]“明祭酒雖出撫大藩，擁旄推轂，[5]珥金拖紫，[6]而恒事屢空。聞構宇未成，今送薄助。”並貽詩曰：“平仲古稱奇，[7]夷吾昔檀美。[8]令則挺伊賢，[9]東秦固多士。[10]築室非道傍，[11]置宅歸仁里。[12]庚桑方有係，[13]原生今易擬。[14]必來三逕人，[15]將招《五經》士。”[16]

[1]平陸縣：縣名。治所在今安徽鳳陽縣東。　稔：穀熟。

[2]籍：没收。

[3]理：申辯。

[4]令：皇后、太子及諸王發佈的文書。

[5]擁旄：等於説持節。旄，《南史》作“旌”。　推轂：助人推車，使之前進，比喻助人成功。

[6]珥金拖紫：形容地位顯貴。珥金，古代内侍之官插貂尾，加金璫，附蟬爲裝飾。珥，插。拖紫，佩紫色印綬。

[7]平仲：春秋時齊夷維人晏嬰字平仲，有奇才，後相齊景公，名顯諸侯。《史記》卷六二有傳。

[8]夷吾：春秋時齊潁上人管仲名夷吾，相齊桓公，使成霸主。《史記》卷六二有傳。　檀：《南史》作“擅”。按，當以“擅”爲是。

[9]令則：好典範。　挺：突出，超出。

[10]東秦：指齊國。《史記》卷八《高祖本紀》：田肯曰："'夫齊地方二千里，持戟百萬，縣隔千里之外，齊得十二焉。故此東西秦也。非親子弟莫可使王齊矣。'"後世以東秦指齊地。　多士：管、嬰及明山賓皆爲齊地人，故稱多士。

[11]築室非道傍：意謂建成住宅不要很長時間。《詩·小雅·小旻》："如彼築室於道謀，是用不潰於成。"又《後漢書》卷三五《曹褒傳》："諺言：'作舍道邊，三年不成。'"此處反用其意。

[12]仁里：指風俗淳樸的地方。《文選》卷一五張平子《思玄賦》："匪仁里其焉宅兮，匪義迹其焉追！"

[13]庚桑：古代傳説中老子弟子姓庚桑，名楚，隱居畏壘之山，抱樸守真。見《莊子·庚桑楚》。

[14]原生：孔子弟子原憲，繩樞瓮牖，安貧樂道。參《論語》及《史記》卷六七《仲尼弟子列傳》。

[15]三逕人：指安貧樂道之人。《文選》卷四五陶淵明《歸去來》李善注引《三輔决録》曰："蔣詡字元卿，舍中三徑，唯羊仲、求仲從之遊，皆挫廉，逃名不出。"

[16]《五經》士：三朝本、百衲本並作"三逕士"。

山賓性篤實，家中嘗乏用，[1]貨所乘牛。既售受錢，乃謂買主曰："此牛經患漏蹄，[2]治差已久，[3]恐後脱發，[4]無容不相語。"買主遽追取錢。處士阮孝緒聞之，[5]歎曰："此言足使還淳反朴，[6]激薄停澆矣。"[7]

[1]乏用：中華書局本《校勘記》："'用'，《南史》作'困'，疑作'困'是。"

[2]經：曾經。漏：中醫指瘡潰不收口的病。

[3]差：通"瘥"。病愈。

[4]脱：或許。

[5]阮孝緒：人名。祖籍陳留尉氏，屏居不仕，以儒學著名。本書卷五一《處士傳》有傳。

[6]反：同“返”。

[7]澆：風俗刻薄。

五年，又爲國子博士，常侍、中正如故。其年以本官假節，權攝北兗州事。[1]大通元年，卒，時年八十五。詔贈侍中、信威將軍。[2]謚曰質子。昭明太子爲舉哀，賻錢十萬，[3]布百匹，並使舍人王顒監護喪事。[4]又與前司徒左長史殷芸令曰：[5]“北兗信至，[6]明常侍遂至殞逝，聞之傷怛。此賢儒術該通，志用稽古，温厚淳和，倫雅弘篤。授經以來，[7]迄今二紀。若其上交不諂，造膝忠規，[8]非顯外迹，得之胸懷者，蓋亦積矣。攝官連率，[9]行當言歸，不謂長往，[10]眇成疇日。[11]追憶談緒，[12]皆爲悲端，往矣如何！昔經聯事，[13]理當酸愴也。”

[1]權攝：官制術語。臨時代理某職事。

[2]信威將軍：將軍名號。梁置，與智威、仁威、勇威、嚴威將軍代舊征虜將軍。爲一百二十五號將軍之一，十六班。

[3]賻（fù）：以錢財助喪事。

[4]舍人：此指太子舍人。東宮屬官，掌文記。員十六人。梁三班。

[5]司徒左長史：官名。司徒府屬官，佐司徒，掌官吏事。梁十三班。　殷芸：人名。本書卷四一有傳。

[6]北兗：即北兗州。

[7]授經：傳授儒家經典。指天監年間，明山賓爲五經博士，侍昭明太子讀。

[8]造膝：至於膝下。形容親近。

[9]連率：統帥。指明山賓假節權攝北兖州事。

[10]長往：一往而不返。指去世。

[11]眇：通"渺"，遠。

[12]談緒：談論之始。

[13]聯事：共事。

山賓累居學官，甚有訓導之益，然性頗疏通，[1]接於諸生，多所狎比，[2]人皆愛之。所著《吉禮儀注》二百二十四卷，[3]《禮儀》二十卷，《孝經喪禮服義》十五卷。[4]

[1]疏通：通達。

[2]狎比：親近。

[3]《吉禮儀注》二百二十四卷：按，《隋書·經籍志》著録"《梁賓禮儀注》"下小注："梁明山賓撰《吉儀注》二百六卷，録六卷……亡。"

[4]《孝經喪禮服義》：《南史》作"《孝經喪服義》"。

子震，字興道，亦傳父業。歷官太學博士，太子舍人，尚書祠部郎，[1]餘姚令。[2]

[1]尚書祠部郎：官名。尚書省諸曹郎之一，屬祠部尚書。掌禮制。梁六班。

[2]餘姚：縣名。治所在今浙江餘姚市。

殷鈞字季和，陳郡長平人也。[1]晉太常融八世孫。[2]父叡，[3]有才辯，知名齊世，歷官司徒從事中郎。[4]叡妻王奂女。[5]奂爲雍州刺史、鎮北將軍，[6]乃言於朝，以叡爲鎮北長史、河南太守。[7]奂誅，叡並見害。鈞時年九歲，以孝聞。及長，恬静簡交遊，[8]好學有思理。善隸書，爲當時楷法，南鄉范雲、樂安任昉並稱賞之。[9]高祖與叡少舊故，以女妻鈞，即永興公主也。[10]

[1]陳郡：郡名。治所在今河南淮陽縣。　長平：縣名。治所在今河南西華縣東北。此殷氏祖籍。

[2]太常：官名。諸卿之一，掌禮儀。晉第三品。

[3]叡：殷叡，《南齊書》卷四九《王奂傳》有附傳。

[4]司徒從事中郎：官名。司徒府屬官，佐司徒，掌官吏事。宋第六品，齊不詳。

[5]王奂：人名。祖籍琅邪臨沂。仕齊，官至鎮北將軍、雍州刺史。因擅殺長史而得罪，拒捕，反。兵敗被殺。見《南齊書》本傳。

[6]雍州：州名。治所在今湖北襄樊市。　鎮北將軍：將軍名號。東西南北四鎮將軍之一，多爲持節都督，出鎮方面，權位甚重。宋第三品，齊不詳。

[7]河南：郡名。東晉僑置，治所在今湖北襄樊市。

[8]簡：少。

[9]南鄉范雲：范雲，祖籍南鄉郡。本書卷一三有傳。鄉，舊本訛“郡”，此依中華書局本校改。　樂安任昉：任昉，祖籍樂安郡。本書卷一四有傳。

[10]永興公主：名玉姚，蕭衍郗皇后所生。見本書卷七《高祖

郗皇后傳》。

天監初，拜駙馬都尉，[1]起家祕書郎，[2]太子舍人，司徒主簿，祕書丞。[3]鈞在職，啓校定祕閣四部書，[4]更爲目録。[5]又受詔料檢西省法書古迹，[6]别爲品目。遷驃騎從事中郎，中書郎，太子家令，掌東宫書記。頃之，遷給事黄門侍郎，中庶子，尚書吏部郎，司徒左長史，侍中。東宫置學士，復以鈞爲之。公事免。復爲中庶子，領國子博士、左驍騎將軍，[7]博士如故。出爲明威將軍、臨川内史。[8]

[1]駙馬都尉：官名。由尚公主者擔任。參加朝會，朝見皇帝，無職事。宋第六品，梁初不詳。

[2]祕書郎：官名。祕書省屬官，佐監、丞掌國之典籍圖書。宋齊以來爲甲族起家之選，待次入補，其居職，例數十百日便遷任。員四人。宋第六品，梁初不詳。

[3]祕書丞：官名。祕書監副佐，掌國之典籍圖書。爲清顯之職，多以僑姓士族擔任。員一人。梁八班。

[4]祕閣：宫中藏書之所。　四部書：即經、史、子、集。清・錢大昕《元史・藝文志》有云："自劉子駿校理祕文，分群書爲六略……是時固無四部之名，而史家亦未别爲一類也。晉荀勗撰《中經簿》，始分甲乙丙丁四部，而子猶先於史。至李充重分四部，五經爲甲部，史記爲乙部，諸子爲丙部，詩賦爲丁部，而經、史、子、集之次始定。厥後王亮、謝朏、任昉、殷鈞撰書目，皆循四部之名。"

[5]《隋書・經籍志序》："梁有祕書監任昉、殷鈞《四部目録》，又有《文德殿目録》。"

［6］料檢：整理。　西省：中書省的别稱。　法書：古代名家書法。

［7］左驍騎將軍：官名。梁天監六年置，統宿衛營兵，掌侍衛。梁十一班。《陳書》卷一八《韋載傳》附《韋翽傳》："驍騎之職，舊領營兵，兼統宿衛。自梁代已來，其任逾重，出則羽儀清道，入則與二衛通直，臨軒則升殿俠侍。"所指即左右驍騎將軍。

［8］明威將軍：將軍名號。梁置，與寧遠、振遠等將軍代舊寧朔將軍。爲一百二十五號將軍之一，十三班。　内史：官名。王國官，掌治民，職同太守。宋第五品，梁不詳。

鈞體羸多疾，閉閤卧治，而百姓化其德，劫盗皆奔出境。嘗禽劫帥，［1］不加考掠，但和言誚責。劫帥稽顙乞改過，［2］鈞便命遣之，後遂爲善人。郡舊多山瘧，更暑必動，［3］自鈞在任，郡境無復瘧疾。母憂去職，居喪過禮，昭明太子憂之，手書誡喻曰："知比諸德，哀頓爲過，又所進殆無一溢，［4］甚以酸耿。迥然一身，［5］宗奠是寄，毀而滅性，聖教所不許。［6］宜微自遣割，俯存禮制，饘粥果蔬，少加勉强。憂懷既深，指故有及，並令繆道臻口具。"鈞答曰："奉賜手令，並繆道臻宣旨，伏讀感咽，肝心塗地。小人無情，動不及禮，但稟生尫劣，［7］假推年歲，罪戾所鍾，復加横疾。頃者綿微，［8］守盡晷漏，目亂玄黄，心迷哀樂，惟救危苦，未能以遠理自制。薑桂之滋，實聞前典，［9］不避粱肉，復忝今慈，臣亦何人，降此憂愍。謹當循復聖言，思自補續，如脱申延，實由亭造。"服闋，遷五兵尚書，［10］猶以頓瘵經時，不堪拜受，乃更授散騎常侍，領步兵校尉，侍東宫。尋改領中庶子。昭明太子薨，官屬罷，又領右游擊，[11]除國子祭酒，常侍如故。中大通四年，[12]卒，時年四十九。謚曰貞子。二子：構，渥。

[1]禽：同“擒”。　劫帥：搶劫團伙的頭目。

[2]稽顙：叩頭。

[3]更：經歷。　動：發作，流行。

[4]溢：容量單位。二十四分之一升。《禮記・喪大記》：“君之喪，子、大夫、公子、衆士皆三日不食。子、大夫、公子、衆士食粥，納財，朝一溢米，莫一溢米，食之無算。”

[5]迥然：舊本訛作“廻然”，此依中華書局本校改。

[6]聖教：聖人之政教。《孝經・喪親》：“三日而食，教民無以死傷生，毁不滅性，此聖人之政也。”

[7]尪（wāng）劣：瘦弱。

[8]綿微：病危。

[9]前典：指《禮記》。《禮記・檀弓上》：“曾子曰：‘喪有疾，食肉飲酒，必有草木之滋焉。’以爲薑桂之謂也。”

[10]五兵尚書：官名。尚書省列曹尚書之一。掌軍事政令。梁十三班。

[11]右游擊：右游擊將軍之省稱。梁天監六年置，禁衛軍之一，掌侍衛左右。十一班。

[12]中大通：梁武帝年號（529—534）。

陸襄字師卿，吴郡吴人也。父閑，齊始安王遥光揚州治中，[1]永元末，[2]遥光據東府作亂，或勸閑去之。閑曰：“吾爲人吏，何所逃死。”臺軍攻陷城，[3]閑見執，將刑，第二子絳求代死，[4]不獲，遂以身蔽刃，刑者俱害之。襄痛父兄之酷，喪過于禮，服釋後猶若居憂。[5]

[1]治中：治中從事史之省稱，官名。州府屬官，掌衆曹文書。宋第九品，齊不詳。按，《南齊書》卷五五《孝義·陸絳傳》、卷五二《文學·陸厥傳》、《南史》卷四八《陸閑傳》皆作“别駕”。

[2]永元：齊東昏侯年號（499—501）。按，“永元末”疑誤。據《南齊書》卷七《東昏侯紀》、卷四五《宗室·始安王遥光傳》、卷五二《文學·陸厥傳》等載，蕭遥光謀反被殺事在永元元年。

[3]臺軍：禁軍。

[4]絳：陸絳。《南齊書》卷五五《孝義》有傳。

[5]服釋：脱下喪服。指服喪期滿。　居憂：居喪。

天監三年，都官尚書范岫表薦襄，[1]起家擢拜著作佐郎，[2]除永寧令。[3]秩滿，累遷司空臨川王法曹，[4]外兵，[5]輕車廬陵王記室參軍。[6]昭明太子聞襄業行，啓高祖引與遊處，除太子洗馬，[7]遷中舍人，[8]並掌管記。出爲揚州治中，襄父終此官，固辭職，高祖不許，聽與府司馬换廨居之。[9]昭明太子敬耆老，襄母年將八十，與蕭琛、傅昭、陸杲每月常遣存問，[10]加賜珍羞衣服。[11]襄母嘗卒患心痛，[12]醫方須三升粟漿。是時冬月，日又逼暮，求索無所，忽有老人詣門貨漿，量如方劑，始欲酬直，[13]無何失之，時以襄孝感所致也。累遷國子博士，太子家令，復掌管記。母憂去職，襄年已五十，毁頓過禮，太子憂之，日遣使誡喻。服闋，除太子中庶子，復掌管記。中大通三年，昭明太子薨，官屬罷，妃蔡氏别居金華宫，以襄爲中散大夫、領步兵校尉、金華宫家令、知金華宫事。[14]

[1]都官尚書：官名。尚書省列曹尚書之一。掌軍事刑獄，領都官、庫部、水部、功論四曹。梁初第三品。　范岫：人名。本書卷二六有傳。

[2]著作佐郎：官名。祕書省屬官，佐著作郎掌國史，集注起居。爲清閑而望重之職，多甲族起家之選。員八人。梁初第六品。

[3]永寧：縣名。治所在今浙江温州市。

[4]法曹：法曹參軍之省稱，官名。王公軍府屬官，掌郵驛科程事。梁四班至二班。

[5]外兵：外兵參軍之省稱，官名。王公軍府屬官，掌所轄軍隊政令。梁四班至二班。

[6]輕車：輕車將軍之省稱，將軍名號。梁代與征遠、武旅將軍等代舊輔國將軍。天監七年革選，釐定爲一百二十五號十品二十四班將軍之十四班。　廬陵王：梁武帝子蕭續的封爵號。見本書卷二九《高祖三王傳》。

[7]太子洗馬：官名。東宫屬官，掌文翰。爲清簡之職，多由士族之士擔任。員八人。梁六班。

[8]中舍人：太子中舍人之省稱。與太子中庶子共掌侍從及東宫文翰。員四人。梁八班。

[9]司馬：官名。王公軍府屬官，掌本府武官。梁十班至六班。

[10]蕭琛、傅昭、陸杲：皆人名。本書卷二六並有傳。

[11]羞：通“饈”。

[12]卒：通“猝”。

[13]直：通“值”。

[14]中散大夫：官名。梁屬光禄卿，養老疾，無職事，官十班。　知：主持，掌管。

七年，[1]出爲鄱陽内史。[2]先是，郡民鮮于琛服食脩道法，[3]嘗入山採藥，拾得五色幡毦，[4]又於地中得石璽，竊怪之。琛先與妻别室，望琛所處，常有異氣，益以爲神。大同元年，[5]遂結其門徒，殺廣晉令王筠，[6]號上願元年，署置官屬，其黨轉相誑惑，有衆萬餘人。將出攻郡，襄先已帥民吏脩城隍，爲備禦，及賊至，連戰破之，生獲琛，餘衆逃散。時隣郡豫章、安成等守宰，[7]案治黨與，因求賄貨，皆不得其實，或有善人盡室離禍，[8]惟襄郡部枉直無濫。民作歌曰："鮮于平後善惡分，[9]民無枉死，賴有陸君。"[10]又有彭李二家，先因忿争，遂相誣告，襄引入内室，不加責誚，但和言解喻之，二人感恩，深自咎悔，乃爲設酒食，令其盡歡，酒罷，同載而還，因相親厚。民又歌曰："陸君政，無怨家，鬬既罷，讎共車。"在政六年，郡中大治，民李睍等四百二十人詣闕拜表，[11]陳襄德化，求於郡立碑，降敕許之。又表乞留襄，襄固求還，徵爲吏部郎，遷祕書監，[12]領揚州大中正。太清元年，[13]遷度支尚書，[14]中正如故。

[1]七年：中華書局本《校勘記》："中大通祇六年，其明年正月改大同，不得有七年。'七'字訛，當作'六'。"

[2]鄱陽：郡名。治所在今江西波陽縣。

[3]服食：指道教徒服丹藥以養生。

[4]毦：《南史》作"眊"。按，眊，《玉篇·毛部》云："以毛羽爲飾。"另，清·馬國翰輯服虔《通俗文》："毛飾曰毦，稍垂毛

亦曰毦。”毦，亦有毛飾之義。

[5]大同：梁武帝年號（535—546）。

[6]廣晉：縣名。治所在今江西波陽縣北廣進鄉。

[7]豫章：郡名。治所在今江西南昌市。　安成：郡名。治所在今江西安福縣東南。

[8]離：遭。

[9]平：《南史》作“抄”。

[10]民無枉死，賴有陸君：《南史》卷四八作“民無横死賴陸君”。

[11]闕：指皇帝所居之地。

[12]祕書監：官名。祕書省長官。掌國之典籍圖書。梁十一班。

[13]太清：梁武帝年號（547—549）。

[14]度支尚書：官名。尚書省列曹尚書之一。掌財賦統計、支調。梁十三班。

二年，侯景舉兵圍宫城，[1]以襄直侍中省。三年三月，城陷，襄逃還吴。賊尋寇東境，没吴郡。景將宋子仙進攻錢塘，[2]會海鹽人陸黯舉義，[3]有衆數千人，夜出襲郡，殺僞太守蘇單于，推襄行郡事。[4]時淮南太守文成侯蕭寧逃賊入吴，[5]襄遣迎寧爲盟主，遣黯及兄子映公帥衆拒子仙。[6]子仙聞兵起，乃退還，與黯等戰於松江，[7]黯敗走，吴下軍聞之，[8]亦各奔散。[9]襄匿于墓下，一夜憂憤卒，時年七十。[10]

[1]侯景：人名。本東魏將，太清元年附梁，受封河南王，二年反，舉兵攻京師建康。詳本書卷五六《侯景傳》。

[2]錢塘：縣名。治所在今浙江杭州市。

[3]海鹽：縣名。治所在今浙江海鹽縣。

[4]行郡事：代行郡政事。

[5]淮南：郡名。治所在今安徽當塗縣。　文成侯蕭寧：梁鄱陽嗣王蕭範之弟蕭寧的封爵號文成侯。《通鑑》卷一六三《梁紀十九》"大寶元年"下有云："寧，範之弟也。"

[6]拒：《南史》作"躡"。

[7]松江：即今江蘇太湖尾閭吴淞江。

[8]吴下：指吴郡。

[9]據本書卷五六《侯景傳》，此事在太清三年六月。

[10]據唐・釋道宣《廣弘明集》卷二〇梁湘東王繹《梁簡文帝法寶聯璧序》，知陸襄中大通六年（534）年五十四，則其太清三年（549）卒時年當六十九。此云"七十"，無不小誤。又《文苑英華》卷八四二載陳・江總《梁故度支尚書陸君誄》一文所述陸襄生平仕歷，與本傳略有異同，可以參看。

襄弱冠遭家禍，終身蔬食布衣，不聽音樂，口不言殺害五十許年。[1]侯景平，世祖追贈侍中、雲麾將軍。[2]以建義功，追封餘干縣侯，[3]邑五百户。

[1]北齊・顔之推《顔氏家訓・風操》："吴郡陸襄，父閑被刑，襄終身布衣蔬飯，雖薑菜有切割，皆不忍食，居家惟以掐摘供厨。"可與此參證。

[2]世祖：梁元帝廟號。　雲麾將軍：將軍名號。梁置，與武臣、爪牙、龍騎將軍代舊前後左右四將軍。爲一百二十五號將軍之一，十八班。

[3]餘干縣：縣名。治所在今江西餘干縣。

陳吏部尚書姚察曰：[1]陸倕博涉文理，到洽匪躬貞勁，[2]明山賓儒雅篤實，殷鈞静素恬和，陸襄淳深孝性，雖任遇有異，皆列於名臣矣。

[1]陳吏部尚書姚察：姚察仕陳，官吏部尚書。《陳書》卷二七有傳。吏部尚書，官名，掌官吏銓選、任免。陳第三品。清·錢大昕《廿二史考異》卷二六有云："思廉修梁陳書，皆因其父察所撰而續成之。梁史諸論述其父説，必稱'陳吏部尚書姚察曰'，仿孟堅《漢書》稱'司徒掾班彪'之例也。其但稱'史臣'者，出自思廉新意。"

[2]匪躬：盡忠而不顧身。《易·蹇》："王臣蹇蹇，匪躬之故。"疏："盡忠於君，匪以私身之故而不往濟君，故曰匪躬之故。"匪，通"非"。

梁書 卷二八

列傳第二十二

裴邃 兄子之高 之平 之横 夏侯亶 弟夔 魚弘附 韋放

裴邃字淵明，河東聞喜人，[1]魏襄州刺史綽之後也。[2]祖壽孫，寓居壽陽，[3]爲宋武帝前軍長史。[4]父仲穆，驍騎將軍。[5]

[1]河東：郡名。治所在今山西夏縣西北。　聞喜：縣名。治所在今山西聞喜縣。此裴氏祖籍。

[2]魏襄州刺史綽之後也：裴綽，字季舒，晉黄門侍郎。見《三國志》卷二三《魏書·裴潛傳》裴松之注。中華書局本《校勘記》："'襄州刺史綽'《南史》作'冀州刺史徽'。按西魏以前無襄州，裴綽亦未嘗爲刺史。裴徽曾爲冀州刺史，見《三國魏志》。疑《南史》作'冀州刺史徽'爲是。"

[3]壽陽：縣名。治所在今安徽壽縣。

[4]前軍：前軍將軍之省稱，將軍名號。與後軍、左軍、右軍合稱四軍將軍，爲禁衛軍主要將領之一，掌宿衛。晉第四品。　長史：官名。王公軍府屬官，掌本府官吏。晉第七品。

［5］驍騎將軍：將軍名號。禁衛軍六軍之一，領營兵，掌宫廷侍衛。宋第四品。

邃十歲能屬文，善《左氏春秋》。[1]齊建武初，[2]刺史蕭遥昌引爲府主簿。[3]壽陽有八公山廟，[4]遥昌爲立碑，使邃爲文，甚見稱賞。舉秀才，對策高第，[5]奉朝請。[6]

［1］《左氏春秋》：書名。亦稱《春秋左氏傳》，即《左傳》。舊説爲左丘明撰，記魯隱公元年（前 722）至魯哀公二十七年（前 468）間以魯國爲中心的歷史。

［2］建武：齊明帝年號（494—498）。

［3］蕭遥昌：人名。南齊宗室，建武元年爲豫州刺史。《南齊書》卷四五有傳。　主簿：官名。自漢以下，中央各機構及地方州郡皆置。掌文書簿籍，爲掾吏之首。其官品隨所署長官地位高下而異。

［4］八公山：山名。在今安徽壽縣西北。相傳漢淮南王劉安曾同八位門客共登此山，因名八公山。

［5］對策：古代考試方式之一種。主試者書政事、經義問題於簡策上，應試者對答。觀其文詞以定高下，優者爲甲，劣者爲乙。參《漢書》卷七八《蕭望之傳》顔師古注。

［6］奉朝請：本指大臣定期參加朝會，拜見皇帝。晉朝以下以爲官名，用以安置閑散官員。劉宋時無職掌，亦不爲官。齊官品不詳。

東昏踐阼，[1]始安王蕭遥光爲撫軍將軍、揚州刺史，[2]引邃爲參軍。[3]後遥光敗，邃還壽陽，值刺史裴叔業以壽陽降魏，[4]豫州豪族皆被驅掠，[5]邃遂隨衆北徙，魏主宣武帝雅重之，[6]以爲司徒屬，[7]中書郎，[8]魏郡太守。[9]魏遣王肅鎮壽陽，[10]邃固求隨肅，密圖南歸。天監初，[11]自拔還朝，除後軍諮議參軍。[12]邃求邊境自効，以爲輔國將軍、廬江太守。[13]時魏將吕頗率衆五萬奄來攻郡，邃率麾下拒破之，加右軍將軍。[14]

[1]東昏：指南齊東昏侯蕭寶卷。

[2]始安王蕭遥光：南齊宗室蕭遥光封爵號始安王。齊明帝時官至撫軍將軍、揚州刺史。明帝崩，東昏侯即位，蕭遥光據東府城反，敗，被殺。《南齊書》卷四五《宗室》有傳。始安，郡名。治所在今廣西桂林市。　撫軍將軍：將軍名號。宋第三品，齊時位在東西南北四征將軍之上。　揚州：州名。治所在今江蘇南京市。

[3]參軍：官名。王公軍府屬官，參掌府曹事。宋第七品，齊不詳。

[4]裴叔業：人名。祖籍河東聞喜。齊明帝時官輔國將軍、豫州刺史。東昏侯即位，誅舊臣，叔業懼禍將反，東昏討之。叔業病卒，其子以壽陽降魏。《南齊書》卷五一有傳。

[5]豫州：州名。治所在今安徽壽縣。

[6]宣武帝：即北魏世宗元恪。

[7]司徒屬：官名。司徒府諸曹主管之副佐。北魏第五品。

[8]中書郎：官名。中書省屬官，掌詔命。北魏第四品上。

[9]魏郡：北魏郡名。治所在今河北臨漳縣西南鄴鎮。

[10]王肅：人名。祖籍琅邪臨沂。父奂，南齊雍州刺史，爲齊武帝所殺。肅逃奔北魏。魏改豫州爲揚州，以肅爲督淮南諸軍事、揚州刺史，鎮壽陽。《魏書》卷六三有傳。

[11]天監：梁武帝年號（502—519）。

[12]後軍：後軍將軍之省稱，將軍名號。左右前後四軍將軍之一，爲禁衛軍主要將領，掌宿衛。宋第四品，梁初不詳。　諮議參軍：官名。王公官府屬官，掌諷議。宋第七品，梁初不詳。

[13]輔國將軍：將軍名號。梁初第三品。　廬江：郡名。治所在今安徽舒城縣。

[14]右軍將軍：將軍名號。與左軍、前軍、後軍將軍合稱四軍將軍，爲禁衛軍主要將領之一。宋第四品，梁初不詳。

五年，征邵陽洲，[1]魏人爲長橋斷淮以濟。邃築壘逼橋，每戰輒克，於是密作没突艦。[2]會甚雨，淮水暴溢，邃乘艦徑造橋側，[3]魏衆驚潰，邃乘勝追擊，大破之。進克羊石城，[4]斬城主元康。又破霍丘城，[5]斬城主甯永仁。平小峴，[6]攻合肥。[7]以功封夷陵縣子，[8]邑三百户。遷冠軍長史、廣陵太守。[9]

[1]邵陽洲：地名。在今安徽鳳陽縣東北淮河中。

[2]没突艦：戰船名。

[3]造：往。

[4]羊石城：城名。在今安徽霍丘縣東南。

[5]霍丘城：城名。在今安徽霍丘縣。

[6]小峴：城名。在今安徽含山縣北。

[7]合肥：縣名。治所在今安徽合肥市西北。按，據《魏書》卷八《宣武帝紀》及本書《武帝紀》，克羊石、霍丘二城在克合肥之後。疑此處記載有誤。參《通鑑》卷一四六《梁紀二》“天監五年”下胡三省注引《考異》。

[8]夷陵縣：縣名。治所在今湖北宜昌市西北。

[9]冠軍：冠軍將軍之省稱，將軍名號。梁初第三品。　廣陵：郡名。治所在今江蘇揚州市西北蜀岡。

邃與鄉人共入魏武廟，因論帝王功業。其妻甥王纂之密啓高祖，[1]云“裴邃多大言，有不臣之迹”。由是左遷爲始安太守。[2]邃志欲立功邊陲，不願閑遠，[3]乃致書於吕僧珍曰：[4]“昔阮咸、顔延有‘二始’之歎，[5]吾才不逮古人，今爲三始，非其願也，將如之何!”未及至郡，會魏攻宿預，[6]詔邃拒焉。行次直瀆，[7]魏衆退。遷右軍諮議參軍、豫章王雲麾府司馬，[8]率所領助守石頭。[9]出爲竟陵太守，[10]開置屯田，[11]公私便之。遷爲游擊將軍、朱衣直閤，[12]直殿省。尋遷假節、明威將軍、西戎校尉、北梁秦二州刺史。[13]復開創屯田數千頃，倉廪盈實，省息邊運，民吏獲安。乃相率餉絹千餘匹，[14]邃從容曰：“汝等不應爾；吾又不可逆。”[15]納其絹二匹而已。還爲給事中、雲騎將軍、朱衣直閤將軍，[16]遷大匠卿。[17]

[1]高祖：梁武帝廟號。

[2]左遷：降職。

[3]閑遠：邊遠無戰事的地方。

[4]吕僧珍：人名。本書卷一一有傳。

[5]《宋書》卷七三《顔延之傳》：“少帝即位，以爲正員郎，兼中書，尋徙員外常侍，出爲始安太守。領軍將軍謝晦謂延之曰：‘昔荀勖忌阮咸，斥爲始平郡，今卿又爲始安，可謂二始。’黄門郎殷景仁亦謂之曰：‘所謂俗惡俊異，世疵文雅。’”此處借以表遭嫉忌，不得志的感慨。阮咸，舊本訛作“阮彧”，此依中華書局本校改。

[6]宿預：縣名。治所在今江蘇宿遷市東南舊黄河東北岸古城。

[7]直瀆：地名。在今江蘇江寧縣東南方山。

[8]豫章王：梁武帝子蕭綜的封爵號。見本書卷五五。豫章，郡名。治所在今江西南昌市。　雲麾：雲麾將軍之省稱，將軍名號。梁置，與武臣、爪牙、龍騎將軍代舊前後左右四將軍。梁天監七年革選，釐定將軍名號及班品，有一百二十五號十品二十四班，以班多者爲貴。雲麾將軍爲十八班。　司馬：官名。王公軍府屬官，掌本府武官。梁天監七年革選，定流内官職爲十八班，以班多者爲貴。司馬爲十班至六班。

[9]石頭：即石頭城。在今江蘇南京市西清涼山。其城負山面江，形勢險固，爲六朝軍事要地。

[10]竟陵：郡名。治所在今湖北鍾祥市。

[11]屯田：古代政府利用軍隊或農民商人墾種土地，徵取收成以爲軍餉叫做屯田。

[12]游擊將軍：官名。禁軍六軍之一，掌宫廷宿衛。梁十班。　朱衣直閤：朱衣直閤將軍之省稱，官名。天監六年置，領禁衛兵，掌值殿省，侍衛左右。由擔任過刺史等的地方行政長官充任，是皇帝身邊親信。梁十班。

[13]假節：古代大臣奉天子之命出行，持節以爲憑證並示威重叫做假節。魏晉以下以爲官名，有假節、持節、使持節之分，權力亦有小大之别，多爲都督諸州軍事及刺史總軍戎者。有軍事，假節可殺犯軍令者。　明威將軍：將軍名號。梁代與寧遠、振遠等將軍代舊寧朔將軍。爲一百二十五號將軍之一，十三班。　西戎校尉：武官名號。南朝梁於北梁、南秦州置，立府，多由鎮守本州的刺史兼任。其職位隨府主號輕重而定。參《隋書·百官志上》。北梁秦：二州名。北梁州，治所在今陝西安康市西北漢江北岸；秦州，治所在今甘肅天水市。

[14]餉：贈送。

[15]逆：拒絶。

[16]給事中：官名。集書省屬官，掌侍從以及收發文書。梁四

班。　雲騎將軍：官名。梁天監六年改舊驍騎爲雲騎，禁軍六軍之一，領營兵，統宿衛。梁十班。

[17]大匠卿：官名。梁十二卿之一，掌土木工程。梁十班。

普通二年，[1]義州刺史文僧明以州叛入於魏，[2]魏軍來援。以邃爲假節、信武將軍，[3]督衆軍討焉。邃深入魏境，從邊城道，[4]出其不意，魏所署義州刺史封壽據檀公峴，[5]邃擊破之，遂圍其城，壽面縛請降，義州平。除持節、督北徐州諸軍事、信武將軍、北徐州刺史，[6]未之職，又遷督豫州北豫霍三州諸軍事、豫州刺史，[7]鎮合肥。

[1]普通：梁武帝年號（520—527）。

[2]義州：州名。南朝梁置，治所在今河南商城縣西。　文僧明：人名。其叛梁入魏事，參《魏書》卷一〇一《蠻傳》。

[3]信武將軍：將軍名號。梁置，與智武、仁武等將軍代舊冠軍將軍。可由文職清官兼領。爲一百二十五號將軍之一，十五班。

[4]邊城：縣名。南朝宋置，治所在今河南商城縣東。

[5]檀公峴：地名。在今安徽金寨縣西南。

[6]北徐州：州名。南齊改徐州置，治所在今安徽鳳陽縣東北。

[7]豫州北豫霍：三州名。豫州，梁天監五年置，治所在今安徽合肥市西北。北豫州，疑誤。梁普通七年以前無北豫州之名。齊永元二年，壽陽入魏，普通七年收復，置豫州，改鎮所在合肥的豫州爲南豫州，豫州始分南北。霍州，梁天監六年分豫州置，治所在今安徽霍山縣。

四年，進號宣毅將軍。[1]是歲，大軍將北伐，[2]以邃督征討諸軍事，率騎三千，先襲壽陽。九月壬戌，夜至壽陽，攻其郛，[3]斬關而入，一日戰九合，爲後軍蔡秀成失道不至，[4]邃以援絶拔還。於是邃復整兵，收集士卒。令諸將各以服色相别。邃自爲黄袍騎，先攻狄丘、甓城、黎漿等城，[5]皆拔之。屠安成、馬頭、沙陵等戍。[6]是冬，始修芍陂。[7]明年，復破魏新蔡郡，[8]略地至於鄭城，[9]汝潁之間，所在響應。魏壽陽守將長孫稚、河間王元琛率衆五萬，[10]出城挑戰，邃勒諸將爲四甄以待之，[11]令直閤將軍李祖憐僞遁以引稚，[12]稚等悉衆追之，四甄競發，魏衆大敗。斬首萬餘級。稚等奔走，閉門自固，不敢復出。其年五月，卒於軍中。追贈侍中、左衛將軍，[13]給鼓吹一部，[14]進爵爲侯，增邑七百户。謚曰烈。

[1]宣毅將軍：將軍名號。梁置，與鎮兵、翊師、宣惠將軍代舊四中郎將。爲一百二十五號將軍之一，十七班。

[2]是歲：中華書局本《校勘記》云："'是歲'承上文普通'四年'而言。按當依本書《武帝紀》作普通五年，則下文之'九月壬戌'、'明年'皆與紀合。"

[3]郛（fú）：外城。

[4]失道：迷失道路。

[5]狄丘：城名。在今安徽壽縣東南。本書《武帝紀》作"狄城"。　甓城：城名。在今安徽壽縣南。　黎漿：城名。在今安徽壽縣東南。

[6]安成：城名。在今安徽壽縣附近。成，本書《武帝紀》、《通鑑》卷一四六《梁紀二》皆作"城"。　馬頭：城名。在今安徽壽縣西北。　沙陵：城名。在今安徽壽縣境。

[7]芍陂：又名龍泉陂。在今安徽壽縣南。

[8]新蔡：魏郡名。治所在今河南固始縣東北。

[9]鄭城：地名。在今安徽潁上縣。

[10]長孫稚：人名。魏代郡人。《魏書》卷二五有傳。　河間王元琛：元琛，魏宗室，封爵號河間王。《魏書》卷二〇有傳。河間，郡名。治所在今河北獻縣東南。

[11]甄：軍陣名。《文選》卷四六王元長《三月三日曲水詩序》李善注引《孫子兵法》曰："長陣爲甄。"

[12]直閤將軍：禁衛武官名。南朝置。領禁衛兵，掌宫廷正殿便殿閤及諸門上下之安全保衛。其官班品史無明載，約居梁流内十八班之九班。參張金龍《南朝直閤將軍制度考》。

[13]侍中：官名。門下省長官，與給事黄門侍郎共掌侍從左右，擯相威儀，盡規獻納，糾正違缺等。參與决策，是中樞集團重要成員，職任顯要。定員四人，梁十二班。　左衛將軍：官名。與右衛將軍合稱二衛將軍，禁衛軍六軍之一。掌宫廷宿衛營兵。梁十二班。

[14]鼓吹：樂名。本軍樂，皇帝出行亦奏。漢魏以下亦用以贈賜有功之臣。

邃少言笑，沉深有思略，爲政寬明，能得士心。居身方正有威重，[1]將吏憚之，少敢犯法。及其卒也，淮、肥間莫不流涕，以爲邃不死，洛陽不足拔也。[2]

[1]居身：立身處世。

[2]洛陽：城名。北魏都城，即今河南洛陽市。　不足：不費力，不難。

子之禮，字子義，自國子生推第，[1]補邵陵王國左常侍、信威行參軍。[2]王爲南兗，[3]除長流參軍，[4]未行，仍留宿衛，補直閣將軍。丁父憂，[5]服闋襲封，[6]因請隨軍討壽陽，除雲麾將軍，遷散騎常侍。[7]又別攻魏廣陵城，[8]平之，除信武將軍、西豫州刺史，[9]加輕車將軍，[10]除黄門侍郎，[11]遷中軍宣城王司馬。[12]尋爲都督北徐仁睢三州諸軍事、信武將軍、北徐州刺史。[13]徵太子左衛率，[14]兼衛尉卿，[15]轉少府卿。[16]卒，謚曰壯。子政，[17]承聖中，[18]官至給事黄門侍郎。江陵陷，隨例入西魏。[19]

[1]推第：中華書局本《校勘記》："'推第'疑是'擢第'之訛。"

[2]邵陵王：梁武帝子蕭綸的封爵號。綸，天監十八年爲信威將軍。見本書卷二九《高祖三王傳》。邵陵，郡名。治所在今湖南邵陽市。　左常侍：官名。王公國屬官，隨侍國主，掌諫諍、司儀。梁二班至一班。　信威：信威將軍之省稱，將軍名號。梁置，與智威、仁威等將軍代舊征虜將軍。爲一百二十五號將軍之一，十六班。　行參軍：官名。王公軍府屬官，參掌府曹事。梁三班至一班。

[3]南兗：即南兗州，治所在今江蘇揚州市西北蜀岡。

[4]長流參軍：官名。王公軍府屬官，掌刑獄、禁防等。梁四班至二班。

[5]父憂：父喪。

[6]服闋：服喪期滿。

[7]散騎常侍：官名。集書省長官。掌侍從左右，應對獻替。劉宋以後，職以侍從左右、掌圖書文翰爲主，地位降低。員四人。梁十二班。

[8]廣陵城：魏城名。在今河南息縣。

[9]西豫州：州名。梁大通元年（527）改東豫州置，治所在今河南息縣。

[10]輕車將軍：將軍名號。梁代與征遠、鎮朔等將軍代舊輔國將軍。爲一百二十五號將軍之一，十四班。

[11]黄門侍郎：即給事黄門侍郎，門下省次官。與侍中俱掌門下衆事，侍從左右，顧問應對，出則陪乘，職任顯要。員四人。梁十班。

[12]中軍：中軍將軍之省稱，將軍名號。梁代與中權、中衛、中撫將軍合稱四中將軍。衹授予在京師任職者，地位頗重。爲一百二十五號將軍之一，二十三班。　宣城王：梁簡文帝嫡長子蕭大器的封爵號。大器於大同四年（538）爲中軍大將軍、揚州刺史。見本書卷八《哀太子傳》。宣城，郡名。治所在今安徽宣州市。

[13]仁睢：皆州名。仁州，梁置，治所在今安徽泗縣西南。睢州，梁置，治所在今安徽宿州市北符離集。

[14]太子左衛率：官名。與太子右衛率合稱太子二率，掌東宫宿衛，亦領兵出征，職任甚重。員一人。梁十一班。

[15]兼：官制術語。假職未真授之稱。　衛尉卿：官名。梁十二卿之一，掌宫門屯兵。梁十二班。

[16]少府卿：官名。梁十二卿之一，掌宫中服御諸物。衣服、珍膳、寶貨等。梁十一班。

[17]《顔氏家訓·風操》："江左朝臣，子孫初釋服，朝見二宫，皆當泣涕，二宫爲之改容。頗有膚色充澤，無哀感者，梁武薄其爲人，多被抑退。裴政出服，問訊武帝，貶瘦枯槁，涕泗滂沱。武帝目送之，曰：'裴之禮不死也。'"可見裴氏家門忠孝之風。

[18]承聖：梁元帝年號（552—555）。

[19]梁承聖三年，西魏大軍攻江陵。江陵陷，元帝蕭繹被殺。魏驅江陵男女數萬口入長安。詳本書卷五《元帝紀》。　江陵：蕭繹平侯景之亂，都於此，即今湖北荆州市江陵。

之高字如山，邃兄中散大夫髦之子也。[1]起家州從事、新都令、奉朝請，[2]遷參軍。頗讀書，少負意氣，常隨叔父邃征討，所在立功，[3]甚爲邃所器重，戎政咸以委焉。[4]

[1]中散大夫：官名。屬光禄卿。養老疾，無職事。梁十班。

[2]從事：官名。州府屬官，有祭酒從事、議曹從事、文學從事、部傳從事等目。梁一班至流外七班中之四班。　新都：縣名。治所在今四川新都縣西。　奉朝請：官名。梁屬集書省，二班。

[3]所在：所到之處。

[4]戎政：軍政。

壽陽之役，邃卒于軍所，之高隸夏侯夔，平壽陽，仍除平北豫章長史、梁郡太守，[1]封都城縣男，[2]邑二百五十户。時魏汝陰來附，[3]敕之高應接，[4]仍除假節、飈勇將軍、潁州刺史。[5]士民夜反，踰城而入，之高率家僮與麾下奮擊，賊乃散走。父憂還京。起爲光遠將軍，[6]合討陰陵盗賊，[7]平之，以爲譙州刺史。[8]又還爲左軍將軍，[9]出爲南譙太守、監北徐州，[10]遷員外散騎常侍。[11]尋除雄信將軍、西豫州刺史，[12]餘如故。

[1]平北：平北將軍之省稱，將軍名號。與平西、平東、平南將軍合稱四平將軍。多持節都督或監某一地區的軍事，亦可作爲刺史兼理軍務的加官。爲一百二十五號將軍之一，二十三班。　豫

章：指梁豫章王蕭綜。　梁郡：郡名。治所在今安徽壽縣。

[2]都城：縣名。治所在今廣東鬱南縣。

[3]汝陰：指北魏汝陰王元慶和。慶和爲魏東豫州刺史，梁大通元年（527）以渦陽降梁。參本書《武帝紀》及《魏書》卷一九《景穆十二王上·汝陰王傳》。

[4]敕：皇帝發佈的詔命。

[5]飈勇將軍：將軍名號。梁置，爲大通三年所定二百四十二號將軍之一。

潁州：州名。治所在今安徽阜陽市。

[6]光遠將軍：將軍名號。梁置，爲大通三年所定二百四十二號將軍之一。

[7]合：《南史》卷五八同傳作“令”，疑作“令”是。　陰陵：地名。在今安徽定遠縣西北。

[8]譙州：州名。梁中大通四年（532）改魏南兖州置，治所在今安徽亳州市。

[9]左軍將軍：官名。前後左右四軍將軍之一，爲禁衛軍重要將領。掌宮廷宿衛。梁九班。

[10]南譙：郡名。治所在今安徽巢湖市。　監：官制術語。非正式任職而督理其事。

[11]員外散騎常侍：官名。集書省官員，多以公族、宗室充任。劉宋以後常用以安置閑散官員。梁十班。

[12]雄信將軍：將軍名號。梁置，爲一百二十五號將軍之一，九班。

侯景亂，[1]之高率衆入援，南豫州刺史、鄱陽嗣王範命之高總督江右援軍諸軍事，[2]頓于張公洲。[3]柳仲禮至横江，[4]之高遣船舸二百餘艘迎致仲禮，與韋粲等俱會青塘立營，[5]據建興苑。[6]及城陷，之高還合肥，與鄱陽王範西上。稍至新蔡，衆將一萬，未有所屬，元帝遣蕭慧正召之，以爲侍中、護軍將軍。[7]到江陵，承制除特進、金紫光禄大夫。[8]卒，時年七十三。贈侍中、儀同三司，[9]鼓吹一部。謚曰恭。

[1]侯景：人名。本魏將，太清元年（547）附梁，二年反，攻下京師建康。詳本書卷五六《侯景傳》。

[2]南豫州：州名。劉宋永初二年（421）置。治所在今安徽和縣。　鄱陽嗣王範：梁武帝弟蕭恢之世子範，嗣父爵爲鄱陽王。本書卷二二《太祖五王傳》有附傳。鄱陽，王國名。治所在今江西波陽縣。

[3]張公洲：地名。在今湖北武漢市武昌南。相傳爲晉隱士張公灌園處。

[4]柳仲禮：人名。梁名將柳慶遠之孫。本書卷四三《柳敬禮傳》有附傳。　橫江：城名。在今安徽和縣東南長江北岸。

[5]韋粲：人名。本書卷四三有傳。　青塘：地名。在今江蘇南京市西南。

[6]建興苑：苑名。梁天監四年立，在今江蘇南京市西南隅。

[7]護軍將軍：官名。掌京畿以外諸軍，職任頗重。資輕者爲中護軍。梁十五班。

[8]承制：秉承皇帝旨意，行使職權。此指蕭繹。太清三年（549），侯景陷京師，梁武密詔蕭繹假黄鉞、大都督中外諸軍事、司徒承制，組織力量抗侯景。　特進：官名。魏晉南北朝時作爲加官，用來賜功德優盛，爲朝廷所敬重的大臣。《太平御覽》卷二四三《職官·特進》引沈約《宋書》有云："其諸官加特進者，從本官供給，特進但爲班位而已，不别有吏卒車服也。"梁十五班。　金紫光禄大夫：官名。光禄大夫之重者加金章紫綬，稱爲金紫光禄大夫。養老疾，無職事，多用爲重要高官之榮銜。梁十四班。

[9]儀同三司：官名。非三公而儀制同於三公之稱。六朝時多用於贈官。梁十七班。

子畿，累官太子右衛率、隽州刺史。[1]西魏攻陷江陵，畿力戰死之。

[1]隽州：州名。梁承聖三年（554）置，治所在今湖北通城縣西北。

之平字如原，之高第五弟。少亦隨邃征討，以軍功封都亭侯。[1]歷武陵王常侍、扶風弘農二郡太守，[2]不行，除譙州長史、陽平太守。[3]拒侯景，城陷後，遷散騎常侍、右衛將軍、太子詹事。[4]

[1]都亭侯：封爵名號。劉宋第五品，梁不詳。

[2]武陵王：梁武帝子蕭紀的封爵號。見本書卷五五《武陵王紀傳》。武陵，郡名。治所在今湖南常德市。　常侍：官名。王公國屬官。隨侍國主，掌諫諍、司儀。武陵王國常侍，梁二班。　扶風弘農：二郡名。梁代治所不詳。

[3]陽平：郡名。南齊置，寄治山陽，即今江蘇淮安市。梁移治安宜，即今江蘇寶應縣西南。參清·洪齮孫《補梁疆域志》。

[4]太子詹事：官名。東宮官員，總理東宮庶務，或參與大政，職任甚重。梁十四班。按，裴之平入陳事迹，見《陳書》卷二五《裴忌傳》。

之横字如岳，之高第十三弟也。少好賓遊，重氣俠，不事産業。之高以其縱誕，乃爲狹被蔬食以激厲之。之横歎曰："大丈夫富貴，必作百幅被。"遂與僮屬數百人，於芍陂大營田墅，[1]遂致殷積。太宗在東宫，[2]聞而要之，[3]以爲河東王常侍、直殿主帥，[4]遷直閤將軍。侯景亂，出爲貞威將軍，[5]隸鄱陽王範討景。景濟江，仍與範長子嗣入援。[6]連營度淮，據東城。[7]京都陷，退還合肥，與範泝流赴湓城。[8]景遣任約上逼晉熙，[9]範令之横下援，未及至，範薨，之横乃還。

[1]芍陂：又名龍泉陂，在今安徽壽縣南。

[2]太宗：簡文帝廟號。

[3]要：約請。

[4]河東王：梁昭明太子蕭統第二子譽的封爵號。見本書卷五五《河東王譽傳》。河東，郡名，東晉僑置，治所在今湖北松滋縣西北。　直殿主帥：官名。主值殿閣。梁官班不詳。

[5]貞威將軍：將軍名號。梁置。爲一百二十五號將軍之一，八班。

[6]嗣：蕭嗣。本書卷二二《太祖五王傳》有附傳。

[7]東城：即東府城，梁揚州刺史鎮所。在今江蘇南京市通濟門附近。

[8]湓城：又名湓口城。在今江西九江市。

[9]任約：人名。侯景將。參本書卷五六《侯景傳》。　晉熙：郡名。治所在今安徽潛山縣。

時尋陽王大心在江州，[1]範副梅思立密要大心襲湓城，之横斬思立而拒大心。大心以州降景。之横率衆與兄之高同歸元帝，承制除散騎常侍、廷尉卿，[2]出爲河東内史。[3]又隨王僧辯拒侯景於巴陵，[4]景退，遷持節、平北將軍、東徐州刺史，[5]中護軍，[6]封豫寧侯，[7]邑三千户。又隨僧辯追景，平郢、魯、江、晉等州，[8]恒爲前鋒陷陣。仍至石頭，[9]破景，景東奔，僧辯令之横與杜崱入守臺城。[10]及陸納據湘州叛，[11]又隸王僧辯南討焉。於陣斬納將李賢明，遂平之。又破武陵王於硤口。[12]還除吴興太守，[13]乃作百幅被，以成其初志。

[1]尋陽王大心：梁簡文帝子蕭大心，大寶元年（550）受封尋陽王。見本書卷四四《太宗十一王傳》。尋陽，郡名。治所在今江西九江市西南。　江州：州名。治所與尋陽郡同。

[2]廷尉卿：官名。梁十二卿之一，屬官有廷尉正、平、監及胄子律博士等。掌刑辟。十一班。

[3]内史：官名。王國行政長官，掌民政。劉宋第五品，梁不詳。

[4]王僧辯：人名。蕭繹將。本書卷四五有傳。　巴陵：郡名。治所在今湖南岳陽市。

[5]東徐州：州名。梁天監八年以魏南徐州改置，治所在今江蘇宿遷市東南舊黄河東北岸古城。

[6]中護軍：官名。資輕於護軍將軍而職掌同。梁十五班。

[7]豫寧：縣名。治所在今江西武寧縣西。

[8]郢：州名。治所在今湖北武漢市武昌。　魯：州名。梁代治所不詳。　晉州：州名。梁大寶元年（550）改豫州置，治所在今安徽潛山縣。

[9]石頭：即石頭城。

[10]杜崱（zè）：人名。本書卷四六有傳。　臺城：建康宫城。

在今江蘇南京市鷄鳴山南。

[11]陸納：人名。湘州刺史王琳長史。其據湘州叛事，詳《南史》卷六四《王琳傳》。　湘州：州名。梁置，治所在今湖北大悟縣東北。

[12]硤口：即今湖北宜昌市西長江西陵峽口。硤，《南史》卷五八同傳及《通鑑》卷一六四皆作“峽”。

[13]吳興：郡名。治所在今浙江湖州市。

後江陵陷，齊遣上黨王高涣挾貞陽侯攻東關，[1]晉安王方智承制，[2]以之横爲使持節、鎮北將軍、徐州刺史，[3]都督衆軍，給鼓吹一部，出守蘄城。[4]之横營壘未周，而齊軍大至，[5]兵盡矢窮，遂於陣没，時年四十一。贈侍中、司空公，[6]謚曰忠壯。子鳳寶嗣。

[1]上黨王高涣：北齊神武帝高歡第七子高涣，封爵號上黨王。天保六年（555）送梁貞陽侯蕭淵明還江南爲梁主，攻破東關，斬裴之横。事詳《北史》卷五一《齊宗室諸王・上黨王涣傳》。上黨，郡名，北魏時治所在今山西長治市北故驛。　貞陽侯：梁宗室蕭淵明的封爵號。淵明於梁太清元年（547）率軍北伐，敗，被俘至魏。見《南史》卷五一《梁宗室上》。貞陽，縣名。治所在今廣東英德市東翁水北。　東關：即今安徽巢湖市東南東關。

[2]晉安王方智：梁敬帝蕭方智初封晉安王。見本書卷六《敬帝紀》。晉安，郡名。治所在今福建福州市。姚思廉原文作“晉安王諱”，舊本有補“諱”爲“綱”者，誤。此依中華書局本校補正。

[3]鎮北將軍：將軍名號。與鎮東、鎮西、鎮南將軍合稱四鎮將軍。多爲持節都督，出鎮方面，權位頗重。爲一百二十五號將軍之一，二十二班。　徐州：州名。治所在今安徽鳳陽縣東北。

[4]蘄城：郡名。南朝梁置，治所在今安徽宿州市。

[5]齊軍：舊本“齊”訛“魏”，此依中華書局本校改。

[6]司空公：《南史》卷五八同傳作“司空”，無“公”字。

夏侯亶字世龍，車騎將軍詳長子也。[1]齊初，起家奉朝請。永元末，[2]詳爲西中郎南康王司馬，[3]隨府鎮荆州，[4]亶留京師，爲東昏聽政主帥。[5]及崔慧景作亂，[6]亶以捍禦功，除驍騎將軍。及高祖起師，詳與長史蕭穎胄協同義舉，[7]密遣信下都迎亶，[8]亶乃齎宣德皇后令，[9]令南康王纂承大統，[10]封十郡爲宣城王。[11]進位相國，置僚屬，選百官。建康城平，[12]以亶爲尚書吏部郎，[13]俄遷侍中，奉璽於高祖。天監元年，出爲宣城太守。尋入爲散騎常侍，領右驍騎將軍。[14]六年，出爲平西始興王長史、南郡太守，[15]父憂解職。居喪盡禮，廬于墓側，遺財悉推諸弟。八年，起爲持節、督司州諸軍事、信武將軍、司州刺史，[16]領安陸太守。[17]服闋，襲封豐城縣公。[18]居州甚有威惠，爲邊人所悦服。十二年，以本號還朝，除都官尚書，[19]遷給事中、右衛將軍、領豫州大中正。[20]十五年，出爲信武將軍、安西長史、江夏太守。[21]十七年，入爲通直散騎常侍、太子右衛率，[22]遷左衛將軍，領前軍將軍。[23]俄出爲明威將軍、吴興太守。在郡復有惠政，吏民圖其像，立碑頌美焉。普通三年，入爲散騎常侍，領右驍騎將軍，轉太府卿，[24]常侍如故。以公事免，未幾，優詔復職。[25]五年，遷中護軍。

[1]車騎將軍：將軍名號。爲重號將軍，多加授大臣及重要地

方長官。宋第二品，梁初不詳。　詳：夏侯詳。本書卷一〇有傳。

[2]永元：齊東昏侯年號（499—501）。

[3]西中郎：西中郎將之省稱，將軍名號。宋第四品，齊不詳。　南康王：齊和帝蕭寶融，初封隨郡王。東昏侯即位，改封南康王，爲西中郎將，荆州刺史。見《南齊書》卷八《和帝紀》。南康，郡名。治所在今江西贛州市東北。

[4]隨府鎮荆州：荆州，州名。治所在今湖北荆州市。三朝本、百衲本無“鎮”字。

[5]東昏：指東昏侯蕭寶卷。

[6]崔慧景：人名。祖籍清河東武城。東昏侯即位，誅大臣，慧景憂懼。永元二年舉兵反，敗亡。《南齊書》卷五一有傳。

[7]蕭穎胄：人名。時爲南康王蕭寶融府長史。見本書卷一〇《蕭穎達傳》。

[8]信：使者。

[9]齎（jī）：携帶。　宣德皇后：齊文惠太子蕭長懋后王寶明，鬱林王即位尊爲皇太后，稱宣德宫。見《南齊書》卷二〇《皇后·文安王皇后傳》。　令：文體之一種。皇后、太子及諸王所發佈的文書。

[10]纂承：繼承。　大統：指帝位。

[11]宣城：郡名。治所在今安徽宣州市。

[12]建康城平：指永元三年十二月，蕭衍包圍京師建康，城内誅東昏，送首義軍，蕭衍入城。參本書《武帝紀》。

[13]尚書吏部郎：官名。尚書省吏部曹長官，佐吏部尚書，掌官吏銓選、調動。齊第五品。

[14]右驍騎將軍：將軍名號。梁天監六年置，掌侍衛皇帝。天監七年革選，定流内官職爲十八班，以班多者爲貴，右驍騎將軍爲十一班。《陳書》卷一八《韋載傳》附《韋翽傳》：“驍騎之職，舊領營兵，兼統宿衛。自梁代已來，其任逾重，出則羽儀清道，入則與二衛通直，臨軒則升殿俠侍。”所指即左右驍騎將軍。

[15]平西：平西將軍之省稱，將軍名號。與平東、平南、平北將軍合稱四平將軍。多持節都督或監某一地區的軍事，亦可作爲刺史兼理軍務的加官。梁天監七年革選，定爲一百二十五號十品二十四班將軍之二十班。　始興王：梁武帝弟蕭憺的封爵號。見本書卷二二《太祖五王傳》。始興，郡名。治所在今廣東韶關市東南蓮花嶺下。　南郡：郡名。治所在今湖北荆州市。

[16]持節：古代大臣奉天子之命出行，持節以爲憑證並示威重。魏晉以後以爲官名，有假節、持節、使持節之分，權力亦有小大之别，多爲都督諸州軍事及刺史總軍戎者。軍事長官出行時，持節可殺無官位之人；在軍事行動中，有誅殺二千石以下官員的權力。　司州：州名。治所在今河南信陽市。

[17]領：官制術語。已有實授主職，又兼任較低職務而不居其位。　安陸：郡名。治所在今湖北安陸市。

[18]豐城：縣名。治所在今江西豐城市南。

[19]都官尚書：官名。尚書省列曹尚書之一，掌刑法、水利工程等。梁十三班。

[20]右衛將軍：官名。與左衛將軍合稱二衛將軍，掌宫廷宿衛營兵。是禁衛軍六軍之一。梁十二班。　豫州：州名。治所在今安徽合肥市西北。　大中正：官名。掌一州人才之考察，定其鄉品，以爲選拔官吏之依據。多由他官兼領。

[21]安西：安西將軍之省稱，將軍名號。與安東、安南、安北將軍合稱四安將軍。爲出鎮方面的軍事長官，亦作爲刺史兼理軍務的加官。權位頗重。爲一百二十五號將軍之一，二十一班。　江夏：郡名。治所在今湖北武漢市武昌。

[22]通直散騎常侍：官名。集書省官員，掌侍從左右，獻納得失，與散騎常侍通直。劉宋以後，多以衰老之士擔任，地位漸低。梁十一班。　太子右衛率：官名。與太子左衛率合稱太子二率，掌東宫宿衛，或領兵出征，職任頗重。梁十一班。

[23]前軍將軍：官名。前左右後四軍將軍之一，掌宿衛，是

禁衛軍主要將領之一。梁九班。

[24]太府卿：官名。梁十二卿之一，掌金帛庫藏出納、關市稅收等。梁十三班。

[25]優詔：皇帝發佈的寬恕慰勉的詔書。

六年，大舉北伐，先遣豫州刺史裴邃帥譙州刺史湛僧智、歷陽太守明紹世、南譙太守魚弘、晉熙太守張澄，[1]並世之驍將，自南道伐壽陽城，[2]未克而邃卒。乃加亶使持節，馳驛代邃，[3]與魏將河間王元琛、臨淮王元彧等相拒，[4]頻戰克捷。尋有密敕，班師合肥，[5]以休士馬，須堰成復進。[6]七年夏，淮堰水盛，壽陽城將没，高祖復遣北道軍元樹帥彭寶孫、陳慶之等稍進，[7]亶帥湛僧智、魚弘、張澄等通清流澗，[8]將入淮、肥。魏軍夾肥築城，出亶軍後，亶與僧智還襲，破之。進攻黎漿，[9]貞威將軍韋放自北道會焉。兩軍既合，所向皆降下。凡降城五十二，獲男女口七萬五千人，米二十萬石。詔以壽陽依前代置豫州，[10]合肥鎮改爲南豫州，以亶爲使持節、都督豫州緣淮南豫霍義定五州諸軍事、雲麾將軍、豫南豫二州刺史。[11]壽春久罹兵荒，百姓多流散，亶輕刑薄賦，務農省役，頃之民户充復。大通二年，[12]進號平北將軍。三年，卒於州鎮。高祖聞之，即日素服舉哀，贈車騎將軍。謚曰襄。州民夏侯簡等五百人表請爲亶立碑置祠，詔許之。

[1]譙州：即南譙州，州名。治所在今安徽全椒縣。參清·洪

齡孫《補梁疆域志》。　歷陽：郡名。治所在今安徽和縣。　明紹世：本書卷一八《張惠紹傳》及《册府元龜》卷三五二作“胡紹世”。　張澄：人名。梁名將張惠紹之子。見本書卷一八《張惠紹傳》。

[2]壽陽城：城名。即今安徽壽縣。

[3]驛：傳遞官府文書的車馬。

[4]河間王元琛：元琛，元魏宗室，封爵號河間王。《魏書》卷二〇有傳。河間，郡名。治所在今河北獻縣東南。　臨淮王元彧：元彧，元魏宗室，封爵號臨淮王。《魏書》卷一八有傳。臨淮，郡名。治所在今安徽靈璧縣。

[5]合肥：縣名。治所在今安徽合肥市西北。

[6]須：待。　堰：指宿預堰和曹公堰。據本書《武帝紀》，普通六年“五月乙酉，築宿預堰，又脩曹公堰於濟陰”。按，宿預堰在今江蘇宿遷市東南，曹公堰在今山東曹縣。蕭衍意在待堰成水滿以淹壽陽。

[7]元樹：人名。本北魏近屬，梁天監八年歸梁。本書卷三九有傳。　陳慶之：人名。本書卷三二有傳。

[8]清流澗：在今安徽滁州市。

[9]黎漿：城名。在今安徽壽縣東南。

[10]東晉義熙（405—418）中，豫州鎮壽春（即壽陽），齊永元二年豫州刺史裴叔業以壽陽降魏，魏改名揚州，至此收復，復名豫州。

[11]霍義定：皆州名。霍州，梁天監六年（507）分豫州置，治所在今安徽霍山縣；義州，治所在今河南商城縣西；定州，治所在今湖北麻城市東北。　雲麾將軍：將軍名號。梁置，與武臣、爪牙、龍騎將軍代舊前後左右四將軍。爲一百二十五號將軍之一，十八班。

[12]大通：梁武帝年號（527—529）。

亶爲人美風儀，寬厚有器量，涉獵文史，辯給能專對。[1]宗人夏侯溢爲衡陽内史，[2]辭日，亶侍御坐，高祖謂亶曰："夏侯溢於卿疏近?"亶答曰："是臣從弟。"[3]高祖知溢於亶已疏，乃曰："卿傖人，[4]好不辨族從。"亶對曰："臣聞服屬易疏，[5]所以不忍言族。"時以爲能對。[6]

[1]辯給：能言善辯。　專對：獨立地隨機應對。《論語·子路》："子曰：'誦《詩》三百，授之以政，不達；使於四方不能專對；雖多，亦奚以爲!'"

[2]衡陽：郡名。治所在今湖南株洲市西南。

[3]從弟：同祖之弟。

[4]傖：魏晉時江東譏嘲楚人爲傖，南北朝時，南人駡北人爲傖。夏侯亶祖籍譙郡，故蕭衍稱之爲傖人。

[5]服屬：指親疏關係。古代親屬去世要穿喪服，不同的喪服表示親疏等差。三代以上不服喪。

[6]由此可見當時北方人宗族觀念甚於南方。北齊·顔之推《顔氏家訓·風操》："凡宗親世數，有從父，有從祖，有族祖。江南風俗，自兹已往，高秩者，通呼爲尊，同昭穆者，雖百世猶稱兄弟，若對他人稱之，皆云族人。河北士人，雖三二十世，猶呼爲從伯從叔。梁武帝嘗問一中土士人曰：'卿北人，何故不知有族?'答云：'骨肉易疏，不忍言族耳。'當時雖爲敏對，於禮未通。"又，顧炎武《日知録》卷二四"族兄弟"條有論，並可與本傳參證。

亶歷爲六郡三州，不修産業，禄賜所得，隨散親故。性儉率，居處服用，充足而已，不事華侈。晚年頗好音樂，有妓妾十數人，並無被服姿容。每有客，常隔簾奏之，時謂簾爲夏侯妓衣也。

亶二子：誼，損。誼襲封豐城公，歷官太子舍人，[1]洗馬。[2]太清中，[3]侯景入寇，[4]誼與弟損帥部曲入城，並卒圍内。[5]

[1]太子舍人：官名。東宫屬官，掌文記。梁定員十六人，三班。

[2]洗馬：即太子洗馬，官名。東宫屬官，掌文翰，爲清簡之職。員八人。梁六班。

[3]太清：梁武帝年號（547—549）。

[4]侯景太清元年附梁，受封河南王，二年，反，率軍攻京師建康。

[5]圍内：即圍城之内。

夔字季龍，亶弟也。起家齊南康王府行參軍。中興初，[1]遷司徒屬。天監元年，爲太子洗馬，中舍人，[2]中書郎。丁父憂，服闋，除大匠卿，知造太極殿事。[3]普通元年，爲邵陵王信威長史，行府國事。[4]其年，出爲假節、征遠將軍，[5]隨機北討，還除給事黄門侍郎。[6]二年，副裴邃討義州，平之。三年，代兄亶爲吴興太守，尋遷假節、征遠將軍、西陽武昌二郡太守。[7]七年，徵爲衛尉，[8]未拜，改授持節、督司州諸軍事、信武將軍、司州刺史，領安陸太守。

[1]中興：南齊和帝年號（501—502）。

[2]中舍人：即太子中舍人，官名。東宫官，掌侍從及文翰。員四人。劉宋第六品，梁初同。

[3]太極殿：京師建康宫正殿名。《南史》卷六《梁本紀》：天監十二年二月辛巳，新作太極殿，改爲十三間，以從閏數。六月庚子，太極殿成。

[4]行府國事：六朝時，諸王往往年少即出鎮一方，因命長史代行政事，稱爲行事。

[5]征遠將軍：將軍名號。梁置，與輕車、鎮朔將軍等代舊輔國將軍。爲一百二十五號將軍之一，十四班。

[6]給事黄門侍郎：官名。門下省次官，與侍中共掌侍從左右，擯相威儀，盡規獻納，糾正違缺等。出入禁中，地位顯要。員四人。梁十班。

[7]西陽：郡名。治所在今湖北黄岡市東。　武昌：郡名。治所在今湖北鄂州市。

[8]衛尉：即衛尉卿，官名。梁十二卿之一，掌宫門屯兵，糾察不法。梁十二班。

八年，敕夔帥壯武將軍裴之禮、直閤將軍任思祖出義陽道，[1]攻平静、穆陵、陰山三關，[2]克之。是時譙州刺史湛僧智圍魏東豫州刺史元慶和於廣陵，[3]入其郛。[4]魏將元顯伯率軍赴援，僧智逆擊破之，夔自武陽會僧智，[5]斷魏軍歸路。慶和於内築栅以自固，及夔至，遂請降。夔讓僧智，[6]僧智曰："慶和志欲降公，不願降僧智，今往必乖其意；且僧智所將爲烏合募人，[7]不可御之以法。公持軍素嚴，必無犯令，受降納附，深得其宜。"於是夔乃登城拔魏幟，建官軍旗鼓，衆莫敢妄動，慶和束兵以出，軍無私焉。凡降男女口四萬餘人，粟六十萬斛，餘物稱是。顯伯聞之夜遁，衆軍追之，生擒二萬餘人，斬獲不可勝數。詔以僧智領東豫州，鎮廣陵。夔引軍屯安陽。[8]夔又遣偏將屠楚城，[9]盡俘其衆，由是義陽北道遂與魏絶。

[1]壯武將軍：將軍名號。梁置。爲一百二十五號將軍之一，十二班。　義陽：郡名。治所在今河南信陽縣北。

[2]平静：關名。在今河南信陽縣西南。　穆陵：關名。在今河南新縣南。陰山：關名。在今湖北麻城市東北。

[3]東豫州：北魏州名。治所在今河南息縣城關。　元慶和：人名。魏宗室近屬。《魏書》卷一九《景穆十二王・汝陰王天賜傳》有附傳。　廣陵：城名。即今河南息縣城。

[4]郛（fú）：外城。

[5]武陽：縣名。北魏置，治所在今河南西平縣西北。

[6]讓：以言相責。

[7]爲烏合募人：舊本脱“烏”，此依中華書局本校補。《通鑑》卷一四七《梁紀三》作“應募烏合之人”。

[8]安陽：縣名。治所在今河南正陽縣西南。

[9]楚城：又名楚王城，在今河南信陽市北長臺關西。

大通二年，[1]魏郢州刺史元願達請降，[2]高祖敕郢州刺史元樹往迎願達，[3]夔亦自楚城會之，遂留鎮焉。詔改魏郢州爲北司州，以夔爲刺史，兼督司州。三年，遷使持節，進號仁威將軍，[4]封保城縣侯，[5]邑一千五百户。中大通二年，[6]徵爲右衛將軍，丁所生母憂去職。

[1]大通二年：舊本脱“大通”二字，此依中華書局本校補。

[2]郢州：州名。北魏正始元年（504）置，治所在今河南信陽市。　元願達：人名。元魏支庶。本書卷三九有傳。

[3]郢州：州名。南朝宋置，治所在今湖北武漢市武昌。

[4]仁威將軍：將軍名號。梁置，與智威、勇威、信威、嚴威將軍代舊征虜將軍。爲一百二十五號將軍之一，十六班。

[5]保城：縣名。治所在今河南汝南縣南。

[6]中大通：梁武帝年號（529—534）。

時魏南兖州刺史劉世明以譙城入附，[1]詔遣鎮北將軍元樹帥軍應接，起夔爲雲麾將軍，隨機北討，尋授使持節、督南豫州諸軍事、南豫州刺史。六年，轉使持節、督豫淮陳潁建霍義七州諸軍事、豫州刺史。[2]豫州積歲寇戎，人頗失業，夔乃帥軍人於蒼陵立堰，[3]溉田千餘頃，歲收穀百餘萬石，以充儲備，兼贍貧人，境内賴之。夔兄亶先經此任，至是夔又居焉。兄弟並有恩惠於鄉里，百姓歌之曰：“我之有州，頻仍夏侯；前兄後弟，布政優優。”[4]在州七年，甚有聲績，遠近多附之。有部曲萬人，馬二千匹，並服習精强，[5]爲當時之盛。性奢豪，後房伎妾曳羅縠飾金翠者亦有百數。愛好人士，不以貴勢自高，文武賓客常滿坐，時亦以此稱之。大同四年，[6]卒於州，時年五十六。有詔舉哀，賻錢二十萬，[7]布二百匹。追贈侍中、安北將軍。[8]謚曰桓。

[1]南兖州：州名。北魏正始四年（507）置，治所在今安徽亳

州市。　劉世明：《魏書》卷五五《劉芳傳》有附傳。各本作“劉明”，當是姚思廉避唐諱省“世”字。《魏書》卷一一《後廢帝安定王紀》：“是歲（按，指魏中興元年，即梁中大通四年），南兖州城民王乞德逼前刺史劉世明以州降蕭衍，衍使其將元樹入據譙城。”本書《武帝紀》中大通四年紀亦云“魏南兖州刺史劉世明以城降”。並作“劉世明”，可爲佐證。今補“世”字。　譙城：即譙縣城，魏南兖州鎮所。

[2]豫淮陳潁建霍義：皆州名。淮州，梁以西豫州改名，治所在今河南息縣東；陳州，梁置，治所在今河南確山縣南；潁州，治所在今安徽阜陽市；建州，治所在今河南商城縣西；霍州，治所在今安徽霍山縣；義州，梁普通四年（523）分霍州置，治所在今河南商城縣西南。

[3]蒼陵：城名。在今安徽壽縣西南淮河南岸。

[4]布政優優：《詩・商頌・長發》：“敷政優優，百禄是遒。”敷，《左傳・成公二年》作“布”，義同。毛傳：“優優，和也。”

[5]服習：反復練習。

[6]大同：梁武帝年號（535—546）。

[7]賻（fù）：以錢財助喪事。

[8]安北將軍：將軍名號。與安南、安東、安西將軍合稱四安將軍，爲出鎮方面的軍事長官，或作爲刺史兼理軍務的加官，權任很重。爲一百二十五號將軍之一，二十一班。

子譔嗣，官至太僕卿。[1]譔弟譒，少粗險薄行，常停鄉里，領其父部曲，爲州助防，刺史蕭淵明引爲府長史。[2]淵明彭城戰没，[3]復爲侯景長史。景尋舉兵反，譒前驅濟江，頓兵城西士林館，[4]破掠邸第及居人富室，子女財貨，盡略有之。[5]淵明在州有四妾，章、於、王、阮，並有國色。淵明没魏，其妾並還京第，譒至，破第納焉。

[1]太僕卿：官名。梁十二卿之一，掌皇帝車駕。梁十班。

[2]蕭淵明：人名。梁宗室。太清元年（547）爲豫州刺史，率軍北伐，敗，被俘入魏。《南史》卷五一《梁宗室傳》有傳。

[3]彭城：郡名。治所在今江蘇徐州市。

[4]士林館：梁武帝大同七年（541）立，在京師建康城西。

[5]略：掠奪。

魚弘，襄陽人。[1]身長八尺，白皙美姿容。累從征討，常爲軍鋒，歷南譙、盱眙、竟陵太守。[2]常語人曰："我爲郡，所謂四盡：水中魚鱉盡，山中麞鹿盡，田中米穀盡，村里民庶盡。丈夫生世，如輕塵栖弱草，[3]白駒之過隙。人生歡樂富貴幾何時！"[4]於是姿意酣賞，[5]侍妾百餘人，不勝金翠，服玩車馬，皆窮一時之絕。遷爲平西湘東王司馬、新興永寧二郡太守，[6]卒官。

[1]襄陽：郡名。治所在今湖北襄樊市。

[2]盱眙：郡名。治所在今江蘇盱眙縣東北。　竟陵：郡名。治所在今湖北鍾祥市。

[3]輕塵栖弱草：比喻人生渺小短暫。

[4]《文選》卷四一楊子幼《報孫會宗書》："人生行樂耳，須富貴何時！"

[5]姿：通"恣"。

[6]湘東王：梁元帝蕭繹的初封爵號。湘東，郡名。治所在今湖南衡陽市。　新興：郡名。治所在今湖北荆州市東。　永寧：郡

名。治所在今湖北荆門市西北。

韋放字元直，車騎將軍叡之子。[1]初爲齊晉安王寧朔迎主簿，[2]高祖臨雍州，[3]又召爲主簿。放身長七尺七寸，腰帶八圍，容貌甚偉。天監元年，爲盱眙太守，還除通直郎，[4]尋爲輕車晉安王中兵參軍，[5]遷鎮右始興王諮議參軍，[6]以父憂去職。服闋，襲封永昌縣侯，[7]出爲輕車南平王長史、襄陽太守。[8]轉假節、明威將軍、竟陵太守。在郡和理，爲吏民所稱。

[1]叡：韋叡，人名。祖籍京兆杜陵。本書卷一二有傳。

[2]晉安王：齊明帝長子蕭寶義初封爵號。見《南齊書》卷五〇《明七王・巴陵隱王傳》。　寧朔：寧朔將軍之省稱，將軍名號。宋第四品，齊不詳。　迎主簿：六朝時，官吏上任，地方吏民隆重迎接。主持此事的主簿爲迎主簿。迎主簿往往由一州門第、德行、才學俱優者擔任，是一種入仕資格。參汪徵魯《南朝“迎吏”、“送故吏”新探》。主簿，官名。自漢以下，中央各機構及地方州郡皆置，掌文書簿籍，爲掾吏之首。其官職隨所署長官地位高下而異。

[3]雍州：州名。東晉僑置，治所在今湖北襄樊市。

[4]通直郎：通直散騎侍郎的省稱，官名。集書省屬官，掌侍從左右，與散騎侍郎通直。劉宋以後，多爲加官，不被人重視。宋第五品，梁初不詳。

[5]輕車：輕車將軍之省稱，將軍名號。與鎮朔、征遠將軍等代舊輔國將軍。爲一百二十五號將軍之一，十四班。　晉安王：梁簡文帝蕭綱的初封爵號。　中兵參軍：官名。王公軍府屬官，掌本府親兵。梁六班至二班。

[6]鎮右：鎮右將軍之省稱，將軍名號。梁置，爲八鎮將軍之

一，與鎮左、鎮前、鎮後將軍祇授予在京師任職者。爲一百二十五號將軍之一，二十二班。　始興王：梁武帝弟蕭憺的封爵號。見本書卷二二《太祖五王傳》。　諮議參軍：官名。職掌同前代。梁九班至六班。

[7]永昌：縣名。治所在今湖南祁東縣西北。

[8]南平王：梁武帝弟蕭偉的封爵號。見本書卷二二《太祖五王傳》。南平，郡名。治所在今湖北公安縣西。　長史：官名。職掌同前代。梁十班至六班。

普通六年，大舉北伐，[1]以放爲貞威將軍，與胡龍牙會曹仲宗進軍。七年，夏侯亶攻黎漿不克，高祖復使帥軍自北道會壽春城。[2]尋遷雲麾南康王長史、尋陽太守。[3]放累爲藩佐，並著聲績。

[1]普通六年，大舉北伐：各本“六年”前無“普通”二字，如此，則“六年”承前“天監元年”，似指天監六年。實則應爲普通六年，故補“普通”二字。此前已記韋放因父憂去職事，而放父憂在普通元年八月，本書《武帝紀》及卷一二《韋叡傳》已有明載。普通元年後的“六年”，當是普通六年。又據《武帝紀》及卷二八《夏侯亶傳》，普通六年有“大舉北伐”事，與此傳合，而天監六年無。另據卷二八《夏侯亶傳》載，普通七年，“魏軍夾肥築城，出亶軍後，亶與僧智還襲，破之。進攻黎漿，貞威將軍韋放自北道會焉”，正與此處“七年，夏侯亶攻黎漿”云云合。

[2]壽春城：城名。在今安徽壽縣。

[3]南康王：梁武帝子蕭績之封爵號。見本書卷二九《高祖三王傳》。

普通八年，[1]高祖遣兼領軍曹仲宗等攻渦陽，[2]又以放爲明威將軍，帥師會之。魏大將費穆帥衆奄至，[3]放軍營未立，麾下止有二百餘人。放從弟洵驍果有勇力，一軍所仗，放令洵單騎擊刺，屢折魏軍，洵馬亦被傷不能進，放胄又三貫流矢。衆皆失色，請放突去。放厲聲叱之曰："今日唯有死耳。"乃免胄下馬，據胡牀處分。[4]於是士皆殊死戰，莫不一當百。魏軍遂退，放逐北至渦陽。魏又遣常山王元昭、大將軍李奬、乞佛寶、費穆等衆五萬來援，[5]放率所督將陳度、趙伯超等夾擊，大破之。渦陽城主王緯以城降。[6]放乃登城，簡出降口四千二百人，[7]器仗充牣，[8]又遣降人三十，分報李奬、費穆等。魏人棄諸營壘，一時奔潰，衆軍乘之，[9]斬獲略盡。擒穆弟超，并王緯送於京師。還爲太子右衛率，轉通直散騎常侍。出爲持節、督梁南秦二州諸軍事、信武將軍、梁南秦二州刺史。[10]中大通二年，徙督北徐州諸軍事、北徐州刺史，增封四百户，持節、將軍如故。在鎮三年，卒，時年五十九。謚曰宜侯。

[1]普通八年：《南史》卷五八同傳作"大通元年"。按，梁普通八年三月改元大通。《通鑑》卷一五一《梁紀七》繫此下所述事於本年九月下。故當以《南史》爲是。

[2]兼：官制術語。假職未真授之稱。　領軍：領軍將軍之省稱，官名。禁衛軍最高統帥，掌天下兵要。梁十五班。　渦陽：縣名。北魏置，治所在今安徽蒙城縣。

[3]費穆：人名。北魏代人。《魏書》卷四四有傳。

[4]胡牀：一種可以折叠的輕便坐具，也叫交椅、交床。俗稱

馬扎子。因其是東漢後期由胡地傳入，故名。　處分：部署，指揮。

[5]常山王元昭：元魏宗室近屬。《魏書》卷一五《常山王遵傳》有附傳。常山，郡名。治所在今河北正定縣南。　李獎：人名。北魏頓丘人。《魏書》卷六五有傳。　乞佛寶：人名。《南史》作"乞伏寶"，《魏故使持節都督河涼二州諸軍事衞大將軍河州刺史寧國伯乞伏君墓志》（趙超《漢魏南北朝墓志匯編》）同。

[6]城主：一城之主將。　王緯：舊本作"王偉"，誤，此依中華書局本校改。

[7]簡：選。

[8]充牣：充足。

[9]乘：趁機攻擊。

[10]梁州：州名。治所在今陝西漢中市東。　南秦州：州名。治所在今甘肅成縣西北。

放性弘厚篤實，輕財好施，於諸弟尤雍睦。[1]每將遠别及行役初還，常同一室卧起，時稱爲"三姜"。[2]初，放與吴郡張率皆有側室懷孕，[3]因指爲婚姻。其後各産男女，未及成長而率亡，遺嗣孤弱，放常贍卹之。及爲北徐州，時有勢族請姻者，[4]放曰："吾不失信於故友。"乃以息岐娶率女，[5]又以女適率子，時稱放能篤舊。[6]長子粲嗣，别有傳。[7]

[1]雍睦：和睦。

[2]三姜：後漢姜肱字伯淮，"與弟仲海、季江，俱以孝行著聞。三兄弟友愛天至，常共卧起。"詳《後漢書》卷五三《姜肱傳》。

[3]吴郡張率：張率，吴郡人。本書卷三三有傳。吴郡，治所在今江蘇蘇州市。　側室：妾。

[4]勢族：有權勢的大族。

[5]息：子。

[6]篤舊：對舊友真誠。舊，故交、舊友。

[7]見本書卷四三。

史臣曰：裴邃之詞采早著，兼思略沉深，夏侯亶之好學辯給，夔之奢豪愛士，韋放之弘厚篤行，並遇主逢時，展其才用矣。及牧州典郡，破敵安邊，咸著功績，允文武之任，[1]蓋梁室之名臣歟。

[1]允文武：即允文允武，文事武功兼備。

梁書 卷二九

列傳第二十三

高祖三王

高祖八男：[1]丁貴嬪生昭明太子統、太宗簡文皇帝、廬陵威王續，[2]阮脩容生世祖孝元皇帝，[3]吴淑媛生豫章王綜，[4]董淑儀生南康簡王績，[5]丁充華生邵陵攜王綸，[6]葛脩容生武陵王紀。[7]綜及紀别有傳。

[1]高祖：梁武帝廟號。

[2]丁貴嬪：梁武帝貴嬪丁氏。見本書卷七《皇后·高祖丁貴嬪傳》。貴嬪，后妃名號，三夫人之一。　昭明太子統：梁武帝太子蕭統，謚號昭明，本書卷八有傳。　太宗簡文皇帝：梁簡文帝蕭綱廟號太宗，謚簡文。見本書卷四《簡文帝紀》。　廬陵威王續：蕭續，封爵號廬陵王，謚曰威。廬陵，郡名。治所在今江西吉水縣。

[3]阮脩容：見本書卷七《皇后·高祖阮脩容傳》。脩容，后妃名號，九嬪之一。　世祖孝元皇帝：梁元帝蕭繹廟號世祖，尊號孝元。見本書卷五《元帝紀》。

[4]吴淑媛：梁武帝淑媛吴氏。淑媛，后妃名號，九嬪之一。　豫章王綜：蕭綜，封爵號豫章王。本書卷五五有傳。豫章，郡名。治所在今江西南昌市。

[5]董淑儀：梁武帝淑儀董氏。淑儀，后妃名號，九嬪之一。《南史》卷五三《梁武諸子傳序》作“董昭儀”。又，本書卷二九《南康王績傳》作“董淑儀”，《南史》卷五三《梁武帝諸子傳·南康王績傳》作“董淑媛”。按，梁代后妃之號悉依前代，無所改作，而據《南齊書》卷二〇《皇后傳序》，南齊無“昭儀”之名號，故當以本書“董淑儀”爲是。　南康簡王績：蕭績，封爵號南康王，謚曰簡。南康，郡名。治所在今江西贛州市東北。

[6]丁充華：梁武帝充華丁氏。充華，后妃名號，九嬪之一。　邵陵攜王綸：蕭綸，封爵號邵陵王，謚曰攜。邵陵，郡名。治所在今湖南邵陽市。

[7]葛脩容：梁武帝脩容葛氏。脩容，后妃名號，九嬪之一。　武陵王紀：蕭紀，封爵號武陵王。本書卷五五有傳。武陵，郡名。治所在今湖南常德市。

南康簡王績字世謹，高祖第四子。天監八年，[1]封南康郡王，邑二千户。出爲輕車將軍，[2]領石頭戍軍事。[3]十年，遷使持節、都督南徐州諸軍事、南徐州刺史，[4]進號仁威將軍。[5]績時年七歲，主者有受貨，洗改解書，[6]長史王僧孺弗之覺，[7]績見而輒詰之，便即時首服，[8]衆咸歎其聰警。十六年，徵爲宣毅將軍、領石頭戍軍事。[9]十七年，出爲使持節、都督南北兖徐青冀五州諸軍事、南兖州刺史，[10]在州著稱。尋有詔徵還，民曹嘉樂等三百七十人詣闕上表，[11]稱績尤異一十五條，乞留州任，優詔許之，[12]進號北中郎將。[13]

普通四年，[14]徵爲侍中、雲麾將軍，[15]領石頭戍軍事。五年，出爲使持節、都督江州諸軍事、江州刺史。[16]丁董淑儀憂，[17]居喪過禮，高祖手詔勉之，使攝州任，[18]固求解職，乃徵授安右將軍、領石頭戍軍事，[19]尋加護軍。[20]羸瘠弗堪視事。大通三年，[21]因感病薨于任，時年二十五。贈侍中、中軍將軍、開府儀同三司，[22]給鼓吹一部。[23]謚曰簡。[24]

[1]天監：梁武帝年號（502—519）。　八年：《南史》卷五三同傳作“七年”。按，據本書《武帝紀》，蕭績立爲南康郡王在天監七年九月。是“八年”當爲“七年”之誤。

[2]輕車將軍：將軍名號。梁代與鎮朔、武旅等將軍代舊輔國將軍。梁天監七年革選，釐定將軍名號及其班品，有一百二十五號十品二十四班，以班多者爲貴。輕車將軍爲十四班。

[3]領：官制術語。已有實授主職，又兼任較低職務而不居其位。　石頭戍：即石頭城戍所，在今江蘇南京市西清涼山。其地負山面江，形勢險固，爲六朝軍事要地。

[4]使持節：古代大臣奉天子之命出行，持節以爲憑證，並示威重。魏晉以下以爲官名，有假節、持節、使持節之分，權力亦有小大之别，多爲都督諸州軍事及刺史總軍戎者。軍事長官出行或出鎮，使持節享有誅殺二千石以下官員的權力。　南徐州：州名。治所在今江蘇鎮江市。

[5]仁威將軍：將軍名號。梁置，與智威、勇威、信威、嚴威將軍代舊征虜將軍。爲一百二十五號將軍之一，十六班。

[6]解書：古代下級嚮上級的報告。

[7]長史：官名。王公軍府屬官，掌本府官吏。梁天監七年革選，釐定流内官職爲十八班，以班多者爲貴。長史爲十至六班。　王僧孺：人名。本書卷三三有傳。

[8]首服：自首服罪。

[9]宣毅將軍：將軍名號。梁置，與鎮兵、翊師、宣惠將軍代舊東西南北四中郎將。爲一百二十五號將軍之一，十七班。

[10]南北兖徐青冀：皆州名。南兖，治所在今江蘇揚州市西北蜀岡；北兖，治所在今江蘇淮陰縣西南甘羅城；徐州，治所在今江蘇徐州市；青、冀，南朝宋泰始（465—471）中合僑置，治所在今江蘇連雲港市東雲臺山。

[11]闕：皇帝所居的地方。　曹嘉樂：《南史》卷五三同傳作曹樂，無"嘉"字。

[12]優詔：皇帝用於奬掖、慰勉臣下的詔書。

[13]北中郎將：將軍名號。統兵征伐，或爲刺史持節都督諸州軍事，爲方面大員。南朝多由宗室諸王擔任。地位頗高。按，據《隋書·百官志》，梁天監七年革選，釐定將軍名號，以"鎮兵、翊師、宣惠、宣毅爲十七班，代舊四中郎將"，至"普通六年，又置百號將軍，更加刑正"。是其間不當有"北中郎將"之號。

[14]普通：梁武帝年號（520—527）。

[15]侍中：官名。門下省長官。與給事黄門侍郎共掌侍從左右，擯相威儀，盡規獻納，糾正違缺等。參與決策，是中樞集團重要成員，員四人。梁十二班。　雲麾將軍：將軍名號。梁置，與武臣、爪牙、龍騎將軍代舊前後左右將軍。爲一百二十五號將軍之一，十八班。

[16]江州：州名。治所在今江西九江市西南。

[17]丁董淑儀憂：遭父或母之喪爲丁憂。

[18]攝：代理政務。

[19]安右將軍：將軍名號。梁置，爲八安將軍之一，與安左、安右、安前將軍祇授予在京師任職者。爲一百二十五號將軍之一，二十一班。

[20]護軍：護軍將軍之省稱，官名。掌京畿以外諸軍。梁十五班。

[21]大通：梁武帝年號（527—529）。

[22]中軍將軍：將軍名號。與中權、中衛、中撫將軍合稱四中將軍。祇授予在京師任職者，職位頗高。爲一百二十五號將軍之一，二十三班。　開府儀同三司：官名。非三公而儀制待遇同於三公之稱。梁諸將軍開府儀同三司爲十七班。

[23]鼓吹：樂名。本軍樂，皇帝出行亦奏。漢魏以下亦用以加賜有功之臣。

[24]簡：《史記正義論例·謚法解》："一德不懈曰簡。"又："平易不訾曰簡。"於蕭績之薨，其弟繹有《答晉安王叙南康簡王薨書》，見清·嚴可均輯《全梁文》卷一七。

績寡玩好，少嗜慾，居無僕妾，躬事約儉，所有租秩，悉寄天府。[1]及薨後，府有南康國無名錢數千萬。[2]

[1]天府：朝廷的倉庫。

[2]府有南康國無名錢數千萬：《南史》"府"上有"少"字。

子會理嗣，字長才。少聰慧，好文史。年十一而孤，特爲高祖所愛，衣服禮秩與正王不殊。年十五，拜輕車將軍、湘州刺史，[1]又領石頭戍軍事。遷侍中，兼領軍將軍。[2]尋除宣惠將軍、丹陽尹，[3]置佐史。出爲使持節、都督南北兗北徐青冀東徐譙七州諸軍事、平北將軍、南兗州刺史。[4]太清元年，[5]督衆軍北討，至彭城，[6]爲魏師所敗，退歸本鎮。

[1]湘州：州名。治所在今湖南長沙市。

[2]兼：官制術語。假職未真授之稱。　領軍將軍：官名。禁衛軍最高統帥，職任顯要。梁十五班。

[3]宣惠將軍：將軍名號。梁置，與鎮兵、翊師、宣毅將軍代舊四中郎將。爲一百二十五號將軍之一，十七班。　丹陽尹：京師所在丹陽郡行政長官，宋第五品，梁不詳。丹陽，治所在今江蘇南京市。

[4]北徐：州名。治所在今安徽鳳陽縣東北。　東徐：州名。治所在今江蘇宿遷市東南舊黄河東北岸古城。　譙：州名。梁中大通四年（532）改魏南兖州置，治所在今安徽亳州市。　平北將軍：將軍名號。東西南北四平將軍之一。多持節都督或監某一地區的軍事，亦作爲刺史兼理軍務的加官。爲一百二十五號將軍之一，二十班。

[5]太清：梁武帝年號（547—549）。

[6]彭城：縣名。治所在今江蘇徐州市。

二年，侯景圍京邑，[1]會理治嚴將入援，會北徐州刺史封山侯正表將應其兄正德，[2]外託赴援，實謀襲廣陵，[3]會理擊破之，方得進路。臺城陷，[4]侯景遣前臨江太守董紹先以高祖手敕召會理，[5]其僚佐咸勸距之，[6]會理曰："諸君心事，與我不同，天子年尊，受制賊虜，今有手敕召我入朝，臣子之心，豈得違背。且遠處江北，功業難成，不若身赴京都，圖之肘腋。[7]吾計決矣。"遂席卷而行，以城輸紹先。至京，景以爲侍中、司空、兼中書令。[8]雖在寇手，每思匡復，與西鄉侯勸等潛布腹心，[9]要結壯士。時范陽祖皓斬紹先，[10]據廣陵城起義，期以會理爲内應。皓敗，辭相連及，景矯詔免會理官，猶以白衣領尚書令。[11]

[1]侯景：人名。本魏將，太清元年附梁，受封河南王。二年，反，率軍圍京邑建康。本書卷五六有傳。

[2]封山侯正表：梁武帝侄蕭正表封爵號封山侯。見本書卷二二《太祖五王·臨川王宏傳》。封山，縣名。治所在今廣西靈山縣南安全。　正德：蕭正德，本書卷五五有傳。侯景附梁後，即與正德密相要結，正德欲奪取皇位，故本年與侯景共攻京邑。

[3]廣陵：縣名。治所在今江蘇揚州市西北蜀岡。

[4]臺城：梁京師建康宮城，臺省所在，故稱。故址在今江蘇南京市鷄鳴山南。

[5]臨江：郡名。治所在今重慶市忠縣。　敕：皇帝的詔命。

[6]距：通"拒"。

[7]肘腋：比喻親近、密切。

[8]中書令：《南史》卷五二同傳作"尚書令"。本書《簡文帝紀》太清三年下有云："以司空南康王會理兼尚書令。"《南史》卷八《梁紀下》同。觀本傳下文"景矯詔免會理官，猶以白衣領尚書令"，因知此"中書令"當是"尚書令"之誤。

[9]西鄉侯勸：梁宗室蕭勸封爵號西鄉侯。見《南史》卷五一《梁宗室·吴平侯景傳》。西鄉，縣名。治所在今陜西西鄉縣南。"勸"，舊本訛作"歡"，此依中華書局本校改。

[10]范陽祖皓：祖皓，人名。祖籍范陽郡，祖沖之之孫。《南史》卷七二《文學》有傳。

[11]白衣：古代未仕之人着白衣，因以白衣代指平民布衣。　尚書令：官名。尚書省長官，掌出納帝命，綜理政務。實爲百官之長。梁十六班。

是冬，景往晉熙，[1]京師虚弱，會理復與柳敬禮謀之。[2]敬禮曰："舉大事必有所資，今無寸兵，安可以動?”會理曰：“湖熟有吾舊兵三千餘人,[3]昨來相知,[4]克期響集，聽吾日定，便至京師。計賊守兵不過千人耳，若大兵外攻，吾等内應，直取王偉,[5]事必有成。縱景後歸，無能爲也。”敬禮曰“善”，因贊成之。于時百姓厭賊，咸思用命，自丹陽至于京口,[6]靡不同之。後事不果，與弟祁陽侯通理並遇害。[7]

[1]晉熙：郡名。治所在今安徽潛山縣。

[2]柳敬禮：人名。本書卷四三有傳。

[3]湖熟：縣名。治所在今江蘇江寧縣東南湖熟鎮。

[4]相知：通消息或通知。參周一良《魏晉南北朝史札記·梁書札記》“相聞·相知”條。

[5]王偉：人名。侯景之謀主。見本書卷五六《侯景傳》。

[6]丹陽：縣名。治所在今安徽當塗縣東北小丹陽。　京口：地名。今江蘇鎮江市。

[7]祁陽侯通理：祁陽，舊本有作“建安”者，誤。中華書局本《校勘記》有云：“百衲本、南監本、汲古閣本作‘與建安侯通理並遇害’。今從北監本、殿本。按通理封祁陽侯，見《南史》本傳。建安侯是蕭賁封爵。”祁陽，縣名。治所在今湖南祁東縣東南。

通理字仲宣，位太子洗馬,[1]封祁陽侯。[2]

[1]太子洗馬：官名。東宫屬官，掌侍從及文翰，爲清簡之職。員八人。梁六班。

[2]此上十四字，舊本無，此依中華書局本校補。

通理弟乂理字季英,[1]會理第六弟也。生十旬而簡王蕣，至三歲而能言，見内人分散，涕泣相送，乂理問其故，或曰："此簡王宫人，喪畢去爾。"乂理便號泣，悲不自勝，諸宫人見之，莫不傷感，爲之停者三人焉。服闋後，[2]見高祖，又悲泣不自勝。高祖爲之流涕，謂左右曰："此兒大必爲奇士。"大同八年，[3]封安樂縣侯，[4]邑五百户。

[1]通理弟：此三字，舊本無，此依中華書局本校補。　乂理字季英：中華書局本《校勘記》："'乂理字季英'，百衲本、南監本、汲古閣本作'通理字季英'，後六處'乂理'亦並作'通理'。今並據北監本、殿本及《南史》改正。"

[2]服闋：服喪期滿。

[3]大同：梁武帝年號（535—546）。

[4]安樂縣侯：安樂，舊本訛作"建安"，此依中華書局本校改。

乂理性慷慨，慕立功名，每讀書見忠臣烈士，未嘗不廢卷歎曰："一生之内，當無愧古人。"博覽多識，有文才，嘗祭孔文舉墓，[1]并爲立碑，製文甚美。

[1]孔文舉：後漢孔融，字文舉，孔子二十世孫。《後漢書》卷一〇〇有傳。

太清中，侯景内寇，乂理聚賓客數百，輕裝赴南兗州，隨兄會理入援，恒親當矢石，爲士卒先。及城陷，又隨會理還廣陵，因入齊爲質，乞師。行二日，會侯景遣董紹先據廣陵，遂追會理，因爲所獲。紹先防之甚嚴，不得與兄弟相見，乃僞請先還京，得入辭母，謂其姊安固公主曰：[1]“事既如此，豈可合家受斃。兄若至，願爲言之，善爲計自勉，勿賜以爲念也。家國阽危，[2]雖死非恨，前途亦思立効，但未知天命何如耳。”至京師，以魏降人元貞立節忠正，[3]可以託孤，乃以玉柄扇贈之。貞怪其故，不受。乂理曰：“後當見憶，幸勿推辭。”會祖皓起兵，乂理奔長蘆，[4]收軍得千餘人。其左右有應賊者，因間劫會理，其衆遂駭散，爲景所害，時年二十一。元貞始悟其前言，往收葬焉。

[1]安固公主：中華書局本《校勘記》：“‘安固’南、北監本，汲古閣本，殿本，金陵局本訛作‘固安’，今從百衲本及《册府元龜》二八五改正。‘公主’，《南史》無‘公’字。張森楷《梁書校勘記》：‘諸王女例封縣主，不得稱公主，無公字是也。此誤衍文。’”

[2]阽危：面臨危險。

[3]元貞：人名。本書卷三九《元樹傳》有附傳。

[4]長蘆：地名。在今江蘇六合縣西南長江北岸。

廬陵威王續字世訢，高祖第五子。天監八年，封廬陵郡王，邑二千户。十年，拜輕車將軍、南彭城琅邪太守。[1]十三年，轉會稽太守。[2]十六年，爲都督江州諸軍事、雲麾將軍、江州刺史。[3]普通元年，徵爲宣毅將軍，領石頭戍軍事。

[1]南彭城琅邪：即南彭城、南琅邪二郡。南琅邪，治所在今江蘇南京市北；南彭城，虛置，無實土。

[2]會稽：郡名。治所在今浙江紹興市。

[3]雲麾將軍："雲麾"疑爲"仁威"之誤。因爲第一，蕭續此前爲十四班之輕車將軍，此後爲十七班之宣毅將軍，未有變故，此不當有十八班；第二，其兄績之軍職升遷是由輕車而仁威而宣毅，續亦當相同；第三，本書卷三六《江革傳》載革爲雲麾晉安王長史、尋陽太守，行江州府事後，"徙仁威廬陵王長史、太守，行事如故"。而據本書卷四《簡文帝紀》，晉安王綱天監十四年爲雲麾將軍、江州刺史，十七年已改官。則廬陵王顯然是接替晉安王爲江州刺史，其時爲仁威將軍亦可知；第四，本書卷四九《文學上·何遜傳》載遜天監年間，"除仁威廬陵王記室，復隨府江州"，亦證蕭續爲江州刺史時軍號仁威將軍。仁威將軍爲十六班。

續少英果，膂力絶人，馳射游獵，應發命中。高祖常歎曰："此我之任城也。"[1]嘗與臨賀王正德及胡貴通、趙伯超等馳射於高祖前，[2]續冠於諸人，高祖大悦。三年，爲使持節、都督雍梁秦沙四州諸軍事、西中郎將、雍州刺史。[3]七年，加宣毅將軍。中大通二年，[4]又爲使持節、都督雍梁秦沙四州諸軍事、平北將軍、寧蠻校尉、雍州刺史，[5]給鼓吹一部。續多聚馬仗，畜養驍雄，金帛内盈，倉廩外實。[6]四年，遷安北將軍。[7]大同元年，爲使持節、都督江州諸軍事、安南將軍、江州刺史。[8]三年，徵爲護軍將軍、領石頭戍軍事。五年，爲驃騎將軍、開府儀同三司。[9]又出爲使持節、都督荆郢司雍南北秦梁巴華九州諸軍事、荆州刺史。[10]中大同二年，[11]薨於州，時年四十四。[12]贈司空、散騎常侍、驃騎大將軍，[13]鼓吹一部，謚曰威。[14]長子安嗣。[15]

[1]任城：指曹操子任城王曹彰。彰少善射御，膂力過人，英勇善戰。《三國志》卷一九有傳。

[2]臨賀王正德：梁武帝侄蕭正德初封西豐侯，後封臨賀郡王。本書卷五五有傳。臨賀，郡名。治所在今廣西賀縣東南賀街。

[3]雍梁秦沙：皆州名。雍州，治所在今湖北襄樊市；梁州，治所在今陝西漢中市東；秦州，治所在今甘肅天水市；沙州，治所在今四川廣元市青川縣東北。"雍"及下"雍州"，舊本並訛爲"南徐"及"南徐州"，此依中華書局本校改。　西中郎將：將軍名號。據《隋書·百官志》，梁天監七年革選，以鎮兵、翊師、宣惠、宣毅代舊四中郎將，至普通六年"又置百號將軍"，纔有鎮兵等四號與四中郎將並置。則普通三年不當有"西中郎將"之號。

[4]中大通：梁武帝年號（529—534）。

[5]寧蠻校尉：武官名號。掌雍州少數民族事務。多由駐該地將軍或雍州刺史兼任。其官班隨府主號輕重而定。

[6]梁元帝《金樓子·雜記上》有云："廬陵威王之蓄内也，千門相似，萬户如一，齋前悉施木天以蔽光景。春花秋月之時，暗如深夜撤燭，内人有不識晦明者，動經一紀焉。所以然者，正以桑中之契，奔則難禁，柳園之下，空床多怨，所以嚴其制而峻其網。家人譬之廷尉，門内同於苫蘆。雖制控堅嚴，而金玉滿堂，土木緹罽，不可勝云。"廬陵王耽色貪財，《南史》本傳有述，此亦可補本傳之缺。

[7]安北將軍：將軍名號。與安東、安西、安南合稱四安將軍，爲出鎮方面的軍事長官，或作爲刺史兼理軍務的加官，權任很重。爲一百二十五號將軍之一，二十一班。

[8]按，觀此段，似普通三年至本年前，蕭續皆在雍州刺史任

上。然而本書《武帝紀》普通五年（506）正月下有云：“平西將軍、雍州刺史晉安王綱進號安北將軍。”六年二月下又有云：“南徐州刺史廬陵王續還朝，禀承戎略。”是其間蕭綱任過雍州刺史，而蕭續任過南徐州刺史。故疑此段文字有訛脱。

[9]驃騎將軍：將軍名號。爲重號將軍，多授予大臣、重要地方長官。爲一百二十五號將軍之一，二十四班。

[10]荆郢司雍南北秦梁巴華：皆州名。荆州，治所在今湖北荆州市；郢州，治所在今湖北武漢市武昌；司州，治所在今河南信陽市；南秦州，治所在今甘肅成縣西北；北秦州，治所在今甘肅天水市；巴州，治所在今湖南岳陽縣；華州，治所在今四川廣元市境。

[11]中大同：梁武帝年號（546—547）。

[12]時年四十四：按此疑誤。蕭續中大同二年（547）薨（本書《武帝紀》同），若年四十四，則其生於天監三年（504）。而據卷二九《南康王績傳》，蕭績薨於大通三年（529），時年二十五，是生於天監四年（505）。不應弟續反長於兄績。

[13]散騎常侍：官名。集書省長官，掌侍從左右，獻納得失。劉宋以後，職以侍從左右、掌圖書文翰爲主，地位降低。梁十二班。

[14]威：《史記正義論例·謚法解》：“猛以强果曰威。”又：“强義執正曰威。”

[15]長子安嗣：《南史》卷五三《梁武帝諸子傳》作“世子憑以罪前誅死，次子應嗣”。

邵陵攜王綸字世調，高祖第六子也。少聰穎，博學善屬文，尤工尺牘。[1]天監十三年，封邵陵郡王，邑二千户。出爲寧遠將軍、琅邪彭城二郡太守，[2]遷輕車將軍、會稽太守。十八年，徵爲信威將軍。[3]普通元年，領石頭戍軍事，尋爲江州刺史。五年，以西中郎將權攝南兗州，[4]坐事免官奪爵。[5]七年，拜侍中。大通元年，復封爵，尋加信威將軍，置佐史。中大通元年，爲丹陽尹。四年，爲侍中、宣惠將軍、揚州刺史。[6]以侵漁細民，少府丞何智通以事啓聞，[7]綸知之，令客戴子高於都巷刺殺之。智通子訴于闕下，[8]高祖令圍綸第，捕子高，綸匿之，竟不出。坐免爲庶人。頃之，復封爵。大同元年，爲侍中、雲麾將軍。七年，出爲使持節、都督郢定霍司四州諸軍事、平西將軍、郢州刺史，[9]遷爲安前將軍、丹陽尹。[10]中大同元年，出爲鎮東將軍、南徐州刺史。[11]

[1]尺牘：書信。

[2]寧遠將軍：將軍名號。梁天監七年革選，定爲一百二十五號將軍之一，十三班。　琅邪彭城：皆郡名。此疑脱“南”字，當爲南琅邪、南彭城二郡（參卷二九《廬陵王續傳》）。南琅邪，治所在今江蘇南京市北；南彭城，虛置，無實土。

[3]信威將軍：將軍名號。梁天監七年革選，與智威、仁威等將軍代舊征虜將軍。爲一百二十五號將軍之一，十六班。

[4]西中郎將：將軍名號。據《隋書·百官志》自梁天監七年釐定將軍名號至普通六年又置百號將軍，其間無“西中郎將”之號。　南兗州：州名。《南史》卷五三及《通鑑》卷一五〇《梁紀六》“普通六年”下並作“南徐州”。

[5]蕭綸在州輕險躁虐，肆行非法。屬下以聞，帝以禁兵取之，將於獄賜其自盡。昭明太子哭諫得免。事詳《南史》卷五三《梁武帝諸子傳》。

[6]揚州：州名。治所在今江蘇南京市通濟門附近。

[7]少府丞：官名。少府屬官。佐少府卿掌宮中服御之物。梁

四班。

[8]闕下：本指宫闕之下，後世臣下上書皇帝，不敢直指，但言闕下。清·趙翼《廿二史劄記》卷一一《梁南二史歧互處》將《梁書》、《南史》所載邵陵王過惡進行比較，云《梁書》所載僅殺何智通事，《南史》所增乃“好採異聞，而不究事之真僞”。按，邵陵暴虐，反復無常，絶不止《梁書》所載。簡文帝《謝邵陵王禁錮啓》即云：“臣綸習近宵人，不能改過，屢犯明憲，三入刑科……以臣居長，終慚勸勵，仰負慈嚴，心顔戰讋。”（《藝文類聚》卷五四）“屢犯”、“三入”，明不僅僅一事。《梁書》爲蕭梁諱惡，趙氏不考，反責《南史》，是其失。

[9]郢定霍司：皆州名。定州，治所在今湖北麻城市東北；霍州，治所在今安徽霍山縣。　平西將軍：將軍名號。與平東、平南、平北將軍合稱四平將軍，多持節都督某一地區軍事，或作爲刺史兼理軍務的加官。爲一百二十五號將軍之一，二十班。按，據本書《武帝紀》，蕭綸爲平西將軍、郢州刺史在大同六年二月。此繫於七年，疑誤。

[10]安前將軍：將軍名號。梁置，爲八安將軍之一。與安後、安左、安右將軍等合稱八安將軍。衹授予在京師任職者，爲一百二十五號將軍之一，二十一班。

[11]鎮東將軍：將軍名號。與鎮西、鎮南、鎮北將軍合稱四鎮將軍。多爲持節都督，出鎮方面，職權頗重。爲一百二十五號將軍之一，二十二班。

太清二年，進位中衛將軍、開府儀同三司。[1]侯景構逆，加征討大都督，率衆討景。將發，高祖誡曰：“侯景小豎，頗習行陣，未可以一戰即殄，當以歲月圖之。”綸次鍾離，[2]景已度采石。[3]綸乃晝夜兼道，遊軍入赴。[4]濟江中流風起，人馬溺者十一二。遂率寧遠將軍西豐公大春、新淦公大成等，[5]步騎三萬，發自京口。[6]將軍趙伯超曰："若從黄城大道，[7]必與賊遇，不如逕路直指鍾山，[8]出其不意。"綸從之。衆軍奄至，賊徒大駭，分爲三道攻綸，綸與戰，大破之，斬首千餘級。翌日，賊又來攻，相持日晚，賊稍引却，南安侯駿以數十騎馳之。[9]賊回拒駿，駿部亂，賊因逼大軍，軍遂潰。綸至鍾山，衆裁千人，[10]賊圍之，戰又敗，乃奔還京口。

[1]中衛將軍：將軍名號。梁代與中權、中軍、中撫將軍合稱四中將軍。祇授予在京師任職者，權勢頗重。爲一百二十五號將軍之一，二十三班。

[2]鍾離：地名。在今安徽鳳陽縣東北臨淮關。

[3]采石：即采石山，一名牛渚山，在今安徽馬鞍山市西南。

[4]遊軍：《南史》卷五三及《册府元龜》卷四二二作"旋軍"。周一良《魏晉南北朝史札記》"遊軍當作旋軍"條云："遊字當從《南史》作旋，文義乃明。蓋綸軍已北抵鍾離，聞侯景渡采石，乃急旋軍。否則將疑綸自南徐州所鎮京口赴建康，何由至鍾離也。"

[5]西豐公大春：梁簡文帝子蕭大春初封西豐縣公。見本書卷四四《太宗十一王傳》。西豐，縣名。治所在今江西臨川市南。新淦公大成：梁簡文帝子蕭大成初封新淦縣公。《南史》卷五四《梁簡文帝諸子傳》有傳。新淦，縣名。治所在今江西樟樹市。"淦"，舊本訛作"塗"，此依中華書局本校改。

[6]京口：地名。南徐州鎮所，即今江蘇鎮江市。

[7]黄城：地名。在今江蘇南京市東。

[8]鍾山：即今江蘇南京紫金山。

[9]南安侯駿：梁武帝侄孫蕭駿封爵號南安侯。《南史》卷五一

《梁宗室》有傳。南安，縣名。治所在今四川榮縣西。

[10]裁：通“纔”。

三年春，綸復與東揚州刺史大連等入援，[1]至于驃騎洲。[2]進位司空。臺城陷，奔禹穴。[3]大寶元年，[4]綸至郢州，刺史南平王恪讓州於綸，[5]綸不受，乃上綸爲假黄鉞、都督中外諸軍事。[6]綸於是置百官，改廳事爲正陽殿。數有災怪，綸甚惡之。時元帝圍河東王譽於長沙既久，[7]内外斷絶，綸聞其急，欲往救之，爲軍糧不繼，遂止。乃與世祖書曰：[8]

[1]東揚州：州名。梁置，治所在今浙江紹興市。　大連：梁簡文帝子蕭大連。本書卷四四《太宗十一王》有傳。

[2]驃騎洲：地名。在今江蘇南京市通濟門秦淮河邊。

[3]禹穴：地名。在今浙江紹興市南。相傳夏禹死後葬此。

[4]大寶：梁簡文帝年號（550—551）。

[5]南平王恪：梁武帝侄蕭恪，襲父偉爵爲南平王。太清中爲郢州刺史。《南史》卷五二《梁宗室》有傳。南平，郡名。治所在今湖北公安縣西。

[6]黄鉞：以黄金爲飾的鉞，皇帝所用的儀仗。不常授人。有時皇帝遣大臣出師，亦假黄鉞以示威重，並專主征伐。在軍事行動中，假黄鉞有權誅殺持節將軍。

[7]河東王譽：梁昭明太子蕭統之子譽封爵號河東王。侯景攻占京師時，譽任湘州刺史，聚米。蕭繹遣使督其糧衆，譽不受命，蕭繹攻之。本書卷五五有傳。河東，郡名。治所在今湖北松滋縣西北。　長沙：郡名。治所在今湖南長沙市。

[8]世祖：梁元帝蕭繹廟號。

伏以先朝聖德，[1]孝治天下，[2]九親雍睦，四表無怨，誠爲國政，實亦家風。唯余與爾，同奉神訓，宜敦旨喻，共承無改。且道之斯美，以和爲貴，況天時地利，不及人和，[3]豈可手足肱支，[4]自相屠害。日者聞譽專情失訓，以幼陵長，湘、峽之内，遂至交鋒。方等身遇亂兵，[5]斃於行陣。殞于吴局，[6]方此非冤。[7]聞問號怛，惟增摧憒，念以兼悼，[8]當何可稱。吾在州所居遥隔，雖知其狀，未喻所然。及届此藩，備加覼訪，[9]咸云譽應接多替，[10]兵糧閉壅；弟教亦不悛，[11]故興師以伐。譽未識大體，意斷所行，雖存急難，[12]豈知竊思。不能禮争，復以兵來。蕭牆興變，[13]體親成敵，[14]一朝至此，能不嗚呼。既有書問，雲雨傳流，噂喈其間，[15]委悉無因詳究。

[1]先朝：指梁武帝蕭衍。時衍已死，故云先朝。

[2]孝治天下：蕭衍即位後，提倡孝道。有《孝思賦並序》述其孝思，見清·嚴可均輯《全梁文》卷一。

[3]《孟子·公孫丑下》："孟子曰：天時不如地利，地利不如人和。"

[4]支：同"肢"。

[5]方等：梁元帝蕭繹子方等。河東王譽不受蕭繹之命，方等征之，軍敗，溺死。見本書卷四四《世祖二子傳》。

[6]吴局：指漢景帝時，以吴王濞爲首的七國之亂。見《史記》卷一〇六《吴王濞列傳》。此處用以比蕭繹與蕭譽之間的戰争。

[7]方：比。

[8]兼悼：悼，哀悼死者。上年蕭衍死，本年方等又死，故曰

兼悼。

[9]覿（dí）：相見。

[10]替：廢。

[11]弟：指蕭繹。

[12]急難：《詩·小雅·棠棣》："脊令在原，兄弟急難。"毛傳："急難，言兄弟之相救於急難。"

[13]蕭牆：古代宫室用以分隔内外的當門小墻。《論語·季氏》："吾恐季孫之憂，不在顓臾，而在蕭墻之内也。"後世以蕭墻之患比喻内部潛在的禍患。

[14]體親：一體之親。形容關係親密如同一體。體，身體。

[15]噂（zǔn）喈（tà）：議論紛雜。

方今社稷危恥，創巨痛深，[1]人非禽蟲，在知君父。即日大敵猶强，天讎未雪，余爾昆季，在外三人，[2]如不匡難，安用臣子。唯應剖心嘗膽，[3]泣血枕戈，[4]感誓蒼穹，憑靈宗祀，晝謀夕計，共思匡復。至於其餘小忿，或宜寬貸。誠復子憾須臾，將奈國冤未逞。[5]正當輕重相推，小大易奪，遣無益之情，割下流之悼，[6]弘豁以理，通識勉之。今已喪鍾山，復誅猶子，[7]將非揚湯止沸，吞冰療寒。若以譽之無道，近遠同疾，弟復効尤，攸非獨罪。幸寬於衆議，忍以事寧。如使外寇未除，家禍仍構，料今訪古，未或弗亡。

[1]創巨痛深：指父母之喪的悲痛。《禮記·三年問》："創巨者其日久，痛甚者其愈遲。三年者，稱情而立文，所以爲至痛極也。"

[2]三人：指蕭綸、蕭繹、蕭紀兄弟三人。

[3]嘗膽：用越王勾踐卧薪嘗膽，求以報吴事。見《史記》卷四一《越王勾踐世家》。

[4]泣血：《禮記·檀弓上》："臯子執親之喪也，泣血三年，未嘗見齒。"注："無聲而血出。"　枕戈：用晉劉琨枕戈待旦，志滅逆虜事。見《晉書》卷六二《劉琨傳》。

[5]未遑：即未申。

[6]下流之悼：指對子女的哀悼。

[7]猶子：侄子。此處指河東王譽。

夫征戰之理，義在克勝；至於骨肉之戰，愈勝愈酷，捷則非功，敗則有喪，勞兵損義，虧失多矣。侯景之軍所以未窺江外者，[1]正爲藩屏盤固，宗鎮强密。若自相魚肉，是代景行師，景便不勞兵力，坐致成效，醜徒聞此，何快如之。又莊鐵小豎作亂，[2]久挾觀寧、懷安二侯，[3]以爲名號，當陽有事充掣，[4]殊廢備境，第聞征伐，復致分兵，便是自於瓜州至于湘、雍，[5]莫非戰地，悉以勞師。侯景卒承虚藉釁，浮江豖突，豈不表裏成虞，首尾難救？可爲寒心，其事已切。弟若苦陷洞庭，[6]兵戈不戢，雍州疑迫，[7]何以自安，必引進魏軍，以求形援。侯景事等内癰，西秦外同瘤腫。[8]直置關中，[9]已爲咽氣，況復貪狼難測，勢必侵吞。弟若不安，家國去矣。吾非有深鑒，獨能弘理，正是採藉風謡，博參物論，咸以爲疑，皆欲解體故耳。[10]

[1]江外：指荆州。荆州鎮所江陵在長江之北，故稱江外。

[2]莊鐵：人名。梁歷城太守。侯景進攻歷陽，莊鐵降。

[3]觀寧：梁武帝弟蕭恢之子蕭永，封爵號觀寧侯。參《南史》卷五二《梁宗室·鄱陽王恢傳》。　懷安：不詳。

[4]當陽：指當陽公蕭大心。梁簡文帝子蕭大心初封當陽公。見本書卷四四《太宗十一王傳》。當陽，縣名。治所在今湖北當陽市。

[5]瓜州：即瓜洲，地名。在今江蘇揚州市南。　湘、雍：指湘州、雍州。湘州，治所在今湖南長沙市。

[6]洞庭：湖名。此處代指湘州之地。

[7]雍州：中華書局本《校勘記》："'雍州'，各本皆作'雍川'，今改正。按雍州是岳陽王詧鎮地（見本書卷二八《張纘傳》），以此稱詧。"

[8]西秦：指西魏。

[9]直：祇、僅。

[10]解體：肢體懈倦。比喻人心離散。

自我國五十許年，恩格玄穹，[1]德彌赤縣，雖有逆難，未亂邕熙。[2]溥天率土，[3]忠臣憤慨，比屋罹禍，忠義奮發，無不抱甲負戈，衝冠裂眥，咸欲剚刃於侯景腹中，[4]所須兵主唱耳。[5]今人皆樂死，赴者如流。弟英略振遠，雄伯當代，唯德唯藝，資文資武，拯溺濟難，朝野咸屬，一匡九合，[6]非弟而誰？豈得自違物望，[7]致招羣讟！[8]其間患難，具如所陳。斯理皎然，無勞請箸；[9]驗之以實，寧須確引。吾所以間關險道，[10]出自東川，[11]政謂上游諸藩，[12]必連師狎至，庶以殘命，預在行間；及到九江，[13]安北兄遂泝流更上，[14]全由餽饋懸絶，[15]卒食半菽，阻以菜色，無因進取。侯景方延假息，復緩誅刑，倍增號憤，啓處無地。計瀟湘穀粟，猶當紅委，[16]若阻弟嚴兵，唯事交切，至於運轉，恐無暇發遣。即日萬心慊望，唯在民天，若遂等西河，[17]時事殆矣。必希令弟豁照兹途，解汨川之圍，[18]存社稷之計，使其運輸糧儲，應贍軍旅，庶協力一舉，指日寧泰。宗廟重安，天下清復，推弟之功，豈非幸甚。吾才懦兵寡，安能爲役，所寄令弟，庶得申情，朝聞夕死，[19]萬殞何恨。聊陳聞見，幸無怪焉。臨紙號迷，諸失次緒。

世祖復書，陳河東有罪，不可解圍之狀。綸省書流涕曰："天下之事，一至於斯！"左右聞之，莫不掩泣。於是大修器甲，將討侯景。元帝聞其强盛，乃遣王僧辯帥舟師一萬以逼綸，[20]綸將劉龍武等降僧辯，綸軍潰，遂與子躓等十餘人輕舟走武昌。[21]

[1]玄穹：蒼天。

[2]邕熙：和平盛世。

[3]溥天率土：指天下。《詩·小雅·北山》："溥天之下，莫非王土；率土之濱，莫非王臣。"

[4]剚（zì）刃：插刃。

[5]唱：通"倡"。倡導，領頭。

[6]一匡九合：糾合諸侯，匡正天下。《論語·憲問》載孔子贊揚管仲，"九合諸侯，一匡天下"，有仁德，有功勞。

[7]物：人。

[8]讟（dú）：怨言。

[9]請箸：借用箸以一一指數。《史記》卷五五《留侯世家》載，漢三年，項羽圍劉邦於滎陽。酈食其建議劉邦封六國之後以橈楚權。時方食，張良曰："臣請藉前箸爲大王籌之。"即陳八不可，劉邦納之。

[10]間關：道路崎嶇難行。

[11]東川：蕭綸自京口率衆討侯景，京口在長江下游，故稱東川。

[12]政：正，衹。

[13]九江：地名。在今江西九江市西南。

[14]安北兄：指蕭綸從兄安北將軍蕭範。見本書卷二二《太祖五王傳》附《蕭範傳》。

[15]懸絶：絶，舊本作"𢇍"或"斷"，乃古文𢇍（今"絶"）字之訛，此依中華書局本校改。

[16]紅委：形容糧食堆積多。《漢書》卷六四下《賈捐之傳》："太倉之粟紅腐而不可食。"後世因以紅粟比喻糧食多。委，堆積。

[17]西河：指西河守吴起。戰國時吴起爲魏西河守，魏武侯疑忌之，吴起懼得罪，乃之楚。詳《史記》卷六五《孫子吴起列傳》。

[18]汨（mì）川：即今湖南汨羅江。此處代指長沙。

[19]朝聞夕死：《論語·里仁》："子曰：'朝聞道，夕死可矣。'"

[20]王僧辯：人名。本書卷四五有傳。

[21]子蹟：舊本"蹟"皆作"確"，誤。此依中華書局本校改。武昌：縣名。治所在今湖北鄂州市。

時綸長史韋質、司馬姜律先在于外，[1]聞綸敗，馳往迎之，於是復收散卒，屯于齊昌郡，[2]將引魏軍共攻南陽。[3]侯景將任約聞之，使鐵騎二百襲綸，綸無備，又敗走定州。[4]定州刺史田龍祖迎綸，綸以龍祖荆鎮所任，[5]懼爲所執，復歸齊昌。行至汝南，[6]西魏所署汝南城主李素者，[7]綸之故吏，聞綸敗，開城納之。綸乃修浚城池，收集士卒，將攻竟陵，[8]西魏安州刺史馬岫聞之，[9]報于西魏，西魏遣大將軍楊忠、儀同侯幾通率衆赴焉。[10]二年二月，忠等至于汝南，綸嬰城自守。會天寒大雪，忠等攻之不能克，死者甚衆。後李素中流矢卒，城乃陷。忠等執綸，綸不爲屈，遂害之，投于江岸，經日顔色不變，鳥獸莫敢近焉。時年三十三。[11]百姓憐之，爲立祠廟，後世祖追謚曰攜。[12]

[1]司馬：官名。王公軍府屬官，掌本府武官。梁十班至六班。姜律：《通鑑》卷一六三《梁紀十九》"大寶元年"下同。《南史》卷五三同傳作"姜偉"。

[2]齊昌：郡名。治所在今湖北黄岡市。

[3]南陽：郡名。治所在今河南南陽市。

[4]定州：州名。治所在今湖北麻城市東北。

[5]荆鎮：指蕭繹。蕭繹時爲荆州刺史，鎮江陵，承制討侯景。

[6]汝南：縣名。治所在今湖北武漢市武昌東。

[7]李素者：中華書局本《校勘記》："'李素'，《南史》、《通志》並作'李素孝'，無'者'字。疑此'者'字爲'孝'字之訛。"按，下文亦言"李素"，《通鑑》卷一六三《梁紀十九》"大寶元年"下同。三朝本、百衲本皆作"李素者"，《南史》卷五三同傳作"李素孝者"，非無"者"字，疑"孝"爲衍文。《通志》蓋沿《南史》而誤。

[8]竟陵：郡名。治所在今湖北鍾祥市。

[9]安州：州名。治所在今湖北安陸市。

[10]楊忠：北魏弘農華陽人。《周書》卷一九有傳。

[11]時年三十三：清·錢大昕《廿二史考異》卷二六："按綸被害在大寶二年辛未，距天監十三年甲子始封之歲已三十八年矣。史稱年三十三，必誤也。且梁武諸子，綸次居六，元帝次居七。元帝生於天監七年，綸即長於元帝，計其卒年，最小亦當四十四五歲也。"

[12]攜：離。《逸周書·謚法解》："息政外交曰攜。"蔡邕《獨斷·帝謚》："怠政外交曰攜。"

長子堅，字長白。大同元年，以例封汝南侯，邑五百户。亦善草隸，性頗庸短。侯景圍城，堅屯太陽門，[1]終日蒲飲，[2]不撫軍政。吏士有功，未嘗申理，疫癘所加，亦不存卹，[3]士咸憤怨。太清三年三月，堅書佐董勛華、白曇朗等以繩引賊登樓，城遂陷，[4]堅遇害。

[1]太陽門：京師建康宫城六門之一。

[2]蒲飲：賭博飲酒。

[3]存卹：慰問撫恤。

[4]董勛華、白曇朗等以繩引賊登樓，城遂陷：舊本"等"訛作"尋"，並脱"城"字，此依中華書局本增改。

弟確，字仲正。少驍勇，有文才。大同二年，封爲正階侯，[1]邑五百户，後徙封永安。[2]常在第中習騎射，學兵法，時人皆以爲狂。左右或以進諫，確曰："聽吾爲國家破賊，使汝知之。"除祕書丞，[3]太子中舍人。[4]

[1]正階：縣名。治所在今廣東始興縣西北。

[2]永安：縣名。治所在今雲南保山市。

[3]祕書丞：官名。祕書省屬官，佐祕書監掌國之典籍圖書，爲清顯之職，多僑姓士族擔任。員一人。梁八班。

[4]太子中舍人：官名。東宫屬官，掌侍從及文翰。員四人。梁八班。

鍾山之役，[1]確苦戰，所向披靡，羣虜憚之。確每臨陣對敵，意氣詳贍，帶甲據鞍，自朝及夕，馳驟往反，[2]不以爲勞，諸將服其壯勇。及侯景乞盟，[3]確在外，慮爲後患，啓求召確入城。詔乃召確爲南中郎將、廣州刺史，[4]增封二千户。確知此盟多貳，[5]城必淪没，因欲南奔，攜王聞之，[6]逼確使入。確猶不肯，攜王流涕謂曰："汝欲反邪！"時臺使周石珍在坐，[7]確謂石珍曰："侯景雖云欲去，而不解長圍，以意而推，其事可見。今召我入，未見其益也。"石珍曰："敕旨如此，侯豈得辭？"確執意猶堅，攜王大怒，謂趙伯超曰："譙州，[8]卿爲我斬之，當賫首赴闕。"[9]伯超揮刃眄確曰："我識君耳，刀豈識君？"確於是流涕而出，遂入城。及景背盟復圍城，城陷，確排闥入，啓高祖曰："城已陷矣。"高祖曰："猶可一戰不？"對曰："不可。臣向者親格戰，[10]勢不能禁，自縋下城，僅得至此。"高祖歎曰："自我得之，自我失之，亦復何恨。"[11]乃使確爲慰勞文。

[1]鍾山之役：指太清二年十一月，邵陵王綸率西豐公大春、新淦公大成等攻鍾山事。見本書卷五六《侯景傳》。

[2]反：通“返”。

[3]侯景乞盟：事在太清三年二月。詳本書卷五六《侯景傳》。

[4]南中郎將：將軍名號。東西南北四中郎將之一，統兵征伐或鎮守某一地區爲方面大員，地位高於一般將軍。南朝多以宗室諸王擔任。梁或置或罷。置時與一百二十五號將軍中之十七班同班。廣州：州名。治所在今廣東廣州市。

[5]貳：懷疑，不信任。

[6]攜王：指蕭綸。綸謚曰攜，故稱。

[7]臺使：朝廷的使者。

[8]譙州：指趙伯超。伯超爲前譙州刺史，故稱。

[9]賫（jī）：持。　闕：皇帝居住之處。

[10]向者：剛纔。

[11]漢將軍灌夫得罪，魏其侯竇嬰欲救灌夫，其夫人諫止之。嬰曰：“侯自我得之，自我捐之，無所恨。且終不令灌仲孺獨死，嬰獨生！”詳《史記》卷一〇七《魏其武安侯列傳》。蕭衍用竇嬰語。洪邁《容齋隨筆》卷五“李後主梁武帝”條有云：“予觀梁武帝啓侯景之禍，塗炭江左，以致覆亡，乃曰：‘自我得之，自我失之，亦復何恨。’其不知罪己亦甚矣！”

確既出見景，景愛其膂力，[1]恒令在左右。後從景行，見天上飛鳶，羣虜争射不中，確射之，應弦而落。賊徒忿嫉，咸勸除之。先是攜王遣人密導確，確謂使者曰：“侯景輕佻，可一夫力致，確不惜死，正欲手刃之；但未得其便耳。卿還啓家王，願勿以爲念也。”[2]事未遂而爲賊所害。

[1]膂（lǚ）力：四肢有力。

[2]家王：指邵陵王蕭綸。

史臣曰：自周、漢廣樹藩屏，固本深根；高祖之封建，將遵古制也。南康、廬陵並以宗室之貴，據磐石之重，[1]績以孝著，續以勇聞。綸聰警有才學，性險躁，屢以罪黜，及太清之亂，忠孝獨存，斯可嘉矣。

[1]磐石：《漢書》卷四《文帝紀》："高帝王子弟，地犬牙相制，所謂磐石之宗也。"後世用以比喻護衛皇朝的諸侯王。

梁書 卷三〇

列傳第二十四

裴子野　顧協　徐摛　鮑泉

裴子野字幾原，河東聞喜人，[1]晉太子左率康八世孫。[2]兄黎，弟楷、綽，[3]並有盛名，所謂“四裴”也。曾祖松之，[4]宋太中大夫。[5]祖駰，南中郎外兵參軍。[6]父昭明，[7]通直散騎常侍。[8]

[1]河東：郡名。治所在今山西夏縣西北。　聞喜：縣名。治所在今山西聞喜縣。此裴氏祖籍。

[2]太子左率：太子左衛率之省稱，官名。掌東宫門衛。晉第五品。

[3]黎：字伯宗，一名演，晉游擊將軍。　楷：字叔則，晉侍中、中書令、光禄大夫、開府。　綽：字季舒，晉黄門侍郎。綽與黎、楷事迹，並參《三國志》卷二三《魏書・裴潛傳》裴松之注、《世説新語・品藻》及《晉書》卷三五《裴秀傳》附《裴楷傳》。

[4]松之：裴松之，《宋書》卷六四有傳。

[5]太中大夫：官名。屬光禄勳。掌議論。魏晉以下多由舊齒

老年擔任，無職掌。劉宋第七品。

[6]南中郎：南中郎將之省稱，將軍名號。統兵出征，或鎮守某一地區爲方面大員，地位高於一般將軍。南朝多由諸王擔任。劉宋第四品。　外兵參軍：官名。王公軍府屬官，掌本府軍事政令。劉宋第七品。《宋書》卷六四《裴松之傳》、《南齊書》卷五三《良政·裴昭明傳》及《南史》卷三三《裴松之傳》附《裴駰傳》皆無“外兵”二字。

[7]昭明：裴昭明，《南齊書》卷五三有傳。

[8]通直散騎常侍：官名。集書省官員，掌隨侍皇帝，與散騎常侍通直。劉宋以後，多以衰老之士擔任，地位漸低。員四人。南朝宋、齊官品不詳。

子野生而偏孤，[1]爲祖母所養，年九歲，祖母亡，泣血哀慟，[2]家人異之。少好學，善屬文。起家齊武陵王國左常侍，[3]右軍江夏王參軍，[4]遭父憂去職。[5]居喪盡禮，每之墓所，哭泣處草爲之枯，有白兔馴擾其側。[6]天監初，[7]尚書僕射范雲嘉其行，[8]將表奏之，會雲卒，不果。樂安任昉有盛名，[9]爲後進所慕，遊其門者，昉必相薦達。子野於昉爲從中表，獨不至，昉亦恨焉。久之，除右軍安成王參軍，[10]俄遷兼廷尉正。[11]時三官通署獄牒，[12]子野嘗不在，同僚輒署其名，奏有不允，子野從坐免職。或勸言諸有司，[13]可得無咎。子野笑而答曰：“雖慚柳季之道，[14]豈因訟以受服。”[15]自此免黜久之，終無恨意。

[1]偏孤：父或母去世。此處指母逝。

[2]泣血：極其悲痛而無聲的哭泣。

[3]武陵王：南齊高帝第五子蕭曅的封爵號。見《南齊書》卷三五《高帝十二王傳》。武陵，郡名。治所在今湖南常德市。　左常侍：官名。王國屬官，掌諫諍、司儀。劉宋第八品，齊不詳。

[4]右軍：右軍將軍之省稱，將軍名號。前左右後四軍將軍之一，亦禁衛軍主要將領之一，掌宿衛。劉宋第四品，齊不詳。　江夏王：齊高帝第十二子蕭鋒的封爵號。見《南齊書》卷三五《高帝十二王傳》。江夏，郡名。治所在今湖北武漢市武昌。

[5]父憂：父喪。

[6]馴擾：順服。

[7]天監：梁武帝年號（502—519）。

[8]尚書僕射：官名。尚書令副佐，並與尚書分領諸曹。不常置，若尚書左右僕射並缺，則置以總左右事。梁初第三品。　范雲：人名。本書卷一三有傳。

[9]樂安：治所在今山東鄒平縣東北苑城鎮。　任昉：祖籍樂安郡。本書卷一四有傳。

[10]安成王：梁武帝異母弟蕭秀的封爵號。見本書《太祖五王傳》。安成，郡名。治所在今江西安福縣東南。

[11]兼：官制術語。假職未真授之稱。　廷尉正：官名。廷尉屬官。與廷尉監、廷尉平合稱廷尉三官，佐廷尉掌刑獄。梁初第六品。

[12]獄牒：刑獄文書。

[13]諸：《南史》卷三三同傳作“請”。

[14]柳季：春秋時魯國人柳下惠字季，魯僖公時爲法官，多次被撤職而不怨恨。孟子稱其爲“聖之和者”。參《論語·微子》及《孟子·萬章下》。

[15]受服：受職。服，事，職務。

二年，吴平侯蕭昺爲南兖州刺史，[1]引爲冠軍録事，[2]府遷職解。時中書范縝與子野未遇，[3]聞其行業而善焉。會遷國子博士，[4]乃上表讓之曰："伏見前冠軍府録事參軍河東裴子野，年四十，字幾原，幼禀至人之行，[5]長厲國士之風，居喪有禮，毁瘠幾滅，免憂之外，蔬水不進。栖遲下位，身賤名微，而性不憚憚，[6]情無汲汲，是以有識嗟推，州閭歎服。且家傳素業，[7]世習儒史，苑囿經籍，遊息文藝。著《宋略》二十卷，彌綸首尾，[8]勒成一代，屬辭比事，有足觀者。[9]且章句洽悉，訓故可傳，脱置之膠庠，[10]以弘獎後進，庶一夔之辯可尋，[11]三豕之疑無謬矣。[12]伏惟皇家淳耀，多士盈庭，官人邁乎有嬀，[13]棫樸越於姬氏，[14]苟片善宜録，[15]無論厚薄，一介可求，不由等級。臣歷觀古今人君欽賢好善，未有聖朝孜孜若是之至也。敢緣斯義，輕陳愚瞽，乞以臣斯忝，回授子野。如此，則賢否之宜，[16]各全其所，訊之物議，誰曰不允。臣與子野雖未嘗銜杯，[17]訪之邑里，差非虚謬，不勝慺慺微見，[18]冒昧陳聞。伏願陛下哀憐悾款，[19]鑒其愚實，干犯之諐，乞垂赦宥。"有司以資歷非次，[20]弗爲通。尋除尚書比部郎，[21]仁威記室參軍。[22]出爲諸暨令，[23]在縣不行鞭罰，[24]民有争者，示之以理，百姓稱悦，合境無訟。

[1]吴平侯蕭昺：梁宗室蕭昺封爵號吴平侯。本書卷二四有傳。吴平，縣名。治所在今江西樟樹市。　南兖州：州名。治所在今江蘇揚州市西北蜀岡。

[2]冠軍：冠軍將軍之省稱，將軍名號。梁初第三品。　録事：

録事參軍之省稱，官名。諸公軍及州、府屬官，掌總録衆署文書，舉彈善惡。劉宋第七品，梁六班至二班。按，據本書《武帝紀》，范雲卒於天監二年（503）五月。本傳叙其卒不果表奏子野，“久之”而子野又爲安成王參軍，俄遷兼廷尉正，又“免黜久之”，至此“二年……引爲冠軍録事”。其叙事之混亂矛盾自不待言。參曹道衡、沈玉成《中古文學史料叢考》卷四《〈梁書·裴子野傳〉叙事含混》條。

[3]中書：中書侍郎之省稱，官名。中書省官員，舊掌詔誥。劉宋以後，草擬詔誥之權歸中書舍人，侍郎職少官清，漸成諸王起家官。員四人。梁初第五品。　范縝：人名。本書卷四八有傳。遇：情意投合。

[4]國子博士：官名。屬太常。國子學教官。員二人。齊第六品，梁初不詳。

[5]至人：任天順物，忘其自我的人。《莊子·逍遥遊》：“至人無己，神人無功，聖人無名。”

[6]憚憚：貪競的樣子。

[7]素業：清素之業。

[8]彌綸：總括。

[9]《文苑英華》卷七五四裴子野《宋略·總論》有云：“子野曾祖宋中大夫西鄉侯，以文帝之十二年受詔撰元嘉起居注……齊興後數十年，宋之新史既行於世也。子野生乎泰始之季，長於永明之年，家有舊書，聞見又接，是以不用浮淺，因宋之新史，爲《宋略》二十卷。翦截繁文……撮事要，即其簡寡，志以爲名。”此子野自述其《宋略》之撰，足資參考。

[10]脱：如果。　膠庠：學校。

[11]一夔之辯：夔，人名。相傳爲舜時的樂正。《韓非子·外儲説左下》：“魯哀公問於孔子曰：‘吾聞古者有夔一足，其果信有一足乎？’孔子對曰：‘不也。夔非一足也，夔者忿戾惡心，人多不説喜也。雖然，其所以得免於人害者，以其信也。人皆曰：獨此

一，足矣。夔非一足也，一而足也。’哀公曰：‘審而是，固足矣。’”後人用“一夔”或“一夔已足”指可以獨當一面的人才，或指其人雖有缺點，但仍有可取之處。

［12］三豕之疑：《吕氏春秋·察傳》：“子夏之晉，過衛，有讀史記者曰：‘晉師三豕涉河。’子夏曰：‘非也，是己亥也。夫‘己’與‘三’相近，‘豕’與‘亥’相似。’至於晉而問之，則曰：晉師己亥涉河也。”後人用以指文字訛誤或傳聞失實。

［13］官人：授人官職。　有嬀：指舜。《史記》卷三六《陳杞世家》：“昔舜爲庶人時，堯妻之二女，居於嬀汭。其後因爲氏姓，姓嬀氏。”按，帝舜選賢與能，知人善任。參《尚書·堯典》、《左傳·文公十八年》、《史記》卷一《五帝本紀》。

［14］棫樸：《詩·大雅》有《棫樸》篇。《小序》曰：“文王能官人也。”毛《傳》曰：“山木茂盛，萬民得而薪之，賢人衆多，國家得用蕃興。”後人用以比喻人才衆多。　姬氏：周天子姓氏。

［15］苟：若。

［16］否（pǐ）：惡，不賢。

［17］銜杯：本謂飲酒，後常用以指有交情。

［18］慺慺：恭謹的樣子。

［19］悾款：誠懇。

［20］次：順序。

［21］尚書比部郎：官名。尚書省諸曹郎之一，屬吏部尚書。掌法制。梁天監七年革選，定流内官職爲十八班，以班多者爲貴。尚書比部郎爲六班。

［22］仁威：仁威將軍之省稱，將軍名號。梁置，與智威、勇威、信威將軍代舊征虜將軍。天監七年革選，釐定將軍名號及班品，有一百二十五號十品二十四班，以班多者爲貴。仁威將軍爲十六班。　記室參軍：官名。王公軍府屬官，掌文書。梁六班至二班。

［23］諸暨：縣名。治所在今浙江諸暨市。

[24]鞭：古代的一種竹製刑具。梁有鞭刑，詳《隋書·刑法志》。

初，子野曾祖松之，宋元嘉中受詔續修何承天《宋史》，未及成而卒，[1]子野常欲繼成先業。及齊永明末，[2]沈約所撰《宋書》既行，[3]子野更删撰爲《宋略》二十卷。[4]其叙事評論多善，約見而歎曰："吾弗逮也。"蘭陵蕭琛、北地傅昭、汝南周捨咸稱重之。[5]至是，吏部尚書徐勉言之於高祖，[6]以爲著作郎，[7]掌國史及起居注。[8]頃之，兼中書通事舍人，[9]尋除通直正員郎，[10]著作、舍人如故。又敕掌中書詔誥。[11]是時西北徼外有白題及滑國，[12]遣使由岷山道入貢。此二國歷代弗賓，莫知所出。子野曰："漢潁陰侯斬胡白題將一人。[13]服虔《注》云：[14]'白題，胡名也。'又漢定遠侯擊虜，[15]八滑從之，此其後乎。"[16]時人服其博識。敕仍使撰《方國使圖》，廣述懷來之盛，[17]自要服至于海表，[18]凡二十國。

[1]元嘉：宋文帝年號（424—453）。　何承天：人名。祖籍河東郯縣。宋元嘉年間曾爲著作佐郎，撰國史。《宋書》卷六四有傳。按，《宋書》卷六四《裴松之傳》載，松之"續何承天國史，未及撰述。二十八年，卒"。《南史》同傳亦云"未及撰述，卒"。《文苑英華》卷七五四録裴子野《宋略·總論》亦有云："二十六年，重被詔續成何承天《宋書》，其年終於位，書則未遑述作。"此云"未及成"，疑誤。

[2]永明：齊武帝年號（483—493）。

[3]沈約：人名。本書卷一三有傳。　《宋書》：《隋書·經籍

志》著録：“《宋書》一百卷，梁尚書僕射沈約撰。”今存。

[4]章學誠《丙辰札記》有云：“（子野）因宋新史爲《宋略》者，乃參酌舊事與沈約新史合而爲之。而後人沿習相傳，但云裴删沈書爲二十卷，失其理矣。”

[5]蕭琛：祖籍蘭陵。本書卷二六有傳。　傅昭：祖籍北地郡。本書卷二六有傳。　周捨：人名。本書卷二五有傳。

[6]吏部尚書：官名。尚書省吏部曹長官。掌官吏銓選、任免，職任隆重。多僑姓高門、世胄顯貴擔任。員一人。梁十四班。　徐勉：人名。本書卷二五有傳。　高祖：梁武帝廟號。

[7]著作郎：官名。祕書省屬官，掌國史，集注起居。爲清簡之職，多甲族貴遊起家之選。員一人。梁六班。

[8]起居注：文籍之一種，記録皇帝之言行及國家大事。

[9]中書通事舍人：官名。中書省屬官。入直閤内，掌呈奏案章。劉宋以後，此職漸由寒士及皇帝親信擔任，奪中書侍郎出令權。至梁用人殊重，選以才能，不限資地，掌中書詔誥，多由他官兼領。員四人，爲四班。

[10]通直正員郎：官名。集書省屬官。通直散騎侍郎省稱通直郎，有正員，有員外。正員者稱通直正員郎，員外者可稱通直員外郎。掌侍從左右，與散騎侍郎通直。劉宋以後多爲加官，不被人看重。員四人。梁六班。《南史》作“通直員外”，《册府元龜》卷四五四作“通直正員外郎”，並誤。

[11]敕：皇帝發佈詔命。

[12]徼（jiào）外：邊境之外。　白題、滑國：並古西北國名。見本書卷五四。

[13]潁陰侯：西漢灌嬰的封爵號。事見《史記》卷九五。潁陰，縣名。治所在今河南許昌市。

[14]服虔：人名。東漢河南滎陽人，著名學者。《後漢書》卷一〇九有傳。

[15]定遠侯：東漢班勇的封爵號。勇襲父超爵爲定遠侯。《後

漢書》卷四七有傳。定遠，城名。故址在今陜西西鄉縣南。

[16]班勇擊北虜事，見《後漢書》卷八八《西域·車師後王傳》。按，以滑國爲八滑之後，乃子野推測之詞，實誤。滑國姓嚈噠，乃于闐之異譯。詳《吕思勉讀史札記》丙帙《滑國考》。

[17]懷來：招來。陸賈《新語·道基》："附遠寧近，懷來萬邦。"

[18]要服：古代指離王城頗遠的少數民族居住地。　海表：指四境之外。

子野與沛國劉顯、南陽劉之遴、陳郡殷芸、陳留阮孝緒、吴郡顧協、京兆韋稜，[1]皆博極羣書，深相賞好，顯尤推重之。時吴平侯蕭勱、范陽張纘，[2]每討論墳籍，咸折中於子野焉。普通七年，[3]王師北伐，敕子野爲喻魏文，[4]受詔立成。高祖以其事體大，召尚書僕射徐勉、太子詹事周捨、鴻臚卿劉之遴、中書侍郎朱异，[5]集壽光殿以觀之，[6]時並歎服。高祖目子野而言曰："其形雖弱，其文甚壯。"俄又敕爲書喻魏相元叉，[7]其夜受旨，子野謂可待旦方奏，未之爲也，及五鼓，敕催令開齋速上，[8]子野徐起操筆，昧爽便就。[9]既奏，高祖深嘉焉。自是凡諸符檄，[10]皆令草創。子野爲文典而速，不尚麗靡之詞，其制作多法古，與今文體異，[11]當時或有詆訶者，[12]及其末皆翕然重之。[13]或問其爲文速者，子野答云："人皆成於手，我獨成於心，雖有見否之異，[14]其於刊改一也。"

[1]劉顯：祖籍沛國。本書卷四〇有傳。　劉之遴：祖籍南陽。

本書卷四〇有傳。　殷芸：祖籍陳郡。本書卷四一有傳。　阮孝緒：祖籍陳留郡。本書卷五一有傳。　顧協：吴郡人。本書卷三〇有傳。　韋棱：祖籍京兆郡。本書卷一二《韋叡傳》有附傳，“棱”作“稜”。

[2]吴平侯蕭勱（mài）：梁吴平侯蕭昺子。昺卒，勱襲爵。　張纘：祖籍范陽郡。本書卷三四有傳。

[3]普通：梁武帝年號（520—527）。七年，《南史》本傳同。按，據本書《武帝紀》，梁出師北伐，時在普通五年。又下文云周捨等“歎服”，而周捨卒於普通五年，故知此“七年”當爲“五年”之誤。參曹道衡、沈玉成《中古文學史料叢考》卷四“《梁書》《南史》《裴子野傳》記事之誤”條。

[4]裴子野有《喻虜檄文》，見《藝文類聚》卷五八。當即此文。

[5]太子詹事：官名。總理東宫庶務，或參議大政，職任頗重。員一人。梁十四班。　鴻臚卿：官名。梁十二卿之一，掌朝會司儀。九班。　朱异：人名。本書卷三八有傳。

[6]壽光殿：殿名。南朝宫中有壽光省，省内有殿閣。參本書卷五〇《文學下·任孝恭傳》及《通鑑》卷一四五《梁紀》“天監元年”下胡三省注。

[7]元叉：人名。北魏宗室，孝明帝時曾專制朝政。事見《魏書》卷一六。

[8]齋：房舍。

[9]昧爽：又稱昧旦，天將亮時。

[10]符：官府的下行文書。　檄：用於公開徵召、曉喻、申討的文書。

[11]今文：指當時流行的駢體文。

[12]當時文壇上，裴子野爲“古體派”代表人物。遭到“今體派”的中心人物簡文帝蕭綱等人的批評。參本書卷四九《文學上·庾肩吾傳》載蕭綱《與湘東王書》。

[13]翕（xī）然：疾速親附的樣子。

[14]見（xiàn）：顯現。

俄遷中書侍郎，餘如故。大通元年，[1]轉鴻臚卿，尋領步兵校尉。[2]子野在禁省十餘年，[3]静默自守，未嘗有所請謁，外家及中表貧乏，所得俸悉分給之。[4]無宅，借官地二畝，起茅屋數間。妻子恒苦飢寒，唯以教誨爲本，子姪祗畏，若奉嚴君。[5]末年深信釋氏，持其教戒，終身飯麥食蔬。中大通二年，[6]卒官，年六十二。

[1]大通：梁武帝年號（527—529）。

[2]領：官制術語。已有實授主職，又兼任較低職務而不居其位。　步兵校尉：官名。禁軍五校尉之一，掌宫廷宿衛。梁七班。

[3]禁省：指皇帝宫中。因宫門有禁故稱。

[4]《顔氏家訓·治家》："裴子野有疏親故屬飢寒不能自濟者，皆收養之。家素清貧，時逢水旱，二石米爲薄粥，僅得遍焉。躬自同之，常無厭色。"可資參證。

[5]嚴君：指父母。《易·家人》："家人有嚴君焉，父母之謂也。"後世多專指父親。

[6]中大通：梁武帝年號（529—534）。

先是子野自剋死期，[1]不過庚戌歲。[2]是年自省移病，[3]謂同官劉之亨曰：[4]"吾其逝矣。"遺命儉約，務在節制。高祖悼惜，爲之流涕。詔曰："鴻臚卿、領步兵校尉、知著作郎、兼中書通事舍人裴子野，[5]文史足用，[6]廉白自居，劬勞通事，[7]多歷年所。奄致喪逝，惻愴空懷。可贈散騎常侍，[8]賻錢五萬，[9]布五十匹，即日舉哀。謚曰貞子。”[10]

[1]剋：預料。

[2]庚戌歲：梁中大通二年（530），歲在庚戌。

[3]移病：因病移居。

[4]劉之亨：人名。本書《劉之遴傳》有附傳。

[5]知：主持、掌管。

[6]文史足用：《漢書》卷六五《東方朔傳》：“朔初來，上書曰：‘臣朔少失父母，長養兄嫂。年十三學書，三冬文史足用。’”

[7]劬勞：辛勤、勞苦。

[8]散騎常侍：官名。集書省長官。掌侍從左右，規諫得失。劉宋以後，職以侍從左右、掌圖書文翰爲主，地位降低。員四人。梁十二班。

[9]賻（fù）：以錢財助喪事。

[10]錢大昕《十駕齋養新録》卷二〇“沈恭子”條有云：“六朝文臣無封爵而得謚者，例稱子。”

子野少時，集注《喪服》、《續裴氏家傳》各二卷，[1]抄合後漢事四十餘卷，又敕撰《衆僧傳》二十卷，《百官九品》二卷，《附益謚法》一卷，《方國使圖》一卷，文集二十卷，[2]並行於世。又欲撰《齊梁春秋》，始草創，未就而卒。子謇，[3]官至通直郎。

[1]《喪服》：《儀禮》篇名。《隋書·經籍志》著録：“《喪服傳》一卷，梁通直郎裴子野撰。”　《續裴氏家傳》：《隋書·經籍志》著録“《裴氏家傳》四卷，裴松之撰”，《續裴氏家傳》當是子

野續乃祖松之《裴氏家傳》之作。

[2]文集二十卷：《隋書·經籍志》著録："梁鴻臚卿《裴子野集》十四卷。"

[3]謇：《南史》作"蹇"。

顧協字正禮，吴郡吴人也。[1]晉司空和七世孫。[2]協幼孤，隨母養於外氏。外從祖宋右光禄張永嘗攜内外孫姪遊虎丘山，[3]協年數歲，永撫之曰："兒欲何戲？"協對曰："兒正欲枕石漱流。"[4]永歎息曰："顧氏興於此子。"既長，好學，以精力稱。外氏諸張多賢達有識鑒，從内弟率尤推重焉。[5]

[1]吴郡：郡名。治所在吴縣，即今江蘇蘇州市。

[2]和：顧和，字君孝，仕晉，卒，贈侍中、司空。《晉書》卷八三有傳。　七世：《南史》作"六世"。

[3]右光禄：官名。右光禄大夫之省稱。屬光禄勳，養老疾，無職事。宋第三品。　張永：字景雲，仕宋，卒，贈侍中、右光禄大夫。《宋書》卷五三有傳。　虎丘山：山名。在今江蘇蘇州市西北閶門外。

[4]正：僅，祇。　枕石漱流：指隱居山林。《三國志》卷四〇《蜀書·彭羕傳》載羕《與蜀郡太守許靖書薦秦宓》曰："伏見處士綿竹秦宓……枕石漱流，吟詠緼袍，偃息於仁義之途，恬惔於浩然之域。"

[5]率：張率。本書卷三三有傳。

起家揚州議曹從事史，[1]兼太學博士。[2]舉秀才，尚書令沈約覽其策而歎曰：[3]"江左以來，[4]未有此作。”遷安成王國左常侍，[5]兼廷尉正。太尉臨川王聞其名，[6]召掌書記，仍侍西豐侯正德讀。[7]正德爲巴西、梓潼郡，[8]協除所部安都令，[9]未至縣，遭母憂。[10]服闋，[11]出補西陽郡丞，[12]還除北中郎行參軍，[13]復兼廷尉正。久之，出爲廬陵郡丞，[14]未拜，會西豐侯正德爲吴郡，除中軍參軍，[15]領郡五官，[16]遷輕車湘東王參軍事，[17]兼記室。[18]普通六年，正德受詔北討，引爲府録事參軍，掌書記。

[1]揚州：州名。治所在今江蘇南京市。　議曹從事史：官名。州府屬官，職參謀議。梁天監七年革選，定揚州議曹從事史爲一班。

[2]太學博士：官名。屬太常卿，掌教授國子學生，參議禮制。員八人。梁二班。

[3]尚書令：官名。尚書省長官，掌出納王命，總理政務。實爲百官之長。梁十六班。　策：文體之一種。此處指顧協對策文。

[4]江左：本指長江下游以東地區。東晉建都於建康，地屬江左，故用以指稱東晉。

[5]左常侍：官名。王公國屬官，隨侍國主，掌諫諍、司儀。梁二班。

[6]臨川王：梁武帝弟蕭宏的封爵號。見本書卷二二《太祖五王傳》。臨川，郡名。治所在今江西南城縣東南。

[7]西豐侯正德：梁臨川王蕭宏之子正德，初封爵號西豐侯。本書卷五五有傳。西豐，縣名。治所在今江西臨川市南。　侍讀：官名。爲皇帝、太子、王公講讀經史的官吏。梁置爲皇太子、王侯官屬，因人而設，不常置。

[8]巴西、梓潼：皆郡名。梁天監六年（507）置，兩郡同治。

治所在今四川綿陽市東。

[9]安都：《南史》卷六二同傳作“新安”。然考《南齊書·州郡志》，巴西、梓潼二郡屬縣無“安都”及“新安”之名。疑有誤。

[10]母憂：母喪。

[11]服闋：服喪期滿。

[12]西陽郡：郡名。治所在今湖北黄岡市東。　郡丞：官名。太守之副佐。劉宋第八品，梁官品不詳。

[13]北中郎：北中郎將之省稱，將軍名號。東西南北四中郎將之一，統兵征伐，或鎮守某一地區爲方面大員，地位高於一般將軍。南朝多由宗室諸王擔任。宋第四品，梁初不詳。　行參軍：官名。王公軍府屬官，參掌府曹事，位低於正參軍。梁初以前官品不詳。梁天監七年革選，皇弟皇子府行參軍爲三班至一班。

[14]廬陵：郡名。治所在今江西吉水縣東北。

[15]中軍：中軍將軍之省稱，將軍名號。梁代，與中衛、中權、中撫將軍合稱四中將軍，衹授予在京師任職者，職任頗重。爲一百二十五號二十四班將軍之二十三班。　參軍：官名。王公軍府屬官，參掌府曹事。梁四班至流外七班中之六班。按，據《隋書·百官志》，梁代中軍將軍爲“四中”將軍之一，“止施内”。蕭正德“爲吴郡”，不可能爲中軍將軍，顧協自然不可能爲“中軍參軍”又“領郡五官”。“中軍參軍”疑有誤。

[16]五官：五官掾之省稱，郡國及中央部分機構置，職主祭祀。官品不詳。

[17]輕車：輕車將軍之省稱，將軍名號。梁代，與鎮朔、武旅等將軍代舊輔國將軍。爲一百二十五號將軍之一，十四班。　湘東王：梁元帝的初封爵號。湘東，郡名。治所在今湖南衡陽市。

[18]記室：記室參軍之省稱，官名。

軍還，會有詔舉士，湘東王表薦協曰：“臣聞貢玉之士，歸之潤山；論珠之人，出於枯岸。[1]是以芻蕘之言，[2]擇於廊廟者也。[3]臣府兼記室參軍吴郡顧協，行稱鄉閭，學兼文武，服膺道素，雅量邃遠，安貧守静，奉公抗直，傍闕知己，志不自營，年方六十，室無妻子。臣欲言於官人，申其屈滯，協必苦執貞退，立志難奪，[4]可謂東南之遺寶矣。[5]伏惟陛下未明求衣，[6]思賢如渴，爰發明詔，各舉所知。臣識非許、郭，[7]雖無知人之鑒，若守固無言，懼貽蔽賢之咎。[8]昔孔愉表韓績之才，[9]庾亮薦翟湯之德，[10]臣雖未齒二臣，[11]協實無慚兩士。"[12]即召拜通直散騎侍郎，兼中書通事舍人，累遷步兵校尉，守鴻臚卿，[13]員外散騎常侍，[14]卿、舍人並如故。大同八年，[15]卒，時年七十三。高祖悼惜之，手詔曰："員外散騎常侍、鴻臚卿、兼中書通事舍人顧協，廉潔自居，白首不衰，久在省闥，[16]内外稱善。奄然殞喪，惻怛之懷，不能已已。傍無近親，彌足哀者。大殮既畢，即送其喪柩還鄉，并營冢槨，並皆資給，悉使周辦。可贈散騎常侍，令便舉哀。謚曰温子。"

[1]《荀子·勸學》："玉在山而草木潤，淵生珠而崖不枯。"原意比喻有學問之人會自然流露出與衆不同的氣度來。此處改换角度，謂平凡之處亦能發現寶貴之物。

[2]芻蕘：割草打柴的人。《詩·大雅·板》："先民有言，詢于芻蕘。"後世常以芻蕘之言爲向人陳述意見的謙詞。

[3]廊廟：古代帝王和大臣議政之所。後世用以指朝廷。

[4]奪：失，指改變。

［5］東南之遺寶：《世説新語·賞譽》："張華見褚陶，語陸平原曰：'君兄弟龍躍雲津，顧彦先鳳鳴朝陽。'謂東南之寶已盡，不意復見褚生！"顧協，吴郡吴人，地在東南，故云。

［6］未明求衣：天未亮即起床，形容爲政勤勉。《文選》卷三九鄒陽《上書吴王》："始孝文皇帝據關入立，寒心銷志，不明求衣。"

［7］許、郭：指許劭、郭泰。許劭，字子將，少峻名節，好獎人倫，多所賞識。郭泰，字林宗，性明知人，好獎訓士類。時天下言拔士者，咸稱許郭。《後漢書》卷九八有傳。

［8］蔽賢：埋没人才。《國語·齊語》："於子之鄉，有拳勇股肱之力秀出於衆者，有則以告。有而不以告，謂之蔽賢。"

［9］晉人韓績少好文學，以潛退爲操，布衣蔬食，不交當世。會稽内史孔愉上疏薦之。事詳《晉書》卷九四《隱逸·韓績傳》。績，舊本訛"纘"，此依中華書局本校改。

［10］晉人翟湯篤行純素，仁讓廉潔，不屑世事，耕而後食，不受餽贈，頗著名德。征西大將軍庾亮上疏薦之。事詳《晉書》卷九四《隱逸·翟湯傳》。

［11］齒：並列。　二臣：指孔愉、庾亮。

［12］兩士：指韓績、翟湯。

［13］守：官制術語。官吏試職。一般試任一年即真除實授。

［14］員外散騎常侍：官名。集書省官員。多以公族、宗室充任。劉宋以後多用以安置閑退官員，地位不高。梁十班。中華書局本《校勘記》引王懋竑《讀書記疑》八："員外上少一轉字或遷字。《南史》亦脱。"

［15］大同：梁武帝年號（535—546）。按，據上文湘東王表薦時，協"年方六十"，考本書《武帝紀》，詔舉士在普通七年（526）。普通七年年六十，與大同八年年七十三，顯然不合。疑有誤。參許福謙《南北朝八書二史疑年録》中《梁書疑年録》"顧協"條。

［16］省闥：宫廷。

協少清介有志操。初爲廷尉正，冬服單薄，寺卿蔡法度謂人曰：[1]"我願解身上襦與顧郎，恐顧郎難衣食者。"竟不敢以遺之。及爲舍人，同官者皆潤屋，[2]協在省十六載，[3]器服飲食，不改於常。有門生始來事協，[4]知其廉潔，不敢厚餉，止送錢二千，[5]協發怒，杖二十，因此事者絶於饋遺。自丁艱憂，[6]遂終身布衣蔬食。少時將娉舅息女，[7]未成婚而協母亡，免喪後不復娶。至六十餘，此女猶未他適，協義而迎之。晚雖判合，[8]卒無胤嗣。

[1]寺卿：漢代以太常、光禄勳、衛尉、太僕、廷尉、大鴻臚、宗正、大司農、少府爲九寺大卿，省稱寺卿。　蔡法度：人名。梁初曾官尚書删定郎，定梁律。見本書《武帝紀》。

[2]潤屋：《禮記・大學》："富潤屋，德潤身。"本指使居室華麗生輝，後世用以指家庭富有。

[3]省：省中，宫廷。

[4]門生：隨從僕人。

[5]止：衹，僅。

[6]丁艱憂：遭父母之喪。

[7]娉：同"聘"，訂婚。　息：子息。

[8]判合：亦作"牉合"。《儀禮・喪服》："夫婦牉合。"謂夫婦結合。

協博極羣書，於文字及禽獸草木尤稱精詳。撰《異姓苑》五卷，《瑣語》十卷，[1]並行於世。

[1]《瑣語》十卷：《隋書·經籍志·小説類》著録："《瑣語》一卷，梁金紫光禄大夫顧協撰。"

徐摛字士秀，東海郯人也。[1]祖憑道，宋海陵太守。[2]父超之，天監初仕至員外散騎常侍。

[1]東海：郡名。治所在今山東郯城縣。　郯：縣名。與東海郡治所同。

[2]海陵：郡名。治所在今江蘇新沂市南。

摛幼而好學，及長，遍覽經史。屬文好爲新變，不拘舊體。起家太學博士，遷左衛司馬。[1]會晉安王綱出戍石頭，[2]高祖謂周捨曰："爲我求一人，文學俱長兼有行者，欲令與晉安遊處。"捨曰："臣外弟徐摛，形質陋小，若不勝衣，而堪此選。"高祖曰："必有仲宣之才，[3]亦不簡其容貌。"[4]以摛爲侍讀。後王出鎮江州，[5]仍補雲麾府記室參軍，[6]又轉平西府中記室。[7]王移鎮京口，[8]復隨府轉爲安北中録事參軍，[9]帶郯令，[10]以母憂去職。王爲丹陽尹，[11]起摛爲秣陵令。[12]普通四年，王出鎮襄陽，[13]摛固求隨府西上，遷晉安王諮議參軍。[14]大通初，王總戎北伐，以摛兼寧蠻府長史，[15]參贊戎政，教命軍書，[16]多自摛出。王入爲皇太子，轉家令，[17]兼掌管記，[18]尋帶領直。[19]

[1]左衛：左衛將軍之省稱，官名。與右衛將軍合稱二衛將軍，

爲禁衛軍六軍之一。掌宿衛營兵。梁十二班。　司馬：官名。王公軍府屬官，掌本府武官。梁左衛司馬爲三班。

[2]晉安王綱：梁簡文帝蕭綱初封爵號晉安王。晉安，郡名。治所在今福建福州市。　石頭：即石頭城。故址在今江蘇南京市西清涼山。其地負山面江，形勢險固，爲六朝軍事要地。

[3]仲宣：漢末王粲字仲宣。其人容狀短小，體弱通脱，有異才。爲建安七子之一。《三國志》卷二一有傳。

[4]簡：選。

[5]江州：州名。治所在今江西九江市西南。

[6]雲麾：雲麾將軍之省稱，將軍名號。梁置，與武臣、爪牙、龍騎將軍代舊前後左右四將軍。爲一百二十五號十品二十四班將軍之十八班。

[7]平西：平西將軍之省稱，將軍名號。與平東、平南、平北將軍合稱四平將軍。多持節都督或監某地區的軍事，亦可作刺史兼理軍務的加官。爲一百二十五號將軍之一，二十班。　中記室：官名。王公軍府屬官，掌文記。梁七班至三班。

[8]京口：南徐州鎮所，在今江蘇鎮江市。

[9]安北：安北將軍之省稱，將軍名號。與安東、安西、安南將軍合稱四安將軍，爲出鎮方面的軍事長官，或作爲刺史兼理軍務的加官，權任頗重。爲一百二十五號將軍之一，二十一班。　中録事參軍：官名。王公軍府屬官，掌總録衆署文書，舉彈善惡。梁七班至三班。

[10]帶：官制術語。兼帶職務，有其官號、俸禄而不理其職事。　郯：縣名。東晉僑置，治所在今江蘇鎮江市。

[11]丹陽尹：官名。京師所在丹陽郡長官，掌民政。劉宋第三品，梁不詳。丹陽，郡名。治所在今江蘇南京市。

[12]秣陵：縣名。治所在今江蘇南京市中華門外。

[13]襄陽：縣名。雍州鎮所，在今湖北襄樊市。

[14]諮議參軍：官名。王公軍府屬官，掌諷議。梁九班至六

班。按，此上叙述徐摛之經歷失次。據本書《武帝紀》及《簡文帝紀》，晉安王綱爲丹陽尹在天監十七年，爲平西將軍在普通元年，爲南徐州刺史在普通二年，進號安北將軍在普通五年。如此，則徐摛補雲麾府記室參軍以後的仕歷應是：秣陵令，平西府中記室，帶郯令，以母憂去職後遷諮議參軍，安北中録事參軍。

[15]寧蠻：寧蠻校尉之省稱，武官名號。掌雍州少數民族事務，領兵置府於襄陽，多由駐該地的將軍或刺史兼任。其官職隨府主號位輕重而定。　長史：官名。王公軍府屬官，掌本府官吏。梁十班至六班。

[16]教、命：並文體名。諸王侯發佈的文書。

[17]家令：太子家令之省稱，官名。屬太子詹事。掌東宫刑獄、錢穀、飲食等。員一人。梁十班。

[18]管記：官名。管理文牘之官。官班不詳。

[19]領直：領值衛兵。

摛文體既别，[1]春坊盡學之，[2]"宫體"之號，自斯而起。高祖聞之怒，召摛加讓，[3]及見，應對明敏，辭義可觀，高祖意釋。因問《五經》大義，[4]次問歷代史及百家雜説，末論釋教。摛商較縱横，應答如響，高祖甚加歎異，更被親狎，寵遇日隆。領軍朱异不説，[5]謂所親曰："徐叟出入兩宫，[6]漸來逼我，須早爲之所。"[7]遂承間白高祖曰："摛年老，又愛泉石，[8]意在一郡，以自怡養。"[9]高祖謂摛欲之，乃召摛曰："新安大好山水，[10]任昉等並經爲之，[11]卿爲我卧治此郡。"[12]中大通三年，遂出爲新安太守。至郡，爲治清静，教民禮義，勸課農桑，期月之中，[13]風俗便改。秩滿，[14]還爲中庶子，[15]加戎昭將軍。[16]

［1］别：不同。指不同於“舊體”而爲“新變”。北齊·陽松玠《談藪》“徐摛”條有云：“梁侍中東海徐摛，散騎常侍超之子也。博學多才，好爲新變，不拘舊體。”

［2］春坊：即東宫。

［3］讓：以言相責。

［4］《五經》：指《易》、《詩》、《書》、《禮》、《春秋》。

［5］領軍：領軍將軍之省稱，官名。爲禁衛軍最高統帥，管全國兵要。職任隆重。梁十五班。説，三朝本、百衲本同，《御覽》卷二六一引《梁書》作“悦”。按，説，通“悦”。

［6］兩宫：指皇宫和東宫。

［7］早爲之所：《左傳·隱公元年》：“（祭仲）曰：‘姜氏何厭之有？不如早爲之所，無使滋蔓！”意謂及早處置之。

［8］泉石：山泉、岩石。指山水景物。

［9］怡：三朝本、百衲本同，《御覽》卷二六一引《梁書》作“頤”。按，《爾雅·釋詁下》：“頤，養也。”怡，通“頤”。

［10］新安：郡名。治所在今浙江淳安縣西北。

［11］任昉：人名。本書卷一四有傳。

［12］卧治：《史記》卷一二〇《汲鄭列傳》：上召拜黯爲淮陽太守，黯伏謝不受印。“上曰：‘君薄淮陽邪？吾今召君矣。顧淮陽吏民不相得，吾徒得君之重，卧而治之。’”後世用以謂不勞而治，無爲而治。

［13］期（jī）月：一周年或一整月。

［14］秩滿：任期届滿。

［15］中庶子：太子中庶子之省稱，官名。掌侍從及文翰。員四人。梁十一班。

［16］戎昭將軍：將軍名號。按，考《隋書·百官志》，梁無“戎昭將軍”之號，陳有，擬官品第八。

是時臨城公納夫人王氏，[1]即太宗妃之姪女也。[2]晉宋已來，初婚三日，婦見舅姑，衆賓皆列觀，引《春秋》義云“丁丑，夫人姜氏至。戊寅，公使大夫宗婦覿用幣”。[3]戊寅，丁丑之明日，故禮官據此，皆云宜依舊貫。[4]太宗以問摛，摛曰：“《儀禮》云‘質明贊見婦於舅姑’。[5]《雜記》又云‘婦見舅姑，兄弟姊妹皆立于堂下’。[6]政言婦是外宗，[7]未審嫻令，[8]所以停坐三朝，[9]觀其七德。[10]舅延外客，姑率内賓，堂下之儀，以備盛禮。近代婦於舅姑，本有戚屬，不相瞻看。夫人乃妃姪女，有異他姻，覿見之儀，謂應可略。”太宗從其議。除太子左衛率。[11]

[1]臨城公：簡文帝蕭綱子大連初封爵號。見本書卷四四《太宗十一王傳》。臨城，縣名。治所在今安徽青陽縣南。

[2]太宗：梁簡文帝廟號。

[3]引文見《春秋》魯莊公二十四年經文。公，魯莊公。宗婦，大夫之妻。覿，見。

[4]舊貫：舊例。

[5]見《儀禮·士昏禮》。質明，天剛亮時。贊，導引。舅姑，公婆。

[6]引文見《禮記·雜記下》。

[7]政：同“正”。

[8]令：善。

[9]三朝：三日。

[10]七德：《左傳·宣公十二年》注有“武七德”說，即楚子言“禁暴、戢兵、保大、定功、安民、和衆、豐財”七種德行。一說，指“内行七德”。《國語·周語中》富辰云“尊貴、明賢、庸

勛、長老、愛親、禮新、親舊”七德，韋昭注：“七德，‘尊貴’至‘親舊’也。”

[11]太子左衛率：官名。與太子右衛率合稱太子二率，掌東宫門衛，亦統兵出征，職任頗重。員一人。梁十一班。

太清三年，[1]侯景攻陷臺城，[2]時太宗居永福省，[3]賊衆奔入，舉兵上殿，侍衛奔散，莫有存者。摛獨嶷然侍立不動，徐謂景曰：“侯公當以禮見，何得如此。”凶威遂折。侯景乃拜，由是常憚摛。太宗嗣位，進授左衛將軍，固辭不拜。太宗後被幽閉，摛不獲朝謁，因感氣疾而卒，年七十八。[4]長子陵，[5]最知名。

[1]太清：梁武帝年號（547—549）。

[2]侯景：人名。本書卷五六有傳。　臺城：京師建康宫城，故址在今江蘇南京市鷄鳴山南。

[3]永福省：建康宫城内殿省名。皇太子所居。

[4]年七十八：此疑誤。據《南史》卷四八《陸罩傳》及《廣弘明集》卷二〇梁湘東王繹《梁簡文帝法寶聯璧序》，徐摛中大通六年（534）年六十四。則卒年當爲八十一。參曹道衡《魏晉南北朝文學史札記·徐摛生卒年》（《中古文學史論集》）。

[5]陵：徐陵，字孝穆，仕陳，官至左光禄大夫，太子少傅，封建昌縣侯。《陳書》卷二六有傳。

鮑泉字潤岳，東海人也。[1]父機，[2]湘東王諮議參軍。

[1]東海：郡名。治所在今山東郯城縣。此鮑氏祖籍。

[2]機：《南史》卷六二同傳作“幾”，《藝文類聚》卷五三梁元帝《薦鮑幾表》同；《隋書》卷六六《鮑宏傳》作“機”；《藝文類聚》卷二七、《文苑英華》卷二八九並作“畿”。按，本書卷四一《蕭幾傳》，蕭幾字德玄；唐·劉知幾字子玄；《南史》卷六二《鮑泉傳》，泉“父幾字景玄”。依類而推，似當以《南史》作“幾”爲是。

泉博涉史傳，兼有文筆。[1]少事元帝，早見擢任。及元帝承制，[2]累遷至信州刺史。[3]太清三年，元帝命泉征河東王譽於湘州，[4]泉至長沙，[5]作連城以逼之，譽率衆攻泉，泉據栅堅守，譽不能克。泉因其弊出擊之，譽大敗，盡俘其衆，遂圍其城，久未能拔。世祖乃數泉罪，[6]遣平南將軍王僧辯代泉爲都督。[7]僧辯至，泉愕然，顧左右曰：“得王竟陵助我經略，[8]賊不足平矣。”僧辯既入，乃背泉而坐，曰：“鮑郎有罪，令旨使我鎖卿，卿勿以故意見期。”[9]因出令示泉，鎖之牀下。泉曰：“稽緩王師，[10]甘罪是分，但恐後人更思鮑泉之憒憒耳。”[11]乃爲啓謝淹遲之罪。世祖尋復其任，令與僧辯等率舟師東逼邵陵王於郢州。[12]

[1]文筆：六朝文體，有韻者稱爲文，無韻者稱爲筆。

[2]承制：秉承皇帝旨意以行使其職權。梁太清三年三月，侯景寇没京師。四月，梁武密詔湘東王假黄鉞、大都督中外諸軍事、司徒承制。詳本書《元帝紀》。

[3]信州：州名。梁普通四年置，治所在今重慶萬州區奉節縣。

[4]河東王譽：梁昭明太子之子蕭譽封爵號河東王。本書卷五五有傳。河東，郡名。治所在今湖北松滋縣西北。　湘州：州名。

治所在今湖南長沙市。時河東王譽爲湘州刺史，因不受湘東王之命，故征之。

[5]長沙：郡名。治所在今湖南長沙市。

[6]世祖：梁元帝廟號。

[7]王僧辯：人名。本書卷四五有傳。

[8]王竟陵：即王僧辯。僧辯前此爲竟陵太守，故稱。竟陵，郡名。治所在今湖北鍾祥市。

[9]故意：舊情。

[10]稽緩：停留、遲延。

[11]憒憒：糊涂。

[12]邵陵王：梁武帝子蕭綸之封爵號。見本書卷二九《高祖三王傳》。邵陵，郡名。治所在今湖南邵陽市。　郢州：州名。治所在今湖北武漢市武昌。

郢州平，元帝以長子方諸爲刺史，[1]泉爲長史，[2]行府州事。[3]侯景密遣將宋子仙、任約率精騎襲之，方諸與泉不恤軍政，唯蒲酒自樂，[4]賊騎至，百姓奔告，方諸與泉方雙陸，[5]不信，曰："徐文盛大軍在東，[6]賊何由得至？"既而傳告者衆，始令闔門，賊縱火焚之，莫有抗者，賊騎遂入，城乃陷。執方諸及泉送之景所。後景攻王僧辯於巴陵，[7]不克，敗還，乃殺泉於江夏，[8]沉其屍于黄鵠磯。[9]

[1]方諸：本書卷四四《世祖二子》有傳。

[2]長史：官名。王公軍府屬官，掌本府官吏，其班品依府主地位高下而定。梁十班至六班。

[3]行府州事：代行府州政事。六朝時，諸王往往年少即出鎮

一方，因以長史代行政事，稱爲行事。

[4]蒲：即蒲戲，博戲之一種。以木盤上置黑白兩色木棋子各十五枚，盤上左右各畫十二路，謂之“梁”。二人對局，擲骰按點色行走，白棋自右而左，黑棋自左而右，先出完者獲勝。或謂，若擲得雙六，必操勝券，故稱“雙陸”。

[5]雙陸：博戲之一種。

[6]徐文盛：人名。本書卷四六有傳。

[7]巴陵：郡名。治所在今湖南岳陽市。

[8]江夏：郡名。治所在今湖北武漢市武昌。

[9]黄鵠磯：地名。在今湖北武昌長江邊。

初，泉之爲南討都督也，[1]其友人夢泉得罪於世祖，覺而告之。後未旬，[2]果見囚執。頃之，又夢泉著朱衣而行水上，又告泉曰：“君勿憂，尋得免矣。”因說其夢，泉密記之，俄而復見任，皆如其夢。

[1]南討都督：指太清三年，鮑泉奉命代元帝子方等帥衆南討湘州刺史河東王譽。詳本書卷五《元帝紀》。

[2]未旬：未及一旬。

泉於《儀禮》尤明，撰《新儀》四十卷，[1]行於世。

[1]四十卷：《南史》及《隋書·經籍志》皆作“三十卷”。

陳吏部尚書姚察曰：[1]阮孝緒常言，[2]仲尼論四科，[3]始乎德行，終乎文學。有行者多尚質樸，有文者少蹈規矩，故衛、石靡餘論可傳，[4]屈、賈無立德之譽。[5]若夫憲章遊、夏，[6]祖述回、騫，[7]體兼文行，於裴幾原見之矣。

[1]陳吏部尚書姚察：姚察仕陳，官吏部尚書。《陳書》卷二七有傳。吏部尚書，官名。掌官吏銓選、任免。陳第三品。清·錢大昕《廿二史考異》卷二六"敬帝紀"有云："思廉修梁陳書，皆因其父察所撰而續成之。梁史諸論，述其父説必稱'陳吏部尚書姚察曰'，仿孟堅《漢書》稱'司徒掾班彪'之例也。其但稱'史臣'者，出自思廉新意。"

[2]阮孝緒：人名。本書卷五一《處士》有傳。

[3]仲尼論四科：《論語·先進》："德行：顏淵、閔子騫、冉伯牛、仲弓；言語：宰我、子貢；政事：冉有、季路；文學：子游、子夏。"四科，即德行、言語、政事、文學。

[4]衛石：指西漢衛綰、石奮。衛綰，代郡大陵人，淳謹敦厚；石奮，温縣人，恭謹無比，無文學。二人並於《史記》卷一〇三有傳。

[5]屈賈：指戰國時楚人屈原和西漢賈誼。屈賈並以文學著稱。詳《史記》卷八四《屈原賈生列傳》。

[6]憲章：效法。　游、夏：子游、子夏。

[7]祖述：師法前人，加以述説。　回騫：顏淵、閔子騫。顏淵名回，姚思廉避唐諱，故以字稱諸子而獨以名稱顏淵。

梁書 卷三一

列傳第二十五

袁昂 子君正

袁昂字千里，陳郡陽夏人。[1]祖洵，[2]宋征虜將軍、吴郡太守。[3]父顗，[4]冠軍將軍、雍州刺史。[5]泰始初，[6]舉兵奉晉安王子勛，[7]事敗誅死。昂時年五歲，乳媪攜抱匿於廬山，會赦得出，猶徙晉安，至元徽中聽還，[8]時年十五。初，顗敗，傳首京師，藏於武庫，至是始還之。昂號慟嘔血，絶而復蘇，從兄彖嘗撫視抑譬，[9]昂更制服，[10]廬于墓次。後與彖同見從叔司徒粲，[11]粲謂彖曰："其幼孤而能至此，故知名器自有所在。"[12]

[1]陳郡：郡名。治所在今河南淮陽縣。　陽夏（jiǎ）：縣名。治所在今河南太康縣。此袁氏祖籍。

[2]洵：舊本作"詢"，訛。此依中華書局本校改。

[3]征虜將軍：將軍名號。宋第三品。　吴郡：郡名。治所在

今江蘇蘇州市。

[4]顗：袁顗，《宋書》卷八四有傳。

[5]冠軍將軍：將軍名號。宋第三品。　雍州：州名。治所在今湖北襄樊市。

[6]泰始：宋明帝年號（466—471）。

[7]晉安王子勛：宋孝武帝之子劉子勛封爵號晉安王。《宋書》卷八〇有傳。晉安，郡名。治所在今福建福州市。舊本"晉安"訛作"尋陽"，此依中華書局本校改。

[8]元徽：宋後廢帝年號（473—477）。

[9]彖：袁彖。《南齊書》卷四八有傳。

[10]更制服：謂再服喪。

[11]粲：袁粲。《宋書》卷八九有傳。

[12]名器：古代稱表示等級的稱號和車服儀制等爲名器。

齊初，起家冠軍安成王行參軍，[1]遷征虜主簿，[2]太子舍人，[3]王儉鎮軍府功曹史。[4]儉時爲京尹，[5]經於後堂獨引見昂，指北堂謂昂曰："卿必居此。"累遷祕書丞，[6]黄門侍郎。[7]昂本名千里，齊永明中，[8]武帝謂之曰："昂昂千里之駒，[9]在卿有之，今改卿名爲昂，即千里爲字。"出爲安南鄱陽王長史、尋陽公相。[10]還爲太孫中庶子、衛軍武陵王長史。[11]

[1]安成王：齊武帝弟蕭暠的封爵號。見《南齊書》卷三五《高帝十二王傳》。安成，郡名。治所在今江西安福縣東南。　行參軍：官名。王公軍府屬官，參掌府曹事，位在正參軍之下。

[2]主簿：官名。自漢以下，中央各機構及地方州郡皆置，掌文書簿籍，爲掾吏之首。其職位隨所署長官地位高下而異。

［3］太子舍人：官名。東宫屬官，掌文記。員十六人。宋第七品，齊不詳。

［4］王儉：人名。祖籍琅邪臨沂。《南齊書》卷二三有傳。　鎮軍：鎮軍將軍之省稱，將軍名號。宋第三品，齊位在東西南北四征將軍之上。　功曹史：官名。不開府將軍、太子二傅、郡縣等皆置，掌吏員賞罰任免。宋、齊官品不詳。

［5］京尹：即丹陽尹。六朝時，丹陽郡乃京師所在，故丹陽尹又稱京尹。掌丹陽郡政務。宋第三品，齊不詳。

［6］祕書丞：官名。祕書省官員，佐祕書監掌國之典籍圖書。爲清顯之職，多由僑姓士族擔任。員一人。齊第六品。

［7］黄門侍郎：官名。門下省次官，掌侍從左右，顧問應對，關通中外。出入禁中，地位顯要。員四人。齊第五品。

［8］永明：齊武帝年號（483—493）。

［9］《楚辭·卜居》："寧昂昂若千里之駒乎？將泛泛若水中之鳧。"後世用"昂昂千里之駒"比志行高超的傑出人物。

［10］安南：安南將軍之省稱，將軍名號。東西南北四安將軍之一。爲出鎮方面的軍事長官，或作爲刺史兼理軍務的加官，權任很重。宋第三品，齊不詳。　鄱陽王：齊武帝弟蕭鏘之封爵號。見《南齊書》卷三五《高帝十二王傳》。鄱陽，郡名。治所在今江西波陽縣。　長史：官名。王公軍府屬官，掌本府官吏。宋第六至第七品，齊不詳。　尋陽公：指王敬則。敬則以佐齊奪取政權之功，建元元年（479）封尋陽郡公。《南齊書》卷二六有傳。尋陽，郡名。治所在今江西九江市西南。　相：官名。諸侯國行政長官，掌治民。宋第五品，齊不詳。

［11］太孫：齊武帝永明十一年（493），文惠太子蕭長懋薨，武帝立其子昭業爲皇太孫。詳《南齊書》卷三《武帝紀》。　中庶子：官名。東宫官屬。掌侍從及文翰。員四人。宋第五品，齊不詳。　衛軍：衛將軍之省稱，將軍名號。爲重號將軍，多加大臣及重要地方長官。東晉以後常以權臣兼任。宋第二品，齊不詳。　武陵王：

齊武帝弟蕭鋒的封爵號。見《南齊書》卷三五《高帝十二王傳》。武陵，郡名。治所在今湖南常德市。

丁内憂，[1]哀毀過禮。服未除而從兄彖卒。昂幼孤，爲彖所養，乃制朞服。[2]人有怪而問之者，昂致書以喻之曰："竊聞禮由恩斷，服以情申，故小功他邦，[3]加制一等，[4]同爨有緦，[5]明之典籍。孤子夙以不天，[6]幼傾乾廕，[7]資敬未奉，過庭莫承，[8]藐藐沖人，[9]未達朱紫。[10]從兄提養訓教，示以義方，[11]每假其談價，[12]虚其聲譽，得及人次，實亦有由。兼開拓房宇，處以華曠，[13]同財共有，恣其取足，爾來三十餘年，憐愛之至，無異於己。[14]姊妹孤姪，成就一時，篤念之深，在終彌固，此恩此愛，畢壤不追。[15]既情若同生，[16]而服爲諸從，[17]言心即事，實未忍安。昔馬棱與弟毅同居，毅亡，棱爲心服三年。[18]由也之不除喪，亦緣情而致制。[19]雖識不及古，誠懷感慕。常願千秋之後，[20]從服朞齊；[21]不圖門衰，禍集一旦，草土殘息，[22]復罹今酷，尋惟慟絶，彌劇彌深。今以餘喘，[23]欲遂素志，庶寄其罔慕之痛，少申無已之情。雖禮無明據，乃事有先例，率迷而至，必欲行之。君問禮所歸，謹以諮白。臨紙號哽，言不識次。"[24]

[1]内憂：母喪。

[2]朞（jī）服：古代喪服名，守喪一年之服。古代禮儀，爲從兄服喪衹應九個月，袁昂制朞服，過制。

[3]小功：古代喪服名，五服之一，用較粗的熟麻布做成，服

期五個月。《儀禮·喪服》："小功者，兄弟之服也。"

[4]《儀禮·喪服》："兄弟皆在他邦，加一等。"意謂本服小功，因死於他邦，改服大功。

[5]同爨有緦：按禮儀本無服，但相依同居者，亦可服緦麻，守喪三月。《禮記·檀弓上》："從母之夫，舅之妻，二夫人相爲服：君子未之言也。或曰：同爨緦。"緦，五服之一，用疏織細麻布做成，服期三個月。

[6]孤子：服父母之喪期間，自稱孤子。　夙：早。　不天：指失父。《易·説卦》："乾，天也，故稱乎父。"後世因以天代指父。

[7]乾廕：父親的庇護。

[8]過庭：孔子之子伯魚過庭承孔子教誨。事見《論語·季氏》。後世因用以代指父教。

[9]藐藐：弱小的樣子。　沖人：幼童。

[10]朱紫：《論語·陽貨》："惡紫之奪朱也。"後世用以比喻正邪、是非、優劣等。

[11]義方：做人的正確道理。《左傳·隱公三年》："石碏諫曰：'臣聞愛子，教之以義方，弗納於邪。'"

[12]假：憑借。

[13]華曠：指華麗寬敞的房屋。

[14]無異於己：《南史》作"言無異色"。

[15]畢壤不追：遍地難求，人世無有。

[16]同生：同母所生，謂親兄弟。

[17]服：喪服。　諸從：從兄弟。

[18]馬棱：人名。《後漢書》卷二四《馬援傳》附《馬棱傳》："棱字伯威，（馬）援之族孫也。少孤，依從兄毅共居業，恩猶同產。毅卒無子，棱心喪三年。"《南史》"弟毅"前有"從"字。又，依《後漢書》，毅爲從兄，云"弟"、"從弟"，均誤。

[19]由：孔子弟子子路之名。《禮記·檀弓》："子路有姊之喪，

可以除之矣，而弗除也。孔子曰：‘何弗除也?’子路曰：‘吾寡兄弟而弗忍也。’”

[20]千秋之後：人死的委婉稱法。

[21]朞（jī）齊（zī）：喪服名，五服之一，爲期一年的喪服。

[22]草土：比喻微賤。　息：子息。此句乃袁昂自指。

[23]餘喘：殘餘的氣息，等於説餘生。

[24]次：次序，條理。

服闋，[1]除右軍邵陵王長史，[2]俄遷御史中丞。[3]時尚書令王晏弟詡爲廣州，[4]多納賕貨，[5]昂依事劾奏，不憚權豪，當時號爲正直。出爲豫章内史，[6]丁所生母憂去職，以喪還，江路風浪暴駭，昂乃縛衣著柩，誓同沈溺。及風止，餘船皆没，唯昂所乘船獲全，咸謂精誠所致。葬訖，起爲建武將軍、吴興太守。[7]

[1]服闋：服喪期滿。

[2]右軍：右軍將軍之省稱，將軍名號。前左右後四軍將軍之一，禁衛軍重要將領。掌宫廷宿衛。宋第四品，齊不詳。　邵陵王：齊武帝子蕭子貞封爵號。見《南齊書》卷四〇《武十七王傳》。邵陵，郡名。治所在今湖南邵陽市。

[3]御史中丞：官名。御史臺長官，掌督察百官，按劾不法。六朝第一流高門多不居此職。員一人。齊第四品。

[4]王晏：人名。祖籍琅邪臨沂。《南齊書》卷四二有傳。　廣州：州名。治所在今廣東廣州市。

[5]賕（qiú）貨：賄賂的財物。

[6]豫章：郡名。治所在今江西南昌市。　内史：官名。王國行政長官，掌治民。宋第五品，齊不詳。

[7]建武將軍：將軍名號。宋第四品，齊不詳。　吴興：郡名。

治所在今浙江湖州市。

永元末，[1]義師至京師，[2]州牧郡守皆望風降款，[3]昂獨拒境不受命。高祖手書喻曰：[4]“夫禍福無門，興亡有數，天之所棄，人孰能匡？機來不再，圖之宜早。頃藉聽道路，承欲狼顧一隅，既未悉雅懷，聊申往意。獨夫狂悖，[5]振古未聞，[6]窮凶極虐，歲月滋甚。天未絶齊，聖明啓運，兆民有賴，百姓來蘇。[7]吾荷任前驅，[8]掃除京邑，方撥亂反正，伐罪弔民，至止以來，前無横陣。今皇威四臨，長圍已合，[9]遐邇畢集，人神同奮。鋭卒萬計，鐵馬千羣，以此攻戰，何往不克。況建業孤城，[10]人懷離阻，面縛軍門，日夕相繼，屠潰之期，勢不云遠。兼熒惑出端門，[11]太白入氐室，[12]天文表於上，人事符於下，不謀同契，寔在兹辰。且范岫、申胄，[13]久薦誠款，各率所由，仍爲掎角，[14]沈法瑀、孫肹、朱端，已先肅清吴會，[15]而足下欲以區區之郡，禦堂堂之師，根本既傾，枝葉安附？童兒牧豎，咸謂其非，求之明鑒，實所未達。今竭力昏主，[16]未足爲忠，家門屠滅，非所謂孝，忠孝俱盡，將欲何依？豈若翻然改圖，自招多福，進則遠害全身，退則長守禄位。去就之宜，幸加詳擇。若執迷遂往，同惡不悛，大軍一臨，誅及三族。[17]雖貽後悔，寧復云補。欲布所懷，故致今白。”[18]昂答曰：“都史至，辱誨。承藉以衆論，[19]謂僕有勤王之舉，[20]兼蒙誚責，獨無送款，循復嚴旨，若臨萬仞。三吴内地，[21]非用兵之所，況以偏隅一郡，何能爲役？近奉敕，以此境多虞，見使安慰。自承麾旆届止，[22]莫不膝袒軍門，[23]惟僕一人敢後至者，政以内撲庸素，[24]文武無施，直是東國賤男子耳。[25]雖欲獻心，不增大師之勇；置其愚默，寧沮衆軍之威。幸藉將軍含弘之大，[26]可得從容以禮。竊以一飡微施，尚復投殞，[27]況食人之禄，而頓忘一旦。非惟物議不可，亦恐明公鄙之，所以躊躇，未遑薦璧。[28]遂以輕微，爰降重命，震灼于心，忘其所厝，[29]誠推理鑒，猶懼威臨。"建康城平，昂束身詣闕，[30]高祖宥之不問也。

[1]永元：齊東昏侯年號（499—501）。

[2]義師：齊東昏侯蕭寶卷即位後，狂悖無道，雍州刺史蕭衍起兵向京師以討之，因稱其師爲義師。

[3]款：歸服，服罪。

[4]高祖：梁武帝廟號。

[5]獨夫：一夫。《尚書·泰誓》："獨夫受，洪惟作威。"受，商紂王名。後世用獨夫指衆叛親離的統治者。此處指齊東昏侯蕭寶卷。

[6]振古：自古。

[7]來蘇：從疾苦中獲得重生。

[8]荷任：承擔重任。此指齊和帝即位，以蕭衍爲"尚書左僕射，加征東大將軍、都督征討諸軍事，假黄鉞"事。詳本書卷一《武帝紀》。

[9]長圍：軍隊合圍以攻城。

[10]建業：即京師建康。

[11]熒惑：星名。古人認爲熒惑星的出現是上天對統治者的警

懲。《吕氏春秋·樂制》："熒惑者，天罰也。" 端門：天文名。《晉書·天文志》："南蕃中二星間曰端門。"

[12]太白：星名。古人認爲太白星主殺伐。 氐：星名，二十八宿之一。《史記·天官書》："氐爲天根，主疫。"

[13]范岫：人名。本書卷二六有傳。

[14]掎角：分兵牽制或夾擊敵人。

[15]吴會：地名。指今江蘇東部、浙江西部地區。

[16]昏主：指齊東昏侯蕭寶卷。

[17]三族：父族、母族、妻族。

[18]按，據本書卷三六《江革傳》："中興元年，高祖入石頭。時吴興太守袁昂據郡距義師，乃使革製書與昂，於坐立成。"故知此"手書"實乃江革代撰。

[19]藉：借。憑借，依據。

[20]勤王：本指爲王室盡力，後世謂出兵救援王朝爲勤王。

[21]三吴：指吴興郡、吴郡、會稽郡。

[22]麾旆：軍隊的旗幟。此處代指軍隊。 屆：至。

[23]膝袒：膝行肉袒。謂請罪。

[24]政：同"正"。衹。

[25]直：不過。 東國：中華書局本《校勘記》："'東'南監本、汲古閣本、百衲本、金陵局本及《南史》俱作'陳'，今從北監本、殿本。按：袁昂陳郡陽夏人，然陳郡不得稱陳國。且下袁昂《謝後軍臨川王參軍事啓》，有'臣東國賤人'語，下'東'字各本無作'陳'者，可證此亦作'東'爲是。"按，三朝本亦作"東"。但，《校勘記》云"陳郡不得稱陳國"，似不盡然。本書《張充傳》記充吴郡人，而其致書王儉，自稱"吴國男子張充"，是稱吴郡爲吴國。《江文通集·知己賦序》有云："陳國之華者，故吏部郎殷孚其人也。"而據《宋書》卷五九《殷淳傳》知孚亦爲陳郡人。是陳郡可稱陳國之證。據《續漢書·郡國志》、《宋書·州郡志》、《魏書·地形志》，陳郡，漢高帝置爲淮陽國，後漢章帝更名陳國。南

朝人稱籍貫，往往稱祖籍，其稱陳郡爲陳國，蓋沿用舊稱。

[26]含弘：容忍寬大的氣量。

[27]《左傳·宣公二年》載：初，趙宣子獵於首山，救活了餓漢靈輒，且予食與肉以遺其母。後晉靈公將害宣子，靈輒爲靈公侍者，倒戈以保護宣子。　施：恩惠。　投殞：投身殞命。

[28]薦璧：銜璧而降。古代國君死，口銜璧玉。故戰敗出降者銜璧以示國亡當死。薦，進。

[29]厝：通“措”，安置。

[30]闕：指宫廷。

天監二年，[1]以爲後軍臨川王參軍事。[2]昂奉啓謝曰：“恩降絶望之辰，慶集寒心之日，[3]焰灰非喻，[4]荑枯未擬，[5]摳衣聚足，[6]顛狽不勝。[7]臣遍歷三墳，[8]備詳六典，[9]巡校賞罰之科，調檢生死之律，莫不嚴五辟於明君之朝，[10]峻三章於聖人之世。[11]是以塗山始會，致防風之誅；[12]酆邑方構，有崇侯之伐。[13]未有緩憲於斮戮之人，[14]賒刑於耐罪之族，[15]出萬死入一生如臣者也。推恩及罪，在臣實大，披心瀝血，敢乞言之。臣東國賤人，[16]學行何取，既殊鳴雁直木，[17]故無結綬彈冠，[18]徒藉羽儀，[19]易農就仕。[20]往年濫職，[21]守秩東隅，仰屬龔行，[22]風驅電掩。當其時也，負鼎圖者日至，[23]執玉帛者相望。[24]獨在愚臣，頓昏大義，殉鴻毛之輕，忘同德之重。但三吴險薄，五湖交通，[25]屢起田儋之變，[26]每懼殷通之禍，[27]空慕君魚保境，[28]遂失師涓抱器。[29]後至者斬，臣甘斯戮。明刑徇衆，誰曰不然。幸約法之弘，承解網之宥，[30]

猶當降等薪粲，[31]遂乃頓釋鉗赭。[32]斂骨吹魂，還編黔庶，[33]濯疵蕩穢，入楚遊陳，[34]天波既洗，[35]雲油遽沐。[36]古人有言：'非死之難，處死之難。'[37]臣之所荷，曠古不書；臣之死所，未知何地。"

[1]天監：梁武帝年號（502—519）。

[2]後軍：後軍將軍之省稱，將軍名號。宋第四品，梁初不詳。臨川王：梁武帝弟蕭宏的封爵號。見本書《太祖五王傳》。臨川，郡名。治所在今江西南城縣東南。　參軍事：官名。王公軍府屬，掌府曹事。宋第七品，梁不詳。

[3]寒心：因憂慮而心驚。《文選》卷三九鄒陽《上書吳王》："始孝文皇帝據關入立，寒心銷志，不明求衣。"李善注："臣瓚以爲文帝入關而立，以天下多難，故乃寒心戰栗，未明而起。"

[4]焰灰：《史記》卷一〇八《韓長孺列傳》："安國坐法抵罪，蒙獄吏田甲辱安國。安國曰：'死灰獨不復然乎？'田甲曰：'然即溺之。'居無何，梁内史缺，漢使使者拜安國爲梁内史，起徒中爲二千石。"後世用以指失勢之人重新得勢。

[5]荑枯：荑，通"稊。"《易·大過》："枯楊生稊，老夫得其女妻。"後世用以比喻人絶處逢生。

[6]摳衣聚足：形容恭敬小心。摳衣，提裳而行。《禮記·曲禮》："摳衣趨隅，必慎唯諾。"聚足，登階時一步一停。《禮記·曲禮》："拾級聚足，連步以上。"

[7]顛狽：即顛沛。形容人事困頓不安。

[8]三墳：傳説中我國最古的書籍。僞孔安國《尚書序》："伏羲、神農、黄帝之書謂之三墳。"

[9]六典：指治典、教典、禮典、政典、刑典、事典，凡六種法典。參《周禮·天官·大宰》及注。

[10]五辟：五種刑法。説法不一：一曰墨、劓、剕、宫、大

辟；一曰甲兵、斧鉞、刀鋸、鑽笮、鞭扑；一曰黥、劓、斬趾、斷舌、梟；一曰笞、杖、徒、流、死。

[11]三章：三條法律。《漢書》卷一《高帝紀》：高祖謂秦父老曰："與父老約，法三章耳。殺人者死，傷人及盗抵罪。"

[12]《國語·魯語下》："昔禹致羣神於會稽之山，防風氏後至，禹殺而戮之。"塗山，傳説禹會諸侯於此山，在今浙江紹興市西北。

[13]相傳商末崇侯虎譖西伯（即周文王）於商紂王，西伯伐之而建酆邑。《詩·大雅·文王有聲》："文王受命，有此武功。既伐于崇，作邑于豐。"《史記》卷四《周本紀》："明年，伐崇侯虎而作豐邑。"　酆邑：故址在今陝西西安市西。　崇：古諸侯國名，地在今陝西長安縣西北。

[14]憲：法。　斮（zhuó）：斬。

[15]賒：寬緩。　耐：通"耏"。古代一種剃去頰鬚的刑罰，服刑二歲。

[16]東國賤人：古稱今陝西以東爲東國。袁昂祖籍爲今河南太康，故自稱云。

[17]鳴雁直木：比喻有才有用的人。《莊子·山木》載，莊子出行，見不直之木"以不材得終其天年"，而"不能鳴"之雁被殺，因曰："周將處乎材與不材之間。"此處改造其意而用之。

[18]結綬彈冠：謂因朋友推薦而出仕。《漢書》卷七八《蕭望之傳》附《蕭育傳》："（育）少與陳咸、朱博爲友，著聞當世。往者有王陽、貢公，故長安語曰：'蕭、朱結綬，王、貢彈冠。'言其相薦達也。"

[19]羽儀：本指儀仗中以羽毛裝飾的旌旗之類。此處用以比喻家門名聲地位。

[20]易農就仕：以出仕代替務農。東方朔《戒子書》："飽食安步，以仕易農。"

[21]濫職：居官而不稱職。

[22]龔行：即龔行天罰。遵行天的意志施行懲罰。

[23]負鼎：《史記》卷七四《孟子荀卿列傳》："伊尹負鼎而勉湯以王。"後世以負鼎比喻干時以求進用。

[24]玉帛：指珍貴禮品。

[25]五湖：一説指太湖，一説指太湖及其附近四湖。

[26]田儋：人名。《史記》卷九四《田儋列傳》："田儋，狄人也。……陳涉之初起王楚也，使周市略定魏地，北至狄，狄城守。田儋詳（按，同佯）爲縛其奴，從少年之廷，欲謁殺奴。見狄令，因擊殺令，而召豪吏子弟曰：'諸侯皆反秦自立，齊，古之建國，儋，田氏，當王。'遂自立爲齊王，發兵以擊周市。"此處用以指陰謀造反。

[27]殷通之禍：東晉人殷顗字伯通，袁昂因避父諱而稱之爲殷通。初，殷仲堪與王恭將反，告殷顗，欲其同舉。顗不同意，並諫阻仲堪，仲堪不從。後，顗以憂懼卒。事詳《晉書》卷八三《殷顗傳》。此處用以指因諫阻謀反而遭禍。

[28]君魚保境：後漢孔奮字君魚。建武年間（25—56），河西大將竇融以孔奮爲議曹掾，守姑臧長。時天下擾亂，奮保境安民，姑臧成爲富邑，通貨羌胡，市日四合。事詳《後漢書》卷三一《孔奮傳》。

[29]師涓抱器：相傳，商紂無道，師延爲之作靡靡之樂。紂失天下，師延抱其樂器，投濮水而死。參《韓非子·十過》及《楚辭·九嘆》王逸注。是"抱器"者爲師延而非師涓，疑袁昂於此有小誤。其意乃以紂比東昏，以師延自比，説自己没有在東昏失國後自殺。另，《史記》卷三《殷本紀》載爲紂作靡靡之樂者乃師涓非師延，與《韓非子》異，然未言及其抱器而投水事。

[30]解網：《史記》卷三《殷本紀》："湯出，見野張網四面，祝曰：'自天下四方皆入吾網。'湯曰：'嘻，盡之矣！'乃去其三面，祝曰：'欲左，左。欲右，右。不用命，乃入吾網。'諸侯聞之，曰：'湯德至矣，及禽獸。'"後世因以比喻寬宥、仁德。

[31]薪粲：鬼薪白粲之略稱。《漢書》卷二《惠帝紀》："上造以上及内外公孫耳孫有罪當刑及當爲城旦舂者，皆耐爲鬼薪白粲。"注："取薪給宗廟爲鬼薪，坐擇米使正白爲白粲。皆三歲刑也。"薪，柴；粲，精米。

[32]鉗赭：古代刑法，犯人以鐵束頸，身著赭衣。

[33]黔庶：平民。

[34]入楚遊陳：待考。按，"入楚"，疑是用漢申公、白公入楚事。詳《漢書》卷八八《儒林傳》。

[35]天波既洗：比喻皇帝垂恩，免除罪責。《文選》卷三七陸士衡《謝平原内史表》："哀臣零落，罪有可察。苟削丹書，得夷平民，則塵洗天波，謗絶衆口，臣之始望，尚未至是。"六臣銑曰："塵，喻罪也。天波，喻天子恩澤。"

[36]雲油：比喻恩澤。司馬相如《封禪文》："自我天覆，雲之油油。"

[37]《史記》卷八一《廉頗藺相如列傳》："太史公曰：知死必勇，非死者難也，處死者難。"

高祖答曰："朕遺射鉤，[1]卿無自外。"俄除給事黄門侍郎。[2]其年遷侍中。[3]明年，出爲尋陽太守，[4]行江州事。[5]六年，徵爲吏部尚書，[6]累表陳讓，徙爲左民尚書、兼右僕射。[7]七年，除國子祭酒；[8]兼僕射如故，領豫州大中正。[9]八年，出爲仁威將軍、吴郡太守。[10]十一年，入爲五兵尚書，[11]復兼右僕射，未拜，有詔即真。[12]尋以本官領起部尚書，[13]加侍中。十四年，馬仙琕破魏軍於朐山，[14]詔權假昂節，[15]往勞軍。十五年，遷左僕射，[16]尋爲尚書令、宣惠將軍。[17]普通三年，[18]爲中書監、丹陽尹。[19]其年進號中衛將軍。[20]復爲尚書令，即本號開府儀同三司，[21]給鼓吹，[22]未拜，又領國子祭酒。大通元年，[23]加中書監，給親信三十人。[24]尋表解祭酒，進號中撫軍大將軍。[25]遷司空，侍中、尚書令、親信、鼓吹並如故。[26]五年，加特進、左光禄大夫，[27]增親信爲八十人。大同六年，[28]薨，時年八十。詔曰："侍中、特進、左光禄大夫、司空昂，奄至薨逝，惻怛于懷。公器寓凝素，志誠貞方，端朝燮理，[29]嘉猷載緝。追榮表德，寔惟令典。可贈本官，鼓吹一部，給東園祕器，[30]朝服一具，衣一襲，[31]錢二十萬，絹布一百匹，蠟二百斤，即日舉哀。"

[1]射鉤：春秋時齊襄公昏亂，其弟公子糾懼禍奔魯，以管仲、召忽爲傅；公子小白奔莒，以鮑叔爲傅。襄公死，糾與小白争入齊爲君，管仲於路射中小白衣帶之鉤。小白先入齊，得爲君，迫魯人殺糾，俘虜管仲。小白不計前讎，以管仲爲相，終成霸業。事詳《左傳·僖公二十四年》及《史記》卷三二《齊太公世家》。後世以射鉤指稱管仲。

[2]給事黄門侍郎：官名。門下省次官，掌侍從左右，關通中外。出入禁中，職任顯要。梁定員四人，第五品。

[3]侍中：官名。門下省長官，掌奏事，直侍左右，應對獻替。參與决策，是中樞集團重要成員。員四人。梁初第三品。

[4]尋陽：郡名。治所在今江西九江市。

[5]行江州事：代行江州政事。江州，州名。治所與尋陽郡同。

[6]吏部尚書：官名。尚書省吏部長官。多僑姓高門、世冑顯貴擔任。員一人，掌官吏銓選、任免等。梁初第三品。

[7]左民尚書：官名。尚書省列曹尚書之一，掌土木工程，兼

户籍。宋第三品，梁初不詳。　兼：官制術語。假職未真授之稱。　右僕射：尚書右僕射之省稱，官名。尚書令副佐，並與尚書分領諸曹。與祠部尚書不並置。梁初第三品。

[8]國子祭酒：官名。國子學長官。梁天監七年革選，定流内官職爲十八班，以班多者爲貴，國子祭酒爲十三班。

[9]領：官制術語。已有實授主職，又兼任較低職務而不居其位。　豫州：州名。治所在今安徽合肥市西北。　大中正：官名。掌一州人才之考察，定其鄉品，以爲選拔官吏之依據。多由他官兼領。

[10]仁威將軍：將軍名號。梁置，與智威、武威、信威、嚴威將軍代舊征虜將軍。梁天監七年革選，釐定將軍名號及班品，有一百二十五號十品二十四班，以班多者爲貴，仁威將軍爲十六班。

[11]五兵尚書：官名。尚書省列曹尚書之一，掌全國軍事行政。梁十三班。

[12]即真：由假職而真授。舊本“真”下衍一“封”字，此依中華書局本校删。

[13]起部尚書：官名。尚書省列曹尚書之一，掌起造宫室等。不常置。梁十三班。

[14]馬仙琕：人名。本書卷一七有傳。　朐山：山名。即今江蘇連雲港市海州鎮西南錦屏山。按，據本書卷一《武帝紀》及卷一七《馬仙琕傳》，仙琕破魏軍於朐山在天監十年，此云“十四年”，疑誤。

[15]假節：持節以爲憑證，以示奉皇帝之命。

[16]左僕射：尚書左僕射之省稱，尚書令副佐，並領殿中、主客二曹。梁十五班。左，舊本皆訛“右”，此依中華書局本校改。

[17]宣惠將軍：將軍名號。梁置，與鎮兵、翊師、宣毅將軍代舊東西南北四中郎將。爲一百二十五號將軍之一，十七班。按，本書卷一《武帝紀》天監十八年正月，“以尚書左僕射袁昂爲尚書令”。此處於遷左僕射後云“尋爲尚書令”，不確。

[18]普通：梁武帝年號（520—527）。

[19]中書監：官名。中書省長官，掌出納帝命。梁十五班。

[20]中衛將軍：將軍名號。梁代，與中權、中軍、中撫將軍合稱四中將軍，祇授予在京師任職者，職權頗重。爲一百二十五號將軍之一，二十三班。

[21]開府儀同三司：官名。非三公而儀制禮遇同於三公之稱。梁諸將軍開府儀同三司爲十七班。

[22]鼓吹：樂名。本軍樂，皇帝出行亦奏。自漢魏以下亦用以贈賜有功之臣。

[23]大通：梁武帝年號（527—529）。

[24]親信：指護衛之吏。

[25]中撫軍大將軍：將軍名號。專授在京任職的官員。在一百二十五號將軍中有中撫將軍，二十三班。又梁制，諸將軍加大者通進一階，則中撫軍大將軍比中撫將軍高一階。

[26]遷司空侍中尚書令親信鼓吹並如故：中華書局本標點爲："遷司空、侍中、尚書令，親信、鼓吹並如故。"按，據本書卷一《武帝紀》，昂中大通四年正月由侍中、尚書令進位司空。故"尚書令"後之逗號應與"司空"後之頓號互換，今改。

[27]五年加特進左光禄大夫：特進，官名。古代賜給功德優盛，爲朝廷所敬重的官員的官職，位在三公之下，皆爲加官。梁十五班。《太平御覽》卷二四三《職官·特進》引沈約《宋書》有云："其諸官加特進者，從本官供給，特進但爲班位而已，不别有吏卒車服也。"　左光禄大夫：官名。養老疾，無職事，梁十六班。按，據本書卷一《武帝紀》，袁昂加特進、左光禄大夫在中大通五年九月。此云"五年"，承上文"大通"，似爲大通五年。而梁大通年號不足三年，第三年之十月即改元中大通。故此"五年"當爲中大通五年。疑上文有脱誤。

[28]大同：梁武帝年號（535—546）。

[29]端朝燮理：古稱尚書省長官爲朝端；三公職掌論道，燮理

陰陽。袁昂曾爲尚書令、司空，故云。

[30]東園祕器：漢有官署名東園，掌製作皇室墓内葬喪器物。故稱棺木爲東園祕器。

[31]一襲：一套。

初，昂臨終遺疏，[1]不受贈謚，敕諸子不得言上行狀及立誌銘，[2]凡有所須，悉皆停省。復曰："吾釋褐從仕，[3]不期富貴，但官序不失等倫，衣食粗知榮辱，以此闔棺，無慚鄉里。往忝吴興，屬在昏明之際，[4]既闇於前覺，無識於聖朝，不知天命，甘貽顯戮，幸遇殊恩，遂得全門户。自念負罪私門，[5]階榮望絶，保存性命，以爲幸甚；不謂叨竊寵靈，[6]一至於此。常欲竭誠酬報，申吾乃心，[7]所以朝廷每興師北伐，吾輒啓求行，誓之丹款，實非矯言。既庸懦無施，皆不蒙許，雖欲罄命，其議莫從。今日瞑目，畢恨泉壤，若魂而有知，方期結草。[8]聖朝遵古，知吾名品，或有追遠之恩，[9]雖是經國恒典，在吾無應致此，脱有贈官，[10]慎勿祗奉。"諸子累表陳奏，詔不許。册謚曰穆正公。[11]

[1]疏：文體之一種。臣下向皇帝言事的文書。

[2]敕：警誡。　行狀：文體之一種。述死者世系、籍貫、生平，以爲贈謚及史館之用。

[3]釋褐：亦稱"解褐"，始出仕。

[4]昏明之際：指齊末梁武革命之時。

[5]負罪私門：舊本並脱"負"字，此依中華書局本校補。私門，指自己之家門。

[6]叨竊：自謙不當受而受。　寵靈：恩寵。

［7］乃心：指忠於王室之心。《尚書·康王之誥》："乃心罔不在王室。"

［8］結草：指死後報恩。《左傳·宣公十五年》："魏顆敗秦師于輔氏，獲杜回，秦之力人也。初，魏武子有嬖妾，無子。武子疾，命顆曰：'必嫁是。'疾病，則曰：'必以爲殉！'及卒，顆嫁之，曰：'疾病則亂，吾從其治也。'及輔氏之役，顆見老人結草以亢杜回，杜回躓而顛，故獲之。夜夢之曰：'余，而所嫁婦人之父也。爾用先人之治命，余是以報。'"

［9］追遠：久遠之事，録而不忘。《論語·學而》："曾子曰：'慎終追遠，民德歸厚矣。'"

［10］脱：如果。

［11］册：皇帝所下文書。

子君正，美風儀，善自居處，以貴公子得當世名譽。頃之，兼吏部郎，［1］以母憂去職。服闋，爲邵陵王友、北中郎長史、東陽太守。［2］尋徵還都，郡民徵士徐天祐等三百人詣闕乞留一年，［3］詔不許，仍除豫章内史，尋轉吴郡太守。［4］侯景亂，［5］率數百人隨邵陵王赴援，及京城陷，還郡。

［1］吏部郎：官名。即尚書吏部郎，尚書省吏部曹長官。佐吏部尚書掌官吏銓選、調動事宜。梁十一班。

［2］邵陵王：梁武帝子蕭綸的封爵號。見本書卷二九《高祖三王傳》。　友：官名。皇弟皇子府屬官。掌侍從府主，拾遺補缺。員一人。梁八班。　北中郎：北中郎將之省稱，將軍名號。東西南北四中郎將之一。統兵出征，或爲鎮守方面的大員，南朝多由宗室諸王擔任。梁或置或罷。與一百二十五號將軍之鎮兵、翊師、宣惠、宣毅四將軍同班，爲十七班。　東陽：郡名。治所在今浙江金

華市。

[3]徵士：不就朝廷徵聘之士。

[4]吴郡：舊本均訛作"吴興"，此依中華書局本校改。

[5]侯景：人名。本書卷五六有傳。

君正當官莅事有名稱，而蓄聚財産，服玩靡麗。賊遣于子悦攻之，[1]新城戍主戴僧易勸令拒守，[2]吴陸映公等懼賊脱勝，[3]略其資産，[4]乃曰："賊軍甚鋭，其鋒不可當；今若拒之，恐民心不從也。"君正性怯懦，乃送米及牛酒，郊迎子悦，子悦既至，掠奪其財物子女，因是感疾卒。[5]

[1]賊：此處指侯景。　于子悦：《南史》卷二六同傳作"張太墨"。

[2]新城：縣名。治所在今浙江富陽市西南。"城"，舊本均訛"成"，此依中華書局本校改。

[3]陸映公：吴郡吴人，陸襄兄子。參本書《陸襄傳》。

[4]略：通"掠"，强奪。

[5]唐·釋道宣《廣弘明集》卷二〇梁元帝《法寶聯璧序》載"北中郎長史、南蘭陵太守陳郡袁君正年四十六字世忠"。據《南史》卷四八《陸罩傳》，此序作於中大通六年（534）。依此而推，則袁君正生於齊永明七年（489），卒時約六十一歲。

史臣曰：夫天尊地卑，以定君臣之位；松筠等質，無革歲寒之心。[1]袁千里命屬崩離，[2]身逢厄季，[3]雖獨夫喪德，臣志不移；及抗疏高祖，[4]無虧忠節，斯亦存夷、叔之風矣。[5]終爲梁室台鼎，[6]何其美焉。

[1]革：改。　歲寒之心：《論語・子罕》："歲寒，然後知松柏之後彫也。"後世用以比喻在困境中能保持操守的人。

[2]崩離：《論語・季氏》："邦分崩離析而能守也。"此處指齊王朝崩潰。

[3]厄季：厄運、末世。

[4]抗疏：上書直言。

[5]夷、叔：伯夷、叔齊，商末孤竹君之二子。武王伐紂，伯夷、叔齊扣馬而諫。武王滅商，二人恥不食周粟而餓死於首陽山。詳《史記》卷六一《伯夷列傳》。

[6]台鼎：星有三台，鼎有三足，古以比三公。袁昂位至三公，故稱。

梁書 卷三二

列傳第二十六

陳慶之　蘭欽

陳慶之字子雲，義興國山人也。[1]幼而隨從高祖。[2]高祖性好棊，每從夜達旦不輟，等輩皆倦寐，惟慶之不寢，聞呼即至，甚見親賞。從高祖東下平建鄴，[3]稍爲主書，[4]散財聚士，常思効用。除奉朝請。[5]

[1]義興：郡名。治所在今江蘇宜興市。　國山：縣名。治所在今江蘇宜興市西南。

[2]高祖：梁武帝廟號。

[3]建鄴：即建康，今江蘇南京市。六朝京師所在。齊東昏侯蕭寶卷即位，狂悖無道，雍州刺史蕭衍起兵向建康以討之。永元三年（501）平建康。詳本書卷一《武帝紀》。

[4]主書：主書令史之省稱，官名。六朝時，尚書、中書、祕書省皆置。掌文書。魏晉第八品，梁初官品第九。

[5]奉朝請：本指大臣定期參加朝會，朝見皇帝，晉以下以爲

官名。用以安置閑散官員。宋齊無職事。梁屬集書省，備顧問。梁天監七年（508）革選，定流内職官爲十八班，以班多者爲貴，奉朝請爲二班。

普通中，[1]魏徐州刺史元法僧於彭城求入内附，[2]以慶之爲武威將軍，[3]與胡龍牙、成景儁率諸軍應接。還除宣猛將軍、文德主帥，[4]仍率軍二千，送豫章王綜入鎮徐州。[5]魏遣安豐王元延明、臨淮王元彧率衆二萬來拒，[6]屯據陟□。[7]延明先遣其别將丘大千築壘潯梁，[8]觀兵近境。慶之進薄其壘，[9]一鼓便潰。後豫章王棄軍奔魏，衆皆潰散，諸將莫能制止，慶之乃斬關夜退，軍士得全。

[1]普通：梁武帝年號（520—527）。

[2]徐州：北魏州名。治所在今江蘇徐州市。　元法僧：人名。元魏支屬。魏室大亂，法僧據鎮稱帝，後懼誅，附梁。本書卷三九有傳。　彭城：郡名。治所同徐州。

[3]武威將軍：將軍名號。梁天監七年革選，釐定將軍名號及班品，有一百二十五號十品二十四班，以班多者爲貴，武威將軍爲十二班。

[4]宣猛將軍：將軍名號。梁置，爲一百二十五號將軍之一，六班。　文德主帥：官名。掌文德殿守衛。文德，殿名，京師建康宫前殿。

[5]豫章王綜：梁武帝子蕭綜封爵號豫章王。本書卷五五有傳。豫章，郡名。治所在今江西南昌市。

[6]安豐王元延明：北魏文成帝之孫元延明封爵號安豐王。《魏書》卷二〇有傳。安豐，郡名。治所在今安徽霍邱縣西南。　臨淮

王元彧：北魏宗室元彧封爵號臨淮王。《魏書》卷一八有傳。臨淮，郡名。治所在今江蘇泗洪縣。　二萬：《南史》卷六一同傳作“十萬”。

[7]各本此處均缺一字。

[8]溽梁：地名。在今江蘇徐州市西南。

[9]薄：逼近。

普通七年，安西將軍元樹出征壽春，[1]除慶之假節、總知軍事。[2]魏豫州刺史李憲遣其子長鈞别築兩城相拒，[3]慶之攻之，憲力屈遂降，慶之入據其城。轉東宮直閤，[4]賜爵關中侯。[5]

[1]安西將軍：將軍名號。與安東、安南、安北將軍合稱四安將軍，爲出鎮方面的軍事長官，或作爲刺史兼理軍務的加官，權任頗重。爲一百二十五號將軍之一，二十一班。　元樹：人名。本北魏近屬，後附梁。本書卷三九有傳。　壽春：縣名。治所在今安徽壽縣，時屬北魏。

[2]假節：古代大臣奉天子之命出行，持節以爲憑證，稱爲假節。魏晉以下以爲官名。有假節、持節、使持節之分，權力亦有小大之别，多爲都督諸州軍事及刺史總軍戎者。軍事長官假節出征或出鎮，有權殺犯軍令者。

[3]豫州：州名。治所在今安徽壽縣。按，南齊裴叔業以豫州降魏，魏改豫州爲揚州。此後李憲又以州降梁，梁始復名豫州。本書卷一《武帝紀》及《魏書》卷三六《李順傳》附《李憲傳》並作“揚州”，當以“揚州”爲是。　李憲：人名。北魏趙郡人。

[4]東宮直閤：官名。掌侍衛皇太子。官品不詳。

[5]關中侯：爵名。漢末曹操所置，以賞軍功。六朝沿置，陳九品，梁不詳。

大通元年，[1]隸領軍曹仲宗伐渦陽。[2]魏遣征南將軍常山王元昭等率馬步十五萬來援，[3]前軍至駝澗，[4]去渦陽四十里。慶之欲逆戰，韋放以賊之前鋒必是輕鋭，[5]與戰若捷，不足爲功，如其不利，沮我軍勢，兵法所謂以逸待勞，[6]不如勿擊。慶之曰："魏人遠來，皆已疲倦，去我既遠，必不見疑，及其未集，須挫其氣，出其不意，必無不敗之理。且聞虜所據營，林木甚盛，必不夜出。諸君若疑惑，慶之請獨取之。"於是與麾下二百騎奔擊，破其前軍，魏人震恐。慶之乃還與諸將連營而進，據渦陽城，與魏軍相持。自春至冬，數十百戰，師老氣衰，[7]魏之援兵復欲築壘於軍後，仲宗等恐腹背受敵，謀欲退師。慶之杖節軍門曰：[8]"共來至此，涉歷一歲，糜費糧仗，其數極多，諸軍並無鬬心，[9]皆謀退縮，豈是欲立功名，直聚爲抄暴耳。[10]吾聞置兵死地，乃可求生，[11]須虜大合，[12]然後與戰。審欲班師，[13]慶之别有密敕，[14]今日犯者，便依明詔。"仲宗壯其計，乃從之。魏人掎角作十三城，[15]慶之銜枚夜出，[16]陷其四壘，渦陽城主王緯乞降。所餘九城，兵甲猶盛，乃陳其俘馘，[17]鼓噪而攻之，遂大奔潰，斬獲略盡，渦水咽流，[18]降城中男女三萬餘口。詔以渦陽之地置西徐州。衆軍乘勝前頓城父。[19]高祖嘉焉，賜慶之手詔曰："本非將種，又非豪家，觖望風雲，[20]以至於此。可深思奇略，善克令終。開朱門而待賓，揚聲名於竹帛，豈非大丈夫哉！"

[1]大通：梁武帝年號（527—529）。

[2]領軍：領軍將軍之省稱，官名。禁衛軍最高統帥，管全國兵要。梁十五班。　渦陽：縣名。治所在今安徽蒙城縣。

[3]征南將軍：將軍名號。東西南北四征將軍之一，出征方面，權任頗重。北魏從第一品中。　常山王元昭：魏宗室元昭的封爵號常山王。《魏書》卷一五有傳。常山，郡名。治所在今河北正定縣。十五萬：本書卷二八《韋放傳》作"五萬"。

[4]駝澗：即駝澗灘，地名。在今安徽蒙城縣北。

[5]韋放：人名。本書卷二八有傳。

[6]《孫子兵法·軍争》："以近待遠，以佚待勞，以飽待飢，此治力者也。"逸、佚互通。

[7]師老氣衰：軍隊長期作戰，士氣低落。

[8]杖節：執持符節。

[9]軍：《通鑑》卷一五一《梁紀》大通元年紀作"君"。胡三省注："'君'或作'軍'。"

[10]直：祇，僅。　抄暴：搶劫，作惡。

[11]《孫子兵法·九地》："投之亡地然後存，陷之死地然後生。"

[12]須：待。

[13]審：如果。

[14]密敕：皇帝的祕密詔令。

[15]犄角：分兵牽制或夾擊敵人。

[16]銜枚：古代軍隊祕密行軍，銜枚口中以禁止說話。枚，狀如箸。

[17]俘馘（guó）：俘虜和敵人的屍首。馘，戰争中割取敵人的左耳以計功叫做馘。此處代指被殺的敵人。

[18]咽流：水流被阻塞。

[19]城父：縣名。治所在今安徽亳州市東南城父集。

[20]觖望：企望。　風雲：指人的際遇。

大通初，魏北海王元顥以本朝大亂，[1]自拔來降，求立爲魏主。高祖納之，以慶之爲假節、飈勇將軍，[2]送元顥還北。顥於渙水即魏帝號，[3]授慶之使持節、鎮北將軍、護軍、前軍大都督，[4]發自銍縣，[5]進拔滎城，[6]遂至睢陽。[7]魏將丘大千有衆七萬，分築九城以相拒。慶之攻之，自旦至申，陷其三壘，大千乃降。時魏征東將軍濟陰王元暉業率羽林庶子二萬人來救梁、宋，[8]進屯考城，[9]城四面縈水，守備嚴固。慶之命浮水築壘，攻陷其城，生擒暉業，獲租車七千八百兩。[10]仍趨大梁，[11]望旗歸款。[12]顥進慶之衛將軍、徐州刺史、武都公。[13]仍率衆而西。[14]

[1]北海王元顥：北魏獻文帝孫元顥封爵號北海王。《魏書》卷二一有傳。本朝大亂：魏武泰元年（528），車騎將軍尒朱榮舉兵晉陽以入洛，立長樂王子攸爲帝，沉胡太后及幼主於河，殺王公以下二千人，自爲大丞相。參《魏書》卷一〇《敬宗孝莊帝紀》及卷七四《尒朱榮傳》。

[2]飈勇將軍：將軍名號。梁大通三年刊正將軍名號及班品，定二百四十二號三十四班。飈勇將軍爲二百四十二號將軍之一，班品不詳。參《隋書·百官志上》。

[3]渙水：水名。自河南流入安徽。

[4]鎮北將軍：將軍名號。東西南北四鎮將軍之一。多爲持節都督，出鎮方面，權勢很重。北魏第一品下。　護軍：將軍名號。掌監督京師以外諸軍，權任頗重。北魏第二品中。　前軍大都督：將軍名號。北魏從第二品上。

[5]銍縣：縣名。治所在今安徽宿州市西南。

［6］滎城：城名。治所在今河南寧陵縣東北。本書卷一《武帝紀》作“梁城”。

［7］睢陽：縣名。治所在今河南商丘縣南。

［8］征東將軍：將軍名號。東西南北四征將軍之一。北魏從第一品中。　濟陰王元暉業：北魏宗室元暉業封爵號濟陰王。《魏書》卷一九有傳。暉，舊本皆作“徽”，此依中華書局本校改。濟陰，郡名。治所在今山東曹縣西北。　羽林庶子：皇帝的御林軍士。梁：梁郡，治所在今河南商丘市。　宋：宋縣，治所在今安徽太和縣北。

［9］考城：縣名。治所在今河南民權縣東北。

［10］兩：通“輛”。

［11］大梁：城名。在今河南開封市西北。

［12］歸款：投降。

［13］衛將軍：將軍名號。爲重號將軍，用以加授大臣及重要地方長官。北魏第一品下。　武都公：《南史》卷六一同傳作“武都郡王”。武都，郡名。治所在今甘肅武都縣東南。

［14］率衆而西：北魏都洛陽，率衆而西者，直指洛陽。

魏左僕射楊昱、西阿王元慶、撫軍將軍元顯恭率御仗羽林宗子庶子衆凡七萬，[1]據滎陽拒顥。[2]兵既精强，城又險固，慶之攻未能拔。魏將元天穆大軍復將至，[3]先遣其驃騎將軍尒朱吐没兒領胡騎五千，[4]騎將魯安領夏州步騎九千，[5]援楊昱；又遣右僕射尒朱世隆、西荆州刺史王羆騎一萬，[6]據虎牢。[7]天穆、吐没兒前後繼至，[8]旗鼓相望。時滎陽未拔，士衆皆恐，慶之乃解鞍秣馬，宣喻衆曰：“吾至此以來，屠城略地，[9]實爲不少；君等殺人父兄，略人子女，又爲無算。[10]天穆之衆，並是仇讎。我等纔有七千，虜衆三十餘萬，今日之事，義不圖存。吾以虜騎不可争力平原，及未盡至前，須平其城壘，諸君無假狐疑，自貽屠膾。”一鼓悉使登城，壯士東陽宋景休、義興魚天慜踰堞而入，[11]遂克之。俄而魏陣外合，慶之率騎三千背城逆戰，大破之，魯安於陣乞降，元天穆、尒朱吐没兒單騎獲免。收滎陽儲實，牛馬穀帛不可勝計。進赴虎牢，尒朱世隆棄城走。魏主元子攸懼，[12]奔并州。[13]其臨淮王元彧、安豐王元延明率百僚，封府庫，備法駕，[14]奉迎顥入洛陽宫，御前殿，改元大赦。[15]顥以慶之爲侍中、車騎大將軍、左光禄大夫，[16]增邑萬户。魏大將軍上黨王元天穆、王老生、李叔仁又率衆四萬，攻陷大梁，分遣老生、費穆兵二萬，據虎牢，刁宣、刁雙入梁、宋，慶之隨方掩襲，並皆降款。天穆與十餘騎北渡河。高祖復賜手詔稱美焉。慶之麾下悉著白袍，所向披靡。先是洛陽童謡曰：“名師大將莫自牢，千兵萬馬避白袍。”自發銍縣至于洛陽十四旬，平三十二城，四十七戰[17]，所向無前。

[1]楊昱：人名。《魏書》卷五八有傳。　西阿王元慶：待考。　撫軍將軍：將軍名號。北魏從第一品下。

[2]滎陽：縣名。治所在今河南滎陽市。

[3]元天穆：人名。魏宗室。見《魏書》卷一四《神元平文諸帝子孫·上黨王天穆傳》。

[4]驃騎將軍：將軍名號。爲重號將軍，加授大臣、重要地方長官。魏第一品下。　尒朱吐没兒：尒朱兆小名。《魏書》卷七五

有傳。

[5]夏州：魏州名。治所在今陝西靖邊縣東北白城子。

[6]尒朱世隆：人名。《魏書》卷七五有傳。按，舊本作"尒朱隆"，乃姚思廉避唐諱删"世"字，此依中華書局本校補。　西荆州：州名。治所在今河南魯山縣東。

[7]虎牢：城名。在今河南滎陽市汜水鎮。

[8]吐没兒：舊本俱脱"吐"字，此依中華書局本校補。

[9]略：强奪。

[10]無算：不可計數。

[11]東陽：郡名。治所在今浙江金華市。　堞（dié）：墻上齒狀的短墻。

[12]元子攸：人名。即魏孝莊帝。

[13]并州：州名。治所在今山西太原市西南。

[14]法駕：皇帝所用車駕。

[15]陳慶之陷洛陽，梁羣臣稱慶，太子蕭綱有《賀洛陽平啓》。見《藝文類聚》卷五九。

[16]侍中：官名。門下省長官，掌奏事，直侍左右，顧問應對。參與大政，爲中樞重職。員四人。魏第二品上。　車騎大將軍：將軍名號。職任隆重，多加授元老重臣。魏第一品上。　左光禄大夫：官名。屬光禄勳。爲優崇之職，養老疾，無職掌。北魏從第一品中。

[17]陳慶之在洛陽之事，楊衒之《洛陽伽藍記》卷二《城東孝義里》下有記，可以參看。

初，元子攸止單騎奔走，[1]宫衛嬪侍無改於常，顥既得志，荒于酒色，乃日夜宴樂，不復視事，與安豐、臨淮共立姦計，[2]將背朝恩，絶賓貢之禮；直以時事未安，[3]且資慶之之力用，[4]外同内異，言多忌刻。慶之心知之，亦密爲其計。乃説顥曰：“今遠來至此，未伏尚多，[5]若人知虚實，方更連兵，而安不忘危，須預爲其策。宜啓天子，更請精兵；並勒諸州，[6]有南人没此者，[7]悉須部送。”顥欲從之，元延明説顥曰：“陳慶之兵不出數千，已自難制；今增其衆，寧肯復爲用乎？權柄一去，動轉聽人，魏之宗社，於斯而滅。”顥由是致疑，稍成疏貳。[8]慮慶之密啓，乃表高祖曰：“河北、河南一時已定，[9]唯尒朱榮尚敢跋扈，[10]臣與慶之自能擒討。今州郡新服，正須綏撫，[11]不宜更復加兵，摇動百姓。”高祖遂詔衆軍皆停界首。[12]洛下南人不出一萬，羌夷十倍，軍副馬佛念言於慶之曰：“功高不賞，震主身危，二事既有，將軍豈得無慮？自古以來，廢昏立明，扶危定難，鮮有得終。今將軍威震中原，聲動河塞，屠顥據洛，則千載一時也。”慶之不從。顥前以慶之爲徐州刺史，因固求之鎮。顥心憚之，遂不遣。乃曰：“主上以洛陽之地全相任委，忽聞捨此朝寄，[13]欲往彭城，謂君遽取富貴，不爲國計，手敕頻仍，[14]恐成僕責。”慶之不敢復言。魏天柱將軍尒朱榮、右僕射尒朱世隆、大都督元天穆、驃騎將軍尒朱吐没兒、榮長史高歡、鮮卑、芮芮，[15]勒衆號百萬，挾魏主元子攸來攻顥。顥據洛陽六十五日，凡所得城，一時反叛。慶之渡河守北中郎城，[16]三日中十有一戰，傷殺甚衆。榮將退，時有劉靈助者，[17]善天文，乃謂榮曰：“不出十日，河南大定。”榮乃縛木爲筏，濟自硤石，[18]與顥戰於河橋，[19]顥大敗，走至臨潁，[20]遇賊被擒，洛陽陷。慶之馬步數千，結陣東反，[21]榮親自來追，值嵩高山水洪溢，[22]軍人死散。[23]慶之乃落鬚髮爲沙門，[24]間行至豫州，[25]豫州人程道雍等潛送出汝陰。[26]至都，仍以功除右衛將軍，[27]封永興縣侯，[28]邑一千五百户。

[1]止：僅。

[2]安豐、臨淮：指安豐王元延明、臨淮王元彧。

[3]直：衹，僅。

[4]資：依憑。

[5]伏：服從。

[6]勒：指揮。

[7]没：淪落。

[8]疏貳：疏遠而懷有二心。

[9]河北：郡名。治所在今山西平陸縣西南。　河南：郡名。治所在今河南洛陽市東北。

[10]尒朱榮：人名。北魏北秀容人，莊帝時權臣，爲帝所殺。《魏書》卷七四有傳。

[11]綏撫：安撫。

[12]界首：邊界。

[13]朝寄：朝廷所寄托。指重任。

[14]頻仍：頻繁。

[15]天柱將軍：魏將軍名號。孝莊帝永安二年（529）特置，以授權臣尒朱榮。　高歡：人名。即北齊神武帝。　鮮卑、芮芮：皆當時西北少數民族部落名。芮芮，本書卷五四《西北諸戎》有傳。

[16]北中郎城：城名。在洛陽東北黄河岸邊。

[17]劉靈助：舊本脱“靈”字，此依中華書局本校補。

[18]硤石：地名。治所在今河南孟津縣西，爲黄河渡濟處，因石路阻隘故稱。

[19]河橋：橋名。在今河南孟縣西南，孟津縣東北黄河上。

[20]臨潁：縣名。治所在今河南臨潁縣西北。

[21]反：通“返”。

[22]嵩高：即嵩高山，今河南嵩山。

[23]元顥、陳慶之敗亡事，楊衒之《洛陽伽藍記》卷一《城内・永寧寺》下有載，可參看。

[24]落：剃掉。　沙門：僧徒。

[25]豫州：州名。治所在今河南汝南縣。

[26]汝陰：郡名。治所在今安徽阜陽市。

[27]右衛將軍：官名。禁衛軍六軍之一，與左衛將軍合稱二衛將軍，掌宿衛營兵。員一人。梁十二班。

[28]永興：縣名。治所在今浙江蕭山市。

出爲持節、都督緣淮諸軍事、奮武將軍、北兗州刺史。[1]會有妖賊沙門僧强自稱爲帝，土豪蔡伯龍起兵應之。[2]僧强頗知幻術，[3]更相扇惑，衆至三萬，攻陷北徐州，[4]濟陰太守楊起文棄城走，鍾離太守單希寶見害，[5]使慶之討焉。車駕幸白下臨餞，[6]謂慶之曰：“江、淮兵勁，其鋒難當，卿可以策制之，不宜決戰。”慶之受命而行。曾未浹辰，[7]斬伯龍、僧强，傳其首。

[1]淮：指淮河。　奮武將軍：將軍名號。考《隋書・百官志》，梁天監七年革選，位不登二品者有八班十四號將軍。其六班爲典戎，代舊奮武。七年以後即無奮武將軍之號。　北兗州：州名。南齊僑置，治所在今江蘇淮陰縣甘羅鎮。

[2]蔡伯龍：人名。龍，《南史》卷六一同傳作“寵”。

[3]幻術：幻化的法術。

[4]北徐州：州名。南齊改徐州置，治所在今安徽鳳陽縣東北。

[5]鍾離：郡名。屬北徐州，治所在今安徽鳳陽縣東北。

[6]車駕：皇帝所乘車馬。此代指皇帝。　白下：城名。故址在今江蘇南京市北。

[7]浹辰：十二日。浹，周遍；辰，十二個月的月朔時，太陽所在位置。

中大通二年，[1]除都督南北司西豫豫四州諸軍事、南北司二州刺史，[2]餘並如故。慶之至鎮，遂圍懸瓠。[3]破魏潁州刺史婁起、揚州刺史是云寶於溱水，[4]又破行臺孫騰、大都督侯進、豫州刺史堯雄、梁州刺史司馬恭於楚城。[5]罷義陽鎮兵，[6]停水陸轉運，江湖諸州並得休息。[7]開田六千頃，二年之後，倉廩充實。高祖每嘉勞之。又表省南司州，復安陸郡，置上明郡。[8]

[1]中大通：梁武帝年號（529—534）。

[2]南北司西豫豫：皆州名。南司州，治所在今湖北安陸市；北司州，治所在今河南信陽市；西豫州，治所在今河南息縣；豫州，治所在今安徽壽縣。

[3]懸瓠：城名。故址在今河南汝南縣。

[4]潁州：州名。北魏孝昌四年（528）置，治所在今安徽阜陽市。　揚州：州名。北魏以豫州爲揚州，治所在今安徽壽縣。　是云寶：人名。姓是云，名寶。《魏書·官氏志》：内入諸姓有“是云氏，後改爲是氏”。　溱水：水名。源出河南桐柏山，東南入汝

水。

[5]行臺：官署名。代行尚書臺職權的地方行政機構。此處代指行臺長官。　豫州：魏州名。治所在今河南汝南縣。　梁州：魏州名。治所在今陝西漢中市東。　楚城：城名。治所在今河南信陽市北長臺關西。《通鑑》卷一五四《梁紀》“中大通二年”下胡三省注有云：“按孫騰此時猶從高歡在并、冀、殷、相之間，慶之破騰必非此年事，史究言之耳。”

[6]義陽：郡名。治所在今河南信陽市。

[7]江湖諸州：近長江及洞庭湖、鄱陽湖間諸州。按，湖，舊本或作“湖”，或作“湘”，《册府元龜》卷五〇三作“湖”，《南史》作“湘”。此依中華書局本。

[8]上明郡：治所在今湖北松滋縣西北長江南岸。

大同二年，[1]魏遣將侯景率衆七萬寇楚州，[2]刺史桓和陷没，[3]景仍進軍淮上，貽慶之書使降。敕遣湘潭侯退、右衛夏侯夔等赴援，[4]軍至黎漿，[5]慶之已擊破景。時大寒雪，景棄輜重走，慶之收之以歸。進號仁威將軍。[6]是歲，豫州饑，慶之開倉賑給，多所全濟。州民李昇等八百人表請樹碑頌德，詔許焉。五年十月，卒，時年五十六。贈散騎常侍、左衛將軍，鼓吹一部。[7]謚曰武。敕義興郡發五百丁會喪。

[1]大同：梁武帝年號（535—546）。

[2]侯景：人名。本書卷五六有傳。　楚州：州名。治所在今河南信陽市北長臺關西。

[3]桓和：人名。本書卷三九《羊鴉仁傳》作“桓和之”。按，六朝人名末之“之”字例可省去。

[4]湘潭侯退：梁宗室蕭退封爵號湘潭侯。見《南史》卷五二《梁宗室·南平元襄王偉傳》附《蕭祗傳》及《北史》卷二九。湘潭，縣名。治所在今湖南衡山縣東。　右衛：右衛將軍之省稱。　夏侯夔：人名。本書卷二八有傳。

[5]黎漿：地名。其地在今安徽壽縣東南。

[6]仁威將軍：將軍名號。梁置，與智威、勇威、信威、嚴威將軍代舊征虜將軍。爲一百二十五號將軍之一，十六班。

[7]散騎常侍：官名。集書省長官，掌侍從左右，獻納得失。劉宋以後，職以侍從左右、掌圖書文翰爲主，地位降低。梁十二班。　鼓吹：樂名。本軍樂，皇帝出行亦奏。自漢以下，亦用以贈賜有功之臣。

慶之性祗慎，[1]衣不紈綺，不好絲竹，[2]射不穿札，[3]馬非所便，而善撫軍士，能得其死力。長子昭嗣。

[1]祗（zhī）慎：恭謙謹慎。

[2]絲竹：弦樂和管樂，代指音樂。

[3]射不穿札：形容力氣小。札，鎧甲上用皮革或金屬製成的防護葉片。

第五子昕，字君章。七歲能騎射。十二隨父入洛，於路遇疾，還京師。詣鴻臚卿朱异，[1]异訪北間形勢，昕聚土畫地，指麾分别，[2]异甚奇之。

[1]鴻臚卿：官名。梁十二卿之一，掌朝會禮儀，導護贊拜。官九班。　朱异：人名。本書卷三八有傳。

[2]麾：通“揮”。

大同四年，爲邵陵王常侍、文德主帥、右衛仗主，[1]敕遣助防義陽。魏豫州刺史堯雄，北間驍將，兄子寶樂，[2]特爲敢勇。慶之圍懸瓠，雄來赴其難，寶樂求單騎校戰，昕躍馬直趣寶樂，雄即散潰，仍陷溱城。六年，除威遠將軍、小峴城主，[3]以公事免。十年，妖賊王勤宗起於巴山郡。[4]以昕爲宣猛將軍，假節討焉。勤宗平，除陰陵戍主、北譙太守，[5]以疾不之官。又除驃騎外兵，[6]俄爲臨川太守。[7]

[1]邵陵王：梁武帝子蕭綸的封爵號。見本書《高祖三王傳》。常侍：此指王國常侍，官名。掌隨侍國主，諫諍、司儀。梁二班。仗主：侍衛隊主。

[2]兄子：《南史》卷六一同傳作“子”，無“兄”字。

[3]威遠將軍：考《隋書·百官志》，梁無“威遠將軍”之號，疑此有誤。小峴：城名。其地在今安徽含山縣北。

[4]巴山郡：郡名。梁大同二年置，治所在今江西崇仁縣西南。

[5]陰陵：地名。其地在今安徽定遠縣西北。　北譙：郡名。治所在今安徽壽縣東。

[6]驃騎：驃騎將軍之省稱，將軍名號。爲重號將軍，用以加授大臣、重要地方長官。爲一百二十五號將軍之一，二十四班。外兵：外兵參軍之省稱，官名。王公軍府諸曹參軍之一，掌本府軍事政令。梁四班至一班。

[7]臨川：郡名。治所在今江西南城縣東。

太清二年，[1]侯景圍歷陽，[2]敕召昕還，昕啓云：

“采石急須重鎮，[3]王質水軍輕弱，[4]恐慮不濟。”乃板昕爲雲騎將軍，[5]代質，未及下渚，景已渡江，仍遣率所領遊防城外，不得入守。欲奔京口，[6]乃爲景所擒。景見昕殷勤，因留極飲，曰：“我至此得卿，餘人無能爲也。”令昕收集部曲，將用之，昕誓而不許。景使其儀同范桃棒嚴禁之，[7]昕因説桃棒令率所領歸降，襲殺王偉、宋子仙爲信。[8]桃棒許之，遂盟約，射啓城中，遣昕夜縋而入。高祖大喜，敕即受降，太宗遲疑累日不決，[9]外事發洩，昕弗之知，猶依期而下。景邀得之，[10]乃逼昕令更射書城中，云“桃棒且輕將數十人先入”。[11]景欲裹甲隨之。昕既不肯爲書，期以必死，遂爲景所害，時年三十三。[12]

[1]太清：梁武帝年號（547—549）。

[2]歷陽：郡名。治所在今安徽和縣。

[3]采石：地名。其地在今安徽當塗縣西北。歷代爲南北兵家必争之地。

[4]王質：人名。祖籍琅邪臨沂，梁武帝外甥。《陳書》卷一八有傳。

[5]板：以板授官。六朝王公大臣及地方長官自委任屬官，書授官之詞於板，稱爲板官。凡板官不給印綬，但可食禄。　雲騎將軍：官名。禁衛軍六軍之一，梁十班。騎，舊本或作“旗”，或作“騎”，《南史》作“騎”。此依中華書局本。

[6]京口：南徐州鎮所，其地在今江蘇鎮江市。

[7]儀同：開府儀同三司之省稱，官名。非三公而儀制禮遇同於三公之稱。

[8]王偉、宋子仙：並侯景部屬。見本書卷五六《侯景傳》。

[9]太宗：梁簡文帝廟號。

[10]邀：中途阻截。

[11]且：將。

[12]陳昕太清二年（548）年三十三，則其生於天監十五年（516），而本傳上文云其隨父入洛時年十二，據本書《武帝紀》及《魏書》相關紀傳，其父慶之入洛在梁中大通元年（529），是其生又當在天監十七年（518）。《梁書》紀年舛誤甚多。

蘭欽字休明，中昌魏人也。[1]父子雲，天監中，[2]軍功官至雲麾將軍、冀州刺史。[3]

[1]中昌魏：錢大昕《廿二史考異》卷二六《梁書》："按《南齊書·州郡志》，梁州有東昌魏郡，又新城郡有昌魏縣，初不見中昌魏之名。"周一良《南朝境内之各種人及政府對待之政策》自注有云："今案《晉志》中山國有魏昌縣，欽當爲魏昌人，傳脱山字，更倒成昌魏耳。"（《魏晉南北朝史論集》）

[2]天監：梁武帝年號（502—519）。

[3]雲麾將軍：將軍名號。梁置，與武臣、爪牙、龍騎將軍代舊前後左右四將軍。爲一百二十五號十品二十四班之十八班。　冀州：州名。南朝僑置，治所在今江蘇連雲港市東。

欽幼而果決，趫捷過人，[1]隨父北征，授東宫直閤。大通元年，攻魏蕭城，[2]拔之。仍破彭城别將郊仲，進攻擬山城，[3]破其大都督劉屬衆二十萬。進攻籠城，[4]獲馬千餘匹。又破其大將柴集及襄城太守高宣、别將范思念、鄭承宗等。[5]仍攻厥固、張龍、子城，[6]未拔，魏彭城守將楊目遣子孝邕率輕兵來援，欽逆擊走之。又破譙州刺史劉海游,[7]還拔厥固，收其家口。楊目又遣都督范思念、别將曹龍牙數萬衆來援，欽與戰，於陣斬龍牙，傳首京師。

[1]趫（qiáo）捷：矯捷。

[2]蕭城：城名。其地在今安徽蕭縣西北。

[3]擬山城：城名。今地未詳。

[4]籠城：城名。今地未詳。

[5]襄城：郡名。治所在今河南西平縣西。

[6]厥固：城名。其地在今安徽蕭縣南。　張龍、子城：今地不詳。

[7]譙州：州名。治所在今安徽亳州市。

又假欽節，都督衡州三郡兵,[1]討桂陽、陽山、始興叛蠻,[2]至即平破之。封安懷縣男,[3]邑五百户。又破天�蠻帥晚時得。會衡州刺史元慶和爲桂陽人嚴容所圍,[4]遣使告急，欽往應援，破容羅溪，於是長樂諸洞一時平蕩。又密敕欽向魏興,[5]經南鄭,[6]屬魏將托跋勝寇襄陽,[7]仍敕赴援。除持節、督南梁南北秦沙四州諸軍事、光烈將軍、平西校尉、梁南秦二州刺史,[8]增封五百户，進爵爲侯。破通生，擒行臺元子禮、大將薛儁、張菩薩，魏梁州刺史元羅遂降,[9]梁、漢底定。[10]進號智武將軍,[11]增封二千户。

[1]衡州：州名。梁天監六年置，治所在今廣東英德市西北浛洸。

[2]桂陽：郡名。治所在今湖南郴州市。　陽山：郡名。治所

在今廣東連州市。　始興：郡名。治所在今廣東韶關市東南蓮花嶺下。

[3]安懷：縣名。治所在今廣東惠東縣西北梁化。

[4]元慶和：人名。北魏汝陰王天賜之孫，梁大通元年來附。《北史》卷一七《汝陰王天賜傳》有附傳。

[5]魏興：郡名。治所在今陝西安康市西北漢江北岸。

[6]南鄭：縣名。治所在今陝西漢中市。

[7]托跋勝：中華書局本《校勘記》："'勝'百衲本作'滕'，今從殿本。張森楷《梁書校勘記》：'托跋勝疑是賀拔勝之訛。'"按，三朝本亦作"勝"。　襄陽：郡名。治所在今湖北襄樊市。

[8]南梁南北秦沙：皆州名。南梁州，治所在今陝西安康市西北漢江北岸；南秦州，治所在今甘肅成縣西北；北秦州，治所在今甘肅天水市；沙州，治所在今湖北嘉魚縣東北。　光烈將軍：將軍名號。梁大通三年所定二百四十二號三十四班將軍之一，班品不詳。　平西校尉：按，梁無"平西校尉"之號，疑爲"平戎校尉"之誤。梁於南秦、梁州置平戎校尉，掌西境少數民族事務，立府、領兵。常由當地刺史兼任，其班品隨府主位重輕而定。參《隋書·百官志上》。　梁州：州名。治所在今陝西漢中市東。

[9]元羅：人名。魏支屬。《北史》卷一六《道武七王》有附傳。

[10]梁、漢：指今陝西漢中一帶。梁，梁州；漢，漢中郡。底（zhǐ）定：達到平定。底，同"厎"，至。

[11]智武將軍：將軍名號。梁置，與仁武、勇武、信武、嚴武將軍代舊冠軍將軍。爲一百二十五號將軍之一，十五班。

俄改授持節、都督衡桂二州諸軍事、衡州刺史，[1]未及述職，[2]魏遣都督董紹、張獻攻圍南鄭，梁州刺史杜懷瑶請救，[3]欽率所領援之，大破紹、獻於高橋城，[4]斬首三千餘，紹、獻奔退，追入斜谷，[5]斬獲略盡。西魏相宇文黑泰致馬二千匹，[6]請結隣好。詔加散騎常侍，進號仁威將軍，增封五百户，仍令述職。

[1]桂：州名。治所在今廣西柳州市東南。

[2]述職：上任履行職責。

[3]杜懷瑶："瑶"，各本作"珤"。《南史》卷六一《蘭欽傳》作"寶"。本書卷四六《杜崱傳》，崱父懷寶（《南史》卷六四《杜崱傳》同），卷四《簡文帝紀》亦有"杜懷寶"，而《文館詞林》卷六九九梁簡文帝《監護杜嵩喪教一首》作"杜懷瑶"。按，"珤"乃"寶"之古文。中華書局本及《文館詞林》作"瑶"，或是訛誤。

[4]高橋城：城名。其地在今陝西漢中市。

[5]斜谷：山谷名。即今陝西終南山褒斜谷北口，在眉縣西南三十里。

[6]宇文黑泰：人名。即北周太祖文皇帝。錢大昕《廿二史考異》："本名黑獺，獺、泰聲相近。"

經廣州，[1]因破俚帥陳文徹兄弟，[2]並擒之。至衡州，進號平南將軍，[3]改封曲江縣公，[4]增邑五百户。在州有惠政，吏民詣闕請立碑頌德，詔許焉。徵爲散騎常侍、左衛將軍，[5]尋改授散騎常侍、安南將軍、廣州刺史。[6]既至任所，前刺史南安侯密遣廚人置藥於食，[7]欽中毒而卒，時年四十二。詔贈侍中、中衛將軍，[8]鼓吹一部。

[1]廣州：州名。治所在今廣東廣州市。

[2]俚：古代少數民族名。即今黎族。

[3]平南將軍：將軍名號。與平東、平西、平北將軍合稱四平將軍。多兼鎮守地區的刺史，統掌軍、政事務，職任頗重。爲一百二十五號將軍之一，二十二班。

[4]曲江：縣名。治所在今廣東韶關市南武水西岸。

[5]左衛將軍：官名。禁軍六軍之一，與右衛將軍合稱二衛將軍，掌宫廷宿衛營兵。梁十二班。

[6]安南將軍：將軍名號。與安東、安西、安北將軍合稱四安將軍。爲一百二十五號將軍之一，二十一班。

[7]南安侯：《南史》卷六一同傳作"南安侯恬"。按，蕭恬，梁鄱陽王恢之子。見《南史》卷五二《梁宗室下·鄱陽王恢傳》。南安，縣名。治所在今四川榮縣西。

[8]中衛將軍：將軍名號。梁代與中軍、中權、中撫將軍合稱四中將軍，祇授予在京師任職者，權勢頗重。爲一百二十五號將軍之一，二十三班。

子夏禮，侯景至歷陽，率其部曲邀擊景，兵敗死之。

史臣曰：陳慶之、蘭欽俱有將略，戰勝攻取，蓋頗、牧、衛、霍之亞歟。[1]慶之警悟，早侍高祖，既預舊恩，加之謹肅，蟬冕組珮，[2]亦一世之榮矣。

[1]頗、牧、衛、霍：即廉頗、李牧、衛青、霍去病。廉頗、李牧，戰國時趙國名將。《史記》卷八一有傳；衛青、霍去病，漢武帝時將軍。《史記》卷一一一有傳。

[2]蟬冕組珮：指貴近榮顯之官。蟬冕，即蟬冠，貴近之官所戴；組珮，華麗的佩飾。珮，同"佩"。

梁書 卷三三

列傳第二十七

王僧孺　張率　劉孝綽　王筠

王僧孺字僧孺，東海郯人，[1]魏衛將軍肅八世孫。[2]曾祖雅，[3]晉左光禄大夫、儀同三司。[4]祖准，[5]宋司徒左長史。[6]

[1]東海：郡名。治所在今山東郯城縣。　郯：縣名。治所與東海郡治同。此王僧孺祖籍。

[2]衛將軍：將軍名號。爲重號將軍，用以加授大臣、重要地方長官，地位頗重。曹魏第二品。　肅：王肅。《三國志》卷一三有傳。

[3]雅：王雅。《晉書》卷八三有傳。

[4]左光禄大夫：官名。屬光禄勳。養老疾，無職事，多用於褒贈。晉第二品，開府位從公者爲第一品。　儀同三司：官名。非三公而儀制待遇同於三公之稱。

[5]准：《南史》卷五九作“準之”，《晉書·王雅傳》同。按，六朝人名末尾之“之”字例可省。

[6]宋司徒左長史：《南史》卷五九《王僧孺傳》同。中華書局本《校勘記》云："張森楷《梁書校勘記》：'《宋書·范泰傳》言王準之爲司徒左長史在晉隆安時，則非宋也。《符瑞志》有義興太守王準之，則非宋司徒左長史也。'按《晉書·王雅傳》：'雅長子準之散騎侍郎。'疑'宋'爲'晉'之訛。"司徒左長史：司徒府屬官，佐司徒掌官吏事宜。宋第六品。按，此下，《南史》卷五九同傳有云："父延年，員外常侍，未拜，卒。"

僧孺年五歲，讀《孝經》，問授者此書所載述，曰："論忠孝二事。"僧孺曰："若爾，願常讀之。"[1]六歲能屬文。既長，好學。家貧，常傭書以養母，[2]所寫既畢，諷誦亦通。

[1]願常：各本作"常願"，《南史》作"願常"。按，據文意，當以《南史》爲是。今改正。

[2]傭書：受雇替人抄書。《三國志》卷五三《吳書·闞澤傳》："家世農夫，至澤好學，居貧無資，常爲人傭書，以供紙筆，所寫既畢，誦讀亦遍。"

仕齊，起家王國左常侍、太學博士。[1]尚書僕射王晏深相賞好。[2]晏爲丹陽尹，[3]召補郡功曹，[4]使僧孺撰《東宮新記》。遷大司馬豫章王行參軍，[5]又兼太學博士。司徒竟陵王子良開西邸招文學，[6]僧孺亦遊焉。文惠太子聞其名，[7]召入東宮，直崇明殿。[8]欲擬爲宮僚，文惠薨，不果。時王晏子德元出爲晉安郡，[9]以僧孺補郡丞，[10]除候官令。[11]建武初，[12]有詔舉士，揚州刺史始安王遥光表薦祕書丞王暕及僧孺曰：[13]"前候官令東海王僧孺，年三十五，理尚棲約，思致悟敏，既筆耕爲養，亦傭書成學。至乃照螢映雪，[14]編蒲緝柳，[15]先言往行，人物雅俗，甘泉遺儀，[16]南宫故事，[17]畫地成圖，[18]抵掌可述；[19]豈直鼮鼠有必對之辯，[20]竹書無落簡之謬，[21]訪對不休，[22]質疑斯在。"除尚書儀曹郎，[23]遷治書侍御史，[24]出爲錢唐令。[25]初，僧孺與樂安任昉遇竟陵王西邸，[26]以文學友會，及是將之縣，昉贈詩，其略曰："惟子見知，惟余知子。觀行視言，要終猶始。敬之重之，如蘭如芷。[27]形應影隨，曩行今止。[28]百行之首，[29]立人斯著。子之有之，誰毁誰譽。修名既立，[30]老至何遽。誰其執鞭，[31]吾爲子御。劉《略》班《藝》，[32]虞《志》荀《録》，[33]伊昔有懷，交相欣勗。下帷無倦，[34]升高有屬。[35]嘉爾晨燈，[36]惜余夜燭。"[37]其爲士友推重如此。

[1]王國左常侍：官名。王國屬官。掌隨侍國主，諫諍、司儀。宋第八品，齊不詳。　太學博士：官名。屬太常。國子學教官，參議禮制。齊第六品。

[2]尚書僕射：官名。佐尚書令知省事，並與尚書分領諸曹。不常置。若尚書左右僕射並缺，則置以總左右事。齊第三品。　王晏：人名。祖籍琅邪臨沂。《南齊書》卷四一有傳。按，據《南齊書》王晏本傳，晏爲尚書僕射在爲丹陽尹後約四年。此"尚書僕射王晏"云云，蓋史家"以後稱前"例。參楊樹達《古書疑義舉例續補》卷一《以後稱前例》。

[3]丹陽尹：京師所在丹陽郡行政長官，掌民政。宋第三品，齊不詳。

[4]功曹：官名。郡府屬官，掌官吏賞罰任免。齊官品不詳。

[5]豫章王：齊武帝弟蕭嶷的封爵號。見《南齊書》卷二二。豫章，郡名。治所在今江西南昌市。　行參軍：官名。諸公軍府屬官，參掌府曹事，位在正參軍之下。齊官品不詳。按，齊制，法曹、田曹、水曹、鎧曹、集曹、右户等曹祇署行參軍。其他諸曹署正參軍。參《南齊書·百官志》。

[6]竟陵王子良：齊武帝子蕭子良封爵號竟陵王。《南齊書》卷四〇有傳。竟陵，郡名。治所在今湖北鍾祥市。　西邸：蕭子良的别邸，在今江蘇南京市鷄鳴山。

[7]文惠太子：齊武帝長子蕭長懋，建元四年（482）立爲皇太子，未及即位而卒，謚號文惠。《南齊書》卷二一有傳。

[8]崇明殿：京師建康宫城東宫殿省名。

[9]德元：舊本作“得元”，此依中華書局本校改。　晉安郡：郡名。治所在今福建福州市。

[10]郡丞：郡守的副佐。宋第八品，齊不詳。

[11]候官：縣名。治所在今福建福州市。

[12]建武：齊明帝年號（494—498）。

[13]揚州：州名。治所在今江蘇南京市。　始安王遥光：齊宗室蕭遥光封爵號始安王。《南齊書》卷四五有傳。始安，郡名。治所在今廣西桂林市。　祕書丞：官名。祕書省官員，佐祕書監掌藝文圖籍。爲清顯之職，多由僑姓士族擔任。員一人。齊第六品。　王暕：人名。本書卷二一有傳。按，遥光此表乃任彦昇代作。表全文見《文選》卷三八，題《爲蕭揚州薦士表》。

[14]照螢：《晉書》卷八三《車胤傳》：“（胤）家貧不常得油，夏月則練囊盛數十螢火以照書，以夜繼日焉。”　映雪：《文選》卷三八任彦昇《爲蕭揚州薦士表》李善注引《孫氏世録》曰：“孫康家貧，常映雪讀書。清介，交遊不雜。”

[15]編蒲：《漢書》卷五一《路温舒傳》：“路温舒取澤中蒲，截爲牒，編用寫書。”　緝柳：《文選》卷三八任彦昇《爲蕭揚州薦

士表》李善注引《楚國先賢傳》曰："孫敬到洛，在太學左右一小屋安止母，然後入學，編楊柳簡以爲經。"

[16]甘泉遺儀：《文選》卷三八任彦昇《爲蕭揚州薦士表》李善注引胡廣《漢官制度》曰："天子出，車駕次第，謂之鹵簿。長安時，出祠天於甘泉用之，名曰甘泉鹵簿。"

[17]南宫故事：《後漢書》卷三三《鄭弘傳》：弘爲尚書令，"前後所陳有補益王政者，皆著之南宫，以爲故事"。南宫，尚書省的别稱。

[18]畫地成圖：《漢書》卷五九《張湯傳》附《張安世傳》："初，安世長子千秋與霍光子禹俱爲中郎將，將兵隨度遼將軍范明友擊烏桓，還，謁大將軍光，問千秋戰鬬方略、山川形勢。千秋口對兵事，畫地成圖，無所忘失。"

[19]抵掌：擊掌。形容説話時興奮之狀。

[20]鼮鼠有必對之辯：《文選》卷三八任彦昇《爲蕭揚州薦士表》李善注引摯虞《三輔决録注》曰："竇攸舉孝廉，爲郎。世祖大會靈臺，得鼠如豹文，熒熒光澤。世祖異之，以問群臣，莫能知者。攸對曰：'鼮鼠也。'詔問何以知？攸對曰：'見《爾雅》。'詔案祕書，如攸言。賜帛百匹。"

[21]竹書無落簡之謬：《文選》卷三八任彦昇《爲蕭揚州薦士表》李善注引張騭《文士傳》曰："人有嵩山下得竹簡一枚，兩行科斗書，人莫能識。張華以問束晳，晳曰：'此明帝顯節陵策文。'驗校果然，朝廷士庶皆服其博識。"

[22]訪對：問答。

[23]尚書儀曹郎：官名。尚書省諸曹郎之一，屬祠部尚書。掌禮儀制度。員二人。齊第六品。

[24]治書侍御史：官名。御史臺官員，掌舉劾第六品以上官員。宋第六品，齊不詳。

[25]錢唐：縣名。治所在今浙江杭州市。錢，舊本皆脱，此依中華書局本校補。

[26]樂安任昉：任昉，人名。祖籍樂安郡。本書卷一四有傳。

[27]如蘭如芷：比喻德行高尚。《大戴禮記》："與君子遊，苾乎如入蘭芷之室，久而不聞，則與之化矣。"

[28]曩行今止：《莊子·齊物論》："罔兩問景曰：'曩子行，今子止；曩子坐，今子起；何其無特操與？'"

[29]百行之首：指孝敬仁義。《三國志》卷二七《魏書·王昶傳》昶戒子書曰："夫孝敬仁義，百行之首，行之而立，身之本也。"

[30]修名：美名。《楚辭·離騷》："老冉冉其將至兮，恐修名之不立。"

[31]執鞭：持鞭駕車。《史記》卷六二《管晏列傳》："假令晏子而在，余雖爲之執鞭，所忻慕焉。"後世用以表示對人的敬仰之意。

[32]劉《略》班《藝》：指漢·劉歆《七略》和班固《漢書·藝文志》。

[33]虞《志》荀《録》：指晉·虞預《晉書·藝文志》和荀勗《文章敘録》。一説虞《志》指摯虞《文章流别志》。

[34]下帷：指教授學生。《史記》卷一二一《儒林·董仲舒傳》："下帷講誦。"

[35]升高：指賦詩作文。《韓詩外傳》："孔子曰：君子登高必賦。"《漢書·藝文志》："《傳》曰：不歌而誦謂之賦。登高能賦可以爲大夫。"

[36]晨燈：比喻年輕。燈，《南史》作"登"。

[37]夜燭：比喻年老。

天監初，[1]除臨川王後軍記室參軍，[2]待詔文德省。[3]尋出爲南海太守。[4]郡常有高凉生口及海舶每歲數至，[5]外國賈人以通貨易，舊時州郡以半價就市，又買而即賣，其利數倍，歷政以爲常。僧孺乃歎曰："昔人爲蜀部長史，[6]終身無蜀物，吾欲遺子孫者，不在越裝。"[7]並無所取。視事朞月，[8]有詔徵還，郡民道俗六百人詣闕請留，[9]不許。既至，拜中書郎、領著作，[10]復直文德省，撰《中表簿》及《起居注》。[11]遷尚書左丞，[12]領著作如故。俄除游擊將軍，[13]兼御史中丞。[14]僧孺幼貧，其母鬻紗布以自業，嘗攜僧孺至市，道遇中丞鹵簿，[15]驅迫溝中。及是拜日，引騶清道，[16]悲感不自勝。尋以公事降爲雲騎將軍，[17]兼職如故，頃之即真。[18]是時高祖製《春景明志詩》五百字，[19]敕在朝之人沈約已下同作，[20]高祖以僧孺詩爲工。遷少府卿，[21]出監吴郡。[22]還除尚書吏部郎，[23]參大選，[24]請謁不行。[25]

[1]天監：梁武帝年號（502—519）。

[2]臨川王：梁武帝弟蕭宏封爵號。見本書卷二二《太祖五王傳》。臨川，郡名。治所在今江西南城縣東南。　後軍：後軍將軍之省稱，將軍名號。左右前後四軍將軍之一，掌宫廷宿衛。爲禁衛軍重要將領之一。宋第四品，梁初不詳。按，蕭宏本傳作"後將軍"，與此異。　記室參軍：官名。王公軍府屬官，掌文記。宋第七品，梁初第六品。

[3]文德省：又稱文德殿，京師建康宫城内殿省名。

[4]南海：郡名。治所在今廣東廣州市。《文選》卷三八任彦昇《爲蕭揚州薦士表》李善注引劉璠《梁典》曰："王僧孺……六歲解屬文。梁興，除鎮軍記室，稍遷蘭陵太守。"按，此與本傳所叙有異。

[5]高涼：郡名。治所在今廣東陽江市西。　生口：指俘虜、

奴隸或被販賣的人。

[6]蜀部：指益州，治所在今四川成都市。　長史：官名。掌本府官吏。官品隨府主地位高下而不定。

[7]越：即百越，我國古代南方民族名。在今廣東、福建等地。

[8]朞月：一整月或一周年。此處似指一周年。按，《南史》本傳作“二歲”，與此異，未知孰是。朞，同“期”。

[9]闕：指皇帝所居之處。

[10]中書郎：官名。中書省官員，亦稱中書侍郎。本掌草擬詔誥，劉宋以後草擬詔誥之權歸中書舍人，侍郎職少官清，成爲諸王起家官。梁天監七年革選，定流內官職爲十八班，以班多者爲貴，中書郎爲九班。　領：官制術語。已有實授主職，又兼任較低職務而不居其位。　著作：即著作郎。祕書省屬官，掌國史，集注起居。爲清簡之職，多甲族貴遊起家之選。員一人。梁六班。

[11]《起居注》：《隋書·經籍志》：“起居注者，録紀人君言行動止之事。”

[12]尚書左丞：官名。佐尚書令、僕射知省事，掌監察百官，管理中央機構文書章奏。員一人。梁九班。

[13]游擊將軍：官名。禁軍將領之一，掌宮廷宿衛。梁天監六年改遊擊爲遊騎。官十班。

[14]兼：官制術語。假職未真授之稱。　御史中丞：官名。御史臺長官，掌督司百僚，糾彈不法。南朝第一流高門多不居此職。員一人。梁十班。

[15]中丞：御史中丞之省稱。　鹵簿：儀仗。

[16]騶：開道引馬的騎卒。御史中丞出行，車駕前有騶人清道。

[17]雲騎將軍：官名。禁軍將領之一，掌宮廷宿衛。梁天監六年以驍騎將軍改。官十班。

[18]即真：由假職而真授。

[19]高祖：梁武帝廟號。　《春景明志詩》：諸人之作今並不

存。

[20]沈約：人名。本書卷一三有傳。

[21]少府卿：官名。梁十二卿之一，掌宫中服御之物。官十一班。

[22]監：官制術語。由朝廷特命督理一州或一郡政務。　吴郡：郡名。治所在今江蘇蘇州市。

[23]尚書吏部郎：官名。尚書省吏部曹長官，屬吏部尚書。掌官吏之銓選、調動事宜。梁十一班。

[24]大選：六朝稱吏部郎爲小選，吏部尚書爲大選。

[25]請謁：干求於人。

出爲仁威南康王長史，[1]行府、州、國事。[2]王典籤湯道愍暱於王，[3]用事府内，僧孺每裁抑之，道愍遂謗訟僧孺，逮詣南司。[4]奉牋辭府曰：[5]"下官不能避溺山隅，[6]而正冠李下，[7]既貽疵辱，方致徽纆，[8]解籙收簪，[9]且歸初服。[10]竊以董生偉器，止相驕王；[11]賈子上才，爰傅卑土。[12]下官生年有值，謬仰清塵，假翼西雍，[13]竊步東閤，[14]多慚袨服，[15]取亂長裾，[16]高榻相望，直居坐右，[17]長階如畫，獨在僚端。[18]借其從容之詞，假以寬和之色，恩禮遠過申、白，[19]榮望多厠應、徐。[20]厚德難逢，小人易説。方謂離腸隕首，[21]不足以報一言；露膽披誠，何能以酬屢顧。寧謂罻羅裁舉，[22]微禽先落；閶闔始吹，[23]細草仍墜。一辭九畹，[24]方去五雲。[25]縱天網是漏，[26]聖恩可恃，亦復孰寄心骸，何施眉目。方當横潭亂海，就魚鼈而爲羣；披榛捫樹，從虺蛇而相伍。豈復仰聽金聲，式瞻玉色。顧步高軒，悲如霰委；[27]踟躕下席，淚若綆縻。”[28]

[1]仁威：仁威將軍之省稱，將軍名號。梁置，與智威、勇威、信威、嚴威將軍代舊征虜將軍。梁天監七年革選，釐定將軍名號及班品，有一百二十五號十品二十四班，以班多者爲貴，仁威將軍爲十六班。　南康王：梁武帝子蕭績的封爵號。本書卷二九《高祖三王》有傳。南康，郡名。治所在今江西贛州市東北。　長史：官名。王公軍府屬官，掌本府官吏。梁十班至六班。

[2]行府、州、國事：朝廷派出，代行府、州、國政事。六朝時，諸王往往年少即出鎮一州，因而朝廷命長史代行政事。

[3]典籤：官名。本爲掌管文書的小吏，南朝時，王公軍州府乃至丹陽尹皆置，掌監察、糾彈府主之大權，多由皇帝親近充任，權力尤重，時稱籤帥。參高敏、張旭華《南朝典籤制度考略》。

[4]南司：指御史中丞。因御史臺在尚書省之南，故稱南臺，御史臺長官稱南司。

[5]牋：文體之一種。臣下上給皇后、太子及諸王的文書。

[6]避溺山隅：比喻遠離禍患。

[7]正冠李下：比喻招惹嫌疑。漢樂府《君子行》有云：“君子防未然，不處嫌疑間。瓜田不納履，李下不正冠。”

[8]徽纆：本指捆綁罪犯、俘虜的繩索。此喻囚禁。

[9]解籙收簪：指結束官吏生活。籙，官府簿籍；簪，冠簪，代指官服。

[10]初服：《楚辭·離騷》：“進不入以離尤兮，退將復修吾初服。”後世用以比喻夙志。

[11]董生：董仲舒。　驕王：指漢武帝兄易王劉非和膠西王劉端。易王“素驕好勇”，膠西王“尤縱恣”。董仲舒先事易王，後事膠西王。事詳《漢書》卷五六《董仲舒傳》。

[12]賈子：指賈誼。誼，漢文帝時受信用，後遭讒嫉，出爲長沙王太傅。長沙卑濕，誼不得志。事詳《史記》卷八四《屈原賈生列傳》。

[13]西雍：古天子設立的太學。王僧孺曾爲太學博士，故云。

[14]東閤：宰相招致和款待賓客之所。《漢書》卷五八《公孫弘傳》，弘爲宰相，"開東閤以延賢人"。王僧孺曾遊齊司徒竟陵王西邸，故云。

[15]袨服：官吏的盛服。

[16]長裾：本指衣襟。《漢書》卷五一《鄒陽傳》鄒陽上吴王書云："飾固陋之心，則何王之門不可曳長裾乎？"此處借指王府屬官。

[17]坐右：座席之上位。古以右爲尊，故以座右爲上座。坐，同"座"。

[18]僚端：同僚之首。王僧孺曾爲南康王長史。長史爲群僚之首，故云。

[19]申、白：指申公、白公。二人並魯國人，初與楚元王交俱受《詩》於浮丘伯。劉邦即位，封交爲楚王。白公、申公爲中大夫，甚被恩禮。詳《漢書》卷三六《楚元王傳》。

[20]應、徐：指建安七子中之應瑒、徐幹。漢末，應、徐等入曹幕，深被曹操子曹丕、曹植兄弟賞接。詳《三國志》卷二一《王粲傳》。

[21]離腸隕首：謂以死報恩。

[22]罻羅：捕鳥的網。

[23]閶闔：即閶闔風，西風。《史記·律書》："閶闔風居西方。"

[24]九畹：指土地。《楚辭·離騷》："余既滋蘭之九畹兮，又樹蕙之百畝。"王逸注："十二畝曰畹，或曰田之長爲畹也。"此承"細草"言。

[25]五雲：指五色雲。此承"微禽"言。

[26]天網：比喻國家的法律。

[27]霰：小冰珠。《楚辭·九章·哀郢》："涕淫淫其若霰。"

[28]綆縻：繩索。《文選》卷二一王仲宣《咏史詩》："臨穴呼蒼天，涕下如綆縻。"

僧孺坐免官，久之不調。友人廬江何炯猶爲王府記室，[1]乃致書於炯，以見其意。曰：

近別之後，將隔暄寒，[2]思子爲勞，[3]未能忘弭。[4]昔李叟入秦，[5]梁生適越，[6]猶懷悵恨，且或吟謠；[7]況歧路之日，[8]將離嚴網，[9]辭無可憐，罪有不測。蓋畫地刻木，[10]昔人所惡，[11]叢棘既累，[12]於何可聞，所以握手戀戀，離別珍重。弟愛同鄒季，[13]淫淫承睫，吾猶復抗手分背，[14]羞學婦人。[15]素鍾肇節，[16]金飇戒序，[17]起居無恙，動静履宜。子雲筆札，[18]元瑜書記，[19]信用既然，可樂爲甚。[20]且使目明，能祛首疾。[21]甚善甚善。

[1]何炯：廬江郡人。本書卷四七有傳。廬江，治所在今安徽舒城縣。　記室：官名。王公軍府屬官，掌文書。梁六班至二班。

[2]暄寒：天氣冷暖。古人問候對方的客氣話。

[3]思子爲勞：因思念您而憂愁。曹植《與楊德祖書》："數日不見，思子爲勞。"勞，憂愁。

[4]忘弭：忘記停止。

[5]李叟：即老聃。李，舊本皆作"季"，訛。此依中華書局本校改。

[6]梁生：即梁鴻。後漢扶風郡人。

[7]《文選》卷四三趙景真《與嵇茂齊書》："昔李叟入秦，及關而嘆；梁生適越，登岳長謡。夫以嘉遁之舉，猶懷戀恨，況乎不

得已者哉!”李善注引《列子》曰:“楊朱南之沛,老聃西遊於秦,邀於郊,至梁而過老子。老子中道仰天嘆曰:‘始以汝爲可教,今不可教也。’楊朱曰:‘請聞其過。’老子曰:‘睢睢而盱盱,而誰與居。’”又引范曄《後漢書》曰:“梁鴻字伯鸞,扶風人也。東出關,過京師,作《五噫之歌》曰:‘陟彼北邙兮,噫!顧瞻帝京兮,噫!宫室崔嵬兮,噫!人之劬勞兮,噫!遼遼未央兮,噫!’肅宗聞而非之,求鴻不得。”李善云:“然老子之嘆,不爲入秦,梁鴻長謡,不由適越。且復以至郊爲及關,升邙爲登岳,斯蓋取意而略文也。”

[8]歧路之日:指分别之時。

[9]離:遭受。　嚴網:比喻法律。

[10]畫地刻木:形容法吏之刻暴。

[11]昔人:指司馬遷。《文選》卷四一司馬子長《報任少卿書》:“故有畫地爲牢,勢不可入;削木爲吏,議不可對。定計於鮮也。”

[12]叢棘:古時拘禁犯人的地方,四周用棘堵塞,以防禁犯人逃走,故稱。

[13]鄒、季:鄒文、季節。鄒季,《藝文類聚》作“郭李”,訛。

[14]抗手:舉手。　分背:分别,異道而行。

[15]上四句意謂弟臨别同鄒文、季節一様流淚,而我不像婦人爲離别悲泣。《孔叢子·儒服》:子高遊趙,平原君客有鄒文、季節者,與子高相友善。及子高還魯,臨别,鄒、季流涕交頤,子高徒抗手而已。子高曰:“始吾謂此二子丈夫爾,乃今知其婦人也!”其徒曰:“泣者一無取乎?”子高曰:“有二焉:大奸之人,以泣自信;婦人、懦夫,以泣著愛。”

[16]素鍾:秋天。

[17]金飈:秋風。古人以五行配四時,秋天屬金。《禮記·月令》:“某日立秋,盛德在金。”

[18]子雲:谷永字子雲。《漢書》卷九二《游俠·樓護傳》:“(護)與谷永俱爲五侯上客,長安號曰:‘谷子雲筆札,樓君卿脣

舌。’言其見信用也。”

[19]元瑜：建安七子中阮瑀字元瑜。《文選》卷四二魏文帝《與吳質書》：“元瑜書記翩翩，致足樂也。”

[20]謂文章可被人信用，更可使人快樂。《文選》卷一七陸士衡《文賦》：“伊茲事之可樂，固聖賢之所欽。”

[21]意謂文章能消除人頭昏目眩之病。《太平御覽》卷七四一引《典略》：“陳琳作諸書及檄，草成呈太祖。太祖先苦風眩，是日發，讀琳所作，翕然而起，曰：‘此愈我疾！’”風眩，《三國志》卷二一裴松之注引《典略》作“頭風”。

吾無昔人之才而有其病，[1]癲眩屢動，[2]消渴頻增。[3]委化任期，[4]故不復呼醫飲藥，但恨一旦離大辱，[5]蹈明科，[6]去皎皎而非自汙，抱鬱結而無誰告，丁年蓄積，[7]與此銷亡，徒竊高價厚名，[8]横叨公器人爵，[9]智能無所報，筋力未之酬，所以悲至撫膺，泣盡而繼之以血。[10]

[1]昔人：指揚雄、司馬相如。

[2]癲眩：揚雄有癲眩病。《文選》卷四八揚雄《劇秦美新論》云：“臣常有顛眴病。”顛，通“癲”；眴，通“眩”。

[3]消渴：司馬相如有糖尿病。《史記》卷一一七《司馬相如列傳》：“相如口吃而善著書，常有消渴疾。”消渴疾，即今所言糖尿病。

[4]委化任期：任憑生命自然消亡。

[5]離：遭。

[6]明科：指國家的法律。

[7]丁年：丁壯之年。

[8]竊：舊本皆訛“切”，此依中華書局本校改。

[9]公器：指名聲。《莊子·天運》："名，公器也，不可多取。"《注》："夫名者，天下之所共用。"

[10]泣盡而繼之以血：形容悲痛至極。《文選》卷四一李陵《答蘇武書》："何圖志未立而怨已成，計未從而骨肉受刑，此陵所以仰天椎心而泣血也。"

顧惟不肖，文質無所底，[1]蓋困於衣食，迫於飢寒，依隱易農，[2]所志不過鍾庾。[3]久爲尺板斗食之吏，[4]以從皁衣黑綬之役，[5]非有奇才絶學，雄略高謨，吐一言可以匡俗振民，動一議可以固邦興國。全璧歸趙，[6]飛矢救燕，[7]偃息藩魏，[8]甘卧安郢，[9]腦日逐，髓月支，[10]擁十萬而横行，[11]提五千而深入，[12]將能執圭裂壤，[13]功勒景鍾，[14]錦繡爲衣，朱丹被轂，斯大丈夫之志，非吾曹之所能及已。直以章句小才，[15]蟲篆末藝，[16]含吐緗縹之上，[17]翩躚樽俎之側，[18]委曲同之鍼縷，[19]繁碎譬之米鹽，[20]孰致顯榮，何能至到。加性疏澁，[21]拙於進取，未嘗去來許、史，[22]遨遊梁、竇，[23]俛首脅肩，[24]先意承旨，是以三葉靡遘，[25]不與運并，十年未徙，孰非能薄。及除舊布新，[26]清晷方旦，抱樂銜圖，[27]訟謳有主，[28]而猶限一吏於岑石，隔千里於泉亭，不得奉板中涓，[29]預衣裳之會，[30]提戈後勁，[31]厠龍豹之謀。[32]及其投劾歸來，[33]恩均舊隸，升文石，登玉陛，[34]一見而降顔色，再覩而接話言，非藉左右之容，無勞羣公之助。又非同席共研之夙逢，笥餌卮酒之早識，一旦陪武帳，仰文陛，備聃、佚之柱下，[35]充嚴、朱之席上，[36]入班九棘，[37]出專千里，[38]據操撮之雄官，參人倫之顯職，雖古之爵人不次，取士無名，未有躡影追風，[39]奔驟之若此者也。

[1]底：達到，取得。《詩·小雅·祈父》："胡轉予于恤，靡所底止。"《文選》卷四一楊惲《報孫會宗書》："惲材朽行穢，文質無所底。"

[2]依隱：依憑。　易農：指出仕。東方朔《戒子詩》："飽食安步，以仕易農。"見《漢書》卷六五《東方朔傳》。

[3]鍾庾：古容量單位。六斛四斗爲一鍾，十六斗爲一庾。此處指俸禄。

[4]尺板斗食：指低級官吏。尺板，古代官吏記事所用手板。斗食，年俸不滿百石的官吏。

[5]皁衣：黑衣，古代宫廷侍衛之士的服裝。　黑綬：即墨綬，古縣官結印的黑色絲帶。

[6]全璧歸趙：戰國時藺相如事。秦强迫趙獻璧，承諾以十五城相償。藺相如携璧使秦，面對秦的欺詐，以大智大勇，完璧歸趙。詳《史記》卷八一《廉頗藺相如列傳》。

[7]飛矢救燕：戰國時魯仲連事。燕將攻下聊城，聊城人或讒之燕。燕將懼誅，因保守聊城，不敢歸。齊田單攻聊城，歲餘，士卒多死而聊城不下。魯仲連乃爲書，約之矢以射城中，遺燕將。燕將得書，泣三日，乃自殺，聊城下。事詳《史記》卷八三《魯仲連鄒陽列傳》。

[8]偃息藩魏：戰國時段干木故事。魏文侯時，秦興兵欲攻魏，司馬唐諫秦君曰："段干木，賢者也，而魏禮之，天下莫不聞，無乃不可加兵乎！"秦君以爲然，乃按兵輟不攻魏。事詳《吕氏春秋·

期賢》。

[9]甘卧安郢：戰國時孫叔敖事。《莊子·徐無鬼》："孫叔敖甘寢秉羽，而郢人投兵。"

[10]腦日逐，髓月支：謂消滅匈奴、月支。日逐，匈奴王號；月支，古西域國名。《文選》卷九揚子雲《長楊賦》："碎轒輼，破穹廬；腦沙幕，髓余吾。"

[11]擁十萬而横行：漢代樊噲事。《史記》卷一〇〇《季布列傳》："上將軍樊噲曰：'臣願得十萬衆，横行匈奴中。'"

[12]提五千而深入：漢代李陵事。《文選》卷四一司馬子長《報任少卿書》："且李陵提步卒不滿五千，深踐戎馬之地，足歷王庭，垂餌虎口，横挑彊胡。仰億萬之師，與單于連戰十有餘日，所殺過半當。虜救死扶傷不給，旃裘之君長咸震怖。"

[13]執圭裂壤：謂封侯。圭，古代帝王諸侯所用禮器；壤，土地。

[14]景鍾：《國語·晉語七》："昔克潞之役，秦來圖敗晉功。魏顆以其身卻退秦師于輔氏，親止杜回，其勳銘於景鍾。"韋昭注："景鍾，景公鍾。"後世以景鐘爲褒功的典故。

[15]章句：章節和句子。此指研究文章章句的意義。

[16]蟲篆：雕蟲篆刻，指作文章的技能。《後漢書》卷五四《楊震傳》附《楊賜傳》："造作賦説，以蟲篆小技見寵於時。"李賢注引揚雄《法言》："賦者，童子彫蟲篆刻，壯夫不爲也。"

[17]緗縹：淺黄與淺青色絲織品做的書套。此處代指書卷。

[18]樽俎：指宴席。樽，三朝本、百衲本作"罇"。按，"樽"、"罇"同。劉向《新序·雜事一》："仲尼聞之曰：'夫不出於樽俎之間而知千里之外，其晏子之謂也。'"

[19]委曲：屈身折節。　鍼縷：縫紉針綫之事。

[20]米鹽：比喻瑣碎、繁雜。

[21]疏澁：粗疏不圓滑。

[22]許、史：西漢許皇后家和史良娣家。漢宣帝許皇后，元帝

之母。宣帝封后父廣漢爲平恩侯，位特進。封其兩弟：舜爲博望侯，延壽爲樂成侯。並以延壽爲大司馬、車騎將軍。元帝即位，復封延壽中子嘉爲平恩侯，亦爲大司馬、車騎將軍。又，衛太子史良娣生子進，號史皇孫。皇孫有一男，號皇曾孫，即宣帝劉詢。宣帝即位，封良娣兄史恭三子及長子之子皆爲列侯。許、史二家在宣成之時，勢位顯赫。詳《漢書》卷九七《外戚傳》。後世以許、史指貴顯的外戚。

[23]梁、竇：東漢梁家和竇家。梁統，光武帝時封高山侯，拜太中大夫，封四子爲郎。曾孫梁商，官至大將軍。商死，子冀繼，以外戚之重，專斷朝政二十餘年。詳《後漢書》卷三四《梁統傳》。竇融，光武帝時受封安豐侯，位大司空，恩寵無比。其子孫多封侯。一門之内，一公、二侯、三公主、四二千石。詳《後漢書》卷二三《竇融傳》。後世以梁竇指朝廷豪强權貴。

[24]俛首脅肩：低三下四的樣子。俛，同“俯”。

[25]三葉靡遘：三代不遇。王僧孺父祖並仕途不達，故云。

[26]除舊布新：此指蕭衍代齊建立梁王朝。

[27]抱樂銜圖：指擁戴新朝。抱樂，《史記》卷四《周本紀》：“居二年，聞紂昏亂暴虐滋甚，殺王子比干，囚箕子。太師疵、少師强抱其樂器而奔周。”銜圖，《藝文類聚》卷九九引《春秋合誠圖》：“黄帝遊玄扈雒水上，與大司馬容光等臨觀，鳳皇銜圖置帝前，帝再拜受圖。”後世用爲帝王上臺的祥瑞。

[28]訟：通“頌”。

[29]板：手板，即笏。朝見皇帝時所持。　中涓：《漢書·高惠高后文功臣表》顔師古注：“中涓，親近之臣，若謁者、舍人之類也。涓，潔也，主居中掃潔也。”

[30]衣裳之會：相對兵車之會而言，指國與國之間以禮交好之會。參《春秋穀梁傳·莊公二十七年》。

[31]後勁：殿後的精兵。此指軍隊。

[32]龍豹之謀：英雄豪傑之謀。龍豹，即龍虎。姚思廉避唐諱

改。

[33]投劾：呈遞檢討書。

[34]文石：指宫廷臺階。古宫殿臺階多以文石鋪築，故云。　玉陛：帝王殿階。

[35]聃、佚：老聃、史佚。古代傳説中周王朝的史官。　柱下：即柱下史，相當於漢以後之御史。

[36]嚴、朱：嚴助、朱買臣。二人並爲漢武帝所親重的文臣。《漢書》卷六四有傳。　席上：即席上珍，指有才學的儒士。《禮記·儒行》："哀公命席，孔子侍曰：'儒有席上之珍以待聘，夙夜强學以待問，懷忠信以待舉，力行以待取，其自立有如此者。'"

[37]九棘：相傳古代群臣外朝時，立九棘爲標識，以區别等級職位。後用以指代九卿。

[38]千里：形容地域遼闊。此指爲官一方，管轄地域廣大。

[39]躡影、追風：古名馬名。晉·崔豹《古今注》："秦始皇有七名馬：追風、白兔、躡影、追電、飛翮、銅爵、晨鳧。"此借指升遷之速。

蓋基薄牆高，塗遥力躓，傾壓必然，顛匐可俟。竟以福過災生，人指鬼瞰，將均宥器，[1]有驗傾卮，[2]是以不能早從曲影，[3]遂乃取疑邪徑。[4]故司隸懔懔，[5]思得應弦，[6]譬縣厨之獸，[7]如離繳之鳥，[8]將充庖鼎，以餌鷹鸇。雖事異鑽皮，[9]文非刺骨，猶復因兹舌杪，成此筆端，[10]上可以投畀北方，[11]次可以論輸左校，[12]變爲丹赭，[13]充彼舂薪。[14]幸聖主留善貸之德，紆好生之施，解網祝禽，[15]下車泣罪，[16]愍兹吏詬，[17]憐其觳觫，[18]加肉朽胔，[19]布葉枯株，輟薪止火，得不銷爛，所謂還魂斗極，[20]追氣泰山，[21]止復除名爲民，幅巾家巷，此五十年之後，人君之賜焉。木石感陰陽，犬馬識厚薄，員首方足，[22]孰不戴天？而竊自有悲者，蓋士無賢不肖，在朝見嫉；女無美惡，入宫見妬。[23]家貧，無苞苴可以事朋類，[24]惡其鄉原，[25]恥彼戚施，[26]何以從人，何以徇物？外無奔走之友，[27]内乏强近之親。[28]是以構市之徒，[29]隨相媒蘖。[30]及一朝捐棄，以快怨者之心，吁可悲矣。[31]

[1]宥器：即宥坐器，也叫攲器。器注滿則倒，空則側，不多不少則正。參《荀子·宥坐》、《説苑·敬慎》。

[2]傾卮：指飲酒。卮，酒杯。

[3]曲影：指邪惡之人。

[4]取疑邪徑：謂遭人讒而被疑。《漢書·五行志》："成帝時歌謡又曰：'邪徑敗良田，讒口亂善人。桂樹華不實，黄爵巢其顛。故爲人所羡，今爲人所憐。"

[5]司隸：司隸校尉之省稱，官名。自漢至晉掌糾察京師百官及所轄附近各部。

[6]應弦：指鳥獸。

[7]縣：同"懸"。

[8]離：遭。

[9]鑽皮：《後漢書》卷一一〇下《文苑傳》載趙壹《刺世嫉邪賦》："所好則鑽皮出其毛羽，所惡則洗垢求其瘢痕。"後世用以比喻好惡偏激。

[10]舌杪：即舌端。　筆端：指羅織之罪名。《韓詩外傳》卷七："君子有三畏：畏文士之筆端，武士之鋒端，辯士之舌端。"

[11]投畀北方：放逐到極邊遠的地方。《詩·小雅·巷伯》："取彼譖人，投畀豺虎。豺虎不食，投畀有北。"

[12]論輸左校：判罪到左校做苦工。蔡邕《上漢書十志疏》："顧念元初中尚書郎張俊坐泄露事，當伏重刑……詔書馳救，一等輸作左校。"左校，官署名，掌製作工藝器具。

[13]丹赭：囚徒的服裝。

[14]舂薪：舂米、砍柴。奴僕所幹之事。此處指罪刑較輕的人。

[15]解網祝禽：比喻寬宥、仁德。《史記》卷三《殷本紀》："湯出，見野張網四面，祝曰：'自天下四方皆入吾網。'湯曰：'嘻，盡之矣！'乃去其三面，祝曰：'欲左，左；欲右，右。不用命，乃入吾網。'諸侯聞之，曰：'湯德至矣，及禽獸。'"

[16]下車泣罪：謂不得已而用刑。劉向《説苑·君道》："禹出見罪人，下車問而泣之。"後代用以形容爲政寬仁。

[17]臾（xǐ）訢：没有志氣節操。臾，通"謑"。

[18]觳（hú）觫（sù）：恐懼的樣子。《孟子·梁惠王上》："王坐於堂上，有牽牛而過堂下者，王見之，曰：'牛何之？'對曰：'將以釁鍾。'王曰：'舍之，吾不忍其觳觫，若無罪而就死地。'"

[19]胔（zhī）：腐肉。

[20]斗極：本指北斗星和北極星，此指權柄所在。《後漢書》卷八〇下《文苑·趙壹傳》：趙壹謝恩書曰："乃收之於斗極，還之於司命。"

[21]泰山：傳説人死後魂歸於泰山。

[22]員首方足：指人類。《淮南子·精神訓》："故頭之圓也象天，足之方也象地。"員，通"圓"。

[23]意謂由於有名位，易遭小人嫉妒。《史記》卷八三《魯仲連鄒陽列傳》鄒陽《獄中上書自明》："故女無美惡，入宫見妒；士無賢不肖，入朝見嫉。"

[24]苞苴：禮物。

[25]鄉原：外有謹愿之名，實與流俗合污的僞善者。《論語·陽貨》："鄉原，德之賊也。"原，通"愿"。

[26]戚施：本指駝背，常用以指諂媚取寵的人。《文選》卷五三李蕭遠《運命論》："凡希世苟合之士，蘧蒢戚施之人，俯仰尊貴之顔，逶迤勢利之間。"

[27]奔走之友：幫忙出力的朋友。

[28]强近之親：家族内親近的人。《文選》卷三七李令伯《陳情表》："外無朞功强近之親，内無應門五尺之僮。"

[29]構市之徒：製造是非的人。

[30]媒蘖（niè）：構害誣陷，强加罪名於人。

[31]吁可悲矣：舊本皆作"呼悲可矣"，此依中華書局本校改。

蓋先貴後賤，古富今貧，[1]季倫所以發此哀音，[2]雍門所以和其悲曲。[3]又迫以嚴秋殺氣，具物多悲，長夜展轉，百憂俱至。况復霜銷草色，風摇樹影。寒蟲夕叫，合輕重而同悲；秋葉晚傷，雜黄紫而俱墜。蜘蛛絡幕，熠燿争飛，[4]故無車轍馬聲，何聞鳴鷄吠犬。俛眉事妻子，舉手謝賓遊。方與飛走爲隣，[5]永用蓬蒿自没。愾其長息，忽不覺生之爲重。素無一廛之田，[6]而有數口之累。豈曰匏而不食，[7]方當長爲傭保，[8]餬口寄身，溘死溝渠，以實螻蟻，悲夫！豈復得與二三士友，抱接膝之歡，[9]履足差肩，[10]摛綺縠之清文，[11]談希微之道德。[12]唯吴馮之遇夏馥，[13]范式之值孔嵩，[14]愍其留賃，憐此行乞耳。儻不以垢累，時存寸札，則雖先犬馬，[15]猶松喬焉。[16]去矣何生，高樹芳烈。裁書代面，筆淚俱下。

[1]劉向《説苑·善説》："雍門子周以琴見乎孟嘗君，孟嘗君曰：'先生鼓琴亦能令文悲乎？'雍門子周曰：'臣何獨能令足下悲哉！臣之能令悲者，有先貴而後賤，先富而後貧者也。'"

[2]季倫：晉人石崇的表字。崇少有大志，官至大司農，得罪去官，有今昔之感，作《思歸引序》，見《文選》卷四五。《晉書》卷三三《石苞傳》有附傳。

[3]雍門：即雍門子周。

[4]熠燿：螢火蟲。

[5]飛走：指飛禽走獸。隣，同"鄰"。

[6]廛：一夫所居之地。《孟子·滕文公上》："願受一廛而爲氓。"

[7]匏而不食：謂不出仕。《論語·陽貨》："吾豈匏瓜也哉，焉能繫而不食！"

[8]傭保：雇工。

[9]接膝：本指坐在一起，膝與膝靠近。意謂朋友之間親近。

[10]履足差肩：足踏足，肩併肩。意指親密無間。

[11]綺縠：比喻華麗的詩文。

[12]希微：指道德之不可感知，没有形象。《老子》第十四章言道，有云："聽之不聞名曰希，搏之不得名曰微。"

[13]吴馮：人名。《後漢書》卷六四《吴祐傳》有附傳。　夏馥：人名。馥遭黨錮之禍，爲免牽連良善，剪鬚變形，隱姓埋名爲冶家傭。後，其弟追尋，遇之，馥不願回。詳《後漢書》卷六七《黨錮·夏馥傳》。此云吴馮遇夏馥，未詳所出。

[14]范式之值孔嵩：後漢范式與孔嵩爲友，式爲荆州刺史行部到新野，縣選嵩爲導騎迎式。式見而識之，把臂與語。詳《後漢書》卷八一《獨行·范式傳》。式，舊本皆訛"或"，此依中華書局本校改。

[15]先犬馬：謂早逝。

[16]松喬：赤松子與王喬，古代傳説中仙人名。

久之，起爲安西安成王參軍，[1]累遷鎮右始興王中記室，[2]北中郎南康王諮議參軍，[3]入直西省，[4]知撰譜事。[5]普通三年，[6]卒，時年五十八。[7]

[1]安西：安西將軍之省稱，將軍名號。與安東、安南、安北將軍合稱四安將軍。爲出鎮方面的軍事長官，或爲刺史兼理軍務的加官，權任甚重。爲一百二十五號將軍之一，二十一班。　安成王：梁武帝弟蕭秀的封爵號。見本書《太祖五王傳》。安成，郡名。治所在今江西安福縣東南。　參軍：官名。王公軍府屬官，參掌府曹事。梁四班至流外七班中之六班。

[2]鎮右：鎮右將軍之省稱，將軍名號。梁置，八鎮將軍之一，與鎮前、鎮後、鎮左將軍衹授予在京師任職者。爲一百二十五號將軍之一，二十三班。　始興王：梁武帝弟蕭憺的封爵號。見本書《太祖五王傳》。始興，郡名。治所在今廣東韶關市東南蓮花嶺。　中記室：中記室參軍之省稱，官名。王公軍府屬官，梁七班至三班。

[3]北中郎：北中郎將之省稱，將軍名號。東西南北四中郎將之一。統兵出征，或鎮守某一地區爲方面大員。南朝多以宗室諸王擔任，地位頗高。按，梁天監七年革選，以鎮兵、翊師、宣惠、宣毅爲一百二十五號二十四班將軍之十七班，代舊四中郎將。至普通六年又置百號將軍。則其間不應有北中郎將之號。參《隋書·百官志》。　諮議參軍：官名。王公府屬官，掌諷議。梁九班至六班。

[4]西省：即祕書省。

[5]梁代重譜學。《通典》卷三《食貨三》有云："（梁武）帝以是留意譜籍，詔御史中丞王僧孺改定百家譜，由是有令史、書吏之

職，譜局因此而置。”

[6]普通：梁武帝年號（520—527）。 三年：《南史》卷五九同傳作“二年”。

[7]此記王僧孺卒時年齡似有誤。本傳先云：“建武初，有詔舉士，揚州刺史始安王遥光表薦祕書丞王暕及僧孺曰：‘前候官令東海王僧孺，年三十五。’”據《南齊書》卷六《明帝紀》，下詔舉士在建武二年正月。依此而推，僧孺當生於宋大明五年（461）。至普通三年（522），當爲六十二歲。又，曹道衡、沈玉成以《文選》卷三八《爲蕭揚州薦士表》及本書《王暕傳》中王暕年歲推算，蕭遥光表薦僧孺當在建武四年（497），如此，則其生在宋大明七年（463），卒時年六十。詳其所撰《中古文學史料叢考》卷四“王僧孺年歲”條。

僧孺好墳籍，聚書至萬餘卷，率多異本，與沈約、任昉家書相埒。[1]少篤志精力，於書無所不覩。其文麗逸，多用新事，人所未見者，世重其富。僧孺集《十八州譜》七百一十卷，[2]《百家譜集》十五卷，《東南譜集抄》十卷，文集三十卷，[3]《兩臺彈事》不入集内爲五卷，及《東宫新記》，並行於世。

[1]埒：相等。

[2]《十八州譜》七百一十卷：中華書局本《隋書·經籍志》著録“《姓氏英賢譜》一百卷”下小注云：“《梁武帝總集境内十八州譜》六百九十卷，亡。”顧炎武《日知録》卷二三“姓氏書”條黄汝成《集釋》引趙氏曰：“按周小史，奠繫世，辨昭穆。是譜學之起於周無疑。漢高祖起布衣，故不重氏族。然漢鄧氏已有官譜，應劭有《氏族》一篇，王符《潛夫論》亦有《姓氏》一篇。至魏，九品中正法行，於是權歸右姓。有司選舉，必稽譜牒，故官有世

胄，譜有世官，於是賈氏、王氏譜學興焉。晉太元中，賈弼撰《姓氏簿狀》，何承天亦有《姓苑》二篇，劉湛又撰《百家譜》。而弼所撰傳子匪之，匪之傳子希鏡，撰《姓氏要狀》十五篇，希鏡傳子執，執傳其孫冠，故賈氏譜學最擅名。沈約謂晉咸和以後，所書譜牒並皆詳實。梁武因約言，詔王僧孺改定《百家譜集抄》十五卷，《南北譜集》十卷，故又有王氏譜學。此南朝譜學之源流也。”此述譜學源流頗得要領，録之以備參考。

[3]文集三十卷：《隋書·經籍志》著録有“梁中軍府諮議王僧孺集三十卷”。

張率字士簡，吴郡吴人。[1]祖永，[2]宋右光禄大夫。[3]父瓌，[4]齊世顯貴，歸老鄉邑，天監初，授右光禄，[5]加給事中。[6]

[1]吴：縣名。治所在今江蘇蘇州市。

[2]永：即張永。《宋書》卷五三有傳。

[3]右光禄大夫：官名。屬光禄勳，養老疾，無職事，多用於褒贈。宋第三品。

[4]瓌：即張瓌。《南齊書》卷二四有傳。

[5]右光禄：右光禄大夫之省稱。

[6]給事中：官名。集書省官員，掌侍從及收發文書，地位不高。宋第五品，梁初第七品。

率年十二，能屬文，常日限爲詩一篇，稍進作賦頌，至年十六，向二千許首。[1]齊始安王蕭遥光爲揚州，召迎主簿，[2]不就。起家著作佐郎。[3]建武三年，舉秀才，除太子舍人。[4]與同郡陸倕幼相友狎，[5]常同載詣左衛將軍沈約，[6]適值任昉在焉，約乃謂昉曰："此二子後進才秀，皆南金也，[7]卿可與定交。"由此與昉友善。遷尚書殿中郎。[8]出爲西中郎南康王功曹史，[9]以疾不就。久之，除太子洗馬。[10]高祖霸府建，[11]引爲相國主簿。天監初，臨川王已下並置友、學。[12]以率爲鄱陽王友，[13]遷司徒謝朏掾，[14]直文德待詔省，[15]敕使抄乙部書，[16]又使撰婦人事二十餘條，勒成百卷，[17]使工書人琅邪王深、吴郡范懷約、褚洵等繕寫，[18]以給後宫。率又爲《待詔賦》奏之，[19]甚見稱賞。手敕答曰："省賦殊佳。相如工而不敏，[20]枚皐速而不工，[21]卿可謂兼二子於金馬矣。"[22]又侍宴賦詩，高祖乃別賜率詩曰："東南有才子，故能服官政。余雖慚古昔，[23]得人今爲盛。"率奉詔往返數首。其年，遷祕書丞，引見玉衡殿。[24]高祖曰："祕書丞天下清官，[25]東南胄望未有爲之者，[26]今以相處，足爲卿譽。"其恩遇如此。

[1]向：近。

[2]迎主簿：南朝時地方官離任，地方吏民斂錢相送，叫做送故；新來上任，地方吏民以財禮相迎，叫做迎新。主持迎新的主簿稱爲迎主簿。迎主簿由一州門第、德行、才學優異者擔任，是一種入仕資格。參汪徵魯《南朝"迎吏"、"送故吏"新探》。主簿，官名。漢以後中央各機構及地方州郡官府皆置，掌文書薄籍，爲掾吏之首。其官職隨所署長官地位高下而異。

[3]著作佐郎：官名。祕書省屬官，佐著作郎掌國史，集注起居。多甲族貴遊起家之選，爲清閑之職。員八人。齊第六品。

[4]太子舍人：官名。東宫屬官。掌侍從及文記。員十六人。宋第七品，齊不詳。

[5]陸倕：人名。本書卷二七有傳。

[6]左衛將軍：官名。禁衛軍六軍之一。與右衛將軍合稱二衛將軍，掌宿衛營兵。宋第四品。

[7]南金：比喻傑出人才。《晉書》卷六八《薛兼傳》：兼少與紀瞻、閔鴻、顧榮、賀循齊名，號爲五俊。初入洛，司空張華見而奇之，曰："皆南金也。"

[8]尚書殿中郎：官名。尚書省諸曹郎之一，屬尚書左僕射。常擬詔書，多用文學之士。齊第六品。

[9]西中郎：西中郎將之省稱，將軍名號。東西南北四中郎將之一。統兵征伐，或出鎮方面，地位高於一般將領。南朝多以宗室諸王擔任。宋第四品，齊不詳。　南康王：齊明帝子蕭寶融的封爵號。寶融初封隨郡王，永元元年（449）改封南康王，三年受命即位，是爲齊和帝。見《南齊書》卷八《和帝紀》。　功曹史：官名。郡府佐吏，掌吏員賞罰任免事宜。宋齊官品不詳。

[10]太子洗馬：官名。東宫屬官，掌侍從文翰，爲清顯之職。員八人。齊第七品。

[11]霸府：藩王府邸。此指齊末蕭衍受封建安王所置府。參本書卷一《武帝紀》。

[12]友：官名。梁皇弟皇子府屬官，掌陪侍規諷。員一人。梁初第六品。
學：即文學，官名。梁皇弟皇子府屬官。掌地方教育。員一人。梁初第七品。

[13]鄱陽王：梁武帝弟蕭恢的封爵號。見本書卷二二《太祖五王傳》。

[14]謝朏：人名。本書卷一五有傳。　掾：官名。公府屬官，分掌本府諸曹事。宋第七品，梁初不詳。

[15]直：同"值"。　文德：京師建康宫城内殿省名。

[16]乙部書：古分書籍爲經、史、子、集四類，依次爲甲、乙、丙、丁四部。乙部即史書。

[17]二十餘條，勒成百卷：中華本《校勘記》云："'二十'，疑有誤。二十餘條不能'勒成百卷'。"按，《南史》卷三一《張裕傳》附《張率傳》無此八字。

[18]琅邪王深：王深，祖籍琅邪郡。中華本《校勘記》云："'深'，《南史》作'琛'。"

[19]《待詔賦》：今不存。

[20]相如：即司馬相如。漢武帝時著名辭賦家。《史記》卷一一七、《漢書》卷五七並有傳。

[21]枚臯：人名。漢武帝時著名辭賦家。《漢書》卷五一《枚乘傳》有附傳。附傳云："（臯）爲文疾，受詔輒成，故所賦者多。司馬相如善爲文而遲，故所作少而善於臯。"舊題葛洪《西京雜記》卷三："枚皋文章敏疾，長卿（司馬相如之字）製作淹遲，皆盡一時之譽。而長卿首尾温麗，枚皋時有累句，故知疾行無善迹矣。"

[22]金馬：即金馬門。漢武帝得大宛馬，乃命東門京以銅鑄像，立馬於魯班門外，因稱金馬門。東方朔、主父偃、嚴安、徐樂皆待詔於此門。《史記》卷一二六《滑稽列傳·東方朔傳》："金馬門者，宦者署門也。門傍有銅馬，故謂之金馬門。"後世用以指稱官署。

[23]古昔：此處指漢代。《文選》卷四九班孟堅《公孫弘傳贊》："漢之得人，於兹爲盛。"

[24]玉衡殿：京師建康宫城内殿省名。

[25]清官：政事清簡的官職。常指典司圖籍一類的官。

[26]胄望：世家大族的後代。《南史》卷三一同傳作"望胄"，《御覽》卷二三三《職官部》三一引《梁書》作"胄緒"。

四年三月，禊飲華光殿。[1]其日，河南國獻舞馬，[2]詔率賦之，曰：

臣聞“天用莫如龍，地用莫如馬”。[3]故《禮》稱驪騵，[4]《詩》誦騮駱。[5]先景遺風之美，[6]世所得聞；吐圖騰光之異，[7]有時而出。洎我大梁，光有區夏，[8]廣運自中，[9]員照無外，[10]日入之所，浮琛委贄，[11]風被之域，越險効珍，[12]軨服烏號之駿，[13]騊駼拳龍之名。[14]而河南又獻赤龍駒，有奇貌絶足，能拜善舞。天子異之，使臣作賦，曰：

[1]禊（xì）飲：古代民俗，於三月上巳日（三國魏以後用三月三日）於水濱洗濯，祓除不祥，稱爲禊；攜飲食在野宴飲，稱爲禊飲。　華光殿：殿名。在京師建康宫城華林園内。故址在今江蘇南京市鷄鳴山南。

[2]河南國：古西北諸戎之一。本書卷五四《西北諸戎傳》有傳。

[3]《史記·平準書》：“以爲天用莫如龍，地用莫如馬，人用莫如龜，故白金三品。”

[4]驪騵：黑色馬稱爲驪，赤毛黑鬣黑尾馬稱爲騵。《禮記·檀弓上》：“夏后氏尚黑，大事：斂用昏，戎事乘驪，牲用玄；殷人尚白，大事：斂用日中，戎事乘翰，牲用白；周人尚赤，大事：斂用日出，戎事乘騵，牲用騂。”

[5]騮駱：赤身黑鬣馬稱爲騮，黑身白鬣馬稱爲駱。《詩·魯頌·駉》：“駉駉牡馬，在坰之野。薄言駉者，有騂有駱，有騮有雒，以車繹繹。”

[6]先景、遺風：皆馬名。《漢書》卷八七《揚雄傳》載《河東賦》有云：“乃撫翠鳳之駕，六先景之乘。”《文選》卷七司馬長卿

《子虛賦》："乘遺風，射遊騏。"李善注引張揖曰："遺風，千里馬也。"

[7]吐圖騰光：《文選》卷一四顔延年《赭白馬賦》："實有騰光吐圖，疇德瑞聖之符焉。"李善注："《尚書中侯》曰：'帝堯即政七十載，修壇河洛。仲月辛丑，禮備，至於日稷，榮光出河，龍馬銜甲，赤文緑色，臨壇吐《甲圖》。'"

[8]區夏：諸夏之地，指中國。

[9]廣運：指帝德廣大深遠。《尚書·大禹謨》："帝德廣運，乃聖乃神，乃武乃文。"《傳》："廣謂所覆者大，運謂所及者遠。"

[10]員照：遍照。指恩德遍及天下。

[11]浮琛：琛，疑爲"深"之訛。"浮深"與下"越險"相對。深，指水。　委贄：古人初次相見，執贄以爲禮，叫做委贄。

[12]効：獻。

[13]軨服、烏號：並名馬之名。

[14]駒駼、豢龍：並名馬之名。

維梁受命四載，元符既臻，[1]協律之事具舉，[2]膠庠之教必陳，[3]檀輿之用已偃，[4]玉輅之御方巡。[5]考帝文而率通，披皇圖以大觀。慶惟道而必先，靈匪聖其誰贊。[6]見河龍之瑞唐，[7]矚天馬之禎漢。[8]既叶符而比德，[9]且同條而共貫。詢國美於斯今，[10]邁皇王於曩昔。散大明以燭幽，揚義聲而遠斥。[11]固施之於不窮，諒無所乎朝夕。[12]並承流以請吏，[13]咸向風而率職。[14]納奇貢於絶區，致龍媒於殊域。[15]伊况古而赤文，爰在兹而朱翼。既効德於炎運，[16]亦表祥於尚色。[17]資皎月而載生，[18]祖河房而挺授。[19]種北唐之絶類，[20]嗣西宛之鴻冑。[21]稟妙足而逸倫，有殊姿而特茂。善環旋於薺夏，[22]知蹈躍於金奏。[23]超六種於周閑，[24]踰八品於漢廐。[25]伊自然之有質，寧改觀於肥瘦。豈徒服皁而養安，[26]與進駕以馳驟。爾其挾尺縣鑿之辨，[27]附蟬伏兎之別，[28]十形五觀之姿，[29]三毛八肉之勢，[30]臣何得而稱焉，固已詳於前製。

[1]元符：即玄符，上天的符命。《文選》卷四八揚子雲《劇秦美新論》："玄符靈契，黄瑞涌出。"　臻：至。

[2]協律之事：指樂教之事。協律，校正音樂律吕，使之和諧。

[3]膠庠：學校。

[4]檀輿：即檀車，指兵車。

[5]玉輅：皇帝的專用車。以玉爲飾，故名。

[6]匪：通"非"。

[7]河龍之瑞唐：傳説帝堯之母觀於三河，常有龍隨之。一旦龍負圖而至，其文要曰："亦受天祐。"既而陰風四合，赤龍感之。孕十四月而生堯於丹陵。及長，有聖德，封於唐。參《禮記·禮運》孔穎達《疏》引《中候握河記》及沈約《宋書·符瑞上》。

[8]天馬之禎漢：相傳漢武帝元鼎四年（前113）六月，馬生渥窪水中，乃作《天馬之歌》。參《史記·樂書》。《文選》卷一四顔延年《赭白馬賦》："漢道亨而天驥呈才。"

[9]叶：同"協"，合。

[10]國美：國家的遺美。《文選》卷一四顔延年《赭白馬賦》："訪國美於舊史，考方載於往牒。"

[11]斥：本指鹽鹹地，此處代指邊遠地區。

[12]所：可。

[13]請吏：請充吏役。意即臣服。

[14]率職：奉行職事。

[15]龍媒：駿馬。《漢書·禮樂志·天馬歌》："天馬來，龍之媒。"

[16]効德於炎運：謂天馬降臨於漢世。炎運，指漢朝。據五德説，漢以火德王天下，故稱。

[17]表祥於尚色：謂神馬顯祥瑞於尚色的時代。古以五色配五德，漢爲火德，尚赤。

[18]資皎月而載生：謂馬憑借月而生。《文選》卷一四顔延年《赭白馬賦》："禀靈月駟。"李善注："《春秋考異記》曰：地生月精爲馬。"

[19]祖河房而挺授：謂馬爲河房所授。古人認爲動植物都是由日月星辰之精氣貫注而生。《瑞應圖》："馬爲房星之精。"房星爲二十八宿之一。

[20]北唐：古國名。《太平御覽》卷八九六引郭璞《穆天子傳》注："《竹書》曰：北唐之君來見，以一驪馬，是生緑耳。"

[21]西宛：西方宛國。《漢書》卷九六《西域·大宛國》："宛别邑七十餘城，多善馬。馬汗血，言其先天馬子也。"

[22]薺夏：即齊夏，古樂名。《周禮·春官·鍾師》："鍾師：掌金奏。凡樂事，以鍾鼓奏九夏：《王夏》、《肆夏》、《昭夏》、《納夏》、《章夏》、《齊夏》、《族夏》、《祴夏》、《驁夏》。"

[23]蹈躧（xǐ）：舞蹈時脚步輕快的樣子。　金奏：擊鍾及鎛以奏九夏之樂。《周禮·春官·鎛師》："鎛師：掌金奏之鼓。凡祭祀，鼓其金奏之樂；饗食、賓射，亦如之。"

[24]六種：周人分馬爲六等稱爲六種。《周禮·夏官·校人》："校人掌王馬之政，辨六馬之屬：種馬一物，戎馬一物，齊馬一物，道馬一物，田馬一物，駑馬一物……天子十有二閑，馬六種；邦國六閑，馬四種；家四閑，馬二種。"閑，馬厩。

[25]八品：漢代分馬爲八品。

[26]皁：通"槽"，牛馬食槽。

[27]挾尺：古時相馬，以胸脯寬廣一尺以上者名爲挾尺，能久走。參北魏賈思勰《齊民要術》卷六《養牛馬驢騾》。　縣鑿：縣，同“懸”。《太平御覽》卷八九六引伯樂《相馬經》：“眼欲得高巨（按，《初學記》作“匡”），眼睛欲如懸鈴，紫艷光明下卧蠶，懸鑿欲得成。”

[28]附蟬：指馬夜眼。賈思勰《齊民要術》卷六《養牛馬驢騾》：“附蟬欲大前後目。”　伏兎：馬膝上突起的肌肉。

[29]十形：馬身十個部位的形狀。《初學記》卷二九引伯樂《相馬經》：“馬頭爲王欲得方；目爲丞相欲得明；脊爲將軍欲得强；腹爲城郭欲得張；四下爲令欲得長；眼欲得高匡；鼻孔欲得大，鼻頭有王火字；口中欲得赤；膝骨員而張；耳欲得近而前竪，小而厚。”　五觀：即觀五駑。《太平御覽》卷八九六引伯樂《相馬經》：“凡相馬之法，先觀三羸五駑，乃相其餘……謂五駑者，大頭緩耳，一駑也；長頸不折，二駑也；短上長下，三駑也；大骼知脅，四駑也；淺寬薄脾，五駑也。”

[30]三毛：未詳。　八肉：指耳下。賈思勰《齊民要術》卷六《養牛馬驢騾》：“額欲方而平，八肉欲大而明。”

徒觀其神爽，視其豪異，軼跨野而忽踰輪，[1]齊秀騏而並末駟。[2]貶代盤而陋小華，[3]越定單而少天驥。[4]信無等於漏面，[5]孰有取於決鼻。[6]可以迹章、亥之所未遊，[7]踰禹、益之所未至。[8]將不得而屈指，亦何暇以理轡。若跡遍而忘反，[9]非我皇之所事。[10]方潤色於前古，邈深文而儲思。

[1]跨野、踰輪：古代傳説中名馬名。

[2]秀騏、末駟：古代名馬名。末駟，疑爲“天駟”之訛。《初學記》卷二九引宋·劉義恭《白馬賦》：“是以周稱踰輪，漢則天

駟。”

[3]代盤、小華：古代名馬名。

[4]定單、天驥：古代名馬名。

[5]漏面：面有病的馬。

[6]決鼻：鼻有缺的馬。

[7]章、亥：即太章、豎亥。傳説二人爲禹之臣，善走。《淮南子·墜形訓》："禹乃使太章步自東極，至於西極，二億三萬三千五百里七十五步；使豎亥步自北極，至於南極，二億三萬三千五百里七十五步。"

[8]禹、益：夏禹、伯益。傳説伯益爲舜時東夷部族首領，助禹治水，遍歷九州。參《尚書·舜典》及《史記》卷二《夏本紀》。

[9]反：通"返"。

[10]我皇：指梁武帝。

既而機事多暇，[1]青春未移。[2]時惟上巳，[3]美景在斯。遵鎬飲之故實，[4]陳洛讌之舊儀。[5]漕伊川而分派，[6]引激水以回池。集國良於民儁，列樹茂於皇枝。紛高冠以連袵，[7]鏘鳴玉而肩隨。[8]清輦道於上林，[9]肅華臺之金座。望發色於綠苞，[10]佇流芬於紫裹。[11]聽磬鏄之畢舉，[12]聆《韶》、《夏》之咸播。[13]承六奏之既闋，[14]及九變之已成。[15]均儀禽於唐序，[16]同舞獸於虞庭。[17]懷夏后之九代，[18]想陳王之紫騂。[19]乃命涓人，[20]效良駿，[21]經周衛，[22]入鉤陳。[23]言右牽之已來，寧執朴而後進。[24]既傾首於律同，[25]又蹀足於鼓振。[26]擢龍首，回鹿軀，睨兩鏡，[27]蹙雙鳧。[28]既就場而雅拜，時赴曲而徐趨。敏躁中於促節，[29]捷繁外於驚桴。[30]騏行驥動，虎發龍驤；雀躍鷰集，鵠引鳧翔。妍七盤之綽約，[31]陵九劍之抑揚。[32]豈借儀於褕袂，[33]寧假器於髦皇。[34]婉脊投頌，[35]俛膺合雅。[36]露沫歕紅，[37]沾汗流赭。[38]乃却走於集靈，[39]馴惠養於豐夏。[40]鬱風雷之壯心，思展足於南野。

[1]機事：機要之事，指政事。

[2]青春：春季。《楚辭·大招》："青春受謝，白日昭只。"王逸注："青，東方春位，其色青也。"

[3]上巳：農曆每月上旬巳日。三月上巳，爲古代節日。《後漢書·禮儀志上》："是月上巳，官民皆絜於東流水上，曰洗濯祓除，去宿垢疢，爲大絜。絜者，言陽氣布暢，萬物訖出，如絜之矣。"按，絜，通"潔"。

[4]鎬飲：指西周之禊飲。鎬，地名，故地在今陝西西安市南泮水東岸。周武王滅商，都於此。

[5]洛讌：指周公洛陽之禊宴。《文選》卷四六顏延年《三月三日曲水詩序》李善注引《續齊諧記》晉尚書郎束晳曰："昔周公成洛邑，因流水以泛酒，故逸詩曰：羽觴隨流波。"

[6]伊川：即今河南洛水支流伊水。

[7]連袵：衣襟相連，形容人多。

[8]肩隨：人肩相隨，形容人多。

[9]輦道：天子車駕所經之道。　上林：苑名。在華林園。宋·張敦頤《六朝事迹編類》卷上"上林苑"條云："《南史》：宋孝武大明三年，於真武湖北立上林苑。《建康實録》云：在縣北十三里，有古池，俗呼爲飲馬塘。楊修之詩注云：'其苑連鷄籠山，在縣北七里。'"

[10]發色：開放的花。

[11]紫褢：紫色的花苞。

[12]磬鎛：皆樂器名。磬，以玉石或金屬爲材料，形如矩的樂器；鎛，頂作編環鈕或伏獸形的平口鍾。

[13]《韶》、《夏》：並樂曲名。《韶》，傳説爲舜所作樂曲；《夏》，即《大夏》，傳説爲禹所作樂曲。

[14]六奏：依次奏六代之樂，故稱六奏。相傳黄帝之樂爲《雲門》，堯樂爲《大咸》，舜樂爲《大韶》，禹樂爲《大夏》，湯樂爲《大濩》，周武王樂爲《大武》。參《周禮·春官·大司樂》及注。闋：樂曲結束。

[15]九變：奏樂九次。

[16]均：同。　儀禽於唐序：鳳皇降臨於唐堯之堂。儀禽，鳳皇；序，正堂的東西厢。《尚書·益稷》："夔曰：戛擊鳴球，搏拊琴瑟以咏，祖考來格……簫韶九成，鳳皇來儀。"

[17]舞獸於虞庭：羣獸率舞於虞舜之庭。《尚書·益稷》："夔曰：於，予擊石拊石，百獸率舞，庶尹允諧。"

[18]夏后：指夏啓。　九代：馬名。《山海經·海外西經》："大樂之野，夏后啓於此舞九代。"

[19]陳王：三國魏曹植封爵號。見《三國志》卷一九《陳思王植傳》。　紫騂：紫紅色馬。曹植《獻文帝馬表》："臣於先武皇帝也，得大宛紫騂馬一匹。形法應圖，善持頭尾，教令習拜，今輒已能，又能行與鼓節相應。謹以表奉獻。"見趙幼文《曹植集校注》。

[20]涓人：宫廷中主灑掃清潔的人。也指親近的内侍。

[21]効：獻。

[22]周衛：指後宫周圍的宫室官署。

[23]鉤陳：後宫。《文選》卷一班孟堅《西都賦》："周以鉤陳之位，衛以嚴更之署。"李善注云："《樂汁圖》曰：'鉤陳，後宫也。'服虔《甘泉賦》注曰：'紫宫外營，句陳，星也。然王者亦法之。'"

[24]朴：趕馬的木棍。

[25]律：樂律。

[26]蹀足：踏足。

[27]兩鏡：指馬的兩眼。古相馬法，千里馬的兩眼清明如鏡。參《文選》卷一四顔延年《赭白馬賦》李善注。

[28]雙鳧：指馬胸兩邃肉。古相馬法，千里馬胸兩邃肉如雙鳧。參賈思勰《齊民要術》卷六《養牛馬驢騾》。

[29]躁中：躁急于中。

[30]繁外：煩擾於外。繁，通“煩”。《文選》卷三四枚叔《七發》：“客曰：鍾岱之牡，齒至之車，前似飛鳥，後類距虚，穱麥服處，躁中煩外。”李善注：“以穱麥分劑而食馬，馬肥，故中躁而外煩也。”　桴：鼓槌。

[31]七盤：舞名。漢有七盤舞，地上置七方盤，舞者長袖來往舞於七盤之上。《文選》卷一七傅武仲《舞賦》李善注引張衡《舞賦》：“歷七盤而屣躡。”　綽約：柔美的樣子。

[32]九劍：疑爲“丸劍”或“五劍”之訛。古雜伎名。兩手拋接五丸或劍，而丸、劍不墜於地。《文選》卷二張平子《西京賦》：“跳丸劍之揮霍，走索上而相逢。”《列子·説符》：“宋有蘭子者，以技干宋元。宋元召而使見其技。以雙枝長倍其身，屬其脛，並趨並馳，弄七劍迭而躍之，五劍常在空中。元君大驚，立賜金帛。”

[33]褕袂：單衣的袖子。此處指舞衣。

[34]髦皇：旄牛尾和五色彩羽。舞者之道具。髦，通“旄”。

[35]脊：馬的背脊。　投頌：合於頌樂的節奏。

[36]俛：同“俯”。　合雅：合於雅樂的節拍。

[37]露沫歕紅：“露紅歕沫”之錯綜。現出紅口，噴射唾沫。紅，指口。古相馬法，口中紅而有光爲千里馬。見賈思勰《齊民要術》卷六《養牛馬驢騾》。歕，同“噴”。

[38]沾汗流赭：《史記·樂書》：“又嘗得神馬渥洼水中，復次以爲《太一之歌》。歌曲曰：‘太一貢兮天馬下，沾赤汗兮沫流赭。’”《集解》引應劭曰：“大宛馬汗血沾濡，流沫如赭。”

[39]却走：馬不用奔走作戰。《老子》第四十六章："天下有道，卻走馬以糞。" 集靈：漢宫名。漢武帝爲懷集仙人王喬、赤松子而建。參《三輔黄圖》卷三。

[40]豐夏：寬大的房子。豐，大；夏，同"厦"。

若彼符瑞之富，可以臻介丘而昭卒業，[1]搢紳羣后，[2]誠希末光，[3]天子深穆爲度，未之訪也。何則？進讓殊事，豈非帝者之彌文哉。今四衛外封，[4]五岳内郡，[5]宜弘下禪之規，增上封之訓，[6]背清都而日行，[7]指雲郊而玄運。[8]將絶塵而弭轍，[9]類飛鳥與駏驉。[10]總三才而驅騖，[11]按五御而超攄。[12]翳卿雲於華蓋，[13]翼條風於屬車。[14]無逸御於玉軫，[15]不泛駕於金輿。[16]飾中岳之絶軌，[17]營奉高之舊墟。[18]訓厚況於人神，[19]弘施育於黎獻。[20]垂景炎於長世，[21]集繁祉於斯萬，[22]在庸臣之方剛，[23]有從軍之大願。必自兹而展采，[24]將同畀於庖煇。[25]悼長卿之遺書，[26]憫周南之留恨。[27]

時與到洽、周興嗣同奉詔爲賦，[28]高祖以率及興嗣爲工。

[1]介丘：大土山。 卒業：大業。卒，通"崒"，高，大。

[2]搢紳：插笏於帶間，指士大夫。搢，插；紳，大帶。古代士大夫垂紳搢笏，故稱。 后：古代天子、諸侯皆稱爲后，此處指諸侯。

[3]希：仰慕。

[4]四衛：四方藩衛之國。

[5]五岳：指地方長官，如太守、刺史之類。

[6]下禪：古代帝王在泰山上闢地祭天，報天之功，叫封，因天在上故稱上封；在梁父山闢場祭地，報地之功，叫禪，因地在下，故稱下禪。參《史記·封禪書》及張守節《正義》。

[7]清都：帝王所居之都城。此處指建康。

[8]雲郊：遠郊。　玄運：遠行。

[9]絶塵：脚不沾塵，形容速度極快。　弭轍：車馬奔馳極快，不見車輪的痕迹。《淮南子·道應訓》："若此馬者，絶塵弭轍。"

[10]駏驉：獸名。類似於馬，可供乘騎。《藝文類聚》卷七八漢·黄香《九宫賦》："三台執兵而奉張，軒轅乘駏驉而先驅。"

[11]三才：指天、地、人。　驅騖：奔馳。

[12]五御：即五馭。駕車的五種技巧。《周禮·地官·保氏》："乃教之六藝……四曰五馭。"《注》："五馭：鳴和鸞、逐水曲、過君表、舞交衢、逐禽左。"　超攄：騰躍。

[13]卿雲：五彩雲。古以爲祥瑞。　華蓋：指車蓋。古代貴族所乘之車有華蓋。

[14]條風：春天的東北風。《初學記》卷三引《易通卦驗》："立春，條風至。"宋均注："條風者，條達萬物之風。"

[15]逸御：失去控制。

[16]泛駕：覆車。

[17]中岳：五岳之一，指嵩山。古代天子五歲一巡狩，必至中岳。參《史記·封禪書》。　絶軌：已中斷的行迹。

[18]奉高：縣名。在今山東吉安市東北。漢武帝元封元年（前110）封禪泰山至此，置以奉祀泰山，故名。參《史記·封禪書》。

[19]況：通"貺"，贈賜。

[20]黎獻：衆多賢能的人。

[21]景炎：本指光焰，此處比喻大德。

[22]繁祉：多福。

[23]方剛：年輕氣盛。

[24]展采：《文選》卷四八司馬長卿《封禪文》："而後因雜搢紳先生之略術，使獲燿日月之末光絶炎，以展寀錯事。"李善注引《漢書音義》："寀，官也。使諸儒記功著業，得覩日月末光殊絶之明，以展其官職，設錯事業也。"寀，同"采"。

[25]畀：給予。　庖煇：厨師和製鼓者。《禮記·祭統》："夫祭有畀、煇、胞、翟、閽者，惠下之道也……畀之爲言與也，能以其餘畀其下也。煇者，甲吏之賤者也；胞者，肉吏之賤者也，翟者，樂吏之賤者也，閽者，守門之賤者也。"

[26]長卿：司馬相如之字。　遺書：指《封禪文》。《史記》卷一一七《司馬相如列傳》，相如病甚，漢武帝使所忠求其書。及至，相如已死。其妻曰："長卿未死時爲一卷書，曰有使來求書，奏之。"於是獻之所忠，即《封禪文》。

[27]周南：地名。指洛陽。　留恨：《史記》卷一三〇《太史公自序》：元封元年，漢武帝舉行封禪大典，遷父司馬談爲史官本當參與而"留滯周南，不得與從事，故發憤且卒"。

[28]到洽：人名。本書卷二七有傳。　周興嗣：人名。本書卷四九《文學》有傳。

其年，父憂去職。[1]其父侍妓數十人，善謳者有色貌，邑子儀曹郎顧玩之求娉焉，[2]謳者不願，遂出家爲尼。嘗因齋會率宅，玩之乃飛書言與率姦，[3]南司以事奏聞，[4]高祖惜其才，寢其奏，然猶致世論焉。

[1]父憂：父喪。

[2]邑子：同邑的人。　儀曹郎：官名。尚書省諸曹郎之一，屬祠部尚書。掌吉凶禮儀制度。梁初第六品。　顧玩之：《南史》作"顧珖之"。　娉：同"聘"。

[3]飛書：匿名文書。

[4]南司：御史中丞之别稱。

服闋後，[1]久之不仕。七年，敕召出，除中權建安王中記室參軍，[2]預長名問訊，不限日。俄有敕直壽光省，[3]治丙丁部書抄。[4]八年，晉安王戍石頭，[5]以率爲雲麾中記室。[6]王遷南兗州，[7]轉宣毅諮議參軍，[8]並兼記室。王還都，率除中書侍郎。十三年，王爲荆州，[9]復以率爲宣惠諮議，[10]領江陵令。[11]府遷江州，[12]以諮議領記室，出監豫章、臨川郡。[13]率在府十年，恩禮甚篤。

[1]服闋：服喪期滿。

[2]中權：中權將軍之省稱，將軍名號。梁置，與中衛、中撫、中軍將軍合稱四中將軍，祗授予在京師任職者，地位頗重。爲一百二十五號十品二十四班將軍之二十三班。　建安王：梁武帝弟蕭偉之初封爵號。見本書卷二二《太祖五王傳》。　中記室參軍：官名。王公府屬官，掌文書。梁七班至三班。

[3]壽光省：京師建康宫城内殿省名。

[4]丙丁部：自東晉以後，學者分圖書爲經、史、子、集四部，依次稱甲、乙、丙、丁部。丙丁部即史部和集部。

[5]晉安王：梁簡文帝蕭綱初封爵號。晉安，郡名。治所在今福建福州市。
石頭：即石頭城，在今江蘇南京市西清涼山。其地負山面江形勢險固，爲六朝戰略要地。

[6]雲麾：雲麾將軍之省稱，將軍名號。按，據本書卷一《武帝紀》，蕭綱本年當是輕車將軍。疑“雲麾”爲“輕車”之誤。參

本書《簡文帝紀》注。

[7]南兗州：州名。治所在今江蘇揚州市西北蜀岡。

[8]宣毅：宣毅將軍之省稱，將軍名號。梁置，與鎮兵、翊師、宣惠將軍代舊東西南北四中郎將。爲一百二十五號將軍之一，十七班。

[9]荆州：州名。治所在今湖北荆州市江陵。

[10]宣惠：宣惠將軍之省稱，將軍名號。梁置，與宣毅等將軍代舊四中郎將。爲一百二十五號將軍之一，十七班。

[11]江陵：縣名。治所在今湖北荆州市江陵。

[12]江州：州名。治所在今江西九江市西南。

[13]監：官制術語。由朝廷委派，非正式任職而督理其事。豫章：郡名。治所在今江西南昌市。　臨川：郡名。治所在今江西南城縣東南。

還除太子僕，[1]累遷招遠將軍、司徒右長史、揚州别駕。[2]率雖歷居職務；未嘗留心簿領，[3]及爲别駕奏事，高祖覽牒問之，[4]並無對，但奉答云“事在牒中”。高祖不悦。俄遷太子家令，[5]與中庶子陸倕、僕劉孝綽對掌東宫管記，[6]遷黄門侍郎。[7]出爲新安太守，[8]秩滿還都，[9]未至，丁所生母憂。大通元年，[10]服未闋，卒，時年五十三。昭明太子遣使贈賻，[11]與晉安王綱令曰：[12]“近張新安又致故。其人才筆弘雅，亦足嗟惜。隨弟府朝，東西日久，尤當傷懷也。比人物零落，[13]特可潸慨，屬有今信，[14]乃復及之。”

[1]太子僕：官名。東宫屬官，與太子家令、太子率更令合稱太子三卿。掌東宫車馬。員一人。梁十班。

[2]招遠將軍：將軍名號。梁置，爲一百二十五號二十四班將軍之一，二班。　司徒右長史：司徒府屬官，與左長史共佐司徒掌官吏事。梁十班。　揚州别駕：揚州府屬官，與西曹書佐共掌本府官吏及選舉事。梁十班。

[3]簿領：登記的文簿。

[4]牒：書札。

[5]太子家令：官名。東宫屬官，太子三卿之一。掌東宫刑獄、錢穀、飲食等。宋齊以來，清流者不爲之。員一人。梁十班。

[6]中庶子：官名。東宫屬官，掌侍從及文翰。員四人。梁十一班。　陸倕：人名。本書卷二七有傳。　僕：即太子僕。舊本皆作“僕射”，衍“射”字，此依中華書局本校删。

[7]黄門侍郎：即給事黄門侍郎，官名。門下省次官。與侍中共掌門下衆事，侍從左右，關通中外。出入禁中，權勢顯要。員四人。梁十班。

[8]新安：郡名。治所在今浙江淳安縣西北。

[9]秩滿：任職期滿。

[10]大通：梁武帝年號（527—529）。

[11]昭明太子：梁武帝太子蕭統謚號昭明，故稱。本書卷八有傳。　賻：以錢財助喪事。

[12]令：文體之一種。六朝時太后、皇太子及諸王之言稱爲令。按，以下數語已見本書卷二七《到洽傳》。唯“才筆”、“潸慨”《到洽傳》作“文筆”、“傷惋”，與此處異。

[13]比：近來。

[14]信：使者。

率嗜酒，事事寬恕，於家務尤忘懷。在新安，遣家僮載米三千石還吴宅，既至，遂秏太半。[1]率問其故，答曰：“雀鼠秏也。”率笑而言曰：“壯哉雀鼠。”

竟不研問。[2]少好屬文，而《七略》及《藝文志》所載詩賦，[3]今亡其文者，並補作之。所著《文衡》十五卷，文集三十卷，[4]行於世。子長公嗣。[5]

[1]秏："耗"之異體字。

[2]研問：追究。

[3]《七略》：書名。漢·劉歆撰。我國最早的圖書目録分類著作。分《輯略》、《六藝略》、《諸子略》、《詩賦略》、《兵書略》、《術數略》、《方技略》七部分。　《藝文志》：《漢書》十《志》之一。班固撰。

[4]文集三十卷：《南史》卷三一同傳作"文集四十卷"。《隋書·經籍志》著録"梁黄門郎《張率集》三十八卷"。

[5]子長公嗣：《南史》卷三一同傳作"子長公"，無"嗣"字。

劉孝綽字孝綽，彭城人，[1]本名冉。祖勔，宋司空忠昭公。[2]父繪，[3]齊大司馬霸府從事中郎。[4]

[1]彭城：郡名。治所在今江蘇徐州市。此劉氏祖籍。

[2]勔：劉勔，字伯猷。宋後廢帝時官至鎮軍將軍，守尚書右僕射。桂陽王劉休範爲亂，進攻京城，勔率所領於朱雀航拒戰，死。贈司空，謚忠昭公。《宋書》卷八六有傳。

[3]繪：劉繪，字士章。齊末爲建安王車騎長史，行府國事。東昏侯蕭寶卷被誅，繪及范雲等詣石頭城送東昏首給圍京城的大司馬建安公蕭衍，被任爲大司馬從事中郎。《南齊書》卷四八有傳。

[4]霸府：藩王府邸。此指齊末蕭衍受封建安公所置府。　從事中郎：官名。諸公府屬官，與長史共掌本府官吏，宋第六品，齊不詳。

孝綽幼聰敏，七歲能屬文。舅齊中書郎王融深賞異之，[1]常與同載適親友，號曰神童。融每言曰："天下文章，若無我當歸阿士。"阿士，孝綽小字也。繪，齊世掌詔誥。孝綽年未志學，[2]繪常使代草之。父黨沈約、任昉、范雲等聞其名，[3]並命駕先造焉，[4]昉尤相賞好。范雲年長繪十餘歲，[5]其子孝才與孝綽年並十四五，[6]及雲遇孝綽，便申伯季，乃命孝才拜之。天監初，起家著作佐郎，[7]爲《歸沐詩》以贈任昉，[8]昉報章曰："彼美洛陽子，[9]投我懷秋作。[10]詎慰耋嗟人，[11]徒深老夫託。[12]直史兼褒貶，[13]轄司專疾惡。[14]九折多美疹，[15]匪報庶良藥。[16]子其崇鋒穎，[17]春耕勵秋穫。"其爲名流所重如此。

[1]王融：人名。字元長，祖籍琅邪臨沂。齊武帝時，官至中書郎。鬱林王即位，下獄死。《南齊書》卷四七有傳。

[2]志學：指十五歲。《論語・爲政》："子曰：吾十有五而志於學。"後世以十五歲爲志學之年。

[3]范雲：字彦龍。本書卷一三有傳。

[4]造：造訪。

[5]據《南齊書》卷四八《劉繪傳》和本書《范雲傳》推算，范雲衹長劉繪七歲，此云"十餘歲"，不確。

[6]孝才：舊本皆訛作"季才"，此依中華書局本校改。

[7]著作佐郎：官名。祕書省屬官，佐著作郎掌國史，集注起居。爲清簡之職，多甲族起家之選。員八人。梁二班。

[8]《歸沐詩》：今存。《藝文類聚》卷三一作《贈任中丞》，《文苑英華》卷二四七作《歸沐呈任中丞》。

[9]洛陽子：指劉孝綽。因孝綽贈詩有"步出金華省，還望承

明廬。壯載宛洛地，佳麗實皇居”之句，以洛陽比建康，故任昉稱其爲“洛陽子”。

[10]懷秋作：指《歸沐詩》。因詩中有“白雲夏峰盡，青槐秋葉疏”句，寫秋景，故任昉稱之爲“懷秋作”。

[11]耋嗟人：衰老之人。

[12]徒深老夫託：逯欽立輯《先秦漢魏晉南北朝詩》收此詩於此句下小注云：“《詩紀》云：一作‘徒然老夫諾’。”老夫，任昉自稱。

[13]直史：秉筆直書的史臣和史書。時孝綽爲著作佐郎，故任昉以直史相勉勵。

[14]轄司：此任昉自指。任時爲御史中丞、祕書監，既督司百僚，又是孝綽的上司，故自稱轄司。

[15]九折：多次受打擊。　美疹：指明知有害而順從。疹，通“疢”。《左傳·襄公二十三年》：“季孫之愛我，疾疢也；孟孫之惡我，藥石也；美疢不如惡石。夫石猶生我，疢之美，其毒滋多。”

[16]匪報：《詩·衛風·木瓜》：“投我以木瓜，報之以瓊琚。匪報也，永以爲好也。”此處用以指此答詩。

[17]鋒穎：比喻突出的才能。

遷太子舍人，俄以本官兼尚書水部郎，[1]奉啓陳謝，手敕答曰：“美錦未可便製，[2]簿領亦宜稍習。”[3]頃之即真。高祖雅好蟲篆，[4]時因宴幸，命沈約、任昉等言志賦詩，孝綽亦見引。嘗侍宴，於坐爲詩七首，高祖覽其文，篇篇嗟賞，由是朝野改觀焉。

[1]尚書水部郎：官名。尚書省諸曹郎之一，屬都官尚書。掌水道工程舟楫橋梁漕運政令。梁五班。

[2]美錦：比喻主政之官職。《左傳·襄公三十一年》：子皮欲

使尹何爲邑，子産以爲不可，曰："子有美錦，不使人學製焉。大官、大邑，身之所庇也，而使學者製焉，其爲美錦不亦多乎？僑聞學而後入政，未聞以政學者也。"

[3]簿領：指文記。《文選》卷二九劉公幹《雜詩》："馳翰未暇食，日冥不知晏。沉迷簿領書，回回自昏亂。"李善注："簿領，謂文簿而記録之。"

[4]蟲篆：雕蟲篆刻，指辭賦。揚雄《法言·吾子》："或問：'吾子少而好賦？'曰：'然，童子雕蟲篆刻。'俄而曰：'壯夫不爲也。'"

尋有敕知青、北徐、南徐三州事，[1]出爲平南安成王記室，[2]隨府之鎮。尋補太子洗馬，遷尚書金部侍郎，[3]復爲太子洗馬，掌東宫管記。出爲上虞令，[4]還除祕書丞。高祖謂舍人周捨曰：[5]"第一官當用第一人。"故以孝綽居此職。公事免。尋復除祕書丞，出爲鎮南安成王諮議，[6]入以事免。[7]起爲安西記室，累遷安西驃騎諮議參軍，[8]敕權知司徒右長史事，[9]遷太府卿、太子僕，[10]復掌東宫管記。時昭明太子好士愛文，[11]孝綽與陳郡殷芸、吴郡陸倕、琅邪王筠、彭城到洽等，[12]同見賓禮。太子起樂賢堂，乃使畫工先圖孝綽焉。太子文章繁富，羣才咸欲撰録，太子獨使孝綽集而序之。[13]遷員外散騎常侍，[14]兼廷尉卿，[15]頃之即真。

[1]尋：不久。　知：官制術語。奉特敕執掌本官職權範圍外的他項事務。青、北徐、南徐：皆州名。青州，治所在今江蘇連雲港市東雲臺山一帶；北徐州，治所在今安徽鳳陽縣東北；南徐州，

治所在今江蘇鎮江市。按，《文館詞林》卷六九一録有《梁武帝與劉孝綽敕》一首，有云："吾君臨區宇，於兹五載……今使卿分掌州事。"當即此敕。

[2]平南：平南將軍之省稱，將軍名號。與平東、平西、平北將軍合稱四平將軍。多持節都督或監某一地區的軍事，亦可作爲刺史兼理軍務的加官，地位頗高。爲一百二十五號二十四班將軍之二十班。　安成王：梁武帝弟蕭秀的封爵號。見本書卷二二《太祖五王傳》。

[3]尚書金部侍郎：官名。尚書省諸曹郎之一，屬度支尚書。掌庫藏錢帛出納、度量衡、錢幣鑄造。梁六班。中華書局本《校勘記》："各本作'遷尚書金部侍郎'，衍一'侍'字，今删。按《隋書·百官志》，尚書省置吏部、金部、騎兵等郎二十二人。"按，"侍"字或非衍文，今補。考《隋書·百官志》，梁官班中尚書郎中在五班，尚書侍郎在六班。又，其述尚書省郎官之因革有云："（天監）三年，置侍郎，視通直郎。其郎中在職勤能，滿二歲者，轉之。"本書卷四九《文學·到沆傳》亦載："（天監）三年，詔尚書郎在職清能或人才高妙者爲侍郎，以沆爲殿中曹侍郎。"如此，則亦當有尚書金部侍郎之稱。

[4]上虞：縣名。治所在今浙江上虞市。

[5]舍人：中書通事舍人之省稱，中書省屬官，舊掌入直閤内，呈奏案章。劉宋時漸用寒士及皇帝親信任此職，奪中書侍郎出令權。至梁用人殊重，選以才能，不限資地，掌中書詔誥，權勢顯赫。多由他官兼領。員四人。梁四班。

[6]鎮南：鎮南將軍之省稱，將軍名號。與鎮東、鎮西、鎮北將軍合稱四鎮將軍。多爲持節都督，出鎮方面，權勢甚重。爲一百二十五號將軍之一，二十二班。按，考本書卷二二《太祖五王·安成王秀傳》，蕭秀平生未爲鎮南將軍。此云"鎮南安成王"，疑有誤。　諮議：諮議參軍之省稱，官名。

[7]人，疑爲"又"之訛。

[8]驃騎：驃騎將軍之省稱，將軍名號。爲重號將軍，多加授大臣、重要地方長官，權位頗重。爲一百二十五號將軍之一，二十四班。

[9]權知：官制術語。暫時代理執掌本職之外的官項事務。　司徒右長史：司徒府屬官，佐司徒，掌官吏。梁十班。

[10]太府卿：官名。梁十二卿之一，掌金帛庫藏等。十三班。

[11]昭明太子：梁武帝太子蕭統謚號昭明，因稱。見本書卷八《昭明太子傳》。

[12]陳郡殷芸：殷芸，祖籍陳郡。本書卷四一有傳。　到洽：祖籍彭城郡。本書卷二七有傳。

[13]劉孝綽《昭明太子集序》今存，見清·嚴可均輯《全梁文》卷六〇。

[14]員外散騎常侍：官名。集書省官員，多以公族、宗室充任。劉宋以後常用以安置閑退官員，地位漸低。梁十班。按，《文鏡秘府論》西卷《文二十八種病》引劉孝綽《謝散騎表》云："邀幸自天，休慶不已。假鳴鳳之條，躡應龍之迹。"當爲此遷而作。嚴可均《全梁文》失收。

[15]廷尉卿：官名。梁十二卿之一，掌刑辟，屬官有廷尉正、平、監及胄子律博士等。十一班。

初，孝綽與到洽友善，同遊東宫。孝綽自以才優於洽，每於宴坐，嗤鄙其文，洽銜之。[1]及孝綽爲廷尉卿，[2]攜妾入官府，其母猶停私宅。洽尋爲御史中丞，[3]遣令史案其事，[4]遂劾奏之，云："攜少妹於華省，棄老母於下宅。"高祖爲隱其惡，改"妹"爲"姝"。[5]坐免官。孝綽諸弟，時隨藩皆在荆、雍，[6]乃與書論共洽不平者十事，[7]其辭皆鄙到氏。[8]又寫別本封呈東宫，昭明太子命焚之，不開視也。

[1]銜：怨恨。

[2]卿：中華書局本《校勘記》："'卿'，各本作'正'，據《册府元龜》五二二、九二〇、九三二改。按：劉孝綽爲廷尉卿，見上文。《南史》無'卿'字。"其説是，今從改。

[3]御史中丞：官名。御史臺長官，掌督察百官，糾彈不法。六朝第一流高門多不居此職。員一人。梁十一班。

[4]案：查考。

[5]中華書局本《校勘記》："按，孝綽'攜妾入官府'，到洽劾奏之辭當爲'攜少姝'，高祖爲隱其惡，亦當是'改姝爲妹'。昔人謂此'妹''姝'二字互倒。"曹道衡、沈玉成《中古文學史料叢考》卷四"劉孝綽與到氏兄弟交惡"條有云："按，此説可商。以'妹'改'姝'，加一筆即可，其情不顯；以'姝'改'妹'，則必施以雌黄，痕迹顯然，反易轉巧爲拙，欲蓋彌彰。'妹'可解作姐妹之妹，亦可解作少女（《易·歸妹》注，《後漢書·皇后傳》注）。此以'少妹'與'老母'相對，其毒刻骨，蓋暗指孝綽爲齊襄公。設令所攜非其女弟，亦可據經典以自辯，洽誠刀筆吏哉！"

[6]荆、雍：荆州、雍州。雍州，治所在今湖北襄樊市。

[7]《文選》卷五五劉孝標《廣絶交論》李善注引劉孝綽《與諸弟書》曰："任既假以吹嘘，各登清貫，任云亡未幾，子侄漂流溝渠，洽等視之，攸然不相存贍。平原劉峻疾其苟且，乃廣朱公叔《絶交論》焉。"此當即所論"共洽不平者"之一。共：與，和。

[8]鄙：輕視。《南史》卷三九同傳作"訴"。

時世祖出爲荆州，[1]至鎮與孝綽書曰："君屏居多暇，[2]差得肆意典墳，[3]吟詠情性，[4]比復稀數古人，[5]不以委約而能不伎癢；[6]且虞卿、史遷由斯而作，[7]想擿屬之興,[8]益當不少。洛地紙貴,[9]京師名動,[10]彼此一時，何其盛也。近在道務閑，微得點翰，雖無紀行之作，頗有懷舊之篇。至此已來，衆諸屑役。小生之詆，恐取辱於廬江;[11]遮道之姦，慮興謀於從事。[12]方且褰帷自厲，求瘼不休，筆墨之功，曾何暇豫。[13]至於心乎愛矣，未嘗有歇，思樂惠音,[14]清風靡聞。[15]譬夫夢想温玉,[16]飢渴明珠,[17]雖愧卞、隨,[18]猶爲好事。新有所製，想能示之。勿等清慮，徒虛其請。無由賞悉，遣此代懷。數路計行，遲還芳札。”孝綽答曰:“伏承自辭皇邑,[19]爰至荆臺,[20]未勞刺舉,[21]且擿高麗。[22]近雖預觀尺錦,[23]而不覩全玉。[24]昔臨淄詞賦，悉與楊脩,[25]未殫寶笥,[26]顧慚先哲。渚宮舊俗,[27]朝衣多故,[28]李固之薦二賢,[29]徐璆之奏五郡,[30]威懷之道，兼而有之。當欲使金石流功,[31]恥用翰墨垂迹。[32]雖乖知二,[33]偶達聖心。爰自退居素里，却掃窮閈,[34]比楊倫之不出,[35]譬張摯之杜門。[36]昔趙卿窮愁，肆言得失;[37]漢臣鬱志，廣敍盛衰。[38]彼此一時，擬非其匹。竊以文豹何辜，以文爲罪。[39]由此而談，又何容易。[40]故韜翰吮墨,[41]多歷寒暑，既闕子幼南山之歌,[42]又微敬通渭水之賦,[43]無以自同獻笑,[44]少酬褒誘。[45]且才乖體物,[46]不擬作於玄根;[47]事殊宿諾,[48]寧貽懼於朱亥。[49]顧己反躬，載懷累息。[50]但瞻言漢廣,[51]邈若天涯，區區一心,[52]分宵九逝。[53]殿下降情白屋,[54]存問相尋,[55]食椹懷音,[56]矧伊人矣。”[57]

[1]世祖：梁元帝廟號。

[2]屏居：隱居。

[3]差：略微，比較。　典墳：三墳五典的省稱。此處泛指古代文籍。

[4]吟詠情性：指作詩。六朝人認爲詩是抒寫情性的。參本書卷四九《文學·庾肩吾傳》簡文帝蕭綱《與湘東王書》。

[5]數：查點。此處指討論古籍，評價古人。

[6]委約：頹喪不自由。

[7]虞卿：戰國時游說之士。曾因進説趙孝成王，爲趙上卿，故號爲虞卿。後困於梁，窮愁著書，以諷刺國家得失，世傳之曰《虞氏春秋》，已佚。《史記》卷七六有傳。　史遷：指司馬遷。遷，字子長，西漢夏陽人，襲父職爲太史令。後因得罪，受宫刑。出獄後，發憤著書，完成《史記》。《漢書》卷六二有傳。

[8]摛（chī）屬（zhǔ）：摛采屬文，指創作。

[9]洛地紙貴：指西晉左思創作《三都賦》事。《晉書》卷九二《文苑·左思傳》載，思撰《三都賦》成，"於是豪貴之家竟相傳寫，洛陽爲之紙貴"。

[10]京師名動：即"名動京師"，指謝靈運作詩之事。《宋書》卷六七《謝靈運傳》，靈運出爲永嘉太守，不得志，稱疾去職，移居會稽，"與隱士王弘之、孔淳之等縱放爲娱，有終焉之志。每一詩至，都邑貴賤，莫不競寫，宿昔之間，士庶皆遍，遠近欽慕，名動京師"。

[11]意謂欲用人，恐人不爲己所用，反而被辱。《漢書》卷六七《朱雲傳》："薛宣爲丞相，雲往見之。宣備賓主禮，因留雲宿，從容謂雲曰：'在田野亡事，且留我東閣，可以觀四方奇士。'雲曰：'小生乃欲相吏邪?'宣不敢復言。"顔師古注曰："小生，謂其新學後進，言欲以我爲吏乎。"　盧江：郡名。西漢朱邑爲廬江人，而朱雲乃魯人。疑蕭繹混淆了二朱之籍貫，誤以廬江指朱雲。

[12]意謂擔心屬下不忠於自己，反而幹壞事。出典未詳。　遮

道：攔路。　從事：亦稱從事史，官名。州府屬官，有治中、别駕、諸部從事。官品不詳。

[13]暇豫：空閑。

[14]惠音：對朋友來信的敬稱。

[15]清風：指詩文。《詩・大雅・烝民》："吉甫作誦，穆如清風。"《文選》卷四二曹子建《與吴季重書》："得所來訊，文采委曲，曄若春榮，瀏若清風。"

[16]温玉：温潤的寶玉。《詩・秦風・小戎》："言念君子，温其如玉。"後世常用以比喻品格高尚的人。

[17]飢渴明珠：三國魏太子曹丕聞鍾繇有玉玦，與繇書，有云："夫玉以比德君子，見美詩人。晉之垂棘，魯之璵璠，宋之結緑，楚之和璞，價越萬金，貴重都城，有稱疇昔，流聲將來……然四寶邈焉以遠，秦漢未聞有良匹。是以求之曠年，未遇厥真，私願不果，飢渴未副。近見南陽宗惠叔稱君侯昔有美玦，聞之驚喜，笑與抃俱。"詳《三國志》卷一三《魏書・鍾繇傳》裴注引《魏略》，亦見《文選》卷四二魏文帝《與鍾大理書》。

[18]卞、隨：卞，卞和，春秋時楚人。相傳他發現了一塊璞玉，經加工果爲寶玉，即和氏璧。參《韓非子・和氏》及劉向《新序・雜事》。隨，隨侯。相傳他有寶珠，名隨侯珠。參《淮南子・説山訓》及《史記》卷八七《李斯列傳》。

[19]皇邑：指京師建康。

[20]荆臺：荆州官署。

[21]刺舉：偵視揭發。應劭《漢官儀》："刺舉州事。"此處指上任工作。

[22]高麗：高妙的文藻。

[23]尺錦：比喻蕭繹的來信。

[24]全玉：比喻蕭繹至荆州後的全部作品。

[25]事詳《文選》卷四二曹子建《與楊德祖書》。書有云："今往僕少小所著辭賦一通相與。夫街談巷説，必有可采；擊轅之歌，

有應風雅，匹夫之思，未易輕棄也。” 臨淄：曹植曾封臨淄侯。見《三國志》卷一九《魏書·陳思王植傳》。 楊脩：字德祖，曹植之親信。見《陳思王植傳》裴注引《典略》。

[26]笥：裝物的方形竹箱。

[27]渚宫：春秋時楚之别宫，故址在今湖北荆州市。此處代指荆州。

[28]朝衣多故：指朝臣易遭害。《史記》卷一〇一《鼂錯傳》載，漢景帝時，吴楚七國亂發，以誅鼂錯爲名，“上令鼂錯衣朝衣，斬東市”。

[29]後漢李固爲荆州，聞廣漢楊厚、會稽賀純以病免歸，乃上疏薦之於天子，有詔徵用。詳《後漢書》卷六三《李固傳》。賢，舊本皆訛“邦”，此依中華書局本校改。

[30]後漢徐璆爲荆州，不畏權貴，奏五郡太守及屬縣有贓污者悉徵案罪，威風大行。詳《後漢書》卷四八《徐璆傳》。璆，舊本皆訛“珍”；五郡，舊本皆訛“七邑”。此依中華書局本校改。

[31]金石：指鐘鼎、碑碣。古人常將頌功紀事的文字刻於其上。

[32]翰墨：指文章。

[33]知二：指所知全面，不偏狹。《戰國策·趙策三》：“樓緩曰：‘不然，虞卿得其一，未知其二也。’”

[34]却掃：退掃，不與外人來往。 閈（hān）：里門。古二十五户爲一里，里有門。

[35]楊倫：人名。東漢陳留人。因在朝廷諫諍不合，出補外傅，病不之官。“倫前後三徵，皆以直諫不合。即歸，閉門講授，自絶人事。公車復徵，遜遁不行，卒於家。”詳《後漢書》卷七九《儒林·楊倫傳》。

[36]張摯：人名。西漢張釋之之子。見《史記》卷一〇二《張釋之列傳》。摯免官後，終身不仕，故云“杜門”。又，張摯或是張昭之誤。《三國志》卷五二《吴書·張昭傳》：“昭忿言之不用，稱

疾不朝。（孫）權恨之，土塞其門，昭又於内以封之……權數慰謝昭，昭固不起，權因出過其門呼昭，昭辭疾篤。權燒其門，欲以恐之，昭更閉户。"

[37]趙卿：即虞卿，因爲趙國上卿，故亦稱趙卿。　肆言得失：指著《虞氏春秋》。《史記》卷七六《平原君虞卿列傳》："然虞卿非窮愁，亦不能著書以自見於後云。"

[38]漢臣：指司馬遷。　廣敍盛衰：指撰《史記》。

[39]比喻文士無辜，因文才而得罪。《説苑·政理》："晉文公時，翟人有獻封狐、文豹之皮者，文公喟然嘆曰：'封狐、文豹何罪哉，以其皮爲罪也。'"

[40]此處用東方曼倩"談何容易"之典，意謂談須慎重，作文亦須慎重。《文選》卷五一東方曼倩《非有先生論》"談何容易"李善注："言談説之道，何容輕易乎！"

[41]韜翰吮墨：謂擱筆不寫作。韜翰，韜筆。吮墨，吮乾墨汁。

[42]子幼南山之歌：楊惲字子幼，西漢華陰人。漢宣帝時得罪，免爲庶人，失爵屏居，治產業，起室宅，以財自娱。友人孫會宗爲書誡之，言大臣廢退當閉門惶惶，爲可憐之意，不治產業、通賓客。惲爲書報之，有云："臣之得罪，已三年矣。田家作苦，歲時伏臘，烹羊炰羔，斗酒自勞。家本秦也，能爲秦聲，婦，趙女也，雅善鼓瑟，奴婢歌者數人，酒後耳熱，仰天拊缶，而呼烏烏。其詩曰：'田彼南山，蕪穢不治，種一頃豆，落而爲萁。人生行樂耳，須富貴何時！'"事詳《漢書》卷六六《楊惲傳》。

[43]微：無。　敬通渭水之賦：馮衍字敬通，東漢京兆杜陵人。光武帝建武年間（25—56）得罪免官，退居渭水之旁，不得志而作賦，名曰《顯志賦》。事詳《後漢書》卷二八《馮衍傳》。

[44]獻笑：供人取笑。

[45]褒誘：贊揚、鼓勵。指蕭繹來書對孝綽的贊頌。

[46]體物：指作賦。《文選》卷一七陸機《文賦》："詩緣情而

綺靡，賦體物而瀏亮。”李善注：“賦以陳事，故曰體物。”

[47]玄根：道家稱道的根本爲玄根。

[48]宿諾：已許下的諾言。

[49]朱亥：人名。戰國時魏國屠者。爲報魏信陵君禮遇之恩，椎殺晉鄙，使救趙事得以成功。事詳《史記》卷七七《魏公子列傳》。

[50]累息：長嘆。

[51]漢：漢水。《詩·周南·漢廣》：“漢之廣矣，不可泳思；江之永矣，不可方思。”

[52]區區：愛慕、思念。《文選》卷二九《古詩十九首》之十七：“一心抱區區，懼君不識察。”李善注引《廣雅》曰：“區區，愛也。”

[53]分宵：半夜。

[54]白屋：以白茅爲蓋之屋，平民所居，故亦用以指平民。

[55]存問：慰問，問候。　相尋：相繼。

[56]食椹懷音：意謂得到别人恩惠而不忘其德。《詩·魯頌·泮水》：“食我桑黮，懷我好音。”黮，與“椹”同。

[57]伊人：《詩·秦風·蒹葭》：“所謂伊人，在水一方。”此處指蕭繹。

孝綽免職後，高祖數使僕射徐勉宣旨慰撫之，[1]每朝宴常引與焉。[2]及高祖爲《籍田詩》，[3]又使勉先示孝綽。時奉詔作者數十人，高祖以孝綽尤工，即日有敕，起爲西中郎湘東王諮議。[4]啓謝曰：“臣不能銜珠避顛，[5]傾柯衛足，[6]以兹疏倖，[7]與物多忤。兼逢匿怨之友，[8]遂居司隸之官，[9]交構是非，用成萋斐。[10]日月昭回，[11]俯明枉直。獄書每御，輒鑒蔣濟之冤；[12]炙髮見明，非關陳正之辯。[13]遂漏斯密網，[14]免彼嚴棘，[15]得使還同士伍，比屋唐民，[16]生死肉骨，[17]豈侔其施。[18]臣誠無識，孰不戴天。[19]疏遠畎隴，[20]絶望高闕，[21]而降其接引，優以旨喻，[22]於臣微物，足爲榮隕。[23]況剛條落葉，[24]忽沾雲露；周行所寘，[25]復齒盛流。[26]但雕朽杇糞，[27]徒成延獎；[28]捕影繫風，[29]終無効答。”又啓謝東宫曰：“臣聞之，先聖以‘衆惡之，必察焉；衆好之，必察焉’。”[30]豈非孤特則積毁所歸，[31]比周則積譽斯信。[32]知好惡之間，必待明鑒。故晏嬰再爲阿宰，而前毁後譽。[33]後譽出於阿意，前毁由於直道。是以一犬所噬，旨酒貿其甘酸；[34]一手所搖，嘉樹變其生死。[35]又鄒陽有言，士無賢愚，入朝見嫉。[36]至若臧文之下展季，[37]靳尚之放靈均，[38]絳侯之排賈生，[39]平津之陷主父，[40]自兹厥後，其徒實繁。曲筆短辭，[41]不暇殫述，[42]寸管所窺，[43]常由切齒。殿下誨道觀書，俯同好學，前載枉直，備該神覽。臣昔因立侍，[44]親承緒言，[45]飄風貝錦，[46]譬彼讒慝，[47]聖旨殷勤，[48]深以爲歎。臣資愚履直，[49]不能杜漸防微，曾未幾何，逢訧罹難。[50]雖吹毛洗垢，[51]在朝而同嗟；而嚴文峻法，肆姦其必奏。不顧賣友，志欲要君，[52]自非上帝運超己之光，昭陵陽之虐，[53]舞文虚謗，[54]不取信於宸明，[55]在縲嬰纆，[56]幸得覉於庸暗。[57]裁下免黜之書，仍頒朝會之旨。小人未識通方，[58]縶馬懸車，[59]息絶朝覲。方願滅影銷聲，遂移林谷。不悟天聽罔已，[60]造次必彰，[61]不以距違見疵，[62]復使引籍雲陛。[63]降寬和之色，垂布帛之言，形之千載，[64]所蒙已厚；況乃恩等特召，榮同起家，望古自惟，彌覺多忝。但未渝丹石，永藏輪軌，相彼工言，構茲媒蘖。[65]且款冬而生，[66]已凋柯葉，空延德澤，無謝陽春。”[67]

[1]僕射：尚書僕射之省稱，官名。尚書令副佐，並與尚書分領諸曹。不常置，若左右僕射並缺，則置以總左右事。梁十五班。　徐勉：人名。本書卷二五有傳。

[2]與：參與。

[3]籍田：古代天子躬耕以鼓勵百姓力農，叫做籍田。梁武帝《籍田詩》今存。見逯欽立輯《先秦漢魏晉南北朝詩》中《梁詩》卷一。

[4]西中郎：西中郎將之省稱，將軍名號。梁天監七年革選，定一百二十五號二十四班將軍，以鎮兵、翊師、宣惠、宣毅爲十七班代舊東西南北四中郎將。普通六年並置，與鎮兵等同班。參《隋書·百官志上》。　湘東王：梁元帝蕭繹之初封爵號。湘東，郡名。治所在今湖南衡陽市。

[5]銜珠避顛：《初學記》卷二七引孫柔之《瑞應圖》曰：“晉平公鼓琴，有玄鶴二雙而下，銜明珠舞於庭，一鶴失珠，覓得而走，師曠掩口而笑。”顛，落。

[6]傾柯衛足：《左傳·成公十七年》：齊慶克通于聲孟子，鮑牽見之，以告國武子。夫人怒，訴之。刖鮑牽。仲尼曰：“鮑莊子之知不如葵，葵猶能衛其足。”杜預注：“葵傾葉向日，以蔽其根。”柯，枝也。傾柯，猶傾葉。

[7]疏倖：粗疏，剛直。倖，通“婞”。

[8]匿怨之友：指到洽。匿怨，對人暗暗懷恨而不表現出來。

[9]司隸之官：此指御史中丞。《周禮·秋官》有司隸，負責管

理奴隸、俘虜以給勞役，捕盜賊。《續漢書·百官志》謂司隸校尉“持節掌察舉百官以下京師近郡犯法者”。到洽官御史中丞，故孝綽用以借指。

[10]萋斐：指讒譖。《詩·小雅·巷伯》有云：“萋兮斐兮，成是貝錦。彼譖人者，亦已太甚。”此詩以萋斐起興，諷刺讒譖之人。後世借萋斐以指讒譖。

[11]日月昭回：日月光輝普照。此處比喻皇帝英明。

[12]《三國志》卷一四《魏書·蔣濟傳》：“大軍南征還，以温恢爲揚州刺史，濟爲别駕……民有誣告濟爲謀叛主率者，太祖聞之，指前令與左將軍于禁、沛相封仁等曰：‘蔣濟寧有此事！有此事，吾爲不知人也。此必愚民樂亂，妄引之耳。’促理出之，辟爲丞相主簿西曹屬。”　獄書：刑獄文書。　御：進。

[13]《藝文類聚》卷五五引《西京記》：“魯國陳正，字叔方，爲太官令，進御食，髮貫炙。光武欲斬正，正曰：‘臣當死者三臣朗月書章奏，側光讀書，不見髮，三也。’”又，唐·李冗《獨異志》卷中有云：“陳正爲太官，進炙，有髮貫炙。光武令斬正。正曰：‘臣有三罪，請言畢而後死。’曰：‘山出炭，炎焰，不能焦髮，臣罪一也；匣出佩刀，日砥礪不能斷髮，臣罪二也；臣與庖人六目同視之，曾不如黄門兩目，臣罪三也。’光武乃罪黄門而釋正。”

[14]密網：比喻嚴密的法律。

[15]嚴棘：比喻嚴酷的懲罰。

[16]唐民：唐堯之民。古代以唐堯之時爲太平盛世，故唐民往往指太平盛世之平民。陸賈《新語·無爲》：“堯舜之民，可比屋而封，桀紂之民，可比屋而誅者，教化使然也。”

[17]生死肉骨：使死者復生，白骨長肉。形容恩德深厚。《左傳·襄公二十二年》：“吾見申叔夫子，所謂生死而肉骨也。”

[18]侔：同。　施：恩情。

[19]戴天：指生於天地之間。

[20]畝隴：指田野。

[21]高闕：即魏闕，指朝廷。

[22]優以旨喻：即“以優旨喻”。意謂以好意開導。

[23]榮隕：爲榮而獻出生命。

[24]剛條：乾枯的樹枝。

[25]周行：《詩・周南・卷耳》：“采采卷耳，不盈頃筐。嗟我懷人，置彼周行。”周行，舊解以爲“周之列位。”此處借指朝官。置：捨棄。

[26]齒：並列。　盛流：貴盛士人。此處指湘東王府屬官。

[27]雕朽杇糞：比喻不堪教誨培養。《論語・公冶長》：“宰予晝寢，子曰：‘朽木不可雕也，糞土之墻不可杇也。於予與何誅!’”

[28]延獎：引接稱賞。

[29]捕影繫風：比喻徒勞無得。

[30]先聖：指孔子。《論語・衛靈公》：“子曰：‘衆惡之，必察焉；衆好之，必察焉。’”察，舊本皆作“監”，顧炎武《日知録》卷二六“《梁書》”條黄汝成集釋引楊氏曰：“姚思廉避父名而改之。”此依中華書局本改回。

[31]孤特：孤立無援。　積毁：毁謗多。

[32]比周：結黨營私。

[33]《晏子春秋》卷五“景公使晏子爲東阿宰，三年而毁聞於國。景公不説，召而免之。晏子謝曰：‘嬰知嬰之過矣，請復治阿，三年而譽必聞於國。’景公不忍，復使治阿。三年而譽聞於國。景公説，召而賞之。辭而不受。景公問其故，對曰：‘昔者嬰之治阿也，築蹊徑，急門閭之政，而淫民惡之；舉儉力孝弟，罰偷窳，而惰民惡之；决獄不避貴强，而貴强惡之；左右所求，法則予，非法則否，而左右惡之；事貴人體不過禮，而貴人惡之。是以三邪毁乎外，二讒毁乎内，三年而毁聞乎君也。今臣謹更之……是三邪譽乎外，二讒譽乎内，三年而譽聞乎君也。昔者嬰之所以當誅者宜賞，而今之所以當賞者宜誅，是故不敢受。’景公知晏子賢，乃任以國政，三年而齊大興。”

[34]《韓非子·外儲説右上》："宋人有酤酒者，升概甚平，遇客甚謹，爲酒甚美，懸幟甚高，著然而不售。酒酸，怪其故，問其所知里長者楊倩。倩曰：'汝狗猛耶？'曰：'狗猛則酒何故而不售？'曰：'人畏焉！或令孺子懷錢挈壺缶而往酤，而狗迓而齕之，此酒所以酸而不售也。'"

[35]《戰國策·魏策二》："今夫楊，横樹之則生，倒樹之則生，折而樹之又生。然使十人樹楊，一人拔（《齊民要術》卷三《栽樹》引作"摇"）之，則無生楊矣。故以十人之衆，樹易生之物，然而不勝一人者，何也？樹之難而去之易也。"《韓非子·説林上》亦載。

[36]鄒陽：西漢齊人，事梁孝王，被讒，得罪下獄。鄒陽於獄中上書自明，王立出之。事見《漢書》卷五一《鄒陽傳》。鄒陽《獄中上書自明》有云："故女無美惡，入宫見妒；士無賢不肖，入朝見嫉。"

[37]臧文之下展季：臧文仲知展季之賢而使居下位。臧文，即臧文仲，春秋時魯大夫；展季，即展禽，食邑於柳下，謚曰惠。《後漢書》卷五六《王龔傳論》李賢注引《左傳》曰："仲尼曰：臧文仲不仁者三：下展禽，廢六關，妾織蒲。"又《論語·衛靈公》："子曰：臧文仲其竊位者與！知柳下惠之賢而不與立也。"

[38]靳尚之放靈均：靳尚、屈原皆戰國時楚人。二人同朝，屈原主張修明法度，聯齊抗秦，遭到靳尚等貴族舊勢力的排擠打壓。楚王聽信靳尚等人的讒言，流放了屈原。事見《史記》卷八四《屈原賈生列傳》。靈均，屈原的小字。見《楚辭·離騷》。

[39]絳侯之排賈生：絳侯，周勃的封爵號。賈生，賈誼。漢文帝時，賈誼年輕有爲，頗受重用，舊臣周勃等排擠賈誼，短賈誼"年少初學，專欲擅權，紛亂諸事"。文帝於是疏遠賈誼，以爲長沙王太傅。詳《史記》卷八四《屈原賈生列傳》。

[40]平津之陷主父：平津，平津侯公孫弘。主父，即主父偃。漢武帝時，主父偃坐罪下獄，武帝欲勿誅，御史大夫平津侯公孫弘

云："陛下不誅主父偃，無以謝天下。"乃遂族主父偃。事詳《史記》卷一一二《平津侯主父列傳》。

[41]曲筆短辭：自謙不善作文。

[42]殫：竭盡。

[43]寸管所窺：指所見很小。《莊子·秋水》："是直用管窺天，用錐指地也，不亦小乎！"

[44]立侍：站立侍奉。劉孝綽曾爲東宫屬官，故云。

[45]緒言：發端之言。此處指昭明太子之言。

[46]飄風貝錦：狂暴的讒言。飄風，暴風。《詩·小雅·何人斯》："彼何人斯，其爲飄風。胡不自北，胡不自南，胡逝我梁，祇攪我心。"此用以比喻進讒言的人。又《小雅·巷伯》："萋兮斐兮，成是貝錦。彼譖人者，亦已太甚。"鄭《箋》："喻讒人集作己過以成於罪，猶女工之集采色以成錦文。"

[47]讒慝：邪惡之人。

[48]殷勤：情意懇切。

[49]資愚履直：資性愚笨而行事正直。

[50]逢訧（yóu）：遭到指責。

[51]吹毛洗垢：比喻故意挑剔。《韓非子·大體》："不吹毛而求小疵，不洗垢而察難知。"

[52]要君：要挾君主。

[53]陵陽之虐：指卞和刖足事。《樂府詩集》卷四一引《琴操》："卞和得玉璞以獻楚懷王，王使樂正子治之，曰：'非玉。'刖其右足。平王立，復獻之，又以爲欺，刖其左足。平王死，子立，復獻之，乃抱玉而哭，繼之以血，荆山爲之崩。王使剖之，果有寶。乃封和爲陵陽侯。"

[54]舞文：玩弄文辭以陷人於罪。

[55]宸明：帝王的英明。宸，北辰，比喻帝位。

[56]在縲：猶言在牢獄。　嬰纆：猶言得罪。

[57]蠲：免。

[58]通方：大道理。

[59]縶馬懸車：即繫馬停車。意謂不與人往來。

[60]天聽：帝王的視聽。

[61]造次：倉促。

[62]距違：剛正。

[63]引籍：本指引人和門籍。漢代宮門有禁，經引人通門籍方得入内。此處指允許進入。　雲陛：指宮廷。

[64]形：比較。

[65]媒諓（jiàn）：説壞話陷害人。

[66]款冬：即款東，植物名。亦名款凍，因其凌寒叩冰而生，故名。

[67]謝：辭卻。

後爲太子僕，[1]母憂去職。[2]服闋，除安西湘東王諮議參軍，遷黄門侍郎，[3]尚書吏部郎，坐受人絹一束，爲餉者所訟，[4]左遷信威臨賀王長史。[5]頃之，遷祕書監。[6]大同五年，[7]卒官，時年五十九。

[1]後爲太子僕：中華書局本《校勘記》："'後'《册府元龜》九三二作'復'。按：上文有'遷太府卿、太子僕'，疑作'復'是。"

[2]母憂：母喪。

[3]黄門侍郎：官名。又稱給事黄門侍郎，門下省次官。掌侍從左右，盡規獻納，關通中外，出入禁中，權勢顯要。員四人。梁十班。

[4]餉者：送物的人。

[5]信威：信威將軍之省稱，將軍名號。梁置，與智威、仁威、勇威、嚴威將軍代舊征虜將軍。爲一百二十五號將軍之一，十六

班。　臨賀王：梁武帝弟蕭宏第三子正德的封爵號。見本書卷五五《臨賀王正德傳》。臨賀，郡名。治所在今廣西賀縣東南賀街。

[6]祕書監：官名。祕書省長官，掌國之典籍圖書。員一人。梁十一班。

[7]大同：梁武帝年號（535—546）。

孝綽少有盛名，而仗氣負才，多所陵忽，[1]有不合意，極言詆訾。[2]領軍臧盾、太府卿沈僧杲等，[3]並被時遇，孝綽尤輕之。每於朝集會同處，公卿間無所與語，反呼騶卒訪道途間事，[4]由此多忤於物。[5]

[1]陵忽：侵侮，輕視。《顏氏家訓·文章》有云："何遜詩實爲清巧，多形似之言；揚都論者，恨其每病苦辛，饒貧寒氣，不及劉孝綽之雍容也。雖然，劉甚忌之，平生誦何詩，常云'蘧居響北闕，懎懎不道車'。又撰《詩苑》，止取何兩篇，時人譏其不廣。"可見劉孝綽之性格。

[2]詆訾：毀謗。

[3]領軍：領軍將軍之省稱，官名。爲禁衛軍最高統帥，權勢頗重。梁十五班。　臧盾：人名。本書卷四二有傳。　沈僧杲：中華書局本《校勘記》："'杲'《南史》及《册府元龜》九九四作'昦'。"

[4]騶卒：掌管車馬的奴僕。

[5]物：人。

孝綽辭藻爲後進所宗，世重其文，每作一篇，朝成暮遍，好事者咸諷誦傳寫，流聞絶域。文集數十萬言，[1]行於世。

[1]《隋書·經籍志四》著録："梁廷尉卿《劉孝綽集》十四卷。"

孝綽兄弟及群從諸子姪，[1]當時有七十人，並能屬文，近古未之有也。其三妹適琅邪王叔英、吴郡張嵊、東海徐悱，[2]並有才學；悱妻文尤清拔。[3]悱，僕射徐勉子，爲晉安郡，卒，喪還京師，妻爲祭文，辭甚悽愴。[4]勉本欲爲哀文，既覩此文，於是閣筆。[5]

[1]從（zònɡ）：同一宗族中次於至親的人。

[2]王叔英：祖籍琅邪郡。生平不詳。　張嵊：吴郡人。本書卷四三有傳。　徐悱：祖籍東海郡。本書《徐勉傳》有附傳。

[3]清拔：形容文章清秀脱俗。

[4]按，徐悱妻劉令嫻有《祭夫文》，見《藝文類聚》卷三八。文首云："維梁大同五年，新婦謹薦少牢於徐府君之靈。"徐悱之卒在普通五年（524），見本書《徐勉傳》附傳。此"大同"，當是"普通"之誤。

[5]閣：通"擱"。

孝綽子諒，字求信。少好學，有文才，尤博悉晉代故事，時人號曰"皮裏晉書"。[1]歷官著作佐郎，太子舍人，王府主簿，[2]功曹史，宣城王記室參軍。[3]

[1]皮裏晉書：形容專研晉代事，十分熟悉，猶云"活晉書"。參周一良《魏晉南北朝史札記》之《〈晉書〉札記》"任子春秋與皮裏春秋"條。

[2]王府主簿：王府屬官，掌王府文簿、印鑒，爲掾吏之首。

梁五班至四班。

[3]宣城王：梁簡文帝嫡長子蕭大器之初封爵號。見本書《哀太子傳》。宣城，郡名。治所在今安徽宣州市。宣，舊本作“中”，此依中華書局本校改。按，“中城王”，亦可能爲“中軍宣城王”脱“軍宣”二字而致。本書卷一《武帝紀》，中大通五年（533）正月癸丑，以宣城王大器爲中軍將軍。故其僚屬例稱“中軍宣城王某某”，如本書卷三四《張緒傳》緒“遷中軍宣城王長史”，卷三五《蕭滂傳》滂爲“中軍宣城王記室”等並爲其例。《南史》本傳云“中書宣城王”，“書”當爲“軍”字之訛。

王筠字元禮，一字德柔，琅邪臨沂人。[1]祖僧虔，齊司空簡穆公。[2]父楫，[3]太中大夫。[4]

[1]琅邪：郡名。治所在今山東臨沂市北。　臨沂：縣名。治所在今山東費縣東。此王筠祖籍所在。

[2]僧虔：人名。南齊永明三年（485）卒，追贈司空，謚簡穆。《南齊書》卷三三有傳。

[3]楫：《南史》作“揖”。

[4]太中大夫：官名。屬光禄勳。養老疾，無職事。齊官品不詳。梁十一班。

筠幼警寤，[1]七歲能屬文。年十六，爲《芍藥賦》，[2]甚美。及長，清静好學，與從兄泰齊名。[3]陳郡謝覽，[4]覽弟舉，[5]亦有重譽，時人爲之語曰：“謝有覽、舉，王有養、炬。”炬是泰，養即筠，並小字也。

[1]警寤：機敏聰慧。
[2]《芍藥賦》：今不存。
[3]泰：王泰。本書卷二一有傳。
[4]陳郡謝覽：謝覽，祖籍陳郡。本書卷一五有傳。
[5]舉：謝舉。本書卷三七有傳。

起家中軍臨川王行參軍，[1]遷太子舍人，除尚書殿中郎。王氏過江以來，[2]未有居郎署者，或勸逡巡不就，[3]筠曰："陸平原東南之秀，[4]王文度獨步江東，[5]吾得比蹤昔人，[6]何所多恨。"乃欣然就職。尚書令沈約，當世辭宗，每見筠文，咨嗟吟咏，[7]以爲不逮也。嘗謂筠："昔蔡伯喈見王仲宣，稱曰：[8]'王公之孫也，吾家書籍，悉當相與。'[9]僕雖不敏，[10]請附斯言。自謝脁諸賢零落已後，[11]平生意好，殆將都絶，不謂疲暮，[12]復逢於君。"約於郊居宅造閣齋，筠爲草木十詠，書之於壁，皆直寫文詞，不加篇題。約謂人云："此詩指物呈形，無假題署。"約製《郊居賦》，[13]構思積時，猶未都畢，乃要筠示其草，[14]筠讀至"雌霓五激反連蜷"，[15]約撫掌欣抃曰："[16]僕嘗恐人呼爲霓五鷄反。[17]"次至"墜石磓星"，[18]及"冰懸坎而帶坻"，[19]筠皆擊節稱贊。約曰："知音者希，[20]真賞殆絶，所以相要，政在此數句耳。[21]"筠又嘗爲詩呈約，即報書云："覽所示詩，實爲麗則，[22]聲和被紙，光影盈字。夔、牙接響，[23]顧有餘慚；孔翠羣翔，[24]豈不多愧。古情拙目，每佇新奇，爛然總至，權輿已盡。[25]會昌昭發，蘭揮玉振，克諧之義，[26]寧比笙簧。[27]思力所該，[28]一至乎此，歎服吟研，周流忘念。昔時幼壯，[29]頗愛斯文，含咀之間，倏焉疲暮。不及後進，誠非一人，擅美推能，實歸吾子。遲比閑日，[30]清覯乃申。"[31]筠爲文能壓强韻，[32]每公宴並作，辭必妍美。約常從容啓高祖曰："晚來名家，唯見王筠獨步。"

[1]中軍：中軍將軍之省稱，將軍名號。梁代，與中權、中衛、中撫將軍合稱四中將軍，衹授予在京師任職者。爲一百二十五號十品二十四班將軍之二十三班。

[2]過江：指晉室南渡，建都建康。

[3]逡巡：推卻、退讓。按，尚書省諸曹郎，主文書起草，自後漢至晉初，本是要職。自中朝名士王衍之徒大扇玄風，祖尚浮虚，至於東晉南朝，名士世族，以刀筆爲煩，故例不爲此官。參《世説新語·方正》"王中郎年少時"條及余嘉錫《箋疏》。

[4]陸平原：晉陸機，吴郡人，出身東吴世家大族。吴亡入洛，以文章爲當時士大夫所推重。曾爲平原内史，故稱陸平原。《晉書》卷五四有傳。

[5]王文度：東晉王坦之字文度，祖籍太原晉陽。弱冠與郗超（字嘉賓）俱有重名，時人爲之語曰："盛德絶倫郗嘉賓，江東獨步王文度。"《晉書》卷七五有傳。

[6]比蹤昔人：與昔人齊步並駕。昔人，指陸機、王坦之。陸機曾爲尚書殿中郎。見《晉書》卷五四本傳。王坦之，《晉書》卷七五本傳云："僕射江虨領選，將擬爲尚書郎，坦之聞曰：'自過江來，尚書郎正用第二人，何得以此見擬！'虨遂止。"則王坦之未爲尚書郎。

[7]咏：三朝本、百衲本作"味"。

[8]蔡伯喈：蔡邕，字伯喈，東漢陳留郡人，著名學者。《後漢書》卷九〇有傳。　王仲宣：王粲，字仲宣，漢末山陽高平人。以

文才著稱。《三國志》卷二一有傳。

[9]《三國志》卷二一《魏書·王粲傳》:“獻帝西遷，粲徙長安，左中郎將蔡邕見而奇之。時邕才學顯著，貴重朝廷，常車騎填巷，賓客盈坐。聞粲在門，倒屣迎之。粲至，年既幼弱，容狀短小，一座盡驚。邕曰：‘此王公孫也，有異才，吾不如也。吾家書籍文章盡當與之。’”

[10]不敏：不才。古人自謙之詞。

[11]謝朓：人名。字玄暉，祖籍陳郡陽夏。出身世族，有文名。《南齊書》卷四七有傳。　已：同“以”。

[12]疲暮：衰老之年。

[13]《郊居賦》:見本書卷一三《沈約傳》。

[14]要：邀。　草：草稿。

[15]雌霓：副虹，即虹的外環。參宋·洪邁《容齋隨筆·容齋三筆》“歲月日風雷雄雌”條。　五激反：《南史》卷二二同傳作“五的反”。　連蜷：屈曲的樣子。　蜷，本書卷一三《沈約傳》作“卷”。

[16]欣抃：歡欣鼓掌。

[17]五鷄反：《南史》作“五兮反”。按，霓，古有倪、囓兩音。參宋·王觀國《學林》卷八“霓”條。

[18]磓（duī）：撞擊。本書卷一三《沈約傳》作“堆”。

[19]埳：坑穴。　坻：水中小洲或高地。

[20]希：同“稀”，少。

[21]政：同“正”。

[22]麗則：漢·揚雄《法言·吾子》:“詩人之賦麗以則，辭人之賦麗以淫。”後世以“麗則”稱文辭華麗而思想純正的作品。

[23]夔、牙：夔，舜時的樂官；牙，伯牙。古以夔、牙指精通音樂的人。《文選》卷七揚子雲《甘泉賦》:“陰陽清濁，穆羽相和兮，若夔牙之調琴。”

[24]孔翠：孔雀和翠鳥。

[25]權輿：開始。

[26]克諧：協調和諧。《尚書·舜典》："八音克諧，無相奪倫。"

[27]笙：管樂名。　簧：樂器中有彈性的簿片，用以振動發聲。

[28]該：備。

[29]幼壯：少壯。

[30]遲：待。

[31]覯：通"構"。

[32]强韻：生僻少用的韻。

累遷太子洗馬，中舍人，[1]並掌東宫管記。昭明太子愛文學士，常與筠及劉孝綽、陸倕、到洽、殷芸等遊宴玄圃，[2]太子獨執筠袖撫孝綽肩而言曰："所謂'左把浮丘袖，右拍洪崖肩'。"[3]其見重如此。筠又與殷芸以方雅見禮焉。[4]出爲丹陽尹丞、北中郎諮議參軍，[5]遷中書郎。奉敕製《開善寺寶誌大師碑文》，[6]詞甚麗逸。又敕撰《中書表奏》三十卷，及所上賦頌，都爲一集。[7]俄兼寧遠湘東王長史，[8]行府、國、郡事。[9]除太子家令，[10]復掌管記。

[1]中舍人：即太子中舍人。

[2]殷芸：人名。本書卷四一有傳。中華書局本《校勘記》："按：'殷芸'《南史》作'殷鈞'。又按：下文'筠又與殷芸以方雅見禮焉'，《南史》亦作'殷鈞'。"　玄圃：東宫園名。《通鑑》卷一六一《梁紀十七》"太清二年"下，胡三省注："自蕭齊以來，東宫有玄圃。昆侖之山三級，下曰樊桐，二曰玄圃，三曰層城，太帝之所居，東宫次於帝居，故曰玄圃。"

[3]晉·郭璞《遊仙詩》中句。見《文選》卷二一。浮丘、洪崖，皆古代傳説中的仙人。

[4]方雅：指人品正直不阿。

[5]丹陽尹丞：丹陽尹副佐，劉宋第七品，梁不詳。

[6]《開善寺寶誌大師碑文》：《藝文類聚》卷七六王筠《開善寺碑文》，殆即此文之佚文。大，《南史》同傳作“法”。

[7]都：總。

[8]寧遠：寧遠將軍之省稱，將軍名號。爲一百二十五號將軍之一，十三班。　湘東王：梁元帝初封爵號。

[9]行事：南朝諸王往往年少即出鎮一方，因而朝廷命長史代行政事，謂之行事。

[10]太子家令：官名。東宫官員。太子三卿之一，掌東宫刑獄、錢穀、飲食等。員一人。梁十班。

普通元年，以母憂去職。筠有孝性，毁瘠過禮，服闋後，疾廢久之。六年，除尚書吏部郎，遷太子中庶子，領羽林監，[1]又改領步兵。[2]中大通二年，[3]遷司徒左長史。三年，昭明太子薨，敕爲哀策文，[4]復見嗟賞。尋出爲貞威將軍、臨海太守，[5]在郡被訟，不調累年。大同初，起爲雲麾豫章王長史，[6]遷祕書監。五年，除太府卿。[7]明年，遷度支尚書。[8]中大同元年，[9]出爲明威將軍、永嘉太守，[10]以疾固辭，徙爲光禄大夫，[11]俄遷雲騎將軍、司徒左長史。[12]太清二年，[13]侯景寇逼，[14]筠時不入城。明年，太宗即位，[15]爲太子詹事。[16]筠舊宅先爲賊所焚，乃寓居國子祭酒蕭子雲宅，[17]夜忽有盜攻之，驚懼墜井卒，時年六十九。家人十餘人同遇害。

[1]羽林監：官名。禁衛軍將領之一，與虎賁、冗從合稱禁軍"三將"，掌宿衛送從。梁五班。

[2]步兵：步兵校尉之省稱，官名。禁軍五營校尉之一。掌宫廷宿衛士。梁七班。

[3]中大通：梁武帝年號（529—534）。

[4]哀策：文體之一種。用於哀悼皇后、太子及諸侯王。參清·趙翼《廿二史劄記》卷一二"哀策文"條。按，此文見本書《昭明太子傳》。

[5]貞威將軍：將軍名號。梁置，爲一百二十五號將軍之一，八班。　臨海：郡名。治所在今浙江臨海市東南章安。

[6]雲麾：雲麾將軍之省稱，將軍名號。　豫章王：梁武帝子蕭綜的封爵號。見本書卷五五《豫章王綜傳》。

[7]太府卿：官名。梁天監七年（508）加置，爲十二卿之一。掌金帛府帑，十三班。

[8]度支尚書：官名。尚書省列曹尚書之一，掌國家財賦收入支調。梁十三班。

[9]中大同：梁武帝年號（546—547）。

[10]明威將軍：將軍名號。爲一百二十五號將軍之一，十四班。　永嘉：郡名。治所在今浙江温州市。

[11]光禄大夫：官名。屬光禄卿，養老疾，無職事。梁十三班。

[12]雲騎將軍：中華書局本《校勘記》："按：'騎'，百衲本、南監本、汲古閣本、金陵局本皆作'旗'，北監本、殿本作'騎'。"

[13]太清：梁武帝年號（547—549）。

[14]侯景：人名。本魏將，太清元年附梁，二年反，舉兵向京師。本書卷五六有傳。

[15]太宗：梁簡文帝廟號。

[16]太子詹事：官名。總理東宫庶務，參議大政，職任甚重。員一人。梁十四班。

[17]國子祭酒：官名。國子學長官，參議禮制。員一人。梁十三班。　蕭子雲：人名。本書卷三五有傳。

筠狀貌寢小，[1]長不滿六尺。性弘厚，不以藝能高人，而少擅才名，與劉孝綽見重當世。其自序曰："余少好書，[2]老而彌篤，雖遇見瞥觀，[3]皆即疏記，[4]後重省覽，歡興彌深，習與性成，不覺筆倦。自年十三四，齊建武二年乙亥至梁大同六年，四十六載矣。[5]幼年讀《五經》，皆七八十遍。愛《左氏春秋》，吟諷常爲口實，[6]廣略去取，凡三過五抄。餘經及《周官》、《儀禮》、《國語》、《爾雅》、《山海經》、《本草》並再抄。子史諸集皆一遍。未嘗倩人假手，[7]並躬自抄録，大小百餘卷。不足傳之好事，蓋以備遺忘而已。"又與諸兒書論家世集云："史傳稱安平崔氏及汝南應氏，並累世有文才，[8]所以范蔚宗云崔氏'世擅雕龍'。[9]然不過父子兩三世耳；非有七葉之中，名德重光，爵位相繼，人人有集，如吾門世者也。沈少傅約語人云：[10]'吾少好百家之言，身爲四代之史，[11]自開闢已來，未有爵位蟬聯，文才相繼，如王氏之盛者也。'汝等仰觀堂構，[12]思各努力。"筠自撰其文章，以一官爲一集，自《洗馬》、《中書》、《中庶子》、《吏部》、《左佐》、《臨海》、《太府》各十卷，[13]《尚書》三十卷，凡一百卷，行於世。

[1]寢：通“㓗”，容貌醜陋。

[2]好書：《南史》作“好抄書”。

[3]遇見：遇，各本及《南史》同傳皆同，中華書局本從李慈銘《南史札記》校改爲“偶”。按，遇、偶古通，《爾雅》卷上《釋言》：“遇，偶也。”“遇”非訛字，今改回。　瞥覿：暫見。

[4]疏記：分別記録。

[5]四十六載：舊本皆脱“六”字，此依中華書局本校補。

[6]口實：談話的資料。

[7]倩人假手：請人代抄。

[8]安平崔氏：後漢涿郡安平崔駰及其子瑗、孫寔，三代并有文名。詳《後漢書》卷五二《崔駰傳》。　汝南應氏：後漢汝南南頓應奉及子劭、瑒、璩，並以文才見稱。詳《後漢書》卷四八《應奉傳》。

[9]范蔚宗：南朝宋范曄字蔚宗，祖籍順陽郡，所撰有《後漢書》。《宋書》卷六九有傳。其《後漢書》卷五二《崔駰傳贊》云：“崔爲文宗，世禪雕龍。”唐·李賢注：“《史記》曰：‘談天衍，雕龍奭。’劉向雕龍文也。禪，謂相傳授也。”按，擅，通“禪”。又，舊本皆脱“云崔氏”三字，此依中華書局本校補。

[10]沈少傅約：沈約曾官太子少傅，故稱。

[11]身爲四代之史：據本書卷一三《沈約傳》，約曾撰《晉書》百一十卷，《宋書》百卷，《齊紀》二十卷，《高祖紀》十四卷，故自言如此。清·姚振宗《隋書經籍志考證》於“《齊紀》二十卷沈約撰”下按云：“本傳又有《梁武帝本紀》十四卷，是則於晉宋齊梁四代之史皆有所論著矣。古來史臣記述之富，當無出其右者。”

[12]堂構：指祖先的遺業。

[13]《洗馬》、《中書》、《中庶子》、《吏部》、《左傳》、《臨海》、《太府》：中華書局本均未加書名號。按，《隋書·經籍志四》著録有“王筠《中書集》十一卷”、“王筠《尚書集》九卷”等可證以加書名號爲是。今依中華書局校點本《南史》加。

史臣陳吏部尚書姚察曰：[1]王僧孺之巨學，劉孝綽之詞藻，主非不好也，才非不用也，其拾青紫，[2]取極貴，何難哉！而孝綽不拘言行，自躓身名，徒鬱抑當年，[3]非不遇也。

[1]姚察：字伯審，由梁入陳。仕陳，曾官吏部尚書。《陳書》卷二七有傳。　錢大昕《廿二史考異》卷二六有云："按，思廉修梁陳書，皆因其父察所撰而續成之。梁史諸論述其父説，必稱'陳吏部尚書姚察曰'，仿孟堅《漢書》稱'司徒掾班彪'之例也。其但稱'史臣'者，出自思廉新意。惟《列傳》第二十七王僧孺四人論稱'史臣陳吏部尚書姚察'，疑是傳刻之誤。察非唐臣，不應係以史臣之名也。"

[2]青紫：指古代貴官之服。《漢書》卷七五《夏侯勝傳》："士病不明經術，經術苟明，其取青紫如俛拾地芥耳。"

[3]當年：壯年。

今注本二十四史

梁書

五

傳

［四］

唐　姚思廉　撰

熊清元　校注

四川出版集團　巴蜀書社

梁書 卷三四

列傳第二十八

張 緬 弟纘 綰

張緬字元長，車騎將軍弘策子也。[1]年數歲，外祖中山劉仲德異之，[2]嘗曰："此兒非常器，爲張氏寶也。"[3]齊永元末，[4]義師起，[5]弘策從高祖入伐，[6]留緬襄陽，[7]年始十歲，每聞軍有勝負，憂喜形於顔色。天監元年，[8]弘策任衛尉卿，[9]爲妖賊所害，緬痛父之酷，喪過於禮，高祖遣戒喻之。服闋，[10]襲洮陽縣侯，[11]召補國子生。[12]

[1]車騎將軍：將軍名號。六朝時重號將軍，加授大臣、重要地方長官。宋第二品，梁初不詳。　弘策：張弘策，梁武帝母文獻張皇后從父弟。本書卷一一有傳。

[2]中山劉仲德：劉仲德，祖籍中山郡。中山，治所在今河北定州市。

[3]爲張氏寶也：《南史》卷五六同傳作"非止爲張氏寶，方爲

海内令名也”。

[4]永元：南齊東昏侯年號（499—501）。

[5]義師：齊東昏侯蕭寶卷即位，狂悖無道。雍州刺史蕭衍起兵於襄陽以討之，因稱其師爲義師。參本書卷一《武帝紀》。

[6]高祖：梁武帝廟號。

[7]襄陽：雍州鎮所，其地在今湖北襄樊市。

[8]天監：梁武帝年號（502—519）。

[9]衛尉卿：官名。九卿之一。掌宮門屯兵。宋第三品，梁初不詳。

[10]服闋：服喪期滿。

[11]洮陽：縣名。治所在今廣西全州縣北湘江西。

[12]國子生：即國子學生員。

起家祕書郎，[1]出爲淮南太守，[2]時年十八。高祖疑其年少未閑史事，[3]乃遣主書封取郡曹文案，[4]見其斷決允愜，甚稱賞之。還除太子舍人、雲麾外兵參軍。[5]緬少勤學，自課讀書，手不輟卷，尤明後漢及晉代衆家。客有執卷質緬者，隨問便對，略無遺失。[6]殿中郎缺，[7]高祖謂徐勉曰：[8]“此曹舊用文學，且居鵷行之首，[9]宜詳擇其人。”勉舉緬充選。頃之，出爲武陵太守，[10]還拜太子洗馬，[11]中舍人。[12]緬母劉氏，以父没家貧，葬禮有闕，遂終身不居正室，不隨子入官府。緬在郡所得禄俸不敢用，乃至妻子不易衣裳，及還都，並供其母賑贍親屬，雖累載所畜，一朝隨盡，緬私室常闃然如貧素者。[13]累遷北中郎諮議參軍、寧遠長史。[14]出爲豫章内史。[15]緬爲政任恩惠，不設鉤距，[16]吏人化其德，亦不敢欺，故老咸云“數十年未之有也”。

[1]祕書郎：官名。祕書省屬官，佐祕書監、丞掌國之典籍圖書。員四人。宋、齊以來，爲甲族起家之選，待次入補，其居職例數十百日便遷任。梁天監七年革選，定流内官職爲十八班，以班多者爲貴。祕書郎爲二班。

[2]淮南：郡名。治所在今安徽當塗縣。

[3]閑：通“嫻”，熟練。

[4]主書：主書令史之省稱。尚書、中書、祕書諸省屬吏，掌文書。梁初第九品。

[5]太子舍人：官名。東宫屬官，掌文記。梁定員十六人，三班。 雲麾：雲麾將軍之省稱，將軍名號。梁置，與武臣、爪牙、龍騎將軍代舊前、後、左、右四將軍。天監七年革選，釐定將軍名號及班品，有一百二十五號十品二十四班，以班多者爲貴。雲麾將軍爲十八班。 外兵參軍：官名。王公軍府屬官，掌所轄軍隊政令。梁四班至二班。

[6]略無：全無，一點也没有。

[7]殿中郎：尚書殿中郎之省稱，官名。尚書省諸曹郎之一，屬尚書左僕射。掌擬詔書，多用文學之士。梁六班。

[8]徐勉：人名。本書卷二五有傳。

[9]鵷行：指朝班。《南史》卷五六同傳作“雁行”。

[10]武陵：郡名。治所在今湖南常德市。

[11]太子洗馬：官名。東宫屬官，掌文翰。爲清顯之職，多由士族擔任。員八人。梁六班。

[12]中舍人：太子中舍人之省稱，官名。東宫官員，掌侍從及文翰。員四人。梁八班。

[13]闃（qù）：寂静。 貧素：清貧。

[14]北中郎：北中郎將之省稱。與東、西、南中郎將合稱四中

郎將。統兵征伐，或出鎮一方，爲方面大員，南朝多以宗室諸王任之，地位高於一般將軍。梁普通六年所定二百四十二號將軍之一，與一百二十五號二十四班將軍中之十七班鎮兵、翊師、宣惠、宣毅同班。　諮議參軍：官名。王公府屬官，掌諷議。梁九班至六班。　寧遠：寧遠將軍之省稱，將軍名號。梁代與明威、振遠等將軍代舊寧朔將軍。爲一百二十五號將軍之一，十三班。　長史：官名。王公軍府屬官，掌本府官吏。梁十班至六班。

[15]豫章：郡名。治所在今江西南昌市。　内史：官名。王國官，掌治民，職同太守。豫章郡時爲梁武之子蕭綜封國，故稱内史。

[16]鉤距：猶言反復調查。《漢書》卷七六《趙廣漢傳》："尤善爲鉤距，以得事情。鉤距者，設欲知馬賈，則先問狗，已問羊，又問牛，然後及馬，參伍其賈，以類相準，則知馬之貴賤不失實矣。"顔師古注引晉灼曰："鉤，致；距，閉也。使對者無疑，若不問而自知，衆莫覺所由以閉，其術爲距也。"

大通元年，[1]徵爲司徒左長史，[2]以疾不拜，改爲太子中庶子，[3]領羽林監。[4]俄遷御史中丞，[5]坐收捕人與外國使鬬，左降黄門郎，[6]兼領先職，[7]俄復爲真。[8]緬居憲司，[9]推繩無所顧望，[10]號爲勁直，高祖乃遣畫工圖其形於臺省，[11]以勵當官。

[1]大通：梁武帝年號（527—529）。

[2]司徒左長史：官名。司徒府屬官，佐司徒掌官吏事。梁十二班。

[3]太子中庶子：官名。東宫官員，與太子中舍人共掌侍從及文翰。員四人。梁十一班。

[4]領：官制術語。已有實授主職，又兼任較低職務而不居其

位。　羽林監：官名。禁衛軍將領之一。與虎賁、冗從合稱禁軍“三將”，掌侍衛送從。梁五班。

[5]御史中丞：官名。御史臺長官，掌督察百官，糾彈不法。六朝第一流高門多不任此職。員一人。梁十一班。

[6]黄門郎：給事黄門侍郎之省稱，官名。門下省次官。掌侍從左右，關通中外，盡規獻納。出入禁中，職任顯要。員四人。梁十班。

[7]兼：官制術語。假職未真授之稱。

[8]爲真：由假職而真授。

[9]憲司：指御史中丞。

[10]推繩：指審案、執法。　顧望：還視瞻望，有所顧忌。

[11]臺省：漢代尚書治事於中臺，在禁省中，故稱臺省。後世統稱尚書、中書、門下三省爲臺省。

中大通三年，[1]遷侍中，[2]未拜，卒，時年四十二。詔贈侍中，加貞威將軍，[3]侯如故。賻錢五萬，[4]布五十匹。高祖舉哀。昭明太子亦往臨哭，[5]與緬弟纘書曰：“賢兄學業該通，[6]莅事明敏，雖倚相之讀墳典，[7]郄縠之敦《詩》、《書》，[8]惟今望古，蔑以斯過。[9]自列宫朝，二紀將及，[10]義惟僚屬，情實親友。文筵講席，朝遊夕宴，何曾不同兹勝賞，共此言寄。如何長謝，奄然不追！[11]且年甫强仕，[12]方申才力，摧苗落穎，[13]彌可傷惋。念天倫素睦，[14]一旦相失，如何可言。言及增哽，擥筆無次。”

[1]中大通：梁武帝年號（529—534）。

[2]侍中：官名。門下省長官，掌侍從左右，應對獻替，糾正

違缺等。參與決策，是中樞集團重要成員。員四人。梁十二班。

[3]貞威將軍：將軍名號。梁置，爲一百二十五號將軍之一，八班。

[4]賻（fù）：以錢財助喪事。

[5]昭明太子：梁武帝太子蕭統謚號昭明，故稱。本書卷八有傳。

[6]該通：博通。

[7]《左傳·昭公十二年》："左史倚相趨過。王曰：'是良史也，子善視之！是能讀《三墳》、《五典》、《八索》、《九丘》。'"

[8]《左傳·僖公二十七年》："晉文公問元帥於趙衰，趙衰曰：'郤縠可。臣亟聞其言矣。説禮、樂而敦《詩》、《書》。《詩》、《書》，義之府也；禮、樂，德之則也。德、義，利之本也……君其試之！'"郤縠，晉大夫。

[9]蔑：無。

[10]紀：古以十二年爲一紀。

[11]奄然：突然。

[12]强仕：《禮記·曲禮上》："四十曰强而仕。"後世以强仕代指四十歲。

[13]摧苗落穎：比喻未及成功而早死。

[14]天倫：指兄弟。兄先弟後，天之倫次，故稱兄弟爲天倫。

緬性愛墳籍，聚書至萬餘卷。抄《後漢》、《晉書》衆家異同，爲《後漢紀》四十卷、《晉抄》三十卷。[1]又抄《江左集》，未及成。文集五卷。子傅嗣。

[1]《後漢紀》四十卷：《隋書·經籍志二》史部著録："《後漢略》二十五卷，張緬撰。"按，《舊唐書·經籍志》、《新唐書·藝文志》並著録張緬"《後漢書略》二十五卷"，當以"略"爲是。

《晉抄》三十卷：《隋書·經籍志》著録："《晉書鈔》三十卷，梁豫章内史張緬撰。"當即此書。疑"晉"下脱"書"字。

纘字伯緒，緬第三弟也，出後從伯弘籍。弘籍，[1]高祖舅也，梁初贈廷尉卿。[2]纘年十一，尚高祖第四女富陽公主，拜駙馬都尉，[3]封利亭侯，召補國子生。

[1]弘籍：張弘籍，見本書卷七《太祖張皇后傳》。

[2]廷尉卿：官名。九卿之一，掌刑辟。屬官有廷尉正、平、監、胄子律博士等。齊第三品，梁初不詳。

[3]駙馬都尉：官名。《隋書·百官志》："駙馬、奉車、車騎三都尉，并無員。駙馬以加尚公主者，無班秩。"

起家祕書郎，時年十七。身長七尺四寸，眉目疏朗，神采爽發。高祖異之，嘗曰："張壯武云'後八葉有逮吾者'，[1]其此子乎。"纘好學，兄緬有書萬餘卷，晝夜披讀，殆不輟手。祕書郎有四員，宋、齊以來，爲甲族起家之選，[2]待次入補，其居職，例數十百日便遷任。纘固求不徙，欲遍觀閣内圖籍。嘗執四部書目曰：[3]"若讀此畢，乃可言優仕矣。[4]"如此數載，方遷太子舍人，轉洗馬、中舍人，並掌管記。[5]

[1]張壯武：張華，字茂先，西晉范陽方城人，官司空，封壯武郡公。《晉書》卷三六有傳。

[2]甲族：世家大族。《唐六典》卷一〇《祕書省·祕書郎》下原注："梁秩六百石。江左多任貴遊年少，而梁代尤甚。當時諺曰：'上車不落則著作，體中何如則祕書。'"

[3]四部書目：《隋書·經籍志序》："梁有祕書監任昉、殷鈞《四部目録》，又有《文德殿目録》。"四部，指經、史、子、集四部。清·錢大昕《元史·藝文志》有云："自劉子駿校理祕文，分群書爲六略……是時固無四部之名，而史家亦未别爲一類也。晉荀勗撰《中經簿》，始分甲乙丙丁四部，而子猶先於史。至李充爲著作郎重分四部，五經爲甲部，史記爲乙部，諸子爲丙部，詩賦爲丁部，而經史子集之次始定。厥後王亮、謝朏、任昉、殷鈞撰書目，皆循四部之名。"（載《遼金元藝文志》，商務印書館 1958 年版）

[4]優仕：即學而優則仕。

[5]管記：官名。東宫、相府、王府等僚屬，掌文書。

纘與琅邪王錫齊名。[1]普通初，[2]魏遣彭城人劉善明詣京師請和，[3]求識纘。纘時年二十三，善明見而嗟服。累遷太尉諮議參軍，尚書吏部郎，[4]俄爲長兼侍中，[5]時人以爲早達。河東裴子野曰：[6]"張吏部在喉舌之任，[7]已恨其晚矣。"子野性曠達，自云"年出三十，不復詣人"。初未與纘遇，便虚相推重，因爲忘年之交。

[1]王錫：祖籍琅邪郡。本書卷二一有傳。

[2]普通：梁武帝年號（520—527）。

[3]彭城：郡名。治所在今江蘇徐州市。

[4]尚書吏部郎：官名。尚書省吏部曹長官，佐吏部尚書，掌官吏銓選、調動事宜。梁十一班。

[5]長兼：官制術語。六朝官職有兼、長兼，並假職未真授之稱。宋·沈括《夢溪筆談》卷二《故事二》有云："古之兼官，多是暫時攝領；有長兼者，即同正官。"長兼侍中，舊本皆作"長史

兼侍中”，衍一“史”字，此依中華書局本校删。

[6]裴子野：祖籍河東郡。本書卷三〇有傳。

[7]喉舌：比喻掌握機要、出納王命的重要官職。《詩·大雅·烝民》：“出納王命，王之喉舌。”《毛傳》：“喉舌，冢宰也。”後世多以喉舌指尚書。舌，《南史》作“唇”。

大通元年，出爲寧遠華容公長史，[1]行琅邪、彭城二郡國事。[2]二年，仍遷華容公北中郎長史、南蘭陵太守，[3]加貞威將軍，行府州事。三年，入爲度支尚書，[4]母憂去職。[5]服闋，出爲吴興太守。[6]纘治郡，省煩苛，務清静，民吏便之。大同二年，[7]徵爲吏部尚書。[8]纘居選，其後門寒素，[9]有一介皆見引拔，[10]不爲貴要屈意，人士翕然稱之。[11]

[1]容華公：梁昭明太子之子蕭歡之初封爵號。見《南史》卷五三《梁武帝諸子傳》。　長史：官名。王公軍府屬官，掌本府官吏。梁十班至六班。

[2]行事：南朝皇帝諸子孫往往年少即出鎮一方，因而朝廷命長史代行政事，謂之行事。　琅邪、彭城：此處當爲南琅邪、南彭城，皆南朝僑置郡名。南琅邪，治所在今江蘇南京市北；南彭城，虚置，無實土。

[3]南蘭陵：郡名。治所在今江蘇武進縣西北萬綏鎮。

[4]度支尚書：官名。尚書省列曹尚書之一，掌財賦統計、支調。梁十三班。

[5]母憂：母喪。

[6]吴興：郡名。治所在今浙江湖州市南下菰城。

[7]大同：梁武帝年號（535—546）。

[8]吏部尚書：官名。尚書省吏部長官，掌官吏銓選、任免，職任顯要。多僑姓高門、世冑顯貴擔任。員一人。梁十四班。

[9]後門：寒門，門第卑微。　寒素：門寒無官爵。

[10]一介："一介之善"之略語。介，通"芥"，微小。

[11]翕然：聚合趨赴的樣子。

五年，高祖手詔曰："纘外氏英華，朝中領袖，司空以後，[1]名冠范陽。[2]可尚書僕射。"[3]初，纘與參掌何敬容意趣不協，[4]敬容居權軸，賓客輻湊，[5]有過詣纘者，輒距不前，[6]曰："吾不能對何敬容殘客。"及是遷，爲表曰："自出守股肱，[7]入尸衡尺，[8]可以仰首伸眉，論列是非者矣。而寸衿所滯，[9]近蔽耳目，深淺清濁，[10]豈有能預。加以矯心飾貌，酷非所閑，不喜俗人，與之共事。"此言以指敬容也。纘在職，議南郊御乘素輦，[11]適古今之衷；又議印綬官備朝服，宜並著綬，時並施行。

[1]司空：此指西晉范陽張華。華以博學著稱，官至司空。見《晉書》卷三六《張華傳》。

[2]范陽：郡名。治所在今河北涿州市。此張氏祖籍。

[3]尚書僕射：官名。尚書令副佐，並與尚書分領諸曹。南朝不常置，若尚書左右僕射並缺，則置以總掌左右事。梁十五班。

[4]何敬容：人名。曾以尚書僕射參掌選事，故稱參掌。本書卷三七有傳。

[5]輻湊：車輻集中於軸心。比喻人或物聚集於一處。

[6]距：通"拒"。

[7]出守股肱：指出任地方官。

[8]入尸衡尺：指任職尚書，考察官吏。尸，主。《南史》卷五六同傳及《册府元龜》卷四七八皆作“居”。衡尺，量度工具，比喻法規。

[9]寸衿所滯：比喻爲貴近之臣所阻礙。衿，衣領，比喻貴近之臣。

[10]深淺清濁：比喻政事之輕重是非。

[11]時南郊皇帝乘輅，賀琛奏應乘素輦。詔付尚書博議，施行。參本書卷一《武帝紀》大同五年紀。南郊，祭祀名。古代王朝每年在都城南郊舉行的祭天禮儀。

九年，遷宣惠將軍、丹陽尹，[1]未拜，改爲使持節、都督湘、桂、東寧三州諸軍事、湘州刺史，[2]述職經途，[3]乃作《南征賦》。其詞曰：

歲次娵訾，[4]月惟中吕，[5]余謁帝於承明，[6]將述職於南楚。[7]忽中川而反顧，[8]懷舊鄉而延佇；[9]路漫漫以無端，[10]情容容而莫與。[11]乃弭節歎曰：[12]人之寓於宇宙也，何異夫栖蝸之争戰，[13]附蚋之遊禽。[14]而盈虚倚伏，[15]俯仰浮沈，矜榮華於尺影，總萬慮於寸陰。彼忘機於粹日，[16]乃聖達之明箴。[17]妙品物於貞觀，[18]曾何足而繫心。撫余躬之末迹，[19]屬興王之盛世；蒙三纞之休寵，[20]荷通家之渥惠。[21]登石渠之三閣，[22]典校文乎六藝。[23]振長纓於承華，[24]眷儲皇之上叡。[25]居衝觴而接席，[26]出方舟以同濟。[27]彼華坊與禁苑，常宵盤而晝憩。思德音其在耳，[28]若清塵之未逝。[29]經二紀以及茲，悲明離之永翳。[30]惟平生之褊能，實有志於棲息。慚滅没之千里，[31]謝韓哀於八極。[32]如蓑裘之代用，[33]譬輪轅之曲直。愧周任之清規，[34]諒無取於陳力。[35]逢濯纓之嘉運，[36]遇井汲之明時。[37]懷君恩而未答，顧靈瑣而依遲。[38]總端揆以居副，[39]長庶僚而稱師。猶深泉之短綆，[40]若高墉而無基。[41]伊吾人之罪薄，豈斯滿之能持。[42]奉皇命以奏舉，[43]方驅傳於衡疑。[44]遵夕宿以言邁，[45]戒晨裝而永辭。[46]行摇摇於南逝，[47]心眷眷而西悲。[48]

[1]宣惠將軍：將軍名號。梁置，爲鎮兵、翊師、宣毅將軍代舊東、西、南、北四中郎將。一百二十五號將軍之一，十七班。　丹陽尹：官名。京師所在丹陽郡行政長官，掌治民。劉宋第三品，梁不詳。丹陽郡，治所在今江蘇南京市。

[2]使持節：古代大臣奉天子之命出行，持節以爲憑證並示威重。魏晉以下以爲官名。有假節、持節、使持節之分，權力亦有小大之别，多爲都督諸州軍事及刺史總軍戎者。軍事長官出征或出鎮使持節可殺犯軍令之人，在軍事行動中有誅殺二千石以下官員的權力。　湘、桂、東寧：皆州名。湘州，治所在今湖南長沙市；桂州，梁天監六年置，治所在今廣西柳州市東南，大同六年移治今廣西桂林市；東寧州，梁大同中置，治所在今廣西融水苗族自治縣。

[3]述職：赴任履行職責。按，張纘行前有《離别賦并序》（《藝文類聚》卷三〇），留别太常卿劉之遴。途經郢州，留連旬日，郢州刺史邵陵王綸有《贈言賦》相贈（見《藝文類聚》卷三一），纘以《懷音賦并序》（見《藝文類聚》卷三一）答之。

[4]歲次娵（jū）訾：指亥年。娵訾，十二星次之一。《晉書·

天文志》："自危十六度至奎四度爲諏訾，於辰在亥，衛之分野屬并州。"按，大同九年歲在癸亥，故云。

[5]月惟中吕：指四月。中吕，古樂十二律之一。古以十二律與農曆十二月相配，孟夏之月"律中中吕"（《禮記·月令》）。

[6]承明：本曹魏時洛陽宫門，此處借指宫廷門。

[7]南楚：此指湘州。

[8]中川：中流。

[9]延佇：停止不前。

[10]無端：没有盡頭。

[11]容容：動摇不定的樣子。　莫與：無人同情、理解。

[12]弭節：控制行進的節奏。

[13]栖蝸之争戰：比喻微不足道。《莊子·則陽》："有國於蝸之左角者曰觸氏，有國於蝸之右角者曰蠻氏，時相與争地而戰。伏屍數萬，逐北旬有五日而後反。"

[14]附蚋之遊禽：比喻渺小。《漢書》卷五一《枚乘傳》載枚乘《上書重諫吴王》："夫舉吴兵以訾於漢，譬猶蠅蚋之附群牛。"蚋，蚊子。

[15]倚伏：指事物變化不定。《老子》："禍兮福所倚，福兮禍所伏。"

[16]忘機：忘卻用心計。指心地恬淡，與世無争。　粹日：瑣屑的時日。粹，通"碎"。

[17]聖達：聖明通達的人。此處指莊子。《莊子·讓王》："故養志者忘形，養形者忘利，致道者忘心矣。"

[18]品物：衆物，萬物。　貞觀：指天地之正道。《周易·繫辭下》："天地之道，貞觀者也。"

[19]末迹：指人生晚年。

[20]三欒：春秋時晉大夫欒書、書子黶（yǎn）、黶子盈，三代受晉寵遇。《文選》卷一四班孟堅《幽通賦》："三欒同於一體兮，雖移易而不忒。"

[21]通家：指姻親。　渥惠：厚恩。

[22]石渠：閣名。漢代宮廷中藏書之處。　三閣：魏晉時國家藏書樓。

[23]六藝：即儒家六經。

[24]長纓：《漢書》卷六四《終軍傳》：南越與漢和親，武帝遣終軍使南越，終軍自請："願受長纓，必羈南越王而致之闕下。"此處比喻才能、抱負。　承華：皇太子宫門名。此處代指東宫。參周一良《魏晉南北朝史札記》之《〈宋書〉札記》"承華門"條。

[25]儲皇：皇太子。　上叡：上智。

[26]銜觴：飲酒。

[27]方舟：並舟，兩船並行。

[28]德音：善言。

[29]清塵：《漢書》卷五七《司馬相如傳》顔師古注："塵謂行起塵也；言清者，尊貴之意。"

[30]明離：《易・離》："明兩作離，大人以繼明照于四方。"《疏》："明兩作離者，離爲日，日爲明，今有上下二體，故云明兩作離也。"本謂離卦爲兩明上下相繼之象，此處用以比喻皇太子。　翳：晦暗。此處比喻昭明太子之死。

[31]滅没：無影無聲，形容迅疾。《文選》卷一四顔延年《赭白馬賦》："超攄絶夫塵轍，驅騖迅於滅没。"李善注引《列子》："伯樂對曰：良馬可以形容筋骨相也。天下之馬者，若滅若没，若亡若失。"

[32]韓哀：人名。古之善御者。《文選》卷四七王子淵《聖主得賢臣頌》："王良執靶，韓哀附輿。縱騁馳騖，忽如影靡，過都越國，蹶如歷塊。追奔電，逐遺風，周流八極，萬里一息，何其遼哉！"

[33]蓑裘：蓑衣和皮衣。

[34]周任：人名。古代史官。《論語・季氏》："孔子曰：'求！周任有言曰：陳力就列，不能者止。'"

[35]陳力：展現才力。

[36]濯纓：比喻時世清平。《孟子·離婁上》："有孺子歌曰：'滄浪之水清兮，可以濯我纓；滄浪之水濁兮，可以濯我足。'"

[37]井汲：《易·井》："九三，井渫不食，爲我心惻，可用汲。王明并受其福。"比喻有才能的人受到重用。

[38]靈瑣：神人所居。《楚辭·離騷》："朝發軔於蒼梧兮，夕余至乎縣圃。欲少留此靈瑣兮，日忽忽其將暮。"此處借指梁朝宫廷。

[39]端揆：尚書省長官的别稱。　居副：指尚書僕射。因其爲尚書令之副佐，故稱。

[40]綆：汲水器上的繩索。《莊子·至樂》："昔者管子有言……褚小者不可以懷大，綆短者不可以汲深。"

[41]墉：城墻。

[42]持滿：保守成業。《荀子·宥坐》："孔子喟然而歎曰：'吁！惡有滿而不覆者哉！'子路曰：'敢問持滿有道乎？'"

[43]奏舉：指赴任。奏，走；舉，行動。

[44]傳：驛站的車馬。　衡疑：衡山、九疑山，湘州境内山名。此處代指湘州。

[45]夕宿：《楚辭·涉江》："朝發枉陼兮，夕宿辰陽。"

[46]戒：準備。

[47]搖搖：心神不安的樣子。《詩·王風·黍離》："行邁靡靡，中心搖搖。"

[48]西悲：向西而悲。《詩·豳風·東山》："我東曰歸，我心西悲。"此用以指思鄉之悲。

爾乃横濟牽牛，[1]傍瞻雉庫；[2]前觀隱脈，[3]却視雲布。追晉氏之啓戎，[4]覆中州之鼎祚。[5]鞠三川於茂草，[6]霑兩京於朝露。[7]故黄旗紫蓋，[8]

運在震方；[9]金陵之兆，[10]允符厥祥。[11]及歸命之銜璧，[12]爰獻璽於武王；[13]啓中興之英主，[14]宣十世而重光。[15]觀其内招人望，外攘干紀；[16]草創江南，締構基址。[17]豈徒能布其德，主晉有祀，《雲漢》作詩，[18]《斯干》見美而已哉！[19]乃得正朔相承，[20]于兹四代；[21]多歷年所，二百餘載。割疆埸於華戎，[22]拯生靈於宇内；不被髮而左衽，[23]緊明德其是賚。[24]次臨滄之層巘，[25]尋叔寶之舊埏；[26]蘊珠玉之餘潤，[27]昭羅綺之遺妍。[28]懷若人之遠理，[29]豈喜愠其能遷。[30]雖魂埋於百世，猶映澈於九泉。經法王之梵宇，[31]覩因時之或躍；[32]從四海之宅心，[33]故取亂而誅虐。在蒼精之將季，[34]翦洪柯以銷落；[35]既觀蝎而逞刑，[36]又施獸而爲謔。[37]候高熢以巧笑，[38]俟長星而歡噱。[39]何惵惵之黔首，[40]思假命其無託。[41]信人欲而天從，爰物覩而聖作。[42]

[1]牽牛：《水經注》卷一九《渭水》："水上有梁，謂之渭橋，秦制也。亦曰便門橋。秦始皇作離宫於渭水南北以象天宫，故《三輔黄圖》曰：'渭水貫都，以象天漢；横橋南渡，以法牽牛。南有長樂宫，北有咸陽宫，欲通二宫之間，故造此橋。'"本指渭橋，此處借指京師建康秦淮河上的橋梁。

[2]雉庫：雉門、庫門。古天子宫五門：皋、庫、路、應、雉。見《周禮·天官·閽人》鄭玄注。此處代指梁宫廷。

[3]隱脤：中華書局本《校勘記》："百衲本作'隱脤'，殿本作'隱賑'。按：張衡《西京賦》：'鄉邑殷賑。'左思《蜀都賦》：'邑

居隱脤。’顔延年《三月三日曲水詩序》：‘故以隱脤外區。’隱脤即殷脤，富有之意。疑‘隱脈’是‘隱脤’之訛。”

[4]啓戎：車駕始行。此指晉王朝始創。

[5]中州：指洛陽，曹魏都洛陽。 鼎祚：此處指曹魏政權。

[6]三川：指伊水、洛水、黄河。此處代指中原。

[7]兩京：東京洛陽、西京長安。

[8]黄旗紫蓋：古人迷信，以爲帝王有應運而生的氣象。《三國志》卷四八《孫皓傳》裴注引《江表傳》：“初丹楊刁玄使蜀，得司馬徽與劉廙與論運命曆數事，玄詐增其文以誑國人曰：‘黄旗紫蓋見於東南，終有天下者，荆、揚之君乎！’”

[9]震方：東方。《易·説卦》：“萬物出乎震。震，東方也。”

[10]金陵之兆：《三國志》卷五三《吴書·張紘傳》裴松之注引《江表傳》：“紘謂權曰：‘秣陵，楚武王所置，名爲金陵。地勢岡阜連石頭。訪問故老，云昔秦始皇東巡會稽經此縣，望氣者云金陵地形有王者都邑之氣，故掘斷連岡，改名秣陵。今處所具存，地有其氣，天之所命，宜爲都邑。’”

[11]祥：祥瑞。

[12]歸命：即歸命侯。三國吴主孫皓降晉，晉賜號歸命侯。見《三國志》卷四八《孫皓傳》。 銜璧：古代國君死，口含璧玉。故戰敗出降者銜璧以示國亡當死。

[13]武王：指晉武帝司馬炎。

[14]中興之英主：指東晉元帝司馬叡。

[15]十世：東晉自元帝以下歷十世而禪於宋。

[16]干紀：違犯法紀。此指干犯晉王朝者。

[17]基址：指帝王基業。

[18]《雲漢》：《詩·大雅》篇名。《序》云：“《雲漢》，仍叔美宣王也。宣王承厲王之烈，内有撥亂之志，遇烖而懼，側身脩行，欲銷去之。天下喜於王化復行，百姓見憂，故作是詩也。”

[19]《斯干》：《詩·小雅》篇名。《序》云：“《斯干》，宣王考

室也。”舊説，周厲王即流於彘，宫室圮壞，故宣王即位，更作宫室。既成而釁之，歌《斯干》之詩以落之。按，舉《雲漢》、《斯干》，意在以周宣王比晉元帝也。

[20]正朔：泛指帝王開國新頒的曆法。正謂年始，朔爲月初，古代王朝以定正朔標誌其正統地位。

[21]四代：指東晉、宋、齊、梁四朝。

[22]華戎：本指華人和胡人，此處指北方漢族和少數民族政權。

[23]被髮而左衽：披散頭髮，衣襟向左開。此少數民族習俗。《論語·憲問》："子曰：'管仲相桓公，霸諸侯，一匡天下，民到於今受其賜。微管仲，吾其被髮左衽矣。'"被，同"披"。

[24]繄（yī）：惟。　賚：恩賜。

[25]臨滄：江邊。滄，此指長江。

[26]叔寶：晉人衛玠，字叔寶，祖籍河東安邑，移居豫章郡。卒，葬於南昌，後改塋於江寧。《晉書》卷三六《衛瓘傳》有附傳。埏：墓道。

[27]藴珠玉之餘潤：《晉書》卷三六《衛瓘傳》附《衛玠傳》："玠妻父樂廣，有海内重名，議者以爲'婦公冰清，女婿玉潤。'"

[28]昭羅綺之遺妍：《世説新語·容止》："王丞相見衛洗馬（即衛玠，玠官太子洗馬，故稱），曰：'居然有羸形，雖復終日調暢，若不堪羅綺。'"

[29]遠理：玄遠之理，指老莊哲學。《世説新語·賞譽》劉孝標注引《衛玠别傳》："玠少有名理，善通老莊。"

[30]豈喜愠其能遷：《晉書》卷三六《衛玠傳》："玠嘗以人有不及，可以情恕；非意相干，可以理遣，故終身不見喜愠之容。"

[31]法王之梵宇：即法王寺。梵宇，佛寺。法王寺建於梁天監二年。見《建康實録》卷一七《梁高祖武皇帝》。

[32]躍：興起。

[33]宅心：歸心。

[34]蒼精：指南齊王朝。古人據五德説，認爲南齊以木德王天下。木色蒼，故曰蒼精。

[35]指齊末東昏侯移栽樹木事，亦雙關其導致齊之滅亡。《南齊書》卷七《東昏侯紀》："種好樹美竹，天時盛暑，未及經日，便就萎枯。於是徵求民家，望樹便取，毀徹墻屋以移致之。朝栽暮拔，道路相繼，花藥雜草，亦復皆然。"

[36]觀蝎逞刑：本事待考。按，北齊後主高緯暴虐無道，集蝎於浴斛，使人裸卧其中，人遭毒傷而號叫宛轉，後主臨視以爲笑樂。見《北史》卷五二《齊宗室諸王傳下》，可以參看。

[37]施：通"弛"，釋放。相傳夏桀兇暴，曾釋放牝虎入市，觀民之驚駭以爲歡謔。參《管子·輕重》。

[38]《史記》卷四《周本紀》："褒姒不好笑，幽王欲其笑萬方，故不笑。幽王爲烽燧大鼓。有寇至則舉烽火。諸侯悉至，至而無寇，褒姒乃大笑。幽王悦之，爲數舉烽火。"

[39]長星：彗星之屬。《世説新語·雅量》："太元末，長星見，孝武心甚惡之。夜，華林園中飲酒，舉杯屬星云：'長星，勸爾一杯酒。自古何時有萬歲天子！'"

[40]慄（dié）慄：恐懼的樣子。《文選》卷三張平子《東京賦》："慄慄黔首，豈徒跼高天蹐厚地而已哉，乃救死於其頸。"

[41]假命：托命。

[42]物覩：即人望。

我皇帝膺籙受圖，[1]聰明神武，乘釁而運，席卷三楚。[2]師克在和，仁義必取；形猶積決，[3]應若飇舉。於是殪桑林之封豨，繳青丘之大風；[4]戢干戈以耀德，[5]肆時《夏》而成功。[6]放流聲於鄭、衛，[7]屏豔質於傾宫；[8]配軒皇以邁迹，[9]豈商、周之比隆。化致升平，于兹四紀；六夷膜拜，[10]

八蠻同轉。[11]教穆於上庠,[12]寃申於大理;[13]顯三光之照燭,[14]降五靈之休祉。[15]諒殊功於百王,[16]固無得而稱矣。

[1]膺籙受圖：指帝王親受圖籙，應運而興。圖，河圖；籙，符命。《文選》卷三張平子《東京賦》："高祖膺籙受圖，順天行誅。"

[2]三楚：戰國時楚地有西楚、東楚、南楚之分。後用以泛指今湘、鄂一帶。

[3]積決：積水潰決。

[4]《淮南子·本經訓》："逮至堯之時，十日並出，焦禾稼，殺草木，而民無所食；猰貐、鑿齒、九嬰、大風、封豨、脩蛇皆爲民害。堯乃使羿誅鑿齒於疇華之野，殺九嬰於凶水之上，繳大風於青邱之澤，上射十日而下殺猰貐，斷脩蛇於洞庭，禽封豨於桑林，萬民皆喜，置堯以爲天子。" 殪：射殺。 桑林：神話中地名。 封豨：大猪。 繳：捆縛。 青丘：神話中地名。 大風：猛鳥名。此處比喻爲民除害。

[5]戢：收藏。

[6]肆：陳列。 時：美。 《夏》：古樂章名。參《周禮·春官·鐘師》及《隋書·音樂志上》。

[7]放：捨棄。 流聲：靡曼的樂曲。 鄭、衛：指鄭衛之音。《禮記·樂記》："鄭衛之音，亂世之音也。"

[8]豔質：美女。 傾宮：高大的宮殿。

[9]軒皇：黄帝軒轅氏。 邁迹：發迹，開創帝業。

[10]六夷：夷，疑爲"狄"之誤。六狄，泛指西北少數民族。

[11]八蠻：泛指南方少數民族。《周禮·夏官·職方氏》：掌"四夷、八蠻、七閩、九貉、五戎、六狄之人民"。

[12]上庠：古代的大學。《禮記·王制》："有虞氏養國老於上

庠，養庶老於下庠。”

[13]大理：掌刑法之官。

[14]三光：指日、月、星。

[15]五靈：指麟、鳳、龜、龍、白虎。古以爲帝王之祥瑞。

[16]諒：確信。

泝金牛之迅渚，[1]覩靈山之雄壯，[2]實江南之丘墟，平雲霄而竦狀。標素嶺乎青壁，[3]葺頹文於翠嶂；[4]跳巨石以驚湍，批衝巖而駭浪。鏟千尋之峭岸，濼萬流之大壑；[5]隱日月以蔽虧，摶風煙而回薄。[6]崖映川而晃朗，[7]水騰光而倏爍；[8]積霜霰之往還，鼓波濤之前却。下流沫以洊險，[9]上岑崟而將落；[10]聞知命之是虞，[11]故違風而靡託。訊會骸之詭狀，[12]云怒特之來奔。[13]及漁人之垂餌，沈潛鎖於洪源。[14]鑒幽塗於忠武，[15]馳四馬之高軒。不語神以徵怪，[16]情存之而勿論。矚姑孰之舊朔，[17]訪遺迹兮宣武；[18]挾仲謀之雄氣，[19]朝委袠而作輔。[20]歷祖宗之明君，[21]猶負芒於盛主；[22]勢傾河以覆岱，[23]威回天而震宇。雖明允之篤誠，[24]在伊、稷而未舉；[25]矧有功而無志，豈季葉其能處。[26]懼貽笑於文、景，[27]憂象賢之覆餗；[28]雖苞蘖以代興，[29]終夷宗而殄族。彼儋石之贏儲，[30]尚邀之而俟福；況神明之大寶，[31]乃闇干於天禄。造扃鍵之候司，[32]發傳書於關尉；[33]據轘轅乎伊洛，[34]守衡津於河渭。[35]無矯且以招賓，[36]闕捐繻而待貴。[37]實祇敬於王典，懷鞠躬而屏氣。惟函谷之襟帶，[38]疑武庫之精兵。採風謠於往昔，聞乳虎於寧成。[39]在當今而簡易，止譏鑒其姦情；陋文仲之廢職，[40]鄙彨門之食征。[41]

[1]金牛：即金牛渚，亦稱牛渚，即今安徽馬鞍山市西南采石。

[2]靈山：山名。在今安徽繁昌縣西北長江南岸。

[3]壁：陡峭的山崖。

[4]葺：重叠。　赬（chēng）：赤色。

[5]潨（cóng）：小水匯入大水。

[6]摶：結聚。舊本皆訛作“搏”，此依中華書局本校改。　回薄：動蕩。

[7]晃朗：明亮的樣子。

[8]倐爍：閃爍的樣子。

[9]洊：連續。

[10]岑崟：險峻。

[11]知命：認識天命。《易·繫辭上》：“旁行而不流，樂天知命，故不憂。”　虞：通“娛”。

[12]會骸：聚積的屍骸。

[13]特：牛。

[14]罾鎖：指捕魚的器具。

[15]忠武：温嶠的謚號。嶠，晉太原祁人。蘇峻之亂，嶠以功封始安郡公。自京師建康旋於武昌，“至牛渚磯，水深不可測，世云其下多怪物。嶠遂燬犀角而照之，須臾，見水族覆火，奇形異狀，或乘馬車著赤衣者。嶠其夜夢人謂己曰：‘與君幽明道别，何意相照也?’意甚惡之”。見《晉書》卷六七《温嶠傳》及劉敬叔《異苑》卷七。

[16]《論語·述而》：“子不語怪力亂神。”　徵：驗證。

[17]矖（xǐ）：中華書局本作“矖”，當爲“矖”之訛，今據三朝本、百衲本改。矖，視。　姑孰：城名。在今安徽當塗縣。晉哀帝時，權臣桓温曾鎮姑孰。見《晉書》卷九八《桓温傳》。

[18]宣武：桓温的謚號。温，東晉譙國龍亢人。《晉書》卷九八《桓温傳》載，劉惔嘗稱之曰：“温眼如紫石棱，鬚作蝟毛磔。孫仲謀、晉宣王之流亞也。”

[19]仲謀：三國吴主孫權之表字。見《三國志》卷四七《吴主傳》。

[20]委裘：先帝的裘衣。《漢書》卷四八《賈誼傳》，誼上疏陳政事，有“朝委裘”語，唐・顔師古注引孟康曰：“委裘若容衣，天子未坐朝，事先帝裘衣也。”

[21]明君：指晉簡文帝。

[22]負芒：芒刺在背，形容惶恐不安。《晉書》卷九《簡文帝紀》：“（桓）温既仗文武之任，屢建大功，加以廢立，威振内外。帝雖處尊位，拱默守道而已，常懼廢黜。”

[23]河：指黄河。　岱：指泰山。

[24]明允：賢明公正。《左傳・文公十八年》：“昔高陽氏有才子八人，蒼舒、隤敳、檮戭、大臨、尨降、庭堅、仲容、叔達，齊、聖、廣、淵、明、允、篤、誠，天下之民謂之八愷……世濟其美，不隕其名。以至於堯，堯不能舉。”

[25]伊：伊尹，商湯之輔臣。見《史記》卷三《殷本紀》。　稷：舜之臣，助禹治水成功。見《尚書・益稷》。

[26]季葉：末世。

[27]文、景：晉文帝司馬昭、景帝司馬師。二人並擅權於魏末，卒時，司馬氏代魏之勢已成。晉武帝即位，分別追尊爲文皇帝和景皇帝。見《晉書》卷二《景帝文帝紀》。《世説新語・尤悔》劉孝標注引《續晉陽秋》曰：“桓温既以雄武專朝，任兼將相，其不臣之心，形於音迹。曾卧對親僚，撫枕而起曰：‘爲爾寂寂，爲文、景所笑。’衆莫敢對。”

[28]象賢：後嗣子孫能像先賢。　覆餗：《易·鼎》："鼎折足，覆公餗。"比喻不勝任而敗事。

[29]苞蘖：草木新長出的枝葉。比喻後代。

[30]儋石：亦即"擔石"。一擔之量，比喻微少。

[31]大寶：指帝位。《易·繫辭》："聖人之大寶曰位。"

[32]扃鍵：門户關鎖。　候司：送迎賓客的官吏。

[33]傳書：符信。晉·崔豹《古今注》卷下《問答釋義》："凡傳皆以木爲之，長五寸，書符信於上，又以一板封之，皆封以御史印章，所以爲信也。如今之過所也。"　關尉：守關的軍官。

[34]轘（huán）轅：關口名。在今河南偃師市東南，是洛陽外圍險要關口。　伊、洛：伊水和洛水。此處代指洛陽一帶。

[35]河、渭：黄河、渭水。

[36]矯且：未詳。

[37]捐繻：即棄繻。《漢書》卷六四《終軍傳》：終軍少有大志。"初，軍從濟南當詣博士，步入關。關吏予軍繻。軍問：'以此何爲?'吏曰：'爲復傳，還當以合符。'軍曰：'大丈夫西遊，終不復傳還!'棄繻而去。軍爲謁者，使行郡國，建節東出關，關吏識之，曰：'此使者乃前棄繻生也。'"繻，《後漢書》卷二七《郭丹傳》李賢注引《漢書音義》曰："舊出入關皆用傳。傳煩，因裂繻帛分持，後復出，合之以爲符信。"

[38]函谷：關名。在今河南靈寶市南。　襟帶：比喻地勢險要。

[39]寧成：人名。西漢穰人，爲官以嚴酷稱。爲關都尉，關東吏隸郡國入關者，號曰："寧見乳虎，無值寧成之怒。"

[40]文仲：臧文仲，魯國大夫臧孫辰。參《左傳》莊公十一年及二十八年傳文。《論語·衛靈公》："子曰：臧文仲其竊位者與!知柳下惠之賢而不與立也。"　廢職：竊居其位而不履行職責。

[41]耏（ér）門：《左傳·文公十一年》："初，宋武公之世，鄋瞞伐宋，司徒皇父帥師禦之。耏班御皇父充石，公子穀甥爲右，

司寇牛父駟乘，以敗狄于長丘……宋公於是以門賞耏班，使食其征，謂之耏門。”門，關門。 征：抽稅。

於是近睇赭岑，[1]遥瞻鵲岸，[2]㠀嶼蒼茫，風雲蕭散。屬時雨之新晴，觀百川之浩汧；[3]水泓澄以闇夕，[4]山參差而辨旦。忽臨睨於故鄉，眇江天其無畔；[5]遡洄流而右阻，[6]遵長薄而左貫。[7]獨向風以舒情，搴芳洲其誰翫。[8]息銅山而繫纜，[9]訪叔文之靈宇；[10]得舊名而猶存，皆攢蕪而積楚。想夫君之令問，[11]實有聲於前古；拯巴漢之廢業，[12]爰配名於鄒魯。[13]辨山精以息訟，[14]對祠星而痁主。[15]每撫事以懷人，非末學其能覿。[16]嘉梅根之孝女，[17]尚乘肥於媵姬；[18]嗟吴人之重辟，[19]憂峻網於將貽。彼沈瓜而顯義，[20]指滄波而爲期；此浮履以明節，[21]赴丹爛其何疑。信理感而情悼，實悽悵於余悲；空沈吟以遐想，愧邯鄲之妙詞。[22]望南陵以寓目，[23]美牙門之守志；[24]當晉師之席卷，豈藩籬而不庇。[25]攜老弱於窮城，猶區區乎一簣。[26]雖挈瓶之小善，[27]實君子之所識。闕一句是謂事人之禮。入雷池之長浦，[28]想恭武之芳塵；[29]臨魚官以輟膳，[30]踐寒蒲之抽筠。[31]又有生爲令德，没爲明神。或捐家事主，攜手拜親；或正身殉義，哀感市人。所以家稱純孝，國號能臣。揚清徽於上列，並異世而爲隣。發曉渚而遡風，苦神吴之難習。[32]岸曜舟而不進，水騰沙以驚急。天曀曀其垂陰，[33]雨霏霏而來集；愍征夫之勞瘁，每搴帷而佇立。由江沲之派别，[34]望彭蠡之通津，[35]塗未中乎及絳，[36]日已盈於浹旬。[37]

[1]赭岑：嶺名。在今安徽繁昌縣西北長江南岸。

[2]鵲岸：指今安徽無爲縣至貴池市一帶長江江岸。

[3]浩汗：同“浩翰”。

[4]泓澄：清澈的樣子。

[5]眇：遠。　畔：邊際。

[6]遡：同“溯”，逆流而上。

[7]薄：草木叢生之處。

[8]搴：采取。　芳洲：本指長着芳草的水中小洲。《楚辭·九歌·湘君》：“采芳洲兮杜若，將以遺兮下女。”此處借指芳草。

[9]銅山：山名。在今安徽繁昌縣東南。

[10]叔文：晉·常璩《華陽國志》卷一〇《蜀郡士女》：“張寬字叔文，成都人也。蜀承秦後，質文刻野。太守文翁遣寬詣博士東受七經，還以教授。於是蜀學比於齊魯，巴、漢亦化之。景帝嘉之，命天下郡國皆立文學，由翁倡其教，蜀爲之始也。寬從武帝郊甘泉泰畤，過橋，見一女子裸浴川中，乳長七尺，曰：‘知我者帝後七車。’適得寬車，對曰：‘天有星主祠，祀不齊潔則作女令見。’帝感悟，以爲揚州刺史。復别蛇莽之妖，世稱云‘七車張’。作《春秋章句》十五萬言。”　靈宇：神靈所居。指廟宇。

[11]令問：美好的名聲。

[12]巴、漢：指蜀地。

[13]鄒、魯：鄒，孟子故鄉；魯，孔子故鄉。並儒學昌明之地。

[14]山精：山中精怪。此處指蛇妖。《搜神記》卷一九：“漢武帝時，張寬爲揚州刺史。先是有二老翁争山地，詣州訟疆界，連年

不決。寛視事，復來。寛窺二翁形狀非人，令卒持杖戟將入，問：‘汝等何精?’翁走，寛呵格之，化爲二蛇。”

[15]祠星：主祠之星。　寤主：使君王感悟。主，指漢武帝。

[16]末學：學問膚淺無根。此處乃張纘自謙之詞。

[17]梅根：即梅根冶。　孝女：指李娥。《太平御覽》卷四一五引《紀聞》曰：“吴宣城郡青陽縣有梅根冶，孝女李娥廟居曾阜之巔，林木秀茂，周回十里，土人不敢樵采，敬而事之，日薦蘋藻。娥父，吴大帝時爲鐵官，冶以鑄軍器。一夕煉金竭爐而金不出。時吴方草創，法令至嚴，諸耗折官物十萬即坐斬，倍又没入其家。而娥父所損折數過千萬。娥年十五，痛傷之，因火烈，遂自投於爐中，赫然屬天。於是金液沸涌，溢於爐口。娥所躡二履浮出於爐，身則化矣。其金汁塞爐而下，遂成溝渠，泉注二十里，入於江水。其所收金凡億萬斤，溝渠中鐵至今仍存。故吴俗每冶銅鐵必先爲娥立祠，享而祈福。”

[18]乘肥：即“乘肥馬”之略語。指富貴生活。

[19]辟：刑法。

[20]彼：指曹娥。《世説新語·捷悟》劉孝標注引《會稽典録》：“孝女曹娥者，上虞人。父盱，能撫節按歌，婆娑樂神。漢安二年，迎伍君神，泝濤而上，爲水所淹，不得其尸。娥年十四，號慕思盱，乃投瓜于江，存其父尸曰：‘父在此，瓜當沈。’旬有七日，瓜偶沈，遂自投於江而死。”瓜，《水經注》卷四〇及《後漢書》卷八四《列女傳》注並作“衣”。

[21]此：指李娥。

[22]邯鄲：指邯鄲淳。曹娥死後近十年，至漢桓帝元嘉元年(151)，上虞縣長度尚改葬娥，命邯鄲淳爲碑文。詳《後漢書·列女傳·孝女曹娥傳》及唐·李賢注。邯鄲淳所撰碑文見《古文苑》及清·嚴可均輯《全三國文》卷二六。

[23]南陵：縣名。治所在今安徽貴池市西南。

[24]牙門：牙門將之省稱，武官名。此指三國吴將吾彦。晉王

濬將伐吴，彦爲建平太守，以鐵鎖横斷江路。及晉師臨境，緣江諸城望風降附，或見攻而拔。唯彦堅守，晉軍攻之不克，乃退舍禮之。吴亡，彦始降。見《晉書》卷五七《吾彦傳》。

[25]藩籬：比喻邊境。

[26]一簣：簣，通“蕢”。《漢書》卷八六《何武傳贊》：“（何）武（王）嘉區區，以一蕢障江河，用没其身。”顔師古注：“蕢，織草爲器，所以盛土也。一蕢之土，固不能障塞江河，是以其身沉没也。”比喻力量微薄。

[27]挈瓶：汲水用的瓶子，比喻知識淺薄。

[28]雷池：地名。在今湖北黄梅縣和安徽宿松縣以南、望江縣西境長江北岸龍感湖、大官湖及泊湖一帶。

[29]恭武：武，各本作“岱”，當是“武”字之訛。恭武，三國吴人孟宗之表字。《三國志》卷四八《吴書·三嗣主傳》“司空孟仁”下裴松之注引《吴録》曰：“仁字恭武，江夏人也，本名宗，避皓字，易焉。”　“入雷池”云云四句，前兩句言入其地而思其人，後兩句即述其人之事迹。中華書局本點斷以爲兩名，誤，今改。

[30]魚官：指雷池監。《太平御覽》卷四一三《人事部》五四《孝中》引《孟宗别傳》：“宗事母至孝，母亦能訓之以禮。宗初爲雷池監，奉魚於母，母還其所寄，遂絶不復食魚。後宗典知糧穀，乃表陳曰：‘臣昔爲雷池監，母三年不食魚；臣若典糧穀，臣母不可以三年不食米，臣是以死守之。’”《藝文類聚》卷七二引《列女後傳》亦載孟宗母拒食魚事，較《御覽》略詳，可參。

[31]抽�：新長出的竹笋。《三國志》卷四八《吴書·三嗣主傳》裴松之注引《楚國先賢傳》：“（孟）宗母嗜笋，冬節將至，時笋尚未生。宗入竹林哀嘆，而笋爲之出，得以供母。皆以爲至孝之所致感。”《太平寰宇記》卷一二五有云：“孟宗宅在（舒州望江）縣北一里，即泣竹生笋之處。”《説文解字》徐灝箋：“�，即笋之異文，其音亦一聲之轉。”

[32]神吴：即水神天吴。《山海經·海外東經》："朝陽之谷，神曰天吴，是爲水伯。"

[33]曀曀：陰晦的樣子。

[34]江沲：長江的支流。

[35]彭匯：即彭蠡澤。《尚書·禹貢》："東匯澤爲彭蠡。"

[36]絳：水名。

[37]浹旬：十天。

於是千流共歸，萬嶺分狀；倒影懸高，浮天瀉壯。清江洗滌，平湖夷暢；飜光轉彩，出没摇漾。岷山、嶓冢，[1]悠遠寂寥；青溢、赤岸，[2]控汐引潮。望歸雲之翁翁，[3]揚清風之飄飄；界飛流於翠薄，[4]耿長虹於青霄。[5]若夫灌莽川涯，層潭水府，遊泳之所往還，喧鳴之所攢聚。羣飛沙漲，掩薄草渚；奇甲異鱗，雕文綷羽。[6]聽寡鶴之偏鳴，[7]聞孤鴻之慕侣；在客行而多思，獨傷魂而悽楚。美中流之衝要，因習坎以守固。[8]既固之而設險，又居之而務德。南通珠崖、夜郎，[9]西款玉津、華墨。[10]莫不内清姦宄，[11]外弭苛慝，[12]籬屏京師，[13]事有均於齊德也。

[1]岷山：山名。在今四川松潘縣北。　嶓冢：山名。在今陝西寧强縣北。

[2]青溢：即溢浦，溢水入長江之處。在今江西九江市西。赤岸：地名。《文選》卷三四枚乘《七發》："凌赤岸，篲扶桑。"李善注："赤岸，蓋地名也。曹子建表曰：'南至赤岸。'山謙之《南徐州記》曰：'京江，《禹貢》北江，春秋分朔，輒有大濤，至江

乘，北激赤岸，尤爲迅猛。’然並以赤岸在廣陵，而此文勢似在遠方，非廣陵也。”按，廣陵，郡名。治所在今江蘇揚州市。是赤岸或在揚州市。亦有以赤岸爲赤壁者。詳清・趙一清《三國志注》。

[3]蓊蓊：濃密的樣子。

[4]界：分。

[5]耿：明。

[6]綷（cuì）：錯雜。

[7]聽寡鶴之偏鳴：《藝文類聚》卷二七作“聆寡鶴之偏叫”。

[8]習坎：《易》卦名。魏・王弼注：“坎，險陷之名也。習，謂便習之。”《易・彖上》：“習坎，重險也。”

[9]珠崖：地名。即今海南海口市。　夜郎：縣名。治所在今貴州關嶺布依族苗族自治縣南。

[10]款：叩，敲。引申爲到。《文選》卷二張衡《西京賦》：“繞黄山而款牛首。”　玉津：津名。在今四川眉山縣東岷江上。　華墨：未詳。

[11]姦宄：爲非作歹的人。

[12]苛慝（tè）：暴虐邪惡。

[13]籬屏：護衛。

眄匡嶺以躊躇，[1]想霞裳於雲仞；[2]流姮娥之逸響，[3]發王子之清韻。[4]若夜光而可投，[5]豈榮華之難擯。羡還丹其何術，[6]佇一丸於來信。[7]徑遵途乎鄂渚，[8]迹孫氏之霸基；[9]陳利兵而蓄粟，抗十倍之鋭師。在賢才之必用，寧推誠而忍欺；圖富强以法立，屬貞臣而日嬉。[10]識餘基於江畔，[11]云釣臺之舊址；[12]方戰國之多虞，猶從容而宴喜。[13]欽輔吴之忠諒，[14]歎仲謀之虚己，[15]

處君臣而並得，良致霸其有以。伊文侯之雅望，[16]誠一代之偉人；爾觀書以心服，[17]玉比德而譽均。[18]遘時雄之應運，方協義以經綸；名既逼而愈賞，言雖聞而彌親。[19]惜勤王於延獻，[20]俾漢京之惟新；[21]何天命其弗與，悲盛業之未申。[22]汎蘆洲以延佇，[23]聞伍員之所濟；[24]出懷珠而免讎，[25]歸投金以答惠。[26]彼無求於萬鍾，[27]唯長歌而鼓枻；慨斯誠之未感，乃沈軀以明誓。[28]空負恨其何追，徒臨滄而先祭；[29]及旋師於鄭國，美邀福於來裔。[30]入郢都而抵掌，[31]壯天險之難窺；允分荆之勝略，[32]成百代之良規。賈生方於指大，[33]應侯譬之木披。[34]所以居宗振末，强本弱枝，聞古今之通制，歷盛衰而不移。可不謂然與?[35]美經國之遠體也。

[1]匡嶺：山名。即今江西廬山。

[2]霞裳：如彩雲般的衣裳。此指仙人之衣。

[3]姮娥：神話中后羿之妻。《淮南子·覽冥訓》："譬若羿請不死之藥於西王母，姮娥竊以奔月，悵然有喪，無以續之。"

[4]王子：即王子喬。漢·劉向《列僊傳·王子喬》："王子喬者，周靈王太子晉也。好吹笙，作鳳鳴，遊伊、洛之間，道士浮丘公接以上嵩高山。"（《古今逸史》第六函第四十九册）

[5]夜光：璧玉名。《文選》卷三九鄒陽《獄中上書自明》："臣聞明月之珠，夜光之璧，以暗投人於道，衆莫不按劍相眄者，何則？無因而至前也。"

[6]還丹：晉·葛洪《神僊傳·介象》：介象者，字元則，會稽人。於山中見一美女，象乞長生之方，女乃以《還丹經》一首授

象，告之曰："得此便得仙，勿復他爲也。"象後果成仙。

[7]一丸：指一丸藥。《三國志》卷四九《吳書·士燮傳》裴松之注引葛洪《神僊傳》："燮嘗病死已三日，仙人董奉以一丸藥與服，以水含之，捧其頭搖消之。食頃，即開目動手，顔色漸復，半日能起坐，四日復能語，遂復常。"

[8]鄂渚：地名。即今湖北鄂州市。吳孫權曾都於此。

[9]孫氏：指三國孫吳政權。

[10]《楚辭·惜往日》："國富强而法立兮，屬貞臣而日娭。"按，此用《惜往日》成句，以楚比吳。"娭"、"嬉"同，疑"圖"爲"國"之訛。

[11]餘基："餘"，舊本皆訛"徐"，此依中華書局本校改。

[12]釣臺：在今湖北鄂州市北長江邊。

[13]宴喜：宴飲嬉樂。《三國志》卷五二《吳書·張昭傳》："（孫）權於武昌，臨釣臺，飲酒大醉。權使人以水灑羣臣曰：'今日酣飲，惟醉墮臺中，乃當止耳。'昭正色不言，出外車中坐。權遣人呼昭還，謂曰：'爲共作樂耳，公何爲怒乎？'昭對曰：'昔紂爲糟丘酒池長夜之飲，當時亦以爲樂，不以爲惡也。'權默然，有慚色，遂罷酒。"

[14]輔吳：指張昭。孫權稱帝，拜昭爲輔吳將軍。

[15]仲謀：孫權之字。見《三國志》卷四七《吳書·吳主傳》。

[16]文侯：即張昭。昭字子布，卒，謚曰文侯。

[17]禰：指禰衡。衡字正平，《後漢書》卷八〇有傳。《三國志》卷五二《吳書·張昭傳》裴松之注引《典略》云："余曩聞劉荆州嘗自作書欲與孫伯符，以示禰正平。正平蚩之，言：'如是爲欲使孫策帳下兒讀之邪，將使張子布見乎？'如正平言，以爲子布之才高乎！"

[18]《禮記·聘義》："孔子曰：'……夫昔者君子比德於玉焉；温潤而澤，仁也；縝密以栗，知也；廉而不劌，義也；垂之如隊，禮也；叩之其聲清越以長，其終詘然，樂也；瑕不揜瑜，瑜不揜

瑕，忠也；孚尹旁達，信也；氣如白虹，天也；精神見於山川，地也；圭璋特達，德也；天下莫不貴者，道也。《詩》云：言念君子，温其如玉。故君子貴之也。'"

[19]《三國志》卷五二《吴書·張昭傳》："昭爲孫策長史，文武之事一以委昭。北方士大夫書疏，專歸美於昭，昭進退不自安。孫策聞之，歡笑曰：'昔管仲相齊，一則仲父，二則仲父，而桓公爲霸者宗。今子布賢，我能用之，其功名獨不在我乎！'"

[20]勤王：出兵救援王朝。　獻：指漢獻帝。

[21]漢京：指東漢王朝。　惟新：《詩·大雅·文王》："周雖舊邦，其命維新。"本意謂周至文王，乃成新國。後世用以稱變舊法，行新政。"惟"、"維"古通。

[22]盛業：指興復漢王朝的事業。

[23]蘆洲：地名。在今湖北黄岡市黄州西南長江中。

[24]伍員：春秋時楚人伍子胥名員，遭楚迫害，父兄被殺。員逃難至宋，從楚太子建。又自宋至鄭，鄭殺太子建。伍員懼，歷經艱辛，逃至吴，佐吴王破楚，終復父兄之讎。《史記》卷六六有傳。

[25]相傳伍員奔吴，至昭關，關吏欲執之。伍員詐曰："上所以索我者，美珠也。今我已亡矣，將去取之。"關吏因捨之。參《吴越春秋》卷一《王僚使公子光傳》及《韓非子·説林上》。

[26]相傳伍員率吴兵破楚，過溧陽瀨水上，感當年逃難時給其飲食而後投水自殺的女子，乃投金水中而去。詳《吴越春秋》卷二《闔閭内傳》。

[27]彼：指江中漁父。

[28]相傳伍員奔吴，追兵甚急，幾不得脱。至江，江中漁父渡之。員解百金之劍以相謝。漁父答曰："吾聞楚之法令，得伍胥者賜粟五萬石，爵執圭，豈圖取百金之劍乎？"辭不受。伍員臨去，誡漁父勿泄露。漁父諾。員行數步，顧視，漁父已覆船自沉江水中矣。詳《吴越春秋》卷一《王僚使公子光傳》。

[29]相傳伍員至吴，使人求漁父於江上而不能得，每食必祭

之，祝曰："江上之丈人！天地至大矣，至衆矣，將奚不有爲也，而無以爲！爲矣而無以爲之。名不可得而聞，身不可得而見，其唯江上之丈人乎!"詳《吕氏春秋》卷一一《異寶》。

[30]相傳伍員破楚之後，引軍擊鄭，以鄭定公殺太子建且困己也。鄭公乃令於國中曰："有能還吴軍者，吾與分國而治。"漁父之子應募。伍員軍至鄭，遇漁父之子扣橈而歌。員因感漁父之恩，乃釋鄭還軍。詳《吴越春秋》卷二《闔閭内傳》。　來裔：後代。此處指漁父之子。

[31]郢都：郢州治所，即今湖北武漢市武昌。

[32]分荆：分荆州置郢州。《宋書・州郡志》："郢州刺史，魏文帝黄初三年以荆州江北諸郡爲郢州，其年罷并荆，非今地。吴又立郢州。孝武孝建元年，分荆州之江夏、竟陵、隨、武陵、天門，湘州之巴陵，江州之武昌，豫州之西陽，又以南郡之州陵、監利二縣度屬巴陵，立郢州。"

[33]賈生：指西漢賈誼。《漢書》卷四八《賈誼傳》載，誼上書陳政事，建議削弱諸侯，加强中央集權。有云："天下之勢方病大瘇，一脛之大幾如要，一指之大幾如股，平居不可屈信，一二指搐，身慮亡聊。失今不治，必爲錮疾。"

[34]應侯：戰國時范睢的封號。《戰國策・秦策三》，應侯説秦昭王削弱太后、華陽侯的勢力。有云："臣聞之也：木實繁者枝必披，枝之披者傷其心；都大者危其國，臣强者危其主。"

[35]與：通"歟"。

酌忠言於城郢，[1]播終古之芳猷；忘我躬之匪閲，[2]顧社稷而懷憂。服莊王之高義，[3]乃徵名於夏州；[4]恥蹊田之過罰，納申叔之嘉謀。[5]觀巫臣之獻箴，[6]鑒《周書》以明喻；[7]何自謀其多僻，要桑中而遠赴。[8]若葆申之誅丹，[9]實匡君以成務；

在兩臣而優劣，[10]居二主其並裕。[11]臨赤崖而慷愾，[12]摧雄圖於魏武；[13]乘戰勝以長驅，志吞吴而并楚。[14]總八州之毅卒，[15]期姑蘇而振旅；[16]時有便乎建瓴，[17]事無留於蕭斧。[18]霸孫赫其霆奮，[19]杖邁俗之英輔；[20]裂宇宙而三分，誠決機乎一舉。[21]嗟玄德之矯矯，[22]思興復於舊京；[23]招卧龍於當世，[24]配管仲而稱英。[25]收散亡之餘弱，結與國而連横，[26]延五紀乎岷漢，[27]紹四百於炎精。[28]望巴丘以邅回，[29]遵洞庭而敞悦，[30]沉輕舟而不繫，何靈胥之浩蕩。[31]眺君、徧之雙峯，[32]徒臨風以增想；儐瑶觴而一酌，[33]駕彩蜺而獨往。

[1]城郢：築城於郢。《左傳・襄公十四年》："楚子囊還自伐吴，卒。將死，遺言謂子庚：'必城郢。'君子謂子囊忠。君薨，不忘增其名，將死，不忘衛社稷，不可謂忠乎！忠，民之望也。"《水經注》卷三四《江水》："江水又東經郢城南，子囊遺言所築城也。"

[2]躬：自身，指子囊。　匪閲：不被容納。《詩・邶風・谷風》："我躬不閲，遑恤我後。"

[3]莊王：春秋時楚莊王。

[4]夏州：地名。在今湖北武漢市漢陽區北。《左傳・宣公十一年》："冬，楚子爲陳夏氏亂故，伐陳。謂陳人'無動，將討於少西氏。'遂人陳，殺夏徵舒，轘諸栗門，因縣陳。陳侯在晉。申叔時使於齊，反，復命而退。王使讓之，曰：'夏徵舒爲不道，弑其君，寡人以諸侯討而戮之，諸侯、縣公皆慶寡人，女獨不慶寡人，何故？'對曰：'猶可辭乎？'王曰：'可哉'。曰：'夏徵舒弑其君，其罪大矣；討而戮之，君之義也。抑人亦有言曰：'牽牛以蹊人之田，而奪之牛。牽牛以蹊者，信有罪矣；而奪之牛，罰已重矣。諸侯之

從也，曰討有罪也。今縣陳，貪其富也。以討召諸侯，而以貪歸之，無乃不可乎！’王曰：‘善哉，吾未之聞也！反之，可乎？’對曰：‘吾儕小人所謂“取諸其懷而與之也。”’乃復封陳。鄉取一人焉以歸，謂之夏州。”

[5]申叔：即申叔時。

[6]巫臣：即申公巫臣，楚大夫。　獻箴：進獻規諫之言。楚討陳夏氏，莊王欲納夏姬。申公巫臣諫莊王曰：“不可，君召諸侯，以討罪也；今納夏姬，貪其色也。貪色爲淫，淫爲大罰。《周書》曰：明德慎罰。文王所以造周也。明德，務崇之之謂也；慎罰，務去之之謂也。若興諸侯，以取大罰，非慎之也，君其圖之。”莊王乃止。後巫臣設計以自聘之。及莊王死，共王即位，將有陽橋之役，巫臣盡室以行。申叔跪遇之，曰：“異哉！夫子有三軍之懼，而又有桑中之喜，宜將竊妻以逃者也！”事詳《左傳·成公二年》。

[7]《周書》：指《尚書·周書》。

[8]桑中：《詩·鄘風》有《桑中》篇。《序》云：“《桑中》，刺奔也。衛之公室淫亂，男女相奔，至于世族在位，相竊妻妾，期於幽遠，政散民流而不可止。”

[9]葆申：楚臣。葆，同“保”，太保官，名申。　誅：懲罰。丹：即丹之姬。相傳楚文王得茹黄之狗，宛路之矰，以畋於雲夢，三月不返；得丹之姬，期年不聽朝。葆申承楚先王之令，笞文王。文王不受笞，葆申曰：“臣承先王之令，不敢廢也。王不受笞，是廢先王之令也。臣寧抵罪於王，毋抵罪於先王。”文王受笞，葆申自請死罪。文王召葆申殺茹黄之狗，析宛路之矰，放丹之姬。參《吕氏春秋》卷二三《直諫》及《説苑》卷九《正諫》。

[10]兩臣：指巫臣和葆申。

[11]二主：指楚莊王和楚文王。

[12]赤崖：即赤壁，在今湖北蒲圻市西北赤壁山。東漢建安十三年（208）曹操與孫權、劉備聯軍會戰於此。

[13]魏武：指魏武帝曹操。曹丕代漢，追尊其父曹操爲武皇

帝。見《三國志》卷二《魏書·文帝紀》。

[14]建安十三年七月，曹操率大軍南征劉表。八月，劉表卒。九月操到新野，劉表之子琮降。操進軍江陵，下令荆州吏民，與之更始。敗劉備於當陽長坂。十二月，乘勝東下，向吴孫權宣戰。參《三國志》卷一《魏書·武帝紀》及卷四七《吴書·吴主傳》。吴：指孫權勢力範圍吴地。　楚：指荆州一帶，舊楚地。

[15]八州：指司隸、徐州、冀州、青州、并州、幽州、雍州、荆州。當時皆在曹操控制之下。

[16]姑蘇：即今江蘇蘇州市。時孫權屯於此。　振旅：整頓部隊。《三國志》卷四七《吴書·吴主傳》，裴松之注引《江表傳》，載曹操與孫權書有云："近者奉辭伐罪，旄麾南指，劉琮束手。今治水軍八十萬衆，方與將軍會獵於吴。"

[17]建瓴："高屋建瓴"之略語。比喻居高臨下，勢不可遏。

[18]蕭斧：剛利之斧。劉向《説苑·善説》："夫以秦楚之强而報讎於弱薛，譬之猶摩蕭斧而伐朝菌也。"

[19]孫：指孫權。

[20]杖：依憑。　邁俗：邁，舊本並訛作"萬"，此依中華書局本校改。英輔：杰出的輔佐。指周瑜、魯肅等。《三國志》卷四七《吴書·吴主傳》："是時曹公新得表衆，形勢甚盛，諸議者皆望風畏懼，多勸權迎之，惟瑜、肅執拒之議，意與權同。瑜、普爲左右督，各領萬人，與備俱進，遇於赤壁，大破曹公軍。"

[21]一舉：指赤壁之戰。

[22]玄德：劉備之表字。見《三國志》卷三二《蜀書·先主傳》。

[23]舊京：指東漢都城洛陽，此代指東漢王朝。

[24]卧龍：指諸葛亮。《三國志》卷三五《蜀書·諸葛亮傳》："徐庶見先主，先主器之，謂先主曰：'諸葛孔明者，卧龍也，將軍豈願見之乎？'"

[25]管仲：春秋時齊桓公之相，佐桓公霸諸侯。參《史記》卷

六二《管晏列傳》。《三國志》卷三五《蜀書·諸葛亮傳》："（亮）身長八尺，每自比於管仲、樂毅，時人莫之許也。惟博陵崔州平、潁川徐庶元直與亮友善，謂爲信然。"

［26］與國：交好的國家。此指孫吴。

［27］五紀：古以十二年爲一紀。自赤壁之戰三分之勢成至蜀漢滅亡，凡五十八年。此言五紀，乃概數。　岷、漢：岷山和漢中郡。此代指蜀漢。

［28］四百：指漢王朝統治的時間。漢自公元前206年劉邦爲漢王至公元220年劉協禪魏，約四百年。　炎精：據五德説，漢以火德王天下，故稱。《文選》卷四三孫子荆《爲石仲容與孫皓書》李善注引《東觀漢記》曰："漢以炎精布耀。"

［29］巴丘：山名。在今湖南岳陽市西南。史載，周瑜自京還江陵，道於巴丘，病卒。見《三國志》卷五四《吴書·周瑜傳》。　邅回：聯綿詞，即"徘徊"。

［30］洞庭：即洞庭湖。　敞怳：模糊。

［31］靈胥：濤神。《文選》卷五左太沖《吴都賦》劉淵林注："靈胥，伍子胥神也。昔吴王殺子胥，沈其屍於江，後爲神。"

［32］君、褊：中華書局本《校勘記》："按：'褊'當作'艑'，形音相近而訛。洞庭湖中有君山及艑山。"按，《水經注·湘水》："（洞庭）湖中有君山、編山。君山有石穴……東北對編山，山多篦竹。"（王先謙《合校水經注》）是洞庭湖中山名"編山"。蓋艑、編、褊音近，非必"艑山"也。《漢書·地理志》"長沙國·益陽縣"下王先謙補注云："《封禪書》《正義》：'湘山，一名艑山，在巴陵縣南。《方輿勝覽》：湘山在洞庭中湘君所遊處，一曰君山。據二書，則君山即艑山。《湘水注》分君山、編山爲二。編、艑音近字變，蓋湖中相近之山，統曰湘山耳。'"

［33］瑶觴：玉杯。

爾乃南奠衡、霍，[1]北距沮、漳；[2]包括沅、澧，[3]汲引瀟、湘。[4]滮滮長邁，[5]漫漫回翔；蕩雲沃日，吐霞含光。青碧潭嶼，萬頃澄澈；綺蘭從風，素沙被雪。雜雲霞以舒卷，間河洲而斷絶；回曉仄於中川，[6]起長飈而半滅。税遺構之舊浦，[7]瞻汨羅以隕泗；[8]豈懷寶而迷邦，[9]猶殷勤而一致。[10]藴芳華以襞積，[11]非黨人之所媚；[12]合《小雅》之怨辭，兼《國風》之美志。[13]譬彈冠而振衣，[14]猶自别於泥滓；[15]且殺身以成義，寧露才而揚己。[16]悲先生之不辰，[17]逢椒、蘭之妬美；[18]有驊騮而不馭，[19]焉遑遑於千里。[20]既踐境以思人，彌流連其無已。脩行潦之薄薦，[21]敢憑誠於沼沚。[22]謁黄陵而展敬，[23]奠瑶席乎川湄。[24]具蘭香以膏沐，懷椒糈而要之。[25]延帝子于三后，[26]降夔、龍於九疑。[27]騰河靈之水駕，[28]下太一之靈旗。[29]撫安歌以會儛，[30]疏緩節而依遲。[31]日徘徊以將暮，情眇默而無辭。[32]愠秦皇之巡幸，[33]尤土壤以加戮；[34]昧天道之無親，[35]勤望祀以祈福。[36]將人怨而神怒，故飛川而蕩谷；推冥理以歸譽，[37]遂刊山而赭木。[38]

[1]衡：即衡山，在今湖南衡山縣西。　霍：山名。按，古名霍山者，一即今山西霍州市太岳山，一即今安徽霍山縣天柱山，然俱在長江之北，與本賦不合。一説即衡山之别名。

[2]沮：水名。即今湖北沮漳河西源沮水。　漳：水名。即今湖北沮漳河。

[3]沅：水名。即湖南沅江。　澧：水名。即今湖南澧水。

[4]瀟：水名。即今湖南瀟水。　湘：水名。即今湖南湘江。

[5]滮滮：水流的樣子。

[6]曉仄：指水流受洲渚之阻而有小的轉折。曉，通“小”；仄，傾側。

[7]税：停。　遺構：遺存的房屋。

[8]汨羅：即今湖南境内汨羅江。相傳戰國時楚臣屈原忠君愛國，遭讒被逐，流亡至此，懷石自沉。詳《史記》卷八四《屈原賈生列傳》。　泗：鼻涕。

[9]懷寶而迷邦：比喻懷才而不出仕。《論語·陽貨》：“懷其寶而迷其邦，可謂仁乎？”

[10]一致：相同。《易·繫辭》：“天下同歸而殊途，一致而百慮。”此處指盡心力於君國。

[11]襞積：修飾、裝點。

[12]黨人：指楚國腐朽的貴族勢力。屈原《離騷》：“惟夫黨人之偷樂兮，路幽昧以險隘。”　媚：喜愛。

[13]意謂《離騷》兼有《詩經》中《小雅》、《國風》之長。《史記》卷八四《屈原賈生列傳》：“屈平之作《離騷》，蓋自怨生也。《國風》好色而不淫，《小雅》怨誹而不亂，若《離騷》者，可謂兼之矣。”

[14]彈冠而振衣：相傳屈原流放至江潭，行吟澤畔。漁父勸其隨俗從流，屈原曰：“吾聞之：新沐者必彈冠，新浴者必振衣。安能以身之察察，受物之汶汶者乎？寧赴湘流，葬於江魚之腹中。安能以皓皓之白，蒙世俗之塵埃乎？”見《文選》卷三三《騷下·漁父》。

[15]泥滓：比喻濁世。《史記》卷八四《屈原賈生列傳》稱屈原“自疏濯淖污泥之中，蟬蜕於濁穢，以浮遊塵埃之外，不獲世之滋垢，皭然泥而不滓者也”。

[16]露才揚己：東漢班固指責屈原之語。班固《離騷序》：“今

若屈原，露才揚己，競乎危國群小之間，以離讒賊。然責數懷王，怨惡椒、蘭，愁神苦思，强非其人，忿懟不容，沈江而死，亦貶絜狂狷景行之士。”見宋・洪興祖《楚辭補注》引。

[17]先生：指屈原。　不辰：生不逢時。

[18]椒、蘭：指楚大夫子椒和楚懷王少弟司馬子蘭。見《楚辭補注》中《離騷》王逸注。

[19]驊騮：古駿馬名。此比喻良才。

[20]遑遑：忽忙不安的様子。《楚辭・九辨》："國有驥而不知乘兮，焉皇皇而更索?"　千里：指千里馬。

[21]脩：備辦。　薦：祭品。

[22]憑誠於沼沚：《左傳・隱公三年》："苟有明信，澗、溪、沼、沚之毛，蘋、蘩、薀藻之菜，筐、筥、錡、釜之器，潢、污、行潦之水，可薦於鬼神，可羞於王公。"

[23]黄陵：即黄陵廟。在今湖南湘陰縣北、洞庭湖濱。《水經注・湘水》："湘水西流徑二妃廟南，世謂之黄陵廟也。言大舜之陟方也，二妃從征，溺於湘江……故民立祠於水側焉。"

[24]奠：安放。　瑶席：以瑶草編成的坐席。

[25]椒糈（xǔ）：祭神之物。椒，花椒；糈，精米。《楚辭・離騷》："巫咸將夕降兮，懷椒糈而要之。"

[26]延：迎接。　帝子：帝堯之二女娥黄、女英。即舜之二妃。　三后：《楚辭・離騷》："昔三后之純粹兮，固衆芳之所在。"王逸注："后，君也。謂禹、湯、文王也。"

[27]夔、龍：相傳爲舜之二臣名。夔爲樂官，龍爲諫官。參《尚書・舜典》。　九疑：即九疑山。在今湖南寧遠縣東南。相傳舜死於蒼梧之野，葬於此山。參《史記》卷一《五帝本紀》。

[28]河靈：河神。　水駕：即水車。相傳河神以水爲車。《楚辭・九歌・河伯》："乘水車兮荷蓋，駕兩龍兮驂螭。"

[29]太一：天之尊神。參《漢書・郊祀志》。

[30]安歌：舒徐而歌。

[31]疏：稀疏。《楚辭·九歌·東皇太一》："揚枹兮拊鼓，疏緩節兮安歌。"　依遲：遲緩不進的樣子。

[32]眇默：茫然恍忽。

[33]秦皇：指秦始皇。　巡：舊本皆訛"川"，此依中華書局本校改。

[34]尤土壤以加戮：《史記》卷六《秦始皇本紀》：始皇二十八年出巡，"乃西南渡淮水，之衡山、南郡。浮江，至湘山祠。逢大風，幾不得渡。上問博士曰：'湘君何神?'博士對曰：'聞之，堯女，舜之妻，而葬此。'於是始皇大怒，使刑徒三千人皆伐湘山樹，赭其山。"

[35]天道之無親：老天不偏私。《老子》第七十九章："天道無親，常與善人。"

[36]望祀：遠望而祭。《史記》卷六《秦始皇本紀》：三十七年，始皇出巡，"十一月，行至雲夢，望祀虞舜於九疑山"。

[37]諐（qiān)：罪過。古"愆"字。

[38]刊山而赭木："刊木而赭山"之錯綜。

於是下車入部，班條理務，[1]砥課庸薄，[2]夕惕兢懼。[3]存問長老，隱卹氓庶，[4]奉宣皇恩，寬徭省賦。遠哉盛乎，斯邦之舊也。有虞巡方以託終，[5]夏后開圖而疏決，[6]太伯讓嗣以來遊，[7]□臣祈仙而齋潔。[8]固是明王之塵軌，聖賢之蹤轍也。若夫屈平《懷沙》之賦，[9]賈子遊湘之篇，[10]史遷摛文以投弔，[11]揚雄《反騷》而沉川。[12]其風謡雅什，又是詞人之所流連也。亦有仲寧、咸德，[13]仍世相繼，父子三台，[14]緇衣改敝。[15]古初抱於烈火，[16]劉先高而忤世，[17]蔣公琰之弘通，[18]桓伯緒之匡濟，[19]鄧究時之絶述，谷思恭之藻麗，[20]實川嶽之精靈，常間出而無替也。[21]至於殊庭之客，[22]帝鄉之賢，[23]神奔鬼化，吐吸雲煙。玉笥登之而却老，[24]金人植杖以尊泉，[25]蘇生騎龍而出入，[26]處静駕鹿以周旋。[27]配北燭之神女，[28]偶南榮之偓佺。[29]時髣髴其遥見，亦往往而有焉。

[1]班條理務：頒佈政令，治理政務。

[2]砥課：磨煉考查。

[3]夕惕：戒慎恐懼，不敢怠慢。

[4]隱卹：憐憫、救助。

[5]有虞：指虞舜。相傳舜南巡狩，崩於蒼梧之野，葬於九疑山。見《史記》卷一《五帝本紀》。

[6]夏后：指夏禹。禹受舜命治水，開九州，通九道以導水。舜崩，禹即天子位，國號曰夏。見《史記》卷二《夏本紀》。

[7]太伯：周太王之長子。太王欲立太伯弟季歷，太伯奔荆蠻以避之，自號句吴。詳《史記》卷三一《吴太伯世家》。

[8]□臣：缺字及人待考。

[9]屈平：楚臣屈原名平，遭放逐，至江南作《懷沙》之賦。詳《史記》卷八四《屈原賈生列傳》。

[10]賈子：西漢賈誼被貶爲長沙王太傅，赴長沙，渡湘水，作《吊屈原賦》以自傷。詳《史記》卷八四《屈原賈生列傳》。

[11]史遷：漢太史公司馬遷。遷撰《史記》有《屈原賈生列傳》，録賈誼《吊屈原賦》全文。此言史遷"摛文以投弔"，疑誤。

[12]揚雄：西漢辭賦家。因有感於屈原作《離騷》，自投江而死，生不遇時，"乃作書，往往摭《離騷》文而反之，自峄山投諸江流以吊原賦，名曰《反離騷》。"詳《漢書》八七卷《揚雄傳》。

沉川：投文於水。

[13]仲寧：後漢梁統字仲寧，《後漢書》卷三四有傳。　咸德：未詳。

[14]三台：星名。古以星象比附人事，稱三台爲三公。《晉書·天文志》："在人曰三公，在天曰三台。"

[15]緇衣改敝：《詩·鄭風·緇衣》有云："緇衣之宜兮，敝，予又改爲兮。"《序》云："《緇衣》，美武公也。父子並爲周司徒，善於其職，國人宜之，故美其德以明有國善善之功焉。"此處以鄭武公父子比仲寧、咸德。

[16]古初：人名。《東觀漢記》卷一六《古初傳》："長沙有義士古初，遭父喪未葬，鄰人火起，及初舍。棺不可移，初冒火伏棺上。會火滅，以爲孝感所致云。"

[17]劉先：人名。漢末荆州牧劉表别駕。曾奉章詣許昌，見曹操，言王道未平，群兇塞路。曹操問："群兇爲誰?"先曰："舉目皆是。"操嘿然。事詳《三國志》卷六《魏書·劉表傳》裴松之注引《零陵先賢傳》。

[18]蔣公琰：蜀漢蔣琬字公琰，零陵人。諸葛亮卒，琬爲尚書令，遷録尚書事，處群僚之右，衆咸推服。《三國志》卷四四有傳。

[19]桓伯緒：曹魏桓階字伯緒，長沙臨湘人。曹操欲立曹植爲太子，階數陳曹丕齒德優長，宜爲儲副。《三國志》卷二二有傳。

[20]鄧究時、谷思恭：並未詳。

[21]替：廢。

[22]殊庭：異域。

[23]帝鄉：天帝所居之鄉。

[24]玉笥：即玉笥山。在今湖南湘陰縣東北汨水北岸。《水經注·湘水》:"羅含《湘中記》云：屈潭之左，有玉笥山。道士遺言，此福地也。"

[25]金人：即仙人。《後漢書·郡國志·長沙郡》下李賢注引《荆州記》："（益陽）縣南十里有平岡。岡有金井數百，淺者四五

尺，深者不測。俗傳云有金人以杖撞地，輒便成井。”

[26]蘇生：傳説漢末湖南郴縣人蘇耽，少喪父，養母至孝。一日忽辭母登山成仙。人或見其乘白馬回山中，百姓爲之立祠。見《水經注·耒水》。　龍：即馬。《周禮·夏官·廋人》："馬八尺以上爲龍。"

[27]處静：晉人陶淡字處静，結廬長沙臨湘山中，養一白鹿以偶。親故有候之者，輒移渡澗水，莫得近之。見《晉書》卷九四《隱逸·陶淡傳》。

[28]北燭：古仙人名。見《漢武帝内傳》。

[29]南榮：房屋的南檐。　偓佺：《文選》卷八司馬長卿《上林賦》："偓佺之倫暴於南榮。"郭璞注："偓佺，仙人也。"

爾乃歷省府庭，周行街術，[1]山川遠覽，邑居近悉。割黔中以置守，[2]獻青陽而背質，[3]鄒生所謂還舟，[4]楚王於焉乘馹。[5]巡高山之累仞，褒吴文之爲宰；[6]彼非劉而八王，皆國亡而身醢。[7]在長沙而著令，[8]經五葉其未改；[9]知天道之福謙，勝一時之經始。[10]尋太傅之故宅，[11]今築室以安禪；邑無改於舊井，尚開流而冽泉。懷伊、管之政術，[12]遇庸臣而見遷；[13]終被知於時主，[14]嗟漢宗之得賢。[15]受齊君之遠託，[16]豈理謝而生全；哀懷王之不秀，[17]遂抱恨而傷年。[18]脩定祀于北郭，[19]對林野而幽藹；庶無吐於馨香，祀瓊茅而沃酹。[20]景十三以啓國，[21]惟君王其能大；迨炎正之中微，[22]實斯藩而是賴。[23]顧四阜之紆餘，[24]乍升高以遊目；審山川之面帶，將取名於衡麓。[25]下彌漫以爽塏，[26]上欽巇而重複；[27]風瑟瑟以鳴松，水琤琤而響谷。低四照於若華，[28]竦千尋於建木。[29]冀囂塵之可屏，登巖阿而寤宿。捨域中之常戀，慕遊仙之靈族。是時涼風暮節，萬實西成，[30]華池迴遠，飛閣淒明。嘉南州之炎德，[31]愛蘭蕙之秋榮。下名柑於曲榭，採芳菊於高城。樹羅軒而並列，竹被嶺而叢生。翫棲禽之夕返，送旅雁之晨征。悲去鄉而遠客，寄覽物而娛情。惟傳車之所鶩，[32]實膺揚其是掌，[33]或解組以立威，[34]乍露服而加賞。[35]遵聖主之恩刑，荷天地之厚德。沾河潤於九里，[36]澤自家而刑國。[37]闕小道之可觀，[38]寧畏塗其易克；[39]眄高衢而願騁，[40]憂取累於長纆。[41]聞困石之非據，[42]承炯戒乎明則；[43]愧壽陵之餘子，學邯鄲而匍匐也。[44]

[1]術：街道。

[2]黔中：郡名。戰國楚置，治所在今湖南沅江市西。楚懷王三十年，秦騙懷王入武關，要以割黔中之郡。懷王不允，客死於秦。頃襄王二十二年，秦攻取楚黔中郡。詳《史記》卷四〇《楚世家》。

[3]青陽：縣名。治所在今湖南長沙市。《史記》卷六《秦始皇本紀》："荆王獻青陽以西，已而畔約，擊我南郡，故發兵誅，得其王，遂定其荆地。"　質：盟約。

[4]鄒生：指鄒陽。《漢書》卷五一《鄒陽傳》：陽上書諫吴王，有云："越水長沙，還舟青陽。"

[5]楚王：指楚莊王。《左傳·文公十六年》：楚大饑，庸人帥羣蠻以叛楚，"楚子乘馹會師於臨邑"，以伐庸，遂滅庸。　馹（rì）：

驛傳。

[6]吴文：漢長沙王吴芮都臨湘，薨，謚曰文王，故稱。《漢書》卷三四有傳。

[7]《漢書》卷三四《韓彭英盧吴傳贊》云："昔高祖定天下，功臣異姓而王者八國，張耳、吴芮、彭越、黥布、臧荼、盧綰與兩韓信，皆徼一時之權變，以詐力成功，咸得裂土，南面稱孤。見疑强大，懷不自安，事窮勢迫，卒謀叛逆，終於滅亡……唯吴芮之起，不失正道，故能傳號五世，以無嗣絶。"國亡：舊本皆作"國士"，訛。此依中華書局本校改。

[8]長沙：指長沙王。漢初，定約非劉氏不王。劉邦以吴芮忠而王之，屬特例故著令。《漢書》卷三四《吴芮傳》："初，文王芮，高祖賢之，制詔御史：長沙王忠，其定著令。"

[9]五葉：五世。指文王芮、成王臣、哀王回、共王右、靖王差五代。見《漢書》卷三四《吴芮傳》。

[10]經始：經營，創建基業。

[11]太傅：指賈誼。誼，漢文帝時曾爲長沙王太傅。見《漢書》卷四八《賈誼傳》。

[12]伊、管：伊尹、管仲。《漢書》卷四八《賈誼傳贊》："劉向稱'賈誼言三代與秦治亂之意，其論甚美，通達國體，雖古之伊、管未能遠過也。使時見用，功化必盛。爲庸臣所害，甚可悼痛。'"

[13]庸臣：指讒害賈誼的周勃、灌嬰、張相如、馮敬之徒。詳《漢書》卷四八《賈誼傳》。

[14]時主：指漢文帝。賈誼貶長沙後歲餘，文帝思之，徵入，拜爲少子梁懷王太傅。見《漢書》卷四八《賈誼傳》。

[15]漢宗：漢室，漢王朝。

[16]齊君：齊，同"齋"。齋君，指漢文帝。《史記》卷八四《賈生列傳》："賈生徵見，孝文帝方受釐，坐宣室。上因感鬼神事，而問鬼神之本。賈生因具道所以然之狀。至夜半，文帝前席。既

罷，曰：‘吾久不見賈生，自以爲過之，今不及也。’居頃之，拜賈生爲梁懷王太傅。”按，中華書局點校本於“齊”下加專名號，誤。遠託：指託賈誼教愛子梁懷王。

[17]懷王：漢文帝少子劉揖的謚號。《漢書》卷四七有傳。　不秀：《論語·子罕》：“苗而不秀者，有矣夫!”本孔子惜顔淵早死之語，後世用以比喻人未成年而死。

[18]抱恨而傷年：梁懷王死，賈誼“自傷爲傅無狀，哭泣歲餘，亦死”。見《史記》卷八四《賈生列傳》。

[19]北郭：指長沙城北郭。《史記》卷八四《賈生列傳》司馬貞《索隱》引《荆州記》：“長沙城西北隅有賈誼宅及誼石牀在矣。”

[20]瓊茅：古代用來占卜的靈草。　沃酹：酹酒祭祀鬼神。

[21]景：指漢景帝。景帝十四男，除孝武帝外，其餘十三男俱開國封王。見《漢書》卷五三《景十三王傳》。

[22]迨（dài）：等到。炎正：指漢王朝。據五德説，漢以火德王天下，故曰炎正。正，正朔。　中微：中道衰落。指西漢末，王室衰微，天下大亂。

[23]斯藩：指長沙王國。東漢光武帝劉秀乃漢景帝子長沙定王劉發之後。見《後漢書》卷一《光武帝紀》。

[24]紆餘：山勢曲折延伸的樣子。

[25]衡：即衡山。

[26]爽塏：明亮乾燥。

[27]欽虧：曲折凹陷。

[28]若華：若木的花。

[29]建木：高大的樹。

[30]西成：秋季萬物成熟。《尚書·堯典》：“寅餞納日，平秩西成。”《傳》：“秋，西方，萬物成。”

[31]南州：南方之州，指湘州。　炎德：古以五行配五方，南方配火，故稱炎德。《淮南子·天文訓》：“南方，火也。其帝炎帝，其佐朱明，執衡而治夏，其神爲熒惑，其獸朱鳥，其音徵，其日丙

丁。”

[32]傳車：驛車。

[33]鷹揚：鷹之奮揚。《詩·大雅·大明》：“維師尚父，時維鷹揚。”比喻威武。

[34]解組：解下印綬。指撤人官職。

[35]露服：袒露衣服。孫權以周泰爲平虜將軍，朱然、徐盛等並不服。孫權乃大會諸將，自行酒至周泰前，命泰解衣。權手自指周泰身上創痕，問以所起。泰輒記昔戰鬥處以對，畢，使復服。明日，遣使者授以御蓋。於是徐盛等乃服。詳《三國志》卷五五《吳書·周泰傳》。此處借以指論功加賞。

[36]《莊子·列禦寇》：“河潤九里，澤及三族。”言恩澤及於人，如河水之浸潤土地。後用以比喻施恩於人。

[37]刑：通“型”，榜樣。

[38]小道：指小技藝。《論語·子張》：“雖小道，必有可觀者焉；致遠恐泥，是以君子不爲也。”

[39]畏塗：艱難可畏的道路。

[40]高衢：大道。《文選》卷一一王仲宣《登樓賦》：“冀王道之一平兮，假高衢而騁力。”

[41]長纆：長繩。《文選》卷一九張茂先《勵志》：“纆牽之長，實累千里。”李善注：“千里之馬，繫以長索，則爲累矣。人雖有容貌，不脩德，如千里馬也。”

[42]困石之非據：《易·困》：“六三，困於石，據於蒺藜。入於其宮，不見其妻，凶。”比喻處於困境。

[43]炯戒：明白的鑒戒。　明則：修明的法則。

[44]學邯鄲而匍匐：《莊子·秋水》：“（魏牟曰：）子獨不聞夫壽陵餘子之學行於邯鄲與？未得國能，又失其故行矣，直匍匐而歸耳。”

纘至州，停遣十郡慰勞，[1]解放老疾吏役，及關市戍邏先所防人，一皆省併。州界零陵、衡陽等郡，[2]有莫徭蠻者，[3]依山險爲居，歷政不賓服，因此向化。益陽縣人作田二頃，[4]皆異畝同穎。[5]纘在政四年，流人自歸，户口增益十餘萬，州境大安。

[1]十郡：據《南齊書·州郡志》，湘州領長沙、桂陽、零陵、衡陽、營陽、湘東、邵陵、始興、臨賀、始安、齊熙，凡十一郡，其中齊熙郡無屬縣。

[2]零陵郡：治所在今湖南永州市。　衡陽郡：治所在今湖南株洲縣西南。

[3]莫徭蠻：我國古代西南少數民族名。《隋書·地理志》："長沙郡又雜有夷蜒，名曰莫徭，自云其先祖有功，常免徭役，故以爲名。"

[4]益陽縣：治所在今湖南益陽市。

[5]穎：帶芒的穀穗。

太清二年，[1]徵爲領軍，[2]俄改授使持節、都督雍、梁、北秦、東益、郢州之竟陵司州之隨郡諸軍事、平北將軍、寧蠻校尉。[3]纘初聞邵陵王綸當代己爲湘州，[4]其後定用河東王譽，[5]纘素輕少王，州府候迎及資待甚薄，譽深銜之。[6]及至州，遂託疾不見纘，仍檢括州府庶事，[7]留纘不遣。會聞侯景寇京師，[8]譽飾裝當下援，時荆州刺史湘東王赴援，[9]軍次郢州武城，[10]纘馳信報曰：[11]"河東已竪檣上水，[12]將襲荆州。"王信之，便回軍鎮，荆、湘因構嫌隙。尋棄其部伍，單舸赴江陵,[13]王即遣使責讓謽,索纘部下。既至,仍遣纘向襄陽,前刺史岳陽王詧推遷未去鎮,[14]但以城西白馬寺處之。[15]會聞賊陷京師,詧因不受代。州助防杜岸紿纘曰:[16]"觀岳陽殿下必不容使君,[17]使君素得物情,[18]若走入西山,招聚義衆,遠近必當投集,又帥部下繼至,以此義舉,無往不克。"纘信之,與結盟約,因夜遁入山。岸反以告詧,仍遣岸帥軍追纘。纘衆望岸軍大喜,謂是赴期,既至,即執纘并其衆,並俘送之。始被囚縶。尋又逼纘剃髮爲道人。[19]其年,詧舉兵襲江陵,常載纘隨後。及軍退敗,行至湕水南,[20]防守纘者慮追兵至,遂害之,棄尸而去,時年五十一。元帝承制,[21]贈纘侍中、中衛將軍、開府儀同三司。[22]謚簡憲公。

[1]太清:梁武帝年號(547—549)。

[2]領軍:領軍將軍之省稱,官名。爲禁衛軍最高統帥,職任隆重。梁十五班。

[3]雍、梁、北秦、東益、郢:皆州名。雍州,治所在今湖北襄樊市;梁州,治所在今陝西漢中市東;北秦州,治所在今甘肅天水市;東益州,治所在今陝西略陽縣;郢州,治所在今湖北武漢市武昌。　竟陵:郡名。治所在今湖北隨州市。　司州:治所在今河南信陽市。　隨郡:郡名。治所在今湖北隨州市。　平北將軍:將軍名號。與平東、平南、平西將軍合稱四平將軍。多持節都督或監某一地區的軍事,亦可作爲刺史兼理軍務的加官,地位較高。爲一百二十五號將軍之一,二十班。　寧蠻校尉:武官名號。掌雍州少數民族事務,領兵,置府於襄陽,多由雍州刺史或駐其地的將軍兼任。其職位隨府之號輕重而定。參《隋書·百官志》。按,"寧蠻校

尉”下，疑脱“雍州刺史”四字。據《隋書·百官志》，梁寧蠻校尉置於雍州，一般由雍州刺史兼任。《南史》卷五六《張弘策傳》附《張纘傳》云：“太清二年徙授領軍，俄改雍州刺史。”更爲明證。又，錢大昕《廿二史考異》卷二六：“蓋北秦、東益二州皆仇池楊氏之地。”按，楊氏，見本書卷五四《諸夷·武興國傳》。

[4]邵陵王綸：梁武帝子蕭綸封爵號邵陵王。本書卷二九《高祖三王》有傳。

[5]河東王譽：梁昭明太子第二子蕭譽封爵號河東王。本書卷五五有傳。

[6]銜：怨恨。

[7]檢括：考查。

[8]侯景：人名。本魏將，太清元年附梁，二年反，率軍進攻京師建康。本書卷五六有傳。

[9]荆州：州名。治所在今湖北荆州市江陵。　湘東王：梁元帝蕭繹初封爵號。湘東，郡名。治所在今湖南衡陽市。

[10]武城：又名武口城，在今湖北黄陂縣東南，古武湖水入長江之口。

[11]信：使者。

[12]河東：指河東王譽。

[13]江陵：縣名。荆州鎮所。

[14]岳陽王詧：梁昭明太子第三子蕭詧封爵號岳陽王。詧，中大同元年除雍州刺史。《周書》卷四七有傳。

[15]白馬寺：佛寺名。在今湖北襄樊市區西。

[16]杜岸：人名。本書卷四六《杜崱傳》有附傳。　紿：欺騙。

[17]使君：東漢以下對州郡長官的尊稱。此指張纘。

[18]物情：人心。

[19]道人：佛教信徒。

[20]溠水：水名。在今湖北當陽市北。

[21]承制：秉承皇帝旨意，行使其職權。

[22]中衛將軍：將軍名號。爲一百二十五號將軍之一，二十三班。　開府儀同三司：官名。非三公而儀制待遇同於三公之稱。梁諸將軍開府儀同三司爲十七班。

纘有識鑒，自見元帝，便推誠委結。及元帝即位，追思之，嘗爲詩，其《序》曰："簡憲之爲人也，不事王侯，[1]負才任氣，見余則申旦達夕，不能已已。懷夫人之德，何日忘之。"[2]纘著《鴻寶》一百卷，文集二十卷。[3]

[1]不事王侯：《易·蠱》："不事王侯，高尚其事。"此處指不屈於王侯權貴。

[2]何日忘之：《詩·小雅·隰桑》："中心藏之，何日忘之。"

[3]文集二十卷：《隋書·經籍志》著録："梁雍州刺史《張纘集》十一卷並録。"

次子希，字子顔，早知名，選尚太宗第九女海鹽公主。[1]承聖初，[2]官至黄門侍郎。[3]

[1]太宗：梁簡文帝廟號。

[2]承聖：梁元帝年號（552—555）。

[3]黄門侍郎：官名。即給事黄門侍郎。門下省次官，掌侍從左右，關通中外，顧問應對。出入禁中，職任顯要。員四人。梁十班。

綰字孝卿，纘第四弟也。初爲國子生，射策高第。[1]起家長兼祕書郎，遷太子舍人，洗馬，中舍人，並掌管記。累遷中書郎，[2]國子博士。[3]出爲北中郎長史、蘭陵太守，[4]還除員外散騎常侍。[5]時丹陽尹西昌侯蕭淵藻以久疾未拜，[6]敕綰權知尹事，[7]遷中軍宣城王長史，[8]俄徙御史中丞。高祖遣其弟中書舍人絢宣旨曰：[9]"爲國之急，惟在執憲直繩，用人本不限升降。晉宋之世，周閔、蔡廓並以侍中爲之，[10]卿勿疑是左遷也。"[11]時宣城王府望重，故有此旨焉。大同四年元日，[12]舊制僕射、中丞坐位東西相當，時綰兄纘爲僕射，及百司就列，[13]兄弟導騶，[14]分趨兩陛，前代未有也，時人榮之。歲餘，出爲豫章内史。綰在郡，述《制旨禮記正言》義，[15]四姓衣冠士子聽者常數百人。[16]

[1]射策：古代取士考試方式之一。由主試者出題書於簡策，分甲乙科列置案上，應試者隨意取答。主試者據以定其優劣，上者爲甲，次者爲乙。

[2]中書郎：即中書侍郎，官名。中書省屬官，舊掌詔誥。劉宋以後，草擬詔誥之權歸中書舍人，侍郎職少官清，漸成諸王起家官。員四人。梁九班。

[3]國子博士：官名。國子學教官。掌教授國子生。員二人。梁九班。

[4]蘭陵：本卷《張纘傳》："（大通）二年，仍遷華容公北中郎長史、南蘭陵太守，加貞威將軍，行府州事。三年，入爲度支尚書。"綰顯然是接替兄纘爲南蘭陵太守，故此"蘭陵"當爲"南蘭陵"。

[5]員外散騎常侍：官名。集書省官員。多以公族、宗室充任，

掌侍從顧問。劉宋以後常用以安置閑退官員，地位不高。梁十班。

［6］西昌侯蕭淵藻：梁武帝兄蕭懿之子淵藻封爵號西昌侯。本書卷二三《長沙嗣王業傳》有附傳。

［7］權知：官制術語。奉特敕臨時代理執掌本官職權範圍之外的他項職事。

［8］中軍：中軍將軍之省稱，將軍名號。梁代，與中衛、中權、中撫將軍合稱四中將軍，衹授予在京師任職者，權位頗重。一百二十五號將軍之一，二十三班。　宣城王：梁簡文帝嫡長子蕭大器初封爵號。本書卷八有傳。宣城，郡名。治所在今安徽宣州市。

［9］中書舍人：官名。中書省屬官。掌入直閤内，呈奏案章。劉宋以下漸用寒士及皇帝親信擔任其職，奪中書侍郎出令之權。至梁，選以才能，不限資地，掌中書詔誥，權勢顯赫。多以他官兼領。梁員四人，四班。

［10］周閔：人名。晉汝南安成人。《晉書》卷六九《周顗傳》有附傳。　蔡廓：人名。祖籍濟陽考城。《宋書》卷五七有傳。

［11］左遷：降職。

［12］大同四年元日：據本書《武帝紀》及《張纘傳》，纘爲尚書僕射在大同五年正月。此“四年”，誤。見中華書局本《校勘記》。

［13］百司：百官。　列：位。

［14］導騶：車前以騶卒開道。

［15］《制旨禮記正言》：《隋書·經籍志》著録：“《禮記大義》十卷，梁武帝撰。”又“《制旨革牲大義》三卷，梁武帝撰”。

［16］四姓：南北朝時，士族按郡望權勢分爲甲、乙、丙、丁四等，謂之四姓。北魏孝文帝時對四姓之資格有明文規定，詳見《新唐書》卷一九九《柳沖傳》。

八年，安成人劉敬宫挾祆道，[1]遂聚黨攻郡，内史蕭侻棄城走。賊轉寇南康、廬陵，[2]屠破縣邑，有衆數萬人，進寇豫章新淦縣。[3]南中久不習兵革，吏民恇擾奔散。[4]或勸綰宜避其鋒，綰不從，仍修城隍，設戰備，募召敢勇，得萬餘人。刺史湘東王遣司馬王僧辯帥兵討賊，[5]受綰節度，旬月間，賊黨悉平。

[1]安成：郡名。治所在今江西安福縣東南。　劉敬宫：人名。《南史》及《金樓子》卷二《后妃篇》同。本書《武帝紀》大同八年紀及《通鑑》卷一五八《梁紀》作“劉敬躬”。　祆道：“祆”通“妖”，祆道即妖邪之道。

[2]南康：郡名。治所在今江西贛州市東北。　廬陵：郡名。治所在今江西樟樹市。

[3]新淦縣：縣名。治所在今江西吉水縣。

[4]恇擾：恐懼慌張。

[5]司馬：官名。王公軍府屬官，掌本府武職。梁十班至六班。　王僧辯：人名。本書卷四五有傳。

十年，復爲御史中丞，加通直散騎常侍。[1]綰再爲憲司，彈糾無所回避，豪右憚之。是時城西開士林館聚學者，[2]綰與右衛朱异、太府卿賀琛遞述《制旨禮記中庸義》。[3]

[1]通直散騎常侍：官名。集書省官員，掌侍從左右，顧問應對，與散騎常侍通直。劉宋以後，多用衰老之士擔任，地位漸低。員四人。梁十一班。

[2]士林館：館舍名。在京師建康城西。

[3]右衛：右衛將軍之省稱，官名。與左衛將軍合稱二衛，掌

宫廷宿衛營兵。爲禁衛軍六軍之一，職任頗重。梁十二班。　朱异：人名。本書卷三八有傳。　太府卿：官名。梁十二卿之一，掌金帛府帑，十三班。　賀琛：人名。本書卷三八有傳。　《制旨禮記中庸義》：《隋書・經籍志》著録有"《私記制旨中庸義》五卷"，未題撰人，或即張綰等述《制旨禮義中庸義》之作。

太清二年，遷左衛將軍。會侯景寇至，入守東掖門。[1]三年，遷吏部尚書。宫城陷，綰出奔，外轉至江陵。湘東王承制，授侍中、左衛將軍、相國長史，侍中如故。出爲持節、雲麾將軍、湘東内史。承聖二年，徵爲尚書右僕射，[2]尋加侍中。明年，江陵陷，[3]朝士皆俘入關，綰以疾免，後卒於江陵，時年六十三。

[1]東掖門：京師建康宫城前東旁門。

[2]尚書右僕射：官名。尚書省官員。尚書令副佐，又與尚書分領諸曹。與祠部尚書不並置。員一人。梁十五班。

[3]江陵陷：指梁元帝承聖三年，西魏軍破江陵，梁亡事。詳本書卷五《元帝紀》。

次子交，字少遊，頗涉文學，選尚太宗第十一女安陽公主。[1]承聖二年，官至太子洗馬，祕書丞，[2]掌東宫管記。

[1]安陽公主：中華書局本《校勘記》謂《南史》作"定陽公主"。按，周一良云："梁張纘爲武帝舅之子，與武帝爲内兄弟，而娶武帝女富陽公主。其子希及侄交又娶簡文帝之女海鹽、安陽兩公主。行輩全不相當，而不以爲怪。"見其所著《魏晉南北朝史札記》

之《〈宋書〉札記》"婚姻不計行輩"條。

[2]祕書丞：官名。祕書省屬官，佐祕書監掌國家典籍圖書。爲清顯之職，多由僑姓士族擔任。員一人。梁八班。

陳吏部尚書姚察曰：[1]太清版蕩，[2]親屬離貳，[3]纘不能叶和藩岳，[4]成温、陶之舉，[5]苟懷私怨，構隙瀟湘，[6]遂及禍於身，非由忠節；繼以江陵淪覆，實萌於此。以纘之風格，[7]卒爲梁之亂階，[8]惜矣哉。

[1]陳吏部尚書姚察：吏部尚書，官名。掌官吏銓選、任免事宜。陳第三品。姚察，思廉之父，仕陳，曾官吏部尚書。《陳書》卷二七有傳。清·錢大昕《廿二史考異》卷二六有云："思廉修梁陳書，皆因其父察所撰而續成之。梁史諸論述其父説，必稱'陳吏部尚書姚察曰'，仿孟堅《漢書》稱'司徒掾班彪'之例也。其但稱'史臣'者，出自思廉新意。"

[2]版蕩：《詩·大雅》有《板》、《蕩》二篇，《序》以爲刺周厲王無道，敗壞國家之詩。後世因以板蕩指政局動蕩，社會不安定。

[3]離貳：離心離德。

[4]叶："協"字的古文。　藩岳：指諸侯王。

[5]温、陶：温嶠、陶侃。東晉蘇峻之亂，温、陶輔佐王室，平定蘇峻，爲晉功臣。《晉書》卷六七、六六分别有傳。

[6]瀟湘：瀟水和湘水。此處代指湘州。

[7]風格：品格。

[8]卒：終究。

梁書 卷三五

列傳第二十九

蕭子恪 弟子範 子顯 子雲

蕭子恪字景沖，蘭陵人，[1]齊豫章文獻王嶷第二子也。[2]永明中，[3]以王子封南康縣侯。[4]年十二，和從兄司徒竟陵王《高松賦》，[5]衛軍王儉見而奇之。[6]初爲寧朔將軍、淮陵太守，[7]建武中，[8]遷輔國將軍、吴郡太守。[9]大司馬王敬則於會稽舉兵反，[10]以奉子恪爲名，明帝悉召子恪兄弟親從七十餘人入西省，[11]至夜當害之。會子恪棄郡奔歸，是日亦至，明帝乃止。以子恪爲太子中庶子。[12]東昏即位，[13]遷祕書監，[14]領右軍將軍，[15]俄爲侍中。[16]中興二年，[17]遷輔國諮議參軍。[18]天監元年，[19]降爵爲子，除散騎常侍，[20]領步兵校尉，[21]以疾不拜，徙爲光禄大夫，[22]俄爲司徒左長史。[23]

[1]蘭陵：郡名。治所在今山東蒼山縣蘭陵鎮。此蕭氏祖籍。

宋·王觀國《學林》卷六“郢”條云：“南朝蕭氏出於蘭陵，而其後又創南蘭陵，各貴其所自出故也。”按，蕭氏南渡後，僑居晉陵武進縣，治所在今江蘇武進縣西北萬綏鎮。

[2]豫章文獻王嶷：齊武帝弟蕭嶷封爵號豫章王，謚曰文獻，故稱。《南齊書》卷二三有傳。豫章，郡名。治所在今江西南昌市。

[3]永明：齊武帝年號（483—493）。

[4]南康：縣名。治所在今江西南康縣。

[5]竟陵王：齊武帝子蕭子良的封爵號。見《南齊書》卷四〇《武十七王傳》。竟陵，郡名。治所在今湖北鍾祥市。

[6]衛軍：衛將軍之省稱，將軍名號。爲重號將軍，用以加授大臣、重要地方長官。常以權臣兼任。宋第二品，齊不詳。　王儉：人名。祖籍琅邪臨沂。《南齊書》卷二三有傳。

[7]寧朔將軍：將軍名號。統兵出征。劉宋第四品，齊不詳。淮陵：郡名。治所在今安徽明光市東北。

[8]建武：齊明帝年號（494—498）。

[9]輔國將軍：將軍名號。齊第三品。　吴郡：郡名。治所在今江蘇蘇州市。

[10]大：舊本皆作“及”，此依中華書局本校改。　王敬則：人名。晉陵郡南沙人。齊高帝、武帝時重臣。武帝崩，明帝輔政，出敬則爲會稽太守。明帝即位，敬則以高、武舊臣，心懷憂懼，遂反。《南齊書》卷二六有傳。　會稽：郡名。治所在今浙江紹興市。

[11]西省：京師建康宫城殿省名，在正殿之西，故稱。或指中書省。《南史》卷四二同傳作“永福省”。

[12]太子中庶子：官名。東宫官員，與太子中舍人共掌侍從文翰。員四人。宋第五品，齊不詳。

[13]東昏：指齊東昏侯蕭寶卷。見《南齊書》卷七《東昏侯紀》。

[14]祕書監：官名。祕書省長官。掌國家藝文圖籍。員一人。齊第五品。

[15]領：官制術語。已有實授主職，又兼任較低官職而不居其位。　右軍將軍：將軍名號。與前軍、後軍、左軍合稱四軍將軍，爲禁衛軍重要將領之一，掌宮廷宿衛。宋第四品，齊不詳。

[16]侍中：官名。門下省長官。掌奏事，直侍左右，顧問應答，參與決策，是中樞集團重要成員。員四人。齊第三品。

[17]中興：齊和帝年號（501—502）。

[18]諮議參軍：官名。王公軍府屬官，掌諷議。宋第七品，齊不詳。

[19]天監：梁武帝年號（502—519）。

[20]散騎常侍：官名。集書省長官。掌侍從左右，獻納得失。劉宋以後，職以侍從左右、掌圖書文翰爲主，地位漸低。員四人。梁初第三品。

[21]步兵校尉：官名。禁衛軍五營校尉之一，掌宮廷宿衛士。宋第四品，梁初不詳。

[22]光禄大夫：官名。屬光禄勳。養老疾，無職事。宋第三品，梁初不詳。

[23]司徒左長史：官名。司徒府屬官，佐司徒掌官吏事。梁天監七年革選，定流内官職爲十八班，以班多者爲貴，司徒左長史爲十二班。

子恪與弟子範等，嘗因事入謝，高祖在文德殿引見之，[1]從容謂曰："我欲與卿兄弟有言。夫天下之寶，[2]本是公器，非可力得。苟無期運，雖有項籍之力，[3]終亦敗亡。所以班彪《王命論》云：[4]'所求不過一金，然終轉死溝壑。'卿不應不讀此書。宋孝武爲性猜忌，兄弟粗有令名者，無不因事鴆毒，所遺唯有景和。[5]至於朝臣之中，或疑有天命而致害者，枉濫相繼。[6]然而或疑有天命而不能害者，或不知有天命而不疑者，于時雖疑卿祖，[7]而無如之何。此是疑而不得。又有不疑者，如宋明帝本爲庸常被免，豈疑而得全。又復我于時已年二歲，彼豈知我應有今日。當知有天命者，非人所害，害亦不能得。我初平建康城，朝廷内外皆勸我云：'時代革異，物心須一，[8]宜行處分。'我于時依此而行，誰謂不可！我政言江左以來，[9]代謝必相誅戮，[10]此是傷於和氣，所以國祚例不靈長。所謂'殷鑒不遠，在夏后之世'。[11]此是一義。二者，齊梁雖曰革代，義異往時。我與卿兄弟雖復絶服二世，[12]宗屬未遠。卿勿言兄弟是親，人家兄弟自有周旋者，[13]有不周旋者，況五服之屬邪？[14]齊業之初，亦是甘苦共嘗，腹心在我。卿兄弟年少，理當不悉。我與卿兄弟，便是情同一家，豈當都不念此，作行路事。[15]此是二義。我有今日，非是本意所求。且建武屠滅卿門，[16]致卿兄弟塗炭。我起義兵，非惟自雪門恥，亦是爲卿兄弟報仇。卿若能在建武、永元之世，[17]撥亂反正，我雖起樊、鄧，[18]豈得不釋戈推奉；其雖欲不已，亦是師出無名。我今爲卿報仇，且時代革異，望卿兄弟盡節報我耳。且我自藉喪亂，代明帝家天下耳，不取卿家天下。昔劉子輿自稱成帝子，[19]光武言'假使成帝更生，天下亦不復可得，況子輿乎'。梁初，人勸我相誅滅者，我答之猶如向孝武時事：[20]彼若苟有天命，非我所能殺；若其無期運，何忽行此，政足示無度量。曹志親是魏武帝孫、[21]陳思之子，事晉武能爲晉室忠臣，此即卿事例。卿是宗室，情義異佗，方坦然相期，卿無復懷自外之意。小待，自當知我寸心。”又文獻王時内齋直帳閹人趙叔祖，[22]天監初，入爲臺齋帥，[23]在壽光省，[24]高祖呼叔祖曰：“我本識汝在北第，[25]以汝舊人，故每驅使。汝比見北第諸郎不?”[26]叔祖奉答云：“比多在直，出外甚疏，假使暫出，亦不能得往。”高祖曰：“若見北第諸郎，道我此意：我今日雖是革代，情同一家；但今磐石未立，[27]所以未得用諸郎者，非惟在我未宜，亦是欲使諸郎得安耳。但閉門高枕，後自當見我心。”叔祖即出外具宣敕語。[28]

[1]高祖：梁武帝廟號。　文德殿：京師建康宮前殿。

[2]寶：指帝位。《易·繫辭下》：“天地之大德曰生，聖人之大寶曰位。”

[3]項籍：項羽名籍，下相人。見《史記》卷七《項羽本紀》。

[4]班彪：人名。東漢班固之父。《後漢書》卷七〇有傳。《王命論》：見《文選》卷五二。

[5]景和：宋前廢帝劉子業年號（465—466）。此處以年號代其人。

[6]枉濫：指無辜受害，擴大冤獄。

[7]卿祖：指子恪祖父齊高帝蕭道成。

[8]物心：人心。

[9]江左：東晉建都建康，在長江之左，故稱。

[10]代謝：指朝代更替。

[11]《詩·大雅·蕩》：“殷鑒不遠，在夏后之世。”本指殷滅夏，殷的後代應以夏的滅亡爲鑒戒。後世用以指以前事爲鑒戒。

世，舊本皆作“代”，乃姚思廉避唐諱改，此依中華書局本改回。

[12]絶服：斷絶服喪。

[13]周旋：指親密往來。參周一良《魏晉南北朝史札記》之《〈宋書〉札記》“方圓、落漠、周旋”條。

[14]五服：古代喪服制度，因親疏而有等差，分斬衰、齊衰、大功、小功、緦麻五類，稱爲五服。考《南齊書》卷一《高帝紀》及本書卷一《武帝紀》，蕭衍之五代祖即子恪之六代祖蕭整，故蕭衍云爲“五服之屬”。

[15]行路：即行路之人，指無任何關係的陌生人。

[16]建武：本齊明帝年號，此代指齊明帝。

[17]永元：齊東昏侯年號（499—501）。

[18]樊、鄧：樊城、鄧縣，雍州屬地。此處代指雍州。齊永元三年，蕭衍以雍州刺史起兵討東昏。詳本書卷一《武帝紀》。

[19]劉子輿：本姓王名昌，一名郎，西漢趙國邯鄲人。初，王莽篡位，長安中有自稱成帝子劉子輿者，莽殺之。西漢末大亂，王郎詐稱真劉子輿，被趙繆王子林立爲天子。光武攻之，王郎請降。光武曰：“設使成帝復生，天下不可得，況詐子輿者乎!”遂攻斬之。詳《後漢書》卷一二《王昌傳》。

[20]向孝武時事：意即剛纔説到宋孝武帝時事的話。

[21]曹志：人名。魏武帝曹操之孫、陳思王曹植之子。魏亡，仕晉，官散騎常侍，封鄄城公。《晉書》卷五〇有傳。

[22]齋：殿閣。　直帳：侍衛武吏。

[23]齋帥：掌管齋閣宿衛的武吏。

[24]壽光省：京師建康宫城内殿省名。

[25]北第：齊豫章文獻王蕭嶷的府第，因其在臺城之北，故稱。

[26]比：近來。　不：同“否”。

[27]磐石：本指扁厚的大石。《史記》卷一〇《孝文帝紀》：“高帝封王子弟，地犬牙相制，此所謂磐石之宗也。”後用以比喻皇室諸侯

王。

[28]敕語：皇帝之語。

子恪尋出爲永嘉太守。[1]還除光禄卿,[2]祕書監。出爲明威將軍、零陵太守。[3]十七年，入爲散騎常侍、輔國將軍。普通元年,[4]遷宗正卿。[5]三年，遷都官尚書。[6]四年，轉吏部。[7]六年，遷太子詹事。[8]大通二年,[9]出爲寧遠將軍、吴郡太守。[10]三年，卒于郡舍，時年五十二。詔贈侍中、中書令。[11]謚曰恭。

[1]永嘉：郡名。治所在今浙江温州市。

[2]光禄卿：官名。梁十二卿之一，掌宫殿門户及部分宫廷供御事務。十一班。

[3]明威將軍：將軍名號。屬雜號將軍。梁代與寧遠、振遠將軍等代舊寧朔將軍。梁天監七年革選，釐定將軍名號及班品，有一百二十五號十品二十四班，以班多者爲貴，明威將軍爲十三班。零陵：郡名。治所在今湖南永州市。

[4]普通：梁武帝年號（520—527）。

[5]宗正卿：官名。梁十二卿之一，掌皇室外戚之籍，以宗室擔任。十三班。

[6]都官尚書：官名。尚書省列曹尚書之一，掌法律刑獄及水利、庫藏等。員一人。梁十三班。

[7]吏部：即吏部尚書。尚書省吏部曹長官，爲列曹尚書之首。多僑姓高門、世胄顯貴擔任。掌官吏銓選、任免。權任極重。員一人。梁十四班。

[8]太子詹事：官名。總理東宫庶務，或參議大政，職任甚重。員一人。梁十四班。

[9]大通：梁武帝年號（527—529）。

[10]寧遠將軍：將軍名號。爲一百二十五號將軍之一，十三班。

[11]中書令：官名。中書省長官，與中書監共掌出納帝命。東晉以後中書出令權歸他省，或歸侍郎、舍人，中書令漸成閑職，僅掌文章之事。梁代位在中書監下，爲十三班。

子恪兄弟十六人，並仕梁。有文學者，子恪、子質、子顯、子雲、子暉五人。[1]子恪嘗謂所親曰："文史之事，諸弟備之矣，不煩吾復牽率，但退食自公，[2]無過足矣。"子恪少亦涉學，頗屬文，隨棄其本，故不傳文集。

[1]子質：中華書局本《校勘記》："按本卷有子範無子質，子質當是子範之訛。"

[2]退食自公：《詩・召南・羔羊》："羔羊之皮，素絲五紽。退食自公，委蛇委蛇。"本謂自公門而出，退朝食於家，後世用以指從容自得的官僚生活。

子瑳，亦知名，太清中，[1]官至吏部郎，[2]避亂東陽，[3]後爲盜所害。

[1]太清：梁武帝年號（547—549）。

[2]吏部郎：官名。尚書省吏部曹長官。屬吏部尚書，掌官吏銓選、調動事宜，爲尚書省諸曹郎之首，職任甚重。梁十一班。

[3]亂：指始於太清二年的侯景之亂。詳本書卷五六《侯景傳》。　東陽：郡名。治所在今浙江金華市。

子範字景則，子恪第六弟也。齊永明十年，封祁陽縣侯，[1]拜太子洗馬。[2]天監初，降爵爲子，除後軍記室參軍，[3]復爲太子洗馬，俄遷司徒主簿，[4]丁所生母憂去職。[5]子範有孝性，居喪以毁聞。服闋，[6]又爲司徒主簿，累遷丹陽尹丞，[7]太子中舍人。[8]出爲建安太守，[9]還除大司馬南平王户曹屬，[10]從事中郎。[11]王愛文學士，子範偏被恩遇，[12]嘗曰："此宗室奇才也。"使製《千字文》，[13]其辭甚美，王命記室蔡薳注釋之。[14]自是府中文筆，皆使草之。王薨，子範遷宣惠諮議參軍，[15]護軍臨賀王正德長史。[16]正德爲丹陽尹，[17]復爲正德信威長史，[18]領尹丞。歷官十餘年，不出藩府，常以自慨，而諸弟並登顯列，[19]意不能平，及是爲到府牋曰：[20]"上藩首佐，[21]於兹再忝，河南雌伏，[22]自此産重昇。以老少異時，盛衰殊日，雖佩恩寵，還羞年鬢。"子範少與弟子顯、子雲才名略相比，而風采容止不逮，故宦途有優劣。每讀《漢書》，杜緩兄弟"五人至大官，唯中弟欽官不至而最知名。"[23]常吟諷之，以況己也。[24]

[1]祁陽：縣名。治所在今湖南祁東縣東南。

[2]太子洗馬：官名。掌東宫拜授及報章、文翰。員八人。齊第七品。

[3]後軍：後軍將軍之省稱，將軍名號。與左軍、右軍、前軍合稱四軍將軍，爲禁衛軍主要將領之一。掌宿衛。宋第四品，齊及梁初第六品。　記室參軍：官名。王公軍府屬官，掌文記。劉宋第七品，梁初不詳。

[4]司徒主簿：官名。司徒府屬官，掌文書簿籍，爲掾吏之首。梁六班。

[5]母憂：母喪。

[6]服闋：服喪期滿。

[7]丹陽尹丞：丹陽尹僚屬，佐丹陽尹掌治民。宋第七品，梁不詳。

[8]太子中舍人：官名。東宫官員，與太子中庶子同掌侍從及文翰。員四人。梁八班。《藝文類聚》卷六二蕭子範《直坊賦並序》有云："余以天監六年爲洗馬，十七年復直中舍之坊。"是子範遷太子中舍人在天監十七年。

[9]建安：郡名。治所在今福建建甌市南。

[10]南平王：梁武帝弟蕭偉封爵號。見本書卷二二《太祖五王傳》。　户曹屬：官名。王公府户曹長官，掌民户、祠祀、農桑事。梁八班。

[11]從事中郎：官名。王公府屬官，與長史共掌本府官吏。梁九班至八班。

[12]偏：最，特别。

[13]《千字文》：《舊唐書·經籍志》："《千字文》一卷，蕭子範撰。"

[14]記室：記室參軍之省稱，王公府屬官，掌文記。梁六班至二班。　遠：中華書局本《校勘記》："'遠'《南史》及《册府元龜》七一八作'遠'。"按，《隋書·經籍志》著録："《千字文》一卷，梁國子祭酒蕭子雲注。"是子範弟子雲亦注《千字文》。

[15]宣惠：宣惠將軍之省稱，將軍名號。梁置，與鎮兵、翊師、宣毅將軍代舊東西南北四中郎將。爲一百二十五號將軍之一，十七班。　諮議參軍：官名。王公府屬官，掌諷議。梁九班至六班。

[16]護軍：護軍將軍之省稱，官名。掌京畿以外諸軍，職任頗重。資輕者爲中護軍將軍。梁十五班。　臨賀王正德：梁臨川王蕭

宏之子正德封爵號臨賀王。本傳卷五五有傳。臨賀，郡名。治所在今廣西賀縣東南賀街。　長史：官名。王公軍府屬官，掌本府官吏，其班品依府主地位高下而定。梁十班至六班。按，據本書卷一《武帝紀》臨賀王蕭正德中大通五年（533）九月爲中護軍，此云"護軍"，疑脱"中"字。

[17]丹陽尹：官名。京師所在丹陽郡長官，掌治民。宋第三品，梁不詳。

[18]信威：信威將軍之省稱，將軍名號。梁置，與智威、仁威、勇威、嚴威等將軍代舊征虜將軍。爲一百二十五號將軍之一，十六班。

[19]列：官位。

[20]牋：文體之一種。上給皇后、太子及諸王的文書。

[21]上藩首佐：藩國僚屬的首領，指長史。

[22]河南雌伏：《後漢書》卷二七《趙典傳》附《趙温傳》："初爲京兆郡丞，嘆曰：'大丈夫當雄飛，安能雌伏！'遂棄官去。"此以趙温自比，意謂如趙温屈居人下。

[23]杜緩：人名。《漢書》卷六〇《杜周傳》附《杜緩傳》云："緩六弟，五人至大官，少弟熊歷五郡二千石，三州牧刺史，有能名，唯中弟欽官不至而最知名。"

[24]況：比況。

尋復爲宣惠武陵王司馬，[1]不就，仍除中散大夫，[2]遷光禄、廷尉卿。[3]出爲戎昭將軍、始興内史。[4]還除太中大夫，[5]遷祕書監。太宗即位，[6]召爲光禄大夫，加金章紫綬，[7]以逼賊不拜。其年葬簡皇后，[8]使與張纘俱製哀策文，[9]太宗覽讀之，曰："今葬禮雖闕，此文猶不減於舊。"尋遇疾卒，時年六十四。[10]賊平後，[11]世祖追贈金紫光禄大夫。[12]謚曰文。

前後文集三十卷。[13]

[1]武陵王：梁武帝子蕭紀的封爵號。見本書卷五五《武陵王紀傳》。武陵，郡名。治所在今湖南常德市。　司馬：官名。王公軍府屬官，掌本府武職。梁十班至六班。

[2]中散大夫：官名。屬光禄卿，養老疾，無職事。梁十班。

[3]廷尉卿：官名。梁十二卿之一，掌刑獄，屬官有廷尉正、平、監及胄子律博士等。十一班。

[4]戎昭將軍：按，考《隋書·百官志》，梁無戎昭將軍之號，陳代有，爲第八品。　始興：郡名。治所在今廣東韶關市東南蓮花嶺下。　内史：官名。王國行政長官，掌王國民政，職同太守。宋第五品，梁不詳。

[5]太中大夫：官名。屬光禄卿，養老疾，無職事。梁十一班。

[6]太宗：梁簡文帝廟號。

[7]光禄大夫，加金章紫綬：即金紫光禄大夫，是對地位隆重的官吏的加官或贈官。梁十四班。

[8]簡皇后：梁簡文帝王皇后靈寶，謚號曰簡，故稱。本書卷七有傳。

[9]張纘：人名。本書卷三四有傳。　哀策：用以哀悼皇后及諸侯王的一種文體。參清·趙翼《廿二史劄記》卷一二"哀策文"條。錢大昕《廿二史考異》卷二六云："今以纘傳考之，其時纘未能還都，無緣有製文事。"中華書局本《校勘記》云："按本書《簡文皇后王氏傳》，后卒於太清三年三月；據本書《張纘傳》，纘卒於太清二年，則纘豈能與蕭子範俱製哀策文？疑有誤。"按，據《張纘傳》，纘之被害在蕭詧"舉兵襲江陵"之後。詧舉兵襲江陵，據本書卷五《元帝紀》，在太清三年九月。是張纘之卒在太清三年（549）九月，此云"太清二年"，誤。據本書卷七《太宗王皇后傳》（中華書局本《校勘記》作"《簡文皇后王氏傳》"，誤），王皇后葬

於大寶元年九月，其時張纘已被害一周年，不可能爲王皇后製哀策文。

[10]時年六十四：按，此“四”字疑誤，蕭子範享年應爲六十五。説詳陳洪《〈梁書〉中人物生卒年歲辨誤補遺》。

[11]賊：指侯景。梁末侯景之亂，詳本書卷五六《侯景傳》。

[12]世祖：梁元帝廟號。

[13]前後文集三十卷：《隋書·經籍志》著録：“梁始興内史《蕭子範集》十三卷。”

二子滂、確，並少有文章。太宗東宫時，嘗與邵陵王數諸蕭文士，[1]滂、確亦預焉。滂官至尚書殿中郎，[2]中軍宣城王記室，[3]先子範卒。[4]確，太清中歷官宣城王友，[5]司徒右長史。賊平後，赴江陵，[6]因没關西。[7]

[1]邵陵王：梁武帝子蕭綸的封爵號。見本書卷二九《高祖三王傳》。邵陵，郡名。治所在今湖南邵陽市。

[2]尚書殿中郎：官名。尚書省諸曹郎之一，隸尚書左僕射。常擬詔書，多用文學之士。梁六班。

[3]中軍：中軍將軍之省稱，將軍名號。梁代與中權、中衛、中撫將軍合稱四中將軍，祇授予在京師任職者，職任甚重。爲一百二十五號將軍之一，二十三班。　宣城王：梁簡文帝嫡長子蕭大器初封爵號。見本書卷八《哀太子傳》。宣城，郡名。治所在今安徽宣州市。

[4]唐·釋道宣《廣弘明集》卷二〇湘東王蕭繹《梁簡文帝法寶聯璧序》有云：“宣惠記室參軍南蘭陵蕭滂年三十二字希傳。”而據《南史》卷四八《陸罩傳》，蕭繹序作於中大通六年（534），因而可推得蕭滂生於梁天監二年（503）。

[5]友：官名。皇帝皇子府屬官，掌侍從左右，拾遺補缺。員一人。梁八班。

[6]江陵：縣名。荆州鎮所，即今湖北荆州市江陵。時湘東王蕭繹即位於江陵，故蕭確赴之。

[7]關西：地域名。泛指函谷關或今潼關以西地區。此處指西魏。

子顯字景陽，子恪第八弟也。幼聰慧，文獻王異之，愛過諸子。七歲，封寧都縣侯。[1]永元末，以王子例拜給事中。[2]天監初，降爵爲子。累遷安西外兵、[3]仁威記室參軍，[4]司徒主簿，太尉録事。[5]

[1]寧都：縣名。治所在今江西寧都縣東北。

[2]給事中：官名。集書省屬官，掌收發文書、獻納諫諍，地位不高。劉宋第五品，齊不詳。

[3]安西：安西將軍之省稱，將軍名號。與安東、安南、安北將軍合稱四安將軍。爲出鎮方面的軍事長官，或作爲刺史兼理軍務的加官，權任頗重。爲一百二十五號將軍之一，二十一班。　外兵：外兵參軍之省稱，官名。諸公軍府屬官，掌本府軍事政令。梁四班至二班。

[4]仁威：仁威將軍之省稱，將軍名號。梁置，與智威、勇威將軍等代舊征虜將軍。爲一百二十五號將軍之一，十六班。

[5]録事：官名。諸公軍府屬官，掌總録衆曹文簿，舉彈善惡。梁六班至二班。

子顯偉容貌，身長八尺。好學，工屬文。嘗著《鴻序賦》，[1]尚書令沈約見而稱曰：[2]"可謂得明道之高致，蓋《幽通》之流也。”[3]又採衆家《後漢》,[4]考正同異，爲一家之書。[5]又啓撰《齊史》,[6]書成，表奏之，詔付祕閣。[7]累遷太子中舍人，建康令，邵陵王友，丹陽尹丞，中書郎，守宗正卿。[8]出爲臨川内史,[9]還除黄門郎。[10]中大通二年,[11]遷長兼侍中。[12]高祖雅愛子顯才，又嘉其容止吐納,[13]每御筵侍坐，偏顧訪焉。[14]嘗從容謂子顯曰：“我造《通史》,[15]此書若成，衆史可廢。”子顯對曰：“仲尼讚《易》道，黜《八索》，述職方，除《九丘》,[16]聖製符同，復在茲日。”時以爲名對。[17]三年，以本官領國子博士。[18]高祖所製經義,[19]未列學官，子顯在職，表置助教一人，生十人。又啓撰高祖集，并《普通北伐記》。其年遷國子祭酒,[20]又加侍中，於學遞述高祖《五經義》。[21]五年，遷吏部尚書，侍中如故。

[1]《鴻序賦》：今不存。

[2]尚書令：官名。尚書省長官。掌出納王命，總理政務，實爲百官之長。梁十六班。　沈約：人名。本書卷一三有傳。

[3]《幽通》：指班固《幽通賦》，見《文選》卷一四。

[4]衆家《後漢》：即衆家《後漢書》。子顯之前，撰後漢史者多家。《隋書·經籍志》著録有長水校尉劉珍等撰《東觀漢記》一百四十三卷、吴武陵太守謝承撰《後漢書》一百三十卷、晉散騎常侍薛瑩撰《後漢記》六十五卷、晉祕書監司馬彪撰《續漢書》八十三卷、晉少府卿華嶠撰《後漢書》十七卷、晉祠部郎謝沈撰《後漢書》八十五卷、晉江州從事張瑩撰《後漢南記》四十五卷、晉祕書監袁山松撰《後漢書》九十五卷、宋太子詹事范曄《後漢書》九十七卷，又有袁彦伯撰《後漢紀》三十卷、張璠撰《後漢紀》三十

卷，等等。

[5]《隋書·經籍志》著録有“梁蕭子顯《後漢書》一百卷……亡”。

[6]《齊史》：《隋書·經籍志》著録有齊吏部尚書蕭子顯撰《齊書》六十卷。

[7]祕閣：古代宫中藏書之所。

[8]守：官制術語。官吏試任職務。一般試任一年即真除實授其職。

[9]臨川：郡名。治所在今江西南城縣東南。

[10]黄門郎：給事黄門侍郎之省稱，官名。門下省次官，掌侍從左右，關通中外，獻納應對。出入禁中，頗有權勢。員四人。梁十班。

[11]中大通：梁武帝年號（529—534）。

[12]長兼：官制術語。南朝官員假職未真授有兼、長兼之稱。宋·沈括《夢溪筆談》卷二《故事二》有云：“古之兼官，多是暫時攝領；有長兼者，即同正官。”

[13]吐納：指言語談吐。

[14]偏：特别。　顧訪：顧視詢問。

[15]《通史》：本書卷三《武帝紀下》云：“又造《通史》，躬製贊序，凡六百卷。”《隋書·經籍志》著録：“《通史》四百八十卷，梁武帝撰。起三皇，訖梁。”又本書《文學·吴均傳》：“尋有敕召見，使撰《通史》，起三皇，訖齊代，均草本紀、世家功已畢，唯列傳未就。普通元年，卒。”是《通史》非梁武親撰。

[16]漢·孔安國《尚書序》：“先君孔子，生於周末，覩史籍之煩文，懼覽之者不一，遂乃定禮樂，明舊章，删詩爲三百篇，約史記而修《春秋》，讚《易》道以黜《八索》，述職方以除《九丘》，討論《墳》、《典》，斷自唐虞以下，訖於周。芟夷煩亂，翦截浮辭，舉其宏綱，撮其機要，足以垂世立教，典謨訓誥誓命之文，凡百篇。所以恢弘至道，示人主以軌範也。”　《易》：《史記》卷四七

《孔子世家》："孔子晚而喜《易》，序《彖》、《繫》、《象》、《説卦》、《文言》。"　《八索》：孔安國《尚書序》云："八卦説，謂之《八索》，求其義也。"　職方：官名。《周禮·夏官》有職方氏，掌天下地圖，主四方職貢。　《九丘》：孔安國《尚書序》："九州之志，謂之九丘。丘，聚也，言九州所有，土地所生，風氣所宜，皆聚此書也。《春秋左氏傳》曰：楚左史倚相能讀三墳五典八索九丘，即謂上世帝王遺書也。"

[17]梁武與子顯對話，亦見張纘《中書令蕭子顯墓志銘》(《藝文類聚》卷四八)。姚氏取材於彼。

[18]國子博士：官名。屬太常卿。國子學教官。員二人。梁九班。

[19]經義：對經典的詮釋。

[20]國子祭酒：官名。屬太常卿。國子學長官。掌國子學，參議禮制。梁員一人，十三班。

[21]高祖《五經義》：《隋書·經籍志》著録有梁武帝所撰《周易大義》二十一卷、《尚書大義》二十卷、《毛詩大義》十一卷、《禮記大義》十卷、《樂社大義》十卷。

子顯性凝簡，頗負其才氣。及掌選，見九流賓客，不與交言，但舉扇一撝而已，[1]衣冠竊恨之。[2]然太宗素重其爲人，在東宫時，每引與促宴。子顯嘗起更衣，[3]太宗謂坐客曰："嘗聞異人間出，今日始知是蕭尚書。"其見重如此。大同三年，[4]出爲仁威將軍、吴興太守，[5]至郡未幾，卒，時年四十九。[6]詔曰："仁威將軍、吴興太守子顯，神韻峻舉，宗中佳器。[7]分竹未久，[8]奄致喪殞，[9]惻愴于懷。[10]可贈侍中、中書令。今便舉哀。"及葬請謚，手詔"恃才傲物，宜謚曰驕”。

[1]撝：通“揮”。

[2]衣冠：士大夫、官紳。

[3]更衣：指上厕所。本爲换衣或换衣休息之處。因休息處或備有厕所，賓主上厕所常託言更衣。參清・黄生《義府》下“更衣”條。

[4]大同：梁武帝年號（535—546）。

[5]吴興：郡名。治所在今浙江湖州市。

[6]時年四十九：此疑誤。唐・釋道宣《廣弘明集》卷二〇載湘東王蕭繹《梁簡文帝法寶聯璧序》載時子顯年四十八。而據《南史》卷四八《陸罩傳》，蕭繹序作於中大通六年（534）。依此而推，蕭子顯卒年當爲五十一歲。或“四十九”不誤，則其卒時當爲大同元年，“三”爲“元”之誤。

[7]宗：指宗族。

[8]分竹：即剖竹授官。古以竹爲符證，分剖爲二，授官時，一給本人，一留官府，故以剖竹爲授官之稱。此處指授吴興太守。

[9]致：中華書局本作“到”。按，“到”當爲“致”字之訛。梁武帝悼喪贈官詔中屢用“奄致”或“奄至”一詞，“致”訛爲“到”，當是形近之故。

[10]惻愴：悲傷。

子顯嘗爲《自序》，其略云：“余爲邵陵王友，忝還京師，遠思前比，[1]即楚之唐、宋，[2]梁之嚴、鄒。[3]追尋平生，頗好辭藻，雖在名無成，求心已足。若乃登高目極，臨水送歸，風動春朝，月明秋夜，早雁初鶯，開花落葉，有來斯應，[4]每不能已也。前世賈、傅、崔、馬、邯鄲、繆、路之徒,[5]並以文章顯,所以屢上歌頌,[6]自比古人。天監十六年,[7]始預九日朝宴,[8]稠人廣坐,獨受旨云:‘今雲物甚美,[9]卿得不斐然賦詩。’詩既成,又降帝旨曰:‘可謂才子。’余退謂人曰:‘一顧之恩,非望而至。遂方賈誼何如哉?[10]未易當也。’每有製作,特寡思功,須其自來,[11]不以力構。[12]少來所爲詩賦,則《鴻序》一作,體兼衆製,文備多方,頗爲好事所傳,故虚聲易遠。”

[1]前比:前代可比的人。

[2]唐、宋:指戰國時楚國的唐勒、宋玉。《史記》卷八四《屈原賈生列傳》:“屈原既死之後,楚有宋玉、唐勒、景差之徒者,皆好辭而以賦見稱,然皆祖屈原之從容辭令,終莫敢直諫。”《漢書·藝文志》載唐勒賦四篇,宋玉賦十六篇。

[3]嚴、鄒:指西漢梁孝王上客嚴忌、鄒陽。嚴忌本姓莊,史家避漢明帝諱改爲嚴。嚴、鄒皆善辭賦,《漢書·藝文志》記《莊夫子賦》二十四篇。《漢書》卷五一有《鄒陽傳》。

[4]有來斯應:意謂自然界四時的不同物色,與作者的主觀情感相應。

[5]賈、傅、崔、馬、邯鄲、繆、路:指賈誼、傅毅、崔瑗、馬融、邯鄲淳、繆襲、路粹。賈誼,《漢書》卷四八有傳;傅毅,《後漢書》卷一一〇有傳;崔瑗,《後漢書》卷八二有傳;馬融,《後漢書》卷九〇有傳;邯鄲淳、路粹,俱見《三國志》卷三一裴松之注;繆襲,《三國志》卷二〇有傳。

[6]屢上歌頌:指傅毅《顯宗頌》、崔駰《四巡頌》、馬融《東巡頌》等。俱見清·嚴可均輯《全後漢文》。

[7]中華書局本《校勘記》:“‘天監十六年’《南史》作‘天監

六年'。"

[8]九日：指九月九日重陽節。

[9]雲物：景物。

[10]方：比。

[11]須其自來：意謂待創作的靈感自然到來。

[12]力構：憑思力寫作。

子顯所著《後漢書》一百卷，《齊書》六十卷，[1]《普通北伐記》五卷，《貴儉傳》三十卷，[2]文集二十卷。

[1]六十卷：《南史》、《隋書·經籍志》、《新唐書·藝文志》俱作"六十卷"，《舊唐書·經籍志》及宋代《崇文總目》以下諸家目録皆云五十九卷。今本《南齊書》亦實衹五十九卷。劉知幾《史通·序例》言《南齊書》原有序録，後人因而推斷《南齊書》佚失的一卷即序録。

[2]三十卷：《南史》作"三卷"。

二子序、愷，並少知名。序，太清中歷官太子家令，[1]中庶子，[2]並掌管記。及亂，[3]於城内卒。愷，初爲國子生，對策高第，[4]州又舉秀才。起家祕書郎，[5]遷太子中舍人，王府主簿，太子洗馬，父憂去職。服闋，復除太子洗馬，遷中舍人，並掌管記。累遷宣城王文學，[6]中書郎，太子家令，又掌管記。愷才學譽望，時論以方其父。太宗在東宫，早引接之。時中庶子謝嘏出守建安，[7]於宣猷堂宴餞，[8]並召時才賦詩，同用十五劇韻，[9]愷詩先就，其辭又美。太宗與湘東王令曰：[10]"王筠本自舊手，[11]後進有蕭愷可稱，信爲才子。”先是時太學博士顧野王奉令撰《玉篇》,[12]太宗嫌其書詳略未當，以愷博學，於文字尤善，使更與學士删改。遷中庶子，未拜，徙爲吏部郎。太清二年，遷御史中丞。[13]頃之，侯景寇亂，愷於城内遷侍中，尋卒官，時年四十四。文集並亡逸。

[1]太子家令：官名。東宫屬官。與太子率更令、太子僕合稱太子三卿，掌東宫錢穀、刑獄、飲食等。員一人。梁十班。

[2]中庶子：即太子中庶子，官名。

[3]亂：指侯景之亂。

[4]對策：古代考試方式之一種。主試者以試題書之於簡策，令應試者回答，觀其文辭以定高下。

[5]祕書郎：官名。祕書省屬官，佐監、丞掌國之典籍圖書。宋齊以下，爲甲族起家之選，待次入補。其居職，例數十百日即遷任。員四人。梁二班。

[6]文學：官名。皇弟皇子府屬官，掌封國教育，侍從文學。員一人。梁五班。

[7]謝嘏：人名。祖籍陳郡陽夏。《陳書》卷二一有傳。

[8]宣猷堂：東宫殿堂名。

[9]劇韻：古人限韻作詩，韻字少而難押的韻爲劇韻。

[10]湘東王：梁元帝蕭繹的初封爵號。湘東，郡名。治所在今湖南衡陽市。　令：皇后、皇太子及諸王的文書。

[11]王筠：人名。本書卷三三有傳。　舊手：即老手。

[12]太學博士：官名。屬太常卿。國子學教官，參議禮儀。員八人。梁二班。　顧野王：人名。吴郡吴人。《陳書》卷三〇有傳。《玉篇》:《隋書·經籍志》著録：“《玉篇》三十一卷，陳左衛將軍顧野王撰。”

[13]御史中丞：官名。御史臺長官，掌督察百官，奏劾不法。

六朝第一流高門多不居此職。員一人。梁十一班。

子雲字景喬，子恪第九弟也。年十二，齊建武四年，[1]封新浦縣侯，[2]自製拜章，[3]便有文采。天監初，降爵爲子。既長，勤學，以晉代竟無全書，弱冠便留心撰著，[4]至年二十六，書成，表奏之，詔付祕閣。[5]

[1]按，齊建武四年（497）子雲年十二，則其生於永明四年（486）。此與本傳末所載子雲太清三年（549）卒，年六十三不合。《梁書》紀年多誤。參許福謙《南北朝八書二史疑年録》之《梁書疑年録》。

[2]新浦：縣名。治所在今四川開縣西南。

[3]拜章：上奏謝恩的章表。

[4]弱冠：指二十歲。《禮記·曲禮上》："二十曰弱，冠。"

[5]祕閣：古代宮禁中藏書之所。

子雲性沈静，不樂仕進。年三十，方起家爲祕書郎。遷太子舍人，撰《東宫新記》奏之，敕賜束帛。累遷北中郎外兵參軍，[1]晉安王文學，[2]司徒主簿，丹陽尹丞。時湘東王爲京尹，[3]深相賞好，如布衣之交。[4]遷北中郎廬陵王諮議參軍，[5]兼尚書左丞。[6]大通元年，除黄門郎，俄遷輕車將軍，[7]兼司徒左長史。二年，入爲吏部。三年，遷長兼侍中。中大通元年，轉太府卿。[8]三年，出爲貞威將軍、臨川内史。[9]在郡以和理稱，民吏悦之。還除散騎常侍，俄復爲侍中。大同二年，遷員外散騎常侍、國子祭酒，領南徐州大中正。[10]頃之，復爲侍中，祭酒、中正如故。

[1]北中郎：北中郎將之省稱，將軍名號。與東中郎、西中郎、南中郎將合稱四中郎將。統兵出征，或鎮守某一地區爲方面大員，南朝多以宗室諸王擔任，地位高於一般將軍。梁天監七年罷四中郎將，普通六年又爲所置百號將軍之一，與一百二十五號將軍中十七班同班。

[2]晉安王：梁簡文帝蕭綱初封爵號。晉安，郡名。治所在今福建福州市。

[3]京尹：即丹陽尹。丹陽郡爲南朝京師所在，故稱。

[4]布衣之交：指不分賤貴、感情深厚的交誼。

[5]廬陵王：梁武帝子蕭續的封爵號。見本書卷二九《高祖三王傳》。廬陵，郡名。治所在今江西吉水縣。

[6]尚書左丞：官名。佐尚書令、僕射知省事，掌監察百官，管理中央機構文書章奏。員一人。梁九班。

[7]輕車將軍：將軍名號。梁代與征遠、鎮朔等將軍代舊輔國將軍。爲一百二十五號將軍之一，十四班。

[8]太府卿：官名。梁加置，爲十二卿之一，掌金帛府帑，十三班。

[9]貞威將軍：將軍名號。梁置，爲一百二十五號將軍之一，八班。

[10]南徐州：州名。治所在今江蘇鎮江市。　大中正：官名。掌一州人才之考察，定其鄉品，以爲選任官吏的依據。多由他官兼領。

梁初，郊廟未革牲牷，樂辭皆沈約撰，至是承用，子雲始建言宜改。[1]啓曰：“伏惟聖敬率由，[2]尊嚴郊廟，得西隣之心，[3]知周、孔之迹，載革牢俎，[4]德通神明，黍稷蘋藻，[5]竭誠嚴配，經國制度，方懸日月，垂訓百王，於是乎在。臣比兼職齋官，[6]見伶人所歌，猶用未革牲前曲。圜丘眂燎，[7]尚言‘式備牲牷’；[8]北郊《諴雅》，[9]亦奏‘牲玉孔備’；[10]清廟登歌，[11]而稱‘我牲以潔’；三朝食舉，[12]猶詠‘朱尾碧鱗’。[13]聲被鼓鍾，未符盛制。臣職司儒訓，[14]意以爲疑，未審應改定樂辭以不?”敕答曰：“此是主者守株，[15]宜急改也。”仍使子雲撰定。敕曰：“郊廟歌辭，應須典誥大語，[16]不得雜用子史文章淺言；而沈約所撰，亦多舛謬。”[17]子雲答敕曰：“殷薦朝饗，[18]樂以雅名，理應正採《五經》，聖人成教。而漢來此製，不全用經典；約之所撰，彌復淺雜。[19]臣前所易約十曲，惟知牲牷既革，宜改歌辭，而猶承例，不嫌流俗乖體。既奉令旨，始得發矇。[20]臣夙本庸滯，昭然忽朗，謹依成旨，悉改約制。惟用《五經》爲本，其次《爾雅》、《周易》、《尚書》、《大戴禮》，[21]即是經誥之流，愚意亦取兼用。臣又尋唐、虞諸書，殷《頌》周《雅》，[22]稱美是一，而復各述時事。大梁革服，[23]偃武脩文，制禮作樂，義高三正；[24]而約撰歌辭，惟浸稱聖德之美，了不序皇朝制作事。[25]《雅》、《頌》前例，於體爲違。伏以聖旨所定樂論鍾律緯緒，文思深微，命世一出，[26]方懸日月，不刊之典，禮樂之教，致治所成。謹一二採綴，各隨事顯義，以明制作之美。覃思累日，[27]今始克就，謹以上呈。”敕並施用。

［1］梁初郊廟祭祀沿舊貫用牲牷，因而沈約所撰樂辭中涉及。梁武佞佛，於天監十六年（517）下詔，郊廟祭祀不用牲牷，祇用蔬果，但樂辭未改。至普通中，蕭子雲建言宜改，梁武遂敕子雲製新詞。參本書卷一《武帝紀》及《隋書》之《禮儀志》、《音樂志》。

［2］率由：《尚書·微子之命》："率由典章，以蕃王室。"《詩·大雅·假樂》："不愆不忘，率由舊章。"後世歇後，以"率由"代指"典章"、"舊章"，言遵循成規舊制。

［3］西隣：指周文王。《禮記·坊記》："易曰：'東鄰殺牛，不如西鄰之禴祭。'"鄭玄注："東鄰謂紂國中也，西鄰謂文王國中也。"

［4］牢俎：祭祀用的犧牲及所用器皿。

［5］黍稷蘋藻：古代祭祀用的莊稼、水草。

［6］齋官：掌管祭祀活動的官員。

［7］圜丘：古代祭天的圓形高壇。

［8］式備牲牷：沈約所撰祭天曲辭《諴雅》中辭。

［9］北郊《諴雅》：沈約所撰北郊送神曲辭。

［10］牲玉孔備：《諴雅》曲辭中句。玉，舊本皆作"云"，此依中華書局本校改。

［11］清廟登歌：宗廟中所奏頌祖宗功業的歌曲。

［12］三朝食舉：謂南北郊、太廟、明堂三朝獻上祭品舉祭時。此時奏《需雅》。

［13］朱尾碧鱗：沈約所撰《需雅》中語。

［14］儒訓：解釋儒家經典。蕭子雲爲國子祭酒，故云。

［15］守株："守株待兔"之略語。比喻墨守成規，不知變化。

［16］典誥大語：指典雅不俗的語言。典誥，《尚書》有《堯典》、《舜典》、《湯誥》、《大誥》諸篇。

［17］舛（chuǎn）謬：差錯、謬誤。

［18］殷薦：奏盛大樂歌，祭天地鬼神。　朝饗：帝王祭太廟稱朝饗。饗，餉。

［19］彌復：更加。

［20］發曚：開拓眼界。

［21］《周易》、《尚書》：中華書局本《校勘記》："按：既云'惟以《五經》爲本'，若無《易》《書》，則祇是三經。'五'字疑有誤。"李慈銘《梁書札記》云："《周易》當作《周禮》，《尚書》下脱'大傳'二字。"

［22］殷《頌》周《雅》：《詩》有《商頌》及《大雅》、《小雅》。殷即商。

［23］革服：古新王朝建立，要改正朔、易服色，故革服即指新王朝建立。

［24］三正：夏以正月爲歲首，殷以十二月爲歲首，周以十一月爲歲首，是謂"三正"。此處代指夏、殷、周三代。

［25］了：完全。

［26］命世：著名於世。亦用以指治世之才。

［27］覃思：深思。

子雲善草隸書，爲世楷法，[1]自云善効鍾元常、王逸少而微變字體。[2]答敕云："臣昔不能拔賞，隨世所貴，規摹子敬，[3]多歷年所。年二十六，著《晉史》，至《二王列傳》，欲作論語草隸法，言不盡意，遂不能成，略指論飛白一勢而已。[4]十許年來，始見敕旨《論書》一卷，商略筆勢，[5]洞澈字體；又以逸少之不及元常，猶子敬之不及逸少。[6]自此研思，方悟隸式，始變子敬，全範元常。[7]逮爾以來，自覺功進。"其書迹雅爲高祖所重，嘗論子雲書曰："筆力勁駿，心手相應，巧踰杜度，[8]美過崔寔，[9]當與元常並驅争先。"其見賞如此。

[1]楷法：模擬效法。

[2]鍾元常：鍾繇字元常，《三國志》卷一三有傳。　王逸少：王羲之字逸少，《晉書》卷八〇有傳。

[3]規摹：模仿學習。　子敬：王羲之子獻之字子敬。

[4]飛白：漢字書體之一種。筆畫露白，似枯筆所寫。相傳是後漢蔡邕所創。

[5]商略：商量討論。

[6]唐·張彥遠《法書要録》載蕭衍《觀鍾繇書法十二意》有云："子敬之不迨逸少，猶逸少之不迨元常。"

[7]範：模仿。

[8]杜度：人名。東漢京兆杜陵人，善草書。

[9]崔寔：人名。東漢涿郡安平人。《後漢書》卷八二有傳。

七年，出爲仁威將軍、東陽太守。中大同元年，還拜宗正卿。太清元年，復爲侍中、國子祭酒，領南徐州大中正。二年，侯景寇逼，子雲逃民間。三年三月，宮城失守，東奔晉陵，[1]餒卒于顯靈寺僧房，年六十三。所著《晉書》一百一十卷，[2]《東宮新記》二十卷。[3]

[1]晉陵：郡名。治所在今江蘇常州市。

[2]《晉書》一百一十卷：《隋書·經籍志》著録"《晉書》十一卷"下小注："本一百二卷，梁有，今殘缺。蕭子雲撰。"

[3]《隋書·經籍志》著録："《東宮新記》二十卷。蕭子雲撰。"

第二子特字世達。早知名，亦善草隸。高祖嘗謂子雲曰："子敬之書，不及逸少。近見特迹，遂逼於卿。”[1]歷官著作佐郎，[2]太子舍人，宣惠主簿，中軍記室。出爲海鹽令，[3]坐事免。年二十五，先子雲卒。

[1]逼：迫近。

[2]著作佐郎：官名。祕書省屬官，佐著作郎撰國史，集注起居。爲清簡之職，多甲族貴遊起家之選。員八人。梁二班。

[3]海鹽：縣名。治所在今浙江海鹽縣。

子暉字景光，子雲弟也。少涉書史，亦有文才。起家員外散騎侍郎，[1]遷南中郎記室。[2]出爲臨安令。[3]性恬静，寡嗜好，嘗預重雲殿聽制講《三慧經》，[4]退爲《講賦》奏之，[5]甚見稱賞。遷安西武陵王諮議，帶新繁令，[6]隨府轉儀同從事、驃騎長史，[7]卒。

[1]員外散騎侍郎：官名。集書省屬官，多以公族、功臣子充任。爲閑散之職。梁三班。

[2]南中郎：南中郎將之省稱，將軍名號。梁普通六年又置百號將軍之一，與一百二十五號將軍之十七班同班。

[3]臨安：縣名。治所在今浙江臨安縣。

[4]重雲殿：殿名。在京師建康宫城華林園内。　制講：皇帝講經。　《三慧經》：佛教經典名。

[5]《講賦》：今不存。

[6]帶：官制術語。本官之外，另帶某官號及其俸禄而不理其事。　新繁：縣名。治所在今四川成都市。

[7]府：指武陵王府。　儀同：開府儀同三司之省稱，官名。非三公而儀制待遇同於三公之稱。梁十六班。　從事：即從事中

郎，官名。王公府屬官，與長史共掌本府官吏。梁九班至八班。驃騎：驃騎將軍之省稱，將軍名號。爲重號將軍，多加授大臣、重要地方長官。爲一百二十五號將軍之一，二十四班。驃，舊本皆訛"中"，此依中華書局本校改。

陳吏部尚書姚察曰：[1]昔魏藉兵威而革漢運，晉因宰輔乃移魏曆，異乎古之禪授，以德相傳，故抑前代宗枝，[2]用絶民望。然劉曄、曹志，[3]猶顯於朝；及宋遂爲廢姓。而齊代，宋之戚屬，一皆殲焉。其祚不長，抑亦由此。有梁革命，弗取前規，[4]故子恪兄弟及羣從，[5]並隨才任職，通貴滿朝，不失於舊，豈惟魏幽晉顯而已哉。[6]君子以是知高祖之弘量，度越前代矣。

[1]陳吏部尚書姚察：吏部尚書，官名。掌官吏銓選、任免事宜。陳第三品。姚察，思廉之父，仕陳，曾官吏部尚書。《陳書》卷二七有傳。清·錢大昕《廿二史考異》卷二六有云："思廉修梁陳書，皆因其父察所撰而續成之。梁史諸論述其父説，必稱'陳吏部尚書姚察曰'，仿孟堅《漢書》稱'司徒掾班彪'之例也。其但稱'史臣'者，出自思廉新意。"

[2]宗枝：宗族子孫。

[3]劉曄：人名。漢光武帝子阜陵王劉延的後代。魏明帝時爵東亭侯，官太中大夫，大鴻臚。《三國志》卷一四有傳。

[4]規：制度。此指誅滅前朝戚屬。

[5]羣從：同宗兄弟。

[6]魏幽晉顯：即魏晉幽顯，指魏晉時重用前朝宗族。中華書局本《校勘記》："'幽'北監本、汲古閣本、殿本、金陵局本作'與'，今從百衲本、南監本。"按，三朝本亦作"與"。

梁書 卷三六

列傳第三十

孔休源　江革

孔休源字慶緒，會稽山陰人也。[1]晉丹陽太守沖之八世孫。[2]曾祖遥之，宋尚書水部郎。[3]父珮，[4]齊廬陵王記室參軍，[5]早卒。

[1]會稽：郡名。治所在今浙江紹興市。　山陰：縣名。治所與會稽郡同。

[2]丹陽：郡名。治所在今江蘇南京市。中華書局本《校勘記》引張森楷《梁書校勘記》："《晉書·許孜傳》有豫章太守孔沖，當即此人。晉有丹陽尹，無太守，此丹陽太守蓋是豫章太守之誤。"按，據《晉書》卷八八《孝友·許孜傳》，孜"年二十師事豫章太守會稽孔沖"，"元康中郡察孝廉，不起，巾褐終身，年八十餘卒於家"。則孔沖當是西晉時人。而丹陽由太守改尹始於東晉。沈約《宋書·州郡志》："晉武帝太康二年，分丹陽爲宣城郡，治宛陵，而丹陽移治建業。元帝大興元年，改爲尹。"此可爲證。張氏晉無丹陽太守之説，似誤。

[3]尚書水部郎：官名。尚書省諸曹郎之一，屬都官尚書。掌水利，宋第六品。

[4]珮：《南史》卷六〇同傳作“佩”。

[5]廬陵王：南齊有兩廬陵王：一爲齊武帝子蕭子卿，一爲齊明帝子蕭寶源。此處當爲蕭子卿。子卿，《南齊書》卷四〇《武十七王傳》有傳。廬陵，郡名。治所在今江西吉水縣東北。　記室參軍：官名。王公府屬官，掌文書。宋第七品，齊不詳。齊廬陵王記室參軍，中華書局本有勘，《南史》卷六〇同傳作“齊通直郎”。

休源年十一而孤，[1]居喪盡禮，每見父手所寫書，必哀慟流涕，不能自勝，見者莫不爲之垂泣。後就吴興沈驎士受經，[2]略通大義。建武四年，[3]州舉秀才，太尉徐孝嗣省其策，[4]深善之，謂同坐曰：“董仲舒、華令思何以尚此，[5]可謂後生之准也。觀其此對，足稱王佐之才。”琅邪王融雅相友善，[6]乃薦之於司徒竟陵王，[7]爲西邸學士。[8]梁臺建，[9]與南陽劉之遴同爲太學博士，[10]當時以爲美選。休源初到京，寓於宗人少府卿孔登宅，[11]曾以祠事入廟，侍中范雲一與相遇，[12]深加褒賞，曰：“不期忽覯清顔，頓祛鄙吝，觀天披霧，[13]驗之今日。”後雲命駕到少府門，登便佛筵整帶，謂當詣己，既而獨造休源，[14]高談盡日，同載還家，登深以爲愧。尚書令沈約當朝貴顯，[15]軒蓋盈門，[16]休源或時後來，必虚襟引接，處之坐右，[17]商略文義。[18]其爲通人所推如此。

[1]孤：《孟子·梁惠王下》：“幼而無父曰孤。”後世凡無父或

父母雙亡的人都稱爲孤。

[2]吴興：郡名。治所在今浙江湖州市。　沈驎士：吴興郡人。《南齊書》卷五四有傳。驎，“麟”之異體字。《南史》作“麟”。

[3]建武：齊明帝年號（494—498）。按，“建武”二字疑誤。因下文説到孔休源舉秀才後，王融薦之於竟陵王。考王融死於建武四年以前的永明十一年（493），則孔休源不可能於建武四年方舉秀才。“建武四年”或爲“建元四年（482）”之誤。《南史》删此四字。

[4]徐孝嗣：人名。祖籍東海郯縣，齊永元（499—501）年間賜死，和帝中興（501—502）初追贈太尉。《南齊書》卷四四有傳。

[5]董仲舒：人名。漢廣川人。《漢書》卷五六有傳。　華令思：華譚字令思，晉廣陵人。《晉書》卷五二有傳。

[6]王融：祖籍琅邪臨沂。《南齊書》卷四七有傳。

[7]竟陵王：齊武帝子蕭子良的封爵號。見《南齊書》卷四〇《武十七王傳》。竟陵，郡名。治所在今湖北鍾祥市。

[8]西邸：竟陵王蕭子良别邸。其地在鷄籠山，即今江蘇南京市鷄鳴山。

[9]梁臺建：指齊末蕭衍受封梁公建立政權機構。朝廷中央政府稱爲臺，蕭衍以梁公置百司，實際掌握國家政權，故稱梁臺。

[10]劉之遴：祖籍南陽郡。本書卷四〇有傳。　太學博士：官名。國子祭酒屬官，參議禮制。員八人。宋第六品，梁初不詳。

[11]少府卿：官名。梁十二卿之一，掌宫廷手工製造。梁武帝天監七年革選，定流内官職爲十八班，以班多者爲貴。少府卿爲十一班。

[12]侍中：官名。門下省長官。掌奏事，直侍左右，顧問應對，糾正違缺等。參與決策，是中樞集團重要成員，權任甚重。員四人。梁十二班。　范雲：人名。本書卷一三有傳。

[13]披霧：分開雲霧，比喻人風神明澈。《世説新語·賞譽》：“衛伯玉爲尚書令，見樂廣與中朝名士談議，奇之……曰：‘此人，

人之水鏡也。見之若披雲霧，覩青天。’”

[14]造：造訪。

[15]沈約：人名。本書卷一三有傳。

[16]軒蓋：本指貴官的車駕，此代指貴官。

[17]坐右：古以右爲尊，處之座右表示敬重。

[18]商略：商量、討論。

俄除臨川王府行參軍。[1]高祖嘗問吏部尚書徐勉曰：[2]“今帝業初基，須一人有學藝解朝儀者，爲尚書儀曹郎。[3]爲朕思之，誰堪其選?”勉對曰：“孔休源識具清通，[4]諳練故實，[5]自晉、宋《起居注》誦略上口。”[6]高祖亦素聞之，即日除兼尚書儀曹郎中。[7]是時多所改作，每逮訪前事，休源即以所誦記隨機斷决，曾無疑滯。吏部郎任昉常謂之爲“孔獨誦”。⑧

[1]臨川王：梁武帝弟蕭宏的封爵號。見本書卷二二《太祖五王傳》。臨川，郡名。治所在今江西南城縣東南。　行參軍：官名。王公府屬官，參掌府曹事，位在正參軍之下。其班品依府主地位高下而定。梁三班至一班。

[2]高祖：梁武帝廟號。　吏部尚書：官名。尚書省吏部曹長官。掌官吏銓選、任免事宜，職任極重。多僑姓高門、世胄顯貴擔任。員一人。梁十四班。　徐勉：人名。本書卷二五有傳。

[3]尚書儀曹郎：官名。尚書省諸曹郎之一，屬祠部尚書。掌禮儀典制。梁六班。

[4]識具：見識、才能。具，《南史》卷六〇同傳、《御覽》卷二一八《職官部》一六引《梁書》並作“見”。

[5]故實：足以效法的舊事。諳，《南史》卷六〇同傳、《御覽》

卷二一八《職官部》一六引《梁書》並作“詳”。

[6]梁代存有晉、宋《起居注》多部。見《隋書·經籍志》。

[7]兼：官制術語。假職未真授之稱。　尚書儀曹郎中：梁制尚書諸曹郎，始任爲郎中，其郎中在職勤能，滿二歲者，轉侍郎。參《隋書·百官上》。

[8]吏部郎：官名。尚書省吏部曹長官，屬諸曹郎之首。佐吏部尚書掌官吏銓選、調動事宜。員二人。梁十一班。　任昉：人名。本書卷一四有傳。

遷建康獄正，[1]及辨訟折獄，[2]時罕冤人。後有選人爲獄司者，[3]高祖尚引休源以勵之。除中書舍人，[4]司徒臨川王府記室參軍，[5]遷尚書左丞，[6]彈肅禮闈，[7]雅允朝望。時太子詹事周捨撰《禮疑義》，[8]自漢魏至于齊梁，並皆搜採，休源所有奏議，咸預編録。除給事黄門侍郎，[9]遷長兼御史中丞，[10]正色直繩，[11]無所回避，百僚莫不憚之。除少府卿，又兼行丹陽尹事。[12]出爲宣惠晉安王府長史、南郡太守、行荆州府州事。[13]高祖謂之曰：“荆州總上流衝要，義高分陜，[14]今以十歲兒委卿，善匡翼之，[15]勿憚周昌之舉也。”[16]對曰：“臣以庸鄙，曲荷恩遇，方揣丹誠，[17]効其一割。”[18]上善其對，乃敕晉安王曰：“孔休源人倫儀表，汝年尚幼，當每事師之。”尋而始興王憺代鎮荆州，[19]復爲憺府長史，南郡太守、行府州事如故。在州累政，甚有治績，平心決斷，請託不行。高祖深嘉之。除通直散騎常侍，[20]領羽林監，[21]轉祕書監，[22]遷明威將軍，[23]復爲晉安王府長史、南蘭陵太守，[24]別敕專行南徐州事。[25]休源累佐名藩，甚得民譽，王深相倚仗，軍民機務，動止詢謀。常於中齋别施一榻，云“此是孔長史坐”，人莫得預焉。其見敬如此。

[1]建康獄正：官名。又稱建康正。與建康監、平合稱建康三官，掌京師建康刑獄。梁天監元年置，員一人，四班。

[2]折獄：判案定罪。

[3]獄司：掌管刑獄的官吏。

[4]中書舍人：官名。中書省屬官，掌入值閣内，呈奏案章。劉宋時漸用寒士及皇帝親信任此職，奪中書侍郎草擬詔書之權。至梁，用人殊重，不限資地，使掌中書詔誥，權勢顯赫。多由他官兼領。員四人，四班。

[5]記室參軍：官名。王公府屬官，掌文書。其班品依府主地位高下而定。梁六班至二班。

[6]尚書左丞：官名。尚書省屬官，佐尚書令、僕射知省事，掌中央機構文書章奏，糾諸不法。員一人。梁九班。

[7]禮闈：尚書省的别稱。《文選》卷四六任彦昇《王文憲集序》李善注：“《十州記》曰：‘崇禮闈即尚書上省門，崇禮東建禮門即尚書下舍門。’然尚書省二門名禮，故曰禮闈也。”

[8]太子詹事：官名。總理東宫庶務，或參議大政，職任甚重。員一人。梁十四班。　周捨：人名。本書卷二五有傳。　《禮疑義》：《隋書·經籍志》著録：“《禮疑義》五十二卷，梁護軍周捨撰。”

[9]給事黄門侍郎：官名。門下省次官，與侍中俱掌門下衆事。侍從左右，擯相威儀，關通中外等。出入禁中，頗有權勢。員四人。梁十班。

[10]長兼：官制術語。南朝官吏假職未真授之稱有兼、長兼之

目。宋·沈括《夢溪筆談》卷二《故事二》有云："古之兼官，多是暫時攝領，有長兼者，即同正官。"　御史中丞：官名。御史臺長官，掌督察百官，糾劾不法。六朝第一流高門多不居此職。員一人。梁十一班。

[11]直繩：嚴格依法辦事。

[12]行丹陽尹事：代行丹陽尹政事。行，官制術語。缺官未補，暫時以低級官吏攝行高一級官吏之職事。丹陽尹，官名。京師所在丹陽郡長官，掌民政，職同太守。宋第三品，梁不詳。

[13]宣惠：宣惠將軍之省稱，將軍名號。梁置，與鎮兵、翊師、宣毅將軍代舊東西南北四中郎將。梁天監七年革選，釐定將軍名號及班品，有一百二十五號十品二十四班，以班多者爲貴。宣惠將軍爲十七班。　晉安王：梁簡文帝的初封爵號。晉安，郡名。治所在今福建福州市。　長史：官名。王公軍府屬官，掌本府官吏事。梁十班至六班。　南郡：郡名。治所在今湖北荆州市。　荆州：州名。治所與南郡同。

[14]分陝：《南齊書·州郡志》："江左大鎮，莫過荆、揚。弘農郡陝縣，周世二伯總諸侯，周公主陝東，召公主陝西，故稱荆州爲陝西也。"

[15]匡翼：糾正輔佐。

[16]周昌：人名。西漢初人，以剛正、直言敢諫著稱。見《漢書》卷四二《周昌傳》。

[17]丹誠：忠誠之心。

[18]一割："鉛刀一割"之略語。自謙才能雖薄弱如鈍刀，但盡其所能，未嘗不可一用。

[19]始興王憺：梁武帝弟蕭憺封爵號始興王。見本書卷二二《太祖五王傳》。始興，郡名。治所在今廣東韶關市東南蓮花嶺。

[20]通直散騎常侍：官名。集書省屬官，掌侍從獻納，與散騎常侍通直。劉宋以後，多以衰老之士擔任，不爲人所重。員四人。梁十一班。

[21]領：官制術語。已有實授主職，又兼任較低官職而不居其位。　羽林監：官名。禁衛軍將領。與虎賁、冗從合稱三將。掌宿衛送從。梁五班。

[22]祕書監：官名。祕書省長官，掌國之典籍圖書。員一人。梁十一班。

[23]明威將軍：將軍名號。梁代與寧遠、振遠將軍等代舊寧朔將軍。爲一百二十五號將軍之一，十三班。

[24]南蘭陵：郡名。梁天監元年以南東海郡改名，治所在今江蘇武進縣西北萬綏鎮。

[25]南徐州：州名。治所在今江蘇鎮江市。

徵爲太府卿，[1]俄授都官尚書，[2]頃之，領太子中庶子。[3]普通七年，[4]揚州刺史臨川王宏薨，[5]高祖與羣臣議代王居州任者久之，[6]于時貴戚王公，咸望遷授，高祖曰："朕已得人。孔休源才識通敏，實應此選。"乃授宣惠將軍、監揚州。[7]休源初為臨川王行佐，及王薨而管州任，時論榮之。而神州都會，[8]簿領殷繁，[9]休源割斷如流，[10]傍無私謁。中大通二年，[11]加授金紫光禄大夫，[12]監揚州如故。累表陳讓，優詔不許。[13]在州晝決辭訟，夜覽墳籍。每車駕巡幸，[14]常以軍國事委之。

[1]太府卿：官名。梁置，爲十二卿之一，掌朝廷金帛府帑。梁十三班。

[2]都官尚書：官名。尚書省列曹尚書之一，掌法律刑獄、水利工程政令。梁十三班。

[3]太子中庶子：官名。東宮屬官，與太子中舍人共掌侍從及

文翰。員四人。梁十一班。

[4]普通：梁武帝年號（520—527）。

[5]揚州：州名。治所在今江蘇南京市。

[6]代王居州任："代王"，舊本皆作"王代"，此依中華書局本乙正。

[7]監：官制術語，非正式任職而督理其職事。

[8]神州：六朝時人常稱京師所在之揚州爲神州。

[9]簿領：文簿記録。

[10]割斷：決斷。

[11]中大通：梁武帝年號（529—534）。

[12]金紫光禄大夫：官名。屬太常卿。光禄大夫之重者，加金章紫綬稱爲金紫光禄大夫。養老疾，無職事，多用於榮譽加官。梁十四班。

[13]優詔：古代帝王用以獎掖慰勉臣下的詔書。

[14]車駕：《漢書》卷一《高帝紀下》唐顔師古注："凡言車駕者，謂天子乘車而行，不敢指斥也。"

昭明太子薨，[1]有敕夜召休源入宴居殿，[2]與羣公參定謀議，立晉安王綱爲皇太子。四年，遘疾，高祖遣中使候問，[3]並給醫藥，日有十數。其年五月，卒，時年六十四。遺令薄葬，節朔薦蔬菲而已。[4]高祖爲之流涕，顧謂謝舉曰：[5]"孔休源奉職清忠，當官正直，方欲共康治道，以隆王化。奄至殞殁，朕甚痛之。"舉曰："此人清介强直，[6]當今罕有，微臣竊爲陛下惜之。"詔曰："慎終追遠，[7]歷代通規；褒德疇庸，[8]先王令典。宣惠將軍、金紫光禄大夫、監揚州孔休源，風業貞正，雅量沖邈，[9]升榮建禮，[10]譽重搢紳。[11]理務神州，化覃歌詠，[12]方興仁壽，穆是彝倫。[13]奄然永逝，倍用悲惻。可贈散騎常侍、金紫光禄大夫，賻第一材一具，[14]布五十匹，錢五萬，蠟二百斤。剋日舉哀。[15]喪事所須，隨由資給。謚曰貞子。”[16]皇太子手令曰：[17]“金紫光禄大夫孔休源，立身中正，行己清恪。昔歲西浮渚宫，[18]東泊枌壤，[19]毗佐蕃政，實盡厥誠。安國之詳審，[20]公儀之廉白，[21]無以過之。奄至殞喪，情用惻怛。今須舉哀，外可備禮。”

[1]昭明太子：梁武帝太子蕭統謚號昭明，故稱昭明太子。本書卷八有傳。

[2]宴居殿：京師建康宫城内殿名。

[3]中使：皇宫中派出的使者，多由宦官擔任。

[4]薦：獻物祭祀。

[5]謝舉：人名。本書卷三七有傳。

[6]清介：清高耿直。

[7]慎終追遠：《論語·學而》：“曾子曰：‘慎終追遠，民德歸厚矣！’”《集解》引孔安國曰：“慎終者，喪盡其哀；追遠者，祭盡其敬。”

[8]褒德疇庸：褒揚德行酬報功勞。疇，通“酬”。庸，功。

[9]沖邈：高遠。

[10]建禮：即建禮門，尚書下舍門。此處代指尚書省。

[11]搢紳：插笏於帶間。古代仕宦者垂紳搢笏，故稱士大夫爲搢紳。

[12]覃：延及。

[13]穆：和。　彝倫：天地人之常道。此處指人倫。

[14]賻（fù）：以財物助喪事。　一具：指一具棺材。

[15]剋日：限定時日。

[16]錢大昕《十駕齋養新録》卷二〇“沈恭子”條有云：“六朝文臣無封爵而得謚者，例稱子。如任昉稱敬子，周弘正稱簡子之類，不一而足。”

[17]令：文體之一種。皇后、太子及諸王發佈的文書。

[18]渚宫：本是春秋時楚國的别宫，故址在今湖北荆州市。此處代指荆州。孔休源曾輔佐晉安王蕭綱，行荆州府州事。

[19]枌壤：即枌邑。漢高祖劉邦起兵時，禱於故鄉枌榆社。後世因以指帝鄉。蕭衍爲南蘭陵人，孔休源曾爲南蘭陵太守。

[20]安國：孔安國，字子國，晉會稽山陰人。晉安帝隆安(397—401)中，以貞慎清正，詔命領東海王師。《晉書》卷七八《孔愉傳》有附傳。　詳審：處事審慎。

[21]公儀：漢公儀休，以高第爲魯相，奉法循理，清正廉潔。《史記》卷一一九《循吏列傳》有傳。

休源少孤，立志操，風範强正，明練治體，[1]持身儉約，學窮文藝，當官理務，不憚强禦，[2]常以天下爲己任，高祖深委仗之。累居顯職，纖毫無犯。性慎密，寡嗜好。出入帷幄，[3]未嘗言禁中事，世以此重之。聚書盈七千卷，手自校治。凡奏議彈文，勒成十五卷。[4]

[1]明練：清楚、熟悉。

[2]强禦：强大的阻力。

[3]帷幄：宫室的帷幕。此處代指宫廷。

[4]勒：整理。

長子雲童，[1]頗有父風，而篤信佛理，遍持經戒。[2]官至岳陽王府諮議、東揚州别駕。[3]少子宗軌，[4]聰敏有識度，歷尚書都官郎，[5]司徒左西掾，[6]中書郎。[7]

[1]雲童：《南史》卷六〇同傳作"雲章"。

[2]經戒：指佛經戒律。

[3]岳陽王：梁昭明太子蕭統之子蕭詧的封爵號。見《周書》卷四八《蕭詧傳》。岳陽，郡名。治所在今湖南汨羅市東長樂。　諮議：官名。王公府屬官，掌諷議。梁九班至六班。　東揚州：州名。劉宋孝建（454—456）初置，永光元年（465）廢，梁普通五年（524）復置。治所在今浙江紹興市。　别駕：官名。州府屬官，佐刺史掌官吏及選舉事。梁官班不詳。

[4]宗軌：《南史》卷六〇同傳作"宗範"。

[5]尚書都官郎：官名。尚書省諸曹郎之一，屬都官尚書。掌軍事刑獄。梁八班。

[6]司徒左西掾：司徒府僚屬。佐司徒，掌府吏署用。梁六班。

[7]中書郎：官名。又稱中書侍郎。中書省屬官。舊掌詔誥，劉宋以後草擬詔誥之權暫歸中書舍人，侍郎職少官清，成爲諸王起家官。員四人。梁九班。

江革字休映，濟陽考城人也。[1]祖齊之，宋尚書金部郎。[2]父柔之，齊尚書倉部郎，[3]有孝行，以母憂，[4]毁卒。

[1]濟陽：郡名。治所在今河南蘭考縣東北。　考城：縣名。治所在今河南民權縣東北。此江革祖籍。

[2]尚書金部郎：官名。尚書省金部曹長官，屬度支尚書。掌

庫藏錢帛。齊第六品。

[3]尚書倉部郎：官名。尚書省諸曹郎之一，屬度支尚書。掌糧食倉儲。齊第六品。

[4]母憂：母喪。

革幼而聰敏，早有才思，六歲便解屬文，柔之深加賞器，曰："此兒必興吾門。"九歲丁父艱，與弟觀同生，[1]少孤貧，[2]傍無師友，兄弟自相訓勗，[3]讀書精力不倦。十六喪母，以孝聞。服闋，[4]與觀俱詣太學，[5]補國子生，舉高弟。齊中書郎王融、吏部謝朓雅相欽重。[6]朓嘗宿衛，還過候革，[7]時大雪，見革弊絮單席，而耽學不倦，[8]嗟歎久之，乃脱所著襦，並手割半氈與革充卧具而去。司徒竟陵王聞其名，引爲西邸學士。弱冠舉南徐州秀才。[9]時豫章胡諧之行州事，[9]王融與諧之書，令薦革。諧之方貢琅邪王汎，[11]便以革代之。

[1]同生：同母所生。

[2]少孤貧：舊本皆脱"少"字，此依中華書局本校補。

[3]訓勗（xù）：告誡、勉勵。

[4]服闋：服喪期滿。

[5]太學：古學校名。本爲王公貴族子弟的學府，南朝宋齊時爲國子諸學之一。

[6]吏部：尚書吏部郎的省稱。　謝朓：人名。祖籍陳郡陽夏。《南齊書》卷四七有傳。

[7]過候：訪問、探望。

[8]耽學：專心學習。

[9]弱冠：指二十歲。《禮記·曲禮》："二十曰弱，冠。"

[10]胡諧之：豫章南昌人。《南齊書》卷三七有傳。　豫章：郡名。治所在今江西南昌市。　行州事：代行州府政事。

[11]王汎：祖籍琅邪郡，生平不詳。

解褐奉朝請。[1]僕射江祏深相引接，[2]祏爲太子詹事，啓革爲府丞。[3]祏時權傾朝右，[4]以革才堪經國，令參掌機務，詔誥文檄，皆委以具。[5]革防杜形迹，外人不知。祏誅，賓客皆罹其罪，革獨以智免。

[1]解褐：亦稱"釋褐"，指初上仕途。　奉朝請：本指大臣定期參加朝會，朝見皇帝，爲皇帝給予的一種優禮。晉以下以爲官名。多用以安置閑散官員，或爲加官，無職事。齊官品不詳。

[2]僕射：此處指尚書右僕射，官名。尚書令之副佐，並與尚書分領諸曹。與祠部尚書不並置。員一人。齊第三品。　江祏：人名。祖籍濟陽考城。齊東昏侯時，官尚書右僕射，以謀廢立，被殺。《南齊書》卷四二有傳。

[3]府丞：指太子詹事丞。掌府内庶務。齊第七品。

[4]朝右：位列朝官之右，指大官。

[5]具：指起草文稿。

除尚書駕部郎。[1]中興元年，[2]高祖入石頭，[3]時吴興太守袁昂據郡距義師，[4]廼使革製書與昂，於坐立成，辭義典雅，高祖深賞歎之，[5]因令與徐勉同掌書記。建安王爲雍州刺史，[6]表求管記，以革爲征北記室參軍，[7]帶中廬令。[8]與弟觀少長共居，不忍離别，苦求同行，乃以觀爲征北行參軍、兼記室。時吴興沈約、樂安任昉並相賞重，昉與革書云：“此段雍府妙選英才，[9]文房之職，總卿昆季，可謂馭二龍於長途，[10]騁騏驥於千里。”途次江夏，[11]觀遇疾卒。革時在雍，爲府王所禮，款若布衣。[12]王被徵爲丹陽尹，以革爲記室，領五官掾，[13]除通直散騎常侍，[14]建康正。頻遷秣陵、建康令，[15]爲治明肅，豪强憚之。入爲中書舍人，尚書左丞，司農卿，[16]復出爲雲麾晉安王長史、尋陽太守、行江州府事。[17]徙仁威廬陵王長史，[18]太守、行事如故，以清嚴爲百城所憚。時少王行事多傾意於籤帥，[19]革以正直自居，不與籤帥等同坐。俄遷左光禄大夫南平王長史、御史中丞，[20]彈奏豪權，一無所避。

[1]尚書駕部郎：官名。尚書省諸曹郎之一，屬左民尚書。掌車駕、畜牧。齊第六品。

[2]中興：齊和帝年號（501—502）。

[3]石頭：城名。故址在今江蘇南京市西清凉山。其地負山面江，形勢險固，爲六朝軍事要地。齊東昏侯蕭寶卷即位後，狂悖無道，雍州刺史蕭衍起兵以討之，進軍至此。

[4]袁昂：人名。本書卷三一有傳。 距：通“拒”。

[5]江革爲蕭衍作《與袁昂書》，見本書卷三一《袁昂傳》“高祖手書喻曰”云云。

[6]建安王：梁武帝弟蕭偉的初封爵號。見本書卷二二《太祖五王·南平王偉傳》。建安，郡名。治所在今福建建甌市。 雍州：州名。治所在今湖北襄樊市。

[7]征北：征北將軍之省稱，將軍名號。與征東、征西、征南將軍合稱四征將軍。多爲持節都督，出鎮方面，地位顯要。宋第三

品，梁初不詳。

[8]帶：官制術語。兼帶下屬職官。有其官號、俸禄而不理其職事。　中廬：縣名。治所在今湖北南漳縣東北。

[9]此段：各本同，《南史》卷六〇同傳作“比聞”。　雍府：指建安王雍州府。

[10]二龍：《後漢書》卷六八《許劭傳》：“（劭）兄虔亦知名，汝南人稱平輿淵有二龍焉。”後世用以稱譽同時著名的兩個人物，多指兄弟。

[11]江夏：郡名。治所在今湖北武漢市武昌。

[12]款：情感真誠。　布衣：指布衣之交。指不分貴賤、情感深厚的交誼。

[13]五官掾：官名。中央機構諸卿、領軍、護軍、太子二傅、諸郡國皆置，掌祭祀。官品不詳。

[14]通直散騎常侍：按，“常侍”疑爲“侍郎”之誤。江革不可能由王府記室（六班）超遷至十一班之通直散騎常侍。若爲通直散騎侍郎，則爲六班而居記室之前，較合理。

[15]秣陵：縣名。治所在今江蘇南京市中華門外故報恩寺附近。

[16]司農卿：官名。梁以大司農改，十二卿之一，掌農功倉廩。爲十一班。

[17]雲麾：雲麾將軍之省稱，將軍名號。梁置，與武臣、爪牙、龍騎將軍代舊前後左右四將軍。爲一百二十五號十品二十四班將軍之十八班。　晉安王：梁簡文帝之初封爵號。　尋陽：郡名。治所在今江西九江市西南。　江州：州名。治所與尋陽郡同。

[18]仁威：仁威將軍之省稱，將軍名號。梁置，與智威、勇威、信威、嚴威將軍代舊征虜將軍。爲一百二十五號將軍之一，十六班。　廬陵王：梁武帝子蕭續的封爵號。見本書卷二九《高祖三王傳》。

[19]少王：指梁武帝之子廬陵王蕭續。　籤帥：官名。即典

籤。南朝時，王公軍州府乃至丹陽尹皆置。王國典籤，常以皇帝近侍充任，名爲典領文書，實則監察諸王行爲，其權力甚大，故有籤帥之稱。參高敏、張旭華《南朝典籤制度考略》一文。

[20]左光禄大夫：官名。屬光禄卿。養老疾，無職事。梁十六班。按，“左光禄大夫”爲南平王蕭偉當時之官職，中華書局點校於其下加頓號，誤，今删。　南平王：梁武帝弟蕭偉的封爵號。見本書卷二二《太祖五王傳》。南平，郡名。治所在今湖北公安縣西。

除少府卿，出爲貞威將軍、北中郎南康王長史、廣陵太守，[1]改授鎮北豫章王長史，[2]將軍、太守如故。時魏徐州刺史元法僧降附，[3]革被敕隨府王鎮彭城。[4]城既失守，革素不便馬，乃泛舟而還，途經下邳，[5]遂爲魏人所執。魏徐州刺史元延明聞革才名，[6]厚加接待，革稱患脚不拜，延明將加害焉，見革辭色嚴正，更相敬重。時祖暅同被拘執，[7]延明使暅作《欹器》、《漏刻銘》，革駡暅曰：“卿荷國厚恩，已無報答，今乃爲虜立銘，孤負朝廷。”延明聞之，乃令革作《丈八寺碑》並《祭彭祖文》，[8]革辭以囚執既久，無復心思。延明逼之逾苦，[9]將加箠撲。[10]革厲色而言曰：“江革行年六十，不能殺身報主，今日得死爲幸，誓不爲人執筆。”延明知不可屈，乃止。日給脱粟三升，[11]僅餘性命。值魏主請中山王元略反北，[12]乃放革及祖暅還朝。詔曰：“前貞威將軍、鎮北長史、廣陵太守江革，才思通贍，[13]出内有聞，[14]在朝正色，臨危不撓，首佐台鉉，[15]實允僉諧。[16]可太尉臨川王長史。”

［1］貞威將軍：將軍名號。梁置，爲一百二十五號將軍之一，八班。　北中郎：北中郎將之省稱，將軍名號。與東中郎、南中郎、西中郎將合稱四中郎將。統兵征伐，或鎮守某一地區，爲方面大員。南朝多以宗室諸王擔任，地位高於一般將軍。梁天監七年罷，普通六年又置，與一百二十五號將軍中十七班同班。　南康王：梁武帝子蕭績的封爵號。見本書卷二九《高祖三王傳》。南康，郡名。治所在今江西贛州市東北。　廣陵：郡名。治所在今江蘇揚州市西北。

［2］鎮北：鎮北將軍之省稱，將軍名號。與鎮東、鎮西、鎮南將軍合稱爲四鎮將軍。多持節都督，出鎮方面，權勢頗重。爲一百二十五號將軍之一，二十二班。　豫章王：梁武帝子蕭綜的封爵號。見本書卷五五《豫章王綜傳》。

［3］徐州：北魏州名。治所在今江蘇徐州市。　元法僧：人名。北魏宗室。梁普通六年來附。本書卷三九有傳。

［4］府王：指豫章王蕭綜。　彭城：徐州鎮所，在今江蘇徐州市。

［5］下邳：縣名。治所在今江蘇睢寧縣西北古邳鎮東。

［6］元延明：人名。北魏文成帝孫。《魏書》卷二〇有傳。

［7］祖暅：人名。祖籍范陽郡，著名數學家祖沖之之子。《南史》卷七二《文學》有傳。

［8］《丈八寺碑》：《通鑑》卷一五〇《梁紀》"普通六年六月"下作《大小寺碑》，胡三省注引《考異》曰："《南史》作'《丈八寺碑》'。今從《梁書》。"是《考異》所見《梁書》作《大小寺碑》。《祭彭祖文》：《通鑑》卷一五〇《梁紀》胡三省注："彭城，大彭氏之墟也，故祭之。"

［9］苦：急迫。

［10］箠撲：拷打。

［11］脱粟：僅去殼的糧食，即糙米。

［12］請：舊本皆訛"討"，此依中華書局本校改。　中山王元

略：北魏宗室元略，梁普通中來附，梁武封之爲中山王。《魏書》卷一九有傳。中山，郡名。治所在今河北定州市。反：同“返”。按，北魏以江革、祖暅易元略之事，詳《魏書》卷三八《刁雍傳》。

[13]贍：學識廣博。

[14]内：同“納”。

[15]台鉉：即台鼎，比喻宰相重臣。鉉，鼎耳。

[16]僉：皆，衆。諧：團結，和諧。

時高祖盛於佛教，朝賢多啓求受戒，革精信因果，[1]而高祖未知，謂革不奉佛教，乃賜革《覺意詩》五百字，[2]云“惟當勤精進，自强行勝脩，[3]豈可作底突，[4]如彼必死囚。[5]以此告江革，並及諸貴遊。”又手敕云：“世間果報，不可不信，豈得底突如對元延明邪?”革因啓乞受菩薩戒。

[1]因果：指佛教所信仰的因果報應。

[2]《覺意詩》：全詩今不存。

[3]勝脩：指佛徒的修行。

[4]底突：頂撞、衝突。

[5]死囚：江革曾被北魏元延明囚執，故稱。

重除少府卿、長史、校尉。[1]時武陵王在東州，[2]頗自驕縱，上召革面敕曰：“武陵王年少，臧盾性弱，[3]不能匡正，欲以卿代爲行事。非卿不可，不得有辭。”乃除折衝將軍、東中郎武陵王長史、會稽郡丞、行府州事。[4]革門生故吏，[5]家多在東州，聞革應至，並賫持緣道迎候。[6]革曰：“我通不受餉，[7]不容獨當故人筐篚。”[8]至鎮，惟資公俸，食不兼味。[9]郡境殷廣，辭訟日數百，革分判辨析，曾無疑滯。功必賞，過必罰，民安吏畏，百城震恐。琅邪王騫爲山陰令，[10]贓貨狼藉，[11]望風自解。府王憚之，遂雅相欽重。每至侍宴，言論必以《詩》《書》，王因此耽學好文。典籤沈熾文以王所製詩呈高祖，高祖謂僕射徐勉曰：“江革果能稱職。”乃除都官尚書。[12]將還，民皆戀惜之，贈遺無所受。送故依舊訂舫，[13]革並不納，惟乘臺所給一舸。[14]舸艚偏欹，[15]不得安臥。或謂革曰：“船既不平，濟江甚險，當移徙重物，以迮輕艚。”[16]革既無物，乃於西陵岸取石十餘片以實之。[17]其清貧如此。

[1]重除少府卿、長史、校尉：中華書局本《校勘記》：“革以前未爲校尉，疑此處有訛脱。”按，《南史》卷六〇同傳無此九字。

[2]武陵王：梁武帝子蕭紀的封爵號。本書卷五十五有傳。武陵，郡名。治所在今湖南常德市。　東州：指東揚州，治所在今浙江紹興市。

[3]臧盾：人名。本書卷四二有傳。

[4]折衝將軍：將軍名號。爲一百二十五號將軍之一，十班。東中郎：東中郎將之省稱，將軍名號。東西南北四中郎將之一。梁天監七年罷，普通六年又置，與一百二十五號將軍中之十七班同班。　郡丞：官名。郡府屬官，太守之副佐。梁官班不詳。

[5]門生：門下使役之人。

[6]齎（jī）持：持帶禮物。

[7]通：一貫，一概。

[8]當：接受。　筐篚：本爲盛物的竹器，此處代指禮物。

[9]兼味：兩種以上的菜餚。

[10]王騫：人名。祖籍琅邪郡，齊太尉王儉之子。《南史》卷二二有傳。　山陰：縣名。治所在今浙江紹興市。

[11]狼藉：比喻行爲或名聲不檢。

[12]都官尚書：官名。尚書省都官曹長官。掌法律刑獄及水利工程政令。梁十三班。

[13]送故：六朝時，官吏離任，地方吏民斂財相送，叫做送故。參周一良《魏晉南北朝史札記》之《〈晉書〉札記》"送故"條。

[14]臺：指中央政府。

[15]偏攲（qī）：傾斜。攲，通"敧"。

[16]迮（zé）：壓迫。

[17]西陵：渡口名。在今浙江蕭山市西。

尋監吴郡。[1]于時境内荒儉，劫盜公行，革至郡，惟有公給仗身二十人，[2]百姓皆懼不能靜寇；反省遊軍尉，[3]民下逾恐。[4]革乃廣施恩撫，明行制令，盜賊靜息，民吏安之。

[1]吴郡：郡名。治所在今江蘇蘇州市。

[2]仗身：執武器的隨從衛士。

[3]遊軍：無固定防地的巡邏軍隊。

[4]逾：通"愈"。

武陵王出鎮江州，乃曰："我得江革，文華清麗，豈能一日忘之，當與其同飽。"[1]乃表革同行。又除明威將軍、南中郎長史、尋陽太守。[2]徵入爲度支尚書。[3]好奬進閭閻，[4]爲後生延譽，由是衣冠士子，[5]翕然歸之。[6]時尚書令何敬容掌選，[7]序用多非其人。[8]革性强直，每至朝宴，恒有褒貶，以此爲權勢所疾，乃謝病還家。

[1]同飽：意謂同甘苦。

[2]南中郎：南中郎將之省稱。東、西、南、北四中郎將之一。

[3]度支尚書：官名。尚書省列曹尚書之一，掌財賦支調、計算。梁十三班。

[4]奬進：鼓勵、舉薦。　閭閻：泛指民間。

[5]衣冠：指貴族、士大夫。

[6]翕然：聚合而趨附的樣子。

[7]何敬容：人名。本書卷三七有傳。

[8]按，本書《何敬容傳》有云："（敬容）守吏部尚書，銓序明審，號爲稱職。"與此所言矛盾。參趙與旹《賓退録》。

除光禄大夫、領步兵校尉、南北兖二州大中正，[1]優遊閑放，以文酒自娱。大同元年二月，[2]卒，謚曰强子[3]。有集二十卷，[4]行於世。革歷官八府長史，四王行事，三爲二千石，[5]傍無姬侍，家徒壁立，[6]世以此高之。

[1]光禄大夫：官名。梁屬光禄卿。養老疾，無職事。多用於重臣之榮銜。梁十三班。　步兵校尉：官名。禁軍五校尉之一，掌宿衛士。梁七班。　南兖州：州名。治所在今江蘇揚州市西北蜀岡。　北兖州：州名。治所在今江蘇淮陰縣西南甘羅城。　大中正：官名。掌一州人才之考察，定其鄉品，以爲選拔官吏之依據，

多由他官兼領。

[2]大同：梁武帝年號（535—546）。

[3]强：三朝本、百衲本、殿本等皆作“彊”，中華書局本作“强”。按，“彊”通常列爲“强”之異體字，但本義不同，作爲謚字似仍以“彊”字爲妥。

[4]有集二十卷：《隋書·經籍志》著録：“梁都官尚書《江革集》六卷。”《舊唐書·經籍志》、《新唐書·藝文志》均作“《江革集》十卷”。

[5]三爲二千石：古郡守秩二千石，江革三爲太守，故云。三，舊本均訛作“二”，此依中華書局本校改。

[6]家徒壁立：形容家庭貧困，空無資儲。

長子行敏，好學有才俊，官至通直郎，[1]早卒，有集五卷。

[1]通直郎：通直散騎侍郎之省稱，官名。集書省屬官，掌侍從左右，與散騎侍郎通直。劉宋以後，多用爲加官，不爲人所重。員四人。梁六班。

次子從簡，少有文情，[1]年十七，作《採荷詞》以刺敬容，[2]爲當時所賞。歷官司徒從事中郎。[3]侯景亂，[4]爲任約所害，[5]子兼叩頭流血，乞代父命，以身蔽刃，遂俱見殺，天下莫不痛之。

[1]文情：舊本皆作“文性”，此依中華書局本校改。按，《南史》同傳述江革之子，云長子行敏，次子德藻，德藻弟從簡。此云“次子從簡”，或誤。

[2]宋·郭茂倩《樂府詩集》卷七五《雜曲歌辭》一五《采荷調》解題引《樂府廣題》："梁太尉從事中郎江從簡，年十七，有才思，爲《采荷調》以刺敬容。敬容覽之，不覺嗟賞，愛其巧麗。敬容時爲宰相。"其辭云："欲持荷作柱，荷弱不勝梁。欲持荷作鏡，荷暗本無光。"按，此事亦載《太平御覽》卷九九九引《三國典略》。

[3]司徒從事中郎：官名。司徒府屬官，與長史共掌官吏事。梁八班。

[4]侯景：人名。本魏將，太清元年附梁，二年反。本書卷五六有傳。

[5]任約：人名。侯景將。見本書卷五六《侯景傳》。

史臣曰：高祖留心政道，孔休源以識治見知，既遇其時，斯爲幸矣。江革聰敏亮直，亦一代之盛名歟。

梁書 卷三七

列傳第三十一

謝舉 何敬容

謝舉字言揚，中書令覽之弟也。[1]幼好學，能清言，[2]與覽齊名。舉年十四，嘗贈沈約五言詩，[3]爲約稱賞。世人爲之語曰："王有養、炬，謝有覽、舉。"[4]養、炬，王筠、王泰小字也。[5]

[1]中書令：官名。中書省長官之一，與中書監共掌出納帝命。東晉以後，中書出令權歸他省，或歸中書侍郎、舍人，中書令漸成閑職，僅掌文章之事，多用於重臣的加官。梁代，位在中書監之下。梁天監七年革選，定流内官職爲十八班，以班多者爲貴，中書令爲十三班。　覽：謝覽，人名。仕梁，卒，贈中書令。本書卷一五《謝朏傳》有附傳。

[2]清言：即清談、玄談。六朝時以《老子》、《莊子》、《周易》爲"三玄"，士大夫好談玄析理，成一時風氣。

[3]沈約：人名。本書卷一三有傳。

[4]錢大昕《廿二史考異》卷二六云："此語已見《王筠傳》，

不應重出。”

[5]王筠：本書卷三三有傳。　王泰：本書卷二一有傳。

起家祕書郎，[1]遷太子舍人，[2]輕車功曹史，[3]祕書丞，[4]司空從事中郎，[5]太子庶子，[6]家令，[7]掌東宫管記，[8]深爲昭明太子賞接。[9]祕書監任昉出爲新安郡，[10]别舉詩云：“詎念耋嗟人，方深老夫託。”[11]其屬意如此。嘗侍宴華林園，[12]高祖訪舉於覽，[13]覽對曰：“識藝過臣甚遠，惟飲酒不及於臣。”高祖大悦。轉太子中庶子，[14]猶掌管記。

[1]祕書郎：官名。祕書省屬官，佐監、丞掌國之典籍圖書。爲清簡之官。劉宋以下，爲甲族起家之選，待次入補。其居職，例數十百日便遷任。員四人。梁二班。

[2]太子舍人：官名。東宫屬官，掌文記。梁定員十六人，三班。

[3]輕車：輕車將軍之省稱，將軍名號。梁代，與鎮朔、武旅等將軍代舊輔國將軍。天監七年革選，釐定將軍名號及班品，有一百二十五號十品二十四班，以班多者爲貴。輕車將軍爲十四班。功曹史：官名。王侯及庶姓持節府屬官，掌吏員賞罰任免。梁六班至二班。

[4]祕書丞：官名。祕書省官員，佐祕書監掌國之典籍圖書。爲清顯之職，多由僑姓士族擔任。員一人。梁八班。

[5]從事中郎：官名。王公府屬官，與長史共掌本府官吏事。梁九班至八班。

[6]太子庶子：官名。東宫屬官，掌侍從左右，獻納得失。員四人。梁九班。

[7]家令：即太子家令，官名。東宫官員。屬太子詹事。與太子率更令、太子僕合稱太子三卿，掌東宫刑獄、飲食、錢穀。員一人。梁十班。

[8]管記：官名。東宫、相府、王府屬官，掌文書。一説爲記室參軍之别稱。

[9]昭明太子：梁太子蕭統謚號昭明，故稱。本書卷八有傳。按，此述謝舉爲昭明太子賞接在任昉爲新安太守前，而據本書《任昉傳》，昉爲新安太守在天監六年（507），時昭明年不足七歲（本書《昭明太子傳》，昭明齊末中興元年生），何能賞接？姚氏叙事有疏。

[10]祕書監：官名。祕書省長官，掌國之典籍圖書。員一人。梁十一班。任昉：人名。本書卷一四有傳。　新安郡：治所在今浙江淳安縣西北。

[11]此二句已見本書《劉孝綽傳》任昉《報劉孝綽詩》。宋·黄徹《䂬溪詩話》卷四："任昉《别謝言揚》詩云：'詎念耋嗟人，方深老夫托。'《報劉孝綽》曰：'詎慰耋嗟人，徒深老夫托。'略改一兩字，豈以會意處欲常用之耶?"耋嗟人，衰老之人。

[12]華林園：園名。初建於三國吴，擴建於劉宋。内有華光殿、景陽樓、竹林堂諸勝。爲六朝帝王貴遊宴集之所，故址在今江蘇南京市鷄鳴山南古臺城内。

[13]高祖：梁武帝廟號。　訪：調查、瞭解。

[14]太子中庶子：官名。東宫官，與太子中舍人共掌東宫文翰。員四人。梁十一班。

天監十一年，[1]遷侍中。[2]十四年，出爲寧遠將軍、豫章内史，[3]爲政和理，甚得民心。十八年，復入爲侍中，領步兵校尉。[4]普通元年，[5]出爲貞毅將軍、太尉臨川王長史。[6]四年，入爲左民尚書。[7]其年遷掌吏部，[8]尋以公事免。五年，起爲太子中庶子，[9]領右軍將軍。[10]六年，復爲左民尚書，領步兵校尉。俄徙爲吏部尚書，尋加侍中。出爲仁威將軍、晉陵太守。[11]在郡清静，百姓化其德，境内肅然。罷郡還，吏民詣闕請立碑，[12]詔許之。大通二年，[13]入爲侍中、五兵尚書，[14]未拜，遷掌吏部，侍中如故。舉祖莊，[15]宋世再典選，至舉又三爲此職，前代未有也。

[1]天監：梁武帝年號（502—519）。

[2]侍中：官名。門下省長官，掌奏事，直侍左右，顧問應答，擯相威儀等。參與决策，是中樞集團重要成員，權任極重。員四人。梁十二班。

[3]寧遠將軍：將軍名號。梁代與振遠、明威等將軍代舊寧朔將軍。爲一百二十五號將軍之一，十三班。　豫章：郡名。治所在今江西南昌市。　内史：官名。王國官，掌治民職同太守。宋第五品，梁不詳。

[4]領：官制術語。已有實授主職，又兼任較低職務而不居其位。　步兵校尉：官名。禁軍五校尉之一，掌宫廷宿衛士。梁七班。

[5]普通：梁武帝年號（520—527）。

[6]貞毅將軍：將軍名號。梁置，與輕車鎮朔等將軍代舊輔國將軍。爲一百二十五號將軍之一，十四班。　臨川王：梁武帝弟蕭宏封爵號。見本書卷二二《太祖五王傳》。臨川，郡名。治所在今江西南城縣東南。　長史：官名。王公軍府屬官，掌本府官吏，梁十班至六班。

[7]左民尚書：官名。尚書省左民曹長官，掌土木工程及户籍等。梁十三班。

[8]掌吏部：即爲吏部尚書。吏部尚書，官名。尚書省吏部曹

長官，爲列曹尚書之首，掌官吏銓選、任免事宜，多僑姓高門、世胄顯貴擔任。梁十四班。

[9]起：舉用。

[10]右軍將軍：官名。禁衛軍主要將領之一，與前軍、左軍、後軍合稱四軍將軍，掌宫廷宿衛。梁九班。

[11]仁威將軍：將軍名號。梁置，與智威、勇威、信威、嚴威將軍代舊征虜將軍。爲一百二十五號將軍之一，十六班。　晉陵：郡名。治所在今江蘇常州市。

[12]闕：指皇帝所居之所。

[13]大通：梁武帝年號（527—529）。

[14]五兵尚書：官名。尚書省五兵曹長官，掌軍事行政。梁十三班。

[15]莊：謝莊，字希逸，仕劉宋，孝武帝時曾兩次任吏部尚書。《宋書》卷八五有傳。

舉少博涉多通，尤長玄理及釋氏義。爲晉陵郡時，常與義僧遞講經論，[1]徵士何胤自虎丘山赴之。[2]其盛如此。先是，北渡人盧廣有儒術，[3]爲國子博士，[4]於學發講，僕射徐勉以下畢至。[5]舉造坐，屢折廣，辭理通邁，[6]廣深歎服，仍以所執麈尾薦之，[7]以況重席焉。[8]

[1]經論：指佛教教義。佛教以經、律、論爲三藏，經乃佛所自説，論爲對經義的解釋。

[2]徵士：不就朝廷徵聘之士。　何胤：人名。齊明帝時隱居會稽，至梁，移居虎丘西寺講經論。本書卷五一有傳。　虎丘：山名。在今江蘇蘇州市西北閶門外。相傳春秋時吴王闔閭葬於此，三日，有虎踞其上，故稱。

[3]盧廣：人名。本中原舊族，天監中歸梁。本書卷四八有傳。

[4]國子博士：官名。國子學教官，兼備顧問。員二人。梁九班。

[5]僕射：尚書僕射之省稱，官名。尚書令副佐，且與尚書分領諸曹。不常置。若左、右僕射並缺，則置以總左右事。員一人。梁十五班。　徐勉：人名。本書卷二五有傳。

[6]通邁：《南史》卷二〇同傳作"遒邁"，《御覽》卷七〇三《服用部》五引《梁書》同。

[7]麈尾：麈爲大鹿，麈前行，群鹿隨之，依麈尾所轉而進。其尾可爲拂而揮蠅，古人清談時執此。《南史》卷二〇同傳"麈尾"下有"斑竹杖、滑石書格"七字。　薦：墊。

[8]況：比。　重席：古代坐席，以席之層次多少分尊卑。《禮記·禮器》："天子之席五重，諸侯之席三重，大夫再重。"

四年，加侍中。五年，遷尚書右僕射，[1]侍中如故。大同三年，[2]以疾陳解，徙爲右光祿大夫，[3]給親信二十人。[4]其年，出爲雲麾將軍、[5]吴郡太守。[6]先是，何敬容居郡有美績，[7]世稱爲"何吴郡"，及舉爲政，聲跡略相比。六年，入爲侍中、中書監，[8]未拜，遷太子詹事、翊左將軍，[9]侍中如故。舉父瀟，[10]齊世終此官，累表乞改授，敕不許，久之方就職。九年，遷尚書僕射，侍中、將軍如故。舉雖居端揆，[11]未嘗肯預時務，多因疾陳解，敕輒賜假，並手敕處方，加給上藥。其恩遇如此。其年，以本官參掌選事。[12]

[1]尚書右僕射：官名。尚書令副佐。與祠部尚書通職，不並置。梁十五班。　四年加侍中五年遷尚書右僕射：中華書局本《校

勘記》："上文既是'大通二年，入爲侍中'，則此四年、五年當爲大通四年、五年。但大通秖二年，大通三年十月改元中大通。據本書《武帝紀》，吏部尚書謝舉爲尚書右僕射在中大通五年。則'四年'上當有'中大通'三字，否則上文之'大通二年'乃'中大通二年'之訛。"按，據本卷《何敬容傳》，敬容大通二年爲吏部尚書。南朝官制，吏部尚書定員一人。謝舉不可能於大通二年與何敬容同爲吏部尚書。因知當是"大通二年"上脱"中"字。

[2]大同：梁武帝年號（535—546）。

[3]右光禄大夫：官名。屬光禄卿，養老疾，無職事，多用於加贈。梁十六班。

[4]親信：護衛之吏。

[5]雲麾將軍：將軍名號。梁置，與武臣、爪牙、龍騎將軍代舊前後左右四將軍。一百二十五號將軍之一，十八班。

[6]吴郡：郡名。治所在今江蘇蘇州市。

[7]何敬容普通四年出爲吴郡太守，"治爲天下第一"。見《何敬容傳》。

[8]中書監：官名。中書省長官，掌出納帝命。劉宋以來無事任，多爲重臣加官。員一人。梁十五班。

[9]太子詹事：官名。總理東宫庶務，參議大政，職任顯重。員一人。梁十四班。　翊左將軍：將軍名號。爲一百二十五號將軍之一，二十班。

[10]瀹（yuè）：其父名謝瀹。仕齊，永泰元年（498）轉散騎常侍，太子詹事。其年卒。《南齊書》卷四三有傳。

[11]端揆：尚書僕射的别稱。錢大昕《廿二史考異》卷二六："六朝人以僕射爲端揆。"

[12]本官：指尚書僕射。　參掌：官制術語。奉特敕掌管本官職權範圍外的他項事務。

太清二年，[1]遷尚書令，侍中、將軍如故。是歲，侯景寇京師，[2]舉卒于圍内。詔贈侍中、中衛將軍、開府儀同三司，[3]侍中、尚書令如故。文集亂中並亡逸。[4]

[1]太清：梁武帝年號（547—549）。

[2]侯景：人名。本魏將，太清元年（547）附梁，二年反，起兵寇京師。本書卷五六有傳。

[3]中衛將軍：將軍名號。梁代與中權、中軍、中撫將軍合稱四中將軍，祇授予在京師任職者，地位顯要。爲一百二十五號將軍之一，二十三班。　開府儀同三司：官名。非三公而儀制待遇同於三公之稱。梁諸將軍開府儀同三司爲十七班。

[4]《南史》云："有文集二十卷。"又，顔之推《顔氏家訓·風操》有云："梁世謝舉，甚有聲譽，聞諱必哭，爲世所譏。"可補本傳之未及。

二子禧、嘏，並少知名。嘏，太清中，歷太子中庶子，出爲建安太守。[1]

[1]建安：郡名。治所在今福建建甌市南。

何敬容字國禮，廬江人也。[1]祖攸之，[2]宋太常卿；[3]父昌寓，[4]齊吏部尚書：[5]並有名前代。

[1]廬江：郡名。治所在今安徽舒城縣。

[2]攸之：錢大昕《廿二史考異》卷二六云："按《南史》，敬容之祖佟之，位侍中，與此異。《南齊書》亦作'佟之'，疑此傳誤

也。”又《南齊書》卷四三《何昌寓傳》中華書局本《校勘記》引張森楷《校勘記》云：“‘佟之’，《梁書·何敬容傳》作‘攸之’。《宋書·江湛傳》有侍中何攸之，即其人也。《何尚之傳》作‘悠之’。”按，本書卷四八《儒林傳》另有何佟之，與何敬容同爲廬江灊人。其祖劭之爲宋員外散騎常侍，父歆爲齊奉朝請。此何佟之或不至以同鄉先輩之名爲己名。故仍當以作“攸之”爲是。錢大昕説誤。

[3]太常卿：官名。九卿之一，掌國家禮儀典制。宋第三品。《隋書·百官志》：“諸卿，梁初猶依宋、齊，皆無卿名。”此蓋姚思廉以梁天監七年革選後之名稱之。

[4]昌寓：何昌寓，《南齊書》卷四三有傳。寓，“宇”之異體字，多用於人名。

[5]吏部尚書：官名。尚書省吏部曹長官，爲列曹尚書之首。掌官吏銓選、任免事宜。齊第三品。

敬容以名家子，弱冠選尚齊武帝女長城公主，[1]拜駙馬都尉。[2]天監初，爲祕書郎，歷太子舍人，尚書殿中郎，[3]太子洗馬，[4]中書舍人，[5]祕書丞，遷揚州治中。[6]出爲建安内史，清公有美績，民吏稱之。還除黄門郎，[7]累遷太子中庶子，散騎常侍，[8]侍中，司徒左長史。[9]普通二年，復爲侍中，領羽林監，[10]俄又領本州大中正。[11]頃之，守吏部尚書，[12]銓序明審，[13]號爲稱職。四年，出爲招遠將軍、吴郡太守，[14]爲政勤恤民隱，[15]辨訟如神，視事四年，治爲天下第一。吏民詣闕請樹碑，[16]詔許之。大通二年，徵爲中書令，未拜，復爲吏部尚書，領右軍將軍，[17]俄加侍中。中大通元年，[18]改太子中庶子。

［1］長城公主：名未詳。長城，縣名。治所在今浙江長興縣東。

［2］駙馬都尉：官名。奉朝會請召，虛置無職掌。六朝時，尚公主者多拜此官。宋第六品，齊不詳。

［3］尚書殿中郎：官名。尚書省諸曹郎之一，屬尚書左僕射。掌殿中曹事，常擬詔書，多用文學之士。梁六班。

［4］太子洗馬：官名。東宫屬官，掌文翰，爲清簡之職。員八人。梁六班。

［5］中書舍人：官名。中書省屬官，掌入值閣内，呈奏案章。劉宋以下，漸用寒士及皇帝親信擔任此職，奪中書侍郎草擬詔書之權。至梁，用人殊重，選以才能，不限資地，專掌中書詔誥，權勢顯赫。多以他官兼任。梁員四人，四班。

［6］揚州治中：揚州刺史屬官。掌衆曹文書。梁九班。揚州，州名。治所在今江蘇南京市。

［7］黄門郎：給事黄門侍郎之省稱，官名。與侍中共掌門下衆事，侍從左右，關通中外，獻納應對。出入禁中，職任顯要。員四人。梁十班。

［8］散騎常侍：官名。集書省長官，掌侍從左右，獻納諫諍。員四人。梁十二班。

［9］司徒左長史：司徒府屬官，佐司徒，掌官吏事。梁十二班。

［10］羽林監：官名。禁衛軍將領。與冗從僕射、虎賁中郎將合稱三將，掌侍衛送從。梁五班。

［11］大中正：官名。掌一州人才之考察，定其鄉品，以爲選拔官吏之依據。多以他官兼領。

［12］守：官制術語。官吏試職，一般試任一年即真除實授其職。

［13］銓序：按官吏資歷政績確定等級升降。

［14］招遠將軍：將軍名號。梁置爲一百二十五號將軍之一，二

班。

[15]隱：窮困。

[16]闕：皇帝所住之所。

[17]右軍將軍：官名。禁衛軍重要將領。前、左、右、後四軍將軍之一，掌宿衛。梁九班。

[18]中大通：梁武帝年號（529—534）。

敬容身長八尺，白皙美鬚眉。性矜莊，[1]衣冠尤事鮮麗，每公庭就列，容止出人。[2]三年，遷尚書右僕射，參掌選事，侍中如故。時僕射徐勉參掌機密，以疾陳解，因舉敬容自代，故有此授焉。五年，遷左僕射，[3]加宣惠將軍，[4]置佐史，侍中、參掌如故。大同三年正月，朱雀門灾，[5]高祖謂群臣曰："此門制卑狹，我始欲構，遂遭天火。"並相顧未有答。敬容獨曰："此所謂陛下'先天而天不違'。"[6]時以爲名對。俄遷中權將軍、丹陽尹，[7]侍中、參掌、佐史如故。五年，入爲尚書令，侍中、將軍、參掌、佐史如故。

[1]矜莊：端莊持重。

[2]出人：超出衆人。梁元帝《金樓子·雜記上》："何敬容書名，敬字大作'苟'小作'文'，容字大作'父'小作'口'。陸倕弄之曰：'卿名苟即奇大，父殊不小。'敬容不能答。常事衣服，夏月入朝，衣裳不整，乃扶伏床下，以熨斗熨之，衣既甚輕，背便焦灼。"

[3]左僕射：尚書左僕射之省稱，官名。尚書令副佐，主持尚書省庶務，並兼領殿中、主客二曹。位在右僕射之上。員一人。梁十五班。

[4]宣惠將軍：將軍名號。梁置，與鎮兵、翊師、宣毅將軍代舊東西南北四中郎將。爲一百二十五號將軍之一，十七班。

[5]朱雀門：京師建康城南門。故址在今江蘇南京市中華門內，秦淮河岸。

[6]《易・乾》："先天而天弗違，後天而奉天時。"

[7]中權將軍：將軍名號。梁置，與中軍、中衛、中撫將軍合稱四中將軍，祇授予在京師任職者，地位顯要。爲一百二十五號將軍之一，二十三班。　丹陽尹：官名。京師所在丹陽郡行政長官。宋第三品，梁不詳。

敬容久處臺閣，[1]詳悉舊事，且聰明識治，勤於簿領，[2]詰朝理事，[3]日旰不休。[4]自晉、宋以來，宰相皆文義自逸，敬容獨勤庶務，爲世所嗤鄙。時蕭琛子巡者，[5]頗有輕薄才，因制卦名、離合等詩以嘲之，[6]敬容處之如初，亦不屑也。[7]

[1]臺閣：尚書省的别稱。

[2]簿領：登記的文簿。

[3]詰朝：明旦。此處指清晨。

[4]日旰（gàn）：天已晚。

[5]蕭琛：人名。本書卷二六有傳。

[6]卦名詩：雜名詩之一種，以卦兆相名。　離合詩：詩體之一種，有四種方式：其一，離一字偏旁爲兩句，以四句凑合爲一字；其二，離一字偏旁爲兩句，以六句凑合爲一字；其三，離一字偏旁於一句之首尾，而首尾相續爲一字；其四，不離偏旁，但以一物二字離於一句之首尾，而首尾相續爲一物。詳明・徐師曾《文體明辨序説》。蕭巡《卦名詩》今不存。今存《離合詩贈尚書令何敬容》一首："伎能本無取，支葉復單貧。柯條謬承日，木石豈知晨？

狗馬誠難盡，犬羊非易馴。效颦既不似，學步孰能真？實由紊朝典，是曰蠹彝倫。俗化於兹鄙，人途自此分。”（逯欽立輯《全梁詩》卷一五）按，此詩屬離合詩之第一種。離十二句，合爲“何敬容”二字。

[7]不屑：不在意。

十一年，[1]坐妾弟費慧明爲導倉丞，[2]夜盜官米，爲禁司所執，送領軍府。[3]時河東王譽爲領軍將軍，[4]敬容以書解慧明，譽即封書以奏。高祖大怒，付南司推劾。[5]御史中丞張綰奏敬容挾私罔上，[6]合棄市刑。詔特免職。[7]初，天監中，有沙門釋寶誌者，[8]嘗遇敬容，謂曰：“君後必貴，然終是何敗何耳。”及敬容爲宰相，謂何姓當爲其禍，故抑没宗族，無仕進者，至是竟爲河東所敗。

[1]十一年：中華書局本《校勘記》：“按本書《武帝紀》，何敬容坐免官在大同十年五月，《通鑑》同。‘十一年’當作‘十年’。”

[2]導倉丞：據《隋書·百官志上》，梁代有導官令、左右中部三倉丞，爲司農卿屬官。導，《南史》作“䆃”。按，“䆃”爲“導”之本字。《宋書·百官志》：“䆃官令，一人。丞一人，掌舂御米。漢東京置。䆃，擇也。擇米令精也。”

[3]領軍：領軍將軍之省稱，官名。禁衛軍最高統帥。護衛京師，職任隆重。梁十五班。

[4]河東王譽：梁昭明太子蕭統之子譽封爵號河東王。本書卷五五有傳。河東，郡名。治所在今湖北松滋縣西北。

[5]南司：指御史中丞。南北朝時，因御史臺在尚書省之南，故稱南臺，而御史中丞爲南臺長官，故稱南司。　推劾：追究罪

狀。

[6]御史中丞：官名。御史臺長官，掌督察百官，糾彈不法。六朝第一流高門多不居此職。員一人。梁十一班。　張綰：人名。本書卷三四有傳。　罔上：欺騙皇帝。

[7]特：祇，僅。

[8]沙門：亦作“桑門”，梵語譯音，即僧徒。　釋寶誌：僧徒名。《南史》卷七六《隱逸傳》有傳；梁釋慧皎《高僧傳》卷一〇《神異下》亦有傳，唯“寶”作“保”。

中大同元年三月，[1]高祖幸同泰寺講《金字三慧經》，[2]敬容請預聽，敕許之。又有敕聽朔望問訊。[3]尋起爲金紫光禄大夫，[4]未拜，又加侍中。敬容舊時賓客門生諠譁如昔，[5]冀其復用。會稽謝郁致書戒之曰：[6]“草萊之人，聞諸道路，君侯已得瞻望朝夕，[7]出入禁門，[8]醉尉將不敢呵，[9]灰然不無其漸，[10]甚休，[11]甚休！敢賀於前，又將弔也。昔流言裁作，[12]公旦東奔；[13]燕書始來，子孟不入。[14]夫聖賢被虛過以自斥，[15]未有嬰時釁而求親者也。[16]且曝鰓之鱗，[17]不念杯杓之水；[18]雲霄之翼，[19]豈顧籠樊之糧。[20]何者？所託已盛也。昔君侯納言加首，[21]鳴玉在腰，[22]回豐貂以步文昌，[23]聳高蟬而趨武帳，[24]可謂盛矣。不以此時薦才拔士，少報聖主之恩；今卒如爰絲之説，[25]受責見過，[26]方復欲更窺朝廷，觖望萬分，[27]竊不爲左右取也。昔竇嬰、楊惲亦得罪明時，[28]不能謝絶賓客，猶交黨援，卒無後福，終益前禍。僕之所弔，實在於斯。人人所以頗猶有踵君侯之門者，未必皆感惠懷仁，有灌夫、任安之義，[29]乃戒翟公之大署，[30]冀君侯之復用也。夫在思過之日，而挾復用之意，未可爲智者説矣。君侯宜杜門念失，[31]無有所通，[32]築茅茨於鍾阜，[33]聊優游以卒歲，見可憐之意，[34]著待終之情，[35]復仲尼能改之言，[36]惟子貢更也之譬，[37]少戢言於衆口，微自救於竹帛，所謂'失之東隅，收之桑榆'。[38]如此，令明主聞知，尚有冀也。僕東皋鄙人，[39]入穴幸無銜蹇，[40]恥天下之士不爲執事道之，故披肝膽，示情素，[41]君侯豈能鑒焉。"

[1]中大同：梁武帝年號（546—547）。

[2]同泰寺：佛寺名。梁大通元年建，在京師建康宫城後苑中。《金字三慧經》：佛教經典名。

[3]問訊：省視，慰問。

[4]金紫光禄大夫：官名。光禄大夫之重者，加金章紫綬，稱爲金紫光禄大夫。養老疾，無職事，多用於加贈。梁十四班。

[5]門生：六朝時仕宦者許各招募部曲，謂之義從，其在門下親侍者，謂之門生。

[6]會稽：郡名。治所在今浙江紹興市。

[7]朝夕：早晚朝見。三朝本、百衲本作"多士"。

[8]禁門：古代宫廷之門有禁，故稱禁門。

[9]醉尉將不敢呵：意謂失勢後，下級仍不敢侵侮。《史記》卷一〇九《李將軍列傳》："（李廣）還至霸陵亭，霸陵尉醉，呵止廣。廣騎曰：'故李將軍。'尉曰：'今將軍尚不得夜行，何乃故也！'止廣宿亭下。"後世常用醉尉事作受下吏侵侮的典故。此處反用其意。

[10]灰然不無其漸：比喻失勢之人開始重新得勢。《史記》卷

一〇八《韓長孺列傳》："安國坐法抵罪。蒙獄吏田甲辱安國，安國曰：'死灰獨不復然乎？'田甲曰：'然即溺之。'"後韓安國果被起用。然，同"燃"。

[11]休：善。

[12]裁：通"纔"。

[13]公旦東奔：意謂周公能早避流言。《尚書・金縢》："武王既喪，管叔及其羣弟乃流言於國，曰：'公將不利於孺子。'周公乃告二公曰：'我之弗辟，我無以告我先王。'周公居東二年，則罪人斯得。"公旦，周公姬旦。

[14]燕書始來，子孟不入：意謂霍光亦懼得罪。《漢書》卷六八《霍光傳》："燕王旦自以昭帝兄，常懷怨望。及御史大夫桑弘羊建造酒榷鹽鐵，爲國興利，伐其功，欲爲子弟得官，亦怨恨光。於是蓋主、上官桀、安及弘羊皆與燕王旦通謀，詐令人爲燕王上書，言光'出都肄郎羽林，道上稱趯……'光出沐日奏之。桀欲從中下其事，桑弘羊當與諸大臣共執退光。書奏，帝不肯下。明旦，光聞之，止畫室中不入。"子孟，霍光之字。

[15]虚過：憑空編造的過錯。　斥：離開，廻避。

[16]嬰：遭遇。

[17]曝鰓之鱗：指大魚。《太平御覽》九三〇引《三秦記》："河津一名龍門，巨靈迹猶存，去長安九百里。水懸船而行，旁有山，水陸不通，黿魚之屬莫能上，江海大魚集門下數千，不得上，上即爲龍。故云：'曝鰓龍門，垂耳轅下。'"

[18]杯杓之水：指很少的水。

[19]雲霄之翼：指鵬鳥。《莊子・逍遥遊》："鵬之背，不知其幾千里也。怒而飛，其翼若垂天之雲。"

[20]籠樊之糧：指籠樊中鳥所食的糧食。指很少的糧食。

[21]納言：皇帝近臣尚書等所用幘巾。《後漢書・輿服志》："尚書幘收，方三寸，名曰納言，示以忠正，顯近職也。"

[22]鳴玉：古代貴人佩帶在腰的玉飾，行走時碰撞有聲。

[23]豐貂：古代王公顯貴冠上裝飾的貂尾。 文昌：本爲星宿名，此用以指尚書省。

[24]高蟬：古代王公顯貴冠上的蟬文裝飾。 武帳：將軍辦公之所。

[25]爰絲之説：爰，亦作“袁”。西漢袁盎，字絲，爲楚相，以病免官。雖家居，景帝常使人問籌策。梁王欲求爲嗣，袁絲進説，其後語塞。梁王以此怨絲，曾使人刺絲。詳《史記》卷一〇一《袁盎列傳》。

[26]見過：被責備。

[27]觖（kuì）望：企望。

[28]竇嬰：人名。漢景帝母竇太后從兄之子，以軍功封魏其侯。竇太后死，嬰失勢。景帝后同母弟武安侯田蚡得勢，竇嬰不知時變，與將軍灌夫相引重，得罪田蚡，灌夫被害死，竇嬰亦論棄市。詳《史記》卷一〇七《魏其武安侯列傳》。 楊惲：人名。漢宣帝時曾爲光禄勳，親近用事，後得罪，免死爲庶人。仍居家治産業，通賓客，終被腰斬。詳《漢書》卷六〇六《楊惲傳》。

[29]灌夫：人名。仕漢，歷官中郎將、淮陽太守、太僕。漢武帝時得罪。居長安，與魏其侯相得，忠於魏其侯。事見《史記》卷一〇七《魏其武安侯列傳》。 任安：人名。仕漢，曾爲將軍衛青舍人，後任益州刺史，北軍使者。事詳《史記》卷一〇四《田叔列傳》附褚少孫補《任安傳》。

[30]乃戒翟公之大署：意謂以翟公之大署爲戒。《史記》卷一二〇《汲鄭列傳》：太史公曰：“下邽翟公有言，始翟公爲廷尉，賓客闐門；及廢，門外可設雀羅。翟公復爲廷尉，賓客欲往，翟公乃大署其門曰：‘一死一生，乃知交情。一貧一富，乃知交態。一貴一賤，交情乃見。’”

[31]杜門念失：即閉門思過。

[32]通：交往，往來。

[33]茅茨：茅草屋。 鍾阜：即鍾山，今江蘇南京市東紫金

山。

［34］《漢書》卷六六《楊惲傳》："惲既失爵位，家居治産業，起室宅，以財自娱。歲餘，其友人安定太守西河孫會宗，知略士也，與惲書諫戒之，爲言大臣廢退，當闔門惶懼，爲可憐之意，不當治産業，通賓客，有稱譽。"

［35］待終：即等死。

［36］仲尼能改之言：未詳。《左傳·宣公二年》："（士會）稽首而對曰：'人誰無過，過而能改，善莫大焉。'"又《國語·魯語》："文子聞之，曰：'過而能改者，民之上也。'"

［37］子貢更也之譬：《論語·子張》："子貢曰：'君子之過也，如日月之食焉。過也，人皆見之；更也，人皆仰之。'"

［38］失之東隅，收之桑榆：比喻雖先有所失，而終得成功。《後漢書》卷一七《馮異傳》，馮異與赤眉軍戰，先敗後勝。光武慰勞之，云："始雖垂翅回谿，終能奮翼黽池。可謂失之東隅，收之桑榆。"

［39］東皐：田野或高地的泛指。古代常用以指隱士居住的地方。

［40］入穴幸無銜窶：意謂如鼠入穴，没有什麼妨礙。《漢書》卷六六《楊惲傳》："我不能自保，真人所謂鼠不容穴銜窶數者也。"如淳注："所以不容穴，坐銜窶數自妨，故不得入穴。"此處反用其意。窶，即窶藪。戴在頭上用來頂物的環形草墊。

［41］情素：忠誠，真心。《史記》卷八三《鄒陽傳》：鄒陽獄中上書梁王，有云："披心腹，見情素。"

太清元年，遷太子詹事，侍中如故。二年，侯景襲京師，敬容自府移家臺内。[1]初，景於渦陽退敗，[2]未得審實，傳者乃云其將暴顯反，景身與衆並没，朝廷以爲憂。敬容尋見東宫，太宗謂曰：[3]"淮北始更有信，侯景定得身免，不如所傳。”敬容對曰：“得景遂死，深是朝廷之福。”太宗失色，問其故。敬容曰：“景翻覆叛臣，終當亂國。”是年，太宗頻於玄圃自講《老》、《莊》二書，[4]學士吴孜時寄詹事府，每日入聽。敬容謂孜曰：“昔晉代喪亂，頗由祖尚玄虚，胡賊殄覆中夏。[5]今東宫復襲此，殆非人事，其將爲戎乎?”俄而侯景難作，其言有徵也。三年正月，敬容卒于圍内，詔贈仁威將軍，本官並如故。

[1]府：此指太子詹事府。　臺：指朝廷禁省。

[2]渦陽：縣名。北魏置，治所在今安徽蒙城縣。侯景於渦陽敗退事，在太清二年正月。詳本書《武帝紀》及卷三九《羊鴉仁傳》。

[3]太宗：梁簡文帝廟號。

[4]玄圃：園名。在東宫内。《通鑑》卷一六一《梁紀十七》“太清二年”下胡三省注：“自蕭齊以來，東宫有玄圃。昆侖之山三級，下曰樊桐，二曰玄圃，三曰層城，太帝之所居，東宫次於帝居，故立玄圃。”

[5]中夏：中原。

何氏自晉司空充、宋司空尚之，[1]世奉佛法，並建立塔寺；至敬容又捨宅東爲伽藍，[2]趨勢者因助財造構，敬容並不拒，故此寺堂宇校飾，頗爲宏麗，時輕薄者因呼爲“衆造寺”焉。及敬容免職出宅，止有常用器物及囊衣而已，竟無餘財貨，時亦以此稱之。

子嗀，祕書丞，早卒。

[1]何充：字次道。《晉書》卷七七有傳。　何尚之：字彦德。《宋書》卷六六有傳。

[2]伽藍：梵文譯音"僧伽藍摩"的略稱，即佛寺。

陳吏部尚書姚察曰：[1]魏正始及晉之中朝，[2]時俗尚於玄虚，貴爲放誕，尚書丞郎以上，簿領文案，不復經懷，[3]皆成於令史。[4]逮乎江左，[5]此道彌扇，惟卞壼以臺閣之務，[6]頗欲綜理，阮孚謂之曰：[7]"卿常無閑暇，不乃勞乎？"宋世王敬弘身居端右，[8]未嘗省牒，[9]風流相尚，其流遂遠。望白署空，[10]是稱清貴；恪勤匪懈，[11]終滯鄙俗。是使朝經廢於上，[12]職事隳於下。小人道長，抑此之由。嗚呼！傷風敗俗，曾莫之悟。永嘉不競，[13]戎馬生郊，[14]宜其然矣。何國禮之識治，見譏薄俗，惜哉。

[1]陳吏部尚書姚察：吏部尚書，官名。掌官吏銓選、任免事宜。陳第三品。姚察，思廉之父，仕陳，曾官吏部尚書。《陳書》卷二七有傳。錢大昕《廿二史考異》卷二六有云："思廉修梁陳書，皆因其父察所撰而續成之。梁史諸論述其父説，必稱'陳吏部尚書姚察曰'，仿孟堅《漢書》稱'司徒掾班彪'之例也。其但稱'史臣'者，出自思廉新意。"

[2]正始：曹魏齊王曹芳年號（240—249）。　晉之中朝：晉王朝南渡以後，稱西晉爲中朝。

[3]經懷：即經心，留意。

[4]令史：官名。尚書省有都令史，協助尚書左右丞管理都曹庶務。梁二班。

[5]江左：指東晉或南朝，因其建都江東，故稱。

[6]卞壼：人名。晉濟陽郡人。《晉書》卷七〇有傳。

[7]阮孚：人名。魏末“竹林七賢”之一阮咸之子。《晉書》卷四九有傳。《晉書》卷七〇《卞壼傳》：卞壼勤於吏事，“阮孚每謂之曰：‘卿恒無閑泰，常如含瓦石，不亦勞乎?’壼曰：‘諸君以道德恢弘，風流相尚，執鄙吝者，非壼而誰!’”

[8]王敬弘：人名。即王裕之，因與宋高祖劉裕同名諱，故以字行。祖籍琅邪臨沂。《宋書》卷六六有傳。　端右：六朝時尚書省長官的别稱。參周一良《魏晉南北朝史札記》之《〈宋書〉札記》“執法與端右”條。

[9]牒：文書。史載，王敬弘爲尚書僕射，“關署文案，初不省讀”。見《宋書》卷六六本傳。

[10]望白署空：意謂懶看文書，衹在文書上空白處簽署名字。《文選》卷四九干寶《晉紀·總論》李善注引劉謙《晉紀》應瞻《表》：“元康以來，望白署空，顯以臺衡之量。”參錢鍾書《管錐編》第三册《全晉文》卷三三“晉人任誕”條。

[11]匪懈：不知懈怠。匪，通“非”。

[12]朝經：即朝綱。

[13]永嘉不競：指西晉末永嘉之亂，西晉王朝衰亡。永嘉，晉懷帝年號（307—313）。不競，衰弱不振。

[14]戎馬生郊：母馬被徵用以致在戰場上産仔。形容戰亂頻仍。《老子》第四十六章：“天下無道，戎馬生於郊。”

梁書 卷三八

列傳第三十二

朱异　賀琛

朱异字彦和，吴郡錢唐人也。[1]父巽，[2]以義烈知名，官至齊江夏王參軍、吴平令。[3]

[1]吴郡：郡名。治所在今江蘇蘇州市。　錢唐：縣名。治所在今浙江杭州市。

[2]巽：《南史》卷六二同傳作"巽之"。中華書局本《校勘記》云："按，朱异父名選之，事迹略見《南齊書·孝義·朱謙之傳》。惠棟《松崖筆記》二：'選巽字相似，故訛爲巽。'此少一'之'字，六朝人雙名後所帶'之'字，往往可省去，非脱文。"按，據《南齊書》卷五五《孝義·朱謙之傳》，謙之字處光，其兄選之字處林。蓋皆據《易》取名字：《易·謙》："謙尊而光，卑而不可逾。"《易·說卦》："巽爲木，爲風。"似以"巽之"爲是。惠説恐未確。

[3]江夏王：齊有二江夏王：齊高帝子蕭鋒、齊明帝子蕭寶玄。蕭鋒死於建武元年（494）前，較早。此江夏王當是寶玄。寶玄，《南齊書》卷五〇有傳。江夏，郡名。治所在今湖北武昌。　參軍：

官名。王公府屬官，參掌府曹事。宋第七品，齊不詳。　吴平：縣名。治所在今江西樟樹市。

异年數歲，外祖顧歡撫之謂异祖昭之曰：[1]“此兒非常器，當成卿門户。”年十餘歲，好羣聚蒲博，[2]頗爲鄉黨所患。既長，乃折節從師，[3]遍治《五經》，尤明《禮》、《易》，涉獵文史，兼通雜藝，博弈書算，皆其所長。年二十，詣都，尚書令沈約面試之，[4]因戲异曰：“卿年少，何乃不廉？”异逡巡未達其旨。[5]約乃曰：“天下唯有文義棊書，卿一時將去，[6]可謂不廉也。”其年，上書言建康宜置獄司，[7]比廷尉，[8]敕付尚書詳議，[9]從之。

[1]顧歡：人名。吴郡鹽官人。《南齊書》卷五四《高逸》有傳。　朱昭之：人名。以學解稱於鄉里。見《南齊書》卷五五《孝義·朱謙之傳》。

[2]蒲博：古博戲名，即“摴蒱”、“樗蒱”。以五木爲體，有梟、盧、雉、犢、塞五等，梟爲勝，盧次之，雉與犢又次之，塞最下。後世泛稱賭博爲摴蒱。

[3]折節：强自克制，改變志向。

[4]尚書令：官名。尚書省長官，掌出納王命，綜理政務，實爲百官之長。梁初第三品。　沈約：人名。本書卷一三有傳。按，朱异太清三年（549）卒，年六十七，則其年二十當在天監元年（502)。而據本書卷一《武帝紀》，沈約爲尚書令在天監六年（507）閏十月，此處云“尚書令沈約”，蓋史家“以後稱前”之例。參楊樹達《古書疑義舉例續補》。

[5]逡巡：遲疑不定。

[6]將：持，拿。

[7]建康：縣名。治所在今江蘇南京市。六朝京師所在。 獄司：管理刑獄的官署。按，梁置建康獄司，在天監元年（502）八月。參本書卷一《武帝紀》及《隋書》卷二六《百官志上》。

[8]廷尉：官署名。掌國之刑獄。其屬官有廷尉正、監、平。建康獄司與之類似，亦設正、監、平三官。

[9]詳議：舊本皆作“議詳”，此依中華書局本乙正。

舊制，年二十五方得釋褐。[1]時异適二十一，特敕擢爲揚州議曹從事史。[2]尋有詔求異能之士，《五經》博士明山賓表薦异曰：[3]“竊見錢唐朱异，年時尚少，德備老成，在獨無散逸之想，[4]處闇有對賓之色，[5]器宇弘深，神表峯峻。金山萬丈，緣陟未登；玉海千尋，窺映不測。[6]加以珪璋新琢，錦組初構，觸響鏗鏘，値采便發。[7]觀其信行，非惟十室所稀，[8]若使負重遥途，必有千里之用。”高祖召見，[9]使説《孝經》、《周易》義，甚悦之，謂左右曰：“朱异實異。”後見明山賓，謂曰：“卿所舉殊得其人。”仍召异直西省，[10]俄兼太學博士。[11]其年，高祖自講《孝經》，使异執讀。[12]遷尚書儀曹郎，[13]入兼中書通事舍人，[14]累遷鴻臚卿，[15]太子右衛率，[16]尋加員外常侍。[17]

[1]釋褐：脱去布衣，换上官服。即做官之意。

[2]揚州：州名。治所在今江蘇南京市。 議曹從事史：官名。州府屬官，職參謀議。梁天監七年革選，定流内官職爲十八班，以班多者爲貴，揚州議曹從事史爲一班。

[3]《五經》博士：官名。梁天監四年（505）置，六班。 明

山賓：人名。本書卷二七有傳。

[4]獨：指獨處。《禮記·中庸》："莫見乎隱，莫顯乎微，故君子慎其獨也。"

[5]闇：指幽暗無人之處。

[6]比喻朱异才學如萬丈金山、千尋玉海，難以探測其高深。

[7]比喻朱异如新琢的珪璋、初製成的錦組，有機會便能有特出的表現。

[8]十室所稀：十家之邑裏少有的。《論語·公冶長》："子曰：'十室之邑，必有忠信如丘者焉，不如丘之好學也。'"

[9]高祖：梁武帝廟號。

[10]西省：指中書省。因其在宮城正殿之西，故稱。

[11]太學博士：官名。屬太常卿，掌經學，教授國子。員八人。梁二班。

[12]執讀：南北朝時，講内外經典，有一人唱讀經文，以備講經者講解，謂之執讀或執經。

[13]尚書儀曹郎：官名。尚書省諸曹郎之一，屬祠部尚書。掌禮儀制度。梁五班。

[14]中書通事舍人：官名。中書省屬官，掌入直閣内，呈奏案章。劉宋以來，漸用寒士及皇帝親信擔任此職，奪中書侍郎草擬詔書之權。至梁則用人殊重，選以才能，不限資地，專掌中書詔誥，權勢顯赫。多以他官兼領。員四人，四班。

[15]鴻臚卿：官名。梁十二卿之一，掌朝會司儀。梁九班。

[16]太子右衛率：官名。與太子左衛率合稱太子二率，掌東宮宿衛營兵，亦領兵出征，職任頗重。員一人。梁十一班。

[17]員外常侍：即員外散騎常侍，官名。集書省屬官，多以公族、宗室充任。劉宋以後常用以安置閑退官員，地位不高。梁十班。

普通五年，[1]大舉北伐，魏徐州刺史元法僧遣使請舉地内屬，[2]詔有司議其虛實。异曰："自王師北討，剋獲相繼，徐州地轉削弱，咸願歸罪法僧，法僧懼禍之至，其降必非僞也。"高祖仍遣异報法僧，並敕衆軍應接，受异節度。既至，法僧遵承朝旨，如异策焉。[3]

[1]普通：梁武帝年號（520—527）。

[2]徐州：郡名。治所在今江蘇徐州市。　元法僧：人名。本北魏宗室，北魏内亂，法僧據徐州稱帝。亂定，因懼禍而附梁。本書卷三九有傳。

[3]策：謀。

中大通元年，[1]遷散騎常侍。[2]自周捨卒後，[3]异代掌機謀，方鎮改换，[4]朝儀國典，詔誥敕書，並兼掌之。每四方表疏，當局簿領，諮詢詳斷，[5]填委於前，[6]异屬辭落紙，覽事下議，[7]從横敏贍，[8]不暫停筆，頃刻之間，諸事便了。

[1]中大通：梁武帝年號（529—534）。

[2]散騎常侍：官名。集書省長官，掌侍從左右，獻納得失。劉宋以後，職以侍從左右、掌圖書文翰爲主，地位降低。員四人，梁十二班。

[3]周捨：人名。本書卷二五有傳。

[4]方鎮：指掌握一方兵權的軍事長官。

[5]諮詢詳斷：《南史》作"諮詳請斷"。

[6]填委：堆積。

[7]事：指文書。參周一良《魏晋南北朝史札記》之《〈南史〉

札記》“事”條。

[8]從横：即“縱横”，奔放、超逸。從，《南史》作“縱”。按，“從”、“縱”，古今字。　敏贍：聰明多智。

大同四年，[1]遷右衛將軍。[2]六年，异啓於儀賢堂奉述高祖《老子義》，[3]敕許之。及就講，朝士及道俗聽者千餘人，爲一時之盛。時城西又開士林館以延學士，[4]异與左丞賀琛遞日述高祖《禮記中庸義》，[5]皇太子又召异於玄圃講《易》。[6]八年，改加侍中。[7]太清元年，[8]遷左衛將軍，領步兵。[9]二年，遷中領軍，[10]舍人如故。

[1]大同：梁武帝年號（535—546）。

[2]右衛將軍：官名。禁衛軍六軍之一。與左衛將軍合稱二衛將軍，掌宫廷宿衛營兵。梁十二班。

[3]儀賢堂：本名聽訟堂，梁天監六年九月改名。在京師建康城華林園中。　《老子義》：本書卷一《武帝紀》及《隋書·經籍志》均載蕭衍有《老子講疏》。

[4]城：指京師建康城。

[5]左丞：尚書左丞之省稱，官名。佐尚書令、僕射知省事，掌臺分職儀、禁令、報章，督録近道文書章表、奏事，糾諸不法。員一人。梁九班。　《禮記中庸義》：本書卷一《武帝紀》及《隋書》卷三二《經籍志一》均載蕭衍撰有《中庸講疏》。

[6]玄圃：園名。在建康宫城東宫内。《通鑑》卷一六一《梁紀》“太清二年”胡三省注：“自蕭齊以來，東宫有玄圃。昆崙之山三級，下曰樊桐，二曰玄圃，三曰層城，太帝之所居，東宫次於帝居，故立玄圃。”

[7]侍中：官名。門下省長官，掌奏事，直侍左右，顧問應答，擯相威儀等，參與決策，是中樞集團重要成員。員四人。梁十二班。

[8]太清：梁武帝年號（547—549）。

[9]領：官制術語。已有實授主職，又兼任較低職務而不居其位。　步兵：步兵校尉之省稱，官名。禁軍五校尉之一，掌宿衛送從。梁七班。

[10]中領軍：官名。資輕於領軍將軍而職掌同，掌禁衛軍。梁十四班。

高祖夢中原平，舉朝稱慶，旦以語异，异對曰："此宇内方一之徵。"[1]及侯景歸降，[2]敕召羣臣議，尚書僕射謝舉等以爲不可，[3]高祖欲納之，未决；嘗夙興至武德閤，[4]自言："我國家承平若此，今便受地，詎是事宜，脱致紛紜，[5]悔無所及。"异探高祖微旨，[6]應聲答曰："聖明御宇，上應蒼玄，[7]北土遺黎，[8]誰不慕仰，爲無機會，未達其心。今侯景分魏國太半，輸誠送款，遠歸聖朝，豈非天誘其衷，[9]人奬其計。[10]原心審事，[11]殊有可嘉。今若不容，恐絶後來之望。此誠易見，願陛下無疑。"高祖深納异言，又感前夢，遂納之。及貞陽敗没，[12]自魏遣使還，述魏相高澄欲更申和睦，[13]敕有司定議，异又以和爲允，高祖果從之。其年六月，遣建康令謝挺、通直郎徐陵使北通好。[14]是時，侯景鎮壽春，[15]累啓絶和，及請追使。又致書與异，辭意甚切，异但述敕旨以報之。[16]八月，景遂舉兵反，以討异爲名。募兵得三千人，及景至，仍以其衆守大司馬門。[17]

[1]徵：預兆。

[2]侯景：人名。本魏將，太清元年以魏十三州附梁。本書卷五六有傳。

[3]尚書僕射：官名。尚書令副佐，並與尚書分領諸曹。不常置。若左右僕射並缺，則置以總左右事。員一人，梁十五班。　謝舉：人名。本書卷三七有傳。

[4]武德閤：京師建康宫城殿閣名，在華林園内。

[5]脱：如果，倘若。

[6]微旨：隱微的旨意。

[7]蒼玄：蒼天。

[8]遺黎：遺民。

[9]天誘其衷：上天開導其心意。《左傳·僖公二十八年》："天禍衛國，君臣不協，以及此憂也。今天誘其衷，使皆降心以相從也。"杜預注："衷，中也。"

[10]奬：勸勉。

[11]原心：考察其本心。

[12]貞陽敗没：太清元年（547）八月，梁武以貞陽侯蕭淵明爲大都督，伐東魏。十一月，淵明兵敗被俘。參本書卷一《武帝紀》及《南史》卷五一《梁宗室上》。貞陽，縣名。治所在今廣東英德市東翁水北。此處代指貞陽侯蕭淵明。《南史》卷五一作"貞陽侯"。

[13]高澄：人名。東魏大丞相高歡之子。歡卒，澄擅權，以侯景降梁，因設間，使侯景自疑而作亂，故求與梁通好。見《魏書》卷六《孝静帝紀》。

[14]謝挺：人名。《南史》卷七《梁本紀》作"謝班"，《魏書》卷一〇四《自序》、《北齊書》卷三七《魏收傳》、《北史》卷五六

《魏收傳》、《建康實録》卷一七均作“謝班”。　建康令：《南史》卷七《梁本紀中》作“兼散騎常侍”，《魏書》卷九八《蕭衍傳》作“散騎常侍”，《徐孝穆集》卷二《在北齊與僕射書》云“謝常侍”，即散騎常侍。　通直郎：通直散騎侍郎之省稱，官名。集書省屬官，與散騎侍郎通值。劉宋以後，多用爲加官，不爲人所重。員四人，梁六班。　徐陵：人名。祖籍東海郯縣。《陳書》卷二六有傳。

[15]壽春：縣名。治所在今安徽壽縣。

[16]敕旨：皇帝詔令的旨意。

[17]大司馬門：京師建康宫城正南門。

初，景謀反，合州刺史鄱陽王範、司州刺史羊鴉仁並累有啓聞，[1]异以景孤立寄命，必不應爾，[2]乃謂使者："鄱陽王遂不許國家有一客！"[3]並抑而不奏，故朝廷不爲之備。及寇至，城内文武咸尤之。皇太子又製《圍城賦》，其末章云："彼高冠及厚履，並鼎食而乘肥，[4]升紫霄之丹地，[5]排玉殿之金扉，[6]陳謀謨之啓沃，[7]宣政刑之福威，[8]四郊以之多壘，[9]萬邦以之未綏。[10]問豺狼其何者？訪虺蜴之爲誰？"[11]蓋以指异。异因慚憤，發病卒，時年六十七。詔曰："故中領軍异，器宇弘通，才力優贍，諮謀帷幄，多歷年所。方贊朝經，[12]永申寄任。奄先物化，[13]惻悼兼懷。可贈侍中、尚書右僕射，給祕器一具。[14]凶事所須，隨由資辦。"舊尚書官不以爲贈，及异卒，高祖惜之，方議贈事，左右有善异者，乃啓曰："异忝歷雖多，然平生所懷，願得執法。"[15]高祖因其宿志，特有此贈焉。

[1]合州：州名。梁太清元年改南豫州置，治所在今安徽合肥市西。　鄱陽王：梁武帝弟蕭恢之子範的封爵號。見本書卷二二《太祖五王傳》。鄱陽，郡名。治所在今江西波陽縣。　司州：州名。治所在今河南信陽市。　羊鴉仁：人名。本書卷三九有傳。

[2]爾：如此。

[3]遂：竟。

[4]鼎食：列鼎而食，指貴族豪華生活。　乘肥：乘肥馬。形容生活奢侈。

[5]紫霄：指帝王所居之所。　丹地：即"丹陛"，宫殿的紅色臺階。

[6]金扉：指宫殿的門。

[7]啓沃：以治國的道理開導帝王。《尚書·說命》："啓乃心，沃朕心。"

[8]福威：指刑賞。《尚書·洪範》："惟辟作福，惟辟作威。"

[9]四郊多壘：四郊營壘多，形容敵軍迫近，形勢危急。壘，軍壘。《禮記·曲禮》："四郊多壘，此卿大夫之辱也。"

[10]綏：安。

[11]虺蜴：比喻毒害人的人。《詩·小雅·正月》："哀今之人，胡爲虺蜴!"

[12]贊：輔佐。　朝經：即朝綱。

[13]奄：忽然。　物化：死亡。《莊子·刻意》："聖人之生也天行，其死也物化。"

[14]祕器：指棺木。漢有東園官署，掌王公貴族墓葬器物的製作，故稱棺木爲東園祕器。

[15]執法：六朝時，尚書僕射之別稱。參周一良《魏晉南北朝史札記》之《〈宋書〉札記》"執法與端右"條。

异居權要三十餘年，善窺人主意曲，能阿諛以承上旨，故特被寵任。歷官自員外常侍至侍中，四官皆珥貂，[1]自右衛率至領軍，四職並驅鹵簿，[2]近代未之有也。异及諸子自潮溝列宅至青溪，[3]其中有臺池翫好，每暇日與賓客遊焉。四方所饋，財貨充積。性吝嗇，未嘗有散施。[4]厨下珍羞腐爛，每月常棄十數車，雖諸子别房亦不分贍。所撰《禮》《易》講疏及儀注、文集百餘篇，[5]亂中多亡逸。

[1]珥貂：插貂尾。漢代侍中、中常侍之冠插貂尾，加金璫，附蟬爲裝飾。後世以珥貂泛指貴近之臣。按，《御覽》卷二四引《梁書》云："朱异除中書郎，時秋日始拜，有飛蟬正集异武冠上，時咸謂蟬珥之兆。"本傳未載，亦未言异除中書郎。

[2]鹵簿：帝王車駕外出時扈從的儀仗隊。漢·應劭《漢官儀》："天子車駕次第謂之鹵簿。"漢以下，后妃、太子、王公大臣亦有鹵簿。

[3]潮溝：溝渠名。在京師建康城北。三國時吴主孫權所開，以引江潮。　青溪：在建康城東南，亦孫權所鑿，自今江蘇南京市鍾山西南流經市區入秦淮河。爲六朝漕運要道。參唐·許嵩《建康實録》卷二。

[4]散施：散財以施人。

[5]《隋書·經籍志》著録"《周易》十卷"下小注："侍中朱异集注《周易》一百卷，又《周易集注》三十卷，亡。"

長子肅，官至國子博士；[1]次子閏，司徒掾。[2]並遇亂卒。[3]

[1]國子博士：官名。屬國子祭酒，國子學教官。員二人，梁

九班。

[2]司徒掾：官名。司徒府屬官，分掌諸曹事。梁八班。

[3]亂：指梁末侯景之亂。

賀琛字國寶，會稽山陰人也。[1]伯父瑒，[2]步兵校尉，[3]爲世碩儒。琛幼，瑒授其經業，一聞便通義理。瑒異之，常曰："此兒當以明經致貴。"瑒卒後，琛家貧，常往還諸暨，[4]販粟以自給。閑則習業，尤精《三禮》。[5]初，瑒於鄉里聚徒教授，至是又依琛焉。

[1]會稽：郡名。治所在今浙江紹興市。　山陰：縣名。治所與會稽郡同。

[2]瑒：賀瑒。本書卷四八《儒林傳》有傳。

[3]步兵校尉：官名。禁軍五校尉之一，掌宮廷宿衛士。梁七班。

[4]諸暨：縣名。治所在今浙江諸暨市。

[5]《三禮》：指《周禮》、《儀禮》、《禮記》。

普通中，刺史臨川王辟爲祭酒從事史。[1]琛始出都，高祖聞其學術，召見文德殿，[2]與語悦之，謂僕射徐勉曰：[3]"琛殊有世業。"仍補王國侍郎，[4]俄兼太學博士，[5]稍遷中衛參軍事、中書通事舍人，[6]參禮儀事。[7]累遷通直正員郎，[8]舍人如故。又征西鄱陽王中録事，[9]兼尚書左丞，滿歲爲真。[10]詔琛撰《新謚法》，[11]至今施用。[12]

[1]臨川王：梁武帝弟蕭宏的封爵號。見本書卷二二《太祖五

王傳》。臨川，郡名。治所在今江西南城縣東南。　祭酒從事史：官名。州府屬官，掌州所置兵、賊、倉、户、水、鎧諸曹事。梁自一班至流外四班。中華書局本《校勘記》："《南史》及《册府元龜》七二七、八二八無'史'字。"按，"祭酒從事史"又稱"祭酒從事"。參《宋書·百官志》及《隋書·百官志》。

[2]文德殿：京師建康宫城内殿省名。

[3]徐勉：人名。本書卷二五有傳。

[4]王國侍郎：官名。王國屬官，掌隨侍國主，贊拜諫諍。梁一班。

[5]兼：官制術語。假職未真授之稱。

[6]中衛：中衛將軍之省稱，將軍名號。梁代與中軍、中權、中撫將軍合稱四中將軍，衹授予在京師任職者，地位顯要。梁天監七年（508）革選，釐定將軍名號及班品，有一百二十五號十品二十四班，以班多者爲貴。中衛將軍爲二十三班。　參軍事：官名。王公軍府屬官，參掌府曹事。梁四班至二班。　中書通事舍人：中書，各本作"尚書"。按，考南朝官制，尚書省無"通事舍人"，本書《孔子袪傳》亦曰"中書舍人賀琛"。《南史》卷六二同傳作"中書通事舍人"，今據改。據《隋書·百官志》，中書通事舍人，即中書舍人，梁省"通事"。

[7]參：官制術語。奉特敕參掌本官職權範圍以外的他項事務。

[8]通直正員郎：即通直散騎侍郎。

[9]征西：征西將軍之省稱，將軍名號。與征南、征北、征東將軍合稱四征將軍。多持節都督，出鎮方面，地位顯要。爲一百二十五號將軍之一，二十三班。　鄱陽王：梁武帝弟蕭恢的封爵號。見本書卷二二《太祖五王傳》。　中録事：官名。即中録事參軍，王公軍府屬官。《通鑑》卷一六〇《梁紀十六》"太清元年"下胡三省注："中録事參軍，蓋使之録閤中事，在左右親近者也。"梁七班至三班。

[10]真：由假職而真授。

［11］《新謚法》：今不存。
［12］至今：《南史》卷六二同傳作“便即”。

時皇太子議，[1]大功之末，[2]可以冠子嫁女。[3]琛駁之曰：

令旨以“大功之末可得冠子嫁女，不得自冠自嫁。”推以《記》文，[4]竊猶致惑。案嫁冠之禮，本是父之所成，無父之人，乃可自冠，故稱大功小功，[5]並以“冠子”“嫁子”爲文；非關惟得爲子，已身不得也。小功之末，既得自嫁娶，而亦云“冠子娶婦”，其義益明。故先列二服，[6]每明冠子嫁子，結於後句，方顯自娶之義。既明小功自娶，即知大功自冠矣，蓋是約言而見旨。若謂緣父服大功，子服小功，小功服輕，故得爲子冠嫁，大功服重，故不得自嫁自冠者，則小功之末，非明父子服殊，不應復云“冠子”“嫁子”也。若謂小功之文言已可娶，大功之文不言已冠，故知身有大功，不得自行嘉禮，[7]但得爲子冠嫁。竊謂有服不行嘉禮，本爲吉凶不可相干。子雖小功之末，可得行冠嫁，猶應須父得爲其冠嫁。[8]若父於大功之末可以冠子嫁子，是於吉凶禮無礙；吉凶禮無礙，豈不得自冠自嫁？若自冠自嫁於事有礙，則冠子嫁子寧獨可通？今許其冠子而塞其自冠，是琛之所惑也。

［1］皇太子：指梁昭明太子蕭統。統於天監元年立爲皇太子，

中大通三年薨。本書卷八有傳。　議：文體之一種。用來表達不同意見的文書。

[2]大功：古代喪服五服之一，服期九月。堂兄弟、未婚的堂姊妹、已婚的姑、姊妹、侄女及衆孫、衆子婿、侄婦等之喪，都服大功。已婚女爲伯父、叔父、兄弟、侄、未婚姑、姊妹、侄女等也服大功。

[3]《禮記·雜記下》："大功之末，可以冠子，可以嫁子。父小功之末，可以冠子，可以嫁子，可以取婦。"

[4]《記》：指《禮記》。

[5]小功：古代喪服五服之一，服期五月。祖父的兄弟、父親的從兄弟、自身之再從兄弟等之喪，服小功。

[6]二服：指大功、小功。

[7]嘉禮：與吉、凶、軍、賓合稱五禮。指飲食、婚冠、饗宴、賀慶等禮儀。後世亦專指婚禮。

[8]須：待。　冠嫁：舊本皆作"嫁冠"，此依中華書局本乙正。

又令旨推"下殤小功不可娶婦，[1]則降服大功亦不得爲子冠嫁"。[2]伏尋此旨，若謂降服大功不可冠子嫁子，則降服小功亦不可自冠自娶，是爲凡厥降服大功小功皆不得冠娶矣。《記》文應云降服則不可，寧得惟稱下殤？今不言降服，的舉下殤，[3]實有其義。夫出嫁出後，[4]或有再降，出後之身，於本姊妹降爲大功；若是大夫服士父，[5]又以尊降，則成小功。其於冠嫁，義無以異。所以然者，出嫁則有受我，出後則有傳重，並欲薄於此而厚於彼，此服雖降，彼服則隆。昔實期親，[6]

雖再降猶依小功之禮，可冠可嫁。若夫期降大功，大功降爲小功，止是一等，降殺有倫，[7]服末嫁冠，故無有異。惟下殤之服，特明不娶之義者，蓋緣以幼稚之故，夭喪情深，既無受厚佗姓，又異傳重彼宗，嫌其年稚服輕，頓成殺略，故特明不娶，以示本重之恩。是以凡厥降服，冠嫁不殊；惟在下殤，乃明不娶。其義若此，則不得言大功之降服，皆不可冠嫁也。且《記》云"下殤小功"，言下殤則不得通於中上，語小功則不得兼於大功。若實大小功降服皆不冠嫁，上中二殤亦不冠嫁者，[8]《記》不得直云"下殤小功則不可"。恐非文意。此又琛之所疑也。

遂從琛議。

[1]下殤小功不可娶婦：《禮記·雜記下》："己雖小功即卒哭，可以冠娶妻。下殤之小功則不可。"下殤，古以人年八至十一歲死爲下殤。《禮記·檀弓上》鄭注："十六至十九爲長殤，十二至十五爲中殤，八歲至十一爲下殤，七歲以下爲無服之殤，生未三月不爲殤。"

[2]降服：古代喪服降低一等爲降服。如子爲父母應服三年之喪，其已出嗣者，則爲本生父母降三年之服爲一年之服。

[3]的：確鑿。

[4]出後：即出嗣。指過繼爲人子。

[5]若是大夫服士父：舊本皆脱"父"字，此依中華書局本校補。

[6]期（jī）親：期服之親，即服喪一年的親屬。如祖父母、伯叔父母、在室之姑、兄弟、姊妹、妻、侄、嫡孫等。

[7]殺（shài）：省，少。倫：次第。

[8]冠嫁：舊本皆作“嫁冠”，此依中華書局本乙正。

遷員外散騎常侍。舊尚書南坐，無貂；貂自琛始也。頃之，遷御史中丞，[1]參禮儀事如先。琛家産既豐，買主第爲宅，[2]爲有司所奏，坐免官。俄復爲尚書左丞，遷給事黄門侍郎，[3]兼國子博士，未拜，改爲通直散騎常侍，[4]領尚書左丞，並參禮儀事。琛前後居職，凡郊廟諸儀，多所創定。每見高祖，與語常移晷刻，故省中爲之語曰：[5]“上殿不下有賀雅。”琛容止都雅，[6]故時人呼之。遷散騎常侍，參禮儀如故。

[1]御史中丞：官名。御史臺長官，掌督察百官，糾劾不法。六朝第一流高門多不居此職。員一人。梁十一班。

[2]主第：公主的第宅。

[3]給事黄門侍郎：官名。門下省次官，與侍中俱掌門下省衆事，侍從左右，關通中外。出入禁中，職任顯要。定員四人。梁十班。

[4]通直散騎常侍：官名。集書省官員，掌侍從左右，應對獻替。與散騎常侍通值。劉宋以後，多以衰老之士擔任，地位漸低。員四人。梁十一班。

[5]省中：即宫廷中。

[6]都雅：文雅。

是時，高祖任職者，皆緣飾姦諂，[1]深害時政，琛遂啓陳事條封奏曰：

臣荷拔擢之恩，曾不能効一職；居獻納之

任，[2]又不能薦一言。[3]竊聞"慈父不愛無益之子，明君不畜無益之臣"，[4]臣所以當食廢飧，中宵而歎息也。輒言時事，列之於後。非謂謀猷，[5]寧云啓沃。獨緘胸臆，不語妻子。辭無粉飾，削稾則焚。[6]脱得聽覽，[7]試加省鑒。如不允合，亮其戇愚。[8]

[1]緣飾：文飾。

[2]獻納之任：指任散騎常侍。因散騎常侍掌侍從左右，獻納得失，故云。

[3]薦：進諫。

[4]《文選》卷三七曹子建《求自試表》："故慈父不能愛無益之子，仁君不能畜無用之臣。"李善注引《墨子》曰："雖有賢君，不愛無功之臣，雖有慈父，不愛無益之子。"

[5]猷（yóu）：謀畫。

[6]削稾：古代大臣封事奏上，削滅草稾，以示縝密，叫做削稾或削草。

[7]脱：倘若。

[8]亮：原諒，諒解。　戇愚：剛直而愚。

其一事曰：今北邊稽服，[1]戈甲解息，政是生聚教訓之時，[2]而天下户口減落，誠當今之急務。雖是處彫流，[3]而關外彌甚，[4]郡不堪州之控總，[5]縣不堪郡之裒削，[6]更相呼擾，莫得治其政術，惟以應赴徵斂爲事。百姓不能堪命，各事流移，或依於大姓，或聚於屯封，蓋不獲已而竄亡，非樂之也。國家於關外賦税蓋微，乃至年常租課，動致逋積，[7]而民失安居，寧非牧守之過。東境户口空虚，[8]皆由使命繁數。夫犬不夜吠，故民得安居。今大邦大縣，舟舸銜命者，[9]非惟十數；復窮幽之鄉，極遠之邑，亦皆必至。每有一使，屬所搔擾；况復煩擾積理，深爲民害。駑困邑宰，[10]則拱手聽其漁獵；桀黠長吏，[11]又因之而爲貪殘。縱有廉平，郡猶掣肘。故邑宰懷印，類無考績，細民棄業，流冗者多，雖年降復業之詔，屢下蠲賦之恩，而終不得反其居也。[12]

[1]稽服：稽首而服，即降服。此指東魏與梁通和。

[2]生聚教訓：繁殖人口，積蓄財物，教導國人。《左傳・哀公元年》："（伍員）退而告人曰：'越十年生聚，而十年教訓，二十年之外，吴其爲沼乎！'"

[3]是處：處處。　彫流：凋傷、流離。彫，通"凋"。

[4]闗外：《通鑑》卷一五九《梁紀十五》"大同十一年"條下胡三省注："謂淮、汝、潼、泗新復州郡在邊闗之外者。"

[5]控總：即"倥偬"，事務促迫。

[6]裒削：聚斂搜括財物。

[7]逋積：欠租積累。

[8]東境：指梁朝東部三吴之地。

[9]銜命：受命，奉命。

[10]駑困：愚鈍，怯弱。

[11]桀黠：凶暴，狡詐。

[12]反：同"返"。

其二事曰：聖主恤隱之心，[1]納隍之念，[2]聞之遐邇，至於翾飛蠕動，[3]猶且度脱，[4]況在兆庶。[5]而州郡無恤民之志，故天下顒顒，[6]惟注仰於一人，誠所謂“愛之如父母，仰之如日月，敬之如鬼神，畏之如雷霆”。[7]苟須應痛逗藥，[8]豈可不治之哉？今天下宰守所以皆尚貪殘，罕有廉白者，良由風俗侈靡，使之然也。淫奢之弊，其事多端，粗舉二條，言其尤者。夫食方丈於前，[9]所甘一味。今之燕喜，[10]相競誇豪，積果如山岳，列肴同綺繡，露臺之産，[11]不周一燕之資，[12]而賓主之間，裁取滿腹，[13]未及下堂，已同臭腐。又歌姬儛女，本有品制，二八之錫，[14]良待和戎。[15]今畜妓之夫，[16]無有等秩，雖復庶賤微人，皆盛姬姜，務在貪污，争飾羅綺。故爲吏牧民者，競爲剥削，雖致貲巨億，罷歸之日，不支數年，便已消散。蓋由宴醑所費，[17]既破數家之産；歌謡之具，必俟千金之資。所費事等丘山，爲歡止在俄頃。乃更追恨向所取之少，今所費之多。如復傅翼，[18]增其搏噬，[19]一何悖哉！其餘淫侈，著之凡百，[20]習以成俗，日見滋甚，欲使人守廉隅，[21]吏尚清白，安可得邪！今誠宜嚴爲禁制，道之以節儉，[22]貶黜雕飾，糾奏浮華，使衆皆知，變其耳目，改其好惡。夫失節之嗟，[23]亦民所自患，正恥不及羣，故勉强而爲之，苟力所不至，還受其弊矣。今若釐其風而正其失，[24]易於反掌。夫論至治者，必以淳素爲先，正彫流之弊，莫有過儉朴者也。

[1]恤隱之心：顧惜、同情之心。

[2]納隍之念：出民於水火之思想。《文選》卷三張平子《東京賦》："人或不得其所，若己納之於隍。"

[3]翾（xuān）飛蠕動：指小鳥小蟲。

[4]度脱：佛教謂使人解脱人世苦難，到極樂境界爲度脱。梁武佞佛，戒殺生，故云。

[5]兆庶：指老百姓。

[6]顒顒：仰慕的樣子。

[7]語出《左傳·襄公十四年》師曠對晉侯問。

[8]逗藥：即合藥。

[9]方丈：一丈見方。《孟子·盡心下》："食前方丈。"形容酒席豐盛。

[10]燕喜：宴飲喜樂。

[11]露臺之産：《史記》卷一〇《文帝紀》："（帝）嘗欲作露臺，召匠計之，直百金。"露臺，高臺，一曰即靈臺。

[12]周：滿足。

[13]裁：通"纔"。

[14]二八之錫：賜女樂十六人。《左傳·襄公十一年》："女樂二八。"錫，通"賜"。

[15]和戎：古代稱漢族與少數民族結盟友好爲和戎。和戎時，往往賜女樂給戎主。

[16]畜妓之夫：畜，舊本皆訛"言"，此依中華書局本校改。

[17]醑（xǔ）：美酒。

[18]傅翼：傅，讀若"輔"。傅翼，加上翅膀。比喻助長惡人。《韓非子·難勢》："故《周書》曰：'毋爲虎傅翼，將飛入邑，擇人而食之。'夫乘不肖人於勢，是爲虎傅翼也。"

[19]搏噬：攫取，咬食。

[20]凡百：衆人。

[21]廉隅：棱角。比喻人的行爲、品性端方不苟。

[22]道：通“導”。

[23]失節之嗟：《通鑑》卷一五九《梁紀》胡三省注：“《易》曰：‘不節若，則嗟若，無咎。’《象》曰：‘不節之嗟，又誰咎也。’琛引用之以發己意。此論誠切中人情。”

[24]釐：改正。

其三事曰：聖躬荷負蒼生以爲任，弘濟四海以爲心，不憚胼胝之勞，[1]不辭癯瘦之苦，豈止日昃忘飢，[2]夜分廢寢。[3]至於百司，莫不奏事，上息責下之嫌，下無逼上之咎，斯實道邁百王，事超千載。但斗筲之人，[4]藻棁之子，[5]既得伏奏帷扆，[6]便欲詭競求進，不説國之大體。[7]不知當一官，處一職，貴使理其紊亂，匡其不及，心在明恕，[8]事乃平章。[9]但務吹毛求疵，擘肌分理，[10]運挈缾之智，[11]徼分外之求，[12]以深刻爲能，[13]以繩逐爲務，[14]迹雖似於奉公，事更成其威福。[15]犯罪者多，巧避滋甚，曠官廢職，長弊增姦，實由於此。今誠願責其公平之效，黜其讒愚之心，則下安上謐，[16]無徼倖之患矣。

[1]胼胝：手掌脚底因長期勞動摩擦而生的繭。

[2]日昃：太陽偏西時。

[3]夜分：夜半。

[4]斗筲之人：指才識短淺、器量狹小的人。

[5]藻棁（zhuó）之子：爲短柱畫藻文的人，指小才。棁，梁上的短柱。

[6]帷扆（yǐ）：指皇帝的座位。扆，畫有斧形花紋的屏風，因皇帝背扆而坐，故稱。

[7]不說：中華書局本《校勘記》："'説'《通鑑》作'論'，《册府元龜》五二九作'識'，疑作'識'是。"

[8]心在明恕：中華書局本《校勘記》："'在'《通鑑》作'存'，疑作'存'是。"

[9]平章：辨别明白。

[10]《通鑑》卷一五九《梁紀十五》"大同十一年"條下胡三省注："吹毛以求其疵瘢，擘肌以分其肉理，言其苛細。"

[11]挈缾之智：比喻知識淺薄。《左傳·昭公七年》："雖有挈缾之知，守不假器，禮也。"本指以瓶汲水的知識。缾，同"瓶"。

[12]徼（yāo）：要求。通"邀"。

[13]深刻：嚴峻刻薄。

[14]繩逐：糾舉别人的過失而斥逐之。

[15]威福：《尚書·洪範》："惟辟作福，惟辟作威。"本謂刑賞操於天子之手，後世用以稱恃勢弄權。

[16]下安上謐：下民平安，皇上清静無事。

其四事曰：自征伐北境，帑藏空虚。[1]今天下無事，而猶日不暇給者，良有以也。夫國弊則省其事而息其費，事省則養民，費息則財聚，止五年之中，尚於無事，必能使國豐民阜。若積以歲月，斯乃范蠡滅吴之術，[2]管仲霸齊之由。[3]今應内省職掌，各檢其所部。凡京師治、署、邸、肆應所爲，[4]或十條宜省其五，或三條宜除其一；及國容、戎備，[5]在昔應多，在今宜少。雖於後應多，即事未須，皆悉減省。應四方屯、傳、邸、治，[6]或舊有，或無益，或妨民，有所宜除，除之；有所宜減，減之。凡厥興造，凡厥費財，有非急者，有役民者；又凡厥討召，凡厥徵求，雖關國計，權其事宜，皆須息費休民。不息費，則無以聚財；不休民，則無以聚力。故蓄其財者，所以大用之也；息其民者，所以大役之也。若言小事不足害財，則終年不息矣；以小役不足妨民，則終年不止矣。擾其民而欲求生聚殷阜，不可得矣。耗其財而務賦斂繁興，則姦詐盜竊彌生，是弊不息而其民不可使也，則難可以語富强而圖遠大矣。自普通以來，二十餘年，刑役荐起，[7]民力彫流。今魏氏和親，疆埸無警，若不及於此時大息四民，[8]使之生聚，減省國費，令府庫蓄積，一旦異境有虞，關河可掃，[9]則國弊民疲，安能振其遠略？事至方圖，知不及矣。

[1]帑藏：國庫。

[2]范蠡：人名。春秋時楚宛人，仕越爲大夫，輔佐越王句踐刻苦圖强，以滅吴國。詳《史記》卷四一《越王句踐世家》。

[3]管仲：春秋時齊潁上人，相齊桓公，主張通貨積財，富國强兵，輔齊桓公成爲春秋霸主。《史記》卷六二《管晏列傳》有傳。

[4]治、署、邸、肆：《通鑑》卷一五九《梁紀十五》“大同十一年”條下胡三省注：“治，理事之所；署，舍止之所；邸，諸王列第及諸郡朝宿之區；肆，市列也。”

[5]國容、戎備：《通鑑》卷一五九《梁紀十五》“大同十一年”條下胡三省注：“國容，禮樂、車服、旗章也；戎備，用兵之器備也。”

[6]屯、傳、邸、治：屯，開墾山林荒地的組織；傳，運輸站；邸，儲藏物資並作商業活動的機構；治，疑爲“冶”之訛（參本書卷一《武帝紀》大同十一年詔），冶鑄手工作場。

[7]荐：重，一再。

[8]四民：指士、農、工、商。

[9]關河：函谷關、黄河。此處借指東西魏。

書奏，[1]高祖大怒，召主書於前，[2]口授敕責琛曰：

謇謇有聞，[3]殊稱所期。但朕有天下四十餘年，公車讜言，[4]見聞聽覽，[5]所陳之事，與卿不異，常欲承用，無替懷抱，[6]每苦倥傯，[7]更增惛惑。卿珥貂紆組，[8]博問洽聞，不宜同於闒茸，[9]止取名字，宣之行路。[10]言“我能上事，明言得失，恨朝廷之不能用”。或誦《離騷》“蕩蕩其無人，遂不御乎千里”。[11]或誦《老子》“知我者希，則我貴矣”。[12]如是獻替，[13]莫不能言，正旦虎樽，[14]皆其人也。卿可分別言事，啓乃心，沃朕心。[15]

[1]書：舊本皆訛“言”，此依中華書局本校改。

[2]主書：即主書令史，官名。尚書、中書、祕書諸省皆置，掌文書。晉八品，梁九品。

[3]謇謇：忠貞的樣子。

[4]公車：漢代官署名。衛尉的下屬機構，設公車令，掌宫殿

中司馬門的警衛工作。臣民上書和徵召，都由公車接待。　讜言：善言，直言。

[5]見聞：中華書局本《校勘記》：“‘見聞’《南史》作‘日聞’，《通鑑》作‘日關’，疑作‘日關’是。”

[6]替：廢棄。

[7]倥傯：困苦急迫。

[8]紆組：繫佩印綬。

[9]闒茸：各本“闒”作“闟”，《南史》、《通鑑》皆作“闒”。《叢書集成初編》本《四庫全書考證》卷二六云：“‘不宜同於闒茸’刊本‘闒’訛‘闟’，據《漢書》改。”按，作“闒”是。《文選》卷四一司馬子長《報任少卿書》：“今以虧形爲掃除之隸，在闒茸之中。”李善注：“闒茸，猥賤也。……吕忱《字林》曰：闒茸，不肖也。”今據改。

[10]行路：指行路之人。

[11]《離騷》：屈原所作，見《楚辭》。此處代指《楚辭》。《楚辭》劉向《九嘆·離世》：“路蕩蕩其無人兮，遂不禦乎千里。”意謂君國之道路平易，而空無賢人，以不得善遇之故，遂行千里遠之他方也。蕩蕩，平易的樣子。御，禁。

[12]《老子》第七十章：“知我者希，則我者貴。”任繼愈《老子新譯》附録馬王堆漢墓帛書《老子》作“則我貴矣”。希，同“稀”。

[13]獻替：“獻可替否”之略語。

[14]正旦虎樽：沈約《宋書·禮志一》：“魏制……正旦元會，設白虎樽於殿庭，樽蓋上施白虎，若有能獻直言者，則發此樽飲酒。”

[15]《尚書·説命上》：“啓乃心，沃朕心。”《疏》：“當開汝心所有，以灌沃我心。”

卿云“今北邊稽服，政是生聚教訓之時，而民失安居，牧守之過”。朕無則哲之知，[1]觸向多弊，[2]四聰不開，四明不達，[3]内省責躬，[4]無處逃咎。堯爲聖主，四凶在朝；[5]况乎朕也，能無惡人？但大澤之中，有龍有蛇，[6]縱不盡善，不容皆惡。卿可分明顯出：某刺史横暴，某太守貪殘，某官長凶虐；尚書、蘭臺，主書、舍人，某人姦猾，某人取與，明言其事，得以黜陟。[7]向令舜但聽公車上書，[8]四凶終自不知，堯亦永爲闇主。

[1]則哲：《尚書·皋陶謨》：“知人則哲。”此藏詞格，等於説“知人”。

[2]觸向：隨處。

[3]《尚書·舜典》：“明四目，達四聰。”意謂廣開四方視聽，以决天下之壅蔽。此處反用其意，言自己未能如此。

[4]責躬：自陳己過。

[5]四凶：相傳堯時的四位凶人：窮奇、渾敦、檮杌、饕餮。堯禪位於舜後，四凶不服，被舜流放。一説四凶指共工、驩兜、三苗、鯀。見《尚書·舜典》。

[6]《左傳·襄公二十一年》：“深山大澤，實生龍蛇。彼美，余懼其生龍蛇以禍女。”此處比喻朝廷有非常之人。

[7]黜陟：降官與升官。此處爲偏義複詞，偏指罷免官吏。《通鑑》卷一五九《梁紀十五》作“誅黜”。

[8]向令：假使，如果。

卿又云“東境户口空虚，良田使命繁多”，但未知此是何使？卿云“駑困邑宰，則拱手聽其漁獵；桀黠長吏，又因之而爲貪殘"，並何姓名？"廉平""掣肘"，復是何人？朝廷思賢，有如飢渴，"廉平""掣肘"，實爲異事。宜速條聞，當更擢用。凡所遣使，多由民訟，或復軍糧，諸所飈急，蓋不獲已而遣之。若不遣使，天下枉直云何綜理？事實云何濟辦？惡人日滋，善人日蔽，欲求安卧，其可得乎！不遣使而得事理，此乃佳事。無足而行，無翼而飛，能到在所；不威而伏，豈不幸甚。卿既言之，應有深見，宜陳祕術，不可懷寶迷邦。[1]

[1]懷寶迷邦：比喻懷才而不用。《論語·陽貨》："懷其寶而迷其邦，可謂仁乎？"

卿又云：守宰貪殘，皆由滋味過度。[1]貪殘糜費，已如前答。漢文雖愛露臺之産，鄧通之錢布於天下，[2]以此而治，朕無愧焉。若以下民飲食過差，亦復不然。天監之初，[3]思之已甚。其勤力營産，則無不富饒；惰遊緩事，[4]則家業貧寠。勤脩産業，以營盤案，[5]自己營之，自己食之，何損於天下？無賴子弟，惰營産業，致於貧寠，無可施設，[6]此何益於天下？且又意雖曰同富，富有不同：慳而富者，終不能設；奢而富者，於事何損？若使朝廷緩其刑，此事終不可斷；若急其制，則曲屋密房之中，云何可知？若家家搜檢，其細已甚，欲使吏不呼門，其可得乎？更相恐脅，以求財帛，足長禍萌，無益治道。若以此指朝廷，我無此事。昔之牲牢，久不宰殺，[7]朝中會同，[8]菜蔬而已，意粗得奢約之節。若復減此，必有《蟋蟀》之譏。[9]若以爲功德事者，[10]皆是園中之所產育。功德之事，亦無多費，變一瓜爲數十種，食一菜爲數十味，不變瓜菜，亦無多種，以變故多，何損於事，亦豪芥不關國家。[11]如得財如法而用，此不愧乎人。我自除公宴，不食國家之食，多歷年稔，[12]乃至宫人，亦不食國家之食，積累歲月。[13]凡所營造，不關材官，及以國匠，[14]皆資雇借，以成其事。近之得財，頗有方便，民得其利，國得其利，我得其利，營諸功德。或以卿之心度我之心，故不能得知。所得財用，暴於天下，[15]不得曲辭辯論。

[1]滋味：美味。

[2]鄧通：西漢南安人。初爲黄頭郎，因爲漢文帝吮癰而得寵，賜蜀嚴道銅山，可自鑄錢。因而鄧通之錢滿天下。景帝立，盡没入官，通亦客死人家。《史記》卷一二五《佞幸列傳》及《漢書》卷九三《佞倖傳》並有傳。

[3]天監：梁武帝年號（502—519）。

[4]惰遊：懶散不事生産。　緩事：延遲誤事。

[5]盤案：指飲食。

[6]施設：指營辦飲食。參周一良《魏晉南北朝史札記》之《〈三國志〉札記》“設主人”條。

[7]《通鑑》卷一五九《梁紀十五》胡三省注：“《周禮》，王膳用六牲，謂牛馬羊豕犬鷄也。又曰：王日一舉，鼎十有二。《注》

曰：殺牲盛饌曰舉；鼎十有二，牢鼎九，陪鼎三。帝事佛，乃不宰殺。”

[8]會同：指朝會。

[9]《蟋蟀》之譏：《詩·唐風》有《蟋蟀》篇，《序》云：“刺晉僖公也。儉不中禮，故作是詩以閔之，欲其及時以禮自虞樂也。”

[10]功德事：《通鑑》卷一五九《梁紀十五》“大同十一年”條下胡三省注：“帝以供佛供僧，設無遮、無礙會爲功德事。”

[11]豪芥：一豪一芥。形容細小。豪，通“毫”。

[12]稔：年。

[13]《通鑑》卷一五九《梁紀十五》“大同十一年”條下胡三省注云：“帝奄有東南，凡其所食，自其身以及六宫，不由佛營，不由神造，又不由西天竺國來。有不出於東南民力者乎？惟不出於公賦，遂以爲不食國家之食。誠如此，則國家者，果誰之國家邪?”胡氏之語，義正辭嚴，可令統治者警醒。

[14]《通鑑》卷一五九《梁紀十五》“大同十一年”條下胡三省注：“此自文其營造塔寺之過耳。材官將軍，屬少府卿；國匠者，官給其俸廩，以供國家之用者；大匠卿，掌土木之工。”

[15]暴：同“曝”，顯露。

卿又云女妓越濫，此有司之責，雖然，亦有不同：貴者多畜妓樂，至於勳附若兩掖，[1]亦復不聞家有二八，多畜女妓者。此並宜具言其人，當令有司振其霜豪。[2]卿又云：“乃追恨所取爲少，如復傅翼，增其搏噬，一何悖哉。”勇怯不同，貪廉各用，勇者可使進取，怯者可使守城，[3]貪者可使捍禦，廉者可使牧民。向使叔齊守於西河，[4]豈能濟事？吴起育民，[5]必無成功。若使吴起而不重用，則西河之功廢。今之文武，亦復如此。取其搏噬之用，不能得不重更任，彼亦非爲朝廷爲之傅翼。卿以朝廷爲悖，乃自甘之，當思致悖所以。卿云“宜導之以節儉”。又云“至治者必以淳素爲先”。此言大善。夫子言“其身正，不令而行；其身不正，雖令不從”。[6]朕絶房室三十餘年，無有淫佚。朕頗自計，不與女人同屋而寢，亦三十餘年。至於居處不過一牀之地，雕飾之物不入於宫，此亦人所共知。受生不飲酒，[7]受生不好音聲，所以朝中曲宴，[8]未嘗奏樂，此羣賢之所觀見。朕三更出理事，隨事多少，事少或中前得竟，[9]或事多至日昃方得就食。日常一食，若晝若夜，[10]無有定時。疾苦之日，或亦再食。昔要腹過於十圍，[11]今之瘦削裁二尺餘，[12]舊帶猶存，非爲妄説。爲誰爲之？救物故也。[13]《書》曰：“股肱惟人，良臣惟聖。”[14]向使朕有股肱，故可得中主。今乃不免居九品之下，“不令而行”，徒虚言耳。卿今慊言，[15]便罔知所答。

[1]勳附：貴戚近臣。　若：或者。　兩掖：宫廷中東西掖門。此處代指宫官。

[2]振其霜豪：指作彈劾文書。霜豪，毛筆。

[3]守城：城，疑爲“成”之訛。《史記》卷九九《叔孫通列傳》：“（叔孫通）説上曰：‘夫儒者難與進取，可與守成。’”

[4]向使：假若。　叔齊：商代賢人。周武王伐紂，叔齊與兄伯夷扣馬而諫，後以耻不食周粟而餓死於首陽山。見《史記》卷六

一《伯夷列傳》。　西河：戰國時魏郡名。地在今陝西東部黄河西岸地區。

[5]吴起：戰國時衛國人，時人以爲貪而好色。魏文侯用爲將，攻秦，拔五城，爲西河守，秦人不敢東向。見《史記》卷六五《孫子吴起列傳》。

[6]語見《論語·子路》。

[7]受生：天生禀性。

[8]曲宴：私宴，多指宫中之宴。

[9]中：正午。　竟：終結。　事：指文書。參周一良《魏晉南北朝史札記》之《〈南史〉札記》"事"條。

[10]若：或。

[11]要：同"腰"。　圍：計度圓周的量詞。直徑一尺爲一圍，一説五寸爲一圍。另，兩手合抱也叫一圍。

[12]裁：通"纔"。

[13]物：人，衆人。

[14]語出《尚書·説命下》。鄭注："手足備而成人，良臣輔而君聖。"

[15]慊：少。

卿又云"百司莫不奏事，詭競求進"。此又是誰？何者復是詭事？今不使外人呈事，於義可否？無人廢職，職可廢乎？職廢則人亂，人亂則國安乎？以咽廢飱，此之謂也。若斷呈事，[1]誰尸其任？[2]專委之人，云何可得？是故古人云："專聽生姦，獨任成亂。"[3]猶二世之委趙高，[4]元后之付王莽。[5]呼鹿爲馬，卒有閻樂望夷之禍，王莽亦終移漢鼎。

[1]斷：絶，取消。

[2]尸：主，承擔。

[3]《漢書》卷五一《鄒陽傳》，鄒陽《獄中上書自明》有云："偏聽生奸，獨任成亂。"

[4]秦末，二世胡亥專任趙高，趙高指鹿爲馬，以試群臣，群臣莫敢直言。後趙高遣其婿閻樂於望夷宮，迫令二世自殺。事詳《史記》卷六《秦始皇本紀》。

[5]西漢孝元帝皇后爲王莽之姑。元帝薨，元后重用外戚，王莽擅權，終代漢而建立新朝。事詳《漢書》卷九九《王莽傳》。

卿云"吹毛求疵"，復是何人所吹之疵？"擘肌分理"，復是何人乎？事及"深刻""繩逐"，並復是誰？[1]又云"治、署、邸、肆"，何者宜除？何者宜省？"國容戎備"，何者宜省？何者未須？"四方屯、傳"，何者無益？何者妨民？何處興造而是役民？何處費財而是非急？若爲"討召"？[2]若爲"徵賦"？朝廷從來無有此事，静息之方復何者？宜各出其事，具以奏聞。

[1]擘肌分理，復是何人乎？事及深刻繩逐，並復是誰：中華書局本《校勘記》："本段文字有脱訛，現無從訂正。《通鑑》作'擘肌分理，復是何事'，無下文'事及深刻繩逐'云云。"按，此段乃針對賀琛"但務吹毛求疵，擘肌分理，運挈缾之智，徼分外之求，以深刻爲能，以繩逐爲務，迹雖似於奉公，事更成其威福"云云而言，乃質問賀琛："擘肌分理"的是誰人？幹"深刻"、"繩逐"之事的又是何人？並無不明白之處。《校勘記》"有脱訛"，未知何據。

[2]若：何。

卿云“若不及於時大息其民，事至方圖，知無及也”。如卿此言，即時便是大役其民，是何處所？卿云“國弊民疲”，誠如卿言，終須出其事，不得空作漫語。[1]夫能言之，必能行之。富國强兵之術，急民省役之宜，號令遠近之法，並宜具列。若不具列，則是欺罔朝廷，空示頰舌。凡人有爲，先須内省，惟無瑕者，可以戮人。卿不得歷詆内外，而不極言其事。佇聞重奏，[2]當復省覽，[3]付之尚書，班下海内，[4]庶亂羊永除，[5]害馬長息，[6]惟新之美，[7]復見今日。

琛奉敕，但謝過而已，不敢復有指斥。

[1]漫語：不切實、不着邊際的話。

[2]佇：《通鑑》卷一五九《梁紀十五》作“倚”。胡三省注云：“倚，側也。側者，傾待之義。如側耳、側身、側席之類。”

[3]當復省覽：復，舊本皆訛“後”，此依中華書局本校改。

[4]班：頒佈。

[5]亂羊：同“爛羊”。比喻濫授官爵，市賈庖人皆得爲官。《後漢書》卷一一《劉玄傳》：“其所授官爵者，皆羣小賈豎，或有膳夫庖人……長安爲之語曰：‘竈下養，中郎將；爛羊胃，騎都尉；爛羊頭，關内侯。’”

[6]害馬：害群之馬。

[7]惟新：《詩・大雅・文王》：“周雖舊邦，其命維新。”後世以變舊法、行新政爲維新。惟，同“維”。

久之，遷太府卿。[1]太清二年，遷雲騎將軍、中軍宣城王長史。[2]侯景舉兵襲京師，王移入臺内，[3]留琛與司馬楊皦守東府。[4]賊尋攻陷城，放兵殺害，琛被槍未至死，[5]賊求得之，轝至闕下，[6]求見僕射王克、領軍朱异，[7]勸開城納賊。克等讓之，[8]涕泣而止，賊復轝送莊嚴寺療治之。[9]明年，臺城不守，[10]琛逃歸鄉里。其年冬，賊進寇會稽，復執琛送出都，以爲金紫光禄大夫。[11]後遇疾卒，年六十九。

[1]太府卿：官名。梁加置，爲十二卿之一，掌金帛府帑，關市税收。十三班。

[2]雲騎將軍：官名。梁天監六年（507）以舊驍騎將軍改稱，禁衛軍六軍之一。領宿衛營兵。梁十班。　中軍：中軍將軍之省稱，將軍名號。　宣城王：梁簡文帝蕭綱嫡長子哀太子大器之初封爵號。時大器爲揚州刺史。本書卷八有傳。宣城，郡名。治所在今安徽宣州市。　長史：官名。王公軍府屬官，掌本府官吏。其班品依府主地位高下而定。梁十班至六班。

[3]臺：指宫城臺城。

[4]司馬：官名。王公軍府屬官，掌本府武職。其班品依府主地位高下而定。梁十班至六班。　東府：即東府城，亦名東城。故址在今江蘇南京市通濟門附近，臨秦淮河。東晉以下，揚州刺史常鎮東府。

[5]槍，中華書局本《校勘記》："'槍'，《南史》及《册府元龜》九四〇作'創'。"

[6]轝：抬。　闕下：宫闕之下。

[7]王克：人名。祖籍琅邪臨沂，仕梁，官至尚書僕射。《南史》卷二三《王彧傳》有附傳。

[8]讓：斥責。

[9]莊嚴寺：佛寺名。在今江蘇南京市南。

[10]臺城：京師建康宫城。因爲臺省所在，故稱。參趙翼《廿

二史劄記》卷八"建業有三城"條。

[11]金紫光禄大夫：官名。屬光禄卿。光禄大夫之重者加金章紫綬，故稱。養老疾，無職事，多用於加贈。梁十四班。

琛所撰《三禮講疏》、《五經滯義》及諸儀注，[1]凡百餘篇。

[1]儀注：中華書局本作"儀法"，《南史》卷六二同傳作"儀注"。按，當以作"儀注"爲是。儀注者，禮儀制度之謂也。《隋書・經籍志》史部著録有諸家《儀注》多種。"注"訛爲"法"，蓋形近之故，今改正。

子詡，[1]太清初，自儀同西昌侯掾出爲巴山太守，[2]在郡遇亂卒。

[1]詡：中華本有勘，《南史》卷六二同傳作"翊"。

[2]儀同：即開府儀同三司，官名。非三公而儀制禮遇同於三公之稱。梁十七班。　西昌侯：梁武帝長兄蕭懿之子淵藻的封爵號。見本書卷二三《長沙嗣王業傳》。西昌，縣名。治所在今江西泰和縣西。　掾：官名。公府屬官，分掌諸曹事。　巴山：郡名。梁大同二年（536）置，治所在今江西崇仁縣西南。

陳吏部尚書姚察云：[1]夏侯勝有言曰：[2]"士患不明經術；經術明，取青紫如拾地芥耳。"[3]朱异、賀琛並起微賤，[4]以經術逢時，致於貴顯，符其言矣。而异遂徼寵幸，任事居權，不能以道佐君，苟取容媚。及延寇敗國，實异之由。禍難既彰，不明其罪，至於身死，寵贈猶殊。罰既弗加，賞亦斯濫，失於勸沮，[5]何以爲國？君子是以知太清之亂，[6]能無及是乎。

[1]陳吏部尚書姚察：吏部尚書，官名。掌官吏銓選、任免事宜。陳第三品。姚察，思廉之父，仕陳，曾官吏部尚書。《陳書》卷二七有傳。錢大昕《廿二史考異》卷二六有云："思廉修梁陳書，皆因其父察所撰而續成之。梁史諸論述其父説，必稱'陳吏部尚書姚察曰'，仿孟堅《漢書》稱'司徒掾班彪'之例也。其但稱'史臣'者，出自思廉新意。"

[2]夏侯勝：人名。西漢東平人，經學家。《漢書》卷七五有傳。

[3]《漢書》卷七五《夏侯勝傳》："始，勝每講授，常謂諸生曰：'士病不明經術；經術苟明，其取青紫如俛拾地芥耳。'"顔師古注："地芥，謂草芥之横在地上者。俛而拾之，言其易而必得也。"

[4]錢大昕《廿二史考異》卷二六有云："按賀琛直言時政，非權倖比，不宜與朱异合傳。"

[5]勸沮：勉勵與阻止。《韓非子·類柄》："故民無以私名，設法度以齊民，信賞罰以盡能，明誹譽以勸沮。"

[6]太清之亂：指梁太清年間的侯景之亂。

梁書 卷三九

列傳第三十三

元法僧 子景隆 景仲 元樹 子貞 元願達
王神念 楊華 羊侃 子鵾
羊鴉仁

元法僧，魏氏之支屬也。[1]其始祖道武帝。[2]父鍾葵，江陽王。[3]法僧仕魏，歷光禄大夫，[4]後爲使持節，[5]都督徐州諸軍事、徐州刺史，[6]鎮彭城。普通五年，[7]魏室大亂，[8]法僧遂據鎮稱帝，誅鋤異己，立諸子爲王，部署將帥，欲議匡復。既而魏亂稍定，將討法僧，法僧懼，乃遣使歸款，請爲附庸，高祖許焉，[9]授侍中、司空，[10]封始安郡公，[11]邑五千户。及魏軍既逼，[12]法僧請還朝，高祖遣中書舍人朱异迎之。[13]既至，甚加優寵。時方事招攜，[14]撫悦降附，賜法僧甲第、女樂及金帛，前後不可勝數。法僧以在魏之日，久處疆埸之任，每因寇掠，殺戮甚多，求兵自衛，詔給甲仗百人，[15]出入禁闥。[16]大通二年，[17]加冠軍將軍。[18]中大通元年，[19]轉車騎將軍。[20]四年，進太尉，領金紫光禄。[21]其年，立爲東魏主，不行，仍授使持節、散騎常侍、驃騎大將軍、開府同三司之儀、郢州刺史。[22]大同二年，[23]徵爲侍中、太尉，領軍師將軍，[24]薨，時年八十三。二子景隆、景仲，普通中隨法僧入朝。

[1]魏之支屬：元法僧本北魏太祖拓跋珪之子陽平王熙的曾孫。魏人以爲其先出於黄帝，以土德爲王。土者，黄中之色，萬物之元也，故北魏孝文帝拓跋宏於太和二十年（496）詔改姓元氏。

[2]道武帝：北魏太祖拓跋珪的謚號。

[3]江陽王：鍾葵的封爵號。

[4]光禄大夫：官名。屬光禄勳。掌顧問應對，多爲加官及褒贈。北魏第三品。

[5]使持節：古代大臣奉天子之命出行，持符節以爲憑信並示威重。魏晉以下以爲官名。有假節、持節、使持節之分，權力亦有小大之别，多爲都督諸州軍事及刺史總軍戎者。軍事長官出征或出鎮，加使持節有誅殺二千石以下官員的權力。

[6]徐州：北魏州名。鎮所彭城，即今江蘇徐州市。

[7]普通：梁武帝年號（520—527）。

[8]魏室大亂：北魏孝明帝正光五年（524）三月即有北鎮暴動。六月，秦州城人莫折太提據城反，自稱秦王，殺刺史。南秦州城人孫掩等亦反，殺刺史以應太提。太提死，其子念生代立，自稱天子。七月，涼州幢帥于菩提等亦執刺史，據州反。魏室因而陷於動亂。詳《魏書》卷九《肅宗紀》。

[9]高祖：梁武帝廟號。

[10]侍中：官名。門下省長官。掌奏事，直侍左右，應對獻

替，糾正違缺等。參與决策，是中樞集團重要成員，權勢顯要。員四人。梁天監七年革選，定流内官職爲十八班，以班多者爲貴，侍中爲十二班。

[11]始安郡：郡名。治所在今廣西桂林市。

[12]魏軍既逼：北魏孝明帝孝昌元年（525）詔鎮軍臨淮王元彧、尚書李憲、衛將軍安豐王元延明等討徐州。諸將逼彭城。詳《魏書》卷九《肅宗紀》。

[13]中書舍人：官名。中書省屬官，掌入直閣内，呈奏案章。劉宋以後漸用寒士及皇帝親信任此職，奪中書侍郎草擬詔命之權。至梁代用人殊重，選以才能，不限資地，專掌中書詔誥，權勢顯赫。多以他官兼領。梁員四人，四班。　朱异：人名。本書卷三八有傳。

[14]招攜：招撫背離的人。

[15]甲仗：披甲執仗的衛士。

[16]禁闥：宫廷。闥，宫中小門。宫廷有門禁，故稱。

[17]大通：梁武帝年號（527—529）。

[18]冠軍將軍：將軍名號。梁天監七年革選，釐定將軍名號及班品，有一百二十五號十品二十四班，以班多者爲貴，武臣、爪牙等將軍爲十八班。普通六年又置百號將軍，冠軍將軍與一百二十五號將軍中十八班將軍同班。

[19]中大通：梁武帝年號（529—534）。

[20]車騎將軍：將軍名號。爲重號將軍，加授大臣、重要地方長官。爲一百二十五號將軍之一，二十四班。

[21]領：官制術語。已有實授主職，又兼任較低職務而不居其位。　金紫光禄：金紫光禄大夫之省稱，官名。光禄大夫之重者加金章紫綬，故稱。多用於加贈，養老疾，無職事。梁十四班。

[22]散騎常侍：官名。集書省長官，掌侍從左右，獻納得失。劉宋以後，職以侍從左右、掌圖書文翰爲主，地位降低。員四人。梁十二班。　驃騎大將軍：將軍名號。僅次於大將軍，多加於元老

重臣。梁驃騎將軍爲一百二十五號將軍之一，二十四班。又，諸將軍加大者，通進一階。　開府同三司之儀：官名。非三公而儀制禮遇同於三公稱開府儀同三司。開府同三司之儀與之略同而居下。梁十七班。　郢州：州名。治所在今湖北武漢市武昌。

[23]大同：梁武帝年號（535—546）。

[24]軍師將軍：將軍名號。爲一百二十五號將軍之一，十九班。

景隆封沌陽縣公，[1]邑千户，出爲持節、都督廣、越、交、桂等十三州諸軍事、平南將軍、平越中郎將、廣州刺史。[2]中大通三年，徵侍中、安右將軍。[3]四年，爲征北將軍、徐州刺史，[4]封彭城王，不行，俄除侍中、度支尚書。[5]太清初，[6]又爲使持節、都督廣越交桂等十三州諸軍事、征南將軍、平越中郎將、廣州刺史，行至雷首，[7]遇疾卒，時年五十八。

[1]沌陽：縣名。治所在今湖北武漢市漢陽區東臨障山下。

[2]廣、越、交、桂：皆州名。廣州，治所在今廣東廣州市；越州，治所在今廣西合浦縣東北舊州；交州，治所在今越南北寧省仙游東；桂州，治所在今廣西柳州市東南。　平南將軍：將軍名號。與平北、平東、平西將軍合稱四平將軍。多持節都督或監某一地區的軍事，亦可作爲刺史兼理軍務的加官。爲一百二十五號將軍之一，二十班。　平越中郎將：武官名號。治廣州，主護南越，多由本州刺史兼任。其班品隨府主號輕重而不定。

[3]安右將軍：將軍名號。梁置，與安左、安前、安後合稱四安將軍，祇授予在京師任職者。爲一百二十五號將軍之一，二十一班。

[4]征北將軍：將軍名號。與征東、征西、征南將軍合稱四征將軍。多爲持節都督，出鎮方面，地位顯要。爲一百二十五號將軍之一，二十三班。

[5]度支尚書：官名。尚書省列曹尚書之一，掌財賦會計、支調。梁十三班。

[6]太清：梁武帝年號（547—549）。

[7]雷首：地名。在今安徽望江縣南古雷水入江處。

景仲封枝江縣公，[1]邑千户，拜侍中、右衛將軍。[2]大通三年，[3]增封，并前爲二千户，仍賜女樂一部。出爲持節、都督廣越等十三州諸軍事、宣惠將軍、平越中郎將、廣州刺史。[4]大同中，徵侍中、左衛將軍。[5]兄景隆後爲廣州刺史。[6]侯景作亂，[7]以景仲元氏之族，遣信誘之，許奉爲主。景仲乃舉兵，將下應景。會西江督護陳霸先與成州刺史王懷明等起兵攻之，[8]霸先徇其衆曰：[9]"朝廷以元景仲與賊連從，[10]謀危社稷，今使曲江公勃爲刺史，[11]鎮撫此州。"衆聞之，皆棄甲而散，景仲乃自縊而死。

[1]枝江：縣名。治所在今湖北枝江縣西南。

[2]右衛將軍：官名。與左衛將軍合稱二衛將軍，爲禁衛軍六軍之一，掌宫廷宿衛營兵。梁十二班。

[3]大通三年：中華書局本《校勘記》："'大通'上疑脱'中'字。自普通中至中大通三年，爲平越中郎將、廣州刺史者乃景隆。至中大通三年，景隆自廣州刺史徵還爲侍中、安右將軍，景仲乃出爲廣州刺史。"

[4]宣惠將軍：將軍名號。梁置，與鎮兵、翊師、宣毅將軍代

舊東西南北四中郎將。爲一百二十五號將軍之一，十七班。

[5]左衛將軍：官名。職掌官班同右衛將軍，而位居其前。

[6]兄景隆後爲廣州刺史：中華書局本《校勘記》："'兄'上疑奪一'繼'字。景隆於太清初又爲廣州刺史，行至雷首，病死。景仲即繼其兄後爲廣州刺史。"

[7]侯景：人名。本魏將，太清元年附梁，二年反。本書卷五六有傳。

[8]西江：即今廣東西江。　陳霸先：人名。吴興郡人，即陳高祖。時仕梁，爲西江督護、高要郡守。見《陳書》卷一《高祖紀》。　成州：州名。梁普通四年置，治所在今廣東封開縣東南賀江口。

[9]徇：通"巡"，巡行。

[10]連從：聯合，勾結。從，同"縱"。

[11]曲江：縣名。治所在今廣東韶關市南武水西岸。　勃：蕭勃，梁宗室。《南史》卷五一《吴平侯景傳》有附傳。據傳，勃封爵號爲曲江縣侯，此言"曲江公"，或是陳霸先誑説。

元樹字君立，[1]亦魏之近屬也。祖獻文帝。[2]父僖，[3]咸陽王。[4]樹仕魏爲宗正卿，[5]屬尒朱榮亂，[6]以天監八年歸國，[7]封爲鄴王，[8]邑二千户，拜散騎常侍。普通六年，應接元法僧還朝，遷使持節、督郢司霍三州諸軍事、雲麾將軍、郢州刺史，[9]增封并前爲三千户。討南蠻賊，[10]平之，加散騎常侍、安西將軍，[11]又增邑五百户。中大通二年，徵侍中、鎮右將軍。[12]四年，爲使持節、鎮北將軍、都督北討諸軍事，[13]加鼓吹一部。[14]以伐魏，攻魏譙城，[15]拔之。會魏將獨孤如願來援，[16]遂圍樹，城陷被執，發憤卒於魏，時年四十八。

[1]字君立：《魏書》卷二一上《獻文六王·咸陽王禧傳》附《元樹傳》作“字秀和”，中華書局本有勘。

[2]獻文帝：北魏顯祖拓跋弘的謚號。見《魏書》卷六《顯祖獻文帝紀》。

[3]僖：《魏書》卷二一上《獻文六王傳》作“禧”，中華書局本有勘。

[4]咸陽：郡名。治所在今陝西涇陽縣。

[5]宗正卿：官名。諸卿之一。掌皇族宗人圖牒等。北魏第三品。

[6]尒朱榮：人名。北魏孝明帝崩，幼主即位，大都督尒朱榮起兵，與彭城王勰第三子攸勾結，害幼主。攸即位，尒朱榮擅權。《魏書》卷七四有傳。

[7]天監八年歸國：中華書局本《校勘記》引張森楷《梁書校勘記》：“案禧以反誅，諸子安得爲宗正卿？尒朱榮起兵在孝昌末、武泰初，於梁當大通元、二年，去天監八年近二十年。樹以天監八年降，安得云屬尒朱榮亂？此傳聞之誤。”

[8]鄴：縣名。治所在今河北臨漳西南鄴鎮。

[9]郢、司、霍：皆州名。郢州，治所在今湖北武漢市武昌；司州，治所在今河南信陽市；霍州，治所在今安徽霍山縣。　雲麾將軍：將軍名號。梁置，與武臣、爪牙、龍騎將軍等代舊前後左右四將軍。爲一百二十五號十品二十四班將軍之一，十八班。

[10]南蠻：南方少數民族。

[11]安西將軍：將軍名號。與安東、安南、安北將軍合稱四安將軍。爲出鎮方面的軍事長官，或作爲刺史兼理軍務的加官，權勢頗重。爲一百二十五號將軍之一，二十一班。

[12]鎮右將軍：將軍名號。梁置，與鎮左、鎮前、鎮後將軍祇

授予在京師任職者。爲一百二十五號將軍之一，二十二班。

[13]鎮北將軍：將軍名號。與鎮東、鎮西、鎮南將軍合稱四鎮將軍，多爲持節都督，出鎮方面，權勢頗重。爲一百二十五號將軍之一，二十二班。

[14]鼓吹：樂名。本軍樂，皇帝出行亦奏。自漢以下，亦用以贈賜有功之臣。

[15]譙城：地名。在今安徽亳州市。按，元樹伐魏時有《在梁遺魏公卿百寮書》，觀書中"今既率師，將除君側"云云可見。書見《魏書》卷一六《道武七王·元叉傳》。

[16]獨孤如願：人名。魏雲中人，後改名獨孤信。《周書》卷一六有傳。

子貞，大同中，求隨魏使崔長謙至鄴葬父，[1]還拜太子舍人。[2]太清初，侯景降，請元氏戚屬，願奉爲主，詔封貞爲咸陽王，以天子之禮遣還北，會景敗而返。

[1]崔長謙：人名。清河東武城人。《魏書》卷六九《崔休傳》有附傳。

[2]太子舍人：官名。東宫屬官，隸屬太子詹事。掌文記。梁十六員，三班。

元願達，亦魏之支庶也。[1]祖明元帝。[2]父樂平王。[3]願達仕魏爲中書令、郢州刺史。[4]普通中，[5]大軍北伐，攻義陽，[6]願達舉州獻款，詔封樂平公，邑千户，賜甲第女樂。仍出爲使持節、散騎常侍、都督湘州諸軍事、平南將軍、湘州刺史。[7]中大通二年，徵侍中、太中大夫、翊左將軍。[8]大同三年，卒，時年五十七。

[1]魏之支庶：元願達本魏太宗明元帝拓跋嗣之庶子樂平王丕之子，故爲支庶。

[2]明元帝：魏太宗拓跋嗣之謚號。

[3]樂平王：拓跋丕的封爵號。樂平，郡名。治所在今山西昔陽縣西南。

[4]中書令：官名。中書省長官，掌出納帝命。東晉以後，中書出令權歸他省，或歸中書侍郎、舍人，中書令漸成閑職，僅掌文章之事，多用於重臣之加官。北魏第三品。　郢州：州名。治所在今河南信陽市，北魏正始元年（504）置。中華書局本《校勘記》云："'郢州'，各本誤作'司州'，據本書《武帝紀》改。"錢大昕《廿二史考異》卷二六："《本紀》作郢州刺史，此誤。魏之郢州與梁之司州本一地，但地從主人，不可假借也。"

[5]普通：中華書局本《校勘記》："本書《武帝紀》：'魏郢州刺史元願達以義陽内附，置北司州。'事在大通二年四月。'普通'當作'大通'。"

[6]義陽：郡名。治所在今河南信陽市。

[7]湘州：州名。治所在今湖南長沙市。

[8]太中大夫：官名。屬光禄卿。多作加官或兼官，養老疾，無職事。梁十一班。　翊左將軍：將軍名號。梁置，與翊前、翊後、翊右將軍合稱四翊將軍。爲一百二十五號將軍之一，二十班。

王神念，太原祁人也。[1]少好儒術，尤明内典。[2]仕魏起家州主簿，[3]稍遷潁川太守，[4]遂據郡歸款。[5]魏軍至，與家屬渡江，封南城縣侯，[6]邑五百户。頃之，除安成内史，[7]又歷武陽、宣城内史，[8]皆著治績。還除太僕卿。[9]出爲持節、都督青冀二州諸軍事、信武將軍、青冀二州刺史。[10]

[1]太原：郡名。治所在今山西太原市西南營西古城。　祁：縣名。治所在今山西祁縣。

[2]内典：佛教徒稱佛教爲内教，佛學爲内學，因稱佛經爲内典。

[3]主簿：官名。自漢以下，中央各機構及地方州郡皆置，掌文書簿籍。州主簿，省署文書，經辦庶務，爲掾吏之首，其官品隨府主地位高下而異。

[4]潁川：魏郡名。治所在今河南許昌東。

[5]歸款：投誠。

[6]南城：縣名。治所在今江西南城縣東南。

[7]安成：郡名。治所在今江西安福縣東南。　内史：官名。王國行政長官，掌治民，職同太守。劉宋第五品，梁不詳。

[8]武陽：中華書局本《校勘記》："武陽疑武陵之訛。沅州有武陵郡，梁爲王國。"按，錢大昕《廿二史考異》卷二六云："武陽疑武陵之訛。"梁無武陽郡，有武陵郡，治所在今湖南常德市。梁武帝子蕭紀於天監十三年受封武陵郡王。　宣城：郡名。治所在今安徽宣州市。

[9]太僕卿：官名。梁加置，爲十二卿之一，掌車駕及馬牧。十班。

[10]青、冀：皆州名。劉宋泰始（465—471）中合僑置，治所在今江蘇連雲港市東雲臺山一帶。　信武將軍：將軍名號。梁置，與智武、勇武、仁武、嚴武將軍代舊冠軍將軍。爲一百二十五號十品二十四班將軍之一，十五班。

神念性剛正，所更州郡必禁止淫祠。[1]時青、冀州東北有石鹿山臨海，[2]先有神廟妖巫，欺惑百姓，遠近祈禱，糜費極多，及神念至，便令毀撤，風俗遂改。

[1]更：經歷。　淫祠：不合禮制規定的祭祀。

[2]青、冀州：各本同，《南史》卷六三同傳無"青"字。

普通中，大舉北伐，徵爲右衛將軍。六年，遷使持節、散騎常侍、爪牙將軍，[1]右衛如故。遘疾卒，時年七十五。詔贈本官、衡州刺史，[2]兼給鼓吹一部。謚曰壯。

[1]爪牙將軍：將軍名號。梁置，與武臣、龍騎、雲麾將軍同班，代舊前後左右四將軍，爲一百二十五號將軍之一，十八班。

[2]衡州：州名。梁天監六年置，治所在今廣東英德市西北浛洸。

神念少善騎射，既老不衰，嘗於高祖前手執二刀楯，左右交度，馳馬往來，冠絶羣伍。時復有楊華者，能作驚軍騎，[1]並一時妙捷，高祖深歎賞之。

[1]驚軍騎：馬術名。

子尊業，仕至太僕卿。卒，贈信威將軍、青冀二州刺史，[1]鼓吹一部。次子僧辯，別有傳。[2]

[1]信威將軍：將軍名號。梁置，與智威、仁威、勇威、嚴威

將軍代舊征虜將軍。一百二十五號將軍之一，十六班。

[2]見本書卷四五。

楊華，武都仇池人也。[1]父大眼，[2]爲魏名將。華少有勇力，容貌雄偉，魏胡太后逼通之，[3]華懼及禍，乃率其部曲來降。胡太后追思之不能已，爲作《楊白華歌辭》，[4]使宮人晝夜連臂蹋足歌之，[5]辭甚悽惋焉。華後累征伐，有戰功，歷官太僕卿，太子左衛率，[6]封益陽縣侯。[7]太清中，侯景亂，華欲立志節，妻子爲賊所擒，遂降之，卒於賊。

[1]武都：北魏郡名。治所在今甘肅武都縣東南。　仇（qiú）池：縣名。治所在今甘肅成縣西北。

[2]大眼：楊大眼，《魏書》卷七三有傳。

[3]胡太后：北魏宣武帝元恪皇后。其子詡繼位，尊爲皇太后。詡年幼，太后擅權，頗淫亂。《魏書》卷一三《皇后》有傳。

[4]《楊白華歌辭》：宋・郭茂倩《樂府詩集》卷七三載此辭："陽春二三月，楊柳齊作花。春風一夜入闺闥，楊花飄蕩落南家。含情出户脚無力，拾得楊花淚沾臆。秋去春還雙燕子，願銜楊花入窠裏。"

[5]蹋足：歌舞時以足踏地作節拍。蹋，通"踏"。

[6]太子左衛率：官名。與太子右衛率合稱太子二率，掌東宮宿衛營兵，亦統兵出征，權位頗重。員一人。梁十一班。

[7]益陽：縣名。治所在今湖南益陽市。

羊侃字祖忻，泰山梁甫人，[1]漢南陽太守續之裔也。[2]祖規，宋武帝之臨徐州，[3]辟祭酒從事、大中正。[4]會薛安都舉彭城降北，[5]規由是陷魏，魏授衛將軍、營州刺史。[6]父祉，[7]魏侍中，[8]金紫光禄大夫。[9]

[1]泰山：郡名。治所在今山東泰安市。　梁甫：縣名。治所在今山東新泰市西。按，史籍叙泰山羊氏籍貫頗不一致。有梁甫、鉅平、南城、平陽諸地之異，曹道衡、沈玉成《中古文學史料叢考》卷五《泰山羊氏籍貫》條有辨析。

[2]南陽：郡名。治所在今河南南陽市。　續：羊續，字興祖，《後漢書》卷三一有傳。

[3]徐州：州名。治所在今江蘇徐州市。晉安帝元興三年，劉裕曾官徐州刺史。詳《宋書》卷一《武帝紀》。

[4]祭酒從事：官名。州府屬官，掌本府所置兵、賊、倉、户、水、鎧諸曹事。宋官品不詳。　大中正：官名。掌一州人才之考察，定其鄉品，以爲選拔官吏之依據，多由他官兼任。

[5]薛安都：人名。仕宋，前廢帝景和元年（465）爲平北將軍、徐州刺史。太宗即位，安都舉兵同晉安王劉子勛反。次年，降北魏。《宋書》卷八八、《魏書》卷六一並有傳。　彭城：徐州鎮所。

[6]衛將軍：將軍名號。爲重號將軍，用以加授大臣、重要地方長官。北魏第一品下。　營州：北魏州名。治所在今遼寧朝陽市。

[7]祉：羊祉，《北史》卷三九有傳。

[8]侍中：官名。北魏第二品上。

[9]金紫光禄大夫：官名。北魏從第一品下。

侃少而瑰偉，身長七尺八寸，雅愛文史，博涉書記，尤好《左氏春秋》及《孫吴兵法》。弱冠隨父在梁州立功。[1]魏正光中，[2]稍爲别將。時秦州羌有莫遮念生者，[3]據州反，稱帝，仍遣其弟天生率衆攻陷岐州，[4]遂寇雍州。[5]侃爲偏將，隸蕭寶夤往討之，[6]潛身巡壍，伺射天生，應弦即倒，其衆遂潰。以功遷使持節、征東大將軍、東道行臺，[7]領泰山太守，進爵鉅平侯。[8]

[1]弱冠：二十歲。《禮記·曲禮》："二十曰弱，冠。"　梁州：州名。治所在今陝西漢中市。據《北史》卷三九《羊祉傳》，祉景明四年（503）任梁州軍司，正始（504—508）中又兼任梁州刺史。

[2]正光：北魏孝明帝年號（520—525）。

[3]秦州：北魏州名。治所在今甘肅天水市。　莫遮念生：羌人首領，正光五年據州反。詳《魏書》卷九《肅宗紀》。遮，《魏書》、《南史》皆作"折"。

[4]岐州：北魏州名。治所在今陝西鳳翔縣南。

[5]雍州：北魏州名。治所在今陝西西安市西北。

[6]蕭寶夤：人名。南齊明帝子，齊末蕭衍將代齊，寶夤逃入魏。魏先後封之爲齊王、梁郡公。《南齊書》卷五〇、《魏書》卷五九並有傳。夤，《南史》、《通鑑》皆作"寅"。錢大昕《廿二史考異》卷二五云："《魏書》作'寶寅'，不從'夕'。據其字智亮，當以'寅'爲是。"

[7]征東大將軍：將軍名號。職掌同征東將軍，而位居其上，不常置。北魏第二品。　行臺：北魏爲便於對全國進行軍事控制，將國家分爲若干大行政區，設立代表中央行使權力的機構，此機構即"行臺"。

[8]鉅平：縣名。治所在今山東泰安市。

初，其父每有南歸之志，常謂諸子曰："人生安可久淹異域，[1]汝等可歸奉東朝。”[2]侃至是將舉河濟以成先志。[3]兖州刺史羊敦，[4]侃從兄也，密知之，據州拒侃。侃乃率精兵三萬襲之，弗剋，仍築十餘城以守之。朝廷賞授，一與元法僧同。遣羊鴉仁、王弁率軍應接，李元履運給糧仗。[5]魏帝聞之，使授侃驃騎大將軍、司徒、泰山郡公，[6]長爲兖州刺史，侃斬其使者以徇。[7]魏人大駭，令僕射于暉率衆數十萬，[8]及高歡、尒朱陽都等相繼而至，[9]圍侃十餘重，傷殺甚衆。栅中矢盡，南軍不進，[10]乃夜潰圍而出，且戰且行，一日一夜乃出魏境。至渣口，[11]衆尚萬餘人，馬二千匹，將入南，士卒並竟夜悲歌。[12]侃乃謝曰：“卿等懷土，理不能見隨，幸適去留，[13]於此別異。”因各拜辭而去。

[1]淹：滯留。

[2]東朝：南朝。

[3]河濟：黄河、濟水。此處指北魏黄河、濟水流域地區。

[4]兖州：北魏州名。治所在今山東兖州市。　羊敦：人名。《魏書》卷八八有傳。

[5]李元履：人名。《南史》卷四六《李安人傳》有附傳。　糧仗：糧食、武器。

[6]驃騎大將軍：將軍名號。北魏從第一品。

[7]徇：向衆人宣示。

[8]僕射：即尚書僕射，官名。尚書令副佐，並與尚書分領諸曹。北魏從第二品。　于暉：人名。北魏代人，宣武帝后之弟。《魏書》卷八三有傳。

[9]高歡：人名。先爲北魏將軍，後爲相。北魏分裂，因擁立

孝静帝而爲東魏相。其子高洋代東魏，爲齊帝，追尊歡爲神武帝。見《北齊書》卷一、二《神武紀》。

[10]南軍：指梁朝來接應的軍隊。

[11]渣口：地名。在今江蘇沭陽縣西。

[12]竟夜：徹夜。

[13]幸適去留：自願離去或留下。幸，表敬副詞。

侃以大通三年至京師，詔授使持節、散騎常侍、都督瑕丘征討諸軍事、安北將軍、徐州刺史，[1]并其兄默及三弟忱、給、元，皆拜爲刺史。[2]尋以侃爲都督北討諸軍事，出頓日城，[3]會陳慶之失律，[4]停進。其年，詔以爲持節、雲麾將軍、青冀二州刺史。

[1]瑕丘：縣名。治所在今山東兖州市。　安北將軍：將軍名號。與安東、安南、安西將軍合稱四安將軍。爲出鎮方面的軍事長官，或作爲刺史兼理軍務的加官，權任頗重。梁二十一班。

[2]忱：中華書局本《校勘記》："按：百衲本卷末有曾鞏校語：'"悦"《南史》作"忱"，未知孰是。'是宋代所見《梁書》'忱'本作'悦'。《册府元龜》二一五作'悦'。"

[3]頓：通"屯"，駐兵守衛。　日城：中華書局本《校勘記》云："'日'字疑爲'吕'字之訛。"按，吕城，地名，在今江蘇徐州市銅山縣。

[4]陳慶之失律：梁中大通元年，趁魏大亂之機，梁武帝命陳慶之護送魏降王元顥入魏稱帝。慶之入洛陽，不久敗還。事詳本書卷三三《陳慶之傳》。失律，失去控制，指失敗。

中大通四年，詔爲使持節、都督瑕丘諸軍事、安北將軍、兗州刺史，隨太尉元法僧北討。法僧先啓云：“與侃有舊，願得同行。”高祖乃召侃問方略，侃具陳進取之計。高祖因曰：“知卿願與太尉同行。”侃曰：“臣拔迹還朝，常思効命，然實未曾願與法僧同行。北人雖謂臣爲吴，[1]南人已呼臣爲虜，今與法僧同行，還是羣類相逐，[2]非止有乖素心，[3]亦使匈奴輕漢。”[4]高祖曰：“朝廷今者要須卿行。”乃詔以爲大軍司馬。[5]高祖謂侃曰：“軍司馬廢來已久，此段爲卿置之。”行次官竹，[6]元樹又於譙城喪師。軍罷，入爲侍中。五年，封高昌縣侯，[7]邑千户。六年，出爲雲麾將軍、晉安太守。[8]閩越俗好反亂，前後太守莫能止息，侃至討擊，斬其渠帥陳稱、吴滿等，[9]於是郡内肅清，莫敢犯者。頃之，徵太子左衛率。

[1]吴：此處指南朝。南朝都建康，舊吴地。

[2]羣類：元法僧爲北人，南人以羊侃爲虜，即亦以之爲北人，故云“羣類”。　相逐：相追隨。

[3]止：衹，僅。　素心：本心，夙願。

[4]匈奴輕漢：以匈奴比魏，以漢比梁。意謂以魏人攻魏，將使魏輕梁無人。

[5]軍司馬：漢官名。漢大將軍營五部，部校尉一人，比二千石；軍司馬一人，比千石。其不置校尉部，但置軍司馬一人。見《後漢書·百官志》。

[6]官竹：地名。一名梁王竹園，在今河南商丘縣東南。

[7]高昌：縣名。治所在今江西吉安市西南。

[8]晉安：郡名。治所在今福建福州市。

[9]渠帥：首領。

大同三年，車駕幸樂遊苑，[1]侃預宴。時少府奏新造兩刃矟成，[2]長二丈四尺，[3]圍一尺三寸，高祖因賜侃馬，令試之。侃執矟上馬，左右擊刺，特盡其妙，高祖善之。又製《武宴詩》三十韻以示侃，[4]侃即席應詔，高祖覽曰："吾聞仁者有勇，[5]今見勇者有仁，可謂鄒、魯遺風，[6]英賢不絶。"六年，遷司徒左長史。[7]八年，遷都官尚書。[8]時尚書令何敬容用事，[9]與之並省，未嘗遊造。有宦者張僧胤候侃，侃曰："我牀非閹人所坐。"竟不前之[10]，時論美其貞正。九年，出爲使持節、壯武將軍、衡州刺史。[11]

[1]車駕：皇帝乘坐的車馬。此代指皇帝。　樂遊苑：南朝宋文帝所建苑，内有正陽、林光諸殿，是皇家遊宴之所。故址在今江蘇南京市東北玄武湖南側。

[2]少府：官署名。掌爲皇家製作衣服、膳食及各種器物。　兩刃矟（shuò）：馬上所持，尖端兩邊都有刃的矛。

[3]長二丈四尺：舊本皆脱"二"字，此依中華書局本校補。

[4]《武宴詩》：今不存。

[5]《論語·憲問》："仁者必有勇，勇者不必有仁。"

[6]鄒、魯遺風：指孔孟傳流下來的風氣。孟子是戰國時鄒人，孔子是春秋時魯人，故稱。

[7]司徒左長史：官名。司徒府屬官，佐司徒，掌官吏事。梁十二班。

[8]都官尚書：官名。尚書省都官曹長官，掌法律刑獄及水利工程政令。梁十三班。

[9]何敬容：人名。本書卷三七有傳。

[10]前：等於説見。參周一良《魏晉南北朝史札記》之《〈晉書〉札記》"前"條。

[11]壯武將軍：將軍名號。梁置，爲一百二十五號將軍之一，十二班。

太清元年，徵爲侍中。會大舉北伐，仍以侃爲持節、冠軍，[1]監作韓山堰事，[2]兩旬堰立。侃勸元帥貞陽侯乘水攻彭城，[3]不納；既而魏援大至，侃頻勸乘其遠來可擊，旦日又勸出戰，並不從，侃乃率所領出頓堰上。及衆軍敗，侃結陣徐還。

[1]冠軍：即冠軍將軍，將軍名號。

[2]韓山堰：堰名。距魏徐州鎮所彭城（即今江蘇徐州市）十八里。梁武帝命北伐元帥貞陽侯蕭淵明作以斷泗水，灌彭城。

[3]貞陽侯：梁武帝長兄蕭懿之子蕭淵明封爵號。其人，《南史》卷五一《梁宗室上》有傳。

二年，復爲都官尚書。侯景反，[1]攻陷歷陽，[2]高祖問侃討景之策。侃曰："景反迹久見，或容豕突，[3]宜急據采石，[4]令邵陵王襲取壽春。[5]景進不得前，退失巢窟，烏合之衆，自然瓦解。"議者謂景未敢便逼京師，遂寢其策，[6]令侃率千餘騎頓望國門。[7]景至新林，[8]追侃入副宣城王都督城内諸軍事。[9]時景既卒至，[10]百姓競入，公私混亂，無復次第。侃乃區分防擬，皆以宗室間之。軍人争入武庫，自取器甲，所司不能禁，侃命斬數人，方得止。及賊逼城，衆皆恂懼，[11]侃僞稱得射書，[12]云“邵陵王、西昌侯已至近路”。[13]衆乃少安。賊攻東掖門，[14]縱火甚盛，侃親自距抗，[15]以水沃火，火滅，引弓射殺數人，賊乃退。[16]加侍中、軍師將軍。有詔送金五千兩，銀萬兩，絹萬匹，以賜戰士，侃辭不受。部曲千餘人，並私加賞賚。

[1]侯景太清元年附梁，二年反。

[2]歷陽：縣名。治所在今安徽和縣。

[3]豕突：豕駭則奔突難制，因以喻人之横衝直撞，流竄侵擾。

[4]采石：地名。在今安徽馬鞍山市長江東岸牛渚山，爲軍事要地。

[5]邵陵王：梁武帝子蕭綸的封爵號。見本書卷二九《高祖三王傳》。　壽春：縣名。治所在今安徽壽縣。

[6]寢：停止不用。

[7]望國門：京師建康城南外城門。

[8]新林：即新林浦，地名。在今江蘇江寧縣西南，距建康約三十里處。

[9]宣城王：梁簡文帝蕭綱長子哀太子大器的初封爵號。見本書卷八《哀太子傳》。侯景亂發，梁武帝任命大器爲臺内大都督，總統臺城内諸軍事。

[10]卒：通“猝”，突然。

[11]恟懼：騷動恐懼。

[12]射書：用箭射來的書信。

[13]西昌侯：梁武帝兄蕭懿之子淵藻的封爵號。見本書卷二三《長沙嗣王業傳》。

[14]東掖門：建康宫城前東旁門。

[15]距：通“拒”。

[16]《顏氏家訓·慕賢》："侯景初入建業，臺門雖閉，公私草擾，各不自全。太子左衛率羊侃坐東掖門，部分經略，一宿皆辦，遂得百餘日抗拒凶逆。於時城内四萬許人，王公朝士不下一百，便是恃侃一人安之，其相去如此。"

賊爲尖頂木驢攻城，[1]矢石所不能制，侃作雉尾炬，[2]施鐵鏃，以油灌之，擲驢上焚之，俄盡。賊又東西兩面起土山，以臨城，城中震駭，侃命爲地道，潛引其土，山不能立。賊又作登城樓車，高十餘丈，欲臨射城内，侃曰："車高塹虚，彼來必倒，可卧而觀之，不勞設備。"及車動果倒，衆皆服焉。賊既頻攻不捷，乃築長圍。[3]朱异、張綰議欲出擊之，[4]高祖以問侃，侃曰："不可。賊多日攻城，既不能下，故立長圍，欲引城中降者耳。今擊之，出人若少，不足破賊，若多，則一旦失利，自相騰踐，門隘橋小，必大致挫衄，[5]此乃示弱，非騁王威也。"不從，遂使千餘人出戰，未及交鋒，望風退走，果以争橋赴水，死者太半。

[1]尖頂木驢：一種木製攻城戰具。上有尖頂遮棚，以阻擋對方打擊，下伏士兵。

[2]雉尾炬：一種帶有尾翼的火炬。首有鐵箭頭，中間灌油脂，點火後擲於木驢上，以燒木驢。

[3]長圍：互相連通的塹壕。

[4]張綰：人名。本書卷三四有傳。

[5]挫衄（nǜ）：挫折、損傷。衄，同"衄"。

初，侃長子鷟爲景所獲，執來城下示侃，侃謂曰：

"我傾宗報主，猶恨不足，豈復計此一子，幸汝早能殺之。"數日復持來，侃謂鷟曰："久以汝爲死，猶復在邪？吾以身許國，誓死行陣，終不以爾而生進退。"[1]因引弓射之。賊感其忠義，亦不之害也。景遣儀同傅士哲呼侃與語曰："侯王遠來問訊天子，[2]何爲閉距，不時進納？尚書，國家大臣，[3]宜啓朝廷。"侃曰："侯將軍奔亡之後，歸命國家，重鎮方城，[4]懸相任寄，[5]何所患苦，忽致稱兵？今驅烏合之卒，至王城之下，虜馬飲淮，[6]矢集帝室，豈有人臣而至於此？吾荷國重恩，當稟承廟算，[7]以掃大逆耳，不能妄受浮説，開門揖盗。[8]幸謝侯王，早自爲所。"士哲又曰："侯王事君盡節，不爲朝廷所知，正欲面啓至尊，[9]以除姦佞。既居戎旅，故帶甲來朝，何謂作逆？"侃曰："聖上臨四海將五十年，聰明叡哲，無幽不照，有何姦佞而得在朝？欲飾其非，寧無詭説。且侯王親舉白刃，以向城闕，[10]事君盡節，正若是邪！"士哲無以應，乃曰："在北之日，久挹風猷，[11]每恨平生，未獲披敍，願去戎服，得一相見。"侃爲之免胄，士哲瞻望久之而去。其爲北人所欽慕如此。

[1]進退：偏義複詞。意謂後退。

[2]侯王：指侯景。梁武帝此前封景爲河南王，故稱。

[3]尚書：指羊侃。羊侃時官都官尚書，故云。

[4]重鎮方城：受重任鎮守一方。

[5]懸相任寄：意謂給予充分信任和托付。侯景附梁，梁武任命他爲大將軍、都督河南南北諸軍事，屯駐壽春，而未入朝。故

云。

[6]淮：指秦淮河。

[7]廟算：朝廷的謀劃。

[8]開門揖盜：接納壞人，自取其禍。

[9]正：衹，僅。

[10]城闕：京師城門。

[11]挹（yī）：通“揖”，敬重。　風猷：品格、道義。

後大雨，城内土山崩，賊乘之垂入，苦戰不能禁，侃乃令多擲火，爲火城以斷其路，徐於裏築城，賊不能進。十二月，遘疾卒于臺内，[1]時年五十四。詔給東園祕器，[2]布、絹各五百匹，錢三百萬，贈侍中、護軍將軍，[3]鼓吹一部。

[1]臺：指朝廷禁省。

[2]東園祕器：指棺木。漢有官署名東園，掌王公貴族墓内器物的製作，故稱棺木爲東園秘器。

[3]護軍將軍：官名。掌京師以外的軍隊。梁十五班。

侃少而雄勇，膂力絶人，[1]所用弓至十餘石。嘗於兖州堯廟蹋壁，[2]直上至五尋，[3]横行得七跡。[4]泗橋有數石人，[5]長八尺，大十圍，[6]侃執以相擊，悉皆破碎。

[1]膂（lǚ）力：體力。　絶人：超過一般人。

[2]蹋壁：壁上行走。

[3]尋：長度單位，七尺爲一尋。一説八尺爲尋。

[4]跡：脚印。

[5]泗橋：泗水橋。

[6]圍：計量圓周的量度單位。一説直徑一尺的圓周爲一圍，一説五寸爲一圍。另，一抱也叫一圍。

侃性豪侈，善音律，自造《採蓮》、《棹歌》兩曲，甚有新致。姬妾侍列，窮極奢靡。有彈箏人陸太喜，著鹿角爪長七寸。[1]儛人張净琬，腰圍一尺六寸，時人咸推能掌中儛。又有孫荊玉，能反腰帖地，銜得席上玉簪。敕賚歌人王娥兒，[2]東宫亦賚歌者屈偶之，並妙盡奇曲，一時無對。初赴衡州，於兩艖䑧起三間通梁水齋，[3]飾以珠玉，加之錦繢，盛設帷屏，陳列女樂，乘潮解纜，臨波置酒，緣塘傍水，觀者填咽。[4]大同中，魏使陽斐，[5]與侃在北嘗同學，有詔令侃延斐同宴。賓客三百餘人，器皆金玉雜寶，[6]奏三部女樂，至夕，侍婢百餘人，俱執金花燭。[7]侃不能飲酒，而好賓客交遊，終日獻酬，同其醉醒。性寬厚，有器局，[8]嘗南還至漣口，[9]置酒，有客張孺才者，醉於船中失火，延燒七十餘艘，所燔金帛不可勝數。侃聞之，都不挂意，命酒不輟。孺才慚懼，自逃匿，侃慰喻使還，待之如舊。第三子鶤。[10]

[1]鹿角爪：亦稱“鹿爪”，彈箏時用以撥弦之物，其形似鹿爪。

[2]賚：賞賜。

[3]艖（chā）䑧（fú）：船之一種。《方言》卷九：“（艇）短而

深者謂之艀。”郭璞注：“今江東呼艖艀者。” 水齋：水上小舍。

[4]填咽：堵塞，擁擠。

[5]陽斐：人名。字叔鸞。《北齊書》卷四二有傳。

[6]器皆金玉雜寶：《南史》卷六三同傳“器”上有“食”字。

[7]金花燭：古時宮廷用的蠟燭，燭臺似蓮花瓣。

[8]器局：才識、度量。

[9]漣口：地名。即漣水口。在今江蘇漣水縣。

[10]鵾：中華書局本《校勘記》云：“‘鵾’《侯景傳》作‘鯤’，其字或從魚或從鳥。本傳云‘字子鵬’，蓋取《莊子·逍遥遊》‘鯤化爲鵬’之意，當以作‘鯤’爲是。然侃長子名鷟，則鵾字子鵬亦自可通。”

鵾字子鵬。隨侃臺内，城陷，竄於陽平，[1]侯景呼還，待之甚厚。及景敗，鵾密圖之，乃隨其東走。景於松江戰敗，[2]惟餘三舸，下海欲向蒙山。[3]會景倦晝寢，鵾語海師：[4]“此中何處有蒙山！汝但聽我處分。”[5]遂直向京口。[6]至胡豆洲，[7]景覺，大驚，問岸上人，云“郭元建猶在廣陵”，[8]景大喜，將依之。鵾拔刀叱海師，使向京口。景欲透水，[9]鵾抽刀斫之，景乃走入船中，以小刀抉船，鵾以矟入刺殺之。世祖以鵾爲持節、通直散騎常侍、都督青冀二州諸軍事、明威將軍、青州刺史，封昌國縣公，[10]邑二千户，賜錢五百萬，米五千石，布、絹各一千匹，又領東陽太守。[11]征陸納，[12]加散騎常侍。平峽中，[13]除西晉州刺史。[14]破郭元建於東關，[15]遷使持節、信武將軍、東晉州刺史。承聖三年，[16]西魏圍江陵，[17]鵾赴援不及，從王僧愔征蕭勃於嶺表。[18]聞太尉僧辯敗，[19]乃還，爲侯瑱所破，[20]於豫章遇害，[21]時年二十八。

[1]陽平：今地不詳。疑在京師建康城附近。

[2]松江：水名。即今江蘇太湖尾閭吴淞江。

[3]蒙山：又名東蒙山，在今山東蒙陰縣西南。

[4]海師：駕船航海者。

[5]處分：安排，處置。

[6]京口：縣名。當時南徐州鎮所，即今江蘇鎮江市。

[7]胡豆洲：地名。在今江蘇南通市。本長江口沙洲，後併入北岸大陸。胡，本書卷五六《侯景傳》作“壺”。

[8]郭元建：人名。侯景部屬。侯景敗，奔北齊。參《陳書》卷一《高祖紀》。　廣陵：縣名。治所在今江蘇揚州市西北。

[9]透水：投入水中。

[10]世祖：梁元帝廟號。　通直散騎常侍：官名。集書省官員，掌侍從左右，獻納諫諍，與散騎常侍通直。劉宋以後，多用衰老之士擔任，常爲加官，地位漸低。員四人。梁十一班。　明威將軍：將軍名號。爲一百二十五號將軍之一，天監七年定爲十三班，大通三年入爲十四班。　昌國縣公：公，中華本有勘，《南史》及《册府元龜》卷八四七作“侯”。昌國縣，治所在今越南河内市。

[11]東陽：郡名。治所在今浙江金華市。

[12]陸納：人名。梁湘州刺史王琳長史。大寶二年（551），梁元帝執王琳、陸納等反，攻占湘州。參本書卷五《元帝紀》及卷四六《杜崱傳》。

[13]峽中：疑“峽口”之訛。峽口，即巫峽之口。梁承聖二年（553）七月，梁元帝平峽口城，殺武陵王紀。參本書卷五五《武陵王紀傳》。

[14]西晉州：錢大昕《廿二史考異》：“按東西晉二州，當是元帝所置，《隋志》：同安郡，梁置豫州，後改曰晉州，初不見東西之

名。”

[15]東關：地名。在今安徽巢湖市東南東關。

[16]承聖：梁元帝年號（552—555）。

[17]江陵：縣名。治所在今湖北荆州市。侯景亂平，梁元帝建都於此。承聖三年九月，西魏柱國萬紐于謹率大軍南下攻江陵。參本書卷五《元帝紀》及卷四五《王僧辯傳》。

[18]王僧愔：人名。王僧辯之弟，王僧辯被殺，僧愔奔北齊。詳《陳書》卷九《侯瑱傳》。　征蕭勃：蕭勃梁末爲廣州刺史，陳霸先禪代之際，舉兵反。不久，遇害。勃，舊本皆訛“費”，此依中華書局本校改。　嶺表：即嶺南，此指廣州。

[19]僧辯：王僧辯。梁末，與陳霸先共平侯景之亂，後爲陳霸先所滅。本書卷四五有傳。

[20]侯瑱：人名。侯景之亂，隨王僧辯討景。僧辯被殺，侯瑱據豫章，有不臣意，後爲陳臣。《陳書》卷九有傳。

[21]豫章：郡名。治所在今江西南昌市。

羊鴉仁字孝穆，太山鉅平人也。[1]少驍果有膽力，仕郡爲主簿。普通中，率兄弟自魏歸國，封廣晉縣侯。[2]征伐青、齊間，[3]累有功績，稍遷員外散騎常侍、歷陽太守。[4]中大通四年，爲持節、都督譙州諸軍事、信威將軍、譙州刺史。[5]大同七年，除太子左衛率，出爲持節、都督南北司豫楚四州諸軍事、輕車將軍、北司州刺史。[6]侯景降，[7]詔鴉仁督土州刺史桓和之、仁州刺史湛海珍等精兵三萬，[8]趨懸瓠應接景，[9]仍爲都督豫司淮冀殷應西豫等七州諸軍事、司豫二州刺史，[10]鎮懸瓠。會侯景敗於渦陽，[11]魏軍漸逼，鴉仁恐糧運不繼，遂還北司，上表陳謝，高祖大怒，責之，鴉仁懼，又頓軍於淮上。[12]及侯景反，鴉仁率所部入援。太清二年，[13]景既背盟，鴉仁乃與趙伯超及南康王會理共攻賊於東府城，[14]反爲賊所敗。臺城陷，[15]鴉仁見景，爲景所留，以爲五兵尚書。[16]鴉仁常思奮發，謂所親曰："吾以凡流，受寵朝廷，竟無報效，以答重恩。社稷傾危，身不能死，偷生苟免，以至于今。若以此終，没有餘憤。"[17]因遂泣下，見者傷焉。三年，出奔江西，[18]其故部曲數百人迎之，將赴江陵，[19]至東莞，[20]爲故北徐州刺史荀伯道諸子所害。[21]

[1]太山：郡名。治所在今山東泰安市東南。太，同"泰"，《南史》卷六三同傳作"泰"。　鉅平：縣名。治所在今山東泰安市南。

[2]廣晉：縣名。治所在今江西波陽縣北廣進鄉。

[3]青、齊：皆州名。青州，治所在今山東青州市；齊州，治所在今山東濟南市。

[4]員外散騎常侍：官名。集書省官員，多以公族、宗室充任。劉宋以後多用爲安置閑退官員，地位漸低。梁十班。

[5]譙州：州名。治所在今安徽亳州市。

[6]南北司豫楚：皆州名。南司州，治所在今湖北安陸市；北司州，梁大通二年（528）以司州改名，治所在今河南信陽市；豫州，治所在今安徽壽縣；楚州，治所在今河南信陽市北長臺關西。錢大昕《廿二史考異》卷二六有云："按本紀失載楚州建立年月。《魏志》，西楚州，蕭衍置，治楚城，領汝陽、仵城、城陽三郡。即此楚州也。"　輕車將軍：將軍名號。爲一百二十五號將軍之一，十四班。

[7]侯景：太清元年附梁，梁武帝遣羊鴉仁等應接。二年反，率軍攻建康。

[8]土州：梁分郢州置北新州，又分北新州置土、富、洄、泉、豪五州。治所在今湖北荆州市西南。土，舊本皆作“士”，此依中華書局本校改。按，本書卷一《武帝紀》及《通鑑》並作“兖州”。仁州：州名。梁置，治所在今安徽泗縣西南。

[9]懸瓠：城名。在今河南汝南縣。

[10]豫、司、淮、冀、殷、應、西豫：皆州名。豫州，治所在今河南汝南縣；司州，治所在今河南信陽縣；淮州，梁以北兖州改名，治所在今江蘇淮陰市西南甘羅城；冀州，劉宋泰始（465—471）中與青州合僑置，治所在今江蘇連雲港市東雲臺山附近；殷州，南朝梁北揚州置，治所在今河南沈丘縣；應州，梁大同二年置，治所在今湖北應城市；西豫州，梁大通元年改東豫州置，治所在今河南息縣城。

[11]渦陽：縣名。北魏置，治所在今安徽蒙城縣。

[12]淮：指淮河。

[13]二：疑爲“三”之訛。據本書卷一《武帝紀》，羊鴉仁進軍東府城與侯景戰敗在太清三年三月。

[14]南康王會理：梁武帝第四子蕭績死，其子會理嗣爵南康王。太清元年爲南兖州刺史，侯景反，會理入援。見本書卷二九《高祖三王傳》。南康，郡名。治所在今江西贛州市東北。　東府城：城名。南朝揚州刺史鎮所，在今江蘇南京市通濟門附近，臨秦淮河。

[15]臺城：京師建康宫城，因爲朝廷臺省所在，故稱。

[16]五兵尚書：官名。尚書省列曹尚書之一，掌軍事行政。梁十三班。

[17]没（mò）：死。

[18]江西：長江以西。西，舊本皆作“陵”，此依中華書局本校改。

[19]江陵：縣名。荆州鎮所，在今湖北荆州市江陵。

[20]東莞：郡名。梁代僑置，治所在今江蘇連雲港市西南海州鎮。

[21]北徐州：州名。南朝齊改徐州置，治所在今安徽鳳陽縣東北。　諸子：《南史》卷六三同傳作“子晷”。按，此下，《南史》又載鵶仁兄子海珍報復事，可參看。

史臣曰：高祖革命受終，[1]光期寶運，威德所漸，[2]莫不懷來，[3]其皆殉難投身，[4]前後相屬。元法僧之徒入國，並降恩遇，位重任隆，擊鍾鼎食，[5]美矣。而羊侃、鵶仁值太清之難，並竭忠奉國。侃則臨危不撓，鵶仁守義殞命，可謂志等松筠，[6]心均鐵石，[7]古之殉節，斯其謂乎。

[1]革命：實施變革以應天命。古人認爲帝王受命於天，因稱朝代更替爲革命。　受終：承受帝位。

[2]漸：感染、影響。

[3]懷來：招徠。陸賈《新語·道基》：“附遠寧近，懷來萬邦。”

[4]投身：捨命。

[5]擊鍾鼎食：古代富貴家庭，列鼎而食，食時擊鐘奏樂。

[6]松筠：松竹，比喻人節操堅貞。

[7]鐵石：比喻人堅定不移。

梁書 卷四〇

列傳第三十四

司馬褧　到溉　劉顯
劉之遴 弟之亨　許懋

司馬褧字元素，[1]河内温人也。[2]曾祖純之，晉大司農高密敬王。[3]祖讓之，員外常侍。[4]父燮，善《三禮》，[5]仕齊官至國子博士。[6]

[1]褧（jiǎng）字元素：素，《南史》卷六二同傳作"表"。

[2]河内：郡名。治所在今河南沁陽市。　温：縣名。治所在今河南温縣。此司馬褧祖籍。

[3]純之：司馬純之，仕晉，爵高密王，謚敬，故稱高密敬王。《晉書》卷三七有傳。　大司農：官名。九卿之一。掌倉儲、供膳等。晉第三品。　高密：王國名，治所在今山東高密市。

[4]員外常侍：員外散騎常侍之省稱，官名。屬散騎省，多以公族、宗室擔任。劉宋以後常用以安置閑退官員，地位漸低。宋齊官品不詳。

[5]《三禮》：指《周禮》、《儀禮》、《禮記》。

[6]國子博士：官名。屬太常，國子學教官，參議禮制。員二人。齊第六品。

褧少傳家業，强力專精，手不釋卷，其禮文所涉書，略皆遍覩。沛國劉瓛爲儒者宗，[1]嘉其學，深相賞好。少與樂安任昉善，[2]昉亦推重焉。初爲國子生，起家奉朝請，[3]稍遷王府行參軍。[4]天監初，[5]詔通儒治五禮，[6]有司舉褧治嘉禮，除尚書祠部郎中。[7]是時創定禮樂，褧所議多見施行。除步兵校尉，[8]兼中書通事舍人。[9]褧學尤精於事數，國家吉凶禮，當世名儒明山賓、賀瑒等疑不能斷，[10]皆取決焉。

[1]沛國：郡名。治所在今安徽濉溪縣西北。　劉瓛（huán）：字子珪，祖籍沛國。《南齊書》卷三九有傳。

[2]樂安：郡名。治所在今山東鄒平縣東北苑城鎮。　任昉：祖籍樂安郡。本書卷一四有傳。

[3]奉朝請：本指大臣奉命定期參加朝會，朝見皇帝，晉以下以爲官名。用以安置閑散官員，宋齊無職事，亦不爲官。

[4]行參軍：官名。王公府屬官，參掌府曹事，位在正參軍之下。

[5]天監：梁武帝年號（502—519）。

[6]五禮：指吉禮、凶禮、賓禮、軍禮、嘉禮。見《周禮·春官宗伯·大宗伯》。按，梁修五禮事，詳本書卷二五《徐勉傳》。

[7]尚書祠部郎中：官名。屬尚書右僕射或祠部尚書。尚書省諸曹郎之一，掌祭享禮儀等。梁天監七年革選，定流内官職爲十八班，以班多者爲貴。祠部郎中爲五班。

[8]步兵校尉：官名。禁軍五校尉之一，掌宫廷宿衛。梁七班。

[9]中書通事舍人：官名。中書省屬官，掌入值閣内，呈奏案章。劉宋以後，漸用寒士及皇帝親信任此職，奪中書侍郎草擬詔書之權。至梁用人殊重，選以才能，不限資地，專掌中書詔誥，權勢顯赫。多以他官兼領。梁員四人，四班。

[10]明山賓：人名。本書卷二七有傳。　賀瑒：人名。本書卷四八《儒林傳》有傳。

累遷正員郎、鎮南諮議參軍，[1]兼舍人如故。遷尚書右丞。[2]出爲仁威長史、長沙内史。[3]還除雲騎將軍，[4]兼御史中丞，[5]頃之即真。[6]十六年，出爲宣毅南康王長史、行府國並石頭戍軍事。[7]褧雖居外官，有敕預文德、武德二殿長名問訊，[8]不限日。十七年，遷明威將軍、晉安王長史，[9]未幾卒。王命記室庾肩吾集其文爲十卷，[10]所撰《嘉禮儀注》一百一十二卷。[11]

[1]正員郎：即散騎侍郎。集書省屬官，掌侍從左右，獻納諫諍。員四人。梁八班。　鎮南：鎮南將軍之省稱，將軍名號。與鎮東、鎮西、鎮北將軍合稱四鎮將軍，多爲持節都督，出鎮方面，權勢甚重。梁天監七年革選，釐定將軍名號及班品，有一百二十五號十品二十四班，以班多者爲貴，鎮南將軍爲二十二班。　諮議參軍：官名。王公府屬官，掌諷議。梁九班至六班。

[2]尚書右丞：官名。尚書省屬官，佐尚書令、僕射知省事，省臺内藏及廬舍、凡諸器用之物，督録遠道文書章表奏事。員一人。梁八班。

[3]仁威：仁威將軍之省稱，將軍名號。梁置，與智威、勇威、信威、嚴威將軍代舊征虜將軍。爲一百二十五號將軍之一，十六班。　長史：官名。王公軍府屬官，掌本府官吏。梁十班至六班。

長沙：郡名。治所在今湖南長沙市。　内史：官名。王國行政長官，掌王國民政，職同太守。宋第五品，梁不詳。

[4]雲騎將軍：官名。禁衛軍六軍之一，梁天監六年以舊驍騎將軍改，掌宫廷侍衛。十班。

[5]兼：官制術語。假職未真授之稱。　御史中丞：官名。御史臺長官，掌督司百僚，糾彈不法。六朝第一流高門多不居此職。員一人。梁十一班。

[6]即真：由假職而真授。

[7]宣毅：宣毅將軍之省稱，將軍名號。梁置，與鎮兵、翊師、宣惠將軍代舊東、西、南、北四中郎將。爲一百二十五號將軍之一，十七班。　南康王：梁武帝子蕭績封爵號。見本書卷二九《高祖三王傳》。南康，郡名。治所在今江西贛州市東北。　行事：南朝諸王往往年幼即出鎮一方，因而朝廷命長史代行政事，稱爲行事。　石頭戍：即石頭城戍所，地在今江蘇南京市西清涼山。其地背山面江，形勢險固，爲六朝軍事要地，常駐重兵戍守。

[8]文德、武德：並京師建康宫城内殿省名。　長名：指定諮詢者的名單。　問訊：通問、請教。

[9]明威將軍：將軍名號。梁代，與寧遠、振遠等將軍代舊寧朔將軍。爲一百二十五號將軍之一，十三班。　晉安王：梁簡文帝之初封爵號。晉安，郡名。治所在今福建福州市。

[10]記室：即記室參軍，官名。王公軍府屬官，掌文記。梁六班至二班。　庾肩吾：人名。本書卷四九有傳。　十卷：《隋書·經籍志》著録："梁仁威府長史《司馬褧集》九卷。"

[11]一百一十二卷：本書及《南史》卷六〇《徐勉傳》、《册府元龜》卷五六三並作"一百一十六卷"。而《隋書·經籍志二》"《梁賓禮儀注》九卷"下小注："司馬褧撰《嘉儀注》一百一十二卷，録三卷，並亡。"中華書局本亦有勘。

到溉字茂灌，彭城武原人。[1]曾祖彦之，[2]宋驃騎將軍。[3]祖仲度，驃騎江夏王從事中郎。[4]父坦，[5]齊中書郎。[6]

[1]彭城：郡名。治所在今江蘇徐州市。　武原：縣名。治所在今江蘇邳州市西北泇口鎮。

[2]彦之：到彦之，《南史》卷二五有傳。

[3]驃騎將軍：將軍名號。爲重號將軍，多用以加授大臣，重要地方長官。宋第二品。

[4]江夏王：宋武帝子劉義恭之封爵號。《宋書》卷六一《武三王》有傳。江夏，郡名。治所在今湖北武漢市武昌。　從事中郎：官名。王公府及開府位從公府屬官，與長史共掌本府官吏。宋第六品。

[5]坦：到坦，《南齊書》卷三七《到撝傳》有附傳。

[6]中書郎：官名。又稱中書侍郎，中書省屬官，舊掌詔誥。劉宋以後，草擬詔誥之權歸中書舍人，中書侍郎職少官清，成爲諸王起家官。員四人。齊第五品。

溉少孤貧，與弟洽俱聰敏有才學，[1]早爲任昉所知，由是聲名益廣。起家王國左常侍，[2]轉後軍法曹行參軍，[3]歷殿中郎。[4]出爲建安内史，[5]遷中書郎，兼吏部，[6]太子中庶子。[7]湘東王繹爲會稽太守，[8]以溉爲輕車長史、行府郡事。[9]高祖敕王曰：[10]“到溉非直爲汝行事，足爲汝師，間有進止，每須詢訪。”遭母憂，[11]居喪盡禮，朝廷嘉之。服闋，[12]猶蔬食布衣者累載。除通直散騎常侍，[13]御史中丞，太府卿，[14]都官尚書，[15]郢州長史、江夏太守，[16]加招遠將軍，[17]

入爲左民尚書。[18]

[1]洽：到洽，本書卷二七有傳。

[2]王國左常侍：王國屬官，掌隨侍國主，諫諍、司儀。梁二班至一班。

[3]後軍：後軍將軍之省稱，前左右後四軍將軍之一，官名。爲禁衛軍重要將領之一，掌宫廷宿衛。梁九班。　法曹行參軍：官名。王公軍府屬官，掌郵驛科程事。梁三班至流外七班中之五班。

[4]殿中郎：即尚書殿中郎，官名。尚書省殿中曹長官，屬尚書左僕射，掌擬詔書，多用文學之士。梁六班。

[5]建安：郡名。治所在今福建建甌市南。

[6]吏部：即尚書吏部郎，官名。尚書省吏部曹長官。佐吏部尚書掌官吏銓選、調動事宜。梁十一班。

[7]太子中庶子：官名。東宫屬官，與太子中舍人共掌侍從及文翰。員四人。梁十一班。

[8]湘東王繹：梁元帝蕭繹初封湘東王。湘東，郡名。治所在今湖南衡陽市。　會稽：郡名。治所在今浙江紹興市。

[9]輕車：輕車將軍之省稱，將軍名號。梁代與征遠、鎮朔、武旅、貞毅將軍代舊輔國將軍。爲一百二十五號十品二十四班將軍之一，十四班。

[10]高祖：梁武帝廟號。　敕：告誡。

[11]母憂：母喪。

[12]服闋：服喪期滿。

[13]通直散騎常侍：官名。集書省官員。掌侍從左右，應對獻納，與散騎常侍通直。劉宋以後，多爲加官，不爲人所重。員四人。梁十一班。

[14]太府卿：官名。梁加置，爲十二卿之一，掌金帛府帑。十三班。

[15]都官尚書：官名。尚書省都官曹長官。掌法律刑獄及水利工程政令。梁十三班。

[16]郢州：州名。治所在今湖北武漢市武昌。

[17]招遠將軍：將軍名號。梁置，爲一百二十五號將軍之一，二班。

[18]左民尚書：官名。尚書省列曹尚書之一，掌土木工程及户籍等。梁十三班。

溉身長八尺，美風儀，善容止，所莅以清白自脩。性又率儉，不好聲色，虚室單牀，傍無姬侍，自外車服，不事鮮華，冠履十年一易，朝服或至穿補，傳呼清路，[1]示有朝章而已。[2]

[1]傳呼清路：古代天子或大官員出巡，清掃道路，傳呼禁止行人往來。

[2]朝章：朝廷的規章制度。

頃之，坐事左遷金紫光禄大夫，[1]俄授散騎常侍、侍中、國子祭酒。[2]

[1]金紫光禄大夫：官名。光禄大夫之重者加金章紫綬，稱爲金紫光禄大夫。養老疾，無職事，多用於贈官。梁十四班。中華書局本《校勘記》云："錢大昕《廿二史考異》：'金紫光禄大夫似非左遷之官。'按《南史》作'左遷光禄大夫'。"按，光禄大夫與左民尚書同居十三班而後於左民尚書，由左民尚書而光禄大夫，乃左遷，故當以《南史》爲是。

[2]散騎常侍：官名。集書省長官，掌侍從左右，獻納得失。

劉宋以後，職以侍從左右、掌圖書文翰爲主，地位降低。員四人。梁十二班。　侍中：官名。門下省長官，掌侍從左右，擯相威儀，應對獻替等，參與決策，是中樞集團重要成員。定員四人。梁十二班。　國子祭酒：官名。屬太常卿。掌國子學，參議禮制。員一人。梁十三班。

溉素謹厚，特被高祖賞接，[1]每與對棊，從夕達旦。溉第山池有奇石，[2]高祖戲與賭之，并《禮記》一部，溉並輸焉，未進，高祖謂朱异曰：[3]“卿謂到溉所輸可以送未?”溉斂板對曰：[4]“臣既事君，安敢失禮。”高祖大笑，其見親愛如此。後因疾失明，詔以金紫光禄大夫、散騎常侍就第養疾。

[1]賞接：賞識，優待。
[2]第：住宅。
[3]朱异：人名。本書卷三八有傳。
[4]斂板：拱手執板。板，手板，即笏。

溉家門雍睦，[1]兄弟特相友愛。初與弟洽常共居一齋，洽卒後，便捨爲寺，因斷腥羶，終身蔬食，別營小室，朝夕從僧徒禮誦。高祖每月三置浄饌，[2]恩禮甚篤。蔣山有延賢寺者，[3]溉家世創立，故生平公俸，咸以供焉，略無所取。[4]性又不好交游，惟與朱异、劉之遴、張綰同志友密。[5]及卧疾家園，門可羅雀，三君每歲時常鳴騶枉道，[6]以相存問，置酒叙生平，極歡而去。臨終，託張、劉勒子孫以薄葬之禮，[7]卒時年七十二。詔贈本官。有集二十卷行於世。時以溉、洽兄弟比之二陸，[8]故世祖贈詩曰：[9]“魏世重雙丁，[10]晉朝稱二陸，何如今兩到，復似凌寒竹。”

[1]雍睦：和睦。

[2]浄饌：素食。

[3]蔣山：即鍾山，又名紫金山，在今江蘇南京市東北。漢末秣陵尉蔣子文逐盜死於此，東吴孫權爲立廟於鍾山，權叔父諱鍾，因改名稱蔣山。參《初學記》卷八引《丹陽記》。 延賢寺：佛寺名。

[4]略無：毫無，全無。

[5]張綰：人名。本書卷三四有傳。

[6]鳴騶：古代顯貴高官出行，隨從騎卒吆喝開道，稱爲鳴騶。枉道：繞道。

[7]勒：强制。此處指監督執行。

[8]二陸：指西晉陸機、陸雲兄弟。二陸以兄弟友愛、文才傑出著稱。《晉書》卷五四有傳。

[9]世祖：梁元帝廟號。

[10]雙丁：指丁儀、丁廙兄弟。二丁，三國曹魏沛郡人，並學博才朗，爲曹植親信。參《三國志》卷一九《陳思王植傳》裴注引《魏略》。

子鏡，字圓照，安西湘東王法曹行參軍，[1]太子舍人，[2]早卒。

[1]安西：安西將軍之省稱，將軍名號。與安東、安南、安北將軍合稱四安將軍，爲出鎮方面的軍事長官，或作爲刺史兼理軍務的加官，權任頗重。爲一百二十五號將軍之一，二十一班。

[2]太子舍人：官名。東宫屬官，掌文記。員十六人。梁三班。

鏡子藎，早聰慧，起家著作佐郎，[1]歷太子舍人，宣城王主簿，[2]太子洗馬，[3]尚書殿中郎。嘗從高祖幸京口，[4]登北顧樓賦詩，[5]藎受詔便就，上覽以示溉曰："藎定是才子，[6]翻恐卿從來文章假手於藎。"[7]因賜溉《連珠》曰：[8]"研磨墨以騰文，[9]筆飛毫以書信。如飛蛾之赴火，[10]豈焚身之可吝。必耄年其已及，可假之於少藎。"其見知賞如此。除丹陽尹丞。[11]太清亂，[12]赴江陵，卒。[13]

[1]著作佐郎：官名。祕書省屬官，佐著作郎掌國史，集注起居。爲清簡之職，多爲甲族貴遊起家之選。梁二班。

[2]宣城王：梁簡文帝長子哀太子蕭大器初封爵號。本書卷八有傳。宣城，郡名。治所在今安徽宣州市。　主簿：官名。自漢以下中央各機構及地方州郡皆置，掌文書簿籍。其官職隨所署長官地位高下而異。

[3]太子洗馬：官名。東宫屬官，掌文翰，爲清簡之官。員八人。梁六班。

[4]京口：地名。即今江蘇鎮江市，爲南徐州鎮所。

[5]北顧樓：本名北固樓，在今江蘇鎮江市城區北長江邊北固山上。梁大同十年（544），武帝蕭衍改名。參本書卷一《武帝紀》。

[6]定：畢竟，終竟。

[7]假手：請人代作。

[8]連珠：文體之一種。明・徐師曾《文體明辨序説》："連珠者，假物陳義以通諷諭之詞也。連之爲言貫也，貫穿情理，如珠之在貫也。蓋自揚雄綜述碎文，肇爲連珠，而班固、賈逵、傅毅之

流，受詔繼作。傅玄乃云興於漢章之世，誤矣。”參錢鍾書《管錐編》第三册《全晉文卷四六·〈演連珠〉》。

[9]研：通“硯”，《南史》作“硯”。

[10]飛蛾之赴火：比喻不辭捨命而求有所作爲。

[11]丹陽尹丞：京師所在丹陽郡長官的副佐。宋第七品，梁不詳。丹陽郡，治所在今江蘇南京市。

[12]太清亂：指梁太清年間侯景之亂。參本書卷一《武帝紀》及卷五六《侯景傳》。太清，梁武帝年號（547—549）。

[13]江陵：縣名。治所在今湖北荆州市。太清元年，湘東王蕭繹再爲荆州刺史，鎮江陵。此後江陵即爲蕭繹之首府，直至梁亡。到藎赴江陵，必是投奔蕭繹。

劉顯字嗣芳，沛國相人也。[1]父巖，[2]晉安内史。

[1]相：縣名。治所與沛國郡同。此劉顯祖籍。

[2]巖：音 zōng。

顯幼而聰敏，當世號曰神童。天監初，舉秀才，解褐中軍臨川王行參軍，[1]俄署法曹。[2]顯好學，博涉多通，任昉嘗得一篇缺簡書，文字零落，歷示諸人，莫能識者，顯云是《古文尚書》所删逸篇，昉檢《周書》，果如其説，昉因大相賞異。丁母憂，[3]服闋，尚書令沈約命駕造焉，[4]於坐策顯經史十事，[5]顯對其九。約曰：“老夫昏忘，不可受策；雖然，聊試數事，不可至十也。”顯問其五，約對其二。陸倕聞之歎曰：[6]“劉郎可謂差人，[7]雖吾家平原詣張壯武，[8]王粲謁伯喈，[9]必無此對。”其爲名流推賞如此。及約爲太子少傅,[10]乃引爲五官掾,[11]俄兼廷尉正。[12]五兵尚書傅昭掌著作,[13]撰國史，引顯爲佐。九年，始革尚書五都選，顯以本官兼吏部都,[14]又除司空臨川王外兵參軍,[15]遷尚書儀曹郎。[16]嘗爲《上朝詩》,[17]沈約見而美之，時約郊居宅新成，因命工書人題之於壁。出爲臨川王記室參軍、建康平。[18]復入爲尚書儀曹侍郎，兼中書通事舍人。出爲秣陵令,[19]又除驃騎鄱陽王記室,[20]兼中書舍人,[21]累遷步兵校尉、中書侍郎,[22]舍人如故。

[1]解褐：脱下布衣，著官服。指初入仕途。　中軍：中軍將軍之省稱，將軍名號。梁代與中衛、中權、中撫將軍合稱四中將軍，祇授予在京師任職者，地位顯要。爲一百二十五號十品二十四班將軍之一，二十三班。　臨川王：梁武帝弟蕭宏的封爵號。見本書卷二二《太祖五王傳》。　行參軍：官名。王公府屬官，參掌府曹事。梁天監七年革選，定流内官職爲十八班，以班多者爲貴，行參軍位低於正參軍，爲三班至一班。

[2]署：官制術語。試署以權理其職事。　法曹：即法曹行參軍，官名。王公軍府屬官，掌郵驛科程事。梁三班至一班。

[3]丁：當，遭。

[4]沈約：人名。本書卷一三有傳。

[5]策：書問題於簡策以問。

[6]陸倕：人名。本書卷二七有傳。

[7]差人：特異之人。

[8]平原：指陸機。西晉陸機曾官平原相，故稱。　張壯武：指張華。華仕晉，封壯武公，故稱。二人《晉書》皆有傳，分見卷五四、卷三六。《晉書》卷五四《陸機傳》載："太康末，（機）與

弟雲俱入洛，造太常張華。華素重其名，如舊相識，曰：‘伐吴之役，利獲二俊。’”

[9]王粲：人名。後漢山陽高平人，《三國志》卷二一有傳。伯喈：蔡邕之字。邕，後漢陳留圉人。《後漢書》卷九〇有傳。《三國志》卷二一《魏書》卷五四《王粲傳》載：“獻帝西遷，粲徙長安，左中郎將蔡邕見而奇之。時邕才學顯著，貴重朝廷，常車騎填巷，賓客盈坐。聞粲在門，倒屣迎之。粲至，年既幼弱，容狀短小，一坐盡驚。邕曰：‘此王公孫也，有異才，吾不如也。吾家書籍文章，盡當與之！’”

[10]太子少傅：官名。東宫官員。佐太子太傅掌輔導太子。員一人。梁十五班。

[11]五官掾：此指太子少傅五官掾，爲太子少傅屬官，掌祭祀。梁三班。

[12]廷尉正：官名。與廷尉平、廷尉監合稱廷尉三官，佐廷尉卿掌刑辟。員一人。梁六班。

[13]五兵尚書：官名。尚書省列曹尚書之一，掌全國軍事政令，梁十三班。　傅昭：人名。本書卷二六有傳。

[14]吏部都：即尚書吏部都，官名。佐尚書左右丞管理都曹事務，監督吏部曹。梁二班。按，都，各本皆作“郎”，訛。《隋書·百官志》：“（天監）九年詔曰：‘尚書五都，職參政要，非但總領衆局，亦乃方軌二丞。頃雖求才，未臻妙簡，可革用士流，每盡時彦，庶同持領，秉此群目。’於是以都令史視奉朝請。其年，以太學博士劉納兼殿中都，司空法曹參軍劉顯兼吏部都，太學博士孔虔孫兼金部都，司空法曹參軍蕭軌兼左户都，宣毅墨曹參軍王勔顒中兵都。五人並以才地兼美，首膺兹選矣。”且吏部郎，梁十一班，劉顯當時不可能兼任如此高的官職。當以“吏部都”爲是。今據改。

[15]外兵參軍：官名。王公府屬官，掌所轄軍隊政令。梁四班至二班。

[16]尚書儀曹郎：官名。尚書省諸曹郎之一，屬祠部尚書或尚書右僕射。掌吉凶禮儀制度。梁六班。

[17]《上朝詩》：今不存。

[18]出爲臨川王記室參軍、建康平：中華書局校點本於“軍”字後用句號，以“建康”爲專名，“建康平”後用逗號，誤。説詳熊清元《〈梁書·劉顯傳〉點校匡補》。　建康平：官名。“建康三官”之一，天監元年置，掌京師所在建康刑獄。梁四班。

[19]秣陵：縣名。治所在今南京市中華門外故報恩寺附近。

[20]驃騎：驃騎將軍之省稱。梁一百二十五號將軍之一，二十四班。　鄱陽王：梁武帝弟蕭恢的封爵號。見本書卷二二《太祖五王傳》。鄱陽，郡名。治所在今江西波陽縣。

[21]中書舍人：即中書通事舍人。參《隋書·百官志》。

[22]中書侍郎：官名。又稱中書郎，職掌同齊代。員四人。梁九班。

顯與河東裴子野、南陽劉之遴、吴郡顧協，[1]連職禁中，[2]遞相師友，時人莫不慕之。顯博聞强記，[3]過於裴、顧。時魏人獻古器，有隱起字，無能識者，顯案文讀之，無有滯礙，考校年月，一字不差，高祖甚嘉焉。

[1]裴子野：祖籍河東郡。本書卷三〇有傳。　顧協：吴郡人。本書卷三〇有傳。

[2]禁中：宫廷中。古宫廷有門禁，故稱禁中。

[3]《顔氏家訓·書證》：“沛國劉顯，博覽經籍，偏精班《漢》，梁代謂之‘《漢》聖’。”

遷尚書左丞,[1]除國子博士。出爲宣遠岳陽王長史,[2]行府國事,[3]未拜,遷雲麾邵陵王長史、尋陽太守。[4]大同九年,[5]王遷鎮郢州,除平西諮議參軍,[6]加戎昭將軍。[7]其年卒,時年六十三。友人劉之遴啓皇太子曰:"之遴嘗聞,夷、叔、柳惠,[8]不逢仲尼一言,[9]則西山餓夫,[10]東國黜士,[11]名豈施於後世。[12]信哉!生有七尺之形,終爲一棺之土。[13]不朽之事,寄之題目,[14]懷珠抱玉,[15]有歿世而名不稱者,[16]可爲長太息,[17]孰過於斯。竊痛友人沛國劉顯,韞櫝藝文,[18]研精覃奥,[19]聰明特達,出類拔羣。闔棺郢都,歸魂上國,[20]卜宅有日,[21]須鐫墓板。[22]之遴已略撰其事行,今輒上呈。伏願鴻慈,[23]降兹睿藻,[24]榮其枯骴,[25]以慰幽魂。冒昧塵聞,戰慄無地。"乃蒙令爲誌銘曰:[26]"繁弱挺質,[27]空桑吐聲,[28]分器見重,[29]播樂傳名。誰其均之?[30]美有髦士。[31]禮著幼年,業明壯齒。厭飫典墳,[32]研精名理。[33]一見弗忘,過目則記。若訪賈逵,[34]如問伯始。[35]穎脱斯出,學優而仕。議獄既佐,芸蘭乃握。搏鳳池水,[36]推羊太學。[37]内參禁中,外相藩岳。[38]斜光已道,殞彼西浮;百川到海,還逐東流。營營返魄,[39]汎汎虛舟。白馬向郊,[40]丹旐背鞏。[41]野埃興伏,山雲輕重。吕掩書墳,[42]揚歸玄冢。[43]爾其戒行,途窮土壟。弱葛方施,[44]叢柯日拱。[45]墜柳萸春,[46]禽寒斂氄。[47]長空常暗,陰泉獨湧。祔彼故塋,[48]流芬相踵。"

［1］尚書左丞：官名。佐尚書令、僕射知省事，管理中央機構文書章奏，糾彈不法。員一人。梁九班。

［2］宣遠：宣遠將軍之省稱，將軍名號。爲一百二十五號將軍之一，十三班。　岳陽王：梁昭明太子蕭統之子詧的封爵號。見《周書》卷四八《蕭統傳》。岳陽，郡名，梁置，治所在今湖南汨羅市東長樂。

［3］行府國事：代行府國政事。

［4］雲麾：雲麾將軍之省稱，將軍名號。梁置，與武臣、爪牙、龍騎將軍代舊前後左右四將軍。爲一百二十五號將軍之一，十八班。　邵陵王：梁武帝子蕭綸的封爵號。見本書卷二九《高祖三王傳》。　尋陽：郡名。治所在今江西九江市西南。

［5］大同：梁武帝年號（535—546）。按，本書卷一《武帝紀》載邵陵王綸爲平西將軍、郢州刺史在大同六年二月，卷二九《高祖三王·邵陵王綸傳》又云在大同七年，此云“大同九年”，必有誤。參曹道衡、沈玉成《中古文學史料叢考》卷四“《梁書·劉顯傳》記事錯亂”條。

［6］平西：平西將軍之省稱，將軍名號。與平東、平南、平北將軍合稱四平將軍，多持節都督或監某一地區的軍事，亦可作爲刺史兼理軍務的加官。爲一百二十五號將軍之一，二十班。

［7］戎昭將軍：考《隋書·百官志》，梁無“戎昭將軍”之號，陳代有，官品第八。

［8］夷、叔、柳惠：指伯夷、叔齊和柳下惠。伯夷、叔齊，商末孤竹君之二子，父死，互相讓位，都逃到周文王那裏。周武王伐紂，二人扣馬而諫。周統一天下，二人耻不食周粟，餓死於首陽山。詳《史記》卷六一《伯夷列傳》。柳下惠，春秋時魯國賢者，本名展獲，字禽，又叫展季。

［9］仲尼一言：指孔子對伯夷、叔齊和柳下惠的稱揚。《論語·公冶長》：“子曰：‘伯夷、叔齊不念舊惡，怨是用希。’”又《述而》：“冉有曰：‘夫子爲衛君乎？’子貢曰：‘諾，吾將問之。’入，曰：‘伯

夷、叔齊何人也?’曰:‘古之賢人也。’曰:‘怨乎?’曰:‘求仁而得仁,又何怨!’出,曰:‘夫子不爲也。’”又《衛靈公》:“子曰:‘臧文仲其竊位者與!知柳下惠之賢而不與立也。’”又《微子》:“逸民:伯夷、叔齊、虞仲、夷逸、朱張、柳下惠、少連。子曰:‘不降其志,不辱其身,伯夷、叔齊與!’謂‘柳下惠、少連,降志辱身矣,言中倫,行中慮,其斯而已矣’。”《史記》卷六一《伯夷列傳》太史公曰:“伯夷、叔齊雖賢,得夫子而名益彰。”

[10]西山餓夫:指伯夷、叔齊。西山,即首陽山。一説即今山西永濟市附近之雷首山;一説即今河南偃師市西北之首陽山;一説在今甘肅隴西縣。

[11]東國黜士:指柳下惠。《論語·微子》:“柳下惠爲士師,三黜。人曰:‘子未可以去乎?’曰:‘直道而事人,焉往而不三黜?枉道而事人,何必去父母之邦?’”東國,指魯國。因其在東,故稱。

[12]施(yì):流傳。

[13]《淮南子·精神訓》:“吾生也有七尺之形,吾死也有一棺之土。”《三國志》卷二《文帝紀》裴注引《魏書》曹丕《與王朗書》:“生有七尺之形,死唯一棺之土,唯立德揚名,可以不朽,其次莫如著篇籍。”

[14]題目:評量、品題人物。

[15]懷珠抱玉:比喻懷抱傑出才能。

[16]稱:稱道。《論語·衛靈公》:“子曰:‘君子疾没世而名不稱焉。’”

[17]太息:嘆息。

[18]韞櫝:藏在櫝中。比喻懷抱才能。

[19]覃奥:精深。

[20]上國:古代諸侯國稱帝室所在爲上國。此處指京師建康。

[21]卜宅:占卜墓地。“卜宅”及前“上國”四字,舊本皆脱,此依中華書局本校補。

[22]墓板：墳墓碑板。

[23]鴻慈：此處指稱皇太子蕭綱。鴻，大；慈，愛。

[24]睿藻：本指精美的詩文。後世多用以指皇帝、太子及后妃之所作。

[25]枯骴（cī）：剛死不久的屍骨。

[26]蒙令：受命。令，皇太子、皇后及諸王之言曰令。

[27]繁弱：良弓名。《荀子·性惡》："繁弱巨黍，古之良弓也。"

[28]空桑：瑟名。《楚辭·大招》："魂兮歸來，定空桑只!"王逸注："空桑，瑟名。"

[29]分器：古代天子把宗廟所藏寶器分給諸侯世代保存，叫做分器。

[30]均：調和。

[31]髦士：英俊之士。

[32]厭飫（yù）：飲食飽足。　典墳：三墳五典。此代指經典著作。

[33]名理：六朝時士人把辨析物理叫做名理。

[34]賈逵：字景伯，後漢扶風人。博通古今，問無不答。《後漢書》卷三六有傳。

[35]伯始：胡廣字伯始，後漢南郡人。性温柔謹素，達練事體，明解朝章。京師諺曰："萬事不理問伯始，天下中庸有胡公。"見《後漢書》卷四四《胡廣傳》。

[36]摶鳳池水：比喻劉顯大展其才於中書省。《莊子·逍遥遊》："窮髮之北，有冥海者，天池也……有鳥焉，其名爲鵬，背若泰山，翼若垂天之雲，摶扶摇羊角而上者九萬里，絶雲氣，負青天，然後圖南，且適南冥也。"鵬，古"鳳"字。鳳池，中書省的别稱。劉顯曾任職於中書省。

[37]推羊太學：《東觀漢記》卷一六《甄宇傳》："甄宇字長文，北海人……建武中爲青州從事，徵拜博士。每臘詔賜博士羊，人一

頭。羊有大小肥瘦。時博士祭酒議欲殺羊，稱分其肉，宇曰不可；又欲投鈎，宇復耻之。宇因先自取其最瘦者，由是不復有争訟。後召會，詔向瘦羊甄博士，京師因以稱之。”劉顯曾任國子博士，故此以甄宇比之。

[38]藩岳：指諸侯王。

[39]營營：往來盤旋的樣子。

[40]白馬向郊：指送葬。古代凶喪，用素車白馬。

[41]丹旐：出殯時，靈柩前的幡旗。　鞏：本周鞏伯邑，西周惠公封少子班於鞏爲東周。此處借指劉顯家所在地，即建康。

[42]吕掩書墳：吕不韋曾撰《吕覽》，其死歸墳墓，故云掩書墳。又，墳，雙關墳墓、墳典。

[43]揚歸玄冢：西漢揚雄曾撰《太玄》，其死歸墳墓，故云歸玄冢。又，玄，雙關《太玄》、玄冥。

[44]弱葛方施（yí）：墳墓上的小草將蔓延。《詩・周南・葛覃》：“葛之覃兮，施於中谷。”

[45]叢柯日拱：墳墓上的樹一天比一天粗。拱，兩手合圍。

[46]墜：墓道。

[47]氄（rǒng）：細軟絨毛。

[48]祔：合葬。

顯有三子：莠、荏、臻。[1]臻早著名。[2]

[1]荏：各本同。《南史》卷五〇同傳作“恁”。

[2]臻：劉臻，梁元帝時，官中書舍人。梁亡，入北周，封饒陽縣子。隋開皇十八年卒。《隋書》卷七六《文學》有傳。

劉之遴字思貞，南陽涅陽人也。[1]父虬，[2]齊國子博士，謚文範先生。

[1]南陽：郡名。治所在今河南南陽市。　涅陽：縣名。治所在今河南鄧州市東北。

[2]虬：劉虬，字靈預。《南齊書》卷五四《高逸傳》有傳。

之遴八歲能屬文，十五舉茂才對策，[1]沈約、任昉見而異之。起家寧朔主簿。[2]吏部尚書王瞻嘗候任昉，[3]值之遴在坐，昉謂瞻曰："此南陽劉之遴，學優未仕，水鏡所宜甄擢。"[4]瞻即辟爲太學博士。[5]時張稷新除尚書僕射，[6]託昉爲讓表，昉令之遴代作，操筆立成。[7]昉曰："荊南秀氣，[8]果有異才，後仕必當過僕。"御史中丞樂藹，[9]即之遴舅，憲臺奏彈，[10]皆之遴草焉。遷平南行參軍，[11]尚書起部郎，[12]延陵令，[13]荊州治中。[14]太宗臨荊州，[15]仍遷宣惠記室。[16]之遴篤學明審，博覽羣籍。時劉顯、韋稜並强記，[17]之遴每與討論，咸不能過也。

[1]對策：古代考試方式之一種。主考人將所考政事、經義等問題書之於策，令應試者對答，觀其文辭以定高下。劉勰《文心雕龍·議對》："對策者，應詔而陳政也。"

[2]寧朔：寧朔將軍之省稱，將軍名號。劉宋第四品，梁初不詳。按，此下所述二事，曹道衡、沈玉成認爲不足信。説詳曹道衡、沈玉成《中古文學史料叢考》卷四"《梁書·劉之遴傳》有誤"條。

[3]吏部尚書：官名。尚書省吏部曹長官，爲列曹尚書之首。掌官吏銓選、任免事宜。多僑姓高門、世胄顯貴擔任，職任甚重。員一人。梁初第三品。

王瞻：人名。本書卷二一有傳。 候：探望。

[4]水鏡：比喻人的明鑒如水和鏡一樣清明。《三國志》卷三七《蜀書·龐統傳》裴注引《襄陽記》："諸葛孔明爲卧龍，龐士元爲鳳雛，司馬德操爲水鏡，皆龐德公語也。" 甄擢：選拔任用。

[5]太學博士：官名。屬太常，掌五經、教授國子生。員八人。劉宋第六品，梁初不詳。

[6]張稷：人名。本書卷一六有傳。 新除：官制術語。授職而未到任之稱。 尚書僕射：官名。尚書令副佐，並與尚書分領諸曹。不常置，若左右僕射並缺，則置以總左右事。員一人。劉宋第三品，梁初同。

[7]此表今不存。

[8]荆南：劉之遴祖籍南陽，古屬荆州，故稱。

[9]樂藹：人名。本書卷一九有傳。

[10]憲臺：即御史臺。

[11]平南：平南將軍之省稱，將軍名號。東西南北四平將軍之一。爲一百二十五號十品二十四班將軍中之一，二十班。

[12]尚書起部郎：官名。尚書省諸曹郎之一，掌營造宗廟宫室。不常置。梁六班。

[13]延陵：縣名。治所在今江蘇丹陽市西南延陵鎮。

[14]荆州：州名。治所在今湖北荆州市。 治中：即治中從事史，官名。州府屬官，掌衆曹文書事。其官班隨所署長官地位高下而異。

[15]太宗：梁簡文帝廟號。

[16]宣惠：宣惠將軍之省稱，將軍名號。梁置，與鎮兵、翊師、宣毅將軍代舊東、西、南、北四中郎將。爲一百二十五號將軍之一，十七班。

[17]韋稜：人名。本書卷一二《韋叡傳》有附傳。

還除通直散騎侍郎，兼中書通事舍人。遷正員郎，[1]尚書右丞，荆州大中正。[2]累遷中書侍郎，鴻臚卿，[3]復兼中書舍人。出爲征西鄱陽王長史、南郡太守，[4]高祖謂曰："卿母年德並高，故令卿衣錦還鄉，盡榮養之理。"[5]後轉爲西中郎湘東王長史，[6]太守如故。初，之遴在荆府，嘗寄居南郡廨，忽夢前太守袁彖謂曰：[7]"卿後當爲折臂太守，即居此中。"之遴後果損臂，遂臨此郡。[8]丁母憂，服闋，徵祕書監，[9]領步兵校尉。[10]出爲郢州行事，之遴意不願出，固辭，高祖手敕曰："朕聞妻子具，孝衰於親；爵禄具，忠衰於君。卿既内足，理忘奉公之節。"遂爲有司所奏免。久之，爲太府卿，都官尚書，太常卿。[11]

[1]正員郎：即散騎侍郎。《通典》卷二一《職官三》小注："史傳中謂員外散騎侍郎或單謂之員外郎，謂通直散騎侍郎或單爲通直郎，其非員外及通直者或謂之政員散騎侍郎或單謂之政員郎。"政，同"正"。

[2]大中正：官名。掌一州人才的考察、評鑒，定其鄉品，以爲選拔官吏之依據。多由他官兼領。

[3]鴻臚卿：官名。梁十二卿之一，掌朝會司儀。梁九班。

[4]征西：征西將軍之省稱，將軍名號。與征東、征南、征北合稱四征將軍，多爲持節都督，出鎮方面，地位顯要。爲一百二十五號將軍之一，二十三班。　南郡：郡名。治所在今湖北荆州市。

[5]榮養：贍養父母。

[6]西中郎：西中郎將之省稱，將軍名號。梁天監七年革選，以鎮兵、翊師、宣惠、宣毅爲十七班，代東、西、南、北四中郎將。普通六年並置，同班。　湘東王：梁元帝初封爵號。

[7]袁彖：人名。祖籍陳郡陽夏，曾官南郡内史、行荆州事。《南齊書》卷四八有傳。

[8]臨：治理。

[9]祕書監：官名。祕書省長官，掌國之典籍圖書。員一人。梁十一班。

[10]領：官制術語。兼任較低職務。

[11]太常卿：官名。掌宗廟祭祀朝聘等，梁天監七年革選以太常改。爲十二卿之一，十四班。

之遴好古愛奇，在荆州聚古器數十百種。有一器似甌，可容一斛，上有金錯字，[1]時人無能知者。又獻古器四種於東宫。其第一種，鏤銅鴟夷榼二枚，[2]兩耳有銀鏤，銘云“建平二年造”。[3]其第二種，金銀錯鏤古樽二枚，[4]有篆銘云“秦容成侯適楚之歲造”。其第三種，外國澡灌一口，[5]銘云“元封二年，[6]龜兹國獻”。[7]其第四種，古製澡盤一枚，[8]銘云“初平二年造”。[9]

[1]金錯字：即金錯體字。金錯體，書體名，亦名翦子篆。

[2]鴟夷榼：形狀如鴟鳥的盛酒器。

[3]建平：年號名。梁以前，以建平爲年號者有西漢哀帝，十六國後趙、南燕，北朝白亞栗斯、劉虎，南朝劉義宣等。然既稱古器，疑當是西漢哀帝建平（前6—前5）。

[4]樽：盛酒器。

[5]澡灌：洗滌用具。

[6]元封：漢武帝年號（前110—前105）。

[7]龜（qiū）兹（cí）國：漢代西域國名。在今新疆庫車縣一

帶。

[8]澡盤：洗滌用具。

[9]初平：漢獻帝年號（190—193）。

時鄱陽嗣王範得班固所上《漢書》真本，[1]獻之東宮，皇太子令之遴與張纘、到溉、陸襄等參校異同。[2]之遴具異狀十事，其大略曰："案古本《漢書》稱'永平十六年五月二十一日己酉，[3]郎班固上'，而今本無上書年月日字。[4]又案古本《敍傳》號爲中篇，今本稱爲《敍傳》。又今本《敍傳》載班彪事行，[5]而古本云'稚生彪，自有傳'。又今本紀及表、志、列傳不相合爲次，而古本相合爲次，總成三十八卷。又今本《外戚》在《西域》後，古本《外戚》次《帝紀》下。又今本《高五子》、《文三王》、《景十三王》、《武五子》、《宣元六王》雜在諸傳秩中，古本諸王悉次《外戚》下，在《陳項傳》前。又今本《韓彭英盧吴》述云'信惟餓隸，布實黥徒，越亦狗盜，芮尹江湖，雲起龍驤，化爲侯王'，[6]古本述云'淮陰毅毅，杖劍周章，邦之傑子，實惟彭、英，化爲侯王，雲起龍驤'。[7]又古本第三十七卷，解音釋義，以助雅詁，而今本無此卷。"

[1]鄱陽嗣王範：梁武帝弟鄱陽王恢之子蕭範嗣父爵爲鄱陽王。本書卷二二《太祖五王·鄱陽王恢傳》有附傳。　《漢書》真本：本書卷二六《蕭琛傳》載，此所謂真本乃北來僧人所有，蕭琛求得，贈送蕭範。然此事可疑。洪頤煊《讀書叢録》卷三《漢書真

本》條有云："《後漢書·班固傳》，固自永平中始受詔，潛精積思二十餘年，至建初中乃成。永平十六年，《漢書》尚未成，真本之謬可知矣。"參本書卷二六《蕭琛傳》注。

[2]張纘：人名。本書卷三四有傳。　到溉：人名。本書本卷有傳。　陸襄：人名。本書卷二七有傳。

[3]永平：東漢明帝年號（58—75）。

[4]年月日字：《南史》同傳"字"作"子"。按，日者，初一、初二之類是也；子者，甲子、乙丑之類是也。古人紀日之文必於日下書子。《文選》卷四四陳孔璋《檄吴將校部曲文》"年月朔日子"，《隋書》卷六九《袁充傳》"歲月日子"並其證。本傳"五月二十一日己酉"，更是明證。疑此處"字"原作"子"，後人轉抄，不明古人文例，臆改爲"字"。當以《南史》爲是。

[5]班彪：人名。班固之父。《後漢書》卷七〇有傳。

[6]見今《漢書》卷一〇〇《敘傳》下。韓，韓信；彭，彭越；英，英布；盧，盧綰；吴，吴芮。

[7]王先謙《漢書補注》卷一〇〇《敘傳》補注引齊召南曰："劉之遴所校真本……與今本大異，以理推之，邦字是高祖諱，又信、越、布，後並誅滅，史官安得盛稱其美？必好事者爲之也。又案，之遴言真本《高五子》、《文三王》、《景十三王》、《孝武六子》、《宣元六王》悉次《外戚》下，《外戚》次《帝紀》下。如所云是《十二紀》之後即次《外戚傳》、諸王傳矣。其然，豈其然乎？"

之遴好屬文，多學古體，[1]與河東裴子野、沛國劉顯常共討論書籍，因爲交好。是時《周易》、《尚書》、《禮記》、《毛詩》並有高祖義疏，[2]惟《左氏傳》尚闕，之遴乃著《春秋大意》十科，《左氏》十科，《三傳同異》十科，合三十事以上之。高祖大悦，詔答之曰："省所撰《春秋》義，比事論書，辭微旨遠。編年之教，言闡義繁，[3]丘明傳洙泗之風，[4]公羊稟西河之學，[5]鐸椒之解不追，[6]瑕丘之説無取。[7]繼踵胡母，仲舒云盛，[8]因循《穀梁》，千秋最篤。[9]張蒼之傳《左氏》，[10]賈誼之襲荀卿，[11]源本分鑣，指歸殊致，[12]詳略紛然，其來舊矣。昔在弱年，乃經研味，[13]一從遺置，[14]迄將五紀。[15]兼晚冬晷促，[16]機事罕暇，夜分求衣，[17]未遑搜括。[18]須待夏景，[19]試取推尋，若温故可求，[20]别酬所問也。”

[1]古體：指與當時流行的駢體相對稱的魏晉以前的散體文。

[2]《隋書·經籍志》著録有梁武帝撰《周易大義》二十一卷、《周易講疏》三十五卷、《周易繫辭義疏》一卷、《尚書大義》二十卷、《禮記大義》十卷、《中庸講疏》一卷、《毛詩發題序義》一卷、《毛詩大義》十一卷。

[3]闡：明。

[4]意謂左丘明繼承孔子的作風。孔子作編年體史書《春秋》，左丘明撰《春秋左氏傳》亦爲編年體。洙、泗：洙水、泗水。孔子居洙、泗之間教授弟子。洙泗之風，即孔子爲代表的儒家傳統。

[5]意謂公羊高秉承子夏的學術。 公羊：公羊高，相傳爲齊人，撰《春秋公羊傳》。或曰《公羊春秋》闡釋《春秋》之大義。西河之學：孔子弟子卜商字子夏，於孔子死後，居西河教授，傳孔子思想。見《史記》卷六七《仲尼弟子列傳》。

[6]鐸椒：人名。《史記·十二諸侯年表序》：“鐸椒爲楚威王傅，爲王不能盡觀《春秋》，采取成敗，卒四十章，爲《鐸氏微》。”

[7]瑕丘：指瑕丘江公。《漢書》卷八八《儒林·瑕丘江公傳》：“瑕丘江公受《穀梁春秋》及《詩》於魯申公，傳子至孫爲博士。武帝時，江公與董仲舒並。仲舒通五經，能持論，善屬文，江公吶

於口。上使與仲舒議，不如仲舒，而丞相公孫弘本爲公羊學，比輯其議，卒用董生。於是上因尊公羊家，詔太子受《公羊春秋》，由是公羊大興。”

[8]胡母：《漢書》卷八八《儒林·胡母生傳》：“胡母生字子都，齊人也。治《公羊春秋》，爲景帝博士。與董仲舒同業，仲舒著書稱其德。年老，歸教於齊，齊之言《春秋》者宗事之，公孫弘亦頗受焉。”胡母，又作“胡毋”。百衲本作“胡毋”。　仲舒：董仲舒，《漢書》卷五六有傳。

[9]《穀梁》：指《春秋穀梁傳》。循，舊本訛“脩”，此依中華書局本校改。　千秋：即蔡千秋。《漢書》卷八八《儒林·瑕丘江公傳》：漢武帝時，春秋公羊學大興，“唯魯榮廣王孫、皓星公二人受焉。廣盡能傳其《詩》、《春秋》，高材捷敏，與《公羊》大師眭孟等論，數困之，故好學者頗復受《穀梁》。沛蔡千秋少君、梁周慶幼君、丁姓子孫皆從廣受。千秋又事皓星公，爲學最篤”。

[10]張蒼：人名。《漢書》卷八八《儒林傳》：“漢興，北平侯張蒼及梁太傅賈誼、京兆尹張敞、太中大夫劉公子皆修《春秋左氏傳》。”

[11]賈誼：人名。誼初爲河南守吴公門下，吴公學於李斯，李斯爲荀卿弟子。參《史記》卷七四《孟子荀卿列傳》及《漢書》卷四八《賈誼傳》。

[12]指歸殊致：意旨不一致。晉·范寧《春秋穀梁傳序》：“《春秋》之傳有三，而爲經之旨一，臧否不同，褒貶殊致。”

[13]經：曾經。

[14]一從：自從。　遺置：擱置起來。

[15]紀：古以十二年爲一紀。

[16]晚冬：《南史》卷五〇《劉虬傳》附《劉之遴傳》作“晚秋”。

[17]夜分求衣：形容起早爲政事操勞。夜分，夜半。

[18]搜括：研討，探求。搜，《南史》作“披”。

[19]夏景：即夏日。景，日光。

[20]温故：温習舊知識。《論語·爲政》："温故而知新，可以爲師矣。"

太清二年，侯景亂，[1]之遴避難還鄉，未至，卒於夏口，[2]時年七十二。前後文集五十卷，[3]行於世。

[1]侯景：人名。本魏將，太清元年附梁，二年反，率軍攻建康。本書卷五六有傳。

[2]夏口：地名。在今湖北武漢市黄鵠山。按，據《南史》卷五〇《劉虬傳》附《劉之遴傳》，之遴之卒，乃湘東王蕭繹忌其才學，聞其西上還鄉，"密送藥殺之"。《南史·梁本紀》亦云，梁元帝"忌劉之遴學，使人鴆之"。

[3]前後文集五十卷：《隋書·經籍志》著録：梁太常卿《劉之遴前集》十一卷、《劉之遴後集》二十一卷。

之亨字嘉會，之遴弟也。少有令名。舉秀才，拜太學博士，稍遷兼中書通事舍人，步兵校尉，司農卿。[1]又代兄之遴爲安西湘東王長史、南郡太守。在郡有異績。數年卒於官，時年五十。荆土至今懷之，不忍斥其名，[2]號爲"大南郡"、"小南郡"云。

[1]司農卿：官名。梁天監七年以大司農改。掌農功倉廩。爲十一班。

[2]斥其名：直呼其名。

許懋字昭哲，高陽新城人，[1]魏鎮北將軍允九世孫。[2]祖珪，宋給事中，[3]著作郎，[4]桂陽太守。[5]父勇慧，齊太子家令，[6]冗從僕射。[7]

[1]高陽：郡名。治所在今河北高陽縣東舊城。　新城：縣名。治所在今河北高碑店市東南新城。此許懋祖籍。

[2]鎮北將軍：將軍名號。東漢建安中置，與鎮南、鎮東、鎮西將軍合稱四鎮將軍，多持節都督，出鎮方面，權勢頗重。曹魏第二品。　允：許允，人名。見《三國志》卷九《魏書·夏侯玄傳》及裴松之注引《魏略》、《魏氏春秋》。

[3]給事中：官名。散騎省屬官，掌侍從諫諍及文書收發，地位不高。宋無員，第五品。

[4]著作郎：官名。祕書省屬官，掌國史，集注起居。爲清簡之職，多甲族貴遊起家之選。員一人。宋第六品。

[5]桂陽：郡名。治所在今湖南郴州市。

[6]太子家令：官名。屬太子詹事。與太子率更令、太子僕合稱太子三卿，掌東宫刑獄、錢穀、倉庫等庶務。齊第五品。

[7]冗從僕射：官名。禁衛軍將領之一。與虎賁中郎將、羽林監合稱三將，掌侍衛送從。宋第五品，齊不詳。

懋少孤，性至孝，居父憂，[1]執喪過禮。篤志好學，爲州黨所稱。十四入太學，受《毛詩》，旦領師説，[2]晚而覆講，[3]座下聽者常數十百人，因撰《風雅比興義》十五卷，[4]盛行於世。尤曉故事，[5]稱爲儀注之學。[6]

[1]父憂：父喪。

[2]領：接受。

[3]覆講：重述師所講内容。周一良《魏晋南北朝史札記·〈梁書〉札記》"覆講"條有云："案：覆字即後世言'可覆案也'之覆。當時學習有所謂覆及覆講之制，儒生與僧徒皆用之，實爲一種考覈及輔助聽講者加深理解之方法，亦即後代私塾中背誦及回講之方法也。"

[4]《風雅比興義》十五卷：今不存。《陳書》卷三四《文學·許亨傳》作"《毛詩風雅比興義類》十五卷"。

[5]故事：舊的典章制度。

[6]儀注：典章制度。《隋書·經籍志》史部著録有"儀注"類著作多種。

起家後軍豫章王行參軍，轉法曹，舉茂才，[1]遷驃騎大將軍儀同中記室。[2]文惠太子聞而召之，[3]侍講于崇明殿，[4]除太子步兵校尉。[5]永元中，[6]轉散騎侍郎，[7]兼國子博士。與司馬褧同志友善，僕射江祐甚推重之，[8]號爲"經史笥"。天監初，吏部尚書范雲舉懋參詳五禮，[9]除征西鄱陽王諮議，[10]兼著作郎，待詔文德省。[11]時有請封會稽禪國山者，[12]高祖雅好禮，因集儒學之士，草封禪儀，將欲行焉。懋以爲不可，因建議曰：

臣案舜幸岱宗，[13]是爲巡狩，[14]而鄭引《孝經鉤命决》云"封于泰山，考績柴燎，[15]禪乎梁甫，刻石紀號"。此緯書之曲説，[16]非正經之通義也。依《白虎通》云，[17]"封者，言附廣也；禪者，言成功相傳也"。[18]若以禪授爲義，則禹不應傳啓至桀十七世也，[19]湯又不應傳外丙至紂三十七世也。[20]又《禮記》云："三皇禪奕奕，[21]謂盛德也。五帝禪亭亭，[22]特立獨起於身也。三王禪梁甫，連延不絶，父没子繼也。"[23]若謂禪奕奕爲盛德者，古義以伏羲、神農、黄帝，是爲三皇。伏羲封泰山，禪云云，[24]黄帝封泰山，禪亭亭，皆不禪奕奕，而云盛德，則無所寄矣。若謂五帝禪亭亭，特立獨起於身者，顓頊封泰山，禪云云，帝嚳封泰山，禪云云，堯封泰山，禪云云，舜封泰山，禪云云，亦不禪亭亭，若合黄帝以爲五帝者，少昊即黄帝子，又非獨立之義矣。若謂三王禪梁甫，連延不絶，父没子繼者，禹封泰山，禪云云，周成王封泰山，禪社首，[25]舊書如此，[26]異乎《禮説》，皆道聽所得，失其本文。假使三王皆封泰山禪梁甫者，是爲封泰山則有傳世之義，[27]禪梁甫則有揖讓之懷，[28]或欲禪位，或欲傳子，義既矛盾，理必不然。

[1]舉茂才：舉，舊本皆脱，此依中華書局本校補。

[2]驃騎大將軍：將軍名號。齊第一品。　儀同：即開府儀同三司，官名。非三公而儀制待遇同於三公之稱。宋第一品，齊不詳。　中記室：官名。齊大將軍府屬官，職掌、官品並無考。

[3]文惠太子：齊武帝太子蕭長懋謚號文惠。《南齊書》卷二一有傳。

[4]崇明殿：建康宫城殿省名。

[5]太子步兵校尉：官名。與太子屯騎校尉、太子翊軍校尉合稱東宫三校尉，掌宿衛士。宋齊官品不詳。

[6]永元：齊東昏侯年號（499—501）。

[7]散騎侍郎：官名。宋第五品，齊不詳。

[8]江祏：人名。祖籍濟陽考城。齊明帝崩，遺詔轉右僕射，因謀廢立，被殺。《南齊書》卷四二有傳。

[9]范雲：人名。本書卷一三有傳。　五禮：指嘉禮、賓禮、軍禮、吉禮、凶禮。梁修五禮事，詳本書卷二五《徐勉傳》。

[10]征西：征西將軍之省稱，將軍名號。按，“征西”，疑爲“平西”之誤。據本書卷一《武帝紀》及卷二二《太祖五王·鄱陽王恢傳》，鄱陽王天監十年前曾爲平西將軍，任征西將軍在天監十八年（519）。

[11]文德省：京師建康宫城殿省名。

[12]封禪：古代帝王祭天地的典禮。在泰山上築土爲壇以祭天，報天之功，叫作封；在泰山下的梁甫山上闢場祭地，報地之功，叫作禪。　會稽：山名。即今浙江紹興縣東南會稽山。相傳秦始皇登此以望南海，故又名秦望山。　國山：山名。三國吴以離里山改名，在今江蘇宜興市西南。

[13]岱宗：即泰山。《史記》卷二八《封禪書》：“岱宗，泰山也。”

[14]巡狩：帝王離開國都巡行境内。《尚書·舜典》：“歲二月，東巡守，至于岱宗。”守，同“狩”。

[15]鄭：指鄭玄，東漢著名經學家。曾注《尚書》、《尚書緯》等。《後漢書》卷六五有傳。　柴燎：燒柴以祭天。

[16]緯書：古書之一類，相對於經書而言，漢人僞託爲孔子所作。有《易緯》、《書緯》、《詩緯》、《禮緯》、《樂緯》、《春秋緯》、《孝經緯》等七種，相對七經而言，稱爲七緯。其書以儒家經義附會人事吉凶，預言治亂興廢，多怪誕無稽之談。《孝經鉤命决》爲《孝經緯》之一。

[17]《白虎通》：即《白虎通義》，漢班固撰。記録漢章帝建初四年（79）在白虎觀議五經異同的結果。其書多引古義，兼收讖緯

家説。

[18]語出《白虎通》卷三《封禪》。原文作“封者，廣也。言禪者，明以成功相傳也”。

[19]十七世：指禹、啓、太康、仲康、相、少康、帝杼、帝槐、帝芒、帝泄、帝不降、帝扃（不降弟）、帝廑甲、帝孔甲（不降子）、帝皋、帝發、帝履癸（桀）。

[20]三十七世：今所知商世次爲湯、太丁、外丙、中壬、太甲、沃丁、太庚、小甲、雍己、太戊、中丁、外壬、河亶甲、祖乙、祖辛、沃甲、祖丁、南庚、陽甲、盤庚、小辛、小乙、武丁、祖庚、祖甲、廩辛、康丁、武乙、文丁、帝乙、帝辛（紂），衹三十一世。疑有誤。

[21]奕奕：未詳。

[22]亭亭：山名。泰山的支脈，在今山東泰安市南。

[23]錢大昕《廿二史考異》卷二六有云：“按《禮記》無此文，當作《禮説》。《禮説》者，禮緯也。下文云‘異乎《禮説》’，可證‘記’爲‘説’之訛矣。亭之言特，梁之言連，皆取聲相近。”

[24]云云：山名。泰山的支峰，在今山東泰安市東南。

[25]社首：山名。在今山東泰安市西南。

[26]舊書：當指《管子・封禪篇》。此篇，《史記・封禪書》司馬貞《索隱》云：“今《管子書》其《封禪篇》亡。”《史記・封禪書》：“齊桓公既霸，會諸侯於葵丘，而欲封禪。管仲曰：‘古者封泰山禪梁父者七十二家，而夷吾所記者十有二焉。昔無懷氏封泰山，禪云云；虙羲封泰山，禪云云；神農封泰山，禪云云；炎帝封泰山，禪云云；黄帝封泰山，禪亭亭；顓頊封泰山，禪云云；帝嚳封泰山，禪云云；堯封泰山，禪云云；舜封泰山，禪云云；禹封泰山，禪會稽；湯封泰山，禪云云；周成王封泰山，禪社首。皆受命然後得封禪。’”

[27]傳世：即傳位於子。

[28]揖讓：即禪位於賢。

又七十二君，夷吾所記，[1]此中世數，裁可得二十餘主：伏羲、神農、女媧、大庭、栢皇、中央、栗陸、驪連、赫胥、尊盧、混沌、昊英、有巢、朱襄、葛天、陰康、無懷、黄帝、少昊、顓頊、高辛、堯、舜、禹、湯、文、武，中間乃有共工，霸有九州，非帝之數，云何得有七十二君封禪之事？且燧人以前至周之世，[2]未有君臣，人心淳朴，不應金泥玉檢，[3]升中刻石。[4]燧人、伏羲、神農三皇結繩而治，書契未作，未應有鐫文告成。且無懷氏，伏羲後第十六主，云何得在伏羲前封泰山禪云云？

[1]夷吾：管仲，名夷吾，春秋時齊人。相齊桓公。所撰《管子》一書，内有《封禪篇》，今亡。

[2]燧人：古帝名。傳説他發明鑽木取火，使民熟食。參《韓非子·五蠹》。　至周：中華書局本《校勘記》："'至周'含義不明，疑爲'玄同'之形訛。'玄同'一詞見《老子》。"按，《老子》第五十六章："塞其兑，閉其門，挫其鋭，解其紛，和其光，同其塵，是謂玄同。"

[3]金泥玉檢：古代封禪所用書函，封以金泥而署以玉檢。

[4]升中：古代帝王祭天，上告成功。

夷吾又曰"惟受命之君然後得封禪"。周成王非受命君，云何而得封泰山禪社首？神農與炎帝是一主，而云神農封泰山禪云云，炎帝封泰山禪云云，分爲二人，妄亦甚矣。若是聖主，不須封禪；若是凡主，不應封禪。當是齊桓欲行此事，管仲知其不可，故舉怪物以屈之也。

秦始皇登泰山，中坂，風雨暴至，休松樹下，封爲五大夫，而事不遂。[1]漢武帝宗信方士，廣召儒生，皮弁搢紳，射牛行事，獨與霍嬗俱上，既而子侯暴卒，厥足用傷。[2]至魏明使高堂隆撰其禮儀，聞隆没，歎息曰："天不欲成吾事，高生捨我亡也。"[3]晉武泰始中欲封禪，乃至太康議猶不定，竟不果行。[4]孫皓遣兼司空董朝、兼太常周處至陽羨封禪國山。[5]此朝君子，有何功德？不思古道而欲封禪，皆是主好名於上，臣阿旨於下也。

[1]《史記·封禪書》："始皇之上泰山，中阪遇暴風雨，休於大樹下。諸儒生既絀，不得與用於封事之禮，聞始皇遇風雨，則譏之。"又，同書卷六《秦始皇本紀》："二十八年，始皇東行郡縣……乃遂上泰山，立石，封，祠祀。下，風雨暴至，休於樹下，因封其樹爲五大夫。"

[2]《史記·封禪書》："（元鼎元年）四月，還至奉高……乙卯，令侍中儒者皮弁薦紳，射牛行事。封泰山下東方，如郊祠太一之禮……禮畢，天子獨與侍中奉車子侯上泰山，亦有封……乃復東至海上望，冀遇蓬萊焉。奉車子侯暴病，一日死。"霍嬗，字子侯，漢驃騎將軍霍去病之子。見《史記》卷一一一《衛將軍驃騎列傳》。

[3]《三國志》卷二五《魏書·高堂隆傳》："初，太和中，中護軍蔣濟上疏曰：'宜遵古封禪。'詔曰：'聞濟斯言，使吾汗出流足。'事寢歷歲。後遂議脩之，使隆撰其禮儀。帝聞隆没，嘆息曰：'天不欲成吾事，高堂生舍我亡也。'"

[4]《晉書》卷三《武帝紀》："（太康元年）九月，群臣以天下一統，屢請封禪，帝謙讓弗許。"泰始，晉武帝年號（265—274）；太康，亦晉武帝年號（280—289）。

[5]《三國志》卷四八《三嗣主·孫皓傳》："（天璽元年八月）又吳興陽羨山有空石，長十餘丈，名曰石室，在所表爲大瑞。乃遣兼司徒董朝、兼太常周處至陽羨縣，封禪國山。明年改元，大赦，以協石文。"

夫封禪者，不出正經，惟《左傳》說"禹會諸侯於塗山，執玉帛者萬國"，[1]亦不謂爲封禪。鄭玄有參、柴之風，[2]不能推尋正經，專信緯候之書，斯爲謬矣。蓋《禮》云"因天事天，因地事地，因名山升中于天，因吉土享帝于郊"。[3]燔柴岱宗，即因山之謂矣。故《曲禮》云"天子祭天地"是也。又祈穀一，報穀一，[4]禮乃不顯祈報地，[5]推文則有。[6]《樂記》云："大樂與天地同和，大禮與天地同節；和故百物不失，節故祀天祭地。"百物不失者，天生之，地養之，故知地亦有祈報，是則一年三郊天，三祭地。《周官》有員丘方澤者，[7]總爲三事，郊祭天地，故《小宗伯》云"兆五帝於四郊"，[8]此即《月令》迎氣之郊也。[9]《舜典》有"歲二月東巡狩，至于岱宗"，[10]夏南，秋西，冬北，五年一周，[11]若爲封禪，何其數也！[12]此爲九郊，亦皆正義。至如大旅於南郊者，[13]非常祭也。《大宗伯》"國有大故則旅上帝"，[14]《月令》云"仲春玄鳥至，祀于高禖”,[15]亦非常祭。故《詩》云“克禋克祀，以弗無子”。[16]并有雩禱,[17]亦非常祭。《禮》云“雩，禜水旱也”。[18]是爲合郊天地有三，特郊天有九，非常祀又有三。《孝經》云：“宗祀文王於明堂，以配上帝。”雩祭與明堂雖是祭天，而不在郊，是爲天祀有十六，地祭有三，惟大禘祀不在此數。[19]《大傳》云：“王者禘其祖之所自出，以其祖配之。”[20]異於常祭，以故云大於時祭。案《繫辭》云：“《易》之爲書也，廣大悉備。有天道焉，有地道焉，有人道焉，兼三才而兩之，故六。六者非佗，三才之道也。”[21]《乾·彖》云：“大哉乾元，萬物資始，乃統天。雲行雨施，品物流形，大明終始，六位時成。”[22]此則應六年一祭，坤元亦爾。誠敬之道，盡此而備。至於封禪，非所敢聞。

高祖嘉納之，因推演懋議，稱制旨以答,[23]請者由是遂停。

[1]《左傳·哀公七年》：“孟孫曰：‘二三子以爲何如？惡賢而逆之？’對曰：‘禹合諸侯於塗山，執玉帛者萬國，今其存者，無數十焉。’”

[2]錢大昕《廿二史考異》卷二六有云：“《論語》：‘柴也愚，參也魯。’蓋譏其愚魯。”按，柴，即高柴；參，即曾參。皆孔子弟子。

[3]享帝：祭祀天帝。

[4]祈、報：皆祭名。《禮記·郊特牲》：“祭有祈焉，有報焉。”

祈穀，春祈穀物豐收；報穀，秋報穀物豐收。

[5]地：指土地之神。

[6]文：指儒家經典之文。如下所云《禮記·樂記》等。

[7]《周官》：即《周禮》。　員丘方澤：員丘，即圜丘，冬至日祭天之處；方澤，夏至日祭地之處。《廣雅·釋天》："圜丘，大壇，祭天也；方澤，大坎，祭地也。"

[8]《小宗伯》：《周禮》篇名。　兆：祭壇的界域。

[9]《月令》：《禮記》篇名。　迎氣：祭迎五帝，祈求豐年。古代立春之日天子親率三公九卿諸侯大夫迎春於東郊，同樣，立夏之日迎夏於南郊，立秋之日迎秋於西郊，立冬之日迎冬於北郊。見《禮記·月令》。

[10]《舜典》：《尚書》篇名。

[11]《尚書·舜典》："五月南巡守，至于南岳，如岱禮。八月西巡守，至于西岳，如初。十有一月朔巡守，至于北岳，如西禮。歸，格于藝祖，用特。五載一巡守。"

[12]數（shuò）：多次。

[13]大旅：祭名。大祭五帝。

[14]《大宗伯》：《周禮》篇名。　旅：祭名。

[15]高禖：媒神，帝王祀之以求子。

[16]見《詩·大雅·生民》。　克：能。　禋：祀。指祀禖於郊。　弗：通"祓"，以祭祀除不祥。

[17]雩禱：祈雨的祭祀。

[18]《禮記·祭法》："雩宗，祭水旱也。"鄭《注》："宗，皆當爲禜字之誤也。"禜（yǎng，又音 yíng），古代除灾害之祭。臨時圈地，以芳草捆紮，圍成祭祀場所。

[19]大禘祀：祭名。天子諸侯宗廟之大祭。

[20]《大傳》：《禮記》篇名。

[21]《繫辭》：《易》篇名。　三才：天、地、人。朱熹《周易本義》注有云："三畫已具三才，重之，故六。而以上二爻爲天，

中二爻爲人，下二爻爲地。”

［22］《乾·彖》：指《易》之《乾》卦之《彖傳》。　六位：指乾卦六爻所在之位置。

［23］制旨：皇帝的旨意。

十年，轉太子家令。宋、齊舊儀，郊天祀帝皆用衮冕，[1]至天監七年，懋始請造大裘。至是，有事於明堂，[2]儀注猶云“服衮冕”。懋駁云：“《禮》云‘大裘而冕，祀昊天上帝亦如之。’良由天神尊遠，須貴誠質。今泛祭五帝，理不容文。”改服大裘，自此始也。又降敕問：[3]“凡求陰陽，應各從其類，今雩祭燔柴，以火祈水，意以爲疑。”懋答曰：“雩祭燔柴，經無其文，良由先儒不思故也。按周宣《雲漢》之詩曰：[4]‘上下奠瘞，[5]靡神不宗。’毛注云：‘上祭天，下祭地，奠其幣，瘞其物。’以此而言，爲旱而祭天地，並有瘞埋之文，不見有燔柴之説。若以祭五帝必應燔柴者，今明堂之禮，又無其事。且《禮》又云‘埋少牢以祭時’，[6]時之功是五帝，此又是不用柴之證矣。昔雩壇在南方正陽位，有乖求神；而已移於東，實柴之禮猶未革。請停用柴，其牲牢等物，悉從坎瘞，以符周宣《雲漢》之説。”詔並從之。凡諸禮儀，多所刊正。

［1］衮冕：古代帝王和大夫的衣服和禮帽。《周禮·春官·司服》：“王之吉服……享先王，則衮冕。”

［2］明堂：古代帝王舉行朝會、祭祀、慶賞、教學等重大禮儀活動的地方。

[3]降敕：皇帝下達詔命。

[4]周宣《雲漢》之詩：《詩·大雅·雲漢》小序云："《雲漢》，仍叔美宣王也。宣王承厲王之烈，内有撥亂之志，遇裁而懼，側身脩行，欲銷去之。天下喜於王化復行，百姓見憂，故作是詩也。"

[5]瘞（yì）：埋葬。

[6]少牢：古代祭祀時用一羊一豬爲少牢。

以足疾出爲始平太守，[1]政有能名。加散騎常侍，轉天門太守。[2]中大通三年，[3]皇太子召諸儒參録《長春義記》。[4]四年，拜中庶子。是歲，卒，時年六十九。撰《述行記》四卷，有集十五卷。

[1]始平：郡名。治所在今四川三臺縣西北。

[2]天門：郡名。治所在今湖南石門縣。

[3]中大通：梁武帝年號（529—534）。

[4]皇太子召諸儒參録《長春義記》：《南史》"召"下有"與"字。《隋書·經籍志》著録："《長春義記》一百卷，梁簡文帝撰。"

陳吏部尚書姚察曰：[1]司馬褧儒術博通，到溉文義優敏，顯、懋、之遴强學浹洽，[2]並職經便繁，應對左右，斯蓋嚴、朱之任焉。[3]而溉、之遴遂至顯貴，亟拾青紫；[4]然非遇時，焉能致此仕也。

[1]陳吏部尚書姚察：吏部尚書，官名。掌官吏銓選、任免事宜。陳第三品。姚察，思廉之父，仕陳，曾官吏部尚書。《陳書》卷二七有傳。錢大昕《廿二史考異》卷二六有云："思廉修梁陳書，皆因其父察所撰而續成之。梁史諸論述其父説，必稱'陳吏部尚書

姚察曰’，仿孟堅《漢書》‘司徒掾班彪’之例也。其但稱‘史臣’者，出自思廉新意。”

[2]浹洽：廣博融通。

[3]嚴、朱：嚴助、朱買臣。二人並西漢時人，皆以儒學文義爲漢武帝所親近。《漢書》卷六四有傳。

[4]拾青紫：指爲貴官。漢制，丞相、太尉皆金印紫綬，御史大夫銀印青綬，三府官最崇貴。《漢書》卷七五《夏侯勝傳》：“士病不明經術。經術苟明，其取青紫如俯拾地芥耳。”後世亦以青紫爲貴官之服。

梁書 卷四一

列傳第三十五

王規 劉㲄 宗懍 王承 褚翔
蕭介 從父兄洽 褚球 劉孺 弟覽 遵
劉潛 弟孝勝 孝威 孝先 殷芸 蕭幾

王規字威明，琅邪臨沂人。[1]祖儉，齊太尉南昌文憲公。[2]父騫，金紫光禄大夫南昌安侯。[3]

[1]琅邪：郡名。治所在今山東臨沂市北。 臨沂：縣名。治所在今山東費縣東。此王氏祖籍。

[2]儉：王儉，仕齊，封爵號南昌縣公。卒，贈太尉，謚文憲公。《南齊書》卷二三有傳。 南昌：縣名。治所在今江西南昌市。

[3]騫：王騫，初襲父爵爲南昌縣公，入梁降爵爲侯。卒，詔贈金紫光禄大夫，謚曰安。本書卷七《太宗王皇后傳》有附傳。 金紫光禄大夫：官名。光禄大夫之重者加金章紫綬，稱金紫光禄大夫。養老疾，無職事，多用於加贈重臣。梁天監七年革選，定流内官職爲十八班，以班多者爲貴。金紫光禄大夫爲十四班。

規八歲，以丁所生母憂，[1]居喪有至性，太尉徐孝嗣每見必爲之流涕，[2]稱曰孝童。叔父暕亦深器重之，[3]常曰："此兒，吾家千里駒也。[4]"年十二，《五經》大義，並略能通。既長，好學有口辯。州舉秀才，郡迎主簿。[5]

[1]丁：遭。　母憂：母喪。

[2]徐孝嗣：人名。字始昌，祖籍東海郯縣。齊永元元年(499)被害，和帝即位，追贈太尉。《南齊書》卷四四有傳。

[3]暕：王暕，人名。本書卷二一有傳。

[4]千里駒：比喻英俊有爲的少年。《史記》卷八三《魯仲連列傳》張守節《正義》引《魯仲連子》曰："有徐劫者，其弟子曰魯仲連，年十二，號'千里駒'。"

[5]迎主簿：南朝時，地方官赴任，當地遣吏迎接並贈財物，叫做迎新。負責迎新的主簿稱爲迎主簿。迎主簿主要由一州門第、德行、才學優異者擔任，是一種入仕之資格。參汪徵魯《南朝"迎吏"、"送故吏"新探》。主簿，官名。漢代以下，中央各機構及地方州郡皆置，掌文書簿籍，爲掾吏之首。其官品隨所置署官地位高下而異。

起家祕書郎，[1]累遷太子舍人，[2]安右南康王主簿，[3]太子洗馬。[4]天監十二年，[5]改構太極殿，[6]功畢，規獻《新殿賦》，[7]其辭甚工。拜祕書丞。[8]歷太子中舍人，[9]司徒左西屬，[10]從事中郎。[11]晉安王綱出爲南徐州，[12]高選僚屬，引爲雲麾諮議參軍。[13]久之，出爲新安太守，[14]父憂去職。服闋，[15]襲封南昌縣侯，除中書、黃門侍郎。[16]敕與陳郡殷鈞、琅邪王錫、范陽張緬同侍東宮，[17]俱爲昭明太子所禮。[18]湘東王時爲京尹，[19]與朝士宴集，屬規爲酒令。[20]規從容對曰："自江左以來，[21]未有茲舉。"特進蕭琛、金紫傅昭在坐，[22]並謂爲知言。普通初，[23]陳慶之北伐，[24]剋復洛陽，[25]百僚稱賀，規退曰："道家有云，非爲功難，成功難也。羯寇遊魂，[26]爲日已久，桓温得而復失，[27]宋武竟無成功。[28]我孤軍無援，深入寇境，威勢不接，餽運難繼，將是役也，爲禍階矣。"俄而王師覆没，其識達事機多如此類。

[1]祕書郎：官名。祕書省屬官，佐祕書監、丞，掌國之典籍圖書。宋齊以來，爲甲族起家之選，待次入補，其居職例數十百日便遷任。員四人。梁二班。

[2]太子舍人：官名。東宫屬官，掌文記。員十六人。梁三班。

[3]安右：安右將軍之省稱，將軍名號。梁置，爲八安將軍之一。與安左、安前、安後將軍衹授予在京師任職者。天監七年革選，釐定將軍名號及班品，有一百二十五號十品二十四班，以班多者爲貴。安右將軍爲二十一班。　南康王：梁武帝子蕭績的封爵號。見本書卷二三《高祖三王傳》。南康，郡名。治所在今江西贛州市東北。

[4]太子洗馬：官名。東宫屬官，掌侍從及文翰，爲清簡之職。員八人。梁六班。

[5]天監：梁武帝年號（502—519）。

[6]太極殿：京師建康宫城正殿名。

[7]《新殿賦》：今不存。

[8]祕書丞：官名。祕書省屬官，佐祕書監掌國之典籍圖書。爲清簡之職，多僑姓士族擔任。員一人。梁八班。

[9]太子中舍人：官名。東宮屬官，與太子中庶子掌侍從及文翰。員四人。梁八班。

[10]司徒左西屬：官名。司徒府屬官，與左西掾共掌府吏署用事。梁八班。

[11]從事中郎：官名。王公府屬官，與長史共掌本府中官吏事。梁九班至八班。

[12]晉安王綱：梁簡文帝蕭綱初封爵號晉安王。晉安，郡名。治所在今福建福州市。　南徐州：州名。治所在今江蘇鎮江市。

[13]雲麾：雲麾將軍之省稱，將軍名號。梁置，與武臣、爪牙、龍騎將軍代舊左、右、前、後四將軍。十八班。　諮議參軍：官名。王公府屬官，掌諷議。梁九班至六班。

[14]新安：郡名。治所在今浙江淳安縣西北。

[15]服闋：服喪期滿。

[16]中書、黄門侍郎：即中書侍郎、黄門侍郎，皆官名。中書侍郎，中書省屬官，舊掌詔誥。劉宋以後，草擬詔誥之權漸歸中書舍人，中書侍郎職少官清，成爲諸王起家官。員四人。梁九班。黄門侍郎，即給事黄門侍郎，門下省次官。佐侍中掌侍從左右，關通中外，應對獻納等，出入禁中，權勢顯要。員四人。梁十班。

[17]敕：皇帝發佈的詔令。　陳郡殷鈞：殷鈞，人名。祖籍陳郡。本書卷二七有傳。按，《册府元龜》卷二六〇、七〇八、八〇七同作“殷鈞”，《南史》卷二二同傳作“殷芸”。　琅邪王錫：王錫，人名。祖籍琅邪郡。本書卷二一有傳。　范陽張緬：張緬，人名。祖籍范陽郡。本書卷三四有傳。

[18]昭明太子：梁武帝太子蕭統謚號昭明。本書卷八有傳。

[19]湘東王：梁元帝蕭繹的初封爵號。湘東，郡名。治所在今湖南衡陽市。　京尹：即丹陽尹，京師所在丹陽郡行政長官，掌治民。劉宋第三品，梁不詳。

[20]酒令：飲酒時的一種遊戲。一人爲令官，飲酒聽其號令，違規則有罰。

[21]江左：代指東晉。

[22]特進：官名。古代授給功德優盛、爲朝廷所敬異的官員的官職，位在三公之下，皆爲加官。梁十五班。《太平御覽》卷二四三《職官・特進》引沈約《宋書》有云："其諸官加特進者，從本官供給，特進但爲班位而已，不別有吏卒車服也。" 蕭琛：人名。本書卷二六有傳。 金紫：金紫光禄大夫之省稱。 傅昭：人名。本書卷二六有傳。

[23]普通：梁武帝年號（520—527）。

[24]陳慶之：人名。本書卷三二有傳。按，據本書《武帝紀》、《陳慶之傳》，陳慶之北伐剋復洛陽事在梁大通三年（529）五月。《洛陽伽藍記》卷一《城内・永寧寺》、卷二《城東・孝義里》均記陳慶之入洛在魏永安二年，即梁大通三年。此云"普通初"，疑誤。

[25]洛陽：城名。北魏京師。故址在今河南洛陽市東北白馬寺東。

[26]羯：古匈奴族別部。即魏晉時之雜胡。此指北魏。

[27]桓温：人名。晉譙國龍亢人。先率軍攻前秦，破姚襄，大勝。後北伐燕慕容垂，大敗而歸。《晉書》卷九八有傳。

[28]宋武：宋武帝劉裕。東晉末，劉裕率軍北伐，入洛陽，下長安。因慮朝廷有變，回軍，留子義真鎮守，義真旋即敗歸。事詳《宋書》卷二《武帝紀》。

六年，高祖於文德殿餞廣州刺史元景隆，[1]詔羣臣賦詩，同用五十韻，規援筆立奏，其文又美。高祖嘉焉，即日詔爲侍中。[2]大通三年，[3]遷五兵尚書，[4]俄領步兵校尉。[5]中大通二年，[6]出爲貞威將軍、驃騎晉安王長史。[7]其年，[8]王立爲皇太子，仍爲吴郡太守。[9]主書芮珍宗家在吴，[10]前守宰皆傾意附之，是時珍宗假還，規遇之甚薄，珍宗還都，密奏規云"不理郡事”。俄徵爲左民尚書,[11]郡吏民千餘人詣闕請留,[12]表三奏，上不許。尋以本官領右軍將軍,[13]未拜，復爲散騎常侍、太子中庶子,[14]領步兵校尉。規辭疾不拜，於鍾山宋熙寺築室居焉。[15]大同二年,[16]卒，時年四十五。詔贈散騎常侍、光禄大夫,[17]賻錢二十萬,[18]布百匹。謚曰章。[19]皇太子出臨哭，與湘東王繹令曰：[20]“威明昨宵奄復殂化,[21]甚可痛傷。其風韻遒正,[22]神峰標映,[23]千里絶迹，百尺無枝。[24]文辯縱横，才學優贍，跌宕之情彌遠,[25]濠梁之氣特多,[26]斯實俊民也。一爾過隙,[27]永歸長夜,[28]金刀掩芒,[29]長淮絶涸。[30]去歲冬中，已傷劉子,[31]今兹寒孟，復悼王生,[32]俱往之傷，信非虚説。”[33]規集《後漢》衆家異同，注《續漢書》二百卷，文集二十卷。

[1]高祖：梁武帝廟號。　文德殿：京師建康宫前殿名。　廣州：州名。治所在今廣東廣州市。　元景隆：人名。本書卷三九有傳。羅振玉《梁書斠議》：“據《紀》，景隆是時刺衡州，刺廣州者乃元景仲。”檢本書《武帝紀》，羅説是。

[2]侍中：官名。門下省長官，掌侍從左右，顧問應對，擯相威儀，糾正違缺等。參與決策，是中樞集團重要成員，地位顯要。員四人。梁十二班。

[3]大通：梁武帝年號（527—529）。

[4]五兵尚書：官名。尚書省列曹尚書之一，掌全國軍事政令。梁十三班。

[5]領：官制術語。已有實授主職，又兼任較低級官職而不居其位。　步兵校尉：官名。禁軍五校尉之一，掌宫廷宿衛士。梁七

班。

[6]中大通：梁武帝年號（529—534）。

[7]貞威將軍：將軍名號。梁置。爲一百二十五號將軍之一，八班。　驃騎：驃騎將軍之省稱，將軍名號。爲重號將軍，加授大臣、重要地方長官。爲一百二十五號將軍之一，二十四班。　長史：官名。王公軍府屬官，掌本府官吏。梁十班至六班。

[8]其年：此承上文“中大通二年”，當即中大通二年。然據本書《武帝紀》、《簡文帝紀》，蕭綱爲驃騎將軍固在中大通二年，而爲皇太子則在中大通三年。故“其年”當是“三年”之誤。

[9]吴郡：郡名。治所在今江蘇蘇州市。按，王規此前未爲吴郡太守，“仍”字前無所因。考《南史》卷二二《王規傳》“仍”下有“爲散騎常侍、太子中庶子，侍東宫。太子賜以所服貂蟬，並降令書，悦是舉也。尋”三十字，疑本傳脱。

[10]主書：即主書令史，官名。梁中書、尚書、祕書諸省皆置，爲流外官。

[11]左民尚書：官名。尚書省列曹尚書之一，掌土木工程及户籍。梁十三班。

[12]闕：皇帝居住之所。

[13]右軍將軍：官名。禁衛軍重要將軍之一，與前、左、後軍將軍合稱四軍將軍，掌宿衛營兵。梁九班。

[14]散騎常侍：官名。集書省長官，掌侍從左右，獻納得失。劉宋以後，職以侍從左右、掌圖書文翰爲主，地位降低。員四人。梁十二班。　太子中庶子：官名。東宫官，與太子中舍人掌侍從及文翰。員四人。梁十一班。

[15]宋熙寺：佛寺名。在今江蘇南京市鍾山。宋熙，舊本皆作“宗熙”，此依中華書局本校改。

[16]大同：梁武帝年號（535—546）。

[17]光禄大夫：官名。屬光禄卿，養老疾，無職事，多用於加贈重臣。梁十三班。

[18]賻（fù）：以錢財助喪事。

[19]章：《南史》作“文”。

[20]令：皇后、太子及諸王之言稱爲令。

[21]奄：忽然。　殂化：去世。

[22]遒正：剛正。

[23]神峰：神采氣概。

[24]千里絶迹，百尺無枝：比喻遠遠超出一般人。《文選》卷四二曹子建《與楊德祖書》：“飛軒絶迹，一舉千里。”《文選》卷三四枚叔《七發》：“龍門之桐，百尺無枝。”

[25]跌宕：行爲放縱，不受約束。

[26]濠梁：相傳莊子與惠施遊於濠梁之上，辯説游魚是否快樂之事。見《莊子·秋水》。後世用以指高人閑逸之生活情致。

[27]過隙：比喻光陰迅速。《莊子·知北遊》：“人生天地之間，若白駒之過郤，忽然而已。”後世用以指人生短暫。

[28]長夜：指人死埋於地下如在長夜之中。《左傳·襄公十二年》杜預注：“長夜，謂葬埋。”

[29]金刀掩芒：指劉姓之人去世。《漢書》卷九九《王莽傳》：“夫‘劉’之爲字‘卯、金、刀’也。”金刀，即卯金刀之省。

[30]長淮絶涸：指王姓之人去世。《文選》卷四六任彦昇《王文憲集序》李善注引《王氏家譜》曰：“初，王導渡淮，使郭璞筮之。卦成，璞曰：‘吉，無不利。淮水絶，王氏滅。’”

[31]劉子：指劉遵。遵，大同元年卒於太子中庶子任上。

[32]王生：指王規。

[33]按，時皇太子爲蕭綱，清·嚴可均輯《全梁文》收此令於昭明太子蕭統名下，誤。又，蕭綱另有《庶子王規墓志銘》，見《藝文類聚》卷四九。

子褒，字子淵。[1]七歲能屬文。外祖司空袁昂愛之，[2]謂賓客曰："此兒當成吾宅相。"[3]弱冠，舉秀才，除祕書郎，太子舍人，以父憂去職。服闋，襲封南昌侯，除武昌王文學，[4]太子洗馬，兼東宫管記，遷司徒屬，祕書丞，出爲安成内史。[5]太清中，[6]侯景陷京城，[7]江州刺史當陽公大心舉州附賊，[8]賊轉寇南中，[9]褒猶據郡拒守。大寶二年，[10]世祖命徵褒赴江陵，[11]既至，以爲忠武將軍、南平内史，[12]俄遷吏部尚書、侍中。[13]承聖二年，[14]遷尚書右僕射，[15]仍參掌選事[16]，又加侍中。其年，遷左僕射，參掌如故。三年，江陵陷，[17]入于周。[18]

[1]子淵：舊本皆作"子漢"，誤。此依中華書局本校改。

[2]袁昂：人名。本書卷三一有傳。

[3]宅相：《晉書》卷四一《魏舒傳》："（舒）少孤，爲外家寧氏所養。寧氏起宅，相宅者云：'當出貴甥。'……舒曰：'當爲外氏成此宅相。'"後世用爲外甥的典故。

[4]武昌王：梁武帝孫蕭警的封爵號。見本書《武帝紀》大同三年紀。　文學：官名。皇弟皇子府屬官，掌侍從文章及封國教育。員一人。梁五班。按，據《周書》卷四一本傳，褒爲簡文帝之子宣成王文學，且在遷祕書丞之後，與此處所述不同。

[5]安成：王國名。治所在今江西安福縣東南。　内史：官名。王國行政長官，掌治民，職同太守。劉宋第五品，梁不詳。

[6]太清：梁武帝年號（547—549）。

[7]侯景：人名。本魏將，太清元年附梁，二年反，率軍攻京師建康。本書卷五六有傳。

[8]江州：州名。治所在今江西九江市西南。　當陽公大心：梁簡文帝子蕭大心初封當陽公。本書卷四四《太宗十一王》有傳。

當陽，縣名。治所在今湖北當陽市。

[9]南中：泛指長江以南地區。

[10]大寶：梁簡文帝年號（550—551）。

[11]世祖：梁元帝廟號。　江陵：縣名。治所在今湖北荆州市。時梁元帝爲荆州刺史，鎮江陵。

[12]忠武將軍：將軍名號。梁置，爲一百二十五號將軍之一，十九班。《周書》卷四一《王褒傳》作"智武將軍"，本書卷五《元帝紀》大寶三年正月下同。　南平：郡名。治所在今湖北公安縣西。

[13]吏部尚書：官名。尚書省吏部曹長官。掌官吏銓選、任免事宜。職任顯要，多爲僑姓高門擔任。員一人。梁十四班。

[14]承聖：梁元帝年號（552—555）。

[15]尚書右僕射：官名。與左僕射同爲尚書令副佐，並與尚書分領諸曹。與祠部尚書不並置。員一人。梁十五班。

[16]參掌：官制術語。奉特敕參掌本官職權範圍之外的它項事務。

[17]江陵陷：指承聖三年，西魏大將萬紐于謹率大軍攻陷梁元帝都城江陵事。詳本書卷五《元帝紀》。

[18]王褒入北周前後事，詳《周書》本傳。

褒著《幼訓》，以誡諸子。其一章云：

陶士衡曰：[1]"昔大禹不吝尺璧而重寸陰。"[2]文士何不誦書，武士何不馬射。若乃玄冬脩夜，[3]朱明永日，[4]肅其居處，崇其牆仞，門無糅雜，坐闕號呶，[5]以之求學，則仲尼之門人也，以之爲文，則賈生之升堂也。[6]古者盤盂有銘，几杖有誡，進退循焉，俯仰觀焉。文王之詩曰：[7]"靡不有初，鮮克有終。[8]”立身行道，終始若一。“造次必於是”，[9]君子之言歟。

[1]陶士衡：陶侃字士衡，晉潯陽人。《晉書》卷六六有傳，字作“士行”。按，行，衡，古通；三朝本作“士行”。

[2]寸陰：《初學記》卷一引王隱《晉書》：“（陶侃）常語人曰：‘大禹聖人，乃惜寸陰；至於凡俗，當惜分陰。’”

[3]玄冬：冬季。

[4]朱明：夏季。《爾雅・釋天》：“夏爲朱明。”

[5]號呶：喧鬧。

[6]賈生：西漢洛陽人賈誼。誼以年輕才秀著名。《史記》卷八四、《漢書》卷四八並有傳。揚雄《法言・吾子》：“詩人之賦麗以則，辭人之賦麗以淫。如孔氏之門用賦也，則賈誼升堂，相如入室矣。”

[7]文王：周文王。

[8]見《詩・大雅・蕩》，舊説爲周文王嗟嘆殷紂之語。

[9]出《論語・里仁》：“君子無終食之間違仁，造次必於是，顛沛必於是。”造次，倉卒匆忙。

儒家則尊卑等差，吉凶降殺。[1]君南面而臣北面，天地之義也。鼎俎奇而籩豆偶，陰陽之義也。道家則墮支體，[2]黜聰明，棄義絶仁，離形去智。釋氏之義，見苦斷習，證滅循道，明因辨果，偶凡成聖，斯雖爲教等差，而義歸汲引。[3]吾始乎幼學，[4]及于知命，[5]既崇周、孔之教，兼循老、釋之談，江左以來，斯業不墜，汝能脩之，吾之志也。

[1]降：各本同。疑爲"隆"字之訛。　殺：省，少。

[2]支：通"肢"。

[3]汲引：引進，提拔。

[4]幼學：指十歲。《禮記·曲禮》："人生十年曰幼，學。"鄭玄注："名曰幼，時始可學也。"後世因以幼學代稱十歲。

[5]知命：指五十歲。《論語·爲政》："五十而知天命。"後世因以知命代稱五十歲。

初，有沛國劉瑴、南陽宗懍與褒俱爲中興佐命，[1]同參帷幄。

[1]沛國劉瑴：劉瑴，祖籍沛國，治所在今安徽濉溪縣北。南陽宗懍：宗懍，祖籍南陽郡，治所在今河南南陽市。

劉瑴字仲寶，晉丹陽尹真長七世孫也。[1]少方正有器局。[2]自國子禮生射策高第，[3]爲寧海令，[4]稍遷湘東王記室參軍，[5]又轉中記室。[6]太清中，侯景亂，世祖承制上流，[7]書檄多委瑴焉，[8]瑴亦竭力盡忠，甚蒙賞遇。歷尚書左丞，[9]御史中丞。[10]承聖二年，遷吏部尚書、國子祭酒，[11]餘如故。

[1]丹陽尹：官名。京師所在丹陽郡行政長官。晉第三品。真長：東晉劉惔字真長。《晉書》卷七五有傳。

[2]器局：才識、度量。

[3]射策：古代考試方式之一種。由主試者出題，書之於簡策，分甲乙科列置案上，應試者隨意抽答，主試者據其所答以定優劣。

上者爲甲，次者爲乙。參劉勰《文心雕龍·議對》。

[4]寧海：縣名。治所在今江蘇如皋市西南。

[5]記室參軍：官名。王公府屬官，掌文書。梁六班至二班。

[6]中記室：官名。王公府屬官，職掌不詳。梁七班至三班。

[7]承制：禀承皇帝旨意，行使其職權。

[8]書檄：指軍中及官府文書。

[9]尚書左丞：官名。尚書省屬官，佐令、僕射知省事，掌督録近道文書章表奏事，糾諸不法。員一人。梁九班。

[10]御史中丞：官名。御史臺長官，掌督察百官，糾彈不法。六朝第一流高門多不居此職。員一人。梁十一班。

[11]國子祭酒：官名。屬太常卿。國學長官掌國子學，參議禮制。員一人。梁十三班。

宗懔字元懔。八世祖承，[1]晉宜都郡守，[2]屬永嘉東徙，[3]子孫因居江陵焉。懔少聰敏好學，晝夜不倦，鄉里號爲“童子學士”。普通中，爲湘東王府兼記室，轉刑獄，[4]仍掌書記。歷臨汝、建成、廣晉等令，[5]後又爲世祖荆州别駕。[6]及世祖即位，以爲尚書郎，[7]封信安縣侯，[8]邑一千户。累遷吏部郎中，[9]五兵尚書，吏部尚書。承聖三年，江陵没，與轂俱入于周。[10]

[1]承：宗承，人名。字世林，南陽安衆人，以德行雅正著稱。參《世説新語·方正》及劉孝標注引《楚國先賢傳》。

[2]宜都郡：郡名。治所在今湖北宜昌市。

[3]永嘉：西晉懷帝年號（307—313）。　東徙：指晉室徙江東事。

[4]刑獄：刑獄參軍之省稱，官名。王公府屬官，掌刑獄。梁

四班至二班。

[5]臨汝、建成、廣晉：並縣名。臨汝，治所在今江西臨川市西；建成，治所在今江西高安市；廣晉，治所在今江西波陽縣北廣進鄉。

[6]荆州：州名。治所在今湖北荆州市。　別駕：別駕從事史之省稱，官名。州府屬官，與西曹書佐共掌官吏及選舉事。梁荆州別駕爲六班。

[7]尚書郎：官名。尚書省屬官，分掌諸曹事。按，梁尚書省郎官有郎中、侍郎之别，尚書郎中爲五班，侍郎則在六班。此指尚書侍郎，《周書》本傳正作“尚書侍郎”。

[8]信安：縣名。治所在今湖北麻城市東北。

[9]吏部郎中：官名。尚書省吏部曹長官，佐吏部尚書，掌官吏選舉、調動事宜。梁制，郎中在職勤能滿二歲者，轉侍郎。吏部侍郎，梁十一班。

[10]宗懍入北周前後事，詳《周書》卷四二本傳。

王承字安期，僕射暕子。[1]七歲通《周易》，選補國子生。年十五，射策高第，除祕書郎。歷太子舍人，南康王文學，[2]邵陵王友，[3]太子中舍人，以父憂去職。[4]服闋，復爲中舍人，累遷中書、黄門侍郎，兼國子博士。[5]時膏腴貴遊，[6]咸以文學相尚，罕以經術爲業，惟承獨好之，發言吐論，造次儒者。在學訓諸生，述《禮》、《易》義。[7]中大通五年，遷長兼侍中，[8]俄轉國子祭酒。承祖儉及父暕嘗爲此職，[9]三世爲國師，前代未之有也，當世以爲榮。久之，出爲戎昭將軍、東陽太守。[10]爲政寬惠，吏民悦之。視事未期，[11]卒於郡，時年四十一。謚曰章子。[12]

[1]暕：王暕，本書卷二一有傳。

[2]南康王：梁武帝子蕭績的封爵號。見本書卷二九《高祖三王傳》。

[3]邵陵王：梁武帝子蕭綸的封爵號。見本書卷二九《高祖三王傳》。　友：官名。王國屬官，掌侍從國主，拾遺補缺。員一人。梁八班。

[4]父憂：父喪。

[5]國子博士：官名。屬國子祭酒。國子學教官。員二人。梁九班。

[6]膏腴：比喻高貴、華美。此指高等士族子弟。

[7]義：六朝爲經典作注的一種方式，其體例類似"集解"。

[8]長兼：官制術語。南朝假職未真授之稱有兼、長兼之稱。宋·沈括《夢溪筆談》卷二《故事二》有云："古之兼官，多是暫時攝領；有長兼者，即同正官。"

[9]儉：王儉，仕齊，甚被親重，曾官國子祭酒。

[10]戎昭將軍：將軍名號。考《隋書·百官志》，梁無"戎昭將軍"之名號，陳代有，第八品。　東陽：郡名。治所在今浙江金華市。

[11]期：一周年。

[12]章子：錢大昕《十駕齋養新録》卷二〇"沈恭子"條有云："六朝文士無封爵而得謚者，例稱子，如任昉稱敬子，周弘正稱簡子之類，不一而足。"《南史》作"章"，無"子"字。

承性簡貴有風格。[1]時右衛朱异當朝用事，[2]每休下，車馬常填門。時有魏郡申英好危言高論，[3]以忤權右，[4]常指异門曰："此中輻輳，[5]皆以利往，能不至者，惟有大小王東陽。"小東陽，即承弟穉也。當時惟承兄弟及褚翔不至异門，時以此稱之。

[1]風格：風度。

[2]右衛：右衛將軍之省稱，官名。禁衛軍六軍之一。與左衛將軍合稱二衛將軍，共掌宫廷宿衛營兵。梁十二班。　朱异：人名。本書卷三八有傳。

[3]魏郡申英：申英，祖籍魏郡。其生平不詳。魏郡，治所在今河北臨漳縣西南鄴鎮。

[4]權右：權門右族，即顯貴。

[5]輻輳：本指車輻之一端集中於軸心，比喻人或物集中於一處。

褚翔字世舉，河南陽翟人。[1]曾祖淵，[2]齊太宰文簡公，佐命齊室。祖蓁，[3]太常穆子。父向，字景政，年數歲，父母相繼亡没，向哀毁若成人者，親表咸異之。既長，淹雅有器量，[4]高祖踐阼，選補國子生。起家祕書郎，遷太子舍人，尚書殿中郎。[5]出爲安成内史。[6]還除太子洗馬，中舍人，[7]累遷太尉從事中郎，黄門侍郎，鎮右豫章王長史。[8]頃之，入爲長兼侍中。向風儀端麗，眉目如點，每公庭就列，爲衆所瞻望焉。大通四年，[9]出爲寧遠將軍、北中郎廬陵王長史，[10]三年，卒官。外兄謝舉爲製墓銘，[11]其略曰："弘治推華，[12]子嵩惭量；[13]酒歸月下，風清琴上。"論者以爲擬得其人。

[1]河南：郡名。治所在今河南洛陽市東北。　陽翟：縣名。治所在今河南禹州市。此褚氏祖籍。

［2］淵：褚淵，字彦回。初仕宋，地位隆重。佐蕭齊代宋，封南康郡公，官至侍中、録尚書事。卒，贈太宰，謚號文簡。《南齊書》卷二三有傳。

［3］蓁：褚蓁，仕齊，卒，贈太常，謚曰穆。見《南齊書·褚淵傳》。太常：官名。南齊九卿之一，常禮制。齊第三品。

［4］淹雅：淵博高雅。

［5］尚書殿中郎：官名。尚書省殿中曹長官，屬尚書左僕射，掌擬詔書，多用文學之士。梁六班。

［6］安成：郡名。治所在今江西安福縣東南。

［7］中舍人：即太子中舍人。東宫官，掌侍從及文翰。員四人。梁八班。

［8］鎮右：鎮右將軍之省稱，將軍名號。梁置，與鎮左、鎮前、鎮後將軍僅授予在京師任職者。爲一百二十五號十品二十四班將軍之一，二十二班。豫章王：梁武帝子蕭綜的封爵號。見本書卷五五《豫章王綜傳》。豫章，郡名。治所在今江西南昌市。

［9］四年：中華書局本《校勘記》："大通無四年，下又有'三年，卒官'。四、三顛倒，當有脱訛。"按，上文載向爲"鎮右豫章王長史"，而據本書《豫章王綜傳》，蕭綜爲鎮右將軍在普通二年，故疑此"大通四年"或是"普通四年"之誤，下文"三年"爲大通三年，當不誤。説詳曹道衡、沈玉成《中古文學史料叢考》卷四"《梁書·褚翔傳》志疑"條。

［10］寧遠將軍：將軍名號。梁代，與振遠、電耀等將軍代舊寧朔將軍。爲一百二十五號將軍之一，十三班。　北中郎：北中郎將之省稱，與東中郎、西中郎、南中郎將合稱四中郎將。統兵出征，或鎮守某一地區爲方面大員，地位高於一般將軍。南朝多以宗室諸王擔任。梁天監七年罷，普通六年又置爲百號將軍之一，與一百二十五號將軍中之十七班同班。　廬陵王：梁武帝子蕭續封爵號。見本書《高祖三王傳》。廬陵，郡名。治所在今江西吉水縣。

［11］謝舉：人名。本書卷三七有傳。

[12]弘治：杜乂字弘治，晉京兆杜陵人，杜預之孫。性純和，美姿容。王羲之贊之爲神仙人，桓彝比之於衛玠。《晉書》卷九三《外戚·杜乂傳》作字“弘理”，當是避唐諱改。

[13]子嵩：庾敳字子嵩，晉潁川鄢陵人，庾峻之子。長不滿七尺而腰帶十圍，雅有遠韻，不以俗事嬰心。《晉書》卷五〇有傳。

翔初爲國子生，舉高第。丁父憂，服闋，除祕書郎，累遷太子舍人，宣城王主簿。[1]中大通五年，高祖宴羣臣樂遊苑，[2]別詔翔與王訓爲二十韻詩，[3]限三刻成。翔於坐立奏，高祖異焉，即日轉宣城王文學，俄遷爲友。時宣城友、文學加它王二等，故以翔超爲之，時論美焉。

[1]宣城王：梁簡文帝子蕭大器初封爵號。見本書卷八《哀太子傳》。宣城，郡名。治所在今安徽宣州市。

[2]樂遊苑：南朝宋文帝所建，内有正陽、林光諸殿，爲南朝帝王貴官遊樂之所。故址在今江蘇南京市玄武湖東南側。

[3]王訓：人名。本書卷二一有傳。

出爲義興太守，[1]翔在政潔己，省繁苛，去浮費，百姓安之。郡之西亭有古樹，積年枯死，翔至郡，忽更生枝葉，百姓咸以爲善政所感。及秩滿，吏民詣闕請之，[2]敕許焉。尋徵爲吏部郎，[3]去郡，百姓無老少追送出境，涕泣拜辭。

[1]義興：郡名。治所在今江蘇宜興市。

[2]闕：皇帝所居之地。

[3]吏部郎：即尚書吏部郎，官名。尚書省吏部曹長官，佐吏部尚書掌官吏銓選、任免事宜。梁十一班。

翔居小選公清，[1]不爲請屬易意，號爲平允。俄遷侍中，頃之轉散騎常侍，[2]領羽林監，[3]侍東宫。出爲晉陵太守，[4]在郡未期，以公事免。俄復爲散騎常侍，侍東宫。太清二年，遷守吏部尚書。[5]其年冬，侯景圍宫城，翔於圍内丁母憂，以毁卒，時年四十四。詔贈本官。

[1]小選：南朝稱吏部尚書爲大選，尚書吏部郎爲小選。

[2]散騎常侍：官名。集書省長官，掌侍從左右，獻納得失。劉宋以後，職以侍從左右、掌圖書文翰爲主，地位降低。員四人。梁十二班。

[3]羽林監：官名。禁衛軍將領之一。與虎賁中郎將、冗從僕射合稱“三將”。掌宫廷侍衛送從。梁五班。

[4]晉陵：郡名。治所在今江蘇常州市。

[5]守：官制術語。官吏試職。一般試任一年即真除實授其職。

翔少有孝性。爲侍中時，母疾篤，請沙門祈福，[1]中夜忽見户外有異光，又聞空中彈指，[2]及曉疾遂愈，咸以翔精誠所致焉。

[1]沙門：又作“桑門”，佛教徒。

[2]彈指：彈擊手指。佛教之儀，以捻彈手指作聲，表示許諾、憤怒、贊嘆或告誡等意。

蕭介字茂鏡，蘭陵人也。[1]祖思話，[2]宋開府儀同三司、尚書僕射。[3]父惠蒨，齊左民尚書。

[1]蘭陵：郡名。治所在今山東蒼山縣蘭陵鎮。此蕭氏祖籍。宋・王觀國《學林》卷六“郢”條有云：“南朝蕭氏出於蘭陵，而其後又創南蘭陵，各貴其所自出故也。”按，蕭氏南渡後，僑居晉陵武進縣，縣治在今江蘇武進縣西北萬綏鎮。

[2]思話：蕭思話，人名。仕宋，官至鎮西將軍、郢州刺史。卒，贈征西將軍、開府儀同三司。《宋書》卷七八有傳。

[3]開府儀同三司：官名。非三公而儀制待遇同於三公。宋第一品。　尚書僕射：官名。尚書令副佐，並與尚書分領諸曹。不常置，若左右僕射並缺，則置以總左右事。員一人。宋第三品。

介少穎悟，有器識，博涉經史，兼善屬文。齊永元末，[1]釋褐著作佐郎。[2]天監六年，除太子舍人。八年，遷尚書金部郎。[3]十二年，轉主客郎。[4]出爲吴令，[5]甚著聲績。湘東王聞介名，[6]思共遊處，表請之。普通三年，乃以介爲湘東王諮議參軍。[7]大通二年，除給事黄門侍郎。[8]大同二年，武陵王爲揚州刺史，[9]以介爲府長史，在職清白，爲朝廷所稱。高祖謂何敬容曰：[10]“蕭介甚貧，可處以一郡。”敬容未對，高祖曰：“始興郡頃無良守，[11]嶺上民頗不安，[12]可以介爲之。”由是出爲始興太守。介至任，宣布威德，境内肅清。七年，徵爲少府卿，[13]尋加散騎常侍。會侍中闕，選司舉王筠等四人，[14]並不稱旨，高祖曰：“我門中久無此職，宜用蕭介爲之。”介博物强識，應對左右，多所匡正，高祖甚重之。遷都官尚書，[15]每軍國大事，必先詢訪於介焉，高祖謂朱异曰："端右之材也。"[16]中大同二年，[17]辭疾致事，[18]高祖優詔不許，[19]終不肯起，乃遣謁者僕射魏祥就拜光禄大夫。[20]

[1]永元：齊東昏侯年號（499—501）。

[2]釋褐：脱下粗布衣，换上官服。謂出仕。　著作佐郎：官名。祕書省屬官，佐著作郎掌國史，集注起居。爲清簡之職，多甲族貴遊起家之選。員八人。宋齊第六品。

[3]尚書金部郎：官名。尚書省諸曹郎之一，屬度支尚書。掌金寶、貨財。梁六班。

[4]主客郎：官名。尚書省諸曹郎之一，屬尚書左僕射。掌藩國及外國賓客接待給賜政令。梁六班。

[5]吴：縣名。治所在今江蘇蘇州市。

[6]湘東王：梁元帝初封爵號。湘東，郡名。治所在今湖南衡陽市。

[7]諮議參軍：官名。王公府屬官，掌諷議。梁九班至六班。

[8]給事黄門侍郎：官名。門下省次官。與侍中共掌門下衆事，侍從左右，關通中外，盡規獻納等。出入禁中，職任顯要。員四人。梁十班。

[9]武陵王：梁武帝子蕭紀的封爵號。見本書卷五五《武陵王紀傳》。武陵，郡名。治所在今湖南常德市。　揚州：州名。治所在今江蘇南京市。按，據本書《武帝紀》，武陵王蕭紀中大通四年（532）爲揚州刺史，大同三年復爲揚州刺史。此云"大同二年"，"二"當是"三"字之誤。

[10]何敬容：人名。本書卷三七有傳。

[11]始興郡：郡名。治所在今廣東韶關市蓮花嶺下。

[12]嶺上：五嶺之上，即今湖南、廣西、江西與廣東交界一帶。

[13]少府卿：官名。梁十二卿之一，掌宮中服御諸物。十一班。

[14]王筠：人名。本書卷三三有傳。

[15]都官尚書：官名。尚書省列曹尚書之一，掌法律刑獄及水利工程政令。梁十三班。

[16]端右：尚書令、僕射之別稱。參周一良《魏晉南北朝史札記》之《宋書札記》“執法與端右”條。

[17]中大同：梁武帝年號（546—547）。

[18]致事：又稱“致仕”、“致政”，官吏退休。

[19]優詔：皇帝用來獎掖、慰勉大臣的詔書。

[20]謁者僕射：官名。謁者臺長官。掌朝會司儀及賓饗之事。定員一人。梁六班。屬官謁者十人，掌奉詔出使拜假，朝會儐贊。

太清中，侯景於渦陽敗走，[1]入壽陽，[2]高祖敕防主韋黯納之，[3]介聞而上表諫曰：

臣抱患私門，[4]竊聞侯景以渦陽敗績，隻馬歸命，陛下不悔前禍，復敕容納。臣聞凶人之性不移，天下之惡一也。昔呂布殺丁原以事董卓，終誅董而爲賊；[5]劉牢反王恭以歸晉，還背晉以構妖。[6]何者？狼子野心，終無馴狎之性；養虎之喻，[7]必見飢噬之禍。侯景獸心之種，鳴鏑之類。[8]以凶狡之才，荷高歡翼長之遇，[9]位忝台司，[10]任居方伯，[11]然而高歡墳土未乾，即還反噬。逆力不逮，乃復逃死關西；[12]宇文不容，[13]故復投身於我。陛下前者所以不逆細流，正欲以屬國降胡以討匈奴，[14]冀獲一戰之效耳。今既亡師失地，直是境上之匹夫，[15]陛下愛匹夫而棄與國之好，[16]臣竊不取也。

[1]侯景：太清元年附梁，受封河南王。率軍攻魏譙城，敗退入渦陽，士卒潰散，奔壽春。　渦陽：縣名。治所在今安徽蒙城縣。

[2]壽陽：縣名。治所在今安徽壽縣。

[3]防主：守軍主帥。本書《侯景傳》作“監州”。　韋黯：人名。本書卷一二《韋叡傳》有附傳。黯，舊本皆訛“默”，此依中華書局本校改。

[4]私門：家門。

[5]吕布：後漢五原郡人，并州刺史丁原主簿。靈帝崩，丁原將兵入洛陽與何進謀誅宦官。何進敗，董卓入京，誘布殺原。布殺原，董卓親信布，誓爲父子。後吕布投靠王允，殺董卓。事見《三國志》卷七《吕布傳》。

[6]劉牢：即劉牢之，東晉彭城人。先爲輔國將軍王恭府司馬。孝武帝崩，德宗即位，司馬元顯擅權，王恭反。劉牢之投靠元顯反王恭，王恭敗死。桓玄反，劉牢之又降桓玄。事詳《晉書》卷八四《劉牢之傳》及《王恭傳》。

[7]養虎之喻：以養虎比喻縱敵留患。《史記》卷七《項羽本紀》：“楚兵罷食盡，此天亡楚之時也，不如因其機而遂取之。今釋弗擊，此所謂‘養虎自遺患’也。”

[8]鳴鏑：響箭。《史記》卷一一〇《匈奴列傳》：“冒頓乃作爲鳴鏑，習勒其騎射。”此處代指北方少數民族。

[9]高歡：人名。魏勃海蓨人。東魏末，高歡爲相，以侯景驍勇善戰，曾重用之。見《北齊書》卷二《神武帝紀》。　翼長：比喻提拔，助長。《左傳·哀公十六年》：“子西曰：‘勝如卵，余翼而

長之。'"

[10]台司：三公。侯景仕東魏，位至司徒，故云。

[11]方伯：指刺史。侯景仕東魏，曾官定州刺史，專制河南。

[12]關西：此處指西魏。

[13]宇文：指西魏權臣宇文泰。見《周書》卷一《文帝紀》。

[14]正欲以屬國降胡以討匈奴：前一"以"字，《通鑑》卷一六一《梁紀十七》"太清二年"下作"比"。胡三省注云："漢邊郡置屬官以處降胡，使偵伺匈奴。"

[15]直：衹，僅。

[16]與國：友好之國。此指東魏。

若國家猶待其更鳴之晨，歲暮之效，臣竊惟侯景必非歲暮之臣；棄鄉國如脱屣，背君親如遺芥，豈知遠慕聖德，爲江淮之純臣![1]事跡顯然，無可致惑。一隅尚其如此，觸類何可具陳。

[1]江淮：指梁王朝。梁王朝地處江淮，故以代指。

臣朽老疾侵，不應輒干朝政；但楚囊將死，有城郢之忠，[1]衛魚臨亡，亦有屍諫之節。[2]臣忝爲宗室遺老，敢忘劉向之心。[3]伏願天慈，少思危苦之語。

高祖省表歎息，卒不能用。

[1]《左傳·襄公十四年》：楚令尹子囊將死，遺言謂子庚必城郢。"君子謂子囊忠……將死不忘衛社稷。"

[2]衛魚：春秋時衛國之史魚。《孔子家語》卷五《困誓》："衛

大夫蘧伯玉賢，靈公不用；彌瑕不肖，反任之。史魚驟諫不從，將卒，命其子曰：‘吾不能進蘧伯玉，退彌子瑕，是不能正君也。生不能正君，死無以成禮。我死，汝置屍牖下，於我畢矣。’其子從之。靈公吊焉，怪而問之。其子以告。公曰：‘是寡人之過也。’命之殯於客位，進蘧伯玉，退彌子瑕。孔子聞之曰：‘古之烈諫者，死則已矣，未有若史魚死而屍諫，忠感其君者也。’”

[3]劉向：漢宗室。平帝無嗣，外戚王莽專權。劉向以宗室遺老、先帝舊臣上封事極諫黜遠外戚。事見《漢書》卷三六《楚元王傳》附《劉向傳》。

介性高簡，少交遊，惟與族兄琛、從兄眎素及洽、從弟淑等文酒賞會，[1]時人以比謝氏烏衣之遊。[2]初，高祖招延後進二十餘人，置酒賦詩，臧盾以詩不成，[3]罰酒一斗，[4]盾飲盡，顏色不變，言笑自若；介染翰便成，文無加點，[5]高祖兩美之曰：“臧盾之飲，蕭介之文，即席之美也。”年七十三，卒於家。

[1]琛：蕭琛，本書卷二六有傳。　眎素：蕭眎素，本書卷五二《止足傳》有傳。眎，古“視”字。

[2]謝氏烏衣之遊：《宋書》卷五八《謝弘微傳》：“（謝混）唯與族子靈運、瞻、曜、弘微並以文義賞會。嘗共宴處，居在烏衣巷，故謂之烏衣之遊。”烏衣，即烏衣巷，地在今江蘇南京市區東南。三國吳於此置烏衣營，以兵士服烏衣而名。東晉南朝王謝諸望族居此。

[3]臧盾：人名。本書卷四二有傳。

[4]罰酒：古人集會，限時即席作詩，不成者被罰飲酒。

[5]加點：修改。

第三子允，初以兼散騎常侍聘魏，[1]還爲太子中庶子，後至光禄大夫。

[1]兼：官制術語。假職未真授之稱。按，《陳書》卷二一有《蕭允傳》，允於陳天嘉五年以兼侍中聘於周。此處所記，疑誤。參曹道衡、沈玉成《中古文學史料叢考》卷四“蕭允事迹”條。

洽字宏稱，介從父兄也。父惠基，[1]齊吏部尚書，有重名前世。

[1]惠基：蕭惠基，《南齊書》卷四六有傳。

洽幼敏寤，[1]年七歲，誦《楚辭》略上口。及長，好學博涉，亦善屬文。齊永明中，[2]爲國子生，舉明經，[3]起家著作佐郎，遷西中郎外兵參軍。[4]天監初，爲前軍鄱陽王主簿、尚書□部郎，[5]遷太子中舍人。出爲南徐州治中，[6]既近畿重鎮，史數千人，[7]前後居之者皆致巨富，洽爲之，清身率職，饋遺一無所受，妻子不免飢寒。還除司空從事中郎，[8]爲建安内史，[9]坐事免。久之，起爲護軍長史，[10]北中郎諮議參軍，遷太府卿，[11]司徒臨川王司馬。[12]普通初，拜員外散騎常侍，[13]兼御史中丞，以公事免。頃之，爲通直散騎常侍。[14]洽少有才思，高祖令製同泰、大愛敬二寺刹下銘，[15]其文甚美。二年，遷散騎常侍。出爲招遠將軍、臨海太守，[16]爲政清平，不尚威猛，民俗便之。還拜司徒左長史，[17]又敕撰《當塗堰碑》，[18]辭亦贍麗。六年，卒官，時年五十五。有詔出舉哀，賻錢二萬，布五十匹。集二十卷，[19]行於世。

[1]寤：通“悟”。

[2]永明：齊武帝年號（483—493）。

[3]明經：通曉經術。漢代以明經射策取士，後成爲考試科目名。

[4]西中郎：西中郎將之省稱，將軍名號。與東、南、北中郎將合稱四中郎將，統兵征伐，或鎮某一地區爲方面大員，南朝多以宗室諸王擔任，地位高於一般將軍。宋第四品，齊不詳。　外兵參軍：官名。諸公軍府屬官，掌本府軍隊政令。宋第七品，齊不詳。

[5]前軍：前軍將軍之省稱，將軍名號。與左軍、右軍、後軍將軍合稱四軍將軍。爲禁衛軍重要將軍之一，掌宫廷宿衛。宋第四品，梁初不詳。按，據本書《武帝紀》及《鄱陽王恢傳》，鄱陽王恢天監初爲“前將軍”，而非前軍將軍。　鄱陽王：梁武帝弟蕭恢之封爵號。鄱陽，郡名。治所在今江西波陽縣。　尚書□部郎：尚書省有諸曹郎，□原爲墨丁，故未詳何曹。又，“部”，汲古閣本作“中”，如此，則當爲尚書殿中郎。而三朝本、百衲本皆作“尚書□□郎”，缺兩字。

[6]治中：治中從事史之省稱，官名。州府屬官，掌衆曹文書事。南徐州治中從事，梁七班。

[7]史數千人：《南史》卷一八同傳作“職吏數千人”。

[8]司空從事中郎：司空府屬官，與長史共掌本府官吏。梁九班至八班。

[9]建安：郡名。治所在今福建建甌市南。

[10]護軍：護軍將軍之省稱，官名。掌京畿以外諸軍，職任頗重。資輕者爲中護軍。梁十五班。

[11]太府卿：官名。梁加置，爲十二卿之一，掌金帛府帑。十

三班。

[12]臨川王：梁武帝弟蕭宏封爵號。見本書《太祖五王傳》。臨川，郡名。治所在今江西南城縣東南。　司馬：官名。王公軍府屬官，掌本府武職。梁十班至六班。

[13]員外散騎常侍：官名。集書省官員，多以公族、宗室充任。劉宋以後常用以安置閑退官員，地位漸低。梁十班。

[14]通直散騎常侍：官名。集書省官員，掌侍從諫諍，與散騎常侍通直。劉宋以後，多以衰老之士擔任，地位漸低。員四人。梁十一班。

[15]同泰：佛寺名。梁武帝於大通元年造。在京師建康宫城東。　大愛敬寺：佛寺名。梁武帝普通元年造，在京師建康鍾山。參《建康實録》卷一七及唐·釋道宣《續高僧傳》卷一《釋寶唱傳》。

[16]招遠將軍：將軍名號。梁置，爲一百二十五號十品二十四班將軍之二班。　臨海：郡名。治所在今浙江臨海市東南章安。

[17]司徒左長史：官名。司徒府屬官，左司徒掌官吏事。梁十二班。

[18]《當塗堰碑》：今不存。

[19]集二十卷：《隋書·經籍志》著録："梁《蕭洽集》二卷。"

褚球字仲寶，河南陽翟人。[1]高祖叔度，[2]宋征虜將軍、雍州刺史；[3]祖曖，太宰外兵參軍；[4]父績，太子舍人；[5]並尚宋公主。

[1]河南：郡名。治所在今河南洛陽市東北。　陽翟：縣名。治所在今河南禹州市。此褚氏祖籍。

[2]叔度：褚裕之字叔度，因名與宋武帝諱同，故以字行。《宋書》卷五二有傳。

[3]征虜將軍：將軍名號。亦作高級文職官員的加官。宋第三品。　雍州：州名。東晉僑置，治所在今湖北襄樊市。

[4]太宰：官名。與太傅、太保並爲上公，六朝多用爲贈官，安置元老重臣。第一品。

[5]太子舍人：官名。東宫屬官，掌侍從及文記。員十六人。宋第七品。

球少孤貧，篤志好學，有才思。宋建平王景素，[1]元徽中誅滅，[2]惟有一女得存，其故吏何昌寓、王思遠聞球清立，[3]以此女妻之，因爲之延譽。仕齊起家征虜行參軍，[4]俄署法曹，[5]遷右軍曲江公主簿。[6]出爲溧陽令，[7]在縣清白，資公俸而已。除平西主簿。[8]

[1]建平王景素：劉景素，宋宗室，襲父爵爲建平王。宋後廢帝元徽四年（476），因謀反罪，被擒殺。《宋書》卷七二有傳。建平，郡名。治所在今四川巫山縣北。

[2]元徽：宋後廢帝年號（473—477）。

[3]何昌寓：人名。祖籍廬江郡。《南齊書》卷四三有傳。寓，“宇”之異體字。　王思遠：人名。祖籍琅邪臨沂。《南齊書》卷四三有傳。

[4]行參軍：官名。王公軍府屬官，參掌府曹事，位低於正參軍。宋齊官品不詳。

[5]署：官制術語。試署以權理其職事。　法曹：即法曹行參軍，掌郵驛科程事。

[6]右軍：按，《南齊書·蕭遥欣傳》作“右將軍”。　曲江公：齊宗室蕭遥欣的封爵號。《南齊書》卷四五《宗室》有傳。曲江，縣名。治所在今廣東韶關市南武水西岸。

[7]溧陽：縣名。治所在今江蘇高淳縣東固城鎮。

[8]平西：平西將軍之省稱，將軍名號。宋第三品，齊不詳。

天監初，遷太子洗馬，散騎侍郎，[1]兼中書通事舍人。[2]出爲建康令，[3]母憂去職，以本官起之，固辭不拜。服闋，除北中郎諮議參軍，俄遷中書郎，[4]復兼中書通事舍人。除雲騎將軍，[5]累兼廷尉，[6]光禄卿，[7]舍人如故。遷御史中丞。球性公强，無所屈撓，在憲司甚稱職。[8]普通四年，出爲北中郎長史、南蘭陵太守。[9]入爲通直散騎常侍，領羽林監。七年，遷太府卿，頃之，遷都官尚書。中大同中，[10]出爲仁威臨川王長史、江夏太守，[11]以疾不赴職。改授光禄大夫，未拜，復爲太府卿，領步兵校尉。俄遷通直散騎常侍，祕書監，[12]領著作。[13]遷司徒左長史，[14]常侍、著作如故。自魏孫禮、晉荀組以後，[15]台佐加貂，[16]始自球也。[17]尋出爲貞威將軍、輕車河東王長史、南蘭陵太守。[18]入爲散騎常侍，領步兵。尋表致仕，詔不許。俄復拜光禄大夫，加給事中，[19]卒官，時年七十。

[1]散騎侍郎：官名。散騎省屬官，掌侍從左右，獻納諫諍。員四人。宋第五品，梁初不詳。

[2]中書通事舍人：官名。中書省屬官，掌入直閣内，呈奏案章。劉宋以後，漸用寒士及皇帝親信任此職，奪中書侍郎草擬詔誥之權。至梁，用人殊重，選以才俊，不限資地，專掌中書詔誥，權勢顯赫。多以他官兼領。齊第七品，梁初第八品。

[3]建康：縣名。治所在今江蘇南京市。

[4]中書郎：官名。又稱中書侍郎。

[5]雲騎將軍：官名。梁天監六年以舊驍騎將軍改名。禁衛軍將領之一，掌宫廷宿衛，十班。

[6]廷尉：官名。梁十二卿之一，掌刑辟。屬官有廷尉正、平、監及胄子律博士等。十一班。

[7]光禄卿：官名。梁十二卿之一，掌宫殿門户。十一班。

[8]憲司：指御史臺。憲，法。御史臺爲執法機關，故稱憲司。

[9]長史：官名。王公軍府屬官，掌本府官吏。梁十班至六班。南蘭陵：郡名。治所在今江蘇武進縣西北萬綏鎮。

[10]中大同：梁武帝年號（546—547）。按，據梁湘東王蕭繹《法寶聯璧序》知，褚球中大通六年（534）即在太府卿、步兵校尉任上（參日人清水凱夫《六朝文學論文集・梁代中期文壇考》），此云“中大同中”“復爲太府卿，領步兵校尉”，故知“中大同”當爲“中大通”之訛。

[11]仁威：仁威將軍之省稱，將軍名號。梁置，與智威、勇威、信威、嚴威將軍代舊征虜將軍。爲一百二十五號十品二十四班將軍中之十六班。　臨川王：當是蕭正義。梁武帝弟蕭宏普通七年死，其子正義嗣爵臨川王。見本書《太祖五王・臨川王宏傳》。江夏：郡名。治所在今湖北武漢市武昌。

[12]祕書監：官名。祕書省長官，掌國之典籍圖書。梁十一班。

[13]著作：即著作郎，官名。祕書省屬官，掌國史，集注起居。爲清顯之職，多僑姓士族擔任。員一人。梁六班。

[14]司徒左長史：官名。司徒府屬官，佐司徒掌官吏事。梁十二班。

[15]孫禮：人名。曹魏涿郡容城人。魏明帝臨崩，以曹爽爲大將軍，孫禮爲大將軍長史，加散騎常侍。《三國志》卷二四有傳。荀組：人名。晉潁川潁陽人。趙王倫爲相國，以李重、荀組爲左右長史，並以組爲侍中。《晉書》卷四〇有傳。

[16]台佐加貂：台佐，三公之副佐。加貂，侍中、散騎常侍並

爲中朝官，冠加貂。孫禮、荀組皆爲三公副佐，同時又爲中朝官，故云“台佐加貂”。孫、荀以後，褚球亦如此，故云“始自球也”。

[17]自：舊本皆作“有”，此依中華書局本校改。

[18]輕車：輕車將軍之省稱，將軍名號。梁代與鎮朔、武旅、貞毅、征遠將軍代舊輔國將軍。爲一百二十五號將軍之一，十四班。　河東王：梁昭明太子之子蕭譽的封爵號。見本書卷五五《河東王譽傳》。河東，郡名。治所在今湖北松滋縣西北。

[19]給事中：官名。集書省屬官，掌侍從諫諍、收發文書，地位不高。梁四班。

劉孺字孝稚，彭城安上里人也。[1]祖勔，宋司空忠昭公。[2]父悛，齊太常敬子。[3]

[1]彭城：縣名。治所在今江蘇徐州市。錢大昕《廿二史考異》卷二六有云：“列傳例書郡縣，此書里而不書縣，亦變例。”是錢氏以“彭城”爲郡名。按，《南齊書》卷三七《劉悛傳》云：“（悛）彭城安上里人也。彭城劉同出楚元王，分爲三里，以別宋氏帝族。”《宋書》卷一《武帝紀》云：“（裕）彭城縣綏輿里人。”疑姚思廉沿襲宋、齊二書之舊例，彭城爲縣名。

[2]勔：劉勔，人名。宋元徽中（473—477），江州刺史桂陽王劉休範舉兵反，至京師，劉勔領軍拒戰，死。追贈司空，謚忠昭公。《宋書》卷八六有傳。

[3]悛：劉悛，人名。仕齊，卒，贈太常，謚曰敬。《南齊書》卷三七有傳。太常，官名。掌禮樂、宗廟、社稷事宜。齊第三品。

孺幼聰敏，七歲能屬文。年十四，居父喪，毁瘠骨立，宗黨咸異之。服闋，叔父瑱爲義興郡，[1]攜以之官，常置坐側，謂賓客曰：“此兒吾家之明珠也。”既長，美風采，性通和，雖家人不見其喜愠。本州召迎主簿。

[1]瑱（tiàn）：劉瑱，仕齊，曾官義興太守。《南史》卷三九《劉勔傳》有附傳。

起家中軍法曹行參軍，[1]時鎮軍沈約聞其名，[2]引爲主簿，常與遊宴賦詩，大爲約所嗟賞。累遷太子舍人，中軍臨川王主簿，太子洗馬，[3]尚書殿中郎。出爲太末令，[4]在縣有清績。還除晉安王友，[5]轉太子中舍人。

[1]中軍：中軍將軍之省稱，將軍名號。南朝重號將軍。宋第三品，齊及梁初位在東、西、南、北四征將軍之上。

[2]鎮軍：鎮軍將軍之省稱，將軍名號。位在東、西、南、北四征將軍之上。梁初第三品，不詳。　沈約：人名。本書卷一三有傳。

[3]太子洗馬：官名。東宫屬官，掌文翰，爲清簡之官。員八人。梁天監七年革選，爲六班。

[4]太末：縣名。治所在今浙江衢縣東北龍游鎮。

[5]晉安王：梁簡文帝之初封爵號。

孺少好文章，性又敏速，嘗於御坐爲《李賦》，受詔便成，文不加點，高祖甚稱賞之。後侍宴壽光殿，[1]詔羣臣賦詩，時孺與張率並醉，[2]未及成，高祖取孺手板題戲之曰："張率東南美，[3]劉孺雒陽才，[4]攬筆便應就，何事久遲回？"[5]其見親愛如此。

[1]壽光殿：京師建康宮城内殿名。

[2]張率：人名。本書卷三三有傳。

[3]東南美：本指箭竹。宋・戴凱之《竹譜》："箭竹，高者不過一丈，節間三尺，堅勁中矢，江南諸山皆有之。會稽所生最精好，故《爾雅》云：東南之美者，有會稽之竹箭焉。"後用以比喻傑出人才。

[4]雒陽才：指西漢賈誼。《文選》卷一〇潘安仁《西征賦》："終童山東之英妙，賈生洛陽之才子。"賈生即賈誼，西漢洛陽人，年少便才能傑出。《史記》卷八四、《漢書》卷四八並有傳。雒，同"洛"。

[5]遲回：即徘徊。

轉中書郎，兼中書通事舍人，頃之遷太子家令，[1]餘如故。出爲宣惠晉安王長史，[2]領丹陽尹丞，[3]遷太子中庶子，尚書吏部郎。出爲輕車湘東王長史，[4]領會稽郡丞，[5]公事免。頃之，起爲王府記室，[6]散騎侍郎，兼光禄卿。累遷少府卿，司徒左長史，御史中丞，號爲稱職。大通二年，遷散騎常侍。三年，遷左民尚書，領步兵校尉。中大通四年，出爲仁威臨川王長史、江夏太守，[7]加貞威將軍。五年，爲寧遠將軍、司徒左長史，未拜，改爲都官尚書，領右軍將軍。大同五年，守吏部尚書。其年，出爲明威將軍、晉陵太守。[8]在郡和理，爲吏民所稱。七年，入爲侍中，領右軍。其年，復爲吏部尚書，以母憂去職。居喪未期，以毀卒，時年五十九。[9]謚曰孝子。

[1]太子家令：官名。東宫官，屬太子詹事。與太子率更令、太子僕合稱三卿，掌刑獄、錢穀等。員一人。梁十班。

[2]宣惠：宣惠將軍之省稱，將軍名號。梁置，與鎮兵、翊將軍代舊東、西、南、北四中郎將。天監七年革選，釐定爲十七班。

[3]丹陽尹丞：官名。京師所在丹陽郡長官丹陽尹之副佐。宋第七品，梁不詳。丹陽郡，治所在今江蘇南京市。

[4]湘東王：梁元帝初封爵號。

[5]會稽：郡名。治所在今浙江紹興市。

[6]記室：記室參軍之省稱，官名。王公府屬官，掌文書。梁六班至四班。

[7]臨川王：梁武帝弟蕭宏普通七年卒，其子正義嗣爵爲臨川王。見本書《太祖五王·臨川王宏傳》。

[8]明威將軍：將軍名號。梁代與寧遠、振遠、電耀、威耀將軍代舊寧朔將軍。爲一百二十五號將軍之一，十三班。

[9]時年五十九：據許福謙《南北朝八書二史疑年録》中《梁書疑年録》所考，劉孺卒於大同九年（543）。又，《廣弘明集》卷二〇梁湘東王蕭繹《法寶聯璧序》載中大通六年（534）劉孺“年五十五”，下一“五”字疑衍，本傳記其卒時年歲爲是。詳曹道衡、沈玉成《中古文學史料叢考》卷四《劉孺年歲當從〈梁書〉》條。

孺少與從兄苞、孝綽齊名，[1]苞早卒，孝綽數坐免黜，位並不高，惟孺貴顯。有文集二十卷。

[1]苞：劉苞，本書卷四九《文學》有傳。　孝綽：劉孝綽，本書卷三三有傳。

子㑹，著作郎，[1]早卒。孺二弟：覽，遵。

[1]著作郎：官名。祕書省屬官，掌國史及起居注之修撰。爲清簡之職，多甲族貴遊起家之選。員一人。梁六班。

覽字孝智。十六通《老》、《易》。歷官中書郎，以所生母憂，廬于墓，[1]再期，[2]口不嘗鹽酪，[3]冬止著單布。家人患其不勝喪，中夜竊置炭於牀下，覽因暖氣得睡，既覺知之，號慟歐血。[4]高祖聞其有至性，數省視之。服闋，除尚書左丞。性聰敏，尚書令史七百人，[5]一見並記名姓。當官清正，無所私。姊夫御史中丞褚湮，從兄吏部郎孝綽，在職頗通贓貨，覽劾奏，並免官。孝綽怨之，嘗謂人曰："犬齧行路，覽噬家人。"出爲始興内史，[6]治郡尤勵清節。還復爲左丞，卒官。

[1]廬于墓：於墓旁結廬而居。《禮記·問喪》："成壙而歸，不敢入處室，居於倚廬，哀親之在外也。"

[2]再期：兩周年。

[3]鹽酪：鹽和乳漿。《禮記·雜記下》："功衰，食菜果，飲水漿，無鹽酪。不能食食，鹽酪可也。"

[4]歐：同"嘔"。

[5]尚書令史：尚書省所設低級辦事吏員。梁流外三品勳位。

[6]始興：郡名。治所在今廣東韶關市東南。

遵字孝陵。少清雅，有學行，工屬文。起家著作郎，太子舍人，累遷晉安王宣惠、雲麾二府記室，甚見賓禮，轉南徐州治中。王後爲雍州，復引爲安北諮議參軍、帶敢邵縣令。[1]中大通三年，[2]王立爲皇太子，仍除中庶子。遵自隨藩及在東宫，以舊恩，偏蒙寵遇，[3]同時莫及。大同元年，卒官。[4]皇太子深悼惜之，與遵從兄陽羨令孝儀令曰：[5]

賢從中庶，[6]奄至殞逝，[7]痛可言乎！其孝友淳深，立身貞固，内含玉潤，外表瀾清。美譽嘉聲，流於士友，言行相符，終始如一。文史該富，琬琰爲心，辭章博贍，玄黄成采。既以鳴謙表性，[8]又以難進自居，[9]未嘗造請公卿，締交榮利，是以新沓莫之舉，[10]杜武弗之知。[11]自阮放之官，[12]野王之職，[13]栖遲門下，[14]已踰五載，同僚已陟，後進多升，而怡然清静，不以少多爲念，確爾之志，[15]亦何易得。西河觀寶，[16]東江獨步，[17]書籍所載，必不是過。

[1]安北：安北將軍之省稱，將軍名號。爲一百二十五號將軍之一，二十一班。　帶：官制術語。本職之外，另帶某官號、俸禄而不理其事。　邵縣：縣名。治所在今湖北宜城市北。

[2]中大通三年：三，各本均作“二”。據本書《武帝紀》及《簡文帝紀》，晉安王綱立爲皇太子在中大通三年七月，故“二”當爲“三”之訛。今據改。

[3]偏：特别。

[4]據唐·釋道宣《廣弘明集》卷二〇載梁湘東王蕭繹《法寶聯璧序》，知劉遵中大通六年（534）年四十七。則其卒年四十八。

[5]陽羨：縣名。治所在今江蘇宜興市南荆溪南岸。按，劉孝儀有《從弟喪上東宫啓》，見《藝文類聚》卷二一。皇太子蕭綱此令或作於孝儀啓之後。

[6]賢從：《南史》卷三九同傳“從”下有“弟”字。　中庶：太子中庶子之省稱。

[7]奄：忽然。

[8]鳴謙：《易·謙》：“鳴謙，貞吉。”《疏》：“鳴謙者，謂聲名也。二處正得中，行謙廣遠，故曰鳴謙。”後世指謙抑。

[9]難進：《禮記·表記》：“子曰：‘事君難進而易退，則位有序；易進而難退，則亂也。故君子三揖而進，一辭而退，以遠亂也。’”此處指在仕途上淡泊恬退的君子。

[10]新沓：指山濤。濤仕晉，爵新沓伯，掌吏部，典選舉，以甄拔人物著稱。《晉書》卷四三有傳。

[11]杜武：當指“杜武庫”，即杜預。《晉書》卷三四《杜預傳》載，預爲度支尚書，“在内七年，損益萬機，不可勝數，朝野稱美，號曰‘杜武庫’，言其無所不有也”。

[12]阮放之官：指太子中庶子。《晉書》卷四九《阮籍傳》附《阮放傳》載，放“除太學博士，太子中舍人、庶子。時雖戎車屢駕，而放侍太子，常説《老》《莊》，不及軍國”。

[13]野王之職：亦指太子中庶子。《漢書》卷七九《馮奉世傳》附《馮野王傳》：“野王字君卿……少以父任爲太子中庶子。”

[14]栖遲：遊息、居住。　門下：此指東宫。

[15]確爾：堅固、剛强。

[16]西河觀寶：指吴起。起，戰國時衛人，曾爲魏西河守。《史記》卷六五《吴起列傳》：“（魏）武侯浮西河而下，中流，顧而謂吴起曰：‘美哉乎，山河之固！此魏國之寶也！’起對曰：‘在德不在險……若君不修德，舟中之人盡爲敵國也。’武侯曰：‘善。’”

[17]東江獨步：晉王坦之，字文度，祖籍琅邪。晉室南渡，居江東。弱冠與郗超俱有重名，時人爲之語曰：“盛德絶倫郗嘉賓，東江獨步王文度。”詳《晉書》卷七五《王湛傳》附《王坦之傳》。

吾昔在漢南，[1]連翩書記，及忝朱方，[2]從容坐首。良辰美景，[3]清風月夜，鷁舟乍動，[4]朱鷺徐鳴，[5]未嘗一日而不追隨，一時而不會遇。酒闌耳熱，[6]言志賦詩，校覆忠賢，[7]搉揚文史，[8]益者三友，[9]此實其人。及弘道下邑，未申善政，而能使民結去思，[10]野多馴雉，[11]此亦威鳳一羽，[12]足以驗其五德。[13]比在春坊，[14]載獲申晤，博望無通賓之務，[15]司成多節文之科，[16]所賴故人時相媲偶；而此子溘然，[17]實可嗟痛。"惟與善人"，[18]此爲虚説；天之報施，豈若此乎！[19]想卿痛悼之誠，亦當何已。往矣奈何，投筆惻愴。

吾昨欲爲誌銘，並爲撰集。吾之劣薄，其生也不能揄揚吹歔，使得騁其才用，今者爲銘爲集，何益既往？故爲痛惜之情，不能已已耳。

[1]漢南：漢水之南，指荆州。梁天監十三年（514）宣惠將軍蕭綱出爲荆州刺史，劉遵爲其記室。

[2]朱方：《史記》卷三一《吴太伯世家》裴駰《集解》引《吴地記》曰："朱方，秦改曰丹徒。"按，丹徒，南徐州屬縣。此處代指南徐州。

[3]良辰美景：《文選》卷三〇謝靈運《擬魏太子鄴中集詩並序》："建康末，余時在鄴宫，朝遊夕宴，究歡愉之極。天下良辰美景，賞心樂事，四者難並。今昆弟友朋，二三諸彦，共盡之矣。"

[4]鷁舟：船。古畫鷁首於船頭，故名。

[5]朱鷺：古樂曲名。漢《鼓吹鐃歌》十八曲之首曲。

[6]酒闌耳熱：《文選》卷四二魏文帝《與吴質書》："每至觴酌流行，絲竹並奏，酒酣耳熱，仰而賦詩。當此之時，忽然不自知樂

也。”

[7]校覆：覆，各本同；疑是“覈”字之訛。校覈，考核。

[8]搉揚：商討。

[9]益者三友：《論語·季氏》：“益者三友，損者三友。友直、友諒、友多聞，益矣。友便辟、友善柔、友便佞，損矣。”

[10]去思：地方百姓對去職官吏的懷念。

[11]馴雉：順服的雉鳥。相傳地方政治清明則野有馴雉。

[12]威鳳一羽：威鳳，傳説中的瑞鳥。《漢書》卷八《宣帝紀》：“南郡獲白虎威鳳爲寶。”晉·晉灼注：“鳳之有威儀者也，與《尚書》‘鳳皇來儀’同意。”一羽，即略見一斑之意。

[13]五德：人或事物的五種品德。如儒家以温、良、恭、儉、讓爲修身五德。《山海經·南山經》：丹穴之山，“有鳥焉，其狀如鷄，五采而文，名曰鳳皇，首文曰德，翼文曰義，背文曰禮，膺文曰仁，腹文曰信。是鳥也，飲食自然，自歌自舞，見則天下安寧。”言五文而不言五德。又《韓詩外傳》卷二第二十三章：田饒曰：“君獨不見夫鷄乎？頭戴冠者，文也；足傅距者，武也；敵在前敢鬥者，勇也；見食相呼者，仁也；守夜不失時，信也。鷄雖有此五德，君猶日瀹而食之者何也？”是鷄之五德。

[14]春坊：東宫。

[15]博望：即博望苑，漢宫苑名，漢武帝爲衛太子立，供其接遇賓客。見《漢書》卷六三《戾太子劉據傳》。南朝太子不得妄通賓客，故蕭綱云“無通賓之務”。

[16]司成：即大司成，古官名。掌教導國子，相當於漢以後之國子祭酒。　節文：節制修飾。　科：法紀條文。

[17]溘然：即去世。

[18]《老子》：“天道無親，常與善人。”

[19]《史記》卷六一《伯夷列傳》：“或曰：‘天道無親，常與善人。’若伯夷、叔齊，可謂善人者非邪？積仁潔行如此而餓死……天之報施善人，其何如哉？”

劉潛字孝儀，祕書監孝綽弟也。[1]幼孤，與兄弟相勵勤學，並工屬文。孝綽常曰"三筆六詩"，[2]三即孝儀，六孝威也。天監五年，舉秀才。起家鎮右始興王法曹行參軍，[3]隨府益州，[4]兼記室。王入爲中撫軍，[5]轉主簿，[6]遷尚書殿中郎。敕令製《雍州平等寺金像碑》，[7]文甚宏麗。晉安王綱出鎮襄陽，[8]引爲安北功曹史，[9]以母憂去職。王立爲皇太子，孝儀服闋，仍補洗馬，[10]遷中舍人。出爲戎昭將軍、陽羨令，[11]甚有稱績，擢爲建康令。大同三年，遷中書郎，以公事左遷安西諮議參軍，[12]兼散騎常侍。使魏還，[13]復除中書郎。頃之，權兼司徒右長史，[14]又兼寧遠長史、行彭城琅邪二郡事。[15]累遷尚書左丞，兼御史中丞。在職彈糾無所顧望，當時稱之。十年，出爲伏波將軍、臨海太守。[16]是時政網疏闊，百姓多不遵禁，孝儀下車，宣示條制，勵精綏撫，境内翕然，風俗大革。中大同元年，入守都官尚書。太清元年，出爲明威將軍、豫章内史。二年，侯景寇京邑，孝儀遣子勵帥郡兵三千人，隨前衡州刺史韋粲入援。[17]三年，宫城不守，孝儀爲前歷陽太守莊鐵所逼，[18]失郡。大寶元年，病卒，時年六十七。[19]

[1]劉孝綽：人名。本書卷三三有傳。

[2]筆：六朝有文筆之分。無韻之文爲筆，有韻之文爲文。

[3]始興王：梁武帝弟蕭憺的封爵號。見本書《太祖五王傳》。

[4]益州：州名。治所在今四川成都市。按，據本書《武帝紀》

及《太祖五王·始興王憺傳》，憺爲益州刺史時是鎮西將軍，爲荆州刺史時是鎮右將軍。此云“鎮右”而“府益州”，必有一誤。

[5]中撫軍：又稱中撫將軍，將軍名號。梁代與中軍、中衛、中權將軍合稱四中將軍，祇授予在京師任職者，地位顯要。爲一百二十五號將軍之一，二十三班。

[6]主簿：官名。自漢以下，中央各機構及地方州郡皆置，掌文書簿籍，爲掾吏之首。其官品隨所署長官地位高下而異。梁皇弟皇子府主簿爲五班。

[7]《雍州平等寺金像碑》：舊本皆脱“寺”字，此依中華書局本校補。按，《藝文類聚》卷七六載劉孝儀《雍州金像寺無量壽佛像碑》，清·嚴可均輯入《全梁文》，並按云：“《梁書》本傳云：‘敕令製《雍州平等金像碑》，文甚宏麗。’即此。”

[8]晉安王綱：簡文帝蕭綱初封爵號晉安王。　襄陽：縣名。雍州鎮所，在今湖北襄樊市。

[9]功曹史：官名。王公府屬官，掌吏員賞罰任免事宜。梁六班至二班。

[10]洗馬：官名。即太子洗馬。

[11]戎昭將軍：將軍名號。按，考《隋書·百官志》，梁代無“戎昭將軍”之號，陳代有，第八品。　陽羨：縣名。治所在今江蘇宜興市南荆溪南岸。

[12]安西：安西將軍之省稱，將軍名號。與安東、安南、安北將軍合稱四安將軍。爲出鎮方面的軍事長官，或作爲刺史兼理軍務的加官，權任頗重。爲一百二十五號將軍之一，二十二班。

[13]孝儀奉使北魏還，有《北使還與永豐侯蕭撝書》述其感受。見《全梁文》卷六一。可資參看。

[14]權：官制術語。臨時攝理某職事。　司徒右長史：官名。司徒府屬官，與左長史共佐司徒掌官吏事。梁十班。

[15]行事：代行政事。錢大昕《廿二史考異》卷二六有云：“六朝時府僚多領郡縣職……凡諸王冲幼出鎮開府，多以長史行州

府事，或府主以事它出，亦以府僚行事。”　彭城、琅邪：此當指南彭城、南琅邪二郡。南琅邪，治所在今江蘇南京市北；南彭城，虚置，無實土。

[16]伏波將軍：將軍名號。爲一百二十五號將軍之一，四班。　臨海：郡名。治所在今浙江臨海市東南章安。

[17]衡州：州名。梁天監六年置，治所在今廣東英德市西北浛洸。　韋粲：人名。本書卷四三有傳。

[18]歷陽：郡名。治所在今安徽和縣。　莊鐵：人名。原爲梁歷陽太守，侯景攻歷陽，莊鐵降。見本書卷五六《侯景傳》。

[19]時年六十七：此疑誤。據唐·釋道宣《廣弘明集》卷二〇所載梁湘東王蕭繹《法寶聯璧序》，知劉孝儀中大通六年（534）年四十九（參日人清水凱夫《六朝文學論文集·梁代中期文壇考》），則其卒時年當爲六十五。

孝儀爲人寬厚，内行尤篤。[1]第二兄孝能早卒，[2]孝儀事寡嫂甚謹，家内巨細，必先諮决。與妻子朝夕供事，未嘗失禮。世以此稱之。有文集二十卷，[3]行於世。

[1]内行：平日家居的操行。

[2]孝能：《南史》卷三九同傳作“孝熊”。

[3]有文集二十卷：《隋書·經籍志》著録：“梁都官尚書《劉孝儀集》二十卷。”

第五弟孝勝，歷官邵陵王法曹，[1]湘東王安西主簿記室，尚書左丞。出爲信義太守，[2]公事免。久之，復爲尚書右丞，[3]兼散騎常侍。聘魏還，爲安西武陵王紀長史、蜀郡太守。[4]太清中，侯景陷京師，紀僭號於蜀，以孝勝爲尚書僕射。承聖中，隨紀出峽口，[5]兵敗，被執下獄。世祖尋宥之，起爲司徒右長史。

[1]邵陵王：梁武帝子蕭綸的封爵號。見本書卷二九《高祖三王傳》。邵陵，郡名。治所在今湖南邵陽市。

[2]信義：郡名。梁天監六年置，治所在今江蘇常熟市。

[3]尚書右丞：官名。尚書省屬官。佐尚書令、僕射知省事，分掌臺内藏及廬舍凡諸器用之物，督録遠道文書章表奏事。員一人。梁八班。

[4]武陵王紀：梁武帝子蕭紀封爵號武陵王。本書卷五五有傳。武陵，郡名。治所在今湖南常德市。　蜀郡：郡名。治所在今四川成都市。

[5]峽口：地名。在今湖北宜昌市西長江西陵峽口。

第六弟孝威，初爲安北晉安王法曹，轉主簿，以母憂去職。服闋，除太子洗馬，累遷中舍人、庶子、率更令，[1]並掌管記。大同九年，白雀集東宫，孝威上頌，其辭甚美。太清中，遷中庶子，[2]兼通事舍人。[3]及侯景寇亂，孝威於圍城得出，隨司州刺史柳仲禮西上，[4]至安陸，[5]遇疾卒。[6]

[1]庶子：太子庶子之省稱，官名。東宫官，掌侍從左右，獻納諫諍。員四人。梁九班。　率更令：即太子率更令，官名。東宫屬官，太子三卿之一，掌宫殿門户及賞罰。員一人。梁十班。

[2]中庶子：太子中庶子之省稱，官名，東宫官，與太子中舍人共掌侍從及文翰。員四人。梁十一班。

[3]通事舍人：即東宫通事舍人，官名。東宫屬官，掌傳宣令旨，内外啓奏，宫臣辭見司儀。梁員二人，一班。

[4]司州：州名。治所在今河南信陽市。　柳仲禮：人名。本書卷四十三《柳敬禮傳》有附傳。

[5]安陸：縣名。治所在今湖北安陸市。

[6]據唐釋道宣《廣弘明集》卷二〇梁湘東王《法寶聯璧序》，劉孝威中大通六年（534）年三十九，則其生在南齊建武三年（496）。又《隋書·經籍志》著録："梁太子庶子《劉孝威集》十卷。"

第七弟孝先，武陵王法曹、主簿，王遷益州，隨府轉安西記室。承聖中，與兄孝勝俱隨紀軍出峽口，兵敗，至江陵，[1]世祖以爲黄門侍郎，遷侍中。兄弟並善五言詩，見重於世。文集值亂，今不具存。[2]

[1]江陵：縣名。荆州鎮所，治所在今湖北荆州市。時梁元帝蕭繹即位於此。

[2]羅振玉《梁書斠議》："《隋書·經籍志》有《孝威集》十卷，云'不存'，何也？"

殷芸字灌蔬，陳郡長平人。[1]性倜儻，不拘細行；然不妄交遊，門無雜客。勵精勤學，博洽羣書。幼而廬江何憲見之，[2]深相歎賞。永明中，爲宜都王行參軍。[3]天監初，爲西中郎主簿、後軍臨川王記室。[4]七年，遷通直散騎侍郎，[5]兼中書通事舍人。十年，除通直散騎侍郎，兼尚書左丞，又兼中書舍人，[6]遷國子博士，昭明太子侍讀，[7]西中郎豫章王長史，[8]領丹陽尹丞，累遷通直散騎常侍，祕書監，司徒左長史。普通六年，直東宫學士省。大通三年，卒，時年五十九。[9]

[1]陳郡：郡名。治所在今河南淮陽縣。　長平：縣名。治所在今河南西華縣東北。

[2]廬江何憲：何憲，人名。祖籍廬江郡，以强學知名。仕齊，爲本州别駕。《南齊書》卷三四《虞玩之傳》有附傳。

[3]宜都王：齊高帝子蕭鏗的封爵號。《南齊書》卷三五《高帝十二王》有傳。宜都，郡名。治所在今湖北宜都市。

[4]後軍：後軍將軍之省稱，將軍名號。禁衛軍重要將領之一。與前軍、左軍、右軍將軍合稱四軍將軍，掌宫廷宿衛。宋第四品，梁初不詳。

[5]通直散騎侍郎：官名。集書省屬官，掌侍從左右，獻納諫諍，與散騎侍郎通直。劉宋以後，爲多加官，不爲人所重。員四人。梁天監七年革選，定爲六班。

[6]中書舍人：即中書通事舍人。梁代省通事，直曰中書舍人。

[7]侍讀：官名。爲皇太子、王公講讀經史的官吏。

[8]豫章王：梁武帝子蕭綜的封爵號。本書卷五五有傳。

[9]《隋書·經籍志》："《小説》十卷，梁武帝敕安右長史殷芸撰。"姚振宗《隋書經籍志考證》卷三二有云："此殆是梁武作《通史》時事，凡此不經之説爲《通史》所不取者，皆令殷芸别集爲《小説》，是此《小説》因《通史》而作，猶《通史》之外乘也。"按，殷芸《小説》約亡於明初，今人有輯本。

蕭幾字德玄，齊曲江公遥欣子也。[1]年十歲，能屬文。早孤，有弟九人，並皆稚小，幾恩愛篤睦，聞於朝野。性温和，與物無競，清貧自立。好學，善草隸書。湘州刺史楊公則，[2]曲江之故吏也。[3]每見幾，謂人曰："康公此子，可謂桓靈寶重出。"[4]及公則卒，幾爲之誄，[5]時年十五，沈約見而奇之，謂其舅蔡撙曰：[6]"昨見賢甥楊平南誄文，不減希逸之作，[7]始驗康公積善之慶。"[8]

[1]曲江公遥欣：齊宗室蕭遥欣封爵號曲江公，齊永元元年（499）卒，謚號康公。《南齊書》卷五《宗室》有傳。曲江，縣名。治所在今廣東韶關市南武水西岸。

[2]湘州：州名。治所在今湖南長沙市。　楊公則：人名。梁天監元年（502）進號平南將軍，五年，以疾卒。本書卷一〇有傳。

[3]曲江：即曲江公蕭遥欣。

[4]桓靈寶：東晉桓温之子桓玄小名靈寶。玄七歲，温服終，府吏辭其叔父沖。沖撫玄頭曰："此汝家之故吏也。"玄因涕淚覆面，衆並異之。及長，形貌瑰奇，風神疏朗，博綜藝文。《晉書》卷九九有傳。　重出：舊本皆脱"重"字，《南史》卷四一《齊宗室傳》同傳有。此依中華書局本校補。

[5]誄：文體之一種。用於哀悼死者。先述死者世系行業，而末寓哀傷之意。參明·徐師曾《文體明辨序説》。

[6]蔡撙：人名。本書卷二一有傳。

[7]希逸：劉宋謝莊字希逸，祖籍陳郡陽夏，美容儀，善屬文。曾爲宋孝武帝殷淑儀作誄，"帝卧覽讀，起坐流涕曰：'不謂當今復有此才！'都下傳寫，紙墨爲之貴"。詳《南史》卷一一《后妃傳》、《宋書》卷八五《謝莊傳》。

[8]積善之慶：多做善事留下的福澤。《易·坤》："積善之家，必有餘慶，積不善之家，必有餘殃。"

釋褐著作佐郎，廬陵王文學，尚書殿中郎，太子舍人，[1]掌管記，[2]遷庶子，中書侍郎，尚書左丞。末年，專尚釋教。爲新安太守，郡多山水，特其所好，適性遊履，遂爲之記。卒于官。

[1]太子舍人：官名。按，"舍人"前疑脱"中"字。太子中舍人，梁八班。

[2]管記：官名。太子及王公府屬官，掌文書。一説即記室參軍之别稱。

子爲，字元專，[1]亦有文才，仕至太子舍人，永康令。[2]

[1]子爲：《南史》卷四一《齊宗室傳》同傳作"子清"，無"字元專"三字。

[2]永康：縣名。治所在今浙江永康市。

史臣曰：王規之徒，俱著名譽，既逢休運，[1]才用各展，美矣。蕭洽《當塗》之制，[2]見偉辭人，劉孝儀兄弟，並以文章顯，君子知梁代之有人焉。

[1]休運：好運。此處指梁王朝之建立。

[2]《當塗》之制：指《當塗堰碑》。

梁書 卷四二

列傳第三十六

臧盾 弟厥 傅岐

臧盾字宣卿，東莞莒人。[1]高祖燾，[2]宋左光禄大夫。[3]祖潭之，[4]左民尚書。[5]父未甄，博涉文史，有才幹，少爲外兄汝南周顒所知。[6]宋末，起家爲領軍主簿，[7]所奉即齊武帝。入齊，歷太尉祭酒，[8]尚書主客郎，[9]建安廬陵二王府記室，[10]前軍功曹史，[11]通直郎，[12]南徐州中正，[13]丹陽尹丞。[14]高祖平京邑，[15]霸府建，[16]引爲驃騎刑獄參軍。[17]天監初，[18]除後軍諮議中郎、南徐州別駕。[19]入拜黄門郎，[20]遷右軍安成王長史、少府卿。[21]出爲新安太守，[22]有能名。還爲太子中庶子，[23]司農卿，[24]太尉長史。[25]丁所生母憂，[26]三年廬于墓側。服闋，[27]除廷尉卿。[28]出爲安成王長史、江夏太守，[29]卒官。

[1]東莞：郡名。治所在今山東莒縣。　莒：縣名。治所與東

莞郡同。此臧盾祖籍。

[2]燾：臧燾，人名。仕晉，官至侍中。劉宋初卒，追贈左光禄大夫。《宋書》卷五五有傳。

[3]左光禄大夫：官名。屬光禄勳。多授予年老有病的致仕之官，養老疾，無職事。宋第三品。

[4]潭：舊本皆訛“潬”，此依中華書局本校改。

[5]左民尚書：官名。尚書省列曹尚書之一，掌土木工程及户籍等。宋第三品。

[6]汝南周顒：周顒，祖籍汝南郡。《南齊書》卷四一有傳。

[7]領軍：領軍將軍之省稱，將軍名號。爲禁衛軍最高統帥，職任甚重。宋第三品。　主簿：官名。自漢以下，中央各機構及地方州郡皆置。掌文書簿籍，爲掾吏之首。其官品隨所署長官地位高下而異。

[8]太尉祭酒：太尉府屬官，與主簿、舍人共主閤内事。宋第七品，齊不詳。

[9]尚書主客郎：官名。尚書省諸曹郎之一，屬尚書左僕射。掌諸蕃國、外國賓客接待給賜政令。齊第六品。

[10]建安、廬陵二王：齊武帝子蕭子真封爵號建安王，子卿封爵號廬陵王。《南齊書》卷四〇《武十七王》有傳。建安，郡名。治所在今福建建甌市。廬陵，郡名。治所在今江西吉水縣。　記室：記室參軍之省稱，官名。王公軍府屬官，掌文書。宋第七品，齊不詳。

[11]前軍：前軍將軍之省稱，將軍名號。左、右、前、後四軍將軍之一，爲禁衛軍重要將領。掌宿衛。宋第四品，齊不詳。　功曹史：官名。未開府將軍、太子二傅、特進及郡縣皆置，掌吏員賞罰任免事宜。宋齊官品不詳。

[12]通直郎：通直散騎侍郎之省稱，官名。集書省屬官，掌侍從諫諍，與散騎侍郎通直。劉宋以後，多爲加官，不爲人所重。員四人。宋、齊官品不詳。

[13]南徐州：州名。治所在今江蘇鎮江市。　中正：官名。掌州郡人才之考察，定其鄉品，以爲選拔官吏之依據。有州大中正、州中正和郡國大中正、小中正之分。多由他官兼領。

[14]丹陽尹丞：京師所在丹陽郡長官丹陽尹之副佐。宋第七品，齊不詳。丹陽郡，治所在今江蘇南京市。

[15]高祖：梁武帝廟號。

[16]霸府：勢力强大的藩王府邸。此指梁武帝於齊中興元年十二月平京師建康，受封建安公，置府治事。

[17]驃騎：驃騎大將軍之省稱，將軍名號。地位隆重，僅次於大將軍，多加元老重臣。齊第一品。　刑獄參軍：官名。王公府屬官，掌法律刑獄。宋第七品，齊不詳。

[18]天監：梁武帝年號（502—519）。

[19]諮議：諮議參軍之省稱，官名。公府及位從公公府屬官，掌諷議。宋第七品，梁初不詳。　中郎：從事中郎之省稱，官名。王公府屬官，與長史俱掌本府官吏。宋第六品，梁初不詳。　別駕：別駕從事史之省稱，官名。州府屬官，與西曹書佐俱掌本府官吏署用及選舉事。梁初官品不詳。

[20]黄門郎：即給事黄門侍郎，官名。門下省次官，與侍中俱掌門下衆事，侍從左右，關通中外，盡規獻納。出入禁中，職任顯要。員四人。梁初第五品。

[21]安成王：梁武帝弟蕭秀的封爵號。本書卷二二《太祖五王》有傳。安成，郡名。治所在今江西安福縣東南。　長史：官名。王公軍府屬官，掌本府官吏。梁天監七年革選，定流内官職爲十八班，以班多者爲貴。皇弟皇子府長史爲十班。　少府卿：官名。梁十二卿之一，掌宫中服御之物。十一班。

[22]新安：郡名。治所在今浙江淳安縣西北。

[23]太子中庶子：官名。東宫官，與太子中舍人共掌侍從及文翰。員四人。梁十一班。

[24]司農卿：官名。梁十二卿之一，掌農功倉廪。十一班。

[25]太尉長史：即太尉府長史，梁十班。

[26]丁：遭。　母憂：母喪。

[27]服闋：服喪期滿。

[28]廷尉卿：官名。梁十二卿之一，掌刑辟。十一班。

[29]江夏：郡名。治所在今湖北武漢市武昌。

盾幼從徵士琅邪諸葛璩受《五經》，[1]通章句。璩學徒常有數十百人，盾處其間，無所狎比。[2]璩異之，歎曰："此生重器，[3]王佐才也。"初爲撫軍行參軍，[4]遷尚書中兵郎。[5]盾美風姿，善舉止，每趨奏，高祖甚悦焉。入兼中書通事舍人，[6]除安右録事參軍，[7]舍人如故。

[1]徵士：有才學而不應徵聘的人。　琅邪諸葛璩：諸葛璩，人名。祖籍琅邪郡陽都縣。本書《處士傳》有傳。

[2]狎比：親昵，勾結。

[3]重器：大器，比喻可貴的人才。

[4]撫軍：撫軍將軍之省稱，將軍名號。宋第三品，齊及梁初位在東西南北四征將軍之上。　行參軍：官名。王公府屬官，參掌府曹事。位在正參軍之下。梁三班至流外七班之五班。

[5]尚書中兵郎：官名。尚書省諸曹郎之一，屬五兵尚書。掌都城軍隊政令。梁六班。

[6]中書通事舍人：官名。中書省屬官，掌入直閣内，呈奏案章。劉宋時漸用寒士及皇帝親信任此職，奪中書侍郎出令權。至梁代用人殊重，選以才能，不限資地，專掌中書詔誥，權勢顯赫，多以他官兼領。員四人。梁四班。

[7]安右：安右將軍之省稱。梁置，與安左、安前、安後將軍祗授予在京師任職者。天監七年革選，釐定將軍名號及班品，有一

百二十五號十品二十四班，以班多者爲貴，安右將軍爲二十一班。

録事參軍：官名。諸公軍府屬官，掌總録衆署文簿，舉彈善惡。梁六班至四班。

盾有孝性，隨父宿直於廷尉，母劉氏在宅，夜暴亡，左手中指忽痛，不得寢，及曉，宅信果報凶問，其感通如此。服制未終，[1]父又卒，盾居喪五年，不出廬户，形骸枯顇，家人不復識。鄉人王端以狀聞，高祖嘉之，敕累遣抑譬。[2]

[1]服制：喪服制度規定的服喪期。

[2]敕：皇帝的詔命。

服闋，除丹陽尹丞，轉中書郎，[1]復兼中書舍人，[2]遷尚書左丞，[3]爲東中郎武陵王長史，[4]行府州國事，[5]領會稽郡丞。[6]還除少府卿，領步兵校尉，[7]遷御史中丞。[8]盾性公强，居憲臺甚稱職。[9]

[1]中書郎：又稱中書侍郎，官名。中書省屬官，舊掌詔誥。劉宋以後，中書侍郎草擬詔誥之權歸中書舍人，侍郎職少官清，成爲諸王起家官。員四人。梁九班。

[2]中書舍人：即中書通事舍人。梁代省通事，直曰中書舍人。參《隋書·百官志》。

[3]尚書左丞：官名。佐尚書令、僕射知省事，督録近道文書章表奏事，糾彈不法。員一人。梁九班。

[4]東中郎：東中郎將之省稱，將軍名號。與西中郎、北中郎、南中郎將合稱四中郎將。統兵征伐，或爲鎮守某一地區的方面大

員，南朝多以宗室諸王擔任，地位高於一般將軍。梁天監七年罷，普通六年又置，與一百二十五號將軍之十七班同班。　武陵王：梁武帝子蕭紀的封爵號。本書卷五五有傳。武陵，郡名。治所在今湖南常德市。

[5]行府州國事：六朝時，諸王往往年少即出鎮一方，因而朝廷命長史代行政事，稱爲行事。武陵王蕭紀時爲東中郎將、東揚州刺史，其政事，臧盾皆代行之，故稱。

[6]領：官制術語。已有實授主職，又兼任較低職務而不居其位。　會稽郡：郡名。治所在今浙江紹興市。　郡丞：官名。佐太守掌治民。宋第八品，梁不詳。

[7]步兵校尉：官名。禁軍五校尉之一，掌宿衛士。梁七班。

[8]御史中丞：官名。御史臺長官，掌督察百官，糾彈不法。六朝第一流高門多不居此職。員一人。梁十一班。

[9]憲臺：即御史臺。憲，法。御史臺爲執法機關，故稱憲臺。

中大通五年二月，[1]高祖幸同泰寺開講，[2]設四部大會，[3]衆數萬人，南越所獻馴象，[4]忽於衆中狂逸，乘轝羽衛及會皆駭散，惟盾與散騎郎裴之禮嶷然自若，[5]高祖甚嘉焉。

[1]中大通：梁武帝年號（529—534）。

[2]同泰寺：佛寺名。梁大通元年（527）建，在今江蘇南京市鷄鳴山南古臺城後苑中。

[3]四部：即四部衆。佛教以比丘、比丘尼、優婆塞、優婆夷爲四部衆。

[4]南越：地域名。即今廣西、廣東一帶。

[5]散騎郎：當即散騎侍郎，官名。集書省屬官，掌侍從左右，應對諫諍。員四人。梁八班。《南史》卷一八同傳作“散騎侍郎”。

裴之禮：人名。本書《裴邃傳》有附傳。

俄有詔，加散騎常侍，[1]未拜，又詔曰："總一六軍，[2]非才勿授。御史中丞、新除散騎常侍盾，志懷忠密，識用詳慎，當官平允，處務勤恪，必能緝斯戎政。[3]可兼領軍，[4]常侍如故。"大同二年，[5]遷中領軍。[6]領軍管天下兵要，監局事多。盾爲人敏贍，[7]有風力，[8]長於撥繁，職事甚理。天監中，吴平侯蕭昺居此職，[9]著聲稱，至是盾復繼之。

[1]散騎常侍：官名。集書省長官，掌侍從左右，獻納得失。劉宋以後，以侍從左右、掌圖書文翰爲主，地位降低。員四人。梁十二班。

[2]六軍：指内軍。《隋書·百官上》："領軍，護軍，左、右衛，驍騎，游騎等六將軍，是爲六軍。"

[3]緝：治理。

[4]兼：官制術語。假職未真授之稱。　領軍：領軍將軍之省稱，官名。梁十五班。

[5]大同：梁武帝年號（535—546）。

[6]中領軍：官名。資輕於領軍而職掌同。梁十四班。

[7]敏贍：聰明多智。

[8]風力：風骨、氣節。

[9]吴平侯蕭昺：梁宗室蕭昺封爵號吴平侯。本書卷二四有傳。吴平，縣名。治所在今江西樟樹市。

五年，出爲仁威將軍、吴郡太守，[1]視事未期，[2]以疾陳解。拜光禄大夫，[3]加金章紫綬。七年，疾愈，復爲領軍將軍。九年，卒，時年六十六。即日有詔舉哀。贈侍中，[4]領軍如故。給東園祕器，[5]朝服一具，衣一襲，錢布各有差。[6]謚曰忠。

[1]仁威將軍：將軍名號。梁置，與智威、勇威、信威、嚴威將軍代舊征虜將軍。爲一百二十五號將軍之一，十六班。　吴郡：郡名。治所在今江蘇蘇州市。

[2]期：一周年。一説，未期即任期未滿。

[3]光禄大夫：官名。屬光禄卿，養老疾，無職事。梁十三班。

[4]侍中：官名。門下省長官，掌奏事，直侍左右，應對獻替，糾正違缺等。參與決策，是中樞集團重要成員，職任顯要。員四人。梁十二班。

[5]東園祕器：漢代有官署名東園，掌製作皇室葬表器物用品，因稱棺木爲東園祕器。

[6]差（cī）：等級。

子長博，字孟弘，桂陽内史。[1]次子仲博，曲阿令。[2]盾弟厥。

[1]桂陽：郡名。治所在今湖南郴州市。　内史：官名。王國行政長官。掌王國民政。宋第五品，梁不詳。

[2]曲阿：縣名。治所在今江蘇丹陽市。

厥字獻卿，亦以幹局稱。[1]初爲西中郎行參軍，尚書主客郎。入兼中書通事舍人，累遷正員郎，[2]鴻臚卿，[3]舍人如故。遷尚書右丞，[4]未拜，出爲晉安太守。[5]郡居山海，常結聚逋逃，前二千石雖募討捕，[6]

而寇盜不止。厥下車,[7]宣風化，凡諸凶黨，皆繦負而出,[8]居民復業，商旅流通。然爲政嚴酷少恩，吏民小事必加杖罰，百姓謂之“臧虎”。還除驃騎廬陵王諮議參軍,[9]復兼舍人。遷員外散騎常侍,[10]兼司農卿，舍人如故。大同八年，卒官，時年四十八。

[1]幹局：辦事的才能、氣度。

[2]正員郎：即散騎侍郎。《通典》卷二一《職官三》“通直散騎侍郎”下小注：“按歷代常侍或有員外者，或有通直者，故史傳中謂員外散騎侍郎或單謂之員外郎，謂通直散騎侍郎或單謂通直郎；其非員外及通直者或謂之政員散騎侍郎或單謂之政員郎。”按，政，同“正”。

[3]鴻臚卿：官名。梁天監七年以大鴻臚改，爲十二卿之一，掌導護贊拜。九班。

[4]尚書右丞：官名。尚書省屬官。佐尚書令、僕射知省事，掌省内庫藏、廬舍及諸器用之物，督録遠道文書章表奏事。員一人。梁八班。

[5]晉安：郡名。治所在今福建福州市。

[6]二千石：代指郡守。因漢代郡守秩禄爲二千石，故以之代稱。

[7]下車：初到任。

[8]繦負：以布幅包裹小兒，負之於背。繦，同“襁”。

[9]廬陵王：梁武帝子蕭續的封爵號。見本書《高祖三王傳》。諮議參軍：官名。王公府屬官，掌諷議。梁九班至六班。

[10]員外散騎常侍：官名。集書省官員，多以公族、宗室充任。劉宋以後爲閑散之職。梁十班。

厥前後居職，所掌之局大事及蘭臺、廷尉所不能决者，[1]敕並付厥。厥辨斷精詳，咸得其理。厥卒後，有撾登聞鼓訴者，[2]求付清直舍人。高祖曰："臧厥既亡，此事便無可付。"其見知如此。

[1]蘭臺：御史臺的别稱。

[2]撾：敲擊。　登聞鼓：古代帝王爲聽取臣民諫議或冤情，懸鼓於朝堂外，許擊鼓上聞，謂之登聞鼓。

子操，尚書三公郎。[1]

[1]尚書三公郎：官名。尚書省諸曹郎之一，屬吏部尚書。掌法制。梁五班。

傅岐字景平，北地靈州人也。[1]高祖弘仁，宋太常。[2]祖琰，[3]齊世爲山陰令，[4]有治能，自縣擢爲益州刺史。[5]父翽，天監中，歷山陰、建康令，[6]亦有能名，官至驃騎諮議。[7]

[1]北地：郡名。治所在今寧夏吴忠市西南黄河東岸。　靈州：縣名。治所在今寧夏靈武縣。此傅氏祖籍。

[2]太常：官名。諸卿之一。掌禮樂郊廟社稷事宜。宋第三品。

[3]琰：傅琰，人名。《南齊書》卷五三《良政》有傳。

[4]山陰：縣名。治所在今浙江紹興縣。

[5]益州：州名。治所在今四川成都市。

[6]建康：縣名。治所在今江蘇南京市。

[7]驃騎：驃騎將軍之省稱，將軍名號。爲重號將軍，多加授大臣、重要地方長官。梁天監七年革選，釐定爲一百二十五號十品

二十四班將軍之二十四班。

岐初爲國子明經生，[1]起家南康王左常侍，[2]遷行參軍，[3]兼尚書金部郎，[4]母憂去職，居喪盡禮。服闋後，疾廢久之。是時改創北郊壇，[5]初起岐監知繕築，事畢，除始新令。[6]縣民有因鬭相毆而死者，死家訴郡，郡録其仇人，考掠備至，終不引咎，郡乃移獄於縣，岐即命脱械，以和言問之，便即首服。[7]法當償死，會冬節至，岐乃放其還家，使過節一日復獄。曹掾固争曰："古者乃有此，於今不可行。"岐曰："其若負信，縣令當坐，[8]主者勿憂。"竟如期而反。[9]太守深相歎異，遽以狀聞。岐後去縣，民無老小，皆出境拜送，啼號之聲，聞於數十里。至都，除廷尉正，[10]入兼中書通事舍人，遷寧遠岳陽王記室參軍，[11]舍人如故。出爲建康令，以公事免。俄復爲舍人，累遷安西中記室，[12]鎮南諮議參軍，[13]兼舍人如故。

[1]國子明經生：國子學明經科學生。

[2]南康王：梁武帝子蕭績的封爵號。見本書《高祖三王傳》。左常侍：官名。王國屬官，掌隨侍國主，諫諍司儀。梁二班。左，舊本皆訛"宏"，此依中華書局本校改。

[3]行參軍：官名。王公府屬官，參掌府曹事。皇子府行參軍，梁三班。

[4]尚書金部郎：官名。尚書省諸曹郎之一，屬度支尚書。掌金寶、貨物、權衡、度量等。梁五班。

[5]北郊：古代天子築壇於都城北門外，每年夏至日往祭地神，稱爲北郊。梁武帝改創北郊壇事，時在普通二年四月。見本書《武

帝紀》。

[6]始新：縣名。治所在今浙江淳安縣西北新安江北岸。始，舊本皆訛“如”，此依中華書局本校改。

[7]首服：自首服罪。

[8]坐：犯罪。

[9]反：通“返”。

[10]廷尉正：官名。與廷尉平、廷尉監合稱廷尉三官，佐廷尉，掌法律刑獄。梁六班。

[11]寧遠：寧遠將軍之省稱，將軍名號。梁代，與明威、振遠等將軍代舊寧塑將軍。爲一百二十五號將軍之一，十三班。　岳陽王：梁昭明太子蕭統之子蕭詧的封爵號。《周書》卷四八有傳。岳陽，郡名。治所在今湖南汨羅市東長樂縣。　記室參軍：官名。王公府屬官，掌文書。梁六班至二班。

[12]安西：安西將軍之省稱，將軍名號。與安東、安南、安北將軍合稱四安將軍，爲出鎮方面的軍事長官，或作爲刺史兼理軍務的加官，權任頗重。爲一百二十五號將軍之一，二十一班。　中記室：王公府屬官，職掌不詳。梁七班至三班。

[13]鎮南：鎮南將軍之省稱，將軍名號。與鎮東、鎮西、鎮北將軍合稱四鎮將軍，多爲持節都督，出鎮方面，權勢很重。爲一百二十五號將軍之一，二十二班。

岐美容止，博涉能占對。[1]大同中，與魏和親，其使歲中再至，常遣岐接對焉。太清元年，[2]累遷太僕、司農卿，[3]舍人如故。在禁省十餘年，機事密勿，[4]亞於朱异。[5]此年冬，豫州刺史貞陽侯蕭淵明率衆伐彭城，[6]兵敗陷魏。二年，淵明遣使還，述魏人欲更通和好，敕有司及近臣定議。左衛朱异曰：[7]“高澄此意，[8]當復欲繼好，不爽前和；邊境且得静寇息民，於事爲使。”議者並然之。岐獨曰：“高澄既新得志，其勢非弱，何事須和？此必是設間，故令貞陽遣使，令侯景自疑當以貞陽易景。[9]景意不安，必圖禍亂。今若許澄通好，正是墮其計中。且彭城去歲喪師，渦陽新復敗退，[10]令便就和，益示國家之弱。若如愚意，此和宜不可許。”朱异等固執，高祖遂從异議。及遣和使，侯景果有此疑，累啓請追使，敕但依違報之，[11]至八月，遂舉兵反。十月，入寇京師，請誅朱异。三年，遷中領軍，舍人如故。二月，景於闕前通表，[12]乞割江右四州，安其部下，當解圍還鎮，敕許之。乃於城西立盟，求遣宣城王出送。[13]岐固執宣城嫡嗣之重，不宜許，遣石城公大款送之。[14]及與景盟訖，城中文武喜躍，望得解圍。岐獨言於衆曰：“賊舉兵爲逆，未遂求和，夷情獸心，必不可信，此和終爲賊所詐也。”衆並怨怪之。及景背盟，莫不歎服。尋有詔，以岐勤勞，封南豐縣侯，[15]邑五百户，固辭不受。宫城失守，岐帶疾出圍，卒於宅。

[1]占（zhàn）對：應聲對答。

[2]太清：梁武帝年號（547—549）。

[3]太僕：即太僕卿，官名。梁天監七年加置，爲十二卿之一。掌宫廷車駕、馬牧。梁十班。

[4]密勿：勤勉努力。

[5]朱异：人名。本書卷三八有傳。

[6]豫州：州名。治所在今安徽合肥市西北。本書《武帝紀》作“南豫州”。　貞陽侯蕭淵明：梁宗室蕭淵明封爵號貞陽侯。《南

史》卷五一《梁宗室上》有傳。貞陽，縣名。治所在今廣東英德市東翁水北。　彭城：郡名。治所在今江蘇徐州市。時屬東魏。

[7]左衛：左衛將軍之省稱，官名。與右衛將軍合稱二衛將軍，爲禁衛軍六軍之一。掌宫廷宿衛營兵。梁十二班。

[8]高澄：人名。即北齊文襄帝，時爲東魏權臣。

[9]侯景：人名。本東魏將，太清元年附梁，二年反，率軍攻京師建康。本書卷五六有傳。

[10]渦陽：縣名。治所在今安徽蒙城縣。侯景附梁，東魏遣將追景，景退入渦陽，旋又潰敗。參本書卷五六《侯景傳》。

[11]依違：遲疑不決。

[12]闕：城樓。　表：文體之一種。臣下上給皇帝，有所陳請的文書。

[13]宣城王：梁簡文帝嫡長子蕭大器的初封爵號。見本書卷八《哀太子傳》。宣城，郡名。治所在今安徽宣州市。

[14]石城公大款：梁元帝子蕭大款的初封爵號。《南史》卷五四《梁簡文帝諸子》有傳。　石城，縣名。治所在今安徽貴池市西南秋浦。

[15]南豐縣：縣名。治所在今江西廣昌縣東。

陳吏部尚書姚察曰：[1]夫舉事者定於謀，故萬舉無遺策，[2]信哉是言也。傅岐識齊氏之僞和，[3]可謂善於謀事，是時若納岐之議，太清禍亂，[4]固其不作。申子曰：[5]“一言倚，天下靡。”[6]此之謂乎。

[1]陳吏部尚書姚察：姚察，姚思廉之父。仕陳，曾官吏部尚書。《陳書》卷二七有傳。吏部尚書，官名。掌官吏銓選、任免。陳第三品。清·錢大昕《廿二史考異》卷二六有云：“思廉修梁陳書，皆因其父察所撰而續成之。梁史諸論，述其父説必稱‘陳吏部

尚書姚察曰’，仿孟堅《漢書》稱‘司徒掾班彪’之例也。”

[2]遺策：失算。

[3]齊氏：指東魏齊王高澄。

[4]太清禍亂：指梁太清年間侯景之亂。

[5]申子：指申不害。《史記》卷六三《老子韓非列傳》有附傳。

[6]《申子》：“故一言正而天下定，一言倚而天下靡。”（《太平御覽》卷三九〇引）

梁書 卷四三

列傳第三十七

韋粲　江子一 弟子四　子五
張嵊　沈浚　柳敬禮

韋粲字長蒨,[1]車騎將軍叡之孫,[2]北徐州刺史放之子也。[3]有父風，好學仗氣，身長八尺，容貌甚偉。初爲雲麾晉安王行參軍,[4]俄署法曹,[5]遷外兵參軍,[6]兼中兵。[7]時潁川庾仲容、吴郡張率,[8]前輩知名，與粲同府，並忘年交好。及王遷鎮雍州,[9]隨轉記室,[10]兼中兵如故。王立爲皇太子，粲遷步兵校尉,[11]入爲東宫領直，丁父憂去職。[12]尋起爲招遠將軍,[13]復爲領直。服闋,[14]襲爵永昌縣侯,[15]除安西湘東王諮議,[16]累遷太子僕,[17]左衛率,[18]領直並如故。粲以舊恩，任寄綢密,[19]雖居職屢徙，常留宿衛，頗擅威名，誕倨,[20]不爲時輩所平。右衛朱异嘗於酒席厲色謂粲曰:[21]“卿何得已作領軍面向人!”[22]

[1]長蒨：《南史》卷五八同傳作“長倩”。

[2]車騎將軍：將軍名號。爲重號將軍，多加授大臣、重要地方長官。梁天監七年革選，釐定將軍名號及班品，有一百二十五號十品二十四班，以班多者爲貴，車騎將軍爲二十四班。　叡：韋叡，祖籍京兆杜陵。本書卷一二有傳。

[3]北徐州：州名。治所在今安徽鳳陽縣東北。　放：韋放，本書卷二八有傳。

[4]雲麾：雲麾將軍之省稱，將軍名號。梁置，與武臣、爪牙、龍騎將軍代舊前、後、左、右四將軍。爲一百二十五號將軍之一，十八班。　晉安王：梁簡文帝蕭綱的初封爵號。見本書卷四《簡文帝紀》。晉安，郡名。治所在今福建福州市。　行參軍：官名。王公府屬官，參掌府曹事，位在正參軍之下。梁武帝天監七年革選，定流内官職爲十八班，以班多者爲貴。皇子府行參軍爲三班。

[5]署：官制術語。試署以權理某職事。　法曹：即法曹行參軍，官名。王公府屬官，掌郵遞科程事。梁三班至流外七班之四班。

[6]外兵參軍：官名。王公軍府屬官，掌所轄軍隊政令。梁四班至流外七班之五班。

[7]中兵：中兵參軍之省稱，官名。諸公軍府屬官，掌本府親兵。梁皇子府中兵參軍爲六班。

[8]潁川庾仲容：庾仲容，人名。祖籍潁川郡。本書卷五○《文學下》有傳。　吴郡張率：張率，人名。吴郡人。本書卷三三有傳。

[9]雍州：州名。治所在今湖北襄樊市。

[10]記室：即記室參軍，官名。諸公軍府屬官，掌文書。皇子府記室參軍，梁六班。

[11]步兵校尉：官名。禁軍五校尉之一，掌宿衛士。梁七班。

[12]丁：遭。　父憂：父喪。

[13]招遠將軍：將軍名號。梁置，爲一百二十五號將軍之一，

二班。

[14]服闋：服喪期滿。

[15]永昌：縣名。治所在今湖南祁東縣西北。

[16]安西：安西將軍之省稱，將軍名號。與安東、安南、安北將軍合稱四安將軍，爲出鎮方面的軍事長官，或作爲刺史兼理軍務的加官，權任頗重。梁一百二十五號將軍之一，二十一班。　湘東王：梁元帝蕭繹的初封爵號。湘東，郡名。治所在今湖南衡陽市。諮議：諮議參軍之省稱，官名。王公府屬官，掌諷議。皇子府諮議，梁九班。

[17]太子僕：官名。東宮屬官。隸太子詹事。與太子家令、太子率更令合稱太子三卿。掌車馬。員一人。梁十班。

[18]左衛率：即太子左衛率。與太子右衛率合稱太子二衛率。掌東宮宿衛營兵，亦領兵出征，職任頗重。員一人。梁十一班。

[19]綢密：同“稠密”，密切。

[20]誕倨：放縱傲慢。

[21]右衛：右衛將軍之省稱，官名。與左衛將軍合稱二衛將軍，禁衛軍六軍之一。掌宮廷宿衛營兵。梁十二班。　朱异：人名。本書卷三八有傳。

[22]領軍：領軍將軍之省稱，官名。禁衛軍最高統帥，職任顯要。梁十五班。

中大同十一年，[1]遷通直散騎常侍，[2]未拜，出爲持節、督衡州諸軍事、安遠將軍、衡州刺史。[3]皇太子出餞新亭，[4]執粲手曰：“與卿不爲久別。”太清元年，[5]粲至州無幾，便表解職。

[1]中大同十一年：按，此有誤。梁武帝大同十二年（546）四月改元中大同，中大同二年（547）四月改元太清，是中大同年號

爲時虚數兩年，無“中大同十一年”。疑“十一”爲“二”之訛。下文云“太清元年，粲至州無幾，便表解職”，中大同二年與太清元年在同一年，與“無幾”合。又，“中”或當連上文爲句。

[2]通直散騎常侍：官名。集書省官員，掌侍從左右，獻納得失，與散騎常侍通直。劉宋以後，多以衰老之士擔任，地位漸低。員四人。梁十一班。

[3]持節：古代大臣奉天子之命出行，持節以爲憑證並示威重。魏晉以下以爲官名。有假節、持節、使持節之分，權力亦有小大之别，皆都督諸州軍事及刺史總軍戎者。軍事長官出征或出鎮，持節可殺犯軍令者；在軍事行動中，有誅殺二千石以下官員的權力。　衡州：州名。治所在今廣東英德市西北浛洸。　安遠將軍：將軍名號。梁大通三年置，二百四十二號將軍之一，與一百二十五號將軍中十三班同班。

[4]新亭：地名。在今江蘇南京市南。地近江濱，依山築壘，爲六朝軍事、交通要地。

[5]太清：梁武帝年號（547—549）。

二年，徵爲散騎常侍。[1]粲還至廬陵，[2]聞侯景作逆，[3]便簡閲部下，得精卒五千，馬百匹，倍道赴援。至豫章，[4]奉命報云“賊已出横江”，[5]粲即就内史劉孝儀共謀之。[6]孝儀曰：“必期如此，[7]當有别敕，[8]豈可輕信單使，妄相驚動，或恐不然。”時孝儀置酒，粲怒，以杯抵地曰：“賊已渡江，便逼宫闕，水陸俱斷，何暇有報；假令無敕，[9]豈得自安？韋粲今日何情飲酒！”即馳馬出部分。[10]將發，會江州刺史當陽公大心遣使要粲，[11]粲乃馳往見大心曰：“上游蕃鎮，江州去京最近，殿下情計，實宜在前；但中流任重，當須應接，不可闕鎮。今直且張聲勢，移鎮湓城，[12]遣偏將賜隨，於事便足。”大心然之，遣中兵柳昕帥兵二千人隨粲。粲悉留家累於江州，以輕舸就路。至南州，[13]粲外弟司州刺史柳仲禮亦帥步騎萬餘人至横江，[14]粲即送糧仗贍給之，[15]并散私金帛以賞其戰士。

[1]散騎常侍：官名。集書省長官，掌侍左右，獻納諫諍。劉宋以後，職以侍從左右、掌圖書文翰爲主，地位降低。員四人。梁十二班。

[2]廬陵：郡名。治所在今江西吉水縣東北。

[3]侯景：人名。本東魏將，太清元年附梁，二年反，率軍攻京師建康。本書卷五六有傳。

[4]豫章：郡名。治所在今江西南昌市。

[5]横江：渡口名。在今安徽和縣東南長江北岸，與江南岸之采石相對。

[6]内史：官名。王國行政長官，掌民政，職同太守。宋第五品，梁不詳。劉孝儀：劉潛之字。潛，太清年間在豫章内史任上。本書卷四一有傳。

[7]必期如此：必，如果。中華書局本《校勘記》：“按：《南史》及《册府元龜》三七二無‘期’字。”

[8]别敕：敕，皇帝的詔命。《南史》無“别”字。

[9]假令：即使。

[10]部分：部署安排。

[11]江州：州名。治所在今江西九江市西南。　當陽公大心：梁簡文帝子蕭大心初封爵號當陽公。見本書卷四四《太宗十一王傳》。當陽，縣名。治所在今湖北當陽市。

[12]湓城：又名湓口城。在今江西九江市。

[13]南州：即南洲。在今安徽當塗縣西北江中。《南史》作

“南洲”。

［14］司州：州名。治所在今河南信陽市。　柳仲禮：人名。本書卷四二《柳敬禮傳》有附傳。

［15］仗：兵器。

先是，安北將軍鄱陽王範亦自合肥遣西豫州刺史裴之高與其長子嗣，[1]帥江西之衆赴京師，屯於張公洲，[2]待上流諸軍至。是時，之高遣船渡仲禮，與合軍進屯王遊苑。[3]粲建議推仲禮爲大都督，報下流衆軍。裴之高自以年位，恥居其下，乃云："柳節下是州將，[4]何須我復鞭板。"累日不決。粲乃抗言於衆曰："今者同赴國難，義在除賊，所以推柳司州者，政以久捍邊疆，[5]先爲侯景所憚；且士馬精鋭，無出其前。若論位次，柳在粲下；語其年齒，亦少於粲，直以社稷之計，不得復論。今日形勢，貴在將和；若人心不同，大事去矣。裴公朝之舊齒，年德已隆，豈應復挾私情，以沮大計。粲請爲諸君解釋之。"乃單舸至之高營，切讓之曰："前諸將之議，豫州意所未同，[6]即二宫危逼，[7]猾寇滔天，臣子當勠力同心，豈可自相矛盾，豫州必欲立異，鋒鏑便有所歸。"[8]之高垂泣曰："吾荷國恩榮，自應帥先士卒，顧恨衰老，不能効命，企望柳使君共平凶逆，[9]謂衆議已從，無俟老夫耳。若必有疑，當剖心相示。"於是諸將定議，仲禮方得進軍。

［1］安北將軍：將軍名號。與安東、安西、安南將軍合稱四安將軍，爲出鎮方面的軍事長官，或作爲刺史兼理軍務的加官，職任

頗重。爲一百二十五號將軍之一，二十一班。　鄱陽王範：梁武帝弟蕭恢之子蕭範嗣父爵爲鄱陽王。本書卷二二《太祖五王·鄱陽王恢傳》有附傳。　合肥：縣名。治所在今安徽合肥市西北。　西豫州：州名。治所在今河南息縣城。　裴之高：人名。本書卷二八《裴邃傳》有附傳。

[2]張公洲：即蔡洲，地名。在今江蘇南京市西南，原爲長江中沙洲，今已併於陸地。

[3]與合軍進屯王遊苑：中華書局本《校勘記》："'與'下，《南史》及《册府元龜》三七二有'粲'字。按本書《裴之高傳》云：'之高遣船舸迎致仲禮，與韋粲等俱會青塘。'疑此脱'粲'字。"王遊苑，苑名。築成於梁太清元年，故址在今江蘇南京市西南。

[4]節下：對將領的敬稱。　州將：六朝時對州刺史之通稱。《通鑑》卷一四三《齊紀九》"永元二年十二月"下，胡三省注："州刺史當方面，總兵權，故曰州將。"

[5]政：通"正"，祇，僅。

[6]豫州：代指裴之高。因裴爲西豫州刺史，故稱。

[7]二宫：指皇帝和皇太子。

[8]意謂兵鋒將有所指。亦即將進攻裴之高。

[9]柳使君：指柳仲禮。漢以後尊稱州郡長官爲使君。柳仲禮時爲司州刺史，故稱。

次新亭，賊列陣於中興寺，[1]相持至晚，各解歸。是夜，仲禮入粲營，部分衆軍，旦日將戰，[2]諸將各有據守，令粲頓青塘。[3]青塘當石頭中路，[4]粲慮栅壘未立，賊必争之，頗以爲憚，謂仲禮曰："下官才非禦侮，直欲以身殉國。節下善量其宜，不可致有虧喪。"仲禮曰："青塘立栅，迫近淮渚，[5]欲以糧儲船乘盡就泊之，此是大事，非兄不可。若疑兵少，當更差軍相助。”乃使直閤將軍劉叔胤師助粲，[6]帥所部水陸俱進。時值昏霧，軍人迷失道，比及青塘，夜已過半，壘柵至曉未合。景登禪靈寺門閣，[7]望粲營未立，便率鋭卒來攻，軍副王長茂勸據柵待之，[8]粲不從，令軍主鄭逸逆擊之，命劉叔胤以水軍截其後。叔胤畏懦不敢進，逸遂敗。賊乘勝入營，左右牽粲避賊，粲不動，猶叱子弟力戰，兵死略盡，遂見害，時年五十四。粲子尼及三弟助、警、構、從弟昂皆戰死，親戚死者數百人。賊傳粲首闕下，[9]以示城内，太宗聞之流涕曰：[10]“社稷所寄，惟在韋公，如何不幸，先死行陣。”詔贈護軍將軍。[11]世祖平侯景，[12]追謚曰忠貞，並追贈助、警、構及尼皆中書郎，[13]昂員外散騎常侍。[14]

[1]中興寺：佛寺名。在今江蘇南京市南。

[2]旦日：明日早上。

[3]青塘：即青溪塘。在今江蘇南京市西南。

[4]石頭：即石頭城。在今江蘇南京市西清涼山。其地負山面江，形勢險固，爲六朝軍事要地。

[5]淮：指秦淮河。

[6]直閤將軍：官名。領禁衛兵，掌宮廷正殿、便殿閤及諸門上下之安全保衛。其官品史無明載，約四、五品。參張金龍《南朝直閤將軍制度考》。

[7]禪靈寺：佛寺名。在今江蘇南京市西南秦淮河附近。

[8]軍副：南北朝時置軍主，爲一軍之主將。所統兵力自數百至萬人以上不等。無固定品階，多以將軍領之。軍副爲軍主之副佐。

[9]闕下：城闕之下。此處指城樓。

[10]太宗：梁簡文帝廟號。

[11]護軍將軍：官名。掌京畿以外諸軍，職任頗重。資輕者爲中護軍。梁十五班。

[12]世祖：梁元帝廟號。

[13]中書郎：亦稱中書侍郎，官名。中書省屬官，舊掌詔誥。劉宋以下，草擬詔誥之權漸歸中書舍人，侍郎職少官清，成爲諸王起家官。員四人。梁九班。

[14]員外散騎常侍：官名。集書省官員，多以公族、宗室擔任，劉宋以後成爲閑散之職，地位漸低。梁十班。

粲長子臧，字君理。歷官尚書三公郎，[1]太子洗馬，[2]東宫領直。侯景至，帥兵屯西華門，[3]城陷，奔江州，收舊部曲，據豫章，爲其部下所害。

[1]尚書三公郎：官名。尚書省諸曹郎之一，屬吏部尚書。掌刑獄法律。梁五班。

[2]太子洗馬：官名。東宫屬官，掌文翰，爲清簡之職。員八人。梁六班。

[3]西華門：京師建康宫城西門。

江子一字元貞，[1]濟陽考城人，[2]晉散騎常侍統之七世孫也。[3]父法成，天監中奉朝請。[4]

[1]元貞：《南史》卷六四同傳作“元亮”。

[2]濟陽：郡名。治所在今河南蘭考縣東北堌鎮。　考城：縣名。治所在今河南民權縣東北。此江氏祖籍。

[3]統：江統，人名。西晉末，官至散騎常侍。《晉書》卷五六有傳。

[4]天監：梁武帝年號（502—519）。　奉朝請：本指大臣定期參加朝會，朝見皇帝，晉以下以爲官名。梁屬集書省，掌侍從諫諍，官二班。

子一少好學，有志操，以家貧闕養，因蔬食終身。起家王國侍郎，[1]奉朝請。[2]啓求觀書祕閣，[3]高祖許之，[4]有敕直華林省。[5]其姑夫右衛將軍朱异，權要當朝，休下之日，[7]賓客輻湊，[8]子一未嘗造門，其高潔如此。稍遷尚書儀曹郎，[9]出爲遂昌、曲阿令，[10]皆著美績。除通直散騎侍郎。[11]出爲戎昭將軍、南津校尉。[12]

[1]王國侍郎：官名。王國屬官，掌侍從及諫諍。梁一班至流外七班之四班。

[2]奉朝請："奉"字舊本皆脱，此依中華書局本校補。

[3]祕閣：宫廷中藏書之所。

[4]高祖：梁武帝廟號。

[5]華林省：京師建康宫殿省名，在今江蘇南京市鷄鳴山南古臺城内。

[7]休下：官吏休假，下值回家。

[8]輻湊：亦作"輻輳"。車軸一端集中於軸心，比喻人物集聚於一處。

[9]尚書儀曹郎：官名。尚書省諸曹郎之一，屬祠部尚書或尚書右僕射。掌禮儀。梁六班。

[10]遂昌：縣名。治所在今浙江遂昌縣。　曲阿：縣名。治所

在今江蘇丹陽市。

[11]通直散騎侍郎：官名。集書省官員，掌侍從左右，獻納得失，與散騎侍郎通直。劉宋以後，多用爲加官，不爲人所重。員四人。梁六班。

[12]戎昭將軍：中華書局本《校勘記》："'戎昭將軍'《册府元龜》八七七作'戎武將軍。'按：《隋書·百官志》及《通鑑》梁武帝天監七年、中大通元年叙梁將軍名號，無戎昭將軍及戎武將軍。"按，"戎昭將軍"之號，陳代有，爲擬官品第八。見《隋書·百官志上》。　南津校尉：武官名號。梁普通七年置，掌南津關税及檢查叛亡、禁物。官班不詳。南津，即南州津，在今安徽馬鞍山市西南采石。

弟子四，歷尚書金部郎，[1]大同初，[2]遷右丞。[3]兄弟性並剛烈。子四自右丞上封事，極言得失，高祖甚善之，詔尚書詳擇施行焉。左民郎沈炯、少府丞顧璵嘗奏事不允，[4]高祖厲色呵責之，子四乃趨前代炯等對，言甚激切，高祖怒呼縛之，子四據地不受，高祖怒亦止，[5]乃釋之，猶坐免職。

[1]尚書金部郎：官名。尚書省諸曹郎之一，屬度支尚書。掌金寶、貨物。梁六班。

[2]大同：梁武帝年號（535—546）。

[3]右丞：尚書右丞之省稱，官名。尚書省屬官。佐尚書令、僕射知省事，分掌臺内庫藏、廬舍及諸器用之物，督録遠道文書章表奏事。員一人。梁八班。

[4]左民郎：即尚書左民郎，官名。尚書省諸曹郎之一，屬左民尚書，掌户籍租調。梁六班。　沈炯：人名。吴興武康人。《陳書》卷一九有傳。　少府丞：官名。少府屬官，佐少府卿掌宫中服

御之物。梁四班。

[5]止：三朝本、百衲本皆作“殆”。按，殆，通“怠”，松懈。作“殆”於義爲長。

及侯景反，[1]攻陷歷陽，[2]自横江將渡，[3]子一帥舟師千餘人，於下流欲邀之，[4]其副董桃生家在江北，因與其黨散走。子一乃退還南州，[5]復收餘衆，步道赴京師。賊亦尋至，子一啓太宗云：“賊圍未合，猶可出盪，[6]若營栅一固，無所用武。”請與其弟子四、子五帥所領百餘人，開承明門挑賊。[7]許之。子一乃身先士卒，抽戈獨進，羣賊夾攻之，從者莫敢繼，子四、子五見事急，相引赴賊，並見害。詔曰：“故戎昭將軍、通直散騎侍郎、南津校尉江子一，前尚書右丞江子四，東宫直殿主帥子五，禍故有聞，良以矜惻，死事加等，抑惟舊章。[8]可贈子一給事黄門侍郎，[9]子四中書侍郎，子五散騎侍郎。[10]”侯景平，世祖又追贈子一侍中，[11]謚義子；子四黄門侍郎，謚毅子；子五中書侍郎，謚烈子。[12]

[1]侯景反：侯景太清元年附梁，二年反，率軍攻京師建康。

[2]歷陽：縣名。治所在今安徽和縣。

[3]横江：城名。在今安徽和縣東南長江北岸。

[4]邀：攔擊。

[5]南州：即南洲。在今安徽當塗縣西北江中。《南史》作“南洲”。

[6]盪：衝殺。

[7]承明門：京師建康宫城北門。

[8]舊章：舊制。《左傳·隱公五年》："臧僖伯卒，公曰：'叔父有憾於寡人，寡人弗敢忘。'葬加一等。"

[9]給事黄門侍郎：又稱黄門侍郎，官名。門下省次官，掌侍從左右，關通中外，給事宫中。權勢顯重。員四人。梁十班。

[10]散騎侍郎：官名。集書省官員，掌侍從左右，應對諫諍。員四人。梁八班。

[11]侍中：官名。門下省長官，掌奏事，直侍左右，應對獻納。擯相威儀，糾正違缺等。參與決策，爲中樞集團重要成員，權勢顯要。員四人。梁十二班。

[12]錢大昕《十駕齋養新録》卷二〇"沈恭子"條有云："六朝文人，無封爵而得謚者，例稱子。如任昉稱敬子，周弘正稱簡子之類，不一而足。"

子一續《黄圖》及班固"九品"，[1]並辭賦文筆數十篇，[2]行於世。

[1]《黄圖》：《三輔黄圖》之省稱。其書記漢代長安古迹，作者不詳。《隋書·經籍志》著録。　班固：人名。東漢扶風安陵人，《漢書》之撰者。《後漢書》卷七〇有傳。　九品：當指《漢書·古今人表》。此表將古今人物分爲九品，故稱。

[2]文筆：六朝有文筆之分，有韻之文爲文，無韻之文爲筆。參劉師培《中國中古文學史》第二課《文學辨體》。

張嵊字四山，鎮北將軍稷之子也。[1]少方雅，[2]有志操，能清言。[3]父臨青州，[4]爲土民所害，嵊感家禍，終身蔬食布衣，手不執刀刃。州舉秀才，起家祕書郎，[5]累遷太子舍人，[6]洗馬，司徒左西掾，[7]中書郎。出爲永陽内史，[8]還除中軍宣城王司馬、散騎常侍。[9]又出爲鎮南湘東王長史、尋陽太守。[10]中大同元年，[11]徵爲太府卿，[12]俄遷吳興太守。[13]

[1]鎮北將軍：將軍名號。與鎮南、鎮東、鎮西將軍合稱四鎮將軍。多持節都督，出鎮方面，權勢頗重。梁天監七年革選，釐定將軍名號及班品，有一百二十五號十品二十四班，以班多者爲貴，鎮北將軍爲二十二班。　稷：張稷，人名。本書卷一六有傳。

[2]方雅：正直有風度。

[3]清言：六朝士人以《老子》、《莊子》、《易》爲三玄，以辨析玄理爲能事，稱爲清言或清談。參顔之推《顔氏家訓·勉學》。

[4]青州：州名。治所在今江蘇連雲港市東雲臺山一帶。

[5]祕書郎：官名。祕書省屬官，佐祕書監、丞掌國之典籍圖書。宋、齊以下，爲甲族起家之選，待次入補。其居職，例數十百日即遷任。爲清簡之職。員四人。梁二班。

[6]太子舍人：官名。東宫屬官，掌文記。梁員十六人，三班。

[7]司徒左西掾：司徒府屬官，佐司徒，掌府吏署用事。梁八班。

[8]永陽：郡名。治所在今湖南道縣西北。

[9]中軍：中軍將軍之省稱，將軍名號。梁代與中衛、中權、中撫將軍合稱四中將軍，祇授予在京師任職者，職權頗重。爲一百二十五號將軍之一，二十三班。　宣城王：梁簡文帝哀太子初封爵號。見本書卷八《哀太子傳》。　司馬：官名。王公軍府屬官，掌本府武官。梁十班至六班。

[10]鎮南：鎮南將軍之省稱，將軍名號，職任與鎮北將軍相類。爲一百二十五號將軍之一，二十二班。　湘東王：梁元帝蕭繹之初封爵號。　長史：官名。王公軍府屬官，掌本府官吏，其班品依府主地位高下而定。皇子府長史，梁十班。　尋陽：郡名。治所

在今江西九江市西南。

[11]中大同：梁武帝年號（546—547）。

[12]太府卿：官名。梁天監七年加置，爲十二卿之一，掌金帛府帑。十三班。

[13]吴興：郡名。治所在今浙江湖州市。

太清二年，侯景圍京城，嵊遣弟伊率郡兵數千人赴援。三年，宫城陷，御史中丞沈浚違難東歸，[1]嵊往見而謂曰："賊臣憑陵，[2]社稷危恥，正是人臣効命之秋。今欲收集兵力，保據貴鄉。若天道無靈，忠節不展，雖復及死，誠亦無恨。"浚曰："鄙郡雖小，仗義拒逆，誰敢不從！"固勸嵊舉義。於是收集士卒，繕築城壘。時邵陵王東奔至錢唐，[3]聞之，遣板授嵊征東將軍，[4]加秩中二千石。[5]嵊曰："朝廷危迫，天子蒙塵，[6]今日何情，復受榮號。"留板而已。賊行臺劉神茂攻破義興，[7]遣使説嵊曰："若早降附，當還以郡相處，復加爵賞。"嵊命斬其使，仍遣軍主王雄等帥兵於鱧瀆逆擊之，[8]破神茂，神茂退走。侯景聞神茂敗，乃遣其中軍侯子鑒帥精兵二萬人，助神茂以擊嵊，嵊遣軍主范智朗出郡西拒戰，爲神茂所敗，退歸。賊騎乘勝焚柵，柵内衆軍皆土崩。嵊乃釋戎服，坐於聽事，[9]賊臨之以刃，終不爲屈，乃執嵊以送景，景刑之於都市，子弟同遇害者十餘人，時年六十二。[10]賊平，世祖追贈侍中、中衛將軍、開府儀同三司。[11]謚曰忠貞子。

[1]御史中丞：官名。御史臺長官，掌督察百官，糾彈不法。梁十一班。　沈浚：人名。吴興郡人。本書卷四三有傳。　違難：避難。

[2]憑陵：侵凌，進逼。

[3]邵陵王：梁武帝子蕭綸的封爵號。見本書卷二九《高祖三王傳》。　錢唐：縣名。治所在今浙江杭州市。

[4]板授：六朝地方長官臨時授官，書授官之辭於板以授，稱爲板授。凡板官，可食禄而不給印綬。　征東將軍：將軍名號。與征西、征南、征北將軍合稱四征將軍，多持節都督，出鎮方面，權勢頗重。爲一百二十五號將軍之一，二十三班。

[5]中二千石：官秩品級之一種。“漢制，秩二千石者，一歲得一千四百四十石，實不滿二千石。其云中二千石者，一歲得二千一百六十石，舉成數言之，故曰中二千石。中，滿也。”參《漢書》卷八《宣帝紀》“神爵四年”下顔師古注。

[6]蒙塵：蒙被塵土。多用以比喻帝王流亡或失位，蒙受垢辱。

[7]行臺：曹魏末始置，戰争期間，在地方代表朝廷行尚書省事的機構。此侯景所授。　義興：郡名。治所在今江蘇宜興市。

[8]軍主：一軍之主將。其下設軍副，所統兵力自數百人至萬人以上不等。　鱧瀆：地名。在今浙江湖州市。

[9]聽事：官府治事的廳堂。

[10]《顔氏家訓·養生》有云：“侯景之亂，王公將相多被戮辱，妃主姬妾略無全者。唯吴郡太守張嵊，建義不捷，爲賊所害，辭色不撓。”

[11]中衛將軍：將軍名號。職任與中軍將軍同。爲一百二十五號將軍之一，二十三班。　開府儀同三司：官名。非三公而儀制待遇同於三公。梁諸將軍開府儀同三司爲十七班。

沈浚字叔源，吴興武康人。[1]祖憲，[2]齊散騎常侍，齊史有傳。

[1]武康：縣名。治所在今浙江德清縣西千秋鎮。

[2]憲：沈憲，人名。《南齊書》卷五三《良政》有傳。

浚少博學，有才幹，歷山陰、吴、建康令，[1]並有能名。入爲中書郎，尚書左丞。[2]侯景逼京城，遷御史中丞。是時外援並至，侯景表請求和，詔許之。既盟，景知城内疾疫，復懷姦計，遲疑不去。數日，皇太子令浚詣景所，景曰："即已向熱，非復行時，十萬之衆，何由可去，還欲立効朝廷，君可見爲申聞。"浚曰："將軍此論，意在得城。城内兵糧，尚支百日。將軍儲積内盡，國家援軍外集，十萬之衆，將何所資？而反設此言，欲脅朝廷邪？"景橫刃於膝，瞋目叱之。浚正色責景曰："明公親是人臣，舉兵向闕，[3]聖主申恩赦過，已共結盟，口血未乾，而有翻背。沈浚六十之年，[4]且天子之使，死生有命，豈畏逆臣之刀乎！"不顧而出。[5]景曰："是真司直也。"[6]然密銜之。[7]及破張嵊，乃求浚以害之。

[1]山陰、吴、建康：皆縣名。山陰，治所在今浙江紹興縣；吴，治所在今江蘇蘇州市；建康，治所在今江蘇南京市。

[2]尚書左丞：官名。尚書省屬官。佐尚書令、僕射知省事，督録近道文書章表奏事，糾諸不法。員一人。梁九班。

[3]闕：指朝廷。

[4]六十之年：《通鑑》卷一六二《梁紀》太清三年紀作"五十

之年"。

[5]顧：回頭。

[6]司直：執法之官。此處指御史中丞。

[7]銜：恨。

柳敬禮，開府儀同三司慶遠之孫。[1]父津，[2]太子詹事。[3]

[1]慶遠：柳慶遠，人名。仕梁，卒，贈侍中、中軍將軍、開府儀同三司。本書卷九有傳。

[2]津：柳津，人名。《南史》卷三八《柳元景傳》有附傳。

[3]太子詹事：官名。總理東宫庶務。或參議大政，職任頗顯要。員一人。梁十四班。

敬禮與兄仲禮，[1]皆少以勇烈知名。起家著作佐郎，[2]稍遷扶風太守。[3]侯景渡江，敬禮率馬步三千赴援，至都，據青溪埭，[4]與景頻戰，恒先登陷陳，甚著威名。臺城没，[5]敬禮與仲禮俱見於景，景遣仲禮經略上流，[6]留敬禮爲質，以爲護軍。[7]景餞仲禮於後渚，[8]敬禮密謂仲禮曰："景今來會，敬禮抱之，兄拔佩刀，便可斫殺，敬禮死亦無所恨。"仲禮壯其言，許之。及酒數行，敬禮目仲禮，仲禮見備衛嚴，不敢動，計遂不果。會景征晉熙，[9]敬禮與南康王會理共謀襲其城，[10]剋期將發，[11]建安侯蕭賁知而告之，[12]遂遇害。

[1]唐·陸龜蒙《小名録》有云："仲禮，小字申子。"庾信《哀江南賦》有云："申子奮發，勇氣咆勃，實總元戎，身先士卒。冑落魚

門，兵填馬窟，屢犯通中，頻遭刮骨。功業夭枉，身名埋没。”所述仲禮青溪埭之戰事迹，可補本傳之未備。

[2]著作佐郎：官名。祕書省屬官，佐著作郎掌國史，集注起居。爲清簡之職，多甲族貴遊起家之選。員八人。梁二班。

[3]扶風：郡名。治所在今湖北穀城縣東。

[4]青溪埭：地名。在今江蘇南京市西南。

[5]臺城：京師建康宫城。在今江蘇南京市。

[6]經略：籌劃，治理。

[7]護軍：護軍將軍之省稱，官名。掌京畿以外諸軍，職任甚顯要。梁十五班。

[8]後渚：地名。在今江蘇南京市西秦淮河與長江交匯處。

[9]晉熙：郡名。治所在今安徽潛山縣。

[10]南康王會理：梁武帝孫蕭會理襲父爵爲南康郡王。本書卷二九《高祖三王傳》有附傳。

[11]剋期：規定日期。

[12]建安侯蕭賁：梁武帝弟蕭宏之孫蕭賁襲父爵爲建安縣侯。《南史》卷五一《梁宗室傳》有傳。

史臣曰：若夫義重於生，前典垂誥，斯蓋先哲之所貴也。故孟子稱生者我所欲，義亦我所欲，二事必不可兼得，寧捨生而取義。[1]至如張嵊二三子之徒，捐軀殉節，赴死如歸，英風勁氣，籠罩今古，君子知梁代之有忠臣焉。

[1]《孟子·告子上》：“生亦我所欲也，義亦我所欲也；二者不可得兼，舍生而取義者也。”